D1731345

BROCKHAUS · DIE ENZYKLOPÄDIE

1796

Zweihundert Jahre
Brockhaus-Lexika

1996

BROCKHAUS
DIE ENZYKLOPÄDIE

in vierundzwanzig Bänden

Zwanzigste, überarbeitete und
aktualisierte Auflage

Sechster Band
DUD – EV

F. A. Brockhaus Leipzig · Mannheim

Dieser Band enthält die Schlüsselbegriffe

Eigentum
Einkommensverteilung
Emanzipation
Energiepolitik
Entwicklungspolitik
erneuerbare Energien
Erziehung
Esoterik
Ethik
ethnische Konflikte
europäische Integration

Die Deutsche Bibliothek – CIP-Einheitsaufnahme

Brockhaus – Die Enzyklopädie: in 24 Bänden. –
20., überarb. und aktualisierte Aufl. –
Leipzig; Mannheim: Brockhaus.
  19. Aufl. u. d. T.: Brockhaus-Enzyklopädie
  ISBN 3-7653-3100-7
  Bd. 6. DUD–EV. — 1997
  ISBN 3-7653-3106-6

© F. A. Brockhaus GmbH, Leipzig – Mannheim 1996
ISBN für das Gesamtwerk: 3-7653-3100-7
Band 6: 3-7653-3106-6

Typographische Beratung: Hans Peter Willberg,
Eppstein, und Friedrich Forssman, Kassel,
unter Mitwirkung von Raphaela Mäntele, Heidelberg

Satz: Bibliographisches Institut & F. A. Brockhaus AG
(PageOne Siemens Nixdorf) und Mannheimer Morgen
Großdruckerei und Verlag GmbH
Druck: ColorDruck, Leimen
Papier: 120 g/m² holzfreies, alterungsbeständiges
und chlorfrei gebleichtes Offsetpapier der Papeteries
de Condat, Paris
Einband: Großbuchbindereien Lachenmaier,
Reutlingen, und Sigloch, Künzelsau
Printed in Germany

DUD

Duda [slaw., zu türk. düdük ›Flöte‹] *die, -/-s,* in Polen, Ungarn, der Ukraine und Teilen der Balkanhalbinsel Bez. für →Sackpfeife, daneben auch für eine Doppelrohrpfeife mit gemeinsamem Mundstück.

Du Deffand [dydɛˈfã], Marie Anne Marquise, geb. **de Vichy-Chamrond** [dəviʃiʃãˈrɔ̃], *Schloss Chamrond (bei Mâcon) 25. 12. 1697, † Paris 23. 9. 1780. In ihrem literar. Salon in Paris verkehrten u. a. VOLTAIRE, D'ALEMBERT, TURGOT, MONTESQUIEU und FONTENELLE. Kulturhistorisch bedeutsam ist v. a. ihr Briefwechsel mit VOLTAIRE und H. WALPOLE.

Ausgaben: Correspondance complète de la marquise du D. avec ses amis, ..., hg. v. F.-A. M. DE LESCURE, 2 Bde. (1865, Nachdr. 1971); Lettres à H. Walpole, Voltaire et quelques autres, hg. v. F. BOTT u. J.-C. RENAULT (1979).

Dudek, Louis, kanad. Lyriker und Literaturwissenschaftler engl. Sprache, *Montreal 6. 2. 1918; Herausgeber von Zeitschriften und Mitbegründer des Verlages ›Contact Press‹ (1952). Seine Lyrik ist in den frühen Bänden (›East of the city‹, 1946) sozialkritisch und pessimistisch, in den späteren, u. a. ›En México‹ (1958), ›Europe‹ (1955), wo sich der Einfluss von E. POUND bemerkbar macht, meditierend und didaktisch.

Weitere Werke: Selected poems (1975); Selected essays and criticism (1978).

Düdelingen, frz. **Dudelange** [dyˈdlã:ʒ], Stadt im Kt. Esch, S-Luxemburg, 290 m ü. M., 14 700 Ew.; Stadtmuseum; Eisenhüttenwerk, Walzwerk, Stahlverarbeitung. Die Minette-Eisenerzgruben sind erschöpft. – 214 m hoher Fernsehsender von Radio Luxemburg (errichtet 1955).

Duderstadt: Rathaus; 1302/03

Dudelsack [zu türk. düdük ›Flöte‹], seit dem 17. Jh. in Dtl. Bez. für die →Sackpfeife.

Duden®, Marke für Nachschlagewerke des Verlagsunternehmens →Bibliographisches Institut & F. A. Brockhaus AG. ›Der D.‹ geht zurück auf das orthograph. Wörterbuch des Gymnasiallehrers K. DUDEN; dieses erschien von der 9. Auflage (1915) an u. d. T. ›Duden – Rechtschreibung der dt. Sprache und der Fremdwörter‹. Die in ›Duden – Rechtschreibung der dt. Sprache‹ (²¹1996) gebrauchten Regeln und Schreibweisen entsprechen der Neuregelung der dt. Rechtschreibung, die am 1. 8. 1998 mit einer Übergangsfrist bis zum Jahr 2005 in Kraft tritt. ›Die Rechtschreibung‹ ist der 1. Band des ›Duden in 12 Bänden. Das Standardwerk zur dt. Sprache‹, das weitere, nach versch. Gesichtspunkten zusammengestellte Wörterbücher und eine Grammatik umfasst. Neben der Reihe ›Schülerduden‹, den ›Duden-Taschenbüchern‹ u. a. erschien das Werk ›Duden – Das große Wörterbuch der dt. Sprache in acht Bänden‹ (²1993–95).

Duden, 1) Anne, Schriftstellerin, *Oldenburg (Oldenburg) 1. 1. 1942; arbeitet als Verlagslektorin in Berlin und London. Thema ihrer in kühler, distanzierter Sprache geschriebenen Prosatexte ist radikale Selbstentfremdung und Schmerzerfahrung.

Werke: Übergang (1982); Das Judasschaf (1985); Steinschlag (1993); Der wunde Punkt im Alphabet (1995); Wimpertier (1995).

2) Konrad, Philologe, *Gut Bossigt (bei Wesel) 3. 1. 1829, † Sonnenberg (heute zu Wiesbaden) 1. 8. 1911; Gymnasiallehrer und -direktor in Soest, Schleiz und Hersfeld. Mit seinem ›Vollständigen orthograph. Wörterbuch der dt. Sprache‹ (1880), das 1903 durch die ›Rechtschreibung der Buchdruckereien dt. Sprache‹ ergänzt wurde, wirkte er wegweisend für eine einheitl. dt. →Rechtschreibung.

3) Konrad, Jurist, *Messina 4. 9. 1907, † Heidelberg 15. 5. 1979, Enkel von 2); Prof. in Heidelberg (ab 1953) und Mannheim (ab 1965); Verfasser grundlegender Veröffentlichungen und Kommentare, u. a. Bearbeiter des von A. BAUMBACH begründeten Kommentars zum HGB.

Konrad Duden
(1829–1911)

Duderstadt, Stadt im Landkreis Göttingen, Ndsachs., in der Goldenen Mark (Unteres Eichsfeld), 24 000 Ew.; Kunststoffverarbeitung, Herstellung orthopäd. Hilfsmittel, Textil- und Metall verarbeitende Industrie; Fremdenverkehr. – Innerhalb der oval angelegten Stadtmauer (Westertor 1424) ein gut erhaltenes altes Stadtbild; Fachwerkrathaus auf Steinsockel (Kernbau 1302/03, Erweiterungen 1432 und 1532; 1982–88 restauriert). Die Propsteikirche St. Cyriakus (Oberkirche; 1394 begonnen, 1986/87 restauriert) ist eine netzgewölbte Hallenkirche, vom Vorgängerbau des 13. Jh ist das Westwerk erhalten; St. Servatiuskirche (Unterkirche; 15. Jh.) erhielt nach einem Brand (1915) eine Jugendstilausstattung (1917/18). – D., 929 erstmals erwähnt und 1247 im Besitz städt. Rechte, gehörte 1334–1802 zum Erzbistum Mainz. 1816 kam es mit dem Unteren Eichsfeld zu Hannover.

H. SAUERTEIG: Stadtgeographie von D. (1940).

Dudevant [dydˈvã], Aurore Baronne, frz. Schriftstellerin, →Sand, George.

Düdingen, frz. **Guin** [gɛ̃], Gem. im Kt. Freiburg, Schweiz, an der Sense, 596 m ü. M., 6 500 überwiegend dt.-sprachige Ew.; Baustoff-, Ziegel-, Zement- und Metallindustrie (Diamantwerkzeugfabrik).

**Wladimir
Dmitrijewitsch
Dudinzew**

Dudịnka, Hauptstadt des Autonomen Kreises Taimyr (der Dolganen und Nenzen), Russland, am unteren Jenissej in N-Sibirien, 32 000 Ew.; Umschlaghafen für Norilsk (122 km lange Bahnlinie nach dort).

Dudịnzew, Dudịncev, Wladimir Dmitrijewitsch, russ. Schriftsteller, * Kupjansk (Gebiet Charkow) 29. 7. 1918. Sein Roman ›Ne chlebom edinym‹ (in: Nowyj mir, 1956; dt. ›Der Mensch lebt nicht vom Brot allein‹), der Missstände im sowjet. System kritisiert, gehörte zu den meistdiskutierten Werken der ›Tauwetterperiode‹ nach STALINS Tod.
Weitere Werke: Erzählungen: Novogodnjaja skazka (1960; dt. Ein Neujahrsmärchen). – Roman: Belye odeždy (1988; dt. Die weißen Gewänder). – Worte aus dem Dunkel. Erzählungen, übers. v. V. P. LEBEDEV (1960).
G. SVIRSKI: A history of post-war Soviet writing. The literature of moral opposition (a. d. Russ., Ann Arbor, Mich., 1981).

Dudley [ˈdʌdlɪ], engl. Adelstitel, abgeleitet von Schloss und Landschaft D. in Staffordshire; ihn führte seit 1321 die Familie **Sutton,** seit 1697 die Familie **Ward,** seit 1860 Earls of D. Bekannt sind JOHN D., der spätere Herzog von →Northumberland, und sein Sohn ROBERT D., Earl of →Leicester.

Dudley [ˈdʌdlɪ], Stadt in der Metrop. Cty. West Midlands, England, westlich von Birmingham, 192 200 Ew.; Maschinenbau, spezialisierte Metallarbeitung, Bekleidungsindustrie; früher Kohlenbergbauzentrum im Black Country, dessen Kohlenvorräte erschöpft sind. – D. entstand um eine etwa im 8. Jh. erbaute Burg; 1272 erstmals als Stadt erwähnt.

Dudo, D. von Saint-Quentin [-sɛ̃kãˈtɛ̃], frz. **Dudon de Saint-Quentin** [dyˈdɔ̃], erster Geschichtsschreiber der Normandie, * im Vermandois um 960, † 1026; Kanoniker, dann Dekan des Kollegiats in Saint-Quentin, später Kaplan und Kanzler am Hof Herzog RICHARDS I. der Normandie, verfasste in dessen Auftrag das bis zum Tod des Herzogs (996) reichende Werk ›De moribus et actis primorum Normanniae ducum‹ (hg. v. J. LAIR, 1865), vielfach voller Fabeln und panegyrisch, trotzdem eine wichtige Quelle für die frühe Geschichte der Normandie.

Willem Marinus Dudok: Rathaus in Hilversum; 1928–31

Dudok [ˈdydɔk], Willem Marinus, niederländ. Architekt, * Amsterdam 6. 7. 1884, † Hilversum 6. 4. 1974. Von H. BERLAGE und der Stijl-Gruppe beeinflusst, gruppierte D. massige, asymmetr. Backsteinblöcke (meist mit Turm), deren vertikale Flächen durch horizontal eingesetzte Platten, Gesimse und

niedrige Fensterreihen strukturiert werden. Als Stadtbaumeister von Hilversum (ab 1927) prägte er maßgeblich das Bild dieser Stadt.
Werke: Haus der Niederlande für die Cité universitaire in Paris (1927–28); Rathaus in Hilversum (1928–31); Kaufhaus ›De Bijenkorf‹ in Rotterdam (1929–30; 1945 zerstört); Theater in Utrecht (1938–41).

Düdük [türk.] der, -(s)/-s, südslaw. **Duduk,** Schnabelflöte aus einem Stück, aus Holz, seltener Rohr (Länge 17–28 cm); unteres Ende tulpenförmig erweitert, mit 5–8 Grifflöchern; in Serbien und Kroatien auch Bez. für Kinderpfeife.

Dudweiler, seit 1974 Stadtbezirk von Saarbrücken, Sitz des Campus III und des Zentrums für Umweltforschung der Univ. des Saarlandes. – Das um 1000 gegründete D. gehörte etwa 1100 bis um 1790 zur Grafschaft Saarbrücken. 1816 kam das Dorf an Preußen; 1962–74 war es eigenständige Stadt.

due [ital. ›zwei‹], Musik: →a due.

Duecento [dueˈtʃɛnto; ital. ›200‹, Abk. für die Jahreszahl 1200] das, -(s), **Dugento** [duˈdʒɛnto], Bez. für das 13. Jh. in Italien, u. a. im Sinne eines kunsthistor. Stilbegriffs.

Duẹll [mlat. duellum ›Krieg‹, für klass. lat. bellum; die Bedeutung ›Zweikampf‹ entstand durch volksetymolog. Anschluss an lat. duo ›zwei‹] das, -s/-e, ein verabredeter Kampf zweier Personen mit tödl. Waffen, bes. mit Schuss- oder Hieb- und Stichwaffen, nach vereinbarten oder hergebrachten Regeln, meist zur Austragung von Ehrenhändeln. (→Zweikampf)

Duero der, port. **Douro** [ˈdoru] der, Fluss auf der Iber. Halbinsel, 895 km lang, Einzugsgebiet 98 160 km², entspringt im Iber. Randgebirge, mündet bei Porto in den Atlant. Ozean und bildet auf 122 km Länge die Grenze zw. Spanien und Portugal. Als Hauptfluss von Altkastilien entwässert er mit seinen Nebenflüssen die nördl. Meseta, in die er bis 400 m Tiefe z. T. cañonartig eingeschnitten ist, sowie das nordport. Bergland; große Schwankungen zw. der maximalen Wasserführung im Herbst und im Frühjahr und dem niedrigsten Wasserstand im Sommer. Infolge der Anlage vieler Stauseen in beiden Staaten, mit (z. T. gemeinsamer) Elektrizitätsgewinnung und Bewässerung (auch an den Nebenflüssen), ist der mittlere jährl. Abfluss des D. gering, wo er nach W auf port. Gebiet übertritt nur 325 m³/s. Seine Stauseekapazität in Spanien wurde bis 1984 auf 6,5 Mrd. m³ ausgebaut (Schwergewicht im Raum Zamora – Ledesma – Benavente). Im Unterlauf wurde die Strecke Porto–Pocinho (Staustufe mit Kraftwerk, 186 MW) durch Wasserstandsregulierung für Schiffe bis 1 500 t schiffbar gemacht, oberhalb davon ist der D. nur im Winterhalbjahr für kleine Wein- und Kohlekähne befahrbar. – An seinen Hängen z. T. Weinbau: in Spanien im Gebiet **Ribera del Duero** (15 000 ha) in den Prov. Valladolid und Burgos, das fast nur Rotweine erzeugt, darunter den Vega Sicilia, in Portugal im Gebiet →Alto Douro, das je zur Hälfte weiße und rote **Douroweine,** darunter den Barca Velha, und die Grundweine für den →Portwein erzeugt.

Duesenberry [ˈduːznberɪ], James Stembel, amerikan. Volkswirtschaftler, * Princeton (W. Va.) 18. 7. 1918; seit 1957 Prof. an der Harvard University; arbeitet u. a. über Probleme der Einkommens- und Vermögensverteilung (→Einkommenshypothesen).
Werke: Income, saving and the theory of consumer behavior (1949); Business cycles and economic growth (1958, mit L. PRESTON); Money and credit (1964, mit B. BOSWORTH u. A. S. CARRON); Money, banking and the economy (1981).

Duesterberg [ˈdyːs-], Theodor, Politiker, * Darmstadt 19. 10. 1875, † Hameln 4. 11. 1950; Offizier, 1924–33 zweiter Bundesführer des ›Stahlhelms‹, war bei den Reichspräsidentenwahlen 1932 im ersten Wahlgang Kandidat der ›Kampffront Schwarz-Weiß-

Dufourspitze (4637 m ü. M.)

Rot‹ (u. a. Stahlhelm, Deutschnationale). Nach Errichtung der natsoz. Diktatur war er 1934 zeitweilig in Haft. Später stand er C.-F. GOERDELER nahe.

Werk: Der Stahlhelm u. Hitler (1949).

Duett [ital.; zu lat. duo ›zwei‹] *das, -(e)s/-e,* ital. **duẹtto,** eine Komposition für zwei gleiche oder ungleiche Gesangsstimmen mit Instrumentalbegleitung. Der unbegleitete ‚zweistimmige Satz des 16. Jh. hieß →Bicinium. Das konzertante Kirchen- und Kammer-D. für zwei gleiche (meist hohe) Stimmen mit Generalbass war im 17. und 18. Jh. beliebt (A. STEFFANI). In der Oper ist das lyr. oder dramat. D., häufig als Liebes-D., in formal der Arie nahe stehender wichtiger Bestandteil. Nicht selten werden auch Stücke für zwei Instrumente (→Duo) als D. bezeichnet.

Dufaure [dyˈfɔːr], Jules Armand, frz. Politiker, *Saujon (bei Saintes) 4. 12. 1798, †Paris 28. 6. 1881; war nach der Februarrevolution unter General CAVAIGNAC 1848 und unter Staatspräs. LOUIS NAPOLEON 1849 Innen-Min.; Gegner NAPOLEONS III., seit 1871 einer der führenden Abg. der Rechtsrepublikaner; leitete als Justiz-Min. (1871–73; erneut 1875/76) die strafrechtl. Verfolgung der Beteiligten an der Pariser Kommune; 1876 und 1877–79 Min.-Präs. und zugleich Justizminister.

Dufay [dyˈfɛ], **1)** Charles-François de **Cisternay** [sɪsterˈnɛ], auch **C.-F. Du Fay,** frz. Physiker, *Paris 14. 9. 1698, †ebd. 16. 7. 1739; wurde 1723 Mitgl. der Académie des sciences in Paris. Er entdeckte 1733, dass nicht leitende Körper beim Reiben verschiedenartig elektrisiert werden, dass sich gleichartig elektrisierte abstoßen, ungleichartig elektrisierte anziehen.
2) Guillaume, frankofläm. Komponist, *um 1400, †Cambrai 27. 11. 1474; seit etwa 1420 im Dienst der Familie Malatesta in Pesaro, war 1428–33 und 1435–37 Mitgl. der päpstl. Kapelle in Rom, wirkte seit 1440 in Cambrai, seit 1451 am Hof von Savoyen und lebte seit 1458 als geistlicher Würdenträger wieder in Cambrai. Seine (etwa 200) Kompositionen umfassen geistl. und weltl. Werke: Messen und Messsätze, ein Magnifikat, lat. Motetten geistl. und weltl. Art, Chansons in frz. (Balladen und Rondeaux) und ital. Sprache. Seine Musik nahm maßgebend an dem tief greifenden Stilwandel um die Mitte des 15. Jh. teil. Sie erreichte eine neue Klangfülle und führte zur Gleichberechtigung aller Stimmen im polyphonen Satz, zum durchimitierenden Stil.

Ausgabe: Opera omnia, hg. v. H. BESSELER u. G. DE VAN, 6 Bde. (1947–66).
R. BOCKHOLDT: Die frühen Messenkompositionen von G. D., 2 Bde. (1960); C. HAMM: A chronology of the works of G. D. (Princeton, N. J., 1964, Nachdr. New York 1986); D. FALLOWS: D. (London 1982).

Duff [dʌf], Alexander, schott. presbyterian. Missionar, *Moulin (Perth) 26. 4. 1806, †Sidmouth (Cty. Devon) 12. 2. 1878. Seit 1830 (mit Unterbrechungen) als erster Missionar der Schott. Kirche in Indien tätig, sah D. in der Collegeerziehung in engl. Sprache das wirkungsvollste Mittel der christl. Mission. Das von ihm mit Unterstützung der Kolonial-Reg. in Kalkutta für Hindus und Muslime gegründete College, das das Bibelstudium mit modernen europ. Bildungsinhalten verband, trug jedoch auch zu einer Renaissance des Hinduismus bei. Seit 1863 leitete D. die Missionsarbeit der Schott. Kirche.

Dufflecoat [ˈdafəlkoːt, engl. ˈdʌflkəʊt] *der, -s/-s,* aus der engl. Marine in die Herren-, später auch Damenmode übernommener dreiviertellanger Alltags- und Sportmantel mit Kapuze und Knebelverschluss; urspr. aus dickem beigefarbenem Wollstoff (Düffel).

Dufour [dyˈfuːr], Guillaume Henri, schweizer. Politiker und General, *Konstanz 15. 9. 1787, †Les Contaminẹs (bei Genf) 14. 7. 1875; war ab 1817 an der Stadterneuerung Genfs beteiligt, wurde 1831 Chef des eidgenöss. Generalstabs und führte 1847 den Oberbefehl im Sonderbundskrieg; vermittelte den Verzicht Preußens auf Neuenburg (1857); Mitbegründer des Roten Kreuzes. Als Leiter der schweizer. Landesvermessung (seit 1833) schuf er 1842–64 die ›Topograph. Karte der Schweiz‹ (1 : 100 000, 25 Blatt), die **D.-Karte,** mit Geländedarstellung durch Schattenschraffen.

Werke: Cours de tactique (1840; dt. Lb. der Taktik für Offiziere aller Waffen); Campagne du Sonderbund et événements de 1856 (1856, dt. Der Sonderbundskrieg u. die Ereignisse von 1856).
J.-J. LANGENDORF: G.-H. D. General – Kartograph – Humanist (a. d. Frz., Zürich 1987).

Dufour-Effekt [dyˈfuːr-; nach dem schweizer. Physiker LOUIS DUFOUR, *1832, †1892], **Diffusionsthermoeffekt,** der inverse Thermodiffusionseffekt: das Auftreten eines Wärmestroms in einer Mischung zweier Gase oder Flüssigkeiten bei Vorhandensein eines Konzentrationsunterschiedes. Der D.-E. bewirkt z. B., dass sich ein leichtes Gas über einem schwereren etwas erwärmt, während sich das schwerere entsprechend der ausgetauschten Wärmemenge abkühlt.

Dufourspitze [dyˈfuːr-; nach G. H. DUFOUR], höchster Gipfel des Monte-Rosa-Massivs, Walliser Alpen, mit 4637 m ü. M. der zweithöchste Berg der Alpen und der höchste der Schweiz, im Grenzkamm Schweiz/Italien.

Dufresnoy [dyfreˈnwa], Charles Alphonse, frz. Maler und Dichter, *Paris 1611, †Villiers-le-Bel (bei Paris) 16. 1. 1668; war dem akadem. Klassizismus verpflichtet. Er malte mytholog. und histor. Wand- und Tafelbilder und verfasste ein lat. Lehrgedicht über die Malerei (›De arte graphica‹, 1668).

Dufresny [dyfreˈni], Charles, Sieur **de la Rivière** [dələriˈvjɛːr], frz. Schriftsteller, *Paris 1648, †ebd. 6. 10. 1724; wirkte mit seinem Bericht ›Les amusements sérieux et comiques d'un Siamois à Paris‹ (1699) vorbildhaft auf die ›Lettres persanes‹ von MONTESQUIEU und wurde daneben durch geistvolle Komödien bekannt.

Werke: *Komödien:* Le malade sans maladie (1699); L'esprit de contradiction (1700; dt. Der Widerwillige); Le double veuvage (1702); La coquette du village (1715); Le mariage fait et rompu (1721).

Duft, Geruch, meist angenehmer Art.

Duftblüte, Osmạnthus, Gattung der Ölbaumgewächse mit 15 Arten in S- und O-Asien und in Nordamerika; immergrüne, stechpalmenähnl. Sträucher und Bäume mit kleinen, weißen bis hellgelben, stark duftenden Blüten in Büscheln; Steinfrüchte blau bis schwärzlich; als Ziersträucher beliebt.

Duftdrüsen, Drüsen bei Tieren und Menschen, die →Duftstoffe absondern. Bei den Säugetieren sind es meist apokrine →Drüsen in Form umgewandelter Talg- oder Schweißdrüsen, die beim Menschen u. a. noch in der Achselhöhle, am Brustwarzenvorhof und in der Scham- und Aftergegend vorhanden sind. Die D. haben unterschiedl. Bedeutung; Beispiele bei Säugetieren sind die (als **Duftorgane** wirkenden) **Stinkdrüsen** (Stinktier), die der Reviermarkierung dienenden **Brunstfeigen** (Gämsen), die **Voraugendrüsen** (Hirsch, Antilopen) sowie die **Analdrüsen** (Hund, Katze). Bei Insekten sind die D. häufig mit besonderen Strukturen (Haarpinsel, Borsten, Duftschuppen) zur Verbreitung der Sekrete versehen, so die Duftschuppenfelder der Tagfalter oder die Duftbeine der Prachtbienen. – D. bei Pflanzen sind die in manchen Blüten vorkommenden Drüsen (Osmophoren), die Insekten anlockende Duftstoffe absondern.

Raoul Dufy: Regatta in Deauville; 1938

Duftmale, Stellen der pflanzl. Epidermis (bes. in Blüten), die stark duftende äther. Öle oder Amine ausscheiden und damit Insekten anlocken.

Duftmarken, von Tieren gesetzte chem. Markierungen, die zur innerartl. Verständigung beitragen (Revierabgrenzung, Anlockung des Sexualpartners). D. werden v. a. von Tieren mit gutem Riechvermögen (Makrosmaten) benutzt.

Duft|organe, →Duftdrüsen.

Duftschuppen, Androkoni|en, Androconia, schuppenartige, mit Duftdrüsen in Verbindung stehende Bildungen der Kutikula bei vielen Schmetterlingen an den Flügeln, Beinen oder am Hinterleib.

Duftstoffe, Riechstoffe, von Organismen gewöhnlich in geringen Mengen abgegebene, flüchtige Substanzen, die von Pflanzen, Tieren und dem Menschen aus bestimmten Drüsen (→Duftdrüsen) abgegeben werden und von Tieren und dem Menschen über die Chemorezeptoren der Geruchssinnesorgane wahrgenommen werden. D. sind chemisch schwer zu charakterisieren, da sie den verschiedensten Verbindungsklassen angehören, z. B. ungesättigte und aromat. Alkohole, Aldehyde, Ketone, Fettsäuren, Phenole, Carbonsäuren und ihre Ester, äther. Öle. Meist werden Gemische mehrerer D. ausgeschieden. D. haben biologisch sehr unterschiedl. Funktionen. Im *Tierreich* dienen sie u. a. der Verständigung unter Artgenossen (innerartl. Kommunikation), so z. B. der Stockduft und die Markierung von Futterquellen bei der Honigbiene, die Duftstraßen bei Ameisen, die Duftmarken bei Säugetieren; weiterhin als Auslöser des Sexualverhaltens, z. B. das Bombykol des Seidenspinners (→Pheromone) oder als Schreckstoffe, wie die von Stinktieren, aber auch von Wanzen und Küchenschaben ausgeschiedenen Stinksekrete. Bei *Pflanzen* dienen D. der Anlockung von Tieren zur Bestäubung von Blüten, der Verbreitung von Sporen bei Pilzen (Stinkmorchel) oder zuweilen von Samen aus Früchten durch Tiere (z. B. Durianfrüchte durch Affen und Elefanten). Für Menschen widerl. D. können für Tiere (z. B. Fliegen) anlockend sein (Aasdüfte bei Aronstab und Stinkmorchel).

Auch der *Mensch* scheidet aus seinen Duftdrüsen D. aus, die den Individual- und Geschlechtsgeruch erzeugen. Da jedoch die menschl. Nase für die Wahrnehmung dieser D. nur noch wenig empfindlich ist, kann ihnen keine eindeutige Funktion zugeschrieben werden. Zahlreiche (für den Menschen) angenehm riechende D. (v. a. pflanzl. D.) werden aus natürl. Materialien gewonnen (z. T. auch synthetisiert) und in der Parfümerie, wo sie als Riechstoffe bezeichnet werden, und der Lebensmittelherstellung verwendet.

Du Fu, Tu Fu, chin. Dichter, *Duling (bei Xi'an, Prov. Shaanxi) 704, †Leiyang (Prov. Hunan) 770; wirkte als Hofpoet, Zensor und Kommissar im Ministerium für öffentl. Arbeiten, führte aber überwiegend ein Wanderleben in großer Armut. Neben Lɪ Taɪʙaɪ gilt er als bedeutendster chin. Lyriker.
Ausgabe: Gedichte, übers. v. E. ᴠᴏɴ Zᴀᴄᴋ, hg. v. J. R. Hɪɢʜᴛᴏᴡᴇʀ, 2 Bde. (1952).

Dufy [dy'fi], Raoul, frz. Maler und Grafiker, *Le Havre 3. 6. 1877, †Forcalquier (Dép. Alpes-de-Haute-Provence) 23. 3. 1953; schloss sich zunächst den Fauves (→Fauvismus) an, nahm dann Anregungen von P. Cézanne und G. Braque auf. Gegen 1920 gelangte er zu einem eigenen, heiter-dekorativen Stil, in dem er die Umwelt zeichnerisch schilderte und ihre Atmosphäre durch die Farbe einfing. D. malte u. a. südfrz. Landschaften, Strandbilder, Regatten und Badeszenen, beflaggte Straßen und Pferderennplätze. Er schuf auch Wandmalereien, Illustrationen, Keramiken und Entwürfe für Stoffe.
M. Lᴀꜰꜰᴀɪʟʟᴇ u. B. Dᴏʀɪᴠᴀʟ: R. D. Catalogue raisonné de l'œuvre peint, 4 Bde. (Genf 1972–77).

du Gard [dy'ga:r], Roger Martin, frz. Schriftsteller, →Martin du Gard, Roger.

Dugento [du'dʒento, ital.] *das,* →Duecento.

Düggelin, Werner, schweizer. Regisseur und Theaterleiter, *Zürich 7. 12. 1929; kam über Darmstadt, Zürich, München, Wien nach Basel, wo er 1968–75 Direktor des Stadttheaters und der Komödie war; dann freier Regisseur, u. a. in Zürich; inszenierte Klassiker, Werke von F. Dürrenmatt und B. Strauss, S. Beckett, auch Opern.

Dughet [dy'gɛ], Gaspard, auch **G. Poussin** [pu'sɛ̃], gen. **le Guaspre Poussin** [lə'gasprə pu'sɛ̃], frz. Maler, *Rom 7. 6. 1615, †ebd. 25. 5. 1675; Schwager und Schüler von N. Poussin, dessen Namen er mitunter führte. D. war zeitweilig von C. Lorrain beeinflusst. Seine auf Naturstudien beruhenden idealen Landschaften gehen in der Umsetzung sinnl. Erfahrung über die zeitgenöss. Landschaftsmalerei hinaus und verweisen bereits auf das 19. Jh., v. a. auf G. Courbet.

Dugong [malaiisch] *der, -s/-s* und *-e,* vom Aussterben bedrohte Art der →Seekühe.

Du Guesclin [dygɛ'klɛ̃], Bertrand, frz. Heerführer, *Schloss Motte-Broons (bei Dinan) um 1320, †bei der Belagerung von Châteauneuf-de-Randon (Dép. Lozère) 13. 7. 1380; aus altem breton. Adelsfamilie, während des →Hundertjährigen Krieges einer der wichtigsten Söldnerführer im Dienst des Königshauses Valois (zweimal mit hohen Lösegeldsummen aus Gefangenschaft freigekauft); vertrieb als Connétable de France (seit 1370) die Engländer aus fast allen im Frieden von →Brétigny an England abgetretenen frz. Besitzungen und verschaffte sich dabei ein immenses Vermögen. 1369 half er dem Grafen Heinrich von Trastámara, dem späteren König Heinrich II., im Kampf gegen dessen Halbbruder Peter I. das Königreich Kastilien zu gewinnen.
P. Cᴏɴᴛᴀᴍɪɴᴇ: Guerre, état et société à la fin du Moyen âge (Paris 1972).

Duhamel [dya'mɛl], Georges, frz. Schriftsteller, *Paris 30. 6. 1884, †Valmondois (Dép. Val-d'Oise) 13. 4. 1966; nahm als Frontarzt am Ersten Weltkrieg teil und thematisierte wiederholt Kriegserlebnisse (u. a. in der Novellensammlung ›Civilisation 1914–1917‹, 1918) aus humanitärer Perspektive. In seinen von scharfer Beobachtungsgabe und psycholog. Einfühlungsvermögen getragenen Romanen suchte er nach einem Weg aus geistiger und seel. Orientierungslosigkeit und Inhumanität. In seinem Romanzyklus ›La chronique des Pasquier‹, einer Familienchronik von 1890 bis nach dem Ersten Weltkrieg, gibt er, das zeithistor. Interesse mit humanitärem Anliegen verbindend, eine psychologisch differenzierte Schilderung des frz. Bürgertums dieser Epoche. Er wurde auch als Verfasser kulturhistor. Essays bekannt, in denen er sich u. a. gegen Materialismus, Kollektivismus und die Folgen der Technisierung in der modernen Welt wandte.

Weitere Werke: *Romane:* Zyklus Vie et aventures de Salavin: La confession de minuit (1920; dt. Mitternächtl. Beichte), Deux hommes (1924; dt. Zwei Freunde), Le journal de Salavin (1927), Le club des Lyonnais (1929), Tel qu'en lui-même (1932; die beiden letzteren dt. in: Dir kannst Du nicht entfliehen); La chronique des Pasquier, 10 Bde. (1933–41; dt. 3 Bde.: Über die Treppen von Paris, Götter in Paris, Schatten im Licht Paris); Cri des profondeurs (1951; dt. Schrei aus der Tiefe); Théophile (1958; dt. Theophil). – *Essays:* La possession du monde (1919; dt. Besitz der Welt); Entretiens sur l'esprit européen (1928); Scènes de la vie future (1930; dt. Spiegel der Zukunft); Géographie cordiale de l'Europe (1931; dt. Europ. Herzensgeographie); Positions françaises (1940). – *Autobiographie:* Lumières sur ma vie, 4 Bde. (1945–53).

L. WEHRLI: Welt, Mensch u. Stil im Werke G. D.'s (Wädenswil 1937); P. H. SIMON: G. D. Ou le bourgeois sauvé (Paris 1947); M. SAURIN: Les écrits de G. D., essai de bibliographie générale (ebd. 1951); A. LAFAY: La sagesse de G. D. (ebd. 1984).

Duhem [dy'ɛm], Pierre Maurice Marie, frz. Physiker, Philosoph und Wissenschaftshistoriker, *Paris 10. 6. 1861, †Cabrespine (Dép. Aude) 14. 9. 1916; lehrte theoret. Physik in Lille (1887–93), Rennes und als Prof. in Bordeaux (1894–1916); zahlr. Arbeiten zur Hydro-, Elektro-, und v. a. zur klass. Thermodynamik, wo er die Arbeiten von J. W. GIBBS und H. VON HELMHOLTZ weiterführte; bekämpfte den Atomismus. D. entwickelte eine bes. im Wiener Kreis einflussreich gewordene Wissenschaftslehre. Danach seien die physikal. Gesetze nichts als symbol. Konstruktionen, die die Wirklichkeit weder vollständig noch wahr noch falsch wiedergeben. Die Philosophie diene der Entwicklung metaphys. Hypothesen zum provisor. Begreifen der Welt. Durch seine fundierten wissenschaftsgeschichtl. Untersuchungen bahnte er ein neues und besseres Verständnis der spätmittelalterl. Physik und Astronomie an.

Werke: Le mixte et la combinaison chimique. Essai sur l'évolution d'une idée (1902); L'évolution de la mécanique (1903; dt. Die Wandlungen der Mechanik u. der mechan. Naturerklärung); Les sources des théories physiques, 2 Bde. (1905–06); La théorie physique. Son objet et sa structure, 2 Bde. (1905–06; dt. Ziel u. Struktur der physikal. Theorien); Essai sur la notion de théorie physique de Platon à Galilée (1909); Études sur Léonard de Vinci, 3 Bde. (1906–13); Le système du monde. Histoire des doctrines cosmologiques de Platon à Copernic, 10 Bde. (hg. 1913–59).

Dühring, Karl Eugen, Philosoph, Nationalökonom und Wissenschaftstheoretiker, *Berlin 12. 1. 1833, †Nowawes (heute zu Potsdam) 21. 9. 1921; war 1863 Privatdozent für Philosophie (später auch für Nationalökonomie) in Berlin. 1877 wurde D. wegen seiner heftigen Kritik am zeitgenöss. Universitätswesen in der 2. Auflage seiner ›Krit. Gesch. der allgemeinen Principien der Mechanik‹ (1873) die Lehrbefugnis entzogen; von da an war er freier Schriftsteller. Neben E. MACH und R. AVENARIUS gilt er als einer der bedeutendsten Vertreter des dt. →Positivismus. D. ver-

trat erkenntnistheoretisch einen Materialismus, neben dem auf eth. und sozialphilosoph. Gebiet ein teleolog. Optimismus steht. Dem darwinist. Kampf ums Dasein wird die Idee einer ›wirklich freien Gesellschaft‹ gegenübergestellt, in der alle Zwangs- und Herrschaftsverhältnisse beseitigt sind und die ebenso wie eine Veränderung der ökonom. Verhältnisse zum Ziel gesetzt werden muss. Die Ablehnung dieser Lehren in F. ENGELS' ›Anti-Dühring‹ als Vulgärmaterialismus und Utopismus geht u. a. auf die provozierende Marx-Kritik D.s zurück; D. sah die zeitgenöss. sozialist. Bewegungen ebenso als Hemmnis für eine freiere Gesellschaft an wie die christl. und die jüd. Religion. Deshalb bezeichnete er sich als den eigentl. ›Begründer‹ des Antisemitismus.

Weitere Werke: Der Werth des Lebens (1865); Krit. Grundlegung der Volkswirthschaftslehre (1866); Krit. Gesch. der Philosophie ... (1869); Krit. Gesch. der Nationalökonomie u. des Socialismus (1871); Logik u. Wissenschaftstheorie (1878); Robert Mayer, der Galilei des 19. Jh., 2 Bde. (1880–95); Der Ersatz der Religion durch Vollkommeneres (1883); Die Größen der modernen Lit., 2 Bde. (1893).

Duiflöte [zu ital. due ›zwei‹], Register der Orgel, →Doppelflöte.

Georges Duhamel

Jan Duiker: Freiluftschule in Amsterdam; 1928–30

Duiker ['dœjkər], Jan, niederländ. Architekt, *Den Haag 1. 3. 1890, †Amsterdam 23. 2. 1935; beeinflusst von der Bauhausarchitektur, Mitgl. der →Stijl-Gruppe. D. bestimmte mit seinen Stahlbetonbauten wesentlich das Bild der modernen Architektur Ende der 20er- und Anfang der 30er-Jahre in den Niederlanden.

Werke: Sanatorium Zonnestraal, Hilversum (1926–28, mit BERNARD BIJVOET); Freiluftschule in Amsterdam (1928–30); Kino Cineac ebd. (1934).

Duilius, Name eines röm. plebejischen Geschlechts, das im 3. Jh. v. Chr. ausstarb. GAIUS D. errang als Konsul 260 v. Chr. bei Mylai (Milae, heute Milazzo), bes. durch den Einsatz von Enterbrücken, den ersten großen röm. Seesieg über die Karthager.

Duineser Elegien, Gedichtzyklus von R. M. RILKE, 1923.

Duinkerken ['dœjnkɛrkə], Anton van, eigtl. **Wilhelmus Johannes Maria Antonius Asselbergs,** niederländ. Schriftsteller, *Bergen op Zoom 2. 1. 1903, †Nimwegen 27. 7. 1968; war ab 1952 Prof. der niederländ. Lit. an der Univ. Nimwegen; führender Vertreter der kath. Erneuerungsbewegung, scharfsinniger Essayist, behandelte meist ästhet. und soziale Probleme; auch Satiren und einfache, schmucklose Lieder.

Werke: *Gedichte:* Lyrisch labyrinth (1930); Hart van Brabant (1936); Verzamelde gedichten (1957); Verzamelde geschriften, 3 Bde. (1962).

Karl Eugen Dühring

Carl Duisberg

Duisburg
Stadtwappen

Stadt im Ruhrgebiet

an der Mündung der
Ruhr in den Rhein

33 m ü. M.

535 200 Ew.

Universität –
Gesamthochschule
seit 1972

größter Binnenhafen
der Erde

Schwerindustrie und
Kohlenbergbau

Zoo mit Delphinarium

aus einem fränk.
Königshof 1129
hervorgegangene
Reichsstadt

1655–1818 Sitz der
klevischen
Landesuniversität

Duisberg [ˈdyːs-], Friedrich Carl, Chemiker und Industrieller, *Barmen (heute zu Wuppertal) 29. 9. 1861, †Leverkusen 19. 3. 1935; trat 1884 in die Farbenfabriken Bayer in Elberfeld ein; ab 1912 Generaldirektor des nach Wiesdorf (heute zu Leverkusen) verlegten Unternehmens. Schon 1904 setzte sich D. für einen Zusammenschluss der chem. Industrie in Dtl. ein, der mit der Gründung der I. G. Farbenindustrie AG 1925 verwirklicht wurde, wobei er auch den Vorsitz in deren Verw.- und Aufsichtsrat übernahm. Seine wiss. Arbeiten behandelten v. a. die Darstellung neuer Farbstoffe. Er förderte die Grundlagenforschung und schuf enge Beziehungen zw. der Wiss. und der chem. Industrie. – Nach D. ist die →Carl-Duisberg-Gesellschaft e. V. benannt.

Duisburg [ˈdyːs-], kreisfreie Stadt im Reg.-Bez. Düsseldorf, NRW, im westl. Ruhrgebiet, 535 200 Ew.; D. liegt beiderseits des Rheins (6 Rheinbrücken), 33 m ü. M., an den Mündungen von Emscher und Ruhr, von der hier der Rhein-Herne-Kanal abzweigt. D. ist Sitz der Verbände der dt. und europ. Binnenschifffahrt, der Schifferbörse sowie einer Versuchsanstalt für Binnenschifffahrt. Wilhelm-Lehmbruck-Museum, Kultur- und Stadthistor. Museum mit Binnenschifffahrtsmuseum, Dt. Oper am Rhein, Zoo (mit Delphinarium). Die Gerhard-Mercator-Univ. – Gesamthochschule D. wurde 1972 durch Zusammenschluss der PH und der FH für Maschinenwesen gegründet; Verw.- und Wirtschaftsakademie, Fraunhofer-Inst., Musikhochschule, Sinfonieorchester und internat. Musikfestival, Schweißtechn. Versuchsanstalt. Im S das Erholungsgebiet Sechs-Seen-Platte mit dem Sportpark Wedau (Regattastrecke).

Der Rhein-Ruhr-Hafen D. ist mit einem Umschlag von (1996) 43,6 Mio. t die größte Binnenhafenanlage der Erde und nach Hamburg zweitgrößter Hafen Dtl.s: In den 30 Hafenbecken werden v. a. Rohstoffe (Erze, Mineralöl, Schrott, Steine und Erden, Steinkohle, Baustoffe), Halb- und Fertigerzeugnisse bes. der Eisen- und Stahlindustrie sowie Handelsgüter (bes. in Containern und Sattelaufliegern) umgeschlagen. Der Rhein-Ruhr-Hafen D. hat seit 1991 als erster Binnenhafen Europas eine Freihafenzone. D. ist ein Zentrum der dt. Eisen- und Stahlindustrie; 47% des Roheisens und 38% des in Dtl. produzierten Stahls werden in D. erzeugt; Walzwerksproduktion; Hüttenwerke in Hamborn und Huckingen. NE-Metallindustrie, anorgan. Chemie, Kohlechemie; ferner Lackindustrie, Schiffbau; Brauerei- sowie Mühlen- und Brotindustrie für das Ruhrgebiet; Mineralölraffinerie. Steinkohle wird nur noch im nördlichsten Stadtbezirk Walsum (1993; 3,1 Mio. t) gefördert. D. befindet sich nach dem Verlust von mehr als 20 000 Arbeitsplätzen im Stahlbereich in einem tief greifenden Strukturwandel. Neue Wirtschaftszweige und Technologien konnten u. a. mit dem Fraunhofer-Inst. für mikroelektron. Schaltungen und Systeme, den Technologiezentren der Gesellschaft für Technologieförderung und Technologieberatung und dem Anwenderzentrum Mikroelektronik NRW angesiedelt werden.

Stadtbild: Nach der Zerstörung der Altstadt 1944/1945 wurde die Salvatorkirche (15. Jh. über roman. Vorgängerbau 1903/04 neugotisch restauriert; mit dem Grab von MERCATOR) wiederhergestellt; spätgot. Dreigiebelhaus; Mercator-Halle (1957–62). Das ›Haus für Wirtschaftsförderung‹ wurde 1993 von dem brit. Architekten Sir N. FOSTER erbaut, der damit erstmals ein Projekt in Dtl. realisierte. ZVI HECKER gewann 1996 den Architekturwettbewerb für den Bau einer neuen Synagoge, die sich strahlenförmig zu dem geplanten Altstadtpark am Innenhafen öffnen wird. Im Stadtteil Hamborn die kath. Pfarrkirche St. Johann (Kirche des 1136 gegründeten Prämonstratenserklosters, im 15./16. Jh. umgebaut), nach dem Zwei-

ten Weltkrieg verändert aufgebaut. Pumpwerk ›Alte Emscher A‹ (1914) mit großer Stahlbetonkuppel. In Homberg über Schacht I der Zeche Rheinpreußen der ›Malakofturm‹ von 1879 sowie Eisenbahnhebeturm (1851–56).

Geschichte: D., urspr. eine fränk. Königspfalz, vom 11. bis 13. Jh. Reichsmünzstätte, 1129 als Reichsstadt bezeugt, kam 1290 durch Verpfändung an das Herzogtum Kleve. Von 1543 an setzte sich die Reformation durch, 1655–1818 bestand in D. die klev. Landesuniversität. Durch die Aufnahme einer regelmäßigen Schifffahrt nach den Niederlanden (v. a. Export der Ruhrkohle) setzte eine Neubelebung von Handel und Speditionsgeschäft ein. Ab 1851 entwickelte sich die Eisen schaffende Industrie. 1905 wurden Meiderich und Ruhrort, 1929 Hamborn, 1975 Walsum, Rheinhausen und Homberg eingemeindet.

Duisburger Forsch., Bd. 1 (1957 ff.); E. WAGNER u. G. RITTER: Zur Stadtgeographie von D. (1968); G. VON RODEN: Gesch. der Stadt D., 2 Bde. (1970–74).

Duit [dœjt, niederländ.] *der, -s/-s,* im 14. Jh. niederländ. Silbermünze im Wert von $^1/_4$ Groot oder $^1/_8$ Stuiver; nach 1573 in Kupfer geprägt. Die nach dem Vorbild des D. im 17. Jh. in westdt. Territorien (Bentheim, Kleve) geprägten kupfernen Scheidemünzen wurden als **Deut** bezeichnet; die Kaufkraft dieser Münzen war von sprichwörtlich geringem Wert. – Nachdem der D. wegen der vielen Nachprägungen schließlich 1701 aus dem Verkehr gezogen worden war, wurde er für den Gebrauch in Niederländisch-Indien nochmals in großen Mengen geschlagen. Dort galt der D. = $^1/_4$ Stuiver.

Duitama, Stadt in Kolumbien, 2 530 m ü. M., in der Ostkordillere, 65 900 Ew.; Bischofssitz; Handelszentrum, Nahrungsmittel- und Textilindustrie.

Dujardin [dyʒarˈdɛ̃], 1) Édouard, frz. Schriftsteller, *Saint-Gervais-la-Forêt (bei Blois) 10. 11. 1861, †Paris 31. 10. 1949; gehörte der symbolist. Bewegung an und war Begründer (bis 1888 Leiter) der ›Revue wagnérienne‹, die die Theorie eines Gesamtkunstwerks propagierte. Er dichtete im Vers libre und setzte sich auch theoretisch damit auseinander (›Les premiers poètes du vers libre‹, 1922). In seinem Roman ›Les lauriers sont coupés‹ (1888; dt. ›Geschnittener Lorbeer‹, auch u. d. T. ›Die Lorbeeren sind geschnitten‹) verwendete er als einer der Ersten den →inneren Monolog und wirkte damit u. a. auf J. JOYCE.

2) Karel, niederländ. Maler und Radierer, *Amsterdam um 1621/22, †Venedig 20. 11. 1678; tätig in Den Haag und Amsterdam, vor 1650 und ab 1674 in Italien; wahrscheinlich Schüler von N. BERCHEM. D. malte Porträts, bibl. und mytholog. Darstellungen, Volksszenen, v. a. aber ital. Landschaft mit verharrenden Gruppen von Vieh, Hirten und Reitern in schimmerndem Sonnenlicht; für seine Radierungen wählte er ähnl. Motive.

Dukas [wohl von dem byzantin. Militärrang des →Dux abgeleitet], byzantin. Adelsgeschlecht, wohl aus Paphlagonien, vielleicht auch aus Kappadokien stammend, im 9. Jh. erstmals erwähnt, im frühen 12. Jh. ausgestorben; stellte mit KONSTANTIN X. (1059–67) und MICHAEL VII. (1071–78) zwei byzantin. Kaiser. Nach KONSTANTINS Tod übernahm seine Witwe EUDOKIA die Regentschaft für die minderjährigen Söhne, bis ihr zweiter Mann ROMANOS IV. DIOGENES den Kaiserthron bestieg (1068).

Dukas, byzantin. Geschichtsschreiber, *um 1400, †nach 1462; gab in seinem wohl kurz nach 1462 abgefassten (namenlosen) Werk (nur in einer Fassung des 16. Jh. und in einer ital. Übersetzung aus dem 15. Jh. überliefert) einen Abriss der Weltgesch. bis 1204, eine Darstellung der byzantin. Herrscher bis MANUEL II. PALAIOLOGOS (1391–1425) und einen zeitgeschichtl. Abriss, in dem er ausführlich über den Fall Konstantinopels berichtete.

Ausgaben: Istoria turco-bizantină (1341–1462), hg. v. B. GRECU (1958; mit rumän. Übers.); Decline and fall of Byzantium to the Ottoman Turks, hg. u. übers. v. H. MAGOULIAS (1975).

Dukas [dy'ka], Paul, frz. Komponist und Musikkritiker, *Paris 1. 10. 1865, †ebd. 17. 5. 1935; war seit 1928 Leiter einer Klasse für Komposition am Pariser Conservatoire. Seine Werke – unter dem Einfluss von C. FRANCK und R. WAGNER – zeigen eine melod., rhythmisch durchgestaltete Musiksprache in glänzender Instrumentation.

Werke: Sinfonie C-Dur (1897); L'apprenti sorcier (1897, sinfon. Scherzo nach GOETHES Ballade ›Der Zauberlehrling‹); Sonate es-Moll (1901, für Klavier); Villanelle (1906, für Horn und Klavier); Ariane et Barbe-Bleue (1907, Oper nach M. MAETERLINCKS gleichnamigem Drama); La Péri (1912; Tanzdichtung).
Schriften: Les écrits sur la musique (hg. 1948); Chroniques musicales sur deux siècles, 1892–1932 (hg. 1980).
G. FAVRE: L'œuvre de P. D. (Paris 1969).

Dukat [lat.], **1)** *der, -en/-en,* verbreitetste europ. goldene Handelsmünze, benannt nach der Rückseitenumschrift des erstmals 1284 in Venedig geprägten D.-Grundtyps (→Zecchino): ›Sit tibi Christe datus quem tu regis iste ducatus‹ (›Dir, Christus, sei dieses Herzogtum, welches du regierst, gegeben‹). Nachdem sich der D. als Handelsmünze im Spät-MA. in Europa durchgesetzt hatte, wurde er, zuerst unter Beibehaltung des venezian. Typs, dann in abgewandelter Form schließlich in fast allen europ. Ländern geprägt, z. T. bis ins 20. Jh. hinein (so u. a. auch in Österreich). In Dtl. wurde der D. 1559 in der Augsburger Reichsmünzordnung zur offiziellen Goldmünzeinheit des Hl. Röm. Reiches Dt. Nation erklärt und unverändert in Rau- und Feingewicht (3,49 g; 3,44 g fein) noch nach 1806 geprägt; die letzte Ausmünzung erfolgte 1872 in Hamburg.
2) *der, -s/-e,* der Zuständigkeitsbereich des →Dux.

Dukatenfalter, Feuerfalter, Heodes virgaureae, in Europa lebender Tagschmetterling aus der Familie →Bläulinge mit goldrot glänzenden, schwarz gesäumten Flügeln bei den Männchen.

Dukatenfalter
(Spannweite 3,5 cm)

Dukatengold, Gold mit einem Feingehalt von $\frac{986}{1000}$.

Duke [dju:k; engl., von lat. dux ›Führer‹] *der, -/-s,* höchstes engl. Adelsprädikat, dem →Herzog entsprechend, weibl. Form **Duchess** ['dʌtʃɪs]; wurde urspr. nur Mitgl. des königl. Hauses verliehen, seit RICHARD II. (1377–99), häufiger seit dem 17. Jh., auch anderweitig. Die ›royal dukes‹ (Anrede: Your Royal Highness) behielten jedoch den Vorrang vor anderen Herzögen (Anrede: Your Grace). – Die Einführung der herzogl. Würde in England geht zurück auf die Schaffung des ersten engl. Herzogtums (Cornwall) durch EDUARD III. für seinen ältesten Sohn EDUARD (den ›Schwarzen Prinzen‹) 1337.

Dukelský priesmyk ['dukɛlski: 'priɛsmik], slowak. für →Duklapass.

Duke of York Islands ['dju:k ɔf 'jɔ:k 'aɪləndz], früher **Neulauenburg,** Inselgruppe im Bismarckarchipel, SW-Pazifik, Papua-Neuguinea, 60 km², 6 400 Ew.; Korallenatolle mit Anbau von Kokospalmen.

Düker [niederdt. ›Taucher‹], auf dem Prinzip der kommunizierenden Röhren beruhende Führung von

Duisburg: Hafenanlagen

Rohrleitungen unter Hindernissen (Flüssen, Kanälen oder Tunneln).

Duke University ['dju:k ju:nɪ'vɔ:sɪtɪ], Univ. in Durham (N. C., USA), gegr. 1838 (Satzung 1841) als Lehrerbildungseinrichtung, seit 1859 Trinity College, das 1892 nach Durham verlegt wurde; seit 1924 Univ. dank der Stiftung des Tabakmagnaten JAMES BUCHANAN DUKE (*1857, †1925); (1993) rd. 11 600 Studenten.

Duklapass, poln. **Przełęcz Dukielska** ['pʃɛuɛndʒ du'kjɛlska], slowak. **Dukelský priesmyk** ['dukɛlski: 'priɛsmik], wichtiger Karpatenübergang (502 m ü. M.) in den Beskiden zw. Polen und der Slowak. Rep., südlich des poln. Ortes Dukla (Wwschaft Krosno).

Dukou, Industriestadt in SW-Sichuan, China, 520 000 Ew. – D. entwickelte sich erst mit dem Aufbau der Eisen- und Stahlindustrie nach dem Zweiten Weltkrieg und wird auch gegenwärtig stark ausgebaut.

Dukovany, Kernkraftwerk in der Tschech. Rep., südwestlich von Brünn; arbeitet mit vier Blöcken und einer elektr. Bruttogesamtleistung von 1 782 MW; der erste Block (elektr. Leistung 442 MW) wurde 1985 in Betrieb genommen.

Duktilität [zu lat. ductilis ›ziehbar‹, ›dehnbar‹] *die, -,* Bez. für die Dehnbarkeit, Verformbarkeit; auch Maß für Streckbarkeit, z. B. von Werkstoffen, als die Länge, bis zu der sich das Material unter bestimmter Beanspruchung ausziehen lässt, definiert.

Duktus, Ductus [lat. ›Zug‹, ›Führung‹, ›Leitung‹, ›innerer Zusammenhang‹] *der, -,* **1)** *allg.:* charakterist. Linienführung einer Schrift.
2) *Kunst:* Strich- oder Pinselführung, bedingt durch die individuelle Handhaltung eines Künstlers bei der Ausführung seiner zeichner., graf. oder maler. Werke; er ist von Bedeutung bei Werken mit umstrittener Zuschreibung.

Duku [malaiisch], süße Früchte des im Malaiischen Archipel und Hinterindien viel kultivierten Lansibaumes (Lansium domesticum, Familie Meliaceae). Der essbare Teil ist der saftige Arillus (Samenmantel). Es gibt auch samenlose Formen.

Dukus Horant, um 1300 entstandenes, fragmentarisch überliefertes, in mhd. Sprache verfasstes und in hebr. Schrift aufgezeichnetes Brautwerbungsepos (rd. 280 vierzeilige Strophen) aus dem Hilde-Kudrun-Sagenkreis (der Bote Horant wirbt um Hilde, Tochter des Königs von Griechenland), das Elemente höf.

Paul Dukas

Dukat
(Hohenlohe-Neuenstein 1804, geprägt in Nürnberg; Durchmesser 21,5 mm)

Vorderseite

Rückseite

Renato Dulbecco

Epik mit Zügen der Spielmannsdichtung verbindet; es ist das älteste Zeugnis einer größeren, für aschkenas. Juden bestimmten Dichtung.

Dulbęcco [engl. dʌl'bekəʊ], Renato, amerikan. Biologe ital. Herkunft, *Catanzaro 22. 2. 1914; war 1940–45 Dozent für Pathologie, dann für Histologie und Embryologie an der Univ. Turin, ging 1947 in die USA, wurde 1954 Prof. für Biologie am California Institute of Technology (Pasadena) und 1974 stellv. Leiter des ›Imperial Cancer Research Funds Laboratory‹ in London. 1975 erhielt er mit H. M. TEMIN und D. BALTIMORE den Nobelpreis für Physiologie oder Medizin für Entdeckungen auf dem Gebiet der Interaktion des Tumorvirus mit der Erbmasse der Zelle. D. fand durch Zellkulturen heraus, dass ein Tumorvirus entweder zur Zerstörung der Zellen oder zu deren Umformung führt; das Erbmaterial des Virus bleibt in der transformierten Zelle, regt diese zur Bildung neuer Viren an oder verwandelt sie in eine onkogene (Krebs erzeugende) Zelle.

dųlce et decọrum ęst pro pạtria mọri [lat.], ›süß und ehrenvoll ist es, für das Vaterland zu sterben‹ (Zitat aus HORAZ' Carmina 3, 2, 13).

Dulcinęa [-θi-], **Dulzinęa von Tobọso,** Figur der eingebildeten Geliebten Don Quijotes in M. DE CERVANTES SAAVEDRAS Roman ›El ingenioso hidalgo Don Quijote de la Mancha‹ (2 Tle., 1605–15); heute scherzhaft für ›Angebetete‹.

Duldsamkeit, sittl. Grundforderung, auch von den meisten Religionen vertreten (→Toleranz).

Duldungsvollmacht, →Anscheinsvollmacht.

Dülfer, Hans, Bergsteiger, *23. 5. 1892, †(gefallen) bei Arras 15. 6. 1915; Pionier in der Verwendung von künstl. Hilfsmitteln und Seiltechniken; er bezwang zahlr. Alpenwände; nach ihm benannt der **D.-Sitz.**
Hans D. Bergsteiger, Markstein, Legende, hg. v. FRITZ SCHMITT (1985).

Dulịchius, Philipp, Komponist, *Chemnitz 18. 12. 1562, †Stettin 24. 3. 1631; wirkte seit 1587 als Kantor in Stettin; komponierte etwa 250 Motetten, die dem niederländisch-polyphonen Stil O. DI LASSOS und dem der venezian. Schule nahe stehen.

Dulịe [griech. ›Dienstbarkeit‹] die, -/...'lịen, **Dulịa,** in der kath. Kirche und in den Ostkirchen der relative Kult, d. h. die Verehrung, nicht Anbetung, die etwa Engeln, Heiligen, Reliquien u. a. erwiesen wird.

Dullenried, vorgeschichtl. Dorf aus acht ovalen Schilfhütten mit Holzboden (Grundrisse noch gut erhalten) am einstigen Ufer des Federsees bei Buchau (Bad.-Württ.). Die Funde (v. a. Keramik) wurden der →Michelsberger Kultur zugewiesen, doch sprechen jüngst durch Pollenanalyse gewonnene Daten für eine Entstehung des Dorfes in der frühen Bronzezeit.

Duller, Eduard, Schriftsteller und Journalist, *Wien 9. 11. 1809, †Wiesbaden 24. 7. 1853; gemäßigter Frühliberaler, als Herausgeber der Zeitschrift ›Phönix‹ Parteigänger der Jungdeutschen. Er wurde 1851 Prediger der dt.-kath. Gemeinde in Mainz. D.s zahlr. Werke, bes. die historischen, waren während des 19. Jh. weit verbreitet.
Werke: *Romane:* Loyola, 3 Bde. (1836); Kaiser u. Papst, 4 Bde. (1838). – *Lyrik:* Gedichte (1845). – *Abhandlungen:* Geschichte des dt. Volkes, 2 Bde. (1840); Vaterländ. Geschichte ..., 5 Bde. (1852–58).

Dulles ['dʌləs], 1) Allan Welsh, amerikan. Politiker, *Watertown (N. Y.) 7. 4. 1893, †Washington (D. C.) 29. 1. 1969, Bruder von 2); trat 1916 in den diplomat. Dienst, leitete während des Zweiten Weltkriegs von Bern aus den amerikan. Nachrichtendienst, das ›Office of Strategic Services‹ (OSS). D. trug in dieser Position maßgeblich zur Kapitulation der dt. Truppen in Italien bei. Nach Kriegsende leitete er die OSS-Mission in Dtl. und beriet die amerikan. Reg. beim Aufbau des CIA, den er 1953–61 leitete.

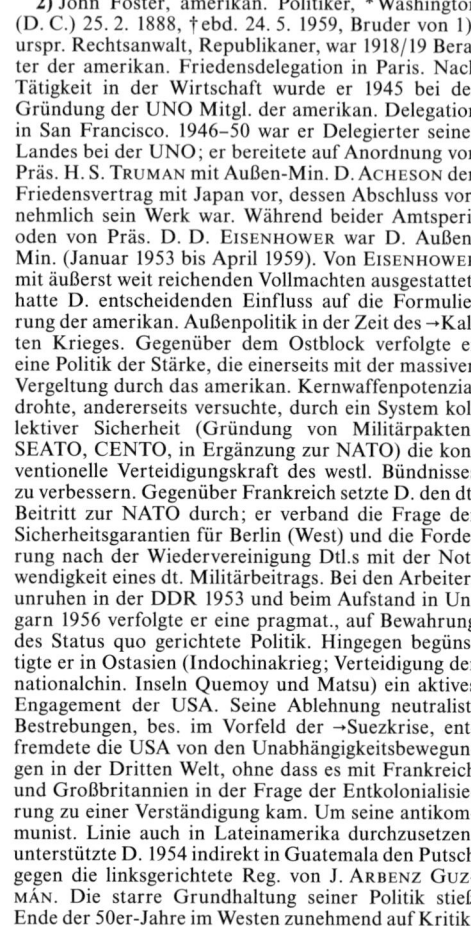

2) John Foster, amerikan. Politiker, *Washington (D. C.) 25. 2. 1888, †ebd. 24. 5. 1959, Bruder von 1); urspr. Rechtsanwalt, Republikaner, war 1918/19 Berater der amerikan. Friedensdelegation in Paris. Nach Tätigkeit in der Wirtschaft wurde er 1945 bei der Gründung der UNO Mitgl. der amerikan. Delegation in San Francisco. 1946–50 war er Delegierter seines Landes bei der UNO; er bereitete auf Anordnung von Präs. H. S. TRUMAN mit Außen-Min. D. ACHESON den Friedensvertrag mit Japan vor, dessen Abschluss vornehmlich sein Werk war. Während beider Amtsperioden von Präs. D. D. EISENHOWER war D. Außen-Min. (Januar 1953 bis April 1959). Von EISENHOWER mit äußerst weit reichenden Vollmachten ausgestattet, hatte D. entscheidenden Einfluss auf die Formulierung der amerikan. Außenpolitik in der Zeit des →Kalten Krieges. Gegenüber dem Ostblock verfolgte er eine Politik der Stärke, die einerseits mit der massiven Vergeltung durch das atomare Kernwaffenpotenzial drohte, andererseits versuchte, durch ein System kollektiver Sicherheit (Gründung von Militärpakten: SEATO, CENTO, in Ergänzung zur NATO) die konventionelle Verteidigungskraft des westl. Bündnisses zu verbessern. Gegenüber Frankreich setzte D. den dt. Beitritt zur NATO durch; er verband die Frage der Sicherheitsgarantien für Berlin (West) und die Forderung nach der Wiedervereinigung Dtl.s mit der Notwendigkeit eines dt. Militärbeitrags. Bei den Arbeiterunruhen in der DDR 1953 und beim Aufstand in Ungarn 1956 verfolgte er eine pragmat., auf Bewahrung des Status quo gerichtete Politik. Hingegen begünstigte er in Ostasien (Indochinakrieg; Verteidigung der nationalchin. Inseln Quemoy und Matsu) ein aktives Engagement der USA. Seine Ablehnung neutralist. Bestrebungen, bes. im Vorfeld der →Suezkrise, entfremdete die USA von den Unabhängigkeitsbewegungen in der Dritten Welt, ohne dass es mit Frankreich und Großbritannien in der Frage der Entkolonialisierung zu einer Verständigung kam. Um seine antikommunist. Linie auch in Lateinamerika durchzusetzen, unterstützte D. 1954 indirekt in Guatemala den Putsch gegen die linksgerichtete Reg. von J. ARBENZ GUZMÁN. Die starre Grundhaltung seiner Politik stieß Ende der 50er-Jahre im Westen zunehmend auf Kritik.
R. DRUMMOND u. G. COBLENTZ: Duell am Abgrund. J. F. D. u. die amerikan. Außenpolitik 1953–1959 (a. d. Amerikan., 1961); T. HOOPES: The devil and J. F. D. (Boston, Mass., 1973); R. W. PRUSSEN: J. F. D. (New York 1982).

Dullin [dy'lɛ̃], Charles, frz. Schauspieler, Regisseur und Theaterleiter, *Yenne (Dép. Savoie) 12. 5. 1885, †Paris 11. 12. 1949; kam aus der Schule J. COPEAUS, Gründer des ›Théâtre de l'Atelier‹ (urspr. Theaterschule). Er lehrte eine Schauspielkunst der strengen Wahrhaftigkeit und war Feind alles Dekorativen und Rhetorischen. Zu seinen Schülern zählten J.-L. BARRAULT, J. VILAR und M. MARCEAU. 1943 inszenierte er die Uraufführung von J.-P. SARTRES ›Les mouches‹ im besetzten Paris.

Dülmen, Stadt im Kr. Coesfeld, NRW, im südwestl. Münsterland, 46–130 m ü. M., 44 000 Ew.; mittelständische Ind., Maschinenbau, Bekleidungsindustrie, Baugewerbe; Wildpferdgehege im Merfelder Bruch, Wildpark. – Das um einen bischöfl. Richthof erwachsene Dorf (889 erwähnt) erhielt 1311 münstersches Stadtrecht. 1802/03 kam D. an die Herzöge von Croy, 1815 als Teil der neu gegründeten preuß. Prov. Westfalen an Preußen.

Dülmener, neben dem Senner Pony einzige urtüml. Ponyrasse Dtl.s, halb wild gehalten im Merfelder Bruch bei Dülmen. Wegen Einkreuzung fremdblütiger Hengste ist der Fortbestand der Rasse infrage gestellt; Stockmaß etwa 130 cm.

Dulong [dy'lɔ̃], Pierre Louis, frz. Physiker und Chemiker, *Rouen 12. 2. 1785, †Paris 19. 7. 1838; an-

John F. Dulles

fangs Arzt, ab 1820 Prof. an der École polytechnique in Paris, seit 1823 Mitgl. der Académie des sciences. D. entdeckte u. a. das Stickstofftrichlorid (1811) und untersuchte mit A. T. PETIT die Wärmeausdehnung (1818) und die spezif. Wärmekapazität versch. Stoffe (→Dulong-Petit-Regel) sowie die Wärmeleitung von Gasen. Von techn. Bedeutung waren seine Messungen des Wasserdampfdrucks bei hohen Temperaturen (1830; mit D. F. ARAGO) und seine Arbeit über Reaktionswärmen und Heizwerte (1838).

Dulong-Petit-Regel [dy'lõ pə'ti-, frz.], von P. L. DULONG und A. T. PETIT 1819 formulierte Regel, nach der die Wärmekapazität aller festen Elemente unabhängig von der absoluten Temperatur T ist und pro Mol $3R = 25\,\mathrm{J\,K^{-1}\,mol^{-1}}$ beträgt (R = universelle Gaskonstante). Diese Regel ist für Temperaturen, die oberhalb der Debye-Temperatur des jeweiligen Stoffs liegen, gut erfüllt; bei Zimmertemperatur gilt sie nur für Metalle hinreichend genau. Sie folgt aus der statist. Mechanik, wenn man annimmt, dass die spezif. Wärmekapazität nur von den Gitterschwingungen herrührt (→Debye-Theorie) und für deren potenzielle und kinet. Energie nach dem Gleichverteilungssatz jeweils der Betrag $\frac{3}{2}RT$ angesetzt werden kann.

Dulosis [zu griech. doũlos ›Knecht‹, ›Sklave‹] die, **Sklavenhalterei,** eine Form des Parasitismus, die bei bestimmten Ameisen (z. B. Amazonenameise) vorkommt: Arbeiterinnen verschleppen aus den Nestern anderer Ameisen die Brut in ihr eigenes Nest, ziehen sie auf und halten sie anschließend als ›Sklaven‹.

Duluth [də'lu:θ], Stadt in Minnesota, USA, am W-Ende des Oberen Sees, 85 500 Ew.; kath. Bischofssitz; Zweig der University of Minnesota; als westl. Endpunkt des Sankt-Lorenz-Seeweges einer der bedeutendsten Binnenhäfen der USA; vielseitige Industrie (u. a. Eisen- und Stahlgewinnung).

Dulzian [zu lat. dulcis ›süß‹] der, -s/-e, **1)** im 16. und 17. Jh. ein in mehreren Größen gebautes Doppelrohrblattinstrument, bestehend aus einer Holzröhre mit u-förmig gebogener, kon. Innenbohrung, Metallanblasrohr, 7–8 Grifflöchern (davon 1–2 mit Klappen) und 1–2 Daumenlöchern. Der D. ist eine Frühform des Fagotts. **2) Dolcian,** seit dem 16. Jh. ein nasal (fagottartig) klingendes Zungenregister der Orgel im 16- oder 8-Fuß.

Dülmener (Stockmaß etwa 1,3 m)

Dulzinea von Toboso, literar. Figur, →Dulcinea.
Duma [russ. ›Gedanke‹, zu altslaw. dumat' ›nachdenken‹] die, -/...my und ...men, **Dumka,** das epische Lied der Kosaken, das sich im 15.–17. Jh. in der Ukraine entwickelte (zu unterscheiden vom histor. Lied und der →Byline der Russen). Die D. besang, von Berufssängern (Kobsaren) zur Kobsa (oder Bandura)

rezitatorisch improvisiert, mit einem festen Formelbestand histor. Figuren und Ereignisse oder Kosakenkämpfe. Die jüngere Schicht aus der Epoche des Hetmans B. CHMELNICKIJ ist bereits stärker literarisch beeinflusst. – Zu den musikal. Kennzeichen der D. gehören Mollfärbung, langsames Tempo und ein elegisch-sentimentaler Ausdruck. Die D. fand auch Eingang in die Instrumentalmusik bes. osteurop. Komponisten des 19. Jh., z. B. schrieb A. DVOŘÁK ein Klaviertrio ›Dumky‹ (1891).

Texte: Istoričeskie pesni malorusskogo naroda, 2 Bde. (1874–75); Melodii ukrains'kich narodnich dum, hg. v. F. KOLESSA, 2 Bde. (1910–13).

Duma die, -/-s, in Russland Bez. für beratende Versammlungen und gewählte Volksvertretungen: **1) Bojaren-D.,** russ. **bojarskaja duma,** oberstes Beratungsgremium der russ. Herrscher ohne ausgeprägten rechtlich-institutionellen Charakter. Hervorgegangen aus der älteren →Druschina, umfasste sie vor dem 11. Jh. auch Bischöfe und Stadtälteste, später Vertraute des Herrschers, die Spitzen der Verw. und Vertreter einflussreicher Adelsfamilien, jedoch ohne klare Abgrenzung. Obwohl die D. in Moskau in ihren polit. Funktionen verfassungsrechtlich nicht verankert wurde, blieb sie bis Ende des 17. Jh. die höchste administrative Institution mit beratenden und richterl. Funktionen. Im 16. Jh. wurden – neben Bojaren und Okolnitschije (zweiter Hofrang nach den Bojaren) – auch →Dworjane und →Djaken berufen. PETER D. GR. löste die D. 1711 im Zuge des Umbaus der Zentralverwaltung (Schaffung des Senats) auf.

2) Stadt-D., russ. **gorodskaja duma,** durch die Stadtreform (1785) KATHARINAS II. geschaffenes Organ städt. Selbstverwaltung auf stand. Grundlage, bestehend aus Vertretern der sechs Gruppen: Haus- und Grundbesitzer, Kaufleute, auswärtige Kaufleute, namhafte Bürger, Kleinbürger und Zunftangehörige.

Zw. 1870 und 1917 hieß so die Stadtverordnetenversammlung, die durch die Stadtordnung vom 16. 6. 1870 (revidierte Fassung 1892) nach einem scharfen Zensuswahlrecht in 423 (nach der revidierten Fassung in 758) Städten des russ. Reiches eingerichtet worden war. Ihre Exekutivorgane waren die Stadtverwaltung (uprava) und das Stadtoberhaupt.

3) Reichs- bzw. Staats-D., russ. **gossudarstwennaja duma,** 1905/06–17 die russ. Volksvertretung neben dem Reichsrat als erster Kammer. Zunächst nur als beratende Versammlung vorgesehen, erhielt sie durch das Manifest vom 30. 10. 1905 das Gesetzgebungsrecht, allerdings bei absolutem Vetorecht des Kaisers, dem allein die Minister verantwortlich waren. Die Abg. wurden auf fünf Jahre gewählt nach einem am 24. 12. 1905 erweiterten Wahlrecht, das den Adel und teilweise die Bauern begünstigte und die Frauen generell ausschloss. Zur Wahlversammlung der Gouvernements wurden Wahlmänner entsandt, die sich auf vier Kurien (Grundbesitzer, Bauern, Städter und Arbeiter) verteilten und nach einem unterschiedl. Wahlmodus ermittelt wurden. Die erste D. trat am 10. 5. 1906 zusammen, wurde aber ihrer radikalen Haltung wegen schon am 22. 7. aufgelöst. Die noch radikaler zusammengesetzte zweite D. tagte nur kurz (5. 3.–16. 6. 1907). Über die volle Legislaturperiode hatte allein die dritte D. Bestand (14. 11. 1907–22. 6. 1912), nachdem das oktroyierte Wahlgesetz vom 16. 6. 1907 eine deutl. konservative Mehrheit gesichert hatte. Aus der vierten D. (28. 11. 1912–11. 3. 1917), die nach ihrer Auflösung durch NIKOLAUS II. während der Februarrevolution 1917 ein Exekutivkomitee bildete, ging die Provisor. Regierung hervor.

4) Staats-D., russ. **gossudarstwennaja duma,** im Zweikammerparlament Russlands das Unterhaus (450 Abg.), für das am 12. 12. 1993 erstmals Wahlen stattfanden und dessen konstituierende Sitzung zeit-

Pierre Dulong (Kupferstich von Ambroise Tardieu; 1825)

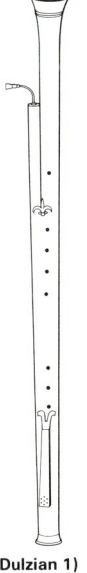
Dulzian 1)

gleich mit der des Föderationsrates (Oberhaus) am 11. 1. 1994 stattfand.

Dumaguete [-ˈɣete], Hafenstadt und Hauptstadt der Prov. Negros Oriental, Philippinen, auf der Insel Negros, 63 400 Ew.; zwei Univ. (gegr. 1901 und 1949); Töpfereien, Korbwarenherstellung; Großmärkte.

Dumai, wichtiger Erdölhafen auf NO-Sumatra, Prov. Riau, Indonesien. Das Öl wird in Rohrleitungen zur Verladung (Tanker bis 200 000 t) herangeführt, z. T. in der Raffinerie Putri Tujuh verarbeitet.

Dumarchais [dymarˈʃɛ], Pierre, frz. Schriftsteller, →Mac Orlan, Pierre.

Dumas [dyˈma], 1) Alexandre, gen. **D. père** [-pɛːr], eigtl. **A. Davy de la Pailleterie** [daˈvi də la pajeˈtri], frz. Schriftsteller, *Villers-Cotterêts (bei Soissons) 24. 7. 1802, †Puys (bei Dieppe) 5. 12. 1870, Vater von 2); schrieb 1829 das erste romant. Drama ›Henri III et sa cour‹, dem zahlr. histor. Prosadramen folgten (u. a. ›Antony‹, 1831, dt.; ›La Tour de Nesle‹, 1832; ›Catherine Howard‹, 1834; ›Kean‹, 1836, dt.). Bes. bekannt wurden seine über 300, z. T. unter Mitarbeit von A. Maquet (* 1813, † 1888) und P. Lacroix (* 1806, † 1884) verfassten histor. Abenteuerromane, die sich durch lebendige, fesselnde Darstellung, dramat. Dichte und gestalter. Fantasie auszeichnen und in der Nachfolge W. Scotts stehen (darunter ›Les trois mousquetaires‹, 8 Bde., 1844; dt. ›Die drei Musketiere‹).

Weitere Werke: *Romane:* Vingt ans après, 10 Bde. (1845; dt. Zwanzig Jahre später; 1. Fortsetzung von ›Les trois mousquetaires‹); Vicomte de Bragelonne ou dix ans plus tard, 18 Bde. (1845–46; dt. Der Vicomte von Bragelonne oder zehn Jahre später; 2. Fortsetzung von ›Les trois mousquetaires‹); Le comte de Monte-Cristo, 18 Bde. (1845–46; dt. Der Graf von Monte Christo); Le collier de la reine, 11 Bde. (1840–50; dt. Das Halsband der Königin). – Mes mémoires, 22 Bde. (1852–54; dt. Memoiren).

Ausgabe: Œuvres complètes, 9 Bde. (1947). – Werke, bearb. v. F. Wencker, 18 Bde. (1927–29).

J. Charpentier: A. D. (Paris 1947); H. Clouard: A. D. (ebd. 1955); A. Maurois: Die drei D. (a. d. Frz., 1959); A. Adler: D. u. die böse Mutter. Über zehn histor. Romane v. A. D. d. Ä. (1979); G. Henry: Le secret de Monte Cristo ou les aventures des ancêtres d'A. D. (Neuausg. Condé-sur-Noireau 1982); C. Schopp: A. D., le génie de la vie (Paris 1985); M. Hohmann: Erkenntnis u. Verführung. Erzählstrategien u. erzählte Gesch. im Romanwerk A. D.' (1992).

2) Alexandre, gen. **D. fils** [-fis], frz. Schriftsteller, * Paris 27. 7. 1824, † Marly-le-Roi (bei Paris) 27. 11. 1895, Sohn von 1); schrieb Romane, die er z. T. dramatisierte (z. B. ›La dame aux camélias‹, 2 Bde., 1848; dt. ›Die Kameliendame‹, als Drama 1852; 1853 von G. Verdi u. d. T. ›La Traviata‹ nach einem Libretto von F. M. Piave vertont); später wandte er sich ganz dem Theater zu. In seinen dramatisch geschickt konstruierten Thesenstücken, deren Tendenz er durch (häufig) polem. Vorworte und die Einführung der Gestalt des ›raisonneurs‹ noch unterstrich, übte er Kritik an sozialen Vorurteilen und Moralvorstellungen der zeitgenöss. Gesellschaft; er wurde damit ein Begründer des modernen Gesellschaftsdramas.

Weitere Werke: *Romane:* Le roman d'une femme (1849); La vie à vingt ans (1850). – *Dramen:* Le demi-monde (1855; dt. Die Halbwelt); L'ami des femmes (1864; dt. Liebling der Frauen); Monsieur Alphonse (1875); Denise (1885); Francillon (1887; dt.).

Ausgabe: Théâtre complet, 8 Bde. (1905–18).

P. Lamy: Le théâtre de A. D. fils (Paris 1928); N. C. Arvin: A. D. fils (ebd. 1939); E. Saunders: La dame aux camélias et les D. (a. d. Engl., ebd. 1954).

3) Jean Baptiste André, frz. Chemiker und Politiker, * Alès 15. 7. 1800, † Cannes 11. 4. 1884; seit 1835 Prof. an der Pariser École polytechnique, 1841 Prof. an der Sorbonne, 1849–51 Landwirtschafts- und Handels- sowie Erziehungsminister. D. gab als erster frz. Hochschullehrer prakt. Laboratoriumskurse für Studenten; er entwickelte Verfahren zur Bestimmung der Dampfdichte sowie zur Ermittlung des Stickstoff-

gehaltes organ. Verbindungen, führte den Begriff Substitution für den Ersatz von Wasserstoff durch andere Atome in organ. Verbindungen ein und stellte eine Theorie (Typentheorie) der chemischen Bindung auf (→Valenztheorie).

4) Roland, frz. Politiker, *Limoges 23. 8. 1922, Rechtsanwalt, mehrfach Abg., Mitgl. des ›Parti Socialiste‹ (PS), war 1983/84 Europa-, 1984/85 und 1988–93 Außen-Min.; 1995 von Präs. F. Mitterrand zum Präs. des Verfassungsgerichts ernannt.

du Maurier [djuːˈmɔːrɪeɪ], **Du Maurier,** 1) Dame (seit 1969) Daphne, verh. Lady **Browning** [ˈbraʊnɪŋ], engl. Schriftstellerin, *London 13. 5. 1907, † Par (Cty. Cornwall) 19. 4. 1989, Enkelin von 2). Ihre in konventioneller Technik geschriebenen, z. T. verfilmten Erfolgsromane zeichnen sich durch spannende Handlung und exakte Charakterstudien aus. Ihr bekanntester Roman ist ›Rebecca‹ (1938; dt.), die aus der Perspektive der Ehefrau erzählte Geschichte einer jungen Ehe, die vom rätselhaften Tod der ersten Ehefrau überschattet wird.

Weitere Werke: *Romane:* The progress of Julius (1933; dt. Karriere); Jamaica Inn (1936; dt. Gasthaus Jamaica); Frenchman's creek (1941; dt. Die Bucht des Franzosen); The king's general (1946; dt. Des Königs General); My cousin Rachel (1951; dt. Meine Cousine Rachel); Mary Anne (1954; dt.); The scapegoat (1957; dt. Der Sündenbock); The glass-blowers (1963; dt. Die Glasbläser, auch u. d. T. Ein Kelch aus Kristall); The flight of the falcon (1965; dt. Das Geheimnis des Falken); Rule Britannia (1972; dt. Die standhafte Lady). – *Erzählungen:* The apple tree (1952; dt. Küß mich noch einmal, Fremder); Not after midnight (1971; dt. Spätestens in Venedig); Träum erst, wenn es dunkel wird (1982, dt. Ausw.). – The Rebecca notebook and other memories (1980). – The Du Mauriers (1937; dt. Kehrt wieder, die ich liebe. Roman meiner Familie).

M. Shallcross: The private world of D. du M. (London 1991); M. Forster: D. du M. Ein Leben (a. d. Engl., Zürich 1994).

2) George Louis Palmella Busson, brit. Zeichner und Schriftsteller, *Paris 6. 3. 1834, † London 6. 10. 1896; Karikaturist und Schriftleiter des ›Punch‹, für den er auch Texte verfasste. Er zeichnete auch Illustrationen zu W. M. Thackerays ›Ballads‹ und ›Esmond‹ und zu den von ihm selbst verfassten drei Romanen, die Szenen aus dem Künstlerleben enthalten.

Werke: *Romane:* Peter Ibbetson (1891; dt.); Trilby (1894; dt.); The martian (hg. 1897).

Ausgabe: The young G. Du M.: A selection of his letters, 1860–1867, hg. v. D. Du Maurier (1951).

Dumbarton [dʌmˈbɑːtn], Industrie- und Hafenstadt in der Strathclyde Region, W-Schottland, am Clyde, 22 000 Ew.; Whiskyherstellung; früher Schiffbau. – D. war als **Alcluith** [ˈælkluːθ, altirisch ›Fels des Clyde‹], in der lat. Form **Petra Cloithe** für 573 erstmals belegt, bis ins 11. Jh. Sitz der Könige von Strathclyde; der heutige Name geht auf den gäl. Namen Dunbreaton (›Befestigung der Briten‹) zurück. 1222 kam D. in den Besitz der schott. Könige und wurde Stadt, im 13. Jh. Mittelpunkt einer Grafschaft; mehrfach unter engl. Herrschaft.

Dumbarton Oaks [dʌmˈbɑːtn ˈəʊks], Landsitz in Washington (D. C.), der, im Besitz des Ehepaars Robert Woods Bliss, eine von diesem angelegte Studiensammlung und Bibliothek zur Erforschung v. a. der byzantin. und präkolumb. Kultur beherbergt. Durch Schenkung wurde die Sammlung 1940 in ein Institut der Harvard University umgewandelt; es trägt den Namen **D. O. Research Library and Collection** und gibt Publikationsorgane von Weltruf heraus (u. a. ›D. O. Studies‹).

Nach D. O. ist das 1937/38 von I. Strawinsky komponierte Concerto in Es für Kammerorchester benannt, das das Ehepaar Robert Woods Bliss in Auftrag gegeben hatte.

Auf D. O. fanden vom 21. 8. bis zum 28. 9. 1944 die vorbereitenden Gespräche zw. den USA, Großbritan-

Alexandre Dumas père (Lithographie)

Alexandre Dumas fils

Daphne du Maurier

nien und der UdSSR und vom 29. 9. bis 7. 10. 1944 zw. den USA, Großbritannien und China zur Gründung der geplanten Weltorganisation statt, die gemeinsam mit den Beschlüssen der Konferenzen von Jalta (Februar 1945) und San Francisco (April–Juni 1945) die Grundlage für die Satzung der →Vereinten Nationen bildeten.

The D. O. Research Library and Collection (Washington, D. C., 1946); D. LEVI: Antioch mosaic pavements, 2 Bde. (Princeton, N. J., 1947); The D. O. Collection (Washington, D. C., 1955); G. M. A. RICHTER: Catalogue of Greek and Roman antiquities in the D. O. Collection (Cambridge, Mass., 1956); Catalogue of the Byzantine and early medieval antiquities in the D. O. Collection, hg. v. M. C. Ross, 2 Bde. (Washington, D. C., 1962–65).

Dumbbellnebel [ˈdʌmbel-, engl.], *Astronomie:* der →Hantelnebel.

Dumbshow [ˈdʌmʃəʊ; engl. ›stumme Schau(stellung)‹] *die, -/-s,* eine häufig von Musik begleitete allegor. Pantomime im engl. Drama v. a. des 16. Jh. zur Verdeutlichung von Inhalt oder Sinn des Folgenden, gespielt vor Beginn der Aufführung eines Stückes oder einzelner Akte oder Szenen.

Dum Dum, Stadt im Bundesstaat West Bengal, Indien, im nördlichen Vorstadtbereich von Kalkutta, 363 100 Ew.; erster Herstellungsort von →Dumdumgeschossen.

Dumdumgeschosse [nach der ind. Stadt Dum Dum], erstmals in den 90er-Jahren des 19. Jh. in einer Munitionsfabrik in Dum Dum hergestellte Geschosse mit an der Spitze frei liegendem Bleikern (Teilmantelgeschoss), wodurch weniger leichte Eindringfähigkeit, aber sehr hohe Wirkung auf kurze Entfernung erzielt wird (große, kaum heilbare Wunde). Auch Geschosse mit zwar ummantelter, jedoch zylindrisch aufgebohrter Spitze (Hohlspitzgeschosse) gelten als D. Auf der Haager Friedenskonferenz 1899 wurden D. jeder Art verboten.

Dumézil [dymeˈzil], G e o r g e s Edmond Raoul, frz. Religions- und Sprachwissenschaftler, *Paris 4. 3. 1898, †ebd. 11. 10. 1986; 1925–31 Prof. der Religionsgesch. an der Univ. Istanbul, 1949–68 am Collège de France; bemühte sich v. a. um eine vergleichende Religions-, Sozial- und Kulturgesch. der Indogermanen und ging Zusammenhängen zw. der Sozialordnung und der Religionsform nach.

Werke: L'idéologie tripartie des Indo-Européens (1958); Documents anatoliens sur les langues et les traditions du Caucase, 3 Bde. (1960–67); La religion romaine archaïque (1966); Mythe et épopée, 3 Bde. (1968–71); Les dieux souverains des Indo-Européens (1977); Mariages indo-européens, suivi de quinze questions romaines (1979).

Dumfries [dʌmˈfriːs], Hauptstadt der Dumfries and Galloway Region, SW-Schottland, 32 100 Ew.; Textil-, Schuh-, chem. Industrie, Maschinenbau.

Dumfries and Galloway Region [dʌmˈfriːs ænd ˈɡæləweɪ ˈriːdʒən], Region in SW-Schottland, 6 370 km², 147 800 Ew., Verw.-Sitz ist Dumfries; entstanden 1975 aus den ehem. Countys Wigtown, Kirkcudbright und Dumfries; erstreckt sich vom Solway Firth in die Southern Uplands (bis 843 m ü. M.); im Küstenland Milchwirtschaft mit Rinderaufzucht (Galloway-Rinder), auf den Rauweiden des Berglands Schafhaltung, junge Aufforstungen; Kernkraftwerk (Nettoleistung 180 MW, Inbetriebnahme 1958) bei Chapelcross, geringe Industrialisierung.

Dumitriu, Petru, rumän. Schriftsteller, *Baziaş (Kreis Caraş-Severin) 8. 5. 1924; emigrierte 1960 nach Paris, lebt heute in Dtl. Während seine ersten Romane den Sittenverfall der feudalen und bürgerl. Oberschicht im alten Rumänien schildern (›Cronică de familie‹, 3 Bde., 1956; dt. ›Die Bojaren‹), handeln die späteren, im Exil geschriebenen Romane meistens von der dramat. Lage des Intellektuellen im kommunist. Osteuropa (›Incognito‹, frz. 1962; dt.).

Weitere Werke: *Romane:* L'extrême-occident (1964; dt. Fernwest); Le sourire sarde (1967; dt. Das sard. Lächeln); L'homme aux yeux gris (1968; dt. Der Mann mit den grauen Augen); Le beau voyage (1969); La liberté (1983); La femme au miroir (1988).

Dumjat, arab. für die ägypt. Stadt →Damiette.

Dumka *die, -/...ki,* episches Lied der Kosaken, →Duma.

Dümmer *der,* von Niedermooren umgebener, bis 1,5 m tiefer See im westl. Ndsachs., nördlich des Wiehengebirges, von der Hunte durchflossen. Der seit 1953 zur Behebung der regelmäßigen Überschwemmungen der Umgebung eingedeichte, 16 km² große See liegt in einer vermoorten eiszeitl. Schmelzwasserrinne; die verlandete Uferzone ist Biotop für Wasser- und Sumpfvögel; Natur- und Landschaftsschutzgebiet (seit 1971) sowie Freizeit- und Erholungsgebiet. Der 1972 eingerichtete Naturpark D. umfasst 340 km² in Ndsachs. und 132 km² in NRW. An vielen Stellen der vorgeschichtl. (viel weiteren) Uferlinie wurden Siedlungsreste aus der Mittel- und Jungsteinzeit gefunden. Vollkommen ausgegraben wurde das ›Moordorf‹ Hüde I (etwa 4200–2700 v. Chr.), dessen Anfänge wohl mit der Rössener Kultur zusammenhängen; später lebten dort Träger der Trichterbecherkultur.

W. VON SANDEN-GUJA: Der große Binnensee (²1960); K. PFAFFENBERG u. W. DIENEMANN: Das D.-Becken. Beitrr. zur Geologie u. Botanik (1964); Neue Ausgrabungen u. Forschungen in Ndsachs., hg. v. H. JANKUHN, Bd. 4 (1969); E. u. F. GOETHE: Bibliogr. der vom Mellumrat betreuten Naturschutzgebiete (1982).

dummer <u>August</u>, →Clown.

Dummheit, *allgemeinsprachl.* Bez. für Mangel an Intelligenz, geringe Begabung, herabgesetzte kognitive Fähigkeiten und Leistungen; i. e. S. Bez. für das (teilweise) Unvermögen oder gemindertes Vermögen, logisch zu denken und zu handeln.

Dummkoller, *Tiermedizin:* Bez. für durch unheilbare Gehirnerkrankungen bei Pferden hervorgerufene Störungen der sensor. Funktionen und der koordinierten Bewegungsabläufe; einer der →Hauptmängel des Pferdes.

Dummling, auch **Dümmling,** charakterist. Gestalt des Volksmärchens: ein missachteter und unterschätzter Held, häufig der jüngste von drei Brüdern. Beim D. kann es sich um einen in Wirklichkeit klugen Helden wie auch um einen Narren handeln, der durch seine naive Logik oder durch fremde Hilfe Erfolg hat. Der D. ist kein Dummkopf oder Tölpel; vielmehr wirkt er sympathisch in seiner kindl. Einfalt oder wegen seiner Gewitztheit im Umgang mit übermächtigen Gegenspielern.

Petru Dumitriu

Dummy 1): Kunststoffpuppen beim Crashtest eines Kraftfahrzeugs

Dummy [ˈdami; engl. ›Attrappe‹] *der, -s/-s,* **1)** lebensgroße, rd. 75 kg schwere, bei →Crashtests mit Kfz verwendete Kunststoffpuppe mit einem dem menschl.

Skelett nachgebildeten Skelett gleicher Bruchfestigkeit und im Wesentlichen gleichem Bewegungsverhalten, z. T. auch mit ›inneren Organen‹ (flüssigkeitsgefüllte Kunststoffbeutel). Der D. ist meist mit Sensoren ausgerüstet, mit denen die negativen Beschleunigungskräfte (Trägheitskräfte) beim Aufprall gemessen werden. Dadurch kann auf die zu erwartenden Unfallfolgen für den Menschen geschlossen werden.

2) die Leer- oder Schaupackung, der Blind- oder Musterband, ein graf. Aufmachungsmuster für die Gestaltung von Text- und Bildseiten in Büchern und period. Druckschriften, von Plakaten und Werbedrucksachen.

Dumonstier [dymɔ̃ˈstje], **Dumoustier** [dymuˈstje], **Dumoûtier** [dymuˈtje], Familie frz. Maler und Zeichner des 16. bis 18. Jh., v. a. als Porträtzeichner bekannt. Bedeutende Mitgl. waren:
1) Daniel, * Paris 14. 5. 1574, † ebd. 21. 6. 1646; ab 1602 Hofmaler und bevorzugter Porträtmaler der Pariser Gesellschaft z. Z. LUDWIGS XIII.
2) Étienne, * Fontainebleau um 1540 (?), † Paris 23. 10. 1603; tätig am Hof der KATHARINA VON MEDICI; entwickelte die Technik der farbigen Porträtzeichnung zu meisterhafter Perfektion.

Dumont [dyˈmɔ̃], Louise, eigtl. **L. Heynen**, Schauspielerin und Theaterleiterin, * Köln 22. 2. 1862, † Düsseldorf 16. 5. 1932; kam über Wien, Stuttgart 1896 nach Berlin, wo sie 1898–1901 am Dt. Theater spielte, ging dann auf Tourneen (bes. Ibsen-Rollen). 1905 gründete sie mit ihrem Mann G. LINDEMANN das Düsseldorfer Schauspielhaus, das sie bis zu ihrem Tod im Sinne einer strengen künstler. Stilisierung leitete. Aus ihrer Schule kam G. GRÜNDGENS.
O. BRÜES: L. D. (1956); W. LIESE: L. D. (1971).

DuMont [dyˈmɔ̃], aus Belgien stammende rhein. Verleger-, Buchhändler- und Buchdruckerfamilie; seit dem frühen 18. Jh. in Köln ansässig; JOHANN MARIA NIKOLAUS DUM. (* 1743, † 1816) war seit 1794 Bürgermeister von Köln, sein Neffe MARCUS THEODOR DUM. (* 1784, † 1831), ∞ mit KATHARINA SCHAUBERG (* 1779, † 1845), kaufte 1805 die den schaubergschen Erben gehörende Druckerei nebst der ›Köln. Zeitung‹ und gründete den Verlag DuMont-Schauberg sowie 1818 die selbstständige **M. DuMont-Schaubergsche Verlagsbuchhandlung**, die sich hauptsächlich der rhein. Lit. annahm. KARL JOSEPH DANIEL DUM. (* 1811, † 1861) führte die ›Köln. Zeitung‹ zu hohem Ansehen. Durch Heirat fiel die Firma an die Familie NEVEN (seit 1882 NEVEN DUMONT). – 1956 gründete das Stammhaus M. DuMont-Schauberg erneut einen DuMont Buchverlag (u. a. Kunst- und Geschenkbücher sowie Kunstreiseführer); Zeitungen ›Kölner Stadt-Anzeiger‹ (1876–1944; wieder seit 1949), ›Express‹ (seit 1964).

Du Mont [dyˈmɔ̃], Henry, eigtl. **Henri Dumont de Thier** [-dəˈtje], wallon. Komponist, * Villers-l'Évêque (bei Lüttich) 1610, † Paris 8. 5. 1684; war 1663–83 Kirchenkapellmeister am frz. Hof in Paris; befreundet mit J.-B. LULLY; entwickelte für die Kirchenmusik einen harmonisch reicheren Stil und verwendete als einer der ersten frz. Komponisten den Generalbass. Er komponierte viele Grands Motets (20 erschienen postum 1686) für Soli, Chor und Orchester, Motetten für 2–5 Stimmen, ›Cinq messes en plein-chant musical, appelées messes royales‹ (1669), Airs, Chansons und Werke für Tasteninstrument.
H. QUITTARD: Un musicien en France au XVIIᵉ siècle: H. Du M. 1610–1684 (Paris 1906, Nachdr. Genf 1973).

Dumont d'Urville [dymɔ̃dyrˈvil], Jules Sébastien César, frz. Admiral und Weltumsegler, * Condé-sur-Noireau (Dép. Calvados) 23. 5. 1790, † Meudon 8. 5. 1842; nahm 1822–25 an der Erdumsegelung des Kapitäns L. J. DUPERREY teil, leitete dann zwei wiss. Reisen um die Erde, 1826–29 mit der ›Astrolabe‹,

1837–40 mit der ›Astrolabe‹ und ›Zélée‹. Er nahm Küstenstrecken von Neuguinea auf, entdeckte Louis-Philippe- und Adélieland, durchforschte Torres- und Cookstraße und viele Inselgruppen Ozeaniens.

Dumoulin [dymuˈlɛ̃], Heinrich, kath. Religionswissenschaftler, Jesuit (seit 1924), * Wevelinghoven (heute zu Grevenbroich) 31. 5. 1905; studierte jap. Religionswiss. an der Kaiserl. Univ. in Tokio (1936–39); 1942–76 Prof. für Philosophie und Religionswiss. an der Sophia Univ. ebd., leitete 1969–76 deren neu eingerichtetes Inst. für fernöstl. Religionen. Als einer der führenden Vertreter der Religionswiss. in Japan befasste er sich v. a. mit dem Zen-Buddhismus.
Weitere Werke: Zen. Gesch. u. Gestalt (1959; erw. u. d. T.: Gesch. des Zen-Buddhismus, 2 Bde., 1985/86); Östl. Meditation u. christl. Mystik (1966); Der Erleuchtungsweg des Zen im Buddhismus (1976); Zen im 20. Jh. (1990); Spiritualität des Buddhismus. Einheit in lebendiger Vielfalt (1995).

Fernöstl. Weisheit u. christl. Glaube. Festgabe für H. D. SJ zur Vollendung des 80. Lebensjahres, hg. v. H. WALDENFELS u. T. IMMOOS (1985).

Dumouriez [dymurˈje], Charles François, eigtl. **C. F. du Périer** [dyperˈje], frz. General und Politiker, * Cambrai 25. 1. 1739, † Turville Park (bei High Wycombe) 14. 3. 1823; kämpfte im Siebenjährigen Krieg, wurde 1788 Brigadegeneral. Als Anhänger der Revolution schloss er sich dem Jakobinerklub an; er stand auf der Seite der Girondisten. Im März 1792 wurde er Außen-Min., im August Führer der Nordarmee; er siegte bei Valmy (20. 9.) und Jemappes (6. 11.) und eroberte die Österr. Niederlande. Bei Neerwinden (18. 3. 1793) geschlagen und mit Anklage bedroht, plante D. einen Marsch auf Paris zum Sturz des Konvents, ließ dessen Abgesandte verhaften und an die Österreicher ausliefern. Er trat, als sich die Armee ihm versagte, auf die Seite der Koalition gegen die Revolution. Seit 1804 war er für Großbritannien tätig.

Dump [dʌmp, engl.] der, -s/-s, **Speicherauszug**, Informatik: das Sichtbarmachen eines zusammenhängenden Teils eines Datenspeichers durch Ausgabe mit einem Drucker oder auf dem Bildschirm. D. werden beim Testen von Programmen benutzt.

Dumpalme [arab.-frz.], **Hyphaene**, Fächerpalmengattung mit rd. 30 Arten in den Savannengebieten von Afrika bis Indien; 12–15 m hohe Palmen, deren Stamm oft verzweigt ist; das Fruchtfleisch der kugeligen Steinfrüchte ist essbar. Bekannt ist die **Ägyptische D.** (Hyphaene thebaica).

Dumpalme: Ägyptische Dumpalme (Höhe 12–15 m)

Dümpeln [niederdt.], das Hinundherschaukeln eines (ankernden) Schiffes bei Windstille durch Seegang oder Dünung.

Dumping [ˈdʌmpɪŋ; zu engl. to dump ›hinwerfen‹, ›entleeren‹, ›auskippen‹, ›verschleudern‹] das, -s,
1) Umweltschutz: das unerlaubte Einbringen fester oder flüssiger Abfälle (Klärschlämme, Dünnsäuren u. a.) und sonstiger Stoffe von Schiffen, Plattformen oder Luftfahrzeugen in die Meere. Ausgenommen

sind Beseitigungen von Abfällen, die sich aus dem normalen Betrieb von Schiffen u. a. ergeben. (→Meeresverschmutzung)

2) *Wirtschaft:* eine aggressive Außenhandelsstrategie und ein Sonderfall der räuml. Preisdifferenzierung (Auseinanderfallen der Verkaufspreise des gleichen Produktes im Inland und im Ausland). In der Praxis beschränkt man sich auf den Fall niedriger Auslandspreise und vernachlässigt das ›inverse‹ oder ›negative‹ D., bei dem der Exportpreis über dem vergleichbaren Inlandspreis liegt. Ziele des D.: Eindringen in ausländ. Märkte, Gewinnung von Marktanteilen, Ausschaltung der ausländ. Konkurrenz (›Raub-D.‹). Insbesondere haben Kartelle vielfach einen inländ. Zollschutz zum D. ausgenutzt, indem sie durch die höheren Inlandspreise die niedrigeren Preise im Auslandsverkauf ausgleichen. Unterschieden wird zw. **wirtschaftspolitischem D.,** d.h. staatl. Exportförderung durch handelspolit. Maßnahmen (z. B. Exportprämien, Verbilligung von Exportkrediten), die Exportpreissenkungen ermöglichen, und **privatwirtschaftlichem D.,** bei dem häufig wettbewerbsbeschränkende Anbieterstrukturen (Monopole, Oligopole) vorliegen und die Gefahr ruinöser Konkurrenz besteht.

Voraussetzung und notwendige Ergänzung zum D. ist die Vermeidung der Wiedereinfuhr (Reimport) der preisgünstigeren Güter z. B. durch Schutzzölle, vertragl. Ausschluss oder zu hohe Transportkosten. D. beeinflusst ebenso wie die Schutzzölle die internat. Arbeitsteilung. Es liegen allerdings keine Anhaltspunkte vor, dass D. die Arbeitsteilung über die schon durch Schutzzölle geschaffenen Abweichungen hinaus beeinträchtigt. Das grundsätzl. Verbot von D. nach dem →GATT bleibt auch im Rahmen der zum 1. 1. 1995 gegründeten Welthandelsorganisation (→WTO) bestehen. Durch D. eingeleitete Exportoffensiven können auch weiterhin mit Gegenzöllen (Antidumpingzölle) neutralisiert werden. Ihre Einsatzmöglichkeiten wurden jedoch durch eine Präzisierung der WTO-Bestimmungen beschränkt, um einen Missbrauch für protektionist. Zwecke zu erschweren. Zu den wichtigsten Neuerungen zählen die Berücksichtigung von Importmengen zur Verhinderung von Antidumpingmaßnahmen gegen Einfuhren geringen Umfangs (Deminimize-Klausel), Sonderregelungen für Entwicklungsländer und die zeitl. Begrenzung von Antidumpingmaßnahmen auf fünf Jahre, sofern kein neuer Nachweis für eine Schädigung erbracht wird.

Einfache Niedrigpreiseinfuhren ohne Preisdifferenzierung zählen nicht zum D. Sie werden von Konkurrenten aber häufig als D. bezeichnet, z. B. das **Währungs-D.** bzw. **Valuta-D.** (bei einer Abwertung zunächst entstehender Absatzvorteil, da die Steigerung der inländ. Erzeugungskosten zunächst hinter der Entwertung der Währung zurückbleibt und so eine bes. günstige Preisstellung gegenüber dem ausländ. Konkurrenz gegeben ist) sowie das **Sozial-D.** (günstigere Herstellungskosten aufgrund niedrigerer Löhne oder geringerer sozialer Belastung der Wirtschaft).

Dumpingsyndrom [ˈdʌmpɪŋ-, engl.], durch Nahrungsaufnahme ausgelöstes Beschwerdebild nach teilweiser Magenentfernung (agastr. Syndrom), das sich in Herz-Kreislauf- und Magen-Darm-Störungen äußert und durch zu rasche Entleerung des Speisebreis in den Darm bewirkt wird. Hierbei kommt es durch Dehnung des oberen Dünndarms zu übersteigerten Darmreflexen und infolge osmot. Flüssigkeitsabgabe in den Darm zu einer Verminderung des Blutplasmavolumens; außerdem tritt eine Hyperglykämie auf, an die sich durch vermehrte Freisetzung von Insulin eine reaktive Hypoglykämie anschließt. Der Vorbeugung dienen häufige kleine, kohlenhydratarme Mahlzeiten.

Dumuzi [-zi; ›rechter Sohn‹], *altoriental. Religion:* sumer. Name des Gottes →Tammuz.

Dün *der,* bewaldeter Muschelkalkhöhenzug im →Eichsfeld, NW-Thüringen, östlich von Heilbad Heiligenstadt, bis 520 m ü. M.; westl. Fortsetzung der Hainleite.

Duna [ˈdunɔ], ungar. Name der →Donau.

Düna, Westliche Dwiná, russisch **Sápadnaja Dwiná, Západnaja Dviná** [z-], weißrussisch **Sachodnjaja Dswiná, Záhodnjaja Dzviná** [z-], lett. **Daugava,** Fluss in Osteuropa, 1 020 km lang, entspringt auf den Waldaihöhen nahe der Wolgaquelle in Russland, durchfließt Lettland, mündet im Stadtgebiet von Riga mit einem Delta in die Rigaer Bucht (Ostsee); Schifffahrt ist nur im Unterlauf abschnittsweise möglich; Wasserkraftwerke bei Plaviņas, Kegums und Riga. Die D. ist durch ein (veraltetes) Kanalsystem mit der Beresina (Nebenfluss des Dnjepr) verbunden.

Dünaburg, lett. **Daugavpils,** früher russ. **Dwinsk, Dvinsk,** Stadt im SO von Lettland, an der Düna, 124 900 Ew. (davon 83 % Russen, Weißrussen und Ukrainer); elektrotechn., Schuh-, Leineindustrie, Chemiefaserwerk, Lebensmittelindustrie; Flusshafen, Verkehrsknotenpunkt. - 1278 von Dt. Orden als Grenzfestung gegr., kam D. 1561 unter polnisch-litauische Oberherrschaft und 1569 mit Letgallen an Polen-Litauen; 1577 von Iwan IV. zerstört, 1656–67 russisch besetzt, kam D. 1667 an Polen, mit der 1. Poln. Teilung 1772 an Russland (Ausbau zur Festung) und 1920 zur Rep. Lettland.

Dunaj [slowak. und tschech.], **Dunaj** [russ.], slowak., tschech. und russ. Name der →Donau.

Dunajec [-ts] *der,* rechter Nebenfluss der Weichsel, Polen, 247 km lang (mit Schwarzem D.); entspringt mit den Quellflüssen Schwarzer und Weißer D. in der Hohen Tatra, durchfließt in einem maler. Durchbruchstal (Floßfahrten für Touristen) die Kalkberge der Pieninen; Stauwerke Czorsztyn-Niedzica, Sromowce, Rożnów und Czchów.

Dünamünde, Stadtteil von →Riga.

Dunant [dyˈnã], Henry, eigtl. **Jean Henri D.,** schweizer. Philanthrop, *Genf 8. 5. 1828, †Heiden (Kt. Appenzell Ausserrhoden) 30. 10. 1910; schilderte in seiner Schrift ›Un souvenir de Solférino‹ (1862; dt. ›Eine Erinnerung an Solferino‹) das Elend der Kriegsverletzten, das er gesehen hatte. Auf seine Initiative wurde auf der ersten internat. Konferenz von 1863 in Genf das →Rote Kreuz gegründet (→Internationales Komitee vom Roten Kreuz). D. veranlasste weiterhin die Einberufung der internat. diplomat. Konferenz, die 1864 die Genfer Konvention schloss. D. erhielt 1901 den Friedensnobelpreis (mit F. Passy).

W. Heudtlass: J. H. D. (1962); V. K. Libby: H. D. (New York 1964); G. Mützenberg: H. D., le prédestiné (Genf 1984).

Henry Dunant

Dunántúl [ˈdunaːntuːl], ungar. für →Transdanubien.

Dunapentele [ˈdunɔpɛntɛlɛ], bis 1951 Name der ungar. Stadt →Dunaújváros.

Dunărea [ˈdunɔrea], rumän. Name der →Donau.

Dunasch Ben Labrat, spanisch-jüd. Dichter und Hebraist des 10. Jh.; untersuchte die arab. Metrik für das Hebräische und leitete für die Hebraistik eine Neuorientierung an der entstehenden arab. Grammatik und Lexikographie ein.

Dunaújváros [ˈdunɔujvaːroʃ], bis 1951 **Dunapentele** [ˈdunɔpɛntɛlɛ], 1951–61 **Sztálinváros** [ˈstaːlinvaːroʃ], Industriestadt im Bez. Fejér, Ungarn, an der Donau südlich von Budapest, 58 300 Ew.; Hochschule für Metallurgie; Eisenhüttenwerk (mit Kokerei, Roheisengewinnung, Stahl- und Walzwerk), Metall-, Textil-, Papierindustrie; Donauhafen. – Das 1950–56 erbaute Zentrum der Stadt galt als Muster ›sozialist.‹ Städtebaus. – D. entstand an der Stelle des röm. **Intercisa;** seit 1951 Stadt.

Faye Dunaway

Dunav, serbokroat. Name der →Donau.

Dunaw, bulgar. Name der →Donau.

Dunaway [ˈdʌnəweɪ], Dorothy Faye, amerikan. Schauspielerin irisch-dt. Abkunft, * Bascom (Fla.) 14. 1. 1941; kam 1966 zum Film, wurde bes. bekannt durch ›Bonnie and Clyde‹ (1967); 1981 stellte sie die (verstorbene) Filmschauspielerin JOAN CRAWFORD in ›Meine geliebte Rabenmutter‹ dar, im gleichen Jahr EVITA PERÓN in einem vierteiligen Fernsehfilm.

Weitere Filme: Chinatown (1974); Network (1976); Barfly (1987); Cold Sassy Tree (1989); Die Gesch. der Dienerin (1990); Don Juan DeMarco (1995); Dunston – Allein im Hotel (1996).

Dunbar [dʌnˈbɑː], 1) Paul Laurence, amerikan. Schriftsteller, * Dayton (Oh.) 27. 6. 1872, † ebd. 9. 2. 1906; stellte den alten Süden der USA und die Erfahrungen von Afroamerikanern in Gedichten, Erzählungen und Romanen dar, die häufig Dialekt und Volkskultur mit Einflüssen der Idylle verbinden.

Werke: *Lyrik:* Oak and ivy (1893); Lyrics of love and laughter (1903); Lyrics of sunshine and shadow (1905).

Ausgabe: The complete poems, hg. v. W. D. HOWELLS (Neuausg. 1980).

P. REVELL: P. L. D. (Boston, Mass., 1979).

2) William, schott. Dichter, * um 1465, † um 1530. Aus D.s Werk wird geschlossen, dass er für kurze Zeit Franziskaner war. Seine umfangreiche lyrisch-satir. und religiöse Dichtung in mittelschott. Mundart zeugt von warmer Menschlichkeit, scharfer Beobachtungsgabe und Sprachgewalt. Als Vorbild diente ihm hauptsächlich CHAUCER, aber auch J. LYDGATE. D. wendet sich überwiegend an ein höf. Publikum; so schrieb er zur Vermählung JAKOBS IV. mit MARGARETE von England ein allegor. Huldigungsgedicht.

Ausgaben: The poems, hg. v. W. M. MACKENZIE (1932, Nachdr. 1960); The poems, hg. v. J. KINSLEY (1979).

I. S. ROSS: W. D. (Leiden 1981); P. BAWCUTT: D. the makar (Oxford 1992).

Duncan [ˈdʌŋkən], Könige von Schottland:

1) **Duncan I.** (1034–1040), † (ermordet) bei Elgin (Grampian Region) 1040, Großvater von 2); Enkel König MALCOLMS II. (1005–34), der nur eine Tochter hatte und D. entgegen dem herrschenden Brauch (keine weibl. Thronfolge, alternierende Berücksichtigung zweier Linien des Königshauses) zum Nachfolger bestimmte. D. wurde von →MACBETH, der ebenfalls Anspruch auf den Thron erhob, ermordet.

2) **Duncan II.** (1094), † (ermordet) 1094, Enkel von 1); konnte nach dem Tod seines Vaters MALCOLM III. mit anglonormann. Hilfe seinen Onkel DONALD III. BANE für wenige Monate vom Thron verdrängen.

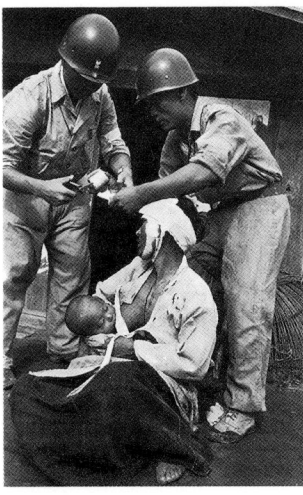

David D. Duncan:
Sanitäter
im Koreakrieg;
11. 9. 1950

Duncan [ˈdʌŋkən], 1) Adam, 1. Viscount (seit 1797) **D. of Camperdown** [-əv ˈkæmpədaun], brit. Admiral, * Lundie (bei Dundee) 1. 7. 1731, † Cornhill-on-Tweed 4. 8. 1804; führte während der Frz. Revolutionskriege den Oberbefehl in der Nordsee (1795–1801) und besiegte am 11. 10. 1797 die Niederländer in der großen Seeschlacht von Camperdown (Kamperduin).

2) David Douglas, amerikanischer Fotojournalist, * Kansas City (Mo.) 23. 1. 1916; wurde internat. bekannt als Kriegsfotograf, erstmals 1944 durch seinen Einsatz im Pazifik. 1945–56 arbeitete er für ›Life‹ u. a. in Palästina, Griechenland, Korea und Indochina. 1956 freundete er sich mit PICASSO an, von dem er über 50000 Aufnahmen machte.

Werke: This is war (1951); The private world of Pablo Picasso (1958); Picasso's Picassos (1961); War without heroes (1970); New York, New York. Masterworks of a street peddler (1984; dt. New York, New York. Meisterfotos des fliegenden Händlers George Forss); Sunflowers for Van Gogh (1986); Picasso and Jacqueline (1988; dt. Picasso u. Jacqueline).

3) Isadora, amerikan. Tänzerin, * San Francisco (Calif.) 26. 5. 1877, † Nizza 14. 9. 1927; trat nach 1900 in Europa für einen ›natürl.‹ Ausdruckstanz ein, der in Bewegung, Kostüm und Musik völlig von den Bindungen des akadem. Balletts gelöst ist und unter Berufung auf die griech. Antike dem Ideal körperl. Harmonie und reinen Seelenausdrucks folgt. Sie tanzte als Erste nach klass., nicht für den Tanz komponierter Musik und wurde so zur Wegbereiterin des modernen sinfon. Tanzes. Zur tänzer. Ausbildung von Kindern gründete sie mit ihrer Schwester ELIZABETH D. (* 1874, † 1948) ›D.-Schulen‹ (u. a. in Berlin 1904). Veröffentlichungen u. a. ›My life‹ (1927; dt. als ›Memoiren‹, Neuausg. 1969), ›The art of dance‹ (1928, Neuausg. 1970).

I. I. SHNEIDER: I. D. The Russian years (a. d. Russ., London 1968); V. I. SEROFF: The real Isadora (New York 1971); M. NIEHAUS: I. D. Leben, Werk, Wirkung (1981); W. TERRY: I. D. (Neuausg. New York 1984).

4) R o b e r t Edward, amerikan. Lyriker, * Oakland (Calif.) 7. 1. 1919, † San Francisco (Calif.) 3. 2. 1988; mit den Dichtern um L. FERLINGHETTI in San Francisco sowie dem Black Mountain College in North Carolina (R. CREELEY, C. OLSON) verbunden. Seine visionäre Lyrik hat Wurzeln in der Romantik und experimentiert mit der Vielfalt subjektiver Erfahrungen und poet. Formen.

Werke: The first decade: Selected poems 1940–1950 (1968); Derivations: Selected poems 1950–1956 (1968); Tribunals: Passages 31–35 (1970); Ground work I: Before the war (1984); Ground work II: In the dark (1987).

R. D., scales of the marvelous, hg. v. R. J. BERTHOLF u. I. W. REID (New York 1979); E. FAAS: Young R. D. (Santa Barbara, Calif., 1983); M. A. JOHNSON: R. D. (Boston, Mass., 1988).

5) R o n a l d Frederick Henry, engl. Schriftsteller, * Salisbury (heute Harare, Simbabwe) 6. 8. 1914, † Bideford (Cty. Devon) 3. 6. 1982; schrieb unter dem Einfluss von T. S. ELIOT u. a. Gedichte und Versdramen v. a. mit religiöser Thematik, ferner Opernlibretti für B. BRITTEN (u. a. ›The rape of Lucretia‹, 1946; dt. ›Der Raub der Lucretia‹).

Weitere Werke: *Gedichte:* The mongrel and other poems (1950); The solitudes (1960); Man (1970–74, fünfteiliges ep. Ged.). – *Dramen:* This way to the tomb (1946; dt. Hier ist der Weg zum Grab, übers. v. R. A. SCHRÖDER); Don Juan (1954; dt.); The death of Satan (1955; dt. Satans Ende); The catalyst (1964); The seven deadly virtues (1970); For the few (1977); Lying truths (1979).

M. W. HAUETER: R. D. (London 1969); W. B. WAHL: R. D. Verse dramatist and poet (Salzburg 1973); DERS.: A lone wolf howling: The thematic content of R. D.'s plays (ebd. 1973).

Duncker, 1) Alexander, Buchhändler, * Berlin 18. 2. 1813, † ebd. 23. 8. 1897, Sohn von 2), Bruder von 3) und 4); übernahm 1837 die Sortimentsbuchhandlung von Duncker & Humblot, widmete sich danach Verlagsunternehmungen (**Alexander Duncker Verlag**, gegr. 1837, seit 1911 in Weimar, seit 1950 in München).

2) Carl, Buchhändler, * Berlin 25. 3. 1781, † ebd. 15. 7. 1869, Vater von 1), 3) und 4); gründete 1809 mit PETER HUMBLOT (* 1779, † 1828) die Verlagsbuchhandlung **Duncker & Humblot;** diese wurde 1866 nach Leipzig verlegt, 1922 nach München; seit 1938 wieder in Berlin (Hauptgebiete: Rechts-, Wirtschafts-, Sozialwissenschaften).

3) Franz, Politiker und Publizist, * Berlin 4. 6. 1822, † ebd. 18. 6. 1888, Sohn von 2), Bruder von 1) und 4); einer der Führer der liberalen Opposition im preuß. Verfassungskonflikt und Kämpfer für eine Parlamentarisierung Preußens; Mitbegründer der Dt. Fortschrittspartei (1861) und der Hirsch-Dunckerschen-Gewerkvereine.

4) Max, Historiker und Politiker, * Berlin 15. 10. 1811, † Ansbach 21. 7. 1886, Sohn von 2), Bruder von 1) und 3); Prof. in Halle/Saale und Tübingen, war 1848–52 führendes Mitgl. der Frankfurter Nationalversammlung und der preuß. 2. Kammer (altliberal). 1867–74 Direktor der preuß. Staatsarchive.

Werk: Gesch. des Alterthums, 9 Bde. (1852–86).

Dundalk [dʌn'dɔːk], irisch **Dún Dealgan** [duːn 'dɑləgən], Hauptstadt der Cty. Louth im NO der Rep. Irland, an der Irischen See, 26 700 Ew.; Hafenstadt mit neueren Industrieparks (Elektronik-, Metall-, Leichtindustrie).

Dundas ['dʌndəs], Luftwaffenstützpunkt der USA an der Küste NW-Grönlands, 76° 33′ n. Br., 68° 47′ w. L.; während des Zweiten Weltkriegs angelegt, seit 1951 ausgebaut. Die hier lebenden Eskimo wurden 1953 nach →Qaanaaq umgesiedelt.

Dundee [dʌn'diː], Hauptstadt der Tayside Region, O-Schottland, am Firth of Tay, 159 000 Ew.; kath. und anglikan. Erzbischofssitz; Bildungs- und Kulturzentrum mit Univ. und techn. College; traditionelle Textilindustrie (Jute-, Segeltuchherstellung), daneben Maschinenbau, Uhren-, Büromaschinen-, elektrotechn. Industrie; Hafen, Dienstleistungszentrum für die Nordsee-Erdölindustrie. – Die drei Stadtkirchen Saint Mary, Old Saint Paul und Saint Clement befinden sich unter einem Dach, überragt von dem 74 m hohen Saint-Mary-Turm (15. Jh.); Rathaus (1734); Caird Hall (1916). – Um 1200 erstmals erwähnt; jahrhundertelang Basis einer Walfangflotte, im 19. Jh. Aufstieg zum Weltzentrum für Weltverarbeitung. – Die erste 1873 bei D. über den Firth of Tay erbaute, 3,2 km lange Eisenbahnbrücke stürzte 1879 in einem starken Sturm ein, während ein Zug darüberfuhr. Heute überqueren bei D. eine Eisenbahnbrücke (1881–88) und eine neue Straßenbrücke (1966) den Firth of Tay.

Dundonald [dʌn'dɔnld], Thomas **Cochrane** ['kɔkrɪn], Earl of, brit. Admiral, →Cochrane, Thomas, Earl of Dundonald.

Dunedin [dʌ'niːdɪn], Stadt im S der Südinsel Neuseelands, Mittelpunkt der Prov. Otago, 112 400 Ew.; D. breitet sich auf hügeligem Gelände um die fjordartige Otagobucht aus; kath. Bischofssitz, Univ. (gegr. 1869), Museen, botan. Garten; Verarbeitung von landwirtschaftl. Erzeugnissen, Herstellung von Düngemitteln; Fischerei- und Ausfuhrhafen von Fleisch und Wolle (mit Port Chalmers bildet D. den Hafen ›Port of Otago‹), Flughafen. – An der Küste Brutkolonien von Königsalbatrossen und Gelbaugenpinguinen. – D. wurde planmäßig angelegt; das ›Octagon‹, eine achteckige Grünanlage, ist Mittelpunkt der Stadt. – D. wurde 1848 von schott. Presbyterianern gegründet.

Dünen, durch Wind gebildete Sandanhäufungen (im Ggs. zu flachen Flugsandfeldern), bestehen meist aus reinem Quarzsand und erreichen Höhen von wenigen Metern bis etwa 200 m. Nach dem Entstehungsort werden **Strand-** oder **Küsten-D.** und **Binnen-D.,** nach dem Bewegungsgrad **ortsfeste D.** und **Wander-D.** unterschieden. Voraussetzung für ihre Entstehung

Dünen: Barchan in der Wüste Namib

sind ausreichende Sandmengen (v. a. in Wüsten), anhaltend gleiche Richtung der stärksten Winde sowie Hindernisse (Steine, Felsen, Grasbüschel, Sträucher u. a.), bei deren Überwehung der Wind den mitgeführten Sand ablagern muss. Kleine so gebildete Einzel-D. bezeichnet man als **Kupsten** (arab. Nebka). Bei der Sandanhäufung wird der auf der flachen Luvseite sprungartig **(Saltation)** nach oben transportierte Sand an der steilen Leeseite in Schräg- oder Kreuzschichtung abgelagert. Die Quarzkörnchen (Durchmesser meist 0,1–0,5 mm) sind i. A. gut gerundet und haben matte Oberflächen, die durch Eisenoxidausscheidung gelb bis rötlich gefärbt sind. Auf der Sandoberfläche sind oft Rippeln ausgebildet.

Einfache D.-Formen sind flach gewölbte Sandhügel **(Schild-D.)** oder längl. Wälle mit zugeschärftem Grat, bei (jahreszeitlich) wechselnden Windrichtungen manchmal mit wellenförmigem Verlauf **(Sif-D.).** Stärker strukturiert sind die in den großen Sandwüsten bei weitem dominierenden, meist wenige Kilometer, aber auch bis 300–400 km langen, in Windrichtung gestreckten **Strich-** oder **Längs-D.;** sie liegen i. d. R. trotz Sandbewegungen mehr oder weniger fest. Die zw. ihnen liegenden Längsfurchen werden als **Feidsch** oder **Gassi** bezeichnet.

Wesentlich kleiner sind die quer zur Windrichtung gelagerten **Quer-** oder **Transversal-D.** mit flacher Luv- und steiler Leeseite. Eine Sonderform der Quer-D. bilden die auf ebenem, festem Untergrund am Rand, nicht im Innern der großen Sandmeere vorkommenden →Barchane; sie sind typ. Wander-D. Die Wandergeschwindigkeit hängt von der Sandmasse ab: Nach Messungen in der Sahara verlagern sich 20 m hohe Barchane jährlich um 5 m, 5 m hohe um 20–25 km. Daneben gibt es komplexe D.-Formen ohne eindeutige Ausrichtung (vielleicht infolge wechselnder Windrichtungen), wie die hohen, oft an fest stehende Gesteinskörper gebundenen Hügel der **Ghourd-** oder **Pyramiden-D.,** die manchmal ein regelmäßiges, sternförmiges Muster **(Stern-D.)** zeigen. Vielfach treten sie und die Barchane im Verband auf, das durch jahreszeitlich wechselnde Winde bestimmt ist **(Netz-** oder **Aklé-D.).**

In humiden Gebieten wie Mitteleuropa wurden gegen Ende der letzten Eiszeit (Spätglazial) aus den großen Sander- und Talsandflächen durch die vorherrschenden Westwinde Sande ausgeblasen und zu Strich-D. sowie **Parabel-** oder **Bogen-D.** aufgehäuft; diese haben einen ähnl. Grundriss wie die Barchane, die Bogen sind aber in Windrichtung gewölbt, da die seitl. Enden wegen der größeren Reibung am feuchteren Untergrund und der Tundrenvegetation in der Bewegung behindert wurden. Heute liegen diese D. durch Bewuchs fest, z. B. im Norddt. Tiefland.

In allen Klimaten können an flachen Sandstränden wellenartige, oft parabelförmige Quer-D. gebildet

Dundee
Stadtwappen

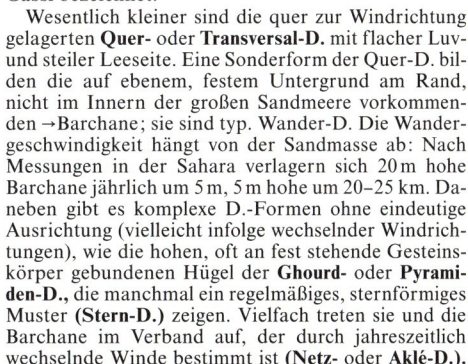

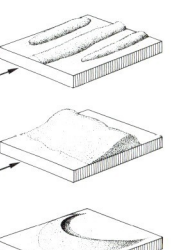

Dünen: von oben Strich- oder Längsdüne; Quer- oder Transversaldüne; Barchan oder Sicheldüne; Sterndüne; Parabel- oder Bogendüne

werden, die aber meist schon in geringer Entfernung von der Küste durch Vegetation festgelegt werden und seltener als große Wander-D. in Erscheinung treten, wie auf der Kur. Nehrung (Bewegung früher jährlich bis 20 m), in den Landes SW-Frankreichs oder auf Sylt bei List.

E. PYRITZ: Binnen-D. u. Flugsandebenen im niedersächs. Tiefland (1972); M. MAINGUET: Dunes et autres édifices sableux éoliens (Paris 1978); H. BESLER: Die D.-Namib (1980).

Dünenpflanzen, meist Ausläufer treibende und den Sand stark durchwurzelnde Pflanzen, die als Dünenbefestigung dienen (z. B. Strandhafer).

Dünenrose, Art der →Rose.

Dunfermline [dʌnˈfəːmlɪn], Stadt in der Fife Region, O-Schottland, nahe dem Firth of Forth, 55 100 Ew.; Textilindustrie, Maschinenbau. – Die Kirche des Benediktinerklosters (gegr. Ende des 11. Jh.) wurde im 12. Jh. als flach gedeckte Basilika errichtet. Das zur Abtei erhobene Kloster war Grablege mehrerer schott. Könige.

Dung, Volk in China, →Dong.

Dunganen, in Usbekistan und Kasachstan Name der →Hui.

Dungannon [dʌnˈgænən], 1) Stadt in Nordirland, Verw.-Sitz von 2), 8 300 Ew.; Textilindustrie, Wirkereien, Maschinenbau.

2) Distr. in Nordirland, 783 km², 45 400 Ew.; umfasst das Tiefland am SW-Ufer des Lough Neagh; Grünlandwirtschaft mit Großviehhaltung.

Dungau, lokal auch: **Gäuboden,** Beckenlandschaft in O-Bayern, erstreckt sich etwa 80 km beiderseits der Donau unterhalb von Regensburg, im N vom Bayer. Wald begrenzt, im S niederbayer. Tertiärhügelland; über der feuchten Stromniederung fruchtbare Lössterrassen (Getreide-, Zuckerrübenanbau). Marktzentrum ist Straubing.

Düngemittel, Dünger, organ. und anorgan. Stoffe, die dem Boden zur Ernährung der Pflanzen und zur Verbesserung seiner Fruchtbarkeit (Ertragsfähigkeit) zugeführt werden (→Düngung).

Nach der Herkunft werden Wirtschafts-D. und Handels-D. unterschieden:

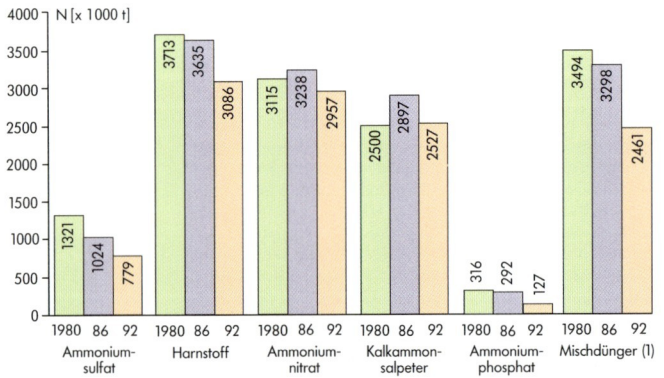

Düngemittel: Verbrauch von Stickstoffdüngemitteln in der EG

Wirtschafts-D. sind D., die durch die Tierhaltung und den Pflanzenbau im Betrieb anfallen. Ihre Wirksamkeit beruht auf zwei unterschiedl. Eigenschaften: der direkten Wirkung durch pflanzenverfügbare Nährstoffe und der indirekten Wirkung auf den Boden durch die Verbesserung der physikal., chem. und biolog. Eigenschaften, bedingt durch die Zufuhr organ. Substanz. Sie werden daher (neben Kalk) auch als **Bodendünger** bezeichnet. **Stallmist** ist ein Gemisch aus Kot, Harn und Einstreu (Stroh). Lagerung und

Aufbereitung des Frischmistes kann nach versch. Verfahren erfolgen, wobei aerobe Mistbehandlung eine Voraussetzung für die Pflanzen- und Bodenverträglichkeit ist. Stallmist wird bes. bei Blattfrüchten, Kohlarten und Feldgemüse in Gaben von 150–400 dt/ha alle 2–4 Jahre, aber auch bei anderen Kulturen und auf Grünland eingesetzt. **Jauche** (im Wesentlichen Harn) mit hohen Stickstoff- und Kaliumgehalten fällt im Stall und als Sickerwasser auf dem Mistplatz an. Sie ist bes. zur Düngung von stickstoffbedürftigen Kulturen sowie auf Grünland geeignet, ähnlich wie die ebenfalls relativ dünnflüssige, bei der einstreulosen Massentierhaltung in großen Mengen anfallende →Gülle zu einer starken Belastung des Grundwassers mit Nitrat. Die Einarbeitung von **Stroh** als D. in den Boden (bes. in viehlosen Betrieben) hat selbst mit einer Stickstoffausgleichsdüngung (mineral. oder organ. D., 1 kg Stickstoff auf 1 dt Stroh) nicht immer bewährt. Die Verrottung verläuft durch Einmischung in **Grün-D.** günstiger: Anbau und Unterpflügen von Leguminosen sowie schnellwüchsigen Arten wie Raps, Ölrettich, Senf u. a. im Zwischenfruchtbau (→Fruchtfolge) oder als Untersaat (→Deckfrucht). Bes. geeignet aufgrund seiner Nährstoffzusammensetzung erscheint der →Kompost für den Gartenbau.

Handels-D. sind industriell hergestellte, über den Handel vertriebene D., bes. Mineral-D., aber auch organ. Stoffe. In der Anwendung herrschen die Mineral-D. vor.

Mineral-D. sind einerseits natürl. Salze wie Chilesalpeter, Rohphosphate und Gesteinsmehle, die die Nährstoffe nicht in wasserlösl. Form enthalten; sie müssen erst im Boden v. a. von Mikroorganismen aufgeschlossen werden und wirken daher als indirekte D. Mineral-D. andererseits sind die im Verbrauch vorherrschenden, synthet., industriell hergestellten wasserlösl. Mineralsalze (›Kunstdünger‹). Sie gelangen über die Wasseraufnahme direkt in die Pflanze und können auf den Nährstoffbedarf von Boden und Pflanze abgestimmt werden. Stickstoff-D. (N), Kali-D. (K), Phosphat-D. (P) u. a. sind als **Einnährstoff-D.,** zwei kombiniert als **Mehrnährstoff-D.** (NK/NP/KP), drei als **Voll-D.** erhältlich. Die Gehalte werden in % Reinnährstoff pro kg Mineral-D. angegeben (z. B. N/P/K 24/8/8).

Misch-D. sind Gemische von Einnährstoff-D. oder von organ. Stoffen mit anorgan. Salzen. Hauptnährstoffe (Makronährstoffe) sind Stickstoff (N), Kalium (K), Phosphor (P), Calcium (Ca) und Magnesium (Mg); von ihnen unterscheiden sich die Spurennährstoffe, die in kleinen Mengen benötigt werden (Mikronährstoffe), wie Schwefel (S), Eisen (Fe), Bor (B), Mangan (Mn), Kupfer (Cu), Zink (Zn) und Molybdän (Mo).

Stickstoff-D. enthalten Stickstoff (N) in Form von Nitrat (NO_3^-) im Salpeter, als Ammonium (NH_4^+) in Ammoniumsalzen oder als wasserfreies Ammoniak (NH_3). In organ. Bindung liegt der Stickstoff als Amid in Harnstoff und als Cyanamid im Kalkstickstoff vor.

Pflanzen nehmen vornehmlich Nitrat, aber auch Ammonium als Eiweißbausteine durch die Wurzeln auf. Alle Stickstoff-D. werden durch bodenlebende Bakterien im Laufe der Zeit in die leicht lösl. Nitrate umgewandelt (Nitrifikation, Gefahr der Auswaschung in das Grundwasser). Durch den Nitrifikationshemmer Dicyandiamid wird die Nitratbildung verhindert werden. Eine andere Möglichkeit, der übermäßigen Auswaschung von Stickstoff in den Boden vorzubeugen, ist die Verwendung von Depotdüngern, die den Stickstoff in besonderen chem. Verbindungen oder an einem Trägerstoff gebunden enthalten und ihn nur langsam an den Boden abgeben.

Die **Kalium-D.** werden durch Reinigen, Lösen und Umkristallieren aus den Abraumsalzen gewonnen. Es entstehen Kalisalze, in denen das Kalium (K) entweder vorwiegend als Chlorid (40- oder 50%iges Kali) oder als Sulfat (schwefelsaures Kali) vorliegt. Der Gehalt wird in % Kaliumoxid (K_2O) angegeben (z. B. 40er Kali = Kaliumchlorid mit umgerechnet 40 % K_2O). Kalimagnesia ist ein Spezial-D. für moorige Böden, das aus Kalium- und Magnesiumsulfat besteht, mit mindestens 25 % K_2O und 8 % Magnesia (Magnesiumoxid, MgO). Der Magnesia- und der Natriumgehalt sind bei den Kalium-D. bes. wichtig.

Phosphat-D. werden aus Rohphosphaten in unterschiedl. Verfahren aufgeschlossen: 1) saurer Aufschluss mit starken Säuren (Schwefel-, Phosphor-, Salpetersäure) zu verschiedenen konzentrierten D., 2) durch Glühen (Rhenaniaphosphat), 3) durch Feinvermahlung (Hyperphosphat). Basische Schlacken aus dem Stahlgewinnungsprozess in der Thomasbirne werden in fein gemahlenem Zustand als D. (Thomasphosphat, ›Thomasmehl‹) verwendet. Phosphat-D. unterscheiden sich hauptsächlich in ihrer Löslichkeit. Zu ihrer Beurteilung werden die in Wasser, Ammoniumcitrat und Zitronensäure lösl. Anteile bestimmt; z. B. enthält das durch sauren Aufschluss mit Schwefelsäure gewonnene Superphosphat 18 % ammoniumcitratlösl. Phosphat, angegeben als Phosphorpentoxid (P_2O_5; davon 90 % wasserlöslich). Dem Boden zugeführtes Phosphat wird im ersten Jahr nur zu etwa 15 %, langfristig zu etwa 60 %–80 % ausgenutzt. Eine Düngung, die den Gehalt an verwertbarem Phosphat im Boden konstant hält, wird als Erhaltungsdüngung bezeichnet. Magnesium (Mg) wird dem Boden durch magnesiumhaltige Kalke und magnesiumhaltige D. zugeführt (Kalimagnesia, Thomasphosphat u. a.). Bei akutem Mg-Mangel ist die Zufuhr über eine Blattdüngung möglich.

Kalk-D. helfen, den Säuregehalt des Bodens zu regulieren und wirken günstig auf seine physikal.-chem. und biolog. Verhältnisse. Eine Meliorationskalkung – hohe einmalige Gaben – wird bei schlechtem Kalkzustand (Versauerung) empfohlen. Dem Ausgleich von Kalkentzug durch Kulturpflanzen und Auswaschungsverlusten dient die Erhaltungskalkung. Der Kalkbedarf wird üblicherweise durch Messen des pH-Wertes bestimmt. Kalk-D. werden aus Kalkstein (kohlensaurer Kalk, $CaCO_3$) durch Vermahlen, Brennen (Branntkalk, CaO) und Ablöschen (Löschkalk, $Ca(OH)_2$) gewonnen.

Organische Handels-D. wie Torf, Rindensubstrat, Biertreber, Blut- und Knochenmehl, Guano u. a. sind unbearbeitete oder aufbereitete (Abfall-)Produkte der entsprechenden Industrien. Sie dienen sowohl als Humuslieferanten als auch als Nährstoff-D. Mit der Ausweitung naturgemäßer Produktionsweisen in Land- und Gartenbau steigt die Verwendung von organ. Handelsdüngern.

H. Snoek: Biologisch richtig düngen (1984); Angewandte Ökologie – Mensch u. Umwelt, hg. v. H. Bick u. a., Bd. 2 (1984); G. Fellenberg: Ökolog. Probleme der Umweltbelastung (1985); H. Vetter u. G. Steffens: Wirtschaftseigene Düngung (1986); G. Geisler: Pflanzenbau (^{2}1988); Das D.-Recht. Mit fachl. Erll., bearb. v. G. Kluge u. G. Embert (Neuausg. 1992); A. Finck: Dünger u. Düngung. Grundlagen u. Anleitung zur Düngung der Kulturpflanzen (^{2}1992); A. Amberger: Pflanzenernährung (^{4}1996).

Dungeness [dʌndʒiˈnes], flaches Kap an der Kanalküste der Cty. Kent, SO-England, 50° 53′ n. Br., 0° 55′ ö. L.; Leuchtturm, Vogelwarte, Lloyds-Warnstation, Kernkraftwerk (2 Blöcke, Nettoleistung je 275 MW, Inbetriebnahme 1965).

Düngerling, Panaeolus, Gattung der Tintlinge; kleine, hochstielige Blätterpilze mit schwarzen Sporen; bes. an gedüngten Stellen (z. B. Kuhfladen, Viehweiden) vorkommend; ungenießbar, z. T. giftig.

Düngerstreuer, Maschinen zum Ausbringen von Dünger in der Pflanzenproduktion, bes. für Mineraldünger. Für Mineraldünger herrschten in der ersten Mechanisierungsphase (um 1900–1960) die aufwendigen, aber schon relativ genauen **Kastenstreuer** vor: Vorratsbehälter quer zur Fahrtrichtung, Ausbringung durch Längsschieber, Fingerketten, Walzen u. a. (Streubreiten oft 2 oder 2,5 m). In den 50er-Jahren griff man das Prinzip des **Schleuder-D.** auf, bei dem ein oder zwei Schleuderteller den Mineraldünger abwerfen. Dieser D. ist billig, hat hohe Feldleistung (Arbeitsbreite bis 14 m) und bietet gute Handhabung als →Anbaugerät. V. a. der Zapfwellenantrieb und die Düngergranulierung ermöglichten den Durchbruch ab 1960. Der Nachteil der nur mittelmäßigen Streugenauigkeit führte zur Entwicklung der **Auslegerdüngerstreuer** (z. B. mit Ausbringschnecke) und der **pneumatischen Düngerstreuer.**

Dungfliegen, Sphaeroceridae, weit verbreitete Familie kleiner, z. T. flugunfähiger, aber springfreudiger Fliegen (rd. 250 Arten), die v. a. von organ. Abfällen leben.

Dungkäfer, Aphodiinae, Unterfamilie der Blatthornkäfer mit über 1 000 Arten in den nördl. gemäßigten Breiten. Die 2–15 mm langen Käfer sind meist schwarz, braun oder gelb mit dunklen Flecken, leben u. a. in Exkrementen, faulenden Pflanzen, vereinzelt in Ameisennestern.

Dungmücken, Scatopsidae, weltweit verbreitete Familie zarter, wenige mm langer, meist schwarzer Mücken mit rd. 150 Arten. Ausgewachsene Tiere (Vollkerfe) leben oft auf Doldenblüten, Larven in organ. Abfällen, auch in Blumentöpfen.

Düngung, die Zuführung von organ. und mineral. Stoffen in den Boden.

Die D. wird weltweit in allen Pflanzenkulturen durchgeführt. Die **Mineral-D.** ist die verbreitetste Form der D. in Landwirtschaft und Gartenbau. Dabei werden die dem Boden durch die Kulturpflanzen entzogenen Haupt- und Spurennährstoffe durch die Zugabe leicht lösl. Mineralsalze ausgeglichen.

Wichtig beim Einsatz der **organischen D.** ist die Verbesserung der Bodenfruchtbarkeit. Die Ernährung der Kulturpflanzen erfolgt vorwiegend über organisch gebundene Nährstoffe, die der Boden und seine lebenden (Mikro-)Organismen zur Verfügung stellen.

Die Nährstoffverhältnisse im Boden werden vom Verhalten der Nährstoffe, der Bodenart (Pufferungsvermögen), dem Klima (Auswaschung) und der →Fruchtfolge beeinflusst. Der unterschiedliche Nährstoffbedarf der Pflanzenarten bedingt eine differenzierte Auswahl von Menge und Art der Düngemittel. Bei der Bemessung der D. werden die Bodengehalts- und die Pflanzenentzugswerte berücksichtigt. Die Wirksamkeit der D. auf den Ertrag kann mithilfe von Feld- und Gefäßversuchen, der Nährstoffentzug durch Pflanzen auch durch Analysen von Blatt und Frucht ermittelt werden. Durch chem. Bodenuntersuchungen werden wichtige Bodenparameter (pH-Wert, Nährstoffe) ermittelt und die Böden nach ihrem Versorgungsgrad eingruppiert. Besondere Formen der D. finden sich im Gartenbau mit der Verwendung von Kompost, in abnehmendem Maße von Torf sowie mit **Spezial-D.** (Blumen, Rasen u. a.). **Flüssig-D.** über die Bewässerung wird bes. im Zierpflanzenbau und im Unterglasbau eingesetzt. Im Obst- und Weinbau werden neben mineral. **Vorrats-D.** zunehmend die →Blattdüngung und →Gründüngung eingesetzt, Letztere auch zur Erhaltung der Bodenfruchtbarkeit (Bedeckung) und Erosionsminderung. Zur Bestandsbegründung und in Jungkulturen werden in der Forstwirtschaft nach Bedarf Mehrnährstoffdüngemittel, zur Minderung von Waldschäden gebietsweise Kalkdüngemittel und Gesteinsmehle eingesetzt.

Seit J. von Liebig 1840 das Gesetz vom Minimum formulierte, nach dem sich die Höhe des Pflanzenertrags nach dem Nährstoff richtet, der im Verhältnis

Dungkäfer:
Aphodius fimetarius
(Größe 5–8 mm)

Dunhuang: Apsaras (geflügelte Gottheiten) aus der Grotte 290; Nördliche Zhoudynastie (556–581)

zum Bedarf der Pflanze im Minimum vorhanden ist, hat die D. (v. a. seit den 1920er-Jahren) die Landwirtschaft revolutioniert. Bereits 1906 formulierte E. A. MITSCHERLICH das Gesetz vom abnehmenden Ertragszuwachs, nach dem der Ertrag mit dem Nährstoffangebot bis zu einem Höchstwert steigt, der von Pflanzensorte, Bewässerung, Bodenbearbeitung, Pflanzenschutzmaßnahmen u. a. abhängig ist. Durch D. wurde es möglich, Nährstoffmangel im Boden, z. B. nach zu intensiver Nutzung, kontinuierlich auszugleichen oder auch vorher weniger geeignete nährstoffarme Böden zu bewirtschaften. Die Diskussion darüber, ob mineral. oder organ. Dünger besser geeignet sei, die Bodenfruchtbarkeit zu erhalten, ist seit Einführung der Mineral-D. nie verstummt. Sie hat jedoch seit den 1970er-Jahren an Intensität zugenommen, als die durch D. mitverursachten Umweltprobleme (Grund- und Trinkwasserbelastung durch Nitrat; Anreicherung desselben in bestimmten Nahrungsmitteln; Beitrag der Phosphate zur Eutrophierung u. a.) als gravierend erkannt wurden. Wie sich jedoch immer mehr zeigt, liegen die Probleme (z. B. die Belastung von Phosphatdüngern oder Klärschlamm mit Cadmium) nicht nur in der Art der angewendeten D. So hat die Mineral-D. (v. a. mit synthet. Düngemitteln) u. a. den Vorzug der besseren Dosierbarkeit und der Möglichkeit, sie auf spezif. Boden- und Pflanzenbedürfnisse abstimmen zu können, aber gleichzeitig den Nachteil, dass die Gefahr der Auswaschung des Bodens und der Erosion sehr viel größer ist als bei den meisten Formen der organ. D. Diese wiederum haben u. a. den Nachteil, dass sie die einzelnen Nährstoffe oft nicht in idealem Verhältnis enthalten, sodass von einem Nährstoff zu viel (in Gülle: Nitrat), dagegen vom anderen zu wenig (in Gülle: Phosphat) angeboten wird. In vielen Fällen hat sich eine ausgewogene Mischung von mineral. und organ. D. in Verbindung mit richtiger Bodenbearbeitung als am geeignetsten erwiesen.

Die mit der D. in Zusammenhang stehenden Umweltprobleme sind v. a. auf **Überdüngung** zurückzuführen, also auf den im Verhältnis zur benötigten Nährstoffmenge überhöhten Einsatz von Düngemitteln, aber auch darauf, dass der Ausbringungszeitraum nicht richtig gewählt ist. Er richtet sich z. B. bei Wirtschaftsdüngern aus der Massentierhaltung oft nach dem Tag des Anfalls der Düngemittel. Dies führt nicht nur zur Störung der Lebensgemeinschaften im Boden und nach Auswaschung auch der Gewässer, sondern teilweise zu Anreicherungen in den Pflanzen (z. B. hoher Nitratgehalt) sowie dazu, dass bestimmte Pflanzen sehr viel anfälliger gegen Schädlingsbefall werden.

Katherine Dunham

⇨ *ökologischer Landbau · Düngemittel · Eutrophierung · Nitrate · Phosphate · Trinkwasser*
Angewandte Ökologie – Mensch u. Umwelt, hg. v. H. BICK u. a., Bd. 2 (1984); G. FELLENBERG: Ökolog. Probleme der Umweltbelastung (1985); R. SULZBERGER: Kompost, Erde, Düngung (1994).

Dunham [ˈdʌnəm], Katherine, amerikan. Tänzerin, Choreographin und Ballettdirektorin, * Chicago (Ill.) 22. 6. 1912; erforschte die Tänze der Karibik und schrieb das Buch ›The Dances of Haiti‹ (1946). In den 40er-Jahren gründete sie die ›K. D. Dance Company‹, mit der sie auf Tourneen in zahlr. Ländern der Welt große Triumphe feierte. In ihren Choreographien verschmolz sie Elemente des klass. Balletts mit afrokarib. Tanztraditionen. Sie gilt als eine der Begründerinnen des modernen schwarzen Jazzdance. D. trat auch als Regisseurin von Musicals, Revuen und Opern hervor.

Dunhuang, Tunhuang, Oasenstadt in der Prov. Gansu, China, zw. der Wüste Gobi und dem Hochland von Tibet, rd. 80 000 Ew.; 15 km sö. von D. liegen die ›Grotten der Tausend Buddhas‹ (Qian fo dong), auch Grotten von →Mogao gen., die größten und ältesten buddhist. Höhlentempelanlagen Chinas (366 gegr.). – Als Knotenpunkt an der Seidenstraße war D. von Bedeutung und wurde unter der Nördl. Weidynastie (4. Jh.) zu einer der größten und reichsten buddhist. Gemeinden Asiens. Es entstanden Höhlentempel mit aus Tonstuck (stuckartig aus einem Gemisch von Ton mit Pflanzenfasern über einem Holzskelett) modellierten, farbig gefassten Bildwerken und polychromen Seccomalereien, die die Wände friesartig bedeckten und wichtige Aufschlüsse über die stilgeschichtl. und ikonograph. Entwicklung buddhist. Malerei sowie den frühen Landschaftsstil geben. Die um 1900 entdeckten Schätze von Handschriften und Miniaturen (6.–11. Jh.), von Seidenbildern und Skulpturen sind durch Sir AUREL STEIN (1907) und P. PELLIOT (1908) größtenteils in europ. Museen gelangt (London, Brit. Museum; Paris, Bibliothèque Nationale de France und Musée Guimet).
H.-S. P'ENG: Die Höhlentempel von D. (a. d. Engl., 1982).

Dunikowksi, Xawery, poln. Bildhauer und Maler, * Krakau 24. 11. 1875, † Warschau 26. 1. 1964; Hauptvertreter des symbolist. Plastik in Polen, beeinflusst von A. RODIN und G. MINNE. 1914–23 fand er in Paris zu einer expressiven, dynam. Formgestaltung. Nach dem Zweiten Weltkrieg schuf er im Staatsauftrag Denkmäler (Denkmal der Aufständischen, Annaberg, Oberschlesien, 1949–52). Daneben entstanden Einzelfiguren, Figurengruppen und v. a. Porträts. Als Maler trat er bes. mit dem ›Auschwitzzyklus‹ (1950 ff.) hervor, einer Auseinandersetzung mit seiner fünfjährigen Haft im Konzentrationslager.

Dunit, Gestein, →Peridotit.

Dunkeladaptation, *Physiologie:* →Adaptation.

Dunkelatmung, die Atmung grüner Blätter im Dunkeln, die den mitochondrialen Atmungsvorgängen entspricht und im Ggs. zur →Lichtatmung steht. D. wird durch Licht mehr oder weniger gehemmt. (→Atmungskette)

Dunkelentladung, *Physik:* →Gasentladung.

Dunkelfeldbeleuchtung, Beleuchtungsart in der Mikroskopie; dabei werden Objekte mit sehr feinen Strukturen vor dunklem Hintergrund von der Seite so beleuchtet, sodass nur gebeugtes (und kein direktes) Licht in das Objektiv → Mikroskops eintritt, wodurch die Objektstrukturen deutlicher hervortreten **(Dunkelfeldmikroskopie).**

Dunkelkäfer, die →Schwarzkäfer.

Dunkelkammer, abgedunkelter Raum für Arbeiten mit lichtempfindl. Stoffen (z. B. fotograf. Materialien). Für den Positivprozess kann die D. mit gefiltertem Licht beleuchtet werden, dessen Wellenlänge und/ oder Intensität keinen schädigenden Einfluss auf das strahlungsempfindl. Material ausübt. Eine **Licht-schleuse** verhindert meist, dass beim Betreten oder Verlassen unerwünschtes Licht in die D. dringt.

Dunkelkeimer, Pflanzen, deren Samen trotz genügendem Angebot von Wasser und Temperatur bei Einstrahlung weißen (auch hellroten) Lichtes nicht keimen (z. B. Amaranthus). Ggs.: →Lichtkeimer.

Dunkelmännerbriefe, satir. Schrift des 16. Jh., →Epistolae obscurorum virorum.

Dunkelnebel, *Astronomie:* die →Dunkelwolke.

Dunkelraum, nicht leuchtendes Gebiet in einer →Gasentladung.

Dunkelschriftröhre, die →Blauschriftspeicherröhre.

Dunkelsteiner Wald, Teil der Böhm. Masse (z. T. Gneishochland) jenseits des Durchbruchstals der Donau (Wachau), Österreich. Bewaldete Hochflächen 540–600 m ü. M., im NW (Mühlberg) 712 m ü. M. Hauptort ist Gansbach; Anziehungspunkte für den Fremdenverkehr sind die Burgen Aggstein und Hohenegg, die Stifte Melk und Göttweig.

Dunkelstrom, der bei angelegter Spannung in Photodioden und -widerständen auch bei Nichtbeleuchtung fließende geringe Strom; beruht auf einer geringen Dunkelleitfähigkeit des Photoleiters.

Dunkelstufe, *Farbenlehre:* Formelzeichen *D*, Maßzahl zur Kennzeichnung der Helligkeit einer Körperfarbe im →DIN-Farbsystem. Dem idealen Weiß und den →Optimalfarben wird der Wert $D = 0$, dem idealen Schwarz $D = 10$ zugeordnet.

Dunkelwolke, Dunkelnebel, Gebiet erhöhter Dichte der →interstellaren Materie, die das Licht der dahinter befindl. Sterne absorbiert. In der Milchstraße verursachen D. deshalb scheinbar sternarme oder sternleere Gebiete; bekannte D. sind der →Pferdekopfnebel sowie der →Kohlensack. D. hoher Dichte sind die **Globulen,** die als Urzustand eines entstehenden Sterns angesehen werden.

Dunkelziffer, eine offiziell nicht bekannt gewordene, d. h statistisch nicht erfasste Anzahl von bestimmten, sich negativ auf die Gesellschaft auswirkenden Handlungen oder Vorkommnissen. Die D. beruht im Wesentlichen auf Schätzungen und gilt in bestimmten Kriminalitätsbereichen als bes. hoch (Kindesmisshandlung, Taschen- und Warenhausdiebstahl, Trunkenheit am Steuer).

Dunkers [engl. ˈdʌŋkəz; zu dt. tunken], **Tunkers,** auch **German Baptists** [engl. ˈdʒɜːmən ˈbæptɪsts], eine 1708 in Schwarzenau (Edertal) von dem bibelkundigen Bauern ALEXANDER MACK (* 1679, † 1735) gegründete pietist. Gemeinschaft. Zunächst aus acht von ihm getauften ›Brüdern‹ bestehend, wollte die Gruppe die Urkirche erneuern. Sie forderte Glaubensfreiheit und lehnte religiösen Zwang und Kriegsdienst ab. Deshalb aus Dtl. vertrieben, wanderten die Anhänger MACKS seit 1719 über Holland nach Nordamerika (Pennsylvania) aus. Die D. lehnten die Kindertaufe ab und forderten strenge Enthaltsamkeit von allen ›weltlichen Genüssen‹. Neben der (Erwachsenen-)Taufe durch völliges Untertauchen (daher Tunkers) und dem Abendmahl hatten für sie auch die Fußwaschung, der Bruderkuss und die Krankensalbung sakramentalen Charakter, wobei sie sich auf urchristl. Traditionen beriefen. Aus den D. ging die →Church of the Brethren hervor.

Dunking [ˈdʌŋkɪŋ; engl. to dunk ›eintunken‹] *das, -s, Basketball:* das Einwerfen des Balls nach einem Sprung direkt in den Korb.

Dünkirchen, frz. **Dunkerque** [dœˈkɛrk], niederländisch **Duinkerken** [ˈdœjnkɛrkə], Hafenstadt in N-Frankreich, Dép. Nord, im fläm. Sprachgebiet nahe der Grenze zu Belgien, 70 300 Ew.; Museum zeitgenöss. Kunst (mit Skulpturenpark), Marinemuseum; Werften, Erdölraffinerie, Stahlverhüttung und -verar-

beitung mit eigenem Hafen, Zementindustrie, Juteverarbeitung, Seifensiedereien. Gute Verbindungen (Kanäle) mit dem nordfrz. Industriegebiet, dem es Rohstoffe (Baumwolle, Getreide, Kohle, Phosphate, Erze) liefert und Fertigfabrikate (Stahl, Maschinen, Zement, Baustoffe, Gemüse) zur Ausfuhr abnimmt. Mit einem Umschlag von jährlich (1982–92) 35–40 Mio. t ist D. der drittgrößte Hafen Frankreichs; Containerschiffsverkehr nach Tilbury, Harwich, Antwerpen, Rotterdam; Autofähre nach Dover. Im östl. Stadtgebiet der Badeort **Malo-les-Bains.** – Von der Stadtmauer aus dem 14. Jh. ist der Tour du Menteur erhalten; der Belfried stammt von 1440. Die spätgot. Kirche Saint-Éloi (15.–16. Jh.; 1940 stark beschädigt) erhielt eine klassizist. Fassade.

Geschichte: D., 1067 erstmals als Siedlung erwähnt, war zunächst ein Fischerdorf, neben dem als Gründung der Grafen von Flandern bald nach 1180 die Stadt D. entstand. Diese fiel mit der Grafschaft 1384 an das Haus Burgund, 1477 an Habsburg und wurde 1555 Teil der Span. Niederlande. Im 16. Jh. stieg D. zum Wirtschafts- und Kriegshafen auf, der zw. Spanien, Frankreich und England umkämpft war, bis ihn LUDWIG XIV. 1662 England abkaufte; von VAUBAN befestigt; Mitte des 19. Jh. Ausbau des Hafens.

Dünkirchen: Britische Soldaten bei der Evakuierung; Mai/Juni 1940

Im Zweiten Weltkrieg zogen sich die während des dt. Westfeldzuges 1940 nach dem Durchbruch an die Somme (20. 5.) abgeschnittenen Teile der frz. Nordarmee und das brit. Expeditionskorps in den Raum von D. zurück. Nachdem A. HITLER die im Angriff auf D. befindlichen Panzerverbände am 24. 5. angehalten hatte, gelang es den Alliierten in der Operation ›Dynamo‹ (27. 5. bis 4. 6. 1940), rd. 215 000 Briten und 123 000 Franzosen unter Zurücklassung der gesamten schweren Ausrüstung auf die brit. Insel zu evakuieren. Es ist in der histor. Forschung ungeklärt, welche Gründe für HITLERS Haltebefehl ausschlaggebend waren: Die am häufigsten genannten sind Schonung der eigenen Panzerverbände und ein in seiner konkreten Zielsetzung unklares Entgegenkommen gegenüber Großbritannien.

Dünkirchener Transgression, der Meeresspiegelanstieg der Nordsee um etwa 1500 v. Chr., häufig in mehrere Phasen unterteilt, hauptsächlich durch das nacheiszeitl. Abschmelzen der Eismassen (glazialeustatisch), wohl aber auch durch Veränderungen der Erdkruste (epirogenetisch und glazialisostatisch) bewirkt, eventuell klimatisch beeinflusst, stellenweise auch durch Sackungserscheinungen infolge von Kulturnahme sowie Entwässerung in den Marsch- und Moorgebieten. (→eustatische Meeresspiegelschwankungen, →Transgression)

Dünkirchenvertrag, am 4. 3. 1947 zw. Großbritannien und Frankreich auf 50 Jahre abgeschlossen, sollte beide Staaten gegen Nichterfüllung dt. Verpflichtungen und etwaige krieger. Absichten Dtl.s sichern; er wurde Vorbild des →Brüsseler Paktes.

dunkle Materie, unsichtbare, nicht leuchtende oder strahlungsabsorbierende kosm. Materie, die sich nur durch ihre Gravitationswirkung bemerkbar macht. Ihre Existenz wird aufgrund dynam. Untersuchungen im Milchstraßensystem, in anderen Sternsystemen und in Galaxienhaufen vermutet, da sich bestimmte Beobachtungen mit der sichtbar in Erscheinung tretenden Materie nicht erklären lassen. Um den Widerspruch zw. sichtbarer und dynam. Masse zu lösen, wird das Vorhandensein d. M. postuliert. Sie leistet vermutlich einen großen Beitrag zur Gesamtmasse im Weltall, doch ist ihre phys. Beschaffenheit bisher noch völlig unbekannt. Als Träger der d. M. werden u. a. kleine, jupiterartige oder sehr leuchtkraftschwache Himmelskörper (so genannte →Braune Zwerge), mit einer endl. Ruhmasse behaftete Neutrinos oder auch nichtbaryonische, exot. Teilchen in Betracht gezogen. Falls d. M. tatsächlich wesentlich häufiger als leuchtende Materie im Weltall wäre, hätte dies weitreichende Folgen für das Expansionsverhalten des Weltalls (→Kosmologie).

Dun Laoghaire [dʌn'liərɪ], bis 1921 **Kingstown** ['kɪŋztaʊn], Stadt in der Rep. Irland, Seebad mit Fähr- und Sporthafen sowie Wohngemeinde im südl. Vorstadtbereich von Dublin, 55 400 Ew.; seit 1985 mit Rathdown zu **D. L.-Rathdown** (1991: 185 400 Ew.) zusammengelegt.

Dunlap ['dʌnləp], William, amerikan. Schriftsteller und Maler, * Perth Amboy (N. J.) 19. 2. 1766, † New York 28. 9. 1839; übte großen Einfluss auf das amerikan. Theater seiner Zeit aus. Neben der Abfassung von 30 Theaterstücken übersetzte er zahlr. Werke aus dem Französischen und Deutschen für die amerikan. Bühne (u. a. von SCHILLER, A. VON KOTZEBUE); war auch Regisseur, Dramaturg und Theaterbesitzer. Er veröffentlichte 1832 ›The history of the American theatre‹, das erste Werk dieser Art. Als Maler schuf D. v. a. Porträts und religiöse Darstellungen. Eine wichtige Quelle für die Kunstgeschichtsforschung ist seine ›History of the rise and progress of the arts of design in the United States‹ (2 Bde., 1834).
Weitere Werke: *Theaterstücke:* The father (1789); André (1798); The Italian father (1799).
J. STROHSCHÄNK: W. D. u. August von Kotzebue – dt. Drama in New York um 1800 (1992).

Dunlop [dʌn'lɔp], John Boyd, brit. Tierarzt und Erfinder, * Dreghorn (bei Ayr) 5. 2. 1840, † Balls Bridge (heute zu Dublin) 23. 10. 1921; erfand 1888, wohl ohne R. W. THOMSONS Patent (1845) zu kennen, den pneumat. Gummireifen für das Fahrrad. 1889 gründete er in London die Dunlop Rubber Company Ltd.

Dún na nGall [du:n nɑ 'ŋgaul], irischer Name der Cty. →Donegal, Rep. Irland.

Dünndarm, Teil des →Darms.

Dünndarmbiopsie, diagnost. Verfahren, bei dem über eine spezielle →Dünndarmsonde Schleimhaut angesaugt und unter Röntgenkontrolle mit dem Ringmesser eine Probe abgetrennt wird. Die histolog. Untersuchung gibt wichtige Hinweise auf Darmerkrankungen wie Sprue, Amyloidose oder Tumoren.

Dünndarmentzündung, die →Enteritis.

Dünndarmsonde, Jejunalsonde, dünner, weicher Schlauch von etwa 1,5 m Länge mit perforiertem Endstück (Olive), der durch Speiseröhre und Magen in den Dünndarm, z. a. den Zwölffingerdarm (**Duodenalsonde),** eingeführt wird; dient z. B. zur Sondenernährung (bei Magengeschwür) oder zu diagnost. Zwecken (→Dünndarmbiopsie, Gewinnung von Zwölffingerdarm-, Bauchspeicheldrüsen- oder Gallensaft).

Dünndruckpapier, sehr dünnes, zähes Druckpapier aus Zellstoff, auch mit Zusatz von Hadern; mit hohem Anteil an Füllstoffen, um das Durchscheinen zu verhindern; Flächengewicht etwa 25–45 g/m².

Dunne [dʌn], Finley Peter, amerikan. Journalist und Schriftsteller, * Chicago (Ill.) 10. 7. 1867, † New York 24. 4. 1936; Herausgeber der Zeitschrift ›Collier's‹ (1918/19) und bekannt als Autor einer satir. Romanserie, in der Mr. Dooley, ein irischer Gastwirt, zeitgenöss. Ereignisse in irischem Dialekt humorvoll und scharf kritisiert.
Werke: Mr. Dooley in peace and war (1898); What Dooley says (1899); Mr. Dooley's philosophy (1900); Mr. Dooley says (1910); Mr. Dooley on making a will (1919).

dünne Schichten, *Physik:* Bez. für amorphe, poly- und einkristalline Schichten fester Stoffe, deren Dicken (Größenordnung 1 nm – 1 µm) so gering sind, dass ihre physikal. Eigenschaften (z. B. elektr., opt. und magnet. Verhalten) stark von einer massiven Probe gleichen Materials abweichen. Ihre Herstellung erfolgt im Hochvakuum durch Aufdampfen (→Bedampfungstechnik), Sputtern (Zerstäuben des Quellmaterials durch Ionenbeschuss), Laserablation (Kondensation eines durch Laserimpulse erzeugten Plasmas des Targetmaterials) oder chemisch bzw. physikalisch bewirkte Abscheidung auf den als Substrat bezeichneten Trägersubstanzen. Insbesondere mit den Verfahren der →Epitaxie können einkristalline Einzelschichten bis herab zu Schichtdicken von einer Monolage und Schichtpakete aus mehr als 100 atomar glatten Schichten von zwei oder mehr Materialien (→Supergitter) hergestellt werden, wobei sich die Kristallstruktur des Substrats weitgehend auf die Schicht(en) überträgt. (→Dünnschichttechnik, →Vergüten).

Dünnfilmtechnologie, die →Dünnschichttechnik.

Dünnglas, gezogenes Tafelglas von weniger als 2 mm Dicke (0,8–1,8 mm); es wird für Bildverglasung, Trockenplatten, Objektträger in Mikroskopen u. a. verwendet.

Dünnpfennig, numismat. Bez. für sehr dünne, zweiseitig geprägte Pfennige vom Beginn des 12. Jh. aus Bayern, Hessen und Niedersachsen. Wegen der dünnen Schrötlinge drückten sich die prägenden Partien auf der jeweils anderen Seite durch. D. wurden als Vorläufer der →Brakteaten angesehen und deshalb auch als **Halbbrakteaten** bezeichnet.

Dünnsäuren, Bez. für die bei chemisch-techn. Prozessen entstehenden, meist stark verunreinigten Abfallsäuren. D. fallen z. B. bei der Herstellung von organ. Farbstoffen und Zwischenprodukten sowie bes. bei der Gewinnung von Titandioxid durch Aufschluss von Ilmenit oder Titanschlacke mit konzentrierter Schwefelsäure an. Beim Herauslösen von 1 t Titandioxid aus einer Titanerz fallen 7 t D. an. Diese enthält etwa 23 % Schwefelsäure, Schwermetalle sowie größere Mengen an gelöstem Eisensulfat. Die Verklappung von D. hat schädl. Auswirkungen auf Plankton, Fische und Krustentiere. Die Schwermetalle reichern sich in der Nahrungskette an. Das Einbringen von D. in die Nordsee ist genehmigungspflichtig und wird vom Bundesamt für Seeschifffahrt und Hydrographie überwacht. Auf dem Hoheitsgebiet der BRD wurde es Ende 1989 eingestellt. In Dtl. wird aus D. durch Auf-

John Dunlop

konzentrierungsverfahren 80- bis 96%ige Schwefelsäure zurückgewonnen und beim Titanerzaufschluss erneut eingesetzt. D. aus der organ. Farbstoffproduktion wird teilweise mit Kalk zu Gips neutralisiert oder (je nach Konzentration) ebenfalls aufkonzentriert.

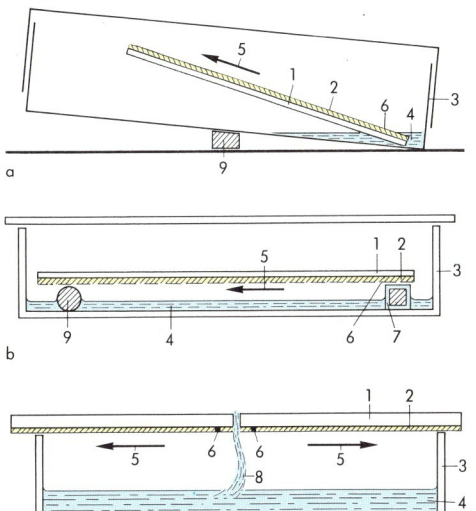

Dünnschichtchromatographie: Beispiele für aufsteigende (a), horizontale (b) und zirkulare (c) Technik (schematische Darstellung); 1 Trägerplatte, 2 adsorbierende Schicht 3 Petri-Schale, 4 Fließmittel, 5 Laufrichtung, 6 Auftragstelle der Substanz, 7 saugfähiges Filtrierpapier, 8 saugfähiger Docht, 9 Auflageelemente

Dünnschichtchromatographie, Abk. **DC,** auch **Planar-Chromatographie,** chromatograph. Verfahren, v. a. zur Analyse geringer Substanzmengen. Die Trennung erfolgt aufgrund unterschiedlich starker Adsorption der einzelnen Komponenten an feinkörnigen, oberflächenreichen Sorbenzien (Kieselgel, Aluminiumoxid u. a.), die mit einem Bindemittel (Gips, Polyvinylalkohol u. a.) als dünne Schicht (Dicke 0,1–0,3 mm) auf Trägerplatten aus Glas oder Kunststoff- und Aluminiumfolien aufgebracht sind. Ist die Lösung der Substanzgemische als Punkt oder Strich am Plattenrand aufgetragen, erfolgt die Entwicklung des Chromatogramms in Trennkammern mit einem geeigneten Lösungsmittel (Fließmittel) nach aufsteigender, horizontaler oder zirkularer Technik. Dabei transportiert das durch Kapillarwirkung in der Sorptionsschicht wandernde Fließmittel die einzelnen Komponenten mit unterschiedlicher Geschwindigkeit. Auf dem Chromatogramm erscheinen die Komponenten als getrennte Flecke, die durch Besprühen mit Reagenzien oder im UV-Licht sichtbar gemacht werden können. Zur quantitativen Analyse werden die Flächen der Substanzflecken herangezogen bzw. es wird eine photometrische Auswertung des Chromatogramms (z. B. mithilfe von Scannern) durchgeführt.

Dünnschichtreaktor, Reaktionsapparat für schnelle Gas-Flüssigkeits-Reaktionen (z. B. Sulfonierungen mit Schwefeltrioxid), bei dem die Flüssigkeit als dünner Film an der Innenwand eines Behälters oder Rohres herunterläuft.

Dünnschichtspeicher, Dünnfilmspeicher, zu den Magnetschichtspeichern zählende, in Dünnschichttechnik hergestellte →Datenspeicher mit punktrasterartig aufgedampften ferromagnet. Speicherelementen; diesen ist eine magnet. Vorzugsrichtung aufgeprägt, bezüglich der zwei stabile Zustände auftreten (→binär).

Dünnschichttechnik, Dünnfilmtechnologie, Sammel-Bez. für Verfahren der Mikroelektronik zur Herstellung miniaturisierter und integrierter Bauelemente und Schaltkreise (→Hybridschaltung) durch Aufdampfen oder Aufstäuben von 1 bis 0,01 µm starken leitenden, halbleitenden und/oder dielektr. Schichten im Vakuum auf einen nicht leitenden Träger (aus Glas, Keramik, Quarz u. a., auch aus Kunststoff). **Dünnschichtwiderstände** werden durch Aufdampfen von Chrom-Nickel-Legierungen oder Metall-Keramik-Verbindungen, Leitungsbahnen aus Kupfer-, Aluminium- oder Goldschichten hergestellt. **Dünnschichtkondensatoren** lassen sich durch aufeinander folgendes Bedampfen mit Aluminium, Siliciumdioxid (als Dielektrikum) und wieder Aluminium erzeugen. Aktive Bauelemente (**Dünnschichtdioden** und **-transistoren**) mit konstant guten elektr. Eigenschaften sind schwieriger herzustellen; sie werden daher häufig in konventioneller Bauform nachträglich eingefügt. (BILD S. 26)

Dünnschliff, zur mikroskopischen Untersuchung (Durchlichtmikroskop) von Mineralen und Gesteinen, auch Böden (mit Spezialharz verfestigt) hergestellte, 0,02–0,03 mm dünne Plättchen, im Ggs. zum →Anschliff.

Dünnschliff: Dunit im monochromatischen, nicht polarisierten (oben) und polarisierten Licht (unten)

Dunois [dy'nwa], Jean Graf, gen. **Bastard von Orléans** [-ɔrle'ã], frz. Heerführer, *Paris um 1403, †bei Bourg-la-Reine (bei Paris) 24. 11. 1468, illegitimer Sohn des 1407 ermordeten Herzogs LUDWIG VON ORLÉANS; seit etwa 1420 im Dienst des späteren Königs KARL VII., verteidigte 1429 Orléans gegen die Engländer, bis es durch JEANNE D'ARC entsetzt wurde. 1449/50 eroberte er die Normandie, 1451 den größten Teil der Guyenne von den Engländern zurück. In der Endphase des Hundertjährigen Krieges war D. einer der führenden Feldherren.
M. CAFFIN DE MÉROUVILLE: Le beau D. et son temps (Paris 1960; mit Bibliogr.).

Dunoyer de Segonzac [dynwa'je dəsəgõ'zak], André, frz. Maler und Grafiker, *Boussy-Saint-Antoine (bei Corbeil-Essonnes) 6. 7. 1884, †Paris 17. 9. 1974; malte Landschaften, Stillleben und Akte unter sparsamer Einbeziehung kubist. Elemente. Im Spätwerk steigerte er seine bewegten Kompositionen ins Monumentale.

Dunsany [dʌn'seɪnɪ], Edward John Moreton Drax Plunkett [ˈplʌŋkɪt], 18. Baron, bekannt als **Lord D.** [lɔː d-], angloirischer Schriftsteller, *London 24. 7. 1878, †Dublin 25. 10. 1957. D. schrieb auf Wunsch von W. B. YEATS Dramen für das Abbey Theatre in Dublin; kämpfte im Osteraufstand (1916) für England. Er behandelte in den meisten seiner Dramen und Erzählungen romant. und exot. Stoffe, wobei er eine selbst erfundene Mythologie verwandte.
Werke: *Romane:* The king of Elfland's daughter (1924; dt. Die Königstochter aus Elfenland); The charwoman's shadow (1926; dt. Der Schatten der Scheuermagd). – *Erzählungen:* The gods of Pegana (1905); The curse of the wise woman (1933; dt. Der Fluch der weisen Frau); Jorkens borrows another whisky (1954; dt. Jorkens borgt sich einen Whisky). – Das Fenster zur anderen Welt (1971, dt. Ausw.). – *Dramen:* The glittering gate (1909); The tents of the Arabs (1920); If (1921).
M. AMORY: Biography of Lord D. (London 1972).

Duns Scotus, Johannes, scholast. Philosoph und Theologe, *Duns (bei Berwick-upon-Tweed) um 1266, †Köln 8. 11. 1308; Franziskaner, lehrte in Oxford, ab 1302 in Paris, ab 1307 in Köln.
Die seit der Mitte des 13. Jh. betriebene Rezeption des ARISTOTELES und der arab. Wissenschaft hatte zu Kompromisssystemen geführt, die sowohl philosoph. Einwände wie den Protest religiöser Erneuerungsbewegungen hervorriefen. D. S. versuchte, in scharfsinnigen Einzeluntersuchungen (daher sein Ehrentitel

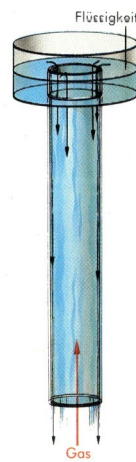

Dünnschichtreaktor

Jean Graf Dunois (Statue in der Schlosskapelle von Châteaudun)

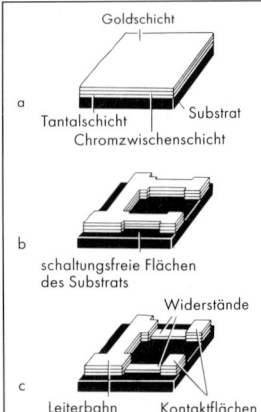

a

Goldschicht
Tantalschicht
Substrat
Chromzwischenschicht

b

schaltungsfreie Flächen
des Substrats

Widerstände

c

Leiterbahn   Kontaktflächen

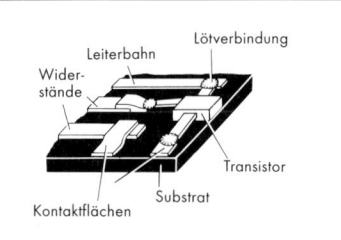

Leiterbahn   Lötverbindung
Wider-
stände
Transistor
Substrat
Kontaktflächen

Dünnschichttechnik: links Herstellung einer passiven Dünnschichtschaltung (c) aus einer Sandwichplatte (a) durch Freiätzen der schaltungsfreien Substratflächen (b) und der Widerstände (partielles Wegätzen der Leiterschicht); **rechts** Aktive Dünnschichtschaltung mit einem eingefügten Transistor (Dünnschicht-Hybridschaltkreis)

›doctor subtilis‹) die Grenze zw. Philosophie und Theologie neu zu ziehen und den Konflikt zw. Wissen und Glauben durch Einschränkung sowohl der philosoph. Vernunft wie des Wissenschaftsanspruchs der Theologie zu entschärfen. Dabei kritisierte er das Vernunftvertrauen der Aristoteliker u. a. mit dem Argument, aus bloßen Vernunftbeweisen sei nicht unmittelbar Wirklichkeitserkenntnis zu gewinnen; er hielt die Unsterblichkeit der Seele daher für unbeweisbar; auch die traditionellen Gottesbeweise unterzog er einer beweistechn. und erkenntniskrit. Analyse. Ohne die philosoph. Theologie prinzipiell zu verwerfen, bereitete er die Metaphysikkritik WILHELMS VON OCKHAM vor. Er prägte das spätmittelalterl. Philosophieren, indem er ihm die Richtung auf die Prüfung von Argumenten wies und die Harmonisierungsversuche des 13. Jh. (THOMAS VON AQUINO, HEINRICH VON GENT) mit Misstrauen betrachtete.

Da er mit der Vorstellung brach, die Formen menschl. Sprechens und Denkens enthielten unmittelbar das Sein, forderte er für wissenschaftlich verwertbare Begriffe einen eindeutig-einheitl. Inhalt (These von der Univozität des Seins gegen die Analogien des Seins bei THOMAS VON AQUINO); den Ursprung der allgemeinen Bestimmungen (›Universalien‹) sah er im Denken und musste deren Realitätsbezug durch komplizierte Konstruktionen sichern. Er konnte die Individualität als positive Seinsvollkommenheit gegenüber der thomist. Lehre von der Materie als dem Grund der Individuation aufwerten. Da er gleichzeitig erhöhte Ansprüche an wissenschaftl. Beweisbarkeit stellte und den Realitätsbegriff zugunsten des Sinnlich-Einzelnen verschob, entsprach sein Lehrgebäude (›Skotismus‹) den Bedürfnissen der spätmittelalterl. Welt und fand – trotz seiner sprichwörtl. Verwickeltheit – an den Univ. teilweise bis ins 17. Jh. weite Verbreitung.

Ausgaben: Opera omnia, hg. v. L. WADDING, 26 Bde. (Neuausg. 1891–95); Opera omnia, hg. v. C. BALIĆ, auf mehrere Bde. ber. (1950 ff.); Abh. über das erste Prinzip, lat. u. dt., hg. v. W. KLUXEN (1974).

É. GILSON: J. D. S. (a.d. Frz., 1959); W. TOTOK: Hb. der Gesch. der Philosophie, Bd. 2 (1973); C. BERUBÉ: De l'homme à Dieu (Rom 1983); K. FLASCH: Das philosoph. Denken im MA. (Neudr. 1995).

**Johannes
Duns Scotus**

Dunst, 1) *Jägersprache:* feinstes Schrot.

2) *Meteorologie:* Trübung der Atmosphäre bei einer Sichtweite von über 1 km durch Staub, Pollen, Salzkriställchen u. a. (**trockener D.,** bläulich bis schmutzig gelb bzw. rötlich) oder Wassertröpfchen (**feuchter D.,** grau). Eine **D.-Glocke** kann sich als Ansammlung von D. mit Abgasen über Großstädten und Industriegebieten bilden, bes. bei Inversionswetterlagen.

Dunstable [ˈdʌnstəbl], Stadt in der Cty. Bedfordshire, England, in den Chiltern Hills, im äußeren Ein-

zugsgebiet von London, 30 900 Ew.; mit dem benachbarten Luton baulich verwachsen; Fahrzeug- und Maschinenbau, Kunststoff-, Gummi- und Papierwarenindustrie, Druckerei.

Dunstable [ˈdʌnstəbl], John, engl. Komponist, *um 1390, †24. 12. 1453; stand im Dienst von JOHANN Herzog VON BEDFORD, der 1422–35 Regent von Frankreich war. Hierdurch kam D. mit der frz. Musik in Berührung. Er verband die polyphone frz. Setzweise mit der engl. Musiktradition, bes. der Technik der →Faburden, und beeinflusste damit die zeitgenöss. europ. Musik, v. a. das Schaffen von G. BINCHOIS und G. DUFAY. D. schrieb v. a. litug. Kompositionen (Messen, Messsätze, Motetten).

Ausgabe: Complete works, hg. v. M. F. BUKOFZER (1953, Neuausg. 1970).

M. F. BUKOFZER: Über Leben u. Werke von D., in: Acta Musicologica, Jg. 8 (1936); A. WATHEY: D. in France, in: Music and Letters, Jg. 67 (London 1986).

Dunstan [ˈdʌnstn], Benediktiner, *Glastonbury (bei Bristol) um 909, †Canterbury 19. 5. 988; 945 Abt von Glastonbury, 957 Bischof von Worcester, 958 von London, 960 Erzbischof von Canterbury; erlangte als Ratgeber König EDGARS großen Einfluss auf die engl. Politik und ordnete Mönchtum, Weltklerus und Laientum in England neu. – Heiliger (Tag: 19. 5.).

Dünsten, Erhitzen und Garen von Lebensmitteln in einem geschlossenen Gefäß im eigenen Saft, eventuell unter Hinzufügen von wenig Fett und/oder Wasser. Beim D. werden die Vitamine nur wenig beeinträchtigt, die Mineralstoffe bleiben in den Speisen größtenteils erhalten.

Dunstfilter, Hazefilter [ˈheɪz-, engl.] *das, -s/-, Fotografie:* das UV-Filter (→Filter).

Düntzer, Heinrich, Literarhistoriker, *Köln 12. 7. 1813, †ebd. 16. 12. 1901; war seit 1846 Bibliothekar in Köln; schrieb sorgfältige ›Erläuterungen zu den dt. Klassikern‹ (85 Hefte, 1855–92) sowie Biographien GOETHES (1880), SCHILLERS (1881) und LESSINGS (1882).

Weitere Werke: Goethe u. Karl August während der ersten 15 Jahre ihrer Verbindung (1861); Homerische Abhh. (1872); Charlotte von Stein, Goethes Freundin, 2 Bde. (1874); Abhh. zu Goethes Leben u. Werken, 2 Bde. (1885); Mein Beruf als Ausleger 1835–1868 (1899).

Dünung, ein →Seegang, der nicht mehr unter dem Einfluss des erzeugenden Windfeldes steht. Die D. hat Wellenperioden bis zu etwa 25 s Dauer und Wellenlängen bis zu rd. 1 000 m. Sie transportiert Wellenenergie über große Distanzen und kann zu hoher Brandung an Küsten führen, die Tausende von Kilometern vom Entstehungsort der Wellen entfernt sind.

Duo [ital., von lat. duo ›zwei‹] *das, -s/-s,* eine Komposition für zwei Singstimmen oder zwei (gleiche oder versch.) Instrumente, gelegentlich auch für zwei Spieler (D. für Klavier vierhändig, D. für Violine und Klavier). Im 15. und 16. Jh. nannte man D. die zweistimmigen Partien innerhalb von Messen und Motetten sowie den selbstständigen Zwiegesang (→Bicinium). Seit dem 18. Jh. bezeichnet D., zunächst z. T. auch →Duett genannt, zumeist ein für das häusl. Musizieren, für den Virtuosenvortrag oder für den Unterricht bestimmtes Stück für zwei gleiche oder verschiedene Instrumente.

Duodenalgeschwür, das →Zwölffingerdarmgeschwür.

Duodenalsonde, →Dünndarmsonde.

Duodenitis *die, -/...ni̱tiden,* Entzündung des Zwölffingerdarms; tritt z. B. nach Magenresektion, als Begleiterkrankung bei Entzündung der Bauchspeicheldrüse oder der Gallenwege; bei Sprue, Crohn-Krankheit oder allgemeiner Enteritis, auch beim Zollinger-Ellison-Syndrom auf. Als primäre Erkrankung wird die D. durch Infekte, Arzneimittel- oder Alkoholschädigung hervorgerufen. Die Beschwerden sind unspezifisch, können aber denen des Zwölffingerdarmgeschwürs ähneln; die Entwicklung eines Geschwürs aus einer D. wird ausgeschlossen.

Duodenographie *die, -/...'phi|en,* röntgenolog. Darstellung des Zwölffingerdarms; der Patient erhält in dosierten Mengen Bariumkontrastmittel und Gasbildner (Natriumhydrogencarbonat und Zitronensäure) zu trinken, um (Magen und) Zwölffingerdarm bestmöglich (nicht maximal) zu entfalten. Unter Röntgendurchleuchtung werden Situationsaufnahmen angefertigt, die Darmperistaltik lässt sich beobachten. Die D. dient zur Feststellung von Passagestörungen, Divertikeln, Geschwüren oder Tumoren.

Duodenoskopie *die, -/...'pi|en,* direkte Betrachtung des Zwölffingerdarms mit einem speziellen Endoskop, v. a. zu diagnost. Zwecken (z. B. Feststellung von Geschwüren, Polypen, Divertikeln).

Duodenum [zu lat. duodeni ›je zwölf‹, ›zusammen zwölf‹] *das, -s/...na,* der Zwölffingerdarm (→Darm).

Duodez... [zu lat. duodecim ›zwölf‹] in Wortzusammensetzungen in der Bedeutung: besonders klein, lächerlich klein, z. B. Duodezfürst, Duodezstaat.

Duodez *das, -es,* kleines Buchformat (→Buch), das durch Falzen des Bogens in 12 Blätter entsteht.

Duodezimalsystem, Zahlensystem mit der Basis 12 (statt 10 wie beim Dezimalsystem). Das D. war in der Antike wegen der Teilbarkeit von 12 durch 2, 3, 4, 6 verbreitet; Anwendung teilweise noch in der Zeitmessung, als Zählmaße (Dutzend, Gros) in engl. Maß- und Gewichtssystemen.

Duodezime *die, -/-n, Musik:* das Intervall von zwölf diaton. Tonstufen (Oktave und Quinte).

Duodezstaat, bes. kleiner, unbedeutender Staat, Zwergstaat; spöttisch gebrauchte Bez. für die histor. dt. Kleinstaaten **(Duodezfürstentümer)** unter ihren **Duodezfürsten** (16./17. bis 19./20. Jh.).

Duodrama, Drama für nur zwei Schauspieler (›Dido‹ und ›Der Einsiedler‹ von A. S. VON GOUÉ, 1771; ›Der Tor und der Tod‹ von H. VON HOFMANNSTHAL, 1893; u. a.).

Duole [zu lat. due ›zwei‹] *die, -/-n,* eine für drei Töne gleicher Länge oder drei Noten gleicher Gestalt eintretende Figur von zwei gleichwertigen Tönen bzw. Noten, die zusammen die Zeitdauer der dreitönigen Figur einnehmen.

Duonelaitis [duʌnæ-], Kristijonas, litauischer Dichter, →Donelaitis, Kristijonas.

Duoplasmatron, *das* →Plasmatron.

Duoplay [-pleı, engl.] *das, -/-s,* Tonaufnahmeverfahren, bei dem zwei Teilaufnahmen nacheinander auf je eine gesonderte Spur desselben Tonbandes aufgezeichnet werden; z. B. wird zunächst die Begleitmusik und in einem zweiten Durchgang dazu synchron der Gesang aufgenommen.

Duopol, →Dyopol.

Duoschaltung, Betrieb zweier parallel geschalteter Leuchtstofflampen, wobei die eine Zweig mit einem induktiven, der andere mit einem kapazitiven Vorschaltgerät (Reihenkondensator) betrieben wird. Durch die D. wird ein gleichmäßiger Lichtstrom ohne Flackern erzeugt.

Duovir [lat. ›Zweimänner‹], **Duumvirn,** lat. **Duoviri** oder **Duumviri,** außerordentl. altröm. Beamte, Mitglieder von aus je zwei Männern bestehenden Behörden **(Duumvirate)** mit unterschiedl. Aufgaben; seit dem 4. Jh. v. Chr. auch die obersten Magistrate in röm. Bürgerkolonien, seit dem 1. Jh. v. Chr. die höchsten Munizipalbeamten.

Dupérac [dype'rak], **Du Pérac, Du Peyrac,** Étienne, frz. Baumeister, Gartenarchitekt, Maler und Radierer, * Bordeaux um 1525, † Paris März 1604; Hofarchitekt HEINRICHS IV.; bekannt wurden seine 1575 erschienenen ›Vestigi dell'antichità di Roma ...‹ (40 Radierungen mit Ansichten röm. Ruinen) und

seine Pläne vom antiken und zeitgenöss. Rom (1574 und 1577).

Du Perron [dypɛ'rɔ̃], 1) Charles Edgar, niederländ. Schriftsteller, →Perron, Charles Edgar du.

2) Jacques Davy, frz. Kardinal (seit 1604), * Saint-Lô 25. 11. 1556, † Paris 5. 9. 1618; Prof. für alte Sprachen, verfasste Gedichte und übersetzte HORAZ und VERGIL; trat 1577 vom Kalvinismus zum Katholizismus über; 1606 Erzbischof von Sens, als Theologe und Prediger ein heftiger Gegner des Kalvinismus und Gallikanismus. Du P. war am Übertritt HEINRICHS IV. zur kath. Kirche beteiligt.

Dupfing, →Dusing.

Dupin [dy'pɛ̃], Aurore, frz. Schriftstellerin, →Sand, George.

Du Pin [dy'pɛ̃], **Dupin,** Louis-Ellies, frz. Theologe, * Paris 17. 6. 1657, † ebd. 6. 6. 1719; 1684 Prof. der Philosophie am Collège royal, wegen jansenist. Anschauungen 1688 abgesetzt. Du P., eifriger Verteidiger des Gallikanismus, nahm an Unionsgesprächen mit der orth. und der anglikan. Kirche teil. Sein wiss. Bemühen galt der Erforschung der christl. Literaturgeschichte (›Nouvelle bibliothèque des auteurs ecclésiastiques‹, 61 Bde., 1688–1719).

Dupleix [dy'plɛks], Joseph-François, frz. Kolonialpolitiker, * Landrecies (bei Maubeuge) 1. 1. 1697, † Paris 13. 11. 1763; seit 1721 im Dienst der frz. Ostind. Handelskompanie, 1742–54 Gen.-Gouv. der frz. Besitzungen in Indien. Als es im Österr. Erbfolgekrieg 1745 zum Kampf mit der brit. Ostind. Kompanie kam, vermochte sich D. zunächst siegreich zu behaupten und dehnte den frz. Einfluss auf die südind. Fürstentümer aus, war aber den von R. CLIVE geführten Briten auf die Dauer nicht gewachsen. Im Siebenjährigen Krieg (1756–63) wurden die von ihm geschaffenen Grundlagen einer frz. Herrschaft in Indien von der siegreichen brit. Ostind. Kompanie fast ganz beseitigt.

H. H. DODWELL: D. and Clive. The beginning of empire (Neuausg. London 1967).

Duplessis [dyplɛ'si], Joseph-Siffred (Silfrède, Siffrein), frz. Maler, * Carpentras 22. 9. 1725, † Versailles 1. 4. 1802; lebte vier Jahre in Rom als Schüler von P. SUBLEYRAS, dann in Paris, wo er v. a. Porträts von Mitgl. des Hofes malte.

Werke: Ludwig XVI. (1775; Versailles, Musée National); C. W. Gluck (1775; Wien, Kunsthistor. Museum); B. Franklin (1778; Boston, Museum of Fine Arts).

Duplexbetrieb, *Datenverarbeitung, Nachrichtentechnik:* Betriebsart eines Datenübertragungskanals, bei dem beide Datenendeinrichtungen gleichzeitig Daten senden und empfangen können (→Nachrichtenübertragung).

Duplexsonographie, spezielles Verfahren der Ultraschalldiagnostik, bei dem B-Bild-Verfahren und Doppler-Sonographie kombiniert werden. Auf der Basis des Dopplerprinzips (eine sich zum Beobachter hin bewegende Schallwelle wird in höherer Frequenz empfunden als eine sich entfernende) werden Blutstromveränderungen in Gefäßen entweder als Geräusch, als Diagramm oder farbcodiert örtlich zugeordnet.

Hauptanwendungsgebiet der D. sind nicht mehr nur die oberfläch. Gefäße wie Halsschlagader und Beinarterien, sondern auch tiefe Bauchgefäße, z. B. Nierengefäße, Pfortader, sowie das Herz und Gefäße in der sich entwickelnden Leibesfrucht. Die D. belastet den Patienten nicht, ist beliebig wiederholbar und eignet sich deshalb bes. für Verlaufskontrollen.

Duplexstahlguss, hoch legierter, korrosionsbeständiger und gut schweißbarer Stahlguss mit Duplexgefüge, einer aus Ferrit bestehenden Grundmasse mit Austenit.

Duplexverfahren, zweistufiges Verfahren zum Erschmelzen und Behandeln metall. Werkstoffe (Stahl,

Duole:
Ältere (oben) und
neuere Schreibung
(unten)

Vorderseite

Rückseite

Gusseisen, Temperguss) in Kombination zweier metallurg. Schmelzeinheiten, z. B. Kupolofen mit Elektroofen, Lichtbogenofen mit Induktionsofen. I. d. R. wird im Primärofen eine Basislegierung erschmolzen, die im Sekundärofen unterschiedlich legiert, überhitzt und zum Gießen bereitgestellt wird.

Duplik [frz.] *die, -/-en,* Zweitantwort, im Zivilprozess die Gegenerklärung des Beklagten auf die Replik des Klägers.

Duplikat [zu lat. duplicare ›verdoppeln‹] *das, -(e)s/-e,* 1) *allg.:* Zweitausfertigung.

2) *Recht:* die Abschrift oder zweite Ausfertigung einer Urkunde, eines Schriftsatzes o. Ä.

Duplikation *die, -/-en, Genetik:* das zweimalige Vorhandensein eines Chromosomenabschnitts (einschließlich der Gene) im haploiden Chromosomensatz als Folge einer →Chromosomenaberration; dabei kann das Zwillingsstück im betroffenen Chromosom verbleiben, in ein anderes Chromosom eingebaut werden oder als Fragmentchromosom vereinzelt vorliegen.

Duplizität [zu lat. duplex ›doppelt‹] *die, -, -en,* 1) bildungssprachlich für: Doppelheit, doppeltes Vorkommen, Auftreten von etwas; zeitl. Zusammentreffen zweier ähnl. Vorgänge; 2) *veraltet* für: Zweideutigkeit.

Dupniza, Dupnica [-tsa], 1950–52 **Marek,** 1952–92 **Stanke Dimitrow, Stanke Dimitrov** [-f], Stadt in der Region Sofia, SW-Bulgarien, 520 m ü. M., am NW-Fuß des Rilagebirges, 42 000 Ew.; Museum; Tabakanbau und -verarbeitung; Holzindustrie, Maschinenbau, pharmazeut., Schuh- und Bekleidungsfabrik; Heilbad dank Thermalquellen; westlich der D. Braunkohlenbergbau. – Moschee (16. Jh.); Uhrturm (1782); mehrere Kirchen aus dem 18. und 19. Jh. Nordöstlich der Stadt die mittelalterl. Festung Kulata. – D., zur Zeit der osman. Herrschaft an der Stelle einer thrak. Siedlung entstanden, wird 1576 erstmals genannt.

Düppel 1): Sturm der Preußen auf die Düppeler Schanzen; zeitgenössischer Einblattdruck; 1864

Dupondius [lat. ›Zweipfünder‹] *der, -/-,* 1) altröm. *Gewicht:* 1 D. = 2 Asse (→As) = 655 g; 2) antike röm. *Münze* zu 2 Assen vom 3. Jh. v. Chr. bis zum 3. Jh. n. Chr.; urspr. in Bronze geprägt, wurde der D. seit AUGUSTUS, um ihn besser vom As unterscheiden zu können, in Messing ausgebracht und der Herrscherkopf mit einer Strahlenkrone versehen.

Dupont [dy'põ], Pierre Antoine, frz. Liederdichter, *Lyon 23. 4. 1821, †ebd. 25. 7. 1870; schrieb (und komponierte) populäre Lieder über das Landleben sowie polit. Lieder (darunter den sozialist. ›Chant des ouvriers‹, die ›Arbeitermarseillaise‹, wofür er zu sieben Jahren Deportation verurteilt wurde).

DuPont [dy'põ], eigtl. **É. I. du Pont de Nemours & Co.** [- - dənə'mu:r e kɔmpa'ŋi:], weltweit tätiger american. Chemiekonzern, gegr. 1802 von É. I. DU PONT DE NEMOURS; Sitz: Wilmington (Del.). Neben den Sparten Fasern, Kunststoffe, Agro- und Industriechemikalien, Produkte für Medizin, Druck- und Elektronikindustrie ist der Konzern nach Erwerb der Conoco Inc. 1981 auch in der Erdölförderung und -verarbeitung (z. B. Benzin der Marke Jet) tätig. Bedeutung erlangte das Unternehmen durch wichtige Erfindungen, z. B. Nylon und Teflon 1938; weitere Markennamen: Dacron, Delrin, Kevlar, Lycra, Neoprene, Nomex. – Umsatz (1995): 43,26 Mrd. US-$; Beschäftigte: 107 000.

Du Pont de Nemours [dy'põ dənə'mu:r], **Dupont de N.,** Pierre Samuel, frz. Nationalökonom und Politiker, *Paris 14. 12. 1739, †Eleutherian Mills (Del., USA) 7. 8. 1817. Der Sohn eines Uhrmachers wurde Schüler des Physiokraten F. QUESNAY sowie Freund und Mitarbeiter des Finanz-Min. TURGOT, über den er 1782 eine Biographie veröffentlichte und dessen Werke er 1808–11 herausgab. Als Mitgl. der Konstituierenden Nationalversammlung trat er für eine starke Monarchie ein. Nach dem Septemberstaatsstreich 1797 ging er in die USA, kehrte 1802 zurück und begab sich 1815 erneut in die Vereinigten Staaten.

Sein Sohn ÉLEUTHÈRE IRÉNÉE (*Paris 1771, †Philadelphia 1834) gründete 1802 eine Pulverfabrik, aus der sich später der Chemiekonzern →DuPont entwickelte.

A. SARICKS: P. S. Du P. de N. (Lawrence, Kans., 1965); J. J. MCLAIN: The economic writings of Du P. de N. (Cranburn, N. J., 1977).

Duport [dy'pɔ:r], **Du Port,** Adrien Jean François, frz. Politiker, *Paris 5. 2. 1759, †Appenzell 15. 8. 1798; wurde 1789 als Vertreter des Adels Mitgl. der Generalstände, setzte sich dort für die Belange des dritten Standes ein und bildete in der Konstituierenden Nationalversammlung mit A.-P.-J.-M. →BARNAVE und A. DE LAMETH die Führung der gemäßigten Linken; 1792 Flucht ins Ausland.

Duppauer Gebirge, tschech. **Doupovské hory** ['dɔupɔfskɛ: 'hɔri], jungvulkan. Mittelgebirge südlich des Egergrabens, Tschech. Rep., bis 934 m ü. M.; nach 1945 wurde das D. G. weitgehend entsiedelt.

Düppel [nach dem Ort des erstmaligen Abwurfs] *der, -s/-, Militärwesen:* in der elektron. Kampfführung dünne Streifen aus Metall, metallisiertem Stoff oder Kunststoff, auch Glasfasern; sie lassen die Zielpunkte auf dem Radarschirm des Suchradars hinter einer leuchtenden Wolke verschwinden und tarnen so das Ziel. D. haben eine Sinkgeschwindigkeit von 0,3 bis 2 m/s. Ihre Länge soll zur Erzielung einer maximalen Resonanz gleich der halben Wellenlänge der Radaranlage sein. Die D. werden meist aus Außengondeln bei Flugzeugen ausgestoßen oder mit Flugkörpern durch Schiffe verschossen. Bei modernen Systemen werden die D. erst unmittelbar vor dem Ausstoßen auf die nötige Länge geschnitten.

Düppel, 1) dän. **Dybbøl** ['dybøl], Dorf auf der Halbinsel Sundeved, Südjütland (Nordschleswig), Dänemark, 400 Ew. – Auf der **Düppeler Höhe (Dybbøl Banke)** steht die mehrfach zerstörte, stets wieder aufgebaute Windmühle **Dybbøl Mølle,** das nat. Symbol des dän. Widerstands. – Zur Verteidigung des Sundes legten die Dänen in Fortführung des Danewerks die **Düppeler Schanzen** (3 km langes Festungswerk; heute Nationalpark) an, die in den Dt.-Dän. Kriegen von 1848–50 und 1864 umkämpft waren. Am 18. 4. 1864 wurden sie von preuß. Truppen nach vierstündigem erbittertem Kampf und wirksamer Artillerieunterstützung erstürmt (etwa 6 000 Tote); nach der kriegsentscheidenden Niederlage kam D. im Wiener Frieden vom 30. 10. an Dtl. (1864–1920; zu Preußen).

2) [nach 1) benannt], Teil des Ortsteils Zehlendorf im Verw.-Bez. Zehlendorf von Berlin. Das seit 1865 als Gutsbezirk selbstständige Rittergut wurde 1928 nach Berlin eingemeindet. Eine Rekonstruktion einer hochmittelalterl. zur Wüstung gewordenen Siedlung ist das Museumsdorf Düppel.

Duprat [dy'pra], Antoine, frz. Staatsmann und Kardinal, *Issoire 17. 1. 1463, †Nantouillet (bei Meaux) 9. 7. 1535; wurde 1508 erster Präs. des Pariser Parlaments; Erzieher des späteren Königs FRANZ I., der ihn nach seiner Thronbesteigung (1515) zum Kanzler ernannte. D. begleitete den König im ital. Feldzug und handelte nach dem Sieg von Marignano mit Papst LEO X. das Konkordat von Bologna aus (1516; Aufhebung der Pragmat. Sanktion, aber Stärkung der Macht der frz. Krone durch Gewährung zahlreicher päpstl. Privilegien). Während der Gefangenschaft FRANZ' I. nach der Niederlage von Pavia (1525) förderte D. die Käuflichkeit der Stadtämter und Richterstellen, um die Geldeinnahmen des Staates zu erhöhen. D. wurde 1516 Priester, 1525 Erzbischof von Sens (hier sein Grabmal), 1527 Kardinal. Er war ein Vorkämpfer der absoluten Königsmacht.

Dupré [dy'pre], 1) Giovanni, ital. Bildhauer, *Siena 1. 3. 1817, †Florenz 10. 1. 1882; schuf im spätklassizist., zeitweilig stärker realist. Stil Skulpturen, bes. Grabmäler und Bildnisse.
Werke: Cavour-Denkmal in Turin (1873); Statue des hl. Franziskus in San Francesco in Assisi (1881).
2) Guillaume, frz. Bildhauer und Medailleur, *Sissonne (bei Laon) um 1576, †Paris 1643; Münzmeister und Generalkontrolleur des Münzwesens unter HEINRICH IV. und LUDWIG XIII.; schuf Büsten und Statuen, v. a. Porträtmedaillen in einem italianisierenden, realist. Stil.
3) Jules, frz. Maler, *Nantes 5. 4. 1811, †L'Isle-Adam (bei Paris) 6. 10. 1889; schloss sich, ausgehend von den niederländ. Landschaftsmalern des 17. Jh. (J. VAN RUISDAEL, M. HOBBEMA) und angeregt durch die engl. Landschaftsmalerei (T. GAINSBOROUGH, J. CONSTABLE u. a.), der Schule von →Barbizon an.
M.-M. AUBRUN: J. D. 1811–1889. Catalogue raisonné de l'œuvre peint, dessiné et gravé (Paris 1974).
4) Marcel, frz. Organist und Komponist, *Rouen 3. 5. 1886, †Meudon 30. 5. 1971; Schüler u. a. von A. GUILMANT und C.-M. WIDOR, war in Paris 1926–54 Prof. für Orgel am Conservatoire und seit 1934 Organist an Saint-Sulpice; schrieb mehrere Unterrichtswerke, darunter zwei über die Improvisation auf der Orgel (1924, 1962). In seinen Kompositionen suchte er die Orgel konzertant und sinfonisch einzusetzen. Erinnerungen erschienen als ›M. D. raconte ...‹ (1972; dt. ›Erinnerungen‹).

du Pré [engl. dju:'preɪ, frz. dy'pre], Jacqueline, brit. Violoncellistin, *Purley (heute zu London) 26. 1. 1945, †London 19. 10. 1987; studierte u. a. bei P. TORTELIER und M. L. ROSTROPOWITSCH, unternahm seit ihrem Debüt in der New Yorker Carnegie Hall 1965 internat. Tourneen, bis sie wegen einer schweren Erkrankung Anfang der 70er-Jahre ihre Karriere abbrechen musste; unterrichtete danach in London. Sie war seit 1967 mit D. BARENBOIM verheiratet.

Dupuytren [dypɥi'trɛ̃], Guillaume Baron, frz. Chirurg, *Pierre-Buffière (bei Limoges) 5. 10. 1777, †Paris 8. 2. 1835; galt als glänzender Operateur und wurde 1812 Inhaber des Lehrstuhls der operativen Chirurgie am Hôtel-Dieu in Paris. D. war Leibchirurg der Könige LUDWIG XVIII. und KARL X.

Dupuytren-Kontraktur [dypɥi'trɛ̃-; nach G. DUPUYTREN], Erkrankung des Bindegewebes der Hohl-

hand mit Verhärtung und Knötchenbildung; bei zunehmender Schrumpfung der Hohlhandsehnenplatte (Palmaraponeurose) kommt es zur fortschreitenden Beugeversteifung (Kontraktur) eines oder mehrerer Finger (vor allem Ring- und kleiner Finger); tritt oft beidseitig und überwiegend bei Männern über 40 Jahre auf, gehäuft bei chron. Lebererkrankungen; gelegentlich kommt es zu einem gleichartigen Krankheitsbild am Fuß. Eine mögl. Begleiterkrankung ist die →Schwellkörperschwiele. Die Ursachen sind unbekannt, eine erbl. Disposition wird vermutet.

Die *Behandlung* erfolgt im Frühstadium noch konservativ. Bei zunehmender Verkrümmung der Finger muss die Palmaraponeurose operativ entfernt werden, evtl. mit Hautplastik.

Duque ['duke; span., von lat. dux ›Führer‹] *der, -/-,* höchstes span. Adelsprädikat, dem →Herzog entsprechend.

Duque de Caxias ['duki di ka'ʃias], Stadt im Vorortbereich von Rio de Janeiro, Brasilien, am W-Ufer der Guanabarabucht, 664 600 Ew.; Erdölraffinerie.

Duquesa [du'kesa, span.] *die, -/-s,* span. Titel der Frau des Duque, kann in Ausnahmefällen auch in eigenem Recht geführt werden.

Duquesne [dy'kɛn], Abraham Marquis (seit 1681), frz. Seeheld, *Dieppe 1610, †Paris 1. 2. 1688; trat 1644 in schwed. Dienste, besiegte in frz. Diensten 1676 die niederländisch-span. Flotte unter Admiral M. DE RUYTER bei Agosta, den Lipar. Inseln und bei Catania. 1680–83 unternahm D. eine Fahrt gegen die Seeräuberstaaten Tripolis, Tunis und Algier und beschoss 1684 Genua. D. konnte als Kalvinist zum Admiral ernannt werden, wurde aber in Anbetracht seiner Verdienste nach der Widerrufung des Edikts von Nantes (1685) nicht zur Emigration gezwungen.
H. CARRÉ: Du Quesne et la marine royale de Richelieu à Colbert (Paris 1950).

Duquesnoy [dykɛ'nwa], François (Frans), gen. **Il Fiammingo**, fläm. Bildhauer, *Brüssel 12. 1. 1594, †Livorno 12. 7. 1643; lebte seit 1618 in Rom. D. vertrat in seinen Monumentalwerken (hl. Andreas in St. Peter, 1629–40; hl. Susanna in Santa Maria di Loreto in Rom, 1629–33) die klassizistisch geprägte Richtung des Barock. Seine Puttenreliefs wie seine Arbeiten in Bronze und Elfenbein wirkten Typen bildend.

Dur [von lat. durum ›hart‹] *das, -/-,* Bez. des ›harten‹ oder ›männl.‹ →Tongeschlechts im Bereich des tonalen Musik. Der Begriff D. ist aus der mittelalterl. Hexachordlehre abgeleitet, die den Tonraum G–e als ›hexachordum durum‹ bezeichnete (→Solmisation), da der dritte Ton dieses Hexachords ein ›b durum‹ (= h) war. Eine D.-Tonart ist (ausgehend vom Grundton) durch die Intervalle große Terz, große Sexte und große Septime charakterisiert. Der auf dem Grundton einer D.-Tonart stehende →Dreiklang (z. B. c–e–g in C-Dur) heißt **Durdreiklang** (→Tonart). – Die Ausbildung der Tongeschlechter D. und Moll, die mit einem stetigen Zurücktreten der bis dahin gültigen Kirchentonarten verbunden war, lässt sich im 16. und 17. Jh. auf dem Hintergrund neuer, v. a. harmonisch ausgerichteter Klangvorstellungen beobachten. Die wesentl. Stufen dieser Entwicklung waren die Einführung des auf dem Ton c gebildeten ion. Modus in die →Kirchentonarten durch GLAREANUS (1547), die Konstituierung der ion. Tonart als 1. Kirchenton durch G. ZARLINO (1571) und die Ableitung der D.-Skala als horizontale Auseinanderlegung des Tonika-, Dominant- und Subdominantdreiklangs durch J.-P. RAMEAU (1726).

Durack ['djʊəræk], Dame (seit 1978) Mary, austral. Schriftstellerin, *Adelaide 20. 2. 1913; verfasste mit ihrer Schwester ELIZABETH (*1915) sechs Kinderbücher (u. a. ›The way of the whirlwind‹, 1941), in denen sie für eine Verständigung mit den Ureinwohnern ein-

Guillaume Baron Dupuytren

François Duquesnoy: Heilige Susanna in Santa Maria di Loreto in Rom; 1629–33

tritt. Ihre Romane gestalten entweder die geistige Vermittlerfunktion der Ureinwohner zw. dem Land und seinen weißen Siedlern (›Keep him my country‹, 1955) oder die Familiengeschichte der Duracks (›Kings in grass castles‹, 1959; ›Sons in the saddle‹, 1983); verfasste auch histor. Schriften und die Abhandlung ›The Aborigines in Australian literature‹ (1978).

Dura-Europos, Ruinenstätte in SO-Syrien, am rechten Ufer des oberen Euphrat, in der Nähe des heutigen Ortes As-Salihija. D.-E., eine alte, bereits vorhellenist. Siedlung, wurde kurz vor 280 v. Chr. durch SELEUKOS I. NIKATOR als Europos neu gegründet und zur Grenzfestung des Seleukidenreiches ausgebaut. 113 (128?) v. Chr. wurde die Stadt von den Parthern, 165 n. Chr. von den Römern erobert. Die Zerstörungen bei der Einnahme der (schon vorher geräumten) Stadt durch die Sassaniden (256 oder 258) sowie eine Änderung des Euphratverlaufs – er fließt heute in beträchtl. Entfernung an den Ruinen vorüber – ließen D.-E. schnell veröden.

D.-E. wurde 1921 entdeckt und 1922–36 freigelegt. Innerhalb einer unregelmäßigen Stadtmauer lag ein regelmäßiges Straßennetz nach dem hippodam. Muster hellenist. Stadtbaukunst. Der Tempel der palmyren. Gottheiten (Atargatis, Hadad; Kamelgottheiten), begonnen um 50 n. Chr., ebenso ein Mithräum war mit parth. Wandmalereien ausgestattet. Unter den Römern wurde die Stadt um 200 n. Chr. ausgebaut (Thermen, kleiner Tempel, Odeion). Aus dieser Zeit stammt auch das als Synagoge genutzte Haus (urspr. Privathaus): 244/245 wurde ein Neubau errichtet und mit Freskenzyklen mit Themen des A. T. geschmückt (bes. Mosesszenen). Sie belegen die freiere Auslegung des jüd. Bilderverbots in dieser Zeit; Vorläufer, z. B. Bibelilluminationen, werden angenommen (umstritten). Der gute Zustand der Fresken (Damaskus, Nationalmuseum) beruht auf der Zuschüttung der Synagoge bei der Verstärkung der Befestigungen in den Sassani-

Dura-Europos: Durchzug der Israeliten durch das Rote Meer (oben) und der verlassene Tempel (unten); Ausschnitt aus den Westwandfresken der Synagoge; 3. Jh. (Damaskus, Nationalmuseum)

denkriegen. Die Freskenfolgen einer frühchristlichen Hauskirche mit alt- und neutestamentar. u. a. Szenen im Versammlungsraum (232/233) und im Taufraum (um 241), wo z. B. bereits JESUS als guter Hirte dargestellt ist, befinden sich heute in New Haven, Yale University Art Gallery (ebenso die des Mithräums). Die Wandmalereien von D.-E., die in ihrem frontalen und reihenden Stil ohne Modellierung wohl an iran. und fernöstl. Vorbildern orientiert sind, werfen Fragen nach den Anfängen, Stileinflüssen und Zusammenhängen von frühchristl. und jüd. Kunst auf.

The excavations at D.-E., conducted by Yale University ... Preliminary report, hg. v. P. V. C. BAUR u. a., 8 Bde. (New Haven, Conn., 1929–52); dass., Final report, hg. v. M. I. ROSTOVTZEFF u. a., 8 Bde. (ebd. 1943–67); A. PERKINS: The art of D.-E. (Oxford 1973); U. SCHUBERT: Spätantikes Judentum u. frühchristl. Kunst (Wien 1974, mit Bibliogr.); C. HOPKINS: The discovery of D.-E. (New Haven, Conn., 1979).

Dur|alumin® [zu lat. durum ›hart‹], Handels-Bez. für harte Aluminiumlegierungen mit etwa 93–95 % Aluminium und Zusätzen an Kupfer, Magnesium, Mangan oder Silicium; wegen geringer Dichte häufig im Flugzeug- und Fahrzeugbau verwendet.

Dura mater [lat.] die, - -, die ›harte Hirnhaut‹ bei Wirbeltieren; aus Kollagen und elast. Fasern, mit venösen Blutgefäßen und sensiblen Nerven versehene äußere der drei Hirnhäute, die im Bereich des Gehirns fest mit dem Schädel verwachsen ist.

Durán Ballén [- ba'jɛn], Sixto, ecuadorian. Politiker, *Boston (Mass.) 14. 7. 1921; war Prof. für Kunst in Quito; 1951–60 Min. in versch. Ressorts; 1970–78 Bürgermeister von Quito; gründete 1991 den Partido Unidad Republicano (PUR), gewann als Kandidat des Wahlbündnisses von PUR und Partido Conservador Ecuatoriano (PCE) die Präsidentschaftswahlen 1992 (im Amt bis 1996).

Durance [dy'rãs] die, linker Nebenfluss der Rhône aus den frz. Alpen, 305 km lang, entspringt am Mont Genèvre, mündet bei Avignon. Während der letzten Eiszeiten entwässerte die D. nach S (dabei Aufschüttung der Crau). Seit Jahrhunderten hat sie große Bedeutung für die Bewässerung (heute 75 000 ha) in der Basse Provence und Crau. Zahlr. Staustufen mit Kraftwerken dienen der Regulierung der sehr unregelmäßigen Wasserführung, der Gewinnung von elektr. Energie, Trink- und Brauchwasser, bes. für die Industrieregion Marseille. 85 km langer Kanal von Cadarache zum Étang de Berre. Größter Stausee: →Serre-Ponçon am Oberlauf.

Durand [djʊə'rænd], Asher Brown, amerikan. Maler und Grafiker, *Jefferson Village (heute Maplewood, N. J.) 21. 8. 1796, †ebd. 17. 9. 1886; arbeitete zunächst als Stecher, bevor er sich der Landschaftsmalerei zuwandte. Als einer der ersten amerikan. Künstler malte er unmittelbar vor der Natur. Mitbegründer der →Hudson River school.

Durand-Lini|e [djʊə'rænd-], die im **Durand-Abkommen** zw. Afghanistan und Britisch-Indien 1893 festgelegte, nach dem brit. Unterhändler, dem Unterstaatssekretär für Indien Sir H. MORTIMER DURAND (*1850, †1924), benannte Linie, die noch heute die Grenze zw. Afghanistan und Pakistan bildet.

Durand-Ruel [dyrãry'ɛl], Paul, frz. Kunsthändler, *Paris 31. 10. 1831, †ebd. 5. 2. 1922; vertrat v. a. A. RENOIR, C. PISSARRO, É. MANET, J.-F. MILLET. Mit seinen Galerien in Paris und New York trug er wesentlich zur Anerkennung des Impressionismus bei. Er schuf durch die vertragl. Bindung der Künstler eine neue Form des Kunsthandels.

Durandus de Sancto Porciano, frz. Philosoph und Theologe, Ehrenname ›doctor modernus‹, *Saint-Pourçain-sur-Sioule (bei Moulins) um 1275, †Meaux 10. 9. 1334; Dominikaner; 1312 Magister der Theologie in Paris, 1326 Bischof von Meaux. Als THO-

MAS VON AQUINO im Dominikanerorden immer mehr zum Ordenslehrer aufstieg, kritisierte D. de S. P. dessen Philosophie und Theologie, da in der Philosophie die Autorität nicht zähle. Ein selbstständiger Denker, weder dem Thomismus noch dem Augustinismus angehörend, verwarf er – wie W. VON OCKHAM – unnötig komplizierte Erklärungen und untersuchte den subjektiven Ursprung der menschl. Erkenntnis.

Ausgabe: In Petri Lombardi Sententias theologicas commentariorum libri IIII, 2 Bde. (1571, Nachdr. 1964).
J. KOCH: D. de S. P. O. P. (1927); The Cambridge history of later medieval philosophy, hg. v. N. KRETZMANN u. a. (Cambridge 1982, Nachdr. ebd. 1996).

Durango, 1) amtlich **Victoria de D.,** Hauptstadt des Bundesstaates Durango, Mexiko, 1 925 m ü. M., in einem fruchtbaren Tal der Sierra Madre Occidental, 413 800 Ew.; Univ. (gegr. 1957); Erzbischofssitz; Handels- und Bergbauzentrum; Flugplatz.
2) Bundesstaat im NW Mexikos, 119 648 km², (1990) 1 349 000 Ew. D. ist nur dünn besiedelt, es gehört im W der bewaldeten, erzreichen Sierra Madre Occidental, im O dem Mexikan. Hochland an. Dort ermöglicht der Río Nazas reichen Bewässerungsfeldbau (so im Baumwollgebiet ›Laguna‹). Im Gebirge bedeutender Erzbergbau (v. a. Silber, Quecksilber, Kupfer, Blei, Eisen); nördlich der Hauptstadt D. erhebt sich der aus fast reinem Hämatit bestehende Gipfel des **Cerro del Mercado** rd. 210 m über die Hochebene.

Durani, Stamm der Paschtunen, →Durrani.

Durant [ˈdjuərənt], Will, eigtl. **William James D.,** amerikan. Philosoph und Kulturhistoriker, *North Adams (Mass.) 5. 11. 1885, †Los Angeles (Calif.) 7. 11. 1981; Prof. in Los Angeles. Bedeutend sind sein Werk ›The story of philosophy‹ (1926; dt. ›Die großen Denker‹) sowie v. a. die mit seiner Ehefrau ARIEL D. (eigtl. IDA, geb. KAUFMANN, *1898, †1981) verfasste ›The story of civilisation‹ (11 Bde., 1935–75; dt. ›Kulturgeschichte der Menschheit‹).

Weiteres gemeinsames Werk: A dual autobiography (1977; dt. Unser Leben).

Durante, Ser D., ital. Dichter des 13. Jh.; als Schöpfer von ›Il fiore‹, der auf 232 Sonette reduzierten ital. Bearbeitung des altfrz. ›Roman de la rose‹ überliefert; die neuere Forschung neigt z. T. dazu, in D. den jugendl. (?) DANTE zu sehen.

Durante, Francesco, ital. Komponist, *Frattamaggiore (bei Neapel) 31. 3. 1684, †Neapel 30. 9. 1755; war Kapellmeister an den Konservatorien der Poveri di Gesù in Cristo (seit 1728) und an Santa Maria di Loreto (seit 1742) in Neapel; schrieb Kirchenmusik im Stil der älteren rom. Schule (G. P. DA PALESTRINA) und Werke für Cembalo. Von großer Bedeutung war D. als Lehrer; zu seinen Schülern zählten G. B. PERGOLESI, N. PICCINNI, A. SACCHINI und T. TRAETTA.

Durantis, Guilelmus, auch **Wilhelm Duranti, Durand, Durandus,** frz. Kanonist und Liturgiker, *Puimisson (bei Béziers) 1237, †Rom 1. 11. 1296; 1264 Prof. in Modena, ab 1277 hohe Ämter im Kirchenstaat, 1286 Bischof von Mende (Südfrankreich); gehörte als Kanonist zu den bedeutendsten Schriftstellern seiner Zeit. Sein wichtigstes Werk ›Speculum iudiciale‹ (etwa 1271–91, in zwei Redaktionen), eine Darstellung des gerichtl. Prozesses, beeinflusste die Entwicklung der europ. Prozessrechts bis ins 19. Jh.; sein ›Rationale divinorum officiorum‹ (um 1273) bietet eine Beschreibung und symbolisch-allegor. Erklärung aller gottesdienstl. Handlungen.

Duras [dyˈra], Marguerite, eigtl. **M. Donnadieu** [dɔnaˈdjø], frz. Schriftstellerin, *Gia Dinh (Vietnam) 4. 4. 1914, †Paris 3. 3. 1996; kam 1932 nach Frankreich und war Mitgl. der Résistance. Ihre frühen, realist. Romane und Erzählungen lassen den Einfluss des ital. Neorealismus und des amerikan. Romans (E. HEMINGWAY u. a.) erkennen, später näherte sie sich experi-

Marguerite Duras

mentellen Formen wie dem Nouveau Roman. Mit dem Roman ›Moderato cantabile‹ (1958; dt.) fand sie ihren eigenen Stil. Zentrale Themen ihrer Werke sind seel. Vereinsamung und Selbstentfremdung sowie die Problematik von Selbstfindung, Liebe und Tod. Sie wurde auch mit Dramen und Hörspielen bekannt und kam durch ihr Originaldrehbuch ›Hiroshima mon amour‹ (1959) zum Film (bereits vorher waren einzelne ihrer Werke verfilmt worden). Für die Verfilmung sah sie eigene Stoffe mehrfach bearbeitet; als Parabel auf die Pariser Ereignisse vom Mai 1968 drehte sie 1969 ihren ersten Film (›Détruire dit-elle‹, nach ihrem gleichnamigen Roman, 1969; dt. ›Zerstören, sagt sie‹), danach eine Reihe weiterer Filme experimentellen Charakters nach eigenem Drehbuch (u. a. ›India song‹, 1975, ›Les enfants‹, 1985). Das Spätwerk trägt meist autobiograph. Züge und nimmt Konstellationen und Figuren früherer Werke wieder auf (›L'amant de la Chine du Nord‹, 1991; dt. ›Der Liebhaber aus Nordchina‹), über ihre schriftsteller. Arbeit reflektiert D. in ›Écrire‹ (1993; dt. ›Schreiben‹).

Weitere Werke: *Romane:* La vie tranquille (1944; dt. Ein ruhiges Leben); Un barrage contre le Pacifique (1950; dt. Heiße Küste); Le marin de Gibraltar (1952; dt. Der Matrose von Gibraltar); Les petits chevaux de Tarquinia (1953; dt. Die Pferdchen von Tarquinia); Des journées entières dans les arbres (1954; dt. Ganze Tage in den Bäumen, dramatisiert 1965); Dix heures et demie du soir en été (1960; dt. Im Sommer abends um halb elf); Le ravissement de Lol V. Stein (1964; dt. Die Verzückung der Lol V. Stein); Le vice-consul (1966; dt. Der Vize-Konsul); L'amante anglaise (1967; dt. Die engl. Geliebte, dramatisiert 1968); L'amour (1971); La maladie de la mort (1983; dt. Die Krankheit Tod); L'amant (1984; dt. Der Liebhaber); La pluie d'été (1990; dt. Sommerregen); Yann Andréa Steiner (1992). – *Andere Prosa:* La douleur (1985; dt. Der Schmerz). – *Dramen:* Les viaducs de Seine-et-Oise (1960; dt. Die Viadukte); Savannah Bay (1982; dt.).

M. ALLEINS: M. D. médium du réel (Lausanne 1984); J.-L. SEYLAZ: Les romans de M. D. (Neuausg. Paris 1984); M. BORGOMANO: D. Une lecture des fantasmes (Petit Roeulx 1985); M. D. u. M. PORTE: Die Orte der M. D. (a. d. Frz., ²1985); A. VIRCONDELET: M. D. Biogr. (a. d. Frz., Neuausg. 1994); D. KOLESCH u. G. LEHNERT: M. D. (1996); F. LEBELLEY: M. D. Ein Leben (a. d. Frz., 1996).

Durativ [zu lat. durare ›dauern‹] *der, -s/-e, Sprachwissenschaft:* Aktionsart zur Bez. der unbegrenzten Dauer (d. h. Anfangs- und Endpunkt der Handlung bleiben unberücksichtigt), im Deutschen z. B. ›trinken‹ (duratives Verb) gegenüber ›austrinken‹ (nichtduratives Verb), ebenso ›steigen‹ gegenüber ›ersteigen‹ (durch das zusammengesetzte Verb kommt die zeitl. Begrenzung der Verbalhandlung in den Blickpunkt). →Perfektiv, →Imperfektiv.

Durazno [duˈrazno], **1)** Dep.-Hauptstadt in Uruguay, am Río Yi und an der Bahn von Montevideo nach Brasilien, 27 600 Ew.; Flugplatz.
2) Dep. von →Uruguay.

Durazzo, Stadt in Albanien, →Durrës.

Durban [ˈdəːbən], größte Stadt der Prov. KwaZulu/Natal, Rep. Südafrika, an einer Bucht des Ind. Ozeans, 1,11 Mio. Ew. (darunter viele Inder); Sitz eines kath. Erzbischofs und eines anglikan. Bischofs; Universitäten, Museen, Aquarium (mit Delphinarium), Schlangenpark, botan. Garten. Der an der Bucht entstandene Hafen ist der wichtigste des Landes (Ausfuhr v. a. von Zucker, Früchten, Mais) und einer der größten Häfen des Kontinents. Mit einem weitläufigen Strand und Hotels am Ind. Ozean ist D. außerdem der wichtigste Fremdenverkehrsort des Landes mit – dank des subtrop. Klimas – ganzjähriger Saison. Flughafen. – Die Bucht wurde Weihnachten 1497 von VASCO DA GAMA entdeckt und Port Natal genannt. 1824 wurde von brit. Kaufleuten die erste Siedlung angelegt, die seit 1835 ausgebaut und nach dem damaligen Gouv. des Kaplandes Sir BENJAMIN D'URBAN

Durban

bedeutendste Hafenstadt in der Rep. Südafrika
·
größte Stadt der Provinz KwaZulu/Natal
·
1,11 Mio. Ew.
·
Universitäten und Colleges
·
Indischer Markt
·
Seebad mit 8 km langem Sandstrand
·
Aquarium mit Delphinarium

Durban: Das im Kolonialstil errichtete ehemalige Rathaus (1910 fertig gestellt)

(* 1778, † 1849) benannt wurde. 1854 wurde D. städt. Gemeinde (Borough), 1935 Stadt (City).

Dürbeten, der zweitgrößte Mongolenstamm, im äußersten NW der Mongolei. Die meisten der 55 000 D. nomadisieren vom Fluss Kobdo bis zum Gebirge Tannu-Ola im S Russlands.

Durbridge ['dɔ:brɪdʒ], Francis Henry, engl. Schriftsteller, * Hull 25. 11. 1912; erfolgreicher Verfasser konventioneller, zumeist für das Fernsehen verfilmter Kriminalromane v.a. um die Detektive Paul Temple und Tim Frazer.

Werke: *Romane:* Send for Paul Temple again (1948; dt. Paul Temple jagt Rex); Design for murder (1951; dt. Mr. Rossiter empfiehlt sich); The other man (1958; dt. Der Andere); A time of day (1959; dt. Es ist soweit); The scarf (1960; dt. Das Halstuch); The world of Tim Frazer (1962; dt. Tim Frazer); My wife Melissa (1962; dt. Melissa); The desperate people (1966; dt. Der Schlüssel); Paul Temple and the Harkdale robbery (1970; dt. Paul Temple, Banküberfall in Harkdale); The Curzon case (1976; dt. Keiner kennt Curzon); Tim Frazer gets the message (1978; dt. Tim Frazer weiß Bescheid); Paul Temple and the margo mystery (1986; dt. Der Hehler). – *Dramen:* Nightcap (1983; dt. Mord am Pool); A touch of danger (1989); The small hours (1991).

Francis Durbridge

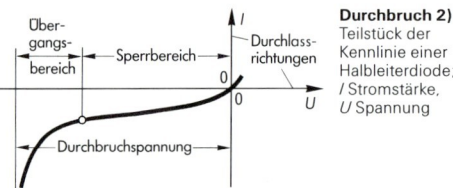

Übergangs-bereich – Sperrbereich – Durchlass-richtungen

Durchbruch 2): Teilstück der Kennlinie einer Halbleiterdiode; *I* Stromstärke, *U* Spannung

Durchbruchspannung

Durchbiegung, →Biegeversuch.

Durchblutungsstörungen, i. e. S. die akute oder chron. Minderdurchblutung von Gewebe. Sie kann funktionell durch eine Zusammenziehung der Gefäßmuskeln bewirkt werden, ausgelöst durch seel. Einflüsse (Angst, Schreck), Kältereiz oder Fieber (Schüttelfrost), als dauernd überschießende Reaktion bei Angioneuropathie, oder auch Folge von Hypotonie oder Herzinsuffizienz sein. Organ. Ursachen liegen in einer Einengung von Blutgefäßen durch krankhafte Veränderungen und Verschlüsse im Inneren der Adern oder durch Tumoren, Ergüsse oder Narben. D. führen zu einer Verminderung des Stoffwechsels und der Tätigkeit der betroffenen Zellen, von denen am empfindlichsten die Ganglienzellen des Gehirns reagieren. Leichte D. äußern sich in Kältegefühl, ›Einschlafen‹ (Sensibilitätsstörungen) und Kribbeln der Glieder, schneller Ermüdbarkeit und Belastungs-

schmerz, zerebral in Schwindel oder Bewusstseinsstörungen; dauernde D. können zum Zelltod und Absterben des Gewebes (Nekrose), bei Organen zu Schädigung oder Ausfall (Schrumpfniere, Schlaganfall, Angina pectoris, Herzinfarkt) führen. Zu den D., die primär funktionell bedingt sind, zählen z. B. →Raynaud-Krankheit und →Akrozyanose. Organisch verursachte D. sind v. a. die arteriellen Verschlusskrankheiten, zumeist infolge Arteriosklerose, Thrombose oder Embolie, aber auch entzündl. Gefäßkrankheiten wie die →Winiwarter-Buerger-Krankheit oder die peripheren Gefäßschädigungen bei Diabetes mellitus. Venöse D. sind z. B. Folge von →Krampfadern und ebenfalls Thrombosen. – Zu den D. i. w. S. gehört auch eine krankhaft vermehrte Durchblutung von Körperteilen oder Organen.

Primäre u. sekundäre D. des Gehirns, hg. v. H. Lechner u. O. Scrinzi (1982); P. Salzmann: Ärztl. Rat bei venösen D. (²1986); H.-C. Diener: Klinik u. Therapie zerebraler D. (²1993).

durchbrochene Arbeit, eine von J. Haydn über L. van Beethoven und J. Brahms bis hin zu A. Schönberg immer mehr verfeinerte Satztechnik vornehmlich der Instrumentalmusik, bei der die Motive eines melod. Zusammenhangs auf verschiedene Stimmen oder Instrumente (durchbrochene Instrumentation) verteilt werden. Sie verbindet melod. mit polyphonem, akkordisch-homophones mit kontrapunkt. Denken und bereichert die Lebendigkeit des musikal. Verlaufs.

Oboe   Klarinette   Flöte   Violine

durchbrochene Arbeit: Ludwig van Beethoven, 3. Sinfonie (Eroica), 1. Satz, Takt 45–49

Durchbruch, 1) *Elektrizitätslehre:* die Ausbildung eines Strom führenden Entladungskanals in einem zw. spannungsführenden Teilen befindl. Gas infolge starker Zunahme der Ladungsträger durch Stoßionisation, z. B. bei der Zündung einer Funkenentladung. Die für den D. erforderl. Spannung nennt man **D.-Spannung** oder **Zündspannung.**
2) *Halbleiterelektronik:* das sehr starke Anwachsen des Sperrstroms in einem Halbleiterbauelement mit p-n-Übergängen oder anderen Sperrschichten, wenn die Sperrspannung einen bestimmten (als **D.-Spannung** bezeichneten) Wert überschreitet (**elektrischer** oder **Feld-D.**) oder lokal das Leitermaterial zu stark erwärmt wird (**thermischer** oder **Wärme-D.;** kann zur Schädigung oder Zerstörung des Bauelements führen). Ursachen eines elektr. D., der bei einigen Bauelementen (z. B. bei Avalanche-, Tunnel- und Z-Dioden) zur Realisierung bestimmter Funktionen ausgenutzt wird, sind der Avalancheeffekt (**Avalanche** oder **Lawinen-D.**), der Zener-Effekt (**Zener-D.**), der Durchgreifeffekt (**Punch-through-D.**) oder der Tunneleffekt. Ursachen eines Wärme-D. sind die starke Entwicklung von Stromwärme, lawinenartige Vermehrung von Ladungsträgern infolge therm. Erzeugung von Elektron-Loch-Paaren oder der Einschnüreffekt.
3) *Medizin:* →Perforation.
4) *Militärwesen:* Angriff, der an einer Stelle die gegner. Abwehr durchbricht, bes. den Zusammenhang ihrer Kräfte zerreißt, in die Tiefe des Raumes eindringt und die Reserven des Gegners vernichtet.

Durchbrucharbeit, kunstgewerbliche Arbeit mit Flachverzierungen in Holz, Elfenbein, Metall u.a., wobei das figürliche oder ornamentale Muster ausgeschnitten oder ausgefeilt und oft unterlegt wird.

Durchbruchblutung, während einer Hormonbehandlung auftretende Blutung aus der Gebärmutter bei zu geringer Zufuhr von Östrogen, z. B. bei Einnahme von empfängnisverhütenden Mitteln als kurz dauernde Schmierblutung (›Spotting‹) zw. zwei Menstruationsblutungen. (→Abbruchblutung)

Durchbruchgewebe, Durchbruchgewirke, andere Bez. für →Ajourgewebe.

Durchbruchstickerei, Nadelarbeit, bei der in leinwandbindigem Stoff für **einfache D.** (ital. ›punto tirato‹) Fäden in einer Webrichtung, für **Doppeldurchbruch** Schuss- und Kettfäden ausgezogen werden (klarlegen); hierbei werden die klargelegten Gewebefäden mit Zierstichen (einfacher und doppelter Hohlnaht-, Schlingknoten-, Kreuznahtstich) erfasst; Fadenbündel werden zu Stegen umwickelt oder umstopft, Muster eingestopft; leere Vierecke, die bei Doppeldurchbruch an Fadenkreuzungen beim Fadenauszug entstehen, werden mit eingestickten Spinnen und kunstvollen Füllungen geschlossen; je reicher die Füllungen, umso spitzenähnlicher der Effekt. – D. war schon in der Spätantike bekannt und im MA. an kirchl. Gewändern beliebt. In vielen europ. Volkstrachten (Dalmatien, Ungarn, Dänemark u. a.) des 19./20. Jh. finden sich Durchbruchstickereien.

Durchdringungskomplexe, *Chemie:* →Koordinationsverbindungen.

durchdrücken, ein Werkstück umformen, indem es durch eine formgebende Werkzeugöffnung gedrückt wird, z. B. beim Fließpressen und Strangpressen.

Durchdruckverfahren, Druckverfahren, bei denen die Druckfarbe durch die Druckform hindurch auf den Bedruckstoff übertragen wird, z. B. der →Siebdruck.

Durchfahrtsrecht, 1) *bürgerliches Recht:* Recht, ein fremdes Grundstück zum Durchgang (zur Durchfahrt) zu benutzen; kann als Notwegrecht gesetzlich entstehen oder als →Dienstbarkeit vereinbart werden. 2) *Völkerrecht:* Das D. von Schiffen ist bes. bei Meerengen von Bedeutung, die den Status von Küstengewässern (→Territorialgewässer) besitzen. Die Dritte UN-Seerechtskonferenz hat 1982 für Meerengen das Recht der Transitpassage geschaffen. (→Seerecht)

Durchfall, Diarrhö, häufige Entleerung breiigen oder wässrigen, je nach Ursache auch mit Schleim, Eiter und Blut vermengten, meist vermehrten Stuhls; sie wird v. a. durch eine reizhaft gesteigerte Darmtätigkeit bewirkt, wodurch es zu einer mangelnden Stuhleindickung im Dickdarm kommt, bei einer Reihe von Infektionen auch durch gesteigerte Ausscheidung von Flüssigkeit in den Darm. Durch Dickdarmerkrankungen verursachter D. ist i. d. R. mit krampfartigen Leibschmerzen (Tenesmen) verbunden.

D. kann als Symptom einer primären Darmreizung oder -erkrankung wie auch einer sekundären (symptomat.) Mitbeteiligung an einer Krankheit auftreten. Zu einer übersteigerten Darmbewegung kommt es zum einen durch psych. Einflüsse (Aufregung, Angst), v. a. im Rahmen einer vegetativen Übererregbarkeit, die durch Schilddrüsenüberfunktion hervorgerufen sein kann, ebenso durch Kältereize. Wesentl. Anteil haben zum anderen entzündl. Vorgänge im Darmbereich (→Enteritis →Dickdarmentzündung), die durch persönl. Unverträglichkeit von Nahrungsmitteln und allerg. Reaktionen, durch Verdauungsstörungen aufgrund chron. Bauchspeicheldrüsenentzündung, Leber- und Gallenkrankungen, Resorptionsstörungen (→Sprue), Vergiftungen, v. a. aber durch Krankheitserreger (Bakterien, Viren, Protozoen) hervorgerufen werden. Infektiöse D.-Erkrankungen (v. a. Typhus, Ruhr, Cholera, Salmonelleninfektion, Darmtuberkulose) gehören bes. in den Entwicklungsländern zu den häufigsten und gefährlichsten Krankheiten mit hoher Sterberate, hauptsächlich bei Kindern, in erster Linie durch den zu Austrocknung und Elektrolytmangel führenden Flüssigkeitsverlust.

Des Weiteren können Verengungen des Darms durch Tumoren, Narben und Verwachsungen Anlass zu einem mit Verstopfung abwechselnden D. geben. Medikamentös bedingt tritt D. schließlich durch Missbrauch von Schlankheitspräparaten und Abführmitteln auf, auch aufgrund von Arzneimittelnebenwirkungen, v. a. von Antibiotika (Störung der Darmflora), auch zytostat. Mitteln und Digitalispräparaten.

Dem bei Touristen in südl. Ländern häufig auftretenden Reise-D. liegen neben Nahrungsmittelunverträglichkeiten und klimat. Einflüssen mit der Folge einer spezif. Störung der Darmflora v. a. bakterielle Nahrungsmittelinfektionen zugrunde, ebenso den akuten D.-Erkrankungen der heißen Jahreszeit in den gemäßigten Breiten (Sommer-D.), bei denen auch Eis und kalte Getränke mitwirken können.

Die *Behandlung* umfasst bei akutem D. leichten Grades die Einnahme stopfender Mittel (v. a. medizin. Kohle), den Genuss von schwarzem Tee, auch von geschälten rohen, geriebenen Äpfeln sowie Wärmeanwendungen auf den Bauch (Wärmflasche, feuchte heiße Wickel); bei schweren infektiösen D.-Erkrankungen ist neben der Chemotherapie v. a. die Gabe von salzigen, glucosehaltigen Trinklösungen in ausreichenden Mengen (bis zu 1 Liter je Stunde) wichtig; bei gleichzeitigem unstillbarem Erbrechen, Erschöpfung und komatösen Zuständen erfolgt die Zufuhr intravenös.

Der **D. der Säuglinge** (Säuglingsdyspepsie) ist Hauptsymptom der akuten Ernährungsstörung und in leichter Form die häufigste Darmerkrankung des Säuglingsalters. Kennzeichen sind Unruhe, verminderte Nahrungsaufnahme, Fieber, dünnflüssiger, hellgelber oder grüner Stuhl sauren oder fauligen Geruchs. Wenn der D. nicht (wie es bei der ernährungsbedingten Form durch Nahrungskorrektur leicht gelingt) behoben wird, kann es schon in wenigen Stunden zu Wasser- und Elektrolytverarmung mit den Anzeichen blassgrauer, welker, trockener Haut, Pulsbeschleunigung, beginnender Acidose und Bluteindickung kommen (Prätoxikose). Ausbleibende oder ungenügende Behandlung führt zur Toxikose mit Somnolenz, Koma und Tod.

Ursache sind meist Infektionen des Verdauungstrakts, aber auch allgemeine (z. B. Lungenentzündung) oder örtl. (z. B. Nabel- oder Mittelohrentzündung) Infekte. Die beste Vorbeugung ist eine Ernährung mit Muttermilch (Stillen).

Zur *Behandlung* muss bei beginnender Dyspepsie der Kaloriengehalt der Nahrung wegen der verminderten Verdauungsleistung für 1–3 Tage reduziert werden. Die fortschreitende Erkrankung fordert die Gabe von mit Traubenzucker gesüßtem Tee (schwacher schwarzer Tee, Kamille), bei Kleinkindern auch von Salzstangen und Colagetränken, von Chemotherapeutika, später Pektinpräparaten (Karottensuppe, Johannisbrotmehl) oder Schleimsuppen und Vitaminen; bei Toxikose ist sofortige Einweisung in ein Krankenhaus notwendig.

Durchfluss, diejenige Stoffmenge (Flüssigkeiten, Gase oder Schüttgut), die je Zeiteinheit einen bestimmten D.-Querschnitt (normal zu den Stromlinien) durchfließt, gemessen in Masse/Zeit oder Volumen/Zeit, in der Hydrometrie meist in m³/s.

Durchflutung, 1) **elektrische D.,** Formelzeichen Θ, das über ein elektr. Strömen durchfließende Fläche A erstreckte, die zugehörige Gesamtstromstärke angebende Flächenintegral der elektr. Stromdichte $\boldsymbol{j}$ dieser Ströme:

$$\Theta = \int_A \boldsymbol{j} \cdot \boldsymbol{n}\, \mathrm{d}A = \int_A j_n\, \mathrm{d}A$$

($j_n = \boldsymbol{j} \cdot \boldsymbol{n}$ = Normalkomponente der Stromdichte bezüglich des Normalenvektors $\boldsymbol{n}$ eines Flächenelements $\mathrm{d}A$). Ist $\mathrm{d}\boldsymbol{s}$ ein Linienelement der Randkurve der Fläche A (und sind die Flächennormalenvektoren und die

Randkurve rechtsschraubig einander zugeordnet), dann gilt bei stationären (zeitunabhängigen) und quasistationären Vorgängen: $\oint \boldsymbol{H} \cdot d\boldsymbol{s} = \Theta$, d.h., das Linienintegral über die magnet. Feldstärke H längs der geschlossenen Randlinie ist gleich der Summe der Stromstärken aller elektr. Ströme, die die Fläche A durchfließen. Dieses als Spezialfall der maxwellschen Gleichung $\oint \boldsymbol{H} \cdot d\boldsymbol{s} = \Theta + \int \dot{\boldsymbol{D}} \cdot d\boldsymbol{A}$ (mit D als elektr. Verschiebung) anzusehende **D.-Gesetz (ampèresches Verkettungsgesetz)** wird z.B. zur Berechnung des Magnetfeldes einer von Gleichstrom der Stromstärke I durchflossenen langen geraden Spule (Länge l, Windungszahl n) herangezogen. Dazu wird als Integrationsweg ein Rechteck senkrecht zu den Spulendrähten so gewählt, dass das 1. Teilstück des Weges parallel zur Spulenachse innerhalb, das 3. Teilstück entsprechend außerhalb der Spule verläuft. Der Gesamtstrom durch die Rechteckfläche ist dann $\Theta = n \cdot I$, während sich für das Linienintegral der magnet. Feldstärke der Wert $H \cdot l$ ergibt. In diesem Fall wird die D. auch als →Amperewindungszahl bezeichnet. – Da $\oint H \, ds$ auch als **magnetische Umlaufspannung** oder **magnetische Randspannung** (Formelzeichen F_m) bezeichnet wird,

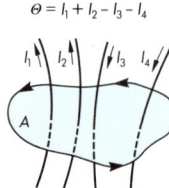

$\Theta = I_1 + I_2 - I_3 - I_4$

Durchflutung 1): Die elektrische Durchflutung Θ der Fläche A von vier Leitungsströmen; I_1, I_2, I_3, I_4 Stromstärken

besagt das D.-Gesetz auch, dass die magnet. Umlaufspannung der durch die berandete Fläche tretenden elektr. D. gleich ist: $F_m = \Theta$.

2) magnetische D., Verkettungsfluss, Formelzeichen Ψ_m, die bei stromdurchflossenen Spulen definierte physikalische Größe $\Psi_m = \xi \cdot n \cdot \Phi$ (ξ = Wicklungsfaktor, n = Windungszahl, Φ = magnet. Fluss).

Durchforstung, *Forstwirtschaft:* Entnahme von Bäumen aus einem Waldbestand vor Erreichen des Endnutzungsalters mit dem Ziel, minderwertige und im Zuwachs zurückgebliebene Bäume zu entfernen, um den Wuchsraum der verbleibenden Stämme zu erweitern und deren Wachstum zu fördern, zugleich aber durch die so erzielte Vornutzung auch den Holzertrag zu erhöhen. Man unterscheidet die Hoch-D. und die Nieder-D.; die **Hoch-D.** bewirkt einen Eingriff in den herrschenden Hauptbestand zugunsten der Elitestämme unter Schonung eines Teils der beherrschten Stämme, während die **Nieder-D.** v.a. unterdrückte, abgestorbene Stämme des Nebenbestandes entfernt. (→Bestand)

Durchfuhr, Transit, →Außenhandelsstatistik.

Durchführung, 1) *Elektrotechnik:* Isolator besonderer Bauart, meist aus Porzellan, zur Einführung einer elektr. Leitung in das Innere eines Gebäudes oder Gerätes.

2) *Musik:* die freie Verarbeitung der im themat. Material enthaltenen musikal. Gedanken. Im Sonatensatz steht die D. zw. →Exposition und →Reprise. Sie hat die Aufgabe, das Material der Exposition durch Zergliederung und Umformung, Kombination und Modulation in seinem Charakter näher zu bestimmen und neu zu beleuchten, ein Verfahren, das seit L. VAN BEETHOVEN auch auf die anderen Teile der Sonatensatzform sowie auf andere musikal. Gattungen und Formen übertragen wurde. – In der Fuge heißt D. die Darstellung des Themas als Dux und Comes nacheinander (regulär) in allen Stimmen; es folgt ein Zwischenspiel, bevor die nächste D. beginnt.

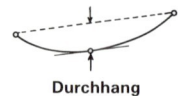

Durchhang

Durchgang, 1) *Astronomie:* 1) das Überschreiten des →Meridians durch ein Gestirn während der scheinbaren tägl. Bewegung der Sphäre, bedingt durch die Rotation der Erde um ihre Achse (→Durchgangsinstrument); 2) für einen Erdbeobachter das Vorbeigehen der beiden inneren Planeten Merkur und Venus vor der Sonnenscheibe, auf der diese als dunkle

Scheibchen sichtbar werden; Merkur-D. erfolgen alle acht Jahre, Venus-D. nur viermal in 138 Jahren.

2) *Musik:* ein auf unbetontem Taktteil gelegener, akkordfremder Ton, der eine Terz im Sekundgang ausfüllt (im Unterschied zum →Vorhalt und zur →Wechselnote).

3) *Sport:* bei Wettbewerben von Einzelsportlern (leichtathlet. Sprünge oder Würfe, Wasserspringen), in denen die Wettkämpfer hintereinander mehrmals die gleiche Übung ausführen müssen, Bez. für einen dieser **Versuche** aller Teilnehmer; auch Bez. für einen Spielabschnitt eines Wettkampfes oder Spieles.

Durchgangsarzt, D-Arzt, speziell zugelassener Chirurg oder Orthopäde, bei dem nach Vorschrift der gesetzl. Unfallversicherung Verletzungen bei Arbeitsunfällen und Folgen von Berufskrankheiten vorgestellt werden müssen, für welche die gesetzl. Unfallversicherung leistungspflichtig ist **(D.-Verfahren).** Der D. überweist Patienten mit weniger schweren Unfallfolgen an den Hausarzt, behält sich aber das Recht der Nachschau vor und berichtet hierüber an die Berufsgenossenschaft.

Durchgangsinstrument, Passageinstrument [pa'saːʒə-], Instrument zur Zeitbestimmung durch Beobachtung der Meridiandurchgänge von Sternen; als um eine feste Ost-West-Achse drehbares Fernrohr 1689 von dem Dänen O. RØMER erfunden.

Durchgangssyndrom, Sammel-Bez. für vorübergehende Verwirrtheitszustände, Verstimmungen oder Antriebsstörungen, die im Verlauf einer Krankheit oder einer sonstigen schweren körperl. oder psych. Beeinträchtigung (z.B. nach Bewusstseinsstörungen) auftreten können; mit dem Terminus soll v.a. die Reversibilität ausgedrückt werden.

durchgegoren, *Weinbereitung:* Bez. für einen Wein, bei dem der gesamte vorhandene Zucker durch Gärung in Alkohol umgesetzt wurde und dem auch danach keine Süßreserve zugegeben wurde.

Durchgreifeffekt, Punch-through-Durchbruch [pʌntʃ 'θruː-, engl.], die zu einem →Durchbruch führende gegenseitige Berührung der beiden Sperrschichten eines Bipolartransistors als Folge einer zu hohen Sperrspannung (die sich mit der Spannung ausdehnende Basis-Kollektor-Sperrschicht ›greift durch die Basis‹).

Durchgriff, *Elektronik:* Formelzeichen D, bei Elektronenröhren mit Gitter das in Prozenten angegebene Verhältnis einer Gitterspannungsänderung zur Anodenspannungsänderung bei konstantem Anodenstrom. Der D. gibt an, wie stark die Anodenspannung durch das Gitter ›hindurchgreift‹. Je kleiner der D. ist, umso größer ist die Verstärkung. Der Zusammenhang mit der Steilheit und dem inneren Widerstand wird durch die →barkhausensche Röhrenformel dargestellt.

Durchgriffshaftung, die haftungsrechtl. Verantwortlichkeit der hinter einer jurist. Person stehenden (meist natürl.) Personen. Aufgrund der rechtl. Selbstständigkeit einer jurist. Person (z.B. GmbH, AG) haften ihre Mitgl. (Gesellschafter, Aktionäre) nicht persönlich für die das Vermögen der jurist. Person übersteigenden Schulden, vielmehr bleibt den Gläubigern nur der Zugriff auf die erbrachten Einlagen (Aktien, Geschäftsanteile). Eine D. findet nach der Rechtsprechung ausnahmsweise aber dann statt, wenn das Berufen auf die förml. Selbstständigkeit der jurist. Person gegen Treu und Glauben verstoßen würde.

Durchhang, bei frei gespannten Drähten oder Seilen, z.B. bei elektr. →Freileitungen, der größte vertikale Abstand zw. der Verbindungsgeraden der Aufhängepunkte und dem Seil.

Durchhaus, ältere Form eines Bürgerhauses, bei der ein durch das Erdgeschossgewölbe und den Hof führender privater Fuß- und Fahrweg von einer zur anderen Straße führt.

durchkomponiert nennt man ein Kunstlied, bei dem jede Strophe ihrem Text entsprechend anders vertont ist, wodurch, bes. seit F. SCHUBERT, ein weit intensiveres musikal. Erfassen des Gedichts möglich ist als beim Strophenlied, bei dem die Vertonung strophenweise wiederholt wird. – Eine Oper heißt d., wenn das ganze Libretto vertont ist, also keine gesprochenen Partien vorkommen.

Durchladen, das Zurück- und Wiedervorführen des Schlosses bei Handfeuerwaffen, wodurch die abgeschossene Patronenhülse ausgeworfen wird und die neue Patrone in das Patronenlager gleitet.

Durchlass, Dole, Bauwerk mit lichter Weite bis 2,0 m zur Unterführung eines Wasserlaufs mit freiem Gefälle oder eines Weges unter einen Verkehrsweg. Nach der Bauweise werden Platten-, Gewölbe- oder Rohr-D. unterschieden.

Durchlassbereich, Frequenzbereich eines Systems (z. B. eines elektr. Filters), innerhalb dessen Schwingungen übertragen (durchgelassen) werden. Ggs.: Sperrbereich.

Durchlässigkeit, 1) *Optik:* **Durchlassgrad,** veraltet für Transmissionsgrad (→Absorption); bei transparenten Medien das Verhältnis von hindurchgelassener zu der auf das Medium auftreffenden Lichtintensität; der Kehrwert wird als **Opazität** bezeichnet.

2) *Schulwesen:* **D. der Bildungswege,** gesellschafts- und kulturpolit. Forderung der Gegenwart, u. a. im Strukturplan für das dt. Bildungswesen (1970) vom Dt. Bildungsrat formuliert. Durch Erleichterung des Übergangs von einer Schulart in eine and. soll gewährleistet werden, dass die individuelle Schullaufbahn korrigierbar ist. Dabei wird unterschieden zw. **vertikaler D.** (Fortschreiten in höhere Bildungsstufen) und **horizontaler D.** (die Möglichkeit, von einem Bildungsweg in den anderen überzuwechseln). In Dtl. wurden versch. Maßnahmen ergriffen, um ein Bildungssystem mit breiter horizontaler und wenig starrer vertikaler D. zu entwickeln. Insbesondere sollte die →Gesamtschule sowohl die horizontale wie die vertikale D. gewährleisten. Bei den traditionellen Schularten (Hauptschule, Realschule, Gymnasium) wurde die definitive Trennung hinausgeschoben (→Orientierungsstufe, →Förderstufe). An Haupt- und Realschulen wurden Aufbauzüge eingerichtet, außerdem der →zweite Bildungsweg gefördert und nach Einrichtung der →Fachhochschulen der Zugang von diesen zur Univ. erschlossen.

In *Österreich* ist die D. des Schulsystems durch das Schulorganisations-Ges. 1962 grundsätzlich festgelegt und wird durch vielfältige Übertrittsmöglichkeiten (›Brücken und Übergänge‹) verwirklicht, so z. B. durch jederzeit mögl. Übergänge von der Hauptschule in höhere Schulen.

In der *Schweiz* ist erhöhte horizontale D. eines der Ziele der in den 1960er- und 1970er-Jahren eingeleiteten Struktur- und Lehrplanreformen (z. B. Gesamtschulversuche v. a. in der französischsprachigen Schweiz, abteilungsübergreifender Unterricht im Kt. Zürich), verbesserte vertikale D. z. B. von der höheren techn. Lehranstalt (HTL) zur eidgenöss. techn. Hochschule (ETH) oder von der Diplommittelschule zu einer höheren Fachschule.

Durchlassrichtung, Flussrichtung, *Halbleitertechnik:* die Polungsrichtung eines ›p-n-Überganges, die einen hohen Stromfluss **(Durchlassstrom)** durch den Kristall ermöglicht. Erreicht wird dies durch Anlegen einer positiven Spannung an die p-leitende Schicht des Halbleiterkristalls; Ggs.: Sperrrichtung.

Durchlasszellen, *Botanik:* nicht oder nur schwach verkorkte Zellen in der →Endodermis und der →Exodermis.

Durchlaucht, Anredetitel fürstl. Personen, abgeleitet von spätmhd. ›durchlüht‹ als Lehnübersetzung der lat. Ranganrede ›perillustris‹ (sehr strahlend, sehr berühmt); zuerst den Königen der Goten und Franken beigelegt. Im Heiligen Röm. Reich erhielten 1375 die Kurfürsten von Kaiser KARL IV. die Beifügung ›Durchlauchtig‹, später auch die Erzherzöge und die altfürstl. Häuser (seit 1712) die Benennung ›Durchlauchtigst‹, die auch in Venedig, Genua und Polen üblich war (›Serenissimus‹). Mit der neueren landesherrl. Erhebung in den Fürstenstand war ebenfalls das Prädikat D. verbunden.

durchlaufende Kredite, Kredite, die eine Bank für Rechnung eines Dritten (meist die öffentl. Hand im Rahmen von Kreditprogrammen zur Wirtschaftsförderung) gewährt; sie sind →Treuhandkredite, bei denen die Bank kein Kreditrisiko trägt, sondern nur für die ordnungsgemäße Auftragsausführung haftet.

durchlaufende Posten, Beträge, die jemand (z. B. ein Betrieb) im Namen und für Rechnung eines Dritten vereinnahmt und an den Berechtigten weiterleitet.

Durchläufer, Minerale, die sich bei fast allen Bedingungen, d. h. innerhalb eines größeren Druck-Temperatur-Bereiches der Metamorphose, bilden können (Ggs.: →typomorphe Minerale), z. B. Feldspat, Glimmer, Quarz.

Durchlauf|erhitzer, Durchlaufspeicher, →Heißwasserbereiter.

Durchlaufspeicherung, Betriebsweise einer Kette von Wasserkraftwerken unter Benutzung eines gemeinsamen Tagesspeichers am Kopf der Gruppe: Eine Flussstrecke wird in Staustufen mit möglichst großer Nutzfallhöhe (mehr als 5 m) eingeteilt, an jeder Stufe ein Wasserkraftwerk elektr. Energie erzeugt. Während der betriebsschwachen Zeiten (z. B. nachts) kann ein Teil des natürl. Zuflusses zurückgehalten werden, um zu einem späteren Zeitpunkt den Kraftwerken zugeführt zu werden. Dadurch wird die Stromerzeugung aus dem Grundlastbereich in den Spitzenlastbereich verlagert. In einem Ausgleichsbecken am Ende der Ausbaustrecke wird das durchfließende Wasser aufgefangen und gleichmäßig wieder an den Unterlauf abgegeben.

Durchlaufterminierung, Festlegung von Anfangs- und Endterminen für alle Arbeitsgänge, die ein Auftrag vom Bearbeitungsbeginn bis zum -ende in der Fertigung durchläuft. Die **auftragsorientierte D.** berücksichtigt nur den einzelnen Auftrag und findet Anwendung bei ausreichend vorhandener Kapazität; die **kapazitätsorientierte D.** berücksichtigt vorhandene Kapazitätsbelastung und -grenzen sowie die gegenseitige Beeinflussung miteinander konkurrierender Aufträge (→Kapazitätsterminierung). Vorwärts- und Rückwärtsterminierung als Methoden der D. erfolgen auf der Grundlage der ermittelten Durchlaufzeit. Bei der **Vorwärtsterminierung** werden, ausgehend vom Starttermin, alle Anfangs- und Endtermine der einzelnen Arbeitsgänge und der Endtermin des Auftrags ermittelt, bei der **Rückwärtsterminierung,** ausgehend vom gewünschten Fertigstellungstermin, alle End- und Anfangstermine der einzelnen Arbeitsgänge und der Starttermin des Auftrages.

Die **Durchlaufzeit** als Summe aller Bearbeitungszeiten setzt sich aus drei Zeitarten zusammen: 1) **Durchführungszeiten** sind die Sollzeiten, die laut Arbeitsplanung zur Erfüllung eines Arbeitsganges erforderlich sind; 2) **Zwischenzeiten** sind Zeiten für das ablaufbedingte Liegen und Lagern von Material zw. den Arbeitsgängen oder Arbeitsplätzen und eventuell für das Transportieren der Arbeitsgegenstände; 3) durch **Zusatzzeiten** wird der in erster Linie Störanfälligkeit der Betriebsmittel sowie Fehlzeiten und Fehlmengen berücksichtigt.

Durchlauftrockner, *Landwirtschaft:* Trockner, in denen das Gut während des Durchlaufs getrocknet wird; Ggs.: **Satztrockner,** in denen es im ruhenden

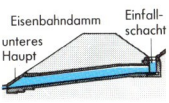

Durchlass

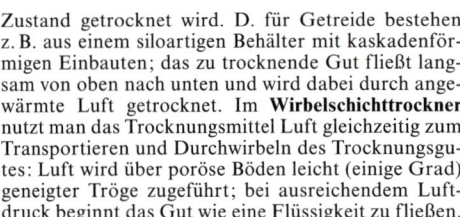

Durchschläger

Zustand getrocknet wird. D. für Getreide bestehen z. B. aus einem siloartigen Behälter mit kaskadenförmigen Einbauten; das zu trocknende Gut fließt langsam von oben nach unten und wird dabei durch angewärmte Luft getrocknet. Im **Wirbelschichttrockner** nutzt man das Trocknungsmittel Luft gleichzeitig zum Transportieren und Verwirbeln des Trocknungsgutes: Luft wird über poröse Böden leicht (einige Grad) geneigter Tröge zugeführt; bei ausreichendem Luftdruck beginnt das Gut wie eine Flüssigkeit zu fließen.

Durchleuchtung, Kurz-Bez. für →Röntgendurchleuchtung.

Durchliegen, →Aufliegen.

Durchlüftungsgewebe, Zellgewebe, die bei höheren Pflanzen dem für Atmung, Photosynthese und Transpiration erforderl. Gasaustausch des Innengewebes mit der Atmosphäre dienen. Das D. ist von einem System zusammenhängender Zwischenzellräume (Interzellularen) bes. im Schwammgewebe des Blattes durchzogen. Es steht über Spaltöffnungen oder in verkorkten Pflanzenteilen über Lentizellen mit der Außenluft in Verbindung. Sumpf- und Wasserpflanzen besitzen oft D. mit bes. großen Interzellularen (**Aerenchym**).

Durchmesser, Diameter, i. e. S. jede durch den Mittelpunkt eines Kreises oder einer Kugel verlaufende Verbindungsstrecke zweier Punkte der Kreislinie bzw. der Kugeloberfläche. Da alle D. eines Kreises oder einer Kugel die gleiche Länge haben, nennt man diese Länge auch den D. des Kreises oder der Kugel (Formelzeichen d oder D, symbol. Zeichen $\varnothing$). I. w. S. sind D. Geraden, auf denen alle Mittelpunkte einer parallelen Sehnenschar eines Kegelschnitts liegen; z. B. läuft bei der Ellipse und Hyperbel ein D. durch den Schnittpunkt der Symmetrieachsen, bei der Parabel parallel zur Symmetrieachse. Verbindet man die Mittelpunkte aller zu einem Ellipsen- oder Hyperbel-D. parallelen Sehnen, so erhält man einen zu diesem **konjugierten D.** Der D. einer beschränkten Punktmenge in einem metr. Raum ist die obere Grenze aller Abstände von je zwei Punkten der Menge.

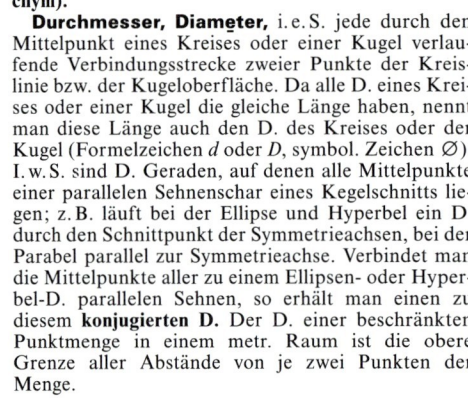

Durchmesser: 1 Durchmesser AB eines Kreises; 2 Konjugierte Durchmesser AB und CD einer Ellipse; jeder Durchmesser halbiert die zu dem anderen parallelen Sehnen; 3 Durchmesser AB einer Parabel (Verbindung der Mittelpunkte einer Schar beliebiger paralleler Sehnen)

Durchmusterung, Sternkatalog, dessen Angaben über Ort, Helligkeit oder Spektraltyp auf Schätzungen beruhen. D. geben eine möglichst umfassende Bestandsaufnahme bis zu einer vorgegebenen Grenze. Beispiele für D. sind die →Bonner Durchmusterung und die →Cordoba-Durchmusterung.

Durchreibung, *Grafik:* →Frottage.

Durchrutschweg, *Eisenbahn:* Sicherheitsstrecke mit unterschiedl. festgelegter Länge hinter einem Hauptsignal bis zu einem Gefahrenpunkt (z. B. Weiche, Anfang eines Bahnsteiges). Um Menschen und Güter nicht zu gefährden, muss der D. freigehalten werden für den Fall eines Überfahrens (›Durchrutschen‹) des Signals.

Durchsatz, die in der Zeiteinheit durch eine Maschine, Rohrleitung, Düse, Messeinrichtung oder sonstige Anlage durchlaufende Menge eines Gutes; gemessen nach Stückzahl, Masse, Volumen, z. B. als Stück, Kilogramm oder Liter je Stunde, Minute oder Sekunde.

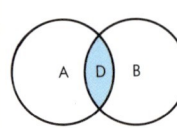

Durchschnitt 2)

Durchschallung, Durchstrahlung von Körpern und Substanzen mit Ultraschall, z. B. zur Werkstoffprüfung (→Ultraschallprüfung).

Durchschießen, 1) *Buchbinderei:* das Einlegen einer unbedruckten Seite zw. je zwei bedruckte, um für Neuauflagen Ergänzungen oder Verbesserungen vormerken zu können.

2) *Drucktechnik:* →Einschießen.

Durchschlafmittel, →Schlafmittel.

Durchschlag, der schlagartige Elektrizitätsdurchgang in Form einer Funken- oder Lichtbogenentladung an hochspannungsführenden Teilen einer elektr. Anlage, Elektrodenanordnung u. Ä. befindl. Dielektrikum (bes. durch einen Isolator) infolge Bildung einer durchgehenden leitfähigen Strecke (**D.-Kanal**) bei Überschreiten einer für das Dielektrikum oder Isolatormaterial charakterist. elektr. Feldstärke (**D.-Feldstärke**) oder Spannung (**D.-Spannung**).

Durchschläger, Durchtreiber, Werkzeug zum Lochen von Blechen, glühenden dickeren Werkstücken (Schmiedetechnik), auch von Leder oder ähnl. Werkstoffen. Der D. hat an seinem vorderen, gehärteten Ende eine ebene Fläche von der Form des herzustellenden Lochquerschnittes; er wird mit dem Hammer durch das Werkstück getrieben.

Durchschlagfestigkeit, di|elektrische Festigkeit, Isolationsfestigkeit, Kenngröße für die elektr. Isolierfähigkeit eines Stoffs, d. h. für seine Beständigkeit gegen einen inneren Durchschlag; angegeben in kV/cm oder kV/mm. Die D. ist von mehreren Faktoren abhängig, z. B. von Gasdruck und Feuchtigkeit (bei Luft als Isolator) oder vom Grad der Verunreinigung eines Isolierstoffs. Sie liegt für die meisten Isolierstoffe zw. 100 und 200 kV/cm, für Epoxidharze bei 370 kV/cm, für Hartporzellan bei 400 kV/cm und erreicht für dünne Isolierfolien (z. B. aus Polypropylen) Werte bis zu 3 000 kV/cm.

Durchschlagpapier, meist in Normformaten der DIN-Reihe A hergestelltes Schreibmaschinenpapier, das in seiner Stärke so fein gehalten ist (25–35 g/m²), dass sich bei Benutzung von Kohlepapier mit dem Original mehrere Kopien (**Durchschläge**) fertigen lassen.

Durchschlagsleistung, gibt für Geschosse und Hohlladungswirkkörper an, welche Stärke eines Zielaufbaus – meist Panzerplatten – durchschlagen wird. Die D. hängt ab vom Geschossaufbau, Auftreffenergie, Zielplattenaufbau und -neigung, bei Hohlladungen zusätzlich vom Durchmesser der Hohlladung, nicht aber von der Auftreffenergie.

Durchschlagsröhre, Schlot, Diatrema, meist senkrechter, röhren- oder trichterförmiger vulkan. Schlot mit unterschiedl., meist rundl. Durchmesser, durch explosionsartigen Gasausbruch (z. T. auch mit Grundwasser oder Wasserdampf) entstanden und mit Tuffbreccien und Nebengesteinsbrocken, z. T. auch mit vulkan. Festgestein erfüllt. D. sitzen tekton. Schwächezonen der Erdkruste (Spalten, Gänge) auf und stehen letztlich mit dem Erdmantel in Verbindung. Einen Sonderfall bilden die →Maare und die Pipes, diamantführende Kimberlitschlote (→Kimberlit). Aus D. (früher ›Vulkanembryonen‹ genannt) besteht z. B. der ›Schwäb. Vulkan‹ des Uracher Vulkangebietes der Schwäb. Alb.

Durchschnitt, 1) *allg.:* mittlerer Wert eines quantitativen (d. h. durch reelle Zahlen darstellbaren) Merkmals wie Körpergröße oder Einkommen.

2) *Mengenlehre:* sind A und B zwei Mengen, dann heißt die Menge D der Elemente, die gleichzeitig zu A und B gehören, der **D. der Mengen** A und B, in Zeichen $D = A \cap B$ und $D = \{x : x \in A \wedge x \in B\}$. Für mehr als zwei Mengen $A_1, A_2, A_3, ..., A_n$ wird die D. entsprechend erklärt; man schreibt

$$\bigcap_{i=1}^{n} A_i$$

für die Menge der Elemente, die in jeder der Mengen $A_1, A_2, A_3, ..., A_n$ liegen.

3) *Statistik:* typ. oder repräsentativer Wert, meist im Sinne des arithmet. Mittels (→Mittelwert) verwendet.

Durchschnittskostenmethode, das →Cost-Averaging.

Durchschnittssätze, Näherungswerte zur Gewinnermittlung als Grundlage der Steuerbemessung (§ 13 a EStG) oder zur Berechnung des Vorsteuerabzugs (§§ 23 ff. Umsatzsteuer-Ges. 1980). D. dienen der Vereinfachung des Besteuerungsverfahrens für Gruppen von Unternehmern (bes. Landwirte), bei denen hinsichtlich der Besteuerungsgrundlagen annähernd gleiche Verhältnisse vorliegen und die nicht verpflichtet sind, Bücher zu führen und aufgrund jährl. Bestandsaufnahmen regelmäßig Abschlüsse zu machen.

Durchschnittsteuersatz, das rechner. Verhältnis von jeweiliger Steuerschuld zur jeweiligen Größe der Steuerbemessungsgrundlage. (→Steuertarif)

Durchschreibpapier, urspr. Bez. für →Kohlepapier; heute auch für Selbst-D., das im Ggs. zum Kohlepapier keine äußerlich aufgebrachte Farbschicht besitzt (→Reaktionsdurchschreibpapier).

Durchschuss, 1) beim Bleisatz nicht mitdruckende Metallstreifen (Regletten) zur Herstellung der Zeilenabstände eines Schriftsatzes; auch der Abstand selbst.
2) →Schussverletzung.

Durchschussware, Maschenware (meist Kettenwirkware), deren Elastizität durch Einarbeiten eines horizontal verlaufenden, für die Maschenbildung nicht herangezogenen Schussfadens bewusst reduziert wird, um sie für bestimmte, oft techn. Einsatzgebiete geeignet zu machen.

Durchseuchung, Verbreitung einer endem. Infektionskrankheit innerhalb einer Population mit der Folge einer vorübergehenden oder dauernden spezif. Immunität (**D.-Immunität**).

Durchstrahlungsprüfung, Verfahren der zerstörungsfreien Werkstoffprüfung, bei dem Werkstoffproben mit Röntgen-, Gammastrahlen (**Gammagraphie, Gammastrahlenverfahren**) oder Teilchenstrahlen durchstrahlt werden. Die typ. Prüfanordnung besteht aus einer Strahlungsquelle (z. B. Röntgenröhre oder Radionuklid), die wegen der ionisierenden Wirkung der Strahlung von einem Schutzgehäuse umschlossen sein muss, einer Blende zur Ausblendung des Primärstrahlenbündels, dem zu durchstrahlenden Prüfobjekt sowie einer Anordnung zur Detektion (Nachweis) oder Abbildung der Strahlung (z. B. Röntgenfilm mit Verstärkerfolien). Der Primärstrahl breitet sich stets geradlinig aus und besitzt eine hohe Durchdringungsfähigkeit für die meisten Werkstoffe. Die Schwärzung des Röntgenfilms bzw. das Ausgangssignal des Strahlungsdetektors ist proportional zur Intensität der durchgelassenen Strahlung. Da die Strahlung in Hohlräumen viel weniger absorbiert wird als im umgebenden Werkstoff, können Poren, Lunker und unter günstigen Bedingungen auch Risse gut abgebildet werden. Das Gleiche trifft auf Fremdeinschlüsse zu. Man unterscheidet **Radiographie** (Abbildung erfolgt auf Röntgenfilm), **Radiometrie** (Abbildung erfolgt durch Abscannen des Objekts mit einem elektron. Detektor) und **Radioskopie** (die Verteilung der Strahlungsintensität wird direkt in ein Monitorbild umgewandelt). Zu den Spezialverfahren der D. gehören die Computertomographie mit Röntgen- oder Gammastrahlen und die Neutronenradiographie.

Durchströmtriebwerke, Turbinenluftstrahl- und Staustrahltriebwerke (→Strahltriebwerk), die von atmosphär. Luft durchströmt werden.

Durchströmturbine, eine →Wasserturbine.

Durchsuchung, *Recht:* 1) *Strafprozess:* Suchen nach verdächtigen Personen oder Gegenständen, die der Einziehung oder dem Verfall unterliegen oder Beweismittel sein könnten (§§ 102 ff. StPO). Zu unterscheiden sind die D. von Räumen (**Haus-D., Haussuchung),** die insbesondere den Rechtmäßigkeitsvoraus-

setzungen des Art. 13 Abs. 2 GG entsprechen muss, und die D. von Personen.

Bei denjenigen, die als Täter oder Teilnehmer (z. B. Gehilfen) einer Straftat, namentlich einer Begünstigung, Strafvereitelung oder Hehlerei verdächtig sind, kann eine D. der Wohnung oder anderer Räumlichkeiten sowie ihrer Person und der ihnen gehörenden Sachen (z. B. Fahrzeuge) sowohl zum Zweck ihrer Ergreifung als auch dann vorgenommen werden, wenn die bloße Vermutung besteht, dass Beweismittel gefunden werden. Richtet sich die D. gegen Nichtverdächtige, sind die Zulässigkeitsvoraussetzungen enger gefasst. Bei diesen sind D. nur zur Ergreifung eines Beschuldigten oder zur Verfolgung von Spuren einer Straftat oder zur Beschlagnahme bestimmter Gegenstände und nur dann zulässig, wenn Tatsachen (bloße Vermutungen reichen nicht) vorliegen, die darauf hinweisen, dass der D.-Zweck erreicht werden kann. Zum Zwecke der Ergreifung eines nach § 129 a StGB Beschuldigten (Zugehörigkeit zu einer terrorist. Vereinigung) kann die D. auf ganze Gebäude (z. B. Wohnblocks) erstreckt werden. Die D. darf sich nicht auf Gegenstände richten, die der →Beschlagnahme nicht unterliegen. Die D. von Presseunternehmen unterliegt mit Rücksicht auf die Pressefreiheit bes. strengen Regeln; sie setzt eine rechtmäßige Beschlagnahmeanordnung voraus (→Beschlagnahme). Ferner ist die D. zur Nachtzeit (zw. 21 und 4 Uhr, vom 1. 10. bis 31. 3. zw. 21 und 6 Uhr) auf die Fälle der Verfolgung auf frischer Tat, der →Gefahr im Verzug oder der Wiederergreifung eines entwichenen Gefangenen beschränkt, es sei denn, es handelt sich um die D. öffentlich zugängl. oder nach allgemeiner Anschauung verrufener Räume (z. B. ›Spielhöllen‹). Die D. soll in Gegenwart des Inhabers der Räume oder eines Vertreters stattfinden. Eine besondere Art der D. ist die →Razzia.

Als grundrechtsbeschränkende Akte bedürfen D. der besonderen Anordnung gesetzlich bestimmter Stellen: grundsätzlich der Richter, bei Gefahr im Verzug die Staatsanwaltschaft oder – eingeschränkt – ihre Hilfsbeamten (bestimmte Gruppen von Polizisten, § 152 Gerichtsverfassungs-Ges.); in Steuerstrafsachen steht die Anordnung auch dem Finanzamt zu (§§ 399, 402 AO). – Die *österr.* StPO sieht zur Ausforschung gerichtlich strafbarer Taten in den §§ 139 ff. Haus- und Personen-D. nach vorausgegangener Vernehmung des Betroffenen kraft richterl. Befehls vor. Bei Gefahr im Verzug kann jedoch sowohl von einer Vernehmung als auch vom richterl. Befehl abgesehen werden. In diesem Fall kann eine Haus-D. von Gerichtsbeamten oder Beamten der Sicherheitsbehörden angeordnet werden. Unter besonderen Voraussetzungen, z. B. wenn jemand auf frischer Tat angetroffen wird, können die Sicherheitsbehörden auch eigenmächtig Haus-D. vornehmen. Im *schweizer.* Recht sind ähnl. Bestimmungen über die D. im Gesetz über die Bundesstrafrechtspflege (Art. 67–71) sowie in den kantonalen StPO enthalten. Das Eindringen in private Räume bedarf i. d. R. einer gerichtl. Ermächtigung.

2) *Wehr-* und *Zivildienst:* Wehrpflicht-Ges. (§ 44) und Zivildienst-Ges. (§ 23 a) erlauben der Polizei, die Wohnung von Wehr- und Zivildienstpflichtigen, die ihrer Einberufung unentschuldigt keine Folge leisten, zu betreten und nach ihnen zu suchen, wenn ihre Vorführung angeordnet wurde.

3) *Polizei-* und *Ordnungsrecht:* Die Polizeigesetze der Länder geben der Polizei die gesetzl. Handhabe, zur polizeil. Personenfeststellung oder Eigensicherung D. vorzunehmen, in Wohnungen nur zur Abwehr einer gemeinen Gefahr (Lebensgefahr, dringende Gefahr). – Das *österr.* Sicherheitspolizei-Ges. (SPG) 1991 ermächtigt die Organe des öffentl. Sicherheitsdienstes, Grundstücke, Räume und Kraftfahrzeuge zu durchsuchen, soweit dies der Suche nach einem Men-

schen dient, dessen Leben oder Gesundheit unmittelbar gefährdet erscheint oder von dem ein gefährl. Angriff ausgeht, bzw. der Suche nach einer Sache gilt, die für einen gefährl. Angriff bestimmt ist. Sobald ein gefährl. Angriff beendet ist, gelten die Bestimmungen der StPO (§ 39 Abs. 3 SPG). Die D. von bereits festgenommenen Menschen und von Menschen, von denen ein potenzieller gefährl. Angriff auf Leben, Gesundheit oder Freiheit ausgeht, ist in § 40 SPG geregelt. Besonderes gilt für D. bei Großveranstaltungen (§ 41 SPG). In der *Schweiz* obliegen die sicherheitspolizeil. Aufgaben im Wesentlichen den Kantonen. Nach neueren kantonalen Polizeigesetzen gilt die D. von privaten Räumen als zulässig, wenn sie der Abwehr einer dringenden Gefahr dient, ferner wenn der Verdacht besteht, dass sich in den Räumen eine widerrechtlich festgehaltene oder eine in Gewahrsam zu nehmende Person aufhält. Die D. von Personen ist u. a. zulässig zur Eigensicherung der Polizei, zur Identitätsfeststellung oder zur Sicherstellung von Gegenständen, die für einen Angriff oder für eine Flucht geeignet sind.

4) *Zivilprozess:* § 758 ZPO gibt dem Gerichtsvollzieher die Möglichkeit, die Wohnung und Behältnisse des Vollstreckungsschuldners bei Verzug zu durchsuchen; sonst bedarf es hierzu (so das Bundesverfassungsgericht) richterl. Anordnung. Parallele Bestimmungen finden sich in § 26 *österr.* Exekutionsordnung und Art. 91 *schweizer.* Schuldbeitreibungs- und Konkursgesetz.

Durchsuchungsrecht, frz. **Droit de visite** [drwadɔviˈzit], engl. **Visit and search** [ˈvɪzɪt ənd ˈsəːtʃ], *Seekriegsrecht:* die Befugnis eines Krieg Führenden, durch Kriegsschiffe auf hoher See neutrale Handelsschiffe anzuhalten und auf →Banngut (Konterbande) zu durchsuchen, auf Einhaltung der Neutralität zu überprüfen und die Rechtmäßigkeit der Flaggenführung festzustellen. Das D. besteht auch gegenüber einem neutralen Konvoi.

Durchwachsung, Proliferation, Blütenmissbildung bei Pflanzen; bei der **zentralen D.** wird in der Blüte anstelle der Fruchtblätter ein beblätterter Spross gebildet (Versprossung, z. B. durchwachsene Rose); bei der **seitlichen D.** bilden die Blütenblätter Achselprodukte, die wieder zu Blüten werden. Das terminale Auswachsen der Kartoffelknolle als Ausläufer zu kettenförmig angeordneten kleinen Knollen (›Kindelbildung‹) wird auch als D. bezeichnet.

Durchwachsungszwilling, *Kristallographie:* →Zwillinge.

Durchwahl, *Fernsprechtechnik:* 1) direkte Wahl einer Amtsverbindung in einem anderen Ortsnetz mittels der Ortsnetzbereichskennzahl; 2) direkte Wahl einer Amtsverbindung von einer Nebenstelle, einer Nebenstellenanlage aus und umgekehrt die Anwahl einer Nebenstelle vom öffentl. Netz aus.

durchziehen, einen Voll- oder Hohlzylinder umformen zur Herstellung lang gestreckter Werkstücke, indem diese durch eine sich in Ziehrichtung verengende Werkzeugöffnung gezogen werden; z. B. Draht-, Stab- oder Rohrziehen. Beim **Gleitziehen** ist das Ziehwerkzeug ein Ziehring oder -stein, beim **Walzziehen** bilden zwei oder mehrere Walzen die Werkzeugöffnung.

Durchzügler, *Biologie:* Bez. für Tiere, die in einem Biotop nur vorübergehend während ihres Durchzugs angetroffen werden.

Durchzugsrecht, Durchmarschrecht, die nur durch völkerrechtl. Vertrag begründbare Befugnis, das Gebiet eines fremden Staates mit militär. Einheiten auf zumeist genau festgelegten Routen friedlich zu durchqueren oder zu überfliegen. Im Krieg ist den Neutralen die Gestattung des D. untersagt; dies gilt nicht für den Kranken- oder Verwundetentransport. Im Zweiten Weltkrieg räumte Schweden dt. Truppen

ein D. durch Nordschweden ein. Für eine militär. Sanktion der UNO begründet Art. 43 der Charta ein D. zulasten der Mitgliedsstaaten, das jedoch vom Abschluss eines Sonderabkommens abhängig ist. Eine Weiterentwicklung des D. stellt das **Stationierungsrecht** dar, bes. im Rahmen kollektiver Sicherheitssysteme (z. B. NATO).

Dürckheim, Karlfried Graf, eigtl. **K.** Graf **D.-Montmartin** [-mɔ̃marˈtɛ̃], Schriftsteller und Psychotherapeut, * München 24. 10. 1896, † Todtmoos 28. 12. 1988; seit 1933 Prof. der Psychologie in Kiel; 1937–45 in Japan, seit 1949 gemeinsam mit Maria Hippius (* 1909) psychotherapeutisch tätig. D. entwickelte eine existenzialpsycholog., christlich-myst. und zenbuddhist. Elemente einschließende Lehre und (›initiatische‹) Therapie.

Werke: Japan u. die Kultur der Stille (1950); Hara, die Erdmitte des Menschen (1956); Zen u. wir (1961); Der Alltag als Übung (1962); Wunderbare Katze u. a. Zen-Texte (1964); Vom doppelten Ursprung des Menschen (1975); Meditieren – wozu u. wie (1976); Übung des Leibes auf dem inneren Weg (1978); Von der Erfahrung der Transzendenz (1984).

Transzendenz als Erfahrung. Festschr. zum 70. Geburtstag v. Graf D., hg. v. M. Hippius (1966); Bedeutende Psychotherapieformen der Gegenwart, hg. v. Y. Maurer (1985).

Đurđević [ˈdzuːrdzɛvitɕ], Ignjat, auch **I. Đordić** [ˈdzɔːrdzitɕ], ragusäischer Dichter und Gelehrter, * Ragusa (heute Dubrovnik) 13. 2. 1675, † ebd. 21. 1. 1737; Jesuit in Rom, ab 1706 Benediktiner in Ragusa; Abt auf Mljet (1725–28), ab 1731 wieder in Ragusa (Vors. der ragusäischen Akad.). D. schuf als letzter ragusäischer Barockdichter Liebeslyrik im Geist des ital. Secento; wandte sich später in Epen und Psalmendichtung religiösen Themen zu; wertvoll sind auch seine Beiträge zur ragusäischen Geschichte.

R. Lachmann-Schmohl: I. Đordić. Eine stilist. Unters. zum slav. Barock (1964).

Düren, 1) Kreisstadt in NRW, Verkehrsknotenpunkt zw. Köln und Aachen, an der mittleren Rur am Westrand der Jülich-Zülpicher Börde, 105–225 m ü. M., 90 500 Ew.; Papiermuseum; Erzeugung und Verarbeitung von Papier (u. a. für Banknoten) und Pappe, Metalltuch-, Filztuch-, Glas-, Möbel-, chemische und Kunststoffindustrie, Herstellung von Lacken, Teppichweberei. – Von der Stadtbefestigung blieben Mauerreste und fünf Türme (u. a. ›Dicker Turm‹, 16. Jh.) erhalten. Das neubarocke Leopold-Hoesch-Museum (u. a. Werke der klass. dt. Moderne und der internat. zeitgenöss. Kunst) erbaute 1903–05 G. Frentzen. Die kath. Pfarrkirche St. Anna schuf R. Schwarz (1954–56); die ev. Christuskirche wurde 1953/54 von H. Hentrich und Hans Heuser (* 1905, † 1953), dann zus. mit H. Petschnigg, errichtet. – D., 748 erstmals erwähnt, war urspr. ein karoling. Königshof, der zur Pfalz ausgebaut wurde. Um diese entwickelte sich seit dem frühen 13. Jh. eine mit Stadtrecht versehene Siedlung. 1242 kam D., zunächst als Pfand, an die Grafen von Jülich. Die Stadt wurde 1543 durch Karl V. zerstört, war 1794–1814 französisch und kam 1815 an Preußen. Am 16. 11. 1944 wurde die Stadt durch alliierte Luftangriffe fast vollständig zerstört. – Seit 1501 ist D. Wallfahrtsort (Verehrung der hl. Anna).

2) Kreis im Reg.-Bez. Köln, NRW, 941 km², 256 000 Ew.; liegt im Übergangsbereich von Eifel und Niederrhein. Bucht und wird von der Rur durchflossen. Das weiche Rurwasser war Voraussetzung für die weltbekannte Papier- (Bütten-) und die Textilindustrie (Teppichwebereien); daneben sind Maschinen-, Ernährungs- und Zuckerindustrie, Fahrzeugbau, Braunkohlenabbau (→Hambach) und Großforschungseinrichtung – Forschungszentrum Jülich – von Bedeutung. Neben Industrie und Bergbau (42 % der Erwerbspersonen) behauptet sich, bes. im N der flachen Börde, eine ertragreiche Landwirtschaft (61 %

Durchwachsung:
Zentrale
Durchwachsung bei
einer Rose

Düren 1)
Stadtwappen

der Kreisfläche, 3,5 % der Erwerbspersonen) mit kleineren und mittleren Betrieben und Anbau von Zuckerrüben, Weizen, Mais, Gerste und Gemüse auf fruchtbaren Löss- und Lösslehmböden; am Eifelrand Braugerste- und Obstbau. Die Eifelhöhen im SW sind z. T. bewaldet, z. T. werden sie durch Grünland und Milchwirtschaft genutzt.

Durendal [frz. dyrã'dal], **Durandart** [frz. dyrã-'da:r], Schwert ROLANDS; im altfrz. Rolandslied wird es KARL D. GR. durch einen Engel überreicht mit der Weisung, es seinem besten Paladin zum Kampf gegen die Heiden zu übergeben. In seinem Knauf enthält es Reliquien, die ihm wundertätige Kraft verleihen sollen.

Dürer, 1) Albrecht, Maler, Grafiker, Zeichner und Kunstschriftsteller, * Nürnberg 21. 5. 1471, † ebd. 6. 4. 1528, Bruder von 2). Die Familienchronik, das Tagebuch der niederländ. Reise, Briefe und viele eigenhändige Niederschriften geben Auskunft über Herkunft und künstler. Persönlichkeit D.s. Er erlernte zuerst bei seinem Vater das Goldschmiedehandwerk, bevor er 1486 in die Werkstatt des M. WOLGEMUT in Nürnberg kam. 1490–94 war er auf Wanderschaft am Oberrhein (Basel, Colmar, Straßburg). 1494 heiratete er in Nürnberg AGNES FREY († 1539). Im Herbst 1494 trat er seine erste Italienreise an, in deren Verlauf bedeutende Landschaftsaquarelle entstanden. Nach seiner Rückkehr im Frühjahr 1495 richtete er in Nürnberg eine eigene Werkstatt ein. 1496 erhielt er erste Aufträge durch Kurfürst FRIEDRICH DEN WEISEN, 1505–07 hielt er sich erneut in Italien auf. 1509 erwarb er in Nürnberg das stattl. Haus am Tiergärtnertor und wurde Mitgl. des Großen Rates der Stadt. 1520/21 reiste er in die Niederlande, wo er volle Anerkennung als Künstler erhielt. Er erkrankte dort an einem Fieber, das seine Gesundheit nachhaltig schwächte.

D. kam aus dem spätmittelalterl. Handwerkertum, dessen Fleiß und Werktreue er zeitlebens bewahrte. Die Anfänge seiner Kunst wurzeln in der altniederländ. Malerei (J. VAN EYCK, R. VAN DER WEYDEN). Obwohl D. zahlr. Themen aus der mittelalterl. Tradition übernahm, zeigt sich in seiner Behandlung christl. wie allegor. und mytholog. Stoffe eine starke Prägung durch den dt. Humanismus, den ihm sein Freund W. PIRCKHEIMER vermittelte. Auch seine Auffassung

Albrecht Dürer: Selbstbildnis; 1498 (Madrid, Prado)

Albrecht Dürer: Der heilige Hieronymus im Gehäus; Kupferstich, 1514

der Themen im Sinne einer bürgerl. Frömmigkeit zeigt D. als Künstler einer neuen Zeit, ebenso wie er im Bereich der Form in Auseinandersetzung bes. mit der ital. Renaissance neue Wege ging. Als Maler schuf er mehrere Altäre. Hauptthemen bei der Schilderung der Heilsereignisse sind die Passion Christi, das Leben Mariens und das Heiligenleben, dominierend in den graf. Werken. Formgebend ist bei seinen Gemälden die Zeichnung, der die Farbe zugeordnet ist. Die erste Begegnung mit der ital. Kunst vermittelten ihm noch vor seiner ersten Italienreise die Stiche A. MANTEGNAS. Von seiner Auseinandersetzung mit der Formklarheit der ital. Renaissancekunst zeugt bes. der Kupferstich ›Adam und Eva‹ (1504). Das neue Selbstbewusstsein der Renaissance drückt sich v. a. in seinen Porträts aus, die neben religiösen Themen einen Schwerpunkt seines Schaffens bilden. Seine etwa 350 Holzschnitte sowie über 100 Kupferstiche und Radierungen zeichnen sich durch künstler. und techn. Vollkommenheit aus. Seine großen Kupferstiche ›Ritter, Tod und Teufel‹ (1513), ›Der heilige Hieronymus im Gehäus‹ (1514) und ›Melancolia‹ (1514) gehören zu seinen bedeutendsten Leistungen. Die über 1 000 Zeichnungen umfassen v. a. Porträts (u. a. das Bildnis seiner Mutter, 1514; Berlin, Kupferstichkabinett), Darstellungen von Tieren und Pflanzen sowie Vorlagen für Goldschmiedearbeiten.

Einziger Auftrag seiner Vaterstadt blieben die Tafeln ›Kaiser Karl der Große im Krönungsornat‹ und ›Kaiser Sigismund‹ für die Heiltumskammer am Hauptmarkt (beide 1512/13; Nürnberg, German. Nationalmuseum). 1526 vermachte D. seiner Vaterstadt ausdrücklich als Mahnmal in unruhigen Zeiten die beiden Tafeln der ›Vier Apostel‹ (München, Alte Pinakothek). Sie tragen Beischriften, die auf M. LUTHERS Übertragung des N. T. basieren und sich gegen radikale Sektierer und Bilderstürmer richten. Ab 1512 war D. leitend an den Entwürfen und der Ausführung von Aufträgen für Kaiser MAXIMILIAN I. beteiligt und fand hier für seine überragende Begabung als Zeichner und Grafiker ein weites und angemessenes Betätigungsfeld. Es sind die aus 192 Holzschnitten bestehende ›Ehrenpforte‹ (1515) und der Triumphwagen des riesigen ›Triumphzuges‹, ebenfalls in Holzschnitten (um 1518). Den Höhepunkt seiner Tätigkeit für MAXIMILIAN I. bilden die 50 farbigen Randillustrationen zum Gebetbuch des Kaisers (um 1515; München, Bayer. Staatsbibliothek).

Ab 1500 bis zu seinem Tod beschäftigte sich D. mit Kunsttheorie, bes. der Proportionslehre. Er versuchte die Kunst aus der Erkenntnis ihrer Formgesetze zu erneuern. Ihr höchstes Ziel, die Schönheit, erschien ihm normativ, mit ›Zirkel und Richtscheit‹ konstruierbar. Das Ergebnis eingehender Proportionsstudien ist die 1528 postum erschienene Proportionslehre, die mit der ›Underweysung der Messung mit dem Zirckel und Richtscheyt ...‹ (1525) und seiner Befestigungslehre (›Etliche Underricht zur Befestigung der Stett, Schloß und Flecken‹, 1527) einen Meilenstein der dt. Kunstliteratur darstellt. – D. erscheint als der umfassend interessierte, gebildete und vielseitige Künstler einer neuen Epoche, dessen Wirken bes. auf dem Gebiet der Druckgrafik von weit reichendem Einfluss war.

Gemälde: Bildnis des Vaters (1490; Florenz, Uffizien); Selbstbildnisse (1493, Paris, Louvre; 1498, Madrid, Prado; 1500, München, Alte Pinakothek); Die Sieben Schmerzen Mariens (um 1495; Dresden, Staatl. Kunstsammlungen, und München, Alte Pinakothek); Dresdner Altar (1496; Dresden, Staatl. Kunstsammlungen); Madonna mit Kind (um 1496; Washington, D. C., National Gallery of Art); Bildnis Friedrichs des Weisen (um 1496; Berlin, Gemäldegalerie); Bildnis der Katharina Fürlegerin (1497; Frankfurt am Main, Städelsches Kunstinstitut); Bildnis des Oswalt Krel (1499; München, Alte Pinakothek); Beweinung Christi (um 1500; ebd.); Paumgartner-Altar (1498–1504; ebd.); Anbetung der Könige (1504; Florenz, Uffizien); Bildnis einer jungen Venezianerin (1505; Wien, Kunsthistor. Museum); Rosenkranzfest (1506; Prag, Národní Galerie); Madonna mit dem Zeisig (1506; Berlin, Gemäldegalerie); Adam und Eva (1507; Madrid, Prado); Marter der 10000 Christen (1508; Wien, Kunsthistor. Museum); Heller-Altar (1507–09; im 18. Jh. verbrannt); Allerheiligenbild (1511; Wien, Kunsthistor. Museum); Madonna mit der Birne (1512; ebd.); Kaiser Karl der Große im Krönungsornat (1512/13; Nürnberg, German. Nationalmuseum); Bildnis des Malers Michael Wolgemut (1516; ebd.); Bildnis Kaiser Maximilians I. (1518/19; ebd.); Anna Selbdritt (1519; New York, Metropolitan Museum); Hl. Hieronymus (1521; Lissabon, Museum de Arte Antigua); Bildnis des Hieronymus Holzschuher (1526; Berlin, Gemäldegalerie); Bildnis des Jacob Muffel (1526; ebd.). – *Holzschnittzyklen:* Die Apokalypse (1498); Das Marienleben (1502–11); Die Große Passion (1496–1511); Die Kleine Holzschnittpassion (1509–11). – *Kupferstiche und Radierungen:* Der verlorene Sohn (um 1496); Die Kleine Kupferstichpassion (1507–12); Christus am Ölberg (1515); Albrecht von Brandenburg (1519, 1523); Willibald Pirckheimer (1524); Philipp Melanchthon (1526); Erasmus von Rotterdam (1526).
A. D. Die Landschaftsaquarelle, hg. v. W. KOSCHATZKY (Wien 1971); A. D. 1471–1971, hg. v. L. VON WILCKENS (³1971); F. ANZELEWSKY: A. D. Das maler. Werk (1971); DERS.: A. D. Werk u. Wirkung (1980); DERS.: Dürer-Studien (1983); The complete drawings of A. D., hg. v. W. L. STRAUSS, 6 Bde. (New York 1974); E. PANOFSKY: Das Leben u. die Kunst A. D.s (a. d. Engl., 1977); A. D., 1471 bis 1528. Das gesamte graph. Werk, hg. v. W. HÜTT, 2 Bde. (Neuaufl. 1980); A. D., wood-cuts and wood-blocks, hg. v. W. L. STRAUSS (Neuausg. New York 1980); H. WÖLFFLIN: Die Kunst A. D.s (⁹1984); F. KORENY: A. D. u. die Tier- u. Pflanzenstudien der Renaissance (1985); J. BIAŁOSTOCKI: D. and his critics 1500–1971 (Baden-Baden 1986); P. STRIEDER: D. (²1989); J. C. HUTCHISON: A. D. Eine Biogr. (a. d. Engl., 1994); E. ULLMANN: A. D. – Selbstbildnisse u. autobiograph. Schriften als Zeugnisse der Entwicklung seiner Persönlichkeit (1994); A. D. Die Altäre, bearb. v. D. KUTSCHBACH (1995); P. WILHELMY: Studien zur Zeitgestaltung im Werk A. D.s (1995); B. DECKER: D. u. Grünewald. Der Frankfurter Heller-Altar (1996).

2) Hans, Maler und Zeichner, *Nürnberg 21. 2. 1490, †Krakau 1534 oder 1535, Bruder von 1); ausgebildet in der Werkstatt seines Bruders; lebte ab 1525 in Krakau, seit 1529 Hofmaler von König SIGISMUND I. Sein Stil ist der Spätgotik verhaftet.

Durey [dy′rɛ], Louis Edmond, frz. Komponist, *Paris 27. 5. 1888, †Saint-Tropez (Dép. Var) 3. 7.

1979; war Mitgl. der Groupe des Six; seit 1938 Gen.-Sekr., seit 1956 Präs. der Fédération Musicale Populaire. Sein Schaffen umfasst v. a. Vokalwerke.

Dürftigkeits|einrede, Nachweis des Erben im Prozess, dass die Aktiva des Nachlasses die Kosten einer amtl. Verwaltung nicht decken mit der Folge, dass der Erbe nur mit dem Nachlass haftet, ohne Nachlasskonkurs beantragen zu müssen.

Durga [Sanskrit ›die schwer Zugängliche‹], Name einer im Hinduismus als ›Große Mutter‹ verehrten Göttin, Gattin und →Herrin der Welt. Ob D. schon in der Induskultur (→Indusschrift) nachweisbar sei, ist umstritten, ebenso die Vermutung, es handle sich urspr. um eine Göttin der Dravidavölker. In der alten vedischen Religion wird sie nicht erwähnt, Belege finden sich erst in dem altind. Epos →Mahabharata und in den →Puranas. D.s Wesen ist ambivalent: Ihr positiver Aspekt (Schöpferin, Erhalterin) gewährt Nahrung, Fruchtbarkeit (u. a. unter ihren Namen Annapurna ›Nahrungsreiche‹, Ambika ›Mutter‹). In ihrer schreckl. Gestalt bekämpft sie Dämonen und verlangt Tier- und Menschenopfer (unter ihren Namen Candi [›Grausame‹], Kali [›Schwarze‹], Camunda [›Herrin des Todes‹]). Noch heute opfert man an ihrem Hauptfest, der bes. in Bengalen gefeierten Durgapuja (›Durgaverehrung‹; im Hindimonat Ashvina, 23. 9.–22. 10.) Ziegen und andere Tiere, noch im 19. Jh. wurden ihr von der Sekte der Thug rituelle Menschenopfer dargebracht. – Die meisten Darstellungen zeigen D. als Töterin des Büffeldämons (Mahishasuramardini), wobei sie in ihren 4–16 Armen Waffen trägt, die ihr von Shiva u. a. Göttern übertragen wurden.
D. KINSLEY: Ind. Göttinnen. Weibl. Gottheiten im Hinduismus (a. d. Amerikan., 1990).

Durgapur [′dʊəgaːpʊə], Stadt im Bundesstaat West Bengal, Indien, am →Damodar, 426 000 Ew.; Standort eines der größten Stahlwerke Indiens (1960 von einem brit. Konsortium fertig gestellt).

Durham [′dʌrəm], **1)** Stadt in NO-England, Verw.-Sitz von 3), am Wear, 36 900 Ew.; anglikan. Bischofssitz; Universität; Gulbenkian Museum of Oriental Art and Archaeology. – Burg (1072) mit normann. Kapelle (1080), im Umkreis Häuser des 17. und 18. Jh. Sieben Brücken führen über den Wear. Die mit der Burg über dem Wear gelegene Kathedrale wurde 1093 als roman. Querhausbasilika begonnen und 1133 geweiht: durch Zylinder- und Bündelpfeiler reich gegliederte Mittelschiffswand; das Kreuzrippengewölbe der Kathedrale gehört zu den frühesten überhaupt (1096ff. im Chor, nach 1104 Mittel- und Seitenschiffe); der Chor wurde beim Bau des O-Querhauses (›Nine Altars‹; 1253–89) weitgehend erneuert, Vorhalle 1175, über ihr die Lady Chapel (1432–35); Kreuzgang 1388ff. Die UNESCO erklärte Burg und Kathedrale zum Weltkulturerbe. – Die mittelalterl. Stadt entstand auf einem Bergsporn in einer Flussschleife des Wear (Dunholm, angelsächs. ›Insel mit einem Hügel‹). 995 brachten Mönche aus Lindisfarne die Reliquien des hl. CUTHBERT nach D., im gleichen Jahr wurde der Bischofssitz des Königreiches Bernicia von Chester-le-Street hierher verlegt. Die Bischöfe übten bis 1536 auch die weltl. Herrschaft aus, seit etwa 1300 als Pfalzgrafen; 1561 wurde das Bistum anglikanisch. Stadtrecht erlangte D. erst 1837.
2) Stadt in North Carolina, USA, auf dem Piedmontplateau im Vorland der Appalachen, 136 600 Ew.; Duke University, North Carolina Central University; Tabak-, Textilindustrie. – Bei D. kapitulierten im Sezessionskrieg am 26. 4. 1865 die letzten konföderierten Truppen unter General J. E. JOHNSTON.
3) Cty. in NO-England, 2 434 km², 589 800 Ew.; erstreckt sich von der Nordsee bis in das Pennin. Gebirge, wird vom Wear zentral entwässert und vom Tees

Durham 1): Innenansicht der Kathedrale; 1093 begonnen

im S begrenzt. Früh industrialisierter Raum; der Niedergang des bereits im 17. Jh. bedeutenden Kohlenbergbaus und der Eisen schaffenden Industrie setzte in den 1920er-Jahren ein. Moderne Industriebetriebe konzentrieren sich in küstennahen Standorten; Maschinenbau, elektrotechn., chem. und vielfältige Leichtindustrie; als →New Towns sind Peterlee und Aycliffe Entwicklungsschwerpunkte.

Durham [ˈdʌrəm], John George **Lambton** [ˈlæmtn], 1. Earl of (seit 1833), brit. Politiker (Whig), *London 12. 4. 1792, †Cowes (Insel Wight) 28. 7. 1840. Als Mitgl. des Unterhauses (seit 1813) und des Oberhauses (seit 1828, als Baron D. in den Adelsstand erhoben) wie als Geheimsiegelbewahrer im Ministerium Grey (1830–33) war D. ein Vorkämpfer der Wahlrechtsreform. 1838 wurde er Gen.-Gouv. in Kanada und eröffnete durch die Befürwortung der Selbstverwaltung der Kolonien dem Commonwealth-Gedanken den Weg (Durham-Report 1839).

Duris: Rastender Herakles, von Athene bewirtet; Innenseite einer Schale, um 470 v. Chr. (München, Staatliche Antikensammlung)

Durianbaum [malaiisch], **Durio zibethinus,** Art der Wollbaumgewächse; bis 40 m hoher Baum, dessen Äste fast waagerecht abstehen. Die Blätter sind sehr groß und ganzrandig, auf der Unterseite silbergrau behaart. Die etwa 5 cm großen Blüten stehen in Blütenständen und riechen nach saurer Milch. Die Kapselfrüchte sind kopfgroß, stachelig und gelbbraun gefärbt, mit zahlr. kastaniengroßen Samen; diese haben einen wohlschmeckenden, aber übel riechenden Samenmantel (deshalb auch Stinkfrüchte genannt). Der D. wird v. a. in Thailand, Malaysia und Indonesien angepflanzt.

Durieux [dyˈrjø], Tilla, eigtl. **Ottilie Godefroy** [godəˈfrwa], Schauspielerin, *Wien 18. 8. 1880, †Berlin 21. 2. 1971; kam 1903 nach Berlin an M. REINHARDTS Dt. Theater; von 1911 an wirkte sie an verschiedenen Berliner Bühnen. 1934 ging sie in die Emigration, aus der sie 1952 zurückkehrte. Sie wirkte bes. in Rollen O. WILDES (Salome), F. WEDEKINDS (Lulu), G. B. SHAWS, H. IBSENS, zuletzt u. a. in ›Die Irre von Chaillot‹ von J. GIRAUDOUX und ›Die Stühle‹ von E. IONESCO. Sie spielte auch in Filmen mit und schrieb den Schauspielerinnenroman ›Eine Tür fällt ins Schloß‹ (1928) und die Erinnerungen ›Eine Tür steht offen‹ (1954) sowie ›Meine ersten neunzig Jahre‹ (1971). 1967 stiftete sie den **D.-Schmuck,** der (entsprechend dem Iffland-Ring) für außerordentl. Leistungen einer Schauspielerin verliehen wird.

Filme: Die Stärkere (1953); Die letze Brücke (1954); Anastasia, die letzte Zarentochter (1956); Von allen geliebt (1957); Auferstehung (1958); Labyrinth (1959); Es (1965).

Dürig, Günter, Jurist, *Breslau 25. 1. 1920, †Tübingen 22. 11. 1996; 1955–85 Prof. in Tübingen; arbeitete insbesondere auf dem Gebiet des öffentlichen Rechts.

Hg.: Gesetze des Landes Bad.-Württ. (1956); Grundgesetz. Komm., Losebl. (1959ff., mit T. MAUNZ u.a.); Texte zur dt. Verfassungsgesch. vornehml. für den Studiengebrauch (1967, mit W. RUDOLF).

Duris, griech. Vasenmaler, tätig in Athen um 500–470 v. Chr.; etwa 30 Vasen tragen seine Signatur. Er bemalte allein etwa 250 Schalen im strengen rotfigurigen Stil, auch Lekythen u. a., behandelte z. T. ungewöhnl. Themen (Schale mit Schulszenen, Berlin, Antikensammlung). Als Meisterwerke gelten seine beiden Schalen im Wiener Kunsthistor. Museum mit sich rüstenden, Abschied nehmenden und um Waffen streitenden Kriegern.

J. D. BEAZLEY: Attic red-figure vase-painters, 3 Bde. (New York ²1984).

Duris, D. von Samos, griech. Historiker, *um 340 v. Chr., †um 270 v. Chr.; Schüler des THEOPHRAST, zeitweise Tyrann von Samos, verfasste neben vielen anderen Schriften eine makedon. Geschichte für die Zeit von 370 bis 281 v. Chr., eine Chronik von Samos und eine Geschichte des AGATHOKLES.

Ausgabe: F. JACOBY: Die Fragmente der griech. Historiker, Tl. 2 A (1926, Nachdr. 1986).

Dur-Katlimmu, aus assyr. Texten des 1. Jt. v. Chr. bekannte Stadt in N-Syrien, heute die Ruinenstätte **Tell Schech Hamad.** Dt. Ausgrabungen seit 1978 legten hier die Reste einer bedeutenden assyr. Prov.-Hauptstadt frei, die die W-Grenze des Reiches sichern sollte, mit einer Zitadelle des 13./12. Jh. und zahlr. öffentl. Bauten in einer im 1. Jt. angelegten Unterstadt mit mehreren palastartigen Gebäuden. Weitere Funde: ein Archiv mit etwa 600 Tontafeln in Keilschrift aus mittelassyr. Zeit und zahlr. aramäischen Bullen, die die Siedlungskontinuität über das Ende des Assyrerreiches hinaus bis ins 6. Jh. v. Chr. belegen.

Durkheim [dyrˈkɛm], Émile, frz. Soziologe, *Épinal 15. 4. 1858, †Paris 15. 11. 1917; war seit 1896 Prof. in Bordeaux, seit 1902 in Paris. Ausgehend von dem Gedanken, dass soziale Tatsachen mit den Mitteln der positiven Wiss.en wie reale Dinge zu behandeln seien,

John George Lambton, Earl of Durham (Kupferstich; um 1820)

Tilla Durieux

Émile Durkheim

Dürnstein: Hofseite des ehemaligen
Augustinerchorherrenstifts; gegründet 1410

bemühte sich D. um eine Begründung der Soziologie
als empir. Wiss. (›Les règles de la méthode sociolo-
gique‹, 1895; dt. ›Die Regeln der soziolog. Methode‹).
Seine Hauptuntersuchungen galten der Analyse der
sozialen Arbeitsteilung (›De la division du travail social‹, 1893; dt. ›Über die Teilung der sozialen Arbeit‹),
des Selbstmords (›Le suicide‹, 1897; dt. ›Der Selbstmord‹) und der Grundformen des religiösen Verhaltens (›Les formes élémentaires de la vie religieuse‹,
1912; dt. ›Die elementaren Formen des religiösen Lebens‹). – Wegweisend war seine Deutung der modernen Gesellschaft von der Wirkung des Kollektivbe-
wusstseins her, das, obgleich von den Individuen
erzeugt, auf diese einen überindividuellen sozialen
Zwang durch seine normativen Verpflichtungen und
Sanktionen ausübe (Gruppenmoral). D.s Einfluss
wirkte schulbildend (M. MAUSS, M. HALBWACHS,
FRANÇOIS SIMIAND [* 1873, † 1935], GEORGES AMB-
ROISE DAVY [* 1883, † 1976] u. a.) und prägte die
Weiterentwicklung der empir. Sozialforschung.

Weitere Werke: Sociologie et philosophie (1924; dt. Sozio-
logie u. Philosophie); Éducation morale (1925; dt. Erziehung,
Moral u. Gesellschaft).
Ausgaben: Textes, hg. v. V. KARADY, 3 Bde. (1975); Physik
der Sitten u. des Rechts. Vorlesungen zur Soziologie der Moral, hg. v. HANS-PETER MÜLLER (1991).
R. ARON: Hauptströmungen des soziolog. Denkens, Bd. 2
(a. d. Frz., 1971); R. KÖNIG: É. D. zur Diskussion (1978);
S. LUKES: É. D. His life and critical study (Neuausg. Harmondsworth 1992); F. VALJAVEC: É. D.
Voraussetzungen u. Wirkungen, auf mehrere Bde. ber.
(1995 ff.).

Dürkheim, Bad D., 1) Kreisstadt in Rheinl.-Pf.,
am rebreichen Abfall der Haardt, an der Dt. Weinstraße, 19 300 Ew.; Pfalzmuseum für Naturkunde
(Pollichia-Museum); Weinbau und -handel, Heilbad
(Arsensolquellen, Thermalsolbad, Gradierwerk);
Spielbank. – Fundort eines reich ausgestatteten früh-
kelt. Fürstengrabes aus dem 5. Jh. v. Chr.: Frauenbe-
stattung mit Prunkwagen, Hals- und Armschmuck aus
Gold und etrusk. Importware (Dreifuß mit Stamnos,
Schnabelkanne). In der Nähe die ›Heidenmauer‹, eine
mit dem Fürstengrab etwa gleichzeitige Befestigungsanlage. – Von den seit dem MA. bekannten drei Märkten erhielt sich das 1417 erstmals genannte ›Michels-
markt‹ als ›Dürkheimer Wurstmarkt‹ (heute Weinfest
am 1. und 2. Wochenende im September) bis in unsere
Zeit; Ruine der Hardenburg (erster Bau 13. Jh.) im
Isenachtal und von Kloster Limburg über der Stadt. –
Das 946 erstmals erwähnte D. war Eigentum der Sa-
lier. Es wurde 1035 von Kaiser KONRAD II. dem Kloster Limburg geschenkt und 1360 erstmals als Stadt
bezeichnet. Nach seiner Zerstörung im Pfälz. Krieg
(1689) begann JOHANN FRIEDRICH von Leiningen

(* 1661, †1722) mit dem Wiederaufbau D.s, dem er
1700 Stadtrecht verlieh. 1725–94 war D. Residenz der
Grafen von (seit 1779 Fürsten zu) Leiningen. Die seit
1338 bekannten Solquellen wurden seit dem Ende des
16. Jh. zur Salzgewinnung genutzt; seit 1847 ist D. Badeort, seit 1905 trägt es den Zusatz ›Bad‹. 1794–1813
stand D. unter frz. Herrschaft, danach unter öster-
reichisch-bayer., bis es 1816 an Bayern fiel.
2) Landkreis im Reg.-Bez. Rheinhessen-Pfalz,
Rheinl.-Pf., 595 km², 128 000 Ew.; erstreckt sich westlich von Ludwigshafen am Rhein im Oberrhein. Tiefland mit Ackerland (Gemüse-, Getreide-, Zuckerrübenanbau) und Obstbauflächen, an die sich vor dem
Haardtrand ausgedehnte Weinbauflächen anschließen; über die Hälfte der Fläche des Landkreises wird
von den Wäldern des Pfälzer Waldes (Drachenfels
571 m ü. M.) eingenommen; im N hat der Landkreis
Anteil am Rheinhess. Hügelland. Wichtigste Standorte für Industrie, Gewerbe und Dienstleistungen sind
Grünstadt, die Kreisstadt Bad Dürkheim sowie die
Gem. Haßloch.

Durkó, Zsolt, ungar. Komponist, *Szeged 10. 4.
1934; Schüler von F. FARKAS in Budapest und G. PET-
RASSI in Rom. D. sucht in seinen Kompositionen ungar. Folklore mit den Kompositionsmitteln der zeitgenöss. Musik zu verbinden, u. a. Oper ›Moses‹ (1977),
zwei Streichquartette (1966, 1970), Three English
Verses (1990, für Mezzosopran und 12 Instrumente),
Violinkonzert (1992), Flötencapriccio (1993).

Dur-Kurigalzu [-zu], altbabylon. Stadt, deren Ruinenstätte Aqar Quf (Burdj Akarkuf) 30 km nordwestlich von Bagdad, Irak, liegt; wurde 1942–45 z. T.
freigelegt. D.-K. wurde um 1400 v. Chr. von KURI-
GALZU I. gegründet und war bis um 1200 v. Chr. Residenz der babylon. Dynastie der Kassiten; es war noch
bis in islamische Zeit besiedelt. Die Residenz besaß
Tempel der Götter Enlil, Ninlil und Ninurta, sie lagen
in der Nähe der noch heute etwa 57 m hohen Zikkurat.
Der Palast des 15. Jh. v. Chr. war mit Wandmalereien
geschmückt.

Durlach, seit 1938 Stadtteil von →Karlsruhe.

Durlas [ˈdurlɑs], irischer Name der Stadt →Thurles.

Durmersheim, Gem. im Landkreis Rastatt, Bad.-
Württ., südlich von Karlsruhe in der Oberrheinebene,
119 m ü. M., 11 400 Ew. – Die Wallfahrtskirche ›Unserer Lieben Frau‹ (13.–15. Jh.) wurde über einem Vorgängerbau errichtet. Die Wallfahrt ist seit der Wende
vom 13. zum 14. Jh. bezeugt.

Durmitor der, höchster Gebirgsstock in Montenegro, Jugoslawien, im Dinar. Gebirge, im Bobotov kuk
2 522 m ü. M.; erschlossenes Wander- und Wintersportgebiet mit dem Ort Žabljak (1 465 m ü. M.) auf
einer Hochfläche; seit 1957 Nationalpark (320 km²;
UNESCO-Weltnaturerbe).

Durne, Reinbot von, mhd. Dichter, →Reinbot.

Dürnstein, Stadt in Niederösterreich, am linken
Donauufer in der Wachau, 207 m ü. M.; 1000 Ew.;
Weinbau, starker Sommer- und Ausflugsfremdenver-
kehr. – Das Stadtbild wird beherrscht vom ehem.
Augustinerchorherrenstift (1410 gegr.) und der Pfarrkirche. Stift und urspr. got. Kirche wurden 1721–25
von J. MUNGGENAST u. a. zu einer architekton.
barock umgebaut. Das ehemalige Klarissenkloster
(1288/89–1573) ist z. T. Ruine; Burg D., seit 16. Jh.
Ruine, ist durch Mauern mit der Stadt verbunden;
dort wurde 1192/93 der engl. König RICHARD LÖ-
WENHERZ gefangen gehalten. – D. wurde samt seiner
Burg Mitte des 12. Jh. gegründet. Es kam 1335 in
habsburg. Besitz. 1491 wurde das Stadtrecht bestätigt.
1663 erwarben die Starhemberger Herrschaft und
Burg D., die bis 1938 in ihrem Besitz blieben.

Duro der, -(s)/-(s), span. Münze, →Peso.

Durol das, -s, **1, 2, 4, 5-Tetra|methylbenzol,** ein
aromat. Kohlenwasserstoff, Bestandteil von Refor-

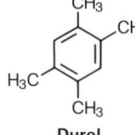

Durol

mat- und Pyrolysebenzin; dient zur Herstellung von Pyromellithsäure.

Duromere, *Sg.* **Duromer** *das, -s,* **Duroplaste,** →Kunststoffe.

Dürr, 1) Alfred, Musikforscher, * Berlin 3. 3. 1918; wirkte 1951–83 am J.-S.-Bach-Institut in Göttingen; war 1953–74 Herausgeber des ›Bach-Jahrbuchs‹ (mit W. Neumann) und maßgeblich beteiligt an der ›Neuen-Bach-Ausgabe‹.

Werke: ›Zur Chronologie der Leipziger Vokalwerke J. S. Bachs‹ (1957); J. S. Bachs Weihnachtsoratorium (1967); Die Kantaten von J. S. Bach, 2 Bde. (1971).

2) Hans-Peter, Physiker, * Stuttgart 7. 10. 1929; seit 1971 Direktor des Max-Planck-Instituts für Physik und Astrophysik in München; Forschungen zur Elementarteilchenphysik. D. ist Mitgl. zahlreicher internationaler Umwelt- und Friedensvereinigungen (wie Greenpeace, →Pugwash-Bewegung und Global Challenges Network), die sich weltweit für den Erhalt der natürl. Ressourcen und eine ökologischere Wirtschaftsweise einsetzen. Für sein Engagement in der Friedensbewegung, seine Kritik am SDI–Programm sowie seine Forschungen zum friedl. Einsatz von Hochtechnologien wurde er 1987 mit dem alternativen Nobelpreis ausgezeichnet.

Werke: Das Netz des Physikers (1988); Verantwortung für die Natur (1992). – Hg.: Physik u. Transzendenz (1986).

3) Heinz, Unternehmer und Manager, * Stuttgart 16. 7. 1933; 1980–90 Vorstands-Vors. der AEG Aktiengesellschaft; leitete als Vorstands-Vors. der Dt. Bundesbahn (1991–93) deren Sanierung und Umstrukturierung, seit 1994 Vorstands-Vors. der Dt. Bahn AG.

4) Johann Georg, Bildhauer und Stuckator, →Dirr, Johann Georg.

5) Ludwig, Luftschiffbauer, * Stuttgart 4. 6. 1878, † Friedrichshafen 1. 1. 1956; trat 1898 als Techniker in den Dienst F. von Zeppelins. 1904 wurde ihm die Bauausführung des Luftschiffs LZ 2 übertragen. Anschließend wurden alle Zeppelinluftschiffe, an deren konstruktiver Entwicklung er hervorragenden Anteil hatte, unter seiner Leitung gebaut. D. sind die Grundlagen für den Leichtbau überhaupt zu danken.

Durra [arab.] *die, -,* **Durrha, Sorghum bicolor, Mohrenhirse,** für die menschl. Ernährung weltweit wichtige, kleinfrüchtige Getreideart (→Hirse).

Durrani, Durani, Duranai, der wichtigste Stamm der →Paschtunen, dem die ehem. Dynastie Afghanistans entstammte. Die D., Vollnomaden (Kamele, Schafe, Ziegen) im Murgabgebiet, Afghanistan, sind wegen ihrer Macht und ihres Reichtums von den Sesshaften und Halbnomaden gefürchtet und geachtet; sie sind sunnit. Muslime.

Dürre, Zeitspanne mit Wassermangel, bes. während der Vegetationszeit, gekennzeichnet durch welkende Pflanzen (→Welkepunkt); hängt ab von der Relation der Niederschlagsmengen zur Verdunstung und von der Wasseraufnahme- und -bindefähigkeit des Bodens (Wasserkapazität). **D.-Resistenz** ist die Fähigkeit von Pflanzen, Trockenperioden zu überdauern; **D.-Schäden** sind die durch D. bewirkten dauernden Folgen von Störungen des Wasserhaushalts der Pflanzen in Blättern, Stängeln und Samen (Kümmerkörner). →Desertifikation.

Durrell [ˈdʌrəl], Lawrence George, engl. Schriftsteller, * Darjeeling (Indien) 27. 2. 1912, † Sommières (Dép. Gard, Frankreich) 7. 11. 1990; war als Presseattaché im diplomat. Dienst in Ägypten, Zypern, Belgrad. In seinen Gedichten, Romanen und Reiseberichten voll sprachl. Virtuosität bildet die stimmungsreiche Wiedergabe der sinnl. Eindrücke des östl. Mittelmeerraums meist den Hintergrund. Sein Hauptwerk, ›The Alexandria quartet‹ (dt. ›Alexandria-Quartett‹): ›Justine‹ (1957; dt.), ›Balthazar‹ (1958;

dt.), ›Mountolive‹ (1958; dt.), ›Clea‹ (1960; dt.), erreicht eine vielschichtige Lebensspiegelung und eindringl. Charakterdarstellung, indem es Menschen und Vorgänge vom Gesichtspunkt der versch. handelnden Personen aus beschreibt und beurteilt. D.s Experimentierfreude zeigt sich auch in ›The Avignon quintet‹ (dt. ›Avignon-Quintett‹): ›Monsieur, or the prince of darkness‹ (1974; dt. ›Monsieur oder der Fürst der Finsternis‹), ›Livia, or buried alive‹ (1979; dt. ›Livia oder lebendig begraben‹), ›Constance, or solitary practices‹ (1982; dt. ›Constance oder private Praktiken‹), ›Sebastian, or ruling passions‹ (1983; dt. ›Sebastian oder die Gewalt der Leidenschaft‹), ›Quinx, or the ripper's tale‹ (1985; dt. ›Fünfauge oder was der Frauenmörder erzählt‹).

Weitere Werke: *Lyrik:* Collected poems 1931–1974 (1980). – *Romane:* The black book (1938; dt. Die schwarze Chronik); Tunc (1968; dt.), Nunquam (1970; dt., beide engl. 1974 u. d. T. The revolt of Aphrodite). – *Reiseberichte:* Prospero's cell (1945; dt. Schwarze Oliven. Korfu. Insel der Phäaken); Reflections on a marine Venus (1953; dt. Leuchtende Orangen. Rhodos, Insel des Helios); Bitter lemons (1957; dt. Bittere Limonen. Erlebtes Zypern); Sicilian carousel (1977; dt. Blühender Mandelbaum. Sizilian. Karussell). – *Andere Prosa:* A key to modern poetry (1952, Essay); The Antrobus complete (1985). – *Dramen:* Sappho (1950; dt.); Acte (1961; dt. Actis); An Irish Faustus (1963; dt. Ein irischer Faust). – Hg.: The best of Henry Miller (1960).

Ausgaben: Literary lifeliness, the Richard Aldington – L. D. correspondence, hg. v. I. S. MacNiven u. H. T. Moore (1981); L. D. Alfred Perlès. Henry Miller. Kunst u. Provokation. Ein Briefwechsel, übers. v. K. Wagenseil (Neuausg. 1991).

The world of L. D., hg. v. H. T. Moore (Carbondale, Ill., 1962); A. Perlès: Mein Freund L. D. (a. d. Engl., 1963); G. S. Fraser: L. D., a study (London ²1973); W. Hoops: Die Antinomie von Theorie u. Praxis in L. D.s ›Alexandria quartet‹ (1976).

Dürrenberg, Bad D., Stadt im Landkreis Merseburg-Querfurt, Sa.-Anh., 100 m ü. M., im W der Leipziger Tieflandsbucht, an der Saale, 12 400 Ew.; Borlach-Museum (Geschichte der Salzgewinnung); 1845–1963 Kurort mit 1763 erbohrter Solquelle und Gradierwerk. – Die Gradierhäuser (1763–85; erweitert 1812/13) bilden mit den Pumpanlagen einen umfangreichen techn. Denkmalkomplex (1,8 km lang). – Nahe der 1488 erstmals genannten Rittergutssiedlung D. (Ersterwähnung des Ortsteils Keuschberg 993) wurde 1744 nach Sole gebohrt (unterbrochen 1756–63); nach 1763 wurde D. zur wichtigsten Saline Kursachsens (vor 1939 die drittgrößte in Dtl., 1963 stillgelegt). D. kam 1815 an Preußen und wurde, seit 1930 Großgemeinde, seit 1935 Bad D., 1946 zur Stadt erklärt. – Ein bei D. gefundenes Grab aus der Mittelsteinzeit mit Rotfärbung und Beigaben (Mikrolithen in einem Knochenbehälter, Zahnschmuck, Schildkrötenpanzer, neolith. Flachhacke) stellt einen wichtigen Hinweis auf den Kontakt zw. mittelsteinzeitl. Jägern und jungsteinzeitl. Bauern dar.

Dürrenmatt, Friedrich, schweizer. Schriftsteller, * Konolfingen (bei Bern) 5. 1. 1921, † Neuenburg 14. 12. 1990, Sohn eines Pfarrers; studierte Theologie, Philosophie und Germanistik. Er war zunächst Zeichner und Grafiker (dabei bildl. Vorformung mancher Motive des literar. Werks) und Theaterkritiker der Zürcher ›Weltwoche‹. Unter dem Einfluss F. Wedekinds, T. Wilders und bes. B. Brechts schrieb er Stücke, die in den Stilmitteln der →Verfremdung, z. T. mit eingelegten Songs, anstelle der Illusionsbühne effektvolles, häufig groteskes Theater bieten; dahinter steht die Kritik eines Moralisten an Widersprüchen und Selbsttäuschungen seiner Zeit; auch religiöse Motive klingen an. Nach seiner Auffassung entspricht die moderne Welt auf dem Theater nur noch die (schaurig-groteske) Komödie. V. a. in den 50er- und frühen 60er-Jahren wurden seine Stücke

Hans-Peter Dürr

Lawrence Durrell

Friedrich Dürrenmatt

gefeiert: Die Komödie ›Der Besuch der alten Dame‹ (1956) hatte Welterfolg; eine ganze Gemeinde wird darin vor unverjährte Schuld gestellt und versagt kläglich. In ›Die Physiker‹ (1962) wird das Irrenhaus zum Sinnbild der Gegenwart. D. schuf auch (sehr freie) Bearbeitungen von SHAKESPEARES ›König Johann‹ (1968) und ›Titus Andronicus‹ (1970), A. STRINDBERGS ›Totentanz‹ (›Play Strindberg‹, 1969), GOETHES ›Urfaust‹ (1970) und G. BÜCHNERS ›Woyzeck‹ (1972). Die meisten seiner Stücke hat D. mehrfach umgearbeitet. Seine Hörspiele sind z. T. Vorstufen für Dramen oder Erzählungen. – Zeitprobleme gestaltet D. auch in seinen Kriminalromanen (›Der Richter und sein Henker‹, 1952; ›Der Verdacht‹, 1953; ›Das Versprechen‹, 1958), die ebenfalls Mittel der Verfremdung und der schockierenden Überraschung einsetzen. Von den späteren Erzählungen wurde bes. ›Der Auftrag oder Vom Beobachten des Beobachters der Beobachter‹ (1986) – aus 24 langen Sätzen bestehend – viel beachtet. D. hat sich außer zu ästhet. auch zu polit. Fragen geäußert und sein eigenes Werk vielfach kommentiert. – D. erhielt viele Literaturpreise, u. a. den Georg-Büchner-Preis (1986).

Weitere Werke: *Dramen:* Der Blinde (1947); Es steht geschrieben (1947; völlige Neufassung 1967 u. d. T. Die Wiedertäufer); Die Ehe des Herrn Mississippi (1952, 5. Fassung 1980); Ein Engel kommt nach Babylon (1954); Herkules u. der Stall des Augias (1954); Romulus der Große (1956); Frank V., Oper einer Privatbank (1960, Musik v. P. BURKHARD); Der Meteor (1966); Porträt eines Planeten (1971); Der Mitmacher (1976); Die Frist (1977); Achterloo (1983; 3. Fassung mit Komm. D.s 1986 als: Rollenspiele). – *Erzählungen:* Der Nihilist (1950); Die Stadt. Prosa I–IV (1952); Grieche sucht Griechin (1955); Die Panne (1956); Der Tunnel (1964); Der Sturz (1971). – *Romane:* Justiz (1985); Durcheinandertal (1989). – *Sonstiges:* Theaterproblem (1955); Friedrich Schiller (1960); Theater-Schriften und Reden, 2 Bde. (1966–72); Monstervortrag über Gerechtigkeit u. Recht (1969); Zusammenhänge. Essay über Israel (1976); Albert Einstein (1979); Stoffe 1–3 (1981, mit Autobiographischem); Minotaurus. Eine Ballade (1985).

Ausgaben: Ges. Hörspiele (1961); Werkausg., 30 Bde. (1980); Œuvre graphique. Das zeichner. Werk (1985).

F. D. Studien zu seinem Werk, hg. v. G. P. KNAPP (1976); F. D., hg. v. H. L. ARNOLD, 2 Bde. (²1980–84); J. KNOPF: F. D.

Dur-Scharrukin: Alabasterrelief König Sargons II.; Höhe 2,68 m, Ende des 8. Jh. v. Chr. (Paris, Louvre)

(⁴1988); Über F. D., hg. v. D. KEEL (Zürich ⁴1990); G. P. KNAPP: F. D. (²1993); F. D., Schriftsteller u. Maler, bearb. v. U. WEBER u. a., Ausst.-Kat. Schweizer. Literaturarchiv Bern u. a. (Bern 1994).

Dürreresistenz, →Dürre.

Durrës [ˈdurrəs], ital. **Durazzo,** Stadt in Albanien, Hauptstadt des gleichnamigen Bez., am Adriat. Meer, 85 400 Ew.; wichtiges Industriezentrum (Tabakverarbeitung, Gummi-, Kunststoff-, Leder-, Nahrungsmittelindustrie, Maschinenbau) und Haupthafen Albaniens; südlich der Stadt Strandbad mit Hotels.

Stadtbild: Durch Ausgrabungen wurden Teile von Befestigungsanlagen freigelegt. Erhalten sind Reste des Amphitheaters und der Stadtmauer aus röm. Zeit sowie Teile der einst mächtigen byzantin. Ummauerung. 1967 wurde ein polychromes, byzantinisch beeinflusstes Wandmosaik entdeckt, das vermutlich den byzantin. Kaiser ALEXANDER (912–913) darstellt.

Geschichte: D. wurde als **Epidamnos** 627 v. Chr. von Kerkyra (Korfu) aus gegründet und fiel 312 v. Chr. an den illyr. König GLAUCIAS. Seit 229 v. Chr. stand es unter röm. Schutz und wurde unter dem Namen **Dyrrhachium** der wichtigste röm. Brückenkopf am östl. Ufer der Adria und Ausgangspunkt der nach Thessaloniki und Byzanz führenden Via Egnatia. Bei D. leistete 48 v. Chr. POMPEIUS vor seiner Niederlage den letzten erfolgreichen Widerstand gegen CAESAR. DIOKLETIAN erhob im 4. Jh. D. zur Hauptstadt der Prov. Epirus Nova. Das seit 58 bestehende Bistum wurde 449 zum Erzbistum aufgewertet. 989 eroberte SAMUEL von Bulgarien, nach einem byzantin. Zwischenspiel 1082 der Normanne ROBERT GUISCARD D. 1205 fiel die Stadt erstmals an die Venetianer, dann folgten in raschem Wechsel die Despoten von Epirus, MANFRED VON HOHENSTAUFEN (1258), KARL (1272) und JOHANN VON ANJOU, PHILIPP VON OTRANTO, STEPHAN DUŠAN (1336) und die alban. Familie Topias (1358), bevor 1392 Venedig erneut die Stadt besetzte. 1501–1912 stand D. unter türk. Oberhoheit und war 1913–21 Hauptstadt des unabhängigen Albanien. D. war früher Sitz eines orth. Metropoliten und eines kath. Erzbischofs.

Dürrfleckenkrankheit, an der Kartoffel durch die Pilze Alternaria solani oder Alternaria tenuis, an Tomaten durch Alternaria dauci verursachte Krankheit. Kennzeichen sind braune, trockene Blattflecke mit konzentr. Ringen. Die Kartoffelknollen zeigen eingesunkene Flecke trockenfaulen Gewebes. Bekämpfung durch geeignete Fungizide.

Durrha, die Hirseart →Durra.

Dürrheim, Bad D., Stadt und Kurort im Schwarzwald-Baar-Kreis, Bad.-Württ., auf der Hochebene der Baar, 700–941 m ü. M., 11 500 Ew.; Schwäbisch-Alemann. Narrenmuseum, Fritz-Behn-Museum (Nachlass des Tierbildhauers und -malers, *1878, †1970), Tier- und Jagdtrophäenmuseum. Soleheilbad und heilklimat. Kurort; die Sole sowie Calciumsulfat-Hydrogencarbonat-Quellen werden gegen Krankheiten der Atmungsorgane und der Gefäße, Augenleiden und rheumat. Erkrankungen angewendet; Mineralwasserabfüllung.

Dürrnberg, Bad D., Stadtteil von →Hallein.

Dürrson, Werner, Schriftsteller, *Schwenningen (heute zu Villingen-Schwenningen) 12. 9. 1932; schreibt v. a. formbewusste Lyrik, die in nüchterner Sprache, mit einem Grundton von Trauer, Zeitprobleme reflektiert.

Werke: *Lyrik:* Blätter im Wind (1959); Schattengeschlecht (1965); Drei Dichtungen (1971); W. D. (1981; 1985 erweitert u. d. T. Feierabend); Ausleben (1988). – *Prosa:* Blochaden. Sprüche u. Zusprüche (1986); Überm Gefälle. Ein Versuch (1992).

Ausgabe: Werke, hg. v. V. DEMUTH, 4 Bde. (1992).

Dur-Scharrukin, assyr. Stadt, heute die Ruinenstätte Chorsabad (Chursabad, Khorsabad) nördlich von Mosul, Irak; z. T. ausgegraben, u. a. 1843 und

1844 von P. E. BOTTA, 1851–55 von V. PLACE (seine durch Schiffsunglück weitgehend verloren gegangenen Funde sind durch Zeichnungen dokumentiert) und erneut 1930–35 durch Oriental Institute, Chicago. D.-S. wurde 713–708 v. Chr. von SARGON II. von Assyrien als Residenz errichtet, aber nie vollendet (und war nach dessen Tod Sitz eines Provinzstatthalters). Die planmäßige Stadtanlage war von einer Festungsmauer mit 183 Türmen und sieben Toren umgeben. Im nordwestl. Abschnitt der Stadtmauer lag auf einer künstl. Terrasse der gleichfalls ummauerte Tempel- und Palastbezirk. Der Palast bildete eine innere Zitadelle, zu ihm gehörten versch. Repräsentationsräume, zwei große Höfe, eine kleine Zikkurat und drei kleine Tempel (u. a. des Mondgottes Sin). Von den Palastportalen sind Kolossalfiguren des geflügelten Lamassu (Stier) erhalten, die Höfe und die Repräsentationsräume waren mit bis drei Meter hohen Orthostatenreliefs und Malereien reich ausgestattet. Gleichfalls erhöht war der große Tempel des Nabu. Auf der Terrasse befanden sich außerdem noch weitere fünf Tempel (früher als Paläste gedeutet). Das Arsenal befand sich in der Stadt. Die Tempel und auch die Tore waren jeweils einem Gott geweiht. Als Baumaterial dienten i. A. ungebrannte Ziegel. Palastplattform und Stadtmauer waren mit Steinblöcken verkleidet. Die Steinreliefs und Kolosse wurden am Ort fertig bearbeitet. Der Gesamtanlage liegt kein systemat. Planung zugrunde.

V. PLACE: Ninive et l'Assyrie, 3 Bde. (Paris 1867–70); G. LOUD u. a.: Khorsabad, 2 Bde. (Chicago, Ill., 1936–38).

Durst, Allgemeinempfindung bei Mensch und Tieren, die keinem bestimmten Sinnesorgan zuzuordnen ist und mit dem Verlangen verbunden ist, Flüssigkeit in den Körper aufzunehmen. D. tritt auf, wenn der Körper mehr als 0,5 % seines Gewichts an Wasser verliert (**D.-Schwelle**). Physiolog. Wasserverluste (durch Harn, Schweiß, Atemluft) führen zu Wasserverlusten im Intra- und Extrazellulärraum, wobei es zu einer Erhöhung der Osmolarität (→Osmose) des Blutes kommt. Zelluläre Wasserverluste werden vermutlich über Osmorezeptoren v. a. im Bereich des Hypothalamus registriert, extrazelluläre Wasserverluste wahrscheinlich über Dehnungsrezeptoren der herznahen Venen. Die Verarbeitung der Reize erfolgt im Hypothalamus. Es kommt zur Verminderung des Speichelflusses, wobei das charakterist. Gefühl der Mundtrockenheit entsteht. Der extrazelluläre Wassermangel führt außerdem über die Freisetzung von Renin zur Bildung von Angiotensin II. Dies bewirkt neben der Retention von Na$^+$-Ionen eine Erhöhung des extrazellulären Flüssigkeitsvolumens sowie die Freisetzung von Vasopressin, das die Wasserrückresorption in der Niere erhöht (Harnkonzentrierung). Eine erhöhte Reninkonzentration erhöht das D.-Gefühl. D. adaptiert nicht, d. h., er kann nur durch Wasseraufnahme gestillt werden. Bei der **D.-Stillung** erlischt das D.-Gefühl lange bevor die benötigte Wassermenge resorbiert ist (**präsorptive D.-Stillung**). Trotzdem entspricht die aufgenommene Wassermenge immer ziemlich genau der benötigten. Man nimmt an, dass die Kontrolle der aufgenommenen Wassermenge beim Trinkakt selbst (z. B. aufgrund der Zahl der Schluckakte) oder über den Spannungszustand der Magenwand stattfindet. Endgültige D.-Stillung tritt jedoch erst ein, wenn die benötigte Wassermenge im Darmtrakt resorbiert wurde (**resorptive D.-Stillung**).

Schwerer D. tritt nach extremen Wasserverlusten (zw. 5–12 % des Körpergewichts) z. B. bei bestimmten Erkrankungen (Cholera, Diabetes insipidus) oder bei Aufenthalt in heißen Klimaten (Wasserverluste bis 12 l täglich) oder als Folge von Störungen der D.-Mechanismen oder der Regulierung des Salz-Wasser-Haushaltes auf. Schwerer D. erzeugt bei gestörtem Allgemeinbefinden und quälendem Trinkbedürfnis u. a.

Simon Louis Du Ry: Museum Fridericianum in Kassel; 1769–76

Schleimhautrötungen und Hitzegefühl im Bereich von Augen, Nase, Mund und Rachen, Durstfieber und schließlich Versagen der Schweiß- und Harnsekretion. Nach einem Wasserverlust von 15–20 % des ursprüngl. Körpergewichtes tritt im Fieberzustand und bei tiefer Bewusstlosigkeit der Tod durch **Verdursten** ein.

Durstfieber, Exsikkosefieber, vorübergehende Erhöhung der Körpertemperatur durch starke Flüssigkeitsabgabe (→Exsikkose) bei unzureichender Flüssigkeitsaufnahme (Dehydration), kommt z. B. bei Neugeborenen aufgrund der noch nicht voll entwickelten Nierenkonzentrationsfähigkeit vor; auch Symptom des →Salzstauungssyndroms.

Durumweizen [lat. durum ›hart‹], der →Hartweizen.

Dur-Untasch, mittelelam. Stadt, etwa 25 km südöstlich von Susa, Iran, heute die Ruinenstätte Tschoga Zanbil (UNESCO-Weltkulturerbe). D.-U. hatte eine Ausdehnung von 1 200 × 800 m und wurde von ASSURBANIPAL im 7. Jh. v. Chr. zerstört. Frz. Ausgrabungen (1936–62) legten hier die Ruine des noch 25 m hohen Tempelturmes des Gottes Ninschuschinak aus dem 13. Jh. v. Chr. frei. Im Gegensatz zur babylon. Zikkurat wurden die ursp. vorhandenen fünf Stockwerke durch Treppen im Inneren erreicht, die äußeren Stockwerke waren jeweils niedriger angebaut, sie enthielten die Treppen sowie kleinere Räume. Die Fassade schmückten glasierte Ziegel. Eine Anzahl von Tempeln mit gleichförmigem Grundriss waren dem heiligen Bezirk angegliedert. Im nordöstl. Stadtgebiet befand sich die Residenz mit mehreren Palästen. Der südlichste von ihnen hatte den Charakter eines Grabbaus. Unter seinem Fußboden wurden fünf gemauerte Grüfte mit Brandbestattungen freigelegt (bis 17 × 4 m im Geviert). Durch einen über 50 km langen Kanal führte man Wasser in die Stadt.

Duruy [dy'rɥi], Victor, frz. Historiker und Politiker, * Paris 11. 9. 1811, † ebd. 25. 11. 1894; 1863–69 Unterrichts-Min., leitete zahlr. Reformen ein, betrieb die Errichtung von Realschulen und förderte das Volksschulwesen (v. a. für Mädchen). Er geriet dabei in großen Gegensatz zur klerikalen Partei. Als Historiker verfasste er u. a. eine siebenbändige Gesch. der Römer (›Histoire des Romains‹, 1879–85).

Du Ry [dy'ri], frz. Baumeisterfamilie (Hugenotten), wanderte nach den Niederlanden und nach Hessen aus. Bekannte Mitglieder:
1) Jean Paul, * Paris 1640, † Kassel 21. 6. 1714, Großvater von 2); trat 1685 in den Dienst des Landgrafen KARL von Hessen. 1688 begann er (für Hugenottenflüchtlinge) mit dem Bau der Oberneustadt in Kassel, baute ebd. die Karlskirche als Predigtraum (1698–1710) und war am Bau der Orangerie beteiligt.
2) Simon Louis, * Kassel 13. oder 14. 1. 1726, † ebd. 23. 8. 1799, Enkel von 1); ausgebildet in Stockholm,

Eleonora Duse

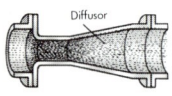

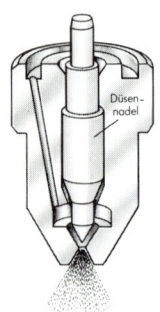

Düse:
oben Lavaldüse;
unten Einspritzdüse

Paris (J. F. BLONDEL) und Italien, wurde 1767 in Kassel Hofbaumeister. In leicht barockem Klassizismus (Nachfolge von A. PALLADIO) schuf D. die Stadtanlage des neuen Kassel und baute dort u. a. die Elisabethkirche (1770–74), das Museum Fridericianum (1769–76) und Teile (N- und S-Flügel) des Schlosses Wilhelmshöhe (1786 ff.). Beachtlich sind seine städtebaul. Konzeptionen.

H. K. BOEHLKE: S. L. du Ry. Ein Wegbereiter klassizist. Architektur in Dtl. (1980).

Dusägge, Dussack [vermutlich aus tschech. tesak ›langes Messer‹], ein in der Spitze gekrümmtes, griffloses Schwert mit einer als Handhabe dienenden ovalen Durchlochung im Oberteil der Klinge; in Dtl. im 15. und 16. Jh. gebräuchlich, auch als Fechtwaffe. Eine dt. Hiebwaffe des 16. Jh. (Säbelklinge mit Degengefäß) wurde auch D. genannt.

Dušan [-ʃ-], serb. Zar, →Stephan, Herrscher (Serbien).

Dusares [arab. ›der von Schara‹, d. h. vom Gebirge zw. Totem und Rotem Meer], der in der röm. Provinz Arabia, bes. in Petra, verehrte Stammesgott der Nabatäer. Sein ›Bild‹ war dort ein schwarzer, viereckiger Stein auf goldener Basis. Als Fruchtbarkeitsgott (Symbol: Weinstock) wurde er dem griech. Gott Dionysos gleichgesetzt.

Dusart [ˈdysart], Cornelis, niederländ. Maler und Radierer, * Haarlem 24. 4. 1660, † ebd. 1. 10. 1704; malte in der Art seines Lehrers A. VAN OSTADE sowie J. STEENS sehr farbige, derbe Bauernszenen, oft mit karikaturist. Zügen. Gleiche Thematik zeigt auch sein umfangreiches graf. Werk.

Duschanbe, Dušanbe [-ʃ-], bis 1929 **Djuschambe, Djušambe** [-ʃ-], 1929–61 **Stalinabad**, Hauptstadt von Tadschikistan, 750–930 m ü. M., im Hissartal, am S-Fuß des Hissargebirges, (1991) 582 400 Ew.; Akad. der Wiss.en Tadschikistans, Univ. (gegr. 1948), Hochschulen, histor. Museum, Planetarium, Zoo, botan. Garten und mehrere Theater; Baumwoll-, Naturseidewerk, Nahrungsmittel-, Schuhindustrie, Kabelwerk, Baumwollmaschinenbau; Verkehrsknotenpunkt, Ausgangspunkt der Großen Pamirstraße nach Chorog, internat. Flughafen. – D., seit 1924 Hauptstadt (zunächst der Tadschik. ASSR, seit 1929 der Tadschik. SSR), entwickelte sich aus einem 1922 zerstörten Dorf.

Dusche [frz. douche], **Brause,** Anwendung von aus Düsen strömendem Wasser zu Reinigungs- und/ oder Massage- und Heilbehandlungszwecken, wobei neben dem Temperaturreiz der vom Wasserdruck bewirkte mechan. Reiz eine Rolle spielt. Die Installation selbst heißt auch D. oder Brause (z. B. Handbrause), die räuml. Anordnung auch **Duschbad** oder **Brausebad.** – Nach der Düsenöffnung unterscheidet man: **Brause-** oder **Regen-D., Fächer-D., Strahl-D.,** Letztere für hohen Druck. – Als *Heilmittel* werden wechselwarme Strahl-D. (schott. D.) und Massage-D. (pulsierender Wasserstrahl) angewendet; kurze kalte und wechselwarme D. wirken anregend und kreislauffördernd; sie werden bei Muskelrheumatismus, Lymphstauungen und funktionellen Durchblutungsstörungen verwendet. Lauwarme Regen-D. wirken beruhigend. – **Sitz-D.,** eine unter einem Sitzring aufsteigende Brause, wird bes. zur Behandlung von Hämorrhoiden angewendet.

Kulturgeschichte: Die D. kam als neue Art des Badens zu Anfang des 16. Jh. nach Dtl. Bis es eine Versorgung durch Wasserleitungen gab, wurde ein Wasserstrahl aus Sammelbehältern auf den Badenden gerichtet, zunächst nur auf den Kopf, später auch auf erkrankte Körperteile. Ende des 18. Jh. verwendete man einen Sprühkopf, ähnlich dem einer Gießkanne. Im 19. Jh. wurde die D. als Bad empfohlen.

Duschek, Franz Xaver, tschech. **František Xaver Dušek** [ˈduʃ-], böhm. Komponist, Pianist und Klavier-

lehrer, * Chotěboř (bei Deutsch-Brod) 8. 12. 1731, † Prag 12. 2. 1799; wirkte in Prag, war mit W. A. MOZART befreundet, der in D.s Haus den ›Don Giovanni‹ beendete. Seine Frau JOSEPHA D. (geb. HAMBACHER, * 1754, † 1824) war eine bekannte Sängerin, der MOZART zwei Konzertarien widmete (KV 272 und 528). D. komponierte Sinfonien, Kammer- und v. a. Klaviermusik in vorklass. Stil.

Duse, Eleonora, ital. Schauspielerin, * Vigevano 3. 10. 1858, † Pittsburgh (Pa.) 21. 4. 1924; stammte aus einer Schauspielerfamilie, spielte mit wachsendem Erfolg in Italien, seit 1892 hielt sie sich auf Tourneen auch im Ausland auf; mit ihrem gefühlsintensiven Spiel eine der größten Charakterdarstellerinnen ihrer Zeit in Rollen bes. von A. DUMAS FILS, H. IBSEN, M. MAETERLINCK und G. D'ANNUNZIO, dem sie persönlich nahe stand.

E. A. RHEINHARDT: Das Leben der E. D. (18.–20. Tsd.) 1943); E. LE GALLIENNE: The mystic in the theatre: E. D. (New York 1966); J. STOKES u. a.: Sarah Bernhardt, Ellen Terry, E. D. Ein Leben für das Theater (a. d. Engl., 1991); I. B. JONAS: Rainer Maria Rilke u. die D. (1993); E. D. (1859–1924). Ein Leben für die Kunst, hg. v. F. W. NIELSEN (³1994); D. MAURER: E. D. (9.–10. Tsd. 1995).

Düse [aus tschech. duše ›Inneres eines Rohres‹, eigtl. ›Seele‹], Strömungskanal mit in Strömungsrichtung sich veränderndem Querschnitt, in dem die Druckenergie eines hindurchströmenden Fluids (d. h. seine sich im Druck äußernde potenzielle Energie) verlustarm in zusätzl. Bewegungsenergie (kinet. Energie) umgewandelt, d. h. das Fluid beschleunigt wird. Während sich bei Flüssigkeiten (im Wesentlichen inkompressible Medien) der Beschleunigungsvorgang in einem sich in Strömungsrichtung verengenden Kanal vollzieht, kann er sich bei Gasen (kompressibles Medium) in einem zunächst sich verengenden (konvergenten) Kanal abspielen und benötigt dann bei weiterer Entspannung einen sich wieder erweiternden (divergenten) Kanal. Bei verlustfreier Entspannung herrscht im Engst- oder Halsquerschnitt des Gasführungskanals, der dann als **Laval-D.** bezeichnet wird, Schallgeschwindigkeit, wenn das Druckverhältnis (Totaldruck vor Entspannung bis zum stat. Gegendruck am D.-Ende) entsprechend groß ist. Bei kleinen Druckverhältnissen wird im Engstquerschnitt die Schallgeschwindigkeit nicht erreicht. Im erweiterten Teil des Strömungskanals (→Diffusor) kommt es zu einer Verzögerung der Strömungsgeschwindigkeit, d. h. Erhöhung des stat. Druckes (Druckaufbau im Diffusor). Kanäle, die sich verengen, dann wieder erweitern und mit Unterschallgeschwindigkeit durchströmt werden, können zur Durchflussmessung benutzt werden; sie sind als →Venturi-Rohr bekannt.

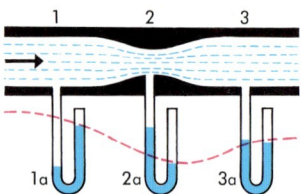

Düse: Prinzip einer Düse (die rote Linie zeigt den Verlauf des statischen Drucks): Der statische Druck wird jeweils durch Flüssigkeitsmanometer vor (1), in (2) und hinter der Engstelle bei 3 angezeigt; 1a Überdruck, 2a Unterdruck, 3a wieder höherer statischer Druck, der aber durch Energieverlust (Strömungsreibung) geringer als bei 1a ist

Bes. in der Luftstrahltriebwerkstechnik sind die Druckverhältnisse häufig sehr variabel, was eine Anpassung des Strömungskanals der D. (→Schubdüse) erfordert, insbesondere des divergenten Kanalteils und seines Endquerschnittes (variable Geometrie wie beim →Eintrittsdiffusor). Bei Raketentriebwerken ist unter Weltraumbedingungen der stat. Umgebungsdruck praktisch gleich null; dies erfordert den Gesetzen der Gasdynamik folgend die Verwirklichung eines sehr großen Verhältnisses von D.-Endfläche zu Halsquerschnitt. Da man aus baul. Gründen (Volumen und Masse) die D. nicht beliebig groß machen kann, erfolgt nur ein Teil der Expansion im divergenten Kanal (innere Entspannung), der Rest ist Freistrahlexpansion (äußere Entspannung).

Als D. werden auch die Leitschaufelkanäle in Strömungsmaschinen bezeichnet, deren Zweck es ist, die Strömung mit einer bestimmten Geschwindigkeit und bei vorgegebener Richtung dem Laufrad zuzuführen (**Leitrad-D.**) bei Dampfturbinen, **Nadel-D.** bei Pelton-Turbinen). **Einspritz-D.** dienen meist der Herstellung eines Brennstoffnebels im Brennraum eines Verbrennungsmotors oder einer Ölfeuerung, ferner in der Brennkammer eines Luftstrahl- oder Raketentriebwerkes. – Sonderformen sind die →Spinndüsen zur Herstellung von Chemiefasern.

Düsenflugzeug, gemeinsprachliche Bez. für ein →Strahlflugzeug. (→Flugzeug)

Düsentriebwerk, gemeinsprachliche Bez. für ein →Strahltriebwerk.

Düsenwebmaschine, schützenlose →Webmaschine, bei der der Schusseintrag über die Webbreite kraftschlüssig mittels Düsen erfolgt, entweder unter Verwendung von Druckluft (Luft-D.) oder von Wasser (Wasser-D.).

Dushkin [-ʃ-], Samuel, amerikan. Violinist russ. Herkunft, *Suwałki 13. 12. 1891, †New York 24. 6. 1976; Schüler u. a. von L. AUER und F. KREISLER. Nach seinem Debüt 1918 in Paris und London konzertierte er – vielfach mit zeitgenöss. Musik – in Europa, Amerika und im Vorderen Orient, häufig mit I. STRAWINSKY, der ihm sein Violinkonzert in D widmete.

Dusing [aus mhd. duz ›Schall‹] *der, -s/-e*, fälschlich **Dupsing, Dupfing,** 1) im Hoch-MA. der Schwertgurt; 2) im Spät-MA. mit Glocken und Klapperbehängter Gürtel, von Männern und Frauen um Taille, Hüften oder Hals getragen.

Dussek, Johann Ladislaus, tschech. **Jan Ladislav Dusík** [-siːk], böhm. Pianist und Komponist, *Tschaslau 12. 2. 1760, †Saint-Germain-en-Laye 20. 3. 1812; trat als Klavier- und Glasharmonikavirtuose u. a. in Berlin, Sankt Petersburg und Paris auf, wo er sich 1786 niederließ, 1790 aber vor die Frz. Revolution nach London floh. 1804–06 war er Kapellmeister des Prinzen LOUIS FERDINAND von Preußen. 1807 wurde D. Konzertmeister des Fürsten TALLEYRAND in Paris. Seine Werke – v. a. mit oder für Klavier – stehen am Übergang von der Klassik zur Romantik.

Düssel *die,* rechter Nebenfluss des Rheins, 41 km lang, entspringt im Bergischen Land und mündet, teilweise in Rohrleitungen, in Düsseldorf.

Düsseldorf, 1) Hauptstadt des Landes NRW und des Reg.-Bez. Düsseldorf, kreisfreie Stadt, liegt beiderseits des Rheins, 36 m ü. M., auf den Terrassen des Niederrheins, angelehnt an die Ausläufer des Bergischen Landes, 572 400 Ew.; Sitz von Landesregierung und Landtag, Landeszentralbank, Oberfinanzdirektion, Oberlandes- und Finanzgericht, ferner Sitz von mehr als 200 Verbänden (Dt. Gewerkschaftsbund, Dt. Städte- und Gemeindebund u. a.) und Organisationen von Wirtschaft und Technik sowie der Verwaltungen von Großbanken und der Rheinisch-Westfäl. Börse. – Staatliche Kunstakademie, Hochschule für Musik, Opernhaus (›Deutsche Oper am Rhein‹), Schauspielhaus u. a. Theater, Verwaltungs- und Wirtschaftsakademie, Europäisches Medieninstitut, Max-Planck-Institut für Eisenforschung, Akad. für öffentl. Gesundheitswesen, Fachhochschulen, Landesbibliothek, Hauptstaatsarchiv; Landesmuseum Volk und Wirt-

schaft, naturkundl. Museen (u. a. Löbbecke-Museum und Aquarium), Kunstmuseum, Kunstsammlung Nordrhein-Westfalen, Goethe-Museum, Hetjens-Museum im urspr. barocken Palais Nesselrock (Keramik), Heinrich-Heine-Institut, Wirtschaftsmuseum. Die Universität D. wurde 1965 durch Umwandlung der Medizin. Akademie gegründet. Seit 1975 europ. Wirtschaftshochschule (dt. Niederlassung der École des Affaires de Paris). D. ist ein bedeutender Standort der Telekommunikation, weitere Schwerpunkte sind Maschinen- und Werkzeugmaschinenbau, Fahrzeugbau, chem., elektrotechn., Papier- und Glasindustrie; Druckereien und Verlage. Internat. Großhandel (Eisen, Stahl und Röhren, Damenoberbekleidung u. a.); Brauereien.

Die hervorragende Verkehrslage der Stadt, Hafenanlagen (1994: 2,9 Mio. t Umschlag) und der Großflughafen in D.-Lohausen (1995: über 15 Mio. Fluggäste) haben als Anziehungspunkt für Wirtschaftsverwaltungen und -vertretungen nat. und internat. Firmen gewirkt und D. zu einer Messe- (u. a. Modemarkt), Handels- und Kongressstadt gemacht. Großzügige Gartenanlagen, Parks und Promenaden sowie die breiten Geschäftsstraßen, bes. die Königsallee (›Kö‹), begründeten den Ruf D.s als elegante Gartenstadt. 1987 richtete D. die Bundesgartenschau aus. Dem innerstädt. Verkehr dienen S- und U-Bahn. Drei Großbrücken (Theodor-Heuss-Brücke im N, 1957; Rheinkniebrücke im S, 1969; Oberkasseler Brücke, 1976), alle nach dem Prinzip der Schrägseilbrücke entworfen, überspannen auf kaum 4 km Stromlänge den Rhein. Mit der Tieflegung der Rheinuferstraße 1993 erfolgte die Inbetriebnahme des 2 km langen vierspurigen Tunnels, entstand 1995 die neue Rheinuferpromenade.

Stadtbild: Die im Zweiten Weltkrieg stark zerstörte Altstadt wurde teilweise wieder aufgebaut. – Pfarrkirche St. Andreas (ehem. Jesuitenkirche, 1622–29); kath. Pfarrkirche St. Lambertus (ehem. Stiftskirche, 1288–1394); Altes Rathaus (1570–73), davor das Reiterstandbild des Kurfürsten JOHANN WILHELM II. (›Jan Wellem‹, 1703–11 von G. DE GRUPELLO); am Hofgarten Schloss Jägerhof (1752–63; heute Goethe-Museum) von J. J. COUVEN; Ratinger Tor, zwei einan-

Düsseldorf: Blick auf den Rheinpark Bilk mit Rheinturm (234,2 m hoch) und neuem Landtag

der gegenüberliegende Wachhäuser (1811–15) von A. VON VAGEDES. – Die moderne Architektur setzt ein mit dem Bau des Warenhauses Tietz (1907–09) von J. M. OLBRICH; Verwaltungsgebäude der Mannesmann AG (1911/12) von P. BEHRENS, daneben das Mannesmann-Hochhaus (1956–58) von P. SCHNEIDER VON ESLEBEN; Wilhelm-Marx-Haus (1922–24) von

Landeshauptstadt
von NRW
·
am Niederrhein
·
36 m ü. M.
·
572 400 Ew.
·
Kunstakademie und
Universität
(gegr. 1965)
·
Wirtschafts- und
Bankenzentrum
·
Zentrum der
Telekommunikation
·
internationaler
Flughafen
·
Stadtrecht seit 1288
·
1679–1716 Residenz
von Kurfürst
Johann Wilhelm II.

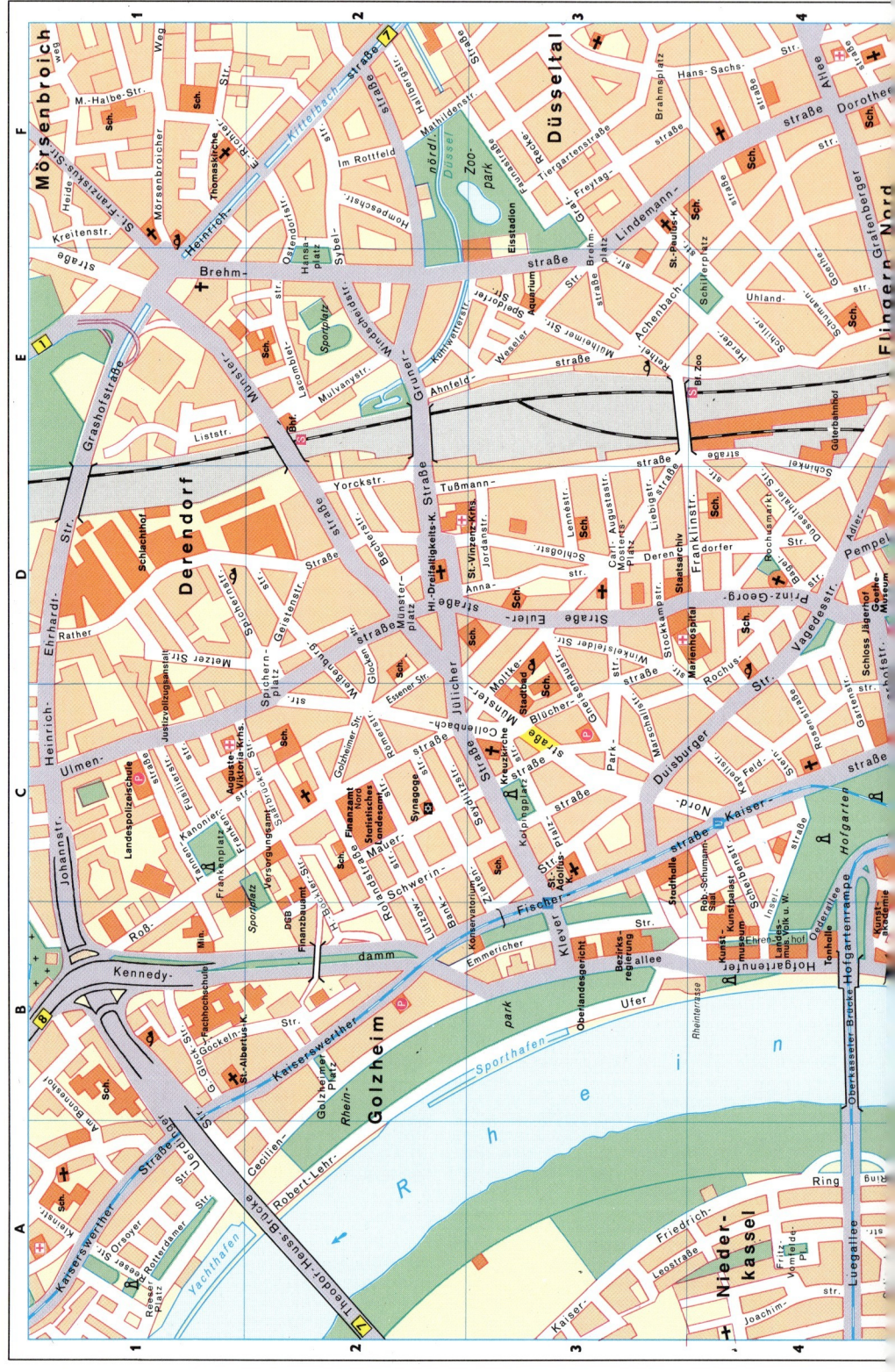

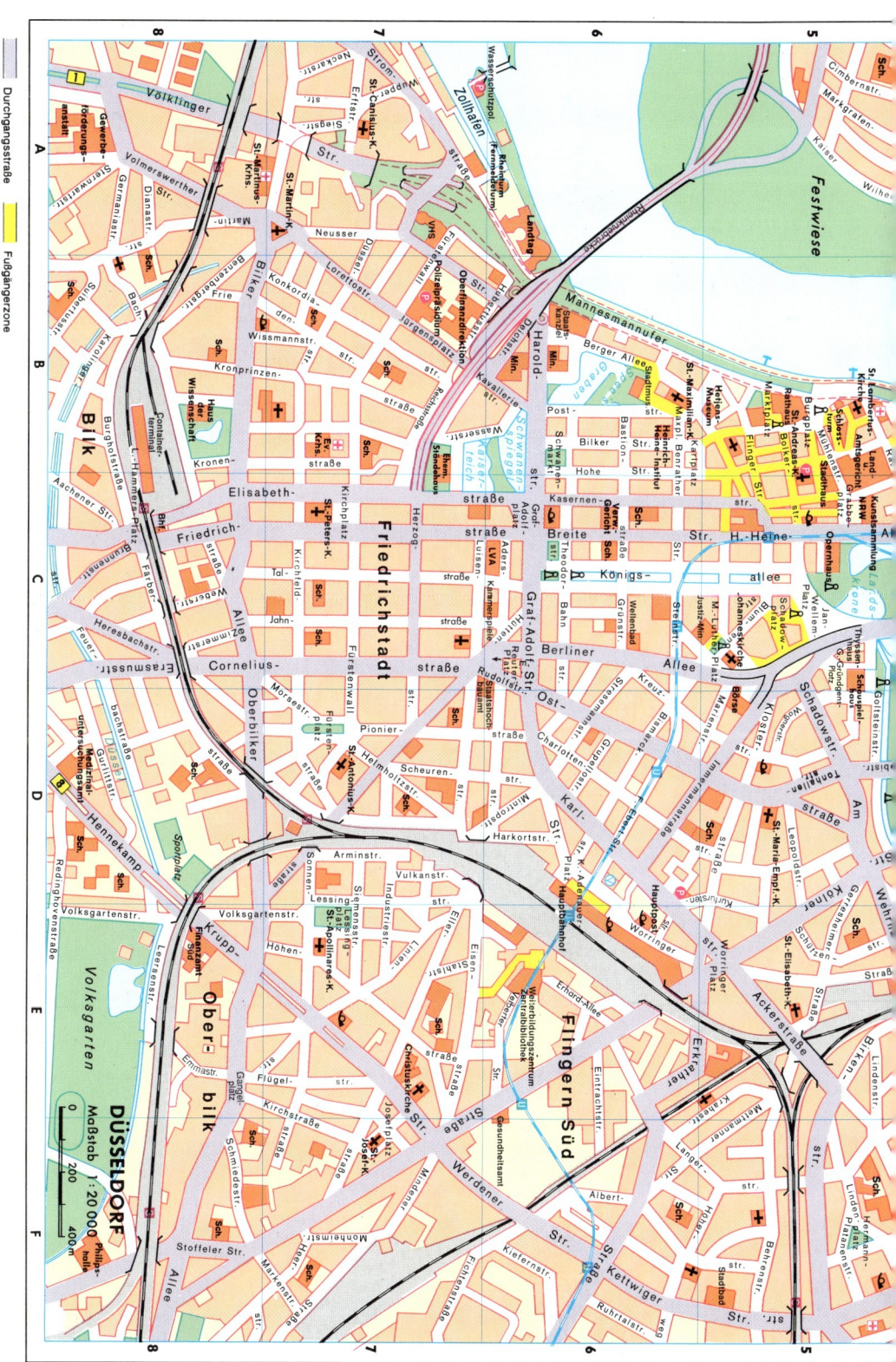

Durchgangsstraße

Fußgängerzone

Düsseldorf: Stadtplan

DÜSSELDORF

Maßstab 1 : 20 000

0 200 400 m

Straßen und Plätze

Aachener Straße C 8
Achenbachstraße E 3–F 4
Ackerstraße E 5–F 4
Adersstraße CD 6
Adlerstraße DE 4
Ahnfeldstraße E 2–3
Albertstraße F 6–5
Am Bonneshof AB 1
Am Wehrhahn DE 5
Annastraße D 3
Arminstraße D 7
Augustastraße D 3
Bachstraße BC 8
Bagelstraße D 4
Bahnstraße C 6
Bankstraße BC 2
Bastionstraße BC 6
Becherstraße D 2
Behrenstraße F 5
Benrather Straße BC 6
Benzenbergstraße B 8
Berger Allee B 6
Berliner Allee C 6–5
Bilker Allee A–C 8
Bilker Straße B 6
Birkenstraße EF 5
Bismarckstraße D 6
Blücherstraße CD 3
Blumenstraße C 5
Bolkerstraße BC 5
Brahmsplatz F 3
Brehmplatz EF 3
Brehmstraße E 1–3
Breite Straße C 6–5
Brunnenstraße C 8
Burghofstraße BC 8
Burgplatz B 5
Carl-Mosterts-Platz D 3
Cecilienstraße A 2–B 3
Charlottenstraße D 6–5
Cimbernstraße A 5
Collenbachstraße C 3–2
Corneliusstraße C 8–7
Deichstraße B 6
Derendorfer Straße D 3–4
Dianastraße A 8
Dorotheenstraße F 4–5
Duisburger Straße C 3–D 4
Düsselstraße AB 7
Düsselthaler Straße D 4
Eintrachtstraße EF 6
Eisenstraße E 7
Elisabethstraße C 8–6
Ellerstraße EF 7
Emmastraße E 8
Emmericher Straße B 3
Erasmusstraße C 8
Erftstraße A 7
Erkrather Straße E 5–F 6
Ernst-Reuter-Platz C 6
Essener Straße CD 2
Eugen-Richter-Straße
F 2–1
Eulerstraße D 3–2
Färberstraße CD 8
Faunastraße F 3
Feldstraße C 4
Feuerbachstraße CD 8
Fichtenstraße F 7
Fischerstraße B 3–C 4
Flinger Straße BC 5
Flügelstraße E 8–7
Frankenplatz C 1
Frankenstraße C 1
Franklinstraße D 4
Freytagstraße F 3
Friedenstraße B 8–7
Friedrichstraße C 8–6
Friedrich-Ebert-Straße D 6
Fritz-Vomfelde-Platz A 4
Fürstenplatz D 7

Fürstenwall A–D 7
Füsilierstraße C 1
Gangelplatz E 8
Gartenstraße CD 4
Geistenstraße D 2
Georg-Glock-Straße B 1
Germaniastraße A 8
Gerresheimer Straße DE 5
Glockenstraße CD 2
Gneisenaustraße CD 3
Gockelnstraße B 1–2
Goethestraße EF 4
Goltsteinstraße D 5
Golzheimer Platz B 2
Golzheimer Straße C 2
Grabbeplatz C 5
Graf-Adolf-Platz C 6
Graf-Adolf-Straße CD 6
Grafenberger Allee EF 4
Graf-Recke-Straße F 3–2
Grashofstraße E 1
Grunerstraße EF 2
Grünstraße C 6
Grupellostraße D 6
Gurlittstraße D 8
Gustaf-Gründgens-Platz C 5
Hallbergstraße F 2
Hansaplatz E 2
Hans-Böckler-Straße BC 2
Hans-Sachs-Straße F 3–4
Harkortstraße D 6
Haroldstraße BC 6
Heideweg F 1
Heinrichstraße F 1–2
Heinrich-Erhardt-Straße CD 1
Heinrich-Heine-Allee C 5
Heerstraße F 7–8
Helmholtzstraße D 7
Hennekamp D 8
Herderstraße E 4–3
Heresbachstraße C 8
Hermannplatz F 5
Herzogstraße CD 7
Hofgartenrampe BC 4
Hofgartenufer B 4
Höhenstraße E 7
Höherweg F 5–6
Hohe Straße B 6
Hompeschstraße F 2
Hubertusstraße B 6–7
Hüttenstraße C 6–D 7
Immermannstraße D 5–6
Im Rottfeld F 2
Industriestraße DE 7
Inselstraße BC 4
Jacobistraße D 5
Jägerhofstraße C 5–D 4
Jahnstraße C 8–7
Jan-Wellem-Platz C 5
Joachimstraße A 4
Johannstraße BC 1
Jordanstraße D 3
Jülicher Straße C 2
Jürgensplatz B 7
Kaiser-Friedrich-Ring A 3–4
Kaiserstraße C 4
Kaiserswerther Straße
A 1–C 3
Kaiser-Wilhelm-Ring A 5–4
Kanonierstraße C 1–2
Kapellstraße C 4
Karlplatz B 6
Karlstraße D 6–E 5
Karolingerstraße BC 8
Kasernenstraße C 6
Kavalleriestraße B 7–6
Kennedydamm B 1–2
Kettwiger Straße F 6–5
Kiefernstraße F 6
Kirchfeldstraße CD 7
Kirchstraße E 8–F 7
Kleinstraße A 1
Klever Straße BC 3

Klosterstraße DE 5
Kölner Straße D 5–F 7
Kolpingplatz C 3
Königsallee C 6–5
Konkordiastraße B 7
Konrad-Adenauer-Platz D 6
Krahestraße E 5–F 6
Kreitenstraße F 1
Kreuzstraße C 6–D 5
Kronenstraße B 8–7
Kronprinzenstraße B 8–7
Kruppstraße E 8–F 7
Kühlwetterstraße E 2
Kurfürstenstraße DE 5–6
Lacombletstraße E 2
Langerstraße F 6–5
Leersenstraße E 8
Lennéstraße D 3
Leopoldstraße D 5
Leostraße A 3–4
Lessingplatz E 7
Lessingstraße DE 7
Lindemannstraße F 3–4
Lindenstraße F 5
Linienstraße E 7
Liststraße E 1
Lorettostraße B 7
Ludwig-Hammers-Platz C 8
Luegallee A 4
Luisenstraße CD 7
Lützowstraße BC 2
Mannesmannufer B 6
Marienstraße D 5–6
Markenstraße F 7
Markgrafenstraße A 5–4
Marktplatz B 5
Marschallstraße C 3
Martin-Luther-Platz C 5
Martinstraße A 8
Mathildenstraße F 2–3
Mauerstraße C 2–3
Max-Halbe-Straße F 1
Maxplatz B 6
Mettmanner Straße E 5–F 6
Metzer Straße D 1
Mindener Straße F 7
Mintropstraße D 6–7
Moltkestraße CD 3
Monheimstraße F 7
Mörsenbroicher Weg F 1
Morsestraße CD 7
Mühlenstraße BC 5
Mülheimer Straße E 3
Mulvanystraße E 2
Münsterplatz D 2
Münsterstraße C 3–E 1
Neckarstraße A 7
Neusser Straße AB 7
Nordstraße C 4–3
Oberbilker Allee DF 8
Oederallee BC 4
Orsoyer Straße A 1
Ostendorfstraße EF 2
Oststraße D 6–5
Parkstraße CD 3
Pempelforter Straße D 4–5
Pfalzstraße C 3
Pionierstraße D 7–6
Platanenstraße F 5
Poststraße B 6
Prinz-Georg-Straße D 4–3
Rather Straße D 1–2
Ratinger Straße BC 5
Redinghovenstraße DE 8
Reeser Platz A 1
Reichsstraße B 7
Rethelstraße E 3
Ruhrtalstraße F 6
Robert-Lehr-Ufer A 2–B 3
Rochusmarkt D 4
Rochusstraße D 4
Rolandstraße BC 2
Römerstraße C 2

Rosenstraße C 4
Roßstraße B 1–C 2
Rotterdamer Straße A 1
Saarbrücker Straße C 2
Salierplatz A 4
Sankt-Franziskus-Straße F 1
Schadowplatz C 5
Schadowstraße D 5
Scheibenstraße BC 4
Scheurenstraße D 7–6
Schillerplatz E 4
Schillerstraße E 4–F 3
Schinkelstraße DE 4
Schloßstraße D 3
Schmiedestraße F 8
Schumannstraße EF 4
Schützenstraße E 5
Schwanenmarkt B 6
Schwerinstraße C 2–3
Seydlitzstraße C 3–2
Siegstraße A 7
Siemensstraße DE 7
Sonnenstraße D–F 7
Speldorfer Straße E 3
Spichernplatz CD 2
Spichernstraße D 2–1
Stahlstraße E 7
Steinstraße C 6
Sternstraße C 4–D 3
Sternwartstraße A 8
Stockkampstraße D 3
Stoffeler Straße F 8
Stresemannstraße CD 6
Stromstraße A 7
Suibertusstraße B 8
Sybelstraße EF 2
Talstraße C 8–7
Tannenstraße C 1
Theodorstraße C 6
Tiergartenstraße F 3
Tonhallenstraße D 5
Tußmannstraße D 2–E 3
Uerdinger Straße AB 1
Uhlandstraße E 4
Ulmenstraße C 1–D 2
Vagedesstraße D 4
Völklinger Straße A 8–7
Volksgartenstraße E 8–7
Volmerswerther Straße A 8
Vulkanstraße D 7
Wagnerstraße D 5
Wasserstraße B 6–7
Weberstraße C 8
Weißenburgstraße CD 2
Werdener Straße F 7–6
Weseler Straße E 3
Windscheidstraße E 2
Winkelsfelder Straße D 3
Wissmannstraße B 8–7
Worringer Platz E 5
Worringer Straße E 6–5
Wupperstraße A 7
Yorckstraße B 7
Zietenstraße C 3–2
Zimmerstraße C 8

Gebäude, Anlagen u. a.

Amtsgericht BC 5
Aquarium E 3
Bezirksregierung B 3
Börse CD 5
Christuskirche E 7
Containerterminal BC 8
Deutsche Oper am Rhein C 5
Deutsches Keramikmuseum–
Hetjens-Museum B 5
DGB BC 2
Eisstadion EF 3
Ehrenhof B 4
Fachhochschule B 1
Fernmeldeturm A 6

Gewerbeförderungsanstalt A 8
Goethe-Museum D 4
Hauptbahnhof DE 6
Hauptpost E 6
Haus der Wissenschaft B 8
Heilige-Dreifaltigkeits-Kirche
D 2
Heinrich-Heine-Institut B 6
Hetjens-Museum B 5
Hofgarten C 4–D 5
Johanneskirche C 5
Kaiserteich BC 6–7
Kammerspiele C 6–7
Konservatorium B 3
Kreuzkirche C 3
Kunstakademie BC 4
Kunstmuseum B 4
Kunstsammlung Nordrhein-
Westfalen C 5
Landesmuseum Volk und
Wirtschaft B 4
Landesversicherungsanstalt
C 6
Landgericht BC 5
Landskrone C 5
Landtag A 6
Löbbecke-Museum =
Aquarium E 3
Malkasten D 5
Marienhospital D 3–4
Oberfinanzdirektion B 3
Oberkasseler Brücke B 4
Oberlandesgericht B 3
Opernhaus C 5
Philipshalle F 8
Polizeipräsidium B 7
Rathaus B 5
Ratinger Tor C 4–5
Rheinkniebrücke AB 6
Rheinpark B 2–3
Rheinturm A 6
Robert-Schumann-Saal BC 4
Sankt-Adolfus-Kirche C 3
Sankt-Albertus-Kirche B 1
Sankt-Andreas-Kirche B 5
Sankt-Antonius-Kirche D 7
Sankt-Apollinares-Kirche E 7
Sankt-Canisius-Kirche A 7
Sankt-Elisabeth-Kirche E 5
Sankt-Josef-Kirche F 7
Sankt-Lambertus-Kirche B 5
Sankt-Maria-Empfängnis-
Kirche D 5
Sankt-Martin-Kirche A 7
Sankt-Maximilian-Kirche B 6
Sankt-Paulus-Kirche F 3
Sankt-Peters-Kirche C 7
Schlachthof D 1
Schloss Jägerhof D 4
Schlossturm B 5
Schwanenspiegel BC 6
Spee's Graben B 6
Sporthafen B 2–3
Staatsarchiv D 3
Staatskanzlei B 6
Stadthalle C 3–4
Stadthaus CB 5
Stadtmuseum B 6
Ständehaus B 6
Statistisches Landesamt C 2
Synagoge C 2
Theatermuseum C 5
Theodor-Heuss-Brücke A 2
Thomaskirche F 1
Thyssenhochhaus C 5
Tonhalle B 4
Volksgarten E 8
Volkshochschule A 7
Weiterbildungszentrum E 6
Yachthafen A 1–2
Zentralbibliothek E 6
Zollhafen A 7–6
Zoopark F 2–3

W. KREIS; Verwaltungsgebäude des Stumm-Konzerns (1922–24) von P. BONATZ; Hotel Breidenbacher Hof (1927; im Zweiten Weltkrieg stark beschädigt, verändert wieder aufgebaut) von E. G. FAHRENKAMP. Die Ehrenhofanlage, ein 1925/26 von W. KREIS für die Gewerbeausstellung ›Gesolei‹ (Gesundheitspflege, soziale Fürsorge und Leibesübung) gestaltetes Ensemble von Veranstaltungs- und Ausstellungsbauten mit Kunstmuseum, Kunstpalast (urspr. 1902, 1926 verändert; umfassender Umbau ab 1997 vorgesehen), Landesmuseum für Volk und Wirtschaft und der heutigen Tonhalle (ehem. Planetarium, Umbau zum Konzerthaus 1975–78 durch das Architekturbüro Hentrich-Petschnigg & Partner), wurde mit Bauten von P. BEHRENS, B. TAUT u. a. ergänzt. Die Neuplanungen moderner Architektur prägen heute das Stadtbild: Thyssen-Hochhaus (1957–60, ›Dreischeibenhaus‹) von H. HENTRICH und H. PETSCHNIGG, an der Hofgartenseite wurde 1971 eine Stahlplastik von E. CHILLIDA aufgestellt; Schauspielhaus von B. PFAU (1965–69). Den Neubau der Landesversicherungsanstalt errichtete 1974–76 H. DEILMANN. Hentrich-Petschnigg & Partner und TAKENAKA KOMUTEN bauten das Deutsch-Japanische Center (1977–79). Vom Büro ›Dissing + Weitling‹ wurde der Neubau für die Kunstsammlung Nordrhein-Westfalen ausgeführt (1979–86). Das Stadtbild prägen des Weiteren die repräsentativen Passagen ›Kö-Galerie‹ und ›Kö-Karree‹ sowie die ›Schadow-Arkaden‹. Im Rheinpark Bilk entstanden der Rheinturm (1981/82, Architekt: H. DEILMANN), mit seiner Höhe von 234,2 m das höchste Bauwerk der Stadt, und der neue Landtag (1988, von dem Architekturbüro Eller, Maier, Moser, Walter & Partner) sowie in der Nähe das neue Gebäude des WDR-Landesstudios (1992). Mit der Fertigstellung der Rheinuferpromenade (1995) wurde die städtebaul. Neuorientierung unterstrichen, die den Rhein und seine weitläufigen Ufer ›wieder entdeckt‹ und in besonderem Maße in die Stadtplanung einbezieht. So wird ein Teil des Haupthafens am Rand der City unter Beteiligung namhafter Architekten (u. a. FRANK O. GEHRY, STEVEN HOLL, DAVID CHIPPERFIELD) umgestaltet, während der alte Handelshafen (1896) in seiner Gesamtheit als techn. Baudenkmal erhalten bleibt. – Im Stadtteil **Benrath** Lustschloss (heute Museum) des Kurfürsten KARL THEODOR von der Pfalz, 1755–69 von N. DE PIGAGE im frz. Rokokostil erbaut, erlesene Innenausstattung. Im Stadtteil **Gerresheim** ehemalige Damenstiftskirche (870 gegr.) 1236 geweiht, in romanisch-got. Übergangsstil erbaut, mit Kruzifix des 10. Jh. Im Stadtteil **Kaiserswerth** ehem. stauf. Kaiserpfalz (Bauinschrift 1184), von der die Hauptfront des Palas erhalten blieb. Die Suitbertkirche des ehem. Benediktinerklosters (um 700 gegr.) ist eine Pfeilerbasilika (1078 geweiht; 2. Bauperiode im 12./13. Jh.), im Kirchenschatz Suitbertus-Schrein (13. Jh.). Am Suitbertus-Stiftsplatz haben sich Bauten der ehem. Stiftsimmunität erhalten; am Kaiserswerth-Markt das Alte Zollhaus von 1635.

Geschichte: Die Siedlung D., 1135 erstmals erwähnt, wurde 1288 von den Grafen von Berg, die sie vor 1189 erworben hatten, zur Stadt erhoben. Um 1373 wurde ein ›Rheinzoll‹ errichtet, 1384 und 1394 mehrere umliegende ›Honschaften‹ (Bauerngemeinden) eingemeindet. Seit dem Ende des 15. Jh. war D. ständige Residenz des (seit 1380) Herzogtums Berg sowie Hauptstadt der ab 1521 vereinigten Länder Jülich, Berg, Kleve, Mark und Ravensberg; zw. 1528 und 1614 wurde die Zitadelle angelegt. Mit dem Jülich-Klevischen Erbfolgestreit fiel D. 1609, endgültig 1614 (mit Jülich-Berg) an Pfalz-Neuburg (ab 1674 Pfalz-Sulzbach). Die Fürsten von Pfalz-Neuburg verlegten 1614 ihre Residenz nach D. und förderten den Ausbau der Stadt und ihre Befestigung, bes. JOHANN WIL-

Düsseldorf 1): In der Mitte Schauspielhaus (von B. Pfau, 1965–69), rechts davon ›Dreischeibenhaus‹ (von H. Hentrich und H. Petschnigg, 1957–60)

HELM II., der als Kurfürst von der Pfalz (1679–1716) in D. residierte (Blütezeit der Stadt bis zur Verlegung der Residenz nach Mannheim, 1716). Nach dem Frieden von Lunéville (1801; Schleifung der Festungsanlagen und in der Folgezeit Begrünung, u. a. 1802–04 Anlage der späteren ›Kö‹) kam D. unter bayer. Verwaltung (bis 1806) und war unter frz. Verwaltung (1806–13) Hauptstadt des napoleon. Großherzogtums Berg. Mit der Eingliederung in das Königreich Preußen (1815) wurde D. Sitz eines Regierungspräsidenten, 1824 des Provinziallandtags. Durch Theater, Kunstakademie (seit 1769; 1819 erneuert, Düsseldorfer Schule) und Musikfeste war es im Vormärz ein bedeutendes Kulturzentrum. 1838 wurde die Eisenbahnlinie nach Erkrath die erste Bahnlinie im Rheinland (und W-Dtl.s) eröffnet. Mit der Industrialisierung (ab etwa 1850) entwickelte sich D. im 19. Jh. rasant zur Großstadt (ab 1872 kreisfrei; Einwohnerzahl 1816: 23 000, 1855: 44 000, 1882: 101 000, 1900: 214 000, 1910: 359 000, 1939: 536 000). – 1909 wurden u. a. Gerresheim und die linksrhein. Stadtteile (Oberkassel, Heerdt, Lörick), 1929 Benrath und Kaiserswerth, 1975 u. a. Angermund, Kalkum und Wittlaer eingemeindet. Als Ziel schwerer alliierter Luftangriffe (1941–45; v. a. 2./3. 11. 1944) wurde D. im Zweiten Weltkrieg schwer zerstört (Stadtkern zu 85 %, insgesamt zu 49 %; 1945: 370 000 Ew.) sowie nach siebenwöchigen Kämpfen am 17. 4. 1945 von amerikan. Truppen eingenommen. Seit Juli 1946 ist D. Hauptstadt von Nordrhein-Westfalen.

A. KLAPHECK: D. (1971); D. WEBER: D. 1288–1988 (1988); S. SCHÜRMANN: D. (²1989); D. Gesch. von den Ursprüngen bis ins 20. Jh., hg. v. H. WEIDENHAUPT, 4 Bde. (²1990); Staat u. Wirtschaft an Rhein u. Ruhr. 1816–1991. 175 Jahre Reg.-Bez. D., hg. v. H. HOEBINK (1992); H. WEIDENHAUPT: Kleine Gesch. der Stadt D. (¹⁰1993).

2) Reg.-Bez. in NRW, 5 288 km², 5,29 Mio. Ew.; umfasst die Kreise Kleve, Mettmann, Neuss, Viersen und Wesel sowie die kreisfreien Städte Duisburg, Düsseldorf, Essen, Krefeld, Mönchengladbach, Mülheim a. d. Ruhr, Oberhausen, Remscheid, Solingen und Wuppertal.

Düsseldorfer Abkommen, Abkommen zw. den Ländern Dtl.s zur Vereinheitlichung auf dem Gebiet des Schulwesens, am 17. 2. 1955 in Düsseldorf von den Min.-Präs. beschlossen; es wurden Regelungen über Grundsätze in der Notengebung, die allgemeine Bez. Gymnasium, Fremdsprachenfolge, Schuljahresbeginn und Ferienordnung der Länder getroffen; neu gefasst am 28. 10. 1964 im →Hamburger Abkommen.

Düsseldorfer Schule, Düsseldorfer Maler-schule, eine eng mit der 1819 in Düsseldorf neu ge-gründeten Akad. verbundene Gruppe von Malern um den ab 1826 amtierenden Akademiedirektor W. VON SCHADOW. Zu ihr gehörten T. HILDEBRANDT, C. F. SOHN, J. HÜBNER, C. F. LESSING und E. BENDEMANN. Der Schwerpunkt der D. S. lag zunächst auf naturge-treu gemalten romant. Historienbildern (oft nach lite-rar. Vorlagen) und Bildern mit poet. Motiven. Unter dem Eindruck der polit. Situation des Vormärz ge-wann eine sozialkrit. Aspekte und aktuelle polit. Er-

Düsseldorfer Schule: Carl Friedrich Lessing, ›Klosterhof im Schnee‹; um 1829 (Köln, Wallraf-Richartz-Museum)

eignisse einbeziehende Genremalerei an Bedeutung (J. P. HASENCLEVER, C. W. HÜBNER). Schüler der Akad., die nach einer neuen Naturauffassung und ei-ner realist. Darstellungsweise strebten, schlossen sich 1848 unter der Führung von E. LEUTZE, C. W. HÜB-NER und A. ACHENBACH im Künstlerverein ›Malkas-ten‹ zusammen. Genremaler wie L. KNAUS und B. VAUTIER stellten nach der Jahrhundertmitte das scheinbar intakte Leben auf dem Lande oder die be-hagl. private Sphäre des Bürgers dar. Die unter dem Einfluss von J. W. SCHIRMER und C. F. LESSING zu inter-nat. Anerkennung gelangte Landschaftsmalerei der D. S. behielt ihr Ansehen mit A. und O. ACHENBACH als führenden Vertretern auch in der zweiten Hälfte des 19. Jahrhunderts.

Die D. M., hg. v. W. VON KALNEIN, Ausst.-Kat. (1979); Die Düsseldorfer Malerschule 1819–1869, hg. v. W. HÜTT (Neu-ausg. 1995).

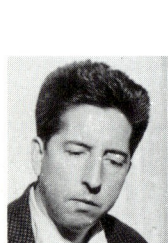

Henri Dutilleux

Düsseldorfer Tabelle, die in Tabellenform veröf-fentlichten, von den Familiensenaten des OLG Düssel-dorf ausgearbeiteten Richtsätze zur Berechnung der Höhe des Unterhalts für Kinder und Ehegatten im Falle der Ehescheidung. Die D. T. besitzt zwar keine verbindl. Wirkung, wird aber von vielen Gerichten des früheren Bundesgebiets als Orientierungshilfe verwen-det; sie wird i. d. R. alle zwei Jahre neu veröffentlicht. In den neuen Ländern wurden von verschiedenen OLG (z. B. Dresden) Unterhaltsleitlinien unter Be-rücksichtigung der dortigen Situation erarbeitet, die keine Verbindlichkeit haben, jedoch dem Ziel dienen, die Rechtsanwendung möglichst zu vereinheitlichen.

Düsterbienen, Stelis, Gattung der Bienen mit rd. 80 Arten (in Mitteleuropa neun Arten); die meist dun-

Rudolf Dutschke

kel gefärbten D. sind brutparasitierende Kuckucks-bienen und besitzen keinen Pollensammelapparat.

Düsterkäfer, Serropalpidae, früher Melandryi-dae, weltweit verbreitete Käferfamilie mir rd. 580 Ar-ten, 2–18 mm lang, meist bräunlich, oft gefleckt, ei-nige springfähig. Larven in Baumschwämmen und verpilztem Holz.

Dusun, Kadazan, Stammesgruppe der →Dayak im Bereich der NO-Spitze von Borneo, Sabah (Malaysia), etwa 150 000 Angehörige; Elemente einer Megalith-kultur waren bis in jüngste Zeit lebendig.

Duszniki Zdrój [duʃˈniki ˈzdruj], Stadt in Polen, →Reinerz.

Dutar [pers. ›zwei Saiten‹] der, -s/-s, eine im Vorde-ren Orient und in Zentralasien beheimatete, etwa ei-nen Meter lange Langhalslaute, mit zwei Saiten und bewegl. Bünden, dem →Tanbur verwandt.

Dutilleux [dytiˈjø], Henri, frz. Komponist, * Angers 22. 1. 1916; Studium am Pariser Conservatoire (H. BUSSER), 1944–63 Produktionsleiter des ORTF, lehrte 1961–70 als Prof. für Komposition an der École normale de musique in Paris sowie 1970/71 am Pariser Conservatoire. Ohne einer bestimmten Gruppe oder Kompositionsrichtung anzugehören, hat sich D. als einer der bedeutendsten Komponisten seiner Genera-tion durchgesetzt. Werke u. a.: Klaviersonate (1948), 1. Sinfonie (1951), Ballett ›Le loup‹ (1953, für R. PE-TIT), 2. Sinfonie (›Le double‹, 1957–59), ›Métaboles‹ (1964, für Orchester), ›Tout un monde lointain ...‹ (1970, für Violoncello und Orchester), ›Ainsi la nuit‹ (1976, für Streichquartett), ›Timbres, espace, mouve-ment‹ (1978), ›3 strophes sur le nom de SACHER‹ (1982, für Violoncello solo), Violinkonzert (1985), ›For Aldeburgh '85‹ (1985, für Oboe, Cembalo und Schlagzeug), ›Le jeu des contraires‹ (1988, für Kla-vier), ›Les Citations‹ (1991, für Oboe, Harfe, Kontra-bass und Schlagzeug).

Dutoit [dyˈtwa], Charles, schweizer. Dirigent, * Lausanne 7. 10. 1936; debütierte 1963 mit dem Ber-ner Symphonie-Orchester, dessen Chefdirigent er 1968–78 war. Nach Engagements in Mexiko und Schweden setzte er sich als Leiter des Orchestre Sym-phonique de Montréal (seit 1977) bes. für frz. und zeit-genöss. kanad. Musik ein. Seit 1990 Musikdirektor des Pariser Orchestre National de France.

Dutschke, Alfred Willi Rudolf (Rudi), Studen-tenführer, * Schönefeld (Landkreis Teltow-Fläming) 7. 3. 1940, † Århus 24. 12. 1979; erhielt 1958 wegen Verweigerung des Wehrdienstes Studienverbot in der DDR, studierte 1961–68 Gesellschaftswissenschaften an der FU Berlin, war Mitgl. des SDS und führender Kopf der APO sowie (ab 1966) der Studentenbewe-gung. Er wollte mit ›einem langen Marsch durch die Institutionen‹ das (nach seiner Überzeugung repres-sive und manipulative) gesellschaftl. und polit. System der BRD verändern. D. wurde am 11. 4. 1968 durch ein Attentat schwer verletzt und lebte danach im Aus-land. Seit 1975 engagierte er sich erneut in der BRD, zuletzt bei den Grünen – D. starb an Spätfolgen des Attentats.

Werke: Rebellion der Studenten (1968, mit anderen); Ver-such, Lenin auf die Füße zu stellen (1977); Mein langer Marsch, hg. v. G. D.-KLOTZ (1980); Aufrecht gehen. Eine fragmentar. Autobiogr., hg. v. V. WOLTER (1981).

J. MIERMEISTER: Rudi D. (16.–17. Tsd. 1993); U. CHAUSSY: Die drei Leben des Rudi D. (Neuausg. 1993); GRETCHEN DUTSCHKE: Wir hatten ein barbar., schönes Leben. Rudi D. Eine Biogr. (1996).

Düttchen, urspr. Spottname (von poln. dudek ›Wiedehupf‹ für den Adler) für die poln. Dreigrö-scher; nach 1622 als Bez. für den norddt. $\frac{1}{16}$-Taler (3 Schillinge) übernommen.

Düttmann, Werner, Architekt, * Berlin 6. 3. 1921, † Berlin (West) 26. 1. 1983; war v. a. in Berlin tätig, wo er u. a. Wohnbauten, Verwaltungsgebäude, Museen und Kirchen errichtete. Als Senatsbaudirektor (1960–66) war er an der Planung des Märk. Viertels beteiligt (1962). 1960–70 lehrte er an der TU.

Werke: Akad. der Künste (Berlin-Tiergarten, 1960); Brücke-Museum (Berlin-Dahlem, 1966/67); Mensa der TU (Berlin-Charlottenburg, 1967); Wohnbauten am Mehringplatz (Berlin-Kreuzberg, 1968–75); Haus Kudamm-Eck (Berlin-Charlottenburg, 1969–72); Erweiterungsbau der Kunsthalle Bremen (1977–82).

Dutton [dʌtn], Clarence Edward, amerikan. Geologe, *Wallingford (Conn.) 15. 5. 1841, †Englewood (N. J.) 4. 1. 1912; begründete die Lehre von der →Isostasie und entwickelte Methoden zur Lokalisierung von Erdbeben.

Werke: Tertiary history of the Grand Cañon District (1882); Hawaiian volcanoes (1884); Earthquakes in the light of new seismology (1904).

Duttweiler, Gottlieb, schweizer. Unternehmer und Sozialpolitiker, *Zürich 15. 8. 1888, †ebd. 8. 6. 1962; baute (ab 1925) aus sozialen Motiven den Lebensmittelkonzern →Migros-Genossenschafts-Bund auf und gründete 1936 die Partei ›Landesring der Unabhängigen‹ und deren Zeitung ›Die Tat‹; 1935–40 und 1943–49 Mitgl. des Nationalrats.

Dutyfreeshop [ˈdjuːtɪˈfriːʃɔp; engl. ›Zollfreiladen‹] *der, -s/-s,* **Duty-free-Shop, Taxfreeshop** [ˈtæks-; engl. ›steuerfreier Laden‹], **Taxe-free-Shop,** Einzelhandelsgeschäft v. a. in Flughäfen, Häfen und auf Fähren, in dem Waren ohne Belastung durch Zölle, Umsatz- und Verbrauchsteuern von Reisenden im zwischenstaatl. Verkehr gekauft werden können. Seit dem Wegfall der innergemeinschaftl. Steuergrenzen durch die Verwirklichung des Europ. Binnenmarktes zum 1. 1. 1993 gilt im nichtkommerziellen Reiseverkehr das Ursprungslandprinzip. Private Verbraucher können Waren, die sie in einem anderen EU-Land erworben haben, ohne mengen- oder wertmäßige Beschränkung nach Dtl. einführen, ohne dass dt. Einfuhrabgaben anfallen (für Versandhandel und Kfz-Käufe gelten Sonderregelungen; →Umsatzsteuer). Ein zoll- und steuerfreier Verkauf von Waren in D. an Reisende im innergemeinschaftl. Reiseverkehr würde damit zur Abgabenfreiheit des Verbrauchers führen. Das widerspricht den Grundsätzen des gemeinsamen Marktes. Gleichwohl ist es den EU-Mitgliedsstaaten noch bis zum 30. 6. 1999 freigestellt (Art. 28 k der 6. EG-Richtlinie zur Harmonisierung der Umsatzsteuer i. d. F. v. 16. 12. 1991), im innergemeinschaftl. Personenverkehr beim Verkauf an Reisende in Taxfreeshops in Flug- und Seehäfen sowie an Bord eines Flugzeuges oder Seeschiffes während der innergemeinschaftl. Personenbeförderung Steuerfreiheit zu gewähren. In Dtl. gelten bei verbrauchsteuerpflichtigen Waren (Tabakwaren, alkohol. Getränke, Parfüm, Tee, Kaffee) die mengenmäßigen Beschränkungen der VO über die Eingangsabgabenfreiheit von Waren im persönl. Gepäck der Reisenden vom 3. 12. 1974 (z. B. 200 Zigaretten, 1 Liter hochprozentige Spirituosen [mehr als 22 Vol.-%], 500 g Kaffee); für andere Waren gilt die Abgabenbefreiung im innergemeinschaftl. Verkehr nur, wenn das Entgelt pro Person und Reise 170 DM (seit 1. 1. 1995) nicht übersteigt (§ 4 Nr. 6 b Umsatzsteuer-Ges.). Einfuhren privater Verbraucher aus nicht zur EU gehörenden Drittländern unterliegen hingegen nach wie vor prinzipiell der Einfuhrumsatzsteuer. Die Wertgrenze für eine abgabenfreie Einfuhr von Reisemitbringseln bei der Einreise aus einem Drittland (aus der Schweiz oder im See- und Luftverkehr) von 115 DM auf 350 DM angehoben worden (6. VO zur Änderung der Einreise-Freimengen-VO vom 23. 12. 1993). Für Waren, die auf dem Landweg oder im Küstenseeverkehr aus einem Drittland eingeführt werden, das nicht der EFTA angehört (z. B. Polen, Tschech. Rep.),

gilt seit 1. 1. 1995 mit Rücksicht auf die wirtschaftl. Situation der neuen Bundesländer eine deutlich niedrigere Freigrenze von nur 150 DM.

Dutzend, Abk. **Dtzd.** oder **Dtz.,** altes Zählmaß (Stückmaß): 1 D. = 12 Stück; ferner sind 12 D. = 1 Gros = 144 Stück.

Duumvirat [lat.] *das, -(e)s/-e,* altröm. Behörde aus zwei Männern, →Duovirn.

Duun, Olav, norweg. Schriftsteller, *Fosnes (Nord-Trøndelag) 21. 11. 1876, †Tønsberg 13. 9. 1939; war zunächst Volksschullehrer, wurde einer der bedeutendsten norweg. Erzähler. Mit psycholog. Scharfsinn gestaltete er realist. Bauerngeschichten und -romane. Sein Stil, knapp, klar und dem der Sagas ähnlich, ist dabei ein ausdrucksvolles Instrument seines derben Humors und unsentimentalen Naturgefühls. Sein bekanntestes Werk, ›Juvikfolke‹ (6 Bde., 1918–23; dt. ›Die Juwikinger‹), ist eine mehrere Generationen umgreifende Familiengeschichte.

Weitere Werke: *Romane:* Harald (1915); Det gode samvite (1916); Olsøygutane (1927; dt. Die Olsøy-Burschen); Carolus Magnus (1928); Trilogie: Medmenneske (1929; dt. Mitmensch), Raghnild (1931; dt.), Siste leveåre (1933; dt. Das letzte Jahr); Vegar og villstig (1930); Ettermæle (1932; dt. Der Gang durch die Nacht); Gud smiler (1935; dt. Gott lächelt); Menneske og maktene (1938; dt. Der Mensch und die Mächte). – *Erzählungen:* Marjane (1908); Paa Lyngsøya (1917).

R. Thesen: O. D. (Oslo 1946); O. D., hg. v. O. Dalgard (ebd. 1976).

Gottlieb Duttweiler

Duvalier [dyvalˈje], 1) François, gen. Papa Doc, haitian. Politiker, *Port-au-Prince 14. 4. 1907, †ebd. 21. 4. 1971, Vater von 2); Arzt, 1947–49 Gesundheits- und Arbeits-Min., 1957 zum Präs. gewählt, errichtete, gestützt auf eine private Milizarmee, die ›Tonton Macoute‹, und den Wodukult, ein diktator. Reg.-System mit starken Zügen einer persönl. Willkürherrschaft. 1964 machte er sich zum Präs. auf Lebenszeit.

2) Jean-Claude, gen. Baby Doc [ˈbeɪbɪ-], haitian. Politiker, *Port-au-Prince 3. 7. 1951, Sohn von 1); 1971 nach dem Tod seines Vaters aufgrund versch. Verf.-Änderungen (1970) zum Präs. auf Lebenszeit ernannt, änderte faktisch an der diktator. Strukturen seines Landes wenig. Unter dem Druck sozialer Unruhen ging er 1986 außer Landes.

Duvall [dyˈval], Robert, amerikan. Filmschauspieler, *San Diego (Calif.) 5. 1. 1931; neben seiner Theaterarbeit (u. a. am Off-Broadway) wirkte er seit Ende der 50er-Jahre in zahlr. Fernsehserien mit; seit Mitte der 60er-Jahre erfolgreiche Zusammenarbeit mit Regisseuren des New Hollywood; D. verkörperte bestimmte Typen, trat jedoch auch als Charakterdarsteller hervor.

Filme: M.*A.*S.*H. (1969); Der Pate (2 Tle., 1972–74); Wie ein Panther in der Nacht (1973); Apocalypse Now (1979); Fesseln der Macht (1981); Tender Mercies (1983); Die Lust der schönen Rose (1990); Falling Down – Ein ganz normaler Tag (1992); Schlagzeilen (1994); Power of Love (1995).

Olav Duun

Duve [dyːv], Christian René de, belg. Biochemiker, *Thames Ditton (Cty. Surrey) 2. 10. 1917; lehrte seit 1962 an der Rockefeller-Univ. in New York. D. arbeitete zunächst über Insulin und Glucagon. Er befasste sich dann bes. mit der biochem. Zellfraktionierung und der elektronenmikroskop. Aufklärung der Zellstruktur, wobei er die Lysosomen und die Peroxysomen entdeckte. 1974 erhielt er hierfür gemeinsam mit A. Claude und G. E. Palade den Nobelpreis für Physiologie oder Medizin.

Duveneck [ˈdjuːvənɛk], Frank, amerikan. Maler dt. Abkunft, *Covington (Ky.) 9. 10. 1848, †Cincinnati (Oh.) 3. 1. 1919; studierte ab 1870 in München unter W. Diez, beschäftigte sich bes. mit den Werken von F. Hals und wurde von W. Leibl und seinem Kreis beeinflusst. D. gab die Wirklichkeit mit naturalist. Schärfe wieder.

Christian de Duve

Julien Duvivier

Duverger [dyvr'ʒe], Maurice, frz. Politik- und Gesellschaftswissenschaftler, * Angoulême 5. 6. 1917; wurde 1946 Prof. in Bordeaux, 1949 in Paris, kam bei seinen Untersuchungen zu dem Ergebnis, dass eine umfassende Analyse der Verfassung, der sozialen Schichtung, des Parteien- und Wahlsystems zu einer rationalen Gestaltung des polit. Systems beitragen könne. D. förderte bes. die Parteien- und Wahlforschung.

Werke: Les partis politiques (1951; dt. Die polit. Parteien); Droit constitutionnel et institutions politiques (1955); Janus. Les deux faces de l'occident (1972; dt. Demokratie im techn. Zeitalter); Sociologie de la politique (1973).

Du Vergier de Hauranne [dyvɛrʒjedɔɔ'ran], **Du Verger de Hauranne, Duvergier,** Jean, Pseudonym **Petrus Aurelius,** frz. jansenist. Theologe, * Bayonne 1581, † Paris 11. 10. 1643; seit 1621 Kommendatarabt (nomineller Abt mit Nutznießung klösterl. Einkünfte) von Saint-Cyran (deshalb **Saint-Cyran** [sɛsi'rã] gen.); stark vom Oratorium des P. DE BÉRULLE geprägt und um eine an AUGUSTINUS ausgerichtete Frömmigkeit bemüht, nahm er auf die Entwicklung des →Jansenismus maßgebl. Einfluss; seit 1623 enge Beziehungen zum Zisterzienserinnenkloster Port-Royal, das unter ihm zu einem Zentrum des frz. Jansenismus wurde. Aus polit. Gründen 1638 von RICHELIEU verhaftet, wurde D. erst nach dessen Tod (1643) wieder freigelassen. Seine zahlreichen polem. Schriften tragen meist sein Pseudonym.

J. ORCIBAL: J. Duvergier de H., abbé de Saint-Cyran, et son temps, 2 Bde. (Löwen 1947–48); DERS.: La spiritualité de Saint-Cyran avec ses écrits de piété inédits (Paris 1962).

Duvet [dy'vɛ], Jean, eigtl. **J. Drouet** [dru'ɛ], gen. **Meister mit dem Einhorn,** frz. Kupferstecher und Goldschmied, * Langres (bei Chaumont) um 1485, † ebd. nach 1561; erster bedeutender Stecher Frankreichs, bildete sich an den Werken von RAFFAEL, A. MANTEGNA, LEONARDO DA VINCI und A. DÜRER. Sein Werk zeichnet sich durch myst., emotionale Züge aus.

Werke: Reliquiar des hl. Mammè (1524; nicht erhalten); 24 Kupferstiche zur Apokalypse (1546–56; veröffentlicht 1561); fünf Blätter zur Einhornlegende (um 1540–60).

Jean Duvet: Das Einhorn reinigt das Wasser eines Flusses; Ausschnitt aus einem Kupferstich; 1561

Duvetine [dyf'ti:n, frz.] *der, -s/-s,* samtähnl. Gewebe, →Velveton.

Duvivier [dyvi'vje], Julien, frz. Filmregisseur und Filmautor, * Lille 8. 10. 1896, † Paris 29. 10. 1967; Schauspieler, seit 1924 für den Film tätig, Vertreter des ›poet. Realismus‹ im frz. Film.

Filme: Poil de carotte (1925); Pépé le Moko (1936); Spiel der Erinnerung (1937); Unter dem Himmel von Paris (1951);

Don Camillo und Peppone (1951); Don Camillos Rückkehr (1953).

Dux [lat. ›Führer‹] *der, -/'Duces,* **1)** *Geschichte:* im Röm. Reich Bez. für den Truppenführer, seit DIOKLETIAN (Trennung von Zivil- und Militärverwaltung) für den militär. Oberbefehlshaber einer (Grenz-)Provinz. – In der Themenverfassung (→Thema) des Byzantin. Reiches zunächst der Statthalter eines untergeordneten Verwaltungsbezirks (meist **Dukat** gen.), seit dem 10./11. Jh. (Umwandlung der großen Themen in kleinere Verwaltungseinheiten) auch gleichbedeutend mit dem Strategen, dem Statthalter eines Themas. – Im MA. lat. Bez. für den →Herzog.
2) *Musik:* in der Fuge die Grundgestalt des Themas, dem der →Comes (beantwortend) folgt. Beim Kanon ist D. die beginnende Stimme.

Dux, tschech. **Duchcov** ['duxtsɔf], Stadt im Nordböhm. Gebiet, Tschech. Rep., 217 m ü. M., am Fuß des Erzgebirges, 10 000 Ew.; Braunkohlentagebau, der zu einer teilweisen Verlegung der Stadt führte; Maschinenbau, chem., Glasindustrie. – Die Schlossanlage (1570), urspr. im Stil der Renaissance, wurde 1675–85 barockisiert und im frühen 19. Jh. umgestaltet. – D., dessen Gründungsdatum unbekannt ist, erhielt im 14. Jh. Stadtrecht. Es befand sich lange Zeit im Besitz der Grafen Waldstein. – Auf Schloss D. wirkte 1785 bis zu seinem Tod G. G. CASANOVA als Bibliothekar.

Duyckinck ['daikiŋk], Evert Augustus, amerikan. Schriftsteller, * New York 23. 11. 1816, † ebd. 13. 8. 1878, und sein Bruder GEORGE LONG D., * New York 17. 10. 1823, † ebd. 30. 3. 1863; gaben 1847–53 die Literaturzeitschrift ›New York Literary World‹ heraus und standen mit den wichtigsten amerikan. Schriftstellern der Epoche (W. IRVING, J. F. COOPER, W. C. BRYANT, H. MELVILLE) in Verbindung, deren Werke sie förderten. Beide stellten die damals umfassende ›Cyclopedia of American literature‹ (1855, ²1866, 2 Bde. und 1 Suppl.-Bd.) zusammen.

D. A. WELLS: E. D.'s Literary World, 1847–1853 (Diss. Durham, N. C., 1972).

Duyn [dœyn], Adam François Jules Armand Graf van der (seit 1816), niederländ. Staatsmann, * Deventer 13. 4. 1771, † Den Haag 19. 12. 1848; wurde 1793 Mitgl. der holländ. Ritterschaft. 1811 suchte er, seit 1795 aus dem öffentl. Leben zurückgezogen lebend, Kontakt zu Anhängern des Hauses Oranien. Mit G. K. VAN HOGENDORP und L. VAN LIMBURG STIRUM stellte er sich in November 1813 an die Spitze einer provisor. Regierung und gestaltete 1814/15 die neue Verf. mit. 1817–44 war D. Gouverneur von Süd-Holland.

Düzce ['dyzdʒɛ], Stadt in der Prov. Bolu in NW-Anatolien, Türkei, 62 600 Ew.; Zentrum eines Bewässerungsgebietes.

DVA, Abk. für **1) D**aten**v**erarbeitungs**a**nlage.
2) →**D**eutsche **V**erlags-**A**nstalt GmbH.

Dvaita [Sanskrit ›Zweiheit‹, ›Dualismus‹] *der, -,* eine Richtung des Vedantasystems (→indische Philosophie), die im Ggs. zum →Advaita die Gespaltenheit des Wirklichen in eine seelisch-geistige und eine materielle Wirklichkeit lehrt. Die bedeutendsten Vertreter des D., MADHVA und NIMBARKA, lebten im 13. Jh.

Dvarapala [Sanskrit ›Torhüter‹], an ind. Tempeln paarweise die Tore flankierende Wächterfiguren, die der dort verehrten Hauptgottheit nachgebildet sind.

DVD [Abk. für engl. **d**igital **v**ideo **d**isc], →optische Speicherplatte.

Dvina, 1) Severnaja D., russ. Name für Nördliche →Dwina.
2) Zapadnaja D. [z-], russ. Name für Westliche Dwina, →Düna.

Dvinsk, früherer russ. Name der lett. Stadt →Dünaburg.

DVM, Abk. für **D**igital**v**olt**m**eter, →elektrische Messgeräte.

Dvojnice [ˈdvɔjnitsɛ; serb., kroat., von dvojni ›doppelt‹] *die, -/-,* eine in mehreren Balkanländern (u. a. Bulgarien, Albanien) verbreitete Doppelblockflöte (→Doppelflöte), deren Röhren in einen gemeinsamen Holzblock gebohrt sind. Die eine Spielröhre mit vier bis fünf Grifflöchern ist für die Melodie, die andere mit drei bis vier Grifflöchern für die im Sekund- oder Terzabstand verlaufende Begleitung bestimmt.

Dvořák [ˈdvɔrʒaːk], **1)** Antonín, tschech. Komponist, *Nelahozeves (bei Prag) 8. 9. 1841, †Prag 1. 5. 1904; studierte in Prag an der Orgelschule und spielte in verschiedenen Orchestern als Bratschist (1862–71 unter B. SMETANA). Auf Empfehlung u. a. von J. BRAHMS erhielt D. ein österr. Staatsstipendium (1875–78). Nach mehrmaligen Gastspielreisen nach England (seit 1884) wurde er 1891 in Prag Prof. für Komposition am Konservatorium. Die Eindrücke eines Amerikaaufenthaltes (1892–95 künstler. Leiter des National Conservatory of Music in New York) sind in seiner letzten Sinfonie ›Aus der Neuen Welt‹ festgehalten: Wendungen v. a. der amerikan. Folklore werden mit slowak. Lied- und Tanzelementen verschmolzen. – Die frühen Werke D.s stehen zunächst der Wiener Klassik nahe, dann R. SCHUMANN, F. LISZT und R. WAGNER. Nach 1870 zeigt sich der Einfluss von BRAHMS und SMETANA sowie in späten Werken des Impressionismus. D.s vitaler Kompositionsstil verbindet klass. Formgebung mit der böhm. und mähr. Volksmusik. Sein Werk markiert den Beginn der neueren tschech. Musik.

D.s Werkkatalog umfasst 10 Opern, u. a. ›Der Bauer ein Schelm‹ (1877), ›Der Jakobiner‹ (1889), ›Rusalka‹ (1901), ›Armida‹ (1904); neun Sinfonien, darunter die 9. (Nr. 5) e-Moll op. 95 ›Aus der Neuen Welt‹ (1893); 16 ›Slaw. Tänze‹ op. 46 (1878), mit denen D. seinen Ruhm begründete, und op. 72 (1887; alle urspr. für Klavier zu vier Händen); Ouvertüren, sinfon. Dichtungen und Instrumentalkonzerte (Violoncellokonzert h-Moll op. 104, 1895); vier Streichquintette, 17 Streichquartette, zwei Klavierquartette sowie vier Klaviertrios (u. a. ›Dumky‹ e-Moll op. 90, 1891); zahlr. Tänze und Charakterstücke für Klavier, darunter ›Silhouetten‹ op. 8 (1879) und ›Acht Humoresken‹ op. 101 (1894; als Nr. 7 die berühmte Humoreske in Ges-Dur); Oratorium ›Die hl. Ludmila‹ op. 71 (1886); Requiem op. 89 (1890); Chorwerke mit Orchester ›Die Erben des weißen Berges‹ op. 30 (1872) und ›Stabat mater‹ op. 58 (1877); Lieder mit Klavierbegleitung, u. a. ›Zigeunermelodien‹ op. 55 (1880), ›Bibl. Lieder‹ op. 99 (1894).

Ausgabe: A. D. Sämtl. Werke, hg. v. O. ŠOUREK u. a., auf zahlr. Bde. ber. (1955 ff.).

J. BURGHAUSER: A. D. Themat. Verz., Bibliograph. Übersicht ... (Leipzig 1960); DERS.: A. D. (Prag 1985); A. SYCHRA: A. D. Zur Ästhetik seines sinfon. Schaffens (a.d. Tschech., Leipzig 1973); H.-H. SCHÖNZELER: A. D. (London 1984); A. D. Sinfonie Nr. 9 e-Moll, op. 95 ›Aus der Neuen Welt‹, hg. v. K. STÖCKL u. K. DÖGE (²1986); K. HONOLKA: A. D. (36.–38. Tsd. 1994).

2) Max, österr. Kunsthistoriker, *Raudnitz an der Elbe 24. 6. 1874, †Schloss Grusbach (bei Znaim) 8. 2. 1921; Prof. und Leiter des staatl. Denkmalamtes in Wien, bedeutender Vertreter der Wiener kunsthistor. Schule. D. sah die zu erforschenden kunsthistor. Realien als Teil der allg. Geistesgeschichte. Er gab der österr. Denkmalpflege neue, entscheidende Impulse.

Werke: Katechismus der Denkmalpflege (1916); Idealismus u. Naturalismus in der got. Skulptur u. Malerei (1918); Kunstgesch. als Geistesgesch. (1924); Gesch. der ital. Kunst im Zeitalter der Renaissance, 2 Bde. (1927–28).

DVP, Abk. für →Deutsche Volkspartei.

Dvůr Králové nad Labem [dvuːr ˈkraːlɔvɛː-], Stadt in der Tschech. Rep., →Königinhof an der Elbe.

DVV, Abk. für Deutscher Volkshochschul-Verband e. V. →Volkshochschule.

DVWG, Abk. für →Deutsche Verkehrswissenschaftliche Gesellschaft e. V.

Dwarka [ˈdwɑːkə], Wallfahrtsort der Hindus im Bundesstaat Gujarat, Indien, an der W-Spitze der Halbinsel Kathiawar, 21 400 Ew.; Krishnatempel.

dwars [niederdt. ›quer (ab)‹], *Seemannssprache:* Ausdruck für: rechtwinklig zur Längsschiffslinie. – **Dwarslinie,** seetakt. Formation, bei der mehrere Kriegsschiffe auf gleichem Kurs genau nebeneinander fahren.

Dwight [dwaɪt], Timothy, amerikan. Schriftsteller und Theologe, *Northampton (Mass.) 14. 5. 1752, †New Haven (Conn.) 11. 1. 1817; einer der Literaten der ›Connecticut Wits‹. Seine Gedichte verfolgen moral. und didakt. Zwecke. Reizvoll sind seine Reisebeschreibungen: ›Travels in New England and New York‹ (4 Bde., hg. 1821–22). D. war 1795–1817 Präs. der Yale University in New Haven, deren Entwicklung er stark beeinflusste. Die Predigten, die er dort hielt, legen sein kalvinist. theolog. System dar (›Theology explained and defended‹, 5 Bde., 1818–19).

Weitere Werke: The conquest of Canaan. A poem in eleven books (1785); The triumph of infidelity. A poem (1788); Greenfield Hill. A poem in seven parts (1794).

C. E. CUNINGHAM: T. D., 1752–1817 (New York 1942); K. SILVERMAN: T. D. (New York 1969).

Dwina *die,* **1)** **Nördliche D.,** russ. Sęwernaja D., Sęvernaja Dvina, Fluss im N des europ. Teils von Russland, 744 km lang, entsteht bei Welikij Ustjug durch den Zusammenfluss von Suchona und Jug, mündet unterhalb von Archangelsk mit einem 900 km² großen Delta in die **D.-Bucht** des Weißen Meeres; schiffbar. Die D. hat große Bedeutung für den Holztransport nach Archangelsk. Über die Suchona, den Kubenasee und den Nördliche-D.-Wolga-Kanal ist sie mit dem Wolga-Ostsee-Wasserweg verbunden.

2) Westliche D., russ. Sapadnaja D., Zapadnaja Dvina [z-], Zufluss der Rigaer Bucht, →Düna.

Dwinger, Edwin Erich, Schriftsteller, *Kiel 23. 4. 1898, †Gmund a. Tegernsee 17. 12. 1981; geriet im Ersten Weltkrieg in russ. Gefangenschaft, kämpfte auf weißruss. Seite gegen die Rotarmisten; schrieb mit nationalist. Tendenz über seine Erlebnisse (›Die Armee hinter Stacheldraht‹, 1929; ›Zwischen Weiß und Rot‹, 1930). D. war Propagandist des natsoz. Staates und nahm auf der Seite FRANCOS am Span. Bürgerkrieg teil. Großen Erfolg hatte sein Freikorps-Roman ›Die letzten Reiter‹ (1935).

Dwinsk, früherer russ. Name der lett. Stadt →Dünaburg.

Dwog *der, -s,* fossiler Aₕ-Horizont (Humushorizont) in Marschböden, entstanden durch zeitweilige Unterbrechung der Marschablagerung.

Dworjane [russ. ›Hofleute‹, zu dvor ›Hof‹], *Sg.* **Dworjanin** *der, -,* in Russland seit dem 12./13. Jh. die niederen Gefolgsleute der Fürsten und Bojaren, in der Folge der niedere Dienstadel, der Herkunft nach z. T. Unfreie. Seit dem 14. Jh. und bes. im Moskauer Staat seit der dynast. Krise des 15. Jh. zum Kriegsdienst herangezogen, erhielten sie als Existenzgrundlage Dienstgüter (pomestje, daher auch die Bez. **Pomeschtschiki** ›Dienstgutbesitzer‹), an denen sie jedoch kein Eigentum erwarben. Gestützt auf die D. gelang es den Moskauer Herrschern, den alten Geburtsadel seiner Privilegien zu berauben und ihn im 16. Jh. ebenfalls dienstpflichtig zu machen. Seit der Mitte des 18. Jh. wird ›Dworjanstwo‹ Bez. für den gesamten Adel, der Ende des 17. Jh. etwa 3 000 Geschlechter umfasste. Die eigentumsrechtl. Unterschiede zw. den Erb- und Dienstgütern wurden jedoch erst unter PETER D. GR. endgültig aufgehoben (Ukas über die Einerbfolge 1714). 1722 wurde eine neue Rangtabelle (→Tschin) eingeführt, die jedem Untertan den Zugang zum Dienst- oder Erbadel nach dem Leistungsprinzip ermöglichen sollte.

Dvojnice

Antonín Dvořák

Johannes Dyba

Anthonis van Dyck:
Selbstporträt; um 1621
(Ausschnitt; München,
Alte Pinakothek)

DWR, Abk. für →Druckwasserreaktor.

dwt, Einheitenzeichen für →Pennyweight.

DWV, Abk für →Deutscher Wissenschafter-Verband.

Dwykagruppe [ˈdwaɪkə-; nach dem Dwykatal, Rep. Südafrika], oberkarbonisch-unterperm. Schichtenfolge der Karru-Serie im südl. Afrika, bestehend aus bis 1000 m mächtigen Diamiktiten (Tillite, d. h. Reste der permokarbon. Vereisung Gondwanas) sowie (im Hangenden) bis 300 m mächtigen Schiefern und Sandsteinen (mit Mesosaurierfunden).

DX [Abk. für engl. **d**istance **X** ›unbekannte (große) Entfernung‹, im *Amateurfunk* und bei *Kurzwellenhörern* übl. Bez. für große Entfernungen; entsprechend: **DXer,** Funkamateur, der bes. Funkverkehr über große Entfernungen betreibt, oder Hörfunkhörer (BC-DXer, von engl. Broadcast-DXer), der bes. am Empfang weit entfernter Hörfunksender interessiert ist.

Dy, chem. Symbol für das Element →Dysprosium.

Dy [schwed. ›Braunschlamm‹] *der, -(s), Geologie:* Bez. für ein aus Pflanzenresten und v. a. aus ausgeflocktem Humus gebildetes Sediment (in der Bodenkunde im subhydrischer und Unterwasserboden) in sauren, nährstoffarmen Seen (→dystroph).

DY, Nationalitätszeichen für Benin (Dahomey).

Dyade [griech. dýas, dyádos ›Zweiheit‹] *die, -/-n,*
1) *allg.:* die Zusammenfassung zweier Einheiten, Mengen u. a. zu einem Ganzen.
2) *Genetik:* 1) vom Zentromer zusammengehaltene Chromatiden eines Chromosoms in der Anaphase der ersten Reifeteilung; 2) Zellpaar, das aus der ersten Reifeteilung (→Meiose) stammt.

dyadisches System, das →Dualsystem.

Dyakisdodekaeder, das →Disdodekaeder.

Dyas [griech. dýas ›Zweiheit‹] *die, -, Geologie:* veraltete Bez. für das →Perm.

Anthonis van Dyck: Bildnis einer Dame; um 1618/21
(Dresden, Staatl. Kunstsammlungen)

Dyba, Johannes, kath. Theologe, *Berlin 15. 9. 1929; nach der Priesterweihe (1959) weitere Ausbildung an der Päpstl. Diplomat. Akademie; 1962–83 in verschiedenen Funktionen im päpstl. diplomat. Dienst tätig, zuletzt 1979–83 als Apostol. Pronuntius in Liberia und Gambia und Apostol. Delegat in Guinea und Sierra Leone. 1979 zum Bischof geweiht (Ti-

tularbischof mit dem persönl. Titel Erzbischof), ist D. seit 1983 Bischof von Fulda, seit 1990 auch Militärbischof für Dtl. 1993 wurde er in die Kurienkongregation für die Bischöfe berufen. D. vertritt in kirchen- und gesellschaftspolit. Fragen konservative Positionen.

Dybbøl [ˈdybøl], Ort in Dänemark, →Düppel.

Dybin, Nikolaus, mittellat. Gelehrter, →Nikolaus, N. Dybinus.

Dybuk, der →Dibbuk.

Dyck [dɛɪk], Sir (seit 1632) Anthonis van, fläm. Maler, *Antwerpen 22. 3. 1599, †London 9. 12. 1641; kam nach der Lehre bei H. van Balen 1616 oder 1617 zu P. P. Rubens, in dessen Werkstatt er eine wichtige Stellung einnahm. 1620 stand er in London im Dienst Jakobs I., 1621 ging er nach Italien, wo er sich bes. mit den Werken Tizians, Giorgiones und Veroneses befasste. In Genua schuf er zahlr. Porträts des Stadtadels. Ab 1627 hielt er sich erneut in Antwerpen auf, wo er Hofmaler der Statthalterin der Niederlande, Erzherzogin Isabella, wurde. 1632 ließ er sich in England nieder (dort geadelt), das er nur 1634 und 1640 zu Reisen nach Flandern und Paris verließ, und wirkte in London als Hofmaler Karls I. Van D. ist neben Rubens der bedeutendste fläm. Maler des 17. Jh. Er schuf v. a. Altarbilder sowie repräsentative höf. und bürgerl. Porträts. In den frühen Altarwerken wie ›Das Martyrium des hl. Sebastian‹ (um 1616–18; Paris, Louvre) folgte van D. der Werkstatt seines Lehrers Rubens. Die Italienreise brachte eine Vermischung fläm. und venezian. Ausdrucksmittel: ›Rosenkranzaltar‹ (um 1623–27; Palermo, Oratorio del Rosario di San Domenico). Die Bildnismalerei van D.s stellt einen Höhepunkt der europ. Porträtkunst dar: ›Karl I. auf der Jagd‹ (um 1635–38; Paris, Louvre). – Ab 1630 entstand die ›Ikonographie‹, eine Folge von etwa 100 Radierungen und Kupferstichen mit Porträts von Zeitgenossen van D.s, elf sind von ihm selbst radiert. Sie wurde nach seinem Tod fortgesetzt (1. vollständige Ausgabe 1645).

Weitere Werke: Trunkener Silen (1618; Brüssel, Musées Royaux des Beaux-Arts); Bildnis einer Dame (um 1618–21; Dresden, Staatl. Kunstsammlungen); Kardinal Bentivogli (um 1623; Florenz, Palazzo Pitti); Susanna im Bade (um 1621–26; München, Alte Pinakothek); Gefangennahme Christi (um 1623–27; Madrid, Prado); Elena Grimaldi (um 1625; Washington, D. C., National Gallery of Art); Madonna mit Stiftern (um 1627–30; Paris, Louvre); Ruhe auf der Flucht nach Ägypten (um 1627–32; München, Alte Pinakothek); Die myst. Verlobung des seligen Hermann Joseph mit Maria (1630; Wien, Kunsthistor. Museum); Reiterbildnis Karls I. (um 1635–38; London, National Gallery); Prinz Willem II. und Maria Stuart (1641; Amsterdam, Rijksmuseum).

H. Vey: Die Zeichnungen A. van D.s, 2 Bde. (Brüssel 1962); J. R. Martin u. G. Feigenbaum: Van D. as religious artist (Princeton, N. J., 1979); L'opera completa di Van D., hg. v. E. Larsen, 2 Bde. (1980); C. Brown: Van D. (a. d. Engl., 1983); E. Larsen: The paintings of Anthony van D., 2 Bde. (Freren 1988); F. Billeter: Zur künstler. Auseinandersetzung innerhalb des Rubenskreises. Eine Unters. am Beispiel früher Historienbilder Jacob Jordaens' u. A. Van D.s (1993).

Dyckerhoff & Widmann AG [ˈdi:-], Unternehmen der Bauindustrie, gegr. 1865, seit 1970 AG; Sitz: München. Großaktionär (75%) ist die Walter Holding GmbH, Augsburg; Bauleistung (1995): 4,1 Mrd. DM; Inlandsumsatz: 3,5 Mrd. DM; Beschäftigte: rd. 15 300.

Dyerma [ˈdjɛrma], **Djerma, Zarma** [ˈdʒa-], Volksstamm in Westafrika, im SW der Rep. Niger (im Gebiet von Niamey und Dosso) sowie im O von Burkina Faso und in NW-Nigeria, etwa 250 000 Angehörige. Die D. treiben Feldbau und Fischerei und bekennen sich zum Islam, haben jedoch Elemente ihrer traditionellen Religion (Besessenheitskult) bewahrt.

Dyfed [ˈdʌvɪd], Cty. in SW-Wales, 5 766 km², 341 600 Ew., Verw.-Sitz ist Carmarthen; erstreckt sich vom Bristolkanal im S und vom Sankt-Georgs-Kanal im W bis zu den Höhen der Cambrian Mountains mit dem Brecon Beacons National Park, an dem D. im O Anteil hat. Im Tiefland wird Milchviehweidewirtschaft und Jungviehaufzucht, auf den Rauweiden des Berglands Schafzucht betrieben; Verarbeitung landwirtschaftl. Produkte. Der SO-Teil von D. reicht in das südwalis. Industriegebiet, Stahl-, Weißblechindustrie in Llanelli; petrochem. Industrie um den Erdölhafen Milford Haven; Fremdenverkehr im Bergland und an der Küste.

Dygasiński [dɪgaˈcĩiski], Tomasz Adolf, poln. Schriftsteller, * Niegoslawice (bei Kielce) 7. 3. 1839, † Grodzisk Mazowiecki 3. 6. 1902; schilderte in seinen naturalist. Erzählungen im Sinne C. DARWINS den Kampf ums Dasein, wobei er den sozialen Hintergrund hervorhebt; verfasste auch Romane (›Gody życia‹, 1902; dt. ›Lebensfreuden‹) sowie Tier- und Naturbeschreibungen.
H. WOLNY: Literacka twórczość Adolfa Dygasińskiego (Kielce 1991).

Dygat, Stanisław, poln. Schriftsteller, * Warschau 5. 12. 1914, † ebd. 29. 1. 1978; war im Zweiten Weltkrieg in Konstanz am Bodensee interniert. Seine Romane zeigen in iron. und humorvoller Analyse der vorwiegend bürgerl. Gesellschaft und Mentalität den Ggs. zw. Wunschtraum und Wirklichkeit; schrieb auch Grotesken, Kurzgeschichten, Feuilletons, Jugendbücher; übersetzte Werke SHAKESPEARES.
Werke: *Romane:* Jezioro Bodeńskie (1946); Pożegnania (1948); Podróż (1958; dt. Verwehte Träume); Disneyland (1965; dt. Ich kann Jowitas Augen nicht vergessen); Dworzec w Monachium (1973).
Ausgabe: Utwory rozproszone, 2 Bde. (1991).

Dyggve [ˈdygvə], Ejnar, dän. Bauforscher und Archäologe, * Libau 17. 10. 1887, † Kopenhagen 6. 8. 1961. Sein Hauptarbeitsgebiet war die Erforschung der frühchristl. Architektur in Ravenna, in Venetien, Dalmatien und Griechenland. Seine Deutungen der von ihm durchgeführten Grabungen, v. a. in Salona und Saloniki, übten großen Einfluss auf Archäologie und Kunstgeschichte der Spätantike und des Frühchristentums aus.

Dyje [ˈdijɛ] *die,* tschech. Name des Flusses →Thaya.

Dyk [deik], Peter van, Tänzer und Choreograph, * Bremen 21. 8. 1929, † Paris 18. 1. 1997; wurde 1955 als erster Deutscher Premier danseur étoile (erster Solist) an der Opéra in Paris, war u. a. Ballettdirektor in Hamburg, Hannover, Straßburg und 1978–80 am Grand Théâtre in Genf, 1981–88 in Bonn; choreographierte u. a. ›Unvollendete Sinfonie‹ (1957, Musik von F. SCHUBERT), ›Dornröschen‹ (1990, Toulouse).

Dyke [daik, engl.] *der, -(s)/-s,* **Dike** [daik], *Geologie:* →Gang.

Dylan [ˈdɪlən; nach dem walis. Schriftsteller DYLAN THOMAS], Bob, eigtl. **Robert Allen Zimmerman** [ˈzɪməmæn], amerikan. Rockmusiker (Gesang, Gitarre, Mundharmonika), * Duluth (Minn.) 24. 5. 1941; als Komponist und Interpret seit 1961 die nach den Beatles und den Rolling Stones stilgeschichtlich wohl einflussreichste Persönlichkeit der Rockmusik, gleichermaßen bedeutend für die Entwicklung des Protestsongs in der ersten Hälfte der 60er-Jahre wie für den Folk- und Countryrock seit 1964/65. Zahlr. seiner lyrisch anspruchsvollen und engagierten Songs wurden zu ›Klassikern‹ des Folk- und Rockmusikrepertoires (u. a. ›Blowin' in the wind‹, ›Like a rolling stone‹, ›Mr. Tambourine Man‹, ›It's all over now baby blue‹, ›The mighty Quinn‹).
P. WILLIAMS: Like a Rolling Stone. Die Musik von B. D. 1960–1973 (a. d. Amerikan., 1994).

Dylewska Góra [diˈlɛfska ˈgura], Erhebung in Polen, →Kernsdorfer Höhe.

Dyme, auch **Dymai,** eine der ältesten antiken Städte im Westen der Landschaft Achaia (Peloponnes), Gründungs-Mitgl. bei der Erneuerung des Achaiischen Bundes 281/280 v. Chr. D. war durch POMPEIUS mit Seeräubern besiedelt worden und war seit AUGUSTUS röm. Kolonie, es kam spätestens im 2. Jh. zu Patrai (Patras). Ruinen sind nicht erhalten.

Dymow, Ossip, eigtl. **O. Issidorowitsch Perelman,** russ. Schriftsteller, * Białystok 16. 2. 1878, † New York 1. 2. 1959; emigrierte 1913 in die USA; schrieb – in russ. und jidd. Sprache – Erzählungen, Romane und Dramen (›Nju‹, 1908; dt.) mit stark erot. Komponenten über das Leben der Juden und der Intelligenzschicht. – Memoiren: ›Wos ich gedenk‹ (1943/44).

Dyn [Kurzbildung zu griech. dýnamis ›Kraft‹] *das, -s/-,* Einheitenzeichen **dyn,** nichtgesetzl. Einheit der Kraft im CGS-System (→Maßsystem): 1 dyn = $1 \text{ g} \cdot \text{cm/s}^2 = 10^{-5}\,\text{N}$ (Newton).

Dynamidenmodell, ein →Atommodell.

Dynamik [zu griech. dýnamis ›Kraft‹] *die, -,*
1) *allg.:* Triebkraft, auf Veränderungen gerichtete Kraft.
2) *Akustik:* das Verhältnis von größter zu kleinster Lautstärke bei Sprache und Musik; in der *Elektroakustik* das meist in Dezibel (dB) gemessene Verhältnis von maximaler unverzerrter Nutzspannung zur Ruhestörspannung eines Geräts **(technische D.).** Volle Orchester-D. (etwa 70 dB) kann von herkömml. Schallträgern (maximal 60 dB) nicht übertragen werden. Darum wird bei Schallvorgängen mit hoher D. diese durch geeignete Geräte bei der Aufnahme so verringert **(D.-Kompression),** dass die Übertragung verzerrungsfrei erfolgt; bei der Wiedergabe wird dann eine entsprechende Entzerrung **(D.-Expansion)** vorgenommen. Da die techn. D. von Compactdiscs (CD) rd. 90 dB beträgt, sind bei CD-Aufnahmen derartige Maßnahmen nicht erforderlich.
3) *Musik:* die Differenzierung der Tonstärke, entweder stufenweise (z. B. forte, mezzoforte, piano) oder als allmähl. Veränderung (crescendo, decrescendo). Der Ggs. forte–piano ist im Instrumentalkonzert seit A. CORELLI bedeutsam (Tutti-Solo). War für die Barockzeit die gestufte D. (›Terrassen-D.‹) bezeichnend, so wurde die allmähl. Veränderung der Tonstärke erst seit der →Mannheimer Schule nach 1740 zu einem wesentl. Mittel der Komposition. In der →seriellen Musik wurde die D. zu einem gleichberechtigten Parameter neben Tonhöhe, Tondauer und Tonfarbe erhoben. – Von dieser primären, kompositor. D. ist die sekundäre Vortrags-D. zu unterscheiden. Jene ist als Bestandteil der Komposition in der Niederschrift festgelegt, diese nur Bestandteil der Interpretation, eine weithin auch unbewusste Differenzierung durch den Interpreten. Die zunehmende Neigung zu gesteigerter Differenzierung von Stärkegraden und somit zur Fixierung der Vortrags-D. gehört zu den Kennzeichen der Musik des 19. Jahrhunderts.
H. RIEMANN: Musikal. D. u. Agogik (1884); A. HEUSS: Einige grundlegende Begriffe für eine histor. Darstellung der musikal. D., in: Haydn-Zentenarfeier (Wien 1909); DERS.: Über die D. der Mannheimer Schule, in: Riemann-Festschrift (1909, Nachdr. 1965); I. FELLINGER: Über die D. in der Musik von Johannes Brahms (1969).
4) *Physik:* die Lehre von den Kräften und Wechselwirkungen und den von ihnen hervorgerufenen Bewegungs- oder Zustandsänderungen in physikal. Systemen; i. e. S. das Teilgebiet der →Mechanik, das die Änderung des Bewegungszustandes von Körpern u. a. durch von außen einwirkende Kräfte behandelt (im Unterschied zur →Statik und →Kinematik), die Beziehungen zw. den Beschleunigungen und den sie verursachenden Kräften aufstellt und Methoden zur Lösung der sich ergebenden →Bewegungsgleichungen entwickelt. Ausgangspunkt ist i. A. die als **dynamische Grundgleichung** bezeichnete newtonsche Bewegungsgleichung: Kraft = Masse · Beschleunigung oder Kraft = zeitl. Änderung des Impulses. Die zweite

Bob Dylan

Form dieser Grundgleichung der D. gilt etwas modifiziert auch in der **relativistischen D.**, in der Bewegungsvorgänge behandelt werden, bei denen die Geschwindigkeiten der Körper nicht mehr klein gegen die Lichtgeschwindigkeit sind. – Die D. der (inkompressiblen) flüssigen Stoffe ist die →Hydrodynamik, die von gasförmigen Stoffen, solange Kompressibilität und Temperaturänderungen vernachlässigt werden dürfen, die →Aerodynamik, anderenfalls die →Gasdynamik, die von Plasmen die →Plasmadynamik, in einfacherer Form die →Magnetohydrodynamik.

I. w. S. umfasst der Begriff D. auch die →Thermodynamik, die nur innere Zustandsänderungen von makroskop. Systemen behandelt, die →Elektrodynamik als die D. von Ladungsträgern einschließlich der elektr. und magnet. Felder sowie die D. der Elementarteilchen und der sie beschreibenden physikal. Felder (→Quantenelektrodynamik, →Quantenchromodynamik).

Dynamis [griech. ›Vermögen‹, ›Kraft‹] *die, -,* Terminus der griechisch-antiken Philosophie, →Akt.

dynamisch, 1) *allg.:* 1) eine Bewegung, Entwicklung aufweisend; 2) Tatkraft und Unternehmungsgeist besitzend, durch Schwung, Energie gekennzeichnet. **2)** *Physik:* auf der Einwirkung von Kräften beruhend; die durch diese erzeugte Bewegung betreffend.

dynamische Analyse, *Volkswirtschaftslehre:* Betrachtung zeitl. Entwicklungen (z. B. in der Konjunktur- und Wachstumstheorie) anhand eines Modells der Realität (Gleichungssystems), bei dem mindestens eine Variable im Vergleich zu den übrigen eine andere Datierung aufweist (→Lag als zeitl. Rückgriff, →Lead als zeitl. Vorgriff, Wachstumsrate als transformierte Differenz zw. zwei Perioden). Neben dieser ›period analysis‹ mit mindestens einer Variablen in zwei verschiedenen Datierungen (oder mit einer Differenzengleichung) gibt es nach R. FRISCH die ›rate analysis‹, wenn zu mindestens einer Variablen noch eine Ableitung nach der Zeit (oder eine Differenzialgleichung) vorkommt. Die dynam. Modelle selbst, die zur d. A. gehören, sind, stellen mit den enthaltenen Aussagesystemen und Theoremen eine **dynamische Wirtschaftstheorie** dar. Sie erklären die Verknüpfung von Vergangenheit, Gegenwart und Zukunft. – Ggs.: statische Analyse.

dynamische Bilanztheorie, →Bilanz.

dynamische Programmierung, *Operationsresearch:* →Entscheidungsbaumverfahren.

dynamische Psychologie, Bez. für psycholog. Theorien, die den Prozesscharakter des Psychischen betonen und diesen untersuchen. Als Beispiele können die Psychoanalyse, die Gestaltpsychologie und die psycholog. Feldtheorie gelten.

dynamischer Druck, *Physik:* →Druck, →Staudruck.

dynamische Rente, eine Rente, die durch die Anpassung an die Entwicklung der Löhne (lohnbezogene Rente), der volkswirtschaftl. Produktivität (Produktivitätsrente) oder anderer Bezugsgrößen den Rentner an dem wachsenden Sozialprodukt teilnehmen lässt. Die ›Dynamisierung‹ der Rente war einer der Kerngedanken der Reform der gesetzl. Rentenversicherung (1957). Die Anpassung der Renten der gesetzl. Rentenversicherung (auch der Alterssicherung der Landwirte, der Unfallversicherung, der Kriegsopferversorgung) erfolgt seit In-Kraft-Treten des Rentenreform-Ges. 1992 (1. 1. 1992), indem der bisherige aktuelle Rentenwert durch einen neuen aktuellen Rentenwert ersetzt wird (→Rentenversicherung).

dynamische Systeme, →komplexe Systeme.

Dynamismus *der, -,* **1)** *Philosophie:* diejenigen philosoph. Theorien, die das Sein nicht statisch, sondern als Bewegtheit und Werden verstehen und die Wirklichkeit auf Kräfte und ihre Wirkungen zurückführen. Zur metaphys. Erklärung des Werdens bildete ARIS-

TOTELES die Begriffe ›Dynamis‹ (Seinsmöglichkeit) und ›Energeia‹ (Seinswirklichkeit) aus (Akt-Potenz-Lehre, →Akt). In der aristotel. Scholastik war der Dynamis-Begriff von großer Bedeutung. Ein metaphys. D. findet sich v. a. bei G. W. LEIBNIZ (Monade) und im dt. Idealismus, aber auch bei A. SCHOPENHAUER in seiner Deutung der ›Welt als Wille und Vorstellung‹. R. G. BOSCOVICH entwickelte einen naturwissenschaftlich-theoret. D., nach dem die materiellen Erscheinungen Wirkungen unausgedehnter Kraftzentren sind.

J. REINKE: Das dynam. Weltbild. Physik u. Biologie (1926); J. STALLMACH: Dynamis u. Energeia. Unters. am Werk des Aristoteles zur Problemgesch. von Möglichkeit u. Wirklichkeit (1959).

2) *Religionswissenschaft:* eine Theorie, die den Ursprung und Wesen der Religion im Glauben an eine unpersönl., universelle und übernatürl. Kraft sah. Der D. galt früher als Vorstufe des →Animismus; deshalb bezeichnete man den D. auch als **Präanimismus.** Als theoret. Konzept hat der Dynamismus R. OTTO und G. VAN DER LEEUW beeinflusst.

G. VAN DER LEEUW: Phänomenologie der Religion (⁴1977); B. GLADIGOW: Kraft, Macht, Herrschaft, in: Staat u. Religion, hg. v. DEMS. (1981).

Dynamit *das, -s,* Bez. für vorwiegend aus Nitroglycerin bestehende Sprengstoffgemische, z. B. zunächst das von dem schwed. Ingenieur A. NOBEL 1867 entwickelte **Gur-D.** (75% Nitroglycerin, 25% Kieselgur), später das **Gelatine-D.** (bestehend aus Sprenggelatine, z. B. aus 93% Nitroglycerin und 7% Nitrocellulose, mit Zusätzen von Natronsalpeter, Holzmehl u. a.). Das D. ist v. a. durch die →Ammon-Gelite ersetzt worden.

Dynamit Nobel AG, Chemieunternehmen, gegr. 1865 von A. NOBEL, Sitz: Troisdorf; das Produktionsprogramm umfasst v. a. Sprengstoffe und Zündmittel, chem. und keram. Erzeugnisse, Kunststoffe; seit 1992 Tochtergesellschaft der Metallgesellschaft AG; Umsatz (1994/95): 3,5 Mrd. DM, Beschäftigte: rd. 13 200.

Dynamo [auch ʼdy:-] *der, -s/-s,* veraltete Bez. für jeden elektr. Generator; noch gebräuchlich z. B. für **Fahrrad-D.,** ein Einphasen-Synchrongenerator mit Dauermagneterregung. Der Strom wird durch Drehung einer Wicklung im Magnetfeld eines Permanentmagneten erzeugt.

Dynamoblech, weichmagnet. Blech aus einer Eisen-Silicium-Legierung; bis 0,5 mm dick zum Aufbau des magnet. Kreises elektr. Maschinen. Für den Einsatz von D. sind hohe magnet. Permeabilität und geringe →Eisenverluste des Werkstoffes von Bedeutung. Zur Senkung der Eisenverluste werden die D. zusätzlich ein- oder beidseitig isoliert.

dynamoelektrisches Prinzip, das von W. VON SIEMENS 1866 gefundene Prinzip der Selbsterregung von Gleichstromgeneratoren durch den remanenten Magnetismus in den Polen und Jochen: Dieser erzeugt zunächst einen schwachen Induktionsstrom in den Wicklungen, der zum weiteren Aufbau des Magnetfeldes benutzt wird, sodass sich der Generator selbst zu voller Leistung ›aufschaukelt‹.

Dynamometer *das, -s/-,* Messgerät, das als Messfühler ein elast. Element (z. B. Druck- oder Zugfeder, Torsionsstab, Dehnungsmessstreifen) enthält, dessen Verformung zur Bestimmung einer unbekannten Kraft oder eines Drehmoments dient. Das **Brems-D.** greift direkt am Umfang einer Scheibe an und misst das von einer laufenden Maschine abgegebene Drehmoment über eine Reibungsbremsung.

Dynamotheorie, jede auf magnetohydrodynam. Vorstellungen (→Magnetohydrodynamik) beruhende physikal. Theorie zur Erklärung des Auftretens von Magnetfeldern und Magnetfeldschwankungen in und auf der Erde und anderen Himmelskörpern sowie in der interstellaren Materie. Entsprechend der Wirkungsweise selbsterregter Gleichstromgeneratoren

(Dynamos) rufen geladene Materieströme beim Durchqueren eines Magnetfeldes durch Induktion elektr. Ströme hervor, die ihrerseits Magnetfelder erzeugen, sodass bei geeignetem Strömungsverlauf ein Aufschaukeln des Vorganges eintritt und messbare Magnetfeldstärken auftreten. Auf diese Weise wird nach der D. von W. ELSASSER das erdmagnet. Feld durch starke elektr. Ströme im Erdinnern (in etwa 3 000 km Tiefe) erzeugt. Seine Säkularvariation entsteht durch langsame Verlagerungen und Stromstärkeschwankungen dieses Dynamosystems.

Dynast [griech. ›Machthaber‹, ›Fürst‹] *der, -en/-en,* allg. Bez. für den regierenden Angehörigen einer Dynastie; im *antiken Griechenland* Bez. für einen (meist aristokrat.) Machthaber, der in einem Gemeinwesen Herrschaftsrechte ohne Herrschaftstitel ausübte; seit dem 19. Jh. in der *geschichtswissenschaftl. Terminologie* übl. Bez. für einen dem Fürstenstand ebenbürtigen Adligen des Hoch- und Spät-MA., der nur dem König als Schutzherrn seiner Freiheit anerkannte und neben größerem freiem Grundbesitz Reichs- und/oder Kirchenlehen sowie Hoheitsrechte innehatte.

Dynastie *die, -/...'tilen,* Bez. für Herrscherhaus, Herrscherfamilie, Herrschergeschlecht; eine fürstlich hochadlige Familie, in der sich in einem monarch. Staat im Ggs. zur Wahlmonarchie die Krone vererbt oder von der dieser Anspruch rechtlich zumindest erhoben werden kann. – Im *alten Ägypten* wurden um 280 v. Chr. die 30 Herrscher-D. bis 343 v. Chr. zur Grundlage der Chronologie gemacht (→Ägypten, Geschichte). Für *Mesopotamien* wurde ebenfalls um 280 v. Chr. eine ähnl. Chronologie geschaffen. – In der Staatslehre der *griech. Antike* bildete die D. eine Sonderform der Aristokratie.

Dynistordiode, Dynistor, Lawinenlaufzeitdiode mit Raumladungsbegrenzung (→Impatt-Diode).

Dynode [griech.] *die, -/-n,* →Elektronenvervielfacher.

Dyola, Volk in Westafrika, →Diola.

Dyopol, Duopol [griech. dýo ›zwei‹; Analogiebildung zu Monopol] *das, -s/-e, Volkswirtschaftslehre:* eine Marktform, bei der im Unterschied zum Monopol auf der Angebotsseite zwei Anbieter auftreten (bei zwei Nachfragern: **Dyopson,** bei zwei Anbietern und zwei Nachfragern: **bilaterales D.**). Infolge der gegenseitigen Abhängigkeit der beiden Dyopolisten ist die Preisbildung bes. schwierig. (→Marktformen)

Dyrrhachium, antiker Name von →Durrës.

dys... [griech. dys... ›un...‹, ›miss...‹, ›schwierig‹, ›fehlerhaft‹], Präfix von Fremdwörtern, v. a. der Medizin, mit der Bedeutung: von der Norm abweichend, fehlerhafter Zustand, krankhafte Veränderung, Erschwerung; z. B. Dysfunktion.

Dys|arthrie [zu griech. arthroûn ›gliedern‹, ›artikulierte Laute hervorbringen‹] *die, -/...'rilen,* organisch bedingte Sprechstörung infolge einer zentralnervösen Beeinträchtigung der Sprachmotorik, z. B. bei Erkrankungen des Groß- oder Kleinhirns oder des Hirnstamms. Die Erkrankten sprechen verändert, z. B. abgehackt, langsam oder verwaschen.

Dys|arthrose *die, -/-n,* Funktionsanomalie oder Fehlbildung eines Gelenks.

Dys|ästhesie [zu griech. aisthánesthai ›(durch die Sinne) wahrnehmen‹] *die, -/...'silen,* Sensibilitätsstörung, bei der Reizqualitäten verändert empfunden werden, z. B. Wärme als Kälte oder Berührung als Schmerz.

Dysbakterie *die, -/...'rilen,* Störung in der Zusammensetzung der normalen Bakterienflora von Mund, Darm oder Scheide, z. B. infolge von Infektionskrankheiten. Zu einer D. der Darmflora, die zu Gärungs- und Fäulnisvorgängen führt, kommt es v. a. durch lange Anwendung von Breitbandantibiotika, Abführmitteln, durch einseitige Ernährung, entzündl. Darm-

erkrankungen und Verdauungsstörungen. Die Bez. wurde von dem Arzt ALFRED NISSLE (* 1874, † 1965) geprägt. – Ggs.: Eubakterie.

Dysbasie [zu griech. básis ›Tritt‹, ›Gang‹] *die, -/...'silen,* Gehstörung, erschwertes Gehen, z. B. bei Erkrankungen des Nervensystems.

Dys|chromatopsie *die, -/...'silen,* die →Farbenfehlsichtigkeit.

Dys|chromie *die, -/...'milen,* die →Chromatose.

Dys|enterie [griech. ›Durchfall‹] *die, -/...'rilen, Medizin:* die →Ruhr.

Dysenzymie *die, -/...'milen,* **Dysfermentie,** Enzymschwäche, Störung in der Absonderung oder Zusammensetzung der Verdauungsenzyme mit der Folge von Stoffwechseldefekten.

Dysergie [Analogiebildung zu Allergie] *die, -/...'gien,* abnorme Reaktionsbereitschaft, meist im Sinne einer verminderten Abwehrbereitschaft des Organismus gegenüber Infekten.

Dysfunktion, 1) *Medizin:* angeborene oder erworbene Funktionsstörung eines Organs (z. B. Herz- oder Niereninsuffizienz, Hyperparathyreoidismus) oder von Zelltypen (z. B. bei Enzymdefekten).

2) *Soziologie:* ein von R. K. MERTON zur Ergänzung der →strukturell-funktionalen Theorie eingeführter Begriff, der die störenden Auswirkungen eines soziokulturellen Elements (Institution, Wertorientierung, Norm, Verhaltensmuster) auf Umweltanpassung, Integration, Zielverwirklichung und Überlebensmöglichkeiten eines sozialen Systems bezeichnet. I. d. R. sind diese Auswirkungen, die den sozialen Wandel vorantreiben, weder beabsichtigt noch rechtzeitig erkannt worden. Die Bewertung einer Auswirkung als funktional oder dysfunktional hängt von dem Standort des Analytikers im Flechtwerk der gesellschaftl. Interessen und Herrschaftsverhältnisse und der sozialen Ungleichheit ab.

Dysglossie [zu griech. glôssa ›Zunge‹, ›Sprache‹] *die, -/...'silen,* Sammel-Bez. für Sprachstörungen, die durch Fehlbildungen oder Erkrankungen der Artikulationsorgane (Lippen, Zähne, Kiefer, Zunge, Gaumen oder Nase) bedingt sind.

Dysgnathie [zu griech. gnáthos ›Kinnbacke‹] *die, -/...'thilen, Medizin:* Sammel-Bez. für Fehlentwicklungen, die zu einer abnormen Form (und Funktion) des Ober- und/oder Unterkiefers führen.

Dyshidrose, Dyshidrosis [zu griech. hidrôs ›Schweiß‹] *die, -/...'roses, Medizin:* 1) Störung der Schweißabsonderung, entweder als →Anhidrose (fehlende Absonderung) oder als →Hyperhidrose (Überproduktion); 2) bläschenförmiger Ausschlag an Händen und Füßen bei Ekzemen, bakteriellen oder mykot. Infekten, der nicht unbedingt mit einer gestörten Schweißabsonderung zusammenhängen muss.

Dyshormie [zu griech. hormán ›erregen‹, ›antreiben‹] *die, -/...'milen,* **Antriebsstörung,** Sammel-Bez. für Abweichungen vom normalen Antriebsverlauf; bes. die **Antriebsarmut (Hypohormie)** als Folge einer konstitutionsbedingten vitalen oder einer krankheitsbedingten Schwäche der Antriebe (z. B. bei organ. Hirnschädigungen und Schizophrenie) und die **Antriebshemmung** und **-blockierung (Anhormie, Anergie, Abulie;** z. B. bei Depression) sowie die **Antriebsvermehrung (Hyperhormie)** bei affektiver Erregung (→Affekt) oder in krankhafter Form (v. a. bei Manie).

Dyskinesie [zu griech. kínesis ›Bewegung‹] *die, -/...'silen,* durch nervale oder hormonelle Fehlsteuerung hervorgerufene Störung des Bewegungsablaufs, insbesondere an Hohlorganen; z. B. Entleerungsstörungen und Verkrampfungsneigung der Gallenblase und der Gallenwege.

Dyskrasie [zu griech. krâsis ›Mischung‹] *die, -/...'silen,* Bez. für eine Störung im Gleichgewicht der vier Körpersäfte (→Humoralpathologie), wodurch nach den Vorstellungen der hippokrat. Medizin die Krankheiten bewirkt werden.

Dyskrasit [zu griech. krãsis ›Mischung‹] *der, -s/-e,* **Antimonsilber, Silber|antimon,** silberweißes, metallisch glänzendes, rhomb. Mineral der chem. Zusammensetzung Ag_3Sb; Härte nach MOHS 3,5–4, Dichte 9,7 g/cm³; Silbererz.

Dyslalie [zu griech. laleĩn ›viel reden‹, ›schwatzen‹] *die, -/...'li|en,* Störung der Lautbildung, bei der einzelne Lautverbindungen völlig fehlen, durch andere ersetzt oder abartig gebildet werden. Als nicht organisch bedingte Störung kommt die D. in der Sprachentwicklung bei etwa vierjährigen Kindern vor. Die Ursachen der **krankhaften D.** sind Defekte der äußeren Artikulationsorgane (z. B. Zahnverlust, Zahnstellungsanomalien mit Störung der s-Bildung, Hasenscharte, Lippenverletzungen, Zungenanomalien). Eine Form der D. ist auch die Sprache von Schwerhörigen als Folge einer Innenohrschwerhörigkeit.

Dyslexie [zu griech. léxis ›Sprechen‹, ›Rede‹, ›Wort‹] *die, -/...'xi|en,* Sammel-Bez. für Lesestörungen versch. Ausprägung und Ursache (z. B. →Alexie). Die D. kann darin bestehen, dass der Betroffene nur Teile oder Anfänge eines Textes fließend lesen kann; sie kann sich ferner darin äußern, dass bestimmte geschriebene Wörter nicht erkannt werden können, wobei gelegentlich solche Wörter beim Vorlesen aufgrund einer opt. oder akust. Ähnlichkeit durch andere ersetzt werden. Schließlich versteht man unter D. auch ein krankhaftes, oft erbl., gelegentlich durch Gehirnerkrankungen verursachtes Unvermögen, Schrift zu erfassen. D. kann (bei normaler Intelligenz) zum Schulversagen führen. (→Legasthenie)

Dysmelie [zu griech. mélos ›Glied‹] *die, -/...li|en,* Sammel-Bez. für ererbte oder erworbene Gliedmaßenfehlbildungen. Letztere können während der Embryonalentwicklung (Embryopathien) zw. dem 29. und 46. Tag der Schwangerschaft infolge Sauerstoffmangels oder Einwirkung schädl. Substanzen auftreten. Es kann hierbei entweder zum völligen Fehlen von Gliedmaßen (→Amelie) oder von Abschnitten derselben, v. a. der langen Röhrenknochen in ihrer Gesamtheit (→Phokomelie) oder in Teilen (→Ektromelie) oder auch von Händen und Füßen kommen (→Peromelie). Bekanntes Beispiel für D. ist die bei Schädigungen durch →Thalidomid (Contergan®) beobachtete kombinierte Fehlbildung von Gliedmaßen (bes. Phokomelie) und inneren Organen (z. B. Darm, Herz, große Gefäße, Urogenitalsystem).

Dysmenorrhö *die, -/-en,* über die normale Beeinträchtigung des Allgemeinbefindens hinausgehende Schmerzhaftigkeit der →Menstruation aufgrund organ. oder funktioneller Störungen.

Dysmetrie *die, -/...'ri|en,* gestörte Durchführung von Zielbewegungen, v. a. bei Kleinhirnerkrankungen.

Dys|odil [zu griech. odmé ›Duft‹] *der, -s/-e,* **Blätterkohle, Papierkohle, Schieferkohle,** graues bis braunes, blättrig-schiefriges, bitumen- und diato-

meenhaltiges, aus Faulschlamm entstandenes Gestein aus dem Tertiär, z. B. von Messel; enthält gut erhaltene tier. und pflanzl. Reste oder sandige Lagen.

Dys|ostose [zu griech. ostéon ›Knochen‹] *die, -/-n,* Sammel-Bez. für alle lokalisierten Formen der embryonal oder postnatal gestörten Knochenentwicklung (mangelhafte Verknöcherung oder Knochenbildung), die bes. mit Minderwuchs einhergehen (→Chondrodystrophie, →Zwergwuchs, →Madelung-Deformität). Früher wurden auch generalisierte Skelettdysplasien als D. bezeichnet.

Dyspepsie [zu griech. pépsis ›Kochen‹, ›Verdauung‹] *die, -/...'si|en,* ungenaue Bez. für v. a. nicht organisch bedingte Verdauungsstörungen, die dadurch zustande kommen, dass unverdaute und nicht resorbierte Nahrungsbestandteile in tiefere Darmabschnitte gelangen, wo sie unter Darmreizung zersetzt werden. Abhängig von dem Nahrungsgrundstoff, der mangelhaft resorbiert wird, kommt es zu unterschiedl. Formen: im Falle von Eiweiß zu **Fäulnis-D.,** von Kohlenhydraten zu **Gärungs-D.,** von Fetten zu **Seifen-D.;** weiteres →Maldigestionssyndrom, →Malabsorptionssyndrom. Eine Sonderform stellt die D. der Säuglinge dar (→Durchfall).

Dysphagie [zu griech. phageĩn ›essen‹] *die, -/...'gi|en,* Schluckstörungen durch krankhafte Veränderungen in Schlund oder Speiseröhre (Entzündungen, Verbrennungen oder Verätzungen mit Narbenbildung, Geschwüre), durch Kompression von außen (Tumoren im Brustraum, Aortenaneurysma, Speiseröhrendivertikel, Schwellungen der Halswirbelsäule nach Schleudertraumen) oder aber durch nervöse Störungen der Schluckperistaltik (Erkrankungen des Zentralnervensystems, z. B. Tollwut, Globussyndrom). D. äußert sich durch dumpfen Druck, der langsam abwärts wandert, sowie durch Brennen oder (wie bei Speiseröhrenkrämpfen) durch heftigen Schmerz.

Dysphasie [zu griech. phásis ›Sprechen‹, ›Sprache‹] *die, -/...'si|en,* Sprachstörung, die auf eine Verletzung des Gehirns zurückgeht.

Dysphonie [zu griech. phoné ›Laut‹, ›Ton‹, ›Stimme‹] *die, -/...'ni|en,* Störung der Stimmbildung infolge Erkrankung (→Kehlkopfkrankheiten) oder Überbelastung des Kehlkopfes, auch als neurot. Symptom und als vorübergehende, natürl. Erscheinung beim Stimmwechsel in den Entwicklungsjahren; meist mit heiserer, rauer, auch gepresster Stimme und tieferer Stimmlage verbunden.

Dysphorie [griech. ›Unbehaglichkeit‹] *die, -/...'ri|en,* ängstl., niedergeschlagene und gleichzeitig gereizte Stimmung; tritt auf bei Depressionen, organ. Erkrankungen, Vergiftungen, auch als Alltagsverstimmung ohne krankhaften Wert; Ggs.: Euphorie.

dysphotisch [zu griech. phõs, phõtos ›Licht‹], mit geringem Lichteinfall, v. a. bezogen auf den gering belichteten Tiefenbereich (**dysphotische Zone**) im Meer und in Binnengewässern zw. Dunkelzone (→aphotisch) und euphot. Zone (→euphotisch).

Dysplasie [zu griech. plássein ›bilden‹, ›formen‹] *die, -/...'si|en, Medizin:* Fehlentwicklung, Fehlbildung, Unterentwicklung (z. B. von Knochen).

Dysplastiker *der, -s/-,* **dysplastischer Typus,** Konstitutionstyp mit Anomalien des Wuchses; geht nicht selten mit einer Funktionsstörung endokriner Drüsen einher (bei Männern vorwiegend eunuchoider Hochwuchs und unharmonisch disproportionierter Fettansatz; bei Frauen maskuliner Körperbau).

Dyspnoe [zu griech. pnoé ›Hauchen‹, ›Atem‹] *die, -/,* die →Atemnot.

Dysprosium [zu griech. dysprósitos ›schwer zugänglich‹ (da es sehr schwer rein zu gewinnen ist)] *das, -s,* chem. Symbol **Dy,** ein →chemisches Element aus der Reihe der →Lanthanoide im Periodensystem der chem. Elemente. D. ist ein silberglänzendes Metall; es

Dysprosium		
chem. Symbol: **Dy**	Ordnungszahl	66
	relative Atommasse	162,50
	Häufigkeit in der Erdrinde	$4,2 \cdot 10^{-4}$ %
	natürliche Isotope (alle stabil; in Klammern Anteil in %)	^{156}Dy (0,06), ^{158}Dy (0,10), ^{160}Dy (2,34), ^{161}Dy (18,9), ^{162}Dy (25,5), ^{163}Dy (24,9), ^{164}Dy (28,2)
	insgesamt bekannte Isotope	^{141}Dy bis ^{169}Dy
	Dichte (bei 20 °C)	8,551 g/cm³
	Schmelzpunkt	1411 °C
	Siedepunkt	2561 °C
	spezif. Wärmekapazität (bei 25 °C)	0,173 J/(g · K)
	elektr. Leitfähigkeit (bei 0 °C)	$1,08 \cdot 10^6$ S/m
	Wärmeleitfähigkeit (bei 27 °C)	10,7 W/(m · K)

kommt mit den anderen Lanthanoiden v. a. in den Mineralen Monazit und Bastnäsit vor. Gewonnen wird D. aus seinem Fluorid durch Reduktion mit Natrium oder Calcium. D. ist in seinen Verbindungen drei- und vierwertig; die Verbindungen sind schwach gelb bis grünlich bzw. tief orangegelb gefärbt. Verwendung findet D. u. a. in magnet. Legierungen und für Abschirmmaterialien in der Kerntechnik. D. wurde 1886 von P. É. LECOQ DE BOISBAUDRAN als Begleitelement des Holmiums in der Yttererde entdeckt.

Dysprote|inämie *die, -/...'mi|en,* Defektproteinämie in Form einer Verschiebung des normalen Mengenverhältnisses der Eiweißverbindungen des Blutserums zueinander, z. B. in Form einer Vermehrung der Gammaglobuline bei Entzündungen.

Dysrhythmie *die, -/...'mi|en, Medizin:* Rhythmusstörung (z. B. Herzrhythmusstörung).

Dys|tonie [→tono...] *die, -/...'ni|en,* Störung des normalen Spannungszustandes der Muskeln und Gefäße. Wird D. durch Fehlregulationen des vegetativen Nervensystems und seiner Steuerungszentren im Zwischenhirn ausgelöst, spricht man von →psychovegetativem Syndrom.

dys|troph, 1) *Limnologie:* Bez. für flache, kalk- und nährstoffarme Gewässer in meist mooriger Umgebung mit gelösten und suspendierten Humusstoffen im Wasser und Sauerstoff zehrendem Torfschlamm in der Tiefe, die eine Braunfärbung bewirken **(Braunwasserseen).** D. Seen enthalten wenig pflanzl., aber oft viel tier. Plankton; sie treten v. a. in kühlen, niederschlagsreichen Gebieten auf.
2) *Medizin:* **dystrophisch,** ernährungsgestört, →Dystrophie.

Dys|trophie [zu griech. trophé ›Ernährung‹] *die, -/...'phi|en,* **Dystrophia,** durch Mangel- oder Fehlernährung hervorgerufene Störungen im Organismus. Bei der **Hunger-D.** kommt es durch längere Unter- oder qualitative Fehlernährung (v. a. Mangel an Eiweiß, Fett, Vitaminen) zu den Symptomen der Hungerkrankheiten. Die **Säuglings-D.** stellt eine bei Kleinkindern auftretende langwierige Ernährungsstörung dar, die sich in mangelhaftem Gedeihen, Abmagerung, Schwund des Fettgewebes (Bildung schlaffer Hautfalten), blasser Haut, Infektanfälligkeit und Weinerlichkeit äußert. Ohne Behandlung treten im weiteren Verlauf hochgradige Abmagerung (Säuglingsatrophie), Pulsverlangsamung, Untertemperatur und schließlich Stoffwechselversagen (→Dekomposition) mit tödl. Ausgang ein. Zu den Ursachen zählen neben Nahrungsmangel und Fehlernährung (z. B. →Mehlnährschaden, →Milchnährschaden, →Kwashiorkor) v. a. Störungen der Nahrungsverwertung aufgrund chron. →Dyspepsie, häufigen Erbrechens (z. B. bei Magenpförtnerkrampf, Pylorusstenose), Enzymopathien (z. B. →Mukoviszidose) und allerg. Darmreaktionen (→Zöliakie) sowie ein schlechter Allgemeinzustand durch mangelnde Pflege und chron. Infektionen. Die Behandlung umfasst die Beseitigung der Primärkrankheit und einen allmähl. Nahrungsaufbau.
Die **pränatale D.** stellt eine Mangelentwicklung des Fetus dar, die v. a. bei Mehrlingsschwangerschaften auftritt und durch Plazentainsuffizienz, z. T. auch durch Virusinfekte hervorgerufen wird.
D. von Geweben und Organen treten als (häufig erbl.) Stoffwechselstörungen auf, die zu degenerativen Schädigungen führen, z. B. in Form der **Dystrophia musculorum progressiva,** der erbl.→Muskeldystrophie, der **Dystrophia adiposogenitalis,** einer fettigen Degeneration mit Unterentwicklung der Geschlechtsmerkmale (→Fröhlich-Krankheit), der →Lipoidspeicherkrankheiten oder von Gewebedegenerationen wie der →Hornhautdystrophie.

Dys|urie [→uro...] *die, -/...'ri|en,* Harnentleerungsstörungen mit vermehrtem Harndrang und erschwertem, auch schmerzhaftem Harnlassen; verursacht durch Erkrankungen der →Harnblase oder →Harnröhre, auch durch Verengung der ableitenden Harnwege infolge Prostatahypertrophie oder Tumoren, vorübergehend in leichter Form durch blasenreizende Getränke.

Dytiscidae [griech.], die →Schwimmkäfer.

Dyula [ˈdju-], **Dioula** [diˈula], islam. Händlervolk in Westafrika, etwa 0,5 Mio. Menschen, die weit verstreut im N der Rep. Elfenbeinküste und Ghanas, in Burkina Faso und Mali leben, z. T. mit Bambara und Malinke zusammen. In der Regenzeit treiben die D. Feldbau, in der Trockenzeit widmen sie sich dem Fernhandel zw. Sudan/Sahel (Vieh) und Regenwaldzone (Agrar- und Industrieprodukte). Die Sprache der D. gehört zu den →Mandesprachen. Eine Dialektform hat sich in der Rep. Elfenbeinküste zur wichtigsten Verkehrssprache entwickelt und wird von über 1 Mio. Menschen verstanden.

dz, Einheitenzeichen für →Doppelzentner.

DZ, Nationalitätszeichen für Algerien.

Džambul [dʒ-], Stadt in Kasachstan, →Dschambul.

Džamonja [ˈdʒa-], Dušan, jugoslaw. Bildhauer, *Strumica (Makedonien) 31. 1. 1928; schuf stelenartige und ovaloide Skulpturen, bei denen ein Holzkern von Nagelstrukturen ummantelt ist (z. T. wurde der Holzkern später verbrannt), sowie andere Eisen- und Steinplastiken. Er konzipierte und errichtete mehrere Monumente für die Opfer von Krieg und Faschismus, wobei er abstrakte Formelemente zu begehbaren Architekturen zusammenfügte (Barletta 1968–70). Ein D.-Skulpturenpark besteht bei Poreč.

Dzaudžikau [dʒaudʒiˈkau], Hauptstadt von Nordossetien, →Wladikawkas.

Dzeržinsk [dʒɛrˈʒinsk], Stadt in Russland, →Dserschinsk.

Džetysu [dʒ-], Sandwüste in Kasachstan, →Siebenstromland.

Džezkazgan [dʒəskazˈgan], Stadt in Kasachstan, →Dscheskasgan.

DZG, Abk. für →Deutsche Zoologische Gesellschaft e. V.

Działyński [dzaˈuiĩski], Tytus Adam, poln. Politiker und Mäzen, *Posen 24. 12. 1796, †ebd. 12. 4. 1861; war seit 1858 Abg. des preuß. Landtags, baute in seinem Schloss Kurnik bei Posen eine wiss. Bibliothek vorzugsweise älterer Druckwerke auf und ließ histor. Quellenwerke herausgeben, v. a. die ›Acta Tomiciana‹ (8 Bde., 1852–69). Sein Sohn JAN KANTY (*1829, †1880) setzte diese Tätigkeit fort.

Dzibilchaltún [-tʃal-], Ruinenstätte der Mayakultur in N-Yucatán, Mexiko, in der Nähe von Mérida. D. war eine der am dichtesten besiedelten Städte in diesem Gebiet (19 km², mehr als 8 400 Gebäudereste), Blütezeit 600–1000. Die meisten Gebäude sind im Puucstil erbaut.

Dzierżoniów [dʒɛrˈʒɔnjuf], Stadt in Polen, →Reichenbach (Eulengebirge).

Dziwnów [ˈdʑivnuf], Gem. in Polen, →Dievenow.

Džizak [dʒiˈzak], Stadt in Usbekistan, →Dschisak.

D-Zug, erstmals 1892 in Preußen eingeführter **Schnellzug** mit Durchgangswagen (mit Seitengang) und Faltenbalgübergängen zu den Nachbarwagen (später auch Gummiwulstübergänge), mit der Gattungs-Bez. D vor der Zugnummer. Das einstige D-Zug-System wurde im innerdt. Verkehr von 1988 bis 1994 schrittweise durch das ›Interregiosystem‹ als Ergänzung des Intercitynetzes abgelöst. Die Interregiozüge verkehren auf bestimmten Strecken mindestens im Zweistundentakt; sie setzen sich aus Großraumwagen und Abteilwagen zusammen.

d-Zustand, Energiezustand eines Elektrons mit der Nebenquantenzahl $l = 2$ (**d-Elektron**) in einem →Atom oder kristallinen Festkörper.

E

Altsemitisch

Altgriechisch (archaisch)

E

Römische Kapitalschrift

e

Unziale

e

Karolingische Minuskel

Er

Textur

Ee

Renaissance-Antiqua

Ee

Humanistische Kursive

Ee

Fraktur

Ee

Klassizistische Antiqua

Ee

Egyptienne

Ee

Grotesk

E, e, 1) der fünfte Buchstabe des dt. und vieler anderer Alphabete, ein Vokal v. a. mit den Lautwerten [e] und [ɛ], so im Deutschen, Französischen, Niederländischen, Dänischen, Italienischen und Spanischen; in den vier erstgenannten Sprachen sowie in den anderen skandinav. Sprachen, im Englischen und im Portugiesischen wird in Nebensilben die Klangfarbe zu [ə] reduziert. Im Englischen und Französischen kann e auch stumm sein. Im Englischen bezeichnet e v. a. die Laute [i], [ɪ], [ɪə], [ɛ] und [a], im Portugiesischen [e], [ɛ], [i], [i] und [ɪ], im Rumänischen [je] und [e], im Norwegischen und Schwedischen [ɛ], [e] und [æ], im Finnischen, Polnischen, Tschechischen, Türkischen und Ungarischen [ɛ]. In Verbindung mit diakrit. Zeichen kommt E als é u. a. im Französischen [e], Italienischen [e], Portugiesischen [ɛ], Ungarischen [e:] und Tschechischen [ɛ], als è im Französischen [ɛ] und Italienischen [ɛ], als ê im Französischen [ɛ] und Portugiesischen [e], als ë im Französischen [ɛ] und Albanischen [ə], als ė im Litauischen [e:], als ē im Lettischen [e:], als ę im Polnischen [ɛ̃, ɛm, ɛn, ɛŋ, ɛ] und als ě [jɛ] im Tschechischen vor.
Die Entstehung des Buchstabens E lässt sich über das Griechische in die semit. Alphabete zurückverfolgen, in denen es einen Konsonanten bezeichnet.

2) E, Abk. für engl. East (Bez. für die Himmels- und Windrichtung Ost).

3) E, Abk. für →Europastraße.

4) *Einheitenzeichen:* E für →Eötvös.

5) *Formelzeichen:* E für die →Beleuchtungsstärke, den →Elastizitätsmodul, die Urspannung oder →elektromotorische Kraft sowie für die →Energie und die →Exergie; *E* für die →elektrische Feldstärke; *e* für die elektr. →Elementarladung und für die →Exzentrizität.

6) *Mathematik:* e Symbol für die **eulersche Zahl,** eine reelle, transzendente Zahl mit dem Wert e = 2,71828... Sie kann als unendliche Reihe,

$$e = \sum_{n=0}^{\infty} \frac{1}{n!},$$ oder als Grenzwert einer Folge,

$$e = \lim_{n\to\infty} \left(1 + \frac{1}{n}\right)^n,$$ dargestellt werden und ist die

Basis der e-Funktion (→Exponentialfunktion) und der natürl. →Logarithmen.

7) *Münzwesen:* E, Kennbuchstabe auf Münzen des Dt. Reiches für die Münzstätte Dresden (1872–87); auf dt. Reichsmünzen (seit 1887) und Münzen der DDR (bis 1953) für Muldenhütten (Gemeinde Hilbersdorf, Kr. Freiberg, Sa.); auf preuß. Münzen (1751–1806) für Königsberg (heute Kaliningrad); auf österr. Münzen (1781–1867) für Karlsburg (heute Alba Iulia); auf frz. Münzen für Tours (bis 1772).

8) *Musik:* die 3. Stufe der Grundtonleiter C-Dur, frz. und ital. mi (→Solmisation). Die Erhöhung um einen Halbton heißt **Eis,** um zwei Halbtöne **Eisis;** die Erniedrigung um einen Halbton heißt **Es,** um zwei Halbtöne **Eses.** Seit dem 19. Jh. bezeichnet E E-Dur und e e-Moll als Akkord und Tonart.

9) *Nationalitätszeichen:* E für Spanien (Estado Español).

10) *Physik:* e Symbol für das →Elektron (e⁻) und das →Positron (e⁺).

11) *Vorsatzzeichen:* E für →Exa... (vor Einheiten).

12) *Währungszeichen:* E für →Lilangeni (Plural: Emalangeni).

E605®, Handelsname für Pflanzenschutzmittel auf der Basis von →Parathion.

Ea, sumerisch **Enki,** babylon. Gott des unterird. Süßwasserozeans (Apsu), Gott der Weisheit und des Rates, der Magie und Kunstfertigkeit. Als sein Sohn galt →Marduk; Hauptkultort war Eridu im südl. Babylonien.

E. A., Abk. für Épreuve d'artiste, die Kennzeichnung von →Künstlerdrucken.

E/A..., *Datenverarbeitung:* Abk. für Eingabe/Ausgabe..., z. B. in Wortverbindungen wie E/A-System für Eingabe-Ausgabe-System; auch engl. I/O..., für Input/Output... verwendet.

EAC [i:eɪˈsi:], Abk. für →European Advisory Commission.

Eadgyth [-θ], erste Frau von OTTO I., →Editha.

Eadmer [ˈedmə], **Edmer,** engl. Geschichtsschreiber und Theologe, *um 1060, †nach 1128; Benediktiner, Kaplan des Erzbischofs ANSELM VON CANTERBURY, 1120 zum Bischof von Saint Andrews ernannt, wegen Widerstandes der Schotten, die den von E. vertretenen Primat des Erzbischofs von Canterbury nicht anerkennen wollten, nicht geweiht. E. verfasste hagiograph. und theolog. Schriften, v. a. aber die beiden zusammenhängenden Geschichtswerke ›Vita Anselmi‹, eine Darstellung des privaten Lebens ANSELMS, und ›Historia Novorum in Anglia‹, die dessen öffentl. Wirken schildert und dabei v. a. auf den Investiturstreit in England aus kirchlich-angelsächs. Sicht eingeht.

Ausgaben: Eadmeri Historia Novorum in Anglia, hg. v. M. RULE (1884); The life of St. Anselm by E., hg. v. R. W. SOUTHERN (²1972, lat. u. engl.).
A. GRANSDEN: Historical writing in England: c. 550 to c. 1307 (Ithaca, N. Y., 1974).

Eadmund [ˈedmənd], König von East Anglia, Märtyrer, →Edmund, Herrscher.

EAGFL, Abk. für →Europäischer Ausrichtungs- und Garantiefonds für die Landwirtschaft.

Eagle [i:gl; engl. ›Adler‹] *der, -s/-s,* **1)** *Golf:* das Spielen eines Loches mit zwei Schlägen weniger als festgelegt (zwei Schläge ›unter Par‹).

2) *Numismatik:* Name des von 1792 bis 1933 geprägten goldenen Zehndollarstücks der USA; nach dem Adler auf der Vorderseite benannt.

EAK, Nationalitätszeichen für Kenia.

Eakins [ˈeɪkɪnz], Thomas, amerikan. Maler, *Philadelphia (Pa.) 25. 7. 1844, †ebd. 25. 6. 1916; einer der bedeutendsten amerikan. Maler des 19. Jh.; studierte u. a. in Paris bei L. GÉRÔME und L. BONNAT, war beeinflusst von den Werken VELÁZQUEZ', F. HALS' und REMBRANDTS. Bemüht um eine möglichst exakte Wiedergabe der Wirklichkeit, betrieb er eingehende anatom. Studien und bezog auch die Fotografie in seine Arbeit ein. Auf diese Weise entstanden realist. Porträts und zeitgenöss. Szenen von großer Eindringlichkeit.

L. GOODRICH: T. E., 2 Bde. (Cambridge, Mass., 1983); E. JOHNS: T. E., the heroism of modern life (Princeton, N. J., 1983).

Ealdorman [ˈɛ:ldəmən], angelsächs. Amt, →Alderman. (→Earl)

Ealing [ˈiːlɪŋ], ehem. selbstständige Stadt in England, seit 1965 (mit Acton und Southall) Stadtbezirk (London Borough) im W Londons, 275 300 Ew.

EAM, Abk. für **e**rworbener **A**uslöse**m**echanismus (→Auslösemechanismus).

E. A. M., Abk. für **Ethnikon Apeleftherotikon Metopon** [εθ'niˈkɔn apɛlɛfθɛrotiˈkɔn -, griech.; dt. ›Nationale Befreiungsfront‹], kommunistisch geführte griech. Widerstandsorganisation, gegr. 1941, bekämpfte mit ihren Streitkräften (›Ethnikos Laikos Apeleftherotikos Stratos‹, abgekürzt E. L. A. S.; dt. ›Nationale Volksbefreiungsarmee‹) die dt. und ital. Besatzungsmacht sowie die nichtkommunist. Widerstandsorganisationen. 1944–49/50 suchte sie vergeblich, die Macht in Griechenland zu erringen; wurde 1947 verboten.

Eames [iːmz, eɪmz], Charles, amerikan. Architekt und Designer, *Saint Louis (Mo.) 17. 6. 1907, †ebd. 21. 8. 1978; arbeitete zunächst vorwiegend für die Möbelfirma Herman Miller in Zeeland (Mich.). Er wurde bekannt mit vorgefertigten Standardelementen für den Hausbau, mit Anbaumöbeln, v.a. aber durch seine Stuhlentwürfe (u. a. Aluminiumstuhl, 1958, Stapelstuhl, um 1960), bes. durch den ›Lounge chair‹ (1955), einen Sessel aus geformtem Rosenholz mit Lederpolster und Metallfuß. Gegen Ende der 50er-Jahre begann er, sich v. a. mit der Gestaltung von Ausstellungen und der Produktion von Experimentalfilmen zu beschäftigen. Sein Kurzfilm ›Power of ten‹ (1968) über sein Haus (erbaut 1949) in Pacific Palisades (bei Los Angeles, Calif.) wurde zum Kultfilm für angehende Designer.

M. u. J. Neuhart: E. house (a. d. Amerikan., 1994).

Eanes [ˈɪanɪʃ], Antonio **dos Santos Ramalho E.** [duˈsantuʃ raˈmaʎu], port. General und Politiker, *Alcains (bei Castelo Branco) 25. 1. 1935; unterstützte als Offizier die Revolution vom 25. 4. 1974, anschließend Staatspräs. bis 1986 (gewählt im Juni 1976, Wiederwahl im Dezember 1980). Im November 1975 schlug er im Auftrag des Generalstabs an der Spitze einer Interventionstruppe den Putschversuch linkssozialist. Armeeteile unter General Otelo de Carvalho nieder. Als Generalstabschef (Dezember 1975–Februar 1981) setzte er die Entpolitisierung der Armee durch, als Staatspräs. bemühte er sich, die demokrat. Impulse der Revolution von 1974 zu bewahren.

Eannatum, Eanatum, sumer. König der 1. Dynastie von Lagasch (um 2340 v. Chr.), der in der ›Geierstele‹ seinen Sieg über die Nachbarstadt Umma und die neue Grenzziehung dokumentierte. Die bruchstückhaft erhaltene Stele (Paris, Louvre) zeigt auf beiden Seiten in flachem Relief mehrere Episoden des Krieges: u. a. eine von E. angeführte Phalanx gepanzerter Lanzenkämpfer, E. auf einem Kampfwagen, Geier, die abgeschlagene Köpfe der Gegner erbeutet haben, sowie den durch besondere Größe hervorgehobenen Gott Ningirsu, der die Feinde in einem Netz zappeln lässt. Die Geierstele ist die früheste histor. Stele auf mesopotam. Boden, mit einer ausführl. sumer. Keilschriftinschrift, die über die Vorgeschichte des Kampfes berichtet, die Kampfhandlungen beschreibt und die Friedensregelungen enthält.

EAN-System: Beispiel einer 13-stelligen Internationalen Artikelnummer (EAN)			
Präfix	Herstellernummer	Individuelle	Prüf-
= Bundeseinheitliche Betriebsnummer der Leguan Schreibwaren GmbH		Artikelnummer des Herstellers	ziffer
4 0	1 2 3 4 5	1 2 3 4 5	6
Leguan Schulfüller ›de Luxe‹, metallfarben, Goldfeder, Etui Rindleder			

EAN-System [EAN Abk. für **E**uropäische **A**rtikel**n**ummerierung und engl.: European Article Numbering, nach weltweitem Durchbruch geschütztes Zeichen für Internat. Artikelnummerierung], ein 1977 zunächst als gesamteurop. Identifikationssytem eingeführtes, heute branchenübergreifend verwendbares internat. System zur Identifikation und Klassifikation von Waren und Dienstleistungen. Die **EAN-Nummer** ist eine 13-stellige Zahl, von der die ersten beiden oder auch die ersten drei Stellen die jeweilige national zuständige Institution für die Nummernvergabe kennzeichnen (für die EAN-Zentrale in Dtl. die Ziffern 40 bis 43 und 440); die vier oder auch fünf folgenden Stellen sind für die Kennzeichnung des Herstellerbetriebes vorgesehen. Fünf weitere Stellen können für die eigentl. Artikelnummerierung genutzt werden, die 13. Stelle ist eine Prüfziffer.

Zur Produktkennzeichnung wird die EAN-Nummer im maschinell lesbaren **EAN-Strichcode** verschlüsselt. Dieser ermöglicht eine automat. Erfassung der Verkaufsdaten an Computerkassen des Selbstbedienungsgroß- und -einzelhandels (Scanning).

EAN-System:
Artikelnummer und
Strichcode

Thomas Eakins: Die Klinik des Dr. Gross; 1875 (Ausschnitt; Philadelphia, Jefferson Medical College)

Das EAN-S. dient der Optimierung aller logist. Abläufe zw. den Beteiligten der Wertschöpfungskette sowie der Rationalisierung der Warenwirtschaft im Handel (→Warenwirtschaftssysteme). Es erleichtert die zwischenbetriebl. Kommunikation (z. B. in seiner Funktion als Artikelidentifikation im elektron. Geschäftsverkehr und auf Belegen). Organisatorisch wird das EAN-S. von der EAN International, Brüssel, getragen, in der (1995) 72 Länder Mitgl. sind. Dtl. ist durch die Centrale für Coorganisation GmbH (CCG), eine von Handel und Konsumgüterindustrie gegründete Organisation, vertreten.

E. A. P. Europäische Wirtschaftshochschule, frz. **École Européenne des Affaires** [eˈkɔl øˈrɔpeˈɛn dezaˈfɛr], engl. **European School of Management** [juərəˈpiːən ˈskuːl ɔf ˈmænɪdʒmənt], span. **Escuela Europea de Administración de Empresas** [-θˈjɔn-], internat. wirtschaftswissenschaftl. Hochschule, gegr. 1973 in Paris. Das erste Studienjahr wird in Paris, das zweite in Oxford und das dritte seit 1985 in Berlin (vorher Düsseldorf) absolviert; seit 1987 gibt es daneben einen Studiengang Oxford–Madrid–Paris. Das

Antonio dos Santos Ramalho Eanes

dreijährige Hauptstudium der ›Internat. Betriebswirtschaft‹ wird mit dem ›Diplôme de Grande École de Gestion‹ und gleichzeitig mit dem Diplomkaufmann/-frau abgeschlossen. Daneben bietet die E. A. P. noch Weiterbildungsprogramme an, z. B. MBA-Programme (›Master of Business Administration‹).

Earl [əːl; zu altnord. jarl (→Jarl) ›Krieger‹] der, -s/-s, engl. Adelstitel, entspricht dem dt. →Graf. Das angelsächs. Wort eorl bezeichnete urspr. den Edelfreien. Seit dem 10. Jh. wurde im dän. Teil Englands der angelsächs. Ealdorman (→Alderman) E. genannt. Der von einem E. im Auftrag des Königs verwaltete Bezirk war aus wechselnden Grafschaften zusammengesetzt und entsprach zuweilen einem der alten Königreiche. Der Titel E. blieb zwar auch nach der normann. Eroberung (1066) bestehen, sank aber seit dem 14. Jh. auf die dritte Rangstufe nach →Duke und →Marquess. Die weibl. Form ist **Countess** [ˈkaʊntɪs].

Earl [əːl], **Earle** [əːl], Ralph, amerikan. Maler, * Shrewsbury (Mass.) 11. 5. 1751, † Bolton (Conn.) 16. 8. 1801; schuf nach Zeichnungen, die er während des amerikan. Unabhängigkeitskrieges angefertigt hatte, wie Historienbilder, wohl die ersten Bilder dieser Gattung in den USA. 1778–85 hielt er sich in London auf, wo er von B. WEST beeinflusst wurde.

Earlom [ˈəːləm], Richard, brit. Kupferstecher, * London um 1743, † ebd. 9. 10. 1822; Meister der Schabkunst; stach u. a. nach Bildern von REMBRANDT, P. P. RUBENS, A. VAN DYCK und nach Originalzeichnungen des ›Liber veritatis‹ von C. LORRAIN (letztere 1774–77; Chatsworth, Devonshire Collection).

Early Bird [ˈəːlɪ ˈbəːd; engl. ›Frühaufsteher‹, **INTELSAT 1,** erster (amerikan.) kommerzieller →Nachrichtensatellit der Erde; wurde am 6. 4. 1965 gestartet und im August 1969 abgeschaltet. (→INTELSAT)

Early English [ˈəːlɪ ˈɪŋglɪʃ] das, - -, Bez. des vom Chor der Kathedrale von Canterbury ausgehenden frühgot. Stils der engl. Architektur im letzten Viertel des 12. und der ersten Hälfte des 13. Jh., der sich stilistisch an der gleichzeitigen nordfrz. Gotik orientierte. Er prägte die Kathedralen von Wells (um 1180 ff.), Lincoln (1192 ff.) und Salisbury (1220 ff.).

Early Stone Age [ˈəːlɪ ˈstəʊn ˈeɪdʒ, engl.], **Earlier Stone Age** [ˈəːlɪə- -], Abk. **ESA,** Vorgeschichtsfor-

Eannatum: Geierstele (Paris, Louvre)

schung: in der englischsprachigen sowie in der deutsch- und französischsprachigen Fachliteratur verwendeter Terminus zur Bez. der paläolith. Kulturen des subsahar. Afrika. Das ESA umfasst im Wesentlichen die Kafu- und die Olduvaikultur sowie das Acheuléen.

Earmarked Forces [ˈiəmɑːkt ˈfɔːsɪz; engl. ›vorgesehene Streitkräfte‹], nat. Streitkräfte der NATO-Mitgliedsstaaten, die zu einem bestimmten Zeitpunkt nach nat. Entscheidung einer NATO-Kommandobehörde unterstellt werden können; bis zu dieser Entscheidung verbleiben sie unter nat. Kommando. Neben den E. F. sind die NATO-Streitkräfte noch in →Assigned Forces und →Command Forces unterteilt.

EAROM [iˈrɔm; Abk. für engl. **e**lectrically **a**lterable **r**ead **o**nly **m**emory ›elektrisch änderbarer Nur-Lese-Speicher‹], →EEPROM.

East African Community [ˈiːst ˈæfrɪkn kəmˈjuːnɪtɪ, engl.], Abk. **EAC,** →Ostafrikanische Gemeinschaft.

East Anglia [ˈiːst ˈæŋglɪə], **Ostanglien,** histor. Gebiet zw. Themse und Wash in O-England, umfasst etwa die heutigen Counties Norfolk und Suffolk sowie Teile von Cambridgeshire und Essex; traditioneller Mittelpunkt ist Norwich, im S reicht E. A. in den Pendlerbereich von London. Die guten Grundmoränenböden auf den Kreidekalkplatten und das trockene Klima haben zu überwiegend ackerbaul. Nutzung (mit Sonderkulturen) geführt. In vielen Kleinstädten werden landwirtschaftl. Produkte verarbeitet; zunehmende Industrialisierung durch Verlagerungen von Betrieben aus dem Raum London. Seit dem frühen 5. Jh. war E. A. Siedlungsgebiet der →Angelsachsen und bildete eines der sieben angelsächs. Kleinkönigreiche. Unter König RAEDWALD (REDWALD, † zw. 616 und 628) aus der Dynastie der Wuffinga, von BEDA als vierter →Bretwalda bezeichnet, übte E. A. zeitweise die Vorherrschaft über S-England aus. Unweit Rendlesham, einem der Königssitze, wurde das königl. Schiffsgrab →Sutton Hoo gefunden.

Eastaway [ˈiːstəweɪ], Philip, Pseud. des engl. Schriftstellers Philip Edward →Thomas.

Eastbourne [ˈiːstbɔːn], Stadt und Seebad in der Cty. East Sussex, SO-England, am Ärmelkanal, 94 800 Ew.; Kunstgalerie, Theater, 5 km lange Promenade. – Eastbourne Pier wurde 1866–72, der Bahnhof 1866 angelegt; beide sind bedeutende techn. Denkmäler. – E., aus einer alten Stadt und zwei Fischersiedlungen hervorgegangen, wurde aus der ersten engl. Städte, die Anfang des 19. Jh. planmäßig angelegt wurden.

Eastcoastjazz [ˈiːstkəʊstdʒæz, engl.], Bez. für den in den 1950er-Jahren an der amerikan. Ostküste bes. von schwarzen Musikern gespielten Jazz in Abgrenzung vom →Westcoastjazz. Er griff Stilelemente des Bebop und des Blues wieder auf und ist bes. durch seine Expressivität und die Betonung des rhythm. Elements gekennzeichnet. Bedeutende Vertreter waren u. a. H. SILVER, ART BLAKEY. Die Bez. wird auch als Synonym für den Hardbop verwendet.

Easterly Waves [ˈiːstəlɪ ˈweɪvz; engl. ›östl. Wellen‹], aus O kommende Wellenstörungen in der Passatzirkulation (→Passate) mit charakterist. Luftdruck-, Wind- und Niederschlagsverteilung; sie können über warmen Meeren →tropische Wirbelstürme auslösen.

Eastern Cape [ˈiːstən keɪp, engl.], Prov. der Rep. Südafrika, →Ost-Kap.

Eastern Ghats [ˈiːstən ˈgɔːts], Gebirge in Indien, →Ostghats.

Eastern Standard Time [ˈiːstən ˈstændəd ˈtaɪm, engl.] die, - - -, Zonenzeit in Teilen Kanadas (Northwest Territories zw. 67° 30′ und 85° w. L., einschließlich Southampton Island, in Ontario östlich von 90° w. L., in Quebec ohne den äußersten O), im O der USA (östlich von 85–90° w. L.), auf den Bahamas, auf

Kuba, Jamaika, in Haiti, Panama, Kolumbien, Ecuador, Peru und im äußersten W von Brasilien (westlich von 67–70° w. L.); entspricht mitteleurop. Zeit minus 6 Stunden.

Eastern Transvaal [ˈiːstən], 1993–95 Name der Prov. →Mpumalanga, Rep. Südafrika.

East India Company [ˈiːst ˈɪndjə ˈkʌmpəni], engl. Handelskompanie, →Ostindische Kompanie.

East Kilbride [ˈiːst ˈkɪlbraɪd], Stadt in der Strathclyde Region, Schottland, 70 400 Ew.; staatl. Maschinenversuchsanstalt, Computerzentrum für Steuereinnahmen; Flugzeugmotorenbau (Rolls-Royce), Nahrungsmittel- u.a. Ind.; Leichtindustrie in mehreren Industrieparks. – 1947 als →New Town zur Entlastung von Glasgow gegründet.

Eastlake [ˈiːstleɪk], Sir (seit 1850) Charles Lock, brit. Maler und Kunsthistoriker, *Plymouth 17. 11. 1793, † Pisa 24. 12. 1865; bereiste 1816–30 Italien und Griechenland, war v. a. in Rom tätig, ab 1830 in London, wo er 1850 Präs. der Royal Academy und 1855 Direktor der National Gallery wurde. Er malte v. a. Historienbilder und Genreszenen.

D. A. ROBERTSON: Sir C. E. and the Victorian art world (Princeton, N. J., 1978).

Eastleigh [ˈiːstliː], Industriestadt in der Cty. Hampshire, S-England, nördlich von Southampton, 49 900 Ew.; Eisenbahnwerkstätten, Kabelherstellung, Süßwarenindustrie.

East London [ˈiːst ˈlʌndən], afrikaans **Oos Londen** [uəs-], Stadt in der Prov. Ost-Kap, Rep. Südafrika, am Buffalo River kurz vor seiner Mündung in den Ind. Ozean, 193 800 Ew.; naturkundl. Museum; Konsumgüterindustrie, Kfz-Montage; wichtiger Flusshafen (Export v. a. von landwirtschaftl. Erzeugnissen). – In der Umgebung Anbau von Ananas.

East Lothian [ˈiːst ˈləʊðjən], ehem. Cty. in SO-Schottland, seit 1975 Teil der Lothian Region.

Eastman [ˈiːstmən], **1)** George, amerikan. Erfinder und Industrieller, *Waterville (N. Y.) 12. 7. 1854, † (Selbstmord) Rochester (N. Y.) 14. 3. 1932; perfektionierte 1879 ein Verfahren zur Herstellung fotograf. Trockenplatten und gründete 1880 sein erstes Unternehmen zur Herstellung von Fotoplatten und Rollfilmen; er brachte 1888 die Kodak-Kamera, 1889 den ersten Zelluloidfilm auf den Markt.

2) Max Forrester, amerikan. Kritiker und Schriftsteller, *Canandaigua (N. Y.) 4. 1. 1883, † Bridgetown (Barbados) 25. 3. 1969; stand als Gesellschaftskritiker in der Tradition des amerikan. Radikalismus und vertrat einen unorthodoxen Marxismus, der sich auf L. TROTZKIJ berief. Seine literaturkrit. Schriften befassen sich u. a. mit dem Verhältnis von Literatur zu Politik, Wissenschaft und Psychologie. Bes. bekannt sind seine pragmatisch-hedonist. Ästhetik ›Enjoyment of poetry‹ (1913) sowie die Studie ›The literary mind. Its place in an age of science‹ (1931). Begründer und Herausgeber der sozialist. Zeitschriften ›The Masses‹ (1911–18) und ›The Liberator‹ (1918–22); übersetzte mehrere Werke von TROTZKIJ ins Englische.

Weitere Werke: *Gesellschaftskritik:* Leon Trotzki (1925); Marx, Lenin, and the science of revolution (1926); Marxism, is it a science? (1940). – *Literaturkritik:* Journalism versus art (1916); Artists in uniform (1934). – Poems of five decades (1954).

Eastman Kodak Co. [ˈiːstmən ˈkəʊdæk ˈkʌmpəni], amerikan. Unternehmen der Fotoindustrie, Sitz: Rochester (N. Y.), gegr. 1880 von G. EASTMAN, heutige Firma seit 1892; dt. Tochtergesellschaft ist die Kodak AG, Stuttgart; Umsatz (1995): 14,98 Mrd. US-$; Beschäftigte: rd. 96 300.

East Orange [ˈiːst ˈɔrɪndʒ], Stadt in New Jersey, USA, im nordwestl. Vorstadtbereich von Newark, 73 600 Ew.; Metallverarbeitung, Werkzeugbau.

East River [ˈiːst ˈrɪvə], Wasserstraße im Stadtgebiet von New York, USA, an der O-Seite der Insel Man-

Early English: Kathedrale von Lincoln; 1192 ff.

hattan, 26 km lang, 180–1 200 m breit; verbindet den Long Island Sound mit dem Mündungsgebiet des Hudson River; mehrfach untertunnelt und überbrückt.

East Sussex [ˈiːst ˈsʌsɪks], Cty. in SO-England, 1 795 km², 670 600 Ew., Verw.-Sitz ist Lewes. Zw. dem Bergland des Weald im N und der Kreidekalkschichtstufe der South Downs im SW erstreckt sich das Tiefland des Vale of Sussex (Rinderweidewirtschaft); im Weald vereinzelt Sonderkulturen. An der dicht besiedelten Küste zahlr. Seebäder (Brighton, Eastbourne, Hastings u. a.).

Eastwood [ˈiːstwʊd], Clint, amerikan. Filmschauspieler, -regisseur und -produzent, *San Francisco (Calif.) 31. 5. 1930; 1986–88 Bürgermeister seines Wohnortes Carmel-by-the-Sea (Calif.). Wurde bekannt durch Rollen in den Italowestern von S. LEONE (›Für eine Handvoll Dollars‹, 1964, u. a.), dann mit Filmen von D. SIEGEL (›Dirty Harry‹, 1971; ›Flucht von Alcatraz‹, 1979, u. a.); E. trat in letzter Zeit in Charakterrollen hervor und ist erfolgreich mit Filmen, die das Westerngenre wieder belebten und zu einer Neuorientierung führten.

Weitere Filme: Der Mann, der niemals aufgibt (The gauntlet, 1978; Regie u. Darstellung); Honkytonk man (1982); Dirty Harry kehrt zurück (1983); Heartbreak Ridge (1987); Bird (1988); Erbarmungslos (1992; Regie u. Darstellung); In the Line of Fire – Die zweite Chance (1994); Perfect World (1994; Regie u. Darstellung); Die Brücken am Fluß (1995).

Easy Listening [ˈiːzi ˈlɪsnɪŋ, engl. ›Unterhaltendes‹] *das, - -,* 1961 in den USA eingeführtes Rundfunkformat, das auf leicht eingängigen, unterhaltenden Musiktiteln basierte. Der Begriff wurde daraus folgend auch zu einer Art Stilbezeichnung für solche Formen der populären Musik, deren herausragendes Kennzeichen die Vermeidung aller musikal. Extreme zugunsten größtmögl. Eingängigkeit und Unterhaltsamkeit ist.

Easy money [ˈiːzi ˈmʌni, engl.] *das, - -,* →billiges Geld.

EAT, Nationalitätszeichen für Tansania.

EAU, Nationalitätszeichen für Uganda.

Eaubonne [oˈbɔn], Françoise, frz. Schriftstellerin, *Paris 12. 3. 1920; schrieb krit. Essays und Romane, v. a. zu Fragen des Feminismus (›Je ne suis pas née pour mourir‹, 1982; ›Toutes les sirènes sont mortes‹,

George Eastman

Clint Eastwood

Ebeltoft: Blick auf das heute als Museum dienende Rathaus; 1576 erbaut, 1789 umgebaut

1992) sowie Biographien (u. a. über MADAME DE STAËL, A. RIMBAUD und P. VERLAINE).

Eau de Cologne [oːdəkɔˈlɔ̃, frz.] *das,* auch *die,* - - -/-x - -, **kölnisch Wasser,** alkoholisch-wässriges Duftwasser mit mindestens 70 % Alkohol, 2–4 % äther. Ölen (v. a. Agrumenölen) und destilliertem Wasser; urspr. nur eine in Köln mit den ›Messinenser Essenzen‹ hergestellte Mischung. Das Originalrezept soll von dem seit 1695 in Köln ansässigen, aus Italien zugewanderten GIOVANNI PAOLO FEMINIS († 1736) stammen, der mit seinem Eau admirable als medizin. Wunderwasser großen Erfolg hatte. In der napoleon. Zeit wurde dann – um der laut einer Verordnung erforderl. Bekanntgabe der Rezeptur zu entgehen – aus dem medizin. Wasser ein Duftwasser. Heute gibt es neben dem nach altem Rezept hergestellten, seit 1742 urkundlich belegten E. de C. zahlr. Varianten.

Eau de Toilette [oːdətwaˈlɛt] *das,* auch *die,* - - -/-x - -, Duftwasser, dessen Duftstärke (Riechstoffkonzentration) zw. Parfüm und Eau de Cologne liegt.

Eau de Vie [oːˈdwiː; frz. ›Lebenswasser‹] *das,* auch *die,* - - -, frz. Bez. für Branntwein, z. B. eau-de-vie de vin ›Weinbrand‹ (für alle frz. Weinbrände außer Cognac und Armagnac gesetzlich vorgeschriebene Bezeichnung).

Eau d'Olle [oˈdɔl] *die,* rechter Zufluss der Romanche in den frz. Alpen, Dép. Isère, mit Staudamm Grande Maison (160 m hoch, Stauinhalt 140 Mio. m³ Wasser, das die Kraftwerke Rivier und Verney speist).

Eban, Abba (Aubrey) Solomon, israel. Politiker, *Kapstadt 2. 2. 1915; stand 1939–46 im Dienst der brit. Streitkräfte, u. a. als Verbindungsoffizier zur ›Jewish Agency‹ in Jerusalem. 1947–48 vertrat er diese Organisation bei der UNO. 1948–59 war E. ständiger Vertreter Israels bei der UNO, 1950–59 zugleich Botschafter in Washington. 1958–66 leitete er das Weizmann-Institut. Als Mitgl. der Mapai bzw. der ›Israel. Arbeitspartei‹ war E. 1959–88 Abg.; 1960–63 Erziehungs-Min., 1963–66 stellv. Min.-Präs., 1966–74 Außen-Min. Er forderte wiederholt direkte Verhandlungen zw. Israel und seinen arab. Nachbarstaaten.

Werke: Voice of Israel (1957); My people, the story of the Jews (1969; dt. Dies ist mein Volk); My country. The story of modern Israel (1973); An autobiography (1977); Heritage. Civilization and the Jews (1984; dt. Das Erbe. Die Gesch. des Judentums).

Julius Ebbinghaus

Ebbe [niederdt.], das Fallen des Meeresspiegels von einem Hochwasser bis zum folgenden Niedrigwasser der →Gezeiten.

Ebbegebirge, Ebbe, Höhenzug im südwestlichen Sauerland, NRW, zw. Volme- und Lennetal, in der Nordhelle 663 m ü. M.; Wintersportgebiet, Naturpark.

Ebbinghaus, 1) Hermann, Psychologe, *Barmen (heute zu Wuppertal) 24. 1. 1850, † Halle/Saale 26. 2. 1909, Vater von 2); Prof. (ab 1894) in Breslau und Halle/Saale, Pionier auf dem Gebiet der experimentellen Psychologie. E. wurde v. a. durch seine lerntheoret. Untersuchungen mit gefühls- und wertneutralen Sprachelementen (›sinnarmen Silben‹) bekannt. Nach ihm benannt wurden die **E.-Kurve** (→Ersparnismethode) und der **E.-Test** (→Lückentest).

2) Julius, Philosoph, *Berlin 9. 11. 1885, † Marburg 16. 6. 1981, Sohn von 1); seit 1927 Prof. in Freiburg im Breisgau, 1930 in Rostock, 1940 in Marburg. E. versuchte zunächst eine systemat. Weiterentwicklung der Denkansätze G. W. F. HEGELs; später entschiedener Anhänger der Philosophie I. KANTS; Arbeiten zu KANT, zur Rechts-, Staats- und Sozialphilosophie sowie zu Fragen der aktuellen Tagespolitik (z. B. Atombombe, Todesstrafe).

Werke: Relativer u. absoluter Idealismus (1910); Kants Lehre vom ewigen Frieden u. die Kriegsschuldfrage (1929); Über die Fortschritte der Metaphysik (1931); Zu Dtl.s Schicksalswende (1946); Die Formeln des kategor. Imperativs u. die Ableitung inhaltlich bestimmter Pflichten (1960); Die Strafen für Tötung eines Menschen u. Prinzipien einer Rechtsphilosophie der Freiheit (1968); Autobiogr. in: Philosophie in Selbstdarstellungen, hg. v. L. J. PONGRATZ, Bd. 3 (1977).

Ausgabe: Ges. Schriften, hg. v. H. OBERER u. G. GEISMANN, auf mehrere Bde. ber. (1986 ff.).

Ebb Vale [- veil], Industriestadt in der Cty. Gwent, Südwales, am Nordrand des südwalis. Industrie- und Bergbaugebietes, 24 400 Ew.; Einkaufszentrum; Eisenindustrie seit 1789, Stahlwerk seit 1866; 1937 mit staatl. Förderung erstes integriertes Stahlwerk in Großbritannien, 1978 stillgelegt; Weißblechindustrie; Leichtindustrie in kleinen Gewerbeparks.

EBCDI-Code [-koːt, englisch ˈiːbiːciːdiːaɪ kəʊd], **EBCDIC** [Abk. für englisch **e**xtended **b**inary **c**oded **d**ecimal **i**nterchange **c**ode ›erweiterter **b**inär codierter Dezimalzahlenumwandlungscode‹], *Informatik:* 8-Bit-BCD-Code zur Darstellung von Zahlen, Ziffern, Buchstaben und Sonderzeichen, der dazu je Byte eines von 256 versch. Zeichen codiert. Die erste Tetrade eines jeden Zeichens wird Zonenteil, die zweite Ziffernteil genannt. Die Zeichen sind in Gruppen eingeteilt, wobei die erste Tetrade die Gruppe eines Zeichens kennzeichnet. Innerhalb einer Gruppe werden die Zeichen durchnummeriert. Die zweite Tetrade enthält die Dualdarstellung der Nummer des Zeichens. Da viele Codewörter (→Code) nicht fest vergeben sind, haben sie in versch. Varianten unterschiedl. Bedeutungen erhalten. (→BCD-Code)

Ebed Jahwe [hebr. ˈɛbɛd ˈjaːve], im A. T. der →Gottesknecht.

Ebeleben, Stadt im Kyffhäuserkreis, Thür., an der Helbe, 240 m ü. M., im Thüringer Becken, 3 200 Ew.; Lebens- und Futtermittelindustrie. – E. wurde 1198 erstmalig erwähnt und erhielt 1928 Stadtrecht.

Ebeling, Gerhard, ev. Theologe, *Berlin 6. 7. 1912; war 1939–45 Pfarrer der Bekennenden Kirche in Berlin; wurde 1946 Prof. für Kirchengeschichte in Tübingen; war ab 1954 Prof. für systemat. Theologie ebd., ab 1956 in Zürich, ab 1965 in Tübingen und 1968–79 Prof. für Fundamentaltheologie und Hermeneutik in Zürich; ist Mitherausgeber der Krit. Gesamtausgaben der Werke M. LUTHERS (Weimarer Ausgabe) und F. D. E. SCHLEIERMACHERS. E. leistete wichtige Beiträge zur Lutherforschung und zur Christologie, v. a. aber zum Problem der Hermeneutik, wobei er die christl. Theologie als im Verkündigungsauftrag der Kirche begründet beschreibt (als dessen Klärung und Vertiefung), der in der Predigt als ›Rede vor und aus Gott‹ seinen Mittelpunkt hat.

Werke: Ev. Evangelienauslegung. Eine Unters. zu Luthers Hermeneutik (1942, Nachdr. 1962); Das Wesen des christl. Glaubens (1959, ⁴1977); Wort u. Glaube, 3 Bde. (1960–75); Wort Gottes u. Tradition. Studien zu einer Hermeneutik der Konfessionen (1964); Luther. Einf. in sein Denken (1964); Lutherstudien, 2 Bde. (1971–77); Einf. in theolog. Sprachlehre (1971); Dogmatik des christl. Glaubens, 3 Bde. (1979); Predigten eines ›Illegalen‹ aus den Jahren 1939–1945 (1995).

Ebeltoft, Gem. im Amt Århus, Dänemark, 13 400 Ew., mit Hafen an der Ebeltoftbucht (Kattegat). – Rathaus (1576, heute Museum), Färberhof mit Werkstatt und weitere Gebäude aus dem 17. Jh., Postgården (mit völkerkundl. Sammlungen aus Thailand und Malaysia). – 1301 erstmals anlässlich seiner Stadtrechtsverleihung urkundlich erwähnt. Im Dreißigjährigen und im Nord. Krieg litt die Stadt schwer. Sie gewann Ende des 19. Jh. erneut an Bedeutung.

Ebenaceae [lat.], die →Ebenholzgewächse.

Eben am Achensee, Gem. südlich des Achensees, Tirol, Österreich, 2 200 Ew.; Fremdenverkehr, Seilbahn auf den Rofan.

Ebenbild Gottes, *bibl. Theologie:* die Gottebenbildlichkeit, →Imago Dei.

Ebenbürtigkeit, *Rechtsgeschichte:* die gleichwertige Abkunft mehrerer Rechtsgenossen, die zur Standes- und Rechtsgleichheit führte. Im MA. ist die E. (Begriff erstmals im →Sachsenspiegel) Ausdruck von Standesschranken. Bei der Ehe war die E. von Bedeutung, da Erbrecht, Lehnsfolge und Rechtsstellung der Kinder davon abhingen. Später wurde die E. privatrechtlich bedeutungslos; beim Adel spielte sie noch im 19. Jh., im Privatfürstenrecht (→Fürstenrecht) z. T. bis ins 20. Jh. hinein eine Rolle; der Gleichheitsgrundsatz (Art. 109 Weimarer Reichs-Verf.) setzte ihr verfassungsrechtlich ein Ende.

Ebene, 1) *Geographie:* Teil der Erdoberfläche mit fehlenden oder kaum wahrnehmbaren Höhenunterschieden. Nach der Höhenlage unterscheidet man **Tief-E.** (bis etwa 200 m ü. M.) von **Hoch-E.** (bis über 4 000 m, z. B. in Tibet); nach der allgemeinen Lage **Binnen-E.** (im Inneren der Festländer) von **Rand-** und **Küsten-E.;** nach der Entstehung **Abtragungs-E.** (→Rumpffläche) und **Aufschüttungs-E.,** wie die meisten Fluss-E. (Po-, La-Plata-E.) und viele eiszeitliche Schotter-, Sander- und Löss-E. Eine E. muss nicht horizontal liegen, sie kann nach einer Richtung geneigt sein (**Abdachungs-E., schräge** oder **schiefe E.**).
2) *Mathematik:* zweidimensionale Punktmenge im Raum, neben Punkt und Gerade ein Grundgebilde der Geometrie. Eine E. ist eindeutig bestimmt durch drei nicht auf einer Geraden liegende Punkte, durch

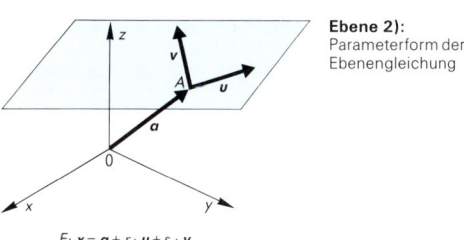

Ebene 2):
Parameterform der
Ebenengleichung

$E: \boldsymbol{x} = \boldsymbol{a} + r \cdot \boldsymbol{u} + s \cdot \boldsymbol{v}$

zwei nichtident. parallele Geraden, durch zwei sich schneidende Geraden oder durch eine Gerade und einen nicht auf ihr liegenden Punkt. – Zwei verschiedene E. haben entweder eine Gerade gemeinsam (**Schnittgerade, Spurgerade, Spur**) oder keinen Punkt und sind dann parallel. – Eine E. und eine Gerade schneiden einander entweder in einem Punkt (**Schnittpunkt, Spurpunkt, Spur**), oder die ganze Gerade liegt in der E., oder die E. und die Gerade haben keinen Punkt gemeinsam; im letzten Fall liegt die Gerade parallel zur

Ebene. In einem räuml. Koordinatensystem kann eine E. auf vielfältige Weise durch eine Gleichung dargestellt werden. Die **allgemeine E.-Gleichung** in einem kartesischen (x, y, z)-Koordinatensystem lautet $ax + by + cz + d = 0$, $(a, b, c, d, \in \mathbb{R})$, wobei jedes Zahlentripel (x, y, z), das Lösung dieser Gleichung ist, als Punkt der E. interpretiert wird. – Sind ein Punkt A der E. (mit Ortsvektor $\boldsymbol{a}$) und zwei linear unabhängige Vektoren $\boldsymbol{u}$ und $\boldsymbol{v}$ in der E. bekannt, so lassen sich alle Punkte der E. (und damit die E. selbst) durch die Gleichung $\boldsymbol{x} = \boldsymbol{a} + r \cdot \boldsymbol{u} + s \cdot \boldsymbol{v}$ bestimmen (**Parameterform, Punkt-Richtungs-Form;** mit $r, s \in \mathbb{R}$); $\boldsymbol{x}$ ist der jeweilige Ortsvektor der E.-Punkte. – Weitere wichtige Darstellungsformen sind die →Achsenabschnittsform und die →hessesche Normalform.
3) *Sprachwissenschaft:* Bez. für ein Teilsystem der Sprachbeschreibung, wie Phonologie, Morphologie, Lexik, Semantik und Syntax. In der Textlinguistik bilden diese Teilsysteme den Text.
Ebenen der Textstruktur, hg. v. F. Daneš u. D. Viehweger (1983).

Ebene der Tonkrüge, Hochebene in Laos, →Tranninhplateau.

Ebenezer [hebr. ›Stein der Hilfe‹], **Eben-Ezer,** bibl. Ortsname, genannt in den Philisterkämpfen (1. Sam. 4, 1; 5, 1; 7, 12); die Lage des Ortes E. am Westrand des Gebirges Efraim ist unbekannt.

Ebenheit, *Geographie:* unterschiedlich große Verebnungsflächen im Gebirge, v. a. bekannt im →Elbsandsteingebirge beiderseits des Elbtals.

Ebenholz, Ebony [ˈebənɪ, engl.], Bez. für das mehr oder weniger schwarze Kernholz einiger Diospyrosarten, die im trop. Afrika und Asien heimisch sind. Der meist breitere, helle Splint ist wertlos. E. ist ein fein strukturiertes, sehr hartes Holz, das schwer zu bearbeiten ist, bei entsprechender Behandlung jedoch eine außergewöhnlich glatte Oberfläche zeigt. Es wird in der Kunsttischlerei, für Drechslerarbeiten und Musikinstrumente verwendet.
Kulturgeschichte: E. zählte schon im Altertum zu den schönsten und teuersten Edelhölzern. Geschätzter als das indische war das äthiopische E., das bei Theophrast, Strabo, Dioskurides, Vergil u. a. Schriftstellern der Antike erwähnt wird. Herodot erwähnt ›ebenos‹ als Tribut der Nubier an die Perser. In Rom zeigte erstmals Gnaeus Pompeius Magnus E. bei seinem Triumph über Mithridates VI. Nach einem altägypt. Papyrus wurde es in Rom auch als Arznei verwendet, bes. bei Augenleiden.

Ebenholzgewächse, Ebenaceae, Familie der Zweikeimblättrigen mit rd. 450 Arten; in den Tropen und Subtropen vorkommende Bäume und Sträucher mit ganzrandigen Blättern und Beerenfrüchten. Die wirtschaftlich wichtigste Gattung Diospyros bildet ein hartes, schweres, unterschiedlich gefärbtes Kernholz (→Ebenholz).

Ebenist *der, -en/-en,* im 17. Jh. in Frankreich entstandene Bez. für einen Handwerker, der mit Ebenholz (frz. ›ébène‹) arbeitete, im 18. Jh. auch für den Kunsttischler, der Luxusmöbel und Innendekorationen mit Intarsien aus Edelhölzern u. a. Materialien entwarf und ausführte. Sehr bekannte E. sind A. C. Boulle und C. Cressent.

Ebenrode, 1938–45 Name der Stadt →Stallupönen im Gebiet Kaliningrad (Königsberg), Russland.

Ebensee, Markt-Gem. im Salzkammergut, OÖ, an der Mündung der Traun in den Traunsee, 8 900 Ew.; Zentralsudhütte Österreichs; Ammoniak- und Sodafabrik, Kalksteinbruch und Betonwerk, Textil- und Holzindustrie; Fremdenverkehr; Seilschwebebahn auf den Feuerkogel (1 594 m ü. M.). – Die seit 1786 eigenständige Pfarrgemeinde E. verdankt ihre Entstehung der 1607 aufgenommenen Salzsiederei.

Ebenstrauß, die →Doldenrispe.

Eberesche:
Blüten- (oben)
und Fruchtstand
(unten) des
Vogelbeerbaums

Eber, ausgewachsenes (geschlechtsreifes) männl. Schwein.

Eberbach, 1) Stadt im Rhein-Neckar-Kreis, Bad.-Württ., am Neckar, im südl. Odenwald, 132 m ü. M., 15 500 Ew.; Elektro- und pharmazeut. Industrie, Maschinenbau, Drahtwerke, Ruderbootsbau; Fremdenverkehr. – Die im 11. Jh. angelegte ältere Burg E. wurde 1227 mit ihrem Zubehör von Worms an den Staufer HEINRICH (VII.) zu Lehen gegeben, der um 1230 die Stadt E. gründete, die 1330 an die Pfalzgrafen bei Rhein, 1803 an die Fürsten zu Leiningen und 1806 an das Großherzogtum Baden kam.
2) eines der vier in Dtl. noch fast vollständig erhaltenen Zisterzienserklöster, gehört heute zu Eltville am Rhein, Hessen, 1135 gegr.; seit dem MA. bedeutendes Weinbau- und Weinhandelsunternehmen, 1803 säkularisiert. In der monumentalen romanischen Basilika (1145–86) Grabdenkmäler; Klostergebäude 12.–14. Jh. (v. a. Dormitorium, Kapitelsaal, Konversenbau, Cabinetkeller); barockes Refektorium (1738). Kloster E. ist heute hess. Staatsweingut.

Eberdingen, Gem. im Landkreis Ludwigsburg, Bad.-Württ., südlich von Vaihingen an der Enz, 6 500 Ew. – Im Ortsteil →Hochdorf Fundort eines kelt. Fürstengrabes.

Eberesche, Sorbus, artenreiche Gattung der Rosengewächse in der nördl. gemäßigten Zone; Holzgewächse. Vertreter sind: **Eberesche (Vogelbeerbaum,** Sorbus aucuparia), Strauch oder Baum mit glattem, hell- bis dunkelgrau berindetem Stamm, unpaarig gefiederten Blättern, gelbweißen Blüten und scharlachroten Scheinfrüchten (Vogelbeeren); die Früchte einer gezüchteten Varietät werden zur Herstellung von Spirituosen verwendet; **Spierling (Spierapfel, Speierling,** Sorbus domestica), mit weißen bis blassrötl. Blüten und birnenförmig-kugeligen, gelben, rotbackigen Scheinfrüchten, die z. T. als Zusatz bei der Apfelweinherstellung dienen; **Mehlbeere (Sorbus aria),** mit orange- bis scharlachroten, innen gelben Scheinfrüchten; **Elsbeere (Sorbus torminalis),** mit ahornähnl. Blättern und lederbraunen, hell punktierten Scheinfrüchten; **Zwergmehlbeere (Sorbus chamaemespilus),** nur strauchig, mit rosaroten Blüten und scharlach- bis braunroten Scheinfrüchten. – Das Holz der E.-Arten wird zu Drechsler-, Tischler- und Bildhauerarbeiten verwendet.
Kulturgeschichte: Der Spierling wurde bereits im Altertum von Griechen und Römern angepflanzt.

Eberbach 2): Zweischiffiges Mönchsdormitorium mit Kreuzgratgewölbe im ehemaligen Zisterzienserkloster; begonnen um 1200

THEOPHRAST u. a. berichteten ausführlich über Zucht und Verwendung des Spierlings (griech. oía, lat. sorbus). Urspr. wohl nur in Südeuropa heimisch, gelangte er erst durch die Römer nach Norden. Im MA. häufig kultiviert, findet er im Capitulare de villis KARLS D. GR. (um 794), später bei HILDEGARD VON BINGEN als aesculus sowie bei ALBERTUS MAGNUS wieder als sorbus Erwähnung. Botan. Schriftsteller des 16. Jh. bezeichneten die E. als wilden Spierling.

Eberfische, Caproidae, Familie der Petersfischartigen mit rüsselförmig vorstülpbarem Maul und scheibenförmigem Körper. Der **Eberfisch (Ziegenfisch,** Capros aper) lebt im Mittelmeer und im Ostatlantik; er wird bis 15 cm lang und ist braunrot gefärbt mit heller Unterseite; leicht zu haltender Seewasseraquarienfisch.

Eberfische:
Ziegenfisch
(Größe bis 15 cm)

Eberhard [ahd. etwa ›hart wie ein Eber‹, Herrscher:
Bamberg: **1) Eberhard II.,** Bischof (seit 1146), * um 1100, † 17. 7. 1172; aus dem edelfreien bayer. Geschlecht von Ettling; war maßgeblich an der Wahl FRIEDRICHS I. BARBAROSSA zum Röm. König beteiligt und wurde einer seiner bedeutendsten Ratgeber und diplomat. Helfer, v. a. bei den Verhandlungen mit der Kurie; suchte 1159 erfolglos FRIEDRICH I. BARBAROSSA mit Papst ALEXANDER III. zu versöhnen.
Franken: **2) Eberhard,** Herzog, † (gefallen) bei Andernach 939; jüngerer Bruder von König KONRAD I. Nach KONRADS Tod lenkte er die Königswahl 919 in dessen Sinne auf Herzog HEINRICH (I.) von Sachsen. Als Beauftragter des Königs mit richterl. Gewalt sicherte er nach 925 Lothringen für das (Heilige Röm.) Reich. 936 beteiligte sich E. in führender Position an der Erhebung OTTOS I. auf den Thron, entzweite sich aber bald darauf mit ihm. Mit OTTOS Bruder HEINRICH und Herzog GISELBERT von Lothringen empörte er sich 938 offen gegen den König. Bei einem Überraschungsangriff königl. Truppen am Rheinufer gegenüber Andernach fielen E. und GISELBERT. Der Aufstand brach zusammen. E.s fränk. Herzogtum wurde als selbstständige Einheit für immer aufgehoben.
Katzenelnbogen: **3) Eberhard I.,** Graf, * nach 1240, † 23. 8. 1311; wurde nach der Hausteilung der Grafschaft (1260) zum Begründer der jüngeren Katzenelnbogener Linie (1403 im Mannesstamm erloschen). Als enger militär. und polit. Berater der Könige RUDOLF I. VON HABSBURG, ADOLF VON NASSAU und ALBRECHT I. trat er energisch für die königl. Rechte am Mittelrhein ein, wobei er seine eigenen Interessen mit denen des (Heiligen Röm.) Reiches verband.
Salzburg: **4) Eberhard I.,** Erzbischof (seit 1147), * um 1085, † Kloster Rein (Steiermark) 21. 12. 1164; aus dem bayer. Geschlecht der Edelfreien von Hilpoltstein und Biburg; wurde 1125 Mönch zu Prüfening (heute zu Regensburg) und 1133 der erste Abt des von ihm gegründeten Klosters Biburg. Als Erzbischof förderte er die kirchl. Reformbestrebungen im Sinne GERHOHS VON REICHERSBERG und GOTTFRIEDS VON ADMONT; 1159 stellte sich E. auf die Seite ALEXANDERS III., doch suchte er zw. Kaiser FRIEDRICH I. BARBAROSSA und Papst ALEXANDER III. zu vermitteln. Einen Bruch mit dem Kaiser vermied er.

5) Eberhard II., Erzbischof (seit 1200), *um 1170, † Friesach (Kärnten) 1. 12. 1246; aus dem schwäb. Geschlecht der Freiherren von Regensberg; wurde 1196 Bischof von Brixen. Als Erzbischof von Salzburg war er einer der bedeutendsten Reichsfürsten seiner Zeit und einer der tatkräftigsten Anhänger der Staufer im Kampf gegen das Papsttum. 1240 ließ GREGOR IX. ihn deswegen bannen. E. beendete die Selbstständigkeitsbestrebungen des Bistums Gurk, indem er dieses sowie die drei neu gegründeten Suffraganbistümer Chiemsee (1215), Seckau (1219) und Lavant (1221) als Eigenbistümer in sein Territorium eingliederte. Er gilt als ›Gründer des Landes Salzburg‹, da er durch Einziehung und Erwerb von Grafschaften, Vogteien und Gütern das Territorium des Erzbistums erweiterte und neue Grundlagen der Landeshoheit legte.

Württemberg: **6) Eberhard I., der Erlauchte,** Graf, * 13. 3. 1265, † 5. 6. 1325; Sohn Graf ULRICHS I., DES STIFTERS, regierte seit 1279, widersetzte sich erfolgreich dem Versuch der Habsburger, das Herzogtum Schwaben wiederherzustellen und das im Interregnum (1254–73) usurpierte Reichsgut und den ehemals stauf. Besitz zurückzugewinnen. Zugleich verstand es E., sein Gebiet zu vergrößern. Seine aggressive Expansionspolitik sowie sein polit. Ehrgeiz gefährdeten fast den Bestand der Grafschaft, doch gelang es ihm, 1323 von König LUDWIG IV., DEM BAYERN, eine Bestätigung seines Besitzes in vollem Umfang zu erhalten. Unter E. begann Württemberg, ein einheitl. Territorium zu werden.

7) Eberhard II., der Greiner (›Zänker‹), auch **der Rauschebart,** Graf, * 1315, † 15. 3. 1392, Enkel von 6); regierte seit 1344, anfangs mit seinem Bruder UlRICH IV. († 1366). Ähnlich seinem Großvater suchte er, sein Territorium gegen die Städte zu sichern, und war unermüdlich bestrebt, sein Gebiet zu konsolidieren und abzurunden. Nach 1360 erreichte er die Befreiung von fremden Gerichten und verhinderte die Pläne seines Bruders, das Land zu teilen. Seine Territorialpolitik verwickelte ihn in viele Fehden. Am 23. 8. 1388 besiegte er den Schwäb. Städtebund bei Döffingen. E. wurde bes. durch L. UHLANDS Ballade ›Graf Eberhard der Rauschebart‹ volkstümlich.

8) Eberhard III., der Milde, Graf, * 1364, † Göppingen 16. 5. 1417; Sohn des in der Schlacht bei Döffingen (1388) gefallenen Grafen ULRICH; folgte 1392 seinem Großvater E. II., DEM GREINER, in der Reg., zog 1393 zur Unterstützung des Dt. Ordens nach Preußen (Preußenreise). E. besiegte 1395 bei Heimsheim den Schleglerbund, eine Adelsvereinigung, die sich der Herrschaft der Fürsten widersetzte. Er schloss 1405 mit Fürsten und Städten den Marbacher Bund gegen König RUPRECHT VON DER PFALZ. E. war geschätzt als Bündnispartner und Schiedsrichter.

9) Eberhard I., im Bart, als Herzog (seit 1495) **E. I.,** als Graf **E. V.,** * Urach 11. 12. 1445, † Tübingen 24. 2. 1496, Sohn von Graf LUDWIG; stand zunächst bis 1459 unter der Vormundschaft seines Onkels, Graf ULRICH V. Im Vertrag von Münzingen vereinigte er 1482 die seit 1442 geteilte Grafschaft. Durch weitere Hausverträge setzte er die Unteilbarkeit des Landes fest und stärkte unter freiwilliger Einbeziehung der Landstände die Landeshoheit. Dem polit. Einigungsprozess folgte ein energ. Ausbau der Landesverwaltung (u. a. Schaffung der württemberg. Hofgerichts, Reorganisation des Militärwesens, Stadtrechtsverleihungen, 1477 Gründung der [E.-Karls-]Univ. Tübingen). Seit 1488 gehörte E. dem Schwäb. Bund an, dessen oberster Feldhauptmann er wurde. Als Verfechter einer Reichsreform erwarb sich E. hohes Ansehen im Reich, v. a. wegen seiner steten Bereitschaft zur Vermittlung; 1495 erhob König MAXIMILIAN I. ihn in den Herzogsstand.

V. HIMMELEIN: E. der mit dem Barte (1977).

10) Eberhard III., Herzog (seit 1628), * Stuttgart 16. 12. 1614, † ebd. 3. 7. 1674; trat 1633 dem →Heilbronner Bund bei, musste 1634 nach dessen Niederlage bei Nördlingen sein Land verlassen, das er 1638 zum größten Teil, 1648 durch frz. und schwed. Hilfe ganz zurückerhielt. Den Wiederaufbau des verwüsteten Territoriums überließ er weitgehend seinen fähigen Räten. 1660 trat E. dem 1. Rheinbund bei.

11) Eberhard Ludwig, Herzog (seit 1677), * Stuttgart 18. 9. 1676, † Ludwigsburg 31. 10. 1733; stand bis 1693 unter Vormundschaft. Er befehligte im Span. Erbfolgekrieg das Oberrhein. Reichsheer. Seine Leidenschaft für Prachtbauten (Anlage von Stadt und Schloss Ludwigsburg), Militärwesen (Unterhalt eines stehenden Heeres) sowie mehr oder weniger erfolgreiche Verwaltungs-, Wirtschafts- und Schulreformen erschöpften die finanziellen Mittel des Landes. Er stand seit 1708 unter Einfluss seiner Geliebten CHRISTIANE WILHELMINE VON GRÄVENITZ.

Eberhard, E. der Deutsche, latinisiert **Alemannus,** mittellat. Schriftsteller des 13. Jh.; war nach Studien in Paris und Orléans Leiter der Domschule in Bremen; verfasste wohl vor 1250 den ›Laborintus‹, eine lat. Dichtungslehre in rd. 1 000 Versen über Komposition, Metrik, Rhythmik, Schulautoren u. a. Das Schulbuch wurde wegen seiner allegor. Umrahmung, der drast. Klage eines Schulmeisters über die Mühen der Schule im MA.; häufig benutzt und kommentiert, z. B. von NIKOLAUS DYBINUS um 1350.

Eberhard, E. von Béthune [-be'ty:n], Lehrer der lat. Grammatik, † um 1212; schrieb vor dem gegen die Lehren der Waldenser und Juden gerichteten ›Antiheresis‹ (1210) für den Schulgebrauch eine umfängl., häufig antike und mittellat. Dichter zitierende Versgrammatik nach DONATUS und PRISCIANUS. Das postum auf 27 Kapitel erweiterte und nach der griechisch-lat. Wortliste (Kapitel 8) ›Grecismus‹ betitelte Schulbuch fand, bes. an den mittelalterl. Universitäten, große Verbreitung.

Eberhard, E. von Cersne [-'tsɛrsnə], mittelhochdt. Dichter, 1408 urkundlich als Kanonikus in Minden nachgewiesen; Verfasser einiger Liebeslieder und einer Minne-Allegorie (›Der Minne Regel‹), der ein lat. Minnetraktat des ANDREAS CAPELLANUS (um 1200) zugrunde liegt. In das in kreuzweise gereimten, vierzeiligen Strophen verfasste Gedicht sind einige leonin. Hexameter, die ersten in dt. Sprache, eingestreut.

Ausgaben: Der Minne Regel, hg. v. F. X. WÖBER (1861); Der Minne Regel, hg. v. D. BUSCHINGER (1981).

Eberhard, E. von Gandersheim, Geistlicher des dortigen Klosters, 1204–16 urkundlich nachgewiesen; verfasste die mittelniederdt. ›Gandersheimer Reimchronik‹ (vollendet 1218).

Ausgaben: E.s Reimchronik von Gandersheim, in: Dt. Chroniken u. a. Geschichtsbücher des MA., Bd. 2, hg. v. L. WEILAND (1877, Nachdr. 1980, Monumenta Germaniae Historica); Die Gandersheimer Reimchronik, hg. v. L. WOLFF (²1969).

Eberhard, 1) Fritz, eigtl. **Hellmut von Rauschenplat,** Publizist, * Dresden 2. 10. 1896, † Berlin 29. 3. 1982; war seit 1920 polit. Publizist in Göttingen und Berlin, lebte 1937–45 im Exil in Großbritannien, 1946–49 Abg. (SPD) im württembergisch-bad. Landtag, Mitgl. des Parlamentar. Rates; 1949–58 Intendant des Südt. Rundfunks, 1961–68 Prof. für Publizistik an der Freien Univ. Berlin.

Werke: Der Kampf gegen die Arbeitslosigkeit (1932); How to conquer Hitler (1939, mit HILDA MONTE); Help Germany to revolt (1942, mit HILDA MONTE); The next Germany (1943); Der Rundfunkhörer u. sein Programm (1962).

2) Wolfram, Sinologe, * Potsdam 17. 3. 1909, † Berkeley (Calif.) 15. 8. 1989; wurde 1937 Prof. in Ankara und 1949 in Berkeley (Calif.), beschäftigte sich in zahlr. methodisch bahnbrechenden Studien mit der ethnolog. und soziolog. Erforschung der chin. Kultur.

Eberhard I., im Bart
(Kupferstich; um 1700)

Werke: Typen chin. Volksmärchen (1937); Lokalkulturen im alten China, 2 Bde. (1942); History of China (1948; dt. Chinas Gesch.); Conquerors and rulers (1952); Social mobility in traditional China (1963); Guilt and sin in traditional China (1967); Moral and social values of the Chinese (1971); Südchin. Märchen (1976); China u. seine westl. Nachbarn (1978); Life and thought of the ordinary Chinese (1982); Lex. chin. Symbole (1983).

Eberhard-Karls-Universität Tübingen, seit 1769 Name der Tübinger Univ., eröffnet 1477 durch Graf EBERHARD I., IM BART, von Württemberg mit Privileg von Papst SIXTUS IV. vom 13. 11. 1476. Neben der Univ. bestand seit 1536 das →Tübinger Stift.

J. HALLER: Die Anfänge der Univ. Tübingen 1477–1537, 2 Bde. (1927–29).

Eberhart [ˈeɪbəhɑːt, ˈebəhɑːt], Richard Ghormley, amerikan. Schriftsteller, *Austin (Minn.) 5. 4. 1904; seine intensive Lyrik zeichnet sich durch Intuition, präzise Sprache und visionären Idealismus aus.

Werke: Collected verse plays (1962); Of poetry and poets (1979, Essays); Collected poems 1930–1986 (1986); Maine poems (1989).

Ebernburg: Links die oberhalb des Ortes gelegene Hauptburg Franz von Sickingens (1482–1523 Umbau zu einer neuzeitlichen Festung, 1697 größtenteils geschleift); in der Bildmitte Bad Münster am Stein-Ebernburg

Eberle, 1) Josef, Pseud. **Sebastian Blau,** Schriftsteller, *Rottenburg am Neckar 8. 9. 1901, †Pontresina 20. 9. 1986; war 1945–71 Herausgeber der ›Stuttgarter Zeitung‹; schrieb Gedichte in schwäb. Mundart, daneben solche in lat. Sprache, Essays und Feuilletons.

Werke: *Lyrik:* Mild u. bekömmlich (1928); Niedernauer Idylle (1941); Rottenburger Bilderbogen (1943); Rottenburger Hauspostille (1946); Horae (1954); Laudes (1959); Amores (1962); Schwäb. Herbst (1973); Die trauten Laute (1975). – Aller Tage Morgen (Erinnerungen, 1974); Die Wandzeitung (1981).

2) Josef O s k a r, schweizer. Regisseur und Theaterhistoriker, *Zürich 28. 1. 1902, †Altdorf (Uri) 28. 6. 1956; gründete 1927 die ›Schweizer. Gesellschaft für Theaterkultur‹, schrieb u.a. ›Theaterwissenschaftl. Grundbegriffe‹ (1928), ›Cenalora. Leben, Glaube, Tanz und Theater der Urvölker‹ (1954).

3) Joseph, Pseud. **Edgar Mühlen,** kath. Publizist, *Ailingen (heute zu Friedrichshafen) 2. 8. 1884, †Salzburg 12. 9. 1947; als Kritiker des modernen Zeitungswesens (›Großmacht Presse‹, 1912) arbeitete E. seit 1913 an der christlich-sozialen ›Reichspost‹ in Wien und wurde dort Herausgeber der Zeitschriften ›Das neue Reich‹ (seit 1918) und ›Schönere Zukunft‹ (1925–40). Er war ein scharfer Kritiker der parlamentar. Demokratie und ein Vertreter ständ. Ideen mit antisemit. Neigungen; erst spät Gegner des Nationalsozialismus (zeitweilig in Gestapo-Schutzhaft).

Eberlin von Günzburg, Johann, Theologe und Schriftsteller, *Kleinkötz (heute zu Kötz, bei Günzburg) um 1468, †Leutershausen (bei Ansbach) 13. 10. 1533; urspr. Franziskaner. Für die Reformation gewonnen (1521), wirkte er nach theolog. Studium in Wittenberg in Süd-Dtl., zuletzt als Reformator der Grafschaft Wertheim. Er hatte einen großen Ruf als Volksprediger und verfasste zahlreiche Flugschriften zu religiösen und sozialen Fragen, darunter die ›15 Bundsgenossen‹ (1521–23) mit dem Entwurf einer neuen geistl. und weltl. Ordnung.

Ausgabe: Sämtl. Schriften, hg. v. L. ENDERS, 3 Bde. (1896–1902).

C. PETERS: J. E. v. G. Ca. 1465–1533. Franziskan. Reformer, Humanist u. konservativer Reformator (1994).

Ebermannstadt, Stadt im Landkreis Forchheim, Bayern, 292 m ü.M. im Tal der Wiesent, gilt als Eingangstor zur Fränk. Schweiz, 7000 Ew.; Elektro- und Metall verarbeitende Industrie. – Das 981 erstmals erwähnte E. war im Besitz der Herren von Schlüsselberg (1347 erloschen). 1323 zur Stadt erhoben, kam E. 1349 (endgültig 1390) an das Hochstift Bamberg. 1803 fiel es an Bayern.

Ebermayer, Erich, Schriftsteller, *Bamberg 14. 9. 1900, †Terracina 22. 9. 1970; Rechtsanwalt; 1933/34 Regisseur und Dramaturg in Leipzig, danach Entlassung; seine Bücher wurden z.T. verboten. – Im Mittelpunkt seiner kultivierten Unterhaltungsromane und Novellen stehen Menschen in Gewissensnöten. Er schrieb ferner Dramen und zahlr. Filmdrehbücher (u. a. ›Traumulus‹, 1934; ›Canaris‹, 1955).

Weitere Werke: *Romane und Erzählungen:* Doktor Angelo (1924); Sieg des Lebens (1925); Kampf um Odilienberg (1929); Befreite Hände (1938); Unter anderem Himmel (1941); Der Schrei der Hirsche, 2 Bde. (1944–49); Der letzte Sommer (1952); Verzeih, wenn du kannst (1964). – *Tagebücher:* Denn heute gehört uns Deutschland ... (1959); ... und morgen die ganze Welt (1966).

Ebern, Stadt im Landkreis Haßberge, Bayern, 265 m ü.M., im Tal der Baunach, 7600 Ew.; Herstellung von Fahrzeugtechnik; Garnison. – Pfarrkirche (15. Jh.); Rathaus (1604). – 1216 erstmals genannt, 1230 als Stadt im Besitz des Bistums Würzburg. 1803/14 kam E. an Bayern.

Ebernand von Erfurt, mittelhochdt. Dichter aus dem ersten Viertel des 13. Jh., Verfasser der Legende ›Heinrich und Kunigunde‹ (4752 Verse) über Kaiser HEINRICH II., DEN HEILIGEN, und seine Gattin. Der Autor hielt sich eng an lat. Viten und Mirakelberichte über das Kaiserpaar und gilt als wichtiger Zeuge für

Ebern: Rathaus; 1604

die Literarisierung des Legendenerzählens im 13. Jahrhundert.

Ausgabe: Heinrich u. Kunegunde, hg. v. R. BECHSTEIN (1860, Nachdr. 1968).

Ebernburg, seit 1969 Stadtteil von Bad Münster am Stein-Ebernburg, Rheinl.-Pf. Die E. aus dem 11.(?) Jh., oberhalb des Orts, war die Hauptburg FRANZ VON SICKINGENS und als ›Herberge zur Gerechtigkeit‹ Zufluchtsort für U. VON HUTTEN, P. MELANCHTHON u. a. Anhänger der Reformation; 1523 und 1697 zerstört, 1936/37 und nach 1945 restauriert.

Eberndorf, Markt-Gem. in Kärnten, Österreich, 5900 Ew.; Faserplattenwerk, Maschinenfabrik. – Ehem. Augustinerchorherrenstift, eine wehrhafte Klosterburg mit Gebäuden aus der zweiten Hälfte des 15. Jh.; ehem. Stiftskirche Maria Himmelfahrt (um 1500) mit Krypta und frei stehendem Wehrturm (15. Jh.) sowie barockem Hochaltar (zweite Hälfte des 18. Jh.). – Im 12. Jh. wurde bei einer 1106 erstmals genannten Kirche auf einem gräfl. Eigengut ein Kloster errichtet, das Ende des 15. Jh. gegen die Türken befestigt wurde. Das Kloster und die in seiner Nähe gewachsene Siedlung standen 1603–1773 unter der Verwaltung der Jesuiten.

Eberraute, Zitronenkraut, Artemisia abrotanum, Beifußart aus dem Mittelmeergebiet; bis 1 m hohe, nach Zitronen duftende Staude; doppelt fiederspaltige Blätter mit fadenartig ausgezogenen Zipfeln; kleine, gelbl. Blütenköpfchen in schmaler Rispe; alte, nur noch selten angebaute Gewürz- und Heilpflanze.

Ebersbach, Name von geographischen Objekten:
1) **Ebersbach,** sorb. Habracheḱicy [-tʃitsy], Stadt im Landkreis Löbau-Zittau, Sa., 354 m ü. M., an der oberen Spree im Lausitzer Bergland, an der Grenze zur Tschech. Rep., 12 000 Ew.; Textilindustrie. – Einschiffige barocke Stadtkirche (17./18. Jh.), zahlr. Umgebindehäuser. – Das seit 1306 bezeugte E. wurde Ende des 13. Jh. im Zuge der dt. Ostsiedlung als Waldhufendorf gegründet. Im 17. Jh. entwickelte sich E. zum Weberdorf. 1925 wurde E. Stadt.
2) **Ebersbach an der Fils,** Stadt (seit 1975) im Landkreis Göppingen, Bad.-Württ., östlich von Stuttgart, 278 m ü. M., 15 800 Ew.; Heimatmuseum; Maschinenbau, Textilindustrie.

Ebersbach, Hartwig, Maler, *Zwickau 17. 5. 1940; Schüler von B. HEISIG; ist seit 1964 als Maler, Grafiker und Messegestalter tätig; daneben beteiligte er sich an aktionist. Musiktheatern und war Mitgl. experimenteller Künstlergruppen in der DDR. E. gehört zu den Vertretern einer gest. Malerei, die das Abbild der Realität in den dynam. Pinselduktus auflöst. In mehreren Werkreihen entfaltet er anhand eines Motivs (Kaspar, Drache u. a.) eine körperbetonte Malerei, die psych. Zustände unmittelbar anschaulich werden lässt. Seit den 70er-Jahren bediente er sich auch des Environments. Nach 1990 entstanden unter dem Einfluss afrikan. und asiat. Kulturen großformatige Plastiken und Installationen; seit 1996 Mitglied der Akad. der Künste, Berlin.

Ebersberg, 1) Kreisstadt in Bayern, 558 m ü. M., im hügeligen Endmoränengebiet östlich von München, 10 400 Ew. – Ehem. Kloster und Klosterkirche, heute kath. Pfarrkirche St. Sebastian (13.–15. Jh., spätgot. Halle, 1733/34 barockisiert) mit mittelalterl. Grabdenkmälern. In der Sebastianskapelle über der Sakristei (1668) hochbarocke Stuckdekoration; spätgot. Rathaus (1529). – E. entstand um ein 934 gegründetes Chorherrenstift, das 1013 in ein Benediktinerkloster umgewandelt wurde. 1343 erhielt der Ort Marktrecht. Das Kloster kam 1595 an die Jesuiten, 1773 wurde es Großpriorat des Malteserordens (1808 aufgehoben). Seit dem 10. Jh. Wallfahrtsort, erlangte die Sebastianswallfahrt bes. im Hoch-MA. und während des Dreißigjährigen Krieges Bedeutung.

Albert Ebert: Kinderfest im Kleingartenverein; 1959 (Halle, Staatl. Galerie Moritzburg)

2) Landkreis im Reg.-Bez. Oberbayern, 549 km², 108 900 Ew. Der Kreis liegt im Alpenvorland zw. München und Rosenheim; im N erstreckt er sich über die stark bewaldete Münchener Ebene (Ebersberger Forst, mit einer Fläche von rd. 90 km² einer der größten in Dtl.), wo Kartoffeln, Braugerste und Weizen angebaut werden, im S reicht er in das Jungmoränengebiet des Inn-Chiemsee-Hügellandes, wo Grünlandwirtschaft (Milchviehhaltung) überwiegt; etwa ein Drittel des Kreisgebiets ist bewaldet, über die Hälfte der Fläche wird landwirtschaftlich genutzt. Während im NW Ortschaften wie Vaterstetten bereits zum Münchener Einzugsbereich gehören, ist das Hügelland nur dünn besiedelt; in den beiden einzigen Städten (Ebersberg und Grafing b. München) gibt es feinmechan., opt. und Elektroindustrie, in Markt Schwaben im äußersten N des Kreises hat sich ebenfalls Elektroindustrie angesiedelt.

Ebersmünster, frz. **Ebersmunster** [-mε̃ˈstɛːr], Ort bei Schlettstadt im Unterelsass, Dép. Bas-Rhin, Frankreich, mit ehem. Benediktinerabtei (gegr. im 7. Jh.) und bedeutender Barockkirche von P. THUMB (1708–31); Orgel von A. SILBERMANN (1730–32).

Eberstein, ehem. Grafschaft im Murgtal. Die Grafen von E. starben 1660 aus. Stammsitz war die Burg E. bei Baden-Baden, seit dem 13. Jh. Neu-Eberstein oberhalb von Gernsbach. Im 14. Jh. kam die Grafschaft an Baden.

Eberswalde, Kreisstadt des Landkreises Barnim, Bbg., 20 m ü. M., am N-Rand der Hochfläche Barnim und am Finowkanal, 49 900 Ew.; FH, Forstl. Forschungsanstalt, Bundesforschungsanstalt für Forst- und Holzwirtschaft, Zentrum für Agrarlandschafts- und Landnutzungsforschung, Dt. Entomolog. Inst. (Zoolog. Museum) sowie andere Forschungsinstitute; Stadt- und Kreismuseum, forstbotan. Garten, Insektenausstellung; Kran-, Rohrleitungs- und Apparatebau, Wellpappenwerk. – Stadtkirche St. Maria Magdalena (Backsteinkirche aus dem 13. Jh., verwandt mit der nahe gelegenen Klosterkirche →Chorin; klassizist. Alte Forstakademie (1795; Akademie 1830 von Berlin hierher verlegt). – E., seit 1276 als Stadt (Civitas) bezeugt, entstand bei einer nach 1200 durch die Markgrafen von Brandenburg errichteten Burg. 1322 wurde die Stadt befestigt. Von 1375 bis 1876 hieß die Stadt ›Neustadt E.‹ bzw. nur ›Neustadt‹. 1970–93 mit der Stadt Finow vereinigt **(E.-Finow).**

Ebert, 1) Albert, Maler und Grafiker, *Halle (Saale) 26. 4. 1906, †ebd. 21. 8. 1976; Autodidakt; wurde bes. durch seine meist kleinformatigen, naiv-

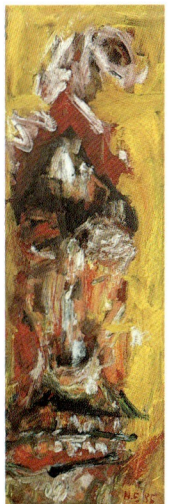

Hartwig Ebersbach: Kaspar; 1985 (Privatbesitz)

Carl A. Ebert

Friedrich Ebert

Eberwurz:
Silberdistel
(Höhe 15–30 cm)

realist. Ölbilder von hohem kolorist. Reichtum bekannt, in denen er mit unbekümmerter Sicht den Alltag poetisch-fantasievoll schilderte.
Werk: Wie ein Leben gemalt wird (1974).

2) C a r l Anton, amerikan. Theaterintendant und Regisseur dt. Herkunft, *Berlin 20. 2. 1887, †Santa Monica (Calif.) 14. 5. 1980; begann seine Laufbahn als Schauspieler, war 1927–31 Intendant in Darmstadt und 1931–33 (entlassen) an der Städt. Oper Berlin, emigrierte 1933 nach Großbritannien und gründete mit F. BUSCH und R. BING (unterstützt von dem Mäzen JOHN CHRISTIE) 1934 das Glyndebourne Festival (1934–39 künstler. Leiter); danach Gründer und (bis 1947) Leiter der Staatl. Opern- und Schauspielschule und des Türk. Nationaltheaters in Ankara. 1948–54 lehrte er in Los Angeles (1950–61 auch künstler. Leiter der dortigen Guild Opera Company). 1954–61 war er Intendant der Städt. Oper Berlin (West). E., der bes. um die zeitgenöss. Oper bemüht war, gehörte zu den stilbildenden Opernregisseuren seiner Zeit.

3) Friedrich, Politiker, *Heidelberg 4. 2. 1871, †Berlin 28. 2. 1925; urspr. Sattler, schloss sich 1889 der Sozialdemokratie an. 1893 wurde er Redakteur der sozialdemokrat. ›Bremer Bürgerzeitung‹, 1900 Mitgl. der Bremer Bürgerschaft und dort zugleich Vors. der sozialdemokrat. Fraktion. Als Sekretär des Parteivorstandes der SPD (1905–13) in Berlin setzte er sich für eine enge Zusammenarbeit seiner Partei mit den Gewerkschaften ein und verfolgte innerparteilich eine auf Ausgleich bedachte Linie. Nach dem Tod A. BEBELS (1913) wurde er neben H. HAASE Vors. der SPD; 1912–18 war er MdR.

Im Ersten Weltkrieg stieg E. zum maßgebl. Politiker der SPD auf. Nach dem Rücktritt HAASES war er alleiniger Vors. der SPD (1915–19) und (mit P. SCHEIDEMANN) Vors. ihrer Reichstagsfraktion (1916–18); 1918 war er zugleich Vors. des parlamentar. Hauptausschusses. Innenpolitisch setzte er sich für die Politik des ›Burgfriedens‹ (d.h. bes. die Einstellung parteipolit. Auseinandersetzungen angesichts des Krieges) und für innere Reformen ein. Außenpolitisch wandte er sich gegen Annexionen und sprach sich für einen Verständigungsfrieden aus. An der Ausarbeitung der Friedensresolution des Reichstags (3. 10. 1917) hatte er wesentl. Anteil. Beim Munitionsarbeiterstreik im Januar 1918 bemühte er sich um einen Ausgleich.

Am 9. 11. 1918 übergab Reichskanzler Prinz MAX von Baden E. sein Amt (→Novemberrevolution). Nach Ausrufung der Republik am selben Tag übernahm er am 10. 11. 1918 mit HAASE den Vorsitz im →Rat der Volksbeauftragten. E. betrachtete sich als Treuhänder des Dt. Reiches und seiner Einheit; in diesem Sinne wirkte er bes. auf die Einberufung einer Nationalversammlung hin, die die grundlegenden verfassungs- und gesellschaftspolit. Entscheidungen treffen sollte. Gestützt auf den →Ebert-Groener-Pakt, bekämpfte er unter Bruch v. a. mit der USPD Versuche der radikalen Linken zur Aufrichtung eines Rätesystems in Dtl. Er wurde deshalb von dieser Seite des Verrats an der Arbeiterschaft bezichtigt. Nachdem die Weimarer Nationalversammlung E. am 11. 2. 1919 zum vorläufigen Reichs-Präs. gewählt hatte, verlängerte der Reichstag unter Verzicht auf die in der Weimarer Reichs-Verf. vorgesehene Wahl des Reichs-Präs. durch das Volk am 27. 10. 1922 mit verfassungsändernder Mehrheit die Amtszeit E.s bis zum 30. 6. 1925. E. bemühte sich in seinem Amt um überparteil. Neutralität und Vermittlung zw. den innenpolit. Gegensätzen. Er trug damit wesentlich zur Überwindung der innenpolit. Krisen der Anfangsjahre der Weimarer Republik bei. Bei der Verteidigung der demokrat. Republik gegen rechts- und linksradikale Umsturzversuche machte er von seinen Rechten als Präs. verfassungsgemäßen Gebrauch. Wegen seiner Haltung beim

Munitionsarbeiterstreik von der republikfeindl. Rechten des Landesverrats beschuldigt, strengte E. gegen einen Zeitungsredakteur einen Beleidigungsprozess (Magdeburg, 1924) an; im Urteilsspruch wurde der Beklagte zwar der Beleidigung für schuldig befunden, aber der Vorwurf des Landesverrats aus formalen Gründen aufrechterhalten. E. starb bald darauf unerwartet an den Folgen einer Operation.
Ausgabe: Schriften, Aufzeichnungen, Reden, hg. v. F. EBERT jun., 2 Bde. (1926).
W. BESSON: F. E. Verdienst u. Grenze (1963); W. MASER: F. E., der erste dt. Reichs-Präs. (1987); P.-C. WITT: F. E. Parteiführer, Reichskanzler, Volksbeauftragter, Reichspräsident (1987).

4) Friedrich Adolf, Bibliothekar, *Taucha 9. 7. 1791, †Dresden 13. 11. 1834; wirkte in Dresden und Wolfenbüttel; Arbeiten auf den Gebieten der Bibliothekswiss., Bibliographie und Handschriftenkunde.
Werke: Die Bildung des Bibliothekars (1820); Allgemeines bibliograph. Lexicon, 2 Bde. (1819–30); Gesch. u. Beschreibung der königl. öffentl. Bibliothek zu Dresden (1822); Handschriftenkunde, 2 Bde. (1827).

5) Johann Arnold, Schriftsteller, *Hamburg 8. 2. 1723, †Braunschweig 19. 3. 1795; gehörte den ›Bremer Beiträgern‹ an, war mit F. G. KLOPSTOCK (Ode ›An Ebert‹), später, als Lehrer am Collegium Carolinum in Braunschweig, mit G. E. LESSING befreundet.
Ausgabe: Episteln u. vermischte Gedichte, 2 Tle. (1789–95).

Ebert-Groener-Pakt, polit. Vereinbarung vom 10. 11. 1918 zw. F. EBERT (SPD), dem Vors. des Rates der Volksbeauftragten, und General W. GROENER, dem Ersten Generalquartiermeister, über die Wahrung der öffentl. Ordnung in Dtl. Die militär. Führung verpflichtete sich, das aus dem Krieg zurückkehrende Frontheer bei der Erhaltung der inneren Sicherheit einzusetzen; die polit. Führung versprach, dem Offizierskorps bei der Aufrechterhaltung der Truppendisziplin zu helfen. Der E.-G.-P. trug in hohem Maße dazu bei, den Übergang von der Monarchie zur parlamentarisch regierten Republik zu sichern.
W. SAUER: Das Bündnis Ebert-Groener (Diss. Berlin-West 1957); G. W. RAKENIUS: Wilhelm Groener als erster Generalquartiermeister. Die Politik der Obersten Heeresleitung 1918/19 (1977).

Eberwurz, Carlina, Korbblütlergattung mit rd. 20 Arten in der nördl. gemäßigten Zone der Alten Welt; Kräuter mit dornigen, buchtig gezähnten bis tief fiederspaltigen Blättern und Blütenkörbchen mit weißl., gelbl. oder rötl., röhrenförmigen, zwittrigen Blüten; die äußeren Hüllblätter ähneln den Laubblättern, die innersten haben ein schmales, stechendes Anhängsel. Die Art **Kleine E. (Golddistel,** Carlina vulgaris) mit goldgelben inneren Hüllblättern, wächst auf kalkhaltigen Böden, Heiden, Trockenwiesen und in lichten Wäldern, die geschützte **Silberdistel (Wetterdistel,** Carlina acaulis) mit silberweißen inneren Hüllblättern, auf Magerwiesen und steinigen Hängen.

Ebikon, Ebicon [Abk. für engl. **e**lectron-**b**ombard-ment **i**nduced **con**ductivity valve, ›Röhre mit durch Elektronenbeschuss hervorgerufener Leitfähigkeit‹] *das, -s/...'kone* und *-s,* eine →Bildspeicherröhre.

Ebingen, seit 1975 Stadtteil von →Albstadt, Bad.-Württ. Das bereits während der Bronzezeit besiedelte E. fand 793 erstmals urkundl. Erwähnung. Mitte des 13. Jh. wurde die planmäßig angelegte Stadt gegründet. 1469 kam sie nach mehrfachem Besitzwechsel endgültig an Württemberg.

Ebioniten [zu hebr. ɛvyôn ›arm‹], **Ebionäer,** von der Gnosis beeinflusste judenchristl. Gemeinschaft. Wohl im 2. Jh. im Ostjordanland entstanden und von TERTULLIAN u. a. auf einen nicht nachweisbaren angebl. Stifter EBION zurückgeführt, fanden sich E. bis ins 5. Jh. auch in Syrien und Kleinasien. Als →Judenchristen auf die Urgemeinde zurückgehend, hielten sie am jüd. Gesetz (Thora), dem Sabbat und an bestimmten rituellen Reinheitsvorschriften fest, lehnten jedoch Tempel und Opferkult ab. Ihren Pentateuch reinigten die E. von ›falschen Perikopen‹. In ihren Kreisen entstand das stark an den synopt. Evangelien orientierte **E.-Evangelium**, in dem der Apostel MATTHÄUS die beherrschende Rolle spielt. Die christolog. Anschauungen der E. weisen gnost. Einflüsse auf. Die Kirchenväter haben ein uneinheitl. Bild von den E. überliefert, setzten sich jedoch ausschließlich polemisch mit ihnen auseinander und warfen ihnen ein falsches Beharren auf dem jüd. Gesetz vor. Für die syr. Judenchristen finden sich bei ihnen auch die Bez. **Nazaräer** bzw. **Nazoräer.**

H.-J. SCHOEPS: Theologie u. Gesch. des Judenchristentums (1949); H. BRAUN: Die E. u. die Pseudoklementinen, in: DERS.: Qumran u. das N. T., Bd. 2 (1966), 211 ff.

Ebisu, auch mit den Shintogottheiten **Hiruko** und **Kotoshironushi no Kami** gleichgesetzt, einer der jap. sieben Glücksgötter, dargestellt in altjap. Tracht mit Angel und Fisch. Er gilt als Gott des Wohlstandes und Beschützer der Fischer und Kaufleute.

Ebla, Ibla, altoriental. Stadt in N-Syrien, die u. a. in akkad. Texten von etwa 2250 bis 1950 v. Chr. mehrmals erwähnt wird; im 2. Jt. nehmen Erzählungen aus →Hattusa Bezug auf E. Die Stadt wird seit 1964 von ital. Archäologen unter P. MATTHIAE in dem Ruinenhügel Tell Mardich etwa 65 km südlich von Aleppo ausgegraben. – E. war bereits 2400–2150 v. Chr. ein bedeutender Stadtstaat, ein wichtiger Knotenpunkt an der alten Handelsstraße, die von Mesopotamien über die syrisch-palästinens. Landbrücke nach Ägypten führte. Es wurde von Königen regiert, deren Vormachtstellung durch Tribute anerkannt wurde und die weit gespannte Handelsbeziehungen bis nach Iran unterhielten. Um 2200 wurde E. von SARGON und erneut von NARAMSIN zerstört, seine Unabhängigkeit gewann es aber um 2000 wieder. Vermutlich wurde es im 16. Jh. v. Chr. von den →Hethitern bei deren Eroberungszügen vollständig zerstört.

Die Ausgräber unterscheiden Schicht Mardich I, die ins 4. Jt. zurückreicht, Mardich IIA (2800–2400), Mardich IIB1 (2400 bis um 2200) und IIB2 (bis 2000) sowie v. a. in der ›Unterstadt‹ die Epoche der mittleren Bronzezeit (Mardich IIIB, 2000–1500). Am W-Rand der ›Akropolis‹ wurden der ältere Königspalast (Mardich IIB1) sowie versch. einräumige (syr. Langraumtyp) und ein großer mehrräumiger Tempel freigelegt. Unter den zahlr. Einzelfunden befindet sich in zwei Kammern ein Tontafelarchiv, in der einen Kammer rd. 1 000, in der anderen rd. 15 000 Keilschrifttafeln; außerdem Funde von Resten geschnitzter Möbel, Intarsienarbeiten u. a. Die bildenden Künste dieser Epoche zeigen Einflüsse der sumer. Kunst der frühdynast. Zeit, zugleich aber in Stil und Motivschatz eigenständige Züge. Die Stadt war von einem Erdwall umgeben mit vier mächtigen Toren mit mehreren Durchgängen, die in die vier Stadtviertel führten. In der Unterstadt wurden in einem der Verwaltung dienenden Palast (errichtet zw. 2000 und 1800) unter einem seiner Höfe zwei reich ausgestattete Fürstengräber (nach 1800) entdeckt; in einem fand sich u. a. ein ägypt. Zepter. Aus der Zeit um 1800 v. Chr. stammen reliefverzierte steinerne Kultbecken.

1974–76 wurde das Palastarchiv mit Keilschrifttafeln in sumer. und akkad. sowie vorwiegend in einer bis zu diesem Zeitpunkt unbekannten nordsemit. Sprache (wohl einheimisch, daher modern als **Eblisch** oder **Eblaitisch** bezeichnet) ausgegraben. Entzifferungen dieser Sprache durch G. PETTINATO gelang durch das Auffinden von eblisch-sumer. Wortlisten unter den Tontafeln ermöglicht. Das Eblische ist in einer Silbenschrift wiedergegeben. Die meisten der Tontafeln beziehen sich auf das Wirtschaftsleben (Registratur von Getreide, Wolle, Metall); Haupthandels-

güter waren Stoffe und Edelhölzer, außerdem Edelmetallarbeiten, Möbel u. a. Das Archiv enthält auch reiches Material über polit. Geschehen, Gesellschaft, Verwaltung und Recht. Häufig wird von dem Stadtstaat Mari berichtet, der offenbar von einem der frühen Könige von E. erobert wurde. Königl. Urkunden wurden im Ggs. zu sumer. Gepflogenheiten im Namen von König und Königin ausgestellt; Gehaltslisten geben Aufschluss über soziale Verhältnisse. Aus der Zeit um 1800 v. Chr. stammen Übersetzungen sumer. Dichtungen ins Eblische (u. a. die früheste Fassung des Gilgameschepos).

C. BERMANT u. M. WEITZMANN: E. (a. d. Engl., 1979); G. PETTINATO: E. (Mailand 1979); P. MATTHIAE: E. (a. d. Ital., London 1980); La lingua di E., hg. v. L. CAGNI 1981); P. MATTHIAE: I tesori di E. (Rom ²1985); E. 1975–1985. Dieci anni di studi linguistici e filologici, hg. v. L. CAGNI (Neapel 1987); G. PETTINATO: E. A new book at history (a. d. Ital., Baltimore, Md., 1991).

Ebla: Keilschrifttafel aus dem Tontafelarchiv (Aleppo, Museum)

EBM-Industrie, Kw. für →Eisen-, Blech- und Metallwarenindustrie.

Ebner, 1) Christine, Mystikerin, * Nürnberg 26. 3. 1277, † Kloster Engelthal (bei Nürnberg) 27. 12. 1356; seit 1289 im Dominikanerinnenkloster Engelthal, 1345 Priorin; beschrieb ihre Visionen ab 1317 in ›Leben und Offenbarungen‹ (mehrere Redaktionen), die ihrer Mitschwestern im ›Büchlein von der Gnaden Überlast‹.

2) Ferdinand, österr. Philosoph, * Wiener Neustadt 31. 1. 1882, † Gablitz (Niederösterreich) 17. 10. 1931; Volksschullehrer. Seine an der Ich-Du-Beziehung orientierte Philosophie weist auf den christl. Existenzialismus G. MARCELS voraus. Ausgehend von der These der Einheit von Ich und Du im Wort entwickelte er eine religiös fundierte Sprachphilosophie.

Werke: Das Wort u. die geistigen Realitäten (1921); Wort u. Liebe (1935).

Ausgabe: Schr., hg. v. F. SEYR, 3 Bde. (1963–65, Teilsamml.).

T. SCHLEIERMACHER: Das Heil des Menschen u. sein Traum vom Geist (1962); Gegen den Traum vom Geist - F. E., hg. v. W. METHLAGL (1986).

3) Jeannie, österr. Schriftstellerin, * Sydney 17. 11. 1918; schreibt Gedichte und v. a. Erzählungen, zunächst mythisch-allegor., später realist. Prägung; auch Übersetzerin, Zeitschriftenredakteurin.

Jeannie Ebner

Werke: *Lyrik:* Gesang an das Heute. Gedichte, Gesichte, Geschichten (1952); Gedichte (1965). – *Romane:* Sie warten auf Antwort (1954); Die Wildnis früher Sommer (1958); Figuren in Schwarz u. Weiß (1964); Drei Flötentöne (1981). – *Erzählungen:* Der Königstiger (1959); Die Götter reden nicht (1961); Protokoll aus einem Zwischenreich (1975); Erfrorene

Rosen (1979); Aktäon (1983). – *Autobiographisches:* Papierschiffchen treiben. Erlebnis einer Kindheit (1987); Der Genauigkeit zuliebe. Tagebücher 1942–1980 (1993).

4) Margarete, Mystikerin, * Donauwörth um 1291, † Mödingen (bei Dillingen a.d. Donau) 20. 6. 1351; seit 1306 im Dominikanerinnenkloster Mödingen; von dem Weltpriester und Wanderprediger HEINRICH VON NÖRDLINGEN (* um 1300, † nach 1351, vor 1387), mit dem sie in Briefwechsel stand (erste erhaltene dt. Briefsammlung), zur Aufzeichnung ihrer Offenbarungen veranlasst.

P. STRAUCH: M. E. u. Heinrich von Nördlingen (1882, Neudr. Amsterdam 1966).

Ebner-Eschenbach, Marie Freifrau von, geb. Gräfin Dubsky, österr. Schriftstellerin, * Schloss Zdislawitz (bei Kremsier) 13. 9. 1830, † Wien 12. 3. 1916; war ⚭ mit dem österr. Physiker und späteren Feldmarschallleutnant MORITZ Freiherr VON E.-E. (* 1815, † 1898) und lebte meist in Wien. Nach lyr. und dramat. Versuchen fand sie verhältnismäßig spät zu der ihr gemäßen Form der Erzählung. Mit warmer menschl. Teilnahme schilderte sie Adel und Bürgertum Wiens und die Welt der mähr. Bauern in realist. Romanen und Erzählungen, die ihre soziale Einstellung und ihr psycholog. Einfühlungsvermögen dokumentieren. Sie schrieb auch prägnante Aphorismen, die wie ihr Gesamtwerk von Humanität erfüllt sind. Mit F. GRILLPARZER, H. LAUBE, F. HEBBEL, F. HALM und F. VON SAAR stand sie in Verbindung.

Werke (Auswahl): *Romane und Erzählungen:* Božena (1876); Dorf- u. Schloßgeschichten (1883; darin u. a.: Krambambuli); Neue Dorf- u. Schloßgeschichten (1886); Das Gemeindekind, 2 Bde. (1887–88); Unsühnbar (1890); Glaubenslos (1893); Bertram Vogelweid (1896); Aus Spätherbsttagen (1901); Erzählungen, 2 Bde. (1901–02). – Aphorismen (1880). – Meine Kinderjahre (1906); Meine Erinnerungen an Grillparzer (1916).

Ausgaben: Ges. Werke, hg. v. E. GROSS, 9 Bde. (1961); Meistererzählungen (1976).

K. BENESCH: Die Frau mit den hundert Schicksalen (Wien 1966); G. FUSSENEGGER: M. von E.-E. (1967); M. von E.-E., krit. Texte u. Deutungen, hg. v. K. K. POLHEIM, 3 Bde. (1978–83); A. BETTELHEIM: M. von E.-E's Wirken u. Vermächtnis (1920, Nachdr. Ann Arbor, Mich., 1981).

EBO, Abk. für →Eisenbahn-**B**au- und -**B**etriebsordnung.

Ebola-Virus [nach dem Fluss Ebola im N der Demokrat. Rep. Kongo], zur Familie der Filioviridae (Fadenviren) gehörendes RNA-Virus mit einzelsträngiger Ribonukleinsäure als genet. Material. Infektiöse Virionen haben eine Länge von 970 nm und einen Durchmesser von 80 nm. E.-V. sind wahrscheinlich in trop. Regenwäldern beheimatet, ihr natürl. Wirt ist bis heute noch nicht bekannt. Es werden bisher drei Stämme unterschieden, die jeweils nach dem Auftreten einer Epidemie benannt sind: Ebola-Sudan, Ebola-Zaire, Ebola-Reston. Die ersten beiden Stämme sind auch für Menschen pathogen und haben eine extrem hohe Ansteckungsfähigkeit.

Ebola-Viruskrankheit [nach dem Fluss Ebola im N der Demokrat. Rep. Kongo], **Ebola-Fieber,** erstmals 1976 in der westl. Äquatorprovinz des Sudan und der angrenzenden nördl. Region von Zaire aufgetretene meldepflichtige Infektionskrankheit (→epidemisch-hämorrhagisches Fieber), die durch das Ebola-Virus hervorgerufen wird; nach etwa 10 Tagen (Inkubationszeit 2–21 Tage) kommt es zu akuten Krankheitserscheinungen mit Fieber, allgemeinem Krankheitsgefühl, Kopf- und Gliederschmerzen, gefolgt von Erbrechen, Durchfall und Hautausschlag, meist unter Mitbeteiligung von Leber und Niere. Das Virus wird durch Kontakt mit Blut oder anderen Körperausscheidungen, v. a. durch unsachgemäß gereinigte und sterilisierte medizin. Instrumente wie Spritzen, übertragen. Die E.-V. verläuft zu 50–90 % der Fälle tödlich. Die spezif. *Behandlung* erfolgt mit dem Virostatikum

Ribavirin. Die Gefahr, dass das Ebola-Virus auch nach Dtl. eingeschleppt wird, ist verschwindend gering, da bisherige Ausbrüche der E.-V. stets eng lokal begrenzt geblieben sind.

Eboli [span. ˈɛβoli], Ana **de Mendoza y de la Cerda** [-menˈdɔθa i de la ˈθɛrða], Fürstin von (bei Guadalajara) 29. 6. 1540, † Pastrana (bei Guadalajara) 2. 2. 1592; ⚭ mit dem Günstling PHILIPPS II. von Spanien, RUY GÓMEZ DE SILVA (* 1516, † 1573), der später zum Fürsten VON ÉBOLI, Herzog VON PASTRANA und Granden von Spanien erhoben wurde und Gegenspieler des Herzogs VON ALBA war. É., Mutter von zehn Kindern, politisch ehrgeizig, wurde infolge ihrer Intrigen 1579 vom span. Hof verbannt. Ihre angebl. Liebschaften mit PHILIPP II. und dessen Sekretär ANTONIO PÉREZ sind Hofgerüchte. – Gestalt in SCHILLERS ›Don Carlos‹.

A. RÜEGG: Philipp II., Antonio Pérez u. die Fürstin von É. (Basel 1956).

Ebonit® [engl. ebonite, zu ebony ›Ebenholz‹] *das, -s,* säure- und basenbeständiger Hartgummi, der durch Vulkanisation mit hohem Schwefelanteil (32 %) aus Kautschuk hergestellt wird; Verwendung v. a. als Isoliermaterial in der Elektrotechnik und zur Auskleidung von Chemikalienbehältern.

Ebony [ˈebəni, engl.] *das, -(s),* das →Ebenholz.

Eboué [eˈbwe], Félix, frz. Kolonialbeamter, schwarzafrikan. Herkunft, * Cayenne 26. 12. 1885, † Kairo 17. 5. 1944; 1939/40 Gouv. von Tschad, schloss sich als erster Verwaltungschef einer frz. Kolonie im August 1940 General C. DE GAULLE an, der ihn zum Gen.-Gouv. von Frz.-Äquatorialafrika ernannte. In dieser Funktion führte E. grundlegende Reformen der Kolonialverwaltung in Richtung größerer regionaler und lokaler Selbstverwaltung für die einheim. Bevölkerung durch.

Ebrach 1): Westfassade der Klosterkirche (um 1280) mit reich gegliedertem Portal und einer Fensterrose in quadratischem Blendrahmen

Ebrach, Name von geographischen Objekten:
1) Ebrach, Markt im Landkreis Bamberg, Bayern, 325 m ü. M., im Steigerwald, 2 000 Ew.; Fremdenverkehr. – Die frühgot. Klosterkirche aus dem 13. Jh. (Fensterrosen) wurde 1778–91 klassizistisch umgestaltet; hervorragende Innenausstattung. Die kreuzförmige Michaelskapelle (1207) in zisterziens. Früh-

Marie von Ebner-Eschenbach

gotik; prunkvolle Barock-Klostergebäude (1687 von J. L. DIENTZENHOFER begonnen, 1730 vollendet), v. a. Treppenhaus und Kaisersaal. – E. entstand um das 1127 gegründete Zisterzienserkloster. Dieses von Morimond aus gegründete Kloster war das dritte des Ordens in Dtl. und hatte sechs Tochterklöster. Es suchte vergebens, sich der Oberherrschaft des Bistums Würzburg zu entziehen. Mit dem Übergang an Bayern wurde das Kloster 1803 aufgelöst; seine Gebäude dienten seit 1851 als Strafanstalt.

2) Rauhe E., Mittel- und **Reiche E.,** linke Nebenflüsse der Regnitz, entspringen im Steigerwald und folgen ostwärts der Abdachung der Keuperplatte.

EBRD, Abk. für **E**uropean **B**ank for **R**econstruction and **D**evelopment, die →Osteuropabank.

Ébreuil [e'brœj], Gem. im Dép. Allier, Frankreich, 1100 Ew. – Um 971 gegründete Benediktinerabtei; Vorhalle, Turm und Langhaus der roman. Abteikirche stammen aus dem 11./12. Jh., der got. Chor entstand um 1200; im Innern Fresken des 12. Jahrhunderts.

Ebro [span. 'eβro] der, katalan. **Ebre,** lat. **Iberus,** Fluss in NO-Spanien, 910 km lang, entspringt im Kantabr. Gebirge, durchquert das E.-Becken, durchbricht das Katalon. Randgebirge und mündet unterhalb von Tortosa mit Deltabildung ins Mittelmeer; Einzugsgebiet: 83 500 km². Wegen unregelmäßiger Wasserführung, starken Wasserverlusts durch Entnahme zur Bewässerung, felsiger Durchbruchstrecken und des versandeten Mündungsgebiets ist er kaum befahrbar; der mittlere jährl. Abfluss bei Tortosa beträgt nur 614 m³/s; Gesamtkapazität (1985) der Stauseen (Kraftwerke) 6,3 Mrd. m³. Die großen Nebenflüsse aus den Pyrenäen (u.a. Aragón, Gállego, Segre) bringen im Frühjahr Schmelzhochwasser und haben (bes. an ihren Oberläufen) viele Staubecken mit Kraftwerken. Seit der Zeit der arab. Herrschaft und verstärkt seit 1960 (v.a. zw. den nördl. Nebenflüssen) werden Bewässerungskanäle gebaut (z.T. für Kleinschiffe befahrbar) und die Bewässerungsflächen ständig erweitert.

Das weiträumige, dreieckähnliche E.-Becken, mittlere Höhe um 450 m ü.M., wird von den Pyrenäen, dem Kantabr. Gebirge, dem Iber. Randgebirge und dem Katalon. Randgebirge umschlossen. Die flach lagernden tertiären Molasseschichten (Sandsteine, Tone, Mergel) sind durch den E. und seine Nebenflüsse in Tafeln und Riedel zerlegt, die bis über 700 m aufragen (Sierra de Alcubierre 744 m) und steppenhafte Vegetation tragen.

Ebroin, Hausmeier der fränk. Teilreiche Neustrien und Burgund (seit 658), †(ermordet) zw. dem 15. 4. und 4. 5. 680 (681?); setzte nach dem Tod CHLOTHARS III. (673), für den er seit 664 die Regierung geführt hatte, dessen jüngeren Bruder THEUDERICH III. als König ein. E. scheiterte mit dem Plan einer einheitl. Statthalterschaft für beide westl. Reichsteile am Widerstand v.a. des burgund. Adels. Seine Ermordung nach anarch. Wirren unter den letzten Merowingerkönigen ebnete dem Arnulfingern den Weg zum Aufstieg.

J. FISCHER: Der Hausmeier E. (Diss. Bonn 1954).

Ebsdorfer Grund, südwestl. Teil des Amöneburger Beckens, Hessen; von der Zwesterohm durchflossen, altbesiedelt, mit zahlr. Fachwerkhaufendörfern und intensiver landwirtschaftl. Nutzung.

Ebsikon, Ebsicon [Abk. für engl. electron-**b**ombardment **s**ilicium-**in**duced **con**ductivity valve, ›Röhre mit durch Elektronenbeschuss in Silicium hervorgerufener Leitfähigkeit‹] das, -s/...'kone und -s, eine →Bildspeicherröhre.

Ebstein, Wilhelm, Internist, *Jauer 27. 11. 1836, †Göttingen 22. 10. 1912; ab 1874 Prof. in Göttingen. Neben Arbeiten auf dem Gebiet der Stoffwechselkrankheiten (Gicht, Fettsucht, Diabetes u.a.) verfasste er zwei große medizinhistor. Schriften: ›Die Medizin im A. T.‹ (1901) sowie ›Die Medizin im

N. T. und im Talmud‹ (1903). Das nach E. benannte **E.-Syndrom** ist eine seltene Herzkrankheit durch angeborene Fehlbildung der Trikuspidalklappe (dreizipfelige Segelklappe im rechten Herzen), meist verbunden mit offenem Foramen ovale oder Defekt in der Vorhofscheidewand des Herzens und dadurch häufig mit Zyanose.

Ebstorf, Flecken im Landkreis Uelzen, Ndsachs., 70 m ü.M., in der östl. Lüneburger Heide, 4 800 Ew.; landwirtschaftl. Fachschule (gegr. 1855); Saatzuchtbetriebe (Kartoffeln), Fleischverarbeitung; Luftkurort. – Ehem. Benediktinerinnenabtei, heute ev. Damenstift; Klostergebäude und zweischiffige Backsteinkirche aus dem 14./15. Jahrhundert.

H. APPUHN: Kloster E. (⁷1941); Urkundenbuch des Klosters E., bearb. v. K. JAITNER (1985).

Ebstorfer Weltkarte, die größte und bedeutendste Erddarstellung des MA., eine farbige Radkarte (358 cm × 356 cm), entstanden zw. 1230 und 1250, um 1830 im Kloster Ebstorf entdeckt, Original (30 Pergamentblätter) 1943 im Staatsarchiv von Hannover verbrannt (Faksimiledrucke im Kloster Ebstorf und in Lüneburg). Die E. W. zeigt die Erdscheibe als Leib Christi, dessen Haupt, Füße und Hände am Kartenrand zu erkennen sind. Sie ist ostorientiert, mit Jerusalem als Mittelpunkt. Geograph. Einzelheiten sind mit Fantasievorstellungen der Zeit vermischt.

B. HAHN-WOERNLE: Die E. W. (1987); Ein Weltbild vor Columbus. Die E. W., hg. v. H. KUGLER u.a. (1991).

EBU, Abk. für **E**uropean **B**roadcasting **U**nion, →Europäische Rundfunk-Union.

Ebullioskopie [lat.-griech.] die, -, Methode der Molekülmassenbestimmung durch →Siedepunktserhöhung.

Eburacum, röm. Legionslager und Kolonie in Britannien, →York.

Eburodunum, Ort der Helvetier und röm. Kastell, →Yverdon.

Eburonen, lat. **Eburones,** kelt. Stamm der →Belgen an Maas und Rhein, zeitweise unter german. Oberherrschaft. Nachdem CAESAR 51 v. Chr. die E. unter ihren Führern AMBIORIX und CATUVOLCUS vernichtet hatte, siedelten in ihrem Gebiet die german. Ubier (um Köln) und Tungrer. Der Hauptort der E. bestand als Aduatuca Tungrorum (Tongern) weiter.

Eburon-Kaltzeit, →Eiszeitalter (ÜBERSICHT).

EBWE, Abk. für **E**uropäische **B**ank für **W**iederaufbau und **E**ntwicklung, die →Osteuropabank.

EC, 1) ec, Abk. für →Eurocheque.

2) Abk. für →Eurocity.

3) Nationalitätszeichen für Ecuador.

EC$, Abk. für **E**ast **C**aribbean **D**ollar, der →Ostkaribische Dollar.

ECA ['i:si:'eɪ; Abk. für engl. **E**conomic **C**ommission for **A**frica], regionale Wirtschaftskommission des →Wirtschafts- und Sozialrats der Vereinten Nationen.

Eça de Queirós ['ɛsɐ ðə kaɪ'rɔʃ], José Maria, port. Schriftsteller, *Póvoa de Varzim (bei Porto) 25. 11. 1845, †Paris 16. 8. 1900; Diplomat; wurde unter frz. Einfluss (H. DE BALZAC, É. ZOLA) zum Meister des port. realist. Romans. Die Darstellungsweise ist häufig von iron. Distanz bestimmt, z.T. auch satirisch überhöht. Als sein Hauptwerk gilt ›Os Maias‹ (1888; dt. ›Die Maias‹); am traditionellen Familien- und Bildungsroman orientiert, zeichnet er darin ein komplexes, vielschichtiges Bild der dekadenten zeitgenöss. Gesellschaft Portugals. Seine Prosa hat wesentlich an der Formung des modernen Portugiesisch mitgewirkt.

Weitere Werke: *Romane:* O crime do Padre Amaro (1876; dt. Das Verbrechen des Paters Amaro); O primo Basilio (1878; dt. Vetter Basilio); A reliquia (1887; dt. Die Reliquie); A cidade e as serras (hg. 1901; dt. Stadt u. Gebirge). – *Erzählungen:* O mandarim (1880; dt. Der Mandarin); Contos (hg. 1902; daraus dt. Der Gehenkte. José Matias).

Ausgabe: Obras, 15 Bde. (1969–70).

José Maria Eça de Queirós (Holzschnitt)

J. G. Simões: E. de Q. (Lissabon ²1968); A. Coleman: E. de Q. and European realism (New York 1980); B. Berrini: Portugal de E. de Q. (Lissabon 1984); O. Grossegesse: Konversation u. Roman. Unterss. zum Werk von E. de Q. (1991).

Écaillemalerei [eˈkaj-; frz. ›Schuppe‹], Dekor mit Schuppenmusterung, bes. in der Porzellanmalerei des 18. Jahrhunderts.

Ecce-Homo: Darstellung aus dem Passionszyklus von Martin Schongauer; undatiert

Écart [eˈkaːr, frz.] *der, -s/-s,* **Ekart,** *Börsenwesen:* Unterschied zw. zwei Kursen, z. B. zw. Geld- und Briefkurs, zw. Tageskurs und Kauf- oder Verkaufspreis, zw. dem Preis einer Kauf- und einer Verkaufsoption, zw. den Kursen von Inhaber- und Namensaktien derselben AG, zw. Kassa- und Terminkurs.

Écarté [von frz. écarter ›ablegen‹] *das, -s/-s,* frz. Kartenspiel mit 32 Blättern der Pikettkarte für zwei Spieler. Jeder Spieler erhält fünf Karten, die 11. Karte bestimmt die Trumpffarbe; vom verdeckten Rest können für eine gleiche Zahl weggelegter (›ecartierter‹) Karten neue genommen werden. Gewonnen hat, wer zuerst fünf Zählpunkte besitzt. Trumpfkönig und Stichmehrzahl zählen je einen, alle fünf Stiche zwei Punkte. Farbe muss bedient werden; kann man dies nicht, darf man trumpfen oder eine beliebige Karte abwerfen.

Ecbasis cuiusdam captivi per tropologiam [›Flucht eines Gefangenen in belehrender Gestalt‹], kurz **Ecbasis captivi,** lat. Tierepos, das zw. 1043 und 1046 in einem Kloster bei Toul geschaffen wurde. In der Kälbchengeschichte der Rahmenerzählung stellte der Verfasser sein eigenes Schicksal dar; in der Innenfabel vom kranken Löwen führte er eine Satire auf die Hinterhältigkeit der adligen Stände und die Verweltlichung des Mönchtums geistreich und mit zahlr. Horazzitaten aus. Ausgaben: E. c. c. p. t., hg. v. K. Strecker (1935, Nachdr. 1977); E. c. c. p. t., lat. u. dt., hg. v. W. Trillitzsch (Leipzig 1965).

Eccard, Johannes, Komponist, *Mühlhausen (Thüringen) 1553, †Berlin im Herbst 1611; studierte u. a. bei O. di Lasso, wurde 1586 Leiter der Königsberger Hofkapelle und 1608 Kurfürstl. Kapellmeister

John Eccles

in Berlin. Er war ein bedeutender Schöpfer des ev. Kirchenliedsatzes. Er schrieb rd. 250 geistl. und weltl. mehrstimmige Lieder, darunter ›20 neue christl. Gesäng‹ (1574), ›24 Newe deutsche Lieder‹ (1578), ›25 Newe Lieder‹ (1589), ›XX Odae sacrae‹ (1596), ›Der erste‹ und ›Der Ander Theil geistl. Lieder auf den Choral‹ (1597). Mit Werken von J. Stobaeus erschienen ›Erster‹ und ›Ander Theil Der Preuß. Fest-Lieder‹ (1642 und 1644; darin 27 Lieder von Eccard).

Ecce-Homo [ˈɛktse-; zu lat. ecce, homo ›siehe da, der Mensch‹ (Lutherbibel: ›siehe, welch ein Mensch‹); nach dem Ausruf des Pilatus (Joh. 19, 5), mit dem er den gegeißelten und dornengekrönten Jesus dem Volke vorstellte] *das, -(s)/-(s),* in der Kunst wurde die Zurschaustellung Christi erst seit dem Spät-MA., das sich allen Stationen der Passion zuwandte, dargestellt.

Jesus mit Dornenkrone und Spottmantel kommt entweder als Einzelfigur oder von den spottenden Juden umgeben vor. Die Szene betont das Unmenschliche des Vorgangs: Jesus erscheint erbarmungswürdig, das Volk als höhnender Pöbel. Auf diesen Gegensatz hin entwarf M. Schongauer die Komposition. A. Dürer gestaltete sie spannungsreicher (Kupferstichpassion, 1507–12). Lucas van Leyden (Kupferstich von 1510) schuf eine große Szene in bühnenhaft wirkender Architektur, ebenso Tizian in seinem Wiener Bild (1543); Rembrandt verinnerlichte die Komposition des Lucas van Leyden (Radierung von 1655). Zur gleichen Zeit bemühte sich die Kunst um den Akt, der den Menschen in seiner Idealität zeigen sollte.

ecce lignum crucis [ˈɛktse-; lat. ›siehe da, das Kreuzesholz‹], lat. *Liturgie:* Antiphon zur Kreuzverehrung in der röm. Karfreitagsliturgie; sie wird bei der Enthüllung des Kreuzes dreimal in steigender Tonlage gesungen. Ihr Text lässt sich erstmals in karoling. Zeit nachweisen.

Eccles [eklz], Industriestadt in der Metrop. Cty. Greater Manchester, NW-England, am Manchester Ship Canal und Bridgewater Canal, 37 200 Ew.; neues Stadtzentrum; die Textilindustrie ist stark vom Niedergang betroffen; Maschinenbau, neuere Leichtindustrie.

Eccles [eklz], Sir (seit 1958) John Carew, austral. Physiologe, *Melbourne 27. 1. 1903; Prof. in Canberra, seit 1966 in Chicago und Buffalo (N. Y.); erforschte Nerven-, Gehirn- und Rückenmarkfunktionen und erkannte die Bedeutung der Ionenströme für die Erregungsübertragung an den Synapsen. Durch Mikroelektrodenableitungen in der Nervenzelle entdeckte er die erregenden und hemmenden postsynapt. (auf die Synapse folgenden) Membranpotenziale. Zus. mit A. L. Hodgkin und A. F. Huxley erhielt er 1963 den Nobelpreis für Physiologie oder Medizin. – Von seinen Publikationen wurde bes. die mit K. R. Popper verfasste Schrift ›The self and its brain‹ (1977, dt. ›Das Ich und sein Gehirn‹) bekannt.
Weitere Werke: The physiology of synapsis (1964); The understanding of the brain (1973); Molecular neurobiology of the mammalian brain (1978); The human psyche (1980).

Ecclesia *die, -,* lat. Bezeichnung für: 1) die griech. Volksversammlung (→Ekklesia).
2) die →Kirche.

Ecclesiam suam [lat. ›seine Kirche (hat Christus gegründet)‹], 1. Enzyklika Pauls VI. vom 6. 8. 1964, mit der er zw. 2. und 3. Sitzungsperiode des Zweiten Vatikan. Konzils v. a. das Verhältnis von Papstamt, Kirche und Konzil behandelte.

Ecclesiastes, Ekklesiastes, griech. Bez. für das Buch →Kohelet im A. T.

Ecclesiasticus, Ekklesiastikus, *Vulgata:* das Buch →Jesus Sirach.

Ecclesia und Synagoge, weibl. Personifikationen des N. T. (Ecclesia) und des A. T. (Synagoge). Früheste Darstellungen finden sich unter karoling. Elfenbeinwerken und Miniaturen, in der Folgezeit auch in der Glasmalerei, Goldschmiedekunst und Portalplastik (südl. Querhausportal des Straßburger Münsters, nach 1230; Originale heute im Frauenhausmuseum). Bekleidung und Attribute waren starken Wandlungen unterworfen. Meist hat die Ecclesia eine Krone auf dem Haupt sowie einen Kreuzstab und einen Kelch in den Händen; die Synagoge (mit verbundenen Augen) hält einen zerbrochenen Fahnenstab, ihr entgleiten die Gesetzestafeln.

Ecdysis [griech.] *die, -, Zoologie:* die →Häutung.

Ecdysone [griech.], *Sg.* **Ecdyson** *das, -s,* **Ekdysone,** Steroidhormone, die bei Insekten und Krebsen die Häutungen der versch. Entwicklungsstadien steuern. Das **Ecdyson** (α-Ecdyson) wird bei Insekten in der Prothoraxdrüse gebildet und wirkt in außerordentlich geringen Mengen; bereits ein hundertmillionstel Gramm (10^{-8} g) löst die Verpuppung von Fliegenmaden aus. Mit E. wirkt bei der Larvenhäutung (Raupenhäutung) ein anderes Hormon (Juvenilhormon) zusammen, das von den →Corpora allata abgesondert wird und die Ausbildung der Larvenmerkmale bewirkt. Das E. wurde als erstes Insektenhormon 1954 von A. BUTENANDT und PETER KARLSON (* 1918) in reiner Form kristallisiert und seine Struktur aufgeklärt. Ihm verwandt ist das **Ecdysteron** (β-Ecdyson, Crustecdyson), das bei Puppen mehrerer Insekten, z. B. des Maulbeerseidenspinners, sowie bei einigen Krebsen als Häutungshormon auftritt.

Ecdysone

ECE [ˈiːsiːˈiː, Abk. für engl. **E**conomic **C**ommission for **E**urope], regionale Wirtschaftskommission des →Wirtschafts- und Sozialrates der Vereinten Nationen.

Ecevit [ɛdʒɛˈvit], Bülent, türk. Politiker, * Istanbul 28. 5. 1925; Journalist, schloss sich der ›Republikan. Volkspartei‹ an. 1957–60 war er Abg., 1961 Mitgl. der verfassunggebenden Versammlung, 1961–80 erneut Abg., 1961–65 Arbeits-Min. Als Gen.-Sekr. der ›Republikan. Volkspartei‹ (1966–71) setzte er in scharfen innerparteil. Auseinandersetzungen mit dem Partei-Vors. İ. İNÖNÜ einen sozialdemokrat. Kurs durch. 1972–80 war er selbst Partei-Vors. Nach dem Scheitern der Genfer Zypernkonferenz entsandte E. als Min.-Präs. (1974) nach dem Putsch der griechisch-zypriot. Nationalgarde auf Zypern gegen Präs. MAKARIOS (Juli 1974) Truppen dorthin, um einen Anschluss der Insel an Griechenland zu verhindern. 1977 und 1978/79 war E. erneut Min.-Präs. Nach dem Militärputsch von 1980 mehrmals wegen unerlaubter polit. Betätigung in Haft, konnte er 1987 aufgrund einer Volksabstimmung seine polit. Tätigkeit wieder aufnehmen und wurde Vors. der (1985 gegründeten und zeitweilig von seiner Frau RAHSAN E. geführten) ›Partei der Demokrat. Linken‹.

Echallens [eʃaˈlɑ̃], **1)** Bezirkshauptort im Kt. Waadt, Schweiz, am Orbezufluss Talent, 3 700 Ew.; Museum des Korns und des Brotes; Zentrum des Weizenanbaus; Maschinen- und Holzindustrie. – Reste röm. Bauten; Schloss (13. Jh.).
2) Bez. im Kt. Waadt, Schweiz, 136 km², 18 100 Ew.; Hauptort ist Echallens.

Echappement [eʃapˈmɑ̃; zu frz. échapper ›entweichen‹] *das, -s/-s,* Baueinheit von Unruhschwingsystem und →Hemmung bei einer Uhr.

Echegaray y Eizaguirre [etʃeɣaˈrai i eiθaˈɣirre], José, span. Dramatiker, * Madrid 19. 4. 1832, † ebd. 14. oder 16. 9. 1916; Ingenieur, Prof. für Mathematik, 1868–73 Finanz-Min.; Verfasser von rd. 60 erfolgreichen, u. a. von A. DUMAS PÈRE, H. IBSEN und H. SUDERMANN beeinflussten neuromantisch-melodramat. Stücken; wegen mangelnder Wirklichkeitsnähe, fehlender log. Verknüpfung und starker Übertreibung wurde er jedoch heftig kritisiert. – 1904 erhielt er (mit F. MISTRAL) den Nobelpreis für Literatur.
Werke: **Dramen:** O locura o santidad (1877; dt. Wahnsinn oder Heiligkeit); El Galeoto (1881; dt. Galeotto); El hijo de Don Juan (1892). – *Autobiographie:* Recuerdos, 3 Bde. (hg. 1917).
Ausgabe: Obras dramáticas, 12 Bde. (1883–1922).
J. MATHÍAS: E. (Madrid 1970).

José Echegaray
y Eizaguirre

Echelettegitter [eʃəˈlɛtə-; frz. échelette ›kleine Leiter‹], ein opt. →Gitter.

Échenoz [eʃəˈno], Jean, frz. Schriftsteller, * Aix-en-Provence 26. 12. 1947; erschloss durch parodist. und spieler. Anlehnung an populäre Gattungen wie Kriminal- und Spionageroman neue Möglichkeiten des Erzählens.
Werke: Romane: Le méridien de Greenwich (1979; dt. Das Puzzle des Byron Caine); Cherokee (1983; dt.); L'équipée malaise (1986; dt. Ein malays. Aufruhr); Lac (1989; dt. See); Nous trois (1992); Les grandes blondes (1995).

Echevarría Rodríguez [etʃeβˈrria rroˈðriɣez], Javier, span. kath. Theologe, * Madrid 14. 6. 1932; wurde 1955 zum Priester, 1995 zum Bischof geweiht (Titularbischof von Cilibia); ist seit April 1994 Prälat des →Opus Dei.

Echeverie [etʃe-; nach dem mexikan. Pflanzenzeichner A. ECHEVERRÍA (19. Jh.)] *die, -/-n,* **Echeveria,** Gattung der Dickblattgewächse mit über 150 Arten, die von Texas über Mexiko und Mexiko bis Peru verbreitet sind; sukkulente, stammlose Stauden oder Sträucher mit kurzem Stamm; die spiralig angeordneten Blätter in Rosetten, stets fünfzählige, dunkel orangerote, an den Spitzen und innen gelbe Blüten in Blütenständen; viele Zierpflanzen mit zahlr. Zuchtformen.

Echeverría [etʃeβeˈrria], Esteban, argentinischer Schriftsteller, * Buenos Aires 2. 9. 1805, † Montevideo 19. 1. 1851; lebte 1825–30 in Paris; ging 1840 ins Exil nach Montevideo. E. ist im gesamten span. Sprachraum einer der ersten Vertreter der Romantik; das ästhet. Programm war spezifisch argentin. Nationalliteratur verwirklichte er v. a. mit dem Epos ›La cautiva‹ (in ›Rimas‹, 1837), in dem die Darstellung der Pampalandschaft und die melodramat. Handlung ineinander verschmelzen. Von suggestiver Bildgewalt ist seine Erzählung ›El matadero‹ (entstanden um 1839, hg. 1871), in der er den Terror der Diktatur J. M. DE ROSAS' anprangert.
Ausgabe: Obras completas, 5 Bde. (1870–74).

Echidna, *griech. Mythos:* ein Ungeheuer mit Frauenkörper, dessen Unterleib in eine Schlange übergeht; gebiert dem Typhon eine Reihe anderer Ungeheuer, z. B. Kerberos, die Chimäre und die Lernäische Schlange. Aus E.s Verbindung mit ihrem Sohn Orthos entstammen die Sphinx und der Nemeische Löwe.

Echinacea [zu griech. echínos ›Igel‹, ›Seeigel‹], zur Familie der Korbblütengewächse gehörende Pflanzengattung. Die Inhaltsstoffe der drei Arten E. purpurea, E. angustifolia und E. pallida werden pharmakologisch genutzt, ihnen wird eine Stimulation des Immunsystems zugeschrieben.

Ecclesia und Synagoge: Plastiken am Querhausportal des Straßburger Münsters; nach 1230 (heute Straßburg, Frauenhausmuseum)

Echinaden, Inselgruppe an der W-Küste Griechenlands, vor der Mündung des →Acheloos.

Echinit [zu griech. echĩnos ›Igel‹, ›Seeigel‹] *der, -s* und *-en/-e(n),* Bez. für einen versteinerten Seeigel.

Echinodermata, Echinodermen, die →Stachelhäuter.

Echinoidea, Echinoiden, die →Seeigel.

Echinokaktus, Echinocactus, der →Igelkaktus.

Echinokokken, *Sg.* **Echinokokkus** *der, -,* **Echinococcus,** Gattung der Bandwürmer mit den auch für den Menschen gefährl. Arten **Blasen-** oder **Hundebandwurm** (Echinococcus granulosus) und **Fuchsbandwurm** (Echinococcus multilocularis). Die Eier dieser kleinen, wenigglidrigen Bandwürmer werden mit dem Kot der befallenen Tiere ausgeschieden. Gelangen sie, z.B. mit verunreinigter Nahrung, in den Darm eines für ihre Weiterentwicklung geeigneten Zwischenwirts (auch des Menschen), so wandern die darin befindlichen Hakenlarven auf dem Blutweg meist in die Leber (auch in die Lunge, zu 2–4% in das Zentralnervensystem), wo sie sich zu den für jede der beiden Parasitenarten kennzeichnenden Finnenformen entwickeln. Die Finne des in allen Erdteilen vorkommenden Hundebandwurms besteht aus einer flüssigkeiterfüllten Blase, die viele Bandwurmkopfanlagen enthält. Die Finne des Fuchsbandwurms stellt einen mehrkammerigen, wabigen Gewebskörper dar, der ebenfalls zahlr. Bandwurmkopfanlagen enthält. Außer im Menschen wurde diese Finnenform in Feldmäusen u.a. kleinen Nagetieren nachgewiesen.

Die durch den Finnenbefall verursachte **Echinokokkose (Echinokokkenkrankheit, Blasenwurmkrankheit)** führt zu einer Zystenbildung im Gewebe. Symptome der Erkrankung sind abhängig von der Lokalisation im Körper und von der Zystengröße. Durch Platzen der Zysten kommt es zur sekundären Echinokokkose mit Tochteransiedlungen und schweren allerg. Erscheinungen. Der Nachweis kann serologisch oder im Röntgenbild erfolgen. Als Behandlung ist teilweise eine operative Entfernung der Zysten möglich.

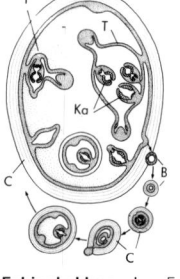

Echinokokken: oben Echinococcus granulosus (Hundebandwurm);
unten Finnenblase (Echinokokkenblase); B abgeschnürte Brutkapsel, die zur neuen Mutterblase wird, C Kutikula, G zwittriger Geschlechtsapparat, K Kopf (Skolex), Ka Bandwurmkopfanlagen (wachsen im Endwirt nach Umstülpung zu geschlechtsreifen Bandwürmern heran), P₁, P₂, P₃ Körperglieder (Proglottiden), R Rostellum (mit Hakenkranz), S Saugnäpfe, T (durch Sprossung entstandene) Tochterblasen, U Uterus mit Hakenlarven (noch in den Eihüllen)

Echinus [zu griech. echĩnos ›Igel‹, ›Seeigel‹] *der, -/-, Baukunst:* der wulstartige Teil des dor. Kapitells zw. Säulenschaft und Deckplatte. Am unteren Ende hat der E. mehrere Rillen oder Ringe (Anuli).

Échiquier [eʃiˈkje; frz., von mlat. scaccarium ›Schachbrett‹] *der, -(s)/-s,* seit dem 11. Jh. zentrale Finanz- und Gerichtsbehörde in der Normandie, benannt nach dem schachbrettartig gemusterten Tisch, auf dem die Rechenpfennige ausgelegt wurden. Im 12. Jh. wurde der É. unter dem engl. König HEINRICH II. nach dem Vorbild des engl. →Exchequer neu geordnet. Er tagte zweimal jährlich in Caen, wo sich der herzogl. Schatz befand. Dem É. de justice oblag die Verwaltungsgerichtsbarkeit, dem É. des comptes die Rechnungsprüfung. Seit 1204, als die Normandie französisch geworden war, bestand die Doppelbehörde unter der Oberaufsicht des Pariser Parlaments zunächst fort (1302 nach Rouen verlegt), bis sie 1515 zum Parlament erhoben wurde.

Echium [zu griech. échis ›Natter‹], die Pflanzengattung →Natternkopf.

Echiurida [zu griech. echĩnos ›Igel‹, ›Seeigel‹], die →Igelwürmer.

Echnaton, der ägypt. König →Amenophis IV.

Echo [griech. ēchō ›Schall‹, ›Widerhall‹] *das, -s/-s,*
1) *Musik:* die klanglich oder dynamisch abgestufte Wiederholung eines kürzeren musikal. Abschnitts. E.-Vorstellungen kennt die Vokalmusik des 16. Jh., bes. im Doppelchor (O. DI LASSO). Häufig verwendet die Instrumentalmusik des 17. und 18. Jh. E.-Wirkungen als Gestaltungselement (J. P. SWEELINCK in seinen E.-Fantasien; A. VIVALDI in seinem Violinkonzert ›Der Frühling‹). Auch als Satz-Bez. kommt E. vor (Suitensatz). E.-Szenen in der Oper gibt es u.a. bei C. W. GLUCK (›Orfeo‹) und R. STRAUSS (›Ariadne auf Naxos‹).

2) *Physik:* i.w.S. eine durch Reflexion an ihren Ursprungsort zurückkehrende Welle; speziell eine Schallreflexion, bei der der reflektierte Schall getrennt vom Originalschall wahrgenommen wird; auch die infolge von Reflexion mit zeitl. Verzögerung (nach der direkten Welle) an einem Empfangspunkt eintreffende Welle. Da die Ausbreitungsgeschwindigkeit der Welle meist bekannt ist, kann das E. durch Laufzeitmessungen zur Bestimmung der Entfernung von reflektierenden Objekten verwendet werden (→Echolot, →Sonar, →Radar).

Das menschl. Ohr vermag zwei Schallereignisse nur dann als getrennt voneinander zu erkennen, wenn zw. beiden ein zeitl. Unterschied von mindestens 0,1 s besteht. Da sich der Schall in Luft mit einer Geschwindigkeit von rd. 340 m/s ausbreitet, wird das durch Reflexion an großflächigen Hindernissen zustande kommende E. von Schallwellen **(Widerhall)** für das menschl. Ohr wahrnehmbar, wenn die reflektierenden Hindernisse mehr als 34 m von der Schallquelle und dem Hörer entfernt sind. Schneller aufeinander folgende mehrfache E., z.B. in Räumen mit parallelen Wänden, verschmelzen zu einem zusammenhängenden Eindruck, dem **Nachhall.**

3) *Satellitentechnik:* Name früherer amerikanischer →Ballonsatelliten.

Echo, griech. **Echṓ,** *griech. Mythos:* eine Nymphe, von deren Schicksal zwei Lesarten vorliegen: 1) sie entzieht sich dem sie begehrenden Pan, der sie zur Strafe von wahnsinnigen Hirten zerreißen lässt, sodass nur ihre Stimme überlebt; 2) Hera beraubt E. (wegen deren Begünstigung der Liebschaften des Zeus mit anderen Nymphen) ihrer Stimme bis auf die Fähigkeit, die letzten Worte einer Rede zu wiederholen; E. verzehrt sich dann aus Kummer über ihre verschmähte Liebe zu Narziss, nur ihre Stimme bleibt erhalten.

Echoeffekt, *Wirtschaft:* Nachfrageschwankungen aufgrund von Ersatzinvestitionen, wenn im Konjunkturablauf hohe Investitionen nach Ablauf der wirtschaftl. Lebensdauer der Investitionsobjekte zu einem hohen Ersatzbedarf führen.

Echoenzephalographie, spezielles Verfahren der →Ultraschalldiagnostik zum Nachweis von patholog. Veränderungen im Gehirn. Bei Erwachsenen ersetzt durch →Computertomographie und →Kernspintomographie; bei Säuglingen und Kleinkindern ist die E. durch die noch offene Fontanelle (Aussparung des die Ultraschallwellen stark dämpfenden Knochens) nach Ableitungsoperation bes. gut zur Diagnostik und Verlaufskontrolle des Hydrocephalus (→Wasserkopf) geeignet.

Echogedicht, Gedicht, auch Lied mit Echoreim: die Versteile bestehen gewöhnlich aus Fragen, deren oftmals witzig-verblüffende Beantwortung im Echoreim folgt, z.B. ›Ach, was bleibt mir nun noch offen? – Hoffen!‹ (L. TIECK, aus ›Kaiser Octavianus‹, 1804). – E. gab es im Altertum, sie wurden im 15. Jh. durch A. POLIZIANO wieder belebt und in der neulat. und volkssprachl. europ. Lyrik beliebt; Blüte im Barock.

Echogewölbe, das →Flüstergewölbe.

Echograph *der, -en/-en,* Aufzeichnungsvorrichtung eines →Echolots zum Schreiben eines **Echogramms:** Von einer Vorratsrolle läuft mit konstanter

Geschwindigkeit ein Registrierpapier ab, auf dem sich ein Schreibstift senkrecht zur Ablaufrichtung bewegt und für jeden ausgesandten Schallimpuls dessen Sendezeitpunkt und alle Empfangszeitpunkte der Echosignale markiert. – Als E. wird aber auch die gesamte Echolotanlage, bestehend aus Sender, Empfänger und Aufzeichnungsvorrichtung, bezeichnet.

Echokardiographie, Ultraschallkardiographie, spezielles Verfahren der →Ultraschalldiagnostik zur Darstellung des Herzens und der Herzhöhlen. Die Auswertung der Reflexionsaufzeichnungen wird nach dem Time-Motion-Verfahren in Bandform (auch in Zuordnung zum gleichzeitig registrierten Elektrokardiogramm) oder nach dem Real-Time-Verfahren in Form zweidimensionaler Schnittbilder des Herzens vorgenommen. Die E. ist im Unterschied zur röntgenolog. Darstellung mit Kontrastmittel eine Untersuchung, die das Befinden des Patienten nicht beeinträchtigt und steht meist am Anfang der bildgebenden Diagnostik von Herzerkrankungen. Sie ermöglicht u. a. den Nachweis von Herzklappenfehlern, angeborenen Herzfehlern und die Beurteilung der Herzmuskelfunktion. Eine Erweiterung findet das Verfahren durch die **transösophageale E.,** die **Stress-E.** sowie durch die **Farb-Duplex-E.** Der durch die Speiseröhre geführte Schallkopf liegt näher am Herzen und kann deswegen die einzelnen Strukturen des Herzens besser erfassen (z. B. Thromben im linken Vorhof). Durch die Stress-E. erhält die Diagnostik der koronaren Herzkrankheit eine weitere Möglichkeit in der Erfassung von Wandbewegungsstörungen. Die Farb-Duplex-E. gibt die Strömungsrichtung des Blutes an und ist daher bei Klappenundichtigkeiten oder Shuntfehlern von großer Bedeutung.

Echolalie *die, -/...li|en,* 1) →Echomatismus; 2) Wiederholung eines Wortes oder Wortteils bei Kleinkindern, auch als **Imitation** bezeichnet.

Echolot, elektroakust. Sende- und Empfangsgerät zum Messen der Entfernung zw. einem Schall aussendenden und einem Schall reflektierenden Objekt durch Bestimmung des entfernungsproportionalen Zeitunterschiedes zw. dem Aussenden der Schallimpulse und dem Empfang der Echoimpulse. In der Seefahrt wird das E. (mit Ultraschallimpulsen) auf Schiffen zum bordseitigen Bestimmen der Wassertiefe, zur Kollisionsverhütung (Warnung vor unsichtbaren Schiffswracks, Unterseebooten), zur Unterwassernavigation und zur Ortung von Fischschwärmen (›Fischlupe‹) verwendet. Die Schallabstrahlung geschieht durch einen magnetostriktiv oder bei höheren Frequenzen piezoelektrisch wirkenden Schwingungserzeuger. Die Schalldruckschwankungen des Echos werden von einem entsprechenden Empfänger aufgefangen, in Spannungsschwankungen umgewandelt und in Form von Lichtblitzen (Echometer) angezeigt oder als Diagramm (→Echograph) aufgezeichnet. In der Geologie dient das mit Explosionsdruckwellen arbeitende E. zum Aufsuchen von Erdschichten, Erz-, Erdöl-, Erdgas- und Kohlevorkommen. In der Werkstoffprüfung wird das Ultraschall-E. zum Erkennen von Werkstofffehlern eingesetzt. – I. A. gilt der Physiker A. BEHM als Erfinder des in Dtl. auch **Behm-Lot** genannten Echolotes.

Echomatismus *der, -,* Sammel-Bez. für alle Formen sinnlos-mechan. Nachahmung von Bewegungen (**Echopraxie, Echokinese**), Gebärden (**Echomimie**) sowie Nachsprechen von Wörtern oder Sätzen (**Echolalie, Echophrasie**); bes. als patholog. Symptom bei chron. Schizophrenie.

Echo|orientierung, Echolotung, Echo|ortung, Echopeilung, *Zoologie:* Orientierung mancher Tiere durch selbst ausgesandte Schallimpulse, die von den Gegenständen ihrer Umgebung zurückgeworfen werden. So senden Fledermäuse, einige Fliegende Hunde,

Delphine, Spitzmäuse und einzelne Höhlen bewohnende Vögel Schallsignale aus und bestimmen aus dem zurückkehrenden Echo die eigene Lage im Verhältnis zu Hindernissen im Raum. Die Fledermäuse, deren Ortungssystem bes. gut untersucht ist, senden Peiltöne im Ultraschallbereich aus; Stärke, Tonhöhe (Doppler-Effekt), Zeitabstand und Richtung des Echos vermitteln ihnen ein räuml. ›Bild‹ (›Bildhören‹). Sie erkennen im Flug z. B. Drahthindernisse von nur $1/5$ mm Stärke. Der E. sind bei landbewohnenden Tieren im Vergleich zu wasserlebenden enge Grenzen gesetzt, da die Schallgeschwindigkeit im Medium Luft erheblich geringer und die Schalldämpfung sehr viel stärker ist als im Wasser. Daher besitzen v. a. einige Walarten und Delphine die leistungsfähigsten Ortungssysteme.

Échoppe [e'ʃɔp, frz.] *die, -/-n,* breite Radiernadel mit scharfer Kante, die den Schnitt des →Grabstichels nachahmt.

Echos [griech.] *der, -,* in der byzantin. Musik die Tonart (→Oktoechos).

ECHO-Viren [Kurz-Bez. für engl. **e**nteric **c**ytopathogenic **h**uman **o**rphan (viruses) ›keiner bestimmten Krankheit zuzuordnende zytopathogene (Viren)‹], Sammel-Bez. für eine Gruppe von Viren, die u. a. abakterielle Meningitis, Erkrankungen der Atmungsorgane und Enteritis hervorrufen. Bisher konnten 34 Typen serologisch differenziert werden; E.-V. vermehren sich (zum Nachweis) fast ausschließlich in Affennieren-Zellkulturen. Einige Typen sind nicht humanpathogen.

Echowerk, bei der *Orgel* eine Gruppe von Pfeifen, die den Klang wichtiger Register echoartig wiederholen. Sie sind in einem Holzkasten untergebracht und werden von einem besonderen Manual bedient.

Echsen [eigtl. ›Dechse‹, entstanden durch falsche Trennung von Eidechse], **Sauria,** Unterordnung der Schuppenkriechtiere, Größe von 3 cm bis 3 m, von den Schlangen durch die feste Verbindung der Schädelknochen, bes. der Unterkieferäste, unterschieden. Die Zähne stehen auf den Rändern der Kiefer oder einwärts davon. Bei einigen Familien (z. B. Eidechsen, Geckos) kann der Schwanz an vorgebildeten Bruchstellen abgeworfen (Autotomie) und später regeneriert werden, jedoch ist die Neubildung meist kürzer, auch sind Beschuppung und Zeichnung des neuen Schwanzstückes häufig anders. Die meist gut entwickelten Gliedmaßen können mehr oder weniger stark rückgebildet sein, wobei der Körper dann schlangenartig gestreckt erscheint. E. bewohnen meist wärmere Gebiete und fressen vorwiegend Kleintiere, einige Arten auch Pflanzen. Die Fortpflanzung geschieht durch Eier, die sie frei ablegen oder auch als ›lebend gebärende‹ Arten im Körper ausreifen lassen. Sie häuten sich, jedoch wird die Haut nicht wie bei Schlangen in einem Stück, sondern in Fetzen abgestreift. Die etwa 3 000 Arten werden den folgenden Familien zugeordnet: Geckos, Flossenfüße, Nachtechsen, Agamen, Chamäleons, Leguane, Skinke, Eidechsen, Schlangenschleichen, Schienen-, Gürtel- und Ringelechsen, Schleichen, Höcker- und Krustenechsen, Warane und Taubwarane.

Kulturgeschichte: Die ältesten Darstellungen von E. finden sich auf frühdynast. sumer. Siegeln. Berühmt ist die Statue des Apollon Sauroktonos, des ›Eidechsentöters‹, die der Bildhauer PRAXITELES schuf. Auch auf Münzen und Gemmen wurden E. abgebildet. Auf röm. Grabsteinen und Urnen erscheinen E. unter Bezug auf den Winterschlaf als Symbole des Todesschlafs und der künftigen Auferweckung. Da man außerdem glaubte, dass E. während der Winterruhe erblinden und erst im Frühjahr ihr Sehvermögen zurückbekommen würden, sind sie im Kunsthandwerk des frühen MA. auf Leuchtern und Ampeln Zeichen

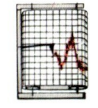

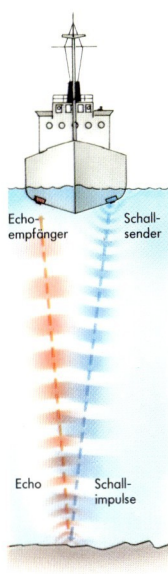

Echolot: oben Echograph; unten Schematische Darstellung eines Echolots

für die Sehnsucht nach Licht und Sonne. – Im Volksglauben gelten E. bald als böse, bald als gute Wesen. – In der Volksmedizin wurden E. schon seit dem Altertum als angebl. Heilmittel gegen mancherlei Krankheiten verwendet.

Echsenbeckensauri|er, Echsenbeckendinosauri|er, Bez. für die Saurischier, →Dinosaurier.

Echte Knochenfische, Teleoste|i, Überordnung der →Knochenfische (Osteichthyes) mit ausgebildeten Wirbelkörpern und dachziegelartig angeordneten Schuppen; umfasst 96 % aller Fische und ist die artenreichste Gruppe aller Wirbeltiere.

echte Not, *Recht:* Gründe, die ein säumiges oder passives Verhalten entschuldigen, das sonst für den Untätigen nachteilige Folgen hätte; im Verfahrensrecht führen sie zur Nachholbarkeit versäumter Prozesshandlungen, im Zivilrecht rechtfertigt e. N. die Nichterfüllung von Rechtspflichten.

Echterdingen, ehem. Gem. in Bad.-Württ., seit 1975 Teil von →Leinfelden-Echterdingen.

Echtermeyer, Ernst Theodor, Schriftsteller, *Liebenwerda 12. 8. 1805, †Dresden 6. 5. 1844; gab 1838–41 mit A. RUGE die antiromantischen, an HEGEL orientierten ›Hallischen Jahrbücher für dt. Wissenschaft und Kunst‹ heraus, 1840/41, ebenfalls mit RUGE, den ›Dt. Musenalmanach‹. Seine Gedichtanthologie ›Auswahl dt. Gedichte‹ (1836) war weit verbreitet (Neubearbeitung durch B. VON WIESE und E. K. PAEFGEN, zuletzt 1990).

Echternach, Kantonshauptstadt in Luxemburg, an der Sauer (Grenze zu Dtl.), 4200 Ew.; prähistor. Museum; Fremdenverkehr; Parfüm- und chem. Industrie, Herstellung von Industrierobotern. – Die Gebäude der Benediktinerabtei entstanden 1727–36. Die Kirche, eine viertürmige roman. Basilika, wurde 1017–31 über der Krypta des karoling. Vorgängerbaus errichtet; in der Krypta das Willibrordgrab. Nach schweren Zerstörungen 1944 wurde die Kirche wieder aufgebaut und 1989 zum Nationaldenkmal erklärt. Die roman. Pfarrkirche St. Peter und Paul (13. Jh.) steht auf Fundamenten eines röm. Lagers. Das ehem. Rathaus ist ein spätgot. Bau (1520–30) mit Säulenhalle im Erdgeschoss. – E. geht auf röm. Ursprünge zurück. 698 stiftete der später im E. verstorbene hl. WILLIBRORD eine Benediktinerabtei. Von E. aus wurde die fränk. Kirche im 8. Jh. stark von irischangelsächs. Geistesart beeinflusst. Im 11. Jh. war das Kloster ein Zentrum der Buchmalerei.

Die **Echternacher Springprozession** ist eine jährlich stattfindende Wallfahrt am Pfingstdienstag zum Grab des hl. WILLIBRORD in E., an der heute noch zahlr. Pilger aus der Eifel, aus Luxemburg, Belgien, Frankreich und den südl. Prov. der Niederlande teilnehmen. Die Teilnehmer umtanzen unter Begleitung der Geistlichkeit und rhythmisch geführt von Musikanten das Grab des Heiligen in einem schwerfälligen, sprungartigen Schritt, erst nach links, dann nach rechts, dann nach vorn. Dieser rhythm. Tanz wurde als Bußübung gedeutet, es wird ihm aber auch Heilkraft zugesprochen; heute wird die Echternacher Springprozession als Devotionsprozession verstanden. Die Sage sieht im Dankfest für das Aufhören einer Tierseuche in karoling. Zeit, in der volkskundl. Forschung häufiger aber als Rest einer Tanzprozession des MA. zur Abwehr des Veitstanzes, der im 14. Jh. an der Mosel grassierte, gedeutet.

K. MEISEN in: Rhein. Jb. für Volkskunde, Bd. 2 (1951); N. KYLL: Pflichtprozessionen u. Bannfahrten im westl. Teil der alten Erzdiözese Trier (1962).

Echternacher Malerschule, eine der großen Schulen der Buchmalerei in otton. Tradition (zweites Drittel des 11. Jh.), im Kloster Echternach, von Kaiser HEINRICH III. gefördert. Die erste bedeutende Schöpfung der E. M. ist der prächtige, großformatige ›Codex aureus epternacensis‹ (›Goldenes Evangelienbuch von Echternach‹; um 1020–30; Buchdeckel 985–991; Nürnberg, German. Nationalmuseum). Der Miniaturstil wurzelt im Stil des →Gregormeisters, die Ornamentik imitiert sassanid. und byzantin. Stoffe. Ein weiteres Charakteristikum der E. M. sind die länglich geformten Gesichter der Figuren, z. B. im Speyerer Codex. HEINRICH III. stiftete diese Prachthandschrift dem Dom von Speyer; sie ist mit ihrer reichen Ausgestaltung das Hauptwerk der E. M. (1045/46; heute im Escorial, Madrid).

Das Goldene Evangelienbuch von Echternach im German. Nationalmuseum zu Nürnberg, beschrieben v. P. METZ (1956); Das Evangelistar Kaiser Heinrichs III., hg. v. G. KNOLL, 2 Bde. (1981–93); Das Echternacher Evangelistar Kaiser Heinrichs III., hg. v. DEMS. (1995).

Echternacher Malerschule: Christus in der Mandorla; Miniatur aus dem ›Codex aureus epternacensis‹; um 1020–30 (Nürnberg, Germanisches Nationalmuseum)

Echter von Mespelbrunn, Julius, Würzburger Fürstbischof, →Julius, Herrscher, Würzburg.

Echtheit, 1) *allg.:* Begriff für die Übereinstimmung von Schein und Sein, dafür, dass etwas nicht vorgetäuscht oder imitiert, sondern wirklich vorhanden und unverfälscht ist.

2) *Psychologie:* nach P. LERSCH ein Attribut der Antriebe und des Ausdrucksverhaltens. Echte Gefühle, Handlungsabsichten und Gedanken ergeben sich aus der seelisch-geistigen Situation einer Person. Ihnen entspricht ein spontanes Ausdrucksverhalten, das diese inneren Vorgänge erkennbar macht. Im Ggs. dazu führen mehr oder minder bewusst angestrebte unechte seel. Zustände zu Ausdruckserscheinungen, die meist nicht überzeugend wirken. Ebenso führen unechte Willensakte zu unentschlossenen, richtungsunsicheren Handlungsansätzen und unechte Denkakte zu pseudolog. Schlüssen.

Echtlosigkeit, *altdt. Recht:* Verlust der Rechtsfähigkeit (ēlos, ›gesetzlos‹). E. bestand durch Abstammung von echtlosen Eltern oder trat durch Strafurteil oder Acht ein und hatte Verwirkung von Ehre und Rechtsschutz zur Folge.

Echtzeitbetrieb, *Informatik:* der →Realzeitbetrieb.

Écija [ˈeθixa], Stadt in S-Spanien, Prov. Sevilla, Andalusien, am Río Genil (ab E. schiffbar), 101 m ü. M., 36 900 Ew. – Arab. Alcázar und Stadtmauer, zwölf mit

Azulejos verzierte Glockentürme; zahlr. Barockpaläste, u. a. Palacio de Peñaflor (17. Jh.). In der Kirche Santa Cruz westgotisch-byzantinischer Sarkophag (5./6. Jh.); Kirche Los Descalzos im Stil des Churriguerismus. – Das iberisch-griech. **Astigi,** unter den Römern seit dem 3. Jh. Bischofssitz, wurde von den Arabern (711–1240) stark ausgebaut; 1755 wurde die Stadt durch Erdbeben schwer beschädigt, dann im barocken Mudejarstil erneuert.

Ecitoninae [nlat.], →Wanderameiscn.

Eck, 1) Johannes, eigtl. **J. Mai|e|r** oder **J. May|e|r aus Eck (Egg),** der theolog. Hauptgegner M. LUTHERS und der Reformation, *Egg a. d. Günz (bei Memmingen) 13. 11. 1486, †Ingolstadt 10. 2. 1543; 1510 Prof. für Theologie in Ingolstadt, disputierte 1519 mit LUTHER in Leipzig, betrieb 1520 in Rom die Weiterführung des Lutherprozesses und publizierte in Dtl. die päpstl. Bannandrohungsbulle, beteiligte sich 1526 am Religionsgespräch zu Baden (Kt. Aargau), 1530 am Augsburger Reichstag (Hauptanteil an der →Confutatio), 1541 an den Religionsgesprächen zu Worms und Regensburg. – E., umfassend gebildet, erkannte früh die entscheidenden Kontroverspunkte im reformator. Dissens, trug jedoch mit seiner Polemik zur Verschärfung der Gegensätze bei.
V. PFNÜR: Einig in der Rechtfertigungslehre? (1970); E. ISERLOH: J. E., in: Kath. Theologen der Reformationszeit, hg. v. DEMS., Bd. 1 (1984).

2) Egk, Egkh, Leonhard von, bayer. Kanzler, *Kelheim 1480, †München 17. 3. 1550; lenkte seit 1519 als Kanzler Herzog WILHELMS IV. die Politik mit dem Ziel, Bayern gegenüber Kaiser und Reich zu stärken und den Bestand der kath. Konfession zu wahren.

Eckardt, Felix von, Publizist und Diplomat, *Berlin 18. 6. 1903, †Capri 11. 5. 1979; war 1927–29 polit. Redakteur in Berlin, 1929–32 Presseattaché an der dt. Gesandtschaft in Brüssel, 1933–50 Filmautor (Drehbücher u. a. für ›Die Wirtin zum Weißen Rößl‹, 1943; ›Peter Voß, der Millionendieb‹, 1945), 1945–52 Chefredakteur des ›Weser-Kuriers‹ in Bremen, 1952–55 und 1956–62 Leiter des Presse- und Informationsamtes der Bundesregierung, 1962–65 Bundesbevollmächtigter in Berlin; 1965–69 MdB (CDU). Er schrieb die Autobiographie ›Ein unordentliches Leben‹ (1967).

Eckart, der getreue E., Gestalt der dt. Heldensage, in der niederdt. Tradition Erzieher der im Breisgau lokalisierten Harlungen, deren Tod er an ihrem Onkel Ermanrich rächt. Spätere Überlieferung kennt E. als sprichwörtl. Rater- und Mahnerfigur, im ›Nibelungenlied‹ bewacht er Rüdigers Mark, in der Tannhäusersage den Venusberg. Im Zuge der Erneuerung mittelalterl. Stoffe durch die Romantik wurde auch E.s Gestalt wieder belebt (u. a. bei L. TIECK, ›Der getreue E. und der Tannenhäuser‹, 1800; GOETHE, Ballade, 1813; L. UHLAND; K. SIMROCK).

Eckart, Dietrich, Schriftsteller und Journalist, *Neumarkt i. d. OPf. 23. 3. 1868, †Berchtesgaden 26. 12. 1923; Verfechter radikal nationalist., antisemit. und antichristl. Ideen; trat der NSDAP noch vor A. HITLER bei, dessen Weltanschauung er wesentlich beeinflusste. Er war 1921–23 Hauptschriftleiter des ›Völk. Beobachters‹ und gilt als Schöpfer des Führerkults um HITLER.
M. PLEWNIA: Auf dem Weg zu Hitler. Der völk. Publizist D. E. (1970).

ec-Karte, →Eurocheque.

Eckartsberga, Stadt im Burgenlandkreis, Sa.-Anh., 285 m ü. M., an den südl. Ausläufern der Finne, an der Straße der Romanik, 2 000 Ew. – Um 1000 errichtete Markgraf EKKEHARD I. von Meißen die Burg ›Eckartsburg‹ (heute Ruine), unterhalb derer sich das Dorf E. entwickelte. 1112–15 im Besitz WIPRECHTS VON GROITZSCH, dann der Landgrafen von Thüringen, kamen Burg und Dorf 1247 an die Wettiner (seit

1485 an deren albertin. Linie). Zw. 1265 und 1292 erhielt E. Stadtrecht. 1815 kam es an Preußen.

Eckblatt, Eckklaue, Eckknolle, Ecksporn, in der byzantin., roman. und frühgot. Baukunst blattartige, klauen-, knollen- oder spornartige Verzierung an den vier Ecken einer Säulenbasis, die zw. der quadrat. Fußplatte und dem runden Säulenfuß vermittelt.

Ecke, 1) *Mathematik:* gemeinsamer Punkt zweier benachbarter Seiten eines Vielecks; gemeinsamer Punkt dreier oder mehrerer Kanten oder Flächen eines Polyeders.
2) *Sport:* im Boxen die Ringecke, in der sich die Kämpfer in den Pausen aufhalten. Auch umgangssprachl. Bez. für den →Eckstoß.

Eckener, Hugo, Luftfahrtpionier, *Flensburg 10. 8. 1868, †Friedrichshafen 14. 8. 1954; trat 1908 in den Luftschiffbau Zeppelin ein, brachte 1924 den für die USA gebauten ZR III (LZ 126) nach Nordamerika (erste Atlantiküberquerung), unternahm mit LZ 127 (›Graf Zeppelin‹) u. a. 1928 eine Amerikafahrt, 1929 eine Weltfahrt und 1931 eine Polarfahrt. 1936 führte er fahrplanmäßige Fahrten nach Nordamerika mit LZ 129 (›Hindenburg‹) ein, bis sie mit der Katastrophe von Lakehurst (1937) ein Ende nahmen. E. schrieb die Autobiographie ›Im Zeppelin über Länder und Meere‹ (1949).
R. ITALIANDER: Ein Deutscher namens E. (1981).

Eckenfalter, Bez. für einige Tagschmetterlinge aus der Familie der →Fleckenfalter (Nymphalidae) mit eckig gestaltetem Randteil der Vorderflügel, z. B. Admiral, Distelfalter, Großer und Kleiner Fuchs, Tagpfauenauge, Trauermantel, C-Falter.

Eckenlied, Eckon Ausfahrt, mittelhochdt. Gedicht aus dem Umkreis der Dietrichsage, um die Mitte des 13. Jh.; erzählt, unter Verwendung Tiroler Volkssagen, wie der ruhmgierige Riese Ecke und sein Bruder Fasolt im Kampf gegen Dietrich von Bern fallen. Der Riese Ecke wurde wahrscheinlich erfunden, um den Namen von Dietrichs Schwert ›Eckesachs‹ (eigtl. Schwert mit scharfer Schneide) als ›Schwert des Riesen Ecke‹ zu erklären.
Ausgabe: Dt. Heldenbuch, hg. v. J. ZUPITZA, Tl. 5 (1870), Nachdr. 1968).

Eckenlini|e, *Mathematik:* 1) die Diagonale; 2) **Ecktransversale,** Gerade durch eine Ecke eines Dreiecks oder eines Tetraeders.

Ecker, 1) Eichen- (Eichel) oder Buchenfrucht (Buchecker).
2) Spielkartenfarbe, →Eichel.

Eckermann, Johann Peter, Schriftsteller, *Winsen (Luhe) 21. 9. 1792, †Weimar 3. 12. 1854; übersandte GOETHE 1823 seine Schrift ›Beyträge zur Poesie mit besonderer Hinweisung auf Goethe‹; seitdem bei diesem als (unbezahlter) Helfer für Ordnung und Redaktion seiner Manuskripte und seines Alterswerks; seinen Lebensunterhalt verdiente er u. a. durch Privatunterricht. Kurz vor seinem Tode bestimmte GOETHE ihn zum Herausgeber seines Nachlasses. Seit 1825 waren in immer tieferer Einfühlung in GOETHES Persönlichkeit und Gedankenwelt die ›Gespräche mit Goethe in den letzten Jahren seines Lebens‹ entstanden (Bd. 1 und 2: 1836, Bd. 3, unter Benutzung von Aufzeichnungen F. SORETS, 1848; neu hg. v. H. H. HOUBEN, [26]1975; F. BERGEMANN, 1980; R. OTTO, [2]1984). Diese sind von außerordentl. Prägnanz auch in der Wiedergabe der sprachl. Ausdrucksweise und trotz etlicher Versehen und Irrtümer (v. a. im 3. Teil) von hohem Erkenntniswert für die letzten Lebensjahre GOETHES. Von F. NIETZSCHE wurden sie als ›bestes dt. Buch überhaupt‹ bezeichnet.
H. H. HOUBEN: J. P. E., 2 Bde. (1925–28, Nachdr. 1975); J. PETERSEN: Die Entstehung der E.schen Gespräche u. ihre Glaubwürdigkeit ([2]1925, Nachdr. 1973); E. LÜTH: J. P. E. zw. Elbe, Heide u. Weimar (1981).

Johannes Eck

Hugo Eckener

Johann Peter
Eckermann

Christoffer Wilhelm Eckersberg: Blick durch drei Arkaden des Kolosseums; 1815 (Kopenhagen, Statens Museum for Kunst)

Eckernförde
Stadtwappen

Fritz Eckhardt

Johann Georg von Eckhardt

Eckernförde, Stadt im Kr. Rendsburg-Eckernförde, Schlesw.-Holst., zw. Windebyer Noor und Eckernförder Bucht (Ostseebad), 22 800 Ew.; Hafen und Marinegarnison; FH (Bauwesen); Jagdwaffenfabrik, Apparatebau, wärmetechn., feinmechan., opt. und Spirituosenindustrie. – Spätgot. Nikolaikirche (15. Jh.), der Schnitzaltar (1640) und eines der Epitaphien (1661) sind Beispiele des norddt. Knorpelbarock; im der spätroman. Feldsteinkirche von Borby ein gotländ. Taufstein (Anfang 13. Jh.). – Die Fischersiedlung E. entwickelte sich im Schutz einer 1197 erwähnten Burg. Im 13. Jh. erhielt E. erstmals, 1543 Schleswiger Stadtrecht. Die zu Schleswig gehörende Stadt gewann durch Getreidehandel und eine Fayencemanufaktur im 18. Jh. Wohlstand. 1831 wurde **Borby** (1934 in E. eingemeindet) Seebad, wenig später auch Eckernförde. 1867–1970 war E. Kreisstadt.

Eckersberg, 1) ['ɛgərsbɛr], Christoffer Wilhelm, dän. Maler, *Båkrog bei Apenrade 2. 1. 1783, †Kopenhagen 22. 7. 1853; Schüler von J.-L. DAVID; wurde 1818 Prof. an der Kopenhagener Akademie. Er malte in klassizist. Geist histor. und religiöse Darstellungen, bes. aber realist. Porträts (›B. Thorvaldsen‹, 1814, Kopenhagen, Kunstakademie), Landschaften und Seestücke. E. gilt als ›Vater der dän. Malerei‹, die er über einen langen Zeitraum prägte.
2) ['ekɛrsbɛrg], Johan Fredrik, norweg. Maler, *Drammen 16. 7. 1822, †Sandvika (heute zu Oslo) 13. 7. 1870; war 1846–48 Schüler von J. W. SCHIRMER in Düsseldorf; entwickelte in seinen Landschaftsbildern einen nüchternen, realist. Stil. Als Lehrer spielte E. eine wichtige Rolle im norweg. Kunstleben.

Eckert-Greifendorff, Max, Geograph und Kartograph, *Chemnitz 10. 4. 1868, †Aachen 26. 12. 1938; seit 1907 Prof. an der TH Aachen; Pionier der wissenschaftlich fundierten Kartographie; entwickelte Kartennetzentwürfe **(eckertsche Projektionen).**
Werke: Die Kartenwissenschaft, 2 Bde. (1921–25); Neues Lb. der Geographie, 2 Tle. (1931–35); Kartographie (1939).

Eckhardt, 1) Fritz, österr. Schauspieler und Schriftsteller, *Linz 30. 11. 1907, †Klosterneuburg 31. 12. 1995; spielte an versch. Bühnen, in Wien am Kabarett ›Der liebe Augustin‹; nach dem dt. Einmarsch 1938 Berufsverbot; gründete 1945 den ›Lieben Augustin‹ neu, 1946 das ›Künstlertheater‹; wirkte in zahlr. Fernsehserien mit (u. a. in ›Tatort‹ in der Rolle des Oberinspektors Marek); schrieb Drehbücher für Film und Fernsehen, Komödien.
2) Eccard, Johann Georg von (seit 1721), Historiker und Germanist, *Duingen (bei Hildesheim) 7. 9. 1664, †Würzburg 9. 2. 1730; seit 1694 Mitarbeiter, seit

1716 Nachfolger von G. W. LEIBNIZ als welf. Hofhistoriograph in Hannover, konvertierte 1724 zum Katholizismus und wurde Hofbibliothekar in Würzburg. Seine Schriften zur Geschichte des MA. und zur dt. Philologie sind im Sinne der quellenkrit. Methode der →Maurinor verfasst.
Werke: Historia studii etymologici linguae germanicae (1711); Origines ... familiae Habsburgo-Austriacae ... (1721); Corpus scriptorum historicum medii aevi, 2 Bde. (1723); Commentarii de rebus Franciae Orientalis et Episcopatus Würceburgensis, 2 Bde. (1729).

Eckhart, Meister Eckhart, Philosoph und Theologe, Dominikaner, *Hochheim (bei Gotha) um 1260, †vor April 1328, wurde Dominikaner und studierte am Kölner Studium generale seines Ordens (vielleicht noch bei ALBERTUS MAGNUS); war 1293/94 Dozent (lector sententiarum) und 1302 Magister der Univ. Paris, wurde 1303 Provinzial der neu geschaffenen Ordensprovinz Saxonia, kehrte 1311/12 noch einmal als Magister nach Paris zurück und lehrte ab 1313 in Straßburg, wo das Buch der göttl. Tröstung und ein Großteil seiner Predigten entstanden. Nach 1322 war E. als Prof. und Prediger in Köln tätig. 1326 eröffnete der Kölner Erzbischof gegen ihn ein Inquisitionsverfahren. E. protestierte gegen die Vorgehensweise und den Häresievorwurf und appellierte an den Papst. JOHANNES XXII. verurteilte jedoch kurz nach dem Tod E.s (Verurteilungsbulle vom 27. 3. 1329) Thesen aus seinen Schriften als häretisch bzw. der Häresie verdächtig und verwarf auch das Gesamtwerk als neuerungssüchtig, ketzerisch und volksaufwühlend.

E. selbst betonte ausdrücklich die philosph. Intention, die alle seine Werke auszeichne. Gestützt auf ARISTOTELES und AVERROES, AUGUSTINUS und ALBERTUS MAGNUS (weniger auf THOMAS VON AQUINO, auf den er sich als eine Schulautorität bezog), wollte er die Einheit des Gerechten und der Gerechtigkeit Gottes und des menschl. Geistes beweisen und als die Gottesgeburt im Menschen, als die Wahrheit der Inkarnation Gottes in der Seele aus dem Menschen. Gehalt der bibl. Bilderreden und der christl. Dogmen rational (mit philosph. Argumenten) aufzeigen. Die Einheit von Vernunft und Gottheit begründete er philosophisch mit der aristotelisch-averroist. Intellekt-Theorie, die ALBERTUS MAGNUS aufgenommen und DIETRICH VON FREIBERG entfaltet hatte. Diese besagt, dass der Intellekt mit der Dingwelt nichts gemein haben kann, um sie erfassen und durchschreiten zu können. Wenn der Intellekt (das so genannte Seelenfünklein [scintilla animae]) aufhört sich mit den Dingen zu verwechseln, wenn er sich loslöst von allen Fixierungen, auch auf das Ich, die Tugend, den jenseitigen Gott und den Himmelslohn, vollzieht er die Einheit mit dem Weltgrund, in der er an sich immer steht. Die Lehre von der Gelassenheit (Abgeschiedenheit) radikalisierte die Armutsidee der Bettelorden; die Intimität von Intellekt und Gottheit relativierte die Hierarchien, ausdrücklich auch die von Mann und Frau.

Der im Denkansatz E.s implizierten Rangerhöhung des Menschen (sofern er gut handelt und wahr denkt) und der daraus folgenden Relativierung der Heilsgeschichte, der Sakramente, der sichtbaren Kirche und des buchstäbl. Bibelsinns widersprach der Papst als einer kirchenzerstörenden Neuerung, zumal sie religiöse Fragen (in einer ausdruckssstarken Bildersprache) in der Volkssprache erörterte. Von myst. Erfahrung sprachen jedoch (im Gegensatz zu E.s späterer Kennzeichnung in der Forschung als Mystiker) weder E. selbst noch der verurteilende Papst. H. SEUSE und J. TAULER konnten dem Erbe E.s nur dadurch ein Randdasein in der Kirche sichern, dass sie ihn abschwächten und z.T. verleugneten. Sein dt. Werk wurde auch wirksam durch die von ihm neugeschaffene Terminologie, v.a. für philosophische und religiöse Inhalte. Der Einfluss seiner philosoph. Theologie wurde durch die Verurteilung blockiert, auch wenn NIKOLAUS VON KUES sich vorsichtig zu ihm bekannte. F. SCHLEGEL, FRANZ VON BAADER und HEGEL rühmten ihn als verwandten Denker, ähnlich SCHOPENHAUER. Erst die neueste Forschung untersucht sein Werk im histor. Kontext, nachdem er seit Anfang des Jahrhunderts von vielfältigen polit. und weltanschaul. Bewegungen vereinnahmt worden war.

Ausgaben: Die dt. u. lat. Werke, hg. im Auftrag der Dt. Forschungsgemeinschaft v. J. QUINT, J. KOCH u. a. (1936 ff.); Dt. Predigten u. Traktate, hg. v. J. QUINT (⁶1985, neuhochdt. Übertragung).

J. KOCH: Krit. Studien zum Leben Meister E.s, in: Archivum Fratrum Praedicatorum, H. 29/39, 1959/60; V. LOSSKY: Théologie négative et connaissance de Dieu chez Maître E. (Paris 1960); I. DEGENHARDT: Studien zum Wandel des E.-Bildes (1967); H. FISCHER: Meister E. Einf. in sein philosoph. Denken (1974); Freiheit u. Gelassenheit. Meister E. heute, hg. v. U. KERN (1980); B. MOJSISCH: Meister E. Analogie, Univozität u. Einheit (1983); L. SEPPÄNEN: Meister E.s Konzeption der Sprachbedeutung (1985); W. TRUSEN: Der Prozeß gegen Meister E. (1988); K. RUH: Meister E. Theologe, Prediger, Mystiker (²1989); G. WEHR: Meister E. (12.–14. Tsd. 1994); K. FLASCH: Das philosoph. Denken im MA. (Neudr. 1995); A. M. HAAS: Meister E. als normative Gestalt geistl. Lebens (Einsiedeln ²1995).

Eckklaue, Eckknolle, das →Eckblatt.

Eckkontraktion, Folge des Triglyphenkonflikts bei antiken Tempeln dor. Ordnung, →Triglyphe.

Ecklohn, tarifvertragl. Stundenlohn einer repräsentativen, meist mittleren Lohngruppe (normale Facharbeitergruppe), nach dem sich die Tariflöhne anderer Gruppen durch prozentualen Zu- oder Abschlag berechnen lassen (z. B. ungelernte Arbeiter 80 %, Vorarbeiter 115 % des E.), wenn das Verhältnis der Lohngruppen untereinander durch Arbeitsbewertung exakt festliegt. Bei Tarifverhandlungen wird häufig nur über den E. verhandelt.

Eckmann, Otto, Maler, Grafiker, Innenarchitekt und Kunstgewerbler, *Hamburg 19. 11. 1865, †Badenweiler 11. 6. 1902; ab 1895 Mitarbeiter der Zeitschriften ›Pan‹ und ›Jugend‹, für die er Titel und Ornamente zeichnete; er entwarf auch Möbel, Textilien und Innendekorationen. – Die von ihm 1899 für K. KLINGSPOR in Offenbach geschaffene und nach ihm benannte Druckschrift (**Eckmannschrift**) wurde zur meistgebrauchten Schrift des →Jugendstils, zu dessen Hauptvertretern E. gehört.

Eckmühl, Fürstentitel des napoleon. Marschalls L. N. DAVOUT nach der Schlacht von Eggmühl.

Ecksatz, *Musik:* der erste und letzte Satz eines mehrsätzigen Werkes.

Eckschwänze, Tetragonuridae, Familie der Erntefische, mit sehr festen Schuppen in schräg verlaufenden Reihen; im Mittelmeer, Atlantik und Südpazifik lebt der ungenießbare, bis 25 cm lange **Quadratschwanz** oder **Alet** (Tetragonurus cuvieri), der sich von Quallen ernährt.

Ecksporn, →Eckblatt.

Eckstein, 1) *allg.:* festes Gefüge von Quadersteinen als Haus- oder Tempelfundament, an den sichtbaren Stellen mit bes. wertvollen Steinen. **2)** *Kartenspiel:* ältere dt. Bez. für die Farbe Karo der Spielkarten mit frz. Farben.

Eckstine [ˈɛkstaɪn], Billy, eigtl. **William Clarence Eckstein,** amerikan. Jazzmusiker (Gesang, Trompete, Posaune) und Bandleader, *Pittsburgh (Pa.) 8. 7. 1914, †ebd. 8. 3. 1993; spielte u. a. bei E. HINES. Er war 1944–47 mit seiner Band (u. a. mit D. GILLESPIE, F. NAVARRO, M. DAVIS, C. PARKER, D. GORDON) ein Hauptvertreter des Bebop.

Eckstoß, Eckball, *Sport:* allg. Schuss oder Wurf der angreifenden Mannschaft von einem der Eckpunkte (Schnitt von Toraus- und Seitenlinien) in gegner. Spielhälfte, wenn der Ball von einem verteidi-

genden Spieler über die eigene Torauslinie gespielt wurde; z. B. im Fußball (E.), Handball (Eckwurf), Hockey (Ecke).

Ecktransversale, eine →Eckenlinie.

Eckwert, Richtgröße, die zur Eingrenzung konkreter Problemlösungen vorgegeben wird, z. B. gesamt- und finanzwirtschaftl. E. bei der Planung von Steuerreformen.

Eckzins, der →Spareckzins.

ECLAC [ˈiːsiːelˈeɪsiː, ˈekləsiː; Abk. für engl. Economic Commission for Latin America and Caribbean], regionale Wirtschaftskommission des →Wirtschafts- und Sozialrates der Vereinten Nationen.

Eclair [eˈklɛːr, frz.] *das, -s/-s,* aus Brandteig in Form kleiner Stangen hergestelltes Gebäck, mit Creme oder Schlagsahne gefüllt und mit Glasur versehen.

Ecloga Theoduli, allegor. lat. Streitgedicht vielleicht des 10. Jh. (überliefert seit dem 11. Jh.), das einen Streit zw. dem Hirten Pseustis (›Lügner‹) und der Hirtin Alithia (›Wahrheit‹) über die griech. Mythen und die bibl. Erzählungen schildert. Als Richterin spricht Fronesis (›Klugheit‹) der Alithia den Sieg zu. Die um Gelehrsamkeit bemühte E. T. war eine beliebte Schullektüre. Ihr Verfasser ist unbekannt.

ECM-Flugzeug [ECM, Abk. für engl. electronic counter measurement ›elektron. Gegenmaßnahme‹], speziell für Zwecke der elektron. Kampfführung ausgerüstetes Militärflugzeug (entweder ein takt. Mehrzweckkampfflugzeug mit ECM-Rüstsatz als Außenlast, so genannte ECM-Pods, oder ein spezialisiertes Flugzeug), das gegner. Radaranlagen aktiv stören oder täuschen kann, wodurch die Zielerfassung und -bekämpfung durch den Gegner erheblich behindert oder sogar völlig ausgeschlossen wird. Die dt. Luftwaffe besitzt 35 Kampfflugzeuge vom Typ Tornado in einer speziellen ECM-Version, die US Air Force verfügt über die Typen Grumman EA-6B und EF-111.

Ečmiadzin [ɛtʃ-], Stadt in der Rep. Armenien, →Etschmiadsin.

Eco, Umberto, ital. Semiotiker, Kunstphilosoph und Schriftsteller, *Alessandria (Piemont) 5. 1. 1932; Prof. in Florenz (1966–69) und Mailand (1969–71), seit 1971 Prof. für Semiotik in Bologna; eine der herausragenden Gestalten des zeitgenöss. ital. Geisteslebens. E. verfasste zahlr. Studien zur mittelalterl. Ästhetik und Geistesgeschichte, zur allgemeinen Literatur-, Kunst-, Film-, Architektur- und musikal. Semiotik sowie zu den Ausdrucksformen der Massenkultur und Massenkommunikation. Er beeinflusste damit wesentlich die internat. künstler. und wiss. Avantgarden seit Mitte der 60er-Jahre. In der Essaysammlung ›Opera aperta‹ (1962; dt. ›Das offene Kunstwerk‹) entwickelt E. seine Kunsttheorie: Ein Kunstwerk ist charakterisiert durch seine Polysemie (d. h. seinen mehrdeutigen Zeichencharakter) und seine Offenheit für virtuell unendlich viele Lesarten durch den Rezipienten, der damit eine künstler. Botschaft mitgestaltet. In ›La struttura assente‹ (1968; dt. verbesserte Fassung u. d. T. ›Einführung in die Semiotik‹) wird die Semiotik als eine Metatheorie der Kultur definiert. Weltruhm erlangte E. mit seinen belletrist. Werken, v. a. mit seinem ersten Roman ›Il nome della rosa‹ (1980; dt. ›Der Name der Rose‹; Premio Strega 1981; 1986 auch verfilmt). In den Strukturen einer Detektivgeschichte entwirft E. ein vielschichtiges, zitatenreiches Bild der geistigen Welt des 14. Jh. Auch in den folgenden Romanen (›Il pendolo di Foucault‹, 1988, dt. ›Das Foucaultsche Pendel‹; ›L'isola del giorno prima‹, 1994, dt. ›Die Insel des vorigen Tages‹) setzt er virtuos seine sprachwiss., histor. und philosoph. Forschungen ein, um mit komplizierten Verschränkungen der Handlungsebenen und zahllosen Anspielungen Spannung zu erzeugen, die nachzuvollziehen vom Leser allerdings Anstrengung verlangt.

Otto Eckmann:
Eckmannschrift

Otto Eckmann:
Exlibris Emy Fierz;
um 1890

Umberto Eco

Weitere Werke: Il problema estetica in San Tommaso (1956); Diario minimo (1963; dt. Ausw. u. d. T. Platon im Striptease-Lokal); Apocalittici e integrati (1964; dt. Apokalyptiker u. Integrierte); Le forme del contenuto (1971); Il segno (1973; dt. Zeichen); Trattato di semiotica generale (1975; dt. Semiotik. Entwurf einer Theorie der Zeichen); Lector in fabula (1979; dt.); Postille a ›Il nome della rosa‹ (1983; dt. Nachschrift zum ›Namen der Rose‹); Semiotics and the philosophy of language (1984; dt. Semiotik u. Philosophie der Sprache); Sugli specchi e altri saggi (1985; dt. Über Spiegel u. andere Phänomene); I limiti dell'interpretazione (1990; dt. Die Grenzen der Interpretation); Il secondo diario minimo (1992; dt. Teilausg. u. d. T. Wie man mit einem Lachs verreist u. andere nützl. Ratschläge); La ricerca della lingua perfetta nella cultura europea (1993; dt. Die Suche nach der vollkommenen Sprache).

Ausgabe: Über Gott u. die Welt. Essays u. Glossen, übers. v. B. KROEBER (Neuausg. ⁴1994).

U. WYSS: Die Urgesch. der Intellektualität u. das Gelächter (1983); Lektüren. Aufs. zu U. E.s ›Der Name der Rose‹, hg. v. H.-J. BACHORSKI (1985); Zeichen in U. E.s Roman ›Der Name der Rose‹, hg. v. B. KROEBER (1987); U. E. zw. Lit. u. Semiotik, hg. v. A. BURKHARDT (1991); D. MERSCH: U. E. zur Einf. (1993).

École [eˈkɔl, frz.] *die, -/-s,* Schule; im frz. Schul- und Hochschulwesen werden versch. Typen unterschieden: **É. maternelle,** Vorschule; **É. primaire, É. élémentaire,** Grundschule (5 Jahre); **É. normale,** pädagog. Hochschule; **É. normale supérieure,** wiss. Hochschule, v. a. für die Laufbahn an höheren Schulen, mit strengeren Ausleseverfahren als die Univ. (›concours‹) und noch höher angesehenen Abschlüssen (›diplôme‹, ›agrégation‹). Als **Grandes Écoles** werden alle hoch qualifizierenden wiss. Hochschulen (Eliteschulen) bezeichnet, neben der É. normale supérieure Spezialhochschulen wie die É. polytechnique, die É. nationale des beaux arts und die É. nationale d'administration. (→Collège)

Konstantin
von Economo

École biblique [eˈkɔl biˈblik; frz. ›Bibelschule‹], bibelwiss. Forschungsstätte des Dominikanerordens in Jerusalem, gegr. 1890 auf Veranlassung Papst LEOS XIII. durch M.-J. →LAGRANGE, seit 1920 von der frz. Regierung als École Archéologique Française de Jérusalem anerkannt. Als Fachhochschule für eine zweijährige Ausbildung steht die É. b. auch nichtkath. und nichtfrz. Studenten offen.

Veröffentlichungen: Revue Biblique (Ztschr., 1892 ff.); Études Bibliques (Reihe, 1903 ff.); La sainte Bible, 55 Bde. (Neuausg. 1957–72).

École d'Avignon [eˈkɔl daviˈɲɔ̃], →Avignon, Schule von.

Écouen: Kamin im Ehrensaal des Schlosses; 16. Jh.

École de Paris [eˈkɔl dəpaˈri], Gruppe lose miteinander verbundener Maler versch. Nationalität, die nach dem Ende des Zweiten Weltkrieges bis etwa 1960 in Paris tätig waren. Ihr Schwerpunkt lag auf der abstrakten Malerei, bes. der →informellen Kunst. – Die Bez. É. de P. wird z. T. auch auf alle seit etwa 1905 in Paris lebenden und in den Pariser Künstlerzirkeln verbundenen in- und ausländ. Künstler bezogen.

École française [eˈkɔl frãˈsɛːz], die ›Frz. Schule‹ der asket. und myst. Theologie des 17. Jh. mit nachhaltigem Einfluss auf die frz. Frömmigkeit; sie stellt eine psychologisch vertiefte Hinleitung des frommen Einzelnen, bes. des Geistlichen, auf JESUS CHRISTUS als den Gottmenschen dar. Ihre Hauptträger waren u. a. P. DE BÉRULLE, JEAN-JACQUES OLIER (* 1608, † 1657) und JEAN EUDES (* 1601, † 1680). Aus der É. f. gingen versch. Priestergemeinschaften hervor, z. B. die Oratorianer und die Sulpizianer.

Ecône [eˈkoːn, frz.], Ort im Kt. Wallis, Schweiz, bekannt geworden als ehem. Sitz der traditionalist. →Internationalen Priesterbruderschaft des Hl. Pius X.

Economics [iːkəˈnɔmiks], an amerikan. Hochschulen gelehrte, der Volkswirtschaftslehre vergleichbare Disziplin; neben der →Business-Administration Hauptzweig der Wirtschaftswissenschaften in den USA.

Economies of scale [ɪˈkɔnəmɪz ɔv ˈskeɪl, engl.], die →Skalenerträge.

Economist, The E. [ði ɪˈkɔnəmɪst], brit. Wochenzeitschrift für Politik, Wirtschaft und Kultur, gegr. 1843 in London, Auflage der internat. Gesamtausgabe 547 000.

Economo, Konstantin Alexander Freiherr von, österr. Neurologe, * Brăila 21. 8. 1876, † Wien 21. 10. 1931; ab 1921 Prof. in Wien; beschrieb (1917) zum ersten Mal die Encephalitis lethargica und epidemica (→Gehirnentzündung) und schloss aus diesen Befunden auf ein Schlafsteuerungszentrum im Zwischenhirn. Mit G. N. KOSKINAS erarbeitete er eine neue Feldeinteilung (Zytoarchitektonik) der Großhirnrinde des Menschen und schloss auf eine zunehmende Hirnentwicklung (progressive Zerebralisation).

Econ Verlag GmbH, Düsseldorf; gegr. 1950 von ERWIN BARTH VON WEHRENALP (* 1911, † 1996); übernahm die Verlage Claassen (1967; Weiterverkauf an Gebr. Gerstenberg GmbH & Co.) und Marion von Schröder (1968); Mehrheitsgesellschafter der Econ-Gruppe ist seit 1982 die Rheinisch-Westfäl. Verlagsgesellschaft. Veröffentlicht werden bes. wirtschaftl. Werke, Sachbücher, Ratgeber sowie eine Taschenbuchreihe mit Sachbüchern und Belletristik.

ECOSOC, Abk. für engl. **E**conomic and **S**ocial Council, der →Wirtschafts- und Sozialrat der Vereinten Nationen.

Ecossais [ekɔˈsɛ; frz. ›schottisch‹] *der, -,* groß kariertes Seiden- oder Chemieseidengewebe für Kleider, Blusen und Futterstoffe.

Écossaise [ekɔˈsɛːz(ə); frz. ›(die) Schottische‹] *die, -/-n,* **Ekossaise,** alter schott. Rundtanz zum Dudelsack im Dreiertakt, eine Art des →Countrydance. In Frankreich wurde die É. nach 1700 als ›Anglaise zum höf. Tanz im schnellen ²/₄-Takt; in Dtl. war sie v. a. 1800–30 populär. L. van BEETHOVEN, F. SCHUBERT und F. CHOPIN schrieben É. für Klavier.

Écouen [eˈkwã], Ort in Frankreich, Dép. Val-d'Oise, nördlich von Paris, 4 800 Ew. – Das Schloss, heute Musée National de la Renaissance (mit bedeutenden Sammlungen von Emailarbeiten des 16. Jh.), wurde etwa 1535–78 von J. BULLANT u. a. erbaut. Bes. hervorzuheben sind der Ehrensaal mit Kamin (von J. GOUJON), die Kapelle (1544) sowie die beiden Hofportale, das südl. mit der ersten Kolossalordnung der frz. Baukunst. Die Kirche Saint-Acceul (16./17. Jh.) besitzt bemerkenswerte Glasfenster der Renaissance.

ECOWAS, Abk. für engl. Economic Community of West African States, die →Wirtschaftsgemeinschaft westafrikanischer Staaten.

écrasez l'infâme! [ekraˈze lɛ̃ˈfaːm; frz. ›rottet den verruchten (zu ergänzen: superstition ›Aberglauben‹ aus!‹], programmat. Formel VOLTAIRES für den Kampf gegen die kath. Kirche.

Écrins, Barre des É. [bardezeˈkrɛ̃], Gipfel des Pelvoux-Massivs in den frz. Alpen, 4 102 m ü. M. Der Naturpark **Écrins** in den Dép. Isère und Hautes-Alpes ist mit 91 800 ha der größte Frankreichs; reiche Flora und Fauna, u. a. Königsadler und Auerhähne.

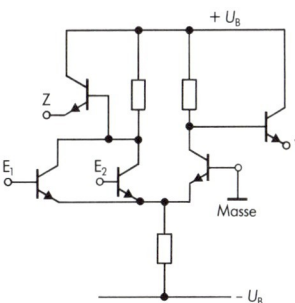

ECTL: Schaltschema eines ECTL-Gatters; NOR-ODER-Schaltglied mit zwei Eingängen E_1 und E_2, dem NOR-Ausgang $\overline{Z} = E_1 \vee E_2$ und dem ODER-Ausgang $Y = E_1 \vee E_2$ sowie der Betriebsspannung U_B

Écriture automatique [ekriˈtyr ɔtomaˈtik, frz.] *die, - -,* u. a. von P. SOUPAULT und A. BRETON praktiziertes und von BRETON im ›Manifest des Surrealismus‹ (1924) theoretisch begründetes Verfahren zur Erstellung literar. Texte, das den wirkl. Ablauf des Denkens, das Nacheinander der Vorstellungen unmittelbar zum Ausdruck bringen soll. Die É. a. entwickelte sich unter dem Einfluss von Studien P. JANETS zum ›psycholog. Automatismus‹ (›L'automatisme psychologique‹, 1889) und der Traumdeutung (›Die Traumdeutung‹, 1900) S. FREUDS. Bei ihr spielen Schreibgeschwindigkeit und Zufall eine ebenso wichtige Rolle wie die Infragestellung der Sprache als Kommunikationsmittel. Die der É. a. inhärenten Verfahrensweisen und Ziele wurden u. a. von M. DUCHAMP (im ›Objet trouvé‹) und M. ERNST (in der ›Frottage‹) auf die bildende Kunst sowie von E. VARÈSE (z. B. in ›Ionisation‹, 1930/31) auf die Musik übertragen. (→Automatismus)

ECR-Tornado, ein spezielles →ECM-Flugzeug vom Typ →Tornado.

écru [eˈkryː, frz.], →ekrü.

Ecruseide [eˈkryː-; frz. ›roh‹], **Bastseide,** ohne Seifenzusatz gekochte und damit nicht vollständig entbastete Seide von gelbl. Farbe.

ECS, Abk. für **European Communications Satellite** [juərəˈpiːən kəmjuːniˈkeiʃnz ˈsætəlait, engl.], Bez. für mehrere europ. Nachrichtensatelliten. ECS-1 wurde im Juni 1983 mit der Trägerrakete Ariane in die geostationäre Umlaufbahn gebracht, ECS-2 folgte im August 1985. Der 3. ECS ging im September 1985 bei einem Fehlstart der Ariane verloren. ECS-4 wurde am 16. 9. 1987 in seine Umlaufbahn gebracht und begann mit dem Sendebetrieb am 1. 11. 1987; ECS-5 folgte am 21. 7. 1988. Die ECS können gleichzeitig 12 000 Ferngespräche zw. mindestens 800 km voneinander entfernten Orten vermitteln und zwei Fernsehprogramme übertragen. 1996 standen ECS-1, ECS-4 und ECS-5 im Dienst von →EUTELSAT.

Ecstasy [ˈekstəsi; engl. ›Ekstase‹] *das, -,* **3,4-Methylendioxy-N-methyl-amphetamin,** Abk. **MDMA,** zur Gruppe der synthet. Drogen vom Am-

phetamin-Typ gehörende Substanz. E. wurde bereits 1912 in Dtl. als Appetitzügler synthetisiert und patentiert. Es tauchte 1965 in der Drogensubkultur der USA u. a. als ›love drug‹ auf, fand dort weite Verbreitung und wurde Ende der 80er-Jahre in Großbritannien bekannt, wo erste Todesfälle berichtet wurden. In Dtl. wurde E. 1986 dem Betäubungsmittel-Ges. unterstellt.

E. erzeugt ein ›ozean.‹ Gefühl, fördert die Selbsterkenntnis und erhöht die Kommunikations- und Kontaktfreudigkeit, eine Abgrenzung zu den zentralstimulierenden und halluzinogenen Amphetaminen ist jedoch schwierig. Es erzeugt keine körperl. Abhängigkeit, weist aber eine mittelstarke psych. Abhängigkeit auf. Zu den Nebenwirkungen gehören kurzfristige Erhöhung der Herzfrequenz, des Pulsschlages und des Blutdrucks, Mundtrockenheit, Schweißausbrüche, Zittern, Schlafstörungen und Schlaflosigkeit, Vergrößerung der Leber möglicherweise mit Ausbildung einer Gelbsucht sowie Ausschaltung des Wärmeregulationszentrums im Gehirn. Langzeitwirkungen und besondere Gefahren bestehen in Leberschädigungen, die u. U. eine Lebertransplantation erforderlich machen, Auflösungserscheinungen der quer gestreiften Muskulatur u. a. mit der Folge von Nierenschädigungen, Auslösen von Depressionen und Psychosen sowie Einschränkung der intellektuellen Fähigkeiten; zu Herzstillstand und Schlaganfall kann es infolge Überdosierung insbesondere bei vorgeschädigten Personen kommen.

ECTL [Abk. für engl. emitter coupled transistor logic ›emittergekoppelte Transistorlogik‹], *Mikroelektronik:* eine →Schaltkreisfamilie zur Realisierung von sehr schnell (in einigen Nanosekunden und kürzer) schaltbaren Logikelementen, log. Verknüpfungen und Netzen, bei der die Verknüpfung der Eingangssignale durch bipolare Transistoren erfolgt, die einen gemeinsamen Emitteranschluss haben. (→TTL)

Écu [eˈky; frz. ›Schild‹] *der, -(s)/-(s),* frz. Münze, benannt nach ihrem Bild, dem königl. Lilien-(Wappen-)Schild: 1) **Écu d'or** [-ˈdɔːr, frz. ›goldener Schild‹], die älteste Goldmünze Frankreichs, seit LUDWIG IX. (1266) bis 1640 unter LUDWIG XIII. geprägt. Nach verschiedenen Beizeichen zum Wappen gibt es unterschiedl. Typen des É. d'or; 2) **Écu d'argent** [-darˈʒɑ̃; frz. ›silberner Schild‹], **Écu blanc** [-ˈblɑ̃], **Louis blanc** [luiˈblɑ̃], **Louis d'argent** [luidarˈʒɑ̃], der 1641 von LUDWIG XIII. zusammen mit dem Louis d'or eingeführte und bis 1794 geprägte frz. Silbertaler.

ECU, Ecu [eˈky] *der, -(s)/-(s),* auch *die, -/-,* Abk. für European Currency Unit, die →Europäische Währungseinheit.

Ecuador

Staatswappen

Staatsflagge

EC

Internationales Kfz-Kennzeichen

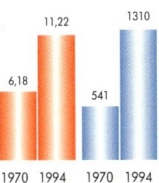

	1970	1994	1970	1994

1970 1994
Bevölkerung
(in Mio.)

1970 1994
Bruttosozialprodukt je Ew.
(in US-$)

☐ Stadt
☐ Land

Bevölkerungsverteilung 1994

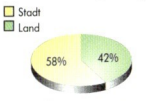

☐ Industrie
☐ Landwirtschaft
☐ Dienstleistung

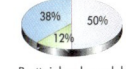

Bruttoinlandsprodukt 1994

Ecuador

Fläche 272 045 km²
Einwohner (1995) 11,5 Mio.
Hauptstadt Quito
Amtssprache Spanisch
Nationalfeiertag 10. 8.
Währung 1 Sucre (S/.) = 100 Centavos (Ctvs)
Uhrzeit 6^{00} Quito = 12^{00} MEZ

Ecuador [ekuaˈdɔr], **Ekuadọr** [nach der Lage unter dem Äquator], amtlich spanisch **República del E.,** Staat im NW Südamerikas, grenzt im W an den Pazif. Ozean, im N an Kolumbien, im O und S an Peru, 272 045 km² (einschließlich Galápagosinseln mit 8 010 km²), ein Gebiet von weiteren 174 565 km² im S der Region Oriente ist zw. E. und Peru strittig,

(1995) 11,5 Mio. Ew.; Hauptstadt ist Quito, Amtssprache Spanisch. Währungseinheit: 1 Sucre (S/.) = 100 Centavos (Ctvs). Zeitzone: Eastern Standard Time (6^{00} Quito = 12^{00} MEZ).

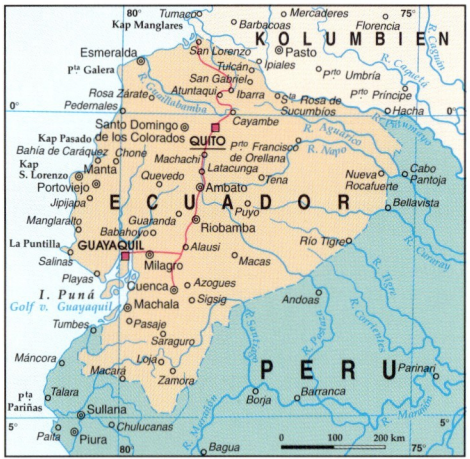

Ecuador: Übersichtskarte

STAAT · RECHT

Verfassung: Nach der Verf. vom 10. 8. 1979 (mehrfach, zuletzt am 28. 8. 1994, geändert) ist E. eine präsidiale Republik. Staatsoberhaupt, oberster Inhaber der Exekutive (Reg.-Chef) und Oberbefehlshaber der Streitkräfte ist der auf vier Jahre direkt gewählte Präs. (seit der Verfassungsreform von 1994 ist eine unmittelbare Wiederwahl möglich). Er ernennt die Mitgl. des Kabinetts und verfügt über weitgehende Notstandsbefugnisse. Die Legislative liegt beim Einkammerparla-ment, dem Nationalkongress (Congreso Nacional). 12 Abg. werden für vier Jahre nach einer nationalen Liste gewählt, 65 Abg. auf Provinzebene für zwei Jahre. Es besteht allgemeine Wahlpflicht ab 18 Jahren (Angehörige der Polizei und der Streitkräfte sind nicht wahlberechtigt).

Parteien: Das Parteiensystem ist vielgestaltig und stark auf Persönlichkeiten ausgerichtet. Älteste Partei ist der Partido Conservador Ecuatoriano (PCE, dt. Konservative Partei E.s, gegr. 1855). Der konservative Partido Social Cristiano (PSC, dt. Christlich Soziale Partei, gegr. 1951) fordert eine von der Marktwirtschaft bestimmte Gesellschaftsordnung. 1992 spaltete sich vom PSC der Partido Unidad Republicano (PUR, dt. Partei der Republikan. Einheit) ab. Der Partido Rodolsista Ecuatoriano (PRE, gegr. 1982) vertritt konservativ-liberale Positionen. Die Izquierda Democrática (ID, dt. Demokrat. Linke, gegr. 1970) tritt mit einem sozialdemokrat. Programm hervor und ist Mitgl. der Sozialist. Internationale. Eine soziale Linie vertritt die Democracia Popular/Unión Demócrata Cristiana (DP/UDC, dt. Volksdemokratie/Christl. Demokrat. Union, gegr. 1978). Der Movimiento Popular Democrático (MPD, dt. Volksdemokrat. Bewegung) vertritt marxist. Positionen.

Wappen: Das Wappen (eingeführt am 6. 11. 1845) zeigt im Wappenschild unter der Ekliptik mit den astrolog. Zeichen der Revolutionsmonate von 1845 (März, April, Mai, Juni) den Chimborazo, aus dem ein wasserreicher Fluss entspringt; auf diesem ein Dampfboot. Unter dem Schild ein Liktorenbündel (Symbol für die republikan. Eigenständigkeit, Würde und Staatsordnung), über dem Schild der Nationalvogel Kondor.

Nationalfeiertag: Der Nationalfeiertag ist der 10. 8., zur Erinnerung an die Proklamation der Unabhängigkeit 1809.

Verwaltung: Das Land ist, einschließlich der Galápagosinseln, in 21 Prov. gegliedert, an deren Spitze jeweils ein vom Präs. ernannter Gouv. steht. Die Prov. ihrerseits sind in insgesamt 169 Kantone, 335 städt. und 746 ländl. Bez. (parroquias) unterteilt (ohne nicht zugeordnete Gebiete). Die Galápagosinseln unterstehen dem Verteidigungsminister.

Recht: Das Recht basiert auf frz. und span. Vorbild. Höchste Gerichtsinstanz ist der Oberste Gerichtshof, der sich aus dem Präs., 15 Richtern, dem Generalstaatsanwalt und 5 Kammern zusammensetzt. Daneben existieren ein Finanzgerichtshof und ein Verwaltungsgerichtshof. Die Richter werden auf 4 Jahre vom Parlament gewählt und von der Reg. ernannt (Wiederwahl möglich). Ein Gerichtshof für Verfassungsgarantien, der vom Parlament auf 2 Jahre gewählten Mitgl. besteht, kann von Amts wegen oder nach Individualbeschwerde Stellungnahmen zur Verfassungswidrigkeit von Verwaltungsakten oder Verordnungen abgeben und die Anwendbarkeit von Gesetzen und Verordnungen aussetzen. Über die Anwendbarkeit von Gesetzen und Verordnungen entscheidet endgültig das Parlament. Dem Obersten Gerichtshof nachgeordnet sind 11 höhere Bezirksgerichte mit je 4 Richtern sowie erstinstanzl. Provinz- und Kantonsgerichte, deren Richter vom Obersten Gerichtshof ernannt werden.

Streitkräfte: Die Gesamtstärke der Wehrpflichtarmee (Dienstzeit 24 Monate) beträgt 60 000 Mann. Das Heer (48 000 Soldaten) umfasst 4 Infanterie- und 3 ›Dschungel‹-Brigaden sowie je eine Panzer- und Fallschirmjägerbrigade. Die Marine hat 8 000, die Luftwaffe 4 000 Mann. Die Ausrüstung besteht im Wesentlichen aus 150 leichten Panzern (amerikan. M-3 und frz. AMX-13), rd. 70 Kampfflugzeugen (6 versch. Typen), 2 Fregatten, 2 U-Booten sowie 20 Kleinen Kampfschiffen. – Etwa 14 % der Staatsausgaben wer-

Größe und Bevölkerung (1990)

Region/Provinz	Hauptstadt	Fläche in km²	Ew.	Ew. je km²
Sierra				
Azuay	Cuenca	8 125	506 090	62,3
Bolívar	Guaranda	3 940	155 088	39,4
Cañar	Azogues	3 122	189 347	60,6
Carchi	Tulcán	3 605	141 482	39,2
Chimborazo	Riobamba	6 569	364 682	55,5
Cotopaxi	Latacunga	6 072	276 324	45,5
Imbabura	Ibarra	4 559	265 499	58,2
Loja	Loja	11 027	384 698	34,9
Pichincha	Quito	12 915	1 756 228	136,9
Tungurahua	Ambato	3 335	361 980	108,5
Costa				
El Oro	Machala	5 850	412 572	70,5
Esmeraldas	Esmeraldas	15 239	306 628	20,1
Guayas	Guayaquil	20 503	2 515 146	122,7
Los Ríos	Babahoyo	7 175	527 559	73,5
Manabí	Portoviejo	18 879	1 031 927	54,7
Oriente				
Morona Santiago	Macas	25 690	84 216	3,3
Napo	Tena	33 930	103 387	3,0
Pastaza	Puyo	29 774	41 811	1,4
Sucumbíos	Nueva Loja	18 328	76 952	4,2
Zamora Chinchipe	Zamora	23 111	66 167	3,1
Archipiélago de Colón				
Galápagosinseln	Puerto Baquerizo Moreno	8 010	9 785	1,2
Ecuador	Quito	272 045[1]	9 648 189[2]	35,5

[1] Ohne die mit Peru strittigen Gebiete, einschließlich 2 289 km² nicht zugeordneter Gebiete. – [2] Einschließlich 70 621 Ew. in den nicht zugeordneten Gebieten.

den für die Verteidigung verwendet. Zusätzlich erhält das Land von den USA Militärhilfe von jährlich rd. 5 Mio. US-$.

LANDESNATUR · BEVÖLKERUNG

E. gliedert sich in drei Landschaftsräume. Im W entlang der Küste des Pazif. Ozeans erstreckt sich das westl. Tiefland (Costa), das im N bis zum Golf von Guayaquil 130–150 km breit ist, sich im S auf rd. 50 km Breite verengt und von einem bis zu 700 m ü. M. aufsteigenden Küstengebirge durchzogen wird. Das Zentrum des Landes bildet die Andenregion (Sierra), zwei Parallelketten von 3 000–6 000 m ü. M., stellenweise bis auf 50 km angenähert, mit rd. 30 tätigen Vulkanen und häufigen Erdbeben. Die Westkette erreicht im Chimborazo 6 267 m ü. M., die im Mittel um 500 m höhere Ostkette im Vulkan Cotopaxi 5 897 m ü. M. Weitere tätige Vulkane dieser Kette sind der Sangay (5 230 m ü. M.), der Antisana (5 704 m ü. M.) und der Cayambé (5 790 m ü. M.). Zw. beiden Kordilleren ist das Hochland durch quer laufende Bergzüge in viele Becken (cuencas, lojas) mit einer mittleren Höhe von 2 600 m ü. M. geteilt. Diese Becken, wie das von Quito, waren bereits in vorkolonialer Zeit Hauptsiedlungs- und Wirtschaftsräume. Die Hänge der Ostkordillere fallen nach O steil zum östl. Tiefland (Oriente) im Stromgebiet des Amazonas ab, einem von dichten trop. Regenwäldern bedeckten Niederungsland, das nur von kleineren Erhebungen durchzogen ist, und, obgleich es fast die Hälfte des Staatsgebietes einnimmt, bis auf einige Agrarkolonisationsprojekte noch kaum erschlossen ist. Durch spontane Kolonisation schreitet allerdings die Vernichtung der Regenwälder schnell fort; zw. 1970 und 1990 hat sich die Bev.-Dichte im Oriente fast verdreifacht. Zu E. gehört auch die etwa 1 000 km vor der Küste gelegene Gruppe der vulkan. →Galápagosinseln.

Die Hauptflüsse E.s strömen nach O und SO zum Amazonas; größter Fluss ist der Río Napo. Die Hauptwasserscheide liegt in der Westkordillere. Die Küstenflüsse der Westseite bilden zw. Küstengebirge und Westkordillere nach S gerichtete Längstäler; sie münden mit breiten, mangrovenbedeckten Deltas in den Pazif. Ozean, Rio Guayas, Rio Daule.

Klima und Vegetation: Für die Vegetations- und Klimagliederung von E. ist neben den Höhenstufen der Anden der Luv-Lee-Effekt des Gebirges entscheidend. Costa und Oriente haben Jahresmitteltemperaturen von 24–28°C, der Oriente weist Jahresniederschläge von 2 000–5 000 mm auf, die in der Costa kaum im N erreicht werden, während es nach S aufgrund der Einwirkung der vor der Küste nach N fließenden kalten Humboldtstroms immer trockener wird (bis zu neun Trockenmonate jährlich). Die Außenflanken der Kordilleren erhalten reichl. Niederschläge, die trop. Berg- und Nebelwälder gedeihen lassen, die Innenflanken und die Hochbecken haben eine bis zu neun Monate dauernde Trockenzeit. Bei rd. 3 500 m ü. M. beginnt die Gras- und Staudenvegetation der Páramos; zw. 4 500 und 4 700 m ü. M. liegt die Schneegrenze.

E. ist ein ressourcenreiches Land. Aufgrund der klimat. Vielfalt ist eine diversifizierte landwirtschaftl. Nutzung möglich. Daneben gibt es riesige Waldgebiete, großen Fischreichtum, ein enormes Potenzial ungenutzter Wasserkraft, beträchtl., aber noch kaum in Wert gesetzte Vorkommen an metall. und nichtmetall. Mineralen (Gold, Eisen, Kupfer, Silber, Phosphat, Feldspat). Allein die bekannten Erdöl- und Erdgasvorkommen (v. a. auf der Halbinsel Santa Elena und in den Prov. Napo und Sucumbios der Ostregion an der Grenze zu Kolumbien) werden verstärkt ausgebeutet.

Bevölkerung: Die größten Bev.-Gruppen sind Mestizen (42%) und Indianer (36%). Die Indianer der

Klimadaten von Quito (2 850 m ü. M.)

Monat	Mittleres tägl. Temperaturmaximum in °C	Mittlere Niederschlagsmenge in mm	Mittlere Anzahl der Tage mit Niederschlag	Mittlere tägl. Sonnenscheindauer in Stunden	Relative Luftfeuchtigkeit nachmittags in %
I	22,0	119	16	5,4	54
II	21,5	131	17	5,0	59
III	21,5	154	20	4,2	59
IV	21,0	185	22	4,5	60
V	21,0	130	21	5,2	60
VI	21,5	54	12	6,3	51
VII	22,0	20	7	7,2	43
VIII	23,0	25	9	7,1	40
IX	23,0	81	14	6,1	44
X	22,0	134	18	5,4	53
XI	22,0	96	14	5,6	53
XII	22,0	104	16	5,6	54
I–XII	22,0	1 233	186	5,6	53

Sierra sprechen meist Ketschua oder Chibcha. Schwarze und Mulatten (je rd. 5%) leben überwiegend im Küstentiefland. Die weiße Bev. (etwas mehr als 10%), bes. in den Städten, bildet die Oberschicht (Reg.-Beamte, Militärs, Kaufleute, Großgrundbesitzer). Die übrige Bev. führt in den schnell wachsenden Randbezirken der Städte (›Barriadas‹) sowie auf dem Land ein ärml. Dasein. Die jährl. Wachstumsrate beläuft sich auf (1993) 2,2% (Geburtenrate 28‰, Sterberate 6‰), Säuglingssterblichkeit (49‰) und durchschnittl. Kinderzahl (3,5) liegen über dem lateinamerikan. Durchschnitt. 38% der Bev. sind jünger als 15 Jahre. E. hat mit (1995) 42 Ew. pro km² die höchste Bev.-Dichte aller südamerikan. Staaten. Von der Gesamt-Bev. leben (Zensus 1990) mittlerweile 50% in der Costa, nur noch 46% in der Sierra (1950 noch 58%) und 4% im Oriente. 58% leben in Städten (27% allein in Guayaquil und Quito). Es besteht eine Binnenwanderung zu den großen Städten, außerdem von der Sierra zur Küste, z. T. auch in den Oriente.

Wichtige Städte (Ew. 1990)

Guayaquil	1 508 400	Portoviejo	132 900
Quito	1 100 800	Manta	125 500
Cuenca	195 000	Ambato	124 200
Machala	144 200	Santo Domingo	114 400

Religion: Die Religionsfreiheit ist gesetzlich geschützt. Das seit 1907 geltende Religionsgesetz hob die Stellung der kath. Kirche als Staatskirche auf und stellte alle Religionsgemeinschaften rechtlich gleich. Traditionell nimmt jedoch die kath. Kirche als Glaubensgemeinschaft, der rd. 93% der Bev. angehören, nach wie vor eine besondere Stellung ein; ihre Beziehungen mit dem Staat regelt ein ›Modus Vivendi‹ von 1937. Es bestehen drei Erzbistümer: Cuenca, Guayaquil, Quito. Teile der Andenregion und das Amazonasstromgebiet gelten noch als Missionsgebiet und werden durch Apostol. Vikare verwaltet. Etwa 3% der Bev. gehören verschiedenen prot. Kirchen und Gemeinschaften (Baptisten, Darbysten, Methodisten, Pfingstkirchen) und der anglikan. Kirche an. Die Bahai-Religion wird durch einen Nat. Geistigen Rat (Sitz: Quito) repräsentiert. Traditionelle indian. Religionen haben sich unter Teilen der indian. Bev. erhalten.

Bildungswesen: Es besteht allgemeine Schulpflicht vom 6. bis 14. Lebensjahr, wobei der Unterricht in den öffentl. Schulen unentgeltlich ist. Das Bildungswesen umfasst Vorschule, Primarschule (sechs Jahre) und Sekundarschule (I für das Alter von 12 bis 14, II für das Alter von 15 bis 18 Jahren), führt zur Hochschul-

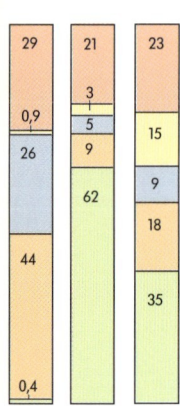

1970	1980	1994
29	21	23
0,9	3	
	5	15
26	9	
	62	9
44		18
		35
0,4		

- ☐ Erdöl und Erdölderivate
- ☐ Bananen
- ☐ Kaffee
- ☐ Garnelen
- ☐ Sonstige

Ecuador:
Struktur der
Warenausfuhr in
Prozent des
Exportwertes

reife). In den 1980er-Jahren begann man mit internat. Unterstützung das ländl. Schulwesen auszubauen. Die Analphabetenquote betrug 1990 aufgrund der Alphabetisierungsprogramme nur noch 12,7 % (1974 26 %). E. besitzt 17 Univ. und Hochschulen. Die Ausgaben für das Erziehungswesen betrugen 1993 740,84 Mrd. Sucres (17,1 % des Staatshaushalts).

Publizistik: Von den vier in Quito erscheinenden Tageszeitungen haben ›El Comercio‹ (95 000, sonntags 157 000) und sein Abendblatt ›Ultimas Noticias‹ die höchsten Auflagen. In Guayaquil erscheinen u. a. ›El Universo‹ und die älteste Tageszeitung des Landes, ›El Telégrafo‹ (seit 1884). – Nachrichtenagenturen: ›ANE-Agencia de Noticias del Ecuador‹ (Guayaquil) und ›Ecuapres‹ (Quito). – Rd. drei Viertel der 280 kommerziellen, 10 kulturellen und 10 kirchl. Hörfunkanstalten verbreiten Lokalprogramme, rd. ein Viertel sendet über Kurzwelle regional oder landesweit. Die staatl. Fernsehgesellschaft ›Televisora Nacional‹ und drei private Fernsehgesellschaften verbreiten ihre Programme in mehreren Städten des Landes, weitere sechs, darunter eine der Univ. Cuenca, senden je ein Lokalprogramm. – Die kirchl. World Radio Missionary Fellowship, Sitz: Miami (Fla., USA), betreibt seit 1931 in Quito das Rundfunkunternehmen ›La Voz de los Andes – HCJB (Heralding Christ Jesus' Blessings)‹ mit span., engl., dt., schwed., jap. und frz. Sendungen.

WIRTSCHAFT · VERKEHR

Mit einem Bruttosozialprodukt pro Kopf von (1994) 1 310 US-$ gehört E. zu den lateinamerikan. Ländern mit niedrigem Einkommen. Der Erdölboom kam nur den städt. Mittel- und Oberschichten zugute; auf dem Lande leben rd. zwei Drittel der Bev. in absoluter Armut. Die wirtschaftl. Entwicklung seit 1970 lässt sich in drei Phasen mit sehr unterschiedl. Trends gliedern. Die 70er-Jahre standen im Zeichen des 1972 einsetzenden Exports von Erdöl und dem dadurch ausgelösten Wirtschaftsboom. Die durchschnittl. jährl. Wachstumsrate des Bruttoinlandsprodukts (BIP) betrug (1970–80) 9,5 %, der Wert des Außenhandels verzehnfachte sich, und die Staatseinnahmen erreichten zweistellige Zuwachsraten. Unter Einbeziehung ausländ.

Ecuador: Landwirtschaftliche Anbauflächen bei San Miguel Boliva, im Hintergrund der Chimborazo

Investitionen und seit 1976 vermehrt auch auf der Basis von Krediten wurde die Industrialisierung bes. gefördert und die Infrastruktur verbessert. Die Verschuldungskrise erfasste in den 80er-Jahren auch E. Hinzu kamen die Auswirkungen des Erdbebens von 1987 (Zerstörung der transandinen Pipeline), wodurch die Erdölförderung mehrere Monate eingestellt werden musste und das BIP, wie schon 1983, deutlich

abnahm. Im Dekadenmittel (1981–90) lag die durchschnittl. jährl. Wachstumsrate des BIP mit 1,7 % unter dem Bev.-Wachstum. Die Investitionsquote fiel drastisch, während Arbeitslosigkeit und Unterbeschäftigung ebenso wie die Geldentwicklung histor. Höchstwerte erreichten und die Auslandsverschuldung kräftig anstieg. Aufgrund des Preisrückgangs für Erdöl war E. 1987 sogar zur Suspendierung des Schuldendienstes gezwungen. In der ersten Hälfte der 90er-Jahre konnte mittels einer marktwirtschaftlich orientierten Reform- und Sparpolitik (u. a. Liberalisierung des Devisenmarktes, Erleichterung von Auslandsinvestitionen, Privatisierungen, Reduzierung der Staatsausgaben) eine gewisse Konsolidierung erreicht werden (BIP 1991–94: 3,6 % pro Jahr), obwohl der Grenzkonflikt mit Peru (Januar/ Februar 1995) die relativ kleine ecuadorian. Volkswirtschaft stark belastete (Kosten der Kämpfe mindestens 1,5 % des BIP). Die Inflation ging von 86 % (1988) auf 25 % (1994) zurück, die Arbeitslosigkeit von (1991) 14,8 % auf (1993) 9,1 % (bei weit verbreiteter Unterbeschäftigung), die Auslandsverschuldung stieg allerdings an auf (1994) 14,3 Mrd. US-$ (1980 noch unter 2 Mrd. US-$), und der Lebensstandard breiter Bev.-Schichten verschlechterte sich zunehmend.

Landwirtschaft: Die landwirtschaftl. Nutzfläche umfasst (1992) rd. 28 % der Staatsfläche und setzt sich zusammen aus 1,6 Mio. ha Ackerland, 1,4 Mio. ha Dauerkulturen und 4,9 Mio. ha Wiesen und Weiden. Weitere für die Landwirtschaft ertragreiche Gebiete sind noch nicht erschlossen. Der Anteil der Landwirtschaft am BIP ist zwar von (1970) 24 % auf (1994) 12 % gefallen, noch immer ist jedoch ein Drittel der Beschäftigten in diesem Wirtschaftssektor tätig. In der Costa herrschen Exportkulturen vor: Bananen, Kaffee, Kakao und Zuckerrohr, außerdem werden für den inländ. Bedarf u. a. Reis, Maniok, Baumwolle und Mais angebaut. In der Sierra werden ausschließlich Agrarprodukte zur Selbstversorgung der Bauern und des Binnenmarktes erzeugt. Aufgrund einer rückläufigen Grundnahrungsmittelproduktion müssen vermehrt Getreide und andere Nahrungsmittel zur Versorgung der Bev. eingeführt werden (Getreideimporte 1993: 428 000 t). Mit einer Erntemenge von (1994) 4,72 Mio. t liegt E. an 3. Stelle der Erzeugerländer von Bananen und ist weltweit größter Exporteur, obwohl die Anbaufläche seit Mitte der 1960er-Jahre v. a. zugunsten der Anlage von Plantagen zur Erzeugung von Palmöl und Palmölprodukten zurückgegangen ist. Auch die Kaffee- (1994: 136 000 t) und die Kakaoerzeugung (84 000 t) sind weltwirtschaftlich von Bedeutung (8. bzw. 12. Platz). Die Viehwirtschaft ist in den 1980er-Jahren zwar ausgedehnt worden (in der Sierra v. a. auf Kosten des Ackerbaus), doch müssen tier. Produkte zur Deckung des Bedarfs noch zu rd. 40 % eingeführt werden. Ein großes Problem der Landwirtschaft ist die ungleiche Verteilung des Landbesitzes: Trotz verschiedener Landreformprogramme besitzen etwa 2,5 % der Betriebe die Hälfte der Anbaufläche. Das Agrargesetz von 1994 hebt die bestehenden Garantien für den traditionellen indian. Gemeinschaftsbesitz weitgehend auf. Eine Privatisierung soll eine effizientere Bewirtschaftung ermöglichen und zur Steigerung der Agrarexporte beitragen.

Forstwirtschaft: Die Nutzung der v. a. im Oriente vorhandenen Wälder (Waldfläche 1993: 12,0 Mio. ha; rd. 45 % der Gesamtfläche) ist mangels Verkehrserschließung und wegen des großen Artenreichtums nur gering. Am wichtigsten ist Balsaholz, für das E. der Hauptlieferant am Weltmarkt ist.

Fischerei: Die Fischerei zählt seit Mitte der 70er-Jahre zu den wachstumsstärksten Wirtschaftszweigen (v. a. Garnelenzucht für den Export); zu ihrem Schutz wurde die Fischereizone auf 200 Seemeilen vor der

Küste ausgedehnt. Es gibt reiche Fischgründe bei den Galápagosinseln und vor der Küste im Bereich des nährstoffreichen Humboldtstroms.

Bodenschätze: Erdöl wird seit 1917 auf der Halbinsel Santa Elena gefördert; um 1970 wurden im N des Oriente neue Vorkommen erschlossen und durch den Bau einer 504 km langen, 1972 in Betrieb genommenen Pipeline nutzbar gemacht. Die Erdölwirtschaft ist bis 1990 schrittweise in staatl. Hand überführt worden. Unzufriedenheit mit der zugewiesenen Quote führte 1992 zum Austritt E.s aus der OPEC, das Land bleibt der Organisation aber als assoziiertes Mitglied verbunden. Die Fördermenge konnte von (1980) 10,8 Mio. t auf (1993) 19,05 Mio. t gesteigert werden. Der Erdölsektor trug (1994) 14 % zum BIP bei (einschließlich Bergbau), erwirtschaftete (1994) 35 % der Exporterlöse und rd. die Hälfte der öffentl. Einnahmen. Größere Reserven werden im Grenzdreieck mit Kolumbien und Peru vermutet. Erdgas wird seit 1989 verstärkt für die Energieerzeugung genutzt. Die übrigen Bergbauerzeugnisse haben derzeit nur geringe Bedeutung, doch sollen künftig v. a. die Vorkommen an Gold, Eisen- und Kupfererz verstärkt abgebaut werden.

Energiewirtschaft: Wegen der günstigen Versorgung mit Erdöl basierte die Elektrizitätsversorgung überwiegend auf Wärmekraftwerken; seit den 80er-Jahren wird aber vermehrt Wasserkraft genutzt. Die Gesamtkapazität der Kraftwerke betrug (1992) 2 229 MW, die Elektrizitätserzeugung 7 165 Mio. KWh.

Industrie: Mit den Erdöleinnahmen finanziert E. eine Vielzahl von Maßnahmen zur Förderung der Industrie, bes. der chem. Industrie und der Metallerzeugung. Die größte Bedeutung haben aber noch die Nahrungs- und Genussmittel- sowie die Textilindustrie. 1994 erwirtschaftete das produzierende Gewerbe 21 % des BIP; aufgrund einer überwiegend kapitalintensiven Produktionsweise sind aber nur (Zensus 1990) 12 % der Beschäftigten in diesem Sektor tätig. Die Industrie ist in Guayaquil und Quito konzentriert.

Tourismus: Hauptanziehungspunkte des Fremdenverkehrs sind Quito, das Amazonastiefland und die Galápagosinseln. 1993 zählte E. 403 000 Besucher.

Außenwirtschaft: Dank gestiegener Erdölproduktion und einer gewissen Diversifizierung der Exporte stiegen die Ausfuhrerlöse zunächst sprunghaft von (1970) 190 Mio. US-$ auf (1980) 2 520 Mio. US-$ an und steigerten sich unter Schwankungen auf (1994) 3 717 Mio. US-$. Die Importe lagen lange Zeit deutlich darunter (nur 1987 negative Handelsbilanz), aufgrund einer 1990 eingeleiteten Zollsenkung ist v. a. die Einfuhr von Konsumgütern erheblich gestiegen (Wert der Importe 1994: 3 272 Mio. US-$). Die Exportstruktur hat sich seit 1970 grundlegend verschoben: In diesem Jahr stellten Bananen (44 %), Kaffee (26 %) und Kakao (13 %) die Hauptprodukte; 1980 rangierte Erdöl (62 %) vor Bananen (9 %) und Kakao (8 %). Bis 1994 ist der Anteil des Erdöls auf 35 % gefallen, Bananen machen 17 % und Garnelen 15 % aus. Wichtigste Handelspartner sind die USA (1993: 39 % des Außenhandelsvolumens). Aufgrund des Schuldendienstes für Auslandskredite ist die Leistungsbilanz trotz aktiver Handelsbilanz negativ (1994: − 697 Mio. US-$).

Verkehr: Das Straßennetz, der wichtigste Verkehrsträger, ist relativ gut ausgebaut (rd. 40 000 km). Die zwei Hauptverkehrsstraßen verlaufen von N nach S: eine entlang der Küste, die andere, die Carretera Panamericana (1 392 km in E.), durch die Sierra, Letztere ist durch mehrere Querstraßen mit der Straße an der Costa verbunden. Die Region Oriente ist verkehrsmäßig noch kaum erschlossen. Die Bedeutung der Eisenbahn (Streckenlänge 971 km) und der Binnenwasserstraßen (v. a. der Río Guayas) ist gering. Zw. den größeren Städten des Landes bestehen Flugverbindun-

gen; internat. Flughäfen sind Mariscal Sucre in Quito und Simón Bolívar in Guayaquil. Wichtige Hafenstädte sind Guayaquil (bes. für Importe), Puerto Bolívar bei Machala und El Balao bei Esmeraldas (Exporthafen für Erdöl).

GESCHICHTE

Vor der span. Eroberung durch S. DE BENALCÁZAR 1533/34 war E. Teil des Inkareiches. Als Audiencia (Jurisdiktions- und Verwaltungsbezirk) von Quito (seit 1563) war es – weitgehend selbstständig organisiert – Teil des Vizekönigreiches Peru, ab 1739 Teil des Vizekönigreiches Neugranada. Wichtigste Ausfuhrprodukte der mit indian. Arbeitskräften organisierten kolonialen Wirtschaft waren Zucker, Kakao, Schlacht- und Lastvieh sowie die in den Nachbarprovinzen begehrten Textilerzeugnisse. Mit der Unabhängigkeitserklärung vom 10. 8. 1809 begann der Unabhängigkeitskampf. Der Sieg General A. J. DE SUCRES über die span. Truppen am Vulkan Pichincha am 24. 5. 1822 beendete die span. Herrschaft, und E. wurde Bestandteil der 1821 gegründeten großkolumbian. Republik, von der es sich am 13. 5. 1830 trennte. Als Staatspräs. amtierte 1831–35 und erneut 1839–45 General J. J. FLORES, ein Waffengefährte S. BOLÍVARS, in den 1850er-Jahren beherrschte General J. M. URBINA die ecuadorian. Politik maßgeblich. Kennzeichnend für die ersten 30 Jahre der Unabhängigkeit waren die Machtkämpfe der rivalisierenden Oligarchien des Hochlandes und der Küstenzone. Erst der Diktator G. GARCÍA MORENO (1861–75) leitete unter Einbeziehung der Kirche und des Militärs den Aufbau eines modernen Staatswesens ein (zentrale Verwaltung, einheitl. Schulwesen, Straßen- und Eisenbahnbau). Nach seiner Ermordung kam es erneut zu inneren Unruhen, bis sich 1895 die Liberalen als stärkste polit. Kraft für die nächsten 50 Jahre durchsetzten. Ihr Führer E. ALFARO (Präs. 1895–1901, 1906–11, 1912 ermordet) setzte die Modernisierungspolitik fort und schwächte die Macht der kath. Kirche (Einführung von Zivilehe, Scheidung, Verstaatlichung des Eigentums kirchl. Orden). Dynamischster Sektor der Wirtschaft wurde nach Eröffnung des Panamakanals der Kakaoanbau und -export. Die in Guayaquil ansässigen ›Kakaobarone‹ übten maßgebl. Einfluss auf die Politik des Landes aus. Als in den 20er-Jahren Pflanzenkrankheiten und die Weltwirtschaftskrise (1929) den Kakaoboom dämpften, destabilisierte sich auch die innenpolit. Lage. 1931 wurden Grenzstreitigkeiten mit Kolumbien beigelegt; 1942 musste ein ungünstiger Vertrag mit Peru unterzeichnet werden, der aber nie ganz akzeptiert wurde (Protokoll von Rio de Janeiro).

Mit seinen Forderungen nach Wirtschafts- und Sozialreformen wurde Präs. J. M. VELASCO IBARRA (1934/35, 1944–47, 1952–56, 1960/61 und 1968–72; meist durch einen Militärputsch gestürzt) in den folgenden Jahrzehnten zum bestimmenden Politiker des Landes. Da die Wirtschaft die Kakaokrise durch vermehrte Ausfuhr von Bananen und anderen trop. Produkten überwinden konnte und seit den 70er-Jahren die Förderung von Erdöl schließlich höhere Staatseinnahmen erbrachte, ließen sich einige Reformprojekte verwirklichen. Das starke Bev.-Wachstum sowie Strukturprobleme im Agrarsektor verhinderten jedoch eine grundlegende Verbesserung der Lebensbedingungen der Land-Bev. Nach dem Sturz VELASCO IBARRAS 1972 übernahm wieder das Militär die Reg. Nachdem 1978 durch ein Referendum eine neue Verf. angenommen worden war, ging die Macht 1979 an eine gewählte Reg. über: Präs. wurde J. ROLDÓS AGUILERA von der populist. CFP. Nach dessen Tod (Mai 1981) übernahm Vize-Präs. O. HURTADO LARREA das Amt. 1984 − 88 stellte der christlich-soziale

PSC mit L. FEBRES CORDERO den Präs., 1988 – 92 die sozialdemokrat. ID mit R. BORJA CEVALLOS. Nachdem sich 1992 vom PSC eine neue konservative Partei, der Partido Unidad Republicano (PUR), abgespalten hatte, gewann ihr Führer S. DURÁN BALLÉN die Präsidentschaftswahlen vom Juli des gleichen Jahres. Seine neoliberale Wirtschaftspolitik hatte wenig Erfolg. Nach der schweren Niederlage des PUR bei den Parlamentswahlen 1994 waren die Reformansätze blockiert. Die Präsidentschaftswahlen 1996 gewann im 2. Wahlgang ABDALÁ BUCARAM vom PRE. Er trat sein Amt im August 1996 an, scheiterte jedoch bereits im Februar 1997, da er sein Wirtschaftsprogramm nicht umsetzen konnte. Das Parlament enthob ihn seines Amtes. Aus dem folgenden Machtkampf ging Parlamentspräs. FABIAN ALARCÓN als Sieger hervor.

Die endgültige Festlegung der Grenze zu Peru war seit der Unterzeichnung des Protokolls von Rio de Janeiro (außer den beiden Konfliktparteien unterschrieben auch die USA, Argentinien, Brasilien und Chile) immer wieder umstritten, v. a. seitdem in dem betreffenden Gebiet Erdölvorkommen vermutet wurden. 1991 erklärte die peruan. Reg. das Protokoll für ungültig, im Januar 1995 brach ein bewaffneter Konflikt aus, der im März durch ein Waffenstillstandsabkommen beigelegt wurde. Unter der Beobachtung der Schutzmächte des Protokolls von Rio wurde eine entmilitarisierte Zone eingerichtet.

Geographie: W. SAUER: Geologie von E. (1971); R. J. BROMLEY: Development and planning in E. (London 1977); S. M. UMMENHOFER: E.: Industrialisierungsbestrebungen eines kleinen Agrarstaates (1983); J. D. MARTZ: Politics and petroleum in E. (New Brunswick, N. J., 1987); Agriculture and economic survival. The role of agriculture in E.'s development, hg. v. M. D. WHITAKER u. a. (Boulder, Col., 1990); E. FRANK: E. mit Galápagos-Inseln (⁵1990, Nachdr. 1993); K.-D. HOFFMANN: E., in: Hb. der Dritten Welt, Bd. 2, hg. v. D. NOHLEN u. F. NUSCHELER (³1992, Nachdr. 1995); M. LANGER: Geldpolitik u. Finanzsystem in Entwicklungsländern. Theoret. u. empir. Unterss. am Beispiel E.s (1993).

Geschichte: O. EFREN REYES: Breve historia general del E., 3 Bde. (Quito ⁶1960); L. ROBALINO DÁVILA: Orígenes del E. de hoy, 8 Bde. (Quito ¹⁻²1964–69); A. ABAD-FRANCO: Parteiensystem u. Oligarchie in E. (1974); K.-D. HOFFMANN: Militärherrschaft u. Entwicklung in der Dritten Welt. Der Fall E. unter besonderer Berücksichtigung des Militärregimes 1972–1979 (1985); Nueva historia del E., hg. v. E. AYALA MORA, auf mehrere Bde. ber. (Quito 1988ff.); Beitrr. zur Kulturgesch. des westl. Südamerika, hg. v. A. MEYERS u. M. VOLLAND (1990); J. S. LARA: Breve historia contemporánea del E. (Mexiko 1994).

ecuadorianische Literatur, →lateinamerikanische Literatur.

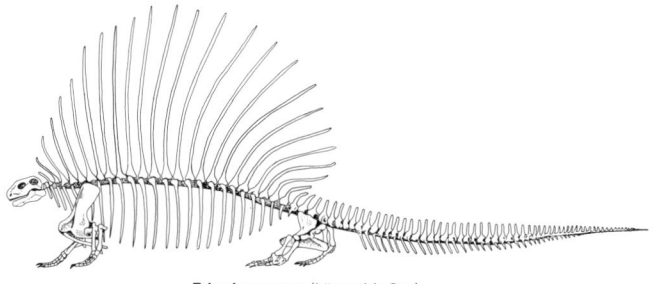

Edaphosaurus (Länge bis 3 m)

ECU-Anleihe [eˈkyː-], **ECU-Bond,** Bez. für auf die Europ. Währungseinheit ECU lautende Schuldverschreibungen mit Zinszahlungen und Tilgungen in ECU, die insbesondere von supranat. und staatl. europ. Schuldnern sowie von Unternehmen emittiert werden. Beim Zins ist zu unterscheiden zw. dem theoret. bzw. rechner. Zins, der sich als gewogener Durch-

schnitt der Kapitalmarktzinsen der am Europ. Währungssystem teilnehmenden Länder ergibt (gewichtet wird mit dem Anteil, mit dem eine Währung im ECU-Währungskorb enthalten ist), und dem Marktzins bzw. tatsächl. Zins, der sich aus dem regulären Börsenhandel mit diesen Papieren ergibt. Aus etwaigen Differenzen zw. beiden Zinssätzen kann auf die Attraktivität von ECU-A. geschlossen werden. Erstmals wurde im April 1981 eine ECU-A. über 35 Mio. ECU durch eine Luxemburger Kreditbank für die ital. Telefongesellschaft Stet emittiert; im Dezember 1984 wurde durch die EG-Kommission mit Erfolg die erste Nicht-Dollar-Emission auf dem amerikan. Kapitalmarkt in Form einer ECU-A. platziert, 1985 folgte erstmals eine ECU-A. auf dem jap. Kapitalmarkt. Am Ende des dritten Quartals 1992 erreichte der Stand an ECU-A. mit 130,3 Mrd. ECU (zusätzlich Euro commercial papers und Euronotes in Höhe von 8,6 Mrd. ECU) eine bisherige Höchstmarke. Im Zuge der EWS-Turbulenzen im Herbst 1992 und Sommer 1993 sank die Emissionstätigkeit bis Ende 1994 auf einen Stand von 124,6 Mrd. ECU bei den Anleihen sowie 6,7 Mrd. ECU bei den Euro commercial papers und den Euronotes.

Écuyer [ekɥiˈjeː; zu spätlat. scutarius ›Schildträger‹, ›Knappe‹] der, -(s)/-s, im mittelalterl. Frankreich zunächst Bez. der Schildknappen, später Titel des Stallmeisters. Der ›Grand É. de France‹, der Oberstallmeister, war seit HEINRICH IV. einer der höchsten frz. Hofbeamten. Im kaiserl. Hofstaat NAPOLEONS I. wurde das Amt 1804 wieder eingeführt und A. DE CAULAINCOURT übertragen.

ed. [Abk. für lat. edidit ›herausgegeben hat es ...‹], dem Titel eines (alten) Druckwerkes folgende Abk., hinter der der Herausgeber genannt wird.

Ed., Abk. für →Edition.

EDA-Komplexe, Kurz-Bez. für Elektronen-Donor-Akzeptor-Komplexe (→Charge-Transfer-Komplexe).

Edamer Käse, →Käse (ÜBERSICHT).

Edam-Volendam, Stadt in der Prov. Nordholland, Niederlande, am IJsselmeer, 26 000 Ew.; Handel mit Edamer Käse; Maschinen- und Metallwarenindustrie; Fremdenverkehr. Das Fischerdorf Volendam ist bekannt für die hier getragenen Trachten. – Die spätgot. Sint-Nicolaaskerk (Grote Kerk) ist eine Hallenkirche aus dem 15. und 17. Jh. mit Glasmalereien vom Anfang des 17. Jh. Von der Marienkirche ist nur der schlanke spätgot. Turm (15. Jh.) mit dem Glockenspiel von 1561 erhalten; Rathaus von 1737. – E.-V. entstand durch Zusammenschluss der Stadt Edam mit mehreren Gemeinden. Edam wurde nahe einem Deich an der Zuidersee gegründet. 1357 erhielt es Stadtrecht. Ihre größte Blüte erreichte die Stadt im 16. und 17. Jh. dank Schiffsbau, Heringfang und Käseproduktion.

edaphisch [zu griech. édaphos ›(Erd-)Boden‹, bodenbedingt; auf den Boden und dessen ökologisch wirksame Faktoren bezogen.

Edaphon [zu griech. édaphos ›(Erd-)Boden‹] das, -s, die Gesamtheit der →Bodenorganismen.

Edaphosaurus [zu griech. édaphos ›(Erd-)Boden‹ und saũros ›Eidechse‹] der, -/...rier, Gattung bis 3 m langer, kurzschnauziger, eidechsenartiger urtüml. Saurier (Ordnung Pelycosauria), lebten vom Oberkarbon bis zum Unterperm Europas und Nordamerikas; mit hohem, segelartigem Rückenkamm, der die stark verlängerten Dornfortsätze der Rückenwirbel überzog und wahrscheinlich als Wärmeregulator diente; Pflanzenfresser (im Ggs. zum ähnl., aber Fleisch fressenden Dimetrodon).

edd. [Abk. für lat. ediderunt ›herausgegeben haben es ...‹], dem Titel eines (alten) Druckwerkes folgende Abk., hinter der die Herausgeber genannt werden.

Edda, Name zweier Werke der altisländ. Lit., der Prosa- oder Snorra-E. und der Poet. oder Lieder-E. (früher auch Sæmundar-E. gen.). Der Name ist bisher nicht einwandfrei gedeutet (altnord. edda ›Urgroßmutter‹?, zu óðr ›Dichtung‹ gehörig, also ›Poetik‹?, ›Buch von Oddi‹, dem Wohnsitz Snorris?); er kommt urspr. nur dem erstgenannten Werk zu.

Die **Snorra-Edda,** verfasst von SNORRI STURLUSON zw. 1220 und 1230, erhalten in Handschriften des 13. und 14. Jh., ist ein Lehrbuch für junge →Skalden, die daraus die poet. Ausdrücke, namentlich die Umschreibungen (→Kenning), und die versch. Versarten erlernen sollten. Da die Umschreibungen vielfach der Mythologie entnommen sind, beginnt die Snorra-E. mit einer Darstellung der altnord. Mythologie in dialog. Form, der ›Gylfaginning‹ (›König Gylfis Täuschung‹); es folgen die ›Skáldskaparmál‹ (›Sprache der Dichtkunst‹), eine Aufzählung und Erläuterung der Kenningar u. a. poet. Ausdrücke, die reich an Zitaten aus der Skaldendichtung des 9.–12. Jh. sind, und schließlich das ›Háttatal‹ (›Aufzählung der Versarten‹), ein Preislied SNORRIS auf den norweg. König HÅKON HÅKONSSON DEN ALTEN und den Jarl SKULI mit 102 kommentierten Musterstrophen für alle skald. Metren. Der Quellenwert der Gylfaginning für die altnordisch-altgerman. Mythologie wird unterschiedlich eingeschätzt.

Die **Lieder-Edda** ist eine Sammlung von etwa 30 Liedern aus Mythologie und Heldensage, überliefert in einer Handschrift der zweiten Hälfte des 13. Jh. (→Codex Regius). Die Sammlung, die wohl kaum älter ist als die Handschrift selbst, wurde, als man sie im 17. Jh. wieder fand, SÆMUNDR SIGFÚSSON, einem isländ. Gelehrten des 11./12. Jh., zugeschrieben und ›Edda‹ genannt, weil man sie für die Vorlage der Snorra-E. hielt. Die Lieder stammen vorwiegend aus dem 8.–11. Jh.; manche sind schon von der kontinentalen Balladenform des 12. Jh. beeinflusst. Die Götterlieder sind von versch. Art: Visionsdichtung wie die →Völuspá (›Der Seherin Gedicht‹), Götterschwänke wie die ›Thrymskviða‹ und die ›Lokasenna‹ (›Lokis Streitreden‹), dialog. Wissensdichtung wie die ›Vafþrúðnismál‹ und die ›Grimnismál‹, gnom. Dichtung wie die →Hávamál (›Sprüche des Hohen‹, d. h. Odins) u. a. In Ethos und Darstellungsform einheitlich sind – im Gegensatz zu den Götterliedern – die Heldenlieder, von denen die des Nibelungenstoffes (das ›Alte Atlilied‹, die Sigurd- und die Gudrunlieder) Spuren dt. Vorlagen zeigen. Im Unterschied zur kunstvollen Skaldendichtung haben die E.-Lieder eine zwar dichterisch gehobene, aber volkstüml. Sprache. Vom altengl. und althochdt. Heldenlied unterscheiden sie sich durch ihre stroph. Form, die von der stroph. Skaldendichtung und der Spruchdichtung beeinflusst sein mag.

Ausgaben: Sæmundar E., hg. v. S. BUGGE (1867); Die Lieder des Codex Regius nebst verwandten Denkmälern, hg. v. G. NECKEL, 2 Bde. (³⁻⁵1968–83); The poetic E., hg. v. U. DRONKE, auf 4 Bde. ber. (1969 ff.). – E., übers. v. F. GENZMER, eingeleitet v. K. SCHIER (⁵1984).

H. KUHN: Zur Gramm. u. Textgestaltung der älteren E.s, in: Ztschr. für dt. Altertum u. dt. Lit., Jg. 90 (1960); G. TURVILLE-PETRE: Myth and religion of the North (London 1964); J. DE VRIES: Altnord. Literaturgesch., 2 Bde. (²1964–67); D. HOFMANN: Altnord. Lit., in: Kurzer Grundriß der german. Philologie bis 1500, hg. v. LUDWIG E. SCHMITT, Bd. 2 (1971); K. VON SEE: Ältere E., in: Reallex. der German. Altertumskunde, gegr. v. J. HOOPS, hg. v. H. BECK u. a., Bd. 6 (²1985); G. W. WEBER: Jüngere E., in: Reallex. der German. Altertumskunde, gegr. v. J. HOOPS, hg. v. H. BECK u. a., Bd. 6 (²1985); JÓNAS KRISTJÁNSSON: E.s u. Sagas. Die mittelalterl. Lit. Islands, übers. v. M. PÉTURSSON u. a. (1994).

Edding, Friedrich, Bildungsforscher, *Kiel 23. 6. 1909; ab 1959 Prof. in Frankfurt am Main, seit 1964 in Berlin (West), lieferte grundlegende Arbeiten zu Problemen der Bildungsökonomie und Bildungsplanung.

Werke: Ökonomie des Bildungswesens (1963); Auf dem Wege zur Bildungsplanung (1970); Ansätze zum bildungspolit. Umdenken, in: H. HAMM-BRÜCHER: Reform der Reform (1973).

Eddington [ˈedɪŋtn], Sir (seit 1930) A r t h u r Stanley, brit. Astronom, Mathematiker und Physiker, *Kendal 28. 12. 1882, †Cambridge 22. 11. 1944; wurde 1913 Prof. für Astronomie und Experimentalphysik in Cambridge, 1914 auch Direktor der dortigen Sternwarte. Nach statist. Untersuchungen der Sternbewegungen und Forschungen über interplanetare Materie, Emissionsgasnebel, Kugel- u. a. Sternhaufen wandte sich E. 1916 den Problemen des inneren Aufbaus der Sterne zu. Seine Arbeiten über den von ihm als gasförmig erkannten Zustand der Sternmaterie und den Energietransport im Innern der Sterne erwiesen, dass zu deren Gleichgewicht neben Gravitation und Gasdruck auch der Strahlungsdruck beiträgt. Dies führte ihn zur Aufstellung der Masse-Leuchtkraft-Beziehung (1924) und zu neuen Erkenntnissen über Entwicklung und Alter der versch. Sterntypen. Als einer der Ersten setzte er sich für die allg. Relativitätstheorie ein, deren Voraussagen hinsichtlich der →Lichtablenkung im Schwerefeld der Sonne er bereits 1919 bei einer totalen Sonnenfinsternis in Brasilien bestätigen konnte.

Arthur Stanley Eddington

Werke: Stellar movements and structure of the universe (1914); Space, time, and gravitation (1920; dt. Raum, Zeit u. Schwere); The mathematical theory of relativity (1923; dt. Relativitätstheorie in mathemat. Behandlung); The internal constitution of the stars (1926; dt. Der innere Aufbau der Sterne); Stars and atoms (1927; dt. Sterne u. Atome); The nature of the physical world (1929; dt. Das Weltbild der Physik ...); The expanding universe (1933; dt. Dehnt sich das Weltall aus?); The philosophy of physical science (1939; dt. Philosophie der Naturwiss.); Fundamental theory (1946).

Eddy [ˈedi], 1) Don, amerikan. Maler, *Long Beach (Calif.) 4. 11. 1944; Vertreter des →Fotorealismus; malt bevorzugt reflektierende und spiegelnde Gegenstände (Karosseriedetails, ab 1971 Serie von Schaufensterbildern).

2) Mary, geb. **Baker** [ˈbeɪkə], amerikan. Gründerin der →Christian Science, *Bow (N. H.) 16. 7. 1821, †Boston (Mass.) 3. 12. 1910. Tief religiös veranlagt, fand E. 1866 über das Studium des N. T. Heilung von den Folgen eines schweren Unfalls. Auf Grundlage dieses Heilungserlebnisses führten weitere Bibelstudien zur Entwicklung der Theologie eines prakt. Christentums und den Bemühungen, den Heilungsauftrag JESU CHRISTI wieder in die christl. Praxis aufzunehmen. Ihr Hauptwerk ›Science and Health‹ (1875) enthält die nach ihrem Verständnis christl. Theologie der Christl. Wiss. Sie gründete 1879 in Boston (Mass.) die erste Christian-Science-Gemeinde sowie 1908 die Tageszeitung The →Christian Science Monitor.

Mary Eddy

Ede, 1) Industrie-Gem. in der Prov. Gelderland, Niederlande, 99 100 Ew.; Chemiefaser-, Textilindustrie, Herstellung von Möbeln, Getränken und Verpackungen.

2) Stadt in SW-Nigeria, im Bundesstaat Oyo (Yorubaland), am Oshun River, 277 900 Ew.; Handel mit und Verarbeitung von Kakao, Palmöl u. a.; Bahnstation.

Edê, Volk in Vietnam, →Rhadé.

Édéa, Stadt in Kamerun, am unteren Sanaga (Endpunkt der Schifffahrt flussaufwärts) und an der Eisenbahnlinie Douala–Yaoundé–Ngaoundéré, 31 000 Ew.; Stauanlagen mit Kraftwerk (258 MW), Aluminiumindustrie (Bauxit aus Guinea), Papierfabrik; in der Umgebung große Kautschukplantagen. – E. wurde um 1890 als dt. Verwaltungsposten gegründet.

Edelfäule

Edeien, Dünenfelder der Libyschen Wüste, mit dem alger. Erg vergleichbar; zw. den einzelnen Dünen finden sich breite, sandfreie Senken, die **Gassi.**

EDEKA, aus der Abk. EdK (für Einkaufsgenossenschaften **dt.** Kolonialwaren- und Lebensmittel-Einzelhändler) entstandene Bez. für die genossenschaftlich orientierte Einkaufsorganisation des Lebensmitteleinzelhandels in Dtl. und eine der größten Kooperationsgruppen des Handels in Europa; gegr. 1907 in Leipzig; Sitz: Hamburg. Die EDEKA-Handelsgruppe wurde 1995 von 9500 selbstständigen Einzelhandelskaufleuten mit 11 148 Geschäften getragen, die einen Einzelhandelsumsatz von 31,32 Mrd. DM erzielten. Unter Einbeziehung der Beteiligungsgesellschaften und Kooperationspartner erzielte die Gruppe einen Einzelhandelsumsatz von 53,19 Mrd. DM. Den in regionalen Genossenschaften zusammengeschlossenen Einzelhändlern sind (1995) 14 Großhandelsbetriebe angeschlossen, die 25,48 Mrd. DM umsetzten. Zum Verbundsystem der EDEKA-Handelsgruppe gehören als Waren- und Dienstleistungszentrale die EDEKA Zentrale AG (Umsatz einschließlich Tochterfirmen: 24,35 Mrd. DM), die EDEKABANK AG als zentrales Finanz- und Kreditinstitut, der EDEKA Verband kaufmänn. Genossenschaften e. V. als Prüfungsverband und eine Reihe weiterer Unternehmen.

Edel, Elmar, Ägyptologe, *Ludwigshafen am Rhein 12. 3. 1914; war 1955–82 Prof. in Bonn, leitete seit 1958 Ausgrabungen bei Assuan. Er schuf die erste Grammatik für die ägypt. Sprache des Alten Reiches und entdeckte kretisch-myken. Ortsnamen in ägypt. Texten.
Werke: Altägypt. Gramm., 2 Bde. (1955–64); Die Ortsnamenliste aus dem Totentempel Amenophis' III. (1966); Die Felsengräber der Qubbet el Hawa bei Assuan, 2 Bde. in 3 Teilen (1967–71); Ägypt. Ärzte u. ägypt. Medizin am hethit. Königshof (1976); Die Inschriften der Grabfronten der Siut-Gräber ... (1984). - Hg.: Die ägyptisch-hethit. Korrespondenz aus Boghazköi in babylon. u. hethit. Sprache, 2 Bde. (1994).

Edeldistel, die Pflanzengattung →Mannstreu.

Edeldruckverfahren, fotograf. Positivverfahren, die zum Ausdrucksmittel der so genannten Kunstfotografie (Blütezeit um die Jahrhundertwende) wurden. Die Bilder wurden auf dem Druckweg von Platten gewonnen, die nach unterschiedl. Bichromatverfahren hergestellt worden waren. Vielfach stellte die eingefärbte Kolloidschicht selbst das Ergebnis dar. Die Bilder waren wesentlich dauerhafter als die damaligen Silberbilder und gestatteten weitgehende Veränderungen ihres graf. Charakters. Folgende Verfahren waren bedeutsam: **Pigment-** oder **Kohledruck** (A. L. POITEVIN, 1855; mit Kohle- oder Farbpigmenten versetzte Kolloidschicht), **Gummidruck** (ders., 1858; ein- oder mehrfacher Umdruck von Gummiarabikumschichten), **Öldruck** (E. MARIOT, 1866; oberflächlich mit Fettfarbe behandelte Kolloidschicht), **Ölumdruck** (W. DE W. ABNEY, 1873), **Bromöldruck** (W. PIPER, 1907; das fotograf. Bromsilberbild wurde ausgebleicht und

eingefärbt), **Bromölumdruck** (C. H. HEWITT, 1909), **Carbrodruck** (H. F. FARMER, 1919; Pigmentverfahren, u. a. zur Herstellung farbiger Bilder). Mit E. arbeitende künstler. Fotografen waren v. a. R. DEMACHY (*1859, †1938), H. ERFURTH (*1874, †1948), H. HENNEBERG (*1863, †1918), H. KÜHN (*1866, †1944), N. PERSCHEID (*1864, †1930), H. WATZEK (*1848, †1903). →Lichtdruck.

Edelfalter, die →Ritterfalter.

Edelfäule, Befall der Weinbeeren durch den Pilz Botrytis cinerea (→Botrytis), der bei warmem, feuchtem Herbstwetter die Schalen der reifen Traubenbeeren durchwächst und perforiert, sodass Wasser verdunstet, wodurch der Zuckergehalt (das Mostgewicht) erheblich ansteigt; die Säure bleibt jedoch auf dem gleichen Niveau, da der Pilz sie z. T. abbaut. Die eingeschrumpften Beeren liefern natursüße Weine, z. B. Beerenauslesen.

Edelfelt, Albert Gustav Aristides, finn. Maler, *Borgå 21. 7. 1854, †ebd. 18. 8. 1905; studierte in Antwerpen und Paris (L. GÉRÔME), begann als Historienmaler, schuf dann v. a. Genrebilder, elegante realist. Porträts und von der frz. Freilichtmalerei beeinflusste Bilder der finn. Landschaft. E. war der bedeutendste finn. Maler des 19. Jh. neben A. GALLÉN-KALLELA.

Edelfische, Bez. für geschätzte, v. a. in Süßgewässern vorkommende Speisefische (z. B. Karpfen, Lachs, Forelle, Schleie, Zander).

Edelfreie, Edelinge [ahd. adaling], bei den german. Völkern Angehörige einer sich innerhalb des Standes der →Freien durch vornehme Abstammung auszeichnenden Schicht mit höherem Ansehen. Im Früh-MA. waren die E. durch z. T. dreifaches Wergeld hervorgehoben; im Hoch-MA. entwickelte sich aus ihnen der von den unfreien →Ministerialen klar abgehobene Stand der ›liberi barones‹ (›freie Herren‹, die mit Gerichtshoheit ausgestatteten Grundherren; →Freiherr); einige E. sanken jedoch später auf die Stufe des niederen Adels (seit 13. Jh.) ab.

Edelgase, Sammel-Bez. für die gasförmigen Elemente Helium, Neon, Argon, Krypton, Xenon und Radon, die im Periodensystem der chem. Elemente die achte (nullte) Hauptgruppe bilden. Die E. sind einatomige, farb- und geruchlose Gase; nach der Valenzelektronentheorie sind sie nullwertig (→Atom) und entsprechend chemisch äußerst reaktionsträge (inert). Erst seit 1962 kennt man einige **Edelgasverbindungen,** v. a. Verbindungen der schwereren E. (→Krypton, →Xenon, →Radon) mit den am stärksten elektronegativen Elementen (Fluor, Sauerstoff), wobei die Verbindungen des Xenons am stabilsten sind (die E. treten dabei in den Oxidationsstufen + 2, + 4, + 6 und + 8 auf). – E. kommen in geringen Mengen in der Luft vor und werden bei der fraktionierenden Destillation von verflüssigter Luft gewonnen. Daneben finden sich einige E. (v. a. Argon und Helium) auch in Naturgasen, die mit Mineralquellen austreten, sowie in Erdgasen. E. sind nur wenig in Wasser löslich (Argon etwas besser als Sauerstoff). Alle E. lassen sich relativ leicht ionisieren und ergeben daher bereits bei relativ niedrigen elektr. Spannungen leuchtende Gasentladungen mit einem charakterist. Spektrum des dabei ausgesandten Lichtes; daher in der Beleuchtungstechnik zur Füllung von Leuchtröhren verwendet.
Argon, helium and the rare gases, hg. v. G. A. COOK, 2 Bde. (New York 1961); G. J. MOODY u. J. D. R. THOMAS: Noble gases and their compounds (Oxford 1964); J. H. HOLLOWAY: Noble-gas chemistry (London 1973).

Edelgaskonfiguration, Bez. für voll besetzte Elektronenschalen, wie sie bei den Edelgasatomen auftreten (→Achterschale, →Atom); die E. ist energetisch bes. günstig und wird beim Eingehen einer chem. Bindung angestrebt.

Edelkorallen: Rote Edelkoralle; **oben** Winzige Einzelpolypen mit zierlichen weißen Fangarmen ragen aus der mattroten lebenden ›Rindenschicht‹; tentakellose Polypen sorgen für die Durchströmung des Tierstocks mit Wasser; **unten** Das nach Absterben der lebenden Körpermasse entstandene Achsenskelett aus steinhartem Kalk

Edelhagen, Kurt, Jazzmusiker (Orchesterleiter), * Herne 5. 6. 1920, † Köln 8. 2. 1982; spielte nach 1946 mit kleineren Ensembles bes. in amerikan. Clubs, gründete 1952 eine Bigband beim Südwestfunk in Baden-Baden, 1957 eine internat. besetzte Bigband beim Westdt. Rundfunk in Köln. Er leitete 1957–62 die Jazzklasse an der Kölner Musikhochschule.

Edelhirsch, der →Rothirsch.

Edelinck, Gerard, frz. Kupferstecher fläm. Herkunft, * Antwerpen 20. 10. 1640, † Paris 2. 4. 1707; lebte ab 1666 in Paris. E.s Bedeutung beruht auf einem umfangreichen Werk von Reproduktionsstichen, in denen sich niederländ. und frz. Stilmerkmale verbinden, darunter zahlr. Stiche nach Porträts.

Edelkastanie, Esskastanie, Castanea sativa, Art der Buchengewächse in Kleinasien, kultiviert und eingebürgert in S-Europa und N-Afrika, seit der Römerzeit auch in wärmeren Gebieten (v. a. im Weinbauklima) Dtl.s; bis über 1 000 Jahre alt und über 20 m hoch werdender Baum mit olivbrauner, glatter Rinde, die später allmählich in eine bräunlich graue, netzartig längsrissige Borke übergeht; die großen, derben Blätter sind stachelig gezähnt und gerbstoffreich; die weißen Blüten sind getrenntgeschlechtig und stehen gebüschelt in langen, aufrechten Blütenständen. Die Nussfrüchte (**Esskastanien, Maronen**), mit stacheliger Fruchthülle, sind gekocht oder geröstet essbar.
Kulturgeschichte: Den Griechen war die E. zunächst wohl als ›Zeus-Eichel‹, später als ›kastan. Nuss‹ (NIKANDER) und schließlich als ›kastanon‹ bekannt. Mit der Frucht übernahmen die Römer von den Griechen auch die Bez. ›castanea‹. CATO D. Ä. kannte die E. noch nicht, doch ist sie nach dem Zeugnis antiker Autoren in Italien seit Ende der röm. Republik heimisch. Zur röm. Kaiserzeit gelangte die Frucht über die Alpen, weiter nach England wohl erst im 16. Jh. KARL D. GR. (Capitulare de villis, um 794) und ALBERTUS MAGNUS empfahlen ihre Anpflanzung.

Edelkorallen, versch. Arten der zu den Oktokoralliern gehörenden Gattung Corallium. Sie kommen in Tiefen von 30 bis 300 m im Mittelmeer, vor den Kanar. Inseln, im Malaiischen Archipel und an der S-Küste Japans vor. Die bekannteste Art ist die **Rote E.** (Corallium rubrum). Die weiß bis tiefrot gefärbten kalkigen Achsenskelette werden zu Schmuck verarbeitet. Die weißen, 2–4 cm großen Polypen sind durch eine meist mattrote, durchscheinende Gewebssubstanz (**Zönosark**) verbunden, die die Skelettachse umgibt. Neben den Tentakel tragenden Polypen gibt es tentakellose. Sie sorgen mithilfe ihrer stark bewimperten Schlundröhre für den Wasserwechsel im Röhrensystem der lebenden Rindenschicht. Durch das Tauchen mit modernen Tauchgeräten sind die Bestände der E. sehr gefährdet. An einigen Stellen des Mittelmeers sind sie bereits nicht mehr auffindbar.
Kulturgeschichte: Eine besondere Stellung haben die E. im Volksglauben. Im alten Ägypten wurden sie den Toten als Schutz mitgegeben. Die antike Mythologie sah in ihnen Blutstropfen des von Perseus abgeschlagenen Hauptes der Gorgo. In Antike und MA. galten E. als Arzneimittel und wurden auch als Amulette verwendet. Seit dem MA. wurden E. zu kleinen plast. Gebilden – etwa Heiligenfiguren – und kunstgewerbl. Gegenständen verarbeitet sowie dekorativ in Möbeln und Prunkplatten verwendet.

Edelkrebs, Art der →Flusskrebse.

Edellibellen, Aeschnidae, weltweit verbreitete Familie der Libellen mit mehr als 600 meist sehr bunten Arten, davon 13 in Mitteleuropa. Zu den E. gehören u. a. die Mosaikjungfern (→Aeschna) und in der Alten Welt verbreiteten **Königslibellen** (Gattung Anax), von denen zwei Arten in Mitteleuropa leben, so die **Große Königslibelle** (Anax imperator), Verbreitung von Südafrika bis Südengland mit 11 cm Spannweite die größte einheim. Libellenart ist; sie besitzt goldgelbe Flügel und einen grünen Vorderkörper, der Hinterleib ist beim Männchen azurblau, beim Weibchen blaugrün.

Edelkastanie: oben Blühender Zweig; **unten** Aufgesprungener Fruchtbecher mit Früchten

Edellibellen: Große Königslibelle (Spannweite bis 11 cm, Körperlänge bis 8 cm)

Edelman [ˈeɪdlmæn], Gerald Maurice, amerikan. Biochemiker, * New York 1. 7. 1929; seit 1960 Prof. an der Rockefeller University, New York. E. arbeitete v. a. an der Aufklärung der biochem. Grundlagen der Antigen-Antikörper-Reaktion. 1969 gelang ihm die vollständige Strukturanalyse eines Immunglobulins; hierfür erhielt er 1972 mit R. R. PORTER den Nobelpreis für Physiologie oder Medizin.

Edelmann, *Pl.* Edelleute, urspr. Bez. für die Angehörigen des altfreien Adels (→Edelfreie), später für die des gesamten, d. h. auch des niederen Adels.

Edelmann, Otto Karl, österr. Sänger (Bassbariton), * Brunn am Gebirge 5. 2. 1917; debütierte 1937 in Gera und wurde 1947 Mitgl. der Wiener Staatsoper; 1954 trat er zum ersten Mal an der Metropolitan Opera in New York auf. Er wirkte auch bei Festspielen (Salzburg, Bayreuth) mit und wurde bes. als Mozart- und Wagnersänger bekannt.

Edelmarder, Baummarder, Martes martes, über Europa sowie über das gemäßigte und nördl.

Gerald M. Edelman

Asien verbreitete, in Wäldern lebende, scheue Art der Marder (Körperlänge 48–53 cm, Schwanzlänge 22–28 cm); das langhaarige dunkelbraune Fell ist an Kehle und Brust blass- bis rotgelb gefärbt. E. sind überwiegend dämmerungs- und nachtaktiv und geschickte Kletterer. Der E. ernährt sich v. a. räuberisch, seltener auch von Beeren und Insekten. Hauptranzzeit ist im Juli, die 2–5 Jungen werden im März oder April geworfen. Sein Bestand ist in Mitteleuropa stark zurückgegangen, da er früher wegen seines wertvollen Pelzes stark bejagt wurde.

Edelmarder (Körperlänge 48–53 cm; Schwanzlänge 22–28 cm)

Edelmetalle, im elementaren Zustand sehr beständige Metalle, die deshalb häufig gediegen vorkommen; zu ihnen gehören Gold, Silber, Quecksilber, Rhenium und die Platinmetalle (Ruthenium, Rhodium, Palladium, Osmium, Iridium, Platin). E. zeichnen sich durch eine geringe Sauerstoffaffinität aus und durch eine geringe Tendenz, Kationen zu bilden; sie sind daher nahezu luftbeständig und korrosionsfest und bilden höchstens ganz dünne, durchsichtige Oxidschichten. Ihre chem. Beständigkeit ist unterschiedlich; Silber ist z. B. in Salpetersäure und konzentrierter Schwefelsäure löslich, Gold, Platin und Palladium lösen sich in Königswasser, während die übrigen Platinmetalle selbst in dieser Säure unlöslich sind.

Edelpapagei, Lorius roratus, auf Neuguinea, den Molukken und einigen Kleinen Sundainseln verbreitete Papageienart. Die Geschlechter wurden wegen ihrer unterschiedl. Färbung lange Zeit für zwei versch. Arten gehalten; das Männchen ist hauptsächlich grün, das Weibchen rot und blau.

Edelpilze, wegen ihres Aromas bes. geschätzte Pilze, z. B. der Steinpilz.

Edelpinscher, der Glatthaarpinscher, →Pinscher.

Edelputz, fabrikmäßig hergestellte, gefärbte Kalk- oder Kalkzementputzmasse (Trockenmörtel) für einen gleichmäßigen, in Struktur und Farbe einheitl., wetterbeständigen Außenputz.

Edelreiher, der Silberreiher, →Reiher.

Edelreis, zur →Veredelung dienender Spross; speziell im *Weinbau* Teil eines einjährigen Rebtriebes mit einer Knospe, der auf eine Unterlagsrebe gepfropft wird, die von Wurzelrebläusen nicht befallen wird.

Edelschwein, seit der zweiten Hälfte des 19. Jh. gezüchtete, fruchtbare, stressresistente Rasse mit hoher Mastleistung und sehr guter Fleischqualität; weiß gefärbt mit Stehohren.

Edelsheim, 1) Georg Ludwig Freiherr von, bad. Diplomat, *Hanau 22. 6. 1740, †Karlsruhe 2. 12. 1814,

Bruder von 4); trat 1784 aus preuß. in bad. Dienste, wurde Mitgl. des Geheimen Rates. Er vertrat Baden auf dem Kongress von Rastatt (1797–99); 1807 wurde er Min. für auswärtige Angelegenheiten.

2) Leopold Freiherr **von E.-Gyulai** [ˈdjulɔi], Graf (seit 1866), österr. General, *Karlsruhe 10. 5. 1826, †Budapest 27. 3. 1893, Bruder von 3); wurde 1866 von seinem Vetter FRANZ Graf GYULAI adoptiert. Seit 1869 war er mit der Reorganisation des österr. Kavalleriewesens betraut. 1875 übernahm er das ungar. Armeekommando; 1886 trat er zurück.

3) Ludwig Friedrich Wilhelm August Freiherr von, bad. Staatsmann, *Karlsruhe 24. 10. 1823, †Konstanz 23. 2. 1872, Bruder von 2); trat 1861 in bad. Dienste und übernahm nach einer Botschaftertätigkeit in Wien 1865 das bad. Außenministerium. Vor dem Ausbruch des Dt. Krieges 1866 setzte er sich für die bewaffnete Neutralität der dt. Mittelmächte ein. Nach Gefechten zw. bad. und preuß. Truppen (23./24. 7. 1866) trat er zurück.

4) Wilhelm Freiherr von, bad. Politiker, *Hanau 13. 11. 1737, †Karlsruhe 6. 12. 1793, Bruder von 1); wurde 1774 Min. für auswärtige Angelegenheiten, war am Zustandekommen des Dt. Fürstenbundes (1785) beteiligt, dem Baden beitrat. 1788 übernahm er die Leitung der gesamten Staatsgeschäfte. Er trat für die Aufhebung der Leibeigenschaft in Baden (1783) ein.

Edelstahl, legierter oder unlegierter →Stahl, der sich durch besondere Gleichmäßigkeit und weitgehende Freiheit von nichtmetall. Beimengungen gegenüber den Grund- und Qualitätsstählen auszeichnet.

Edelsteine, Sammel-Bez. für zur Herstellung von Schmuck oder auch kunstgewerbl. Gegenständen verwendete, durch schönes Aussehen, meist auch durch Härte und Seltenheit hervorstechende nichtmetall. Materialien, die im allg. Sprachgebrauch häufig einfach **Steine** genannt werden. E. sind überwiegend natürlich vorkommende, heute z. T. auch synthetisch hergestellte Minerale (von den etwa 2 500 bekannten Mineralen der Erdkruste 70). Die zu Schmuckzwecken verwendeten Minerale wurden früher meist in die Gruppe der bes. klaren, harten, z. T. auch sehr seltenen E. (i. e. S.) und die der vielfach undurchsichtigen, nicht so widerstandsfähigen und weniger wertvollen **Halb-E.** unterteilt. Da sich diese Gruppen jedoch nicht klar gegeneinander abgrenzen lassen, fasst man sie heute meist alle unter dem Begriff E. oder **Schmucksteine** zusammen. Masseneinheit ist das Karat (0,2 g), für weniger wertvolle Steine auch das Gramm. Außerdem werden einige Gesteine, u. a. einzelne Arten von Marmor (z. B. Onyxmarmor), Diorit, Syenit, Gips (z. B. Alabaster), und einzelne Gesteinsgläser (z. B. Obsidian) als Schmucksteine verwendet, ferner einige Materialien organ. Ursprungs wie Bernstein, Gagat (Jet), die Skelettsubstanzen der Korallen, Elfenbein, Perlmutter, Perlen, z. T. auch Fossilien einschließlich verkieselten Holzes **(Holzstein).**

Die als E. geltenden Minerale und Gesteine sind wie alle diese Bestandteile der Erdkruste magmatisch, sedimentär (z. T. auf sekundärer Lagerstätte, in →Seifen) oder metamorph entstanden und vielfach in typ. Vergesellschaftung (Paragenese) anzutreffen. Die Minerale treten (wie alle Minerale) in bestimmten Kristallformen auf, durch die ihre physikal. Eigenschaften bestimmt sind; diese zeichnen sich aber durch einige typ. Merkmale aus, wobei bei jedem Stein das eine oder andere Merkmal bes. in den Vordergrund tritt.

Die wichtigste opt. Eigenschaft ist die *Farbe;* sie ist entweder durch die Zusammensetzung der Minerale selbst bedingt oder wird durch geringe charakterist. Beimengungen, die in das Kristallgitter eingelagert sind, verursacht. Als derartige farbgebende Substanzen treten u. a. Verbindungen von Chrom, Eisen, Kobalt, Kupfer, Mangan, Nickel, Titan und Vanadium

Edelsteine (Auswahl)[*]

Elemente
Diamant: durchsichtig; farblos, auch gelb, bräunlich, grau u.a. gefärbt

Sulfide
Pyrit (Inkastein): undurchsichtig; messinggelb, graugelb

Oxide
Rubin (Korundvarietät): durchsichtig, durchscheinend, undurchsichtig; hell- bis dunkelrot
Saphir (Korundvarietät): durchsichtig, undurchsichtig; blau, farblos, rosa, gelb, grün, violett
Blutstein (Hämatitvarietät): undurchsichtig; schwarz, schwarzgrau, braunrot
Chrysoberyll: durchsichtig; goldgelb, grüngelb, bräunlich; Varietäten:
    Alexandrit: durchsichtig; grün (bei Kunstlicht rot)
    Cymophan: durchscheinend; gelb, grünlich; mit silberweißer Lichtlinie
Spinell (Edelspinell): durchsichtig; rot, rosa, violett, gelb, orange, blau

Quarz, phanerokristalline Varietäten:
Amethyst: durchsichtig; violett, blassrot-violett
Bergkristall: durchsichtig; farblos
Citrin: durchsichtig; hellgelb bis goldbraun
Prasiolith: durchsichtig; lauchgrün
Rauchquarz (Morion): durchsichtig; braun bis schwarz, rauchgrau
Rosenquarz: durchsichtig, durchscheinend; kräftig rosa, blassrosa

Quarz mit Einlagerungen:
Aventurin: durchscheinend, undurchsichtig; grün, goldbraun, schillernd
Falkenauge: undurchsichtig; blaugrau, blaugrün; mit seidigem Schimmer
Tigerauge: durchsichtig; goldgelb, goldbraun; mit seidigem Schimmer

Quarz, kryptokristalline Varietäten:
Achat: durchscheinend, undurchsichtig; in zahlreichen Farbvarianten; gestreift
Baumstein: durchscheinend, undurchsichtig; weißlich grau; mit baumartiger Zeichnung
Chalcedon: durchscheinend, undurchsichtig; bläulich, weißgrau
Chrysopras: durchscheinend, undurchsichtig; grün
Heliotrop (Blutjaspis): undurchsichtig; dunkelgrün, mit roten Punkten
Jaspis: undurchsichtig; alle Farbtöne; meist streifig oder gefleckt
Karneol: durchscheinend, undurchsichtig; fleisch- bis braunrot

Moosachat: durchscheinend, undurchsichtig; farblos, mit grünen Einlagerungen
Onyx: undurchsichtig; schwarzweiß gebändert
Sarder: durchscheinend, undurchsichtig; dunkelbraunrot

Quarz, amorphe Varietäten:
Gemeiner Opal: durchsichtig bis undurchsichtig; weißbläulich und perlmutterglänzend
Edelopal: durchsichtig bis undurchsichtig; weiß, grau, bläulich, orange (weißer Opal) bis tiefblau, orange, rot, grün (schwarzer Opal), mit intensivem Farbenspiel
Feueropal: durchscheinend; feuerrot, bernsteinfarben

Carbonate
Rhodochrosit (Manganspat): undurchsichtig bis durchsichtig; rosenrot bis weiß, gestreift
Azurit (Kupferlasur): durchsichtig bis undurchsichtig; tiefblau
Malachit: undurchsichtig; hell-, smaragd-, schwarzgrün; gebändert

Phosphate
Lazulith (Blauspat): undurchsichtig; intensiv blau, z.T. gefleckt
Türkis (Kallait): undurchsichtig; himmelblau, blaugrün, apfelgrün; meist mit braunen oder schwarzen Flecken

Silikate
1. Inselsilikate:
Olivin (Peridot): durchsichtig; gelbgrün, olivgrün
Granat:
    Almandin: durchsichtig, durchscheinend; rot bis braun bis violett
    Demantoid: durchsichtig; smaragdgrün bis gelblich grün
    Grossular: durchsichtig, durchscheinend; grün, gelblich, kupferbraun
    Pyrop: durchsichtig, durchscheinend; rot, leicht bräunlich
    Spessartin: durchsichtig, durchscheinend; orange bis rotbraun
    Uwarowit: durchsichtig, durchscheinend; smaragdgrün
Zirkon: durchsichtig; farblos, auch in fast allen Farben
Andalusit: durchsichtig; gelblich grün bis grün
Topas (Edeltopas): durchsichtig; farblos, gelb, grünlich, hellblau, rosenrot

2. Gruppensilikate:
Tansanit (Zoisitvarietät): durchsichtig; saphirblau, amethystviolett

Thulit (Zoisitvarietät): undurchsichtig; rot, rosa; fein gesprenkelt
Vesuvian: durchsichtig, durchscheinend; olivgrün, gelbbraun

3. Ringsilikate:
Beryll:
    Aquamarin: durchsichtig bis undurchsichtig; hellblau, blaugrün
    Goldberyll: durchsichtig, durchscheinend; zitronengelb bis goldgelb
    Heliodor: durchsichtig; hellgelbgrün
    Smaragd: durchsichtig bis undurchsichtig; smaragdgrün, gelblich grün bis dunkelgrün
    Goshenit: durchsichtig; farblos
    Morganit: durchsichtig; rosa bis violett
    Worobieffit: durchsichtig; rosa
Turmalin: durchsichtig bis undurchsichtig; farblos und in vielen Farben, meist mehrfarbig
Dioptas: durchsichtig; smaragdgrün

4. Kettensilikate:
Diopsid: durchsichtig, durchscheinend; smaragdgrün
Hiddenit (Spodumenvarietät): durchsichtig; gelbgrün, grüngelb, smaragdgrün
Kunzit (Spodumenvarietät): durchsichtig; rosaviolett, hellviolett
Jadeit (›Jade‹): undurchsichtig, durchscheinend; grün, auch weiß, rötlich gelb, braun, violett bis schwärzlich
Nephrit (›Jade‹): undurchsichtig; grün, auch weiß, grau, gelblich, rötlich braun; oft fleckig
Rhodonit: durchscheinend bis undurchsichtig; dunkel- bis fleischrot; schwarze Einlagerungen

5. Blattsilikate:
Steatit (Talkvarietät): undurchsichtig; weiß, grau, gelb, rötlich, braun
Serpentin: undurchsichtig; grün, grau
Meerschaum (Sepiolith): undurchsichtig; weiß, auch gelblich, grau, rötlich

6. Gerüstsilikate:
Mondstein (Adular): durchsichtig bis durchscheinend; farblos, gelb mit bläul. Schimmer
Amazonit: undurchsichtig; grün, bläulich grün
Aventurinfeldspat: undurchsichtig; rötlich bis gelblich, rotbraun schillernd
Labradorit: undurchsichtig; dunkelgrau mit buntem Farbenspiel
Sodalith: undurchsichtig, durchscheinend; blau, grau; z.T. weiß geädert
Lapislazuli (Lasurit): undurchsichtig; intensiv blau, z.T. gefleckt

[*] Weitere Angaben unter dem jeweiligen Stichwort.

---

auf; ihre Menge ist aber i. A. so gering, dass sie in der chem. Formel des betreffenden Minerals nicht berücksichtigt wird. Außer durch Fremdsubstanzen können Färbungen auch durch Fehlstellen bzw. Defekte des Kristallgitters (z. B. infolge der anhaltenden Einwirkung der Höhenstrahlung) verursacht sein (z. B. beim Rauchquarz und beim Zirkon). Alle nichtkub., also optisch doppelbrechenden Minerale zeigen in versch. Richtungen unterschiedl. Lichtabsorption und Farbe (→Pleochroismus). Selbstverständlich spielt auch die Zusammensetzung des Lichts für die Beurteilung der Farbe eine Rolle: Rubin und Smaragd erscheinen z. B. bei gelbl. Kunstlicht in bes. leuchtenden Farben, beim Saphir wird dagegen die Farbe ungünstig verändert; der bei Tageslicht grüne Alexandrit erscheint bei Kunstlicht sogar rot. Bei einigen E. treten allmähl. Farbänderungen auf; z. B. können Amethyst und Rosenquarz durch Sonnenlicht ausbleichen. Bei vielen E. lassen sich Farbänderungen auch künstlich hervorrufen: Amethyst geht z.B. durch Brennen in Citrin oder Prasiolith über, grünl. Aquamarin kann durch Erhitzen in tiefblauen überführt werden, aus

Bergkristall erhält man durch Röntgenbestrahlung künstl. Rauchquarz, poröse Steine wie Lapislazuli, Türkis und Achat lassen sich durch Farbstoffe einfärben. Für die Verarbeitung spielt oft die Farbintensität eine Rolle: Z. B. erscheint ein heller Stein bei dickerer Schicht und geeignetem Schliff dunkler; bes. dunkle Steine werden häufig nur in dünner Schicht verwendet oder bei gewölbtem Schliff von unten ausgehöhlt. Neben der Farbe ist v. a. die *Transparenz* ein wichtiges Charakteristikum: Man unterscheidet durchsichtige, durchscheinende und undurchsichtige Steine, wobei bei zahlr. Mineralen Übergänge auftreten. Bei den durchsichtigen Steinen stellt die Klarheit meist einen wertbestimmenden Faktor dar (z. B. beim Diamanten). Bei undurchsichtigen Steinen liegen meist dichte körnige, stängelige oder faserige Aggregate vor, an denen sich das Licht mehrfach bricht, bis es reflektiert oder absorbiert wird.

Weitere wichtige opt. Eigenschaften der E. sind der auf Reflexion bzw. Totalreflexion des Lichts beruhende →Glanz sowie das durch Dispersion des Lichts bewirkte →Feuer. – Bei zahlr. E. treten streifen- oder sternartige ›Lichtfiguren‹ oder auch flächenhafte ›Schillereffekte‹ auf, die weder durch die Eigenfarbe der Minerale noch durch farbgebende Verunreinigungen verursacht werden, sondern auf Reflexion, Interferenz oder Beugung des Lichts an eingelagerten Fasern, Nadeln oder Hohlkanälen beruhen; hierzu zählen u. a. die →Chatoyance (z. B. beim Tigerauge), der →Asterismus (z. B. bei Rubinen und Saphiren), der metall. oder bunte →Schiller (z. B. bei Aventurin) und die →Opaleszenz (z. B. beim Opal). – Unter den mechan. Eigenschaften spielen v. a. die →Härte und die →Spaltbarkeit eine Rolle. Die Härte hat für die Wahl der Bearbeitungstechnik und die Gebrauchseigenschaften Bedeutung. E. mit einer Härte (nach MOHS) unter 7 sind z. B. gegenüber den in Staub befindl. Quarzkörnern empfindlich. Die Spaltbarkeit der Minerale erleichtert einerseits die Aufteilung großer Steine in kleine Teilstücke, erschwert aber andererseits die Bearbeitung der Minerale, da sie z. T. schon durch geringen Schlag oder Druck gespalten werden können. Die für Schmuckzwecke vorgesehenen E. werden meist durch →Schleifen in geeignete Formen gebracht; früher war auch das Gravieren wichtig (→Steinschneidekunst). Daneben spielt heute die techn. Verwendung (v. a. des Korunds und seiner synthet. Formen), u. a. als Schleif- und Poliermittel oder als Lagersteine sowie für die Herstellung von Bohrkronen und elektron. Geräten, eine große Rolle.

Da schöne Exemplare von E., v. a. Diamanten, Saphire, Rubine und Smaragde, stets selten und teuer waren, gehen die Versuche, E. nachzuahmen, bis in die ältesten Zeiten zurück. Meist wurden gefärbte Gläser als Imitationen verwendet; ihnen fehlen jedoch Härte, Glanz und Feuer der Originalsteine. Neben einfachem gefärbtem Glas werden heute v. a. stark lichtbrechendes Bleiglas (→Strass) sowie Porzellan und eingefärbte Kunststoffe zur Herstellung von Modeschmuck verwendet. **Dubletten** und **Tripletten** sind aus zwei oder mehreren gleichen oder verschiedenartigen natürl. oder künstl. Teilen zusammengesetzte Substanzen, deren Teile durch Kitten, Schmelzen, Rekristallisieren u. a. miteinander verbunden sind. Ein relativ dünnes Oberteil, z. B. aus Smaragd, kann mit einem Unterteil aus grünem Glas zu einer ›Smaragd-Dublette‹ verbunden werden. In größerem Umfang werden auch **synthetische E.** (›Synthesen‹) hergestellt, die z. T. nach natürl. Vorbildern zusammengesetzt sind und in ihren Eigenschaften diesen entsprechen (z. B. synthet. Aquamarine, Rubine, Saphire), z. T. aber auch aus gänzlich neuartigen Substanzen mit geeigneten opt. Eigenschaften bestehen, u. a. Fabulit (Diagem; aus Strontiumtitanat), Yttrium-Aluminium-Granat (YAG, Diamonair, Cirolit; aus Yttriumaluminiumoxid) und Zirkonia (aus Zirkoniumdioxid).

Eine wichtige Aufgabe der **E.-Kunde** (Gemmologie) ist die Bereitstellung von Methoden zur Unterscheidung natürl. E. von Synthesen und Imitationen. Zur Untersuchung werden u. a. hydrostat. Waagen, Spektroskope, Refraktometer, Goniometer, Polarisationsmikroskope und Röntgenapparate eingesetzt.

Kulturgeschichte: Im Alten Orient wurden E. seit mindestens 5000 Jahren verwendet. Die Steine kamen vorwiegend aus Ägypten, Persien, Süd- und Südostasien, und seit der Entdeckung Amerikas auch aus Süd- und Mittelamerika, seit dem 19. Jh. dazu aus Russland, Afrika und Australien.

Zunächst hatten die E. v. a. mag. Bedeutung (Amulett, Talisman) und dienten oft nur untergeordnet als Schmuck. Antike Vorstellungen von den mag. Kräften der E. lebten in den mittelalterl. und frühneuzeitl. Steinbüchern (Lapidarien) fort. E. wurden auch in pulverisiertem Zustand als Medikamente eingesetzt. Schon in hellenistisch-röm. Zeit erfolgte eine Zuord-

Edelweiß:
Leontopodium
alpinum
(Höhe 5–25 cm)

**Robert Anthony
Eden**

nung von E. zu den Gestirnen, die noch heute in den Tierkreis- und Monatssteinen erhalten ist. Wichtiger als geschliffene Steine waren in der Antike gravierte Steine (Steinschneidekunst). Im MA. dienten E. v. a. zur Verzierung der Kultgeräte und Insignien geistl. und weltl. Herrscher. Erst seit der Renaissance fanden sie in Schmuckstücken verarbeitet in breiteren Bevölkerungsschichten Verwendung. Heute haben Diamanten am gesamten E.-Markt einen wertmäßigen Anteil von 90 bis 95 %. – Weiteres zur Geschichte →Schleifen.

G. FRIESS: E. im MA. (1980); K. NASSAU: Gems made by man (Radnor, Pa., 1980); H. BANK: Aus der Welt der E. (Innsbruck [3]1981); J. BAUER u. a.: Der Kosmos-E.-Führer (a. d. Tschech., 1982); H. VOLLSTÄDT u. R. BAUMGÄRTEL: E. ([2]1982); M. WEIBEL: E. u. ihre Mineraleinschlüsse (Zürich 1985); GU-Naturführer E. u. Schmucksteine. Edel- u. Schmucksteine sowie Imitationen kennen- u. unterscheiden lernen, bearb. v. R. HOCHLEITNER ([2]1995); E. u. Schmucksteine, bearb. v. W. SCHUMANN (Neuausg. 1995).

Edeltanne, die →Weißtanne.

Edelweiß, Leontopodium, Korbblütlergattung mit etwa 40 Arten in den Gebirgen Asiens und Europas; weiß- oder grau behaarte kleine Stauden mit schmalen, unten rosettig angeordneten Blättern und bräunl. bis gelbl. Blütenköpfchen in dichten Trugdolden, die von strahlig abstehenden Hochblättern umgeben sind. In Mitteleuropa kommt nur die Art **Leontopodium alpinum** in den Alpen an Felsspalten und auf steinigen Matten ab 1700 m ü. M. vor; seltene und geschützte Pflanze. – Asiat. Arten werden als Zierpflanzen kultiviert.

Edelweißpiraten, Name unorganisierter (›wilder‹) Jugendgruppen, die sich in der Zeit des Nationalsozialismus v. a. im Rheinland und im Ruhrgebiet spontan bildeten; sie setzten teilweise die Bestrebungen der bünd. Jugend (ähnlich den ›Kittelbachpiraten‹; urspr. nach einem Wasserlauf in Düsseldorf benannte Wandergruppen) fort. Neben uniformähnl. Kleidung (v. a. Lederhose, kariertes Hemd, weißer Pullover) trugen sie ein Edelweiß als Abzeichen. Die E. bekämpften bes. die Hitlerjugend, deren Militanz und reglementierte Freizeitgestaltung sie ablehnten. Die E., die meist aus Arbeiterfamilien stammten, wurden von den Behörden und natsoz. Organisationen kriminalisiert und verfolgt (Hinrichtungen ohne Gerichtsurteil).

Die E., hg. v. D. PEUKERT ([3]1988).

Edelwild, das →Rotwild.

Edelzwicker, frz. auch **Gentil** [ʒãˈtij], trockener elsäss. Weißwein, ein Verschnitt aus versch. Rebsorten.

Eden, Garten Eden, nach 1. Mos. 2,8–15 das →Paradies.

Eden [ˈiːdn] *der,* Fluss in NW-England, 105 km lang, entspringt im Pennin. Gebirge, mündet nordwestlich von Carlisle in den Solway Firth. Die breite, fruchtbare Talzone des E. trennt das Pennin. Gebirge von den Cumbrian Mountains.

Eden [ˈiːdn], Sir (seit 1954) Robert Anthony, Earl **of Avon** (seit 1961), brit. Politiker, *Windlestone (Cty. Durham) 12. 6. 1897, †Alvediston (Cty. Wiltshire) 14. 1. 1977; schloss sich politisch den Konservativen an; 1923–57 Mitgl. des Unterhauses, 1926–29 parlamentar. Privatsekretär J. A. CHAMBERLAINS, 1931–33 Unterstaatssekretär des Äußeren, 1934/35 Lordsiegelbewahrer, 1935 Min. für Völkerbundangelegenheiten und 1935–38 Außen-Min. Mit seinem Rücktritt als Außen-Min. protestierte er bes. gegen die Beschwichtigungspolitik (engl. appeasement) von Premier-Min. A. N. CHAMBERLAIN gegenüber dem diktator. Reg.-Systemen in Europa (bes. gegenüber dem vom Dtl.). Bei Ausbruch des Zweiten Weltkriegs (1939) in die Reg. als Staatssekretär für die Dominien zurückberufen, wurde E. im Kabinett von W. CHURCHILL (1940–45) zunächst (Mai 1940) Kriegs-, dann (Dezember 1940) wieder Außen-Min. Er hatte, seit 1942 auch als Führer des Unterhauses, bis Kriegsende großen Einfluss auf die brit. Politik. Nach der Wahlniederlage der Konservativen 1945 trat er mit der Reg. Churchill zurück.

Als CHURCHILL 1951 erneut das Amt des Premier-Min. übernahm, wurde E. wieder Außen-Min. Er strebte eine enge, auch militär. Verbindung der europ. Staaten an (→Edenpläne 1). Nach dem Scheitern der Europ. Verteidigungsgemeinschaft (EVG; 1954) hatte er wesentl. Anteil am Aufbau eines europ. Verteidigungssystems im Rahmen der Pariser Verträge. 1954 war E. maßgeblich beteiligt an der Formulierung des Genfer Indochina-Abkommens und der Gründung des Verteidigungsbündnisses SEATO. Auf den Viermächtekonferenzen von Berlin (1954) und Genf (1955) trat er mit Plänen zur Wiedervereinigung Dtl.s und zur Entspannung in Europa hervor (→Edenpläne 2). Nach dem Rücktritt CHURCHILLS als Premier-Min. (1955) wurde E. dessen Nachfolger. Innenpolitisch gelang es ihm nicht, Inflation und soziale Spannungen abzubauen. Nach der starken nat. und internat. Kritik an der britisch-frz. Intervention am Suezkanal (1956; →Nahostkonflikt) sah er sich 1957 zum Rücktritt gezwungen.

Edenkoben, Stadt im Landkreis Südliche Weinstraße, Rheinl.-Pf., 160 m ü. M., an der Haardt, 6 500 Ew.; Weinbau-Gem. und Luftkurort; FH für Finanzen; Museum für Weinbau und Stadtgesch., Künstlerhaus des Landes Rheinl.-Pf.; Herstellung von Schalldämpfern, Katalysatoren und Haustüren, Maschinenbau. – Ehem. Zisterzienserinnenkloster Heilsbruck (1262 von Harthausen bei Speyer nach E. verlegt; heute Weingut). Schloss **Ludwigshöhe** wurde 1845–52 nach Plänen von F. VON GÄRTNER als klassizist. Landsitz König LUDWIGS I. von Bayern erbaut (heute Museum, z. T. Gemäldesammlung, u. a. Nachlass von M. SLEVOGT); von hier Sesselbahn zur Rietburg. – Das 769 erstmals bezeugte E. kam nach 1262 an das Zisterzienserinnenkloster Heilsbruck. Aus dessen Besitz ging es in der Reformation in den der Kurpfalz über. Nach der Besetzung durch frz. Revolutionstruppen gehörte E. seit 1797 zu Frankreich. 1814–16 stand es unter bayerisch-österr. Verw., gelangte 1816 an Bayern und wurde 1818 zur Stadt erhoben.

Edenpläne ['i:dn-], vom brit. Außen-Min. Sir R. A. EDEN vorgelegte Pläne zur Lösung bestimmter internat. Fragen:

1) der Plan für einen Zusammenschluss Europas; er schlug im Rahmen der ›Atlant. Gemeinschaft‹ eine engere Zusammenarbeit von drei Gruppen von Staaten vor: USA und Kanada, Großbritannien und das Commonwealth sowie die im Europarat zusammengeschlossenen Länder. Im September 1952 nahm der Europarat diesen Plan an.

2) der auf der Berliner Viermächtekonferenz (25. 1.–18. 2. 1954) vorgelegte Plan zur Wiedervereinigung Dtl.s; er sah die Einberufung einer aus freien Wahlen hervorgegangenen dt. Nationalversammlung zur Ausarbeitung einer Verf. vor. Nach deren Annahme sollte eine gesamtdt. Reg. mit den Alliierten einen Friedensvertrag aushandeln.

Edentata, die Säugetierordnung →Zahnarme.

Eder *die,* linker Nebenfluss der Fulda in NRW und Hessen, 135 km lang, entspringt am 676 m hohen **E.-Kopf** im Rothaargebirge, mündet südöstlich von Baunatal. Nebenflüsse sind Nuhne, Orke, Itter, Elbe, Ems und Schwalm. Die **E.-Talsperre** (erbaut 1909–14) staut die E. bei Waldeck zum **E.-See** (Fläche 1 200 ha; nach dem Fassungsvermögen von 202 Mio. m³ die drittgrößte Stausee in Dtl.; →Talsperren, ÜBERSICHT).

Eder, 1) Georg, österr. kath. Theologe, *Mattsee (Salzburg) 6. 3. 1928; wurde 1956 zum Priester, 1989 zum Bischof geweiht; ist seit 1989 Erzbischof von Salzburg und führt als solcher den Ehrentitel ›Primas

von Dtl.‹ (›Primas Germaniae‹). E. gilt als profilierter konservativer Theologe.

2) Helmut, österr. Komponist, *Linz 26. 12. 1916; Studien u. a. bei C. ORFF (1953) und J. N. DAVID (1954), 1967–87 Prof. für Komposition am Mozarteum in Salzburg. E. bezieht auch Zwölftontechnik und Aleatorik in sein Schaffen ein. Er komponierte die Opern ›Oedipus‹ (1960), ›Der Kardinal‹ (1965), ›Die weiße Frau‹ (1968), ›Der Aufstand‹ (1976), ›George Dandin‹ (1979), ›Mozart in New York‹ (1991), die Ballette ›Anamorphose‹ (1963) und ›Irrfahrten des Odysseus‹ (1969) sowie ›Missa est‹ (1986, für Soli, 2 Chöre und 3 Orchestergruppen), Orchesterwerke (4 Sinfonien), Kammermusik, Klavier- und Orgelwerke, Chöre und Lieder.

3) Josef Maria, österr. Photochemiker, *Krems an der Donau 16. 3. 1855, †Kitzbühel 18. 10. 1944; war 1880–1925 Prof. in Wien und leitete 1888–1922 die von ihm gegründete staatl. Graph. Lehr- und Versuchsanstalt. E. leistete grundlegende Beiträge zur Fotografie: Entwicklung der Gelatinetrockenplatte, Untersuchungen über Sensitometrie und orthochromat. Sensibilisierung, Einführung der Chlorbromsilber-Emulsion im Kopierprozess; außerdem Forschungen zur Gesch. der Fotografie. Ab 1882 erschien sein ›Ausführl. Handbuch der Photographie‹ (4 Bde. in 16 Teilen; verbesserte Neuauflage bis 1932).

Edessa, 1) Hauptstadt des Verw.-Bez. (Nomos) Pella in Makedonien, Griechenland, auf einer Sinterterrasse (320 m ü. M.) gelegen, über deren Rand (östlich der Stadt) der sich in E. in mehrere Bäche aufteilende Vodas, Abfluss des Vegoritissees, in 70 m hohen Wasserfällen hinabstürzt, 17 100 Ew.; orth. Bischofssitz; Kraftwerk. – E. galt bis in die neueste Zeit als Nachfolgerin der makedon. Hauptstadt Aigai, deren Überreste (vermutlich) inzwischen bei Verjina freigelegt worden sind. Im MA war die Stadt als **Vodina** eine bedeutende Festung und ein wichtiger Verkehrsknotenpunkt. Nach der Überlieferung fiel sie 1389 durch Verrat an die Osmanen; 1913 kam sie an Griechenland.

2) antike Stadt im nördl. Mesopotamien, vom 2. Jh. v. Chr. bis ins 3. Jh. n. Chr. Zentrum des nachseleukid. **Reiches von E.** (Osroene), im MA. das der fränk. **Grafschaft E.** (1098–1144), heute die türk. Stadt →Urfa.

J. B. SEGAL: E., the blessed city (Oxford 1970).

Edewecht, Gem. im Landkreis Ammerland, Ndsachs., im Geest- und Moorgebiet des südl. Ammerlandes, 17 000 Ew.; Lebensmittel- und Baustoffindustrie. – Ev. Kirche, im Kern romanisch (Umbau 1378), mit Wandmalereien (15. Jh.). – 1150 erstmals urkundlich erwähnt.

Edfelt, Johannes, schwed. Schriftsteller, *Kyrkefalla (Verw.-Bez. Skaraborg) 21. 12. 1904; v. a. Lyriker. In seinen frühen Werken zeigt sich der Einfluss der Neuen Sachlichkeit. Hauptthema ist die metaphys. Angst, verstärkt durch die polit. Ereignisse. Die Form ist traditionell, die Sprache reich an ausdrucksvollen Metaphern, klar und wirklichkeitsnah. D. wirkt auch als Übersetzer und kultureller Vermittler dt. Lyrik.

Werke: *Lyrik:* Högmässa (1934); I denna natt (1936); Vintern är lång (1939); Sång för reskamrater (1941); Elden och klyftan (1943); Bråddjupt eko (1947); Hemliga slagfält (1952); Under saturnus (1956); Insyn (1962); Dikter (1979; dt. Fieberbrief); Dagar och nätter (1983); Ekolodning (1986). – *Essays:* Strövtåg (1941); Utblick (1958).

Ausgaben: Der Schattenfischer. Ausgew. Gedichte, hg. v. NELLY SACHS (1962); Gedichte, hg. v. E. FURREG (1964).

Edfu, Stadt in Oberägypten, →Idfu.

Edgar [zu altengl. ead ›Besitz‹, ›Reichtum‹, ›Glück‹ und gar ›Ger‹, ›Speer‹], seit 957 König von Mercia und Northumbria, seit 959 König über ganz England, *943, †8. 7. 975; gilt als einer der mächtigsten angelsächs. Könige, der zudem als Gesetzgeber hervortrat, eine Münzreform veranlasste und die monast. Kirchenreform in England entscheidend förderte. Für seine Krönung wurde – nach fränk. Vorbild – die erste engl. Krönungsordnung geschaffen.

E. JOHN: The age of E., in: J. CAMPBELL u. a.: The Anglo-Saxons (Ithaca, N. Y., 1982).

Edgar [ˈedgə], David, engl. Dramatiker, * Birmingham 26. 2. 1948; war Journalist; veröffentlichte ab 1970 politisch radikale, der Agitpropdramatik und dem dokumentar. Theater verpflichtete Stücke. In ihnen leuchtete er zunehmend auch die psycholog. und sozialen Dimensionen polit. Täter und Opfer aus, so in ›Destiny‹ (1976) über den Faschist. Tendenzen in Großbritannien und in ›Maydays‹ (1983) über den Sozialismus der Nachkriegszeit. Zu einem breiten Erfolg wurde ›The life and adventures of Nicholas Nickleby‹ (2 Tle., 1982), eine Adaption des Romans von C. DICKENS für die Royal Shakespeare Company.

Weitere Werke: *Dramen:* The jail diary of Albie Sachs (1978); Entertaining strangers (1986); That summer (1987); The shape of the table (1990); Pentecost (UA 1994, Buchausg. 1995). – The second time as farce. Reflections on the drama of mean times (1988).

R. SCHÄFFNER: Politik u. Drama bei D. E. (1988); File on E., bearb. v. M. PAGE (London 1991).

Edge-Insel [ˈedʒ-, engl.], norwegisch **Edgeøya** [ˈɛdʃœja], die südöstlichste der Hauptinseln von →Spitzbergen, 5030 km², stark vergletschert.

Edgeworth [ˈedʒwəːθ], 1) Francis Ysidro, brit. Volkswirtschaftler und Statistiker, * Edgeworthstown (Irland) 8. 2. 1845, † Oxford 13. 2. 1926; war 1890–1922 Prof. in Oxford, 1891–1926 Hg. des ›Economic Journal‹ (London). E. gilt als Wegbereiter der mathemat. Wirtschaftstheorie in Großbritannien. In seinen preistheoret. Analysen verwendete er erstmals →Indifferenzkurven und →Kontraktkurven, deren Konzeption (E.-Box) zu den method. Grundlagen der Wirtschaftswissenschaften (bes. der Mikroökonomik und Wohlfahrtsökonomik) zählt. (→Grenznutzenschule)

2) Maria, irisch-engl. Schriftstellerin, * Black Bourton (bei Oxford) 1. 1. 1767, † Edgeworthstown (Irland) 22. 5. 1849; lebte seit 1782 in Irland, begann mit wirklichkeitsnahen Kinder- und Jugendgeschichten (u. a. ›Moral tales for young people‹, 1801, 5 Bde.) und schuf mit ›Castle Rackrent‹ (1800) sowie ›The absentee‹ (in ›Tales of fashionable life‹, 1809–12, 6 Bde.) – Geschichten aus dem irischen Alltag – die ersten regionalist. Romane, mit denen sie auf W. SCOTT und dessen histor. Romane wirkte.

Weitere Werke: *Romane:* Belinda (1801); Leonora (1806); Patronage (1814); Ormond (1817); Helen (1834).

E. HARDEN: M. E. (Boston, Mass., 1984).

Ediacara-Fauna [nach dem ersten Fundort, den Ediacara Hills in den Flinders Ranges, Australien], 1947 in spätpräkambr., mit Tonlagen durchsetzten, feinkörnigen Quarziten entdeckte fossile Faunengemeinschaft aus der Zeit vor 560–670 Mio. Jahren **(Ediacarium):** die ältesten bekannten Vielzeller, weichkörprige Tiere ohne Schalen und Skelette. Die in Australien gefundenen 21 Gattungen mit 29 Arten werden den Hohltieren (v. a. medusenartige Hohltiere wie Ediacara sowie Seefedern u. a. korallentierartige Hohltiere wie Rangea, Pteridinium und Arborea), Ringelwürmern (u. a. Dickinsonia und Spriggina) und Gliederfüßern (das trilobitenähnl. Praecambridium und die krebsartige Parvancorina) zugeordnet; dazu kommen Formen unbekannter systemat. Stellung. Später wurden ähnl., gleichaltrige, z. T. auch etwas ältere Funde in Namibia (Kuibis-Quarzit), Russland, China, Schweden, England und Nordamerika gemacht.

Ediacara-Fauna: **1** Ediacara; **2** Rangea (Höhe etwa 20 cm); **3** Arborea (Höhe etwa 40 cm); **4** Dickinsonia (Länge etwa 5–10 cm); **5** Spriggina (Länge etwa 3 cm); **6** Parvancorina (Länge etwa 1 cm)

Edib, Halide, türk. Schriftstellerin, →Adıvar, Halide Edib.

EDIFACT [Abk. für engl. electronic data interchange for administration, commerce and transport ›elektron. Datenaustausch für Verw., Handel und Verkehr‹, internat. Standard für den elektron. Austausch von Geschäftsdokumenten. Auf der Grundlage von EDIFACT werden Nachrichtentypen, wie ›Rechnung‹ oder ›Bestellung‹, als ein einheitl., branchenübergreifendes Datenaustauschformat normiert, das unabhängig von der jeweils verwendeten Hard- und Software und ohne manuelle Zwischenbehandlung im direkten Austausch zw. Datenverarbeitungssystemen angewendet werden kann.

Edikt [lat. ›öffentl. Bekanntmachung‹, ›Verordnung‹, ›Befehl‹] *das, -(e)s/-e,* obrigkeitl. Erlass; im *römischen Recht* öffentl. Bekanntmachung des Magistrats, bes. der Prätoren, über die Grundsätze der Rechtsanwendung für die Dauer ihrer Amtszeit; später auch Erlasse der Kaiser. – In der *Neuzeit* wurde die Bez. v. a. von den frz. Königen für das einen einzelnen Gegenstand regelnde Gesetz verwendet.

Edikt von Nantes, →Nantes, Edikt von.

Edikt von Potsdam, →Potsdam, Edikt von.

Edinburgh [engl. ˈedɪnbərə], brit. Herzogstitel (Duke of E.), 1866 Prinz ALFRED, dem 2. Sohn Königin VIKTORIAS, und 1947 PHILIP MOUNTBATTEN, seit 1957 Prinz PHILIP, dem Gemahl Königin ELISABETHS II., verliehen.

Edinburgh [engl. ˈedɪnbərə], Hauptstadt Schottlands und der Lothian Region, in landschaftlich schöner Lage am Firth of Forth der schott. O-Küste, 401 900 Ew.; polit. und kultureller Mittelpunkt Schottlands, Sitz der Church of Scotland (presbyterian. Kirche), kath. Erzbischofssitz; Univ. (gegr. 1583), TU (Heriot-Watt University), Fachhochschulen, Königl. Schott. Akad. u. a. wiss. Einrichtungen, Bibliotheken, Nationalmuseen von Schottland (u. a. Royal Museum of Scotland, National Gallery of Scotland); botan. und zoolog. Garten. Seit 1947 findet das internat. Sommerfestival für Theater, Ballett, Musik, Film und Kunstausstellungen statt.

E. ist ein Banken-, Versicherungs- und Geschäftszentrum, seit 1960 hat es sich zu einem wichtigen internat. Finanzzentrum entwickelt. E. besitzt einen Hochseehafen (Leith) und einen internat. Flughafen, ist Sitz vieler Verlage und Touristenzentrum. Die Industrie tritt hinter Dienstleistungs- und Verwaltungsfunktionen zurück; sie umfasst v. a. die Herstellung von Nahrungsmitteln, Tabak- und Papierwaren, Elektronikindustrie, Druckereien, Brauereien und Whiskybrennereien.

Stadtbild: Das mittelalterl. Stadtbild der Altstadt wird von der Burg aus dem späten 11. Jh. bestimmt, die ihr heutiges Aussehen im 16. Jh. erhielt. Die auf einen normann. Bau zurückgehende Kathedrale Saint Giles wurde im 14. und 15. Jh. als spätgot. Basilika mit Fächergewölben erneuert; ihr Turm (1495 vollendet) trägt einen offenen Helm. Neben Holyrood Abbey (erhalten ist nur die prächtige W-Fassade, 12./13. Jh.) wurde um 1500 Holyrood Palace als Gästehaus errichtet (1671–79 wieder aufgebaut und königl. Residenz). Die georgian. Neustadt wird durch planmäßige Straßenanlagen und Häuser im klassizist. Stil geprägt. Unter den Kirchenbauten sind Saint Andrew's (1785), ein querovaler Saal mit Säulenportikus und später aufgesetztem Turm, sowie Saint John's (1816), eine neugot. Basilika mit Fächergewölben, zu nennen, unter den öffentl. Gebäuden Royal Exchange (1753–60), Register House (1774) und die Univ. (1789, von J. und R. ADAM). Techn. Denkmäler sind die Eisenkonstruktionen der Dean Bridge (1829–31, von T. TELFORD), die Waverley Station (1864), die Eisenbahnbrücke über den Firth of Forth (1882–90) sowie die gläsernen Gewächshäuser des botanischen Gartens (von 1834, 1858 und 1965). B. SPENCE u. a. schufen 1967 das Mortonhall Crematorium, außerdem 1976 den Verwaltungsbau der Scottish Widows Fund and Life Assurance. In den 80er- und 90er-Jahren sind zahlr. Projekte verwirklicht bzw. begonnen worden; so entstand u. a. das neue Hauptquartier des Schottland-Ministeriums in postmodernen Formen, das ›Festival-Theatre‹ wurde restauriert und umgebaut (1994 eröffnet), TERRY FARRELL entwarf das E. International Conference Centre (1995 eröffnet); der Neubau für das Museum of Scotland (Entwurf: GORDON BENSON, ALAN FORSYTH; 1993 Baubeginn) soll 1998 eröffnet werden. Den Meisterplan für die neue Bürostadt westlich der City erstellte der amerikan. Architekt R. MEIER. – Die Stadt als architekton. Nebeneinander von MA. und Klassizismus wurde 1995 zum UNESCO-Weltkulturerbe erklärt.

Geschichte: Der vulkan. Felsen des Castle Rock, auf dem im späten 11. Jh. die heutige Burg erbaut wurde, war wohl schon in der Bronze- und frühen Eisenzeit befestigt, in histor. Zeit mindestens seit dem 6. Jh. (der gäl. Name Din Eidyn bedeutet ›die Befestigung von Eidyn‹, wobei Eidyn das Gebiet um E. bezeichnete). Die Römer, die etwa 80–350 n. Chr. S-Schottland besetzt hielten, errichteten in der Nähe des späteren Seehafens Leith (1920 in E. eingemeindet) militär. Stützpunkte. Im 7. Jh. wurde der Burgberg von Angeln aus Northumbria eingenommen und ›Edin burh‹ genannt, um 950 von den Schotten erobert. Seit dem späten 11. Jh. ist E. als königl. Herrschaftszentrum belegt; 1329 erhielt es von König ROBERT (I.) BRUCE Stadtrecht. Unter JAKOB III. (1460–88) wurde es offiziell zur Hauptstadt Schottlands erhoben. Östlich der mittelalterl. Siedlung wurde 1128 die Augustinerabtei Holyrood gegründet, um die mit Canongate eine eigene städt. Siedlung entstand, die langsam mit E. zusammenwuchs (1856 in E. eingemeindet). Nach der Verlegung des Hofs nach London (1603, Personalunion zw. England und Schottland) und der Auflösung des schott. Parlaments (1707, Vereinigung beider Länder) verlor E. an polit. Bedeutung, wurde aber 1633 Bischofssitz. In der zweiten Hälfte des 18. Jh. entstand nördlich des Burgbergs die Neustadt, in die danach ein Großteil der Bürger aus der Altstadt abwanderte.

D. YOUNG: E. in the age of Sir Walter Scott (Norman, Okla., 1965); A. J. YOUNGSON: The making of classical E.

Edirne: Blick auf die Selimiye Camii, die Moschee Selims II., mit ihren vier über 80 m hohen Minaretten, erbaut von dem osmanischen Baumeister Sinan 1568–74

Edinburgh: Holyrood Palace; nach Plänen von William Bruce 1671–79 wieder aufgebaut

1750–1840 (Edinburgh 1966); A. u. J. N. G. RITCHIE: E. and South-east Scotland (London 1972).

Edinburgh Review, The [ði ˈedɪnbərə rɪˈvju:], schottische kulturpolit. Vierteljahresschrift, gegründet 1802 von FRANCIS JEFFREY (*1773, †1850), SYDNEY SMITH (*1771, †1845) und H. P. BROUGHAM; politisch den Whigs nahe stehend, bes. einflussreich mit ihrem Literaturteil, für den viele führende Persönlichkeiten des kulturellen und polit. Lebens Großbritanniens Beiträge schrieben; 1929 eingestellt.

Edingen-Neckarhausen, Wohngemeinde im Rhein-Neckar-Kreis, Bad.-Württ., am Neckar zw. Heidelberg und Mannheim, 14 000 Ew.; Herstellung von Gummiwaren, Polsterwaren u. a.

Edinger, Ludwig, Neurologe, *Worms 13. 4. 1855, †Frankfurt am Main 26. 1. 1918; ab 1904 Leiter des heute nach ihm benannten neurolog. Inst. der Senckenberg-Gesellschaft, ab 1914 Prof. in Frankfurt am Main; ausgedehnte Arbeiten auf dem Gebiet der Hirnanatomie. Nach ihm wurden u. a. der **E.-Kern** oder **Westphal-E.-Kern** (Kern des III. Hirnnervs), das **E.-Bündel** (Bündel von Nervenfasern, die von den Rückenmarksträngen zum Sehhügel ziehen) und die **E.-Regel** (→Zerebralisation) benannt.

Edirne, früher **Adrianopel,** Provinzhauptstadt in der europ. Türkei, an der Mündung der Tunca in die Maritza, 102 300 Ew.; Univ. (gegr. 1982); Museen (u. a. Archäolog. Museum, Museum für Türk. und Islam. Kunst); Textil-, Teppich-, Leder-, Nahrungsmittel- und Rosenölindustrie; heute wirtschaftlich beeinträchtigt durch die Lage an der Grenze zu Griechenland und nahe der Grenze zu Bulgarien. Über E. führt die Eisenbahnlinie Belgrad–Sofia–Istanbul.

Stadtbild: Die Hauptmoschee, die Eski Camii (nach 1403–14) reduziert den Typ einer Vielkuppelmoschee auf neun Kuppeln. Auch die drei großen Sultanmoscheen sind bedeutende Denkmäler osman. Baukunst: Die Üç Şerefeli Camii MURADS II. (1437–47) hat als Erste in der osman. Architektur einen Arkadenhof, vier Minarette und krönt den Gebetssaal mit monumentaler Kuppel (Durchmesser 24 m, Scheitelhöhe über 27 m). Die Moschee (1484–88) von BAJASID II. führt diese Entwicklung weiter. Den Höhepunkt osman. Architektur bildet die Selimiye Camii, die Moschee SELIMS II., auf einer Anhöhe der Stadt, 1568–74 erbaut von SINAN, dessen Hauptwerk. Vier Minarette mit über 80 m Höhe umstehen die mächtige Kuppel (Durchmesser 31,28 m, Scheitelhöhe etwa 42 m), die sich über einem gegliederten Rechtecksaal mit acht mächtigen Pfeilern, die Bogen tragen, und einem

Edinburgh
Stadtwappen

Hauptstadt
Schottlands
·
am Firth of Forth
·
401 900 Ew.
·
kultureller Mittelpunkt
des Landes
·
internat.
Sommerfestival
·
2 Universitäten
·
mittelalterl. Burg
(ältere Residenz der
schott. Könige)

chorartigen Mihrab erhebt. Zur Gesamtanlage (186 × 135 m) gehören ein Arkadenhof sowie zwei Medresen. Einige kleinere Stiftungsmoscheen haben einen T-förmigen Grundriss (Muradiye, 1436/37). Des Weiteren sind eine alte Brücke, ein Doppelbad und ein Han (heute Hotel) zu nennen, vom Serail sind nur geringe Reste erhalten.

Geschichte: E. wurde von Kaiser HADRIAN, vermutlich an der Stelle der älteren thrak. Siedlung **Uscudama**, als **Hadrianopolis** neu gegründet. Aufgrund der verkehrsgünstigen Lage an der Heerstraße von Serdica (Sofia) nach Konstantinopel und ihrer Waffenfabriken nahm die Stadt bes. in der Spätantike einen großen Aufschwung. In der Nähe von E. siegte KONSTANTIN D. GR. am 3. 7. 324 über LICINIUS; am 9. 8. 378 fiel hier Kaiser VALENS in einer Schlacht gegen die Goten. In byzantin. Zeit eine der wichtigsten Städte Thrakiens, mehrfach unter bulgar. Herrschaft, während des 3. Kreuzzugs von FRIEDRICH I. BARBAROSSA eingenommen (1190), 1204–25 zum Lat. Kaiserreich gehörig, wurde E. 1361 von den Osmanen erobert und zu ihrer Residenz erhoben. Auch nachdem Konstantinopel Hauptstadt des Osman. Reiches geworden war (1453), blieb E. bevorzugter Aufenthaltsort der Sultane. 1829 wurde in E. der **Friede von Adrianopel** geschlossen (→Türkenkriege). 1920–22/23 gehörte die Stadt zu Griechenland.

K. KREISER: E. im 17. Jh. nach Evliyā Çelebī (1975); A. RENZ: Gesch. u. Stätten des Islam von Spanien bis Indien (1977).

Thomas A. Edison

Edison [ˈedɪsn], Thomas Alva, amerikan. Erfinder, * Milan (Oh.) 11. 2. 1847, † West Orange (N. J.) 18. 10. 1931. E. leistete als Autodidakt auf den verschiedensten Gebieten der Technik Pionierarbeit und meldete mehr als 1000 Patente an. Zuerst als Telegrafist tätig, begann er 1868 mit Erfindungen auf dem Gebiet der Telegrafie. Nach fünf Wanderjahren richtete er sich in Menlo Park (N. J.) ein Laboratorium ein und entwickelte 1877/78 das Kohlekörnermikrofon, wodurch das 1876 patentierte Telefon von A. G. BELL auch für große Entfernungen brauchbar wurde. Versuche, den

Thomas A. Edison: Phonograph mit Handantrieb und Stanniolwalze; 1878

Telegrafen zu verbessern, führten ihn zur Erfindung des Phonographen, eines Vorläufers des Grammophons (1878 patentiert). 1879 entwickelte er die Kohlefadenglühlampe (die erste brauchbare Glühlampe), richtete anschließend in New York das erste öffentl. Elektrizitätswerk (ein Gleichstromerzeuger) ein und verlegte ein unterird. Leitungsnetz. Zu seinen weiteren Erfindungen und Entwicklungen gehören ein magnet. Verfahren zur Scheidung von Eisenerzen, der (auch nach ihm benannte) Nickel-Eisen-Akkumulator, die Verbundmaschine (Dampfmaschine mit elektr. Generator), das Kinetoskop, ein mit perforiertem, 35 mm breitem Film (dessen Maße seitdem als internat. Norm gelten) arbeitendes Filmaufnahmegerät (1892), sowie ein Betongießverfahren, das die Herstel-

lung von Zementhäusern im Fertigbau ermöglichte. Seine Entdeckung der →Glühemission (**E.-Effekt**) war die Voraussetzung für die Entwicklung der Elektronenröhre.

Ausgabe: The diary and sundry observations, hg. v. D. D. RUNES (1948).

M. JOSEPHSON: T. A. E. (a. d. Amerikan., 1969); W. u. H. SCHREIER: T. A. E. (Leipzig ⁴1987); N. BALDWIN: T. E.s Laborbücher, in: Spektrum der Wiss., H. 12 (1995).

Edison-Schrift [ˈedɪsn-; nach T. A. EDISON], mechan. Tonaufzeichnungsverfahren mit vertikaler Auslenkung der Graviernadel, im Ggs. zur Berliner-Schrift. (→Schallplatte)

Editha, ags. **Eadgyth** [ˈedʒɪθ], erste Frau OTTOS I., D. GR., †946, Tochter des angelsächs. Königs EDUARD D. Ä.; wurde im Zusammenhang mit der dynast. Politik ihres Bruders AETHELSTAN 929 mit OTTO I. vermählt. E. wurde im Magdeburger Dom beigesetzt.

Edition [lat.] *die, -/-en,* Abk. **Ed.,** *Buchwesen:* Herausgabe eines (literar., wiss., oder musikal.) Werkes unter bestimmten Gesichtspunkten. Bereits in der Antike war das Bewusstsein von der Notwendigkeit zuverlässiger Ausgaben eines Schriftwerkes vorhanden, die den Text des Autors einwandfrei wiedergeben sollten. Erst die Humanisten nahmen diese Bemühungen wieder auf und versuchten, möglichst alte Handschriften als Grundlage der gedruckten E. heranzuziehen. Die moderne E.-Technik wurde nach 1800 begründet (K. LACHMANN). Die Philologen versuchten, selbst bei Vorliegen versch. Überlieferungen wichtiger Werke einen (dem Original möglichst nahe kommenden) Text zu rekonstruieren, worauf man heute meist zugunsten eines bestimmten Textzeugen (Überlieferungsträgers) verzichtet. Die E. unterscheiden sich nach ihren Vorlagen, d. h., ob sie sich auf Fassungen stützen können, die auf den Autor selbst zurückgehen (Handschriften, Typoskripte oder autorisierte Drucke, darunter bes. die →Erstausgabe und die Ausgabe letzter Hand), oder ob sie mithilfe textkrit. Methoden aufgrund von Überlieferungen hergestellt werden müssen, die den Originaltext nicht unverändert enthalten. In →historisch-kritischen Ausgaben sind neben Varianten und Lesarten in den Handschriften und Drucken auch Entwürfe und Vorstufen des endgültigen Textes verzeichnet. – E. ist auch Bez. für die gesammelten oder ausgewählten Werke eines Autors, für eine Serie (z. B. ›edition suhrkamp‹) oder einen Verlag. (→Ausgabe, →Textkritik)

Texte u. Varianten. Probleme ihrer E. u. Interpretation, hg. v. G. MARTENS u. H. ZELLER (1971); H. KRAFT: Die Geschichtlichkeit literar. Texte (1973); Nachlaß- u. E.-Probleme bei modernen Schriftstellern, hg. v. M.-L. ROTH (Bern 1981); Probleme neugermanist. E., hg. v. N. OELLERS u. a. (1982); Editionsprobleme der Literaturwiss., hg. v. N. OELLERS u. a. (1986); editio. Internat. Jb. für Editionswiss. (1987 ff.); K. KANZOG: Einf. in die Editionsphilologie der neueren dt. Lit. (1991).

Editionstechnik, in der *Musik* die Vorgehensweise bei der Ausgabe musikal. Werke. Bei Werken der älteren Zeit gilt es, die nicht mehr gebräuchl. Art der Notation unter möglichst genauer Wahrung ihres Aussagesinns in ein heute verständl. Schriftbild umzuziffern. Stets muss aus einem Vergleich aller erhaltenen Quellen (Skizzen, Entwürfe, autographe Niederschrift, Fassungen, Abschriften, Druck und Nachdrucke) das authent. Fassung ermittelt werden; sofern mehrere Fassungen Gültigkeit haben, sind sie in die Edition aufzunehmen. Ein krit. Bericht orientiert über die Quellenlage und begründet die Entscheidungen des Editors. Zu unterscheiden sind **Denkmälerausgaben** (als Edition von Quellen mit versch. Komponisten oder von Werken eines Komponisten aus unterschiedl. Quellen), **Gesamtausgaben** (von Werken eines Komponisten), **praktische Ausgaben** (die auf wiss. Basis dem prakt. Gebrauch entgegenkommen) und

Urtextausgaben (die den originalen Text für den prakt. Gebrauch vorlegen). Für größere Einzelunternehmungen werden zum Zweck der Einheitlichkeit der Ausgabe i. d. R. Editionsrichtlinien erarbeitet.

Editionsrichtlinien musikal. Denkmäler u. Gesamtausg., hg. v. G. VON DADELSEN (1967); Musikal. Edition im Wandel des histor. Bewußtseins, hg. v. T. G. GEORGIADES (1971).

Editio princeps [lat.], die →Erstausgabe.

Editor, 1) [ˈeːdi-, eˈdiː-] *der, -s/...ˈtoren, Buchwesen:* Herausgeber (von Büchern, Zeitungen und Zeitschriften oder Musikalien).

2) [ˈedɪtə, engl.] *der, -s/-s, Informatik:* Dienstprogramm oder Komponente von Programmsystemen eines Computers (z. B. Programmier-, Textverarbeitungs-, Grafiksysteme, z. T. auch Anwenderprogramme) zur Ein- und Ausgabe und Änderung von Daten, die i. d. R. in Dateien abgespeichert werden. Die Anzeige der Daten erfolgt meist auf einem Bildschirm. Die Arbeitsweise des E. und die verwendeten Eingabegeräte (z. B. Tastatur, Maus, Lichtstift, Scanner) hängen von der Art der zu bearbeitenden Daten ab (z. B. Text, Grafik, Betriebssystemdaten).

Edler, Edler von, Edler Herr, früher in Österreich und Bayern gebräuchl. Prädikat der gehobenen Stufe des untitulierten (von ...) Adels.

Edmer, engl. Geschichtsschreiber und Theologe, →Eadmer.

Edmonds [ˈedməndz], Walter Dumaux, amerikan. Schriftsteller, * Boonville (N. Y.) 15. 7. 1903; Verfasser histor. Romane, in denen die Gesch. des Staates New York verarbeitet wird (›Drums along the Mohawk‹, 1936; dt. ›Pfauenfeder und Kokarde‹), und beliebter Jugendbücher wie ›Tom Whipple‹ (1942), ›They had a horse‹ (1962), ›Time to go house‹ (1969; dt. ›Das Mäusehaus‹).

Weiteres Werk: The South African quirt (1985).

Edmonton [ˈedməntn], Hauptstadt der Prov. Alberta, Kanada, am North Saskatchewan, (1991) 616 700 Ew. (1961: 281 000, 1971: 437 100 Ew.); Sitz eines kath. Erzbischofs, eines anglikan., eines ukrainisch-unierten, eines russisch-orth. und eines Bischofs der ukrainisch-orth. Auslandskirche; zwei Univ., industrielle Forschungsstätten, Museen, Planetarium, zoolog. Garten. Mittelpunkt reicher Farmgebiete und großer Erdöl- und Erdgasfelder; Erdölraffinerien, chem., Nahrungsmittel- und Getränkeindustrie, Maschinenbau, Metallverarbeitung; Versorgungszentrum für den kanad. NW; Verkehrsknotenpunkt, internat. Flughafen. – Nach 1807 als Handelsstation gegr., seit 1905 Hauptstadt von Alberta.

Edmund [engl. ˈedmənd], angelsächs. Könige:

1) **Edmund, Eadmund** [ˈedmənd], König von East Anglia (Ostanglien), * um 840, † 20. 11. 869/870. Nach der Überlieferung von den dän. Eroberern gefangen genommen und wegen seines christl. Glaubens getötet, wurde E. schon bald darauf als Märtyrer verehrt. Den ersten Bericht über sein Martyrium verfasste ABBO VON FLEURY. An E.s Begräbnisstätte gründete KNUT D. GR. 1020 die im MA. bedeutende Benediktinerabtei Bury Saint Edmunds (→Bury). – Heiliger (Tag: 20. 11.).

M. MOSTERT: King E. of East Anglia ... Chapters in historical criticism (Diss. Amsterdam 1983).

2) **Edmund,** König von England (seit 939), † (ermordet) 946, Sohn EDUARDS D. Ä.; behauptete in langen Kämpfen Northumbria und Teile von Mercia gegen die Angriffe des Königs von Dublin und erließ bedeutende Gesetze, u. a. zur Eindämmung der Blutrache. Er wurde während von einem Verbrecher ermordet.

3) **Edmund II., E. Ironside** [- ˈaɪənsaɪd, ›Eisenseite‹], König des z. T. dänisch besetzten Englands (seit 23. 4. 1016), * um 980, † 30. 11. 1016; wurde nach dem Tod seines Vaters AETHELRED II. zum König gegen den dän. Eroberer KNUT D. GR. gewählt, teilte nach meh-

reren Schlachten mit diesem das Reich an der Themse (Oktober 1016). Nach E.s Tod übernahm KNUT die Alleinherrschaft.

Edo, Bevölkerungsgruppe im Nigerdelta, Nigeria, etwa 3 Mio. Menschen mit versch. Stammesgruppen. Die E. treiben Feldbau (v. a. Yams) auf Rodungsinseln im Regenwald und sind auch geschickte Handwerker. I. e. S. werden als E. die etwa 300 000 **Bini,** das Staatsvolk des alten Reiches →Benin, bezeichnet; sie leben im Umkreis der Stadt Benin. Ihre Stammeskunst behielt ihre kraftvolle Dynamik bis heute (im Ggs. zum Verfall des höf. Stils); gefertigt werden Masken, Tanzaufsätze und Gedenkköpfe aus Holz, die denen Benins ähneln und meist mit Bronzeblech umkleidet sind. – Die Sprache der E., das **Edo,** gehört zu den →Kwa-Sprachen.

Edo, bis 1991 **Bendel,** Bundesstaat von →Nigeria.

Edo, Yedo, bis 1868 Name der heutigen jap. Hauptstadt →Tokio. Nach ihr wird auch die Zeit der Shōgune aus dem Haus →Tokugawa **E.-Zeit** genannt. (→Japan, Geschichte)

Edogawa, Ranpo, eigtl. **Hirai Tarō,** jap. Schriftsteller, * Mie-Präfektur 21. 10. 1894, † 28. 7. 1965; gilt als Schöpfer des modernen jap. Kriminalromans (mit mysteriösen Zügen und psychologisch deutender Darstellung). Sein Vorbild war E. A. POE, von dem er sein Pseud. ableitete. Er verfasste auch Essays zum westl. Kriminalroman.

Werke (jap.): *Romane:* Der psycholog. Test (1925; engl. The psychological test); Menschl. Stuhl (1925; engl. Human chair). – *Essays:* Schloß der Illusionen, 2 Bde. (1951–54).

Edom, lat. **Arabia Petraea,** Hochland östlich des Wadi al-Araba (Senke zw. dem Toten Meer und dem Roten Meer), seit dem 13. Jh. v. Chr. Gebiet der aramäischen **Edomiter,** die als Verwandte Israels betrachtet werden, da Esau ihr Stammvater sein soll. Noch vor Israel kam E. zu einer festen staatl. Gliederung (1. Mos. 36, 31 ff.). Für DAVID und seine Nachfolger war E. wegen des am Rand der Senke vorkommenden Kupfers und wegen seiner Verkehrslage (Schiffahrt, →Ezjon-Geber) von besonderer Bedeutung; unter DAVID und SALOMO war E. ein Vasallenstaat, später kam es unter assyr. Einfluss. Die Hauptstadt scheint Bozra (Busera) gewesen zu sein, der Nationalgott hieß Qaus (Qos). Im 5. Jh. v. Chr. wurden die Edomiter von den →Nabatäern verdrängt und wanderten nach Westen (Idumäa) ab. JOHANNES HYRKANUS I. gliederte sie um 126 v. Chr. durch Zwangsbeschneidung dem Staat Juda ein. So wurde die Familie ANTIPATERS, des Vaters von HERODES D. GR., judaisiert.

F. BUHL: Gesch. der Edomiter (1893); C.-M. BENNETT: E., in: Studies in the history and archeology of Jordan, Jg. 1 (Amman 1982).

Edremit, Stadt in der Prov. Balıkesir in NW-Anatolien, Türkei, inmitten einer fruchtbaren Küstenebene am Golf von E. (nördl. Ägäisküste), 30 000 Ew.; Seebad (v. a. von Einheimischen besucht); Zentrum des westtürk. Olivenanbaus.

Edschmid, Kasimir, eigtl. **Eduard Schmid,** Schriftsteller, * Darmstadt 5. 10. 1890, † Vulpera (heute zu Tarasp, Kt. Graubünden) 31. 8. 1966; früher Vertreter expressionist. Prosa mit Novellen (›Die sechs Mündungen‹, 1915; ›Das rasende Leben‹, 1916) und dem Roman ›Die achatnen Kugeln‹ (1920), auch Theoretiker (Essays ›Über den Expressionismus in der Lit. und die neue Dichtung‹, 1919) und Reiseschriftsteller; daneben stehen der Roman über G. BÜCHNER ›Wenn es Rosen sind, werden sie blühen‹ (1950) und der Simón-Bolívar-Roman ›Der Marschall und die Gnade‹ (1954). E. erhielt 1933 Rede-, 1941 Schreibverbot; war 1950–57 Gen.-Sekr., dann Vize-, schließlich Ehren-Präs. des Dt. P. E. N.-Zentrums sowie Vize-, später Ehren-Präs. der Dt. Akad. für Sprache und Dichtung in Darmstadt.

Kasimir Edschmid

Weitere Werke: *Romane:* Der Engel mit dem Spleen (1923); Die gespenstigen Abenteuer des Hofrats Brüstlein (1927, 1947 u. d. T. Pourtales Abenteuer); Lord Byron (1929); Feine Leute oder die Großen dieser Erde (1931); Glanz u. Elend Südamerikas (1931); Das Südreich (1933, erw. 1957); Der Liebesengel (1937); Das gute Recht (1946); Der Zauberfaden (1949); Drei Häuser am Meer (1958); Whisky für Algerien? (1964). – *Erzählungen:* Hallo Welt! (1930). – *Reiseberichte:* Afrika – nackt u. angezogen (1929, erw. 1951); Zauber u. Größe des Mittelmeers (1932); Italien, 5 Bde. (1935–48). – *Essays:* Das Bücher-Dekameron (1923); Lebendiger Expressionismus (1961); Porträts u. Denksteine (1962).

K. E., bearb. v. L. WELTMANN (1955); K. E. Biblogr., bearb. v. U. GUENTHER-BRAMMER (1970); K. E. zum Gedenken (1971).

Edsin-gol, Fluss in N-China, →Ruo Shui.

EDTA [Abk. für engl. ethylene-diaminetetraacetic acid], die →Äthylendiamintetraessigsäure.

Eduard, engl. **Edward** [ˈedwəd], angelsächs. **Eadweard** [ˈedwəd], **Eadward,** Herrscher:

England (angelsächsische Zeit): **1) Eduard der Ältere,** König von Wessex (seit 899), † Farndon on Dee 17. 7. 924, ältester Sohn und Nachfolger ALFREDS D. GR.; eroberte ab 909, zunächst mit seiner Schwester AETHELFLAED, die dänisch besetzten Gebiete zw. Themse und Humber und sicherte sie durch Befestigungen. Nach dem Tod AETHELFLAEDS (918) kontrollierte er auch Mercien; 920 unterwarf er die Herrscher von Nordbritannien, dessen Besitz jedoch unsicher blieb. Die Einheit Englands vollendete erst sein Sohn AETHELSTAN.

2) Eduard der Bekenner, engl. **Edward the Confessor** [ˈedwəd ðə kənˈfesə], König von England (seit 1042), * Islip (bei Oxford) um 1005, † Westminster (heute zu London) 5. 1. 1066, Sohn AETHELREDS II.; letzter angelsächs. Herrscher aus dem westsächs. Königshaus (Wessex), floh nach dem Tod seines Vaters (1016) vor dem dän. Eroberer KNUT D. GR. nach Flandern, dann in die Normandie, wo er auch nach der Heirat seiner Mutter EMMA († 1052) mit KNUT (1017) blieb. 1041 wurde er von seinem Stiefbruder HARTHAKNUT nach England geholt und 1042, obwohl landfremd, dessen Nachfolger. Politisch stand er in starker Abhängigkeit von den großen Earls, die KNUT in England eingesetzt hatte. Ungeklärt bleibt nach wie vor, ob E. auf dem Sterbebett Earl HAROLD (1066 HAROLD II.) zum Erben und Nachfolger bestimmte oder ihm nur bis zur Ankunft Herzog WILHELMS von der Normandie (WILHELM I., DER EROBERER), den er bereits 1051 zum Nachfolger designiert hatte, das Königreich treuhänderisch anvertraute. Zehn Monate nach E.s Tod wurde die Nachfolgefrage in der Schlacht von →Hastings zugunsten des Normannen entschieden. – Großzügiger Förderer der Westminster Abbey, deren ersten Steinbau er errichten ließ und wo er auch begraben ist; von hier aus wurde im 12. Jh. sein Kult verbreitet. – Heiliger (Tag: 13. 10.).

F. BARLOW: Edward the Confessor (London 1970); E. JOHN: Edward the Confessor and the Norman succession, in: English Historical Review, Jg. 94 (ebd. 1979).

England/Großbritannien: **3) Eduard I.,** König (seit 1272), * Westminster (heute zu London) 17./18. 6. 1239, † Burgh by Sands (bei Carlisle) 7. 7. 1307, Vater von 4), Sohn HEINRICHS III. aus dem Haus Plantagenet; erhielt von diesem 1254 u. a. die südfrz. Besitzungen, um die er dann lange gegen die frz. Krone Krieg führte. Beim Friedensschluss von 1303 bewirkte er die Verbindung seines Sohnes E. II. mit ISABELLA, Tochter PHILIPPS IV. von Frankreich, die die engl. Ansprüche auf den frz. Thron begründete (→Hundertjähriger Krieg). In England beendete E. durch den Sieg von Evesham am Avon (1265) den Aufstand der Barone. Er veröffentlichte eine Reihe von Rechtsstatuten (›Justinian Englands‹) und förderte die Entwicklung des Parlaments. 1284 eroberte er Wales und vorübergehend auch Schottland. Gegen Ende seiner Reg.-Zeit

mehrten sich die Probleme (Opposition des Klerus und des Adels gegen die Finanzpolitik, wachsende Verschuldung), die E. in den Jahren 1297 und 1300 zu verfassungsrechtl. Zugeständnissen (u. a. Pflicht des Königs, bei Besteuerungsmaßnahmen grundsätzlich die Zustimmung der Betroffenen einzuholen) nötigten. 1301 führte er den Titel ›Prince of Wales‹ für den Thronfolger ein.

F. TRAUTZ: Die Könige von England u. das Reich 1272–1377 (1961); M. C. PRESTWICH: War, politics and finance under Edward I (Totowa, N. J., 1972); DERS.: The three Edwards. War and state in England 1272–1377 (London 1980).

4) Eduard II., König (seit 1307), * Caernarvon 25. 4. 1284, † (ermordet) Berkeley Castle (bei Gloucester) 21. 9. 1327, Sohn von 3), Vater von 5); ein unfähiger Herrscher, dessen Günstlingswirtschaft und außenpolit. Misserfolge (→Bannockburn) zum Niedergang des Königtums führten. Gemeinsam mit ihrem Liebhaber R. MORTIMER stürzte ihn seine Frau ISABELLA von Frankreich (20. 1. 1327).

N. FRYDE: The tyranny and fall of Edward II, 1321–1326 (Cambridge 1979).

5) Eduard III., König (seit 1327), * Windsor 13. 11. 1312, † Sheen Palace (heute Richmond upon Thames, London) 21. 6. 1377, Sohn von 4); folgte seinem abgesetzten Vater als König, beseitigte 1330 durch die Verbannung seiner Mutter und die Hinrichtung ihres Liebhabers R. MORTIMER deren Einfluss auf die Reg. Die Auseinandersetzungen um die Rechtsstellung E.s als Herzog von Aquitanien sowie die polit. Unterstützung Schottlands durch die Franz. Krone führten 1337 zum Ausbruch des →Hundertjährigen Krieges mit Frankreich, wobei E. seine Position durch den Anspruch auf den frz. Thron (→Eduard 3) zu festigen suchte. Militärisch errang E. in der Folgezeit beeindruckende Erfolge: 1340 besiegte er die frz. Flotte bei Sluys, 1346 das frz. Ritterheer bei Crécy (→Crécy-en-Ponthieu); 1347 fiel Calais in engl. Hand. 1356 wurde das frz. Heer bei Maupertuis (Poitiers) erneut geschlagen; der frz. König in engl. Gefangenschaft. Die Gewinne des Friedens von →Brétigny (1360) konnte E. jedoch nicht realisieren; seit 1369 eroberten die Franzosen einen Großteil der abgetretenen Gebiete wieder zurück. Im Innern gelang es E., Krone, Adel und Parlament zu versöhnen; erst als der vorzeitig altersschwach gewordene König die Staatsgeschäfte Günstlingen überließ, regte sich Widerstand, der im ›Good Parliament‹ (1376) zur Anklage mehrerer Günstlinge durch die Commons (die v. a. über die hohen Kriegslasten erbittert waren) und damit zur Ausbildung des Impeachmentverfahrens (→Impeachment) führte.

Literar. Behandlung: Von den Taten und Abenteuern des schon zu Lebzeiten in Gedichten gefeierten Königs ist bes. die Geschichte seiner Liebe zu der Gräfin VON SALISBURY (später Frau seines Sohnes EDUARD, des ›Schwarzen Prinzen‹) mit unterschiedl. Lösungen in Novelle (M. BANDELLO, 1554), Drama (›The raigne of King Edward the Third‹, anonym, 1596; P. CALDERÓN DE LA BARCA ›Amor, honor y poder‹, 1623) und Roman (A. DUMAS D. Ä., ›La comtesse de Salisbury‹, 1839) behandelt worden.

Literatur →Eduard 3).

6) Eduard IV., König (seit 1461), * Rouen 28. 4. 1442, † Westminster (heute zu London) 9. 4. 1483, als Sohn Herzog RICHARDS VON YORK Urenkel von 5); wurde 1461 gegen HEINRICH VI. zum König ausgerufen und konnte sich in den Schlachten von Hexham (1464) und Tewkesbury (1471) endgültig gegen das Haus Lancaster durchsetzen (→Rosenkriege); HEINRICH VI. wurde auf seinen Befehl hin ermordet. Nach einem fehlgeschlagenen Angriff auf Frankreich schloss E. mit dem frz. König LUDWIG XI. einen für ihn selbst finanziell vorteilhaften Vertrag (1475). E.s zielbewusste Handels- und Finanzpolitik führte zu einer Konsolidierung der wirtschaftl. Basis des Königtums.

C. D. Ross: Edward IV (London 1974).

7) Eduard V., König (seit 9. 4. 1483), *Westminster (heute zu London) 2. (?) 11. 1470, †London nach Anfang August 1483, Sohn von 6); von seinem Onkel Richard, Herzog von Gloucester (seit 1483 Richard III.) für unehelich erklärt und mit seinem Bruder Richard (*17. 8. 1472) im Tower gefangen gesetzt, wo beide Prinzen wahrscheinlich auf Befehl oder zumindest mit Wissen Richards III. ermordet wurden.

C. D. Ross: Richard III (London 1981).

8) Eduard VI., König (seit 1547), *Hampton Court (heute zu London) 12. 10. 1537, †Greenwich (heute zu London) 6. 7. 1553, Sohn Heinrichs VIII. und der Jane Seymour; für ihn regierte sein Onkel Edward Seymour, Earl of Hertfort (Herzog von →Somerset), der 1552 von John Dudley, Herzog von →Northumberland, gestürzt wurde. Dieser rang dem schwer kranken König ein Testament zugunsten seiner prot. Schwiegertochter Lady Jane →Grey ab. Das wichtigste Ereignis der Reg.-Zeit E.s war 1549 die gesetzl. Verankerung der Reformation durch die erste →Uniformitätsakte, durch die das →Common Prayer Book verbindlich gemacht wurde. Mit E. erlosch das Haus Tudor im Mannesstamm.

W. K. Jordan: Edward VI, 2 Bde. (London 1968–70).

9) Eduard VII., König von Großbritannien und Irland, Kaiser von Indien (seit 1901), *London 9. 11. 1841, †ebd. 6. 5. 1910, ältester Sohn von Königin Viktoria und Prinzgemahl Albert von Sachsen-Coburg-Gotha; heiratete 1863 die dän. Prinzessin Alexandra. Von seiner Mutter vom polit. Leben fern gehalten, verfügte er bei der Thronbesteigung nur über wenig Voraussetzungen, um polit. Einfluss zu nehmen. Er unterstützte die Annäherung an Frankreich.

S. Lee: E. VII., 2 Bde. (a. d. Engl., 1928); P. M. Magnus: King Edward VII (Neuausg. Harmondsworth 1975).

10) Eduard VIII., König von Großbritannien und Nordirland (1936), *White Lodge (heute zu London) 23. 6. 1894, †Paris 28. 5. 1972; bestieg am 20. 1. 1936 den Thron, dankte jedoch am 11. 12. 1936 wieder ab, da sich bes. die brit. Reg. und die anglikan. Kirche gegen seine Absicht wandten, die geschiedene Amerikanerin Wallis Simpson (*1896, †1986) zu heiraten. Seitdem lebte E. als Herzog von Windsor im Ausland (meist in Paris).

Memoiren: A King's story (1951).

Portugal: **11) Eduard**, port. **Duarte**, König (seit 1433), *Viseu 31. 10. 1391, †Tomar 13. 9. 1438, Sohn Johanns I.; im Ggs. zum Vater und zum Bruder Heinrich dem Seefahrer der Typ des Gelehrten (zahlr. Abhandlungen und Entwürfe zu naturkundl., religiösen u. a. Themen); setzte widerstrebend die mit der Eroberung von Ceuta (1415) begonnene Afrikapolitik fort, die 1437 mit der Gefangennahme des port. Heeres vor Tanger einen schweren Rückschlag erlitt. Zur Auslösung des Heeres musste E. seinen Bruder Ferdinand als Pfand zurücklassen, der 1443 in arab. Gefangenschaft starb (→Ferdinand, F. der Standhafte). E. versuchte vergeblich, die port. Juden durch Christianisierung zu integrieren. Sein ›Mentalgesetz‹ (›Lei mental‹) von 1434, das Kronlehen für unteilbar und unveräußerlich erklärte, war bis 1832 in Kraft.

Eduard, engl. **Edward** [ˈedwəd], Prince of Wales, *Woodstock (bei Oxford) 15. 6. 1330, †Westminster (heute zu London) 8. 6. 1376, ältester Sohn Eduards III. von England; nach seiner Rüstung der ›Schwarze Prinz‹ (engl. ›the Black Prince‹) gen.; galt den Zeitgenossen und der Nachwelt als Verkörperung des ruhmreichen Ritters, der in den Schlachten und Feldzügen des →Hundertjährigen Krieges vielfach

seine militär. Begabung unter Beweis stellte. 1362 erhielt er Aquitanien als fast unabhängiges Fürstentum, musste aber 1371 krank nach England zurückkehren.

R. W. Barber: Edward, Prince of Wales and Aquitaine (London 1978).

Edukt [zu lat. educere, eductum ›herausführen‹] *das, -(e)s, -e,* **1)** *Chemie:* gelegentlich Bez. für Rohstoff, Ausgangsmaterial.

2) *Petrologie:* Ausgangsgestein bei der Metamorphose.

EDV, Abk. für elektronische →Datenverarbeitung.

Edwards, 1) [ˈedwədz], Blake, amerikan. Filmregisseur, *Tulsa (Okla.) 26. 7. 1922; war Hörfunk- und Fernsehautor, inszenierte v. a. Filmkomödien und -satiren, z. B. mit seiner Frau Julie Andrews (*1935).

Filme: Frühstück bei Tiffany (1961); Der rosarote Panther (1963); Das große Rennen rund um die Welt (1965); Darling Lili (1970); Zehn – Die Traumfrau (1980); Victor/Victoria (1982); Micki und Maude (1985); Blind date – Verabredung mit einer Unbekannten (1987); Switch – Die Frau im Manne (1991); Der Sohn des rosaroten Panthers (1993).

2) [ˈedwədz], Jonathan, amerikan. prot. Theologe und Indianermissionar, *East Windsor (Conn.) 5. 10. 1703, †Princeton (N. J.) 22. 3. 1758; leitete mit seiner berühmten Predigt ›Sinners in the hands of an angry god‹ (Sünder in der Hand eines zornigen Gottes, 1741) die Erweckungsbewegung in Amerika ein. E. begründete die New England Theology und versuchte, Calvins strengen Determinismus mit der menschl. Freiheit zu harmonisieren; bestand auf der sittl. Verantwortung des Menschen.

3) [ˈeðuars], Jorge, chilen. Schriftsteller, *Santiago de Chile 29. 7. 1931; war z. Z. der Reg. von S. Allende Gossens (bis 1973) Diplomat, u. a. Botschafter in Havanna; lebte dann (bis 1980) im Exil; veröffentlichte u. a. Erzählungen und Romane, in denen die dem Militärputsch von 1973 in Chile vorausgegangene krisenhafte Gesellschaftssituation subtil analysiert wird. Seine Erfahrungen in Kuba behandelt der autobiograph. Roman ›Persona non grata‹ (1973).

Weitere Werke: *Romane:* El peso de la noche (1965); Los convidados de piedra (1978); El museo de cera (1981); La mujer imaginaria (1985); El anfitrión (1987). – *Erzählungen:* El patio (1952); Gente de la ciudad (1961); Fantasmas de carne y hueso (1992). – *Essays:* Desde la cola del dragón (1977); Adiós, poeta ... (1990; dt. Adiós, poeta ... Erinnerungen an Pablo Neruda).

Ausgabe: Cuentos completos (1990).

4) [ˈedwədz], Sir (seit 1916) Owen Morgan, walis. Schriftsteller, *Llanuwchllyn (Cty. Gwynedd) 25. 12. 1858, †ebd. 15. 5. 1920; setzte sich mit eigenen Werken, Neuausgaben von Klassikern und mit der Herausgabe von Zeitschriften für die Wiederbelebung der kymr. Literatursprache ein. Seine wichtigste engl. Veröffentlichung ist eine Darstellung seines Heimatlandes (›Wales‹, 1901).

Edwards Bello [ˈeðuarz ˈβejo], Joaquín, chilen. Schriftsteller, *Valparaíso 10. 5. 1888, †Santiago de Chile 1968; suchte in seinen Romanen nach dem Vorbild É. Zolas ein umfassendes Panorama der versch. chilen. Gesellschaftsschichten darzustellen; gab dem lebensnahen Stoff und der psycholog. Analyse Vorrang vor erzähltechn. Problemen.

Werke: *Romane:* El monstruo (1912); El roto (1920); El chileno en Madrid (1928); Criollos en París (1933); La chica del Crillón (1935).

Edwardsee [ˈedwəd-; nach Eduard VII. von Großbritannien], See im Zentralafrikan. Graben, →Rutanzigesee.

Edwardsiella, Bakteriengattung der →Enterobakterien. **E. tarda** ist ein opportunistisch pathogenes Darmbakterium, das bei vielen Tieren und auch beim Menschen vorkommt. Es kann beim Menschen blutigschleimige Durchfälle verursachen.

Edwards Plateau [ˈedwədz ˈplætəʊ], Kreidekalk-Schichttafel in SW-Texas, USA, zw. Pecos River und

Eduard VIII.,
König von
Großbritannien und
Nordirland

Colorado River, 400–1 000 m ü. M.; Teil der semiariden →Great Plains; fällt im S steil (Balcones Escarpment) zur Golfküstenebene ab, geht im N in den Llano Estacado über. Das E. P. hat extensive Weidewirtschaft (Schafe und Angoraziegen), um San Angelo, den zentralen Ort des E. P., Baumwollanbau.

Edwards-Syndrom ['edwədz-; nach dem brit. Genetiker JOHN HILTON EDWARDS, *1928], **Trisomie 18,** auf dem überzähligen Vorhandensein des Chromosoms 18 beruhende, schwere Entwicklungsstörung, die bei etwa einer von 8 000 Geburten auftritt. Kennzeichnend sind geringes Geburtsgewicht, Ernährungsstörungen und schwere körperl. und geistige Entwicklungsstörungen mit Fehlbildungen, z. B. deformierte, tief sitzende Ohren, fliehendes Kinn, Flexionshaltung der Finger (Überkreuzung), Gelenkkontrakturen, Wiegenkufenfüße, Skelettveränderung von Brustbein, Wirbelsäule und Becken, auch angeborene Herzfehler. Es besteht oft nur eine Lebenserwartung von einigen Tagen bis Monaten. Die Häufigkeit der Geburt eines Kindes mit E.-S. nimmt, wie die des Down-Syndroms, mit dem Alter der Mutter zu.

Edzard I., der Große, Graf von Ostfriesland, aus dem Hause Cirksena, *Greetsiel (bei Emden) 15. (16.?) 1. 1462, †Emden 14. (15.?) 2. 1528; behauptete in der Sächs. Fehde (1514–18) Ostfriesland als selbstständiges Territorium und sicherte durch die Primogenitur dessen ungeteilten Bestand.

Eeckhout ['e:khɔŭt], 1) Albert van den, niederländ. Maler, *Groningen 1610, †ebd. 1666; ging 1637 für mehrere Jahre nach Brasilien. Die bildl. Darstellungen seiner Reiseeindrücke sind von hohem kultur- und naturgeschichtl. Wert.
2) Gerbrand Jansz. van den, niederländ. Maler, *Amsterdam 19. 8. 1621, †ebd. 22. 9. 1674; war 1635–40 Schüler REMBRANDTS, nach dessen Stil der Dreißiger- und Vierzigerjahre beeinflusst, bibl. und antike Darstellungen, Genrebilder und Porträts. Aus seinem vielseitigen zeichner. Werk sind seine Landschaftsaquarelle und Entwürfe für Ornamentstiche bedeutend.

EEG, Abk. für Elektroenzephalogramm (→Elektroenzephalographie).

Eeklo, Stadt in der Prov. Ostflandern, Belgien, 19 100 Ew.; Stahlbau- und Wollindustrie.

Eem-Interglazial, Eemien [e:'mjɛ̃; nach der Eem, einem Zufluss zum IJsselmeer] *das, -(s),* letztes Interglazial des pleistozänen →Eiszeitalters im nordmitteleurop. Vereisungsgebiet. Der infolge der Erwärmung ansteigende Meeresspiegel der Nord- und Ostsee **(Eem-Meer)** überschritt stellenweise die heutige Küstenlinie. Die Jahresmitteltemperatur lag in Mitteleuropa um 2–3 °C höher als heute. Die Vegetation bestand hier im Klimaoptimum v. a. aus Eichenmischwald, die Fauna u. a. aus Löwen, Leoparden, Waldelefanten, Waldnashörnern, Wildschweinen, Rehen, Rot- und Riesenhirschen.

EEPROM [Abk. für engl. **e**lectrically **e**rasable and **p**rogrammable **r**ead-**o**nly **m**emory, ›elektrisch lösch- und programmierbarer Nur-Lese-Speicher‹, auch **E²PROM, EAROM** [Abk. für engl. **e**lectrically **a**lterable **r**ead-**o**nly **m**emory, ›elektrisch änderbarer Nur-Lese-Speicher‹], Festwertspeicher, der im Ggs. zum →EPROM mit einer definierten elektr. Spannung gelöscht werden kann. Die Programmierung erfolgt wie beim EPROM mit einer entsprechenden Programmierspannung. Beim Einsatz in Computersystemen besitzen EEPROMs den Vorteil, dass das Löschen und erneute Programmieren der Bausteine durch den Mikroprozessor im System veranlasst werden kann.

Eesteren ['e:stərə], Cornelis van, niederländ. Architekt, *Kinderdijk (heute zu Nieuw-Lekkerland, Prov. Südholland) 4. 6. 1897, †Amsterdam 21. 2. 1988; Mitgl. der Stijl-Gruppe und Mitarbeiter von T. VAN

DOESBURG bei einigen avantgardist. Entwürfen der frühen 20er-Jahre. Als städtebaul. Berater der Stadt Amsterdam hatte er bedeutenden Einfluss auf die Planung mehrerer Stadtteile. E. war Mitgl. der →CIAM, der Architektengemeinschaft De Acht (Entwurf des Dorfes Nagele im Nordostpolder, Prov. Flevoland) und 1947–67 Prof. an der TH Delft.
R. BLIJSTRA: C. van E. (Amsterdam 1971).

EFA, Abk. für European Fighter Aircraft, den →Eurofighter 2 000.

Efate [ɛ'fɑːti], Insel des Staates Vanuatu, SW-Pazifik, 887 km², 33 200 Ew.; die Insel ist vulkanisch und mit trop. Regenwald bedeckt, höchste Erhebung ist der Mount MacDonald mit 647 m ü. M.; an der Mélé Bay im SW liegt die Hauptstadt von Vanuatu, Port Vila. Kokospalmen-, Kaffee-, Kakaokulturen; Rinder- und Schafzucht.

Efẹndi, Effẹndi [zu byzantinisch-griech. authentḗs ›Herr‹] *der, -s/-s,* Ehrentitel und ehrende Anrede (Efendim ›mein Herr‹) im Osman. Reich, seit dem 13./14. Jh. relativ unspezifisch gebraucht für Personen hohen Ranges (häufig auch für den Sultan selbst), in späterer Zeit – trotz genauer Rangfestlegung im 19. Jh. – bes. für die Angehörigen der gebildeten Klasse; 1934 abgeschafft und durch ›Bay‹ (›Herr‹, →Bei) ersetzt.

Eferding, 1) Bezirkshauptstadt in Oberösterreich, 3 500 Ew.; Mittelpunkt des fruchtbaren Eferdinger Beckens; Büromöbelfabrik. – Das histor. Stadtbild ist z. T. erhalten; spätgot. Pfarrkirche (1451–1497) mit Grabsteinen des 14.–17. Jh.; Schloss (13.–16. Jh., 1784 erweitert). – Der schon zu röm. Zeit angelegte Ort E. fand im Nibelungenlied Erwähnung; 1111 erstmals urkundlich bezeugt. 1222 verlieh der Bischof von Passau E. Stadtrecht. 1626 unterlagen im oberösterr. Bauernkrieg nahe E. die Bauern den kaiserl. Truppen.
2) Bez. im Bundesland Oberösterreich, 260 km², 29 700 Ew.; Hauptstadt ist Eferding.

Efeu, Hẹdera, Gattung der Araliengewächse mit sieben Arten in Europa, N-Afrika und Asien. Die einzige einheim. Art ist der **Gemeine E.** (Hedera helix); kriechender oder mit Haftwurzeln bis 30 m hoch kletternder Strauch mit ledrigen, oberseits glänzenden, immergrünen Blättern und gelbgrünen, erst im Herbst erscheinenden Blüten. Die schwarzen, kugeligen Beerenfrüchte entwickeln sich meist erst im folgenden Frühjahr.
Kulturgeschichte: Im alten Ägypten wurde E. beim Kult des Osiris verwendet; ebenso von Griechen und Römern beim Kult des Dionysos (Bacchus), der oft mit E. bekränzt dargestellt wurde. Antike Altäre, Bildsäulen, Mischkrüge und Trinkgefäße, später auch got. Bauten zeigen oft E.-Blätter als Ornament. Alle Pflanzenteile wurden zudem arzneilich, zerriebene Blätter auch zum Parfümieren verwendet. Schon im Altertum Symbol der Unvergänglichkeit, Freundschaft und Treue, wurde E. später zum Sinnbild des (immer grünenden) Lebens.

Efeu|arali|e, Fats|hẹdera lizẹi, durch Kreuzung von Zimmeraralie und Efeu entstandenes Araliengewächs mit 3- bis 5-lappigen, großen Blättern und unscheinbaren Blüten in einem filzig behaarten Blütenstand; beliebte Dekorations- und Zimmerpflanze.

Effẹkt [lat., zu efficere ›hervorbringen‹, ›bewirken‹] *der, -(e)s/-e,* **1)** *allg.:* 1) Wirkung, Auswirkung, Erfolg; Ergebnis; 2) *meist Pl.,* auf Wirkung abzielendes Ausdrucks- und Gestaltungsmittel.
2) *Physik:* spezielle physikal. Erscheinung und Wirkung (z. B. Auger-E., Compton-E., Photo-E.).

Effẹkten *Pl.,* Bez. für →Wertpapiere, die leicht übertragbare Urkunden über Mitgliedschafts-, Forderungs- oder Anteilsrechte sind, sich wegen ihrer Vertretbarkeit (Fungibilität) zum Handel an der →Börse **(E.-Börse)** eignen und der Kapitalanlage dienen. Die wichtigsten Arten von E. sind Aktien sowie Kuxe, also

Efeu:
Hedera helix (oben Jugendtrieb, unten fruchtender Alterstrieb)

Efeuaralie
(Höhe bis 5 m)

Wertpapiere über Mitgliedschaftsrechte (Teilhaber-E.), Schuldverschreibungen, bes. Pfandbriefe oder Obligationen öffentlich-rechtl. Körperschaften (z. B. Kommunalobligationen) oder von Industrieunternehmen (Gläubiger-E.), schließlich Zertifikate über einen Anteil an einem Investmentfonds. Das **E.-Geschäft** der Kreditinstitute umfasst die Emission von E. (E.-Platzierung), An- und Verkauf von E. für eigene (Eigengeschäft) und fremde Rechnung **(E.-Kommissionsgeschäft)** sowie das E.-Depotgeschäft (→Depot). Beim E.-Kommissionsgeschäft in amtlich notierten Werten tritt ein Kreditinstitut als Kommissionär, der Kunde als Kommittent auf (§§ 383 ff. HGB), das Geschäft muss über die Börse abgewickelt werden. Davon zu unterscheiden sind Festpreisgeschäfte, bei denen der Kunde E. direkt von der Bank (ohne Börsenzwang) zu einem bei Geschäftsabschluss fixierten Preis kauft bzw. an sie verkauft. Das E.-Geschäft wird bes. im Ausland von Spezialbanken übernommen (E.-Banken im Unterschied zu Depositenbanken). Der **E.-Markt** erstreckt sich auf den amtl. Handel, den geregelten Markt, den Freiverkehr und den außerbörsl. Handel (insbesondere im →IBIS). Der **E.-Abrechnung** der Kreditinstitute liegen der Börsenpreis des Wertpapiers, E.-Provision, Courtage und etwaige Spesen zugrunde.

Effektgeräte, in der Pop- und Rockelektronik Sammel-Bez. für alle Geräte, die akust. Signale verändern, selbst keine Signale erzeugen. Die meisten E. bewirken Veränderungen des Klangcharakters eines Instruments oder einer Singstimme. Wichtige E. sind: →Verzerrer, →Kompressor, →Booster, →Flanger, →Phaser, →Wah-Wah, →Ringmodulator, →Equalizer.

Effektgesetz, von E. L. THORNDIKE aufgestelltes psycholog. Gesetz, das besagt, dass Handlungen, die von einem befriedigenden Zustand gefolgt sind, d. h. einen ›positiven Nacheffekt‹ haben, bes. gut im Gedächtnis behalten werden. Belohnung verstärkt die Wahrscheinlichkeit des Auftretens der belohnten Reaktionshandlung, während Bestrafung nur indirekte, eventuell schwächere Wirkung hat.

effektive Leistung, bei *Kraftmaschinen* die von der Antriebswelle tatsächlich abgegebene Leistung; sie ist infolge von Reibungsverlusten kleiner als die Innenleistung **(indizierte Leistung).**

effektive Logik, →mathematische Logik.

effektive Masse, in der *Festkörperphysik* die energieabhängige, scheinbare Masse der in einem Festkörper befindlichen bewegl. Ladungsträger (Leitungselektronen, Defektelektronen); sie kann stark von der tatsächl. Masse abweichen und auch negativ sein; mit ihr wird formal die Wechselwirkung der Ladungsträger mit den ruhenden Gitterbausteinen (d. h. der Einfluss des gitterperiod. Kristallpotenzials; →Bändermodell) berücksichtigt. Eine Bestimmung der e. M. kann mithilfe der →Zyklotronresonanz oder des De-Haas-van-Alphen-Effekts erfolgen.

effektiver Jahreszins, →Effektivverzinsung.

effektive Stücke, *Börsenwesen:* Bez. für die gelieferten und z. T. auch ausgehändigten Wertpapierurkunden im Unterschied zur heute übl. Girosammelverwahrung (→Depot).

Effektivgeschäft, ein Geschäft mit Waren oder Wertpapieren, das im Unterschied zum →Differenzgeschäft und →Termingeschäft auf konkrete Erfüllung abzielt, bei dem die Lieferung sofort bei Geschäftsabschluss erfolgt oder nach einer gewissen Zeit beabsichtigt ist. (→Kassageschäft)

Effektivität *die, -,* **1)** *allg.:* Wirksamkeit; Durchschlagskraft; Leistungsfähigkeit.
2) *Völkerrecht:* Grundsatz, wonach die Wirksamkeit und Dauerhaftigkeit einer von den betroffenen Staaten hingenommenen, aufrechterhaltenen oder durchgesetzten tatsächl. Situation (z. B. Verlauf einer Grenze, Festlegung einer Fischereizone, Entstehung eines neuen Staates, Etablierung einer illegal zur Macht gelangten Reg.) selbstständige rechtl. Bedeutung besitzt, also auch ohne oder gegen geltende Rechtsnormen rechtl. Verbindlichkeit erlangt. So ist die E. einer durch Bürgerkrieg entstandenen Reg. Voraussetzung für die Anerkennung durch andere Staaten.

Effektivlohn, Bez. für den vom Arbeitgeber tatsächlich gezahlten Lohn. Er besteht aus dem Tariflohn, den Überstundenvergütungen und übertarifl. Zuschlägen. Im Vergleich zum Tariflohn, der für einen bestimmten Zeitraum festgelegt wird, kann der E. vom Unternehmen in Abhängigkeit von den gegebenen Bedingungen (z. B. Arbeits-, Absatzmarkt) flexibel festgelegt werden. Der E. liegt i. d. R. über dem Tariflohn, da dieser nur einen Mindestlohn darstellt. Die Differenz zw. E.- und Tariflohnentwicklung wird als Lohndrift bezeichnet.

Effektivtemperatur, *Astronomie:* diejenige Temperatur, die ein Hohlraumstrahler (→schwarzer Strahler) haben müsste, um pro Flächen- und Zeiteinheit die gleiche Strahlungsenergie abzugeben wie ein Stern an seiner Oberfläche; die E. ist somit ein Maß für die abgestrahlte Gesamtenergie eines Sterns.

Effektivverzinsung, effektive Verzinsung, im Ggs. zur Nominalverzinsung die tatsächl. Ertrag (→Rendite) einer Kapitalanlage (Wertpapier oder Forderung) unter Berücksichtigung aller preisbestimmenden Faktoren (Zinsertrag, An- und Verkaufskurs, Nebenkosten, Zinstermine, Laufzeit und Tilgungsmodalitäten). Für den Schuldner von Krediten ist die E. das tatsächl. Entgelt für die Inanspruchnahme des Kredits in Form der Gesamtbelastung pro Jahr in Prozent des Kreditbetrages unter Berücksichtigung von Nominalzins, Auszahlungskurs (Disagio), Laufzeit (Festschreibungszeit), Tilgungsmodalitäten, Zinszahlungsterminen und Praxis der Wertstellung von Zins- und Tilgungszahlungen, Bearbeitungsgebühren und Provisionen (z. B. Bereitstellungsprovisionen). E. bei Krediten ist als **effektiver Jahreszins** gemäß § 4 der VO zur Regelung der Preisangaben vom 14. 3. 1985 (PAngV) von jedem Kreditinstitut anzugeben, um Kreditangebote von Banken für den Privatkunden vergleichbar zu machen. Hat sich das Institut die Änderung des Zinssatzes oder anderer Faktoren während der Kreditlaufzeit vorbehalten, so ist ein **anfänglicher effektiver Jahreszins** zu nennen mit dem Zusatz, welche Faktoren geändert werden können (z. B. steigender Tilgungsanteil an der Gesamtbelastung beim Annuitätendarlehen).

Die E. schlechthin gibt es praktisch nicht, sondern diverse, jeweils unter bestimmten Prämissen berechnete stat. bzw. dynam. E., wobei Letztere zumeist auf der internen Zinsfußmethode basieren. Da zur Berücksichtigung der Zinseszinsen eine Gleichung n-ten Grades zu lösen wäre, wird hilfsweise oft eine Näherungslösung bevorzugt. So hat sich in der Bankpraxis für Kredite mit nachschüssiger Zinszahlung (am Jahresende) und Gesamttilgung am Ende der Laufzeit folgende Formel durchgesetzt:

$$r = \frac{Z + \frac{D}{T}}{K}$$

(r = Effektivzins, Z = Nominalzins, D = Disagio, T = Laufzeit, K = Auszahlungsbetrag).

Zur Berechnung der E. eines festverzinsl. Wertpapiers wird häufig folgende Faustformel (Effektivzins = laufende Verzinsung + Zusatzverzinsung) verwendet:

$$r = \frac{Z \cdot 100}{K} + \frac{(R - K) \cdot 100}{K \cdot L}$$

(r = Effektivzins, Z = Nominalzins, K = Emissionskurs, R = Rückzahlungskurs, L = mittlere Laufzeit).

Die Ermittlung der E. einer Zins ansammelnden, also während der Laufzeit nicht Zins zahlenden Forderung ergibt sich demgegenüber nach der Formel:

$$r = \sqrt[n]{\frac{R}{K}} - 1$$

(*r* = Effektivzins, *n* = Laufzeit, *R* = Rückzahlungskurs, *K* = Emissionskurs).

Effelsberg: Der 100-m-Parabolspiegel des Max-Planck-Instituts für Radioastronomie (Bonn)

Effektivwert, 1) *Physik:* bei einer zeitlich periodisch veränderl. Größe $G(t)$ (Periodendauer T) die Quadratwurzel aus dem quadrat. Mittelwert (der Augenblickswerte) dieser Größe während einer Periode:

$$G_{\text{eff}} = \sqrt{(1/T) \int_0^T G^2(t)\, \mathrm{d}t}.$$

Für den E. eines sinusförmigen Wechselstroms mit dem Scheitelwert (maximale Amplitude) $\hat{I}$ seiner Stromstärke $I(t)$ erhält man daher: $I_{\text{eff}} = \hat{I}/\sqrt{2}$. Ein Wechselstrom, dessen E. den Wert 1 A hat, ruft in einem ohmschen Widerstand dieselbe Wärmewirkung hervor wie ein Gleichstrom gleicher Stromstärke.
2) *Wirtschaft:* tatsächl. Wert eines Wertpapiers oder einer Ware, i. A. verstanden als der um alle Spesen verminderte Kurswert (im Unterschied zum Nennwert).

Effektkohlen, Bogenlampenelektroden in Gestalt von Hohlstiften aus einem gepressten Ruß-Teer-Gemisch mit einem Docht in der Mitte; Metallsalze (meist Cerfluoride) als Bestandteile des Anodendochts führen zum →Beck-Effekt.

Effektor *der, -s/...'toren,* **1)** *Biochemie:* meist niedermolekulare Substanz, die durch Bindung an ein Enzym oder ein regulator. Protein bei diesem eine Konformationsänderung und dadurch eine Aktivitätsänderung hervorruft.
2) *Neurophysiologie:* Nerv, der einen Reiz vom Zentralnervensystem zum Erfolgsorgan (z. B. Muskel) weiterleitet und dort eine Reaktion auslöst; auch Bez. für das den Reiz beantwortende Organ selbst.

Effektzwirne, Effektgarne, Sammelname für alle Ziergarne und -zwirne, z. B. Knoten-, Noppen-, Spiral-, Flammen-, Frottee-, Schlingen-, Bouclé-, Rau-

pengarne/-zwirne. E. werden auf Spinn- oder Zwirnmaschinen mit Zusatzeinrichtungen hergestellt.

Effel, Jean, eigtl. **François Lejeune** [lə'ʒœn], frz. Zeichner und Aquarellmaler, * Paris 12. 2. 1908, † ebd. 16. 10. 1982; bearbeitete als Zeichner humorvoll v. a. bibl. und mytholog. Themen.
Werke: La création du monde, 4 Bde. (1951–54; Bd. 1 dt. Die Erschaffung der Welt); La création de l'homme (1953; dt. Die Erschaffung des Menschen); Opération Ève (1960; dt. Die Erschaffung Evas).

Effelsberg, Ortsteil von Bad Münstereifel, NRW. Bei E. befindet sich der 100-m-Parabolspiegel des Max-Planck-Instituts für Radioastronomie (Sitz Bonn). Das 1972 in Betrieb genommene, weltweit größte voll bewegl. Radioteleskop wird zus. mit mehreren Radioteleskopen auch als →Radiointerferometer eingesetzt, sodass ein Winkelauflösungsvermögen von ca. 0,0001″ erreicht werden kann.

Efferenz *die, -/-en,* Begriff aus der Neurophysiologie, der die Richtung der Informationsübertragung durch Nervenfasern beschreibt: **Efferente Nervenfasern** leiten Informationen vom Zentralnervensystem zum Erfolgsorgan weiter; Ggs.: →Afferenz.

Efferenzkopie, kurzfristig im Gedächtnis gespeicherte ›Kopie‹ eines Handlungsbefehls. Das tatsächl. Handlungsergebnis wird mit diesem Sollwert ständig verglichen und die Handlung notfalls so lange korrigiert, bis beide übereinstimmen.

Effet [ɛ'fɛ:; frz. ›Wirkung‹] *der,* selten *das, -s/-s, Sport:* 1) allg. in fast allen Ballsportarten die dem Ball verliehene Drehung (Drall), die die Flugbahn des Balles beeinflusst; 2) Billard: Wirkung eines seitlich geführten Stoßes auf die Kugel.

effettuoso [ital.], musikal. Vortrags-Bez.: effektvoll, wirkungsvoll.

Effi Briest, Roman von T. FONTANE, 1895.

Effigy Mounds ['efɪdʒɪ maʊndz; engl. ›Bilderhügel‹], allgemeine Bez. für die zahlr. prähistor. Erdwallanlagen im Mittelwesten der USA (von Minnesota bis Ohio), die neben kon. Grabhügeln durch ihre geometr. (Kreise, Quadrate, Oktogone, Ellipsen) oder tier. Formen (Vögel, Schlangen, Schildkröten, Bären) und durch die Abwesenheit von Bestattungen auffallen. Die E. M. können keiner bestimmten prähistor. Kultur zugeschrieben werden; sie werden in die Zeit von etwa 500 v. Chr. bis ins 16. Jh. n. Chr. datiert. Die meisten Anlagen stammen aber wohl aus der Mitte des 1. Jt. n. Chr.; eine genaue Datierung scheitert an der sehr geringen Zahl von Artefakten, die in den E. M. gefunden wurden. Die Erdwälle waren oft nicht höher als 1 Meter, sind heute stark erodiert und haben wohl kult. Bezirke markiert oder umschlossen. Ihre Länge reicht von mehreren Metern bis über Hunderte von Metern; einzelne E. M. bilden durch miteinander verbundene Wälle große Komplexe, z. B. Newark in Ohio, das eine Fläche von etwa 7 km² umschließt.

Jean Effel:
Das Lamm;
Federzeichnung
aus
›Die Erschaffung
der Welt‹, 1951

Effizienz [lat.] *die, -/-en,* **1)** *bildungssprachlich* für: Wirksamkeit und Wirtschaftlichkeit.

2) *Informatik:* ein Hauptqualitätsmerkmal (nach DIN 66272) für die Beurteilung eines Softwareprodukts. Die E. beinhaltet die Bewertung des zeitl. Verhaltens (Antwortzeit, Laufzeit) und des Ressourcenverbrauchs einer Software unter gegebenen Systemvoraussetzungen (Hardware, Betriebssystem, Kommunikationseinrichtungen).

3) *Wirtschaft:* Verhältnis zw. Mitteleinsatz und Zielerreichung. Ökonom. E.-Kriterien sind z. B. Gewinn, Eigenkapitalrendite sowie Arbeits- und Kapitalproduktivität; sie sind Ausdruck des ökonom. Prinzips, mit gegebenem Mitteleinsatz einen maximalen Erfolgsgrad zu erreichen bzw. einen angestrebten Erfolgsgrad mit minimalem Mitteleinsatz zu realisieren. Produktmenge und Einsatz von Produktionsfaktoren entsprechen →Produktionsfunktionen ohne Ausschussproduktion und Faktorverschwendung (**technische E.** oder **technologische E.**) und ermöglichen die kostengünstigste Produktion gemäß der →Minimalkostenkombination (**ökonomische E.** in der Mikroökonomik). Diese einzelwirtschaftl. E.-Kriterien können auf die gesamte Volkswirtschaft übertragen werden (gesamtwirtschaftl. Produktionsoptimum für alle Güter und Produktionsfaktoren). Die Wohlfahrtsökonomik formuliert diese Tausch-E., bei der die Güter so auf die Menschen verteilt sind, dass ein höchstmögl. gesamtwirtschaftl. Wohlfahrts- oder Nutzenniveau erreicht wird, und gelangt durch Kombination dieses Tauschoptimums mit dem Produktionsoptimum zu einem gesamtwirtschaftl. →Gleichgewicht.

effiziertes Objekt, *Sprachwissenschaft:* Bez. für ein Objekt, das von der Verbalhandlung hervorgebracht (und nicht nur verändert) wird, z. B. ›sie backen das Brot‹. (→affiziertes Objekt)

Effloreszenz [zu lat. efflorescere ›aufblühen‹] *die, -/-en,* **1)** *Geologie:* →Ausblühungen von Salzen an der Oberfläche von Gesteinen und Böden.

2) *Medizin:* Oberbegriff für krankhafte Hautveränderungen. **Primär-E.** sind erster Ausdruck einer Hauterkrankung wie Fleck (Macula), Knötchen (Papula), Bläschen (Vesicula), Blase (Bulla), mit Eiter gefülltes Bläschen (Pustel, Pustula), Quaddel (Urtica). **Sekundär-E.,** die z. T. durch Weiterentwicklung der Ersteren entstehen, sind: Schuppe (Squama), Kruste (Crusta), Abschürfung (Erosion, Exkoriation), Schrunde (Fissur, Rhagade), Geschwür (Ulcus) und Narbe (Cicatrix). – Erkennen und Eingruppieren der E. (E.-Lehre) sind wichtig für die Diagnose einer Hautkrankheit.

Efflux *der, -(es)/-e, Biologie:* Teilvorgang der Teilchenflüsse (→Fluxe) an Zellmembranen; Ggs. Influx.

Effner, Joseph, Baumeister, Innendekorateur und Gartenarchitekt, * Dachau 4. 2. 1687, † München 23. 2. 1745; ausgebildet in Paris bei G. Boffrand, war 1715–30 bayer. Hofbaumeister, ab 1738 Gartenbaudirektor. Er leitete u. a. den Ausbau von Schloss und Park Nymphenburg mit Pagodenburg (1716–19), Badenburg (1718–21) und Magdalenenklause (1723–28). Er vollendete das Schloss Schleißheim (ab 1719) und war beteiligt an der Innendekoration der Reichen Zimmer in der Münchner Residenz. Beim Palais Preysing (1723–28) in München übertrug er seine reichen Schmuckformen auf Außenwände.

Effort-Syndrom [ˈefət-; engl. ›Anstrengung‹], **Da-Costa-Syndrom,** Form der Herzneurose mit phob. Reaktion. Zu den Symptomen zählen Beklemmungsgefühle oder Stiche in der Herzgegend, Pulsbeschleunigung, →Extrasystolie und belastungsunabhängige →Hyperventilation.

Effusiometer, *Technik:* →Ausströmmethode.

Effusion [lat. ›das Ausgießen‹] *die, -/-en,* **1)** *Geologie:* Ausfließen von vulkan. Lava. (→Vulkanismus)

Effigy Mounds: Serpent Mound in Ohio, Erdwall in Form einer Schlange (Adenakultur); wahrscheinlich in den ersten Jahrhunderten nach Christus errichtet

2) *Technik:* das Austreten von Gasen durch kleine Öffnungen.

effusiv [lat.], *Geologie:* durch Effusion gebildet.

Effusivgesteine, Effusiva, →Vulkanite.

Efik, zu den →Benue-Kongo-Sprachen gehörende Sprache, die u. a. im Cross-River-Gebiet Nigerias gesprochen wird.

Eflatun Pınar, Quellheiligtum der hethit. Großreichszeit (um 1230 v. Chr.) in Anatolien, etwa 80 km westlich von Konya, Türkei. Erhalten ist die Fassade eines unvollendeten Monuments, geschmückt mit dem Hochrelief einer sitzenden männl. und weibl. Gottheit, darüber von zehn Mischwesen gestützte Flügelsonnen. In der Nähe Reste eines von Löwen flankierten Thronsitzes etwa aus gleicher Zeit. (BILD S. 108)

Eforie, Seebad und Kurort in Rumänien, an der Schwarzmeerküste, 14 km südlich von Konstanza, etwa 10 000 Ew.; am nahe gelegenen Techirghiol-See (12 km²) Heilschlammgewinnung.

Efremov [jɪ-], Iwan Antonowitsch, russ. Schriftsteller, →Jefremow, Iwan Antonowitsch.

EFTA, Abk. für European Free Trade Association, die →Europäische Freihandelsassoziation.

EFTS [Abk. für engl. **e**lectronic **f**unds **t**ransfer system], weitgehend beleg- und datenträgerloses Abwicklungssystem für den Zahlungsverkehr, bei dem Zahlungsaufträge von Privatpersonen, Banken und Unternehmen im nat. und internat. Maßstab erfasst und zum jeweiligen Empfänger übertragen werden. Beispiele: Ein Bankkunde veranlasst eine Überweisung an einem Bankautomaten oder von seiner Wohnung

Joseph Effner: Badenburg im Nymphenburger Park in München; 1718–21

(Homebanking) aus mittels Btx, Datex-J bzw. T-Online (→Datex-Dienste); ein Käufer autorisiert an einer Ladenkasse (Point of Sale, →POS-Systeme) den Handelsbetrieb, den Kaufbetrag von seinem Bankkonto auf das des Händlers umzubuchen.

EFWZ, Abk. für →Europäischer Fonds für währungspolitische Zusammenarbeit.

EG, Abk. für die durch Umbenennung der →Europäischen Wirtschaftsgemeinschaft 1993 entstandene Europäische Gemeinschaft sowie für die →Europäischen Gemeinschaften.

e. G., eG, Abk. für eingetragene →Genossenschaft.

Egadi, Inseln vor der Küste Siziliens, →Ägadische Inseln.

Eflatun Pınar: Fassade des Quellheiligtums der hethitischen Großreichszeit; um 1230 v. Chr.

Egal *das,* -*s*/-*e,* **Akal, Aqal, Ogal,** die das Kopftuch des Arabers (Kefije) festhaltende dunkle Schnur aus gedrehten Ziegenhaaren bzw. (seltener) aus Schafwolle, meist zweifach um den Kopf gelegt und in Abständen von Seiden-, Gold- oder Silberfäden zusammengehalten. In Syrien und Palästina ist es ein mit schwarzer Wolle umwickelter doppelter Wulstring.

Égalitaires [egaliˈtɛːr], frz. Parteigänger und Vorkämpfer der völligen (rechtl., polit. und v. a. auch wirtschaftl.) Gleichheit, die sich im 19. Jh. in zahlr. Geheimgesellschaften zusammenschlossen.

Égalité [frz.] *die,* -, die Gleichheit, eine der Hauptforderungen der Frz. Revolution von 1789 (Liberté, É., Fraternité). Die E. wurde zunächst nur auf die Gleichheit aller vor dem Gesetz bezogen und war gegen die Privilegien von Adel und Geistlichkeit gerichtet, die Anfang August 1789 abgeschafft wurden. Vom 5. bis 11. 8. wurden Steuergleichheit, Ämter- und Gewerbefreiheit sowie Gleichheit in der militär. Laufbahn proklamiert; am 26. 8. folgte die Erklärung der Menschen- und Bürgerrechte (→Déclaration des droits de l'homme et du citoyen). Begrenzt blieb die Verwirklichung sozialer Gleichheit durch Festhalten am Prinzip des Eigentums: Die Bauern wurden zwar persönlich frei, doch die sachl. Abhängigkeit wurde nur gegen Entschädigung aufgehoben. Die Bürgerrechte galten lange Zeit nicht für Juden und Protestanten. Die Rassengleichheit wurde durch die Duldung der Sklaverei durchbrochen. Das Zensuswahlrecht verstieß gegen den Grundsatz der staatsbürgerl. Gleichheit.

Egartenwirtschaft [aus ahd. egerda ›Brachland‹], süddt. Form der →Feld-Gras-Wirtschaft.

Egas, Enrique, span. Baumeister und Bildhauer, *Toledo (?) 1455, †1534. Seine Hospitalbauten (Hos-

pital Real in Santiago de Compostela, 1501–11; Santa Cruz in Toledo, 1504–14) zeigen den Einfluss ital. Vorbilder, got. Formen sind mit Renaissanceelementen vermischt. E. war Bauleiter der Kathedralen von Toledo und von Granada (bis 1528), wo er ferner die Pläne für die Capilla Real (1506) und das Hospital (1511) entwarf.

EGB, Abk. für →Europäischer Gewerkschaftsbund.

Egbert [engl. ˈegbəːt], **Ecgberht** [ˈegbəːt], **Ecgbryth** [ˈegbrıθ], König von Wessex (seit 802), †839; zunächst zum Exil gezwungen, lebte er zeitweise am Hof KARLS D. GR.; 825 schlug er in der Schlacht von Ellandun (heute Wroughton, Cty. Wiltshire) den König von Mercia und wurde in der Folgezeit auch in Kent, Surrey, Sussex, Essex, Northumbria und Cornwall als (Ober-)König (→Bretwalda) anerkannt. Damit war erstmals eine gewisse Einigung der angelsächs. Teilreiche erreicht.

Egbert, E. von Trier, Erzbischof von Trier (seit 977), *950, †Trier 8./9. 12. 993; Sohn des Grafen DIETRICH II. von Holland; baute zahlr. von den Normannen verwüstete Kirchen und Klöster wieder auf und machte Trier zu einem Mittelpunkt des literar. und künstler. Lebens (Goldschmiede-, Emailkunst, Buchmalerei). In seinem Auftrag wurden der Andreas-Tragaltar (Trier, Domschatz), der Egbert-Psalter (Cividale) und der Codex Egberti (→Reichenauer Malerschule) hergestellt.

F. J. RONIG: E., Erzbischof von Trier, in: Festschrift 100 Jahre Rhein. Landesmuseum Trier (1979); E., Erzbischof von Trier 977–993, hg. v. F. J. RONIG, 2 Bde. (1993).

Egede, 1) Hans, norweg. ev. Missionar, *Trondenes (bei Harstad) 31. 1. 1686, †Stubbekøbing (auf Falster) 5. 11. 1758, Vater von 2); wirkte auf den Lofotinseln, ab 1721 mit Unterstützung der Krone und einer Handelskompanie in Grönland (›Apostel der Eskimo‹); der erste moderne Erforscher Grönlands.

Ausgabe: Die Heiden im Eis – Als Forscher u. Missionar in Grönland 1721–36, hg. u. übers. v. H. BARÜSKE (1986; Ausw.).

2) Paul, norweg. ev. Theologe, *Vågen (Lofotinseln) 9. 9. 1709 (oder 1708), †Kopenhagen 3. 6. 1789, Sohn von 1); 1721–40 in Grönland; übersetzte das N. T. ins Grönländische, verfasste ein grönländisch-dän. Wörterbuch und eine grönländ. Sprachlehre.

Egedesminde [eːɣəðəsˈmenə]; dän. ›Egedes Andenken‹, nach H. EGEDE], grönländ. **Aasiaat,** Stadt an der W-Küste Grönlands, bei 68°37′ n. Br., 3 500 Einwohner.

Egel, Kurz-Bez. für →Blutegel.

Egelkrankheit, Egelseuche, die Leberegelkrankheit, →Leberegel.

Paul Egell: Mittelfigur des Marienaltars im Hildesheimer Dom; 1729–31

Egell, Paul, Bildhauer, Stuckator und Zeichner, *Mannheim 9. 4. 1691, †ebd. 11. 1. 1752; bedeutender Meister des dt. Barock an der Wende zum Rokoko. E. wurde nach Gesellenjahren bei B. PERMOSER in Dresden 1721 kurpfälz. Hofbildhauer in Mannheim (Stuckarbeiten im Schloss, zerstört; Ausstattung der Jesuitenkirche, 1749–52). 1729–31 entstand der Marienaltar für den Dom von Hildesheim (erhalten die Figuren von Maria, Anna und Joachim). E.s Werke (Großplastiken, Reliefs, Grabmäler, Kleinplastiken, auch aus Elfenbein, Entwurfszeichnungen, Illustrationen) sind ausgezeichnet durch verfeinerte Eleganz und Verinnerlichung. Er war Lehrer von I. GÜNTHER.
K. LANKHEIT: Der kurpfälz. Hofbildhauer P. E. 1691–1752, 2 Bde. (1988).

Egeln, Stadt im Landkreis Aschersleben-Staßfurt, Sa.-Anh., 75 m ü. M., an der Bode, am S-Rand der Magdeburger Börde, 4 800 Ew.; Museum für Vor- und Frühgesch.; Bau von Elektroherden. – Die Kirche des 1259 gegründeten ehem. Zisterzienserinnenklosters Marienstuhl ist ein barocker Saalbau (1732–34); die Stadtkirche St. Spiritus (1701–03), ein schlichter Barockbau mit dem got. Vorgängerbau, verfügt über eine barocke Ausstattung; die 814 erstmals erwähnte Burg (13.–17. Jh.; Bergfried 13. Jh., Palas 15. Jh.) ist das Ergebnis zahlr. Erneuerungen. – Neben dem im Zentrum der alten Burg entstandenen Weiler Oster-E. (›Osteregulun‹, 941 bezeugt) wurde E. um 1200 planmäßig als Marktsiedlung mit einer Kirche und einer neuen Burg angelegt. 1251 ist E. als Stadt (Civitas) bezeugt. 1416 kam die Stadt an das Erzstift Magdeburg, mit diesem 1680 an Brandenburg und gehörte seit 1816 zur preuß. Prov. Sachsen.

Egelschnecken, Limacidae, Familie z. T. großer, oft lebhaft gefärbter →Nacktschnecken mit meist vom Mantel vollkommen eingeschlossenem Schalenrest. E. können teilweise in Pflanzungen und Gärten erhebl. Fraßschäden verursachen, bes. die Arten aus der Gattung **Ackerschnecken** (Deroceros). Schädlinge an Kellervorräten sind u. a. die bis 10 cm lange **Kellerschnecke** (Limax flavus) und die **Große Egelschnecke** (Limax maximus; bis 15 cm lang).

Egelschnecken:
Große Egelschnecke
(Länge bis 15 cm)

Egenolff, Christian, Buchdrucker, *Hadamar 26. 7. 1502, †Frankfurt am Main 9. 2. 1555; siedelte 1530 mit seiner 1528 in Straßburg gegründeten Druckerei nach Frankfurt am Main über und wurde hier der erste Schriftgießer, Drucker und Verleger von Bedeutung. Seine Schriftgießerei bestand unter den Erben bis 1810 fort.

Egenolf von Staufenberg, mittelhochdt. Dichter, urkundlich sicher von 1285 bis 1320 bezeugt, Adliger aus der Ortenau, möglicherweise Verfasser der Versnovelle ›Peter von Staufenberg‹ (um 1310, knapp 2 000 Verse), einer Geschlechtersage der Staufenbergs vom Typ der gestörten Mahrtenehe (›Melusinen‹-Sage mit christl. Einschlag); stilistisch und stofflich abhängig von KONRAD VON WÜRZBURG.
Ausgaben: Der Ritter von Staufenberg, hg. v. E. GRUNEWALD (1979); Deutschsprachige Erzähler des MA., übers. u. hg. v. M. LEMMER (1977).

Eger, 1) tschech. **Cheb** [xεp], Stadt im Westböhm. Gebiet, Tschech. Rep., an der Eger, 32 000 Ew.; Mittelpunkt des histor. Egerlandes (Chebsko); Maschinen-, Textil-, Fahrrad-, Nahrungs- und Genussmittelindustrie.
Stadtbild: Gut erhaltener mittelalterl. Stadtkern. Die Burg wurde 1742 zerstört, aber z. T. rekonstruiert mit der Doppelkapelle der Heiligen Erhard und Ursula; got. Hallenkirche St. Nikolaus und Elisabeth

Eger 1): Das am unteren Ende des Marktes gelegene ›Stöckl‹; 13. Jh.

(1230–70, mit älteren Teilen; nach Brand von 1270 Neubau, Umbau 1456–76), der Turm 1747 nach Plänen von B. NEUMANN barockisiert; Bartholomäuskirche des ehem. Kreuzherrenklosters, gewölbter Einstützenraum (1414); Rathaus (1722–28, heute Städt. Galerie); Klara-Kirche von C. DIENTZENHOFER (1708–11; heute Konzertsaal). Im ehem. Franziskanerkloster und einem Komplex mittelalterl. (das ›Stöckl‹, 13. Jh.) und frühneuzeitl. Häuser das histor. Stadtmuseum.
Geschichte: E. wurde 1061 erstmals erwähnt. Bei der als Mittelpunkt der Region E. (→Egerland) errichteten Burg (1125) entstand eine dt. Kaufmannssiedlung, die sich 1149 zum Markt erweiterte. Seit der Mitte des 12. Jh. unmittelbar zum (Heiligen Röm.) Reich gehörig, wurde die Burg von den Staufern zur Kaiserpfalz umgestaltet. Der Markt entwickelte sich mit Nürnberger Stadtrecht (1242) zur Königsstadt und 1277 zur Reichsstadt. König LUDWIG IV., DER BAYER, verpfändete sie 1322 an König JOHANN DEN BLINDEN von Böhmen (Luxemburger). Seit dem Ende des 16. Jh. geriet sie zunehmend in Abhängigkeit von Böhmen. Gefördert wurde diese Entwicklung durch die Gegenreformation als polit. Instrument und den Ausbau zu einer habsburg. Grenzfestung während des Dreißigjährigen Krieges (1618–48). E. wurde 1806 rechtlich voll in Böhmen eingegliedert; 1919 kam es nach den Bestimmungen des Versailler Vertrages an die Tschechoslowakei. Im Zweiten Weltkrieg wurde E. (bes. die südl. Stadtteile) stark zerstört. Die Stadt hatte 1939 rd. 35 500 dt. Einwohner (Sudetendeutsche), die ab 1945 teils flohen, teils vertrieben wurden.
In der **Goldbulle von E.** (12. 7. 1213) musste König FRIEDRICH II. mit Zustimmung der Reichsfürsten die Forderungen der Kurie in Mittelitalien und bezüglich versch., seit dem Wormser Konkordat vom König in Anspruch genommener Spolien- und Regalienrechte in der Kirche legalisieren. – Im **Vertrag von E.** (1459) zw. dem böhm. König GEORG VON PODIEBRAD UND KUNŠTÁT und Kurfürst FRIEDRICH II. von Sachsen wurde die böhmisch-sächs. Grenze endgültig auf dem Kamm des Erzgebirges festgesetzt. – Am 25. 2. 1634 wurde A. W. E. VON WALLENSTEIN in E. ermordet.
2) Stadt in Ungarn, →Erlau.
3) *die,* tschech. **Ohře** [ʼɔhrʒε], linker Nebenfluss der Elbe, 291 km lang, entspringt in Dtl. im Fichtelgebirge, tritt nach 60 km Lauflänge in die Tschech. Rep. ein, fließt am S-Fuß des Erzgebirges und des Böhm. Mittelgebirges, mündet unterhalb von Theresienstadt.

Egerer Arbeit, flach geschnittene Reliefintarsien in farbigen Hölzern zum Schmuck von Möbeln (**Ege-**

rer **Kabinett),** Kästen und Spielbrettern, im 17. Jh. in Eger hergestellt.

Egeria, anderer Name der Pilgerin →Aetheria.

Egeria, röm. Quell- und Geburtsgöttin; sie wurde in Rom im Hain der Camenae nahe der Porta Capena verehrt.

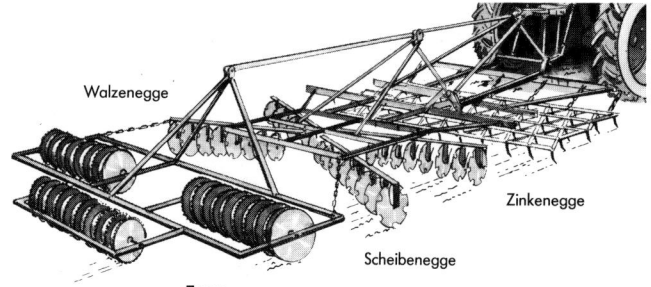

Walzenegge

Zinkenegge

Scheibenegge

Egge

Egerland, histor. Landschaft in NW-Böhmen, Tschech. Rep., umfasste den nördl. Teil des mittelalterl. Bannwalds im bayer. Nordgau, das Fichtelgebirge und das Egertal bis Karlsbad, trat seit 1135 als Region Eger auf und wurde nach 1146 unmittelbar dem Heiligen Röm. Reich unterstellt. Durch Kaiser FRIEDRICH I. BARBAROSSA zu einem straff organisierten Territorium ausgebaut (provincia Egrensis, terra Egrensis, 1261 Egerlant), bildete das E. mit den gleich geordneten Reichsländern Nürnberg und Altenburg (Pleißenland) einen strategisch und politisch bedeutsamen Rückhalt der stauf. Politik. Nach dem Sturz der Staufer 1266 wurde der südl. Teil vom Kloster Waldsassen unter eigener Territorialhoheit zum ›Stiftsland‹ zusammengefasst, das 1411 unter kurpfälz. Schutz, Mitte des 16. Jh. unter kurpfälz., 1628 unter bayer. Landeshoheit kam. Den westl. Teil zogen die Burggrafen von Nürnberg an sich, die vom 15. Jh. an um Wunsiedel die sechs Ämter am Gebirg (›Sechsämterland‹) bildeten. Mit der Markgrafschaft Bayreuth kam dieses Gebiet 1803 an Bayern. – Im N fielen Teile an das meißn. Vogtland, es entstand die Reichsherrschaft →Asch. Der Rest kam unter König LUDWIG IV., DEM BAYERN, als **Reichspfandschaft Eger** 1322 an die Luxemburger (König JOHANN DEN BLINDEN von Böhmen) und 1353 unter KARL IV. an die Krone Böhmens, wurde aber bis 1806 nicht eingelöst, galt dann vielmehr ohne staatsrechtl. Inkorporierung als Teil der österr. Monarchie. Die ursprüngl. Geschlossenheit der histor. Landschaft wirkte bis 1810 in der Zugehörigkeit zur Diözese Regensburg nach. Seit Ende des 19. Jh. wurde der Begriff E. auf das ganze auf oberdt. Mundartgrundlage beruhende egerländ. Stammesgebiet in NW-Böhmen ausgedehnt. Nach dem Zweiten Weltkrieg erfolgte 1945/46 die Vertreibung der vorwiegend dt. Bev. (Sudetendeutsche).

Heimatkreis Eger. Gesch. einer dt. Landschaft in Dokumentationen u. Erinnerungen, bearb. v. H. u. W. WEISS (1981); H. STURM: Nordgau – E. – Oberpfalz. Studien zu einer histor. Landschaft (1984); Eger u. E. Volkskunst u. Brauchtum, hg. v. L. SCHREINER (1988); Kunst in Eger. – Stadt u. Land. Dokumentation einer dt. Kulturlandschaft zw. Bayern u. Böhmen, hg. v. L. SCHREINER (1992).

Egerling, anderer Name der Pilzgattung →Champignon.

Egersund [-syn], Stadt in Norwegen, →Eigersund.

Egestion [zu lat. egerere, egestum ›herausschaffen‹, ›von sich geben‹] *die, -/-en,* Entleerung von unverdaul. Stoffen und Flüssigkeiten aus dem Körper durch **E.-Organe** oder **E.-Öffnungen** bei intrazellulärer Verdauung, z. B. durch E.-Vakuolen bei Pantoffeltierchen oder den Porus branchialis bei Seescheiden.

Axel Eggebrecht

Egge, Gerät zum Einebnen und Feinzerkrümeln der Ackeroberfläche, auch zum Ausreißen von flach wurzelndem Unkraut und Grasnarben, zum Vermengen von vorher gestreutem Dünger oder Saatgut mit dem Boden und zum Abrechen von Pflanzenresten. E. bestehen aus einem großflächigen Rahmen mit fest stehenden, gegeneinander versetzten Zinken **(Zinken-E.)** oder mit um eine horizontale Achse drehbaren Zinkensternen **(Walzen-E.)** oder Scheiben **(Scheiben-E.).** In den letzten Jahren haben die als →Anbaugeräte konstruierten **zapfwellengetriebenen E.** die klass. Bauarten teilweise ersetzt. Bei der verbreiteten **Kreisel-E.** rotieren mehrere quer zur Fahrtrichtung in einer Reihe angeordnete Zinkenkreisel (∅ um 250 mm) um vertikale Achsen (Drehzahl etwa 150–400 U/min, z. T. stufenweise einstellbar). Die **Rotor-E.** arbeitet mit einem einzigen ›Zinkenrotor‹ (Gesamtkonzept ähnlich dem der →Bodenfräse). Bei der **Rüttel-E.** (auch **Pendel-E.**) werden zwei quer zur Fahrtrichtung parallel angeordnete Zinkenbalken (Abstand z. B. 20 cm) gegenläufig schwingend bewegt.

Egge, Eggegebirge, Teil des westl. Weserberglands, NRW, bewaldetes, 50 km langes Schichtkammgebirge (Sandsteine aus der Kreidezeit) als südl. Fortsetzung des Teutoburger Waldes mit starkem Ost- und flachem Westabfall; im Velmerstot 468 m ü. M.

Egge, Peter Andreas, norweg. Schriftsteller, *Trondheim 1. 4. 1869, † Oslo 15. 7. 1959; schilderte in seinen von J. P. JACOBSEN beeinflussten Erzählungen und Romanen (bes. ›Almue‹, 1891) seine Heimat und ihre Menschen im harten Daseinskampf. Seine Dramen zeichnen sich durch witzige Dialoge aus; schrieb eine literatur- und kulturhistorisch wichtige Autobiographie (›Minner‹, 4 Bde., 1948–55).

Weitere Werke: *Romane:* Gammelholm (1899); Hjærtet (1907; dt. Das Herz); Inde i fjordene (1920); Jægtvig og hans gud (1923); Hansine Solstad (1925; dt.); Drømmen (1927; dt. Bernt Lein); Gjesten (1931; dt. Gäste); Mennesket Ada Graner (1945; dt. Der Mensch Ada Graner). – *Dramen:* Idyllen (1910; dt. Das Idyll); Felen (1912; dt. Die Geige); Narren (1917; dt. Der Narr).

Ausgabe: Romaner og fortellinger, 6 Bde. (1949).

Eggebrecht, 1) Axel, Schriftsteller und Publizist, *Leipzig 10. 1. 1899, † Hamburg 14. 7. 1991; Mitarbeiter der ›Weltbühne‹; 1933 im KZ; seit 1945 Rundfunkredakteur in Hamburg, 1946–48 Mitherausgeber der ›Nordwestdt. Hefte‹ im Auftrag des Nordwestdt. Rundfunks, Verfasser von Hör- und Fernsehspielen, Drehbüchern, Erzählungen, Essays und Reportagen.

Werke: *Romane und Erzählungen:* Katzen (1927); Leben einer Prinzessin (1929, Neufassung 1968); Junge Mädchen (1932); Volk ans Gewehr. Chronik eines Berliner Hauses 1930–34 (1959). – *Abhandlungen:* Weltliteratur. Ein Überblick (1948); Epochen der Weltliteratur (1964); Meine Weltliteratur (1985). – *Filmdrehbücher:* Der Kampf der Tertia (1928); Bel Ami (1939); Operette (1940); Komödianten (1941); Wiener Blut (1942); Stresemann (1956). – *Autobiographisches:* Der halbe Weg (1975).

2) Hans Heinrich, Musikforscher, *Dresden 5. 1. 1919; war 1961–87 Prof. für Musikwiss. an der Univ. Freiburg im Breisgau; Arbeiten v. a. zur Musikgesch. von der frühen Mehrstimmigkeit bis zum 20. Jh., zur musikal. Terminologie und Musikästhetik.

Werke: Heinrich Schütz – Musicus poeticus (1959); Zur Gesch. der Beethoven-Rezeption (1972); Musikal. Denken (1977); Sinn u. Gehalt (1979); Die Musik Gustav Mahlers (1982); Bachs Kunst der Fuge (1984); Was ist Musik? (1985, mit C. DAHLHAUS); Musik im Abendland. Prozesse u. Stationen vom MA. bis zur Gegenwart (1991); Musik verstehen (1995). – Hg.: Riemann Musiklexikon (1967; Sachteil); Hwb. der musikal. Terminologie (1972 ff.).

Eggeling, Viking, schwed. Maler, Zeichner und Filmemacher, *Lund 12. 10. 1880, † Berlin 19. 5. 1925; hielt sich ab 1911 in Paris auf, wo er vom Kubismus beeinflusst wurde. Er nahm an der Dada-Bewegung in Zürich teil und freundete sich 1916 mit H. RICHTER an, mit dem er eine abstrakte, kalligraph. Formensprache erarbeitete. Auf meterlangen Filmrollen entwickelte E. in Analogie zur Musik rhythmisch artikulierte Kompositionen. Ab 1919 in Berlin, vollendete er 1924 den ersten abstrakten gezeichneten Film (›Diagonalsymphonie‹; 3 Fassungen).

Eggenberg, Johann Ulrich Freiherr von (seit 1598), Reichsfürst (seit 1623), Herzog **von Krumau** (seit 1628), österr. Staatsmann, *Graz(?) Juni 1568, †Laibach 18. 10. 1634; entstammte einer prot. steir. Kaufmannsfamilie, trat aber zum kath. Glauben über und wurde Berater des Erzherzogs und späteren Kaisers FERDINDAND II. 1603 wurde er Präs. der Hofkammer, 1619 des Geheimen Rats. Für den scharfen Kurs gegen Böhmen 1620 war er mitverantwortlich. Er suchte die Unabhängigkeit des Kaisers gegenüber Spanien, Bayern und der Liga zu wahren. Seine Freundschaft zu A. W. E. VON WALLENSTEIN, nach dessen Tod (1634) er sich vom Hof zurückzog, setzte ihn dem Verdacht der Konspiration gegen Kaiser und Reich aus.

Eggenburg, Stadt im Bez. Horn, Niederösterreich, 325 m ü. M.; 3 600 Ew.; Elektro- und Metallwarenindustrie. – Altertüml. Stadtbild mit z. T. erhaltener Befestigung (14./15. Jh.) und Bürgerhäusern (v. a. 16. Jh.); Pfarrkirche St. Stephan mit roman. O-Türmen (12. Jh.), got. Chor (14. Jh.), got. Flügelaltar (1521) und got. Kanzel (1515); ehem. Franziskanerkloster (Kirche 1466 geweiht). – Das 1125 erstmals genannte E. wurde 1170 Markt und erhielt 1277 Stadtrecht. Im 15. und 16. Jh. hatte es als befestigter Ort eine größere Bedeutung.

Eggenfelden, Stadt im Landkreis Rottal-Inn, Bayern, 416 m ü. M., an der Rott, 13 500 Ew.; Holzverarbeitung, Metall verarbeitende und Nahrungsmittelindustrie. – Kath. Pfarrkirche, eine spätgot. Hallenkirche mit reichem Netzgewölbe (Langhaus 1488). – E., erstmals 1120 urkundlich erwähnt, kam 1259 an Niederbayern. Es erhielt um 1328 Marktrecht und ist seit dem 16. Jh. Gerichtssitz. 1902 erhielt E. Stadtrecht.

Eggenschwiler, Franz, schweizer. Künstler, *Solothurn 9. 12. 1930. Nach Bildern, Skulpturen und Grafiken in der Nachfolge des Konstruktivismus begann E. ab etwa 1967, aus Fundgegenständen und Abfällen Assemblagen und Objekte zu gestalten und Schmuck aus Kerngehäusen, Mohnkapseln, Dübeln u. Ä. zu fertigen. Daneben entstanden Druckgrafiken (Holzdrucke) und Zeichnungen (Telefonskizzen, 1980). 1981 wurde er Prof. an der Staatl. Kunst-Akad. in Düsseldorf.

Franz Eggenschwiler: Holzschraube; 1969
(Basel, Kunstmuseum)

Eggenstein-Leopoldshafen, Gem. im Landkreis Karlsruhe, Bad.-Württ., 110 m ü. M., in der Oberrheinebene, 14 000 Ew.; Standort des Forschungszentrums Karlsruhe; Beton- und Kunststeinherstellung.

Egger-Lienz, Albin, österr. Maler, *Stribach (bei Lienz) 29. 1. 1868, †Sankt Justina (bei Bozen) 4. 11. 1926; war zunächst von F. VON DEFREGGER beeinflusst, entwickelte unter dem Eindruck der Werke F. HODLERS in Kriegs- und Bauernbildern einen zum Monumentalen neigenden symbolträchtigen Stil; daneben Porträts, Stillleben und Landschaften.

Werke: Ave Maria nach der Schlacht am Berge Isel (1893–96; Innsbruck, Tiroler Landesmuseum Ferdinandeum); Der Totentanz von Anno Neun (1906–08; Wien, Österr. Galerie); Die Namenlosen (1914; Wien, Heeresgeschichtl. Museum); Sigmundskron (1921; Innsbruck, Tiroler Landesmuseum Ferdinandeum); Die Mütter (1922; ebd.).

W. KIRSCHL: A. E.-L. Das Gesamtwerk (Wien 1977).

Albin Egger-Lienz: Der Totentanz von Anno Neun; 1906–08
(Wien, Österreichische Galerie)

Eggert, John Emil Max, Physikochemiker, *Berlin 1. 8. 1891, †Basel 29. 9. 1973; seit 1924 Prof. in Berlin, 1928 Leiter eines Zentrallaboratoriums der I. G. Farbenindustrie AG, später wiss. Leiter der Filmfabrik Wolfen, 1946–61 Prof. in Zürich. E. trug mit Arbeiten über die chem. Kinetik und die Quantenausbeute bei fotograf. Prozessen wesentlich zur Entwicklung der Fotochemie und der Fotografie bei.

Eggerth, Marta, amerikan. Schauspielerin und Sängerin österr.-ungar. Herkunft, *Budapest 17. 4. 1912; trat in Wien, Budapest und Berlin auf, wurde von R. EICHBERG für den Film entdeckt; 1934–36 und wieder seit 1938 in den USA; seit 1936 ∞ mit dem Sänger J. KIEPURA (*1902, †1966).

Filme: Kaiserwalzer (1932); Die Blume von Hawaii (1933); Die Czardasfürstin (1934); Das Hofkonzert (1936); For me and my gal (1942); Das Land des Lächelns (1952); Frühling in Berlin (1957).

Eggesin, Stadt im Uecker-Randow-Kreis, Meckl.-Vorp., 10 m ü. M., an der Randow, 7 km vor dem Oderhaff, 8 300 Ew.; Garnison; Herstellung von Elektromotoren, Saunas, chirurg. Instrumenten, Garten- und Landschaftsbau, Bauindustrie, Betonwerk. – Das Dorf E., 1216 erstmals erwähnt, stand seit Ende des 13. Jh. unter wechselnden Herrschaften und kam im 16. Jh. wieder in landesherrl. Besitz zurück. 1966 erhielt E. Stadtrecht.

eggische Richtung, von NNW nach SSO (in Richtung des Eggegebirges) verlaufende Streichrichtung geolog. Schichten.

Eggishorn, Aussichtsberg (2 927 m ü. M.) über dem Aletschgletscher, Kt. Wallis, Schweiz.

Eggjum [′εjjum], **Eggja** [′εjja], Hof in SW-Norwegen, Fundort einer Steinplatte, die wohl als Abdeckung eines Grabes diente. Auf der Unterseite sind drei Runenzeilen und eine Pferdefigur eingeritzt; mit 192 →Runen die längste bekannte spätaurnord. Inschrift aus der Zeit um 700 n. Chr. und bedeutendes sprachl. Zeugnis dieser Sprachstufe. Die Inschrift enthält in poetisch-stilisierter Sprache mag. Beschwörungsformeln zur Abwehr von Schaden, doch ist der Sinnzusammenhang schwer zu deuten.

K. DÜWEL: Runenkunde (1968).

Eggleston ['eglstən], Edward, amerikan. Schriftsteller, *Vevay (Ind.) 10. 12. 1837, †Joshua's Rock (bei Lake George, N. Y.) 2. 9. 1902; war als methodist. Wanderprediger, Pfarrer und Journalist tätig, ehe er sich ganz seiner schriftsteller. Tätigkeit widmete. Seine Romane enthalten sowohl sentimentale als auch realist. Elemente. In der Tradition der ›Local colour school‹ greifen sie das Leben und die Sprache des Mittelwestens (v. a. Indianas) auf. E. verfasste auch Biographien bekannter Indianer für Jugendliche und Werke zur Sozialgeschichte der USA.

Werke: *Romane:* The Hoosier schoolmaster (1871; dt. Der Schulmeister von Flat-Creek); The end of the world (1872; dt. Der Weltuntergang); The circuit rider (1874); Roxy (1878); The faith doctor (1891).

W. RANDEL: E. E. (New York 1963).

Eggmühl, Teil der Gem. Schierling, Landkreis Regensburg, Bayern. – Bei E. besiegte NAPOLEON I. am 22. 4. 1809 die Österreicher unter Erzherzog KARL.

Egg-shell porcelain ['egʃel 'pɔːslɪn] *das, - -(s),* engl. Bez. für →Eierschalenporzellan.

Egill, sagenhafter Meisterschütze, Bruder Wielands. In der altnord. Thidrekssaga muss E. einen Apfel vom Kopf seines Sohnes schießen. Dieses Motiv erscheint auch in der Sage von Wilhelm Tell.

Egill Skallagrímsson, einer der bedeutendsten isländ. Skalden, etwa 910–990 n. Chr. Seine Hauptwerke sind die in England entstandene ›Höfuðlausn‹ (›Die Haupteslösung‹), ein virtuoses Formkunstwerk, in dem Stabreim und Endreim kombiniert sind, das ›Sotorrek‹ (›Der Söhne Verlust‹), das die Verlassenheit und den Schmerz nach dem Tod seiner Söhne zum Ausdruck bringt, und die ›Arinbjarnakviða‹, ein Preislied auf seinen Freund Arinbjörn. Die wichtigste Quelle über sein Leben stellt die **Egilssaga** (13. Jh.) dar.

Die Saga von Egil, hg. v. K. SCHIER (a. d. Altisländ., 1978).

Egilsson ['ɛjilsɔn], Sveinbjörn, isländ. Philologe, *Innri Njarðvík 24. 2. 1791, †Reykjavík 17. 8. 1852; Mitbegründer der Isländ. Literaturgesellschaft. Er schuf das grundlegende Wörterbuch der altnord. Skaldendichtung (›Lexicon poeticum antiquae linguae septentrionalis‹, 1854–60) und übersetzte HOMER ins Isländische (›Odyssea‹, 1829–40, ›Ilionskviða‹, 1855, ›Ilionskvœði‹, 1856).

Eginhard, Namensform des fränk. Geschichtsschreibers →Einhard.

Egisheim

Werner Egk

Eginhard und Emma, Sage von einer Liebesbeziehung zw. KARLS D. GR. Vertrautem EINHARD (Eginhard) und seiner (historisch nicht bezeugten) Tochter EMMA; wahrscheinlich histor. Kern: die Liebesbeziehung zw. KARLS Tochter →BERTHA und EINHARDS Freund, dem fränk. Abt und Dichter →ANGILBERT. Hauptmotiv: Damit nicht männl. Fußspuren im Schnee den Geliebten verraten, trägt EMMA ihn auf dem Rücken von ihrer Wohnung fort; der Kaiser verordnet die Ehe (Lorscher Fassung) bzw. verstößt das Paar (Seligenstädter Fassung); der Wegfall des Schneemotivs im Süden vergröberte die Fabel (BOCCACCIO). Der Humanismus brachte eine Erneuerung in Schuldrama (F. H. FLAYDER), Epos (C. BARLAEUS), Roman (M. D. OMEIS) und Heroide (HOFMANNSWALDAU), das 19. Jh. mildernde Nachdichtungen (FOUQUÉ, A. DE VIGNY, H. W. LONGFELLOW).

Egisheim, frz. **Eguisheim** [egi'sem], Weinbau-Gem. im Oberelsass, Dép. Haut-Rhin, Frankreich, südlich von Colmar, 210 m ü. M., 1 500 Ew. – In der Ortsmitte die Burg, eine stauf. Pfalz mit achteckigem Grundriss, in der Frz. Revolution abgebrochen, Reste historisch verändert. Im Verlauf der Stadtmauer eng aneinander gebaute Traufenhäuser (16. und 17. Jh.). In der klassizist. Kirche Reste der 1807 abgebrochenen roman. Pfeilerbasilika (Säulenportal mit Tympanon, um 1220). Über E. am Vogesenrand die Burgruine **Drei Exen** (1466 zerstört) mit drei Türmen über einer röm. Anlage. – Die um die Burg der Grafen von E. entstandene Siedlung fiel 1251 an das Hochstift Straßburg. Mit dem bischöfl. Gebiet kam E. an Frankreich.

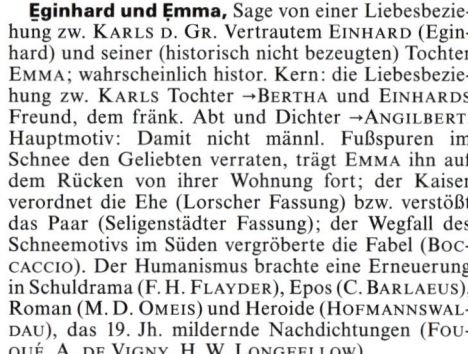

Egk, Werner, eigtl. **W. Mayer,** Komponist, *Auchsesheim (heute zu Donauwörth) 17. 5. 1901, †Inning a. Ammersee 10. 7. 1983; studierte u. a. bei C. ORFF, war 1936–40 Kapellmeister an der Berliner Staatsoper, 1941–45 Leiter der Fachschaft Komponisten der Reichsmusikkammer und 1950–53 Direktor der Musikschule in Berlin (West). 1950 wurde er Präs. des von ihm mitbegründeten Dt. Komponistenverbandes und Vors. des Aufsichtsrates der GEMA, war 1969–71 Präs. des Dt. Musikrates und wurde 1978 Präs. der CISAC. – Während E. zunächst als Komponist von Hörspielmusiken und Filmopern hervortrat, wandte er sich später den Formen von Oper und Ballett zu. In seinen Opern verbinden sich Sinn für dramat. Situationen mit einer Neigung zur musikal. Darstellung ideeller Gehalte (z. B. in ›Peer Gynt‹). Seine Ballette bewirkten eine Wiederbelebung des Handlungsballettes gegenüber dem Ausdruckstanz. Obwohl E. auch gelegentlich mit der Reihentechnik experimentierte (z. B. in ›Die chin. Nachtigall‹), verbleibt seine Tonsprache insgesamt innerhalb der Grenzen einer erweiterten Tonalität. Auf seine musikal. Ausdrucksformen (u. a. Rhythmik und Farbigkeit der Instrumentation) hatten bes. die Werke von R. STRAUSS, I. STRAWINSKY und neuerer frz. Komponisten Einfluss. – Er schrieb ›Die Zeit wartet nicht‹ (1973, Autobiographie).

Werke: *Opern:* Columbus (Funkfassung 1933; Bühnenbearbeitung 1942); Die Zaubergeige (1935; nach F. VON POCCI; Neufassung 1954); Peer Gynt (1938; nach H. IBSEN); Circe (1945; nach P. CALDERÓN; UA 1948; Umarbeitung als Opera semibuffa ›17 Tage u. 4 Minuten‹, 1966); Irische Legende (1955; nach W. B. YEATS; Neufassung 1975); Der Revisor (1957; nach N. GOGOL); Die Verlobung in San Domingo (1963; nach H. VON KLEIST). – *Ballette:* Joan von Zarissa (1940; für Sprecher, gemischten Chor oder Sopran u. Bariton u. Orchester; daraus eine Konzertsuite u. ein Triptychon für Orchester); Abraxas (1948; Faust-Ballett nach H. HEINE; daraus eine Konzertsuite); Die chin. Nachtigall (1953; nach H. C. ANDERSEN; daraus eine Divertissement für Streichorchester); Casanova in London (1969; daraus Engl. Suite). – *Orchesterwerke:* Frz. Suite (1949; nach J.-P. RAMEAU; als Ballett 1952); Allegria (1952; als Ballett 1953); Variationen über ein karib. Thema (1959; als Ballett ›Danza‹ 1960); Spiegelzeit (1979); Musik für eine verschollene Romanze (1980; Ouvertüre); Der Revisor (1981; Konzertsuite für Trompete u. Kammerorchester); Die Zaubergeige (1981; Ouvertüre, in einer Fassung für Bläser); Canzona (1982; für Violoncello u. Orchester); Nachtanz (UA 1985; op. postum für Orchester). – *Vokalmusik:* Furchtlosigkeit u. Wohlwollen (1931; Oratorium für Tenor, gemischten Chor u. Orchester; Neufassung 1959); La tentation de Saint Antoine ›d'après des airs et des vers du 18e siècle‹ (1952; für Alt, Streichquartett u. Streichorchester; als Ballett 1969); Nachgefühl (1975; Kantate für Sopran u. Orchester, nach KLABUND).

EGKS, Abk. für →Europäische Gemeinschaft für Kohle und Stahl.

Egli, schweizer. Bez. für den Flussbarsch.

Eglisau, Stadt im Kt. Zürich, Schweiz, 352 m ü. M., beiderseits des Hochrheins, 2 600 Ew.; Museum; Kunststoff- und Teppichfabrik; Weinbau. – E., als Owa 892 erstmals erwähnt, wurde um 1250 von den Freiherren von Tengen planmäßig als Brückenstadt angelegt.

Eglitis, 1) Andrejs, lett. Lyriker, *Laudon (Livland) 21. 10. 1912; lebt seit 1944 in Stockholm; Vertreter einer modernist., oft religösen und patriot. Dichtung unter Einbeziehung der nat. Volksliedtradition.
Werke: Uz vairoga (1946); Dievs, tava zeme deg (1947); Gebt mir einen anderen Himmel (dt. Ausw., 1964); Caur daudzām zemēm, caur daudzām debesīm (1982).

2) Anslavs, lett. Schriftsteller, *Riga 14. 10. 1906, †in Kalifornien 4. 3. 1993; lebte seit 1944 im Exil; wandte sich als Erzähler und Theaterdichter dem Realismus zu und gilt als einer der fruchtbarsten und populärsten Schriftsteller der modernen lett. Literatur; schrieb auch Gedichte und Essays und übersetzte engl. Dichtung.
Werke: *Romane:* Ligavu mednicki (1940); Čingishana gals (1948; dt. Dschingis-Khans Ende); Es nepievienojos (1971); Piecas dienas (1976).

Egloffstein, noch bestehendes fränk. Uradelsgeschlecht, das Ende des 12. Jh. erstmals urkundlich erwähnt ist. Die fränk. Linie wurde 1814 im Königreich Bayern bei der Freiherrenklasse immatrikuliert, die preuß. Linie erlangte 1786 den Grafenstand. Stammsitz der E. war die seit 1509 bischöflich bambergische gleichnamige Lehensburg, die mehrmals zerstört wurde.

Églomisé, frz. **Verre églomisé** [vɛr-, nach dem Pariser Kunsthändler J.-B. GLOMY, †1786], Sonderform der Hinterglasmalerei, bei der schwarzer Lack auf eine Glastafel aufgetragen wird. Ornament oder Figuren werden ausgespart oder ausgekratzt und mit Metallfolie oder Goldbronze hinterlegt.

Egmond [ˈɛxmɔnt], Gem. in der Prov. Nordholland, Niederlande, westlich von Alkmaar, 11 500 Ew.; Gemeindeteile sind: **E. aan Zee,** Seebad an der Nordsee; **E. aan den Hoef,** mit Ruine des Schlosses der Grafen von Egmond; **E.-Binnen,** mit einschiffiger Kirche (1431). – E. entstand am 1. 7. 1978 durch Zusammenlegung der bis dahin selbstständigen Gemeinden E. aan Zee und E.-Binnen. E. aan Zee wurde im 12. Jh. gegründet und bildete mit E.-Binnen und E. aan den Hoef (12.–16. Jh. Sitz der Herren von Egmond) die gleichnamige Herrschaft.

Egmont, Mount E. [maʊnt-], in Maori **Taranaki,** Berg auf der Nordinsel Neuseelands, ein schneegekrönter, vollkommen symmetrisch geformter Vulkankegel, der sich aus einer dicht besiedelten, agrarisch intensiv genutzten Ebene (Milchviehhaltung) erhebt, 2 518 m ü. M., letzter Ausbruch um 1750. Der **Mount-Egmont-Nationalpark** umfasst das Gipfelgebiet (335 km²); Regenwald bis etwa 800 m ü. M., Wintersportgebiet.

Egmont [niederländ. ˈɛxmɔnt], auch **Egmond,** Lamoraal Graf **von E.** (seit 1541) und Fürst **von Gavere** (seit 1553), niederländ. Staatsmann, *La Hamaide (Hennegau) 18. 11. 1522, †(hingerichtet) Brüssel 5. 6. 1568; stand bis 1542 in span. Kriegsdiensten. 1559 ernannte ihn König PHILIPP II. zum Statthalter von

Mount Egmont

Flandern und Artois, zum Mitgl. des Staatsrats und zum Befehlshaber der span. Truppen in den Niederlanden. Beim Ausbruch der Opposition des Hochadels gegen die span. Politik in den Niederlanden stellte sich E. mit WILHELM VON ORANIEN und dem Grafen PHILIPP II. VON HORNE v. a. gegen die von Kardinal A. P. DE GRANVELLE entwickelte Politik der Generalstatthalterin MARGARETE VON PARMA. Nach der Abberufung GRANVELLES nahmen sowohl E. als auch die beiden anderen ihren Sitz im Staatsrat wieder ein. 1565 sandte der Staatsrat E. an den königl. Hof in Madrid, um auf die Missstände in den Niederlanden aufmerksam zu machen. Die Enttäuschung über das Scheitern der Gesandtschaft ließ E. sich stärker der Opposition um WILHELM VON ORANIEN zuwenden, zumal die von MARGARETE VON PARMA zunächst gewährten Zugeständnisse entweder nicht eingelöst oder wieder zurückgenommen worden waren. Den folgenden bewaffneten Aufstand verwarf er. Trotz seiner Ablehnung des Bildersturms suchte der kath. gebliebene E. während seiner Statthalterschaft zu einem Ausgleich mit den Kalvinisten zu kommen, wobei er jedoch darauf bedacht war, im Einklang mit der Generalstatthalterin zu handeln. Der Herzog VON ALBA, der im August 1567 MARGARETE VON PARMA im Amt abgelöst hatte, ließ E. und den Grafen PHILIPP II. VON HORNE am 9. 9. 1567 wegen Hochverrats verhaften und zunächst in Gent inhaftieren. Trotz der Fürsprache dt. Fürsten und der Staaten von Brabant fällte der Herzog VON ALBA das Todesurteil und ließ es unmittelbar nach dem Urteilsspruch in Brüssel vollstrecken. – J. W. VON GOETHE hielt sich in seinem Trauerspiel (1788) nicht an die histor. Tatsachen. – 1809/10 komponierte L. VAN BEETHOVEN eine Bühnenmusik zu GOETHES Trauerspiel, Uraufführung 15. 6. 1810 in Wien. Das 10 Nummern umfassende Werk ist v. a. durch seine Ouvertüre bekannt.

Lamoraal Graf von Egmont (Kupferstich)

B. DE TROEYER: Lamoraal von E. Een critische studie over zijn rol in den jaren 1559–64 ... (Brüssel 1961).

Egna, Ort in Südtirol, →Neumarkt.

Egnatische Straße, eine Römerstraße, →Via Egnatia.

EG-Nummern, EU-Nummern, die →E-Nummern.

Ego [ˈɛgo, ˈego, lat.] *das, -,* v. a. in Philosophie und Psychologie verwendete Bez. für das →Ich.

Ego-Involvement [ˈɛgoɪnvɔlvmənt, ˈego-] *das, -s,* aus der amerikan. Sozialpsychologie übernommene Bez. für alle Einstellungen, die den Status eines Menschen bestimmen bzw. ihm eine Rolle in Bezug auf andere Personen, Gruppen oder Institutionen zuordnen. Der Begriff E.-I. kennzeichnet bes. das Verhalten in Situationen, die mit dem Gefühl der Betroffenheit im

Egyptair

Johann Georg Ehard

Zusammenhang mit dem Bild vom eigenen sozialen Status und den versch. Rollenerwartungen in sozialen Gruppen einhergehen.

Egoismus [von lat. ego ›ich‹] *der, -,* **Selbstsucht,** die Gesamtheit der Antriebe und Strebungen, die von der eigenen Person ausgehen und diese in den Mittelpunkt stellen; Ggs. →Altruismus. Im übertragenen Sinne wird auch von Gruppen-E. gesprochen.

Der E. umschließt eine Vielfalt von Haltungen, die ethisch verschieden bewertet werden können. Die biolog. Grundlage bilden die instinkt- und triebhaften Tendenzen der Lebens- und Selbsterhaltung. Die egoist. oder ichbezogene Lebensform entwickelt sich hieraus, wenn alles Verhalten und Handeln unter Zurücksetzung der anderen auf die eigene Person ausgerichtet ist. Darüber hinaus können sich Formen des Geltungs- und Machtstrebens bis hin zur Selbstsucht entwickeln, die über Recht und Wohl anderer rücksichtslos hinweggeht. Dazwischen gibt es einen bewusst begrenzten E., der nach dem Prinzip ›leben und leben lassen‹ Selbstinteresse und Fremdinteresse zu vereinbaren sucht.

Philosophen und Nationalökonomen (T. HOBBES, B. DE MANDEVILLE, A. SMITH, D. RICARDO) sahen im E. (engl. self-interest) den Antrieb der gesellschaftl. Ordnung, allen wirtschaftl. Handelns und die Voraussetzung für den wirtschaftl. Fortschritt. Andere haben ganze philosoph. Systeme auf den E. gegründet (z. B. M. STIRNER). Verschiedene eth. Theorien haben den E. als Streben nach Lust gefasst (EPIKUR, P. GASSENDI, C. A. HELVETIUS, P. VON HOLBACH, J. BENTHAM) und daraus die sittl. Ordnung abzuleiten versucht. (→Solipsismus)

Egtved: Baumsarg mit der erhaltenen Bekleidung einer jungen Frau aus der Bronzezeit; darunter die Lederdecke, die als ›Leichentuch‹ diente (Kopenhagen, Nationalmuseet)

Egolzwiler Kultur, älteste jungsteinzeitl. Kulturgruppe der Zentralschweiz (um 3000 v. Chr.), benannt nach den fünf neolith. Fundstellen längs des Ufers des trockengelegten Wauwilersees bei Egolzwil, Kt. Luzern. Durch Ausgrabungen wurden seit 1853 die Fundplätze 3–5 mit Überresten vorgeschichtl. Dörfer (Seeufersiedlungen mit Pfahlbauten) systematisch aufgedeckt. Gekennzeichnet ist die E. K. durch unverzierte dünnwandige Keramik (z. T. wahrscheinlich vom Mittelmeerraum her angeregt, z. T. Importware aus dem Bereich der Rössener Kultur), Steinbeile und -äxte, Feuersteingeräte sowie schlichte Holzgefäße.
R. WYSS: Das jungsteinzeitl. Jäger-Bauerndorf von Egolzwil 5 im Wauwilermoos (Zürich 1976).

Egotismus [von lat. ego ›ich‹] *der, -,* Anfang des 18. Jh. in England (›egotism‹) aufgekommener, aus dem Frz. (›égotisme‹) übernommener Begriff, der zunächst die Neigung bezeichnet, sich in den Vordergrund zu stellen; dann auch im Sinn von Egoismus gebraucht; bei STENDHAL Anfang des 19. Jh. positiv umgedeutet als Bez. für die theoretisch reflektierte, epikureische Lebensführung; im Dt. auch im Sinne von Autismus verwendet.

Égoutteur [egu'tør, frz.] *der, -s/-e,* mit Siebgewebe überzogene Vorpresswalze in der Papiermaschine; sie dient zur Verbesserung der Papierstruktur, z. T. zur Herstellung von →Wasserzeichen.

Egozentrik *die, -,* **Egozentrismus** *der, -,* Bez. für Einstellungen und Verhaltensweisen, die darauf schließen lassen, dass das Individuum die eigene Person als Zentrum allen Geschehens betrachtet und alle Ereignisse nur in ihrer Bedeutung für die eigene Person wertet **(Ichbezogenheit)**. Es gelingt dem Individuum dann z. B. nicht, einen Sachverhalt auch aus der Perspektive eines anderen Menschen zu betrachten. Die E. darf nicht mit Egoismus verwechselt werden, da sie auch mit Selbstlosigkeit vereinbar ist. Entwicklungspsychologisch betrachtet ist die E. bes. kennzeichnend für die Welt des Kleinkindes.

EG-Recht, →Europäische Gemeinschaften (Recht).

Egressiv *der, -s, Sprachwissenschaft:* eine Aktionsart beim Verb, →Resultativ.

Eğridirgölü [eri'dir-], fischreicher See im SW der Türkei, im Westtaurus, 916 m ü. M., 468 km²; von über 2 000 m hohen Bergen umgeben.

Egry ['ɛgri], József, ungar. Maler, * Újlak (heute Ilok, Kroatien) 15. 3. 1883, † Badacsony (Bez. Veszprim) 19. 6. 1951; Bilder mit Motiven der Landschaft am Plattensee, meist in einer von ihm selbst entwickelten Ölpastelltechnik. Sein anfängl. Expressionismus in der Art E. HECKELS wandelte sich im Spätwerk zu spätimpressionist. Farbigkeit.

Egtved ['e:xtveð, 'ɛgdveð], Dorf bei Vejle, Jütland, Dänemark, bekannt durch den trachtengeschichtlich bedeutsamen Fund einer teilweise erhaltenen Leiche und der vollständig erhaltenen Bekleidung einer jungen, in einem Baumsarg bestatteten Frau der älteren nord. Bronzezeit. Die Kleidung besteht aus kurzärmeliger Wolljacke, Schnurrock und Gürtel. – Etwa 15 km südlich die Øster-Starup-Kirke (12. Jh.) mit figuraler Bauplastik aus Granit.

Egyptair ['i:dʒɪpteə; engl.], staatl. ägypt. Luftverkehrsgesellschaft, 1932 als ›Misr Airways‹ gegr., Liniendienste seit 1933; Sitz: Kairo. Das Streckennetz erstreckt sich nach Mittel- und Fernost, Afrika, Asien, Australien, Nordamerika und Europa. E. beförderte 1995 mit 15 925 Beschäftigten und mit einem Flugpark von 41 Flugzeugen im Liniendienst rd. 3,9 Mio. Passagiere.

Egyptienne [eʒi'psjɛn] *die, -,* Druckschrift, die zu Beginn des 19. Jh. in England entstand und nach der damaligen Ägypten-Mode den Namen E. erhielt, ohne mit ägypt. Formen eine direkte Verbindung zu haben. Sie besteht aus gleichmäßig starken Linien, hat Füßchen, im Ggs. zur Grotesk. E.-Schriften werden gern zur Schriftauszeichnung benutzt.

Egyptienne

Ehard, Johann (Hans) Georg, Politiker, * Bamberg 10. 11. 1887, † München 18. 10. 1980; Jurist, seit 1925 im Justizdienst tätig, 1933–45 Senats-Präs. am OLG München, engagierte sich nach 1945 stark in der bayer. Landespolitik. 1949–54 Vors. der CSU, 1946–54 und 1960–62 Min.-Präs. von Bayern; 1954–60 dort Präs. des Landtags, 1962–66 Justizminister.

Ehe [ahd. ewe ›Gesetz‹], auf Dauer angelegte Lebensgemeinschaft zweier (Monogamie) oder mehrerer (Polygamie) Menschen versch. Geschlechts, die i. A. (jedoch nicht notwendigerweise) zugleich auch durch Zeugung von Kindern eine neue, selbstständige →Familie begründen. Im *dt. Recht* bedeutet E. die von der (staatl.) Rechtsordnung anerkannte Verbindung eines Mannes und einer Frau zu dauernder Lebensgemeinschaft. – Die E. gilt als naturgegebene, unabhängig vom Recht bestehende Gemeinschaft, wird aber im Unterschied zu anderen derartigen Gemeinschaften (z. B. eheähnl. Lebensgemeinschaft) vom Gesetz anerkannt und geregelt. Damit stellt sie ein Dauerrechtsverhältnis dar, dessen Zweck die ehel. Lebensgemeinschaft ist; der Begriff E. umfasst die Gesamtheit der die E. als Rechtsverhältnis regelnden Rechtsvorschriften, das Rechtsinstitut der Ehe. – Nach *österr. Recht* ist die E. der von zwei Personen versch. Geschlechts gesetzmäßig erklärte Wille, in unzertrennl. Gemeinschaft zu leben, Kinder zu zeugen, sie zu erziehen und sich Beistand zu leisten (§ 44 ABGB). – Das *schweizer. Recht* entspricht der dt. Rechtsauffassung.

Christliches Eheverständnis

In der Entwicklung des bibl. Glaubens ist das Bild der E. als Symbol auf die Beziehung des Bundesgottes zum Bundesvolk übertragen worden (Hosea, Ezechiel). Diese Übertragung hat auch die soziale Basis des Symbols verwandelt. Die E. kann nicht mehr allein unter dem Zweckgesichtspunkt der Fortpflanzung verstanden werden. Im Verständnis des Gottesbundes als E.-Bund bricht sich vielmehr ein ›transsexuales‹ Verständnis von E. Bahn, das in Versprechen und Treue, in personaler Beziehung der Partner sein Wesen hat. Damit setzt eine Entwicklung zur Verinnerlichung und zur Monogamie ein, die sich schon in den klass. Texten der Schöpfungsgeschichte (1. Mos. 2) ausdrückt, wo Mann und Frau von Gott zu gegenseitiger Hilfe zusammengeführt werden. Am Ende dieser Entwicklung steht das Zeugnis JESU (Matth. 5, 27 ff. und 19, 1 ff.): Die persönl. Treuebeziehung der Partner wird als eigentl. Basis der gottgeschenkten und damit unauflösl. Lebensgemeinschaft gesehen, das sexuelle Leben dient nun umgekehrt als Ausdruck dieser durch Gottes Stiftung und Gebot gegründeten Gemeinschaft.

Die Wandlung der sozialen Wirklichkeit der E. von diesem christl. Verständnis her hat sich erst in einem lang dauernden Prozess und niemals abschließend vollzogen. Erst das neuzeitlich bürgerl. Verständnis der E. bringt den Gedanken der persönl. Partnerschaft der E.-Gatten zur vollen Auswirkung. Im N. T. wird die vollkommene persönl. Treue geradezu als Auswirkung der Heilsgemeinschaft begriffen. Die Kirche macht den Versuch, dieses Ethos der unbedingten Treue in gesellschaftl. Institutionen gesetzlich zu stabilisieren. Die außerordentl. Schwierigkeit dieser pädagog. Aufgabe begründet eine (in der Bibel gerade nicht vorhandene) fortschreitend asket. Einstellung zur Sexualität überhaupt. Und dies bleibt in der Kirchengesch. die herrschende Einstellung zur Sexualität: Abwertung der E. gegenüber der Virginität und Unterordnung unter die Lehre von den E.-Zwecken (E. als Institution der Fortpflanzung und Heilmittel gegen die Libido). Die Reformation hat zwar die E. gegenüber dem Virginitätsideal grundsätzlich aufgewertet, es gelang ihr aber ebenso wenig wie dem Pietismus, die asket. Einstellung abzubauen. Dies geschieht erst in der bürgerl. Kultur der neueren Zeit, die es auch der christl. Lehre ermöglicht, im Rückgriff auf die ursprüngl. bibl. Motive ein neues Verständnis der E. zu entwickeln.

Die E. wird nun verstanden als die von Gott eingesetzte umfassende Lebensgemeinschaft von Mann und Frau. In ihren einzelnen Lebensäußerungen wie Geschlechtsgemeinschaft, Wohngemeinschaft, Wirtschaftsgemeinschaft, gegenseitiger Fürsorge und Elternschaft verwirklicht sich die Zusammengehörigkeit der E.-Gatten (1. Kor. 7, 3). Indem beide, Mann und Frau, einander annehmen, kommt zugleich jeder zu seinem besonderen Wesen, zu sich selbst.

Im E.-Recht der *römisch-kath. Kirche* ist das Wesen der E. aufgrund der Aussagen des Zweiten Vatikan. Konzils zu bestimmen als die ganzheitl. Verbindung eines Mannes und einer Frau zu ungeteilter und unteilbarer Liebes- und Lebensgemeinschaft (in personal geprägter Partnerschaft), die wesensgemäß auf Zeugung und Erziehung der Kinder hingeordnet ist. Die E. hat sakramentalen Charakter.

Im E.-Verständnis der *ev. Kirchen* hat die E., hierin den Reformatoren folgend, keinen sakramentalen Charakter. Die E.-Schließung wird als ein Vorgang im Rahmen der staatl. Rechtsordnung angesehen (Zivil-E.), die kirchl. Trauung als Proklamation der E. vor der christl. Gemeinde und geistl. Zuspruch an die Brautleute verstanden, wobei die Kirchen davon ausgehen, dass diese ein durch christl. Grundsätze geprägtes gemeinsames Leben führen wollen.

Die Theologie der *orth. Kirchen* versteht, wie auch die kath. Theologie, die E. als eine mit der Schöpfungsordnung gegebene ›Ordnung von Anfang an‹. Die E. hat sakramentalen Charakter und wird in Bezug auf ihre geistl. Dimension unter Hinweis auf Eph. 5, 31 f. als Abbild des geistl. Bundes CHRISTI mit der Kirche beschrieben.

Soziologische Aspekte

Die E. ist so eng mit den wirtschaftl. und kulturellen Voraussetzungen des Fortbestandes einer Gesellschaft verbunden, dass sie auch wichtige Sachverhalte der Gesellschaft ordnet, zu denen z. B. Bestimmung und Legitimierung von Positionen und Rollen des Familien- und Verwandtschaftssystems gehören.

Formen, Struktur und Stabilität der E. sind wie Art und Maß des Eingriffs der Gesellschaft in die E. dem histor. Wandel unterworfen. Die Partnerwahl bewegt sich in alten, ständisch gebundenen Gesellschaftsordnungen in einem Kreis sozial nahe stehender ebenbürtig geltender Personen. Partnerwahl, E.-Schließung und innere Ordnung der E. unterlagen zunächst den Sippen- und Geschlechterverbänden, später den Familien. Prinzipiell steht die E. auch erst seit Durchsetzung der bürgerlich-industriellen Gesellschaft allen Gesellschaftsmitgliedern, auch solchen der Unterschichten, offen. Die Partnerwahl ist, bis in die Gegenwart, oft durch Konfessions-, Rang- und Besitzgesichtspunkte bestimmt. In Gesellschaftsordnungen mit stärkerer Mobilität werden durch die Partnerwahl die ständ. Schranken in starkem Maße brüchig. Das Recht moderner Staaten kennt keine allg. Einschränkungen der Partnerwahl von Ehefähigen. Doch ist in einzelnen sozialen Schichten das Mitspracherecht der Eltern oder der Verwandten auch heute noch wirksam. Die Fähigkeit, eine Familie wirtschaftlich zu erhalten, gilt allg. als Bedingung der E.-Schließungen.

Die v. a. durch das Christentum geprägte E.- und Familienauffassung wurde seit der Aufklärung und dem Liberalismus, der Ausformung des bürgerl. Rechtsstaates und unter dem Einfluss der Romantik mehr und mehr zu einer individuell begründeten Lebens- und Liebesgemeinschaft (Liebes- und Gattenehe).

Diese Individualisierung hat zwar nicht zur Bedrohung der E. als solcher geführt, jedoch – zumal seit Beginn der 1970er-Jahre – zu einer unerwartet starken Zunahme der ›nichtehelichen Lebensgemeinschaften‹ (→eheähnliche Lebensgemeinschaft; ihre Zahl wird in

Dtl. 1992 auf mehr als 2,0 Mio. geschätzt). Gleichzeitig ist das durchschnittl. Heiratsalter bei der E.-Schließung der zuvor Ledigen angestiegen.

In der DDR lag das durchschnittl. Heiratsalter um etwa 2 Jahre unter den vergleichbaren Werten in den alten Bundesländern.

Ehe: Alter bei Erstheirat

Jahr	früheres Bundesgebiet		Gebiet der neuen Bundesländer und Berlin (Ost)	
	Männer	Frauen	Männer	Frauen
1955	28,1	25,4	24,6	23,2
1975	25,3	22,7	23,2	21,3
1985	26,6	24,1	24,3	22,2
1988	–	–	25,0	22,9
1989	27,7	25,2	–	–
1993	29,3	26,9	27,6	25,5

Seit den 1950er-Jahren ist die Zahl der E.-Schließungen je 1000 Ew. deutlich gesunken und stagniert seither auf niedrigem Niveau (von 10,7 im Jahr 1950 auf 6,5 im Jahr 1990). Die Zahl der E.-Scheidungen entwickelte sich von 14 Prozent im Jahr 1960 auf etwa ein Drittel im Jahr 1990. In der DDR lag die Scheidungsrate noch darüber. Ursache dafür war einerseits das liberalere Scheidungsrecht, andererseits die weitgehende ökonom. Unabhängigkeit der Frauen. Zunehmend ist auch die Zahl der getrennt lebenden E.-Partner und E.-Desertionen (Flucht aus der E.-Gemeinschaft ohne jede Regelung).

Die Auffassungen von der E. haben sich in den letzten Jahrzehnten stark gewandelt, da sie nicht mehr wie selbstverständlich als Vorform der Familie betrachtet wird, sondern auch als eine selbstständige Lebensgemeinschaft, die kinderlos bleiben kann. Eine weitere feststellbare und durch den sozialen Wandel bedingte Entwicklung, die zu der Tendenz der Privatisierung und Emotionalisierung der Partnerschaftsbeziehung parallel verläuft, ist das Schwinden der patriarchal. Gattenbeziehung. Partnerschaftl. Beziehungen zw. den E.-Gatten treten heute in den hoch industrialisierten Staaten häufiger auf, in vielen Ländern prägen sie das Leitbild einer modernen Ehe. Diese Entwicklung geht auf Faktoren zurück, die mit dem allg. Wandel zur industrialisierten Leistungsgesellschaft zusammenhängen, in der die Frau ökonomisch unabhängiger von ihrem E.-Gatten ist, da dieser nicht mehr unbedingt Hauptträger wirtschaftl. Versorgung und sozialer Sicherheit sein kann und muss. – Prognosen über die weitere Entwicklung der E. sind schwierig, weil E. und E.-Auffassungen in den sozialen und kulturellen Wandel eingebettet sind; fortsetzen werden sich vermutlich die Trends einer partnerschaftlich orientierten E., die in der seit 1976/77 gültigen Reform des E.-, Familien- und Scheidungsrechts zur Basis des ehel. Zusammenlebens gemacht wurden.

Kulturgeschichte

Im *Alten Orient* herrschte grundsätzlich die Polygynie vor, jedoch war in den sozial schwächeren Schichten aus materiellen Gründen die Monogamie die Regel-E. Bei den Juden hielt noch MOSES an der Vielehe mit meist zwei Hauptfrauen und zwei Sklavinnen fest. Das islam. E.-Recht, verankert im Koran, schränkt die altarab. Sitte der Polygamie auf höchstens vier Frauen mit je einem Hausstand sowie Konkubinat mit eigenen Sklavinnen ein. Die E. ist ein geheiligter Bund. Bei den Schiiten gab es die E. auf Zeit. Die E. im A. T. war ausgerichtet auf die Sippe des Mannes. Die Frau ging aus dem Besitz und der Verfügungsgewalt des Vaters durch Erwerb und Vertrag in das Eigentum des Bräutigams zum Zwecke der Sicherung der Nachkommen-

schaft über. Kinderlosigkeit galt als Strafe Gottes, darum wurde der Verkehr mit der Leibmagd der unfruchtbaren E.-Frau kaum als Neben-E. aufgefasst; die Levirats-E. war vorgeschriebener (A. T.) und vielfach geübter Brauch. In Ägypten war die Priesterkaste zur Monogamie verpflichtet. Perser und Ägypter kannten die Geschwister-E. für das Herrscherhaus aus religiös-polit. Vorstellungen.

Bei den *Griechen* stand die E. unter dem Gesetz des Hausverbandes (›oîkos‹) innerhalb der Sippenverfassung als Grundlage der Polis. Der Hausvater besaß die alleinige Verfügungsgewalt in der Familie. Der Grundsatz der Monogamie beabsichtigte Klarheit in der erbrechtl. Nachfolge. Die Ehefrau verblieb in häusl. Abgeschlossenheit ohne Anteil am gesellschaftl. und geistigen Leben, in dem die Hetäre eine größere Rolle spielte.

Bei den *Römern* vollzog sich trotz gleicher patriarchal. Ausgangsbasis eine weitgehende Integration der Geschlechterbeziehungen in die E., da die Frau (allerdings ohne staatsbürgerl. Rechte) geachtet wurde. Zunächst stand die Frau privatrechtlich unter ständiger Vormundschaft, doch war die ›mater familias‹ von Anfang an geachtet und freier als in Athen; sie hatte mit wachsendem Vermögen auch vermehrte Bildungsmöglichkeiten. Durch eine sich allmählich ausbildende eigene Vermögensverwaltung wurde sie ebenbürtig und erlangte indirekten Einfluss. Sie besaß die Stellung einer Gefährtin des Mannes und der Herrin im Hause. Daneben gab es das Konkubinat als rechtlich anerkannte Dauergemeinschaft.

Bei den *Germanen* blieb die aus dem Volksrecht erwachsene E. eine vorwiegend ökonom. Gemeinschaft – in den herrschenden Kreisen ein Politikum, aus dem sich die mittelalterl. Kinder-E. und die Viel-E. german. Stammesfürsten trotz der von TACITUS gerühmten Monogamie erklären. Die patriarchal. Verfassung brachte eine rechtl. Minderstellung der Frau, wenngleich sie hohes Ansehen genoss. Das Sippenrecht kannte mehrere E.-Typen der Freien: die Kauf-E. aus dem Vertrag zweier Sippen mit Übergabe der Frau aus einer Munt (Gewalt) in die andere, der Frauenraub mit Einwilligung der Braut und die freie Friedel-E. ohne eheherrl. Gewalt über die Frau, war als Neben-E. die Polygynie des Adels ermöglichte.

Im *Mittelalter* hatte der Grundherr ein Verfügungsrecht über die Unfreien und damit ein Zustimmungsrecht zu deren E. Später griff die staatl. Verw. ein, die den Konsens abhängig machen konnte von vermögensrechtl. Voraussetzungen. Im späten 16. Jh. wurde das Konkubinat reichsgesetzlich verboten, zu einer Zeit, als die röm. Kirche die heiml. E. und das Priesterkonkubinat energisch bekämpfte. Für die persönl. Stellung der Frau in der E. wurde im MA. die allmähl. Abschaffung der Polygynie und des Verstoßungsrechts sowie die Ausbildung der Rechtsfähigkeit zur häusl. Schlüsselgewalt entscheidend.

Ethnologische Aspekte

Obwohl die E. als Institution weitgehend universal ist, verzichten die meisten Stammesreligionen darauf, für ihre erwachsenen Mitgl. ein Leben in einer E. vorzuschreiben oder umgekehrt E.-Losigkeit höher zu bewerten. Dagegen gibt es weit verbreitet religiös vermittelte Vorschriften über die Wahl von E.-Partnern, die freilich zugleich als Regeln über Tauschbeziehungen zw. Gruppen interpretierbar sind. Die E.-Schließung selbst wird meist in Anlehnung an Rituale des Statuswechsels (Initiationsriten) vollzogen. Da dieser Statuswechsel die Möglichkeit selbstständiger Haushaltsführung enthält, ist oft auch die Vollmitgliedschaft in der Gruppe damit verbunden. Die Ehelichkeit (Legitimität) entscheidet über künftige Ansprüche der Kinder an die Gruppe. Eine Heirat begründet nicht nur bestimmte Rechte und Pflichten zw. den E.-Partnern, sondern auch zw. deren Gruppen. Wer wen heiratet, ist von so großer gesellschaftl. Bedeutung, dass oft die Betroffenen selbst dabei wenig mitzuentscheiden haben; dies wird durch Regelungen wie Kinderverlöbnis, Brautpreis (→Brautkauf) und Mitgift abgesichert. Die E. gilt dann als eine konkrete Ausgestaltung der Allianz zw. zwei Gruppen; daher werden E. oft immer wieder nach denselben Mustern geschlossen (→Heiratsklassen, →Konnubium). Am weitesten verbreitet ist die Ein-E. (Monogamie), die an keinen bestimmten Kulturtypus gebunden ist (und u. a. aus wirtschaftl. Gründen auch bei Wildbeutervölkern vorherrscht); vielfach gilt ein höchstes Wesen als Stifter der Einehe. Bei der Viel-E. (Polygamie) wird zw. Polygynie (Vielweiberei) und Polyandrie (Vielmännerei) unterschieden, wobei die Erstere häufiger und in der Regel eine sukzessive Polygynie ist, in der die zuerst geheiratete Frau als Hauptfrau besondere Vorrechte genießt. Im 19. Jh. wurde mehrfach versucht, Entwicklungsreihen von E.-Formen meist als Fortschritt von einem hypothet. ehelosen Zustand über versch. Formen der Polygamie bis zur Ein-E. aufzustellen und diese dann mit anderen Entwicklungsreihen, z. B. Wirtschaftsstufen oder Formen der rechtl. oder polit. Organisation, in Verbindung zu setzen (→Evolutionismus, →Mutterrecht). Diese Hypothesen konnten durch ethnograph. Material nicht bestätigt werden. Es bestehen jedoch gewisse unbestrittene Zusammenhänge: Viele Pflanzer- und Hirtengesellschaften sind polygam, während bei Wildbeutern ebenso wie bei den meisten Hochkulturvölkern die Monogamie vorherrscht. In der heutigen Ethnosoziologie ist, v. a. durch Arbeiten von C. Lévi-Strauss, das Interesse an den E.-Formen wieder aufgelebt; sie werden als das wichtigste Moment für das Verständnis von Gesellschaftsstrukturen betrachtet. – Die *Volkskunde* kennt zahlr. Orakel (Orakelbefragung u. a. am Andreas- oder Barbaratag, zu Silvester/Neujahr), wodurch Heiratswillige erfahren woll(t)en, ob, wann und mit wem sie die E. schließen werden; bekannt sind ebenso Formen der Einleitung einer E. und des E.-Versprechens (Verlobung, Hochzeit). Das Vertrauen in die Glücksmacht der E. und die Angst um dieses Glück brachten abergläub. Vorstellungen und Brauchhandlungen hervor, z. B. Brautabschied, -raub, Hochzeitstermin, -orakel oder Hochzeitsgeschenke, -schmuck u. Ä. als Talismane; insbesondere E.-Ring (→Trauring) und E.-Taler galten als Bürgen des E.-Glücks. Weit verbreitet sind Sagen, die von der traurig endenden E. zw. sterbl. und außerird. Wesen, bes. mit Wasserjungfrauen (z. B. Undine), erzählen.

⇨ *Eherecht · Eheverfahren · Familie · Frau · Gruppenehe · Hochzeit · Josephsehe · Keuschheit · Mann · Mutterrecht · Polygamie · Trauung · Vergewaltigung · Vollkommenheit · Zölibat*

E. Grosse: Die Formen der Familie u. die Formen der Wirthschaft (1896); H. Goern: Das E.-Bild im dt. MA. (1936); H. F. K. Günther: Formen u. Urgesch. der E. (³1951); C. A. Schmitz: Grundformen der Verwandtschaft (Basel 1964); F. Neidhardt: Die Familie in Dtl. (⁴1975); W. Molinski: Theologie der E. in der Gesch. (1976); W. Kasper: Zur Theologie der christl. E. (²1981); M. Wingen: Nichtehel. Lebensgemeinschaften (1984); T. Bovet: Die E. Ein Hb. für E.-Leute (Neuausg. 1986); Wandel u. Kontinuität der Familie in der Bundesrepublik Dtl., hg. v. R. Nave-Herz (1987); J. Goody: Die Entwicklung von E. u. Familie in Europa (a. d. Engl., Neuausg. 1989); H.-G. Gruber: Christl. E.-Verständnis im 15. Jh. Eine moralgeschichtl. Unters. zur E.-Lehre (1989); M. Schröter: ›Wo zwei zusammenkommen in rechter E...‹ Sozio- u. psychogenet. Studien über Eheschließungsvorgänge vom 12. bis 15. Jh. (Neuausg. 1990); T. Klein: Verhaltensstandards in der E.: Kontinuität u. Wandel. Eine Analyse von Anstandsbüchern der Jahre 1834 bis 1987 (1993); C. Lévi-Strauss: Die elementaren Strukturen der Verwandtschaft (a. d. Frz., Neuausg. 1993); I. Fahrenhorst: Familienrecht u. Europ. Menschenrechtskonvention (1994); R. Fox: Kinship and marriage (Neudr. Cambridge 1994); S. Lermer u. H. C. Meiser: Lebensabschnittspartner. Die neue Form der Zweisamkeit (Neuausg., 8.–10. Tsd. 1994); H.-G. Gruber: Christl. E. in moderner Gesellschaft. Entwicklung – Chancen – Perspektiven (²1995); W. Schöpsdau: Konfessionsverschiedene E. (³1995); F. R. Vivelo: Hb. der Kulturanthropologie (a. d. Amerikan., ²1995); E. u. Familie in Krisensituationen, hg. v. F. W. Busch u. R. Nave-Herz (1996).

eheähnliche Lebensgemeinschaft, das zumeist auf Dauer angelegte Zusammenleben von Mann und Frau ohne formelle Eheschließung. Während früher die e. L. als ›wilde Ehe‹ oder ›Konkubinat‹ rechtlich und gesellschaftlich diskreditiert wurde, ist sie in neuerer Zeit zu einer weit verbreiteten und weithin tolerierten Erscheinungsform enger menschl. Gemeinschaft geworden. Die Gründe für ein Eingehen einer e. L. und des Abwendens von der traditionellen Ehe sind unterschiedlich: Z. B. begünstigen finanzielle Motive die e. L. bei älteren Partnern, die durch eine Wiederheirat bestehende Altersversorgungsansprüche verlieren würden; bei jüngeren Menschen mag die Abneigung gegen rechtl. Bindungen bei einer erst zu ›erprobenden‹ Beziehung im Vordergrund stehen. Im Rechtlichen ist die Einordnung und Behandlung der e. L. problematisch, bes. im Hinblick auf die Möglichkeit ihres Auseinanderfallens. Ehe- bzw. Ehescheidungsrecht sind nach gefestigter herrschender Meinung weder direkt noch entsprechend auf die e. L. anwendbar, folglich findet weder ein Zugewinn- noch ein Versorgungsausgleich statt. Die aus einer e. L. stammenden Kinder gelten als nichtehelich. Nach der vom Bundesverfassungsgericht gebilligten Gesetzeslage trifft den Vater eines solchen Kindes zwar die für nichtehel. Väter geltende Unterhaltspflicht, ein eigenes elterl. Sorgerecht besitzt er indes nicht, allenfalls ein Umgangsrecht.

Kommt es bei Auseinanderfallen der e. L. zu Streitigkeiten über die während ihres Bestehens erworbenen Gegenstände oder eingegangenen Verbindlichkeiten, bietet das bürgerl. Recht nur für den Fall gewisse Regelungen an, dass die e. L. als vorehel. Dauerverhältnis im Sinne eines →Verlöbnisses, also mit dem Eheversprechen begleitet, angesehen werden kann. Im Übrigen wendet die Gerichtspraxis häufig das Recht der Gesellschaft (§§ 705 ff. BGB) an, sodass bei Beendigung der e. L. das gemeinsame Vermögen (z. B. ein gemeinsam finanziertes Haus) aufzuteilen ist. Grundsätzlich gilt aber, dass die Gegenstände (z. B. der Hausrat) demjenigen gehören, der sie eingebracht oder erworben hat. Gemeinsam Verbrauchtes (z. B. die Haushaltungskosten) diente der Verwirklichung der e. L., wird also nicht als Schenkung gewertet, die unter Umständen zurückgefordert werden könnte. Um diesen Eventualitäten zu begegnen, greifen die Partner einer e. L. vermehrt zu ›Partnerschaftsverträgen‹, die Regelungen für den Fall des Auseinandergehens vorsehen können, im Einzelfall allerdings formbedürftig sind (z. B. bei Absprachen über Grundbesitz). Auch für den Fall des Todes sind die Partner der e. L. zur Vorsorge genötigt, da das gesetzl. Erbrecht nicht zur Anwendung kommt.

An einigen Stellen berücksichtigen Gesetz und Verw. die e. L. jedoch in einer Weise, die als unzulässige Ungleichbehandlung kritisiert wird: Gemäß § 122 Bundessozialhilfe-Ges. z. B. dürfen Partner einer e. L. nicht besser gestellt werden als Eheleute, wenn sie Leistungen beantragen, andererseits erfolgt die Besteuerung der Einnahmen von Mitgl. einer e. L. grundsätzlich nach den für Ledige gültigen Sätzen. In *Österreich* rufen e. L. zwar nicht die Wirkungen einer Ehe hervor (z. B. keine Unterhaltspflicht), werden aber z. T. wie eine Ehe behandelt, z. B. in § 14 Abs. 3 Mietrechts-Ges. (Mietrecht des Lebensgefährten im Todesfall des anderen).

Eine gesetzl. Regelung der e. L. fehlt in der *Schweiz,* die vermögensmäßige Auseinandersetzung muss grundsätzlich nach den Normen über die Auflösung der einfachen Gesellschaft erfolgen. In Einzelfällen führt die e. L. zum Erlöschen von Rentenansprüchen gegenüber dem früheren Ehepartner.

S. DE WITT u. J.-F. HUFFMANN: Nichtehel. Lebensgemeinschaft (²1986); E. M. VON MÜNCH: Zusammenleben ohne Trauschein (⁵1993).

Eheberatung, auch **Partnerschaftsberatung,** die psycholog. und soziale Beratung von Menschen, die unter Beziehungsproblemen in Ehe oder Partnerschaft leiden. E. ist eine besondere Form der psychosozialen Beratung (Familien-, Erziehungs-, Schwangerschaftsberatung u. a.) und umfasst wie diese bes. auch rechtl. und medizin. Aspekte. Bei der Entstehung von Einrichtungen zur E. kurz vor dem Ersten Weltkrieg hatten noch Fragen der Ehevorbereitung und Empfängnisregelung, hygien. Fragen (etwa Infektionskrankheiten, die zu Störungen der Zeugungs- und Empfängnisfähigkeit führen können) und →genetische Beratung im Vordergrund gestanden. Diese Aufgaben werden inzwischen von spezialisierten Beratungsdiensten und Ärzten wahrgenommen.

E. wird in Dtl. in mehr als 2 500 Beratungsstellen sowie von frei praktizierenden Beratern angeboten. Rd. 900 Stellen für E., Familien- und Lebensberatung, in denen i. d. R. Psychologen, Sozialarbeiter und -pädagogen (z. T. auch Ärzte, Juristen und Theologen) zusammenarbeiten, sind im Dt. Arbeitskreis für Jugend-, Ehe- und Familienberatung (gegr. 1959) repräsentiert. In ihm werden weltanschaulich neutrale E.-Stellen von der Dt. Arbeitsgemeinschaft für Jugend- und Eheberatung (München, gegr. 1948) und PRO FAMILIA (Frankfurt a. M., gegr. 1952) vertreten, kirchl. E.-Stellen von der Ev. Konferenz für Familien- und Lebensberatung (Berlin, gegr. 1959) und der Kath. Bundesarbeitsgemeinschaft für Beratung (Bonn, gegr. 1975).

Ehebruch, der Beischlaf eines Ehegatten mit einer dritten Person während bestehender Ehe. In Dtl. ist E. nicht mehr strafbar. Das *österr.* StGB (§ 194) stellt den E. unter Strafe (Freiheitsstrafe bis zu sechs Monaten oder Geldstrafe); der Täter ist nur auf berechtigtes Verlangen des verletzten Ehegatten zu verfolgen, das nicht vorliegt, wenn dieser dem E. zugestimmt oder ihn absichtlich ermöglicht hat oder die ehel. Gemeinschaft seit einem Jahr nicht mehr besteht. In der *Schweiz* ist die Strafbarkeit des E. 1989 aufgehoben worden.

Rechtsgeschichte: E. galt in patriarchal. Gesellschaften, in denen die Frau Eigentum des Mannes war, als Vergehen der Frau und wurde nur an ihr bestraft (u. a. Todesstrafe im röm. und german. Recht; Abschneiden der Haare und Ausstoßung bei den Germanen; Verstümmelung bei manchen Naturvölkern). Im MA. wurde auch der E. des Mannes bestraft (Verbannung, Geldstrafe).

Ehefähigkeitszeugnis, →Eherecht.

Ehegattenbesteuerung, *Steuerrecht:* das Verfahren der Besteuerung der Einkommen von Ehegatten: 1) Bei der getrennten Veranlagung werden beide Ehegatten wie Alleinstehende besteuert (Individualbesteuerung). 2) Bei der einfachen Zusammenveranlagung wird die Summe der Einkommen der Ehepartner dem allgemeinen Steuertarif unterworfen; sind beide Partner erwerbstätig (Doppelverdienerehe), so führt diese Besteuerungsform bei progressivem Steuertarif zu einer steuerl. Benachteiligung gegenüber Unverheirateten. 3) Bei der Zusammenveranlagung mit →Splitting wird die Summe der Einkommen durch zwei geteilt und die für diesen Betrag anhand des allgemeinen Steuertarifs errechnete Steuerschuld mit zwei multipliziert. Bei progressivem Tarif führen die versch. Formen der E. zu unterschiedl. Steuerbelastungen.

Bei einheitl. Steuersatz (proportionaler Tarif) dagegen spielt es grundsätzlich keine Rolle, ob Ehegatten getrennt oder zus. veranlagt werden (Beispiel: Vermögensteuer).

Die Wahl der ›richtigen‹ oder ›gerechten‹ Form der E. hängt ab von den zugrunde gelegten Kriterien und den steuerpolit. Zielen. In der internat. Steuerpraxis kommen alle drei Grundformen (mit Modifikationen) vor; es überwiegt die Individualbesteuerung. In der *BRD* wurde die bis dahin geltende einfache Zusammenveranlagung durch das Bundesverfassungsgericht am 17. 1. 1957 für verfassungswidrig erklärt. Ehegatten können heute wählen zw. getrennter Veranlagung und Splitting (§ 26 EStG); tatsächlich dominiert das Splitting. – In *Österreich* ist (seit 1972) die Form der E. die getrennte Veranlagung (Individualbesteuerung). Im Falle der Einverdienerehe wird ein zusätzl. Absetzbetrag (Alleinverdienerabsetzbetrag) gewährt, der im Hinblick auf die ›Haushaltsersparnis‹ eines Ehepaares gegenüber Alleinstehenden geringer ist als der allgemeine Absetzbetrag. – Im *Schweizer* Steuerrecht gilt bei der direkten Bundessteuer die einfache Zusammenveranlagung mit besonderem Tarif für Eheleute.

Ehehindernisse, →Eherecht.

Ehekontrakt, der →Ehevertrag.

eheliche Kinder, →Ehelichkeit.

ehelicher Lebensbedarf, ein Rechtsbegriff (§ 1357 BGB), in der Schweiz (Art. 166 ZGB): **laufende Bedürfnisse der Familie,** in Österreich (§ 96 ABGB) und früher in Dtl.: **Schlüsselgewalt:** Ehegatten sind befugt, Geschäfte zur angemessenen Deckung des e. L. (einschließlich des Familienbedarfs) mit Wirkung auch für den anderen Ehegatten zu tätigen. Was ›angemessene Deckung des e. L.‹ ist, ist nach den Lebensverhältnissen der Ehegatten verschieden. Hierunter fallen Geschäfte des häusl. Wirkungskreises (Beschaffung von Lebensmitteln und Kleidung, Zuziehung eines Arztes für das Kind u. a.). Nicht dazu gehören die grundsätzlich gemeinsam zu besprechenden Angelegenheiten wie Mieten einer Wohnung, Verpfändung von Möbeln, i. d. R. der Abschluss eines Kreditvertrages. Bei Überschreitung dieser Grundsätze haftet der andere Ehegatte nicht. Ein Ehegatte kann die Berechtigung, Geschäfte zur Deckung des e. L. mit Wirkung für ihn zu erledigen, unter bestimmten Voraussetzungen einschränken oder ausschließen (§ 1357 Abs. 2 BGB).

Nach *österr.* Recht vertritt der Ehegatte, der den gemeinsamen Haushalt führt und keine Einkünfte hat, den anderen bei den Rechtsgeschäften des tägl. Lebens, die er für den gemeinsamen Haushalt schließt und die ein den Lebensverhältnissen der Ehegatten entsprechendes Maß nicht übersteigen, wenn nicht der andere Ehegatte dem Dritten zu erkennen gegeben hat, dass er von seinem Ehegatten nicht vertreten sein will. Nach *schweizer.* Recht vertritt jeder Ehegatte während des Zusammenlebens die ehel. Gemeinschaft für die laufenden Bedürfnisse der Familie. Für die übrigen Bedürfnisse der Familie kann er die ehel. Gemeinschaft vertreten, wenn er vom anderen oder vom Richter ermächtigt wird, das Geschäft nicht aufgeschoben werden kann oder der andere an der Zustimmung verhindert ist. Jeder Ehegatte begründet für sich und, soweit die Überschreitung der Vertretungsbefugnis nicht für den Dritten erkennbar ist, solidarisch auch für den anderen Ehegatten einzuhaltende Verbindlichkeiten (Art. 166 ZGB).

eheliches Güterrecht, Regelung der vermögensrechtl. Wirkung der Ehe auf das Vermögen der Ehegatten (§§ 1363–1563 BGB). Hiervon ausgeschlossen sind die allg. Ehewirkungen (z. B. Unterhaltspflicht) sowie das Erbrecht. Es steht den Ehegatten frei, über die Angelegenheiten des e. G. in einem Ehevertrag besondere Bestimmungen zu treffen. Falls die

Ehegatten keinen Ehevertrag geschlossen haben, gilt ausschließlich das gesetzl. Güterrecht. Für dieses ist mit Wirkung vom 1. 7. 1958 (In-Kraft-Treten des →Gleichberechtigungsgesetzes von 1957) die **Zugewinngemeinschaft** als gesetzl. Güterstand eingeführt worden (§§ 1363 bis 1390 BGB). Dies ist auch für die vor diesem Zeitpunkt geschlossenen Ehen verbindlich, sofern nicht einer der Ehegatten bis zum 30. 6. 1958 gegenüber dem Amtsgericht erklärt hat, dass für seine Ehe Gütertrennung gelten solle; Besonderheiten gelten zudem für Vertriebene und Flüchtlinge. Danach gilt für das in die Ehe eingebrachte Gut der Grundsatz, dass das Vermögen des Mannes und dasjenige der Frau nicht zu gemeinschaftl. Vermögen verschmelzen, sondern getrennt bleiben. Jeder Ehegatte kann sein Vermögen selbstständig verwalten und nutzen. Nur bei Verfügungen über das gesamte Vermögen des Ehegatten oder über Gegenstände, die den wesentl. Teil der bisherigen Existenzgrundlage ausmachen, oder bei Verfügungen über Gegenstände des ehel. Haushalts ist die Zustimmung des anderen erforderlich. Diese kann auf Antrag durch das Vormundschaftsgericht ersetzt werden, wenn das Rechtsgeschäft den Grundsätzen einer ordnungsmäßigen Verw. entspricht und wenn der Ehegatte die Zustimmung ohne ausreichenden Grund verweigert oder durch Krankheit oder Abwesenheit verhindert ist, sie abzugeben (§§ 1365, 1368 BGB). Jeder Ehegatte haftet nur für seine eigenen Verbindlichkeiten (→Eigentumsvermutung). Der Vermögenserwerb während der Ehe **(Zugewinn)** bleibt Eigentum des erwerbenden Ehegatten, jedoch wird bei Auflösung der Ehe (Ehescheidung, Urteil auf vorzeitigen Ausgleich) oder vertragl. Einführung eines anderen Güterstandes ein Zugewinnausgleich vorgenommen. Seine innere Rechtfertigung nimmt der Zugewinnausgleichsanspruch aus dem Gedanken, dass das während der Ehe gemeinsam Erarbeitete beiden Ehegatten zugute kommen soll. Es wird für jeden Ehegatten der ›Zugewinn‹, das ist die Differenz zw. Anfangs- und Endvermögen, ermittelt; übersteigt der Zugewinn des einen den des anderen, so erhält dieser einen Ausgleichsanspruch in Höhe eines Betrages, der der Hälfte des Überschusses entspricht. Dieser Ausgleichsanspruch ist vererblich und übertragbar. Dabei gilt das während der Ehe durch Erbschaft oder Schenkung, bes. das mit Rücksicht auf ein künftiges Erbrecht oder das als Ausstattung Erworbene nicht als Zugewinn, sondern wird dem Anfangsvermögen zugerechnet. Dem Endvermögen werden nach Abzug der Schulden Beträge hinzugefügt, um die sich das Vermögen eines Ehegatten in den letzten 10 Jahren ohne Einverständnis des Partners durch unentgeltl. Zuwendungen ohne sittl. Pflicht, durch Verschwendung oder Handlungen in der Absicht, den anderen zu benachteiligen, vermindert hat (§ 1375 BGB). Ggf. kann die Erfüllung des Zugewinnausgleichs wegen grober Unbilligkeit (bes. wegen längerer schuldhafter Nichterfüllung von Eheverpflichtungen wirtschaftl. Art) verweigert werden (§ 1381 BGB). Auf die Ausgleichsforderung eines Ehegatten ist anzurechnen, was ihm der andere durch Rechtsgeschäfte unter Lebenden, z. B. durch Schenkung, mit der Bestimmung zugewendet hat, dass es auf die Ausgleichsforderung angerechnet werden soll. Dabei werden im Zweifel solche Zuwendungen angerechnet, die den Wert übl. Gelegenheitsgeschenke übersteigen. Das Familiengericht kann auf Antrag des Schuldners die Ausgleichsforderung stunden. Für die Wertberechnung wird der Verkehrswert der Gegenstände und Verbindlichkeiten zugrunde gelegt, wobei der Wert des Anfangsvermögens zu Beginn, der des Endvermögens am Ende des Güterstandes ermittelt werden muss; Wertveränderungen, die bloß rechnerisch sind (z. B. durch Geldentwertung), bleiben außer Betracht (Rechtsprechung).

Zwischenzeitl. Erwerbungen, die dem Anfangsvermögen zuzurechnen sind, werden nach dem Zeitpunkt des Erwerbs berechnet.

Unter bestimmten Umständen kann ein Ehegatte auf **vorzeitigen Ausgleich** des Zugewinns klagen, z. B. wenn der andere seinen wirtschaftl. Verpflichtungen aus dem Eheverhältnis nicht nachkommt und sie auch in Zukunft nicht erfüllen wird oder die Ehegatten seit drei Jahren getrennt leben (§§ 1385 ff. BGB). Mit Rechtskraft des Urteils, das den Anspruch auf vorzeitigen Ausgleich des Zugewinns anerkennt, tritt Gütertrennung ein.

Beim Tod des Ehegatten wird der Ausgleich des Zugewinns dadurch verwirklicht, dass sich der gesetzl. Erbteil des überlebenden Ehegatten um ein Viertel der Erbschaft erhöht; unerheblich ist hierbei, ob die Ehegatten einen Zugewinn erzielt haben (§ 1371 BGB, ›erbrechtl. Lösung‹). Aus diesem zusätzl. Viertel hat der überlebende Ehegatte jedoch z. B. erbersatzberechtigten nichtehel. Kindern des Verstorbenen bei Bedürftigkeit die Mittel zu einer angemessenen Ausbildung zu gewähren. Wird der überlebende Ehegatte nicht Erbe, etwa durch Ausschlagen der Erbschaft, kann er neben dem Ausgleich des Zugewinns nach den allgemeinen Regeln (siehe oben) den →Pflichtteil verlangen (›güterrechtl. Lösung‹), was praktisch auf ein Wahlrecht des Überlebenden hinausläuft.

Vertraglich vereinbaren können die Ehegatten statt des gesetzl. Güterstandes die Gütergemeinschaft (§§ 1415 ff. BGB) oder die Gütertrennung (§ 1414 BGB).

Die **Gütergemeinschaft** hat zur Folge, dass das Vermögen der Ehegatten gemeinschaftl. Vermögen **(Gesamtgut)** wird, wobei sie bestimmen sollen, ob die Verwaltung des gemeinschaftl. Vermögens durch einen der Ehegatten oder durch beide erfolgen soll. Ausgenommen von dieser Regelung sind das Sonder- und das Vorbehaltsgut jedes Ehegatten. **Sondergut** wird, was nicht durch Rechtsgeschäft übertragen werden kann, z. B. unpfändbare Unterhaltsansprüche. **Vorbehaltsgut** ist das, was laut Ehevertrag vom Gesamtgut ausgenommen wurde oder was ein Ehegatte mit der Bestimmung erbt, das Ererbte solle Vorbehaltsgut sein sowie dasjenige, das an die Stelle des Vorbehaltsguts tritt (z. B. Versicherungssumme für ein zerstörtes Vorbehaltsgut). Im Ggs. zum Sondergut, dessen Nutzungen ins Gesamtgut fallen, wird das Vorbehaltsgut in eigener Rechnung verwaltet. Verwalten beide Ehegatten das Gesamtgut gemeinsam, sind sie auch nur zur gemeinsamen Verfügung hierüber berechtigt. Versagt einer der Ehegatten seine Zustimmung zu einzelnen Rechtsgeschäften, ist sie durch das Vormundschaftsgericht ersetzbar. Das Gesamtgut haftet für die Verbindlichkeiten, die die Ehegatten eingehen. Für die persönl. Schulden jedes Ehegatten gegenüber Dritten haften zunächst Vorbehalts- und Sondergut, außerdem grundsätzlich auch das Gesamtgut. Gewisse Schulden, z. B. aus Verbindlichkeiten, die das Vorbehalts- oder das Sondergut betreffen, fallen dem Ehegatten zur Last, in dessen Person sie entstehen; im Innenverhältnis können sich daraus Ausgleichsansprüche zugunsten des anderen Ehegatten ergeben. Die Gütergemeinschaft endet durch Auflösung der Ehe, durch Aufhebungsvertrag oder durch Aufhebungsurteil. Nach Letzterem gilt für die Zukunft Gütertrennung nach Auseinandersetzung über das Gesamtgut. Für den Fall des Todes eines Ehegatten kann die Fortsetzung der Gütergemeinschaft mit den Kindern vereinbart werden. In diesem Fall hat der überlebende Gatte die Stellung des allein verwaltenden Ehegatten (§§ 1487 ff. BGB). Die fortgesetzte Gütergemeinschaft endet mit dem Tod oder der Wiederverheiratung des überlebenden Ehegatten oder infolge Aufhebung durch den überlebenden Ehegatten.

Die **Gütertrennung** erfährt im BGB keine besondere Regelung; sie bedeutet, dass jeder Ehegatte das Verwaltungs- und Verfügungsrecht über sein Vermögen behält und auch der Zugewinn nicht ausgeglichen wird. Vermögensrechtl. Bindungen zw. den Ehegatten bestehen aber in Bezug auf Verpflichtungen, die sich aus der ehel. Lebensgemeinschaft ergeben. Die Gütertrennung tritt kraft Gesetzes u. a. ein, wenn der Zugewinnausgleich oder der Versorgungsausgleich (→Eherecht) zw. den Ehegatten vertraglich ausgeschlossen wurde. Abweichung vom gesetzl. Güterstand der Zugewinngemeinschaft, die auch Dritte betreffen, also insbesondere im Falle von Gütergemeinschaft oder -trennung, können auf öffentlich beglaubigten Antrag in das **Güterrechtsregister** (§§ 1558 ff. BGB) eingetragen werden, das vom Amtsgericht geführt wird. Die Einsicht in das Register steht jedermann offen. – In der DDR galt als gesetzl. Güterstand die Eigentums- und Vermögensgemeinschaft (§§ 13–16 Familiengesetzbuch vom 20. 12. 1965, Abk. FGB). Das Vermögen, das die Ehegatten vor der Eheschließung besaßen, auch Geschenke und durch Erbschaft zugefallenes Vermögen, blieben im Alleineigentum, während die später durch Arbeit oder aus Arbeitseinkünften erworbenen Sachen, Vermögensrechte und Ersparnisse beiden gemeinsam gehörten. Abweichende vertragl. Regelungen waren nur beschränkt zugelassen. Bei Beendigung der Ehe wurde das gemeinschaftl. Eigentum zu gleichen Anteilen geteilt (§§ 39, 40 FGB). Seit dem Beitritt (3. 10. 1990) gelten auch in den neuen Ländern für Ehegatten, die bis zu diesem Zeitpunkt im gesetzl. Güterstand der Eigentums- und Vermögensgemeinschaft gelebt und nichts anderes vereinbart hatten, die Vorschriften über den gesetzl. Güterstand der Zugewinngemeinschaft nach dem BGB (Art. 234 § 4 Einführungs-Ges. zum BGB). Jeder Ehegatte konnte jedoch, sofern kein Ehevertrag geschlossen oder die Ehe geschieden wurde, bis zum Ablauf von zwei Jahren nach dem Beitritt gegenüber dem Kreisgericht erklären, dass für die Ehe der Güterstand der Eigentums- und Vermögensgemeinschaft nach dem FGB weiter gelten soll.

Nach *österr.* Recht ist gesetzl. Güterstand die Gütertrennung. Der gesetzl. Güterstand kann durch **Ehepakt,** der eines Notariatsaktes bedarf, abgedungen werden (§§ 1217, 1233 ABGB). Wird nichts anderes vereinbart, behält jeder Ehegatte das in die Ehe Eingebrachte, an dem von ihm Erworbenen erwirbt er Alleineigentum. Er haftet allein für seine Verbindlichkeiten. Die Vereinbarung der Gütergemeinschaft (§§ 1233 ff. ABGB) ist die wichtigste Form des Ehepaktes. Die Gütergemeinschaft unter Lebenden begründet am Gesamtgut Miteigentum nach vereinbarten Quoten; sie endet mit dem Tod oder Konkurs eines Ehegatten (§ 1262 ABGB) oder mit Ehescheidung oder -aufhebung. Das Heiratsgut (§ 1218 ABGB) dient dem Mann zur Erleichterung des Eheaufwandes.

In der *Schweiz* gilt seit dem 1. 1. 1988 die **Errungenschaftsbeteiligung** als neuer gesetzl. Güterstand. Das Eigentum der Ehegatten bleibt getrennt, ein jeder benutzt und verwaltet sein Vermögen selbstständig. Bei der Auflösung des Güterstandes wird jeder Ehegatte am Gewinn des anderen beteiligt (**Vorschlaganteil**) und auch an Wertsteigerungen, die durch unentgeltl. Zuwendungen des ausgleichsberechtigten Ehegatten in das Vermögen des anderen entstanden sind (**Mehrwertanteil**). Der neue Güterstand gilt auch für früher geschlossene Ehen, sofern keine abweichende Regelung getroffen wird. Durch Ehevertrag kann Gütergemeinschaft oder Gütertrennung vereinbart werden.

E. FRIEDMANN: Zugewinngemeinschaft (²1986); H.-U. JERSCHKE: Mein u. Dein in der Ehe. Die Regelung von Vermögensfragen zw. Eheleuten (⁷1994); A. OTTO: Das Ehegüterrecht nach dem Einigungsvertrag (1994).

Ehelichkeit, die ehel. Abstammung. Ein Kind ist ehelich, wenn es nach der Eheschließung geboren, vor Beendigung der Ehe empfangen worden ist und der Mann innerhalb der Empfängniszeit (302.–181. Tag vor der Geburt, § 1592 BGB) der Frau beigewohnt hat. Das Gesetz stellt die (widerlegl.) Vermutung auf, dass der Ehemann seiner Frau innerhalb der Empfängniszeit beigewohnt hat und das Kind aus ehel. Verkehr stammt. Ein Kind gilt nicht als ehelich, wenn es den Umständen nach offenbar unmöglich ist, dass die Frau es vom Ehemann empfangen hat. Die E. kann vom Ehemann, nach dessen Tod von dessen Eltern (nach der Geburt des Kindes) und unter bestimmten Umständen vom Kind selbst angefochten werden. Die Anfechtung muss innerhalb gesetzl. Ausschlussfristen erfolgen. Die Nichtehelichkeit des Kindes kann von und gegenüber jedermann erst ab ihrer rechtskräftigen Feststellung geltend gemacht werden. Wird von einer Frau, die eine zweite Ehe geschlossen hat, ein Kind geboren, das nach dem gesetzl. Vermutungen sowohl Kind des ersten als des zweiten Mannes sein kann, so gilt es als ehel. Kind des zweiten Mannes, nach dessen erfolgreicher Bestreitung als ehel. Kind des ersten Mannes. Vergleichbar ist die Rechtslage in *Österreich* (§§ 155 ff. ABGB). Dort existiert aber darüber hinaus noch ein subsidiäres Anfechtungsrecht des Staatsanwalts, der nach dem Tod des Kindes allein bestreitenslegitimiert ist. Seit 1992 gibt es ergänzende Bestimmungen für Fälle künstl. Befruchtung. Das *schweizer.* Recht kennt den Begriff der E. nicht. Auch dort bestehen aber ähnl. Vermutungsregeln wie im dt. Recht für die Vaterschaft des Ehemannes der Kindesmutter. Diese Vermutung der Vaterschaft kann durch Klage angefochten werden. (→Legitimation)

Ehelosigkeit, dt. Bez. für den kirchenrechtl. Begriff →Zölibat.

Eheprozess, →Eheverfahren.

Eherecht, die sich auf die Ehe oder die Ehegatten beziehenden staatl. und kirchl. Rechtsbestimmungen.

STAATLICHES EHERECHT
Eheschließung

Hauptquellen des E. sind das GG, das BGB (4. Buch ›Familienrecht‹) und das Ehe-Ges. (1996 befindet sich eine teilweise Neuregelung des E. in Vorbereitung). Die Ehe wird in Dtl. als Rechtsinstitut durch das GG (Art. 6) geschützt; sie ist als vorgegebene Institution die frei gewählte Vereinigung eines Mannes und Frau zu einer umfassenden, grundsätzlich unauflösbaren Lebensgemeinschaft. Art. 6 Abs. 1 GG ist sowohl normiertes Grundrecht des Einzelnen als auch Ausdruck eines Elementes staatl. Ordnung. Als Grundrecht garantiert es die Freiheit vor schädl. Eingriffen des Staates in den privaten Bereich der Ehe. Praktisch bedeutsam ist dies z. B. bei der Ausweisung von mit Deutschen verheirateten Ausländern, die nur zulässig ist, wenn sich das öffentl. Interesse an der Ausweisung (aus schwerwiegenden Gründen der öffentl. Sicherheit und Ordnung) gegen das Recht, die Ehe im Inland fortzuführen, durchsetzt. Die Ehe kommt durch Vertrag zustande und erlangt durch die vorgeschriebene Form der Eheschließung die staatl. Anerkennung und damit die ihr durch Ges. (§§ 1353 ff. BGB; Ehe-Ges. von 1946) gegebenen Eigenschaften des familienrechtl. Eheverhältnisses. Eine gültige Ehe kann nur vor einem Standesbeamten bei gleichzeitiger persönl. Anwesenheit der Ehewilligen (es ist also keine Ferntrauung zulässig) geschlossen werden (**obligatorische Zivilehe,** § 11 Ehe-Ges.). Die kirchl. Trauung hat grundsätzlich keine bürgerlichrechtl. Wirkung und darf erst nach der standesamtl. vorgenommen werden (§ 67 Personenstands-Ges.); in Notfällen kann die kirchl. Eheschließung der staatl. vorangehen (›kirchl. Nottrauung‹), bewirkt aber keine vor dem Gesetz gültige Eheschließung. Die Partner müssen **ehefähig** (ehemündig) sein. Sie sind es erst, wenn sie volljährig sind, d. h. das 18. Lebensjahr vollendet haben. Von dem Alterserfordernis kann nur befreit werden, wer das 16. Lebensjahr vollendet hat und dessen künftiger Gatte volljährig ist. Die Befreiung kann das Vormundschaftsgericht nach Anhörung des Jugendamtes erteilen. Zudem bedürfen Minderjährige der Einwilligung ihres gesetzl. Vertreters (Eltern, Vormund). Wird diese Einwilligung ohne triftigen Grund verweigert, so kann das Vormundschaftsgericht sie auf Antrag des Minderjährigen ersetzen. Mädchen unter 16 Jahren erhalten die Heiratserlaubnis auch dann nicht, wenn sie ein Kind erwarten. Geschäftsunfähige können eine Ehe nicht eingehen. Ausländer bedürfen i. d. R. eines **Ehefähigkeitszeugnisses**, in dem eine Behörde des Heimatlandes bestätigt, dass kein nach den Gesetzen dieses Landes begründetes Ehehindernis besteht (§ 10 Ehe-Ges.). Besonderheiten gelten für eine Ehe zw. Ausländern; sie kann von einer ordnungsgemäß ermächtigten Person (z. B. einem Konsul) des Staates, dem einer der Verlobten angehört, nach dem Recht jenes Staates geschlossen werden (Art. 13 Einführungs-Ges. zum BGB). In den neuen Ländern gelten das 4. Buch des BGB und das Ehe-Ges. seit dem Wirksamwerden des Beitritts (3. 10. 1990); Übergangsregelungen enthalten Art. 234 Einführungs-Ges. zum BGB und der Einigungsvertrag (Anlage I Kapitel III Sachgebiet B Abschnitt III Nr. 11). Die Wirksamkeit der vor dem 3. 10. 1990 im Gebiet der DDR geschlossenen Ehen bestimmt sich nach dem Recht der DDR, bes. Familiengesetzbuch vom 20. 12. 1965.

Ehehindernisse und Eheverbote

Ehehindernisse gemäß §§ 4 ff. Ehe-Ges. bestehen 1) bei Verwandtschaft in gerader Linie und für voll- und halbbürtige Geschwister; 2) bei Schwägerschaft in gerader Linie (Befreiung möglich); 3) für bereits gültig Verheiratete (Verbot der Doppelehe, →Bigamie); 4) bei Verwandtschaft oder Schwägerschaft wie unter 1) und 2), wenn sie durch Adoption begründet sind (Befreiung möglich); 5) bei Nichtablauf der Wartezeit für eine geschiedene oder verwitwete Partnerin (10 Monate nach Beendigung ihrer früheren Ehe, Befreiung möglich); 6) bei Fehlen des vormundschaftsgerichtl. Zeugnisses über die vermögensrechtl. Auseinandersetzung mit den Kindern aus früheren Ehen; 7) bei Fehlen des Ehefähigkeitszeugnisses für Ausländer (Befreiung möglich).

Wirkungen der Eheschließung

Diese sind (für das alte Bundesgebiet) durch das 1. Ges. zur Reform des Ehe- und Familienrechts (z. T. seit 1. 7. 1976, hinsichtlich der Ehescheidungsbestimmungen seit 1. 7. 1977 geltend) und durch das Ges. zur Neuordnung des Familiennamensrechts mit Wirkung vom 1. 4. 1994 neu gestaltet worden. Es wurde angestrebt, die Gleichberechtigung im Bereich der persönl. Ehewirkungen durch ein partnerschaftl. Verhältnis der Ehegatten zu erreichen. Die Ehe wird grundsätzlich auf Lebenszeit geschlossen, die Ehegatten sind einander zur **ehelichen Lebensgemeinschaft** verpflichtet (§ 1353 BGB). Die Ehegatten sollen einen gemeinsamen Familiennamen (**Ehenamen**) bestimmen (§ 1355 BGB; →Namensrecht). Sie können durch Erklärung gegenüber dem Standesbeamten den Geburtsnamen des Mannes oder den der Frau zum Ehenamen wählen. Bestimmen die Ehegatten keinen Ehenamen, behalten sie ihren z. Z. der Eheschließung geführten Namen. Die Bestimmung des Ehenamens kann auch noch innerhalb von fünf Jahren nach der Eheschließung erfolgen. Ein Ehegatte, dessen Geburtsname nicht Ehename wird, kann seinen bisherigen oder sei-

nen Geburtsnamen dem Ehenamen voranstellen oder anfügen. Dies gilt nicht, wenn der Ehename aus mehreren Namen besteht. Besteht der Name eines Ehegatten aus mehreren Namen, kann nur einer dieser Namen hinzugefügt werden. – Die Ehegatten sind einander verpflichtet, durch ihre Arbeit und mit ihrem Vermögen die Familie angemessen zu unterhalten. Leistet ein Ehegatte zum Unterhalt der Familie einen höheren Beitrag, als ihm obliegt, so wird im Zweifel angenommen, dass er nicht beabsichtigt, von dem anderen Ehegatten Ersatz zu verlangen. Beide Ehegatten sind berechtigt, erwerbstätig zu sein, haben dabei aber auf die Belange des Partners und der Familie Rücksicht zu nehmen. Wer den Haushalt führt, regelt sie in gegenseitigem Einvernehmen. Ist einem Ehegatten die Haushaltsführung allein überlassen, so erfüllt dieser seine Verpflichtung, zum Unterhalt der Familie beizutragen, durch diese Tätigkeit.

Jeder Ehegatte ist berechtigt, Geschäfte zur angemessenen Deckung des Lebensbedarfs der Familie (→ehelicher Lebensbedarf) mit Wirkung auch für den anderen Ehegatten zu besorgen. Jeder Ehegatte kann jedoch diese Berechtigung des anderen beschränken oder ausschließen; die Beschränkung wirkt Dritten gegenüber nur dann, wenn sie in das Güterrechtsregister eingetragen oder dem Dritten bekannt ist. Die Berechtigung zur Geschäftsführung erlischt, wenn die Ehegatten getrennt leben. Zugunsten der Gläubiger des Mannes oder der Frau wird widerlegbar vermutet, dass die im Besitz eines oder beider Ehegatten befindl. Sachen dem jeweiligen Schuldner gehören.

Nichtigkeit und Aufhebung der Ehe

Bei Verstößen gegen zwingende Eheverbote ist die Ehe **nichtig**. Die Nichtigkeit kann jedoch erst geltend gemacht werden, wenn sie durch Gerichtsurteil festgestellt worden ist. Nichtig in diesem Sinn ist eine Ehe bei Nichtbeachtung wesentl. Formvorschriften sowie in den im Abschnitt Eheverbote 1–3 genannten Fällen. Die übrigen Eheverbote haben nur aufschiebende Wirkung, d. h., ihre Nichtbeachtung hat für den Bestand der einmal geschlossenen Ehe keine Bedeutung. Die Geltendmachung der Nichtigkeit erfolgt durch Nichtigkeitsklage, die der Staatsanwalt und jeder Ehegatte, im Fall der Doppelehe auch der Ehegatte der früher geschlossenen Ehe erheben kann.

Ferner kennt das Ehe-Ges. die Möglichkeit der **Aufhebung** der Ehe durch Gerichtsurteil (Aufhebungsklage). Aufhebungsgründe sind: fehlende Einwilligung des gesetzl. Vertreters bei Minderjährigen; Irrtum über die Eheschließung oder die Person des Partners; Irrtum über persönl. Eigenschaften des Partners, deren Kenntnis bei verständiger Würdigung des Wesens der Ehe von der Eingehung abgehalten haben würde, z. B. Unfähigkeit zum Geschlechtsverkehr; arglistige Täuschung des anderen, jedoch nicht hinsichtlich der Vermögensverhältnisse; Eheschluss unter Einwirkung einer Drohung. Eine Aufhebungsklage kann nur binnen Jahresfrist ab Kenntnis des Aufhebungsgrundes geltend gemacht werden (§ 35 Ehe-Ges.). Ein Urteil, das die Ehe aufhebt, wirkt wie ein Scheidungsurteil. – Im Recht der DDR gab es die Eheaufhebung nicht. Die Bestimmungen des Ehe-Ges. über die Aufhebung der Ehe (§§ 28 bis 37) gelten für nach dem Beitritt in den neuen Ländern geschlossene Ehen.

Ehescheidung und Scheidungsfolgen

Eine Ehe kann nur durch gerichtl. Urteil auf Antrag eines oder beider Ehegatten geschieden werden (§ 1564 BGB). Sie ist dann mit Rechtskraft des Urteils aufgelöst.

Das Ehescheidungsrecht wurde in der BRD zum 1. 7. 1977 durch das 1. Ges. zur Reform des Ehe- und

Eheschließungen und Ehescheidungen (1950–1994)							
Jahr	früheres Bundesgebiet		Gebiet der neuen Länder und Berlin (Ost)		Österreich		Schweiz	
	Ehe-schließungen	Ehe-scheidungen	Ehe-schließungen	Ehe-scheidungen	Ehe-schließungen	Ehe-scheidungen	Ehe-schließungen	Ehe-scheidungen
1950	516 282	75 268	214 744	49 860	64 621	10 534	37 108	4 241
1960	500 354	44 391	167 583	24 540	58 508	8 011	41 574	4 656
1970	444 510	76 520	130 723	27 407	52 773	10 356	46 693	6 405
1980	362 408	96 222	134 195	44 794	46 435	13 327	35 721	10 910
1986	372 112	122 443	131 514*)	51 240*)	45 821	14 679	40 234	11 395
1990	414 475	122 869	101 913	31 917	45 212	16 282	46 603	13 183
1993	393 353	138 064	49 252	18 361	45 014	16 299	43 257	15 053
1994	387 815	143 582	52 429	22 914	–	–	–	–

*)1985

Familienrechts entsprechend dem Zerrüttungsprinzip, das das Verschuldensprinzip ablöste, neu gestaltet. Dem Ehescheidungsrecht der DDR lag ebenfalls das Zerrüttungsprinzip zugrunde (§ 24 Familiengesetzbuch). Für seit dem 3. 10. 1990 in den neuen Ländern rechtskräftig geschiedene Ehen gilt das Ehescheidungsrecht des BGB. Danach kann die Ehe geschieden werden, wenn sie gescheitert ist, d. h., wenn die Lebensgemeinschaft nicht mehr besteht und nicht erwartet werden kann, dass die Ehegatten sie wiederherstellen. Das Scheitern der Ehe wird unwiderlegbar vermutet, 1) wenn die Ehegatten seit einem Jahr getrennt leben und beide die Scheidung wollen, 2) wenn die Ehegatten seit drei Jahren getrennt leben. Ein weiteres kurzzeitiges Zusammenleben, das dem Versuch der Versöhnung dienen soll, unterbricht oder hemmt die Trennungsfristen nicht. Im zweiten Fall kann auch gegen den Willen eines Ehegatten geschieden werden. Eines Nachweises des Scheiterns der Ehe im Einzelnen bedarf es im Übrigen nur, wenn die Ehegatten noch kein Jahr getrennt leben. In diesem Fall kann die Ehe geschieden werden, wenn die Fortsetzung der Ehe aus Gründen, die in der Person des anderen Gatten liegen, unzumutbar ist. Während der Dauer des Getrenntlebens kann ein Ehegatte von dem anderen den nach den Lebens-, Erwerbs- und Vermögensverhältnissen der Ehegatten angemessenen Unterhalt verlangen (§ 1361 BGB). Die Ehe soll nicht geschieden werden, wenn und solange die Aufrechterhaltung der Ehe im Interesse der aus ihr hervorgegangenen minderjährigen Kinder ausnahmsweise notwendig ist oder wenn und solange die Scheidung für den Antragsgegner aufgrund außergewöhnl. Umstände eine so schwere Härte darstellen würde, dass die Aufrechterhaltung der Ehe auch unter Berücksichtigung der Belange des Antragstellers ausnahmsweise geboten erscheint (§ 1568 BGB). Dies kann z. B. bei schwerer Identitätskrise des Kindes oder schwerer Krankheit der Fall sein; Maßstab sind das Wesen, die geistige und körperl. Veranlagung oder die Stellung des scheidungsunwilligen Ehegatten. Durch die Ehescheidung entfallen die allg. Ehewirkungen ebenso wie Erb- und Pflichtteilsrechte (diese z. T. schon mit Stellung des Scheidungsantrages, § 1933 BGB). Erhalten bleiben Ehenamen (§ 1355 BGB) und in gewissen Grenzen der **Unterhaltsanspruch.** Grundsätzlich hat jeder Ehegatte nach der Ehescheidung für sich selbst zu sorgen; kann ein geschiedener Ehegatte dies nicht, weil er kein Vermögen oder Einkommen hat, so hat er einen Unterhaltsanspruch. Wann dies der Fall ist, regelt das Gesetz im Einzelnen (§§ 1570 ff. BGB) und nennt die Gründe, die zum Unterhalt berechtigen. Unterhalt kann verlangt werden: 1) wegen der Betreuung eines gemeinsamen Kindes, die der Aufnahme einer Erwerbstätigkeit entgegensteht, 2) wegen Alters, und zwar soweit dem geschiedenen Ehegatten u. a. zum Zeitpunkt der Scheidung oder nach Ende der erforderlichen Kindesbetreuung eine Erwerbstätigkeit nicht auferlegt werden kann, 3) wegen Krankheit, 4) wegen Arbeitslosigkeit, wobei von dem geschiedenen Unterhaltsberechtigten in allen genannten Fällen nur eine solche Tätigkeit erwartet werden kann, die den ehel. Lebensverhältnissen, wie sie bei der Scheidung existierten, entspricht. Zur Erlangung einer angemessenen Erwerbstätigkeit kann Unterhalt für die Zeit verlangt werden, in der nach der Ehe eine entsprechende Ausbildung absolviert wird, insbesondere, um eine mit Rücksicht auf die Ehe abgebrochene Ausbildung zu vollenden.

Der Unterhaltsanspruch kann ein ergänzender sein (›Aufstockungsanspruch‹), wenn die Einnahmen aus einer angemessenen Berufstätigkeit unzureichend sind; er entfällt, wenn der eigene Unterhalt nachhaltig gesichert erscheint und kann wieder aufleben, wenn diese Erwartung scheitert. Schließlich kann ein Unterhaltsanspruch auch aus Billigkeit gegeben sein (›positive Billigkeitsklausel‹), soweit und solange von dem Unterhaltsberechtigten aus schwerwiegenden Gründen keine Erwerbsfähigkeit erwartet werden kann.

Ein Unterhaltsanspruch kann versagt oder begrenzt werden (§ 1579 BGB, ›negative Billigkeitsklausel‹), wenn einer der nunmehr (seit dem Unterhaltsrechtsänderungs-Ges. vom 20. 2. 1986) sieben Gründe vorliegt: kurze Ehedauer, Straftaten des Unterhaltsberechtigten gegen den Verpflichteten oder seine Angehörigen, mutwillige Herbeiführung der Bedürftigkeit, mutwilliges Verletzen schwerwiegender Vermögensinteressen des Ehepartners, gröbl. Verletzung der Pflicht, zum Familienunterhalt beizutragen, ein offensichtlich schwerwiegendes, eindeutig beim Unterhaltsberechtigten liegendes Fehlverhalten oder andere vergleichbare Gründe. Das Maß des Unterhalts bestimmt sich nach den Lebensverhältnissen *während* der Ehe; er umfasst den ganzen Lebensbedarf, auch Kosten einer angemessenen Krankenversicherung, Kosten einer Schul- und Berufsausbildung (§ 1578 BGB) und kann nach gestaffelten Sätzen errechnet werden (→Düsseldorfer Tabelle). Der Unterhaltsanspruch eines geschiedenen Ehegatten hat grundsätzlich Vorrang vor dem eines neuen Ehegatten. Der Unterhaltsverpflichtete braucht aber den Stamm des Vermögens nicht zu verwerten, soweit die Verwertung unwirtschaftlich oder unbillig wäre. Der laufende Unterhalt ist durch eine monatlich im Voraus zu zahlende Geldrente zu gewähren. Zulässig ist, beim Unterhaltsanspruch eine Abfindungsvereinbarung zu treffen oder auf ihn zu verzichten. Er endet mit dem Tod des Berechtigten oder seiner Wiederheirat, nach deren Ende der Anspruch unter Umständen wieder aufleben kann. – Das Unterhaltsrecht des BGB gilt in den neuen Ländern seit 3. 10. 1990, auch für Ehen, die vor diesem Zeitpunkt geschlossen wurden und am 3. 10. 1990 noch nicht rechtskräftig geschieden waren. Für in der DDR vor dem 3. 10. 1990 rechtskräftig geschiedene Ehen bleibt in Bezug auf den Unterhaltsanspruch des geschiedenen Ehegatten das Recht der DDR maßgebend (Art. 234 § 5 Einführungs-Ges. zum BGB), das bei Bedürftigkeit die Verpflichtung zur i. d. R. befristeten Unterhaltszahlung, nicht länger als zwei Jahre nach Rechtskraft der Scheidung, vorsah (§§ 29 ff. Familiengesetzbuch).

Von den im Jahr 1994 166 052 geschiedenen Ehen in Deutschland dauerten:			
bis zu 1 Jahr	1 757	bis zu 8 Jahren	9 448
bis zu 2 Jahren	6 208	bis zu 9 Jahren	8 115
bis zu 3 Jahren	9 304	bis zu 10 Jahren	7 516
bis zu 4 Jahren	12 505	11–15 Jahre	27 425
bis zu 5 Jahren	13 092	16–20 Jahre	18 715
bis zu 6 Jahren	12 377	21–25 Jahre	13 970
bis zu 7 Jahren	10 799	26 Jahre und mehr	14 821

Nach der Ehescheidung wird ein **Versorgungsausgleich** (§§ 1587 ff. BGB) durchgeführt. Es wird verglichen, welche Anwartschaften oder Aussichten auf eine Versorgung wegen Alters, Berufs- oder Erwerbsunfähigkeit (Rente, Pension) jeder Ehegatte während der Ehezeit erworben hat; übersteigen die Anwartschaften des einen diejenigen des anderen, so erhält dieser einen Ausgleichsanspruch in Höhe der Hälfte des Überschusses. Erfüllt wird dieser Anspruch dadurch, dass das Familiengericht ihm einen entsprechenden Teil der Anwartschaftsrechte des pflichtigen Ehegatten überträgt; ist dies nicht durchführbar, so hat der Pflichtige für den Berechtigten Beiträge zur gesetzl. Rentenversicherung zu leisten, um einen entsprechenden Rentenanspruch für den Berechtigten zu begründen. Notfalls kann das Familiengericht den Pflichtigen zu einer Rentenzahlung an den Berechtigten verpflichten. Die Parteien können den Versorgungsausgleich durch einen notariellen Ehevertrag (§ 1408 BGB) ausschließen. – Das Familienrecht der DDR kannte den Versorgungsausgleich nicht. Für Ehegatten, die im Gebiet der DDR bzw. in den Bundesländer vor In-Kraft-Treten der versicherungs- und rentenrechtl. Vorschriften des Sozialgesetzbuches VI (1. 1. 1992) geschieden worden sind, gilt das Recht des Versorgungsausgleichs nicht (Art. 234 § 6 Einführungs-Ges. zum BGB).

Das Familiengericht bestimmt, wem die →elterliche Sorge über ein gemeinsames Kind nach der Ehescheidung zustehen soll; von einem gemeinsamen Vorschlag der Eltern soll nur abgewichen werden, wenn es das Wohl des Kindes erfordert oder das schon mindestens 14 Jahre alte Kind widerspricht. Entgegen § 1671 Abs. 4 BGB kann die elterl. Sorge auch beiden Elternteilen gemeinschaftlich zugesprochen werden (Urteil des Bundesverfassungsgerichts vom 3. 11. 1982).

Wegen der güterrechtl. Folgen (bes. des Zugewinnausgleichs) →eheliches Güterrecht.

Können sich die Ehegatten nicht darüber einigen, wer von ihnen die Ehewohnung künftig bewohnen und wer die Wohnungseinrichtung und den sonstigen **Hausrat** erhalten soll, so regelt der Richter auf Antrag die Rechtsverhältnisse an der Wohnung und am Hausrat; die Entscheidungen werden nach billigem Ermessen getroffen. Die näheren Bestimmungen finden sich in der VO der Behandlung der Ehewohnung und des Hausrats vom 21. 10. 1944.

Das *österr.* E. beruht weitgehend auf dem 1938 eingeführten dt. Ehe-Ges. samt Durchführungsverordnungen. Hinzugekommen sind das Ges. über die Neuordnung der persönl. Rechtswirkungen der Ehe vom 15. 6. 1975 und das Eherechtsänderungs-Ges. vom 15. 6. 1978, die wichtige Veränderungen brachten (§§ 89–100 ABGB). So sind die persönl. Rechte der Ehegatten zueinander gleich. Beim Erwerb hat jeder Ehegatte – soweit zumutbar und nach den Lebensverhältnissen der

Ehegatten üblich – mitzuwirken. Es ist der gleiche Familienname zu führen – entweder der der Frau oder der des Mannes. Fehlt eine Vereinbarung, wird der Name des Mannes gemeinsamer Familienname. Seit 1986 bzw. dann erweitert seit 1995 besteht für den nicht namengebenden Ehegatten die Möglichkeit, einen Doppelnamen zu führen oder seinen bisherigen Familiennamen als alleinigen Namen zu behalten. Die Ehemündigkeit beginnt beim Mann mit dem vollendeten 19., bei der Frau mit dem vollendeten 16. Lebensjahr. Im →ehelichen Güterrecht gilt nach wie vor der Grundsatz der Gütertrennung. Als Scheidungsgrund ist der Zerrüttungsgedanke in den Vordergrund getreten, jedoch kann die Scheidung auch auf das Verschulden der Partner gestützt werden. Im Zuge der Scheidung werden das ehel. Gebrauchsvermögen und die ehel. Ersparnisse aufgeteilt (ausgenommen sind hierbei v. a. Sachen, die von einem Ehegatten in die Ehe eingebracht wurden, und Unternehmenswerte). Grundsätzlich erfolgt die Teilung in natura; nur ausnahmsweise kann eine Ausgleichszahlung verlangt werden. Die Scheidung ist jetzt auch gegen den Willen des schuldlosen Partners unter der Voraussetzung möglich, dass die häusl. Gemeinschaft seit mindestens sechs Jahren aufgelöst ist. Schon nach halbjähriger Trennung können sich die Eheleute einvernehmlich scheiden lassen. Im Unterhaltsrecht wurden die bisherigen Unterschiede zw. Mann und Frau beseitigt. Unterhalt schuldet allg. der schuldige Teil. Die erbrechtl. Stellung des Ehegatten wurde durch Erhöhung des gesetzl. Erbteils ($^1/_3$ neben den erbberechtigten Kindern) und Einführung eines Pflichtteilrechtes gestärkt; seit 1. 1. 1991 hat der Ehegatte ein gesetzl. Vorausvermächtnis, das insbesondere das Recht umfasst, weiter in der Ehewohnung zu wohnen (§ 758 ABGB).

In der *Schweiz* wird die Ehe durch die Bundesverfassung (Art. 54) anerkannt und geschützt. Die Regelung des E. durch das ZGB lässt sich im Wesentlichen mit jener des BGB vergleichen. Grundsätzlich sind Männer und Frauen mit Vollendung des 18. Lebensjahres ehefähig. – Durch die Teilrevision des E. (in Kraft seit dem 1. 1. 1988) wird das Leitbild einer ›partnerschaftl. Ehe‹ angestrebt, dies im Rahmen des verfassungsmäßigen Auftrages zur Gleichstellung von Mann und Frau. So ist die ehel. Wohnung durch die Ehegatten gemeinsam zu bestimmen; die Kündigung des Mietvertrages über die ehel. Wohnung oder deren Veräußerung ist nur mit Zustimmung des Ehepartners zulässig. Die Ehefrau ist nach dem revidierten Recht berechtigt, einen eigenen zivilrechtl. Wohnsitz zu begründen. Die Ehefrau führt grundsätzlich den Namen des Ehemannes (Familienname), kann diesem jedoch ihren eigenen voranstellen.

Wird eine Klage auf Scheidung der Ehe eingereicht, dann kann der Richter – sofern Aussicht auf Wiedervereinigung der Ehegatten besteht – statt der Scheidung die Trennung der Ehe aussprechen; diese lässt die Ehe bestehen, verschafft den Ehegatten aber ein erhöhtes Maß an Unabhängigkeit. Jeder Ehegatte kann für die Dauer des Prozesses den gemeinsamen Haushalt aufheben. Die Scheidungsgründe sind im Einzelnen aufgeführt, z. B. Ehebruch, Misshandlung, Verlassung. Dem schuldigen Ehegatten wird im Scheidungsurteil die Neueingehung einer Ehe auf ein bis zwei Jahre, bei Scheidung aufgrund Ehebruchs auf ein bis drei Jahre untersagt (Art. 150 ZGB); diese in Europa einmalige Bestimmung verletzt nach einem Urteil des Europ. Gerichtshofes für Menschenrechte vom 18. 12. 1987 Art. 12 der Europ. Menschenrechtskonvention. Unterhaltsansprüche bestehen nur für schuldlosen Ehegatten bei großer Bedürftigkeit. Bei scheidungsbedingten Beeinträchtigungen der Vermögensrechte oder Anwartschaften des schuldlosen Ehegatten hat der schuldige Ehegatte eine angemessene

Entschädigung zu leisten. In Ausnahmefällen kann dem schuldlosen Ehegatten eine Geldsumme als Genugtuung zugesprochen werden. Das Scheidungsrecht befindet sich in der Revision, die voraussichtlich noch lange dauern wird.

KIRCHLICHES EHERECHT

Katholische Kirche: Die Ordnung der kirchl. Ehe wurde aus christl. (z. B. Unauflöslichkeitsforderung CHRISTI), röm. und german. Elementen geformt und schließlich im 11. Jh. zu einem umfassenden System institutionalisiert. In der Neuzeit wurden allmählich von allen Staaten unter Übernahme mancher Grundsätze des kirchl. E. eigene Ordnungen geschaffen, die von der Kirche nur für die bürgerlich-rechtl. Wirkungen der Ehe anerkannt werden.

Der gültige Abschluss einer Ehe wird durch Brautunterricht (Brautexamen) und Aufgebot vorbereitet; er verlangt Ehefähigkeit, die innere Willenszustimmung und den Konsensaustausch in der kanon. Form. Das natürl. Recht des Menschen auf Ehe kann aus schwerwiegenden Gründen des Gemeinwohls durch einfache Eheverbote (bei Absicht der konfessionsverschiedenen Eheschließung) oder durch trennende Ehehindernisse beschränkt werden (c. 1124 und cc. 1073–1094 CIC). Sie sind entweder im natürlichen (Impotenz, Blutsverwandtschaft in manchen Graden) oder positiven göttl. (bestehendes Eheband) oder im kirchl. Recht (z. B. höhere Weihe, Ordensgelübde, Verbrechen, Schwägerschaft) begründet. Ohne die echte (auch innere) Willenszustimmung der Partner zur Ehe und ihren Wesenselementen gibt es keine gültige Eheschließung. Daher lassen schwere Erkenntnis- (stark beeinträchtigter Vernunftgebrauch, schwerer Irrtum oder Täuschung) oder Willensmängel (z. B. erzwungene Eheschließung, Ausschluss der Einheit oder Unauflöslichkeit der Ehe) eine Ehe nicht zustande kommen. Die kirchl. Eheschließungsform hat sich aus dem liturg. Trauritus entwickelt, ohne den es im Bereich der östl. Kirchen seit dem 9. Jh. keine gültige Eheschließung gibt. Durch die Betonung des Konsensprinzips kam es in der abendländ. Kirche trotz aller Forderungen nach kirchl. Trauung häufig zu geheimen und daher öffentlich nicht beweisbaren Eheschließungen. Die damit verbundenen sozialen Missstände führten auf dem Konzil von Trient 1563 zur Einführung der Formpflicht. Von nun ab konnte (in kath. Ländern) nur vor dem Pfarrer und zwei Zeugen die Ehe gültig geschlossen werden (c. 1108 CIC). Seit 1918 gilt Formpflicht für alle Ehen von Katholiken, auch wenn nur ein Partner kath. ist (→Mischehe). Seit 1983 ist ein aus der kath. Kirche Ausgetretener nicht mehr daran gebunden (c. 1117 CIC). Wenn ein zuständiger Geistlicher nicht ohne schweren Nachteil um die Trauung gebeten werden kann, ist in Todesgefahr oder Andauern einer Notlage über einen Monat hinaus auch die Eheschließung allein vor zwei Zeugen gültig. Bei Priestermangel können unter gewissen Voraussetzungen Laien vom Bischof mit der Eheschließungsvollmacht beauftragt werden (c. 1079 CIC).

Ehen nichtkath. Partner werden von der kath. Kirche als gültig anerkannt, vorausgesetzt, dass Ehefähigkeit und Ehewille vorhanden sind. Ungültig (z. B. durch Formfehler oder Irrtum) geschlossene christl. Ehen werden von der Kirche gültig gemacht entweder durch Erneuerung des Konsenses oder Eheheilung in der Wurzel (Sanatio in radice), indem bei Fortdauer des einmal geleisteten Konsenses die Ehe durch kirchl. Hoheitsakt gültig gemacht und die rechtl. Wirkungen der Ehe, bes. die Legitimität der Kinder, in die Vergangenheit zurückverlegt werden.

Die gültige und durch einen ehel. Akt, der aus sich heraus zur Zeugung von Nachkommenschaft geeignet ist, vollzogene Ehe zw. zwei Getauften kann dem Bande nach nur durch den Tod aufgelöst werden. Die nicht vollzogene vollchristl. Ehe kann durch päpstl. Gnadenerweis, die Ehe zw. zwei Ungetauften, von denen einer sich taufen lässt, aufgrund des →Privilegium Paulinum, die nicht- und halbchristl. Ehe zugunsten des christlichen (kath.) Glaubens aufgrund der päpstl. Vollgewalt aufgelöst werden.

Zum Schutz der Ehe hat die Kirche eine geordnete Ehegerichtsbarkeit aufgebaut. Das Ziel des kirchl. Eheprozesses ist entweder: 1) die Feststellung der (von Anfang an bestehenden) Nichtigkeit einer Ehe oder Scheinehe oder 2) die Feststellung des Nichtvollzugs einer Ehe zum Zweck ihrer Lösung durch Hoheitsakt des Papstes oder 3) die Aufhebung der ehel. Lebensgemeinschaft (Trennung von Tisch und Bett).

Evangelische Kirche: In den reformator. Kirchen bestand keine Veranlassung zur Ausbildung eines kirchl. E., weil man es als Aufgabe des Staates ansah, die Voraussetzungen für die Eheschließung und den Akt der Eheschließung zu regeln. Nur die gottesdienstl. Handlung aus Anlass einer Eheschließung (→Trauung) ist Gegenstand kirchl. Ordnung. Dabei gehen die ev. Kirchen freilich davon aus, dass die staatl. Ehegesetzgebung den Wesensmerkmalen einer Ehe in christl. Sicht entspricht und von deren grundsätzl. Unauflöslichkeit ausgeht. Die Trauung kann darum nur gewährt werden, wenn sich der Pfarrer vorher vergewissert hat, dass die Brautleute eine Ehe nach christl. Vorstellungen eingehen wollen.

A. KNECHT: Hb. des kath. E. (1928); Berner Komm., begr. v. M. GMÜR, hg. v. H. HAUSHEER, Bd. 2, Abt. 1: Das E., auf mehrere Bde. ber. (Bern [1–3]1964ff., tlw. Nachdr.); H. DIETERICH: Das protestant. E. in Dtl. bis zur Mitte des 17. Jh. (1970); F. SCHWIND: Komm. zum österr. E. (Wien [2]1980); K. LÜDICKE: Familienplanung u. Ehewille. Das kanon. E. (1983); H. GÖPPINGER: Vereinbarungen anläßlich der Ehescheidung ([6]1988); H. HAUSHEER u.a.: Komm. zum E., auf mehrere Bde. ber. (Bern 1988ff.); R. SEBOTT: Das neue kirchl. E. ([2]1990); J. PRADER: Das kirchl. E. in der seelsorgl. Praxis (Bozen [3]1991); E. Scheidung, Trennung, Folgen. Komm., hg. v. K. H. JOHANNSEN u. D. HENRICH ([2]1992); T. WAGENITZ u. H. BORNHOFEN: Familiennamensrechtsgesetz (1994); Hb. des Scheidungsrechts, hg. v. D. SCHWAB ([3]1995); E. M. VON MÜNCH: Die Scheidung nach neuem Recht ([9]1996); DERS.: Ehe- und Familienrecht von A–Z ([13]1996).

Ehering, der →Trauring.

Eherne Schlange, nach der Erzählung 4. Mos. 21,4–9 angeblich von MOSES gefertigtes und an einer Fahnenstange aufgehängtes Schlangenabbild aus Kupfer. Nach 2. Kön. 18,4 hing ein derartiges, wohl von den Kanaanäern übernommenes, urspr. kult. Gebilde im Tempel von Jerusalem. Zu seiner Erklärung diente die Erzählung 4. Mos. 21, in der nach mag. Denken Schlangengift unschädlich wird, sobald der Gebissene die E. S. betrachtet. – Bronzene Schlangenidole wurden in versch. Kulturen gefunden, 1969 auch eine kupferne, 12 cm lange E. S. in einem Zeltheiligtum der Midianiter in Timna nordöstlich des Roten Meers. In der *christl. Kunst* wird die erhöhte E. S. seit dem 12. Jh. mit MOSES, der auf sie hinweist, dargestellt; sie wird als Präfiguration CHRISTI, des Gekreuzigten, gedeutet.

ehernes Lohngesetz, durch F. LASSALLE 1863 eingeführte Bez. für seine vereinfachte und popularisierte Version der Lohntheorie von D. RICARDO. Nach dem e. L. kann der Durchschnittslohn längerfristig das Existenzminimum nicht unter- oder überschreiten. Bei einem höheren Lohnsatz würde sich die Bev. vermehren und damit auch das Arbeitsangebot, wodurch der Lohnsatz wieder auf das Existenzminimumlohn fallen müsste; entsprechend würde die Bev. bei einem Lohn unterhalb des Existenzminimums abnehmen, und das entsprechend geringere Arbeitsangebot würde den Lohnsatz wieder auf den Existenzminimumlohn anheben.

Das e. L. spielte zu Beginn der industriellen Revolution eine große Rolle, als der Lohnsatz jahrzehntelang in der Nähe des Existenzminimumlohnes lag.

Ehernes Meer, riesiges (nicht erhaltenes) Becken aus Bronze im Vorhof des Salomon. Tempels (1. Kön. 7, 23–26) auf zwölf Rindern aus Bronze, die die zwölf Stämme Israels symbolisierten; es diente den Priestern als Reinigungsbad. – In der *christl. Kunst* wurde das E. M. als Vorbild des Taufbeckens gedeutet und nachgeahmt (Taufbecken des REINER VON HUY in Saint-Barthélemy in Lüttich, zw. 1107 und 1118); an die Stelle der Rinder traten oft die zwölf Apostel.

Ehesachen, →Familiensachen.

Ehescheidung, →Eherecht.

Ehestandsliteratur, Bez. für Werke bes. des 15. und 16. Jh., die Fragen des Ehe- und Familienlebens behandeln; entstand, z.T. im Rückgriff auf die Antike, seit Anfang des 15. Jh. (FRANCESCO BARBARO, ›De re uxoria‹, 1415) als Folge einer positiveren Einstellung gegenüber der Ehe durch Humanismus und Reformation; sie folgt streng patriarchal. Grundsätzen. In Dtl. liegt ihre Blüte zw. dem ›Ehebüchlein‹ ALBRECHTS VON EYB (1472) und dem ›Philosoph. Ehezuchtbüchlein‹ J. FISCHARTS (1578).

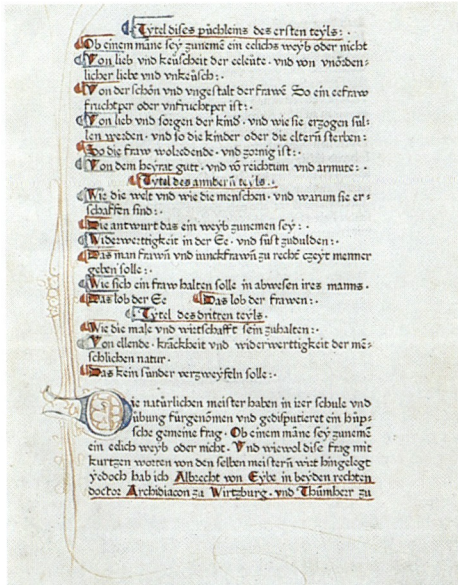

Ehestandsliteratur: Albrecht von Eyb, Auszug aus dem ›Ehebüchlein‹; Inkunabeln, Nürnberg 1472 (München, Bayerische Staatsbibliothek)

Ehetrennung, →Eherecht (Schweiz).

Eheverbote, →Eherecht.

Eheverfahren, das zivilprozessuale Verfahren in Ehesachen vor den Familiengerichten (früher auch **Eheprozess**). Im E. werden Ehescheidungssachen, Klagen auf Feststellung des Bestehens oder Nichtbestehens einer Ehe, auf Aufhebung oder Nichtigerklärung einer Ehe und auf Herstellung des ehel. Lebens behandelt (§§ 606 ff. ZPO). Hierfür örtlich ausschließlich zuständig ist das Familiengericht, in dessen Bezirk die Ehegatten ihren gemeinsamen gewöhnl. Aufenthalt haben, bei seinem Fehlen das Familiengericht, in dessen Bezirk einer der Ehegatten mit den gemeinsamen minderjährigen Kindern den gewöhnl. Aufenthalt hat, ersatzweise das Familiengericht, in dessen Bezirk die Ehegatten ihren gemeinsamen gewöhnl. Aufenthalt zuletzt hatten, hilfsweise sind maßgebend der inländ. gewöhnl. Aufenthalt des Beklagten oder bei seinem Fehlen der des Klägers. Greifen diese Zuständigkeiten nicht, ist das Familiengericht beim Amtsgericht Berlin-Schöneberg zuständig. Das Verfahren unterliegt einigen vom sonstigen Zivilverfahrensrecht abweichenden Besonderheiten; z.B. kann das Gericht von Amts wegen, nicht nur auf Antrag der Parteien, die Aufnahme von Beweisen anordnen. Für E. wird ein besonderer **Ehestreitwert** gebildet, nach dem sich die Gebühren für Gericht und Rechtsanwälte richten. Er wird nach dem dreimonatigen Nettoeinkommen der Eheleute berechnet; der Mindeststreitwert liegt bei 4 000 DM, der Höchstwert bei 2 Mio. DM.

Die in *Österreich* früher geltenden Vorschriften der §§ 108 Ehe-Ges., §§ 71–86 der Durchführungsverordnung wurden mit dem Personenrechtsänderungs-Ges. 1983 außer Kraft gesetzt. Nunmehr beruht das Verfahren in Ehesachen auf den §§ 2 a, 460, 483 a ZPO, die seit 1. 1. 1987 gültig sind. In der *Schweiz* greifen in das kantonalrechtlich inhaltlich zumeist ähnlich wie in Dtl. geordnete Scheidungsverfahren einige bundesrechtl. Vorschriften (Art. 158 ZGB) ein.

Ehevermittlung, Heiratsvermittlung, Eheanbahnung, die gewerbsmäßige Vermittlung von Ehen oder Ehemöglichkeiten; eine hierfür versprochene Vergütung **(Ehemäklerlohn)** kann nicht gerichtlich durchgesetzt (eingeklagt) werden, das Geleistete (z.B. in Form eines Vorschusses) grundsätzlich aber auch nicht zurückgefordert werden (§ 656 BGB). Werden die E.-Dienste jedoch auf der Grundlage eines echten →Dienstvertrages erbracht, der auf die Leistung von Diensten gerichtet ist und der den typ. Rahmen des Mäklervertrages verlässt (z.B. durch Organisieren von Veranstaltungen oder Reisen), entsteht eine Verpflichtung zur Entrichtung eines Entgelts. Bestrebungen, das E.-Recht dem Mäklerrecht anzugleichen, haben noch keine Gesetzeskraft erlangt.

Nach *österr.* ABGB (§ 879) ist ein Vertrag, der für die Unterhandlung eines Ehevertrages ein Entgelt verspricht, nichtig. Die herkömml. Tätigkeit von Heiratsvermittlern (Vermitteln von Adressen) ist von diesem Verbot nicht erfasst. – In der *Schweiz* bestimmt Art. 416 OR, dass aus der E. kein einklagbarer Anspruch auf Mäklerlohn entsteht.

Eheversprechen, →Verlöbnis.

Ehevertrag, Ehekontrakt, Vertrag, durch den Ehegatten oder Verlobte ihre güterrechtl. Verhältnisse abweichend vom gesetzl. Güterstand regeln (→eheliches Güterrecht). Der E. muss bei gleichzeitiger Anwesenheit beider Teile vor einem Notar geschlossen werden. Er wirkt gegenüber Dritten nur, wenn er im Güterrechtsregister eingetragen oder dem Dritten bekannt ist. Im E. können die Parteien durch ausdrückl. Vereinbarung auch den Versorgungsausgleich ausschließen, sofern nicht binnen Jahresfrist Antrag auf Ehescheidung gestellt wird (§ 1408 ff. BGB); ferner kann der E. mit einem Erbvertrag verbunden werden. Vom E. ist die **Ehevereinbarung** zu unterscheiden, die lediglich die sich aus der ehel. Lebensgemeinschaft ergebenden Rechte und Pflichten (z.B. über die Haushaltsführung) regelt.

Das *österr.* Recht versteht unter dem E. die Eheschließung (§ 44 ABGB). Die Vereinbarungen über güterrechtl. Verhältnisse während und nach Auflösung der Ehe bezeichnet es als **Ehepakte** (§ 1217 ABGB). – In der *Schweiz* bedarf der E. der öffentl. Beurkundung, jedoch nicht mehr der Genehmigung durch die Vormundschaftsbehörde und der Eintragung ins Güterrechtsregister.

Ehewappen, →Allianzwappen.

EHF [Abk. für engl. **e**xtremely **h**igh **f**requency ›extrem hohe Frequenz‹], internat. übl. Bez. für den Frequenzbereich von 30–300 GHz bei elektr. Wellen; das entspricht den Wellenlängen zw. 10 und 1 mm (**Millimeterwellen**).

Hermann Ehlers

Ehingen (Donau), Große Kreisstadt im Alb-Donau-Kreis, Bad.-Württ., am Fuß der Schwäb. Alb, 515 m ü. M., 24 200 Ew.; Kranbau, Kunststoffverarbeitung, Herstellung von Fleischwaren, Zellstoff, Papier, Ziegeln und Maschinen. – Die Konviktskirche ist ein früher barocker Zentralbau (1712–19, vermutlich von F. BEER); kath. Pfarrkirche St. Blasius (13. Jh., Um- und Neubauten 16.–18. Jh.); Liebfrauenkirche (1454, 1723–25 umgebaut), Ritterhaus des Donaukantons (1692); Ständehaus (1749 als Privathaus errichtet, nach Ausbau ab 1771 von den Ständen genutzt). – Der Ort, 961 erstmals urkundlich erwähnt, wurde um 1230 von den schwäb. Grafen von Berg zur Stadt erhoben und 1343 von den Habsburgern gekauft. Seit dem 17. Jh. tagten die Landtage von Schwäbisch-Österreich in E. (D.), das 1806 an Württemberg fiel.

Ehinger, weit verzweigte oberdt. Familie mit engen geschäftl. Verbindungen zur Ravensburger Handelsgesellschaft. Die E. waren im 15. und 16. Jh. führend am Handel mit Spanien, v. a. mit Saragossa, beteiligt. Bekannt v. a.:
Heinrich E., *Konstanz, †wahrscheinlich 1537; wirkte 1519 als Faktor des süddt. Fernhandels in Saragossa. 1528–30 beteiligte er sich u. a. mit A. DALFINGER an der Kolonisation der Welser in Venezuela (u. a. Vermittlung von dt. Bergleuten). Nach seinem Rückzug aus dem Unternehmen ernannte ihn Kaiser KARL V. im gleichen Jahr zu seinem Säckelmeister.

Ehlers, Hermann, Politiker, *Schöneberg (heute zu Berlin) 1. 10. 1904, †Oldenburg (Oldenburg) 29. 10. 1954; Jurist; in der Zeit des Nationalsozialismus in der Bekennenden Kirche tätig, seit 1945 Oberkirchenrat, war 1949–54 MdB (CDU), 1950–54 Präs. des Bundestages, 1952–54 stellv. Bundes-Vors. der CDU.

Heinrich Ehmsen: Eselskarren bei Pompeji; 1932 (Privatbesitz)

Ehmcke, F. H. (Fritz Hellmuth), Buchkünstler und Grafiker, *Hohensalza 16. 10. 1878, †Widdersberg (heute zu Herrsching a. Ammersee) 3. 2. 1965; Prof. an der Staatsschule für angewandte Kunst in München (seit 1913); gründete 1900 u. a. mit F. W. KLEUKENS die ›Steglitzer Werkstatt‹, 1914 die ›Rupprecht-Presse‹ in München, die nur Druckschriften E.s verwendete.

Werke: Ziele des Schriftunterrichts (1911, ²1929); Zur Krisis der Kunst (1920); 160 Kennbilder (1925); Die histor. Entwicklung der abendländ. Schriftformen (1927); Broschur u. Schutzumschlag am dt. Buch der neueren Zeit (1951).

Ehmcke-Antiqua, *Ehmcke-Kursiv*, 𝕰𝖍𝖒𝖈𝖐𝖊-𝕱𝖗𝖆𝖐𝖙𝖚𝖗, Ehmcke-Latein.

Ehmke, Horst, Politiker, *Danzig 4. 2. 1927; Jurist; seit 1961 Prof. für öffentl. Recht in Freiburg im Breisgau, seit 1969 MdB (SPD); 1967–69 Staats-Sekr. im Bundesjustizministerium, 1969 Bundesjustiz-Min. für besondere Aufgaben und leitete als Bundes-Min. 1969–72 das Bundeskanzleramt. 1972–74 war er Bundes-Min. für Forschung und Technologie, 1977–91 stellv. Vors. der SPD-Fraktion im Bundestag und außenpolit. Sprecher seiner Partei.

Ehmsen, Heinrich, Maler und Grafiker, *Kiel 9. 8. 1886, †Berlin (Ost) 6. 5. 1964; studierte u. a. in Paris und München (Kontakte zur frz. Avantgarde und zum →Blauen Reiter). Er schuf dynamisch aufgebaute, starkfarbige Bilder, oft mit sozialkrit. Tendenz, die bes. für seine Grafiken kennzeichnend ist. 1950 wurde er Mitgl. der Dt. Akad. der Künste und Leiter einer Meisterklasse, war aber wegen des expressiven Charakters seiner Malerei im Formalismusstreit Angriffen ausgesetzt.

E-Horizont, *Bodenkunde:* →Bodenhorizont.

ehrbare Dirne, Die, frz. ›La putain respectueuse‹, Drama von J.-P. SARTRE; frz. Erstausgabe 1946, Uraufführung am 8. 11. 1946 in Paris.

Ehre, im mitmenschl. Zusammenleben durch Worte und Handlungen bekundete Achtung gegenüber einer Person; das Angesehensein aufgrund einer geschätzten Tugend (guter Ruf). E. bekundet die gute Meinung, den ›Wert‹, den wir uns gegenseitig beimessen‹ (T. HOBBES), und bestimmt die Möglichkeiten (Freiheit) einer Person, in der Gemeinschaft zu handeln. Das Angewiesensein des Einzelnen auf eine soziale Umwelt, wobei die Anerkennung seiner Person durch die anderen die Entwicklung seines Selbstbewusstseins und Selbstwertgefühls ermöglicht, lässt ihn bes. nach E. streben. Dabei können sich die E. begründenden Qualitäten auf die Tüchtigkeit beziehen (besondere Kenntnisse, Fertigkeiten, Einsatz für die Gemeinschaft), meistens sind sie aber abhängig von gesellschaftl. Normen (Besitz, Herkunft, Alter). E. gilt daher häufig nicht so sehr dem persönl. Wert eines Menschen als vielmehr seiner Stellung in der Gesellschaft. Mit E. können bestimmte Gewohnheiten und Rechte verbunden sein (z. B. **E.-Gaben,** Ernennung zum **E.-Bürger**). Eine Form der E. ist die auf das eigene Handeln und die eigenen Einstellungen bezogene Selbstachtung, die von äußerer Anerkennung unabhängig ist (innere sittl. Würde, Verantwortung).

Recht: Die E. ist das Maß an Achtung, das jedem unbescholtenen Menschen zukommt. Sie ist Ausfluss der in Art. 1 GG garantierten Unantastbarkeit der Menschenwürde und strafrechtlich (→Beleidigung) sowie zivilrechtlich geschützt; so besteht bei schuldhafter Verletzung der E. als einem →absoluten Recht ein Anspruch auf Schadensersatz. Bes. bedeutsam sind Unterlassungsansprüche bei Ehrverletzungen durch Publikationsorgane; diese setzen nicht voraus, dass die Verfasser bestimmte abträgl. Behauptungen aufstellen wollten, entscheidend ist vielmehr, ob durch die Art der Berichterstattung (objektiv) ein Zustand rechtswidriger Ehrenkränkung geschaffen worden ist (so die Rechtsprechung).

Ehre, Ida, Schauspielerin, Regisseurin und Theaterleiterin, *Prerau 9. 7. 1900, †Hamburg 16. 2. 1989; wirkte bis 1933 als Schauspielerin, u. a. in Berlin (seit 1930); 1933–45 Berufsverbot; gründete 1945 die Hamburger Kammerspiele, die sie seitdem leitete.

Nach dem 2. Weltkrieg spielte sie u. a. die Titelrolle in B. BRECHTS ›Mutter Courage‹.

Ehrenamt, i. e. S. ohne Dienstbezüge, aber i. d. R. unter Aufwandsentschädigung nebenberuflich wahrgenommenes öffentl. Amt (z. B. Wahlhelfer). Zur Übernahme eines E. kann der Bürger gesetzlich verpflichtet sein. **Ehrenbeamter** ist, wer zur ehrenamtl. Wahrnehmung bestimmter Aufgaben in das Beamtenverhältnis berufen wird (z. B. ehrenamtl. Bürgermeister). I. w. S. ist E. auch die freiwillige, grundsätzlich nicht besoldete Betreuung von Funktionen in nichtöffentl. Gremien (z. B. als Betriebsrat).

ehrenamtliche Richter, früher oft ›Laienrichter‹ gen., Personen, die neben den Berufsrichtern, ebenso unabhängig wie diese und gleichberechtigt mit ihnen, die rechtsprechende Gewalt in den versch. Gerichtsbarkeiten ausüben. Sie sollen aufseiten des erkennenden Gerichts die Elemente der Sachkunde (z. B. als Handelsrichter) oder der Repräsentation der Bev. in das Verfahren einbringen. E. R. stehen nicht im öffentlich-rechtl. Dienstverhältnis zum Staat, bedürfen keiner jurist. Berufsausbildung, können ihre Berufung, deren Annahme eine staatsbürgerl. Pflicht entspricht, nur unter eingeschränkten Voraussetzungen ablehnen. Für ihre Tätigkeit erhalten sie nur eine Entschädigung für Zeitversäumnis und Unkosten aufgrund des Gesetzes über die Entschädigung der ehrenamtl. Richter. In der Zivilgerichtsbarkeit wirken e. R. mit in der Kammer für Handelssachen, in Landwirtschaftssachen, in der Strafgerichtsbarkeit als Schöffen im Schöffen- und Schwurgericht; ferner als Beisitzer in der Arbeits-, Sozial-, Verw.- und Finanzgerichtsbarkeit. (→Richter)

In *Österreich* wirken bei Senatsverfahren 1. und 2. Instanz in Handelssachen ›fachmänn. Laienrichter‹ mit, die auf drei Jahre ernannt werden. Im arbeitsgerichtl. Verfahren wirkt je ein Beisitzer aus dem Kreis der Arbeitgeber und der Arbeitnehmer mit. Bei Verfahren über mit sehr schweren Strafen bedrohte Verbrechen entscheiden Geschworene über die Schuld des Angeklagten, bei anderen gravierenden Strafverfahren wirken Schöffen als Beisitzer mit. In der *Schweiz* ist die Mitwirkung e. R. in den kantonalen Gerichtsorganisationen gesetzlich verankert. Häufig finden sich e. R. in Handels-, Landwirtschafts-, Arbeits- und Mietgerichten, ferner als Geschworene bei Geschworenengerichten der Strafgerichtsbarkeit.

Ehrenannahme, →Ehreneintritt.

Ehrenberger Klause, passähnl., 2 km lange Engstrecke in den Lechtaler Alpen, Tirol, Österreich, 945 m ü. M.; von der Straße und der Bahnlinie Reutte – Ehrwald benutzt.

Ehrenbezeigung, Ehrenbezeugung, Ehrenerweisung, Ausdruck besonderer Hochachtung und Verehrung bei offiziellen und feierl. Anlässen (Staatsempfängen) oder gegenüber Staatsoberhäuptern oder anderen Persönlichkeiten, auch zur Ehrung von Toten; beim Militär z. B. durch Gestellung von **Ehrenkompanien,** kleineren Abordnungen, Wachen und Posten oder durch **Salutschießen** von Kriegsschiffen und Küstenbatterien sowie das Schießen von **Ehrensalven.**

Ehrenbogen, 1) in der röm. Baukunst v. a. in den Provinzen zu versch. Anlässen, meist zu Ehren von Persönlichkeiten des öffentl. Lebens, errichtete Tore mit einem oder mehreren Durchgängen, entsprechend dem →Triumphbogen; 2) auch **Ehrenpforte, Ehrentor,** seit dem MA. bis ins 19. Jh. übl. torbogenartige Architektur aus versch. Materialien (Holz, Blumengirlanden) für festl. Umzüge; selten auch in Stein (Elisabethentor, Heidelberger Schloss).

Ehrenbreitstein, Festung und Stadtteil (seit 1937) von Koblenz, Rheinl.-Pf., am rechten Rheinufer. – Die **Festung E.** ging aus der um 1000 durch die Kurfürsten

Ehrenbreitstein: Blick auf die über dem Rhein gelegene Festungsanlage

von Trier erbauten Burg hervor, die sie, zur Festung ausgebaut, im 16.–18. Jh. nutzten. 1801 wurde sie von frz. Truppen gesprengt. Preußen ließ E. 1815–32 zu einer der stärksten Rheinfestungen ausbauen. Nach 1918 wurden die Vorwerke geschleift. Heute sind in den ehem. Festungsgebäuden u. a. das Landesmuseum Koblenz, das Landesamt für Denkmalpflege sowie eine Jugendherberge untergebracht.

Ehrenburg, Èrenburg, Ilja Grigorjewitsch, russ. Schriftsteller, * Kiew 27. 1. 1891, † Moskau 31. 8. 1967; aus bürgerl. jüd. Familie; als Student an revolutionären Aktivitäten beteiligt und verhaftet, lebte nach seiner Freilassung 1908–17 in Paris; in den 20er- und 30er-Jahren Korrespondententätigkeit, z. T. im Ausland (Frankreich, Belgien), Kriegsberichterstatter im Span. Bürgerkrieg und im Zweiten Weltkrieg. E. begann als Lyriker (›Stichi‹, 1910), wurde jedoch v. a. als Prosaschriftsteller bekannt. ›Neobyčajnye pochoždenija Chulio Churenito‹ (1922; dt. ›Die ungewöhnl. Abenteuer des Julio Jurenito‹), eine Satire auf den Westen, gilt als einer seiner besten Romane. Weitere, Kapitalismus und Kommerz kritisierende Werke sind ›Trest D. E.‹ (1923; dt. ›Trust D. E.‹), ›Trinadcat’ trubok‹ (1923; dt. ›13 Pfeifen‹) und ›Leto 1925 goda‹ (1926). Vor dem Hintergrund der NEP in der UdSSR spielen ›Rvač‹ (1925; dt. ›Der Raffgierige‹) und ›V Protočnom pereulke‹ (1927; dt. ›Die Gasse am Moskaufluß‹). Die ostjüd. Welt schildert der Roman ›Burnaja žizn’ Lazika Rojtšvaneca‹ (1928; dt. ›Das bewegte Leben des Lasik Roitschwanz‹). Vom sozialist. Realismus bestimmt sind die späteren Romane ›Padenie Pariža‹ (1942; dt. ›Der Fall von Paris‹) und ›Burja‹ (1947; dt. ›Der Sturm‹). Der Roman ›Ottepel‘‹ (2 Tle., 1954; Neufassung 1956; dt. ›Tauwetter‹) gab der Periode polit. und kulturpolit. Liberalisierung nach dem Tod STALINS den Namen.

Weitere Werke: *Romane:* Žizn’ i gibel’ Nikolaja Kurbova (1923; dt. Leben u. Untergang Nikolaj Kurbows); Ljubov’ Žanny Nej (1924; dt. Die Liebe der Jeanne Ney); Devjatyj val (1951; dt. Die neunte Woge). – *Essays:* O rabote pisatelja (1954; dt. Über die Arbeit des Schriftstellers); Francuzskie tetradi (1958; dt. Frz. Hefte). – *Erinnerungen:* Ljudi, gody, žizn’. Vospominanija, 3 Bde. (1961–65; dt. Menschen, Jahre, Leben).

Ausgaben: Polnoe sobranie sočinenij, 9 Bde. (1962–67); Stichotvorenija (1977). – Das Schwarzbuch. Der Genozid an den sowjet. Juden, hg. v. W. GROSSMANN u. I. E., dt. hg. v. A. LUSTIGER (5.–6. Tsd. 1995).

R.-R. HAMMERMANN: Die satir. Werke von I. E. (Wien 1978); H. SIEGEL: Ästhet. Theorie u. künstler. Praxis bei I. E.

Ida Ehre

Ilja Grigorjewitsch Ehrenburg

Ehrenhof des Versailler Schlosses; Kupferstich von Antoine Aveline, um 1740

Ehrenlegion:
Ordenszeichen zum Ritter

1921–1932 (1979); V. POPOV u. B. J. FREZINSKIJ: Il'ja Erenburg. Chronika žizni i tvorčestva. V dokumentach, pis'mach, vyskazyvanijach i soobščenijach pressy, svidetel'stvach sovremennikov, auf mehrere Bde. ber. (St. Petersburg 1993 ff.); IRINA EHRENBURG: So habe ich gelebt. Erinnerungen aus dem 20. Jh., hg. u. übers. v. A. LEETZ (1995).

Ehrenbürger, eine Person, der wegen ihrer besonderen persönl. Verdienste oder ihrer Verdienste um eine Gemeinde von dieser gemäß der entsprechenden Gemeindeordnung die Ehrenbürgerschaft verliehen wurde. Mit dieser Auszeichnung verbinden sich i. d. R. keine besonderen Rechte und Pflichten; sie kann bei unwürdigem Verhalten entzogen werden. Auch Ausländer können zu E. ernannt werden.

Ehrendame, Dame d'Honneur [damdɔ'nœːr, frz.], **Dame du Palais** [damdypa'lɛ, frz.], Hofdame, welche die mit dem Hofamt verbundenen Funktionen nicht ständig ausübt.

Ehrendoktor, →Doktor.

Ehreneintritt, Schutzmaßnahme für Wechselschuldner (→Intervention), die gemäß Art. 55–63 Wechsel-Ges. bestimmte Wechselbeteiligte (Wechselschuldner wie Aussteller, Indossant, Wechselbürge) davor schützen soll, dass ihre kaufmänn. Reputation durch einen vergebl. Rückgriff Schaden leidet. Zu diesem Zweck kann auf dem Wechsel die Person eines zahlungsfähigen Dritten (›Notadresse‹) angegeben werden; der E. kann aber auch durch eine andere Person, selbst durch andere Wechselpflichtige erfolgen. Er kann in einer Ehrenannahme (Art. 56 ff.) oder einer Ehrenzahlung (Art. 59 ff.) bestehen.

Ehrenfähigkeit, *schweizer. Recht:* →Ehrenrechte.

Ehrenfels, Burgruine bei Rüdesheim, Hessen, oberhalb des Binger Lochs. Die Burg, 1208–20 im Auftrag des Erzbischofs von Mainz erbaut, wurde 1300 Sitz eines mainz. Rheinzolls; als erzbischöfl. Hoflager (seit 1356) beherbergte sie oft die Mainzer Kurfürsten; 1689 von frz. Truppen zerstört.

Ehrenfels, Christian Freiherr von, österr. Philosoph und Psychologe, *Rodaun (heute zu Wien) 20. 6. 1859, †Lichtenau (Niederösterreich) 8. 9. 1932; ab 1896 Prof. für Philosophie in Prag; wurde durch seine Abhandlung ›Über Gestaltqualitäten‹ (1890) einer der Begründer der Gestaltpsychologie; auch Schriften zur Sexual- und Wertethik.

Ehrenfest, Paul, österr. Physiker, *Wien 18. 1. 1880, †(Selbstmord) Amsterdam 25. 9. 1933; seit 1912 Prof. in Leiden; förderte die Atomphysik durch Aufstellung des →Adiabatensatzes und lieferte grundlegende Beiträge zur statist. Mechanik und Quanten-

Ehrenpreis:
Echter Ehrenpreis
(Höhe 10–20 cm)

theorie, u. a. das **E.-Theorem** (1927), wonach die quantenmechan. Erwartungswerte der physikal. Observablen die für diese Messgrößen geltenden Gesetze der klass. Physik befolgen.

Ehrenfriedersdorf, Stadt im Landkreis Annaberg, Sa., 530–733 m ü. M., im Erzgebirge am Fuße der Greifensteine (Granitfelsen, bis 733 m ü. M.), an der Silberstraße, 5 700 Ew.; Bergbau- und Greifensteinmuseum, Mineralogisches Museum, Freilichtbühne, Schaubergwerk; Kleingewerbe der Metallwarenindustrie. – Die Stadtkirche St. Nicolai (14.–15. Jh.) besitzt einen Schnitzaltar von H. WITTEN (1507 begonnen). – Das als Waldhufendorf 1339 erstmals erwähnte E. entstand vermutlich Ende des 12. Jh. (Stadtrecht Ende des 15. Jh.). Der seit 1240 belegte Zinnbergbau bestimmte die Entwicklung des Ortes. Seit 1450 wurden auch Silber- und Kupfererz abgebaut.

Ehrenfriedhof, Friedhof für gefallene Soldaten.

Ehrengerichte, histor. Bez. für die →Berufsgerichte, die sowohl für die Ahndung von Verstößen gegen die ordnungsgemäße Berufsausübung als auch für berufsbezogene Streitigkeiten zuständig sind. Ihre Verfahren müssen rechtsstaatl. Grundsätzen entsprechen. **Militärische E.** entstanden im 18. Jh. Sie hatten über das Verhalten von Offizieren in Ehrenangelegenheiten zu urteilen; 1919 aufgehoben. 1934–45 bestanden **Ehrenräte** des Offizierskorps.

Ehrenhausen, Markt-Gem. an der Mur, Steiermark, Österreich, 1 100 Ew.; Weinbau. – Die mittelalterl. Burg wurde im 16. Jh. zum Schloss umgebaut; unterhalb des Schlosses Mausoleum für R. und W. VON EGGENBERG (vor 1609 begonnen, 1615 vollendet, Innenraumgestaltung von 1690); spätbarocke Pfarr- und Wallfahrtskirche (1752–55).

Ehrenhof, Cour d'Honneur [kuːrdɔ'nœːr, frz.], der Empfangshof barocker Schlossbauten vor dem Hauptportal; gerahmt vom fürstl. Wohntrakt (Corps de Logis) und seinen Flügelbauten.

Ehrenlegion, frz. **Légion d'honneur** [le'ʒjɔ̃ dɔ'nœːr], wichtigster frz. Orden, gestiftet 1802 vom damaligen Ersten Konsul NAPOLÉON BONAPARTE. Ordensgrade: Ritter, Offiziere, Kommandeure, Großoffiziere und Großkreuze; sie gelten internat. als Norm für die neueren Verdienstordensklassen. Die E. ist ein Zivil- und Militärorden und kann Franzosen wie Ausländern verliehen werden.

Ehrenpatenschaft, die vom Staatsoberhaupt bei Familien mit einwandfreiem Ruf übernommene Patenschaft (in Dtl. für das 7. lebende Kind).

Ehrenpreis, Veronica, Gattung der Rachenblütler mit etwa 250 Arten v. a. auf der Nordhalbkugel; meist Kräuter oder Halbsträucher mit gegenständigen Blättern und überwiegend blauen, rötl. oder weißen Blüten in Blütenständen. Einheimisch sind etwa 35 Arten; meist Wiesenpflanzen, Ackerunkräuter, aber auch Alpenpflanzen. Manche Arten finden in der Volksmedizin Verwendung, so der auf Heiden und in Wäldern vorkommende **Echte E. (Wald-E.,** Veronica officinalis) u. a. gegen Bronchitis und Blasenleiden.

Ehrenrechte, bürgerliche E., alle Rechte, die einem Staatsbürger zustehen. Ihre Aberkennung (früher §§ 31 ff. StGB) ist seit dem 1. Strafrechtsreform-Ges. vom 25. 6. 1969 nicht mehr möglich. Wer jedoch wegen eines Verbrechens zu einer Freiheitsstrafe von mindestens einem Jahr verurteilt wird, verliert für fünf Jahre die Fähigkeit, öffentl. Ämter zu bekleiden und Rechte aus öffentl. Wahlen zu erlangen; in besonderen Fällen kann auch das Wahlrecht aberkannt werden (§ 45 StGB). – Nach § 58 des StGB der DDR war eine **Aberkennung staatsbürgerlicher Rechte** wegen eines Verbrechens gegen die Souveränität der DDR, den Frieden, die Menschlichkeit und die Menschenrechte, wegen Verbrechens gegen die DDR und wegen Mor-

128

des vorgesehen; sie dauerte 2–10 Jahre, war in Verbindung mit lebenslanger Freiheitsstrafe und Todesstrafe jedoch für dauernd auszusprechen.

In *Österreich* führen Verurteilungen zu Freiheitsstrafen wegen einer oder mehrerer mit Vorsatz begangener strafbarer Handlungen von mehr als einem Jahr bei Beamten zum Verlust des Amtes (§ 27 StGB) und allg. für sechs Monate zum Verlust des Wahlrechts zum Nationalrat (§ 22 Nationalratswahlordnung).

In der *Schweiz* wurde durch Ges. vom 18. 3. 1971 die generelle Aberkennung der E. beseitigt; es wird nur noch die Amtsunfähigkeit als Nebenstrafe (Art. 51 StGB) anerkannt.

Ehrenreich, Paul, Arzt und Völkerkundler, * Berlin 27. 12. 1855, † ebd. 4. 4. 1914; widmete sich hauptsächlich der Erforschung und Interpretation indian. Mythen; betrieb 1884–87 und 1892 Feldforschung in O- und SO-Brasilien.

Werke: Die Mythen u. Legenden der südamerikan. Urvölker u. ihre Beziehungen zu denen Nordamerikas u. der Alten Welt, in: Ztschr. für Ethnologie, Suppl. 37 (1905); Götter u. Heilbringer, in: Ztschr. für Ethnologie Suppl. 38 (1906).

Ehrensäule, Weihegeschenk zu Ehren einer Persönlichkeit des öffentl. Lebens in Form einer statuentragenden Säule, sowohl für die griech. (seit dem 5. Jh. v. Chr.) als auch die röm. Antike (in Heiligtümern, an Gräbern, auf öffentl. Plätzen u. a.) belegt; die berühmtesten Beispiele sind die reliefgeschmückte →Trajanssäule und die →Mark-Aurel-Säule in Rom.

Ehrenschutz, der von der Rechtsordnung (§§ 823, 824 BGB, §§ 185 ff. StGB) zur Verfügung gestellte Schutz der persönl. Ehre vor materiellem und persönl. Schaden. (→Persönlichkeitsrecht)

Ehrenstein, Ortsteil von Blaustein im Alb-Donau-Kreis, Bad.-Württ., mit der Fundstelle eines jungsteinzeitl. Dorfes aus dem späten 4. Jt. v. Chr. Die Ausgrabungen lassen schließen, dass das zum Kulturkreis der Schussenrieder Gruppe (mit deutl. Einfluss der Michelsberger Kultur) gehörende Dorf über 100 Jahre lang kontinuierlich bewohnt war; die ein- oder zweiräumigen Holzhäuser wurden nach insgesamt drei Brandkatastrophen umgehend wieder aufgebaut. Getreideanbau und Haustierhaltung sind durch gut erhaltene Funde bezeugt.

Ehrenstein, Albert, österr. Schriftsteller, * Wien 23. 12. 1886, † New York 8. 4. 1950. Der Sohn ungar. Juden wurde von A. SCHNITZLER und K. KRAUS gefördert, veröffentlichte in den Zeitschriften des Expressionismus, wurde berühmt mit der Erzählung ›Tubutsch‹ (1911, mit Illustrationen von O. KOKOSCHKA), ging nach dem Ersten Weltkrieg nach Berlin, war dort freier Schriftsteller und Literaturkritiker; unternahm große Reisen (u. a. nach Afrika und China); emigrierte 1932 nach Zürich, 1941 nach New York, wo er in Armut und zunehmender Vereinsamung lebte. E. schrieb, mit bitterer Kulturkritik, expressionistisch-hymn. Lyrik, viele fantastisch-skurrile Geschichten sowie polit. und kulturkrit. Essays, Reportagen, Übersetzungen und Nachdichtungen, v. a. aus dem Chinesischen.

Weitere Werke: *Erzählungen u. Skizzen:* Der Selbstmord eines Katers (1912, 1919 u. d. T. Bericht aus einem Tollhaus); Nicht da, nicht dort (1916); Ritter des Todes (1926). – *Lyrik:* Die weiße Zeit (1914); Der Mensch schreit (1916); Den ermordeten Brüdern (1919, Ess. u. Gede.); Die Nacht wird (1920, Gede. u. Novn.); Briefe an Gott (1922); Herbst (1923). – *Essays:* Menschen u. Affen (1926). – Ausgew. Aufsätze, hg. v. M. Y. BEN-GAVRIÊL (1961).

K.-M. GAUSS: Wann endet die Nacht über A. E. (Zürich 1986).

Ehrenstrahl, David Klöker von (seit 1674), schwed. Maler dt. Herkunft, * Hamburg 25. 4. 1628, † Stockholm 23. 10. 1698; seit 1661 schwed. Hofmaler; beeinflusst von PIETRO DA CORTONA und C. LORRAIN, Hauptvertreter des repräsentativen Hofstils des Hochbarock in Schweden.

Ehrenwort, feierl. Versprechen unter Berufung auf die persönl. Ehre. Das bloße E. ist rechtlich bedeutungslos. Wer sich wucher. Vermögensvorteile unter Verpfändung der Ehre, auf E. oder unter ähnl. Beteuerungen versprechen ließ, wurde früher wegen schweren Kreditwuchers nach § 302b StGB (durch Ges. vom 29. 7. 1976 aufgehoben) bestraft.

Ehrenzahlung, →Ehreneintritt.

Ehrenzeichen, nach dem Bundes-Ges. über Titel, Orden und E. vom 26. 7. 1957 im weitesten Sinn alle sichtbar zu tragenden Abzeichen, die zur Belohnung von Verdiensten an Einzelpersonen, manchmal auch an Personengruppen, verliehen werden und die nicht ausdrücklich →Orden genannt werden. E. wurden Ende des 18. Jh. als Auszeichnung für Bürgerliche geschaffen, da die ›Ritterorden‹ dem Adel vorbehalten waren. – In der *Ordenskunde* versteht man unter E. die Zwischenstufe zw. den →Medaillen und dem eigentl. Orden, denen sie (wie die Medaillen) oft angeschlossen, ›affiliiert‹, sind.

Ehrenzeichen der Bundeswehr, gestiftet 1980 vom Bundespräsidenten für Soldaten der Bundeswehr, fremder Streitkräfte und für Zivilpersonen, die sich um die Bundeswehr bes. verdient gemacht haben; verliehen in vier Stufen: Ehrenmedaille, Ehrenkreuz in Bronze, Silber und Gold.

Ehrenzeichen für Verdienste um die Republik Österreich, 1952 vom österr. Nationalrat gestiftete Auszeichnung in fünf mehrfach unterteilten Stufen, getragen gemäß dem internat. Ordensschema. Ihm sind ein ›Verdienstzeichen‹ und eine ›Verdienstmedaille‹ angeschlossen.

Ehrenzeichen für Wissenschaft und Kunst, 1955 vom österr. Nationalrat gestiftete Auszeichnung. Sie wird verliehen an höchstens 72 Inhaber, die eine Kurie bilden (je 36 Inländer und Ausländer). Unbeschränkt ist die Zahl der Inhaber des gleichzeitig gestifteten **Österreichischen Ehrenkreuzes für Wissenschaft und Kunst.**

Ehrfurcht, höchste Wertschätzung; ein in sich spannungshafter Gefühlsbezug, der durch Nähe und zugleich Distanz (Abstand aus Scheu zu verletzen) zum verehrten Gegenstand gekennzeichnet ist. GOETHE unterschied, vielleicht in Anlehnung an die pseudopythagoreischen ›Goldenen Sprüche‹, E. vor dem, was über uns ist, E. vor dem, was uns gleich ist, E. vor dem, was unter uns ist, und als Ergebnis dieser drei E. E. vor sich selbst (›Wilhelm Meisters Wanderjahre‹, Bd. 2, Kap. 1). KANT spricht im Hinblick auf E. von ›Achtung‹ als der ›Einschränkung unserer Selbstschätzung durch die Würde der Menschheit in eines anderen Person‹. E. vor dem Leben sieht A. SCHWEITZER als Prinzip der Sittlichkeit an.

Ehrgeiz, das Streben, andere an Ehre, Geltung, Macht und Ruhm zu übertreffen; zielt meist auf die Anerkennung der eigenen Leistung durch andere und dient damit zur Förderung des eigenen Selbstwertgefühls. Soweit E. Anerkennung für wirkl. Leistung sucht, äußert er sich als normaler Antrieb im Wetteifer und kann als Erziehungsmittel dienen. E. wird jedoch sittlich fragwürdig, wenn der Ehrgeizige andere in den Schatten zu drängen sucht oder eigene Leistungen nur vortäuscht. Übersteigerter E., der zum Selbstzweck wird (Ehrsucht), kann aus einem Minderwertigkeitsgefühl und dem Versuch entstehen, eigene Schwächen vor sich und anderen zu verdecken; dies kann sich u. a. in Eitelkeit äußern.

Ehrhard, Albert, kath. Kirchenhistoriker, * Herbitzheim (bei Saargemünd) 14. 3. 1862, † Bonn 23. 9. 1940; war seit 1892 Prof. in Würzburg, seit 1898 in Wien, seit 1902 in Freiburg im Breisgau, seit 1903 in Straßburg und seit 1920 in Bonn. E. untersuchte die Kirchen- und Dogmengeschichte auf die Quellen zurückgehend wiss.-kritisch, er machte sich neben einer

Albert Ehrenstein

Ehrenzeichen der
Bundeswehr:
oben Ehrenmedaille;
unten Ehrenkreuz
in Gold

Ehrenzeichen für
Verdienste um die
Republik Österreich:
Verdienstzeichen

neuen Periodisierung der Kirchengeschichte v. a. um ihre Anerkennung durch die Profangeschichtsschreibung verdient. Als bedeutender Führer der wiss. Bestrebungen des →Reformkatholizismus war er scharfer Kritik durch die Amtskirche ausgesetzt. E.s Arbeiten galten zu seiner Zeit als maßgebende Forschungen zur byzantin. Kirchengeschichte und Theologie.

Werke: Hagiographie der griech. Kirche (1897); Der Katholizismus u. das 20. Jh. (1901); Die Kirche der Märtyrer (1932); Urkirche u. Frühkatholizismus (1935); Die altchristl. Kirchen im Westen u. im Osten, Bd. 1: Die griech. u. lat. Kirche (1937; mehr nicht ersch.); Überlieferung u. Bestand der hagiograph. u. homilet. Lit. der griech. Kirche, Tl. 1: Überlieferung, 3 Bde. in mehreren Tlen. (1936–52; mehr nicht ersch.).

Ehrhardt, Hermann, Seeoffizier, *Diersburg (heute zu Hohberg, Ortenaukreis) 29. 11. 1881, †Brunn am Walde (bei Krems an der Donau) 27. 9. 1971; bildete Anfang 1919 die ›Brigade E.‹, ein Freikorps, mit dem er die kommunist. Räteherrschaft in Braunschweig und München bekämpfte und am Kapp-Putsch teilnahm. E. gründete die rechtsradikale ›Organisation Consul‹ und den ›Bund Wiking‹.

Ehringsdorf, südl. Stadtteil von Weimar mit Travertinsteinbruch im Ilmtal, der schon GOETHE als Fundplatz von Fossilien bekannt war. Der Travertin von E. stammt aus dem Eem-Interglazial. Im harten Gestein wurden Reste von Pflanzen und Tieren sowie Rastplätze des Menschen mit Feuerstellen und Steinwerkzeugen der Moustérien-Kultur gefunden; von besonderer Bedeutung sind die Reste von frühen Neandertalern (Präneandertalern), darunter der fast vollständige Schädel einer Frau, deren Datierung jedoch unsicher ist. Während die fossilen Begleitfunde eine Datierung um 120 000 Jahre nahe legen, sprechen absolute Datierungsmethoden für ein Alter zw. 190 000 und 245 000 Jahren.

W. STEINER: Der Travertin von E. u. seine Fossilien (Wittenberg ²1981).

Ehrismann, 1) Albert, schweizer. Schriftsteller, *Zürich 20. 9. 1908; v. a. Lyriker und Erzähler, Schilderer der einfachen Dinge, jedoch auch des Großstadtlebens; schrieb Essays, Dramen und Hörspiele.

Werke: Lyrik: Lächeln auf dem Asphalt (1930); Das Stundenglas (1948); Tag- u. Nachtgleiche (1952); Das Kirschenläuten (1956); Riesenrad der Sterne (1956); Nachricht von den Wollenwebern (1964); Eine Art Bilanz (1973); Schmelzwasser (1978). – Erzählungen: Der letzte Brief (1948); Das Wunderbare (1962); Der wunderbare Brotbaum (1958, Gede. u. Erz.). – Gegen Ende des zweiten Jahrtausends. Postskripte (1988).

2) Gustav, Germanist, *Pforzheim 8. 10. 1855, †Hamburg 9. 9. 1941; war 1909–24 Prof. in Greifswald. Sein Hauptwerk ist die ›Geschichte der dt. Lit. bis zum Ausgang des MA.‹ (1918–35, 4 Bde., Nachdr. 1959–66); gab auch das Epos ›Der Renner‹ HUGOS VON TRIMBERG (1908–11, 4 Bde.) und die ›Weltchronik‹ RUDOLFS VON EMS (1915) heraus.

Weitere Werke: Die Grundlagen des ritterl. Tugendsystems (1919, Aufsatz); Studien über Rudolf von Ems (1919); Hugo von Trimbergs Renner u. das mittelalterl. Wissenschaftssystem (1920); Der Geist der dt. Dichtung im MA. (1925).

Paul Ehrlich

Ehrlich, Paul, Serologe, *Strehlen 14. 3. 1854, †Bad Homburg v. d. Höhe 20. 8. 1915; Prof. in Berlin (ab 1890; Mitarbeiter R. KOCHS), Göttingen (ab 1904) und Frankfurt am Main (ab 1914), seit 1899 Direktor des von ihm gegründeten ›Inst. für experimentelle Therapie‹ (später ›Paul-Ehrlich-Inst.‹) in Frankfurt am Main. E. führte neue diagnost. Verfahren bes. zur Färbung von Blut und Gewebeschnitten ein. Er wurde mit der Entdeckung des Salvarsans (1909; mit S. HATA) Begründer der modernen →Chemotherapie. Seine →Seitenkettentheorie stellte die Immunitätslehre auf eine neue theoret. Basis. 1908 erhielt er mit I. I. METSCHNIKOW den Nobelpreis für Medizin oder Physiologie.

ehrlicher Makler, von O. VON BISMARCK in seiner Rede vor dem Reichstag am 19. 2. 1878 geprägte Re-

dewendung, die sich auf die Rolle des Dt. Reiches beim bevorstehenden →Berliner Kongress bezog.

Ehrlichkeit, Zuverlässigkeit in der Achtung fremden Eigentums und der Unterlassung von Betrug und Täuschung; charakterl. Haltung, die den sittl. Forderungen der Gesellschaft entspricht.

Ehrlichs Reagenz [nach P. EHRLICH], das Mittel zur Durchführung der →Diazoreaktion.

ehrloses Verhalten, auf niedriger Gesinnung beruhende Handlung, die den allgemeinen Ehrbegriffen zuwiderläuft. E. V. kann bestimmte Rechtsfolgen zeitigen; so kann Pflichtteilsberechtigten, die sich eines e. V. (z. B. einer schweren Straftat) gegenüber dem Erblasser schuldig machen, der Pflichtteil entzogen werden (§§ 2333, 2335 BGB).

Ehrlosigkeit, im MA. die Minderung in der Rechtsstellung; sie war u. a. begründet durch unehel. Abstammung, einen bestimmten Beruf oder durch schwere Verbrechen (Meineid).

Ehrwald, Hauptort des Beckens von Lermoos, Tirol, Österreich, 996 m ü. M., 2 400 Ew.; als Ausgangspunkt der österr. Zugspitz-Seilbahn bedeutender Fremdenverkehrsort.

Ehrwürden, lat. **Venerandus,** Anrede für kath. Ordensleute und Träger der (heute abgeschafften) niederen Weihen; heute kaum noch verwendet.

Ehud, in der Vulgata **Aod,** einer der großen Richter aus dem Stamme Benjamin, der sein Volk von der Herrschaft des Moabiterkönigs EGLON befreite (Ri. 3, 12–30).

Ei, Eizelle, Ovum, meist unbewegl. weibl. Fortpflanzungs- oder Keimzelle vielzelliger Organismen mit nur einem Chromosomensatz (1 n), aus der sich nach der Befruchtung durch die männl. Keimzelle die →Zygote oder bei der →Jungfernzeugung (Parthenogenese) auch ohne Befruchtung ein neues Individuum entwickelt. Das Ei enthält die gesamte für die Ausbildung des Organismus notwendige Erbinformation.

Die Größe des Eis ist in den versch. Tiergruppen (je nach Menge des →Dotters) sehr unterschiedlich. I. d. R. ist die Eizelle wesentlich größer als die männl. Samenzelle; bei Vögeln hat das Ei einen Durchmesser von 1–10 cm, beim Menschen und lebend gebärenden Säugern von etwa 0,1–0,2 mm, bei Saugwürmern etwa 0,012–0,017 mm. Bei einigen Tieren und niederen Pflanzen kann die Eizelle amöboid beweglich sein.

Die Bildung der Eizelle (→Oogenese) findet i. d. R. in bes. differenzierten Geweben statt (Ausnahme: Schwämme): bei mehrzelligen Pflanzen in Oogonien (→Oogenese; höhere Algen und Pilze), Archegonien (→Archegonium; Moose und Farne) oder in Samenanlagen, bei mehrzelligen Tieren und beim Menschen in Ovarien (→Eierstock).

Bau der tierischen Eizelle: Die Eizelle besteht aus Eikern und **Eiplasma (Bildungsplasma).** Im Eiplasma lassen sich häufig eine Rindenzone (Cortex) und das davon umhüllte Innenplasma (Endoplasma) unterscheiden. Je nach Dotteranteil am Zellvolumen **(oligo-, meso-** oder **polylezithale Eier)** und Lage des Dotters innerhalb oder außerhalb der Eizelle **(endo-** oder **ektolezithale Eier)** lassen sich versch. Eitypen erkennen. Bei **isolezithalen Eiern** ist der Dotter im Ei gleichmäßig verteilt; sie sind meist dotterarm (oligo- oder alezithal; z. B. Mensch). **Zentrolezithale Eier** enthalten viel zentral liegenden Dotter (z. B. Insekten), bei **telolezithalen Eiern** liegt der Dotter nahe dem Eipol (vegetativer Pol); das Zytoplasma reichert sich am gegenüberliegenden Pol an, es enthält den Eikern (animaler Pol). Bei den extrem dotterreichen telolezithalen Eiern der Vögel ist das Eiplasma auf einen kleinen animalen Bereich begrenzt. Dotterverteilung und Dottermasse beeinflussen die Art der →Furchung.

Die Anzahl der Eier ist sehr unterschiedlich: Bei Tieren ohne Brutpflege ist sie i. d. R. am höchsten; so erzeugen Bandwürmer und Spulwürmer jährlich zw. 40 und 60 Mio. Eier, Karpfen 750 000 Eier, der Brutpflege betreibende Stichling dagegen nur etwa 100 Eier pro Jahr. Vögel legen in Freiheit jährlich höchstens 30 Eier. Von den zahlr. Eiern, die im Eierstock der Frau vorhanden sind, kommen im Laufe des Lebens etwa 400 zur Reifeentwicklung.

Die Eizelle ist meist von gallertigen oder festen Eihüllen umgeben. Die **primäre Eihülle (Eihaut, Dotterhaut)** wird von der Eizelle selbst gebildet. Sie ist dünn und strukturlos und von feinen Poren durchsetzt; sie besitzt i. d. R. einen Eintrittskanal (Mikropyle) für das Spermium. Wird innerhalb des Eierstocks von Follikelzellen zusätzlich zur primären Eihülle eine weitere Eihülle abgeschieden, so bezeichnet man sie als **sekundäre Eihülle.** Diese ist meist derb und mehrschichtig, oft stark skulpturiert und/oder mit Sonderbildungen (Stiele, Hafteinrichtungen, Luftkammern) versehen. Die Eihülle, die aus Drüsensekret der Ausführgänge der Geschlechtsorgane gebildet wird, nennt man **tertiäre Eihülle.** Sie besteht oft aus sehr versch. Schichten; tertiäre Eihüllen sind z. B. die hornartige Eikapsel der Haie, die Gallertschicht des Laichs von Wasserschnecken und Amphibien sowie das Eiklar (einschließlich der Hagelschnüre), das Schalenhäutchen und die Kalkschale des Vogel- und Reptilieneies. Die Kalkschale bildet sich aus dem Sekret von Kalkdrüsen, die sich in den untersten Eileiterabschnitt öffnen; es erstarrt im Verlauf von 12–16 Stunden zu einer festen Hülle. Die Kalkschale wird von feinen Porenkanälen durchzogen, die den für die Embryoentwicklung nötigen Gasaustausch ermöglichen. Dem stumpfen Pol liegt die Luftkammer an. Farbige Eier haben als Grundfarbe häufig Blau, gebildet durch Oocyan, einen Abkömmling des Gallenfarbstoffes. Die rötl., braunen oder schwarzen Flecken werden durch ein dem Blutfarbstoff verwandtes Pigment, das Protoporphyrin, gebildet. Geschnörkelte oder verwischte Muster zeigen, dass das Ei im untersten Eileiterabschnitt gedreht wurde.

Im allgemeinen Sprachgebrauch wird als Ei das befruchtet oder unbefruchtet abgelegte **Hühnerei** bezeichnet, das wie jedes Vogelei aus der von der Dotterhaut begrenzten Eizelle mit der diese völlig ausfüllenden Dottersubstanz sowie den tertiären Eihüllen Eiklar, Schalenhäutchen und Kalkschale besteht.

Die **Dotterkugel** (›Eigelb‹) setzt sich aus zwiebelschalenartig geschichteten weißen und gelben Dotteranteilen zusammen. Sie enthält 48,7 % Wasser, 16,6 % Eiweiß, 32,6 % Fette u. a. Lipide (Cholesterin, Lecithine u. a.), 1,0 % Kohlenhydrate und 1,1 % Mineralstoffe. Ihre durch Carotinoide bedingte Farbe wird durch die Art des Hühnerfutters stark beeinflusst. Als Missbildung können **Doppeldottereier** vorkommen, wenn zwei gleichzeitig herangereifte Eizellen gemeinsam von den tertiären Eihüllen umschlossen werden. Seitlich auf der Dotterkugel liegt die weißl. Keimscheibe **(Fruchthof, Hahnentritt)** mit dem Zellkern und dem flaschenförmig eingesenkten **Dotterkern** (Latebra; aus ›Bildungsdotter‹).

Das durch Lactoflavin leicht grünlich gelbe **Eiklar** (›Eiweiß‹) hat eine durch ein Netzwerk gequollener Muzinfasern gallertige Mittelschicht. Die (nach den Eipolen zu) paarig angelegte, zum Eiklar zählende **Hagelschnur (Chalaza)** besteht aus einem durch Drehung der Eizelle beim Passieren des Eileiters schraubig gewundenen Eiweißstrang. Das Eiklar enthält 87,9 % Wasser, 10,6 % Eiweiß, 0,9 % Kohlenhydrate, 0,6 % Mineralstoffe und 0,2 % Fett. – Das innere und das äußere **Schalenhäutchen** bestehen aus Keratin. Zw. beiden Schichten liegt am stumpfen Eipol eine (mit zunehmendem Alter des Eis sich vergrößernde) Luftkammer. – Die **Kalkschale** ist je nach Hühnerrasse pigmentlos oder gelb- bis braunfarben.

Der essbare Anteil am Hühnerei setzt sich zus. aus durchschnittlich 74,1 % Wasser, 12,9 % Eiweiß, 11,2 % Fett, 0,7 % Kohlenhydraten und 1,1 % Mineralstoffen (v. a. Natrium, Kalium, Calcium, Phosphor, Eisen) und enthält zahlr. Vitamine (v. a. Vitamin E, Pantothensäure, Vitamin A, Carotin). Der Nährwert von 100 g Hühnerei beträgt 672 kJ (160 kcal).

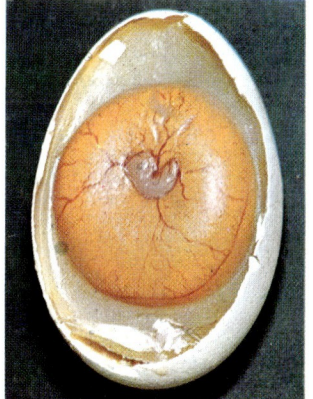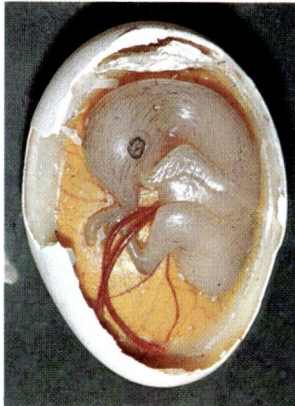

Ei: Fünf Tage (links) und fünfzehn Tage bebrütetes Hühnerei (rechts)

Kulturgeschichte, Brauchtum und Volksglaube: Als Quelle des Lebens erscheint das Ei im Fruchtbarkeits- und Heilzauber, ebenso im Totenritual als Grabbeigabe und als Opfer. Neben der ind. Lehre vom Ei als Urgrund der Welt (Weltei) gibt es auch die Vorstellung vom Ei als Zeichen des Lebens bei den Ägyptern; verbreitet war auch der Glaube an die Geburt göttl. Wesen aus dem Ei. Nach antiker Vorstellung hingegen entstand aus einem missgebildeten Hühnerei der →Basilisk. In der christl. Ikonographie ist das Ei ein Auferstehungssymbol, wodurch die bei heidn. Frühlingsfesten verwendeten Eier eine Sinndeutung erhielten (→Ostereier). Mittelalterl. Wiss. und barocker Emblematik diente das Ei als ein Bild der Vollkommenheit. In der Ikonographie des Spät-MA. jedoch konnte das Ei auch Zerbrechlichkeit symbolisieren und zum Behältnis des Bösen werden. Straußeneier hingegen erhielten als Glücksbringer Ehrenplätze in fürstl. Schatzkammern und wurden wie Kleinodien gefasst. Eier spielten auch in den Zauberpraktiken eine Rolle, dienten als Bauopfer und als Orakel.

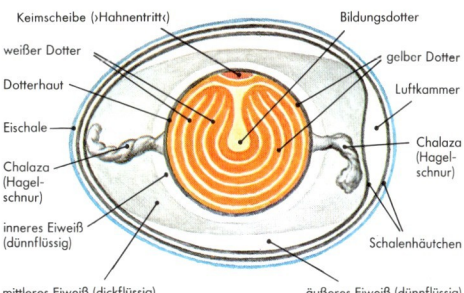

Ei: Schematischer Längsschnitt durch ein Hühnerei

Eierbräuche und -spiele sind vielfach bekannt. Anlass dazu gaben die seit dem 12. Jh. nachweisbaren Lieferungen von Eiern als Naturalzins an den Grundherrn. Vom 16. Jh. an ist bezeugt, dass Schüler mit Liedern Eier sammelten und Kinder sich am Gründonnerstag bei ihren Taufpaten ein Ei erbitten durften. Weit verbreitet war (und ist z. T. noch heute), bes. zu Ostern, das Eierlaufen, das Eierlesen oder -klauben, das Eieraufwerfen sowie das Eierrollen oder -walgen bzw. andere Eierspiele. Eiertänze sind für die Niederlande und für Belgien durch Bilddarstellungen des 17. Jh. bezeugt. Allg. erhielt sich der österl. Brauch, Eier zu färben und zu verzieren, in einigen kath. Gebieten die kirchl. Weihe (z. B. Antlass-Eier).

M.-L. LECHNER: Das Ei im dt. Brauchtum (Zürich 1953); DIES. in: Reallex. zur dt. Kulturgesch., Bd. 4 (1958); R. WILD-HABER: Zum Symbolgehalt u. zur Ikonographie des Eies, in: Dt. Jb. für Volkskunde, Jg. 6 (1960); V. SCHWARTZ: Vergleichende Entwicklungsgesch. der Tiere (1973); P. LÜPS: Ei, Leben u. Werden des Vogels in der Schale (1984).

Ei: Straußenei mit Reliefschnitzerei; um 1750 (Erlangen, Museum im 1. Zoologischen Institut der Universität)

Ei|apparat, im →Embryosack der Bedecktsamer entstehender Geschlechtsapparat.

EIB, Abk. für →Europäische Investitionsbank.

Eibar [ɛi'βar], Stadt in der Prov. Guipúzcoa, Baskenland, Spanien, 31900 Ew.; Metallverarbeitung, Waffenproduktion (Damaszener Klingen seit dem 15. Jh.). – Kirche San Andrés (17. Jh.) mit prachtvollem Retabel (1587); Rathaus im frz. Rokokostil, Adelspaläste. – In E. wurde am 14. 4. 1931 die span. Republik proklamiert.

Eibe, Taxus, Gattung der Eibengewächse mit acht Arten auf der Nordhalbkugel; immergrüne, meist zweihäusige Nadelhölzer. In Mitteleuropa ist nur die geschützte **Gemeine Eibe** (Taxus baccata) heimisch, ein bis 17 m hoher Baum (seltener Strauch), der über 1000 Jahre alt werden kann, mit rotbrauner, später graubrauner, sich blättrig ablösender Rinde und bis zu 35 mm langen, 2 mm breiten, dunkelgrünen, oft zweireihig stehenden Nadeln. Die erbsengroßen Samen besitzen einen scharlachroten, saftig-schleimigen ungiftigen Mantel (Arillus); alle anderen Teile der Pflanze enthalten das hochgiftige Alkaloid Taxin. Sie gehören neben den Eichen zu den ältesten Bäumen Dtl.s. Wild nur noch selten vorkommend, ist die E. in zahlr. Varietäten ein beliebter Zierbaum oder -strauch. – Das *Holz* der E. ist eines der dichtesten, härtesten und schwersten der mitteleurop. Bäume und wird zu Kunsttischler- und Drechslerarbeiten verwendet.

Kulturgeschichte: Jungsteinzeitl. Pfahlbauern stellten aus E.-Holz Waffen (Bogen) u. a. Gebrauchsgegenstände her. Die E. (in Europa seit alters her als To-

Eibe: Zweig mit männlichen Blüten (oben) und mit Früchten der Gemeinen Eibe (unten)

tenbaum bekannt) war in der Antike den Göttern der Unterwelt geweiht. Einige gall. Stämme gebrauchten mit E.-Saft vergiftete Lanzenspitzen. PLINIUS D. Ä. berichtete von todbringenden Weinbechern aus E.-Holz. DIOSKURIDES hielt den Schlaf unter ihrem Schatten für lebensgefährlich. Als Zeichen der Trauer bekränzte man sich mit E.-Zweigen. Im MA. wurden aus E.-Holz bes. Armbrustbogen hergestellt. Die Zweige der E. galten auch als Mittel gegen Verhexung. In vielfältige Formen geschnittene Taxushecken kennt man in Europa seit der Renaissance. In NW-Europa ist die E. oft Friedhofsbaum; in Salzburg wird sie auch als Weihnachtsschmuck verwendet.

Eibelstadt, Stadt im Landkreis Würzburg, Bayern, am Main, 2800 Ew.; Weinbau. – Gut erhaltene Mauerwehr des 15. und 16. Jh. mit Türmen und vier Toren. Kath. Pfarrkirche St. Nikolaus (spätroman. Rest, Umgestaltung im 16. und 17. Jh.) mit Taufstein (1613) aus Kalkstein und Alabaster u. a. Bildhauerarbeiten. – Das auf eine karoling. Siedlung zurückgehende E. gehörte seit 1266 zum Bistum Würzburg. Es erhielt 1434 Stadtrecht. 1803 fiel E. an Bayern.

Eibengewächse, Taxaceae, Familie der Nacktsamer mit fünf Gattungen (in Mitteleuropa nur die Gemeine Eibe) in der gemäßigten Zone der nördl. Erdhälfte; Sträucher oder Bäume mit nadelförmigen Blättern und getrenntgeschlechtigen Blüten; Samenverbreitung durch Vögel.

Eibenstock, Stadt im Landkreis Aue-Schwarzenberg, Sa., 470–1019 m ü. M., im Westerzgebirge, mit mehreren Ortsteilen rund um den Auersberg (1019 m ü. M.), der zur Stadt E. gehört, 6400 Ew.; Erholungsort; Heimatmuseum; Stickereigewerbe, zahlr. Handwerksbetriebe. Nördlich von E. die 1982 in Betrieb genommene **Talsperre E.,** die die Zwickauer Mulde zum größten Trinkwasserstausee von Sachsen staut (350 ha, Stauvermögen 77 Mio. m³; Stauhöhe 54 m); sie dient der Trinkwasserversorgung und dem Hochwasserschutz. – Um 1150 als Waldhufendorf gegr., wurde die Entwicklung E.s seit etwa 1300 durch die Zinn- und Eisenerzgewinnung bestimmt; 1363 ersterwähnt, um 1500 Amtssitz eines Bergmeisters, wurde E. von Kurfürst JOHANN FRIEDRICH I. 1534 zur freien Bergstadt erklärt. Nach dem Rückgang des Bergbaus in der zweiten Hälfte des 18. Jh. entwickelte sich E. zu einem Zentrum des Stickereigewerbes.

Eibenzypresse, die Küstensequoia (→Küstenmammutbaum).

Eibildung, die →Oogenese.

Eibisch, 1) Echter Eibisch, Althaea officinalis, Art der Malvengewächse; bis 1,5 m hohe, v. a. auf salzhaltigen Böden vorkommende Staude mit achselständigen, in Büscheln angeordneten rosafarbenen oder weißen Blüten; die Blätter sind fast handgroß und weich behaart. Die süßlich schmeckende Wurzel (**E.-Wurzel**) enthält etwa 20% Schleimstoffe mit reizmindernder Wirkung und ist (wie auch die Blätter, Samen und Blüten) v. a. Bestandteil vieler husten- und schleimlösender Arzneimittel.

2) Hibiscus, Gattung der Malvengewächse mit mehr als 200 meist trop. Arten; Kräuter, Sträucher oder Bäume mit trichterartigen, großen, meist einzeln in den Blattachseln stehenden Blüten in versch. Farben. (→Roseneibisch)

3) seltene Bez. für die →Stockrose.

Eibl-Eibesfeldt, Irenäus, österr. Verhaltensforscher, * Wien 15. 6. 1928; seit 1970 Prof. in München; Leiter der Forschungsstelle für Humanethologie in der Max-Planck-Gesellschaft in Andechs. E.-E. untersucht bes. die Formen inner- und zwischenartl. Kommunikation bei Mensch und Tier, in erster Linie die Mechanismen der Gruppenbindung und der Aggressionskontrolle. E.-E. hat die Humanethologie als eigene Disziplin begründet und anhand einer kulturvergleichenden Untersuchung sozialer Interaktionen ein universales Regelsystem sozialen Verhaltens nachgewiesen.

Werke: Grundr. der vergleichenden Verhaltensforschung. Ethologie (1967); Der vorprogrammierte Mensch. Das Ererbte als bestimmender Faktor im menschl. Verhalten (1973, erw. 1985); Krieg u. Frieden aus der Sicht der Verhaltensforschung (1975); Menschenforschung auf neuen Wegen (1976); Der Hai. Legende eines Mörders (1977, mit H. HASS); Die Biologie des menschl. Verhaltens. Grundr. der Humanethologie (1984); Fallgruben der Evolution. Der Mensch zw. Natur u. Kultur (1991).

Eibsee, See am Nordfuß der Zugspitze in den Bayer. Alpen, 973 m ü. M., 1,8 km², bis 32 m tief, mit sieben kleinen Inseln; durch eiszeitl. Bergsturz entstanden; bevorzugtes Touristenziel.

Eich, Günter, Schriftsteller, * Lebus (Kr. Märkisch-Oderland) 1. 2. 1907, † Salzburg 20. 12. 1972; studierte Rechtswiss. und Sinologie; seit Anfang der 30er-Jahre Rundfunkarbeit, seit 1932 als freier Schriftsteller; Mitbegründer der ›Gruppe 47‹; seit 1953 ⚭ mit ILSE AICHINGER. E.s Bedeutung für die dt. Literatur beginnt mit den nach 1945 entstandenen Werken. Die Gedichte des Bandes ›Abgelegene Gehöfte‹ (1948), daraus v. a. ›Inventur‹, stehen exemplarisch für die dt. Nachkriegslyrik. Das Hörspiel ›Träume‹ (1951; Hörspielpreis der Kriegsblinden 1952) gilt als richtungweisend für das literar. Hörspiel der 50er-Jahre. Der andeutende Charakter des gesprochenen Wortes, die Technik der Ein- und Rückblende dienten E. dazu, differenzierte Regungen des menschl. Innenlebens zu vergegenwärtigen. Seine Sicht auf ›die Welt als Sprache‹, sein Abscheu vor der ›gelenkten Sprache‹ haben zu spekulativen Interpretationen geführt, die der Autor durch das Spätwerk noch forderte: die Kurzprosa der Bände ›Maulwürfe‹ (1968) und ›Ein Tibeter in meinem Büro‹ (1970), die Nonsens mit radikaler Kulturkritik vermischt, entzieht sich eindeutiger Rezeption. – E. erhielt 1959 den Georg-Büchner-Preis.

Weitere Werke: *Lyrik:* Gedichte (1930); Untergrundbahn (1949); Botschaften des Regens (1955); Zu den Akten (1964); Anlässe u. Steingärten (1966). – *Hörspiele* (Erstsendungen): Die Mädchen aus Viterbo (1953); Das Jahr Lazertis (1954); Allah hat hundert Namen (1957); Zinngeschrei (1955); Die Brandung vor Setúbal (1957). – Träume. Vier Spiele (1953); Stimmen. Sieben Hörspiele (1957); Fünfzehn Hörspiele (1966).

Ausgabe: Ges. Werke, hg. v. S. MÜLLER-HANPFT u.a., 4 Bde. (1973).

S. MÜLLER-HANPFT: Lyrik u. Rezeption. Das Beispiel G. E. (1972); Über G. E., hg. v. DEMS. (³1979); G. E. zum Gedächtnis, hg. v. S. UNSELD (1973); K.-D. POST: G. E. (1977); P. H. NEUMANN: Die Rettung der Poesie im Unsinn. Der Anarchist G. E. (1981); S. SCHULTE: Standpunkt Ohnmacht Studien zur Melancholie bei G. E. (1993).

Eichberg, Richard, Regisseur und Filmproduzent, * Berlin 27. 10. 1888, † München 8. 5. 1952; gilt als Pionier des dt. Unterhaltungs- und Abenteuerfilms sowie Entdecker vieler namhafter Schauspieler wie LILIAN HARVEY, MARTHA EGGERTH, W. FRITSCH, H. ALBERS; seit 1914 beim Film, 1938–49 in den USA.

Filme: Monna Vanna (1922); Der Greifer (1930); Der Kurier des Zaren (1936); Der Tiger von Eschnapur, Das ind. Grabmal (beide 1938); Die Reise nach Marrakesch (1950).

Eichbosonen, intermediäre Vektorbosonen, allg. die Elementaranregungen der →Eichfelder, insbesondere die Feldquanten der elektromagnet., der schwachen und der starken Wechselwirkung. Zu den E. gehören das Photon (elektromagnet. Wechselwirkung), die W^+-, W^-- und Z^0-Bosonen (schwache Wechselwirkung) und die Gluonen (starke Wechselwirkung). Die E. haben als Quanten der die Wechselwirkung übertragenden Vektorfelder (daher auch die Bez. intermediäre Vektorbosonen) den Spin 1; als **intermediäre Bosonen** i. e. S. bezeichnet man häufig nur die Feldquanten der schwachen Wechselwirkung.

Eiche, Quercus, Gattung der Buchengewächse mit rd. 550 Arten in den nördl. gemäßigten Zonen; das

Hauptverbreitungszentrum liegt in Nordamerika, eine größere Anzahl von Arten sind in Europa und Westasien heimisch. E. sind immer- oder sommergrüne, einhäusige, bis 50 m hoch und über 700 Jahre alt werdende Bäume oder Sträucher mit meist knorriger, starkästiger, unregelmäßiger Krone, tief rissiger Borke und gesägten bis gelappten Blättern. Die männl. Blüten stehen in lockeren, hängenden Kätzchen, die weibl. einzeln oder in wenigblütigen Ähren. Jede weibl. Blüte ist von einem später becherförmigen Fruchtbecher (Cupula) umgeben; die Frucht nennt man →Eichel. Bekannte Arten sind die →Stieleiche und die →Traubeneiche; Charakterbäume des Mittelmeerraumes sind die →Steineiche und die Kork liefernde →Korkeiche. – Die getrocknete *Rinde* enthält bis zu 20% Katechingerbstoffe mit adstringierender Wirkung und wird z. B. bei Hautleiden angewendet (früher auch als Gerbmittel). Das mittelschwere, dauerhafte, hell- bis dunkelbraune *Kernholz* ist hart, unter Wasser beständig, elastisch und dient bes. zur Herstellung von Furnieren, Fässern, Eisenbahnschwellen, Parkett und als Bauholz.

Krankheiten und Schädlinge: Man spricht von **E.-Sterben,** wenn die Bäume kränkeln und langsam absterben; Ursachen sind wechselnde abiot. und biot. Faktoren je nach Standort. Jungpflanzen können in Saatkämpen vom Wurzeltörpilz befallen werden; sie brechen am Wurzelhals ab. Beträchtl. Schäden verursacht der Eichenmehltau, indem er die Blätter mit weißl. Myzel überzieht und abtötet. Raupen von Frostspanner und E.-Wickler können Kahlfraß verursachen; biolog. Bekämpfung mit Bakterien (Bacillus thuringiensis) ist möglich. Im Kernholz fressen Larven des E.-Bocks. Auffallend sind die →Gallen von Gallwespen an Blättern, Trieben und Früchten.

Kulturgeschichte: Die E. wurde bei vielen indogerman. Völkern als heiliger Baum verehrt. Sie war in Griechenland (bes. Dodona) Zeus, bei den Römern Jupiter und bei den Germanen Donar geweiht. Kelten, Germanen und Slawen opferten in E.-Hainen. Im Zuge der Christianisierung wurden viele hl. E. gefällt, so 724 die Donar-E. bei Geismar durch BONIFATIUS. An Wallfahrtsorten wurde die E. mit MARIA in Verbindung gebracht. Dieser Zuordnung liegt die Legende von der wunderbaren Auffindung eines Marienbildes in einer E. zugrunde. Mit der Heiligkeit der E. hing ihr ›Tabucharakter‹ zus., der vom Volksglauben übernommen und in Volkssagen überliefert wurde. Außerhalb der religiösen Sphäre galt E. als Sinnbild der Stärke, was in der Emblematik seit dem 16. Jh. zum Ausdruck kam. Im 18. Jh. wurde die E. in Dtl. zum Symbol des Heldentums; seit dem frühen 19. Jh. gilt E.-Laub als Siegeslorbeer. – E.-Blätter wurden in der mittelalterl. Sakralkunst oft an Kapitellen nachgebildet (Kathedralen von Chartres und Paris; Dom zu Naumburg).

Eichel, 1) *Anatomie:* **Glans,** der vorderste Teil des männl. Gliedes (→Penis).

2) *Botanik:* die einsamige, runde bis eiförmige, stärke- und gerbsäurereiche Nussfrucht der Eiche, die an ihrer Basis von einem napf- bis becherförmigen, beschuppten oder filzig behaarten Fruchtbecher (Cupula) umschlossen wird, aus dem sie nach der Reife herausfällt. E. dienten früher geröstet als Kaffeeersatz, zur Branntweingewinnung und in Notzeiten auch zur Brotbereitung. Als Futtermittel für Schweine (**E.-Mast**) werden E. in einigen Ländern bis heute verwendet.

3) *Kartenspiel:* **Ecker,** Farbe der dt. Spielkarte, entspricht dem Kreuz der frz. Spielkarte.

Eichel, Hans, Politiker, * Kassel 24. 12. 1941; Gymnasiallehrer; 1975–91 Oberbürgermeister von Kassel, seit 1989 Landes-Vors. der SPD in Hessen, wurde nach dem Wahlsieg der SPD bei den Landtagswahlen

Eibisch 1):
Echter Eibisch
(Höhe bis 1,5 m)

Irenäus
Eibl-Eibesfeldt

Günter Eich

Hans Eichel

Eichelhäher
(Größe etwa 35 cm)

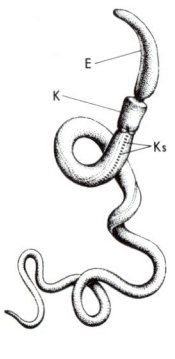

Eichelwürmer:
oben Habitus von
Balanoglossus;
E Eichel, K Kragen,
Ks Kiemspalten;
unten Wohnröhre

Joseph Freiherr
von Eichendorff
(Zeichnung von
Franz Kugler)

(21. 1. 1991; bestätigt am 19. 2. 1995) Min.-Präs. von Hessen in einer Koalition mit den Grünen (Bündnis 90/Grüne).

Eichelbohrer, Curculio glandium, europ. Rüsselkäferart mit langem Rüssel; die Larve entwickelt sich in Eicheln.

Eichelentzündung, die →Balanitis.

Eichelhäher, Garrulus glandarius, etwa 35 cm langer, rötlich braungrauer Rabenvogel; weiße Flecken auf Bürzel und Flügel sowie der blauschwarz gestreifte Flügelbug fallen bes. im Flug auf. Der E. bewohnt Wälder, große Parks und ähnl. Gehölze in Eurasien und NW-Afrika; Teilzieher, viele nördl. und östl. Populationen überwintern in Mittel- und Südeuropa. Der E. frisst Insekten und andere Kleintiere, auch Jungvögel und Eier sowie Früchte und Samen. Seine Stimme ist sehr wandlungsfähig, auf seine laut rätschenden Warnrufe achten auch andere Tiere.

Eicheltripper, volkstüml. Bez. für die Eichelentzündung (→Balanitis).

Eichelwürmer, Enteropneusta, Klasse wurmförmiger Kragentiere mit rd. 70 etwa 2–250 cm (meist 10–50 cm) großen marinen Arten von meist graugelber Färbung; Körper äußerlich in drei Abschnitte gegliedert: Auf den meist kurzen, rundl. bis kegelförmigen Vorderkörper (**Eichel,** Protosoma) folgt die Kragenregion (Mesosoma), an die sich der lange, wurmförmige Rumpfabschnitt (Metasoma) anschließt. Die E. leben einzeln, überwiegend im Flachwasser der Gezeitenzone, in selbst gegrabenen Gängen. Sie ernähren sich, indem sie Einzeller und Detritus mittels Flimmerepithelien einstrudeln. Ihre Entwicklung verläuft über den Larventyp **Tornaria.** Die bekannteste Gattung ist **Balanoglossus** mit der Art **Balanoglossus gigas** (bes. vor der brasilian. Küste; bis 2,50 m lang).

Eichen [mhd. ichen »abmessen«, zu lat. aequus »gleich«], **1)** das auf der Grundlage des Eich-Ges. vom 11. 7. 1969 i. d. F. der Bekanntmachung vom 23. 3. 1992 stattfindende Verfahren zur Richtighaltung der Messgeräte für den gesamten geschäftl. und amtl. Verkehr, das Verkehrswesen sowie die Herstellung und Prüfung von Arzneimitteln. Das Eich-Ges. enthält ferner Regelungen für vorverpackte Verbrauchsgüter des tägl. Bedarfs, die nach Volumen und Gewicht gehandelt werden; es verankert die **Eichpflicht,** d. h. die Pflicht, alle für den Geschäftsverkehr bedeutenden Messgeräte zu eichen. Zu diesem Zweck muss die jeweilige Bauart durch die →Physikalisch-Technische Bundesanstalt (PTB) oder die Messgeräteart durch die Eichordnung vom 12. 8. 1988 zugelassen sein.

Ein Messgerät muss eichfähig sein, d. h., seine Bauart muss richtige Messergebnisse und eine ausreichende Messbeständigkeit (Zuverlässigkeit) erwarten lassen. Messwerte müssen in gesetzl. →Einheiten angezeigt werden. Wer gewerbsmäßig Fertigpackungen in den Verkehr bringt, hat die Füllmenge grundsätzlich nach Gewicht und Volumen auf der Basis des Grundpreises für 1 kg oder 1 l des Erzeugnisses anzugeben. Vollzugsbehörden sind neben der PTB die Eichämter der Länder. Die Bestimmungen lassen Ausnahmen von der Eichpflicht zu. Eine ergänzende Regelungen sind in besonderen VO (z. B. Fertigpackungs-VO i. d. F. v. 8. 3. 1994) enthalten. – Zu *Österreich* und der *Schweiz* →Messwesen.

2) *Schiffbau:* die Vermessung des Schiffsraumes (→Schiffsvermessung).

3) im Sprachgebrauch der *Technik* vielfach über das amtl. E. hinaus im Sinne von Justieren und/oder Kalibrieren verwendet.

Eichenbaum, Ejchenbaum, Boris Michajlowitsch, russ. Literaturwissenschaftler, * Krasnyj (Gebiet Smolensk) 4. 10. 1886, † Leningrad 24. 11. 1959; Mitbegründer des ›Opojas‹ und damit der werkorientierten Schule des →Formalismus.

Werke: Kak sdelana ›Šinel‹ Gogolja (1919; dt. Wie Gogols ›Mantel‹ gemacht ist); Melodika russkogo liričeskogo sticha (1922); Molodoj Tolstoj (1922); Lermontov (1924); Skvoz' literaturu (1924); Lev Tolstoj, 3 Bde. (1928–60); Moi vremennik (1929; dt. Mein Zeitbote). – Aufsätze zur Theorie u. Gesch. der Lit. (1965, dt. Teilslg.).

Eichenbock, Heldbock, Art der →Bockkäfer.

Eichendorff, Joseph Freiherr von, Schriftsteller, * Schloss Lubowitz (bei Ratibor) 10. 3. 1788, † Neisse 26. 11. 1857; nahm 1805 in Halle (Saale) das jurist. Studium auf, ging 1807 nach Heidelberg, wo er J. VON GÖRRES kennen lernte, 1809 nach Berlin (Umgang mit ADAM MÜLLER, A. VON ARNIM und C. BRENTANO) und zum Abschluss seiner jurist. Studien 1810 nach Wien; hier schloss er sich bes. F. SCHLEGEL an. E. nahm an den Befreiungskriegen teil; 1816 trat er in den preuß. Staatsdienst ein (Breslau, Danzig, Königsberg, 1831 bis zur Pensionierung 1844 im Kultusministerium in Berlin); nach wechselnden Aufenthalten (u. a. Wien 1846/47; Bekanntschaft mit F. GRILLPARZER und A. STIFTER) lebte er seit 1855 in Neisse. – E.s Gedichte, erst 1837 gesammelt, bilden – neben denen BRENTANOS – den Höhepunkt dt. spätromant. Lyrik. Sie sind gekennzeichnet durch volksliedhafte Schlichtheit in Sprache, Thematik und Form (vertont u. a. von F. MENDELSSOHN BARTHOLDY, R. SCHUMANN, H. WOLF); Bilder der Natur (Wald, Tal, Bach) werden zum Ausdruck seel. Regungen und Stimmungen. Prägendes Motiv vieler Gedichte ist die Sehnsucht, der die Bewegung des Wanderns eine unbestimmte Ferne verspricht. Hinter dem unbeschwert-fröhl. Ton stehen oft Wehmut, Gedanken an Abschied und Tod, Trauer über einen Verlust. Viele Gedichte erschienen zuerst in Romanen und Erzählungen, die nach dieselben Motive und Stimmungen in lyrisch-offenen Darstellungsformen behandeln. Das gilt für den autobiograph. Roman ›Ahnung und Gegenwart‹ (1815 anonym hg. von F. DE LA MOTTE FOUQUÉ), in dem die ›schöne alte Zeit‹ auf dem schles. Schloss verklärt und zugleich reflektiert wird, ebenso für die Erzählung ›Aus dem Leben eines Taugenichts‹ (1826), der Geschichte des wandernden Sängers, der sich dem bürgerl. Leistungsethos entzieht. In anderen Prosawerken spielen daneben die Problematik des Künstlers und zeitgeschichtl. Bezüge eine größere Rolle (Novellen ›Das Marmorbild‹, 1819; ›Dichter und ihre Gesellen‹, 1834; ›Das Schloß Dürande‹, 1836; ›Die Glücksritter‹, 1841).

Weniger bedeutend sind E.s Versuche im ironischsatir. Märchenspiel (›Krieg den Philistern‹, 1824), in Lust- und Trauerspielen (›Die Freier‹, 1833; ›Der letzte Held von Marienburg‹, 1830) sowie die späten Versepen (›Julian‹, 1853; ›Robert und Guiscard‹, 1855), in denen die katholisch-christl. Tendenz stärker hervortritt. Sie bewirkte auch die wachsende Vorliebe E.s für die span. Dichtung (Übersetzung geistl. Schauspiele von P. CALDERÓN DE LA BARCA, 2 Bde., 1846–53) und bestimmte die Maßstäbe in den literarhistor. Spätwerken (›Über die eth. und religiöse Bedeutung der neueren romant. Poesie in Dtl.‹, 1847; ›Der dt. Roman des 18. Jh. in seinem Verhältnis zum Christentum‹, 1851; ›Zur Gesch. des Dramas‹, 1854; ›Gesch. der poet. Literatur Dtl.s‹, 2 Tle., 1857).

Ausgaben: Sämtl. Werke. Historisch-krit. Ausg., gegr. v. W. KOSCH u. A. SAUER, fortgef. u. hg. v. H. KUNISCH u. a., auf 22 Bde. ber. (1908 ff.); Werke, hg. v. J. PERFAHL, 4 Bde. (1970–80); Werke, hg. v. W. FRÜHWALD u. a., 6 Bde. (1985 – 93); Werke. In einem Bd., hg. v. W. RASCH (Neuausg. 1995).

J. KUNZ: E. (1951, Nachdr. 1973); E. heute. Stimmen der Forschung, hg. v. P. STÖCKLEIN (²1966); A. HILLACH u. K.-D. KRABIEL: E.-Komm., 2 Bde. (1971–72); K.-D. KRABIEL: J. v. E. Kommentierte Studien-Bibliogr. (1971); DERS.: Tradition u. Bewegung (1973); W. FRÜHWALD: E.-Chronik (1977); E. u. die Spätromantik, hg. v. H.-G. POTT (1985); O. SEIDLIN: Versuche über E. (³1985); J. v. E. Leben u. Werk..., hg. v.

W. Frühwald u. F. Heiduk (1988); P. Stöcklein: J. v. E. (73.–75. Tsd. 1993).

Eichenfarn, Gymnocarpium dryopteris, Farn mit kriechendem Rhizom und doppelt gefiederter, dreieckiger Blattspreite; in krautreichen, schattigen Wäldern.

Eichengallwespen, Sammelname für →Gallwespen mehrerer Gattungen, die an Eichenblättern unterschiedl. Gallen erzeugen, z. B. runde Galläpfel, zottige Knospengallen; meist mit Generationswechsel.

Eichenkreuz-Sport im CVJM–Gesamtverband in Deutschland, Bez. der Sportarbeit aller regionalen Mitgl. und örtl. CVJM-Vereine des →Christlichen Vereins Junger Menschen. 1921 gegr., 1934 verboten und 1947 wieder gegr., fördert der E. innerhalb der ev. Jugendarbeit den Breiten- und Wettkampfsport. Er ist innerhalb des Dt. Sportbundes ein Sportverband mit besonderen Aufgaben. Sitz ist Kassel. Er hat (1995) rd. 4 500 Mitgl. in 13 Regionalverbänden des CVJM.

Eichenmistel, Art der →Riemenblume.

Eichenspinner, Bez. für zwei versch. Schmetterlinge: die Gluckenart **Lasiocampa quercus** und den **Japanischen Augenspinner** (Antheraea yamamai), von dem die Tussahseide stammt.

Eichenwickler, Grüner E., Tortrix viridana, mäßig großer Schmetterling der Familie Wickler mit hellgrünen, weiß gesäumten Vorder- und grauen Hinterflügeln. Die grünen, schwarz gepunkteten Raupen fressen im Frühjahr junges Laub, bes. von Eichen.

Eichenwickler
(Spannweite etwa 1,9 cm)

Eichenwidderbock, Plagionotus arcuatus, auffallend gelbschwarz gezeichneter, bis 2 cm langer Bockkäfer, der auf abgestorbenen Ästen und Stämmen von Eiche, Buche und Hainbuche lebt.

Eichfelder, 1) *Astronomie:* die →Selected Areas.
2) *Physik:* physikal. Felder, die lokale →Eichtransformationen gestatten und deren als →Eichbosonen bezeichnete Feldquanten Wechselwirkungen zw. Elementarteilchen vermitteln. Beispiele sind das elektromagnet. Feld mit seinen Photonen und die Felder der schwachen bzw. starken Wechselwirkungen, deren Eichbosonen die intermediären Bosonen (W$^{\pm}$- und Z^0-Teilchen) bzw. die Gluonen sind. Die entsprechenden **Eichfeldtheorien** der primären Wechselwirkungen basieren auf dem allgemeinen Prinzip, dass die durch die inneren, so genannten →unitären Symmetrien be-

Eichhörnchen: Eurasiatisches Eichhörnchen
(Kopf-Rumpf-Länge bis 25 cm; Schwanzlänge bis 20 cm)

schriebenen Phasen der Elementarteilchen lokal, d. h. in jedem Raum-Zeit-Punkt, unterschiedlich sind.

Eichhase, Astiger Porling, Polyporus umbellatus, graubrauner, an alten Baumstümpfen von Eichen und Buchen vorkommender, bis 30 cm hoher Pilz (Familie Porlinge). Die vielen Seitenäste tragen an ihrem Ende kleine (Durchmesser 1–5 cm), dünnfleischige, in der Mitte oft vertiefte Hütchen. Jung ist der E. ein angenehm duftender, nach Nüssen schmeckender Speisepilz.

Eichholtz, Fritz, Pharmakologe, *Lippstadt 15. 8. 1889, †Heidelberg 28. 12. 1967; Prof. in Königsberg (Pr) und Heidelberg. Er brachte die Pharmakologie in unmittelbaren Kontakt zur klin. Medizin und hat viele Probleme der Ernährung bearbeitet. Den von ihm geprägten Begriff ›tox. Gesamtsituation‹ verstand er im Sinn einer Bedrohung der menschl. Gesundheit durch Anhäufung von Schadstoffen. – E. ist u. a. Verfasser eines weit verbreiteten ›Lehrbuchs der Pharmakologie‹ (1939).

Eichhorn, 1) Johann Albrecht Friedrich, preuß. Politiker, *Wertheim 2. 3. 1779, †Berlin 16. 1. 1856; gehörte seit 1817 dem Staatsrat an. E. vollendete den Aufbau des Dt. Zollvereins. Als Kultus-Min. (1840–48) suchte er vergebens, einen synodalen Umbau der ev. Landeskirche durchzuführen.
2) Johann Gottfried, ev. Theologe, *Dörrenzimmern (heute zu Ingelfingen) 16. 10. 1752, †Göttingen 27. 6. 1827; 1774 Rektor in Ohrdruf, 1775 Prof. der oriental. Sprachen in Jena, 1788 der Philosophie in Göttingen. E. hat die historisch-krit. Bibelwiss. der Aufklärungszeit gefördert und die Disziplin der ›Einleitung in das A. T.‹ (Literaturgesch.) begründet. Er arbeitete als Erster in der Erforschung des A. T. und N. T. mit dem Begriff des Mythos. (BILD S. 136)

Werke: Histor.-Krit. Einl. ins A. T., 3 Bde. (1780–83); Einl. in das N. T., 5 Bde. (1804–27).

H.-J. Kraus: Gesch. der histor.-krit. Erforschung des A. T. von der Reformation bis zur Gegenwart (1956); W. G. Kümmel: Das N. T. Gesch. der Erforschung seiner Probleme (²1970).

3) Karl Friedrich, Rechtsgelehrter, *Jena 20. 11. 1781, †Köln 4. 7. 1854. Durch seine ›Dt. Staats- und Rechtsgesch.‹ (1808–23, 4 Bde.) wurde er einer der Begründer der histor. Schule im dt. Recht. (BILD S. 136)

Eichhörnchen, Sciurus, zur Familie der Hörnchen gestellte Gattung vorwiegend baumbewohnender Nagetiere mit etwa 190 Arten und Unterarten. Das **Eurasiatische E.** (**Eichkätzchen, Eichkater,** Sciurus vulgaris) ist über das bewaldete Eurasien von Großbritannen im W bis Sachalin und Hokkaidō im O, im S bis in die Mittelmeerländer verbreitet. Lebensraum des E. sind Wälder mit alten Bäumen und dichtem Unterholz sowie Parkanlagen. Das E. hat eine Körperlänge von etwa 21–25 cm, der Schwanz ist bis 20 cm lang; das Fell zeigt viele Farbvarianten von hellgelb und rotbraun bis schwarz, die Bauchseite ist immer weiß; die Augen sind groß, an den Ohren bilden sich im Winter Haarpinsel aus. E. sind gute Kletterer und Springer; der buschige Schwanz dient beim Klettern zum Balancieren, beim Springen als Steuerruder und bei der Balz als opt. Signal. E. besitzen in Stammnähe ein gut verankertes, rd. 40 cm großes Nest (Kobel) aus abgenagten Zweigen, ausgepolstert mit Gras und Moos, das sie zum Schlafen und zum Überdauern ungünstiger Witterung aufsuchen (sie halten jedoch keinen Winterschlaf), wohnen aber auch in Baumhöhlen und Krähennestern. Ihr Aktionsraum rund um das Nest beträgt bis zu 50 ha. Die Nahrung besteht aus Samen, Nüssen, Eicheln, Beeren, Knospen, Insekten, Eiern und Jungvögeln; Samen und Nüsse werden als

Fritz Eichholtz

Eichenwidderbock
(Größe bis 2 cm)

Eichhase
(Höhe bis 30 cm)

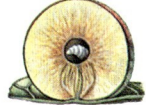

Eichengallwespen: oben Weibchen einer Eichengallwespe (Größe bis 2,5 cm);
Mitte Eichenblatt mit Gallapfel; unten Aufgeschnittener Gallapfel mit Larve

Johann Gottfried
Eichhorn

Karl Friedrich
Eichhorn
(Stahlstich; um 1820)

Futtervorräte vergraben. Da immer Reste in der Erde bleiben, tragen E. zur Vermehrung bestimmter Pflanzen bei (Zoosporie). E. werfen pro Jahr 1- bis 2-mal (in klimatisch günstigeren Gebieten bis 3-mal) 2–5 Junge. Starke Bestandsschwankungen sind meist witterungsbedingt. Natürl. Feinde sind Baummarder und Greifvögel. – Die Felle v. a. der sibir. und kanad. E. werden als **Feh** (Fehrücken) naturell (grau) oder gefärbt zu Mänteln und Besatz verarbeitet.

Eichhornia, die Pflanzengattung →Wasserhyazinthe.

Eich|invarianz, die →Invarianz einer physikal. Theorie oder Gesetzmäßigkeit gegenüber einer →Eichtransformation; z. B. sind die Elektrodynamik und die Maxwell-Gleichungen **eichinvariant** gegenüber einer Eichtransformation 1. Art des elektromagnet. Viererpotenzials. Die E. einer zur Beschreibung von geladenen Elementarteilchen verwendeten Quantenfeldtheorie komplexwertiger Materiefelder gegenüber Eichtransformationen 2. Art ermöglicht es, Erhaltungssätze für ladungsartige Größen herzuleiten (z. B. die Kontinuitätsgleichung für Strom und Ladung). Außerdem liefert die Forderung nach E. eine vereinheitlichte Beschreibung der von den →Eichfeldern bewirkten Wechselwirkungen zw. den Elementarteilchen.

Eichkätzchen, Eichkater, →Eichhörnchen.

Eichkurve, 1) *analyt. Chemie:* Kurve, die den Zusammenhang zw. einer physikal. Eigenschaft (Dichte, Lichtbrechung, Lichtabsorption u. a.) und der Konzentration des zu bestimmenden Stoffes angibt.
2) *Messtechnik:* Kurve, die die Abweichung der Istanzeige eines Messgeräts von der (durch Eichen festgelegten) Sollanzeige darstellt.

Eichler, August Wilhelm, Botaniker, * Neukirchen (bei Alsfeld) 22. 4. 1839, † Berlin 2. 3. 1887; 1871 Prof. für Botanik in Graz, 1873 in Kiel, 1878 Prof. für systemat. Botanik in Berlin und Direktor des Botan. Gartens. E. gestaltete durch vergleichende Betrachtungsweise die ältere Blütenmorphologie um.
Werk: Blütendiagramme, 2 Bde. (1875–78).

Eichmann, Karl Adolf, * Solingen 19. 3. 1906, † (hingerichtet) Ramla 1. 6. 1962; Handelsvertreter; seit 1932 Mitgl. der österr. NSDAP und SS. Seit Oktober 1939 Leiter des Judenreferats im Reichssicherheitshauptamt (RSHA), seit 1941 Obersturmbannführer der SS, organisierte E. im Zuge der Verschärfung der Judenverfolgung (→Holocaust) den Transport jüd. Menschen aus dem Dt. Reich sowie den besetzten Gebieten in die Vernichtungslager, häufig in Zusammenarbeit mit der dt. Militärverwaltung. Nach der Flucht aus einem amerikan. Lager (ab Mai 1945) entkam er 1946 nach Argentinien. Im Mai 1960 vom israel. Geheimdienst nach Israel entführt, wurde er in einem Prozess (ab 2. 4. 1961) in Jerusalem am 15. 12. 1961 u. a. wegen Verbrechen gegen das jüd. Volk und wegen Kriegsverbrechen zum Tode verurteilt.
R. M. W. KEMPNER: E. u. Komplizen (1961); R. SERVATIUS: Verteidigung A. E.s (1961); B. NELLESSEN: Der Prozeß von Jerusalem (1964); Das E.-Protokoll. Tonbandaufzeichnungen der israel. Verhöre, hg. v. J. VON LANG (Neuausg. Wien 1991); H. ARENDT: E. in Jerusalem (a. d. Amerikan., [9]1995); H. SAFRIAN: E. u. seine Gehilfen (Neuausg. 1995).

Eichner, Ernst Dietrich Adolf, Fagottist und Komponist, getauft Arolsen 15. 2. 1740, † Potsdam Anfang 1777; wurde 1768 Konzertmeister am Hof Pfalz-Zweibrücken und nach Auftritten in Paris und London (1773) Mitgl. der Kapelle des späteren preuß. Königs FRIEDRICH WILHELM II. in Berlin; schrieb in der Tradition der Mannheimer Schule 31 Sinfonien, Konzerte für versch. Instrumente, Kammermusik.

Eichrodt, Ludwig, Pseudonym **Rudolf Rodt,** Schriftsteller, * Durlach (heute zu Karlsruhe) 2. 2. 1827, † Lahr/Schwarzwald 2. 2. 1892; Jurist; veröf-

fentlichte u. a. 1855–57 mit A. KUSSMAUL in den ›Fliegenden Blättern‹ die parodist. Gedichte des ›schwäb. Schullehrers Gottlieb Biedermaier‹ (→Biedermeier) und prägte damit die Bezeichnung für den Lebensstil der Zeit des Vormärz.

Eichsfeld, 1) Landkreis im NW von Thür., grenzt im N an Ndsachs., im W an Hessen, 940 km[2], 117 800 Ew.; Kreisstadt ist Heilbad Heiligenstadt. Der Kr. wird im N vom Unteren Eichsfeld mit dem Ohmgebirge (bis 535 m ü. M.) sowie mit Teilen der aus Ndsachs. ziehenden Goldenen Mark, das Gebiet südlich der Leine von Kalksteinplateaus (u. a. Dün) des Oberen Eichsfelds eingenommen. Vorrangiger Wirtschaftszweig ist die Viehzucht. Angebaut werden Getreide und Raps. In den Städten Dingelstädt, Heilbad Heiligenstadt, Leinefelde und Worbis sind kleine und mittelständ. Unternehmen der Baustoff-, Holz- und Metallindustrie, des Elektrogerätebaus sowie der Textil- und Bekleidungsindustrie angesiedelt. Der 1909 bedeutende Kalibergbau wurde Ende 1993 gänzlich eingestellt (→ Bischofferode). – Der Kr. wurde am 1. 7. 1994 aus den früheren Kreisen Heiligenstadt und Worbis gebildet.
2) nordwestl. Randgebiet des Thüringer Beckens, in Thür. (Landkreis Eichsfeld, geringe Teile auch im Unstrut-Hainich-Kr.), der N-Teil in Ndsachs. (O-Teil des Landkreises Göttingen); durch die Täler der Wipper und Leine wird das E. in Oberes (im S) und Unteres E. (im N) geschieden; überwiegend kath. Bevölkerung. Das **Obere E.** (Hauptort Heilbad Heiligenstadt) ist eine Muschelkalkhochfläche (durchschnittlich 450 m ü. M.) mit Laubwäldern, Dauergrün- und Ackerland (Getreide- und Hackfruchtanbau). Im Dün (bis 520 m ü. M.) fällt es ziemlich schroff nach N zum Unteren E. ab. Das Obere E. war früher ein strukturarmes Notstandsgebiet. Die Agrarproduktion ist wirtschaftsprägend, in Entwicklung befindet sich der Fremdenverkehr. An einigen Standorten gibt es kleine und mittelständ. Unternehmen (→Eichsfeld 1). Das in den 1960er-Jahren errichtete große Textilwerk Leinefelde wurde stark verkleinert.
Das überwiegend in Ndsachs. liegende **Untere E.** (Hauptort Duderstadt) wird von einer nach S geneigten Buntsandsteintafel mit aufgesetzten Zeugenbergen aus Muschelkalk (Ohmgebirge, 535 m ü. M.; Bleicheröder Berge, 464 m ü. M.; u. a.) geprägt und ist fruchtbarer und klimatisch begünstigter als das Obere E. Die Umgebung von Duderstadt heißt **Goldene Mark** und ist dank ihrer fruchtbaren Lösslehmböden ein ertragreiches Agrargebiet. Auf thüring. Seite gab es bis 1993 bedeutenden Kalibergbau (Bischofferode).
Der Name E. ist bereits 897 belegt. Um 1100 begann das Erzbistum Mainz mit der Christianisierung des E.s. Im Oberen E. im S errang es im 13. Jh. die Landesherrschaft. Das Untere E. im N wurde als ursprüngl. Hausgut der Liudolfinger im 10. Jh. zum Reichsgut und dann als Stift Quedlinburg, 1247 an Braunschweig-Lüneburg; 1342 kaufte Mainz das Untere E., das seit 1334 als Pfand der Herzöge von Braunschweig-Grubenhagen in seinem Besitz war. Während der Gegenreformation setzten die im E. tätigen Jesuiten Ende des 16. Jh. die Beibehaltung des kath. Glaubens durch. 1803 kam das E. als Fürstentum an Preußen; 1807 fiel es an das Königreich Westfalen, 1815 an Preußen (Prov. Sachsen; Oberes E.) und Hannover (Unteres E.; seit 1946 zu Ndsachs.). Ab Mitte des 19. Jh. zwang die wirtschaftl. Situation zu starker Wanderarbeit. Von 1945 bis 1990 verlief im Wesentlichen zw. dem Oberen und dem Unteren E. die →innerdeutsche Grenze. Im DDR-Teil blieb trotz aller staatl. Einflussnahme durch die starke kath. Volksfrömmigkeit eine besondere Situation erhalten.
W. RIESE: Das E. (1980); G. MEINHARDT: Frohe Feste u. alte Volksbräuche im E. (1986); Wanderarbeiter aus dem E.,

hg. v. D. SCHNIER, Ausst.-Kat. Heimatmuseum Duderstadt (1990).

Eichstätt, 1) Kreisstadt in Bayern, 391 m ü. M., in dem steil in die Fränk. Alb eingeschnittenen, ehem. von der Donau benutzten Tal der Altmühl, Große Kreisstadt, 12 500 Ew.; Bischofssitz, Kath. Univ. kath. E. (gegr. 1972 als Kirchl. Gesamthochschule, 1980 Univ., durch Ausbau der Philosophisch-theol. Hochschule, die unter versch. Bez. seit 1564 bestand). Die Industrie ist wenig entwickelt, lebhafter Fremdenverkehr (Naturpark Altmühltal). Das Stadtbild ist geprägt durch das Baumaterial (in der Umgebung gebrochener weißer Kalk) und bes. den Solnhofener Plattenkalk der Dächer. Naturkundl. Jura-Museum und Ur- und Frühgeschichtl. Museum (in der Willibaldsburg), Diözesan-Museum.

Stadtbild: E. war eine barocke geistl. Fürstenresidenz, deren Bild 1714–47 von G. DE GABRIELI geprägt wurde: Domfassade (1718), sämtl. Bauten am Residenzplatz, Bischofspalais, Sommerresidenz im Hofgarten, Frauenbergkapelle u. a. Ehem. fürstbischöfl. Residenz (18. Jh.) mit Treppenhaus und Spiegelsaal im Spätrokokostil. Am Leonrodplatz die Schutzengelkirche (17./18. Jh.), Dompropstei (1672) und Domdechantei (1765). Benediktinerinnenklosterkirche St. Walburg (17./18. Jh.). In der Kapuzinerkirche (1623–25) eine roman. Nachbildung des Hl. Grabes (1189). Der Dom (urspr. 8. Jh.) ist eine got. Halle des 13.–15. Jh., spätgot. Kreuzgang und Mortuarium (1487) mit Glasfenstern u. a. von H. HOLBEIN D. Ä. Über der Stadt die Willibaldsburg (14. und 15. Jh., 1609 von E. HOLL umgestaltet). In einem Vorort das ehem. Augustinerchorherrenstift Rebdorf (1156 gegr.), dessen roman. Kirche 1732–57 barockisiert wurde; an der O-Seite der Klosteranlage so genannter neuer Konventbau von GABRIELI (1715 ff.).

Eichstätt 1): Ehemalige Sommerresidenz im fürstbischöflichen Garten; Anfang des 18. Jh.

Geschichte: Das Gebiet von E. war schon in spätröm. Zeit besiedelt. 762 fand erstmals ein 740 von WILLIBALD gegründetes Kloster urkundl. Erwähnung. Um 745 wurde E. Bischofssitz. Die um den Dom erwachsende Siedlung erhielt um 910 Marktrecht, 1042 wurde sie erstmals Stadt gen.; seit 1305 hatten die Bischöfe die volle Stadtherrschaft inne. Unter JOHANN VON EICH war E. Mitte des 15. Jh. eines der Zentren des dt. Humanismus. 1806 fiel die Stadt an Bayern.

2) Landkreis im Reg.-Bez. Oberbayern, 1 214 km², 111 250 Ew.; der Kreis liegt im Berührungsraum von Franken, Schwaben und Altbayern auf der von der Altmühl durchflossenen südl. Frankenalb (Jurahoch-

fläche), er grenzt im S im Donautal an Ingolstadt, berührt im NO bei Beilngries den Main-Donau-Kanal. Wäldern und Heideflächen auf der kargen Alb stehen die fruchtbaren Lössgebiete im Donautal (Donaumoos) gegenüber. Steinindustrie (›Juramarmor‹, Solnhofener Plattenkalke), Holzverarbeitung und Glasherstellung sind die traditionellen Industriezweige, daneben ist im Bereich der Erdölleitung Triest–Ingolstadt ein Industriezentrum entstanden (Verarbeitung von Erdöl). Fast 90 % der Fläche des nur dünn besiedelten Kreises werden vom Naturpark Altmühltal eingenommen, reger Fremdenverkehr.

3) Bistum, wurde um 745 von BONIFATIUS errichtet, der den Angelsachsen WILLIBALD als Bischof einsetzte, und Mainz unterstellt, später durch die Gründung des Bistums Bamberg räumlich eingeschränkt. Während der Reformation schlossen sich fast 50 % der Bewohner des Bistums dem Protestantismus an. Das zusammenhängende kleine Territorium des Hochstifts E. (Beilngries, Herrieden, Ornbau, Pleinfeld und das Hirschberger Erbe von 1305) wurde durch die Säkularisation 1806 bayerisch. 1817–55 gehörte es z. T. zum Herzogtum Leuchtenberg. Bei der Reorganisation der bayer. Bistümer (1817 und 1821) kam E. zur neu gebildeten Kirchen-Prov. Bamberg. – Bischof ist seit 1996 WALTER MIXA (* 1941). (→katholische Kirche, ÜBERSICHT)

Eichtransformation, die Abänderung der zur Beschreibung eines physikal. Tatbestandes oder zur Formulierung einer physikal. Theorie oder Gesetzmäßigkeit verwendeten physikal. Größen (bes. Feldgrößen) durch Hinzufügen von Ableitungen geeigneter Funktionen des Ortes und der Zeit **(E. 1. Art)** oder durch Multiplikation mit einem Phasenfaktor, dessen Exponent eine solche Funktion ist **(E. 2. Art)**. Mithilfe von E. lassen sich Feldgleichungen und ihre Lösungen vereinfachen, Erhaltungssätze für ladungsartige Größen formulieren und Wechselwirkungen zw. Elementarteilchen einführen und einheitlich beschreiben (→Eichinvarianz, →Eichfelder).

Eicosan *das, -s,* **Eikosan,** zu den Alkanen zählender aliphat. Kohlenwasserstoff mit der Summenformel $C_{20}H_{42}$.

Eicosansäure, die →Arachinsäure.

Eid, feierl. Bekräftigung einer Aussage. Als Wahrheitsversicherung unter Anrufung einer verehrten Macht ist der E. ein Urphänomen, das in die frühgeschichtl. Zeit zurückreicht; in China und im Alten Orient ist er ebenso zu finden wie in den mittelmeer. Kulturen (Israel, Griechenland, Rom), bei den Kelten und Germanen. Die Formen des E. waren vielfältig ritualisiert: Erheben der Hand oder einzelner Finger, Berühren von Körperteilen oder gewisser, meist sakraler Gegenstände (E.-Ring, Steine, Reliquien, bei Buchreligionen Berühren der hl. Schriften), zuweilen auch verbunden mit Opfer. Als religiöse Handlung hatte der E. den Bezug zu übernatürl. oder mag. Mächten: Man schwor bei den Elementen oder bei Gott als letzter Berufungsinstanz. Mit dem E. war die Vorstellung verknüpft, dass dem meineidig gemäß Schwörenden die Elemente (Feuer, Wasser) oder ein Gott nicht schaden würden, wohl aber dem unehrlich Schwörenden, Vorstellungen also, die später auch das →Gottesurteil prägten. Seinem Inhalt nach war der E. **Aussage-E.** (in Bezug auf die Wahrheit einer Aussage) oder **Versprechens-E.** (zur Bekräftigung der Ehrlichkeit einer Zusage).

Recht

In der Rechtsordnung des modernen Staates ist der E. eine in einem gesetzlich geordneten Verfahren auf behördl. oder gerichtl. Anordnung in bestimmter Form abgegebene verbindl. Erklärung, die die Versicherung enthält, dass entweder eine Aussage der Wahrheit ent-

spricht (**assertorischer E., Nach-E.,** bes. der gerichtl. Zeugen-E.) oder dass der E.-Leistende seine in Verfassung oder Gesetz begründeten Pflichten erfüllen wird (**promissorischer E., Vor-E.,** bes. der polit. E.). Im modernen Verfassungsstaat ist der **politische E.** i. d. R. ein Doppel-E., der den **Verfassungs-E.** (Pflicht zur Wahrung und zum Schutz der Verfassung) und den **Dienst-E.** (Pflicht zur Erfüllung der dienstl. Obliegenheiten) verbindet. Zum militär. E. →Fahneneid.

Prozessrecht: Die Leistung des E. dient der Bekräftigung der Zeugenaussage, des Sachverständigengutachtens oder der Aussage der im Zivilprozess vernommenen Partei. Der Zeugen-E. und der Partei-E. werden nach der Vernehmung geleistet (Nach-E.), der Sachverständige kann auch vor der Erstattung des Gutachtens oder für die Erstattung von Gutachten bestimmter Art i. A. vereidigt werden. Im Zivilprozess und ähnl. Verfahren werden Zeugen und Sachverständige nur vereidigt, wenn das Gericht dies mit Rücksicht auf die Bedeutung der Aussage oder zur Herbeiführung einer wahrheitsgemäßen Aussage für geboten erachtet und die Parteien auf Vereidigung nicht verzichten. Die Vereidigung der vernommenen Partei (→Parteivernehmung) kann das Gericht anordnen, wenn die unbeeidigte Aussage nicht ausreicht, um das Gericht zu überzeugen. Der E. ist von dem Eidespflichtigen selbst vor Gericht zu leisten. Der Richter spricht nach Hinweis auf die Bedeutung des E. **(Eidesbelehrung)** beim E. mit religiöser Beteuerung die **Eidesnorm** mit der Eingangsformel ›Sie schwören bei Gott dem Allmächtigen und Allwissenden‹ vor, beim E. ohne religiöse Beteuerung nur ›Sie schwören‹. Der Eidespflichtige spricht hierauf entsprechend die **Eidesformel:** ›Ich schwöre es, so wahr mir Gott helfe‹ oder nur ›Ich schwöre es‹. Die Eidesnorm geht bei Zeugen- und Partei-E. dahin, dass der Vernommene nach bestem Wissen die reine Wahrheit gesagt und nichts verschwiegen habe, beim Sachverständigen, dass er das Gutachten unparteiisch und nach bestem Wissen und Gewissen erstatten werde oder erstattet habe. Gibt der Eidespflichtige an, dass er als Mitgl. einer Religions- oder Bekenntnisgemeinschaft eine Beteuerungsformel dieser Gemeinschaft verwenden wolle, kann er diese dem E. anfügen. Will er aus Glaubens- oder Gewissensgründen keinen E. leisten, so spricht der Richter als Eingangsformel: ›Sie bekräftigen im Bewusstsein Ihrer Verantwortung vor Gericht‹. Der Verpflichtete spricht: ›Ja‹ (§§ 478–484 ZPO). Diese Form der Beeidigung wird **eidesgleiche Bekräftigung** genannt und steht dem E. rechtlich gleich. Die Eidesleistung Stummer geschieht in der Weise, dass sie die Eidesformel nieder- und unterschreiben.

Im Strafprozess kann das Gericht von der Vereidigung absehen u. a. beim durch die Straftat Verletzten, bei wegen Meineids verurteilten Personen oder wenn die am Verfahren Beteiligten auf sie verzichten. Der Beschuldigte (Angeklagte) bleibt stets unvereidigt. Angehörige des Beschuldigten, die ein Aussageverweigerungsrecht haben, besitzen auch ein **Eidesverweigerungsrecht.** Im Übrigen gilt das zum Zivilprozess Gesagte (Eidesbelehrung, Eidesnorm usw.).

Wegen der durch die Eidesleistung begründeten Verantwortlichkeit kann vereidigt nur werden, wer die **Eidesfähigkeit** besitzt; sie ist in Dtl. an die Vollendung des 16. Lebensjahres gebunden (Österreich: 14., Schweiz: 16. Lebensjahr). Zum Zeugen-E. ist außerdem unfähig, wer wegen mangelnder Verstandesreife oder wegen einer psych. Krankheit oder einer geistigen oder seel. Behinderung keine genügende Vorstellung vom Wesen des E. hat. Eine Aberkennung der Eidesfähigkeit durch Strafurteil wegen Meineides gibt es nicht mehr. Wer vorsätzlich oder fahrlässig falsch schwört oder eine falsche eidesersetzende Bekräfti-

gung abgibt, wird wegen **Meineides** oder **fahrlässigen Falscheides** bestraft. Auch die **uneidliche Falschaussage** von Zeugen oder Sachverständigen ist strafbar (§§ 153–163 StGB; →Falschaussage, →Falscheid).

Das *österr.* Recht ist dem dt. ähnlich. Die Eidesablegung, d. h. ihre Formeln, Eidesbelehrung und -leistung, ist im Ges. zur Regelung des Verfahrens bei der Eidesablegung vor Gericht vom 3. 5. 1868 normiert und in den einzelnen Verfahrensordnungen berücksichtigt. – *Schweiz:* Der E. wird von einzelnen kantonalen Prozessgesetzen vorgesehen; durch Bundesrecht für unzulässig erklärt ist der E. bei der Aussage der Parteien über Tatsachen, die zur Begründung einer Scheidungsklage dienen (Art. 158 ZGB). Da es sich beim E. um einen religiösen Akt handelt, kann niemand zur Eidesleistung gezwungen werden; als Ersatz dient in diesen Fällen ein Handgelübde.

Theologie

Die Theologie sieht den E. als eine – unter Verwendung bestimmter Zeichen und Formeln vollzogene – Anrufung Gottes zum Zeugen der Wahrheit; durch ihn wird die Wahrheit einer Aussage oder die Aufrichtigkeit eines Versprechens (Aussage- und Versprechens-E.) bekräftigt; der neue Verpflichtungsgrad zu unbedingter Wahrhaftigkeit und Aufrichtigkeit ergibt sich für den Gläubigen daraus, dass im E. sein persönl. Verhältnis zu Gott tangiert ist.

F. VON THUDICHUM: Gesch. des E. (1911); E. FRIESENHAHN: Der polit. E. (1928, Nachdr. 1979); W. EBEL: Der Bürger-E. als Geltungsgrund u. Gestaltungsprinzip des dt. mittelalterl. Stadtrechts (1958); T. VORMBAUM: E., Meineid u. Falschaussage (1990); Glaube u. Eid. Treueformeln, Glaubensbekenntnisse u. Sozialdisziplinierung zw. MA. u. Neuzeit, hg. v. P. PRODI (1993).

Eidechse, lat. **Lacẹrta,** ein kleines Sternbild des Nordhimmels, zw. den Sternbildern Andromeda und Schwan gelegen.

Eidechsen, Lacẹrtidae, Familie schlanker, flinker Echsen mit langem Schwanz. Der Kopf ist von symmetr. Schildern bedeckt, die mit Knochen unterlegt sind; die Rückenschuppen sind kleiner als die Bauchschuppen. Die Zunge ist flach und zweizipfelig, die Gliedmaßen sind stets gut entwickelt. Der Schwanz kann bei Gefahr an vorgebildeten Bruchstellen abgeworfen werden (Autotomie); er wird später mehr oder weniger regeneriert. Das abgeworfene Schwanzende lenkt durch lebhafte Bewegungen den Verfolger ab. E. bevorzugen warme und trockene Gebiete. Sie ernähren sich v. a. von Insekten, gelegentlich von Schnecken und Regenwürmern, größere Arten auch von kleinen

Eidechsennatter (Länge bis 1,7 m)

Eidechsen:
oben Smaragdeidechse,
Mitte Zauneidechse,
unten Waldeidechse

Wirbeltieren. Mit Ausnahme der lebend gebärenden Wald-E. und einiger Wüstenrenner-E. erfolgt die Fortpflanzung durch Eier. E. kommen mit etwa 200 Arten ausschließlich in der Alten Welt vor. Die meisten Arten sind klein (30 cm oder weniger), die größten (z. B. Perl-E.) erreichen bis zu 80 cm. In Europa, aber auch in Afrika und Asien verbreitet sind die **Halsband-E.** (Lacerta) mit den vier einheim. Arten Zaun-E. (Lacerta agilis), Wald-E. (Lacerta vivipara), Mauer-E. (Lacerta muralis) und Smaragd-E. (Lacerta viridis). Weitere Gattungen sind z. B. Wüstenrenner-E. (Eremias), Sandläufer-E. (Psammodromus), Fransenfinger-E. (Acanthodactylus), Schlangenaugen-E. (Ophiops) und Schnellläufer-E. (Takydromus).

Eidechsenbund, Eidechsengesellschaft, Rittergesellschaft in Preußen, am 21. 9. 1397 von vier Landesrittern in Rheden (Culmer Land) gegründet. Im Zusammenhang mit einer Verschwörung gegen den Hochmeister des Dt. Ordens HEINRICH VON PLAUEN wurde 1411 u. a. einer der Gründer und Führer des E., NIKOLAUS VON RENYS, hingerichtet, der E. weitgehend zerschlagen. Seine Überreste gingen 1440 im →Preußischen Bund auf.

Eidechsennatter, Malpolon monspessulanus, bis 1,7 m lange schlanke Trugnatter im Mittelmeergebiet. Die Überaugenschilder bilden über der eingesenkten Augenregion eine dachartige Leiste aus. E. bevorzugen trockenes, mit Gesträuch bewachsenes Gelände (Macchien). Als Nahrung dienen Schlangen, Eidechsen, kleine Säugetiere und Vögel. Ihr Gift kann auch für den Menschen gefährlich werden.

Eiderenten: Männchen (Größe 58 cm)

Eidechsenwurz, Saurom̱atum, Gattung der Aronstabgewächse mit sechs trop. Arten; am bekanntesten ist die bis rd. 1 m hohe Art **Sauromatum guttatum,** deren Knollen ohne Wasser und Erde zur Blüte kommen können (›Wunderknollen‹).

Eider *die,* längster Fluss Schlesw.-Holst., 188 km lang, Grenze zw. den Landesteilen Schleswig und Holstein, entspringt südlich von Kiel auf dem Höhenrücken von Bornhöved und nähert sich der Ostsee bis auf 3 km, durchfließt dann, nach W abbiegend, den Westensee und die tief gelegenen Moore der **E.-Niederung,** mündet unterhalb von Tönning mit 5 km breitem Trichter in die Nordsee. Ein Teil des Flusses wird oberhalb von Rendsburg vom Nord-Ostsee-Kanal aufgenommen, in Rendsburg wird er zum **E.-Hafen** aufgestaut; eine weitere Verbindung zum Nord-Ostsee-Kanal besteht im Unterlauf der E. über den Gieselaukanal. Durch einen Damm bei Nordfeld (erbaut 1937, um die Entwässerung und landwirtschaftl. Nutzung der E.-Niederung zu ermöglichen) wurde der Einfluss der urspr. bis Rendsburg reichenden Gezeiten auf den Unterlauf begrenzt, der dadurch aber stark versandete. Ein **E.-Sperrwerk** mit 200 m Durchflussbreite (in einem 4,8 km breiten Damm mit Schifffahrtsschleuse) wurde 1973 im Mündungstrichter zw. Eiderstedt und Dithmarschen fertig gestellt; es ver-

Eider: Eidersperrwerk; Durchflussbreite 200 m

kürzt die Nordseedeichlinie um 62 km. – Die E. war schon im frühen MA. wichtiger Schifffahrtsweg zw. Ostsee und Brit. Inseln. Von 1035 bis ins 19. Jh. bildete sie die N-Grenze des Heiligen Röm. Reiches dt. Nation, ohne allerdings Siedlungs- oder Kulturgrenze zu sein.

Eiderdänen, Bez. für die 1848–69 in Dänemark herrschende nationalliberale Partei, die die Eingliederung Schleswigs bis zur Eider forderte und die Aufhebung der schleswig-holstein. Realunion betrieb.

Eider|enten, Somateria, Gattung großer Meerenten mit auffallend gefärbten Männchen; die Weibchen besitzen als Einzige unter den Enten eine gebänderte Brust. Die einzige an den mitteleurop. Küsten regelmäßig vorkommende Art ist die **Eiderente** (Somateria mollissima). Das Männchen ist im Prachtkleid oben weiß, unten schwarz gefärbt, mit moosgrünem Genick und lachsfarbener Brust. Die Weibchen sind braun, ohne oder mit unscheinbarem Spiegel. Typisch ist die lang gestreckte, ›dreieckige‹ Kopfform. Die Eiderente ist an den Küsten nördl. Meere bis zur Arktis verbreitet; sie ist in Dtl. geschützt. Die Weibchen brüten in Kolonien. Die Nester polstern sie mit den eigenen Dunen aus, die Polsterung wird zur Gewinnung der **Eiderdunen** ›geerntet‹.

Eiderkanal, →Schleswig-Holsteinischer Kanal.

Eiderstedt, eine 30 km lange Halbinsel und bis 1970 Landkreis an der W-Küste von Schlesw.-Holst., am nordfries. Wattenmeer nördlich der Eidermündung, rd. 340 km²; durch Deiche geschützt. Getreideanbau auf den fruchtbaren Marschböden sicherte einen großen Wohlstand, der durch die ›Haubarg‹ (BILD →Bauernhaus) genannten Bauernhäuser bezeugt wird; starke niederländ. Einflüsse brachten E. im 16./17. Jh. den Beinamen ›Klein-Holland‹ ein. Seit dem 19. Jh. wird der schwere Boden v. a. als Grünland genutzt (größtes Ochsenmastgebiet in Dtl.). Im W entstand in einer breiten Zone von Dünen und angelagerten Sandbänken das Nordseebad Sankt Peter-Ording. Weitere Städte sind Tönning (Krabbenfischerei) und Garding.

Urspr. eines der inselartigen ›Dreilande‹ E., Everschop, Utholm, wuchs E., 1489 nach der um 1000 begonnenen Eindeichung endgültig landfest geworden, mit den anderen beiden zur **Landschaft E.** zusammen, die 1252 mit einem Sieg über die dän. Könige ABEL ihre Unabhängigkeit zu bewahren vermochte, sich später aber unter den Schutz der Gottorfer Herzöge von Schleswig stellte. Durch Sturmfluten, v. a. durch die ›Mandränke‹ von 1362, erlitt E. große Bev.- und Landverluste. Mit dem Herzogtum Schleswig fiel es

Eidechsenwurz: Sauromatum guttatum (Höhe bis 1 m)

unter dän. Oberhoheit, war jedoch stets selbstständiger Verw.-Bez., entweder unter dem schleswigschen Herzog oder unter einem gewählten, vom dän. König bestätigten Statthalter (›Staller‹). Nach der Eingliederung in Preußen (1866) bestand die weitgehende Selbstverwaltung fort.

Eidesfähigkeit, →Eid.

eidesgleiche Bekräftigung, →Eid.

Eideshelfer, im alten dt. Recht meist die Sippengenossen, die die Glaubwürdigkeit der schwurpflichtigen Partei beschworen.

eidesstattliche Versicherung, Versicherung an Eides statt, Mittel zur Glaubhaftmachung tatsächl. Behauptungen zur Beteuerung der Richtigkeit einer Erklärung. Gegenüber dem →Eid ist sie, schon hinsichtlich der Förmlichkeiten, die schwächere Form der Bekräftigung. Im *Zivilrecht* kann im Zusammenhang mit Auskunfts- oder Rechenschaftspflichten auch die Verpflichtung entstehen, diese Pflichten im Rahmen einer e. V. zu erfüllen, z. B. gemäß § 259 BGB (e. V., wenn Zweifel über die erforderl. Sorgfalt bei der Rechenschaftspflicht über eine mit Einnahmen und Ausgaben verbundene Verw. entstehen). Die e. V. ist in diesen Fällen Zwangsmittel, das auch durch Haft erzwungen werden kann.

Im *Zivilprozeßrecht* hat sie u. a. begrifflich den früheren Offenbarungseid verdrängt (§ 807 ZPO), sie ist Mittel in der Hand eines bei Zwangsvollstreckungsmaßnahmen nicht befriedigten Gläubigers, den Schuldner zur Vorlage eines Vermögensverzeichnisses zu zwingen. Aus diesem müssen auch die im letzten Jahr vorgenommenen unentgeltl. Verfügungen und entgeltl. Verfügungen an Ehegatten und bestimmte Verwandte enthalten sein. Zur Abgabe der e. V. wird durch das Gericht ein Termin bestimmt.

Kommt der Schuldner einer entsprechenden gerichtl. Aufforderung unbegründet nicht nach, kann gegen ihn (Erzwingungs-)Haft von bis zu sechs Monaten angeordnet werden (§ 901 ZPO). Die Abgabe der e. V. führt zur Eintragung in ein →Schuldnerverzeichnis. Auch dienen e. V. nicht dem Beweis, wohl aber der Glaubhaftmachung von Parteibehauptungen, namentlich im Verfahren der →einstweiligen Verfügung.

Im *Strafprozeß* können durch e. V. Tatsachen vorgetragen werden, die einen Antrag auf Wiedereinsetzung (bei Fristversäumung) oder auf Ablehnung eines Richters stützen. Auch im Verfahren der freiwilligen Gerichtsbarkeit, im Verwaltungsgerichtsverfahren und in anderen Verfahrensordnungen und Gesetzen (z. B. § 284 AO) sind e. V. zulässig. Wer vor einer zur Abnahme einer e. V. zuständigen Behörde (z. B. Gericht) schuldhaft falsche Angaben macht, macht sich strafbar (§§ 156, 163 StGB, →falsche Versicherung an Eides statt). – In *Österreich* und der *Schweiz* ist das Institut der e. V. nicht bekannt.

Eidetik [von griech. eîdos ›Aussehen‹, ›Wesen‹] *die, -, Psychologie:* von E. R. JAENSCH geprägte Bez. für das Vorkommen ›subjektiver Anschauungsbilder‹; ein Phänomen, das bes. bei Kindern und Jugendlichen auftreten soll. **Eidetiker** seien in der Lage, sich Objekte und Situationen derart anschaulich vorzustellen, als ob sie realen Wahrnehmungscharakter hätten: Dies nennt man **Eidese.** Heute wird allerdings die Existenz einer **eidetischen Anlage** als eines eigenständigen psych. Phänomens bezweifelt.

Eidgenossenschaft, 1) für das städt. Verfassungsleben wichtige Schwurbündnisse der Bürger, die sich seit dem 11./12. Jh. v. a. in Süd-Dtl. durch Eidesleistung zur Erreichung polit. Ziele verbanden. Die sich meist gegen den Stadtherrn richtende E. war urspr. auf eine bestimmte Zeit beschränkt, wurde dann aber häufig erneuert (›coniuratio reiterata‹) und konnte schließlich zu einer Dauereinrichtung werden. Die Bedeutung der E. für die Stadtgemeindebildung

lag u. a. in der Ausbildung eines eigenen Rechtskreises sowie der genossenschaftl. Sicherung des inneren Friedens der Stadt.
2) Schweizerische E., →Schweiz.

Eidgenössische Bankenkommission, →Bankenaufsicht.

Eidgenössisches Department, allgemeine formelle Bez. für die Regierungsdepartemente der schweizer. Bundesverwaltung (→Departement).

Eidgenössische Sportschule Magglingen, Abk. **ESSM,** 1944 gegründete schweizer. Bundesinstitution des Eidgenöss. Departements des Innern, Sitz: Magglingen (Kt. Bern); Ausbildungszentrum für diplomierte Sportlehrer und Trainer, Kurszentrum für Spitzensportler und Verbände, Forschungsstätte, Amtsstelle des Bundes für Turnen und Sport, zentrale Dokumentations-, Betreuungs- und Beratungsstelle.

eidgenössische technische Hochschulen, von der schweizerischen Eidgenossenschaft geführte Hochschulen. Die Eidgenöss. Techn. Hochschule Zürich (ETHZ; früher ETH) wurde 1854 gegründet (eröffnet 1855). Zu den bekanntesten Lehrern der traditionsreichen Hochschule gehörten A. EINSTEIN, W. PAULI und H. WEYL. Die ETHZ hat heute 19 Abteilungen (Departements) mit (1993) rd. 11 200 Studierenden. Der ETHZ angeschlossen sind vier Forschungsanstalten: die Eidgenöss. Materialprüfungs- und Forschungsanstalt (EMPA), die Eidgenöss. Forschungsanstalt für Wald, Schnee und Landschaft (WSL), die Eidgenöss. Anstalt für Wasserversorgung, Abwasserreinigung und Gewässerschutz (EAWAG) und das multidisziplinäre Paul-Scherrer-Inst. (PSI), v. a. tätig in der Kern- und Teilchenphysik, Energieforschung und den Biowissenschaften. Unterrichtssprache ist Deutsch. Die Eidgenöss. Techn. Hochschule, Lausanne (ETHL)/École polytechnique fédérale de Lausanne (EPFL) ist seit 1969 eidgenössisch. Hochschule (löste die ›École polytechnique de l'Université de Lausanne‹ ab). Sie hat 11 Abteilungen (Départements) mit (1993) rd. 3 900 Studierenden. Unterrichtssprache ist Französisch.

Eidophorverfahren [zu griech. eîdos ›Gestalt‹, ›Bild‹ und phóros ›tragend‹], Projektionsverfahren zur Wiedergabe von Schwarzweißsehbildern auf großen Bildschirmen (z. B. Kinoleinwand). Beim E. wird die Helligkeitsverteilung des Bildes in Form eines La-

Eidophorverfahren: Schematische Darstellung der Eidophorprojektion; G_1 und G_2 Gitterbalken, L_1 und L_2 Linsen; I Strahlengang I, keine Projektion des Punktes A auf dem Projektionsschirm bei glatter Oberfläche des Eidophors; II Strahlengang II, Projektion des Punktes B auf dem Projektionsschirm bei deformierter Oberfläche des Eidophors, wobei die Intensität von der Stärke der Deformation abhängt

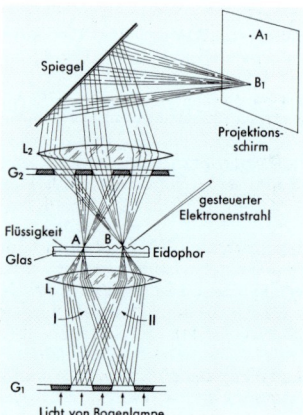

dungsrasters auf die Oberfläche einer mit einer zähen Flüssigkeit (Öl, geschmolzenes Paraffin) beschichteten Glasplatte, des **Eidophors,** übertragen. Dies geschieht, ähnlich wie in der Bildröhre des Fernsehempfängers, durch einen hochfrequent modulierten, zeilenweise abgelenkten Elektronenstrahl. Durch die gemäß der Bildhelligkeit von Punkt zu Punkt unterschiedl. Ladung wird die Oberfläche des Eidophors unterschiedlich stark wellenförmig deformiert und damit seine Lichtbrechung beeinflusst. Bei Beleuchtung des Eidophors mit einer Bogen- oder Xenonlampe wird der Strahl gemäß dem Ladungsbild reflektiert und von einem Spiegel auf den Bildschirm projiziert. Im Strahlengang befindl. Linsen und Balkengitter bewirken, dass bei homogener Oberfläche des Eidophors kein Licht auf den Spiegel gelangt. Das Verfahren wurde auch für die Wiedergabe farbiger Bilder weiterentwickelt.

Eidos [griech. ›Bild‹] *das, -, Philosophie:* Grundgestalt; das gemeinsame Wesen vieler versch. Dinge ein und desselben Artbereichs; bei PLATON das eigentlich wirkl. Urbild (Idee), das im Abbild der Dinge gegenwärtig ist; bei ARISTOTELES die nur in den Dingen selbst, in der Prägung der Materie (Hyle) wirkl. Form. E. HUSSERL unterscheidet E. (Wesen) und Faktum (Tatsache), eidet. oder Wesenswissenschaften von Tatsachen- oder Wirklichkeitswissenschaften.

Eidsvoll [ˈɛjdsvɔl], Gem. in der Prov. Akershus, Norwegen, an der Vorma, dem Ausfluss des Mjøsa, in landwirtschaftlich intensiv genutztem und industriereichem Gebiet, 16 800 Ew.; Cellulose- und Papierfabrik, elektrotechn. Industrie. – Im 6 km von E. entfernten **Eidsvollsbygningen,** einem ehem. Gutshof, wurde am 16. 2. 1814 die Unabhangigkeit Norwegens ausgerufen und von der Reichsversammlung, die vom 10. 4. bis 20. 5. 1814 hier tagte, die norweg. Verf. beschlossen.

Eierschlangen: Dasypeltis scabra (Länge 75 cm)

Eierbovist, Kugelbovist, Schwärzender Bovist, Bovista nigrescens, walnuss- bis hühnereigroßer Pilz mit weißer, glatter Außenhaut, die sich bei der Reife in Fetzen ablöst, sodass die glänzend braune, papierdünne Innenhaut sichtbar wird, die sich am Scheitel öffnet. Der E. ist auf Wiesen verbreitet und jung essbar. (→Bovist)

Eierfrucht, Eierpflanze, die →Aubergine.

Eierlegende Säugetiere, Prototheria, Unterklasse der Säugetiere mit der einzigen Ordnung →Kloakentiere.

Eierlegende Zahnkarpfen, Ki̱llifische, Cyprinodontidae, weit verbreitete Familie der →Zahnkarpfen (Zahnkärpflinge) mit rd. 450 Arten. Viele sind nur 5–10 cm groß und bunt gefärbt; beliebte Warmwasser-Aquarienfische sind z. B. →Prachtkärpflinge, →Hechtlinge.

Eierlikör, Emulsionslikör aus mindestens 20 Vol.-% Alkohol, frischem Eigelb (mindestens 240 g im Liter) und Zucker.

Egon Eiermann: Olivetti-Verwaltungs- und Ausbildungszentrum, Frankfurt am Main; 1969–72

Eiermann, Egon, Architekt, * Neuendorf (bei Berlin) 29. 9. 1904, † Baden-Baden 19. 7. 1970; Schüler von H. POELZIG, ab 1930 selbstständiger Architekt in Berlin, 1947–70 Prof. an der TH Karlsruhe. Seine Bedeutung liegt bes. in der Entwicklung von Industrie- und Verwaltungsbauten sowie in der Sakralarchitektur.

Werke: Taschentuchweberei, Blumberg (1949–51); Matthäuskirche, Pforzheim (1953); Dt. Pavillon der Weltausstellung, Brüssel (1956–58, mit S. RUF); Kaiser Wilhelm Gedächtnis-Kirche, Berlin (1957–63); Dt. Botschaft, Washington (1962–64); Abgeordnetenhochhaus, Bonn (1966–69); IBM-Verwaltungsgebäude, Stuttgart (1967–72); Olivetti-Verwaltungs- und Ausbildungszentrum, Frankfurt am Main (1969–72).

Eierschalenporzellan, Egg-shell porcelain [ˈegʃel ˈpɔːslin, engl.], sehr dünnwandiges Porzellan, urspr. nur in China und Japan, später auch in Europa (Rozenburg, um 1900) hergestellt.

Eierschlangen, Dasypelti̱nae, Unterfamilie der Nattern mit je einer Gattung in Afrika **(Dasypeltis)** und Indien **(Elachistodon).** Sie ernähren sich von Eiern, die im Ganzen verschlungen und an Fortsätzen der Halswirbel, die scharfkantig in die Speiseröhre hineinragen, aufgesägt werden.

Eierschläuche, die →Eischläuche.

Eierschwamm, ein Pilz, →Pfifferling.

Eierstab, urspr. eine Zierleiste der antiken Architektur, bes. an ion. Bauten; besteht aus abwechselnd eiförmigen und pfeilspitzartigen Gebilden. Die namengebenden ›Eier‹ sind Hüllblätter, wie der griech. Name **Kymation** (Welle, Blattwelle) besagt. Der E. ist unten, manchmal auch oben, von einem Astragal abgeschlossen. Der E. wurde bis ins MA. hinein tradiert und abgewandelt, in Renaissance und Klassizismus wieder aufgenommen.

Eierstock, lat. **Ova̱rium, Ova̱r,** Keimdrüse der vielzelligen Tiere und des Menschen, in der sich die weibl. Geschlechtszellen (Eizellen, Eier) entwickeln. Bei zweiseitig symmetr. Tieren, einschließlich der Säugetiere und des Menschen, ist der E. paarig, bei strahlig gebauten Tieren radiär angelegt. Bei vielen Würmern ist er fadenförmig, bei Insekten büschel- oder kammförmig aus Schläuchen **(Ovariolen)** zusammengesetzt.

Beim *Menschen* liegen die E. rechts und links in einer Nische des kleinen Beckens und sind mit der Gebärmutter durch ein Band (E.-Band) verbunden. Befestigt sind sie weiterhin durch ein Aufhängeband, in dem die E.-Gefäße verlaufen, sowie durch eine Bauchfellduplikatur. Bei der geschlechtsreifen Frau sind die E. etwa pflaumengroß und von einer flachen Epithel-

Eierbovist (Durchmesser 3–5 cm)

Egon Eiermann

schicht, dem Keim- oder Oberflächenepithel, überzogen. Sie bestehen aus einer äußeren Rinden- und zentralen Markschicht sowie dem Hilus, in den die Blut- und Lymphgefäße einmünden. In der Rinde befinden sich die von Granulosazellen umhüllten Eizellen (Oozyten) als Follikel (Eibläschen) versch. Reifungsstufen. Dabei besitzen die Primär- oder Primordialfollikel nur eine Granulosazellschicht, die Sekundärfollikel zwei oder mehr Lagen von Granulosazellen sowie eine weitere äußere Gewebeschicht (Thekaschicht) und die Tertiärfollikel eine vielllagige Granulosazell- und Thekazellschicht sowie eine mit Flüssigkeit angefüllte Follikelhöhle. Von Letzteren reift ein Follikel unter hormoneller Steuerung zum sprungreifen **Graaf-Follikel** (nach R. DE GRAAF) mit einem Durchmesser von 22 bis 25 mm heran, der i. d. R. alle vier Wochen zw. zwei Menstruationen aufspringt **(Follikelsprung, Eisprung, Ovulation)** und die befruchtungsfähige Eizelle freisetzt. Diese wird vom Fimbrientrichter des Eileiters aufgenommen. Aus dem Graaf-Follikel entwickelt sich eine Hormondrüse, der **Gelbkörper (Corpus luteum)**. Das dort hauptsächlich produzierte Gelbkörperhormon (Progesteron) wandelt die Gebärmutterschleimhaut um, damit sich eine befruchtete Eizelle (Embryo) einnisten kann. Ist dies der Fall, bleibt der Gelbkörper bis zur 10. Schwangerschaftswoche in Funktion. Dann übernimmt der Mutterkuchen die Hormonproduktion. Tritt keine Schwangerschaft ein, bildet sich der Gelbkörper zurück, und es entsteht eine weißl. Narbe (Corpus albicans). – Im 5. Embryonalmonat beträgt nach Beendigung der Vermehrungsphase die Eizellenzahl 6 Mio., sie sinkt bis zur Geburt auf 2 Mio., auf 300 000–400 000 zu Beginn der Geschlechtsreife und beträgt am Ende derselben nur noch etwa 1 000. Das Verschwinden weibl. Keimzellen durch Atresie (Schrumpfungsprozess) erstreckt sich über das gesamte Leben und erfolgt in allen Follikelreifungsstadien. Nur etwa 400 Follikel reifen im Leben einer Frau zu Graaf-Follikeln heran. Die E.- bzw. Ovarialhormone, deren Produktion von übergeordneten Zentren wie Hypothalamus und Hirnanhangdrüse gesteuert wird, regeln v. a. die period. Veränderungen der Gebärmutterschleimhaut. Der E. erfüllt somit zwei versch. Funktionen, einmal eine generative mit dem Hervorbringen befruchtungsfähiger Eier (Follikelreifung, Ovulation), zum anderen eine innersekretor. (vegetative) Funktion (Bildung von Follikel- und Gelbkörperhormon, →Geschlechtshormone), die bereits vor der fruchtbaren Phase beginnt und über sie hinaus andauert.

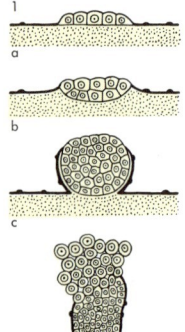

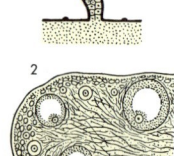

Eierstock: 1 Entwicklung des Eierstocks beim Ringelwurm, a bis c Keimepithel und Ovaranlage, d Ovar mit Vermehrungszone (unten) und Wachstumszone (Mitte); 2 Schnitt durch das Ovar eines Säugetiers mit drei Follikeln

Erkrankungen: Eine **E.-Entzündung (Oophoritis)** tritt meist durch Übergreifen einer Eileiterentzündung, bei der es durch entzündl. Verklebungen zu einem Tuboovarialabszess (Eileitereierstockabszess) kommen kann, auf den E. auf. Ein E.-Abszess entsteht, wenn sich die Infektion in einem gerade gesprungenen Follikel oder im Gelbkörper lokalisiert. Eine fortgeleitete sekundäre E.-Entzündung kann auch bei einer Appendizitis auftreten. Zur Symptomatik und Behandlung →Eileiter (Eileiterentzündung). – Sehr selten ist eine primäre Oophoritis, die auf dem Blutweg in Folge einer Sepsis oder bei Mumps auftritt. **Eierstocktumoren (Ovarialtumoren)** weisen aufgrund der versch. Zell- und Gewebeelemente des E. eine große Vielfalt auf. Von diesen echten gewebl. Neubildungen mit autonomem und irreversiblem Überschusswachstum sind die tumorähnl. Veränderungen abzugrenzen, die durch Vergrößerung des E. in Erscheinung treten. Es handelt sich dabei zumeist

um Flüssigkeitsansammlungen (**E.-Zysten**) in bestehenden Hohlräumen des E., z. B. in Follikeln, im Gelbkörper (**Follikel-** oder **Corpus-luteum-Zysten**), in Endometrioseherden des E. (**Schokoladen-** oder **Teerzysten**), in einem alten Tuboovarialabszess (Tuboovarialzyste), in Embryonalresten des Urnierenganges (Parovarialzyste). Auch ein Ödem des E. oder zahlr. zyst. Follikel (polyzyst. E.) können zu einer tumorähnl. Vergrößerung des E. führen. – Die echten Neubildungen des E. werden je nach den Gewebestrukturen des E., von denen sie sich ableiten, in versch. histolog. (feingewebl.) Typen gruppiert, die sowohl gutartig als auch bösartig sein können. Am häufigsten (etwa 70 %) sind die epithelialen Tumoren, die sich vom Oberflächenepithel ableiten und oft aus zahlr. Zystenkammern mit wässrigem oder schleimiggallertigem Inhalt bestehen. Sie können ein erhebl. Fassungsvermögen (bis zu 10 l) erreichen. Andere Tumoren entstehen aus hormonbildenden Geweben wie der Theka- und Granulosazellschicht oder Hiluszellen und bilden weibl. oder männl. Geschlechtshormone (Östrogene, Testosteron). Sie führen dann, je nach Alter der Tumorträgerin, zur vorzeitiger Geschlechtsreife, zu Blutungsstörungen oder zur Vermännlichung. In der Gruppe der Keimzelltumoren (aus Eizellen hervorgegangen) finden sich zahlr. Tumorformen, die Elemente aus allen drei embryonalen Zellschichten (Keimblättern) enthalten. Dazu gehören die →Teratome. – Die bösartigen E.-Tumoren werden als **primäre Ovarialkarzinome (E.-Krebs)** bezeichnet. Sie entsprechen in ihrer histolog. Vielfalt den gutartigen Varianten und treten vorwiegend nach dem 35. Lebensjahr auf. Bei bestimmten Karzinomen (Magen, Darm, Brust) können sich große Tochtergeschwülste (Metastasen) in den E. entwickeln, die oft eher erkannt werden als der Primärtumor **(sekundäre Ovarialkarzinome).** Da die Krebserkrankung anfangs keine oder nur uncharakterist. Beschwerden hervorruft, werden Ovarialkarzinome in zwei Dritteln aller Fälle erst in einem fortgeschrittenen Stadium erkannt, in dem sich der Krebs schon im gesamten Bauchraum ausgebreitet hat. Das häufigste Symptom ist die rasch aufgetretene Bauchwassersucht (Aszites).

Die *Behandlung* besteht in möglichst radikaler Entfernung des Krebsgewebes einschließlich der E. und der Gebärmutter. I. d. R. schließt sich dann eine Chemotherapie über mehrere Monate an; in besonderen Fällen ist auch eine Strahlenbehandlung angezeigt. Die Prognose hängt vom Tumorausbreitungsstadium bei Behandlungsbeginn ab. Obwohl mit der Chemotherapie eine deutl. Lebensverlängerung erreicht werden konnte, liegt die 5-Jahres-Überlebensrate nur bei etwa 35 %. Die Früherkennung des Ovarialkarzinoms ist trotz moderner diagnost. Möglichkeiten für eine Krebsvorsorgeuntersuchung (z. B. Ultraschalldiagnostik) noch ein ungelöstes Problem, da sich die Erkrankung sehr schnell entwickeln kann und eine jährl. Untersuchung nicht ausreichend ist.

Eierstockschwangerschaft, seltene Form der →Extrauteringravidität.

Eiertanz, volkstüml. Geschicklichkeitsspiel, bei dem z. B. ein in einem Kreis oder unter einer Schüssel liegendes Ei von den Tänzern hinkend weggeholt werden muss, ohne dass es beschädigt wird (daher ›einen E. aufführen‹, d. h., sich umständlich um heikle Dinge herumdrücken).

Eifel die, der linksrhein. Teil des Rhein. Schiefergebirges zw. Mosel und Niederrhein. Bucht, in Rheinl.-Pf. und NRW; setzt sich nach W fort in den →Ardennen. Der nördlich von Monschau in das Gebiet von NRW hineinragende NO-Zipfel der Ardennen, das Hohe Venn, wird i. A. der E. zugerechnet. Teile der E. im W bilden den dt. Anteil am →Deutsch-Belgischen Naturpark und am →Deutsch-Luxembur-

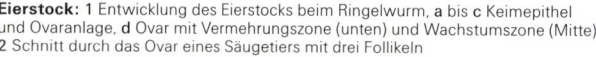

gischen Naturpark. Das wellige, waldreiche Hochland (400–600 m ü. M.) wird von einzelnen flachen Bergrücken durchzogen, so von der **Schneifel** oder **Schnee-E.** (bis 698 m ü. M.) im W, nordwestlich von Prüm. Die südl. und östl. Randlandschaften werden durch tief eingeschnittene Täler charakterisiert; die wichtigsten Flüsse zur Mosel sind Kyll, Lieser, Alf und Elz, zum Rhein Ahr, Brohlbach und Nette. Mehrere Stauseen bestehen im NW, im Einzugsgebiet der Rur.

Geologisch ist die E. hauptsächlich aus unterdevon. Tonschiefern, Grauwacken und Quarziten aufgebaut, daneben in Senken aus mitteldevonischen Kalken (›Kalk-E.‹) und Resten triass. Gesteine, so im Raum Gerolstein und im N bei Mechernich. Teile der E. wurden durch Vulkanismus geprägt. Tertiäre Vulkane (Basaltkuppen) bilden die Haupterhebungen der Hohen E. (Hohe Acht, 747 m ü. M.). Charakteristisch für den quartären Vulkanismus sind Tuff- und Schlackenkegel, außerdem im Gebiet südlich der Hohen E. um Daun (›Vulkan-E.‹) die zw. 9500 und 8000 v. Chr. entstandenen →Maare, von denen acht mit Wasser gefüllt sind, sowie im Gebiet des Laacher Sees in der Ost-E. die Ablagerungen vulkan. Auswurfmassen (Trass, Bimsstein). Der Vulkanismus im Gebiet des Laacher Sees fand etwa 9000 v. Chr. seinen vorläufigen Abschluss. Der Laacher See befindet sich in einer Caldera.

Aufgrund wirtschaftl. Benachteiligung gehören die höheren, verkehrsferneren Teile der E. zu den am schwächsten bevölkerten Teilen Dtl.s; bes. im 19. Jh. war die E. ein Gebiet starker Abwanderung. Größte Stadt ist das randlich gelegene Mayen (19 400 Ew.). Der Ackerbau ist infolge des rauen, bes. in höheren Lagen niederschlagsreichen Klimas und oft geringer Ackerkrume wenig ergiebig. Nur am E.-Rand bringen in der Pellenz der Hackfruchtbau und im Bitburger Gutland der Hackfrucht- und Futterbau höhere Erträge. Im niederschlagsreichen NW wird fast ausschließlich Milchwirtschaft betrieben. Im Ahrtal gibt es Weinbau. Außer Land- und Forstwirtschaft sind als Wirtschaftszweige Holz- und Baustoffindustrie, Abfüllung kohlensäurehaltiger Mineralwässer (in Gerolstein und Sinzig) sowie der Ausflugs- und Fremdenverkehr zu nennen. Bis 1958 wurde bei Mechernich Bleierz abgebaut. Bei Adenau befindet sich der →Nürburgring, in Mechernich-Kommern das Rhein. Freilichtmuseum Kommern/Landesmuseum für Volkskunde, das u.a. Bauernhäuser der E. zeigt.

J. BIRKENHAUER: Die E. in ihrer Individualität u. Gliederung (1960); J. FRECHEN: Siebengebirge am Rhein, Laacher Vulkangebiet, Maargebiet der West-E. Vulkanologisch-petrograph. Exkursionen (³1976); WILHELM MEYER: Geologie der E. (1986); E., hg. v. A. HANLE (1990).

Eifel: Kleines Maar in der Nähe des Meerfelder Maars

Eifelium [nach der Eifel] *das, -s,* **Eifelien** [-'ljɛ̃] *das, -(s),* **Eifel** *das, -, Geologie:* Stufe des →Devon.

Eifersucht, starke (übersteigerte) Furcht, die Zuneigung oder Liebe einer Person mit jemandem teilen zu müssen oder an einen anderen zu verlieren. Der Eifersüchtige reagiert auf das wahrgenommene Nachlassen der Zuwendung mit Versuchen, das Liebesobjekt an sich zu binden. Die E. kann extreme Formen annehmen und zu kriminellen Verhaltensweisen führen.

Eifersuchtswahn, die →fixe Idee, vom Partner betrogen zu werden, obwohl dieser objektiv treu ist. E. wird von nicht nachlassendem grundlosem Misstrauen, von ständigen Verdächtigungen u. a. begleitet. Der Betroffene ist vom E. nicht abzubringen.

Alexandre Gustave Eiffel: Eiffelturm in Paris; Höhe 300,5 m (heute mit Antenne 320,8 m), 1885–89

Eiffel [ɛ'fɛl], Alexandre Gustave, frz. Ingenieur, * Dijon 15. 12. 1832, † Paris 28. 12. 1923; konstruierte zahlr. Brücken (Dourobrücke ›Maria Pia‹ bei Porto, 1877/78; Truyèrebrücke Viaduc de Garabit bei Saint-Flour, 1880–84) und die Hallen der Pariser Weltausstellung von 1878 sowie 1885–89 den 300,5 m (heute mit Antenne 320,8 m) hohen **Eiffelturm,** dessen Entwurf auf den frz. Ingenieur MAURICE KOECHLIN (* 1856, † 1946) zurückgeht und der zum Wahrzeichen von Paris wurde. Später beschäftigte sich E. mit aerodynam. Problemen.

Eifischtal, südl. Nebental des Rhônetals im Kt. Wallis, Schweiz, →Anniviers.

Eifman, Boris Jakowlewitsch, russ. Tänzer, Choreograph und Ballettdirektor, * Rubtsowsk (Sibirien) 22. 7. 1946; übernahm 1977 die Leitung des Leningrader zeitgenöss. Ballett-Theaters, das sich heute auf seinen zahlr. Tourneen ›Sankt Petersburger Ballett-Theater B. E.‹ nennt. Offen für aktuelle Strömungen, gilt E. als Repräsentant des abendfüllenden Handlungsballetts, dem er neue Inhalte erschloss.

Choreographien: Der Idiot (1980); Der Meister und Margarita (1987); Pinocchio (1989); Briefe an Tschaikowsky (1993).

Eigelb, Eidotter, volkstüml. Bez. für die Dotterkugel, v. a. des Hühnereies. (→Ei)

Eigelsteine [aus mlat. agulia ›Nadel‹, ›Spitze‹, ›Säule‹], Pfeilergrabmäler der provinzialröm. Kunst, u. a. in Köln (Grabmal des Lucius Poblicius, erste Hälfte des 1. Jh. n. Chr.), Augsburg (Pfeilergrab von Oberhausen), Igel bei Trier (→Igeler Säule) sowie Mainz (E. oder Drususstein auf der Zitadelle, Ende des 1. Jh. n. Chr. oder 2. Jh. n. Chr.), deren zylindr.

Boris Eifman

Eigelsteine: Grabmal des Lucius Poblicius; 1. Hälfte des 1. Jh. n. Chr. (Köln, Römisch-Germanisches Museum)

Form mit kub. Sockel allerdings von den in Stockwerke gegliederten anderen Monumenten abweicht.

Eigen, Manfred, Physikochemiker, * Bochum 9. 5. 1927; Prof. am Max-Planck-Inst. für biophysikal. Chemie in Göttingen; Arbeitsgebiete: chem. Reaktionskinetik, Enzymreaktionen, Ionentransport durch Membranen, Anwendung mathemat. und physikal. Modellvorstellungen in der Biophysik. 1967 erhielt E. mit R. G. W. NORRISH und G. PORTER den Nobelpreis für Chemie. 1971 veröffentlichte er ein physikalisch-chem. Modell der Entstehung des Lebens. E. ist seit 1973 Mitgl. des Ordens Pour le Mérite und seit 1976 Mitgl. der Akad. der Wissenschaften der Sowjetunion, nach deren Auflösung seit 1991 Mitgl. der Russländ. Akad. der Wissenschaften.

Manfred Eigen

Werke: Die Selbstorganisation der Materie u. die Evolution biolog. Makromoleküle (1970); Das Spiel – Naturgesetze steuern den Zufall (1975, mit R. WINKLER).

Eigenbedarf, 1) *Recht:* →Miete.
2) *Wirtschaft:* Art und Menge derjenigen zur Befriedigung der Bedürfnisse notwendigen Güter und Dienstleistungen, die – i. e. S. – ein privater Haushalt selbst zum eigenen Konsum herstellt, ohne den Markt in Anspruch zu nehmen, oder – i. w. S. – die er am Markt zum eigenen Verbrauch erwirbt. (→Hauswirtschaft, →Schattenwirtschaft)

Eigenbesitz, *Recht:* →Besitz.

Eigenbetrieb, kommunales Wirtschaftsunternehmen ohne eigene Rechtspersönlichkeit, doch mit verselbstständigter Organisation und Wirtschaftsführung gegenüber der allg. Gemeindeverwaltung (z. B. Versorgungs- und Verkehrsbetriebe). Rechtsgrundlagen bilden die Gemeindeordnungen und die E.-Vorschriften der Länder. Der E. ist ein Sondervermögen der Gemeinde, jedoch haftet die Gemeinde über das Vermögen des E. hinaus für dessen Verbindlichkeiten (anders als beim →Sondervermögen des Bundes). Der E. wird von der Werksleitung eigenverantwortlich nach kaufmänn. Gesichtspunkten geführt, über bestimmte Angelegenheiten entscheidet der Gemeinderat oder ein von ihm gebildeter Werksausschuss. Der E. erscheint im Haushalt des Trägers im Unterschied zum reinen kommunalen →Regiebetrieb nur mit dem Differenzbetrag zw. Einnahmen und Ausgaben (Nettobetrieb).

Eigenbewegung, die sehr geringe, in Winkelmaß ausgedrückte scheinbare Ortsveränderung der Sterne an der Himmelskugel, d. h. die zeitl. Änderung seines mittleren Ortes, verursacht durch die Relativbewe-

Eigenbewegung: Ortsveränderung der Sterne im Großen Wagen vor 100 000 Jahren (1), heute (2) und in 100 000 Jahren (3)

gung zw. Stern und Sonne. Die größte E. hat mit rd. 10,3 Bogensekunden pro Jahr →Barnards Stern. Die E. wird ermittelt aus der Differenz von Sternörtern, die bei weit (Jahrzehnte) auseinander liegenden Vermessungen desselben Gebiets gefunden werden.

Eigenblut-Retransfusion, das →Blutdoping.
Eigendrehimpuls, *Quantenphysik:* der →Spin.

eigene Anteile, Anteile an einer Kapitalgesellschaft im Besitz dieser Gesellschaft. E. A. müssen in der Bilanz gesondert ausgewiesen werden: auf der Aktivseite beim Umlaufvermögen, auf der Passivseite beim Eigenkapital (§ 266 HGB); sie sind nach dem strengen Niederstwertprinzip zu bewerten. Ferner ist für e. A. eine besondere Rücklage (§ 272 Abs. 4 HGB) vorgeschrieben. Der Gesellschaft stehen keine Rechte aus e. A. zu (z. B. Stimmrechte).

Der Erwerb **eigener Geschäftsanteile** durch eine GmbH ist durch § 33 GmbH-Ges. geregelt. Danach dürfen voll einbezahlte Geschäftsanteile erworben werden, sofern dadurch das gebundene Vermögen der Gesellschaft nicht angetastet wird. Der Erwerb von Anteilen, auf die die Einlagen noch nicht vollständig geleistet sind, ist unzulässig. Eine AG darf **eigene Aktien** aufgrund der damit verbundenen Gefahren für die Aktionäre und Gläubiger nur unter bestimmten Voraussetzungen (§ 71 Aktien-Ges.) erwerben (z. B. zur Abwendung eines schweren Schadens von der Gesellschaft, zur Abfindung von Aktionären, zur Ausgabe von Belegschaftsaktien). Der Gesamtbetrag der eigenen Aktien darf 10 % des Grundkapitals nicht übersteigen; Umgehungsgeschäfte über abhängige Unternehmen sind nichtig.

Eigen|erregung, bei elektr. Maschinen die Erregung einer Synchron- oder Gleichstrommaschine durch einen auf der gleichen Welle sitzenden Gleichstrom-Erregergenerator, der nur diesem Zweck dient.

Eigenfinanzierung, die Zuführung und Erhöhung des Eigenkapitals eines Unternehmens durch Einlagen von den bisherigen oder neu hinzutretenden Gesellschaftern (Beteiligungsfinanzierung). E. liegt ebenfalls vor, wenn das Eigenkapital aus dem betriebl. Umsatzprozess durch Einbehaltung von Gewinnen gebildet wird (→Selbstfinanzierung). – Ggs.: →Fremdfinanzierung.

Eigenfrequenz, die Frequenz einer →Eigenschwingung.

Eigenfunktion, *Mathematik:* →Eigenwertproblem.
Eigengeschäft, Eigenhandel, ein Geschäft, bei dem jemand im eigenen Namen für eigene Rechnung kauft oder verkauft. Im Wertpapierhandel fungieren Kredit-Inst. bei Geschäften in amtlich nicht notierten Werten, bei ohne Maklervermittlung abgeschlossenen Geschäften in Börsenpapieren sowie bei Börsengeschäften auf eigene Rechnung stets als **Eigenhändler,** nicht als Kommissionäre. Eine Sonderform des E. ist das →Tafelgeschäft.

Eigengesellschaft, →öffentliche Unternehmen.
eigenhändiges Testament, ein →Testament, das der Erblasser eigenhändig geschrieben und unterschrieben hat (§ 2231 BGB).

Eigenheim, die dem Einzelnen oder seiner Familie gehörende Wohnung (Eigentumswohnung, Ein-, Zweifamilienhaus). Das E. gilt als Mittel, das in besonderem Maße unabhängiges und selbst gestaltetes, v. a. aber familiengerechtes Wohnen sowie Vorsorge für das Alter ermöglicht. Die Eigentumsquote bei Wohnungen beträgt gegenwärtig in Dtl. rd. 40 %, politisch angestrebt wird eine Quote von 50 %. Neben einer direkten Förderung im Rahmen des zweiten Förderungsweges des sozialen Wohnungsbaus und dem Lastenzuschuss (ähnlich dem Mietzuschuss) nach dem Wohngeld-Ges. werden Erwerb und Eigentum von E. aus wohnungs- und vermögenspolit. Gründen insbesondere durch Steuervergünstigungen gefördert.

Bis 1995 erfolgte die steuerl. E.-Förderung durch die Möglichkeit des Abzugs eines Prozentsatzes der Anschaffungs- und Herstellungskosten des E. bei der Ermittlung der Einkommensteuer-Bemessungsgrundlage (§ 10 e EStG). Das absolute Ausmaß der Entlastung nahm dadurch wegen des progressiven Steuertarifs mit der Höhe des Einkommens zu. Für jedes Kind des Steuerpflichtigen ermäßigte sich ferner die Steuerschuld (unabhängig von der Progression) um das →Baukindergeld gemäß § 34f. EStG.

Für Objekte mit Baubeginn bzw. Kaufvertrag nach 1995 wurde das System der steuerl. Wohnungseigentumsförderung grundlegend geändert. An die Stelle der bisherigen progressionsabhängigen Steuerbegünstigung nach § 10 e EStG trat eine von der individuellen Steuerbelastung unabhängige jährl. E.-Zulage nach dem E.-Zulagen-Ges. (EigZulG) vom 15. 12. 1995. Sie beträgt bei Neubauten 5% der Anschaffungs- oder Herstellungskosten (höchstens 5000 DM), bei Altbauten 2,5% der Anschaffungskosten (höchstens 2500 DM) und wird acht Jahre lang gewährt. Hinzu kommt je Kind eine weitere Zulage von jährlich 1500 DM, die das bisherige Baukindergeld von 1000 DM ersetzt. Gefördert werden neben Anschaffung oder Herstellung einer eigengenutzten Wohnung auch deren Ausbau und Erweiterung. Die Zulage kann von jedem Wohnungseigentümer in seinem Leben nur für ein Objekt beansprucht werden; sie wird nur gewährt, wenn der Gesamtbetrag der Einkünfte 120000 DM (bei Verheirateten 240000 DM) nicht übersteigt (§ 5 EigZulG). Maßgeblich ist das erste Jahr der Förderung, spätere Überschreitungen der Einkommensgrenzen während des Förderungszeitraumes sind unschädlich. Als letztes progressionsabhängiges Element der alten steuerl. E.-Förderung bleibt der so genannte Vorkostenabzug erhalten: Vor Bezug der Wohnung anfallende Erhaltungsaufwendungen sind wie Sonderausgaben bis zur Höhe von 22500 DM abziehbar (§ 10 i EStG), und zwar auch dann, wenn die E.-Zulage nicht beansprucht werden kann (keine Einkommensgrenzen). Finanzierungsvorkosten (insbesondere Disagio von Hypothekendarlehen) sind seit 1996 nicht mehr unbegrenzt abziehbar, statt dessen kann im Jahr der Fertigstellung oder Anschaffung des E. eine Vorkostenpauschale (ohne Nachweis tatsächl. Vorkosten) von 3500 DM wie Sonderausgaben abgezogen werden (nur bei Steuerpflichtigen, die die E.-Zulage erhalten).

Eigen|induktion, *Elektrizitätslehre:* die →Selbstinduktion.

Eigenkapital, eigene Mittel, der auf den oder die Eigentümer (Eigenkapitalgeber) eines Unternehmens entfallende Teil des zu einem bestimmten Zeitpunkt in das Unternehmen investierten Kapitals (Ggs.: Fremdkapital). Das in der Handelsbilanz auszuweisende E. (bilanzielles Reinvermögen) ergibt sich als Differenz zw. Vermögen (Aktiva) und Fremdkapital (Passiva ohne E.). E.-Ausweis bei Kapitalgesellschaften nach § 266 HGB:

I. Gezeichnetes Kapital;
II. Kapitalrücklage;
III. Gewinnrücklagen:
　1. gesetzliche Rücklage;
　2. Rücklage für eigene Anteile;
　3. satzungsgemäße Rücklagen;
　4. andere Gewinnrücklagen;
IV. Gewinnvortrag/Verlustvortrag;
V. Jahresüberschuss/Jahresfehlbetrag.

Aus der Bilanz nicht ersichtl. Teile des E. bilden die ›stillen Reserven‹. Erhöhungen des bilanziellen E. entstehen durch Gewinn oder →Einlagen, Verringerungen durch Verlust oder →Entnahmen. Die Zuführung von E. (Eigenfinanzierung) erfolgt durch Beteiligungs- oder Selbstfinanzierung. Gemäß § 29 Körper-

schaftsteuer-Ges. wird das E. in der Steuerbilanz aufgegliedert in für Ausschüttungen verwendbares E. und in übriges E. (v. a. Nennkapital). Das für Ausschüttungen verwendbare E. wird entweder ungemildert oder ermäßigt mit →Körperschaftsteuer belastet oder bleibt in besonderen Fällen steuerfrei.

Das E. trägt das Verlustrisiko und übernimmt damit gegenüber dem Fremdkapital eine auf seine Höhe beschränkte Haftungsfunktion (Risiko- oder Haftungskapital). Die E.-Geber haben keinen Anspruch auf eine feste Verzinsung und Tilgung, sondern auf die erwirtschafteten Gewinne (z. B. Dividende) und den Liquidationserlös (→Liquidation). Außerdem verleiht das E. Verwaltungsrechte (z. B. Stimmrecht). Zur Beurteilung von Ertragskraft und Kreditwürdigkeit von Unternehmen werden E.-Kennzahlen ermittelt, die das in der →Bilanz ausgewiesene E. entweder zu anderen Bilanzpositionen (z. B. **E.-Quote** als Anteil des E. an der Bilanzsumme) oder zum in der Gewinn- und Verlustrechnung ausgewiesenen Jahresüberschuss **(E.-Rentabilität)** in Beziehung setzen.

Um den Mangel an E. bei der Gründung von Unternehmen zu beheben, legte die Bundes-Reg. ein zunächst von 1979 bis 1991 geltendes **E.-Hilfeprogramm** (EKH) auf, nach dem Darlehen ohne bankübl. Sicherheiten, mit stark verbilligtem Zinssatz, tilgungsfreien Jahren und langer Laufzeit aus Mitteln des Bundeshaushalts gewährt wurden. 1993 wurde das EKH auf die neuen Bundesländer ausgedehnt und 1994 auch im früheren Bundesgebiet wieder eingeführt. Die Mittel beschafft die Dt. Ausgleichsbank, über die auch die banktechn. Abwicklung läuft, am Kapitalmarkt. Insgesamt wurden (1995) 21698 Unternehmen gefördert, davon 12019 in den neuen Ländern. Das Gesamtvolumen der bewilligten Kredite betrug 2,77 Mrd. DM.

1995 beschloss die Bundes-Reg., die mittelständische gewerbl. Wirtschaft in den neuen Ländern durch zwei weitere Programme zu fördern. Der **Beteiligungsfonds-Ost** der Kreditanstalt für Wiederaufbau soll im Laufe von drei Jahren durch die Ausgabe steuerbegünstigter Anleihen an private und institutionelle Anleger mit einem Volumen von 1,5 Mrd. DM ausgestattet werden. Darüber hinaus wird über die Dt. Ausgleichsbank ein E.-Ergänzungsprogramm laufen.

Eigenkirche, im MA. die im Eigentum eines weltl. Herrn stehende Kirche (auch Klosterkirche und Stiftskirche). Der Grundherr hatte kraft seiner sachenrechtl. Herrschaft über den Kirchengrund nicht nur ein Verfügungs- und Nutzungsrecht an Vermögen und Einkünften der E., sondern auch die öffentlichrechtl. Befugnis der Ernennung und Absetzung der Geistlichen, bei Eigenklöstern des Abtes oder Propstes. Die Einrichtung der E. hatte ihren Ursprung im röm. und german. Rechtsdenken. Sie wurde von der karoling. Gesetzgebung eingehend geregelt und griff im Dt. Reich des frühen MA. auch auf das Verhältnis des Königs zur Reichskirche über, indem Reichsbistümer und Reichsabteien als E. des Königs angesehen wurden. Gegen die durch die E. gegebenen Gefährdungen der kirchl. Strukturen wandte sich der von der Kirche geführte →Investiturstreit. Mit dem Wormser Konkordat (1122) wurde das höhere E.-Wesen beseitigt, das niedere ging in →Patronat und →Inkorporation über. Diese Rechtsinstitute wurden in der Gegenwart immer mehr zurückgedrängt.

U. STUTZ: Die E. als Element des mittelalterlich-german. Kirchenrechts (Neuausg. 1955, Nachdr. 1964); DERS.: Gesch. des kirchl. Benefizialwesens von seinen Anfängen bis auf die Zeit Alexanders III. (⁴1995); Forschungen zur Gesch. der E., Beitr. v. U. STUTZ u. H. E. FEINE (1989).

Eigenleistung, 1) *Betriebswirtschaftslehre:* →innerbetriebliche Leistungen.
2) *Tierzucht:* für die Zuchtwertschätzung verwendbare Leistungen eines Zuchttieres.

Eigenleitung, Eigenhalbleitung, in →Halbleitern die durch therm. Anregung hervorgerufene, auf dem Übergang von Elektronen aus dem Valenz- ins Leitungsband des reinen Grundmaterials (→Bändermodell) beruhende Elektrizitätsleitung, im Ggs. zu der bei eindotierten Fremdatomen auftretenden, auf den von diesen Störstellen freigesetzten Ladungsträgern beruhenden Störstellenleitung. Bei der E. nimmt die Stromstärke gemäß einem durch den Bandabstand ΔE festgelegten →Boltzmann-Faktor exponentiell mit der Temperatur zu.

Eigenleitungsdichte, Inversionsdichte, Intrinsic-Dichte [→intrinsisch], die Dichte n_i der im Leitungsband frei bewegl. Elektronen eines Eigenleiters. Sie ist gleich der Dichte p_i der Löcher (Defektelektronen) im Valenzband und im Wesentlichen durch die Breite der verbotenen Zone und die Temperatur bestimmt. In dotierten Halbleitern gilt im therm. Gleichgewicht (Rekombination gleich Generation) für die Reaktion zw. Elektronen und Löchern der Konzentration n bzw. p das Massenwirkungsgesetz $n \cdot p = n_i^2$.

Eigenlenkung, Selbstlenkung, Verfahren zur Beeinflussung der Bewegung von Fahrzeugen (v. a. von Flugkörpern) durch eine an Bord des Fahrzeugs befindl. Lenkanlage. Da keine Lenkbefehle von außen an das Lenkobjekt übertragen werden müssen, kann der Lenkvorgang weder durch Eingriff in die Übertragungswege noch durch Ausfall der Übertragungsanlagen gestört werden. Die gegenüber der →Fernlenkung höhere Störfestigkeit ist für militär. Anwendungen bedeutungsvoll.

Um mithilfe der E. ein Fahrzeug eine gewünschte Bewegungsbahn zurücklegen zu lassen oder zu einem vorbestimmten Zielpunkt zu führen, werden mit an Bord des Fahrzeugs befindl. Messmitteln Messungen der versch. Flug- und Ortsparameter durchgeführt und aus den Messdaten durch bordeigene Computer Lenkbefehle gebildet, nach deren Maßgabe durch Steueranlagen Bewegungsrichtung, Lage, Geschwindigkeit oder Beschleunigung des Fahrzeugs so verändert werden, dass das Lenkprogramm erfüllt wird (geschlossener Regelkreis). Ortsfeste Zielpunkte können mithilfe von Trägheitsnavigationssystemen angesteuert werden, die den zurückgelegten Weg und in Verbindung mit dem Startort den momentanen Standort errechnen, woraus die Lenkbefehle abgeleitet werden, die das Lenkobjekt zum Zielpunkt führen (**autonomes Lenkverfahren**). Die bei länger dauernden Lenkvorgängen unvermeidl. Fehler von Trägheitsnavigationssystemen können durch unterschiedl. Kontrollverfahren (z. B. Bodenkonturvergleich mit →TERCOM) berichtigt werden. Zu ortsveränderl. Zielen kann ein Lenkobjekt durch versch. Zielsuchverfahren geführt werden, bei denen man passive und aktive (**Aktivlenkung**) unterscheidet. Hierbei wird die Lage des Zieles fortwährend durch Sensoren, die Strahlungen unterschiedl. Art und unterschiedl. Richtungen registrieren, bestimmt; aus diesen Daten werden die erforderl. Lenkbefehle abgeleitet.

Eigenlenkverhalten, ein bestimmtes Fahrverhalten eines Kraftfahrzeugs, das von seiner konstruktiven Gestaltung, z. B. von der Lage des Schwerpunktes (auch vom Beladungszustand), der Ausführung der Radaufhängung, dem Antriebskonzept (Hinterrad-, Vorderrad-, Allradantrieb) und von den Seitenführungseigenschaften der Reifen (Konstruktion, Reifeninnendruck) beeinflusst wird. Das E. wirkt sich bes. auf das Fahrverhalten bei Kurvenfahrt aus. Angestrebt wird ein **neutrales E.,** bei dem das Fahrzeug auch bei höheren Kurvengeschwindigkeiten einem dem

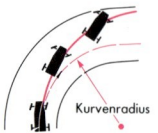

Eigenlenkverhalten:
oben Untersteuerndes Verhalten;
unten Übersteuerndes Verhalten

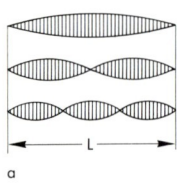

a

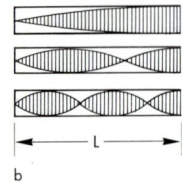

b

Eigenschwingung: Die Grundschwingung und die beiden ersten Oberschwingungen einer eingespannten Saite (**a**) und einer einseitig offenen Pfeife (**b**); L Saiten- beziehungsweise Pfeifenlänge

Kurvenradius entsprechende Fahrspur aufweist. Strebt das Fahrzeug bei Kurvenfahrt einem größeren Kurvenradius (Kurvenaußenrand) als vom Lenkeinschlag der Vorderräder vorgegeben zu, so liegt ein **untersteuerndes E.** vor, was vom Fahrzeugführer eine Erhöhung des Lenkwinkels erfordert. Weist das Fahrzeug hingegen eine Fahrspur auf, die zum Kurveninnenrand gerichtet ist, so liegt ein **übersteuerndes E.** vor, das nur durch Gegenlenken zu beherrschen ist.

eigenmächtige Abwesenheit, eine militär. Straftat, das eigenmächtige Fernbleiben oder das Entfernen von der Truppe oder Dienststelle. Wenn die vorsätzl. oder fahrlässige e. A. drei volle Kalendertage überschreitet, wird sie mit Freiheitsentzug bis zu drei Jahren bestraft (§ 15 Wehrstraf-Ges.); eine parallele Vorschrift findet sich für Zivildienstleistende in § 52 Zivildienst-Gesetz.

Eigenmann, *Pl.* Eigenleute, urspr. Bezeichnung für den persönl. Unfreien, den Leibeigenen. Später bezeichnete E. auch den dinglich Unfreien, den Hörigen, wobei die Bez. im weitesten Sinne gebraucht wurde. Die Rechtsstellung des E. konnte von der stärksten persönl. Bindung (Schollenpflichtigkeit) bis zu einer reinen Abgabepflicht alle Abhängigkeitsstufen beinhalten. Die Institution E. fand mit der Aufhebung der Leibeigenschaft ihr Ende.

Eigenname, →Name.

Eigennutz, *Volkswirtschaftslehre:* das menschl. Streben nach eigenem Vorteil, das die Antriebskraft des Wirtschaftslebens bildet (B. DE MANDEVILLE). Der Kerngedanke MANDEVILLES, es sei das persönl. Interesse, der Egoismus des Einzelnen und nicht etwa der Altruismus, der über den Güteraustausch und die Arbeitsteilung den Volkswohlstand herbeiführe, ging in das Hauptwerk von A. SMITH ›An inquiry into the nature and causes of the wealth of nations‹ (3 Bde., 1776) und von da aus in die Volkswirtschaftslehre ein (→Homo oeconomicus).

Eigenpeilung, *Navigation:* die vom Fahrzeug aus erfolgende Bestimmung der Richtung zu einem Sender. (→Funkpeilung)

Eigenpotenzialmethode, geophysikal. Verfahren zum Erschließen von Erzlagerstätten; beruht auf der Messung der beim Kontakt von Grundwasser mit v. a. sulfid. Erzen entstehenden galvan. Ströme.

Eigenreflexe, Reflexe, bei denen (im Unterschied zu den Fremdreflexen) die den Reiz aufnehmenden und den Reflexerfolg ausführenden Strukturen (Rezeptoren, Effektoren) im selben Organ liegen; z. B. die E. der Skelettmuskeln, etwa der Kniesehnenreflex.

Eigenschaft, 1) *Philosophie:* **Prädikat,** Bestimmung eines Gegenstandes, die diesen als zu einer Klasse von Gegenständen gehörend ausweist; so gehört z. B. das rote Buch durch seine ›Röte‹ zur Klasse der roten Gegenstände.

2) *Psychologie:* Bez. für relativ konsistente und generelle Verhaltensdispositionen, die die Grundlage der Persönlichkeitsstruktur darstellen und die individuelle Ausprägung und Konstanz des Verhaltens über versch. Situationen und Zeitpunkte hinweg gewährleisten. Die Ausprägung der E. erfolgt im Verlaufe der Entwicklung und ist ein Produkt der Wechselwirkung zw. Vererbungs- und Umweltkomponenten. Die Messung des Ausprägungsgrades bestimmter E. erfolgt i. d. R. mithilfe von Persönlichkeitstests.

Eigenschaftswort, *Sprachwissenschaft:* das →Adjektiv.

Eigenschwingung, jede nach einmaliger Anregung erfolgende, aufgrund von Reibungs- u. a. Energieverlusten stets gedämpfte Schwingung eines sich selbst überlassenen schwingungsfähigen Systems (z. B. Pendel, Schwingquarz, elektr. Schwingkreis), bei der seine materiellen Bestandteile (bei mechan. und elast. E.) oder gewisse Zustandsgrößen (z. B.

elektr. Ströme und Felder bei den elektr. E. eines Schwingkreises) mit einer charakterist., von den Eigenschaften des Systems abhängigen Frequenz, der **Eigenfrequenz,** schwingen. Jedes schwingungsfähige System hat eine der Zahl seiner Freiheitsgrade entsprechende Anzahl von E., die sich durch ihre Eigenfrequenz, die Wellenlänge sowie den Schwingungstyp (z. B. Longitudinal- oder Transversalschwingung) unterscheiden. Durch äußeren Anstoß werden i. A. mehrere E. (in zahlr. Fällen eine →Grundschwingung bestimmter Frequenz und deren Oberschwingungen) gleichzeitig angeregt; die resultierende Schwingung kann durch Überlagerung der angeregten E. dargestellt werden. Bei schwach gedämpften Systemen ist die Eigenfrequenz auch der mögl. **Resonanzfrequenzen,** bei denen eine äußere period. Anregung im System maximale Amplituden erzwingt. Zu mechan. E. ist jede Maschine, jedes Bauwerk fähig; sie können bei Resonanz so stark anwachsen, dass ein Konstruktionsteil zu Bruch geht (z. B. Wellenbruch bei Motoren, Brückeneinsturz durch Marschtritt). – Mathematisch werden schwingende Gebilde allg. durch (Systeme von) Differenzialgleichungen beschrieben.

Eigenspannungen, elast. Spannungen, die im Inneren von Festkörpern (v. a. bei Werkstoffen) auch ohne Einwirkung äußerer Kräfte **(Lastspannungen)** vorhanden sind. E. unterscheiden sich durch ihre räuml. Ausdehnung. In Größe und Richtung konstante E. können sich über größere Werkstoffbereiche erstrecken (E. 1. Art), nur auf einzelne Körner beschränkt sein (E. 2. Art) oder als Folge von Gitterinhomogenitäten im submikroskop. Bereich auftreten (E. 3. Art). Die Summe der E. eines Körpers im Gleichgewichtszustand ist gleich null. Ursachen der E. sind u. a. plast. Deformation (z. B. bei Kaltwalzen von Metallen), ungleiche Wärmeausdehnung oder Schrumpfung einzelner Bereiche bei ungleichmäßiger Temperatureinwirkung, in bestimmten Materialien auch Elektro- oder Magnetostriktion. E. können bei ungünstigen Voraussetzungen zum frühzeitigen Versagen eines Werkstückes oder zum Zerspringen durch Trennbruch führen.

Eigenstrahlung, die ein Linienspektrum bildende charakterist. →Röntgenstrahlung eines chem. Elements.

Eigentum, das umfassende Besitz-, Verfügungs- und Nutzungsrecht über Grund und Boden (unbewegl. Sachen) und sonstige Habe (bewegl. Sachen, Rechte u. a.).

Privatrecht

Das BGB enthält keine (Legal-)Definition des E.-Begriffs; die in § 903 BGB enthaltene Regelung, dass der Eigentümer einer Sache nach Belieben mit ihr verfahren kann, soweit nicht das Gesetz oder Rechte Dritter entgegenstehen, legt im Wesentlichen den *Inhalt* der dem Eigentümer zustehenden Befugnis fest. Begrifflich ist das E. das umfassendste Recht zu tatsächl. und rechtl. Nutzung, das die Rechtsordnung in Bezug auf bewegl. und unbewegl. Sachen zulässt; es ist ferner formaler Zuordnungsbegriff im Verhältnis von Rechtsgut und Rechtsträger. Die Formen des E. sind begrenzt, das BGB unterscheidet: **Allein-E.** (Rechtsinhaber ist nur eine natürl. oder jurist. Person), **Mit-E. nach Bruchteilen (Bruchteils-E.,** jeder Miteigentümer hat einen ideellen Anteil an der ganzen Sache), **Gesamthands-E.** (es besteht an Sachen, die zum Vermögen einer Gesamthandsgemeinschaft gehören; das Gesamthands-E. ist nicht rechtsgeschäftlich begründbar, sondern tritt gesetzlich ein, z. B. im Erbfall). Sonderformen des E. sind z. B. (gesetzlich) das

Bergwerks-E., das →Wohnungseigentum sowie (rechtsgeschäftlich) das **Sicherungs-E.** oder das **Treuhandeigentum.**

Der *Erwerb* des E. vollzieht sich auf verschiedene Weise. I. d. R. ist der E.-Erwerb ein abgeleiteter (derivativer) Erwerb, so bei der E.-Übertragung und beim gutgläubigen Erwerb vom Nichtberechtigten (→guter Glaube). Möglich ist auch der ursprüngl. (originäre) E.-Erwerb, z. B. durch Aneignung (→Aneignungsrecht), →Ersitzung, →Verbindung, →Vermischung, →Verarbeitung, Fruchterwerb (→Frucht). Schließlich kommt der E.-Erwerb durch Gesamtrechtsnachfolge (insbesondere bei Erbgang oder Gütergemeinschaft), →Surrogation oder kraft Staatsakts (beim Zuschlag in der Zwangsvollstreckung oder infolge einer Enteignung) in Betracht.

Bei der *Übertragung* von E. ist zu unterscheiden zw. der E.-Übertragung bei Grundstücken und bei bewegl. Sachen. Die E.-Übertragung bei Grundstücken vollzieht sich grundsätzlich in der gleichen Weise wie die Übertragung anderer Grundstücksrechte (z. B. Nießbrauch, Grunddienstbarkeit): Notwendig ist die Einigung zw. den Beteiligten über die Veräußerung und den Erwerb des E. und die (konstitutive) Eintragung des Rechtsüberganges ins Grundbuch (§ 873 BGB). Von dieser (dingl.) Einigung zw. Veräußerer und Erwerber, der →Auflassung, ist das zugrunde liegende schuldrechtl. Rechtsgeschäft, also z. B. der Grundstückskaufvertrag, zu trennen, wenngleich beide Teile i. d. R. in derselben Urkunde verkörpert werden. Die Auflassung bedarf in bestimmten Fällen der Genehmigung, z. B. im landwirtschaftl. Grundstücksverkehr. In den neuen Ländern bedürfen nach der Grundstücksverkehrsordnung i. d. F. v. 20. 12. 1993 weitere Grundstücksgeschäfte der Grundstücksverkehrsgenehmigung. Mit der E.-Übertragung am Grundstück geht regelmäßig auch das →Zubehör auf den Erwerber über.

Auch bei der Übertragung des E. an bewegl. Sachen ist die Einigung des Veräußerers und des Erwerbers über den Rechtsübergang an der Sache erforderlich. Das auf den Rechtsübergang abzielende schuldrechtl. Rechtsgeschäft (Kauf, Schenkung) ist von der Einigung rechtlich getrennt zu werten, obgleich bei den Geschäften des tägl. Lebens beide Teile zusammenzufallen pflegen. Zur Einigung muss ferner die Übergabe der Sache, d. h. das Einräumen des unmittelbaren Besitzes an der Sache, hinzutreten (Traditionsprinzip). Das BGB kennt eine Reihe von Tatbeständen, die die direkte Übergabe (nicht die Einigung) ersetzen: 1) Die Übergabe kann entfallen, wenn der Erwerber bereits im Besitz der Sache ist (§ 929 Satz 2; brevi manu traditio). 2) Soll der bisherige Eigentümer den unmittelbaren Besitz an der Sache behalten, kann die Übergabe durch Vereinbarung eines bestimmten Besitzverhältnisses, z. B. Miete, Leihe (Besitzmittlungsverhältnis), ersetzt werden, aufgrund dessen der Veräußerer weiter im Besitz der Sache bleibt (§ 930; Besitzkonstitut), bes. bei der →Sicherungsübereignung. 3) Ist ein Dritter im Besitz der Sache, kann die Übergabe durch Abtretung des Herausgabeanspruchs an den Erwerber ersetzt werden (§ 931).

Rechtlich zulässig ist ferner die Übereignung über einen Vertreter des Erwerbers, so bei den Barkäufen des tägl. Lebens, da es dem Veräußerer i. d. R. gleichgültig ist, an wen er das E. überträgt. Erwerber ist der eigentl. Geschäftsherr (Grundsatz der ›Übereignung an den, den es angeht‹).

Die *Grenzen* des privatrechtl. E.-Rechts werden durch die Gesetze und die Rechte Dritter gezogen. Allgemeine E.-Beschränkungen sind ihm durch das Missbrauchs- (§ 242 BGB) und das Schikaneverbot

(§ 226 BGB) auferlegt, ferner durch den zivilrechtl. →Notstand, das →Nachbarrecht, dingl. Belastungen (z. B. Dienstbarkeiten) sowie die verfassungsrechtlich verankerte Sozialgebundenheit, die im Privatrecht bes. im Mietrecht manifest wird.

Das E. genießt einen bes. gestalteten (dingl.) *Rechtsschutz.* Der Eigentümer kann, wenn ihm der Besitz vorenthalten wird, die Sache von jedem herausverlangen, der sie besitzt, es sei denn, dieser kann ein Recht zum Besitz gegenüber dem Eigentümer nachweisen. Mit diesem Herausgabeanspruch kann der Eigentümer zugleich Schadensersatz für Verschlechterung und für die ihm entgangenen Nutzungen verlangen. Dabei wird zw. gutgläubigem und bösgläubigem Besitzer unterschieden (§§ 985 ff. BGB; E.-Herausgabeanspruch, Rei vindicatio). Der Eigentümer kann ferner die Unterlassung jeder anderen Störung rechtl. oder tatsächl. Art (unberechtigte Wegebenutzung, unberechtigte Zufuhr von Rauch) von dem Störer verlangen; auf Verschulden kommt es dabei nicht an (negator. Klage, § 1004 BGB, →Eigentumsstörungen). Bei schuldhafter Verletzung seines E. hat der Eigentümer außerdem einen Anspruch auf Schadensersatz (§ 823 Abs. 1 BGB). Gerät eine Sache (z. B. ein Stück Vieh) auf ein fremdes Grundstück, so hat der Eigentümer einen Anspruch gegen den Grundstückseigentümer, sie abzuholen (§ 1005 BGB).

Im *österr. Recht* ist das E. (§§ 353 ff. ABGB) das stärkste Recht, das man an einer Sache (Sachbegriff in § 285, E. an Forderungen ist jedoch modifiziert zu betrachten) haben kann. Beschränkt wird das E. durch das Interesse der Allgemeinheit und durch das Nachbarrecht (v. a. §§ 364 ff.). Das ABGB kennt Allein-E. (§ 357) und Mit-E. (§ 825); das Wohnungs-E. ist im Wohnungseigentumsgesetz (WEG) geregelt. Das E. wird originär oder derivativ erworben; in jedem Fall sind aber Titel (Erwerbsgrund) und Modus (Erwerbsart) erforderlich. Titel ist z. B. ein Kaufvertrag oder die →Einantwortung; Modus ist bei bewegl. Sachen die Übergabe, bei Grundstücken die Grundbucheintragung. Für die Übereignung gilt, dass E. grundsätzlich nur vom Berechtigten wirksam erworben werden kann; Ausnahmen zugunsten des redl. Erwerbers finden sich in §§ 367 ABGB und 366 HGB. Die dem BGB bekannte dingl. Einigung (Auflassung) ist dem ABGB fremd. Das E. kann auch ersessen werden (§ 1478 ABGB). Geschützt wird das E., ähnlich wie im dt. Recht (BGB), v. a. durch die Rei vindicatio (E.-Herausgabeanspruch, § 366 ABGB) und die Actio negatoria (Abwehranspruch, § 523 ABGB).

In der *Schweiz* ist das E. (Art. 641 ff. ZGB) nach Inhalt und Ausübung ähnlich wie in Dtl. und in Österreich geregelt. Der rechtsgeschäftl. Erwerb vollzieht sich bei Grundstücken durch Eintragung im Grundbuch und bei Fahrnis durch Übertragung des Besitzes (Art. 656, 714 ZGB), in beiden Fällen gestützt auf einen Rechtsgrund (z. B. Kauf), d. h. abweichend vom dt. Recht ist das Verfügungsgeschäft kausaler Natur.

Staatsrecht

Das GG (Art. 14) sowie die Verf. der Länder in Dtl. enthalten E.-Garantien. Der Umfang des verfassungsrechtl. E.-Schutzes hat sich im Laufe der Zeit stark erweitert, bes. schon aufgrund der Auslegung, die Art. 153 der Weimarer Reichs-Verf. durch das Reichsgericht erfahren hat. Er geht über das E. des bürgerl. Rechts (§ 903 BGB) hinaus und bezieht die durch die gesellschaftl. Anschauungen geformten Rechtspositionen mit ein. Der verfassungsrechtl. E.-Begriff umfasst danach alle privaten vermögenswerten Rechte, also Forderungsrechte aller Art, das

Recht am eingerichteten und ausgeübten Gewerbebetrieb, beschränkte dingl. Rechte, Urheber- und Erfinderrechte, Mitgliedschaftsrechte. Nicht geschützt werden bloße Wettbewerbs- und Erwerbschancen. Inwieweit subjektiv-öffentl. Rechte unter den E.-Schutz fallen, ist umstritten. Das Bundesverfassungsgericht erkennt einen solchen Schutz nur an, ›wenn der ein subjektiv-öffentl. Recht begründende Sachverhalt dem Einzelnen eine Rechtsposition verschafft, die derjenigen des Eigentümers entspricht‹. Dies sei umso eher anzunehmen, je mehr die Rechtsposition nicht nur auf bloßer Gewährung, sondern auch auf eigener Leistung beruhe (anerkannt z. B. für den Kern der Versorgungsansprüche eines Berufssoldaten). Nicht unter den E.-Schutz fallen demnach z. B. Subventionsansprüche. Die Entwicklung des modernen Sozialstaates hat zudem das Bewusstsein dafür geschärft, dass die materiellwirtschaftl. Existenz des Menschen weniger von privatem Sachvermögen als vielmehr von Leistungen abhängt, die dem Einzelnen aus seinem Arbeitsverhältnis und den mit diesem verbundenen weiter gehenden Einrichtungen der Daseinsvorsorge erwachsen. Diese beschaffene Ansprüche sind schon ›historisch eng mit dem E.-Gedanken verknüpft‹ (Bundesverfassungsgericht). Als ein Wesensmerkmal des E.-Rechts wird die ›Privatnützigkeit‹ angesehen, d. h. die Zuordnung zu einem Rechtsträger, dem das E.-Recht als Grundlage privater Initiative und eigenverantwortl. Interesses dient. Dies unterstreicht den Charakter des E. als Freiheitsrecht. Das E.-Grundrecht weist eine durch die **E.-Garantie** und die **Sozialpflichtigkeit** gekennzeichnete besondere Struktur auf: Auch der Gesetzgeber ist durch das Grundrecht gebunden, er ist aber zugleich aufgefordert, ›Inhalt und Schranken‹ des E. zu bestimmen. Solange er die ›Institutsgarantie‹, die das GG abgibt, wahrt, d. h. die Garantie einer privatnützigen E.-Ordnung aufrechterhält, kann er durch bürgerl- und öffentl.-rechtl. Vorschriften den Umfang und die Grenzen des E. bestimmen. Dabei hat er auch die Sozialpflichtigkeit des E. zum Ausdruck zu bringen (Art. 14 Abs. 2 GG: ›Eigentum verpflichtet. Sein Gebrauch soll zugleich dem Wohl der Allgemeinheit dienen‹). In der modernen Sozialordnung greift die (entschädigungslose) Inhaltsbestimmung und Schrankenziehung weit über das bürgerl. Recht hinaus, etwa in den Vorschriften des Städtebaurechts, des Umweltrechts (Natur- und Landschaftsschutz, Immissionsschutz), des Wirtschaftsrechts (Mitbestimmung der Arbeitnehmer) und des Landwirtschaftsrechts (Grundstücksverkehr, Höferecht, Flurbereinigung).

Der Entzug von E. ist i. d. R. →Enteignung, die nur aus übergeordneten Gründen des Wohls der Allgemeinheit zulässig ist und einer besonderen gesetzl. Grundlage bedarf.

In der *DDR* gab es keinen einheitl. E.-Begriff. Die Verf. vom 6. 4. 1968 i. d. F. v. 7. 10. 1974 unterschied zw. mehreren E.-Formen, die im Zivilgesetzbuch (ZGB) näher ausgestaltet waren. Es gab das sozialist. E. in seinen drei Elementen Volks-E. (zwingend u. a. für Bodenschätze, Kraftwerke, Banken, Versicherungen, Industriebetriebe), genossenschaftl. Gemein-E. werktätiger Kollektive (v. a. in der Landwirtschaft) und E. gesellschaftl. Organisationen der Bürger (bes. bei kulturellen Einrichtungen). Das sozialist. E., v. a. das (staatl.) Volks-E. an Produktionsmitteln, galt als eine der unantastbaren Grundlagen der Gesellschaftsordnung und erfuhr entsprechenden jurist. Schutz. Als vom sozialist. E. abgeleitete E.-Kategorie existierte das persönl. E. Es sollte der Befriedigung materieller und kultureller Bedürfnisse des Einzelnen dienen, sein Gebrauch durfte den Interessen der Gesellschaft nicht zuwiderlaufen. Persönl. E. wurde v. a. durch Arbeitseinkommen, Schenkung u. Ä. erworben und existierte z. B. in Form von Ersparnissen, Hausrat, Gebäuden für Wohn- und Erholungsbedürfnisse. Hiervon getrennt zu betrachten waren das Privat-E. (u. a. das E. der Handwerker sowie E. an Grund und Boden), das seine Eigenschaft als eigene Kategorie weitgehend verloren hatte. Privat-E. an Bodenschätzen, Kraftwerken, Industriebetrieben, Transportmitteln der Eisenbahn u. a. war nach Art. 12 der Verf. unzulässig (dieses Verbot wurde durch Verf.-Änderung vom 12. 1. 1990 aufgehoben).

In den neuen Ländern finden seit 3. 10. 1990 auf das E. an Sachen grundsätzlich die Vorschriften des BGB Anwendung (Art. 233 § 2 Einführungsgesetz zum BGB). Das in der DDR entweder aufgrund eines dingl. Nutzungsrechts (§§ 312 ff. ZGB) oder infolge der Errichtung von Gebäuden durch staatl. Organe oder volkseigene Betriebe auf fremdem Boden (§ 459 ZGB) entstandene, vom Grundstück gesonderte Gebäude-E. besteht fort (Art. 233 §§ 2 b, 3, 4, 8 Einführungsgesetz zum BGB). Die Anpassung des vom Grundstück unabhängigen E. am Gebäude an das BGB und seine Nebengesetze mit dem Ziel der Herbeiführung der rechtl. und wirtschaftl. Einheit von baul. Anlagen und Grundstücken erfolgt nach Maßgabe des →Sachenrechtsbereinigungsgesetzes vom 21. 9. 1994. Von den dingl. Nutzungsrechten sind die pachtähnl. vertragl. Nutzungsberechtigungen nach §§ 312 ff. ZGB zu unterscheiden, auf deren Grundlage Grundstücke insbesondere zur kleingärtner. Nutzung, Erholung und Freizeitgestaltung überlassen wurden. Diese Verträge werden aufgrund der Regelungen des Schuldrechtsanpassungsgesetzes vom 21. 9. 1994 (→Schuldrechtsänderungsgesetz) schrittweise in das Miet- und Pachtrecht des BGB übergeleitet. Die entsprechenden Gebäude und Baulichkeiten, die gemäß dem am Tag vor dem Wirksamwerden des Beitritts geltenden Recht vom Grundstücks-E. unabhängiges E. sind, gehören gemäß Art. 231 § 5 Einführungsgesetz zum BGB nicht zu den Bestandteilen des Grundstücks. Der Eigentümer des Wochenendhauses bzw. der Baulichkeit kann nach den Vorschriften über die Übertragung von Eigentum an bewegl. Sachen (§§ 929 ff. BGB) über sein Eigentum verfügen. – Wem bisheriges Volks-E. zufällt oder wer die Verfügungsbefugnis darüber erhält, richtet sich nach besonderen Vorschriften. Hier sind insbesondere das Treuhandgesetz (Gesetz zur Privatisierung und Reorganisation des volkseigenen Vermögens vom 17. 6. 1990), das Vermögensgesetz (Gesetz zur Regelung →offener Vermögensfragen vom 23. 9. 1990 i. d. F. v. 2. 12. 1994, →Treuhandanstalt) und das Investitionsvorranggesetz (Gesetz über den Vorrang für Investitionen bei Rückübertragungsansprüchen nach dem Vermögensgesetz vom 14. 7. 1992) zu nennen.

Ähnlich wie in Dtl. ist wegen der vergleichbaren staatsrechtl. und gesellschaftl. Verhältnisse das E. in *Österreich* (Art. 5 Staatsgrundgesetz) und der *Schweiz* (Art. 22*ter* Bundes-Verf.) nach Inhalt und Umfang gewährleistet.

Steuerrecht

Im Grundsatz sind die steuerlich relevanten Wirtschaftsgüter dem jeweiligen Eigentümer zuzurechnen. Abweichend hiervon hat die AO (§ 39) die Figur des **wirtschaftlichen E.** geschaffen. Übt danach ein anderer als der Eigentümer die tatsächl. Herrschaft über ein Wirtschaftsgut in der Weise aus, dass er den Eigentümer im Regelfall für die gewöhnl. Nutzungsdauer von der Einwirkung auf das Wirtschaftsgut wirtschaftlich ausschließen kann, so

ist ihm das Wirtschaftsgut zuzurechnen. Bei Treuhandverhältnissen sind die Wirtschaftsgüter dem Treugeber, beim Sicherungseigentum dem Sicherungsgeber und beim Eigenbesitz dem Eigenbesitzer zuzurechnen. Gesamthandsgüter werden i. d. R. den Beteiligten anteilig zugeordnet.

Eigentum in öffentlicher Hand

Nur in seltenen, gesetzlich angeordneten Fällen kennt die Rechtsordnung das öffentl. E., das eine hoheitl. Sachherrschaft begründet (so im Hamburgischen Wegegesetz vom 4. 4. 1961). E., das in öffentl. Hand (bei Bund, Ländern oder Gemeinden) steht, unterliegt sonst keinen besonderen Regeln, insbesondere stehen den jurist. Personen des öffentl. Rechts sämtl. mit dem E. verbundenen Rechte zu, allerdings nicht der Schutz des Art. 14 GG. Bestimmte öffentl. Sachen (z. B. Straßen, Plätze, Gegenstände im Verwaltungsgebrauch) sind jedoch mit einer öffentl. Zweckbestimmung belastet, die ihre Verfügbarkeit einschränkt.

Völkerrecht

Vermögenswerte, Rechte und Sachgüter eines Ausländers unterliegen für ihren rechtl. Schutz und auch wegen der Möglichkeit einer Enteignung der Rechtsordnung des Gebietsstaates, soweit nicht durch völkerrechtl. Vertrag eine weiter gehende Sicherung vereinbart ist. Kraft allgemeinen Völkerrechts darf ausländ. E. nur für Zwecke des Gemeinwohls, also nicht mit dem Ziel der Diskriminierung oder wirtschaftl. Entrechtung, nur hinsichtlich im Inland belegener Rechte und Werte, nur in einem Verfahren mit hinreichendem Rechtsschutz zugunsten der Betroffenen und nur gegen angemessene, prompte und effektive Entschädigung weggenommen oder sonst entzogen werden. Die Verletzung dieser Garantien, bes. die entschädigungslose Enteignung, gilt nach Völkergewohnheitsrecht als völkerrechtswidrige →Konfiskation. Da die freie Gestaltung der wirtschaftl. Ordnung und Entwicklung und die freie Verfügung über Bodenschätze und andere natürl. Hilfsquellen zur staatl. Souveränität und Selbstbestimmung gehören, ist das Entschädigungserfordernis bei Nationalisierungen (Sozialisierungen) zur Notwendigkeit einer billigen, wenn auch noch substanziellen Entschädigung abgeschwächt. Das Recht auf persönl. E. ist ferner durch Art. 17 der Allgemeinen Erklärung der Menschenrechte vom 10. 12. 1948 sowie durch das 1. Zusatzprotokoll zur Konvention zum Schutze der Menschenrechte und Grundfreiheiten (Europ. Menschenrechtskonvention) anerkannt. Im Falle eines bewaffneten Konflikts gelten für das E. des feindl. Ausländers besondere Regeln des →Kriegsrechts und des →Seekriegsrechts.

Kirchliche Lehre

Die überlieferte *kath.* E.-Lehre ist durch das Zweite Vatikan. Konzil (Pastoralkonstitution vom 7. 2. 1965) in ihren Grundlagen bestätigt und auf die heutige E.-Politik ausgedehnt worden. Den Ausgangspunkt bildet der bereits von den Kirchenvätern betonte Grundsatz von der Gemeinbestimmung der Erdengüter für alle Menschen, weil Gott die Erde mit allem, was sie enthält, allen Menschen anvertraut habe. THOMAS VON AQUINO gelangte zu der wichtigen Unterscheidung zw. dem ›usus communis‹, dem Gebrauch der Güter, den allen Menschen nützen müssen, und dem ›ius procurandi et dispensandi‹, dem Verfügungsrecht über die im E. stehenden Güter. Letzteres begründete er mit der Notwendigkeit der Arbeit und der Produktivität, auch mit der Abgrenzung der Verantwortlichkeiten.

Die Sozialenzykliken ›Rerum novarum‹ und ›Quadragesimo anno‹ betonen einerseits die sittl. Berechtigung des Privat-E. gegenüber dem Sozialismus, zugleich aber die Sozialpflichtigkeit allen E., insbesondere des Produktiveigentums. Jeder Mensch habe einen Rechtsanspruch auf ein für ihn und seine Familie hinreichendes Eigentum. Allzu große Unterschiede bei der E.- und Vermögensverteilung verstoßen gegen die soziale Gerechtigkeit. Allerdings lassen sich die Probleme von Armut und Not durch ein Verteilungsdenken allein nicht lösen. Ebenso wichtig ist der Bereich der Produktion und der Einsatz von Arbeit und Kapital (Produktivität), um die benötigten Güter und Dienstleistungen bereitzustellen. In diesen Grenzen aber sei das Privat-E. notwendig für die Freiheit des Einzelnen, der Familie und der Menschheit überhaupt, sodass die Schaffung gestreuten Privat-E. eine Grundforderung der kath. Soziallehre ist. Daneben werden aber auch das Recht öffentl. E. und das Recht zur Enteignung von Privat-E. (gegen angemessene Entschädigung) anerkannt.

Innerhalb der ev. Ethik steht der Kalvinismus – im Ggs. zum Luthertum, das stets die Sozialpflichtigkeit des E. betonte – der modernen Geldwirtschaft und der damit verbundenen Akkumulation des Kapitals positiver gegenüber (Reichtum als Zeichen göttl. Gnade). Heutige ev. Ethik beschränkt sich darauf, v.a. angesichts der Komplexität des E.-Phänomens in der modernen Welt, die allgemeine Richtung der E.-Ordnung zu zeigen. Um E.-Monopole zu verhindern, wird möglichst breite Streuung des E. verlangt.

Sozialgeschichte

Die Aneignung von Gegenständen und die Verfügung über sie ist ein Moment des natürl. Lebensprozesses und als solches zunächst unabhängig von spezif. Gesellschaftsformen. Sofern es sich beim E. darum handelt, zu definieren, was legitimerweise von Einzelnen (exklusiv) besessen werden darf und wie weit die Verfügungsgewalt reicht, hängt der E.-Begriff vom jeweiligen Gesellschaftssystem ab. E. in diesem Sinne beschreibt eine gesellschaftlich zugebilligte Verfügungsgewalt Einzelner über Naturgegenstände, die funktional den Erfordernissen der Stabilität und der Produktion der Gesellschaft nicht widersprechen darf und diesen sogar dienen soll. Der Begriff E. muss daher bei einzelnen Gesellschaftstypen unterschiedlich definiert werden.

Jäger-und-Sammler-Gesellschaften: Sofern diese Gesellschaften permanent in einem bestimmten Gebiet leben, tendieren sie dazu, andere Gesellschaften von der Nutzung ihres Reviers auszuschließen. Ihr Revier könnte in diesem Sinne als Kollektiv-E. interpretiert werden. Eine Aufteilung von Jagdgebieten an Individuen gibt es nicht, demzufolge auch kein privates E. an Boden. Individueller Besitz (Privat-E.) an Waffen, Schmuck u. Ä. kommt dagegen vor, ebenso ein beschränktes E.-Recht an der Jagdbeute, wenn gewährleistet ist, dass dies für den ganzen Stamm keine gravierenden Nachteile hat. E. an Gegenständen ist nur ein Aspekt für die Stellung der Gruppe, Besitz von sozialem Ansehen, Recht und Verpflichtung sind ebenfalls wichtig. Die funktionale Äquivalenz von symbol. und materiellem E. wird in Ritualen der Umverteilung, z.B. dem →Potlatch, deutlich.

Nomaden: Wenn ausreichende Weidemöglichkeiten existieren, besteht kein Anlass, Boden als Privat-E. zu nutzen. Vieh und dessen Produkte sind dagegen ausschließlich E. der einzelnen Familien.

Ackerbaugesellschaften: Die Ackerbaugesellschaften kennen eine Vielzahl von E.-Formen. Gebiete, in denen aufwendige individuelle Bearbeitungsmethoden (z.B. Meliorationsarbeiten) erforderlich sind, begünstigen die Ausbildung von Privat-E. an Boden. E. an Grund und Boden entstand wohl in der Bronzezeit mit der Entwicklung der Ackerbauwirtschaft, ebenso die Unterscheidung zw. E. und →Besitz. Die sich ausbildende Verbindung von Grund-E. und polit. Herrschaft führte zu rechtl. und wirtschaftl. Abhängigkeiten.

Arbeitsteilige Gesellschaften: Eine Wirtschaftsweise, die auf handwerkl. Produktion und Warentausch beruht, macht eine weitgehende Bildung von Privat-E. erforderlich. Wenn Produkte als Waren getauscht werden sollen, wird dies erheblich erleichtert, wenn sie eindeutig der individuellen Verfügungsgewalt einer Person zugeschrieben werden können. In Wirtschaftssystemen mit verfeinerter Arbeitsteilung, in denen der Ausgleich der wirtschaftl. Interessen über den Markt stattfindet, bietet es sich daher an, zunächst für alle Arbeitsprodukte, dann für alle Gegenstände, selbst für Land und Menschen (Sklaverei), die Möglichkeit eines Erwerbs von Privat-E. zu schaffen. In den antiken Stadtstaaten konnten daher die Rechtsbegriffe entstehen, die sich als röm. Recht fortentwickelten.

Unumschränktes Privat-E. an allen mögl. Gegenständen bestand und besteht kaum je in einer Gesellschaft. Praktisch gab es immer die Notwendigkeit, soziale Bindungen festzulegen, den Gebrauch des E. (legal) zu beschränken sowie zumindest teilweise Konfiskationen vorzusehen. Traditionell wird im (modernen) Naturrecht das E. tendenziell als unveräußerl. Persönlichkeitsrecht definiert. Als Rechtsgrund des E. wird nicht mehr die sozial anerkannte Inbesitznahme herrenlosen Gutes (›occupatio‹) angesehen, sondern die Arbeit, durch die eine substanzielle Verbindung von Individuum und bearbeitetem Gegenstand entstanden ist. Betrifft dieser Arbeitsbegriff bei J. Locke noch alle Mitgl. des unter der Gewalt des Hausherrn stehenden Hauses, so wurde er in der liberalen Tradition an das Individuum gebunden. Gerade diese Aufsplitterung der Mitgl. der bürgerl. Gesellschaften in (egoist.) Privateigentümer macht dann bei Hegel die ausgleichende Intervention des Staates erforderlich. Marx begreift schließlich das Privat-E. universalgeschichtlich als zentrales Moment einer Epoche der Entäußerung, während der ein gewaltiges Potenzial künftigen gesellschaftl. Reichtums in noch privater Form geschaffen wird. Die Aufhebung des Privat-E. soll nach ihm schließlich eine universelle gesellschaftl. Aneignung ermöglichen.

Die Entwicklung zur Industrialisierung war mit dem privaten E. an den Produktionsmitteln verbunden. Dies führte v.a. im 19. Jh. zu zunehmender Ungleichheit in der Verteilung des E. und damit auch in den Lebensbedingungen. Daraus resultierten Forderungen nach Abschaffung des Privat-E., die im Marxismus aufgegriffen wurden mit der Zielsetzung, die Wirtschaft auf einem ›Volks-E.‹ an Produktionsmitteln aufzubauen. Im 20. Jh. vollzog sich eine Abkehr vom liberal-individualist. E.-Begriff hin zu stärkerer Berücksichtigung der sozialen Folgen der E.-Verteilung. Die sozialen Verpflichtungen des Privat-E., v.a. an Produktionsanlagen, aber auch an Grund und Boden u.a., wurden wieder stärker in den Vordergrund gerückt.

Sozialphilosophie

In der Neuzeit wurde die philosoph., allen jurist. Regelungen vorgeordnete Diskussion um Entstehung, Verteilung und Begründung von E. bes. intensiv im 17. Jh. aufgenommen, als das feudalistisch-absolutist. Gesellschafts- und Staatsgefüge von

Theorien des bürgerl. Verf.-Staates infrage gestellt wurde. Als Grundlage für diese Kritik diente die Lehre von einem allgemein verbindl. Naturrecht, die zunächst von der empir. Feststellung ausging, dass der Mensch aufgrund seiner Bedürftigkeit darauf angewiesen sei, zum Zwecke seiner Selbsterhaltung bestimmte Sachen und Güter verbrauchen und gebrauchen zu dürfen. Allerdings sei daraus weder abzuleiten, wieviel an Gütern dem Einzelnen zustehe, noch welcher Art diese Güter sind. In diesem Argumentationsrahmen wurden versch. Modelle vorgetragen, die zu erklären versuchten, wie E.-Rechte konkret entstehen und wodurch sie gerechtfertigt werden können. Nach der *Okkupationstheorie* (z. B. bei H. GROTIUS) ist es das fakt. In-Besitz-Nehmen, nach der *Arbeitstheorie* (etwa bei J. LOCKE) das Bearbeiten einer Sache, was E.-Rechte schafft; die *Vertragstheorie* hingegen geht von einer bindenden Vereinbarung zw. Individuen als Begründung für E.-Rechte aus. Die Unzulänglichkeit dieser drei Modelle wird offenbar, wenn man bedenkt, dass sie die Zuspätgekommenen, bes. die nachgeborenen Generationen, benachteiligen und dass die lebensnotwendigen Ressourcen – im Gegensatz zum Besitzstreben des Menschen – begrenzt sind. So drohen auf Dauer zwangsläufig Konflikte zw. den Individuen, die nur durch staatl. E.-Regelung vermieden werden können. Diese *Legaltheorie* sieht mithin als einzige Rechtsquelle den Staat und seine Gesetzgebung an. Unter Anknüpfung an die Legaltheorie suchte I. KANT die Ergänzung des reinen Naturrechts durch das Staatsrecht: Er beruft sich dabei auf eine bürgerl. Verf., in der man die Verkörperung eines gemeinsamen Willens aller, die in einem Staat zusammenleben, sehen muss. Die durch sie formulierten E.-Gesetze werden folglich vom gemeinsamen Willen aller getragen. Für HEGEL stellte – im Umkreis seiner Persönlichkeitstheorie – Privat-E. eine Bedingung dafür dar, dass individuelle Freiheit möglich wird. Der Mensch wird dadurch zum Subjekt der Natur, dass er sie als E. beansprucht oder gestaltet und somit zu seinem Objekt macht. Dagegen ist nach MARX das Privat-E. (v. a. an Produktionsmitteln) die Wurzel von Negativerscheinungen der kapitalist. Gesellschaft, nämlich von Ausbeutung und Entfremdung.

Entgegen der nach MARX und ENGELS zu erwartenden gesellschaftl. Entwicklung hat sich aber erwiesen, dass das System des Kapitalismus sozialen Ausgleichsbestrebungen gegenüber so flexibel sein kann, dass Ausbeutung, Entfremdung und die bloße Privatheit von E. nicht mehr als vordringl. gesellschaftspolit. Probleme angesehen werden müssen. Ins Zentrum der philosoph. E.-Analyse rücken vielmehr die Fragen nach Chancengleichheit, Verteilungsgerechtigkeit und Sozialbindung von E. sowie das Problem der E. entstehenden Macht. Unterschiede in der E.-Verteilung, wie sie innerhalb einzelner Gesellschaften sowie global zw. den Staaten vorzufinden sind, werden dann als unsozial empfunden, wenn der Gebrauch der Sachen nur einseitig und rücksichtslos den Interessen des jeweiligen Eigentümer dient oder zur Beeinträchtigung der Lebensmöglichkeiten anderer führt. Als ungerecht werden diese Unterschiede überall dort empfunden, wo sie nicht von den Betroffenen selbst verursacht wurden, sondern auf einer bloß vom Zufall bestimmten Zuteilung oder gar der Vorenthaltung von Lebenschancen beruhen. Dass die Konzentration von E. in einem umfassenderen Sinn soziales Prestige und Einflussmöglichkeiten in nahezu allen Bereichen des Staates entstehen lässt, gehört zu den gesellschaftl. Problemen aller Gesellschaftsordnungen, v. a. aber der westl. Welt, da durch diese Ver-

hältnisse in ihr demokratisch nicht legitimierte Kräfte gewinnen können.

E. u. E.-Verteilung als theolog., rechtsphilosoph. u. ökonom. Problem, hg. v. T. HECKEL (1962); G. W. LOCHER: Der E.-Begriff als Problem ev. Theologie (Zürich ²1962); F. KLÜBER: Kath. E.-Lehre (1968); W. LEISNER: Sozialbindung des E. (1972); A. v. BRÜNNECK: Die E.-Garantie des GG (1984); G. KROHN u. G. LÖWISCH: E.-Garantie, Enteignung, Entschädigung (³1984); R. DOLZER: E., Enteignung u. Entschädigung im geltenden Völkerrecht (1985); Berner Komm. Komm. zum schweizer. Privatrecht. Schweizer. Zivilgesetzbuch, begr. v. M. GMÜR, fortgef. v. H. BECKER u. a., hg. v. A. MEIER-HAYOZ, Bd. 4, Abt. 1: Das E., erläutert v. A. MEIER-HAYOZ u. H. REY (Bern 1988); H. REY: Grundr. des schweizer. Sachenrechts, Bd. 1: Die Grundlagen des Sachenrechts u. das E. (Bern 1991); Investitionsvorrang-Ges. Komm., bearb. v. V. JESCH u. a. (1993); C. VON MILCZEWSKI: Der grundrechtl. Schutz des E.s im Europ. Gemeinschaftsrecht (1994); W. ROTH: Fakt. Eingriffe in Freiheit u. E. Struktur u. Dogmatik des Grundrechtstatbestandes u. der Eingriffsrechtfertigung (1994); Sachenrechtsbereinigung u. Schuldrechtsanpassung im Beitrittsgebiet. Komm., bearb. v. H. F. KRAUSS (1995).

Eigentumsaufgabe, Dereliktion [lat.], die Besitzaufgabe, in der Absicht, auf das Eigentum zu verzichten, z. B. beim Herausstellen des Hausmülls auf die Straße (→herrenlose Sache).

Eigentumsgarantie, →Eigentum (Staatsrecht).

Eigentumspolitik, Gesamtheit der wirtschafts- und sozialpolit. Maßnahmen, die darauf gerichtet sind, eine gegebene Eigentumsstruktur und die soziоökonom. Prozesse, in denen neues Eigentum gebildet wird, zu beeinflussen und die bestehende Eigentumsordnung durch Erlass von Gesetzen zu ändern. Hierbei sind die Einzelmaßnahmen der E. mit der allg. Wirtschafts- und Sozialpolitik so eng verflochten, dass eine Abgrenzung oft nur schwer möglich ist. Eine neuere Definition versteht unter E. i. w. S. die Ausgestaltung der →Eigentumsrechte und i. e. S. alle Maßnahmen, die auf die Änderung bestehender Eigentumsrechte gerichtet sind. Insofern unterscheidet sich die E. von der Vermögenspolitik, die die Bildung und Verteilung von Vermögen im Rahmen der bestehenden Eigentumsordnung beeinflussen will. Zu den Maßnahmen der E., die eine Vermögensumverteilung bewirken, gehören die Sozialisierung und die Bodenreform. Daneben gibt es gesellschaftspolitisch motivierte Maßnahmen der E. (z. B. parität. Mitbestimmung), sozialpolitisch begründete (z. B. Mieterschutz), umweltpolitisch orientierte (z. B. Bebauungsverbot für ein Grundstück), wettbewerbspolitisch motivierte (Kartellverbot) und außenwirtschaftlich beeinflusste Maßnahmen (z. B. beschränkter Kapitalexport). →Einkommensverteilung, →Vermögensbildung.

Eigentumsrechte, englisch **Property-Rights** ['prɔpəti 'raits], Handlungs- oder Verfügungsrechte des Einzelnen, die sich auf die Nutzung knapper Güter und seines Arbeitsvermögens beziehen. E. an knappen Gütern verschaffen dem Einzelnen die Möglichkeit, andere Personen von der Nutzung auszuschließen (→öffentliche Güter). E. bestimmen insofern die Substanz und Funktion eines Gutes und beeinflussen wesentlich die Motivationsstruktur ökonom. Handlungen; sie können aber auch die Ertrags- und Verlustzuweisung sowie die Übertragung von Nutzungsrechten regeln. Arbeitsteilung und Gütertausch (marktl. Transaktionen) werden erst durch die Gestaltung der rechtl. und sozialen Handlungsbedingungen in Form von E. möglich, die in ihrer Gesamtheit die Eigentumsordnung (→Eigentum) darstellen. E. können auf Verträgen, gesetztem Recht, Konvention oder Tradition beruhen. Eine unterschiedl. Ausgestaltung von E. kann das Marktgeschehen entscheidend beeinflussen. Man kann nach der vorteilhaftesten Rechts- und Wirtschaftsordnung fragen, d. h. nach der Ordnung mit den niedrigsten Koordinations- oder Transaktionskosten. Die geeignete Fortentwicklung des Systems der E. in einer Gesellschaft vermag →externe Effekte (schädigende oder nützl. Wirkungen von Handlungen bei Dritten) nach und nach mit in das System von Leistung und Gegenleistung einzubeziehen (Internalisierung externer Effekte in die marktwirtschaftl. Selbststeuerung). Wo man Marktversagen feststellt, fehlen regelmäßig hinreichende rechtl. Voraussetzungen (unvollständige E.). Die in den 60er-Jahren von amerikan. Volkswirtschaftlern (R. H. COASE, J. BUCHANAN, HAROLD DEMSETZ [* 1930] u. a.) entwickelte Theorie der E. hat amerikan. und europ. Vorläufer, z. B. den →Neoliberalismus.

Property rights u. ökonom. Theorie, hg. v. A. SCHÜLLER (1983); Intellectual property rights and global competition. Towards a new synthesis, hg. v. H. ALBACH u. S. ROSENKRANZ (Berlin 1995).

Eigentumsstörungen, Beinträchtigungen des Eigentumsrechts, die nicht in der Entziehung oder Vorenthaltung des Besitzes bestehen, z. B. Lärmbelästigungen, Abladen von Müll. Der Eigentümer kann sich gegen E. aufgrund des gesetzl. Beseitigungs- und Unterlassungsanspruchs (§ 1004 BGB) zur Wehr setzen; der Anspruch ist auf Herstellung des früheren, störungsfreien Zustands gerichtet, er setzt nur einen objektiv rechtswidrigen, nicht notwendigerweise schuldhaften Eingriff des Störers voraus. Sind weitere Störungen zu befürchten (z. B. wiederholte Lärmbelästigungen), kann Unterlassungsklage erhoben werden. Der Anspruch ist ausgeschlossen, wenn der Eigentümer zur Duldung der Beeinträchtigungen verpflichtet ist (z. B. weil die beanstandeten Immissionen als ortsüblich hingenommen werden müssen).

Eigentumsvermutung, die mit dem →Besitz verknüpfte, widerlegbare gesetzl. Vermutung, dass der Besitzer einer Sache auch ihr Eigentümer ist. Im Familienrecht besteht zugunsten des Gläubigers eines Ehegatten die (ebenfalls widerlegbare) Vermutung, dass bewegl. Sachen, die sich im Besitz eines oder beider Ehegatten befinden, dem jeweiligen Schuldner gehören (§ 1362 BGB); diese E. gilt nicht, wenn die Ehegatten getrennt leben oder sich die Sachen im Besitze desjenigen befinden, der nicht Schuldner ist.

Eigentumsvorbehalt, die bei dem Verkauf einer bewegl. Sache getroffene Vereinbarung, dass die verkaufte Sache bis zur Zahlung des Kaufpreises Eigentum des Verkäufers bleiben soll. Nach § 455 BGB ist im Zweifel anzunehmen, dass die Übertragung des Eigentums unter der aufschiebenden Bedingung vollständiger Zahlung des Kaufpreises erfolgte und dass der Verkäufer zum Rücktritt vom Vertrag berechtigt ist, wenn der Käufer mit der Zahlung in Verzug gerät. Der Käufer erwirbt ein dingl. Anwartschaftsrecht (→Anwartschaft) an der Kaufsache, über das er, z. B. zu Kreditzwecken, verfügen kann. Ein praktisch sehr bedeutsamer Fall des Kaufs unter E. ist der Kreditvertrag (→Verbraucherkreditgesetz).

Neben dem einfachen E. sind versch. andere Formen eines modifizierten (erweiterten) E. möglich. Häufig ist der **verlängerte E.,** bei dem der Verkäufer darin einwilligt, dass der Käufer die Sache im normalen Geschäftsgang weiterverarbeitet, umgestaltet oder weiterveräußert und dem Verkäufer die daraus erwachsenen Rechte (z. B. den Erlös) abtritt. Beim **Kontokorrentvorbehalt** wird der Eigentumsübergang von der Bezahlung sämtl. Forderungen aus der Geschäftsverbindung zw. dem Käufer und dem Verkäufer abhängig gemacht; in diesem Fall sind Kollisionen mit einer anderweitig vereinbarten →Globalzession denkbar. Die Erklärung des E. kann auch einseitig erfolgen, z. B. durch Hinweis auf dem Lieferschein (oder der Rechnung), der der Ware vorausgeht oder sie begleitet; ein nachträglich erklärter einseitiger E. ist un-

wirksam. Problematisch ist, ob sich ein an sich wirksamer E. gegenüber gesetzlich normierten Tatbeständen des Eigentumserwerbs (z. B. bei der →Verarbeitung, § 950 BGB) durchsetzt. Der E. berechtigt den Verkäufer im Konkurs des Käufers zur Aussonderung.

In *Österreich* und der *Schweiz* folgt das Recht des E. ähnl. Grundsätzen, wobei in der Schweiz der E. nur wirksam ist, wenn er am Wohnort des Käufers im öffentl. E.-Register eingetragen wird.

H. G. LAMBSDORFF u. U. HÜBNER: E. u. AGB-Gesetz (1982); E. KAISER: Verlängerter E. u. Globalzession im IPR (1986).

Eigentumswohnung, →Wohnungseigentum, →Eigenheim.

Eigenverbrauch, Bez. für den unmittelbaren Verbrauch eines Produkts durch den Produzenten, ohne dass damit Marktvorgänge verbunden sind. Man unterscheidet den E. der privaten Haushalte (Eigenleistungen im Haushalt, →Eigenbedarf), den E. der Unternehmen (Entnahme von Waren oder Leistungen aus dem Unternehmen für den persönl. Bereich des Unternehmers) sowie den E. der Landwirtschaft (z. B. Nahrungs- und Futtermittel). Der E. des Staates ist synonym zum →Staatsverbrauch, da die Zuordnung der Staatsleistungen Schwierigkeiten bereitet. – Im Umsatzsteuerrecht liegt ein der Steuer unterliegender E. vor, wenn ein Unternehmer Gegenstände aus seinem Unternehmen für unternehmensfremde Zwecke entnimmt oder im Rahmen seines Unternehmens sonstige Leistungen für unternehmensfremde Zwecke ausführt, sowie bei Repräsentationsaufwendungen (§ 1 Abs. 1 Nr. 2 Umsatzsteuer-Ges.).

Eigenwertproblem, allg. die Fragestellung nach den Lösungen einer Operatorgleichung $Ly = \lambda y$ (**Eigenwertgleichung**), in der L i. A. ein linearer Operator in einem linearen Raum R mit den Elementen y ist. Die Werte λ, für die in R nichttriviale Lösungen ($y \neq 0$) existieren, bezeichnet man als **Eigenwerte** des Operators, die Lösungen y selbst als **Eigenlösungen**, speziell als **Eigenfunktionen** oder **Eigenvektoren**. Beispiele: 1) Ist L eine lineare Abbildung auf einem n-dimensionalen Vektorraum, so lässt sich diese durch eine (n, n)-Matrix A beschreiben. Die Lösungen λ (Eigenwerte von A) der Gleichung $Ay = \lambda y$ sind die Nullstellen des →charakteristischen Polynoms. 2) Ist L der Differenzialoperator $-\mathrm{d}^2/\mathrm{d}x^2$, so ergibt sich die Operatorgleichung zu $-\mathrm{d}^2y/\mathrm{d}x^2 = \lambda y$ oder als Form der Schwingungsgleichung $y'' + \lambda y = 0$. Sind Randbedingungen vorgegeben (z. B. bei einer schwingenden Saite $y(0) = 0$ und $y(l) = 0$), so sind die Eigenwerte $\lambda_n = n^2\pi^2/l^2$ und die zugehörigen Eigenfunktionen $y_n = \sin(n\pi x/l)$.

Eigenzeit, das mit einem Teilchen oder einem auf einem materiellen Körper fixierten Ort verknüpfte, mit einer mitgeführten, ungestörten Uhr messbare, physikal. Zeitmaß, das nach der Erfahrung und den →Relativitätstheorien von dem Bewegungszustand des Körpers relativ zu einem Inertialsystem und von dem ihn umgebenden Gravitationsfeld abhängt. (→Zeitdilatation, →Zwillingsparadoxon)

Eigenzustand, jeder quantenmechan. Zustand eines mikrophysikal. Systems, der durch eine sich als Eigenfunktion der zeitunabhängigen →Schrödinger-Gleichung des Systems ergebende quantenmechan. Wellenfunktion beschrieben wird. In einem E. haben die Energie und die anderen Observablen des Systems bestimmte diskrete Werte, die Eigenwerte der zugehörigen Operatoren sind.

Eiger, vergletscherter Kalkgipfel der Finsteraarhorngruppe, Berner Oberland, Schweiz, südwestlich von Grindelwald, 3 970 m ü. M. Die sehr steile, z. T. fast senkrechte E.-Nordwand (Einstieg in 2 220 m Höhe) wurde vom 21. bis 24. 7. 1938 von den Deutschen A. HECKMAIR (* 1906) und L. VÖRG (* 1911,

Eiger: Nordwand

Christiaan Eijkman

† 1941) und den Österreichern H. HARRER (*1912) und F. KASPAREK (* 1910, † 1954) erstmals durchstiegen. Die Erstbegehung im Winter gelang 1961 einer dt. Viererseilschaft unter T. HIEBELER, der erste Aufstieg über die ›Winter-Direttissima‹ 1966 einer dt.-brit. Gruppe mit J. LEHNE (* 1936, † 1969) und D. HASTON (* 1940, † 1977). Westlich der klass. Route wurde die ›Sommer-Direttissima‹ 1969 von einer jap. Sechserseilschaft unter T. KATŌ (* 1944) bezwungen (16 Tage ohne Verbindung zum Wandfuß). Die ersten Alleinbegehungen schafften 1963 der Franzose M. DARBELLAY (* 1934) im Sommer und 1978 der Italiener J. GHIRARDINI (* 1953) im Winter.

H. HARRER: Das Buch vom E. (Innsbruck ²1989); DERS.: Die weiße Spinne. Die Gesch. der E.-Nordwand (⁶1995).

Eigersund [ɛjgər'syn], Fischerei- und Handelsstadt in der Prov. Rogaland, Norwegen, an der SW-Küste, 12 700 Ew.; Museum; Porzellanherstellung 1979 eingestellt. Zentrum ist der Ort **Egersund,** der 1965 mit Nachbargemeinden zur Stadt E. zusammengeschlossen wurde.

Eignung, Bez. für den Grad der Möglichkeit eines Individuums, in einem bestimmten Bereich aufgrund schon ausgebildeter Fertigkeiten oder aufgrund noch auszubildender Fähigkeiten ein bestimmtes Leistungsniveau zu erreichen.

Eignungsprüfung, die →Musterprüfung.

Eignungstests, Bez. für solche Testverfahren, die die Messung des gegenwärtigen Leistungsniveaus eines Individuums in einem bestimmten Leistungsbereich erlauben sollen oder die darauf abzielen, diejenigen Eigenschaften zu erfassen, welche die zu überprüfende Leistung bestimmen.

Eignungs|untersuchung, die Feststellung und Beurteilung der →Eignung eines Individuums zur Ausübung bestimmter Tätigkeiten (oder eines Berufs). Die Eignung ist sowohl abhängig von den Eigenschaften, Interessen und Fähigkeiten der betreffenden Person als auch von den spezif. Anforderungen der Tätigkeiten (oder des Berufs), die der Untersuchte ausüben will oder soll. Die bei der E. herangezogenen Testverfahren basieren daher auf einer zuvor durchgeführten Arbeits- und Berufsanalyse; i. d. R. werden Kombinationen verschiedenartiger Testverfahren angewendet. Neben der Prüfung einzelner spezif. Fertigkeiten oder Funktionen berücksichtigt man auch allgemeine intellektuelle und persönlichkeitsspezif. Eigenschaften (z. B. Anpassungsvermögen, Leistungsmotivation, soziale Kontaktbereitschaft).

Hb. psycholog. u. pädagog. Tests, hg. v. R. BRICKENKAMP, 2 Bde. (1975–83). – Jahrbuch: Tests u. Trends (1981 ff.).

Eigtved ['aɪgdveð], Nicolai, dän. Baumeister, * Egtved (Westseeland) 22. 6. 1701, † Kopenhagen 7. 6. 1754; ausgebildet bei M. D. PÖPPELMANN in Dresden (Mitarbeit am Zwinger); führte den frz.-sächs. Barockstil in Kopenhagen ein. 1751 wurde er Direktor der dort neu gegründeten Kunstakademie.

Werke (alle in Kopenhagen): Reitbahnflügel von Schloss Christiansborg (1733–45); Nationalmuseum (ehem. Prinzenpalais, 1743–44); oktogonaler Platz Amalienborg mit vier Palais (Entwurf 1749, Baubeginn 1754).

Eihäute, Eihüllen, Embryonalhüllen, den Embryo sackartig umgebende Hüllen. Sie bestehen aus →Amnion (Schafhaut), →Chorion (Zottenhaut) und der von der Gebärmutter stammenden →Decidua (Siebhaut).

Eijkman ['ɛjk-], Christiaan, niederländ. Hygieniker, * Nijkerk 11. 8. 1858, † Utrecht 5. 11. 1930; Schüler von O. FOERSTER und R. KOCH; 1888–96 Direktor des Laboratoriums für Pathologie in Batavia, 1898–1928 Prof. in Utrecht. Bes. bekannt wurde er durch die nach ihm benannte Nährlösung zur Bestimmung von Coli- und coliformen Bakterien im Wasser (Colititer). E. erkannte die Beriberi als eine Folge von Mangel an Stoffen, die man ab 1912 dann →Vitamine nannte; hierfür erhielt er 1929 mit F. G. HOPKINS den Nobelpreis für Physiologie oder Medizin.

Eike, E. von Repgow [-go], **E. von Repgau, E. von Repegouw** [-gaʊ], Rechtskundiger, * Reppichau (bei Dessau) um 1180, † nach 1233. Als Ratgeber der Fürsten von Nieder- und Obersachsen, Thüringen und Anhalt schrieb er um 1225 den →Sachsenspiegel. Umstritten ist, ob er auch die ihm zugeschriebene →Sächsische Weltchronik verfasste.

R. LIEBERWIRTH: E. von R. u. der Sachsenspiegel (1982).

Eikonal [griech.] das, -s/-e, mathemat. Funktion für die opt. Weglänge zw. Ausgangs- und Endpunkt eines Lichtstrahls in der geometr. Optik. Speziell bei abbildenden Systemen ist das **Bruns-E.** der von den Koordinaten eines Objektpunktes und des dazugehörenden Bildpunktes abhängige Extremwert der Summe aller opt. Weglängen $z_i l_i$ ($i = 1, 2, ...$), wobei die l_i die Weglängen der versch. denkbaren Linienzüge zw. diesen beiden Punkten und die n_i die Brechzahlen der zw. ihnen liegenden Medien sind.

Eikörper, konvexer Körper, beschränkte und abgeschlossene konvexe Menge des n-dimensionalen Raums. Beispiele im dreidimensionalen Raum sind Kugel, Kegel, Würfel und Tetraeder, ein Gegenbeispiel ist der Torus.

Eilbertus Coloniensis, Kölner Goldschmied und Emailleur um die Mitte des 12. Jh. Der Tragaltar des E. C. (signiertes Werk) ist ein Hauptwerk der Kölner Goldschmiedekunst (1150–60; Berlin, Kunstgewerbe-

Eilbertus Coloniensis: Tragaltar; 1150–60 (Berlin-Tiergarten, Kunstgewerbemuseum)

museum); er gehört neben anderen Arbeiten, die E. C. bzw. seinem Werkstattkreis zugeschrieben werden, zum →Welfenschatz.

Ei|leiter, Ovidukte, paarig angelegter dünner muskulärer Schlauch, über den die Eizellen aus dem →Eierstock in die Gebärmutter transportiert werden. Das bewegl. freie Ende des E. ist trichterförmig erweitert und mit Fransen (Fimbrien) besetzt. Dieser Fimbrientrichter legt sich über das sprungreife Eibläschen (Follikel) am Eierstock und ›strudelt‹ die nach dem Eisprung freigesetzte Eizelle in die Öffnung des E. (Eiauffangmechanismmus).

Beim *Menschen* ist der E. **(Tuba uterina)** eine etwa 12 cm lange Röhre aus glatter Muskulatur, die durch ihre Kontraktion die Eizelle gebärmutterwärts transportiert. Die Richtung des Eitransportes wird durch ein Flimmerepithel der Schleimhaut, mit dem der E. innen ausgekleidet ist, bestimmt, wobei die Flimmerhärchen in Richtung der Gebärmutterhöhle schlagen. In der Lichtung des Eileiters befindet sich ein nährstoffreiches Sekret, das der Ernährung von Eizelle bzw. Embryo dient. Man unterscheidet drei Abschnitte des E.: Der äußere, weitlumige Teil **(Ampulle)** besitzt eine faltenartige Schleimhaut und erweitert sich zum Fimbrientrichter. In der Ampulle findet auch die Befruchtung der Eizelle statt. Zur Gebärmutter hin schließt sich der enge Teil **(Isthmus)** an, der in die Gebärmutterwand einmündet und als **interstitieller** oder **intramuraler** Abschnitt bis in die Gebärmutterhöhle verläuft.

Erkrankungen: Die E.-Entzündung **(Salpingitis)** tritt überwiegend in der Geschlechtsreife ein- oder beidseitig auf, wobei versch. Infektionskeime über die Scheide und Gebärmutter (aufsteigende Infektion) in die E. gelangen. Begünstigt wird dies durch Erweiterung des Gebärmutterhalskanals, z.B. bei der Menstruation, nach einer Geburt oder Fehlgeburt. Bei den Erregern handelt es sich meist um mehrere Keimarten, wobei Chlamydien, bestimmte Arten von Anaerobiern und Gonokokken von besonderer Bedeutung sind. Demgegenüber sind Erregereinwanderungen in den E. aus der Umgebung (absteigender Infektionsweg), z.B. bei Appendizitis, oder über das Blutgefäß- und Lymphsystem, z.B. bei Lungen- oder Nierentuberkulose, seltener. Die zuerst auf die E.-Schleimhaut begrenzte Entzündung breitet sich, falls keine Behandlung erfolgt, auf die gesamte E.-Wand aus und führt zur Eiteransammlung im E. **(Pyosalpinx).** Bei Fortschreiten der Entzündung wird auch der Eierstock **(Adnexitis)** und das Beckenbauchfell **(Pelveoperitonitis)** mit einbezogen. Es kann zur Abszessbildung zw. Eileiter und Eierstock **(Tuboovarialabszess)** oder im Douglas-Raum **(Douglas-Abszess)** kommen. Symptome sind akut einsetzende Schmerzen im Unterbauch, Fieber, Beckenbauchfellreizung sowie je nach Schwere Erbrechen, Darmmotilitätsstörungen und Kreislaufstörungen. Die *Behandlung* besteht in Bettruhe, medikamentös werden Breitbandantibiotika (einschließlich Chlamydienbehandlung mit Doxycyclin), Schmerzmittel und Infusionen gegeben. Die Gabe von Nebennierenrindenhormonen (Glukokortikoiden) ist umstritten. Neben der konservativen Behandlung hat die organerhaltende laparoskop. Maßnahme mit Eröffnung der Eiterherde (Pyosalpinx, Tuboovarialabszess, Douglas-Abszess), Spülung des Bauchraumes (Lavage) und Drainage an Bedeutung gewonnen und ist v.a. dann angezeigt, wenn Fruchtbarkeit und Eierstockfunktion erhalten werden sollen. Bei einer schweren Infektion mit Bauchfellentzündung ist die Entfernung der Entzündungsherde durch Bauchschnitt notwendig. Folgen von E.-Erkrankungen können sein: Unfruchtbarkeit (tubare Sterilität) durch Verklebung der E. mit Undurchgängigkeit oder Verwachsungen der E. und Störung des Eiauffangmechanismus; Flüssigkeitsansammlung im verschlosse-

nen E. **(Hydrosalpinx)** oder einem abgeheilten Tuboovarialabszess **(Tuboovarialzyste);** chron. Schmerzzustände durch Verwachsungen (Adhäsionen) mit Nachbarorganen; schmerzhafte Menstruationen oder Schmerzen beim Geschlechtsverkehr. Die *Behandlung* erfolgt hierbei mit physikal. Maßnahmen, z.B. Bädern, Wärmeapplikation (Kurzwelle), Peloidanwendung (Moor, Fango) sowie entzündungs- und schmerzhemmenden Arzneimitteln (Antiphlogistika). In besonderen Fällen kann eine Lösung von Verwachsungen durch Laparoskopie erfolgen (Adhäsiolyse), da eine abgelaufene E.-Entzündung Ursache für eine Eileiterschwangerschaft (→Extrauteringravidität) sein kann.

Eileiterschwangerschaft, eine Form der →Extrauteringravidität.

Eileithyia, urspr. vorgriech. Geburtsgöttin, deren Kultorte bes. in Kreta und Lakonien lagen. Später wurden ihr Artemis und Hera gleichgesetzt. Im griech. Mythos war sie Tochter von Zeus und Hera. Bei den Römern entsprach ihr Lucina.

Eilenberg [ˈaɪlənbɔːg], Samuel, amerikan. Mathematiker poln. Herkunft, *Warschau 30. 9. 1913; 1940–46 an der Univ. von Michigan, 1947–82 als Prof. an der Columbia University in New York tätig; lieferte grundlegende Beiträge zur Algebra und zur algebraischen Topologie; Mitgl. der Mathematikergruppe N. →Bourbaki.

Eilenburg, Stadt im Landkreis Delitzsch, Sa., 105 m ü.M., an der Mulde, im NO der Leipziger Tieflandsbucht, 19 800 Ew.; Volks- und Schulsternwarte ›Juri Gagarin‹; Papier-, chem., Metall-, Holz verarbeitende Industrie, Papierfabrik, Brunnenversand, Bauwirtschaft, Kiesgewinnung. – Stadtkirche St. Nicolai (1444–1545; 1945 z.T. zerstört, Chor 1961 wiederhergestellt); spätgot. Bergkirche St. Marien (1516–22); Renaissancerathaus (1544/45); Burg (961 erstmals erwähnt; seit dem 17. Jh. Ruine; ›Sorbenturm‹ vom 12. Jh. als Aussichtsturm erhalten). – Im Schutz einer Burg entstanden; erhielt wohl um 1300 Stadtrecht. 1485 wurde E. ernestinisch, 1547 albertinisch; 1815 kam es an Preußen. 1952–94 war es Verwaltungssitz des ehem. Kreises Eilenburg.

Eilers, Wilhelm, Orientalist, *Leipzig 27. 9. 1906, †Würzburg 3. 7. 1989; Prof. in Würzburg. Seine sprachhistor., etymolog. und semasiolog. Untersuchungen vertieften die Kenntnis von den iran. Sprachen.

Werke: Iran. Beamtennamen in der keilschriftl. Überlieferung (1940); Dt.-pers. Wb., 2 Bde (1959–83; nicht abgeschlossen); Semiramis (1971); Über Sprache aus der Sicht von Einzelsprachen (1973); Die vergleichende semasiolog. Methode in der Orientalistik (1974); Westiran. Mundarten, 3 Bde. (1976–79); Geograph. Namengebung in u. um Iran (1982).

Eilhart von Oberg, E. von Oberge, mittelhochdt. Dichter aus braunschweig. Ministerialengeschlecht; verfasste um 1170 im überwiegend vorhöf. Stil und auf Spielmannsvortrag ausgerichtet das Epos ›Tristrant‹, die erste dt. Bearbeitung der Tristansage, nach einer verlorenen frz. Vorlage. Von der Originalfassung sind nur Fragmente erhalten, etwa 1 000 Verse; erschließbar ist der ›Tristrant‹ aus späteren Bearbeitungen des Stoffes (z.B. durch ULRICH VON TÜRHEIM, HEINRICH VON FREIBERG), Handschriften des 15. Jh., einem Prosadruck (Volksbuch, Roman, 1484) und den Resten einer tschech. Übersetzung.

Ausgaben: Tristrant, hg. v. F. LICHTENSTEIN (1877, Nachdruck 1973); Tristrant, bearb. v. D. BUSCHINGER (1976).

Eilkäfer, Notiophilus, Gattung etwa 4–7 mm langer Laufkäfer mit auffallend großen Augen. Häufigste Art in Europa ist der auf der gesamten Nordhalbkugel vorkommende **Eilkäfer** (Notiophilus biguttatus), Länge 5 mm, der v.a. unter Moos und Steinen lichter Wälder lebt.

Eilsen, Bad E., Gem. und Heilbad im Landkreis Schaumburg, Ndsachs., 90 m ü.M., am Fuß der Bü-

Eilkäfer:
Notiophilus biguttatus
(Länge 5 mm)

ckeberge, 2 200 Ew.; Schlamm- und Schwefelbad (seit 1802) mit Heilanzeigen bei rheumat. Beschwerden, Wirbelsäulen-, Herz- und Kreislauferkrankungen. – Das 1070 erstmals erwähnte E. war bereits im 17. Jh. wegen des Badebetriebs bekannt; die ersten Badeeinrichtungen und der Kurpark wurden 1788 angelegt.

Eilzustellung, besondere Art der Postzustellung, erfolgt für Briefe, Postkarten, und Blindensendungen auf Verlangen des Absenders gegen Eilzustellgebühr durch besondere Boten **(Eilzusteller)** von 6 bis 22 Uhr. Nachts wird – auf Wunsch des Absenders – nur in von der Post festgelegten Orten zugestellt.

Eimer, früheres *Volumenmaß* unterschiedl. Größe in Dtl., Österreich, Ungarn (Akó) und der Schweiz; i. A. zw. 60 und 70 Litern, in Württemberg zw. 294 und 307 Litern.

Eimeria [nach dem Schweizer Zoologen Theodor Eimer, * 1843, † 1898], Gattung der →Kokzidien.

Eimerkettenschaltung, *Halbleiterelektronik:* →BBD.

Einbaum: Herstellung eines Bootes durch Ausbrennen

Eimert, Eugen Otto Herbert, Musiktheoretiker und Komponist, * Bad Kreuznach 8. 4. 1897, † Düsseldorf 15. 12. 1972; studierte in Köln u. a. bei H. Abendroth, leitete 1951–62 das von ihm als Erstes seiner Art gegründete Studio für elektron. Musik beim Westdt. Rundfunk in Köln und war 1965–71 Prof. und Leiter des neu gegründeten Studios für elektron. Musik an der Kölner Musikhochschule. E. war einer der frühesten Vertreter der Zwölftonmusik in Dtl. und einer der Wegbereiter der elektron. Musik. Er komponierte u. a. ein Streichquartett (1925), ›Glockenspiel‹ (1953), ›Epitaph für Aikichi Kuboyama‹ (1960–62; für Sprecher und Sprachklänge).

Schriften: Atonale Musiklehre (1924); Lb. der Zwölftontechnik (1950); Grundl. der musikal. Reihentechnik (1964); Das Lex. der elektron. Musik (1973, mit H. U. Humpert).

Eimsbüttel, Stadtbezirk von →Hamburg.

Einachsschlepper, Einachs|traktor, von Hand mit teilweise großen Körperkräften zu führender Traktor mit einer einzigen tragenden, treibenden und lenkenden Achse und Motornennleistungen bis etwa 12 kW. Die Zapfwelle dient v. a. für Fräsen und angetriebene Einachsanhänger.

Einakter, Schauspiel in einem Akt, im 18. Jh. entwickelt, stärker verbreitet seit Ende des 19. Jh. (A. Strindberg, H. von Hofmannsthal, A. Schnitzler), häufig auch von Dramatikern des modernen Theaters verwendete Form (S. Beckett, E. Ionesco). E. wirken meist ausschnitthaft und sind häufig mit einer Tendenz zum Grotesken verbunden.

D. Schnetz: Der moderne E. (Bern 1967).

Einankerumformer, elektr. Synchronmaschine zur Umformung von Gleich- in Wechselstrom und umgekehrt. Der Aufbau der Maschine entspricht dem einer Gleichstrommaschine, wobei an den Anker neben dem übl. Stromwender (Kommutator) Schleifringe angeschlossen sind. Wird über diese dem Anker Dreh- oder Wechselstrom zugeführt, so lässt sich auf der anderen Seite Gleichstrom an den Kommutatorbürsten abnehmen; bei Anschluss an das Gleichstromnetz kann umgekehrt über die Schleifringbürsten Wechselstrom oder Drehstrom abgenommen werden.

Einantwortung, im österr. *Recht* die Übertragung der Erbschaft durch das Gericht in das Eigentum des Erben (§ 797 ABGB). Die rechtskräftige E. schließt das Verlassenschaftsverfahren ab.

Einarr Skálaglamm [ˈɛinar-; ›Schalenklang‹], isländ. Dichter, * etwa 945, † etwa 995; lebte am Hof des norweg. Jarls Håkon (†995), den er in seinem Preislied ›Vellekla‹ (›Goldmangel‹) als Heerführer und Schützer des Götterkults feierte. Seine Kunst zeichnet sich durch vollendete Reimtechnik und komplizierte Umschreibungen (→Kenning) aus.

Einarr Skúlason [ˈɛinar-], isländ. Dichter des 12. Jh., dichtete u. a. bald nach 1152 eine ›Geisli‹ (›Sonnenstrahl‹) genannte →Drápa auf den norweg. König Olaf II., den Heiligen, in der er geistl. Inhalt und traditionelle Kunstform (→Kenning) virtuos verband.

Einäscherung, →Totenbestattung.

Einaudi [eɪˈnaːudi], Luigi, ital. Finanzwissenschaftler und Politiker, * Carrù (bei Cuneo) 24. 3. 1874, † Rom 30. 10. 1961; seit 1902 Prof. für Finanzwissenschaften in Turin, gab 1902–35 die Zeitschrift ›Riforma Sociale‹ heraus. 1919 wurde er Senator. Als Anhänger eines Liberalismus angelsächs. Prägung entwickelte er sich zu einem entschiedenen Gegner des Faschismus. 1943 ging er in die Schweiz. Nach seiner Rückkehr war er 1945–48 Präs. der Bank von Italien. Als stellv. Min.-Präs. und Haushalts-Min. (1947–48) gelang ihm die Stabilisierung der Währung und die Konsolidierung der Staatsfinanzen. 1948–55 war E. Staatspräsident.

Luigi Einaudi

Einaudi, Giulio E. Editore S. p. A. [ˈdʒuːljo eɪˈnaːudi - sotˈʃeːta per aˈtsjoːni], ital. Buchverlag, Sitz: Turin, gegr. 1933 von Giulio Einaudi (* 1912; Sohn von Luigi E.); 1994 Erwerb der restl. 51% Anteile durch den Verlag →Mondadori S. p. A., der seit 1988 bereits über die Holding Elemond zu 49% beteiligt war. Hauptgebiete: Belletristik, antifaschist. Literatur, Kunst, Sozialwissenschaften.

einäugige Spiegelreflexkamera, →fotografische Kameras.

Einback, weiches Hefegebäck, das zu langen, eingekerbten Kuchen geformt ist; in Stücke geschnitten und nochmals gebacken wird daraus **Zwieback** hergestellt.

Einbahnstraße, bes. gekennzeichnete (→Verkehrszeichen) Straße, die nur in einer Richtung befahren werden darf. Es muss rechts gefahren und links überholt werden; Schienenfahrzeuge dürfen ggf. rechts und links überholt werden; es darf rechts und links gehalten werden.

Einbalsamieren, ein schon im 3. Jt. v. Chr. geübtes Verfahren, Leichname zum Schutz gegen Verwesung (→Mumie) mit Konservierungsstoffen (Natron, Asphalt, Harzen) zu behandeln. Im alten Ägypten wurden vor dem E. Gehirn und Eingeweide entfernt und in besonderen Behältern (Kanopen) beigesetzt, während der mumifizierte Körper des Toten mit einer Maske (z. B. Goldmaske des Tut-ench-Amun) bedeckt wurde. In neuerer Zeit werden Öle und konservierende Chemikalien injiziert.

Einband, 1) →Buchdecke.

2) E.-Spiel, Disziplin beim →Billard.

Einbeere:
Vierblättrige Einbeere
(Höhe 10–40 cm)

einbasige Säure, Säure, die nur über ein saures (durch ein Basekation ersetzbares) Wasserstoffatom verfügt (z. B. Salzsäure, HCl).

Einbaum, aus einem einzigen Baumstamm durch Aushöhlen gefertigtes Boot, das mittels Staken oder Paddel fortbewegt wird; bei vielen Naturvölkern in Gebrauch. Der Baumstamm wird meist ausgebrannt und mit dem Beil an den Wänden geglättet, die oft mit heißem Wasser erweicht und durch Querstreben ausgeweitet werden. Im äquatorialen Afrika (Niger, Kamerun) gab es E., in denen 50–70 Personen befördert werden konnten. (BILD S. 155)

Einbeck, Stadt im Landkreis Northeim, Ndsachs., 113 m ü. M., im Leinebergland, 30 100 Ew.; Städtisches Museum, Schreibmaschinenmuseum, Fahrradmuseum; traditionelle Brauwirtschaft (›Einbecker Bier‹), Teppich-, Papier- und Küchenmöbelindustrie, Metallverarbeitung, Autozulieferer; Saatzucht. – Gotisch sind die ehem. Stiftskirche St. Alexander (1275–1503, an der Stelle eines roman. Vorgängerbaus von 1108), eine lang gestreckte Halle, und die Marktkirche (Ende 13. Jh.) mit barocker Westfassade (1741). Die Altstadt innerhalb des mittelalterl. Walles bildet mit Rathaus (1550–56), Ratswaage (1565), Ratsapotheke (nach 1562) und Brodhaus (1552) am Marktplatz und den zahlr. Fachwerkhäusern des 16. und 17. Jh. in den umgebenden Straßen (bes. Steinweg, Tiedexer und Marktstraße) ein geschlossenes Fachwerkensemble. – E. entstand im 12. Jh. bei dem Chorherrenstift St. Alexander (gegr. um 1282). Nach 1230 entwickelte sich neben der Alt- die Neustadt. 1250 erhielten beide Stadtteile eine gemeinsame Befestigung (Wall und Graben); nach 1264 erfolgte der Bau einer Stadtmauer. 1252 ist erstmals ein Stadtrat bezeugt. 1279 erhielt E. von den Welfen ein verbessertes Stadtrecht nach dem Statut der Braunschweiger Neustadt verliehen. Dank seiner verkehrsgünstigen Lage blühte der Handel E.s rasch auf (seit spätestens 1368 Mitgl. der Hanse). Durch Stadtbrände (1540, 1549) und den Dreißigjährigen Krieg stark geschädigt, sank die wohlhabende Stadt zum bedeutungslosen Landstädtchen herab, bis Ende des 18. Jh. die Industrialisierung zu einem neuen wirtschaftl. Aufschwung führte. – E.s Wohlstand beruhte während des MA. v. a. auf seinem Brauereigewerbe und dem seit 1351 belegten Bierversand (auf das Einbecker Bier geht die Bez. →Bockbier zurück). 1671 fiel E. an Braunschweig-Lüneburg.

H. WALTER: Bevölkerungsgesch. der Stadt E. (1960); Gesch. der Stadt E., hg. v. Einbecker Geschichtsverein, 2 Bde. (²1991–92).

Einbeck: Fachwerkhäuser des 16. und 17. Jh.

Einbeere, Paris, Gattung der Liliengewächse mit rd. 20 Arten im gemäßigten Asien und in Europa. An der einen Wurzelstock aufweisenden Staude bilden jeweils vier (selten mehr) netznervige Blätter einen Quirl. Die vier- bis fünfzähligen Blüten entwickeln sich zu Beeren- oder fleischigen Kapselfrüchten. Einzige mitteleurop. Art ist die in Laub- und Auwäldern verbreitete, bis 40 cm hohe **Vierblättrige E.** (Paris quadrifolia), deren bleiche, vierzählige Blüten sich zu blauschwarzen Beeren entwickeln. Alle Teile dieser Pflanze sind giftig (sie enthalten das Saponin Paristyphnin).

Einbenennung, →Namensrecht.

Einberufung, Heranziehung eines ungedienten oder gedienten Wehrpflichtigen zum Wehrdienst aufgrund des Wehrpflichtgesetzes; erfolgt durch das zuständige Kreiswehrersatzamt mittels eines schriftl. **E.-Bescheides** (Verwaltungsakt).

Einbetten, *mikroskop. Technik:* Verfahren, bei dem entwässerte biolog. Präparate mit bestimmten Stoffen durchtränkt werden, die anschließend erstarren, sodass das durchtränkte Präparat eine feste, mit einem →Mikrotom gut schneidbare Masse bildet. Als **Einbettungsmittel** dienen Paraffin sowie Kunstharze (z. B. Methacrylate, Epoxidharze), die infolge Polymerisation erhärten.

Einbettung, 1) *Mathematik:* Die E. einer mathemat. Struktur A (z. B. eines →Körpers) in eine mathemat. Struktur B von gleicher Art wie A ist eine umkehrbar eindeutige und operationentreue →Abbildung f von A in B. Sie dient meist dazu, A zu einer Struktur B, die in einem jeweils genauer zu erklärenden Sinn vollständiger als A ist, zu erweitern. Z. B. kann man den Ring $\mathbb{Z}$ der ganzen Zahlen, 0, ±1, ±2, ..., in den Körper $\mathbb{Q}$ der rationalen Zahlen einbetten, indem man von den ganzen Zahlen zu den rationalen Zahlen als Klassen p/q von Paaren (p, q) ganzer rationaler Zahlen übergeht. Die Abbildung f, die der ganzen rationalen Zahl p die von $(p, 1)$ repräsentierte Klasse $p/1$ zuordnet, ist dann eine E. des Ringes $\mathbb{Z}$ der ganzen Zahlen in den Körper $\mathbb{Q}$ der rationalen Zahlen, da f operationentreu gegenüber der Addition und der Multiplikation und auch relationentreu bezüglich der Anordnung ist.

2) *Sprachwissenschaft:* innerhalb der →generativen Grammatik die Einordnung eines Satzes als Konstituente eines übergeordneten Satzes, des Matrixsatzes.

Einbildungskraft, seit G. W. LEIBNIZ, C. WOLFF und I. KANT übl. Bez. für die Fähigkeit, die vielfältigen Daten sinnl. Wahrnehmung so zu gruppieren, dass voneinander unterscheidbare Einheiten, Gegenstände, entstehen, die dann auch unabhängig von ihrer realen Anwesenheit als Vorstellungen in Gedanken (im Verstand) anschaulich-bildhaft repräsentiert werden können. Damit steht die E. erkenntnistheoretisch verbindend zw. Wahrnehmung und Denken (ARISTOTELES) bzw. zwischen Sinnlichkeit und Verstand (KANT). – Mit Beginn einer philosoph. Untersuchung der Kategorien des Schönen (etwa ab LEIBNIZ) gewinnt die E. Bedeutung in der Ästhetik. Der bereits bei KANT in erkenntnistheoret. Zusammenhang vorhandene produktive Aspekt rückt in den Mittelpunkt.

Einblattdrucke, einseitig bedruckte, selten mit Holzschnitten illustrierte Einzelblätter. Vor Erfindung des Buchdrucks erfolgte die Herstellung von E. mithilfe von Holzplatten (Reiberdrucke), danach mithilfe von gegossenen Lettern; Illustrationen wurden weiterhin in Holz geschnitten (gedruckt wurde in einem Druckgang). Die E. waren meist Ablassbriefe (älteste: Mainzer Ablassbriefe von 1454/55), Kalenderblätter (älteste: Mainz 1448 und 1457), amtl. Bekanntmachungen, Verlagsverzeichnisse, seltener Traktate, Wunderberichte, Kuriositätenmeldungen u. Ä. Die E. mit aktuellen Nachrichten stellen Vorläufer der Zeitungen dar, solche mit tendenziöser Berichterstattung der Flugblätter (→Flugschrift). Kleine →Andachtsbilder und →Bilderbogen bilden eigene Gattungen loser Bilddrucke. Hergestellt wurden die E. von Briefmalern und Formschneidern sowie von Druckern in Zusammenarbeit mit diesen. Von den oft in großen Auflagen hergestellten E. sind meist nur Einzelexemplare erhalten. Bedeutende Künstler wie A. DÜRER, H. BALDUNG, U. GRAF und L. CRANACH D. Ä. haben Illustrationen für E. geliefert. Wichtige dt. Sammlungen von E. befinden sich u. a. in der Bayer. Staatsbibliothek in München, im German. Nationalmuseum in Nürnberg, in der Herzog-August-Bibliothek in Wolfenbüttel und im Kestner-Museum in Hannover.

W. L. SCHREIBER: Hb. der Holz- u. Metallschnitte des 15. Jh., 11 Bde. (Neuausg. 1969); H. KÖRNER: Der früheste dt. Einblattholzschnitt (1979); G. ECKER: E. von den Anfängen bis 1555, 2 Bde. (1981).

Einblattdrucke: Warnung vor Falschgeld; gedruckt 1482 in Ulm von J. Zainer

Einblendung, Einschaltung eines zusätzl. Bild- oder Tonmotivs in die laufende Filmszene (z. B. Untertitel, Musik).

Einbrennen, 1) *Gerberei:* das Imprägnieren von Leder mit einem über den Schmelzpunkt erhitzten Gemisch aus Wachsen, Paraffin, Talg u. a.

2) *Textiltechnik:* **Krabben, Brühen, Hydrofixieren,** die Behandlung von Garnen und Geweben aus Wolle mit heißem Wasser, um sie gegen unerwünschte Auswirkungen nachfolgender Verarbeitungsprozesse unempfindlicher zu machen.

Einbrennlacke, Lacke, die Acryl-, Epoxid-, Phenol-, Melamin-, Harnstoff-, Polyurethan- u. a. Harze allein oder gemischt enthalten. Beim Erhitzen auf 250 °C (Einbrennen) werden E. durch Vernetzungsreaktionen gehärtet, durch geeignete Pigmente können sie gefärbt werden. E. geben glänzende, mechanisch beständige und korrosionsfeste Filme und haben deshalb große Bedeutung bei der industriellen Metalllackierung (Automobilkarosserien, Haushaltsgeräte, Metallmöbel).

Einbruch, 1) *Bergbau:* im Grubenbau durch →Abschlag geschaffener Hohlraum, in den das Bohrklein der Sprengbohrlöcher fällt.

2) *Militärwesen:* das Eindringen der Angriffstruppen in das gegner. Stellungssystem.

3) *Recht:* gewaltsames Eindringen in verschlossene Räume, meist als E.-Diebstahl (→Diebstahl).

Einbruchdiebstahlversicherung, Sachversicherung gegen Schäden durch Entwendung von versicher-

ten Sachen mittels Einbruch aus einem Gebäude oder aus Räumen. Einfacher Diebstahl ist durch die E. nicht abgedeckt; dazu bedarf es einer eigenen **Diebstahlversicherung,** wie z. B. die Fahrradversicherung. Für einfachen Diebstahl haften auch die Autokasko-, Garderoben-, Tier- und Transportversicherung. I. d. R. ist die E. in der →Hausratversicherung mit enthalten.

Einbürgerung, Naturalisierung, der staatsrechtl. Hoheitsakt, durch den einem Ausländer die Staatsangehörigkeit verliehen wird. Voraussetzungen sind in Dtl. (gesetzl. Grundlage: Reichs- und Staatsangehörigkeits-Ges. vom 22. 7. 1913): Niederlassung im Inland, unbeschränkte Geschäftsfähigkeit, Unbescholtenheit und die Gewähr, für den Lebensunterhalt selbst sorgen zu können. Ein genereller Rechtsanspruch auf E. besteht nicht, die zuständigen Landesbehörden (meist der Reg.-Präs.) entscheiden nach freiem Ermessen; die E. soll allerdings erfolgen, wenn sie vom Ehegatten eines Deutschen begehrt wird, der seine bisherige Staatsangehörigkeit verloren oder aufgegeben und sich in die dt. Lebensverhältnisse eingeordnet hat. Seit 1974 haben nichtehel. Kinder dt. Väter ein E.-Anspruch, wenn eine nach den dt. Gesetzen wirksame Feststellung der Vaterschaft erfolgt ist, das Kind seit drei Jahren rechtmäßig seinen dauernden Aufenthalt im Inland hat und der E.-Antrag vor Vollendung des 23. Lebensjahres gestellt wird; einen E.-Anspruch haben auch bestimmte, seit ihrer Geburt staatenlose Personen.

Über die Einführung eines generellen E.-Anspruchs für Ausländer mit langjährigem Aufenthalt in Dtl. und ihre Nachkommen wurde lange diskutiert. Ein zentraler Punkt der Neugestaltung des Ausländerrechts (Ausländer-Ges. vom 9. 7. 1990) war deshalb die Erleichterung der E. für die Ausländer der ersten und zweiten Generation. Erstmals wurde ab 1. 7. 1993 ein gesetzl. Regeleinbürgerungsanspruch für junge Ausländer im Alter von 16 bis 23 Jahren eingeräumt (§ 85). Der Gesetzgeber hat im Grundsatz an der Forderung der Aufgabe der bisherigen Staatsangehörigkeit festgehalten, obwohl dies eines der Haupthindernisse der E. darstellt. Die Mehrstaatigkeit wird ausnahmsweise in Kauf genommen, wenn der Ausländer seine bisherige Staatsangehörigkeit nicht oder nur unter sehr schwierigen Bedingungen aufgeben kann (§ 87). Weitere Integrationsvoraussetzungen sind nach § 85 ein achtjähriger Aufenthalt und sechsjähriger Schulbesuch im Bundesgebiet und das Vorliegen von Straffreiheit. Erstmals im Ges. ist auch ein Regeleinbürgerungsanspruch für Ausländer verankert, die sich seit 15 Jahren rechtmäßig im Bundesgebiet aufhalten, sowie für deren Ehegatten und minderjährige Kinder (§ 86). Der Anspruch ist an die Aufgabe der alten Staatsangehörigkeit (mit der in § 87 geregelten Ausnahme), die Sicherung des Lebensunterhalts und Straffreiheit geknüpft. Vom Erfordernis der Sicherung des Lebensunterhalts kann abgesehen werden, wenn der Ausländer unverschuldet von der Sozialhilfe oder Arbeitslosenhilfe abhängig ist, was i. d. R. der Fall sein wird. – Begrenzungen des weiten, ausschließlich am staatl. Interesse orientierten E.-Ermessens in den übrigen Fällen sind für die Verwaltungspraxis durch die E.-Richtlinien vorgenommen worden. Für bestimmte Personen, z. B. heimatlose Ausländer und Asylberechtigte, wird die E. ebenfalls erleichtert.

In *Österreich* sind aufgrund des Staatsbürgerschafts-Ges. (Neukundmachung vom 19. 7. 1985) die Landesregierungen zur Verleihung der österr. Staatsbürgerschaft berufen. Danach kann ein Fremder eingebürgert werden, der seit mindestens zehn Jahren ununterbrochen in Österreich wohnt (kürzere Fristen möglich, z. B. bei Minderjährigen), wenn er u. a. von keinem österr. Gericht zu einer Freiheitsstrafe von mehr als sechs Monaten verurteilt worden ist, wenn

gegen ihn kein Aufenthaltsverbot besteht, sein Lebensunterhalt hinreichend gesichert ist oder er sich ohne sein Verschulden in einer finanziellen Notlage befindet und er die Rep. Österreich bejaht. Bereits nach vier Jahren Wohnsitz in Österreich ist eine E. zulässig, wenn ein bes. berücksichtigungswürdiger Grund vorliegt. Ohne eine derartige ›Wartefrist‹ dürfen Fremde nur dann eingebürgert werden, wenn die Bundesregierung bestätigt, dass die Verleihung der Staatsbürgerschaft wegen der vom Fremden bereits erbrachten oder von ihm noch zu erwartenden außerordentl. Leistungen im Interesse der Rep. liegt. Die Behörde hat sich bei der Ausübung des ihr eingeräumten freien Ermessens von Rücksichten auf das allgemeine Wohl, die öffentl. Interessen und das Gesamtverhalten der Partei leiten zu lassen. Es ist auch darauf Bedacht zu nehmen, ob der Fremde Flüchtling ist. Dem Ehegatten eines österr. Staatsbürgers ist bei Vorliegen der gesetzl. Bedingungen die Staatsbürgerschaft zu verleihen.

In der *Schweiz* wird zw. der ordentl. E., der erleichterten E. und der Wieder-E. unterschieden. Die E. erstreckt sich i.d.R. auch auf die minderjährigen Kinder des Antragstellers; der Ehegatte des Antragstellers dagegen muss ein eigenes E.-Gesuch stellen. Die ordentl. E. erfolgt in zwei Stufen: Zuerst prüft der Bund (zuständig: Bundesamt für Polizeiwesen), ob die im Bürgerrechts-Ges. festgelegten Mindestvoraussetzungen erfüllt sind (Dauer des Wohnsitzes in der Schweiz von i.d.R. 12 Jahren, Eignung des Gesuchstellers durch Charakter, Leumund, Einstellung zur Schweiz, Leben in geordneten Verhältnissen), danach nehmen die Kantone aufgrund ihrer eigenen Vorschriften, die u.a. auch eine staatsbürgerl. Prüfung umfassen können, die eigentl. E. durch Verleihung vor. Die erleichterte E. begünstigt u.a. bestimmte Voraussetzungen u.a. ausländ. Ehegatten von Schweizer Bürgern sowie ausländ. (auch erwachsene) Kinder eines schweizer. Vaters, der mit der ausländ. Mutter nicht verheiratet ist. Die Wieder-E. ist die Verleihung des Schweizer Bürgerrechts durch eine Bundesbehörde an ehem. Schweizer Bürger, die dem Land verbunden geblieben sind. Die E. kann unter bestimmten Voraussetzungen (z.B. wegen falscher Angaben des Gesuchstellers) für nichtig erklärt werden.

Eindampfen, 1) *Chemie:* **Abdampfen,** das Abtrennen des Lösungsmittels von einem gelösten Stoff durch Erhitzen der Lösung. Dabei kann das Lösungsmittel in einer Abdampfschale an der offenen Luft verdampfen oder in einer Vorlage zurückgewonnen werden. (→Einengen)
2) *Lebensmitteltechnik:* das →Eindicken.
Eindampfungssedimente, die →Evaporite.
Eindecker, Flugzeug mit nur einem Tragflügel, im Unterschied zum Doppeldecker. (→Flugzeug)
eindeutig, 1) *Mathematik* und *Logik:* Eine Zuordnung oder Relation zw. einer Menge M_1 und einer Menge M_2 heißt e., wenn jedem Element a aus M_1 genau ein Element b aus M_2 (**rechtseindeutig**) oder jedem Element b aus M_2 genau ein Element a aus M_1 (**linkseindeutig**) zugeordnet wird. Eine sowohl rechts- als auch linkseindeutige Zuordnung heißt **umkehrbar e.,** **eineindeutig** oder **bijektiv.** Die rechtseindeutigen Zuordnungen werden als →Abbildung bzw. Fraktion (von M_1 nach M_2) bezeichnet.
2) *Semantik:* Zeichen (z.B. Symbole) oder Zeichenketten (z.B. Sätze) werden e. genannt, wenn sie nur eine Bedeutung besitzen. Natürl. Sprachen sind nie e., wohl aber formale Sprachen (z.B. Programmiersprachen).
Eindeutschung, Einbürgerung eines Fremdwortes als →Lehnwort.
Eindeutung, Deutung eines unverständl. Wortes aus einer Fremdsprache durch geläufiges Sprachgut (z.B. ›Sintflut‹ als ›Sündflut‹). →Volksetymologie.

Eindhoven [ˈɛinthoːvə], Industriestadt in der Prov. Nordbrabant, Niederlande, an der Dommel, mit Anschluss an Binnenkanäle, 197100 Ew. (städt. Agglomeration 395600 Ew.); TH, Akademie für Industriedesign, internat. Inst. für technolog. Studien, Museum für moderne Kunst (›Van Abbemuseum‹). Neben dem hier 1891 gegründeten Philips-Werken und der Van Doorne's Automobielfabrieken N. V. (DAF-Lkws) hat E. Metall verarbeitende, elektron., Bekleidungs-, Druckindustrie und eine Großmolkerei; internat. Flughafen. – Neugot. Catharinakerk (1860–67 von P. CUYPERS), eine kreuzförmige Basilika mit zwei Westtürmen; Wohnsiedlung ›'t Hool‹ (entworfen von J. B. BAKEMA und J. H. VAN DEN BROEK; Ausführung 1962–72); ›Multifunctioneel Activiteitencentrum‹ (1970–73 und 1978–81 von F. VAN KLINGEREN und J. DE WEIJER); moderner Um- und Erweiterungsbau des Van Abbemuseums (1997ff.) durch den Architekten ABEL CAHEN. – E. erhielt 1232 Stadtrecht. Während des MA. wurde die kleine Stadt, die bis 1648 zum Herzogtum Brabant gehörte, mehrfach geplündert und zerstört. In der 2. Hälfte des 19. Jh. ließen Textilindustrie, Tabakverarbeitung und schließlich die Glühlampenfabrikation E. rasch anwachsen. 1944 wurde E. durch Bombenangriffe stark zerstört.

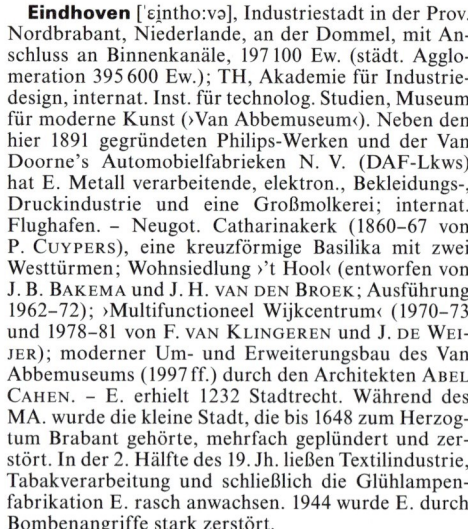

Eindicken, Eindampfen, Konzentrieren, *Lebensmitteltechnik:* flüssigen Lebensmitteln (wie Fruchtsäften, Milch) durch Verdampfung im Vakuum oder Gefrieren (→Gefrierkonzentrierung) schonend Wasser entziehen; Zweck ist die Herabsetzung ihres Volumens und ihrer Masse (z.B. Kondensmilch, evaporierte Milch, Fruchtsaftkonzentrate), vielfach auch das Erreichen einer guten Haltbarkeit.
Eindringverfahren, Diffusionsverfahren, Verfahren der zerstörungsfreien Werkstoffprüfung zum Nachweis von mit bloßem Auge nicht erkennbaren Rissen an der Oberfläche metall. Werkstücke. Man gibt auf die Oberfläche des Prüflings eine Flüssigkeit (z.B. eine besondere Farblösung, heißes Öl), die infolge der Kapillarwirkung in die Fehlerstelle eindringt. Nach Entfernen der Flüssigkeit von der Oberfläche wird durch eine chem. Behandlung (Entwickeln) oder Kalkmilch die an einem etwaigen Riss austretende Flüssigkeit sichtbar gemacht.
Eindruck, Gesamtbild von einem Objekt der Wahrnehmung, z.B. von einer Person oder einer Landschaft. Hierbei verbinden sich emotionale und kognitive Faktoren zu einer Wertung des Wahrgenommenen. Forschungsergebnisse der Ethologie legen nahe, dass beim Zustandekommen von E. zumindest Reste angeborener auslösender Mechanismen eine Rolle spielen. Mögliche angeborene Grundlagen von E. werden allerdings schon früh durch Lernprozesse nachhaltig beeinflusst. (→erster Eindruck)
Eine *das,* in monist. Lehren Bez. für den Urgrund alles Seienden, für dasjenige, von dem das Seiende Erscheinungsform ist. Das E. wird gesehen 1) im Unterschied zum Relativen – das E. ist das, was sich selbst ohne Bezug auf anderes bestimmt; 2) als Umfassendes (→Kosmos), das allem Seienden zugrunde liegt; 3) als stiftendes Prinzip (→Einheit) stiftendes Prinzip. Die Natur des E. wird in der Tradition sehr unterschiedlich bestimmt: als Idee (PLATON), zahlähnl. Prinzip (Pythagoreer) oder Materie (K. MARX).
Einebnung, ein Ergebnis der Abtragung, bes. der Denudation.
eineindeutig, *Mathematik:* →eindeutig.
Einem, 1) Gottfried von, österr. Komponist, * Bern 24. 1. 1918, † Maissau (NÖ) 12. 7. 1996; studierte u.a. bei B. BLACHER, war 1948 bis 1962 Direktionsmitglied im Salzburger Festspielkomitee, seit 1965 Prof. für Komposition an der Hochschule für Musik in Wien. Seine musikal. Sprache bewegt sich im Rahmen einer erweiterten Tonalität; die geschärfte Rhythmik und

der Sinn für differenzierte Klangfarben stehen unter dem Einfluss der Werke I. STRAWINSKYS und R. STRAUSS'. Vom Musikdrama wagnerscher Prägung unterscheiden sich E.s Opern u. a. durch den Verzicht auf die leitmotiv. Technik zur Charakterisierung der Figuren zugunsten einer eher der Nummernoper zuzurechnenden Disposition. Jedoch werden etwa in der Wiederkehr von Tonarten und Intervallen (z. B. in ›Jesu Hochzeit‹) musikal. Elemente mit Figuren und bestimmten Inhalten verknüpft.

Werke: Prinzessin Turandot (1944; Ballett, daraus 4 Episoden für Orchester, 1954); Dantons Tod (1947; Oper nach G. BÜCHNER, daraus Orchestersuite 1949); Der Prozeß (1953; Oper nach F. KAFKA); Klavierkonzert (1955); Medusa (1957; Ballett; Neufassung 1971); Philadelphia Symphony (1960; für Orchester); Der Zerrissene (1964; Oper nach J. N. NESTROY); Violinkonzert (1967); Der Besuch der alten Dame (1971; Oper nach F. DÜRRENMATT); Bruckner-Dialog (1974; für Orchester); An die Nachgeborenen (1975; Kantate für Sopran, Bariton, Chor und Orchester); Kabale und Liebe (1976; Oper nach F. SCHILLER); Sinfonie (op. 49, 1976); Streichquartett (op. 45, 1976); Jesu Hochzeit (1980; Oper); Konzert für Orgel und Orchester (1983); Münchner Symphonie (1985); 4. Symphonie (1988); Tulifant (1990; Oper); Fraktale (1991; für Orchester); Aspekte – 4 Porträts für Oboe solo (1994).

D. HARTMANN: G. von E. (Wien 1967); Pro u. Kontra Jesu Hochzeit. Dokumentation eines Opernskandals, hg. v. M. DIETRICH u. W. GREISENEGGER (Wien 1980); F. SAATHEN: E.-Chronik (Wien 1982; mit Werk-Verz.).

2) Herbert Günter von, Kunsthistoriker, * Saarburg (Lothringen) 16. 2. 1905, † Göttingen 5. 8. 1983; ab 1947 Prof. in Bonn; verfasste u. a. Monographien über C. D. FRIEDRICH (1938) und MICHELANGELO (1959), ›Goethe-Studien‹ (1972), ›Dt. Malerei des Klassizismus und der Romantik‹ (1978).

Ein|emsen, Gepflogenheit vieler Singvögel, Ameisen mit dem Schnabel zu erfassen und deren Sekret bes. an Schwanz, Flügeln und Bauchgefieder abzuwischen, um Außenschmarotzer abzutöten.

Ein|engen, *Chemie:* Bez. für das Erhöhen der Konzentration einer gelösten Substanz durch teilweises Verdampfen des Lösungsmittels.

Einer, Skiff, *Rudern:* kleinstes Rennboot, einsitzig, doppelseitig von zwei →Skulls angetrieben, Länge rd. 7,50 m; auch einsitziges Paddelboot.

Eines Mannes Rede ist keines Mannes Rede, man soll sie billig hören beede, sprichwörtl. Formulierung des Anspruchs auf rechtl. Gehör (spätmittelalterl. Stadtrechte); entspricht dem lat. →audiatur et altera pars.

Einfachbindung, kovalente →chemische Bindung zw. zwei Atomkernen, die durch ein Elektronenpaar gebildet wird, im Ggs. zur Doppel- und Dreifachbindung. In der chem. Zeichensprache wird die E. durch einen Valenzstrich zw. den Atomsymbolen dargestellt.

einfache Formen, von A. →JOLLES eingeführter Begriff für die Grundformen sprachl. Gestaltens, verwirklicht in den urspr. mündl. literar. Formen Legende, Märchen, Rätsel, Sage, Mythe, Spruch, Kasus, Witz. Typisch für e. F. sind einfache Verknüpfungstechniken, Erzählhaltungen, Topoi und Motive. Nach JOLLES lassen sich alle dichter. Gattungen und Formen auf die Grundstrukturen der e. F. zurückführen.

einfache Maschinen, in der Physik Bez. für die Grundformen aller mechan. Maschinen, mit deren Hilfe Angriffspunkt, Größe oder Richtung einer Kraft geändert werden können und Arbeit mit möglichst geringem Kraftaufwand (auf Kosten des Weges) verrichtet werden kann (→goldene Regel der Mechanik). Zu den e. M. zählen der →Hebel (Anwendung z. B. bei Brechstange und Zange), die feste und lose →Rolle (z. B. bei Flaschenzug und Wellrad), die →geneigte Ebene (z. B. bei Keil und Schraube) und die →hydraulische Presse.

Einfachheit, in der *Metaphysik* (z. B. bei PARMENIDES) Merkmal des wahrhaften Seins, während Komplexität, Zusammengesetztsein, den Erscheinungen, dem Seienden, zugesprochen wird. E. kann als Unteilbarkeit gedeutet werden (Atom, z. B. bei DEMOKRIT) oder als wesensmäßige, organ. Eigenschaft (Unauflösbarkeit der Seele, Einheit ihrer Vermögen, Nicht-ausgedehnt-Sein der leibnizschen Monade). Seit der Antike gilt E. als Kennzeichen der Wahrheit (›simplex sigillum veri‹). In den Erfahrungswissenschaften der Neuzeit tritt E. als methodolog. oder als ökonom. Prinzip auf. Im Schaffen vieler Naturwissenschaftler findet man Belege für das Streben nach E. (z. B. bei J. KEPLER, G. GALILEI und I. NEWTON).

H. WEYL: Philosophie der Mathematik u. Naturwiss. (teilw. a. d. Amerikan., ⁶1990).

einfach wirkender Motor, Verbrennungskraftmaschine, bei der die Arbeitskolben nur auf der Oberseite von den Verbrennungsgasen beaufschlagt wird, im Ggs. zum doppelt wirkenden Motor, der heute kaum noch ausgeführt wird.

Einfahren, Anfahren, 1) *bergmänn.* Ausdruck für: in die Grube gehen oder mit Fahrzeugen oder dem Förderkorb (Seilfahrt) gefahren werden. **2)** *Fahrzeugtechnik:* Fahren mit geringeren Geschwindigkeiten und Belastungen und/oder öfter wechselnden Drehzahlen als bei normalem Betrieb während der Einlaufzeit z. B. eines neuen Motors. **3)** *Maschinenbau:* →Einlaufen.

Einfallen, *Geologie:* →Streichen und Fallen.

Einfallsebene, *Optik:* die Ebene, die von einem einfallenden Strahl und dem Einfallslot (→Einfallswinkel) aufgespannt wird.

Einfallswinkel, *Optik:* der Winkel, den ein auf eine reflektierende oder brechende Fläche fallender Lichtstrahl mit der Senkrechten zu dieser Fläche (dem **Einfallslot**) in seinem Auftreffpunkt bildet (→Brechung, →Reflexion).

Einfalt, im biblisch-christl. Verständnis eine Gesamthaltung des kindl. Vertrauens Gott und der Lauterkeit der Menschen gegenüber. In der Erbauungsliteratur wird die E., die aber keineswegs ohne Klugheit geübt zu werden braucht, dem Christen häufig empfohlen.

Einfangprozess, Strahlungseinfang, eine Kernreaktion, bei der ein Teilchen (Neutron, Proton, α-Teilchen, Elektron) von einem Atomkern eingefangen (absorbiert) wird. Dabei entsteht ein angeregter Kernzustand, der durch Aussendung von Gammastrahlung oder durch Zerfall in einen Endzustand übergeht. Die Wahrscheinlichkeit für einen E. hängt vom reagierenden Teilchen, dessen Energie und dem absorbierenden Kern ab und wird durch einen energieabhängigen →Wirkungsquerschnitt (auch **Einfangquerschnitt**) beschrieben. Wichtig sind u. a. der **Neutroneneinfang** (im Kernreaktor) und der **Elektroneneinfang** von freien Elektronen (e^-) oder von Elektronen aus den inneren Schalen der Atomhülle (**K-Einfang, L-Einfang**), wodurch ein Proton (p) unter Freisetzung eines Neutrinos (ν) in ein Neutron (n) umgewandelt wird: $p + e^- \to n + \nu$.

Einfelderwirtschaft, mittelalterl. Form des Ackerbaus, bei der Jahr für Jahr (ohne Fruchtfolge und Brache) Getreide angebaut wurde; gedüngt wurde mit Plaggen und Mist, wobei v. a. im NW Dtl.s die ausgedehnte Plaggengewinnung Voraussetzung für die Entstehung der Heide war.

Einflugzeichen, engl. **Marker** [ˈmɑːkə], beim Instrumentenlandesystem kleine Sender, die in der Einflugschneise von Flugplätzen in 7 km (**Vor-E.**) und 1,2 km (**Haupt-E.**) Entfernung von der Landebahnschwelle aufgestellt sind und, durch Tonmodulation und Tastung unterschieden, senkrechte ›Querwände‹ nach oben strahlen (→Landeführungssysteme).

Einflussgebiet, Einflusssphäre, *Völkerrecht:* eine aus dem 19. Jh. stammende Bez. für nominell selbstständige, jedoch unter dem bestimmenden polit.

oder wirtschaftl. Einfluss einer fremden Macht stehende Gebiete. Vor dem Ersten Weltkrieg wurden E. oft vertraglich festgelegt (z. B. Einteilung Persiens in eine russ. und eine engl. Einflusssphäre, 1907).

Einflusslini|en, *Baustatik:* Hilfslinien zur Bestimmung der Durchbiegung von Trägern bei Einwirkung einer bewegl. Last. Die jeweils für einen bestimmten Punkt des Trägers angegebenen E. können sich auf Auflagerkräfte, Momente, Querkräfte, Verformungen u. a. beziehen, die sich mit der Stellung der Last auf dem Tragwerk gesetzmäßig verändern. E. sind in Tabellen oder Kurventafeln veröffentlicht.

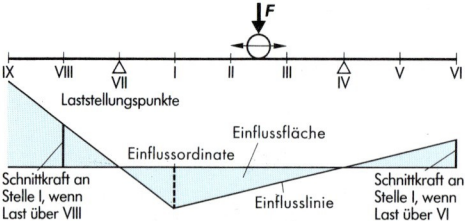

Einflusslinien: Momenteneinflusslinie und -einflussfläche, die sich für den Punkt I bei Stellung der Last in den Punkten I bis IX ergeben

Einflussstauung, durch Linksherzinsuffizienz oder Verengung (Verlegung) der Hohlvenen infolge von raumfordernden Prozessen hervorgerufener venöser Blutstau (Behinderung des Bluteinstroms aus dem Körper in die rechte Herzhälfte); führt zu Venenerweiterung (z. B. Anschwellen der Halsvenen), Zyanose, Ödembildung, im unteren Körperbereich zu Stauungsleber oder -niere. Als E. wird auch eine Harnstauung bezeichnet (durch Behinderung des Abflusses von den Nieren in die Harnblase bewirkt).

Einfrieren, *Lebensmitteltechnik:* das →Gefrieren.

Einfügung, *Sprachwissenschaft:* die →Insertion.

Einfühlung, das Sichhineinversetzen in eine andere Person oder einen anderen Gegenstand; in der Psychologie abgegrenzt von der →Identifikation; ist in der allgemeinen Psychologie sowie als Methode der verstehenden Erschließung (→Verstehen) seel. Momente bes. in der geisteswiss., →verstehenden Psychologie von Bedeutung. Auch Grundbegriff der psycholog. Ästhetik: Das fühlende Ergreifen des seel. Gehalts auch einer leblosen oder Naturerscheinung bildet die Grundlage für deren ästhet. Wirkung. Auf den Gegenstand werden vom Betrachter dabei eigene Gefühle und Strebungen übertragen. E. und Abstraktion sind nach W. WORRINGER gegensätzl. Kunstmotive, die zu lebens- und naturnahen, andererseits zu streng stilisierten Kunstformen führen.

Einfuhr, Import, das Verbringen von Waren **(sichtbare E.)** und Dienstleistungen **(unsichtbare E.)** von einem fremden in das eigene Wirtschaftsgebiet. Zollrechtlich bedeutet E. das Verbringen von Waren in das Zollgebiet. Die E. ist ein wesentl. Bestandteil der →Außenwirtschaft und des →Außenhandels; sie wird in der →Außenhandelsstatistik erfasst (Ggs.: Ausfuhr). Die gesetzl. Regelungen für die Abwicklung der E. von Waren (E.-Verfahren) sind in Dtl. im Außenwirtschafts-Ges. und in der Außenwirtschafts-VO enthalten. Die E. von Waren durch Gebietsansässige ist nach Maßgabe der E.-Liste grundsätzlich ohne Genehmigung zulässig. Im Übrigen bedarf die E. von Waren einer Genehmigung, die bei der zuständigen Genehmigungsstelle beantragt werden muss. Die E. aus Mitgl.-Staaten der EG unterliegt im Grundsatz keinerlei Beschränkungen. Die E.-Erklärung dient der gemeinschaftl. Überwachung der E. von Waren, die der Rat oder die Kommission der EG durch VO der E.-Überwachung unterworfen hat.

E.-Beschränkungen (Importbeschränkungen) zählen zu den bekanntesten nichttarifären Handelshemmnissen, die als Eingriffe in den internat. Güter- und Leistungsverkehr den Zugang ausländ. Anbieter zum inländ. Absatzmarkt erschweren und dazu führen sollen, ein Handelsbilanzdefizit (die Einfuhr übersteigt wertmäßig die Ausfuhr) abzubauen. Es werden preisbezogene und Mengen beschränkende Maßnahmen unterschieden: Zu den preisbezogenen gehören E.-Depots, E.-Abschöpfungen, E.-Zuschläge, E.-Zölle (→Zoll), E.-Mindestpreise sowie E.-Abgaben. Zu Letzteren zählt auch die **E.-Umsatzsteuer,** mit der importierte ausländ. Güter und Dienstleistungen an der Grenze belastet werden (Bemessungsgrundlage ist i. d. R. der Zollwert), um sie in gleicher Höhe zu besteuern wie im Inland erzeugte Waren (→Umsatzsteuer). Von größerer Bedeutung sind die E.-Beschränkungen i. e. S., die Mengen beschränkenden Maßnahmen, meist in Form von E.-Kontingenten (→Kontingentierung), seltener E.-Verbote. **E.-Verbote** sind ein gegen bestimmte Waren oder solche aus bestimmten Ländern (regionale E.-Verbote) gerichtete Mittel der staatl. Außenhandelskontrolle. E.-Verbote werden heute nur in Ausnahmefällen erlassen, meist aus außerökonom. Gründen, z. B. aus veterinärpolizeil. (Verhinderung von Seucheneinschleppung), aus Gründen des Umweltschutzes oder einem öffentl. Schutzbedürfnis heraus. In Entwicklungsländern spielen E.-Kontingente und E.-Verbote zur Entlastung der Zahlungsbilanz eine größere Rolle (→Importsubstitution). GATT/WTO untersagen zwar grundsätzlich E.-Beschränkungen, lassen aber Ausnahmen zu (z. B. zeitlich begrenzte E.-Kontingente).

Einfuhrlizenz, *Agrarwirtschaft:* →Ausfuhrlizenz.

Einführungsgesetz, Gesetzeswerk, das i. d. R. zusammen mit einem anderen Gesetz, dessen Einführung es dienen soll, erlassen wird. E. regeln meist das Verhältnis des neuen Rechts zum alten Recht sowie in Bundesstaaten auch das Verhältnis des Bundesrechts zum Landesrecht. E. können auch selbstständige Rechtsnormen enthalten, z. B. enthält das E. zum BGB die Regelung des internat. Privatrechts.

Für das *österr.* Recht gilt im Wesentlichen dem dt. Recht Entsprechendes. Die ältere österr. Gesetzgebung sprach hauptsächlich von **Kundmachungspatenten.** In der *Schweiz* sind E. im Verhältnis von Bundesrecht und kantonalem Recht von besonderer Bedeutung. Erst durch die kantonalen E. erhalten bundesrechtl. Ermächtigungsgesetze die nötige Konkretisierung. Bestimmungen hingegen, die das Verhältnis einer neuen Kodifikation zum alten Recht regeln, werden im neuen Gesetz als Schluss- und Übergangsbestimmungen angefügt.

Eingabe, 1) *Informatik:* **Input** [ˈɪnpʊt, engl.], die Übertragung von Daten aus einem peripheren Gerät in den Arbeitsspeicher eines Computers. Die E.-Werte werden von anderen Datenverarbeitungsanlagen oder von externen Speichern übertragen oder von speziellen →Eingabegeräten zur Verfügung gestellt.

2) *Recht:* schriftl. Gesuch an eine Behörde. I. d. R. Schriftstücke, mit denen ein nicht förml. Antrag oder Rechtsbehelf eingebracht wird (→Petition).

Eingabegerät, *Informatik:* an einen Computer angeschlossenes Gerät zur Eingabe von Daten und Programmen. Man unterscheidet E. zur manuellen Dateneingabe, zur Eingabe mittels maschinell lesbarer Datenträger (z. B. Belegleser, früher Lochkarten- und Lochstreifenleser) sowie Einrichtungen zur automat. Erfassung von Prozessdaten bei Prozessrechnern, wie Messfühler, Messwandler, Analog-Digital-Umsetzer. Wichtige E. sind Tastatur (im Zusammenhang mit einem Bildschirm), Maus, Trackball, Joystick, Scanner. Sämtliche an einen Computer angeschlossenen E. bilden dessen **Eingabeeinheit.**

Eingang, *Elektrotechnik:* diejenige Seite eines beliebigen elektr. Vierpols (z. B. einer elektron. Schaltung, eines Oszillators, Verstärkers oder Rundfunkempfängers), an deren beiden ›E.-Klemmen‹ die zu verarbeitenden Signale (Spannungen und Ströme) zugeführt werden. Die dabei eingespeiste elektr. Leistung nennt man **E.-Leistung.** – Ggs.: Ausgang.

Eingangsempfindlichkeit, *Hörfunk- und Fernsehtechnik:* Maß für die Fähigkeit eines Empfangsgerätes, schwache Signale eines Senders unverzerrt und ohne störendes Rauschen wiederzugeben. Die E. wird in Mikrovolt (µV) angegeben (je kleiner der Wert, desto besser die E.).

Eingang vorbehalten, Abk. **E. v.,** Klausel im Bankgeschäft, die besagt, dass die Gültigkeit von Gutschriften für zum Inkasso eingereichte Wechsel oder Schecks vom Eingang der Geldleistung des zur Zahlung Verpflichteten abhängt.

eingebildete Kranke, Der, frz. ›Le malade imaginaire‹, Drama von MOLIÈRE; Uraufführung am 10. 2. 1673 in Paris, frz. Erstausgabe 1673.

eingeblendete Säule, *Baukunst:* Säule, die in die Vertiefung einer Wand eingestellt ist.

Eingericht:
Glasflasche mit Kruzifix und den ›Arma Christi‹; Schweiz, 19. Jh. (Basel, Schweizerisches Museum für Volkskunde)

eingebrachtes Gut, die Güter, die ein Ehegatte als sein Vermögen in die Ehe einbringt. Am e. G. der Ehefrau hatte der Ehemann im bis zum 31. 3. 1953 gültigen gesetzl. Güterstand (Güterstand der Verwaltung und Nutznießung durch den Ehemann) ein nießbrauchähnl. Verwaltungsrecht. Im vertragl. Güterstand der Gütergemeinschaft (→eheliches Güterrecht) ist bei Ehescheidung dem Ehegatten auf sein Verlangen der Wert des von ihm eingebrachten Gutes zu erstatten (§ 1478 BGB).

eingebundene Säule, *Baukunst:* Säule, die nicht frei steht, sondern als Viertel-, Halb- oder Dreiviertelsäule mit der Wand oder einem Pfeilerkern verbunden ist.

Eingebung, *Religionswissenschaft:* →Inspiration.

Eingemeindung, Zusammenschluss von Gemeinden durch Eingliederung einer Gemeinde in eine andere oder durch Auflösung mehrerer Gemeinden und Bildung einer neuen Gemeinde. Wird nur die Grenze gegenüber einer fortbestehenden Gemeinde verschoben, handelt es sich um **Umgemeindung** der betroffenen Gemeindeteile. E. und Umgemeindungen richten sich nach den nicht ganz einheitl. Bestimmungen der Gemeindeordnungen. Die E. darf nur aus Gründen des öffentl. Wohls erfolgen. Die Gemeindeordnungen gestatten Verhandlungen und teilweise

auch genehmigungsbedürftige **E.-Verträge** über freiwillige Gebietsänderungen zw. den betreffenden Gemeinden. Zumindest bei Gebietsänderungen gegen ihren Willen, zumeist auch bei Auflösung und Neubildung von Gemeinden ist ein besonderes Gesetz erforderlich. Die Einflussnahme der Gemeindevertretungen und der Bürgerschaft ist in den einzelnen Ländern unterschiedlich geregelt. Immer ist es den beteiligten Gemeinden gestattet, die näheren Bedingungen der E., z.B. die Frage der Rechtsnachfolge, die Übernahme von Bediensteten, durch einen Vertrag zu regeln, der der Genehmigung der Aufsichtsbehörde bedarf. Im Zuge der kommunalen Neugliederung der BRD in den Jahren 1967 bis 1978 hat sich die Zahl der Gemeinden stark vermindert (von 24 282 auf 8 519); am 1. 1. 1995 bestanden im früheren Bundesgebiet (einschließlich Berlin) 8 513 Gemeinden. In den neuen Ländern ging die Zahl der Gemeinden von 7 622 am 1. 1. 1991 auf 6 291 am 1. 1. 1995 zurück.

Ein-Gen-ein-Enzym-Hypothese, mit Einschränkungen bestätigte Hypothese, nach der jedes Enzym von einem einzigen Gen kodiert wird. Die wichtigste Einschränkung ist, dass man aufgrund der Tatsache, dass Enzyme oft aus mehreren nichtident. Untereinheiten (Polypeptidketten) aufgebaut sind, genauer von der **Ein-Gen-ein-Polypeptid-Hypothese** sprechen müsste (ein Gen kodiert eine einzige Polypeptidkette). Aber auch dann bestehen Einschränkungen, so bei Polypeptiden (z.B. Insulin), deren aktive Form erst durch Spaltung einer längeren ribosomal gebildeten Polypeptidkette (Proinsulin) entsteht; hier gilt die Hypothese streng genommen nur für den Weg vom Insulingen zum Proinsulin. – Die Hypothese wurde 1940/41 von G. W. BEADLE und E. W. TATUM nach Untersuchungen von mutierten Wildformen des Schimmelpilzes Neurospora crassa aufgestellt.

Eingericht, Eingerichts, Geduldflasche, eine Bastelarbeit in einer Glasflasche: Kleine Holzschnitzereien werden durch den Flaschenhals eingeführt und im Bauch der Flasche zusammengebaut – im Falle einer zusammenlegbaren Gesamtkonstruktion – durch (eingearbeitete) Fäden aufgeklappt; bekanntestes Beispiel ist das →Buddelship. Einfache E., Erzeugnisse der Heimindustrie, sind seit dem 16. Jh. bekannt: im Allgäu, in Oberammergau und im Böhmerwald wurden religiöse Motive (Kreuz, Passionsszenen und Altaraufbauten) bevorzugt, in Sachsen Bergwerksminiaturen.

eingeschlechtig, diklin, unisexuell, Bez. für Blüten, die nur Staubblätter (›männliche‹ Blüten) oder nur Fruchtblätter (›weibliche‹ Blüten) aufweisen. E. Blüten werden i. d. R. windbestäubt und stellen im Vergleich zu den zwittrigen Blüten die ursprünglichere Form dar, treten jedoch bei den Bedecktsamigen auch sekundär auf und enthalten dann meist Rudimente des jeweils anderen Geschlechts (so bei Brennnessel und Edelkastanie). – Ggs. →zwittrig.

Eingeschlossenen von Altona, Die, frz. ›Les séquestrés d'Altona‹, Drama von J.-P. SARTRE; Uraufführung am 23. 9. 1959 in Paris, frz. Erstausgabe 1960.

Eingestelltes Jagen, höf. Jagdform der Barockzeit. Das Wild wurde aus großen Gebieten auf kleine, mit →Jagdzeug umgebene Flächen zusammengetrieben und dort erlegt.

eingestrichen, eingestrichene Oktave, Bez. für den Tonraum c^1–h^1 (geschrieben auch c′–h′), →Tonsystem.

eingestrichen

Eingeweide [zu ahd. weida ›Futter‹, ›Speise‹ (die E. des Wildes werden dem Hunden zum Fraß vorgeworfen)], **Splanchna, Viscera,** zusammenfassende Bez. für die inneren Organe des Rumpfes v. a. der Wirbeltiere (einschließlich Mensch). Man unterscheidet: **Brust-E.** (v. a. Herz mit Aorta, Lungen, Thymus, Luft- und Speiseröhre) und **Bauch-E.** (E. i. e. S.: Magen und

Darm, Leber, Bauchspeicheldrüse, Milz, Nieren, Nebennieren, Harnleiter sowie die inneren Geschlechtsorgane).

Im *Volksglauben* besitzen die E. von alters her eine besondere Bedeutung. Schau und Mantik der E. von Opfertieren gehören bei vielen Völkern zum kult. Brauch. Frühere medizin. Vorstellungen von wandernden oder selbstständig existierenden E.-Teilen haben lange weitergewirkt, so die Vorstellung von der Gebärmutter als einer Art Kröte. Weihegaben an Heiligtümern in Form von kranken E. sind seit der Antike bekannt. In der altägypt. Kultur wurden bei der Mumifizierung der Leiche die E. entnommen und später in vier Krügen (→Kanopen) neben dem Sarg aufgestellt. Im kath. Volksglauben wird bei E.-Krankheiten der hl. ERASMUS angerufen.

Eingeweidebruch, *Medizin:* →Bruch.

Eingeweidefische: Fierasfer (Länge etwa 20 cm)

Eingeweidefische, Ophidioide|i, Unterordnung der Dorschartigen mit lang gestrecktem Körper, kleinen, kehlständigen Bauchflossen und einem ungeteilten Flossensaum ohne Hartstrahlen. Die E. umfassen drei Familien, die **Brotuliden** (Brotulidae) mit 155 Arten, darunter Tiefseebewohner und blinde Höhlenfische, die **Bartmännchen** (Ophidiidae) mit 35 Arten, bis 1,5 m lang und mit Bauchflossen auf dem Kinn (›Bart‹), und die **Nadelfische** oder **E.** (Carapidae oder Fierasferidae) mit 28 oft farblosen Arten. Die Nadelfische, bis 20 cm lang, ohne Bauchflossen und Schuppen, After nahe der Kehle liegend, leben v. a. in warmen Meeren und bewohnen dort neben Körperhöhlen von Seesternen, Manteltieren und Muscheln v. a. die Wasserlungen der →Seewalzen, die zur Nahrungssuche und Fortpflanzung verlassen werden. Im Mittelmeer lebt der etwa 20 cm lange **Fierasfer** (Carapus acus).

Eingeweidegeflecht, Sonnengeflecht, Solarplexus, der Bauchaorta aufliegendes Geflecht des sympath. Nervensystems, das die Eingeweide des oberen Bauchraums innerviert.

Eingeweidenervensystem, das vegetative →Nervensystem.

Eingeweidesenkung, Enteroptose, Splanchnoptose, Senkung der Baucheingeweide infolge Erschlaffung und Dehnung der Bänder, an denen sie befestigt sind; häufig sind nur einzelne Organe betroffen, etwa der Magen (Magensenkung) oder die Nieren (Wanderniere). Die E. ist oft anlagebedingt (Bindegewebeschwäche), entsteht aber auch häufig durch äußere Einflüsse, so nach mehrfachen Geburten, starkem Gewichtsverlust und als Alterserscheinung.

Eingliederungsgeld, 1) allgemein eine finanzielle Hilfe zur Eingliederung in ein neues Umfeld. **2)** Bez. des Arbeitsförderungs-Ges. (AFG) für die Unterstützung, die vom 1. 1. 1990 bis zum 31. 12. 1992 an arbeitslose Aussiedler und Übersiedler statt des Arbeitslosengeldes gezahlt wurde. Zum 1. 1. 1993 wurde das E. durch das aus Bundesmitteln finanzierte **Eingliederungshilfe für Spätaussiedler** ersetzt (§§ 62 a–c, AFG), die bei Arbeitslosigkeit bzw. während berufl. Fortbildung oder Umschulung sowie Deutsch-Lehrgängen unter bestimmten Bedingungen gezahlt wird.

Eingliederungshilfe für Arbeitslose, Eingliederungsbeihilfe, finanzielle Leistungen (Darlehen oder Zuschuss), die das Arbeitsamt an Arbeitgeber gewähren kann, die schwer vermittelbare Arbeitsuchende einstellen. Nach § 54 AFG darf die Hilfe nicht mehr als 50 % des tarifl. Arbeitsentgelts betragen und

wird nicht länger als zwei Jahre gewährt. Wird die Hilfe für mehr als sechs Monate gezahlt, soll sie spätestens nach Ablauf von sechs Monaten um mindestens 10 % des Arbeitsentgelts gemindert werden.

Eingliederungshilfe für Behinderte, Unterstützungsleistungen, die dem Zweck dienen, Behinderungen zu beseitigen, zu bessern oder deren Folgen zu mildern sowie von denjenigen abzuwenden, die von einer Behinderung bedroht sind. E. f. B. sind in medizin. und berufsfördernde (z. B. Kündigungsschutz) Leistungen, in Leistungen zur allgemeinen sozialen Eingliederung und in ergänzende Leistungen gegliedert. Träger der Leistungen sind die Institutionen der Sozialversicherung, der Sozialhilfe, der Versorgung und die Bundesanstalt für Arbeit (§§ 9 ff. SGB VI, §§ 556 ff. RVO, §§ 39 ff. Bundessozialhilfe-Ges., § 27 d Bundesversorgungs-Ges., §§ 56 ff. AFG). Anspruch haben alle körperlich, geistig oder seelisch wesentlich →Behinderten ohne Rücksicht auf die Ursache ihrer Behinderung.

Eingliederungshilfe für Spätaussiedler, →Eingliederungsgeld.

Eingreiftruppe, mobiler militär. Verband versch. Truppengattungen in jeweils unterschiedl. Größe und Ausrüstung zum sofortigen, gezielten und räumlich begrenzten Einsatz in Krisensituationen, z. B. der multinationale Eingreifverband →AMF der NATO.

Eingriffslini|e, →Zahnrad.

Eingriffsregelung, naturschutzrechtl. Regelung zur Wahrung der Belange von Natur und Landschaft bei Eingriffen in die Leistungsfähigkeit des Naturhaushaltes und Veränderungen der Flächennutzung sowie Beeinträchtigungen des Landschaftsbildes, insbesondere im Zusammenhang mit Bauleitplanungsverfahren und Baumaßnahmen im Außenbereich von Siedlungen. Grundsätzlich gilt zunächst das Prinzip der Eingriffsvermeidung. Ist ein Eingriff aufgrund überwiegender öffentl. Belange nicht zu vermeiden, sind die Beeinträchtigungen auszugleichen, ist auch dies ausnahmsweise nicht möglich, so sind Ersatzmaßnahmen vorzusehen (z. B. Biotopneuanlage) oder es werden Ausgleichszahlungen für Zwecke von Naturschutz und Landschaftspflege behördlich festgesetzt. Wesentl. Instrumente der E. sind z. B. der Landschaftspflegerische Begleitplan und die Grünordnungsplanung (→Grünordnung).

Eingriffsverwaltung, Bez. für die Bereiche der staatl. Exekutive, die durch Gebote oder Verbote oder durch die Festlegung von Pflichten und Beschränkungen in Freiheitsrechte des Einzelnen ›eingreifen‹ (z. B. im Polizeirecht); im Unterschied zur Leistungs-Verw. (z. B. im Sozialhilferecht). Die E. bedarf nach dem rechtsstaatl. Grundsatz der Gesetzmäßigkeit der Verw. stets einer die Belastung rechtfertigenden Ermächtigung durch ein Gesetz (→Gesetzesvorbehalt).

Eingriffswinkel, →Zahnrad.

Eingruppierung, 1) im öffentl. Dienst die Zuordnung eines Angestellten zu einer Vergütungsgruppe, deren Tätigkeitsmerkmalen die ständig von ihm auszuübende Tätigkeit entspricht; **2)** allg. die Einordnung eines Arbeitnehmers in eine Vergütungsgruppe eines Tarifvertrags oder einer Betriebsvereinbarung; in Betrieben mit mehr als 20 zum Betriebsrat wahlberechtigten Arbeitnehmern ist für die E. oder Umgruppierung die Zustimmung des Betriebsrats einzuholen (§ 99 Abs. 1 Betriebsverfassungs-Ges.).

Einhandflöte, Schwegel, provenzal. **Galoubet** [-luˈbɛ], bask. **Txistu** [tʃ-], katalan. **Flabiol,** zylindrisch gebohrte, eng mensurierte Schnabelflöte meist in Diskantlage mit drei Grifflöchern (als viertes wird die Rohröffnung benutzt) für Zeige-, Mittelfinger und Daumen. Die E. war vom 13. bis 17. Jh. in Europa v. a. ein Instrument der Spielleute. Sie wurde mit der linken Hand gespielt, während die rechte eine am linken

Einhandflöte:
(16./17. Jh.;
Berlin,
Musikinstrumenten-
Museum)

Arm oder an der Schulter befestigte kleine Trommel schlug; seit dem 14. Jh. wurden beide Instrumente auch von zwei Musikern gespielt. E. finden noch heute in der bask. und provenzal. Volksmusik Verwendung.

Einhandsegler, Bez. sowohl für ein Segelboot, das zur Bedienung durch nur einen Mann eingerichtet ist, als auch für einen Segler, der sein Boot allein über größere Meeresstrecken oder eine Rennstrecke führt.

Einhard, nichtzeitgenöss. Namensform **Eginhard,** fränk. Geschichtsschreiber und Gelehrter, *im Maingebiet um 770, †Seligenstadt 14. 3. 840; kam um 794 aus dem Kloster Fulda an den Hof KARLS D. GR. (dort Schüler ALKUINS) und wurde dessen Vertrauter, Gesandter und Leiter der kaiserl. Bauten. Er war mit IMMA (†836) verheiratet. Auf eigenem Grund und Boden, einem Geschenk Kaiser LUDWIGS DES FROMMEN, ließ er die urspr. als Klosterkirche gedachte Basilika in Steinbach (heute zu Michelstadt) und das Kloster Seligenstadt, für dessen Gründung er Reliquien aus Rom beschaffte, errichten. Sein bedeutendstes literar. Werk ist die an SUETONS Kaiserviten orientierte ›Vita Karoli Magni‹ (um 835 entstanden), die erste Kaiserbiographie des MA. – Der in der Sage von →Eginhard und Emma überlieferte Sachverhalt beruht wohl auf einer Verwechslung.

Ausgabe: Vita Karoli Magni. Lat./dt. Das Leben Karls d. Gr., übers. v. E. SCHERABON FIRCHOW (Neudr. 1994).

Einhaus, Einheitshaus, Typ des →Bauernhauses.

einhäusig, *Biologie:* monözisch (→Monözie).

Einhegung, *Agrargeschichte:* der Prozess, durch den das der dörfl. Gemeinschaft zur allgemeinen Nutzung offen stehende Land teilweise in Privatbesitz umgewandelt wurde, wobei die neuen Parzellen (zum Schutz gegen fremde Nutzung) mit Hecken oder Wallhecken umgeben (›eingehegt‹) wurden. E. erfolgte v. a. in England (→Enclosure), Frankreich (→Bocage) und Schleswig-Holstein (→Verkoppelung). E. führt zur Entstehung von →Heckenlandschaften. (→Flurbereinigung, →Vereinödung)

Einheit, 1) *allg.:* Ganzheit, als Ganzes wirkende Geschlossenheit, Verbundenheit, innere Zusammengehörigkeit.

2) *Mathematik:* in der Algebra jedes Element eines Ringes oder auch einer Halbgruppe mit →Einselement *e,* dessen Inverses bezüglich der Multiplikation ebenfalls Element des Ringes ist. E. sind z. B. im Ring der ganzen Zahlen nur +1 und −1 (von 3 z. B. ist das Inverse $\frac{1}{3}$, eine Zahl, die im Ring der ganzen Zahlen nicht enthalten ist), im Ring der rationalen Zahlen sind alle von null versch. Zahlen Einheiten.

3) *Militärwesen:* teilstreitkräfteübergreifende Bez. für die unterste militär. Gliederungsform, deren Führer (i. d. R. im Rang eines Hauptmanns) Disziplinargewalt hat. Eine E. setzt sich aus mehreren →Teileinheiten, z. B. aus 3–4 Zügen, zus.; die Zusammenfassung mehrerer E. wird als →Verband (z. B. das Bataillon mit 3–5 E.) bezeichnet.

Die Grundform der E. ist (in allen Teilstreitkräften) die →Kompanie. Ihr entsprechende Truppenkörper werden u. a. speziell in der Bundeswehr bei der Artillerie und den Flugabwehrverbänden des Heeres und der Luftwaffe als ›Batterie‹, bei der Heeresfliegertruppe, den fliegenden Geschwadern der Luftwaffe sowie den Marinefliegern als ›Staffel‹ bezeichnet. Ebenso gelten die ›Boote‹ der Marine (also das einzelne Schnellboot oder U-Boot) jeweils als E., bei der Luftwaffe auch die ›Depots‹ und ›Werften‹ der Versorgungsregimenter. – Bei der früheren Kavallerie wurde die E. als ›Eskadron‹ und ›Schwadron‹ bezeichnet.

4) *Philosophie* und *Religionsgeschichte:* mit dem Begriff des Einen seit PARMENIDES in der Geschichte der Metaphysik häufig als Eigenschaft des Seienden auftretender oder mit dem Begriff des Seienden iden-

tifizierter Begriff. Dabei spielt auch die synthet. E. einer unterschiedenen Mannigfaltigkeit in einem gegebenen Ganzen eine wichtige Rolle (→Monade, →Monismus). Als Zahlwort hatte bei den Griechen das Eine als E. eine besondere Stellung, weil es als Maß für alle anderen Zahlen aufgefasst wurde. Bei PLATON stehen die Ideen als ideale E. der Vielheit der sinnlich wahrnehmbaren Dinge gegenüber. Im Spätwerk J. G. FICHTES, bei F. W. J. SCHELLING und bei HEGEL, der ›die ganze Philosophie als das Studium der Bestimmungen der E.‹ erkennt, wird die Philosophie mit der Theorie der E. identifiziert. – In der *Religionsgeschichte* erscheinen E.-Begriffe und E.-Postulate zunächst im Kontext theologisch-philosoph. Systematisierungen polytheist. Religionsformen. Vielheit der Erscheinungen und Vielheit der Götter werden auf einen gemeinsamen Ursprung oder eine gemeinsame Seinsgrundlage zurückgeführt (z. B. bei den Vorsokratikern, →Arche, →Theogonie, →Kosmogonie).

5) *Politik:* seit der Frz. Revolution eine politischsoziale Leitidee. E. bedeutete nach innen die Überwindung der altständisch-herrschaftl. Strukturen der traditionellen Staatsgesellschaft (→bürgerliche Gesellschaft) im Sinne einer bürokrat. Staatsorganisation (→Zentralismus, →Unitarismus), nach außen die Selbstbehauptung und Selbstentfaltung im internat. Rahmen. In Verbindung mit der Idee der Nation (→Einheitsstaat) und der →Klasse (→Einheitsgewerkschaft) erlangte die E.-Idee im 19. und 20. Jh. eine außerordentl. Bedeutung (→Nationalbewegungen). Eine radikale Verwirklichung der E.-Idee im Sinne extremer sozialer Gleichheit (Égalité), polit. und kultureller Uniformität (→Einparteiensystem) sowie rassisch-ethn. Homogenität (→Apartheid, →Vertreibung) kann zum →Totalitarismus führen.

6) *Statistik:* Erhebungs-E., Bez. für die ›Subjekte der statist. Information‹ (G. MENGES), die auf das Vorhandensein bestimmter Merkmale und Modalitäten untersucht werden. Eine statist. E. ist z. B. die Person, eines ihrer Merkmale z. B. das Geschlecht mit den Modalitäten männlich und weiblich. E. müssen einer Reihe formaler Kriterien genügen, um über sie Aussagen machen zu können. Durch das Zusammenfügen gleichartiger statist. E. entsteht die statist. Masse, z. B. die Bev. aus den E. ›Person‹.

Einheiten, 1) *Literatur:* drei E., in der frz. klassizist. Dramentheorie die Einheit der Zeit (Zusammendrängung des Geschehens auf etwa 24 Stunden), des Orts (Konzentration auf einen gleich bleibenden Schauplatz) und der Handlung (Beschränkung der Personen und Ereignisse auf das für den dramat. Grundvorgang Unerlässliche); die strenge Einhaltung dieser E. wurde von Dramendichtern gefordert. Die Lehre von den E. berief sich auf ARISTOTELES, doch dieser forderte nur die Einheit der Handlung; die Einheit der Zeit ergab sich für ihn aus der äußeren Begrenztheit der dramat. Handlung, die Einheit des Ortes aus der ständigen Anwesenheit des Chores.

In der Renaissancedramatik wurden die drei E. zuerst praktisch nach dem Vorbild des antiken Dramas übernommen (G. TRISSINO, ›Sophonisbe‹, 1524). Die theoret. Auseinandersetzung mit den drei E. begann mit L. CASTELVETROS Übersetzung der ›Poetik‹ des ARISTOTELES (1576); in Frankreich traten J. MAIRET (Vorwort zu seiner 1629 erstaufgeführten Tragikomödie ›Silvanire‹), F. HÉDELIN D'AUBIGNAC (›La pratique du théâtre‹, 1657) und GEORGES DE SCUDÉRY für sie ein. Strenge Regel wurden die drei E. im klass. frz. Drama, nachdem auf Anregung RICHELIEUS die Académie française ein Gutachten zu CORNEILLES Tragikomödie ›Le Cid‹ verfasst hatte (›Les sentiments de l'Académie française‹, 1638), in dem u. a. die Verletzung der dramat. Formstrenge gerügt worden war. CORNEILLE unterwarf sich in diesem Cidstreit dem

Urteil der Akademie. Er wurde in seinen späteren Werken der erste Vollender des auf den E. beruhenden frz. klass. Dramas (›Discours des trois unités‹, 1660). Formuliert wurde das Postulat dann bes. von N. BOILEAU-DESPRÉAUX in seiner Versepistel ›L'art poétique‹ (1674; III, 39).

In Dtl. suchte J. C. GOTTSCHED das dt. Drama den Regeln des frz. Klassizismus zu unterwerfen. J. J. BODMER und J. J. BREITINGER setzten sich für eine freiere Handhabung ein, G. E. LESSING stellte dem regelhaften frz. Drama unter Berufung auf SHAKESPEARE und dessen Drama der →offenen Form die Freiheit des dramat. Genies gegenüber, das die Gesetze der Kunst mit instinktiver Sicherheit erfülle. Ähnlich wie LESSING hierbei die antiken Bühnenverhältnisse zum Verständnis der Dramentheorie des ARISTOTELES heranzog, wies J. G. HERDER (›Shakespeare‹, 1773) auf die besonderen histor. und nat. Umstände hin, aus denen jeweils eigene dramat. Formen erwachsen. Mit dem Sturm und Drang verschwindet, gestützt auch durch den frz. Theoretiker L.-S. MERCIER, die Forderung nach der E. von Ort und Zeit. GOETHE hat jedoch in ›Iphigenie auf Tauris‹ und ›Torquato Tasso‹ die drei E. wieder eingehalten, und im realist. Drama des 19. Jh. (bes. bei H. IBSEN) sind sie im Streben nach Wahrscheinlichkeit häufig beachtet worden, auch noch in manchen Dramen des 20. Jh.; sie haben aber keine grundsätzl. Bedeutung mehr.

H. BREITINGER: Les unités d'Aristote avant le Cid de Corneille (Genf 1879); M. KOMMERELL: Lessing u. Aristoteles (⁵1984); K. HAMBURGER: Die Logik der Dichtung (⁴1994). – Weitere Literatur →Drama.

2) *Messwesen:* früher **Maßeinheiten,** aus der Menge gleichartiger Größen ausgewählte und (heute stets internat.) vereinbarte Vergleichsgrößen, die einen festen, jeweils durch ein genau vorgeschriebenes Mess- oder Eichverfahren jederzeit reproduzierbaren Betrag haben. Das Verhältnis der zu messenden physikal. →Größe zur E. ergibt einen Zahlenwert, der nur für die betreffende E. gilt. Da die zu messende Größe durch die Messung nicht beeinflusst werden soll, gilt: Größe ist Zahlenwert mal Einheit. Das bedeutet: Für eine bestimmte Größe ist bei einer kleinen E. der Zahlenwert entsprechend groß, bei einer großen E. entsprechend klein. Im Prinzip ist der Betrag jeder E. frei wählbar. Aus Zweckmäßigkeitsgründen werden nur die Grund- oder →Basiseinheiten eines Maßsystems (als E. der zugehörigen Grund- oder →Basisgrößen) festgelegt. Mit diesen lassen sich dann E. für die übrigen Größen oder Größenarten über deren Definitionsgleichungen festlegen (**abgeleitete E.**). Die Gesamtheit aller E. für die Größenarten eines oder mehrerer Gebiete der Physik bildet ein →Einheitensystem.

Um die E. der zu messenden Größe anzupassen, gab es früher eine Vielzahl von E., die zudem regional Unterschiede zeigten. In einzelnen Fällen wurde die Unterteilung durch wiederholte Halbierung erreicht, z. B. beim Inch und Zoll. Die Einführung der →metrischen Einheiten brachte eine erhebliche Verbesserung und Vereinfachung, da eine dezimale Vervielfachung und dezimale Unterteilung der E. und deren Kennzeichnung durch →Vorsätze und Vorsatzzeichen ermöglichen, z. B. Kilo (k) für tausend (1 km = 1 000 m) und Milli (m) für tausendstel (1 mm = 0,001 m). Auch zw. den Längen-, Flächen- und Volumen-E. bestehen nun klare mathemat. Beziehungen.

Die weitere Entwicklung der metr. E. führte zum **Internationalen Einheitensystem** (kurz **SI,** als Abk. für frz. Système International d'Unités). Von seinen sieben Basiseinheiten (Meter, Kilogramm und Sekunde, Ampere, Kelvin, Mol und Candela) sind alle anderen →SI-Einheiten kohärent abgeleitet. In Dtl. sind durch das →Einheitengesetz diese Basiseinheiten, bestimmte

atomphysikal. E. (atomare Masseneinheit, Elektronvolt) sowie daraus abgeleitete E. und deren dezimale Vielfache und Teile als **gesetzliche E.** im geschäftl. und amtl. Verkehr für verbindlich erklärt worden (einschließlich der für sie im Internat. E.-System festgelegten →Einheitenzeichen). Außer den Namen und E.-Zeichen der versch. E. (ÜBERSICHTEN S. 165–169) gibt es noch Hinweisworte mit Hinweiszeichen für Größen der ersten →Dimension, d. h. für Verhältnisse von Größen gleicher Dimension, die wie E. verwendet werden. Eine besondere Gruppe sind dabei Hinweise für logarithmierte →Größenverhältnisse: das →Bel (Hinweiszeichen B) und das →Dezibel (Hinweiszeichen dB), die auf dekad. Logarithmen beruhen, sowie →Neper (Hinweiszeichen Np), das auf einen natürl. Logarithmus hinweist. Diese werden bes. in der Nachrichtentechnik verwendet sowie zur Kennzeichnung der Lautstärke in der Akustik.

Im Zuge der Harmonisierung der Maße und Gewichte in der EU wurde am 1. 10. 1995 (M-Day, Metrication Day) in Großbritannien ein Beschluss der EU-Kommission von 1989 umgesetzt, nach dem für verpackte Waren im Einzelhandel, für Stofflängenangaben und für Benzin nur noch die metr. E. des Internat. Einheitensystems SI verwendet werden dürfen. Für unverpackte Waren, z. B. Obst und Gemüse, gilt diese Bestimmung bis zum Jahr 2000 noch nicht. Auch der Ausschank von Getränken kann nach altem Maß (pint) vorgenommen werden.

Einheitengesetz, Kurz-Bez. für **Gesetz über Einheiten im Messwesen,** Ges. der BRD vom 2. 7. 1969, in Kraft getreten am 5. 7. 1970, durch das die →SI-Einheiten des Internat. Einheitensystems mit ihren →Vorsätzen für dezimale Vielfache und Teile als gesetzl. →Einheiten, die im geschäftl. und amtl. Verkehr stets zu verwenden sind, eingeführt wurden. Übl. Namen für SI-Einheiten (einschließlich deren dezimale Vielfache oder Teile) wie Liter, Tonne, Bar, Hertz und Grad Celsius bleiben zugelassen. Als gesetzl. Einheiten, die nicht vom SI her definiert sind, gelten die Zeiteinheiten Minute, Stunde und Tag, die Winkeleinheiten Vollwinkel, Grad und Gon sowie auch die atomaren Einheiten Elektronvolt und (vereinheitlichte) →atomare Masseneinheit. Außerdem werden als gesetzlich zugelassene abgeleitete Einheiten mit eingeschränktem Anwendungsbereich gen.: die Dioptrie für den Brechwert opt. Systeme, das Ar und das Hektar für die Angabe des Flächeninhalts von Grundstücken, das metr. Karat zur Angabe der Masse von Edelsteinen und das Tex zur Angabe der längenbezogenen Masse von textilen Fasern und Garnen.

Gesetzlich festgelegt sind die Einheitennamen und die →Einheitenzeichen. Sie sollen im geschäftl. und amtl. Verkehr angewendet werden. Für die Umstellung auf die meisten der gesetzl. Einheiten war eine Frist bis zum 31. 12. 1977 gesetzt. Die nichtgesetzl. Einheiten Curie, Rad, Rem und Röntgen waren im geschäftl. und amtl. Verkehr noch bis zum 31. 12. 1985 zulässig. Versch. Einheiten sind bereits seit dem In-Kraft-Treten des E. verboten, z. B.: ata, atü, bW (Blindwatt), dn (Denier), dz (Doppelzentner), G (Gauß), Gb (Gilbert), in (inch, auch engl. Zoll), Kilogramm und Tonne als Krafteinheiten, M (Maxwell), Nm³ (Normkubikmeter), Oe (Oersted), Pfd (Pfund), Ztr (Zentner).

Durch das E. wurden gleiche Einheiten für Größen gleicher Art in allen Wissensgebieten (Ausnahme: Atomphysik) eingeführt: für die Kraft das Newton, für Arbeit, Energie und Wärme das Joule und für Leistung und Wärmestrom das Watt. Da die Stunde eine gesetzl. Einheit ist, bleibt neben dem Joule auch weiterhin die Kilowattstunde eine gesetzl. Einheit.

Einheitensystem, ein System von →Einheiten, das aus einer bestimmten Anzahl voneinander unabhängi-

Einheiten der wichtigsten physikalischen Größen

Größenart mit Formelzeichen	Einheitenzeichen	Einheitenbenennung	Beziehung zu anderen Einheiten
Raum			
Länge l, Weglänge, Strecke s; Radius r	m	Meter [1] [7]	–
	fm	Femtometer [5] [9]	1 fm = 10^{-15} m
	f	Fermi [6] [10]	1 f = 1 fm = 10^{-15} m
	XE	X-Einheit [6] [10]	1 XE = 10^{-13} m
	Å	Ångström [6] [10]	1 Å = 10^{-10} m = 0,1 nm
	nm	Nanometer [5] [9]	1 nm = 10^{-9} m
	µm	Mikrometer [5] [9]	1 µm = 10^{-6} m
	p	typographischer Punkt [6] [10]	1 p = 0,376065 mm
	mm	Millimeter [5] [9]	1 mm = 10^{-3} m
	cm	Zentimeter [5] [9]	1 cm = 10^{-2} m
	dm	Dezimeter [5] [9]	1 dm = 10^{-1} m
	hm	Hektometer [5] [9]	1 hm = 10^2 m
	km	Kilometer [5] [9]	1 km = 10^3 m
	sm	internationale Seemeile [10] [17]	1 sm = 1,852 km
	AE, AU	astronomische Einheit [18]	1 AE = 1 AU = 149,597870 · 10^9 m
	Lj	Lichtjahr [10] [18]	1 Lj = 9,460528 · 10^{15} m
	pc	Parsec [8] [18]	1 pc = 30,856776 · 10^{15} m
Wellenzahl σ	m^{-1}	Eins durch Meter [2] [8]	1/m = 1 m^{-1}
Brechwert D	dpt	Dioptrie [10] [12]	1 dpt = 1 m^{-1}
ebener Winkel α, β, γ		Vollwinkel [5] [10]	1 Vollwinkel = 2π rad = 400 gon = 360°
	rad	Radiant [3] [7]	1 rad = 1 m / 1 m
	°	Grad [5] [10]	$1° = \frac{\pi}{180}$ rad
	'	Minute [6] [10]	$1' = \frac{1°}{60} = \frac{\pi}{10800}$ rad
	''	Sekunde [5] [10]	$1'' = \frac{1'}{60} = \frac{\pi}{648000}$ rad
	gon	Gon [5] [8]	$1\ \text{gon} = \frac{\pi}{200}$ rad
	g	Neugrad [6] [10]	$1^g = 1$ gon
	c	Neuminute [6] [10]	$1^c = 10^{-2}$ gon = 1 cgon
	cc	Neusekunde [6] [10]	$1^{cc} = 10^{-4}$ gon = 0,1 mgon
		nautischer Strich [6] [10]	1 naut. Strich = $\frac{\pi}{16}$ rad
	–	artilleristischer Strich [6] [10]	$1^- = \frac{90°}{1600} = \frac{\pi}{3200}$ rad
Raumwinkel Ω, ω	sr	Steradiant [3] [11]	1 sr = 1 m^2 / 1 m^2
	□°	Quadratgrad [11] [18]	$1\ □° = \left(\frac{\pi}{180}\right)^2$ sr
Fläche A, S	m^2	Quadratmeter [2] [7]	1 m^2 = 1 m · 1 m
	qm	Quadratmeter [6] [9]	1 qm = 1 m^2
	b	Barn [6] [10]	1 b = 10^{-28} m^2 = 100 fm^2
	a	Ar [9] [15]	1 a = 100 m^2
		Morgen [6] [10]	1 Morgen = 25,5–57,6 a
	ha	Hektar [9] [15]	1 ha = 100 a = 10^4 m^2
	km^2	Quadratkilometer [5] [9]	1 km^2 = 10^6 m^2 = 100 ha
Volumen, Rauminhalt V, τ	m^3	Kubikmeter [2] [7]	1 m^3 = 1 m · 1 m · 1 m
	cbm	Kubikmeter [6] [5]	1 cbm = 1 m^3
	Fm	Festmeter [6] [10]	1 Fm = 1 m^3
	Rm	Raummeter [6] [10]	1 Rm = 1 m^3
	l, L	Liter [5] [8]	1 l = 1 L = 1 dm^3
	ml	Milliliter [6] [9]	1 ml = 10^{-3} l = 1 cm^3
	hl	Hektoliter [5] [8]	1 hl = 100 l = 0,1 m^3
	hm^3	Kubikhektometer [6] [9]	1 hm^3 = 10^6 m^3
Zeit und Raum			
Zeit, Dauer, t	s	Sekunde [1] [7]	–
	min	Minute [5] [10]	1 min = 60 s
	h	Stunde [5] [10]	1 h = 60 min = 3,6 ks
	d	Tag [5] [10]	1 d = 24 h = 86,4 ks
	a	bürgerl. Jahr [10] [16]	1 a = 365 d
Frequenz f, ν	Hz	Hertz [4] [7]	1 Hz = 1 s^{-1}

Größenart mit Formelzeichen	Einheitenzeichen	Einheitenbenennung	Beziehung zu anderen Einheiten
Kreisfrequenz ω	1/s, s^{-1}	Eins durch Sekunde [2] [7]	1/s = 1 s^{-1}
Drehzahl n	r/s, U/s	Umdrehungen durch Sekunde [5] [10]	r oder U steht für Umdrehung
	r/min	Umdrehungen durch Minute [5] [10]	1 r/min = $\frac{1}{60}$ r/s
Winkelgeschwindigkeit ω, Ω	rad/s	Radiant durch Sekunde [2] [11]	1 rad/s = 1 s^{-1}
Winkelbeschleunigung α	rad/s^2	Radiant durch Quadratsekunde [2] [11]	1 rad/s^2 = 1 s^{-2}
Geschwindigkeit v	m/s	Meter durch Sekunde [2] [7]	–
	km/h	Kilometer durch Stunde [5] [9]	1 km/h = $\frac{1}{3,6}$ m/s
	kn	Knoten [10] [17]	1 kn = 1 sm/h = 1,852 km/h = 0,5144 m/s
Beschleunigung a	m/s^2	Meter durch Quadratsekunde [2] [7]	
Volumendurchfluss,	m^3/s	Kubikmeter durch Sekunde [2] [8]	–
Volumenstrom $V = V/t$	m^3/h	Kubikmeter durch Stunde [5] [11]	1 m^3/h = $\frac{1}{3600}$ m^3/s
Mechanik			
Masse m	kg	Kilogramm [1] [9]	–
	g	Gramm [5] [7]	1 g = 10^{-3} kg
	mg	Milligramm [5] [9]	1 mg = 10^{-3} g
	µg	Mikrogramm [5] [9]	1 µg = 10^{-6} g
	u	atomare Masseneinheit [3] [10]	1 u = 1,6605655 · 10^{-24} g
		Dalton [6] [10]	1 Dalton = 1,66018 · 10^{-24} g
	γ	Gamma [6] [10]	1 γ = 1 µg = 10^{-6} g
	Kt	metr. Karat [10] [13]	1 Kt = 0,2 g
	℔	Pfund [6] [10]	1 ℔ = 0,5 kg
	Ztr	Zentner [6] [10]	1 Ztr = 50 kg
	dz	Doppelzentner [6] [10]	1 dz = 100 kg
	t	Tonne [5] [8]	1 t = 1 Mg = 10^3 kg
	dt	Dezitonne [5] [9]	1 dt = 100 kg
	Mt	Megatonne [5] [9]	1 Mt = 10^6 t = 10^9 kg
längenbezogene Masse, $m^* = m/l$	kg/m	Kilogramm durch Meter [2] [8]	–
	tex	Tex [8] [14]	1 tex = 1 g/km
	den	Denier [6] [10]	1 den = $\frac{1}{9}$ tex
Dichte, Massendichte ϱ	kg/m^3	Kilogramm durch Kubikmeter [2] [9]	–
	g/cm^3	Gramm durch Kubikzentimeter [5] [11]	1 g/cm^3 = 10^3 kg/m^3
	g/l	Gramm durch Liter [5] [11]	1 g/l = 1 kg/m^3
spezif. Volumen v	m^3/kg	Kubikmeter durch Kilogramm [2] [11]	
Trägheitsmoment J	kg · m^2	Kilogrammquadratmeter [2] [9]	
Massenstrom, Massendurchfluss $m = m/t$	kg/s	Kilogramm durch Sekunde [2] [9]	
	t/h	Tonne durch Stunde [5] [8]	1 t/h = 0,278 kg/s
	t/d	Tonne durch Tag [5] [8]	1 t/d = 11,57 · 10^{-3} kg/s
	t/a	Tonne durch Jahr [5] [8]	1 t/a = 31,7 · 10^{-6} kg/s

[1] SI-Basiseinheit. – [2] SI-Einheit. – [3] Ergänzende SI-Einheit. – [4] SI-Einheit bei period. Vorgängen. – [5] Gesetzlich. – [6] Nichtgesetzlich. – [7] Alle Vorsätze möglich. – [8] Vorsätze erlaubt und einige verwendet. – [9] Kein weiterer Vorsatz. – [10] Keine Vorsätze. – [11] Vorsätze nicht üblich. – [12] Gesetzlich für Brechwert opt. Systeme. – [13] Gesetzlich für Edelsteine. – [14] Gesetzlich für Fasern und Garne. – [15] Gesetzlich für Grundstücke. – [16] Im Geschäftsleben üblich. – [17] Seefahrt. – [18] Astronomie. – [19] Normwert des Luftdruckes. – [20] Definition nach C. A. de Coulomb. – [21] Definition nach A. M. Ampère.

Einheiten der wichtigsten physikalischen Größen (Fortsetzung)

Größenart mit Formelzeichen	Einheitenzeichen	Einheitenbenennung	Beziehung zu anderen Einheiten
Kraft F	N	Newton [2][8]	$1\,N = 1\,kg \cdot m \cdot s^{-2}$
	dyn	Dyn [6][10]	$1\,dyn = 1\,g \cdot cm/s^2$ $= 10^{-5}\,N$
	p	Pond [6][8]	$1\,p = 9,80665\,g \cdot m/s^2$ $= 9,80665\,mN$
	kp	Kilopond [6][9]	$1\,kp = 9,80665\,N$
Drehmoment M	Nm	Newtonmeter [2][8]	$1\,Nm = 1\,kg \cdot m^2 \cdot s^{-2}$
Impuls p	Ns	Newtonsekunde [2][8]	$1\,Ns = 1\,kg \cdot m \cdot s^{-1}$
Druck p, mechan. Spannung σ, τ	Pa	Pascal [2][8]	$1\,Pa = 1\,N/m^2$ $= 1\,kg \cdot m^{-1} \cdot s^{-2}$
	MPa	Megapascal [5][9]	$1\,MPa = 1\,N/mm^2$ $= 10\,bar$
	bar	Bar [5][8]	$1\,bar = 10^6\,dyn/cm^2$ $= 10^5\,Pa = 0,1\,MPa$
	atm	physikalische Atmosphäre [10][11]	$1\,atm = 1,01325\,bar$
	at	technische Atmosphäre [6][10]	$1\,at = 1\,kp/cm^2$ $= 0,980665\,bar$
	mWS	Meter Wassersäule [6][8]	$1\,mWS = 9,81\,kPa$ $= 98,1\,mbar$
	mm Hg	Millimeter Quecksilbersäule [6][9]	$1\,mm\,Hg = 1\,Torr$
	Torr	Torr [6][10]	$1\,Torr = 1,33322\,mbar$
dynam. Viskosität η	Pa s, Pa · s, P	Pascalsekunde [2][8] Poise [6][8]	– $1\,P = 0,1\,Pa \cdot s$
kinemat. Viskosität ν	m^2/s	Quadratmeter durch Sekunde [2][8]	–
Diffusionskoeffizient D	m^2/s	Quadratmeter durch Sekunde [2][8]	–
Energie E, W	J	Joule [2][7]	$1\,J = 1\,Nm = 1\,Ws$ $= 1\,kg \cdot m^2 \cdot s^{-2}$
Arbeit A, W	kWh	Kilowattstunde [5][9]	$1\,kWh = 3\,600\,kWs$ $= 3,6\,MJ$
	erg	Erg [6][11]	$1\,erg = 1\,dyn \cdot cm = 10^{-7}\,J$
	eV	Elektronvolt [5][7]	$1\,eV = 1,6021773 \cdot 10^{-19}\,J$
	tSKE	Tonne Steinkohleneinheiten [6][8]	$1\,tSKE = 29,3076\,GJ$ $= 8,141\,MWh$
Energiedichte ω	J/m^3	Joule durch Kubikmeter [2][8]	$1\,J/m^3 = 1\,kg \cdot m^{-1} \cdot s^{-2}$
Oberflächenspannung σ	J/m^2	Joule durch Quadratmeter [2][8]	$1\,J/m^2 = 1\,N/m$ $= 1\,kg/s^2$
Drehimpuls, Drall L	Js	Joulesekunde [2][8]	$1\,Js = 1\,Nms$ $= 1\,kg \cdot m^2 \cdot s^{-1}$
Leistung P	W	Watt [2][7]	$1\,W = 1\,J/s$ $= 1\,kg \cdot m^2 \cdot s^{-3}$
	PS	Pferdestärke [6][10]	$1\,PS = 75kp \cdot m/s$ $= 0,73549875\,kW$

Elektrizität und Magnetismus

Größenart mit Formelzeichen	Einheitenzeichen	Einheitenbenennung	Beziehung zu anderen Einheiten
elektr. Stromstärke I	A	Ampere [1][8]	–
	Bi	Biot [6][10]	$1\,Bi = 10\,A$
elektr. Stromdichte j, J	A/m^2	Ampere durch Quadratmeter [2][8]	–
Elektrizitätsmenge, elektr. Ladung Q	C Ah	Coulomb [2][7] Amperestunde [5][8]	$1\,C = 1\,As$ $1\,Ah = 3\,600\,C$
elekr. Fluss, Verschiebungsfluss Ψ	C	Coulomb [2][8]	–
elektr. Dipolmoment m_c	Cm	Coulombmeter [2][8]	–
Raumladungsdichte ϱ, η	C/m^3	Coulomb durch Kubikmeter [2][8]	–
Flächenladungsdichte σ	C/m^2	Coulomb durch Quadratmeter [2][8]	–
elektr. Flussdichte D	C/m^2	Coulomb durch Quadratmeter [2][8]	–

Größenart mit Formelzeichen	Einheitenzeichen	Einheitenbenennung	Beziehung zu anderen Einheiten
elektr. Spannung U; elektr. Potenzial φ, V	V	Volt [2][7]	$1\,V = 1\,J/C = 1\,W/A$ $= 1\,kg \cdot m^2 \cdot s^{-3} \cdot A^{-1}$
elektr. Feldstärke E	V/m	Volt durch Meter [2][8]	–
elektr. Widerstand R	Ω	Ohm [2][7]	$1\,\Omega = 1\,V/A = 1\,W/A^2$ $= 1\,kg \cdot m^2 \cdot s^{-3} \cdot A^{-2}$
spezif. elektr. Widerstand ϱ	Ωm	Ohmmeter [2][8]	$1\,\Omega m = 10^{-6}\,\Omega \cdot mm^2/m$
elektr. Leitwert G	S	Siemens [2][8]	$1\,S = 1\,\Omega^{-1} = 1\,A/V$ $= 1\,kg^{-1} \cdot m^{-2} \cdot s^4 \cdot A^2$
elektr. Leitfähigkeit σ	S/m	Siemens durch Meter [2][8]	–
elektr. Kapazität C	F	Farad [2][7]	$1\,F = 1\,C/V = 1\,s/\Omega$ $= 1\,kg^{-1} \cdot m^{-2} \cdot s^4 \cdot A^2$
Dielektrizitätskonstante ε	F/m	Farad durch Meter [2][8]	–
magnet. Spannung V	A Gb	Ampere [1][7] Gilbert [6][10]	$1\,Gb = 1\,Oe \cdot cm = \dfrac{10}{4\pi}\,A$
magnet. Feldstärke H; Magnetisierung M	A/m Oe	Ampere durch Meter [2][7] Oersted [6][10]	$1\,Oe = \dfrac{10}{4\pi}\,A/cm$
magnet. Fluss, Induktionsfluss Φ	Wb M	Weber [2][8] Maxwell [6][10]	$1\,Wb = 1\,V \cdot s = 1\,J/A$ $= 1\,kg \cdot m^2 \cdot s^{-2} \cdot A^{-1}$ $1\,M = 10^{-8}\,Wb$
magnet. Moment [20] m_m	Wb · m	Webermeter [2][11]	–
magnet. Moment [21] P_m	A · m²	Ampere mal Quadratmeter [2][11]	–
magnet. Flussdichte B	T G	Tesla [2][8] Gauß [6][11]	$1\,T = 1\,Wb/m^2$ $= 1\,kg \cdot s^{-2} \cdot A^{-1}$ $1\,G = 1\,Wb/cm^2 = 10^{-4}\,T$
Induktivität L	H	Henry [2][8]	$1\,H = 1\,Wb/A = 1\,\Omega \cdot s$
Permeabilität μ	H/m	Henry durch Meter [2][8]	–
magnet. Widerstand R_m	A/Wb	Ampere durch Weber [2][8]	$1\,A/Wb$ $= 1\,kg^{-1} \cdot m^{-2} \cdot s^2 \cdot A^2$
Scheinleistung S, P_s	VA	Voltampere [5][8]	$1\,VA = 1\,V \cdot A = 1\,W$
Blindleistung Q, P_q	var	Var [5][8]	$1\,var = 1\,V \cdot A = 1\,W$

Thermodynamik

Größenart mit Formelzeichen	Einheitenzeichen	Einheitenbenennung	Beziehung zu anderen Einheiten
thermodynam. Temperatur T, Θ	K °K	Kelvin [1][8] Grad Kelvin [6][10]	– $1\,°K = 1\,K$
Celsius-Temperatur t, t_C	°C	Grad Celsius [2][10]	$t_C = T - T_0$ ($T_0 = 273{,}15\,K$ = Eispunkttemperatur)
Fahrenheit-Temperatur t_F	°F	Grad Fahrenheit [6][10]	$x\,°F = \dfrac{5}{9}(x - 32)\,°C$
Rankine-Temperatur T_R	°Rank	Grad Rankine [6][10]	$x\,°Rank = \dfrac{5}{9}\,x\,K$
Réaumur-Temperatur t_R	°R	Grad Réaumur [6][10]	$x\,°R = \dfrac{5}{4}\,x\,°C$
Stoffmenge n, ν	mol	Mol [1][8]	–
Molarität c	mol/m^3	Mol durch Kubikmeter [2][8]	–
Molalität b	mol/kg	Mol durch Kilogramm [2][8]	–

Einheiten der wichtigsten physikalischen Größen (Fortsetzung)

Größenart mit Formelzeichen	Einheitenzeichen	Einheitenbenennung	Beziehung zu anderen Einheiten	Größenart mit Formelzeichen	Einheitenzeichen	Einheitenbenennung	Beziehung zu anderen Einheiten
Wärmemenge, Wärmeenergie Q, W	J	Joule [2][7]	$1\,J = 1\,Nm = 1\,Ws$ $= 1\,kg \cdot m^2 \cdot s^{-2}$	Lichtstrom θ, θ_v	lm	Lumen [2][8]	$1\,lm = 1\,cd \cdot sr$
	cal	Kalorie [6][8]	$1\,cal = 4,1868\,J$	spezif. Lichtausstrahlung M, M_v	lm/m²	Lumen durch Quadratmeter [2][8]	–
	kcal	Kilokalorie [6][9]	$1\,kcal = 10^3\,cal$ $= 4,1868\,kJ = 1,163\,Wh$		ph	Phot [6][10]	$1\,ph = 1\,lm/cm^2$
spezif. Wärmemenge q	J/kg	Joule durch Kilogramm [2][8]	–	Beleuchtungsstärke E, E_v	lx	Lux [2][8]	$1\,lx = 1\,lm/m^2$
Wärmekapazität C	J/K	Joule durch Kelvin [2][8]	–		nx	Nox [6][10]	$1\,nx = 10^{-3}\,lx = 1\,mlx$
spezif. Wärmekapazität c	J/(kg · K)	Joule durch Kilogramm und Kelvin [2][8]	–	Lichtmenge Q, Q_v	lm · s	Lumensekunde [2][8]	–
Entropie S	J/K	Joule durch Kelvin [2][8]	–	Belichtung H, H_v	lx · s	Luxsekunde [2][8]	–
Wärmestrom Φ	W	Watt [2][7]	$W = 1\,J/s = 1\,kg \cdot m^2 \cdot s^{-3}$	**Optik**			
Wärmestromdichte q, φ	W/m²	Watt durch Quadratmeter [2][8]	–	Strahlungsenergie Q_e, W	J	Joule [2][7]	$1\,J = 1\,Ws$ $= 1\,kg \cdot m^2 \cdot s^{-2}$
Wärmeleitfähigkeit λ	W/(m · K)	Watt durch Meter und Kelvin [2][8]	–	Strahlungsfluss Φ_e, P	W	Watt [2][7]	$1\,W = 1\,J/s$
Wärmeübergangskoeffizient α	W/(m² K)	Watt durch Quadratmeter und Kelvin [2][8]	–	Strahlstärke I_e	W/sr	Watt durch Steradiant [2][7]	–
Ionisierende Strahlungen				Strahldichte L_e	W/(m²sr)	Watt durch Quadratmeter und Steradiant [2][7]	–
Aktivität A	Bq	Becquerel [2][7]	$1\,Bq = 1\,s^{-1}$	Strahlungsflussdichte M_e, Bestrahlungsstärke E_e	W/m²	Watt durch Quadratmeter [2][7]	–
	Ci	Curie [6][8]	$1\,Ci = 3,7 \cdot 10^{10}\,Bq$				
Teilchenfluenz Φ	1/m²	Eins durch Quadratmeter [2][8]	$1/m^2 = 1\,m^{-2}$	Bestrahlung H_e	J/m²	Joule durch Quadratmeter [2][7]	$1\,J/m^2 = 1\,kg \cdot s^{-2}$
Energiefluenz F	J/m²	Joule durch Quadratmeter [2][8]	–				
Energiedosis D; Kerma K	Gy	Gray [2][8]	$1\,Gy = 1\,J/kg = 1\,m^2 \cdot s^{-2}$	**Akustik**			
	rd	Rad [6][11]	$1\,rd = 10^{-2}\,Gy$	Schallschnelle v	m/s	Meter durch Sekunde [2][8]	–
Äquivalentdosis D_q, H	Sv	Sievert [2][8]	$1\,Sv = 1\,J/kg = 1\,m^2 \cdot s^{-2}$	Schallfluss q	m³/s	Kubikmeter durch Sekunde [2][8]	–
	rem	Rem [6][11]	$1\,rem = 10^{-2}\,J/kg$				
Ionendosis, Exposition J, X	C/kg	Coulomb durch Kilogramm [2][8]	–	Schallintensität J	W/m²	Watt durch Quadratmeter [2][8]	–
	R	Röntgen [6][11]	$1\,R = 258 \cdot 10^{-6}\,C/kg$	mechan. Impedanz Z_m	Ns/m	Newtonsekunde durch Meter [2][8]	$1\,Ns/m = 1\,kg \cdot s^{-1}$
Lichttechnik				spezif. Schallimpedanz Z_s	Pa · s/m	Pascalsekunde durch Meter [2][8]	$1\,Pa \cdot s/m = 1\,Ns/m^3$
Lichtstärke I, I_v	cd	Candela [1][8]	–	akust. Impedanz Z_a	Pa · s/m³	Pascalsekunde durch Kubikmeter [2][8]	
	HK	Hefner-Kerze [6][10]	$1\,HK = 0,903\,cd$				
	IK	Internationale Kerze [6][10]	$1\,IK = 1,019\,cd$				
Leuchtdichte L, L_v	cd/cm²	Candela durch Quadratmeter [2][8]	–				
	sb	Stilb [6][10]	$1\,sb = 1\,cd/cm^2$				
	asb	Apostilb [6][10]	$1\,asb = \frac{5}{\pi}\,cd/m^2$				

[1] SI-Basiseinheit. – [2] SI-Einheit. – [3] Ergänzende SI-Einheit. – [4] SI-Einheit bei period. Vorgängen. – [5] Gesetzlich. – [6] Nichtgesetzlich. – [7] Alle Vorsätze möglich. – [8] Vorsätze erlaubt und einige verwendet. – [9] Kein weiterer Vorsatz. – [10] Keine Vorsätze. – [11] Vorsätze nicht üblich. – [12] Gesetzlich für Brechwert opt. Systeme. – [13] Gesetzlich für Edelsteine. – [14] Gesetzlich für Fasern und Garne. – [15] Gesetzlich für Grundstücke. – [16] Im Geschäftsleben üblich. – [17] Seefahrt. – [18] Astronomie. – [19] Normwert des Luftdruckes. – [20] Definition nach C. A. de Coulomb. – [21] Definition nach A. M. Ampère.

ger →Basiseinheiten aufgebaut wird. Alle anderen Einheiten des E. **(abgeleitete Einheiten)** können als Potenzprodukte der Basiseinheiten ausgedrückt werden (ergänzende Einheiten, →SI-Einheiten). In einem E. ist für jede Größenart nur eine Einheit vorhanden, z. B. für die Größenart Länge im Internat. Einheitensystem (Abk. SI) das Meter. Ein **kohärentes E.** ist ein System, das auf einem Satz wohldefinierter Basiseinheiten beruht, in dem alle abgeleiteten Einheiten (mit zu den zugeordneten abgeleiteten →Größen analogen algebraischen Beziehungen) als Potenzprodukte aus den Basiseinheiten ausgedrückt werden, wobei numer.

Faktoren entfallen; d. h. alle Einheiten können durch Einheitengleichungen verbunden werden, in denen kein von 1 abweichender Zahlenfaktor vorkommt. So gilt z. B. für die Krafteinheit Newton (N): $1\,N = 1\,kg \cdot 1\,m/s^2$, für die Energieeinheit Joule (J): $1\,J = 1\,N \cdot 1\,m$. Dagegen ist z. B. die Pferdestärke eine **nichtkohärente Einheit** der Leistung im techn. Maßsystem: $1\,PS = 75\,kp \cdot m/s$. (→Maßsystem)

Einheitenzeichen, Buchstaben oder Buchstabengruppen, die anstelle der Namen von →Einheiten stehen. Sie sollen in senkrechten Lettern (also nicht kursiv) gesetzt werden. E. sollen mit Kleinbuchstaben

167

Angloamerikanische Einheiten

Größen-art	Einheiten-zeichen	Einheiten-name	Beziehung zu anderen Einheiten	Umrechnung in metr. Einheiten[3]
Länge	mil, '''	milliinch	0,001 in	25,400 µm
	gg	gauge[2]	0,001 in[2]	25,400 µm
		point[2]	1/72 in[2]	0,35277848 mm
		line[2]	1/40 in[2]	0,63500127 mm
	in, "	{ inch[1]	1/36 yd[1]	25,399978 mm
		{ inch[2]	1/36 yd[2]	25,40005080 mm
		hand[2]	1/9 yd[2]	10,160020 cm
	li	link[2]	0,22 yd[2]	20,116840 cm
		span[2]	1/4 yd[2]	22,860046 cm
	ft	{ foot[1]	1/3 yd[1]	30,479974 cm
		{ foot[2]	1/3 yd[2]	30,480061 cm
	yd	{ yard[1]	–	91,439921 cm
		{ yard[2]	–	91,440183 cm
	fath	{ fathom[1]	2 yd[1]	1,8287984 m
		{ fathom[2]	2 yd[2]	1,8288037 m
	rd	{ rod[1]	5 1/2 yd[1]	5,0291956 m
		{ rod[2]	5 1/2 yd[2]	5,0292101 m
	ch	{ chain[1]	22 yd[1]	20,116783 m
		{ chain[2]	22 yd[2]	20,116840 m
	fur	{ furlong[1]	220 yd[1]	201,16783 m
		{ furlong[2]	220 yd[2]	201,16840 m
		mile[1]	1 760 yd[1]	1,6093426 km
	mi	statute mile[2]	1 760 yd[2]	1,6093472 km
	n mile	nautical mile[1]	6080/3 yd[1]	1,853181 km
	INM	international nautical mile[2]	–	1,852 km
Fläche		circular mile[2]	$\pi/4 \cdot 10^{-6}$ sq in[2]	506,70951 µm²
		circular inch[2]	$\pi/4$ sq in[2]	5,0670951 cm²
	sq in, in²	{ square inch[1]	1/1296 sq yd[1]	6,45115888 cm²
		{ square inch[2]	1/1296 sq yd[2]	6,45116258 cm²
	sq li	square link[2]	$484 \cdot 10^{-4}$ sq yd[2]	40,468726 cm²
	sq ft, ft²	{ square foot[1]	1/9 sq yd[1]	929,02879 cm²
		{ square foot[2]	1/9 sq yd[2]	929,03412 cm²
	sq yd, yd²	{ square yard[1]	–	0,83612591 m²
		{ square yard[2]	–	0,83613070 m²
	sq rd	{ square rod[1]	12 1/4 sq yd[1]	25,292809 m²
		{ square rod[2]	12 1/4 sq yd[2]	25,292954 m²
	sq ch	square chain[2]	484 sq yd[2]	404,68726 m²
		rood[1]	1210 sq yd[1]	1071,7124 m²
		acre[1]	4840 sq yd[1]	4046,8494 m²
		acre[2]	=1/640 sq mi[2]	4046,8726 m²
	sq mile	{ square mile[1]	3097600 sq yd[1]	2,5899836 km²
		{ square mile[2]	3097600 sq yd[2]	2,5899985 km²
Volumen	cu in, in³	{ cubic inch[1]	1/46656 cu yd[1]	16,387021 cm³
		{ cubic inch[2]	1/46656 cu yd[2]	16,387162 cm³
	fbm	board foot[1]	1/324 cu yd[1]	2,3597514 dm³
	cu ft, ft³	{ cubic foot[1]	1/27 cu yd[1]	28,316773 dm³
		{ cubic foot[2]	1/27 cu yd[2]	28,371016 dm³
	cu yd, yd³	{ cubic yard[1]	–	0,76455287 m³
		{ cubic yard[2]	–	0,76455945 m³
	cd	cord[2]	128/27 cu yd[2]	3,6245781 m³
		register ton[1]	100 cu ft[1]	2,8316773 m³
		register ton[2]	100 cu ft[2]	2,8317896 m³
		shipping ton[2]	40 cu ft[2]	1,13268 m³

Hohlmaße für Flüssigkeiten

Volumen	min	{ minim[1]	1/76800 gallon[1] }	
		{ minim[2]	1/61440 gal	59,1939 mm³
		fluid scruple[1]	1/3840 gallon[1]	1,18388 cm³
	fl dr, fl. dr.	{ fluid drachm[1]	1/1280 gallon[1]	3,55163 cm³
		{ fluid dram[2]	1/1024 gal	3,6967134 cm³
	fl oz, fl. oz.	{ fluid ounce[1]	1/160 gallon[1]	28,4131 cm³
		{ fluid ounce[2]	1/128 gal	29,573707 cm³
	gi	{ gill[1]	1/32 gallon[1]	142,065 cm³
		{ gill[2]	1/32 gal	118,29483 cm³
	liq pt	{ pint[1]	1/8 gallon[1]	568,261 cm³
		{ pint[2]	1/8 gal	473,17931 cm³
	liq qt	{ quart[1]	1/4 gallon[1]	1,13652 dm³
		{ quart[2]	1/4 gal	0,94635862 dm³
		pottle[1]	1/2 gallon[1]	2,2730429 dm³
	gal	{ gallon[1]	277,42 cu in[1]	4,546087 dm³
		{ gallon[2]	231 cu in[2]	3,7854345 dm³
	ptr. gallon	petroleum gallon[1]	276,800 cu in[1]	4,53593932 dm³
	ptr. gal	petroleum gallon[2]	230,665 cu in[2]	3,77994943 dm³
		peck[1]	2 gallons[1]	9,09218 dm³
	bu, bus	{ bushel[1]	8 gallons[1]	36,3687 dm³
		{ bushel[2]	8 gal	35,2993 dm³
		barrel[1]	36 gallons[1]	163,5645 dm³

gedruckt werden, z. B. m (Meter), jedoch soll ein E., das sich von einem Eigennamen herleitet, mit einem Großbuchstaben beginnen, z. B. Hz (Hertz).

Einheitliche Europäische Akte, Abk. **EEA,** am 28. 2. 1986 von den Außenministern der Mitgliedstaaten der Europ. Gemeinschaften unterzeichneter und nach Ratifizierung am 1. 7. 1987 in Kraft getretener Vertrag zur Ergänzung und teilweisen Änderung der Gründungsverträge von EGKS, EWG und EURATOM. Die EEA war ein erster Schritt auf dem Weg zu einer Europ. Union, blieb jedoch hinter dem entsprechenden Vertragsentwurf des Europ. Parlaments von 1984 zurück. Die EEA erleichterte Mehrheitsentscheidungen im Ministerrat und stärkte durch die Einführung eines ›Verfahrens der Zusammenarbeit‹ die Position des Parlaments; sie erleichterte die Rechtsangleichung und erweiterte die Zuständigkeit der EWG um die Bereiche Umwelt, Forschung und technolog. Entwicklung sowie wirtschaftl. und sozialer Zusammenhalt. In der EEA wurde die Europ. Polit. Zusammenarbeit (Abk. EPZ) erstmals vertraglich fixiert. Der am 1. 11. 1993 in Kraft getretene Vertrag über die →Europäische Union basiert auf der EEA.

Einheitliches Kaufrecht, zusammenfassende Bez. für das auf dem Wiener UN-Übereinkommen über Verträge über den internat. Warenkauf (Convention on Contracts for the International Sale of Goods – CISG) v. 11. 4. 1980 (für die Bundesrepublik Dtl. in Kraft seit 1. 1. 1991) beruhende Vertrags- und Gesetzeswerk, das weltweit zu einer Vereinheitlichung der Regeln über den Abschluss und die wesentl. Rechtsfolgen internat. Kaufverträge geführt hat. Erfasst werden grundsätzlich alle Kaufverträge über bewegl. Sachen (Waren) zw. Parteien, die ihre Niederlassung in versch. Staaten haben. Ausgenommen sind lediglich so genannte Verbrauchergeschäfte, d. h. Kaufverträge für den persönl. Gebrauch oder den Gebrauch in der Familie oder im Haushalt. Das Abkommen hatte – anders als sein Vorgänger, das Haager Kaufrechtsübereinkommen vom 1. 7. 1964 – von Anfang an großen Erfolg. Es gilt in nahezu 50 Staaten, die sich auf alle Kontinente verteilen. Für die Vertragsstaaten stellt es die wichtigste Rechtsgrundlage für alle Außenhandelsgeschäfte dar.
Komm. zum einheitl. UN-Kaufrecht. Das Übereinkommen der Vereinten Nationen über Verträge über den internat. Warenkauf, bearb. v. E. VON CAEMMERER u. P. SCHLECHTRIEM (²1995).

Einheitsbibliothek, Einheitsbücherei, Bibliothek, die Aufgaben einer wiss. →Bibliothek und einer →öffentlichen Bibliothek vereint; Vorbild ist die amerikan. Public Library.

Einheitsbohrung, →Passung.

Einheitserde, *Gartenbau:* industriell hergestellte Mischung aus Weißtorf und rd. 20–40% kalkfreiem Ton, die entsprechend den Pflanzenansprüchen mit Nährstoffen angereichert ist.

Einheitsgewerkschaft, parteipolitisch und weltanschaulich unabhängige, nach dem Industrieverbandsprinzip organisierte Gewerkschaft, im Unterschied zur →Richtungsgewerkschaft.

Einheitshaus, ein verbreiteter Typ des →Bauernhauses.

Einheitskreis, Kreis mit dem Radius der Längeneinheit 1.

Einheitskugel, Kugel mit dem Radius der Längeneinheit 1.

Einheitskurs, Einheitsnotierung, Kassakurs, ein an jedem Börsentag nur einmal errechneter Börsenkurs, zu dem die meisten der Kauf- und Verkaufsorders zustande kommen; Ggs.: variabler Kurs, fortlaufende Notierung. (→Kurs)

Einheitskurzschrift, →Stenografie.

Einheitsliste, →Blocksystem.

Einheitsmatrix, quadrat. →Matrix, bei der alle Elemente der Hauptdiagonale den Wert 1 haben, alle anderen den Wert 0. Die E. ist das neutrale Element bei der Matrizenmultiplikation.

Einheitsmietvertrag, →Miete.

Einheitspartei, vielgestaltiger Typ einer Partei, gebildet im Zuge der Vereinigung urspr. selbstständiger Parteien, oft (aber nicht zwingend) der polit. Willensträger eines →Einparteiensystems, die herrschende Staatspartei einer Diktatur. Ziel der F. ist es, gleichgerichtete oder verwandte polit. Kräfte zu bündeln und damit bei der Erringung der Macht in einem Staat eine größere Durchschlagskraft zu entwickeln oder ein diktator. oder autoritäres Herrschaftssystem zu stützen. In einem solchen System ist die E. als Kader- oder Massenpartei, unterstützt von gleichgeschalteten →Massenorganisationen, Instrument der herrschenden Kräfte zur Organisation und Führung des polit. Lebens.

Nach der starken polit. Auffächerung der Arbeiterbewegung in der ersten Hälfte des 20. Jh., bes. jedoch unter dem Eindruck faschist. und rassistisch-nationalist. Diktaturen, verstärkte sich im sozialist. Parteienfeld die Idee der E. Im Zuge der Eingliederung von mitteleurop. Staaten sowie der sowjetisch besetzten Zone Dtl.s nach dem Zweiten Weltkrieg in das sowjet. Herrschaftsgebiet benutzten die Kommunisten die Idee der E. zur Einschmelzung v. a. der Sozialdemokraten in eine von ihnen dominierte Partei (→Sozialistische Einheitspartei Deutschlands) und damit zur Errichtung einer von ihnen gesteuerten Einparteienherrschaft. Nach der Entkolonialisierung entstanden in Asien und Afrika vor dem Hintergrund ethn., wirtschaftl. und sozialer Spannungen zunächst in vielen Staaten Einheitsparteien. Die Politik der entsprechenden Einparteiensysteme führte in einem großen Teil der betroffenen Länder zu mehr oder weniger tief greifenden Demokratisierungsbestrebungen.

Einheitspreis, in den Kostenvoranschlägen der Bauwirtschaft der vertraglich vereinbarte Preis für eine Maßeinheit (z. B. 1 m³ Mauerwerk bestimmter Ausführung). Die nicht vereinbarten Gesamtkosten ergeben sich nach der Bauausführung durch Multiplikation von E. mit der durch Aufmaß festgestellten Baumasse.

Einheitsschule, einheitl. Schulsystem für alle Kinder ohne Unterschied des Geschlechts und des Standes, bei radikalen Vertretern auch der Begabung, in das alle gewachsenen Schulformen einbezogen werden sollen. Als Forderung findet sich die E. zunächst bei J. A. COMENIUS, dann in den Nationalerziehungsplänen des 18. Jh. (A. M. DE CONDORCET) und bei den preuß. Reformern (W. VON HUMBOLDT, J. W. SÜVERN) als E. vom Kindergarten bis zur Hochschule. Neue Impulse erhielt die Idee 1848; damals machte sich der Allgemeine Dt. Lehrerverein zum Anwalt eines einheitl. Schulsystems unter Ausschaltung konfessioneller Trennungen mit einem einheitl., auf der Univ. ausgebildeten Lehrerstand. Der 1885 gegründete Dt. Einheitsschulverein bemühte sich um eine einheitl. Gestaltung der bis dahin stark differenzierten Unterklassen der höheren Schule; in Altona (1878) und Frankfurt am Main (1892) wurden solche Schulmodelle entwickelt (→Reformanstalten). Eine ›elast. E.‹ forderte nach 1919 der →Bund entschiedener Schulreformer unter P. OESTREICH. Nach 1919 wurde in Dtl. aufgrund von Artikel 146 der Weimarer Verf. allg. die vier Schuljahre umfassende →Grundschule als Eingangsstufe für das gesamte Schulwesen verwirklicht. Nach 1945 wurden die Schulbestimmungen der Weimarer Verf. im GG bekräftigt und zahlr. Pläne zu einer abgestuften E. vorgelegt.

Der →Rahmenplan von 1959 war gegen eine Erweiterung der Grundschule (eine sechsjährige Grundschulzeit wurde in Berlin [West] eingeführt), nach dem 4. bzw. 5. Schuljahr sollte dann die Wahl der Schulart (Gymnasium, Realschule oder Hauptschule) endgültig getroffen werden. Meist wurde jedoch die schulartbezogene →Orientierungsstufe eingerichtet, nur in Hessen eine unabhängige Schulstufe, die →Förderstufe. Als Modell- oder auch Regelschule wurde jedoch das Konzept der →Gesamtschule entwickelt, gedacht als ein differenziertes Schulsystem mit höchstmögl. →Durchlässigkeit der Bildungswege.

In der DDR wurde das Prinzip der E. bejaht, jedoch war bereits die zehnklassige allgemein bildende polytechn. Oberschule (Abk. POS) in sich stark differenziert und neben ihr bestanden außerdem elitäre Spezialschulen oder -klassen. Der Zugang zur erweiterten Oberschule (Abk. EOS) wurde entsprechend den ›volkswirtschaftl. Bedürfnissen‹ eingeschränkt.

H. SIENKNECHT: Der Einheitsschulgedanke (1968).

Einheitsstaat, im Ggs. zum Bundesstaat und zum Staatenbund ein Staat, in dem eine einzige Staatsge-

Größen-art	Einheiten-zeichen	Einheiten-name	Beziehung zu anderen Einheiten	Umrechnung in metr. Einheiten[3]
Angloamerikanische Einheiten (Fortsetzung)				
Volumen (Forts.)	ptr. barrel	petroleum barrel[1]	35 ptr. gallons[1]	158,7589 dm³
	ptr. bbl	petroleum barrel[2]	42 ptr. gal	158,7579 dm³
		quarter[1]	64 gallons[1]	0,290950 m³
		chaldron[1]	288 gallons[1]	1,30927 m³
Hohlmaße für trockene Stoffe				
Volumen	dry pt	dry pint[2]	1/64 bu[2]	0,5506137 dm³
	dry qt	dry quart[2]	1/32 bu[2]	1,1012275 dm³
	pk	peck[2]	1/4 bu[2]	8,8098204 dm³
	bu, bus	bushel[2]	2 150,42 cu in[2]	35,239282 dm³
	bbl	dry barrel[2]	105/32 bu[2] = 7 056 cu in[2]	0,11562782 m³
Avoirdupois-System (Handelsgewichte)				
Masse, Gewicht	gr	{ grain[1]	1/7 000 lb	64,798919 mg
		{ grain[2]	1/7 000 lb	64,798918 mg
	dr avdp	dram	1/256 lb	1,7718454 g
	oz avdp	ounce	1/16 lb	28,349527 g
	lb	pound	–	0,45359243 kg
		stone[1]	14 lb	6,3502940 kg
		quarter[1]	28 lb	12,700588 kg
		cental[1]	100 lb	45,359243 kg
	sh cwt	short hundred-weight[2]	100 lb	45,359243 kg
	cwt	hundredweight[1], centweight	112 lb	50,802352 kg
	l cwt	long hundred-weight[2]	112 lb	50,802352 kg
	sh tn	short ton[2]	2 000 lb	907,18486 kg
	ton[1]	ton[1]	2 240 lb	1 016,047 kg
	l tn	long ton[2]	2 240 lb	1 016,047 kg
Apothecaries-System (Drogengewichte)				
Masse, Gewicht	s ap(oth)	scruple	20/7 000 lb = 20 gr	1,2959784 g
	dr apoth	drachm[1]	60/7 000 lb = 60 gr	3,8879351 g
	dr ap	dram[2]	60/7 000 lb = 60 gr	3,8879351 g
	oz ap(oth)	apothecaries' ounce	480/7 000 lb = 480 gr	31,103481 g
	lb ap	apothecaries' pound[2]	5 760/7 000 lb	373,24177 g
Troy-System (Edelmetall- und Edelsteingewichte)				
Masse, Gewicht	dwt	pennyweight	24/7 000 lb = 24 gr	1,5551740 g
	oz tr	troy ounce	480/7 000 lb = 480 gr	31,103481 g
	lb tr	troy pound[2]	5 760/7 000 lb	373,24177 g
Kraft	lbf	pound-force	1 lb · 9,80665 m/s²	4,4482216 N
	pdl	poundal[1]	1 lb · ft/s²	0,138255 N
Wärme-energie	Btu	British thermal unit	–	1 055,06 J
Leistung	hp	horsepower	550 ft · lbf/s	745,6998716 W

[1] Zugehöriger Einheitenwert nur in Großbritannien und anderen Ländern des Commonwealth of Nations gültig. – [2] Zugehöriger Einheitenwert nur in den USA gültig. – [3] Im Rahmen der Normung gilt genau:
1 in = 25,4 mm, 1 ft = 12 in = 30,48 cm und 1 yd = 0,9144 m.

$$\begin{pmatrix} 1 & 0 & 0 & 0 \\ 0 & 1 & 0 & 0 \\ 0 & 0 & 1 & 0 \\ 0 & 0 & 0 & 1 \end{pmatrix}$$

Einheitsmatrix

walt über ein einheitlich verwaltetes Staatsgebiet und ein als unteilbare Einheit aufgefasstes Staatsvolk herrscht (→Unitarismus). Im E. gibt es nur eine einzige Gesetzgebung, Verwaltung und Rechtspflege; vorhandene Untergliederungen des Staates (z. B. Provinzen, Bezirke, Departements) sind rein organisator. Natur. Es gibt zwei Formen des E., den **zentralisierten E.,** in dem die öffentl. Gewalt bei Zentralbehörden zusammengefasst ist und von diesen mithilfe weisungsabhängiger Mittel- und Unterbehörden ausgeübt wird, und den **dezentralisierten E.,** in dem die öffentl. Gewalt z. T. in die Hand von Selbstverwaltungskörperschaften gelegt ist, die nur der Aufsicht der Zentralbehörde unterstehen. In der Politikwissenschaft wird der Begriff E. zunehmend von dem Begriff **Zentralstaat** verdrängt.

Die Idee des E. entstand im Gefolge der Frz. Revolution von 1789. In der Ausformung des republikan. Staatsgedankens wurde – v. a. im roman. Raum – der Staat als Ausdruck des Willens der Gesamtheit der freien Bürger, als ›Volonté générale‹, zu einer unteilbaren Einheit; jede Eigenständigkeit unterhalb der gesamtstaatl. Ebene wurde dabei als →Regionalismus abgelehnt. Der Gedanke des E. begünstigte bei seiner Realisierung die Entstehung autoritär-plebiszitärer Herrschaftsformen (z. B. die Reg. NAPOLEONS I. und NAPOLEONS III.). In der dt. Romantik verschmolz das Verständnis der Einheit des Staates bes. mit obrigkeitsstaatl. Vorstellungen. Die radikalste Ausformung dieser Entwicklung war die Identifizierung von ›Führerwillen‹ und ›Volkswillen‹ im Nationalsozialismus. Staaten mit marxistisch-leninist. Orientierung zeigten, waren sie auch laut Verf. bundesstaatlich organisiert (z. B. UdSSR, ČSSR), v. a. infolge ihrer politisch-gesellschaftl. Ausrichtung am Prinzip des →demokratischen Zentralismus starke einheitsstaatl. Züge.

Einheitsstrafe. Herkömmlich wird zw. versch. Arten der Freiheitsstrafe, nämlich nach ihrer Schwere, unterschieden. Das StGB der BRD kannte bis 1970 Zuchthaus, Gefängnis, Einschließung und Haft, das StGB der DDR differenzierte zw. Freiheits- und Haftstrafe; das *schweizer.* StGB trennt noch (1996) zw. Zuchthaus, Gefängnis und Haft. Demgegenüber enthalten das StGB der BRD (seit 1970) und das *Österreichs* (das bis 1974 Kerkerstrafe in zwei Graden kannte) nur noch die als Freiheitsstrafe bezeichnete E. Der Grund für die Abschaffung versch. Arten der Freiheitsstrafe liegt im neu definierten Zweck der Strafe: der Resozialisierung. Namentlich der Zuchthausstrafe hatte sich wegen der Auswirkungen der Haferschwerung, v. a. aber wegen der mit ihr verbundenen sozialen Brandmarkung und ihren Ehrenfolgen als ein Hindernis für die gesellschaftl. Wiedereingliederung der Straftäter erwiesen. – Bedeutung im Jugendstrafrecht: Hier werden abweichend vom allgemeinen Strafrecht (→Realkonkurrenz) bei der Aburteilung mehrerer selbstständiger Straftaten vom Richter gemäß § 31 Abs. 1 Jugendgerichts-Ges. einheitlich Erziehungsmaßregeln, Zuchtmittel oder eine Jugendstrafe (Einheitsstrafe) festgesetzt.

Einheitsübersetzung der Heiligen Schrift, eine für den Gebrauch in Liturgie und Unterricht beider Konfessionen bestimmte, ökumenisch erarbeitete dt. Bibelübersetzung (die Endfassung des N.T. erschien 1979, die des A.T. 1980). Schon vor dem Zweiten Vatikan. Konzil (1962–65) von der kath. Kirche. Bischöfen des deutschsprachigen Raums (BRD, DDR, Österreich, deutschsprachige Schweiz, Luxemburg, die Diözesen Lüttich, Brixen und auch Straßburg) als wiss. korrekte Neuübersetzung von A.T. und N.T. aus dem hebr. bzw. griech. Urtext geplant, erhielt das 1962 begonnene, zunächst ausschließlich kath. Unternehmen den Namen ›Einheitsübersetzung‹. Seit 1967 beteiligte sich auch die Ev. Kirche in Dtl. an der Übersetzung der bibl. Lesungen für die Sonn- und Feiertage sowie der

Psalmen; 1971 erschien ein ›Ökumen. Verzeichnis der bibl. Eigennamen nach den Loccumer Richtlinien‹. Die E. d. H. S. geht stets auf den Urtext zurück und vertritt ein gehobenes Deutsch der Gegenwart ohne Anleihen bei sprachl. Tagesmoden. Einleitungen und Anmerkungen sind der historisch-krit. Exegese verpflichtet.

Einheit im Wort. Informationen, Gutachten, Dokumente zur E. d. H. S., hg. v. J. G. PLÖGER u. O. KNOCH (1979).

Einheitsvektor, Vektor der Längeneinheit 1. Jeder Vektor *v* kann durch Division durch seinen →Betrag |*v*| zum E. normiert werden.

Einheitsversicherung, Absicherung gegen mehrere Gefahren (z. B. Transport- und Bearbeitungsrisiken) in einem einheitl. Versicherungsvertrag.

Einheitswelle, →Passung.

Einheitswert, ein steuerl. Wert, der einheitlich bei mehreren Steuern als Bemessungsgrundlage dient (v. a. bei der Vermögen-, Grund-, Gewerbe-, Erbschaftsteuer) und der von den Finanzämtern gesondert festgesetzt und dem Steuerpflichtigen durch E.-Bescheid mitgeteilt wird. E. werden nach den Bewertungsmaßstäben des →Bewertungsgesetzes für Grundbesitz (d. h. land- und forstwirtschaftl. Betriebe, Grundstücke und Betriebsgrundstücke), für gewerbl. Betriebe und für Mineralgewinnungsrechte in bestimmten Zeitabständen allg. ermittelt. § 21 Bewertungsgesetz sieht eine derartige **Hauptfeststellung** in Abständen von drei Jahren für das Betriebsvermögen und in Abständen von sechs Jahren für den Grundbesitz vor. Abweichend von dieser Regel wurde im Zusammenhang mit der Änderung des Vermögensteuersatzes die jüngste Hauptfeststellung der E. für das Betriebsvermögen auf den 1. 1. 1995 vorgezogen; die darauf folgende Hauptfeststellung findet erst am 1. 1. 1999 statt. Für Grundbesitz erfolgte eine Hauptfeststellung allerdings zuletzt zum 1. 1. 1964; die dabei ermittelten E. wurden erstmals 1974 angewendet, und zwar mit einem pauschalen Zuschlag von 40 % (nicht bei land- und forstwirtschaftl. Grundstücken und allg. nicht bei der Grundsteuer). Grundvermögen wird damit im Vergleich zum Verkehrswert und zum übrigen Vermögen steuerlich erheblich unterbewertet. Diese Tatsache hat in den letzten Jahren wiederholt Diskussionen über ihre Vereinbarkeit mit dem verfassungsrechtl. Gleichbehandlungsgebot entfacht. Die urspr. zur Verwaltungsvereinfachung eingeführte Einheitsbewertung ist darüber hinaus kompliziert und aufwendig. Das Bundesverfassungsgericht hat in zwei Urteilen vom 22. 6. 1995 die Besteuerung von Immobilien nach E. im Rahmen der →Vermögensteuer und der →Erbschaftsteuer für unvereinbar mit dem GG erklärt. Die Vermögensteuer wird daraufhin seit dem 1. 1. 1997 nicht mehr erhoben, und bei der Erbschaftsteuer werden bebaute Grundstücke seit dem 1. 1. 1996 nach dem Ertragswertverfahren mit dem 12,5fachen der im Durchschnitt der letzten drei Jahre erzielten Jahreskaltmiete bewertet. Die bisherigen E. finden weiterhin Anwendung bei der Grund- und der Gewerbesteuer. (→Ertragswert, →Grundstückswert, →Teilwert)

Die Einheitsbewertung in der Bundesrepublik Dtl. Mängel u. Alternativen, hg. vom Bundesministerium der Finanzen (1989).

Einheitswurzel, eine Wurzel aus der Zahl 1. Die Zahl *w* ist eine *n*-te E., wenn *w* eine Lösung der Kreisteilungsgleichung $x^n - 1 = 0$ ($n = 1, 2, 3,...$) ist. Die Werte der E.,

$$x_k = \exp(2\pi i k/n) = \cos(2\pi k/n) + i \sin(2\pi k/n)$$

mit $i = \sqrt{-1}$ und $k = 1, ..., n$, teilen in der gaußschen Zahlenebene den Umfang des Einheitskreises in *n* gleiche Teile. Die E. sind ein wichtiges Hilfsmittel der Zahlentheorie und der Theorie algebraischer Gleichungen.

Einheitszeit, für alle Orte eines Gebietes gültige Zeit (→Zonenzeit).

Einherjer [altnord. ›Alleinkämpfer‹], **Einherier,** *altnord. Mythologie:* die auf dem Schlachtfeld gefallenen und in Walhall aufgenommenen Krieger, die Odin für den Kampf gegen die Götterfeinde (→Ragnarök) sammelt.

Einhöckeriges Kamel, das →Dromedar.

Einhorn, 1) *Astronomie:* lat. **Monoceros,** Abk. **Mon,** ein Sternbild der Äquatorzone, im Winter am Abendhimmel sichtbar.

2) ein *Fabelwesen* von Pferdegestalt mit geradem, spitzem Horn in der Stirnmitte. Es ist im Abendland durch eine lat. Übersetzung des ›Physiologus‹ des 5. Jh. bekannt geworden. Schon in frühchristl. Zeit wurde das E. als Sinnbild gewaltiger Kraft auf CHRISTUS bezogen. Die Vorstellung, dass es seine Wildheit verliere, wenn es sein Haupt einer Jungfrau in den Schoß lege, wurde auf MARIA gedeutet. Darum erscheint das E. in spätmittelalterl. Darstellungen der Verkündigung und des ›Hortus conclusus‹ und wurde ein Zeichen der Keuschheit. In der Heraldik wird das E. gewöhnlich aufrecht (›springend‹) dargestellt. E.-Pulver (aus dem Horn) sollte gegen Vergiftungen und Tierbisse helfen; darüber hinaus galt es als Aphrodisiakum. Fürstl. Schatzkammern verwahrten Narwalzähne, die für Hörner des E. gehalten wurden (heute z. B. im Dt. Elfenbeinmuseum, Erbach).

L. WEHRHAHN-STAUCH: E., in: Real-Lex. zur dt. Kunstgesch., Bd. 4 (1958); R. R. BEER: E. Fabelwelt u. Wirklichkeit (^{3}1977); N. HATHAWAY: The Unicorn (New York 1980).

Einhornfische, die →Nashornfische.

Einhornwal, der Narwal, Art der →Gründelwale.

Einhufer, die Unpaarhufer, bei denen alle Zehen mit Ausnahme der mittleren, auf der sie laufen, zurückgebildet sind; die vergrößerte Mittelzehe trägt einen einheitl. Huf. Zu den E. zählen Pferde, Zebras, Esel und Halbesel.

einhüftig, *Baukunst:* 1) eine Gebäudeform, bei der die Räume auf einer Seite des Ganges liegen; 2) ein steigender, gewölbter Bogen, dessen Kämpfer auf versch. Höhe liegen.

einhüllende Kurve, Enveloppe [ãvə'lɔp(ə), frz.], eine Kurve, die jede Kurve einer gegebenen Schar mindestens einmal berührt und andererseits in jedem Punkt von mindestens einer Kurve der Schar berührt wird.

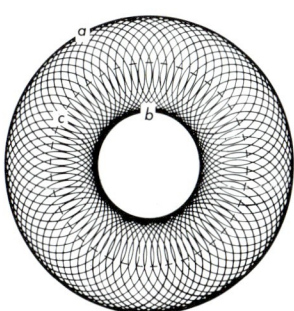

einhüllende Kurve: Zwei Kreise (*a* und *b*) als einhüllende Kurven einer Schar von Kreisen, deren Mittelpunkte auf einem Kreis (*c*) liegen

Einigung, *Zivilrecht:* auf eine dingl. Rechtsänderung gerichteter (dingl.) Vertrag; bei der Übertragung von Grundstückseigentum →Auflassung genannt. Er enthält das zur Übertragung, Belastung oder inhaltl. Änderung eines →dinglichen Rechts erforderl. Willenselement, das zus. mit der Übergabe (bei bewegl. Sachen) oder der Eintragung ins Grundbuch (bei Grundstücken) als Vollziehungselement die dingl. Rechtsänderung (z. B. den Eigentümerwechsel) bewirkt. Grundsätzlich unterliegt die E. keinen Formvorschriften (anders bei der Auflassung). Sie kann bis zur Übergabe bzw. Eintragung ins Grundbuch frei

widerrufen werden; vorher bindet sie nur, wenn sie ein Grundstücksrecht betrifft und in besonderer Form abgegeben worden ist.

Einhorn 2): Ausschnitt aus einem Bildteppich der Serie ›Die Dame mit dem Einhorn‹; Brüssel, Ende des 15. Jh. (Paris, Musée de Cluny)

Einigungsämter, in Österreich Behörden zur Entscheidung arbeitsrechtl. Streitigkeiten in Bezug auf Betriebsverfassung und Kündigungsschutz. Mit Wirkung vom 1. 1. 1987 erfolgte eine Kompetenzverschiebung zum Arbeits- und Sozialgericht.

Einigungsstelle, *Recht:* 1) im *Arbeitsrecht* die privatrechtliche innerbetriebl. Schlichtungsstelle zur Beilegung von Meinungsverschiedenheiten zw. Arbeitgeber und Betriebsrat im Bereich der betrieblichen Mitbestimmung (§ 76 Betriebsverfassungs-Ges.). Kommt bei konkreten Meinungsverschiedenheiten keine Einigung zustande, muss in Fällen zwingender Mitbestimmung (z. B. Regelung der tägl. Arbeitszeit) auf Antrag einer Partei eine E. eingerichtet werden, wenn nicht aufgrund einer Betriebsvereinbarung eine ständige E. besteht. Die E. setzt sich aus einer gleichen Anzahl von Beisitzern, die von Arbeitgeber und Betriebsrat bestellt werden, und einem unparteiischen Vors. zusammen. Bei Streitigkeiten über die Zusammensetzung entscheidet das Arbeitsgericht. In den Fällen, in denen der Spruch der E. die Einigung zw. Arbeitgeber und Betriebsrat ersetzt, hat er die Wirkung einer Betriebsvereinbarung; er ist schriftlich niederzulegen, bedarf aber keiner Begründung. Die Kosten der E. trägt der Arbeitgeber. Der Spruch der E. ist gerichtlich nachprüfbar. – Im *Personalvertretungsrecht* sind ständige E. errichtet. 2) im *Wettbewerbsrecht* die auf der Grundlage des Gesetzes gegen den unlauteren Wettbewerb (§ 27 a) von den Landesregierungen bei den Industrie- und Handelskammern zur Beilegung von wettbewerbsrechtl. Streitigkeiten errichteten außergerichtl. Spruchkörper. Sie bestehen aus mindestens zwei sachverständigen Gewerbetreibenden als Beisitzern sowie einem Vors., der die Befähigung zum Richteramt haben muss. Die E. sollen einen gütl. Ausgleich herbeiführen; sie sind kein Schiedsgericht.

Einigungsvertrag, Vertrag vom 31. 8. 1990 zw. der BRD und der DDR über die Herstellung der Einheit

Dtl.s (in Kraft getreten am 29. 9. 1990), der den Beitritt der DDR zur BRD nach Art. 23 GG alter Fassung und die damit verbundenen Folgen regelt. Nach Art. 3 des E. trat das GG im Beitrittsgebiet mit dem Wirksamwerden des Beitritts (3. 10. 1990) in Kraft. Art. 3 und 4 regeln Änderungen des GG (Modifikation der Präambel, Aufhebung der Beitrittsregelung des Art. 23, Änderung der Stimmenverhältnisse im Bundesrat, Neufassung von Art. 146), die befristete Fortgeltung mit dem GG nicht übereinstimmender Regelungen der DDR und den Fortbestand bestimmter früher vorgenommener Eigentumseingriffe (Bodenreform und andere Enteignungen zw. 1945 und 1949). Art. 5 enthält Empfehlungen für künftige Verf.-Änderungen. Die Finanz-Verf. des GG wird im Beitrittsgebiet in wichtigen Bestimmungen, v.a. zum Finanzausgleich, erst in mehreren zeitl. Schritten in Geltung gesetzt (Art. 7). Die übrigen Regelungen betreffen die Rechtsangleichung, das Fortgelten völkerrechtl. Verträge, die öffentl. Verwaltung und Rechtspflege, das öffentl. Vermögen und die Schulden der DDR sowie grundlegende Bestimmungen und Zielsetzungen in versch. Bereichen wie Arbeit, Umweltschutz, Wissenschaft. Die Rechtsangleichung ist in Art. 8 und 9 normiert: Grundsätzlich tritt im Beitrittsgebiet das Bundesrecht mit dem Beitritt in Kraft; Ausnahmen, insbesondere Modifikationen des bundesdt. Rechts, sind in Anlage I bestimmt. Das Recht der DDR gilt grundsätzlich nur fort, wenn es nach dem GG in die Zuständigkeit der Landesgesetzgebung fällt und inhaltlich mit höherrangigem Recht, insbesondere dem GG, vereinbar ist. In Anlage II sind Rechtsvorschriften der DDR genannt, die fortgelten, obwohl sie vom Bundesrecht abweichen. Europ. Recht gilt im Beitrittsgebiet grundsätzlich mit dem Beitritt.

einjährig, *Botanik:* →annuell.

Einjährig-Freiwilligen-Dienst, in Preußen 1814 eingeführt und im Dt. Reich 1871–1918 sowie in Österreich-Ungarn 1868–1918 mögliche Form des Wehrdienstes mit verkürzter aktiver Dienstzeit (ein Jahr statt drei Jahre) auf freiwilliger Basis. Voraussetzungen waren der Nachweis einer höheren Schulbildung (Mindestanforderung in Preußen ab 1868 Obersekundareife, ›Einjähriges‹) und die Übernahme der Kosten für Bekleidung, Verpflegung und Ausrüstung. Bes. befähigte **Einjährig-Freiwillige** konnten nach Ablegung einer Prüfung als Offiziersanwärter entlassen und später (nach Ableistung von Wehrübungen) zum Landwehr- bzw. (nach 1868) zum Reserveoffizier befördert werden.

Einkammerklystron, eine →Laufzeitröhre.

Einkammersystem, im Unterschied zum →Zweikammersystem die Organisation der Volksvertretung in nur einer Kammer. Ein E. haben u.a. Dänemark, Finnland und Schweden. Da laut GG der Bundesrat keine Volks-, sondern eine Ländervertretung ist, besitzt auch Dtl. ein Einkammersystem.

Einkapselung, Einschließung, *Umwelttechnik:* Verfahren und Maßnahmen, die einen Abschluss belasteter Böden von den umgebenden Medien bewirken sollen, um die Ausbreitung von Schadstoffen in die Biosphäre einzudämmen. E. werden v.a. bei der →Altlastensanierung oder (präventiv) für Deponieabdichtungen angewendet und mithilfe abdichtender Schichten vorgenommen. Unterschieden werden Systeme zur horizontalen Abdichtung an der Oberfläche bzw. Basis (Untergrundabdichtung) von vertikalen Abdichtungen (durch so genannte Dichtwände).

Einkauf, *Betriebswirtschaftslehre:* Beschaffung von Sachgütern, Werkstoffen, Betriebsmitteln oder Handelswaren zu betriebl. Zwecken. Der E. wird als betriebl. Funktion organisatorisch meist von speziellen **E.-Abteilungen** gesteuert, die u.U. weiter nach Produkten oder Warengruppen unterteilt sind. Wichtige

Teilaufgaben der **E.-Politik** sind: Bestimmung der E.-Strategie und -ziele, Lieferantensuche und -analyse, Angebotseinholung und -prüfung bzw. Ausschreibungen, Vorbereitung und Durchführung von E.-Verhandlungen, Überwachung des Wareneingangs und der Begleichung von Lieferantenforderungen sowie Optimierung des Bestellverfahrens und der Beschaffungslogistik. (→Beschaffung, →Materialwirtschaft)

Einkaufsgemeinschaft, Einkaufsverband, v.a. im Einzelhandel verbreiteter horizontaler Zusammenschluss von Betrieben zum Zweck des gemeinsamen und damit kostengünstigeren Wareneinkaufs, häufig in der Rechtsform der Genossenschaft, aber auch der AG, der GmbH oder der GmbH & Co KG. E. sind i.d.R. Selbsthilfeorganisationen des Facheinzelhandels zur Stärkung der Wettbewerbsfähigkeit gegenüber Großbetriebsformen. Neben Fremdgeschäften, v.a. als Zentralregulierungs- (Bezahlung der Mitgliederrechnungen durch die E.) und Delkrederegeschäfte (Übernahme von Ausfallbürgschaften), betreiben E. oft auch Eigengeschäfte (als Lager- oder Streckengeschäft). Darüber hinaus übernehmen sie zunehmend Service- und Absatzförderungsaufgaben, z.B. Rechnungswesen, Marktforschung, Erschließung neuer Märkte, Anwendung neuer Informations- und Kommunikationssysteme, Beratungs- und Weiterbildungsprogramme. Nach § 1 Ges. gegen Wettbewerbsbeschränkungen (GWB) sind E. vom Kartellverbot freigestellt, sofern sie keinen Bezugszwang für die beteiligten Unternehmen begründen, den Wettbewerb auf dem jeweiligen Markt nicht wesentlich beeinträchtigen und dazu dienen, die Wettbewerbsfähigkeit kleiner und mittlerer Unternehmen zu verbessern. Bei grenzüberschreitender Kooperation gelten die kartellrechtl. Vorschriften gemäß §§ 85 und 86 EG-Vertrag.

Einkaufsgenossenschaften, Genossenschaften zum gemeinsamen (preisbegünstigten) Einkauf von Waren, bes. im landwirtschaftl. (→Bezugsgenossenschaften) und gewerbl. Bereich. 1994 gab es in Dtl. 775 gewerbl. E., darunter 37 des Lebens- und Genussmittelhandels (z.B. EDEKA, REWE), 38 des Nichtnahrungsmittelhandels (z.B. Hausrat, Schuhe, Apotheker, Drogerie), 211 des Lebensmittelhandwerks (z.B. Bäcker, Fleischer) und 129 des Nichtnahrungsmittelhandwerks (u.a. Bau- und Ausbaugewerbe). Der Umsatz belief sich auf rd. 91 Mrd. DM. Obwohl die klass. Großhandelstätigkeit nach wie vor den bedeutendsten Tätiggkeitsbereich der E. bildet, präsentieren sie sich heute als komplexe, innovative Verbundgruppen mit z.T. internat. Aktivitäten (Voll-Service-Genossenschaften), die für ihre Mitgl. ein umfangreiches Dienstleistungsangebot bereitstellen.

Einkaufszentrum, engl. **Shoppingcenter** [ˈʃɔpɪŋˈsentə], einheitlich geplante und errichtete Anlage mit rechtlich selbstständigen Einzelhandels- und Dienstleistungsbetrieben. Typ. Merkmale von E. sind die einheitl. Verwaltung (Werbung, Bewachung, Raumpflege, Mietverträge usw.), die auf das Einzugsgebiet abgestimmte Mischung von Anbietern (nach Anzahl und Art), eine verkehrsgünstige Lage und ein umfassendes Parkplatzangebot; ihre Größe schwankt zwischen rd. 1000 m² mit etwa 20 Betrieben **(Neighbourhoodcenter)** und rd. 25000 m² mit bis zu 100 Geschäften **(Regionalcenter).**

Einkehrtag, *kath. Seelsorge:* ein den Exerzitien verwandter Tag religiöser Vertiefung durch Gottesdienst und Sakramentenempfang, geistl. Vorträge und Betrachtung. – Eine ähnl. Einrichtung sind die ev. →Freizeiten.

Einkeimblättrige, einkeimblättrige Pflanzen, Monokotyledonen, Monocotyledoneae, Liliatae, Klasse der Bedecktsamer, deren Keimling nur ein Keimblatt ausbildet, das als Laubblatt oder (im Samen) als Saugorgan auftreten kann; Laubblätter meist zweizeilig angeordnet mit unverzweigten, parallel verlaufenden Hauptnerven; Blüten vorwiegend aus dreizähligen Blütenorgankreisen aufgebaut. Die Primärwurzel ist meist kurzlebig und wird durch sprossbürtige Wurzeln ersetzt. Die Leitbündel sind geschlossen (ohne Kambium) und meist zerstreut über die Sprossquerschnitt angeordnet. Sekundäres Dickenwachstum kommt nur selten vor. Zwiebeln, Rhizome oder Knollen sind als unterird. Überdauerungsorgane häufig. E. sind z. B. alle Gräser, Liliengewächse, Orchideen und Palmen; bekannt sind etwa 65 000 Arten. Fossil sie seit der Unterkreide (etwa gleichzeitig mit den ersten Zweikeimblättrigen) nachweisbar.

Einkieselung, *Petrologie:* →Verkieselung.

Einkindschaft, lat. **Unio prolium,** die seit dem 13. Jh. v. a. im fränk. Rechtsgebiet aufkommende Sitte, die erstehel. Kinder von Ehegatten, die eine zweite Ehe eingehen wollen, durch einen Vertrag mit den aus der zweiten Ehe zu erwartenden Kindern vermögens- und familienrechtlich gleichzustellen. Die Vorkinder brachten ihr Anrecht auf das erstehel. Vermögen ein und erhielten dafür dieselbe erbrechtl. Stellung wie die Nachkinder. Das preuß. Landrecht (1794) regelte die E., gewährte aber den Vorkindern, falls sie ein Vermögen einbrachten, einen entsprechenden Voraus. Die neueren Gesetzbücher (Code civil, ABGB, BGB, ZGB) schafften die E. ab.

Einklang, das Erklingen von zwei oder mehr Tönen oder Stimmen auf der gleichen Tonstufe (Prime) oder in Oktaven. (→Unisono)

Einkleidung, 1) *allg.:* Ausgabe von Uniform, Anstaltskleidung.

2) *kath. Klosterrecht:* der Empfang des Ordensgewandes beim Eintritt in das Noviziat; i. d. R. im Rahmen eines feierl. Gottesdienstes.

Einklemmung, *Medizin:* →Bruch.

Einkommen, alle Geldbeträge oder Naturalleistungen, die natürl. oder jurist. Personen in einem bestimmten Zeitraum aufgrund ihrer Stellung im Prozess der volkswirtschaftl. →Wertschöpfung oder ihrer Stellung im gesellschaftl. Gefüge zufließen (E. ist im Ggs. zum Vermögen eine Stromgröße). Für seine Arbeitsleistung erhält ein Wirtschaftssubjekt Lohn, Gehalt oder Dienstbezüge, das sind E. aus unselbstständiger Tätigkeit **(Arbeits-E.).** Für die Ausübung einer selbstständigen Tätigkeit (einschließlich E. der freien Berufe und E. aus Vermietung von Wohnungen und Gebäuden) erhält ein Wirtschaftssubjekt E. aus Unternehmertätigkeit **(Gewinn-E.).** Arbeits- und Gewinn-E. werden auch als **Erwerbs-E.** (E. aus Erwerbstätigkeit) bezeichnet. Aus dem Besitz von Forderungen (Sparguthaben, Aktien, Obligationen u. a. Beteiligungen) erhält ein Wirtschaftssubjekt E. aus Vermögen **(Besitz-E.,** auch **fundiertes E.).** Nach anderen Gesichtspunkten unterscheidet man: **Kontrakt-E.,** die nach Höhe und Fälligkeit durch vertragl. Vereinbarung im Voraus festlegen (Löhne, Gehälter, Mieten,

Pachten, Zinsen), und **Residual-E.** als Differenz zw. Erlösen und Kosten (Gewinn i. e. S.). E., die aus direkter oder indirekter Beteiligung am Wirtschaftsprozess entstehen, sind **originäre E.** oder **Faktor-E.** (Vergütung für die Leistungen der Produktionsfaktoren). **Abgeleitete E.** fließen den Wirtschaftssubjekten ohne ökonom. Gegenleistung zu; daher spricht man auch von **Übertragungs-** oder **Transfer-E.** (Sozialrenten, Pensionen, Unterstützungszahlungen). Das **Nominal-E.** ist der in Geld angegebene Wert des E. zu laufenden Preisen; berücksichtigt man Änderungen des Preisniveaus, so erhält man das **Real-E.** (zu konstanten Preisen). **Brutto-E.** ist die Gesamtsumme der zugeflossenen E., das **Netto-E.** erhält man in der mikroökonom. Analyse nach Abzug der Steuern und Sozialabgaben, in makroökonom. Betrachtung nach Abzug der Abschreibungen. In den Wirtschaftswissenschaften wird zw. dem E. eines Wirtschaftssubjekts **(Individual-E.** oder auch **Haushalts-E.)** und dem E. der Gesamtwirtschaft **(Volks-E.)** unterschieden.

Das Volks-E. als Summe aller Wertschöpfungen aus dem marktwirtschaftl. Produktionsprozess, die Inländern zukommen, ist aus der Sicht der E.-Empfänger **Primär-E.** Nach einkommens- und verteilungspolit. Maßnahmen des Staates ergibt sich das **Sekundär-E.** Die volkswirtschaftl. Gesamtrechnung kennt noch weitere E.-Begriffe: das **private E.** als Volks-E. zuzüglich Transferzahlungen des Staates. Werden vom privaten E. die direkten Steuern und die Sozialabgaben abgezogen, erhält man das **private verfügbare E.** Berücksichtigt man die einbehaltenen Gewinne von Kapitalgesellschaften, ergibt sich das **persönliche E.** und unter Abzug der Körperschaftsteuer das **persönlich verfügbare E.** der privaten Haushalte.

Die Diskussion um den E.-Begriff beginnt mit den Physiokraten und den Nationalökonomen der engl. Klassik: Für sie ist E. bestimmt durch die Produktionsfaktoren (Arbeit, Kapital, Boden), mit denen sich die Wirtschaftseinheiten am Produktionsprozess beteiligen. Der **finanzwissenschaftliche E.-Begriff** bezieht sich auf die steuerl. Leistungsfähigkeit einer Wirtschaftseinheit und ist umfassender als der ökonom. E.-Begriff. Anstelle der engen, die Einkommensteuer des 19. Jh. prägenden **Quellentheorie,** nach der nur solche Einkünfte zum E. zählen, die aus regelmäßigen Quellen fließen, wird heute in der Finanzwissenschaft die **Reinvermögenszugangstheorie** (Hauptvertreter: G. VON SCHANZ, ROBERT M. HAIG, HENRY C. SIMONS) vertreten. E. einer Periode ist danach all das, worüber eine Person für Konsumzwecke disponieren kann, ohne den am Periodenbeginn vorhandenen Vermögensbestand zu verringern oder Schulden zu machen, mit anderen Worten: die Summe aus den Konsumausgaben und dem Zuwachs des (Netto-)Vermögens während einer Periode. Zum E. zählen damit u. a. auch Wertzuwächse (→Kapitalgewinne) und einmalige Zuflüsse wie Glücksspielgewinne und Erb-

Einkommen je Einwohner, je Erwerbstätigen und je beschäftigten Arbeitnehmer in Deutschland[1] (in DM)						
	1960	1970	1980	1990	1994[2]	1995[2]
Volkseinkommen						
je Einwohner	4 300	8 700	18 500	29 900	30 700	32 000
je durchschnittlich Erwerbstätigen	9 100	19 900	42 100	66 400	71 500	75 100
Erwerbs- und Vermögenseinkommen der privaten Haushalte[3]						
je Einwohner	4 100	8 500	17 900	28 700	30 900	32 100
je durchschnittlich Erwerbstätigen	8 600	19 200	40 700	63 600	71 900	75 100
Bruttoeinkommen aus unselbstständiger Arbeit						
je durchschnittlich beschäftigten Arbeitnehmer						
jährlich	7 100	16 200	36 200	51 700	57 900	60 100
monatlich	590	1 350	3 010	4 310	4 820	5 000

[1] Bis 1990 früheres Bundesgebiet. – [2] Vorläufiges Ergebnis. – [3] Einschließlich privater Organisationen ohne Erwerbszweck (nach Abzug der Konsumentenkreditzinsen; vor Abzug der direkten Steuern).

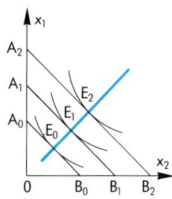

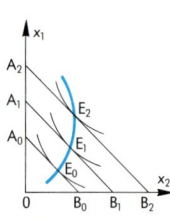

Einkommen-Konsum-Kurve: oben Ableitung der Kurve (blau) für den Normalfall; unten Möglicher Verlauf der Kurve für den Fall, dass Gut x_1 inferior ist

schaften. In der Praxis der Besteuerung wird allerdings ein wesentlich engerer E.-Begriff zugrunde gelegt (→Einkommensteuer).

⇨ *Einkommensverteilung · Gewinn · Lohn · Sozialprodukt · Vermögen*

Einkommen-Konsum-Kurve, engelsche Kurve [nach E. ENGEL], graf. Darstellung der Konsumgütermengen x_1 und x_2, die bei konstanten Preisen und Nutzenmaximierung aufgrund unterschiedlich hoher Einkommen von einem Haushalt nachgefragt werden. Bei steigenden Einkommen und konstanten Preisen ergibt sich eine Parallelverschiebung der Budgetgeraden ($\overline{A_0B_0}$, $\overline{A_1B_1}$, …) weg vom Ursprung, sodass die Tangentialpunkte (E$_0$, E$_1$, …) mit den Indifferenzkurven (Koordinaten der optimalen Verbrauchspläne je Einkommenshöhe) im Normalfall entlang der E.-K.-K. in Richtung größerer Mengen wandern. Wird von einem Gut bei steigendem Einkommen weniger nachgefragt (inferiores Gut), ergeben sich andere Verläufe der E.-K.-K. (→engelsches Gesetz)

Einkommenseffekt, in der Preistheorie die Wirkung von Preisänderungen bei konstanten Preisverhältnissen auf die Konsumgüternachfrage. Eine Preiserhöhung wirkt zu einem Teil so wie eine Verminderung des Einkommens oder der Konsumsumme, aus denen Haushalte ihre Konsumgüternachfrage ableiten. Umgekehrt wirken Preissenkungen wie Einkommenssteigerungen. Der E. zeigt sich in der Nachfrage größerer Konsumgütermengen bei Preissenkungen und in der Nachfrage kleinerer Konsumgütermengen bei Preissteigerungen. Durch prozentual gleiche Preisänderungen ergeben sich der E. entsprechend der →Einkommen-Konsum-Kurve. Bei Änderungen einzelner Preise oder allg. bei Veränderungen der Größenverhältnisse von Preisen ergibt sich ein Gesamteffekt, der neben dem E. oft auch noch einen →Substitutionseffekt umfasst.

In der makroökonom. Theorie beschreiben E. die Wirkungen einer Investition oder einer Erhöhung des Geldangebots auf die Höhe des Volkseinkommens (→Multiplikator, →Geld) sowie einen Übertragungsmechanismus bei der importierten →Inflation.

Einkommenselastizität, relative Änderung der nachgefragten Menge bei einer Einkommensänderung (→Elastizität).

Einkommenshypothesen, Annahmen über die Art der Abhängigkeit des Konsums der privaten Haushalte von ihrem Einkommen, d.h. über die Gestalt der Konsumfunktion. Nach der **absoluten E.** (J. M. KEYNES) hängt der reale Konsum von der absoluten Höhe der realen Haushaltseinkommen ab, wobei mit steigendem Einkommen die Konsumausgaben unterproportional zunehmen. Nach der **relativen E.** (J. DUESENBERRY) hängt der Konsum nicht nur von dem in der laufenden Periode erzielten Einkommen, sondern auch vom höchsten in der Vergangenheit erzielten Einkommen oder vom Konsum höherer Einkommensschichten ab. Danach sind die Haushalte bemüht, den ihrer sozialen Gruppe entsprechenden Konsumstandard auch bei Einkommensrückgängen aufrechtzuerhalten (Ratchet-Effekt), und reagieren mit einer überproportionalen Senkung der Sparquote. Ähnlich behauptet die **Habit-Persistence-Hypothese** (TILLMAN MERRITT BROWN, * 1913) eine Abhängigkeit des Konsums einer Periode vom Einkommen derselben und vom Konsum der vorhergehenden Periode. Die **Normal-E.** berücksichtigen auch den Einfluss der in der Zukunft erwarteten Einkommen: Nach der **Lebenszyklushypothese** (F. MODIGLIANI) versuchen die Haushalte aufgrund ihres erwarteten Lebenseinkom-

mens die Konsumausgaben möglichst optimal auf die versch. Lebensabschnitte zu verteilen, die **permanente E.** (M. FRIEDMAN) unterstellt einen proportionalen Zusammenhang zw. permanentem Einkommen (Verzinsung des Vermögens einschließlich des künftigen Arbeitseinkommens) und Konsum. Einkommen und Konsum werden hierbei um Zufallsgrößen (transitor. Komponenten) bereinigt. (→Konsum)

Einkommensmechanismus, ein Zahlungsbilanzmechanismus, demzufolge ein Ungleichgewicht in der Zahlungsbilanz durch Änderungen des Volkseinkommens verringert wird. Durch einen autonomen Anstieg der Exporte wird die Leistungsbilanz zunächst aktiviert (Exportwert größer als Importwert). Gleichzeitig bewirkt der Exportanstieg eine Zunahme der Güterproduktion und damit von Beschäftigung und Einkommen im Inland mit der Folge, dass auch die Importe steigen werden, weil mit der erhöhten Inlandproduktion ein erhöhter Bedarf an importierten Rohstoffen einhergeht und die Konsumenten bei steigendem Einkommen zusätzl. Güter aus ausländ. Produktion erwerben. Durch den Importanstieg wird der Leistungsbilanzüberschuss wieder abgebaut. (→Absorptionstheorie, →Multiplikator)

Einkommenspolitik, i.e.S. die Gesamtheit aller staatl. Maßnahmen, die darauf gerichtet sind, durch eine Beeinflussung der Faktorpreise (Lohnsätze, Renditen, Kapitalkostensatz) und damit der Einkommensentstehung zur wirtschaftl. Stabilität beizutragen (→Stabilitätspolitik); i.w.S. auch alle wirtschafts- und sozialpolit. Maßnahmen, die auf eine Verbesserung der →Einkommensverteilung sowie auf eine Förderung der →Vermögensbildung gerichtet sind (Einkommensverteilungs- und Vermögenspolitik).

Analytischer Ausgangspunkt der E. (i.e.S.) ist die Lohn-Preis-Spirale bzw. der Verteilungskampf zw. den gesellschaftl. Gruppen: Steigt der Nominallohnsatz, so erhöhen sich aus der Sicht der Unternehmen die Lohnstückkosten; damit sinkt bei zunächst gegebenen Preisen die Rendite für den Faktor Kapital. Die in ihrer Preissetzung kostenorientiert kalkulierenden Unternehmen versuchen daher, die Preise ihrer Produkte um mindestens ebenso viel Prozentpunkte zu erhöhen, wie die Kostenbelastung gestiegen ist. Ist das Geldangebot hinreichend elastisch, so erhöht sich das Preisniveau, was wiederum die Gewerkschaften veranlaßt, zur Erhaltung der realen Kaufkraft der Arbeitnehmereinkommen und zur Verbesserung ihrer Verteilungsposition (relativ zu den Kapitaleignern) höhere Nominallohnsätze zu fordern; damit beginnt die Lohn-Preis-Spirale erneut, wobei es zu einer allmähl. Inflationsbeschleunigung kommen kann. Wird das Geldangebot unerwartet gering ausgedehnt, sodass geplante Preiserhöhungen am Markt nur z.T. durchgesetzt werden können, versuchen die Unternehmen ihre Erlössituation durch Entlassungen (Verminderung der Kostenbelastung) zu verbessern. Damit besteht die Gefahr, dass Arbeitslosigkeit und Inflation gleichzeitig auftreten (Stagflation). Aufgabe der E. ist es daher, die Lohn-Preis-Spirale zu durchbrechen.

Mit direkten und indirekten Maßnahmen kann der Staat E. betreiben, d.h. auf den Einkommensentstehungsprozess sowie den Verteilungskampf einwirken und somit die Geld- und Fiskalpolitik als Kernbereiche der Stabilitätspolitik absichern. **Imperative E.** greift mit nicht marktkonformen Maßnahmen in den Preis- und Lohnbildungsprozess ein (z.B. durch Lohn- und Preisstopps), **indikative E.** umfasst das Aufstellen von Lohn- und Preisleitlinien, Indexierung von Löhnen und Preisen, Appelle seitens der Wirtschaftspolitiker (Moral Suasion) u.a. Maßnahmen. **Kooperative E.** setzt auf freiwillige einkommenspolit. Zusammenarbeit der sozialen Gruppen: Die nach § 3 Stabilitäts-Ges. in Dtl. vorgesehene konzertierte Aktion und die Parität. Kommission für Preis- und Lohnfragen in Österreich sowie die Lohnfindungspolitik in der Schweiz sind Beispiele hierfür.

Einkommensprinzip, Bruttoeinkommensprinzip, als Streben nach maximalem Unternehmenseinkommen bzw. maximalem Einkommen je Unternehmensangehörigen Formalziel ökonom. Handelns in Genossenschafts- oder Familienbetrieben sowie in Unternehmen mit Arbeiterselbstverwaltung. Die betriebl. Ergebnisrechnung erfolgt nach dem Schema:

        Erlös
    −   Materialkosten
    −   Abschreibungen
        Bruttoeinkommen
    −   gesetzl. Verpflichtungen (z.B. Steuern, Gebühren)
    −   vertragl. Verpflichtungen (z.B. Zinsen)
        betriebl. Nettoeinkommen

Das Einkommen ist definiert als Differenz zw. Erlös und Kosten, wobei im Ggs. zum Gewinnprinzip die Bezüge der Beschäftigten nicht als Kosten betrachtet werden. Das betriebl. Nettoeinkommen steht für die Verteilung auf die Beschäftigten oder für Investitionen zur Verfügung.

Einkommensstatistik, Sammelbegriff für zahlreiche Einzelstatistiken, die Aufschlüsse über versch. Aspekte von Einkommen vermitteln (z.B. vor und nach Abzug der direkten Steuern, ggf. unter Berücksichtigung weiterer staatl. Umverteilungstransaktionen, mit und ohne Einbeziehung relevanter Transaktionen mit dem Ausland). Es werden nicht nur Aussagen über die Einkommen von Einzelpersonen angestrebt, sondern auch von Familien, Haushalten, Institutionen (z.B. Unternehmen, Staat) und über Entstehung, Verteilung und Verwendung der Einkommen.

Einkommensteuer, eine Personensteuer, bei der (im Ggs. zur →Körperschaftsteuer für die jurist. Personen u.Ä.) das Einkommen des einzelnen Steuerpflichtigen (Steuer-)Quelle, Objekt und Bemessungsgrundlage ist.

Merkmale und Probleme

Die moderne E. weist folgende Hauptmerkmale auf: 1) Sie knüpft an der *Einkommensentstehung* an, wobei die Art der Einkommensverwendung steuerlich grundsätzlich unbeachtlich ist (Nichtabzugsfähigkeit von Ausgaben der Lebenshaltung). 2) Die E. bemisst sich nach der *Höhe des Gesamteinkommens,* auf das ein einheitl. Steuertarif angewendet wird (›synthet.‹ E. im Ggs. zur älteren ›analyt.‹ Einkommensbesteuerung durch spezif. Steuern auf einzelne Einkommensarten). 3) Maßgeblich für die Steuerbelastung ist das tatsächl. *(Ist-)Einkommen.* 4) Die Ausgestaltung der E. wird stärker als bei jeder anderen Steuer vom *Leistungsfähigkeitsprinzip* geprägt; dies bedeutet, dass ein →Existenzminimum steuerfrei gelassen wird, ferner, dass bei der Berechnung der Bemessungsgrundlage von den (Brutto-)Einnahmen nicht nur die Aufwendungen zur Erzielung der Einnahmen abgezogen (Nettoprinzip), sondern auch bestimmte Abzüge (→Abzug) anerkannt werden, die einer Minderung der individuellen Leistungsfähigkeit Rechnung tragen sollen. Dem liegt der Gedanke zugrunde, dass Einkommensteile, über die der Steuerpflichtige nicht frei verfügen kann, keine Leistungsfähigkeit verkörpern (z.B. Zwangsbeiträge zur Sozialversicherung, Krankheitskosten, Unterhaltsleistungen). Aus dem Leistungsfähigkeitsprinzip wird ferner eine mit dem Einkommen ansteigende prozentuale Steuerbelastung abgeleitet (Progression). 5) Der E. wird das Einkommen eines bestimmten Zeitabschnittes (i.A. ein Kalenderjahr) zugrunde gelegt *(Abschnittsbesteuerung).* Dies kann periodisierungsbedingte Progressionseffekte zur Folge haben: Bei (z.B. konjunkturell verursachten) Schwankungen der jährl.

Einkommen kann die E.-Belastung größer sein als bei gleichmäßigen Jahreseinkommen (Abschwächung ggf. durch →Verlustabzug), zeitlich unterschiedlich verteilte gleich große Lebenseinkommen werden unterschiedlich hoch besteuert (›Ausbildungsprogressionseffekt‹). 6) Der E. werden die Nominalgrößen zugrunde gelegt *(Nominalprinzip).* In inflationären Perioden bedeutet dies, dass Einkommenszuwächse, die lediglich der Geldentwertungsrate entsprechen und somit keinen Zuwachs an Realeinkommen (Kaufkraft) verkörpern, gleichwohl als zusätzl. Leistungsfähigkeit interpretiert und einem steigenden Steuersatz unterworfen werden (›kalte Progression‹), sofern keine Tarifanpassung erfolgt. Im Zuge der Gewinnermittlung werden dann Scheingewinne ausgewiesen, wenn bei steigenden Wiederbeschaffungspreisen in der Steuerbilanz Wirtschaftsgüter zu Anschaffungspreisen bewertet und abgeschrieben werden müssen.

Unter allen Abgaben galt die E. lange Zeit als die ›Königin der Steuern‹ und als ideales wirtschafts- und verteilungspolit. Instrument: Sie ermöglicht es, den individuellen Verhältnissen der Steuerpflichtigen Rechnung zu tragen und gleichzeitig durch gezielte Begünstigung bestimmter Einkommensarten und Formen der Einkommens-(Gewinn-)Verwendung das ökonom. Verhalten der Wirtschaftssubjekte in wirtschaftspolitisch erwünschter Weise zu beeinflussen. Entsprechende Steuervergünstigungen in Form spezif. Abzüge bei der Ermittlung der Steuerbemessungsgrundlage (Sonderabschreibungen, erhöhte Absetzungen, steuerfreie Rücklagen, Freibeträge u.Ä.) stellen den bewussten Verzicht des Staates aus mögl. Steuereinnahmen dar; sie können als indirekte Transferausgaben (›tax expenditures‹) bezeichnet werden.

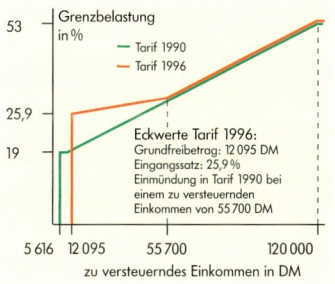

Einkommensteuer: Grafische Darstellung der Einkommensteuertarife 1990 und 1996 (Regierungsentwurf)

Derartige staatl. Einnahmeverzichte bewirken eine Aushöhlung der potenziellen E.-Bemessungsgrundlage **(Steuererosion)** mit der Folge, dass zw. den auf die (verkürzte) Bemessungsgrundlage angewendeten Sätzen des E.-Tarifes und der jeweiligen effektiven prozentualen Steuerbelastung des Einkommens (im ökonom. Sinne) beträchtl. Differenzen auftreten, die je nach Zusammensetzung und Höhe der Einkommen unterschiedlich groß sind. Ein gegebener Finanzbedarf erfordert bei stärker werdender Steuererosion ein Ansteigen der nominellen Steuersätze.

Recht

Rechtsgrundlage für die E. ist in Dtl. das E.-Ges. (EStG). Der E. unterliegen natürl. Personen, die im Inland einen Wohnsitz oder ihren gewöhnl. Aufenthaltsort haben, als **unbeschränkt E.-Pflichtige** mit ihrem gesamten in- und ausländ. Einkommen. Gebietsfremde natürl. Personen hingegen sind **beschränkt einkommensteuerpflichtig** mit ihren inländ. Einkünften (§49 EStG; →Doppelbesteuerungsabkommen, →Grenzgänger).

Das E.-Recht folgt nicht der umfassenden Definition von →Einkommen, wie sie die Finanzwiss. in der

Reinvermögenszugangstheorie entwickelt hat, sondern legt einen wesentlich engeren Einkommensbegriff zugrunde: Ausgangspunkt ist die Summe der **Einkünfte** aus den in § 2 Abs. 1 EStG aufgeführten sieben **Einkunftsarten:** Einkünfte aus Land- und Forstwirtschaft, Gewerbebetrieb, selbstständiger Arbeit, nichtselbstständiger Arbeit, Kapitalvermögen, Vermietung und Verpachtung sowie ›sonstige Einkünfte‹, z. B. der Ertragsanteil einer Rente und ›Spekulationsgewinne‹ (→Kapitalgewinne). Die Aufzählung ist abschließend; was nicht unter die genannten Einkunftsarten fällt, ist für die E. ohne Bedeutung (z. B. Glücksspielgewinne). Darüber hinaus gibt es eine Vielzahl von speziellen Steuerbefreiungen, z. B. für bestimmte Leistungen des Arbeitgebers (z. B. Abfindungen, Personalrabatte, Lohnzuschläge für Sonntags-, Feiertags- und Nachtarbeit). Ferner existieren bei fast allen Einkunftsarten spezif. →Freibeträge.

Die Einkünfte stellen Nettogrößen dar, die sich jeweils durch Abzug der Einkunftserzielungsaufwendungen errechnen: Bei den ersten drei Einkunftsarten sind die Einkünfte als Gewinn definiert **(Gewinneinkünfte),** bei den übrigen Einkunftsarten als Überschuss der Einnahmen über die Werbungskosten **(Überschusseinkünfte).** Der Gewinn wird ermittelt durch Betriebsvermögensvergleich oder durch Gegenüberstellung von Betriebseinnahmen und -ausgaben. Bei Landwirten findet i. d. R. eine pauschalierte Gewinnermittlung nach Durchschnittssätzen (§ 13 a) statt. Seit dem Jahressteuer-Ges. 1996 können für die Betriebsausgaben kleinerer Gewerbetreibender und Freiberufler Pauschbeträge (8 % der Umsätze) angesetzt werden; ebenso für die Werbungskosten bei den Einkünften aus Vermietung und Verpachtung (42 DM/m² Wohnfläche). Beim Betriebsvermögensvergleich (§§ 4 f. EStG) ist der Gewinn die Differenz zw. dem Betriebsvermögen am Ende zweier aufeinander folgender Wirtschaftsjahre zuzüglich der Entnahmen und abzüglich der Einlagen. Dabei sind die einzelnen Wirtschaftsgüter grundsätzlich mit den Anschaffungs- oder Herstellungskosten, ggf. vermindert um die Absetzungen für Abnutzung (AfA), anzusetzen (§§ 6 f. EStG). Bei den steuerl. Bewertungsvorschriften stehen Mindestwerte für die Aktiva und Höchstwerte für die Passiva und die Abschreibungen im Vordergrund, um einen zu niedrigen Gewinnausweis zu verhindern.

Vom **Gesamtbetrag der Einkünfte** werden →Sonderausgaben und →außergewöhnliche Belastungen sowie ggf. →Kinderfreibeträge und ›Sonderfreibeträge‹ (→Haushaltsfreibetrag) abgezogen. Das Ergebnis, das **zu versteuernde Einkommen,** ist die E.-Bemessungsgrundlage, auf die der Tarif angewendet wird. Ehepaare können wählen zw. Zusammenveranlagung und getrennter Veranlagung (→Splitting). Im Unterschied zu allen anderen Industriestaaten, die einfach zu handhabende Stufengrenzsatztarife mit meist nur einigen Grenzsteuersätzen (Stufen) haben, ist der dt. **E.-Tarif** ein Formeltarif, bei dem der Steuersatz mithilfe mathemat. Funktionen ermittelt wird; zur Vereinfachung für Verwaltung und E.-Pflichtige werden tabellar. Übersichten (**E.-Tabellen**) herausgegeben. Es gibt vier Tarifzonen (Tarif 1996): 1) Nullzone: Die ersten 12 095 DM (1998 12 365 DM, 1999 13 067 DM) bei Ledigen (bei Ehepaaren jeweils doppelter Betrag) bleiben unbesteuert (Grundfreibetrag); 2) erste direkte Progressionszone: über die Nullzone hinausgehende Einkommensteile bis 55 727 DM (1997 bis 58 643 DM, 1999 bis 66 365 DM; bei Ehepaaren jeweils doppelter Betrag) werden mit stufenlos (linear) steigenden Grenzsteuersätzen besteuert, beginnend mit einem Grenzsteuersatz von 25,9 % (Eingangssteuersatz); 3) zweite direkte Progressionszone: Für darüber hinausgehende Einkommensteile entsprechen die

Grenzsteuersätze dem Tarif 1990, sie steigen linear bis auf 53 %); 4) Linearzone: Einkommensteile von 120 042 DM (240 084 DM) an werden mit 53 % (Spitzensteuersatz) besteuert. Für gewerbl. Einkünfte ist der maximale Grenzsteuersatz seit 1994 auf 47 % begrenzt. Seit dem 1. 1. 1995 wird außerdem (unbefristet) ein →Solidaritätszuschlag auf die Einkommensteuerschuld erhoben.

Die E. wird auf zweierlei Weise erhoben: Beim **Veranlagungsverfahren** muss der Steuerpflichtige nach Ablauf des Kalenderjahres eine E.-Erklärung abgeben. Das Finanzamt setzt anhand der Angaben des Steuerpflichtigen die Steuerschuld fest und teilt diese in einem E.-Bescheid mit. Bereits während des laufenden Jahres sind vierteljährl. E.-Vorauszahlungen zu leisten, deren Höhe sich nach den Verhältnissen der letzten Veranlagungsperiode richtet. Arbeitnehmer werden zur E. veranlagt, u. a. wenn sie andere Einkünfte außer dem Arbeitslohn haben, die 800 DM übersteigen, oder wenn sie gleichzeitig in mehreren Beschäftigungsverhältnissen stehen oder wenn beide Ehegatten Arbeitslohn bezogen haben und nach der Lohnsteuerklassen-Kombination III/V besteuert werden oder wenn die Veranlagung beantragt wird, insbesondere zur Anrechnung der Lohnsteuer auf die E. Beim **Quellenabzugsverfahren** dagegen wird die E. unmittelbar, bevor die Einkommen dem E.-Pflichtigen zufließen, durch den Arbeitgeber, die Bank usw. einbehalten und an das Finanzamt abgeführt (→Lohnsteuer, →Kapitalertragsteuer, →Zinsabschlag, →Aufsichtsratsteuer). E.-Vorauszahlungen und bereits im Quellenabzug erhobene E. werden ggf. mit der im Veranlagungsverfahren festgesetzten E.-Schuld verrechnet. Ab 1997 kann der Steuerpflichtige eine vereinfachte Kurzveranlagung wählen, und er kann E.-Erklärungen für zwei Jahre gemeinsam abgeben.

Die E. ist eine Gemeinschaftsteuer, deren Aufkommen zw. Bund (42,5 %), Ländern (42,5 %) und Gemeinden (15 %) aufgeteilt wird (Zinsabschlag: 44 % : 44 % : 12 %). Das Aufkommen betrug 1995 326,4 Mrd. DM (das waren 40,1 % aller Steuereinnahmen), hiervon entfielen 282,7 Mrd. DM auf die Lohnsteuer, 14 Mrd. DM auf die veranlagte E. und 29,7 Mrd. DM auf Kapitalertragsteuer und Zinsabschlag. Der Anteil der E. an den gesamten Steuern ist in den letzten Jahrzehnten stark gestiegen: 1960 betrug er noch 26,2 %, 1970 bereits 34,5 %, wobei deutl. Gewichtsverschiebungen zw. Lohnsteuer und veranlagter E. stattgefunden haben; 1960 trug die Lohnsteuer 45,2 %, 1970 66,1 %, 1980 73,2 % zu den Einnahmen aus der E. bei.

In *Österreich* gilt ein der E. in Dtl. sehr ähnl. System. Anstelle mancher der dort übl. Freibeträge werden Abzüge von der Steuerschuld **(Absetzbeträge)** gewährt. Ehegatten werden getrennt veranlagt. Die Grenzsteuersätze steigen von 10 % bis auf 50 %. Das E.-Aufkommen wird gleichfalls auf Bund, Länder und Gemeinden aufgeteilt. Die veranlagte E. betrug 1995 30 Mrd. S, die Lohnsteuer 150,2 Mrd. S und die Kapitalertragsteuer 24,9 Mrd. S.

In der *Schweiz* erheben nebeneinander Bund (→direkte Bundessteuer, Grenzsteuersätze von 0,77 % bis 13,2 %, maximaler Durchschnittssteuersatz 11,5 %), Kantone und Gemeinden progressive E., die Gemeinden regelmäßig in der Form von Zuschlägen zur kantonalen E. Die Veranlagungsperiode umfasst i. A. zwei Jahre. Familien werden als Einheit besteuert, d. h., die Einkommen von Ehegatten werden zusammengerechnet. Ehepaare dürfen nach der Rechtsprechung des Bundesgerichts nicht stärker belastet werden als nicht verheiratet Zusammenlebende mit gleichem Einkommen. Seit dem Bundes-Ges. vom 7. 10. 1983 ist der Bund zum Ausgleich der kalten Progression verpflichtet. Das E.-Aufkommen aller Ebenen betrug 1994 35,9 Mrd. sfr (Bund 5,9, Kantone 15,8, Kommunen 14,2 Mrd. sfr), das waren 47,5% der gesamten Steuereinnahmen.

Geschichte

Die E. ist eine verhältnismäßig junge Steuer. Ihre Geschichte beginnt mit der in den Napoleon. Kriegen eingeführten brit. ›income tax‹ (1799–1816). In Dtl. führten Hamburg (1866), Hessen (1869) und Sachsen (1874/78) erstmals eine allgemeine E. ein. Die spätere Entwicklung wurde v. a. durch die preuß. E. von 1891 (miquelsche Steuerreform) bestimmt. Erst im Zuge der erzbergerschen Finanzreform 1920 trat eine Reichs-E. an die Stelle der 27 Landes-E. Die E.-Reformen von 1925 (J. POPITZ), 1934 und 1975 bildeten wichtige Schritte in der Entwicklung des modernen E.-Rechts, das sehr häufigen Änderungen unterliegt (1990–95 45 Änderungsgesetze). Die Entwicklung der Einkommensbesteuerung in den letzten Jahrzehnt (1985–95) ist internat. v. a. durch zwei Merkmale gekennzeichnet: Zum einen kam es in fast allen Industrieländern zu Senkungen der Spitzensteuersätze, zum anderen ist in einer Reihe von Staaten eine Abkehr vom Prinzip der synthet. E. (Gleichbehandlung aller Einkommensquellen) hin zu einer ›dualen Einkommensbesteuerung‹ des Kapitaleinkommens und der übrigen Einkommensarten (Erwerbseinkommen) mit unterschiedl. Tarifen zu beobachten. Ziel ist dabei in erster Linie die Verringerung der allokationsverzerrenden Wirkung einer Besteuerung von Zinsen (→Ausgabensteuer). Kapitaleinkommen wird dabei mit einem gegenüber Erwerbseinkommen deutlich niedrigeren einheitl. Steuersatz proportional belastet (Dänemark 1987/88, Schweden seit 1991, Norwegen seit 1992, Finnland seit 1993). Einer solchen dualen E. entspricht es letztlich auch, wenn Kapitaleinkommen allein einer an der Quelle einbehaltenen Kapitalertragsteuer unterworfen werden und anschließend nicht mehr in die Veranlagung zur E. einbezogen werden (Prinzip der Abgeltungsteuer; u. a. Österreich seit 1993). Auch bei der E. in Dtl. wurde durch die Absenkung des maximalen Grenzsteuersatzes speziell für gewerbl. Einkünfte 1994 eine Abkehr vom Prinzip der einheitl. E.-Tarifs vorgenommen, die mit der zusätzl. Belastung gewerbl. Einkünfte durch die Gewerbesteuer begründet wurde. Die künftige Entwicklung der E. dürfte weiter geprägt werden durch Bemühungen um stärkere Pauschalierung. – In *Österreich* wurde erstmals 1896 eine allg. progressive E. eingeführt (E. Ritter VON BÖHM-BAWERK). – In der *Schweiz* beginnt die Geschichte der E. im Kanton Basel-Stadt (1840); der Bund erhebt eine allg. E. seit der Krisenabgabe

von 1934, der 1941 der Wehrbeitrag folgte (seit 1971 unter der Bez. ›direkte Bundessteuer‹ geführt).

N. ANDEL: E., in: Hb. der Finanzwiss., Bd. 2, hg. v. F. NEUMARK (³1980); W. BLÜMICH u. L. FALK: Komm. zum EStG., 3 Bde. (¹²1986 ff., Losebl.); The personal income tax. Phoenix from the ashes?, hg. v. S. CNOSSEN u. a. (Amsterdam 1990); E. BIERGANS: E. Systemat. Darst. u. Komm. (⁶1992).

Einkommenstheorie, *Volkswirtschaftslehre:* 1) auf K. WICKSELL und J. M. KEYNES zurückgehende *geldtheoret.* Konzeption über die Bestimmungsgründe des Geldwertes. Im Ggs. zur →Quantitätstheorie interpretiert die E. den Geldwert aus dem Prozess der Entstehung und Verteilung der Einkommen (Einkommenskreislauf) heraus. Preissteigerungen und damit Geldwertrückgang werden eintreten, wenn die gesamtwirtschaftl. Ersparnisse hinter den Produktionskosten des Investitionsvolumens zurückbleiben. 2) In der *Makroökonomik* als **Einkommens- und Beschäftigungstheorie** die Lehre von den Bestimmungsgründen und der Entwicklung von Volkseinkommen, Beschäftigung, Zins- und Preisniveau in einem Modell.

Einkommens- und Verbrauchsstichprobe, auf der Grundlage des Gesetzes über die Wirtschaftsrechnungen privater Haushalte in fünfjährigem Abstand erfolgende statist. Erhebung der Einkommen privater Haushalte, die sich jeweils auf ein Jahr beziehen. Erfasst werden die Zusammensetzung der Haushalte, deren wirtschaftl. und soziale Verhältnisse, die Einnahmen nach Einkommensquellen sowie die Ausgaben nach dem Verwendungszweck und dem Wert der erworbenen Güter. Darüber hinaus werden die Ausstattung der Haushalte mit langlebigen Gebrauchsgütern, Wohnsituation, Haus- und Grundbesitz, Sparziele usw. ermittelt. Die Stichprobe erfasst 3% aller privaten Hauhalte; die Teilnahme erfolgt auf freiwilliger Basis.

Die monatl. Erhebungen bei Haushalten von Arbeitnehmern, Pensions-, Fürsorge- und Rentenempfängern verfolgen ähnl. Ziele wie die Einkommens- und Verbraucherstichprobe.

Einkommensverteilung, die Aufteilung des Volkseinkommens entweder auf die Produktionsfaktoren Arbeit, Kapital und Boden (**funktionelle E.**) oder auf Personen bzw. Personengruppen (nach ihrem sozialen Status aufgegliederte private Haushalte) ohne Rücksicht auf die Quelle des Einkommens (**personelle E.**). In funktioneller Hinsicht werden Einkommen aus unselbstständiger Arbeit (Lohn, Gehalt), Einkommen aus Unternehmertätigkeit (Profit) bzw. Einkommen aus Vermögen

Schlüssel-begriff

Tabelle 1: Verteilung der Erwerbs- und Vermögenseinkommen in Deutschland[1]

Jahr	Volksein-kommen	Einkommen aus unselbst-ständiger Arbeit	Einkommen aus Unternehmer-tätigkeit und Vermögen	Vermögens-einkommen der privaten Haushalte	Lohnquote[2]	Bereinigte Lohnquote[3]	Arbeitsein-kommens-quote[4]	Quote der Arbeits- und Vermögens-einkommen der privaten Haushalte
	in Mrd. DM				in %			
1960	240,11	144,38	95,72	5,56	60,1	60,1	–	–
1970	530,40	360,64	169,78	23,38	68,0	62,9	81,5	85,9
1975	800,57	593,59	206,98	41,09	74,1	66,5	86,2	91,3
1980	1139,58	863,88	275,70	72,96	75,8	66,0	85,5	91,9
1985	1406,77	1026,41	380,36	109,41	73,0	63,6	82,4	90,2
1990	1892,20	1317,10	575,10	152,36	69,6	60,1	77,9	86,0
1991	2224,40	1611,99	612,44	175,81	72,5	61,9	80,2	88,1
1992	2366,08	1740,34	625,74	201,67	73,6	63,0	81,6	90,1
1993	2392,26	1775,64	616,62	211,57	74,2	61,4	83,0	91,6
1994	2499,92	1815,00	684,92	220,09	72,6	62,1	80,5	89,3

[1] Ab 1991 einschließlich neue Bundesländer. – [2] Anteil der Bruttoeinkommen aus unselbstständiger Arbeit am Volkseinkommen. – [3] Lohnquote bei konstant gehaltenem Anteil der Arbeitnehmer an den Erwerbstätigen 1960. – [4] Bruttoeinkommen aus unselbstständiger Arbeit und kalkulatorischer Unternehmerlohn (Einkommen der Selbstständigen und mithelfenden Familienangehörigen unter der Annahme, dass jeder das durchschnittliche Bruttoeinkommen eines beschäftigten Arbeitnehmers erhält).

(Zins, Rente) unterschieden; in personeller Hinsicht wird das Haushaltseinkommen der nach sozioökonom. Gesichtspunkten gegliederten Haushalte in Abhängigkeit von Haushaltsgröße, Anzahl der Erwerbstätigen, Anzahl der Einkommensbezieher u. a. Kriterien aufgezeigt.

Die funktionelle E. (TABELLE 1) kommt in der Lohn- und Gewinnquote zum Ausdruck (dem Anteil der Einkommen aus unselbstständiger Arbeit und dem Anteil der Einkommen aus Unternehmertätigkeit und Vermögen am Volkseinkommen). Diese **Einkommensquoten** können weiter differenziert werden: Anteil der Einkommen aus unselbstständiger Arbeit und kalkulator. Unternehmerlohn (Arbeitsentgelt der Selbstständigen und ihrer mithelfenden Familienangehörigen) am Volkseinkommen (Arbeitseinkommensquote), Anteile der Vermögenseinkommen privater Haushalte sowie des Staates am Volkseinkommen, Anteil der entnommenen und nicht entnommenen Gewinne der Unternehmen am Volkseinkommen (ohne kalkulator. Unternehmerlohn; Gewinnquote i. e. S.). →Lohnquote.

Die funktionelle E. kann nicht ohne weiteres auf die personelle E. übertragen werden, weil eine Person bzw. ein Haushalt aus mehreren Produktionsfaktoren Einkommen beziehen kann **(Querverteilung).** In die verfügbaren Einkommen der privaten Haushalte fließen gewöhnlich mehrere Einkommensarten ein. Darüber hinaus ist zu beachten, dass neben dem Haupteinkommensbezieher häufig auch weitere Haushalts-Mitgl. Einkommen beziehen (TABELLE 2).

Die statist. Darstellung der personellen E. ergibt ein charakterist. Bild mit den Sozialhilfeempfängern am unteren und den Selbstständigen (außerhalb der Landwirtschaft) am oberen Ende der Einkommensschichtung. Es muss allerdings berücksichtigt werden, dass alle statist. Darstellungen der E. mit Unsicherheiten und Verzerrungen belastet sind. So verweigert insbesondere bei Bevölkerungsumfragen ein rund ein Drittel der Befragten Angaben zum Haushaltseinkommen. (TABELLE 3).

Weitere Kriterien für die Verteilung des Volkseinkommens sind z. B. Wirtschaftsbereiche **(sektorale E.),** Regionen **(regionale E.)** und Generationen **(intertemporale E.).** Die **internationale E.** bezieht sich auf die Verteilung des Weltsozialprodukts auf versch. Länder oder Ländergruppen und verdeutlicht ein gewaltiges globales Wohlstandsgefälle (TABELLE 4).

Bedeutung der Einkommensverteilung

Die E. ist ein Kernproblem jeder Gesellschaft, weil durch sie die Ansprüche auf das erwirtschaftete So-

zialprodukt zugeteilt werden. Für die Gesamtgesellschaft heißt dies, dass mit der E. festgelegt wird, wie groß die Spannweite zw. hohen und niedrigen Einkommen und damit auch die Diskrepanz zw. Arm und Reich ist. Zum Ausdruck kommt auch, wie sich die Bev. auf die versch. Einkommenslagen und -schichten verteilt, und damit ist ein wesentl. Kriterium für die Schichtung der Lebenslagen in der Gesellschaft festgelegt.

Auf der individuellen Ebene ist mit der Verfügung über Einkommen definiert, welche käufl. Güter und Dienste erworben werden können. Einkommen eröffnet unterschiedl. Chancen für den Erwerb alltägl. Verbrauchs- und Gebrauchsgüter. Höhere Einkommen sind insbesondere beim Kauf von Luxusgütern wichtig, eröffnen i. d. R. aber auch bessere Möglichkeiten der individuellen Teilhabe an immateriellen Gütern sowie am gesellschaftl. bzw. kulturellen Leben.

Die modernen Industriegesellschaften mit einem relativ hohen Durchschnittseinkommen (je Ew. bzw. je Haushalt) haben ihr Wohlstandsniveau in einer über hundertjährigen Wirtschaftsentwicklung aufgebaut. In den letzten Jahrzehnten wird verstärkt die Frage aufgeworfen, ob das Volkseinkommen bzw. Sozialprodukt noch ein sinnvoller Maßstab für gesellschaftl. Wohlfahrt sein kann. Wirtschafts- und Einkommenswachstum ist in Not leidenden und armen Gesellschaften und in der frühen Industrialisierung eine zentrale Zielvorstellung, in den wohlhabenden postindustriellen Gesellschaften tritt die Sicherung und Verbesserung der Lebensqualität an die Stelle der reinen Einkommenssteigerung. Lebensqualität umfasst weit mehr als materielle Güter, z. B. auch Gesundheit, Bildung, Kultur, soziale Beziehungen, schadstofffreie Umwelt usw. Allerdings wird oft daran festgehalten, ein relativ hohes Einkommen als Voraussetzung für eine gute Lebensqualität zu betrachten.

Die E. ist ein Konstrukt, das in einkommensstatist. Untersuchungen ermittelt wird, sie beeinflusst aber durchaus die Einstellungen und Verhaltensweisen der Menschen. Die meisten Individuen haben eine Vorstellung davon, wie ihre Einkommensposition im Vergleich zum Durchschnittseinkommen, zum Einkommen bestimmter Berufsgruppen und auch zum Einkommen von Freunden und Bekannten liegt. Davon hängt ihre Einkommenszufriedenheit wesentlich ab. Aber stärker als der relative Vergleich wirkt sich auf die Einkommenszufriedenheit ein insbesondere überproportionaler Einkommensanstieg aus. Da es prinzipiell keine überproportio-

Tabelle 2: Durchschnittlich verfügbares Einkommen in Deutschland[1] nach Haushaltsgruppen
(in DM je Monat)

	Durchschnittseinkommen 1980			Durchschnittseinkommen 1994		
	je Haushalt	je Haushalts-mitglied	je Verbrau-chereinheit[2]	je Haushalt	je Haushalts-mitglied	je Verbrau-chereinheit[2]
Selbstständige						
außerhalb der Landwirtschaft	7 292	2 345	3 090	16 477	6 148	7 922
in der Landwirtschaft	4 192	968	1 327	5 372	1 421	1 912
Beamte	4 150	1 407	1 861	6 471	2 370	3 081
Angestellte	3 567	1 346	1 740	5 455	2 341	2 949
Arbeiter	3 000	977	1 299	4 447	1 623	2 108
Pensionäre	3 083	1 903	2 156	4 920	3 018	3 417
Rentner	2 167	1 305	1 484	3 548	2 150	2 447
Arbeitslose	1 883	756	971	2 636	1 182	1 473
Sozialhilfeempfänger	1 317	596	770	2 279	1 017	1 317
Privathaushalte insgesamt[3]	3 133	1 274	1 615	5 061	2 300	2 843

[1] Angaben für die alten Bundesländer. – [2] Hierbei wird der Haupteinkommensbezieher mit 1,0, jedes weitere Haushaltsmitglied ab 14 Jahren mit 0,7 und jedes Kind unter 14 Jahren mit 0,5 gewichtet. – [3] Einschließlich der Haushalte, die überwiegend von sonstigen Übertragungen oder von Vermögenseinkommen leben.

Tabelle 3: Durchschnittlich verfügbares Monatseinkommen[1] der privaten Haushalte[2] je Verbrauchereinheit[3] (1972–1993; alte Bundesländer)[4]

Jahr	Privathaushalte insgesamt			Haushalte von Selbstständigen		Arbeitnehmerhaushalte			Nichterwerbstätigenhaushalte			
	in %[5]	in DM[5]	nachrichtlich in DM[6]	in der Landwirtschaft	außerhalb der Landwirtschaft	Beamtenhaushalte	Angestelltenhaushalte	Arbeiterhaushalte	darunter mit überwiegendem Lebensunterhalt der Bezugsperson aus …			
									Arbeitslosengeld/-hilfe	Rente	Pension	Sozialhilfe
1972	100,0	908	1867	95,4	216,5	110,1	105,5	78,9	61,5	86,2	128,4	54,1
1975	100,0	1175	2342	96,5	190,8	116,3	106,4	80,1	66,0	89,4	135,5	51,8
1980	100,0	1617	3142	80,4	187,6	114,9	107,2	82,0	60,8	91,8	134,5	46,4
1985	100,0	1958	3633	70,6	224,7	110,2	105,5	79,1	55,3	89,4	126,0	46,0
1989	100,0	2283	4133	81,8	227,2	108,8	106,6	79,2	57,3	88,3	119,7	45,6
1990	100,0	2458	4442	75,3	242,0	107,1	106,4	80,0	58,0	85,8	119,0	44,4
1991	100,0	2617	4717	71,7	266,6	106,1	104,1	77,7	51,6	84,7	118,2	43,3
1992	100,0	2708	4858	68,3	253,5	108,6	105,2	78,8	54,5	85,5	120,6	45,2
1993	100,0	2758	4917	59,8	242,0	110,6	106,3	79,8	55,0	86,1	123,0	46,2

[1] Ohne nicht entnommene Gewinne der Unternehmen ohne eigene Rechtspersönlichkeit, also einschließlich so genannter Entnahmen der Personengesellschaften. – [2] Haushalt definiert nach der sozialen Stellung des jeweiligen Haushaltsvorstandes. – [3] Haushaltseinkommen gewichtet mit folgenden Äquivalenzziffern: 1,0 für den ersten Erwachsenen im Haushalt, 0,7 für jede weitere Person ab 14 Jahren und 0,5 für Kinder unter 14 Jahren. – [4] In Prozent des durchschnittlichen, mit Verbrauchereinheiten gewichteten verfügbaren Einkommens aller Haushalte. – [5] Verfügbares, mit Verbrauchereinheiten gewichtetes durchschnittliches Monatseinkommen aller Haushalte. – [6] Ungewichtetes verfügbares Monatseinkommen aller Haushalte.

nalen Einkommensanstiege für alle geben kann, sind der Erreichbarkeit eines hohen Niveaus der Einkommenszufriedenheit in einer Gesellschaft grundsätzl. Grenzen gesetzt. Neben der Wahrnehmung der E. und der Einkommenszufriedenheit gibt der Rang, der dem Einkommen im Vergleich mit anderen Gütern eingeräumt wird, Auskunft über seine gesellschaftl. Wertschätzung und Wichtigkeit. In Dtl. nimmt das Einkommen (z. B. in Umfragen) keinen der ganz hohen Rangplätze ein: Gesundheit, Familie, Liebe und Zuneigung werden häufig für wichtiger gehalten als Einkommen, wobei auch auf dieser Ebene zum Ausdruck kommt, dass Lebensqualität gegenüber Wohlstand höher geschätzt wird. Aber vieles spricht dafür, dass das hohe Einkommensniveau nur so lange in den Hintergrund tritt, wie es als gesichert erscheint.

Theorie

Die funktionelle E. durch den Marktmechanismus stellt sich theoretisch aus der Sicht der in den Unternehmen arbeitenden Menschen wie folgt dar: Von

Tabelle 4: Bruttosozialprodukt je Einwohner und Jahr verschiedener Länder und Ländergruppen 1994 (in US-$)

Länder mit niedrigem Einkommen[*]	380
darunter Moçambique	90
Albanien	380
Ägypten	720
Länder mit mittlerem Einkommen[*]	2520
untere Einkommenskategorie[*]	1590
darunter Indonesien	880
Bulgarien	1250
Tunesien	1790
Türkei	2500
obere Einkommenskategorie[*]	4640
darunter Brasilien	2970
Mexiko	4180
Griechenland	7700
Länder mit hohem Einkommen[*]	23420
darunter Portugal	9320
Österreich	24630
Deutschland	25580
USA	25880
Japan	34630
Schweiz	37930

[*] jeweils gewichteter Durchschnitt

den Verkaufserlösen für die Produkte auf dem Markt verbleibt dem Unternehmen nach Abzug von Abschreibungen, Einkauf von Rohstoffen und Vorprodukten anderer Unternehmen sowie Steuern ein Anteil (die Nettowertschöpfung), der auf Arbeiter und Angestellte, Kreditgeber und Unternehmer (›Kapitalisten‹) verteilt werden kann. Die Nettowertschöpfungen sämtl. Unternehmen bilden das im Inland entstandene Volkseinkommen eines Jahres, sodass die makroökonom. primäre E. mikroökonomisch vom unternehmer. Wirtschaftsergebnis her gesehen werden kann. Die Faktorpreise, nach denen die an der Wertschöpfung beteiligten Produktionsfaktoren (Arbeit und Kapital) entlohnt werden, sind vom Markt abhängig. Angebot und Nachfrage (genauer: die relative Knappheit) bestimmen die Höhe der Faktorpreise wie die der Produktpreise.

Der ›gerechte Preis‹ ist jener, der auf frei zugängl. und vollkommenen Märkten die Angebots- und Nachfragemengen zum Ausgleich bringt (Gleichgewichtspreis). Bestandteil einer mikroökonom. Totalanalyse der Marktwirtschaft ist ein System marktgerechter Preise. Die Gleichgewichtspreise schließen eine vom Markt her ›leistungsgerechte‹ E. mit ein. Ungleiche und schwankende Preise, Anreize durch vorübergehend hohe Preise und Einkommen bei flexibler Reaktion auf die Marktlage gehören mit zu den marktwirtschaftl. Funktionsbedingungen. In der freien Marktwirtschaft ohne staatl. Eingriffe bestünde eine deutl. Tendenz zu Einkommensunterschieden (Einkommensdisparität, -konzentration).

Für eine ideal funktionierende Marktwirtschaft liefert die Preistheorie die passende Verteilungstheorie. Bei veränderbarer Realkapitalintensität, konstanten Verkaufspreisen und abnehmender Grenzproduktivität wird ein Unternehmen so lange fortfahren, Arbeitskräfte einzusetzen, bis die verkaufte Produktionsmenge aus der zuletzt eingesetzten Arbeitsstunde gerade noch die Herstellungskosten deckt. Auf diese Weise besteht eine Tendenz zur Angleichung von Lohnsatz und Grenzprodukt der Arbeit sowie (allgemeiner) der Angleichung aller Faktorpreise an ihre Grenzprodukte (→Grenzproduktivitätstheorie). Aus der Mikroökonomik wird die Grenzproduktivitätstheorie der E. auf gesamtwirtschaftl. Größen übertragen. Auf diese Weise ergibt sich die funktionelle E. auf Arbeit und Realkapitaleinsatz. Die Grenzproduktivitätstheorie ist der Kern der neoklass. Verteilungstheorie (angebotsorientierter Ansatz). Unterstellt wird vollkommene Konkurrenz, die Veränderlichkeit aller Preise und Vollbeschäftigung aller Produktionsfaktoren. Die E. ergibt sich hierbei aus produktionstechn. Zusammenhängen.

Die Annahme, die Nachfrage reiche stets aus, um das bei Vollbeschäftigung aller vorhandenen Produktionsfaktoren mögl. Sozialprodukt abzusetzen (aufgrund der Gültigkeit des sayschen Theorems), wurde in ihrer Allgemeingültigkeit u. a. von J. M. KEYNES in Frage gestellt. Muss das Produktions- und Angebotsniveau wegen Nachfrageschranken hinter dem möglichen und vom Unternehmenssektor gewünschten Produktionsniveau zurückbleiben, so entfällt die Verteilungsbestimmung allein nach Grenzproduktivitäten. Man kommt zur keynesian. Verteilungstheorie (nachfrageorientierter Ansatz). Nach N. KALDOR haben Gewinnbezieher eine höhere Sparquote als Lohnbezieher. Bei gleichem Volkseinkommen variiert die Konsumgüternachfrage mit der Verteilung auf Lohn- und Gewinnbezieher. Soll die Summe der Ersparnisse mit dem modellexogen fest vorgegebenen Investitionsniveau übereinstimmen (Makromarktgleichgewicht), so muss sich dazu die geeignete Gewinn- bzw. Lohnquote einstellen. Bei gegebenen Sparquoten hängt die Gewinnquote von der Investitionsquote ab. Die Gewinnquote des Unternehmenssektors ist umso höher, je höher die vom Unternehmenssektor bestimmte Investitionsquote und je niedriger die annahmegemäß vorgegebene Sparquote der Lohnbezieher ist. Daraus folgt, dass die Unternehmer insgesamt durch höhere Investitionsausgaben ihren Gewinnanteil, die Arbeitnehmer insgesamt durch eine höhere Sparquote (verringerte Ausgaben für Konsumzwecke) ihren Lohnanteil am Volkseinkommen erhöhen könnten.

Anders analysieren die Machttheorien die Verteilungsproblematik. Während bei ideal funktionierenden Marktmechanismen und dem Gewinnmaximierungskalkül der Grenzproduktivitätstheorie eine Tendenz zum Verschwinden der Gewinne besteht, haben nach M. KALECKI die Unternehmen die Macht, einen Gewinnaufschlag auf die variablen Kosten durchzusetzen und dadurch die gesamtwirtschaftl. Gewinnquote zu erhöhen (Monopolgradtheorie). Man könnte das Funktionieren der Marktmechanismen durch Machtfaktoren oder institutionelle Verkrustungen noch weiter beeinträchtigt sehen, bis man (wie z. B. E. PREISER) schließlich dazu kommt, die Gewinn- und Lohnquote als von der sozioökonom. Struktur vorgegeben zu betrachten. Ferner könnte man mit einer mikroökonom. Theorie, die statt der subjektiven Wertlehre eine objektive Wertlehre anzuwenden versucht, sowie mit bestimmten soziolog. Theoriestücken eine Klassenmonopoltheorie im Sinne von K. MARX konzipieren (→Marxismus). Berücksichtigung finden müsste v. a. aber die staatl. Macht zur Einkommensumverteilung.

Die Theorien der personellen E. führen die Ungleichheit der E. u. a. zurück auf eine ungleiche Verteilung der menschl. Fähigkeiten zum Einkommenserwerb sowie auf spezielle Zufallsprozesse der einzelwirtschaftl. Einkommensentstehung (→Pareto-Verteilung). Stochast. Theorien gehen z. B. von unterschiedl. Aufstiegs- und Abstiegschancen in der Einkommenspyramide aus; in der Humankapitaltheorie (→Humankapital) werden die ungleiche Vermögensverteilung oder unterschiedlich hohe Investitionen in die Schul- und Berufsausbildung als Er-

klärungsvariable der personellen E. angesehen. M. FRIEDMAN sieht in unterschiedl. Risikopräferenzen von Selbstständigen und abhängig Beschäftigten einen wichtigen Erklärungsfaktor: Risikofreudige Selbstständige bzw. Unternehmer, die insgesamt eine Risikoprämie im Einkommensentstehungsprozess erhalten, erzielen ein höheres, aber breiter streuendes Durchschnittseinkommen als beispielsweise abhängig Beschäftigte.

Einkommenspolitik

Die ungleiche personelle E. hat bes. in Industrieländern im Zuge der Entwicklung des Wohlfahrtsstaates dazu geführt, dass der Staat die vom Markt erzeugte Primärverteilung durch Umverteilungspolitik zur Sekundärverteilung korrigiert. *Ziel* dieser **E.-Politik** (Einkommensumverteilungspolitik, Redistributionspolitik, Einkommenspolitik) ist eine als gerechter empfundene und akzeptierte E. (und Vermögensverteilung). Beispielsweise soll Einkommensschwachen und Einkommenslosen ein menschenwürdiges Dasein ermöglicht werden, Leistungen wie die Kindererziehung sollen honoriert werden, die Konzentration von Einkommen (und Vermögen) soll verringert werden. *Träger* der E.-Politik sind neben dem Staat die Sozialversicherungen sowie die Tarifparteien (z. B. durch Lohnpolitik). Bes. von den Gewerkschaften wird gefordert, eine gerechte E. neben Preisstabilität, hohem Beschäftigungsstand und außenwirtschaftl. Gleichgewicht (→magisches Dreieck) als viertes gesamtwirtschaftl. Ziel zu betrachten.

Untersuchungen von verteilungspolit. Zielsetzungen haben fünf Zieldimensionen herausgestellt, auf die sich Einkommensverteilungs- und Umverteilungspolitik bezieht: Einkommensniveau und Wachstum, Ungleichheit der Bedarfsdeckungsmöglichkeiten, Vermeidung von Armut, Sicherheit und Stetigkeit des Einkommens, Leistungsangemessenheit des Einkommens. Die Betonung dieser Zieldimensionen variiert im Zeitablauf, und teilweise stehen sie miteinander in Konflikt. Das bekannteste Beispiel ist die Frage, welcher Abstand zw. Sozialhilferegelsätzen und Erwerbseinkommen bestehen sollte, weil hier Vermeidung von Armut und Erhaltung von Leistungsanreizen in Widerstreit stehen. Betrachtet man das gesamte staatl. Transfersystem, so stellt sich die Frage nach seiner Effizienz. Zu einem großen Anteil entzieht der Staat den gleichen privaten Haushalten Einkommen durch Besteuerung und Sozialversicherungsabgaben, denen er es durch Steuervergünstigungen und Sozialleistungen wieder zukommen lässt. Unter den tief greifenden Vorschlägen für eine Vereinfachung wird insbesondere die Einführung eines ›Grundeinkommens‹ immer wieder diskutiert. Staatl. *Instrumente*, die auf die primäre E. zielen, sind alle Rechtsregeln, Eigentumsrechte und insgesamt die Wirtschaftsordnung, in deren Rahmen die Wirtschaftseinheiten handeln, Vermögen haben und Einkommen erzielen; ferner u. a. eine Wettbewerbspolitik, die über eine verschärfte Konkurrenz Residualgewinne vermindern hilft, sowie eine Arbeitsmarktpolitik, die z. B. die Mobilität und die berufl. Qualifikation der Erwerbstätigen erhöht. Durch eine breitere Streuung des Produktivvermögens (→Vermögensbildung) sowie durch eine auf mehr Chancengleichheit gerichtete Bildungspolitik kann ebenfalls die Primärverteilung korrigiert werden.

Im Mittelpunkt der E.-Politik stehen Maßnahmen, die auf die personelle E. gerichtet sind und die Sekundärverteilung gestalten. Der Staat schmälert personelle Einkommen durch die Erhebung von

Steuern (direkte Steuern belasten nach dem Leistungsfähigkeitsprinzip hohe Einkommen relativ stärker, insbesondere indirekte Steuern unterliegen der Überwälzung im Wirtschaftsprozess) und Beiträgen zur Sozialversicherung. Andererseits erhöhen Staat und Sozialversicherung v. a. niedrigere personelle Einkommen durch Transferzahlungen (z. B. Sozialhilfe, Kindergeld, Wohngeld, Ausbildungsbeihilfen, Leistungen der Renten-, Arbeitslosen- und Krankenversicherung). Zur E.-Politik können auch Subventionen und Steuervergünstigungen an private Haushalte (z. B. steuerl. Sonderausgaben, Sozialmieten, Sondertarife öffentl. Verkehrsunternehmen) und an Unternehmen gezählt werden, die nicht nur soziale, sondern auch regionale und sektorale Ungleichheiten (→Regionalpolitik, →Strukturpolitik) beheben sollen.

Weiterhin erwachsen der Bev. durch die öffentl. Ausgaben für Investitions- und Konsumzwecke in unterschiedl. Maße indirekte Vorteile (z. B. kulturelle Einrichtungen, Schulen, Straßen, Sicherheitsorgane); durch öffentl. Schulden (Verbrauch zukünftiger Einkommen) greift der Staat nicht unerheblich in die Einkommens- und Wohlstandsverteilung zw. den Generationen ein. Zahlenmäßig erfasst werden die öffentl. Leistungen teilweise im Bereich der E.-Politik und ihre Finanzierung im Sozialbudget. Aufgrund der vielfältigen, miteinander verwobenen Maßnahmen der E.-Politik sind deren Verteilungswirkungen im Sinne eines Saldos der E. aus Be- und Entlastungen aus der Sicht eines privaten Haushalts kaum feststellbar.

Die Konstanz der nat. Einkommensverteilung in Dtl. und anderen Ländern belegt, dass es starke Erhaltungskräfte geben muss, die sich nicht einfach regulieren lassen (Überwälzungsvorgänge). Staatl. Eingriffe zur Vermeidung von Armut werden in unterschiedl. Art in allen modernen Gesellschaften vorgenommen, ebenso wird überall Einkommensdifferenzierung als Mittel angewandt, um Leistungsanreize zu setzen. V. a. aus zwei Gründen bleibt die Verteilungs- und Umverteilungspolitik durch den Staat langfristig gefordert. Erstens muss sie das Versagen der Primärverteilung korrigieren, solange mehrere Millionen von Arbeitslosen von Arbeitseinkommen ausgeschlossen bleiben. Zweitens wird es aus demograph. Gründen erforderlich sein, einen immer höheren Anteil des von den Erwerbspersonen erwirtschafteten Volkseinkommens zugunsten eines steigenden Anteils älterer Menschen, die Anspruch auf Rente haben, umzuverteilen. Der daraus resultierende Verteilungskonflikt zw. den Generationen gewinnt neben dem traditionellen Konflikt zw. der Verteilung der Erwerbseinkommen auf Löhne und Gehälter einerseits und Gewinne andererseits an Bedeutung. Hinzu kommen weitere verteilungspolit. Problemfelder, z. B. die materielle Anerkennung von Nichterwerbsarbeit (Kindererziehung, häusl. Pflege), die Beseitigung regionaler Einkommensunterschiede (v. a. zw. alten und neuen Bundesländern), die Familienförderung u. a. sozialpolit. Aufgaben.

⇨ *Armut · Gerechtigkeit · Gewinn · Lohn · Sozialpolitik · Sozialprodukt · Steuern · Subventionen · Transfer · Vermögensbildung · Wohlstand*

Öffentl. Finanzwirtschaft u. Verteilung, hg. v. W. ALBERS u. a., 5 Bde. (1974–77); E. im Systemvergleich, hg. v. D. CASSEL u. a. (1976); Umverteilung im Sozialstaat. Empir. Einkommensanalysen für die Bundesrep. Dtl., hg. v. H.-J. KRUPP u. W. GLATZER (1978); J. WERNER: Verteilungspolitik (1979); C. C. ROBERTS: Verteilungstheorie u. Verteilungspolitik (1980); H. BARTMANN: Verteilungstheorie (1981); E. in Österreich, hg. v. H. SUPPANZ u. a. (1981); Verteilung u. Umverteilung unter veränderten Wachstumsbedingungen, bearb. v. C. SCHÄFER u. a. (1982); U. ERNST: Die Wohlstandsverteilung in der Schweiz (Diessenhofen 1983); H. J. RAMSER: Verteilungstheorie (1987); R. BERNTSEN: Dynamik in der E. privater Haushalte. Eine empir. Längsschnittanalyse für die Bundesrep. Dtl. (1992); J. MALCHOW: Die Zuordnung verteilungspolit. Kompetenzen in der Europ. Gemeinschaft (1992); H. SCHLOMANN: Vermögensverteilung u. private Altersvorsorge (1992); I. BECKER u. R. HAUSER: Die Entwicklung der E. in der Bundesrep. Dtl. in den siebziger u. achtziger Jahren (1994); B. KÜLP: Verteilung. Theorie u. Politik (³1994); C. SCHÄFER: Soziale Polarisierung bei Einkommen u. Vermögen, in: WSI Mitteilungen (1995) H. 10; W. HÜBINGER: Prekärer Wohlstand. Neue Befunde zu Armut u. sozialer Ungleichheit (1996); R. HAUSER u. G. WAGNER: Die E. in Ostdtl. – Darstellung, Vergleich u. Determinanten für die Jahre 1990 bis 1994, in: Sozialpolitik im vereinten Dtl., hg. v. G. KLEINHENZ, Bd. 3 (1996).

Einkorn, Blicken, Triticum monococcum, genet. Urform des heutigen Kulturweizens (→Weizen) mit einkörnigem Ährchen; ihr Ursprungsgebiet liegt in Vorderasien. E. war von der Jungsteinzeit bis zur Eisenzeit als Kulturpflanze über Europa (Funde u. a. in Pfahlbauten in der Schweiz und in Ungarn) und Nordafrika verbreitet, heute kaum noch angebaut.

Einkoten, dem Bettnässen (→Enuresis) vergleichbare physiopsych. Störung.

Einkreisung, propagandist. Schlagwort in Dtl., geprägt in Anlehnung an die Reichstagsrede des Kanzlers B. VON BÜLOW vom 14. 11. 1906; beinhaltete die angebl. diplomat. Isolierung Dtl.s durch die brit. Bündnispolitik unter König EDUARD VII., die sich mit der ›Entente cordiale‹ 1904 Frankreich zugewandt hatte und zu Russland für sich zu gewinnen suchte.

Einkristall, ein Kristall, dessen atomare Bausteine im Idealfall einen homogenen, mathematisch strengen Gitterbau aufweisen (→Idealkristall). Meist ist das Kristallgitter natürl. oder synthet. E. mit Gitterbaufehlern behaftet (→Realkristall). Synthet E., die sich durch hohe Reinheit auszeichnen, finden für techn. und wiss. Zwecke, bei denen die Richtungsabhängigkeit (Anisotropie) bestimmter physikal., chem. und mechan. Eigenschaften von Bedeutung ist, sowie v. a. in der Halbleitertechnologie und Mikroelektronik Verwendung. Ihre Herstellung erfolgt nach unterschiedl. Verfahren (→Kristallzüchtung).

Einkünfte, →Einkommensteuer.

Einlagen, 1) *Bankwesen:* fremde Gelder, die i. d. R. gegen Zins (Habenzins) bei Kreditinstituten deponiert werden. Nach den Einlegern werden E. von Nichtbanken (z. B. Unternehmen und Privatpersonen) und Bank-E. unterschieden. *Arten:* →Sichteinlagen (täglich fällige Gelder) dienen dem bargeldlosen Zahlungsverkehr, werden niedrig oder nicht verzinst und auch als →Buchgeld bezeichnet. →Termineinlagen (befristete E.) sind höher verzinste, vorübergehende Geldanlagen, die nicht dem Zahlungsverkehr dienen. Über Termineinlagen kann erst nach Einhaltung einer Kündigungsfrist (Kündigungsgelder) oder zu einem vorher bestimmten Termin (Festgelder) verfügt werden. Sicht- und Termin-E. werden auch als Depositen bezeichnet. →Spareinlagen werden mit einer vereinbarten Kündigungsfrist geführt und dienen nicht dem Zahlungsverkehr. Sie werden höher verzinst als Sicht-E. (→Geldmenge, →Geldschöpfung)

2) *Gesellschaftsrecht:* im Rahmen der Beteiligungsfinanzierung (**E.-Finanzierung**) durch die Gesellschafter einer Handelsgesellschaft, einer Gesellschaft des bürgerl. Rechts oder einer stillen Gesellschaft aufgebrachte Geld- oder Sachmittel (**Sach-E.**). Nach der Höhe der E. bestimmt sich der Anteil der Gesellschafter am Eigenkapital des Unternehmens. Ist ein Teil des Grundkapitals einer Kapitalgesellschaft nicht voll einbezahlt, so handelt es sich um **ausstehende E.,** die Forderungen der Gesellschaft gegenüber den Kapitalgebern darstellen.

3) *Orthopädie:* **Schuh-E.**, Stützkörper zur funktionellen Korrektur von Fehlstellungen des Fußes (→Fußdeformitäten); sie werden nach einem Fußabguss oder -abdruck vom Orthopädiemechaniker aus Metall, Kunststoff, Kork oder Leder zum Einsatz in normale Schuhe angefertigt oder vom Orthopädieschuhmacher oder -mechaniker in orthopäd. Schuhe als Fußbettung eingearbeitet. **Aktive E.**, die v. a. im Wachstumsalter angewendet werden, wirken durch Muskeltraining korrigierend, **passive E.** als Unterstützung des Fußgewölbes.

4) *Steuerrecht:* alle Wirtschaftsgüter (Bargeld, Waren u. a.), die der Steuerpflichtige dem Betrieb im Laufe des Wirtschaftsjahres zugeführt hat. Der beim Betriebsvermögensvergleich ermittelte Unterschiedsbetrag ist zur Ermittlung des Gewinns um den Wert der E. zu vermindern (§ 4 Abs. 1 EStG).

Einlagengeschäft, Depositengeschäft, Bankgeschäft, das nach § 1 Kreditwesen-Ges. die Annahme fremder Gelder als verzinsl. oder unverzinsl. Einlagen beinhaltet. Das E. wird als Passivgeschäft bezeichnet (Einlagen sind Verbindlichkeiten der Bank gegenüber ihren Kunden), ist wesentl. Voraussetzung für das Aktivgeschäft (die zur Kreditgewährung erforderl. Mittel werden v. a. durch das E., weniger durch Eigenkapital aufgebracht) und wird über Konten abgewickelt (z. B. Kontokorrent- oder Girokonto für Sichteinlagen). Das E. bedarf der schriftl. Erlaubnis durch das Bundesaufsichtsamt für das Kreditwesen.

Einlagenpolitik, bis zum Eintritt in die zweite Stufe der Europ. Wirtschafts- und Währungsunion am 1. 1. 1994 genutztes geld- und kreditpolit. Feinsteuerungsinstrument der Dt. Bundesbank für die Geldmarktsteuerung. Nach § 17 Bundesbank-Ges. (aufgehoben durch das 5. Änderungs-Ges. v. 8. 7. 1994) waren Bund, Länder und Sondervermögen (Ausgleichsfonds sowie ERP-Sondervermögen) verpflichtet, ihre flüssigen Mittel grundsätzlich auf Girokonten bei der Dt. Bundesbank einzulegen. Ausnahmen, in Form von Globalkontingenten für die Mitteleinlage bei ihren Landesbanken, bestanden für die Bundesländer. Im Rahmen der E., auch § 17-Verlagerungen genannt, hat die Dt. Bundesbank nur auf Einlagen des Bundes zurückgegriffen. Eine Verlagerung von Einlagen des Bundes in das Geschäftsbankensystem führte den Kreditinstituten in kürzester Frist Zentralbankgeld zu, während eine Rückverlagerung von Bundesmitteln zur Bundesbank einen Entzug von Zentralbankgeld bewirkte.

Einlagensicherung, durch Garantien Dritter gewährleistete Absicherung der Bankkunden gegen den Verlust ihrer Einlagen für den Fall, dass ihr Kreditinstitut in wirtschaftl. Schwierigkeiten gerät. In Dtl. existiert bisher keine gesetzl., für alle Kreditinstitute einheitlich geregelte E. Für die einzelnen Bankgruppen bestehen spezif. E.-Systeme, die von den Spitzenverbänden der Kreditwirtschaft getragen und durch Umlagen bzw. Einzahlungen der ihnen angehörenden Institute finanziert werden. Dabei sind die E.-Systeme der Sparkassen und Kreditgenossenschaften darauf ausgerichtet, die Bank zu erhalten (Institutssicherung als indirekter Einlegerschutz), während der Garantiefonds der privaten Banken die Einlagen der Gläubiger unmittelbar sichert. Die nicht einklagbare Garantie umfasst DM- und Fremdwährungseinlagen (nicht Inhaberschuldverschreibungen) von In- und Ausländern bis zu einer Obergrenze je Gläubiger von 30 % des Eigenkapitals des betreffenden Kreditinstituts. Bei vorübergehenden Zahlungsschwierigkeiten einer bonitätsmäßig einwandfreien Bank stellt die →Liquiditäts-Konsortialbank GmbH Liquiditätshilfen zur Verfügung. Abweichend davon verlangt die im Mai 1994 vom Rat der EU und vom Europ. Parlament verabschiedete E.-Richtlinie für EU-Mitgliedstaaten: 1) eine Mindestabdeckung je Kunde von 20 000 ECU

(ohne Höchstsicherungsgrenze); 2) die Einräumung eines Rechtsanspruchs auf Entschädigung; 3) eine Pflichtmitgliedschaft mit Ausnahme jener Banken, die einem alternativen System (z. B. Institutssicherung) angeschlossen sind. Gegen diese Richtlinie, die zum 1. 7. 1995 in Kraft treten sollte, hat die Bundes-Reg. aus wettbewerbsrechtl. Gründen Klage erhoben.

In *Österreich* ist die E. durch Abschnitt 19 § 93 Bankwesen-Ges. 1993 i. d. F. v. 1995 geregelt. Danach müssen Kreditinstitute, die Einlagen auf Konten von Verbrauchern oder Spareinlagen entgegennehmen, den jeweiligen E.-Einrichtungen ihrer Fachverbände angehören. Diese sind verpflichtet, im Falle des Konkurses einer Mitgl.-Bank, der Anordnung der Geschäftsaufsicht wegen Überschuldung oder Zahlungsunfähigkeit oder der behördl. Verfügung der Zahlungseinstellung Einlagen bis zu einem Höchstbetrag von 260 000 öS pro natürl. Person auf deren Verlangen innerhalb von drei Monaten auszuzahlen. Soziale Härtefälle sowie Kleinanlagen auf legitimierten Konten bis zu einer Höhe von 26 000 öS sind zeitlich bevorzugt zu behandeln. Im Falle einer Auszahlung gesicherter Einlagen verpflichtet die E.-Einrichtung ihre Mitgl.-Institute zur Leistung anteilsmäßiger Beiträge. Kann eine E.-Einrichtung die Auszahlung gesicherter Einlagen nicht voll leisten, so sind die E.-Einrichtungen der anderen Fachverbände zur Deckung verpflichtet. Sind diese dazu auch nicht in der Lage, so muss die erstbetroffene E.-Einrichtung Schuldverschreibungen ausgeben, für die der Bundes-Min. für Finanzen aufgrund besonderer gesetzl. Ermächtigung die Bundeshaftung übernehmen kann. – In der *Schweiz* existiert keine gesetzl. E.-Pflicht; im Einzelfall gibt es eine Garantie zur bevorrechteten Garantie von Sparkonten bis zu 5 000 sfr. – In den *USA* ist seit 1935 jede Mitgl.-Bank des →Federal Reserve System verpflichtet, ihre Einlagen bei der staatl. Einlagenversicherung (Federal Deposit Insurance Corporation) zu versichern; maximaler Versicherungsschutz pro Kunde und Bank: 100 000 US-$.

Einlagenzertifikate, →Certificates of Deposit.

Einlagerungsverbindungen, interstitielle Verbindungen, Zwischengitterverbindungen, nichtstöchiometr. chem. Verbindungen v. a. der Übergangsmetalle, bei denen kleinere Atome auf Zwischengitterplätzen oder in Lücken des Kristallgitters eingelagert werden, ohne dessen Dimensionen wesentlich zu verändern, v. a. Verbindungen mit Kohlenstoff (z. B. Fe_3C), Stickstoff (Fe_2N) und Wasserstoff (Ti_2H).

Einlassung, *Zivilprozess:* die auf Abweisung der Klage als unbegründet zielende Stellungnahme des Beklagten, gleichbedeutend mit Verhandlung zur Hauptsache. Die E. kann in einem Bestreiten der Klagebehauptungen, in der Erhebung von Einreden oder in Rechtsausführungen bestehen. Bei fehlender E. (Nichtverhandeln oder Geltendmachung nur prozessualer Mängel) kann ein Versäumnisurteil ergehen oder →Präklusion eingreifen. Die E. nimmt dem Kläger die Möglichkeit zur Klagerücknahme (§ 269 ZPO) ohne Zustimmung des Beklagten, dem Beklagten die Rüge der Unzulässigkeit der Klage (§ 282 Abs. 3 ZPO), der Unzuständigkeit des Gerichts (§ 39 ZPO) und von Mängeln des Klageerhebungsaktes (§ 295 ZPO).

Die **E.-Frist,** die Mindestfrist zw. Zustellung der Klage – oder der Bekanntmachung des Termins im Berufungs- und Revisionsverfahren – und erstem Verhandlungstermin, beträgt grundsätzlich zwei Wochen und kann auf Antrag abgekürzt werden (§ 226 ZPO). Ist die Frist nicht eingehalten worden, kann der Beklagte die E. verweigern und Vertagung verlangen; ein Versäumnisurteil ist unzulässig. Entsprechendes gilt in *Österreich* und in der *Schweiz*.

Einlassventile, bei Verbrennungsmotoren über die Nockenwelle gesteuerte Ventile, durch die der Eintritt des Gas-Luft-Gemisches oder der Verbrennungsluft in den Verdichtungsraum geregelt wird. Bei Zweitakt-Verbrennungsmotoren übernehmen **Einlassschlitze** (Öffnungen am Zylinderumfang oder im Zylinderkopf, die durch die Kolbenoberkante oder durch Schieber freigegeben werden) diese Funktion.

Einlauf, 1) *Biologie:* **Eingrauen, Braunstreifigkeit,** eine streifenförmige Farbänderung an lagerndem Eichenrundholz, von der nur das Kernholz betroffen wird; sie mindert nicht den Verwendungswert.
2) *Medizin:* das Einbringen größerer Flüssigkeitsmengen durch den After in den Dickdarm mithilfe eines Irrigators. Der **Reinigungs-E.** dient zum Entfernen von Stuhlresten (Fäulnis- und Bakteriengiften) bei Stuhlverstopfungen, bei Operationen, Rektoskopien und Röntgenuntersuchungen (mit anschließendem **Kontrastmittel-E.**) sowie zur Vorbereitung einer Entbindung. Reinigungs-E. dürfen nicht regelmäßig und auch nicht bei akuten Krankheiten des Bauchraumes angewendet werden. Der **hohe E.** wird als zweiter E. unter Verwendung versch. Zusätze (z. B. Kamille, Öl) anschließend gegeben. Die Flüssigkeit gelangt bis zur Bauhin-Klappe. Der hohe E. hat stark entleerende Wirkung und trägt zur vollkommenen Reinigung des Darms bei.
3) *Sport:* das Durchlaufen, -fahren oder -reiten der Ziellinie, z. B. bei Laufwettbewerben und im Motorsport, v. a. aber bei Pferderennen; hier auch die Reihenfolge der im Ziel ankommenden Konkurrenten; auch die Ziellinie selbst.

Einlaufen, 1) *Maschinenbau:* Vorgang, der dazu dient, die Rauigkeiten neu gefertigter Gleitelemente (Lager, Kolben, Zahnräder) von Maschinen während des Laufes so weit zu beseitigen, dass ihre Gleitflächen unter den normalen Betriebsbedingungen einwandfrei aufeinander laufen. Da die anfängl. Rauigkeit der aufeinander gleitenden Flächen die Reibung und damit Temperatur und Verschleiß erhöht (wobei auch noch andere Einflüsse wie Oxidation wirksam sind), sollten beim E. die Teile noch nicht voll belastet werden. Durch besondere Oberflächenbehandlung (z. B. →Honen) kann die Einlaufzeit stark verkürzt werden oder ganz wegfallen.
2) *Textiltechnik:* das Schrumpfen von Textilien bei Feuchtigkeitseinwirkung, v. a. durch Waschen.

Einlaufwette, *Pferdesport:* frühere Bez. für →Zweierwette.

Einlegearbeiten, →Intarsien.

Einlegegeräte, Übergabegeräte, meist mit Greifern ausgerüstete einfache Manipulatoren, die vorgegebene Bewegungsabläufe nach einem festen Programm ausführen. Sie werden z. B. in der Fertigungstechnik eingesetzt zur Automatisierung ständig wiederholender Handhabungen an Arbeitsmaschinen.

Einlegekante, *Textiltechnik:* Gewebekante, die bei schützenlosen Webmaschinen gebildet wird, und zwar dadurch, dass ein Haken das über den Geweberand vorstehende Schussfadenstück nach dem Blattanschlag in das nachfolgende Fach hineinzieht, sodass eine geschlossene Gewebekante entsteht.

Einlesen, ältere Bez. für die Eingabe von Daten in eine Datenverarbeitungsanlage (z. B. von Lochkarten, Lochstreifen, Magnetband).

Einlieger, Angehöriger einer besonderen Gruppe von Dorfbewohnern, die so genannte unterbäuerl. Schicht ohne eigenes Haus und ohne Grundbesitz. Die E. wohnen bei einem Vollbauern zur Miete, sind Dorfhandwerker oder Landarbeiter. Solange die dt. Dörfer Realgemeinden waren (Nutzung und Verwaltung des dörfl. Gesamteigentums durch die Grundbesitzer; mancherorts bis ins 18. Jh.), hatten die E. keine polit. Rechte in ihrer Wohngemeinde.

Einliegerwohnung, eine Wohnung, die gegenüber der Hauptwohnung in einem Eigenheim in Bezug auf Größe und ggf. Ausstattung nur untergeordnete Bedeutung hat, aber alle Merkmale einer Wohnung aufweist und die Führung eines selbstständigen Haushalts ermöglicht. Eine E. muss über einen eigenen Zugang verfügen. Der Kündigungsschutz für Mieter von E. ist eingeschränkt (§ 564 b Abs. 4 BGB).

Einlini\|ensystem, →Liniensystem.

Einlösungspflicht, Verpflichtung einer Notenbank, die von ihr ausgegebenen Banknoten in Währungsmetall (Gold, z. T. auch Silber) umzutauschen; seit 1914 in fast allen Ländern aufgehoben. Die für die internat. Währungsordnung bedeutende Gold-E. des amerikan. Schatzamtes für Dollarguthaben ausländ. Notenbanken wurde 1971 aufgehoben (→Dollar, →Währung, →Internationaler Währungsfonds).

Einmaleins, geordnete Zusammenstellung aller Produkte je zweier natürl. Zahlen unter 10 **(kleines E.)** oder unter 20 **(großes E.).**

Einmanngesellschaft, Kapitalgesellschaft, deren sämtl. Anteile in einer Hand vereint sind. E. entstehen entweder bei der Einmanngründung einer GmbH oder dadurch, dass alle Anteile einer Kapitalgesellschaft nach ihrer Gründung durch eine (natürl. oder jurist.) Person erworben werden. Praktisch bedeutsam sind E. als hundertprozentige Tochterunternehmen oder als Staatsunternehmen. Personengesellschaften (Kommanditgesellschaft, offene Handelsgesellschaft) können nicht aus lediglich einer Person bestehen.

Einmannjolle, *Segeln:* Jolle, die als Regattaboot von einem Mann gesegelt wird; eine olymp. Klasse bildet seit 1952 das →Finn-Dingi.

Einmessen, →Kalibrieren.

Einmieter, Inquilinen, Tiere, die in Bauten anderer Tiere wohnen, ohne diesen zu schaden, z. B. einige Ameisengäste.

Einnahmen, 1) *Betriebswirtschaftslehre:* Betrag der durch die Veräußerung von Gütern und durch Dienstleistungen bewirkten Erhöhung des Geldvermögensbestandes (= Zahlungsmittel zuzüglich Bestand an Forderungen abzüglich Bestand an Verbindlichkeiten) in einer Periode, z. B. durch den Verkauf von Produkten gegen Barzahlung (Bareinnahme oder →Einzahlung) oder auf Kredit (unbare Einnahme oder Forderungszugang); Ggs.: Ausgaben. – E. dürfen nicht mit →Ertrag verwechselt werden.
2) *Finanzwissenschaft:* →öffentliche Einnahmen.
3) *Steuerrecht:* alle Güter, die in Geld oder Geldeswert bestehen und dem Steuerpflichtigen aus bestimmten Einkunftsarten (→Einkommensteuer) im Veranlagungszeitraum zufließen (§§ 8 Abs. 1, 2 Abs. 1 Ziff. 4–7 EStG). § 3 EStG enthält einen im Laufe der Zeit stetig angewachsenen Katalog von E., die steuerfrei sind, z. B. bestimmte Abfindungen, Stipendien.

Einnahmen- und Ausgabenrechnung, Überschussrechnung, nach dem Einkommensteuergesetz die Form der Gewinnermittlung für Steuerpflichtige, die nicht zur Buchführung und Abschlusserfüllung verpflichtet sind; der Gewinn ergibt sich als Überschuss der Betriebseinnahmen über die Betriebsausgaben.

Einnässen, Bettnässen, die →Enuresis.

Einnischung, Annidation, funktionelle, räuml. oder zeitl. Sonderung zw. Arten, Populationen oder Individuen, die damit eine neue ökolog. Nische besetzen. Die E. ist von einer Änderung des genet. Information begleitet. Die treibende Kraft kann inner- oder zwischenartl. Konkurrenz sein.

Einnutzungsrasse, *Tierzucht:* für nur eine Produktionsrichtung (z. B. Fleisch oder Milch oder Wolle) gezüchtete Rasse.

Ein\|öde [ahd. einoti ›Einsamkeit‹], einsames, unbewohntes Land.

Ein\|ödhof, einzeln gelegener Hof (→Vereinödung) mit **Einödflur** (→Blockflur).

Ein|ödriegel, höchster Berg des Vorderen Bayerischen Waldes, 1 121 m ü. M.

Einparteiensystem, im Unterschied zum →Zweiparteiensystem und zum →Mehrparteiensystem eine Regierungsform, in der nur eine Partei den Willen des Staates formuliert und trägt. Im Ggs. zu demokratisch-parlamentarisch fundierten Staaten, in denen zwei oder mehr Parteien in freier polit. Entfaltung um die Macht im Staate ringen, werden Diktaturen oft von E. getragen **(Einparteienstaaten),** in denen es entweder nur eine Partei gibt oder früher unabhängige Parteien als Satellitenorganisationen dem Herrschaftswillen der allein bestimmenden Staatspartei unterworfen sind. (→Einheitspartei)

Einpeitscher, im brit. Unterhaus der →Whip.

Einpflanzung, die →Implantation.

Einpfropfung, *Heraldik:* Bez. für kleine Figuren oder Wappen, die zw. die einzelnen Felder des Hauptschildes eines Wappens, d.h. in dessen Fugen, eingeschoben (>eingepfropft<) sind oder den zw. zwei in Spitzen auslaufenden Schilden entstandenen keilförmigen Zwischenraum ausfüllen.

Einphasensteuer, Form der →Umsatzsteuer.

Einphasenstrom, Einphasenwechselstrom, sinusförmiger →Wechselstrom; wird mit einem Einphasensynchrongenerator erzeugt oder aus einem Dreiphasensystem (→Drehstrom) abgeleitet, indem zwei der drei Phasen unberücksichtigt bleiben.

Einphasenwechselstrommotor, ein →Elektromotor für einphasigen Wechselstrom.

Einquartierung, *Militärwesen:* die Unterbringung von Truppen in Privatunterkünften auf der Grundlage gesetzl. Bestimmungen (in Dtl.: §§ 1, 71 Bundesleistungs-Ges.). – Bis zum Aufkommen der stehenden Heere Ende des 17. Jh. und der damit verbundenen Anlage von Kasernen wurden auch in Friedenszeiten Truppen bei Privatpersonen einquartiert.

Einrad, von Kunstradfahrern verwendetes einrädriges Fahrrad.

Einräumungssatz, *Sprachwissenschaft:* der →Konzessivsatz.

Einrede, *Recht:* im Zivilrecht das Geltendmachen von Umständen (Gegennormen), die ein Recht zur Verweigerung einer geschuldeten Leistung geben. Die E. ist rechtshemmend **(dilatorisch),** wenn sie dem Anspruch nur zeitweilig entgegensteht, z. B. die E. der Stundung (prozessuale Folge: Klageabweisung als z. Z. nicht begründet) oder das Zurückbehaltungsrecht (führt im Prozess zur Verurteilung Zug um Zug); sie ist rechtsausschließend **(peremptorisch),** wenn sie die Ausübung des Anspruchs dauernd verhindert, z. B. die E. der Verjährung. Im Unterschied zu einer →Einwendung, die im Prozess von Amts wegen beachtet wird, muss sich der Berechtigte auf eine E. berufen.

Die erhobene E. kann durch eine Gegen-E. (Replik), diese wiederum durch eine weitere Gegen-E. (Duplik) entkräftet werden, z. B. wenn die E. und ihre Geltendmachung gegen den Grundsatz von Treu und Glauben verstößt. Im Zivilprozessrecht werden E. und Einwendung des Zivilrechts generell als E. bezeichnet, also jedes Geltendmachen von Gegennormen aller Art. Als Einwendung bezeichnet man dort weiter gehend das gesamte Verteidigungsvorbringen einer Partei, also auch das Bestreiten der Klagtatsachen. Die Partei trägt die Beweislast für alle Tatsachen, auf die sie eine E. stützt. Von solchen E. streng zu unterscheiden sind die **prozesshindernden E.,** die zu den Zulässigkeitsvoraussetzungen einer Klage (→Prozessvoraussetzung) zählen. Sie sind als Prozesshindernisse zu beachten, wenn der Beklagte sich auf sie beruft.

Auch nach *österr.* Recht folgt aus der E., dass der erhobene Anspruch im Einzelfall als unbegründet erscheint. Man unterscheidet zw. zivilrechtl. E. (z. B. des Irrtums) und zivilprozessualen Einwendungen (z. B. der Unzuständigkeit des Gerichts). – Die *schweizer.* Zivilrechtslehre verwendet den Begriff der E. in entsprechendem Sinn wie das dt. Recht.

Einreiher, einreihig knöpfender Herrensakko, der in der zweiten Hälfte des 19. Jh. Frack und Gehrock zunächst als Alltagskleidung verdrängte.

Einrenkung, Einrichtung, Reposition, Wiederherstellung der richtigen Stellung von Organen, v. a. aber von ausgerenkten Gelenken und gebrochenen Knochen (→Knochenbruch, →Verrenkung). Sie sollte immer von einem Arzt ausgeführt werden. (→Chiropraktik)

Einrohrdämpfer, →Schwingungsdämpfer.

Einrohrheizung, System der Warmwasserheizung (→Heizung), bei dem – im Gegensatz zum Zweirohrsystem mit getrennten Vorlauf- und Rücklaufleitungen – das Heizwasser durch eine Ringleitung mit hintereinander angeordneten Heizkörpern geführt wird.

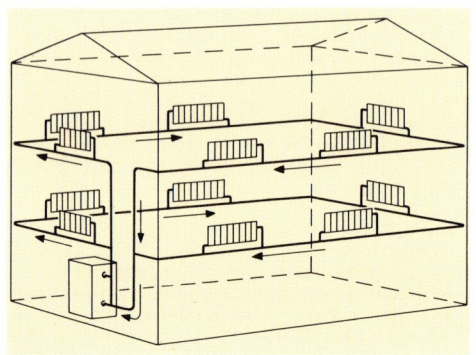

Einrohrheizung: Schematische Darstellung einer waagerechten Einrohrheizung in Zweikreisschaltung

Einsalzen, 1) *Lebensmitteltechnik:* →Konservierung.

2) *physikal. Chemie:* das Erhöhen der Löslichkeit eines Stoffes durch Zugabe eines Salzes.

Einsamkeit, die Abgeschiedenheit des einzelnen Menschen von seiner Umwelt im räuml. oder (so meist gemeint) im seel. Sinn. Der Begriff der E. wurde in der Geistes- und Literaturgeschichte seit der Mystik in unterschiedl. Bedeutungen und Wertungen verwendet, z. B. in der Mystik als Abgeschiedenheit der Seele; in der Aufklärung positiv als Zurückgezogenheit des Individuums zum Zweck geistiger Tätigkeit und der eigenen Selbstvervollkommnung (J. G. ZIMMERMANN); in der Empfindsamkeit als Innerlichkeit des auf sich zurückgezogenen, von der Umwelt isolierten Ich, verbunden mit Schwermut, Leiden und differenzierter Selbstwahrnehmung der eigenen Gefühle. E. bestimmt in der Folge die Situation bes. des lyrischen Subjekts, so häufig bei GOETHE, in der Romantik (z. B. stimmungshafte Wald-E.) und in der großen europ. Lyrik des 19. und 20. Jh. Viele Roman- und Dramengestalten der neueren Literatur, exemplarisch bei F. M. DOSTOJEWSKIJ, erscheinen als Einsame – auch bei äußerer Teilnahme am gesellschaftl. Leben – und dadurch bes. Gefährdete. Ganz allg. bildet Einsamkeit vielfach im Hintergrund von Lyrik überhaupt, soweit sie subjektive Ausdruckslyrik ist. – Im 19. Jh. wurde der Wert der E. in der Möglichkeit des Selbstseins, der Selbstwerdung des Individuums und in seiner Freiheit gesehen. Im 20. Jh. erhält E. bes. in der Bedeutung sozialer Isolierung, entweder durch Umstände, die den Einzelnen treffen, herbeigeführt, oder als bewusste Ablehnung der Gemeinschaft. E. wird in Beziehung gesetzt zu den Existenzformen der Entfremdung, der Heimatlosigkeit, zu Verlust des Glaubens, innerer Werte, welche immer mit einer sie tragenden Gemeinschaft verbunden sind. – Soziologisch wird die E. u. a. als eine Folge der Auflösung der Großfamilie seit dem industriellen Zeitalter und der Anonymität großstädt. Wohn- und Lebensformen interpretiert. Nach anderer Position (H. SCHELSKY) trifft diese in der Anonymität der Großstadt gegebene Vereinsamung des Individuums nicht zu: Danach wird das in eine versachlichte Arbeitswelt und eine frei gewählte Privatsphäre geteilte Leben allg. akzeptiert, sodass Vereinsamung vorwiegend ein psycholog. und soziolog. Problem, bezogen auf das Individuum, darstellt. – Räuml. Abgeschiedenheit kann trösten, innere Sammlung bedeuten, inneres Verlassensein, das nicht an räumliches Alleinsein gebunden ist, deprimieren. K. JASPERS unterschied neben der Grenzerfahrung der E. zum Tode E. als Mangel kommunikativer Bindung an andere, E. als mögl. Abgrund des eigenen Nichtseins, wenn dem Individuum alle Bindungen fraglich geworden sind, und E. in der Polarität zur Kommunikation. Erst in der Spannung von E. und Kommunikation ist Selbstsein des Individuums und (so M. BUBER) ein Anerkennen des anderen in seiner Andersheit und damit menschliche Begegnung möglich.

L. MADUSCHKA: Das Problem der E. im 18. Jh. (1833, Nachdr. 1978); H. P. DREITZEL: Die E. als soziolog. Problem (Zürich 1970); U. TWORUSCHKA: Die E. Eine religionsphänomenolog. Unters. (1974); R. MÖHRMANN: Der vereinsamte Mensch. Studien zum Wandel des Einsamkeitsmotivs im Roman von Raabe bis Musil (²1976); J. MACPHERSON: The spirit of solitude (New Haven, Conn., 1982); E., hg. v. HANS J. SCHULTZ (⁶1986).

Einsamkeit des Langstreckenläufers, Die, engl. ›The loneliness of the long-distance runner‹, Erzählung von A. SILLITOE; engl. 1959.

Einsatz, 1) Geld oder Geldeswert (Spielmarke, Chip) zur Beteiligung an einem Spiel, einer Wette.

2) *Phonetik:* Beginn der Artikulation. Beim **losen E.** stimmen Artikulation im Ansatzrohr und Beginn der Stimmlippenschwingungen überein, beim **festen E.** geht diesen Schwingungen ein Knackgeräusch (phonet. Zeichen ʼ) voraus, das durch kräftiges Öffnen der Stimmlippen erzeugt wird; z. B. dt. ›Theater‹ [teˈaːtər] gegenüber frz. théâtre [teatr(ə)], das ohne Knackgeräusch gesprochen wird.

Einsatzbuchse, Insert, in Kunststoff eingebettetes, metall. Einlegeteil, meist mit Innengewinde, z. B. für häufig zu lösende Verschraubungen.

Einsatzgruppen, Kurz-Bez. für **Einsatzgruppen der Sicherheitspolizei und des SD,** mobile Sonderformationen der SS, geführt von Angehörigen der Gestapo (›Geheime Staatspolizei‹), der Kriminalpolizei und des SD (›Sicherheitsdienst‹ der SS). Vorformen solcher E. kamen zum Einsatz bei der Annexion Österreichs durch das Dt. Reich (März 1938), bei der Zerschlagung der Tschechoslowakei (März 1938/Oktober 1939) und beim Angriff auf Polen zu Beginn des Zweiten Weltkriegs (September 1939). Vor Beginn des Angriffs auf die UdSSR (22. 6. 1941) wurden vier E. in einer Gesamtstärke von etwa 3000 Mann gebildet, die hinter der vorrückenden dt. Front, im Hinterland der besetzten Ostgebiete, v. a. vier Gruppen von Menschen zu ›liquidieren‹ hatten: die kommunist. Führungsschicht (→Kommissarbefehl), Angehörige asiat. Völker, Roma und Juden. Diesen Morden fielen bes. durch Massenerschießungen in den besetzten sowjet. Gebieten bis zum Frühjahr 1942 mindestens 500000, wahrscheinlich 700000 bis 750000 Menschen zum Opfer, den stationären Nachfolgeorganisationen der E. bis 1943 weitere 1,6 Mio. Juden. Im Rahmen der Nürnberger Prozesse 1945–49 (Kriegsverbrecherprozesse) und in Prozessen vor dt. Gerichten (NS-Prozesse) wurden verantwortl. Mitgl. der E. verurteilt.

R. KEMPNER: SS im Kreuzverhör (1964); Einsatzkommando Tilsit, in: KZ-Verbrechen vor dt. Gerichten, hg. v. H. G. VAN DAM u. R. GIORDANO, Bd. 2 (1966); H. KRAUSNICK u. H.-H. WILHELM: Die Truppe des Weltanschauungskrieges. Die E. der Sicherheitspolizei u. des SD 1938–1942 (1981); Anatomie des SS-Staates, Beitrr. v. H. BUCHHEIM u. a. (Neuausg. ⁶1994); R. OGORRECK: Die E. u. die ›Genesis der Endlösung‹ (1996).

Einsatzgüter, →Produktionsfaktoren.

Einsatzhärten, Aufkohlen, zur thermochem. Behandlung gehörendes Verfahren der Wärmebehandlung von legiertem oder unlegiertem Stahl, das sich aus einer Anreicherung von Kohlenstoff in der Werkstoffrandzone und einer nachfolgenden Abschreckhärtung zusammensetzt. Die Aufkohlung erfolgt bei Temperaturen zw. 880 °C und 900 °C in flüssigen, gasförmigen oder festen Aufkohlungsmitteln. Die cyanidhaltigen Aufkohlungsbäder bieten den Vorteil, dass gleichzeitig Stickstoff an die Stahloberfläche abgegeben wird (Carbonitrierprozess).

Einsatzofen, Muffelofen zur Einsatzhärtung und zum Zementieren. E. werden als Kammeröfen, Schachtöfen und durchlaufend arbeitende Öfen (Durchgangsöfen und Ringöfen) gebaut.

Einsatzzeit, nach der REFA-Lehre die Zeit, in der ein Mensch oder Betriebsmittel während der betriebl. Arbeitszeit für die Ausführung von Arbeitsaufträgen zur Verfügung steht. Die E. dient im Rahmen von Arbeitsstudien der Ermittlung von →Vorgabezeiten und umfasst sowohl Tätigkeits- bzw. Nutzungszeiten als auch arbeitsablauf-, störungs-, erholungs- oder persönlich bedingte Unterbrechungszeiten.

Einsäuern, 1) *Landwirtschaft:* Nasskonservierung von Pflanzenmaterial, →Silage.

2) *Lebensmitteltechnik:* Art der →Konservierung.

einsäurige Base, Base, die nur über eine basische (durch ein Säureanion ersetzbare) Hydroxydgruppe verfügt (z. B. Natriumhydroxid, NaOH).

Einschalen, Herstellen der zum Betonieren erforderl. Bauteilformen oder kompletten →Schalungen, einschließlich der Schalungsgerüste für Beton- und Stahlbetontragwerke sowie Stahlsteindecken; auch Errichten von →Lehrgerüsten für die Formgebung und Lastaufnahme von Bogen oder Gewölben. Wenn der Beton erhärtet oder das Gewölbe fertig gemauert ist, wird der betreffende Bauteil **ausgeschalt.**

Einschaltquote, *Hörfunk* und *Fernsehen:* Zahl der Empfangsgeräte, die für eine bestimmte Sendung eingeschaltet werden, im Verhältnis zu der Gesamtzahl der Hörfunk- oder Fernsehteilnehmer, mit verschiedenen Methoden ermittelt. In Dtl. werden als Fernsehen außer durch Umfragen durch Geräte ermittelt, die in ausgewählten Haushalten Einschalten, Videoaufnahmen usw. (auch die einschaltenden Personen) registrieren; diese Informationen werden telefonisch abgerufen; seit 1985 organisiert von der ›GfK Holding AG/Gesellschaft für Konsum-, Markt- und Absatzforschung e. V.‹, Nürnberg. – Von großer Bedeutung ist die jeweilige E. für den Preis von Werbespots (innerhalb des Programms; bes. in den USA) und für weitere, den Bekanntheitsgrad berücksichtigende Programmplanung. (→Zuschauerforschung)

Einschaltzeit, *Impuls-* und *Schaltungstechnik:* →Anstiegszeit.

Einschienenbahn, Monorail [ˈmɔnəʊreıl, engl.], spurgeführtes Transportmittel mit nur einer Fahrschiene zum Tragen und Führen der Fahrzeuge. Das Fahrzeug hängt entweder unter der Schiene (**Hängebahn,** umgangssprachlich: Schwebebahn) und führt diese mit seinen darüber befindlichen Laufwerken; oder es wird mit senkrecht auf der Schiene stehenden Triebrädern angetrieben und mit seitl. Führungsrädern gehalten (**Sattelbahn**). Eine solche E. ist die →ALWEG-Bahn, nach deren Muster heute Einzel-

Einschienenbahn: links Hängebahn in Wuppertal; rechts Sattelbahn im Vergnügungspark ›Epcot Center‹ (bei Orlando, Florida)

fahrzeuge oder Zugeinheiten für etwa 1 000 Reisende mit Geschwindigkeiten bis zu etwa 120 km/h verkehren.

Die älteste dampfbetriebene sattelförmige E. wurde in Irland 1882 von C. LARTIGUE gebaut; Vorläufer war eine kleine Schwebebahn nach dem Einschienenprinzip von H. R. PALMER 1821. Nach Entwürfen von E. LANGEN wurde 1893–1903 die 13,3 km lange elektr. Einschienenschwebebahn in Wuppertal ausgeführt. R. SCHERL schlug 1909 eine E. vor, bei der die auf einer Schiene rollenden Fahrzeuge stabilisierende Kreisel besaßen. Die ALWEG-Bahn wurde 1952 bei Köln erstmals erprobt. (→Magnetschwebebahn)

R. KLEIN: Die Alweg-Bahn u. ihr Einsatz, in: Eisenbahntechn. Rundschau, Jg. 8 (1959); H. BOTZOW: Monorails (New York 1960); H.-F. SCHIERK: Die Schwebebahn in Wuppertal (1985).

Einschießen, 1) *Drucktechnik:* das Einlegen von saugfähigem Papier zw. die bedruckten Bogen, um das Abfärben des frischen Druckes auf der Rückseite des nachfolgenden Bogens zu vermeiden.

2) *Waffentechnik:* 1) das Ermitteln der günstigsten Lage, der richtigen Einstellung von Kimme und Korn, um die Waffe treffsicher zu machen. Hierzu werden i. d. R. mehrere Schüsse einzeln auf einen Punkt abgefeuert, danach jeweils die Treffpunktlage beobachtet und die Einstellung von Kimme und Korn entsprechend korrigiert; 2) das Ausrichten des Artilleriefeuers auf ein Ziel durch Beobachtung der Einschläge und Korrektur der Seitenrichtung und Rohrerhöhung. Je nach Lage, Zeit, Zielart und Beobachtungsmöglichkeit unterscheidet man ›grobes E.‹ (gegen Flächenziele über 30 m Durchmesser) und ›genaues E.‹ (gegen Punktziele unter 30 m Durchmesser).

Einschildige, im Lehnsrecht Bez. für die nur passiv Lehnsfähigen, meist die Ritterbürtigen, die ein Lehen nur empfangen, nicht vergeben konnten. In der Heerschildordnung bildeten sie den untersten (meist 7.) Schild (Stufe).

Einschlafen der Glieder, *Medizin:* →Parästhesie.

Einschlafmittel, →Schlafmittel.

Einschlag, 1) *Forstwirtschaft:* →Holzeinschlag.

2) *Gartenbau:* vorläufiges Einpflanzen von Gehölzen und Stauden in dichten Reihen, um die Wurzeln vor Frost oder Austrocknen zu schützen.

3) *Schneiderei:* besondere Zugabe beim Zuschneiden, damit das fertige Stück an den Nähten erweitert werden kann.

Einschleicheffekt, →elektrische Reizung.

Einschleusungspreis, Preis, der im Rahmen der Agrarmarktordnungen der EG für tier. Veredlungserzeugnisse (Schweine- und Geflügelfleisch, Eier) bei der Einfuhr aus Drittländern angewendet wird. Er entspricht den Produktionskosten auf der Basis von

Futtergetreide zu Weltmarktpreisen unter Berücksichtigung der übrigen Kosten. Bei Angeboten unter dem E. wird die Differenz zw. Angebotspreis und E. als Zusatzabschöpfung erhoben. Hinzu kommt die normale Abschöpfung, durch die die Wirkung der Differenz zw. dem Preis für Futtergetreide in der EU und auf dem Weltmarkt ausgeglichen und der Veredlungsproduktion in der EU ein Vorrang eingeräumt werden soll.

Einschließung, 1) *Militärwesen:* Lage, in der eine Truppe oder eine Festung von ihren Verbindungen zu Lande rundum vollständig und lückenlos abgeschnitten ist; umgangssprachlich auch als ›Einkesselung‹ oder ›Umzingelung‹ bezeichnet.

2) *Strafrecht:* früher eine nicht entehrende Form der Freiheitsstrafe (ein Tag bis 15 Jahre), die die Festungshaft ablöste; in der BRD 1970 zugunsten der →Einheitsstrafe aufgehoben. – Während das *österr.* Strafrecht die E. nicht kennt, ist sie in der *Schweiz* Freiheitsstrafe (ein Tag bis ein Jahr) für jugendl. Rechtsbrecher (Art. 95 und 385 StGB).

3) *Umwelttechnik:* die →Einkapselung.

Einschluss, 1) *Mineralogie:* in ein Mineral oder ein Gestein eingeschlossener andersartiger Bestandteil (Gasblasen, Flüssigkeiten sowie Minerale, Nebengesteinsbrocken u. a. feste Substanzen).

2) *Werkstoffkunde:* oft unerwünschte, meist nichtmetall. Stoffe in Metallen und Legierungen, die das Festigkeitsverhalten von Bauteilen gefährlich beeinflussen können. Sie gelangen beim Schmelzen oder Gießen in den Werkstoff.

Einschlusskörperchen, *Zytologie:* lichtmikroskopisch sichtbare Teilchen, die bei vielen virusbedingten Krankheiten im Zellleib und/oder im Zellkern gebildet werden; sie bestehen aus zellulären Reaktionsprodukten und Viren. Klass. E. sind die **Guarnieri-Körperchen** bei Pocken. Früher hielt man die E. für die Erreger selbst und bezeichnete sie als Chlamydozoen.

Einschlussverbindungen, Verbindungen, bei denen eine Wirtskomponente (z. B. Graphit, Zeolithe, Eis, Harnstoff) in Hohlräumen ihres Kristallgitters eine Gastkomponente aufnimmt. Sind die Hohlräume käfigartig, spricht man von **Clathraten** (z. B. Edelgase in Eiskristallen). Bei **Kanal-Einschlussgittern** ist der Hohlraum in zwei Richtungen geschlossen, **Schicht-Einschlussgitter** werden von eindimensional geschlossenen Gittern gebildet. Techn. Bedeutung haben E. von n-Paraffinen in Kanälen des Harnstoffgitters (→Entparaffinierung) und in Käfigen von Zeolithen (→Molekularsiebe).

Einschmelzlegierungen, Legierungen, die zum Einschmelzen in Glas oder Quarz geeignet sind, wie die Stromzuführungsdrähte in Glühlampensockeln. Sie dürfen mit Glas oder Quarz nicht reagieren und müssen einen ähnl. Ausdehnungskoeffizienten wie diese haben.

Einschmelzrohr, das →Bombenrohr.

Einschmelzung, *Medizin:* Form des Gewebeunterganges (Nekrose) durch zersetzende Enzyme, v. a. bei Infektionen durch Bakterien **(eitrige E.)** oder Mykobakterien **(käsige E.)** bei Tuberkulose. Eine abgekapselte eitrige E. heißt Abszess.

Einschnüreffekt, Pinch-in-Effekt [pɪntʃ'ɪn-], *Halbleiterelektronik:* die zu starke lokale Konzentrierung des Stroms auf schmale Bereiche des Leitermaterials, v. a. in der Basiszone eines Bipolartransistors entlang der Basis-Emitter-Sperrschicht; führt zu einer hohen lokalen Erwärmung.

Einschnürung, *Werkstoffkunde:* Querschnittsverminderung bei duktilen Werkstoffen infolge zu starker Dehnung; tritt im Verlauf des →Zugversuches bei Überschreiten des Spannungswertes im Bereich der späteren Bruchstelle auf.

Einschreiben, *Postwesen:* eine besondere Versendungsform für Briefe, Postkarten und Blindensendungen (im Ausland alle Briefsendungen), bei denen auf Wunsch des Absenders gegen Entgelt die Einlieferung bescheinigt und dem Berechtigten gegen Empfangsbestätigung ausgeliefert wird.

Einschreibung, die →Immatrikulation.

Einschub, mechan. Konstruktionseinheit mit geschlossenem oder offenem Gehäuse zum Einschieben oder Einbauen in eine größere Einheit, z. B. in einen in der elektr. Anlagen- und Gerätetechnik häufig verwendeten 19-Zoll-Schrank. E. sind i. A. mit Baugruppenträgern ausgestattet, die für die Aufnahme von meist austauschbaren Modulen, Platinen u. a. elektron. und elektromechan. Baugruppen geeignet sind. Untereinander sind die E. mit Steckverbindern (z. B. Flachkabelsteckverbinder) und Leitungen verbunden.

Einschuss, 1) *Börsenwesen:* 1) Geldbetrag, den der Kunde seiner Bank zahlen muss, wenn er sie beauftragt, für ihn Effekten zu kaufen, ohne sofort den vollen Kaufpreis bereitstellen zu können. Die Höhe richtet sich nach dem Risiko der Kursschwankung des Wertpapiers und nach der Liquiditätssituation der Banken. 2) Bei Termingeschäften übl. Anzahlung, die bei Abschluss eines Terminkontrakts zu entrichten ist, um die Erfüllung sicherzustellen (i. d. R. 2–7 % des Kontraktvolumens).

2) *Medizin:* →Schussverletzung.

Einschwemmkatheter, →Herzkatheterisierung.

Einschwingvorgang, bei der Erregung von →Schwingungen auftretende Übergangsphase bis zum stationären Schwingungsablauf, die z. B. für bestimmte Registriergeräte (wie Seismographen, Mikrofone), elektr. Schaltkreise (v. a. in der Impulstechnik), Lautsprecher und Musikinstrumente von Bedeutung ist. Die Amplitude der angeregten Schwingung folgt nicht sofort mit voller Größe der Anregung, sondern erreicht erst nach einer durch Eigenfrequenz und Dämpfung des Systems bestimmten Zeitspanne, der **Einschwingzeit,** einen stationären Wert. Die Einschwingzeit beträgt z. B. bei einer Geige 80–120 ms, bei einer Flöte 200–300 ms.

Einsegnung, →Konfirmation, →Segen.

Einseitenbandverfahren, *Nachrichtentechnik:* mit Amplitudenmodulation arbeitendes Übertragungsverfahren der →Trägerfrequenztechnik und der →Funktechnik, bei dem eines der beiden bei der Modulation der Trägerwelle entstehenden Seitenbänder durch ein Frequenzfilter unterdrückt wird. Bei gleichzeitiger Unterdrückung der Trägerschwingung muss mit dem übertragenen Seitenband eine ›Pilotfrequenz‹ gesendet werden, aus der bei der Demodulation die benötigte Trägerschwingung wiedergewonnen wird. Neben Einsparung der halben Bandbreite und geringerer Aussteuerung der Empfangsverstärker ist die erheblich kleinere Sendeleistung bei gleicher Senderreichweite von Vorteil. Auf der Empfangsseite ist allerdings ein höherer Aufwand als bei normaler Amplitudenmodulation notwendig.

Eins|element, Eins, Einheitselement, das →neutrale Element einer algebraischen Struktur bezüglich der Multiplikation; z. B. ist im Ring der ganzen Zahlen die Zahl 1 das E., da für alle ganzen Zahlen a gilt $a \cdot 1 = 1 \cdot a = a$.

einsenken, *Technik:* ein Formwerkzeug (Einsenkstempel) langsam in ein Werkstück eindrücken, um eine genaue Innenform, z. B. für Kunststoffformen und Umformwerkzeuge, zu erzeugen.

Einsetzungsberichte, Texte des N. T. (1. Kor. 11, 23–26; Luk. 22, 15–20; Mark. 14, 22–25; Matth. 26, 26–29), die von JESU letztem Mahl (Abendmahl) mit seinen Jüngern berichten. Man nennt sie E., weil die Deuteworte über Brot und Wein in Verbindung mit dem Auftrag, ›dies‹ auch in Zukunft zu tun, als ›Einsetzung‹ der Eucharistie im Sinne sakramentaler Stiftung gelten.

Einsicht, in der Lernpsychologie das unmittelbare spontane Verstehen eines Sachverhalts oder Zusammenhangs (speziell das Erkennen von Ursache und Wirkung) bei einem Geschehen oder einer Handlung. **Einsichtiges Verhalten** wurde bes. von W. KÖHLER an Menschenaffen untersucht. Danach sind die beobachtbaren Verhaltensdaten bzw. -qualitäten folgende: 1) die E.-Gewinnung, deren Ergebnis sich als plötzl. Einfall (Aha-Erlebnis) einstellt; 2) der glatte Verlauf einer zur Problemlösung führenden Handlungsreihe; 3) die Verhaltens- und Ausdrucksänderung, die das Aha-Erlebnis begleitet; 4) die subjektive Neuartigkeit der Problemlösung.

Lernen durch E. wird häufig im Ggs. zum Lernen durch →Versuch und Irrtum gesehen. Lernen durch E. ist auch ein zentraler Begriff gestalttheoret. Ansätze auf lern- und denkpsycholog. Gebiet, und zwar dergestalt, dass im Verlauf eines Problemlöseverhaltens E. dazu führt, dass die Bedeutung einer Sache in Bezug auf eine Situation klar erfasst wird (v. a. wenn es darum geht, ein bestimmtes Ziel damit zu erreichen).

Einsiedel, meißnisches Uradelsgeschlecht, das 1299 erstmals urkundlich erwähnt wurde und dessen ununterbrochene Stammreihe 1363 beginnt. Das Haus **Wolkenburg** der mehrfach verzweigten Familie wurde 1745 in den Reichsgrafenstand erhoben. – Bedeutende Vertreter:

1) Detlev Graf von, sächs. Staatsmann und Industrieller, *Wolkenburg (bei Chemnitz) 12. 10. 1773, † ebd. 20. 3. 1861; war seit 1794 in der sächs. Staatsverwaltung, seit 1813 als Kabinetts-Min. tätig. Er begleitete den 1813 in Leipzig gefangen genommenen König FRIEDRICH AUGUST I. nach Berlin und vertrat danach Sachsen auf dem Wiener Kongress. Seine Reformfeindlichkeit führte 1830 zu seinem Rücktritt. Seitdem widmete er sich völlig dem Ausbau der familieneigenen Eisenhütten.

2) Johann Georg Friedrich Graf von, sächs. Staatsmann, *Dresden 18. 12. 1730, † Reibersdorf (bei Zittau, heute Rybarzowice) 21. 7. 1811; war zunächst Gesandter in Sankt Petersburg, London und Paris. Als Minister und Staats-Sekr. des Innern (1763–66) leitete er den Wiederaufbau des durch den Siebenjährigen Krieg 1756–63 zerrütteten Sachsens.

Einsiedeln, 1) Wallfahrtsort (seit dem 14. Jh.) im Kt. Schwyz, Schweiz, 882–905 m ü. M., in einem Hochtal beim Sihlsee, hat als Bezirksgemeinde 11 500 Ew.; graf., Holz verarbeitende und elektromechan. Industrie; Staukraftwerk. – Die barocke Bauperiode des Klosters begann 1674 mit dem Neubau des Chors, 1704 Grundsteinlegung zum Neubau des gesamten Klosters nach Plänen von K. MOOSBRUGGER (Kloster weitgehend 1718 vollendet, Kirche 1735 geweiht);

Einsiedeln 1): Kloster (begonnen 1704) und Stiftskirche (1719–35), errichtet nach Plänen von Kaspar Moosbrugger

durch die Verwirklichung seines Gesamtkonzepts entstand ein Gebäudekomplex von großer Einheitlichkeit, ein Hauptwerk der europ. Barockarchitektur; v. a. der Kircheninnenraum ist durch Verschmelzung von Zentral- und Längsraum von außerordentl. räuml. Wirkung. Die reiche Ausstattung, Ausmalung und Stuckierung stammen u. a. von den Brüdern ASAM, von D. und C. CARLONE und J. A. FEUCHTMAYER. – Um die Zelle des 861 ermordeten Einsiedlers MEINRAD bildete sich Anfang des 10. Jh. eine Klausnergemeinde, die 934 die Benediktinerregel annahm. König OTTO I. erhob das Kloster **Maria E.** 947 zu einem Reichskloster mit freier Abtwahl und Immunität. Das wegen seiner Schule bekannte Kloster schloss sich bei der Klosterreform des 10./11. Jh. der Reformbewegung von →Gorze an. 1283 übernahmen die Habsburger die Vogtei über E., das mit Schwyz um seine südl. Gebietsteile im Streit lag. 1350 musste E. diese Territorien an Schwyz abtreten, das 1386 (endgültig 1424) die Vogtei über das Kloster übernahm, das kirchlich bis 1518 dem Bistum Konstanz unterstand, seitdem als exemte Abtei besteht. 1798–1803 war das Kloster aufgehoben. 1803 kam das beim Kloster erwachsene Dorf E., das bislang dem Abt unterstellt war, an den Kt. Schwyz. Seit 1907 ist das Kloster eine Gebietsabtei (›abbatia nullius‹, →Abtei).
E. Das Kloster u. seine Gesch., Beitrr. v. H. BÖCK u. a. (Zürich 1989).

2) Bez. im Kt. Schwyz, Schweiz, 110 km², 11 500 Ew.; umfasst die Gemeinde Einsiedeln.

Einsiedler, der →Anachoret.

Einsiedlerkrebse, Eremiten, Bernhardskrebse, Paguroidea, Überfamilie der Zehnfüßigen Krebse (Decapoda). E. bewohnen meist leere Schneckengehäuse; ihr weichhäutiger, gedrehter Hinterleib steckt tief im Schalenhohlraum und trägt Klammerfüßchen zum Festhalten an der Schneckenspindel. Bei Gefahr ziehen sie sich in das Gehäuse zurück und verschließen dessen Öffnung oft mit der größeren der beiden Scheren. Bei einigen Arten ist das Gehäuse mit einem Kieselschwamm (Suberites) überzogen. Manche E. leben stets in Symbiose mit Seeanemonen, die gelegentlich an den Mahlzeiten der Aas fressenden Krebse teilnehmen und diese durch ihre nesselnden Tentakel vor Angreifern schützen. Die Menge der mitgeführten Seeanemonen entscheidet bei manchen Arten über den sozialen Rang des Trägers. Wird im Verlauf des

Einsprengling: Limburgit (mit Augit- und Olivinkristallen) in natürlichem (oben) und in polarisiertem Licht (unten)

Wachstums ein Umzug in ein anderes, größeres Gehäuse nötig, so überträgt der Krebs seine Seeanemonen auf dieses. Bekannt sind v. a. der in der Nordsee lebende **Bernhardskrebs** (Pagurus bernardus), weiterhin der amphib. **Strandeinsiedler** (Coenobita scaevola) an trop. Küsten sowie der im Pazifik lebende, bis 30 cm lange **Palmendieb (Beutelkrebs, Diebskrabbe,** Birgus latro), der neben Aas und Landkrabben auch Palmenfrüchte verzehrt. Er hat in Anpassung an das Landleben lungenartig entwickelte Kiemen.

Einsiedlerorden, nichtoffizielle Bez. für Orden, die entweder aus Einsiedlervereinigungen hervorgegangen sind und später klösterl. Gemeinschaft aufgenommen haben, wie die Augustinereremiten, oder deren Mitgl. in einzelnen Klausen innerhalb eines Klosters wohnen, wie die Kartäuser und Kamaldulenser. Außerdem gab es seit dem MA. zahlr. Einsiedlervereinigungen von Laienbrüdern, in Dtl. die Freisinger Eremiten-Kongregation (1686–1804); sie lebte als Verbrüderung der Eremiten vom Dritten Orden des hl. FRANZISKUS 1843 wieder auf.

Einsiedlerpunkt, isolierter Punkt, allg. ein Punkt einer Teilmenge eines topolog. Raumes, zu dem es eine Umgebung gibt, die ihn als einzigen Punkt der Teilmenge enthält; im Besonderen ein Punkt einer algebraischen Kurve, zu dem eine Umgebung existiert, in der keine weiteren Punkte des Graphen liegen. (→singulärer Punkt)

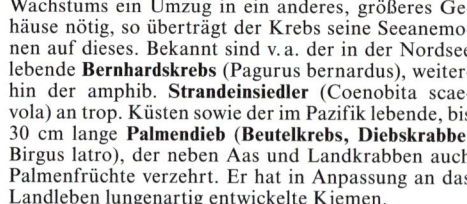

Einsiedlerpunkt: Kurve mit Einsiedlerpunkt

$$y = \frac{x}{2}\sqrt{x-2}$$
$$y = -\frac{x}{2}\sqrt{x-2}$$

Einsiedlerspiel, ein Brettspiel, →Solitär.

Einsitz, das →Altenteil.

Einsitzer, im Flugsport Motor- oder Segelflugzeug für nur einen Insassen (den Piloten); auch Bez. für den einsitzigen Rennschlitten im Schlittensport.

einsömmrige Fische, Fische nach dem ersten Lebenssommer; sie dienen oft als Setzlinge.

Einspänner, 1) Wagen für nur ein Zugtier; *übertragen:* ein Mensch, der Beziehungen zu seinen Mitmenschen vermeidet.
2) *in Österreich:* Glas mit schwarzem Kaffee und Schlagsahne.

Einsprache, schweizer. Bez. für einen Rechtsbehelf gegen eine verwaltungsbehördl. Verfügung. Die

Einsiedlerkrebse: Palmendieb (Länge bis 30 cm)

E. kann nur ergriffen werden, wenn ein Gesetz dies ausdrücklich vorsieht. Im Ggs. zum Beschwerdeverfahren entscheidet die verfügende Behörde und nicht eine übergeordnete Instanz über die Einsprache.

Einsprengling, größerer Einzelkristall in dichter oder feinkörniger Grundmasse von Magmatiten, v.a. bei der porphyr. Struktur von Ganggesteinen und Vulkaniten.

Einspritzdüse, Einspritzventil, Bauteil bei Diesel- und bei Ottomotoren mit Benzineinspritzung, dient zum Einspritzen des Kraftstoffs in die Ansaugleitung von Ottomotoren bzw. zum Zerstäuben und Verteilen des Dieselkraftstoffs im Brennraum von Dieselmotoren, bei denen sie die Gemischbildung und damit den Verbrennungsverlauf maßgeblich beeinflusst. Die E. besteht aus Düsenkörper und druckfederbelasteter Düsennadel. Bauformen sind Zapfen-, Drosselzapfen- und Lochdüse.

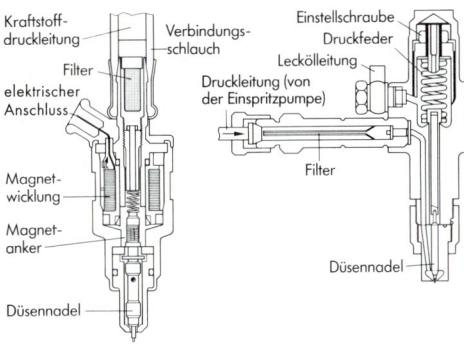

Einspritzdüse für Benzin (links) und Dieselkraftstoff (rechts)

Bei *Dieselmotoren* wird der Kraftstoff von der →Einspritzpumpe über Einspritzleitungen und Zulaufbohrungen unter hohem Druck (Kammermotoren: 100–300 bar, Direkteinspritzmotoren: bis 1 000 bar, in Einzelfällen höher) in die Druckkammer der E. geleitet. Ist der Kraftstoffdruck auf die Druckschulter der Düsennadel größer als der von der Feder ausgeübte Druck, wird die Nadel angehoben und der Kraftstoff in den Brennraum eingespritzt. Der dabei längs der Düsennadel entweichende Leckkraftstoff dient zum Schmieren der Nadel und wird über eine Leckölleitung zum Kraftstoffbehälter zurückgeführt. Infolge des Druckabfalls nach dem Einspritzvorgang drückt der durch die Federkraft belastete Druckbolzen die Düsennadel wieder auf ihren Sitz. – Die Anforderun-

Einspritzpumpe: links Vollförderung; **rechts** Teilförderung; 1 Zahnstange, 2 Hubkolben, 3 Längsnut, 4 Steuerkante, 5 Saugraum, 6 Druckraum, 7 Entlastungsventil, 8 Ablauföffnung, 9 Zulauföffnung. Kraftstoffförderung kann stattfinden, solange die Ablauföffnung (8) zum Saugraum (5) durch die grau dargestellte Fläche verdeckt ist; wird die Öffnung bei Verdrehen des Kolbens freigegeben, fließt die oberhalb des Kolbens verdrängte Restmenge an Kraftstoff durch die Längsnut (3) in den Saugraum ab

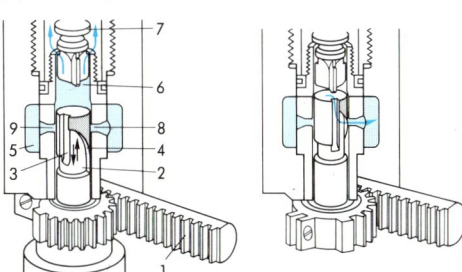

gen an die E. von *Ottomotoren* sind geringer, da der herrschende Kraftstoffdruck niedriger ist. Das Anheben der Nadel erfolgt daher meist elektromechanisch, ausgelöst von einem vom elektron. Steuergerät gelieferten Impuls.

Einspritzmotor, allg. jeder Verbrennungsmotor, bei dem der Kraftstoff durch →Einspritzpumpe oder →Kraftstoffpumpe und →Einspritzdüsen in den Verbrennungsraum oder die Ansaugleitung eingespritzt wird. I. e. S. ein Ottomotor mit →Benzineinspritzung.

Einspritzpumpe, Bestandteil der Einspritzanlage von Dieselmotoren und Ottomotoren mit mechan. →Benzineinspritzung. Die E. dient zur Förderung des von einer besonderen Kraftstoffpumpe angelieferten Kraftstoffs zur Einspritzdüse sowie zur Dosierung der Kraftstoffmenge entsprechend der Motorbelastung und der geforderten Drehzahl. Nach der Bauart unterscheidet man Verteilerpumpen (ein Pumpenelement), Reihenpumpen (mehrere Pumpenelemente entsprechend der Anzahl der Zylinder) und Pumpe-Düse-Systeme für kleine, schnelle Direkteinspritzmotoren. Bei der *Diesel-E.*, die meist von einer eigenen Nockenwelle angetrieben wird, handelt es sich i. d. R. um kleine Kolbenpumpen mit einer Regeleinrichtung zur Dosierung der Fördermenge, meist einer **Schrägkantenregelung,** bei der Anfang und Ende der Förderung durch eine Längsnut und eine schräg verlaufende Steuerkante bestimmt werden. Dabei wird der Förderhub (bei stets gleich bleibendem Kolbenhub) durch Verdrehen des Kolbens stufenlos geregelt. Die Verstellung erfolgt über eine Zahnstange beim Betätigen des Gaspedals. Zusätzl. Einrichtungen zur Regelung der Fördermenge sorgen für einen gleichmäßigen Leerlauf und verhindern, dass die End- und Höchstfrequenzen überschritten werden, z. B. Fliehkraftregler oder Unterdruckregler (pneumat. Regler). Das Pumpenelement für die E. eines *Ottomotors* ist in seinem oberen Teil dem eines Dieselmotors ähnlich. Im Ggs. dazu muss es jedoch zusätzlich geschmiert werden.

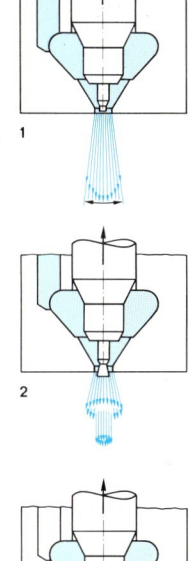

Einspritzdüse: Geöffnete Zapfen- (1), Drosselzapfen- (2) und Lochdüse (3)

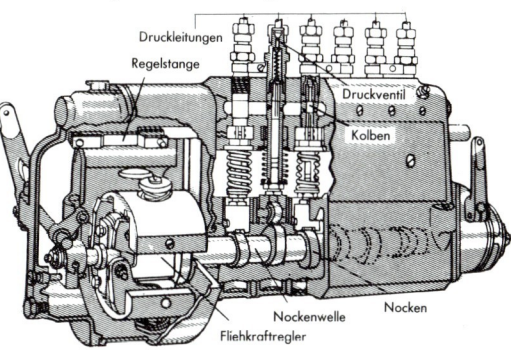

Einspritzpumpe: Schematische Darstellung einer Reihenpumpe für Dieselmotoren

Einspritzung, *Medizin:* die →Injektion.

Einspruch, Widerspruch (Protest), Verwahrung gegen eine als Unrecht empfundene (amtl.) Maßnahme, bes. im jurist. Bereich:

1) *Prozessrecht:* Im *Zivilprozess:* Rechtsbehelf der säumigen Partei gegen ein Versäumnisurteil (§§ 338 ff. ZPO), ferner des Schuldners im →Mahnverfahren gegen einen Vollstreckungsbescheid (§ 700 ZPO). Der E. muss binnen 14 Tagen ab Zustellung schriftlich (beim Amtsgericht auch mündl. zu Protokoll der Geschäftsstelle möglich), eingelegt werden. Er führt im Mahnverfahren zur Überleitung in den ordentl. Prozess, nach Versäumnisurteil zu Verhandlung vor demselben Prozessgericht; ein unzulässiger E. ist durch Beschluss oder Urteil zu verwerfen. Im Versäumnis-

verfahren sind bei Vermeidung einer →Präklusion mit dem E. sämtliche Angriffs- und Verteidigungsmittel sorgfältig vorzubringen. – In der *österr.* ZPO (§ 451) ist der E. Rechtsbehelf gegen den bedingten Zahlungsbefehl im obligator. Mahnverfahren (§§ 448 ff. ZPO). Der E. muß binnen 14 Tagen eingebracht werden und bedarf keiner Begründung. In der *Schweiz* wird der Begriff in ähnl. Sinn verwendet wie in Deutschland.

Im *Strafprozess* kann der Angeklagte innerhalb von zwei Wochen nach der Zustellung E. gegen einen →Strafbefehl einlegen (§ 410 StPO). Über den E. wird dann in einer strafgerichtl. Hauptverhandlung entschieden. Wird kein E. erhoben, erlangt der Strafbefehl die Wirkung eines rechtskräftigen Urteils. – Im *österr.* Strafprozess ist ein E. des Beschuldigten gegen die Anklageschrift (§ 209 StPO) und gegen Abwesenheitsurteile möglich (§§ 427, 478 StPO); Frist: 14 Tage.

2) *Verwaltungsrecht:* förml. Rechtsbehelf gegen eine Verwaltungsmaßnahme (→Widerspruch). Im *Steuerrecht* ist vor der finanzgerichtl. Klage der E. als außergerichtl. Rechtsbehelf gegeben, über den die Finanzbehörde entscheidet, die den angegriffenen Verwaltungsakt erlassen hat (§§ 347 ff. AO). Die E.-Frist beträgt einen Monat. Will die Behörde nach Prüfung des E. die Belastung (Beschwer) verschärfen, ist der Betroffene zu hören (→Verböserung).

Im *Ordnungswidrigkeitenrecht* steht dem Betroffenen der E. (Frist: zwei Wochen) gegen einen Bußgeldbescheid zu, über den das Amtsgericht entscheidet.

In *Österreich* ist der Begriff umgangssprachlich als allgemeine Bez. für Rechtsmittel verbreitet. Im eigentl. Sinn meint er hier nur das ordentl. Rechtsmittel gegen administrative Strafverfügungen (§ 49 Verwaltungsstrafgesetz 1991). – In der *Schweiz* verwendet man den Begriff der →Einsprache.

Einspruchsgesetze, in Dtl. Bundesgesetze, die im Ggs. zu den Zustimmungsgesetzen zu ihrem In-Kraft-Treten nicht der Zustimmung des Bundesrats bedürfen, sondern gegen die der Bundesrat im →Gesetzgebungsverfahren nur die Möglichkeit des Einspruchs hat, den der Bundestag überstimmen kann.

Einstand, engl. **Deuce** [dju:s; von frz. à deux ›zu zweit‹, ›paarweise‹], *Tennis:* ›Gleichstand‹ in einem Spiel, wenn beide Spieler (im Einzel) oder Parteien (im Doppel) jeweils drei Punkte gewonnen haben (›40 beide‹), ebenso wenn nach →Vorteil wieder ausgeglichen wurde.

Einstandspreis, Beschaffungspreis, Einkaufspreis zuzüglich aller direkt zurechenbaren Beschaffungsnebenkosten (z. B. Fracht, Lagerkosten, Zölle,

Versicherung) abzüglich gewährter Nachlässe (z. B. Rabatt, Skonto). Wegen nicht ohne Willkür verrechenbarer Gemeinkosten (oder -erlöse) ist der E. oft nicht exakt zu ermitteln.

Einstauben, *Bergbau:* das Verteilen von Kalksteinstaub in Grubenbauen, wodurch bei Staubaufwirbelungen (z. B. durch Sprengarbeit) die Explosionsgefahr von Kohlenstaub-Luft-Gemischen vermindert werden soll.

Einstein, 1) Albert, Physiker, *Ulm 14. 3. 1879, †Princeton (N. J.) 18. 4. 1955. In München aufgewachsen, siedelte E. 1894 in die Schweiz über (1901 schweizer. Staatsbürger); 1902–09 ›techn. Experte dritter Klasse‹ am Patentamt in Bern, danach Prof. an den Univ. Zürich und Prag (1911/12) sowie an der Eidgenöss. TH in Zürich. Seit 1914 hauptamtl. Mitgl. der Preuß. Akad. der Wiss.en und Direktor des Kaiser-Wilhelm-Inst. für Physik in Berlin; 1933 veranlaßten ihn die natsoz. Angriffe aufgrund seiner jüd. Abkunft zum Verzicht auf seine akadem. Ämter in Dtl. Er fand in den USA am Institute for Advanced Study in Princeton eine neue Wirkungstätte, an der er (seit 1940 amerikan. Staatsbürger) bis zu seinem Tod arbeitete. E.s letzter Lebensabschnitt wurde davon überschattet, dass er – lebenslang überzeugter Pazifist – aus Furcht vor einer dt. Aggression durch einen Brief an Präs. F. D. ROOSEVELT vom 2. 8. 1939 mit anderen den Anstoß zum Bau der ersten amerikan. Atombomben gegeben hatte.

E. wurde durch seine Arbeiten, von denen einige die Grundlagen der Physik revolutionierten, zum bedeutendsten Physiker des 20. Jh. Ausgehend von einer fundamentalen Kritik der Raum- und Zeitmessung, entwickelte er 1905 die spezielle →Relativitätstheorie; aus ihr folgerte er das Gesetz von der Trägheit der Energie, das er 1907 zum Gesetz der allgemeinen Äquivalenz von Masse und Energie erweiterte (→Masse-Energie-Äquivalenz). 1914–16 formulierte er die allgemeine Relativitätstheorie. Sie enthielt das empir. Äquivalenzprinzip der Gleichheit von träger und schwerer Masse als Ausgangspunkt, lieferte neue Feldgleichungen der Gravitation und änderte die Anschauungen über die Struktur des physikal. Raums grundlegend. Der Nachweis der mit ihr vorhergesagten Lichtablenkung im Gravitationsfeld durch brit. Sonnenfinsternisexpeditionen (1919) brachte E. weltweiten Ruhm. In log. Fortführung der Arbeiten zur Relativitätstheorie versuchte er ab 1920 jahrzehntelang, eine einheitl. →Feldtheorie aufzustellen, die außer der Gravitation auch die Elektrodynamik umfas-

Albert Einstein: links Foto aus dem Jahre 1950; rechts Sein Arbeitsplatz im Institute for Advanced Study in Princeton, New Jersey

sen sollte. Diese Versuche blieben unbefriedigend, zumal sie die Erfordernisse der Quantentheorie und der Elementarteilchenphysik (bes. die Existenz so starker Wechselwirkungen wie die der Kernkräfte) nicht berücksichtigten.

1905 entwickelte E. auch eine Theorie der →brownschen Bewegung und der gaskinet. Schwankungserscheinungen, die eine Bestätigung der bis dahin noch nicht allg. anerkannten Atomhypothese und damit der korpuskularen Natur der Materie brachte. Im selben Jahr kam er mit seiner Lichtquantenhypothese (→einsteinsches Gesetz) zu dem Schluss, dass auch elektromagnet. Strahlung aus Korpuskeln (Lichtquanten oder →Photonen) besteht. Mit diesem zunächst von den meisten Physikern als zu radikal angesehenen Energiequantenkonzept, das die Grundlage einer Quantentheorie der Strahlung bildet, konnte er den äußeren →Photoeffekt erklären und 1912 das photochem. →Quantenäquivalentgesetz herleiten. Er wandte es 1907 auch auf die Gitterschwingungen der Atome in Festkörpern an und gelangte so zu einer Theorie der spezif. Wärme, die deren Verhalten bes. bei tiefen Temperaturen im Wesentlichen richtig beschrieb. 1924/25 baute E. die von S. N. BOSE für Photonengase entwickelte statist. Methode durch Anwendung auf materielle Partikel zur →Bose-Einstein-Statistik aus. Obwohl E. viel zur Entstehung der Quantenmechanik beigetragen und 1917 in seiner statist. Herleitung des planckschen Strahlungsgesetzes richtungweisende Gedanken für ihre Interpretation gegeben hat, akzeptierte er aufgrund seiner philosoph. Grundhaltung nie die von M. BORN gegebene statist. Interpretation und die darauf basierende, von N. BOHR und W. HEISENBERG gegebene →Kopenhagener Deutung der Quantenmechanik. Er versuchte immer wieder, ihre log. Inkonsistenz nachzuweisen, und entfernte sich auf diese Weise von den modernen Entwicklungen der Physik.

1921 erhielt E. für seine Beiträge zur Quantentheorie, bes. für seine Deutung des Photoeffekts, den Nobelpreis für Physik. In der Folgezeit waren E. und die Relativitätstheorie heftigen, meist auf Antisemitismus beruhenden Angriffen ausgesetzt. Zunehmend bezog er von einem pazifist. Standpunkt aus auch zu polit. Fragen Stellung. Nach dem Zweiten Weltkrieg warnte er vor den Gefahren der Kernwaffen und setzte sich für eine Weltregierung ein.

P. FRANK: E. Sein Leben u. seine Zeit (1949, Nachdr. 1979); A. E. als Philosoph u. Naturforscher, hg. v. P. A. SCHILPP (a. d. Amerikan., 1955, Nachdr. 1979); J. G. LEITHÄUSER: A. E. (1965); A. E. Sein Einfluß auf Physik, Philosophie u. Politik, hg. v. P. C. AICHELBURG u. a. (1979); B. HOFFMANN: A. E. Schöpfer u. Rebell (a. d. Amerikan., Neuausg. ²1979); A. E., Wirkung u. Nachwirkung, hg. v. A. P. FRENCH (a. d. Engl., 1985); R. W. CLARK: A. E. Ein Leben zw. Tragik u. Genialität (a. d. Engl., Neuausg. ³1995); A. HERMANN: E. Der Weltweise u. sein Jh. (²1995); J. WICKERT: A. E. (106–108. Tsd. 1995).

2) Alfred, deutsch-amerikan. Musikforscher und Musikkritiker, *München 30. 12. 1880, †El Cerrito (Calif.) 13. 2. 1952; tätig in München und Berlin, emigrierte 1933 (ab 1939 in den USA); schrieb u. a. ›Geschichte der Musik‹ (1917/18, erweitert 1953), ›Mozart‹ (1947, engl. bereits 1945), ›The Italian madrigal‹ (3 Bde., 1949), ›Schubert‹ (1952, engl. bereits 1951) und gab die 9. bis 11. Auflage (1919–29) des ›Riemann Musiklexikons‹ heraus.

3) Carl, Kunsthistoriker und Schriftsteller, *Neuwied 26. 4. 1885, †(Selbstmord) Lestelle-Bétharram (bei Pau) 5. 7. 1940; war Mitarbeiter u. a. an der Zeitschrift ›Die Aktion‹, lebte ab 1928 in Paris, nahm 1937 am Span. Bürgerkrieg teil. E. war Kenner expressionist. und afrikan. Kunst, verfasste den Roman ›Bebuquin ...‹ (1912), ein frühes Zeugnis der ›absoluten Prosa‹, das auf den Dadaismus wirkte, weiterhin Gedichte, Essays und Werke zur afrikan. und modernen Kunst.

Weitere Werke: Negerplastik (1915); Anmerkungen (1916, Essays); Der unentwegte Platoniker (1918, Roman); Die schlimme Botschaft. 20 Szenen (1921); Die Kunst des 20. Jh. (1926).
Ausgabe: Werke, hg. v. H. HAARMANN u. K. SIEBENHAAR, auf 6 Bde. ber. (1980 ff.). – Existenz u. Ästhetik, Einf. v. S. PENKERT (1970).
S. PENKERT: C. E. (1969); C. E., hg. v. H. L. ARNOLD (1987); K. H. KIEFER: Diskurswandel im Werk C. E.s (1994).

Einstein-Bose-Statistik, die →Bose-Einstein-Statistik.

Einstein-de-Haas-Effekt, von ALBERT EINSTEIN und W. J. DE HAAS 1915 nachgewiesene Drehung eines frei aufgehängten Eisenstabs als Folge plötzl. Magnetisierung. Diese Umkehrung des →Barnett-Effekts beruht auf der Kopplung zw. Drehimpuls (Spin) und magnet. Moment der Elektronen: Die Beeinflussung der magnet. Momente durch das Magnetisierungsfeld ändert die Drehimpulse der Elektronen und bewirkt – da der Gesamtdrehimpuls des Körpers erhalten bleiben muss – eine Änderung des Drehimpulses des gesamten Stabes. Da dieser gyromagnet. Effekt 1908 von O. W. RICHARDSON vorausgesagt wurde, wird er auch als **Richardson-Einstein-de-Haas-Effekt** bezeichnet.

Einsteinium		
chem.	Ordnungszahl	99
Symbol:	bisher bekannte Isotope	
	(alle radioaktiv)	^{243}Es bis ^{256}Es
Es	beständigstes Isotop	^{252}Es
	Halbwertszeit des ^{252}Es	471,7 Tage
	relative Nuklidmasse des ^{252}Es	252,0829
	Schmelzpunkt	860 °C

Einsteinium [nach ALBERT EINSTEIN] *das, -s,* chem. Symbol **Es,** nur künstlich herstellbares, radioaktives →chemisches Element aus der →Reihe der →Actinoide im Periodensystem der chem. Elemente. Seine sämtlich radioaktiven Isotope werden heute in Kernreaktoren über einen mehrfachen Neutroneneinfang an Atomkernen des Uranisotops ^{238}U oder durch Bestrahlung von Uran oder von Transuranen geringerer Ordnungszahl mit hochbeschleunigten leichten Atomkernen gewonnen. Das erste Isotop (^{253}Es) wurde 1952 in den Reaktionsprodukten der ersten, mit sehr hohen Neutronenintensitäten verbundenen Wasserstoffbombenexplosion entdeckt, bei der es sich durch mehrere aufeinander folgende Betazerfälle der durch vielfachen Neutroneneinfang entstandenen neutronenreichen Uranisotope gebildet hatte. Das Isotop ^{246}Es isolierten G. T. SEABORG, A. GHIORSO und ihre Mitarbeiter 1954 nach Beschuss von Atomkernen des Uranisotops ^{238}U mit energiereichen Stickstoffkernen: ^{238}U (^{14}N, 6n) ^{246}Es. Chemisch verhält sich E. wie das homologe Holmium aus der Reihe der Lanthanoide; in seinen Verbindungen tritt es überwiegend dreiwertig auf.

Einstein-Kondensation, die →Bose-Einstein-Kondensation.

Einstein-Kosmos, auf den Lösungen der von ALBERT EINSTEIN in der allgemeinen →Relativitätstheorie formulierten Feldgleichungen mit kosmolog. Glied basierende Modell des Weltalls (→Kosmologie). Der E.-K. ist das topolog. Produkt der (als eindimensionale Menge aufgefassten) Zeit mit einer dreidimensonalen Kugel und kann daher als vierdimensionales Analogon des dreidimensionalen Kreiszylinders angesehen werden. Er wird deshalb auch als **(einsteinsche) Zylinderwelt** bezeichnet.

Einstein-Relation, die von ALBERT EINSTEIN erstmals in seiner Theorie der →brownschen Bewegung angegebene Beziehung $\mu = D/(kT)$ zw. der →Beweglichkeit μ von driftenden Teilchen und ihrem Diffusi-

Einsteinturm in Potsdam-Babelsberg, erbaut von Erich Mendelsohn; 1920/21

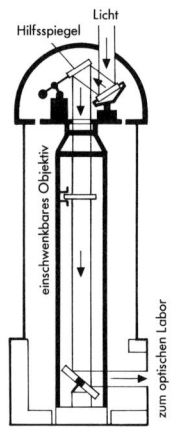

Einsteinturm: Schematischer Längsschnitt

onskoeffizienten D im umgebenden Medium, das die absolute Temperatur T besitzt und sich im therm. Gleichgewicht befindet (k = Boltzmann-Konstante).

einsteinsche Gleichungen [nach ALBERT EINSTEIN], 1) **einsteinsche Feldgleichungen, einsteinsche Gravitationsgleichungen,** die Grundgleichungen der einsteinschen Gravitationstheorie (allgemeine →Relativitätstheorie); 2) auch Bez. für jede der durch ein →einsteinsches Gesetz gegebenen Beziehungen.

einsteinsche Gravitationskonstante [nach ALBERT EINSTEIN], allgemeine →Relativitätstheorie.

einsteinsches Gesetz [nach ALBERT EINSTEIN], 1) e. G. über die **Äquivalenz von Masse und Energie,** auch **einsteinsches Äquivalenzprinzip,** die aus der speziellen Relativitätstheorie aufgestellte Beziehung über die Gleichwertigkeit von Energie E und Masse m (→Masse-Energie-Äquivalenz).

2) die Übertragung der von M. PLANCK gegebenen Beziehung $E = h\nu$ auf die Energie E der Lichtquanten (Photonen) einer elektromagnet. Strahlung der Frequenz ν, allg. auf die Quanten einer beliebigen elektromagnet. Strahlung dieser Frequenz (h = plancksches Wirkungsquantum). PLANCK nahm bei der Herleitung

seines Strahlungsgesetzes (1900) an, dass die Atome eines strahlenden Körpers die Strahlungsenergie nur portionsweise abgeben und sie auch so wieder absorbieren, wobei für die abgegebenen oder aufgenommenen Energieportionen (Energiequanten) diese Beziehung gelten soll. EINSTEIN präzisierte 1905 diese plancksche Annahme zur **Lichtquantenhypothese,** indem er annahm, dass nicht nur die Abgabe und Aufnahme der Energie quantenhaft erfolgt, sondern die elektromagnet. Strahlungsenergie selbst in Form von Quanten der Energie $E = h\nu$ vorliegt. In diesem Sinn wird $E = h\nu$ auch als **einsteinsche Gleichung** bezeichnet.

3) auch **photoelektrisches Gesetz,** Bez. für die zur Erklärung des äußeren lichtelektr. Effekts (→Photoeffekt) grundlegende Beziehung $E_k = h\nu - A$ für die kinet. Energie E_k des durch ein Photon der Energie $h\nu$ abgelösten Elektrons (ν = Frequenz des eingestrahlten Lichts; A = die →Austrittsarbeit).

4) **einsteinsches Äquivalentgesetz,** das →Quantenäquivalentgesetz.

Einsteinturm [nach ALBERT EINSTEIN], das der Sonnenbeobachtung dienende Turmteleskop auf dem Gelände des Astrophysikal. Inst. in Potsdam; 1920/21 erbaut (urspr. zum Nachweis der von EINSTEIN vorausgesagten Rotverschiebung von Spektrallinien im Schwerefeld der Erde). Die Strahlung des zu beobachtenden Objekts wird von einem Zölostaten mit zwei Planspiegeln von 85 cm Durchmesser in ein senkrecht stehendes Fernrohr (Objektiv von 60 cm Öffnung und 14 m Brennweite) gelenkt und von diesem über einen Umlenkspiegel auf zwei Spektrographen großer Dispersion abgebildet. – Der frühexpressionist. Bau von E. MENDELSOHN greift Anregungen des Jugendstils auf.

Einstelleffekte, →Magnetooptik.

Einstellen, 1) *Elektrotechnik:* →Abgleichen.

2) *Kraftfahrzeugtechnik:* →Motortest.

Einstellung, 1) *Arbeitsrecht:* eine arbeitsvertragl. Begründung eines Arbeits- oder Ausbildungsverhältnisses, nach umstrittener Ansicht auch seine Verlängerung. Der Arbeitgeber besitzt die unbeschränkte Befugnis zur E. Allerdings sind in Betrieben, in denen ein →Betriebsrat fungiert, dessen Mitbestimmungsrechte zu wahren. Der Betriebsrat, dem alle Bewerbungsunterlagen vorzulegen sind, kann der E. unter bestimmten gesetzlich fixierten Voraussetzungen widersprechen. Auch bei E.-Fragebögen hat er ein Mitbestimmungsrecht; sie dürfen nur Fragen enthalten, die für das Arbeitsverhältnis relevant sind.

2) *Fernsehen, Film:* die kleinste Einheit einer Film- oder Fernsehaufzeichnung, bestimmt durch die Optik und die Entfernung der Kamera von der aufgenommenen Szene. Die sieben gebräuchl. E. sind **Totale, Halbtotale, Halbnah, Amerikanisch, Nah-, Groß-** und **Detailaufnahme.** Mehrere zusammengehörende E. gruppieren sich zur →Sequenz. Die Übergänge von einer E. zur nächsten erfolgen durch Überblendung oder Schnitt.

3) *Prozessrecht:* im *Strafprozessrecht* die Beendigung eines Strafverfahrens ohne Urteil. Im Ermittlungsverfahren erfolgt eine E. durch die Staatsanwaltschaft, wenn die Ermittlungen keinen genügenden Anlass zur Erhebung der öffentl. Klage bieten, d. h., wenn keine überwiegende Verurteilungswahrscheinlichkeit besteht; von der E. ist ggf. der Antragsteller oder Anzeigende unter Angabe der Gründe und i. d. R. auch der Beschuldigte in Kenntnis zu setzen (§§ 170 Abs. 2, 171 StPO). In einer Reihe von Sonderfällen (z. B. bei Bagatelldelikten) kann trotz hinreichenden Tatverdachts das Verfahren (meist im Zusammenwirken von Staatsanwaltschaft und Gericht) eingestellt werden. Möglich ist die E. des Verfahrens, wenn der Beschuldigte Auflagen und Weisungen (insbesondere zur Wieder-

Einstellung 2): Bildausschnitte: 1 Detail-, 2 Groß- und 3 Nahaufnahme, 4 Amerikanisch, 5 Halbnahaufnahme, 6 Halbtotale, 7 Totale

gutmachung des Schadens oder um Unterhaltsverpflichtungen nachzukommen) erfüllt und dies geeignet erscheint, bei geringer Schuld das öffentl. Interesse an der Strafverfolgung zu beseitigen (§§ 153–154 e StPO). Es handelt sich dabei um Ausnahmen von dem bei hinreichendem Tatverdacht grundsätzlich geltenden Anklagezwang (§ 152 Abs. 2 StPO; Durchbrechung des →Legalitätsprinzips zugunsten des →Opportunitätsprinzips). Im Privatklageverfahren erfolgt die E. beim Tod des Privatklägers (§ 393 Abs. 1 StPO). Schließlich ist das Verfahren durch E. zu beenden, wenn ein Verfahrenshindernis (z. B. Verjährung, fehlender Strafantrag bei →Antragsdelikten) besteht oder wenn ein z. Z. der Tat strafbares Delikt nach neuem Recht nicht mehr strafbar ist (§ 206 b StPO). Grundsätzlich erfolgt die E. durch Beschluss. Ausnahme: Bei Bestehen eines Verfahrenshindernisses ist eine begonnene Hauptverhandlung durch E.-Urteil zu beenden (§ 260 Abs. 3 StPO). Eine E. sehen auch die StPO *Österreichs* (§§ 90, 109 ff.) sowie, allerdings mit weniger E.-Möglichkeiten aus Opportunitätsgründen, das *schweizer.* Ges. über die Bundesstrafrechtspflege (Art. 106, 120) vor.

Im *Zivilprozessrecht* ist im Zwangsvollstreckungsverfahren zum Schutz des Schuldners in bestimmten Fällen die **einstweilige E.,** d. h. ein (zunächst) vorläufiger Aufschub der Vollstreckung, zulässig. Sie kann sich auf die gesamte Zwangsvollstreckung oder auf einzelne Vollstreckungsmaßregeln erstrecken. Die E. erfordert i. d. R. einen Antrag des Betroffenen, z. B. im Zusammenhang mit der Einlegung eines Rechtsbehelfs, der Erhebung von Einwendungen gegen die Vollstreckungsklausel oder die Art und Weise der Zwangsvollstreckung (→Erinnerung), ferner bei →Vollstreckungsgegenklage und →Drittwiderspruchsklage. Eine E. durch das Vollstreckungsgericht kann ferner auf Antrag des Schuldners erfolgen, wenn die Zwangsvollstreckung unter voller Würdigung des Schutzbedürfnisses des Gläubigers wegen ganz besonderer Umstände eine sittenwidrige Härte bedeutet (§ 765 a ZPO). Die E. erfolgt stets durch das Vollstreckungsorgan, meist aufgrund einer sie anordnenden gerichtl. Entscheidung (§ 775 ZPO). Sie ist oft von einer Sicherheitsleistung abhängig und erfordert Nachweis oder Glaubhaftmachung der gesetzl. Voraussetzungen. Im *Konkurs* ist das Verfahren auf Antrag des Gemeinschuldners einzustellen, wenn er nach Ablauf der Frist zur Anmeldung von Konkursforderungen die Zustimmung aller anmeldenden Konkursgläubiger beibringt (§ 202 Konkursordnung, künftig § 213 Insolvenzordnung).

4) *Psychologie, Soziologie:* **Attitüde,** die verinnerlichte Haltung gegenüber allen nur denkbaren sozialen, psych., kognitiven, normativen u. a. Phänomenen, die auf das Verhalten und Handeln selektierend und disponierend einwirkt. E. sind einerseits das Ergebnis von Selektionsprozessen, die sich das Individuum im Sozialisationsprozess aus der fast unendl. Vielfalt mögl. Denk-, Kognitions- und Verhaltensweisen zu Eigen macht, andererseits die Basis, relativ sicher reagieren und handeln zu können. – Die E.-Forschung fragt u. a. nach den genet. und anthropolog. Wurzeln der Wahrnehmungs- und Verhaltenssteuerung, der Herausbildung spezif. E. im sozialen und kulturellen Wandel, in versch. Gesellschaftstypen, Sozialschichten, Altersstufen, dem Zusammenhang von E., Verhalten und Handeln und nach den Bedingungen des **E.-Wandels** und der Stabilität einzelner **E.-Muster,** z. B. den in →Vorurteilen und →Stereotypen bes. verfestigten Einstellungen.

H. BENNINGHAUS: Ergebnisse u. Perspektiven der E.-Verhaltens-Forschung (1976); W. MEINEFELD: E. u. soziales Handeln (1977); E.-Messung, E.-Forschung, hg. v. F. PETERMANN (1980).

Einstiegsdrogen, bestimmte →Rauschgifte.

Einstrahlung, *Meteorologie:* →Strahlung.

Einstufenätzverfahren, *Reproduktionstechnik:* das stufenlose →Ätzen bei der Herstellung von Hochdruckplatten, mit dem in nur einem Arbeitsgang die erforderl. Ätztiefe erreicht werden kann.

Einsturzbeben, *Geophysik:* →Erdbeben.

Einsturzcaldera, Einsturzkrater, *Geologie:* →Caldera.

Einstürzende Neubauten, 1979 in Berlin aus dem Umfeld einer als ›geniale Dilettanten‹ apostrophierten Kunstszene gegründete Avantgarde-Rockformation in der Besetzung BLIXA BARGELD (eigtl. CHRISTIAN EMMERICH, * 1959, Gesang, Gitarre), MARK CHUNG * 1956, Perkussion), ALEXANDER HACKE (* 1965, Electronics, Perkussion), F. M. EINHEIT (eigtl. FRANK MARTIN STRAUSS, * 1958, Electronics, Perkussion, Gesang) und N. U. UNRUH (eigtl. ANDREW CHUDY, * 1957, Perkussion); erhielt mit der Montage klangl. Versatzstücke moderner Industrieumwelten insbesondere in Großbritannien und den USA einen ausgesprochenen Kultstatus.

einstweilige Anordnung, *Recht:* 1) Im *Verwaltungsprozessrecht* ist die e. A., wie die →einstweilige Verfügung des Zivilprozesses, eine Entscheidung des Gerichts, die vorläufigen Rechtsschutz bezweckt. Der Antrag hierauf ist zulässig, wenn die Gefahr besteht, dass durch eine Veränderung des bestehenden Zustandes die Verwirklichung eines Rechtes des Antragstellers vereitelt oder wesentlich erschwert werden könnte, oder wenn die Regelung eines vorläufigen Zustandes in Bezug auf ein streitiges Rechtsverhältnis nötig erscheint (§ 123 Verwaltungsgerichtsordnung). Durch die e. A. darf das Ergebnis des Hauptsacheprozesses nicht vorweggenommen werden. Wenn das Hauptsacheverfahren eine →Anfechtungsklage ist, ist der Antrag auf eine e. A. nicht statthaft, weil in diesem Fall der vorläufige Rechtsschutz durch die aufschiebende Wirkung (Ausnahmen: →Suspensiveffekt) von Widerspruch und Klage eintritt oder gewährt werden kann (§ 80 Verwaltungsgerichtsordnung). – Im Verfahren vor dem Bundesverfassungsgericht kann auf Antrag oder von Amts wegen eine e. A. gemäß § 32 Bundesverfassungsgerichts-Ges. ergehen.

In *Österreich* ist die e. A. kein eigener Rechtsbegriff. In der *Schweiz* wird der Terminus e. A. auch für die →einstweilige Verfügung benutzt.

2) Im *Zivilprozessrecht* ist die e. A. eine Eilentscheidung des Gerichts im Rahmen vorläufigen Rechtsschutzes mit dem Ziel, zu vermeiden, dass Entscheidungen vor ihrer Rechtskraft vollstreckt und rechtswidrige Zustände geschaffen werden. Das Prozessrecht enthält ganz unterschiedl. Regelungen über e. A. Darunter fällt als nachgeschaltete e. A. die einstweilige Einstellung der Zwangsvollstreckung. Als Maßnahmen vorgeschalteten einstweiligen Rechtsschutzes sind e. A. v. a. in Ehe- und Unterhaltssachen vorgesehen und treten dort als Spezialregelung an die Stelle der einstweiligen Verfügung, mit der sie aber in der Struktur übereinstimmen. Praktisch wichtig sind v. a. die e. A. über die Regelung der elterl. Sorge, die Unterhaltszahlung gegenüber Ehegatten und Kindern, das Getrenntleben, die Benutzung der ehel. Wohnung. Die beiden Letzteren gehören zur freiwilligen Gerichtsbarkeit, in der e. A. teilweise spezialgesetzlich vorgesehen (z. B. auch § 44 Abs. 3 Wohnungseigentums-Ges.), darüber hinaus aber auch ohne gesetzl. Grundlage anerkannt sind, wenn ein dringendes Bedürfnis nach Sicherung oder vorläufig rechtsbefriedender Regelung besteht. Das Verfahren der e. A. ist unterschiedlich ausgestaltet. I. d. R. entscheidet das Gericht auf Antrag, beim Sorgerecht und in bestimmten Angelegenheiten der freiwilligen Gerichtsbarkeit

auch von Amts wegen. E. A. ergehen, in Antragsverfahren nach Glaubhaftmachung der tatsächl. Voraussetzungen, durch Beschluss bei freigestellter mündl. Verhandlung. Die Rechtsmittelfähigkeit ist z. T. eingeschränkt, die Geltungsdauer meist beschränkt.

einstweilige Unterbringung, im *Strafrecht* vorläufige Präventivmaßnahme zur Verhinderung weiterer Straftaten des Täters. Liegen dringende Gründe für die Annahme vor, dass ein Erwachsener eine mit Strafe bedrohte Handlung im Zustand der Schuldunfähigkeit oder der verminderten Schuldfähigkeit begangen hat, und ist mit großer Wahrscheinlichkeit anzunehmen, dass durch Strafurteil seine Unterbringung in einem psychiatr. Krankenhaus oder einer Entziehungsanstalt angeordnet wird (→Maßregeln der Besserung und Sicherung), kann das Gericht durch **Unterbringungsbefehl,** der an die Stelle eines Haftbefehls tritt, die e. U. in einer solchen Anstalt anordnen, falls die öffentl. Sicherheit es erfordert. Für den Unterbringungsbefehl gelten die Vorschriften für den Haftbefehl entsprechend (§ 126 a StPO).

Im *Jugendstrafrecht* kann, falls im Jugendgerichtsverfahren eine Verurteilung zu einer Jugendstrafe zu erwarten ist, bereits vor der rechtskräftigen Verurteilung die e. U. des Jugendlichen in einem Heim angeordnet werden, um neuen Straftaten oder einer weiteren Gefährdung der Entwicklung des Jugendlichen entgegenzuwirken. Die e. U. kann bei Jugendlichen auch anstelle der Untersuchungshaft angeordnet werden, wenn die mildere Form der Heimeinweisung statt des Vollzugs in der Untersuchungshaftanstalt ausreicht (§§ 71 Abs. 2, 72 Abs. 4 Jugendgerichts-Ges.).

Auch das *österr. Strafprozessrecht* kennt bei Vorliegen hinreichender Gründe für die Annahme, dass der Beschuldigte die Tat im Zustand der Zurechnungsunfähigkeit begangen habe, die vorläufige Unterbringung in einer Anstalt für geistig abnorme Rechtsbrecher (§§ 429 ff. StPO). Die Maßnahme kann angeordnet werden, wenn ein Haftgrund vorliegt oder der Beschuldigte nicht ohne Gefahr für sich oder andere auf freiem Fuß leben kann, oder, wenn eine ärztl. Beobachtung des Geisteszustandes notwendig ist. In der *Schweiz* kommt der fürsorger. Freiheitsentziehung, die auch vorsorglich angeordnet werden kann (Art. 397 a ff. ZGB), eine vergleichbare Funktion zu.

einstweilige Verfügung, im *Zivilprozessrecht* eine aufgrund beschleunigten (summarischen) Verfahrens, das weitgehend den Regeln für den →Arrest folgt, erlassene, sofort vollstreckbare Entscheidung, die der (vorläufigen) Sicherung eines Anspruchs oder des Rechtsfriedens dient (§§ 935, 940 ZPO). Sie setzt einen Verfügungsanspruch (der gesichert werden soll) und einen Verfügungsgrund voraus, nämlich die Befürchtung, dass durch eine Veränderung des bestehenden Zustandes die Verwirklichung eines Rechts vereitelt oder wesentlich erschwert werden kann. In Form einer **Sicherungsverfügung** kann eine e. V. zur Sicherung der späteren Zwangsvollstreckung eines nicht auf Geld gerichteten (Individual-)Anspruches erlassen werden, z. B. zur Vornahme einer Handlung oder Herausgabe einer Sache. Sie darf nur als eine Sicherungsmaßnahme nach freiem Ermessen des Gerichts angeordnet werden, aber keine Befriedigung des Anspruchs selbst vorwegnehmen. Als **Regelungsverfügung** kann eine e. V. zur vorläufigen Sicherung des Rechtsfriedens erlassen werden, wenn eine überbrückende Zustandsregelung geboten ist, namentlich im Rahmen von Dauerschuldverhältnissen und bei Gemeinschaftsverhältnissen sowie Gesellschaften. Hier kann das Gericht nach Interessenabwägung jede vorläufige Maßnahme anordnen, die einen Status quo bis zur Entscheidung im Hauptprozess regelt. Als **Befriedigungsverfügung** kann diese e. V. sogar ausnahmsweise die Verwirklichung des in der Hauptsache verfolgten Rechts ganz oder teilweise vorwegnehmen, wenn das zur Abwendung wesentl. Nachteile notwendig erscheint. Das kommt v. a. bei Leistungsansprüchen infrage und hat große prakt. Bedeutung bei Unterlassungsansprüchen im Wettbewerbsrecht, im gewerbl. Rechtsschutz sowie bei Geldansprüchen im Unterhaltsrecht. Die e. V. wird auf Antrag vom Gericht der Hauptsache, in dringenden Fällen vom Amtsgericht und u. U. ohne mündl. Verhandlung erlassen. Die tatsächl. Grundlagen des Rechts und der Gefährdung sind glaubhaft zu machen. Die Entscheidung kann mit verschiedenen Rechtsbehelfen angefochten werden. War die e. V. von Anfang an ungerechtfertigt oder wird sie aus bestimmten Gründen aufgehoben, so ist der Antragsteller dem Gegner auch ohne Verschulden schadensersatzpflichtig.

Im *Verwaltungsprozessrecht* ist die →einstweilige Anordnung dem Verfahren der e. V. nachgebildet.

In *Österreich* ist die e. V. in den §§ 378 ff. Exekutionsordnung ähnlich wie in Dtl. geregelt. Es gibt e. V. zur Sicherung von Leistungsansprüchen, zur Sicherung oder Regelung tatsächl. Verhältnisse oder zur vorläufigen Befriedigung. E. V. werden auch vom *schweizer.* Prozessordnungen vorgesehen; gleichbedeutend wird auch von ›einstweiligen Anordnungen‹ oder ›vorsorgl. Maßnahmen‹ gesprochen.

Eintafelprojektion, senkrechte Parallelprojektion auf nur eine Projektionsebene (→Projektion). Da alle Punkte, die auf einem Projektionsstrahl liegen, denselben Bildpunkt besitzen, werden (um eine eindeutige Zuordnung zw. Bild- und Originalpunkten zu erhalten) die Höhen der Punkte durch Zahlen **(Koten)** oder einen Höhenmaßstab angegeben.

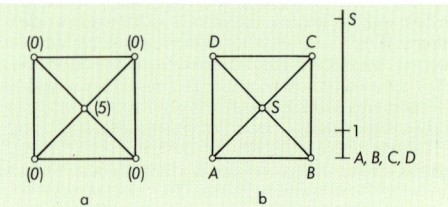

Eintafelprojektion: Darstellung einer Pyramide in Eintafelprojektion mit Angabe von Koten (**a**) oder eines Höhenmaßstabes (**b**)

Eintagsfliegen, Hafte, Maifliegen, Ephemeroptera, Ephemerida, Überordnung der Insekten mit rd. 2 000 Arten in allen Erdteilen; fossile Formen sind seit dem Oberkarbon bekannt. E. sind zarte, 0,5–6 cm lange Tiere mit zwei Paar in Ruhe hochgeklappten Flügeln, der Hinterflügel ist oft reduziert, der Hinterleib hat am Ende meist drei lange, fadenförmige Anhänge (Cerci), die Mundwerkzeuge sind verkümmert; die Lebensdauer des geschlechtsreifen, fertig ausgebildeten Insekts beträgt wenige Stunden bis einige Tage. E. neigen zu Massenschwärmen; die Larven leben im Wasser teils räuberisch, teils Pflanzen fressend, ihre Entwicklung dauert 1–4 Jahre. – In Dtl. leben rd. 70 Arten, darunter die bis 2,2 cm lange, von Mai bis August anzutreffende **Gemeine E.** (Ephemera vulgata), das bis 1,8 cm lange, im August und September wenige Sommerabende schwärmende **Uferaas** (Polymitarcys virgo) und die bis 1,5 cm lange **Rheinmücke** (**Augustmücke**, Oligoneuriella rhenana), Ende Juli bis August v. a. im Gebiet des Rheins und seiner Nebenflüsse auftretend. Die größte europ. Art der E. ist die **Theißblüte** (Palingenia longicauda) mit bis 3,8 cm langem Körper und bis 8 cm langen Schwanzborsten; bes. im Niederungsgebiet von Theiß und Donau, meist in riesigen Mengen anzutreffen. Die Larven leben in Wohnröhren am Ufer.

Eintaktverstärker, Schaltungsart für Niederfrequenz-Leistungsverstärker, bei der im Ggs. zum →Gegentaktverstärker das gesamte Signal (also sowohl die positive als auch die negative Halbwelle der Wechselspannung) von einem einzigen Verstärkerelement verarbeitet wird.

Einteilchenmodell, quantenmechan. Modellvorstellung zur Beschreibung von Vielteilchensystemen, z. B. Elektronen in einem Metall oder Nukleonen im Atomkern (→Kernmodelle). Die Teilchen werden – abgesehen vom quantenstatist. Korrelationen, die wegen des Pauli-Prinzips v. a. bei Fermionen eine Rolle spielen – als dynamisch völlig unabhängig voneinander betrachtet. Ihre gegenseitige Wechselwirkung wird nur in Form eines ortsabhängigen, zeitlich konstanten mittleren Potenzials berücksichtigt, wobei sich jedes Teilchen im gemittelten Feld der übrigen bewegt. Die Bestimmung dieses Potenzials sowie des Bewegungszustandes der einzelnen Teilchen erfolgt mit quantenmechan. Näherungsverfahren, z. B. mit der →Hartree-Fock-Methode.

Einthoven ['ɛɪnthovə], Willem, niederländ. Physiologe, * Semarang (Java) 21. 5. 1860, † Leiden 29. 9. 1927; ab 1885 Prof. der Physiologie und Histologie in Leiden; schuf die Grundlagen für die Elektrokardiographie, u. a. durch die Vervollkommnung des Saitengalvanometers; 1924 erhielt er den Nobelpreis für Physiologie oder Medizin.

Eintragung, die Verlautbarung rechtserhebl. Tatsachen in öffentl. Registern (z. B. Grundbuch).

Eintragungsbewilligung, *Grundbuchrecht:* die Bewilligung einer Grundbucheintragung, die derjenige abgibt, dessen Recht von der Eintragung betroffen ist; ob die Eintragung vorgenommen werden kann, hängt u. a. davon ab, ob der Rechtsvorgang **eintragungsfähig** ist. Eintragungsfähig sind gesetzlich anerkannte Tatsachen (z. B. Einreden gegen eine Hypothek), Grundstücksrechte, Widersprüche gegen die Richtigkeit des Grundbuchs u. Ä.

Einträufelung, *Medizin:* die →Instillation.

Eintrittsdiffusor, Einlaufdiffusor, in den Lufteinläufen von →Strahltriebwerken befindlicher →Diffusor zur Wandlung der kinet. Energie der mit Fluggeschwindigkeit zuströmenden Luft in Druckenergie (potenzielle Energie). Die Schwierigkeit, den E. sowohl für Start und niedrige als auch für hohe Fluggeschwindigkeit strömungstechnisch günstig, d. h. möglichst verlustfrei, auszulegen, hat zu Konzepten mit Verstellklappen, Zusatzeinläufen, Abblasöffnungen u. Ä. geführt (E. mit variabler Geometrie). Die für den Überschallflug und Hyperschallflug (Machzahl ≥ 5) erforderl. E. gehören zu den kompliziertesten Organen des Strahlantriebes überhaupt. Dies betrifft die Verstellbarkeit, das Niveau der Luftkräfte und -temperaturen, den annähernd verlustfreien Druckaufbau sowie die Maximierung des Luftdurchsatzes (im Sinne der höchstmögl. Triebwerksleistung). Mithilfe von mehreren hintereinander ablaufenden Verdichtungsstößen wird die relativ zum Flugzeug oder Flugkörper zufließende Luft schrittweise auf höhere Drücke gebracht, bis ihre Geschwindigkeit so reduziert ist, dass sie von dem Verdichter beim Turbinenluftstrahltriebwerk oder der Brennkammer beim Staustrahltriebwerk verarbeitet werden kann.

Eintrittspupille, *Optik:* →Blende.

Eintrittsrecht, im *Verwaltungsrecht* das Recht der im hierarch. Verwaltungsaufbau vorgesetzten Behörde, Angelegenheiten, für die die nachgeordnete Behörde gesetzlich zuständig ist, an sich zu ziehen und anstelle der nachgeordneten Behörde zu entscheiden (Selbst-E.). Grundsätzlich besteht das E. nur dann, wenn es im Gesetz ausdrücklich vorgesehen ist, nach umstrittener Ansicht auch bei Gefahr im Verzug. Die auf Weisung vorgenommenen Akte der Verwaltung

sind solche der angewiesenen Behörde, diese bleibt z. B. im Rechtsstreit Gegnerin. In *Strafsachen* die nach § 145 Gerichtsverfassungs-Ges. den leitenden Beamten der Staatsanwaltschaft bei den OLG und den LG eingeräumte Befugnis, bei allen Gerichten ihres Bezirks die Amtsverrichtungen der Staatsanwaltschaft selbst zu übernehmen (Devolutionsrecht) oder mit ihrer Wahrnehmung einen anderen als den geschäftsplanmäßig zuständigen Staatsanwalt zu beauftragen (Substitutionsrecht). Im *Zivilrecht* das Recht eines Dritten, in einen bestehenden Vertrag unter bestimmten Voraussetzungen einzutreten.

Einundzwanzig-Zentimeter-Lini|e, 21-cm-Lini|e, im Radiofrequenzbereich bei ,der Wellenlänge von 21,11 cm liegende Spektrallinie (Frequenz 1 420,4 MHz), die beim Übergang des Elektrons zw. den (durch die beiden Einstellmöglichkeiten des Elektronenspins bedingten) Hyperfeinstrukturniveaus des Grundzustands des neutralen Wasserstoffatome emittiert oder absorbiert wird. Die bes. von Wasserstoff in den kühleren Bereichen der interstellaren Materie (HI-Region) emittierte oder absorbierte E.-Z.-L. wurde 1944 von H. C. VAN DE →HULST theoretisch vorausgesagt und dann 1951 von den amerikan. Physikern H. I. EWEN (* 1922), E. M. →PURCELL und G. WESTERHOUT (* 1927) entdeckt. Ihre Beobachtung hat wesentlich zur Erforschung der Struktur, der Bewegung und der Dichteverteilung im Milchstraßensystem beigetragen.

Einung, in der Rechtssprache des MA.: 1) Übereinkunft, Vertrag, Bündnis; 2) die durch die beschworene Übereinkunft begründete Gemeinschaft (Genossenschaft); 3) die Rechtssatzung, die diese Gemeinschaft hervorbringt (beschworene ›Willkür‹); in dieser Bedeutung (Satzung) besondere Form der Gesetzgebung. – In der *Schweiz* ist E. auch die hoheitlich oder genossenschaftlich entstandene dörfl. Ordnungsgewalt, diese Ordnung selbst oder Strafe und Buße für ihre Übertretung.

einverleibende Sprachen, die →polysynthetischen Sprachen.

Einverleibung, *Völkerrecht:* →Annexion.

Einvernehmen, *Staats-* und *Verwaltungsrecht:* das Einverständnis, das ein Gesetzgebungsorgan oder eine Verwaltungsbehörde mit anderen Institutionen herbeiführen muss, bevor eine Maßnahme getroffen werden kann. Im Unterschied hierzu steht das **Benehmen,** das lediglich auf die Gelegenheit zur Stellungnahme einer anderen Stelle zielt, die jedoch nicht zur Mitentscheidung berufen ist.

Einwanderung, Immigration, der Zuzug in ein anderes Staatsgebiet zum Zweck der ständigen Niederlassung, gewöhnlich mit der Absicht der Einbürgerung. Von der E. zu unterscheiden sind Einreisen ohne Niederlassungsabsicht, Wanderungen ganzer Völker oder Volksgruppen und bestimmte Formen der Zwangswanderung. Die E. kann auch eine Rückwanderung ausgewanderter Personen sein.

E. kann das Geschlechtsverhältnis und die Altersgliederung der Aufnahmeländer beeinflussen, bes. bei intrakontinentalen Wanderungen, da hier (im Vergleich zur interkontinentalen Wanderung) der Anteil wandernder Einzelpersonen (hoher Männeranteil) größer ist als der einwandernder Familien. Besondere Bedeutung hat der Berufs- und Qualifikationsstruktur der Einwanderer. Entwickelte Industrieländer üben heute wegen der attraktiv erscheinenden Arbeits- und Lebensbedingungen eine große Anziehungskraft für Einwanderer aus; sie entziehen dadurch den in techn. und wirtschaftl. Entwicklung stehenden Ländern wichtige Berufsgruppen (›Braindrain‹). Die E.-Länder versuchen, mögliche polit. und wirtschaftl. Gefahren, Spannungen in ihrer sozialen Struktur sowie Verschiebungen in ihrer ethn. Zusammensetzung in-

Willem Einthoven

folge unkontrollierter E. durch Maßnahmen im Rahmen einer E.-Gesetzgebung zu begegnen: v. a. durch allgemeine Beschränkung der E. (z. B. generelles E.-Verbot in Birma 1947) und durch Kontingentierung der E. bestimmter sozialer oder ethn. Gruppen (ethn. Quotensystem z. B. in Brasilien; in den USA wurde 1965 eine solche Kontingentierung durch eine berufl. Auswahl ersetzt). In Australien richtete sich die Beschränkung der E. seit Ende des 19. Jh. gegen die E. von Farbigen überhaupt (›White Australia Policy‹).
E. spielen seit dem 18. Jh. eine vorwiegend wirtschaftspolit. Rolle. V. a. die absolutist. Staaten Europas begünstigten Einwanderer durch Zunftzwangbefreiungen, Schutz vor religiöser Verfolgung und steuerl. Entlastung (›Peuplierungspolitik‹). Neue geistige und wirtschaftl. Kräfte führte die E. der Hugenotten, Salzburger, Mennoniten und der aus den Niederlanden, Österreich und Bayern ausgewiesenen Protestanten den aufnehmenden Ländern zu; im 17./18. Jh. nahmen die brandenburgisch-preuß. Herrscher von den 20 000 bis 30 000 ausgewiesenen Salzburgern etwa die Hälfte auf, von den 500 000 bis 600 000 Hugenotten rd. 200 000. Wirtschaftlich belebend wirkte sich auch die E. von Puritanern in Nordamerika aus sowie die von Handwerkern, Bauern und Kaufleuten in Russland u. a. Ländern des Ostens. Die E. nach Dtl. stieg nach den 80er-Jahren des 19. Jh. (meist aus Österreich, Ungarn, Russland, Dänemark, der Schweiz, den Niederlanden, Italien); sie war überwiegend wirtschaftlich bedingt. Gleichzeitig mit der innereurop. Bevölkerungsmobilität begannen um 1820 die Auswanderungswellen der neueren Zeit, die zu beträchtl. E. in die USA, Kanada, Argentinien und Brasilien führten (→Auswanderung). Zw. 1820 und 1975 wanderten rd. 47 Mio. Menschen in die USA ein (jährlich durchschnittl. 3,6‰ der US-Bevölkerung), 36 Mio. aus Europa, 8 Mio. aus Amerika (Kanada und Mexiko) und über 2 Mio. aus Asien. 1951–60 überwog die E. aus europ. Ländern (1,2 von 2,5 Mio. insgesamt), danach die E. aus Entwicklungsländern. 1975 stammten von 385 000 Einwanderern 73 000 aus Europa, 175 000 aus Amerika (bes. Mexiko und Kuba), 129 000 aus Asien (bes. den Philippinen und Korea). Rd. die Hälfte aller Einwanderer in Kanada kommt aus Commonwealth-Staaten; in Australien stammen mehr als die Hälfte der Einwanderer aus Großbritannien, in Neuseeland sind es rd. 70 %.
Recht: Deutschen im Sinne des GG ist die E. jederzeit gestattet (Art. 11). Für die E. von →Ausländern sind, abgesehen vom Ausländer-Ges. vom 9. 7. 1990, v. a. die Vorschriften über die →Einbürgerung maßgeblich. Staatsangehörige aus EG-Staaten genießen darüber hinaus die Rechte des EG-Vertrages (→Niederlassungsfreiheit). →Asylrecht.

Einwecken [nach dem Erfinder JOHANN WECK], Art der →Konservierung.

Einweggleichrichter, elektron. Schaltungsanordnung, bei der die Gleichrichtung einer Wechselspannung oder eines Wechselstroms von nur einem Bauelement mit Ventilwirkung (z. B. Diode) vorgenommen wird; weitere Schaltungen sind: Zweiweg-, Brückengleichrichter.

Einweggleichrichter mit Gleichrichterröhre; *A* Anode, *C* Glättungskondensator, *K* Kathode, *R* Verbraucherwiderstand

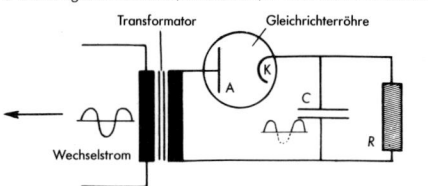

Einwegkommunikation, *Publizistik:* monolog. Zeichenübermittlung über einen Kanal **(Hinkanal)** und in einer Richtung, im Ggs. zur dialog. Zwei- oder Mehrwegkommunikation über zwei oder mehrere Kanäle, darunter Rückkanäle **(Feed-back-Kanäle).** Zweiwegkommunikation (individuelle oder Privatkommunikation), durch die Möglichkeit der prüfenden Rückfrage oft genauer und sicherer als E. (soziale oder Massenkommunikation). Typ. Formen der E. sind Rede und Vortrag, typ. Formen der Zweiwegkommunikation Gespräch und Diskussion.

Einwegverpackung, Verpackung, die im Unterschied zur →Mehrwegverpackung nur einmal verwendet wird und nach Gebrauch als Abfall anfällt, z. B. Weißblechdosen, Einwegflaschen, Kunststoffbehälter. E. haben v. a. bei Getränken (Getränkedosen, Blockpackungen) u. a. aus Gründen der Bequemlichkeit und hoher Rückführkosten für Mehrwegverpackungen hohe Marktanteile erreicht. Ziel der 1991 in Kraft getretenen →Verpackungsverordnung ist es insbesondere, den Anteil von E. zu verringern und deren umweltschonende Wiederverwertung auszubauen. (→Verpackung)

Einwendung, *Recht:* im Zivilrecht das Geltendmachen von Umständen (Gegennormen), die entweder die Entstehung eines behaupteten Rechts hindern **(rechtshindernde E.,** z. B. Nichtigkeitsgründe beim Rechtsgeschäft wie Geschäftsunfähigkeit) oder ein Recht beseitigen **(rechtsvernichtende E.,** z. B. Erfüllung). Im Gegensatz zur →Einrede, die ein bloßes Leistungsverweigerungsrecht gibt, schließt die E. das Bestehen eines Rechts aus. – Im Verfahrensrecht bedeutet E. das gesamte Verteidigungsvorbringen einer Partei, die ZPO bezeichnet E. und Einrede des Zivilrechts als Einrede. Trotz dieses prozessualen Sprachgebrauchs bleibt die Unterscheidung wichtig, da die (materiellrechtl.) Einreden nur zu beachten sind, wenn sich der Berechtigte auf sie beruft.

Einwilligung, *Recht:* Im *Strafrecht* das bewusste Einverstandensein (mit der Rechtsverletzung). Die E. des Verletzten ist bei Körperverletzungen (E. nach der Rechtsprechung bei ärztl. Eingriffen) nach § 226 a StGB als Rechtfertigungsgrund gesetzlich anerkannt, es sei denn, dass die Tat trotz der E. gegen die guten Sitten verstößt. Bei anderen Straftatbeständen ist die E. nicht ausdrücklich geregelt. Doch ist anerkannt, dass sie rechtfertigende (nach anderer Ansicht den →Tatbestand ausschließende) Kraft hat, wenn es sich um den Eingriff in verzichtbare Rechtsgüter des Rechtsträgers handelt. Wer also eine fremde Sache beschädigt oder zerstört, z. B. den Baum eines anderen absägt, handelt nicht strafbar, wenn eine E. des Eigentümers vorliegt. Die Wirkung der E. setzt voraus, dass sie unbeeinflusst von Zwang und Täuschung und mit Verständnis für ihre Tragweite erteilt wird und dass der Einwilligende einwilligungs-, d. h. geschäftsfähig, ist. Zu den unverzichtbaren Rechtsgütern, bei deren Verletzung der E. keine strafbefreiende Wirkung zukommt, gehört bes. das Leben; doch ist für die Tötung auf Verlangen in § 216 StGB eine Strafmilderung vorgesehen. – Diese Regeln gelten im Wesentlichen auch für das *österr.* und *schweizer.* Strafrecht.
Im *Zivilrecht* die (vorherige) Zustimmung zu einem Rechtsgeschäft im Unterschied zur (nachträgl.) Genehmigung. Von besonderer Bedeutung sind E. im *Prozessrecht,* z. B. die E. des Beklagten zur Klageänderung (§ 263 ZPO).

K. AMELUNG: Die E. in die Beeinträchtigung eines Grundrechtsgutes (1981); A. A. GÖBEL: Die E. im Strafrecht als Ausprägung des Selbstbestimmungsrechts (1992).

Einwilligungsvorbehalt, →Betreuung.

Einwohner, die in einem Gebiet wohnenden, d. h. im Wesentlichen ständig anwesenden Menschen. Der E.-Begriff hat insbesondere Bedeutung für statist.

Zwecke (Volkszählung) und im Kommunalrecht: Danach ist E. einer Gemeinde, wer seinen Wohnsitz (im Sinne von Innehaben einer Wohnung) in der Gemeinde hat. Durch diese Verknüpfung ist es möglich, dass ein Einzelner in mehreren Gemeinden E. ist. Nicht zu den E. gehören Personen, die mit der Gemeinde lediglich durch Grundbesitz verbunden sind (z. B. Gewerbetreibende mit anderweitigem Wohnsitz).

Einwohnergleichwert, Abk. **EGW,** die auf den →Einwohnerwert als Vergleichsgröße umgerechnete Menge und Verschmutzung gewerbl. und industrieller Abwässer.

Einwohnersteuer, Konzept einer allgemeinen Gemeindesteuer, durch die die Einwohner entsprechend dem →Äquivalenzprinzip am finanziellen Aufwand für die kommunalen Leistungen beteiligt werden sollen. Gegenwärtig gibt es in Dtl. lediglich eine Beteiligung der Gemeinden am Einkommensteueraufkommen in ihrem Bundesland (→Finanzausgleich); maßgeblich für den Anteil der einzelnen Gemeinde ist das örtl. Steueraufkommen, jedoch nur soweit es auf zu versteuernde Jahreseinkommen bis zu 40 000 DM (80 000 DM bei Verheirateten) entfällt.

Einwohnerwert, Abk. **EW,** je Tag und Einwohner im Abwasser enthaltene Menge an organ. Schmutzstoffen. Bei der Berechnung wird davon ausgegangen, dass in Europa jeder Einwohner im Mittel pro Tag organ. Schmutzstoffe mit dem häusl. Abwasser abführt, die zu ihrem Abbau einen →biochemischen Sauerstoffbedarf von 60 g haben.

Einwurf, *Sport:* allg. bei Ballspielen (v. a. Fußball, Handball) das Wiedereinbringen des über die Seitenlinie ins ›Aus‹ gegangenen Balles, beim Basketball zusätzlich nach Regelverstößen, von der Seitenlinie aus; beim Rugby das Einwerfen des Balles in die Gasse oder in das Gedränge; beim Eishockey Beginn jedes Spielabschnitts und jede Wiederaufnahme des Spiels nach einem Regelverstoß oder einer Spielunterbrechung, ausgeführt durch einen der Schiedsrichter, der den Puck zw. zwei sich gegenüberstehende Spieler wirft; umgangssprachlich als **Bully** bezeichnet.

Einzahl, *Sprachwissenschaft:* der →Singular.

Einzahlung, *Betriebswirtschaftslehre:* Betrag, um den sich der Bestand an Zahlungsmitteln (Bargeld und Sichtguthaben) eines Wirtschaftssubjekts erhöht, z. B. durch Aufnahme eines Kredites oder Verkauf von Produkten gegen Barzahlung (Ggs.: Auszahlung). E. und Auszahlungen bilden die Rechengröße der Finanzplanung zur Beurteilung der Liquiditätslage eines Unternehmens. E. sind zu unterscheiden von Einnahmen und Ertrag.

Einzel, Einzelspiel, *Sport:* Spielform v. a. bei Rückschlagspielen (z. B. Badminton, Tennis), bei der sich zwei Spieler (also auf jeder Seite des Spielfeldes einer) als Gegner gegenüberstehen. Man unterscheidet **Herren-** und **Damen-Einzel.**

Einzelabschluss, Einzelbilanz, *Betriebswirtschaftslehre:* →konsolidierte Bilanz.

Einzelantrieb, die heute meist angewandte Form des elektr. Antriebes, bei der jede Arbeitsmaschine von einem eigenen Motor angetrieben wird, gegenüber den früher übl. Sammel- oder Gruppenantrieben mit Transmissionen. Ist eine Maschine für versch. Funktionen mit jeweils einem Motor ausgerüstet, spricht man vom **Mehrmotorenantrieb.**

Einzelauslese, Individualselektion, *Tierzucht:* Auslese eines Tieres aufgrund seines Phänotyps und/ oder der Eigenleistung.

Einzelbewertung, *Betriebswirtschaftslehre:* →Bewertung.

Einzelfallgesetz, förml. Gesetz, das sich auf eine konkrete, individualisierte Situation bezieht und nach Anlass, Inhalt und Wirkung punktuell und einmalig

ist. Im Bereich des Grundrechtsschutzes sind E. gemäß Art. 19 Abs. 1 GG unzulässig, da die an sich möglichen Einschränkungen von Grundrechten Gesetze erfordern, die ›allgemein und nicht für den Einzelfall‹ gelten. Ein weiter gehendes als das in Art. 19 GG niedergelegte Verbot von E. lässt sich dem GG nicht entnehmen; nach der Rechtsprechung des Bundesverfassungsgerichts unterliegen zudem E. keinen strengeren Prüfungsmaßstäben als andere Gesetze. Mit dem E. verwandt ist das →Maßnahmegesetz.

Einzelfallhilfe, Case-Work [ˈkeɪs ˈwəːk,] engl., eine Methode der →Sozialarbeit.

Einzelfertigung, Einzelproduktion, die Herstellung nur jeweils einer Produkteinheit; Produktion wird erst durch einen Kundenauftrag ausgelöst. Beispiele sind der Schiff-, Turbinen- und Großmaschinenbau. Für die E. ist der Organisationstyp der Werkstattfertigung typisch. Ein häufig angewandtes Verfahren zur Prozessplanung bei E. ist die Netzplantechnik.

Einzelfeuer, bei Maschinenwaffen die Abgabe eines einzelnen Schusses (Ggs.: Dauerfeuer).

Einzelgrabkultur, nach der überwiegenden Art der Totenbestattung (Einzelgrabanlagen unter Hügeln) bezeichnete Kultur der späten Jungsteinzeit (3. Jt. v. Chr.) in Nord-Dtl., Jütland und S-Skandinavien. Der Name E. drückt den Gegensatz zu den megalith. Sippengräbern der vorangegangenen →Trichterbecherkultur aus.

Einzelhaft, die nach §89 Strafvollzugs-Ges. mögliche Absonderung eines Gefangenen, wenn diese aus Gründen, die in der Person des Gefangenen liegen, unerlässlich ist; übersteigt die Gesamtdauer der E. drei Monate pro Jahr, so muss die Aufsichtsbehörde zustimmen. (→Strafvollzug)

Einzelhandel, in der Schweiz **Detailhandel** [detaj-, frz.], im funktionellen Sinne Beschaffung von Gütern durch Marktteilnehmer, die sie i. d. R. nicht selbst be- oder verarbeiten (Handelswaren), von anderen Marktteilnehmern und deren Absatz an private Haushalte. E. im institutionellen Sinne umfasst jene Institutionen (**E.-Unternehmen, E.-Betrieb** oder **E.-Handlung**), deren wirtschaftl. Tätigkeit ausschließlich oder überwiegend dem E. im funktionellen Sinne zuzurechnen ist. In der amtl. Statistik wird ein Unternehmen oder ein Betrieb dann dem E. zugeordnet, wenn aus der E.-Tätigkeit eine größere Wertschöpfung resultiert als aus einer zweiten oder aus mehreren sonstigen Tätigkeiten. Der E. überbrückt durch seine Tätigkeit die zeitl., räuml., quantitativen und qualitativen Spannungen zw. den Lieferanten (z. B. Hersteller, Großhändler) und den Letztverbrauchern. Die Leistung besteht nicht nur in der Übergabe von Sachgütern, sondern kann sich auch auf Dienstleistungen erstrecken. Wichtige Funktionen sind: 1) Raumüberbrückung (Warentransport), 2) Zeitüberbrückung (Lagerhaltung), 3) quantitative Warenumgruppierung (Sammeln, Aufteilen), 4) qualitative Warenumgruppierung (z. B. Sortimentsbildung), 5) Angebots- und Nachfragelenkung (Werbung, Verkauf mit persönl. Beratung), 6) Angebots- und Nachfrageermittlung

Einzelhandel: Anteile einzelner Betriebsformen am gesamten Einzelhandelsumsatz[1] (in %)				
Betriebsform	1980	1986	1992	1995[2]
Verbrauchermärkte/SB-Warenhäuser	11,9	15,3	17,2	17,5
Fachmärkte	2,0	7,5	12,4	14,0
Warenhäuser	7,2	5,6	5,4	5,8
kleine und mittlere Selbstbedienungsläden	18,0	19,6	21,4	21,8
traditionelle Fachgeschäfte	55,4	46,7	38,2	35,4
Versandhandel	5,5	5,3	5,4	5,5

[1] alte Bundesländer. – [2] Schätzung.

(Beschaffungs- und Absatzmarktforschung), 7) Preis-ermittlung (Kalkulation) und 8) zeitl. Zahlungsausgleich (Vorfinanzierung, Kreditierung).

Es gibt zahlr. *Betriebsformen* (Betriebstypen) im E., die nach einer Reihe von Merkmalen unterschieden werden: 1) nach der Sortimentspolitik (Branche, Sortimentstiefe und -breite); 2) nach dem Standort des Warenangebotes (Ladengeschäft, ambulanter Handel, einschließlich Verkaufswagen, Versandhandel, Automatenverkauf, Sammelbesteller, Teleselling) und der Integration eines E.-Betriebes in eine Agglomeration (z. B. Einkaufszentren in Innenstädten, Nachbarschaftsläden in Wohngebieten, Verbrauchermärkte in Stadtrandlagen); 3) nach dem Bedienungsprinzip (Fremdbedienung, Vorwahl, Teilselbstbedienung, Selbstbedienung); 4) nach dem Gebrauchszustand der Waren (Neu-, Altwarenhandel); 5) nach der Betriebsgröße, meist gemessen anhand der Verkaufsfläche (›Tante-Emma-Laden‹, Verbrauchermarkt); 6) nach der Art der Preisstellung (diskontierende Preispolitik, Mittel- oder Hochpreisniveau). Zu den herkömml. Betriebsformen gehört das **Fachgeschäft** mit seinem branchenspezif. oder bedarfsgruppenorientierten Sortiment. Das **Spezialgeschäft** bietet nur einen Ausschnitt des Sortiments eines Fachgeschäftes, diesen jedoch in sehr großer Tiefe. **Waren-** und **Kaufhäuser** sind großflächige Mehrbranchengeschäfte. Beim **Versandhandel** wird die Ware ausschließlich oder überwiegend auf dem Versandweg abgesetzt. **Discounter** bieten ein enges, auf raschen Umschlag ausgerichtetes Sortiment zu niedrig kalkulierten Preisen an. Der **Fachmarkt** bietet ein Sortiment aus einem Waren-, Bedarfs- oder Zielgruppenbereich bei tendenziell niedrigem bis mittlerem Preisniveau an. Das **Selbstbedienungswarenhaus (SB-Warenhaus)** führt ein umfassendes Sortiment mit einem Schwerpunkt bei Lebensmitteln ganz oder überwiegend in Selbstbedienung und betreibt mit hoher Werbeaktivität eine Dauerniedrig- oder Sonderangebotspreispolitik.

Die Entwicklung des E. lässt sich anhand der Umsätze sowie der Anzahl der Beschäftigten und der Arbeitsstätten aufzeigen. So betrug der Gesamtumsatz des E. in Dtl. (1993) 946,8 Mrd. DM; 1985 hatte er in den alten Ländern 473,8 Mrd. DM betragen. Die Gesamtzahl der Beschäftigten ist von (1985; Angaben beziehen sich nur auf das frühere Bundesgebiet) 2,36 Mio. auf (1992; Angaben für Gesamt-Dtl.) 3,39 Mio. gestiegen. Die Anzahl der Arbeitsstätten erhöhte sich im gleichen Zeitraum von 406 795 auf 555 770.

Einzelhandel: Anteil der 10 größten Unternehmen am Umsatz im funktionalen Lebensmitteleinzelhandel		
Jahr	Umsatz insgesamt (in Mrd. DM)	Anteil der 10 größten Unternehmen am Umsatz (in %)
1980	125,359	39,66
1981	131,987	40,42
1982	141,107	43,27
1983	143,196	44,69
1984	147,631	48,99
1985	153,361	48,03
1986	166,772	49,63
1987	171,867	52,04
1988	179,840	51,25
1989	189,523	57,88
1990	202,163	60,56
1991	221,001	69,43
1992	225,604	77,02

Die seit Einführung der Selbstbedienung Ende der 50er- Jahre zu beobachtende Entwicklung zu größeren Geschäften bei verringerter Zahl von E.-Unternehmen ist noch nicht abgeschlossen. Bes. stark ist der Konzentrationsprozess im E. mit Nahrungsmitteln,

Getränken und Tabakwaren. Die zehn größten Unternehmen (v. a. Metro-Gruppe, ALDI-Gruppe, Tengelmann Warenhandelsgesellschaft, Rewe-Gruppe, EDEKA-Handelsgruppe, SPAR-Gruppe) vereinigten (1992) rd. 77 % des gesamten Umsatzes im Lebensmittel-E. auf sich (v. a. Verbrauchermärkte, SB-Warenhäuser und Discounter); 1990 hatte ihr Umsatzanteil noch rd. 60,6 % betragen. Die Zahl der Arbeitsstätten im E. mit Nahrungs- und Genussmitteln ist von (1985) 124 857 auf (1993; Angaben für alte und neue Länder) 118 257 gesunken. Neben der Konzentration äußert sich die Dynamik des E. auch in der Verschiebung der Marktanteile zw. den verschiedenen Betriebsformen.

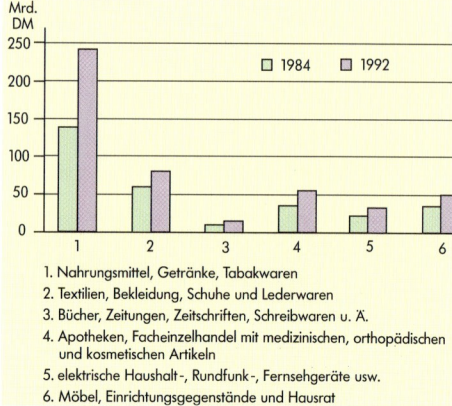

Einzelhandel: Umsätze im Einzelhandel mit ausgewählten Warenbereichen 1984 und 1992 (in Mrd. DM)

1. Nahrungsmittel, Getränke, Tabakwaren
2. Textilien, Bekleidung, Schuhe und Lederwaren
3. Bücher, Zeitungen, Zeitschriften, Schreibwaren u. Ä.
4. Apotheken, Facheinzelhandel mit medizinischen, orthopädischen und kosmetischen Artikeln
5. elektrische Haushalt-, Rundfunk-, Fernsehgeräte usw.
6. Möbel, Einrichtungsgegenstände und Hausrat

Die Zahlen verdeutlichen insbesondere, welche Marktbedeutung die Fachmärkte innerhalb kürzester Zeit gewinnen konnten. Diese Entwicklung wird u. a. verursacht durch Veränderungen im Verbraucherverhalten (z. B. durch das gestärkte Preisbewusstsein sowie die größere Einkaufsmobilität der Verbraucher), durch Rationalisierungs- und Kostenvorteile größerer Unternehmenseinheiten und durch Größenvorteile bei den Einkaufskonditionen.

Die *Rationalisierung* im E. war bis vor etwa zehn Jahren weitgehend auf den Verkaufsvorgang beschränkt (Selbstbedienung, Vorwahl). Es folgte die Rationalisierung des Bestell-, Abrechnungs- und Lagerwesens sowie der Warenauslieferung. Die Fortschritte in der Mikroelektronik erlauben es, die gesamte Warenwirtschaft computergestützt zu steuern. Warenwirtschaftssysteme erfassen die Ware artikelgenau nach Menge und Wert über alle Stationen hinweg bis zum Verkauf. Erleichterungen für den Einsatz von Warenwirtschaftssystemen sind einheitl. Artikelnummerierungssysteme (z. B. →EAN-System, →UPC-System) und Datenerfassungsgeräte (→Scanning).

Der *Wettbewerb* zw. den E.-Unternehmen findet auf versch. Ebenen statt: 1) durch unterschiedl. Einsatz der absatzpolit. Instrumente (z. B. Intensität von Werbemaßnahmen); 2) zw. den unterschiedl. Betriebsformen (z. B. Fachgeschäft kontra Discounter); 3) zw. den versch. Handelssystemen (z. B. Filialbetriebe, Franchisesysteme, Verbundgruppen und selbstständige Einzelunternehmen); 4) in räuml. Hinsicht zw. den Oberzentren und benachbarten Mittelzentren, ausgelöst durch die Verlagerung von Wohnungen und Arbeitsstätten ins Umland, aber auch zw. innerstädt. Betrieben und Betrieben auf der ›grünen Wiese‹. So besitzt der E. in peripheren Randlagen den Vorteil niedrigerer Betriebskosten (insbesondere bei den Gebäude- und Grundstückskosten), aber auch den Nachteil, fast ausschließlich auf Autofahrer als Kunden angewiesen zu sein und das Kaufumfeld nur unwesentlich verbessern zu können.

Rechtl. Regelungen, die Standort und Entwicklung des E. beeinflussen, sind u. a. Raumordnungs-Ges., Landesplanungs-Ges., Baunutzungs-VO, →Ladenschluss sowie die im Ges. gegen den unlauteren Wettbewerb fixierten Regelungen bezüglich Werbe- und Preiswettbewerb.

U. HANSEN: Absatz- u. Beschaffungsmarketing des E.s (²1990); K. BARTH: Betriebswirtschaftslehre des Handels (²1993); L. MÜLLER-HAGEDORN: Handelsmarketing (²1993); B. TIETZ: Der Handelsbetrieb (²1993); Marktstruktur u. Wettbewerb im Handel. Sondergutachten der Monopolkommission gemäß § 24 b Abs. 5 Satz 4 GWB (1994).

Einzelhandelspreisindex, Preisindex, der die durchschnittl. Preisentwicklung der vom Einzelhandel verkauften Güter anzeigt. In die Berechnung einbezogen werden die Artikel der versch. Branchen entsprechend ihrem Anteil am Gesamtumsatz.

Einzelkorngefüge, Elementargefüge, *Bodenkunde:* ein →Bodengefüge, bei dem die einzelnen Bodenteilchen (z. B. Sandkörner oder die Humusteilchen des Rohhumus) nicht miteinander verbunden sind.

Einzelkosten, direkte Kosten, die einer Kostenträgereinheit (betriebl. Leistungseinheit) unmittelbar, d. h. ohne Verrechnung über Kostenstellen, zurechenbaren Kosten; Ggs.: Gemeinkosten. Zur E.-Rechnung →Deckungsbeitragsrechnung.

Einzellader, eine Handfeuerwaffe, →Mehrlader.

Einzeller, Protisten, Lebewesen, die im Ggs. zu den Vielzellern (Gewebetiere, Metazoen) nur aus einer Zelle bestehen, z. B. Protozoen, Bakterien, viele Algen und Pilze.

Einzellkultur, *Mikrobiologie:* Reinkultur eines Mikroorganismus (Bakterium, Hefe, Pilz), die aus einer einzigen Zelle (oder Spore: **Einsporkultur, Einsporlinie**) hervorgegangen ist.

Einzelplan, *Finanzwissenschaft:* Teilhaushaltsplan für ein Ministerium (→Haushaltsplan).

Einzelradaufhängung, bei Pkw übl. Aufhängung der Räder an den Fahrzeugachsen. Die Räder sind dabei, im Ggs. zur durchgehenden Starrachse, unabhängig voneinander beweglich. Durch die E. kann die Masse der ungefederten Teile (Rad und Achse) gegenüber der Masse der gefederten Teile (Fahrgestell und Aufbau) klein gehalten werden, wodurch eine bessere Straßenlage erzielt wird.

Einzelrichter, allein entscheidender Richter im Ggs. zum →Kollegialgericht. Als E. entscheidet im *Zivilprozess* und in der *freiwilligen Gerichtsbarkeit* der Richter vom Amtsgericht. In bestimmten Fällen kann zur Entlastung des Gerichts und Beschleunigung des Verfahrens auch ein Mitgl. eines Kollegialgerichts 1. und 2. Instanz als E. vorbereitend oder entscheidend tätig werden: So soll im Verfahren 1. Instanz vor dem Landgericht die Zivilkammer den Rechtsstreit i. d. R. einem ihrer Mitgl. als E. zur Entscheidung übertragen, wenn die Sache keine Schwierigkeiten aufweist und nicht von grundsätzl. Bedeutung ist (§ 348 ZPO; ebenso § 6 Verwaltungsgerichtsordnung und § 6 Finanzgerichtsordnung). Der E. entscheidet unabhängig von der Kammer; diese kann den Rechtsstreit nicht wieder an sich ziehen, jedoch kann er ihn bei Eintreten besonderer Voraussetzungen an die Kammer zurückübertragen. In der Kammer für Handelssachen hat der Vorsitzende als E. die Sache zur Entscheidung in einer mündl. Verhandlung vor der Kammer vorzubereiten, in Einzelfällen und bei Einverständnis der Parteien auch selbst zu entscheiden (§ 349 ZPO). Anders ist die Zuständigkeit des E. im Berufungsverfahren geregelt; dort kann der Vorsitzende, in der mündl. Verhandlung das Berufungsgericht, die Sache dem E. zur Vorbereitung von Verhandlung und Entscheidung

zuweisen. E. ist dann der Vorsitzende oder ein von ihm zu bestimmendes Mitgl. des Berufungsgerichts, in Kammern für Handelssachen immer der Vorsitzende. Nur in bestimmten Fällen oder im Einverständnis der Parteien kann der E. auch hier selbst entscheiden (§ 524 ZPO). In der Revisionsinstanz findet ein Verfahren vor dem E. nicht statt.

Im *Strafprozess* entscheidet im amtsgerichtl. Verfahren der E. bei Vergehen, die im Wege der Privatklage verfolgt werden, und bei Vergehen mit einer Straferwartung von höchstens zwei Jahren Freiheitsstrafe. In Strafsachen vor dem Landgericht gibt es keinen E. Während die *Sozialgerichtsbarkeit* keinen E. kennt, bedarf die Zuständigkeit des E. in der *Arbeitsgerichtsbarkeit* einer ausdrückl. Regelung, die mit § 55 Arbeitsgerichts-Ges. gegeben ist. Danach entscheidet der Vorsitzende allein z. B. bei Klagerücknahme, Klageverzicht und Anerkenntnis. Sonst ist die Zuständigkeit des E. auf eng begrenzte Ausnahmen beschränkt (z. B. gemäß § 76 Asylverfahrens-Ges.).

Einziehung, 1) *Medizin:* v. a. bei Säuglingen und Kleinkindern zu beobachtendes Einsinken von Körperabschnitten (z. B. Zwischenrippenräume) bei der Einatmung als Symptom von Atemnot, u. a. bei Lungenentzündung.

2) *Recht:* 1) *Strafrecht:* die Wegnahme von Sachen oder Werten als Strafe (Nebenstrafe) oder Sicherungsmaßnahme **(Konfiskation);** die E. erfolgt durch Urteil, meist nach vorheriger →Beschlagnahme. Strafrechtlich unterliegen v. a. Gegenstände der E., die durch eine vorsätzl. Straftat hervorgebracht oder zu ihrer Begehung oder Vorbereitung gebraucht worden oder bestimmt gewesen sind; die E. ist grundsätzlich nur zulässig, wenn 1) die Gegenstände zur Zeit der Entscheidung dem Täter oder Teilnehmer gehören oder zustehen oder 2) die Gegenstände nach ihrer Art und den Umständen die Allgemeinheit gefährden oder die Gefahr besteht, dass sie der Begehung rechtswidriger Taten dienen werden (§§ 74 ff. StGB). Tatunbeteiligte Dritte, denen ein der E. unterliegender Gegenstand gehören oder die daran Rechte besitzen, erhalten ggf. eine Entschädigung, sofern diese nicht leichtfertig zu der inkriminierten Verwendung beigetragen haben. Hat der Täter den einzuziehenden Gegenstand veräußert, kann der hierfür erlöste Wertersatz eingezogen werden. Eingezogene Gegenstände gehen in das Eigentum des Staates über, wobei Rechte Dritter (z. B. ein Pfandrecht) bestehen bleiben. Die E. ist auch unabhängig von einem Strafverfahren gegen den Täter in einem selbstständigen E.-Verfahren (§§ 440 ff. StPO) möglich. – In ähnl. Form ist die E. auch in *Österreich* (§ 26 StGB) und im *Schweiz* (Art. 58 f. StGB) geregelt. Die E. ist als Nebenfolge einer Ordnungswidrigkeit im *Bußgeldverfahren* nach §§ 22 ff. Ordnungswidrigkeiten-Ges. unter ähnl. Voraussetzungen wie im Strafverfahren möglich. Das *Steuerstrafrecht* erlaubt bei bestimmten Straftaten die E. (§ 375 AO).

2) *Verwaltungsrecht:* im Wegerecht die Entwidmung (→Widmung).

Einziehungsgebühr, *Postwesen:* Teil der →Nachgebühr.

Einzug, 1) *graf. Technik:* das Einrücken von Anfangszeilen oder ganzen Satzteilen zur Hervorhebung vom übrigen Satz.

2) *Textiltechnik:* die vorbestimmte Reihenfolge der Fadenzuführung in Webmaschinen (Kettfäden in den Schäften, im Harnisch und im Webriet) und in Kettenwirkmaschinen, wodurch sich die Dichte des Gewebes oder Gewirkes und die Musterung variieren lassen.

Einzugsermächtigung, →Lastschrift.

Einzugsgebiet, 1) *Geographie:* das von einem →Fluss mit all seinen Nebenflüssen ober- und unterirdisch entwässerte Gebiet **(Stromgebiet).** Das oberird. E., durch Wasserscheiden von den E. anderer Flüsse

Eisberg in der Nähe von Jakobshavn, Grönland

getrennt, entspricht dem Niederschlagsgebiet; die unterird. Ausdehnung der Wasser speichernden Gesteine stimmt damit nicht unbedingt überein. Das

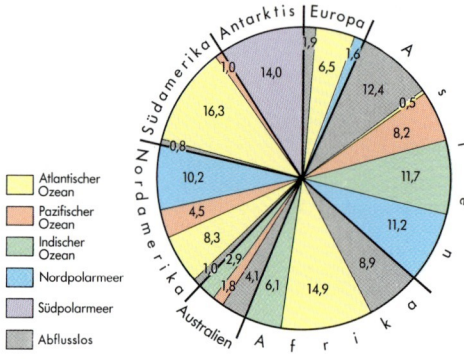

Einzugsgebiet 1): Aufteilung der Einzugsgebiete der Meere (in Mio. km²)

größte E. der Erde hat mit 7 Mio. km² der Amazonas. Die E. aller Flüsse eines Kontinents, die demselben Meer zuströmen, bilden ein **Abflussgebiet.**

2) *Wirtschaft:* **Einzugsbereich, Ergänzungsgebiet,** das durch eine oder mehrere zentrale Einrichtungen (z. B. Einkaufsstätten des nicht alltägl. Bedarfs, höhere Schulen, Bibliotheken, Theater) versorgte Areal (→zentrale Orte).

Einzugsverfahren, →Lastschrift.

Eion, griech. **Eiṓn,** antike Hafenstadt von →Amphipolis, an der Mündung des Strymon (Struma) am Nordrand der Ägäis in Thrakien gelegen. E. wurde unter DAREIOS I. als pers. Festung angelegt und als einer der letzten Stützpunkte der Perser auf europ. Boden 476 v. Chr. von den Athenern erobert. Die Reste eines byzantin. Kastells sind erhalten.

Eipel *die,* slowak. **Ipel'** [ˈipɛlj], ungar. **Ipoly** [ˈipoj], linker Nebenfluss der Donau, 232 km lang, entspringt im Slowak. Erzgebirge (Slowak. Rep.), im Mittel- und Unterlauf Grenzfluss zw. der Slowak. Rep. und Ungarn.

Eipilze, Klasse der niederen Pilze, →Oomycetes.

Eipper, Paul, Maler und Schriftsteller, *Stuttgart 10. 7. 1891, †Lochham (heute zu Gräfelfing) 22. 7. 1964; schrieb lebendige Tierbücher voll genauer Beobachtungen und gab Bildbände heraus.

Eirene
mit dem Plutosknaben
(Statue von Kephisodot
d. Ä., wohl 374 v. Chr.,
röm. Marmorkopie,
München, Glyptothek)

Werke: *Tierbücher:* Tiere sehen dich an (1928); Tierkinder (1929); Freundschaft mit Katzen (1931, 1953 u. d. T. Du liebe Katze!); Die gelbe Dogge Senta (1936); Das Haustierbuch (1938). – Menschenkinder (1929); Die geschmiedete Rose (1961, Autobiogr.).

Éire [ˈeːri], irischer Name für →Irland.

Eireifung, die →Oogenese.

Eirene, *griech. Mythos:* die Göttin des Friedens, Tochter des Zeus und der Themis, eine der Horen. Nach dem Friedensschluss mit Sparta 371 v. Chr. richteten ihr die Athener einen Kult ein. Bei den Römern entsprach ihr die Göttin Pax. – Die Göttin wird seit dem späten 5. Jh. v. Chr. auf griech. Vasen abgebildet; als Standbild ist die E. des KEPHISODOT D. Ä. bezeugt (wohl 374 v. Chr.; röm. Kopie in München, Glyptothek).

Eiröhren, die →Eischläuche.

Eirspennill [ˈɛir-; ›Buch mit den Kupferspangen‹], Anfang des 14. Jh. entstandene altnorweg. Sammelhandschrift mit meist kürzeren Versionen altnorweg. Königssagas (→Konunga sögur), bes. der →Heimskringla, der →Sverris saga und der →Hákonar saga Hákonarsonar.

Eis, 1) *Lebensmittel:* das →Speiseeis.

2) *Meteorologie* und *Physik:* fester Aggregatzustand des Wassers. Bei Normalluftdruck und einer Temperatur von 0 °C bildet sich Wasser durch E. aus Wasser durch Gefrieren; die Gefriertemperatur ist in geringem Maß vom äußeren Druck abhängig (→Wasser). Die Kristallstruktur des E. besteht aus einem Raumnetz tetraedrisch verknüpfter Wassermoleküle, die die Fähigkeit haben, untereinander Wasserstoffbrückenbindungen aufzubauen. Durch diese Struktur erklären sich das größere Volumen und die geringere Dichte des E. (0,91674 g/cm³ bei Normalbedingungen) im Vergleich zu Wasser. – Wegen seiner relativ großen Schmelzwärme (Wärmeverbrauch beim Schmelzvorgang) von 335 kJ/kg kann E. zu Kühlzwecken benutzt werden.

In der Atmosphäre ist E. meist kristallin (Plättchen, Skelette, Nadeln, Prismen), aber auch amorph (E.-Körnchen) ausgebildet. Viele →Wolken bestehen ganz oder teilweise aus E.-Kristallen, die sich durch Sublimation (**E.-Keime**) oder Gefrieren bilden. Feuchtigkeit der Atmosphäre lagert sich an unterkühlten Oberflächen (z. B. bei Bodenfrost) als →Reif ab.

An der Erdoberfläche entsteht E. durch Gefrieren von Gewässern (**E.-Verschluss**) und von Bodenfeuchtigkeit sowie durch Ansammlung von festen Niederschlägen (Schnee, Hagel). Beim Aufschmelzen zugefrorener Gewässer bildet sich durch E.-Aufbruch Treibeis. – In Dauerfrostböden findet sich perennierendes (ausdauerndes) **Boden-E.** In Festgesteinen tritt durch Gefrieren von Spaltenwasser (**Kluft-E.**) unter Volumenzunahme von rd. 10 % Sprengung des Gesteins ein (physikal. Verwitterung); gefrierendes Wasser ist auch in der Lage, durch Frosthub und Frostschub Bodenpartikel zu bewegen und zu sortieren.

Gletscher-E. entsteht oberhalb der Schneegrenze aus überdauernden und sich ansammelnden festen Niederschlägen über die Zwischenstufe des →Firn. In Gebirgen bildet es Talgletscher, in polaren und subpolaren Breiten auch Plateaugletscher. Die Verbreitung ständigen E. auf der Erde ist in den Tropen auf Höhen über 5000 m ü. M. beschränkt; mit der Schneegrenze sinkt das E. polwärts bis auf Meereshöhe. Heute liegen rd. 15,5 Mio. km² und damit rd. 3 % der Erdoberfläche unter ständiger E.-Bedeckung.

⇨ *Eisbekämpfung · Eisberg · Eisdienst · Eiskeil · Eisstausee · Eiszeitalter · Frostboden · Gefrierpunkt · Glatteis · Gletscher · Meereis · Schelf · Treibeis*

Eisabwehr, die →Eisbekämpfung.

Eisack *der,* ital. **Isarco,** linker Nebenfluss der Etsch in Südtirol, Italien, 95 km lang, entspringt westlich oberhalb des Brenners und mündet unterhalb von Bozen. Durch das tief eingeschnittene, meist enge und waldreiche **E.-Tal** führen die Brennerstraße und -autobahn sowie die Brennerbahn; das Tal, durch dessen oberen Teil schon in der Antike die Via Claudia Augusta verlief, ist Teil der wichtigsten Verkehrsleitlinie über die Alpen. (→Brenner)

Eisai, Myōan E., jap. Zen-Meister, *1141, †1215; gilt als Gründer der Rinzaischule des Zen. Als junger buddhist. Mönch in der Tradition der Tendai- und der Shingonschule aufgewachsen, weckten zwei Studienaufenthalte in China (1168 und 1187–91) sein Interesse am Zen. Nach 1191 lehrte er als erster in Japan den Zen-Weg auf Kyūshū, in Kyōto und ab 1199 in Kamakura. Hier gelang durch die Unterstützung des Shōguns MINAMOTO YORIIE die Verbindung des Zen mit dem Kriegerstand. 1202 gründete E. den Kenninji in Kyōto, den er zu einem Zweigtempel des Enryakuji (Kamakura) machte.

Werk (jap.): Traktat über die Verbreitung des Zen zum Schutz des Staates (1198).

Eisbahn, Eisfläche für den Eissport. Schwimm-E. entstehen in natürl. oder künstlich angelegten Wasserbecken, Spritzbahnen durch Bespritzen des Bodens mit Wasser. Bei **Kunst-E.** wird die Kälteerzeugung von →Kältemaschinen übernommen. Die Eislauffläche liegt hier auf den am Boden verlegten Kühlrohren, in denen Kühlsole strömt oder ein Kältemittel verdampft.

Eisbär, Art der →Bären.

Eisbarri|ere, →Meereis.

Eisbeil, *Bergsteigen:* Instrument, das eine Haue wie der Eispickel und einen Schlagkopf wie der Eishammer hat; sein Schaft ist rd. 60 cm lang.

Eisbein, frisch oder gepökelt gekochter Unterschenkel des Schweins; auch anschließend überbraten oder gegrillt.

Eisbekämpfung, Eisabwehr, Maßnahmen zur Eindämmung von Schäden durch treibendes oder aufgestautes Eis in Flüssen und Häfen. Dazu gehören z. B. das Abschälen von Randeisfeldern mit →Eisbrechern bei drohender Eisversetzung und das Beheizen der bewegl. Unterwasserteile von Wehren und Wasserkraftwerken; keilförmige Vorbauten vor Brückenpfeilern dienen zum Ablenken oder Zerkleinern von Treibeisschollen.

Eisberg, im Meer schwimmende große Eismasse, entsteht durch Kalben (Abbrechen) der ins Meer vorgeschobenen Zungen von Talgletschern oder des Inlandeises. E. von Talgletschern haben meist bizarre Formen; so auch die den grönländ. Gletschern entstammenden E. des nördl. Atlantiks, die mit dem Labradorstrom südwärts treiben und bei den Neufundlandbänken die Schifffahrt gefährden. E. vom antarkt. Eisschild gleichen riesigen Tafeln (**Tafel-E.**); ein extrem großer Tafel-E. (158 km lang, 40 km breit) brach 1987 vom Ross-Schelfeis ab. Nur $^{1}/_{5}$ bis $^{1}/_{8}$ der Masse eines E. ragt über die Meeresoberfläche hinaus.

Eisbeutel, Eisblase, *Medizin:* mit Eisstückchen gefüllter Gummi- oder Kunststoffsack zur Kühlung eines Körperteils. Der E. vermindert den örtl. Blutzufluss und wird z. B. bei Magenblutung, Entzündung des Wurmfortsatzes und der Gallenblase und bei hohem Fieber verwendet.

Eisblau, ein →Farbton zwischen Blau und Grün.

Eisblink, in den Polarmeeren der helle Widerschein des Polareises am Horizont.

Eisblume, eine Pflanzenart der Gattung →Mittagsblume.

Eisblumen, Eisbildung in vielfältigen Kristallisationsformen, meist durch Abkühlung des Wasserdampfs der Raumluft, an Fensterscheiben u. a. Der Formenreichtum auf vertikalen Flächen beruht auf dem Zusammenwirken von Kristallwachstum und Schwerkraft.

Eisblumenglas, Glas mit einem den Eisblumen ähnlichen Oberflächenmuster, das durch oberflächl. Anätzen des Glases mit Flusssäure, die aufgegossen und rasch wieder abgewaschen wird, entsteht. Ähnl. Muster bilden sich, wenn man auf eine mattierte Glasfläche dickflüssigen Leim aufträgt und diesen rasch trocknet; der dabei in unregelmäßigen Stücken abspringende Leim reißt Teilchen der mattierten Oberfläche mit ab, wobei sich die Muster ergeben. E. wird im Innenausbau, als Türfüllung u. Ä. verwendet.

Eisbrecher, kräftig gebautes Spezialschiff mit starkem Antrieb zum Aufbrechen und Offenhalten einer Fahrrinne im Eis, um Seewege, Flüsse und Häfen befahrbar zu halten. **Hochsee-E.** (Wasserverdrängung bis zu 25 000 t) dienen dem Einsatz in der nördl. Ostsee und im Nordpolarmeer, **Binnen-** und **Hafen-E.** haben meist Schleppergröße. Kleinere E. haben Diesel-, große dieselelektr. Antrieb mit Leistungen um 7,4 MW (10 000 PS). Die sehr großen russ. E. im Nordpolarmeer werden durch Kernenergie angetrieben (Antriebsleistungen bis zu 55 MW oder 75 000 PS). Kriterium der E. ist ein flach ansteigender Vorsteven im Unterwasserschiff, mit dem sich der E. auf die Eisdecke schiebt und diese durch seine Eigenmasse bricht.

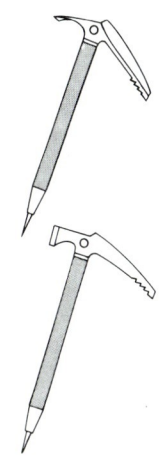

Eisbeil
mit Schaufel (oben) und mit Hammerkopf (unten)

Eisbrecher: Der russische Eisbrecher ›Murmansk‹ in der Karasee, Nördliches Eismeer

Spezielle Einrichtungen sind stark gekrümmte Spanten mit verstärkter Außenhaut (gegen Eisdruck), Bugpropeller (bei Ostsee-E.), Krängungsanlage (zum Freischaukeln) und Bugsierkerbe am Heck (für die enge Kopplung mit einem durch das Packeis zu führenden Schiff); viele E. haben Hubschrauber zur Eisbeobachtung an Bord. Bei Binnen-E. bringen umlaufende Umwuchtgewichte den E. in Stampfschwingungen, um die Brechtätigkeit durch Massenbeschleunigung zu fördern und ein Festklemmen im Eis zu verhindern. Während der vor anstatt nach oben brechende, in Kanada entwickelte ›Eispflug‹ nur noch selten angewendet wird, hat sich der ›Hammerkopf‹ genannte, mit starken, scharfen Kanten versehene Pontonbug auch bei Hochsee-E. durchgesetzt. Er zerteilt das Eis in große Schollen und schiebt diese, unterstützt durch Wasserstrahldüsen, gleichzeitig quer unter das Festeis zur Seite, damit sie nicht wieder aufschwimmen können. Dadurch friert die aufgebrochene Fahrrinne langsamer wieder zu als beim konventionellen Eisbrechen. Tradition im Bau von E. haben v. a. Dtl., Schweden, Finnland, Russland und Großbritannien. 1871 wurde in Dtl. mit dem Bau von E. begonnen (für Stettin).

A. BERGER: Die Stettiner E. 1889–1939 (1938); J. D. HARBORN: Moderne E., in: Spektrum der Wiss., Jg. 1984, H. 2; Ice technology, hg. v. T. K. MURTHY u. a. (Berlin 1986, Konferenzbericht).

Eisblumen

EISCAT: VHF-Antenne in Tromsø, Norwegen

EISCAT [ˈaɪskæt; Abk. für engl. European inco-
herent **scat**tering], von Deutschland, Finnland,
Frankreich, Großbritannien, Schweden und Norwegen getragenes wiss. Projekt zur Erforschung der (pol-
nahen) Iono- und Magnetosphäre sowie der Ursachen
von Erscheinungen in der Hochatmosphäre (z. B. des
Polarlichts) mit der Technik der inkohärenten Streuung von gepulsten Meter- und Dezimeterwellen. Dafür stehen zwei leistungsstarke Radarsysteme zur
Verfügung: eine Sende- und Empfangsantenne 30 km
östlich von Tromsø (Norwegen) mit schwenkbaren
Reflektorsegmenten, die im VHF-Bereich (bei 224
MHz) und im UHF-Bereich (bei 933 MHz) sendet,
und drei schwenkbare UHF-Empfangsantennen bei
Tromsø, Kiruna (Schweden) und Sodankylä (Finnland); 1996 kam das EISCAT Radar in Longyearbyen
hinzu.

Eisen

chem.	Ordnungszahl	26
Symbol:	relative Atommasse	55,847
	Häufigkeit in der Erdrinde	4,70 %
Fe	natürliche Isotope	
	(alle stabil; in Klammern Anteil in %)	^{54}Fe (5,9), ^{56}Fe (91,72), ^{57}Fe (2,1), ^{58}Fe (0,28)
	insgesamt bekannte Isotope	^{48}Fe bis ^{68}Fe
	längste Halbwertzeit (^{60}Fe)	$1,5 \cdot 10^6$ Jahre
	Dichte (bei 20 °C)	7,874 g/cm³
	Schmelzpunkt	1538 °C
	Siedepunkt	2861 °C
	spezifische Wärmekapazität (bei 25 °C)	0,449 J/(g · K)
	elektrische Leitfähigkeit (bei 0 °C)	$11,5 \cdot 10^6$ S/m
	Wärmeleitfähigkeit (bei 27 °C)	80,2 W/(m · K)

**Ei|schläuche, Eierschläuche, Eiröhren, Ovario-
len,** schlauchförmige Gebilde des Eierstocks der
Insekten, in denen die Eier heranreifen. Sie sind mit
einem Endfaden (**Terminalfilament**) an der Körper-
innenwand angeheftet; auf diesen Endfaden folgt als
Endfach (**Keimfach, Germarium**) der Teil, in dem die
Eizellen ihre Entwicklung beginnen. Das Germarium
geht über in einen in den Eileiter mündenden **Dotter-
stock (Vitellarium)**, in dem die dann einzeln hintereinander angeordneten Eizellen in unterschiedl. Weise
mit Nährstoffen (Dotter) versorgt und mit einer (sekundären) Eihülle (Chorion, Eischale) versehen werden: Bei den **panoistischen E.** versorgt ein der Wand
des Germariums entstammendes Follikelepithel die
Eizelle mit Dotter, während bei den **meroistischen E.**
im Germarium entstandene besondere Nährzellen die
Dotterversorgung übernehmen.

Ei|schwiele, schwielenartige, verhornte Epithel-
verdickung am Oberkiefer schlüpfreifer Brückenechsen, Krokodile und Schildkröten sowie am Ober-
schnabel von Vögeln (dann unkorrekt auch **Eizahn** genannt); die E. dient dem Durchstoßen der Eischale
und fällt nach dem Schlüpfen ab. Bei Ameisenigel und
Schnabeltier sitzt die E. auf einem kleinen **E.-Kno-
chen,** der mit der E. abfällt.

Eisdienst, Eiswarndienst, *Seeschifffahrt:* die
Überwachung der schifffahrtsgefährdenden Eisvor-
kommen und die Bekanntgabe ihrer Lage durch ›Eis-
funk‹ und moderne Telekommunikation. Der internat.
E. auf dem Nordatlantik (seit 1913) wird von der U.S.
Coast Guard von Schiffen und Flugzeugen, heute
auch von Satelliten durchgeführt (**International Ice
Patrol,** saisonal von Februar/März bis Juli/August).
Der Eisnachrichtendienst des Bundesamtes für Seeschifffahrt und Hydrographie in Hamburg und Rostock unterrichtet über die Eisverhältnisse in den heim.
Gewässern und in Ost- und Nordsee sowie auch in
außereurop. und polaren Gewässern. Vorhersagen
von Eisvorkommen beruhen auf Wettervorhersagen,
Kenntnissen über das dynam. und therm. Verhalten
von Eis unter den gegebenen ozeanograph. Bedingungen und der aktuellen Eislage. Es werden dazu verstärkt Modellrechnungen eingesetzt.

Eiselen, E r n s t Wilhelm Bernhard, Turnpädagoge,
* Berlin 27. 9. 1793, † Misdroy 28. 8. 1846; Anhänger
von F. L. JAHN; gründete 1825 die erste Turnanstalt
für orthopäd. Turnen, 1832 in Berlin die erste Turnanstalt für Mädchen; gab dem Vereinsturnen wesentl.
Anstöße. Zahlr. Veröffentlichungen.

Eisen [ahd. īsarn ›das feste Metall‹ (im Ggs. zur
weichen Bronze)] *das, -s,* lat. **Ferrum,** chem. Symbol
Fe, ein →chemisches Element aus der achten Nebengruppe des Periodensystems. E. ist das wichtigste Ge-
brauchsmetall. Reines E. hat ein silberweißes Aussehen, ist verhältnismäßig weich (Härte nach MOHS 4,5)
und dehnbar; bei Temperaturen unter 769 °C ist es gut
magnetisierbar. Seine elektr. Leitfähigkeit und das
Wärmeleitvermögen betragen $^1/_5$ bis $^1/_6$ von denen des
Kupfers. E. ist kubisch-hexakisoktaedrisch und tritt in
versch. Modifikationen auf: den kubisch-raumzen-
trierten Phasen δ-Eisen bei Temperaturen oberhalb
von 1 392 °C und α-Eisen (→Ferrit) bei Temperaturen
unterhalb von 911 °C und der kubisch-flächenzentrier-
ten Phase γ-Eisen zw. Temperaturen von 1 392 °C und
911 °C (→Eisen-Kohlenstoff-Diagramm). Oberhalb
von 769 °C (→Curie-Temperatur) verliert das α-Eisen
seinen Ferromagnetismus. – E. gehört zu den →Über-
gangselementen. Es ist ein unedles Metall, das von
verdünnten Säuren gelöst wird und an feuchter Luft
→Rost bildet. In seinen Verbindungen tritt E. in
den Wertigkeitsstufen + 2 und + 3 auf (→Eisenverbin-
dungen). Gegen konzentrierte Salpeter- und Schwefelsäure ist es beständig (→Passivierung). In fein
verteilter Form ist es pyrophor; in der analyt. Chemie
dient es als Reduktionsmittel.
Verwendung findet E. als Metall fast ausschließlich
in Form von Legierungen, bes. E.-Kohlenstoff-Legie-
rungen (→Gusseisen und v. a. →Stahl); durch Zulegie-
ren von Metallen (z. B. Vanadium, Wolfram, Molybdän, Mangan), Nichtmetallen (z. B. Silicium, Phosphor, Schwefel) und durch geeignete Wärmebehandlung können die mechanisch-therm. Eigenschaften
des Metalls in großem Umfang variiert werden, wodurch sich die Anwendungsmöglichkeiten vergrößern.

Vorkommen

E. ist wahrscheinlich das wichtigste Element der gesamten Erde, die nach H. S. WASHINGTON etwa 40 %
E. enthält. Allein der Erdkern besteht zu etwa 90 % aus
E. Demgegenüber ist E. am Aufbau der zugängl. Erdkruste mit nur 4,7 % beteiligt und steht damit hinter

Sauerstoff (46,6 %), Silicium (27,7 %) und Aluminium (8,1 %) an vierter Stelle.

Grundlage für die techn. E.-Gewinnung sind die **E.-Erze,** wirtschaftlich nutzbare eisenreiche Minerale und Gesteine. Die wichtigsten Minerale bestehen aus E.-Oxiden (→Magnetit und →Hämatit, mit einem theoret. E.-Gehalt von 72 % bzw. 70 % Fe und einem durchschnittl. E.-Gehalt von 40–70 % Fe) und E.-Oxidhydroxiden (→Goethit, →Limonit; theoretisch bis 62 %, durchschnittlich 25–45 % Fe), ferner aus E.-Carbonat (→Siderit; theoretisch 48 %, durchschnittlich 25–45 % Fe; leicht verhüttbar, aber mengenmäßig begrenzt), E.-Silikaten (→Chamosit, untergeordnet auch →Thuringit; theoretisch 34–43 %, durchschnittlich 20–39 % E.-Oxid), E.-Sulfiden (→Pyrit; Schwefelerz, nur sekundär, als Röstrückstand, für die E.-Gewinnung verwendbar) sowie Titanomagnetit (mit →Ilmenit gemischter Magnetit; hauptsächlich Titanerz). Gediegenes E. **(tellurisches E., terrestrisches E.),** das stets Beimischungen von Kohlenstoff und Nickel enthält, ist dagegen in der Erdkruste selten. Es kommt derb oder eingesprengt in Form von Körnern, Schüppchen oder Klumpen vor und entsteht meist durch einen ›natürl. Hochofenprozess‹: Beim Durchbruch von Basaltlava durch Kohlenlager wird E.-Erz zu E. reduziert (z. B. auf der Insel Disko an der W-Küste Grönlands die größte bekannte E.-Klumpen: 25 t; am Bühl bei Kassel E.-Brocken bis 5 kg). **E.-Meteorite** enthalten durchschnittlich 90 % E., überwiegend in gediegener Form (→Meteoreisen).

Lagerstätten: Die untere Grenze der Abbauwürdigkeit von E.-Erzen liegt i. A. bei etwa 25 % Fe. Entsprechend der Häufigkeit der E. in der Erdkruste gibt es eine große Zahl von Lagerstättentypen. 1) Marin-sedimentäre E.-Erzlagerstätten: Über 50 % der Weltförderung und etwa ²/₃ der Weltreserven stellen die →Bändereisenerze (v. a. im südl. und westl. Afrika, in Brasilien, Venezuela, Australien, den USA, Kanada, Indien und der Ukraine). Einen durchschnittl. E.-Gehalt von 28–40 % weisen die in Form von →Ooiden und →Oolithen im Schelfbereich der Meere ausgeschiedenen E.-Erze auf; dabei handelt es sich um Limonit (u. a. in der →Minette), Siderit, Chamosit oder Hämatit, u. a. in Form von →Trümmererzen. 2) Terrestrisch-sedimentäre E.-Erzlagerstätten: Die für die Entwicklung der europ. E.-Industrie einst wichtigen →Raseneisenerze spielen heute keine Rolle mehr. Durch chem. Verwitterung in trop. Klimaten sind auf bas. und ultrabas. Gesteinen krustenartige laterit. E.-Erze (Limonit) gebildet, bes. bei Conakry (Guinea) sowie in Brasilien, Kuba, Nigeria, Simbabwe, Indien und auf den Philippinen. 3) Vulkano-sedimentäre E.-Erzlagerstätten: Sie sind typisch im →Lahn-Dill-Gebiet ausgeprägt: überwiegend oxid. E.-Erze (v. a. Hämatit), daneben silikat. und carbonat. E.-Erze, die durch submarinen Austritt hydrothermaler, eisenhaltiger Lösungen in Schalsteine (vulkanisch-sedimentäre Mischgesteine) entstanden sind. 4) Magmat. E.-Erzlagerstätten: Die liquidmagmat. Titanomagnetitvorkommen (z. B. Taberg in Schweden, Otanmäki in Finnland) sind durch gravitative Kristallisationsdifferenziation (→Differenziation) entstanden, während die wichtigeren apatitreichen, z. T. sekundär in Hämatit umgewandelten Magnetitlagerstätten (z. B. Kiruna, Gällivare und Grängesberg in Schweden) Intrusionskörper darstellen, die den liquid-magmatisch-pneumatolyt. Stadien der Differenziation entstammen. Auf das hydrothermale Stadium werden Siderit- und Hämatitvorkommen zurückgeführt, die als Erzgänge auftreten können (z. B. im Siegerland); wirtschaftlich wichtiger sind die stockförmigen Lagerstätten, die infolge der Verdrängung (→Metasomatose) von Kalken durch heiße Metalllösungen entstanden sind (z. B. Erzberg in der Steiermark, Banat, Ural, bei Bilbao in Spanien).

Anteile bestimmter Elemente an Reineisensorten (in %)				
Bestandteil	Armco®-Eisen	Elektrolyt-eisen	Carbonyl-eisen	wasserstoff-gereinigtes·Eisen
Kohlenstoff	< 0,020	0,006	0,0004	0,005
Mangan	< 0,020	–	–	0,028
Phosphor	0,005	0,005	–	0,004
Schwefel	0,020	0,004	–	0,003
Silicium	Spuren	0,005	–	0,001
Kupfer	0,040	–	–	–
Sauerstoff	gering	gering	< 0,01	0,003
Stickstoff	0,004	–	–	0,0001

Gewinnung

E. wird technisch durch Verhüttung von E.-Erzen gewonnen, die i. d. R. mehr als 60 % Fe enthalten. Durch Aufbereitung (Senkung des Gangartanteils bei gleichzeitiger Erhöhung des Fe-Gehaltes) und Vorbereitung (Brechen, Mahlen, Sieben, Stückigmachen) wird eine hohe Effektivität im Herstellungsprozess erreicht. Das weitaus wichtigste Verfahren bei der Verhüttung ist das Hochofenverfahren, bei dem die E.-Erze durch Koks, Kohlenmonoxid und Wasserstoff zu E. reduziert werden. Bei diesem Verfahren wird durch Verbrennen des Kokses einerseits das für den Reduktionsvorgang erforderl. Kohlenmonoxid gebildet, andererseits werden dabei die für das Schmelzen des Metalls und der Schlacke notwendigen hohen Temperaturen erzeugt (vgl. unten). Das bei diesem Reduktionsvorgang gewonnene Roh-E. (hüttenmännisch kurz ›Eisen‹ genannt) enthält stets mehr % Beimengungen (E.-Begleiter), die aus dem Koks oder aus dem den Erzen anhaftenden Gestein (der Gangart) stammen, meist 3,5–4,5 % Kohlenstoff (C), 0,5–3,5 % Silicium (Si), 0,5–6 % Mangan (Mn), 0,1–2 % Phosphor (P) und 0,01–0,05 % Schwefel (S). Roh-E. ist deshalb im Ggs. zum reinen E. hart und spröde und lässt sich nicht schmieden, walzen oder ziehen. Es wird entweder zu →Gusseisen oder (zum größten Teil, rd. 80 % der Weltproduktion) zu →Stahl verarbeitet. Je nach Endprodukt oder Verarbeitungsverfahren werden zahlr. Roheisensorten unterschieden.

Ein geringer Teil des erzeugten E. wird zu **Rein-E.** mit 99,90–99,99 % Fe verarbeitet, das v. a. in der Pulvermetallurgie sowie in der Magnettechnik Verwendung findet. Geeignete Reinigungsverfahren sind u. a. die elektrolyt. Raffination von vorgereinigtem Eisen. E. (→Elektrolyteisen) oder die Raffination durch Herstellung und Zersetzung von E.-Carbonyl (→Carbonyleisen). **Reinst-E.** mit über 99,999 % Fe kann z. B. durch Zonenschmelzen gewonnen werden.

Hochofenverfahren: Moderne Hochöfen sind kontinuierlich arbeitende Schachtöfen, die ein Volumen bis 5000 m³ aufweisen. Der Gestelldurchmesser großer Öfen beträgt 10–15 m. Teile des Hochofens sind die **Gicht,** die sich nach unten kegelstumpfförmig zum **Schacht** erweitert, im zylindr. **Kohlensack** fortsetzt, anschließend in die sich nach unten kegelstumpfförmig verengende **Rast** und das zylindr. **Gestell** übergeht und unten vom **Bodenstein (Gestellboden)** abgeschlossen ist. Der Gestelldurchmesser liegt zw. 3 und 14 m. Der gesamte Hochofen ist von einem Stahlpanzer umgeben; Schacht und Rast sind mit einer 50–120 cm starken Auskleidung **(Zustellung)** aus feuerfesten Schamottesteinen, Gestell und Bodenstein mit einer Auskleidung von Kohlenstoffsteinen versehen.

Um eine lange Haltbarkeit der Zustellung während einer →Ofenreise (10 Jahre und mehr) zu erreichen, wird der Hochofen gekühlt (Außenberieselung mit Wasser, Spritzkühlung oder Zwangsumlaufkühlung durch im Inneren der Schachtwand angebrachte Vorrichtungen; der Kühlwasserverbrauch eines Hochofens beträgt etwa 15 m³ je Tonne Roh-E.). Am oberen

Gestellrand befinden sich, auf den Kreisumfang verteilt, (bei großen Hochöfen bis zu 40) Wind- oder **Blasformen,** d.h. Öffnungen, durch die Heißwind eingepresst wird. Weiter unten befinden sich im Gestell die Abstichöffnungen für das flüssige Roh-E. und die Schlacke.

Die Beschickung des Hochofens **(Begichtung)** erfolgt von oben über Begichtungsvorrichtungen. Sie bewirken unter wärmetechnisch günstigen Voraussetzungen (geringer Brennstoffverbrauch) eine Regulierung des Einsatzgutes bzw. ein Absinken der Begichtung. Glockenlose Gichtverschlüsse tragen dazu bei, dass Erz, Kalkstein und Koks auf exakt definierte Positionen gebracht werden können und der Ofen optimal arbeitet.

Zur Erzeugung des für den Betrieb des Hochofens erforderl. Heißwinds wird von Axialgebläsen angesaugte Kaltluft unter Druck wechselweise in drei bis vier Winderhitzern **(Cowper)** erwärmt. Der Heißwind wird anschließend über die Heißwindringleitung zu den Blasformen des Hochofens gedrückt (in Großhochöfen werden bis zu 600 000 m³ Luft pro Stunde eingeblasen).

In Zeitabständen von drei bis vier Stunden wird das Roh-E. abgestochen und durch Rinnen in Transportpfannen gefüllt oder eventuell in ein →Masselbett geleitet. Die Leistung der Großhochöfen beträgt bis 11 000 t Roh-E. täglich. Hohe Tagesleistungen der Hochöfen werden erreicht durch Vergrößerung des Gestelldurchmessers, einen hohen Anteil an Sinter und Pellets im Möller, hohen Windüberdruck (4–5 bar) und entsprechend hohen Gasdruck an der Gicht (1,5–2,5 bar), eine hohe Windtemperatur (1 350 °C), Einblasen von Zusatzbrennstoffen (Öl, Erdgas und Kohlenstaub). In integrierten Hüttenwerken mit Hochofen, Stahl- und Walzwerken wird das flüssige Roh-E. in Rohr- oder Torpedopfannen direkt zum Stahlwerk transportiert. Im Hochofen verbrennt der Koks vor den mit Wasser gekühlten Düsen (Blasformen) zu Kohlendioxid, CO_2, das durch den im Überschuss vorhandenen Koks zu Kohlenmonoxid, CO, umgewandelt wird. Durch dieses CO werden im Schacht unter Erzeugung von CO_2 40–70 % des Erzes reduziert **(indirekte Reduktion).** Im Gestell des Hochofens befindet sich außer dem Roh-E. eine flüssige Schmelzphase, in der die Gangart des Erzes und die Koksasche mit dem zugesetzten Kalkstein eine Kalksilikatschlacke bilden und das bereits vorreduzierte

Erz durch CO weiter reduziert wird; das dabei entstehende CO_2 wird in Kontakt mit dem heißen Koks (entsprechend dem →Boudouard-Gleichgewicht) sofort wieder in CO umgewandelt **(direkte Reduktion).** Das bei den hohen Gestelltemperaturen geschmolzene E. nimmt die versch. E.-Begleiter C, Mn, Si, P und S auf, die den Schmelzpunkt des reinen E. von 1 536 °C bis auf etwa 1 100 °C erniedrigen. Das flüssige **Roh-E.** setzt sich im Gestell unter der leichteren Schlacke ab und wird mit Temperaturen von etwa 1 450 °C abgestochen. Die Spezialroheisensorten, manganreiches Stahl-E., Spiegel-E., Hämatitroh-E. und Gießereiroh-E. (→Gießerei), gießt man meist in einer Gießmaschine zu Masseln.

Die **Hochofenschlacke** enthält um 1 % Schwermetalloxide (E.- und Manganoxid) und besteht in der Hauptmenge aus Calcium-, Magnesium- und Aluminiumsilikaten. Durch die Möllerung, d.h. die Abstimmung der bas. und sauren Zuschlagstoffe mit der Gangart des Erzes und dem Aschegehalt des Kokses, wird die gewünschte Zusammensetzung und damit das Schmelzintervall sowie die Viskosität der Schlacke geregelt. Phosphor geht fast ganz in das Roh-E. über. Bei bas. Schmelzen, d.h. mit kalkreicher Schlacke, geht der Hauptteil des Schwefels, der vornehmlich aus dem Aschegehalt des Kokses stammt, als Calciumsulfid, CaS, in die Schlacke über. Die Einstellung niedriger Schwefelgehalte im Roh-E. erfolgt durch eine Nachentschwefelung außerhalb des Hochofens. Die Menge der Hochofenschlacke beträgt 250–350 kg je t Roh-E. Die Schlacke wird zu Schlackensteinen, Schlackenwolle und Splitt, zur Herstellung von E.-Portlandzement und für Düngezwecke verwendet. Je t Koks fallen rd. 4 000 m³ **Hochofengas** an, das rd. 20 % CO, 20 % CO_2 und 2,5 % Wasserstoff (H_2) enthält (Rest Stickstoff, N_2) und einen Heizwert von rd. 3 500 kJ/m³ hat. Das Hochofengas wird an der Gicht bei Temperaturen von etwa 100 bis 250 °C abgezogen **(Gichtgas)** und vor seiner Verwendung zu Feuerungszwecken mithilfe von Staubsäcken und Nassreinigungsanlagen vom **Gichtstaub** befreit. Bei der Verwendung als Treibgas in Großgasmaschinen wird es in Desintegratoren oder in Trockenreinigungsanlagen mit Stofffiltern oder durch elektr. Abscheidung weiter gereinigt. Der zuvor bereits abgeschiedene Gichtstaub enthält 12–14 % Fe; er wird als Zusatz zur Sintermischung agglomeriert und wieder in den Hochofen eingesetzt.

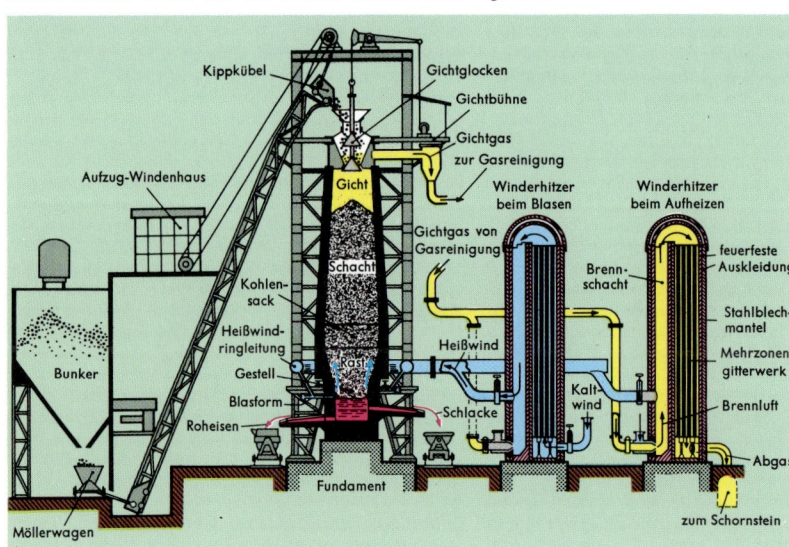

Eisen:
Schematischer Querschnitt einer Hochofenanlage

Als alternative Möglichkeiten zur Erzreduktion im Hochofen wurden die →Direktreduktionsverfahren sowie die →Schmelzreduktionsverfahren entwickelt.

Physiologie

E. gehört zu den lebensnotwendigen Spurenelementen für den menschl. und tier. Organismus. Der Hauptanteil des E. (etwa 65–70%) wird zur Synthese des roten Blutfarbstoffs Hämoglobin verwendet. Die beim Zerfall der roten Blutkörperchen täglich anfallende E.-Menge von 20–30 mg wird dabei wieder verwertet. E. dient des weiteren als Sauerstoffspeicher (im Muskelfarbstoff Myoglobin) und als Oxidationsmittel in Enzymen (z.B. Peroxidase). Den tägl. E.-Verlusten entsprechend beträgt der E.-Bedarf je Tag beim Mann 1 mg und bei der Frau im gebärfähigen Alter 2 mg. Ein physiologisch erhöhter E.-Bedarf liegt während der Wachstumsphase und der Schwangerschaft vor. Der Gesamteisenbestand des Körpers beträgt etwa 3,5–5 g. Die Speicherung des E. erfolgt v.a. in Leber, Milz und Knochenmark in Form von Ferritin, aus dem es bei Bedarf rasch mobilisiert werden kann. Bei Überangebot wird E. zusätzlich als Hämosiderin gespeichert.

Krankhafter **E.-Mangel** entsteht bes. durch gehäufte Blutverluste (z.B. verstärkte Regelblutungen bei der Frau, Blutungen bei Magengeschwür, Darmkrebs), bei ungenügender Zufuhr (einseitige Kost) und eingeschränkter Aufnahme durch den Darm. Symptome sind v.a. Mattigkeit, Kopfschmerzen, rissige Haut, Brennen von Zunge und Speiseröhre. Feststellbar ist der E.-Mangel am erniedrigten **E.-Spiegel** des Blutes, der normalerweise beim Mann etwa 90–180 µg/100 ml (16–32 µmol/l), bei der Frau 70–150 µg/100 ml (12–27 µmol/l) beträgt. Lange dauernder E.-Mangel führt zur →Eisenmangelanämie. Die Behandlung erfolgt mit →Eisenpräparaten.

Von Pflanzen wird E. in gelöster Form als Fe^{2+} aufgenommen, zum Fe^{3+} oxidiert und als Chelatkomplex zu den grünen Pflanzenteilen transportiert. Auf stark kalkreichen alkal. Böden kann es zu E.-Mangelerscheinungen kommen. Pflanzentox. Konzentrationen von E. (> 200 mg/l Nährlösung) hingegen kommen in der Natur nur sehr selten bei Stauwasser (z.B. Reisanbau) vor. Für Tiere ist E. kaum toxisch, allerdings für den Menschen bei E.-Konzentrationen von über 200 mg/kg im Trinkwasser.

Wirtschaft

E.-Erze gehören zu den am häufigsten vorhandenen Mineralen. Die Weltreserven wurden (1994) auf rd. 800 Mrd. t geschätzt. Sie reichen aus, um die Nachfrage bis ins 22. Jh. zu decken, wenn die jährl. Fördermengen nicht drastisch erhöht werden. Der E.-Gehalt der Minen ist unterschiedlich. Vorkommen mit 64–68% E.-Gehalt lagern in Brasilien und Australien, aus den älteren Minen in Frankreich und den USA wird E.-Erz mit 26–32% E.-Anteil gefördert. Die Förderung von E.-Erz hatte (1994) weltweit 1 000 Mio. t erreicht. Wichtigste Förderländer sind die ehem. UdSSR, Brasilien, aus dem Bergland von Carajás über die größten E.-Erzvorkommen der Erde verfügt, ferner China, Australien und die USA.

Nach Erdöl ist E.-Erz das zweithäufigste Welthandelsgut mit einem jährl. Umsatz von rd. 8 Mrd. US-$. Die wichtigsten Anbieter von E.-Erz am Weltmarkt sind Brasilien und Australien (auf sie entfallen über die Hälfte aller E.-Erzexporte), gefolgt von Indien, Kanada, der Rep. Südafrika und Schweden; wichtigster Abnehmer ist Japan (dorthin gehen 35% aller E.-Erzexporte). Auch China gewinnt als Importeur immer größere Bedeutung. Der E.-Erzimport Dtl.s betrug 1993 rd. 35 Mio. t. Die eigene Förderung wurde wegen zu hoher Kosten eingestellt. Mehr als ein Drit-

tel seiner E.-Erzimporte kommen aus Brasilien, weitere wichtige Lieferanten sind Australien, Liberia, Kanada und Schweden. – Die Nachfrage nach E.-Erz ist an die Nachfrage nach Stahl gebunden.

Förderung von Eisenerz (Eisengehalt in Mio. t)				
Land	1970	1980	1988	1992
UdSSR	106,1	132,9	137,0	97,2*)
USA	53,3	44,6	36,5	34,7
Kanada	29,2	30,2	24,5	21,8
Australien	28,7	61,3	61,5	69,8
Brasilien	24,7	95,0	98,6	94,7
China	24,0	56,3	49,5	88,6
Schweden	19,8	17,2	13,5	12,7
Indien	19,7	26,4	31,2	34,65
Liberia	14,4	12,0	7,9	1,1
Republik Südafrika	5,9	16,5	15,9	18,5
übrige Länder	92,4	61,8	58,3	51,6
insgesamt	418,2	554,2	534,4	505,3

*) ehemalige UdSSR

Geschichte

E. tritt erst verhältnismäßig spät in den Bereich der von Menschen verwendeten Materialien; es wurde in vorgeschichtl. Zeit (→Eisenzeit) erst gewonnen und verarbeitet, nachdem Bronze (→Bronzezeit) bereits bekannt war. Die E.-Gewinnung bedeutete für den Menschen einen wichtigen kulturellen Fortschritt. Es wurde möglich, da E. bessere Werkzeuge zu fertigen und mit ihnen schneller und besser zu arbeiten. Seit seiner ersten Gewinnung wurde E. auch zu Waffen verarbeitet.

Bei den frühen E.-Gewinnungsverfahren wurden relativ reine Erze nach dem **Rennfeuerverfahren** verarbeitet. Die Rennfeueröfen bestanden meist aus Gruben **(Rennherde)** oder einfachen Schachtöfen **(Rennöfen)**, die aus Lehm oder Steinen errichtet wurden. Die Erze wurden mit glühender Holzkohle und natürl. Luftzug oder Luft aus dem Blasebalg reduziert. Das reduzierte E. **(Renn-E.)** sammelte sich am Boden des Ofens in Form von **Luppen**, d.h. als feste teigige E.-Klumpen, die noch stark mit Schlacke versetzt waren und durch Schmieden von der Schlacke und der restl. Holzkohle befreit werden mussten (Ausschmieden).

Um 700 n. Chr. entstand eine E.-Industrie in der Steiermark, im 9. Jh. auch in Böhmen, Sachsen, Thüringen, im Harz, im Elsass und am Niederrhein. Im 12. Jh. wurden E.-Hüttenbetriebe in Holland, im 15. Jh. in England und Schweden errichtet. Durch Erhöhung der Schachtöfen (etwa ab dem 14. Jh.) zunächst auf 2 bis 2,5 m, schließlich auf 4 bis 7 m, bei gleichzeitiger Anwendung von Wasserrädern zum Blasebetrieb, entstanden die **Stück-** oder **Wolfsöfen,** in denen ebenfalls überwiegend E.-Luppen gewonnen wurden, die dann in **Hammerwerken (E.-Hämmer)** weiterverarbeitet, d.h. von der Schlacke befreit wurden. Z.T. wurde jedoch auch bereits flüssiges Roh-E. gewonnen, das man durch Frischen in Herdöfen in Schmiede-E. überführte. Eine kontinuierl. Erzeugung von Roh-E. war erst mit der Entwicklung des Hochofens (etwa seit dem 16. Jh.) möglich. Als Reduktionsmittel für die E.-Oxide diente bis ins 18. Jh. Holzkohle, wodurch sich ein großer Raubbau an den Waldbeständen ergab. Steinkohle konnte erst verwendet werden, nachdem das Verfahren der Verkokung (Kohleentgasung) entwickelt worden war. 1709 gewann der brit. Hüttenfachman ABRAHAM DARBY D. Ä. (* 1677, † 1717) erstmals ein brauchbares Roh-E. unter Verwendung von Steinkohlenkoks; 1735 beschickte sein Sohn ABRAHAM DARBY D. J. (* 1711,

† 1763) erstmals einen Hochofen ausschließlich mit Koks als Reduktionsmittel (→Gusseisen, →Stahl).

L. BECK: Die Gesch. des E. in techn. u. kulturgeschichtl. Beziehung, 5 Bde. (1884–1903); Hb. für das Eisenhüttenlaboratorium, hg. vom Verein Dt. Eisenhüttenleute, 8 Tle. (1–2 1939–94); Metallurgie des E., begr. v. L. GMELIN u. R. DURRER, auf mehrer Bde. ber. (1964 ff, ab Bd. 7 1984 u. d. T. Metallurgy of iron); L. VON BOGDANDY u. H.-J. ENGELL: Die Reduktion der E.-Erze (1967); R. SPRANDEL: Das E.-Gewerbe im MA. (1968); K.-H. KOCH: Chemie u. Technologie des E. (1973); M. BECKERT: E. Tatsachen u. Legenden (1981); H. BOTTKE: Lagerstättenkunde des E. (1981); K. O. HENSELING: Bronze, E., Stahl (1981); Hb. der Metallmärkte, hg. v. W. GOCHT (2 1985); F. OETERS: Metallurgie der Stahlherstellung (1989).

Eisen [ɛ'zɛn], Charles, frz. Zeichner, Kupferstecher und Maler, * Valenciennes 17. 8. 1720, † Brüssel 4. 1. 1778; einer der erfindungsreichsten Illustrations- und Vignettenkünstler des 18. Jh.; schuf Blätter und Gemälde mit galanten Motiven sowie Dekorationsstiche (1753 veröffentlicht). Er stattete u. a. die ›Contes et nouvelles en vers‹ von LA FONTAINE aus.

Eisenach: Blick auf das am Markt gelegene, wohl um 1507 fertig gestellte Residenzhaus (links) und das 1508 begonnene, im 16./17. Jh. in Renaissanceformen erneuerte Rathaus

Eisenach, Große kreisangehörige Stadt im Wartburgkreis, Thür., 220 m ü. M., am NW-Rand des Thüringer Waldes, an der Hörsel, überragt von der →Wartburg, 46 000 Ew.; Sitz des Landesbischofs der Evangelisch-Luther. Kirche in Thüringen; Lutherhaus (Ende 15. Jh.), Bachhaus (Bau des 17./18. Jh.; Bachmuseum), Fritz-Reuter- und Richard-Wagner-Museum, Thüringer Museum und Automobilmuseum (mit Motorwagen von 1898), Thüringer Landestheater E.-Rudolstadt-Saalfeld. Größte wirtschaftl. Bedeutung hat das 1991/92 gebaute Opel-Automobil-Werk E. (Bau von Pkw der Typen Corsa und Astra); außerdem Herstellung von Werkzeugen für den Autobau, Maschinenbau und elektrotechn. Industrie sowie zahlr. mittelständ. Produktions-, Dienstleistungsunternehmen und Handwerksbetriebe. – Von den mittelalterl. Bauten blieb nur wenig erhalten. Die roman. Nikolaikirche (Ende 12. Jh.) bildet mit dem Nikolaitor, einem Rest der Stadtbefestigung, eine einheitl. Baugruppe. Die um 1180 gegründete Marktkirche St. Georg ist im Wesentlichen spätgotisch (1515 begonnen); die W-Front mit hoher Vorhalle und Glockenturm (1898–1902). Ebenfalls am Markt liegt die neue Residenz, das barocke Stadtschloss, 1742–51 entstanden; reiche Innenräume, v. a. der Festsaal in Stuckmarmor und fein stuckiertem Rokokorankenwerk, der Marstall beherbergt heute eine Abteilung des Thüringer Museums (Sammlung Thüringer Fayencen, Porzellane und Gläser). In der frühgot. Predigerkirche (ehem. Dominikaner-Klosterkirche, um 1235; mit

spätroman. Krypta, Kreuzgang Ende 15. Jh.) befindet sich seit der Umgestaltung von 1890 das Thüringer Museum mit einer bedeutenden Sammlung thüring. Schnitzplastik des 12.–16. Jh. Das Rathaus ist im Kern spätgotisch (1508), wurde in Renaissanceformen 1564 umgebaut und nach dem Stadtbrand von 1636 wieder aufgebaut. Am Markt befindet sich auch das Residenzhaus, wohl um 1507 fertig gestellt. Zahlr. Fachwerkbürgerhäuser wurden im 18. Jh. verputzt. – E. wurde um 1150 gegründet (1189 als Stadt erwähnt) und bald Mittelpunkt der Landgrafschaft Thüringen. Das 1283 verliehene Stadtrecht griff auf eine ältere Form (wohl zw. 1227 und 1247 verliehen) zurück; 1264 fiel E. an die Wettiner (ab 1485 an die Ernestiner), 1572–1638, 1640–44 und 1672–1741 war E. Residenz des Herzogtums **Sachsen-E.,** einer ernestin. Seitenlinie. Danach gehörte die Stadt zu Sachsen-Weimar(-E.; Reg.-Sitz) und kam 1920 an Thüringen (seit 1918/19 **Wartburgstadt E.** gen.). Im 19. und 20. Jh. wurde E. zur Industriestadt sowie zum Tagungs- und Fremdenverkehrsort (u. a. 1869 Gründung der späteren SPD in E.; →Eisenacher Kongress). – Seit 1897 wird wieder regelmäßig am dritten Wochenende vor Ostern (Lätare) der – 1286 erstmals erwähnte – ›Eisenacher Sommergewinn‹, eines der größten Frühlingsfeste Dtl.s, gefeiert (→Sommertagszug).

E. HUMBERT: E. u. die Wartburg (a. d. Frz., 1995).

Eisenacher Konferenz, E. K. Deutscher Evangelischer Kirchenregierungen, 1852 im Zuge von Einigungsbestrebungen innerhalb des dt. Protestantismus gegründetes Forum der dt. ev. Kirchenregierungen. Als Bindeglied zw. den ev. Landeskirchen fungierend, hatte die E. K. beratenden Charakter und trat zunächst jährlich, später alle zwei Jahre in Eisenach zusammen. Sie schuf die Eisenacher Perikopen, die Grundlage eines einheitl. Gesangbuches und die revidierte Lutherbibel. 1903 rief die E. K. den **Deutschen Evangelischen Kirchenausschuss** als ständiges Organ der ev. Landeskirchen ins Leben, der nach 1919 wesentlich deren Zusammenschluss im **Deutschen Evangelischen Kirchenbund** (gegr. 1922) vorbereitete. (→Evangelische Kirche in Deutschland).

Eisenacher Kongress, vom 7. bis 9. 8. 1869 in Eisenach abgehaltener Gründungsparteitag der Sozialdemokrat. Arbeiterpartei (SDAP; ›Eisenacher‹). Die Versammelten beschlossen das von A. BEBEL und W. LIEBKNECHT unter dem Einfluss von J. P. BECKER ausgearbeitete **Eisenacher Programm.** Es stand im Unterschied zu dem von der Gruppe um F. LASSALLE vertretenen Grundsätzen den von K. MARX und F. ENGELS geführten Internat. Arbeiterassoziation (Erste Internationale) nahe. Der E. K. trat für die Einführung einer demokrat. Republik ein, ohne allerdings einen gewaltsamen Umsturz zu fordern.

Protokoll über die Verhandlungen des Allg. Dt. sozial-demokrat. Arbeiterkongresses zu Eisenach am 7., 8. u. 9. August 1869 (1869, Nachdr. Berlin-Ost 1969); Kleine Gesch. der SPD. Darst. u. Dokumentation 1848–1990, bearb. v. S. MILLER u. H. POTTHOFF (7 1991).

Eisenarchitektur, Bauwerke, die überwiegend aus Eisen konstruiert sind. Die E. kennzeichnet den Beginn einer neuen Epoche der Architekturgeschichte, die durch die techn. Entwicklungen als Folge der industriellen Revolution im 19. Jh. ermöglicht wurde. Brücken, Bahnhofshallen, große Gewächshäuser, Markt- und Ausstellungshallen, Fabriken und Warenhäuser stellten funktionelle und konstruktive Anforderungen, die nur mit den neuen Baumaterialien Gusseisen, Schmiedeeisen und Stahl verwirklicht werden konnten: stützenfreie Überdachungen, große Spannweiten, größere Helligkeit im Inneren (zusammen mit der Verwendung von Glas), Veränderbarkeit der Raumeinteilung, rasche Montage u. a. In Großbri-

Eisenarchitektur: John Wilkinson und Abraham Darby, Brücke über den Severn bei Coalbrookdale (heute zu Telford), Großbritannien; Länge 30 m, 1775–79

tannien wurden für Textilfabriken, v. a. aus Gründen größerer Feuersicherheit, eiserne Gerüste aus Stützen und Trägern innerhalb steinerner Außenwände entwickelt (die Vorläufer des Eisen-, später Stahlskelettbaus). Daneben gab der Brückenbau im Zuge des rasch wachsenden Straßen- und (ab 1830) Schienennetzes entscheidende Impulse. 1775–79 war in Großbritannien mit der Severnbrücke von Coalbrookdale (heute zu Telford) zum ersten Mal eine Bogenkonstruktion aus Gusseisen errichtet worden (heute Teil des Ironbridge Gorge Museum). Später wurden Bogenkonstruktionen als Dachbinder auch im Hochbau verwendet, so in Paris beim Grand Salon des Louvre (1780), beim Théâtre Français (1786), bei den Halles aux blés (1812; F. BRUNET, F.-J. BÉLANGER) und bei der Bibliothek Sainte-Geneviève (1843–50; H. LABROUSTE), im Industriehallenbau erstmals bei der Gießhalle der Sayner Hütte (im heutigen →Bendorf; 1824–30). 1796 begann in den USA mit der Kettenbrücke über den Jacobs Creek in Pennsylvania der moderne Hängebrückenbau; die Menaibrücke über die Menaistraße zur Insel Anglesey, Großbritannien (1819–26; T. TELFORD), erreichte bereits 180 m Länge. Der entscheidende Durchbruch des Schmiedeeisens gelang mit der aus gewalzten Blechen zusammengenieteten Britanniabrücke ebenfalls über die Menaistraße (1845–50; R. STEPHENSON). Zu den wichtigsten Beispielen der E. der Folgezeit gehören im Hochbau das Palmenhaus in Kew Gardens, London (1844–48), die Markthallen in Paris (1852–59; V. BALTARD und F.-E. CALLET; 1971 abgerissen), die Station Saint Pancras in London (1863–76) und das Warenhaus Bon Marché in Paris (1869–72; LOUIS-CHARLES BOILEAU, G. EIFFEL). Mit dem Kristallpalast in London (1851; J. PAXTON) wurde die Idee des mehrgeschossigen, rechtwinkligen Skeletts ohne steinerne Außenwände unter Verwendung standardisierter Einzelteile verwirklicht. Der Eisenskelettbau mit nachträglich eingesetztem Mauerwerk kam um 1860 in den USA auf. Bei den Bauten für die Pariser Weltausstellung 1889 (Galerie des Machines, Eiffelturm) bestanden die Träger und Stützen nicht mehr aus Gusseisen, sondern aus Stahl.

E., hg. v. International Council of Monuments and Sites, ICOMOS, Dt. Nationalkomitee, 2 Bde. (1979–85); W. BLASER: Filigran-Architektur. Metall- u. Glaskonstruktion (Basel 1980); Die Rolle des Eisens in der histor. Architektur der 2. Hälfte des 19. Jh., hg. v. dems. (1982); G. HARTUNG: Eisenkonstruktionen des 19. Jh. (1983); E., bearb. v. U. KAMMERER (1986); F. WERNER u. J. SEIDEL: Der Eisenbau (1992); W. LORENZ: Konstruktion als Kunstwerk. Bauen mit Eisen in Berlin u. Potsdam 1797–1850 (1995).

Eisenätzung, *Kunsthandwerk:* Methode zur Verzierung von Eisenteilen; durch Ätzen werden bestimmte Stellen vertieft, die entstandenen Vertiefungen dann durch Färben (Schwärzen oder Vergolden) betont. Die E. wurde bei Waffen (älteste erhaltene Beispiele vom Ende des 15. Jh.), Harnischen und Geräten aller Art angewandt.

Eisenbahn, Bez. für Schienenbahn zum Transport von Personen und Gütern i. d. R. auf besonderem →Bahnkörper mit Oberbau (→Eisenbahnoberbau) und →Eisenbahnsignalanlagen; →Eisenbahnbetrieb nach Eisenbahnfahrplänen. Als Fahrzeuge dienen zu Zügen gekuppelte →Eisenbahnwagen, die von Lokomotiven gezogen oder geschoben werden, und Triebwagen, in denen Antriebsmaschine und Nutzraum in einer Wageneinheit untergebracht sind. Zu den E. rechnen auch S-Bahnen (Stadtschnellbahnen), nicht aber Straßenbahnen, Hoch- oder Untergrundbahnen sowie Bahnen besonderer Bauart (z. B. Standseilbahnen, Magnetschwebebahnen).

Die Vorteile des Verkehrs auf der Schiene liegen v. a. in der geringen Rollreibung zw. Rad und Schiene gegenüber Gummireifen auf Asphalt, Beton u. a., weshalb nur geringe Zugkräfte für hohe Anhängelast benötigt werden. Aufgrund der Spurführung der Räder im Gleis lassen sich lange Züge bilden (in Dtl. Reisezüge bis zu 400 m, Güterzüge bis zu 700 m, in Übersee z. T. erheblich länger), die wenig Personal erfordern. Außerdem ermöglicht die Spurführung eine Automatisierung der Betriebsabläufe. Der Flächenbedarf einer E. ist gering gegenüber Autobahn und Wasserstraße: 14 m Breite für eine zweigleisige Neubaustrecke, 32 m für eine vierspurige Autobahn und 55 m für einen Binnenschifffahrtskanal. E. ist auch weniger witterungsabhängig und sicherer als die Straße.

Nachteile der E. sind: Nur an der Strecke liegende Orte können bedient werden; die geringe Rollreibung gestattet keine großen Steigungen, verursacht aber einen langen Bremsweg (rd. 1 000 m aus einer Geschwindigkeit von 160 km/h); bei der Zugfolge sind große Abstände einzuhalten, die signaltechnisch gesichert werden müssen; für höhere Geschwindigkeit sind große Kurvenhalbmesser, in hügeligem und gebirgigem Gelände Brücken, Einschnitte und Tunnel erforderlich; der Verkehr nach Fahrplan begrenzt die Verfügbarkeit; im Güterverkehr ist das Sammeln und Verteilen der Transporteinheiten auf den Rangierbahnhöfen zeit- und arbeitsaufwendig. E. sind daher v. a. bei hohem Transportaufkommen und großen Transportweiten wirtschaftlich.

Nach der *Spurweite* werden E. unterteilt in **Regelspurbahnen** (auch **Normalspur-** oder **Vollbahnen** gen., Spurweite 1,435 m, z. B. in den meisten europ. Staaten

Eisenarchitektur: Decimus Burton und Richard Turner, Palmenhaus in Kew Gardens, London, 1844–48

Eisenbahn: ICE auf einer Talbrücke der Neubaustrecke zwischen Fulda und Kassel

und Nordamerika), **Breitspurbahnen** (z. B. in Irland und Brasilien mit 1,600 m, in Russland und Finnland mit 1,520 m, in Spanien und Portugal mit 1,668 m, in Indien und Pakistan mit 1,676 m), **Kapspurbahnen** mit 1,067 m (z. B. in Südafrika und Japan) und **Schmalspurbahnen** mit 1,0 m bis 0,6 m zur Verringerung von Bau- und Betriebskosten bes. in topographisch schwierigem Gelände.

Nach Beschaffenheit und techn. Ausstattung werden **Haupt-** und **Nebenbahnen** unterschieden. Letztere können stärker gekrümmt und geneigt sein; sie können einfachere Signalanlagen oder technisch nicht gesicherte →Bahnübergänge aufweisen und dürfen mit einer Geschwindigkeit von höchstens 100 km/h befahren werden. Nach den Besitzverhältnissen werden **Staats-** und **Privatbahnen** unterschieden, Letztere nach E. des öffentl. Verkehrs (für jedermann zugänglich) und des nichtöffentl. Verkehrs **(Werk-** und **Industriebahnen).** In Dtl. entstand aus der Dt. Bundesbahn und der Dt. Reichsbahn die seit 1. 1. 1994 in privater Rechtsform geführte →Deutsche Bahn AG (DB). Die Aktien besitzt zu 100 % der Bund. Eigentümer der Privatbahnen sind vielfach Bundesländer und Gebietskörperschaften.

Zuggattungen: Weltweit fahren Expresszüge über große Entfernungen, Regionalzüge halten auf allen oder den meisten Stationen einer Strecke. In Europa verkehrten seit 1957 internat. Züge mit besonderem Komfort als **Trans-Europ-Express (TEE),** 1987 ersetzt durch **EuroCity (EC),** für den Nachtreiseverkehr 1993 ergänzt durch **EuroNight (EN)** und 1995 durch **CityNightLine.** Im dt. Binnenverkehr bestehen neben dem Fernzugnetz mit **InterCityExpress (ICE,** seit 2. 6. 1991), **InterCity (IC), InterRegio (IR)** und nachts **InterCityNight (ICN)** S-Bahn-Netze im Bereich von Großstädten und Ballungsgebieten sowie Nahverkehrsnetze in den Regionen mit **StadtExpress (SE), RegionalExpress (RE)** und **RegionalBahn (RB,** mit Halt auf allen Stationen), heute vielfach mit Taktfahrplänen (z. B. Stundentakt: stündl. Abfahrt stets zur gleichen Minute).

Autoreisezüge befördern Personen (in Reisezugwagen) und ihre Kraftfahrzeuge auf meist doppelstöckigen Autotransportwagen. **Autoverladung** von Kraftfahrzeugen mit ihren Insassen erfolgt auf kurzen Strecken (z. B. über den →Hindenburgdamm) oder durch

Tunnel zur Vermeidung von Passfahrten oder Umwegen im Gebirge.

Schnellverkehr: Die Höchstgeschwindigkeit des ICE beträgt 280 km/h, des IC und IR 200 km/h, im Regionalverkehr bis 140 km/h und bei S-Bahnen bis 100 km/h.

Um gegenüber Auto und Flugzeug wettbewerbsfähig zu bleiben, müssen die E. neben Komfort sowie Zahl und Zuverlässigkeit der Verbindungen auch ihre Geschwindigkeit erhöhen. In Europa gilt der Aufbau eines Hochgeschwindigkeitsnetzes als verkehrspolit. Ziel. Neben dem Ausbau bestehender Strecken wurden, ausgehend von Japan (1964), zunächst in Frankreich, später auch in Italien, Dtl. und Spanien neue Strecken für hohe Geschwindigkeit gebaut. Die schnellsten Züge der Welt (Frankreich, Spanien) fahren fahrplanmäßig mit 300 km/h, der Geschwindigkeitsweltrekord der E. liegt (18. 5. 1990) bei 515,3 km/h (ÜBERSICHT S. 210).

Güterverkehr: Der Lastkraftwagen hat, begünstigt durch hohe Investitionen in den Ausbau des Straßennetzes, die E. im Güterverkehr bes. in Europa stark zurückgedrängt. Auch tragen steuerl. Ungleichbehandlung (Luftverkehr und Binnenschifffahrt von Mineralölsteuer befreit) sowie strukturelle Marktveränderungen dazu bei, z. B. Rückgang des Massenguts (Kohle, Erz) und Zunahme kleiner Sendungen, die schnell und mit genauer Zeitvorgabe (just in time) zu befördern sind. In Dtl. leistete der Güterfernverkehr 1994 insgesamt 308,7 Mrd. Tonnenkilometer (tkm); der Anteil der E. lag bei 23 %. In den USA liegt der Marktanteil der E. im Güterverkehr (1995) bei 38 %. Besondere Bedeutung hat dort auch der →kombinierte Verkehr, der in Europa vielfach nur mit staatl. Förderung bestehen kann. Zuggattungen im internat. Güterverkehr in Europa sind **Europ United Cargo (EUC)** für den schnellen Verkehr mit Einzelwagen und **Trans Europ Combinés (TEC)** im kombinierten Verkehr. Die DB bezeichnet Züge des kombinierten Verkehrs als **InterKombiExpress (IKE)** im Direktverkehr zw. Wirtschaftszentren, als **InterKombi (IK)** mit Austausch von Wagengruppen auf Zwischenbahnhöfen und als **InterKombiLogistik (IKL)** im Logistikverkehr.

Eisenbahn: Elektrischer Schnelltriebzug ›TGV 527‹ (›train à grande vitesse‹)

Die *Eisenbahnforschung* befasst sich allg. mit der Untersuchung technisch-physikal. Bedingungen des Rad-Schiene-Systems einschließlich Fahrweg, Fahrzeugen, Energieversorgung, Betriebsleittechnik und Umweltschutz. Für die Erprobung von Eisenbahntechnik unter Betriebsbedingungen bestehen bedeutende Testanlagen in Pueblo (USA), Schtscherbinka (Russland) und Velim (Tschech. Republik); die DB besitzt in München einen Rollprüfstand, auf dem die

Radsätze von E.-Fahrzeugen bis 500 km/h angetrieben, die Einflüsse der Gleisgeometrie nachgebildet und die Wechselwirkungen untersucht werden können. Die Bahnen sind bestrebt, zunehmend schlüsselfertige Technik zu beschaffen. Damit verlagern sich auch Forschung und Entwicklung stärker zur Industrie.

Marktanteile im Güterfernverkehr in Deutschland (1994)

Verkehrsträger	tkm (in Mrd.)	Anteil (in %)
Straßengüterfernverkehr ...	159,4	51,6
Eisenbahnen	71,8	23,3
Binnenschifffahrt	61,8	20,0
Rohrfernleitungen	15,7	5,1

Geschichte: Spurrillen im Fels zur sicheren Führung von Fuhrwerken gab es schon im Altertum. Seit dem 16. Jh. wurden (bes. in Bergwerken) der Länge nach aneinander gefügte Holzbohlen als Schienen verwendet; diese wurden 1767 in England zum ersten Mal mit Eisen beschlagen. Zur Spurführung wurden die Räder schon um 1730 mit Spurkränzen versehen. 1789 führte WILLIAM JESSOP die Grundform der heutigen Schiene ein. 1820 gelang das Walzen von Stahlschienen, sie lösten die spröderen Schienen aus Gusseisen ab. 1801 erteilte das brit. Parlament die Konzession für die erste öffentl. Pferde-E. von Wandsworth nach Croydon, deren Gleis jeder auch mit seinem eigenen Fuhrwerk benutzen konnte. 1832 wurde die erste Pferde-E. auf dem Kontinent zw. Linz und Budweis eröffnet. Nachdem in England 1823 die Anwendung der Dampfkraft und die Beförderung von Personen gestattet worden waren, wurde zw. Stockton und Darlington (27. 9. 1825) die erste E. der Welt (41 km) eröffnet. England unterschied danach zw. Tramway = lokale Bahn mit Pferdebetrieb und Railway = E. mit Dampfbetrieb. Die erste überregionale E. verband 1830 Liverpool und Manchester. Erste E. Dtl.s war die Ludwigsbahn, eröffnet am 7. 12. 1835 von Nürnberg nach Fürth. Als erste Fernbahn folgte 1839 die 115 km lange Strecke Leipzig–Dresden. Für ein gesamtdt. E.-Netz ohne Rücksicht auf die Teilstaaten setzte sich bes. F. LIST ein. Für das Dt. Reich fiel der Höhepunkt des E.-Baus in die Zeit von 1870 bis 1910. Große Ingenieurleistungen wurden beim Bau von E. im Gebirge vollbracht (→Gebirgsbahnen). Die wichtigsten urspr. privaten E. in Dtl. wurden verstaatlicht und Ende des 19. Jh. in neun Länder-E. (Preußen, Hessen, Bayern, Sachsen, Württemberg, Baden, Mecklenburg, Oldenburg und Elsass-Lothringen) zusammengefasst; sie wurden 1920 reichseigen (Dt. Reichsbahn, in der BRD seit 1949 →Deutsche Bundesbahn). Fahrplanmäßiger Verkehr wurde bereits an der Ludwigsbahn Nürnberg–Fürth mit stündl. Zugfolge vom 8. 12. 1835 an eingeführt. Seit 1872 finden regelmäßig Fahrplankonferenzen der europ. Bahnen statt. Neben die bis 1893 unterschiedl. Ortszeiten trat schon 1891 zur Erleichterung des Betriebes die besondere, für alle Strecken einheitl. ›Eisenbahnzeit‹.

Die fahrplanmäßige Geschwindigkeit der E. ging lange nur in Einzelfällen über 120 km/h hinaus (1933 ›Fliegender Hamburger‹ Hamburg–Berlin 160 km/h, 1965 Verkehrsausstellung München–Augsburg 200 km/h). Dagegen stellten Versuchszüge Geschwindigkeitsrekorde auf (ÜBERSICHT S. 210). Erste →elektrische Bahnen fuhren ab 1895 (Meckenbeuren–Tettnang). Verbrennungsmotoren (Benzin, Benzol, Diesel) wurden zuerst in leichten Triebwagen (Daimler 1887) erprobt. Dort setzte sich der Dieselmotor bei E. ab 1914 (Sachsen) durch, in Lokomotiven geringer Leistung (V 36) ab 1936, mit hoher Leistung (V 200)

erst ab 1950. Der Dampfbetrieb endete bei der Dt. Bundesbahn 1977. Schnellzüge bestanden zunächst aus zwei- oder dreiachsigen Wagen, bes. in Preußen mit von außen zugängl. Abteilen. Die ersten Züge mit vierachsigen Durchgangswagen (D-Züge) fuhren ab 1892 (Berlin–Köln, Berlin–Frankfurt am Main).

Eine eigenständige Entwicklung durchliefen u. a. die Bremsen (→Eisenbahnbremsen), die Sicherungstechnik (→Eisenbahnsignale, →Stellwerk, →Zugbeeinflussung) und die Telekommunikation (→Eisenbahnfernmeldeanlagen).

Die umfangreichsten E.-Streckennetze bestanden in den USA (1925: 420 580 km) und der Sowjetunion (1990: 145 000 km). Die Bedeutung der E. als universelles Transportmittel ist überall stark zurückgegangen, im Hochgeschwindigkeitsverkehr, im Schwerlastverkehr (Montangüter) und im Personennahverkehr der Weltstädte jedoch gewachsen.

E.-Museen: Weltweit bestehen zahlr. Sammlungen zur E.-Geschichte, in Europa u. a. in York (England), Mühlhausen (Frankreich), Utrecht (Niederlande), im Techn. Museum in Wien und im Verkehrshaus der Schweiz in Luzern, in Dtl. im Verkehrsmuseum Nürnberg, im Dt. Museum in München und im Museum für Verkehr und Technik in Berlin. Die Dt. Gesellschaft für E.-Geschichte (Karlsruhe) unterhält Sammlungen in Bochum-Dahlhausen und Neustadt an der Weinstraße.

Entwicklung des Streckennetzes (Auswahl; in km)

Staat	1950	1980	1995
BRD DB[1]	30 732	28 450	41 573[2]
NE[3]	5 050	3 965	3 535[2]
DDR	16 134	14 248	–
Österreich	6 048	5 847	5 636
Schweiz SBB[4]	5 152	2 943	2 983
Privatbahnen	–	2 039	2 031
Frankreich	41 429	33 906	32 272
Großbritannien und Nordirland	32 184	17 538	16 536
Italien	21 632	16 133	16 002
Jugoslawien	11 574[5]	9 465[5]	4 281[6]
Bosnien und Herzegowina ..	–	–	rd. 800
Kroatien	–	2 437[7]	1 907
Slowenien	–	1 058	1 201
Polen	26 165	24 304	24 313
Rumänien	10 246	10 506	11 374
Schweden	16 657	11 382	9 746
Sowjetunion	123 000	141 800	–
Estland	1 420	990	1 126
Kasachstan	11 470	14 240	13 841
Lettland	3 120	2 380	2 413
Litauen	2 090	2 010	2 002
Moldawien	900	1 110	1 328
Russland	71 700[8]	82 630	87 565
Ukraine	21 090[8]	22 550	22 631
Weißrussland	5 380[8]	5 510	5 488
Spanien	17 823	13 542	12 646
Tschechoslowakei	13 133	13 131	–
Slowakische Republik	–	3 632	3 665
Tschechische Republik	–	9 499	9 413
Ungarn	8 716	7 616	7 608
Türkei	12 000	8 193	8 452
Ägypten	7 500	3 965	4 675
Südafrika	23 798	12 398	21 365
Argentinien	42 885	35 476	34 509
Brasilien	35 807	28 645	26 337
Chile	9 915	6 303	3 232
Kanada	70 391	61 662	63 500
Mexiko	24 200	19 502	20 445
USA	364 300	328 879	217 462
China	23 600	52 000	53 992
Indien	54 200	60 933	62 462
Japan	24 300	21 322	20 255
Australien	43 300	39 063	36 695

[1] Deutsche Bundesbahn. – [2] Gesamtdeutschland. – [3] nichtbundeseigene Bahnen. – [4] Schweizerische Staatsbahn. – [5] ehemaliges Jugoslawien. – [6] Serbien und Montenegro. – [7] 1983. – [8] 1960.

Entwicklung der Höchstgeschwindigkeiten (in km/h)

Jahr	Staat	Fahrzeug und Strecke	Höchst-geschwin-digkeit
1835	Deutschland	Dampflokomotive ›Adler‹ Nürnberg–Fürth	60,0
1903	Deutschland	elektr. Drehstrom-Triebwagen Militärbahn Marienfelde–Zossen	210,2
1931	Deutschland	Kruckenberg ›Schienenzeppelin‹ zw. Ludwigslust und Wittenberge	230,2
1933	Deutschland	dieselelektr. Triebwagen ›Fliegender Hamburger‹ Hamburg–Berlin	160,0[*]
1936	Deutschland	dieselhydraul. Triebwagen Bauart ›Leipzig‹ Hamburg–Berlin	205,0
1955	Frankreich	elektr. Gleichstromlokomotiven BB 9004 Bordeaux–Dax	331,0
1964	Japan	elektr. Shinkansen-Triebwagen Neue Tōkaidōlinie Tokio–Ōsaka	210,0[*]
1972	Frankreich	Gasturbinenzug TGV 001 Bordeaux–Dax	318,0
1974	USA	Garrett-Testfahrzeug mit Strahltriebwerk Versuchsanlage Pueblo	410,0
1979	Japan	elektr. Triebzug 961 Versuchsanlage Oyama	319,0
1984	BRD	Drehstromlok 120 001-3 München–Augsburg–Donauwörth	265,0
1987	Großbritannien	HST-Dieseltriebzug Newcastle–York	238,9
1988	BRD	elektr. Triebzug ICE-V Würzburg–Fulda	406,9
1990	Frankreich	elektr. Triebzug TGV A-325 Courtalain–Tours	515,3
1993	Japan	elektr. Triebzug STAR 21 Jōetsu-Shinkansen Tokio–Niigata	425,0

[*]Geschwindigkeit im fahrplanmäßigen Verkehr.

⇨ *Bahnhof · Bahnreform · Bahnübergänge · Eisenbahntarife · Eisenbahnverbände · Eisenbahnwagen · kombinierter Verkehr · Lokomotive · Nahverkehr · S-Bahn · Transportsteuerung*

Nachschlagewerke: K. EWALD: Zwanzigtausend Schriftquellen zur E.-Kunde (1941, Nachdr. 1978); G. STUMPF: E.-Lex. (1960); Lex. für E.-Freunde, hg. v. E. BORN u. a. (Luzern 1977); E. international A–Z, hg. u. a.: H. J. KIRSCHE (Berlin-Ost 1979); F. STÖCKL: Die E.-Museen der Erde (1981); H.-P. FRIEDRICH: Die E. von A–Z (1983); Die Dt. Reichsbahn von A bis Z, hg. v. H.-J. KIRSCHE u. L. MEINUNG (Berlin-Ost 1984); Jb. für E.-Lit. (1984 ff.); Lex. der E., hg. v. G. ADLER u. a. (Berlin-Ost [8]1990). – Kursbuch der dt. Museums-E. (1978 ff., jährl.). **Technik:** Die E.-Technik, hg. v. J. P. BLANK u. T. RAHN ([2]1983); L. DÜNBIER: Chancen u. Risiken von E.-Hochgeschwindigkeitsstrecken (1984); V. MATTHEWS: Bahnbau (1986); Fünf Jahrhunderte Bahntechnik, hg. v. H. WEIGELT (1986); Dt. E.-Fahrzeuge von 1838 bis heute, hg. v. R. R. ROSSBERG (1988); E.-Ingenieur-Kalender (1988 ff., früher u. a. T.); J. FIEDLER: Grundl. der Bahntechnik ([3]1991). **Geschichte:** G. STÜRMER: Gesch. der E. (1872, Nachdr. 1978); G. RIEGELS: Die Verkehrsgesch. der dt. E. ... (1889, Nachdr. 1986); ARTHUR V. MAYER: Gesch. u. Geographie der dt. E. Von 1835–1890, 2 Bde. (1891, Nachdr. 1984); E. KREIDLER: Die E.en im Machtbereich der Achsenmächte während des Zweiten Weltkrieges (1975); D. BISHOP: Die E. im Ersten u. Zweiten Weltkrieg (a. d. Engl., 1976); Hundert Jahre elektr. E. 1879–1979, bearb. v. M. BENZENBERG u. a. ([2]1979); K. P. ZIEGLER: Pioniere der E. (Wien 1982); Die dt. E. Bilder aus ihrer Gesch., bearb. v. H. GLASER u. N. NEUDECKER (1984); 150 Jahre dt. E., bearb. v. T. LIEBL u. a. ([2]1985); Zug der Zeit – Zeit der Züge. Dt. E. 1835–1985, hg. v. H.-H. BRANDT, Ausst.-Kat., 2 Bde. (1985); E. PREUSS: Lex. Erfinder u. Erfindungen: E. (1986); R. R. ROSSBERG: Grenze über dt. Schienen ([2]1991); DERS.: Gesch. der E. (Neuausg. 1996). – Jb. für E.-Gesch., hg. v. der Dt. Gesellschaft für E.-Gesch. e. V. (1968 ff., jährl.). **Züge u. Strecken:** M. PAGE: Die großen Expreßzüge der Welt (a. d. Engl., Wien 1976); Schmalspurbahn-Archiv, bearb. v. K. KIEPER u. a. (Berlin-Ost [2]1982); J. DESCARS: Schlafwagen. Internat. Expreßzüge (a. d. Engl., 1984); F. STÖCKL: Die großen E.-Routen der Welt (1985); Fliegende Züge. Vom ›Fliegenden Hamburger‹ zum ›Fliegenden Kölner‹, hg. v. H. R. KURZ (1986); W. KOSAK u. H. G. ISENBERG: Die Super-E. der Welt (1987); W. MESSERSCHMIDT: E. in Dtl. Ein Reiseführer für E.-Freunde ([5]1987); A. MÜHL: Internat. Luxuszüge (1991).

Eisenbahn-Bau- und -Betriebsordnung, Abk. **EBO,** enthält für alle regelspurigen Eisenbahnen des öffentl. Verkehrs die Rahmenvorschriften über die Ausgestaltung der Bahnanlagen und der Fahrzeuge, die Grundsätze für Handhabung des Betriebes, die Bestimmungen über die Anforderungen an das Betriebspersonal sowie die Sicherheit und Ordnung auf den Bahnanlagen; i. d. F. v. 8. 5. 1967.

Eisenbahnbetrieb, eisenbahnspezif. Bez. für alle Maßnahmen und Tätigkeiten zum Bewegen von Eisenbahnfahrzeugen und zur Bildung und Auflösung der Züge einschließl. der Bedienung der Zusatzanlagen (z. B. Ladestellen). Zur unmittelbaren Steuerung und Sicherung des Zug- und Rangierbetriebes auf der Strecke und in Bahnhöfen sind **Betriebsstellen** erforderlich, z. B. Stellwerke, Abzweigstellen, Blockstellen, Anschlussstellen und Schrankenposten. Der E.-Dienst, allg. als ›Dienst am rollenden Rad‹ bezeichnet, umfasst vorbereitende Arbeiten (z. B. Fahrplanwesen, Betriebstechnik) und unmittelbar der Beförderung dienende Tätigkeiten (z. B. Zugfahr-, Rangier-, Stellwerks-, Zugleitdienst).

Eisenbahnbetriebsgenehmigung, die einer natürl. Person, die Angehörige eines Mitgliedstaates der EG ist, oder einer Gesellschaft mit Sitz oder Hauptverwaltung innerhalb der EG erteilte Genehmigung, Eisenbahnverkehrsleistungen für den öffentl. Verkehr zu erbringen und/oder eine Verkehrsinfrastruktur zu betreiben. Für die Genehmigung nichtbundeseigener Eisenbahnen mit Sitz in Dtl. ist die von der Landes-Reg. bestimmte Behörde zuständig; Genehmigungsbehörde für Eisenbahnen des Bundes sowie für nichtbundeseigene Eisenbahnen mit Sitz im Ausland betreffend den Verkehr dieser Eisenbahnen in Dtl. ist das Eisenbahn-Bundesamt, Sitz Bonn (§§ 5, 6 Allgemeines Eisenbahn-Gesetz vom 27. 12. 1993).

Eisenbahnbetriebshaftung, →Gefährdungshaftung, →Haftpflicht.

Eisenbahnblock, Teil der →Eisenbahnsignalanlagen zur Sicherung von Zügen auf Strecken (**Streckenblock**) und in Bahnhöfen (**Bahnhofsblock**). Grundsätzlich darf sich in jedem Blockabschnitt nur ein Zug befinden (Fahren im Raumabstand). Der Block stellt durch elektromechan. Sperren (›Blocken‹) oder Entsperren (›Entblocken‹) der Stellorgane der für die Zugfahrt maßgebenden Signale sicher, dass dieser Grundsatz eingehalten wird. Das Blocken verhindert das Einlassen eines Zuges in ein besetztes Gleis und damit die Gefahr des Auffahrens auf den vorausgefahrenen oder des Zusammenstoßes mit einem entgegenkommenden Zug. Durch Einteilung einer Strecke in mehrere Blockabschnitte, die durch **Blocksignale** begrenzt werden, lässt sich die Kapazität erhöhen, da mehrere Züge gleichzeitig die Strecke befahren können.

Beim Handblock hat der Fahrdienstleiter die Einrichtung zu bedienen (**Kurbelblock**) oder auszulösen (**Relaisblock**), beim automat. Block (**Selbstblock**) geschieht dies selbsttätig mit der Zugfahrt.

Eisenbahnbremsen, Einrichtungen zum Abbremsen von Eisenbahnfahrzeugen; nach Art der Kraftwir-

Neue Eisenbahnstrecken in Europa für hohe Geschwindigkeiten

Strecke	Eröffnung[1]	Länge (in km)	Geschwindigkeit (in km/h)[2]
Paris–Lyon	25. 09. 1983	417	270
Paris–Le Mans/Tours	30. 09. 1990	282	300
Hannover–Würzburg	02. 06. 1991	327	280
Mannheim–Stuttgart	02. 06. 1991	99	280
Madrid–Sevilla	21. 04. 1992	471	300
Florenz–Rom	31. 05. 1992	238	250
Paris–Calais	29. 05. 1994	333	300

[1]Beginn des öffentl. Verkehrs, auf Teilstrecken schon früher. – [2]bautechn. Auslegung.

kung unterschieden in: 1) **Radsatzbremsen,** bei denen Reibungskräfte über Bremsklötze auf die Lauffläche der Räder (Klotzbremse) oder über Bremsbacken auf besondere, an den Radsatzwellen oder Radscheiben befestigte Bremskörper (Scheiben- oder Trommelbremsen) ausgeübt werden, 2) **Schienenbremsen,** bei denen Bremskräfte durch Reibung auf den Schienen erzeugt werden (Magnetschienenbremsen), 3) **Triebwerksbremsen,** bei denen durch die kinet. Energie im Antrieb Kräfte erzeugt werden, die der Bewegung entgegengerichtet sind (Gegendruckbremsen, hydrodynam. oder elektr. Bremsen bei Dampf-, dieselhydraul. oder elektr. Lokomotiven und Triebwagen); wird die elektrische Bremse als Nutzbremse (Rekuperationsbremse) ausgebildet, kann Energie in die Fahrleitung zurückgespeist werden, 4) **Induktionsbremsen,** deren Wirkung auf elektromagnet. Streuung in den Schienen (Wirbelstrombremse) beruht. – Die Bremskraft wird bei Radsatzbremsen heute fast ausschließlich durch verdichtete Luft in Bremszylindern (Druckluftbremse) erzeugt, nur bei wenigen Bahnen noch durch verdünnte Luft (Saugluft- oder Vakuumbremse); die Luft übernimmt auch die Steuerung des Bremsvorgangs mithilfe von Steuerventilen; elektr. (elektron.) Steuerung (elektropneumat. Bremse) umgeht den Nachteil, dass luftgesteuerte Bremsen mit zunehmender Entfernung von der Lokomotive verzögert ansprechen. Magnetschienenbremsen werden nur als zusätzliche Bremsen eingesetzt, um hohe Bremsverzögerung zu erzielen (im Schnellverkehr über 160 km/h oder bei Nahverkehrsfahrzeugen im Stadtverkehr). Handbremsen dienen als Feststellbremsen zum Sichern abgestellter Fahrzeuge; Spindelhandbremsen werden mit Muskelkraft betätigt, in Federspeicherbremsen erzeugt eine Speicherfeder die Bremskraft.

Eisenbahnbetrieb: Elektronisches Stellwerk Orxhausen; von hier erfolgt die Stellung der 171 Haupt- und Vorsignale sowie der 85 Weichen auf dem 70 km langen Streckenabschnitt Hannover–Wülfel bis Edesheim der Neubaustrecke Hannover–Würzburg; Monitore zeigen weitere Informationen, z. B. über Nachbarstrecken, an

Eisenbahnfahrordnung, Regelung für das Befahren zweigleisiger Strecken. In Dtl. ist nach der Eisenbahn-Bau- und -Betriebsordnung rechts zu fahren. In anderen Ländern ist Linksverkehr (Großbritannien, Schweiz) oder sowohl Rechts- als auch Linksverkehr (Österreich) üblich. Stark belastete Strecken werden für →Gleiswechselbetrieb eingerichtet.

Eisenbahnfernmeldeanlagen, eigene Fernmeldenetze der Eisenbahnen. Die Fernsprechanlagen ermöglichen Selbstwählverbindungen über Bahnselbstanschlussanlagen (Basa). Seit 1995 wird das Basa-

Netz der Dt. Bahn AG (DB), wie die Netze der meisten europ. Bahnen, auf 120 000 Teilnehmern auf ISDN umgestellt. Die Fernmeldedienste der DB bilden seit 1995 als DBKom ein selbstständiges Unternehmen. Nach Wegfall des Fernmeldemonopols der Post will die Bahn ihre Netze für öffentl. Nutzung freigeben.

Im Eisenbahnbetrieb werden Fernsprech-, Lautsprecher- und Fernwirkverbindungen zunehmend auf digitale Technik umgestellt und in den Betriebsstellen auf zentralen Sonderfernsprechern mit integrierter Bedienoberfläche für Zugfunk zusammengeführt. Fernschreiber werden durch Telefax- und Datenendgeräte (PC) ersetzt und nur noch für bestimmte Betriebsaufgaben (Druck von Rangier- und Platzbelegungszetteln) verwendet.

Die Nachrichtenübertragung geschieht über Erdkabel neben den Gleisen oder über Richtfunkstrecken, kaum über Freileitungen längs der Bahnlinien. Zunehmend werden Lichtwellenleiter als Erd- oder Luftkabel verlegt. Im Notfall können Nachrichtenverbindungen zw. Strecke und Betriebsstellen geschaltet werden. Betriebsleitende Stellen sind untereinander durch Standleitungen verbunden (Zü-Leitungen).

Funk verbindet die Betriebsstellen mit den Triebfahrzeugführern der Züge (→Zugfunk) und der Rangierlokomotiven (Rangierfunk) sowie mit den Fahrzeugen des Instandhaltungsdienstes (Betriebsinstandhaltungsfunk Bifu). In Fernzügen ermöglichen Kartentelefone Gespräche über das öffentl. Telekomnetz; dabei gewährleistet ein Tunnelfunk-System unterbrechungsfreie Verbindungen auch auf den Neubaustrecken mit hohem Tunnelanteil.

Uhren steuert z. T. noch eine Zentrale mit Gleichstromimpulsen, die sich über mehrere Netzebenen bis zu den Außenstellen fortsetzen. Die hohe Genauigkeit der Anzeige beruht auf den von der Zentrale übernommenen →Zeitzeichen des Senders DCF 77 der Dt. Telekom AG. Damit werden immer mehr Uhrenanlagen der Bahn auch direkt über Funk gesteuert.

Zu den E. gehören auch Informationssysteme wie automat. **Zug(ziel)anzeiger** als Laufband, Paletten- oder Lichtpunktanzeiger auf Bahnsteigen zur Information der Reisenden über Zuggattung, Abfahrtzeit, Fahrtstrecke und -ziel. Rechnergesteuerte Informationstafeln geben auf großen Bahnhöfen einen Überblick über die in nächster Zeit bevorstehenden Abfahrten. Der Information von Reisenden und Betriebspersonal dienen vielfach auch Datensichtgeräte (Bildschirme) und automatisierte Ansagen in Bahnhöfen und Zügen.

Fernsehtechnik benutzt die Eisenbahn zur Überwachung von Verkehrsanlagen (Bahnsteige, Rolltreppen, Personentunnel) und Betriebsanlagen (Gleis- und Weichenbereiche, Zugschlusserkennung) sowie von Bahnübergängen.

Über ein Datennetz zw. verschiedenen Rechenzentren werden zentral gespeicherte Informationen (Tarife, Platzbelegung) online abgefragt; an den Verkaufsschaltern der Bahnhöfe dienen dazu Datenstationen, bestehend aus dem Bedienungsgerät mit Tastatur, Datensichtgerät und Drucker.

Eisenbahngeschütze, im Ersten und Zweiten Weltkrieg verwendete Geschütze mit großen und übergroßen Kalibern, die wegen ihres Gewichtes nur auf Schienen transportiert, in Stellung gebracht und eingesetzt werden konnten. Bekannte dt. E. waren im Ersten Weltkrieg das →Paris-Geschütz, im Zweiten Weltkrieg das Geschütz ›Dora‹ (→Geschütze).

Eisenbahnkrankheit, beim Zugfahren auftretende →Bewegungskrankheit.

Eisenbahnkupplungen, Vorrichtungen an beiden Stirnseiten von Eisenbahnfahrzeugen zur Übertragung der Zugkräfte zw. Triebfahrzeug und Wagen und

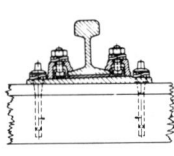

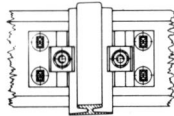

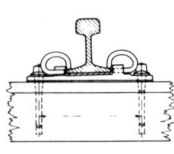

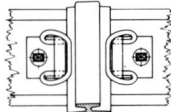

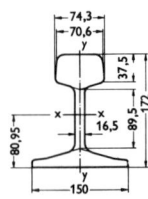

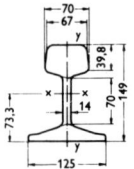

zw. den Wagen. Die bei der Eisenbahn eingeführte, zw. den Puffern angeordnete **Schraubenkupplung** besteht aus einem Zughaken, einer damit schwenkbar verbundenen Kupplungslasche, einer Spindel mit Kupplungsschwengel und einem Kupplungsbügel. Die Spindel trägt ein Links- und Rechtsgewinde; die zugehörigen Muttern sind schwenkbar in der Kupplungslasche oder im Kupplungsbügel angebracht. Durch Drehen des Kupplungsschwengels lässt sich die eingehängte Kupplung verkürzen oder zum Aushängen des Bügels verlängern. – Die **automatische Kupplung** verbindet selbsttätig zwei aneinander stoßende Fahrzeuge; oft ist mit ihr gleichzeitig die selbsttätige Verbindung der Bremsluftleitung und der elektr. Anschlüsse möglich. Man unterscheidet zw. der Zugkupplung, die wie die Schraubenkupplung nur reine Zugkräfte überträgt und für die Seitenpuffer erforderlich sind, und der Zug-Druck-Kupplung, die Zug- und Druckkräfte überträgt, z. B. die **Mittelpufferkupplung.**

Eisenbahnoberbau, Teil des Bahnkörpers, der die Fahrzeuge zu tragen und zu führen, d. h. die von ihnen ausgeübten stat. und dynam. Kräfte in Vertikal- und Lateralrichtung aufzunehmen hat. Der E. besteht aus dem Schotterbett oder einer festen Fahrbahn (aus Beton oder mit Asphalttragschicht), den Querschwellen (aus Holz, Stahl oder Beton), den Schienen und dem Kleineisen zu deren Befestigung. Das **Schotterbett** wird aus Hartgestein (z. B. Basalt) je nach Gleisbelastung in unterschiedl. Körnungen hergestellt. Die Regelbettungshöhe bis Schwellenunterkante beträgt 30 bis 40 cm. Für den Hochgeschwindigkeitsverkehr ab 200 km/h wird zunehmend ein E. mit fester Fahrbahn in unterschiedl. Bauformen benutzt, z. B. ein mit hoher Genauigkeit verlegtes Betonschwellengleis, um das anschließend eine massive Betonplatte gegossen wird. Höheren Herstellungskosten der festen Fahrbahn steht geringerer Aufwand bei der Instandhaltung gegenüber; außerdem vermindern sich Behinderungen des Bahnbetriebs durch Bauarbeiten. Als **Schwellen** werden bei der Dt. Bahn AG (DB) v. a. Holz- und Spannbetonschwellen verwendet. Die teerölgetränkten Holzschwellen mit 260 cm Länge, 26 cm Breite und 16 cm Höhe (Regelform) bestehen meist aus Buchenholz. Die Betonschwellen mit Längen von 240 bis 260 cm werden mit vorgespanntem Rundstahl bewehrt und erhalten damit hohe Festigkeit für alle Beanspruchungen. Stahlschwellen haben nur noch geringe Bedeutung.

Als **Schienen** werden **Breitfußschienen** verlegt, bei der DB in stark belasteten und schnell befahrenen Gleisen die Schienenform UIC 60 mit 172 mm Schienenhöhe, 150 mm Fuß- und 74,3 mm Kopfbreite sowie 900 N/mm² Zugfestigkeit. Daneben kommen noch Schienen mit geringeren Abmessungen zum Einsatz (z. B. S 54). Die Schienen werden aus hochwertigem Stahl in Längen von 30 bis 120 m gewalzt, im Werk auf 120 bis 180 m Länge zusammengeschweißt, verlegt und im eingebauten Zustand lückenlos verschweißt. Die hohe innere Festigkeit heutiger Oberbauformen lässt temperaturbedingte Längenänderungen der Schienen nicht zu; dafür treten innere Spannungen auf (bei Hitze Druck, bei Kälte Zug). Um diese zu minimieren, darf die Schlussschweißung nur bei mittlerer Temperatur (17–23 °C) ausgeführt werden. Nicht verschweißte Schienen sind an den Schienenstößen durch Laschen miteinander verschraubt. Zum **Kleineisen** zählen Unterlagsplatten als Auflager und Befestigungselemente auf Holzschwellen mit Hakenschrauben zum Einklemmen des Schienenfußes, Klemmplatten, Federringe und Muttern sowie Winkelführungsplatten mit Spannbügeln für Stahlbetonschwellen u. a. Die Schienen liegen wegen des kon. Radprofils, das eine Zentrierung des Fahrzeuglaufs

bewirkt, 1:20 bis 1:40 nach innen geneigt auf den Unterlagsplatten oder Schwellen. Der **Schotteroberbau** stellt eine elast. Gleislagerung dar. Um die Federwirkung zu erhöhen, werden vielfach elast. Lagen zw. Schienen und Unterlagsplatten eingefügt. Unter der Verkehrslast kann sich der Schotteroberbau verformen, die Gleisgeometrie muss deshalb regelmäßig überprüft werden. Zum Messen der Lagegenauigkeit von Gleisen dienen →Gleismesswagen, verborgene Materialfehler in den Schienen lassen sich mit einem Ultraschall-Schienenprüfzug erkennen.

Eisenbahnrecht, die Gesamtheit der sich auf Eisenbahnen, d. h. Schienenbahnen, die weder Straßenbahnen noch andere Bahnen besonderer Bauart sind, beziehenden Rechtsnormen. Teilweise sind diese Normen in speziellen Eisenbahngesetzen, teilweise in allgemeinen Normenkomplexen erfasst. Das GG weist dem Bund in Art. 73 Nr. 6a die ausschließl. Gesetzgebungskompetenz zu für den Verkehr von Eisenbahnen des Bundes, den Bau, die Unterhaltung und das Betreiben von Schienenwegen der Eisenbahnen des Bundes sowie die Erhebung von Entgelten für die Benutzung dieser Schienenwege und in Art. 74 Nr. 23 die konkurrierende Gesetzgebungszuständigkeit für die Schienenbahnen, die nicht Eisenbahnen des Bundes sind, mit Ausnahme der Bergbahnen. Bestimmungen des E. i. e. S. sind: Das Gesetz über die Neuordnung des Eisenbahnwesens vom 27. 12. 1993, ein Artikelgesetz, in dem die Rechtsverhältnisse der Eisenbahn neu geregelt werden. Art. 1: Gesetz zur Zusammenführung und Neugliederung der Bundeseisenbahnen; (→Bahnreform). Art. 2 umfasst das Gesetz über die Gründung der →Deutschen Bahn AG, Art. 3 das Gesetz über die Eisenbahnverkehrsverwaltung des Bundes, welches die Errichtung des Eisenbahn-Bundesamtes (Sitz: Bonn) und dessen Aufgaben als Aufsichts- und Genehmigungsbehörde für die Eisenbahnen des Bundes und für die Eisenbahnverkehrsunternehmen mit Sitz im Ausland für das Gebiet Dtl.s festschreibt. Art. 4, das Gesetz zur Regionalisierung des öffentl. Personennahverkehrs, enthält Regelungen zur Aufgabe des öffentl. Personennahverkehrs und zur Zusammenführung der bisher unterschiedl. diesbezügl. Zuständigkeiten. Art. 5 beinhaltet die Neufassung des Allgemeinen Eisenbahngesetzes (Abk. AEG), das Begriffsbestimmungen, die Eisenbahnaufsicht, Betriebsgenehmigungen, Grundsätze für Geschäftsführung und Rechnungswesen, die Beförderungspflicht von Personen und Reisegepäck, Tarifpflicht und Tarifgenehmigungspflicht im Schienenpersonennahverkehr, die Öffnung der Netze aller dt. Eisenbahnen, die dem öffentl. Verkehr dienen, grundsätzlich für alle in- und ausländ. Bahnen, sowie Ordnungswidrigkeiten regelt. Das AEG gilt für die Eisenbahnen des Bundes und für alle anderen öffentl. Eisenbahnen. Des Weiteren sind u. a. folgende Vorschriften Bestandteil des E.: Die Eisenbahn-Verkehrsordnung vom 8. 9. 1938, das Gesetz über Kreuzungen von Eisenbahnen und Straßen i. d. F. v. 21. 3. 1971, die Eisenbahn-Bau- und -Betriebsordnung vom 8. 5. 1967. Internat. Vereinbarungen enthält das Übereinkommen über den internat. Eisenbahnverkehr (COTIV) vom 9. 5. 1980, in Kraft seit 1. 5. 1985. Gesetzl. Regelungen mit eisenbahnrechtl. Bezug (E. i. w. S.) finden sich ferner im Haftpflichtgesetz i. d. F. v. 4. 1. 1978, im HGB (§§ 454 ff.), im StGB (v. a. §§ 315, 315 a) und in der Straßenverkehrsordnung (§ 19).

Eisenbahnsicherungsanlagen, frühere Bez. für →Eisenbahnsignalanlagen.

Eisenbahnsignalanlagen, Sammelbez. für alle signaltechn. Einrichtungen zur Durchführung und Sicherung des →Eisenbahnbetriebes; dazu gehören Stellwerks-, Block- und Fernsteueranlagen, Stromversorgungseinrichtungen, Signalkabel, ortsfeste Signale

(→Eisenbahnsignale), Gleisschaltmittel (Schienenkontakte), Gleisfreimeldeeinrichtungen (Gleisstromkreise, Achszähler), Zugbeeinflussungseinrichtungen und Bahnübergangssicherungen (→Blinklichtanlage, →Schranke).

In →Stellwerken sind die Bedienungselemente aller Weichen, Signale und des Blocks zusammengefasst und so in Abhängigkeit gebracht, dass ein Signal erst auf Fahrt gestellt werden kann, wenn Weichen und Flankenschutzeinrichtungen durch ihre Stellung die Fahrt gegen andere Fahrten sichern und die Fahrstraße festgelegt ist. Erst nach der Fahrt, wenn das Signal wieder auf Halt steht, kann die Fahrstraße aufgelöst werden. In Anlagen mit selbsttätiger Gleisfreimeldung löst sich die Fahrstraße abschnittsweise selbst auf.

Eisenbahnsignale, 1) i. w. S. opt. oder akust. Zeichen zur Übermittlung eines Befehls, Auftrags oder einer Meldung (gemäß festen Vereinbarungen) zur Gewährleistung einer sicheren und flüssigen Betriebsführung. Art und Bedeutung der dt. E. sind in der **Eisenbahn-Signalordnung (ESO)** gesetzlich verankert und im **Signalbuch** der DB dargestellt. Zu diesen E. gehören auch die sichtbaren und hörbaren Signale der im Zug- und Rangierbetrieb tätigen Personen, wie der Abfahrauftrag des Aufsichtsbeamten oder Zugführers mit dem Befehlsstab oder einem Lichtzeichen. 2) I. e. S. werden die zur Übermittlung benutzten opt. Zeichen als E. bezeichnet: bewegl. Signalflügel und -scheiben, fest stehende Scheiben und Tafeln sowie farbige Lichtpunkte mit Dauer- oder Blinklicht, Leuchtzahlen und -buchstaben. Signalfarben sind rot, grün, gelb und weiß, in manchen Ländern auch blau.

Haupt- und Vorsignale: **Flügelsignale** bestehen aus dem Signalmast und an dessen oberem Ende einem bewegl. Flügel, quer zur Gleisrichtung nach rechts zeigend. Stellung waagerecht bedeutet Halt, 45° schräg nach oben Fahrt. Mit der Flügelbewegung wechseln auch eine rote (Halt) und eine grüne (Fahrt) Glasblende vor einer nachts oder ständig leuchtenden weißen Lichtquelle (heute Propangas- oder elektr. Leuchte). Unter dem Flügel kann ein zweiter angeordnet sein, der am Mast senkrecht nach oben oder zus. mit dem oberen Flügel ebenfalls um 45° schräg gestellt ist. Zwei schräg stehende Flügel bedeuten Langsamfahrt, bei Nacht leuchtet dann senkrecht unter dem grünen zusätzlich ein gelbes Licht. Flügelsignale sind **Hauptsignale;** sie sichern als Ausfahr- und Einfahrsignale von Bahnhöfen, als Blocksignale zur Unterteilung langer Streckenabschnitte sowie als Deckungssignale vor Gefahrenstellen (z. B. bewegl. Brücken) den anschließenden Abschnitt. **Bewegliche Signalscheiben** werden als **Vorsignale** benutzt, die ankündigen, welches Signalbild das folgende Hauptsignal zeigt. Eine kreisrunde gelbe Scheibe bedeutet ›Halt erwarten‹, in waagerechte Stellung umgeklappt ›Fahrt erwarten‹. Mit einem Zusatzflügel kann ›Langsamfahrt erwarten‹ angezeigt werden. Bei Nacht und an Licht-Vorsignalen bedeuten schräg übereinander zwei gelbe Lichter ›Halt erwarten‹, zwei grüne ›Fahrt erwarten‹ sowie ein grünes und ein gelbes Licht ›Langsamfahrt erwarten‹. Bei der Dt. Reichsbahn wurde an allein stehenden Vorsignalen auf das zweite Licht verzichtet. Formsignale mit Flügeln und Scheiben werden zunehmend durch elektr. Lichtsignale ersetzt. **Lichtsignale** tragen am Mast einen Signalschirm mit elektr. Signallaternen; deren wesentl. Bestandteile sind die Signallampen (meist mit zwei getrennten Leuchtfäden, wobei sich der Nebenfaden automatisch bei Ausfall des Hauptfadens einschaltet und eine Meldung auslöst), Farbscheibe, Linse, Streuscheibe und Schute zur Abschirmung einfallenden Sonnenlichts. Lichtsignale zeigen im Haupt-Vorsignal-System (Hv) der Dt. Bundesbahn die gleichen Signalbilder wie die Formsignale

bei Nacht. Die Dt. Reichsbahn führte abweichende Haupt-Lichtsignale (Hl) ein, die den Haupt- und Vorsignalbegriff zu einem Signalbild zusammenfassen. Dabei erscheinen entweder zwei Lichter übereinander oder eines allein. Von zwei Lichtern übereinander gibt das untere an, welche Geschwindigkeit ab hier, das obere, welche vom nächsten Signal an nicht überschritten werden darf. Jedes Licht beinhaltet einen Geschwindigkeitsbegriff: 40 km/h, 60 km/h, 100 km/h und Höchstgeschwindigkeit (120 km/h). Um mit den beiden Farben Grün und Gelb auskommen, kann das obere Licht auch blinken, das untere mit einem grünen oder gelben Lichtstreifen kombiniert sein. Die Dt. Bahn AG hat 1994 ein einheitl. System von **Kombinationssignalen (Ks-Signale)** eingeführt, das nach und nach Hv- und Hl-Signale ersetzen. Die Ks-Signale trennen Fahrterlaubnis- und Geschwindigkeitssignalisierung. Für die Fahrterlaubnis genügen zwei Signallampen: in Hauptsignalen Rot (Halt) und Grün (Fahrt frei), in Vorsignalen Gelb (Haltankündigung) und Grün (Fahrt frei). Sind Haupt- und Vorsignal in einem Signalschirm zusammengefasst, kommt eine gelbe Signallampe hinzu. Grundsätzlich leuchtet jedoch immer nur ein Licht. Geschwindigkeitsbegrenzungen werden mit Zusatzanzeigern (Ankündigung Gelb, am Hauptsignal Weiß) durch den zulässigen Wert ohne die letzte Null (z. B. 4 für 40 oder 20 für 200 km/h) angegeben. Zur eindeutigen Unterscheidung sind die neuen Signale durch besondere Mastschilder gekennzeichnet.

In Dtl. stehen E. meist in Fahrtrichtung rechts, in Ländern mit Linksverkehr links vom Gleis. Bei eingeschränkten Platzverhältnissen oder mehreren Gleisen nebeneinander werden die E. vielfach an Auslegern oder Signalbrücken über dem Gleis angebracht. Vorsignale sind wegen der langen Bremswege erforderlich. Sie stehen i. d. R. im Bremswegabstand (700 oder 1 000 m) vor dem Hauptsignal, hinter dem zur Sicherheit noch ein Gefahrpunktabstand (hinter Einfahr- und Blocksignalen) oder ein →Durchrutschweg (hinter Zwischen- und Ausfahrsignalen) vorgesehen wird. Bei eingeschränkter Sicht auf das Hauptsignal folgt dem Vorsignal vielfach ein zweites als Vorsignalwiederholer, der zur Unterscheidung durch ein weißes Zusatzlicht gekennzeichnet ist. Auf Neubaustrecken verzichtet die Dt. Bahn AG künftig auf ortsfeste E. Die erforderl. Informationen werden ununterbrochen über Linienleiter oder Funk zw. Zug und Steuerstellen der Strecke ausgetauscht, im Führerpult angezeigt, aber auch für die automatische Fahr- und Bremssteuerung (AFB) zu vollautomat. Betrieb benutzt.

Übrige Signale: **Langsamfahrsignale** kündigen Langsamfahrstellen im Bremswegabstand an und markieren deren Anfang, bei vorübergehenden Langsamfahrstellen (Baustellen, Mängel an Bahnanlagen) auch das Ende. **Gleissperrsignale** geben Weisungen im Rangierbetrieb, **Weichensignale** lassen auch aus einiger Entfernung die Stellung einer Weiche erkennen, Signale für den elektr. Betrieb kennzeichnen z. B. das Ende der Fahrleitung (Halt für Fahrzeuge mit abgenem Stromabnehmer) oder geben an Trennstellen Anweisungen (z. B. Ausschalten oder Bügel ab). Zu den Signalen am Zug gehören die nächtl. Spitzenbeleuchtung des Triebfahrzeugs (in Dtl. drei weiße Lichter in Form eines A) und das Zugschlusssignal, das die Voll-

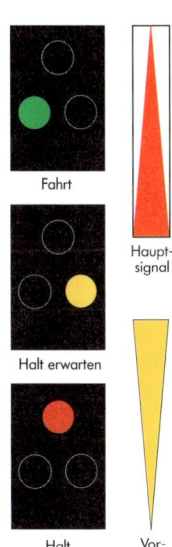

Eisenbahnsignale: Kombinationssignale (links) und Mastschilder (rechts)

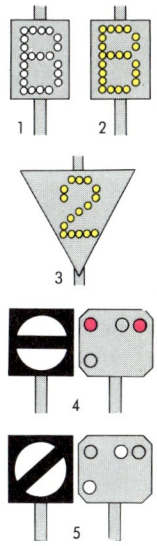

Eisenbahnsignale: 1 Richtungsanzeiger am Haupt- oder Haupt-/Sperrsignal zeigt die Richtung (hier z. B. ›B...dorf‹) der Fahrstraße an; 2 Richtungsvoranzeiger am Vorsignal weist auf den folgenden Richtungsanzeiger hin; 3 Geschwindigkeitsvoranzeiger weist auf den folgenden Geschwindigkeitsanzeiger (mit weiß leuchtender Kennziffer) hin; von dort an ist der zehnfache Wert in km/h zugelassen; 4 und 5 Schutzsignale als Form- und Lichtsignale. 4 Gleissperrsignal; Fahrten darüber hinaus sind verboten; 5 durch Schutzsignal oder Haupt-/Sperrsignal ausgesprochenes Fahrverbot ist aufgehoben

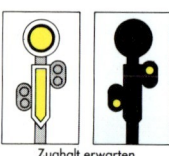

Zughalt erwarten

Fahrt erwarten

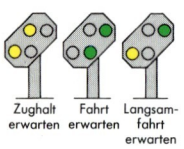

Langsamfahrt erwarten

Zughalt Fahrt Langsam-
erwarten erwarten fahrt
               erwarten

Eisenbahnsignale:
Vorsignale; **oben**
Formsignal (links bei
Tag, rechts bei Nacht);
unten Lichtsignal

ständigkeit des Zuges erkennen lässt und den Betriebsstellen bestätigt, dass der befahrene Abschnitt wieder frei ist.

Die *österr.* und *schweizer.* E. entsprechen im Wesentlichen den deutschen, haben aber abweichende und zusätzl. Signalbilder.

Geschichte: Urspr. wurden bei der Zugfolge lediglich bestimmte Zeit-, erst mit zunehmender Zugzahl räuml. Abstände eingehalten. Zur Verständigung zw. den Stationen dienten Masten mit Ballons, Körben oder Flügeln, die sich auf einige Entfernung erkennen ließen; bei größeren Abständen mussten die Bahnwärter an der Strecke die Zeichen wiederholen. Ballonsignale wurden erstmals 1832 auf der Newcastle & Frenchtown Railroad in Nordamerika benutzt. Elektrotechnik wurde bei dt. Eisenbahnen zur Auslösung von Läutewerken auf Nachbarstationen eingeführt. Die Grundform der Flügelsignale geht auf die bei der engl. Marine im 19. Jh. übl. Telegrafen zurück; dieser Begriff war auch in Dtl. üblich, bis die Eisenbahn-Signalordnung vom 5. Juli 1892 den Begriff ›Signal‹ einführte.

R. W. BUTZ: Signale der Schweizer Bahnen (Zürich ²1982); Signale der Dt. Bahn, hg. v. der Gewerkschaft der Eisenbahner Dtl.s (³1995).

Eisenbahntarife, die Verzeichnisse der für die Benutzung der Eisenbahn zu entrichtenden Preise. Je nachdem, was und wie befördert werden soll, sind Personen-, Gepäck-, Expressgut- und Gütertarife maßgebend. Die E. werden von der Dt. Bahn AG festgelegt, wobei der Bundes-Min. für Verkehr zustimmen muss. Nach Art der Preisbildung werden folgende Tarife unterschieden: **Entfernungstarifen** liegt die Bahnentfernung zw. zwei Stationen zugrunde, sie ist für den Personenverkehr im Entfernungszeiger angegeben. Die Preistafel enthält Tabellen mit den ausgerechneten Tarifsätzen für alle vorkommenden Entfernungen. Bleibt der Einheitssatz je Kilometer gleich, spricht man vom **Kilometertarif** (einfachste und älteste Form der E.), nimmt der Einheitssatz mit zunehmender Entfernung ab, handelt es sich um **Staffeltarife** (die Entgelte für größere Entfernungen sind relativ niedriger oder gegebenenfalls zur Vermeidung weiter Transporte auch höher). Bei **Zonentarifen** steigt der Preis nicht stetig je Kilometer, sondern in Stufen; dabei wird für alle Stationen innerhalb von Entfernungszonen (z. B. 10–20 km, 100–200 km) der gleiche Preis berechnet. Bei der DB gilt für den ICE ein **Relationstarif**, der für jede Verbindung Schnelligkeit, Häufigkeit der Bedienung, Nutzungsgrad und damit die Wettbewerbssituation berücksichtigt.

Personentarif: Auf den dt. Staatsbahnen galt seit 1. 5. 1907 ein einheitl. Normalpersonentarif, der Reformtarif, auf dem auch die heutigen E. beruhen. Fahrpreisermäßigung bietet eine Reihe von Sondertarifen, z. B. nach Alter (Kinder bis 4 Jahre reisen unentgeltlich, von 4–11 Jahren zu 50 % des Tarifs), Häufigkeit oder Zeitpunkt (Zeitkarten, Guten-Abend-Ticket, Sparpreis), Zahl der gemeinsam Reisenden (Gruppen, Familien) oder Zweck der Fahrt (z. B. in Sonderzügen und Anschluss daran). Zuschlagpflichtig sind EC/IC-Züge, IR-Züge bis 50 km und in Verkehrsverbünden.

Bei der Dt. Bahn AG bieten die BahnCard, die auch mit Kreditkartenfunktion ausgestattet werden kann, und der Familienpass zu einem einmaligen Grundpreis ein Jahr lang 50 % Ermäßigung für beliebig viele Fahrten. Weitere Vergünstigungen gibt es für Flugreisende (Rail & Fly), Jugendliche (TwenTicket), Bundeswehrangehörige und Zivildienstleistende sowie Schwerbehinderte und Schwerkriegsbeschädigte.

Gütertarif: Beim Wagenraum- oder Gewichtssystem dient – neben der Entfernung – das Gewicht oder der in Anspruch genommene Raum als Grundlage für die Bemessung des Frachtsatzes. Beim Wertklassifikati-

onssystem werden die Beförderungspreise durch den Wert der Güter bestimmt. Die Regelgütertarife bilden meist ein gemischtes System, das die Merkmale der beiden anderen vereinigt.

Mit Gründung der Dt. Bahn AG am 1. 1. 1994 wurden die Tarife im Binnengüterverkehr aufgehoben und durch Preislisten mit empfehlendem Charakter ersetzt. Neben der allgemeinen Preisliste bestehen Branchenpreislisten. Der Preisbildung im Wagenladungsverkehr liegen das Gewicht, die Entfernung und der verwendete Güterwagen (Wagen mit zwei oder mit mehreren Achsen) zugrunde. Als Anreiz, große Mengen über weite Entfernungen auf der Schiene zu befördern, sinkt der Preis je Tonne mit zunehmender Entfernung und Auslastung des Wagens.

Eisenbahnunterbau, →Bahnkörper.

Eisenbahnverbände, Vereinigungen mit der Aufgabe, die Einrichtungen und Vorschriften der Eisenbahnen versch. Länder einander anzugleichen, um den Eisenbahnverkehr über die staatl. Grenzen hinaus zu erleichtern: ›Internat. Eisenbahn-Kongress-Vereinigung‹ (→AICCF), ›Verband der den internat. Übereinkommen über den Eisenbahnfrachtverkehr (CIM) und über den Personen- und Gepäckverkehr (CIV) beigetretenen Staaten‹, ›Internat. Konferenzen für Techn. Einheit im Eisenbahnwesen‹, ›Internat. Eisenbahnverband‹ (UIC) mit dem von ihm errichteten ›Allgemeinen Ausgleichsamt für Eisenbahnabrechnungen‹, den internat. ›Fahrplankonferenzen‹, dem ›Güterwagenverband‹ und dem ›Eisenbahntransportkomitee‹.

Eisenbahnverein, Kurz-Bez. für **Verein Deutscher Eisenbahnverwaltungen,** gegr. 1846, einer der wichtigsten Eisenbahnverbände, der an der Schaffung eines einheitl. Verkehrsrechts und an der Aufstellung einheitl. Normen der Betriebsmittel (einheitl. Spurweite) wesentlich beteiligt war. Der E. ist nach dem Ersten Weltkrieg im ›Verein Mitteleurop. Eisenbahnverwaltungen‹, nach dem Zweiten Weltkrieg im ›Internat. Eisenbahnverband‹ (UIC) aufgegangen.

Eisenbahn-Verkehrsordnung, Abk. **EVO,** Rechts-VO vom 8. 9. 1938, die für alle dem öffentl. Verkehr dienenden Eisenbahnen Gültigkeit hat; sie enthält insbesondere Bestimmungen für die Eisenbahnen und Verkehrsteilnehmer bei der Abfertigung und Beförderung von Personen, Reisegepäck, Expressgut, lebenden Tieren und Gütern, sowie für die Haftung für Verlust oder Beschädigung des Transportgutes.

Eisenbahnwagen, schienengebundene Fahrzeuge ohne eigenen Antrieb zur Beförderung von Personen oder Gepäck und Gütern; gemeinsam ist allen E. das Untergestell mit Zug- und Stoßvorrichtung (→Eisenbahnkupplungen, →Puffer), das →Laufwerk mit Radsätzen, Achslagern und Tragfedern und die →Eisenbahnbremse. Der Wagenaufbau (Wagenkasten) besteht i. d. R. aus einem stählernen Kastengerippe mit Verschalung aus Stahlblech oder Leichtmetall.

Reisezugwagen sind Personenwagen (Sitzwagen), unterteilt nach Abteil- und Großraumwagen; Speise-, Bistro-, Gesellschafts- und Salonwagen, Schlaf- und Liegewagen), Autoreisezugwagen, Reisezuggepäckwagen und Bahnpostwagen. Die ersten Personenwagen der Eisenbahn glichen Kutschen. Sie passten sich später in Fahrgestell und Aufbau den Möglichkeiten der Eisenbahn an; von rd. 4 m bis 1890 auf 18 m, heute sind 26,4 m die Regel. In Europa zeigte die Innenausstattung zw. der 1. und 4. Klasse krasse Unterschiede, die das Abteilsystem noch unterstrich. In Nordamerika gab es schon seit 1835 Durchgangswagen mit Mittelgang. Ein Pionier komfortablerer Wagen wurde ab 1858 M. PULLMAN. Auf den Einfluss der Pullmanwagen geht die erste dt. Schlafwagenverbindung (Berlin–Ostende, 1872) sowie die Einführung von Speisewagen ab 1880 zurück.

Die Personenwagen waren anfangs zwei-, später dreiachsig; nach amerikan. Vorbild entstanden vier-, ausnahmsweise sechsachsige Wagen mit →Drehgestellen. Vierachsige Drehgestellwagen mit Seiten- oder

Eisenbahnwagen: Mittelwagen 1. Klasse des InterCityExpress

Mittelgang und (im Hochgeschwindigkeitsverkehr druckdichten) Übergängen zw. den Wagen sind heute die Regel. Fernverkehrswagen verlangen höheren Komfort (Klimaanlage, Komfortsitze, Speisewagen); im Nahverkehr sind hohes Platzangebot (Doppelstockwagen) und schneller Fahrgastwechsel (mehr und breitere Außentüren) maßgebend.

Güterwagen werden in Regel- und Sonderbauarten eingeteilt. Güterwagen des öffentl. Verkehrs stellen z. T. die Bahnen, z. T. private Vermietgesellschaften zur Verfügung. Zu den Regelbauarten zählen offene Güterwagen (E-Wagen), gedeckte Güterwagen (G-Wagen) und Flachwagen (K-, O- und R-Wagen). Für nässeunempfindl. Massengut (Kohle, Erz, Steine und Erden) genügen **offene Wagen**, in **gedeckten Wa-**

Eisenbahnwagen: oben Spezialgüterwagen für Schüttgüter; unten vierachsiger offener Güterwagen der Regelbauart

gen werden empfindlichere Güter sowie Stückgut befördert, auf **Flachwagen** große Einzellasten (Straßenfahrzeuge, Maschinen, Fertigbauteile, Naturstein), schwere und lange Güter (Eisenprofile, Holz).

Die Sonderbauarten für bestimmte Güter sind den Anforderungen beim Transport (Flachwagen mit Lademulden für Coils, **Rungenwagen** für Rohre und Langholz, **Tiefladewagen** für Schwergüter, **Kühlwagen** für Transporte unter geregelter Temperatur, **Doppelstockwagen** für fabrikneue Automobile, **Tragwagen** für den kombinierten Schiene-Straße-Verkehr) sowie bei Be- und Entladung (Selbstentladewagen, Wagen mit verschiebbaren Seitenwänden oder öffnungsfähigem Dach) angepasst. Aus **Selbstentladewagen** fällt das Gut durch trichterförmige Bodenöffnungen in Tiefbunker oder auf Förderbänder (Kohle, Erz, Getreide) oder ins Gleis (Schotter). Zum Laden von der Seite (mit Gabelstapler) lassen sich die Seitenwände (**Schiebewandwagen**), zum Laden von oben (mit Kran) das Dach (**Schwenk-** und **Rolldachwagen, Haubenwagen** mit Teleskophauben, Flachwagen mit Planenverdeck) oder der gesamte Aufbau (**Spreizhauben-Schiebewandwagen**) öffnen. Privatgüterwagen werden entweder vom Einsteller selbst genutzt oder von Vermietgesellschaften zum Transport bestimmter Güter bereitgehalten, in Dtl. v. a. Kesselwagen für Flüssigkeiten, Gase und Chemikalien, Autotransportwagen, Containertragwagen und Kühlwagen.

Zur Beschleunigung und Rationalisierung des Eisenbahngüterverkehrs müssen künftige Güterwagen erheblich mehr Forderungen erfüllen: Bremsprobe, Zugschlussüberwachung und z. T. selektive Entladung von der Lokomotive aus; Steuerung, Überwachung und Diagnose über einen Datenbus; automat. Kuppeln und Entkuppeln (→Eisenbahnkupplungen); elektron. Bremssteuerung (→Eisenbahnbremsen), Gleitschutz, Mehrfachtraktion und Wendezugsteuerung. Der ›intelligente Güterwagen‹ erhält dazu ein Elektronikmodul und automat. Zugkupplung, ferner oberbauschonende Laufwerke, innovative Puffer und Zusatzausrüstungen.

P. WAGNER u. a.: Reisezugwagen dt. Eisenbahnen (1979); Reisezugwagen der dt. Länderbahnen, bearb. v. E. KONRAD, 2 Bde. (1982–84); W. PRAUSNER u. a.: Reisezug- u. Güterwagen (Berlin-Ost ²1984); W. DEINERT: E. (ebd. ³1985); Histor. Güterwagen, bearb. v. M. JAKOBS (1985); H. J. OBERMAYER u. J. DEPPMEYER: Tb. dt. Güterwagen (²1985); DIES.: Tb. dt. Reisezugwagen (³1986); W. THEURICH u. J. DEPPMEYER: Reisezugwagen dt. Eisenbahnen. Speisewagen, Schlafwagen u. Salonwagen (Neuausg. 1985); E. in Originaldokumenten. 1847–1943, bearb. v. M. BERGER, 6 Bde. (1987); F. STÖCKL: Speisewagen. 100 Jahre Gastronomie auf der Schiene (1987).

Eisenbakteri|en, physiologisch definierte Gruppe von Bakterien, die zur Oxidation von reduziertem Eisen (Fe) befähigt sind. Sie oxidieren Fe^{2+}-Ionen zu Fe^{3+} und nutzen die dabei frei werdende Energie für autotrophen Stoffwechsel (Kohlendioxidfixierung, Lithotrophie). **Thiobacillus ferrooxidans** oxidiert Eisenpyrit (FeS_2) zu Eisen(III)-sulfat und Schwefelsäure, ist säureresistent und toleriert pH-Werte bis 2,5. **Sulfolobus acidocaldarius** ist ein Eisen(II)-Verbindungen oxidierendes thermoacidophiles Archaebakterium. Die Eisen und Schwefel oxidierenden Thiobazillen werden technisch zur Gewinnung von Kupfer, Uran u. a. Metallen aus Erzen genutzt (→bakterielle Erzlaugung). Weitere E. sind **Gallionella ferruginea** und **Leptothrix ochracea.** Sie können in eisenhaltigen Gewässern massenhaft auftreten und bilden dicke Beläge von Eisenoxiden.

I. w. S. wird die Bez. E. auch für Bakterien verwendet **(Eisenorganismen),** in deren Kapseln oder Scheiden sich (wahrscheinlich ohne Zutun der Bakterien) Eisenhydroxidniederschläge bilden können, die aus einer spontanen Oxidation von Eisen (in neutralem oder alkal. Wasser) herrühren. Durch die Niederschläge

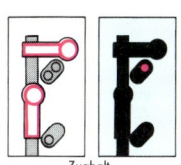
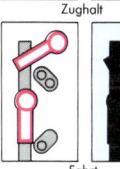
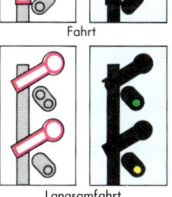

Zughalt

Fahrt

Langsamfahrt

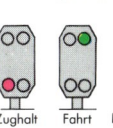
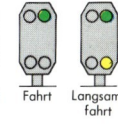

Zughalt   Fahrt   Langsamfahrt

Notrot bei Ausfall der Stromversorgung für das Signal

Eisenbahnsignale: oben Formsignal (links bei Tag, rechts bei Nacht); unten Lichtsignal

können sie Leitungen verstopfen und Trinkwasser ungenießbar machen (Braunfärbung von Leitungswasser).

Johannes Andreas Eisenbarth

Eisenbarth, Johannes Andreas, urkundlich **Eysenbarth,** Heilkundiger (Augen- und Wundarzt), *Oberviechtach 27. 3. 1663, †Hannoversch Münden (heute Hann. Münden) 11. 11. 1727; erfolgreicher Arzt seiner Zeit (führte u. a. Hodenbruch-, Kropf- und Staroperationen aus), wurde aber durch sein marktschreierisches Auftreten zum Typus des Quacksalbers **(Der Doktor E.).** – Oper: ›Doktor E.‹ von H. ZILCHER (1921); Roman: ›Doktor E.‹ von J. WINCKLER (1928); Volkslied: ›Ich bin der Doktor Eisenbarth‹.

Eisenberg, Name von geographischen Objekten:
1) Eisenberg, Kreisstadt des Saale-Holzland-Kreises, Thür., 275–300 m ü. M., im östlichen Thüringen, 11 400 Ew.; Stadtmuseum; Herstellung von Porotonziegeln, Kalksandsteinen und Armaturen sowie Möbel- und Klavierbau. – Barockschloss Christiansburg (1677 begonnen), Schlosskapelle (1680–92) mit reichen Stuckaturen; Renaissancebauten sind das Rathaus (Umbauten 1579 und 1593) und die Superintendentur (1599); spätgot. Pfarrkirche St. Peter (Erweiterung 1494 und 1585). Südlich von E. das waldreiche Naherholungsgebiet ›Mühltal‹ beiderseits des Weiße-Elster-Zuflusses Rauda. – E. entstand als Siedlung im frühen 12. Jh.; als ›Ysenberch‹ 1196 erstmals urkundlich erwähnt, Erweiterung der Stadtrechte 1274. Daneben wurde Ende des 12. Jh. eine planmäßig angelegte Neustadt erbaut (1219 als Civitas erwähnt). Als Teil Kursachsens kam E. 1485 an die Ernestiner; 1680–1707 war es Residenz des Herzogtums Sachsen-E., danach gehörte es bis 1918 zum Herzogtum Sachsen-Altenburg und von November 1918 bis April 1920 zum Freistaat Altenburg. Von 1952 bis Juni 1994 war E. Verwaltungssitz des ehem. gleichnamigen Kreises.

Eisenberg 1): Renaissancerathaus

2) Eisenberg (Pfalz), Stadt im Donnersbergkreis, Rheinl.-Pf., 190 m ü. M., am N-Rand des Pfälzer Waldes, 9 600 Ew.; Schaubergwerk (ehem. Tongrube); Untertagebergbau auf **Eisenberger Ton;** Eisengießerei, Dachziegelwerke, Fabrikation von elektr. Apparaten. – Bereits in röm. Zeit war E. besiedelt. Mitte des 8. Jh. kam es aus fränk. Königsgut an das Bistum Metz, wenig später wurde es dem Kloster Gorze geschenkt. Ende des 14. Jh. fiel es durch Erbschaft an

die Fürsten von Nassau-Weilburg, die 1734 in E. ein Eisenwerk errichteten. 1963 wurde E. Stadt.

Eisenbeton [-tɔŋ, -tɔ̃], frühere Bez. für →Stahlbeton; in der Schweiz und in Österreich auch heute noch üblich.

Eisen-, Blech- und Metallwarenindustrie, EBM-Industrie, Wirtschaftszweig, dessen vielgestaltiges Produktionsprogramm u. a. Werkzeuge, Öfen, Haushaltsherde, Stahlradiatoren und Plattenheizkörper, Möbel aus Stahl- und NE-Metall-Rohren, Schlösser und Beschläge, Schneidwaren, Büro-, Schreib- und Zeichengeräte sowie Metallkurzwaren umfasst. 1995 erzielten die 2 590 Betriebe der EBM-Industrie in Dtl. mit ihren 259 000 Beschäftigten einen Umsatz von rd. 54 Mrd. DM.

Eisenblüte, besondere Form des Minerals →Aragonit.

Eisencyanblau, →Eisenpigmente.

Eisendle, Helmut, österr. Schriftsteller, *Graz 12. 1. 1939; studierte Psychologie und Zoologie, mit A. KOLLERITSCH Herausgeber der Zeitschrift ›manuskripte‹. In Stücken und Prosatexten (z. T. als Romane bezeichnet) sucht er nach der Aufhebung der Trennung von Kunst und Wissenschaft und behandelt kritisch das Verhältnis von Individuum, Gesellschaft und Sprache.

Werke: Hb. zum ordentl. Leben oder Ein Testinstrument zur Prüfung der Anpassung an das Durchschnittsidealverhalten (1973); Jenseits der Vernunft oder Gespräche über den menschl. Verstand (1976); Exil oder Der braune Salon (1977); Das nachtländ. Reich des Doktor Lipsky (1979); Das Verbot ist der Motor der Lust (1980); Der Narr auf dem Hügel (1981); Die Frau an der Grenze (1984); ›Oh Hanna!‹ (1988); Amokläufer. Eine Farce für vier Personen (1992); Die vorletzte Fassung der Wunderwelt (1993).

Eisen|erz, Stadt in der Steiermark, Österreich, 745 m ü. M., 7 400 Ew.; altes Bergbauzentrum, Bergdirektion, Bergwerkschule, Bergmuseum; Elektroindustrie. Im SO liegt der **Erzberg** (1 465 m ü. M.), dessen Spateisenstein (32 % Fe, 2 % Mn) seit röm. Zeit abgebaut wird (Tagebau; der Untertagebau wurde 1986 eingestellt); geschätzte Vorräte: 230 Mio. t; die Erze werden in den Hochöfen von Leoben-Donawitz und in Linz verhüttet. Die Erzbahn Hieflau–Leoben (anstelle der alten ›Eisenstraße‹) überquert den Präbichlpass (1 227 m ü. M.). – Got. Kirche des hl. Oswald (1512 geweiht) mit spätgot. plast. Schmuck an den Emporen; seit 1482 wegen der Türkeneinfälle bewehrt, 1532–34 durch Ringmauer mit Wehrtürmen zur größten Kirchenburg der Steiermark ausgebaut. – Der die Geschichte der Stadt bestimmende Erzberg, bereits im frühen MA. aufgeteilt in eine Vordernberger und eine Innerberger Hälfte, gehörte seit dem 12. Jh. den steir. Landesherren. Die Siedlung ›Innerberg‹ wurde im 13. Jh. aus einem Seitental in das Haupttal verlegt, wobei der Wasserbedarf der Schmelzöfen die zeilenförmige Anlage entlang der Bäche bestimmte. Die seit der Verlegung E. genannte Siedlung erhielt 1453 Marktrecht; 1948 wurde sie Stadt.

Eisen|erzer Alpen, Berggruppe in der Grauwackenzone der Ostalpen, Österreich, zw. Enns-, Mur-, Liesing- und Paltental; im Gößeck 2 215 m ü. M.

Eisenfleckigkeit, Viruskrankheit der Kartoffelknollen, die von Nematoden übertragen wird. Während die Stauden normal aussehen, weist das Fleisch der Knollen rostrote Zonen auf.

Eisenformation, →Bändereisenerze.

Eisengarn, Glanzgarn, hochgedrehtes und lüstriertes Baumwollgarn, vorwiegend für die Herstellung von Futterstoffen.

Eisengeld, Bez. sowohl für vormonetäre Zahlungsmittel (→Gerätgeld) aus Eisen als auch für wirkl. Eisenmünzprägungen. E. in der ersteren Bedeutung war in der Zeit vor der eigentl. Münzprägung vielfach in Gebrauch, z. B. als **Eisenbarren** während der La-Tène-

Helmut Eisendle

Zeit in Nord- und Mitteleuropa und später im Mittelmeerraum (→Barren). Eisenmünzen sind selten, da sie wegen der schlechten Haltbarkeit des Materials (schnelle Oxidation) nur vereinzelt hergestellt wurden, so im antiken Griechenland (v. a. auf dem Peloponnes) und von versch. chin. Dynastien. Im Ersten Weltkrieg wurde im Dt. Reich und Österreich-Ungarn in größerem Umfang Kleingeld aus Eisen hergestellt.

Eisenglanz, ein Mineral, →Hämatit.

Eisenglimmer, Bez. für das Mineral →Lepidomelan, aber auch für andere schuppig-glimmerartig ausgebildete Eisenminerale (v. a. Hämatit).

Eisenerz: Der in der Nähe der Stadt gelegene Erzberg (Höhe 1 465 m ü. M.)

Eisenhans, Märchenfigur, Helfer des Goldenen (→Goldener).

Eisenhart [ˈaɪznhaːt], Luther Pfahler, amerikan. Mathematiker, *York (Pa.) 13. 1. 1876, †Princeton (N. J.) 28. 10. 1965; war seit 1909 Prof. an der Princeton University; veröffentlichte grundlegende Arbeiten zur Differenzialgeometrie, bes. zur riemannschen Geometrie und ihrer Anwendung bei physikal. Problemen (v. a. in der allgemeinen Relativitätstheorie), sowie über kontinuierl. Transformationsgruppen.

Werke: Differential geometry of curves and surfaces (1909); Riemannian geometry (1925); Non-Riemannian geometry (1927).

Eisenhofer, Ludwig, kath. Liturgiewissenschaftler, *München 1. 4. 1871, †Eichstätt 29. 3. 1941; seit 1898 Prof. für Patrologie und Liturgik in Eichstätt, seit 1900 auch für Kirchengeschichte. Sein Hauptwerk, das ›Handbuch der kath. Liturgik‹ (2 Bde., 1912 als 2. Aufl. des Handbuchs von V. THALHOFER erschienen, als eigenständige Neubearbeitung 1932/33), ist seit der Liturgiereform des 2. Vatikan. Konzils wichtigste Quelle für die vorkonziliare Liturgie.

Eisenholz, 1) Grey Myrtle [ˈgreɪ ˈmɔːtl, engl.], das sehr harte und schwer zu bearbeitende, dunkelbraune Holz des bis 10 m hohen austral. Myrtengewächses Backhousia myrtifolia.

2) ungenaue Bez. für sehr harte, dichte und schwere Hölzer versch. außereurop. Bäume, z. B. →Bongossi, →Doussie und das Holz von Argania spinosa (→Argania).

Eisenhower [ˈaɪzənhaʊə], Dwight David, gen. ›Ike‹, 34. Präs. der USA (1953–61), *Denison (Tex.) 14. 10. 1890, †Washington (D. C.) 28. 3. 1969; Offizier, im Generalstabsdienst ausgebildet, wurde 1941 Brigadegeneral und nach kurzer Tätigkeit im Planungsstab im Juni 1942 Oberbefehlshaber der amerikan. Truppen auf dem europ. Kriegsschauplatz. Im November 1942 übernahm E. den Befehl über die alliierten Truppen in N-Afrika; 1943 leitete er die Landungen auf Sizilien und dem ital. Festland. Im Dezember 1943 wurde er Oberster Befehlshaber der verbün-

deten Landungsarmee (SHAEF) und leitete im Juni 1944 die Invasion in Frankreich; im Dezember 1944 erhielt er den militär. Rang eines Fünf-Sterne-Generals. Am 7. 5. 1945 erfolgte in E.s Hauptquartier in Reims die bedingungslose Kapitulation Dtl.s. Vom Kriegsende bis November 1945 war er Oberbefehlshaber der amerikan. Besatzungstruppen in Dtl. u. zeitweilig Mitgl. des Alliierten Kontrollrats, danach Generalstabschef des Heeres. 1948 schied E. aus dem aktiven militär. Dienst aus und wurde Präs. der Columbia University, 1949 war er zeitweilig militär. Berater Präs. H. S. TRUMANS. 1950–52 war E. Oberbefehlshaber der Streitkräfte der NATO.

1952 wurde E. als Kandidat der Republikan. Partei zum Präs. gewählt (1956 Wiederwahl). Unter dem Schlagwort ›modern republicanism‹ verfolgte er eine Innenpolitik, die den USA nach einer Phase einschneidender Veränderungen Ruhe und Stabilität geben sollte. Er verband eine konservative Wirtschaftspolitik, die v. a. auf den Abbau der Staatsverschuldung abzielte, mit einem vorsichtigen Ausbau der von F. D. ROOSEVELT und TRUMAN begonnenen sozialstaatl. Maßnahmen (1953 Gründung des Department of Health, Education and Welfare) und des Bildungswesens. An den Auswüchsen der Untersuchungstätigkeit J. M. MCCARTHYS übte er relativ spät vorsichtige Kritik. Er ergriff erste Maßnahmen zum Abbau der Rassenschranken (Bürgerrechtsgesetz vom 9. 9. 1957) und entsandte im September 1957 Bundestruppen zur Beendigung von Rassenunruhen in Little Rock (Ark.). Die Außenpolitik seiner Amtszeit wurde stark durch J. F. DULLES bestimmt. Obwohl E. dessen erklärte Ziele (›liberation‹, ›roll back‹) unterstützte, war er bestrebt, militär. Auseinandersetzungen mit der UdSSR zu vermeiden. Außenpolitisch profilierte sich E. bes. durch die Beendigung des Koreakriegs (1953), die Erweiterung des westl. Paktsystems um die SEATO (1954), die Unterstützung der UNO gegen Großbritannien und Frankreich in der Suezkrise (1956) und die →Eisenhower-Doktrin (1957). West-Ost-Gipfeltreffen in Genf (1955) und Camp David (1959) sollten der Entspannung dienen; die Pariser Gipfelkonferenz (1960) scheiterte nach dem →U2-Zwischenfall. In seiner Abschiedsbotschaft warnte E. vor dem Einfluss des ›militärisch-industriellen Komplexes‹.

Werke: Crusade in Europe (1948); The White House years, 2 Bde. (1963–65; dt. Die Jahre im Weißen Haus).

Ausgaben: The papers of D. D. E., hg. v. A. D. CHANDLER, 11 Bde. (1970–84); The E. diaries, hg. v. R. H. FERRELL (1981).

S. E. AMBROSE: E., 2 Bde. (London 1983–84); DAVID EISENHOWER: E. at war 1943–1945 (New York 1986).

Eisenhower-Doktrin [ˈaɪzənhaʊə-], Erklärung Präs. D. D. EISENHOWERS an den amerikan. Kongress vom 5. 1. 1957 über die Bereitschaft der USA, die Staaten des Nahen Ostens gegen kommunist. Aggression durch wirtschaftl. und militär. Hilfe, notfalls auch durch Truppenentsendungen, zu unterstützen. Die E.-D. erwuchs aus dem Prestigeverlust Großbritanniens und Frankreichs nach der Suezkrise (1956/57); mit ihr wurde u. a. die Entsendung der 6. US-Flotte in das östl. Mittelmeer zum Schutz Jordaniens im April 1957 und die Entsendung von amerikan. Truppen nach Libanon im Juli 1958 legitimiert.

Eisenhut, 1) *Biologie:* Sturmhut, Aconi̱tum, Gattung der Hahnenfußgewächse mit rd. 300 Arten v. a. auf der Nordhalbkugel; meist Stauden mit handförmig zerteilten, gestielten Blättern und blauen, gelben oder weißen Blüten in endständigen, traubigen, meist verzweigten Blütenständen. Das obere der fünf Blütenblätter ist helmförmig ausgebildet und schließt zwei lang gestielte, an der Spitze mützenförmige Honigblätter ein. Als Zierstaude ist u. a. der bis 1,5 m hohe, blauviolett blühende **Blaue E. (Echter Sturm-**

Eisengeld:
Eisenbarren;
La-Tène-Zeit,
Lauterach, Vorarlberg

Dwight D. Eisenhower

Eisenhut 1):
Blauer Eisenhut
(Höhe der Staude
bis 1,5 m)

hut, Aconitum napellus) bekannt. Alle Arten enthalten v. a. in den Wurzelknollen **(Akonitknollen, Teufelswurzeln)** reichlich Alkaloide (u. a. →Aconitin); die einheim. Arten gehören daher zu den giftigsten Pflanzen unserer Flora. E. wurde früher häufig in der Medizin verwendet (v. a. als schmerzlinderndes Mittel gegen Neuralgien), ist heute aber weniger gebräuchlich.

2) *Militärwesen:* meist halbkugelförmige, mit gerader oder abfallender breiter Krempe, aber ohne Visier und Nackenschutz versehene eiserne Kopfbedeckung der spätmittelalterl. Kriegsknechte. (→Helm)

Eisenhut, höchster Berg der Gurktaler Alpen, an der Grenze zw. Kärnten und der Steiermark, Österreich, 2 441 m ü. M.

Eisenhutfeh, *Heraldik:* Grundform des →Fehs.

Eisenhüttenkombinat Ost, →EKO Stahl AG.

Eisenhüttenkunde, Lehre von der Metallurgie und Technik des Eisens. Die E. befasst sich mit der Gewinnung von Eisen aus Erzen und Altstoffen (Schrott), der Überführung von Roheisen und Eisenschwamm in Stahl und Gusseisen sowie mit der Formgebung von Eisen und Stahl durch abproduktarme Technologien. Sie beschäftigt sich außerdem mit den chem., mechan., physikal. und techn. Eigenschaften (und deren Zusammenhängen), der chem. Zusammensetzung und dem Gefüge von Eisen und Stahl sowie mit dem Einfluss, den Wärmebehandlungen und Verformungen auf diese Faktoren haben. – Das Studium der E. ist in Dtl. an der Rheinisch-Westfäl. TH Aachen und der TU Clausthal, an der TU Bergakademie Freiberg und an der Univ.-Gesamthochschule Duisburg möglich. Berufsvereinigungen sind v. a. der Verein Dt. Eisenhüttenleute (VDEh) und der Verein Dt. Gießereifachleute; beider Sitz ist Düsseldorf.

Eisenhüttenstadt, Stadt im Landkreis Oder-Spree, Bbg., an der Oder, 50 m ü. M., an der Einmündung des Oder-Spree-Kanals, 48 200 Ew.; Städt. Museum, Feuerwehrmuseum, Friedrich-Wolf-Theater (Spielstätte im Kulturhaus); Stahlwerk (→EKO Stahl AG) mit Stahlproduktion, Kalt- und seit 1996 im Bau befindl. Warmwalzwerk; Recyclingzentrum (therm. Verwertung und Weiterverarbeitung von Abfallprodukten); klein- und mittelständ. Unternehmen, bes. aus dem Bereich der Metallverarbeitung, darunter der aus dem Eisenhüttenkombinat Ost hervorgegangene Anlagenbau; Oderwerft; Binnenhafen. – E., als Wohnstadt für die Beschäftigten des bei Fürstenberg (Oder) errichteten Eisenhüttenkombinats Ost (EKO) gegründet und seit 1950 parallel zu diesem aufgebaut, wurde 1953 unter dem Namen **Stalinstadt** zur ›ersten sozialist. Stadt der DDR‹ erklärt. 1961 wurden die Stadt Fürstenberg (Oder) und das Dorf Schönfließ eingemeindet und die Stadt in E. umbenannt. 1993 wurde mit dem Dorf Diehlo eine weitere Gemeinde eingemeindet. **Fürstenberg,** in der zweiten Hälfte des 13. Jh. im Schutz einer dt. Burg an einem Oderübergang angelegt und 1286 als Stadt (Civitas) bezeugt, kam 1370 an Böhmen, 1635 mit der Niederlausitz an Kursachsen und 1815 an Preußen.

T. Köhler: Kohle zu Eisen – Eisen zu Brot. Die Stalinstadt (1994).

Eisen|intarsi̱e, ornamentale Schmuckeinlage aus Eisen, v. a. von Bronzegegenständen der älteren Eisenzeit bekannt (bes. im Kaukasus und in Italien).

Eisenkern, der in Elektromagneten, Transformatoren, Relais und ähnl. Geräten den Hohlraum einer oder mehrerer Spulen ausfüllende magnetisierbare Massivkörper aus Weicheisen, geschichteten und gegeneinander isolierten Eisenblechen (Dynamoblechen), mit Isoliermasse verpresstem und gesintertem Eisenpulver, Ferriten oder anderen ferromagnet. Stoffen mit möglichst geringen →Eisenverlusten; dient zur Erhöhung der magnet. Induktion im Innern der stromdurchflossenen Spulen sowie (bes. bei ringför-

mig geschlossenem E.) zur Führung des magnet. Flusses in bestimmten Bahnen.

Eisenkies, ein Mineral, →Pyrit.

Eisenkiesel, durch Eisenoxide gelb, braun oder rot gefärbter →Quarz.

Eisenklinker, Mauerklinker, die unter Zusatz metall. Flussmittel gebrannt werden; sie erhalten dadurch meist dunkle Farben mit metall. Schimmer und werden bes. zur Fassadenverblendung verwendet.

Eisen-Kohlenstoff-Diagramm, die graf. Darstellung der Änderungen des Aggregatzustandes (fest-flüssig) und des kristallinen Gefüges von Eisen-Kohlenstoff-Legierungen bei genügend langsamem Erstarren, Abkühlen und Erhitzen. Abszisse und Ordinate des E.-K.-D. sind der Kohlenstoffgehalt in Prozent und die Temperatur in Grad Celsius. An der Ordinatenachse sind auch die Umwandlungstemperaturen des reinen Eisens aufgetragen: 1 538 °C (Erstarrung zu kubisch-raumzentriertem δ-Eisen), 1 401 °C (Umwandlung in kubisch-flächenzentriertes γ-Eisen), 906 °C (Umwandlung in paramagnet., kubisch-raumzentriertes α-Eisen), 768 °C (Umwandlung in ferromagnet. α-Eisen). Mit zunehmendem Kohlenstoffgehalt ändern sich die Umwandlungstemperaturen längs charakterist. Kurven, und es kommt zu Mischkristall- und Verbindungsbildung. Im Gleichgewicht wird längs der gestrichelten Linien Graphit ausgeschieden. Das Eisencarbid (Zementit, Fe$_3$C), dessen Existenzbereich durch die durchgezogenen Linien gekennzeichnet wird, ist für den Anwendungsbereich der Stähle beständig. Die Teilbereiche des E.-K.-D. geben nach Temperatur und Kohlenstoffgehalt die Existenzbereiche der versch. Phasen und damit der versch. Gefügearten an. Voraussetzung dabei ist, dass die Temperaturänderungen genügend langsam erfolgen.

Eisenkraut, Verbe̱na, Gattung der Eisenkrautgewächse mit über 200 Arten hauptsächlich in den Tropen und Subtropen; Kräuter, Stauden und Halbsträucher mit röhrigen, schwach zweilippigen Blüten, die in endständigen, dichten, bisweilen doldenartig verkürzten Ähren stehen. – In Dtl. kommt nur das **Echte E.** (Verbena officinalis) an Wegen und Ackerrändern vor, eine Staude mit kleinen, blasslilafarbenen Blüten in trichterförmigen, dichten Ähren. Die zur Blütezeit gesammelten und getrockneten Blätter werden in der Naturheilkunde als entzündungs- und schmerzhemmendes, harntreibendes und die Milchproduktion von Wöchnerinnen anregendes Mittel verwendet. – Mehrere amerikan. Arten und deren Zuchtformen werden als Sommerblumen **(Gartenverbenen)** kultiviert, z. B. die etwa 15 cm hohe, zinnoberrot blühende Art **Brennende Liebe** (Verbena peruviana).

Eisenkrautgewächse, Verbenaceae, mit den Lippenblütlern nahe verwandte Pflanzenfamilie mit rd. 100 Gattungen und über 2 600 Arten, meist in den Tropen und Subtropen sowie in den südl. gemäßigten Breiten vorkommend; Bäume, Sträucher, Lianen oder Kräuter mit trichterförmigen, oft zweilippigen Blüten; bekannte Gattungen sind →Eisenkraut und →Teakbaum.

Eisenkunstguss, ein →Bildguss in Eisen. Der E. ist in China bereits im 6. Jh. v. Chr. durch mit Inschriften versehene Eisenkessel nachweisbar. In der Song- und Mingzeit wurden buddhist. Plastiken aus E. hergestellt. In Europa kam er mit dem Guss von Geschützen im 14. Jh. auf. Seit Ende des 15. Jh. wurde er auch bei Ofenplatten, Grabkreuzen, -denkmälern und -platten künstlerisch angewendet. Hauptzentren des E. waren Siegen, das Eifel-, Mosel- und Saargebiet, die Pfalz, Tirol und Württemberg. Nach Erfindung der Kupolöfen und Verbesserung des Sandteilformverfahrens wurde der Feineisenguss um die Wende zum 19. Jh. im sächs. Hüttenwerk Lauchhammer (gegr. 1780) eingeleitet; hier wurden schon Ende des

Eisenkraut:
oben Echtes
Eisenkraut
(Höhe 20–100 cm);
unten Brennende
Liebe
(Höhe etwa 15 cm)

18. Jh. Freiplastiken gegossen. Im 19. Jh. ragten die Königl. Eisengießerei Berlin (1804–73; für sie legten u. a. C. D. Rauch, G. Schadow und K. F. Schinkel Entwürfe für Plastiken vor) sowie die Gießereien Gleiwitz (gegr. 1796) und Sayn (gegr. 1769; →Bendorf) hervor.

Eva Schmidt: Der preuß. E. (1981).

Eisenlegierungen. Die wichtigsten E. sind die verformbaren Stähle mit Kohlenstoffgehalten bis zu max. 2% und die nur in Sonderfällen verformbaren Gusseisenlegierungen (→Gießerei) mit höheren Kohlenstoffgehalten. E. enthalten außerdem je nach Verwendungszweck oft noch weitere Legierungselemente (Metalle, Halbmetalle oder Nichtmetalle); erreichen diese einen größeren Anteil, spricht man von →Ferrolegierungen.

Eisenlohr, Wilhelm, Physiker, *Pforzheim 1. 1. 1799, †Karlsruhe 10. 7. 1872; 1840–65 Lehrer am Polytechnikum in Karlsruhe, widmete sich v. a. der Erforschung des (von ihm 1854 so bezeichneten) ultravioletten Lichtes, dessen Wellenlänge er 1856 bestimmte. Er entdeckte auch den hohen UV-Anteil des Lichts von Gasentladungen.

Eisenlunge, Staubinhalationskrankheit, die →Siderose.

Eisenman [ˈaɪzənmæn], Peter David, amerikan. Architekt, *Newark (N. J.) 11. 8. 1932; gehört zu den Vätern des Dekonstruktivismus in der Architektur. 1967 gründete er in New York das ›Institute for Architecture and Urban Studies‹, das er bis 1982 leitete; gleichzeitig war er Mitgl. und Theoretiker der Architektengruppe ›The New York Five‹; Bau einiger Pri-

Peter Eisenman: Greater Columbus Convention Center, Columbus (Oh.); 1989–93

vathäuser 1967 ff.; den Baukörper von Haus III (Lakeville, Conn., 1970) entwickelte er nicht aus Überlegungen zur Funktion, sondern durch die axiometrisch visualisierte Durchdringung eines Kubus mit zwei kleineren Würfeln. Mit dem Bau des Wexner Center for the Visual Arts (1982–89) in Columbus (Oh.) setzte er seine Ideen erstmals in größerem Maßstab in Archi-

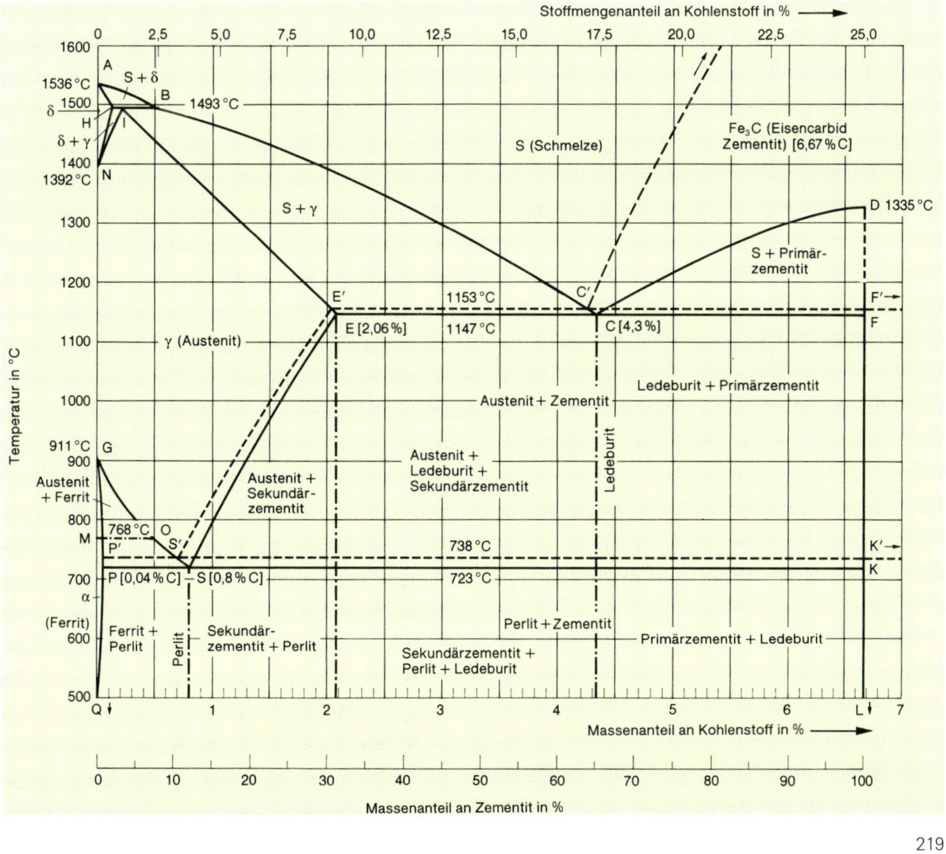

Eisen-Kohlenstoff-Diagramm: Die durchgezogenen Linien und die Buchstaben ohne Strich beziehen sich auf das metastabile System Fe/Fe$_3$C, die gestrichelten Linien und die Buchstaben mit Strich auf das stabile System Fe/C

tektur um. Seine Bauten, die E. als Ergebnis der Herausforderung der jeweiligen Umgebung versteht, fallen durch radikale, z. B. an geolog. Erscheinungen orientierte Verschiebungen und Bewegungslinien auf, die im Grundriss, in den Fassaden und den unterschiedl. Dachebenen ihre Ausprägung finden. 1991 gewann er den Ideenwettbewerb für das Projekt ›Rebstockpark‹, eine Büro- und Wohnüberbauung in Frankfurt am Main. Besondere Expressivität zeigt sein 1992 vorgestellter Entwurf für das Max-Reinhardt-Haus in Berlin.

Weitere Werke: Haus III in Lakeville (1971); Wohnblock am Checkpoint Charlie, Berlin (1982–86); Koizumi-Sangyo-Gebäude, Tokio (1989/90); Greater Columbus Convention Center, Columbus, Oh. (1989–93); Kulturzentrum auf dem Campus der Univ. in Atlanta, Ga. (1993–95).

Eisenmangel, *Medizin:* →Eisen (Physiologie).

Eisenmangel|anämie, häufigste Form der →Anämie, entsteht durch Bildungsstörung des roten Blutfarbstoffs Hämoglobin infolge Eisenmangels. Zu den vielfältigen Ursachen der E. gehören gesteigerte Blutverluste (Menstruation), insbesondere bei krankhaften Veränderungen (Geschwüre, Entzündungen, Polypen des Magen-Darm-Kanals), nicht vollwertige Nahrung (strenger Vegetarismus), ungenügende Eisenaufnahme bei Erkrankungen von Magen und/oder Darm, erhöhter Eisenbedarf (Schwangerschaft, Stillen). Die Diagnose wird durch Blutuntersuchungen (Blutbild), evtl. durch Knochenmarkbiopsie gestellt. Neben den allgemeinen Symptomen einer Anämie kommt es v. a. zu Schleimhautatrophie (Mundwinkelrhagaden, Zungenbrennen, Magenbeschwerden) und brüchigen Haaren und Nägeln. Die *Behandlung* erfolgt medikamentös mit Eisenpräparaten.

Eisenmann, Johann Gottfried, Arzt und Politiker, *Würzburg 20. 5. 1795, †ebd. 23. 3. 1867; gründete die erste Würzburger Burschenschaft, wurde nach deren Unterdrückung 1824 verhaftet. Seit 1829 war er Mitherausgeber des konstitutionell-monarchisch ausgerichteten ›unabhängigen‹ Oppositionsorgans ›Bayer. Volksblatt‹; wurde nach dem Hambacher Fest 1832 erneut verhaftet und erst 1847 begnadigt. 1848/49 gehörte zur Frankfurter Nationalversammlung an. Mit seiner liberalen und monarch. Einstellung wirkte er auf die föderative Einheit Dtl.s hin. Von seinen zahlreichen polit. Schriften fanden die ›Ideen zu einer Teutschen Reichsverfassung‹ (1848) und das ›Polit. Glaubensbekenntnis des Dr. E.‹ (1848) weite Verbreitung. E. verfasste auch medizin. Werke.

Eisenmarkt, Stadt in Rumänien, →Hunedoara.

Eisennickelkies, ein Mineral, →Pentlandit.

Eisen|organismen, →Eisenbakterien.

Eisen|oxidband, Magnettonband, dessen magnetisierbare Schicht kub., längl. oder nadelförmige Eisenoxidkristalle (γ-Fe_2O_3) in einem organ. Bindemittel enthält. E. konnten so weit verbessert werden, dass auch bei Kassettenrekordern Hi-Fi-Qualität erreicht wird.

Eisenpigmente, natürl. oder künstl. Pigmente, die Eisen chemisch gebunden enthalten. Zu den ältesten Farbpigmenten gehört das **Eisencyanblau** (auch **Berliner Blau, Miloriblau, Pariser Blau, Turnbulls Blau** gen.), ein intensiv blau gefärbtes lichtechtes Pigment mit der (vereinfachten) Formel $Fe_4^{III}[Fe^{II}(CN)_6]_3$, das Eisen(III)-hexacyanoferrat(II), das technisch durch Umsetzen von Eisen(II)-Salzen mit gelbem Blutlaugensalz, $K_4[Fe^{II}(CN)_6]$, und anschließende Oxidation gewonnen wird. Eisencyanblau wird für Anstrichmittel, Druckfarben u. a. verwendet, ist jedoch empfindlich gegen Alkalien und ist deshalb in seiner Bedeutung etwas zurückgegangen. – Bes. beständig gegen Licht und Witterungseinflüsse sind die sehr farbkräftigen (Farbtöne: Gelb, Orange, Rot, Braun bis Schwarz), mit allen Bindemitteln verträgl. und relativ

billigen **Eisenoxidpigmente.** Natürliche Eisenoxidpigmente sind Ocker, Rötel, Terra di Siena u. a., künstl. Eisenoxidpigmente sind z. B. **Eisenoxidgelb** (chemisch Eisenoxidhydroxid, α-$FeOOH$), **Eisenoxidrot** (chemisch Eisen(III)-oxid, α-Fe_2O_3; →Caput mortuum), **Eisenoxidbraun** und **Eisenoxidschwarz** (chemisch Eisen(II,III)-oxid, Fe_3O_4).

Eisenplastik, Skulptur aus geschweißtem oder geschmiedetem Eisen. Als Erster nutzte P. GARGALLO diese künstler. Technik, verwendete sie allerdings nur für den traditionellen realist. Stil. Der Hauptvertreter einer auch stilistisch neue Wege gehenden E. ist J. GONZÁLEZ; gleichzeitig mit ihm hat P. PICASSO bedeutende E. ausgeführt. In neuerer Zeit haben u. a. E. CHILLIDA, B. LUGINBÜHL, D. SMITH und A. CARO im Wesentlichen E. geschaffen.

In Schwarzafrika werden bei einer Reihe von Stämmen E. (Figuren, Kultgegenstände u. a.) für rituelle Zwecke gefertigt. Die Schmiede genießen bei vielen afrikan. Völkern eine Sonderstellung, die mythologisch begründet ist (Umgang mit dem Feuer, mit übernatürl. Mächten, Mitwirkung beim Schöpfungsakt u. a.). E. kommen häufig vor bei den Dogon und Bambara in Mali, den Yoruba und Fon in Nigeria und Benin, seltener im Kongogebiet (bei den Kuba).

Eisenpräparate, eisenhaltige Arzneimittel, die gegen Blutarmut (Anämie) infolge Blutverlusts, unzureichenden Eisengehalts der Nahrung oder mangelhafter Aufnahme des in der Nahrung enthaltenen Eisens aus dem Darm sowie bei erhöhtem Eisenbedarf, z. B. in der Schwangerschaft und Stillperiode, verwendet werden.

Eisenpulver, feinkörniges Eisen, hergestellt aus festem Eisen durch Zerkleinern, aus flüssigem Eisen durch Zerstäuben, aus feinkörnigen Eisenoxiden durch Reduktion, aus Eisensalzen durch Elektrolyse oder durch Zerlegung. (→Carbonyleisen)

Eisenquellen, eisenhaltige Quellen mit einem Mindestgehalt von 10 mg Eisen je 1 l Wasser (→Heilquellen).

Eisenradierung, von der →Eisenätzung herkommende, im frühen 16. Jh. erfundene Art der Radierung, bei der man die Zeichnung auf eine mit Ätzgrund überzogene Eisenplatte aufträgt; das Verfahren wurde zuerst von D. HOPFER (Erfinder?) und A. DÜRER angewendet.

Eisenreich, Herbert, österr. Schriftsteller, *Linz 7. 2. 1925, †Wien 6. 6. 1986; wichtiger Repräsentant der österr. Nachkriegsliteratur. Seine zeitnahe, nüchterne Erzählprosa thematisiert die Isolierung des Individuums und die soziale Auflösung, ebenso das Hörspiel ›Wovon wir leben und woran wir sterben‹ (1958). Die zahlr. Essays polemisieren gegen sinnleere Modernismen, die literaturtheoret. Arbeiten knüpfen an H. VON DODERER an. In einem breit angelegten, Fragment gebliebenen Roman (veröffentlicht u. d. T. ›Die abgelegte Zeit‹, 1985) zeichnet E. ein Panorama der Wiener Nachkriegsgesellschaft.

Weitere Werke: *Erzählungen:* Einladung, deutlich zu leben (1952); Böse schöne Welt (1957); Der Urgroßvater (1964); Sozusagen Liebesgeschichten (1965); Die Freunde meiner Frau u. 19 andere Kurzgeschichten (1966); Ein schöner Sieg u. 21 andere Mißverständnisse (1973); Die blaue Distel der Romantik (1976). – *Roman:* Auch in ihrer Sünde (1953). – *Lyrik:* Verlorene Funde (1976). – *Aphorismen:* Groschenweisheiten (1985); Der alte Adam (1985); Memoiren des Kopfes (1986). – *Essays:* Carnuntum. Geist u. Fleisch (1960); Reaktionen (1964).

Eisenrose, Mineral, rosettenförmiger ausgebildeter →Hämatit oder →Ilmenit.

Eisensäuerlinge, kohlensäurehaltige Eisenquellen (→Heilquellen).

Eisenschmuck, aus Eisen gefertigte Schmuckstücke. Fibeln aus Eisen der La-Tène-Zeit und silbertauschierte Schnallen der Völkerwanderungszeit waren Gebrauchsgegenstände. – In Eisenfeinguss gefertigter Schmuck wurde zuerst 1789 in Frankreich angeboten, um zu veranlassen, echten Schmuck für das Vaterland zu opfern. In Dtl. wurde das Tragen von E. in der Zeit der Erhebung gegen NAPOLEON I. zur patriot. Tat und bald auch zur Mode. Zentren der Herstellung waren Berlin und Gleiwitz, auch Birmingham, Paris, Wien und Mariazell. Um die Mitte des 19. Jh. kam E. aus der Mode, wird aber heute bei mod. Schmuck wieder verwendet.

Eisenschnitt, v. a. im 16./17. Jh. von dt., ital. und frz. Schlossern, Waffenschmieden und Stempelschneidern beherrschte Schmucktechnik, bei der aus Schmiedeeisen ornamentale Reliefs gearbeitet wurden.

eisenschüssig, svw. eisenhaltig, gesagt von Mineralen und Gesteinen, die Eisenoxide und -hydroxide enthalten und dadurch gelb bis rotbraun gefärbt sind.

Eisenschwamm, Produkt der →Direktreduktionsverfahren von Eisenerz mit hoher Porosität und schlechter Wärmeleitfähigkeit. E. enthält 0,2–2 % Kohlenstoff und geringe Anteile an Spurenelementen. Er wird deshalb als Schrottersatz bei der Erzeugung hochwertiger Stähle im Elektrolichtbogenofen eingesetzt. Sein Reduktionsgrad sollte über 90 % liegen.

Eisenseiten, engl. **Ironsides** [ˈaɪənsaɪdz], Name der geharnischten Reitertruppe O. CROMWELLS. Urspr. war ›Ironside‹ der Beiname des angelsächs. Königs EDMUND II.

Eisensinter, Mineral- und Gelgemenge von kollophoniumartigem Aussehen aus wasser- und SO_3-haltigen Eisenphosphaten und -arsenaten, als Gele in stalaktit. Formen, z. T. auch kristallin vorkommend.

Eisenspat, Mineral, →Siderit.

Eisenspeicherkrankheit, die →Hämochromatose.

Eisenstadt, Name von geographischen Objekten:

1) Eisenstadt, Freistadt E., Hauptstadt des Bundeslandes Burgenland, Österreich, am SO-Fuß des Leithagebirges, 182 m ü. M., 11 400 Ew.; Bischofssitz; Landesbibliothek und -archiv, Landesmuseum, Haydnmuseum, Jüd. Museum, Museum für österr. Kultur; zahlr. Banken und Versicherungen; Maschinenbau, Holzverarbeitung, chem. Industrie; Weinbau und Weinhandel. – Die mittelalterl. Burg (14. Jh.)

Alfred Eisenstaedt: V. J. Day; 1945

Eisenstadt 1): Schloss Esterházy, eine ursprünglich mittelalterliche Burg, 1663–72 barock, 1797–1805 teilweise klassizistisch umgestaltet

wurde von den Fürsten ESTERHÁZY barock umgestaltet (1663–72), eine Planung in klassizist. Formen (1797–1805) kam nur teilweise zur Ausführung. Spätgot. Domkirche St. Martin (über Vorgängerbau, um 1460 begonnen); Franziskanerkirche und -kloster (1625–30) unter Verwendung von Resten einer got. Anlage. Der Kalvarienberg in **E.-Oberberg** wurde 1701–05 angelegt; der Passionsweg beginnt in der Gnadenkapelle (1706) und verläuft teilweise durch den künstl. Berg, auf dessen Gipfel die Kreuzkapelle steht; die Bergkirche (begonnen 1715, nach langer Unterbrechung des Baus 1803 geweiht) war als Sanktuarium einer nicht ausgeführten Wallfahrtskirche geplant. Das Haydnhaus (1766–78 von J. HAYDN bewohnt) ist ein Holzhaus auf Steinsockel aus der ersten Hälfte des 18. Jh. – E., schon in röm. Zeit besiedelt, wurde 1264 als **minor Mortin** erstmals urkundlich erwähnt. Nach wechselnden Herrschaften gelangte die grundherrl. Stadt (seit 1373) 1445 an die Habsburger. 1648 erhob Kaiser FERDINAND III. E. zur königlich-ungar. Freistadt. Nach der Angliederung des Burgenlandes an Österreich wurde E. 1925 Landeshauptstadt.

2) Eisenstadt, Bistum, 1960 anstelle der Apostol. Administratur Burgenland, die 1922 aus Teilen der ungar. Bistümer Győr (Raab) und Szombathely (Steinamanger) gebildet worden war, errichtet; Suffraganbistum von Wien; Bischof ist seit 1993 PAUL IBY (* 1935). (→katholische Kirche, ÜBERSICHT)

Eisenstadt, Shmuel Noah, israel. Soziologe, *Warschau 10. 9. 1923; Dozent (1949–59), dann Prof. an der Hebräischen Universität in Jerusalem; lieferte einflussreiche Beiträge zur soziolog. Theorie (Strukturfunktionalismus), zur Soziologie der Jugend, der Politik und Revolution und des sozialen Wandels (Modernisierungsprozess).

Werke: From generation to generation (1956; dt. Von Generation zu Generation); Modernization (1966); Tradition, change and modernity (1973; dt. Tradition, Wandel u. Modernität); The transformation of Israeli society (1985; dt. Die Transformation der israel. Gesellschaft).

Eisenstadt-Umgebung, Bez. im Burgenland, Österreich, 453 km², 36 700 Ew.; Hauptort ist Eisenstadt.

Eisenstaedt, Alfred, amerikan. Bildjournalist dt. Herkunft, *Dirschau 6. 12. 1898, † Martha's Vineyard

Eisenstadt 1)
Stadtwappen

Hauptstadt des
österr. Bundeslandes
Burgenland
·
182 m ü. M.
·
am Leithagebirge
·
11 400 Ew.
·
Weinbau und
Weinhandel
·
Schloss Esterházy
·
Haydnmuseum und
-mausoleum

(Mass.) 23. 8. 1995; Wegbereiter des modernen Bildjournalismus. E. emigrierte 1935 in die USA und veröffentlichte in der Folgezeit bis 1972 über 2 000 Reportagefotos in der Zeitschrift ›Life‹ sowie in Buchform ›The Eye of E.‹ (1969), ›People‹ (1973), ›Germany‹ (1981), ›E. on E.‹ (1985), ›E. – Martha's Vineyard‹ (1988) und ›E. Remembrances‹ (1990).

Eisenstein, Sergej Michajlowitsch, sowjet. Filmregisseur und Schriftsteller, * Riga 23. 1. 1898, † Moskau 11. 2. 1948; war Mitglied des Theaterkollegiums am Proletkult (1921) und des Meyerhold-Theaters (1923), bevor er mit ersten Filmarbeiten wie ›Streik‹ (1925) an die Öffentlichkeit trat. Sein ›Panzerkreuzer Potemkin‹ (1925) übte grössten Einfluss auf die Filmkunst aus; es gelang ihm darin, durch straffen Aufbau des Geschehens, Dynamik und Gegensätzlichkeit der Bilder, Kühnheit der Bildausschnitte und der Perspektive, packende Bildsymbolik und Bildmontage intensive Wirkung im Sinne des ursprüngl. Revolutionsgedankens russ. Prägung zu erzielen. 1930–32 war E. in den USA und in Mexiko; Filmpläne zerschlugen sich z. T., das 1931 gedrehte Filmprojekt ›Que viva Mexico!‹ konnte von E. nicht fertig gestellt werden. In der Sowjetunion wurde E. dann mehrfach kritisiert, so bes. ›Die Beshin-Wiese‹ (1937, Montage abgebrochen); der 1. Teil von ›Iwan der Schreckliche‹ wurde aufgeführt (1944), der 2. Teil blieb bis 1958 verboten.

Weitere Werke: *Filme:* Zehn Tage, die die Welt erschütterten/Oktober (1928); Generallinie/Das Alte u. das Neue (1929); Alexander Newsky (1938; Musik: S. PROKOFJEW). – *Schriften (in dt. Ausgaben):* Vom Theater zum Film (hg. 1960); Schriften, hg. v. H.-J. SCHLEGEL, bisher 4 Bde. (1973 ff.); Über mich u. meine Filme, hg. v. L. KAUFMANN (1975); Yo – Ich selbst, Memoiren, 2 Bde. (hg. 1984).

W. SUDENDORF: S. M. E. (1975); V. ŠKLOVSKIJ: E. (Neuausg. Berlin-Ost 1986); S. E. im Kontext der russ. Avantgarde 1920–1925, bearb. v. C. DILLMANN-KÜHN (1992).

Eisentongranat, ein Mineral, →Almandin.

Eisen- und Stahlindustrie, →Stahlindustrie.

Eisenverbindungen. Eisen tritt in seinen Verbindungen in allen Oxidationsstufen von 0 bis + 6 sowie in den Oxidationsstufen − 1 und − 2 auf. Wichtig sind v. a. die E. mit den Wertigkeitsstufen + 2 und + 3; in den Wertigkeitsstufen − 2 bis + 2 liegt Eisen z. B. in Carbonylkomplexen u. a. Komplexverbindungen vor. Ältere Bez. für die Eisen(II)-Verbindungen sind **Ferro-** oder **Eisenoxydulverbindungen,** für die Eisen(III)-Verbindungen **Ferri-** oder **Eisenoxidverbindungen.**

Eisen(II)-oxid, FeO, ist ein schwarzes, sehr unbeständiges (pyrophores) Pulver, das z. B. bei der Reduktion von Eisen(III)-oxid mit Wasserstoff entsteht; es weist einen Überschuss an Sauerstoff auf und entspricht etwa der Formel $Fe_{(0,90-0,95)}O$ (›Wüstitphase‹). Das **Eisen(III)-oxid,** Fe_2O_3, tritt in zwei Modifikationen auf. Am wichtigsten ist das rhomboedrische, paramagnet. α-Fe_2O_3, das in der Natur als →Hämatit in versch. Abarten (u. a. Eisenglanz, Rötel, Blutstein) vorkommt. Es wird auch beim Entwässern (Glühen) von Eisenoxidhydraten oder beim Rösten von Eisendisulfid (Pyrit) als orangerotes bis braunrotes Pulver, nach längerem Glühen als kristalline graue Masse gewonnen. Es ist sehr hart und wird als Poliermittel und als Pigment (→Caput mortuum, →Eisenpigmente) verwendet. Das kubische, ferromagnet. γ-Fe_2O_3 wird durch vorsichtiges Oxidieren von Eisen(II,III)-oxid gewonnen und zur Herstellung von Magnettonträgern verwendet. Beim Erhitzen auf über 300 °C geht es in α-Fe_2O_3 über. Das **Eisen(II,III)-oxid,** Fe_3O_4 oder $FeO \cdot Fe_2O_3$, kommt in der Natur als →Magnetit (Magneteisenstein) vor. Es wird als schwarzes, ferromagnet. Pulver beim Verbrennen von Eisenspänen an der Luft gewonnen (Hauptbestandteil des Hammerschlags) und als Schwarzpigment verwendet. Da es den elektr. Strom gut leitet und gegen saure und alkal.

Sergej
Michajlowitsch
Eisenstein

Stoffe sowie gegen Chlor beständig ist, dient es ferner als Elektrodenmaterial.

Werden Eisen(II)-Salzlösungen unter Luftabschluss mit Lauge versetzt, so erhält man das **Eisen(II)-hydroxid,** $Fe(OH)_2$, als weißen bis hellgrünen, flockigen Niederschlag. Es wird an der Luft rasch zu rotbraunem, amorphem **Eisen(III)-hydroxid** oxidiert, das auch beim Fällen aus Eisen(III)-Salzlösungen entsteht. Dieses hat formal die Zusammensetzung $Fe(OH)_3$, besteht aber tatsächlich aus einem wasserreichen Gel der Formel $Fe_2O_3 \cdot x\,H_2O$ (**Eisenoxidhydrat**). Beim Entwässern geht es in α-Fe_2O_3 (Hämatit) über. Zwei kristalline, in der Natur vorkommende Eisenoxidhydrate (Eisenoxidhydroxide) der chem. Zusammensetzung $FeO(OH)$ oder $Fe_2O_3 \cdot H_2O$ sind der Goethit (Nadeleisenerz, α-Eisenoxidhydrat) und der →Lepidokrokit (Rubinglimmer, γ-Eisenoxidhydrat). γ-Eisenoxidhydrat, $FeO(OH)$, entsteht auch bei der Oxidation von Eisen in feuchter Luft, d. h. bei der Bildung von →Rost. Eisenoxidhydrate mit unterschiedl. Mengen an Hydratwasser, $FeOOH \cdot x\,H_2O$, liegen im →Limonit (Brauneisen) vor. – In starken Laugen lösen sich die Eisenhydroxide etwas unter Bildung von **Ferraten(II),** Hexahydroxoferraten(II) mit dem Anion $[Fe(OH)_6]^{4-}$, und **Ferraten(III),** Hexahydroxoferraten(III) mit dem Anion $[Fe(OH)_6]^{3-}$. Durch gleichzeitige Einwirkung von Chlor und konzentrierter Alkalilauge auf Fe_2O_3 entstehen purpurrote **Ferrate(VI)** mit dem Anion FeO_4^{2-}. Manche Oxide zweiwertiger Metalle bilden mit Fe_2O_3 Doppeloxide vom Typus des Spinells, die (unrichtig) **Ferrite** genannt werden, z. B. $MgFe_2O_4$, Magnesiumferrit.

Beim Erhitzen von elementarem Eisen in Chlorwasserstoffgas entsteht weißes, sublimierbares **Eisen(II)-chlorid,** $FeCl_2$. Das beim Lösen von Eisen in verdünnter Salzsäure gebildete Eisen(II)-chlorid kristallisiert aus der Lösung als blassgrünes Hexahydrat, $FeCl_2 \cdot 6\,H_2O$. Es wird u. a. als Reduktionsmittel verwendet. Wird Eisen im Chlorstrom erhitzt, so entsteht **Eisen(III)-chlorid,** $FeCl_3$, in Form rotbrauner, metallisch glänzender, im Chlorstrom sublimierbarer Kristalle. Bei der Oxidation von Eisen(II)-chlorid-Lösungen erhält man Eisen(III)-chlorid-Lösungen, aus denen verschiedene Hydrate, z. B. das Hexahydrat, $FeCl_3 \cdot 6\,H_2O$, auskristallisieren. Beim Erhitzen dieser Produkte entsteht unter HCl-Abspaltung rotes **Eisen(III)-oxidchlorid,** $FeOCl$. Eisen(III)-chlorid dient u. a. als Oxidations- und Kondensationsmittel, in der Textilfärberei als Beizmittel und als Flockungs- und Fällungsmittel in der Wasseraufbereitung; wegen seiner adstringierenden Wirkung wird es auch zur Herstellung von blutstillender Watte (**Eisenchloridwatte**) verwendet. Weitere Halogenverbindungen sind das grüne **Eisen(III)-fluorid,** FeF_3, und das braune **Eisen(III)-bromid,** $FeBr_3$, beide aus den Elementen herstellbar.

Eisen(II)-sulfid, FeS, fällt aus Eisen(II)-Salzlösungen mit Ammoniumsulfid als grünlich schwarzer, in Säure lösl. Niederschlag aus. An feuchter Luft oxidiert es sich zu Eisen(III)-hydroxid und Schwefel. Technisch wird Eisen(II)-sulfid durch Zusammenschmelzen von Eisen und Schwefel hergestellt; es dient u. a. zur Schwefelwasserstofferzeugung im Laboratorium. In der Natur kommt Eisen(II)-sulfid als →Magnetkies vor. Ein weiteres Eisensulfidmineral ist der aus **Eisen(II)-disulfid,** FeS_2, bestehende →Pyrit (Eisenkies, Schwefelkies); er dient zur Schwefelsäuregewinnung und Eisenherstellung. Das **Eisen(III)-sulfid,** Fe_2S_3, ist nur in Form von Doppelsulfiden beständig, z. B. im →Kupferkies (Chalkopyrit). – **Eisen(II)-sulfat,** $FeSO_4$, entsteht technisch beim Lösen von Eisenabfällen in Schwefelsäure. Es kristallisiert als hellgrünes, an der Luft unbeständiges Heptahydrat, $FeSO_4 \cdot 7\,H_2O$ (**Eisenvitriol**), aus; in der Natur kommt es als Mineral →Melanterit vor. Eisen(II)-sulfat ist das technisch wichtigste Eisensalz; es wird u. a. als Flockungsmittel zur Wasserreinigung, in der Gerberei, zur Desinfektion und Desodorierung von Abfallstoffen und zur Holzkonservierung verwendet. Das Doppelsalz **Ammoniumeisen(II)-sulfat**, $(NH_4)_2Fe(SO_4)_2$ **(mohrsches Salz)**, ist an der Luft beständig und findet in der Maßanalyse Verwendung. **Eisen(III)-sulfat**, $Fe_2(SO_4)_3$, entsteht beim Abrauchen von Eisen(III)-oxid mit konzentrierter Schwefelsäure als ein weißes Salz, das in Wasser unter Abscheidung brauner bas. Salze hydrolysiert; es dient v. a. zur Herstellung von **Eisenalaunen,** Doppelsalzen mit Sulfaten einwertiger Metalle (bes. Kaliumsulfat) oder mit Ammoniumsulfat, die u. a. in der Färberei als Beizmittel verwendet werden.

Beim →Nitrierhärten von Stahl bildet Eisen mit Stickstoff **Eisennitrid**, FeN_2, eine graue, äußerst harte Substanz. Bei den Salzen des Eisens mit Salpetersäure sind das hellgrüne **Eisen(II)-nitrat**, $Fe(NO_3)_2 \cdot 6H_2O$, und das fast farblose **Eisen(III)-nitrat**, $Fe(NO_3)_3 \cdot 6$ (oder 9) H_2O, bekannt; Verwendung findet v. a. das Eisen(III)-nitrat z. B. als Beize in der Baumwollfärberei. – Mit Phosphor bildet Eisen **Eisenphosphide** unterschiedl. Zusammensetzung, u. a. FeP, Fe_2P, die v. a. im Ferrophosphor (→Ferrolegierungen) vorliegen, der als Zusatzlegierung bei der Gusseisen- und Stahlerzeugung verwendet wird. Das **Eisen(II)-phosphat** ist eine weiße, in Wasser unlösl. Verbindung, die mehrere Hydrate bildet; das Octahydrat, $Fe_3(PO_4)_2 \cdot 8H_2O$, kommt in der Natur als Mineral →Vivianit vor.

Mit Kohlenstoff bildet Eisen das auch **Zementit** genannte **Eisencarbid**, Fe_3C, eine harte, sehr spröde, orthorhombisch kristallisierende Substanz, die als chem. Gefügebestandteil von Stahl auftritt. Das **Eisen(II)-carbonat**, $FeCO_3$, fällt aus Eisen(II)-salzlösungen bei Zugabe von Alkalicarbonaten als weißer Niederschlag aus, der an der Luft leicht unter Bildung von Eisen(III)-hydroxiden oxidiert wird. In der Natur kommt Eisen(II)-carbonat als →Siderit (Eisenspat, Spateisenstein) vor. In kohlensäurehaltigen Wässern löst sich Eisen(II)-carbonat unter Bildung von **Eisen(II)-hydrogencarbonat**, $Fe(HCO_3)_2$, das auch Bestandteil vieler Grundwässer und Mineralwässer (**Eisensäuerlinge**) ist. Derartige Wässer scheiden bei Luftzutritt Eisen(III)-hydroxidhydrate aus, die zu einer Braunfärbung des Wassers führen. – Mit Silicium bildet Eisen **Eisensilicide** unterschiedl. Zusammensetzung, u. a. FeSi, Fe_2Si, die v. a. im Ferrosilicium (→Ferrolegierungen) vorliegen, das in der Stahlindustrie als Legierungszusatz sowie als Desoxidationsmittel verwendet wird. Die Eisensalze der Kieselsäure, **Eisensilikate**, sind im Gemisch mit anderen Silikaten als gesteinsbildende Minerale weit verbreitet.

Eine v. a. in der chem. Analyse wichtige E. ist das **Eisenrhodanid**, $Fe(SCN)_3$; es entsteht aus Eisen(III)-salzlösungen bei Zugabe von Alkalirhodaniden als intensiv rot gefärbte, lösl., mit Äther extrahierbare Substanz, die zum empfindl. Eisennachweis dient.

Unter den **Eisen(II)-** und **Eisen(III)-Komplexbindungen** finden sich viele Verbindungen, die sich durch besondere Beständigkeit auszeichnen. Mit Cyanidionen entstehen aus Eisen(II)-Salzen die **Hexacyanoferrate(II)** mit dem Anion $[Fe(CN)_6]^{4-}$ und aus den Eisen(III)-Salzen die **Hexacyanoferrate(III)** mit dem Anion $[Fe(CN)_6]^{3-}$, deren Kaliumsalze als **gelbes** bzw. **rotes Blutlaugensalz** bekannt sind. Die Hexacyanoferrationen reagieren mit vielen Kationen unter Bildung schwerlösl. Niederschläge, z. B. bildet sich mit Kupferionen das rotbraune **Kupferhexacyanoferrat(II)**, $Cu_2[Fe(CN)_6]$]. Das entsprechende Zinksalz wird zur maßanalyt. Bestimmung des Zinks benutzt. **Eisen(II)-hexacyanoferrat(III)**, $Fe_3[Fe(CN)_6]_2$, und **Eisen(III)-hexacyanoferrat(II)**, $Fe_4[Fe(CN)_6]_3$, sind intensiv blau gefärbte Niederschläge, die zum Nachweis des Eisens geeignet sind. Sie wurden als **Berliner Blau** und **Turnbulls Blau** bekannt und werden heute unter der Bez. **Eisencyanblau** als Farbpigment verwendet (→Eisenpigmente); ihre intensive Färbung rührt von der gleichzeitigen Anwesenheit zweier Wertigkeitsstufen des gleichen Elements und einem dadurch mögl. Elektronenaustausch her (Charge-Transfer-Komplex). Wird eine Cyangruppe im Hexacyanoferrat(II) durch eine andere Gruppe ersetzt, so entstehen die **Prussiate**, z. B. das Natriumnitrosylprussiat, ›Nitroprussidnatrium‹, $Na_2[Fe(CN)_5NO] \cdot 2H_2O$, das in der analyt. Chemie zum Nachweis von Sulfidionen verwendet wird.

Mit Kohlenmonoxid bildet Eisen mehrere Carbonylkomplexe (→Carbonyle). **Eisenpentacarbonyl**, $Fe(CO)_5$, ist eine gelbe Flüssigkeit vom Siedepunkt 103 °C, die aus fein verteiltem Eisen und Kohlenmonoxid bei 100–250 bar und 150–220 °C entsteht. Durch therm. Zersetzung von Eisenpentacarbonyl entsteht sehr reines →Carbonyleisen. Weitere Eisencarbonyle sind das **Dieisennonacarbonyl**, $Fe_2(CO)_9$, und das **Trieisendodecacarbonyl**, $Fe_3(CO)_{12}$; sie bilden gelbe bzw. tiefgrüne Kristalle. – Zu den →Sandwichverbindungen gehört das **Dicyclopentadienyleisen, Ferrocen**, $Fe(C_5H_5)_2$, eine orangefarbene, unzersetzt sublimierbare Verbindung, in der das Metallatom zw. den beiden parallel angeordneten C_5H_5-Ringmolekülen unter Einbeziehung der π-Elektronen der Doppelbindungen eingebettet vorliegt.

Eisenverluste, Energieverluste einer elektr. Maschine, die im Eisenkörper entstehen, wenn sich ein ihn durchsetzendes Magnetfeld in Stärke und/oder Richtung ändert. Man unterscheidet **Wirbelstromverluste** durch die Stromwärme der von den Feldänderungen induzierten Wirbelströme (sie lassen sich durch Aufbau des Eisenkörpers z. B. aus gegeneinander isolierten Dynamoblechen oder durch Verwendung von Ferriten als Material höheren spezif. Widerstands verringern) und **Ummagnetisierungsverluste** infolge der →Hysterese (durch Verwendung geeigneter Legierungen verringerbar).

Eisenvitriol, ein Mineral, →Melanterit.

Eisenwurzen die, Gebiet der niederösterr. Kalkvoralpen zw. Enns, Ybbs und Erlauf, nördlich des Eisenerzer Erzberges; vom 12.–19. Jh. Eisenverarbeitung (seit 1850 Werksstilllegungen und starke Entsiedlung); heute sind Forstwirtschaft und Fremdenverkehr (Lunzer See, Wintersportgebiet Hochkar und Ötscher) die wirtschaftl. Basis.

Eisenzeit, nach Stein- und Bronzezeit die dritte große vorgeschichtl. Periode, gekennzeichnet durch Verwendung des Eisens als Werkstoff für Waffen, Geräte und Schmuck; Eisenschmuck und -prunkwaffen kommen vereinzelt schon in der Bronzezeit (→Urnenfelderkultur) und in voreisenzeitl. Kulturen des Alten Orients vor.

Nur in Gebieten, in denen hochwertige Erze zur Eisenerzeugung verwendet wurden, waren Geräte und Waffen aus gehärtetem Eisen denen aus Bronze überlegen. Wo Raseneisenerz verarbeitet wurde, erhielt man nur ein geringwertiges Weicheisen. Dieses hatte der Bronze gegenüber aber den Vorteil, dass es überall und ohne besonderen techn. Aufwand gewonnen werden konnte. In der Unabhängigkeit von der Einfuhr des wichtigsten metall. Rohstoffs liegt die grundlegende wirtschaftsgeschichtl. Bedeutung der E. (F. Heichelheim). Allg. wurde das Eisen geschmiedet. Durch Damaszieren gehärtete Schwerter finden sich zuerst bei Etruskern und Kelten. Der Eisenguss, in Europa erst im MA. (14. Jh.) verwendet, war in China schon im 6. Jh. v. Chr. bekannt.

Als Erfinder der Eisentechnik gelten die Hethiter, die 1400/1200 v. Chr. eine Art Eisenmonopol im Vor-

Eisenzeit:
Antennendolch aus
Grab 39 des
Magdalenenbergs;
Eisenklinge in
Bronzegriff,
Hallstattzeit
(Villingen-
Schwenningen,
Heimatmuseum)

deren Orient hatten. Die Kenntnis der Eisenverarbeitung gelangte zu Beginn des 1. Jt. v. Chr. nach Persien und wahrscheinlich auch ins Gebiet des heutigen Pakistan, bis zum 6. Jh. v. Chr. nach Indien und N-China. Von den Hethitern erlernten wahrscheinlich auch Philister, Assyrer, Phöniker und frühe Griechen die Eisenverarbeitung. Von der Balkanhalbinsel aus verbreitete sich die Eisenverarbeitung über ganz Europa, wobei eine Fülle regionaler Kulturgruppen entstand. Aus den archäolog. Funden ist auf ein deutl. Zeitgefälle von SO nach NW zu schließen; in Griechenland setzte die E. um 1100 v. Chr., in Skandinavien stellenweise erst um Christi Geburt ein.

Eisenzeit: Eisenwerkzeuge und -waffen aus der Höhle Býčískála, nördlich von Brünn; Hallstattzeit (Wien, Naturhistorisches Museum)

Die Eisen verarbeitenden Kulturen südlich der Sahara und in O-Afrika werden z.T. bis ins 19. Jh. archäologisch als eisenzeitl. Kulturen charakterisiert. Mitte des 1. Jt. v. Chr. war Eisen im Reich von Meroe im Niltal (Sudan) bekannt, seine Verhüttung und das Schmiedehandwerk verbreiteten sich möglicherweise von hier nach W und S ins Innere Afrikas. Für die Nokkultur in Nigeria sind eiserne Werkzeuge bereits einige Jahrhunderte v. Chr. bezeugt, auch sind versch. Funde zw. Niger und Nil in diese Zeit zu datieren. Die E. folgt in Afrika (wie in weiten Teilen Asiens, z. B. S-Indien, Japan) unmittelbar auf die Steinzeit.

In Europa wird die E. außerhalb des Bereichs der griech. und etrusk. Hochkulturen in einen älteren und einen jüngeren Abschnitt geteilt, wobei als wichtigster Vertreter der älteren Stufe die Hallstattkultur, der jüngeren Stufe die La-Tène-Kultur gelten kann. Das Ende der E. wird, dem Einsetzen schriftl. Quellen entsprechend, gebietsweise verschieden datiert. Als ›vorröm.‹ E. werden häufig die von der Hallstattkultur und der La-Tène-Kultur geprägten Perioden zusammengefasst (8.–1. Jh. v. Chr.). Es folgte die Römerzeit (1.–4. Jh. n. Chr.) und die Zeit der Völkerwanderung. In N-Europa bildete erst die Wikingerzeit den Abschluss der frühgeschichtl. Eisenzeit.

Ältere Eisenzeit

Ihre älteste Ausprägung auf europ. Boden hat die E. in der protogeometr. und der geometr. Periode Griechenlands gefunden (etwa 1100–700 v. Chr.). Auf der Balkanhalbinsel entstanden auf der Grundlage spätbronzezeitlicher Kulturgruppen mehrere E.-Kulturen (Glasinac-Kultur, Nouakultur). Auch in Italien entwickelten die einzelnen Landesteile eigene Kulturen (Estekultur, Golaseccakultur, Villanovakultur u.a.). Die ältere E. Spaniens stand im Zeichen bronzezeitl. Traditionen mit Urnenfelder- und Hallstatteinflüssen. In Frankreich ist neben der Hallstattkultur im O des Landes bes. die Gruppe von Jogasses bekannt, die auch auf England übergriff. In Dtl. bestanden die drei kulturellen Großräume der jüngeren Bronzezeit fort: In Süd-Dtl. herrschte die Hallstattkultur, in Mittel- und Ost-Dtl. mit Böhmen zunächst noch die Lausitzer Kultur in mehreren örtl. Abwandlungen, in Nord-Dtl. eine Gruppe von Kulturen, deren Träger wohl schon Germanen waren (Harpstedter Gruppe, Jastorf-Gruppe, Nienburger Gruppe) oder die aus einer Mischung mit den Trägern der Lausitzer Kultur hervorgingen. Die Ausbreitung neuer Völkerschaften in das Gebiet der Lausitzer Kultur scheint krieger. Natur gewesen zu sein, wie das Auftreten vieler Burgwälle in der Lausitzer Grenzzone annehmen lässt. Auch in

Eisenzeit: Vergleichende Chronologie der Eisenzeit vom 8. bis 1. Jh. v. Chr.

Jahre v. Chr.	Mitteleuropa (südlicher Teil)		Westeuropa	Mitteleuropa (nördlicher Teil)		Osteuropa (Südrussland)	
	Stufen-gliederung	Wichtige Fundorte	Wichtige Fundorte	Stufen-gliederung	Wichtige Fundorte	Stufen-gliederung	Wichtige Fundorte
0	Späte La-Tène-Zeit	Donnersberg Manching	Gergovia L III Bibracte Alesia	Seedorf	Feddersen Wierde	Sarmatische Kultur	Nowotscherkassk Starobelsk Siwerskaja
100	Mittlere La-Tène-Zeit	La-Tène Bundenbach	Entremont L II Roquepertuse Gournay	Ripdorf	Wittemoor Pipinsburg bei Osterode		Aleksandropol
200		Münsingen Waldalgesheim	Gorge Meillet Basse Yutz				
300	Frühe La-Tène-Zeit	Dürrnberg Dux Erstfeld Reinheim Rodenbach	L I Auvers-sur-Oise Eygenbilsen Le Pègue	Jastorf		Skythische Kultur	Kul Oba Melitopol Solocha >Sieben Brüder< (Kuban)
400		Kleinaspergle			Harpstedt		
500	Späte Hallstattzeit	Heuneburg Hirschlanden Koberstadt	Mont Lassois/Vix H Les Jogasses Ensérune	Wessenstedt	Gahlstorf Nienburg Barsinghausen		Kelermesgebiet Schabotin (Tjasmingebiet)
600	Frühe Hallstattzeit	Strettweg Hallstatt	Mailhac				Temirberg (Kertsch)
700							

H = Hallstattzeit, L = La-Tène-Zeit

Süd-Dtl. und Frankreich entstanden zur gleichen Zeit Fluchtburgen und befestigte Herrensitze (Heuneburg, Mont Lassois).

Die Kultur der älteren E. zeigt zunächst nur geringe Unterschiede gegenüber der vorangegangenen Urnenfelderkultur. Doch werden bald Tendenzen zur Konzentration wirtschaftl. und polit. Macht bemerkbar (z. B. Salzgewinnung und -vertrieb in Hallstatt und Halle/Saale). Anlagen bewehrter Fürstensitze weisen auf krieger. Kontakte der Stammes- oder Kulturgemeinschaften hin, aber es bestanden auch Handelsbeziehungen. In O-Europa ist der Beginn der E. durch das Aufkommen des Reiterkriegertums geprägt (Kimmerier, Skythen). Nach Ausweis der Grabfunde (›Fürstengräber‹) ist auf eine deutl. soziale Schichtung der Bev. zu schließen, wobei das Luxusbedürfnis der Herrenschicht einerseits die Entstehung einer spezialisierten Handwerkerschaft (Waffen- und Goldschmiede), andererseits den Fernhandel begünstigte (griech. Importgüter aus Etrurien seit der Epoche der Hallstattkultur). Die Kunst der Verzierung wurde auf viele Bereiche angewendet: Waffen, Hausrat, Schmuck, Kultgeräte aus Bronze, Gold oder Eisen. Eisen diente v. a. zur Herstellung von Handwerkszeug (Beile, Äxte, Sägen, Zangen, Sattlermesser) und landwirtschaftl. Geräten. Die Verwendung des Eisens zu landwirtschaftl. Zwecken (Entwicklung von Sense, Pflugschar und Hacken) führte zu einer Intensivierung des Ackerbaus.

Jüngere Eisenzeit

In der jüngeren E. (etwa seit 500 v. Chr.) waren weite Teile Europas von der La-Tène-Kultur beeinflusst. Als ihre Träger sind kelt. (gall.) Völker bezeugt, die in krieger. Invasionen aus einem Kerngebiet in Süd-Dtl. und O-Frankreich auf N-Italien, Teile der Balkanhalbinsel und Kleinasiens, die Iber. Halbinsel und England sowie Irland ausgriffen. Im nördl. Mittel- und in N-Europa verhinderten german. Völker ein Eindringen der Kelten, gerieten aber kulturell unter deren Einfluss.

Im 5. Jh. v. Chr. war in Mittel- und W-Europa eine eigenständige kelt. Kunst voll ausgebildet, angeregt durch griechisch-etrusk. Ornamentik auf meist etrusk. Importgegenständen sowie durch den Tierstil der skyth. Kunst, dazu traten im Laufe der Entwicklung starke röm. Einflüsse.

Seit dem 3. Jh. v. Chr. führten kelt. Stämme nach griech. Vorbild die Geldwirtschaft ein. Es entstanden Wehranlagen, die nicht mehr allein in Notzeiten als Fluchtburgen dienten, sondern dauernd bewohnt waren (→Oppidum). Nach Verteilung und Größe der Oppida zu urteilen, müssen manche Stammesverbände mehrere Zehntausend Menschen gezählt haben.

Im Vergleich mit den vorangegangenen Perioden ist die E. durch eine immer schnellere soziale und kulturelle Entwicklung gekennzeichnet, die zu staatsähnl. Stammesorganisationen führte, die gelegentlich die Hochkulturen des Mittelmeerraumes in Gefahr brachten (Skythenzüge nach Mitteleuropa, Kelten-, Kimbern- und Teutoneneinfälle in Italien). Andererseits wurden kulturelle Anregungen aus dem Süden in sehr viel stärkerem Maße übernommen als in den früheren Kulturperioden.

⇨ *Bronzezeit · Germanen · Hallstattkultur · Kelten · keltische Kunst · La-Tène-Kultur · Vorgeschichte*

Enzyklopäd. Hb. zur Ur- u. Frühgesch. Europas, bearb. v. J. Filip u. a., 2 Bde. (1966–69); J. V. S. Megaw: Art of the European Iron Age (Bath 1970); The African Iron Age, hg. v. P. L. Shinnie (Oxford 1971); R. J. Forbes: Studies in ancient technology, Bd. 9 (Leiden ²1972); Reallex. der german. Altertumskunde, begr. v. J. Hoppe (²1973 ff., auf zahlr. Bde. ber.); D. W. Harding: The Iron Age in lowland Britain (London 1974); Ur- u. frühgeschichtl. Archäologie der Schweiz, hg. v. W. Drack, Bd. 4: Die E. (Basel 1974); H. J. Hässler: Zur in-neren Gliederung u. Verbreitung der vorröm. E. im südl. Niederelbegebiet, 3 Tle. (1976/77); K. Schlabow: Textilfunde der E. in Nord-Dtl. (1976); D. u. R. Whitehouse: Lübbes archäolog. Welt-Atlas (a. d. Engl., 1976); Das Dorf der E. u. des frühen MA. Siedlungsform, wirtschaftl. Funktion, soziale Struktur, hg. v. H. Jankuhn (1977); Unterss. zur eisenzeitl. u. frühmittelalterl. Flur in Mitteleuropa u. ihrer Nutzung, hg. v. H. Beck, 2 Tle. (1979/80); The coming of the age of iron, hg. v. T. A. Wertime u. J. D. Muhly (New Haven, Conn., 1980); Beitrr. zur vorröm. E. in Ostwestfalen, hg. v. K. Günther (1981); Frühes Eisen in Europa, hg. v. H. Haefner (Schaffhausen 1981); H. Seyer: Siedlung u. archäolog. Kultur der Germanen im Havel-Spree-Gebiet in den Jh. vor Beginn unserer Zeitrechnung (Berlin-Ost 1982); H. Nortmann: Die vorröm. E. zw. unterer Weser u. Ems (1983); E. Riedel: Bibliogr. zu Material u. Technologie kulturgeschichtl. Eisenfunde, in: Berliner Beitrr. zur Archäometrie, Jg. 8 (1983); J. Collis: The European Iron Age (London 1984); G. Kutscha: Auf den Spuren der Vorzeit (1987).

Eiserfeld, 1966 durch Gemeindezusammenlegung gebildete Stadt; seit 1975 Stadtteil von Siegen, NRW.

eisern, in der *alten Rechtssprache:* unablösbar festgesetzt, bes. gebräuchlich in der Pacht, wo ›eisernes Vieh‹ (eisernes Inventar) ständig bei dem Gut bleiben und immer wieder ergänzt werden soll.

Eiserne Front, am 16. 12. 1931 vollzogener Zusammenschluss (Emblem: drei Pfeile) des →Reichsbanners Schwarz-Rot-Gold mit Gewerkschaftsorganisationen und Arbeitersportverbänden; gegr. als Gegengewicht zur →Harzburger Front, suchte im Kampf gegen die rassistisch-nationalist. Kräfte (v. a. gegen die Nationalsozialisten) die demokrat. Republik in Dtl. zu verteidigen. 1933 wurde die E. F. aufgelöst.

Eiserne Garde, rumän. **Gardă de fier** [ˈgardə-], faschist. Bewegung in Rumänien, 1930 hervorgegangen aus der von C. Z. Codreanu 1927 gegründeten ›Legiunea Arhanghelul Mihail‹ (Legion Erzengel Michael); nationalistisch, christlich-mystisch, antisemitisch, erstrebte unter Befürwortung von Gewaltanwendung die nat. Erneuerung (u. a. Stärkung des Bauernstandes, Ausschaltung der nichtrumän. Minderheiten). 1933 wegen versch. Terrorakte verboten, 1935 als Partei ›Alles für das Vaterland‹ neu gegr., 1938 erneut verboten. Als ›Mişcarea legionară‹ (Legionärsbewegung, Führer H. Sima) trat sie am 6. 9. 1940 der Reg. von Marschall J. Antonescu bei. Nach einem Putschversuch (21.–23. 1. 1941) verboten, gingen ihre Führer ins Exil; 1944 endgültig aufgelöst.

eiserne Hochzeit, →Hochzeit.

Eiserne Krone 1): Karolingischer Kronreif; wahrscheinlich 1. oder 2. Hälfte des 9. Jh. (Monza, Domschatz)

Eiserne Krone, 1) karoling. Kronreif im Kirchenschatz des Doms in Monza; besteht aus sechs filigran-, email- und edelsteinverzierten, durch Scharniere verbundenen Goldplatten, an deren Innenseite ein Eisenband entlangläuft, dessen Material der Legende nach von einem Nagel des Kreuzes Christi stammen soll (deshalb als Reliquie verehrt). Genaues Alter (erste oder zweite Hälfte 9. Jh.), Herkunft (Stiftung Kaiser Berengars I., urspr. von dessen Mutter Gisela getragen?) und ursprünglicher Verwendungszweck (Frauenkrone?, Votivkrone?) sind nicht eindeutig geklärt. Mit der E. K. wurden zum König von Italien gekrönt: KARL V. (1530 in Bologna), NAPOLEON I. (1805 in Mailand), FERDINAND I. von Österreich (1838 in Mailand). Die Annahme früherer Krönungen (etwa KONRADS III. 1128 in Monza) mit dieser Krone ist historisch nicht belegt, sondern beruht auf der erstmals im 15. Jh. erfolgten Gleichsetzung der heutigen E. K. mit dem Gegenstand einer älteren Sage, der E. K. der Lombardei, die als langobardisch-ital. Königskrone des MA. galt.

R. ELZE: Die ›E. K.‹ in Monza, in: Herrschaftszeichen u. Staatssymbolik, hg. v. P. E. SCHRAMM, Bd. 2 (1955); M. VON BÁRÁNY-OBERSCHALL: Die E. K. der Lombardei u. der lombard. Königsschatz (a. d. Ungar., Wien 1966); V. H. ELBERN: Fibel u. Krone, in: Festschr. für Wilhelm Messerer zum 60. Geburtstag, hg. v. K. ERTZ (1980).

2) Orden der E. K., von NAPOLEON I. als König von Italien 1805 gestifteter, 1816 von Österreich übernommener und abgeänderter Orden, 1918 erloschen.

eiserne Lunge, Beatmungsgerät zur Langzeitbeatmung (→künstliche Atmung).

Eiserne Maske, Mann mit der E. M., unbekannter frz. Staatsgefangener z. Z. LUDWIGS XIV., der erst in Pinerolo (südwestlich von Turin), dann auf der Insel Sainte-Marguerite (bei Cannes), seit 1698 in der Bastille gefangen gehalten wurde und hier am 19. 11. 1703 starb; er trug stets eine schwarze Samtmaske (nicht Eisenmaske). Hypothesen zufolge soll der Gefangene u. a. entweder ein Zwillingsbruder oder Sohn LUDWIGS XIV., ein natürl. Sohn KARLS II. von England oder ein Geheimagent LUDWIGS XIV. gewesen sein.

C. BARTOLI: J'ai découvert l'inconcevable secret du masque de fer (Nizza 1978).

eiserne Portion, veraltet: die →Überlebensration der Kriegstruppen.

eiserne Ration, 1) allg.: ein Bestand für den Notfall.

2) Militärwesen: früher Bez. für die im Krieg von den Truppen für den Notfall mitgeführte Hafermenge für Pferde; fälschlicherweise wird mit e. R. häufig die →Überlebensration der Kriegstruppen bezeichnet.

eiserner Bestand, der Mindestbestand an Vorräten (z. B. Rohstoffe, Werkzeuge) in einem Lager, durch den nach statist. Wahrscheinlichkeit potenzielle Entnahmeüberschreitungen ausgeschlossen werden können (→Sicherheitsbestand).

eiserner Hut, bergmännisch für →Oxidationszone.

eiserner Vorhang, ein feuersicherer und rauchdichter Vorhang (mit Blech verkleidete, meist mit einer Berieselungsanlage kombinierte Eisenkonstruktion), der bei Feuergefahr im Theater herabgelassen wird und das Bühnenhaus gegen den Zuschauerraum abschließt. Bei Nichtbenutzung der Bühne ist er stets gesenkt. Zuerst 1782 in Lyon verwendet; vorgeschrieben seit 1864 in Paris, seit 1889 in Deutschland.

Eiserner Vorhang, in einer Rede von W. CHURCHILL 1946 benutztes Schlagwort für die von der UdSSR nach dem Zweiten Weltkrieg, v. a. in der Zeit des Kalten Krieges, betriebene Abschließung ihres Machtbereichs (bes. in Europa) von der übrigen Welt.

Eisernes Kreuz, Abk. **E. K.,** urspr. preuß., später dt. Kriegsauszeichnung für alle Dienstgrade, gestiftet zu Beginn der Befreiungskriege am 10. 3. 1813 in Breslau von König FRIEDRICH WILHELM III. von Preußen. Die künstler. Ausführung von K. F. SCHINKEL geht auf einen Entwurf des Königs zurück.

Die Schauseite (bis 1838 die Rückseite) des silberumrandeten schwarzen Kreuzes trug im Schnittpunkt drei Eichenblätter, an dem nach oben zeigenden Arm die Königskrone, unter ihr die Initialen des Königs, F. W., auf dem nach unten zeigenden Arm die Jahreszahl 1813. Erneuert wurde das E. K. am 19. 7. 1870 durch König WILHELM I. für die Dauer des Deutsch-

Frz. Krieges 1870/71 (mit dem Namensbuchstaben W), am 5. 8. 1914 von Kaiser WILHELM II. für den Ersten Weltkrieg und am 1. 9. 1939 von A. HITLER für den Zweiten Weltkrieg. Es konnte seit 1915 an Deutsche wie an Soldaten der mit Dtl. verbündeten Länder verliehen werden, für besondere Tapferkeit, v. a. vor dem Feind, oder für hervorragende Truppenführung. Das E. K. von 1813, 1870 und 1914 war eingeteilt in zwei Klassen und ein Großkreuz, das nur für einen Schlachtensieg verliehen wurde. Sonderform war der dem Generalfeldmarschall G. L. BLÜCHER anlässlich des Sieges bei Waterloo verliehene Stern zum Großkreuz (›Blücherstern‹), der das E. K. auf einem Stern mit goldenen Strahlen zeigt. Im März 1918 wurde der Stern zum Großkreuz in ähnl. Form dem Generalfeldmarschall P. VON HINDENBURG verliehen (›Hindenburgstern‹).

Das E. K. von 1939 hatte vier Grade, wovon der 3. Grad im Laufe des Krieges in fünf Stufen unterteilt wurde: 1. Grad E. K. II (Ordensband in Rot mit schwarzweißen Bordstreifen); 2. Grad E. K. I (als Steckkreuz); 3. Grad: Ritterkreuz des E. K. (Ordenskreuz in vergrößerter Form am Halsband wurde insgesamt 7 200-mal verliehen); Ritterkreuz des E. K. mit Eichenlaub (3. 6. 1940); Ritterkreuz des E. K. mit dem Eichenlaub mit Schwertern (28. 9. 1941); Ritterkreuz des E. K. mit dem Eichenlaub mit Schwertern und Brillanten (28. 9. 1941); Ritterkreuz des E. K. mit dem goldenen Eichenlaub mit Schwertern und Brillanten (29. 12. 1944; nur Luftwaffenoberst H.-U. RUDEL verliehen); 4. Grad: Großkreuz des E. K. (nur Reichsmarschall H. GÖRING verliehen). Das im Zweiten Weltkrieg verwendete E. K. trug anstelle des Eichenlaubes ein Hakenkreuz. Laut Gesetz vom 26. 7. 1957 ist in Dtl. nur das Tragen des E. K. ohne Hakenkreuz erlaubt. – Das E. K. ist – in stilisierter Form – seit 1955 das nat. Erkennungszeichen für die Panzer und Flugzeuge der Bundeswehr.

L. SCHNEIDER: Die preuß. Orden, Ehrenzeichen u. Auszeichnungen, Bd. 12 (1872); M. G. ZIMMERMANN: Das E. K. (1914); K. BAUCH: Das E. K. 1813/1939 (1941); E. A. PRINZ ZUR LIPPE: Orden u. Auszeichnungen in Gesch. u. Gegenwart (1958); H. K. GEEB u. a.: Dt. Orden u. Ehrenzeichen. Komm. zum Ges. über Titel, Orden u. Ehrenzeichen (³1977); F. HEYDE: Das E. K. 1813–1870–1914 (1980).

Eisernes Tor, 1) rumän. **Portile de Fier** [ˈportsile de ˈfjer], serb. **Đerdap** [ˈdzɛrdaːp], Durchbruchstal der Donau zw. den Südkarpaten (Rumänien) und dem Serb. Erzgebirge (Serbien); i. e. S. der östl. Ausgang des Durchbruchstals, i. w. S. die rd. 120 km lange Durchbruchstrecke (mit Stromengen und Talweitungen). Nach Fertigstellung (1971) des rumänisch-jugoslaw. (serb.) Stauwerkes **Eisernes Tor I** (941 m lang, 58 m hoch) 8 km oberhalb von Drobeta-Turnu Severin erhöhte sich der Wasserspiegel um mehr als 30 m, es entstand 154 km langer Stausee (700 km²); die Insel →Ada-Kaleh und einige Orte wurden überflutet, Orşova u. a. Orte verlegt. Auf dem verbesserten Schifffahrtsweg (ehem. durch Felsriff und Stromschnellen behindert) können 5 000-t-Schiffe bis Belgrad fahren. Die Kraftwerke auf serb. und rumän. Seite haben eine Leistung von je 1 050 MW. Etwa 80 km flussabwärts zw. Ostrovu Mare und Mihailovać wurde 1978–85 ein weiteres rumänisch-jugoslaw. Stauwerk, das **Eiserne Tor II,** mit einer Wasserkraftleistung von 432 MW gebaut.

Geschichte: Die schwierigen Stromverhältnisse machten für die Griechen ein Passieren des E. T.s oberhalb von Orşova unmöglich. Die Römer bauten unter TRAJAN an dieser Stelle eine Straße, die auch als Leinpfad diente, und erschlossen so den Schifffahrtsweg durch das E. T. auf die obere Donau. Von den Bauarbeiten zeugen die dort angebrachten Inschriften, die Tabula Traiana (103 n. Chr.).

Eisernes Kreuz

2) rumän. **Poarta de Fier a Transilvaniei** [-ˈfjer-transilˈvaniei], Pass in den Südkarpaten, SW-Rumänien, südwestlich von Hunedoara, 699 m ü. M.; verbindet das Banat mit Siebenbürgen.

3) Pass in Bulgarien, →Wratnik.

Eisernes Viereck, port. **Quadrilátero Ferrífero** [kuɐdriˈlatɐru ferˈriferu], Eisenerz-Bergbaugebiet in Brasilien, im S des Bundesstaates Minas Gerais, rd. 7 000 km^2. Die Vorräte an Reicherzen (60 bis 69 % Fe-Gehalt) werden auf 5 Mrd. t, an aufbereitbaren Itabiriten (40 bis 55 % Fe-Gehalt) auf 50 Mrd. t geschätzt. Erzbahnen führen zu den Exporthäfen Tubarão/Vitória und Rio de Janeiro.

Eis|erzeugung, Herstellung von Kunsteis unter Anwendung von Verfahren der →Kältetechnik. Die Produkte der E. sind Wassereis, festes Kohlendioxid (Trockeneis) und →Speiseeis (Gefrorenes).

Für die **Wasser-E.** gibt es mehrere Verfahren: Blockeis wird durch Ausfrieren des Wassers in Eiszellen, Platteneis an gekühlten Wänden hergestellt. Dabei erhält man Kristalleis aus entsalztem Wasser, Klareis aus mechanisch von Luft befreitem Wasser und Trübeis aus Brunnen- oder Leitungswasser ohne besondere Behandlung. Versch. neuere Verfahren liefern im automat. Betrieb Eis in zerkleinerter Form (Schnee-, Scherben- oder Flake-, Röhren-, Schuppeneis).

Eis|essig, wasserfreie →Essigsäure.

Eisfarben, zu den Entwicklungsfarbstoffen gehörende Gruppe von Azofarbstoffen, die bei etwa 0 °C mit einer Diazoniumsalzlösung und einer Kupplungskomponente auf den Fasern erzeugt werden, z. B. Pararot, Naphtol-AS-Farbstoffe.

Eisfeld, Stadt im Landkreis Hildburghausen, Thür., 450–550 m ü. M., am S-Abfall des Thüringer Waldes, an der oberen Werra, 6 000 Ew. (nach mehreren Eingemeindungen 1995); Heimatmuseum ›Otto Ludwig‹; feinwerktechn., Spielwaren-, Maschinenbau- und Metallgewerbe, Holzindustrie. – Die spätgot. Stadtkirche St. Nikolai (1488–1505, 1601 und 1632 ausgebrannt, 1651 wieder aufgebaut) ist eine Hallenkirche mit drei reich gestalteten Portalen; Pfarr- und Schulhaus (Fachwerkbauten aus dem 16. und 17. Jh.); Schloss (11./12. Jh., 1632 abgebrannt und 1650 vereinfacht wieder aufgebaut). – Die 802 erstmals belegte dörfl. Siedlung ›Asifeld‹ wuchs im Schutz einer vermutlich im 12. Jh. erbauten Burg zu einer kleinen Stadt heran (1316 als Oppidum belegt). Oberhalb dieser Altstadt entstand um 1300 eine planmäßig angelegte, seit 1323 mit einer Mauer befestigte Neustadt. E. kam 1920 nach wechselnden Zugehörigkeiten zu Thüringen.

Eisfische, Chaenichthyidae, Familie der Barschartigen Fische mit 16 Arten, bis 60 cm lang. Sie sind schuppenlos und haben keine roten Blutkörperchen; Bewohner antarkt. Gewässer.

Eisfjord, norweg. **Isfjord** [ˈiːsfjuːɵd], großer, im Innern stark verzweigter Fjord in Westspitzbergen, rd. 105 km lang, bis zu 400 m tief.

Eisfuchs, der →Polarfuchs.

Eisgang, Abschwimmen der winterl. Eisdecke als Treibeis auf fließenden Gewässern.

Eisglas, Craquelé-Glas [kraˈkle-], Glas mit unregelmäßig rissiger Oberfläche, die durch Ansprühen von ofenheißem Glas (meist Hohlglas) mit Wasser oder durch Eintauchen des heißen Glases in Flüssigkeiten (Wasser, Öl) entsteht, wobei sich ein dichtes unregelmäßiges Netz von Sprüngen bildet; der dadurch stark gefährdete Zusammenhalt des Glaskörpers wird durch nachfolgendes kurzes ›Verwärmen‹, d. h. Anschmelzen in großer Hitze, wiederhergestellt.

Eisgruber, Elsa, Malerin und Kinderbuchillustratorin, * Nürnberg 22. 3. 1887, † Berlin (West) 1. 12. 1968; bebilderte v. a. Kinderverse und Dichtermärchen des 19. Jh.; bes. bekannt wurde ›Liebe Sonne,

liebe Erde‹ (1943; eine Ausgabe von C. MORGENSTERNS ›Klein Irmchen‹). Für ihre Gemälde bevorzugte sie religiöse Themen.

Eishai, Grönlandhai, Somniosus microcephalus, Art der Unechten →Dornhaie, seine Haut wird vielfach als Leder für Bucheinbände verwendet.

Eishaken, *Bergsteigen:* →Eisschrauben.

Eishammer, *Bergsteigen:* Hilfsmittel zum Einschlagen von Eishaken oder zum Eindrehen von Eisschrauben, außerdem zum Heraushauen von Tritten und Griffen. Der E. besteht aus einem 25 bis 30 cm langen Schaft und einer ausgeprägten Haue sowie einem Schlagkopf.

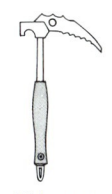
Eishammer

Eisheilige, volkstüml. Bez. für die Tage der von N nach S vordringenden Kaltlufteinbrüche (›Singularität‹) Mitte Mai. In Nord-Dtl. rechnet man mit den E. vom 11. bis 13. Mai (mit den Tagesheiligen MAMERTUS, PANKRATIUS, SERVATIUS), in Süd-Dtl., Österreich und der Schweiz vom 12. bis 15. Mai (PANKRATIUS, SERVATIUS, BONIFATIUS und ›Kalte Sophie‹).

Eishockey [-hɔki, auch -hoːke], schnelles Mannschaftsspiel zw. zwei Parteien, ausgetragen auf Kunsteis-, gelegentlich auch auf Natureisbahnen. Während einer effektiven (›reinen‹) Spielzeit von dreimal 20 Minuten (drei ›Drittel‹) versuchen die auf Schlittschuhen laufenden Spieler jeder Mannschaft, mit einem E.-Schläger (›Stock‹) eine Hartgummischeibe (›Puck‹; Durchmesser 7,62 cm, Höhe 2,54 cm, Gewicht 160–170 g) möglichst oft ins gegner. Tor zu schlagen. Zu einer Mannschaft gehören maximal 22 Spieler (zwei Torhüter, 20 Feldspieler), von denen jedoch während des Spielverlaufs stets nur sechs auf der Eisfläche sein dürfen: ein Torwart (kann gegen einen Feldspieler ausgetauscht werden), zwei Verteidiger, drei Stürmer. Die übrigen Spieler können jederzeit einzeln oder als Mannschaftsteil (erster, zweiter usw. Sturm oder Verteidigung) eingewechselt werden. Geleitet wird ein E.-Spiel von einem Hauptschiedsrichter und zwei Linienrichtern (internat. und in der Dt. E.-Liga [DEL] stets) oder von zwei Schiedsrichtern. Die von einer Bande umgebene Spielfläche ist in drei Zonen unterteilt. In der Mitte der Torlinien stehen die Tore von 1,83 m Breite und 1,22 m Höhe; sie sind mit Stahlstiften auf der Torlinie verankert. Vor beiden Toren befindet sich je ein Halbkreis mit einem Radius von 1,8 m. Die Spieler tragen zur Verminderung der Verletzungsgefahr gepolsterte Spezialkleidung und Helm, der Torwart zusätzlich Brustschutz, Beinschienen und Gesichtsmaske.

Regeln: Ein innerhalb des Torraumes (wenn der Spieler eher im Torraum ist als der Puck) oder mit dem Schlittschuh erzieltes Tor wird nicht anerkannt. Ein Tor ist erzielt, wenn der Puck die Torlinie in vollem Umfang überschritten hat. Als Gegenmaßnahme

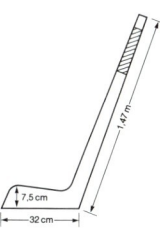
Eishockey: oben Eishockeyschlittschuh; unten Eishockeyschläger

Eishockey: Spielfeld

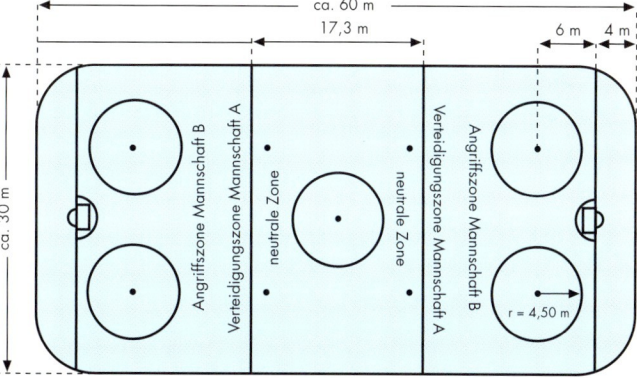

gegen Regelverstöße, über den zulässigen körperl. Einsatz hinausgehendes Foulspiel und (ggf. körperverletzende) Unsportlichkeiten gibt es den Zeitausschluss eines Spielers durch den Oberschiedsrichter. Der betroffene Spieler erwartet das Ende der Strafzeit auf der Strafbank, darf aber bei einem vom Gegner erzielten Tor (außer in bestimmten Fällen) seine Mannschaft wieder vervollständigen. Zeitausschlüsse sind: kleine Strafe (2 min); große Strafe (5 min); Disziplinarstrafe (10 min); Spieldauerdisziplinarstrafe (Ausschluss für den Rest des Spieles); schwere Disziplinarstrafe (Ausschluss vom Spiel und Sperre, der Spieler kann sofort ersetzt werden); Matchstrafe (Ausschluss vom Spiel und Sperre, der Spieler kann nach 5 min ersetzt werden). Eine der wichtigsten Regeln beim E. ist das →Abseits.

Wettbewerbe: Seit 1920 werden (jährlich, 1980–88 jedoch nicht in Olympiajahren) Weltmeisterschaften sowie die Olympiaturniere ausgetragen. Die Europameisterschaften 1910–91 wurden gemeinsam mit der Weltmeisterschaft veranstaltet, wobei nur die Spiele der europ. Mannschaften in der acht Nationalmannschaften umfassenden Weltmeisterschafts-A-Gruppe gewertet wurden. Seit 1992 gehören zur A-Gruppe zwölf Mannschaften; der Gruppenletzte steigt ab und wird durch den Aufsteiger aus der B-Gruppe ersetzt. Bekannte Wettbewerbe sind der Stanley-Cup, das Iswestija-Turnier und der Dtl.-Cup. Im Herbst 1996 wurde eine Europaliga mit zunächst 20 Mannschaften aus 12 Ländern gebildet (darunter zwei DEL-Vereine) und darüber hinaus eine Europameisterschaft für Vereinsmannschaften ausgetragen.

Organisationen: E. ist in Dtl. im Dt. E.-Bund (DEB; gegr. 1963; Sitz: München) innerhalb des Dt. Eissport-Verbands (→Eissport) organisiert. In Österreich besteht der Österreich. E.-Verband (ÖEHV; gegr. 1912, Sitz: Wien) und in der Schweiz der Schweizer. E.-Verband (SEHV; gegr. 1908, Sitz: Zürich). Internat. Dachverband ist die International Ice Hockey Federation (IIHF; gegr. 1908, Sitz: Zürich).

Geschichte: Als das Mutterland des E. gilt Kanada. 1860 wurde in Kingston Harbour (Prov. Ontario) erstmals mit einem Puck auf dem Eis gespielt. 1879 entwickelte man die ersten Regeln. 1894 fand das erste E.-Spiel in Europa, 1897 das erste in Dtl. statt. – Im früheren Bundesgebiet wurde Frauen-E. 1974 offiziell anerkannt (DDR: kein Frauen-E.); 1984 gab es die erste nat. Meisterschaft und 1988 wurde erstmals eine Nationalmannschaft gebildet. Ab 1998 ist Frauen-E. olymp. Disziplin.

J. BARNETT: E. für Übungsleiter, Lehrer u. Trainer (1980); J. N. BERWID-BUQUOY u. L. FUNK: E. für jedermann. Eine Sportart zw. Vorurteilen u. Wirklichkeit (1984); J. ČAPLA: E.: Lauf- u. Stocktechnik, Körperspiel, Taktik, Ausrüstung u. Regeln (²1986); H. ECKERT: E.-Weltgesch.(⁴1993); DERS.: E.-Lex. (1993). – E.-Jb. (1985 ff.). – E.-Almanach (1990 ff.).

Eishöhle, Naturhöhle mit Höhleneis, das in mehr oder minder großem Umfang das ganze Jahr hindurch erhalten bleibt, z. B. die →Eisriesenwelt. (→Höhle)

Eisjacht, Eisschlitten, für das →Eissegeln bestimmtes Boot mit einem schmalen, zwei- oder einsitzigen Rumpf (Kreuzplankendeck) aus Holz, einer Läuferplanke am vorderen Rumpf und zwei bewegl. Steuerkufen (Läufer) am Ende.

Eiskeil, mit Eis gefüllte keilartige Frostspalte (Frostkeil), in O-Sibirien und Alaska bis 40 m tief, oben bis 8 m breit. Bis 10 m tiefe und 3 m breite E. entstanden während des Eiszeitalters auch in Mitteleuropa; sie wurden nach Abschmelzen des Eises mit Sand, Kies, Löss oder Lehm ausgefüllt und erscheinen als **Bodenkeile.**

Eiskeime, treibfähige Maiglöckchenkeime.

Eisklappe, *Wasserbau:* Klappe als oberster Teil eines mehrteiligen Wehrverschlusses; dient meist zum

Eiskunstlauf:
Schlittschuh

unschädl. Abführen von Eis, aber auch zur Feinregulierung des Oberwasserstandes.

Eiskraut, Pflanzenart der Gattung →Mittagsblume.

Eiskrautgewächse, die →Mittagsblumengewächse.

Eiskrem, →Speiseeis.

Eiskunstlauf, künstlerisch-sportl. Darbietungen auf Schlittschuhen, choreographisch gestaltet zu Musik oder nach vorgeschriebenen Figuren als Einzelwettbewerb für Frauen und Männer, als Paarlauf oder als Eistanz auf überdachten Eisflächen von 30 m × 60 m. Einzel- und Paarlauf bestehen aus Kurzprogramm und Kür, Eistanz aus Pflicht-, Original- und Kürtanz. In allen Wettbewerben und Disziplinen werden Noten von 0 (nicht gelaufen) bis 6,0 (vollkommen und fehlerfrei) vergeben. Alle Wettbewerbsteile werden mit einer A- und einer B-Note bewertet.

Im **Einzelwettbewerb** wird zuerst das bis zu 160 Sekunden während Kurzprogramm gelaufen, das aus vorgeschriebenen (i. d. R. acht unterschiedl.) Elementen besteht und einen Anteil von $33^{1}/_{3}$% am Gesamtergebnis einnimmt. In der Kür wird zu selbst gewählter Musik ein freies Programm, bestehend aus Schrittkombinationen, Sprüngen mit bis dreifacher, gelegentlich vierfacher Umdrehung (Axel, Flip, Lutz, Rittberger, Salchow, Toeloop), ferner Pirouetten u. a. Figuren in selbst gestalteter Choreographie dargeboten. Die vorgeschriebene Laufzeit beträgt für Männer $4^{1}/_{2}$, für Frauen 4 Minuten.

Der **Paarlauf** wird mit einem Kurzprogramm, ebenfalls aus vorgeschriebenen (i. d. R. acht unterschiedl.) Elementen bestehend, und der Kür (mit zusätzl. Hebefiguren und Wurfelementen) entschieden; die Laufzeit in der Kür beträgt $4^{1}/_{2}$ Minuten. Der Anteil der Kür am Gesamtergebnis beträgt im Einzelwettbewerb und im Paarlauf jeweils $66^{2}/_{3}$%.

Im **Eistanz** werden i. d. R. aus bis zu vier für die jeweilige Saison festgelegten Pflichttänzen vor dem ersten offiziellen Training eines Wettbewerbs zwei Pflichttänze ausgelost (Anteil am Gesamtergebnis 20 %). Der Originaltanz ist ein für ein Jahr ausgeloster Tanz, der in nahezu freier Schrittauswahl – jedoch mit einigen choreograph. Einschränkungen – innerhalb von zwei Minuten zu absolvieren ist (Anteil am Gesamtergebnis 30 %). Der Kürtanz (Dauer: 4 Minuten) besteht aus frei gewählten Schritten, Kürtanzelementen und Posen. Im Ggs. zum Paarlauf müssen die Schritte tänzer. Charakter aufweisen. Sprünge, Hebefiguren und Pirouetten sind nur eingeschränkt erlaubt. Gestattet sind bis zu fünf Trennungen der Partner von höchstens zwei Armlängen Abstand und 5 Sekunden Dauer. Der Anteil am Gesamtergebnis beträgt 50 %.

Die einzelnen Wettkampfteile werden für die Gesamtwertung mit unterschiedl. Faktoren gewichtet (Einzelwettbewerb und Paarlauf: Kurzprogramm 0,5, Kür 1; Eistanz: Pflichttänze 0,4, Originaltanz 0,6, Kürtanz 1). Die Faktoren werden jeweils mit dem vom Läufer im jeweiligen Wettkampfteil erreichten Platz multipliziert.

Wettbewerbe, Organisationen: Weltmeisterschaften gibt es seit 1896 für Männer, seit 1906 für Frauen und seit 1908 für Paare, Europameisterschaften seit 1891 für Männer, seit 1930 für Frauen und Paare. Seit 1908 steht der E. im Programm der Olymp. Winterspiele, seit 1976 der Eistanz. – E. ist in Dtl. in der Dt. Eislauf-Union (DEU; gegr. 1964, Sitz: München) innerhalb des Dt. Eissport-Verbandes organisiert. In Österreich ist der Österr. E.-Verband dem Österr. Eislaufverband angeschlossen, und in der Schweiz gehören die Eiskunstläufer(innen) dem Schweizer Eislauf-Verband an. (→Eissport)

Eisleben, Lutherstadt E., Kreisstadt des Landkreises Mansfelder Land, Sa.-Anh., 127 m ü. M., im östl. Harzvorland, 23 800 Ew.; Fachschule für Technik und Wirtschaft (1798 als Bergschule gegr.), Luthermuseum in Geburts- und Sterbehaus M. LUTHERS. Die Stadt, Sitz des ehem. Mansfeldkombinats, zu dem außer den heute stillgelegten Kupferhütten und Verarbeitungsbetrieben auch die nach 1990 aufgegebenen Kupferschieferschächte von Sangerhausen und Niederröblingen (Helme) sowie die Metallurgie- und Maschinenbaubetriebe in Hettstedt und an anderen Standorten gehörten, wird heute wirtschaftlich durch Handwerks- und Dienstleistungsunternehmen sowie durch das Bau-, Lebensmittel- und Bekleidungsgewerbe geprägt; Tourismus zu den Luthergedenkstätten (UNESCO-Weltkulturerbe). – In der Blütezeit der Stadt im 15. Jh. wurden die drei spätgot. Hallenkirchen errichtet: St. Andreas, u.a. mit spätgot. Flügelaltar (um 1500) und Tumba des Grafen HOYER VON MANSFELD (1541), St. Nikolai (geweiht 1426) sowie St. Peter und Paul (1486–1513). Im Übergang von der Spätgotik zur Renaissance wurde die St.-Annen-Kirche gebaut (1513–1608). Altstädter Rathaus (1519–30), Neustädter Rathaus (1571–89); Geburtshaus (15. Jh.) und Sterbehaus (um 1500) M. LUTHERS (beide heute Museum). – Um 800 als dörfl. Siedlung **Islevo** (›Sitz des [G]iso‹) erstmals erwähnt, 994 war die Entwicklung zum Marktflecken mit Münz- und Zollrecht abgeschlossen. Um 1180 erhielt E. Stadtrecht. Die nach 1511 entstandene ›Neustadt‹ (1514 Stadtrecht) blieb selbständige Bergarbeiterstadt und wurde erst 1818 mit der Altstadt vereinigt. E. kam im 12. Jh. zum Bistum Halberstadt und erlebte seit dem 13. Jh., ab wohl 1311 im Besitz der Grafen von Mansfeld, einen Aufschwung durch den Kupferschieferbergbau (nach 1945 wegen Erschöpfung der Lagerstätten eingestellt). Im 17. Jh. beendeten der Dreißigjährige Krieg, Seuchen und Naturkatastrophen die wirtschaftl. Blüte der Stadt; der Bergbau nahm erst im 19. Jh. neuen Aufschwung. 1780 fiel E. an Kursachsen, 1815 an Preußen (Provinz Sachsen). – E. erhielt am 18. 2. 1946 den amtl. Beinamen Lutherstadt.

Eisleben: Das Sterbehaus Martin Luthers am Andreaskirchplatz

Eisler, 1) Georg, österr. Maler und Grafiker, *Wien 20. 4. 1928, Sohn von 2); war 1946–50 Schüler von H. BOECKL, bes. beeinflusst von O. KOKOSCHKA. E. malt von sozialkrit. und polit. Engagement geprägte Gruppenbilder (›Konfrontation‹, 1979; Wien, Museum moderner Kunst) sowie Landschaften, Akte und Porträts (G. LUKÁCS, 1970; A. HRDLICKA, 1983; E. FRIED, 1985).

2) Hanns, Komponist, *Leipzig 6. 7. 1898, †Berlin (Ost) 6. 9. 1962, Sohn von 3), Vater von 1); studierte u.a. bei A. SCHÖNBERG und A. WEBERN. 1929 begann seine langjährige Zusammenarbeit mit B. BRECHT. 1933 emigriert, lebte er ab 1938 in den USA und wirkte als Lehrer für Komposition an der New School for Social Research in New York und an der University of Southern California in Los Angeles. Seit 1950 in Berlin ansässig, lehrte er an der später nach ihm benannten Hochschule für Musik und wurde zu einem wichtigen Repräsentanten der sozialist. Musikkultur. In seinem umfangreichen Werk spiegeln sich die unterschiedlichsten Kompositionsarten vom einfachsten harmon. Satz über die Verwendung von Jazzelementen bis zur Zwölftontechnik. 1949 komponierte er die Hymne der DDR ›Auferstanden aus Ruinen‹. – Er schrieb ›Composing for the films‹ (1947; mit T. W. ADORNO; dt. ›Komposition für den Film‹), ›Materialien zu einer Dialektik der Musik‹ (1956) sowie zahlr. Reden und Aufsätze (›Musik und Politik. Schriften 1924–48‹). Seine Kompositionen umfassen das Opernfragment ›Johann Faustus‹ (1952); über 80 Film- und Bühnenmusiken, u.a. zu Stücken BRECHTS: ›Die Mutter‹ (1932), ›Die Rundköpfe und die Spitzköpfe‹ (1936), ›Furcht und Elend des Dritten Reiches‹ (1945), ›Galileo Galilei‹ (1947), ›Die Tage der Kommune‹ (1956), ›Schweyk im Zweiten Weltkrieg‹ (1957); Werke für Soli, Chor und Orchester, u.a. ›Tempo der Zeit‹ (1929), ›Dt. Symphonie‹ (1937), Requiem ›Lenin‹ (1937), ›Mitte des Jahrhunderts‹ (1950), ›Die Teppichweber von Kujan-Bulag‹ (1957; zum 40. Jahrestag der UdSSR); Vokalwerke mit Instrumenten, u.a. ›Palmström‹ (1924; Studien über Zwölftonreihen), ›Ballade vom Soldaten‹, ›Die Ballade von der Billigung der Welt‹, ›Keiner oder alle und das Einheitsfrontlied‹ (alle nach BRECHT, z.T. für Massengesang), ›Spartakus‹ (1919); über 600 Lieder, z.T. mit Klavierbegleitung, u.a. 4 ›Wiegenlieder für Arbeitermütter‹ (1932); Orchestersuiten, ›Kleine Sinfonie‹ (1932), ›Kammersinfonie‹ (1940); Kammermusik, u.a. 2 Septette (1941; ›Zirkus‹, 1947), ›Vierzehn Arten, den Regen zu beschreiben‹ (1941, Quintett zu A. SCHÖNBERGS 70. Geburtstag).

Ausgabe: Ges. Werke, begr. v. N. NOTOWICZ, hg. v. S. EISLER u. M. GRABS, auf mehrere Bde. ber. (1973 ff.).

Musik zw. Engagement u. Kunst (Graz 1972); GÜNTHER MAYER: Weltbild, Notenbild. Zur Dialektik des musikal. Materials (1978); Wer war H. E., hg. v. M. GRABS (1983); DERS.: H. E. Kompositionen – Schriften – Lit. (Leipzig 1984); F. HENNEBERG: H. E. (1987).

3) Rudolf, österr. philosoph. Schriftsteller, *Wien 7. 1. 1873, †ebd. 14. 12. 1926, Vater von 2). E. neigte, von I. KANT und W. WUNDT beeinflusst, dem Kritizismus zu und suchte eine Synthese von Realismus und Idealismus. Seine Werke beschäftigen sich bes. mit Fragen der Erkenntnistheorie und der Psychologie. Seine philosoph. Lexika, bes. das ›Wörterbuch der philosoph. Begriffe‹ (1900, 3 Bde.; neu bearb. als ›Histor. Wörterbuch der Philosophie‹, hg. v. J. RITTER und K. GRÜNDER, 1971 ff., auf 12 Bde. ber.) und das ›Kant-Lexikon‹ (1930), zählen zu den philosoph. Standardwerken.

Weitere Werke: Krit. Einf. in die Philosophie (1905, Nachdr. 1972); Leib u. Seele (1906); Einf. in die Erkenntnistheorie (1907); Grundl. der Philosophie des Geisteslebens (1908); Philosophen-Lex. (1912); Der Zweck (1914).

Eislingen/Fils, Industriestadt im Landkreis Göppingen, Bad.-Württ., am Fuß des Hohenstaufen, 336 m ü.M., 19 300 Ew.; Maschinenbau, Kunstleder-, chem. Industrie. – E./F. entstand 1933 durch Zusammenschluss der Dörfer Klein-Eislingen und Groß-Eislingen (erstmals 861 erwähnt).

Eismeere, volkstüml. Bez. für die Meeresgebiete im Bereich der Arktis und der Antarktis: **Nördliches E.,** →Nordpolarmeer, **Südliches E.,** →Südpolarmeer.

Hanns Eisler

Kurt Eisner

Eismeerstraße, 650 km langer Hauptverkehrsweg in N-Finnland, der das nördl. Lappland über Straßen westlich des Inarisees erschließt; verlief urspr. von Kemi über Rovaniemi nach Petsamo, das früher zu Finnland gehörte (heute zu Russland).

Eismöwe, Larus hyperbore|us, 64–81 cm große, an den Felsküsten arkt. Meere verbreitete Möwenart; weiß mit hellgrauem Rücken und reinweißen Handschwingen sowie kräftigem, gelbem Schnabel mit rotem Fleck.

Eisner, 1) Kurt, Publizist und Politiker, * Berlin 14. 5. 1867, † (ermordet) München 21. 2. 1919; Schüler des Philosophen H. COHEN, schloss sich zunächst dem ›Nationalsozialen Verein‹ F. NAUMANNS an, stieß jedoch später zur Sozialdemokratie. 1898–1905 war er Redakteur des ›Vorwärts‹ (1905 als Revisionist entlassen). Seit 1910 lebte er als freier Schriftsteller in München. 1917 schloss er sich der USPD an und war im Januar 1918 einer der Führer des Munitionsarbeiterstreiks (Januar–Oktober 1918 deshalb in Haft).

In der Novemberrevolution 1918 beteiligte sich E. führend am Sturz der Monarchie in Bayern, trat an die Spitze des Arbeiter-und-Soldaten-Rates und wurde am 8. 11. 1918 bayer. Min.-Präs. und Min. des Auswärtigen. Er vertrat einen eigenen, philosophisch begründeten Sozialismus (›Realpolitik des Idealismus‹), wobei er Rätesystem und Parlamentarismus miteinander zu verbinden suchte. Da er sich von einem Kriegsschuldbekenntnis Dtl.s bessere Friedensbedingungen versprach, ließ er entstellte bayer. Aktenstücke zur Vorgeschichte des Weltkriegs veröffentlichen. Auf dem Wege zur Eröffnung des neu gewählten Landtags, in dem seine Partei, die USPD, nur 3 von 180 Sitzen gewonnen hatte, wurde E. von A. Graf ARCO ermordet. Sein Tod wurde zum Signal für die Ausrufung der Räterepublik in Bayern.

Ausgaben: Ges. Schr., 2 Bde. (1919); Die halbe Macht den Räten. Ausgew. Aufsätze u. Reden, hg. v. R. u. G. SCHMOLZE (1969).

F. FECHENBACH: Der Revolutionär K. E. (1929); H. BEYER: Von der Novemberrevolution zur Räterepublik in München (1957); F. SCHADE: K. E. u. die bayer. Sozialdemokratie (1961); A. MITCHEL: Revolution in Bayern 1918/19. Die E.-Reg. u. die Räterepublik (a. d. Amerikan., 1967); Die Reg. E. 1918/19, bearb. v. F. J. BAUER (1987).

2) Lotte H. (Henriette), Publizistin, * Berlin 5. 3. 1896, † Garches (Dép. Hauts-de-Seine) 25. 11. 1983; Kunsthistorikerin und -kritikerin, ab 1927 Filmjournalistin; emigrierte 1933; 1945–74 Chefkonservatorin der Cinémathèque française, Paris; förderte dt. Regisseure (W. HERZOG, V. SCHLÖNDORFF, A. KLUGE).

Werke: L'écran démoniaque (1952; dt. Dämon. Leinwand); F. W. Murnau (1964; dt. Murnau); Fritz Lang (1976).

Eisphora [griech.] *die, -,* eine seit 428/427 v. Chr. bezeugte außerordentl., direkte Vermögensteuer in Athen; auch in anderen griech. Stadtstaaten erhoben.

Eispickel, *Bergsteigen:* Hilfsmittel v. a. beim Begehen von Gletschern. Der Kopf des E. besteht aus einer langen, unterseits gezähnten Haue sowie einer gewölbten Schaufel, teils mit Wellenschliff zur Erhöhung der Sprengwirkung beim Stufenschlagen im Eis.

Eispressung, Verdichtungserscheinungen im →Meereis durch Wirkung von Wind oder Strömungen, die zur Bildung von Pressrücken führen.

Ei|sprung, Follikelsprung, *Physiologie:* die →Ovulation.

Eispunkt, der Schmelzpunkt des Eises, definiert als die Gleichgewichtstemperatur zw. reinem Eis und reinem, luftgesättigtem Wasser bei einem Luftdruck von 101 325 Pa (= Normdruck). Der E. ist einer der Festpunkte (früher einer der beiden →Fundamentalpunkte) zur Festlegung der Celsius-Skala, dem der Wert 0 °C = 273,15 K zugeordnet wurde.

Eisregen, unterkühlter Regen, der beim Auftreffen auf Gegenstände sofort gefriert (→Glatteis).

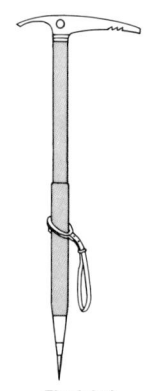

Eispickel

Eisschnelllauf: Schlittschuh

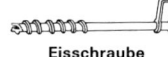

Eisschraube

Eisrevue [-vy], von professionellen Eiskunstläufern zu Musik vorgetragene, tänzerisch-choreograph. bis artist. Showdarbietungen.

Eisriesenwelt, ausgedehntes Höhlensystem mit z. T. bizarr geformten Eisbildungen im Tennengebirge, Bundesland Salzburg, Österreich. Der Hauptgang mündet über dem Salzachtal bei Werfen in 1 640 m ü. M. (mit Seilbahn erreichbar); die Gesamtlänge beträgt rd. 50 km. Die E. wurde 1879 entdeckt und steht seit 1929 unter Naturschutz.

Eissalat, Krachsalat, Lactuca sativa var. capitata conv. jaggeri, besondere Zuchtform des Kopfsalates; bildet große Köpfe mit dicken, leicht brechenden Blättern und Blattrippen; nach der Ernte gut haltbar.

Eisschießen, das →Eisstockschießen.

Eisschlitten, die →Eisjacht.

Eisschnelllauf, Schnelligkeits- und Ausdauerwettbewerb auf Schlittschuhen für Frauen und Männer; ausgetragen im Freien oder in der Halle (seit 1986/87) auf einer 400 m langen Natur- oder Kunsteisbahn (mit je zwei 100-m-Geraden), die in zwei Laufbahnen von je 4–5 m Breite aufgeteilt ist. Gegenüber der Startgeraden befindet sich die Wechselgerade, auf der die im Wettkampf paarweise gegeneinander startenden Läufer jeweils die Bahn wechseln müssen.

Wettbewerbe, Organisationen: Weltmeisterschaften der Männer werden seit 1884, der Frauen seit 1936 ausgetragen. E. ist olymp. Disziplin für Männer seit 1924, für Frauen seit 1960. Olymp. Wettbewerbe werden für Männer über 500, 1 000, 1 500, 5 000 und 10 000 m, für Frauen über 500, 1 000, 1 500, 3 000 und 5 000 m ausgetragen. Es gibt hierbei jeweils nur Sieger über die einzelnen Distanzen. Bei Welt- und Europameisterschaften werden die Punktbesten im →Vierkampf ermittelt. Seit 1996 werden Weltmeisterschaften auch auf den Einzelstrecken (analog den olymp. Wettbewerben) ausgetragen. (Kurzbahn-E.: →Shorttrack.) – E. ist in Dtl. in der Dt. E.-Gemeinschaft (DESG) als Mitgl. des Dt. Eissport-Verbandes organisiert. In Österreich ist der Österr. E.-Verband dem Österr. Eislaufverband angeschlossen, in der Schweiz gehören die Eisschnellläufer(innen) dem Schweizer Eislauf-Verband an. (→Eissport)

Eisschrank, ehemals ein isolierter Behälter in Schrankform, dessen Innenraum durch Eis auf einer niedrigen Temperatur gehalten wird. In der Haushaltkühlung wurde der E. durch den mit einer Kältemaschine ausgerüsteten →Kühlschrank ersetzt.

Eisschrauben, *Bergsteigen:* Hilfsmittel v. a. bei Gletscherbegehungen; dienen als Zwischensicherungen oder als Fixpunkte an Standplätzen. Konventionelle Eishaken sind einfache, 20 cm lange Metallstifte; heute verwendet man Schrauben (Rohr-, Firn-, Halbrohr-, Korkenzieher-E.) und Haken (Snarg-, Spiralzahn-, Hartfirn-, Schneehaken), die eine bessere Haftfestigkeit aufweisen und wieder verwendbar sind.

Eissegeln, auf Eisflächen (z. B. zugefrorenen Seen) ausgetragener Wettbewerb (›E.-Regatta‹) mit segelbootartigen →Eisjachten oder mit Surfbrettern auf Metallkufen (Eissurfen). E.-Regatten finden entweder auf einem gleichseitigen Dreieckskurs von 5 oder 7,5 km Länge oder auf einem Luv-Lee-Kurs von 1–5 km Länge statt. E. stammt aus den Niederlanden und wird seit 1929 als Wettkampf betrieben. Europameisterschaften werden seit 1964 (derzeit nur in der 15 m²- und der DN-[6,5 m²]-Klasse), Weltmeisterschaften seit 1973 (derzeit nur in der DN-Klasse) jährlich ausgetragen.

Eißfeldt, Otto, ev. Theologe (Alttestamentler und Religionshistoriker), * Northeim 1. 9. 1887, † Halle (Saale) 23. 4. 1973; wurde 1913 Privatdozent in Berlin, 1918 Prof. ebd., 1922 in Halle/Saale; Schüler von J. WELLHAUSEN, R. SMEND und H. GUNKEL und mit diesen ein Vertreter der literarkrit. Schule des A.T., die die Exegese mit dessen religionsgeschichtl. Erforschung verbindet. Sein Hauptwerk ›Einleitung in das A.T. ...‹ (1934) gilt als Standardwerk zur Entstehung des Alten Testaments.

Eisspeedway [-spiːdweɪ] *der, -s/-s,* Motorradrennen auf dem Eis ausgetragen nach den Regeln der →Speedwayrennen, i. d. R. auf einer 400-m-Eisschnelllaufbahn. Die einzylindrigen Viertaktmotoren haben meist 500 cm^3 Hubraum und zw. rd. 37 und 51 kW (50 und 70 PS). Die Vorderreifen sind mit rd. 100 Spikes, die Hinterreifen mit rd. 150 Spikes von maximal 28 mm Länge gespickt. Bei den Rennen starten meist 16 Fahrer, die in Vierergruppen gegeneinander antreten. E. entstand in der UdSSR und in Schweden. Seit 1965 werden Weltmeisterschaften (Einzel- und Mannschaftswertung) ausgetragen.

Eissport, zusammenfassende Bez. für die auf dem Eis ausgetragenen Sportarten →Curling, →Eishockey, →Eiskunstlauf, →Eisschnelllauf und →Eisstockschießen. – E. wird in Dtl. durch den Dt. E.-Verband (DEV; gegr. 1890 in Berlin, wieder gegr. 1949, Sitz: München) organisiert. Ihm sind als selbstständige Sparten die Fachverbände der genannten Sportarten zugeordnet. In Österreich besteht der Österr. Eislaufverband (ÖEV; gegr. 1889, Sitz: Wien), dem der Österr. Eisschnelllauf-Verband (ÖESV; gegr. 1995, Sitz: Wien) und der Österr. Eiskunstlauf-Verband (ÖEKV; gegr. 1995, Sitz: Wien) angehören. In der Schweiz gibt es den Schweizer Eislauf-Verband (SEV; gegr. 1911, Sitz: Bern), dem die Eiskunstläufer(innen) und Eisschnellläufer(innen) angeschlossen sind. Weltdachverband ist die International Skating Union (ISU; gegr. 1892, Sitz: Davos).

Eissprosse, *Jägersprache:* beim Rothirschgeweih Sprosse zw. Aug- und Mittelsprosse.

Eisstand, Zustand eines fließenden Gewässers, bei dem Treibeis zum Stehen gekommen und an der Oberfläche zusammengefroren ist. E. engt den Abflussquerschnitt stark ein, wodurch es oberhalb des E. zum Anstieg des Wasserspiegels und zu Eishochwasser kommen kann.

Eissegeln:
Eissurfer

Eisstausee, ein durch Gletschervorstoß aufgestauter See. E. entstehen bes. in Gebirgen, wenn durch Eis oder Moränenschutt ein Tal abgesperrt wird. Beispiele sind der (inzwischen ausgebaute) Mattmarksee im Saastal (Allalingletscher), der E. im Rofental (Vernagtferner) und der im Martelltal (Zufallferner, Ortlergruppe; verheerender Ausbruch 1889). Heute nicht mehr existierende E. aus dem Pleistozän sind oft durch Ablagerungen von Bändertonen nachweisbar.

Eisstockschießen, Eisschießen, Wurf- und Zielspiel auf Eisbahnen (auch Asphaltbahnen u. a.).

Ziel ist es, den **Eisstock,** ein pilzartiges Wurfgerät aus Holz-, Metall- oder Kunststoffplatte mit Griff und Laufsohle aus Gummi oder Kunststoff (Durchmesser 27–30 cm, Gewicht 5–5,5 kg), so zu werfen, dass er möglichst nahe an der **Daube** (Gummireifen von 12 cm Durchmesser) zum Stehen kommt oder die ›Zielstöcke‹ trifft. Auf der 30 m × 3 m großen Stockschießbahn wird das Zielschießen (Einzel, Mannschaft) ausgetragen. Das Weitschießen (nur für Männer, i. A. als Einzelwettbewerb) wird auf abgesteckten Bahnen ausgetragen.

Wettbewerbe, Organisationen: Dt. Meisterschaften fanden erstmals 1926 statt, Europameisterschaften werden seit 1951 im Zielschießen und Weitschießen ausgetragen. Seit 1966 wird ein Europapokalwettbewerb mit Einzel- und Mannschaftswertung veranstaltet. Die erste Weltmeisterschaft wurde 1983 durchgeführt. – E. ist in Dtl. in der Dt. Eisschützen-Vereinigung (DESV; gegr. 1964, Sitz: Garmisch-Partenkirchen) innerhalb des Dt. Eissport-Verbands (→Eissport) organisiert. In Österreich besteht der Bund Österr. Eis- und Stocksportler (BÖE; gegr. 1935, Sitz: Klagenfurt) und in der Schweiz der Schweizer. Eisstockverband (SESV; gegr. 1956, Sitz: Recherswil, Kt. Solothurn). Internat. Dachverband ist die Internat. Föderation für Eisstocksport (IFE; gegr. 1950, Sitz: Frankfurt am Main).

Das E. ist seit dem 16. Jh. in Dtl. und Österreich bekannt.

Eisstromnetz, →Gletscher.

Eissturmvogel, Fulmarus glacialis, Art der →Sturmvögel.

Eistag, *Klimatologie:* ein Tag, an dem die Lufttemperatur nicht über 0 °C ansteigt.

Eistanz, Disziplin des →Eiskunstlaufs.

Eistaucher, Art der →Seetaucher.

Eisteddfod [eisˈteðvɔd; kelt. ›Sitzung‹], urspr. Versammlung der Barden in Wales, die der Festlegung von Regeln für die Dichtkunst und der Organisation als Gilde dienten; heute Festveranstaltung mit Wettkämpfen auf den Gebieten Musik, Literatur, Kunst, Vortrag und Handwerk.

Eistektonik, →Glazialtektonik.

Eistert, Bernd Karl Georg, Chemiker, *Ohlau 9. 11. 1902, † Saarbrücken 22. 5. 1978; seit 1929 Chemiker in Ludwigshafen, seit 1950 Prof. in Darmstadt und Saarbrücken; arbeitete v. a. über Reaktionsmechanismen, Beziehungen zw. Konstitution und Farbe sowie Probleme der theoret. organ. Chemie; entwickelte mit F. ARNDT die →Arndt-Eistert-Reaktion.

Eisversetzung, Zusammenschieben (und Zusammenfrieren) von Treibeis, das an einem Hindernis im Fluss (z. B. an einer Brücke) zur Ruhe kommt. Vergrößert sich die E. durch nachfolgendes Eis, das sich unter die ruhende Eisdecke schiebt, kann es zu einem →Eisstand kommen.

Eisverstärkung, *Schiffbau:* vorgeschriebene örtl. Verstärkung der Außenhaut und der Innenverbände von Schiffen für die Eisfahrt. Der Grad der Verstärkung wird für verschieden starke Eisklassen bemessen und im Klassifikationszertifikat angegeben. (→Schiffsklassifikation)

Eisvogel, Eisfalter, Name von zwei Schmetterlingsarten, →Fleckenfalter.

Eisvögel, Alcedinidae, Familie etwa 10–50 cm langer Vögel mit rd. 90 Arten v. a. in den Tropen und Subtropen. Meist sehr farbenprächtige Tiere mit großem Kopf, langem, kräftigem Schnabel und kurzen Beinen; Standvögel oder Teilzieher; brüten in Baum- oder Erdhöhlen; die Jungen sind Nesthocker. Die meisten Arten jagen an Land Insekten und kleine Wirbeltiere; der in Neuguinea beheimatete **Froschschnabel** (Clytoceyx rex) gräbt im Boden nach Regenwürmern, Insektenlarven u. a.; mehrere Arten sind zu

Otto Eißfeldt

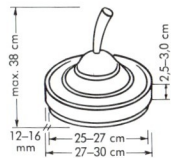

Eisstockschießen:
Eisstock

Eisvögel:
Alcedo atthis
(Länge etwa 17 cm)

stoßtauchenden Fischjägern geworden und damit ans Wasser gebunden, darunter auch die einzige einheim. Art, der **Eisvogel** (Alcedo atthis). Er ist etwa 17 cm lang, oberseits grünblau (je nach Lichteinfall veränderlich), unterseits vorwiegend rotbraun; er bewohnt Eurasien und Nordafrika, nistet in selbst gegrabenen Höhlen in Böschungen und wird, da selten geworden, als in seinem Bestand gefährdet eingestuft.

Eiswarndienst, →Eisdienst.

Eiswein, Wein von hoher, pikanter Süße, zu dessen Bereitung vollreife Trauben in gefrorenem Zustand (bei mindestens −7°C) geerntet und ungemaischt gepresst werden, bevor das Eis auftaut. Durch dieses natürl. Ausfrieren des Wassers erhält man Most, bei dem die Konzentration von Zucker, aber auch von Extraktstoffen und Säure entsprechend hoch ist, was dem E. seine fruchtige Frische gibt. Das Mostgewicht muss mindestens dem der Beerenauslese entsprechen.

Eiswolken, aus Eiskristallen bestehende →Wolken, die meist erst in Höhen von mehr als 6 000–7 000 m ü. M. (Temperaturen unter −35°C) vorkommen.

Eiszeit, Glazial, Glazialzeit, Zeitraum der Erdgeschichte, der infolge weltweiter, nachhaltiger Klimaverschlechterung durch große Ausdehnung der festländ. Vergletscherung, der Schelfeistafeln und der Pack- und Treibeiszonen geprägt ist. Fehlt die Vergletscherung oder hat sie trotz kühlen bis kalten Klimas nur geringes Ausmaß, spricht man von **Kaltzeit.** Einen Zeitabschnitt mit mehrmaligem Wechsel von E. und wärmeren Zeitabschnitten **(Warmzeiten, Interglaziale, Zwischen-E.)** nennt man →Eiszeitalter. Vielfach lassen sich innerhalb einer E. durch kurzzeitige Klimaschwankungen bedingte Haltepausen **(Interstadiale)** und Eisvorstöße **(Stadiale, Stadien)** erkennen.

Eiszeitalter, durch mehrmalige Abfolge von Kalt- (Eis-) und Warmzeiten geprägter Zeitraum der Erdgeschichte. Der Begriff E. bezieht sich v. a. auf das quartäre E., das Pleistozän (früher Diluvium).

Das pleistozäne Eiszeitalter

Der Beginn des E. lässt sich nicht durch eine klare faunist., florist. oder andere Grenze festlegen, da schon im Jungtertiär eine Abkühlung einsetzte. Allgemein lässt sich feststellen, dass das E. in Mitteleuropa vor etwa 1 Mio. Jahren begann und vor etwa 10 000 Jahren endete. Wachstum und Abschmelzen von Gletschern und Inlandeis ging in den einzelnen Phasen ziemlich

Eiszeitalter: Verbreitung der pleistozänen Vergletscherungen in Europa

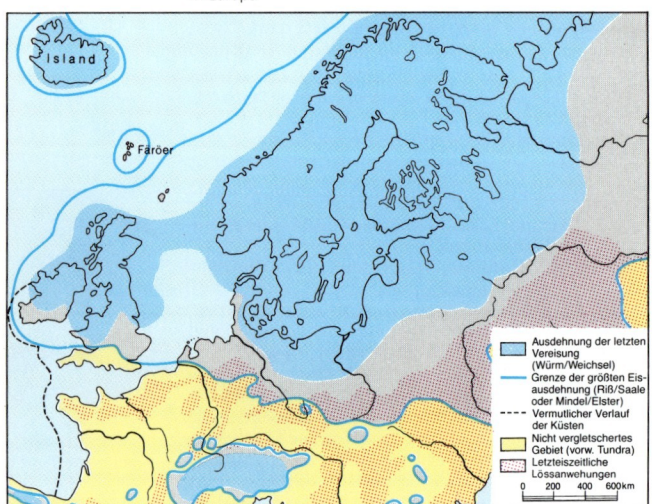

Ausdehnung der letzten Vereisung (Würm/Weichsel)
Grenze der größten Eisausdehnung (Riß/Saale oder Mindel/Elster)
Vermutlicher Verlauf der Küsten
Nicht vergletschertes Gebiet (vorw. Tundra)
Letzteiszeitliche Lössanwehungen

0   200   400   600 km

schnell vor sich; so rückte in der letzten Phase der letzten Eiszeit das Eis in Nord-Dtl. um jährlich 100–230 m vor. Die Vergletscherung umfasste in der letzten Eiszeit weltweit maximal 42 Mio. km² (77 Mio. km³), in der vorletzten Eiszeit bis über 48 Mio. km², d. h. eine dreimal größere Fläche als heute (15,3 Mio. km², 26,3 Mio. km³). Die südlichste Ausdehnung des pleistozänen Inlandeises ist in Mitteleuropa durch die Feuersteinlinie (→Feuerstein) nachweisbar. In der letzten Eiszeit waren über 28 % der Festlandsfläche, in der vorletzten Eiszeit über 32 % vergletschert, heute dagegen sind es nur etwa 10 %. Gegenwärtig macht allein das antarkt. Inlandeis 82 % der gesamten vergletscherten Fläche und 89 % der Eismasse aus.

Am besten bekannt sind die Vergletscherungen der letzten Eiszeit. Das Inlandeis N-Europas und des nördl. Mitteleuropa ging vom skandinav. Hochgebirge aus. Von hier strömte das Eis einerseits zur norweg. Küste (Fjordbildung), andererseits über das Becken der heutigen Ostsee hinweg nach Russland, Polen und in das Norddt. Tiefland. Den Höhepunkt der Weichsel-Eiszeit (um 18 000 v. Chr.) markiert das Brandenburger Stadium; die maximale, saaleeiszeitl. Vereisung erreichte den Rand der Mittelgebirge. Im Nordseeraum vereinigte sich das Inlandeis mit dem von Irland und Schottland ausgehenden brit. Eisschild. In den Alpen – wie auch in anderen Hochgebirgen – verbanden sich die Talgletscher zu einem Eisstromnetz und schoben ihre Zungen vor den Gebirgsfuß, wo eine zusammenhängende, in Girlanden gegliederte Vorlandvergletscherung entstand. In Nordamerika vereinigten sich das von Labrador nach SW vorstoßende Laurent. Inlandeis und das Kordillereneis; sie stießen maximal bis 37° 30′ n. Br. nach S vor. Grönland bildete einen isolierten Eisschild. Die Vergletscherung der Antarktis setzte schon im Miozän (Tertiär) ein. Das erst jüngst näher erforschte Inlandeis des Hochlands von Tibet soll 2–2,4 Mio. km² und eine Mächtigkeit von 700–1 200 m erreicht haben. Sibirien dagegen besaß mangels Niederschlägen nur Gebirgsvergletscherung. Viele Gebirge der Tropen (z. B. Kilimandscharo, Anden, Himalaja) und Außertropen (in Europa u. a. Pyrenäen, Schwarzwald, Vogesen, Kaukasus) trugen Eiskappen oder Einzelgletscher; größere Eisflächen waren nur in Westpatagonien und auf der Südinsel Neuseelands entwickelt.

V. a. die Vergletscherungen haben die Oberflächenformen des Festlandes nachhaltig geprägt (→Glaziallandschaft). Der Gletscherschutt blieb als →Moränen zurück. Das Schuttmaterial (Geschiebe) wurde oft weit vom Ursprungsort wegtransportiert. Glazialen Ursprungs sind ferner →Kare, →Trogtäler, Schliffbildungen, →Rundhöcker, →Drumlins, →Zungenbecken, Toteislöcher und →Sölle, Schmelzwasserrinnen und -seen, →Urstromtäler und die Schmelzwasserablagerungen (→Sander, →Kames, →Oser). Die während der Höhepunkte der niederschlagsärmeren Kaltzeiten mit Schutt überlasteten Flüsse haben ihre Sedimente schon gegen Ende der Kaltphasen unter Terrassenbildung wieder zerschnitten. In Seen wurden auch die feinkörnigen →Bändertone abgelagert. Zu den Erscheinungen im weiteren Umkreis von Gletscher und Inlandeis (→periglazial) gehören auch →Dauerfrostboden, →Strukturböden, Frostschutt, Blockströme und →Blockmeere, Solifluktion u. a. →Bodenbewegungen, Ablagerungen von →Löss und →Dünen.

Während der Kaltzeiten wurden die Trockengebiete der Subtropen und wechselfeuchten Tropen i. A. erheblich ausgedehnt (nach S) und der Bereich des trop. Regenwaldes stark eingeschränkt. Nur wenige Gebiete wie das nordwestl. Afrika erhielten höhere Niederschläge als heute (→Pluvial, →Sahara).

Tiefseeablagerungen zeigen – im Ggs. zu festländ. – oft lückenlose Abfolgen und können vielfach absolut

Beginn vor (in 1000 Jahren)		Alpen	nördliches Mitteleuropa	Polen	Russland/ Ukraine	Nordamerika	generalisierte Paläotemperaturkurve	paläomagnetische Epochen und >Events< (Alter in Mio. Jahren)
? 70/ ? 115	Jungpleistozän	Würm-Eiszeit: Stephanskirchener Stadium, Olköfener Stadium, Ebersberger Stadium, Kirchseeoner Stadium	Weichsel-Eiszeit: Pommersches Stadium, Frankfurter Stadium, Brandenburger Stadium	Weichsel-Eiszeit	Waldai-Eiszeit	Wisconsin	0,1 Mio.	Brunhes-Epoche (normal magnetisiert)
130		*Riß-Würm-Interglazial*	*Eem-Interglazial*	*Eem-Interglazial*	*Mikulino-Interglazial*	Sangamon		
195	Mittelpleistozän	Riß-Eiszeit: Jung-Riß, Haupt-Riß	Saale-Eiszeit: Warthe-Vereisung	Warthe-Vereisung	Dnjepr-Vereisung		0,2 Mio.	
230		*Mindel-Riß-Interglazial*	*Treene-Warmzeit*	*Pilica-Interglazial*				
? 300		Mindel-Eiszeit	Drenthe-Vereisung	Radomka/ Oder-Vereisung		Illinoian		
350	Altpleistozän	*Günz-Mindel-Interglazial*	*Holstein-Interglazial*	*Masovien-Warmzeit*	*Lichwin-Warmzeit*			
		Günz-Eiszeit	Elster-Eiszeit	Krakauer Vereisung	Oka-Kaltzeit		0,5 Mio.	
		Wechsel von schwächer ausgeprägten *Warm-* und Kaltphasen	*Cromer-Warmzeit* Elbe-Kaltzeit weitere *Warm-* und Kaltphasen (Cromer-Komplex)	?	?	*Yarmouth*		
						?		0,70
750		*Jüngere Donau-Eiszeit*	Menop-Eiszeit			Kansan		Jaramillo-Event 0,90 / 0,97
900		*Uhlenberg-Warmzeit* ?	*Waal-Warmzeit*			?	1,0 Mio.	
1300	Ältestpleistozän	Ältere Donau-Kaltzeitengruppe	Eburon-Kaltzeit			*Aftonian*	1,2 Mio.	Matuyama-Epoche (revers magnetisiert)
						?		
1700		Biber-Kaltzeitengruppe	*Tegelen-Warmzeit*			Nebraskan		Olduvai-Event 1,67 / 1,87
			Prätegelen-Kaltzeiten (Brüggen-Kaltzeit)				1,8 Mio.	
						?		2,47
2500		Pliozän (Tertiär)					kalt warm	Gauß-Epoche

Eiszeitalter: Zeitliche Abfolge der pleistozänen Kalt- und Warmzeiten (Eis- oder Kaltzeiten in normaler, Interglaziale oder Warmzeiten in kursiver Schrift)

datiert werden. Das Verhältnis der Sauerstoffisotope ^{16}O/^{18}O in den Kalkschalen der eingelagerten Meerestiere lässt Rückschlüsse auf die klimat. Bildungsbedingungen zu (→Emiliani-Kurve); darauf beruht auch die Paläotemperaturkurve (ÜBERSICHT). Durch Auswertung von Tiefseebohrkernen sind für das Pleistozän über 20 Kalt- und Warmzeiten ermittelt worden, die sich allerdings bisher nicht oder nur z. T. mit den bekannten terrestr. Ereignissen parallelisieren lassen.

Die Bindung von Wasser in Form von Eis während der Kaltzeiten führte zur Meeresspiegelabsenkung, in der letzten Eiszeit um 80–100 m, in der vorletzten Eiszeit um 200 m, d. h. um 65 m bzw. 135 m gegenüber dem heutigen Meeresspiegel. Eisabschmelzung und tekton. Heraushebung führten v. a. im Mittelmeerraum zur Bildung von →Strandterrassen.

Während der Eiszeiten lag das Jahresmittel der Temperatur auf dem Festland 4–12 Celsiusgrade (maximal 15), die Oberflächentemperatur des Weltmeeres um 4–7 Celsiusgrade niedriger als heute. Die Absenkung der Schneegrenze erreichte weltweit 700 bis 1000 m, in den Alpen maximal 1500 m. In der letzten Eiszeit betrug in Mitteleuropa das Januarmittel der Temperatur (auf die damalige Meereshöhe umgerechnet) zw. −14° und −22 °C, das Julimittel zw. +10° und +5 °C. Die Warmzeiten ähnelten in Klima und Vegetation der Gegenwart, waren aber zu Beginn des E. etwas wärmer und feuchter als heute. Der therm. Äquator, heute in 5–7° n. Br., lag in den Kaltzeiten auf etwa 5° s. Br.

Die nördl. Waldgrenze lag in Europa südlich der Alpen. Das eisfreie Gebiet zw. den Alpen und dem Inlandeis wurde von einer Frostschutt- und Lösstundra eingenommen; dort lebten Mammut, Höhlenbär, wollhaariges Nashorn, Wisent, Reh, Eisfuchs, Lemming u. a. kältegewohnte Tiere.

Mit dem E. ist auch die Geschichte der Menschheit und ihrer Kulturen (→Altsteinzeit) aufs Engste verknüpft. Während durch die Klimaverschlechterung und die vermehrte Eisbedeckung v. a. in der Nordhemisphäre der Lebensraum des Menschen eingeschränkt wurde, boten die durch die kaltzeitl. Meeresspiegelabsenkung trockengefallenen Schelfflächen neue Nutzungsmöglichkeiten, bes. für eine auf küstennahe Meerestiere (Fische, Meeressäuger, Muscheln) ausgerichtete Lebensweise. Außerdem ermöglichte die Meeresspiegelabsenkung in der letzten Kaltzeit die Ausbreitung des Menschen (Homo sapiens sapiens), v. a. die Besiedlung der damals mit dem Festland verbundenen südostasiat. Inselwelt sowie Australiens und Amerikas (über die landfeste Beringstraße).

Ältere Vereisungsperioden

Die ältesten, durch Gletscherschliffe und Moränen (Tillite) belegten Vereisungsspuren rühren aus dem älteren Präkambrium, vor etwa 2,3 Mrd. Jahren, sowohl aus Nordamerika (›Huronische Eiszeit‹) als auch aus dem südl. Afrika. Größere Verbreitung haben die Reste einer jungpräkambr. längeren Vereisungsperiode (Eokambrium, vor etwa 2 Mrd. Jahren). Eine ordovizisch-silur. Vereisung hat Spuren in der Sahara und im südl. Afrika hinterlassen. Das größte Ausmaß hatte die permokarbon. Vereisung →Gondwanas, die u. a. durch die →Dwykagruppe belegt ist. Inzwischen sind auch kaltzeitl. Zeugen aus der Kreidezeit und dem Tertiär bekannt geworden.

Ursachen der Eiszeitentstehung

Terrestr. und extraterrestr. Vorgänge sind zur Erklärung der Eiszeiten und ihrer Periodizität herangezogen worden; wahrscheinlich liegt ihnen ein komplexes Zusammenwirken vieler Faktoren zugrunde. Eine primäre Voraussetzung war wohl die Verlagerung des antarkt. Kontinents zum Südpol, wo sich dann aus winterl. Schneedecken eine ständige Vergletscherung bilden konnte, die durch Selbstverstärkung (durch Reflexion des Sonnenlichtes, →Albedo) eine Abkühlung der gesamten Erde bewirkte oder erhöhte. Ferner wurden ungeheure Vulkanausbrüche (Beeinträchtigung der Atmosphäre durch Staubmassen), ausgedehnte tekton. Hebungen sowie Schwankungen des Wasserdampf- und des Kohlendioxidgehaltes der Atmosphäre (in den Kaltzeiten war der CO_2-Gehalt niedrig, in den Warmzeiten hoch) als Ursachen vermutet. Durch die Ergebnisse der Meeresforschung erfuhr die von M. MILANKOVIĆ entwickelte Strahlungskurve (Periodizität der Sonneneinstrahlung infolge langperiod. Schwankungen der Erdbahnelemente) eine starke Aufwertung. Als kosm. Ursachen kämen Änderungen der Solarkonstante und das Eintauchen des Sonnensystems in eine kosmische Staubwolke infrage. – Die geolog. Gegenwart kann als Interglazial angesehen werden; die weitere Entwicklung hängt heute aber auch von den umweltbeeinflussenden Maßnahmen des Menschen ab (→Treibhauseffekt, →Ozonloch). Als ›Normalzustand‹ der Erde gilt aber der eisfreie Zustand.

Geschichte

Der Begriff Eiszeit wurde 1837 von dem dt. Botaniker K. F. SCHIMPER geprägt und von J. L. R. →AGASSIZ 1840 in die wiss. Literatur eingeführt; der Begriff E. stammt von dem brit. Geologen J. GEIKIE (1874), einem Bruder von Sir A. GEIKIE. Während die ehem. größere Vergletscherung der Alpen schon 1840 wissenschaftlich gesichert war, wurde die für das nördl. Mitteleuropa aufgestellte →Drifttheorie endgültig erst 1875 widerlegt.

P. WOLDSTEDT: Das E., 3 Bde. ($^{2-3}$1958–65); DERS.: Das Quartär (1969; Hb. der stratigraph. Geologie, Bd. 2); DERS.: Nord-Dtl. u. angrenzende Gebiete im E., bearb. v. K. DUP-

Eiszeitalter: Maximalvergletscherung der letzten Eiszeit (vor etwa 18 000 Jahren)

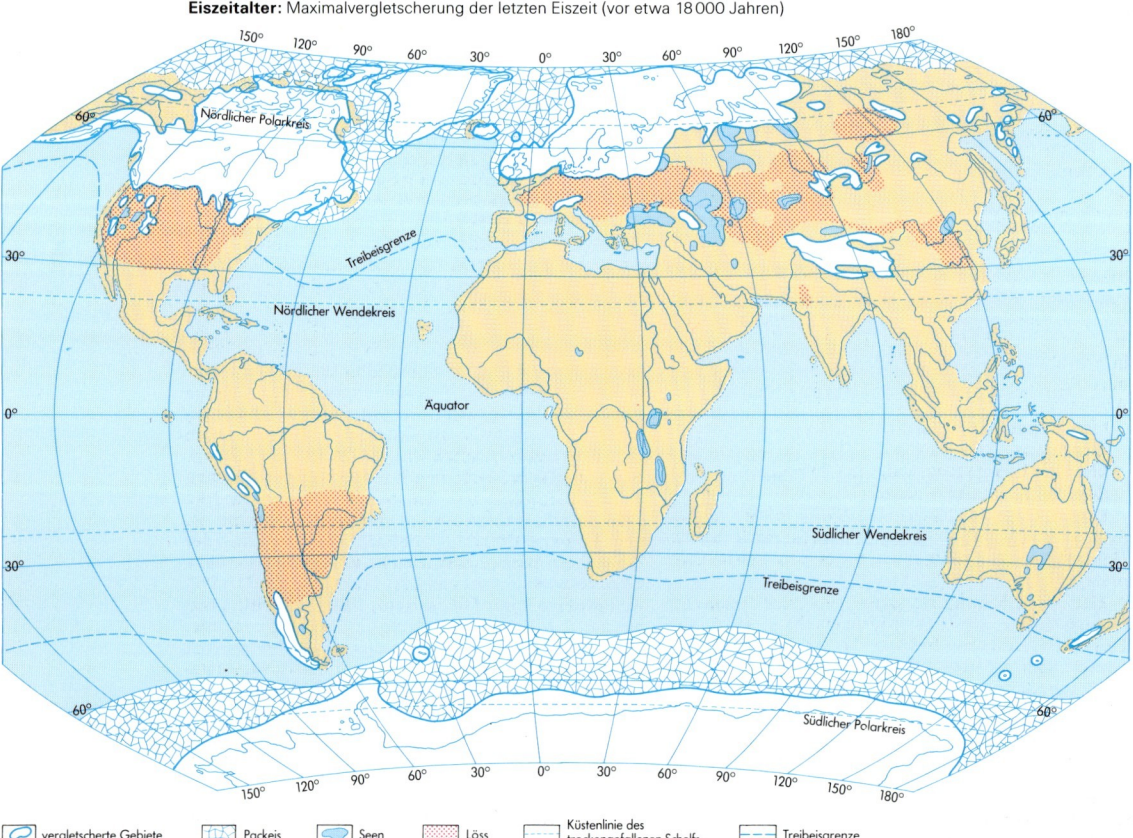

vergletscherte Gebiete — Packeis — Seen — Löss — Küstenlinie des trockengefallenen Schelfs — Treibeisgrenze

HORN (³1974); C. EMBLETON u. C. A. KING: Glacial and periglacial geomorphology, 2 Bde. (London ²1975); R. F. FLINT: Glacial and quaternary geology (New York 1977); R. HANTKE: E., 3 Bde. (Thun 1978–83); Hundert Jahre Glazialtheorie im Gebiet der skandinav. Vereisungen, hg. v. R. LAUTERBACH (Berlin-Ost 1978); J. MARCINEK: Die Erde im E. (Gotha 1980); DERS.: Droht eine nächste Kaltzeit (Leipzig ²1985); H. LIEDTKE: Die nord. Vereisungen in Mitteleuropa (²1981); T. A. NILSSON: The Pleistocene (Dordrecht 1982). – *Zeitschriften:* E. u. Gegenwart (1951 ff.); Quaternary Research (New York 1971 ff.).

Eiszeitkunst, die bildende Kunst der Altsteinzeit, deren Auftreten in der zweiten Hälfte der letzten Eiszeit (35 000–12 500 v. Chr.) die älteste Kunst der Menschheit dokumentiert. Sie findet sich zum einen in Form von Wandmalereien und Gravierungen in über 100 Höhlen, zum anderen in Form von Relieffriesen an Abriwänden und auf Steintrümmern. Neben den Felsbildern sind Darstellungen auf Steinplatten, Knochen und Elfenbein sowie Geweih ein wichtiger Bestandteil der E., die durch ihre Einbettung in Siedlungsschichten auch für die Wandkunst wichtige, z. B. chronolog. Anhaltspunkte liefern. Die Kleinplastik umfasst naturnahe Tierdarstellungen, (naturalistisch oder formelhaft verfremdete) Menschendarstellungen und symbol. Zeichen. Diese drei Komponenten bilden eine unauflösbare Einheit, die die Vorstellungswelt der eiszeitl. Jägerkulturen widerspiegelt. Die E. Europas hat ihr Schwergewicht und Hauptverbreitungsgebiet in S-Frankreich (→Cosquer-Höhle) und N-Spanien (›frankokantabr. Kunst‹). →Felsbilder.

G. BOSINSKI: Die Kunst der Eiszeit in Dtl. u. in der Schweiz (1982); A. LEROI-GOURHAN: Prähistor. Kunst (a. d. Frz., ⁵1982).

Eitel, ein Karpfenfisch, →Döbel.

Eitelberger von Edelberg, Rudolf, österr. Kunsthistoriker, * Olmütz 17. 4. 1817, † Wien 18. 4. 1885; war seit 1852 Prof. an der Univ. Wien und seit 1864 Direktor des von ihm gegründeten Museums für angewandte Kunst ebd. E. v. E. gilt als Reformer des Kunstgewerbes; er gab 1871–82 die ›Quellenschriften für Kunstgeschichte und Kunsttechnik des MA. und der Renaissance‹ (18 Bde.) heraus.

Eiter, Pus, gelblich grünl. oder bräunl. Flüssigkeit, die sich als Reaktion des Körpers im Laufe einer durch E.-Erreger (pyogene Keime) ausgelösten Entzündung bildet und aus Serumflüssigkeit, weißen Blutkörperchen sowie Gewebetrümmern (Detritus) besteht. E. entsteht durch Ansammlung und Zerfall von weißen Blutkörperchen (Granulozyten), die E.-Erreger aufsuchen und zerstören (→Phagozytose). Eine Ansammlung im Gewebe heißt →Abszess, in vorgebildeten Körperhöhlen →Empyem. Dem E. muss durch ärztl. Maßnahmen (Absaugen, Punktion) Abfluss verschafft werden.

Eiterbeule, der →Furunkel.

Eiterblase, die →Pustel.

Eiterflechte, Eitergrind, die →Impetigo.

Eitoku, jap. Maler, →Kanō.

Eitorf, Gem. im Rhein-Sieg-Kreis, NRW, an der Sieg, 83 m ü. M., 17 500 Ew.; Autostoßdämpferfabrik, Herstellung von Strickgarnen, pyrotechn. sowie pharmazeut. Industrie.

Eitz, Carl, Musikpädagoge, * Wehrstedt (heute zu Halberstadt) 25. 6. 1848, † Eisleben 18. 4. 1924; war Lehrer in Eisleben, befasste sich mit tonphysikal. Forschungen und entwickelte ein v. a. in den 1920er-Jahren im dt. Schulunterricht verbreitetes →Tonwortsystem.

Eivissa →Ibiza.

Eiweiß, 1) *allg.:* der den Dotter umgebende helle Bestandteil des Eies.

2) *Biochemie:* E.-Stoff, →Proteine.

Eiweißblutbild, →Blutuntersuchungen.

Eiweißfasern, die →Proteinfasern.

Eiweißharnen, die →Proteinurie.

Eiweißlabilitätsproben,   Serumlabilitätsproben, Nachweis von qualitativen Veränderungen der Serumeiweißkörper (Albumine, Globuline), z. B. bei entzündl. Prozessen oder Störungen des Eiweißstoffwechsels (Lebererkrankungen), durch Prüfung ihrer verstärkten Fällbarkeit (Labilität) mittels Reagenzien. An die Stelle der E. sind quantitative Methoden (→Elektrophorese) getreten.

Eiweißmangel, Verarmung des Organismus an Eiweißkörpern (v. a. Albuminen). Ursachen sind eine ständig unzureichende Zufuhr von Nahrungseiweiß (als Folge von Unter- oder Fehlernährung), Störungen des Eiweißstoffwechsels (Enzymmangel) oder der Eiweißresorption (z. B. bei Enteritis, Sprue), auch ein dauernd erhöhter Eiweißverbrauch (z. B. bei Hyperthyreose, Fieber) oder Eiweißverlust (z. B. durch Proteinurie, Blutungen, das Eiweißverlustsyndrom unbekannter Ursache mit Ausscheidung in den Magen-Darm-Kanal, Crohn-Krankheit oder Colitis ulcerosa). E. führt zu den Symptomen der →Hungerkrankheiten. (→Dystrophie, →Kwashiorkor)

Eiweißminimum, die geringste Menge Eiweiß, die der Organismus zur Erhaltung seines Eiweißbestandes benötigt und die durch keine anderen Nahrungsstoffe ersetzbar ist; beim Menschen etwa 35–50 g je Tag (0,5–0,6 g je kg Körpergewicht).

Eiweißpräparate, teils natürl., teils synthet. Stoffe, die oral (durch den Mund) eingenommen oder intravenös gegeben werden bei Eiweißmangel, Leberleiden und allgemeinen Schwächezuständen.

Eiweißstoffwechsel, der →Proteinstoffwechsel.

Eiweiß|uhr, die →Aminosäuredatierung.

Eizahn, lanzettförmiger Zwischenkieferzahn bei Embryonen von Eidechsen und Schlangen zum Aufschlitzen der Eischale. Bei Brückenechsen, Krokodilen, Schildkröten und Vögeln bildet sich dafür eine hornige →Eischwiele. E. und Eischwiele werden nach dem Schlüpfen abgeworfen.

Eizelle, die weibl. Keimzelle, →Ei.

Ejakulation [zu lat. eiaculare ›hinauswerfen‹] *die, -/-en,* **Samenerguss,** beim Menschen und bei vielen Tieren die Ausspritzung der Samenflüssigkeit (**Ejakulat**) aus dem (beim Menschen und den höheren Säugetieren erigierten) Penis. Beim Menschen wird durch die Summierung der von der Eichel kommenden Reize (i. d. R. auf dem Höhepunkt des männl. Orgasmus) der von psych. Einflüssen abhängige, aus dem Sympathikus (Atmung, Kreislauf) ausstrahlende E.-Reflex (Bulbokavernosusreflex) ausgelöst. Er führt zu rhythm. Zusammenziehungen von Samenleiter, Bläschendrüse, Prostata und Beckenboden, die das Ejakulat in die Harnröhre befördern, aus der es durch Zuckungen der Schwellkörpermuskulatur hinausgeschleudert wird. Wie die Erektion wird die E. durch das Zentralnervensystem eingeleitet und geregelt; das E.-Zentrum in der Lendenmark steht unter der Wirkung einer übergeordneten Schaltstelle im Gehirn. Bei Rückenmarkverletzungen in Höhe des Kreuzbeins ist eine E. ohne Erektion möglich, bei Schädigung der Hals-Brust-Wirbelsäule kommt es zu einer E. ohne Orgasmus. Spontane (meist nächtl.) E. wird als →Pollution bezeichnet. Die vorzeitige E., **Ejaculatio praecox,** und die stark verzögerte E., **Ejaculatio retarda,** beim Geschlechtsakt sind meist Zeichen seelisch bedingter sexueller Funktionsstörungen; **Ejaculatio deficiens,** fehlende E., und **Ejaculatio retrograda,** rückläufige Samenentleerung in die Harnblase, sind vorwiegend körperlich bedingte Sexualstörungen.

Ejchenbaum, Boris Michajlowitsch, russ. Literaturwissenschaftler, →Eichenbaum, Boris Michajlowitsch.

Ejektion [lat. ›das Hinauswerfen‹] *die, -/-en,* Geologie: →Eruption.

Ejektiv *der, -s/-e, Phonetik:* stimmloser Verschlusslaut, mit dessen Artikulation ein Stimmritzenverschluss einhergeht; hierdurch wird ein harter Einsatz des folgenden Lautes bewirkt. Der E. kommt in versch. afrikan. Sprachen, z. B. bei den Zulu und Hausa, vor. (→Injektiv)

Ejektor *der, -s/...'toren,* **1)** automatisch arbeitender Patronenauswerfer bei Jagdgewehren.

2) Strahlpumpe mit Absaugvorrichtung.

Ejido [ɛˈxido] *der, -s/-s,* in Mexiko dörfl. Grundbesitz in der traditionellen indian. Form von gemeinschaftl. Besitz und individueller Nutzung. Die E. lösten nach Agrarreformen (nach 1855 und 1917) die privaten Großgüter ab und umfassen heute rd. die Hälfte der Anbauflächen.

Ejsbøl [ˈaɪsbøl], Gem. bei Hadersleben, Dänemark; Fundort eines german. Mooropferplatzes des 4./5. Jh. Neben zahlr. Waffen fand man einige silberne Schnallen und Beschläge im Nydamstil (→Nydam).

Ejsk [jejsk], Stadt in Russland, →Jejsk.

Mats Ek

Ek, Mats, schwed. Tänzer, Choreograph und Ballettdirektor, * Malmö 18. 4. 1945, Sohn der Choreographin B. CULLBERG und des Schauspielers ANDERS EK; war erst Regisseur am Marionettentheater und am Königl. Theater Stockholm, bevor er sich als Tänzer dem Ballett seiner Mutter anschloss und sich, nach Engagements in Düsseldorf und beim Nederlands Dans Theater, rasch zu einem der profiliertesten Avantgarde-Choreographen der Gegenwart entwickelte. Zeitweilig Direktor des Cullberg-Balletts, machte sich Ek nicht nur durch seine originelle, psychologisch motivierte, oft auch skurril-humorvolle Bewegungssprache einen Namen; berühmt wurde er durch seine Neufassungen überlieferter Ballette wie ›Giselle‹ oder ›Schwanensee‹, die er ganz aus dem Geist der Moderne heraus interpretierte.

Choreographien: Der Kalfaktor (1976); Das Haus der Bernarda (1978); Wie Antigone (1979); Giselle (1982); Schwanensee (1987); Grass (1987); Alte Kinder (1989); Carmen (1992); Meinungslose Weiden (1992).

ek... [griech.], vor Vokalen **ex...**, Präfix mit den Bedeutungen: 1) aus..., heraus...; 2) Ortsveränderung, Verlagerung; 3) Entfernung, Abtrennung; 4) Bezug auf einen Ausgangspunkt oder -ort.

Eka-Elemente [zu Sanskrit eka ›eins‹], frühere Bez. für die chem. Elemente, deren Existenz D. I. MENDELEJEW aufgrund von Lücken im Periodensystem bereits 1871 als gesichert annahm; sie wurden bis zu ihrer Entdeckung und Benennung durch Vorsatz des Bestimmungswortes Eka- vor den Namen des jeweils im Periodensystem über ihnen stehenden Elements bezeichnet, z. B. Eka-Aluminium für das später Gallium benannte Element.

Ekaterinburg [je-], Stadt in Russland, →Jekaterinburg.

Ekaterinenstadt [jekaterinenʃ-], Stadt in Russland, →Marx.

Ekaterinodar [je-], Stadt in Russland, →Krasnodar.

Ekaterinoslav [jɛ-], Stadt in der Ukraine, →Dnjepropetrowsk.

Ekbatana [griech.], urspr. **Agbatana** [zu altpers. Hagmatana], im Altertum Hauptstadt des Mederreiches und altpers. Residenzstadt, heute →Hamadan.

Ekbert, E. von Andechs-Meranien, Bischof von Bamberg (seit 1203), * nach 1173, † Wien 5. 6. 1237; verfocht nach seiner Wahl zum Bischof, der staufertreuen Familientradition folgend, im dt. Thronstreit (ab 1198) die Ansprüche König PHILIPPS von Schwaben. Als dieser am 21. 6. 1208 in E.s Bischofshof ermordet wurde, gerieten E. und sein Bruder HEINRICH in den Verdacht der Mitwisserschaft und verfielen der Reichsacht, mit ihnen ihr Geschlecht (→Andechs). Nach seiner Wiedereinsetzung durch Papst INNO-

Gunnar Ekelöf

Vilhelm Ekelund

ZENZ III. 1211 kehrte der zu seinem Schwager, König ANDREAS II. von Ungarn, geflohene E. nach Bamberg zurück und wurde im Mai 1212 durch Kaiser OTTO IV. von der Acht gelöst. Seit 1225 gehörte er zum Beraterkreis Kaiser FRIEDRICHS II., der ihn im Februar 1237 zum Statthalter von Österreich und Steiermark bestellte. – Unter E. erfolgte der Neubau des Bamberger Doms in seiner heutigen Gestalt.

Ekchondrom [-ç-; zu griech. chóndros ›Knorpel‹] *das, -s/-e,* Form der Knorpelgeschwülste, →Chondrom.

Ekchymose [-ç-; zu griech. chymós ›Saft‹, ›Flüssigkeit‹] *die, -/-n,* kleinflächige, begrenzte Blutungen in der Haut, in Schleimhäuten und in serösen Häuten. E. treten gehäuft bei den →hämorrhagischen Diathesen auf.

EKD, Abk. für →Evangelische Kirche in Deutschland.

Ekeberg, Anders Gustaf, schwed. Chemiker und Mineraloge, * Stockholm 16. 1. 1767, † Uppsala 11. 2. 1813; entdeckte 1802 das Element Tantal in den bis dahin unbekannten Mineralen Tantalit und Yttrotantalit.

Ekecheirie [-ç-; griech.] *die, -/...'rilen,* Waffenstillstand, Gottesfriede; bes. bekannt sind E. aus Anlass der Feier gemeingriech. Spiele, z. B. der Olympischen Spiele.

Ekel, Nausea, Gefühl der Abneigung und des Widerwillens. E. kann sich auf Gegenstände, Menschen oder bestimmte menschl. Verhaltensweisen beziehen. E.-Gefühle werden bereits durch die Vorstellung des Ekel erregenden Gegenstandes hervorgerufen.

Ekeland, Arne, norweg. Maler, * Bøn (Gem. Eidsvoll) 14. 8. 1908; verbindet sein marxist. Engagement mit einer radikalen, vom Surrealismus, v. a. aber vom dt. Expressionismus beeinflussten Formensprache.

Ekelöf, Gunnar, schwed. Schriftsteller, * Stockholm 15. 9. 1907, † Sigtuna 16. 3. 1968; Lyriker, Kunst- und Literaturkritiker; in seinem Werk von Musik, Mystik, ind. und arab. Literatur und Philosophie beeinflusst. 1932 erschien seine erste Lyriksammlung, entstanden unter dem Einfluss I. STRAWINSKYS und des frz. Surrealismus. Die folgenden Publikationen sind eine konsequente Fortführung seiner Auffassung, dass die assoziative Lyrik eine Parallele zur Musik bilde (›Dedikation‹, 1934). Unter dem Einfluss T. S. ELIOTS brach er mit dem Surrealismus. Seine Lyrik wurde klarer, intellektueller, später esoterischer. Von Bedeutung sind auch seine Essays und Studien zu Kunst und Musik.

Weitere Werke: *Lyrik:* Sent på jorden (1932); Sorgen och stjärnan (1936); Köp den blindes sång (1938); Färjesång (1941); Non serviam (1945); Strountes (1955); Opus incertum (1959); En Mölna-elegi (1960); Diwån över Fursten av Emgión (1965; dt. Diwån über den Fürsten von Emgión); Sagan om Fatumeh (1966; dt. Das Buch Fatumeh); Vägvisare till underjorden (1967; dt. Führer in die Unterwelt); Partitur (hg. 1969). – *Essays:* Promenader (1941); Utflykter (1947; dt. Spaziergänge u. Ausflüge); Blandade kort (1957); Lägga patience (hg. 1969). – *Autobiographie:* En självbiografi (hg. 1971).

Ausgaben: Poesie. Schwedisch-dt., übers. v. N. SACHS (1962); Brev 1916–1968, hg. v. C. O. SOMMAR (1989).

C. PERNER: G. E.s Nacht am Horizont u. seine Begegnung mit Stéphane Mallarmé (Basel 1974); A. OLSSON: E.s nej (Stockholm 1983); C. O. SOMMAR: G. E. En biografi (Neuausg. Stockholm 1991).

Ekelund, Vilhelm, schwed. Schriftsteller, * Stehag (Gem. Eslöv; Malmöhus) 14. 10. 1880, † Saltsjöbaden 3. 9. 1949; lebte 1908–21 in Dänemark und Dtl. Schon in seinen frühen Sammlungen finden sich formvollendete symbolist. Stimmungsmalereien und Huldigungen an die Schönheit eines klassisch-antiken Ideals. Später wurde seine Lyrik persönlicher und freier; formal wirkte er aufgrund seiner freien Rhythmen bahnbrechend für die Modernistengeneration. Er wandte sich danach ganz der Prosa zu und schuf sprachlich ausgefeilte Essays und Aphorismen, die sich in dauernder Auseinandersetzung mit der Philosophie F. NIETZSCHES um einen Ausgleich zw. antiker und moderner Bildung bemühen.

Werke: *Lyrik:* Melodier i skymning (1902); In candidum (1905); Dithyramber i aftonglans (1906). – *Essays:* Veri similia, 2 Bde. (1915–16); Väst-östligt (1925).

A. J. WERIN: V. E., 2 Bde. (Lund 1960–61); N. G. VALDÉN: Inledning till V. E. (ebd. 1965).

Ekert-Rotholz, Alice M. (Maria), Schriftstellerin, * Hamburg 5. 9. 1900, † London 17. 6. 1995; lebte lange Zeit in Bangkok; schrieb erfolgreiche Gesellschaftsromane mit exot. Kolorit; seit 1959 lebte sie in London.

Werke: *Romane:* Reis aus Silberschalen (1954); Wo Tränen verboten sind (1956); Strafende Sonne – lockender Mond (1959); Die Pilger u. die Reisenden (1964); Der Juwelenbaum (1968); Fünf Uhr Nachmittag (1971); Gastspiel am Rialto (1978); Flucht aus den Bambusgärten (1981); Nur eine Tasse Tee (1984); Furcht u. Mitleid (1987).

EKG, Abk. für Elektrokardiogramm, →Elektrokardiographie.

Ekhof, Eckhof, Hans Conrad Dietrich, Schauspieler, * Hamburg 12. 8. 1720, † Gotha 16. 6. 1778; war 1740–57 bei der schönemannschen Truppe, dann bei F. SCHUCH, H. G. KOCH und K. E. ACKERMANN, 1767–69 Mitgl. des Hamburger Nationaltheaters; er kam 1771 mit der seylerischen Truppe nach Weimar und übernahm 1774 die Leitung des Gothaer Hoftheaters. E. gilt als ›Vater der dt. Schauspielkunst‹; er war künstlerisch am frz. Theaterstil geschult, forderte und vertrat jedoch eine ›natürliche‹, d. h. wahrhaftige Darstellung.

Ekibastus, Industriestadt im Gebiet Pawlodar, im NO Kasachstans, an der Südsibir. Eisenbahn, 138 900 Ew.; Zentrum eines Steinkohlen-Tagebaureviers (Kohlevorräte bis 730 m Tiefe rd. 8 Mrd. t); bei E. Großkraftwerk (4 000 MW).

Ekkehard, Herrscher:

Meißen: 1) **Ekkehard I.,** Markgraf (ab 985), † (ermordet) Pöhlde (heute zu Herzberg am Harz) 30. 4. 1002, Vater von 2). Der Sohn des Grafen GÜNTHER von Merseburg († 982), dem von Kaiser OTTO I. ein Teil der thüring. Mark übertragen worden war, trat nach dem Tod Kaiser OTTOS II. (983) für den minderjährigen OTTO III. ein. Kaiserin THEOPHANO belehnte ihn 985 mit der Mark seines Vaters (östlich der Saale) und mit der von E. zurückeroberten Markgrafschaft Meißen. Durch Feldzüge gegen die Milzener und die Lutizen sowie gegen BOLESLAV II. von Böhmen, den er seiner Lehnshoheit unterwarf, und durch die Herstellung gutnachbarl. Beziehungen zu Polen (BOLESŁAW I. CHROBRY) sicherte er seine Herrschaft. Als enger Vertrauter des Königs begleitete er OTTO III. 997/998 nach Rom, wo er durch die Erstürmung der Engelsburg den Aufstand der Crescentier niederschlug. Nach des Kaisers Tod (1002) machte E., nach THIETMAR VON MERSEBURG 1000 zum ›Herzog von Thüringen‹ gewählt, seine Ansprüche auf den Röm. Thron geltend, ohne gewählt zu werden. Auf dem Rückweg von Verhandlungen wurde er von Graf SIEGFRIED von Northeim ermordet.

2) **Ekkehard II.,** Markgraf, † 1046, Sohn von 1); letzter Ekkehardiner, folgte seinem Vater erst 1032 als Markgraf der sächs. Ostmark, 1038 als Markgraf von Meißen. Mit seinem Bruder HERMANN führte er das von KONRAD II. 1028 verfügte Verlegung des Bistums Zeitz in das ekkehardin. Naumburg, nahe der Stammlande Großjena, durch (1032). Die bekannten Stifterfiguren im Westchor des Naumburger Domes sollen ihn und seine Frau UTA VON BALLENSTEDT zeigen.

W. SCHLESINGER: Meissner Dom u. Naumburger Westchor. Ihre Bildwerke in geschichtl. Betrachtung (1952).

Ekkehard, E. von Aura, mittelalterl. Geschichtschreiber, † 20. 2. nach 1125; Benediktiner, seit 1108 der erste Abt des (erst 1113 geweihten) Klosters Aura (bei Bad Kissingen); schrieb, aufbauend auf der bis 1099 reichenden Chronik des Priors FRUTOLF VOM MICHELSBERG, aber parteiisch aus der Sicht eines Anhängers des Papsttums (im Investiturstreit), eine Weltchronik, die für die Zeit von 1098 bis 1125 eigenständig ist.

Ausgabe: Frutolfs u. E.s Chroniken u. die Anonyme Kaiserchronik, übers. v. F.-J. SCHMALE u. I. SCHMALE-OTT (1972; lat. u. dt.).

Ekkehart, Kleriker: 1) **Ekkehart I.,** Dekan des Klosters St. Gallen, * bei St. Gallen um 910, † 14. 1. 973, Onkel von 2); gehört zu den bedeutendsten Mönchspersönlichkeiten des Klosters in otton. Zeit; ihm werden verschiedene liturg. Dichtungen zugeschrieben (darunter auch das lat. Heldenepos ›Waltharius‹).

2) **Ekkehart II.,** gen. **Palatinus,** Dompropst von St. Gallen, * um 920, † Mainz 23. 4. 990, Neffe von 1); Leiter der Klosterschule in St. Gallen, unterrichtete die Herzogin HADWIG von Schwaben auf dem Hohentwiel; er schrieb vielleicht das anonym überlieferte Gedicht an ›Hadewiga nobilissima femina‹. E. I. und E. II. lieferten J. V. VON SCHEFFEL das Vorbild für seinen Roman ›Ekkehard‹.

3) **Ekkehart IV.,** Chronist und Dichter, * nach 980, † um 1060, Schüler von NOTKER LABEO, lebte nach dessen Tod (1022) einige Jahre in Mainz bei Erzbischof ARIBO, vielleicht als Leiter der Domschule. Wieder nach St. Gallen zurückgekehrt, setzte er die von RATPERT begonnenen ›Casus sancti Galli‹ fort (bis 971). Wenn auch anekdotenhaft und in Einzelheiten oft unzuverlässig, sind sie doch durch lebendige Erzählkunst gekennzeichnet, mit der E. ein kulturgeschichtlich aufschlussreiches Bild vermittelt. Seine zahlr. kleineren Gedichte hat E. selbst unter dem Titel ›Liber benedictionum‹ zusammengestellt.

Ausgaben: Liber benedictionum, hg. v. J. EGLI (1909); Casus sancti Galli, hg. v. H. F. HAEFELE (1980).

Conrad Ekhof

Ekklesia [griech.], lat. **Ecclesia,** 1) *antike Geschichte:* **Ekklesie** *die, -/...'sien,* die Volksversammlung in Athen, Sparta und anderen griech. Stadtstaaten, die über fast alle innen- und außenpolit. Staatsangelegenheiten nach Vorberatung durch die →Bule entschied. Zusammensetzung (alle erwachsenen männl. Bürger, zumindest aber alle wehrfähigen Männer), Aufgabenbereiche und Tagungshäufigkeit waren in den einzelnen Staaten unterschiedlich festgelegt. Die Versammlungen, in Athen etwa 40 im Jahr, fanden meist unter freiem Himmel statt. Gerichtsbefugnisse hatte die E. in Athen nur in Sonderfällen, sonst waren hierfür die →Heliaia, später die Dikasterien (→Dikasterion) zuständig. Ihren größten polit. Einfluss hatte die E. im 5. Jh. v. Chr.; in hellenist. Zeit besaß sie kein Entscheidungsrecht über wichtige Fragen mehr.

M. H. HANSEN: The Athenian ecclesia (Kopenhagen 1983); DERS.: Die athen. Volksversammlung im Zeitalter des Demosthenes (1985); J. BLEICKEN: Die athen. Demokratie (⁴1995).

2) *Theologie:* die →Kirche.

Ekklesiastes [griech. ›Redner‹, ›Prediger‹], bibl. Buch, →Kohelet.

Ekklesiologie [kirchenlat.] *die, -,* theolog. Lehre von der →Kirche.

Ekkyklema [griech.] *das, -s/...'klemen,* Rollgerät des altgriech. Theaters in der Form einer meist halbrunden oder viereckigen Plattform, das mit Szenerien aus dem Portal der Bühnenbauten gerollt wurde; es diente der Darstellung von Ereignissen, die sich hinter der Skene (z. B. nach einem Mord der Innenraum eines Hauses mit den Toten) abgespielt hatten.

Eklampsie [zu griech. eklámpein ›hervorleuchten‹] *die, -/...'si|en,* im letzten Drittel der Schwangerschaft, während oder unmittelbar nach der Geburt auftretende tonisch-klon. Krämpfe und Bewusstlosigkeit im

Verlauf einer schweren Präeklampsie. Symptome sind starke Kopfschmerzen, Augenflimmern, Doppelsehen bis Erblindung, Magendruck mit Erbrechen und Schmerzen sowie muskuläre Übererregbarkeit (Hyperreflexie). Ursache der E. sind generalisierte Gefäßkrämpfe mit Minderdurchblutung und Schädigung wichtiger Organe wie Gehirn, Leber, Niere und auch des Mutterkuchens mit akuter Gefährdung des Kindes. Die *Behandlung* erfolgt medikamentös (krampfmindernde und blutdrucksenkende Arzneimittel), durch Sauerstoffgabe und baldige Entbindung (meist Kaiserschnitt), wenn die Geburt nicht unmittelbar bevorsteht.

Eklat [e'kla; frz., zu éclater ›bersten‹, ›krachen‹] *der, -s/-s, bildungssprachlich* für: starkes Aufsehen erregender Vorfall, Skandal. – **eklatạnt,** 1) ins Auge springend, offensichtlich, auffällig; 2) Aufsehen erregend, sensationell.

Eklẹktiker [griech. eklektikós, eigtl. ›auswählend‹] *der, -s/-,* 1) *allg.:* Vertreter des Eklektizismus.
2) *bildungssprachlich* für: jemand, der keine eigenen Ideen entwickelt, sondern lediglich Gedanken anderer verwertet.

Eklektizịsmus *der, -,* 1) *Kunstgeschichte:* künstler. Ausdrucksweise, die sich in einem selektiven, historisch rückbezogenen Realisationsverfahren bereits entwickelter und abgeschlossener Kunstleistungen bedient. Es lassen sich zwei Formen der E. unterscheiden: 1) der in erster Linie ikonographisch bestimmte; 2) der stilistisch geprägte. I. d. R. sind beide Formen miteinander verbunden. E. ist in der Kunst des 19. Jh. weit verbreitet, bes. in der Architektur. E. als krit. Kunstmittel findet sich dagegen in der modernen Kunst, Musik und Lit., z. B. bei P. PICASSO, I. STRAWINSKY und B. BRECHT.
V. W. HAMMERSCHMIDT: Anspruch u. Ausdruck in der Architektur des späten Historismus in Dtl., 1860–1914 (1985).
2) *Philosophie:* eine Denkweise, die ihre Argumente aus ihr zusagenden Lehrmeinungen und Zitaten anderer Autoren zusammensetzt. Philosophiegeschichtlich nimmt die E. somit v. a. die Rolle des Tradenten (Überlieferers) ein, während seine Originalität hinsichtlich eigenständiger Denkansätze oft infrage gestellt werden kann. Als E. gilt bes. die Lehre einiger hellenist. Philosophen (**Eklektiker**) wie ANTIOCHOS VON ASKALON (* um 120 v. Chr., † um 69 v. Chr.), CICERO u. a., dann auch von späteren Denkern dieser Art: C. A. CRUSIUS, J. G. H. FEDER, C. GARVE im 18. Jh., V. COUSIN im 19. Jahrhundert.
3) *Religionsgeschichte:* eine Praxis, die Elemente aus versch. Religionen als glaubenswert annimmt (→Synkretismus).

Eklịpse [griech. ékleipsis ›das Ausbleiben‹, ›das Verschwinden‹] *die, -/-n,* Sammelbegriff für die Sonnen- und die Mondfinsternis.

Eklịptik [von lat. linea ecliptica, eigtl. ›zur Eklipse gehörende Bahn‹ (da in ihr Eklipsen auftraten)] *die, -/-en,* ein Großkreis am Himmel, in dem die Ebene der Erdbahn um die Sonne die gedachte Himmelskugel schneidet. Dabei ist die Erdbahnebene, die **ekliptikale Ebene,** definiert durch die Verbindungslinie vom Mittelpunkt der Sonne zum Schwerpunkt des Erde-Mond-Systems und die Bewegungsrichtung dieses Systemschwerpunktes um die Sonne. Der Systemschwerpunkt fällt nicht mit dem Erdmittelpunkt zus., auf den bei astronom. Messungen die ekliptikalen Koordinaten bezogen werden. Vielmehr pendelt der Erdmittelpunkt mit einer Periode von einem Monat geringfügig um die E., weshalb sich auch in den Ephemeriden der Sonne kleine Werte für ihre ekliptikale Breite β ergeben, die aber nie den Wert $\beta = + 0{,}8''$ überschreiten. Durch den jährl. Umlauf der Erde um die Sonne entsteht der Eindruck, als bewege sich die Sonne unter den Sternen der in der Mitte des →Tierkreises liegenden E.; deshalb spricht man auch von

der E. als der scheinbaren Sonnenbahn der Sphäre und nennt die von der Sonne durchlaufenen Tierkreissternbilder auch **ekliptikale Sternbilder.** – Die E. schneidet im Frühlings- und Herbstpunkt (→Äquinoktium) den Himmelsäquator unter einem Winkel von etwa 23° 27′, der als **Schiefe der E.** bezeichnet wird. Dieser Winkel ist unter der Wirkung der →Präzession und →Nutation in geringem Maße veränderlich.

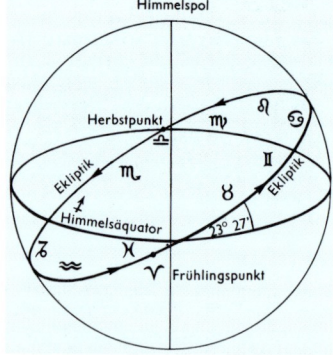

Ekliptikạlsystem, ekliptikạles Systẹm, →astronomische Koordinaten.

Eklọge [griech. ›Ausgewähltes‹] *die, -/-n, lat. Literatur:* urspr. jedes kleinere Gedicht, später eingeengt auf bukol. Dichtungen in der Art THEOKRITS (so die ›Eclogae‹ VERGILS).

Eklogịt [zu griech. eklogé ›Auswahl‹ (nach den ungewöhnl., gleichsam ›ausgewählten‹ Bestandteilen)] *der, -s/-e,* massiges bis dickschiefriges metamorphes Gestein hauptsächlich aus rotem Granat (Almandin, Pyrop, Grossular) und grünem Pyroxen (Omphacit) sowie Hornblenden, Disthen, Rutil, Quarz, Zoisit u. a. Nebengemengteilen. E. haben eine hohe Dichte (rd. 3,5 g/cm³), sind aus bas. (basalt.) Ausgangsmaterial unter hohem Druck, meist auch hoher Temperatur, in großer Tiefe (30–100 km), vermutlich im Grenzbereich Erdmantel/Erdkruste, in Subduktionszonen, entstanden und durch orogenet. Vorgänge an die Erdoberfläche gelangt, als Einschlüsse u. a. auch im Kimberlit und in Basalten enthalten. (→Mineralfazies).

Eklund, Arne Sigvard, schwed. Physiker, *Kiruna 19. 6. 1911; arbeitete über Kernphysik und kernphysikal. Instrumentierung sowie u. a. über Reaktorphysik; leitete u. a. 1957–61 die Kernreaktorentwicklung in Schweden und war 1961–81 Generaldirektor der Internat. Atomenergiebehörde (IAEA) in Wien.

Ẹkman, 1) Kerstin, schwed. Schriftstellerin, *Risinge (Verw.-Bez. Södermanland) 27. 8. 1933; schrieb zunächst Kriminalromane, die sich durch ihre Erzähltechnik und psycholog. Personenschilderung auszeichnen. E. hatte in den 70er-Jahren ihren literar. Durchbruch mit ihrer Romantetralogie (Tl. 1: ›Häxringarna‹, 1974, dt. ›Bannkreise‹, auch u. d. T. ›Hexenringe; Tl. 2: ›Springkällan‹, 1976, dt. ›Springquelle‹; Tl. 3: ›Änglahuset‹, 1979, dt. ›Das Engelhaus‹; Tl. 4: ›En stad av ljus‹, 1983, dt. ›Eine Stadt aus Licht‹; Titel der dt. Gesamtausgabe 1994: ›Sara und ihre Schwestern‹), in der sie voll Anteilnahme das bäuerl. Leben in Södermanland Anfang des 20. Jh. aus der Sicht der Frauen schildert.
Weitere Werke: *Romane:* 30 meter mord (1959; dt. Der Tod filmt mit. 30 Meter Mord); De tre små mästarna (1961; dt. Die drei kleinen Meister); Dödsklockan (1963; dt. Die Totenglocke); Pukehornet (1967; dt. Mörker ochj blåbärsis (1972); Hunden (1986); Rövarna i Skuleskogen (1988; dt. Skord von Skuleskogen); Händelser vid vatten (1993; dt. Geschehnisse am Wasser). – *Prosa:* Knivkastarens kvinna (1990).

Kerstin Ekman

Ekofisk: Plattform des Offshorefeldes im norwegischen Sektor der Nordsee

2) Vagn Walfrid, schwed. Physiker und Ozeanograph, *Stockholm 3. 5. 1874, †Gostad (Verw.-Bez. Jönköping) 9. 3. 1954; Begründer der klass. Theorie der winderzeugten Meeresströmungen.

Werk: Zur Theorie der Meeresströmungen, in: Annalen der Hydrographie, Jg. 34 (1906).

H. Thorade in: Annalen der Hydrographie, Jg. 72 (1944); W. Hansen in: Dt. Hydrograph. Ztschr., Jg. 7 (1954).

ekmelische Musik, Komposition mit Mikrointervallen, die als solche ›außerhalb des Melos‹, d. h. der regulär kleinsten Intervalle (der Halbtöne), liegen. Bei der e. M. wird der Halbton sechsfach unterteilt, sodass die Oktave 72 temperierte Mikrotöne umfasst, die auf der Basis der herkömml. Notation durch Zusatzzeichen angegeben werden.

Mikrotöne. Bericht über das internat. Symposium ›Mikrotonforschung, Musik mit Mikrotönen, E. M.‹ 1985 und 1987 in Salzburg, hg. v. F. Richter Herf (Innsbruck 1986–88); H.-P. Hesse: Grundlagen der Harmonik in mikrotonaler Musik (ebd. 1989).

Eknath, Ekanatha, ind. Dichter und Heiliger, *Paithan (Maharashtra) 1533, †1599. Obwohl Brahmane von Geburt, unterrichtete er kastenlose Frauen und Männer. Er benutzte statt des gelehrten Sanskrit die Volkssprache Marathi, um seine Lehre, eine religiös bestimmte Art der Vedanta- und Advaita-Philosophie, dem Volk zu vermitteln.

S. G. Tulpule: Classical Marāṭhī literature (Wiesbaden 1979).

Eknoia [griech. ›Sinnlosigkeit‹] *die, -,* den Pubertätskrisen zuzurechnende verstärkte Reizbarkeit Jugendlicher mit oft grundlosen Erregungszuständen.

Eknomos, Eknomon, lat. **Ecnomus mons,** antike Bergfeste an der Südküste Siziliens, heute Poggio Sant'Angelo, bei Licata; hier erzwangen 256 v. Chr. im 1. Pun. Krieg die Römer unter den Konsuln Marcus Atilius Regulus und Lucius Manlius Vulso in einer der größten Seeschlachten des Altertums die Überfahrt nach Afrika.

Ekofisk [ˈeːkufisk], Erdöl- und Erdgasfeld im norweg. Sektor der Nordsee, rd. 300 km vor der südnorweg. Küste, 1969 entdeckt; Förderung seit 1971 (Erdgas seit 1977). Heute muss man zwischen dem räumlich begrenzten E.-Zentrum und dem weit ausgedehnten E.-Gebiet unterscheiden. Mit (1995) acht produzierenden Öl- und Erdgasfeldern und 27 permanenten Offshoreinstallationen ist das E.-Gebiet der intensivst erschlossene Raum der Nordsee. Sowohl die Produktionslizenz im E.-Gebiet als auch die Betriebserlaubnis für die Pipelines nach Teeside an der engl. Küste (Ölpipeline) und nach Emden (Gaspipeline) wurden bis zum Jahr 2008 verlängert. Die Betreibergesell-

schaft hofft, bis 2030/35 fördern zu können. – Allerdings ist die Erdöl- und -gasförderung nicht problemlos: 1977 kam es zu einem neun Tage dauernden ›Blow-out‹ eines Öl-Gas-Gemisches, das einige Wochen später eine Meeresfläche von 55000 km² bedeckte. 1980 kenterte die Versorgungsinsel ›Alexander Kjelland‹ im Orkan (123 Todesopfer). Die Meeresbodenabsenkung setzt sich im E.-Gebiet mit 0,4 m pro Jahr weiter fort und beträgt (1995/96) schon 6 m. Für E. II sind neue Produktions-, Verarbeitungs- und Verteilungsplattformen geplant; alle neuen Installationen werden auf eine maximale Gesamtabsenkung des Bodens von 20 m ausgelegt.

Ekoi, Volksgruppe im Waldland SO-Nigerias, östlich des Cross River bis nach Kamerun hinein, etwa 600000 Menschen. Auf die E. geht die Herstellung von Ledermasken zurück: Es wurden Schädel präpariert (später aus Holz geschnitzt), mit Tierhaut (Menschenhaut ist nur in einem Fall belegt) überzogen, mit einer Basis aus Holz oder Korbgeflecht versehen und als Aufsatzmaske (→Maske) verwendet. Diesen Brauch, der auf die in dieser Gegend bes. stark verbreitete Kopfjägertradition zurückgeführt wird, haben andere Stämme des Cross-River-Gebietes und des benachbarten Kameruner Graslands übernommen und bis in jüngste Zeit ausgeübt. – Im E.-Gebiet wurden auch ›Akwanshi‹ genannte, phallusförmige Stelen aus Stein gefunden; viele sind in ihrem oberen Teil als Kopf mit Bart gestaltet.

K. F. Schädler: E. (1982).

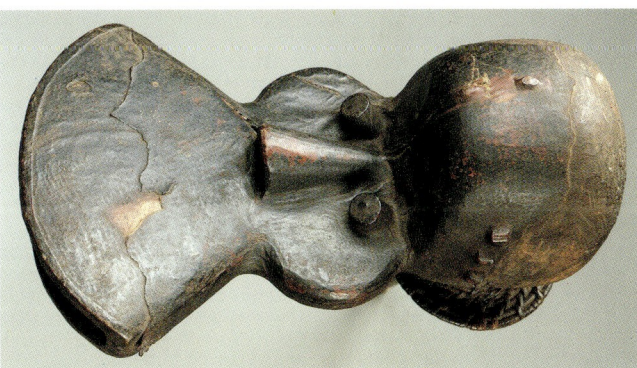

Ekoi: Holzmaske, mit Leder überzogen; Länge 38 cm (Berlin, Museum für Völkerkunde)

Ekonomiser [ɪˈkɔnəmaɪzə; engl. ›Sparer‹] *der, -s/-,* der Speisewasservorwärmer (→Dampferzeuger).

EKO Stahl AG, bis 1990 eines der größten metallurg. Kombinate der DDR (rd. 11 500 Beschäftigte) mit Sitz in Eisenhüttenstadt; gegr. 1951–54 als Hüttenwerk, seit 1963 **Eisenhüttenkombinat Ost,** seit 1968 Stammbetrieb des VEB Bandstahlkombinat H. Matern. Nach langwierigen Privatisierungsverhandlungen übernahm der belg. Stahlkonzern Cockerill-Sambre S. A. zum 1. 1. 1995 60% der Anteile des Unternehmens, 40% verbleiben bis 1999 im Besitz der Bundesanstalt für vereinigungsbedingte Sonderaufgaben. – Umsatz (1996): 1,45 Mrd. DM, Beschäftigte: 2 600.

ekphonetische Notation [zu griech. ekphōnēsis ›Ausruf‹, ›lautes Vortragen‹], in der byzantin. Musik (→byzantinische Kultur) verwendete Notation für den ekphonet., d. h. sprechend-singenden Vortrag der liturg. Lesungen. Die e. N. entwickelte sich im 5./6. Jh. aus den prosod. Zeichen des griech. Alphabets. Ihre (linienlos) über den Text geschriebenen Zeichen geben Intervallschritte, Rhythmus und Vortragsart an; die e. N. gilt als Vorläufer der →Neumen.

Ekphorie [zu griech. ekphérein ›heraustragen‹, ›hervorbringen‹] *die, -/...'ri\en,* Auslösen sowie Abrufen von Erinnerungen aus dem Gedächtnis und das Überführen ins Bewusstsein.

Ekphrasis [griech. ›Beschreibung‹] *die, -, antike Literatur und Rhetorik:* die detaillierte Beschreibung von Dingen, Ereignissen oder Personen nach eigener Anschauung (z. B. Beschreibung von Baudenkmälern).

Ekron, *Vulgata:* **Accaron,** die nördlichste der fünf Philisterstädte, 701 v. Chr. von SANHERIB erobert; gehörte erst unter den Makkabäern zu Juda (1. Makk. 10, 89); vermutlich identisch mit Khirbet el-Muqanna, etwa 20 km westlich von Aschdod.

ekrü [frz., zu cru ›roh‹], frz. **écru** [e'kry:], *Textiltechnik:* ungebleicht, naturfarben; gelblich weiß.

Ekstase [zu griech. ékstasis, eigtl. ›das Aus-sich-Heraustreten‹] *die, -/-n,* **1)** *allg.:* rauschhafter, tranceartiger Zustand, Verzückung, Entrückung.
2) *Psychologie:* das ›Außer-sich-Sein‹ als Erlebnis individueller Entpersönlichung. Zu unterscheiden ist eine spontan den Menschen überkommende E. von einer künstl., etwa durch Askese, Musik, Tanz oder Drogen herbeigeführten E. Im rauschartigen Zustand einer E. treten oft opt. oder akust. Halluzinationen auf; die Ansprechbarkeit für Sinneseindrücke ist reduziert. E. wird vielfach im Gefolge starker nervl. Erregung, z. B. nach Affekterlebnissen wie Wut, Sexualakten u. a., sowie bei Psychosen beobachtet.
3) *Religionswissenschaft:* Sammel-Bez. für religiös interpretierte phys. und psych. Ausnahmezustände, als deren spezif. Kennzeichen ein erweitertes oder erhöhtes Bewusstsein gesehen wird. Der Ekstatiker oder seine kulturelle Umwelt interpretiert die Verhaltensänderungen in der E. (etwa Hypermotorik, Konvulsionen, Schmerzunempfindlichkeit, übersteigerte Emotionen) als ›Einbruchstellen des Außeralltäglichen‹. Die E. kann spontan und gegen den Willen des Betroffenen auftreten, dann häufig als ›Inbesitznahme‹ durch ein fremdes Geistwesen oder einen Gott interpretiert, oder aber durch bestimmte ›E.-Techniken‹ (etwa beschrieben durch den Religionshistoriker M. ELIADE) systematisch angestrebt werden. Die aktiv gesuchte E. mündet üblicherweise in einen Zustand mit ›übermenschl.‹ Fähigkeiten (Himmelsreise, Abwehr von Geistern und Krankheiten, Prophezeiungen u. a.), als dessen Basis die Trennung eines ›Ich‹ (Seele) vom Körper angesehen wird.
Im Laufe der unterschiedlichsten kulturellen Traditionen entwickelte E.-Techniken verbinden unmittelbar physiologisch wirksame Elemente, wie rhythm. und sich wiederholende Tanzbewegungen (so bei den Derwischen), Sprech- und Atemübungen, mit psychisch wirkenden, wie Konzentrationsübungen.
⇒ *Besessenheit · Enthusiasmus · Krisenkulte · Schamanismus*
E. ARBMAN: Ecstasy or religious trance ..., 3 Bde. (Stockholm 1963–70); G. SCHÜTTLER: Das mystisch-ekstat. Erlebnis (Diss. Bonn 1968); I. M. LEWIS: Ecstatic religion (Harmondsworth 1971); B. GLADIGOW: E. u. Enthusiasmus, in: Rausch, E., Mystik, hg. v. H. CANCIK (1978); Religious ecstasy, hg. v. N. G. HOLM (Stockholm 1982); Der Heilige u. die Verrückte. Religiöse E. u. psych. Grenzerfahrung, Beitr. v. C. CLÉMENT u. S. KAKAR, übers. v. L. GRÄNZ u. B. HÖRMANN (1993); M. ELIADE: Schamanismus u. archaische E.-Technik (a. d. Frz., Neuausg. ⁸1994).

Ektachrome®-Verfahren [-'kro:m-], →Farbfotografie.

Ektacolor®-Verfahren, →Farbfotografie.

Ektasie [zu griech. éktasis ›Ausdehnung‹] *die, -/...'si\en,* andauernde krankhafte Erweiterung von Hohlorganen, z. B. der Luftröhrenäste **(Bronchiektasie),** des Magens **(Gastrektasie),** der Blutgefäße **(Angiektasie).**

Ektenie [zu griech. ektenḗs ›ausführlich‹] *die, -/...'ni\en,* **Ektenes,** liturg. Gebet in Gottesdiensten der östl. Kirchen, in dem der Chor litaneiartig (→Kyrie eleison) die Worte des Vorbeters aufnimmt.

Ekthesis [griech. ›Darlegung (des Glaubens)‹] *die, -,* eine unter dem oström. orth. Kaiser HERAKLEIOS 638 zur Überwindung der Streitigkeiten mit den Monophysiten geschaffene vermittelnde Lehrformel, nach der CHRISTUS sein Erlösungswerk aufgrund seines gottmenschl. Willens vollbracht habe. Diese Auffassung stieß jedoch bei den orth. Theologen auf Widerstand und führte zu weiteren Auseinandersetzungen (→Monotheletismus).

Ekthlipse [griech. ›Ausdrängung‹] *die, -/-n, Sprachwissenschaft:* Konsonantenschwund mit nachfolgender Vokalkontraktion, z. B. lat. ›nil‹ (›nichts‹) aus ›nihil‹.

Ekthyma [griech. ›Hautausschlag‹] *das, -(s)/-ta,* **Schmutzgeschwür,** durch bakterielle Infektionen (v. a. Streptokokken) hervorgerufene linsen- bis münzgroße Eiterblasen der Haut, aus denen sich tiefe, scharfrandige Geschwüre bilden (meist mehrfach, bes. am Unterschenkel), die mit Narbenbildung abheilen. Ursachen sind meist mangelnde Sauberkeit, Kratzinfektionen, z. B. bei Läusebissen, Krätze, auch Diabetes mellitus. Die *Behandlung* erfolgt mit desinfizierenden Umschlägen oder Salben und Antibiotika, z. B. Penicillinen.

ekto... [griech. ektós ›außen‹, ›außerhalb‹], Präfix mit den Bedeutungen ›außen‹, ›außerhalb‹, ›von außen‹, ›nach außen‹, z. B. Ektoderm, ektotroph.

Ektobiologie, die →Kosmobiologie.

Ektoderm [zu griech. dérma ›Haut‹] *das, -s/-e,* **äußeres Keimblatt, Ektoblastem,** das äußere der bei der Gastrulation entstehenden primären Keimblätter; aus dem E. gehen u. a. hervor: die Epidermis, das Nervensystem mit den Sinnesteilen; bei den Protostomiern das Darmepithel des vordersten und hinteren Darmabschnittes sowie die Tracheen der Tausendfüßler, Insekten und Spinnentiere.

Ektodesmen [zu griech. desmós ›Band‹] *Pl.,* →Plasmodesmen ähnelnde submikroskop. Zellstrukturen in den Außenwänden der pflanzl. Hautgewebezellen. Es wurden ihnen Funktionen hinsichtlich der Nährstoffaufnahme (bei Blattdüngung), Stoffausscheidung und Reizabgabe zugeschrieben. Ihr tatsächl. Vorkommen in lebenden Zellen ist jedoch umstritten; wahrscheinlich stellen sie nur Artefakte dar.

Ektokarp, andere Bez. für Exokarp (→Frucht).

ektolezithal, ektolecithal, Bez. für Eier mit gesonderten Dotterzellen **(zusammengesetzte Eier),** z. B. bei Saugwürmern, Bandwürmern, Strudelwürmern.

Ektomie [zu griech. ektémnein ›herausschneiden‹] *die, -/...'mi\en,* das Herausschneiden eines Organs, z. B. **Appendektomie,** operative Entfernung des Wurmfortsatzes, **Tonsillektomie,** Herausschälen der Gaumenmandeln.

ektomorpher Typ, *Anthropologie:* →Konstitutionstypen.

Ektoparasiten, häufig mit Hafteinrichtungen ausgestattete Schmarotzer, die sich vorübergehend (z. B. Zecken) oder dauernd (z. B. Läuse) auf ihrem Wirt aufhalten und von dessen Körperoberfläche aus Nahrung entnehmen.

Ektopie [zu griech. tópos ›Platz‹] *die, -/...'pi\en,* angeborene oder erworbene Verlagerung eines Organs nach außen oder an eine abnorme Stelle innerhalb des Körpers, z. B. von Harnblase, Hoden, Herz. Eine E. der Augenlinse (Ectopia lentis) kann beim →Marfan-Syndrom auftreten.

Ektoplasma, Außenplasma, Ektosark, äußere, vom →Endoplasma deutlich unterscheidbare, jedoch kontinuierlich in dieses übergehende festere Zellplasmaschicht vieler Einzeller.

Ekto|skelett, Exo|skelett, Außenskelett, im Unterschied zum Endoskelett (z. B. der Wirbeltiere) den Körper umhüllende Skelettbildung mit Stützfunktion, z. B. aus Chitin, Kalk oder Hautknochen; bei vielen Einzellern (Foraminiferen, Flagellaten, Radiolarien, Ciliaten) und mehrzelligen Tieren, hier v. a. bei den Gliedertieren.

Ektosporen, →Exosporen.

Ektotoxine, Exotoxine, →Bakteriengifte.

ektotroph [griech.], sich äußerlich ernährend (Lebensweise von Pilzwurzeln, →Mykorrhiza).

Ektromelie [zu griech. éktrōma ›Fehlgeburt‹ und mélos ›Glied‹] *die, -/...li\en,* angeborene Gliedmaßenfehlbildung (→Dysmelie), die im Fehlen einzelner Röhrenknochen und entsprechender Fehlstellung der Gliedmaße besteht.

Ektropium [griech.] *das, -s/...pi\en,* **Ektropion,** i. e. S. die Auswärtskehrung eines Augenlides (v. a. Unterlid); Ggs.: Entropium. Zu den Ursachen gehören das Erschlaffen der Lidhaut und des Lidschließmuskels im Alter, die Beteiligung des Lidschließmuskels bei Fazialislähmung und narbige Verkürzungen der Lidhaut, z. B. nach Verbrennungen oder bei Lidkrebs. Durch ständiges Abwischen der bei E. aus dem Auge austretenden Tränenflüssigkeit verstärkt sich das E. **(Wisch-E.).** Bei gravierender Ausprägung ist eine operative Behandlung erforderlich. – I. w. S. bezeichnet E. auch die Ausstülpung eines Schleimhautteils, z. B. am Gebärmutterhals.

EKU, Abk. für **E**vangelische **K**irche der **U**nion.

Ekuador, →Ecuador.

Ekwall, Eilert, schwed. Anglist, * Vallsjö 8. 1. 1877, † Lund 23. 11. 1964; war 1907–42 Prof. für engl. Sprache in Lund; veröffentlichte (z. T. auch in dt. Sprache) grundlegende Untersuchungen zur engl. Sprachwissenschaft und zur engl. Namenkunde.

Werke: Histor. neuengl. Laut- u. Formenlehre (1914); Contributions to the history of old English dialects (1917); English river names (1928); The concise Oxford dictionary of English place-names (1936); Early London personal names (1947). The published writings of E. E., hg. v. O. VON FEILITZEN (Lund 1961).

Ekwensi, **C**y**p**r**i**an Odiatu Duaka, nigerianischer Schriftsteller, * Minna 26. 9. 1921. Sein Roman ›People of the city‹ (1954) gilt als der erste afrikan. Gegenwartsroman. E. schildert v. a. das Leben in den modernen Städten Nigerias und wendet sich der Aufarbeitung des Krieges um Biafra zu.

Weitere Werke: *Romane:* Jagua Nana (1961; dt.); Beautiful feathers (1963); Iska (1966); Survive the peace (1976); Divided we stand (1980); Jagua Nana's daughter (1986); For a roll of parchment (1987).

Ekzem [griech. ékzema ›durch Sieden Ausgeworfenes‹, ›durch Hitze herausgetriebener Ausschlag‹] *das, -s/-e,* Gruppe von akuten oder chron. Hauterkrankungen unterschiedl. Ursache. Im akuten Stadium kommt es zu flächenhafter, meist symmetr., nicht eindeutig abgegrenzter Rötung, Knötchen- und Bläschenbildung, nach deren Platzen zu Hautnässen (›nässende Flechte‹), Krustenbildung. Beim chron. E. stehen die Verhornung und Verdickung (Akanthose) sowie Schuppung der Oberhaut im Vordergrund. Nägel und behaarte Kopfhaut können mitbefallen sein.

Häufigste Form ist das **exogene vulgäre E.** (Kontakt-E.). Zu ihm rechnet die **toxische Dermatitis,** die auf eine Reizung durch hautunverträgl. Stoffe (z. B. Säuren, Laugen) zurückgeht. Das **kumulativ-toxische** bzw. **toxisch-degenerative E.** wird durch lang dauernde bzw. wiederholte Einwirkung von Schadstoffen wie Fettlösungsmitteln, Seifen, Waschmitteln und Mineralölen verursacht **(Abnutzungsdermatitis).** Überwiegend tritt das **allergische E.** (Kontakt-E.) auf, bei dem eine →Allergie gegen von außen einwirkende Stoffe vorliegt (z. B. Kosmetika, Kleidungsstücke, Schmuck, Pflanzen). Gefährdet sind im Berufsleben bes. Maurer (Zement, Chromate), Maler (Farben, Lacke, Lösemittel) und Friseure (Dauerwellmittel).

Auch äußerlich aufzutragende Arzneimittel wie Antibiotika oder Sulfonamide können E. verursachen. Konstitutionell bedingt ist das **seborrhoische E.,** das in Hautbezirken mit hoher Dichte von Talg- und Schweißdrüsen auftritt, wobei eine mikrobielle Beteiligung (Bakterien, Pilze), teils auch eine Dysfunktion der Talgdrüsen vorliegt. Eine Sonderform ist das **endogene E.,** die →Neurodermitis.

Im Vordergrund der *Behandlung* steht die Ausschaltung von schädigenden Substanzen und Allergenen. Je nach Art der Hautveränderungen sind kühlende und austrocknende Umschläge, Lotionen, Cremes und Salben, zum Stillen von Juckreiz auch Antihistaminika anzuwenden, gegen Entzündungen Corticosteroide. Auch bei Nachbehandlung mit pflegenden Salben und Vorbeugung durch Arbeitsschutzsalben neigen das Kontakt-E. und das seborrhoische E. zum Wiederauftreten.

el, der arab. bestimmte Artikel, →al.

El *die, -/-,* altes niederländ. Längenmaß, wurde 1816 durch das metr. System ersetzt. Eine Amsterdamer El (auch im Niederrheingebiet gebräuchlich) betrug 0,6878 m, eine Brabant. El (auch im dt. Tuchhandel gebräuchlich) 0,694 m.

El [hebr.], höchste Gottheit der meisten semit. Völker, so bereits der vorisraelit., kanaanäischen Bewohner Palästinas. Hierauf weisen u. a. die Texte von Ugarit (14. Jh. v. Chr.), die einen El als ›König‹ an der Spitze eines Pantheons sehen. In den Traditionen des A. T. begegnen vorzugsweise lokale Erscheinungsformen des einen Gottes (wie ›El Eljon‹, ›El Olam‹), aber auch mit El gebildete Personennamen (wie ›Issa-el‹, ›Issma el‹). Die einwandernden Nomaden identifizierten ihre Vätergötter mit El und bald mit Jahwe. El erscheint im A. T. weniger als Eigenname denn als Allgemeinbegriff (→Elohim).

El-Aaiún, Aiún, Ain [a'ju:n], marokkan. **Laâyoune,** Hauptstadt von Westsahara, 1958–76 von Spanisch-Sahara, am Saguia al-Hamra, (1994) 140 800 Ew.; Flughafen; 25 km entfernt im SW der Stadt, an der Flussmündung in den Atlantik, neu errichteter Fischereihafen und Verschiffungsplatz für das Phosphat von →Bou Craa. – Seit 1976 städtebaulich hypermoderne Anlage des Stadtzentrums.

Elaborat [zu lat. elaborare ›sorgfältig ausarbeiten‹] *das, -(e)s/-e,* 1) *gehoben* für: Ausarbeitung, schriftl. Arbeit; 2) *abwertend* für: geistlose schriftl. Arbeit, Machwerk, Geschreibsel.

elaborierter Code [-ko:t], *Soziolinguistik:* Bez. des brit. Soziolinguisten B. BERNSTEIN (* 1924) für die sprachl. Ausdrucksfähigkeit von Angehörigen der Mittelschicht; gegenüber dem →restringierten Code u. a. von höherer Differenziertheit, größerem Wortschatz, komplexerer Syntax, geringerer Verwendung von klischeehaften Wendungen gekennzeichnet. (→Defizithypothese, →Differenzhypothese)

Elabuga [jı-], Stadt in Tatarstan, →Jelabuga.

Elagabal [auch -'bal], griech. **Elaiagabalos, Eleagabalos, 1)** Ortsgottheit (→Baal) der syr. Stadt Emesa (heute Homs), die in einem vom Himmel gefallenen Steinkegel verehrt wurde. Antike Schriftsteller des 3. Jh. setzten E. – unter Berufung auf die ›Phöniker‹ – dem Sonnengott Helios gleich und nannten ihn **Heliogabalos.**

M. P. NILSSON: Gesch. der griech. Religion, Bd. 2 (⁴1988).

2) röm. Kaiser, urspr. Priester des gleichnamigen Ortsgottes, →Heliogabal.

Elalidinsäure, eine Fettsäure, →Ölsäure.

Elaioplast [zu griech. élaion ›Öl‹ und plastós ›geformt‹] *der, -en/-en,* **Eläoplast,** Fett oder Öl speichernde Form der Leukoplasten; farblose Plastiden in nicht photosynthetisch aktiven Geweben, v. a. bei Lebermoosen und einkeimblättrigen Pflanzen.

Elaiosom [griech. élaion ›Öl‹ und sōma ›Körper‹] *das, -s/-en,* **Eläosom, Ölkörper,** fett- und eiweißreiches Gewebsanhängsel an pflanzl. Samen (z. B. an Schöllkraut- und Rizinussamen) oder an Nussfrüchten (z. B. des Buschwindröschens oder von Arten des Leberblümchens); wird gern z. B. von Ameisen gefressen, was die Samenverbreitung fördert.

El-Alamein, kleiner Ort in Ägypten, 100 km südwestlich von Alexandria an der Straße und Eisenbahnlinie nach Marsa Matruh, 3 km vom Mittelmeer entfernt; Soldatenfriedhöfe für 90 000 Gefallene. In der Nähe Erdölförderung. – Bei El-A. kam im Juni/Juli 1942 der Vormarsch der deutsch-ital. Panzerarmee Afrika unter General E. ROMMEL in Richtung Alexandria und Suezkanal zum Stehen. Nach vergebl. Versuchen, die brit. Verteidigungsstellung zw. El-A. und der Kattarasenke zu durchbrechen (Juli–September 1942), mussten sich die deutsch-ital. Truppen nach der 2. Schlacht bei El-A. (Oktober–November 1942) vor der 8. brit. Armee unter B. L. MONTGOMERY in Richtung Tripolis zurückziehen.

El-Alia, Stadt in Tunesien, 24 km südöstlich von Biserta, 14 500 Ew.; Große Moschee (1608) mit maur. Stilelementen. – Die Stadt wurde im frühen 17. Jh. von span. Mauren unmittelbar neben dem antiken **Uzali** am Hang des Djebel Hakima (295 m ü. M.) angelegt.

El Al Israel Airlines Ltd. [-ˈɪzreɪəl ˈeəlaɪnz ˈlɪmɪtɪd], staatl. israel. Luftverkehrsgesellschaft, hervorgegangen 1948 aus der militär. Lufttransportorganisation AVIRON; Sitz: Ben Gurion International Airport (Tel Aviv-Jaffa). Das Streckennetz umfasst Europa, Nordamerika, Afrika, den Mittleren Osten und Fernost. Sie beförderte 1993 mit einem Flugpark von 22 Flugzeugen und mit 3 400 Beschäftigten 2,1 Mio. Passagiere. (→Luftverkehrsgesellschaften, ÜBERSICHT)

El Al Israel Airlines Ltd.

Elam, griech. **Elymais,** altpers. **Huzha** [-z-], altoriental. Reich in SW-Iran, nordöstlich der Einmündung von Euphrat und Tigris in den Pers. Golf, umfasste etwa das heutige Khusistan einschließlich Luristans und des zentralen Zagrosgebirges. Die Hauptstadt war Susa. Die Bewohner hießen **Elamier, Elamiter** oder **Elamer.**

E. war im 4. Jt. Zentrum einer bedeutenden vorgeschichtl. Kultur (→Susa), die dann unter den Einfluss der sumer. Hochkultur geriet (Verwendung der protoelam. Schrift um 2900 v. Chr., →elamische Kultur, Sprache). Die Geschichte von E. ist eng mit der von Babylonien verknüpft. Die akkad. Könige (22. Jh. v. Chr.) führten Kriege gegen E. und schlossen später den ältesten erhaltenen Staatsvertrag (in altelam. Sprache) mit E. ab; um 2050 v. Chr. Blütezeit unter PUZUR-INSCHUSCHINAK (elam. Strichinschriften, noch nicht voll entziffert), die von einer Zeit der Vorherrschaft der 3. Dynastie von Ur abgelöst wurde. An deren Untergang 1940 v. Chr. hatte aber E. wieder einen entscheidenden Anteil. Die Dynastie der Epartiten (seit 1780 v. Chr.) blieb auch z. Z. HAMMURAPIS von Babylon selbstständig. Erst KURIGALZU II. zog 1325 v. Chr. siegreich nach E. und besetzte Susa. – Nach dem Ende der babylon. Vorherrschaft erlebte das ›Mittelelam. Reich‹ (13./12. Jh. v. Chr.) unter UN-TASCH-NAPIRISCHA (13. Jh.) eine Zeit höchster kultureller Blüte; SCHUTRUK-NAHHUNTE I. griff sogar 1155 Babylon an, bereitete der Herrschaft der Kassitendynastie ein Ende und eroberte das Land, doch führte 1110 v. Chr. NEBUKADNEZAR I. aus der neuen Dynastie der Isin einen Gegenangriff und verwüstete Susa. – Nach Jahrhunderten der Bedeutungslosigkeit E.s wurde das ›Neuelam. Reich‹ (742–646 v. Chr.) zum gefährl. Gegner Assyriens und unterstützte dessen aramäisch-babylon. Feinde, wurde aber 646 v. Chr. von ASSURBANIPAL vernichtend geschlagen. E. fiel dann den Persern zu und blieb bis zu ALEXANDER D. GR. pers. Kernprovinz. Unter Seleukiden und Parthern hatte E. unter einer einheim. Dynastie, den Kabnischkiriden, noch eine gewisse Unabhängigkeit.

Literatur →elamische Kultur.

elamische Kultur, eine mit den Kulturen Mesopotamiens, ebenso aber mit denen des Iran (bes. dem Zagrosgebirge) eng verknüpfte und von wechselseitigen Befruchtungen geprägte Kultur. Trotz starken Einflusses der Sumerer sowie des späteren Babylonien bewahrten sich Züge der z. T. über das 4. Jt. v. Chr. zurückreichenden eigenständigen Traditionen.

Gesellschaft

Grundlage bildete wie im benachbarten Zweistromland die Landwirtschaft (Bewässerungswirtschaft in Khusistan), Rohstoffe kamen aus dem gebirgigen Teil des Landes (Fars; früher Anschan, Anzan). Von den frühen und schon im 4. und 3. Jt. weit reichenden Handelsbeziehungen zeugen Funde mit protoelam. Schrift in Iran (→Tepe Jahja) und Zentralasien. Im Unterschied zu Mesopotamien war das Land nicht in Staatsbesitz, und der Handel lag in den Händen privater Kaufleute. Ein weiterer großer Unterschied bestand in der Stellung der Frau, die im 2. Jt. v. Chr. erheblich mehr Rechte bewahren konnte als in der gleichzeitigen babylon. Gesellschaft. Im Erbrecht kam es um 1800 v. Chr. zu gewissen Umformungen. So wurde die dynast. Erbfolge zugunsten der Schwestersöhne abgeändert, während zu Beginn des 2. Jt. der jüngere Bruder Thronerbe war. In späterer Zeit konnten offenbar auch Söhne das dynast. Erbe antreten. Im Staat hatte neben dem König, dem designierten Nachfolger und dem Vizekönig (einem Amt, das der Sohn innehatte) auch die ›Große Gemahlin‹ eine hervorragende Stellung als Gattin und (häufig) Schwester des Königs. Sie wurde bei dessen Tod vom Nachfolger zur Ehe genommen. – Eine Anleihe aus dem babylon. Recht war z. B. die Übernahme des dort entwickelten Urkundenformulars. Das Strafrecht war äußerst hart (z. B. Verstümmelungen), denn der Verbrecher hatte nach elam. Auffassung den göttl. Schutz verwirkt. – Die Alltagskultur hatte einen hohen Standard. Die Freilegung des nördl. Wohnviertels von Susa wies für das 2. Jt. v. Chr.

elamische Kultur (Kunst): links Becher, verziert mit Hunden und Steinböcken, aus der Nekropole von Susa; Anfang des 4. Jt. v. Chr. (Paris, Louvre); rechts Torso einer Bronzestatue der Königin Napirasu aus Susa; Höhe 1,29 m, um 1250 v. Chr. (Paris, Louvre)

ein ausgebautes Straßennetz nach. Die Häuser waren einstöckig. Bessere Häuser und Paläste hatten Hof und Empfangssaal. Toilette und Kamin waren bekannt. In Dur-Untasch wurde im 13. Jh. v. Chr. die Trinkwasserversorgung nach dem Prinzip der kommunizierenden Röhren angelegt.

Kunst

Im Zusammenhang mit den wechselnden polit. Konstellationen zeigt das Kunstschaffen der Elamier wechselnde Einflüsse aus Mesopotamien, dem Zagrosgebirge, aus dem Reich der Hurriter und von Urartu, andererseits sind auch durchgehend selbstständige Züge zu beobachten, bes. in dem von der religiösen Vorstellungswelt geprägten Motivschatz. Von außergewöhnl. Rang ist in der protoelam. Kunst des 4. Jt. v. Chr. die Keramik der Stufe Susa A mit ihrer mehrfarbigen, wohl ausgewogenen Bemalung (stilisierte Tierdarstellungen, bes. Steinböcke). Die Stempelsiegel, die u. a. die sumer. Kunst beeinflussten, beherrscht das Motiv des ›Herrn der Tiere‹. Gegen Ende des 4. Jt. v. Chr. wurde für die Tempel eine Ziegelterrasse von 80 m Breite und 10 m Höhe errichtet, wobei rd. 1 m lange Ziegel verwendet wurden. Die Tempel verfielen mit dem Niedergang der archaischen Gesellschaft. Die nachfolgende beginnende Stadtkultur um 3000 v. Chr. stand unter dem Einfluss von Uruk (frühelam. Kunst I), jedoch zeigt auf die folgende Epoche bereits iran. Einfluss (frühelam. Kunst II). Auf den Rollsiegeln taucht eine neue Bildwelt auf, v. a. lebendig wiedergegebene Tiere und Tierszenen (die die vordynast. ägypt. Kunst beeinflussten). Mit dem histor. Reich Elam (ab 2800 v. Chr.) beginnt die altelam. Kunst. Sie bedient sich der sumer. und akkad. Kunstgattungen; z. B. Beterstatuetten, Weihplatten, Rollsiegel. Der einheim. schwarze (bitumenhaltige) Kalkstein wurde für reliefierte Opferständer sowie Tiergefäße verwendet, die sowohl nach Mesopotamien wie an den Indus exportiert wurden. Die mittelelam. Kunst ist reicher dokumentiert. UNTASCH-NAPIRISCHA stellte in der Mitte des 13. Jh. v. Chr. die zerstörten Tempel in Susa wieder her; bei Ausgrabungen fand man den Torso einer fein bearbeiteten Bronzestatue der Königin NAPIRASU (um 1250 v. Chr.) und eine reliefierte Kalksteinstele, die den Herrscher allein und mit der Königin und der Priesterin im Tempel zeigt, im unteren Teil Wasser spendende Gottheiten und an der Basis für Elam charakterist. Mufflonmenschen. UNTASCH-NAPIRISCHA ließ auch die hl. Stadt Dur-Untasch errichten, wo der mittelelam. Tempelbau große Eigenständigkeit erreichte. Der kassitisch beeinflusste Palast war mit glasierten Knauffliesen ausgestattet. Auch tönerne bzw. Wächterfiguren waren glasiert. Goldschmiedearbeiten weisen nach Luristan. – Auch aus der Mitte des 12. Jh. stammen meisterhafte Bronzearbeiten, u. a. ein Altaraufsatz, ein langes Bronzegitter und reine Votivplatte mit der Darstellung der Zeremonie der Feier des Sonnenaufgangs in einem hebräischen Tempel. Nach der Zerstörung von 1100 v. Chr. brachte das Neuelam. Reich im 7. Jh. v. Chr. eine letzte Blüte (neuelam. Kunst).

Religion

An der Spitze der Götter stand die ›Himmelsgebieterin‹ Pinnenkir. Ihr Gemahl war Humban (auch Napirischa), der im Verlauf des 2. Jt. als Schutzgott des Königs eine besondere Stellung errang, aber auch Inschuschinak, der Stadtgott von Susa und Herr der Totenwelt. Zu den weiteren Gottheiten gehörten Sonnengott und Mondgott. Züge des vorgeschichtl. ›Herrn der Tiere‹ zeigen Darstellungen des Gottes Napirasu u. a. auf Felsreliefs des späten 2. Jt. v. Chr. in Anschan. Zu den Bergheiligtümern wurden Wallfahrten veranstaltet, wobei auch dem Schlangenkult eine wichtige Rolle zukam. Der Glaube war mit der Vorstellung eines Totengerichts verbunden. Tote wurden unter den Häusern bestattet.

Sprache

Die Sprache der elam. Keilinschriften wird unterschieden in: das **Altelamische** (etwa 2300–1700 v. Chr.), das **klassische Elamische** (etwa 1285–1140), das **Neuelamische** (750–650) und das **Achaimenidisch-Elamische** (533–330 v. Chr.). Wohl ein letzter Ausläufer der elam. Sprache war bis etwa 1000 n. Chr. das nicht durch Texte (jedoch durch Berichte arab. Geographen) belegte Chusische im SW Irans.

elamische **Kultur** (Sprache): Elamische ›Strichschrift‹ (Steininschrift; etwa Ende des 3. Jt. v. Chr.)

Vor der etwa um 2300 v. Chr. aus Mesopotamien übernommenen Keilschrift wurde etwa um 2900 v. Chr. eine lokale, die ›protoelamische Schrift‹ (mit etwa 150 bildähnl. Wortzeichen und Zahlzeichen) geschaffen und aus dieser die ›Strichschrift‹ (mit etwa 80 vorwiegend [Silben-]Zeichen) entwickelt. Um die Entzifferung bemühte sich bes. W. HINZ.

Die elam. Sprache ist höchst eigenartig und noch nicht völlig erschlossen. Sie unterscheidet Personen (nur sie haben einen Plural) und Sachen durch Suffixe; sie kennt keine Flexion, auch keine Präpositionen, sondern nur Postpositionen. Die Verbalkonstruktion ist wesentlich partizipial; die Zeiten werden nur ungenau ausgedrückt, doch lassen sich deutlich Aspekte (vollendete, unvollendete, noch andauernde Handlung) unterscheiden. Suffixe gliedern die Satzteile und drücken deren Beziehung zum Satzganzen aus. Die z. T. angenommene Verwandtschaft mit den kaukas. Sprachen ist nicht erwiesen.

Geschichte, Kunst: W. HINZ: Persia, c. 2400 to 1800 B. C. (Cambridge 1963); DERS.: Persia, c. 1800–1550 B. C. (ebd. 1964); DERS.: Das Reich Elam (1964); R. LABAT: Elam, c. 1600–1200 B. C. (Cambridge 1963); DERS.: Elam and Western Persia, c. 1200–1000 B. C. (ebd. 1964); P. AMIET: Elam (Auvers-sur-Oise 1966); Ancient civilization and trade, hg. v. J. A. SABLOFF u. a. (Albuquerque, N. Mex., 1975).
Sprache: W. HINZ: Zur Entzifferung der elam. Strichschrift, in: Iranica Antiqua, Jg. 2 (1962); R. T. HALLOCK: Persepolis fortification tablets (Chicago, Ill., 1969); E. REINER: The Elamite language, in: Hb. der Orientalistik, A. SPULER. Abt. 1, Bd. 2,1: Altkleinasiat. Sprachen (Leiden 1969); F. W. KÖNIG: Die elam. Königsinschriften (Neuausg. 1977); W. HINZ u. H. KOCH: Elam. Wb., 2 Bde. (1987).

Elan [zu frz. s'élancer ›vorschnellen‹, ›sich (zu etwas) aufschwingen‹] *der, -s,* bildungssprachlich für: Begeisterung, Schwung, Spannkraft.

Élan vital [frz. e'lã vi'tal] *der, - -,* von H. BERGSON (in: ›L'évolution créatrice‹, 1907) unter Zugrundelegung einer biolog. Zeitauffassung entwickelter Begriff zur Bez. der schöpfer. Lebenskraft bzw. der (metaphys.) Urkraft, die die biolog. Prozesse (Alterungs- und Entwicklungsprozesse) steuern und - sich ontogenetisch und phylogenetisch als Formungs- und Differenzierungswille manifestieren soll.

Eläolith [griech. ›Ölstein‹] *der, -s/-e,* ein Mineral, →Nephelin.

Eläo|stearinsäure, Holzölfettsäure, dreifach ungesättigte Fettsäure; kommt in Pflanzenölen, bes. im chin. Holzöl, vor.

Elapidae [griech.], die →Giftnattern.

Elara, ein Mond des Planeten →Jupiter.

$$
\begin{array}{c}
COOH \\
| \\
(CH_2)_7 \\
| \\
CH \\
\| \\
CH \\
| \\
CH \\
\| \\
CH \\
| \\
CH \\
\| \\
CH \\
| \\
(CH_2)_3 \\
| \\
CH_3
\end{array}
$$

Eläostearinsäure

El-Argar-Kultur, Anfangsstufe der Bronzezeit auf der Iber. Halbinsel und auf den Balearen, folgend auf die →Los-Millares-Kultur und die →Almeríakultur. Die El-A.-K. lässt sich nachweisen in befestigten Höhensiedlungen mit steinernen Ringmauern und Häusern, in großen Gräberfeldern (Steinkisten, seltener Schachtgräbern) sowie in Stein- und Metallgeräten (Kupfer, Bronze, Silber), die wohl auf die ausgedehnte Ausbeutung von Kupferminen zurückgehen.

El-Arisch, Hauptort des ägypt. Grenzdistrikts Nord-Sinai, nahe der Mittelmeerküste inmitten von Oasengärten und Dattelpalmenhainen, 67 600 Ew.; bei El-A. mündet das Wadi El-Arisch, das längste Tal der Halbinsel Sinai. – El-A. liegt an der Stelle des alten **Rhinokorura (Rhinokolura),** des Verbannungsorts der Pharaonen; z. Z. der Kreuzzüge hieß es **Laris.** – Im Sechstagekrieg (Juni 1967) von israel. Truppen besetzt, wurde El-A. nach Abschluss des ägyptisch-israel. Friedensvertrags (März 1979) im Mai 1979 an Ägypten zurückgegeben.

E. L. A. S., Abk. für Ethnikos Laikos Apeleftherotikos Stratos, →E. A. M.

Elasmobranchii, Elasmobranchier, Plattenkiemer, Unterklasse der →Knorpelfische.

Elasmosaurus [griech. élasma ›Platte‹ und saúra oder saûros ›Eidechse‹] *der, -/...rier,* fossile Gattung der →Plesiosaurier aus der Oberkreide von Kansas; mit extrem verlängertem Hals (76 Hals- gegenüber 28 Rumpf- und 21 Schwanzwirbeln) und sehr kleinem Kopf, schlankem Körper und relativ kurzem Schwanz; Wasserbewohner mit stark entwickelten Paddelflossen; größte Art: **E. platyurus** mit 13 m Gesamtlänge.

Elasmotherium [griech. élasma ›Platte‹ und thērion ›Tier‹] *das, -s/...rien,* ausgestorbene Gattung nashorngroßer und nashornähnl. Steppentiere aus dem Pleistozän Europas und N-Asiens; mit großem Knochenpolster auf der Stirn, das vermutlich ein mächtiges Horn getragen hat (von den Hörnern liegen keine Funde vor); Vordergebiss völlig reduziert.

El-Asnam, amtl. **El-A. ech-Chéliff,** kurz auch **Ech-Chéliff,** Bezirkshauptstadt und Landwirtschaftszentrum in Algerien, am linken Ufer des Chéliff, 140 m ü. M., 129 900 Ew. – Die nach geometr. Schema angelegte urspr. frz. Gründung **Orléansville** von 1843 wurde 1954 und 1980 durch Erdbeben fast völlig zerstört; seither Neuaufbau.

Elaste *Pl.,* →Kunststoffe.

Elastik *das, -s/-s,* auch *die, -/-en,* **Elastic,** Gewebe oder Gewirke mit Elastomergarnen (Elasthan, Elastodien) für Hosen, Mieder, Bandagen, Badekleidung.

Elastin *das, -s,* elast. Gerüsteiweiß (Skleroprotein), das neben dem nah verwandten →Kollagen in Bindegeweben, Gefäßwandungen und manchen Sehnen enthalten ist und v. a. **elastische Fasern** (daher der Name) bildet. Die elast. Eigenschaften werden sowohl dem hohen Anteil an apolaren Aminosäuren (Alanin, Glycin, Prolin und v. a. Valin, Isoleucin, Leucin) zugeschrieben als auch kovalenten Quervernetzungen an vier Lysinresten zu Desmosin.

elastisch [zu griech. elastós, elatós ›getrieben‹, ›dehnbar‹, ›biegbar‹] **1)** *allg.:* federnd, spannkräftig; dehn- und zusammendrückbar, biegsam; beweglich, geschmeidig, widerstandsfähig.

2) In der *Physik* und *Technik* versteht man unter **elastischen Körpern** oder **Materialien** feste Körper bzw. Stoffe, bei denen unter der Wirkung verformender Kräfte innere Spannungen auftreten, die die hervorgerufene Deformation rückgängig zu machen suchen und dies im Aufheben der Krafteinwirkung im Fall einer **elastischen Deformation** auch erreichen (→Elastizität). Bei einem vollkommen **elastischen Stoß** werden die Verformungen der zusammenstoßenden Körper vollständig rückgängig gemacht; für ihre kinet. Energien vor und nach dem →Stoß gilt der Energieerhaltungssatz. Unter **elastischen Kräften** versteht man Rückstellkräfte, die proportional der Auslenkung aus einer Gleichgewichtslage sind.

elastische Linie, die →Biegelinie.

elastische Schwingungen, in festen Körpern durch äußere Krafteinwirkung auftretende Schwingungen der atomaren Bausteine um ihre Ruhelage, die auf dem Zusammenwirken der an ihnen wirksam gewordenen Trägheitskräfte und elast. Rückstellkräfte beruhen und bei Gitterschwingungen der Atome oder zu makroskop. Dichteschwingungen im Körper führen. Da sich durch die zw. den atomaren Bausteinen bestehenden Bindungskräfte jede lokale Störung auf die Nachbaratome überträgt, breiten sich diese e. S. in Form fortschreitender **elastischer Wellen** im Körper aus. Es können **Longitudinal-** bzw. **Längswellen** (Dichte-, Kompressions-, Verdichtungswellen) sein, bei denen die Teilchen in Ausbreitungsrichtung schwingen, oder **Transversal-** bzw. **Querwellen** (Scherungswellen), bei denen die Teilchen senkrecht zu dieser schwingen. Beide Wellentypen breiten sich mit versch. Geschwindigkeit aus. Das Verhältnis der Längs- zur Querwellengeschwindigkeit hängt nur von der Poisson- oder Querdehnungszahl ν (→Dehnung) ab und beträgt für die meisten Metalle etwa 1,9. Ergibt sich nach Reflexion einer Welle an den Körperbegrenzungen ein gleicher Schwingungszustand der Teilchen (Phasengleichheit der Wellenzüge), so entsteht als **stehende Welle** eine →Eigenschwingung des angeregten Körpers. Bei hinreichend großer Störungsenergie wird der Körper stets zu einer Eigenschwingung angeregt, da alle nicht in Phase geratenen Wellenzüge sich bald durch Interferenz gegenseitig auslöschen. Beispiele von e. S. und Wellen sind außer den Gitterschwingungen und -wellen die Schallschwingungen und -wellen (→Schall), die Erdbebenwellen sowie – als e. S., die ein Körper (z. B. ein Stab) als Ganzes ausführt – die →Biegeschwingungen und →Drehschwingungen. Wird er in Längsrichtung zusammengedrückt, entstehen in ihm Verdichtungsschwingungen, bei denen die Dichte an jeder Stelle periodisch um einen Mittelwert schwankt. Bei diesen e. S. bilden sich in der einfachsten Form stehende Wellen aus.

Elastizität *die, -,* **1)** *allg.:* Spannkraft (eines Menschen), Beweglichkeit, Geschmeidigkeit.

2) *Motorenbau:* **Motor-E.,** bei Verbrennungsmotoren als **Drehmoment-E.** der Quotient aus dem größten Drehmoment und dem vom Motor bei Höchstleistung abgegebenen Drehmoment; als **Drehzahl-E.** der Quotient aus der Drehzahl bei Abgabe der Höchstleistung und der Drehzahl bei Abgabe des größten Drehmoments. Die **Gesamt-E.** eines Motors ist definiert als das Produkt aus Drehmoment- und Drehzahl-E. Sie bestimmt die Auslegung des Schaltgetriebes und die Anzahl der erforderl. Schaltgänge eines Fahrzeugs.

3) *Physik:* Eigenschaft von festen Stoffen und Körpern, eine durch äußere Kräfte oder Temperaturunterschiede verursachte Form- oder Volumenänderung (→Deformation) nach Beseitigen der Einwirkungen wieder rückgängig zu machen **(Form-** oder **Volumen-E.).** Bei den unter Druck ihr Volumen ändernden und eine entsprechende Volumen-E. zeigenden Gasen und Flüssigkeiten spricht man stattdessen von →Kompressibilität. – In festen Stoffen (Körpern) werden durch äußere Kräfte die Abstände und Lagen ihrer Atome und Moleküle verändert, wobei zw. diesen Rückstellkräfte wirksam werden und mit den äußeren Kräften ins Gleichgewicht kommen, die dann bei Entlastung im Fall **vollkommener E.** oder **elastischer Verformung** (speziell bei elast. Dehnung) die atomaren Bausteine in ihre ursprüngl. Gleichgewichtslage zurückbringen, sodass der Körper wieder seine ursprüngl. Gestalt annimmt. Diese reversible Formänderung tritt aber nur ein, wenn die zu den einwirkenden Kräften zugehörigen mechan. Spannungen nicht über einen stoffabhängigen Wert, die →Elastizitätsgrenze, hinausgehen. Oberhalb der E.-Grenze tritt i. A. eine bleibende, irreversible **plastische Verformung** ein (→Plastizität). Einige Stoffe (bes. Hochpolymere) besitzen die Eigenschaft, eine zunächst plast. Verformung nach gewisser Zeit teilweise wieder rückgängig zu machen **(elastische Nachwirkung)**. Ein Maß für die Rückbildung der Verformung ist der **E.-Grad**, der Quotient $\eta_e = A/A_f$ aus der bei Entlastung wieder frei werdenden mechan. Arbeit A und der bei Belastung zugeführten Formänderungsarbeit A_f.

Typ. Stoffe mit normaler E. sind die Metalle. Bei ihnen sind geringe Formänderungen den wirksamen Kräften und Spannungen proportional, d. h., es gilt das auch als **E.-Gesetz** bezeichnete →hookesche Gesetz. Die auftretenden Proportionalitätsfaktoren – bei einer Dehnung der →Elastizitätsmodul E, bei einer Scherung oder Torsion der →Gleitmodul G – sind Stoffgrößen, die bei Metallen, verglichen mit amorphen und hochmolekularen Stoffen, große Werte besitzen, da zw. den Kristallgitterbausteinen starke gerichtete Bindungskräfte herrschen; sie können außerdem von der Vorbehandlung des Materials und der Beimengung von Fremdstoffen abhängen. Einige Werkstoffe, z. B. Ni-Ti-Legierungen, weisen eine als **Super-E.** bekannte Erscheinung auf. Darunter versteht man eine ausgeprägte reversible Verformung infolge einer martensit. Phasenumwandlung. Häufig geht die Verformung zunächst nur teilweise zurück, und der Körper nimmt erst nach Überschreiten einer charakterist. Temperatur seine Ausgangsgestalt wieder an (Form-Gedächtnis-Effekt).

Hochpolymere Kunststoffe und Naturstoffe (z. B. Gummi) verhalten sich so, als ob sie aus einem elast. und einem plast. Anteil zusammengesetzt wären. Der elast. Anteil verhält sich dabei im Wesentlichen temperaturunabhängig. Der plast. Anteil ist im kalten Zustand hart, wird mit steigender Temperatur weicher, und oberhalb einer bestimmten Erweichungstemperatur verhält er sich wie eine Flüssigkeit.

4) *Volkswirtschaftslehre:* von A. MARSHALL eingeführter Begriff (Symbole: ε oder η), der das Verhältnis der prozentualen Veränderung der abhängigen Variablen (z. B. Menge x) zu der prozentualen Veränderung der unabhängigen Variablen (z. B. Preis p) bezeichnet. Diese Ausdrucksweise ›in Elastizitäten‹ entspricht der in der Wirtschaftspraxis verbreiteten Vorstellung, es gebe eine ›bewirkte‹ prozentuale Änderung einer Größe (im Zähler der E.-Kennziffer), die einer ›ursächl.‹ prozentualen Änderung einer anderen Größe (im Nenner der E.-Kennziffer) entspreche. So drückt die E. für die Praxis den Änderungszusammenhang zw. zwei Größen aus: relative Änderung der abhängigen Größe (in Prozent) je ein Prozent relativer Änderung der unabhängigen Größe. Die E. misst dabei die Stärke (Intensität) des Zusammenhangs zw. Ursache und Wirkung. Speziell beim Mengen-Preis-Zusammenhang $x = f(p)$ ergibt sich bei Betrachtung infinitesimal kleiner Änderungen als E. in einem bestimmten Punkt des zugehörigen Graphen die **Punkt-E.**

$$\varepsilon = \left(\frac{\mathrm{d}x}{x} \cdot 100\right) \Big/ \left(\frac{\mathrm{d}p}{p} \cdot 100\right).$$

Ist $\varepsilon < 1$ ($\varepsilon > 1$), die Änderungsrate der abhängigen Variablen also kleiner (größer) als die der unabhängigen Variablen, so nennt man die abhängige Variable in diesem Punkt unelastisch (elastisch) bezüglich der unabhängigen Variablen; Beispiel: Eine prozentuale Preisänderung bewirkt im unelast. (elast.) Fall eine prozentual kleinere (größere) Mengenänderung. Im Extremfall kann eine Funktion an einer Stelle vollkommen unelastisch sein, d. h., die abhängige Variable ändert sich nicht ($\varepsilon = 0$; Beispiel: gleich große bzw. ›starre‹ Nachfrage bei einer Preisänderung); oder sie ist vollkommen elastisch ($\varepsilon = \infty$; Beispiel: bei gegebenem Preis wird jede beliebige Menge nachgefragt). Ist $\varepsilon = 1$, stimmen die prozentualen Veränderungen überein.

Die **Preis-E.** (direkte Preis-E.) der Nachfrage bzw. des Angebots gibt an, um wieviel Prozent sich die Nachfragemenge ändert, wenn sich der Nachfrage- bzw. Angebotspreis um 1 % ändert **(Nachfrage-E.** bzw. **Angebots-E.).** Die **Kreuz-Preis-E.**

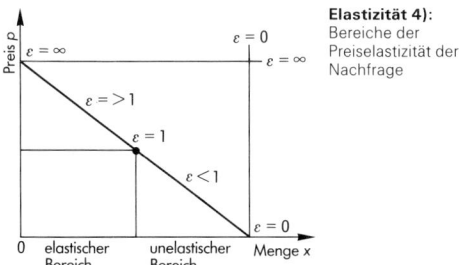

Elastizität 4):
Bereiche der Preiselastizität der Nachfrage

(indirekte Preis-E.) ist das Verhältnis der prozentualen Änderung der Nachfrage nach (bzw. des Angebots von) einem Gut i in Abhängigkeit von der prozentualen Preisänderung eines Gutes j (→Komplementarität, →Substitutionalität). Die **Einkommens-E.** der Nachfrage gibt an, um wieviel Prozent sich die mengenmäßige Nachfrage ändert, wenn sich das Einkommen um 1 % ändert; dadurch lässt sich feststellen, ob ein →Gut superior oder inferior ist. Die **Substitutions-E.** ist der Quotient aus prozentualer Änderung der Einsatzrelation zweier Produktionsfaktoren zur prozentualen Änderung des Preisverhältnisses dieser Faktoren, die **Produktions-E.** der Quotient aus prozentualer Änderung des Outputs zur prozentualen Änderung der Einsatzmenge eines Produktionsfaktors (→Produktionsfunktionen).

Elastizitätsgrenze, *Werkstoffkunde:* diejenige mechan. Spannung, bis zu der ein Werkstoff beansprucht werden kann, ohne ihm nach Entlastung bleibende, messbare Formänderungen zuzufügen. Bei stärkeren Beanspruchungen tritt neben der reinen elast. Verformung auch plast. Fließen auf. – Die E. liegt auf der Spannungs-Dehnungs-Linie (→Spannungs-Dehnungs-Diagramm) bei den meisten Werkstoffen in unmittelbarer Nähe ihrer **Proportionalitätsgrenze**, bis zu der eine einwirkende Normal- oder Tangentialspannung der auftretenden Dehnung bzw. dem Scherungswinkel proportional ist und das →hookesche Gesetz gilt.

Elastizitätshochdruck, Steigerung des Blutdrucks infolge fortschreitender Wandstarre der großen Arterien bei zunehmendem Alter, v. a. bei Arteriosklerose.

Elastizitätskonstanten, die im Bereich des hookeschen Gesetzes konstanten Proportionalitätsfaktoren zw. den bei Beanspruchung eines festen Körpers auftretenden Verzerrungen und den wirksamen elast. Spannungen. Die wichtigsten E. sind: Dehnungskoeffizient, →Elastizitätsmodul, →Gleitmodul, Poisson-Zahl (→Dehnung) und →Kompressionsmodul.

Elastizitätslehre, →Elastomechanik.

Elastizitätsmodul, Dehnungsmodul, Formelzeichen E, wichtiger Stoffwert fester Körper; allg. bei veränderl. Belastung der Quotient aus der eintretenden Änderung $\mathrm{d}\sigma$ der elast. Spannung und der zugehörigen Änderung $\mathrm{d}\varepsilon$ der Dehnung: $E = \mathrm{d}\sigma/\mathrm{d}\varepsilon$ (Dimension Kraft pro Fläche). Da viele Werkstoffe bis zur

Proportionalitätsgrenze (→Elastizitätsgrenze) einen linearen Zusammenhang zw. Spannung σ und Dehnung ε zeigen (hookesches Gesetz), ist in diesem Bereich der E. durch $E = \sigma / \varepsilon$ gegeben.

Elastizitätsmodul einiger Stoffe (in kN/cm²)

Blei	1 600	Glimmer	3 800
Zinn	400	Glas	6 000
Aluminium	7 000	Marmor	7 360
Grauguss	900	Kork	5
Kupfer	12 000	Wachs	70
Stahl	21 500	Polystyrol	360
Holz (Eiche)	1 250	Lehm	450
Elfenbein	1 650	Gummi	930
Sandstein	2 000	Eis (−4 °C)	990

Elastizitätstheorie, 1) *Physik:* →Elastomechanik.
2) *Wirtschaftswissenschaft:* Teilgebiet der monetären Außenwirtschaftstheorie; untersucht die Auswirkungen einer →Abwertung der Inlandswährung auf die Leistungsbilanz. Durch die Abwertung verteuern sich für Inländer ausländ. Produkte, sodass die Importmenge sinken wird. Gleichzeitig steigt die Exportmenge, da inländ. Produkte für Ausländer billiger geworden sind. Wie sich der Leistungsbilanzsaldo als Differenz der wertmäßigen Exporte und Importe entwickeln wird, ist nicht eindeutig, da bei den Importen sinkenden Mengen ein steigender Preis (in Inlandswährung) gegenübersteht, sodass die Entwicklung des Importwertes unbestimmt ist. Diese hängt von der Importpreiselastizität ab, d. h. von der Stärke der Reaktion der Importmenge auf die Änderung des Importpreises. Als ›Normalfall‹ wird angesehen, dass der Importwert sinkt oder weniger stark steigt als der Exportwert, sodass sich die Leistungsbilanz durch die Abwertung aktiviert. Nach der **Marshall-Lerner-Bedingung** führt eine Abwertung nur dann zu einer positiven Änderung der im Ausgangspunkt ausgeglichenen Leistungsbilanz, wenn sie vollkommen elast. Angebot die Summe von Preiselastizität der Nachfrage des Inlands nach Importen und der Nachfrage des Auslandes nach Exporten größer als eins ist. Bei der **Robinson-Bedingung** wird die Annahme eines vollkommen elast. Angebots aufgegeben und nachgewiesen, dass auch bei kleinen Werten der Preiselastizitäten des Angebots eine normale Reaktion der Leistungsbilanz bei einer Abwertung möglich ist.

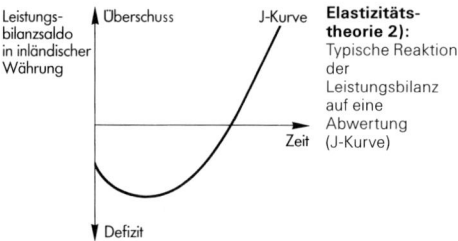

Leistungs-
bilanzsaldo
in inländischer
Währung

Überschuss

J-Kurve

Zeit

Defizit

Elastizitätstheorie 2): Typische Reaktion der Leistungsbilanz auf eine Abwertung (J-Kurve)

Bei Einbeziehung einer zeitl. Abfolge ist zu berücksichtigen, dass nach einer Abwertung die Mengenreaktion zunächst gering sein wird (Exporte und Importe sind mengenmäßig festgelegt) und sich der Importwert erhöht (Verteuerung der in ausländ. Währung abgeschlossenen Importgeschäfte), sodass es zu einer vorübergehenden Verschlechterung der Leistungsbilanz kommt. Im weiteren Zeitablauf, wenn die Mengenreaktionen (Verringerung der Import-, Erhöhung der Exportmenge) einsetzen, wird es dann zu der tendenziellen Verbesserung der Leistungsbilanz kommen. Dieser zeitl. Verlauf wird als **J-Kurven-Effekt** der Abwertung bezeichnet. (→Absorptionstheorie)

H.-J. JARCHOW u. P. RÜHMANN: Monetäre Außenwirtschaft, Bd. 1 (⁴1994).

Elastomechanik, Teilgebiet der Mechanik deformierbarer Medien, das sich mit der experimentellen und theoret. Untersuchung der bei Einwirkung äußerer Kräfte auf elast. feste Körper auftretenden Formänderungen (bes. Biegung, Dehnung, Scherung) und Spannungen sowie mit deren Zusammenhängen und Gesetzmäßigkeiten (→Deformation, →Elastizität) befasst. Die in der **Elastizitätstheorie** entwickelten Methoden ermöglichen die Berechnung von Deformationen und elast. Spannungen bei Beanspruchungen, die noch keine plast. Verformungen (→Plastizität) hervorrufen und daher u. a. eine Anwendung des →hookeschen Gesetzes erlauben. Dabei beschränkt sich die **Elastostatik** auf stat. äußere Kräfte (Belastungen), während im allgemeinen Fall auch Trägheitskräfte berücksichtigt und zeitabhängige Probleme behandelt werden, bei denen es z. B. zu →elastischen Schwingungen kommt. – Die E. ist Teil einer allgemeineren **Elastizitätslehre,** die eng mit der Festigkeitslehre verknüpft ist und in der auch die Einwirkung z. B. von Kräften elektromagnet. Natur (etwa um elektromagnet. Wellen herrührend) und Fragen der Spannungsoptik, der Kristalloptik u. a. behandelt werden.

H. G. HAHN: Elastizitätstheorie (1985); H. ESCHENAUER u. W. SCHNELL: Elastizitätstheorie (Neuausg. 1994).

Elastomere [zu griech. méros ›Teil‹], *Sg.* **Elastomer** *das, -s,* →Kunststoffe.

Elastomerfasern, hochelast. Fasern mit relativen Reißlängen von mehr als 200 % (meist 400–750 %), die sich nach Aufheben der Verformungskräfte augenblicklich auf ihre Ausgangslänge zurückziehen. E. aus vulkanisiertem Natur- oder Synthesekautschuk (Elastodien, Gummifäden) haben wegen ihrer geringen Beständigkeit gegenüber Alterung sowie gegenüber Fetten und Lösungsmitteln nur noch geringe Bedeutung (z. B. für Gummibänder und Hosenträger). Für Miederwaren, Badeanzüge, Stretchartikel u. a. werden heute v. a. Polyurethan-E. (→Polyurethanfasern) verwendet, deren versch. Marken in Dtl. unter der Bez. **Elasthan** zusammengefasst werden.

Elasto|optik, die →Spannungsoptik.

Elat, 1) griech. **Aila,** lat. **Aelana,** im Altertum bedeutende Hafen- und Handelsstadt am Golf von Akaba, in der Nähe des heutigen Akaba (Jordanien). – In der israelit. Königszeit (11.–8. Jh. v. Chr.) war E. (in der Vulgata: **Aelath**) ein wichtiger Stützpunkt an der Südgrenze des Landes (2. Kön. 14, 22), ging aber unter AHAS (734–728) an die Edomiter verloren (2. Kön. 16, 6). Dieses E. ist nicht mit dem salomon. Eziongeber (in der Vulgata: Aisongeber) identisch. Im 1. Jh. n. Chr. war E. südl. Grenzposten der röm. Prov. Palästina. Im 7. Jh. Zufluchtstätte für Juden aus Arabien, 1116 von den Kreuzfahrern eingenommen, verfiel E. nach der Eroberung durch SALADIN (1167).
2) Elath, Eilath, Hafenstadt im äußersten S von Israel, am Ende des Golfs von Akaba, an dessen Küste Israel einen Anteil von 10 km hat, 29 900 Ew.; Museum für moderne Kunst, Marinemuseum; Fischkonservenfabrik, Malachitschleifereien. Wichtigster Erwerbszweig ist heute der Fremdenverkehr, basierend auf dem warmen Winterklima, der Wüstenlandschaft und der Fauna der Korallenriffe (Korallenstrand-Naturreservat mit Unterwasser-Observatorium, 6 m u. M. und Aquarium); Freihandelszone. 25 km nördlich von E. liegen die Kupfervorkommen von Timna. Heute ist E. Haupterdölhafen des Landes (Pipeline zur Raffinerie in Haifa). – Nach der Besetzung der Küste bei E. durch israel. Truppen am 10. 3. 1949 (letzte militär. Aktion nach Ende des 1. israelisch-arab. Krieges 1948–49) wurde die Stadt E. gegründet und als Israels Hafen zum Roten Meer ausgebaut (ab 1951). Im Sinaifeldzug erkämpfte sich Israel im

November 1956 das Recht zur Durchfahrt durch die Meerenge von Tiran, den Ausgang des Golfs von Akaba zum Roten Meer. Die Blockierung der Meerenge durch Ägypten war der Anlass des Sechstagekrieges im Juni 1967 (→Nahostkonflikt). Während der Schließung des Suezkanals (1967–75) kam es zum Aufschwung der Stadt.

Elateia [griech.], lat. **Elatea**, antike Stadt in der mittelgriech. Landschaft Phokis, in strategisch wichtiger Lage, von PHILIPP II. von Makedonien 339 v. Chr. vor der Schlacht bei Chaironeia besetzt. Reste der Stadt und der Akropolis bei dem heutigen Dorf Elateia.

Elateren [griech. elatēr ›Treiber‹], Sg. **Elatere** die, -, Botanik: 1) sterile, mit schraubenbandförmigen Verdickungsleisten versehene Zellen in den Sporenkapseln der Lebermoose; ihre durch einen Kohäsionsmechanismus verursachten Bewegungen unterstützen das Ausstreuen der Sporen; entsprechende röhrige Faserzellen kommen auch in den Fruchtkörpern mancher Schleimpilze vor. 2) **Hapteren**, die aus der Wandung der Sporen der Schachtelhalme entstehenden, hygroskop. Bewegungen ausführenden Bänder; dienen ebenfalls der Sporenausstreuung.

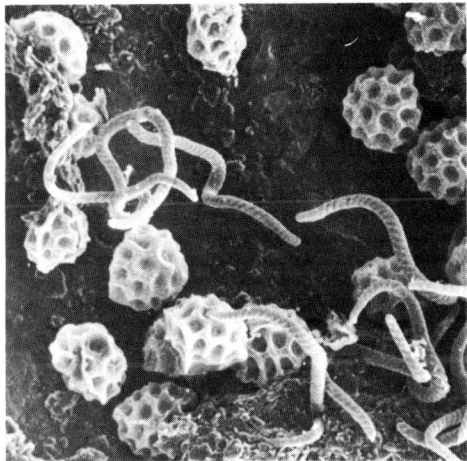

Elateren: Elektronenmikroskopische Aufnahme von sterilen Elateren und Sporen in der Sporenkapsel des Lebermooses (Gattung Plagiochasma)

Elateridae [griech.], die →Schnellkäfer.

Elativ [zu lat. elatus ›erhaben‹, ›hoch‹] der, -s/-e, 1) Steigerungsform der Adjektive, absoluter Superlativ (ohne Vergleich), z. B. ›äußerst groß‹.

2) in den finnougr. Sprachen ein Kasus zur Bez. einer Bewegung von einem Ort weg, z. B. ungar. házból ›aus dem Haus‹.

Elâzığ [ɛla:ˈzi:], Provinzhauptstadt in O-Anatolien, Türkei, 211800 Ew.; Univ. (gegr. 1975); Textil-, Zement-, Düngemittel- und Metallindustrie.

Elba, Insel im Tyrrhenischen Meer, im toskan. Inselarchipel zw. Korsika und dem Festland, Italien, Prov. Livorno, 223,5 km², 30000 Ew.; E. ist gebirgig (im Monte Capanne 1019 m ü. M.) und hat eine stark gegliederte, buchtenreiche Küste, vom Festland wird es durch den Kanal von Piombino getrennt. Die Insel umfasst acht Gemeinden, wichtigste Stadt ist Portoferraio. Das paläozoische Gebirge, im W mit Granitintrusionen, enthält Eisenerze (Abbau 1982 eingestellt); wichtigster Wirtschaftszweig ist der Fremdenverkehr (neben Portoferraio v. a. in den Küstenorten Porto Azzurro, Cavo, Marina di Campo, Marciana Marina); Anbau von Obst, Wein, Oliven bes. im Ostteil der Insel, im W Kastanienwälder und Macchie.

Geschichte: E., griech. **Aithalia**, lat. **Ilva,** wurde im Altertum vermutlich von Ligurern bewohnt. Bereits um 1000 v. Chr. wurden die Eisenerzvorkommen ausgebeutet; die Etrusker schürften hier seit Beginn des 6. Jh. v. Chr. Im 5. Jh. v. Chr. wurde E. von Syrakus in Besitz genommen, später röm. Kolonie. Im 7. Jh. n. Chr. fiel E. unter die Herrschaft der Langobarden, seit dem 11. Jh. unterstand es Pisa, das den Besitz der Insel mehrfach gegen Genua verteidigen musste. Seit 1399 gehörte E. der Familie Appiano von Piombino; im 16. und 17. Jh. war es zw. Frankreich, Spanien und den Medici umstritten; von diesen fiel es 1737 im Erbgang an das Haus Lothringen. Nach der ersten Abdankung NAPOLEONS I. wurde E. diesem mit vollen Souveränitätsrechten zugesprochen; er hielt sich vom 3. 5. 1814 bis zum 26. 2. 1815 dort auf. Durch den Wiener Kongress kam E. 1815 an die Toskana, 1860 mit dieser an das Königreich Italien.

El Bajío [-baˈxio], Bergland mit fruchtbaren Tälern und Thermalquellen auf dem mexikan. Zentralplateau, zw. Östlicher und Westlicher Sierra Madre, 1500–2000 m ü. M., umfasst Teile der Bundesstaaten Querétaro und Guanajuato. El B. gilt als die ›Kornkammer‹ Mexikos; wichtige Städte sind Salamanca und Celaya.

Elbasan, Hauptstadt des gleichnamigen Bez. in Mittelalbanien, am Austritt des Shkumbin aus dem Gebirge in das Küstentiefland, 83300 Ew.; metallurg. Werk, Baustoff- und Nahrungsmittelindustrie. – Orientalisch geprägte Altstadt innerhalb quadratisch angelegter Stadtmauer. – E. wurde an der Stelle der antiken **Scampis** 1466 von Sultan MEHMED II. als Basis für die Feldzüge gegen SKANDERBEG gegründet.

Elbe die, tschech. **Labe,** einer der Hauptströme Mitteleuropas und nach dem Rhein der längste und verkehrsreichste Fluss Dtl.s, 1165 km lang, fließt durch die Tschech. Rep., Sa., Sa.-Anh., Ndsachs. und Hamburg, bildet streckenweise die Grenze zw. Sa.-Anh. und Bbg. sowie zw. Ndsachs. und Bbg. und Meckl.-Vorp. (die ehem. innerdt. Grenze), unterhalb davon zw. Ndsachs. und Schlesw.-Holst. und auf einem kurzen Abschnitt zw. Ndsachs. und Hamburg; Einzugsgebiet 144000 km², Wasserabfluss im Jahresdurchschnitt 710 m³/s (bei Geesthacht).

Die E. entspringt mit zahlr. Quellbächen im Riesengebirge nahe der polnisch-tschech. Grenze in rd. 1500 m ü. M.; bei Spindlermühle vereinigen sich die Bäche zur E. Der Fluss folgt in engem Tal der S-Abdachung des Riesengebirges und fließt in weitem Bogen durch das Böhm. Becken, wo er als erste große Nebenflüsse Moldau und Eger aufnimmt, die den S und W Böhmens zur E. entwässern. In landschaftlich reizvollem Engtal durchbricht die E. ab Lobositz das Böhm. Mittelgebirge und von Tetschen bis Pirna das Elbsandsteingebirge (Nationalpark ›Sächsische Schweiz‹), wo sie nahe dem Großen Winterberg das dt. (sächs.) Gebiet erreicht; hier fließt sie in nordwestl. Richtung (die sie im Wesentlichen bis zur Mündung beibehält) durch die tektonisch vorgezeichnete Dresdner Elbtalweitung und tritt bei Riesa in das Norddt. Tiefland ein. Streckenteilen alter Urstromtäler folgend, berührt die E. einige der fruchtbarsten Gebiete Dtl.s (Leipziger Tieflandsbucht, Magdeburger Börde), durchquert aber nach N auch zunehmend weite Heidegebiete und sandige Grundmoränenplatten (Altmark, Prignitz, Lüneburger Heide); rechte Nebenflüsse sind Schwarze Elster und Havel (mit der in Berlin in die Havel einmündenden Spree rechnet fast das gesamte Gebiet der neuen Bundesländer an Oder und Neiße zum Einzugsgebiet der E.), linke Nebenflüsse sind Mulde und Saale, die Sa. und Thür. entwässern. In Hamburg, wo der Strom an der Alstermündung rd. 300 m breit ist, beginnt der über 100 km lange Mündungstrichter der E., die von den →Elbmar-

Elbe: Staustufe mit Pumpspeicherwerk und Straßenbrücke bei Geesthacht; die Elbe wird hier um 3,5 m aufgestaut, um ein weiteres Absinken des Niedrigwassers und des Grundwassers zu verhindern

schen gesäumte **Unter-E.,** die sich von 2,5 km Breite unterhalb des Hamburger Hafens bei Blankenese bis Cuxhaven auf 15 km Breite weitet und dort in die Nordsee übergeht. Die Meeresgezeiten machen sich durch Stauwirkung der auflaufenden Flut flussaufwärts bis Geesthacht bemerkbar (Tidenhub in Hamburg rd. 3,2 m), das Meerwasser selbst dringt in der Regel nur bis oberhalb von Glückstadt vor (Brackwasserbereich).

Durch die Anlage von Staustufen ist die E. bis Kolin und über die Moldau bis Prag schiffbar (wegen wechselnder Wasserführung meist nur mit 750-t-Schiffen); Stauseen an der Saale und der oberen Moldau regeln die Hochwasserstände und gleichen begrenzt Niedrigwasser aus. Für Seeschiffe ist die E. bis Hamburg befahrbar; die Fahrrinne (13,5 m tief) muss jedoch vor Versandung und Verschlickung geschützt und ständig ausgebaggert werden. Hamburg ist der größte Elbhafen und zugleich Dtl.s größter Überseehafen; die größten Binnenhäfen liegen in den neuen Bundesländern (Magdeburg; ferner Dresden, Riesa, Torgau, Wittenberge). Der Tschech. Rep. dient die E. als Verbindung zum Hamburger Hafen, wo das Land über ein eigenes Freihafengelände verfügt.

Über den Nord-Ostsee-Kanal und den E.-Lübeck-Kanal hat die E. Verbindung zur Ostsee, über den Mittellandkanal zum Rhein (Ruhrgebiet), über den E.-Havel-Kanal und die Havel hat sie Anschluss an das Berliner Wasserstraßennetz und damit an die Oder (Oder-Havel-Kanal, Oder-Spree-Kanal). Der E.-Seitenkanal verbindet die E. bei Artlenburg mit dem Mittellandkanal bei Wolfsburg. Über die Elbe besteht für kleine Schiffe eine Verbindung zum mecklenburg. Seengebiet.

Die E. wurde seit den 50er-Jahren wegen fehlender Umweltmaßnahmen, die durch gigant. Industriesiedlungen und das starke Anwachsen der Städte an ihrem Lauf und ihren Zuflüssen erforderlich gewesen wären, zu einem der schmutzigsten Flüsse Europas, in ihrem Mündungsabschnitt war sie nahezu biologisch tot. In die Nordsee von ihr eingeschwemmte Chemikalien, Schwermetalle, Unrat und Abwässer sind für das Fisch-, Vogel- und Krabbensterben mitverantwortlich. Während in den alten Bundesländern durch zielgerichtete Maßnahmen die Güteklassen der Flüsse nach 1985 spürbar verbessert werden konnten, hielt wegen fehlender finanzieller Mittel die Flussverschmutzung in der DDR und der heutigen Tschech. Rep. bis 1990 an. Durch internat. Vertrag vom 8. 10. 1990 zw. Dtl., der Tschechoslowakei und der EG wurde

die Internat. Kommission zum Schutz der E. errichtet, die darüber wacht, dass durch länderübergreifende Maßnahmen die Wasserqualität im Einzugsgebiet der E. und die ökolog. Beschaffenheit der Talauen verbessert werden (bis zum Jahr 2000 in drei Etappen). Dank der Verwirklichung der ersten (1991 abgeschlossen) und der zweiten Etappe (1992–95) wurden in Dtl. über 50 (überwiegend in den neuen Bundesländern) und in der Tschech. Rep. mehr als 30 Kläranlagen gebaut. Diese führten zus. mit der Stilllegung von umweltschädigenden Betrieben in Sa. und Sa.-Anh. bis heute zu einer beachtl. Verbesserung der Flussgüte.

Im Ggs. zum Rhein blieben in den Elbauen mit ihren Altgewässern, bes. in den neuen Bundesländern, zahlr. naturnahe Auenlandschaften erhalten, so z. B. in Sa.-Anh., wo im UNESCO-Biosphärenreservat Mittlere E. das größte Auenwaldgebiet Mitteleuropas liegt, und in Bbg. und Meckl.-Vorp., wo sich an der ehem. innerdt. Grenze zw. Schnackenburg und Boizenburg ein nahezu unberührtes Gebiet mit Feuchtgrünländereien und seltenen Wasservögeln befindet.

Geschichte: Erste Erwähnung fand die E. in den Werken der antiken Geographen Strabo und Ptolemäus. Während der von Nero Claudius Drusus geführten Germanenfeldzüge des Augustus erreichten röm. Truppen 9 v. Chr. erstmals die E. (lat. **A**lbis). Seit etwa 600 n. Chr. bildete der Fluss vom heutigen Lauenburg bis zur Saalemündung die Grenze des german. Siedlungsgebiets. In karoling. Zeit war die E. Ostgrenze des Fränk. Reiches, dessen elbüberschreitender Handel mit den (Elb-)Slawen im Diedenhofener Kapitular (805), das Magdeburg als den Grenzort für den Handel bestimmte, geregelt wurde. Seit dem 10. Jh. wuchs den Gebieten an der unteren E. und an der Saale durch die dt. Ostbewegung neue Bedeutung zu. König Heinrich I. (919–936) drang 928/929 als Erster über die E. vor, um Brandenburg und Meißen für sein Reich zu gewinnen. König Otto I., d. Gr. (936–973), sicherte mit den Bistumsgründungen Magdeburg, Merseburg und Meißen (968) die Herrschaft im E.-Saale-Gebiet, wobei das Land jenseits der Flüsse im Slawenaufstand 983 verloren ging. Mit dem Beginn der dt. Ostsiedlung wurde um 1150 die E. erstmals in ihrer gesamten Länge überschritten und das Land östlich des Flusses dem dt. Herrschaftsbereich (Heiliges Röm. Reich) sowie der dt. Kirchenorganisation eingegliedert. Noch jahrhundertelang trennte die E.-Saale-Linie das sozial und kulturell unterschiedl. alten sächs. Stammesgebiete von dem in der Ostsiedlung gewonnenen Land. In dem einsetzenden Prozess der Ausbildung von Territorialstaaten war die E. teilweise Grenzfluss, so zw. den Herzogtümern Holstein und Mecklenburg auf der einen sowie dem Erzstift Bremen und dem Herzogtum Braunschweig-Lüneburg auf der anderen Seite.

Seit dem 10. Jh. sind Schifffahrt und Handelsverkehr auf der E. bezeugt (Magdeburger Zoll 965, böhm. E.-Zölle in Leitmeritz und Aussig 993), doch konnte ein intensiver Handel und die damit verbundene Flussschifffahrt erst der bäuerl. Erschließung weiter Teile des Flussgebiets seit der Mitte des 12. Jh. entstehen. Zum wichtigsten Handelsplatz entwickelte sich Hamburg (1236 älteste Zollrolle) als Umschlagort zw. Fluss- und Seehandel. Als weitere bedeutende Handelsplätze folgten Magdeburg und Pirna an der mittleren Elbe. Im 14. Jh. wurde der Handelsverkehr über Leitmeritz hinaus bis nach Königgrätz ausgedehnt. Flussaufwärts wurden v. a. Fisch und Salz, flussabwärts böhm. Getreide sowie Sandstein und Bauholz transportiert. Den regen Warenverkehr behinderten jedoch eine Vielzahl von innerdt. Zollstellen, die sich Ende des 16. Jh. auf 47 beliefen. Die 1819 zusammengetretene Dresdner Elbschifffahrtskonferenz beschloss eine Verringerung der damals bestehenden 35 Zollstellen auf 14; 1863 bestand nur noch eine Zollstelle in Wittenberge, nach der Gründung des Dt. Reiches 1871 entfielen dann alle innerdt. Zollschranken.

Recht: Bereits die Wiener Kongressakte von 1815 erkannte die E. als internat. Fluss an. Die Elbschifffahrtsakte von 1821 bestimmte, dass die Schifffahrt auf der E. bis zur hohen See frei sein solle und Zölle abzubauen seien. Durch den Versailler Vertrag (1919/20) wurde die E. vom Zufluss der Moldau an einer internat. Kommission unterstellt, für die am 22. 2. 1922 eine Elbschifffahrtsakte erging, welche u. a. Fragen der Benutzung und der Streitschlichtung regelte. Die Note der Reg. des Dt. Reiches vom 14. 11. 1936 erklärte die Tätigkeit der Kommission einseitig für beendet. Derzeit fehlen vertragl. Regelungen. Seit dem Ende des Zweiten Weltkrieges bis zur dt. Einheit 1990 war die Markierung der innerdt. Grenze durch den Verlauf der E. im Abschnitt Schnackenburg–Lauenburg strittig. Nach überwiegender Ansicht der Völkerrechtswissenschaft legte das alliierte Londoner Protokoll (Karte A) vom 12. 9. 1944 die Demarkationslinie zur sowjet. Besatzungszone, aus der die DDR hervorging, nordöstlich des Flusses fest. Demzufolge ge-

hörte die E. in diesem Bereich in gesamter Breite zum Staatsgebiet der BRD. Die DDR beanspruchte demgegenüber die Flussmitte als Grenzlinie. Als Folge des Grundlagenvertrages von 1972 arbeitete seit dem 31. 1. 1973 eine innerdt. Grenzkommission, die den Grenzverlauf einvernehmlich feststellen sollte.

Die E. Von der Quelle bis zur Mündung, hg. v. W. KOPELKE u. W. SCHWARZ (1984); Die E. Ein Lebenslauf, hg. v. G. ASMUS u. a., Ausst.-Kat. Dt. Histor. Museum Berlin u. a. (1992); W. DAMKOWSKI u. a.: Rettung eines Flusses. Zur Politik der E.-Sanierung (1994).

Elbe-Elster, Landkreis im SW von Bbg., 1 890 km², 137 900 Ew.; Verw.-Sitz ist Herzberg/Elster. Der Landkreis erstreckt sich zw. der Elbe und Annaburger Heide im W und dem Lausitzer Grenzwall im O sowie zw. den Niederungen der Schwarzen und Kleinen Elster im S und der Niederlausitzer Randhügellandschaft im N und ist durch eine flachkuppige Landschaft geprägt. Kiefern-Mischwälder bilden die Grundlage der Holzindustrie (Elsterwerda, Finsterwalde, Herzberg/Elster, Schlieben); Baustoffunternehmen nutzen die Sand- und Kiesvorkommen (Kalksteinwerk in Falkenberg/Elster). Daneben existieren in Finsterwalde, Doberlug-Kirchhain und Schönborn Betriebe des Mess-

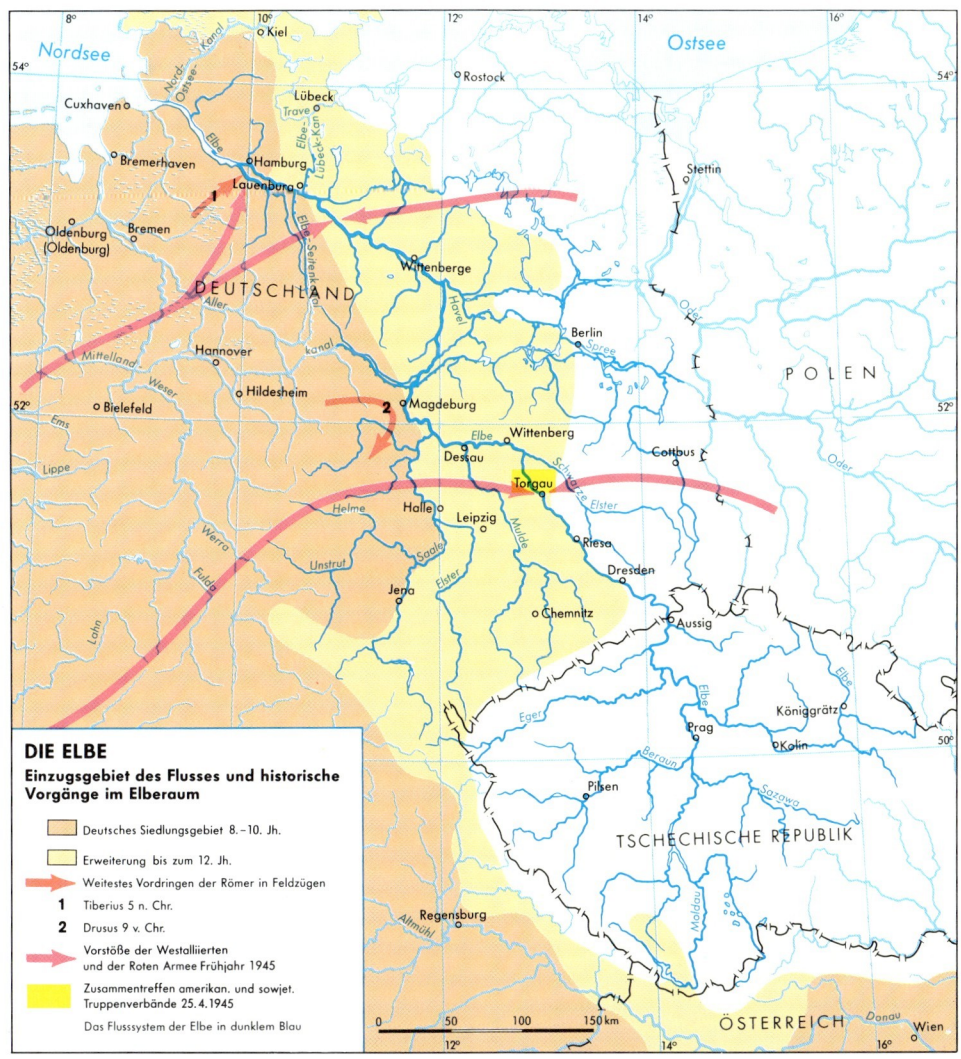

DIE ELBE

Einzugsgebiet des Flusses und historische Vorgänge im Elberaum

Deutsches Siedlungsgebiet 8.–10. Jh.

Erweiterung bis zum 12. Jh.

Weitestes Vordringen der Römer in Feldzügen

1 Tiberius 5 n. Chr.

2 Drusus 9 v. Chr.

Vorstöße der Westalliierten und der Roten Armee Frühjahr 1945

Zusammentreffen amerikan. und sowjet. Truppenverbände 25.4.1945

Das Flusssystem der Elbe in dunklem Blau

gerätebaus sowie der traditionellen Textil-, Leder- und Glasindustrie. In den übrigen Kleinstädten (Schönewalde, Sonnewalde, Uebigau, Wahrenbrück) herrschen landwirtschaftl. Betriebe vor. Die Landwirtschaft ist auf den Anbau von Kartoffeln und Roggen, auf besseren Böden auch von Zuckerrüben ausgerichtet, gepaart mit Rinder- und Schweinezucht. Der Braunkohlenbergbau im östl. Kreisgebiet wurde eingestellt. Bad Liebenwerda ist Eisenmoorbad. Mühlberg/Elbe besitzt einen Elbhafen (Umschlag von Baustoffen). – Der Landkreis E.-E. wurde am 6. 12. 1993 aus den Landkreisen Finsterwalde, Herzberg (ohne die Gem. Schöna-Kolpien) und Bad Liebenwerda gebildet.

Elbe-Havel-Kanal, Binnenschifffahrtsweg in Bbg. und Sa.-Anh., 56,4 km lang, mit drei Schleusen; verbindet den Plauer See (Havelsee westlich von Brandenburg an der Havel) mit der Elbe bei Niegripp (unterhalb von Magdeburg) und ermöglicht so Schiffen bis 1 000 t die Fahrt zw. Mittellandkanal und Berlin.

Elbogen: Blick auf die über der Stadt gelegene Burg; 13. Jh., später mehrfach umgebaut

El-Beïda, Al-Bayda [arab. ›die Weiße‹], Stadt in der Küstenregion der Cyrenaika, auf der Hochfläche des Djebel Achdar, Libyen, 67 100 Ew.; islam. Univ. (gegr. 1961), Staatsbibliothek. – El-B. wurde als künftige Hauptstadt Ende der 1950er-Jahre neu erbaut und war 1963–69 eine der Hauptstädte des Landes.

Elbe-Lübeck-Kanal, bis 1936 **Elbe-Trave-Kanal,** 62 km langer Kanal (Bundeswasserstraße) im östl. Schlesw.-Holst., 1896–1900 mit sieben Schleusen erbaut; er verbindet die Elbe (bei Lauenburg) mit der Trave (bei Lübeck) und folgt der Trasse des mittelalterl. Stecknitzkanals. Der E.-L.-K. ist für Schiffe bis 1 000 t befahrbar, der Frachtverkehr ging nach 1945 stark zurück; zunehmende Bedeutung hat der Kanal jedoch für die Sportschifffahrt zw. den Niederlanden und Skandinavien.

Elben, die →Elfen.

Elberfeld, Stadtteil von →Wuppertal.

Elbert, Mount E. [maʊnt ˈelbət], höchster Berg der Rocky Mountains, in Colorado, USA, 4 402 m ü. M.; liegt in der Sawatch Range.

Elbeseitenkanal, Binnenschifffahrtsweg (Bundeswasserstraße) in Dtl., 112,5 km lang. Der E. verbindet die Elbe (bei Artlenburg) mit dem Mittellandkanal (bei Wolfsburg) und somit den Hamburger Hafen mit den Industriegebieten im südöstl. Ndsachs. (Wolfsburg, Braunschweig, Salzgitter) und im W von Dtl.; im Verkehr mit den neuen Bundesländern und der Tschech. Rep. ermöglicht er eine Umgehung der sommerl. Niedrigwasser aufweisenden unteren Mittelelbe. Bei Scharnebeck wird der Höhenunterschied von

61 m gegen die Elbe mit einem Schiffshebewerk überwunden. Der über Uelzen durch die Lüneburger Heide führende E. wurde nach 8 Jahren Bauzeit 1976 in Betrieb genommen.

Elbgermanen, Bez. für durch archäolog. Funde belegte Volksgruppen des 1.–5. Jh. im Einzugsgebiet der Elbe. Die von der Niederelbe bis Böhmen, Mähren und auf dem Territorium der Slowakei feststellbaren Untergruppen sind mit Langobarden, Semnonen, Hermunduren, Markomannen und Quaden zu identifizieren. Die E. unterscheiden sich durch eigenständige Schmuck-, Waffen- und Keramikformen sowie besondere Grabsitten von den Rhein-Weser-, Oder-Warthe- und Weichsel-Germanen. Die Abwanderung versch. Bev.-Gruppen führte seit dem 3. Jh. in Südwest-Dtl. zur Bildung des neuen Stammes der →Alemannen. Auch die Ethnogenese der →Baiern südlich der Donau basierte in starkem Maße auf dem Zuzug von E. Auf elbgerman. Grundlage entstanden in Mittel-Dtl. die →Thüringer.

Elbherzogtümer, bes. 1848–66 gebrauchte Bez. für die Herzogtümer Schleswig und Holstein, auf die sich Mitte des 19. Jh. dt. und dän. nationalist. Bestrebungen richteten.

Elbing, poln. **Elbląg** [ˈɛlblɔŋk], **1)** Hauptstadt der Wwschaft Elbląg (Elbing), Polen, am Elbing, im S der Danziger Bucht zw. Drausensee und Frischem Haff, südwestlich der Elbinger Höhe, 127 300 Ew.; kath. Bischofssitz; Zweigstelle der TH Danzig, Kunstgalerie, Regionalmuseum und Theater; Maschinen- und Turbinenbau, Bekleidungs-, Holz-, Lebensmittelindustrie; Binnenhafen am →Oberländischen Kanal.

Stadtbild: Von der vom Dt. Orden gegründeten Burg sowie von dem ehem. Ordensspital sind Reste erhalten. Nach 1945 wurden einzelne histor. Bauten wiederhergestellt: Nikolaikirche (13.–15. Jh.); Markttor (14./15. Jh.); Dominikanerkirche (1246, 1504–07 umgebaut, nach 1945 z. T. wiederhergestellt); St.-Georgs-Kapelle (14.–16. Jh.); Bürgerhäuser.

Geschichte: Archäolog. Funde belegen für das Ende des 9. Jh. die Existenz eines Handelsplatzes der Wikinger (Truso) im Gebiet von E. Der Dt. Orden errichtete 1237 am rechten Ufer des Elbing eine Burg. In ihrem Schutz entstand nördlich davon, durch Lübecker Kaufleute und Siedler angelegt, die Stadt E. Sie erhielt 1246 (1343 bestätigt) lüb. Stadtrecht. Die planmäßig angelegte Altstadt wurde im 14. Jh. durch eine Mauer geschützt, südöstlich von ihr entstand 1337 die Neustadt; sie erhielt 1347 ebenfalls lüb. Stadtrecht und wurde 1478 mit der Altstadt zusammengefasst. Das 1242 von Bürgern und Ordensrittern gemeinsam gegründete Heilig-Geist-Hospital entwickelte sich im

Elbing: Nikolaikirche; 13.–15. Jh.

14. Jh. zum Hauptspital des Dt. Ordens. Das dem Dt. Orden als Ausgangspunkt für die Eroberung von Pommerellen und Danzig dienende E. war bis 1309 Sitz des Landmeisters des Dt. Ordens und blieb bis in die 2. Hälfte des 14. Jh. Haupthafen und wichtigster Handelsplatz im Ordensgebiet. Demgemäß nahm es eine führende Stellung in der Hanse ein und gewann eine den Reichsstädten ähnl. Stellung, verlor aber um 1370 gegenüber Danzig an Bedeutung. Wie andere Städte Preußens schloss sich E. 1440 dem Preuß. Bund an, fiel 1454 vom Dt. Orden ab (Zerstörung der Ordensburg) und kam 1466 endgültig an die poln. Krone. Bereits 1457 hatte der poln. König KASIMIR IV. E. weitgehende Freiheiten und ein größeres Territorium zugestanden. Im 15. und 16. Jh. wusste die Stadt sich sowohl der Ansprüche des Dt. Ordens (1519–21) als auch poln. Übergriffe (1569) zu erwehren. Das reformator. Bekenntnis setzte sich bis 1573 durch. 1772 fiel E. an Preußen. Im 19. Jh. entwickelte sich die Stadt zum größten Industriezentrum Ostpreußens. Im Zweiten Weltkrieg wurde die Stadt zu 60 % (die Innenstadt zu 90 %) zerstört. 1945 kam E. unter poln. Verwaltung; seine Zugehörigkeit zu Polen wurde durch den Dt.-Poln. Grenzvertrag vom 14. 11. 1990 anerkannt (in Kraft seit 16. 1. 1992).

E. CARSTENS: Elbinger Gesch. (1982).

2) Wwschaft in N-Polen, 6 103 km², 486 100 Einwohner.

Elbinger Höhe, poln. **Wzniesienie Elbląskie** [vznjeˈcɛnjɛ ɛlbˈlõskjɛ], Endmoränenlandschaft mit randlich tief eingeschnittenen Erosionstälern, nordöstlich von Elbing, Polen, an der SO-Küste des Frischen Haffs, im Butterberg (poln. Góra Maślana) 198 m ü. M.; Buchen- und Eichenwälder; im Erholungsort **Cadinen** (poln. **Kadyny**) Gestüt, Reiterhof und 1 000-jährige Eiche.

Elbingerode (Harz), Stadt im Landkreis Wernigerode, Sa.-Anh., 450–500 m ü. M., im nordwestl. Unterharz, 4 200 Ew.; Erholungsort; Kalkindustrie. – Das 1206 erstmals bezeugte Dorf Elbingerode kam nach mehrfachem Besitzerwechsel 1866 an Preußen. Der Abbau der oberdevon. Roteisenerze wurde 1970, der Schwefelkiesbergbau 1991 eingestellt.

Elbistan, Stadt in der Prov. Kahramanmaraş, Türkei, im östl. Anatolien, 55 100 Ew.; Thermalbad (E.-Cela) und wirtschaftl. Zentrum des Beckens von E. mit bedeutenden Braunkohlevorkommen; Braunkohlenkraftwerk (340 MW).

Elbląg [ˈɛlblɔŋk], Stadt und Wwschaft in Polen, →Elbing.

Elbling, alte Rebsorte mit grünl. (**weißer E.,**) bei einer Varietät (**roter E.**) rötl. Beeren; ertragsstark (mindestens 100 hl/ha), die sehr spät reifenden Trauben enthalten nur wenig Zucker (50–60° Oechsle) und viel Säure (um 15 ‰); E.-Weine dienen v. a. als Sektgrundwein. E. ist fast nur an der Mosel vertreten; im dt. Anbaugebiet Mosel-Saar-Ruwer ist er die drittwichtigste Rebsorte (Anteil knapp 10 %).

Elbmarschen, Flussmarschlandschaft an der Unterelbe; am rechten Ufer gehören zu ihnen auf Hamburger Staatsgebiet die Vier- und Marschlande, in Schlesw.-Holst. die Haseldorfer Marsch, Kremper Marsch und Wilstermarsch, am linken Ufer in Ndsachs. das Alte Land (z. T. auf Hamburger Gebiet), Land Kehdingen und Land Hadeln; v. a. in der Nähe Hamburgs intensiver Obst- und Gemüsebau, Blumenzucht, Baumschulen. – Da das Gebiet teils sogar unter Meeresniveau liegt (Wilstermarsch) und auch durch Hochwasser der Elbe gefährdet ist, wurde es durch Deichbau und Entwässerungsmaßnahmen der Bewirtschaftung und Besiedlung erschlossen (starker niederländ. Einfluss). An den Mündungen der Nebenflüsse (Pinnau, Krückau, Stör, Oste u. a.) wurden erst in neuer Zeit Sperrwerke errichtet.

Elbrus: Doppelgipfel des Elbrus

Elbogen, tschech. **Loket,** Stadt im Westböhm. Gebiet, Tschech. Rep., südwestlich von Karlsbad an der Eger, 3 000 Ew.; Porzellanherstellung; mittelalterl. Stadtbild. – Mitte des 13. Jh. entstand im Schutz einer Burg (1234 erste Erwähnung mit tschech., 1237 mit lat. und 1239 mit dt. Namen) die Siedlung E., die Ende des 13. Jh. zur königl. Stadt erhoben wurde.

Elbogen, Ismar, liberaler jüd. Historiker und Liturgiewissenschaftler, * Schildberg (poln. Ostrzeszów, Wwschaft Posen) 1. 9. 1874, † New York 1. 8. 1943; lehrte am Collegio Rabbinico Italiano in Florenz (1899–1902), an der Hochschule für die Wiss. des Judentums in Berlin (1902–38, Prof. seit 1919) und nach seiner Emigration in die USA (1938) am Jewish Theological Seminary in New York. E. verfasste als Erster eine Geschichte der jüd. Liturgie und war Mitherausgeber der ›Encyclopaedia Judaica‹ (Bd. 1–10, 1928–34; unvollständig), der ›Zeitschrift für Geschichte der Juden in Dtl.‹ (1929–37) und der ›Germania Judaica‹ (Bd. 1–2, 1934).

Werke: Der jüd. Gottesdienst in seiner geschichtl. Entwicklung (1913); Die Gesch. der Juden seit dem Untergang des jüd. Staates (1919); Gesch. der Juden in Dtl. (1935).

Elbrus der, höchster Berg des Großen Kaukasus, Russ. Föderation, mit zwei Gipfeln: Westgipfel 5 642 m, Ostgipfel 5 621 m ü. M.; stark vergletschert (134,5 km²). Der E. ist ein Vulkan, der bisher als erloschen galt; 1984 wurde aber in den Quellen in Gipfelnähe eine Erwärmung auf 20 °C und eine Zunahme des Chlorgehalts festgestellt, was auf neuerliche vulkan. Aktivität schließen lässt. (→Bergsteigen, ÜBERSICHT)

Elbsandsteingebirge, tschech. **Děčínské stěny** [ˈdjɛtʃiːnskɛ ˈstjɛni], waldreiches Bergland zw. Erzgebirge und Lausitzer Gebirge, in Sa. (auch **Sächsische Schweiz** gen.) und in der Tschech. Rep.; aufgebaut vorwiegend aus großbankigen Quadersandsteinen der Kreide (Cenoman), mit bizarren Felsformen; von der Elbe in steil eingeschnittenem Tal durchbrochen, mit klammartigen Nebentälern (›Gründe‹). Über den fast senkrechten, stellenweise 100 m hohen, randlich in Felsbastionen aufgelösten Talhängen (Bastei, Schrammsteine u. a.) breiten sich in rd. 350 m ü. M. die besiedelten Verebnungsflächen (›Ebenheiten‹) aus, überragt von den inselartigen Tafelbergen (›Steine‹) wie Königstein, Lilienstein, Pfaffenstein, Großer Zschirnstein und Hoher Schneeberg (721 m ü. M.), Letzterer ist der höchste Berg des E.s und liegt in der Tschech. Republik. Der durchlässige Sandstein ist wasserarm und trägt Kiefernwald. Im O treten Basaltkuppen mit Laubwald auf (z. B. Großer Winterberg). Das E. wurde 1956 auf dt. Seite zum Landschaftsschutzgebiet und 1990 zum **Nationalpark Sächsische Schweiz** (93 km²) erklärt. Es ist ein beliebtes

Elbsandsteingebirge: Die Schrammsteine in der Sächsischen Schweiz

Fremdenverkehrs-, Ausflugs- und Klettergebiet. Wichtigste Erholungsorte sind Bad Schandau, Kurort Rathen, Königstein/Sächs. Sch. und Stadt Wehlen. Wirtschaftl. Bedeutung haben neben dem Fremdenverkehr die Nutzung des Sandsteins (bes. für den Wiederaufbau der Dresdner Baudenkmäler) und die Holzwirtschaft, auf den Ebenheiten auch die Landwirtschaft.

Elbslawen, Elb- und Ostseeslawen, Elb-Oder-Slawen, die westslaw. Volksstämme im Gebiet zw. Elbe und Saale einerseits sowie Oder und Neiße andererseits, die seit dem 5. Jh. von O her einwanderten, v.a. Obodriten, Lutizen, Heveller und Sorben. Sie standen teils in einem Tributverhältnis zum Fränk. Reich (karoling. Zeit), später zum ostfränkisch-dt. Reich und wurden von den Ottonen im 9./10. Jh. in ihr Markensystem (983 großer Slawenaufstand) sowie in die Bremer und Magdeburger Kirchenorganisation einbezogen. Der Gesamtraum wurde erst im Zuge der dt. Ostsiedlung im 12. Jh. dem Heiligen Röm. Reich angeschlossen (→Deutsche). – E. im engeren Sinn sind nur die Drawänopolaben (→Polaben); nach anderer wiss. Meinung gehören nur die westslaw. Stämme im nördl. und mittleren Gebiet zw. Elbe und Oder wegen ihrer histor. und kulturell-sprachl. Gemeinsamkeiten zu den E., also nicht die Sorben.

Siedlung u. Verf. der Slawen zw. Elbe, Saale u. Oder, hg. v. H. LUDAT (1960); Grundfragen der geschichtl. Beziehungen zw. Deutschen, Polaben u. Polen, hg. v. W. H. FRITZE u. K. ZERNACK (1976); Die Slawen in Dtl. Gesch. u. Kultur der slaw. Stämme westlich von Oder u. Neiße vom 6. bis 12. Jh., hg. v. J. HERRMANN (Neuausg. Berlin-Ost 1985).

Elbtalweine, Weine aus dem Weinbaugebiet Sachsen, →deutsche Weine.

Elbtunnel, zwei die Elbe in Hamburg unterquerende Tunnel. Der 1911 fertig gestellte Tunnel führt von den St.-Pauli-Landungsbrücken unter der Norderelbe hindurch zur Hafeninsel Steinwerder (Zollausland); er ist 448,5 m lang, seine Sohle liegt 23,5 m unter dem Elbspiegel und ist über Treppen und Fahrstühle (für Fußgänger und Kraftfahrzeuge) erreichbar. 1975 wurde im Zuge der Nord-Süd-Autobahn Schleswig-Holstein–Niedersachsen ein zweiter E. zw. dem Stadtteil Othmarschen und dem Hafengebiet Waltershof fertig gestellt; er umfasst drei zweispurige Röhren und ist 2653 m lang (einer der längsten Unterwasser-Straßentunnel der Erde), sein tiefster Punkt liegt 27 m unter dem mittleren Wasserspiegel der Elbe.

Elbufer-Drawehn, Naturpark →Drawehn.

Elburs, Alburz [æl'borz], Gebirge in N-Iran, im Demawend bis 5671 m ü. M. Die parallel zum Kasp. Meer verlaufenden Gebirgsketten trennen als Klima- und Vegetationsscheide das wüstenhafte iran. Binnen-

hochland im S von den kasp. Küstenlandschaften im N. Dementsprechend ist die Südseite eine trockene Bergsteppe, die Nordflanke trägt dagegen weitgehend kasp. Bergwald und alpine Grasflächen.

El Callao [-ka'ʎao], Ort mit der größten Goldmine Venezuelas, im Bundesstaat Bolívar, in den Ausläufern des Berglandes von Guayana.

Elcano, del Cano, Juan Sebastián, span. Seefahrer, *Guetaria (Prov. Guipúzcoa) 1476 oder 1487, †4. 8. 1526, nahm 1519–22 an der ersten Weltumsegelung von F. DE MAGALHÃES teil, wurde nach dessen Tod (1521) Kapitän des Schiffes ›Victoria‹, mit dem er über die Molukken und um Afrika herum in den Ausgangshafen Sanlúcar de Barrameda heimkehrte (Ankunft am 7. 9. 1522). Er hatte damit die erste Weltumsegelung vollendet. Auf einer zweiten Fahrt zu den Molukken fand er im Pazif. Ozean den Tod.

El Castillo [-ʎo], Bergkegel bei Puente Viesgo, Prov. Santander, Spanien. An seinen Flanken befinden sich mehrere Höhlen (El Castillo, Las Chimeneas, Las Monedas, La Pasiega) mit Felsbildern der jüngeren Altsteinzeit. Am Eingang der Höhle El C. eine Abfolge von Siedlungsschichten, die die Entwicklung der altsteinzeitl. Kulturen widerspiegelt.

V. CABRERA VALDÉS: El yacimiento de la cueva de ›El C.‹ (Madrid 1984).

Elch, Elen, Alces alces, größte Art der Hirsche (Körperlänge bis über 3 m; Schulterhöhe bis 2,4 m), lebt in meist sumpfigen Laub- und Mischwäldern, Mooren und Tundren im nördl. Europa, Asien und Nordamerika. Er hat einen massigen Körper (Gewicht 300–800 kg), kurzen Hals, buckelartig erhöhten Widerrist, ist hochbeinig und hat einen sehr kurzen

Elch (Schulterhöhe bis 2,4 m; Körperlänge bis über 3 m)

Schwanz (10 cm). Das Männchen trägt ein meist schaufelförmiges, bis zu 20 kg schweres Geweih, das jährlich gewechselt wird. Der E. schwimmt sehr gut, er kann bis zu 1 Minute unter Wasser bleiben. Seine spreizbaren Zehen sind geeignet für das Gehen im sumpfigen Gelände. E. können ein Alter von 20–25 Jahren erreichen. Von den mehreren Unterarten ist die größte rezente der **Riesen-E. (Alaska-E.,** Alces alces gigas) in Alaska und N-Kanada. Sein bis 2 m ausladendes Schaufelgeweih wurde nur noch von dem des heute ausgestorbenen **Breitstirn-E. (Steppen-E.,** Alces latifrons; Geweihspanne 2,5 m) übertroffen, der als Stammform der heute lebenden E. gilt.

Kulturgeschichte: Knochenfunde und altsteinzeitl. Felsbilder beweisen, dass der E. in der letzten Eiszeit noch über ganz Europa verbreitet war. Ein Wandbild in der südspan. Höhle La Pileta ist der westlichste Beleg. Mittel- und jungsteinzeitl. Felsbilder im nördl. Eurasien und Elchkopfskulpturen aus Nordrussland zeugen von der kult. Verehrung des E. Ihre Spuren sind noch im Mythos der finnougrischen Völker zu finden, demzufolge der E. vom Himmel auf die Erde herabgestiegen ist und – da urspr. sechsfüßig – so schnell war, dass ihn kein Sterblicher einholen konnte. Im Altertum erscheinen E.-Darstellungen in der skyth. Kunst und auf röm. Münzen. Die von CAESAR und PLINIUS D. Ä. berichtete Fabel über die E.-Jagd im herzyn. Wald hat sich im Volksglauben lange gehalten: Man nahm an, dass der E. wegen seiner steifen Hinterbeine sich zum Schlafen an einen Baum lehne, den man nur anzusägen brauche, um das mit dem Baum umstürzende Tier leicht fangen zu können. – Im Nordseegebiet ist der E. durch Ausgrabungen noch um Christi Geburt belegt, um das Jahr 1000 bildete die Elbe die Westgrenze seiner Verbreitung.

Elche [ˈɛltʃə], katalan. **Elx** [-ʃ], Stadt in SO-Spanien, am Rand der Küstenebene der Prov. Alicante, 189 800 Ew.; Schuhfabrikation, Nahrungsmittel-, Fruchtkonserven-, Papierindustrie, Alfagrasverarbeitung. Der Palmenwald von E. (›El Palmeral‹, etwa 170 000 Bäume) ist die bedeutendste Dattelpalmenoase Europas. – Die Altstadt hat maur. Grundriss, im W ausgedehnte Neubauviertel. In der Basilika Santa María (17. Jh., nach 1936 restauriert) findet jährlich Mitte August ein Marien-Mysterienspiel in altkatalan. Sprache statt, das auf das 13. Jh. zurückgeht. – E. trug den griech. Namen **Helike** (röm. **Ilici, Elece**) und lag in der Antike näher am Meer auf dem Hügel des heutigen Dorfes La Alcudia, Fundort einer bemalten Kalksteinbüste aus dem 4. Jh. v. Chr. (Datierung umstritten; auch als Fälschung angesehen), der **Dame von E.** (Madrid, Museo Arqueológico Nacional), wahrscheinlich die Arbeit eines zugewanderten griech. Künstlers.

Elchhunde, Bez. für bestimmte (nord.) Hunderassen: den **Norwegischen E.** (Dyrehund, in Schweden: Gråhund) mit einer Widerristhöhe bis 52 cm, grauem Fell mit schwarzen Haarspitzen, an Brust, Bauch, Beinen und Schwanzunterseite etwas heller, und den **Schwarzen Norwegischen E.** mit glänzend schwarzem Fell. Beide werden zur Elchjagd verwendet, ebenso wie der **Große Schwedische E.,** der →Jämthund.

El Chichón [-tʃiˈtʃon], Vulkan im Bergland von Chiapas, S-Mexiko, 80 km nördlich von San Cristóbal de las Casas, 2 225 m ü. M. (vor 1982: 1 260 m); seine Eruption im März 1982 zählt zu den größten des Jahrhunderts.

Elde *die,* rechter Nebenfluss der Elbe, im S von Meckl.-Vorp., 220 km lang; entspringt auf der Mecklenburg. Seenplatte südöstlich des Plauer Sees, durchfließt die Müritz u. a. Seen, mündet bei Dömitz; im Unterlauf kanalisiert und für kleine Schiffe befahrbar; durch den Störkanal mit dem Schweriner See verbunden.

Eldena, Stadtteil von →Greifswald; mit ehem. Zisterzienserkloster (gegr. 1199, 1533 aufgehoben), im

Elche:
›Dame von Elche‹; bemalte Kalksteinbüste, Höhe 56 cm; 4. Jh. v. Chr. (Datierung umstritten, auch als Fälschung angesehen; Madrid, Museo Arqueológico Nacional)

17./18. Jh. verfallen. Die Kirche, deren maler. Ruine mehrfach von C. D. FRIEDRICH dargestellt wurde, war eine dreischiffige Backsteinbasilika (Ostteile 1. Hälfte 13. Jh., Westteile Ende 14. Jh., Westfassade Anfang 15. Jh.). Ebenfalls als Ruine erhalten ist ein kleiner Teil der Klausurgebäude (2. Hälfte des 13. Jh.).

Eldershaw [ˈeldəʃɔː], Flora, austral. Schriftstellerin, * 1897, † 1956 (?); verfasste mit M.→BARNARD unter dem Pseud. **M. Barnard Eldershaw** fünf Romane und versch. andere Schriften.

Werk: Contemporary Australian women writers (1931). – **Hg.:** Australian Writers' Annual (1936); The peaceful army (1936, Anth. mit Ess. u. Gedichten weibl. Autoren).

Eldh, Carl, schwed. Bildhauer und Medailleur, * Söderskogen (Verw.-Bez. Kalmar) 10. 5. 1873, † Stockholm 26. 1. 1954; ging 1895 nach Paris, wo er von A. RODIN angeregt wurde, ab 1903 unterhielt er ein Atelier in Stockholm, 1936 Prof. an der Kunstakademie ebd. Seine meist naturalist. Arbeiten in Bronze zeigen gelegentlich einen genrehaften Zug. Ein ausdrucksvoller Realismus beherrscht sein Hauptwerk, das monumentale Relief für den Politiker H. BRANTING in Stockholm (1952 aufgestellt).

Eldena: Klosterruine

El-Djem [-ˈdʒɛm], Marktstadt im östl. Zentraltunesien, 63 km südlich von Sousse, 16 200 Ew. – Von der röm. Stadt **Thysdrus,** Vorläuferstadt von El-D. (46 n. Chr. neben einer pun. Siedlung gegr.), ist das Amphitheater erhalten. Das dreigeschossige Kolosseum, Anfang des 3. Jh. nahe einer Vorgängeranlage des 2. Jh. erbaut, 238 unvollendet geblieben, ist mit 148 m Länge, 122 m Breite, 36 m Höhe und Plätzen für über 30 000 Zuschauer das größte des röm. Afrika. Die UNESCO erklärte das Bauwerk zum Weltkulturerbe. Außerdem wurden u. a. ein älteres, kleineres Amphitheater, zahlr. Villen und Thermen mit Mosaiken freigelegt; archäolog. Museum. – Thysdrus war im 2./3. Jh. Zentrum eines Gebietes mit Ölbaumkulturen, 238 kam es zu einem Aufstand wegen der Olivenölsteuern und zur Ausrufung von GORDIANUS I. zum röm. Kaiser; 689 war es Zentrum eines Berberaufstandes gegen die Araber. – Der aufgegebene Ort wurde erst in der frz. Protektoratszeit wieder besiedelt. (BILD S. 254)

ELDO [Abk. für engl. **E**uropean **S**pace Vehicle **L**auncher **D**evelopment **O**rganization], 1964 gegründete Organisation zur Entwicklung der Europa-Rakete; seit 1975 werden ihre Aufgaben von der →ESA weitergeführt.

El-Djem: Das dreigeschossige Amphitheater des römischen Thysdrus; Anfang des 3. Jh. n. Chr.

Eldorado [span. el dorado (país) ›das vergoldete (Land)‹] *das, -s/-s,* **Dorado,** 1) *allg.:* üppiges glückl. Land, Traumland, Paradies.

2) sagenhaftes Goldland im Innern des nördl. Südamerika. Die Sage von einem vergoldeten Mann entstand aufgrund eines Ritus der Muisca in Guatavita, Kolumbien, bei dem ihr Häuptling vollkommen mit Goldstaub bedeckt wurde, der dann bei einem zeremoniellen Bad in einem See wieder abgewaschen wurde. Diese Sitte, schon einige Zeit vor der Ankunft der Spanier nicht mehr ausgeführt, war Anlass zur Suche nach weiteren Goldschätzen Altamerikas, zu der neben span. Abenteurern auch G. HOHERMUTH und PHILIPP VON HUTTEN 1535 im Dienste der Welser auszogen. G. QUESADA (1537), S. DE BELALCÁZAR und N. FEDERMANN (1539) drangen in das Gebiet der Muisca im Hochland von Bogotá ein. W. RALEIGH fuhr 1595 nach Guayana, um das sagenhafte Dorado zu suchen. Die Fabel vom Goldland E. blieb bis ins 18. Jh. lebendig.

H. TRIMBORN: E. (1961); El Dorado, der Traum vom Gold, bearb. v. W. BRAY, Ausst.-Kat. (a. d. Engl., 1979).

Eldoret, Industrie- und Handelsstadt in W-Kenia, an der Ugandabahn, 2090 m ü. M., 104 900 Ew.; Nahrungsmittel-, Textil-, Baumaschinenindustrie; in der Umgebung Weizen-, Mais-, Pyrethrumanbau und intensive Milch- und Fleischviehhaltung.

Eldridge [ˈeldrɪdʒ], David Roy, amerikan. Jazzmusiker (Trompete, Flügelhorn, auch Klavier, Schlagzeug, Gesang), * Pittsburgh (Pa.) 30. 1. 1911, † New York 26. 2. 1989; spielte u. a. bei GENE KRUPA, ARTIE SHAW und mit eigenen Bands; nach 1946 bes. durch seine Auftritte in den Konzerten ›Jazz at the Philharmonic‹ bekannt. Sein Stil ist dem Swing zuzuordnen.

Elea [eˈleːa, ˈeːlea, griech.], lat. **Velia,** antike Stadt in Lukanien (heute Basilicata), Italien, rd. 40 km südlich von Paestum am Tyrrhen. Meer; um 540 v. Chr. von Griechen aus Phokaia gegr.; Sitz der Philosophenschule der →Eleaten, blühende Handelsstadt, die lange ihr Griechentum behauptete; seit den Pun. Kriegen mehrfach mit den Römern verbündet, wurde E. 89 v. Chr. röm. Municipium. – Ausgrabungen (1899, 1927, seit 1949) erschlossen ausgedehnte Bezirke der archaischen griech. Stadt mit öffentl. Anlagen, Wohnhäusern (Terrassenhanghäuser) und Mauern und legten eine von den Bewohnern zu Verteidigungszwecken zu unbekanntem Zeitpunkt zugeschüttete mächtige Toranlage des 4. Jh. v. Chr. mit dem frühesten Rund-

bogen auf ital. Boden frei. Das Bauwerk überbrückte die Talenge und lag an der Hauptstraße, die die Stadtteile nördlich und südlich der Akropolis (u. a. mit Spuren eines archaischen Tempels, um 500 v. Chr.) verband. Im S wurden u. a. die Agora und hellenist. Gebäude freigelegt.

M. NAPOLI: Guida degli scavi di Velia (Cava de' Tirreni 1972); G. LIBERO MANGIERI: Velia e la sua monetazione (Lugano 1986).

Eleasar, Eleazar [hebr. ›Gott hat geholfen‹], bibl. und jüd. Personenname.

Eleasar ben Jehuda ben Kalonymos, Elasar ben Jehuda ben Kalonymos, gen. **Rokeach,** jüd. Jurist, Mystiker und liturg. Dichter, * Mainz um 1160, † Worms um 1230; Rabbiner in Worms; vermittelte als literarisch fruchtbarster Autor der ›Frommen in Dtl.‹ (aschkenas. Chassidismus) deren myst., exeget. und eth. Traditionen. Sein Hauptwerk, ›Rokeach‹ (hebr. ›Spezereienmacher‹) ist ein Handbuch des jüd. Rechts.

Eleaten, Bez. für die Vertreter der antiken griech. Philosophenschule in Elea, die im 6./5. Jh. v. Chr. von XENOPHANES gegründet worden war und von PARMENIDES VON ELEA, ZENON VON ELEA und MELISSOS fortgeführt wurde. (→griechische Philosophie)

Elec [jɪˈljɛts], Stadt in Russland, →Jelez.

Elector [mlat.; zu lat. eligere ›wählen‹], *-s/...'toren,* im MA. urspr. Bez. für die Wahlfürsten des Röm. Königs, seit der Goldenen Bulle (1356) Titel der Kurfürsten; bestand bis zum Ende des Heiligen Röm. Reichs 1806; in Hessen-Kassel hielt er sich als landesfürstl. Titel bis 1866. – **Electoratus,** das Kurfürstentum, die dem kurfürstl. Haus gehörenden Länder.

2) [ɪˈlektə] *der, -s/-s,* in den USA Wahlmann zur Wahl des Präs. und des Vize-Präs.; in jedem Staat werden ebenso viele E. (›electoral college‹) gewählt, wie der Staat Repräsentanten in beide Häuser des Kongresses entsendet.

Electric Jazz [ɪˈlektrɪk ˈdʒæz, engl.], Richtung des Jazz der 1970er-Jahre. Der E. J. nimmt viele Elemente der Rockmusik auf; den Sound prägt dabei die elektroakust. Verstärkung und Verfremdung des Instrumentalklangs. Vertreter sind die Pianisten C. COREA und H. HANCOCK, der Gitarrist J. McLAUGHLIN und die Gruppe ›Weather Report‹.

Electric Light Orchestra [ɪˈlektrɪk laɪtˈɔːkɪstrə, engl.], 1971 in Birmingham gegründete Rockformation um JEFF LYNNE (* 1947, Gitarre, Gesang, Synthesizer), ROY ›BEV‹ BEVAN (* 1944, Schlagzeug) und ROY WOOD (* 1946, Gitarre, Cello, Gesang); die nahezu für jede Produktion neu formierte Band hatte in wechselnder Zusammensetzung sowohl Streicher wie Bläser in der Besetzung und war in den 70er-Jahren mit ihrem von Klassikeinflüssen geprägten elektron. Sound sehr populär.

Electrola®, Schallplattenlabel der EMI-Electrola GmbH, Köln (→Thorn EMI plc.).

Electronic Banking [ɪlekˈtrɔnɪk ˈbæŋkɪŋ, engl. ›elektron. Bankverkehr‹] *das, - -(s),* uneinheitlich verwendete Bez. für Bankgeschäfte unter Nutzung moderner Technologien, wobei Daten über Computer, Terminals, Leitungsnetze usw. elektronisch erfasst, verarbeitet, transportiert und wieder zur Verfügung gestellt werden. E. B. wird zumeist als Oberbegriff für kundenbezogene, EDV-gestützte Bankdienstleistungen (einschließlich Homebanking, Telebanking und Bankinformationsdienste) verwendet und somit abgegrenzt von rein bankinternen EDV-Anwendungen (z. B. Bürokommunikations- und Informationssysteme oder computergestützte Sachbearbeitung). E. B. ist darauf gerichtet, die Schnittstelle Bank–Kunde durch Selbstbedienung möglichst frei von Bankpersonal zu gestalten. So wurden in der BRD und in der Schweiz erstmals Mitte der 80er-Jahre mit Automaten und Terminals ausgestattete (voll-)elektron. Bankfilialen eröffnet. Neben der EDV-gestützten Kundenselbstbedienung zur Abwicklung des Zahlungsverkehrs u. a. traditioneller Bankgeschäfte mittels Geldausgabeautomaten, Kontoauszugsdruckern und Multifunktionsterminals umfasst E. B. u. a. auch Electronic Cash, Telekontenservice, Finanz- und nicht kontobezogene Informationsdienstleistungen (z. B. Beratungsdienste für Geldanlagen, Versicherungen, Export- oder Baufinanzierung, Leasing, öffentl. Förderprogramme), →Cash-Management-Systeme u. a. betriebswirtschaftl. Serviceleistungen (z. B. Bilanzanalyse, Finanzplanung, Portfolioanalysen) sowie allgemeine Datenbankrecherchen.

Electronic Cash [ɪlekˈtrɔnɪk ˈkæʃ, zu engl. ›(Bar-)Geld‹ cash] *das, - -(s),* vom dt. Kreditgewerbe entwickeltes EDV-gestütztes System zum bargeld- und schecklosen Bezahlen in Einzelhandels- und Dienstleistungsunternehmen (→POS-Systeme). Benötigt wird eine ec-, Kredit- oder sonstige Bankkarte, die in ein ec-Terminal bzw. eine entsprechende elektron. Kasse geschoben wird. Nach Eingabe der persönl. Identifikationsnummer (PIN) des Kunden erfolgt online eine Autorisierungsprüfung mit Kontencheck (Legitimation, eventuelle Kartensperre, Zahlungsfähigkeit). Mit der Autorisierung wird dem Händler die Zahlung des Rechnungsbetrages durch die jeweilige Bank verbindlich garantiert.

Electronic Church [ɪlekˈtrɔnɪk ˈtʃɜːtʃ, engl. ›elektron. Kirche‹], →Fernsehkirche.

Electronic Drum [ɪlekˈtrɔnɪk ˈdrʌm, engl.] *die, - -/ - -s,* elektron. Schlagzeug, das wie ein akust. Drumset aufgebaut und von einem Schlagzeuger als rhythm. Impulsgeber über schmale, flexible Schlagflächen (mehreckige ›Pads‹) gespielt wird. Der Ton wird von einem Modulsynthesizer erzeugt und über Lautsprecher wiedergegeben. Dabei entspricht jedem Pad und dessen Modul ein akust. Schlaginstrument (z. B. Hi-Hat, Kleine Trommel, Tom-Tom, Große Trommel, Becken u. a.).

Electronic Mail [ɪlekˈtrɔnɪk ˈmeɪl, engl.] *die, - -/- -s, Informatik:* die →elektronische Post.

Electronic Publishing [ɪlekˈtrɔnɪk ˈpʌblɪʃɪŋ, engl.] *das, - -(s),* das →elektronische Publizieren.

Electronic Rock [ɪlekˈtrɔnɪk-, engl.], in den 1970er-Jahren gebräuchl. Bez. für Pop- und Rockmusik, deren Klangstruktur ausschließlich oder vorwiegend durch elektron. Aufbereitung bestimmt ist.

Electuarium [lat.] *das, -s,* **Latwerge,** breiig zubereitetes Arzneimittel.

Elefanten [zu griech. eléphas, eléphantos], **Elephantidae,** einzige rezente, seit dem Miozän bekannte Familie der Rüsseltiere, deren Nase zu einem muskulösen, als Tast-, Greif- und Geruchsorgan dienenden Rüssel verlängert ist. E. sind die größten lebenden Landtiere. Ihre oberen Schneidezähne sind zu schmelzlosen, ständig nachwachsenden Stoßzähnen ausgebildet, die →Elfenbein liefern. Im Unterkiefer befindet sich jeweils nur ein großer Backenzahn mit zahlr. Schmelzfalten. Die 2–4 cm dicke Haut ist sehr tastempfindlich und nahezu unbehaart. Die Fußsohlen der säulenförmigen Beine tragen ein dickes, sehr elast. Bindegewebskissen. Die Kühe haben zwei Zitzen zw. den Vorderbeinen. Die Geschlechtsreife tritt mit etwa zehn Jahren ein, Fortpflanzung erfolgt jedoch erst später. In der Paarungszeit finden oft heftige Kämpfe der Bullen statt. Die Kühe bringen alle drei bis fünf Jahre nach etwa 22 Monaten Tragzeit ein Junges zur Welt, das bei der Geburt etwa 90–100 cm hoch ist bei einem Gewicht von rd. 100 kg; Stillzeit rd. zwei Jahre. E. können bis zu 65 Jahre alt werden. Sie leben in Mutterfamilien mit einer Leitkuh sowie deren erwachsenen Töchtern und den Jungtieren. Die Jungbullen trennen sich mit Beginn der Geschlechtsreife und bilden Bullenverbände (›Kohorten‹), halten jedoch oft lockeren Kontakt zur Gruppe. Altbullen leben meist als Einzelgänger. Die Nahrung ist pflanzlich und besteht aus Sträuchern, Gräsern, Kräutern und Früchten. In Pflanzungen kommt es durch E. zuweilen zu erhebl. Schäden. E. nehmen regelmäßig Schlamm-, Staub- oder Wasserbäder zur Pflege der empfindl. Haut und zur Kühlung.

E. stammen von den Gomphotherien (→Rüsseltiere) ab. Sehr früh trennten sich die Afrikan. E. (Loxodonta) vom Hauptstamm (Elephas, Mammuthus). Im Quartär waren E. in großer Formenvielfalt fast weltweit verbreitet, sie fehlten nur in Südamerika und Australien. Neben den →Mammuten ist der Eurasische Alt-E. oder Wald-E. (Elephas namadicus oder Paleoloxodon) mit bis über 4 m Höhe zu nennen (zahlr. Fossilfunde, Zeichnungen der Höhlenmenschen). Von ihm gab es bis 2 m hohe Zwergformen auf Malta, Sizilien, Kreta u. a. griech. Inseln, die vor rd. 4000 Jahren ausgerottet wurden. Bei den Aussterbevorgängen vieler E.-Arten in prähistor. und histor. Zeit dürfte der Mensch maßgeblich beteiligt gewesen sein. Heute existieren noch zwei Arten aus den zwei Gattungen Elephas und Loxodonta.

Der **Asiatische E.** (Elephas maximus) ist die einzige Art der Gattung Elephas, mit relativ kleinen Ohren, ebener (Kühe) bis abfallender (Bullen) Rückenlinie und zweigeteilter, vorgewölbter Stirn; Rüsselspitze mit einem Finger, Bullen bis 3 m Höhe und 5 t Gewicht, mit Stoßzähnen bis 2,7 m Länge und 145 kg Gewicht. Die Kühe sind kleiner und haben nur kleine Stoßzähne.

Vier Unterarten: **Indischer E.** (Elephas maximus bengalensis; in Regenwald- und Steppengebieten In-

---

Elefanten: links Indische Elefanten (Körperhöhe bis etwa 3 m); rechts Afrikanische Steppenelefanten (Körperhöhe bis etwa 4 m)

diens), die zahlenmäßig größte Unterart des Asiat. E.; **Ceylon-E.** (Elephas maximus maximus; Ceylon) meist ohne Stoßzähne und oft mit albinot., rosaweißen Hautpartien; **Malaya-E.** (Elephas maximus hirsutus) und **Sumatra-E.** (Elephas maximus sumatranus; mit typ., eher quadrat. Ohren) mit Verbreitung in Hinterindien bis Yunnan im N und Sumatra und Borneo im S; beide Unterarten sind in ihrem Bestand gefährdet. In Mittelchina wurde der Asiat. E. im 3. Jh. v. Chr., in Vorderasien im 8. Jh. v. Chr. ausgerottet.

Der **Afrikanische E.** (Loxodonta africana), einzige Art der Gattung Loxodonta, hat zwei rezente Unterarten: **Steppen-** oder **Großohr-E.** (Loxodonta africana africana), größtes lebendes Landtier; Bullen mit bis 4 m Höhe und 7,5 t Gewicht; Kühe kleiner, jedoch stets mit Stoßzähnen, Rückenlinie sattelförmig, Ohren sehr groß, zugespitzt, Rüsselspitze mit zwei Fingern; urspr. in allen afrikan. Steppen und Halbwüsten, größere Bestände in süd- und ostafrikan. Nationalparks wie Tsavo- und Krüger-Nationalpark; die zweite Unterart, der **Wald-** oder **Rundohr-E.** (Loxodonta africana cyclotis), lebt in Regenwäldern W- und Zentralafrikas, ist deutlich kleiner und schlanker, er erreicht selten 3 m Höhe, Stoßzähne dünn und gerade parallel nach unten gerichtet. Sehr kleine Tiere werden auch als **Zwerg-E.** bezeichnet. Eine mit bis 2,5 m Schulterhöhe relativ kleine Form NW-Afrikas, der **Karthagische E.**, wurde schon etwa im 6. Jh. v. Chr. ausgerottet.

E. zählen zu den intelligentesten Tieren. Wegen der noch weitgehend ungelösten Probleme der Bullenhaltung sind Nachzuchten in Gefangenschaft selten. Dies gilt v. a. auch für die zoolog. Gärten. Das Elfenbein spielt als Handels- und Schmuggelware eine bedeutende Rolle, Bestandseinbußen durch Wilddiebe sind die Folge. 1989 wurde als ein Ergebnis der Artenschutzkonferenz von Lausanne beschlossen, den Afrikan. E. in Anhang I des →Washingtoner Artenschutzübereinkommens aufzunehmen, d. h. von diesem Zeitpunkt an wurde der internat. Handel mit Individuen dieser Art sowie mit ihren Stoßzähnen (Elfenbein) grundsätzlich verboten. Durch diese Maßnahme haben sich die Bestände des Afrikan. E., bes. im mittleren und südl. Teil des Kontinents, wieder zugenommen.

Kulturgeschichte: Schon von alters her wird der E. als Arbeits- und Reittier gezähmt, kultisch verehrt und künstlerisch dargestellt. In Indien wurden E. vielleicht schon im 3. Jt. v. Chr. gezähmt. Stempel aus Mohenjo-Daro zeigen E. mit Satteldecken und vor Futtertrögen. Auch aus S-Mesopotamien kennt man E.-Darstellungen aus dem 3. Jt. v. Chr., darunter eine Terrakotta mit einem E.-Reiter. Seit dem 2. Jt. v. Chr. lebten gezähmte E. in den Tiergärten Chinas. Das gegen Ende des 2. Jt. v. Chr. entstandene chin. Schriftzeichen für Transport zeigte einen E. und die Hand des Treibers. Als Kultobjekt kommt dem ›Weißen E.‹ (Teilalbinos) in S- und SO-Asien besondere Bedeutung zu. So wird der Gott Indra fast stets auf seinem weißen E. ›Airavata‹ abgebildet.

In syr. Palästen des 2. Jt. v. Chr. wurden ganze E.-Stoßzähne gefunden; aus Bet Shean sind Kultständer in Form eines E.-Kopfes bekannt. Mit →Elfenbeinschnitzereien handelten v. a. die Phöniker. In vorgeschichtl. Zeit war der Afrikan. E. in Ägypten bekannt; er ist auf dem Elfenbeingriff eines Feuersteinmessers und auf einem Elfenbeinkamm abgebildet, auch ein aus Elfenbein geschnitzter E. ist erhalten. Der E. verschwand in frühdynast. Zeit aus Ägypten, überlebte aber in Libyen und NW-Afrika bis in die röm. Zeit.

Kriegs-E. waren zuerst in Indien bekannt. Der Perserkönig DAREIOS III. (336–330 v. Chr.) setzte sie im Kampf gegen ALEXANDER D. GR. ein. Eine Münze, geprägt nach der Schlacht am Hydaspes (326 v. Chr.), zeigt ALEXANDER D. GR. zu Pferd im Kampf gegen

Elefantenorden 1)

König POROS auf einem E. In der Schlacht bei Ipsos (301 v. Chr.) setzte König SELEUKOS I. von Syrien E. ein. Eine Münze von ihm (um 290 v. Chr.) zeigt eine E.-Quadriga, die zum Symbol der Macht bis in die röm. Kaiserzeit wurde. In den Krieg der Römer gegen die griech. Stadt Tarent in Unteritalien griff König PYRRHUS von Epirus mit 20 E. ein und besiegte die Römer bei Heraclea. Im 2. Punischen Krieg zog HANNIBAL 218 v. Chr. von Spanien aus mit 37 Afrikan. E. aus dem Atlasgebirge, von denen nur acht das Ziel erreichten, über die Alpen nach Italien. Die Römer verwendeten selten Kriegs-E.; bei CAESAR und den röm. Kaisern waren sie nur noch Zeichen der Macht und der Repräsentation und wurden in Triumphzügen mitgeführt.

KARL D. GR. erhielt 802 vom Kalifen HARUN AR-RASCHID einen E. (›Abd ul-Abbas‹) zum Geschenk. Aus einem seiner Stoßzähne wurde ein Hifthorn mit Schnitzereien hergestellt, in dem man heute Gegenstände des Aachener Domschatzes verwahrte. Der spätere Kaiser MAXIMILIAN II. brachte 1552 einen E. von Spanien über Neapel und die Alpen nach Wien. Viele Gasthäuser am Weg nannten sich danach ›Zum E.‹ (z. B. in Brixen, Graz, Laibach). – Auch im 19. Jh. wurden noch E. bei Kämpfen eingesetzt. 1857 besaß der König von Siam eine Division von 400 Kampf-E.; die Kriegs-E. von Annam wurden 1882 an die frz. Truppen ausgeliefert, und im Zweiten Weltkrieg hatten die Japaner für ihren Dschungelkampf in Birma einige E.-Schwadronen aufgestellt.

Als Symbol für Macht und Stärke führen einige Staaten (Elfenbeinküste, Guinea, Zentralafrikan. Rep.) den E. im Staatswappen; in den USA ist er das Symbol der Republikan. Partei.

Elefantenbaum, der →Leberwurstbaum.

Elefantenchimären, Familie der →Seedrachen.

Elefantenfarn, Todea, Gattung der Königsfarngewächse mit der einzigen rezenten Art Todea barbara. Der in Süd-Afrika, Neuseeland und Australien verbreitete Farn besitzt einen baumförmigen, rd. 1 m hohen und fast ebenso dicken Stamm. Die Blätter sind bis 2 m lang und doppelt gefiedert; kann in Kultur ein Alter von mehreren 100 Jahren erreichen.

Elefantenfluss, Bez. von Flüssen im südl. Afrika, →Olifants River.

Elefantenfuß, Pflanzenart der Gattung →Jamswurzel.

Elefantengras, Pennisetum purpureum, im trop. Afrika vorkommendes, bis 7 m hohes Federborstengras; bildet oft ausgedehnte Dickichte; wird v. a. als Futterpflanze verwendet.

Elefanten|ohr, die →Blutblume.

Elefanten|orden [nach dem Elefanten als Sinnbild der nicht missbrauchten Macht, des weisen Monarchen], **1)** oberster dän. Orden; in der jetzigen Verfassung seit 1693, eine Klasse, Band hellblau.
2) Weißer E., thailänd. Orden, gestiftet 1861; fünf Klassen.

Elefantenrobbe, See-Elefant, größte Art der →Hundsrobben.

Elefantenschildkröte, →Riesenschildkröten.

Elefantenspitzmäuse: Nordafrikanische Elefantenspitzmaus

Elefantenspitzmäuse, Elephantulus, in Afrika verbreitete Gattung der →Rüsselspringer mit sieben Arten (Körperlänge 10–15 cm, Schwanz ebenso lang). E. haben große Ohrmuscheln und Augen sowie eine verlängerte, schmale Nase; die hinteren Beine sind als Sprungbeine stark verlängert. Fellfarbe: gelblich, rötlich oder dunkelbraun.

Elefantiasis [griech.] *die, -/...ti̱ asen,* **Elephantiasis,** angeborene oder erworbene unförmige Verdickung von Haut und Unterhautzellgewebe, v. a. im Bereich der Beine, auch der Geschlechtsteile und der Brüste aufgrund von Lymphstauungen mit Bindegewebewucherung. Ursachen sind Erkrankungen der Venen oder Lymphgefäße, auch Vernarbungen nach Lymphknotenoperationen, Verschluss bei Tumormetastasen, in den Tropen oft Filarien (Elephantiasis tropica).

elegant [frz., von lat. elegans ›wählerisch‹, ›geschmackvoll‹], durch erlesenen Geschmack, bes. in der Kleidung, auffallend; kultiviert, erlesen.

Elegie [zu griech. élegos ›Trauergesang mit Aulosbegleitung‹] *die, -/...gi̱ en,* lyr. Gattung; nach der rein formalen Bestimmung ein Gedicht beliebigen Inhalts in Distichen, nach der inhaltl. Bestimmung ein Gedicht im Tone verhaltener Klage und wehmütiger Resignation; beide Bedeutungen finden sich bereits in der antiken Poetik. Mit der E. verwandt und nicht immer von ihr zu trennen ist das Epigramm. – Die ältesten erhaltenen E. gehören zur griech. Lit. (7. Jh. v. Chr.: KALLINOS VON EPHESOS, ARCHILOCHOS, MIMNEROS VON KOLOPHON). Im 6. Jh. v. Chr. universelles Ausdrucksmittel, trat die E. in klass. Zeit hinter die anderen lyr. Gattungen zurück. Dominierende Inhalte der eleg. Distichen waren nun Klage und Trauer, damit erhielt die Gattung ihre engere Bedeutung. In hellenist. Zeit hatte die E. meist gelehrt-höf. Inhalt (KALLIMACHOS), einen individuellen Ton zeigen die Liebes-E. des PHILETAS VON KOS. Hauptvertreter der E. in der röm. Lit. waren OVID (›Tristia‹), CATULL, TIBULL und PROPERZ. Sie knüpften an die hellenist. Tradition an, Höhepunkt ist die erot. E. OVIDS. Die antike Form des eleg. Distichons blieb für die lat. mittelalterl. und auch die humanist. E.-Dichtung verbindlich (K. CELTIS, P. LOTICHIUS SECUNDUS, JOHANNES SECUNDUS). Mit der Gelehrtendichtung des 16./17. Jh. wurde die E. auch in die volkssprachl. Lit. aufgenommen (in Frankreich von C. MAROT und P. DE RONSARD, in den Niederlanden von D. HEINSIUS, in Dtl. von M. OPITZ). Gattungsmerkmal der E. ist im 17. Jh. der ›eleg. Alexandriner‹, die Thematik ist vielfältig (erot., geistl., threnet., panegyr. E.). Im 18. Jh. setzten J. C. GOTTSCHED und die Anakreontiker im Wesentlichen die von OPITZ begründete Tradition fort. Mit der Nachbildung des griechisch-lat. eleg. Distichons in dt. Sprache bei F. G. KLOPSTOCK war die formale Voraussetzung für die klass. dt. E. geschaffen. An ihrem Anfang stehen GOETHES ›Römische Elegien‹ (1795). Die E. SCHILLERS (u. a. ›Das Ideal und das Leben‹, ›Der Spaziergang‹) sind vom Bewusstsein der Diskrepanz zwischen Ideal und Wirklichkeit geprägt, GOETHES Spätwerk ›Marienbader Elegie‹ von wehmütiger Erinnerung und Resignation. Die E. F. HÖLDERLINS (u. a. ›Griechenland‹, ›Brot und Wein‹) bilden den Höhepunkt der klass. dt. E. Im späteren 19. und im 20. Jh. zeigt die Gattung im Wesentlichen epigonale Züge (E. MÖRIKE, E. GEIBEL), bei A. VON PLATEN dominiert akrib. Bemühen um die Form über den Inhalt. R. M. RILKE knüpfte mit seinen ›Duineser Elegien‹ unmittelbar an HÖLDERLIN an. Einen sehr persönl., oft epigrammatischpointierten Ton zeigen die ›Buckower Elegien‹ von B. BRECHT. – Als Titel von Gesangsstücken lyrischwehmütigen, sehnsüchtig-klagenden Charakters begegnet die E. seit dem ausgehenden 18. Jh. (J. F. REICHARDT, J. A. P. SCHULZ, F. SCHUBERT, L. VAN BEETHOVEN, J. BRAHMS). Im 19. und 20. Jh. findet sich die Bez. auch bei Instrumentalstücken versch. Besetzung (J. L. DUSSEK, F. LISZT, G. FAURÉ, B. BARTÓK, I. STRAWINSKY, W. FORTNER).

F. BEISSNER: Gesch. der dt. E. (³1965); K. WEISSENBERGER: Formen der E. von Goethe bis Celan (Bern 1969).

elegisch, 1) die Elegie betreffend; 2) wehmütig, voll Schwermut.

Elektra, griech. *Mythos:* Tochter des Agamemnon und der Klytämnestra, Schwester des Orest und der Iphigenie. Nach ihres Vaters Ermordung durch Ägisth und Klytämnestra schickte sie Orest nach Phokis, sie selbst blieb, von den Mördern ihres Vaters schmachvoll behandelt, zurück. Als Orest später heimkehrte, trieb sie ihn zur Rache an den Mördern, half bei ihrem Vollzug und wurde mit Orests Freund Pylades vermählt. Bei HOMER noch nicht erwähnt, spielt sie in den die Rache an Klytämnestra behandelnden Tragödien bei unterschiedl. Charakterisierung eine Hauptrolle (AISCHYLOS ›Choephoren‹, SOPHOKLES, EURIPIDES). Die Renaissance des E.-Stoffs in der neueren Literatur beginnt im 18. Jh. mit Dramen von P. J. DE CRÉBILLON, VOLTAIRE, F. W. GOTTER und J. J. BODMER. Stärkeres Interesse setzte in der neueren Literatur erst mit F. NIETZSCHES Betonung der dionys. Züge des Griechentums und mit S. FREUDS psychoanalyt. Theorie ein, deren Wirkungen an der Oper von R. STRAUSS (1909; nach der Tragödie von H. VON HOFMANNSTHAL, 1904) und an den teils stark modernisierenden Dramen von E. O'NEILL (›Mourning becomes Electra‹, 1931), J. GIRAUDOUX (1937), J.-P. SARTRE (›Les mouches‹, 1943), G. HAUPTMANN (1947) erkennbar ist.

Elektrakomplex, nach C. G. JUNG der analog dem →Ödipuskomplex verdrängte Wunsch der Tochter, mit dem Vater eine enge (bis sexuelle) Beziehung einzugehen.

Elektret [Kw. aus engl. electricity ›Elektrizität‹ und magnet ›Magnet‹] *der,* auch *das, -s/-e,* i. e. S. ein Dielektrikum mit permanenter dielektr. Polarisation (d. h. ausgerichtetem permanentem elektr. Dipolmoment seiner Moleküle), i. w. S. jeder Körper, der ein permanentes elektr. Feld erzeugt. Die Bez. ist analog zum Begriff ›Magnet‹ gebildet. E. lassen sich aus Ferroelektrika herstellen, indem in einem Eindomänenkristall die Dipole durch ein starkes äußeres Feld gerichtet werden, oder durch die Erstarrung geschmolzener paraelektr. Substanzen (bestimmte Harze) in einem starken elektr. Feld, wodurch die molekularen Dipole ausgerichtet und fixiert werden. E. mit über Jahrzehnten konstanter elektr. Spannung kann man durch Beschuss hochisolierender Kunststoffe mit Elektronen herstellen. Natürlich vorkommende E. sind z. B. Quarz und Turmalin.

Electrets, hg. v. G. H. SESSLER (Berlin ²1987).

Elektretmikrofon, ein Kondensatormikrofon (→Mikrofon), bei dem die übl. Membran durch eine Elektretfolie (→Elektret) ersetzt ist. Daher muss keine Polarisationsspannung von außen zugeführt werden. E. sind sehr klein und unempfindlich gegen Körperschall. Der Übertragungsbereich liegt zw. 15 und 15 000 Hz, der Geräuschspannungsabstand beträgt 64 dB.

elektrisch [zu lat. electrum, von griech. ḗlektron ›Bernstein‹ (da Reibungselektrizität zuerst am Bernstein beobachtet wurde)], auf dem Vorhandensein ruhender oder bewegter, mit einer →Ladung behafteter Teilchen oder Körper beruhend, durch die zw. ihnen herrschenden Wechselwirkungen verursacht; die →Elektrizität und ihre Anwendung v. a. in der →Elektrotechnik betreffend, wobei der (untergeordnete) Begriff →elektronisch meist ausgenommen wird.

elektrische Bahnen, mit Fahrleitung (Oberleitung oder Stromschiene) ausgerüstete Bahnen, die ihre elektr. Energie über Unterwerke aus einem Bahnstromnetz oder über Umformer- oder Gleichrichterwerke aus einem öffentlichen Netz beziehen. Elektrifizierte Eisenbahnen (**elektr. Vollbahnen**) werden in

Dtl., Österreich, der Schweiz, Norwegen und Schweden mit Einphasenwechselstrom betrieben, seit 1912 einheitlich mit 15 kV Fahrdrahtspannung und $16\frac{2}{3}$ Hz Frequenz. Dieser Wert ($\frac{1}{3}$ von 50 Hz) wurde gewählt, weil die Konstruktion der Lokomotivmotoren damals zur Herabsetzung der Frequenz zwang, andererseits das Bahnstromsystem beim Frequenzverhältnis 1:3 gut mit der Landesversorgung gekuppelt werden konnte. Die elektr. Energie erzeugen Bahnstrommaschinen in Wärme- oder Wasserkraftwerken, außerdem kann Bahnstrom über Netzkuppelumformer aus den öffentl. Drehstromnetzen bezogen werden. Das Bahnstromnetz (Spannung in Dtl. und Österreich 110 kV, in der Schweiz 132 oder 66 kV, Möglichkeit des Energieaustauschs wird ständig genutzt) bringt die Energie zu den Unterwerken, in denen sie auf die Fahrdrahtspannung transformiert und in die Oberleitung eingespeist wird; über Stromabnehmer gelangt sie in die Triebfahrzeuge, durch die Fahrschienen und die Erde ins Unterwerk zurück. Neben dieser zentralen Bahnstromversorgung besteht in Meckl.-Vorp. ein dezentrales System mit Speisung der Oberleitung aus den öffentl. Netzen über Umformer. Bei Neuelektrifizierung wird meist Wechselstrom aus den öffentl. Netzen (50 oder 60 Hz) verwendet, um eine besondere Bahnstromversorgung zu sparen. Der Einphasenstrom aus der Oberleitung wird in den Triebfahrzeugen gleichgerichtet und heute vielfach in Drehstrom mit stufenlos veränderbarer Spannung und Frequenz umgewandelt. Damit können in den elektr. →Lokomotiven Drehstrom-Induktionsmotoren verwendet werden.

Andere Länder benutzten zur Elektrifizierung schon um 1900 Gleichstrom; noch heute werden damit auch in Europa umfangreiche Vollbahnnetze betrieben: in Großbritannien mit 750 V, in Frankreich und den Niederlanden mit 1,5 kV, in Belgien, Italien, Spanien und Russland mit 3 kV. Wegen der geringen Fahrleitungsspannung verursachen Gleichstrombahnen höhere Leitungsverluste und erfordern Stromeinspeisung in kurzen Abständen.

Straßenbahnen und Stadtbahnen fahren i. d. R. mit Gleichspannung (500–750 V) aus Oberleitungen, U-Bahnen (750–1 500 V) meist aus Stromschienen, ebenso die S-Bahnen in Berlin (800 V) und Hamburg 1 200 V).

Geschichte

Die erste elektr. Bahn errichtete WERNER SIEMENS 1879 auf der Gewerbeausstellung in Berlin (150 V Gleichspannung). Danach wurden zunächst Straßenbahnen für elektr. Betrieb eingerichtet, die erste 1884 in Lichterfelde (heute zu Berlin). Als erste Vollbahn elektrifizierte die Baltimore & Ohio Railroad (USA) 1895 einen Tunnelabschnitt in Baltimore (650 V Gleichspannung). Erste elektr. Untergrundbahnen fuhren 1890 in London, 1896 in Budapest. Mit Einphasenwechselstrom (5 kV/16 Hz) wurde als Erste 1904 die Strecke Murnau–Oberammergau elektrifiziert. Danach entstanden in Dtl. elektrisch betriebene Strecken in Baden, Bayern, Mittel-Dtl. und im heute größtenteils zu Polen gehörenden Schlesien. Nach 1945 wurde das elektrifizierte Netz weiter ausgebaut. Es umfasst heute (1995) bei der Dt. Bahn AG 18 164 km Länge. In Österreich bestehen 3 308 km elektrifizierte Strecken und in der Schweiz 5 036 km, davon 2 030 km bei Privatbahnen.

H.-H. SCHAEFER: Elektrotechn. Anlagen für Bahnstrom (1981); H. KRAUS: Grundlagen elektrischer B. (1986); Ž. FILIPOVIĆ: E. B. (³1995). – EB Elektr. Bahnen (1925 ff., Ztschr.). – Weitere Literatur →Eisenbahn, →Lokomotive, →Triebwagen.

elektrische Energieerzeugung, Stromerzeugung, Verstromung, Umwandlung in der Natur vorhandener Primärenergie (chem., therm., mechan. Energie, Kernenergie, erneuerbare Energie) sowie von Sekundärenergie (Heizöl, Pumpwasser) in elektr. Energie. Dies geschieht in →Dampfkraftwerken, Dieselkraftwerken (allg. Verbrennungsmotorenkraftwerken), →Gasturbinenkraftwerken, →Kernkraftwerken, →geothermischen Kraftwerken, →Meereswärmekraftwerken, →Solarkraftwerken, →Wasserkraftwerken und →Windkraftwerken.

J. D. PINSKE: E. E. (²1993).

elektrische Energieübertragung, Elektrizitätsübertragung, Übertragung elektr. Energie über Höchstspannungsleitungen und -netze (Netzspannung über 150 kV; gebräuchlich sind 220 und 380 kV). Die e. E. erfolgt in Form von Drehstrom, in besonderen Fällen auch mit Gleichstrom, z. B. zur Überbrückung weiter Strecken, zum Koppeln großer Netze oder von Netzen unterschiedl. Frequenz. Die e. E. dient außerdem zum Elektrizitätsaustausch zw. benachbarten Ländern.

E. HANDSCHIN: Elektr. Energieübertragungssysteme (²1987).

elektrische Energieversorgung, →Elektrizitätsversorgung.

elektrische Energieverteilung, Elektrizitätsverteilung, geschieht durch Elektrizitätsversorgungsunternehmen vorwiegend mit Drehstrom über Leitungen und Netze mit Hochspannung (60 kV bis 150 kV; gebräuchlich sind 110 kV), mit Mittelspannung (1 kV bis 60 kV; gebräuchlich sind 10, 20 und 30 kV) und Niederspannung (bis 1 kV; gebräuchlich sind 220 und 380 V) bis zu den Anschlüssen der Niederspannungsabnehmer (Gewerbe, Haushalte). Daneben gibt es auch Hochspannungsabnehmer.

W. SCHULZE-BUXLOH: E. E., 2 Bde. (1980–81).

elektrische Erregung, die →elektrische Flussdichte.

elektrische Feldenergie, →elektrisches Feld, →Energie.

elektrische Feldkonstante, früher auch **absolute Di|elektrizitätskonstante des Vakuums, Influenzkonstante, Verschiebungskonstante,** Formelzeichen ε_0, der Quotient aus den Beträgen der elektr. Flussdichte D im Vakuum und der elektr. Feldstärke E mit dem Wert $\varepsilon_0 = 8,854\,187\,817 \cdot 10^{-12}$ As/Vm. (→Naturkonstanten, TABELLE)

elektrische Feldstärke, Formelzeichen E, im allgemeinen Fall eine orts- und zeitabhängige vektorielle Feldgröße, die an jeder Stelle zu jedem Zeitpunkt die Stärke und Richtung eines elektr. Feldes angibt; ihre gesetzl. SI-Einheit ist V/m. (→Elektrizität)

elektrische Festigkeit, di|elektrische Festigkeit, die →Durchschlagfestigkeit.

elektrische Fische, Bez. für systematisch unterschiedl. Fischarten mit Strom erzeugenden, **elektrischen Organen** aus vielen nebeneinander liegenden Säulen flacher, scheibenartig übereinander geschichteter Muskelzellen, die ihre Fähigkeit zur Kontraktion verloren haben. Einzelne Säulen sind durch gallertige Bindegewebe gegeneinander isoliert. Da sie nur von einer Seite innerviert werden, kommt es zur Serienschaltung elektr. Elemente, wobei durch gleichzeitige Erregung aller ›Platten‹ Spannungen bis zu 800 Volt erzeugt werden können (zur Verteidigung oder Elektronarkose von Beutetieren, z. B. beim Zitteraal); die einzelne Muskelfaser liefert bei Aktivierung eine Potenzialdifferenz von 0,06 bis 0,15 V. Die höheren Spannungen können auch dem Menschen gefährlich werden. Die Erzeugung eines der Orientierung in trüben Wasser oder in Dunkelheit dienenden elektr. Feldes erfordert geringere Spannungen von nur wenigen Volt (z. B. beim Nilhecht). Das selbst erzeugte elektr. Feld, aber auch die von anderen Objekten (Beutetiere, Feinde) erzeugten Felder können über →Elektrorezeptoren wahrgenommen werden. Zu den e. F. gehören Zitteraal, Zitterrochen, Zitterwels, Messeraale und Nilhechte.

elektrische Flussdichte, (di)elektrische Verschiebung, elektrische Verschiebungsdichte, elektrische Erregung, die einem elektr. Feld zugeordnete vektorielle elektr. Feldgröße D, deren Quellen die durch eine Raumladungsdichte ϱ gegebenen wahren →Ladungen sind: div $D = \varrho$. In isotropen Medien ist D mit der →elektrischen Feldstärke E gleichgerichtet und ihr proportional: $D = \varepsilon_r \varepsilon_0 E$, wobei ε_r die relative →Dielektrizitätskonstante und ε_0 die elektr. Feldkonstante ist. Die gesetzl. SI-Einheit der e. F. ist C/m^2. (→elektrischer Fluss)

elektrische Installation, Elektroinstallation, umfasst das fachmänn. Einbauen, Instandhalten oder Instandsetzen von Anlagen, bes. von Kabeln und Leitungsanlagen, der Stromversorgung (Starkstrom, Schwachstrom, Beleuchtung), der Fernmeldetechnik sowie des Blitzschutzes. E. I. dürfen nur von geschulten Elektrofachleuten, denen die Berufsausübung durch gesetzl. Bestimmungen sowie die ergänzenden Vorschriften des zuständigen Energieversorgungsunternehmens gestattet ist, vorgenommen werden.

elektrische Kapazität, die →Kapazität (→Elektrizität).

elektrische Ladung, Grundbegriff der Physik (→Ladung, →Elektrizität).

elektrische Leitfähigkeit, →Leitfähigkeit.

elektrische Leitungen, zur Übertragung elektr. Energie und Informationen dienende →Freileitungen und →Kabel, speziell Hoch-, Mittel- und Niederspannungsfreileitungen, Erdkabel und Luftkabel (isolierte Freileitungen), weiter die Übertragungsleitungen der →Datennetze sowie die e. L. der elektr. Hausinstallationen (Aufputzleitungen, Unterputzleitungen, flexible Leitungen).

elektrische Maschinen, Arten von Energiewandlern, deren Funktion auf den Gesetzen des Elektromagnetismus, bes. der elektromagnet. Induktion, beruht. I. w. S. gehören dazu auch die Transformatoren (ruhende e. M.); i. e. S. versteht man darunter rotierende Maschinen, die mechan. Energie in elektr. Energie (→Generator) oder elektr. Energie in mechan. Energie (→Elektromotor) sowie auch elektr. Energie einer Art in solche anderer Art (→Umformer, →Motorgenerator, →Frequenzumformer) umformen. Die meisten e. M. können als Generatoren und als Motoren verwendet werden. Nach der Stromart unterscheidet man Gleichstrom-, Drehstrom- und Einphasenwechselstrommaschinen. Nach Aufbau und Wirkungsweise sind zu unterscheiden: unipolare und kommutierende Gleichstrommaschinen, Synchron-, Asynchron- und Kommutatormaschinen.

Für den *Aufbau* e. M. werden dreierlei Arten von Stoffen verwendet: elektr. Leiter zur Führung des Stromes, Isolierstoffe, die ein Austreten des elektr. Stromes aus dem Leiter verhindern, und Eisen zur Führung des magnet. Feldes. Im Bereich magnet. Wechselflüsse ist der Eisenkörper aus isolierten →Dynamoblechen aufgebaut, um die Wirbelstromverluste klein zu halten.

E. M. bestehen aus einem fest stehenden **Ständer (Stator)** und einem rotierenden **Läufer (Rotor).** Ihre *Wirkungsweise* beruht auf der elektromagnet. →Induktion und auf der Kraftwirkung zw. dem Magnetfeld und stromdurchflossenen Leitern (→Elektrizität). Das magnet. Feld, das für den Betrieb von e. M. notwendig ist, wird bei Gleichstrom- und bei Synchronmaschinen meist durch ein mit Gleichstrom erregtes Polsystem aufrechterhalten. Bei kleinen e. M. kann das Polsystem auch aus Dauermagneten (Permanentmagneten) bestehen. Bei Asynchronmaschinen (Induktionsmaschinen) wird das magnet. Feld durch die von Dreh-

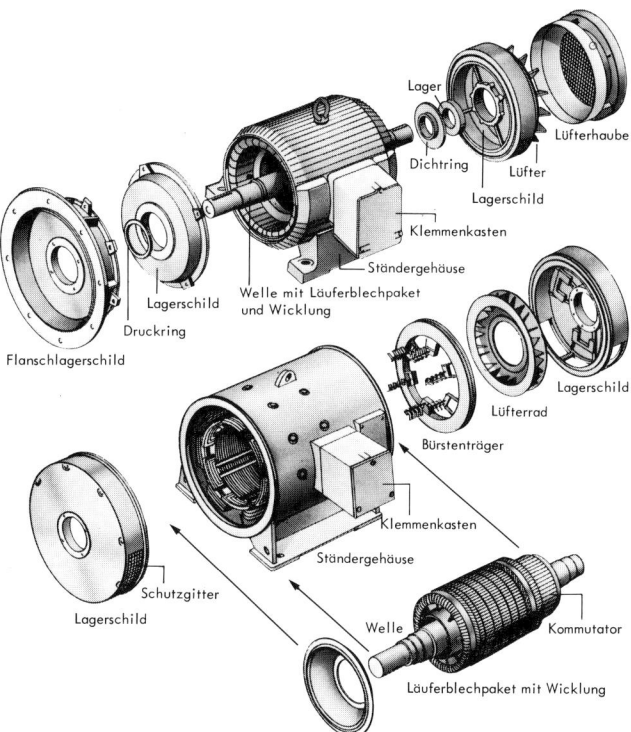

elektrische Maschinen: Hauptbestandteile eines Drehstromkäfigläufermotors (oben) und eines Gleichstrommotors (unten); weggelassen wurden u. a. Lager, Scheiben und Ringe

strom durchflossene Ständerwicklung als →Drehfeld vom speisenden Netz aus erregt. Das magnet. Feld induziert in der Ankerwicklung eine elektr. Spannung, die beim Generator die erzeugte elektr. Spannung darstellt und beim Elektromotor gemeinsam mit den Spannungsabfällen in seinen Wicklungen der Netzspannung das Gleichgewicht hält. Die Kräfte des magnet. Feldes auf die stromdurchflossenen Leiter erfordern beim Generator das notwendige Antriebsmoment und bewirken beim Elektromotor das an der Welle abzugebende Drehmoment.

Gleichstrommaschinen: **Unipolare Gleichstrommaschinen** (→Unipolarinduktion) haben zz. im Bereich der Technik nur eine geringe Bedeutung. **Kommutierende Gleichstrommaschinen** (Gleichstrommaschinen i. e. S.) werden als Außenpolmaschinen gebaut, d. h., das Magnetsystem mit den Polen und der Erregerwicklung befindet sich im Ständer. Dreht sich der Läufer im magnet. Feld des Polsystems, so wird in den Spulen der Ankerwicklung eine Wechselspannung induziert, die an fest stehenden Bürsten, die auf dem mit der Ankerwicklung verbundenen Kommutator schleifen, als Gleichspannung abgegriffen werden kann.

Dreh- und *Wechselstrommaschinen:* Die **Synchronmaschine** für Drehstrom oder einphasigen Wechselstrom wird meist als Innenpolmaschine gebaut, d. h., das Magnetsystem mit den (durch Gleichstrom erregten oder als Dauermagnete ausgeführten) Polen und der Erregerwicklung befindet sich im Läufer. Die Ankerwicklung befindet sich dabei im Ständer; sie kann als Drehstrom- oder Einphasenwicklung ausgeführt sein. Es wird eine elektr. Spannung induziert, deren Frequenz starr an die Drehzahl gebunden ist. Nach

Vorbeilauf eines Polpaares an irgendeiner Stelle der Ankerwicklung ist eine Periode der induzierten Wechselspannung abgelaufen. Um eine Wechselspannung von 50 Hz zu erzeugen, muss eine zweipolige Synchronmaschine 50 Umdrehungen je Sekunde oder 3 000 Umdrehungen je Minute ausführen. Bei einer übermäßigen Belastung ›kippt‹ die Synchronmaschine aus dem Synchronismus, sie ›fällt aus dem Tritt‹ (→Kippmoment).

Bei der **Asynchron-** oder **Induktionsmaschine** befinden sich im Ständer und Läufer verteilte Wicklungen, die von Drehstrom, seltener von einphasigem Wechselstrom durchflossen sind. Die Läuferwicklung kann eine dreiphasige Drehstromwicklung sein, die an Schleifringe geführt ist (Schleifringläufer, Phasenanker), oder eine Käfigwicklung (Kurzschluss- oder Käfigläufer). Die Asynchronmaschine wird überwiegend als Motor betrieben. Im Generatorbetrieb wird der Läufer mit einer wenig höheren Drehzahl angetrieben, als der Umlaufgeschwindigkeit des Ständerdrehfeldes (→Schlupf) entspricht. Im Motorbetrieb wiederum liegt die Drehzahl etwas unterhalb der synchronen Drehzahl des Drehfeldes. Diese e. M. läuft somit ›asynchron‹. Dem Drehzahlunterschied zw. Drehfeld und Läufer, der Schlupfdrehzahl, entspricht eine in der Läuferwicklung induzierte schlupffrequente Spannung (daher der Name Induktionsmaschine), die für das Betriebsverhalten von Bedeutung ist. Bei übermäßiger Belastung kann die Asynchronmaschine aus dem stabilen Betriebsbereich ›kippen‹. – **Drehstrom-Kommutatormaschinen** sind Drehstrommaschinen, die im Läufer einen Kommutator (Stromwender) besitzen. Sie werden als Motoren (→Elektromotor) oder als Frequenzumformer (→Frequenzwandler) verwendet.

E. H. LÄMMERHIRDT: E. M. u. Antriebe (1989); R. FISCHER: E. M. (⁸1992); GERMAR MÜLLER: Grundlagen elektrischer M. (1994); DERS.: Theorie elektrischer M. (1995).

elektrische Messgeräte, zur Messung, Anzeige und Aufzeichnung der Werte von Spannung, Stromstärke u. a. elektr. Größen sowie von magnet. Größen dienende Geräte. Je nach ihrer Aufgabe werden sie als Spannungsmesser oder (nach der zugehörigen Einheit) Voltmeter, Strommesser oder Amperemeter u. a. bezeichnet. Einige der Größen werden direkt gemessen, andere indirekt, z. B. durch Messung der Stromstärke eines von ihnen beeinflussten Stromes. Mithilfe geeigneter →Sensoren als Messwertgeber oder -wandler, die z. B. nichtelektr. in elektr. Größen umwandeln, können auch mechan. u. a. Größen elektrisch gemessen werden.

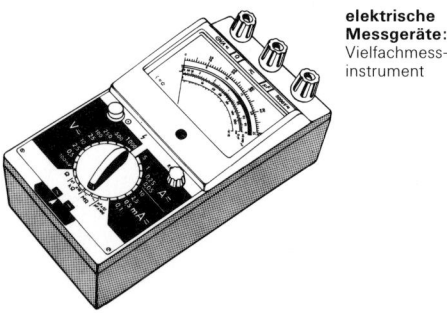

elektrische Messgeräte: Vielfachmessinstrument

Bei den **analog anzeigenden Messgeräten (analoge Messgeräte)** werden bes. bei der e. M. mit Zeigeranzeige solche Wirkungen des elektr. Stroms ausgenutzt, die in ihrem Messwerk ein dessen ›bewegl. Organ‹ verdrehendes Drehmoment erzeugen. Verglichen wird meist mit einem mechanisch hervorgerufenen Gegendrehmoment (Spiralfeder, Verdrehung eines Spann-

drahtes) oder, z. B. im →Kreuzspulinstrument, mit einem anderen, elektrisch hervorgerufenen Drehmoment.

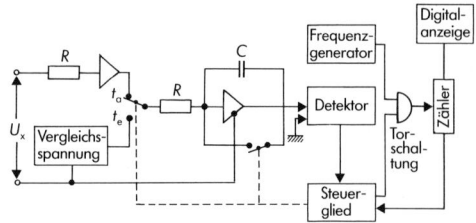

elektrische Messgeräte: Blockschaltbild eines Digitalvoltmeters mit Analog-digital-Umsetzung nach der Dual-Slope-Methode durch Aufladung (Dauer t_a) und Entladung (Dauer t_e) des Kondensators eines Integrierverstärkers ($U_x = U_v \cdot t_e / t_a$ gemessene Spannung, U_v Vergleichsspannung)

Ausnutzbare Wirkungen des elektr. Stromes sind: 1) Ablenkung eines Strom führenden Leiters im Magnetfeld beim →Drehspulinstrument, →Galvanometer und →elektrodynamischen Messinstrument; 2) Abstoßung zweier gleichpolig magnetisierter Eisenkörper beim →Dreheiseninstrument; 3) An- und Abstoßung eines Magnetankers durch Wechselstrommagnetisierung beim →Frequenzmesser (Zungenfrequenzmesser); 4) Einstellung eines Magneten auf das resultierende Magnetfeld eines Dauer- und eines Elektromagneten beim →Drehmagnetinstrument; 5) Induktionswirkung, die im Drehfeld auf einen Metallkörper ausgeübt wird; 6) Abstoßung oder Anziehung zweier elektr. Ladungen beim →Elektrometer; 7) Wärmewirkung des elektr. Stroms beim →Hitzdrahtinstrument und Bimetallmesswerk. Weitere ausgenutzte Wirkungen sind: 8) elektrochem. Wirkung beim →Voltameter; 9) Ablenkung eines Elektronenstrahls im magnet. oder elektr. Feld beim →Oszilloskop.

Die Genauigkeit der e. M. wird gekennzeichnet durch den Anzeigefehler, der die Differenz zw. dem gemessenen und dem wahren Wert der Messgröße darstellt. Der Anzeigefehler wird in % des Messbereichsendwertes, in % der Skalenlänge oder in % des Sollwertes angegeben. Die Empfindlichkeit eines e. M. ist das Verhältnis der Verschiebung der Anzeigemarke, z. B. Zeigerspitze, zur Änderung des Messwertes; hohe Empfindlichkeit bedeutet also einen großen Ausschlag bei kleiner Messgröße. Der Eigenverbrauch eines e. M. ist der Anteil an elektr. Energie, der im Gerät in mechan. Arbeit (z. B. durch Lagerreibung) oder Wärme (im inneren Widerstand des Messwerkes) umgesetzt wird. Große Empfindlichkeit entspricht kleinem Eigenverbrauch. Eine wichtige Angabe zur Beurteilung der Einsatzmöglichkeiten eines Messinstruments ist der Kennwiderstand, der das Verhältnis zw. innerem Widerstand und Messbereich darstellt. Ein Kennwiderstand von 1 000 Ω/V bei einem Spannungsmesser bedeutet z. B., dass der innere Widerstand im 5-V-Bereich einen Wert von 5 000 Ω hat. Der Zeiger eines e. M. muss sich in angemessener Zeit ohne unzulässige große Überschwingungen auf den gemessenen Wert einstellen, was durch die Dämpfung bewirkt wird. Üblich sind: die elektr. Dämpfung wie bei Drehspulinstrumenten, die Luftdämpfung, bei der ein Flügel in einer Kammer geschwenkt wird, sowie v. a. bei schreibenden Geräten die Wirbelstromdämpfung, bei der ein Metallblech zw. den Polen eines Dauermagneten geschwenkt wird.

Digital anzeigende Messgeräte (digitale Messgeräte) unterscheiden sich von analogen Messinstrumenten durch die Umsetzung der gemessenen Größe in digitale Signale und die Digitaldarstellung des Messwertes. Für die Erfassung nichtelektr. Größen sind sie wie alle anderen e. M. auch auf die Verwendung geeigneter Sensoren (Messfühler) angewiesen. Die i. A. analog vorliegende Messgröße wird von einem →Analog-digital-Umsetzer quantisiert, d. h. in digitale Impulsfolgen umgewandelt, einem elektron. Zähler (z. B. einer aus Flipflops aufgebauten Zählerdekade) zugeführt und mithilfe einer elektron. Schaltungen zur Anzeigesteuerung auf einem →Display als Zahlenwert dargestellt. Vorteile digitaler e. M. sind u. a.: hohe Empfindlichkeit (Steigerung durch Messverstärker), hohe Genauigkeit, (teilweise) automat. Bereichsumschaltung bei Überschreitung des Messbereichs, Vermeidung von Unsicherheiten und/oder Fehlern beim Ablesen des angezeigten Wertes.

Weite Verbreitung hat das **Digitalvoltmeter** (Abk. **DVM**) gefunden, das i. A. nicht nur zur Messung von Spannungen eingerichtet ist, sondern auch zur Strom- und Widerstandsmessung. Derartige **Vielfachmessinstrumente** (Multimeter) werden als handl. Serviceinstrumente und als Einbaugeräte für automat. Messwerterfassungssysteme verwendet.

P. M. Pflier u. a.: E. Meßgeräte u. Meßverfahren ([4]1978); M. Stöckl u. K. H. Winterling: Elektr. Meßtechnik ([8]1987); K. Bergmann: Elektr. Meßtechnik ([5]1993); E. Schrüfer: Elektr. Meßtechnik ([6]1995).

elektrische Polarisation, Formelzeichen *P*, als quantitatives Maß für die Erscheinungen der dielektr. und paraelektr. →Polarisation dienende vektorielle Feldgröße $P = D - \varepsilon_0 E$, die Differenz zw. der elektr. Flussdichte *D* und der mit der elektr. Feldkonstante ε_0 multiplizierten elektr. Feldstärke *E*. Die Feldgröße P/ε_0 wird als **Elektrisierung** bezeichnet. Die gesetzl. SI-Einheit der e. P. ist C/m^2.

Elektrischer Aal, der →Zitteraal.

elektrische Reizung, *Neurophysiologie:* Auslösung einer Erregung mithilfe des elektr. Stroms, v. a. an Nerven- und Muskelzellen oder -fasern, sodass es zu einer Depolarisation der Zellmembran kommt, wobei in Abhängigkeit von der Stromstärke fortgeleitete Aktionspotenziale entstehen. Steigt die Stromstärke ganz langsam an, so kann infolge langsamer Depolarisation die Reizschwelle ansteigen; dadurch lösen vormals überschwellige Reize keine Erregung mehr aus (**Einschleicheffekt**).

elektrischer Fluss, Formelzeichen Ψ, das früher auch als elektr. **Kraft**- oder **Verschiebungsfluss** bezeichnete Flächenintegral der →elektrischen Flussdichte *D* über eine beliebige Fläche (Flächeninhalt *A*), die von *D* durchsetzt wird. Ist *n* der Normaleneinheitsvektor im Flächenelement d*A* und d*A* = *n* d*A* das zugehörige gerichtete Flächenelement, so gilt:

$$\Psi = \int_A D \cdot dA = \int_A D \cdot n \, dA = \int_A D_n dA,$$

mit der durch das Skalarprodukt $D \cdot n = D_n = D \cdot \cos\varphi$ gegebenen Komponente von *D* in Normalenrichtung (φ = Winkel zw. *D* und *n*). Umschließt die Fläche *A* eine elektr. Ladung *Q*, so ist $\Psi = Q$ nach der →maxwellschen Theorie der Elektrodynamik.

elektrischer Leitwert, *Elektrotechnik:* →Leitwert.

Elektrische Rochen, die →Zitterrochen.

elektrischer Schlag, der →Elektrounfall.

elektrischer Strom, Grundbegriff der Elektrizitätslehre (→Elektrizität).

elektrischer Stuhl, in einigen Staaten der USA Vorrichtung zur Vollstreckung der Todesstrafe. Durch den Körper des auf dem e. S. sitzenden Delinquenten wird über am Körper angebrachte Elektroden ein Gleichstrom geleitet, der den Tod herbeiführt.

elektrischer Widerstand, →Widerstand; bei komplexen Wechselstromwiderständen: →Impedanz.

elektrische Schwingungen, →elektrische Wellen.

elektrisches Feld, den elektr. Zustand des Raumes repräsentierendes vektorielles →Feld, das von ruhenden (**elektrostatisches Feld**) oder bewegten Ladungen als seinen materiellen Quellen sowie durch zeitlich veränderl. Magnetfelder (**elektromagnetisches Feld;** →maxwellsche Theorie) erzeugt wird und durch das jede elektr. Ladung eine ihrer Größe *Q* proportionale ortsabhängige Kraft *F*(*r*) erfährt (*r* = Ortsvektor). In seiner räuml. Verteilung wird es durch elektr. Feldlinien (→Elektrizität), in seiner Stärke mithilfe dieser Kraft durch die elektr. Feldstärke *E*(*r*) = *F*(*r*)/*Q* dargestellt. – In einem e. F. ist eine bestimmte Energie gespeichert, die **elektrische Feldenergie** mit der Energiedichte $w_e = \frac{1}{2}\varepsilon_0 E^2$ im leeren Raum (ε_0 = elektr. Feldkonstante) oder $w_e = \frac{1}{2} E \cdot D = \frac{1}{2}\varepsilon_0 E^2 + \frac{1}{2} E \cdot P$ in einem polarisierten Dielektrikum (*D* = elektr. Flussdichte, *P* = elektr. Polarisation).

elektrische Sicht, Bez. für Abstandshaltung aufeinander folgender Schienenfahrzeuge (Eisenbahn, U-Bahn, Straßenbahn) mittels →Zugbeeinflussung, bestehend aus Ortungs- und Datenverarbeitungseinrichtungen zur geschwindigkeitsabhängigen Bremsregelung. Das Fahren auf e. S. bietet eine höhere Streckenleistungsfähigkeit als das Fahren auf ortsfeste Signale im Raumabstand. (→Eisenbahnsignale).

elektrisches Klavier, elektrisch angetriebenes mechan. Musikinstrument, das wie ein Klavier aussieht und teilweise – neben der über eine Walze mit Stiften oder Lochstreifen gesteuerten Spielautomatik – auch manuell wie ein Klavier gespielt werden kann.

elektrisches Moment, i. e. S. das Dipolmoment eines elektr. →Dipols, allg. das Moment eines elektr. →Multipols.

elektrische Spannung, elektrische Potenzialdifferenz, Formelzeichen *U* oder *V,* wesentliche physikal. Größe der Elektrizitätslehre und der Elektrotechnik (→Elektrizität, →Spannung); ihre gesetzl. SI-Einheit ist das Volt (V).

elektrische Stromstärke, Formelzeichen *I,* wesentliche physikal. Größe der Elektrizitätslehre und Elektrotechnik (→Elektrizität, →Stromstärke); ihre gesetzl. Einheit ist die SI-Basiseinheit →Ampere (A).

elektrische Trennverfahren, Aufbereitungsverfahren zur Trennung eines Mineralgemisches nach den unterschiedl. Dielektrizitätskonstanten, Ladungen und/oder Leitfähigkeiten im Hochspannungsfeld (30–100 kV). Als Geräte werden verwendet: Kammerscheider, Freifallscheider, Walzenscheider mit Sprühelektrode.

elektrische Urspannung, die →elektromotorische Kraft einer Strom- oder Spannungsquelle.

elektrische Ventile, Stromrichterventile, Bauelemente der Elektrotechnik (bes. der Leistungselektronik) mit zwei Hauptanschlüssen, die dem elektr. Strom in der Durchlassrichtung nur einen sehr kleinen, in ihrer Sperrrichtung einen hohen Widerstand bieten, sodass sie den Strom praktisch nur in einer Richtung leiten und als →Stromrichter einsetzbar sind. Bei **echten Ventilen** beruht die Ventilwirkung auf physikal. Eigenschaften (Sperrschichteffekt bei den fast ausschließlich verwendeten →Halbleiterventilen, unterschiedl. Austrittsarbeit der Elektroden bei Glühkathodenröhren und Quecksilberdampfgefäßen). Man unterscheidet hier **ungesteuerte Ventile** (→Diode), die in der Durchlassrichtung ständig leiten, und **steuerbare Ventile** (→Thyristor), die in der Durchlasstung erst durch einen kurzzeitigen Steuerimpuls auf eine Steuerelektrode leitend werden, anschließend aber in dieser Richtung erst wieder sperrfähig werden, wenn der Strom durch äußere Einwirkung abgeklungen ist. Als **unechte Ventile** lassen sich spezielle mechan. Schalter, die in einem vorgegebenen Rhythmus betätigt werden, betreiben, z. B. im Kontaktumformer.

elektrische Verschiebung, die →elektrische Flussdichte.

elektrische Welle, elektr. Schaltung, durch die der Gleichlauf von zwei oder mehreren elektr. Maschinen, auch ohne mechan. Verbindung durch Wellen, erreicht wird. Zur Sicherung des Gleichlaufs werden meist Asynchronmotoren mit Schleifringläufer (→Elektromotor) eingesetzt, deren Ständerwicklungen von gleichen Netz gespeist werden und deren Läuferwicklungen über die Schleifringe miteinander verbunden sind. E. W. werden beim Antrieb von Portalkranen, Wehranlagen, Werkzeugmaschinen, Papiermaschinen u. a. verwendet.

elektrische Wellen, Bez. für diejenigen elektromagnet. Wellen, die mithilfe elektr. Anordnungen (z. B. Schwingkreise) erzeugt werden. Sie reichen von den zum techn. Wechselstrom gehörenden e. W. bis zu den kürzesten Millimeterwellen, deren Bereich mit dem der langwelligsten Wärmestrahlen überlappt.

Die techn. Geräte, mit denen e. W. erzeugt werden, enthalten zwei wesentl. Bestandteile: ein schwingungsfähiges Gebilde und ein Schaltorgan, das elektrostat. Energie (Gleichspannung) in Schwingungsenergie umsetzt. Eine Ausnahme bilden die Wechselstromgeneratoren und Hochfrequenzmaschinen, die unmittelbar mechan. Energie in elektr. Schwingungen umwandeln. Das schwingungsfähige Gebilde ist im einfachsten Fall ein **thomsonscher Schwingkreis,** bestehend aus einem Kondensator (Kapazität C) und einer Spule (Induktivität L). Wird der aufgeladene Kondensator über die Spule entladen, so entstehen gedämpfte **elektrische Schwingungen** (genauer: **elektromagnetische Schwingungen**) mit einer Frequenz f, die

elektrische Wellen: 1 bis **3** Feldlinienverlauf des sich von einem Dipol ablösenden elektrischen Feldes; t Zeit, T Schwingungsdauer; **4** Magnetische Feldlinien

durch die **Thomson-Formel** $f = 1/(2\pi\sqrt{LC})$ gegeben ist. Der Entladungsstrom erzeugt in der Spule ein Magnetfeld, bei dessen Abbau eine Induktionsspannung entsteht, die den Kondensator entgegengesetzt auflädt, bis die magnet. Energie verbraucht ist und die elektr. Energie im Kondensator ein Maximum erreicht. Dann wiederholt sich der Vorgang in umgekehrter Richtung. Da es praktisch nicht möglich ist, vollkommen verlustfreie Schwingkreise zu bauen, treten immer mehr oder weniger **gedämpfte Schwingungen** auf. Man kann jedoch **ungedämpfte Schwingungen** erzeugen, indem man nachgelieferte Gleichstromenergie kontinuierlich in Schwingungsenergie umwandelt. Das erreicht man mit einem Röhren- oder Transistorsender. Bei kleinen Wellenlängen ($\lambda < 1$ m) muss man zu anderen Formen der Schwingungskreise übergehen (→Lecher-Leitung, →Hohlraumresonator, →Hohlleiter, →Klystron, →Wanderfeldröhre, →Magnetron).

Jeder Schwingkreis, der nicht allseitig abgeschirmt ist, strahlt e. W. (und damit Energie) in den Raum ab. Wenn man diese **Abstrahlung** begünstigen will, muss man dem Leiter eine besondere Form geben **(offener Schwingkreis),** sodass er zur Sendeantenne wird (→Antenne).

Elektrisiermaschine, Demonstrationszwecken dienende Vorrichtung zur Erzeugung hoher elektr. Spannungen durch Ladungstrennung. Bei **Reibungs-E.** berührt eine rotierende Glasscheibe (bei der um 1660 von O. VON GUERICKE erfundenen E. eine Schwefelkugel) ein Reibzeug (Leder mit Amalgambelag), wodurch eine positive Aufladung der Scheibe hervorgerufen wird; die positiven Ladungen werden durch Spitzenentladungen (über ›Spitzenkämme‹) auf eine als Ladungsspeicher dienende Metallkugel (Konduktor) übertragen. Bei **Influenz-E.** – die ersten wur-

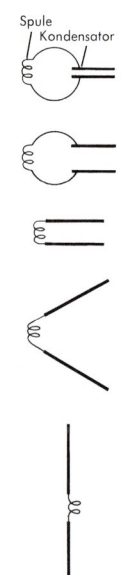

Spule
Kondensator

elektrische Wellen: Übergang vom geschlossenen (›thomsonschen‹) Schwingkreis (oben) zum offenen elektrischen (›hertzschen‹) Dipol (unten)

den 1865 von W. HOLTZ (* 1836, † 1913; dt. Physiker) und 1866 von A. TÖPLER (* 1836, † 1912; dt. Physiker) konstruiert – rotieren zwei mit Metallstreifen belegte Hartgummischeiben in geringem Abstand auf einer gemeinsamen Achse in entgegengesetzter Richtung, wodurch jeweils zwei sich gegenüberstehende Metallstreifen durch Influenz entgegengesetzt aufgeladen werden. Die Ladungen werden auch hier durch Spitzenwirkung auf Konduktoren gebracht. Mit derartigen E. lassen sich Spannungen bis zu einigen 100 kV erreichen. – Zu den E. gehört auch der →Bandgenerator.

Elektrisierung, *Elektrizitätslehre:* 1) die elektr. Aufladung eines festen Körpers, der nicht leitend mit dem Erdboden verbunden ist, durch Reibung (bei Dielektrika) oder durch →Influenz; 2) →elektrische Polarisation.

Elektrizität *die, -,* alle Erscheinungen im Zusammenhang mit dem Vorhandensein ruhender oder bewegter elektr. Ladungen und damit verbundenen elektr. und magnet. Feldern sowie Kraftwirkungen; i. e. S. bezeichnet man als E. auch die elektr. Ladungen selbst und die mit ihren Bewegungen verknüpften elektr. Ströme sowie – bes. in der →Elektrotechnik – die elektr. Energie (vgl. Begriffe wie E.-Werk, E.-Zähler u. Ä.).

Elektrostatik

Die Elektrostatik ist die Lehre von den ruhenden **elektrischen Ladungen** und ihren zeitlich unveränderl. Feldern, die die Wechselwirkungen mit der Umgebung beschreiben. In der Natur finden sich zwei Arten elektr. Ladungen, die in beiden, als positiv und negativ bezeichneten Erscheinungsformen an Materie gebunden und i. d. R. in der Materie gleichmäßig verteilt sind; sie können z. B. in Elektrisiermaschinen getrennt und gesondert angesammelt werden: Die **positive Ladung (positive E.)** ist v. a. mit den Protonen in den Atomkernen der Atome verknüpft, die **negative Ladung (negative E.)** v. a. mit den in der Atomhülle der Atome gebundenen und aus dieser freisetzbaren →Elektronen. Infolge des atomaren Aufbaus der Materie haben makroskop. Körper bei negativer Aufladung einen Elektronenüberschuss, bei positiver Aufladung einen Elektronenmangel. Zw. elektrisch geladenen Teilchen oder Körpern treten **elektrische Kräfte** auf, die bewirken, dass sich gleichnamige Ladungen abstoßen, ungleichnamige Ladungen dagegen anziehen (→coulombsches Gesetz). Diese Kräfte können mit der coulombschen →Drehwaage gemessen werden. Während lange Zeit die Vorstellung herrschte, dass die Kräfte zw. den Ladungen unvermittelt durch den Raum augenblicklich einander wirken **(Fernwirkungstheorie),** hat sich seit M. FARADAY die **Nahewirkungstheorie** durchgesetzt. Nach ihr ist der Zustand des Raumes in der Umgebung einer Ladung verändert, es besteht ein →elektrisches Feld, in dem jeder Punkt an den unmittelbar benachbarten die Kraftwirkung weitergibt. Die Richtung, in der die Kraft auf eine Probeladung wirkt, wird durch **Kraftlinien (Feldlinien)** veranschaulicht, ihr Betrag durch deren Dichte. Entlang den Kraftlinien ändert sich die →elektrische Feldstärke *E.* Orte gleicher Feldstärken liegen auf zusammenhängenden Flächen senkrecht zu den Kraftlinien, auf denen die potenzielle Energie einer Ladung Q jeweils konstant ist. Die Energiedifferenz W (Potenzialdifferenz) zw. zwei derartigen →Äquipotenzialflächen ist proportional der Ladung: $W = Q \cdot U$. Den Proportionalitätsfaktor U nennt man **elektrische Spannung.** Misst man die Energiedifferenz in Joule (J), die Ladung in Coulomb (C), so ergibt sich die Spannung in Volt (V).

Ein elektr. Feld lässt sich neben der elektr. Feldstärke *E* auch durch eine weitere Feldgröße, die

→elektrische Flussdichte oder Verschiebung **D,** beschreiben, die i. A. proportional zur elektr. Feldstärke ist und im Zusammenhang mit der Verschiebung von Ladungen im elektr. Feld eingeführt wurde. Bringt man z. B. in das homogene elektr. Feld eines Plattenkondensators senkrecht zu den Feldlinien zwei sich zunächst berührende Metallplatten und zieht sie auseinander, so sind sie gleich, aber mit entgegengesetztem Vorzeichen geladen. Diese Ladungstrennung im elektr. Feld nennt man →Influenz. Für die auf der Plattenfläche A_i jeder Metallplatten influenzierte Ladung Q_i gilt, wenn A die Fläche einer Kondensatorplatte und Q die auf ihr befindl. Ladung ist: $Q_i/A_i = Q/A = D$, d. h., der Betrag der elektr. Verschiebung ist der Flächenladungsdichte der durch Influenz verschobenen Ladung gleich.

In einem Leiter trennen sich durch Influenz so lange Ladungen, bis in ihm kein elektr. Feld mehr besteht, das weitere Ladungen bewegen könnte. Ein Leiter hat überall konstantes Potenzial, wenn in ihm nicht durch dauernde Energiezufuhr eine Potenzialdifferenz aufrechterhalten wird. Ein mit $-Q$ geladener Leiter hält an der gegenüberstehenden, leitenden Platte die Ladung $+Q$ fest; die negativen Ladungen fließen ab. Im Endzustand haben Leiter und Platte je ein festes Potenzial. Die Potenzialdifferenz (Spannung) U ist proportional zu Q; es gilt: $Q = CU$, wobei die Konstante C, die nur von der geometr. Anordnung der Leiter zueinander abhängt, als **elektrische Kapazität** bezeichnet und in Farad (F) gemessen wird. Ist der Zwischenraum mit einem Dielektrikum der Dielektrizitätszahl (relativen →Dielektrizitätskonstante) ε_r ausgefüllt, so multipliziert sich die Vakuumkapazität mit ε_r (→Kondensator). Im Vakuum und in Gasen schließlich können räumlich verteilte Ladungen auftreten mit einer von Ort zu Ort versch. Raumladungsdichte.

Elektrischer Strom

Über einen **Leiter** entlädt sich ein Kondensator i. A. sofort, über einen **Halbleiter** nur verhältnismäßig langsam, über einen **Isolator** so gut wie überhaupt nicht. Dabei erfolgt durch den Leiter ein als **elektrischer Strom** bezeichneter Ladungstransport, dessen Stärke, die in der Sekunde durch den Leiter fließende Ladungsmenge, als **elektrische Stromstärke** I bezeichnet und in Ampere (1 A = 1 C/s) gemessen wird. Der Begriff der elektr. Stromstärke wird wichtig, wenn man über längere Zeiten konstante Stromstärken herstellen kann, wenn man also Vorrichtungen hat, die trotz ständiger Ladungsentnahme konstante Spannungen aufrechterhalten. Bei sehr kleinen Stromstärken ermöglichen dies z. B. Elektrisiermaschinen. Größere Ströme erhält man ohne Benutzung elektrodynam. Vorgänge durch Zusammenschalten von bestimmten **Leitern der 1. Klasse**, z. B. Metallen mit von null versch. →Berührungsspannung, mit einem **Leiter der 2. Klasse**, einem →Elektrolyten, weil dann elektrochem. Vorgänge eine Stromerzeugung bewirken können (→Elektrochemie). Verbindet man z. B. in angesäuertes Wasser getauchte Platten von Kupfer und Zink, so fließt ein Strom. Durch Hintereinanderschalten solcher Elemente kann man größere elektr. Spannungen erzielen. Will man die Stromstärke vergrößern, muss man Elemente gleicher Spannung parallel schalten (→galvanische Elemente).

Der elektr. Strom kann durch seine **magnetische Wirkung** gemessen werden (H. C. ØRSTED, 1820): Jede bewegte elektr. Ladung wird außer von ihrem elektr. Feld zusätzlich von einem →Magnetfeld ringförmig umgeben. Die Magnetfeldlinien verlaufen, in Richtung des Stromes gesehen, im Rechtsschraubensinn (→Rechtefaustregel). Ein Strom, der von Süden nach Norden über eine Magnetnadel geführt wird, lenkt also den Nordpol der Nadel nach Westen ab,

wenn man als Stromrichtung die vom positiven Pol der Batterie zum negativen festsetzt **(konventionelle** oder **technische Stromrichtung).** Diese in der Physik und Elektrotechnik gebräuchl., historisch bedingte Stromrichtung ist der Laufrichtung der Elektronen im Leiter entgegengesetzt. Durch ihre Magnetfelder üben zwei Strom führende Leiter Kräfte aufeinander aus (→ampèresches Gesetz). Ein Zylinder, auf den der Strom führende Draht aufgewickelt ist (→Spule), verhält sich wie ein Magnet (→Elektromagnet). In dieser Verknüpfung elektr. und magnet. Erscheinungen zeigt sich bereits ein erster Ansatz zu ihrer vollständigen Verschmelzung in der Elektrodynamik.

Durch gleichzeitige Spannungs- und Strommessung gelangt man zum →ohmschen Gesetz: $U = R \cdot I$, mit dem im Ohm (Ω) gemessenen ohmschen Widerstand als Proportionalitätsfaktor. Eine zweite wichtige Wirkung des elektr. Stromes ist die **Erwärmung des Leiters** bei Stromdurchgang (J. P. JOULE, 1841). Die in einem Draht erzeugte **joulesche Wärme** (→joulesches Gesetz) lässt sich zur Strommessung benutzen (→Hitzdrahtinstrument). – Zur Definition der Stromstärke lassen sich schließlich auch die **elektrolytischen Wirkungen** des elektr. Stromes verwenden (→Elektrolyse).

Elektrodynamik

Im Ggs. zu A. M. AMPÈRE, der als Elektrodynamik allg. die Lehre von den Kräften bezeichnete, die von bewegten Ladungen (elektr. Strömen) ausgehen, versteht man heute darunter häufig nur die Lehre von den zeitlich veränderl. **elektromagnetischen Feldern.** Historisch wie auch sachlich lassen sich zwei Teilgebiete abgrenzen: 1) die Elektrodynamik langsam veränderl. Felder, zu denen auch jedes von einem niederfrequenten →Wechselstrom erzeugte Feld gehört, und 2) die Elektrodynamik schnell veränderl. Felder. Die Erzeugung langsam veränderl. Felder beruht ausschließlich auf der elektr. →Induktion (M. FARADAY, 1831–34): In einem geschlossenen Leiter wird eine Spannung induziert, wenn sich der die Leiterschleife umsetzende magnet. Kraftfluss zeitlich ändert. Es zeigt sich, dass nicht nur jede bewegte Ladung, allg. jeder elektr. Strom, von magnet. Feldlinien umschlungen ist, sondern dass auch jeder sich ändernde magnet. Fluss seinerseits von geschlossenen elektr. Feldlinien umgeben ist. Aus dieser als **Elektromagnetismus** bezeichneten und durch die →maxwellsche Theorie der Elektrodynamik beschriebene Verknüpfung elektr. und magnet. Größen bei ihren räuml. und zeitl. Änderungen lässt sich die Fülle der oft verwickelten Beziehungen zw. veränderl. Strömen und Feldern ableiten, die die Wirkungsweise z. B. von Elektromotoren, Generatoren u. a. erklären und damit die Entwicklung der modernen Elektrotechnik ermöglichten. Während die Induktion bei langsam veränderl. Feldern die wesentl. Rolle spielt (→Transformator, →Generator), lässt sich die magnet. Wirkung des 1862 von J. C. MAXWELL in seiner Theorie eingeführten **Verschiebungsstromes** (die zeitl. Änderung der dielektr. Verschiebung) nur in schnell veränderl. Feldern beobachten (H. HERTZ, 1888). Diese lassen sich nicht mehr durch einfache mechan. Mittel (Bewegung von elektr. Leitern im Magnetfeld oder von Magneten im elektr. Feld) erzeugen. Sie entstehen vielmehr in elektr. →Schwingkreisen durch hochfrequente Entladungsströme, die elektr. Schwingungen darstellen. Dabei lösen sich die mit ihnen verknüpften elektromagnet. Felder von den stromdurchflossenen Leitern ab und breiten sich als →elektromagnetische Wellen in den Raum

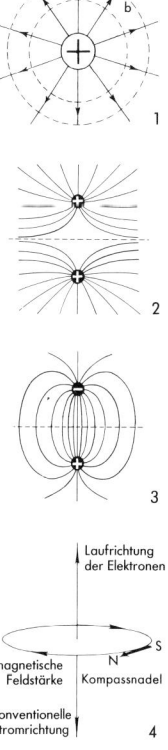

a
b

1

2

3

Laufrichtung
der Elektronen

S
N

magnetische
Feldstärke   Kompassnadel

konventionelle
Stromrichtung

4

magnetische
Feldstärke
(nach oben
zunehmend)

elektrische
Feldstärke
(konventionelle
Stromrichtung)

5

Elektrizität: 1 Elektrisches Feld einer geladenen Kugel; a Kraftlinien, b Äquipotenzialflächen (gestrichelt); **2** Feldverlauf bei zwei gleichnamigen, **3** bei zwei ungleichnamigen Ladungen; **4** Magnetfeld eines Stromes; **5** Elektrisches Feld eines veränderlich magnetischen Kraftflusses aus. Die durch die maxwellsche Theorie gegebene Erklärung der elektromagnet. Erscheinungen umfasst schließlich auch die Ausbreitung von Wärme-, Licht-, Röntgen- und Gammastrahlung als räumlich und zeitlich period. Änderung elektromagnet. Felder.

Atomistik der elektrischen Erscheinungen

Die maxwellsche Theorie der elektromagnet. Felder charakterisiert die Stoffe im Wesentlichen durch Dielektrizitätskonstante, Permeabilität und spezif. elektrischen Widerstand. Sie selbst bietet keine Möglichkeit, die Unterschiede der Stoffe hinsichtlich dieser Konstanten zu erklären. Die elektromagnet. Lichttheorie gibt keine Auskunft über die Prozesse, die zur Lichtaussendung führen, v. a. nicht über die diskreten Wellenlängen (Spektrallinien) des von glühenden Gasen ausgesandten Lichtes. Die Antwort auf diese Fragen hat erst die Atomphysik gegeben, die durch die Entdeckung der Röntgenstrahlen, der Radioaktivität und der Elektronen eingeleitet wurde und durch die Quantenmechanik und Quantenelektrodynamik ein theoret. Fundament erhielt.

Danach besteht die **Elektrizitätsleitung in Metallen,** allg. in Leitern 1. Klasse, in der Bewegung von Elektronen. Der →ohmsche Widerstand kommt dadurch zustande, dass die Elektronen durch Gitterbaufehler, z. B. Fremdatome und Versetzungen, und durch temperaturbedingte →Gitterschwingungen (Phononen) abgelenkt werden und Energie verlieren; sie bewegen sich wie in einem reibenden Medium. Die joulesche Wärme ist also als Reibungswärme zu deuten. In Gasen sowie in flüssigen und festen Isolatoren kann neben dieser Leitung durch Elektronen noch – ebenso wie in einem Elektrolyten oder Plasma – eine Leitung durch Ionen stattfinden. Bei den **Elektronenleitern** und **-halbleitern** hat man eine Reihe von Effekten beobachtet, die vollständig erst durch die Quantenmechanik (→Bändermodell) aufgeklärt werden konnten, so z. B. die →thermoelektrischen Effekte, den →Gleichrichtereffekt im Übergangsgebiet zw. einem →Halbleiter und einem Metall und im Übergangsgebiet zw. p- und n-Halbleitern (→p-n-Übergang, →Sperrschicht) und den inneren →Photoeffekt. Neben den Energieverlusten durch Leitung können in Isolatoren noch zusätzl. Verluste auftreten, wenn die Moleküle des Stoffes ein permanentes Dipolmoment besitzen **(polare Moleküle).** Sie werden dann in einem elektr. Wechselfeld hin- und hergedreht und verlieren durch Reibung Energie. Diese Reibungsverluste sind im Ggs. zu den Leitungsverlusten frequenzabhängig (→dielektrische Verluste). – Bei den **dielektrischen Stoffen** mit unpolaren Molekülen verursacht ein außen angelegtes elektr. Feld Verschiebungen der in ihnen befindl. negativen und positiven Ladungen gegeneinander, wodurch molekulare Dipolmomente erzeugt werden; diese **dielektrische** oder **Verschiebungspolarisation** nimmt i. A. proportional zur angelegten elektr. Feldstärke zu (→elektrische Polarisation). Bei den polaren Stoffen kommt eine weitere Polarisation durch Ausrichten der vorhandenen Dipole hinzu, die ebenfalls mit wachsendem Feld ansteigende **parelektrische Polarisation.** Bei manchen Kristallen (z. B. Quarz) ist die parelektr. Polarisation von mechan. Deformationen begleitet (→Elektrostriktion), wie auch umgekehrt in solchen Kristallen durch Deformation eine Ladungsverschiebung erzeugt wird, die sich in dem Auftreten von Oberflächenladungen äußert. Eine Folge der parelektr. Polarisation ist der **pyroelektrische Effekt** (→Pyroelektrizität).

Geschichte

Die Lehre von der E. ist wesentlich jünger als die vom Magnetismus. W. GILBERT stellte 1600 die ersten Untersuchungen über die ›corpora electrica‹ und die ›vis electrica‹ an und verstand darunter Stoffe, die wie der Bernstein (griech. ēlektron) nach dem Reiben leichte Körper anzuziehen vermögen. Das Substantiv ›electricity‹ benutzte erstmals 1646 T. BROWNE in seiner ›Pseudodoxia epidemica‹. O. VON GUERICKE, R. HOOKE, R. BOYLE, F. HAUKSBEE u.a. beobachteten zwar Vorgänge elektr. Natur, ohne sie aber in diesem Sinne aufzufassen.

Erst um das Jahr 1730 entwickelte sich durch die Entdeckungen von S. GRAY und C.-F. DUFAY eine Lehre von der Reibungs-E., die B. FRANKLIN, E. G. VON KLEIST, J. H. WINCKLER, F. U. T. ÄPINUS, J. PRIESTLEY, J. C. WILCKE, A. VOLTA und C. A. COULOMB weiterführten. Durch L. GALVANIS Untersuchungen über ›tierische Elektrizität‹ (1789) und die dadurch veranlasste Erfindung der voltaschen Säule (1799/1800) wurde ein neuer Abschnitt der E.-Lehre angebahnt. Sie begann mit der Entwicklung der Elektrochemie (J. W. RITTER, C. J. D. VON GROTTHUSS, J. BERZELIUS, H. DAVY), ging im Anschluss an H. C. ØRSTEDS Entdeckung des Elektromagnetismus (1820) durch die von A. M. AMPÈRE entdeckten und benannten Erscheinungen in die Entwicklung der Elektrodynamik über und fand durch die Entdeckung der Thermo-E. (T. J. SEEBECK 1821), die Aufstellung des ohmschen Gesetzes (G. S. OHM 1826) und die Entdeckung der Induktionserscheinungen durch M. FARADAY (1831) einen gewissen Abschluss.

Theoretisch wurde all dies nach dem Vorgehen von AMPÈRE zunächst in Form von Fernwirkungstheorien zusammengefasst (F. NEUMANN, W. WEBER), bis dann J. C. MAXWELL die von FARADAY entwickelte Vorstellung der den Raum durchziehenden elektr. und magnet. Kraftlinien zu einer Theorie des elektromagnet. Feldes ausbildete, die nicht nur die Erscheinungen der Elektrodynamik vollständig beschreiben konnte, sondern auch eine elektromagnet. Lichttheorie einschloss. Sie wurde u. a. durch die Versuche von H. HERTZ (1887/88) und O. LODGE über die Ausbreitung elektr. Wellen bestätigt. Schon etwas früher hatten Untersuchungen über den Durchgang der E. durch Gase begonnen (M. FARADAY 1837, J. PLÜCKER 1859, J. W. HITTORF 1869, W. CROOKES 1879), die zur Entdeckung der ›Kathodenstrahlen‹ durch PLÜCKER sowie der ›Kanalstrahlen‹ durch E. GOLDSTEIN und zur Klärung des Wesens dieser Korpuskularstrahlen durch J. PERRIN, J. J. THOMSON, P. LENARD und W. WIEN führten.

1895 führte H. A. LORENTZ mit seiner →Elektronentheorie die Atomistik in die E.-Lehre ein und konnte dadurch u. a. die in der maxwellschen Theorie unerklärt gebliebenen Materialkonstanten erläutern. 1905 schließlich begründete A. EINSTEIN die relativist. Elektrodynamik bewegter Körper.

R. BECKER u. F. SAUTER: Theorie der E., 3 Bde. ($^{1-2}$1969–73); H. SCHILLING: Elektromagnet. Felder u. Wellen (^{2}1975); K. MEETZ u. W. L. ENGL: Elektromagnet. Felder (1980); U. WEYH: Die Grundlagen der Lehre vom elektr. u. magnet. Feld (^{2}1984); F. FRAUNBERGER: Illustrierte Gesch. der E. (1985); H. HOFMANN: Das elektromagnet. Feld (Wien ^{3}1986); L. BERGMANN u. C. SCHAEFER: Lb. der Experimentalphysik, Bd. 2: E. u. Magnetismus (^{7}1987); E. M. PURCELL: E. u. Magnetismus (a. d. Engl., ^{4}1989).

Elektrizitätsentziehung, *Strafrecht:* ein dem →Diebstahl verwandter Tatbestand.

Elektrizitätsmenge, die elektrische →Ladung.

Elektrizitätsverbund, der →Stromverbund.

Elektrizitätsversorgung, Stromversorgung, gliedert sich in die Erzeugung (→elektrische Energieerzeugung), Übertragung (→elektrische Energieübertragung) und Verteilung (→elektrische Energieverteilung) elektr. Energie.

Man unterscheidet die **öffentliche E.** (→Elektrizitätswirtschaft i. e. S.), die **Eigenversorgung** einzelner Industriebetriebe durch eigene Industriekraftwerke und die **Bahnstromversorgung** von →elektrischen Bahnen über eigene Bahnkraftwerke sowie auch aus dem öffentl. Netz über bahneigene Umformerwerke. Die öffentl. E. erfolgt heute fast nur mit Drehstrom (in Europa mit einer Betriebsfrequenz von 50 Hz, in Amerika meist 60 Hz); Gleichstrom wird nur in Sonderfällen verwendet (z. B. Straßenbahnen, z. T. elektr. Vollbahnen).

In Kraftwerken wird die elektr. Energie zunächst in Generatoren mit Spannungen zw. 6 und 30 kV (in Dtl. vorwiegend 10 kV) erzeugt, in Transformatoren auf Übertragungsspannungen bis 765 kV (in Dtl. bis 420 kV) umgespannt und in den Verteilanlagen zunächst auf 110 und 60 und weiter auf 20, 10 und 6 kV herabgesetzt, um schließlich mit Niederspannungen von 110, 220 oder 380 V den Verbrauchern zugeführt zu werden.

H. HAPPOLDT u. D. OEDING: Elektr. Kraftwerke u. Netze (²1978); J. JACOBITZ: Die E. der Bundesrepublik Dtl. u. Möglichkeiten der mittelfristigen Bedarfsdeckung unter Berücksichtigung nichtkonventioneller Technologien (1982); K. HEUCK u. K.-D. DETTMANN: Elektr. Energieversorgung (³1995).

Elektrizitätswerk, früher gleichbedeutend mit Kraftwerk gebraucht, heute meist im Sinne von Elektrizitäts- und Energieversorgungsunternehmen.

Elektrizitätswirtschaft, Zweig der Energiewirtschaft; umfasst die gesamte Erzeugung, Übertragung und Verteilung von elektr. Energie in einem Wirtschaftsraum sowie neben der Energielieferung zunehmend auch Dienstleistungsangebote für den Kunden. Zur E. zählen vier Sektoren, wobei die öffentl. Elektrizitätsversorgung den bedeutendsten Bereich bildet (1994 85% Anteil an der Elektrizitätserzeugung in Dtl.). Weitere Sektoren der E. sind die eigenerzeugenden Betriebe der Industrie (13%), die Dt. Bahn AG (1,5%) sowie eine Vielzahl von unabhängigen Betreibern kleiner Kraftwerke (0,5%). Zur öffentl. Elektrizitätsversorgung zählen unabhängig von der Rechtsform und den Eigentumsverhältnissen alle Unternehmen und Betriebe, die andere mit Elektrizität versorgen. In Dtl. gab es Mitte der 1990er-Jahre rd. 1 000 **Elektrizitätsversorgungsunternehmen** (Abk. **EVU**).

Im Vergleich zu anderen Branchen weist die E. aufgrund der physikal. Eigenschaften der Elektrizität technisch-wirtschaftl. Besonderheiten auf: Elektrizität ist leitungsgebunden und nicht speicherbar. Sie muss daher in dem Moment erzeugt werden, in dem der Endverbraucher sie anfordert. Die E. muss ein ausgedehntes Leitungsnetz zw. den Kraftwerken und den Endverbrauchern bereitstellen und betreiben. Sie muss jederzeit in der Lage sein, alle Verbraucher entsprechend deren Nachfrage mit Elektrizität zu versorgen. Die E. hält daher ausreichende Kraftwerkskapazitäten bereit, um auch die voraussichtlich mögl. ›Spitzenlast‹ abdecken zu können, selbst wenn diese nur für einige Stunden am Tag oder an wenigen kalten Wintertagen erreicht wird. Aufgrund dieser Voraussetzungen ist die E. sehr kapitalintensiv. Beispielsweise investierte die dt. EVU 1994 insgesamt 14,1 Mrd. DM, darunter 4,7 Mrd. DM für Kraftwerke und 7,2 Mrd. DM für Fortleitungs- und Verteilungsanlagen. Gemessen am gesamten Umsatz entsprach dies einer Investitionsquote von 11,6%, was von keinem anderen Industriezweig erreicht wurde.

Wegen der sehr langen Planungs- und Nutzungsdauern ihrer Kraftwerke und Netze ist die E. in besonderem Maße auf langfristige Planungssicherheit angewiesen. Darüber hinaus sind Doppelinvestitionen bei Kraftwerken und Leitungen volkswirtschaftlich und umweltpolitisch nachteilig. Die öffentl. E. ist daher in regionalen und lokalen Versorgungsmonopolen organisiert. Dieses Versorgungsprinzip hat sich in fast allen Volkswirtschaften unabhängig von rechtl., nat.,

histor. und polit. Einflüssen durchgesetzt. Damit wird auch eine gerechte Verteilung der Fixkosten auf die Kundengruppen ermöglicht. Ein eventueller Missbrauch dieser Monopolstellung wird durch Energieaufsicht auf den Grundlagen des Gesetzes zur Förderung der Energiewirtschaft (→Energiewirtschaftsgesetz) und durch Missbrauchsaufsicht nach dem Kartellrecht unterbunden. Dies ist vor allem für die Strompreisbildung von Bedeutung. Für die EVU besteht Anschluss- und Versorgungspflicht. Wirksamen Wettbewerb gibt es auf dem Wärmemarkt (Raum-, Prozesswärme) und bei der Elektrizitätserzeugung (Konkurrenz der Eigenanlagen von Industrie, Gewerbe und Kommunen).

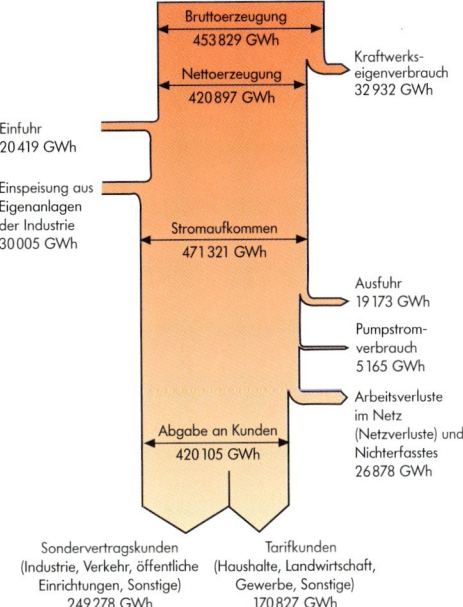

Elektrizitätswirtschaft: Öffentliche Elektrizitätsversorgung in Deutschland (1994)

Der Spitzenverband der Unternehmen der öffentl. E. ist die →Vereinigung Deutscher Elektrizitätswerke e. V. Die öffentliche E. ist durch eine arbeitsteilige Struktur auf drei Versorgungsstufen gekennzeichnet. Neun Verbundunternehmen erzeugen überwiegend in Großkraftwerken rd. 80% der Elektrizität und betreiben das nat. und internat. Verbundnetz; auch versorgen sie überwiegend Endkunden. Etwa 80 regionale Versorgungsunternehmen übernehmen die Weiterverteilung der Elektrizität an Endkunden oder an lokale Unternehmen. Die zahlenmäßig größte Gruppe stellen die rd. 900 kommunalen Unternehmen oder Stadtwerke dar, die die Kunden innerhalb der Gemeindegrenzen mit Elektrizität versorgen, in vielen Fällen im Querverbund mit Gas, Fernwärme und Wasser. Regionale Unternehmen und größere Stadtwerke betreiben oft auch eigene Erzeugungsanlagen. Die Eigentumsstruktur der Unternehmen der öffentl. E. ist durch einen hohen Kapitalanteil der öffentl. Hand (Kommunen) gekennzeichnet. 1994 waren rd. 196 000 Arbeitnehmer in der öffentl. E. beschäftigt; der Umsatz betrug 121 Mrd. DM.

Wegen ihrer wachsenden Bedeutung für Wirtschaft und Gesellschaft musste die Bereitstellung von Elektrizität in der Vergangenheit stark gesteigert werden. Zw. 1970 und 1994 hat z. B. die Erzeugung in der öffentl. E. in den alten Bundesländern um rd. das An-

Bruttostromerzeugung der öffentlichen Elektrizitätswirtschaft nach Energieträgern

Energieträger	früheres Bundesgebiet								Gesamtdeutschland	
	1970		1980		1990		1994		1994	
	GWh	in %	GWh	in %	GWh	in %	GWh	in %	GWh	in %
Wasser	15 469	9,5	16 365	5,5	16 311	4,2	18 397	4,7	20 129	4,4
Braunkohle	56 665	34,9	90 701	30,4	77 716	20,2	79 999	20,3	136 065	29,9
Kernenergie	6030	3,7	42 614	14,3	146 063	37,9	149 983	38,1	149 983	32,9
Steinkohle	53 126	32,7	79 201	26,6	110 869	28,9	117 206	29,8	118 348	26,0
Heizöl	20 507	12,6	14 153	4,7	5 844	1,5	4 171	1,1	4 883	1,1
Erdgas	9007	5,5	51 081	17,1	24 318	6,3	18 733	4,8	21 417	4,7
sonstige	1779	1,1	4 230	1,4	3 948	1,0	4 717	1,2	4 663	1,0
insgesamt	162 583	100,0	298 345	100,0	385 069	100,0	393 206	100,0	455 488	100,0

derthalbfache zugenommen. Hauptsächl. Energieträger sind die Kernenergie sowie Stein- und Braunkohle, wobei der Braunkohle in den neuen Bundesländern besondere Bedeutung zukommt. Öl und Gas werden seit Beginn der 1980er-Jahre aus energiepolit. Gründen nur noch in geringem Umfang eingesetzt. Die erneuerbaren Energien, vor allem Wasserkraft, tragen mit rd. 5% (1994) zur Erzeugung bei. Ihr Ausbau wird durch schwankende Verfügbarkeit und hohe Kosten begrenzt. Durch laufende Verbesserungen der Energieausnutzung im Kraftwerk, durch Filteranlagen und durch Nutzung der Kernenergie und der erneuerbaren Energien wird den Belangen des Umweltschutzes (Luftreinhaltung, Klimaversorgung) Rechung getragen.

Die öffentl. E. nimmt darüber hinaus die in Eigenanlagen von Industrie, Dt. Bahn AG, Kommunen und unabhängigen Kraftwerksbetreibern erzeugte Elektrizität gegen Zahlung einer wertgerechten Vergütung in das Netz auf. Innerhalb des europ. Verbundnetzes der UCPTE (Union für die Koordinierung der Erzeugung und der Verteilung von Elektrizität) wird Elektrizität sowohl kurzfristig als auch im Rahmen langfristiger Verträge europaweit gehandelt.

Die Industrie ist die bedeutendste Kundengruppe der öffentl. E. Seit Anfang der 1980er-Jahre haben sich die noch in den 70er-Jahren hohen Wachstumsraten des Elektrizitätsverbrauchs verringert. Gründe hierfür sind die immer rationellere Verwendung von Elektrizität, die zunehmende Sättigung der Ausstattung mit Elektrogeräten und der Strukturwandel der Wirtschaft zulasten energie- und stromintensiver Produktionszweige. Die dt. EVU sehen in der Förderung der rationellen Verwendung von Energie eine wichtige Aufgabe. Sie bieten ihren Kunden hierfür eine wachsende Zahl von Dienstleistungen an.

Der Anteil der Elektrizität im Energiemarkt ist in der Vergangenheit gestiegen: 17% (1994) des Energieverbrauchs in Dtl. werden mit Elektrizität gedeckt; der Stromanteil in der Industrie beträgt 28%. Elektrizität ist Grundlage für Rationalisierung und Automatisierung sowie Steuerung und Regelung von Prozessen, für Informations- und Kommunikationstechniken, für moderne Energie sparende Produktionsverfahren wie Plasma-, Laser- oder Mikrowellenanwendungen und für Umweltschutzeinrichtungen. Etwa 50% der Elektrizität werden für die Erzeugung von mechan. Energie (Elektromotoren) und rd. ein Drittel für Wärmeerzeugung (Raumwärme, Warmwasser, sonstige Prozesswärme) verwendet. Auf Beleuchtung entfällt etwa ein Zehntel.

⇨ Abwärme · Blockheizkraftwerk · Elektrizitätsversorgung · Energiepolitik · Energiewirtschaft · erneuerbare Energien · Kraft-Wärme-Kopplung · Kraftwerk · Stromtarif

W. LÖWER: Energieversorgung zw. Staat, Gemeinde u. Wirtschaft (1989); J. GRAWE u.a.: Energiesparen mit Strom ([4]1991); D. WINJE u. D. WITT: Energiewirtschaft (1991); Die Gesch. der Stromversorgung, hg. v. W. FISCHER (1992); J. GRAWE: Zukunftsenergien (1992); Der Kaufmann in der Energie- u. Wasserversorgung, Beitr. v. H. BROCKMANN u.a. ([3]1992); Die Zukunft der Stromversorgung, hg. v. A. Voss (1992); W. PFAFFENBERGER: E. (1993); G. ERDMANN: Energieökonomik (Zürich [2]1995); Hb. Kernenergie. Kompendium der Energiewirtschaft u. Energiepolitik, hg. v. H. MICHAELIS u. C. SALANDER ([4]1995).

Elektrizitätszähler, Gerät zum Messen und Registrieren der durch eine elektr. Leitung hindurchfließenden Elektrizitätsmenge oder elektr. Energie. Man unterscheidet nach der Stromart **Gleichstromzähler** (meist →Amperestundenzähler) sowie **Wechsel-** und **Drehstromzähler,** wobei hier **Wirk-, Blind-** und **Scheinverbrauchszähler** unterschieden werden, nach der Bauart **Motorzähler** und **statische Zähler,** nach der Verrechnungsart **Ein-** und **Zweitarif-, Maximum-** und **Überverbrauchszähler.** – Wechsel- und Drehstromzähler sind Motorzähler mit einem rotierenden Messwerk. Dieses besteht bei einem **Induktionszähler** aus einem Triebsystem, einem Bremsmagneten, der Zählerscheibe (Messwerkrotor) und einem sechsstelligen Zählwerk. Von zwei Spulen, einer an der Netzspannung liegenden Spannungsspule (große Induktivität) und einer vom Verbraucherstrom durchflossenen Stromspule (geringe Induktivität), werden zwei Magnetfelder erzeugt, die die Zählerscheibe (Aluminium) durchsetzen und in ihr Wirbelströme induzieren. Dadurch wird ein der Belastung proportionales

Nettostromverbrauch der gesamten Elektrizitätsversorgung nach Verbrauchergruppen

Verbrauchergruppe	früheres Bundesgebiet								Gesamtdeutschland	
	1970		1980		1990		1994		1994	
	GWh	in %	GWh	in %	GWh	in %	GWh	in %	GWh	in %
Industrie	131 782	60,3	175 392	52,1	199 411	50,1	196 200	48,1	222 700	47,9
Verkehr	7928	3,6	10 646	3,2	11 321	2,8	12 400	3,0	15 400	3,3
Landwirtschaft	5053	2,3	7 099	2,1	7 223	1,8	7 000	1,7	8 300	1,8
Haushalt	43 075	19,7	85 551	25,4	99 586	25,1	108 300	26,5	124 500	26,8
öffentliche Einrichtungen . .	11 333	5,2	24 069	7,1	32 822	8,2	33 500	8,2	37 900	8,2
Handel und Gewerbe	19 405	8,9	34 162	10,1	47 833	12,0	50 900	12,5	56 100	12,1
insgesamt	218 576	100,0	336 919	100,0	398 196	100,0	408 300	100,0	464 900	100,0

Drehmoment erzeugt. Dieses ist am größten, wenn der Spannungsfluss um 90° dem Stromfluss nacheilt, was durch eine Kunstschaltung, den so genannten 90°-Abgleich, erreicht wird. Die Drehzahl der Zählerscheibe wird durch den Bremsmagneten, der dem Antriebsmoment entgegenwirkt, so geregelt, dass sie der momentanen Leistung, d. h. dem Stromverbrauch, entspricht und somit die Zahl der Umdrehungen den Verbrauch in der Ableseperiode angibt. Das Zweitarifzählwerk dient zur getrennten Erfassung des Verbrauchs je nach Entnahmezeit (Tag- und Nachtstrom). Die Umschaltung von einer Energieform in eine andere geschieht durch eine getrennte Schaltuhr oder einen Rundsteuerempfänger. – E. unterliegen der amtl. Eich- und Beglaubigungspflicht.

elektro... [zu griech. élektron ›Bernstein‹ (da Reibungselektrizität zuerst an diesem beobachtet wurde)], Wortbildungselement mit der Bedeutung: ›elektrisch‹, ›die Elektrizität betreffend‹; z. B. Elektrolyse, Elektromotor.

Elektro|aerosol [-aero-], ein →Aerosol, dessen Teilchen (z. B. Nebeltröpfchen) elektrisch geladen sind.

Elektro|affinität, die →Elektronenaffinität.

Elektro|akupunktur, in Anlehnung an die Erkenntnisse von der Wirkungsweise der altchin. →Akupunktur von R. VOLL 1953 entwickelte Methode, um die energet. Lage des Körpers durch Ausmessen bestimmter, von ihm definierter Hautpunkte (mehr als 800) zu beurteilen (Akupunktur mit elektr. Körperschwingungen nach vorangegangener Widerstandsmessung). Dabei werden die an der Haut unterschiedlich messbaren Widerstandswerte und die Unterschiede der elektr. Hautpotenziale als typisch für das Vorhandensein einer gespeicherten ›Lebensenergie‹ (gleichsam als Kleinakkumulator) gedeutet. Diese Spannungen sind in der Tat messbar, werden aber von seiten der wiss. Physiologie als physiolog. Erscheinungen bei der Verteilung und Funktion der Schweißdrüsen dargestellt, wobei auch psych. Reaktionen eine Rolle spielen sollen. Die Anhänger der E. hingegen glauben, dass ein Krankheitsherd, der über die Meridiane mit einem oder mehreren Akupunkturpunkten im Zusammenhang steht, durch positive oder negative Verschiebung lokalisiert und das Organ selbst durch spezif. Stromzufuhr mit ›Ausgleich der Energiebilanz‹ heilend beeinflusst werden kann. Die E. arbeitet im Unterschied zur klass. Akupunktur mit messbaren Werten und hat bes. in der Anästhesiologie Erfolge aufzuweisen.

Elektro|akustik, Teilgebiet der Elektrotechnik und der techn. Akustik, das sich mit der Umwandlung von Schall (mechan. Energie) in elektr. Signale in Form tonfrequent modulierter elektr. Schwingungen (elektr. Energie) und umgekehrt befasst, außerdem mit der synthet. Erzeugung, Verstärkung, Übertragung, Speicherung und Wiedergabe akust. Vorgänge. Als Teilgebiet der physikal. Akustik befasst sich die E. mit der Messung von Schallfeldgrößen und der Schallanalyse mit elektroakust. Verfahren und Geräten (z. B. in der →Raumakustik). Betrachtet wird hierbei bes. der für das menschl. Gehör erfassbare Frequenzbereich von etwa 16 Hz bis 16 kHz.

Die Umwandlung von einer Energieform in eine andere geschieht durch **elektroakustische Wandler,** die in ›Schallaufnehmer‹ (→Mikrofon) und ›Schallstrahler‹ (→Lautsprecher) unterteilt werden können und je nach Anwendungsbereich versch. Bauformen und Funktionsprinzipien aufweisen. Zur Berechnung und Untersuchung ihrer Eigenschaften bedient man sich häufig elektr. (gelegentlich auch mechan.) Ersatzschaltbilder, die auf Analogien zw. akust., elektr. und mechanischen Größen beruhen. Zur Schallspeicherung sind platten- und bandförmige Träger geeignet, für die Schallaufzeichnung und -wiedergabe werden me-

chan., elektromagnet. oder fotograf. Verfahren verwendet. Darüber hinaus sind auch optisch und kapazitiv abtastende Wiedergabemethoden (z. B. für die Compactdisc oder die Bildplatte) entwickelt worden. Neben der Verarbeitung ›natürlicher‹ Schallereignisse gehört zur E. auch die synthet. Erzeugung von Tönen, Klängen und Geräuschen (bes. mit elektr. und elektron. Musikinstrumenten). Zur Erzeugung elektron. Musik werden die Möglichkeiten der Elektronik und Digitaltechnik genutzt (z. B. beim Synthesizer). Die →Spracherkennung und die →Sprachsynthese wurden u. a. durch die Fortschritte bei Halbleiterspeichern entscheidend gefördert. (→Anlage)

U. F. HERRMANN: Hb. der E. (²1983); M. ZOLLNER u. E. ZWICKER: E. (³1993).

elektro|akustische Sprechhilfe, der →Kehlkopfgenerator.

Elektro|analyse, elektrochemische Analyse, quantitative Bestimmungsmethoden, die auf elektrochem. Vorgängen beruhen. Methoden der E. zählen zu den empfindlichsten und genauesten Analysemethoden; sie erlauben darüber hinaus die Bestimmung des Oxidationszustandes von Elementen und die Bestimmung der Ionenaktivität. Besondere Bedeutung haben die →Potentiometrie, →Voltametrie, →Konduktometrie, →Amperometrie, →Coulometrie, →Elektrogravimetrie und →Polarographie.

Elektroberufe, Sammel-Bez. für diejenigen Ausbildungsberufe, deren Gemeinsamkeit die Anwendung der Elektrizität für die Erzeugung von Licht, Wärme und Kraft, aber auch für die Übertragung von Nachrichten und Signalen ist. Charakterist. Ausbildungsberufe der Industrie für Frauen und Männer sind u. a. Elektromaschinenmonteur, Energie-, Industrie- und Kommunikationselektroniker.

Elektroblech, *Werkstoffkunde:* →Dynamoblech, →Transformatorenblech.

Elektrochemie, Teilgebiet der physikal. Chemie, das sich mit den Zusammenhängen zw. elektr. Vorgängen und chem. Reaktionen sowie mit der Anwendung der Vorstellungen und Gesetze der Elektrizitätslehre auf damit zusammenhängende Eigenschaften der Materie und Probleme der Materiestruktur befasst. Die beiden wesentl. Grundphänomene der E. sind: 1) das Hervorrufen chem. Reaktionen und eines chem. Stoffumsatzes durch Zufuhr elektr. Energie von außen (→Elektrolyse) und 2) die Gewinnung elektr. Energie durch freiwillig ablaufende chem. Reaktionen (in →Brennstoffzellen und →elektrochemischen Elementen). Die damit zusammenhängenden Probleme der E. sind: 1) elektrolyt. Dissoziation, Hydrolyse, Theorie der starken und schwachen Lösungen und Elektrolyte (→Debye-Hückel-Theorie); 2) elektr. Leitfähigkeit von Lösungen (v. a. in Abhängigkeit von Konzentration und Temperatur); 3) Grenzflächenpotenziale (→Galvani-Spannung), Elektroden-, Korrosions- und Passivitätsprobleme, elektrochem.; →Polarisation, →Ersetzungsspannungen; 4) Diffusionspotenziale, →elektrokinetische Erscheinungen. – Als techn. Anwendungen der E. spielen in der Industrie v. a. die Elektrolyseverfahren eine Rolle, weiter die →anodische Oxidation, die →Galvanoplastik und →Galvanotechnik, die elektrochem. Metallbearbeitungsverfahren sowie die elektrotherm. Verfahren bei der Gewinnung von reinen Elementen und der Herstellung anorgan. Stoffe.

Geschichte: Die histor. Grundlage der E. ist die aufgrund der Froschschenkelversuche L. GALVANIS von A. VOLTA 1799 ausgesprochene Erkenntnis, dass durch chem. Einwirkung zweier Stoffe aufeinander eine Elektrizitätswirkung entstehen kann. 1800 zerlegten W. NICHOLSON und A. CARLISLE mithilfe des elektr. Stroms Wasser, ab 1807 stellte H. DAVY mehrere Alkali- und Erdalkalimetalle durch Elektrolyse ihrer Salze dar. 1805 entwickelte T. Freiherr VON

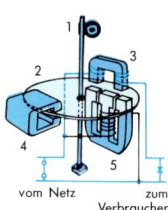

GROTTHUSS eine Theorie zur Erklärung der Wasserzersetzung. M. FARADAY führte 1834 die Begriffe Elektrolyt, Anode, Kathode, Anion und Kation in die E. ein. Die ersten Ansätze zu einer Thermodynamik galvan. Elemente stammen von J. P. JOULE (ab 1841) und H. VON HELMHOLTZ (1847). J. W. HITTORF klärte 1853–59 das Problem der Ionenwanderung. 1883–87 entwickelte S. ARRHENIUS seine Theorie der elektrolyt. Dissoziation. WILHELM OSTWALD veröffentlichte 1888 sein Verdünnungsgesetz. Mit den Arbeiten von W. H. NERNST über die Stromerzeugung in galvan. Ketten (ab 1888) und mit den Arbeiten von P. DEBYE und W. HÜCKEL (1923) waren die theoret. Grundlagen der E. im Wesentlichen gegeben.

C. H. HAMANN u. W. VIELSTICH: E., 2 Bde. ($^{1-2}$1981–85); E. ZIRNGIEBL: Einf. in die angewandte E. (1993); Angewandte E., hg. v. J. GARCHE (1994).

elektrochemische Elemente, aus →galvanischen Ketten bestehende Stromquellen, in denen chem. Energie durch elektrochem. Reaktionen direkt in elektr. Energie umgewandelt wird. Sie sind im Prinzip zellenartige Anordnungen, in denen zwei Elektroden (Anode und Kathode) in einen Elektrolyten eintauchen oder (bei festen Elektrolyten) in ihm eingebettet sind; meist ist das Zelleninnere durch ein Diaphragma in zwei getrennte Elektrodenräume unterteilt. Als Elektroden dienen v. a. Metalle und deren Verbindungen (meist die Oxide), aber auch nichtmetall. Leiter (z. B. Kohlenstoff); als Elektrolyt dienen wässrige Lösungen von Säuren, Basen oder Salzen (häufig zu einer pastösen oder festen Masse eingedickt), Salzschmelzen, durch Zusätze leitfähige organ. Flüssigkeiten u. Ä. sowie feste Ionenleiter (Salze, Oxidgemische). Zw. den Elektroden tritt eine elektr. Spannung, die **Zellspannung**, als Folge der an den Elektroden-Elektrolyt-Grenzflächen ablaufenden elektrochem. Reaktionen auf. Die Ausgangsstoffe dieser **Elektrodenreaktionen** sind feste, flüssige oder auch gasförmige Stoffe, die in den Elektroden enthalten oder im Elektrolyten gelöst sein können oder dem Element von außen laufend zugeführt werden.

Die beim Eintauchen einer metall. Elektrode in den Elektrolyten ablaufenden elektrochem. Reaktionen beruhen auf dem Einanderentgegenwirken des Lösungsdrucks der Elektroden und dem Partialdruck der im Elektrolyten gelösten Ionen (osmot. Druck bei Vorhandensein eines Diaphragmas). Je nach der Größe der beiden Drücke gehen entweder die positiv geladenen Ionen der Metallelektrode in den Elektrolyten, oder die Ionen des Elektrolyten lagern sich an der Elektrode an; dabei wird diese negativ oder positiv aufgeladen. Zw. Elektrode und Elektrolyt bildet sich eine →Galvani-Spannung aus, deren Größe von der Art des Metalls und der Elektrolytkonzentration abhängig ist. Taucht man zwei versch. Metalle in den gleichen Elektrolyten ein, so haben sie eine unterschiedl. Tendenz, in Lösung zu gehen; da sie sich dabei unterschiedlich aufladen, bildet sich zw. ihnen eine Spannungsdifferenz aus, die **Urspannung**, die →elektromotorische Kraft (Abk. EMK) des stromlosen Zustandes, die sich aus der →Spannungsreihe ergibt. Werden die Elektroden über einen äußeren Stromkreis leitend verbunden, so fließt infolge dieser EMK so lange ein Gleichstrom in den Außenkreis, bis die Elektrodenreaktionen beendet sind und die Elektroden sich nicht weiter aufladen. Lassen sich die ablaufenden Elektrodenreaktionen eines e. E. durch Zuführung von elektr. Energie nicht umkehren, so liegt ein für eine einmalige Entladung verwendbares **Primärelement** (→galvanische Elemente) vor; falls diese Reaktionen umkehrbar sind, spricht man von einem **Sekundärelement** (→Akkumulator). Eine dritte Gruppe dieser elektrochem. Spannungs- und Stromquellen sind die →Brennstoffzellen.

elektrochemisches Äquivalent, gibt die Masse eines Stoffes an, die bei der Elektrolyse bei einem Ladungstransport von 1 C an einer der Elektroden abgeschieden wird. (→faradaysche Gesetze)

Elektrochirurgie, Anwendung der bes. von hochfrequenten Wechselströmen (300–3000 kHz) erzeugten Wärme zu operativen Zwecken **(chirurgische Diathermie),** v. a. zur →Elektrokoagulation und →Elektrotomie; auch der entsprechende Einsatz von Gleichstrom (Galvanokaustik). Der Strom wird über eine großflächige, biegsame, meist am Rücken oder am Oberschenkel befestigte ›passive‹ (neutrale) Elektrode und eine bewegl., etwa in Form eines kleinen Messers oder einer Schlinge gestaltete ›aktive‹ Elektrode, mit der die Eingriffe ausgeführt werden, durch den Körper geleitet (so genanntes monopolares Koagulieren oder Schneiden). Ein modernes monopolares Verfahren der E. ist das Leiten des Hochfrequenzstromes über einen ionisierten, elektrisch leitfähigen Gasstrahl (bes. geeignet ist Argon). Hauptvorzüge der E. sind geringe Blutung durch die gleichzeitige Blutstillung, bessere Asepsis und Verminderung der Verschleppungsgefahr von Tumorzellen.

Elektrochromie [zu griech. chrôma ›Farbe‹] *die, -, Physik:* 1) die Änderung der Lichtabsorption, bes. von organ. Gasmolekülen, durch elektr. Felder infolge Beeinflussung von Elektronenbanden; 2) **Elektropleochroismus,** die Änderung des Absorptionsvermögens von längl. polaren Farbstoffmolekülen bei Beeinflussung ihrer Orientierung bezüglich der Polarisationsrichtung von einfallendem Licht durch ein elektr. Feld; wird z. B. zur farbigen Flüssigkristallanzeige ausgenutzt.

Elektrocoating [-kəʊtɪŋ, engl.], Verfahren der →Oberflächenbehandlung.

Elektrode [zu elektro... und ...ode] *die, -/-n,* elektrisch gut leitender, meist metall. Teil eines festen Stromleiters, an dem der Übergang elektr. Ladungsträger (v. a. Elektronen) in ein anderes leitendes Medium (z. B. flüssiger oder fester Elektrolyt) oder ein Ladungsaustausch erfolgt (→Elektrochemie, →Elektrolyse) oder der zur Ableitung elektr. Ströme (z. B. in der Elektromedizin) sowie zum Aufbau eines elektr. Feldes dient. Eine mit dem positiven Pol einer Spannungsquelle verbundene E. bezeichnet man als →Anode, eine mit dem negativen Pol verbundene E. als →Kathode. Bei Elektronenröhren treten Elektronen aus einer Glühkathode ins Vakuum und können durch zusätzl. maschenartige **Steuer-E.** (Gitter) beeinflusst werden. Bei Halbleiterbauelementen ist eine E. eine galvan. Verbindung zw. einer Halbleiterzone und der Zuleitung zum Anschluss. Die Bez. Anode und Kathode werden hier kaum verwendet; bei Bipolartransistoren heißen die E. Emitter, Basis und Kollektor, bei Feldeffekttransistoren Source, Gate und Drain. In der *Elektrochemie* werden neben →Bezugselektroden auch ionensensitive und -selektive →Indikatorelektroden verwendet.

elektrodenlose Entladung, →Ringentladung.

Elektrodenpotenzial, →Galvani-Spannung.

Elektrodiagnostik, medizinisch-diagnost. Verfahren, die auf der Ableitung, Messung und Registrierung bioelektr. Ströme beruhen (v. a. Elektrokardiographie, -enzephalographie, -myographie) oder sich elektr. Ströme zur Prüfung der Leitfähigkeit eines Nervs oder der Erregbarkeit eines Muskels bedienen.

Elektrodurchlauferhitzer, ein →Heißwasserbereiter.

Elektrodynamik, i. w. S. die Theorie der Elektrizität sowie sämtlicher elektromagnet. Erscheinungen; sie umfasst in diesem Sinne sowohl die Elektrostatik und die Magnetostatik als auch alle relativist. Vorgänge (**relativistische E.;** A. EINSTEIN 1905), beschreibt dagegen nicht die Erscheinungen in atomaren

Bereichen, für die die →Quantenelektrodynamik zuständig ist; i. e. S. ist die E. die Lehre von den zeitlich veränderl. elektromagnet. Feldern und ihren Wechselwirkungen mit ruhenden und bewegten elektr. Ladungen (→Elektrizität).

J. D. JACKSON: Klass. E. (a. d. Amerikan., [2]1983); T. FLIESSBACH: E. (1994); H. HORA: E. Felder u. Wellen (1994).

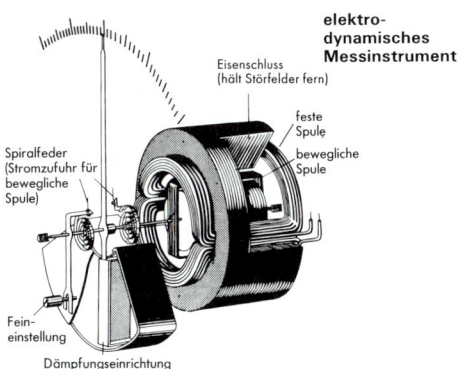

**elektro-
dynamisches
Messinstrument**

Eisenschluss
(hält Störfelder fern)

feste
Spule

bewegliche
Spule

Spiralfeder
(Stromzufuhr für
bewegliche
Spule)

Fein-
einstellung

Dämpfungseinrichtung

elektrodynamisches Messinstrument, Elektrodynamometer, zur Präzisionsmessung von Spannung und Stromstärke von Gleich- und Wechselströmen sowie zur Messung ihrer elektr. Leistung dienendes elektr. Messgerät; im Prinzip ein →Drehspulinstrument, bei dem der auf die Drehspule ein Drehmoment ausübende Dauermagnet durch eine stromdurchflossene feste Feldspule (also einen Elektromagneten) ersetzt ist. Zur Strom- und Spannungsmessung sind beide Spulen hintereinander geschaltet, sodass derselbe Strom durch beide fließt und ein Wechselstrom gleichzeitig in beiden seine Stromrichtung umkehrt, wodurch die Ablenkrichtung der Drehspule erhalten bleibt. Daher sind mit e. M. Gleich- und Wechselstrom messbar. Bei ihrer Verwendung als Leistungsmesser wird die Feldspule vom gesamten Strom durchflossen und die Drehspule (durch Vorschalten eines hochohmigen Vorwiderstands) an Spannung gelegt. Spezielle e. M. werden als Zeigerfrequenzmesser und als Widerstandsmesser eingesetzt.

Elektro|energie, in der *Elektrotechnik* Bez. für die großtechnisch in Kraftwerken aus primären Energieträgern (Kohle, Erdgas, Erdöl, Kernbrennstoffe) und aus der potenziellen Energie aufgestauten Wassers gewonnene, durch Anlagen und Einrichtungen der →Elektrizitätsversorgung zum Verbraucher transportierte elektr. Energie.

Elektro|enzephalographie, das Aufzeichnen und Auswerten der elektr. Hirnströme.

Ein **Elektroenzephalogramm** (Abk. **EEG; Hirnstrombild**) des Menschen wurde erstmals 1924 von dem Neurologen H. BERGER aufgenommen. Die E. ist seit der ersten Veröffentlichung über dieses Verfahren (1929) zu einer der wichtigsten Untersuchungsmethoden der Gehirntätigkeit geworden. Die schwachen elektr. Ströme, welche die Gehirntätigkeit begleiten, werden an 15–25 Punkten der Kopfhaut mittels Elektroden abgeleitet. Die Elektroden werden nach präziser Ausmessung an festgelegten Punkten der Kopfhaut angebracht und zwar nach dem 10-20-System. Hierbei handelt es sich um ein Messsystem, das den unterschiedl. Schädelformen der Menschen gerecht wird. Wenn z. B. der Abstand zw. dem Beginn der Nasenwurzel und dem Hinterhaupthöcker 40 cm beträgt, dann wird diese Strecke in 10- und 20%-Schritte unterteilt. Die erste nasenwärts gelegene Elektrode kann z. B. im Abstand von 4 cm, die zweite im Abstand von 12 cm angebracht werden. Die Spannungsschwankungen zw. jeweils zwei dieser Elektroden werden verstärkt und von einem Mehrkanalschreiber als Funktion der Zeit aufgezeichnet, wobei in Dtl. üblicherweise die Registrierung mit einer Geschwindigkeit von 3 cm/s vorgenommen wird. Das so entstehende EEG lässt Rückschlüsse auf Gehirnerkrankungen zu. In Abhängigkeit von der Frequenz werden im EEG **Alphawellen** (α-Wellen, 8–13 Hz), **Betawellen** (β-Wellen, 14–30 Hz), **Thetawellen** (ϑ-Wellen, 4–7 Hz) und **Deltawellen** (δ-Wellen, 0,5–3,5 Hz) unterschieden. Die Amplituden der Wellen liegen meist zw. 20 und 200 μV. Das gesunde Gehirn zeigt eine geordnete, rhythm. Eigentätigkeit. Veränderungen der normalen Hirnstromkurve finden sich bei örtl. Großhirnerkrankungen (Herdbefunde, meist mit umschriebener Frequenzverlangsamung), bei Epilepsien als Krampfpotenziale in Form von Krampfwellen (›spikes and waves‹), Krampfspitzen (›spikes‹) oder steilen Wellen (›sharp waves‹) sowie bei diffusen Hirnfunktionsbeeinträchtigungen (Allgemeinveränderungen mit Grundrhythmus-Verlangsamung). Das EEG wird auch zur Feststellung des Todeszeitpunkts herangezogen. Wenn es auch bei Ableitungen über längere Zeit bzw. bei Kontrollableitungen keine Aktivität anzeigt (Nulllinie), ist der Hirntod eingetreten.

W. CHRISTIAN: Klin. E. ([2]1975); H.-G. NIEBELING: Einf. in die E. ([2]1980); J. KUGLER: E. in Klinik u. Praxis ([3]1981); B. NEUNDÖRFER: EEG-Fibel ([4]1995).

Elektro|erosion, abtragendes Verfahren zur Bearbeitung von harten, schlecht zerspanbaren, aber elektrisch leitfähigen Werkstoffen. Der Werkstoff wird durch Verdampfen und Abschmelzen (infolge kurzzeitiger Einwirkung elektr. Entladungen) abgetragen. Beim meistangewendeten **Funkenverfahren (Funkenerosion, funkenerosives Senken)** werden die Entladungen zw. Werkstück und Werkzeugelektrode, die sich in einer mit einem flüssigen Dielektrikum (meist Petroleum) gefüllten Wanne befinden, durch einen Generator erzeugt. Dabei wird das Werkzeug entsprechend dem Werkstoffabtrag in das Werkstück abgesenkt, das dadurch die negative Werkzeugkontur erhält. Beim **funkenerosiven Schneiden** wird ein vorschubgesteuerter, umlaufender Kupferdraht als Werkzeugelektrode verwendet.

Elektrofahrzeug, durch Elektromotoren angetriebenes Kraftfahrzeug. Die benötigte elektr. Energie wird entweder einer Oberleitung (bei Oberleitungsomnibussen) oder einer mitgeführten Akkumulatoren-

Elektroenzephalographie: Elektroenzephalogramm; links Hirnstromkurven im Zustand geistiger Ruhe bei verschiedenen Altersstufen; rechts Krankhaft gestörte Hirnstromkurven

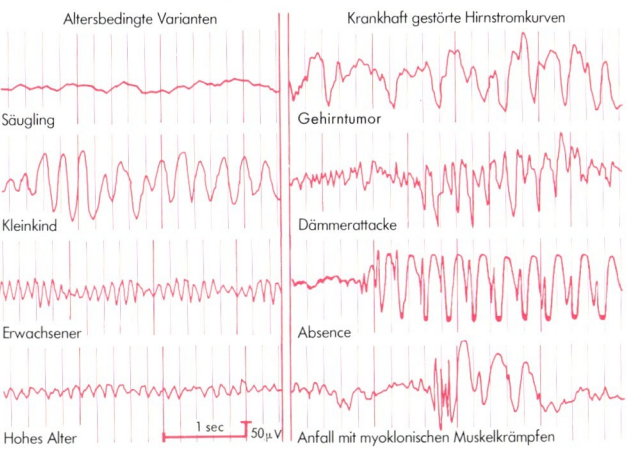

Altersbedingte Varianten

Krankhaft gestörte Hirnstromkurven

Säugling

Gehirntumor

Kleinkind

Dämmerattacke

Erwachsener

Absence

Hohes Alter

1 sec   50 μV

Anfall mit myoklonischen Muskelkrämpfen

batterie entnommen oder von einem mitgeführten, durch einen Verbrennungsmotor angetriebenen Generator, aber auch durch direkte Umwandlung von chem. Energie in einer Brennstoffzelle oder von Sonnenenergie in Solarzellen (→Solarmobil) erzeugt. Als umweltfreundl. Lösung bietet sich der Elektroantrieb für Stadtfahrzeuge an, da er ohne Abgase und geräuscharm arbeitet. Mit rasch und einfach auswechselbaren Batterien betriebene Omnibusse werden bereits im Stadtverkehr eingesetzt. Für Personenwagen bedeuten Volumen und große Masse der Akkumulatorenbatterie sowie deren begrenzte Speicherkapazität erhebl. Nachteile. Eine Verbesserung bietet die Entwicklung von Hochenergiebatterien, z. B. Zink-Brom-Batterie und Natrium-Schwefel-Batterie. Als Antriebsaggregat haben die meisten der bisher hergestellten ›Elektromobile‹ einen Gleichstromnebenschlussmotor. Neuerdings werden auch permanent erregte Synchronmotoren verwendet. Darüber hinaus gibt es auch Elektro-Mofas (Efa), Motorfahrräder mit Batteriebetrieb. Als →Flurfördermittel in Lagerhallen, Bahnhöfen und auf Flugplätzen u. a. werden batteriegespeiste E. eingesetzt.

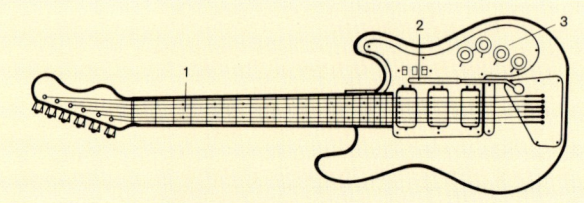

Elektrogitarre: 1 Orientierungseinlagen (im Griffbrett), 2 Vibrator, 3 Tonabnehmer, Lautstärkeregler, Klangregler

Elektrofilter, Vorrichtung zur →Staubabscheidung aus Luft und industriellen Abgasen. Durch Erzeugen eines elektr. Spannungsfeldes zw. Kathode und Anode werden Staubteilchen statisch aufgeladen und wandern zur Kathode, wo sie haften bleiben. E. sind für Staubteilchen im Korngrößenbereich 10^{-3} bis $10\,\mu m$ geeignet.

Elektrofischerei, Fang von Fischen durch den Aufbau eines elektr. Spannungsfeldes im Wasser mittels zweier Elektroden. Bei Anwendung von Gleichstrom oder dem wirkungsvolleren zerhackten Gleichstrom wird die Muskulatur der Fische so gereizt, dass diese sich zu einem als Anode funktionierenden Netz hinbewegen (anod. Reaktion, Galvanotaxis). Die Spannungsdifferenz zw. Kopf und Schwanz des Fisches muss etwa 1–4 V betragen. Die E. ist genehmigungspflichtig.

Elektrofotografie, Verfahren, bei dem eine photoleitfähige Schicht (z. B. Selen, Zinkoxid) elektrostatisch auf mehrere Tausend Volt aufgeladen (z. B. durch Koronaentladung) und dann mittels Projektions-, Kontakt- oder Reflexbelichtung bildmäßig belichtet wird. An den durch die Belichtung leitfähig gewordenen Stellen fließen die Ladungen ab, und man erhält ein ›latentes‹ elektrostat. Ladungsbild. Die Entwicklung zum sichtbaren Bild bewirkt ein fester oder flüssiger Toner; er enthält entgegengesetzt aufgeladene Farbpigmente, die sich an den unbelichteten Stellen niederschlagen.

Bei den direkten elektrofotograf. Verfahren (Photoleiter i. A. Zinkoxid) benutzt man meist einen flüssigen Entwickler, d. h. eine Dispersion eines farbgebenden (z. B. schwarzen) Materials und eines Bindemittels in einem isolierenden organ. Lösungsmittel. Bei Verdunsten des Lösungsmittels durch Erwärmen verbindet sich das Tonerbild dauerhaft mit der Unterlage

(Fixieren). Bei den indirekten Verfahren (Transferverfahren, z. B. die →Xerographie) wird das Tonerbild auf eine andere aufgeladene Oberfläche übertragen. Die E. wird bes. für Bürovervielfältigungen verwendet.

Zur Herstellung mehrfarbiger Kopien werden auf eine photoleitende Schicht nacheinander Farbauszüge (z. B. Kopie durch Blau-, Grün- und Rotfilter) aufbelichtet. Nach jeder Teilbelichtung wird mit einem entsprechend gefärbten Toner entwickelt. (→Elektrophorese)

Elektrogastrographie, diagnost. Verfahren zur Ableitung und Aufzeichnung **(Elektrogastrogramm,** Abk. **EGG)** der Aktionsströme bei Kontraktion der Magenmuskeln über Elektroden an der Bauchwand oder im Mageninneren (endoskopisch).

Elektrogitarre, E-Gitarre, allg. jede Gitarre, deren Klang im Unterschied zur akust. Gitarre nicht über den Resonanzkörper des Gitarrenkorpus abgestrahlt wird, sondern über ein System fest im Instrument installierter elektromagnet. Tonabnehmer (engl. pickups) ›abgetastet‹ und durch entsprechende Instrumentenverstärker elektrisch verstärkt über Lautsprecher wiedergegeben wird. Mithilfe spezieller Kontaktmikrofone zusätzlich verstärkte akust. Gitarren gelten nicht als E. im eigentl. Sinne. E. werden fast ausschließlich in der Pop- und Rockmusik sowie im Jazz verwendet.

Nach der Art des Gitarrenkorpus unterscheidet man die E. in Massivbauweise, d. h. ohne eigenen Resonanzkörper (engl. solid body), von der halbakust. E. (engl. hollow body) mit Resonanzkörper. Bei der Solid-Body-Gitarre erklingt im ›trockenen‹ Zustand nur ein leises Zirpen beim Anreißen der Saite. Die Hollow-Body-Gitarre ist auch akustisch spielbar, erreicht aber u. a. wegen der in der Gitarrendecke eingebauten Technik beim ›trockenen‹ Spiel nicht die gleiche Klangfülle wie die akust. Gitarre.

Entscheidend für den Klang einer E. ist neben der Qualität der →Anlage das unmittelbar unter den Saiten in der Decke je gelagerte Tonabnehmersystem. Anspruchsvollere E. besitzen neben den übl. Lautstärke-, Höhen- und Tiefenreglern pro Tonabnehmersystem noch zusätzl. Vorverstärker sowie u. a. elektron. Schaltungen zur Erzeugung von Hall- oder Echoeffekten. Ein weiterer, in E. meist serienmäßig vorhandener Effekt ist das Gitarrenvibrato, eine mit dem Gitarrensteg gekoppelte Kippvorrichtung, die über einen Tremoloarm bedient wird und eine geringfügige Spannungsänderung sämtl. Saiten bewirkt, wodurch ein lautmaler. Effekt erzielt wird.

Verglichen mit der akust. Gitarre ist das Griffbrett der E. schmaler und je nach Modell mit 22–24 Bünden auch etwas länger. Die Saiten (aus Stahl) der E. werden i. d. R. entweder mit den Fingern (Daumen) gezupft, mit den Fingerspitzen der ganzen Hand geschlagen oder mit einem Plektron aus Plastik oder Metall angerissen. Daneben bietet heute eine Fülle von Effektgeräten viele Möglichkeiten, den Klang einer E. zu beeinflussen.

In der Rockmusik ist die sechssaitige Standard-E. (E-A-d-g-h-e[1]) sowohl als Soloinstrument **(Leadgitarre)** wie als Begleit- oder Akkordinstrument **(Rhythmusgitarre)** nach wie vor das zentrale Instrument. Gleiches gilt für die viersaitige **Elektrobassgitarre (Elektrobass, E-Bass)** mit der Stimmung $_1$E-$_1$A-D-G (i. d. R. 20 oder 22 Bünde). E-Bässe sind fast immer Solid-Body-Gitarren und entsprechen in Bau- und Funktionsweise weitgehend der sechssaitigen E-Gitarre.

Elektrogravimetrie, Verfahren der →Elektroanalyse, das auf der quantitativen Abscheidung von Metallen aus wässrigen Lösungen an einer Elektrode beruht. Die Metalle scheiden sich meist an der Kathode ab, die bevorzugt in Form einer Netzkathode vorliegt (große Oberfläche). (→Gravimetrie)

Elektrogravur, *Drucktechnik:* Verfahren für die elektronisch gesteuerte Gravur zur Herstellung von Druckformen für den Hoch- oder Tiefdruck; auch Bez. für die so hergestellte Druckform. Die Tonwerte der Vorlage werden in Graviermaschinen punktweise photoelektrisch abgetastet und durch mechan. Gravur mit einem Stichel, durch Elektronenstrahlgravur mit einem Elektronenstrahl oder durch Laserstrahlgravur mit einem Laserstrahl in verschieden große Punkte oder Vertiefungen umgesetzt.

Elektrogymnastik, →Elektrotherapie.

Elektroherd, elektrisch beheiztes Küchengerät, das in seiner klass. Form als Standgerät alle zum Kochen und Backen notwendigen Einrichtungen enthält. Die Kochmulde, meist aus emailliertem Stahl, Edelstahl oder Glaskeramik, ist i. d. R. mit vier Kochplatten ausgestattet, die durch eine elektr. Widerstandsheizung oder induktiv erhitzt werden. Man unterscheidet Normal-, Blitz- (mit höherer Leistung) und Automatikkochplatten (stufenlose Regelung der Aufheizung und Wärmeabgabe).

elektrokalorischer Effekt, die Umkehrung der →Pyroelektrizität.

Elektrokapillarität, →elektrokinetische Erscheinungen.

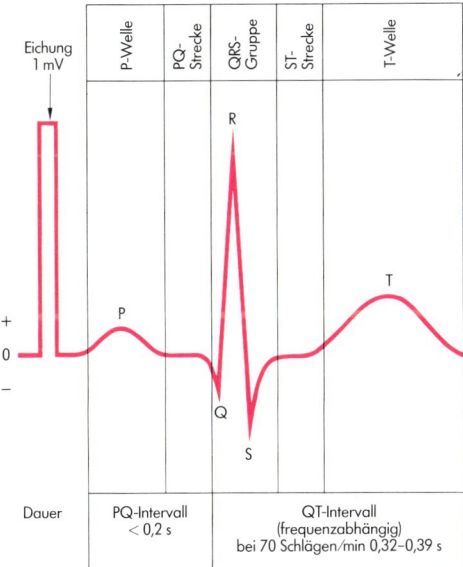

Eichung 1 mV

+
0
–

P-Welle | PQ-Strecke | QRS-Gruppe | ST-Strecke | T-Welle

R
P
Q
S
T

| Dauer | PQ-Intervall < 0,2 s | QT-Intervall (frequenzabhängig) bei 70 Schlägen/min 0,32–0,39 s |

Elektrokardiographie: Normalform des Elektrokardiogramms bei bipolarer Ableitung von der Körperoberfläche in Richtung der Herzlängsachse (unter der EKG-Kurve wichtige Grenzwerte der Dauer einzelner Abschnitte)

Elektrokardiographie, diagnost. Verfahren zum Aufzeichnen der Aktionsströme des arbeitenden Herzens. Die Ströme des Herzmuskels werden i. d. R. von versch. Stellen der Körperoberfläche, wo sie mit stark verminderter Amplitude nachweisbar sind, abgeleitet, etwa 1000fach verstärkt und meist über Direktschreiber (z. B. Düsen- oder Thermoschreiber) oder auch Magnetbandspeicher aufgezeichnet. Hierdurch erhält man als Differenzkurve zw. ruhendem und erregtem Herzmuskel das Herzstrombild oder **Elektrokardiogramm** (Abk. **EKG**).

Die P-Welle der Kurve bedeutet den Vorhofteil (Dauer 0,10 s), PQ die Überleitungszeit (Dauer der Erregungsausbreitung 0,12–0,20 s), QRS-Gruppe (Kammeranfangsgruppe; Dauer 0,08 s), ST-Strecke und T-Welle den Kammerendteil. Die Form des EKG verhält

sich entsprechend der Lage der ableitenden Elektroden zur elektr. Herzachse. Mit dem EKG lassen sich Rhythmusstörungen des Herzens, Änderungen der Erregungsbildung, der Erregungsleitung und der elektr. Herzachse sowie zirkulatorisch, stoffwechsel-, infektios-toxisch oder allergisch bedingte Schädigungen des Herzmuskels (auch Herzinfarkte) feststellen. Charakterist. Unterschiede ergeben sich beim Vergleich von Ruhe-EKG und Belastungs-EKG (am zweckmäßigsten bei Fahrradergometerarbeit).

Am gebräuchlichsten sind die Ableitungen der Aktionsströme von den Armen und Beinen (Gliedmaßenableitung) und der Brustwand (Brustwandableitung; differente Elektrode am Brustkorb herznah angelegt, mit den drei zusammengeschalteten Gliedmaßenableitungen als indifferente Sammelelektrode). Meist werden alle Ableitungen gleichzeitig aufgezeichnet (Mehrkanalsystem). Tragbare Geräte sind in der Notfallmedizin u. a. gebräuchlich.

Die **fetale E.** ist ein Verfahren zum Registrieren der i. d. R. von der Körperoberfläche einer Schwangeren abgeleiteten Herzstromkurve des Fetus. Sie liefert Aussagen über Bestehen einer Schwangerschaft, Lage und Stellung sowie über etwaige Herzanomalien der Frucht (→Kardiotokographie).

Bei der **Elektrokardioskopie** (Elektrofluoroskopie) wird die Herzstromkurve als wandernder Lichtpunkt auf einem Kathodenstrahloszillographen wiedergegeben (z. B. zur Herz- und Kreislaufüberwachung auf Intensivstationen und im Notarzteinsatz). Ein der E. verwandtes Verfahren ist die →Vektorkardiographie.

R. Heinecker u. B.-D. Gonska: EKG in Praxis u. Klinik ([13]1992); R. u. S. Klinge: Praxis der EKG-Auswertung ([4]1995).

Elektrokaustik, Elektrokauterisation, die chirurg. Diathermie, →Elektrochirurgie.

Elektrokeramik, Sammel-Bez. für Bauteile aus keram. Werkstoffen für die Elektrotechnik. **Passive E.** umfasst die Isolatorwerkstoffe Porzellan, Steatit, Sintertonerde u. Ä.; **aktive E.** umfasst dielektr. Kondensatorwerkstoffe (Titanoxid, Erdalkalititanate u. Ä.), Piezowerkstoffe (Bariumtitanat u. Ä.), keram. Magnetwerkstoffe (Ferrite), Thermistoren und halbleitende keram. Werkstoffe. (→Keramik)

elektrokinetische Erscheinungen, Erscheinungen, bei denen das Vorhandensein von elektr. Doppelschichten an der Grenzfläche versch. Stoffe oder Phasen infolge von Kontaktpotenzialen (→Kontaktelektrizität) zu Bewegungsvorgängen (in einem elektr. Feld) führt oder die Ausbildung einer solchen Doppelschicht die Folge von Bewegungsvorgängen ist. Die wichtigste der e. E. ist die →Elektrophorese. Weitere e. E. sind: 1) geladene Teilchen in einer Flüssigkeit bewegen sich unter dem Einfluss eines elektr. Feldes durch ein Diaphragma **(Elektroosmose),** 2) eine Flüssigkeit, die durch eine feinporige Substanz (Diaphragma, Kapillare) gepresst wird, lädt sich umgekehrt wie diese auf und erzeugt eine elektr. Spannung **(Strömungsspannung** oder **-potenzial)** sowie bei deren Ausgleich einen elektr. Strom **(Strömungs-** oder **Diaphragmenstrom).** Auf den sich an Oberflächen ausbildenden elektr. Doppelschichten beruhende e. E. sind: 3) die Abhängigkeit der Oberflächenspannung eines Flüssigkeitströpfchens vom Ladungszustand **(Elektrokapillarität),** 4) in einer Flüssigkeit bewegte oder fallende kleine Körper (z. B. Kolloidteilchen) rufen einen elektr. Strom und elektr. Aufladung hervor. – Die Empfindlichkeit, z. B. die Veränderung der Viskosität mancher (lyophober) Kolloide gegen Elektrolytzusätze **(elektroviskoser Effekt),** die Metallabscheidung in Kapillaren bei der Elektroosmose von Metallsalzlösungen **(Elektrostenolyse)** und die Elektrokoagulation durch hochfrequente Felder sind in ähnl. Weise zu erklären.

Elektroklavier, E-Piano, Sammel-Bez. für elektron. Musikinstrumente mit mechan. Schwingungserzeugung und für spezielle kleinere Elektronenorgeln. Letztere haben die Größe einer Klaviatur, besitzen nur wenige Register, keine Pedale; ihre Töne werden meist über einen externen Verstärker wiedergegeben. Sie werden heute überwiegend als Tongenerator im Rahmen einer komplexeren Musikanlage, oft in Verbindung mit Synthesizern, eingesetzt.

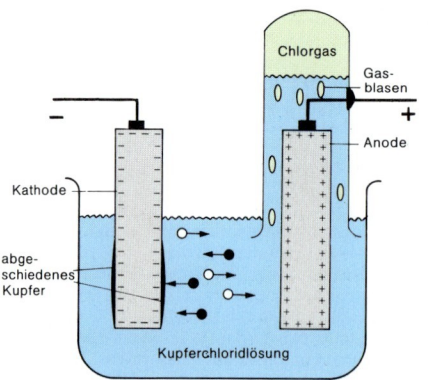

Elektrolyse: Schematische Darstellung der Elektrolyse einer Kupferchloridlösung

Elektrokoagulation, Verfahren der Elektrochirurgie; die Anwendung hochfrequenter Wechselströme zur Zerstörung kleiner Gewebebezirke, v. a. zur Entfernung kleinerer Tumoren u. Ä. sowohl an der äußeren Haut als auch in Körperhöhlen. Bei der E. entsteht ein Funke, der eine punkt- oder strichförmige, tief reichende Verbrennung bewirkt. Diese trennt das Gewebe oder heftet es an (z. B. bei Netzhautablösung) und wirkt gleichzeitig durch Koagulation blutstillend.

Elektrokrampftherapie, Elektroschocktherapie, *Psychiatrie:* umstrittenes, nur noch selten angewandtes Behandlungsverfahren mit sehr engem Indikationsbereich, z. B. bei therapieresistenten, depressiven man. Episoden und perniziöser Katatonie als einer Verlaufsform der Schizophrenie. Bei der E. werden durch die Reizung des Gehirns mit Wechselstrom einer Stromstärke von etwa 300 mA und einer Spannung von 80–100 V klonisch-ton. Krämpfe der Körpermuskulatur erzeugt. Der Wechselstrom wird über zwei Elektroden, die beiderseits am Schädel angelegt werden, dem Gehirn zugeführt. Er bleibt nur so lange (einige Sekunden) eingeschaltet, bis der Krampf **(Elektroschock)** einsetzt; der (einem epilept. Anfall ähnl.) Krampfanfall läuft autonom ab und soll mindestens 25 Sekunden dauern. Die E. wird in Kurznarkose durchgeführt. Sie wurde 1938 von den ital. Psychiatern U. CERLETTI und LUCIO BINI (* 1908) eingeführt. Über die Wirkungsweise gibt es keine allg. anerkannte Theorie.

Elektrokymographie, röntgendiagnost. Verfahren von histor. Bedeutung, das zur Registrierung von Organpulsationen (Herz, große Gefäße) diente. Die E. wurde durch Ultraschalldiagnostik, Computer- und Kernspintomographie ersetzt.

Elektrolarynx, der →Kehlkopfgenerator.

Elektrolumineszenz, das Auftreten und die Anregung von Leuchterscheinungen (→Lumineszenz) in nicht leitenden oder halbleitenden Stoffen unter Einfluss eines elektr. Feldes, das Elektronen beschleunigt und in angeregte Zustände anhebt, sodass bei der anschließenden Rückkehr in den Grundzustand die aufgenommene Energie z. T. in Form von Lichtquanten emittiert wird. Zur E. kommt es z. B. bei elektr. Entladungen (v. a. in Gasen) und Durchbrüchen. Sie wird durch Injektion von Minoritätsladungsträgern in einen p- oder n-Halbleiter sowie an p-n-Übergängen von relativ kleinen elektr. Spannungen angeregt, da es hierdurch verstärkt zur Rekombination von Elektron-Loch-Paaren kommt (→Lumineszenzdiode). Die bei Anlegen eines elektr. Wechselfeldes an einen Kristall (besonders eines Leuchtstoffs) auftretende E. wird als →Destriau-Effekt bezeichnet. Diese Art der E. wird in E.-Displays und E.-Zellen ausgenutzt.

Elektrolunge, nur noch selten angewendetes Reizstromgerät zur atemsynchronen Erregung der Atemmuskulatur durch äußerlich angelegte Elektroden; dient v. a. zur Aufrechterhaltung der zeitgesteuerten kontrollierten Atmung bei Patienten mit Querschnittslähmung im Halsmarkbereich oder zentraler Atemlähmung; inzwischen weitgehend durch maschinelle Über- oder Unterdruckbeatmung ersetzt.

Elektrolyse *die, -/-n,* Gesamtheit der in einem elektrochem. Zwei- oder Mehrphasensystem bei Stromdurchgang hervorgerufenen physikalisch-chem. Vorgänge und der dabei auftretenden stoffl. Umsetzungen. Derartige Systeme sind z. B. in geeigneten Gefäßen **(E.-Zellen)** befindl. Elektrolytlösungen oder Salzschmelzen (→Elektrolyt), in die zwei mit einer Gleichspannungsquelle verbundene →Elektroden eintauchen. Unter der Wirkung der an die Elektroden angelegten elektr. Spannung fließen die sich infolge elektrolyt. →Dissoziation innerhalb der flüssigen Phase bildenden Ionen zu den Elektroden, wo sie unter Elektronenaufnahme oder -abgabe entladen und abgeschieden werden. Die von der Anode bei den an ihr stattfindenden Oxidationsvorgängen aufgenommenen Elektronen fließen über Außenleiter und Spannungsquelle zur Kathode, wo sie für die dort ablaufenden Reduktionsvorgänge zur Verfügung stehen. Entstehen als E.-Produkte Gase (z. B. Sauerstoff und Wasserstoff bei der E. von angesäuertem Wasser, Chlor und Wasserstoff bei der →Chloralkalielektrolyse), so müssen diese getrennt aufgefangen werden. Die umgesetzten Stoffmengen in Abhängigkeit vom Stromverbrauch ergeben sich nach den →faradayschen Gesetzen. Damit eine E. überhaupt ablaufen kann, ist eine Mindestspannung, die →Zersetzungsspannung oder (bei elektrochem. Polarisation) die elektrochem. →Überspannung, erforderlich. Bei offenem Stromkreis kommt es infolge der ablaufenden elektrochem. Reaktionen und der dadurch entstehenden Grenzflächenpotenziale zur Ausbildung einer elektr. Spannung zw. den Elektroden. Derartige Spannungen werden als elektromotor. Kraft in den →elektrochemischen Elementen ausgenutzt.

Industrielle Anwendungen der E. sind neben der Gewinnung von elementaren Gasen die Gewinnung oder Reindarstellung von Metallen in bes. hohem Reinheitsgrad **(Elektrolytmetalle),** wobei Metalle mit hoher Affinität zum Sauerstoff durch →Schmelzflusselektrolyse gewonnen werden, sowie die getrennte Abscheidung von Metallen aus Lösungsgemischen ihrer Salze. (→Galvanotechnik, →Elektroanalyse).

Elektrolyt *der, -en/-e* (selten) auch *-s/-en,* jeder Stoff, der in Lösung, als Schmelze oder in fester Form infolge des Vorhandenseins oder der Bildung entgegengesetzt geladener, bewegl. Ionen (Anionen und Kationen) elektrisch leitfähig ist. Man unterscheidet **echte E.,** bei denen die Ionen von vornherein vorhanden sind und eine →Ionenleitung bewirken (z. B. fast alle der in Ionengittern kristallisierenden Salze), und **potenzielle E.,** deren Moleküle sich erst durch Reaktion oder Wechselwirkung mit den Lösungsmittelmolekülen in Anionen und Kationen zerlegen (z. B. Säuren und Basen). Die in einem Lösungsmittel erfolgende, mehr oder weniger vollständige Aufspaltung von E.-Molekülen oder Ionenkristallen in einzelne Ionen wird als **elektrolytische Dissoziation** bezeichnet. **Starke E.** (z. B. starke Säuren und Basen, Salze) sind in wässriger Lösung fast vollständig dissoziiert, **schwache E.** (z. B. schwache Säuren und Basen) dissoziieren gewöhnlich nur wenig. – Zunehmend gewinnen **feste E.** (z. B. für Batterien, Brennstoffzellen, Sensoren), d. h. kristalline Verbindungen, in denen der Stromtransport mit Ionen durch Fehlordnungen im Kristallgitter ermöglicht wird, an Bedeutung.

Elektrolyt|eisen, reines, durch Elektrolyse abgeschiedenes Eisen mit mindestens 99,9 % Fe, das nach Entfernung des aus der Elektrolyse stammenden Wasserstoffes durch Erwärmung auf 1 000 °C sehr weich und gut schweißbar ist. E. hat sehr starke magnet. Eigenschaften und eine hohe Wärmeleitfähigkeit; es findet Anwendung in der Elektrotechnik. Bei seiner Herstellung wird als Elektrolyt Eisen(II)chlorid oder -sulfat benutzt und das E. mittels einer unlösl. Graphitanode oder einer lösl. Anode aus Eisenblech oder Gusseisen abgeschieden.

Elektrolythaushalt, *Physiologie:* eng mit →Wasserhaushalt und Mineralstoffwechsel verknüpftes Gleichgewicht der Elektrolyte im Organismus (→Elektrolytlösungen). Ein ausgewogener E. ist lebensnotwendig, da die Elektrolytkonzentrationen das innere Milieu der Zelle und damit die Zellfunktionen stark beeinflussen: Z. B. wird die Löslichkeit anderer Ionen und von Proteinen durch unterschiedl. Elektrolytkonzentrationen verändert, und die elektr. Eigenschaften der Zelle oder die Funktionen von Proteinen oder supramolekularen Strukturen werden beeinflusst.

elektrolytische Raffination, Raffination von Rohmetallen mithilfe der Elektrolyse, wobei das Metall aus der unreinen Anode herausgelöst und an der Kathode in reiner Form abgeschieden wird. Die Verunreinigungen bleiben im Elektrolyten gelöst oder bilden den Anodenschlamm.

elektrolytischer Trog, mit einer Elektrolytlösung gefülltes Gefäß zur experimentellen Bestimmung des Potenzialverlaufs von Elektrodenanordnungen; man misst mit Sonden in versch. Punkten der Lösung den Spannungsabfall gegenüber den Elektroden und erhält so die Äquipotenziallinien sowie die senkrecht dazu verlaufenden elektr. Feldlinien.

Elektrolytkondensator, Abk. **ELKO,** elektr. →Kondensator hoher Kapazität, dessen Elektroden aus gewickelten Metallfolien bestehen, zw. denen sich ein saugfähiges, mit einem Elektrolyten getränktes Material befindet; beim Anlegen einer Gleichspannung bildet sich eine dünne Metalloxidschicht an der Anode, die als Dielektrikum wirkt.

Elektrolytlösungen, *Medizin:* Salzlösungen, die Elektrolyte des Blutes in der entsprechenden Konzentration enthalten, und zwar v. a. die Anionen Chlorid, Hydrogencarbonat und Phosphat sowie die Kationen Kalium, Natrium, Calcium und Magnesium; angewandt bei Elektrolytverlusten, z. B. bei Blutungen, Verbrennungen, Durchfällen, anhaltendem Erbrechen; auch nach körperl. Hochleistungen in Form von Elektrolyte enthaltenden Getränken.

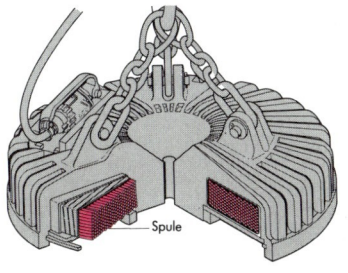

Elektromagnet: Lasthebemagnet

Elektrolytzähler, ein Elektrizitätszähler für Gleichstrom, bei dem aus einem Elektrolyten eine der durchgeflossenen Elektrizitätsmenge proportionale Stoffmenge (z. B. Quecksilber) abgeschieden und in einem mit einer Skale versehenen Glasrohr gemessen wird.

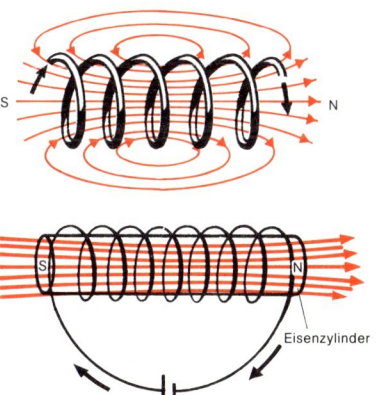

Elektromagnet: oben Magnetische Feldlinien (Kraftlinien) in einer von Strom durchflossenen Spule; unten Elektromagnet mit Eisenkern

Elektromagnet, eine stromdurchflossene Spule, meist mit einem unmagnet. →Eisenkern, der vom magnet. Feld der Spule durchsetzt und für die Dauer des Stromflusses stark magnetisiert wird. Bei einer relativ zu ihrem Durchmesser langen Spule ohne Eisenkern lässt sich der Verlauf der magnet. Feldlinien außerhalb der Spule mit denen eines Stabmagneten vergleichen. Durch den Einsatz des Eisenkerns wird die magnet. Feldstärke durch magnet. Induktion beträchtlich (bei Eisenkernen mit gegenüberstehenden kegelförmigen Polschuhen bis zu 5 MA/m) verstärkt. – E. werden eingesetzt in elektr. Maschinen und Messgeräten, in Relais, zur Fernbedienung von Schaltgeräten und Maschinenteilen, als Lasthebemagnete an Kranen zum Verladen von Schrott u. a. Eisenteilen.

elektromagnetische Pumpe, Anlage zur Förderung flüssiger Metalle mithilfe eines starken Magnetfeldes. In **Leiterpumpen** wird das von einem starken Gleichstrom durchflossene Metall im Magnetfeld infolge der →Lorentz-Kraft ohne Anwendung bewegter Pumpenteile bewegt. **Induktions-** oder **Wanderfeldpumpen** verwenden ein Magnetfeld, das in Förderrichtung wandert.

elektromagnetischer Puls, elektromagnetischer Impuls, der →EMP.

elektromagnetische Schwingungen, →elektrische Wellen.

elektromagnetisches Feld, →Elektrizität, →Feld.

elektromagnetisches Spektrum, →elektromagnetische Wellen, →Spektrum.

elektromagnetische Verträglichkeit, Abk. **EMV, EMC** [von engl. electromagnetic compatibility], *Elektronik* und *Nachrichtentechnik:* die Fähigkeit elektron. Einrichtungen, bei elektromagnet. Einwirkungen beliebiger Art zufrieden stellend zu funktionieren und ihrerseits die Umgebung, zu der auch andere elektron. Einrichtungen gehören, nicht unzulässig zu beeinflussen. Mögl. störende Einflüsse sind dabei durch Leitungen als Ströme und Spannungen oder durch elektromagnet. Felder und Wellen übertragene Energien (bes. groß bei Blitzschlag und →EMP). Grundsätzlich müssen elektron. Einrichtungen ein gewisses Maß an Störleistung aufnehmen können, ohne

elektromagnetische Wellen (Wellenlängen- und Frequenzbereiche)

Wellenlängen- bereich	Frequenzbereich	deutsche Bezeichnung	internat. Abk.	Verwendung
18 000 km	$16\frac{2}{3}$	techn. Wechselstrom	–	elektr. Bahnen
6 000 km	50 Hz		–	elektr. Energieversorgung
18 800 – 15 km	16 – 20 000 Hz	Tonfrequenz	AF	Übertragung von Sprache und Musik
∞ – 30 000 m	+120 kHz	Niederfrequenz (NF)	–	Regeltechnik, Telegrafie, induktive Heizung
30 000 – 10 000 m	10 – 30 kHz	Längstwellen, Myriameterwellen[1]	VLF	Überseetelegrafie, Frequenznormale, Boden-Unterwasser-Verbindungen
10 000 – 1 000 m	30 – 300 kHz	Langwellen (LW), Kilometerwellen[1]	LF	Kontinentaltelegrafie, Rundfunk, See-, Navigations- und Wetterfunk
1 000 – 182 m	300 – 1 650 kHz	Mittelwellen (MW)[1][2]	MF	Rundfunk, Seefunk
182 – 100 m	1,650 – 3 MHz	Grenzwellen[1][2]	–	feste und bewegl. Funkdienste
100 – 10 m	3 – 30 MHz	Kurzwellen (KW), Dekameterwellen[1]	HF	Überseetelegrafie und Telefonie, Rundfunk, Seefunk, Flugfunk, Amateurfunk
10 – 1 m	30 – 300 MHz	Ultrakurzwellen (UKW), Meterwellen[1]	VHF	Rundfunk, Fernsehen, Flugfunk, Polizei- und Richtfunk
1 m – 1 dm	300 – 3 000 MHz	Dezimeterwellen[3]	UHF	Fernsehen, Richtfunk, Militär, Satellitensteuerung, Diathermie
10 – 1 cm	3 – 30 GHz	Zentimeterwellen[3][4]	SHF	Richtfunk, Radar, Satellitenfunk, Maser, Mikrowellenerwärmung
10 – 1 mm	30 – 300 GHz	Millimeterwellen[3][4]	EHF	aerolog. Funkmesstechnik
1 – 0,1 mm	300 – 3 000 GHz	Submillimeterwellen	–	noch nicht technisch ausgenutzt
1 mm – 0,78 μm	$3 \cdot 10^{11} - 3,8 \cdot 10^{14}$ Hz	Infrarot	IR	Wärmeortung, Infrarot-Nachrichten- technik, Laser
0,78 – 0,38 μm	$3,8 \cdot 10^{14} - 7,9 \cdot 10^{14}$ Hz	[sichtbares] Licht	– }	Lichttelefonie, Lasertechnik, elektropt. Entfernungsmessung
0,38 – 0,01 μm	$7,9 \cdot 10^{14} - 3 \cdot 10^{16}$ Hz	Ultraviolett	UV }	
30 – 0,3 nm	$10^{16} - 10^{18}$ Hz	sehr weich		Röntgendiagnostik und -therapie, Röntgenspektroskopie,
0,3 – 0,06 nm	$10^{18} - 5 \cdot 10^{18}$ Hz	weich		
0,06 – 0,01 nm	$5 \cdot 10^{18} - 3 \cdot 10^{19}$ Hz	Röntgen- mittel		Kristallstrukturanalyse,
0,01 – 0,003 nm	$3 \cdot 10^{19} - 10^{20}$ Hz	strahlen hart		Materialprüfung;
$3 \cdot 10^{-3} - 10^{-4}$ nm	$10^{20} - 3 \cdot 10^{21}$ Hz	sehr hart		Kernreaktionen,
$10^{-4} - 10^{-8}$ nm	$3 \cdot 10^{21} - 3 \cdot 10^{25}$ Hz	ultrahart		Elementarteilchenprozesse
0,4 – 10^{-4} nm	$8 \cdot 10^{17} - 3 \cdot 10^{21}$ Hz	Gammastrahlen	γ	Strahlentherapie, Material- untersuchung, Kernreaktionen
$< 10^{-5}$ nm	$< 10^{22}$ Hz	sekundäre Höhenstrahlen	–	

[1] Die Bereiche mit Frequenzen zwischen 10 kHz und 300 MHz werden als Hochfrequenz (HF) zusammengefasst. –
[2] Die Grenzwellen werden oft zu den Mittelwellen gerechnet; diese werden dann auch als Hektometerwellen bezeichnet. –
[3] Die Bereiche mit Frequenzen zwischen 300 MHz und 300 GHz werden als Höchstfrequenz (HHF) zusammengefasst. –
[4] Zentimeter- und Millimeterwellen werden zusammengefasst auch als Mikrowellen bezeichnet.

dass dabei ihre Funktion und Zuverlässigkeit beeinflusst wird. Umgekehrt dürfen sie nur ein gewisses Maß an Störleistung an die Umgebung abgeben. Damit sich das elektron. und elektr. Equipment nicht länger gegenseitig stört, wurde im November 1992 das Ges. für e. V. (EMVG) erlassen. Darin ist festgehalten, ab 1. 1. 1996 das Hochfrequenz-Ges. und das Funkentstörungs-Ges. zugunsten einer EU-Richtlinie abzulösen. Die europ. Vorschriften gingen somit in dt. Recht über und beinhalten, dass in Europa kein elektr. und elektron. Gerät, das seit dem 1. 1. 1996 hergestellt wird, ohne →CE-Zeichen in den Handel gebracht werden darf.

A. J. SCHWAB: E. V. (^{3}1994); E. HABIGER: E. V. (^{2}1996).

elektromagnetische Wechselwirkung, die zw. elektrisch geladenen Teilchen oder Körpern, bes. zw. Elementarteilchen bestehende, durch elektromagnet. Felder vermittelte Wechselwirkung sehr großer Reichweite; eine der vier fundamentalen →Wechselwirkungen der Natur (neben der Gravitationswechselwirkung beliebiger Massen und der starken sowie schwachen Wechselwirkung von Elementarteilchen). Sie umfasst die bereits zw. ruhenden Ladungsträgern bestehende →Coulomb-Wechselwirkung und die durch die →Lorentz-Kraft gegebene Wechselwirkung bewegter Ladungsträger, die induktive Wechselwirkung stromdurchflossener Leiter sowie die an magnet. Dipole und höhere Momente geknüpften magnet. Wechselwirkungen. Die e. W. wird klassisch im Rahmen der →Elektrodynamik, quantentheoretisch durch die →Quantenelektrodynamik behandelt; sie wird durch den Austausch von →Photonen, den Quanten des elektromagnet. Feldes, zw. den Ladungsträgern vermittelt.

elektromagnetische Wellen, elektromagnetische Strahlung, räumlich und zeitlich period. elektromagnet. Felder, die sich im Vakuum oder in einem Medium mit →Lichtgeschwindigkeit ausbreiten. E. W. treten auf, wenn elektr. Ladungsträger (bes. Elektronen) beschleunigt werden und damit elektr. Strom- und Ladungsdichten räumlich und zeitlich ändern. Sie entstehen – als natürl. Schwingungsvorgänge der Ladungsträger in Atomen, Molekülen und Festkörpern – durch Quantensprünge der Elektronen in angeregten atomaren Systemen (Emission von Licht, Infrarot-, Ultraviolett- oder Röntgenstrahlung) oder der Protonen in angeregten Atomkernen (Emission von Gammastrahlen). Technisch werden e. W. z. B. beim Fließen hochfrequenter elektr. Wechselströme in Antennen und →Schwingkreisen, als Abstrahlung eines →hertzschen Dipols sowie durch Abbremsung geladener Teilchenstrahlen (→Bremsstrahlung, →Synchrotronstrahlung) erzeugt. Alle diese e. W. unter-

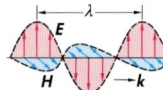

elektromagnetische Wellen: Zueinander senkrechte Schwingungsebenen der elektrischen Feldstärke E und der magnetischen Feldstärke H bei einer ebenen elektromagnetischen Welle mit der durch den Wellenvektor k gegebenen Ausbreitungrichtung (λ Wellenlänge)

scheiden sich voneinander nur durch die Wellenlänge λ bzw. die Frequenz ν, die durch die Formel $\lambda \cdot \nu = c$ miteinander verknüpft sind (c = Lichtgeschwindigkeit). Ihre Frequenzen oder Wellenlängen bilden das **elektromagnetische Spektrum.**

Die Ausbreitung e. W. in einem Medium hängt von dessen elektr. Materialkonstanten (Brechzahl, elektr. Leitfähigkeit, Dielektrizitätskonstante und Permeabilität) ab. Sie stellen sich ausbreitende Änderungen des elektromagnet. Feldzustandes dar, in denen ein Transport von elektr. und magnet. Energie stattfindet. Alle e. W. verhalten sich hinsichtlich Reflexion, Brechung, Beugung (Interferenz) und Polarisation wie Lichtwellen, die e. W. sehr kurzer Wellenlänge sind; speziell die elektr. und magnet. Felder der →elektrischen Wellen können sich auch längs Oberflächen und elektr. Leitungen fortpflanzen. So strahlt eine über ebener Erde befindl. Antenne eine an die Erdoberfläche gebundene →Bodenwelle aus, die im Fall von Langwellen die ganze Erde umläuft, und eine →Raumwelle aus. Bei Kurzwellen ist die Bodenwelle stark gedämpft; die große Reichweite ergibt sich durch mehrmalige Reflexion der Raumwelle an der Ionosphäre. Die Ausbreitung der Ultrakurzwellen erfolgt nahezu quasioptisch und ohne Bodenwellen; vom cm-Wellenlängenbereich an zu kürzeren Wellenlängen hin bildet der opt. Horizont eine Schattengrenze. Sehr kurze elektr. Wellen können sich aber auch in Hohlrohren (Hohlleiter, Wellenleiter) fortpflanzen.

Die Verknüpfung elektr. und magnet. Felder zu fortschreitenden Wellen wurde bereits 1862 von J. C. MAXWELL erkannt (→maxwellsche Theorie). 1888 erzeugte und untersuchte H. HERTZ erstmals e. W. im Ultrakurzwellengebiet. F. MARCONI nutzte ab 1899 als Erster derartige elektr. Wellen zur drahtlosen Nachrichtenübertragung und begründete damit die Funktechnik.

K.-D. BECKER: Ausbreitung e. W. (1974); F. NIBLER: E. W. (1975); H.-G. UNGER: E. W. auf Leitungen (^{2}1986); P. LORRAIN u. a.: Elektromagnet. Felder u. Wellen (a. d. Amerikan., 1995).

Elektromagnetismus, →Elektrizität.

Elektromanometrie, *Medizin:* Messung des Drucks innerhalb von Organhöhlen (z. B. Blutdruckmessung in Gefäßen) durch Kanülen mit mechanoelektr. Wandlern.

Elektromechanik, Teilgebiet der Elektro- und der Feinwerktechnik, das sich mit der Hervorbringung mechan. Vorgänge durch elektr. Vorgänge und umgekehrt befasst (z. B. in Schaltanlagen, Registriervorrichtungen); zunehmend durch die →Elektronik abgelöst.

Elektromedizin, Lehre von der Verwendung des elektr. Stromes zur Krankheitsfeststellung (→Elektrodiagnostik) und -behandlung (→Elektrotherapie).

Elektrometallurgie, Bez. für metallurg. Verfahren mit Anwendung von Elektroenergie. Dabei unterscheidet man zw. der pyrometallurg. (Elektroenergie als Heizquelle) und der hydrometallurg. Anwendung (Elektroenergie als chem. Energie, z. B. Elektrolyse). Eine Kombination beider Varianten ist die Schmelzflusselektrolyse.

Elektrometer, *Sg.* Elektrometer *das, -s,* **elektrostatische Messinstrumente,** zur Ladungs-, Spannungs- und Leistungsmessung bei Gleich- und Wechselstrom sowie zur Frequenzmessung dienende elektr. Messgeräte. Ausgenutzt werden die elektrostat. Kraftwirkungen (→coulombsches Gesetz) zw. festen und bewegl., durch Anlegen einer Spannung U eine Ladung Q aufnehmenden Metallelektroden; es gilt $Q = C \cdot U$, wobei C die Kapazität der Anordnung ist. Das **braunsche E.,** ein Spannungsmesser, nutzt die Kraftwirkung zw. der Spannungszuführung, einer bewegl. Nadel und dem entgegengesetzt aufgeladenen

Gehäuse aus. Beim **Blättchen-E.** ist die Bewegung eines Goldblättchens, beim **Faden-E.** die eines Quarzfadens, beim **Saiten-E.** die eines Metallfadens nach der Aufladung der Elektroden ein Maß für die angelegte Spannung. Beim **Duanten-E.** dreht sich ein an einem Faden hängender, sehr leichter Metallflügel über zwei zusätzl. Metallplatten, beim **Quadranten-E.** in einer aus vier Teilen (Quadranten) bestehenden Blechdose. – E. verwendet man auch als Dosimeter bei Strahlungsmessungen in der Kernphysik. Das System wird zunächst aufgeladen, man beobachtet den Feldabbau zw. den aufgeladenen Teilen infolge der ionisierenden Strahlung; die Bewegung ist ein Maß für die eingefallene Strahlungsmenge.

Elektrometerverstärker, nicht invertierender Verstärker mit bes. hohem Eingangswiderstand; kann mit einem Operationsverstärker, dessen Eingangsstufe aus Feldeffekttransistoren aufgebaut ist, realisiert werden. Der E. dient zur Messung elektr. Ladungen.

Elektrometrie *die, -,* **elektrometrische Maßanalyse,** umfasst alle Methoden, mit denen der Ablauf und v. a. das Ende einer chem. Reaktion physikalisch (z. B. durch Messen der Änderung von elektr. Potenzialen) bestimmt werden können.

Elektromotor, neben dem →Generator die wichtigste →elektrische Maschine. Sie formt elektr. Energie in mechan. Arbeit um. Neben den rotierenden E. gibt es auch den →Linearmotor zur Erzeugung geradliniger Bewegungen. E. werden für Leistungen bis etwa 10 MW gebaut und vielseitig verwendet: vom Antrieb von Haushaltsgeräten, Büromaschinen und Elektrowerkzeugen bis zum Antrieb von Pumpen, Förderanlagen, Walzenstraßen und elektr. Bahnen.

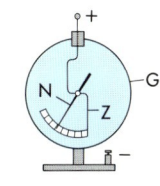

E. dürfen kurzzeitig über ihre Nennleistung hinaus belastet werden. Die Grenze dafür ist beim Drehstrommotor das →Kippmoment, beim Gleichstrommotor die zulässige Beanspruchung des Kommutators. Im Dauerbetrieb wird die Belastbarkeit durch die Erwärmung begrenzt.

Gleichstrommotor

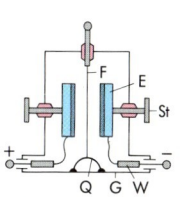

Die vom Magnetfeld in der Ankerwicklung induzierte Spannung ist dem Produkt aus der Drehzahl des Ankers und dem magnet. Fluss proportional; die induzierte Spannung muss, mit den ohmschen Spannungsabfällen im Stromkreis des Ankers, der Klemmenspannung das Gleichgewicht halten. Beim leer laufenden Gleichstrommotor entspricht daher eine kleinere Drehzahl einem größeren Erregerstrom und damit einem größeren magnet. Fluss und umgekehrt eine größere Drehzahl einem kleineren magnet. Fluss. Das Drehmoment ist dem Produkt aus Ankerstrom und magnet. Fluss proportional. Zur Verbesserung der Kommutierung erhalten Gleichstrommotoren meist Wendepole und bei großen Drehzahlbereichen auch eine Kompensationswicklung; diese hat die Aufgabe, die Rückwirkung des magnet. Ankerfeldes auf das magnet. Hauptfeld auszugleichen.

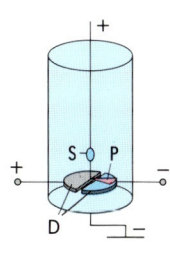

Beim **Gleichstrommotor mit Fremderregung** und auch beim Gleichstrommotor mit Nebenschlusserregung **(Nebenschlussmotor)** liegt die Erregerwicklung über einen Vorwiderstand an einer konstanten Spannung. Dieser Vorwiderstand dient als Anlasser. Über ihn kann auch bei kleinen Leistungen der Erregerstrom und damit der magnet. Fluss eingestellt werden;

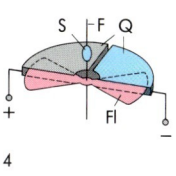

Elektrometer: Schematische Darstellungen 1 eines braunschen Elektrometers (Z Spannungszuführung, N elektrisch abgestoßene Nadel, G Gehäuse), 2 eines wulfschen Fadenelektrometers (F Quarzfaden, E linealförmige Elektrode, St Stelltrieb, W Schutzwiderstand, Q elastischer Quarzbügel, G Gehäuse), 3 eines hoffmannschen Duantenelektrometers (P Platinflügel, D entgegengesetzt aufgeladene, plattenförmige Duanten, S Ablenkspiegel für Lichtzeiger), 4 eines Quadrantenelektrometers (Q entgegengesetzt aufgeladene kammerförmige Quadranten, Fl beweglicher Flügel, S Ablenkspiegel für Lichtzeiger, F Aufhängefaden)

bei großen Leistungen verwendet man die →Leonard-Schaltung. Bei konstantem magnet. Fluss ist der Ankerstrom dem belastenden Drehmoment proportional. Mit zunehmendem Drehmoment und damit zunehmendem Ankerstrom wird die Drehzahl gegenüber der Leerlaufdrehzahl, entsprechend den Spannungsabfällen im Stromkreis des Ankers, nur wenig kleiner (›hartes‹ Drehzahlverhalten). Steigert man den Erregerstrom, dann wird die Leerlaufdrehzahl kleiner, da bei einem großen magnet. Fluss bereits eine kleinere Drehzahl zur Induktion der erforderl. Spannung im Anker ausreicht; die Reduktion des Erregerstromes (Feldschwächung) bewirkt eine Erhöhung der Leerlaufdrehzahl. Treibt man einen solchen Motor mit einer größeren als der Leerlaufdrehzahl an, dann wird er zum Generator. Gleichstrommotoren dieser Schaltung eignen sich für Antriebe, die eine in weiten Grenzen einstellbare Drehzahl erfordern: Werkzeugmaschinen, Aufzüge.

Beim Gleichstrommotor mit Reihenschlusserregung **(Reihenschlussmotor)** fließt der Ankerstrom auch durch die Erregerwicklung. Der magnet. Fluss nimmt dann nahezu proportional mit dem Strom und damit auch mit dem Drehmoment zu. Dabei muss die Drehzahl mit wachsendem Drehmoment und wachsendem magnet. Fluss immer kleiner werden (›weiches‹ Drehzahlverhalten). Da sich die Drehzahl eines Reihenschlussmotors bei Entlastung unzulässig erhöht (›Durchgehen‹ des Motors), darf er nie im Leerlauf betrieben werden. Wegen seines hohen Anzugsmoments bei mäßiger Stromaufnahme eignet er sich bes. als Antriebsmotor für Fahrzeuge (elektr. Bahnen), aber auch für Lüfter (Ventilatoren). Kleine Reihenschlussmotoren mit Leistungen bis etwa 500 W werden in voll geblechter Ausführung als **Allstrommotoren** oder **Universalmotoren** wahlweise für Gleich- oder Wechselstromspeisung ausgeführt.

Der **Doppelschlussmotor (Verbund-** oder **Compoundmotor)** besitzt außer der Nebenschlusserregerwicklung eine zusätzl. Reihenschlusserregerwicklung. Wirken beide Wicklungen in gleichem Sinn, dann liegt sein Drehzahlverhalten zw. dem eines Nebenschlussmotors und dem eines Reihenschlussmotors. Er hat eine über die Erregung einstellbare Leerlaufdrehzahl. Mit zunehmender Belastung nimmt die Drehzahl mehr oder weniger stark ab, je nach Bemessung der Reihenschlusswicklung. Doppelschlussmotoren werden bei schweren Schwungradantrieben von Pressen und Schmiedehämmern verwendet.

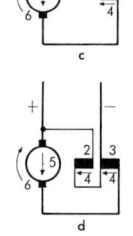

Elektromotor: Schaltungen von Gleichstrommotoren; a Motor mit Fremderregung; b Nebenschlussmotor; c Reihenschlussmotor; d Doppelschlussmotor; 1 Fremderregerwicklung, 2 Nebenschlusserregerwicklung, 3 Reihenschlusserregerwicklung, 4 Richtung des magnetischen Feldes, 5 Richtung der Ankerrückwirkung, 6 Drehrichtung (Vorzeichen und Richtungspfeile gelten für rechtsgängige Wicklungen)

Drehstrommotor

Der **Drehstromasynchronmotor (Induktionsmotor)** ist der wichtigste und am meisten verbreitete E. Seine Drehzahl liegt nur wenig unter der synchronen Drehzahl. Diese wird durch den Quotienten aus Netzfrequenz und Polpaarzahl bestimmt. Die Drehzahl nimmt mit zunehmender Belastung zunächst nur sehr wenig ab bis in die Nähe des Kippmoments. Das Anzugsmoment hängt vom ohmschen Widerstand im Läuferkreis ab: Einem kleinen Widerstand entsprechen ein kleiner Schlupf und damit kleine Verluste und ein hoher Wirkungsgrad, aber auch ein kleines Anzugsmoment; ein genügend großer Widerstand im Läufer hat wohl ein günstiges Anzugsmoment, aber auch höhere Verluste und damit einen ungünstigeren Wirkungsgrad zur Folge. Ein hohes Anzugsmoment bei gutem Wirkungsgrad erreicht man mit einem

Schleifringläufer, wenn beim Anzug in den Läuferkreis ein ohmscher Widerstand geschaltet wird, der bei Nenndrehzahl kurzgeschlossen ist. Eine ähnl. Wirkung erzielt man beim **Kurzschlussläufer** in der Ausführung als Doppelkäfigläufer oder Wirbelstromläufer. Bei diesem wird während des Anzugs infolge der hohen Schlupffrequenz der Strom gegen die Läuferoberfläche gedrängt und damit der wirksame Widerstand vergrößert. Kurzschlussläufermotoren sind sehr einfach und robust und werden bis zu den größten Leistungen verwendet. Zum Aufbau des magnet. Feldes benötigt der Asynchronmotor Blindleistung, die er über die Ständerwicklung dem Netz entnimmt. Wird ein Asynchronmotor am Netz mit einer Drehzahl, die wenig über der synchronen Drehzahl liegt, angetrieben, wird er zum Generator.

Der **Drehstromsynchronmotor** ist mit seiner Drehzahl genau an die des Drehfeldes gebunden. Er entnimmt dem Netz keine Blindleistung, da seine Läuferwicklung mit Gleichstrom erregt wird. Bei Übererregung kann er Blindleistung an das Netz abgeben. Das Kippmoment ist kleiner als das des Asynchronmotors. Mittels einer lastabhängigen Erregung kann er auch bei starken Drehmomentstößen im Synchronismus gehalten werden. Der Anlauf erfolgt asynchron über eine Käfigwicklung, die in den Polschuhen des Läufers untergebracht ist. Zur Verbesserung des Anzugsmoments besteht diese wegen des höheren spezif. Widerstandes meist aus Messing oder Bronze. Synchronmotoren werden z. B. zum Antrieb von Kolbenverdichtern verwendet. Kleine Drehstromsynchronmotoren werden ohne Gleichstromerregung als Reluktanzmotoren (→Reluktanzmaschine) gebaut. Sie besitzen ausgeprägte Pole, die Schwankungen des magnet. Leitwerts bewirken und damit den synchronen Lauf ermöglichen. Treibt man einen Synchronmotor mit seiner synchronen Drehzahl an, wird er zum Synchrongenerator.

Einphasenwechselstrommotor

Ein Drehstromasynchronmotor, der nur über zwei Klemmen an ein Wechselstromnetz angeschlossen ist, kann im Ständer nur ein einphasiges Wechselfeld erregen und daher nicht selbst anlaufen. Nach einer beliebigen Seite angeworfen, läuft er in diesem Drehsinn weiter. Leistung und Wirkungsgrad dieses nunmehr **einphasigen Asynchronmotors** sind schlechter als bei Drehstromspeisung. Selbstanlauf und besserer Wirkungsgrad erhält man, wenn der freie dritte Strang über einen Kondensator (Hilfsphase) ans Netz angeschlossen wird **(Kondensatormotor).** Der **Spaltpolmotor** ist ein zweiphasiger Asynchronmotor. Die Hilfsphase umfasst einen Teil des Wechselfeldes und ist kurzgeschlossen. Dort entsteht ein phasenverschobenes Teilfeld. Beide Felder ergeben ein ellipt. Drehfeld, das den Kurzschlussläufer in Richtung vom Haupt- zum Spaltpol antreibt. **Einphasige Synchronmotoren** werden meist nur für Leistungen bis 500 W gebaut. Es gibt vielerlei Bauarten: Reluktanzmotoren, Reaktionsmotoren, Impulsmotoren, Hysteresemotoren, Dauermagnetmotoren u. a. Diese Motoren werden in großen Stückzahlen für Geräte der Steuerungs- und Regelungstechnik sowie auch zum Antrieb von Synchronuhren gebaut. Nicht alle von ihnen können selbst anlaufen. **Einphasige Wechselstromkommutatormotoren** werden nur als Reihenschlussmotoren zum Antrieb →elektrischer Bahnen mit Leistungen bis über 1 000 kW gebaut. Für Leistungen bis etwa 500 W werden sie meist als **Universalmotoren** zum Antrieb von Haushaltsmaschinen, Büromaschinen und Elektrowerkzeugen verwendet.

Zur *Geschichte* →Elektrotechnik.

H. REUTZSCH: Hb. für E. (³1980); W. HANNCKE: Drehstrom- u. Einphasen-Asynchronmotoren (1983); D. DIETRICH

u. W. Konhäuser: Mikrocomputergeregelte Asynchronmaschinen (1986); H. Moczala: Elektr. Kleinmotoren (²1993).

elektromotorische Kraft, Abk. **EMK,** historisch bedingte Bez. für die elektr. Spannung zw. den Klemmen einer elektr. Stromquelle im stromlosen Zustand (**Quellen-** oder **Urspannung**), bei kontakt- oder thermoelektr. Erscheinungen sowie bei der elektr. →Induktion. Die EMK entsteht z. B. in elektrochem. Elementen (wie Batterien) aus chem. Energie, in elektr. Generatoren aus der mechan. Energie oder bei Induktion im Magnetfeld ablaufenden Bewegungsvorgänge.

Elektromyographie, Abk. **EMG,** Verfahren zur Registrierung der Muskelaktivität bei Entspannung und nach willkürl. Muskelanspannung. Die Ableitung erfolgt i. d. R. durch spezielle Nadelelektroden, die in den Muskel eingestochen werden. Die E. dient zur Diagnostik von peripheren Nervenschädigungen und Muskelerkrankungen, z. B. bei Schädigung eines Arm- oder Beinnervs oder einer →Muskeldystrophie. Sie wird häufig in Verbindung mit der Elektroneurographie angewendet.

Elektron [auch eˈlɛktrɔn, ɛlɛkˈtroːn; griech. ḗlektron ›Bernstein‹, ›mit Silber gemischtes Gold‹] *-s/...ˈronen, Atom- und Elementarteilchenphysik:* physikal. Symbol e, e⁻ oder ⊖; leichtes, negativ geladenes, stabiles Elementarteilchen; wichtigster Vertreter der →Leptonen, neben dem Proton und dem Neutron einer der Bausteine der Atome und damit der Materie; auch Sammelbegriff für das (dann auch als **Negatron** bezeichnete) E. und sein →Antiteilchen, das positiv geladene →Positron (e⁺). Das E. hat die Ruhmasse $m_e = 9{,}109\,389\,7 \cdot 10^{-28}$ g (das ist $^1/_{1837}$ der Masse des Wasserstoffatoms und entspricht einer relativen Atommasse $0{,}000\,544\,3$; das zugehörige Energieäquivalent $m_e c^2$ beträgt 0,511 MeV; c = Lichtgeschwindigkeit im Vakuum) und ist Träger einer negativen Elementarladung; seine elektr. Ladung ist also dem Betrage nach $e = 1{,}602\,177\,33 \cdot 10^{-19}$ C; seine spezif. Ladung beträgt $e/m_e = 1{,}759 \cdot 10^8$ C/g. Das E. besitzt einen Spin vom Betrag $^1/_2\,h$ ($h = h/2\pi$; h = plancksches Wirkungsquantum), sein im Wesentlichen vom Spin verursachtes magnetisches Moment beträgt $\mu_e = 9{,}284\,8 \cdot 10^{-24}$ J/T $= 1{,}001\,16\,\mu_B$ (μ_B = bohrsches Magneton). Wegen der Halbzahligkeit seines Spins (in Einheiten h) ist das E. ein Fermion; für E.-Gesamtheiten gilt daher die →Fermi-Dirac-Statistik.

Da das E. der Träger der kleinstmögl. negativen Elektrizitätsmenge ist, die im Ggs. zu den →Quarks experimentell zugänglich ist, stellt es das ›Atom‹ der negativen Elektrizität dar; eine bestimmte räuml. Ausdehnung kann man ihm nicht zuschreiben, da sein elektr. Feld auch in kleinsten Abständen (bis zu 10^{-17} m) keine Abweichung vom coulombschen Gesetz zeigt, die auf eine bestimmte, irgendwie geartete räuml. Ladungsverteilung hindeuten würde. Bei der Streuung von Licht oder beim Compton-Effekt verhält sich aber das E. so, als hätte es eine durch den klass. →Elektronenradius bestimmte Ausdehnung.

Das E. zeigt wie alle Teilchen der Mikrophysik den →Welle-Teilchen-Dualismus. Im makroskop. Bereich und bei bestimmten mikroskop. Erscheinungen, für die das **Teilchenbild des E.** zutreffend ist, z. B. in Elektronenröhren und Betatrons, kann das E. meist als geladener Massenpunkt angesehen werden, der sich in elektromagnet. Feldern nach den Gesetzen der klass. Physik bewegt. Spin und magnet. Moment einzelner E. machen sich u. a. bei den gyromagnet. Effekten und beim Stern-Gerlach-Versuch bemerkbar, sie spielen eine grundsätzl. Rolle beim Aufbau der Atome, bei der Erklärung des →Magnetismus und bei der Wechselwirkung der Atom-E. mit elektromagnet. Strahlung, bes. bei gleichzeitiger Einwirkung eines magnet. Feldes (→Zeeman-Effekt). Das Teilchenbild versagt jedoch bei der Deutung der 1927 von C. J. Da-

visson und L. H. Germer durchgeführten E.-Streuexperimente an Kristalloberflächen (→Davisson-Germer-Versuch). Die dabei auftretenden Beugungs- und Interferenzerscheinungen sowie das Verhalten des E. in atomaren Bereichen lässt sich nur mit dem 1924 von L.-V. de Broglie vorgeschlagenen **Wellenbild des E.** verstehen: Den sich mit einer Geschwindigkeit v bewegenden E. eines E.-Strahls ist eine →Materiewelle zuzuordnen, deren Wellenlänge nach der De-Broglie-Beziehung $\lambda = h/(m_e v)$ ist. Beim Durchgang eines solchen E.-Strahls durch ein Kristallgitter oder bei seiner Streuung durch Objekte, deren Abmessungen von der Größenordnung der Wellenlänge sind, treten Interferenz- und Beugungserscheinungen auf (→Elektronenbeugung); dies zeigt, dass in atomaren Bereichen dem E. keine Bahnkurve im klass. Sinn zuordenbar ist.

Die adäquate Beschreibung des Verhaltens der E. in atomaren und subatomaren Systemen erfolgt durch die →Quantenmechanik mithilfe quantenmechan. Wellenfunktionen Ψ, die die Wahrscheinlichkeit für das Antreffen eines E. an einem bestimmten Ort oder in einem bestimmten Energiezustand angeben. Diese Funktionen sind nichtrelativist. Problemen (Geschwindigkeit der E. klein gegen die Lichtgeschwindigkeit) Lösungen der →Schrödinger-Gleichung bzw. bei Berücksichtigung des Spins der →Pauli-Gleichung. Sind relativist. Effekte zu berücksichtigen, so hat man die →Dirac-Gleichung zu lösen, die zugleich das Positron und die Auswirkung von Spin und magnet. Moment korrekt erfasst. Auf diese Weise erhält man genaue Aussagen über den Aufbau der Atom- oder E.-Hülle eines →Atoms, über die Entstehung der Atom- und Bandenspektren, über das Zustandekommen der →chemischen Bindung der Atome zu Molekülen und kristallinen Festkörpern durch ›Verformung‹ und ›Überlappung‹ der E.-Hüllen der Atome, über das Verhalten von E. in Festkörpern und die dadurch bestimmten Festkörpereigenschaften (→Bändermodell, →Bandstruktur, →Elektronengastheorie) sowie auch die experimentell nachprüfbare Erklärung sämtl. Beugungserscheinungen von E.-Strahlen oder -wellen. Dagegen lässt sich die Wechselwirkung der E. mit elektromagnet. Strahlungsfeldern (bzw. Photonen als den Feldquanten dieser Felder) in allen Einzelheiten (z. B. Compton-Effekt, Paarerzeugung und -vernichtung von E.-Positron-Paaren) nur mithilfe der →Quantenelektrodynamik in befriedigender Weise beschreiben. Aber auch sie kann die fundamentalen Eigenschaften der E. wie Masse, Ladung, Spin, Leptonenzahl nicht erklären. Es ist bisher noch nicht gelungen, eine Elementarteilchentheorie aufzustellen, aus der diese Eigenschaften folgen.

Geschichte: Nachdem J. Plücker 1859 die Kathodenstrahlen entdeckt und J. W. Hittorf 1869 ihre magnet. Ablenkbarkeit aufgezeigt hatte, vermutete C. F. Varley 1871, dass die Kathodenstrahlen aus negativ geladenen Teilchen bestehen, die von vermuteten Ionen verschieden sind. Zahlreiche Forscher (u. a. A. Schuster, J. J. Thomson und E. Wiechert) bemühten sich um die Bestimmung von Ladung und Masse der vermuteten Kathodenstrahlteilchen. J. Perrin gelang es 1895 eindeutig, ihre negative Ladung nachzuweisen. Die ab 1894 von Thomson durchgeführten Ablenkversuche in elektr. und magnet. Feldern zeigten, dass die negative Ladung der Kathodenstrahlteilchen, für die G. J. Stoney um 1892 die Bez. E. geprägt hatte, etwa 100-mal kleiner ist als die von Wasserstoffionen. Aus seinen Ergebnissen und den Versuchen von P. Lenard über das Durchdringungsvermögen von Kathodenstrahlen durch Materie zog Thomson 1897 den Schluss, dass die Kathodenstrahlen aus im Vergleich zu Atomen sehr kleinen geladenen Teilchen bestehen, die fundamentaler Bestandteil der Materie seien. Nachdem seine 1897–99 durchgeführten Messungen der spezif. Ladung von photo- und glühelektrisch ausgelösten E. übereinstimmende Werte lieferten und Messungen des Zeeman-Effektes 1897 ein Teilchen mit gleicher spezif. Ladung als Bestandteil des Atoms ergaben, war 1899 die Existenz des E. sichergestellt. Nach Versuchen von J. S. E. TOWNSEND (1897), H. A. WILSON (1903) und PERRIN (1908–10) gelangen 1909–13 R. A. MILLIKAN mit einer von F. EHRENHAFT (* 1879, † 1952) vorgeschlagenen Methode (→Millikan-Versuch) sehr genaue Messungen der Ladung des E. und damit der Elementarladung.

M. E. ROSE: Relativist. Elektronentheorie, 2 Bde. (a. d. Engl., 1971); O. KLEMPERER: Electron physics (London ²1972); R. ROST: Anatomie des E. (1972); W. RATH: Freie E. u. Ionen (1975).

Elektro|narkose, Narkose mittels elektr. Stromstöße, die über Schädelelektroden durch das Gehirn geleitet werden. Hierdurch lassen sich Lebewesen in Schlafzustand (Elektroschlaf) versetzen, in dem auch operative Eingriffe möglich sind; beim Menschen wegen erhebl. Nebenwirkungen (Herzrhythmusstörungen, Muskel- und Kehlkopfkrämpfe, Bluthochdruck) bisher kaum angewendet.

Elektro|negativität, von L. PAULING eingeführtes Maß für die Fähigkeit eines Atoms, innerhalb eines Moleküls Elektronen vom Nachbaratom anzuziehen. Die E. ist keine Naturkonstante; sie ist nicht direkt messbar, sondern nur indirekt aus versch. anderen Größen wie Bindungsenergie oder Ionisierungsenergie und Elektronenaffinität zu ermitteln. Dem Atom mit der höchsten E., dem Fluoratom, wird willkürlich der (dimensionslose) E.-Wert 4,0 zugeordnet. Auf diesen Wert beziehen sich alle übrigen E.-Werte, die bis 0,7 (Cäsium) reichen. Die E. bestimmt wesentlich den Charakter der chem. Bindung.

Elektronen|affinität, Elektro|affinität, die Neigung von Atomen mit nicht abgeschlossenen Elektronenschalen, Elektronen zusätzlich aufzunehmen und sich dadurch zu ionisieren. Die E. wird durch die bei der Aufnahme frei werdende oder benötigte Energie gemessen und in kJ/mol oder in eV angegeben; z. B. haben Fluoratome eine E. von 3,399 eV.

Elektronen|austauscher, →Redoxionenaustauscher.

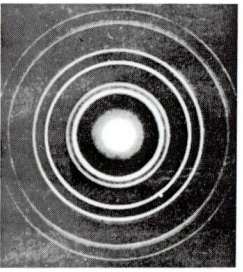

Elektronenbeugung: Beugungsbild an einer dünnen Metallfolie

Elektronenbeugung, die Abweichung der Elektronenstrahlen von der geradlinigen Ausbreitung beim Durchgang durch Materie (v. a. kristalline Substanzen) aufgrund der Welleneigenschaften des →Elektrons (Beugung und Interferenz ihrer →Materiewellen). Die charakterist. Beugungs- und Interferenzbilder können mithilfe von Teilchendetektoren aufgenommen oder auf Leuchtschirmen und Fotoplatten sichtbar gemacht werden. Spezielle Methoden der E. sind die Beugung reflektierter niederenerget. Elektronen (→LEED-Technik) und die Reflexionsbeugung hochenerget. Elektronen (→RHEED-Technik). Hauptanwendungsgebiet der E. sind die Untersuchung der Struktur von Molekülen, von Kristallen und deren Oberflächen sowie die Materialprüfung.

Elektronenblitzgerät, Gerät zum wiederholten Erzeugen von Lichtblitzen durch Impulszündungen einer mit Xenon gefüllten Entladungsröhre. Die elektr. Energie für die Entladung wird von einem Kondensator geliefert, der zuvor mithilfe von Trockenbatterien, eines Akkumulators oder über ein Netzgerät aufgeladen wurde. Die Blitzfolge wird von der Zeit, die zur Aufladung des Kondensators notwendig ist, begrenzt. Durch den Einsatz Energie sparender Thyristoren als Schaltelemente wird die gespeicherte Ladung jedoch optimal ausgenutzt, sodass handelsübl.

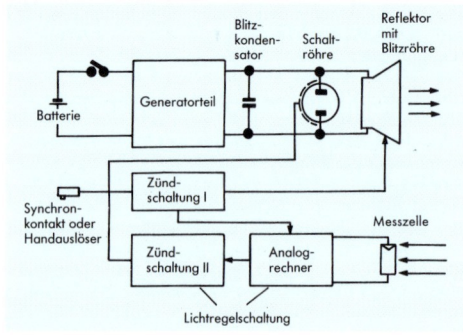

Elektronenblitzgerät: Blockschaltbild eines Computerblitzgeräts

E. bis zu fünf Blitze pro Sekunde liefern können. Die hohe Blitzfolge ist wichtig für die Verwendung in Verbindung mit Fotoapparaten, die einen motorangetriebenen Filmtransport besitzen. Die Entladungsdauer beträgt etwa $1/500$ bis $1/50000$ s, für Spezialzwecke bis zu $1/1000000$ s. Die erforderl. Blendenöffnung wird bei vorgegebener Filmempfindlichkeit und Entfernung über die →Leitzahl ermittelt. **Computerblitzgeräte** besitzen eine eigenständige Elektronik zur Erfassung und Steuerung der für eine Blitzlichtaufnahme notwendigen Lichtmenge. Sie sind mit einem lichtempfindl. Sensor (Photodiode oder Phototransistor) ausgerüstet, der die vom Objekt reflektierte Lichtstrahlung misst. Hat die gemessene Lichtmenge eine gewisse, auf die am Objektiv eingestellte Blende abgestimmte Größe erreicht, schaltet eine elektron. Regelschaltung die Blitzröhre automatisch ab, wobei die nicht verbrauchte Blitzenergie rückgespeichert werden kann. Die richtige Belichtung des Films wird also bei vorgegebener Blende durch die Leuchtdauer des Blitzes erzielt. E. mit der Kennzeichnung ›dedicated‹ (gewidmet) können, teilweise über Adapter, an die Elektronik versch. Kameras angeschlossen werden. Ihre Lichtabgabe wird durch das Objektiv von der Kameramesszelle gemessen und gesteuert (TTL-Blitz); an der Kamera wird automatisch eine passende Verschlusszeit eingestellt.

Elektronen-Don(at)or-Akzeptor-Komplexe, Abk. **EDA-Komplexe,** *Chemie:* →Charge-Transfer-Komplexe.

Elektronen|einfang, E-Einfang, von H. YUKAWA 1935 vorausgesagte, 1937 von L. W. ALVAREZ nachgewiesene Kernumwandlung, bei der ein (infolge relativen Protonenüberschusses oder Neutronenmangels) instabiler Atomkern ein Elektron (e⁻) seiner Atomhülle (zu 90 % eines der beiden K-Elektronen der K-Schale; **K-Einfang**) absorbiert und ein Proton (p) unter Emission eines Neutrinos (ν) in ein Neutron (n) verwandelt wird. (→Einfangprozess)

Elektronengas, jede statistisch-thermodynamisch beschreibbare Gesamtheit sehr vieler Elektronen, wobei in dem vom E. eingenommenen Raumbereich zur Kompensation der negativen Ladungen sich stets gleich viele positive Ladungsträger (z. B. Ionen) befinden müssen; i. e. S. die ein →Fermi-Gas bildende Gesamtheit der Leitungselektronen eines Metalls (→Elektronengastheorie).

Elektronengastheorie, *Festkörperphysik:* Theorie zur Behandlung der physikal. Eigenschaften von Metallen, die von der Annahme ausgeht, dass in einem Metall die Valenzelektronen sämtlicher das Kristallgitter aufbauenden Atome sich weitgehend von den Atomen abgelöst haben und sich (von Zusammenstößen abgesehen) frei durch das gesamte Volumen des Metalls bewegen und dabei den Elektrizitätstransport übernehmen, wenn eine elektr. Spannung angelegt wird. Sie werden deshalb als **Leitungselektronen** bezeichnet. Die Coulomb-Kräfte zw. ihnen und den Atomrümpfen (Metallionen) werden in erster Näherung nur im Mittel durch ein konstantes, gegenüber dem Außenraum negatives Potenzial berücksichtigt, d. h., die Leitungselektronen bewegen sich in einem vom Metall gebildeten Potenzialtopf. Wird außerdem ihre Kopplung an die →Gitterschwingungen vernachlässigt, so verhält sich die Gesamtheit der Leitungselektronen wie ein →Elektronengas aus nicht wechselwirkenden Teilchen. Dieses Elektronengas bewirkt die metall. →chemische Bindung der in seine Ladungswolke eingebetteten Atome zu den typ. Metallgittern; ferner ist seine hohe Beweglichkeit und große Dichte (etwa 10^{22} Elektronen/cm^3) für die hohe elektr. und therm. Leitfähigkeit der Metalle verantwortlich. Unter Heranziehung gaskinet. und statistisch mechan. Methoden (→Boltzmann-Gleichung, →Boltzmann-Statistik) kann die E. bereits auf klass. Grundlage zahlreiche elektr., opt., magnet. und therm. Eigenschaften der Metalle, unter Berücksichtigung der Streuung der Elektronen an den Gitterschwingungen auch das ohmsche Gesetz sowie den Zusammenhang zw. elektr. Leitfähigkeit und Wärmeleitfähigkeit (→Wiedemann-Franz-Lorenz-Gesetz) erklären. Diese **klassische E.** ist aber nicht in der Lage, den spezif. Beitrag des Elektronengases zur spezif. Wärme der Metalle u. a. zu erklären. Dies wird erst möglich, wenn man berücksichtigt, dass die Elektronen dem →Pauli-Prinzip gehorchen und auf sie die →Fermi-Dirac-Statistik anzuwenden ist. Man spricht deshalb von einem entarteten Elektronengas oder dem →Fermi-Gas der Leitungselektronen. In der **Fermi-Gas-Theorie** der Metallelektronen werden nun die versch. Erscheinungen i. A. nur von jenen Elektronen hervorgerufen, deren Energie sich nur wenig, im Mittel um die therm. Energie $\bar{\varepsilon} = {}^3\!/_2\, kT$ (k = Boltzmann-Konstante), von der Fermi-Energie ε_F unterscheidet. Alle anderen Elektronen sind im Grundzustand eingefroren, da sie thermisch nicht in unbesetzte Zustände angeregt werden können. (→Elektronentheorie)

Elektronenhülle, die Gesamtheit der Elektronen, die einen Atomkern umgeben und an ihn gebunden sind (→Atom).

Elektronenkühlung, von G. I. BUDKER 1966 erfundenes Verfahren zur raschen Bündelung (starke Fokussierung) von Protonenstrahlen durch Einbettung in einen Strahl gleich schneller Elektronen. (→Strahlkühlung)

Elektronenleitung, der Elektrizitätstransport durch Elektronen (im Unterschied zur →Ionenleitung), der bei Leitern 1. Art (Metalle, Halbleiter) in deren Leitungsband erfolgt (→Bändermodell).

Elektronenlinse, →Elektronenoptik.

Elektronenmikroskop, Gerät zur Abbildung und starken Vergrößerung kleinster Objekte mithilfe von gebündelten, durch elektr. Hochspannungen stark beschleunigten Elektronen im Hochvakuum. Da das →Auflösungsvermögen eines Mikroskops durch die Wellenlänge der abbildenden Strahlen (beim sichtbaren Licht etwa 338–780 nm) begrenzt ist, können beim

Lichtmikroskop Objektpunkte von geringerem Abstand als etwa $0,4 \cdot 10^{-6}$ m (bei Verwendung von langwelligem Ultraviolett bis $0,2 \cdot 10^{-6}$ m) nicht mehr getrennt wahrgenommen werden. Kurzwellige Ultraviolett- und Röntgenstrahlen lassen sich nicht zur Mikroskopie verwenden, da es für sie keine durchsichtigen Stoffe zur Herstellung von geeigneten Linsen gibt.

Nach L. V. DE BROGLIE (1924) kann einem bewegten →Elektron ein zeitlich und räumlich period. Wellenvorgang zugeordnet werden (→Materiewellen),

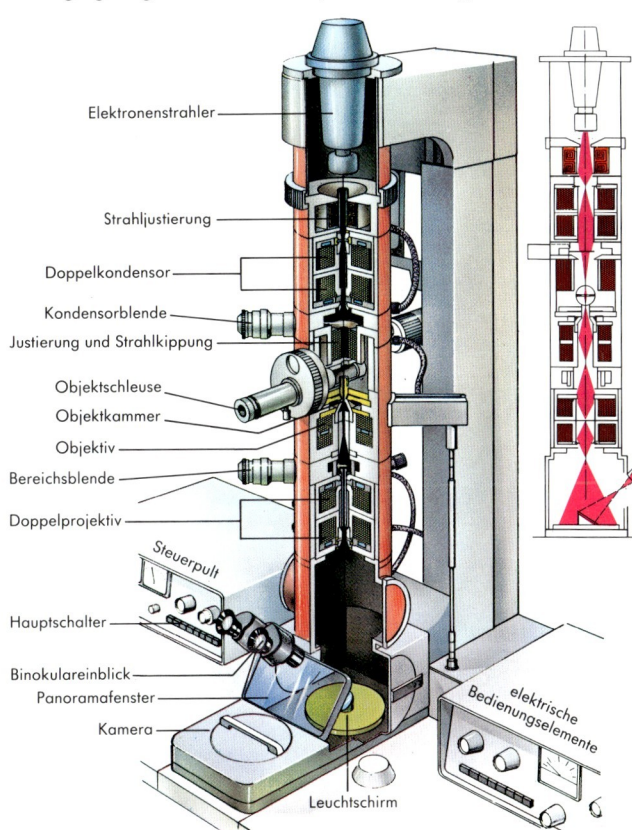

Elektronenstrahler

Strahljustierung

Doppelkondensor

Kondensorblende

Justierung und Strahlkippung

Objektschleuse

Objektkammer

Objektiv

Bereichsblende

Doppelprojektiv

Steuerpult

Hauptschalter

Binokulareinblick

Panoramafenster

Kamera

Leuchtschirm

elektrische Bedienungselemente

Elektronenmikroskop: links Schnittzeichnung; rechts Strahlengang

dessen Wellenlänge λ vom Impuls p und der kinet. Energie E des Teilchens abhängt. Es gilt:

$$\lambda = h/p = h/\sqrt{2m_e eU}$$

(h = plancksches Wirkungsquantum, e = Elementarladung, m_e = Ruhmasse des Elektrons), wobei $E = eU$ ist, wenn das Elektron eine Beschleunigungsspannung U frei durchlaufen hat. Zahlenmäßig ergibt sich dann $\lambda \approx 12,3/\sqrt{U/\text{Volt}} \cdot 10^{-10}$ m. Elektronen, die eine Beschleunigungsspannung von 10^5 V durchlaufen haben, ist demnach eine Wellenlänge von etwa $4 \cdot 10^{-12}$ m = 0,004 nm zuzuordnen, was rein rechnerisch eine Steigerung des Auflösungsvermögens um mindestens vier bis fünf Größenordnungen für ein Mikroskop ergibt, das anstelle von Licht Elektronenstrahlen für die Abbildung benutzt. Die größten bisher

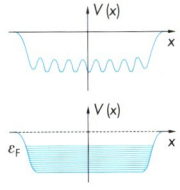

Elektronengastheorie: Annäherung des auf die Elektronen im Metall wirkenden Potenzials $V(x)$ entlang einer zwischen den Atomkernen verlaufenden Linie (oben) und durch einen Potenzialtopf (unten; der blau gestrichelte Bereich zeigt die von Elektronen nach der Fermi-Dirac-Statistik besetzten Energieniveaus; ε_F Fermi-Energie)

  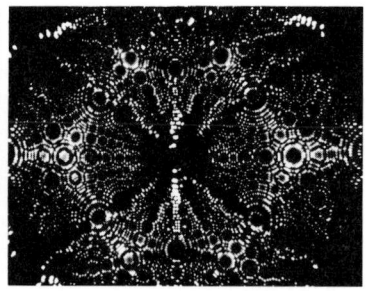

Elektronenmikroskop: links Rasterelektronenmikroskopische Aufnahme einer Diatomeenschale; Mitte Rasterelektronenmikroskopische Aufnahme von Halbleiterchips; rechts Wolfram-Einkristallspitze im Feldionenmikroskop

gebauten Ultrahochspannungs-E. haben Beschleuni-
gungsspannungen bis 3 MV. Als Strahlen brechende,
den opt. Linsen entsprechende Elemente werden rotationssymmetrische elektr. und magnet. Felder (→Elek-
tronenoptik) verwendet, die in ihrer Funktion dem
Kondensor, Objektiv und Okular des Lichtmikroskops entsprechen. Da sich derartige Elektronenlinsen mit vertretbaren Abbildungsfehlern nicht für so
weit wie bei opt. Glaslinsen geöffnete Strahlenbündel
herstellen lassen, lässt sich in der Praxis mit dem E.
nur eine 100- bis 1 000fache Steigerung des Auflösungsvermögens gegenüber dem Lichtmikroskop erreichen. Die derzeitige Auflösungsgrenze liegt bei ca.
0,1 nm. Diese Auflösung reicht aus, um z. B. einzelne
Atome in einem Kristall zu erkennen.
  Das **Durchstrahlungs-E. (Transmissions-E.,** Abk.
TEM) gleicht in seinem Aufbau dem Lichtmikroskop.
Zur Abbildung werden Elektronen verwendet, die aus
einer geheizten Wolframhaarnadelkathode austreten
und im Hochvakuum durch eine Anodenspannung zw.
50 kV und 3 MV auf einheitl. Geschwindigkeit beschleunigt werden. Nach Bündelung durch die elektr.
oder magnet. Elektronenkondensorlinse durchstrah-
len sie das höchstens etwa 10^{-3} mm dicke Präparat
(Objekt). Dort werden sie je nach Dicke und Dichte
der durchstrahlten Präparatzonen verschieden stark
absorbiert und gestreut und nach Durchlaufen der
Objektivlinse zu einem etwa 100fach vergrößerten
reellen Elektronenzwischenbild vereinigt. Von diesem
wird ein kleiner Ausschnitt durch die Projektionslinse
unter weiterer Vergrößerung auf einen Leuchtschirm
oder eine Fotoplatte abgebildet. Die Projektionslinse
entspricht dem Okular beim normalen Lichtmikroskop oder der Projektionslinse bei Mikroprojektion.
Bei Hochleistungs-E., die mit hohen Spannungen und
großen Elektronengeschwindigkeiten arbeiten, werden ausschließlich magnet. Elektronenlinsen verwendet. Da Elektronenstrahlen – verglichen mit Röntgenstrahlen – nur ein geringes Durchdringungsvermögen
haben, können nur dünne, trockene Präparatschnitte
verwendet werden, die durch ein →Mikrotom oder andere Verfahren zur Gewinnung freitragender dünner
Schichten hergestellt werden. Durchstrahlungs-E. arbeiten mit Nanometerauflösung und können z. B. die
lokale chem. Elementverteilung angeben. Durch Anwendung elektronenholograph. Methoden kann die
Auflösung bis in den (Sub-)Ångströmbereich gesteigert werden.
  E., bei denen ein Elektronenstrahl ein Objekt abtas-
tet, werden **Rasterelektronenmikroskope** (Abk. **REM)**
genannt (→Rastermikroskope). – Weitere Arten von E.
sind das **Elektronenemissionsmikroskop** (→Emissions-
mikroskop), insbesondere zur Untersuchung von
Oberflächen, und das →Feldelektronenmikroskop, das
zum Rastertunnelmikroskop weiterentwickelt wurde.
  Elektronenmikroskopie: Das E. ist heute ein in Physik, Chemie, Technik, Medizin und Biologie wichtiges

Hilfsmittel für die Strukturforschung. Durch Auswertung und Überlagerung vieler elektronenmikroskop.
Einzelbilder mit einem Computer, wobei sich gleichzeitig opt. Abbildungsfehler korrigieren lassen, können einzelne Atome und Molekülstrukturen abgebildet werden. In Festkörpern können mit dem E. die
atomaren Strukturen von Oberflächen und Grenzflä-
chen von Mehrphasensystemen sowie von Kristall-
defekten untersucht werden. Vielfältige Anwendungsmöglichkeiten hat das E. in der Materialforschung
u. a. bei der Untersuchung von Korrosions-, Redukti-
ons-, Oxidations-, Verformungs- und Schmelzprozes-
sen gefunden. Durch die Beobachtung von Kristallbaufehlern in Halbleiterbauelementen konnte ein Zusammenhang zw. Gitterfehlern und von ihnen bewirkten Fehlfunktionen in integrierten Schaltkreisen hergestellt werden. Da die Untersuchungsobjekte während der Beobachtung gleichzeitig einer intensiven
Bestrahlung durch die Elektronen ausgesetzt sind, bietet die Hochspannungs-Elektronenmikroskopie die
Möglichkeit, die dabei entstehenden mikroskop.
Strahlenschäden zu analysieren. Die Ergebnisse sind
für die Werkstofftechnik beim Bau von Kernreaktoren oder auch von Raumfahrzeugen, die der Höhenstrahlung ausgesetzt sind, von höchstem Interesse.
In der biolog. und medizin. Forschung ist es mithilfe
der Hochspannungs-Elektronenmikroskopie gelungen, Strukturen in Gewebekulturzellen nachzuweisen
und Viruspartikel in Zellen zu lokalisieren.
  Präparationstechnik: Für die Untersuchung von
kleinen, lichtmikroskop. nicht mehr auflösbaren
Teilchen (z. B. in Pulvern, Stäuben und Farbpigmenten) benutzt man 20–50 nm dicke Kunststofffolien,
eventuell mit einer Kohleaufdampfschicht verstärkt,
die über Trägernetze mit 100–200 µm Maschenweite
gespannt sind. Die Teilchen werden aufgestäubt oder
in einer Emulsion eingetrocknet. Oberflächen lassen
sich nicht direkt abbilden: von ihnen wird ein Oberflächenabdruck hergestellt. Metalle und Legierungen
lassen sich auch direkt in Durchstrahlung untersuchen. Ausgangsdicken von 0,1–0,01 mm werden elektrolytisch auf 100–300 nm dünnpoliert (Abbildung von
Kristallbaufehlern). Bei der Abbildung kristalliner
Objekte treten spezielle Kontrasterscheinungen auf,
die durch Elektronenbeugung verursacht werden und
die die Kristallstruktur und damit die Zusammensetzung des Objektes zu ermitteln gestatten.
  In der *biolog. Anwendung* wird vorwiegend die
Dünnschnitttechnik benutzt. Nach Fixation des Objektes mit Glutaraldehyd und einer Osmiumnachfixa-
tion sowie anschließender Entwässerung und Durchdringung mit einem Kunststoffmonomer (z. B. Methac-
rylat) wird dieses polymerisiert. Der Kunststoffblock
lässt sich auf einem Ultramikrotom in Schnitte von
20–200 nm Dicke zerschneiden. Die biolog. Strukturen (Membranen, Ribosomen, DNA u. a.) lassen sich
noch am Schnitt nachkontrastieren (z. B. mit Uranyl-

oder Bleiacetatlösungen). Bei der **Gefrierätztechnik** wird das eingefrorene Objekt unter Hochvakuum gespalten, das Eis zur Freilegung eines Oberflächenreliefs kurze Zeit abgedampft und im gleichen Vakuum ein Oberflächenabdruck hergestellt. Viren und kleinere Zellorganellen können in ihrer Feinstruktur optimal durch Negativkontrastierung abgebildet werden. Dazu werden diese in Uranylacetat oder Phosphorwolframsäure (Stoffe mit großer Dichte) eingebettet und erscheinen wegen ihrer geringeren Dichte als helle Strukturen auf dunklem Grund.

Geschichte: Die eigentl. Entwicklung des E. und der Elektronenoptik begann mit der Entdeckung von H. Busch (1926), dass rotationssymmetrische elektr. und magnet. Felder für geladene Teilchen quasiopt. Abbildungseigenschaften besitzen. Das erste E. mit magnet. Linsen wurde 1931 von E. Ruska und M. Knoll konstruiert, das erste E. mit elektr. Linsen 1932 von E. Brüche und H. Johannson. 1940 konstruierte M. von Ardenne ein Universal-E., mit dem auch Stereobilder gewonnen werden konnten. Mit dem Gerät von Knoll und Ruska erzielten E. Driest und H. O. Müller 1934 erstmals Auflösungsvermögen, die jene von Lichtmikroskopen übertrafen. Mit dem Einbau spezieller Linsen wurden seit 1941 Beugungs- und damit Strukturuntersuchungen in Mikrobereichen möglich. Nach Vorarbeiten von M. von Ardenne gelang V. K. Zworykin und Mitarbeitern 1942 eine Oberflächenabbildung mit dem Raster-E. mit einer Auflösung unterhalb der des Lichtmikroskops. Zunächst wurden diese Geräte für die chem. Mikroanalyse mittels Elektronenstrahlabtastung (→Elektronenstrahlmikroanalyse) eingesetzt, ab 1965 wegen ihrer enormen Schärfentiefe und der problemlos um mehr als fünf Größenordnungen variablen Vergrößerung als vielseitige Mikroskope für Oberflächenabbildung anstelle früherer Emissionsmikroskope.

Seit 1947 wurden Höchstspannungsmikroskope (mit 400 kV bis 3 MV Beschleunigungsspannung) entwickelt, mit denen relativ dicke Schichten (bei 1 MV bis 1 µm) durchstrahlt werden können und deren Auflösungsvermögen bei etwa 0,1 nm liegt. 1956 wurden damit erstmals Netzebenen von Kristallen, 1970 einzelne Atome sichtbar gemacht. – Aufbauend auf dem Feld-E. (E. W. Müller, 1937) entwickelten G. Binnig und H. Rohrer (beide erhielten dafür 1986 zus. mit E. Ruska den Nobelpreis) das Rastertunnelmikroskop, mit dem eine dreidimensionale Oberflächenabbildung mit subatomarer Auflösung möglich ist.

L. Reimer u. G. Pfefferkorn: Raster-Elektronenmikroskopie (²1977); K. G. Lickfeld: Elektronenmikroskopie (1979); W. Gloede: Vom Lesestein zum E. (Berlin-Ost 1986); F. Grasenick: Elektronenmikroskopie (1986); L. Reimer: Transmission electron microscopy (Berlin ³1993).

Elektronen|optik, Tcilgebiet der Physik, das sich mit der Ablenkung von Elektronenstrahlen durch elektr. und magnet. Felder befasst und solche Felder mit geeigneten elektronenopt. Bauelementen realisiert, in denen sich die Elektronen auf Bahnen bewegen, die in einer zur Lichtoptik analogen Weise Abbildungen ermöglichen. Die E. zeigt u. a., dass jedes inhomogene, aber stetige rotationssymmetr. elektr. oder magnet. Feld für achsennahe Elektronenstrahlen eine sammelnde oder zerstreuende Wirkung, also Abbildungseigenschaften besitzt. Diese Gesetzmäßigkeiten lassen sich mit geringen Abwandlungen auch auf Ionenstrahlen übertragen **(Ionenoptik).**

Die wesentl. Aufgabe der E. besteht in der Berechnung und Konstruktion von geeigneten spannungs- oder strom führenden elektronenopt. Abbildungssystemen (Elektronenlinsen, -prismen und -spiegel).

Elektrische Elektronenlinsen bestehen i. A. aus Kombinationen von metall. Lochblenden und/oder

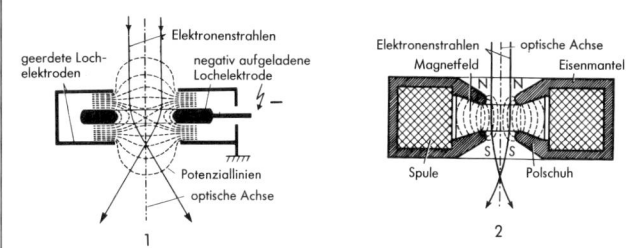

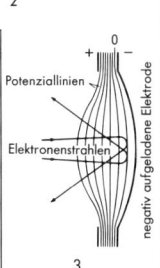

Elektronenoptik: 1 Elektrische Dreielektrodenlinse (mit eingezeichnetem Potenzialfeld); 2 Magnetische Elektronenlinse; 3 Elektronenspiegel

Hohlzylindern, die sich auf unterschiedl. elektr. Potenzial befinden. Je nachdem, ob im Bildraum das Potenzial positiver oder negativer ist als im Gegenstandsraum, liegt eine ›Beschleunigungslinse‹ mit Zerstreuungswirkung oder eine ›Verzögerungslinse‹ mit Sammelwirkung vor. Eine elektrostat. **Einzellinse** kurzer Brennweite mit beiderseits gleichem Potenzialverlauf lässt sich durch eine negativ aufgeladene Lochelektrode verwirklichen, der in kleinem Abstand zwei geerdete Lochelektroden gegenüberstehen. **Magnetische Elektronenlinsen** nutzen die Sammel- oder Zerstreuungswirkung der Magnetfelder von stromdurchflossenen Spulen oder auch von Permanentmagneten. Magnet. Linsen kurzer Brennweite bestehen aus einer eisengekapselten stromdurchflossenen Spule mit einem kreisförmigen Spalt auf der Innenseite des Eisenmantels, der an dieser Stelle mit Polschuhen verbunden ist. Kurze Brennweiten f im Bereich von $f = 1$ mm lassen sich nur mit magnet. Linsen erreichen, da in elektrostat. Linsen bei geringen Elektrodenabständen leicht elektr. Überschläge auftreten. – Neben diesen rotationssymmetr. Elektronenlinsen werden häufig auch →Quadrupollinsen als Abbildungselemente verwendet.

Als **Elektronenspiegel** dient z. B. eine gegen die Elektronenquelle negativ aufgeladene Flächenelektrode, die je nach der Krümmung des negativen Potenzialfeldes, in dem die Elektronen reflektiert werden, als Sammel- oder Zerstreuungsspiegel wirkt.

Ein **Elektronenprisma** wird durch ein elektr. oder magnet. Querfeld dargestellt, durch das Elektronenstrahlen ähnlich wie Lichtstrahlen in einem Glasprisma, jedoch nicht unstetig, sondern allmählich, abgelenkt werden. Da langsame Elektronen stärker abgelenkt werden als schnelle, werden Elektronenstrahlen mit uneinheitl. Geschwindigkeit ebenso spektral zerlegt (→Dispersion) wie weißes Licht durch ein Glasprisma.

J. Grosser: Einf. in die Teilchenoptik (1983).

Elektronen|orgel, E-Orgel, englisch **Electronic Organ** [ɪlek'trɒnɪk 'ɔ:ɡən], das gebräuchlichste der →elektronischen Musikinstrumente. E. gibt es heute in zahlr. Varianten, von der kleineren, fünf Oktaven umfassenden, transportablen Combo- oder Kofferorgel für Tanzkapellen, Pop- und Rockgruppen bis hin zur großen, zwei- oder dreimanualigen Heim- oder Kirchenorgel mit Pedal, über 100 Klangfarben- und Effektregistern (Kippschalter, Zugriegel) sowie integriertem Verstärker-Lautsprecher-System.

Während die Klangerzeugung früherer E. elektromechanisch über Zahnradgeneratoren erfolgte (z. B. bei der Hammondorgel), werden die heutigen vollelektron. **analogen E.** meist über (Dauerton-)Oszillatoren, d. h. in einer kontinuierl. (analogen) Weise betrieben. Das elektron. Klangspektrum einer E., d. h. ihr typisch synthet. Sound, ist nur beschränkt variierbar. Gängige Effekte und Begleithilfen sind u. a. Hall,

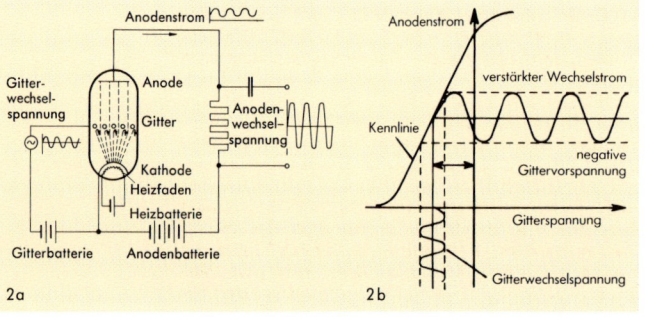

Echo, Fußschweller, Tremolo und Mandolineneffekt, Arpeggiator, Chord-Automatik, Percussion sowie eingebaute Rhythmusgeräte. Mit dem Zugriegelsystem (engl. drawbars) lassen sich die Lautstärkeverhältnisse der Obertöne eines Tones untereinander zusätzlich variieren.

Heute gibt es eine Reihe vollelektron. **digitaler E.**, u. a. für den liturg. Gebrauch, die die natürl. Klänge bekannter Pfeifenorgeln auf der Basis eines Zahlencodiersystems digital gespeichert haben und auf Tastendruck in hörbare Schwingungen umwandeln. Trotz zahlreicher techn. Verbesserungen konnte sich die E. als Alternative zur herkömml. Pfeifenorgel bes. im kirchenmusikal. Bereich nicht durchsetzen. Als Jazzinstrument wurde sie v. a. durch FATS WALLER und JIMMY SMITH populär, in der Rockmusik u. a. durch die Gruppen Emerson, Lake & Palmer und Deep Purple.

M. RIELÄNDER: Die elektron. Orgel (1975); G. EBINGER: Elektron. Orgeln heute. Technik u. Musik im Zusammenspiel (1985).

Elektronenpaar, 1) *Chemie:* Bez. für zwei Valenzelektronen mit entgegengesetztem Spin, die in einem Molekül von zwei Atomen **(gemeinsames E.)** stammen und durch ihren fortwährenden quantenmechan. →Austausch die daher auch als **E.-Bindung** bezeichnete homöopolare →chemische Bindung (Atombindung) dieser Atome bewirken (in chem. Formeln durch einen Valenzstrich symbolisiert). Ein **freies** oder **einsames E.** hingegen ist nur an einem Atom (z. B. im Ammoniakmolekül am Stickstoffatom) gebunden und nicht an der chem. Bindung der Atome beteiligt.

2) *Physik:* 1) eines der für die Supraleitung verantwortl. →Cooper-Paare; 2) ein Elektron-Positron-Paar, →Paarbildung.

Elektronenprisma, →Elektronenoptik.

Elektronenradius, der bei Annahme einer kugelförmigen (räuml.) Ausdehnung des →Elektrons sich ergebende Radius $r_e = e^2/(4\pi\varepsilon_0 m_e c^2) \approx 2,818 \cdot 10^{-15}$ m; man erhält diesen **klassischen** (der z. B. den Wirkungsquerschnitt für die Thomson-Streuung von Licht an Elektronen festlegt, durch Gleichsetzen der Ruhenergie $m_e c^2$ des Elektrons (m_e seine Masse, c Lichtgeschwindigkeit) mit der potenziellen Energie $e^2/(4\pi\varepsilon_0 r_e)$ einer Elementarladung e, die gleichmäßig über die Oberfläche einer Kugel vom Radius r_e verteilt ist (ε_0 = elektr. Feldkonstante). (→Naturkonstanten, ÜBERSICHT).

Elektronenresonanz, →Elektronenspinresonanz.

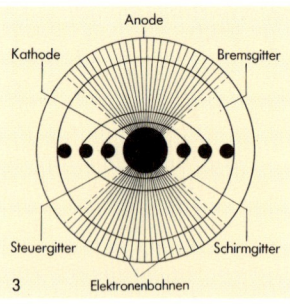

Elektronenröhre Bild 2: a Schaltung einer Triode mit eingezeichneten Elektronenbahnen; b Gitterspannungs-Anodenstrom-Kennlinie

Elektronenresonanzspektroskopie, Sammel-Bez. für die auf der →Elektronenspinresonanz beruhenden Verfahren der →Hochfrequenzspektroskopie, zusammengefasst als paramagnet. (→Elektronenspinresonanzspektroskopie), diamagnet. (→Zyklotronresonanz) und →ferromagnetische Resonanzspektroskopie.

Elektronenröhre, grundlegendes Bauelement der Elektronik in Form eines unterschiedlich großen, luftdicht abgeschlossenen, auf etwa 10^{-5} bis 10^{-7} mbar Innendruck evakuierten Glas- oder Metall-Keramik-Gefäßes, das mindestens zwei Elektroden enthält – im Falle einer **(Vakuum-)Diode** nur eine Elektronen emittierende Glühkathode und eine Anode (BILD 1a) –, sodass beim Anlegen einer elektr. Spannung zw. Kathode und Anode (Kathode an den negativen Pol, Anode an den positiven Pol einer Gleichspannungsquelle) ein von weiteren, netzartigen und daher als **Gitter** bezeichneten Elektroden beeinflussbarer elektr. Strom durch das Vakuum fließen kann. Die Kathode wird dabei entweder direkt oder (mittels eines Heizdrahts) indirekt durch einen elektr. Strom zum Glühen gebracht und sendet infolge →Glühemission Elektronen aus, die in dem zw. Kathode und Anode bestehenden elektr. Feld zur Anode hin beschleunigt und von dieser aufgenommen werden. Es fließt ein als **Anodenstrom** bezeichneter Elektronenstrom, dessen Stärke u. a. von der zw. Kathode und Anode bestehenden Spannung **(Anodenspannung)** abhängt. Da bei Umpolen dieser Spannung kein Strom fließen kann, weil die aus der Kathode austretenden Elektronen nicht gegen das dann entgegengesetzt gerichtete elektr. Feld anlaufen können, lässt sich eine E. und speziell eine Diode zur Gleichrichtung von Wechselstrom verwenden.

Mehrelektrodenröhren mit drei oder mehr Elektroden lassen sich zur Verstärkung von Wechselströmen (oder langsamen Gleichspannungsänderungen), zur Erzeugung und Mischung von elektr. Schwingungen in Oszillatoren sowie zur Modulation in Sendern verwenden. Die einfachste ist die **Dreielektrodenröhre** oder **Triode,** bei der ein zusätzl. ›Steuergitter‹ zw. Kathode und Anode liegt, durch das die Elektronen hindurchfliegen können (BILD 2a). Zw. diesem Gitter und der Kathode wird die zu verstärkende Wechselspannung angelegt, die den Anodenstrom trägheitslos steuert. Dadurch werden der Gitterwechselspannung entsprechende Schwankungen des Anodenstromes verursacht, die sich in den ursprüngl. Anodengleichstrom und einen Anodenwechselstrom zerlegen lassen, der am Widerstand im Anodenkreis (z. B. ohmscher Widerstand oder Schwingkreis) eine verstärkte Anodenwechselspannung hervorruft. Das Gitter erhält i. A. eine negative Spannung **(Gittervorspannung)** von einer Gleichspannungsquelle, um einen Gitterstrom (Elektronenfluss von der Kathode zum Gitter) und damit Verzerrungen zu verhindern. Ebenfalls zur Vermeidung von Verzerrungen dürfen stark gekrümmte Teile der Gitterspannungs-Anodenstrom-Kennlinie (BILD 2b) nicht ausgesteuert werden. Die wichtigsten Röhrendaten sind durch die →barkhausensche Röhrenformel miteinander verknüpft.

Der Einbau einer weiteren, an positiver Spannung liegenden Elektrode (›Schirmgitter‹, ›Schutzgitter‹)

bei einer **Tetrode** dient dazu, die bei der Triode noch beträchtl. Rückwirkung der Anode auf den Elektronenstrom zu vermindern und die Verstärkung zu erhöhen. Durch ein zusätzl., auf dem Potenzial der Kathode befindl. ›Bremsgitter‹ werden bei einer **Pentode** (BILD 1b und 3) die von der Anode kommenden, durch die auf sie aufprallenden Elektronen erzeugten Sekundärelektronen abgebremst und zurückgetrieben. Zur Überlagerung versch. Signale (Mischung und Modulation) dienen E. mit vier Gittern **(Hexoden),** fünf Gittern **(Heptoden,** BILD 1c) und sechs Gittern **(Oktoden).**

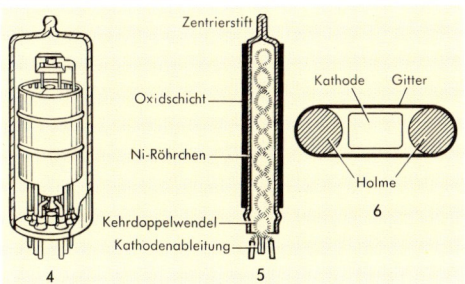

Elektronenröhre Bild 4: Allglasröhre; Bild 5: Indirekt geheizte Kathode (Schnellheizkathode); Bild 6: Spanngitterröhre

Bei Höchstfrequenzen (Dezimeter- und Zentimeterwellen) erreicht die Laufzeit der Elektronen die gleiche Größenordnung wie die Periode der Wechselspannung, sodass eine Steuerung mit einem Gitter nicht mehr möglich ist. Deshalb werden auf diesem Gebiet andersartige E. verwendet (→Magnetron, →Laufzeitröhren). Zu den E. zählen auch die →Elektronenstrahlröhren.

Technische Ausführung: Verstärkerröhren sind Allglasröhren und haben einen Boden aus Pressglas (BILD 4). Die Kathode wird zur Vermeidung eines Brummens bei Netzanschluss indirekt geheizt. Die emittierende Schicht ist auf einem Metallröhrchen aufgebracht, das durch eine im Inneren verlaufende, geheizte Doppelwendel (BILD 5) auf Rotglut gebracht wird. Die Gitter sind entweder wendelförmig ausgebildet oder bestehen bei der Spanngitterröhre aus einem bes. dünnen, um zwei gegenüberliegende Holme eines Rahmens gespannt gewickelten Draht (BILD 6), wodurch ein sehr kleiner Abstand zw. Kathode und Gitter und damit eine große Steilheit und ein geringes Rauschen erreicht werden.

Geschichte: Grundlage für die Entwicklung der E. war die Entdeckung der Glühemission durch T. A. EDISON (1883), die 1901 von O. W. RICHARDSON theoretisch untersucht wurde. P. LENARD verwendete 1903 ein Maschengitter zur Steuerung der Anfangsgeschwindigkeit der Elektronen, und A. WEHNELT stellte die gute Emissionseigenschaft der Oxide von Erdalkalimetallen fest (Oxidkathode). J. A. FLEMING entwickelte ab 1900 die erste Diode mit Glühkathode (Patent 1904), R. VON LIEBEN 1906 ein ›Kathodenstrahlen-Relais‹, eine Verstärkerröhre mit Gitter, die er 1907–12 mit E. REISS und S. STRAUSS verbesserte. L. DE FOREST entwickelte 1906/07 die wesentlich kleinere und gasärmere Audionröhre, die nur als Detektor gedacht war. 1913 konnte A. MEISSNER die Rückkopplung zur Schwingungserzeugung ausnutzen. Mit der Einführung weiterer Gitter war die Entwicklung der Rundfunktechnik gegeben. Bedeutende Beiträge zur Theorie der E. lieferten v. a. I. LANGMUIR, H. BARKHAUSEN und W. SCHOTTKY. Mit der Entwicklung der →Transistoren und der →integrierten Schaltungen verloren die E. zunehmend an Bedeutung.

E., hg. v. H. HEYNISCH (1983); DERS.: E. u. Vakuumelektronik (1986); Hb. der Vakuumelektronik, hg. v. J. EICHMEIER u. H. HEYNISCH (1989).

Elektronenschale, →Atom.

Elektronensonde, Elektronenmikrosonde, Elektronenstrahlbündel geringen Querschnitts (im Nanometerbereich). Wird eine E. auf eine Probe gelenkt, so erhält man infolge der Wechselwirkung zw. Elektronen und Objekt Auskunft über einen eng begrenzten oberflächennahen Bereich. E. werden u. a. bei der →Elektronenstrahlmikroanalyse, der Rasterelektronenmikroskopie und bei elektronenopt. Strahlbearbeitungsgeräten angewandt.

Elektronenspektroskopie, spektroskop. Verfahren, bei denen Elektronen durch Primärelektronen, kurzwelliges UV-Licht oder Röntgenstrahlung aus den Atomen herausgelöst werden und ihre Energieverteilung gemessen wird; dazu gehören die →Photoelektronenspektroskopie und die →Auger-Elektronenspektroskopie. Die E. liefert Aufschlüsse über Bindungsverhältnisse in Molekülen und Festkörpern und wird zur chem. Analyse von Gasen und Festkörperoberflächen benutzt. Wird die Energieverteilung in Abhängigkeit von der Emissionsrichtung gemessen **(winkelaufgelöste E.),** erhält man Aussagen über die →Bandstruktur von Festkörpern. Bei der **Elektronen-Energieverlustspektroskopie** werden niederenerget. Elektronen z. B. an Festkörperoberflächen inelastisch reflektiert, und ihre Energieverteilung wird danach in Abhängigkeit von der Streurichtung untersucht. Auf diese Weise lassen sich adsorbierte Atome und Moleküle mit hoher Empfindlichkeit nachweisen.

Elektronenspektrum, →Bandenspektrum.

Elektronenspiegel, →Elektronenoptik.

Elektronenspin, der Eigendrehimpuls (→Spin) eines Elektrons.

Elektronen|spinresonanz, Abk. **ESR** [von engl. electron spin resonance], durch Mikrowellen ausgelöster Übergang zw. zwei Energieniveaus E_1 und E_2 in den Atomen, Molekülen u. Ä. eines sich in einem homogenen stat. Magnetfeld (Feldstärke H) befindl. paramagnet. Materials, daher auch als **paramagnetische (Elektronen-)Resonanz,** Abk. **EPR** (von engl. electron paramagnetic resonance), bezeichnet. Die E. beruht auf dem magnet. →Zeeman-Effekt. Die beiden sich um eine Energiedifferenz $\Delta E = 2\mu_B H$ unterscheidenden Energiezustände (μ_B = bohrsches Magneton) entsprechen den diesbezügl. versch. Einstellungsmöglichkeiten des Spins eines ungepaarten Elektrons in diesen atomaren Systemen relativ zur Magnetfeldrichtung. Der mit Umklappen des Spins verbundene Übergang erfolgt, wenn als Resonanzbedingung die Energie des Mikrowellenquants $h\nu$ (h = plancksches Wirkungsquantum, ν = Frequenz) gleich der Energiedifferenz der beiden Zustände des Systems ist. Die E. macht sich dann in einer Absorption der Mikrowellen bemerkbar. – Ein Hauptmerkmal eines ESR-Spektrums (→Elektronenspinresonanzspektroskopie) ist seine **Hyperfeinstruktur,** d. h. die Aufspaltung der Resonanzlinie (die dem Übergang zw. den beiden Spineinstellungsmöglichkeiten eines Elektrons im Magnetfeld entspricht) in eine Anzahl von Linien, die durch die Wechselwirkung zw. den spinmagnet. Momenten des Elektrons und der Atomkerne zustande kommt.

Elektronenspinresonanzspektroskopie, Abk. **ESR-Spektroskopie, paramagnetische (Elektronen-)Resonanzspektroskopie,** Abk. **EPR-Spektroskopie,** Sammel-Bez. für Verfahren der →Hochfrequenzspektroskopie zur Strukturuntersuchung an (festen, flüssigen oder gasförmigen) paramagnet. Substanzen mithilfe der →Elektronenspinresonanz. Diese Resonanz macht sich in einer Änderung der Suszeptibilität des untersuchten Materials bemerkbar,

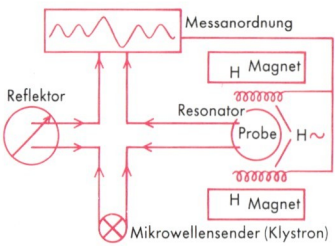

Elektronenspinresonanzspektroskopie: Schematische Darstellung eines ESR-Spektrometers

die leicht als Änderung der Transmission oder Reflexion der untersuchten Probe für die eingestrahlten Mikrowellen beobachtet werden kann. Variiert man die Frequenz der Mikrowellen oder das angelegte magnet. Feld, so sieht man ein komplexes Absorptions- oder Reflexionsspektrum, das für das betreffende Atom, Molekül oder Radikal charakteristisch ist. Bei der Untersuchung komplizierter Moleküle in Chemie, Biologie, Medizin, von Festkörperstrukturen u. a. lassen sich mithilfe der E. wesentl. Aussagen über die Struktur von Kristallen, Molekülen und freien Radikalen, über Kernmomente und chem. Reaktionen gewinnen.

Elektronenstrahlbohren, *Fertigungstechnik:* das Herstellen von sehr kleinen Durchbohrungen in harten, schlecht bearbeitbaren Werkstoffen (neben einigen Metallen z. B. Diamant) unter Vakuum durch Verdampfen des Werkstoffes an der Auftreffstelle eines mit einer →Elektronenstrahlkanone erzeugten Elektronenstrahls.

Elektronenstrahlen, freie Elektronen, die sich im Vakuum oder in verdünnten Gasen und Plasmen strahlenförmig ausbreiten (z. B. Kathodenstrahlen, Betastrahlen) und beim Auftreffen auf Festkörper u. a. Sekundärelektronen, Licht- oder Röntgenstrahlung erzeugen oder eine elektr. Aufladung bewirken. Durch geeignete elektronenopt. Anordnungen zu engen Bündeln konzentrierte E. stellen u. a. geeignete Sonden zur Erforschung der Materie dar. Anwendung finden E. in Elektronenstrahlgeräten, wie Elektronenmikroskop, Elektronenstrahlröhre, Elektronenbeschleuniger (→Beschleuniger) und Laufzeitröhren.

Elektronenstrahler, *Kernphysik:* →Betastrahler.

Elektronenstrahlhärtungsanlage, ESH-Anlage, *Oberflächentechnik:* Vorrichtung zum Härten von Beschichtungen (z. B. Kunststoffbeschichtungen) mittels Elektronenstrahlen anstelle der konventionellen Wärmetrocknung. Ein in einer →Elektronenstrahlkanone erzeugter Elektronenstrahl wird von einem elektromagnet. Ablenksystem aufgefächert (Arbeitsbreite 60 cm) und trifft als ›Strahlenvorhang‹ auf dem Bestrahlungsgut auf; dabei erfolgt die Härtung durch einen Vernetzungsprozess.

Elektronenstrahlkanone, *Fertigungstechnik:* Vorrichtung zum Erzeugen eines auf wenige Zehntelmillimeter Durchmesser gebündelten Elektronenstrahls, dessen beim Auftreffen auf ein Werkstück in Wärme umgewandelte Energie zum Schweißen, Bohren und Schmelzen verwendet wird. Die E. besteht aus dem hochevakuierten Strahlerzeugersystem und einem elektronenopt. Ablenksystem mit Magnetlinsen und Ablenkspulen sowie einem opt. Beobachtungssystem. Im Strahlerzeuger (Triodensystem) liegt zw. Kathode und Ringanode eine Hochspannung von 60–175 kV an. Eine Steuerelektrode (Wehnelt-Zylinder) regelt den Elektronenfluss und bewirkt die Bündelung des Strahls.

Elektronenstrahlmikroanalyse, Abk. **ESMA,** früher als **Röntgenmikroanalyse** bezeichnete Methode

der →Röntgenspektroskopie. Dabei wird auf die zu analysierende Stelle der Probenoberfläche ein Elektronenstrahl genau fokussiert; dieser regt die Atome des Materials zur Emission einer Röntgenstrahlung an, deren Spektrum die charakterist. Linien der vorhandenen chem. Elemente aufweist. Durch die E. können Aussagen über die Zusammensetzung und Konzentration der in der Probe vorliegenden chem. Elemente (Ordnungszahl größer 17) sowie über lokale chem. Bindungsverhältnisse getroffen werden. Sie wird zur Untersuchung von Legierungen, Mineralen, Sinterstoffen u. a. angewandt.

Elektronenstrahlröhre, Kathodenstrahlröhre, aus der →braunschen Röhre hervorgegangene evakuierte oder mit geringen Gasmengen gefüllte →Elektronenröhre, bei der die von der Glühkathode emittierten Elektronen durch elektrostat. oder magnet. Felder gebündelt werden und auf einen Leuchtschirm (Bildschirm) gelenkt werden, wobei durch Steuersignale an Ablenkelektroden bzw. -spulen die Richtung des so entstandenen Elektronenstrahls geändert werden kann. Weit verbreitete Anwendung findet die E. als Fernsehbildröhre (→Bildröhre), als Oszilloskopröhre (→Oszilloskop) und an Bildschirmgeräten. Die Intensität des Elektronenstrahls und damit die Helligkeit des von ihm auf dem Leuchtschirm erzeugten Bildpunktes wird mithilfe des zur Glühkathode koaxial angeordneten, negativ vorgespannten Wehneltzylinders gesteuert; die aus ihm austretenden Elektronen werden überwiegend durch eine (positive) Fokussierelektrode sowie die nachfolgende ringförmige Anode zu einem Elektronenstrahl gebündelt und beschleunigt; neben dieser elektrostat. Fokussierung ist auch eine magnet. Fokussierung durch Magnetfelder möglich. Die Ablenkung des Elektronenstrahls aus seiner Richtung erfolgt bei Bildröhren durch die Magnetfelder von speziellen Spulen, die auf den Röhrenhals geschoben werden, bei Oszilloskopröhren durch die elektr. Felder zw. zwei nachfolgenden, rechtwinklig zueinander stehenden, meist gekrümmten Plattenpaaren. Durch diese magnet. oder elektrostat. Ablenkung kann der Elektronenstrahl auf jeden Punkt des Leuchtschirms gerichtet werden und v. a. auf dem Leuchtschirm eines Oszilloskops in Abhängigkeit des zeitl. Verlaufs der angelegten Steuerspannung beliebige Kurven beschreiben. Die Ablenkung erfolgt in Oszilloskopröhren üblicherweise in vertikaler (Y-)Richtung proportional zur (für die Messung wesentl.) Eingangsspannung; handelt es sich um eine Wechselspannung, so erscheint der sich vertikal auf und ab bewegende Leuchtpunkt dem Auge als senkrechter leuchtender Strich. In horizontaler (X-)Richtung wird der Elektronenstrahl mithilfe einer (im Zeitablenkteil erzeugten) Sägezahnspannung abgelenkt. Dadurch wird erreicht, dass auf dem mit einem Mess-

Elektronenstrahlröhre: Schematische Darstellung einer Elektronenstrahlröhre mit magnetischer Bündelung und elektrostatischer Ablenkung des Elektronenstrahls

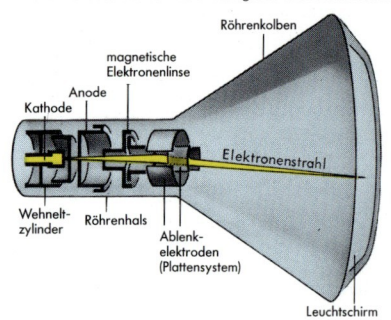

raster versehenen Leuchtschirm der zeitl. Verlauf der Eingangsspannung aufgezeichnet wird, wobei der zurücklaufende Elektronenstrahl jeweils ›dunkelgeschaltet‹ wird.

Elektronenstrahlschmelzen, *Fertigungstechnik:* Verfahren zur Herstellung hochreiner Metalle und Legierungen durch Umschmelzen im Hochvakuum unter Einwirkung von Elektronenstrahlen. In den Elektronenstrahlschmelzöfen werden eine oder mehrere →Elektronenstrahlkanonen als Wärmequelle verwendet; Leistung je Kanone max. etwa 200 kW.

Elektronenstrahlschweißen, *Fertigungstechnik:* Schmelzschweißverfahren, bei dem die kinet. Energie eines in einer →Elektronenstrahlkanone erzeugten Elektronenstrahls beim Auftreffen auf der Werkstückoberfläche in der unmittelbaren Schweißzone in Wärme umgewandelt wird. Die zu verbindenden Teile können in einer Schweißkammer unter Hochvakuum ($\approx 10^{-4}$ mbar; für Werkstoffe höchster Reinheit mit extremen Anforderungen an die Nahtgeometrie, z.B. in der Reaktortechnik), unter Halb- oder Feinvakuum ($\approx 10^{-2}$ mbar; für Werkstoffe wie Stahl, Aluminium oder Aluminiumlegierungen) oder seltener unter Atmosphärendruck (bei verminderten Anforderungen an die Schweißnahtgeometrie und Verzug) bearbeitet werden. Kennzeichnend für das E. sind v.a. geringe Quer- und Winkelschrumpfung, kleine Wärmeeinflusszonen sowie ein günstiges Tiefe-Breite-Verhältnis.

Elektronenstrahlwandlerröhren, Sammel-Bez. für Elektronenstrahlgeräte, in denen mithilfe elektronenoptisch beeinflusster Elektronenstrahlen Umwandlungen von lichtopt. Bildern in elektr. Signale oder umgekehrt erfolgen. Zu den E. zählen die Bildwandlerröhren (→Bildwandler), die →Bildspeicherröhren u.a. Bildaufnahme- und -wiedergaberöhren.

Elektronensynchrotron, ein →Beschleuniger für Elektronen (→Synchrotron).

Elektronentheorie, jede physikal. Theorie, mit der physikal. Eigenschaften und Erscheinungen auf die Wirkung von Elektronen zurückgeführt werden. Die von den klassisch-mechan. Bewegungsgleichungen der Elektronen und den maxwellschen Gleichungen im Vakuum ausgehende **klassische E.** von H. A. Lorentz (1895) erklärt alle makroskop. elektr. und opt. Erscheinungen in der Materie durch die Bewegung und abschirmende Wirkung der Elektronen, begründet die in Materie gültige Form der maxwellschen Gleichungen und gibt auch eine Erklärung aller elektrodynam. Vorgänge in Materie, bes. auch für das Verhalten von Lichtwellen beim Durchgang durch Materie. In der **E. der Metalle** werden im Anschluss an die →kinetische Gastheorie (E. Riecke, 1898; P. Drude, 1900) die elektr., therm., thermoelektr., galvano- und thermomagnet. Eigenschaften der Metalle (bes. ihre große elektr. und therm. Leitfähigkeit) mithilfe der Vorstellung quasifreier Elektronen (→Elektronengastheorie) erklärt und berechnet.

Die **quantenmechanische E.** liefert durch Anwendung der →Fermi-Dirac-Statistik auf das Elektronengas der Metalle u.a. den Paramagnetismus der Alkalimetalle (W. Pauli, 1927) und eine Erklärung für den geringen Beitrag des Elektronengases zur spezif. Wärme der Metalle (A. Sommerfeld, 1928). In der von F. Bloch, L. Nordheim und P. Peierls 1930–32 aufgestellten Formulierung wurde die Bewegung der Elektronen im dreifach period. Potenzialfeld des Kristallgitters der Metallionen sowie (im Mittel) die Wechselwirkung der Elektronen untereinander berücksichtigt und die E. zum →Bändermodell verfeinert. Am weiteren Ausbau und an der Anwendung dieser E. waren u.a. H. A. Bethe, L. Brillouin, R. H. Fowler, W. Heisenberg, R. L. Kronig und E. Wigner sowie (mit dem Konzept der Quantenflüssigkeit) L. D. Landau beteiligt.

A. Sommerfeld u. H. Bethe: E. der Metalle (1967); Ergebnisse in der E. der Metalle, hg. v. P. Ziesche u. a. (Berlin-Ost 1983).

Elektronenvervielfacher, Sekundär|elektronenvervielfacher, Multiplier [ˈmʌltɪplaɪə, engl.], elektron. Gerät, in dem ein schwacher Elektronenstrom mithilfe der Sekundärelektronenemission verstärkt wird. Dem Bauprinzip nach ist ein E. meist eine Elektronenröhre, die eine Anzahl zusätzl., beim **Schaufelvervielfacher** schaufelförmiger, schräg gegenüberstehender Elektroden möglichst geringer Austrittsarbeit, die **Dynoden** oder **Prallelektroden,** enthält. Mithilfe eines elektr. Feldes und ggf. eines magnet. Führungsfeldes werden alle von einer Kathode ausgehenden, z.B. beim **Photo-E. (Photomultiplier)** durch Photoeffekt in einer Photokathode erzeugten, Elektronen gesammelt und auf die erste Dynode beschleunigt; sie lösen aus ihr (langsame) →Sekundärelektronen aus, und zwar mehr, als Primärelektronen aufgetroffen sind, wenn die Dynodenoberfläche aus einem geeigneten Material besteht (z.B. Silber-Magnesium-Cäsium-Oxid oder Kupfer-Beryllium-Oxid). Diese Elektronen folgen dem Feldlinienverlauf, werden ebenfalls beschleunigt und treffen auf eine zweite Dynode usw., wobei jedesmal die Elektronenanzahl wächst, der Sekundärelektronenstrom also jedesmal verstärkt wird. Mit zehn Dynoden erreicht man z.B. eine 10^7fache Stromverstärkung und im Fall der Photo-E. eine entsprechend hohe Photoempfindlichkeit. Die sehr empfindl. und rauscharmen E. werden in Spektralphotometern zum Nachweis und zur Messung schwacher Lichtströme sowie in Verbindung mit Szintillations- und Tscherenkow-Zählern zur Messung schwächster radioaktiver u.a. Strahlung verwendet; außerdem sind sie in der Fernsehtechnik Bestandteil einiger Bildspeicherröhren. Für Spezialzwecke (Nachweis von Elektronen in hochevakuierten Geräten) sind auch offene E. ohne Kathode im Handel. Photo-E. werden u.a. in der Wehrtechnik als Nachtsichtgeräte (Restlichtverstärker) eingesetzt.

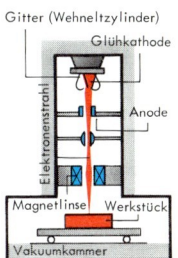

Gitter (Wehneltzylinder)
Glühkathode
Elektronenstrahl
Anode
Magnetlinse
Werkstück
Vakuumkammer

Elektronenstrahl-schweißen

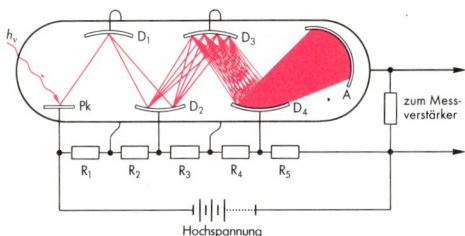

Elektronenvervielfacher: Schematische Darstellung eines Photoelektronenvervielfachers; h_ν Energie des Photons, $D_1, ..., D_4$ Schaufeldynoden, Pk Photokathode, A Anode, $R_1, ..., R_5$ ohmsche Widerstände des Spannungsteilers

Elektronenvolt, das →Elektronvolt.

Elektronenwellen, →Elektron.

Elektronenzerfall, der mit Elektronenemission verbundene →Betazerfall.

Elektronenzyklotron, →Mikrotron.

Elektro|neurographie, Abk. **ENG,** Methode zur Bestimmung der Nervenleitungsgeschwindigkeit peripherer Nerven nach elektr. Stimulation durch Ableitung und Registrierung der Antwortpotenziale vom entsprechenden Muskel. Die Zeit zw. der elektr. Reizung und dem Auftreten des Antwortpotenzials im Muskel kann gemessen werden (Latenzzeit). Wird der gleiche Nerv an zwei unterschiedl. Stellen gereizt, kann aus der Differenz der Latenzzeiten und der Entfernung zw. den beiden Reizorten die Nervenleitungsgeschwindigkeit bestimmt werden (Geschwindigkeit = Weg : Zeit).

Durch Mehrfachreizungen eines Nervs kann die Impulsübertragung vom Nerv auf den Muskel untersucht werden (bes. wichtig bei Myasthenie). Die E. ist als diagnost. Methode von großer Bedeutung für die genaue Lokalisierung einer Schädigung peripherer Nerven und wird meist in Verbindung mit der Elektromyographie angewendet.

Elektronik *die, -,* Teilgebiet der Elektrotechnik, das sich mit den durch elektr. oder magnet. Felder, durch elektr. Ströme, durch Licht u. a. Strahlen oder durch Wärme beeinflussten physikal. Vorgängen, v. a. der Elektrizitätsleitung von Elektronen (auch von Ionen), im Vakuum, in Gasen, Festkörpern oder Flüssigkeiten (seltener) und Flüssigkristallen befasst und sie (sowie die dabei auftretenden Effekte) in technisch realisierbare Anwendungen umzusetzen sucht. Zu diesen Zwecken entwickelt und nutzt sie in unterschiedl. Weise aufgebaute und funktionierende **elektronische Bauelemente,** die sich u. a. durch das Fehlen mechanisch bewegter Teile (Kontakte), durch große Zuverlässigkeit und lange Lebensdauer, große Schaltgeschwindigkeit (d. h. nahezu trägheitslose Informationsverarbeitung) und Signalverstärkung sowie geringen Energiebedarf und – als Folge einer immer stärkeren Miniaturisierung – auch geringen Platzbedarf auszeichnen; außerdem besitzen sie eine große Anpassbarkeit an unterschiedl. Aufgaben und ermöglichen die Realisierung sehr komplexer elektron. Systeme und Geräte (z. B. Computer).

Die E. gründet sich auf die Entwicklung der →Elektronenröhre (ab 1907) und umfasste zunächst die dort und in ähnl. Anordnungen (Elektronenstrahl- und Laufzeitröhren, Quecksilberdampfventile, Photozellen u. a.) auftretenden physikal. Erscheinungen, aber auch den Aufbau von Schaltungen und Schaltkreisen mit diesen elektron. Bauelementen. I. w. S. zählt auch die Untersuchung der Wechselwirkung sich im Vakuum bewegender freier Elektronen untereinander und mit elektr. und magnet. Feldern zur E. (diese Phänomene werden jedoch meist zur →Elektronenoptik gerechnet).

Ein wichtiger Zweig der E. ist die **Halbleiter-E.,** die sich allg. mit der Untersuchung und Ausnutzung gesteuerter Ströme und Ladungsverteilungen von Elektronen und Defektelektronen (Löchern) in gebietsweise unterschiedlich dotierten Halbleiterkristallen sowie den dort auftretenden Effekten (v. a. in p-n-Übergängen und anderen Sperrschichten) befasst. Ihre wesentl. Aufgabe ist die Entwicklung und Anwendung von →Halbleiterbauelementen, bes. von Halbleiterdioden (→Diode), →bipolaren Transistoren (seit 1948) und →Feldeffekttransistoren sowie in immer stärkerem Maße von →integrierten Schaltungen (ICs) und →Mikroprozessoren im Rahmen der →Mikroelektronik (seit Beginn der 70er-Jahre). Diese elektron. Bauelemente werden in großen Stückzahlen, weitgehend automatisiert, hergestellt und haben die Elektronenröhre bis auf spezielle Anwendungen verdrängt. Die Ausnutzung unterschiedl. physikal. und elektron. Effekte auch in anderen Festkörpern hat darüber hinaus zur Entwicklung einer allgemeinen →Festkörperelektronik geführt. Sie umfasst u. a. die →Akustoelektronik, die →Magnetoelektronik und die →Optoelektronik, wobei sich optoelektron. Bauelemente im Rahmen der →Glasfaseroptik mit Lichtleitern (Glasfasern) koppeln lassen und dadurch opt. Nachrichtenübertragungen ermöglichen, sowie die Entwicklung piezoelektr. Bauelemente, die durch Druck direkt steuerbar sind. Schließlich hat sich mit der Entwicklung des Masers und Lasers die →Quantenelektronik ausgebildet.

Von der Anwendungsseite her haben sich in der E. zwei Anwendungsgebiete herausgebildet, die der Aufteilung der Elektrotechnik in die Bereiche der Energie- und der Nachrichtentechnik entsprechen. Als Teilgebiet der elektr. Energie- und Starkstromtechnik hat sich die →Leistungselektronik, als Teilgebiet der Nachrichtentechnik die →Informationselektronik entwickelt, in der die zu steuernden Ströme als Informationsträger dienen und v. a. Transistoren die wesentl. Rolle in Verstärker-, Oszillator-, Impuls- u. a. elektron. Schaltungen der Hochfrequenz-, Mess-, Steuer- und Regeltechnik spielen; zu ihr zählen u. a. die Konsumgüter-E., die Kfz-E., die medizin. E. und die Unterhaltungs-E. sowie ihre Anwendungen in der Automatisierung, Bionik, Musik (z. B. Klangerzeugung mittels Synthesizer), Fotografie, Raumfahrt und Waffentechnik. In ihrer digitalen Form **(Ditigal-E.)** findet sie Anwendung in der →Digitaltechnik.

K. BYSTRON: Techn. E., 2 Bde. (1-21976–79); Lex. E., hg. v. H.-D. JUNGE (Neuausg. 1978); W. BAUER u. H. H. WAGENER: Bauelemente u. Grundschaltungen der E., 2 Bde. (21981–84); E.-Lex., hg. v. W. BAIER (21982); E. ANTÉBI: Die E.-Epoche (a. d. Frz., Basel 1983); Lex. der E., hg. v. O. NEUFANG (1983); H. MEINHOLD: Was ist E.? (51984); K.-W. DUGGE u. D. HAFERKAMP: Grundl. der E. (1985); D. ZASTROW: E. (31988); Einf. in die E., hg. v. J. PÜTZ (235.–237. Tsd. 1993); C. WEDDIGEN u. W. JÜNGST: E. (21993); D. NÜHRMANN: Das große Werkbuch E., 4 Tle. (1-61994).

Elektronikschrott, Sammelbegriff für ausgediente Elektrogeräte und elektron. Bauteile, die aufgrund ihrer Anteile an Schwermetallen (Blei, Nickel, Cadmium, Zinn, Kupfer) und organ. Verbindungen eine sorgfältige Entsorgung verlangen. In Dtl. fielen 1995 rd. 1,5 Mio. t E. an (Tendenz steigend); etwa ein Drittel bestand aus Halbleiterbauelementen.

Beim Recycling von E. müssen die aus einer Vielzahl unterschiedl. Materialien und Konstruktionen bestehenden Altgeräte zerlegt und ökologisch bedenkl. Materialien, z. B. Kunststoffe, die mit polybromiertem Biphenyl (PBB) oder polybromiertem Diphenylether (PBDE) behandelt wurden, cadmiumhaltige Bildröhren u. a. aussortiert und über Sondermüllverbrennungsanlagen entsorgt werden; die anderen Bestandteile müssen werkstofffrein getrennt und recycelt werden. Verwertungsverfahren sind derzeit nur als Lösungsansätze einzelner Herstellerfirmen vorhanden bzw. in Vorbereitung. Ein bundesweite einheitl. Regelung ist mit der (1994 vorgelegten) ›VO über die Vermeidung, Verringerung und Verwertung von Abfällen gebrauchter elektr. und elektron. Geräte‹ **(E.-VO)** in Sicht, die die Rücknahme und Entsorgung von Großgeräten (z. B. Computer, Telefaxgeräte) durch Hersteller und Handel vorsieht; sie wurde nach Einsprüchen von Elektroindustrie und Handel zurückgezogen, ein überarbeiteter Entwurf (für Geräte der Informationstechnologie) wurde 1996 vorgelegt.

elektronisch, auf dem Teil der →Elektrotechnik beruhend, der sich mit den Vorgängen und Anwendungen der Elektrizitätsleitung im Vakuum, in Gasen oder Halbleitern befasst und sich dabei bes. elektron. Bauelemente verwendet.

elektronische Datenverarbeitung, Abk. **EDV,** Informationsverarbeitung mittels digitaler, aus elektronischen Bauelementen aufgebauter Rechenanlagen (→Datenverarbeitung).

elektronische Geldbörse, mit einem Mikroprozessor versehene Chipkarte (ec-, Kredit- oder sonstige Bankkarte), auf der Geldeinheiten, z. B. bis zu einem Betrag von 400 DM, elektronisch gespeichert und zu Zahlungszwecken (z. B. Telefon, Automaten, Nahverkehr, Tankstellen, Einzelhandel) offline und ohne Eingabe der persönl. Geheimzahl wieder verwendet werden können. Nach Verbrauch des Guthabens kann die e. G. per Geldautomat wieder aufgeladen werden. In Dtl. wurde Ende 1996 mit der Ausgabe entsprechender Chipkarten begonnen; von der Einführung wird v. a. eine Beschleunigung der Kassiervorgänge sowie eine Reduzierung der Kosten des Bargeld-Handling (Kassenabrechnung, Geldtransport) erwartet.

elektronische Kampfführung, Abk. **EloKa,** militär. Aufgabenbereich, der die Gesamtheit der Maßnahmen und Verfahren umfasst, die dazu dienen, 1) elektromagnet. Ausstrahlungen (Funk, Radar, Infrarot, Licht, Laser) eines Gegners zu erfassen und technisch sowie taktisch auszuwerten (Teilgebiet **Fernmelde- und elektronische Aufklärung**); 2) deren wirksame Anwendung durch den Gegner mittels elektron. Störens (z. B. Rauschstören) zu erschweren oder zu verhindern und den Gegner mit elektron. Mitteln zu täuschen (**elektronische Gegenmaßnahmen**); 3) die eigenen elektromagnet. Ausstrahlungen vor gegner. Aufklärung zu schützen und deren Wirksamkeit trotz elektron. Gegenmaßnahmen des Feindes zu gewährleisten (**elektronische Schutzmaßnahmen**, z. B. Springfrequenzverfahren). Für die Aufgaben der e. K. ausgerüstete Einheiten und Verbände gibt es in allen größeren Armeen. In der Bundeswehr gehören diese Truppenteile jeweils zu den Fernmeldetruppen bei Heer, Luftwaffe und Marine. Die EloKa-Einheiten und -verbände unterstützen alle anderen Truppenteile (**elektronische Unterstützungsmaßnahmen**).

Nach ersten Anfängen im Ersten Weltkrieg gewann die e. K. im Zweiten Weltkrieg große Bedeutung, bes. auf dem Gebiet der Funkaufklärung. Alliierte Flugzeuge warfen als ›passive Gegenmaßnahme‹ gegen die dt. Luftabwehr →Düppel ab. Die e. K. spielt heute angesichts des zunehmenden Stellenwertes der Elektronik in den Streitkräften eine immer größere Rolle, v. a. in den Bereichen Fernmeldeverbindungsdienst, Funknavigation, Ortungs- und Frühwarngeräte, elektron. Waffenlenksysteme.

R. GRABAU: Funküberwachung u. e. K. Grundl., Technik u. Verfahren (1986).

elektronische Messung, *Sport:* Messung von Wurf- und Sprungweiten mit elektron. Geräten. Beim Diskus-, Hammer- und Speerwerfen wird die Aufschlagstelle des Wurfgeräts mit einem Reflektor markiert, von einer stationären Apparatur anvisiert und das Ergebnis über einen Drucker ausgewiesen. Beim Skispringen ermitteln im Aufsprunghügel eingebaute Induktionsschleifen oder transportable Sensoren nach dem Prinzip seismograph. Messungen die gesprungenen Weiten. (→Zeitnahme)

elektronische Musik, Sammelbegriff für jede Art von Musik, bei deren Entstehung oder Wiedergabe elektron. Mittel eingesetzt werden. Zu unterscheiden sind: 1) Klänge, die mit →elektronischen Musikinstrumenten erzeugt werden und entweder traditionelle Instrumente nachahmen (elektron. Orgelmusik) oder neue Klangformen aufweisen; 2) i. e. S. Musik, die mittels elektron. Apparaturen erzeugt und von diesen direkt in einen Klangspeicher (Tonband) eingegeben wird, von dem sie über Lautsprecher wiedergegeben werden kann, sodass sie der Mittlerrolle des Interpreten entbehrt; 3) →Computermusik.

Ziel der e. M. ist die Entdeckung neuer, jenseits der bisherigen Musikübung liegender Klangräume, deren breites Spektrum die Geräuschkomponente einschließt und hinsichtlich Tonhöhe, Tondauer, Klangfarbe und Geräuschform Kombinationen in unendl. Variabilität zulässt. Als Material für neuartige Klangformen dienen insbesondere reine Töne (Sinusschwingungen), Geräusche (z. B. weißes Rauschen), Tongemische und Impulse.

Die e. M. wird vom Komponisten im elektron. Studio am Mischpult hergestellt. Als Grundlage dient ihm die ›Realisationspartitur‹, die eine verbale oder skizzenhaft schemat. Beschreibung der techn. Vorgänge enthält. Das techn. Instrumentarium besteht aus →Tongeneratoren; Zusatzgeräte dienen der Klangfarbenbeeinflussung. Der heute vielfach verwendete →Synthesizer vereinigt in sich die Möglichkeit sowohl der Erzeugung als auch der Veränderung von Klängen.

Während die e. M. ihre Schallereignisse somit auf rein synthet. Weg gewinnt, nimmt die →konkrete Musik Umweltgeräusche aus allen Bereichen des Hörbaren zum Ausgangspunkt, die mit dem Instrumentarium des Studios verfremdet und nach einem zuvor entworfenen Plan kombiniert werden. Beide Formen werden aber auch verbunden.

Bekannte Komponisten von e. M. sind: L. BERIO, L. NONO, P. BOULEZ, Y. HÖLLER, M. KAGEL, G. M. KOENIG, W. KOTOŃSKI, E. KŘENEK, G. LIGETI, H. POUSSEUR, J. A. RIEDL, I. XENAKIS. Eine Umformung natürl. vokaler Klänge nach dem Vorbild der e. M. wurde von K. STOCKHAUSEN in ›Gesang der Jünglinge‹ (1956) vorgenommen; ferner versuchte er e. M. mit instrumentaler und vokaler, aber auch mit konkreter Musik zu kombinieren. Neuere Entwicklungen gehen dahin, zwischen natürl. und e. M. durch Verfremdung der natürl. Klänge zu vermitteln. Für die weitere Entwicklung der e. M. ist die Einbeziehung raumakust. Parameter, v. a. im Bereich der →Liveelektronik, von Bedeutung. Auch wahrnehmungstheoret. Fragen treten, neben neuen kompositor. Problemen, hinzu.

1951 wurde beim Westdt. Rundfunk in Köln durch H. EIMERT das erste Studio für e. M. in der BRD gegr. (1963–73 von STOCKHAUSEN geleitet). Durch die Gründung von Studios in Italien, Belgien, den Niederlanden, Polen, der Tschechoslowakei, den USA, Kanada, Japan und Südamerika wurden experimentelle Erforschung und prakt. Verwendung der e. M. weit verbreitet. Das 1965 an der Musikhochschule Köln errichtete zweite Kölner Studio für e. M. dient v. a. Lehr- und Ausbildungszwecken. Das von RIEDL 1961 gegründete und seither geleitete Studio der Siemens AG in München ging inzwischen in den Besitz der Geschwister-Scholl-Stiftung über. (→IRCAM)

K. STOCKHAUSEN: Texte zur elektron. u. instrumentalen Musik, 4 Bde. (1963–78); W. KAEGI: Was ist e. M.? (Zürich 1967); M. PFITZMANN: E. M. (1975); W. M. STROH: Zur Soziologie der e. M. (Zürich 1975); E. HÖHN: E. M. (1979); F. K. PRIEBERG: E. M. Versuch einer Bilanz der e. M. (Rohrdorf 1980); H. EIMERT u. H. U. HUMPERT: Das Lex. der e. M. (³1981); A. MACKAY: Electronic music (Oxford 1981); B. SCHRADER: Introduction to electro-acoustic music (Englewood Cliffs, N. J., 1982); H. U. HUMPERT: E. M. (1987).

elektronische Musikinstrumente, E-Instrumente, Musikinstrumente oder Geräteeinheiten, bei denen die primäre Klangerzeugung ausschließlich oder wesentlich auf elektron. Schaltungen, Bauelementen u. a. basiert. E. M., aber auch die Vielzahl der unterschiedlichsten elektron. Zusatzgeräte (z. B. Effektgeräte), Steuer- und Übertragungssysteme (Mikrofone, Verstärker, Mischpult, Lautsprecher u. a.), wie sie das Bild moderner Tonstudios und Aufnahmeanlagen prägen und somit entscheidend zur Soundgestaltung beitragen, sind aus der Klangwelt der heutigen Unterhaltungs-, Pop- und Rockmusik sowie des Jazz nicht mehr wegzudenken.

Man unterscheidet Systeme mit rein elektron. Schwingungserzeugung von Instrumenten mit mechan. Schwingungsträgern und elektron. Schwingungsverarbeitung (auch elektr., elektromechan. oder elektroakust. Musikinstrumente), wobei der techn. Aufbau der Instrumente nur selten eine eindeutige Unterscheidung zulässt. Bei den rein e. M. wird die Grund- oder Ausgangsschwingung i. d. R. von Oszillatoren (Tonfrequenzoszillatoren) erzeugt, über Filter, Steueroszillatoren u. a. weiterverarbeitet und von einem Verstärker-Lautsprecher-System wiedergegeben. Die Tonsteuerung erfolgt neben den übl. Schaltermechaniken entweder direkt per Hand (z. B. beim Theremingerät), durch Gleitwiderstände (Bandmanual, Ondes Martenot) oder über eine Klaviatur, deren Tasten entweder die beim Klavier übl. Tonanordnung zeigen (vollelektron. Elektronenorgeln und Elektroklaviere) oder bloße Steuer- oder Abruffunktionen haben (exemplarisch beim →Synthesizer).

Die elektromechan. Klangerzeugung basiert auf mechan. Schwingungsträgern, wie abgestimmten Saiten, Metallstäben oder -platten (→Elektroklavier), die von Tonabnehmern (seltener über Mikrofon) abgetastet werden. Daneben gibt es die bei der (frühen) Elektronenorgel häufigen Ton- und Zahnradgeneratoren (Hammondorgel) sowie Instrumente mit abrufbaren Tonbandschleifen (Mellotron). Heutige e. M. arbeiten i. d. R. vollelektronisch, wobei man zw. analogen und digitalen Systemen unterscheidet.

F. K. PRIEBERG: Musica ex machina. Über das Verhältnis von Musik u. Technik (1960); B. ENDERS: Lex. Musikelektronik (1985).

elektronische Post, Electronic Mail [ɪlek'trɔnɪk meɪl, engl.], Kw. **E-Mail** ['imeɪl, engl.], Übermittlung von Dokumenten auf elektron. Weg zw. zwei Datenendgeräten (→Datenübertragung). Diese Endgeräte können an versch. Rechenanlagen in versch. Rechnernetzen angeschlossen sein, sodass ein Informationsaustausch in Bruchteilen von Sekunden über große Entfernungen möglich ist. Das Datenendgerät des Empfängers ist i. d. R. mit einem Speicher ausgestattet, in dem die Dokumente abgelegt werden (so genannte **Mailbox**); gleichzeitig (oder beim nächsten Einschalten des Gerätes) erfolgt eine Anweisung an den Benutzer, dass Post eingegangen ist. Der Benutzer kann die e. P. dann lesen, in seinem Rechnersystem archivieren oder sich ausdrucken lassen. An den Absender kann automatisch nach dem Eintreffen der Mitteilung oder auf Anweisung des Benutzers eine Rückantwort geschickt werden. (→Telebox)

elektronisches Publizieren, Electronic Publishing [ɪlek'trɔnɪk pʌblɪʃɪŋ, engl.], Abk. **EP**, Informationsveröffentlichung offline über CD-ROM oder online über Computernetze, z. B. →Internet. Dazu ist es erforderlich, dass die Autoren ihre Beiträge elektronisch editieren, z. B. mithilfe einer Desktop-Publishing-Software, und ggf. einer Datenbank übergeben. Von der Datenbank werden die Beiträge nach dem Client-Server-Modell zur Verfügung gestellt. Dabei verwaltet das Serverprogramm die Informationen in der Datenbank. Der Nutzer kann über seinen Arbeitsplatzcomputer mit einer Retrieval-Software (Suche-/Abfrage-Software) mit der Datenbank (virtuelle Bibliothek) in Verbindung treten, in ihr nach entsprechenden Kriterien die Inhalte abfragen und sich Auszüge auf seinen PC kopieren. Das Clientprogramm (z. B. für Mac-, Unix- und PC-Systeme) ruft dazu die Informationen vom Server ab und bereitet sie für die Computerumgebung (Benutzeroberfläche) des Nutzers auf. I. w. S. wird auch das →Desktop-Publishing als e. P. bezeichnet.

elektronische Zeitmessung, *Sport:* →Zeitnahme.

Elektron-Loch-Paar, *Festkörperphysik:* das Elektron-Defektelektron-Paar, das entsteht, wenn in einem nicht leitenden oder halbleitenden Kristall ein Elektron durch Energiezufuhr vom Valenz- in das Leitungsband gehoben wird und ein Defektelektron (Loch) im Valenzband zurückbleibt. In den meisten Fällen bewegen sich Elektron sowie Defektelektron unabhängig voneinander und tragen beide zur →Eigenleitung bei. Ein gebundenes E.-L.-P. ist das →Exziton.

Elektron-Phonon-Wechselwirkung, Elektron-Phonon-Kopplung, die in Elektronen leitenden Festkörpern bes. den elektr. Widerstand verursachende Wechselwirkung der Leitungselektronen (in Halbleitern auch der Defektelektronen) mit den →Phononen. Die E.-P.-W. führt auch zu einer direkten Elektron-Elektron-Wechselwirkung (→BCS-Theorie), die zur Coulomb-Wechselwirkung der Elektronen hinzukommt und bei sehr tiefen Temperaturen in zahlr.

Metallen zur Bildung von →Cooper-Paaren führt, wodurch es zur →Supraleitung kommt.

Elektronvolt, Elektronenvolt, Einheitenzeichen **eV,** gesetzl. Einheit der Energie in der Atomphysik: 1 E. ist festgelegt als diejenige kinet. Energie, die ein Träger der Elementarladung $e = 1{,}602\,177\,3 \cdot 10^{-19}$ Coulomb beim freien Durchlaufen eines Spannungsgefälles von 1 V im Vakuum gewinnt. Zw. den Energieeinheiten E. und Joule (J) besteht die Beziehung: $1\,\text{eV} = 1{,}602\,177\,3 \cdot 10^{-19}\,\text{J}$, sodass einem atomaren oder molekularen Energieumsatz von 1 eV ein molarer Energieumsatz von 96,48 kJ/mol entspricht. Gebräuchl. dezimale Teile und Vielfache sind das **Milli-E.** ($1\,\text{meV} = 10^{-3}\,\text{eV}$) und das **Kilo-E.** ($1\,\text{keV} = 10^3$ eV), in der Kernphysik das **Mega-E.** ($1\,\text{MeV} = 10^6\,\text{eV}$), in der Hochenergiephysik das **Giga-E.** ($1\,\text{GeV} = 10^9$ eV). Häufig werden hier die Ruhmassen der Elementarteilchen durch ihre →Ruheenergie in E. angegeben.

Elektro|nystagmographie, Abk. **ENG,** elektr. Aufzeichnung der vom Willen unabhängigen rhythm. Augenbewegungen, entweder ruckartig (Rucknystagmus) oder pendelnd (Pendelnystagmus); wichtig für das Feststellen von Verletzungen der Großhirnhemisphären, des Hirnstamms und des Kleinhirns sowie von Erkrankungen des Vestibularapparates.

Elektro|öfen, Industrieöfen zur Erwärmung oder Aufheizung eines aufgebrachten Gutes (z. B. metall. Werkstoff) mithilfe elektr. Energie nach unterschiedl. Verfahren der Elektrowärmetechnik. Man unterscheidet den Induktionsofen, Graphitstabofen, Lichtbogenofen und den widerstandsbeheizten Ofen. Vom meist verwendeten **Induktionsofen** sind die Arten Induktionstiegelofen und Induktionsrinnenofen bekannt. Weiter trennt man nach der elektr. Frequenz den Netzfrequenz- (50 Hz) vom Mittelfrequenz- (60 bis 10 000 Hz) und Hochfrequenzofen (über 10 000 Hz).

Elektro|okulographie, apparative Aufzeichnung des Verlaufs der Aktionsströme der Augen. Die E. ist wichtig für den Nachweis von Netzhautschädigungen durch Arzneimittel (Chloroquin, Phenothiazin, Indometazin), weil Schäden nachgewiesen werden können, bevor sie zu einer wahrnehmbaren Beeinträchtigung führen.

Elektro|optik, Teilgebiet der *Physik,* das sich mit der Beeinflussung von opt. Materialeigenschaften (v. a. der Brechzahl) durch elektr. Felder sowie der Anwendung dieser **elektrooptischen Effekte** zur Steuerung von Licht beschäftigt. Die für die Elektronik wichtigsten elektroopt. Effekte sind der →Kerr-Effekt, der →Pockels-Effekt, der →Schadt-Helfrich-Effekt und die →Elektrochromie. I. w. S. können auch der →Stark-Effekt sowie die Effekte der →nichtlinearen Optik zur E. gezählt werden. Mit der Beeinflussung elektr. Eigenschaften durch Licht befasst sich die →Optoelektronik.

Elektro|osmose, eine der →elektrokinetischen Erscheinungen.

elektrophile Reaktion, chem. Reaktion, bei der elektrophile (›Elektronen suchende‹, ›Elektronen liebende‹) Teilchen eine nukleophile Verbindung angreifen und von dieser Elektronen übernehmen und anlagern. Als e. R. können Substitutionen, Additionen und chem. Umsetzungen verlaufen. (→Reaktionsmechanismen)

Elektrophone [zu griech. phōnḗ ›Klang‹, ›Stimme‹], *Sg.* **Elektrophon** *das, -s,* in Anlehnung an die auf E. VON HORNBOSTEL und C. SACHS zurückgehende Einteilung der Musikinstrumente in Chordophone, Aerophone, Membranophone und Idiophone von H. H. DRÄGER 1948 eingeführte musikwiss. Bez. für alle Musikinstrumente, deren Klangrealisation auf i. w. S. elektron. Wege erfolgt. (→Instrumentenkunde)

Elektrophor *der, -s/-e,* von A. VOLTA erfundene Vorrichtung zur wiederholten elektr. Aufladung eines elektr. Leiters (Metallplatte) durch Berührung mit einem reibungselektrisch aufgeladenen Nichtleiter (Hartgummiplatte) und Ableiten der auf der einen Seite influenzierten Ladung.

Elektrophorese [zu griech. phórēsis ›das Tragen‹] *die, -,* die Wanderung elektrisch geladener, suspendierter oder kolloidaler Teilchen in einem elektr. Feld (bei negativ geladenen Teilchen auch als **Anaphorese,** bei positiven Teilchen als **Kataphorese** bezeichnet). Wie bei der elektrolyt. Leitung ist die Wanderungsgeschwindigkeit und →Beweglichkeit der elektr. Feldstärke proportional. – Angewendet wird die E. in der

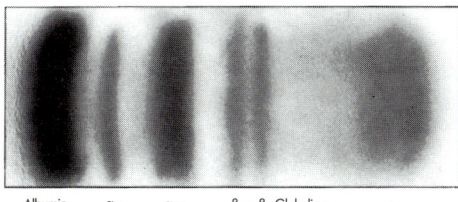

Elektrophorese: Papierelektrophoresestreifen mit menschlichem Blutserum (gefärbt mit Amidoschwarz); von links: Albumin, Globuline (α_1, α_2, β_1, β_2), Auftragstelle des Serums (γ)

präparativen und analyt. Chemie (zur Trennung geringer Substanzmengen) sowie in der Medizin (z. B. zur Untersuchung der Eiweißstoffe im Blutplasma). Die von A. TISELIUS 1930 eingeführte **trägerfreie E.** in gepufferten wässrigen Lösungen zw. Glasplatten wurde zur Erzielung größerer Trennschärfen zur **Träger-E. (Zonen-E., Elektrophorographie)** weiterentwickelt, bei der die zu trennenden Substanzen auf lösungsmittelgetränkte Träger (Filterpapierstreifen bei der **Papier-E.,** Folien von Agargel, Kieselgur, Cellulose, Celluloseacetat bei der **Folien-E.**) mit Poren bestimmter Größe und mit bestimmten Viskositäts- oder Adsorptionseigenschaften aufgebracht werden. Bei der elektrophoret. Trennung und Bestimmung von Serumeiweißen kann man sich auch die ausfällende Wirkung der Antigen-Antikörper-Reaktion zunutze machen **(Immun-E.).** Auf diese Weise sind die Differenzierung von mehr als 30 Eiweißfraktionen und die Identifikation einer Vielzahl von Antikörpern möglich. Um die versch. Fraktionen sichtbar zu machen, wird nach Abschalten des Stromes mit Farbstoffen, bei Eiweißen z. B. mit Amidoschwarz, angefärbt. Die getrennten Anteile lassen sich dann photometrisch quantitativ (prozentisch) bestimmen, wenn das Trägerpapier durch Chemikalien transparent gemacht wird. In der klin. Chemie und Serologie geben Abweichungen einzelner Eiweißfraktionen von ihren Normalwerten Hinweise auf chron. Entzündungsprozesse, z. B. bei Leber- und Infektionserkrankungen oder bei rheumat. Erkrankungen.

Industrielle Anwendung findet die E. bei der Oberflächenveredlung und Lackierung **(elektrophoretische Lackierung)** sowie in der →Elektrofotografie.

Elektrophysiologie, Teilgebiet der Physiologie, das sich mit den von Lebewesen erzeugten elektr. Strömen (tier. Elektrizität, Bioelektrizität) befasst; diese sind Begleiterscheinungen aller Lebensvorgänge, die mit Änderungen der Ionenkonzentration im Gewebe, bes. an Zellmembranen und Phasengrenzen, verbunden sind. Die E. untersucht auch die Wirkung elektr. Ströme, die einem Lebewesen, isolierten Organen oder einzelnen Zellen zugeleitet werden.

Elektropleochroismus, →Elektrochromie.

Elektroresektion, in der Elektrochirurgie das Abtragen krankhafter Gewebewucherungen mithilfe der →Elektrokoagulation.

Elektroretinographie, Aufzeichnung der Aktionspotenziale der Netzhaut des Auges im Elektroretinogramm (ERG). Die E. dient v. a. zur Feststellung erbl. Netzhautdystrophien, tox. Einwirkungen auf die Netzhaut oder zur Beurteilung von Arzneimittelschäden an der Netzhaut.

Elektrorezeptoren, Sinnesorgane, die auf elektr. Felder, aber auch auf das Magnetfeld der Erde reagieren. Sie bestehen aus kleinen Zellgruppen, die zum Seitenlinienorgan gehören oder über die Körperoberfläche verteilt sind. E. finden sich bei allen Tieren mit elektr. Organen (→elektrische Fische), aber auch z. B. bei Molchlarven oder bei Haien, die sich, wie Experimente gezeigt haben, mithilfe der E. am Magnetfeld der Erde orientieren können.

Elektroschiff, ein Schiff, bei dem die Schiffsschraube durch einen Elektromotor angetrieben wird. Als Stromquelle dienen Akkumulatoren (nur auf Spezialbooten mit kleiner Leistung und konventionellen U-Booten), auf **Turbo-E.** Turbogeneratoren, auf **Diesel-E.** Dieselgeneratoren (→dieselelektrischer Antrieb). E. sind vorwiegend Spezialschiffe, auf denen die Generatoranlage außer dem Antrieb auch anderen Betriebszwecken dient (Bagger, Schwimmkrane, Feuerlöschboote) oder auf denen eine elast. Kupplung zw. Propeller und Antriebsanlage erforderlich ist (Eisbrecher).

Elektroschocktherapie, *Psychiatrie:* die →Elektrokrampftherapie.

elektroschwache Wechselwirkung, *Elementarteilchenphysik:* →Wechselwirkung.

Elektroskop *das, -s/-e,* Gerät zum Nachweis elektr. Ladungen; ein ungeeichtes →Elektrometer.

Elektrosmog, *Elektrotechnik, Umweltschutz:* Bez. für technisch verursachte elektromagnet. Strahlung in der Umwelt. Hierunter fällt i. A. nur die nicht ionisierende Strahlung im Frequenzbereich zw. 0 und 300 GHz. Im Niederfrequenzbereich (0–30 kHz) werden als wesentl. Strahlungsquellen die allgemeine Elektrizitätsversorgung mit einer Frequenz von 50 Hz sowie das Stromnetz der Dt. Bahn AG mit $16\frac{2}{3}$ Hz angesehen, im Hochfrequenzbereich von 30 kHz bis 300 GHz sind es Sendeeinrichtungen von Hörfunk und Fernsehen sowie die zivilen und militär. Radaranlagen. Die ständige Zunahme von elektr. Anlagen und Geräten, insbesondere die Entwicklung der versch. Mobilfunksysteme, hat zu einer Erhöhung des elektromagnet. Strahlungspegels geführt.

Elektrosmog: Elektrische Feldstärken im Alltag bei einer Netzfrequenz von 50 Hz (Auswahl); elektrisches Feld in Volt pro Meter (V/m)

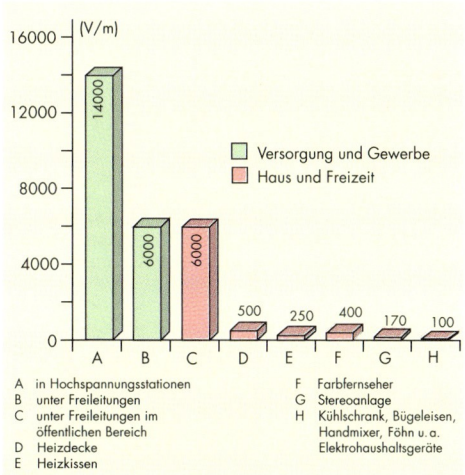

A in Hochspannungsstationen
B unter Freileitungen
C unter Freileitungen im öffentlichen Bereich
D Heizdecke
E Heizkissen
F Farbfernseher
G Stereoanlage
H Kühlschrank, Bügeleisen, Handmixer, Föhn u. a. Elektrohaushaltsgeräte

Die potenzielle Gefahr des E. für Mensch und Umwelt wird in der Öffentlichkeit immer wieder kontrovers diskutiert. Mit den gesundheitl. Auswirkungen elektr. und magnet. Felder befassen sich epidemiolog. und experimentelle Studien, in denen untersucht werden soll, ob diese Felder mit versch. Formen der Depression sowie mit der Entstehung von Krebs in Verbindung gebracht werden müssen. Bei den hochfrequenten Feldern sind v. a. die durch sie im menschl. Körper hervorgerufene Wärmewirkung und die damit eventuell verbundenen schädl. physiolog. Veränderungen von Interesse. Bei den niederfrequenten Feldern vermutet man, dass derartige Felder die Erregbarkeit der Zellmembranen verändern können. – Für den Schutz des Menschen vor elektromagnet. Strahlenbelastung wurden frequenzabhängige Grenzwerte festgelegt (›VO über elektromagnet. Felder‹ vom 16. 12. 1996), die nach dem letzten Stand des Wissens ständig ergänzt werden sollen.

Elektrospeicherheizung, Heizsystem mit Raumheizgeräten oder Zentralspeichern, bei denen die Wärmeerzeugung durch eine elektr. Widerstandsheizung erfolgt. Die Wärme wird in Zeiten niedriger Stromtarife (bes. nachts) erzeugt.

Elektrostahlverfahren, Verfahren zum Erschmelzen unlegierter Massen- bis Edelstähle (Elektrostähle) mit geringen Verunreinigungen im Lichtbogenofen oder Induktionsofen. (→Stahl)

Elektrostal, bis 1938 Satischje, Zatiš'e [zaˈtiʃjɛ], Stadt im Gebiet Moskau, Russland, 153 000 Ew.; Edelstahlwerk, Schwermaschinenbau.

Elektrostatik, →Elektrizität.

elektrostatische Auflading, *Elektrizitätslehre:* →Aufladung.

elektrostatische Bindung, die Ionenbindung (→chemische Bindung).

Elektrostriktion, die elast. Formänderung eines Dielektrikums und das Auftreten elast. Spannungen in einem elektr. Feld. Infolge der vom Feld bewirkten elektr. Polarisation liegen sich im Dielektrikum die positiven und negativen Pole der vorhandenen oder sich im Feld ausbildenden Dipolmoleküle jeweils gegenüber und nähern sich aufgrund der elektrostat. Anziehung zur Erhöhung der Feldstärke. Bei Kristallen wird mitunter die Umkehrung des piezoelektr. Effekts (→Piezoelektrizität) als E. bezeichnet.

Elektrotechnik, Zweig der Technik, der sich mit der techn. Anwendung der physikal. Grundlagen und Erkenntnisse der Elektrizitätslehre befasst, d. h. die Erscheinungsformen und Wirkungen elektr. Ladungen und Ströme, die von ihnen erzeugten elektr. und magnet. Felder sowie ihre wechselseitigen elektromagnet. Beeinflussungen technisch ausnutzt.

Die **elektrische Energietechnik** (früher **Starkstromtechnik**) umfasst alle Bereiche, die sich mit der Erzeugung elektr. Energie (Elektroenergie) in Kraftwerken, mit ihrer Fortleitung und Verteilung über Freileitungen und Kabel sowie ihrer Nutzung beschäftigen, ferner die dazugehörigen Anlagen und Geräte wie Generatoren, Elektromotoren, Transformatoren; weiter zählen dazu die →Hochspannungstechnik, die →Lichttechnik und die →Leistungselektronik. Die Aufgabe der **Nachrichtentechnik** (früher zur **Schwachstromtechnik** gehörend) liegt in der Erzeugung, Übertragung, Verarbeitung und Speicherung von Nachrichten in Form analoger oder digitaler elektr. Signale. Sie umfasst die →Nachrichtenverarbeitung, die →Telekommunikation, die (drahtgebundene) →Vermittlungstechnik und die →Fernwirktechnik, wobei in immer stärkerem Maß die →Digitaltechnik herangezogen wird. Für die Sende- und Empfangstechnik bei Funk, Rundfunk und Fernsehen werden Verfahren der →Hochfrequenztechnik benötigt. Sie umfasst ferner die →Informationselektronik sowie die →Elektro-

akustik und die elektron. →Datenverarbeitung. Die **elektrische Messtechnik** hat die Aufgabe des Messens elektr. und nichtelektr. Größen mit Mitteln der E. Die **Regelungs- und Steuerungstechnik** verknüpft Energie- und Nachrichtentechnik miteinander.

Geschichte: Die Entwicklung der E. ist eng an die fortschreitenden Erkenntnisse über den Elektromagnetismus (→Elektrizität), bes. an die Entdeckung der elektromagnet. Induktion (M. FARADAY, 1831) und des dynamoelektr. Prinzips (W. VON SIEMENS, 1866), geknüpft. Bereits 1832 entwickelte der frz. Mechaniker HIPPOLYTE PIXII (* 1808, † 1835) eine von Hand getriebene magnet. Induktionsmaschine, in den darauf folgenden Jahren M. H. VON JACOBI (seit 1834) und der Ingenieur und Physiker JOHANN PHILIPP WAGNER (* 1799, † 1879; seit 1836) einen Elektromotor. Mit dem Bau der Dynamomaschine, des ersten nach dem dynamoelektr. Prinzip arbeitenden Stromerzeugers, durch W. VON SIEMENS (1866) nahm die eigtl. Starkstromtechnik ihren Anfang. SIEMENS baute 1879 auch die erste elektr. Lokomotive und 1880 den ersten elektr. Aufzug. 1882 setzte T. A. EDISON in New York das erste elektr. Kraftwerk in Betrieb. Um 1885 gab es Gleichstromanlagen mit brauchbaren Motoren für Industrie und Gewerbe. Etwa gleichzeitig wurde das Drehstromsystem durch G. FERRARIS, den amerikan. Erfinder CHARLES S. BRADLEY (* 1835, † 1929), N. TESLA, F. A. HASELWANDER, M. DOLIWO-DOBROWOLSKI u. a. entwickelt. 1891 wurde die erste Drehstromübertragung von Lauffen am Neckar nach Frankfurt am Main (Übertragung einer elektr. Leistung von rd. 150 kW über 178 km) durchgeführt. Die leichte Transformierbarkeit des Drehstroms und der einfache Bau des Drehstrommotors verhalfen dem Drehstrom zum Sieg. – Auch die Schwachstromtechnik nutzte die Erkenntnisse der Elektrizitätslehre: 1839 erfanden der Physiker CHRISTIAN ERNST NEEF (* 1782, † 1849) und J. P. WAGNER den ersten selbsttätigen Unterbrecher, während C. A. VON STEINHEIL eine zentral gesteuerte elektr. Uhrenanlage baute. 1844 erfanden S. F. MORSE und der engl. Ingenieur WILLIAM FARDELY (* 1810, † 1869) das Relais, 1854 entwickelte der amerikan. Erfinder HENRY GOEBEL (* 1818, † 1893) die erste Glühlampe, 1868 baute der frz. Physiker JULES CÉLESTIN JAMIN (* 1818, † 1886) eine elektr. Lampe mit einem Lichtbogen. 1890 gab es die ersten elektr. Heiz- und Kochgeräte.

F. MOELLER: Leitfaden der E., auf 12 Bde. ber. ([1-17]1968 ff.); Tb. E., hg. v. E. PHILIPPOW, 6 Bde. (1976–82); Hb. E. – Elektronik, hg. v. G. LINNEMANN u. a. (Neuausg. 1983); W. AMELING: Grundlagen der E., 2 Bde. ([2-4]1984–88, tlw. Nachdr.); H.-J. BAUCKHOLT: Grundl. u. Bauelemente der E. (1984); A. VON WEISS u. M. KRAUSE: Allg. E. ([10]1987); Einf. in die E., Beitrr. v. K. LUNZE u. a., 2 Bde. ([7-13]1991); K. KUPFERMÜLLER u. G. KOHN: Theoret. E. u. Elektronik ([14]1993); D. ZASTROW: E. ([12]1993); H.-D. JUNGE u. GERMAR MÜLLER: Lex. E. (1994); G. HAGMANN: Grundlagen der E. ([5]1995).

elektrotechnische und elektronische Industrie, zusammen auch als **Elektroindustrie** bezeichnet, zum verarbeitenden Gewerbe (→Industrie) gehörender Industriezweig, dessen Erzeugnisse mit rd. zwei Dritteln zu den Investitionsgütern gehören. Je ein Sechstel entfallen auf Gebrauchsgüter (Geräte der Unterhaltungselektronik, Haushaltsgeräte sowie Lampen und Leuchten) und Vorerzeugnisse. Das öffentl. Bild der e. u. e. I. wird wesentlich durch den vergleichsweise kleinen Bereich der elektrotechn. Gebrauchsgüter geprägt. Ihre Erzeugnisse kommen jedoch in praktisch allen Zweigen der Industrie, des Handwerks, des Dienstleistungssektors und der öffentl. Verw. zum Einsatz und bestimmen in immer stärkerem Maße deren Wettbewerbsfähigkeit und Innovationsdynamik. Größte einzelne Abnehmerbranchen sind der Maschinenbau, die Automobil- sowie die chem. Industrie. Eine wichtige Rolle spielen Pro-

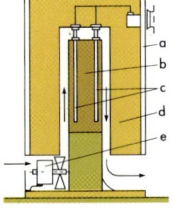

**Elektrospeicher-
heizung:**
Schematische
Darstellung eines
elektrischen
Speicherheizkörpers;
a Außenverkleidung,
b Speicherkern,
c Heizkörper,
d Isolierung,
e Ventilator

dukte und Systeme für die Energie-, Telekommunikations- und Verkehrsinfrastruktur.

Mit rd. einem Viertel aller Aufwendungen für →Forschung und Entwicklung in der privaten Wirtschaft ist die e. u. e. I. die forschungsintensivste Wirtschaftsbranche Dtl.s. Erfindungen wie die Dynamomaschine oder der Transistor haben die wirtschaftl. Entwicklung wesentlich geprägt. Heute sind u. a. die Mikroelektronik, die Informations- und Kommunikationstechnik, die Optoelektronik, aber auch die Automatisierungs- und Messtechnik Schlüsseltechnologien, die das Innovationsgeschehen in praktisch allen Bereichen der Wirtschaft, im Bildungs- und Gesundheitswesen, in der öffentl. Verw. oder im privaten Lebensumfeld wesentlich mitbestimmen.

Der Weltelektromarkt wächst überdurchschnittlich schnell. 1995 wurde das Marktvolumen der e. u. e. I. weltweit auf 2 650 Mrd. DM geschätzt. Die größten Anteile entfallen dabei auf die USA (etwa 30 %), Japan (etwa 25 %) und Dtl. (etwa 7 %). Größter Elektroexporteur ist Japan vor den USA und Dtl.

Eine große Rolle spielt der Außenhandel: Mit einer Exportquote von über 60 % ist die e. u. e. I. eine der wichtigsten Exportbranchen in Dtl.; rd. 60 % der Ausfuhren gehen in Mitgl.-Länder der EU. Wichtigste Abnehmer sind Frankreich, Großbritannien, Italien und die Niederlande. Größter außereurop. Exportmarkt sind die USA. Angesichts der raschen Globalisierung der Weltelektromärkte gewinnen Auslandsinvestitionen wachsende Bedeutung bei der Erschließung neuer Märkte. Größter ausländ. Lieferant für den dt. Markt sind die USA vor Japan, Großbritannien, Frankreich und Italien. Dabei dominiert die Einfuhr von Bauelementen, Geräten der Datenverarbeitung sowie Produkten der Kommunikationstechnik und Unterhaltungselektronik. Getragen wird das Wachstum des dt. Elektromarktes von den Erzeugnissen der Mikroelektronik, der Kommunikations- sowie Mess- und Regeltechnik. Dagegen wächst die Inlandsnachfrage nach Gütern für die Elektrizitätserzeugung, -umwandlung und -verteilung vor dem Hintergrund einer leistungsfähigen Stromversorgungsinfrastruktur und eines nur leicht zunehmenden Stromverbrauchs mit unterdurchschnittl. Raten. Im Bereich der Gebrauchsgüter wirken sich die steigende Zahl der Haushalte und die zunehmende Kaufkraft positiv, gewisse Sättigungserscheinungen dagegen negativ auf die Nachfrage aus.

Unternehmen mit führender Stellung auf dem Weltmarkt sind u. a. in den USA General Electric Company, IBM Corporation, AT & T, in Japan Hitachi Ltd., Matsushita Electric Industrial Co. Ltd., Toshiba Corp., in den Niederlanden Philips Electronics N. V., in Dtl. Siemens AG, Bosch GmbH, in Süd-Korea Samsung und Lucky Goldstar sowie die schwedisch-schweizer. Asea Brown Boveri AG.

Die e. u. e. I. ist eine der größten Teilbranchen des verarbeitenden Gewerbes in Dtl. 1994 waren rd. 966 000 Personen in der e. u. e. I. beschäftigt, was einem Anteil von 14 % aller Beschäftigten des verarbeitenden Gewerbes entsprach. Ihr Anteil am Gesamtumsatz des verarbeitenden Gewerbes betrug 1994 12,5 %. Das Wachstum der Produktion lag 1970–94 mit einer durchschnittl. jährl. Rate von 3 % deutlich über dem des verarbeitenden Gewerbes (1,2 %). Die Kapitalintensität liegt etwa im Durchschnitt des verarbeitenden Gewerbes.

Elektrotherapie, Bereich der Elektromedizin, der sich mit der Anwendung elektr. Ströme zu Heilzwecken beschäftigt. Zur E. gehören in erster Linie die Verfahren, die sich der Reiz-, i. w. S. auch der Wärmewirkung versch. Stromarten bedienen. Die Gleich- und Wechselstromtherapie, in der medizin. Praxis nur noch selten mit den histor. Begriffen der **Galvanisation**

und **Faradisation** bezeichnet, verwenden elektrische Ströme niedriger Spannung (maximal 30–40 V) und Stromstärke (etwa 20 mA). Auch die →Defibrillation, bei der höhere Stromstärken benötigt werden, stellt eine Reizstromtherapie dar. Bestimmte Reizfolgen regen bes. die vegetativ gesteuerten Organe an, sodass sie zur Darmanregung und Wehenerregung verwendet werden können. Die **Gleichstromtherapie** dient bei einschleichender Durchströmung mittels plattenförmiger, angefeuchteter Elektroden zur Behandlung von Durchblutungsstörungen, Ödemen und unterschied. Schmerzzuständen. Sie kann auch als →hydroelektrisches Bad angewendet werden, wobei die Durchblutung und die Schmerzdämpfung durch das warme Wasser begünstigt werden. Eine Sonderform stellt die →Iontophorese dar. Bei der **Impulsstromtherapie** werden Wechselströme sehr versch. Form (rechteckig, dreieckig, sinusförmig) und Frequenz angewandt. Man unterscheidet dabei Niederfrequenz-, Mittelfrequenz- und Hochfrequenztherapie. Die **Niederfrequenztherapie** (bis 1 kHz) dient v. a. der Behandlung schlaffer Lähmungen und besteht aus Folgen von langsam an- und abschwellenden Dreieckimpulsen und langen Pausen. Unterschwellige Niederfrequenzströme werden zur Beruhigung und Entspannung eingesetzt. Die **Mittelfrequenztherapie** (1–300 kHz) wird vornehmlich zur Muskelkräftigung genutzt (verbunden mit aktiver Innervation als **Elektrogymnastik**). Durch die höheren Frequenzen wird der Hautwiderstand herabgesetzt, die Behandlung wird für den Kranken wesentlich angenehmer. Die **Hochfrequenztherapie** (über 300 kHz) hat als →Kurzwellenbehandlung und →Mikrowellenbehandlung eine vorwiegend durchblutungssteigernde Wirkung, die therapeutisch unterschiedl. genutzt wird.

Elektrotomie [zu griech. tomē ›der Schnitt‹] die, -/...'miǀen, Verfahren der Elektrochirurgie; die Gewebedurchtrennung erfolgt mittels Hochfrequenzstrom unter Verwendung lanzett- oder schlingenförmiger Aktivelektroden. Beim Schneiden trennt ein entstehender elektr. Lichtbogen das betroffene Gewebe.

Elektrotrauma, der →Elektrounfall.

Elektrounfall, elektrischer Schlag, Elektrotrauma, Gesundheitsschädigung durch Einwirkung des elektr. Stroms. Der Grad der Gefährlichkeit des Stroms wächst mit seiner Spannung, mehr noch mit der Stromstärke (schon bei 40 V und 0,1 A kann es zu tödl. Auswirkungen kommen); entscheidend für das Ausmaß des E. sind daher Leitfähigkeit des Untergrundes, Beschaffenheit der Kleidung und Feuchtigkeit der Haut. Besondere Vorsicht ist geboten, wenn der Körper sich im Erdschluss befindet, z. B. im Bad, auf nassem Fußboden, bei Berührung von Wasser- und Gasleitungen, die Erdschluss haben. Entscheidend sind auch Einwirkungsdauer, Stromverlauf im Körper (bes. gefährdet ist der Herzbereich) und die Stromfrequenz (größte Gefahr bei Frequenzen zw. 40 und 60 Hz). Die Schädigungen bestehen zum einen (als Folge energet. Stromeinwirkungen) in Verbrennung und Zerstörung von Gewebe (→Crush-Syndrom), zum anderen (als Auswirkung sog. Reizeffekte auf erregbare Gewebe) in Kammerflimmern, Herzstillstand, Verkrampfung der Skelettmuskulatur mit Sehnenrissen, Knochenbrüchen und kurzfristigem Bluthochdruck (durch Blutauspressung) sowie in Schädigungen des Nervensystems, bei Gehirnbeteiligung auch in Bewusstlosigkeit, Lähmungen, Krämpfen. Temperaturen über 50 °C führen zu nicht mehr rückbildungsfähigen Gewebeschädigungen und Hämolyse. An den Stromeintritts- und -austrittsstellen finden sich kennzeichnende Hautveränderungen **(Strommarken),** bei Hochspannung schwere Verbrennungen durch Flammenbogenbildung und Symptome wie bei Verletzungen durch →Blitz. Spätfolgen eines E.

sind Kopfschmerzen, Schwindel, seltener Lähmungen.

elektrovalente Bindung, →chemische Bindung.

Elektrowärmetechnik, Teilgebiet der elektr. Energietechnik, das sich mit der Umwandlung elektr. Energie in Wärmeenergie **(Elektrowärme),** deren Anwendung in Industrie, Handwerk, Haushalt u. a. sowie mit der Konstruktion und Entwicklung der dazu notwendigen **Elektrowärmegeräte** befasst. Die Erzeugung von Elektrowärme geschieht durch →Widerstandserwärmung, →Hochfrequenzerwärmung und →Mikrowellenerwärmung, durch →induktive Erwärmung, →Infrarotheizung und Erwärmung mithilfe des →Lichtbogenofens sowie durch Elektronen- und Laserstrahlen.

Elektrowatt AG, schweizer. Holdinggesellschaft, gegr. 1895 als ›Bank für elektr. Unternehmungen‹; Sitz: Zürich. Mit rd. 130 in- und ausländ. Unternehmen ist die E. AG in folgenden Geschäftsbereichen tätig: Energie (größter schweizer. Stromerzeuger), Industrie (Sicherheitstechnik, Gebäudeleittechnik), Dienstleistungen (Engineering, Immobilien). Tochtergesellschaften: Kraftübertragungswerke Rheinfelden AG, Kraftwerk Laufenburg AG, Centralschweizer. Kraftwerke AG, Elektrizitäts-Gesellschaft Laufenburg AG, Cerberus AG, Staefa Control System AG, EWI Elektrowatt Ingenieurunternehmung AG, Göhner Merkur AG. – Umsatz (1995): 4,98Mrd. sfr, Beschäftigte: rd. 18 000.

Elektroweidezaun, elektrisch geladener, isoliert verlegter Draht an leicht versetzbaren Pfählen zum kostengünstigen Einzäunen von Weiden in der Viehwirtschaft. Über das Versorgungsgerät (Weidezaungerät) werden Impulse hoher Spannung (2 000–5 000 V) bei sehr geringer Stromstärke erzeugt, wodurch das Vieh vom Zaun abgehalten wird. Als Energiequelle dient eine 9-V-Batterie oder ein Netzgerät; auch Solarzellen mit kleiner Speicherbatterie haben sich bewährt.

Elektrowerkzeuge, vielseitig verwendbare, mit Elektromotoren betriebene Geräte, die zur Verrichtung der Arbeit von Hand geführt werden. Oft werden E. als Universalgeräte für auswechselbare Werkzeuge ausgebildet, z. B. für Schleifscheiben, Polierscheiben, Bürstenräder, Bohrer, Schraubendreher. Der Antriebsmotor ist meist ein durch Wechsel- und Gleichstrom betreibbarer Universalmotor, der unmittelbar oder über eine biegsame Welle mit dem Werkzeug gekoppelt ist.

Durch Einspannen in einen Ständer können E. auch vorübergehend als ortsfeste Geräte verwendet werden. E. mit Drehbewegung sind u. a. Handbohr-, Fräs-, Schleif-, Schraubmaschinen. Zu den E. mit geradliniger, durch Kurbelgetriebe von einem Motor abgeleiteter oder durch Magnete unmittelbar erzeugter Bewegung gehören u. a. Elektrohämmer, die als Meißel-, Niet-, Schlaghämmer, Rüttel- und Stampfwerkzeuge verwendet werden und 1 000–1 500 Schläge/min abgeben.

Elektrozug, elektrisch angetriebenes Hebezeug, ortsfest aufgehängt oder auf einer Hängebahn oder einem Kran fahrbar, Tragkraft 100–10 000 kg.

Elektrum *das, -s,* **Elektron,** natürlich vorkommende Goldlegierung aus etwa 3 Teilen Gold und einem Teil Silber. E. wurde schon im Altertum für Gefäße, Schmuck und zur Münzprägung verwendet. So sind die frühesten bekannten Münzen der Geschichte, lyd. Stücke des 8./7. Jh. v. Chr., aus E. geprägt.

Element [lat.] *das, -(e)s/-e,* **1)** *allg.:* 1) Grundbestandteil, Grundstoff, Komponente; typ. Merkmal; 2) *meist Pl.,* Naturgewalt, Naturkraft.

2) *Chemie:* →chemische Elemente.

3) *Erkenntnistheorie, Logik* und *Mathematik:* In der Erkenntnistheorie bezeichnet E. einen letzten, nicht begründbaren Satz (›E.‹ des EUKLID), in Logik und Mengenlehre den konstituierenden Bestandteil einer →Menge.

4) *Naturphilosophie* und *Naturwissenschaft:* E. (griech. ›stoicheia‹) waren in der antiken Naturphilosophie die einfachsten Bestandteile, aus deren Zusammenfügung oder Trennung Werden und Vergehen der Körperwelt erklärt wurde. Die von EMPEDOKLES als unveränderlich betrachteten vier E. Feuer, Luft, Wasser, Erde sah PLATON als ineinander umwandelbare Ausprägungen der Urmaterie an und definierte ihre Bestandteile als geometr. Körper (Feuer – Tetraeder, Erde – Würfel, Luft – Oktaeder, Wasser – Ikosaeder). ARISTOTELES fasste die ineinander umwandelbaren E. (Grundlage der späteren alchimist. Transmutationslehre) als letzte Bausteine der vergängl. sublunaren Welt auf und ordnete ihnen je zwei Qualitäten zu: Feuer: warm und trocken, Luft: warm und feucht, Wasser: kalt und feucht, Erde: kalt und trocken. Ein von ihnen grundsätzlich verschiedenes unveränderl. fünftes (und leichtestes) E. (›quinta essentia‹) sollte der Äther als Himmelsbaustoff sein. Im Laufe der Jahrtausende schwankte die Zahl der E. in den Theorien mehrfach zwischen zwei, drei, vier und fünf. Zu den Lehren von den E. gehören die Schwefel-Quecksilber-Theorie der Alchimisten (seit dem 10. Jh.) und die Lehre des PARACELSUS von den drei Prinzipien Schwefel, Quecksilber und Salz. Der moderne E.-Begriff (Stoff, der chemisch nicht weiter zerlegt werden kann) kam im 17. Jh. auf (→Atomismus). – In der chin. Philosophie werden die fünf E. Wasser, Feuer, Holz, Metall und Erde unterschieden.

Element 102, bisherige Bez. **Nobelium,** chem. Symbol **No,** zu den →Transuranen zählendes chem. Element aus der Reihe der Actinoide mit der Kernladungszahl 102. Die durch Kernreaktionen darstellbaren Isotope 250 bis 259 des E. 102 sind sämtlich radioaktiv mit Halbwertszeiten zw. 0,25 s und 58 min. Die Priorität der Entdeckung beanspruchten A. GHIORSO, G. T. SEABORG und Mitarbeiter, die 1958 durch Beschuss von Curium 246 mit Kernen des Kohlenstoffisotops C 12 das Isotop 254 des E. 102 erhielten, sowie G. N. FLJOROW und Mitarbeiter, die 1958 das Isotop 252 durch Beschuss von Plutonium 241 mit Kernen des Sauerstoffisotops O 16 erhalten hatten. Nach einer 1995 von der IUPAC gegebenen Empfehlung soll das E. 102 in Anerkennung der Leistungen der russ. Arbeitsgruppe in **Flerovium** (chem. Symbol **Fl**) umbenannt werden. (→chemische Elemente, ÜBERSICHT)

Element 103, das chem. Element →Lawrencium.

Element 104, zu den Transactinoiden gehörendes chem. Element mit der Kernladungszahl 104. Die Priorität der Entdeckung wurde sowohl von A. GHIORSO und Mitarbeitern (vorgeschlagene Bez. **Rutherfordium,** nach E. RUTHERFORD, chem. Symbol **Rf)** als auch von der Arbeitsgruppe um G. N. FLJOROW beansprucht (Namensvorschlag **Kurtschatovium,** nach I. W. KURTSCHATOW, chem. Symbol **Ku).** Nach Untersuchungen der IUPAC wurde das E. 104 in Dubna schon 1964 künstlich hergestellt, sodass es nach einem Vorschlag der IUPAC (1995) **Dubnium** (chem. Symbol **Db)** heißen soll. Heute sind zehn Isotope des E. 104 bekannt, von denen das Isotop 261 mit 66 s die längste Halbwertszeit aufweist. (→chemische Elemente, ÜBERSICHT)

Element 105, bisherige (vorgeschlagene) Bez. **Hahnium,** chem. Symbol **Ha,** zu den Transactinoiden zählendes chem. Element mit der Kernladungszahl 105. Das E. 105 wurde 1967 erstmals von G. N. FLJOROW und Mitarbeitern dargestellt. Auf ihren Vorschlag hin wurde von der IUPAC 1995 der Namensvorschlag **Joliotium** (nach F. JOLIOT-CURIE, chem. Symbol **Jl)** unterbreitet. Vom E. 105 sind acht Isotope bekannt, deren langlebigstes das Isotop 262 mit einer

Halbwertszeit von 34 s ist. (→chemische Elemente, ÜBERSICHT)

Element 106, zu den Transactinoiden gehörendes chem. Element, Kernladungszahl 106. Nach einer 1995 von der IUPAC gegebenen Empfehlung soll das E. 106 auf Vorschlag der kaliforn. Arbeitsgruppe nach ihrem Entdecker G. T. SEABORG **Seaborgium** (chem. Symbol **Sg**) benannt werden (seit 1994 als **Rutherfordium**, chem. Symbol **Rf** bezeichnet). Das langlebigste der vier bekannten Isotope ist das Isotop 243 mit einer Halbwertszeit von 0,8 s. (→chemische Elemente, ÜBERSICHT)

Element 107, 1981 bei der Gesellschaft für Schwerionenforschung (GSI) in Darmstadt künstlich hergestelltes und (im Unterschied zu den 1976 in russ. Dubna durchgeführten Versuchen) eindeutig nachgewiesenes chem. Element mit der Kernladungszahl 107. Es entstand durch Verschmelzung von ^{209}Bi und ^{54}Cr nach Emission eines Neutrons; es sind zwei Isotope bekannt, von denen ^{262}107 als Isomer auftritt. Der Namensvorschlag **Nielsbohrium** (Symbol **Ns**) wurde 1992 bei der IUPAC eingereicht, deren 1995 gegebene Namensempfehlung für das E. 107 **Bohrium** (Symbol **Bh**) ist. (→chemische Elemente, ÜBERSICHT)

Element 108, bei der Gesellschaft für Schwerionenforschung (GSI) 1984 durch Verschmelzung von ^{208}Pb und ^{58}Fe nach Emission eines Neutrons erzeugtes chem. Element, von dem heute die Isotope ^{265}108 und ^{264}108 bekannt sind. Der Namensvorschlag **Hassium** (chem. Symbol **Hs,** nach dem Land Hessen) wurde 1992 von der GSI bei der IUPAC eingereicht, die 1995 die Bez. **Hahnium** (Symbol **Ha**) empfahl. (→chemische Elemente, ÜBERSICHT)

Element 109, bei der Gesellschaft für Schwerionenforschung in Darmstadt 1982 erzeugtes chem. Element mit der Kernladungszahl 109; es entstand durch Verschmelzung von ^{209}Bi und ^{58}Fe nach Emission eines Neutrons. Der Namensvorschlag **Meitnerium** (chem. Symbol **Mt**) wurde 1992 bei der IUPAC eingereicht. (→chemische Elemente, ÜBERSICHT)

Element 110, →chemische Elemente.

Element 111, →chemische Elemente.

Element 112, →chemische Elemente.

elementar, 1) *bildungssprachlich* für: 1) grundlegend, wesentlich; 2) selbst einem Anfänger bekannt, geläufig, einfach; 3) naturhaft, ungebändigt, ungestüm.

2) *Chemie:* als reines Element vorhanden.

Elementar|analyse, Bez. für die quantitative Bestimmung der in organ. Verbindungen enthaltenen Elemente (v. a. Kohlenstoff und Wasserstoff, ferner Sauerstoff, Stickstoff, Phosphor und Schwefel, seltener andere Elemente), die zur Aufstellung der Summenformel der Verbindungen führt. Die E. erfolgt zunächst als C, H, N-Analyse: Der Gehalt an Kohlenstoff (C) und Wasserstoff (H) wird durch Verbrennen zu Kohlendioxid bzw. Wasser ermittelt, wobei die Mengenanteil beider Verbindungen durch die Gewichtszunahme geeigneter, in abschließbaren Röhrchen befindl. Absorptionsmittel (z. B. Natronkalk bzw. Calciumchlorid) gemessen wird. Der Gehalt an Stickstoff (N) kann z. B. (nach Oxidieren bzw. Reduzieren zu elementarem gasförmigem Stickstoff) durch Auffangen in einem →Azotometer volumetrisch bestimmt werden. Anschließend werden der Phosphor- und Schwefelgehalt nach Oxidieren als Phosphat bzw. Sulfat ermittelt. Der Sauerstoffanteil ergibt sich meist als Restbestandteil durch Addition der übrigen Verbindungsanteile und Subtraktion von der eingesetzten Substanzmenge. – Die E. geht auf J. VON LIEBIG und J. B. A. DUMAS (um 1840) zurück und wurde von F. PREGL (um 1900) auf kleine Substanzmengen ausgedehnt (**Mikro-E.**). Neben der herkömmlichen C, H, N-Analyse gibt es automat. Systeme der simulta-

nen Multielementanalyse, die z. B. mit hochauflösenden Massenspektrometern und nur wenigen Milligramm Substanz arbeiten. Die **Ultramikro-E.** kommt mit 10–100 µg Substanz aus.

Elementar|anregungen, Konzept der →Festkörperphysik zur theoret. Beschreibung der veränderten Eigenschaften und komplizierten Wechselwirkungen in Realkristallen bei Anregungsprozessen. Statt für das durch äußere Einflüsse gestörte System die Elektronen- und Atomverteilung sowie alle Wechselwirkungen neu zu berechnen, wird nur die Veränderung gegenüber dem Normalzustand (Grundzustand) betrachtet. Die E. bestehen in der Erzeugung von →Quasiteilchen, z. B. Defektelektronen, Exzitonen, Phononen, Plasmonen, die sich im Kristall bewegen können, wobei i. d. R. Wechselwirkungen der Quasiteilchen untereinander vernachlässigt werden. Die Zustände und Energie der Quasiteilchen lassen sich mit verhältnismäßig geringem Rechenaufwand bestimmen. Diese Einteilchennäherung ist bei schwacher Anregung des Kristalls anwendbar. Hochanregungseffekte können nur mit Mehrteilchentheorien genauer beschrieben werden, die die gleichzeitige Existenz von mehreren Quasiteilchensystemen und deren gegenseitige Kopplung berücksichtigen.

Elementarbereich, Elementarstufe, der unterste Bereich des Bildungswesens; er umfasst die Einrichtungen (Kindergarten, Vorschulklassen), die, familiäre Erziehung einbeziehend, diese ergänzen wollen mit dem Ziel, für die Kinder einen gleitenden Übergang in den Primarbereich mit seinen Formen schul. Lernens zu schaffen.

Elementardiät, chemisch definierte Diät, Abk. **CDD, bilanzierte synthetische Diät,** Abk. **BSD,** Kostformen, die aus natürl. Aminosäuren, einfachen Kohlenhydraten und Fetten mit essenziellen Fettsäuren, Vitaminen und Mineralstoffen zusammengesetzt sind. Da sie keine →Ballaststoffe enthalten und rückstandslos verwertet werden, verwendet man sie in der Diätetik überall dort, wo eine leichte Resorption ohne besondere Verdauungsleistung verlangt wird. Sie wird z. B. auch in der Zeit der Vorbereitung auf Operationen im Magen-Darm-Kanal verabreicht. Urspr. für Stoffwechseluntersuchungen entwickelt, fand diese Diätform auch Beachtung als **Astronautendiät.**

Elementarereignis, Grundbegriff der Wahrscheinlichkeitstheorie, →Ereignis.

Elementarfaktoren, →Produktionsfaktoren.

Elementarfaser, bei Bastfasern die isolierte einzelne Zelle der Bastfaserbündel.

Elementarfelder, zur Beschreibung bestimmter Gruppierungen (so genannter Multipletts) von →Elementarteilchen, ihrer →Wechselwirkung und Symmetrieeigenschaften eingeführte (mehrkomponentige) Quantenfelder, die eine i. A. irreduzible Darstellung der entsprechenden Symmetriegruppe aufspannen, d. h. deren Komponenten sich lediglich untereinander transformieren. Die Elementarteilchen selbst werden als lokalisierte Fundamentalanregungen der E. aufgefasst. – Bezüglich der raumzeitl. Symmetrieeigenschaften, die durch die räuml. und zeitl. Translationen und die Lorentz-Transformationen bestimmt sind, sind in der Natur nur wenige Grundtypen von Feldern realisiert: skalare (z. B. für die Higgs-Bosonen), vektorielle (z. B. für die Eichbosonen) und (symmetr.) Tensorfelder 2. Stufe (für die Gravitation) sowie diracsche Spinorfelder (für Quarks und Leptonen) und möglicherweise Spin-$^3/_2$-Felder (für die so genannten Gravitinos).

Elementarfibrillen, 1) aus Proteinen bestehende Bauelemente der Muskelfasern.

2) Micellarstränge, strukturelle Grundeinheiten der pflanzl. Zellwand, bestehend aus Bündeln parallel laufender Cellulosemoleküle.

Elementargefüge, *Bodenkunde:* das →Einzelkorngefüge.

Elementargeister, nach dem Volksglauben des MA. Geister, welche die vier Elemente bewohnen, z. B. Salamander im Feuer, Undinen im Wasser, Sylphen in der Luft, Gnomen in der Erde.

Elementargitter, das →Bravais-Gitter.

Elementarladung, Formelzeichen e, eine Naturkonstante; die kleinste bisher frei nachgewiesene positive oder negative elektrische Ladung: $e = 1{,}602\,177 \cdot 10^{-19}\,C$ (Coulomb). Träger einer einzelnen E. sind die →Elementarteilchen; alle in der Natur auftretenden elektr. Ladungen sind ganzzahlige Vielfache dieser E. (Nachweis z. B. im →Millikan-Versuch). Die Experimente der Hochenergiephysik zeigen jedoch, dass sich alle Hadronen aus →Quarks zusammensetzen, denen Bruchteile von E., $\frac{1}{3}e$ und $\frac{2}{3}e$, zugeordnet werden.

Elementarlänge, hypothet., kleinstmögl. Länge, für deren Größenordnung zunächst ein Wert von 10^{-13} cm angenommen wurde, ausgehend z. B. vom klass. Elektronenradius, vom gegenseitigen Abstand der Nukleonen im Kern oder von der Compton-Wellenlänge des Protons ($\lambda_{C,p} \approx 1{,}32 \cdot 10^{-13}$ cm). In der Elementarteilchenphysik treten jedoch wesentlich kleinere Längen auf (→Wechselwirkung), sodass die E., falls sie tatsächlich existiert, von der Größenordnung 10^{-33} cm (→Planck-Länge) sein dürfte.

Elementarmagnete, urspr. hypothet., kleine Magnete mit konstantem magnet. Moment als Bausteine para- und ferromagnet. Stoffe, die in einem äußeren Feld teilweise ausgerichtet werden und dadurch die Magnetisierung dieser Stoffe ergeben. Ihre Existenz wurde durch die Entdeckung der magnet. Momente von Atomen und Molekülen bestätigt (→Magnetismus).

Elementarmembran, nur elektronenmikroskopisch nachweisbare, stark wandlungsfähige Struktur in Tier- und Pflanzenzellen, die aus zwei monomolekularen Lipoproteidschichten aufgebaut ist. Der Begriff E. enthielt urspr. die Ansicht, dass alle zellulären Membranen einen gemeinsamen Ursprung haben; diese Ansicht ist nach neueren wiss. Erkenntnissen nicht mehr haltbar. (→Membran)

Elementarprozesse, 1) *Chemie:* **Elementarreaktionen,** einstufige Reaktionen, an denen ein oder zwei (selten drei) Moleküle beteiligt sind und die die durch die Reaktionsgleichung ausgedrückte Bruttoreaktion ergeben (→Reaktionsmechanismen).

2) *Physik:* Vorgänge zw. und an →Elementarteilchen; i. w. S. auch Grundprozesse der atomaren Be-

standteile eines Systems, die ein makroskop. Geschehen bestimmen. – Beispiele sind Prozesse der gegenseitigen Umwandlung und Erzeugung von Elementarteilchen, z. B. die →Paarbildung, die Emission oder Absorption von Photonen oder Mesonen durch geladene Teilchen sowie die Austauschprozesse bei der Wechselwirkung von Nukleonen untereinander. Zu den E. gehören auch die →Ionisation von Atomen bzw. Molekülen und die →Rekombination von Ionen und Elektronen (z. B. in Plasmen).

Elementarsatz, ein logisch nicht weiter analysierbarer, sich unmittelbar auf eine Prädikation beziehender Satz.

Elementarschädenversicherung, eine Versicherung gegen Schäden durch Naturgewalten, z. B. in Dtl. gegen Hagel- und Sturm-, Hochwasser-, Erdbeben-, in der Schweiz auch gegen Lawinen-, Steinschlag-, Bergsturzschäden u. a.

Elementarstufe, *Bildungswesen:* der →Elementarbereich.

Elementarteilchen, die kleinsten, mit den gegenwärtig zur Verfügung stehenden Mitteln und Energien für sie erforschenden →Hochenergiephysik nicht weiter zerlegbaren materiellen, in einigen Fällen auch keine Ruhmasse aufweisenden Teilchen (nebst ihren →Antiteilchen), die i. A. instabil sind und z. T. in Wechselwirkungsprozessen mit sehr hoher Energie- und Impulsübertragung in Zerfallsprozessen der schwachen Wechselwirkung entstehen, sich ineinander umwandeln oder auseinander hervorgehen, also keine unzerstörbare Individualität besitzen. Es hat sich jedoch herausgestellt, dass unter diesen E., die Urheber und Träger aller atomaren und subatomaren Erscheinungen sind, alle der starken Wechselwirkung unterworfenen E. (die Hadronen) aus noch elementareren Gebilden, den →Quarks, aufgebaut sind, die aber bislang nicht als frei existierende Teilchen beobachtet werden konnten.

Nach ihrer Masse und der Art ihrer Wechselwirkung unterscheidet man: →Baryonen und →Mesonen (sie bilden die Gruppe der Hadronen), →Leptonen und Quarks (sie werden heute als die fundamentalen E. angesehen) sowie die →Eichbosonen, die die Wechselwirkung zw. den fundamentalen E. vermitteln; zu den Eichbosonen zählen die →Photonen (als Anregungsquanten des elektromagnet. Feldes), die W- und Z-Bosonen, die die schwache Wechselwirkung und die →Gluonen, die die starke Wechselwirkung vermitteln. Unter diesen E. sind nur die Elektronen, die Protonen und (wenn in Atomkernen gebunden) die Neutronen sowie die ruhmasselosen Photonen und die ebenfalls

Elementarteilchen: links Geometrische Darstellung aller zu pseudoskalaren Mesonen ($J^P = 0^-$) führenden Quark-Antiquark-Kombinationen der drei leichten Quarks u, d, s und des Charmquarks c in einem von der Isospinkomponente I_3, der Strangeness S und dem Charm C aufgespannten dreidimensionalen Raum. Die neutralen Mesonen π^0, sind Mischungen der Zustände u$\bar{u}$, d$\bar{d}$, s$\bar{s}$ und c$\bar{c}$. Ein entsprechender archimedischer Körper für die pseudovektoriellen Mesonen ($J^P = 1^-$) enthält in der Mitte neben den ungeladenen Omega-, Phi- und Rhomesonen das J/ψ-Teilchen. rechts Geometrische Darstellung der Drei-Quark-Kombination, die Baryonen mit einem Spin 1/2 ergeben ($J^P = 1/2^-$), im I_3-S-C-Raum. Für C = 0 ergibt sich das Supermultiplett (Baryonenoktett) der quasistabilen Baryonen vom Spin 1/2

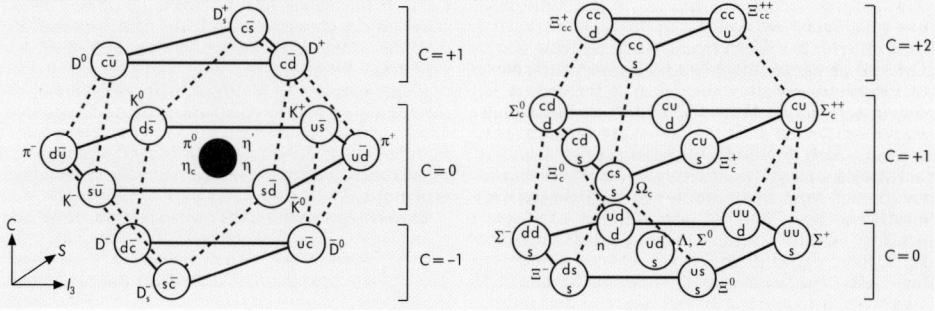

ruhmasselosen oder höchstens eine nur sehr kleine Ruhmasse besitzenden Neutrinos wirklich stabil, wobei die Elektronen, Protonen und Neutronen die Bausteine der Atome und damit der gesamten (gewöhnl.) Materie sind (sie wurden daher urspr. allein als E. angesehen). Alle anderen E. aus diesen Gruppen sowie das Neutron im freien Zustand sind unbeständig, d. h., sie zerfallen, wobei ihre Zerfallsprodukte aber ebenfalls wieder E. sind. Neben diesen **stabilen** oder **langlebigen E.** (langlebig im Vergleich zur typ. Dauer von Stoßprozessen der starken Wechselwirkung von etwa 10^{-23} s) gibt es eine große Zahl extrem **kurzlebiger E.** (Lebensdauer $< 10^{-20}$ s), die Teilchen- oder →Massenresonanzen, die sich in E.-Reaktionen als Zwischenzustände bemerkbar machen und zu den E. gerechnet werden müssen, da sie als kurzzeitig angeregte oder gebundene Zustände von Baryonen und/oder Mesonen anzusehen sind (man unterscheidet dementsprechend Baryonen- und Mesonenresonanzen).

Quasistabile Elementarteilchen und Resonanzen: Zu Beginn der E.-Physik herrschte die Vorstellung, dass alle Materie nur aus einigen ›wirklichen‹ E., etwa dem Proton (p) und dem Elektron (e⁻), aufgebaut sei. Inzwischen sind weit über zweihundert E. bekannt, deren Zahl weiter anwächst. Allen Teilchen ist gemeinsam, dass sie sich durch geeignete Stoß- oder Zerfallsprozesse ineinander umwandeln lassen oder aus Energie erzeugt werden können, falls dies nicht durch gewisse Einschränkungen verhindert wird (z. B. die Erhaltungssätze für die Baryonen- und die Leptonenzahl). Man kann also nicht einige E. als ›elementarer‹ ansehen als die Übrigen. Doch kann man eine relativ kleine Gruppe als quasistabile E. betrachten, die anderen als so genannte Resonanzen, denn die E. und ihre Wechselwirkungen sind nicht als völlig getrennte Begriffe aufzufassen, sondern hängen eng zus.; z. B. sind sämtl. →elektromagnetischen Wechselwirkungen etwa zw. p und e⁻ mit der Existenz von Photonen, die etwa 10^{-13} cm weit reichenden →starken Wechselwirkungen (z. B. Kernkräfte) mit der Existenz von Mesonen als Vermittlern dieser Kräfte verbunden, die →schwachen Wechselwirkungen (Reichweite $\ll 10^{-13}$ cm) mit den W- und Z-Bosonen. Diejenigen E., die nur aufgrund der elektromagnet. und schwachen Kräfte zerfallen können, werden als **quasistabile E.** bezeichnet. Ihre Lebensdauer ist länger als die der kurzlebigen E., die durchschnittlich 10^{-23} s beträgt. Deshalb können Letztere experimentell als Resonanzen beobachtet werden, wenn bei Streuprozessen (quasi-)stabiler E. die Wirkungsquerschnitte in Abhängigkeit von der Energie und dem übertragenen Impuls resonanzartige Maxima zeigen. Ein derartiges Maximum wird als kurzzeitiges Auftreten eines E. interpretiert, dessen in MeV/c^2 gemessene Masse (c = Lichtgeschwindigkeit) direkt durch die zum Maximum des Wirkungsquerschnitts gehörende Energie gegeben ist. Die Breite dieser Resonanz, die Energie- oder Massenunschärfe, ergibt unter Berücksichtigung der Unschärferelation $\Delta E \cdot \tau \approx h$ die mittlere Lebensdauer τ dieses kurzlebigen Teilchens ($\hbar = h/2\pi$, h = plancksches Wirkungsquantum).

Systematik der Elementarteilchen, Erhaltungssätze: Die in **Hadronen** (Baryonen und Mesonen), **Leptonen** und **Eichbosonen** unterteilten E. werden quantenmechanisch durch Zustände in einem Hilbert-Raum beschrieben, die durch eine Reihe von messbaren Quanteneigenschaften oder Quantenzahlen charakterisiert werden können: Masse M (Ruhmasse oder Ruhenergie), Spin J (Drehimpuls im Ruhsystem) und Parität P, elektr. Ladung Q, Baryonenzahl B, Isospin I (Komponente I_3), elektron., myon. und tauon. Leptonenzahlen L_e, L_μ und L_τ, mittlere Lebensdauer τ, bei Hadronen außerdem Strangeness S (bzw. Hyperladung Y), Charm C, Bottom b und Truth t. Die drei ersten Quan-

tenzahlen hängen mit der Lorentz-Invarianz der physikal. Gesetze und den daraus folgenden Erhaltungssätzen für Energie, Impuls und Drehimpuls zus., die anderen sind mit Eichinvarianzen sowie mit der Existenz innerer Symmetrien (→unitäre Symmetrie SU [3] u. a.) verbunden. Für Energie, Impuls, Drehimpuls, Ladung (mit der Elementarladung als Einheit), Baryonenzahl und Leptonenzahlen gelten nach der Erfahrung strenge Erhaltungssätze. Reaktionen zw. den E. können nur bei Erhaltung der dadurch gegebenen Auswahlregeln stattfinden.

Baryonen und Leptonen haben halbzahligen, die Mesonen und Eichbosonen ganzzahligen bzw. verschwindenden Spin (in Einheiten $\hbar$); sie verhalten sich damit wie Fermionen oder wie Bosonen, was zu wichtigen Unterschieden im quantenstatist. Verhalten führt. Für Baryonen ist $B = 1$, für ihre Antiteilchen $B = -1$, für alle anderen Teilchen $B = 0$. Für Leptonen ist jeweils eine der Leptonenzahlen gleich 1, bei ihren Antiteilchen -1; für alle anderen Teilchen haben die Leptonenzahlen den Wert null.

Die Entdeckung der K-Mesonen (Kaonen) und Hyperonen, der →Strange Particles, und deren Zerfallseigenschaften führten zur Einführung der →Strangeness S und eines Erhaltungssatzes für diese Größe (Quantenzahl). Man fand, dass gewisse Reaktionen ›erlaubt‹, andere ›verboten‹ sind. Das erzwang die Auswahlregel: S bleibt bei allen Wechselwirkungen außer der schwachen erhalten. Die Parität und die dritte Komponente I_3 des Isospins bleiben bei starker und elektromagnet. Wechselwirkung erhalten, die Isospinquantenzahl dagegen nur bei der starken Wechselwirkung. Offenbar gilt also: je stärker die Wechselwirkung, desto mehr Symmetrieeigenschaften. Bisher hat man für diese ›Hierarchie‹ der Wechselwirkungen keine Erklärung.

Einen systemat. und durch die inneren Symmetrien erklärbaren Überblick über die Hadronen geben die im →Oktettmodell von M. GELL-MANN und Y. NE'EMAN eingeführten, als **Supermultipletts** bezeichneten J^P-Multipletts, z. B. das Baryonenoktett $^1/_2{}^+$, das Baryonenresonanzendekuplett $^3/_2{}^+$, das Mesonennonett 0^-, das Mesonennonett 0^- u. a. Ersichtlich gibt es in diesen Diagrammen Gruppen von E. mit annähernd gleicher Masse und gleicher Baryonenzahl (und natürlich gleichem Spin und gleicher Parität), aber verschiedener elektr. Ladung Q. Es liegt nahe, diese Teilchen zu eigenen Multipletts zusammenzufassen, die durch den Isospin charakterisiert werden. Zu jedem solchen **Isospinmultiplett** gehört eine ganz- oder halbzahlige Größe I, aus der sich die Multiplizität zu $2I + 1$ ergibt. Die einzelnen Mitglieder dieses Isospinmultipletts sind durch $I_3 (= I, I-1, ..., -I)$ gekennzeichnet. Ein Beispiel liefern die Pionen π^+, π^0, π^- mit $I = 1$ und $I_3 = 1, 0, -1$. Für die Nukleonen n und p ist $I = \frac{1}{2}$, sie bilden ein Isospindublett; das Λ-Hyperon bildet ein Isospinsingulett. Diese Zuordnungen bekommen ihren Sinn auch durch die experimentell bestätigte Isospininvarianz (Ladungsunabhängigkeit) der starken Wechselwirkung. Da die Photonen und Leptonen keine starken Wechselwirkungen ausüben, scheint dort die Einführung eines Isospins sinnlos zu sein.

Theorie der Elementarteilchen und ihrer Wechselwirkungen: Man sucht heute einer geschlossenen Theorie der E. durch Untersuchung der an ihren Wechselwirkungen erkennbaren inneren Symmetrien näher zu kommen, um einen natürl. Zusammenhang aller E. zu erkennen. Andere Ansätze sind die →Bootstrap-Hypothese und die nichtlineare Spinortheorie von W. HEISENBERG. Die in Weiterverfolgung der SU (3)-Symmetrie hypothetisch eingeführten Quarks sind heute durch zahlr. direkte und indirekte Hinweise, die sich bei Experimenten der Hochenergiephysik ergaben,

Stabile und langlebige Elementarteilchen[1]

Klasse	Name	Symbol[2]		Masse[3] M [MeV/c^2]	Lebensdauer τ [s]	Q	J^P	I	I_3	wichtigste Zerfallsarten[4]
Eichbosonen	Photon	γ	γ	0	∞	0	1^-			–
	Gluonen[7]	g	$\bar{g}$	0	∞	0	1^-	0		
	W-Boson	W^-	W^+	80,22	$[1{,}58 \cdot 10^{-25}]^{6)}$		1			$W^- \to l^- \, \nu_e$, $W^- \to$ Hadronen (l Lepton, ν_e zugehöriges Neutrino)
	Z-Boson	Z^0	Z^0	91,19	$[1{,}78 \cdot 10^{-25}]^{6)}$		1			$Z^0 \to l\bar{l}$; $Z^0 \to$ Hadronen
Leptonen (L_e, L_μ oder $L_\tau = 1$) — Neutrinos	Elektronneutrino Myonneutrino Tauneutrino	ν_e ν_μ ν_τ	$\bar{\nu}_e$ $\bar{\nu}_\mu$ $\bar{\nu}_\tau$	0	∞	0	$1/2$			–
	Elektron	e^-	e^+	0,511	∞	-1	$1/2$			–
	Myon	μ^-	μ^+	105,658	$2{,}20 \cdot 10^{-6}$	-1	$1/2$			$\mu^- \to e^- + \bar{\nu}_e + \nu_\mu \, (\approx 100\%)$
	Tauon	τ^-	τ^+	1777,1	$2{,}96 \cdot 10^{-13}$	-1	$1/2$			$\tau^- \to e^- + \bar{\nu}_e + \nu_\tau$; $\tau^- \to \mu^- + \bar{\nu}_\mu + \nu_\tau$
Mesonen (B = 0) — Pionen	Pion	π^+	π^-	139,570	$2{,}60 \cdot 10^{-8}$	1	0^-	1	1	$\pi^+ \to \mu^+ + \nu_\mu \, (\approx 100\%)$; $\pi^+ \to e^+ + \nu_e$
		π^0	π^0	134,976	$0{,}84 \cdot 10^{-16}$	0	0^-		0	$\pi^0 \to \gamma + \gamma \, (\approx 98{,}8\%)$; $\pi^0 \to \gamma + e^- + e^+ \, (\approx 1{,}2\%)$
	Etameson	η	η	547,5	$[2{,}74 \cdot 10^{-19}]^{6)}$	0	0^-	0	0	$\eta \to \gamma + \gamma$; $\eta \to 3\,\pi^0$; $\eta \to \pi^0 + \pi^+ + \pi^-$
Kaonen (S = 1)	Kaon[5]	K^+	K^-	493,68	$1{,}24 \cdot 10^{-8}$	1	0^-	$1/2$	$1/2$	$K^+ \to \mu^+ + \nu_\mu$; $K^+ \to \pi^+ + \pi^0$
		K^0	$\bar{K}^0$	497,67		0			$-1/2$	50 % K_S^0, 50 % K_L^0
		K_S^0	$\bar{K}_S^0$	497,67	$0{,}89 \cdot 10^{-10}$	0	0^-	$1/2$		$K_S^0 \to \pi^+ + \pi^-$; $K_S^0 \to \pi^0 + \pi^0$
		K_L^0	K_L^0		$5{,}17 \cdot 10^{-8}$	0	0^-	$1/2$		$\begin{cases} K_L^0 \to \pi^- + e^+ + \nu_e; \ K_L^0 \to \pi^- + \mu^+ + \nu_\mu \\ K_L^0 \to \pi^0 + \pi^0 + \pi^0; \ K_L^0 \to \pi^0 + \pi^+ + \pi^- \end{cases}$
Charm-mesonen (C = 1)	D-Meson	D^+ D^0	D^- $\bar{D}^0$	1869,4 1864,6	$10{,}6 \cdot 10^{-13}$ $4{,}2 \cdot 10^{-13}$	1 0	0^- 0^-	$1/2$ $1/2$	$1/2$ $-1/2$	$D^+ \to e^- + \pi^+ + \pi^+$; $D^+ \to K^- + \pi^+ + \pi^+$ $D^0 \to K^- + \pi^+ + \pi^0$; $D^0 \to K^0 + \pi^+ + \pi^-$
	D_S-Meson (S = 1)	D_S^+	D_S^-	1968,5	$4{,}7 \cdot 10^{-13}$	1	0^-	0	0	$D_S^+ \to \eta + \pi^+ (+\pi^+ + \pi^-)$
Bottom-mesonen (B = 1)	B-Meson	B^+ B^0	B^- $\bar{B}^0$	5278,7 5279,0	$15{,}4 \cdot 10^{-13}$ $15{,}0 \cdot 10^{-13}$	1 0	0^- 0^-	$1/2$ $1/2$	$1/2$ $1/2$	$B^+ \to D^0 + \pi^0$; $B^+ \to D^0 + \pi^+$ $B^0 \to D^0 + \pi^0$; $B^0 \to D^0 + \pi^+ + \pi^-$
	B_S-Meson (S = 1)	B_S^0	$\bar{B}_S^0$	5375	$1{,}3 \cdot 10^{-12}$	0	0^-	$1/2$		
Baryonen (B = 1) — Nukleonen	Proton	p	$\bar{p}$	938,27	∞	1	$1/2^+$	$1/2$	$1/2$	–
	Neutron	n	$\bar{n}$	939,57	887	0			$-1/2$	$n \to p + e^- + \bar{\nu}_e \, (\approx 100\%)$
Hyperonen (S ≠ 0)	Lambdahyperon ($S = -1$)	Λ	$\bar{\Lambda}$	1115,68	$2{,}63 \cdot 10^{-10}$	0	$1/2^+$	0	0	$\Lambda \to p + \pi^-$; $\Lambda \to n + \pi^0$
	Sigmahyperon ($S = -1$)	Σ^+ Σ^0 Σ^-	$\bar{\Sigma}^+$ $\bar{\Sigma}^0$ $\bar{\Sigma}^-$	1189,37 1192,55 1197,47	$0{,}80 \cdot 10^{-10}$ $7{,}40 \cdot 10^{-20}$ $1{,}48 \cdot 10^{-10}$	1 0 -1	$1/2^+$	1	1 0 -1	$\Sigma^+ \to p + \pi^0$; $\Sigma^- \to n + \pi^+$ $\Sigma^0 \to \Lambda + \nu$ $\Sigma^- \to n + \pi^-$
	Xihyperon ($S = -2$)	Ξ^+	$\bar{\Xi}^-$	1321,32	$1{,}64 \cdot 10^{-10}$	-1	$1/2^+$	$1/2$	$-1/2$	$\Xi^- \to \Lambda + \pi^-$
		Ξ^0	$\bar{\Xi}^0$	1314,9	$2{,}90 \cdot 10^{-10}$	0			$1/2$	$\Xi^0 \to \Lambda + \pi^0$
	Omegateilchen ($S = -3$)	Ω^-	$\bar{\Omega}^+$	1672,45	$0{,}82 \cdot 10^{-10}$	-1	$3/2^+$	0	0	$\Omega^- \to \Xi^0 + \pi^-$; $\Omega^- \to \Xi^- + \pi^0$; $\Omega^- \to \Lambda + K^-$
	Charm-Lambda ($C = 1$)	Λ_C^+	$\bar{\Lambda}_C^-$	2285,1	$2{,}00 \cdot 10^{-13}$	1	$1/2^+$	0	0	$\Lambda_C^+ \to p + K^-$; $\Lambda_C^- \to \bar{p} + \bar{K}^0$

[1] Aus Klassifikationsgründen werden hierzu auch das Etameson, das neutrale Sigmahyperon und die W- und Z-Bosonen gezählt, die gegenüber den anderen Teilchen eine sehr kurze Lebensdauer besitzen. – [2] Links Teilchensymbol, rechts Antiteilchensymbol. Die Antiteilchen haben als Isospinkomponente I_3, Baryonenzahl B, Ladungszahl Q, Strangeness S, Hyperladung Y, Leptonenzahl L_e, L_μ, L_τ jeweils den angegebenen Teilchenwert mit entgegengesetztem Vorzeichen. – [3] Nach der einsteinschen Energie-Masse-Relation entspricht 1 MeV/c^2 einer Teilchenmasse von $1{,}783 \cdot 10^{-27}$ g. – [4] Die Zerfälle der entsprechenden Antiteilchen erhält man, indem in den Zerfallsbeziehungen jedes Teilchen durch sein Antiteilchen und umgekehrt ersetzt wird. – [5] Das relativ kurzlebige neutrale Kaon wird mit K_S^0, das relativ langlebige neutrale Kaon mit K_L^0 bezeichnet. – [6] Die Lebensdauer wurde gemäß $\tau = h/(4\pi\Gamma)$ aus der totalen Zerfallsbreite Γ berechnet. – [7] Gluonen sind nicht als freie Teilchen beobachtbar.

weitgehend in ihrer Existenz gesichert. Nach dem **Quarkmodell der Hadronen** sind die Baryonen gebundene Zustände von jeweils drei Quarks oder drei Antiquarks, während die Mesonen aus jeweils einem Quark und einem Antiquark bestehen. Diese Vorstellung lieferte eine gute Erklärung für die Einordnung der Hadronen in Supermultipletts.

Dementsprechend konzentriert sich heute die Beschreibung der starken Wechselwirkungen auf die Behandlung der zw. den Quarks wirkenden, durch Gluonen vermittelten Kräfte, die ziemlich unabhängig von der Quarkart zu sein scheinen. Da das →Pauli-Prinzip auch für die Zusammensetzung der Baryonen aus drei (zu den Fermionen zählenden) Quarks gelten muss, war man zur Einführung eines als →Color oder Farbe bezeichneten neuen Freiheitsgrades der Quarks gezwungen, der drei Werte annehmen kann; die sich so ergebenden drei versch. Farbzustände der einzelnen Quarks liefern dann bei geeigneter Zusammensetzung zu Hadronen stets die Farbe null (d. h., alle Hadronenzustände sind farblos, also Farbsinguletts). Diese neue ladungsartige Größe bietet sich als die Quelle des Feldes an, das die Quark-Quark-Wechselwirkung vermitteln soll (ähnlich wie die Elementarladung als Quelle der elektromagnet. Wechselwirkungen zw. geladenen Teilchen). In Anlehnung an die Quantenelektrodynamik wurde seit 1974 von S. WEINBERG sowie GELL-MANN u. a. eine als →Quantenchromodynamik bezeichnete Quantenfeldtheorie für dieses farbtragende Vektorfeld aufgestellt, dessen Feldquanten die 1979 bei DESY nachgewiesenen Gluonen sind.

Die 1972/73 bei Experimenten mit intensiven Neutrinostrahlen erfolgte Entdeckung von →neutralen Strömen und damit von Prozessen der schwachen Wechselwirkung ohne Ladungsübertragung stützt von experimenteller Seite her den bereits 1967/68 von WEINBERG und A. SALAM vorgenommenen Versuch, die schwache und die elektromagnet. Wechselwirkung zu einer **elektroschwachen Wechselwirkung** zusammenzufassen und in einer einheitl. Theorie zu beschreiben. In diesem Modell (→Glashow-Salam-Weinberg-Theorie) sind die Photonen (als Vermittler der elektromagnet. Kräfte) und die 1983 von C. RUBBIA u. a. bei CERN entdeckten intermediären Vektorbosonen W^+, W^- und Z^0 (als die eine schwache Wechselwirkung bewirkenden Teilchen) die versch. Feldquanten eines neuartigen Vektorfeldes aus der Klasse der Eichfelder. Aus dieser Theorie folgt, dass die schwachen Wechselwirkungen sich nur deshalb als schwach zeigen (d. h. eine sehr kleine →Kopplungskonstante haben), weil die vermittelnden $W^{\pm}$- und Z^0-Bosonen eine Masse M besitzen, die fast 100-mal größer als die Protonenmasse ist; diese große Masse sorgt überdies dafür, dass die Reichweite der schwachen Wechselwirkungen kleiner als $\hbar/Mc \approx 2 \cdot 10^{-15}$ cm wird. – Die wesentl. Ergebnisse der E.-Physik werden heute im so genannten **Standardmodell der E.** zusammengefasst, nach dem es als Materieteilchen drei Familien von Quarks und von Leptonen und deren Antiteilchen sowie vier fundamentale Naturkräfte gibt (TABELLE). Es gibt zahlr. Versuche, die im Standardmodell zusammengefasste starke und elektroschwache Wechselwirkung in →Großen Vereinheitlichten Theorien zu vereinheitlichen und in supersymmetr. Theorien auch die Gravitation mit einzubeziehen (→Supergravitation, →Stringtheorie). Als umfassende Theorie der Elementarteilchen ist das Standardmodell allerdings noch nicht befriedigend.

Geschichte: Nachdem Versuche mit Kathodenstrahlen (P. LENARD, J. J. THOMSON) 1897 das negativ geladene Elektron (e^-) als Bestandteil der Atome und als Träger einer negativen Elementarladung aufgezeigt hatten, sicherten die von E. RUTHERFORD u. a. mit Alphastrahlen durchgeführten Streuexperimente an Atomkernen (1911) und Kernumwandlungen (1919) das positiv geladene Proton (p) als Baustein des Atomkerns. 1932 wurde von J. CHADWICK ein weiterer Kernbaustein, das ungeladene Neutron (n), entdeckt. Die relativistisch invariante Formulierung der Quantentheorie durch P. A. M. DIRAC (1928) führte dann zur Voraussage von neuen E. in Form der Antiteilchen, z. B. eines positiv geladenen Antielektrons, des Positrons (e^+), das C. D. ANDERSON 1932 in der kosm. Strahlung entdeckte. Das Teilchen-Antiteilchen-Konzept hat sich in der Folgezeit als allg. gültig erwiesen.

Die 1905 von A. EINSTEIN aufgestellte Lichtquantenhypothese war Ausgangspunkt für den Teilchenaspekt des elektromagnet. Feldes und der Betrachtung des ruhmasselosen Photons (γ) als des E., das als Vermittler der elektromagnet. Wechselwirkung zw. Ladungsträgern ist (→Austauschkraft). Von den entsprechend für die →Kernkräfte (H. JUKAWA, 1935) verantwortl. π-Mesonen oder Pionen (π^-, π^0, π^+) entdeckten C. F. POWELL, G. P. S. OCCHIALINI und C. M. S. LATTES 1947 das geladene Pion in der kosm. Strahlung, nachdem zuvor der Nachweis gelungen war, dass das 1937 durch C. D. ANDERSON und S. H. NEDDERMEYER sowie von J. C. STREET und E. C. STEVENSON ebenfalls in der kosm. Strahlung entdeckte Myon ein Lepton ist und daher nicht das von der Yukawa-Theorie geforderte Austauschteilchen sein konnte. 1949 wurde dann von R. BJORKLAND u. a. das neutrale Pion π^0 nachgewiesen.

Zu dieser Zeit wurden aufgrund der fortschreitenden Messtechnik (Verwendung von Blasen- und Funkenkammern, Koinzidenzzählrohren, Halbleiter- u. a. Teilchendetektoren sowie Kernspurplatten zum Nachweis) auch die ersten ›unerwarteten‹ Teilchen, die Strange Particles und ihre Antiteilchen, sowie die ersten Resonanzteilchen entdeckt: 1947 fanden C. F. POWELL u. a. in der kosm. Strahlung das K^+-Meson sowie G. ROCHESTER und C. BUTLER das K^0-Meson, 1951 BUTLER u. a. das ungeladene Lambdahyperon (Λ^0) als erstes E. aus der Gruppe der Hyperonen, während 1952 E. FERMI u. a. bei der Streuung von Pionen an Nukleonen die erste Massenresonanz entdeckten. In der Folgezeit wurde eine Vielzahl dieser lang- und kurzlebigen E. gefunden, wobei der Bau großer Teilchenbeschleuniger mit intensiven, hochenerget. Teilchenströmen ihre Erzeugung in größerer Anzahl ermöglichte und außerdem auch die Entdeckung der von der Theorie geforderten Antinukleonen, nämlich des Antiprotons (E. SEGRÈ, O. CHAMBERLAIN u. a.; 1955) und des Antineutrons (1956), brachte. Von besonderer Bedeutung war die Entdeckung des Omega-Minus-Teilchens (V. BARNES u. a., 1964), dessen Existenz und Eigenschaften der von der SU(3)-Theorie der E. vorhergesagt worden waren und dessen Auffindung eine Bestätigung dieser Vorstellungen erbrachte. Dadurch bekam die 1964 von M. GELL-MANN und G. ZWEIG vorgeschlagene Hypothese der Drei-Quark-Struktur der Baryonen und Quark-Antiquark-Struktur der Mesonen, die die Einordnung der Hadronen in die Supermultipletts des 1961/62 von GELL-MANN und Y. NE'EMAN aufgestellten Oktettmodells ermöglicht, einen realen Hintergrund.

Wechsel-wirkung	stark	schwach		elektro-magnetisch	Gravitation
		mit	ohne		
		Ladungsaustausch			
Eichbosonen	Gluon	$W^{\pm}$	Z^0	Photon	Graviton

Neue Impulse bekam die E.-Physik durch die 1975 von B. RICHTER u. a. sowie von S. C. C. TING u. a. gemachte Entdeckung der relativ langlebigen Psiteilchen (J/ψ). Sie führte zu dem Schluss, dass nicht nur drei Quarks und ihre Antiteilchen als Grundbaustein der Hadronen fungieren, sondern ein weiteres Quarkteilchen mit einer Masse von mindestens 1500 MeV/c^2, das mit der bisher unbekannten Quanteneigenschaft →Charm behaftete Charmquark, existieren müsse. Die Nachweise der D-Mesonen (G. GOLDHABER u. a., 1976) und der F-Mesonen (1983), die Kombinationen des Charmquarks c mit den drei anderen Antiquarks $\bar{d}$, $\bar{u}$ und $\bar{s}$ bestätigen das Quarkmodell. Die Entdeckung des Ypsilonteilchens (L. M. LEDERMAN u. a., 1977) und der B-Mesonen (1983) machte die Existenz einer fünften Quarkart (mit einer Masse von etwa 4500 MeV/c^2) deutlich, des mit der bisher ebenfalls unbekannten Quanteneigenschaft →Bottom behafteten Bottomquarks. Das aus Symmetriegründen **(Lepton-Hadron-Symmetrie)** gefolgerte Topquark konnte 1995 mit einer Masse von etwa 130 000 MeV/c^2 gefunden werden. Neueste Theorien postulieren, dass auch die Quarks und die Leptonen nicht fundamental, sondern ihrerseits aus subelementaren Teilchen aufgebaut sind. Bisher gibt es aber keine Beobachtung, die auf eine innere Struktur der Quarks und Leptonen hindeutet.

Wie die 1977 durch M. L. PERL u. a. erfolgte Entdeckung des als Tauteilchen ($\tau^\pm$) bezeichneten schweren Leptons (Masse 1 780 MeV/c^2) und das bisher noch nicht direkt nachgewiesene zugehörige Tauneutrino (ν_τ) aufzeigen, besteht die Gruppe der Leptonen aus sechs E. und ihren Antiteilchen: drei massebehafteten, elektrisch geladenen Leptonen (Elektron, Myon und Tauteilchen) sowie ihren assoziierten ungeladenen und (sehr wahrscheinlich) masselosen Neutrinos. Die Erforschung des Betazerfalls, der z. B. gemäß $n \rightarrow p + e^- + \bar{\nu}_e$ erfolgt, hatte W. PAULI bereits 1931 zur Annahme der Existenz des Neutrinos ν_e und der schwachen Wechselwirkung geführt. Der Nachweis dieses dem Elektron zugeordneten Elektronneutrinos gelang aber erst 1956 C. L. COWAN und F. REINES. 1962 stellten M. SCHWARTZ u. a. die Existenz des Myon- oder Myneutrinos ν_μ fest, das beim Zerfall des Myons auftritt.

E. LOHRMANN: Einf. in die E.-Physik (1983); O. HÖFLING u. P. WALOSCHEK: Die Welt der kleinsten Teilchen (1984); K. BETHGE u. U. E. SCHRÖDER: E. u. ihre Wechselwirkungen (1986); L. B. OKUN: Physik der E. (a. d. Russ., 1991).

Elenantilopen

Elementarteilchenphysik, die →Hochenergiephysik.

Elementarwellen, die nach dem →huygensschen Prinzip von jedem Punkt des Raums, der von einer Welle (Primärwelle) erreicht wird, ausgehenden Kugelwellen. Die Hüllkurve aller E. ist dabei identisch mit der sich ausbreitenden Wellenfront.

Elementarwerk, Titel eines von J. B. BASEDOW 1774 veröffentlichten vierbändigen Werkes (drei Textbände und ein Bildband mit 100 Kupfern von D. CHODOWIECKI u. a.). Es stellt eine Neubearbeitung seines 1770 erschienenen ›Methodenbuchs für Väter und Mütter der Familien und Völker‹ und des dreibändigen ›Elementarbuchs‹ (1770, mit 57 Kupfern) dar. Anstelle einer systemat. Anordnung gliederte BASEDOW den Stoff nach pädagog. Gesichtspunkten. Bücher ähnl. Art folgten, z. B. C. G. SALZMANNS ›Moral. Elementarbuch‹ (1782–83, 2 Tle.).

Elementary School [elı'mentərı 'sku:l, engl.] *die, --/- -s,* in den USA je nach Gemeinde die sechs- oder achtjährige Grundschule für Kinder vom 6. bis zum 11. oder 13. Lebensjahr; die Junior high school bzw. Highschool schließt jeweils entsprechend an.

Elementarzeit, die Zeitdauer von etwa 10^{-23} s, die das Licht im Vakuum zum Durchlaufen einer →Elementarlänge benötigt. In der Größenordnung der E. liegen die Lebensdauer der Elementarteilchen- oder →Massenresonanzen und die Wirkungsdauer der starken Wechselwirkungen von Elementarteilchen. (→Planck-Zeit)

Elementarzelle, *Festkörperphysik* und *Kristallographie:* →Bravais-Gitter, →Wigner-Seitz-Zelle.

Elementenpaar, *Mechanik:* →Getriebe.

Element|entstehung, *Astrophysik:* die →Nukleogenese.

element|organische Verbindungen, Sammel-Bez. für organ. Verbindungen, die neben den übl. in ihnen enthaltenen chem. Elementen (bes. C, H, O, auch N und S) weitere nichtmetall. oder metall. chem. Elemente gebunden enthalten; i. e. S. die Gruppen der →metallorganischen Verbindungen, ferner z. B. bor-, silicium-, phosphororgan. Verbindungen.

Elementsymbole, Buchstabensymbole für die chem. Elemente. (→chemische Zeichensprache)

Elemi [arab.-span.] *das, -s,* Sammelname für natürl. Harze der trop. Balsambaumgewächse, v. a. von Arten der Gattung Canarium. Wichtigster Vertreter ist das auf Luzon (Philippinen) von verwundeten Bäumen der Art Canarium luzonicum gesammelte **Manila-E.,** dessen äther. Öl in der Parfümerie Verwendung findet. E. diente früher auch als Weichmacher bei der Herstellung von Lacken.

Elemosiniere [ital.] *der, -/...ri,* →Almosenier.

Elen *das,* seltener *der, -s/-,* der →Elch.

Elen|antilope, Tragelaphus oryx, größte Art der Waldböcke (Unterfamilie →Waldantilopen) mit fünf Unterarten, die in den Steppengebieten Afrikas leben; mit schraubig gedrehten, aufwärts und nach hinten gerichteten Hörnern, die beim Männchen bis 1,2 m lang werden können; Schulterhöhe bis 1,8 m. E. können als gute Milch- und Fleischlieferanten in Farmen gehalten werden.

Elenchus [griech. ›Beweis‹, ›Widerlegung‹] *der, -/...chi* oder *...chen,* Widerlegung; bei PLATON die zur Befreiung von Scheinwissen führende und somit kathart. Stelle im sokrat. Gespräch; bei ARISTOTELES die Widerlegung einer Behauptung im Streitgespräch durch Aufweis ihrer Sinnlosigkeit, Aufweis aus ihr folgender Absurditäten oder durch einen korrekten Schluss auf die ihr entgegengesetzte Behauptung. (→Ignoratio Elenchi)

B. WALDENFELS: Das sokrat. Fragen. Aporie, Elenchos, Anamnesis (1961).

Elend, Gem. im Kr. Wernigerode, Sa.-Anh., 530 m ü. M., im Harz, an der Kalten Bode und an der Brockenbahn (Teil der Harzquerbahnen), 580 Ew.; Kurort, Wintersportplatz.

Elenden, Die, frz. ›Les misérables‹, Roman von V. HUGO (5 Tle., frz. 1862).

Elendenbruderschaften, im MA. Bruderschaften, die die Sorge für die Fremden und Heimatlosen (elend = fremd), v. a. für deren Begräbnis und Gedächtnisgottesdienste übernahmen.

Elends|index, Miseryindex ['mızərı 'ındeks, engl.], von dem amerikan. Volkswirtschaftler A. M. OKUN entwickelte Messzahl für die gesamtwirtschaftl. Entwicklung. Anhand des aus Arbeitslosenquote und Inflationsrate ermittelten E. kann festgestellt werden, inwieweit staatl. Wirtschaftspolitik die Ziele Vollbeschäftigung und Preisniveaustabilität erreicht hat (der E. müsste dann möglichst nahe bei 0 % liegen).

Elendsviertel, meist am Rand großer Städte gelegene, aber auch innerstädt. Verfallsräume umfassende

Wohngebiete von unterprivilegierten Bev.-Gruppen, v. a. von Zuwanderern vom Land. Abbruchreife Häuser mit mangelhaften sanitären Einrichtungen oder aus Brettern, Wellblech, Matten u. a. Abfallmaterial errichtete Behausungen, in denen die Menschen unter gesundheitsgefährdenden hygien. Verhältnissen und in meist unerträgl. Enge leben, kennzeichnen die E. Für die E. sind unterschiedl. Namen gebräuchlich, wie Slums (1821 zuerst in Großbritannien, heute allg. verwendete Bez.), Bidonvilles (im frz. Sprachraum), Shantytowns oder Squattertowns (im engl. Sprachraum), Favelas (in Lateinamerika), Basti (in Indien), Gecekondusiedlungen (in der Türkei).

Eleonore, Herrscherinnen:
1) Eleonore von Aquitanien, Eleonore von Poitou [-pwaˈtu], **Eleonore von Guyenne** [-gɥiˈjɛn], frz. **Aliénor** [aljeˈnɔr], Erbtochter WILHELMS X., Herzog von Aquitanien, aus dem Haus Poitou, *um 1122, †Kloster Fontevrault (bei Saumur) 31. 3. oder 1. 4. 1204; heiratete 1137 (im Todesjahr ihres Vaters) LUDWIG VII. von Frankreich, 1152, nach Scheidung dieser Ehe, HEINRICH PLANTAGENET, Graf von Anjou (seit 1154 König HEINRICH II. von England). Aus der zweiten Ehe, durch die die Machtstellung Englands auf dem Kontinent außerordentlich verstärkt wurde (→Angevinisches Reich), gingen u. a. die späteren Könige RICHARD I. LÖWENHERZ und JOHANN I. OHNE LAND hervor. E. besaß großen polit. Einfluss. Ihre glänzende Hofhaltung vermittelte dem Norden die Troubadourpoesie.
J. MARKALE: E. von Aquitanien, Königin von Frankreich u. von England (a. d. Frz., 1980); R. PERNOUD: Königin der Troubadoure. E. von Aquitanien (a. d. Frz., Neuausg. ¹⁴1996).
2) Eleonore, Erzherzogin von Österreich, *Schottland 1433, †Innsbruck 20. 11. 1480, Tochter König JAKOBS I. von Schottland und seit 1449 Gemahlin des Herzogs SIGMUND von Tirol und Vorderösterreich; machte den Hof zu Innsbruck zu einem literar. Zentrum und wirkte durch ihre Übersetzung des frz. Ritterromans ›Pontus et la belle Sidonie‹ (›Pontus und Sidonia‹, entstanden zw. 1449 und 1456, erster Druck 1483) bahnbrechend für den dt. Prosaroman.

Eleonorenfalke, Falco eleonorae, an den Küsten und auf den Inseln des Mittelmeers lebende Art der Falken (Größe: 38 cm); schiefergrau gefärbt oder oberseits schwarzbraun mit schmalem Bartstreifen und unterseits gelblich braun mit Längsfleckung. E. sind geselliger als die meisten Falken, sie brüten in Kolonien und jagen gemeinsam (zu 50 und mehr Individuen). E. brüten erst im Spätsommer, da sie dann ihre Jungen mit durchziehenden Kleinvögeln, die sie im Fluge schlagen, füttern können.

Elephanta, felsige Insel in der Bucht von Bombay, Indien, mit dem Gott Shiva geweihten Höhlentempeln vom Anfang des 7. Jh. (UNESCO-Weltkulturerbe). Die Haupthöhle ist als fünfschiffige Säulenhalle in der O-W-Achse, jedoch mit gleich breitem Querschiff und dem Hauptzugang im N angelegt. Daraus ergibt sich ideell ein Quadrat, das als kosmolog. Mandala zu verstehen ist. Die frei stehende Cella mit dem Linga-Kultbild ist aus dem Zentrum nach W versetzt, sodass von N kommend der Blick auf die 5,4 m hohe Reliefplastik des dreiköpfigen Shiva (Maheshamurti, häufig als Trimurti fehlinterpretiert) fällt. Weitere Felsreliefs mit Szenen der Shiva-Mythologie bedecken die Wände.

Elephantidae, wiss. Name der →Elefanten.

Elephantine [griech. ›Elefantenstadt‹, vielleicht wegen des Elfenbeinhandels], ägypt. **Jebu, Abu, Jeb,** Nilinsel unterhalb des ersten Katarakts gegenüber Assuan mit gleichnamigem Ort im S der Insel (KARTE ägyptische Kultur). Von dieser Grenzfestung zogen in altägypt. Zeit die Handelskarawanen nach Nubien; aus den Granitbrüchen am rechten Nilufer wurde

schon im Altertum der für die Bauten und Statuen beliebte Granit geholt.
Durch Grabungen (1893 ff.) wurden Papyri und Ostraka in aramäischer Sprache zutage gebracht, Urkunden aus dem Archiv einer jüd. Kolonie unter pers. Herrschaft (**E.-Urkunden,** 5. Jh. v. Chr.; wichtige Quellen für das rechtl., soziale und religiöse Leben einer frühen jüd. Diaspora). Erneute Grabungen sind 1969 vom Dt. Archäolog. Inst. gemeinsam mit dem Schweizer. Inst. für ägypt. Bauforschung und Altertumskunde begonnen worden. Freigelegt wurden zwei ausgedehnte Tempelbezirke, Wohnviertel, Werkstattbereiche und Friedhöfe. Die Baugesch. des Tempels der Satet wurde durch Befunde gesichert, 1978–95 wurden die Satettempel der 12. und der 18. Dynastie mit den Spolien wieder aufgebaut. Reiche Funde an Weihgaben kamen aus den untersten Schichten zutage (E. galt anscheinend als Ursprung des Nils). Archäolog. Museum, Felsinschriften, röm. Nilometer an einer Treppe zum Fluss; am linken Nilufer die Felsgräber der Gaufürsten (2. Jt. v. Chr.).
P. GROSSMANN: Kirche u. spätantike Hausanlagen im Chnumtempelhof (1980); H. JARITZ: Die Terrassen vor den Tempeln des Chnum u. der Satet (1980).

Elert, Werner, ev. Theologe, *Heldrungen 19. 8. 1885, †Erlangen 21. 11. 1954; seit 1919 Direktor des Theolog. Seminars der ›Ev.-luther. Kirche in Preußen‹ (Altlutheraner); seit 1923 Prof. für histor. und systemat. Theologie in Erlangen. Als Theologe bewusst dem theolog. Erbe M. LUTHERS verpflichtet, hat seiner Bestimmung des Verhältnisses von Gesetz und Evangelium als der Grundlage christl. Ethik, bildet die Darstellung der sozialen Gestalt des Luthertums und seiner sozialeth. Wirkungen einen Schwerpunkt der Arbeiten E.s. Seine ›Morphologie des Luthertums‹ (2 Bde., 1931/32) hat maßgeblich zu einer theolog. Neubesinnung in den luther. Kirchen beigetragen.
Weitere Werke: Der christl. Glaube. Grundlinien der luther. Dogmatik (1940).

Elettaria [nlat.], wiss. Name der Pflanzengattung →Kardamom.

El-Eubbâd, Dorf in NO-Algerien, im östl. Stadtbereich von Tlemcen, mit dem Grabheiligtum des alger. Volksheiligen SIDI BOU MÉDINE: Fünfschiffige Moschee (1339) mit prachtvoller Kuppel, reich verzierter Zederntür (die gravierten Türklopfer sind nat. Touristikemblem) und Minarett mit feiner Backsteinornamentik. Die Medrese (1347) war Lehrstätte von IBN CHALDUN.

Eleusa [griech. ›die Barmherzige‹] *die, -/...sen,* byzantin. Typ der Darstellung der Mutter Gottes mit Kind, die einander liebkosen, oft auch als **Glykophilusa** bezeichnet; zahlr. Beispiele finden sich in der russ. Ikonenmalerei.

Eleusis, neugriech. **Elevsis,** Stadt im Verw.-Bez. (Nomos) Attika, Griechenland, an einer Bucht des Saron. Golfs, heute Teil der Agglomeration Athen, 22 800 Ew.; Erdölraffinerie, Stahlwerk, Sprengstoff-, Zementfabrik, Werften; Bauxitabbau; archäolog. Museum. – Der Ort war seit dem 3. Jt. v. Chr. besiedelt; in myken. Zeit (1600–1200 v. Chr.) wurde E. ein eigener Stadtstaat mit Akropolis. Im Kampf mit Athen um die Vorherrschaft in Attika unterlag E. im 7. Jh. v. Chr.
E. war der Mittelpunkt des Fruchtbarkeitskults der Göttinnen Demeter und Persephone (Kore) und des Triptolemos, der sich später zu den **Eleusinischen Mysterien** ausbildete. An ihnen nahmen Eingeweihte (Mysten) aus ganz Griechenland teil. Man feierte die kleinen Mysterien im Frühjahr in Athen und die großen im Herbst mit einer Prozession von Athen nach E. Der eigentl. Mysterienhandlung im Telesterion von E. mit Reinigungsriten und Segenszauber lag wohl der Mythos von der Suche Demeters nach ihrer von Pluton (Hades) geraubten Tochter Persephone (Kore)

Eleonorenfalke
(Größe 38 cm)

zugrunde. In der Erscheinung (Epiphanie) der Göttin lag für den Mysten die Verheißung der eigenen Wiedergeburt nach dem Tod. Über den Kultbrauch war absolutes Stillschweigen zu bewahren. Noch in der röm. Kaiserzeit war die Kultstätte von großer Bedeutung (u. a. waren CICERO und MARK AUREL Eingeweihte).

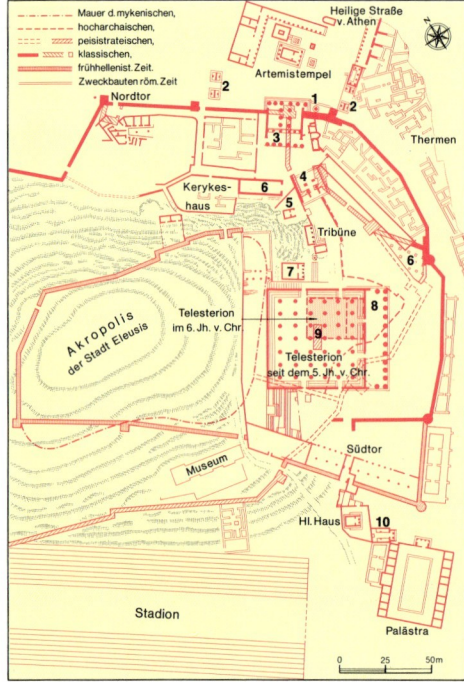

Eleusis: Historischer Stadtplan (2. Jh. n. Chr.);
1 Kallichorosbrunnen, 2 Festtore, 3 Große Propyläen, 4 Kleine Propyläen, 5 Plutonheiligtum, 6 Getreidespeicher, 7 Demeterheiligtum, 8 Vorhalle des Philon, 9 Anaktoron (Allerheiligstes), 10 Mithrasheiligtum

Die antike Stadt bedeckte den O-Teil eines O-W-verlaufenden Felsrückens an der N-Seite der Bucht von E. Die O-Hälfte der Stadt nahmen ein: die Akropolis auf der höchsten Erhebung und an deren O-Abfall das Demeterheiligtum und das seit dem 6. Jh. v. Chr. in mehreren Bauphasen entstandene Telesterion (Kultbau zur Feier der Eleusin. Mysterien). Bedeutend für den Bau waren der Entwurf des Parthenonarchitekten IKTINOS und der Plan des Architekten KOROIBOS. Es handelt sich nach Letzterem um eine fast quadrat. Halle (52 m × 54 m) mit der Mitte des 5. Jh. mit Sitzstufen und Galerien um eine kleine Cella (Allerheiligstes). Das von 42 hohen Innensäulen getragene Dach hatte eine Öffnung, durch die Licht in den sonst dunklen Raum eingelassen werden konnte. Nachgewiesen sind Vorgängerbauten: ein myken. Megaron aus der zweiten Hälfte des 15. Jh. v. Chr. mit Anbauten vom Anfang des 13. Jh., aus dem 6. Jh. v. Chr. ein weiterer Bau. Mitte des 4. Jh. v. Chr. wurde eine zwölfsäulige Fronthalle mit Giebel nach dem Entwurf des PHILON vorgelegt. Im N mündete die Hl. Straße aus Athen in einen gepflasterten Vorhof röm. Zeit mit Artemistempel und Kallichorosbrunnen (6. Jh. v. Chr.); sie setzte sich durch die großen (2. Jh. n. Chr.; Nachbau des Zentralbaus der Propyläen der Athener Akropolis) und die kleinen Propyläen (40 v. Chr.) zum Demeterbezirk und zum Telesterion fort. Museum mit Grabungsfunden.

L. DEUBNER: Att. Feste (1932, Nachdr. 1959); D. LAUENSTEIN: Die Mysterien von E. (1987); M. B. CAVANAUGH: E. and Athens. Documents in finance, religion and politics in the fifth century B. C. (Atlanta, Ga., 1996).

Eleuter, Pseud. des poln. Schriftstellers Jarosław →Iwaszkiewicz.

Eleuthera [engl. ɪˈljuːθərə], eine der Bahamainseln, →Bahamas.

Eleutheropolis, antike Stadt im südl. Palästina südwestlich von Jerusalem, ursprüngl. Name **Baitogabra,** heute Bet Guvrin, Israel. E. spielte als Kreuzfahrerfestung eine Rolle; 1187 wurde die Stadt von SALADIN zerstört, 1551 wieder aufgebaut. Reste der Stadtmauer, Festung, byzantin. Basilika und griechisch-röm. Mosaiken sind erhalten.

Eleutherozoa [griech.], Unterstamm der →Stachelhäuter, zu dem die Seeigel, Seewalzen, Seesterne und Schlangensterne gestellt werden und der mit mehr als 5 000 rezenten Arten mehr als 90 % der heute lebenden Stachelhäuter umfasst.

Eleutherus, Papst (wohl 174–189), † Rom 189 (?). Während seines Pontifikats lebte die röm. Gemeinde in einer gewissen äußeren Sicherheit, wurde jedoch durch häret. Bewegungen (die gnost. Gemeinschaften MARCIONS und VALENTINS und die Montanisten) beunruhigt. – Heiliger (Tag: 26. 5.).

Elevation [lat. ›das Aufheben‹] *die, -/-en,* 1) *bildungssprachlich* für: Erhöhung, Erhebung.

2) *Astronomie:* die →Höhe eines Gestirns.

3) *kath. Liturgie:* die Erhebung der Hostie und des Kelches durch der Priester während der Messe (**große E.** bei der Wandlung, **kleine E.** am Schluss des Kanons).

4) *Parapsychologie:* die physikalisch nicht erklärbare (scheinbare) Anhebung oder das freie Schweben eines Gegenstandes; bei Personen spricht man meist von **Levitation.**

Elevationstheorie, Erhebungstheorie, Lehre von den Erhebungskratern, v. a. von L. VON BUCH, A. VON HUMBOLDT und L. ÉLIE DE BEAUMONT vertretene, überholte Annahme, dass Vulkane (**große** Erhebungskrater), aber auch alle Gebirge infolge Hebung der Erdkruste durch den Druck des Magmas und seiner Gase entstanden seien.

Elevator *der, -s/...toren, Fördertechnik:* das →Becherwerk.

Eleve [frz. ›Schüler‹, zu élever ›unterweisen‹] *der, -n/-n,* 1) Schauspiel-, Ballettschüler; 2) Land- und Forstwirt während der prakt. Ausbildung.

Elevsis, griech. Stadt, →Eleusis.

elf [ahd. einlif ›eins darüber‹, d.h. über zehn], eine Primzahl; im Aberglauben wird ihr eine negative Bedeutung zugeschrieben, sie gilt als Zahl der Maßlosigkeit; Zahl der Narren (Elferrat; →Fastnacht).

F. C. ENDRES u. A. SCHIMMEL: Das Mysterium der Zahl. Zahlensymbolik im Kulturvergleich (³1986).

ELF, Abk. für die eritreische Befreiungsbewegung →Eritrean Liberation Front.

ELF [Abk. für engl. **E**xtremely **l**ow **f**requency ›extrem niedrige Frequenz‹], internat. übl. Bez. für den Frequenzbereich von 30 bis 300 Hz bei →elektromagnetischenWellen, also für Wellenlängen zw. 10 000 und 1 000 km (**Megameterwellen**).

El-Faijum, Oase in Ägypten, →Faijum.

Elf Aquitaine S. A. [-akiˈtɛːn], bedeutender frz. Mineralöl- und Chemiekonzern, entstanden 1976 durch Fusion der staatl. ELF-Erap (Abk. für Essences et Lubrifiants de France – Entreprise de Recherches et d'Activités Petrolières; gegr. 1966) mit der Société Nationale des Pétroles d'Aquitaine (gegr. 1941) als **Société Nationale Elf Aquitaine;** Sitz: Paris. Der Konzern wurde 1994 privatisiert (die Anteile des frz. Staates wurden von 51 % auf 10 % reduziert) und firmiert seitdem unter der jetzigen Bez.; Umsatz (1995): 208,3 Mrd. FF, Beschäftigte: rd. 85 500.

El-Fascher, Al-Faschir [arab. ›Residenz‹], Hauptstadt der Prov. Darfur, Rep. Sudan, 51 900 Ew.; Flugplatz. – An einem Kreuzungspunkt alter Karawanenwege errichtete im späten 18. Jh. der Sultan von Darfur hier seine Residenz, um die die Stadt entstand.

El-Fataḥ, palästinensische Kampforganisation, →Fatah.

Elfen [von altengl. ælf], **Elben, Alben,** im Wesen sehr unterschiedl. Zaubergeister. Die Snorra-Edda unterscheidet zw. Licht-E. (ljósálfar) und Dunkel-E. (døkkálfar bzw. svartálfar), jedoch geben die versch. nord. Zeugnisse ein sehr schillerndes Bild von den E.: Bald scheinen sie Totenseelen, bald Schutz- und Hausgeister, bald Fruchtbarkeitsmächte darzustellen. Später kehrt ihnen etwas Dämonisches an: Sie bringen Unheil und Krankheit, ihr verführer. Gesang (Alpleich) wird erwähnt. – Erst im 18. Jh. wird der Begriff E. in der Bedeutung anmutiger weibl. Geister aus dem Englischen in die dt. Literatur übernommen. J. J. BODMER übersetzte in J. MILTONS ›Paradise Lost‹ die ›faerie elves‹ mit ›Aelfen‹, und C. M. WIELAND verwendete das gleiche Wort für die liebl. weibl. Geister in SHAKESPEARES ›A midsummer night's dream‹. Die Vorstellung von einem **E.-König** steckt im Namen Alberich (-rich = ›König‹), ebenso im ›Elverkonge‹ oder ›Ellerkonge‹ der dän. Volksballade, von J. G. HERDER irrtümlich in ›Erl(en)könig‹ übersetzt.

Elfenbein [ahd. helfantbein ›Elefantenknochen‹], **1)** das Zahnbein der Stoßzähne von Elefant und Mammut, i. w. S. auch das Zahnbein der Eck- und Schneidezähne von Walross, Narwal und Nilpferd, das allerdings von geringerer Qualität ist. Wegen der besseren Qualität wird i. d. R. das E. der Stoßzähne des männl. Afrikan. Elefanten zur Herstellung von Gebrauchs- und Schmuckgegenständen verwendet. E. ist polierbar, vergilbt an der Luft und ist mit Wasserstoffperoxid bleichbar; kochendes Wasser macht es biegsam. E. dient zur Herstellung von Schnitzereien (→Elfenbeinschnitzerei), Billardbällen, Klaviertastenbelag, Stock-, Schirm- und Messergriffen, Kämmen, Bürsten u. a. Die sehr unterschiedl. Qualität des E. hängt in erster Linie vom Klima des Herkunftslandes ab. – Man schätzt, dass früher rd. 45 000 Elefanten (v. a. Afrikan. Elefanten) jährlich wegen des E. erschossen wurden. Um den Afrikan. Elefanten vor der Ausrottung zu retten, wurde er 1989 in das Washingtoner Artenschutzübereinkommen aufgenommen, wodurch der Handel mit E. (→Elefanten) verboten wurde.

Kulturgeschichte: Als fossiles E., das schon bei THEOPHRAST und PLINIUS D. Ä. erwähnt wird, werden die Stoßzähne des nach der letzten Eiszeit ausgestorbenen Mammuts und des noch in der Nacheiszeit in Amerika lebenden Mastodons bezeichnet. Im alten Ägypten war die Insel Elephantine Sammel- und Stapelplatz für die als Tribut von den afrikan. und vorderasiat. Ländern abzuliefernden Elefantenzähne. E. wurde dort als Heilmittel verwendet. Der Prophet EZECHIEL (um 590 v. Chr.) erwähnt E. zusammen mit Ebenholz (Ez. 27, 15), wahrscheinlich, weil beides zusammen schon von den Hebräern zu Einlegearbeiten verwendet wurde. In Troja wurde ebenfalls E. gefunden. Der röm. Arzt SCRIBONIUS LARGUS (1. Jh.) verwendete E.-Späne als Arzneimittel.

E. ist Symbol für die Tugend der makellosen und beständigen Reinheit; in der Lauretanischen Litanei wird die Jungfrau Maria als ›elfenbeinerner Turm‹ bezeichnet.

2) vegetabilisches E., das harte Endosperm (Nährgewebe) einiger Palmensamen, z. B. der Ägypt. Dumpalme und der →Elfenbeinpalme; wird bes. zu Knöpfen und Schmuckgegenständen verarbeitet.

Elfenbeindistel, 1) eine Art der Gattung →Mannstreu.

2) eine Art der Gattung →Kratzdistel.

Elfenbeinküste

Fläche 322 463 km^2
Einwohner (1994) 13,78 Mio.
Hauptstadt Yamoussoukro
Amtssprache Französisch
Nationalfeiertag 7. 8.
Währung 1 CFA-Franc = 100 Centimes
Uhrzeit 11^{00} Abidjan = 12^{00} MEZ

Elfenbeinküste, amtl. frz. **République de Côte d'Ivoire** [repy'blik də ko:t di'vwa:r, nach dem früheren Namen des zugehörigen Abschnitts der Oberguineaküste], Staat in Westafrika zw. Ghana und Liberia am Golf von Guinea, 322 463 km^2, (1994) 13,78 Mio. Ew. **(Ivorer).** Designierte Hauptstadt ist (seit 1983) Yamoussoukro; Reg.-Sitz ist zurzeit noch Abidjan. Amtssprache ist Französisch, Verkehrssprache Dyula. Währung: 1 CFA-Franc = 100 Centimes. Zeitzone: Westeurop. Zeit (11^{00} Abidjan = 12^{00} MEZ). – Nach einem Reg.-Erlass (1986) soll auch internat. nur die frz. Namensform verwendet werden.

STAAT · RECHT

Verfassung: Nach der Verf. vom 31. 10. 1960 (mehrfach, zuletzt 1990 geändert) ist die E. eine präsidiale Republik. Staatsoberhaupt, oberster Inhaber der Exekutive und Oberbefehlshaber der Streitkräfte ist der auf 5 Jahre direkt gewählte Präs. (Wiederwahl ist möglich). Er bestimmt die Richtlinien der Politik, hat parallel zum Parlament das Recht der Gesetzesinitiative und ernennt den Premier-Min. (das Amt wurde 1990 eingeführt), der ihm verantwortlich ist, sowie die Mitgl. des Kabinetts. Die Legislative liegt bei der Nationalversammlung, deren 175 Abg. ebenfalls auf fünf Jahre gewählt werden (allgemeines Wahlrecht ab 21 Jahren). 1994 trat ein neues Wahlgesetz in Kraft, nach dem jeweils beide Elternteile der Präsidentschaftskandidaten ivorischer Herkunft sein müssen und die Staatsangehörigkeit der Bewerber von Geburt an ununterbrochen bestanden haben muss.

Parteien: Nach Einführung des Mehrparteiensystems (1990) entwickelte sich ein breit gefächertes Parteienspektrum. Einflussreichste der (1994) 40 registrierten Parteien sind der Parti Démocratique de la Côte d'Ivoire (PDCI; dt. Demokrat. Partei der E.; bis 1990 Einheitspartei des Landes), der Front Populaire Ivoire (FPI; dt. Volksfront der E.) und der Rassemblement des Republicains (RDR; dt. Republikan. Sammlungsbewegung; 1994 durch Abspaltung vom PDCI entstanden).

Gewerkschaften: Neben der Einheitsgewerkschaft Union Générale des Travailleurs de la Côte d'Ivoire (UGTCI) entstanden seit den 1980er-Jahren unabhängige, der Opposition nahe stehende Gewerkschaften, u. a. die Fédération des Syndicats Autonomes de la Côte d'Ivoire.

Wappen: Das Wappen, am 26. 6. 1964 festgelegt, zeigt in einem grünen, der Nationalflagge angepassten Wappenschild einen Elefantenkopf mit einem auf den Landesnamen hindeutenden Stoßzahn im Profil, darüber eine über dem Wappenschild aufgehende Sonne, unter ihm Spruchband mit dem amtl. Landesnamen, rechts und links jeweils eine Palme.

Nationalfeiertag: 7. 8., erinnert an die Erlangung der völligen Unabhängigkeit 1960.

Verwaltung: Die Rep. E. ist seit 1991 in 10 übergeordnete Regionen gegliedert, die in 49 Dép. unterglie-

---

Elfenbeinküste

Staatswappen

Staatsflagge

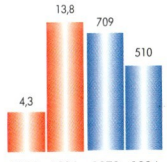

Internationales Kfz-Kennzeichen

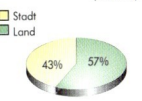

1970 1994 | 1970 1994
Bevölkerung (in Mio.) | Bruttosozialprodukt je Ew. (in US-$)
☐ Stadt
☐ Land

Bevölkerungsverteilung 1994

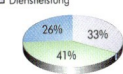

☐ Industrie
☐ Landwirtschaft
☐ Dienstleistung

Bruttoinlandsprodukt 1994

---

dert sind, an deren Spitze jeweils ein vom Präs. ernannter Präfekt steht.

Recht: Es existiert eine einheitl. Gerichtsbarkeit für die Bereiche des Zivil-, Handels-, Straf- und Verwaltungsrechts. Über den Gerichten der ersten Instanz stehen zwei Berufungsgerichte und der Oberste Gerichtshof (›Cour suprême‹) in der Hauptstadt Abidjan. Besondere Gerichte sind zuständig für arbeitsrechtl. Streitigkeiten sowie für Straftaten gegen die Sicherheit des Staates. Seit 1994 besteht ein Verf.-Gericht (›Conseil constitutionnel‹). Die Rechtsordnung basiert auf frz. und traditionellem Recht. Nach der Unabhängigkeit 1960 wurden die beiden Zweige in großem Umfang vereinheitlicht, modernisiert und geändert, u. a. mehrfach im Bereich des Familienrechts. Das Handels- und Gesellschaftsrecht soll zw. den französischsprachigen Ländern Afrikas harmonisiert werden.

Elfenbeinküste: Übersichtskarte

Streitkräfte: Die Gesamtstärke der Wehrpflichtarmee (Dienstzeit 6 Monate) beträgt rd. 8 000 Mann, die der paramilitär. Kräfte (Gendarmerie, Miliz) 6 000 Mann. Das Heer (6 300 Soldaten) entspricht in seiner Gliederung etwa einer Brigade (drei Infanteriebataillone und Unterstützungseinheiten). Luftwaffe und Marine haben je etwa 800 Mann. Die Ausrüstung umfasst neben leichten Waffen rd. 40 Aufklärungspanzer sowie sechs leichte Kampfflugzeuge (Alpha Jet) und vier kleine Kampfschiffe. – Die ehem. Kolonialmacht Frankreich unterhält einen Militärstützpunkt mit etwa 500 Mann und kann binnen kürzester Zeit weitere Truppen in die Rep. E. entsenden.

LANDESNATUR · BEVÖLKERUNG

Auf die 550 km lange, im W felsige, im Übrigen flache und lagunenreiche Küste folgt ein 150–300 km breiter Waldgürtel, urspr. trop. Regenwald, heute durch die Holznutzung und die Anlage von Plantagen degradiert und stark gelichtet. Als Rest der westafrikan. Primärregenwälder wurde der →Taï-Nationalpark unter Schutz gestellt. Nach N folgen Feuchtsavanne und Trockensavanne mit dem →Komoé-Nationalpark. Das Land ist überwiegend eine schwach zum Golf von Guinea geneigte, leicht gewellte Rumpffläche in 200–500 m ü. M., von Inselbergen überragt. Auf ihr fließen die Flüsse Cavally, Sassandra, Bandama und Komoé, wegen vieler Stromschnellen und Wasserfälle nur streckenweise schiffbar, südwärts zum Atlantik. Im W hat die Rep. E. Anteil am Guineahochland, etwa 1 000 bis 1 500 m ü. M., mit dem 1 752 m hohen Nimba (Grenze zu Guinea).

Klima: Das Klima ist im S tropisch-feucht mit fast ganzjährigen Niederschlägen (bis 2 300 mm jährlich), hoher relativer Luftfeuchtigkeit (80 %), hohen Temperaturen und geringen jahreszeitl. Temperaturunterschieden (mittlere Maxima im März 32 °C, mittlere Minima im August 22 °C). Nach N nehmen die Temperaturunterschiede zu, die Niederschläge werden geringer (1 200–1 400 mm jährlich) und fallen in einer ausgeprägten Regenzeit von Juni bis Oktober. Die relative Luftfeuchtigkeit kann im Zentrum noch bis 70 % betragen, im N fällt sie in der Trockenzeit bis auf 30 %. Dort ist, bes. von Dezember bis Februar, der Einfluss des trockenheißen Harmattans spürbar. Das Bergland im W hat Jahresniederschläge um 2 000 mm bei niedrigeren Temperaturen.

Bevölkerung: In der Rep. E. leben über 60 Stammesgruppen; im Zentrum und SO die zu den Akan gehörenden Baule (23 % der Gesamtbevölkerung) und Agni (11 %), im SW Kru (18 %), v. a. Bete und Guéré, im NW Mandevölker, v. a. Malinke (6,5 %) und Dan (5,6 %), im N bes. die zu den Gur zählenden Senufo (15 %), im S die stark gemischten ›Lagunenstämme‹ (eine ältere Bevölkerungsschicht). Im ganzen Land sind die Dyula anzutreffen, deren Sprache weitgehend einheim. Verkehrssprache ist. Über ein Viertel der Bev. sind Ausländer, v. a. Wanderarbeiter aus den Nachbarländern Ghana, Guinea, Burkina Faso, Mali sowie polit. Flüchtlinge aus Liberia, etwa 50 000 Europäer (meist Franzosen) und 20 000 Libanesen und Syrer. Die Rep. E. hat eine hohe natürl. Bevölkerungszunahme (1985–94) von rd. 3,6 %. 43 % der Bev. leben in Städten. Wichtigste Städte sind Abidjan (1991: einschließlich Vororten 2,5 Mio. Ew.), Bouaké (390 000), Yamoussoukro (130 000), Daloa (122 000), Korhogo (109 000) und Man (59 000 Ew.). Am dichtesten besiedelt ist das Gebiet um Bouaké; der NO und der SW sind weitgehend menschenleer.

Religion: Alle Religionsgemeinschaften sind rechtlich gleichgestellt. Etwa 40 % der Bev. bekennen sich zu den traditionellen afrikan. Religionen, über 35 % sind sunnit. Muslime der malikit. Rechtsschule. 20–25 % sind Christen: rd. 12 % der Bev. gehören der kath. Kirche, 8–13 % versch. prot. (Baptisten, Church of the Nazarene, Lutheraner, Methodisten, Pfingstkirchen) und unabhängigen Kirchen an. Der überwiegend im N des Landes verbreitete Islam, zu dem sich Mitte der 1980er-Jahre rd. 24 % der Bev. bekannten, ist seitdem, v. a. durch Mission unter den Anhängern der traditionellen afrikan. Religionen, die am stärksten wachsende Religionsgemeinschaft. Die besondere Stellung der kath. Kirche ist v. a. dadurch bestimmt, dass ihr die polit. und wirtschaftl. Elite des Landes mehrheitlich angehört. 1990 weihte Papst JOHANNES PAUL II. in Yamoussoukro die größte Kirche Afrikas.

Bildungswesen: Das Bildungswesen ist verstaatlicht, das Schulsystem nach frz. Vorbild organisiert; es besteht allgemeine Schulpflicht. Der Besuch der öffentl. Schulen ist kostenlos. Die wenigen Privatschulen werden v. a. von europ. Schülern besucht. Die Analphabetenquote konnte seit 1962 (95 %) erheblich gesenkt werden und betrug 1992 45 %. Einzige Univ. ist die Université Nationale de la Côte d'Ivoire in Abidjan. Zahlr. Studenten studieren im Ausland, die meisten von ihnen in Frankreich. 1990 betrug das Budget für das Bildungswesen 30,9 % der Staatsausgaben.

Publizistik: Presse: Trotz formaler Liberalisierung der Presse (1990) gibt es zahlr. Einschränkungen der Medien- und Meinungsfreiheit sowie Verfolgungen krit. Journalisten. Es erscheinen fünf Tageszeitungen, darunter die regierungsnahe ›Fraternité Matin‹ sowie seit 1993 das unabhängige Blatt ›Bonsoir la Côte d'Ivoire‹. Staatl. *Nachrichtenagentur:* ›AIP – Agence Ivoirienne de Presse‹. *Rundfunk:* Das staatl. Rundfunkmonopol wurde 1991 aufgehoben. Neben den staatl. Sendern ›Radiodiffusion Ivoirienne‹ (Hörfunk) und ›Télévision Ivoirienne‹ (zwei TV-Kanäle) existieren die privaten Hörfunksender ›Radio Espoir‹, ›Radio Nostalgie‹ und ›BBC Afrique‹; Privatfernsehen ist vorgesehen.

WIRTSCHAFT · VERKEHR

Die Landwirtschaft, bes. der Anbau der Exportprodukte Kakao und Kaffee, ist der bedeutendste Wirtschaftszweig des Landes. Verarbeitung und Transport von Agrargütern sind zudem die Grundlage des verarbeitenden Gewerbes und des Verkehrswesens. Bis Anfang der 1980er-Jahre galt die Rep. E. mit ihrer weltmarktorientierten, liberalen Wirtschaftspolitik bes. für IWF und Weltbank als Modell für ein erfolgreiches Entwicklungsland nach Erlangung der Unabhängigkeit. 1980 erreichte das Pro-Kopf-Einkommen mit 1 150 US-$ einen der höchsten Werte in Schwarzafrika. Der Rückgang der Weltmarktpreise für Kakao und Kaffee, das übermäßige Abholzen des trop. Regenwaldes sowie die weit hinter den Erwartungen zurückbleibenden Einnahmen aus der Erdölwirtschaft haben das Land in den 80er-Jahren in eine Wirtschafts- und Finanzkrise geführt. Das Pro-Kopf-Einkommen sank rapide und lag 1994 nur bei 510 US-$. Die Auslandsverschuldung ist mit (1992) 18 Mrd. US-$ sehr hoch; 31,5% des gesamten Waren- und Dienstleistungsexports mussten für den Schuldendienst aufgewendet werden. Die Erholung der Weltmarktpreise für Kakao und Kaffee sowie die Abwertung des CFA-Franc 1994 ermöglichen einen wirtschaftl. Aufschwung.

Landwirtschaft: Die Landwirtschaft (einschließlich Forstwirtschaft und Fischerei) trug 1994 weit über ein Drittel zum BIP bei. 54% der Erwerbstätigen arbeiten im Agrarbereich. Bei der Kakaoproduktion lag die Rep. E. mit einer Erntemenge von 730 000 t weltweit an 1. Stelle (30% der Weltproduktion), bei Kaffee mit 240 000 t auf Rang vier; weitere landwirtschaftl. Exportprodukte sind Palmkerne, Ananas, Baumwolle und Zuckerrohr. Wichtige Grundnahrungsmittel sind Jamswurzel, Maniok, Mais, Hirse, Reis und Kochbananen. Ein Hauptziel staatl. Wirtschaftspolitik ist die Selbstversorgung des Landes mit Nahrungsmitteln. Dennoch mussten 1992 568 000 t Getreide importiert werden. Für die Viehhaltung sind große Teile des Landes wegen der Verbreitung der Krankheiten übertragenden Tsetsefliege ungeeignet; Viehzucht wird v. a. in den Savannen im N betrieben.

Forstwirtschaft: Die übermäßige Abholzung des trop. Regenwaldes für den Export und für ackerbaul. Flächen hat zu einer drast. Reduzierung der Waldbestände geführt. Waren 1970 noch 49% der Landesfläche als Wald ausgewiesen, so liegt dieser Wert trotz eines staatl. Wiederaufforstungsprogramms nur noch bei 20%. Die zum Schlagen geeignete Nutzholzreserve beträgt nur noch etwa 1 Mio. ha im Ggs. zu 15,6 Mio. ha zu Beginn des Jahrhunderts. Der Holzeinschlag lag 1992 bei 2,8 Mio. m³ Nutzholz und 10,5 Mio. m³ Brennholz.

Fischerei: Die Fischerei spielt für die Ernährung der Bev. eine große Rolle, dennoch ist die Fangmenge (1991: 85 000 t) nicht ausreichend. Abidjan ist der wichtigste Fischereihafen Westafrikas.

Bodenschätze: Die 1977 bzw. 1980 entdeckten Erdöl- und Erdgasvorkommen haben die Erwartungen nicht erfüllt. Da sich die Ausbeutung der verstreut im Schelfgebiet liegenden Vorkommen schließlich als unwirtschaftlich erwies, wurde 1993 die Förderung eingestellt, soll aber wieder aufgenommen werden, nachdem reiche Erdöl- und Erdgasreserven im Offshorebereich vor Abidjan entdeckt wurden. Darüber hinaus verfügt die Rep. E. nur über wenige mineral. Rohstoffe (z. B. Eisen-, Kupfer-, Nickelerz, Gold,

Diamanten). Die Energieversorgung erfolgt zum einen durch Wärmekraftwerke und Energieimport; zum anderen basiert die Erzeugung elektr. Energie etwa zur Hälfte auf der Nutzung der Wasserkraft (die Leistung ist abhängig von den Wasserständen).

Industrie: Die Nahrungsmittelindustrie, bes. die Weiterverarbeitung von Kakao, Kaffee, Palmkernen, Ananas und Fisch, ist die dominierende Branche des verarbeitenden Gewerbes. Weitere Bereiche sind die Textil- und Holzindustrie. Die Erdölraffinerie von Abidjan verarbeitet v. a. importiertes Rohöl.

Tourismus: Tourist. Anziehungspunkte sind Wildreservate, der trop. Regenwald, die Lagunen, folklorist. Aktivitäten und die Großstadt Abidjan. Ausländ. Besucher kommen v. a. aus Frankreich.

Außenwirtschaft: Die Handelsbilanz ist seit 1970 positiv (1992: Einfuhr 2,46 Mrd. US-$; Ausfuhr 3,17 Mrd. US-$). Wichtigste Exportprodukte sind Kakao und Kakaoerzeugnisse (1992: 34% der Gesamtexporte), Erdöl, Holz und Kaffee. Bedeutendste Handelspartner sind Frankreich mit 25% des Außenhandelsvolumens, Nigeria, Dtl. und die Niederlande.

Verkehr: Das Verkehrsnetz zählt zu den modernsten in Afrika. Die Rep. E. ist ein wichtiges Transitland, da ein Großteil des überseeischen Warenverkehrs von Burkina Faso und Mali über ihre Häfen und Verkehrswege läuft. Die einzige Eisenbahnstrecke (638 km auf ivorischem Gebiet) verbindet Abidjan mit Ouagadougou (in Burkina Faso). Die führende Rolle spielt der Straßenverkehr. 5 200 km des 68 000 km langen Straßennetzes sind befestigt. Die Hauptverbindungen führen von den beiden wichtigsten Hafenstädten Abidjan und San Pedro ins Landesinnere und weiter in die nördl. Nachbarstaaten. Für die Binnenschifffahrt gibt es im Küstenbereich zw. den Lagunen natürl. Wasserwege (300 km), die untereinander durch Kanäle verbunden sind und den Verkehr zw. den Mündungsgebieten der Flüsse ermöglichen. Abidjan ist die größte Hafenstadt Westafrikas, hat einen internat. Flughafen, wie auch Yamoussoukro, und ist auch Sitz der Luftverkehrsgesellschaft ›Air Afrique‹.

GESCHICHTE

Der SO des heutigen Staates E. stand im 18./19. Jh. unter dem Einfluss der Ashanti. Nach 1700 wanderten von O, aus dem Gebiet des heutigen Ghana, die zu den Akan gehörigen Baule und Agni ein. Die Savanne des N gehörte zum Einflussgebiet des Reiches Mali und seiner Nachfolgestaaten.

An der Küste wirkten seit 1687 frz. Missionare; 1843 wurde in Grand-Bassam der erste frz. Marinestützpunkt errichtet; zw. 1887 und 1897 eroberte Frankreich das heutige Staatsgebiet, das 1895 Teil von →Französisch-Westafrika (AOF) wurde.

Als polit. Vertreter und Führer der E. setzte sich nach 1945 F. HOUPHOUËT-BOIGNY durch. Nach Zusammenstößen mit der Kolonialverwaltung 1949/50 arbeitete der von ihm gegründete ›Parti Démocratique de la Côte d'Ivoire‹ (PDCI) eng mit Frankreich zusammen. Am 7. 8. 1960 wurde E. unter Präs. HOUPHOUËT-BOIGNY unabhängig. Gestützt auf den PDCI formte er das Land zu einem Einparteienstaat um; im Ggs. zu anderen afrikan. Staaten wurden die alten Stammeshierarchien jedoch nicht gebrochen, sondern in das Reg.-System integriert. Bei der Entwicklung des Landes orientierte sich die Reg. an marktwirtschaftl. Prinzipien und öffnete es westl. Kapital. Abgesehen von Studentenunruhen 1969 verlief die innenpolit. Entwicklung – im Vergleich zu anderen afrikan. Staaten – in den 1970er-Jahren relativ ruhig. Seit Mitte der 1980er-Jahre kam es im Zuge polit. und wirtschaftl. Krisen zur Forderung nach Demokratisierung des Staates. Nach Unruhen und wachsender Kritik der städt. Bev. wurden 1990 oppositionelle Par-

teien zugelassen und demokrat. Reformen eingeleitet; die ersten freien Wahlen gewann 1990 die bisherige Einheitspartei PDCI. Trotz wachsender Proteste v. a. an den Universitäten, die bes. 1991 und 1992 eskalierten und zum Einschreiten der Armee führten, setzte die Reg. ihren wirtschaftl. Reformkurs (u. a. Privatisierungen, energ. Sparpolitik wegen hoher Verschuldung) fort. Nach dem Tod des zuletzt im Oktober 1990 wieder gewählten Präs. HOUPHOUËT-BOIGNY (Dezember 1993) wurde der bisherige Parlaments-Präs. HENRI KONAN BÉDIÉ sein Nachfolger. Die Präsidentschaftswahlen vom Oktober 1995, die allerdings von der Opposition boykottiert wurden, bestätigten ihn in diesem Amt; die Parlamentswahlen vom November 1995, an denen sich die Oppositionsparteien beteiligten, gewann der regierende PDCI überlegen.

S. AMIN: Le développement du capitalisme en Côte d'Ivoire (Paris 1967); C. ZELLER: E. (1969); A. R. ZOLBERG: One party government in the Ivory Coast (Neuausg. Princeton, N. J., 1969); G. BORCHERT: Die Wirtschaftsräume der E. (1972); J. DUTHEIL DE LA ROCHÈRE: L'État et le développement économique de la Côte d'Ivoire (Paris 1976); B. A. DEN TUINDER: Ivory Coast. The challenge of success (Baltimore, Md., 1978); T. C. WEISKEL: French colonial rule and the Baule peoples (Oxford 1980); A. TOURÉ: La civilisation quotidienne en Côte d'Ivoire (Paris 1981); I. W. ZARTMAN u. C. DELGADO: The political economy of Ivory Coast (New York 1984); E. LECHLER: Die zentralen Orte der E. (1985); B. WIESE: E. Erfolge u. Probleme eines Entwicklungslandes in der westafrikan. Tropen (1988); K. KANTÉ: Die Problematik der polit. Macht u. Herrschaft in der postkolonialen Côte d'Ivoire (1994).

Elfenbeinpalme:
Eine aus dem Hornendosperm geschnitzte Skulptur (links) und Längsschnitt durch den Samen der Art Phytelephas macrocurpa (rechts)

Elfenbeinmalerei, Miniaturmalerei mit Aquarellfarben auf dünnen Elfenbeintäfelchen, wobei anstelle von Weißausmischung das durchscheinende Elfenbein mit dünnen Lasuren die Töne bildet. Die hierdurch erzielte lebensnahe Hautfarbe erklärt die Beliebtheit der E. vom 17. bis 19. Jahrhundert.

Elfenbeinmöwe, Pagophila eburnea, große, weiße Möwe (Größe: 45 cm), die in kleinen Kolonien an Felsküsten der Arktis nistet; sie verlässt auch im Winter selten die Packeiszone.

Elfenbeinpalme, Steinnusspalme, Phytelephas, Palmengattung mit 13 Arten im trop. Amerika; stammlose oder kurzstämmige, zweihäusige Fiederpalmen. Die bis 4 cm dicken, runden Samen (**Elfenbeinnüsse, Steinnüsse, Taguanüsse**) liefern mit ihrem sehr harten, aus Reservecellulose bestehenden Nährgewebe vegetabil. Elfenbein.

Elfenbeinschnitzerei, durch Schnitzen u. a. Techniken wie Schaben, Bohren, Sägen, Ritzen (Gravieren) und i. w. S. auch Drechseln entstandene Plastiken, Reliefs und kunsthandwerkl. Arbeiten aus Elfenbein. E. wurden vom Altertum bis zum MA. gefärbt, bemalt, auch mit Blattgold belegt und mit Edelsteinen verziert.

In der *vorgeschichtl. Kunst* kommen Kleinkunstwerke aus Mammutelfenbein vor (Tierfiguren, weibl. Statuetten, gravierte Schmuckgegenstände, Gravie-

rungen auf Stoßzahnlamellen). Aus dem frühen Jungpaläolithikum stammen Höchstleistungen der Menschen- und Tiergestaltung (z. B. aus der Vogelherdhöhle), es folgen z. T. stark stilisierte stabförmige (Dolní Věstonice) und geometrisch ornamentierte E. (Eurasien, Sibirien). In Zentraleuropa bedeutet das Ende der letzten Eiszeit (Aussterben des Mammuts) das Ende der E. für Jahrtausende.

Im *Alten Orient* und *Ägypten* lassen sich E. seit dem frühen 3. Jt. v. Chr. nachweisen. Außer Nadeln, Kämmen und Dosen wurden schon in früher Zeit Schmuck (Perlen, Armreifen) und Figürchen aus Elfenbein geschnitzt. Seit Mitte des 2. Jt. v. Chr. fand Elfenbein häufig bei der Verzierung von Zaumzeug, Möbeln und Wandverkleidungen Verwendung, ebenso gab es eine Fülle von Schmuckstücken, Amuletten, Toilettengegenständen, Menschen- und Tierfiguren. Die altoriental. E. mit mytholog., Hof-, Jagd- und Kriegsszenen zeigt z. T. starken ägypt. Einfluss (Geburt des Horus, Papyrusbinder, Sphinx u. Ä.). Von besonderer Schönheit sind Tierdarstellungen. Reiche Funde wurden in Ugarit, Dur-Scharrukin, Megiddo, Arslan-Tasch, Samaria, Kalach, Hama u. a. Stätten gemacht.

In der *minoischen Kunst* wurde Elfenbein in der Vorpalastzeit für Siegel (einige in Tiergestalt) verarbeitet. Von der Miniaturplastik der Älteren Palastzeit unterscheiden sich etwas größere, aus mehreren Stücken gearbeitete Kleinplastiken, z. B. der Stierspringer (um 1600 v. Chr.; Heraklion, Archäolog. Museum). Elfenbeinreliefs der kretisch-myken. Kultur sind aus Kreta und v. a. vom Festland erhalten, bes. Dosen (Pyxiden), Schwert- und Spiegelgriffe.

Bei den *Griechen* trat die E. in der geometr. Epoche Ende des 8. Jh. v. Chr. wieder auf, angeregt von Importstücken aus dem Alten Orient. Im 7. Jh. entstanden Beschläge für Möbel und Gerätschaften sowie Kleinplastik (v. a. in Ephesos, Samos und Sparta). Im 6. und 5. Jh. erhielten die riesigen Götterstatuen aus Holz Verblendungen mit Gold- und Elfenbeinplatten (→chryselephantine Bildwerke). In *hellenist.* und *röm. Zeit* wurde die Technik auf Herrscherbildnisse angewandt. In *Etrurien* verarbeitete man Elfenbein v. a. zu reliefverzierten Kästchen und Büchsen, auch Statuetten, Kämme, Spiegelgriffe, Blashörner, sogar Klappstühle wurden aus Elfenbein hergestellt (v. a. 7. und 6. Jh. v. Chr.). In Rom verfertigte man mit Elfenbein furnierte Möbel und inkrustierte Musikinstrumente. Umfangreich war die E. der spätantiken Zeit (4.–6. Jh.); Dosen (Pyxiden) und die zweiteiligen Schreibtäfelchen (Diptychen), u. a. die Konsulardiptychen (aus den Jahren 406–451 komplett erhalten), wurden meist figürl. Reliefdekor verziert.

Auch in der *frühchristl. Kunst* bildeten die Pyxiden eine große Gruppe der E. Das bedeutendste Zeugnis frühchristl. E. ist die Cathedra des Bischofs MAXIMIAN von Ravenna (um 550; Museo Arcivescovile). Zentren der E. waren im 5. Jh. Rom, Oberitalien und Konstantinopel, das im 6. Jh. eine führende Stellung einnahm. Eine neue Blüte erreichte die *byzantin. E.* im 10.–12. Jh.; erhalten sind Diptychen, Triptychen, Buchdeckel und Kästchen mit mytholog. und christl. Motiven.

Mit der *karoling. Kunst* setzt die E. nördlich der Alpen ein (Klosterwerkstätten Lorsch, Metz, Saint-Denis, Reims, St. Gallen); es entstanden bes. Buchdeckel und Diptychen mit flachen Reliefs. Unter den *Ottonen* wurden v. a. in den Klöstern auf der Reichenau, von Echternach (Buchdeckel des Codex aureus; 985–991; Nürnberg, German. Nationalmuseum), Trier und Lüttich Arbeiten mit E. angefertigt.

In der *Gotik* ging die Führung in der E. auf Frankreich über, wo (v. a. in Paris) neben Madonnenstatuetten und Marienaltären bes. Passionsdiptychen und -triptychen angefertigt wurden.

Elfenbeinschnitzerei: Stilisiertes Frauenidol aus der Altsteinzeit, gefunden in Dolní Věstonice; Höhe 8,7 cm (Brünn, Moravské muzeum)

Elfenbeinschnitzerei: Nackenstütze aus dem Grab des ägyptischen Königs Tutanchamun; um 1337 v. Chr. (Kairo, Ägyptisches Museum)

Während in der *Renaissance* die E. durch die Bronzekunst verdrängt wurde, gelangte sie im *Barock* wieder zu großer Virtuosität. Im 17. Jh. entstanden v.a. Prunkgeschirre, Kannen und Humpen, deren Elfenbeingurte in Edelmetall gefasst wurden, sowie Figuren und Figurengruppen, Hochreliefs und Bildnismedaillons. Mytholog. und allegor. Motive dominierten gegenüber religiösen Darstellungen; doch erfuhren Elfenbeinkruzifixe eine besondere Wertschätzung. Führend waren die Schnitzer und Drechsler an den dt. Fürstenhöfen, so C. ANGERMAIR und S. TROGER in München, G. PETEL in Augsburg, M. RAUCHMILLER

Elfenbeinschnitzerei: Cathedra des Bischofs Maximian von Ravenna; um 550 (Ravenna, Erzbischöfliches Museum)

in Wien, I. ELHAFEN in Düsseldorf, B. PERMOSER in Dresden und P. EGELL in Mannheim. Mit dem Ende des Rokoko verlor die E. an Bedeutung. Eine Wiederbelebung ging Ende des 19. Jh. von Frankreich und Belgien aus, bes. im Bereich der chryselephantinen Kleinplastik. Sie erreichte ihren Höhepunkt mit Arbeiten im Stil der Art déco. Ein Zentrum der E. im 19. Jh. war Erbach im Odenwald, wo sich seit 1966 das Dt. Elfenbeinmuseum befindet.

Islam. Kunst: Künstler. Höhepunkte erreichte die E. v. a. im omaijad. Spanien und im normann. Sizilien und Unteritalien (sarazen. Werkstätten) mit reliefverzierten Pyxiden, Kästen und Jagdhörnern (Olifantenhörner, mit Jagd- und Kampfszenen im fatimid. Stil, 11. Jh. n. Chr.), auch mit bemalten, auf Holzkästen verarbeiteten Elfenbeinplatten.

Von der E. der *ind. Kunst* ist aus klimat. Gründen wenig erhalten, jedoch wurden in Begram in Afghanistan 1937 und 1939/40 eine Reihe E. aus der Zeit des Kushanreichs ausgegraben, v. a. vollplast. Reliefs und Statuetten. Mit E. verkleidete Truhen (u. a. London, Brit. Museum; um 1600), Elfenbeinkämme, Dosen, Buchdeckel u. a. (17.–19. Jh.) stammen aus S-Indien (Karnataka), Orissa, Bengalen und Sri Lanka.

Die frühesten Zeugnisse von E. in *Schwarzafrika* gehen ins 16. Jh. zurück. Im Königreich →Benin stand das Arbeiten mit Elfenbein streng unter der Kontrolle des Oba (Königs), für den wohl alle bedeutenden E. angefertigt wurden. Die Schnitzer waren in einer Zunft vereinigt; sie arbeiteten im Stammesstil, der sich vier Jh. lang auf gleicher künstler. Höhe hielt. Die schönsten E. Benins dürften im 16. Jh. entstanden sein; auch die vermutlich aus dem 19. Jh. stammen den, ringsum reich beschnitzten Elfenbeinzähne für die Ahnenaltäre des Oba sowie ein Leopardenpaar zeigen künstler. Vollendung.

Auch in neuerer Zeit sind in Schwarzafrika E. gefertigt worden, v. a. von den Stämmen der Regenwaldgebiete. Verbreitet sind Trompeten (Querhörner), meist für kult. Zwecke, aus einem Stoßzahn gefertigt und bei einigen Stämmen mit Figuren, Köpfen, Emblemen u. a. versehen.

Nordamerika: Bei den Eskimo Alaskas ist die E. aus den Stoßzähnen von Walrossen schon seit mehr als 2000 Jahren eine hoch entwickelte Handwerkskunst (Höhepunkt in der prähistor. →Ipiutakkultur); kleine Figuren, Pfeifen, gravierte Anhänger, Harpunenspitzen u. a. wurden hergestellt. Auch die nördl. Nordwestküstenindianer, v. a. die Tlingit, schnitzten dekorative kleine Amulette aus Walrosszähnen.

In *China* stammen die frühesten Funde von geschnitztem Elfenbeingerät aus der Shangzeit (16. bis 11. Jh. v. Chr.). Der Dekor lehnt sich an der Sakralbronzen an (Tao-tie-Maske). Dass es in dieser Zeit in Nordchina Elefanten gab, wird auch durch Sakralbronzen in Form von Elefanten bezeugt. E. der Tangzeit (kleine buddhistische Statuetten, Maßstäbe, Würfel, Kämme, Armstützen), die vor die Mitte des 8. Jh. datiert werden können, sind v. a. im →Shōsōin erhalten geblieben. Durch einen verstärkten Handelsaustausch mit Indien und auch Afrika erlebte die E. in der Ming- und Qingperiode eine Blüte. Die Elfenbeinskulptur mit Figuren des buddhist. und taoist. Pantheons ist der Kleinplastik in Porzellan verwandt.

In *Japan* wurden außerdem Netsuke und kleine Figuren zum Aufstellen (okimono) aus Elfenbein geschnitzt.

A. GOLDSCHMIDT: Die Elfenbeinskulpturen, 6 Bde. (1914–34, Nachdr. 7 Bde. 1969–79); A. GOLDSCHMIDT u. K. WEITZMANN: Die byzantin. Elfenbeinskulpturen des 10. bis 13. Jh., 2 Bde. (1930–34, Nachdr. 1979); W. F. VOLBACH: Elfenbeinarbeiten der Spätantike u. des frühen MA. (³1976); C. P. WOODHOUSE: Ivories (New York 1976); D. GABORIT-

Elfenbeinschnitzerei: Georg Petel, Salzfass; 1627/28 (Stockholm, Königliches Schloss)

Elfenbeinschnitzerei: Otto Glenz ›Elfe‹; Höhe 28 cm, um 1900 (Erbach, Deutsches Elfenbeinmuseum)

Elfenbein-
schnitzerei:
Armreif aus Benin;
16. Jh. (London,
Britisches Museum)

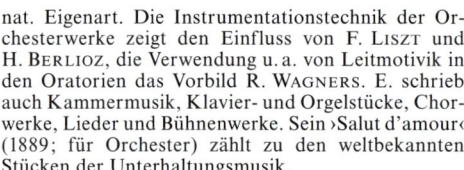

CHOPIN: Elfenbeinkunst im MA. (a.d.Frz., 1978); M. E. L. MALLOWAN: The Nimrud ivories (London 1978); Elfenbein, bearb. v. E. v. PHILIPPOVICH (²1981); R. D. BARNETT: Ancient ivories in the Middle East and adjacent countries (Jerusalem 1982); P. WILLIAMSON: E. aus dem MA. (a.d. Engl., Bern 1982); R. H. RANDALL u.a.: Masterpieces of ivory. From the Walters Art Gallery (München 1986); C. THEUERKAUFF: Die Bildwerke in Elfenbein des 16. bis 19. Jh. (1986); H.-W. HEGEMANN: Das Elfenbein in der Kunst u. Kultur Europas. Ein Überblick von der Antike bis zur Gegenwart (1988); S. EISENHOFER: Höf. E. im Reich Benin. Kontinuität oder Kontinuitätspostulat (1993).

Elfenbeinspecht, Campephilus principalis, mit bis 50 cm Größe der zweitgrößte Specht der Erde (Gattung Langhaubenspechte); der E. war urspr. v. a. im S der USA verbreitet und galt seit einigen Jahren als ausgestorben, bis 1987 ein Restbestand auf Kuba wieder entdeckt wurde.

Elfenbeinturm, Symbolbegriff sowohl für sittl. Reinheit als auch für die selbst gewählte Isolation eines Künstlers, Wissenschaftlers o. Ä., der in seiner eigenen Welt (nur seinem Werk) lebt, ohne sich um Gesellschaft und Tagesprobleme zu kümmern. Der Gebrauch des Wortes in dieser Bedeutung findet sich erstmals, allerdings nicht negativ, bei dem frz. Literaturkritiker und Schriftsteller C. A. SAINTE-BEUVE in Bezug auf A. DE VIGNY.

Elfenblauvögel, Irena, Gattung amselgroßer Blattvögel in den Wäldern S- und SO-Asiens; Baumbewohner, die v. a. Früchte, manche auch Nektar und Insekten fressen. Beim **Elfenblauvogel (Irene,** Irena puella) ist das Männchen samtschwarz mit auffallend leuchtender, blauer Oberseite und roter Iris, das Weibchen ist stumpfblau gefärbt.

Elfern, dem Sechsundsechzig ähnl. Kartenspiel (meist zwei Teilnehmer) mit 32 Karten. Jeder Spieler erhält sechs Karten. Gewonnen hat, wer die meisten ›Bilder‹ (mindestens elf) in den Stichen hat.

Elferprobe, Verfahren zur Nachprüfung einer Rechnung, →Neunerprobe.

Elferrat, die elf Mitglieder des Komitees, das örtl. Karnevalsveranstaltungen vorbereitet und leitet (→Fastnacht).

El Ferrol del Caudillo [-ˈðiʎo], früherer Name der span. Stadt →Ferrol.

Elfmänner, Behörde im alten Athen, →Hendeka.

Elfmeter, kurz **Elfer,** Fußball: umgangssprachl. Bez. für →Strafstoß, analog: **E.-Schießen** (korrekt: **Strafstoßschießen).**

Elf Scharfrichter, →Kabarett.

Elfstädtetour [tuːr], niederländ. **Elfstedentocht,** 1909 erstmals durchgeführter Eisschnelllaufwettbewerb (rd. 200 km) über die zugefrorenen Kanäle der niederländ. Prov. Friesland, entlang an elf Städten (Leeuwarden–Sneek–IJlst–Sloten–Staveren–Hindeloopen–Workum–Bolsward–Harlingen–Franeker–Dokkum). Die E., meist im Januar veranstaltet (Start und Ziel: Leeuwarden), gelangt aber nur unregelmäßig zur Durchführung, da auf den Kanälen eine mindestens 15 cm dicke Eisdecke vorhanden sein muss (bisherige Wettbewerbe: 1912, 1917, 1929, 1933, 1940–42, 1947, 1954, 1956, 1963, 1985/86 und 1997). Die E. ist in den Niederlanden eine der populärsten Sportveranstaltungen.

Edward Elgar

Elgar [ˈelgaː], Sir (seit 1904) E d w a r d William, brit. Komponist, *Broadheath (bei Worcester) 2. 6. 1857, †Worcester 23. 2. 1934; Autodidakt, war in Worcester zunächst Violinist, wurde 1885 Organist an der römisch-kath. Kirche Saint George, lebte seit 1889 freischaffend. Er errang allg. Anerkennung mit seinem Oratorium ›The dream of Gerontius‹ (1900, nach einem Gedicht von J. H. Kardinal NEWMAN). 1924 wurde er zum Master of the King's Music ernannt. – In Anlehnung an die ältere engl. Musik und an die Folklore entwickelte E. einen Stil von ausgeprägter

nat. Eigenart. Die Instrumentationstechnik der Orchesterwerke zeigt den Einfluss von F. LISZT und H. BERLIOZ, die Verwendung u. a. von Leitmotivik in den Oratorien das Vorbild R. WAGNERS. E. schrieb auch Kammermusik, Klavier- und Orgelstücke, Chorwerke, Lieder und Bühnenwerke. Sein ›Salut d'amour‹ (1889; für Orchester) zählt zu den weltbekannten Stücken der Unterhaltungsmusik.

Weitere Werke: *Orchesterwerke:* Enigma variations (1899, über ein eigenes Thema); 2 Sinfonien (1908, 1911); Violinkonzert h-Moll (1910); Violoncellokonzert e-Moll (1919); Nursery suite (1931); 5 Märsche: Pomp and circumstance (1901–30, bekannt v. a. Nr. 1 mit dem Trio ›Land of hope and glory, Mother of the free‹). – *Oratorien:* The light of life (1896); The apostles (1903); The kingdom (1906).

J. N. MOORE: E. E. (Oxford 1984).

Elgava [ˈjε-], Stadt in Lettland, →Jelgava.

Elgin [ˈelgɪn], Marktstadt in der Grampian Region, Schottland, 19 000 Ew., Schulzentrum; Gordonstown-Schule (1934 vom Reformpädagogen KURT HAHN gegr.); Whiskydestillerie, Maschinenbau, Wollindustrie. – Die 1224 erbaute Kathedrale (1390 zerstört, Chor gut erhalten) gehört zu den bedeutendsten Zeugnissen mittelalterl. Sakralarchitektur in Schottland.

Elgin [ˈelgɪn], seit 1633 schott. Grafentitel (Earl of E.) in der Familie Bruce, die 1647 auch den Titel Earl of Kincardine erhielt. – Bedeutende Vertreter:

1) James **Bruce** [bruːs], 8. Earl **of E.,** 12. Earl **of Kincardine** [-kɪnˈkaːdɪn], brit. Politiker, *London 20. 7. 1811, †Dharamsala (Himachal Pradesh, Indien) 20. 11. 1863; war 1842–46 Gouv. von Jamaika, 1847–54 Gen.-Gouv. von Kanada, wo er die Selbstverwaltung im Sinne des ›Durham-Reports‹ seines Schwiegervaters J. G. LAMBTON, Earl of →Durham, förderte. 1857 ging er als brit. Bevollmächtigter nach China und handelte dort den (zw. Frankreich und China gleich lautend abgeschlossenen) Vertrag von Tientsin aus. 1860 leitete er die frz.-brit. Expedition gegen China zur Durchsetzung der Verträge. 1862 wurde er Vizekönig von Indien.

2) Thomas **Bruce** [bruːs], 7. Earl **of E.,** 11. Earl **of Kincardine** [-kɪnˈkaːdɪn], brit. Diplomat und Kunstsammler, * 20. 7. 1766, †Paris 14. 11. 1841; 1799–1803 Gesandter in Konstantinopel, trug auf seinen Reisen in Griechenland (1803–12) eine bedeutende Sammlung altgriech. Skulpturen (→Elgin Marbles) zusammen.

Elgin Marbles [ˈelgɪn ˈmaːblz], die von THOMAS BRUCE, Earl of →ELGIN 1803–12 von Griechenland nach England gebrachten und 1816 vom brit. Staat angekauften Marmorskulpturen, v. a. die Parthenonskulpturen der Athener Akropolis (London, British Museum).

El-Goléa, Oasenstadt in der Sahara, Algerien, am N-Rand des Plateaus von Tademait und am O-Rand des Westl. Großen Erg, 377 m ü. M., an der Straße Algier–Tamanrasset, 270 km südlich von Ghardaia, etwa 15 000 Ew.; botan. Garten; Flugplatz; Gemüse- und Obstbau, etwa 200 000 Dattelpalmen. – Im A auf einem Felsen die mächtige Ruine des Ksar el-Menia.

Elgon, Mount E. [ˈmaunt ˈelgɔn], erloschener Vulkan an der Grenze Kenia/Uganda, 4 322 m ü. M., mit einer Caldera von 8 km Durchmesser. Der Mount E. sitzt einer etwa 1 200 m ü. M. gelegenen Rumpffläche (aus dem Miozän) auf und bedeckt eine Fläche von etwa 3 200 km². Am dicht besiedelten Bergfuß werden neben Selbstversorgungsprodukten Kaffee, Tee und Chrysanthemumarten (zur Gewinnung von Pyrethrum) angebaut.

El Greco, span. Maler griech. Herkunft, →Greco, El.

Elhafen, Ignaz, Elfenbeinschnitzer, *Innsbruck(?) 1. 8. 1658, †vor dem 1. 6. 1715; Ausbildung in Innsbruck, Wien und vor 1685 in Rom; ab 1704 in Düsseldorf. Seine Reliefarbeiten in Elfenbein, wohl auch die

Statuetten, entstanden nach graf. Vorlagen. Er bevorzugte bibl. und mytholog. Szenen.

Elhen von Wolfhagen, Tilemann, Stadtchronist, *Wolfhagen (bei Kassel) 1347 oder 1348, †Limburg a. d. Lahn nach 1411; Notar, ab 1394 auch Stadtschreiber in Limburg, zeichnete in der **Limburger Chronik,** oft in Form von Episoden, selbst Erlebtes und Gehörtes aus den Jahren 1335–98 auf, darunter wertvolle Nachrichten über Kleidermoden, dt. zeitgenöss. Lieder sowie Pestseuchen und Geißlerzüge.

El-Hiba, Name der Ruinenstätte von →Lagasch.

Eli [hebr.], in der Vulgata **Heli,** Priester am Heiligtum in Silo zur Zeit SAMUELS (1. Sam. 1–4), der Ahnherr eines israelit. Priestergeschlechtes (Eliden), das unter König SALOMO durch ZADOK verdrängt wurde.

Elia ['i:ljə], Pseud. des engl. Schriftstellers Charles →Lamb.

Eliade, Mircea, rumän. Religionshistoriker, Kulturphilosoph und Schriftsteller, *Bukarest 9. 3. 1907, †Chicago (Ill.) 23. 4. 1986; war nach einem Studium in Indien Kulturattaché in London (1940) und Lissabon (1941), Gast-Prof. in Paris (1946), seit 1956 Prof. für Religionsgesch. in Chicago; publizierte in engl., frz. und rumän. Sprache. E. gilt als einer der anregendsten Religionshistoriker der Gegenwart (Hauptwerk: ›Histoire des croyances et des idées religieuses‹, 3 Bde., 1976–78, dt. ›Gesch. der religiösen Ideen‹). E.s Arbeiten kreisen um elementare religiöse Vorstellungskomplexe wie: Erscheinungsformen des Heiligen in der Natur (›Hierophanien‹) und Profanität, das Verhältnis von zeitlosem Ursprung, wie er in den frühen Hochkulturen und von heutigen Naturvölkern als zykl. ›Wiederkehr der Zeit‹ erfahren werde, und Gesch. (v. a. beschrieben in: ›Le mythe de l'éternel retour‹, 1949, dt. u. a. als ›Kosmos und Gesch. Der Mythos der ewigen Wiederkehr‹). E. verfasste Arbeiten zum Schamanismus, ebenso seit 1930 Erzählungen und Romane, die in mythisch-symbol. Weise ähnl. Grundthemen behandeln wie seine wiss. Schriften.

Weitere Werke: Religionswiss.: Yoga (1936; dt.); Traité d'histoire des religions (1948; dt. Die Religionen u. das Heilige); Le chamanisme et les techniques archaïques de l'extase (1951; dt. Schamanismus u. archaische Ekstasetechnik); Naissances mystiques (1958; dt. Das Mysterium der Wiedergeburt. Initiationsriten, ihre kulturelle u. religiöse Bedeutung); The quest (1969; dt. Die Sehnsucht nach dem Ursprung. Von den Quellen der Humanität); Dictionnaire des religions (hg. 1990, mit I. P. COULIANO; dt. Hb. der Religionen). – *Romane:* Maitreyi (1933; dt. Das Mädchen Maitreyi); Domniçoara Christina (1936; dt. Fräulein Christine); Forêt interdite (1955). – *Erzählungen:* Pe strada Mântuleasa (1968; dt. Auf der Mântuleasa-Straße). – Phantast. Geschichten (dt. Ausw. 1978). – *Hg.:* The encyclopedia of religion, 15 Bde. (1987).
Sehnsucht nach dem Ursprung. Zu M. E., hg. v. H. P. DUERR (1983).

Eliade-Rădulescu [-rədu'lesku], Ion, rumän. Schriftsteller, →Heliade-Rădulescu, Ion.

Elia Levita, Elia Bachur, Elia ben Ascher ha-Levi Aschkenasi, Elia Tischbi, jüd. Gelehrter und Grammatiker, →Levita, Elia.

Elias, hebr. **Elijja, Elijjahu,** israelit. Prophet, der in der ersten Hälfte des 9. Jh. v. Chr. den Ausschließlichkeitsanspruch Jahwes gegen den Kult des Tyrischen Baal und den Baalismus in Israel unter AHAB und ISEBEL vertrat (1. Kön. 17–19, 21; 2. Kön. 1). Man übertrug auf ihn Legendenmotive und Züge des Wundertäters, erzählte von seiner Entrückung im Feuerwagen (2. Kön. 2) und erwartete in nachexil. Zeit seine Wiederkehr als Vorläufer des MESSIAS. – Aus dem 3. Jh. n. Chr. stammt eine E.-Apokalypse, die in hebr. u. kopt. Sprache erhalten ist; eine gleichartige, von ORIGENES erwähnte Schrift ist verloren. – Oratorium op. 70 von F. MENDELSSOHN BARTHOLDY, nach Worten des A. T.; Uraufführung 26. 8. 1846 in Birmingham, revidierte Fassung 16. 4. 1847 in London.

G. FOHRER: Elia (Zürich 1957); O. H. STECK: Überlieferung u. Zeitgesch. in den E.-Erzählungen (1968); E. MODERSOHN: Der Prophet Elia, 2 Bde. (Basel ²1982–84).

Elias, Norbert, Soziologe, *Breslau 22. 6. 1897, †Amsterdam 1. 8. 1990; studierte Philosophie (u. a. bei H. RICKERT, E. HUSSERL, K. JASPERS und M. HEIDEGGER), dann v. a. Soziologie in Heidelberg; wurde 1930 in Frankfurt am Main Assistent von K. MANNHEIM; habilitierte sich 1933 für Soziologie in Frankfurt am Main; emigrierte im gleichen Jahr, zunächst nach Frankreich, 1938 nach England; 1954–62 Prof. in Leicester, danach zahlr. Gastprofessuren. – Mit seinem Hauptwerk ›Über den Prozeß der Zivilisation‹ (1939) erreichte E. nach dessen Neuausgabe (1969) und Übersetzung in mehrere Sprachen einen wachsenden Einfluss auf die Soziologie und Sozialpsychologie, Literaturwiss., Pädagogik und weitere Disziplinen. Am Wandel des Verhaltens in den weltl. Oberschichten des Abendlandes wird der Zusammenhang zw. der Soziogenese und der Psychogenese des Menschen aufgezeigt; die Änderung von Institutionen, bis hin zum Staat, erscheint als eng verflochten mit der Änderung der Psychostruktur. E. verwies auf die Bedeutung langfristiger sozialer Prozesse sowie auf die ungeplanten Folgen von techn. und sozialen Innovationen. In dem Maße, wie mit dem Ende der Systemkonfrontation das Interesse an langfristigen Entwicklungen und innergesellschaftl. Wechselbeziehungen und Konflikten von Großgruppen und Individuen zugenommen hat, ist in den 1990er-Jahren auch das Interesse am Werk von E. gewachsen, wenngleich es in seinen histor. Belegen und in der Reichweite seiner theoret. Muster nicht unbestritten geblieben ist. E. gilt als einer der bedeutendsten Soziologen des 20. Jh.

Weitere Werke: Die höf. Gesellschaft (1969); Was ist Soziologie? (1970); Über die Einsamkeit der Sterbenden in unseren Tagen (1982); Engagement u. Distanzierung (1983); Notizen zum Lebenslauf, in: Macht u. Zivilisation, hg. v. P. GLEICHMANN u. a. (1984); Über die Zeit (1985); Los der Menschen (1987, Gede.); Die Gesellschaft der Individuen (1987); Studien über die Deutschen (1989); N. E. über sich selbst (1990).
Human figurations, hg. v. P. GLEICHMANN u. a. (Amsterdam 1977); Materialien zu N. E.' Zivilisationstheorie, hg. v. DEMS. (1979); Macht u. Zivilisation, hg. v. DEMS. (1984); R. BAUMGART u. V. EICHENER: N. E. zur Einf. (1991); A. TREIBEL: Einf. in soziolog. Theorien der Gegenwart (³1995); N. E. u. die Menschenwiss.en. Studien zur Entstehung u. Wirkungsgesch. seines Werkes, hg. v. K.-S. REHBERG (1996).

Eliasberg, Paul, frz. Maler und Grafiker dt. Herkunft, *München 17. 4. 1907, †Hamburg 1. 10. 1983; war in Paris Schüler von R. BISSIÈRE. Landschaften und Architekturen, häufig auf Reisen zurückgehende Eindrücke, sind die Hauptmotive seiner Aquarelle, Zeichnungen und Radierungen.
J. C. JENSEN: P. E. Das Gesamtwerk der Druckgraphik 1957–83 (1983).

Elías Calles [-j-], Plutarco, mexikan. General und Politiker, *Guaymas (Sonora) 25. 9. 1877, †Mexiko 19. 10. 1945; zunächst Lehrer, später in führenden militär. Funktionen, 1916–19 Gouv. von Sonora, 1920 beteiligt am Sturz des Präs. V. CARRANZA. 1920 war er Kriegs-, 1920–23 Innen-Min. Als Staatspräs. (1924–28) setzte sich E. C. für eine Landreform ein; sein Kampf gegen die beherrschende Stellung der kath. Kirche in der Gesellschaft führte zu starken innenpolit. Spannungen; sein Versuch, den wirtschaftl. Einfluss der USA in Mexiko zurückzudrängen, löste außenpolit. Konflikte aus. Mit der Gründung des ›Partido Nacional Revolucionario‹ (PNR, seit 1946 ›Partido Revolucionario Institucional‹, PIR) schuf E. C. das heutige polit. System in Mexiko, das sich auf die Revolution von 1910 berief. Als Führer des PNR übte er bis 1934 einen maßgebl. Einfluss in seinem Lande aus. 1936–41 lebte er im Exil in den USA.
F. MEDINA RUIZ: Calles (Mexiko 1960).

Eliasfeuer, das →Elmsfeuer.

Mircea Eliade

Norbert Elias

Gertrude B. Elion

Élie de Beaumont [elid(ə)boˈmɔ̃], Jean Baptiste Armand Louis Léonce, frz. Geologe, *Canon (bei Caen) 25. 9. 1798, †ebd. 21. 9. 1874; ab 1829 Prof. in Paris. Seiner Initiative und Leitung ist die geolog. Karte Frankreichs 1 : 500000 zu verdanken, die 1840 erschien (²1855, 2 Textbände 1841–78).

Eli, Eli, lema sabachtani [aramäisch ›mein Gott, mein Gott, warum hast du mich verlassen?‹], Worte des sterbenden JESUS am Kreuz (Matth. 27, 46; Mark. 15, 34). LUTHERS dt. Bibelübersetzung verwendet den hebr. Wortlaut des zitierten Psalms (Ps. 22, 2): ›Eli, Eli, lama asabthani‹.

Elieser ben Hyrkanos, gen. **Elieser der Große,** jüd. Gesetzesgelehrter in Palästina im 1. und 2. Jh.; Lehrer von →AKIBA (AQIBA) BEN JOSEF; gehörte zu den Begründern der jüd. Selbstverwaltung nach 70.

Eligius, E. von Noyon [-nwaˈjɔ̃], frz. **Éloi** [eˈlwa], fränk. Bischof, *Chaptelat (bei Limoges) um 588, †Noyon 1. 12. um 660; urspr. Goldschmied und Münzmeister am Merowingerhof, seit 641 Bischof von Noyon, machte sich verdient um die Missionierung der in Nordfrankreich ansässigen Germanen. Patron der Schmiede, Goldarbeiter und Bauern (bes. bei Pferdekrankheiten). – Heiliger (Tag: 1. 12.).

Elihu [hebr. ›er ist Gott‹], Eigenname im A.T. Wichtigster Träger ist E., der Sohn des Barakel aus Bus, der in vier Reden zw. den Auffassungen Hiobs und seiner Freunde zu vermitteln sucht (Hiob 32–37).

Elikon der, Gebirge in Griechenland, →Helikon.

Elimination [lat.] die, -/-en, 1) bildungssprachlich für: Ausschaltung, Beseitigung.
2) Genetik: zufallsbedingtes, allmähl. Verschwinden von Erbmerkmalen innerhalb einer Population.
3) Mathematik: jedes Verfahren, durch das man eine Unbekannte aus einem System von Gleichungen mit mehreren Unbekannten entfernt. Sind n Gleichungen mit n Unbekannten aufzulösen, so kann man nacheinander $n - 1$ Unbekannte zu eliminieren, um eine Endgleichung für die n-te Unbekannte zu erhalten und nach deren Lösung rückschreitend die übrigen Unbekannten zu berechnen.
4) Pharmakologie: Bez. für alle Vorgänge, die zu einer Konzentrationsabnahme eines Arzneistoffs im Organismus führen. Dazu gehören die → Biotransformation und die Ausscheidung.

Eliminierung, Eliminierungsreaktion, chem. Reaktion, bei der jeweils zwei Atome oder Atomgruppen ohne Ersatz durch andere Gruppen aus einem Molekül entfernt werden. Bei organ. Verbindungen unterscheidet man v.a. zw. **α-E.** (beide Atome oder Gruppen werden vom gleichen C-Atom gelöst, wobei Carbene entstehen) und **β-E.** (Ablösung von benachbarten C-Atomen, wobei sich zw. diesen Doppel- oder Dreifachbindungen ausbilden). Wichtige E. sind z.B. →Dehydrierung, →Dehydratisierung und →Dehydrochlorierung.

Eling Hu, See in der Prov. Qinghai, NW-China, →Ngoring Hu.

Elin Pelin, eigtl. **Dimitar Iwanow Stojanow,** bulgar. Schriftsteller, *Bailowo (bei Sofia) 18. 7. 1878, †Sofia 3. 12. 1949; urspr. Lehrer, ab 1899 Journalist; bedeutender Belletrist, der, angeregt von A. TSCHECHOW, M. GORKIJ und G. DE MAUPASSANT, realistisch-psychologisch das ihm aus seiner Jugend bekannte bäuerlich-patriarchal. Leben und dessen Verfall schildert (›Geracite‹, 1911, dt. ›Die Geraks‹; ›Zemja‹, 1922). In seinen Erzählungen führt er persönl. Leid auf den sozialen Ggs. in der Gesellschaft zurück.
Weitere Werke: Romane: Az, ti, toj (1936); Pod manastirskata loza (1936; dt. Die Liebe aber ist das Größte); Sresta (1937; dt. Begegnung). – Erzählungen: Die Versuchung (dt. Ausw., 1959); Die Windmühle (dt. Ausw., 1963).
Ausgabe: Săčinenija, 6 Bde. (1972–73).
E. P., hg. v. K. GENOV (Neuausg. Sofia 1972).

George Eliot
(Zeichnung; 1865)

T. S. Eliot

Elion [ˈeljən], Gertrude Belle, amerikan. Biochemikerin und Pharmakologin, *New York 23. 1. 1918; ab 1944 Mitarbeiterin von G. H. HITCHINGS beim Pharmaunternehmen Burroughs Wellcome in Triangle Park (N. C.), ab 1973 auch Prof. in Chapel Hill (N. C.); erhielt für ihre mit HITCHINGS durchgeführten pharmakolog. Grundlagenarbeiten zus. mit diesem und J. W. BLACK 1988 den Nobelpreis für Physiologie oder Medizin.

Eliot [ˈeljət], 1) Charles William, amerikan. Bildungspolitiker, *Boston (Mass.) 20. 3. 1834, †Northeast Harbor (Me.) 22. 8. 1926; war 1869–1909 Präs. der Harvard University, die er durch umfangreiche Reformen zur führenden modernen Univ. der USA machte.
2) George, eigtl. **Mary Ann Evans** [ˈevnz], engl. Schriftstellerin, *Arbury Farm (bei Coventry) 22. 11. 1819, †London 22. 12. 1880. Methodistisch erzogen, früh selbstständig, lebte E. seit 1841 in Coventry, wo sie sich dem Freidenkertum zuwandte; lebte 1854–78 mit dem Kritiker G. H. LEWES zus., heiratete nach dessen Tod 1880 den gemeinsamen Freund, den amerikan. Bankier JOHN WALTER CROSS (*1840, †1924). E. beschäftigte sich mit bibelkrit. und positivist. Schriften; übersetzte 1846 D. F. STRAUSS' ›Leben Jesu‹ und 1854 L. FEUERBACHS ›Wesen des Christentums‹; war Mitarbeiterin, 1851–54 auch Mitherausgeberin der ›Westminster Review‹. Sie begann erst im Alter von 37 Jahren Romane zu schreiben. Schon die früheren, bes. ›Adam Bede‹ (3 Bde., 1859, dt.) und ›The mill on the Floss‹ (3 Bde., 1860, dt. ›Die Mühle am Floss‹), die in der mittelengl. Provinz spielen, zeichnen sich durch psycholog. Einfühlung sowie soziale th. und intellektuelle Durchdringung aus. In den späteren Werken, von denen namentlich ›Middlemarch. A study of provincial life‹ (4 Bde., 1871–72, dt. ›Middlemarch. Aus dem Leben der Provinz‹) als einer der bedeutendsten engl. Romane des 19. Jh. gilt, schildert E. gesellschaftl. Verhältnisse als verzweigte Geflechte menschl. Schicksale und charakterl. Entwicklungen. Die dabei erreichte Erzählkunst markiert den Beginn des modernen engl. Romans; sie wurde von H. JAMES weitergeführt. Bemerkenswert sind ferner der histor. Roman ›Romola‹ (3 Bde., 1862–63, dt.), der sozialkrit. Industrieroman ›Felix Holt the radical‹ (3 Bde., 1866, dt. ›Felix Holt‹) und die einfühlsame Auseinandersetzung mit dem Judentum in ›Daniel Deronda‹ (4 Bde., 1876, dt.).
Weitere Werke: Scenes of clerical life, 2 Bde. (1858, Erz.; dt. Bilder aus dem kirchl. Leben Englands); Silas Marner (1861, R.; dt.).
Ausgaben: Works, 12 Bde. (1901–08); The letters, hg. v. G. S. HAIGHT, 7 Bde. (1954–55); The essays, hg. v. T. PINNEY (1963); The novels, hg. v. G. S. HAIGHT, auf mehrere Bde. ber. (1980 ff.); Collected poems, hg. v. L. JENKINS (1989).
B. HARDY: The novels of G. E. (London 1959); W. ALLEN: G. E. (New York 1964); R. LIDELL: The novels of G. E. (London 1977); G. S. HAIGHT: G. E. A biography (Neuaufl. Oxford 1978); K. M. NEWTON: G. E., romantic humanist (Totowa, N. J., 1981); F. B. PINION: A G. E. companion (London 1981); G. LEVINE: An annotated critical bibliography of G. E. (Brighton 1988); E. MALETZKE: G. E. Ihr Leben (1993).
3) Sir (seit 1618) John, engl. Politiker, *Saint Germans (bei Plymouth) 11. 4. 1592, †London 28. 11. 1632; wurde 1614 Mitgl. des Unterhauses; wiederholt wegen seiner oppositionellen Haltung gegen Steuererhebungen durch die Krone verhaftet, starb als Märtyrer des parlamentar. Widerstands im Tower.
4) T. S. (Thomas Stearns), amerikanisch-engl. Dichter und Kritiker, *Saint Louis (Mo.) 26. 9. 1888, †London 4. 1. 1965. Nach einer streng puritan. Erziehung studierte E. an der Harvard University und in Europa (u. a. an der Sorbonne und in Oxford). Seit 1914 lebte er in London, zunächst als Bankbeamter; 1927 wurde er brit. Staatsbürger und trat 1928 zur anglikan. Kirche über. 1922–39 gab er die von ihm mit-

gegründete literar. Zeitschrift ›The Criterion‹ heraus; ab 1926 war er (bis zu seinem Lebensende) Direktor des Verlages Faber & Gwyer (später Faber & Faber). 1948 erhielt er den Nobelpreis für Literatur.

E. gab der Literatur der Gegenwart entscheidende sprachl. und formale Impulse. Im Widerspruch zur vorherrschenden spätromant. Tradition griff er auf die klass. Literatur und die engl. Dichtung des 17. Jh. (Metaphysical Poetry) zurück. Unter dem Einfluss der frz. Symbolisten, v. a. J. LAFORGUES, schrieb er Lyrik in freien Rhythmen und ironisch-distanziertem Ton (›Prufrock and other observations‹, 1917). Seine Sprache orientiert sich am modernen Konversationsstil, seine Metaphern entstammen der großstädt. Zivilisation. Dabei ist seine Lyrik reich an Anspielungen auf Mythos, Kultur und Dichtung der Jahrtausende. Dichten hieß für ihn, Gefühle in ›objektive Korrelate‹ überführen (›The sacred wood‹, 1920, Essays). Seine Lyrik erreicht in der Dichtung ›The waste land‹ (1922, dt. ›Das wüste Land‹), die unter Mitwirkung E. POUNDS entstand und E.s bleibenden Ruhm begründete, sowie in der Dichtung ›Four quartets‹ (1943, dt. ›Vier Quartette‹, die als sein bedeutendstes Werk gilt, ihre poet. Höhepunkte; sie spiegelt die aus den Fugen geratene Welt der Zeit nach dem Ersten Weltkrieg und will das Existenzproblem des modernen Menschen durch die Hinwendung zu einem christl. Humanismus lösen.

In seinen Bühnenwerken unternahm E. eine Wiederbelebung des poet. Dramas. Nach dem im Auftrag der Kirche geschriebenen Mysterienspiel um THOMAS BECKETT ›Murder in the cathedral‹ (1935, dt. ›Mord im Dom‹) ließ er in seinen späteren Dramen hinter vordergründig moderner Gesellschaftsszenerie schon seit der antiken Dichtung vertraute menschl. Konfliktsituationen sichtbar werden, in denen das Christentum ausgleichend und versöhnend wirkt (›The family reunion‹, 1939, dt. ›Der Familientag‹; ›The cocktail party‹, 1950, dt. ›Die Cocktailparty‹).

E.s Vorstellungen von einer christl. Gesellschaft in der modernen Kultur zeigen auch seine Essays ›The idea of a Christian society‹ (1939, dt. ›Die Idee einer christl. Gesellschaft‹) und ›Notes towards the definition of culture‹ (1948, dt. ›Beiträge zum Begriff der Kultur‹). In seiner Literaturkritik setzt er sich eingehend mit der literar. Tradition auseinander.

Weitere Werke: *Lyrik:* Ash Wednesday (1930; dt. Aschermittwoch); Old Possum's book of practical cats (1939; dt. Old Possums Katzenbuch; danach das Musical Cats). – Ausgew. Gedichte (1950). – *Dramen:* The confidential clerk (1954; dt. Der Privatsekretär); The elder statesman (1959; dt. Ein verdienter Staatsmann). – *Essays:* For Lancelot Andrewes (1928); After strange gods (1934); Essays ancient and modern (1936); Poetry and drama (1951); On poets and poetry (1957; dt. Dichter u. Dichtung).

Ausgaben: Ausgew. Essays. 1917–1947, hg. v. H. HENNECKE (1950); Collected poems, 1909–62 (1963); Werke, 4 Bde. (1966–72); The complete poems and plays (1969); Die Dramen (1974); Selected prose (1975); Essays, 2 Bde. (1988); The letters of T. S. E., hg. v. V. ELIOT, auf mehrere Bde. ber. (1988 ff.).

H. GARDNER: The art of T. S. E. (London 1949, Nachdr. 1972); Zur Aktualität T. S. E.s: zum 10. Todestag, hg. v. H. VIEBROCK u. A. P. FRANK (1975); S. SPENDER: T. S. E. (New York 1976); W. RIEHLE: T. S. E. (1979); B. RICKS: T. S. E. A bibliography of secondary works (Metuchen, N. J., 1980); T. S. E., the critical heritage, hg. v. M. GRANT, 2 Bde. (London 1982); P. ACKROYD: T. S. E. A life (London 1984); L. MENAND: Discovering modernism. T. S. E. and his context (New York 1987); L. GORDON: E.'s new life (Oxford 1988); J. P. RIQUELME: Harmony of dissonances. T. S. E., romanticism, and imagination (Baltimore, Md., 1991).

Elis, neugriech. **Ilia,** Landschaft im NW des Peloponnes, Griechenland, ein fruchtbares Hügel- und Tiefland mit Anteil am zentralpeloponnes. Gebirgsland. Der Verw.-Bez. (Nomos) E. hat 2 681 km² und 179 400 Ew., die Hauptstadt ist Pyrgos; Anbau von Wein, Gemüse und Oliven.

Geschichte: E. wird schon von HOMER gen., bei ihm bewohnt von dem (verschollenen) Volk der Epeier. Mit der dor. Wanderung kamen die nordwestgriech. Eleer aus Epirus und Ätolien in die Landschaft E.; diese umfasste urspr. nur das Mündungsgebiet des Peneios, später auch das dahinter liegende Bergland (Akroreia) und die Landschaft Pisatis mit der Stadt Olympia (seit 570 v. Chr.). Nach den Perserkriegen wurde nach Beseitigung der Adelsherrschaft eine demokrat. Verf. eingeführt, 471 die Hauptstadt E. gegründet und die Mitte des Jh. Triphylien hinzuerobert, das ebenso wie die Pisatis in der Folgezeit vorübergehend verloren ging. Im Peloponnes. Krieg versuchte E. vergeblich, sich von der Hegemonie Spartas zu befreien, verlor dabei einen Teil seines Territoriums und musste sich dem Peloponnes. Bund anschließen (400). Im 3. Jh. v. Chr. gehörte E. dem Ätol. Bund an; der erzwungene Beitritt zum Achaiischen Bund (191 v. Chr.) beendete die polit. Selbstständigkeit von E. Reste der Hauptstadt E. (Akropolis, Gymnasium, Agora) finden sich beim heutigen Palaiopolis.

Elisa [hebr. ›Gott hat geholfen‹], **Elischa**, in der Vulgata: **Elisäus,** israelit. Prophet aus der Mitte des 9. Jh. v. Chr., Haupt einer Prophetengemeinschaft in Gilgut bei Jericho. Die E.-Legenden berichten von Wundertaten und vom polit. Wirken in den Aramäerkriegen Israels (2. Kön. 2–8; 13). Die Anzettelung der Revolution des JEHU (2. Kön. 9–10) geht auf E. zurück.

ELISA [Abk. für engl. enzyme-linked immuno sorbent assay], Verfahren zur Bestimmung von Antigenen. ELISA beruht auf dem Prinzip der Antigen-Antikörper-Reaktion und wird u. a., als Aidstest eingesetzt. →Enzymimmunassay.

Elisabeth, bibl. Gestalt, Frau des ZACHARIAS, Mutter JOHANNES' DES TÄUFERS (Luk. 1, 5). – Heilige (Tag: 5. 11.).

Elisabeth, Herrscherinnen:

Heiliges Römisches Reich: **1) Elisabeth,** Königin, *1262 (nach anderen Angaben 1263), †Königsfelden (bei Brugg) 28. 10. 1313; Tochter von Graf MEINHARD II. von Görz und Tirol und der ELISABETH von Wittelsbach; ∞ seit November 1274 mit König ALBRECHT I. Nach seiner Ermordung (1308) setzte sie sich energisch für die habsburg. Interessen ein. Nachdem sie die Herrschaft für ihre Kinder gesichert hatte, zog sie sich in das von ihr auf der Mordstelle gegründete Kloster Königsfelden bei Brugg im Aargau zurück.

2) Elisabeth, Röm. Königin und Königin von Ungarn und Böhmen (seit 1438), *um 1409, †Raab (Ungarn) 19. 12. 1442; Tochter von König SIEGMUND; heiratete 1421 Herzog ALBRECHT V. von Österreich (1438 als ALBRECHT II. König). E. brachte ihrem Gatten die Anwartschaft auf Böhmen und Ungarn in die Ehe ein. Mit dem Tode ihres Vaters (1437; seit 1433 Kaiser) erkannten die ungar. Stände sie als Landesherrin an. Seit ihrer Krönung (mit ihrem Gatten am 1. 1. 1438 in Stuhlweißenburg) betrieb sie eine den Interessen ALBRECHTS zuwiderlaufende Politik in Ungarn. Nach dem plötzl. Tod ALBRECHTS (1439) hielt sie an den Thronsprüchen ihres nach dem Tod des Gatten geborenen Sohnes LADISLAUS V. POSTUMUS fest (1440).

Belgien: **3) Elisabeth** Gabrielle Valérie Marie, Königin der Belgier, *Possenhofen (heute zu Pöcking, Kr. Starnberg) 25. 7. 1876, †Brüssel 23. 11. 1965; Tochter von KARL THEODOR, Herzog in Bayern, und MARIE JOSEPHA, Infantin von Portugal; heiratete im Oktober 1900 den damaligen belg. Thronfolger ALBERT (seit 17. 12. 1909 König ALBERT I.). Aus ihrer Ehe stammen der spätere König LEOPOLD III., Prinz KARL und Prinzessin MARIE-JOSÉ. Auf sie gehen etl. soziale Stiftungen (z. B. für die Kriegsblinden sowie die ›Fon-

Elisabeth I.,
Königin von England
(Ausschnitt aus einem
Gemälde von Federico
Zuccari; 1575)

dation médicale Reine Élisabeth‹) und wiss. Stiftungen zurück, so 1923 die ›Fondation égyptologique Reine Élisabeth‹ und 1929 die ›Fondation musicale Reine Élisabeth‹.

B. DELÉPINNE: Elisabeth, reine des Belges (Brüssel 1983); G.-H. DUMONT: Elisabeth de Belgique ou les défis d'une reine (Paris 1986).

Braunschweig-Calenberg: **4) Elisabeth,** Herzogin von Braunschweig-Calenberg (seit 1525) und Gräfin von Henneberg (seit 1546), *Berlin (?) 1510, †Ilmenau 25. 5. 1558; Tochter von Kurfürst JOACHIM I. von Brandenburg; erhielt nach ihrer Hochzeit mit Herzog ERICH I. von Braunschweig-Lüneburg (Calenberg) von diesem das Amt Calenberg, später das Fürstentum Göttingen als Leibgedinge mit dem Recht der selbstständigen Regentschaft. Sie wandte sich dem prot. Glauben zu und näherte sich dem Schmalkald. Bund. 1540–46 führte sie die Regentschaft für ihren Sohn ERICH II., wobei sie in Calenberg und Göttingen eine prot. Kirchenordnung durchsetzte. Nach 1546 widersetzte sie sich erfolgreich den Rekatholisierungsversuchen in ihren Landesteilen. 1548 bewog sie ERICH II. zum Kampf gegen das Herzogtum Braunschweig-Wolfenbüttel. Nach einer entscheidenden Niederlage wurde sie verbannt und lebte zurückgezogen in der Herrschaft Ilmenau. – Als eine der ersten dt. Fürstinnen verkörperte E. den aus der Renaissance hervorgegangenen Herrscherinnentypus. Neben ihren polit. Ambitionen sowie neben der in Glaubensfragen unnachgiebigen Einstellung galt ihr Interesse auch der Schriftstellerei. So verfasste sie z. B. ein Regierungshandbuch für ihren Sohn (1545) und ein Ehestandsbuch für ihre Tochter (1550).

England/Großbritannien: **5) Elisabeth I.,** engl. **Elizabeth** [ɔˈlɪzəbəθ], Königin von England (1558–1603), *Greenwich (heute zu London) 7. 9. 1533, †Richmond upon Thames (heute zu London) 24. 3. 1603; Tochter HEINRICHS VIII. aus dessen zweiter Ehe mit ANNA BOLEYN. Nach der Hinrichtung ihrer Mutter 1536 wurde sie für illegitim erklärt, jedoch vom Parlament 1544 wieder in die Thronfolge eingereiht (hinter ihren Halbgeschwistern EDUARD VI. und MARIA DER KATHOLISCHEN) und nach dem Tod MARIAS als Herrscherin anerkannt. Mit der durch

Elisabeth II.,
Königin von
Großbritannien und
Nordirland

W. CECIL, Baron →BURGHLEY, und gestützt auf eine solide Finanzpolitik, stellte sie eine starke Krongewalt her, die erst gegen Ende ihrer Regierungszeit brüchig zu werden begann. Das Zeitalter E.s gilt als Epoche großer Stabilität, nicht zuletzt im Vergleich mit den Verfassungskämpfen unter den auf E. folgenden Stuarts. Innenpolitisch bedeutsam waren die Anfänge sozialpolit. Gesetzgebung, u. a. zur Lehrlingsausbildung im Handwerk und zur Überwachung von Löhnen (1563) sowie zur Armenfürsorge (1601), v. a. aber die Wiedereinführung der anglikan. Staatskirche (1559, Supremats- und Uniformitätsakte). E. wurde damit Oberhaupt der von Rom unabhängigen anglikan. Kirche. Gegenüber den Katholiken war E. um Ausgleich bemüht, um ihr vorrangiges Ziel, die Herstellung innenpolit. Integration, nicht zu gefährden. Eine Verschärfung ergab sich, als MARIA STUART, die kath. Thronprätendentin, 1568 von Schottland nach England flüchtete und Papst PIUS V. E. 1570 exkommunizierte. Erst mit der ohne Wissen E.s erfolgten Hinrichtung MARIA STUARTS 1587 endeten die Versuche kath. Oppositioneller, E. zu stürzen.

Außenpolit. Hauptgegner war Spanien, dessen König PHILIPP II. zu Beginn der Herrschaft E.s vergebl. um eine Heirat mit ihr angestrebt hatte. E. unterstützte den niederländ. Unabhängigkeitskampf und die Übergriffe engl. Freibeuter (F. DRAKE u. a.) auf span. Schiffe. Entscheidend für die internat. Stellung Englands war der Sieg über die span. Armada 1588. Damit war die prot. Großmacht auch außenpolitisch

Elisabeth Charlotte,
Herzogin von Orléans

gesichert. England erlebte in Handel und Schifffahrt einen großen Aufschwung. Auch die Anfänge des engl. Kolonialreichs wurden geschaffen (Virginia). Zur polit. Macht und zum wirtschaftl. Aufschwung trat die Blüte des geistigen Lebens (v. a. W. SHAKESPEARE). Das **Elisabethanische Zeitalter** bietet so ein einzigartiges Gesamtbild nat. Größe. – Zu den Günstlingen E.s gehörten ROBERT DUDLEY, Earl of →LEICESTER, und ROBERT DEVEREUX, Earl of →ESSEX. E. blieb unvermählt (›die jungfräul. Königin‹, engl. ›the Virgin Queen‹). Kurz vor ihrem Tod bestimmte sie den schott. König JAKOB VI., den Sohn MARIA STUARTS, zu ihrem Nachfolger.

Literar. Behandlung: E. SPENSER, ›The faerie Queene‹ (1590–96), T. HEYWOOD, ›If you know not me, you know nobody‹ (1604–05, Dr.), W. H. AINSWORTH, ›The Tower of London‹ (1840, R.); vielfach gestaltet wurde der Konflikt mit MARIA STUART und mit E.s Günstling Graf ESSEX (T. CORNEILLE, 1678; J. BANKS, 1682; F. BRUCKNER, 1930).

Ausgabe: Die Briefe der Königin E. von England 1533 bis 1603, hg. v. G. B. HARRISON (a. d. Engl., 1938).

J. E. NEALE: Elizabeth I. and her parliaments, 2 Bde. (London 1953–57); DERS.: Königin E. I. von England (a. d. Engl., ⁴1985); J. B. BLACK: The reign of Elizabeth, 1558–1603 (Oxford ²1959); C. READ: Lord Burghley and Queen Elizabeth (London 1960); W. P. HAUGAARD: Elizabeth and the English Reformation (London 1968); J. HURSTFIELD: Elizabeth I. and the unity of England (Neuausg. Harmondsworth 1971); L. B. SMITH: Elizabeth Tudor (Boston, Mass., 1976); N. WILLIAMS: E. I. von England (a. d. Engl., 1976); DERS.: E. I. Eine Frau führt England zur Weltmacht (a. d. Engl., 1978); G. LOTTES: E. I. (1981); W. T. MACCAFFREY: Queen Elizabeth and the making of policy, 1572–1588 (Princeton, N. J., 1981); H. NETTE: E. I. (1982).

6) Elisabeth II., engl. **Elizabeth** [ɔˈlɪzəbəθ], Königin von Großbritannien und Nordirland, Haupt des Commonwealth, *London 21. 4. 1926; bestieg nach dem Tod ihres Vaters, GEORG VI., 1952 den Thron (gekrönt 1953); ∞ seit dem 20. 11. 1947 mit PHILIP MOUNTBATTEN, der zum Herzog von Edinburgh erhoben wurde. Der Ehe entstammen CHARLES (*14. 11. 1948), ANNE (*15. 8. 1950), ANDREW (*19. 2. 1960) und EDWARD (*10. 3. 1964).

Frankreich: **7) Elisabeth Charlotte,** Herzogin **von Orléans** [ɔrleˈã], gen. **Liselotte von der Pfalz,** *Heidelberg 27. 5. 1652, †Saint-Cloud 8. 12. 1722; Tochter des Kurfürsten KARL LUDWIG von der Pfalz; ∞ seit 1671 mit Herzog PHILIPP I. von →Orléans, dem Bruder LUDWIGS XIV. von Frankreich; ihre Erbansprüche nach dem Tod ihres Bruders, des Kurfürsten KARL (†1685), boten den Anlass zum →Pfälzischen Erbfolgekrieg. E. CHARLOTTE bewahrte während ihres 50-jährigen Lebens am frz. Hof ihr urwüchsiges und natürl. Wesen, das sich bes. in ihren vielen Briefen ausdrückt. In diesen schildert sie freimütig und voller Anteilnahme die von Galanterie und Eleganz, aber auch von Intrigen und Klatsch geprägten Verhältnisse am Hof des Sonnenkönigs und beklagt das traurige Schicksal der Pfalz.

Ausgabe: Briefe der Liselotte von der Pfalz, hg. v. H. KIESEL (⁴1986; Ausw.).

M. KNOOP: Madame. Liselotte von der Pfalz (²1966); P. GRENAUD: La Palatine. Mère du Régent et commère du Grand Siècle (Paris 1984); J. VOSS: Liselotte von der Pfalz als Zeugin ihrer Zeit, in: Barock am Oberrhein, hg. v. V. PRESS u. a. (1985).

Nassau-Saarbrücken: **8) Elisabeth,** Gräfin, *Vézélise (bei Nancy) 1394(?), †Saarbrücken 17. 1. 1456; Tochter von Herzog FRIEDRICH V. von Lothringen (†[gefallen] 1415), heiratete 1412 Graf PHILIPP I. von Nassau-Saarbrücken (*1368, †1429) und übernahm nach dessen Tod die Reg. bis zur Volljährigkeit (1438) ihres ältesten Sohnes PHILIPP II. (†1492); schrieb um 1437, mit später verloren gegangenen frz. Chansons de Geste als Vorlage, die ersten dt. Prosaromane ›Herpin‹ (Druck 1514), ›Sibille‹, ›Loher und Maller‹ (Druck 1513) und ›Hugo Scheppel‹ (auch ›Huge Scheppel‹, ›Hug Schapler‹, Druck 1500), die alle um Kaiser KARL D. GR. kreisen und bis auf ›Sibille‹ später als Volksbücher weite Verbreitung fanden.

W. LIEPE: E. von Nassau-Saarbrücken (1920).

Österreich-Ungarn: **9) Elisabeth** Eugenie Amalie, Kaiserin von Österreich und Königin von Ungarn, * München 24. 12. 1837, † Genf 10. 9. 1898. Die zweite Tochter von Herzog MAXIMILIAN JOSEPH in Bayern heiratete am 24. 4. 1854 Kaiser FRANZ JOSEPH I. von Österreich. Der v. a. aus dynast. Interessen geschlossenen Ehe entstammten neben Kronprinz RUDOLF die Erzherzoginnen SOPHIE (*1855, †1857), GISELA (*1856, †1932) und MARIE VALERIE (*1868, †1924). E., die als eine der schönsten Frauen ihrer Zeit galt, blieb wegen ihrer Abneigung gegen höf. Gebundenheit eine Außenseiterin am kaiserl. Hof. Ihre Sympathien für den ungar. Landesteil nutzte Graf G. ANDRÁSSY als ungar. Min.-Präs. für die amtl. Politik. E. entzog sich durch Reisen zunehmend dem Hofleben. In Genf wurde die zur Schwermut neigende Kaiserin von dem ital. Anarchisten L. LUCCHENI erstochen.

Franz-Joseph I. Kaiser von Österreich. Briefe an Kaiserin E., 1859–1898, hg. v. G. NOSTITZ-RIENECK, 2 Bde. (1966); M. MATRAY u. A. KRÜGER: Das Attentat. Der Tod der Kaiserin E. in Genf (Neuausg. 1991); J. HASLIP: Sissi. Kaiserin von Österreich (a. d. Engl., 1994); G. PRASCHL-BICHLER u. J. CACHÉE: ›...von dem müden Haupte nehm' die Krone ich herab‹.Kaiserin E. privat (Wien ²1995); B. HAMANN: E. Kaiserin wider Willen (Wien ⁸1996).

Pfalz: **10) Elisabeth,** Kurfürstin von der Pfalz (seit 1614) und Königin von Böhmen (seit 1619), * Falkland Castle (bei Perth) 19. 8. 1596, † London 13. 2. 1662; Tochter des engl. Königs JAKOB I.; heiratete im Februar 1613 Kurfürst FRIEDRICH V. von der Pfalz, der sich so die Unterstützung Englands in Bezug auf seine polit. Vorhaben in Böhmen versprach. Sie folgte 1619 ihrem Mann nach dessen Krönung zum König Böhmens nach Prag. Die Niederlage FRIEDRICHS V. am Weißen Berg (1620) vertrieb sie 1621 aus Böhmen. Im niederländ. Exil hielt sie, bes. nach dem Tod ihres Mannes (1632), erneut einen großen Hof. Unstimmigkeiten mit ihrem Sohn KARL LUDWIG ließen sie nach dem Westfäl. Frieden (1648) in den Niederlanden verbleiben; 1661 kehrte sie nach England zurück.

L. FEHRLE-BURGER: Königl. Frauenschicksale zw. England u. Kurpfalz (1965).

Preußen: **11) Elisabeth Christine,** Königin, * Wolfenbüttel 8. 11. 1715, † Berlin 13. 1. 1797; Tochter des Herzogs FERDINAND ALBRECHT II. von Braunschweig-Bevern und der AMALIE von Braunschweig-Wolfenbüttel. Die Nichte Kaiser KARLS VI. wurde 1733 im Interesse einer engeren Verbindung zw. Preußen und Österreich dem Kronprinzen FRIEDRICH, dem späteren König FRIEDRICH II., D. GR., angetraut. Ab 1740 lebte das Paar getrennt.

Rumänien: **12) Elisabeth,** Königin, →Carmen Sylva.

Russland: **13) Elisabeth Petrowna, Jelisaweta Petrowna,** Kaiserin (1741–62), * Kolomenskoje (heute zu Moskau) 29. 12. 1709, † Sankt Petersburg 5. 1. 1762; Tochter PETERS I., D. GR., und KATHARINAS I.; setzte ihren Thronanspruch gegen die Regentin ANNA LEOPOLDOWNA mit einem von den Garderegimentern unterstützten Staatsstreich in der Nacht vom 5. 6. 12. 1741 durch. Sie ernannte ihren Neffen KARL PETER ULRICH von Holstein-Gottorp (den späteren PETER III.) zu ihrem Nachfolger und verheiratete ihn 1745 mit der Prinzessin SOPHIE FRIEDERIKE AUGUSTE von Anhalt-Zerbst, der späteren KATHARINA II., D. GR. 1743 beendete E. den Krieg mit Schweden mit dem Frieden von Åbo. Außenpolitisch band sie unter der Leitung ihres Kanzlers A. P. BESTUSCHEW-RJUMIN Russland an Österreich und nahm gemeinsam mit Frankreich am Siebenjährigen

Krieg gegen FRIEDRICH II., D. GR., teil. Das von den Russen besetzte Ostpreußen stand 1758–62 unter ihrer Herrschaft. – E. gründete 1755 die Univ. in Moskau und 1757 die Akad. der Künste in Sankt Petersburg und schuf mit der Aufhebung der Binnenzölle (1753) eine wesentl. Voraussetzung für die Entstehung eines einheitl. russ. Wirtschaftsgebietes.

T. TALBOT RICE: E. von Rußland (a. d. Engl., 1973); R. COUGHLAN: Frauen auf dem Zarenthron. E. u. Katharina (a. d. Engl., 1978).

Spanien: **14) Elisabeth von Valois** [-va'lwa], Königin, * Fontainebleau 13. 4. 1545, † Aranjuez 3. 10. 1568; Tochter HEINRICHS II. von Frankreich und der KATHARINA von MEDICI, seit 22. 6. 1559 dritte Gemahlin PHILIPPS II. von Spanien; die Ehe sollte den im April 1559 geschlossenen Frieden von →Cateau-Cambrésis besiegeln (deshalb der span. Beiname ›Isabel de la Paz‹). Das E. nachgesagte Liebesverhältnis zu ihrem Stiefsohn DON CARLOS hat nicht bestanden.

15) Elisabeth Farnese, Königin, * Parma 25. 10. 1692, † Aranjuez 11. 7. 1766; aus dem Herzogshaus von Parma, seit 1714 zweite Gemahlin PHILIPPS V. von Spanien. Gebildet, kunstverständig und politisch ehrgeizig, dem an Schwermut leidenden König an Willenskraft überlegen, leitete sie mit ihrem Berater G. ALBERONI praktisch die span. Politik, v. a. die Außenpolitik, die auf Wiedergewinnung der ehem. ital. Besitzungen gerichtet war. Nach dem Sturz ALBERONIS (1719) gelang es ihr durch Kriege und Verhandlungen, ihren Söhnen ital. Throne zu verschaffen. KARL erhielt 1731 Parma als Span. Sekundogenitur und tauschte es 1735 mit Neapel und Sizilien, bevor er 1759 (als KARL III.) König von Spanien wurde. Sein Bruder PHILIPP, Schwiegersohn LUDWIGS XV. von Frankreich, wurde 1748 Herzog von Parma und Piacenza. Damit begründete E. die Linien Bourbon-Sizilien und Bourbon-Parma (→Bourbon). Unter FERDINAND VI. entmachtet, gewann sie unter der Herrschaft ihres Sohnes KARL III. wieder an Einfluss.

L. DE TAXONERA: Isabel de Farnesio (Barcelona 1943).

Elisabeth, Kaiserin von Österreich und Königin von Ungarn (Ausschnitt aus einem Gemälde)

Elisabeth Petrowna, Kaiserin von Russland (anonymes zeitgenössisches Pastell)

Elisabeth von Ungarn: ›Die heilige Elisabeth besucht Kranke‹, Glasmalerei aus der Elisabethkirche in Marburg; um 1240

Thüringen: **16) Elisabeth, E. von Ungarn,** * Burg Sárospatak (Ungarn) 1207, † Marburg 17. 11. 1231; aus dem Geschlecht der Arpaden, Tochter König ANDREAS' II. von Ungarn und der GERTRUD von Andechs-Meranien (†1213); kam vierjährig an den Hof des Landgrafen HERMANN von Thüringen, mit dessen Sohn und Nachfolger LUDWIG (IV.) sie verlobt und

1221 verheiratet wurde. Ihr Drang nach Selbstentäußerung, Mildtätigkeit und freiwilliger Armut, von ihrem Beichtvater Konrad von Marburg und den Eisenacher Franziskanern bestärkt, entfremdete sie dem höf. Leben. Nach dem Kreuzfahrertod ihres Gemahls (1227) verließ sie, wohl von ihrem Schwager Heinrich Raspe vertrieben, die Wartburg, rastlos umherziehend, beraten und beherrscht von ihrem Beichtvater. Sie stiftete in Marburg ein Hospital, in dem sie sich asket. Krankendienst widmete. Schon 1235 wurde sie heilig gesprochen. Ab 1235 baute der Dt. Orden, der Rechtsnachfolger ihrer Marburger Stiftung, die E.-Kirche, wohin 1236 ihre Gebeine in einem kostbaren Schrein überführt wurden. – Heilige (Tag: 19. 11.).

Das Leben E.s fand in vielen Legenden, auch im Volkslied und Drama (›Marburger E.-Spiel‹, 1481) ein Echo. Dichter. Bemühungen des 19. und 20. Jh. um sie (C. Kingsley, ›The saint's tragedy‹, 1844, Gedichte; O. Roquette/F. Liszt, ›Die Legende von der Hl. E.‹, Oratorium 1862) waren ohne bleibende Bedeutung. Dichterische Lebensberichte schrieben Lulu von Strauss und Torney (1926), P. Dörfler (1930), L. Weismantel (1931).

V. a. ihre Mildtätigkeit wurde Thema von Darstellungen in der *bildenden Kunst*. Sie wird im Witwenschleier, umgeben von Kranken und Armen, gezeigt; Kanne und Brote sind ihre Attribute (Statue um 1350; Straßburg, Münster), auch das Modell ihrer Kirche in Marburg (um 1360; Magdeburg, Dom, Relief), ebenso eine (symbol.) Krone (1707; Prag, Karlsbrücke, Statue von F. M. Brokoff). Ihre Legende erschien schon im 13. Jh. auf Glasfenstern und v. a. auf ihrem Reliquienschrein (um 1235–49; Marburg, Elisabethkirche), in romant. Sicht auf den Fresken der Wartburg von M. von Schwind (1854–55).

Dietrich von Apolda: Das Leben der hl. E. von Thüringen. Cronica sant Elisabet zcu deutsch, hg. v. H. Hömig (1520, Nachdr. 1981); G. Jaschke: Die Hl. E. von Thüringen (1990); G. Hoppe: E., Landgräfin von Thüringen (³1991); N. Ohler: E. von Thüringen. Fürstin im Dienst der Niedrigsten (²1992).

elisabethanischer Stil, Bau- und Dekorationsstil der Regierungszeit Königin Elisabeths I. von England (1558–1603); eine Mischung von Formen der engl. Spätgotik und der kontinentalen Renaissance, v. a. im Schlossbau: kub. Wandmassen, rhythmisch verteilte Erker und Treppenhäuser (mit Fachwerk), vergoldete Stuckdecken.

elisabethanisches Drama, engl. Drama aus der Regierungszeit Elisabeths I. (1558–1603), i. w. S. bis zum Beginn des engl. Bürgerkrieges, der auf Betreiben der Puritaner zur Schließung aller Theater führte (1642). Das e. D. war urspr. hauptsächlich an der theatral. Seite des Dramas orientiert, d. h., die Autoren wie C. Marlowe, T. Kyd, J. Lyly, F. Beaumont, J. Fletcher, J. Webster, B. Jonson, P. Massinger und v. a. Shakespeare schrieben, oft im Kollektiv, unmittelbar für die Aufführung. Sie fühlten sich nicht an die Regeln der normativen Poetiken (→Ständeklausel, drei →Einheiten) gebunden und durchbrachen insofern die strikte Gattungstrennung zw. Tragödie und Komödie; Vers (→Blankvers) und Prosa wurden nebeneinander verwendet. Es entwickelte sich eine Theaterkultur, die London zum Theaterzentrum Europas machte und bis heute in der Theatergesch. als herausragendes Ereignis gilt, nicht zuletzt wegen der dauerhaften Wirkung der Dramen Shakespeares. (→Drama, →englische Literatur)

F. E. Schelling: Elizabethan drama, 1558–1642, 2 Bde. (New York 1959); F. T. Bowers: Elizabethan revenge tragedy, 1587–1642 (Princeton, N. J., ³1971); A. L. Rowse: The Elizabethan Renaissance. The life of the society (London 1971); A. C. Dessen: Elizabethan drama and the viewer's eye (Chapel Hill, N. C., 1977); H. Reinhold: Das engl. Drama: 1580–1642 (1982).

Elisabethinerinnen, Elisabethinnen, mehrere kath. Frauenkongregationen, die sich nach dem Vorbild der hl. Elisabeth sozial-karitativen Aufgaben (v. a. der Krankenpflege) widmen. Teilweise dem franziskan. Dritten Orden gehörend, gibt es in Dtl. vier Mutterhäuser (Aachen, Bad Kissingen, Neuburg a. d. Donau, Straubing). Daneben existieren weitere Schwesterngemeinschaften, die Elisabeth als Patronin wählten; v. a. die **Schwestern von der hl. Elisabeth,** nach ihrer Tracht auch Graue Schwestern gen., mit (1995) 265 Niederlassungen in 11 Ländern; davon in Dtl. 38 Niederlassungen mit 568 Schwestern.

Elisabethville [-'vil], bis 1966 Name der Stadt →Lubumbashi, Demokrat. Rep. Kongo.

Elisäus, Vulgataform für →Elisa.

Elischa, israelit. Prophet, →Elisa.

Elision [lat. ›das Herausstoßen‹] *die, -/-en, Sprachwissenschaft:* Ausstoßung eines unbetonten Vokals im Auslaut, v. a. vor mit Vokal anlautendem Wort (z. B. ›das mein ich‹ statt ›das meine ich‹) sowie im Innern eines Wortes (z. B. ›sel'ge‹ statt ›selige‹).

Elista [je-], 1944–57 **Stepnoj,** Hauptstadt der Rep. Kalmückien, Russ. Föderation, auf der Jergenihöhe, 90 000 Ew.; Univ. (gegr. 1970); Nahrungsmittelindustrie, Holzverarbeitung; internat. Flughafen. Bei E. wurde 1994 das erste Windkraftwerk der Russ. Föderation in Betrieb genommen (22 MW).

elitär, 1) einer Elite angehörend; 2) auf die Zugehörigkeit zu einer Elite begründet; dünkelhaft, überheblich.

Elite [frz., zu élire ›auslesen‹] *die, -/-n,* seit dem 17. Jh. in Frankreich geläufige, im 18. Jh. als Lehnwort ins Deutsche übernommene Bez. für eine soziale Gruppe, die sich durch hohe Qualifikationsmerkmale sowie durch eine besondere Leistungsfähigkeit und Leistungsbereitschaft auszeichnet, in dieser Weise die gesellschaftl. Wirklichkeit in zentralen Bereichen (z. B. Wiss., Politik, Verw., Wirtschaft, Kultur) prägt und deren Entwicklung maßgeblich bestimmt.

Historisch verbindet sich der Begriff der E. als Gegenbegriff zu aristokrat. Gesellschaftsordnungen mit dem Entstehen der bürgerl. Gesellschaft. Im 19. Jh. gewinnt der Begriff der E. auf dem Hintergrund tief greifender gesellschaftl. Veränderungen beschreibende Kraft und wird als Terminus in die Soziologie und Sozialphilosophie aufgenommen. Seine Bedeutung ist nicht einheitlich: Der Saint-Simonismus vertritt die Idee einer ›Herrschaft der Eliten‹ (die sich als die Idee einer ›Herrschaft der Besten‹ schon bei Platon findet) als Ausdruck einer progressiven Geschichtsphilosophie unter sozialist. Vorzeichen. Das Bürgertum benutzt die E.-Vorstellung, um sich gegen die Ideen einer radikalen Demokratie und des Sozialismus zu wenden (T. Carlyle, F. Nietzsche). Der Sozialdarwinismus, der C. Darwins Evolutionslehre auf die Entwicklung von Gesellschaften im Sinne natürl. Anpassungs- und Ausleseprozesse zw. Individuen, Gruppen und Völkern überträgt und soziale Ungleichheiten als natürl. Gegebenheiten deutet, bildet den Hintergrund der E.-Ideologien in der Vorgeschichte und Geschichte des Faschismus (G. Sorel, R. Michels, V. Pareto), desgleichen in der Lehre Lenins vom Proletariat als gesellschaftl. Avantgarde und vom Kader einer revolutionären Partei (›Berufsrevolutionäre‹). V. a. mit den Arbeiten Paretos, Moscas und Michels' um 1900 gewinnt der Begriff der E. den Charakter einer deskriptiven wertfreien soziolog. Kategorie.

Danach gehören zu einer E. diejenigen Inhaber der Spitzenpositionen in einer Gruppe, Organisation oder Institution, die aufgrund einer sich wesentlich an dem (persönl.) Leistungswillen orientierenden Auslese in diese Position gelangt sind und die kraft ihrer Positionsrolle die Macht oder den Einfluss haben, über ihre Gruppenbelange hinaus zur Erhaltung oder Veränderung der Sozialstruktur und der sie tragenden Normen unmittelbar beizutragen, oder die aufgrund ihres Prestiges eine Vorbildrolle spielen können, die über ihre Gruppe hinaus das Verhalten anderer normativ mitbestimmt (H. P. DREITZEL). Maßgebend für diese auch von M. WEBER, G. SIMMEL und K. MANNHEIM vertretene Vorstellung ist das von PARETO entwickelte Modell eines ›Kreislaufs der E.‹, das diese als offene **Funktions- und Leistungs-E.** beschreibt und gesellschaftl. Entwicklungen als eine ständige (von PARETO selbst als gesetzlich strukturiert gedachte) Auseinandersetzung von E. und Gegen-E. zu begreifen sucht. In modernen E.-Theorien (z. B. von R. DAHRENDORF, DREITZEL, U. JAEGGI, W. ZAPF) wird dieser ›Kreislauf der E.‹ im Rahmen einer Demokratietheorie näher durch die Eigenschaften der Offenheit (für alle gesellschaftl. Subjekte), der Kontrollierbarkeit und der Rechenschaftspflicht, verbunden mit dem Gesichtspunkt der Abwählbarkeit bzw. der Auswechselbarkeit, bestimmt. Die Begriffe der E. und der Demokratie stehen offenbar in einem problemat. Verhältnis zueinander.

Den Grund dafür bilden aber nicht nur ideolog. Vorbehalte, sondern auch andere mit dem Phänomen der E. verbundene Strukturen: im Falle wiss. E. etwa die prinzipielle Unkontrollierbarkeit des wiss. Verstandes durch den außerwiss. Verstand, im Falle allgemeiner gesellschaftl. Verhältnisse die wachsende Verwandlung moderner Gesellschaften in Expertokratien (und Technokratien). Mit dem Begriff des Experten ist die Vorstellung verbunden, dass dessen Wissen als reines Sachwissen voraussetzungs- und wertfrei ist. Dies ist jedoch niemals wirklich der Fall: Sofern der Experte als Sachwalter eines Problemlösungswissens Voraussetzungen, darunter auch gesellschaftl. Zwecke, als einfach gegeben betrachtet, diese Voraussetzungen jedenfalls nicht als kritisch zu beurteilende Voraussetzungen behandelt, ist auch seine Empfehlung nicht frei von Ideologie.

Die Ideologienähe des Begriffs der E. ist also auch im Falle des Begriffs des Experten gegeben. Sachwissen, das ein Wissen um Ursachen, Wirkungen und Mittel ist, lässt sich von Orientierungswissen, das ein Wissen um Ziele und Zwecke sowie deren Beurteilung ist, nicht isolieren.

Die Komplexität moderner entwickelter Gesellschaften erlaubt es schon lange nicht mehr, die diese Gesellschaften steuernden und ihre Entwicklung bestimmenden Rationalitäten ohne wiss., techn. und andere E., darunter Politik-, Verw.- und Wirtschafts-E., zu bilden und zu kontrollieren. Die techn. Evolution, auch im weiteren, alle gesellschaftl. Bereiche erfassenden Sinne, ist ohne einen hoch gebildeten und hoch organisierten Sachverstand und darüber hinaus, im Sinne einer kreativen Beeinflussung dieser Evolution, ohne E. im beschriebenen Sinne nicht zu beherrschen. Zur Komplexität moderner entwickelter Gesellschaften gehört dabei auch, dass in diesen Gesellschaften, auch in ihrem Charakter als Massengesellschaften, Differenzierung nicht geringer, sondern größer wird. Dafür ist die Innovationsrate ein Beispiel, aber eben auch die Tendenz dieser Gesellschaften, zu Expertokratien, verbunden mit der Verwandlung zu Technokratien, zu werden. In demokrat. Gesellschaften sind E., definiert über ihre Zugehörigkeit zu bestimmten sozialen Gruppen, prinzipiell offen, d. h., ihr personeller Bestand beruht auf individuellen Leistungen, ihre Verweildauer ist durch den gesellschaftl. Wandel selbst wie durch ihre gesellschaftl. Konkurrenz begrenzt (›Kreislauf der E.‹). Dass diese Ideen und Ideale in gesellschaftl. Verhältnissen, meist unzureichend realisiert sind, in diesem Falle v. a. die Idee einer **offenen E.,** dass der Mechanismus der Rekrutierung von E. innerhalb des Bildungssystems problematisch ist und dass Herkunft, informelle Beziehungen und Protektion eine

Rolle spielen, spricht nicht gegen die Ideen selbst, sondern nur gegen die Art ihrer Umsetzung in der Gesellschaft. Weiterhin ist es eine Tatsache, dass E. gesellschaftl. Entwicklungen, statt sie zu fördern, auch hemmen können. Einmal etablierte E. tendieren nämlich dazu, sich als Gruppe abzuschließen und sich aus sich selbst zu rekrutieren. Darin unterscheiden sie sich von Avantgarden, zu deren Begriff es gehört, dass sie sich durch histor. Entwicklungen, denen sie Ideen oder Ziele gegeben haben, einholen lassen. Für Dtl. gilt, dass ihre Führungseliten sich weder durch deutlich erkennbaren Zusammenhalt noch durch eine einheitl. Kultur (und Wertestruktur) auszeichnen.

⇨ *Adel · Autorität · Bildung · Chancengleichheit · Demokratie · Ethik · Faschismus · Gleichheit · Herrschaft · Klasse · Marxismus · Rassismus*

H. D. LASSWELL u.a.: The comparative study of elites (Stanford, Calif., 1952); E. W. MOMMSEN: E.-Bildung in der Wirtschaft (1955); H. P. DREITZEL: E.-Begriff u. Sozialstruktur (1962); C. W. MILLS: Die amerikan. E. Gesellschaft u. Macht in den Vereinigten Staaten (a.d. Amerikan., 1962); R. HAMANN: Paretos E.-Theorie u. ihre Stellung in der neueren Soziologie (1964); W. ZAPF: Wandlungen der dt. E. Ein Zirkulationsmodell dt. Führungsgruppen 1919–1961 (²1966); U. JAEGGI: Die gesellschaftl. E. Eine Studie zum Problem der sozialen Macht (Bern ²1967); R. MICHELS: Zur Soziologie des Parteiwesens in der modernen Demokratie, hg. v. W. CONZE (Neuausg. 1970); K. VON BEYME: Die polit. E. in der Bundesrepublik Deutschland (²1974); R. DAHRENDORF: Gesellschaft u. Demokratie in Dtl. (⁵1977); H. SCHELSKY: Die Arbeit tun die anderen. Klassenkampf u. Priesterherrschaft der Intellektuellen (Neuausg. 1977); A. W. GOULDNER: Die Intelligenz als neue Klasse (a.d. Engl., 1980); J. MITTELSTRASS: Fortschritt u. Eliten. Analysen zur Rationalität der Industriegesellschaft (1984); G. ENDRUWEIT: E. u. Entwicklung. Theorie u. Empirie zum Einfluß von Eliten auf Entwicklungsprozesse (1986); W. FELBER: E.-Forschung in der Bundesrepublik Dtl. (1986); W. RÖHRICH: Eliten u. das Ethos der Demokratie (1991).

Elitetruppen, i. e. S. die aufgrund besonderer Personalauswahl und intensiver Ausbildung, z. T. auch spezieller materieller Ausstattung zur Erfüllung außergewöhnlich hoher Anforderungen befähigten Truppenteile oder -gattungen; i. w. S. auch diejenigen ›normalen‹ Truppenteile, die aufgrund einer über einen längeren Zeitraum bewiesenen Leistungsfähigkeit besondere Anerkennung genießen. – Im Altertum galten als militär. Elite alle schwer bewaffneten Krieger zu Fuß (in Griechenland: ›Hopliten‹). Seit dem Aufkommen der Feuerwaffen besaßen jeweils diejenigen Soldaten besonderes Ansehen, die seltene und waffentechnisch anspruchsvolle Aufgaben erfüllten (z. B. Artilleristen, Musketiere, Grenadiere). Daneben bildeten sich, v. a. in Europa seit dem 17./18. Jh., auf die jeweiligen Landesherren bes. verpflichtete →Garden heraus, die die Kerne der Heere bildeten (z. B. Janitscharen, Strelitzen). Im Ersten und Zweiten Weltkrieg galten neben einigen Truppenteilen der Landstreitkräfte (auf dt. Seite im Zweiten Weltkrieg z. B. die Division ›Großdeutschland‹ und die Verbände der Waffen-SS) v. a. die U-Boot-Fahrer, die Jagdflieger und die Fallschirmjäger als militär. Elite.

Elixier [alchimistenlat. elixirium, aus arab. al-iksīr ›Stein der Weisen‹, eigtl. ›trockene Substanz mit mag. Eigenschaften‹, aus griech. xērion ›Trockenes (Heilmittel)‹] *das, -s/-e,* Heiltrank, Zaubertrank; nur noch seltene Bez. für einen alkohol. Pflanzenauszug mit Zusätzen von Zucker, äther. Ölen und dergleichen.

Elixiere des Teufels, Die, Roman von E. T. A. HOFFMANN; 1815–16].

Elizabeth [ɪˈlɪzəbəθ], Stadt in New Jersey, USA, im westl. Vorstadtbereich von New York, 110 000 Ew.; Schiff- und Maschinenbau, Textil-, Auto-, chem. Industrie. – E. entstand ab 1664 als eine der ältesten Siedlungen in New Jersey. 1668–82 war es Zentrum des Kolonialgebietes New Jersey. 1740 erhielt E. Stadtrecht als Borough, 1855 als City.

Elizabethsee [ɪˈlɪzəbəθ-], Stausee im Sambesi, →Karibasee.

Elizavetgrạd [jeliza-], Stadt in der Ukraine, →Kirowograd.

Elizavetpol' [jeˈliza-], 1804–1918 Name der aserbaidschan. Stadt →Gäncä.

El-Jadịdạ [ɛlʒa-, frz.], früher **Mazagạn** [-z-], marokkan. Prov.-Hauptstadt am Atlantik, 119 000 Ew.; Univ.; Seebad; Fischereihafen, Flugplatz. 15 km südlich von El-J. der Phosphathafen **Jorf-Lasfar.**

Ẹlk der, -s/-s, englische Bez. für den Elch, in Nordamerika für den Wapiti.

Ełk [ɛu̯k], Stadt in Polen, →Lyck.

El-Kạb, Elkạb, Ruinenstätte der altägypt. Stadt **Necheb,** die der Göttin Nechbet geweiht war, am rechten Nilufer nördlich von Idfu am Austritt eines Wadis gelegen. Erhalten sind die Reste einer Stadtmauer, eine dichte Reihe ausgemalter Felsengräber aus dem Mittleren und Neuen Reich, Felsinschriften aus z. T. noch älterer Zeit und versch. Tempel der Ptolemäerzeit (›Wüstentempel‹).

Ẹlkan, Benno, Bildhauer, *Dortmund 2. 12. 1877, †London 10. 1. 1960; emigrierte 1933 nach London. Er begann als Maler und bildete sich 1907–10 in Rom zum Bildhauer aus. Er schuf v. a. Grabmäler, Denkmäler, Büsten und Medaillen in streng naturalist. Stil. Zu seinen Hauptwerken gehörte das Rheinlandbefreiungsdenkmal in Mainz (1930; 1933 gesprengt) und die ›Große Menora‹ in Jerusalem vor der Knesset (1947–55, 1956 aufgestellt).

Ẹlkesaiten, synkretist. Religionsgemeinschaft, deren Glaubenspraxis und -lehre jüd. und christl. Elemente mit gnost. und astrologisch-mag. Vorstellungen verband; angeblich von einem ELKESAI (ELCHASAI, ELCHAI) gegründet. Er soll um 100 im Ostjordanland mit dem Anspruch aufgetreten sein, er sei die Reinkarnation CHRISTI. Wahrscheinlich ist die Gemeinschaft jedoch erst um 200 entstanden; sie bestand im Ostjordanland und in Syrien bis ins 7. Jh. Nach HIPPOLYT, EPIPHANIOS und ORIGENES (bei EUSEBIOS) praktizierten die E. Beschneidung und Sabbatheiligung, verbanden die Taufe mit astrologisch-mag. Vorstellungen und lehrten eine gnostisch geprägte Christologie.

Elk Island National Park [ˈelk ˈaɪlənd ˈnæʃnl ˈpɑːk], Nationalpark in der Prov. Alberta, Kanada, östlich von Edmonton, 194 km²; teils bewaldet, teils offene Prärie; Reservat für Elche, Bisons u. a. Tiere; eingerichtet 1913.

ELKO, Abk. für →Elektrolytkondensator.

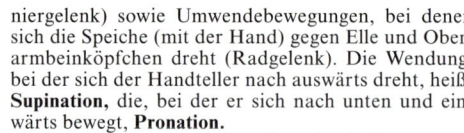

Ellagsäure

Ẹllagsäure, aus zwei Molekülen Gallussäure durch doppelte Veresterung (Depsidbildung) entstehende Verbindung, Bestandteil vieler Gerbstoffe; gelbe kristalline Substanz, die z. B. aus Dividivischoten isoliert werden kann.

Ẹllas, neugriech. für →Griechenland.

Ẹllbogen, Ẹllenbogen, i. e. S. bei Mensch und höheren Wirbeltieren der Knochenfortsatz der Elle (**E.-Höcker,** Olecranon). Er liegt beim Menschen auf der Streckfläche des Arms und greift in eine Grube des Oberarmbeins ein. Er ist eine wichtige Ansatzstelle für die Oberarmmuskulatur. I. w. S. Bez. für den gesamten Bereich des E.-Gelenks. – Das **E.-Gelenk** zw. Oberarmbein, Elle und Speiche (→Arm) setzt sich aus drei gelenkigen Verbindungen zus., die in einer einheitl. Gelenkkapsel liegen. Die drei Knochen gestatten untereinander Beugung und Streckung (Schar-

Duke Ellington

niergelenk) sowie Umwendebewegungen, bei denen sich die Speiche (mit der Hand) gegen Elle und Oberarmbeinköpfchen dreht (Radgelenk). Die Wendung, bei der sich der Handteller nach auswärts dreht, heißt **Supination,** die, bei der er sich nach unten und einwärts bewegt, **Pronation.**

Ẹlle, 1) *Anatomie:* **Ụlna,** einer der beiden Unterarmknochen (→Arm).

2) *Messwesen:* heute nicht mehr gebräuchl. Längeneinheit, abgeleitet von der Länge des Unterarms; regional sehr unterschiedlich, meist zw. 50 und 80 cm, in einigen Fällen auch beträchtlich länger. Allein in Dtl. gab es über 100 E.-Maße, z. B. Mainzer E. (54,88 cm), Berliner E. (66,80 cm) und Regensburger E. (81,10 cm). Ausländ. E.-Maße: **Alen** (Dänemark, 62,8 cm), **Aln** (Schweden, 59,4 cm), **Aune** (Frankreich, 118,8 cm), **Braccio** (Italien, 54 bzw. 75 cm); hiervon abgeleitet **Brache** (Schweiz, 70 cm, Belgien, 60 cm), **El** (Niederlande, 68,7 und 69,4 cm) und **Ell** (England, 114,3 cm).

Ellef Ringnes Island [ˈeləf ˈrɪŋnes ˈaɪlənd], Insel der Sverdrup Islands im Kanadisch-Arkt. Archipel, 11 295 km²; Wetterstation, sonst unbewohnt; Erdgasvorkommen.

Ẹllenrieder, Anna Maria, Malerin, *Konstanz 20. 3. 1791, †ebd. 5. 6. 1863; lebte 1822–24 und 1838–40 in Rom und malte religiöse Darstellungen im Stil der Nazarener sowie Porträts; schuf auch Radierungen.

Ẹllerlinge, Pilzgattung der →Wachsblättler.

Ellesmere, Lake E. [leɪk ˈelzmɪə], Brackwassersee an der O-Küste der Südinsel von Neuseeland, südlich von Christchurch, durch eine Nehrung vom Pazifik saisonal abgeschlossen, 181 km², aber nicht tiefer als 2 m; große Brutkolonien von Wasservögeln.

Ellesmere Island [ˈelzmɪə ˈaɪlənd], Insel im NO des Kanadisch-Arkt. Archipels, 196 236 km²; erstreckt sich bis 83° 07′ n. Br. (nördlichster Punkt Kanadas), bis 2604 m ü. M., große Teile vergletschert; einzelne Eskimosiedlungen, Wetterstationen haben →Alert und Eureka (an der W-Küste). Ein 39 500 km² großer Nationalpark wurde 1985 eingerichtet. – 1616 von W. BAFFIN entdeckt, 1852 nach dem britischen Politiker und Schriftsteller FRANCIS EGERTON, 1. Earl of ELLESMERE (*1800, †1857), benannt.

Ellesmere Port [ˈelzmɪə ˈpɔːt], Industriestadt in der Cty. Cheshire, England, südöstlich von Liverpool am Manchester Ship Canal, 64 500 Ew.; Erdölraffinerie, chem. Industrie, Maschinenbau.

Ellice-Inseln [ˈelɪs-], Gruppe von neun Atollen im Pazif. Ozean. Nach Aufhebung der gemeinsamen Kolonialverwaltung mit den Gilbertinseln bildeten die E.-I. 1976 die brit. Kolonie →Tuvalu, die 1978 unter diesem Namen die Unabhängigkeit erlangte.

Ẹllingen, Stadt im Landkreis Weißenburg-Gunzenhausen, Bayern, 398 m ü. M., 3 500 Ew. – Von der Stadtbefestigung (16./17. Jh.) ist das Pleinfelder Tor (1660) erhalten. Im weitläufigen Barockschloss (1708–81, über älterer Wasserburg) sind v. a. Treppenhaus, Fürstenzimmer, Festsaal, klassizist. Prunkräume und das Deutschordensmuseum bemerkenswert sowie die Schlosskirche. Ebenfalls barock sind die Pfarrkirche St. Georg (1729–31), die Mariahilfkapelle (um 1730), das Rathaus (1744–47) und eine Reihe von Bürgerhäusern. – Das urspr. als Hospital gegründete E. gelangte in den Besitz der stauf. Könige. 1216 schenkte Kaiser FRIEDRICH II. E. dem Dt. Orden. Die hier errichtete Kommende weitete sich später zum Sitz der Ballei Franken, wobei das seit 1378 städt. E. zur Residenzstadt ausgebaut wurde. 1796 von Preußen annektiert, fiel die Stadt 1806 an Bayern.

Ellington [ˈelɪŋtən], Duke, eigtl. **Edward Kennedy E.,** amerikan. Jazzpianist, -komponist, Bandleader,

Washington (D. C.) 29. 4. 1899, †New York 24. 5. 1974; begann 1916 als Ragtimespieler, spielte seit 1922 mit eigenem Ensemble (seit 1926 zur Bigband erweitert). Zur sehr konstanten Besetzung des Orchesters gehörten u. a. als Solisten B. BIGARD, L. BROWN, H. H. CARNEY, J. HAMILTON, J. HODGES, C. WILLIAMS. – E. ist Mitbegründer des modernen Orchester-Jazz-stils. Seine Musikauffassung ist deutlich vom europ. Impressionismus beeinflusst. In den 40er-Jahren ging er zu konzertanten Kompositionen größeren Ausmaßes über (›Black, brown and beige‹, ›Perfume suite‹, ›Liberian suite‹). Nach seinem Tod übernahm E.s Sohn MERCER E. (1919, † 1996) das Orchester. – Autobiographie (1973; dt.).

M. ELLINGTON: D. E. Eine Biogr. (a.d. Amerikan., Zürich 1980).

Elliot Lake [ˈeljət ˈleɪk], Stadt in der Prov. Ontario, Kanada, nahe dem N-Ufer des Huronsees, (1991) 15 000 Ew. (1959: 25 000 Ew., 1965: 6600 Ew.). – Uranerzvorkommen führten 1954 zur Gründung von E. L.; der Uranerzbergbau blühte bis 1963 und nahm einen neuen Aufschwung in den 1980er-Jahren.

Ellipse [von griech. élleipsis, eigtl. ›Mangel‹ (wohl weil der Form die volle Rundung des Kreises fehlt)] *die, -/-n,* **1)** *Geometrie:* geschlossene ebene Kurve 2. Ordnung (→Kegelschnitt); sie ergibt sich als Gesamtheit der Punkte P einer Ebene, für die die Summe der Entfernungen von zwei festen Punkten F_1 und F_2, den **Brennpunkten,** konstant ($= 2a$) ist; konstruierbar mit der →Fadenkonstruktion. Der Mittelpunkt O der Strecke zw. F_1 und F_2 (Länge $2e$) ist zugleich Mittelpunkt der E., d. h., O halbiert jede durch diesen Punkt verlaufende Sehne; e ist die **lineare Exzentrizität.** Die Gerade durch F_1 und F_2 schneidet die E. in den beiden

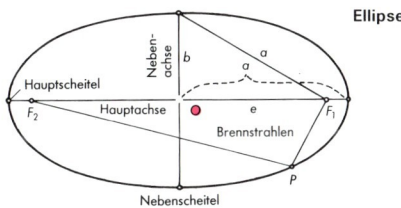

Ellipse 1)

Hauptscheiteln (Punkte der stärksten →Krümmung), die von O den Abstand a haben; die dazu senkrechte Gerade durch O schneidet die E. im Abstand $b = \sqrt{a^2 - e^2}$ in den beiden **Nebenscheiteln** (Punkte der schwächsten Krümmung). Die Verbindungslinien entsprechender Scheitel sind die Symmetrieachsen der E. und heißen **Haupt-** bzw. **Nebenachse;** a ist die große, b die kleine Halbachsenlänge. – Eine E. erhält man auch als geometr. Ort aller Punkte Q, deren Abstände von einem gegebenen Brennpunkt F_2 und einer gegebenen Leitgeraden l_2 ein festes Verhältnis $\varepsilon < 1$ haben. Man nennt

$$\varepsilon = e/a = \sqrt{1 - b^2/a^2}$$

die **numerische Exzentrizität** der Ellipse. – Der Flächeninhalt der E. ist $F = \pi ab$, die Krümmungsradien in Haupt- bzw. Nebenscheitel sind b^2/a bzw. a^2/b. Der Umfang der E. lässt sich nicht elementar berechnen (→elliptische Funktionen). Für $a = b$ ergibt sich als Sonderfall der Kreis.

Liegt der Mittelpunkt einer E. im Koordinatenursprung eines kartes. Koordinatensystems und liegen ihre Achsen auf den Koordinatenachsen, so lautet ihre Gleichung

$$\frac{x^2}{a^2} + \frac{y^2}{b^2} = 1.$$

Die E. ist das affine Bild eines Kreises (→Affinität). **2)** *Rhetorik, Sprachwissenschaft:* Weglassen eines Satzgliedes, das aus dem Sinnzusammenhang rekon-

struiert werden kann (z. B. ›sie spielte Violine, er Klavier‹).

Ellipsenzirkel, Gerät zur Konstruktion einer Ellipse: Gleiten die auf einem Stab gelegenen Punkte K_1 und K_2 auf zwei zueinander senkrechten Geraden (Schienen), so beschreibt ein auf dem Stab gelegener Punkt $P(P', P'')$ eine Ellipse.

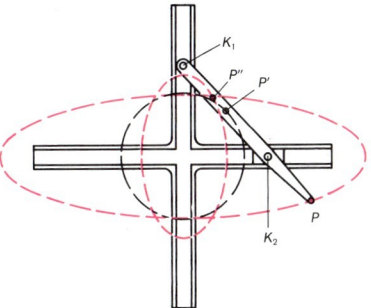

Ellipsenzirkel

Ellipsoid *das, -s/-e, Mathematik:* geschlossene Fläche 2. Ordnung, deren ebene Schnitte Ellipsen oder Kreise bilden, und der von dieser Fläche umschlossene Körper. Das E. hat im rechtwinkligen Koordinatensystem die Gleichung

$$\frac{x^2}{a^2} + \frac{y^2}{b^2} + \frac{z^2}{c^2} = 1,$$

wobei a, b, c die Achsenabschnitte sind. Bei Gleichheit zweier Achsenabschnitte erhält man ein **Rotations-E.** (da es durch Rotation einer Ellipse um eine ihrer Achsen entsteht); für $a = b = c$ ist das E. eine Kugel. Der Rauminhalt eines E. ist $\frac{4}{3} \pi \cdot abc$. – Im n-dimensionalen Raum bezeichnet man entsprechend die Hyperfläche

$$\sum_{i=1}^{n} \frac{x_i^2}{a_i^2} = 1$$

$(x_1, x_2, ..., x_n$ Koordinaten, $a_1 \geq a_2 \geq ... \geq a_n > 0$ Halbachsenlängen) als **Hyperellipsoid.**

Ellipsometrie [zu Ellipse und ...metrie] *die, -,* opt. Messmethode zur Bestimmung der Dicke und der opt. Eigenschaften dünner, zumindest teilweise transparenter Schichten und Schichtfolgen. Das auf P. DRUDE zurückgehende Verfahren beruht auf der Messung des Polarisationszustandes des an einer Probe (i. A. elliptisch) reflektierten Lichts in Abhängigkeit von dessen Wellenlänge. Die ermittelten Dispersionseigenschaften (wie Brechzahl, Absorptionskoeffizient) erlauben Rückschlüsse auf die innere und Oberflächenstruktur der Probensubstanz. Die E. ist mit der Entwicklung der unterschiedl. Dünnschichttechniken zu einer wichtigen Messmethode u. a. im Bereich der Prozesskontrolle und Qualitätssicherung geworden (z. B. bei der Herstellung mikroelektron. Komponenten oder opt. Bauteile).

R. M. A. AZZAM u. N. M. BASHARA: Ellipsometry and polarized light (Amsterdam ³1992).

elliptisch, 1) *Geometrie:* in Form einer Ellipse. **2)** *Rhetorik:* die Ellipse betreffend.

elliptische Funktionen, meromorphe Funktionen, die **doppeltperiodisch** sind, d. h., die den Funktionalgleichungen $f(z + p_1) = f(z)$ und $f(z + p_2) = f(z)$ für alle komplexen Zahlen z mit (von z unabhängigen) Zahlen p_1 und p_2 (den Perioden von f) genügen. Ihr Name rührt daher, dass sie zuerst bei der Berechnung des Umfangs einer Ellipse auftraten. Ihre Umkehrfunktionen sind die →elliptischen Integrale.

elliptische Geometrie, eine →nichteuklidische Geometrie.

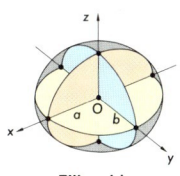

Ellipsoid: Schnitte durch die Hauptachsen

elliptische Integrale, Integrale vom Typ $\int R(x, \sqrt{P(x)})\,dx$, wobei R eine rationale Funktion in zwei Variablen und $P(x)$ ein Polynom dritten oder vierten Grades in x ohne mehrfache Nullstelle ist. Ein e. I. ist i. A. nicht durch elementare Funktionen darstellbar, jedoch lässt sich jedes e. I. durch geeignete Variablentransformation in eine Summe von elementaren Funktionen und Integralen der Form

$$\int_0^x \frac{dx}{\sqrt{(1-x^2)(1-k^2x^2)}} = \int_0^\varphi \frac{d\varphi}{\sqrt{1-k^2\sin^2\varphi}},$$

$$\int_0^x \sqrt{\frac{1-k^2x^2}{1-x^2}}\,dx = \int_0^\varphi \sqrt{1-k^2\sin^2\varphi}\,d\varphi,$$

$$\int_0^x \frac{dx}{(1-hx^2)\sqrt{(1-x^2)(1-k^2x^2)}}$$
$$= \int_0^\varphi \frac{d\varphi}{(1+h\sin^2\varphi)\sqrt{1-k^2\sin^2\varphi}}$$

für $0 < k^2 < 1$ überführen. Diese Integrale heißen **unvollständige e. I.** erster, zweiter und dritter Ordnung; die durch die Substitution $x = \sin\varphi$ erhaltene Darstellung nennt man **legendresche Normalform.** E. I. sind die Umkehrfunktionen der →elliptischen Funktionen.

Elliptozytose *die, -/-n,* **Elliptozytenanämie,** autosomal dominant erbl. Anomalie der roten Blutkörperchen mit vorwiegend ellipt. Form. Bei einem Anteil von mehr als 30% besteht Neigung zu hämolyt. Anämie; meist hat die E. jedoch keinen Krankheitswert.

Ellis, Don, eigtl. **Donald Johnson E.,** amerikan. Jazztrompeter und -komponist, * Los Angeles (Calif.) 25. 7. 1934, † ebd. 17. 12. 1978; spielte u. a. bei C. BARNET, M. FERGUSON, G. RUSSEL und mit eigenen Gruppen. 1964 gründete er das Hindustani Jazz Sextet, später eine Bigband. Er blies eine speziell für ihn konstruierte Vierteltontrompete, die feinste Tonnuancierungen ermöglicht. In seine Arrangements und Kompositionen sind Elemente der Zwölftontechnik und der Popmusik sowie der ind. Musik eingeflossen.

Ellis Island [-ˈaɪlənd], kleine Insel in der Upper New York Bay, USA, nahe der Freiheitsstatue; auf ihr befand sich 1892–1943 die Kontrollstelle für Einwanderer, bis 1954 ein Internierungslager.

Ellison [ˈelɪsn], Ralph Waldo, amerikan. Schriftsteller, * Oklahoma City (Okla.) 1. 3. 1914, † New York 16. 4. 1994. Sein für die Lit. der Nachkriegszeit bedeutender Roman ›Invisible man‹ (1952, dt. ›Unsichtbar‹)

Ellwangen (Jagst)
Stadtwappen

Ellwangen (Jagst): Stadtkern mit der ehemaligen Stiftskirche Sankt Veit; 1182–1233

thematisiert unter Verwendung autobiograph. Züge die vergebl. Suche des Helden nach einer individuellen und rass. Identität zw. Anpassung und Protest. E.s Kurzgeschichten, literaturkrit. Essays u. a. Beiträge sind in ›Shadow and act‹ (1964) und ›Going to the territory‹ (1986) gesammelt.

K. W. DIETZ: R. E.s Roman ›Invisible man‹ ... (1979); R. O'MEALLY: The craft of R. E. (Cambridge, Mass., ²1982); J. BISHOP: R. E. (New York 1988); New essays on ›Invisible man‹, hg. v. R. O'MEALLEY (Cambridge 1988).

Ellmauer Halt, höchster Gipfel des Kaisergebirges, im Wilden Kaiser, Österreich, 2344 m ü. M.

Ellora [engl. eˈlɔːrə], Felsentempel in Indien, →Elura.

Ellore [engl. eˈlɔː], Stadt in Indien, →Eluru.

Ellrich, Stadt im Landkreis Nordhausen, Thür., 255 m ü. M., am S-Rand des Harzes, 6400 Ew.; Heimatmuseum; Bekleidungs-, Holz und Metall verarbeitende Industrie; Gartenbaubetriebe. – Reste der Stadtmauer mit Türmen und Toren. – Südlich des 876 erstmals urkundlich erwähnten Dorfes entstand im 10. Jh. die sich bis 1292 zur Stadt E. entwickelte. Anfangs zur Grafschaft Klettenberg gehörend, kam E. 1254 an die Grafschaft Honstein und fiel mit deren Gebiet 1648 an Brandenburg.

Ellsworthhochland [ˈelzwəːθ-], Gebiet der Westantarktis südlich der Antarkt. Halbinsel, zw. Filchner-Ronne-Schelfeis und Bellingshausenmeer; die das Inlandeis durchragende Sentinelkette erreicht im Vinsonmassiv 5140 m (höchste Erhebung des antarkt. Kontinents). – Das E. wurde 1935 von dem amerikan. Polarforscher und Flieger LINCOLN ELLSWORTH (* 1880, † 1951) entdeckt, der als Erster die Antarktis überflogen hat.

Ellwangen (Jagst), Große Kreisstadt im Ostalbkreis, Bad.-Württ., an der Jagst, 440 m ü. M., 23900 Ew. E. liegt am SO-Rand der **Ellwanger Berge** (bis 570 m ü. M.), die zu den Keuperbergen des Schwäbisch-Fränk. Stufenlands gehören. Bundeswehrgarnison; Herstellung von Batterien, Akkumulatoren, Bekleidung und Kühlgeräten. – Die ehem. Stiftskirche, heute Pfarrkirche St. Veit (1182–1233, über Vorgängerbauten) ist der größte roman. Gewölbebau Schwabens mit Vierungskrypta (1737–41 barockisiert). Ehem. Jesuitenkirche (1724–29) und Kolleg (1720) mit scheinarchitekton. Fresken (1726). Schloss der Fürstpröpste im Renaissancestil (1603–08; 1720–26 barockisiert), vierflügelige Binnenhofanlage; Stiftsherrenhäuser (16.–18. Jh.); Palais Adelmann (1688; 1782 erneuert). Wallfahrtskirche auf dem Schönenberg (1682–84) von M. und C. THUMB mit Stuck- und Freskenschmuck. – Der 1201 erstmals erwähnte Ort ging aus einer Handwerker- und Bauernsiedlung des 764 gegründeten und 817 als Reichsabtei belegten Benediktinerklosters Ellwangen hervor, dessen Äbte seit 1215 Reichsfürsten waren. 1460 wurde der Konvent in ein weltl. Chorherrenstift umgewandelt und der Klosterbesitz zu einem geistl. Territorium zusammengefasst, das bis 1802/03 bestand. Die damals etwa 20000 Ew. zählende **Fürstpropstei Ellwangen** (rd. 500 km²) fiel an Württemberg.

H. PFEIFER: Verfassungs- u. Verwaltungsgesch. der Fürstpropstei Ellwangen (1959); Ellwangen 764–1964. Beitr. u. Unters. zur Zwölfhundertjahrfeier, hg. v. V. BURR, 2 Bde. (1964).

Ellwein, Thomas, Politologe und Erziehungswissenschaftler, * Hof 16. 7. 1927; 1961–70 Prof. für polit. Bildung in Frankfurt am Main, 1970–74 Direktor des Sozialwiss. Inst. der Bundeswehr in München, war maßgeblich an der Neuordnung des Ausbildungs- und Bildungswesens in der Bundeswehr beteiligt; 1974–76 Präs. der Bundeswehrhochschule in Hamburg; 1976–89 Prof. für polit. Wiss. in Konstanz.

Werke: Kleine Bücherkunde für die polit. Bildung (1956, mit O. VON NAGY); Das Reg.-System der Bundesrep. Dtl. (1963); Polit. Verhaltenslehre (1964); Einf. in die Reg.- u. Verw.-Lehre

(1966); Berufsbeamtentum, Anspruch u. Wirklichkeit (1973, mit R. ZOLL); Regieren u. Verwalten. Eine krit. Einf. (1976); Über polit. Verantwortung (1978); Gewerkschaften u. öffentl. Dienst (1980); Innovationsorientierte Regionalpolitik (1982, mit W. BRUDER); Die dt. Univ. Vom MA. bis zur Gegenwart (1985).

Ellwood ['elwʊd], Craig, amerikan. Architekt, *Clarendon (Tex.) 22. 4. 1922; eröffnete 1948 ein Architekturbüro in Los Angeles (Calif.). Seine meist in Stahl errichteten Bauten zeigen hinsichtlich der Baustruktur und der Raumorganisation eine unter dem Einfluss von L. MIES VAN DER ROHE entwickelte Tendenz zur Reduktion.

Werke: Hunt House, Malibu (1956–57); Case Study House No. 18, Beverly Hills (1957–1958); Scientific Data Systems Building, El Segundo (1966); Art Center College of Design, Pasadena (1970–75; alle in Kalifornien).

Elm der, Höhenzug im nördlichen Harzvorland, Ndsachs., südöstlich von Braunschweig, bis 322 m ü. M.; ein NW-SO verlaufender, salztektonisch aufgewölbter Muschelkalksattel; Steinbrüche; ausgedehnte Buchenforsten; Teil des Naturparks **Elm-Lappwald** (470 km²).

R. GOEDEKE: Die Oberflächenformen des E. (1966).

Elman, Mischa, eigtl. **Michail Saulowitsch E.**, amerikan. Violinist russ. Herkunft, *Talnoje (Ukraine) 20. 1. 1891, †New York 5. 4. 1967; Schüler u. a. von L. VON AUER, debütierte 1904 in Berlin und lebte seit 1908 in New York; führender Violinist seiner Zeit.

Elmina, El Mina, Stadt westlich von Cape Coast, Ghana; Meersalzgewinnung. – Das festungsartige Schloss (1482, 1637 von Niederländern erweitert) gilt als größtes europ. Bauwerk in den Tropen. – E. wurde 1471 von Portugiesen gegründet.

Elmsfeuer [wohl nach dem hl. ERASMUS (roman. SANT'ELMO)], **Eliasfeuer**, von Witterungseinflüssen stark abhängige büschelförmige elektr. Gasentladung an herausragenden, spitzen Gegenständen (Blitzableiter, Dachfirste, Mastspitzen von Schiffen, Bäume, u. a.) bei hohen elektr. Feldstärken. Im Gebirge und auf See wird das E. öfter, im Flachland nur selten beobachtet; es ist eine lichtschwache Erscheinung und daher nur bei völliger Dunkelheit erkennbar. – Im *Volksglauben* galt das E. seit der Antike als Zeichen schlechter oder guter Vorbedeutung (je nach Ort der Erscheinung und Anzahl der Flammen).

Elmshorn, Stadt im Kreis Pinneberg, Schlesw.-Holst., an der Krückau, 47 000 Ew.; Pferdezucht mit Reit- und Fahrschule; Trabrennbahn; Baumschulbetriebe; Instandsetzungszentrum und Sendefunkstelle der Dt. Telekom; Nahrungsmittelindustrie, ferner Fahrzeugbau, Kunststoff-, chem. Industrie; Teppichversandhaus. Endpunkt einer der Aufbauachsen im Großraum Hamburg. – Das 1141 erstmals erwähnte E. wurde 1736 zunftberechtigter Flecken und erhielt 1870 Stadtrecht.

El Niño [-ˈninjɔ], *Meereskunde:* →Niño, El.

El-Obeid, 1) Hauptstadt der Prov. Kordofan in Zentralsudan, 140 000 Ew.; wichtiger Handelsplatz für Vieh, Erdnüsse und Gummiarabikum; Straßenknotenpunkt und Endpunkt einer Nebeneisenbahn, Flugplatz.

2) Ruinenhügel bei Ur, →Tell Obeid.

Elobey, zwei kleine Inseln vor dem Mündungstrichter des Rio Muni, Westafrika, **E. Grande** und **E. Chico**; gehören zu Äquatorialguinea.

Elo|esser, Arthur, Schriftsteller und Publizist, *Berlin 20. 3. 1870, †ebd. 14. 2. 1938; seit 1899 Theaterkritiker der ›Vossischen Zeitung‹; seit 1933 ohne größere Publikationsmöglichkeiten.

Werke: Das bürgerl. Drama. Seine Gesch. im 18. u. 19. Jh. (1898); Literar. Porträts aus den modernen Frankreich (1904); Die Straße meiner Jugend. Berliner Skizzen (1919); Die dt. Lit. vom Barock bis zur Gegenwart, 2 Bde. (1930–31).

Eloge [-ʒɔ, frz.] *die, -/-n, bildungssprachlich* für: Lob, (übertriebene) Lobrede; Lobhudelei.

Elogium [lat. ›Grabschrift‹, von griech. elegeîon ›Klagelied‹] *das, -s/...gia, gehoben* für: Lobrede.

Elohim [hebr.], geläufige Bez. für Gott im A.T.; Ausgangspunkt ist die gemeinsemit. Gottesbezeichnung El als Bez. für einzelne, oft durch Zusätze näher gekennzeichnete Götter Syriens und Palästinas (z. B. **El von Bethel**, 1. Mos. 35, 7; **El roi**, 1. Mos. 16, 13; **El eljon**, 1. Mos. 14, 18; **El schaddaj**, 1. Mos. 17, 1) oder als Eigenname für den höchsten Gott des lokalen Pantheons. Von dieser Grundform ist E. ein numer. Plural für ›Götter‹ oder ein Abstraktplural (eigtl. ›Gottheit‹) zur Bez. eines Gottes, v. a. des Gottes Israels (→Jahwe). Die Gleichsetzung von E. mit Jahwe ist der Fundamentalsatz des Glaubens Israels. Die anderen E., ›Götter‹, werden erst allmählich als ›Nichtse‹ (hebr. **Elilim**) erkannt.

Elohist der, -en, Bez. für eine bibl. Quellenschrift im→Pentateuch.

Éloi [eˈlwa], frz. Heiliger, →Eligius von Noyon.

Eloidverzahnung, Kurz-Bez. für Epizykloiden-Verzahnung; Verzahnung bei Kegelrädern mit Bogenverzahnung, wobei die Flankenlinien der Zähne auf dem Planrad (Tellerrad) Epizykloiden sind.

Elongation [zu lat. elongare ›entfernen‹, ›fern halten‹] *die, -/-en,* **1)** *Astronomie:* die Winkeldistanz eines Gestirns, bes. eines Planeten, von der Sonne, gemessen in ekliptikaler Länge (→astronomische Koordinaten). Steht ein Planet in westl. E., so geht er vor der Sonne auf (Morgenstern), steht er dagegen in östlicher, so geht er nach der Sonne unter und kann am Abendhimmel beobachtet werden. Die E. der äußeren Planeten kann alle Werte zw. 0° und 360° annehmen, während die beiden inneren Planeten nur eine größte westl. oder östl. E. erreichen können, die bei Merkur etwa 28° und bei Venus etwa 47° beträgt. (→Konstellation)

2) *Physik:* der Betrag, um den ein Körper aus einer stabilen Gleichgewichtslage entfernt wird; z. B. bei Schwingungen die momentane Auslenkung aus der Ruhelage.

eloquent [lat.], *bildungssprachlich* für: beredt, wortreich und ausdrucksvoll.

El Oro, Prov. von →Ecuador.

El-Oued [-ˈwɛd], Markt- und Verw.-Zentrum der Oasenregion →Souf in O-Algerien, 73 000 Ew.; Kuppel- und Tonnengewölbehäuser; Dattelpalmenkulturen in Sandtrichtern.

Eloxieren, Bez. für die →anodische Oxidation von Aluminiumwerkstoffen.

El Paraíso, Dep. von →Honduras.

El Paso [el ˈpaːsəʊ], Stadt in Texas, USA, 1126 m ü. M., am Rio Grande gegenüber von →Ciudad Juárez (Mexiko), (1992) 543 800 Ew. (1950: 130 500 Ew.); kath. Bischofssitz; Zweig der University of Texas. El P. ist Zentrum eines ausgedehnten Gebietes mit Weidewirtschaft (Rinder), Bewässerungsfeldbau (Baumwolle) und Bergbau; Kupfer-Blei-Schmelze, Kupferraffinerie, Erdölraffinerie, Nahrungsmittel- und Bekleidungsindustrie; Verkehrsknotenpunkt. Bei El P. liegt **Fort Bliss** mit Flugabwehrraketenschule des amerikan. Heeres sowie Dt. Luftwaffenausbildungskommando und Raketenschule der dt. Luftwaffe. – Aus der span. Kolonialzeit und dem 19. Jh. sind bei El P. neben Fort Bliss (1848) drei Missionsstationen erhalten. – Auf dem Gebiet der heutigen Stadt gründeten Franziskaner 1659 eine Missionsstation, um die sich erst Anfang des 19. Jh. eine geschlossene Siedlung entwickelte. Nach dem Anschluss an die USA wurde hier ein Armeeposten errichtet, und mit dem Ausbau des

Elritze
(Länge bis etwa 10 cm)

Eisenbahnnetzes (1881) begann der Aufschwung der Stadt.

Elphinstone ['elfinstən], William, schott. Staatsmann und Bischof von Aberdeen (seit 1488), *Glasgow 1431, †Edinburgh 25. 10. 1514; unter JAKOB III. mehrfach mit diplomat. Missionen betraut, von Febr. bis Juni 1488 Kanzler von Schottland, unter JAKOB IV. Geheimsiegelbewahrer (1492–1514); gründete mit königl. Hilfe (deshalb King's College) die Univ. von Aberdeen (1494, im 19. Jh. mit dem ev. Marischal College zur heutigen Univ. vereinigt); entschiedener Gegner der englandfeindl. Politik.

L. J. MACFARLANE: W. E. and the kingdom of Scotland (Aberdeen 1985).

Elpis, *griech. Mythos:* Personifikation der (als trügerisch gedachten) Hoffnung.

Elritze, Pfrille, Phoxinus phoxinus, bis etwa 10 cm lange, wirtschaftlich unbedeutende Art der Karpfenfische; Körper torpedoförmig mit kleinen Schuppen, oft seitlich gefleckt oder quer gestreift. Die Männchen sind zur Laichzeit prächtig gefärbt. Die E. lebt in sauerstoffreichen und nicht zu warmen Seen und Fließgewässern Europas sowie Asiens bis zum Amur. Sie ist nach der Roten Liste in Dtl. in ihrem Bestand stark gefährdet. (BILD S. 317)

El Salvador

Staatswappen

Staatsflagge

Internationales
Kfz-Kennzeichen

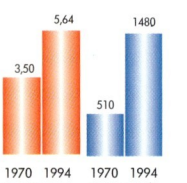

1970 1994   1970 1994
Bevölkerung   Bruttosozial-
(in Mio.)   produkt je Ew.
                (in US-$)

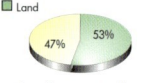

Bevölkerungsverteilung
1995

Bruttoinlandsprodukt
1994

El Salvador

Fläche 21 041 km²
Einwohner (1995)
5,77 Mio.
Hauptstadt San Salvador
Amtssprache Spanisch
Nationalfeiertag 15. 9.
Währung 1 El-Salvador-
Colón (₡) = 100 Centavos
Uhrzeit 5⁰⁰ San Salvador =
12⁰⁰ MEZ

El Salvador, amtlich spanisch **República de El Salvador,** die kleinste Republik Zentralamerikas, an der Küste des Pazifik, 21 041 km² (etwa halb so groß wie die Schweiz), (1995) 5,77 Mio. Ew.; Hauptstadt ist San Salvador, Amtssprache Spanisch. Währung: 1 El-Salvador-Colón (₡) = 100 Centavos. Zeitzone: Central Standard Time (5⁰⁰ San Salvador = 12⁰⁰ MEZ).

STAAT · RECHT

Verfassung: Nach der am 20. 12. 1983 in Kraft getretenen Verf., die sich zur Gewaltenteilung, zur repräsentativen Demokratie und zum Schutz menschl. Grund-rechte bekennt, ist El S. eine präsidiale Republik. Staatsoberhaupt, Inhaber der Exekutive (Reg.-Chef) und Oberbefehlshaber der Streitkräfte ist der auf fünf Jahre direkt gewählte Präs. (eine Wiederwahl ist nicht möglich; Stichtag der Amtseinführung: 1. 6.). Die Legislative liegt bei der Nationalversammlung (Asamblea Nacional), deren 84 Abg. für drei Jahre gewählt werden. 64 der Mandate werden entsprechend der Einwohnerzahl der Departements nach dem Mehrheitswahlrecht vergeben, die restl. 20 über Landeslisten der Parteien. Präsidentschafts- und Parlamentswahlen dürfen nicht gleichzeitig stattfinden; es besteht Wahlpflicht ab dem 18. Lebensjahr. Die Nationalversammlung wählt die Richter des Obersten Gerichts.

Parteien: Einflussreichste Parteien sind die rechtsextreme Alianza Republicana Nacionalista (ARENA; dt. Republikanisch-nationalist. Allianz, gegr. 1981), die Frente Farabundo Martí para la Liberación Nacional (FMLN; dt. Nat. Befreiungsbewegung Farabundo Martí, seit 1992 polit. Partei), der Partido Demócrata Cristiano (PDC; dt. Christlich-Demokrat. Partei, gegr. 1960), der Partido de Conciliación Nacional (PCN; dt. Partei des nat. Ausgleichs, gegr. 1961), die Convergencia Democrática (CD; dt. Demokrat. Konvergenz, gegr. 1987 als linksreformist. Allianz, seit 1993 polit. Partei) und der sozialdemokrat. Movimiento Nacional Revolucionario (MNR; dt. Nationalrevolutionäre Bewegung). Seit 1994 ist die Parteienlandschaft in El S. durch zahlr. Spaltungen, Umstrukturierungen und Neugründungen gekennzeichnet.

Gewerkschaften: Größte Dachverbände der Gewerkschaften sind die Unidad Popular Democrática (UPD), die Unidad Nacional de Trabajadores Salvadoreños (UNTS) und die Unión Nacional Obrero-Campesina (UNOC).

Wappen: 1912 kehrte El S. zum Wappen der ›Vereinigten Provinzen von Mittelamerika‹ aus dem Jahre 1823 zurück. Es zeigt in einem freimaurer. Dreieck einen von beiden Ozeanen umspülten Gebirgszug (fünf Vulkane) unter dem zukunftsverheißenden Regenbogen und dem Datum der Unabhängigkeitserklärung sowie den Strahlen aussendenden Jakobinermütze; Wahlspruch (unter dem Dreieck): Gott, Einheit, Freiheit.

Nationalfeiertag: 15. 9., erinnert an die Proklamation der Unabhängigkeit 1821.

Verwaltung: Das Land ist in 14 Bez. (Departamentos) gegliedert, an deren Spitze jeweils ein vom Präs. ernannter Gouv. steht.

Recht: Die Rechtsprechung wird in höchster Instanz vom Obersten Gerichtshof (Corte Suprema) ausgeübt, dem allein die Entscheidung über die Verfassungsmäßigkeit von Gesetzen obliegt. Daneben bestehen Gerichte zweiter Instanz sowie in allen wichtigen Städten und Distrikten erstinstanzl. Gerichte. Friedensrichter gibt es in größeren Ortschaften.

Streitkräfte: Die Gesamtstärke der Wehrpflichtarmee (Dienstzeit 24 Monate) beträgt rd. 31 000 Mann. Das Heer (28 000 Soldaten) gliedert sich in sechs Infanteriebrigaden, eine Artilleriebrigade, ein mechanisiertes Regiment und mehrere selbstständige Bataillone. Die Luftwaffe hat 2 000, die Marine 1 000 Soldaten. Die Ausrüstung umfasst im Wesentlichen 15 Aufklärungspanzer, 36 Kampfflugzeuge sowie 30 Kleine Kampfschiffe und fünf Landungsboote. Die paramilitär. Einheiten der Nationalpolizei mit 6 000 Mann und der Bürgerwehr (Defensa Civil) mit 24 000 Mann wurden 1994 aufgelöst, neue Polizeikräfte unter ziviler Führung sollen aufgebaut werden. – Etwa 18 % der Staatsausgaben werden für die Verteidigung verwendet. Zusätzlich erhält das Land von den USA Militärhilfe von jährlich rd. 40 Mill. US-$.

Departamento	Hauptstadt	Fläche in km²	Ew.	Ew. je km²
Ahuachapán	Ahuachapán	1 240	260 600	210
Cabañas	Sensuntepeque	1 104	136 300	123
Chalatenango	Chalatenango	2 017	180 600	90
Cuscatlán	Cojutepeque	756	167 300	221
La Libertad	Nueva San Salvador	1 653	522 100	316
La Paz	Zacatecoluca	1 224	246 100	201
La Unión	La Unión	2 074	251 100	121
Morazán	San Francisco	1 447	168 000	115
San Miguel	San Miguel	2 077	380 400	183
San Salvador	San Salvador	886	1 477 800	1 668
Santa Ana	Santa Ana	2 023	451 600	223
San Vicente	San Vicente	1 184	135 500	114
Sonsonate	Sonsonate	1 226	354 600	289
Usulután	Usulután	2 130	317 100	149
El Salvador	San Salvador	21 041*)	5 047 900	240

Größe und Bevölkerung (1992)

*)einschließlich Binnengewässer

El Salvador: Küstenregion an der Fonsecabucht im Grenzgebiet zu Honduras

LANDESNATUR · BEVÖLKERUNG

El S. ist bis auf einen schmalen, feuchtheißen Küstenstreifen fruchtbares Hügel- und Gebirgsland. Das zentrale Hochplateau, 400–500 m ü. M., mit Grasfluren und Seen (Ilopangosee, 60 km², 248 m tief), wird von zwei Gebirgszügen begrenzt, die im N im Grenzgebiet zu Honduras aus kreidezeitl. Vulkangesteinen (bis 1 650 m ü. M.) bestehen und im S (Küstengebirge) in 14 z. T. noch tätigen Vulkanen (Santa Ana 2 381 m ü. M.) kulminieren. Es wird vom einzigen größeren Fluss, dem Río Lempa, entwässert. – Das Klima ist wechselfeucht-tropisch (Regenzeit Mai–Oktober) mit Niederschlägen zw. 1 500 mm im Hochtal und 2 500 mm im Gebirge. Die jährl. Mitteltemperatur beträgt 23 °C mit Schwankungen zw. 10 °C und 40 °C je nach Höhenlage; Frost ab 1 400 m ü. M. El S. wird überwiegend landwirtschaftlich genutzt, Wald hat sich nur an Gebirgshängen erhalten; an der Küste gibt es Mangroven. (→Zentralamerika)

Größte Städte (Ew. 1992)

San Salvador	...	422 600
Soyapango	....	251 800
Santa Ana	....	202 300
San Miguel	....	182 500
Mejicanos	.....	145 000
Nueva San Salvador	..	116 600
Ciudad Delgado		104 800
Apopa	....	100 800

Bevölkerung: Rd. 90% der Bev. sind Mestizen, die übrigen Indios und Weiße. El S. ist das am dichtesten besiedelte Land Zentralamerikas. Die Bevölkerungszahl stieg zw. 1971 und 1992 jährlich um 1,7%, die Bevölkerungsdichte zw. 1975 und 1995 von 194 auf 270 Ew. je km²; 1990–95 lag die Geburtenrate bei 33,5‰, die Sterberate bei 7,1‰. Das starke Anwachsen der Bev. bewirkt, dass viele Menschen in die Nachbarländer auswandern. Wegen unzureichender medizin. Versorgung und Unterernährung besteht eine hohe Kindersterblichkeit. 1995 lebten 47% der Bev. in den meist kleinen und mittleren Städten. In der Sozialstruktur besteht ein starker Ggs. zw. der grundbesitzenden, einflussreichen weißen Oberschicht und der breiten Schicht von Kleinbauern und Tagelöhnern.

Religion: Die Verf. garantiert die Religionsfreiheit und, damit verbunden, die rechtl. Gleichstellung aller Religionsgemeinschaften. Traditionell hat jedoch die kath. Kirche als Glaubensgemeinschaft, der rd. 92% der Bev. angehören, eine besondere Stellung. Mindestens 5% der Bev. gehören, mit wachsender Tendenz, versch. prot. Kirchen und Gemeinschaften (neben Pfingstkirchen bes. Adventisten, Baptisten und Lutheraner) und der anglikan. Kirche an. Seit Mitte der 1960er-Jahre sind die Pfingstkirchen und charismat. Gemeinden die am stärksten wachsenden christl. Gemeinschaften, denen etwa zwei Drittel (geschätzt) aller Protestanten angehören.

Bildungswesen: Es besteht allgemeine Schulpflicht, nachdem öffentl. und privates Schulwesen gleichermaßen unter Staatsaufsicht gestellt wurden; der Unterricht ist kostenlos. Wegen Mangels an Lehrern, Schulen und Lehrmitteln setzte sich die Schulpflicht v. a. in den ländl. Bereichen bisher noch nicht durch. So betrug z. B. 1990 die Einschulungsrate nur 72% (1965 noch 82%). Die Analphabetenquote betrug im gleichen Jahr 27%. Den zweijährigen Vorschulkursen folgt (auf dem Land) eine zwei- bis vierjährige bzw. (in Städten) sechsjährige Grundschulausbildung. Daran schließt ein fünfjähriger Besuch von Mittel- und höheren Schulen an (Voraussetzung für ein Hochschulstudium). Ferner bestehen Berufs- und Fachschulen mit vier- bis fünfjährigen Kursen. El S. hat zwei Univ.: die staatl. Universidad de El S. und die private, von Jesuiten geleitete Universidad Centroamericana José Simeón Cañas.

Publizistik: Presse: Offiziell gibt es keine Zensur. Die wichtigsten Tageszeitungen sind die sozialliberale ›La Prensa Gráfica‹ und die konservative ›El Diario de Hoy‹. – *Rundfunk:* Über 60 private Rundfunkbetriebe, zusammengeschlossen in der ASDER-Asociación Salvadoreña de Empresarios de Radiodifusión, senden lokale Hörfunkprogramme. Die staatl. Rundfunkanstalt YSS-Radio Nacional de El Salvador strahlt vorwiegend kulturelle Sendungen aus. Die ANTEL-Administración Nacional de Telecomunicaciones verbreitet landesweit zwei Fernsehprogramme; außerdem existieren sechs kommerzielle Kanäle.

WIRTSCHAFT · VERKEHR

Die salvadorian. Wirtschaft hat sehr unter dem Bürgerkrieg von 1979–92 gelitten. Erst Ende der 80er-Jahre stieg das Bruttoinlandsprodukt (BIP) wieder an; zw. 1990 und 1993 wuchs es um jährlich 2,2%. 1994 wurden 14% des BIP in der Landwirtschaft, 24% in der Industrie und 62% durch Handel und Dienstleistungen erwirtschaftet. Das Bruttosozialprodukt je Ew. betrug 1994 1 480 US-$; damit gehört El S. zu den

Ländern mittleren Einkommens. Die Arbeitslosigkeit liegt bei etwa 10% (1993). Die Bürgerkriegsfolgen, eine hohe Auslandsverschuldung (1994: 1,95 Mrd. US-$), Haushaltsdefizite und eine Inflation zw. 8 und 15% erforderten 1993 einen Kredit des Internat. Währungsfonds von 49 Mio. US-$; zusätzlich finanzieren zahlr. Entwicklungsagenturen den Wiederaufbau.

Landwirtschaft: Die Landwirtschaft beschäftigt etwa 50% der Erwerbstätigen und ist damit der bedeutendste Wirtschaftsbereich. Ihr Beitrag zum Export beträgt 44,4%, allein Kaffee macht 24,5% (1992) aus. 1993 belief sich der Ausfuhrwert von Kaffee auf 226,3 Mio. US-$ (Ertragsmenge 161 000 t). Auch Zuckerrohr und Baumwolle sind wichtige Exportprodukte. An Grundnahrungsmitteln werden vor allem Reis, Mais, Hirse und Bohnen angebaut. Die ungleiche Besitzstruktur und die unsicheren Pachtverhältnisse der Kleinbauern sollen durch eine Agrarreform verbessert werden. Gegenwärtig bewirtschaften die Großbetriebe mit mehr als 30 ha (nur 3% aller Betriebe) 44% der landwirtschaftl. Nutzfläche.

Industrie: El S. ist neben Guatemala das industriell am weitesten entwickelte Land Mittelamerikas. In den städt. Gebieten waren 1991 28,5% aller Erwerbspersonen im produzierenden Gewerbe, einschließlich Bauwesen, beschäftigt. Über 60% der Wertschöpfung kommen aus der Nahrungs- und Genussmittelindustrie (z.B. Kaffeepulver, Zucker, Käse, Butter, Getränke). Größte Betriebe sind eine Erdölraffinerie, eine Stahlgießerei und ein Walzwerk. Daneben gibt es kleinere Textilfabriken und Chemieunternehmen.

Außenwirtschaft: Seit Anfang der 90er-Jahre nehmen die Ausfuhrerlöse wieder zu; trotzdem zeigt die Handelsbilanz seit Jahren fast durchweg einen negativen Saldo. 1993 betrug der Einfuhrüberschuss 1,2 Mrd. US-$ (Einfuhren 1,9 Mrd. US-$, Ausfuhr 0,7 Mrd. US-$). Wichtigste Handelspartner sind mit Abstand die USA und die Länder des Zentralamerikan. Gemeinsamen Marktes, dem auch El S. angehört (v.a. Guatemala, Costa Rica). Daneben spielen Mexiko, Venezuela, Dtl. und Japan eine Rolle.

Verkehr: El S. besitzt das am besten ausgebaute Verkehrsnetz Mittelamerikas. Das (1994) 602 km lange Eisenbahnnetz dient bes. dem Kaffee- und Baumwolltransport und verbindet die Anbaugebiete mit der Hauptstadt San Salvador und den Hafenstädten. Die beiden Hauptstrecken des 12 251 km langen Straßennetzes sind die O-W-Verbindungen ›Carretera Interamericana‹ und die parallel verlaufende Küstenstraße ›La Litoral‹ am Pazif. Ozean. Durch Zubringerstraßen sind alle wichtigen Orte mit den beiden Hauptstrecken verbunden. Straßen und Schienennetz sind durch den Bürgerkrieg z.T. in sehr schlechtem Zustand. Wichtigste Seehäfen sind Acajutla (Erdölterminal) und Cutuco. Der Zugang zum Hafen vom Puerto Barrios an der Karibikküste Guatemalas ist El S. vertraglich zugesichert. Der 1979 eröffnete internat. Flughafen Cuscatlán liegt in der Küstenebene und ersetzte den Militärflughafen Ilopango.

GESCHICHTE

Das in vorspan. Zeit vergleichsweise dicht (etwa 120 000 Ew.) von Indianern der Pipil- (toltekisch-aztekisch), Pokoman- (Maya) und Lencakultur besiedelte Gebiet des heutigen El S. wurde 1524/25 durch P. DE ALVARADO erobert und nach der Niederschlagung mehrerer indian. Aufstände Teil des Generalkapitanats Guatemala. Wichtigste Ausfuhrprodukte der mit indian. Arbeitskräften organisierten kolonialen Wirtschaft waren Kakao und Indigo. Die Trennung vom Mutterland vollzog El S. am 15.9. 1821 gemeinsam mit den übrigen Provinzen Zentralamerikas, die sich nach der Vereinigung (5.1. 1822) mit dem kurzlebigen me-

xikan. Kaiserreich am 1.7. 1823 zur Zentralamerikan. Föderation zusammenschlossen. Als letzter Staat kämpfte El S. bis 1840 vergeblich für den Erhalt dieses Bundes. Der Kampf rivalisierender Gruppen der Oligarchie (liberales Bürgertum, konservative Landbesitzer) und die Interventionen der benachbarten guatemaltek. Machthaber bestimmten die Politik der folgenden Jahrzehnte. Darüber hinaus konkurrierten Großbritannien und die USA um die wirtschaftl. Führung der jungen Rep., wobei die Nordamerikaner in Zusammenarbeit mit den wenigen einheim. Großgrundbesitzern, führenden Militärs und polit. Machthabern den Sieg davontrugen. Der stetig steigende Weltbedarf an Kaffee führte zur Vernichtung ausgedehnter Waldungen und zur Anlage zahlr. Plantagen, v.a. in den Höhenlagen zw. 400 und 1 600 m. Unter Vernachlässigung des Nahrungspflanzenanbaues verfielen auch die Kleinbauern dem bis zur Weltwirtschaftskrise anhaltenden Kaffeeboom. Die Kaffeemonokultur hat die Wirtschaft und die Kulturlandschaft El S.s fast ein Jahrhundert lang bestimmt. Export- und Preisrückgänge seit 1929 führten zur Verarmung und zu vermehrter Abhängigkeit der kapitalschwachen Kleinbesitzer. Erst nach der Niederschlagung großer Bauernunruhen während der Weltwirtschaftskrise wurde unter der Diktatur des Generals M. HERNÁNDEZ MARTÍNEZ (*1882, †1966; Staatspräs. 1931–44) eine Bodenreform eingeleitet und die Sozialgesetzgebung verbessert. Nach dessen Sturz setzten versch. Militär-Reg. die Reformpolitik fort, ohne aber eine grundlegende Entspannung der durch die Bevölkerungsexplosion im 20. Jh. verschärften und durch hohe Auswanderungsquoten kaum gemilderten sozialen Konflikte zu erreichen. Auch der →Fußballkrieg gegen Honduras hatte seine Ursachen in den sozialen Spannungen. Diese führten schließlich nach dem Sturz von Präs. C.H. ROMERO (1977–79; *1924) zum Bürgerkrieg: Von den USA unterstützte Regierungstruppen sowie rechtsradikale Gruppen kämpften gegen die in der Befreiungsfront Frente Farabundo Martí para la Liberación Nacional (FMLN) zusammengeschlossenen Guerillaorganisationen, die Hilfe von Kuba und Nicaragua erhielten. Der von den USA unterstützte christdemokrat. Staatspräs. J.N. DUARTE (1980–82 und 1984–89) bemühte sich vergeblich, den die Stabilität der gesamten Region gefährdenden Konflikt durch Verhandlungen zu beenden.

Die Präsidentschaftswahlen 1989 gewann A. CHRISTIANI, dessen rechtsextreme ARENA bereits seit den Parlamentswahlen im März 1988 die stärkste Partei im Parlament war. Nach ergebnislosen Friedensverhandlungen im Herbst 1989 eröffnete die FMLN am 11.11. 1989 eine Großoffensive und rief zum Volksaufstand auf. Vermittlungsbemühungen von UN, OAS, der kath. Kirche des Landes u.a. waren zunächst erfolglos. Nach Einschaltung von UN-Gen.-Sekr. J. PÉREZ DE CUÉLLAR (1990) wurden im Juli 1991 UN-Beobachter in El S. stationiert. Unter der Schirmherrschaft der UN wurde am 16.1. 1992 von Vertretern der FMLN und der Reg. Cristiani offiziell ein Friedensabkommen unterzeichnet, das einen von UN-Friedenstruppen überwachten Waffenstillstand ab 1.2. 1992 und die Wiedereingliederung der Guerillabewegung festlegte (Vertrag von Chapultepec). Der Bürgerkrieg hatte 75 000–80 000 Tote sowie etwa 500 000 Vertriebene und Flüchtlinge gekostet. Zu den wichtigsten Punkten des Vertragswerks gehörten die Umverteilung des Landbesitzes und die Entwaffnung der Kriegsparteien. Im Dezember 1992 wurde der Bürgerkrieg offiziell für beendet erklärt. Auch die Wirtschaft des Landes erholte sich langsam. An den Parlaments- und Präsidentschaftswahlen 1994 nahm die FMLN als politische Partei teil. Sie wurde zweitstärkste Kraft nach der ARENA-Partei, die mit A. CALDERÓN SOL wiederum den Präsidenten stellt. Die UN erklärte Ende April 1996 ihre Mission für erfolgreich beendet.

Bereits im September 1992 war der noch aus dem 19. Jh. stammende Grenzkonflikt zw. El S. und Honduras durch ein Urteil des Internat. Gerichtshofs in Den Haag beigelegt worden.

M. J. MacLeod: Spanish Central America. A socioeconomic history, 1520–1720 (Berkeley, Calif., 1973); E. A. Baloyra: El S. in transition (Chapel Hill, N. C., 1982); T. S. Montgomery: Revolution in El S. Origins and evolution (Boulder, Colo., 1982); J. Dunkerley: Der lange Krieg. Diktatur u. Revolution in El S. (a. d. Engl., 1986); Zentralamerika, hg. v. D. Boris u. a. (³1986); T. P. Anderson: Politics in Central America (Neuausg. New York 1988); L. Gabriel: Aufstand der Kulturen. Konfliktregion Zentralamerika (Neuausg. 1988); El S. A country study, hg. v. R. A. Haggerty (Neudr. Washington, D. C., 1990).

Elsass *das,* frz. **Alsace** [al'zas], histor. Landschaft westlich des Oberrheins, heute Region O-Frankreichs mit den Dép. Bas-Rhin und Haut-Rhin, 8 280 km², 1,67 Mio. Ew.; Hauptstadt und wirtschaftl. Zentrum ist Straßburg. Das E. umfasst die linksrhein. Tiefebene südlich der Lauter, das tertiäre Hügelland des Sundgau im S mit dem N-Rand des Jura und reicht bis auf den Kamm der vorwiegend aus Graniten und Gneisen aufgebauten Südvogesen (Elsässer Belchen 1 247 m, Großer Belchen 1 423 m, Hohneck 1 362 m ü. M.). Im N erstreckt es sich über die Buntsandstein-Vogesen (Donon 1 008 m), über die das Gebirge querende Zaberner Senke (326 m) und die zum Pfälzer Wald überleitenden Buntsandsteinberge (Wasgau 580 m ü. M.) bis in die Muschelkalklandschaft an der Saar. Die elsäss. Oberrheinebene (›Plaine d'Alsace‹) gliedert sich in drei Zonen: die mit Löss bedeckten Hügel- und Terrassenlandschaften am Gebirgsrand mit intensivem Acker- und Weinbau, die weniger ertragreichen, oft mit Niederwald bestandenen Schotterterrassen des Rheins und die z. T. sumpfigen, vertorften, von Wiesen und Auwald eingenommenen Niederungen an Rhein und Ill.

Bevölkerung und *Besiedlung:* Rheinebene und Vorbergzone der Vogesen wurden bereits in vorchristl. Zeit teilweise dicht besiedelt. Die ländl. Siedlungen in der Ebene sind überwiegend Haufendörfer (Gewannfluren, heute meist flurbereinigt) mit fränk. Gehöftformen in Fachwerkbauweise. In den Vogesen dominieren Einzelhofgebiete mit Blockfluren. Die frühe Durchsetzung mit städt. Siedlungen, die neben ummauerten Weinbaudörfern, Burgen und Festungsanlagen entstanden, hat bewirkt, dass die Grenze zw. bürgerl. und bäuerl. Kultur fließender ist als in den benachbarten dt. Landschaften. Hieraus erklärt sich ein starker Einfluss des urbanen Stils auf die ländl. Fachwerkbauten, Rathäuser, Kirchen u. a. in der wohlhabenden Reblandzone, die heute stark auf Tourismus eingestellt ist. Viele Arbeitnehmer pendeln nach Dtl. und in die Region Basel. Auch kulturell ist eine Verknüpfung mit der übrigen alemann. Oberrheinregion auf allen Gebieten spürbar. Das Brauchtum (zahlr. Frühlingsgestalten wie etwa das ›Maiwiebele‹ oder der ›Pfingstbutzen‹ veranstalten noch heute Heischegänge mit speziellen Sprüchen und Liedern) mit Fastnachtsfeuern, Ernte- und Weihnachtssitten (der Christbaum tauchte hier im 17. Jh. zum ersten Mal auf) entspricht zumeist oberdt. Verhältnissen. Berühmt ist die eigenständige Küche: das deftige ›Choucroute‹, ›Bäckerofen‹, Schnecken und Froschschenkel, Münsterkäse und Weißwein. Das Ober-E. ist überwiegend katholisch, das Unter-E. dagegen zu rd. einem Drittel protestantisch. Heute lebt über ein Viertel der Bev. in Straßburg, Mülhausen und Colmar.

Die elsäss. Mundart gehört zum alemann., nördlich des Hagenauer Forsts zum rheinfränk. Sprach-

Elsass: Weinbaugebiet am Fuß der Vogesen

gebiet. Offizielle Sprachen sind Französisch und Deutsch.

Wirtschaft: In der Rheinebene werden Weizen, Zuckerrüben (bes. im Niederterrassenbereich), Tabak, Gemüse (Spargel), Hopfen und Obst angebaut. In der Vorhügelzone wird v. a. Weinbau, im Gebirge Holzwirtschaft, im zentralen Teil der Hochvogesen Almwirtschaft betrieben. Die Käseherstellung (Münsterkäse) ist heute z. T. industrialisiert. Im Ober-E. dominieren Papier- und Textil- (Mülhausen, Colmar, Vogesentäler) sowie Kfz- und chem. Industrie (Mülhausen). Der Kalisalzbergbau bei Mülhausen trägt zum die Abwässer entscheidend zur Versalzung des Rheins bei. Im N-Elsass finden sich Nahrungs- und Genussmittel- (Brauereien), Metall- (Maschinen-) und Schuhindustrie; zwei große Erdölraffinerien nördlich von Straßburg (Reichstett, Herrlisheim) werden durch die Erdölleitung Lavéra (Mittelmeer)–Karlsruhe versorgt. Elektrizitätswerke bestehen am Grand Canal d'Alsace (→Rheinseitenkanal), ein Pumpspeicherwerk in den Hochvogesen (Lac Blanc, Lac Noir) und ein Kernkraftwerk (2 Blöcke je 880 MW Nettoleistung) in Fessenheim. In Anlehnung an den Kanal, den autonomen Hafen von →Straßburg und die Erdölleitung entstanden neue Industriezonen (u. a. Colmar/Neu-Breisach) mit großen Werken (chem., Kunststoff-, Aluminiumindustrie). Hohe Bedeutung hat der Fremdenverkehr, bes. an der Elsäss. Weinstraße (von Marlenheim bei Straßburg bis Thann).

Geschichte: Das Gebiet des E. mit seiner kelt., z. T. auch german. Bev. gehörte, 58 v. Chr. von Caesar erobert, zur Prov. Gallia belgica und wurde 90 n. Chr. in die Prov. Germania superior eingegliedert. In der 2. Hälfte des 5. Jh. nahmen die Alemannen das Land endgültig in Besitz. Mit dem Sieg Chlodwigs über die Alemannen (wohl 496) wurde das E. Teil des Frankenreichs, in dem es 640–740 als eigenständiges Herzogtum unter dem Geschlecht der Etichonen bestand. Die karoling. Herrscher teilten das Gebiet in zwei Grafschaften: Sundgau und Nordgau. Gleichzeitig wurde das Bistum Basel wieder errichtet und ihm das Ober-E. (Sundgau) unterstellt. Im Vertrag von Meerssen (870) erhielt Ludwig der Deutsche das E. zugesprochen. Heinrich I. gliederte es 925 dem Reich (Herzogtum Schwaben) ein. Mit Werner von Habsburg fassten um 1020 die Habsburger im E. Fuß. 1079 gelangte das E. mit dem Herzogtum Schwaben an die Staufer, die den Saliern durch Burgenbau und Ministerialität das E. sicherten, es gleichzeitig aber in ihre expansive Hausmachtpolitik einzubinden verstanden. Der Versuch Kaiser Lothars III., der stauf. Politik

Elsass
Wappen

durch die Schaffung zweier elsäss. Landgrafschaften 1135 entgegenzuwirken, scheiterte. Während die Habsburger als Inhaber (seit 1135) der Landgrafschaft im Ober-E. (Sundgau) ihre Landeshoheit ausbauen konnten, verfiel die Landgrafschaft im Unter-E. und wurde 1359 vom Bischof von Straßburg aufgekauft.

Die Bestrebungen der Staufer, das E. als Fürstentum zu einem Reichsland zu machen, endeten 1250 mit dem Tod Kaiser FRIEDRICHS II.; das E. zersplitterte in der Folge in zahllose polit. und territoriale Einheiten.

Die Habsburger, seit der 2. Hälfte des 13. Jh. bedeutendste weltl. Herren im E., verpfändeten 1469 die Landgrafschaft in Ober-E. an Herzog KARL DEN KÜHNEN von Burgund, doch endete die burgund. Herrschaft 1474 mit den Niederlagen gegen die Schweizer Eidgenossenschaft samt den mit ihr verbündeten elsässisch-oberrhein. Städten.

Die im E. gelegenen Städte, denen zumeist in stauf. Zeit vielfältige Privilegien zugekommen waren, hatten es verstanden, nach 1250 ihre Stellung zu wahren und z.T. noch auszubauen. Zur Verteidigung ihrer Vorrechte schlossen sich zehn elsäss. Reichsstädte 1354 zum Zehnstädtebund (→Dekapolis) zusammen.

Während der Reformationszeit setzte sich die prot. Lehre v.a. in den Städten durch. Die Land-Bev. der geistl. Territorien und auch des habsburg. Ober-E. blieb zum größten Teil katholisch. Die in dieser Zeit sich mehrenden Versuche der frz. Könige, im E. an Einfluss zu gewinnen, zeigten erstmals im Dreißigjährigen Krieg einen Erfolg, als Herzog BERNHARD von Sachsen-Weimar sich mit Einverständnis ein Fürstentum im E. zu schaffen suchte. Im Westfäl. Frieden fielen 1648 die habsburg. Besitzungen im E. sowie die Vogtei über die Dekapolis, die dem Kaiser unterstanden hatte, an Frankreich. Bis 1697 brachten die frz. Könige das restl. E. unter ihren Einfluss; 1681 war Straßburg von frz. Truppen besetzt worden.

Während der Frz. Revolution wurde das E. 1789 der neu geschaffenen Republik eingegliedert. Die 1790 entstandenen Dép. Bas-Rhin und Haut-Rhin ersetzten die bisherige Provinzialzugehörigkeit. In dieser Zeit begann sich die frz. Sprache und Kultur im tägl. und polit. Leben durchzusetzen. Nach dem Deutsch-Frz. Krieg wurde das E. mit einem Teil Lothringens im Frankfurter Frieden (10. 5. 1871) an das Dt. Reich angegliedert (→Elsass-Lothringen).

Nach dem Waffenstillstand von 1918 rückten frz. Truppen im E. ein. Durch den Versailler Vertrag (1919) fiel das E. (mit Lothringen) ohne Abstimmung an Frankreich. In den Locarnoverträgen (1925) bestätigte das Dt. Reich seinen Verzicht. In Opposition zum frz. Verwaltungszentralismus bildete sich eine starke autonomist. Bewegung, die jedoch seit 1926 von der frz. Regierung bekämpft wurde. Im Zweiten Weltkrieg als besetztes Gebiet (1940–45) nominell frz., wurde das E. faktisch in die dt. Zivilverwaltung einbezogen (1942 Einführung der Wehrpflicht). Seit 1945 ist das E. wieder voll in den frz. Staat integriert. Nach dem Zweiten Weltkrieg wurde Straßburg u.a. Sitz des Europarates und des Europ. Parlaments. In letzter Zeit bestrebungen zur Pflege von Eigensprachlichkeit und kultureller Eigenart. 1993 erkannte die frz. Reg. Deutsch als Unterrichts-, Amts- und Bildungssprache für das E. an.

Die *elsäss. Mundartliteratur* geht auf den Anfang des 19. Jh. zurück (J. G. D. ARNOLD, Lustspiel ›Der Pfingstmontag‹, 1816). Zu Beginn des 20. Jh. kam es zu einer Erneuerung (auf der Bühne mit G. STOSKOPF, in der Lyrik mit den Brüdern MATHIS. Im Oberalemannischen entwickelte sich N. KATZ zu einem der bedeutendsten Nachfolger J. P. HEBELS. Im Zusammenhang mit einer Wiederentdeckung der ›Regionalsprachen‹ in Frankreich kam es seit den 1970er-Jahren zu einer bemerkenswerten Renaissance. Die neue Mundartdichtung spielt bes. eine Rolle im Kampf um die Erhaltung elsäss. Eigenart. Ihre Hauptvertreter sind A. WECKMANN, A. FINCK, C. VIGÉE, C. WINTER, der Publizist E. PHILIPPS sowie der Kabarettist G. MULLER. Die Erneuerung bekundet sich im Gedicht und Lied (›Folligsong‹); diese Dialektpoesie übernimmt Sprachformen der modernen Lyrik sowie sozialkrit. und regionalpolit. Themen.

Bibliographie alsacienne (Paris 1918 ff.); É. JUILLARD: Atlas et géographie de l'Alsace et de la Lorraine (ebd. 1977); M.-N. DENIS u. M.-C. GROSHENS: Alsace (ebd. 1978); Encyclopédie de l'Alsace, hg. v. A. ACKER u.a., 12 Bde. (Straßburg 1982–86); H. VOGT: Le relief en Alsace (ebd. 1992). – *Geschichte:* R. BUCHNER: Die elsäss. Frage u. das deutsch-frz. Verhältnis im 19. Jh. (1969); A. M. BURG: Das elsäss. Herzogtum, in: Oberrhein. Studien, Bd. 1 (1970), 83 ff.; F. EYER: Die Landgrafschaft im unteren E., ebd. 161 ff.; Histoire de l'Alsace, hg. v. P. DOLLINGER (Toulouse 1970). – *Mundart:* Wb. der elsäss. Mundarten, bearb. v. E. MARTIN u. H. LIENHART, 2 Bde. (Straßburg 1899–1907, Nachdr. 1974); Das Volkslied im E., hg. v. J. LEFFTZ, 3 Bde. (Colmar 1966–69); Nachrichten aus dem E., hg. v. A. FINCK, 2 Bde. (1977–78); In dieser Sprache, hg. v. DEMS. u.a. (1981); Neue Nachrichten aus dem E., hg. v. DEMS. (1985).

Elsasser, Walter, amerikan. Physiker dt. Herkunft, * Mannheim 20. 3. 1904; emigrierte 1933; seit 1947 Prof., u.a. in Princeton, N.J.; schlug 1925 zum Nachweis der Wellennatur des Elektrons die →Elektronenbeugung an Kristallgittern vor und sagte 1936 eine entsprechende Neutronenbeugung voraus; außerdem deutete er den Ramsauer-Effekt als Beugung der Materiewellen von Atomstrahlen. Spätere Arbeiten galten neben der Quantenmechanik und der Geophysik v.a. dem Geomagnetismus, den er durch seine →Dynamotheorie zu erklären suchte, sowie den physikal. Grundlagen des Lebens.

Werke: The physical foundation of biology (1958); Atom and organism (1966); Memoirs of a physicist in the atomic age (1978).

Elsässer Weine, überwiegend trockene, herzhafte Weine (zu 95 % Weißweine) aus dem frz. Anbaugebiet (Appellation contrôlée) ›Alsace‹ (Elsass), das sich über rd. 100 km am Ostfuß der Vogesen erstreckt (bestockte Rebfläche [1994] 14 630 ha); Qualitätsweine (mindestens 8 Vol.-% Alkohol) werden aus nur einer Rebsorte bereitet (die auf dem Etikett erscheint): Riesling, Gewürztraminer, Muskateller (Muscat), Ruländer (Tokay d'Alsace), Weißburgunder (Pinot blanc) und Silvaner (Sylvaner) sowie für Rot- und Roséweine Spätburgunder (Pinot noir). Für Tafelweine (→Edelzwicker) wird auch Gutedel (Chasselas) angebaut. Schaumwein (Crémant d'Alsace) wird nach der Champagnermethode (→Flaschengärung) bereitet. Über 50 sehr gute Lagen sind als Grands Crus klassifiziert (z.B. Brand, Kaefferkopf, Sporen); hier dürfen nur ›nobele‹ Rebsorten angebaut werden, aus denen – aber ohne Chaptalisation – auch Weine in bisher ungewöhnl. Qualitätsstufe bereitet werden dürfen: ›Vendage tardive‹, die der dt. Spät- und Auslese, ›Sélection de grains nobles‹, die der dt. Beerenauslese entspricht; diese müssen mindestens 11 Vol.-% Alkohol haben. Die etwa 9 000 elsäss. Winzer produzierten 1994 1,24 Mio. hl Wein, der nur in den schlanken, grünen Flaschen (flûtes), abgefüllt im Elsass, auf den Markt kommen darf.

elsässische Tracht, Sammelbegriff für die regional unterschiedl. Kleidung in den ländl. Gebieten des Elsass. Schon im 19. Jh. spielte sie nur noch eine untergeordnete Rolle. Bei den Frauentrachten herrschten im kath. Gegenden rote, bei den Protestantinnen grüne, blaue und violette Röcke mit Saumborte vor, dazu ausgeschnittene Mieder über weißen Hemden, verzierte Brusttücher sowie gemusterte Strickstrümpfe. Zur Festtracht gehörten farbig bestickte oder bedruckte Seidenschürzen und fransenbesetzte

Schultertücher. Unter den vielfältigen Kopfbedeckungen genießt die unterelsäss. schleifenartige Flügelhaube **(Elsässer Schlupf)** mit ihrer großen roten, schwarzen oder bunt gemusterten Stirnschleife bis heute als folklorist. Kennzeichen der e. T. Popularität. Zur Kleidung der Männer gehörten Kniehosen oder lange Hosen aus dunkelblauem Tuch, ein dunkler, kragenloser Rock mit zahlr. Knöpfen sowie farbige, meist rote Westen. Als Kopfbedeckungen wurden neben zwei- oder dreispitzartigen Hüten Pelz- und Strickmützen getragen.

elsässische Tracht

Elsass-Lothringen, amtl. **Reichsland E.-L.,** 1871–1918 ein Gebietsteil des Dt. Reiches mit (1910) 14 522 km² und 1,874 Mio. Einwohnern.

Im Frankfurter Frieden (10. 5. 1871) musste Frankreich nach der Niederlage im Deutsch-Frz. Krieg 1870/71 das Elsass (außer Belfort), den nordöstl. (zumeist deutschsprachigen) Teil Lothringens und Metz an das 1871 gegründete Dt. Reich abtreten. Die Gebiete wurden zum Reichsland E.-L. zusammengeschlossen, das staatsrechtlich nicht Bundesstaat des Dt. Reiches war, sondern einen Sonderstatus hatte, in dessen Rahmen es 1871–79 nach dem Muster einer preuß. Prov. verwaltet wurde. Das Verfassungs-Ges. vom 4. 7. 1879 gewährte E.-L. Teilautonomie. Es erhielt eine Landes-Reg. mit einem kaiserl. Statthalter sowie ein verantwortl. Ministerium. Die Aufhebung des ›Diktaturparagraphen‹ (1902), der es dem Statthalter ermöglichte, bei Gefahr alle ihm geeignet scheinenden Maßnahmen zur Sicherung der öffentl. Ordnung zu verfügen, räumte E.-L. weitere polit. Freiheiten ein. Mit dem Verfassungs-Ges. vom 26. 5. 1911 wurde es einem Bundesstaat nahezu gleichgestellt. Das Reichsland verfügte über eine frei gewählte Volksvertretung sowie eine eigene Gesetzgebung (bei kaiserl. Vorrechten) und entsandte drei Vertreter in den Bundesrat. Im Ersten Weltkrieg unterstand E.-L. der Militärverwaltung, die sich durch ihr rigoroses Vorgehen, v.a. durch die rücksichtslose Eindeutschungspolitik und den Plan einer Aufteilung des Landes auf Baden, Preußen und Bayern, bald dem massiven Widerstand der Bev. ausgesetzt sah. Die Gewährung der vollen Autonomie im Oktober 1918 hatte keinen Einfluss auf die ablehnende Haltung der Bev. E.-L.s. Die frz. Truppen wurden 1918 vielfach als Befreier begrüßt.

Der Plan einer Annexion E.-L.s war auf dt. Seite erst im Verlauf des Deutsch-Frz. Krieges 1870/71 entstanden. Ausschlaggebend waren militär. Überlegungen (Sicherung Süd-Dtl.s gegen Frankreich durch ein

linksrhein. Vorfeld). Außenpolitisch wurde damit der Grund für eine erneute militär. Auseinandersetzung mit Frankreich gelegt. Die Bev. E.-L.s stand der Annexion ablehnend gegenüber. Fast ein Drittel der Einwohner (rd. 550 000) optierte für Frankreich. Diese Protesthaltung führte zu einer innenpolit. Belastung des Dt. Reiches. Bei den Reichstagswahlen wurden in E.-L. nur Vertreter des Protests, zumeist dem polit. Katholizismus zuzurechnende Notabeln, gewählt. Erst ab 1890 näherten sich die polit. Vertreter E.-L.s den im Reich vertretenen Parteien. Kultur (u.a. Bildungswesen) und Wirtschaftsleben (u.a. Übergang zur modernen Industriegesellschaft; mit der Annexion E.-L.s war das Dt. Reich zum eisenerzreichsten kontinentaleurop. Staat aufgestiegen und hatte zugleich das Kalimonopol errungen) nahmen in dieser Zeit einen großen Aufschwung; ebenso trugen die polit. Maßnahmen (Autonomie, Aufbau einer eigenen Verw.) zu einer insgesamt aufgeschlosseneren Haltung der Bev. gegenüber dem Dt. Reich bei. Die →Zabernaffäre (1913) bedeutete einen schweren Rückschlag. Nach dem Ersten Weltkrieg kam E.-L. unter Aufhebung des Landes-Verf. an Frankreich.

Das Reichsland Elsaß-L., 3 Bde. (Straßburg 1898–1903); H.-U. WEHLER: Krisenherde des Kaiserreichs 1871–1918 (²1979); I. GRÜNEWALD: Die Elsaß-Lothringer im Reich 1918–1933 (1984); H. HIERY: Reichstagswahlen im Reichsland. Ein Beitr. zur Landesgesch. von Elsaß-L.... (1986).

Elsass-Schwaben-Burgund, Ballei des Dt. Ordens, umfasste dessen Besitz im Elsass, in der zu Hochburgund gehörenden deutschsprachigen Schweiz sowie die Gebiete zw. Donau und Hochrhein. Zur Ballei zählten u. a. die Kommenden Hitzkirch, Sumiswald, Basel, Straßburg, Mülhausen, Rufach, Freiburg, Altshausen (seit Beginn des 15. Jh. Sitz des Landkomturs) und Mainau. Die seit 1396 den Hochmeistern verpfändete Ballei wurde im 16. und 17. Jh. reorganisiert. Nach der Frz. Revolution (1789–99) wurde sie aufgelöst.

Elsbeere, Sorbus torminalis, Art der →Ebersche.

Elsdorf, ländl. Gem. im Erftkreis, NRW, 79 m ü. M., 21 300 Ew.; Zuckerfabrik.

Else *die,* linker Nebenfluss der in die Weser mündenden Werre, 33 km lang, kommt vom N-Hang des Teutoburger Walds; mündet bei Löhne.

Elsene, Gemeinde in Belgien, →Ixelles.

Elser, Johann Georg, Widerstandskämpfer, * Hermaringen (heute Landkreis Heidenheim, Bad.-Württ.) 4. 1. 1903, † (erschossen) KZ Dachau 9. 4. 1945; Tischler; das nur von ihm selbst geplante und ausgeführte Attentat auf A. HITLER am Jahrestag des Hitler-Putsches von 1923 im Münchner Bürgerbräukeller (8. 11. 1939) schlug fehl, weil HITLER den Saal unerwartet vor der Detonation der Bombe verließ. E. wurde beim Fluchtversuch in die Schweiz verhaftet und als ›Sonderhäftling des Führers‹ ins KZ Sachsenhausen, später Dachau eingeliefert; es war geplant, ihn nach dem Krieg in einem Schauprozess als ›Kronzeuge‹ zu verwenden. – Legenden von einer Inszenierung des Attentats durch natsoz. bzw. (in anderer Version) brit. Hintermänner wurden widerlegt.

Ausgabe: Autobiographie eines Attentäters, hg. v. L. GRUCHMANN (Neuausg. 1989).

H. ORTNER: Der einsame Attentäter. Der Mann, der Hitler töten wollte (1993).

Elsevier [ˈɛlsəviːr], **Elsevir, Elzevier,** niederländ. Buchhändler-, Drucker- und Verlegerfamilie, im 17. Jh. führend im westeurop. Buchgewerbe. Gründer des Hauses war LOUIS (LODEWIJK) E. (* um 1542, † 1617), der ab 1587 Buchhändler, ab 1593 Verleger in Leiden war. Sein Sohn BONAVENTURA (* 1583, † 1652) und sein Enkel ABRAHAM (* 1592, † 1652) gelten als eigentl. Begründer des Verlags, den nach 1652 ABRA-

Gisela Elsner

HAMS Sohn DANIEL (* 1626, † 1680) und BONAVENTU-RAS Sohn JAN (* 1622, † 1661) führten. Zweiggeschäfte in Den Haag, Utrecht, Amsterdam, Frankfurt am Main, Venedig, Paris und London; den bedeutenden Amsterdamer Betrieb gründete 1638/40 LODEWIJK E. (* 1604, † 1670), DANIEL E. folgte ihm 1655 nach Amsterdam. Dieser Betrieb fand 1681, der Leidener 1713 sein Ende. Zu den Verlagserzeugnissen **(Elseviriana)** gehörten bes. die wegen ihrer typograph. Gestaltung berühmten Duodezausgaben. – 1880 wurde der Verlag **Elsevier** in Rotterdam von JACOBUS GEORGE ROBBERS (* 1839, † 1925) neu gegründet; er entwickelte sich, von der Gründerfamilie verkauft und in eine AG umgewandelt, zu einem bedeutenden Verlags- und Buchhandelskonzern, seit Fusion mit einer niederländ. Zeitungsgruppe als **Elsevier N. V.** 1993 fusionierte das Unternehmen mit Reed International plc. zu dem britisch-niederländ. Verlagskonzern →Reed Elsevier plc. Mehrere Zeitungsverlage wurden 1995 verkauft. Es erscheinen v. a. wiss. Publikationen, ferner u. a. die Enzyklopädie ›Grote Winkler Prins‹ (1. Aufl. 1870–82, ⁹1990–93 in 26 Bden.).

Elsfleth [-fle:t], Stadt im Landkreis Wesermarsch, Ndsachs., an der Mündung der Hunte in die Unterweser, 9 300 Ew.; Fachbereich Seefahrt der FH Oldenburg; Werft, Verpackungsmittel- und Spirituosenindustrie, Briefmarkengroßhandel, Reedereien. – Die ev. Kirche ist ein winkelförmiger Backsteinbau (O-W-Flügel um 1500, N-S-Flügel 1690; Kanzel 1613, Kruzifix um 1600). – Das im 12. Jh. gegründete E. erlangte mit der Übersiedlung des oldenburg. Weserzolls von Brake nach E. seit 1624 große Bedeutung. 1820 wurde der Weserzoll aufgehoben. 1856 erlangte E. Stadtrecht.

Adam Elsheimer: Flucht nach Ägypten; 1609 (München, Alte Pinakothek)

Elsgau, frz. **Ajoie** [aˈʒwa], Gebiet im schweizer. Bez. Porrentruy, Kt. Jura, benannt nach dem 728 erstmals erwähnten ›pagus Alsgaugensis‹, der Teile der späteren Grafschaft Mömpelgard (Montbéliard) und des Sundgaus umfasste und bei der Teilung von Meerssen 870 an LUDWIG DEN DEUTSCHEN fiel. 999 erwarb das Bistum Basel den E. (endgültig 1289). 1792 eroberten frz. Truppen den E., der in das Dép. du Mont-Terrible eingegliedert wurde. Bei der Neuordnung der Eidgenossenschaft 1815 kam er an den Kt. Bern, 1977 an den neu geschaffenen Kt. Jura.

Elsheimer, Adam, Maler und Radierer, getauft Frankfurt am Main 18. 3. 1578, begraben Rom 11. 12.

1610; bedeutender Künstler des Frühbarock; Schüler von P. UFFENBACH in Frankfurt am Main, der ihm die Kenntnis der altdt. Malerei vermittelte. E. kam auch in Berührung mit den südniederländ. Malern der →Frankenthaler Schule, u. a. mit G. VAN CONINXLOO. 1598 wanderte er nach Venedig, wo er bei J. ROTTENHAMMER arbeitete. Ab 1600 hielt er sich in Rom auf (Freundschaft mit P. P. RUBENS), studierte die Werke RAFFAELS, MICHELANGELOS und die Landschaftsmalerei ANNIBALE CARRACCIS und setzte sich v. a. mit der Helldunkelmalerei CARAVAGGIOS auseinander. In seinen fast ausnahmslos auf kleinformatige Kupferplatten gemalten Bildern (meist Landschaften mit mytholog. und bibl. Szenen) erschloss E. durch die Einbeziehung verschiedenartiger Lichtquellen (Feuerschein, Fackeln, Mondlicht) neue maler. Qualitäten, die die nachfolgende Barockmalerei entscheidend beeinflussten, bes. RUBENS, REMBRANDT und dessen Vorläufer (v. a. P. LASTMAN) sowie C. LORRAIN. E. hinterließ ein umfangreiches Gouachenwerk, Radierungen und zahlr. Zeichnungen (Eigenhändigkeit z. T. umstritten).

Werke: Die Predigt Johannis des Täufers (um 1598–1600; München, Alte Pinakothek; Berlin, Gemäldegalerie); Die Bekehrung Pauli (um 1600; Frankfurt am Main, Städelsches Kunstinst.); Die Sintflut (kurz nach 1600; ebd.); Der Brand Trojas (um 1600; München, Alte Pinakothek); Die Steinigung des hl. Stephanus (um 1602–05; Edinburgh, National Gallery of Scotland); Kreuzaltar (um 1602–05; Frankfurt am Main, Städelsches Kunstinst.); Judith erschlägt Holofernes (um 1607–09; London, The Wellington Museum); Flucht nach Ägypten (1609; München, Alte Pinakothek); Jupiter u. Merkur bei Philemon u. Baucis (um 1609–10; Dresden, Staatl. Kunstsammlungen).

J. HELD: A. E. Werk, künstler. Herkunft u. Nachfolge (1967); K. ANDREWS: A. E. Werk-Verz. der Gemälde, Zeichnungen u. Radierungen (a. d. Engl., 1985); G. SELLO: A. E. (1988).

Elsner, 1) Gisela, Schriftstellerin, * Nürnberg 2. 5. 1937, † (Selbstmord) München 13. 5. 1992; studierte Philosophie und Germanistik, wurde bekannt durch die ›Riesenzwerge‹ (1964), eine romanhafte Folge von Erzählungen, die Vorgänge aus dem bürgerl. Alltag satirisch verzerren. Auch in späteren Werken versuchte sie, durch sprachl. Karikierung gesellschaftl. Verhaltensmuster aufzuzeigen.

Weitere Werke: *Romane:* Der Nachwuchs (1968); Das Berührungsverbot (1970); Der Punktsieg (1977); Abseits (1982); Die Zähmung (1984); Das Windei (1987); Fliegeralarm (1989). – *Erzählungen:* Herr Leiselheimer u. a. Versuche, die Wirklichkeit zu bewältigen (1973); Die Zerreißprobe (1980).

2) Józef Antoni Franciszek (Josef Anton Franciskus), poln. Komponist dt. Herkunft, * Grottkau (Schlesien) 1. 6. 1769, † Elsnerów (heute zu Warschau) 18. 4. 1854; wurde in Warschau 1799 Theaterkapellmeister und wirkte als Musikpädagoge (u. a. Lehrer von F. CHOPIN). Seine Kompositionen stehen stilistisch F. PAER und S. MAYR nahe. Er schrieb mehrere Opern, Orchesterwerke (8 Sinfonien), Kammermusik, Klavierstücke, Kantaten, Lieder sowie über 100 kirchenmusikal. Werke.

J. HERRMANN: Josef E. u. die poln. Musik (1969).

Elsschot [ˈɛlsxɔt], Willem, eigtl. **Alfons De Ridder** [də-], fläm. Schriftsteller, * Antwerpen 7. 5. 1882, † ebd. 31. 5. 1960; schrieb in klarem Stil, mitunter mit iron. Ton Gedichte, Erzählungen, Romane; schilderte das bürgerl. Großstadtleben.

Werke: *Romane:* Villa des Roses (1913; dt.); Lijmen (1924); Het been (1938); Kaas (1933); Tsjip (1934; dt. Tschip); Het tankschip (1942); Het dwaallicht (1946). – *Lyrik:* Verzen van vroeger (1934; mehrfach erw.).

Ausgabe: Verzameld werk (⁵1986).

Elßler, Fanny, eigtl. **Franziska E.,** österr. Tänzerin, * Gumpendorf (heute zu Wien) 23. 6. 1810, † Wien 27. 11. 1884; eine der großen romant. Ballerinen mit dramat. Begabung und außergewöhnl. Temperament; tanzte 1825–51 an den Bühnen Europas, Nordamerikas und Russlands; bes. erfolgreich mit Nationaltänzen wie Cachucha (1836 von ihr erstmals auf der Bühne getanzt), Krakowiak und Polka.

I. F. GUEST: F. E. (London 1970).

Elster, Pica pica, Art der →Rabenvögel, die in offenem Kulturland und Gärten Eurasiens, NW-Afrikas und des westl. N-Amerika verbreitet ist. Die E. ist leicht erkennbar an der charakterist. Färbung (Schultern, Flanken, Bauch weiß, sonst metallisch schimmerndes schwarzes Gefieder) und den sehr langen Schwanzfedern (bis 25 cm). Sie ist ein Allesfresser, der auch Eier und Jungvögel von Kleinvögeln frisst. Die E. brütet in einem haubenförmig überdachten Reisignest, v. a. auf Bäumen. Sie ist Standvogel und bildet im Winter aus bis zu einigen 100 Vögeln bestehende Trupps und Schlafgemeinschaften.

Elster, Name von geographischen Objekten:
1) Bad Elster, Stadt und Sächs. Staatsbad im Vogtlandkreis, Sa., 490 m ü. M., im oberen Vogtland am Fuße des Elstergebirges, im Dreiländereck Bayern, Tschech. Rep. und Sa., an der Weißen Elster, 4 600 Ew.; Mineral- und Moorheilbad mit Trink- und Badekuren; Forschungs-Inst. für Balneologie und Kurortwiss., Forschungsstelle des Umweltbundesamtes. – Denkmalgeschützte Parkanlagen und histor. Gebäude (Albert-Bad, Kurhaus, Kurtheater, Marienquelle, Wandelhalle mit Moritz- und Solquelle). – Das urkundlich 1378 erstmals erwähnte E. entstand um 1200 und kam im 15. Jh. an Kursachsen. Über die heilkräftigen Mineralquellen wurde erstmals 1699 berichtet. Der Badebetrieb begann 1846 mit der Errichtung des ersten Badehauses und wurde 1848 in staatl. Verw. übernommen. Seither Sächs. Staatsbad, erhielt E. 1935 Stadtrecht.
2) Schwarze Elster die, rechter Nebenfluss der Elbe, in Sa., Bbg. und Sa.-Anh., 181 km lang; entspringt im Lausitzer Bergland südlich von Kamenz, mündet südöstlich von Lutherstadt Wittenberg; nicht schiffbar. Beim Aufschluss neuer Braunkohlentagebaue in der Niederlausitz wurde das Flussbett teilweise verlegt. Bei Niemtsch (Stadtteil von Brieske) südlich von Senftenberg die Speicheranlage **Senftenberger See** (12,2 km², Stauinhalt 18 Mio. m³).
3) Weiße Elster die, rechter Nebenfluss der Saale, 257 km lang; entspringt in der Tschech. Rep. im Elstergebirge, tritt nach rd. 10 km auf dt. Gebiet über und durchfließt das Vogtland, Ostthüringen und ab Zeitz die Leipziger Tieflandsbucht, nimmt in Leipzig die Pleiße auf und gabelt sich dann in die eigentl. Weiße E. und in die Luppe; beide Flussarme münden zw. Merseburg (Saale) und Halle (Saale). 1938 wurde im Vogtland unterhalb von Oelsnitz die Talsperre Pirk (Stauraum 10 Mio. m³) in Betrieb genommen. Bei Leipzig machte der Braunkohlentagebau Flussbettverlegungen notwendig. Der 1933 begonnene Bau des 20 km langen **E.-Saale-Kanals** zw. Leipzig-Lindenau und Kreypau unterhalb von Bad Dürrenberg wurde 1942 abgebrochen und nicht wieder aufgenommen.

Elster, 1) Julius, Physiker, *Blankenburg/Harz 24. 12. 1854, † Wolfenbüttel 8. 4. 1920; 1881–1919 Lehrer am Gymnasium Wolfenbüttel, wo er mit H. GEITEL ab 1884 Untersuchungen zum Photoeffekt (sie führten zur Konstruktion der Photozelle), über die atmosphär. Elektrizität und nach 1896 auch über Radioaktivität durchführte. 1889 gelang ihnen auch der Nachweis, dass Glühkathoden negative Elektrizität emittieren. Sie erkannten, dass die Energie der radioaktiven Strahlung aus den Atomen selbst stammen müsse, und prägten 1899 den Begriff ›Atomenergie‹.
2) Kristian, norweg. Schriftsteller, *Trondheim 17. 3. 1881, † Oslo 6. 11. 1947, Sohn von 3); Jurist, Kritiker und Literarhistoriker; behandelte in seinen Romanen meist den Gegensatz von romantisch-ästhet. Träumerei und lebenskräftigem sozialem Wirken.

Elster 1): Kurhaus

Werke: *Romane:* Av skyggernes slægt (1919; dt. Das Amtsrichterhaus am Fjord); Den ensomme ø (1921; dt. Drei Jungen auf einer Insel); Bonde Veirskjæg (1930; dt. Jon Maar u. die Juristen); Paradisets have (1945). – Norsk litteraturhistorie, 6 Bde. (²1934–36).

3) Kristian Mandrup, norwegischer Schriftsteller, *Overhalla (Provinz Nord-Trøndelag) 4. 3. 1841, † Trondheim 11. 4. 1881, Vater von 2); Forstbeamter; war ein Vorkämpfer der realist., gesellschaftskrit. Dichtung in Norwegen, auch Dichter der Naturstimmungen und des Gefühlslebens.

Werke: *Romane und Erzählungen:* En korsgang (1871; dt. Ein Kreuzgang); Solskyer (1877; dt. Sonnenwolken); Tora Trondal (1879; Farlige folk (1881; dt. Gefährl. Leute); En fremmed fugl (1881; dt. Ein Zugvogel). – Erzählungen (1901, Slg.).

Elsterberg, Stadt im Vogtlandkreis, Sa., 280 m ü. M., im nördl. Vogtland an der Weißen Elster, 5 700 Ew.; Kunstseidenwerk, Textilbetriebe. – E. entstand um 1200 in Anlehnung an zwei Burgen (Altes Haus, Burg E.) der Herren von Lobdeburg. Die seit 1354 als Stadt bezeugte Siedlung kam nach mehrfachem Besitzwechsel 1569 an Kursachsen. Am 1. 4. 1992 wechselte E. von Thür. (zu dem es bei der Wiedererrichtung des Landes 1990 gekommen war) nach Sachsen.

Elsterchen, Spermestes, Gattung der Prachtfinken (Größe bis 12 cm), die mit vier Arten in Afrika und auf Madagaskar verbreitet ist. Das Gefieder ist i. d. R. graubraun mit schwarzer und weißer Zeichnung oder schwarzweiß, z. T. mit rotbraunem Rücken; beliebte Käfigvögel.

Elster-Eiszeit [nach der Weißen Elster], der Mindel-Eiszeit des Alpenvorlandes entsprechende Eiszeit des nordmitteleurop. Vereisungsgebietes; v. a. durch Grundmoränen (Geschiebemergel) belegt. Das Inlandeis der E. drang bis an die Mittelgebirge vor, am weitesten östlich des Harzes in Thür. und Sa. Der äußerste Eisrand ist durch die Feuersteinlinie (→Feuerstein) gekennzeichnet. In den Niederlanden und Nordwest-Dtl., wo die E. u. a. durch die Schmelzwasserablagerungen des Lauenburger Tons belegt ist, sowie in S- und SO-Polen und in der Ukraine stieß dagegen das Inlandeis am weitesten erst in der Saale-Eiszeit vor. (→Eiszeitalter)

Elstergebirge, tschechisch **Halštrovské hory** [ˈhalʃtrɔfskɛː ˈhɔri], Bergland im S des oberen Vogtlands, zw. Erz- und Fichtelgebirge, in Sa. (Kapellenberg, 759 m ü. M.) und im Tschech. Rep., Ausläufer in Bayern; stark zertalte, waldreiche Hochflächen; Quellgebiet der Weißen Elster; Heilbäder: Bad Brambach, Bad Elster.

Elsterwerda, Stadt im Landkreis Elbe-Elster, Bbg., 93 m ü. M., an der Schwarzen Elster, 10 800 Ew.;

Elster
(Größe bis 45 cm)

Elsterchen:
Braunrücken-
elsterchen
(Größe bis 9,5 cm)

El Tajín: Nischenpyramide; Höhe 25 m

Melkanlagenbau, Milch-, Lederverarbeitung (Herstellung von Jacken), Metallwaren-, Steingutindustrie, Bauhandwerk; Eisenbahnknotenpunkt. – Barockes Elsterschloss (18. Jh.). – E. entstand Anfang des 13. Jh. im Schutz einer Burg an einer Furt der Schwarzen Elster. 1343 als Städtchen bezeugt, gehörte es seit 1372 zur Markgrafschaft Meißen und fiel 1485 an das albertin. Sachsen, das es 1815 an Preußen abtrat.

Elstra, sorb. **Haⅼštrow** [-ʃ-], Stadt im Landkreis Kamenz, Sa., 220 m ü. M., im Oberlausitzer Hügelland am Oberlauf der Schwarzen Elster, 3 200 Ew. – Das um 1200 von dt. Kolonisten gegründete Kirchdorf E., 1248 erstmals erwähnt, erhielt 1358 Stadtrecht. 1635 kam E. an Kursachsen.

El Tajín [-taˈxin], archäolog. Fundort im Bundesstaat Veracruz, Mexiko, Zentrum der Totonakenkultur. Das beherrschende Bauwerk ist die Nischenpyramide (Grundfläche 35 m × 35 m, 25 m hoch). Die senkrechten Wände der sechs Stufen und des Heiligtums auf der obersten Stufe sind durch insgesamt 365 Nischen gegliedert, die kalender. Symbolcharakter haben. Typisch für El T. und eine Besonderheit in der Architektur des östl. Zentralmexiko sind die weit vorkragenden Gesimse. Bemerkenswert sind die Flachreliefs der Ballspielplätze. Die in der Ornamentierung den Flachreliefs ähnelnden Skulpturen (Joch, Hacha, Palma) sind steinerne Abbilder von Ausrüstungsgegenständen der Ballspieler. Die Blütezeit von El T., das Einflüsse von Teotihuacán aufgenommen hatte, war um 500–900 n. Chr. Es erlebte, vermutlich unter toltek. Einfluss, einen neuen Aufschwung (bis 1100) mit intensiver Bautätigkeit in El T. Chico. Die Stätte wurde von der UNESCO zum Weltkulturerbe erklärt.
M. E. KAMPEN: The sculptures of El T. (Veracruz 1972); U. BERTELS: Die Götterwelt von El T., Mexiko (1991); L. RAESFELD: Die Ballspielplätze in El T., Mexiko (1992).

Elten, Ortsteil der Stadt Emmerich, NRW; dient mit dem Eltenberg der Naherholung, u. a. aus den Niederlanden. – Die Kirche des ehem. Damenstifts **Hochelten** (960 gegr.) ist eine 1129 geweihte roman. Basilika mit mächtigem, fünfgeschossigem Westturm und beherbergt einen Silberschatz des 13.–15. Jh. – E. kam 1945 unter niederländ. Verwaltung. Im Rahmen des Deutsch-Niederländ. Ausgleichsvertrages wurde es 1963 in die BRD eingegliedert.

El Teniente, größtes Kupfererzbergwerk der Erde in der Verw.-Region Libertador General Bernardo O'Higgins, Mittelchile, 100 km südöstlich von Santiago, 2 400 m ü. M.; Kupferhütte.

Elterlein, Stadt im Landkreis Annaberg, Sa., 610 m ü. M., im oberen Westerzgebirge, 2 000 Ew.; Herstel-

lung von Pkw-Zubehörteilen (Airbags), Eisenwerk, Gasflaschenherstellung, Papierfabrik. – E., vor 1200 als Waldhufendorf gegr., entwickelte sich in der Folge zur Stadt (1406 erstmals erwähnt). 1489 wurden die Stadtrechte bestätigt. 1559 kam E. an Kursachsen. Seit 1480 wurde der Bergbau auf Silber- und Eisenerz betrieben. Ende des 16. Jh. ging der Silberbergbau, später auch der Eisenerzbergbau zurück.

elterliche Sorge, das Recht und die Pflicht der Eltern, für das minderjährige Kind zu sorgen (§§ 1626ff. BGB). Die e. S. umfasst die Personen- und die Vermögenssorge. Bis zur Neuregelung des elterl. Sorgerechts durch Ges. vom 18. 7. 1979 (in Kraft seit 1. 1. 1980) sprach das Gesetz von **elterlicher Gewalt.**

Die Personensorge umfasst die Pflicht und das Recht der Eltern, für das leibl., sittl., geistige und seel. Kindeswohl zu sorgen. Hierzu gehören u. a. die Sorge für die unmittelbaren materiellen Bedürfnisse (Nahrung, Wohnung, Kleidung), die Pflege und Aufsicht über das heranwachsende Kind, seine Erziehung, namentlich die Wahl von Schule und Ausbildung, wobei auf die Eignung und Neigung des Kindes Rücksicht zu nehmen ist, die religiöse Kindeserziehung und die Bestimmung seines Aufenthaltes. Zur Personensorge gehört auch das Recht, in gewissem Umfang ›angemessene‹ Zuchtmittel‹ einzusetzen, unzulässig sind jedoch entwürdigende Erziehungsmaßnahmen, z. B. Einsperren im Dunkeln, Prügel (§ 1631). Die Vermögenssorge umfasst das Recht und die Pflicht der Eltern, das Vermögen des Kindes zu verwalten. Bestimmte Geschäfte, z. B. Grundstücksgeschäfte, die das Kindesvermögen betreffen, bedürfen der Genehmigung durch das Vormundschaftsgericht. Die Eltern haben für die bei Ausübung der e. S. eintretenden Schäden dem Kind gegenüber zu haften (§ 1664). Allerdings haben sie nur für die Sorgfalt einzustehen, die sie in eigenen Angelegenheiten anzuwenden pflegen; von der Haftung wegen grober Fahrlässigkeit sind sie jedoch nicht befreit. Die e. S. begründet nicht nur ein familienrechtl. Rechtsverhältnis, sondern bildet auch ein absolutes Recht (sonstiges Recht im Sinne von § 823 BGB), das gegen Dritte wirkt; sie genießt ferner den Schutz des Art. 6 GG (→Eltern). Das Recht der e. S. beginnt mit der Geburt des Kindes; bereits vorher kann unter bestimmten Voraussetzungen ein Pfleger bestellt werden (§ 1912 BGB). Es ist grundsätzlich unverzichtbar, unvererblich und unübertragbar, kann aber in seiner Ausübung beschränkt werden, z. B. bei Übergabe des Kindes in Familienpflege (§ 1630). Das Sorgerecht kann einem oder beiden Elternteilen durch das Vormundschaftsgericht ganz oder teilweise entzogen werden, wenn das körperl., geistige oder seel. Wohl des Kindes durch missbräuchl. Ausübung der e. S., Vernachlässigung des Kindes, unverschuldetes Versagen der Eltern oder das Verhalten eines Dritten gefährdet ist und die Eltern weder willens noch in der Lage sind, der Gefahr abzuhelfen (§ 1666 BGB). Das Gericht kann eine anderweitige Unterbringung anordnen oder einen Pfleger oder Vormund bestellen. Die Unterbringung des Kindes, die mit einer Freiheitsentziehung verbunden ist (z. B. Unterbringung eines Drogensüchtigen in einer Entziehungsanstalt), bedarf der Genehmigung des Vormundschaftsgerichts. Der Tatbestand des Missbrauchs der e. S. ist von großer prakt. Bedeutung. Das Gericht kann hier von Amts wegen, d. h. ohne entsprechenden Antrag, eingreifen, doch setzt dies seine Kenntnis voraus, die es i. d. R. nicht hat. Hält das Jugendamt zur Abwendung einer Gefährdung des Wohls des Kindes oder Jugendlichen das Tätigwerden des Gerichts für erforderlich, so hat es das Gericht anzurufen (§ 50 Abs. 3 Sozialgesetzbuch VIII, Kinder- und Jugendhilfe). Doch auch das Jugendamt ist auf die Hilfe derjenigen angewiesen, die um die Misshandlung oder den Missbrauch von Kindern durch ihre Eltern wissen. Man schätzt, dass in Dtl. jährlich etwa 100 Kinder als Folge solcher Einwirkungen sterben; etwa 30 000 Fälle von Kindesmisshandlung werden pro Jahr amtlich erfasst.

Das Recht der e. S. endet durch Volljährigkeit, Tod des Kindes oder Adoption durch Dritte, jedoch nicht durch Heirat des Minderjährigen; in diesem Fall beschränkt es sich auf die Vertretung in persönl. Angelegenheiten (§ 1633). Mit dem Tod des einen Elternteils geht es auf den überlebenden über, es sei denn, der verstorbene Elternteil besaß das alleinige Sorgerecht infolge von Ehescheidung oder Getrenntlebens.

Während der Ehe steht das Sorgerecht beiden Eltern gleichberechtigt zu. Bei Meinungsverschiedenheiten, bes. bei Fragen von erhebl. Bedeutung für das Kind (z. B. Schulbesuch), müssen sie versuchen, sich zu einigen. Gelingt dies nicht, kann das Vormundschaftsgericht auf Antrag eines Elternteils einem Elternteil die Entscheidung übertragen. Die e. S. umfasst auch die rechtl. Vertretung des Kindes; diese ist jedoch ausgeschlossen u. a. bei Interessenkollisionen, z. B. bei Abschluss eines Gesellschaftsvertrages zw. Eltern und Kind oder bei wichtigen Rechtsgeschäften, die das Kind betreffen, z. B. bei Verfügungen über Grundstücke. Ist ein Elternteil an der Ausübung der e. S. verhindert (z. B. bei längerer Abwesenheit), ruht sein Sorgerecht, die Entscheidungsbefugnis im Rahmen der e. S. liegt bei dem anderen Teil.

Leben die Eltern getrennt, steht beiden Elternteilen das Sorgerecht weiterhin gemeinsam zu. Auf Antrag eines Teiles kann das Familiengericht sowohl im Falle des Getrenntlebens wie der Ehescheidung bestimmen, welchem Elternteil die e. S. zustehen soll (§§ 1671 ff.). Maßstab für die Entscheidung des Gerichts ist allein das Wohl des Kindes. Das Kind selbst kann nach Erreichen des 14. Lebensjahres eigene Vorschläge zur Verteilung der e. S. machen, die das Gericht anhören muss, an die es aber nicht gebunden ist. Bei Ehescheidung kann die e. S. auf übereinstimmenden Antrag der Eltern unter Berücksichtigung des Kindeswohls auch beiden Eltern gemeinsam zugesprochen werden. Gemäß Urteil des Bundesverfassungsgerichts vom 3. 11. 1982 ist § 1671 Abs. 4 Satz 1 BGB, der die Übertragung der elterl. Sorge auf einen Elternteil verlangt, nichtig. Bei nichtehel. Kindern (Reform des Kindschaftsrechts 1996 in Vorbereitung) steht die e. S. allein der Mutter zu (§ 1705 BGB), der unter bestimmten Voraussetzungen ein Pfleger für das Kind beigegeben wird. Nur dann, wenn das Wohl des Kindes es erfordert, kann das Vormundschaftsgericht den persönl. Kontakt zw. dem Kind und dem nichtehel. Vater, dem grundsätzlich kein Umgangsrecht zusteht, regeln. – Das Kindschaftsrecht des BGB gilt seit dem Beitritt (3. 10. 1990) mit wenigen Einschränkungen auch in den neuen Ländern. Davon ausgenommen sind die §§ 1706 bis 1710 BGB gemäß Art. 230 Einführungs-Ges. zum BGB; demzufolge ist die e. S. der nichtehel. Mutter nicht durch die Bestimmungen über einen Pfleger beschränkt. Stand das Erziehungsrecht nach dem Familiengesetzbuch der DDR vor dem Beitritt dem Vater eines nichtehel. Kindes oder einem anderen als der Mutter oder dem Vater des Kindes zu, so hat dieser lediglich die Rechtsstellung eines Vormunds (Art. 234 § 11 Einführungs-Ges. zum BGB). Entscheidungen, Feststellungen oder Maßnahmen, die das Gericht oder eine Verwaltungsbehörde vor dem Wirksamwerden des Beitritts in Angelegenheiten der e. S. getroffen hat, bleiben in Kraft.

In *Österreich* sind die Vorschriften, die das Sorgerecht betreffen, im Wesentlichen im 3. Hauptstück des ABGB (§§ 137 ff.) enthalten. Ähnlich wie in Dtl. ist das elterl. Recht bes., auch gegen Eingriffe Dritter, geschützt. Die Eltern haben für die Erziehung ihrer minderjährigen Kinder zu sorgen und ihr Wohl zu fördern. Dies umschließt auch das Recht zur Vermögensverwaltung und zur gesetzl. Vertretung. Bei der Wahrnehmung dieser Aufgabe sind beide Elternteile gleichberechtigt und -verpflichtet. Fehlt das Einvernehmen über die Pflege, so ist der haushaltführende Teil zur Pflege verpflichtet. Im Falle längerer Abwesenheit oder des Todes eines Elternteiles geht das Sorgerecht auf den anderen über, oder es kann, wenn auch dieser nicht vorhanden ist, den Großeltern übertragen werden; hierbei ist das Kind, das älter als zehn Jahre ist, und erforderlichenfalls die Bezirksverwaltungsbehörde zu hören. Soweit Pflege und Erziehung es erfordern, können die Eltern den Aufenthalt des Kindes bestimmen. Das Kind kann selbstständig keinen Ausbildungsvertrag abschließen. Hat es aber den Eltern seine Meinung über seine Ausbildung erfolglos vorgetragen, kann es das Gericht anrufen (§ 147 ABGB). Die e. S. erlischt mit Eintritt der Volljährigkeit. Die Pflege und Erziehung eines nichtehel. Kindes gebühren grundsätzlich der Mutter allein; die Eltern können aber beim Vormundschaftsgericht die gemeinsame Obsorge beantragen, wenn sie mit dem Kind in dauernder häusl. Gemeinschaft leben.

Das *schweizer.* ZGB (Art. 296 ff.) hält am Begriff der elterl. Gewalt fest. Kinder unterstehen, solange sie unmündig sind, der elterl. Gewalt, die die Eltern während der Ehe gemeinsam ausüben. Wird der gemeinsame Haushalt aufgehoben oder die Ehe getrennt, kann der Richter die elterl. Gewalt einem Ehegatten allein übertragen. Sind die Eltern nicht verheiratet, steht die elterl. Gewalt der Mutter zu. Pflegekinder stehen unter der elterl. Gewalt der leibl. Eltern, die aber in deren Ausübung durch die Pflegeeltern vertreten werden, soweit dies zur Erfüllung ihrer Aufgaben erforderlich ist. Die elterl. Gewalt gibt insbesondere das Recht und die Pflicht zur Erziehung, die auch die religiöse Erziehung umschließt, über welche gemäß Art. 49 der Bundes-Verf. der Inhaber der väterl. oder vormundschaftl. Gewalt wacht. Ab dem 16. Lebensjahr entscheidet das Kind selbstständig über sein religiöses Bekenntnis. Bei Gefährdung des Kindeswohls kann die Vormundschaftsbehörde die elterl. Gewalt aufheben. Die vormundschaftl. Aufsichtsbehörde oder die Vormundschaftsbehörde können unter bestimmten Voraussetzungen, auch auf Ersuchen der Eltern aus wichtigem Grund, die elterl. Gewalt entziehen.

I. MOTTL: Die Sorge der Eltern für ihre Kinder. Rechtsvergleichende Gegenüberstellung der österr. u. dt. Rechtslage (1992); K.-P. HANSEN: Das Recht der e. S. nach Trennung u. Scheidung (1993).

Eltern [eigtl. ›die Älteren‹], *Sg.* (fachsprachlich) **Elter** *der* oder *das, -s,* Verwandte ersten Grades, jedoch im Rechtssinne nicht nur die leibl. Eltern (Mutter und Vater einschließlich nichtehel. E.-Teile), sondern auch andere mit elterl. Sorgerecht ausgestattete Personen (Adoptiveltern).

Das **E.-Recht** ist das den E. vom GG garantierte Recht, Pflege und Erziehung ihrer minderjährigen Kinder in Selbstverantwortung wahrzunehmen. Nach Art. 6 Abs. 2 GG sind Pflege und Erziehung der Kinder das natürl. Recht der E. und die ihnen zuvörderst obliegende Pflicht (→elterliche Sorge). Das E.-Recht ist ein Grundrecht, das als ein aus dem Naturrecht hervorgehendes, vorstaatl. Menschenrecht nicht auf Deutsche beschränkt ist. Der Staat hat über die Pflege und Erziehung der Kinder durch die E. zu wachen und notfalls die Pflege und Erziehung der Kinder sicherzustellen, die selbst als Grundrechtsträger Anspruch auf den Schutz des Staates haben und einzugreifen, wenn das Wohl eines Kindes gefährdet ist. Versagen die Erziehungsberechtigten oder droht ein Kind aus anderen Gründen zu verwahrlosen, so kann es gegen den Willen der Erziehungsberechtigten von der Familie getrennt werden. Im schul. Bereich kollidiert das

Eltz: Gesamtansicht der Burg; erbaut zwischen dem 13. und 16. Jh.

E.-Recht mit dem selbstständigen, von den E. unabhängigen staatl. Erziehungsauftrag der Schule.

Zu den weiteren Rechtsgrundsätzen gehören: Das Kind erhält den Ehenamen (→Namensrecht) und teilt den Wohnsitz der E.; haben diese nicht denselben Wohnsitz, so teilt das Kind den Wohnsitz des E.-Teils, der das Kind in den persönl. Angelegenheiten vertritt (§§ 1616, 11 BGB). Solange das Kind dem elterl. Haushalt angehört und von den E. erzogen und unterhalten wird, hat es ihnen in einer seinen Kräften und seiner Lebensstellung entsprechenden Weise in ihrem Hauswesen und Geschäft Dienste zu leisten (§ 1619 BGB). E. und Kinder sind einander unterhaltspflichtig (§§ 1601 ff. BGB) und gegenseitig erb- und pflichtteilsberechtigt (§§ 1924 ff.; 2303 ff. BGB).

In *Österreich* ist das Recht der E., die Erziehung und den Unterricht entsprechend ihren eigenen religiösen und weltanschaul. Überzeugungen zu gestalten, aufgrund des 1. Zusatzprotokolls zur Menschenrechtskonvention vom 20. 3. 1952 garantiert, welches durch Ges. vom 4. 3. 1964 Verfassungsrang genießt. Die Rechtsbeziehung zw. E. und Kindern ist ähnlich wie in Dtl. geregelt. Die Verhältnisse zw. dem Kind und seinen E. werden durch das *schweizer.* Recht in ganz ähnl. Weise ausgestaltet wie durch das dt. Recht. Durch die Revision des Adoptionsrechts wurde die Stellung des adoptierten Kindes gegenüber den Adoptiv-E. vollständig an die des Kindes in Familiengemeinschaft mit den leibl. E. angeglichen.

Pädagogik und *Psychologie:* Als erste Bezugspersonen vermitteln i. A. die E. dem Säugling und Kleinkind Erfahrungen, die grundlegend für sein späteres Erleben und Verhalten werden. Zunächst ist i. d. R. vor allem die zuverlässige, liebevolle Zuwendung der Mutter gefordert. Jedoch kann das Kleinkind versch. Arten von Bindungen aufbauen, sodass Entbehrungen in der Beziehung zu den E. auch durch die Zuwendungen anderer Bezugspersonen ausgeglichen werden können. Überlieferte Formen und Regeln erzieher. Umgangs von E. und Kindern werden angesichts umfassender Veränderungen in der Gesellschaft (z. B. getrenntes Wohnen der E., Medieneinflüsse) und durch neue pädagog. und psycholog. Sichtweisen vielfach ergänzt und modifiziert.

Religionsgeschichte: →Ahnenverehrung.
⇨ *antiautoritäre Erziehung · Autorität · Erziehung · Erziehungsberatung · Familie · Kind · Mutter · Sozialisation · Vater*

G. MENSCHING: Soziologie der Religionen (²1968); F. OSSENBÜHL: Das elterl. Erziehungsrecht im Sinne des GG (1981); V. THIELER u. a.: Die Rechte der E. (³1988); H. AVENARIUS u.

B. JEAND'HEUR: Elternwille u. staatl. Bestimmungsrecht bei der Wahl der Schullaufbahn (1992); T. u. M. MONTASSER: Ihre Rechte als E. Ansprüche, Leistungen, Pflichten (1995).

Elternabend, regelmäßige Veranstaltung, zu der i. d. R. der Klassenelternsprecher die Eltern einlädt; neben Fragen zu Unterricht und schul. Bildung werden – von beiden Seiten – Einstellung und Verhalten der Schüler und Lehrer angesprochen, auch anstehende Schullandheimaufenthalte, Ausflüge oder Reisen. Auf den E. erfolgt i. d. R. auch die Wahl der →Elternvertretungen auf der untersten Ebene, der Klassenelternsprecher sowie der Wahlmänner für die Wahl von (Schul-)Elternbeiräten.

Elternbeirat, →Elternvertretungen.

Elterngeneration, Parentalgeneration, *Genetik:* Generation, der ein Individuum entstammt. (→Filialgeneration)

Eltern-Kind-Beziehung, die Bindung des Kindes an seine Eltern als Bezugspersonen; sie entsteht bereits auf der Basis der →Prägung, auch durch den dauernden Kontakt mit den Eltern. Bei Kindern, die in Heimen oder längere Zeit in Krankenhäusern und dgl. untergebracht sind, können schwere psych. Störungen auftreten (→Hospitalismus).

Elternrente, 1) Leistung der Unfallversicherung an Eltern und andere Verwandte der aufsteigenden Linie, Stief- oder Pflegeeltern eines infolge eines Arbeitsunfalls oder einer Berufskrankheit Verstorbenen, wenn dieser sie aus seinem Arbeitsverdienst wesentlich unterhalten hatte oder zum Unterhalt verpflichtet war (§ 596 RVO, ab 1. 1. 1997 § 69 SGB VII); 2) nach dem Bundesversorgungs-Ges. Leistung an die Eltern (und gleichgestellte Verwandte) des an den Folgen einer Schädigung Verstorbenen, wenn diese erwerbsunfähig im Sinne des Sozialgesetzbuches VI (→Erwerbsunfähigkeit) sind oder aus anderen zwingenden Gründen keine zumutbare Erwerbstätigkeit ausüben können oder das 60. Lebensjahr vollendet haben.

Elternvertretungen, in Dtl. Organe, die, nach Ländern versch. geregelt und bezeichnet, es den Eltern ermöglichen, beratend die Erziehungs- und Unterrichtsarbeit der Schule ihrer Kinder zu fördern, auch Mitbestimmungsrechte auszuüben. Neben reinen E. (**Elternbeiräte**) gibt es gemischte Gremien: E., die Eltern und Vertreter der Lehrerschaft umfassen, und E., die auch Vertreter der Gemeinden und Kirchen einbeziehen. In versch. Ländern bestehen auch Vertretungen der institutionellen E. auf Stadt-, Kreis- und Landesebene, und als übergeordnete Arbeitsgemeinschaft gibt es einen Bundeselternrat (gegr. 1952). Den Landesschulbeiräten gehören neben den Vors. der E. die Kreise und Städte und Vertretern der Lehrerschaft oft auch Repräsentanten von Staat, Kirchen, Berufs- und Wirtschaftsverbänden an.

Elternzeugung, weniger gebräuchliche Bez. für die geschlechtl. →Fortpflanzung.

El Tigre, Stadt im Zentrum eines Erdöl- und Erdgasfeldes in NO-Venezuela, seit 1937 entstanden, 73 600 Ew.; Fernleitungen nach N zum Hafen Puerto la Cruz (Erdölraffinerien) und nach SO (→Santo Tomé de Guayana).

Eltmann, Stadt im Landkreis Haßberge, Bayern, 236 m ü. M., zw. dem Südufer des Mains und dem Steigerwald, 5600 Ew.; Kugellagerfabrik, Apparatebau, Steinindustrie, Brauereien. – Beim Ortsteil Limbach liegt die Wallfahrts- und Pfarrkirche Mariä Heimsuchung (1751–55 Neubau von B. NEUMANN). – E., im 8. Jh. erstmals erwähnt, erhielt 1335 das Stadtrecht durch Kaiser LUDWIG DEN BAYERN. Die nahe der Stadt gelegene Wallburg war 1335–1803 Sitz des gleichnamigen würzburg. Amtes. 1803 fielen die Stadt E. und das Amt Wallburg an Bayern.

Eltonsee, flacher Salzsee im Gebiet Wolgograd, Russland, etwa 16 m u. M., in der Kasp. Senke,

Eltville am Rhein: Der mächtige Wohnturm der Burganlage; 1330–44

152–200 km^2 (je nach Höhe des Wasserspiegels); Salzgewinnung (v. a. Natrium- und Kaliumchlorid). Am O-Ufer liegt der Kurort Elton.

El-Tor-Vibrio, besonderer Typ des Erregers der Cholera; wurde 1905 in El-Tor, einer kleinen Hafenstadt auf der Sinaihalbinsel, von dem Bakteriologen E. GOTSCHLICH isoliert; er dominiert seit etwa 1961 unter den Choleraerregern.

Eltville am Rhein [auch -'vɪlə-; von lat. alta villa ›hohes Wohnhaus‹], Stadt im Rheingau-Taunus-Kreis, Hessen, am rechten Rheinufer, 95 m ü. M., 16 700 Ew.; Weinbauamt mit Weinbauschule; Weinbau und -handel, Sekterzeugung; Fremdenverkehr; Maschinenbau, Textil- und Elektroindustrie. – Die an der Stelle älterer Anlagen 1330–44 errichtete Burg (seit 1635 Ruine) mit ihrem charakterist. Donjon wurde von den Mainzer Erzbischöfen häufig als Residenz benutzt. In der got. Pfarrkirche St. Peter und Paul (um 1350 über Vorgängerbauten begonnen) Wandmalereien des 15./16. Jh.; der spätgot. Westturm steht in der Nachfolge des Frankfurter Domturms. Zahlr. Adelssitze und Fachwerkhäuser des 16. bis 18. Jh., u. a. Burg Crass (16. Jh., mit roman. Teilen; um 1840 neugotisch ausgebaut). Im Ortsteil Erbach Schloss Reinhartshausen (1801 ff.). Zum Stadtgebiet gehört das Kloster →Eberbach. – Das aus einer alemann. Siedlung der Völkerwanderungszeit und einem vermutlich fränk. Königshof hervorgegangene Eltville gelangte wohl im 7./8. Jh. an das Erzstift Mainz. Im Zuge des hochmittelalterl. Herrschaftsausbaus der Erzbischöfe wurde es zum Vorort des Rheingaus und erhielt 1332 Stadtrecht. 1803 kam es an Nassau, 1867 an Preußen.

Eltz, Burg in der Gem. Wierschem, Kr. Mayen-Koblenz, Rheinl.-Pf.; zw. dem 13. und 16. Jh. erbaut, eine der besterhaltenen Burgen des MA., mit ihren zahlr. Türmen von einzigartiger Gesamtwirkung; Museum. Noch in Familienbesitz befindl. Stammsitz der Grafen von und zu Eltz.

Éluard [ely'a:r], Paul, eigtl. **Eugène Grindel** [grɛ̃'dɛl], frz. Schriftsteller, *Saint-Denis (bei Paris) 14. 12. 1895, †Clarenton-le-Pont (bei Paris) 18. 11. 1952; urspr. Dadaist, gehörte nach dem Ersten Weltkrieg der surrealist. Bewegung um A. BRETON an, auch zum Kreis um PICASSO, MAX ERNST, MAN RAY. Zu Beginn der 30er-Jahre schloss sich É. der polit. Linken an, engagierte sich für die Span. Rep., war unter der dt. Besatzung Mitgl. der Résistance und seit 1942 der frz. KP. É.s Verbindung zum Surrealismus

spiegelt sich in der alog. Struktur seiner Lyrik, in der Betonung des Unbewussten, Traumhaften und Imaginären, in Simultaneität und sprachl. Demontage, die Ungleichartiges poetisch miteinander verbinden. Seine von urspr. Inspiration und Sensibilität gekennzeichneten Liebesgedichte sind erfüllt von der Hoffnung auf eine bessere Welt (›La rose publique‹, 1934, dt. ›Die öffentl. Rose‹). Nach dem Bruch mit den Surrealisten (1938) politisierte sich seine Dichtung (›Cours naturel‹, 1938, mit ›La victoire de Guernica‹, dt. ›Der Sieg von Guernica‹). Die Sammlung ›Poésie et vérité‹ (1942, dt. ›Dichtung und Wahrheit‹), auch in der besetzten Zone weit verbreitet, wurde zum Symbol des geistigen Widerstands.

Weitere Werke: *Lyrik:* Le devoir de l'inquiétude (1917); Mourir de ne pas mourir (1924); Capitale de la douleur (1926); dt. Hauptstadt der Schmerzen); L'amour, la poésie (1929); La vie immédiate (1932); Au rendez-vous allemand (1944); Poésie ininterrompue, 2 Bde. (1946–53); Poèmes politiques (1948). – Lettres à Gala 1924–1948 (1984; dt. Liebesbriefe an Gala).

Ausgaben: Œuvres complètes, hg. v. L. SCHELER u. M. DUMAS, 2 Bde. (Neuaufl. 1979); Choix de poèmes, hg. v. J. HÜBNER, übers. v. F. HAGEN (1963, zweisprachige Ausgabe).

P. É., bearb. v. L. PARROT (Neuausg. Paris 1951); R. JEAN: É. (Neuausg. ebd. 1974); L. DECAUNES: P. É., l'amour, la révolte, le rêve (ebd. 1982); J.-CH. GATEAU: P. É. oder Der sehende Bruder (a. d. Frz., 1994).

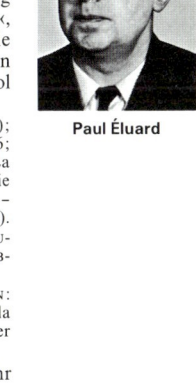

Paul Éluard

Elul, Name des 12. und letzten Monats im jüd. Jahr (etwa Mitte August bis Mitte September). Der E. hat 29 Tage.

Elura, Ellora [engl. e'lɔ:rə], ausgedehnte Anlage von Felsentempeln im Bundesstaat Maharashtra, Indien, 30 km nordwestlich von Aurangabad. Von den 34 Höhlen sind 12 buddhistisch (6.–7. Jh.; so die dreischiffige Caityahalle Nr. 10 mit reich dekorierter Fassade und Balkon), 17 hinduistisch (7.–9. Jh.), 5 jainistisch (8.–9. Jh.). Bedeutendster Tempel ist der Shivatempel Kailasanatha, im 8. Jh. als Monolith aus dem Fels gemeißelt (Grundfläche 50 × 33 m, 30 m

Elura: Blick auf den aus dem Fels gemeißelten Shivatempel Kailasanatha; Höhe 30 m, Grundfläche 50 × 33 m; 8. Jh.

Höhe). Ihn umgibt ein Hof mit umlaufender Reliefskulpturengalerie und Nebenhöhlen. Im westl. Portalbau Reste von Wandmalerei der Rashtrakutazeit (753–973), ebenso in der jainist. Indra-Sabha-Höhle (Nr. 32), die architektonisch als die vollendetste ihrer Art gilt. E. wurde von der UNESCO zum Weltkulturerbe erklärt.

Eluru [e'lʊrə], früher **Ellore** [e'lɔ:], Stadt im Bundesstaat Andhra Pradesh, S-Indien, am Zusammenfluss der Bewässerungskanäle von Godavari und Krishna,

Elvas: Aqueduto da Amoreira, ein teilweise vierstöckiger Aquädukt, 1498–1622 auf der Basis einer römischen Wasserleitung erbaut; Länge 7,5 km

212900 Ew.; Nahrungsmittel-, Lederindustrie, Textilfabriken.

Elution [zu lat. eluere ›auswaschen‹, ›ausspülen‹] *die, -/-en,* das Herauslösen von adsorbierten Stoffen aus festen oder mit Flüssigkeit getränkten Adsorptionsmitteln (v. a. in der Chromatographie).

eluvial, *Geologie:* ausgewaschen. Durch Auswaschung bedingte Anreicherung von Mineralen kann zur Entstehung von eluvialen →Seifen führen.

Eluvium *das, -s, Geologie, Bodenkunde:* noch am Entstehungsort befindl., meist durch Auswaschung verarmte Verwitterungsrückstände, z. B. der **Eluvialhorizont** (→Bodenhorizont).

Elv *der,* norwegisch für: Fluss, Strom.

Elvas [ˈɛlvaʃ], Marktstadt im Alentejo, Distr. Portalegre, Portugal, auf einem die Ebene dominierenden Hügel, 13400 Ew.; Herstellung kandierter Früchte. – E. war jahrhundertelang wichtige Grenzbefestigung gegen Spanien; die Festungsanlage (doppelter Mauerring des 13./14. Jh.) gilt als Meisterwerk der Befestigungsbaukunst. In der gut erhaltenen Altstadt die ehem. Kathedrale (1537 geweiht, Fassade 17. Jh.), die Kirche des Klosters Santo Domingo (um 1550 gegr., kleiner achteckiger Zentralbau, Kuppel mit Azulejosverkleidung). Der vierstöckige Aquädukt (Aqueduto da Amoreira), 1498–1622 auf röm. Basis erbaut, ist heute noch in Funktion.

Elverum, Gem. in der Prov. Hedmark, S-Norwegen, am Glomma im südl. Østerdal, 17600 Ew.; Marktort und Verw.-Zentrum mit Holzindustrie; Glomdalsmuseum, ›Norsk Skogbruksmuseum‹ (Forstwirtschaft, Jagd, Fischerei).

Elvira, alter Bischofssitz beim heutigen Granada, wo um 306 (324?) eine Provinzialsynode stattfand, auf der in 81 Kanones Fragen zur kirchl. Disziplin geregelt wurden, zum ersten Mal auch zur Ehelosigkeit des Klerus.

Elwert, Wilhelm T h e o d o r, Romanist, * Stuttgart 20. 12. 1906, † Mainz 12. 2. 1997; wurde 1953 Prof. in Mainz; bekannt durch Arbeiten über das Bündnerromanische der Dolomiten (›Die Mundart des Fassatals‹, 1943), über Mehrsprachigkeit, frz. und ital. Metrik sowie zur frz., ital. und provenzal. Lit. (bes. der Renaissance und des Barock).

Weitere Werke: Studi di letteratura veneziana (1958); Das zweisprachige Individuum (1959); Frz. Metrik (1961); La poesia lirica italiana del seicento (1967); Studien zu den roman. Sprachen u. Literaturen, 10 Bde. (1967–89); Ital. Metrik (1968); Die Lyrik der Renaissance u. des Barock in den roman. Ländern (1972); Die roman. Sprachen u. Literaturen, ein Überblick (1979); Die ital. Lit. des MA. (1980).

Elwert, N. G., Universitätsbuchhandlung und Verlag Braun-Elwert GmbH & Co. KG, Verlagshaus (Sitz: Marburg), das seinen Ursprung auf die von dem Gießener Univ.-Drucker und Buchhändler J O H A N N P H I L I P P K R I E G E R (* 1693, † 1775) 1726 in Marburg gegründete Filiale zurückführt. 1783 wurde dem Sohn J O H A N N C H R I S T I A N K O N R A D K R I E G E R (* 1746, † 1825) in Marburg das Privileg als Univ.-Buchhändler verliehen. 1831 ging die Buchhandlung an N O A G O T T F R I E D E L W E R T (* 1807, † 1873) über. Verlagsgebiete: v. a. Germanistik, Sprachwiss., Volkskunde, Gesch., Theologie, Rechtswissenschaft.

Ely [ˈiːlɪ], Stadt in der Cty. Cambridgeshire, O-England, am Ouse, 13200 Ew.; anglikan. Bischofssitz; Verarbeitung landwirtschaftl. Produkte. – Die an der Stelle eines Vorgängerbaus 1083 begonnene Kathedrale ist ein bedeutender Bau der angelsächsisch-normann. Schule. 1234–52 folgte eine hochgot. Verlängerung des Chores mit einem Flechtrippengewölbe. Nach dem Einsturz des roman. Vierungsturmes 1322 wurde bis 1342 ein Vierungsoktogon errichtet. Die nordöstlich des Querhauses gelegene ›Lady Chapel‹ (Marienkapelle, 1321 begonnen) wurde 1335–53 in Blendbogenformen des Decorated Style und Sterngewölbe ausgeführt. Südlich der Kathedrale sind Teile der Abteigebäude mit Torturm von 1397 erhalten. In der Stadt Häuser des 16. und 17. Jh.; Prior's House (z. T. 14. und 15. Jh.) gehört heute zur King's School, einer der ältesten Public Schools in Großbritannien. – Das Doppelkloster E. wurde Ende des 7. Jh. gegründet und mit der späteren Grafschaft Isle of Ely ausgestattet. 1109 wurde das Bistum gegründet (seit 1559 anglikanisch). Das heutige E. wird schon bald als städt. Siedlung bei dem Kloster erwähnt.

Ely: Kathedrale; 1083 begonnen

Elymer, griech. **Elymoi,** vorgriech. Bevölkerung Westsiziliens um Segesta und Eryx.

Elyot [ˈeljət], Sir (seit 1530) Thomas, engl. Gelehrter und Schriftsteller, * in Wiltshire um 1490, † Carleton (bei Cambridge) 20. 3. 1546; Gesandter am Hof K A R L S V. in Spanien; die diplomat. Stellung verdankte er, Freund von Sir T. M O R E, seinem H E I N R I C H VIII. gewidmeten Fürstenspiegel ›The book named The Governor‹ (1531; dt. ›Das Buch vom Führer‹), durch das er künftige Staatsmänner klassisch und national-christlich bilden wollte. Für die gelehrte

Frau verfolgte er ähnl. Ziele mit ›The defence of good women‹ (1545). E. übersetzte auch griech. Werke und verfasste ein lateinisch-engl. Wörterbuch.

Ausgabe: The book named The Governor, hg. v. S. E. LEHMBERG (Neuausg. 1962).

S. E. LEHMBERG: Sir T. E., Tudor humanist (Austin, Tex., 1960, mit Bibliogr.); J. M. MAJOR: Sir T. E. and Renaissance humanism (Lincoln, Nebr., 1964); J. S. DEES: Sir T. E. and Roger Ascham. A reference guide (Boston, Mass., 1981).

Élysée-Palast [eliˈze-], frz. **Palais de l'Élysée** [paˈlɛ: də leliˈze], Amtssitz des frz. Präsidenten seit 1873, erbaut 1718 von C. MOLLET, zeitweise im Besitz der Marquise de Pompadour, Napoleons I. und Napoleons III.

Élysées [eliˈze], →Champs-Élysées.

Élysée-Vertrag [eliˈze-], häufige Bez. für den →Deutsch-Französischen Vertrag.

Elysieren [Kw.], **elektrochemische Metallbearbeitung,** die elektrochem. Bearbeitung harter Metalle, wobei das Werkstück als Anode unter Einwirkung des elektr. Stromes und einer Elektrolytlösung elektrolytisch abgetragen (gelöst) wird und eine durch die Form der Kathode und ihre Bewegung bedingte Gestalt erhält. Das E. wird zum Drehen, Entgraten, Polieren, Schleifen, Senken u. a. genutzt. Oft wird das E. durch mechan. Einwirkungen unterstützt, die Ablagerungen auf der Werkstückoberfläche beseitigen und Raum zur Einleitung des Elektrolyten schaffen sollen. Elysierverfahren dienen durch die Kombination aus mechan. Abschliff und E. bes. zur Herstellung ebener oder profilierter Flächen an sehr harten Werkstücken.

elysisch, zum Elysium gehörend; himmlisch, paradiesisch.

Elysium [lat.] *das, -s/...si|en,* griech. *Mythos:* Land am Westrand der Erde, wohin auserwählte Helden entrückt werden, ohne den Tod zu erleiden. E. ist gleich bedeutend mit den Inseln der Seligen und wurde später mit dem Ort der Frommen und Gerechten in der Unterwelt identifiziert.

Elytis, Elitis, Odysseas, neugriech. Dichter, eigtl. O. Alepudelis, *Heraklion 2. 11. 1911, †Athen 18. 3. 1996; gehörte zum Kreis um G. Seferis, der die neugriech. Dichtung in den 1930er-Jahren erneuerte. Er schuf naturverbundene, surrealist. Dichtung griech. Prägung, deren Besonderheit die Leuchtkraft der gewagten, neuartigen Metaphorik darstellt. 1979 erhielt er den Nobelpreis für Literatur.

Werke (griech.) *Lyrik:* Orientierungen (1936); Die Wasseruhren des Unbekannten (1937); Sonne, die erste (1943); To axion esti, gepriesen sei (1959; dt.); Sieben nächtl. Siebenzeiler (1966; dt.); Das Monogramm (1972; dt.); Lieder der Liebe (1972; dt.); Tagebuch eines nie gesehenen Aprils (1984); Der kleine Nautilus (1985); Die Elegie der Jenseitsküste (1991). – Maria Nepheli (1978; szen. Ged.). – *Essays:* Offene Karten (1974); Hinwendung zu Andreas Embirikos (1979). – Ausgewählte Gedichte (1979); Körper des Sommers (1980).

M. VITTI: O. E. (1984).

Elytren [zu griech. élytron ›Hülle‹, ›Decke‹, *Sg.* **Elytron** *das, -s, Biologie:* 1) dachziegelartig angeordnete Hautlamellen auf dem Rücken mariner Borstenwürmer; 2) →Deckflügel.

Elz, 1) *die,* rechter Nebenfluss des Rheins aus dem mittleren Schwarzwald, 90 km lang. Von Riegel führt ein künstl. Arm, der **Leopoldskanal,** auf kürzerem Weg zum Rhein.

2) *die,* **Elzbach,** linker Nebenfluss der Mosel, in der Eifel, Rheinl.-Pf., 44 km lang, mündet bei Moselkern; über der unteren E. erhebt sich die Burg →Eltz.

Elze, Stadt im Landkreis Hildesheim, Ndsachs., im Leinetal, 9700 Ew. – Waggon- und Containerbau, Holzverarbeitung, Genussmittel- und Getränkeindustrie. – Das Stadtbild prägen die nach dem Brand von 1734 entstandenen zweistöckigen Fachwerkbauten des 18. und 19. Jh. – Das im 9. Jh. erstmals erwähnte E., verkehrsgünstig am Schnittpunkt von Han-

delsstraßen gelegen, gewann als Stapelplatz Bedeutung. Die Lage des Ortes an der Grenze zw. dem Fürstentum Calenberg und dem Bistum Hildesheim behinderte seine Entwicklung. Erst im 14. Jh. wurde E. als Flecken gen.; 1579 erhielt es Stadtrecht.

Elzevier [ˈɛlzəviːr], niederländ. Verlag, →Elsevier.

em., emer., emerit., Abk. für →emeritus.

em..., Präfix, →en...

...em, Suffix, v. a. in der Sprachwiss., zur Bez. distinktiver Einheiten z. B. Graphem, Phonem.

Em, chem. Symbol für →Emanation.

EM, Abk. für →Europameisterschaft.

Email [eˈmaj; frz., von altfrz. esmal ›Schmelzglas‹] *das, -s/-s,* **Emaille** [eˈmajə] *die, -/-n,* auf Metall aufgeschmolzener, glasig erstarrter silikat. Überzug als Oberflächenschutz oder Verzierung. Heute werden in der Industrie vorwiegend Stahlbleche und Grauguss emailliert, aber auch Gusseisen und Aluminium. Der Ausgangsrohstoff zum Emaillieren, die **E.-Fritte,** setzt sich aus Quarz, Feldspat, Borax, Soda, Pottasche, Aluminiumoxid, Haftoxiden (Kobalt- und Nickeloxid), Trübungsmitteln (z. B. Zirkon- und Titanoxid) sowie Flussmitteln (Fluoride) zusammen. Durch die Rekristallisation von Titanoxid wird das E. beim Aufschmelzen weiß, durch Zugabe von Schwermetalloxiden oder Farbkörpern kann das E. beliebig eingefärbt werden. Nach bestimmten Vorsätzen wird ein Schmelzgemenge zusammengestellt, das diskontinuierlich (in Drehöfen) oder kontinuierlich (in Wannenöfen) bei Temperaturen von rd. 1200 °C in zwei bis drei Stunden erschmolzen wird. Anschließend wird die Schmelze abgelassen und entweder nass (in Wasser) oder trocken (zw. Kühlwalzen) abgeschreckt. Im ersten Fall erhält man körnige E.-Granalien, im zweiten flockige E.-Schuppen. Durch Zusatz von Wasser und Zuschlagmitteln (z. B. Ton) und Vermahlen in Kugelmühlen entsteht der **E.-Schlicker,** eine zum Nassauftragen benötigte Suspension.

Vor dem Emaillieren muss die Werkstoffoberfläche entfettet, gebeizt oder durch Abstrahlen mit Stahlkies gereinigt werden. Nach der Vorbehandlung erhalten die Werkstücke einen nassen oder trockenen E.-Auftrag, je nach Art und Größe durch Eintauchen in den E.-Schlicker, Aufspritzen mit Spritzpistolen, Pudern der erhitzten Werkstücke (bei Gusseisen), Elektrotauchemaillierung, Pulverbeschichtung u. a., in mehr oder weniger automatisierter Form. Anschließend erfolgt der Brennvorgang bei Temperaturen von rd. 550 °C bis über 900 °C (je nach Metalldicke und -art, E.-Typ und Volumen des Brenngutes) in Muffel- oder Durchlauföfen, wobei eine fest haftende E.-Schicht entsteht.

Die konventionelle Emaillierung arbeitet mit einer **Grundemailschicht,** der eine oder mehrere **Deckemailschichten** folgen, die durch Zugabe von Kryolith und Trübungsmitteln Träger der chem. und ästhet. Eigenschaften sind. Bei der **Einschicht-** oder **Direktemaillierung** werden auf entkohlte und einer besonderen Beizbehandlung unterzogene Emaillierbleche übl. Deckemails aufgetragen. Bei der Verwendung von Titan-E. ist es dabei möglich, deckende Emaillierungen mit Schichtdicken von 0,1 mm zu erzielen.

E. besitzt im Wesentlichen die Eigenschaften von Glas. Es hat eine große Oberflächenhärte (5–6 nach Mohs) sowie hohe Ritz- und Schnittfestigkeit. Die Oberfläche ist porenfrei, daher leicht zu reinigen und hygienisch, da sie keinen Nährboden für Bakterien bietet. Deshalb wird E. v. a. im Haushalts- und Sanitärbereich, aber auch im Apparatebau, im Hochbau und in der Architektur (Kunst am Bau) verwendet.

Schmuck-E. enthalten im Glasfluss meist Bleioxid. Sie dienen zur Kunstemaillierung von Gegenständen aus Kupfer, Silber u. a. Edelmetallen und werden in Pulverform oder in wässriger Suspension aufgetragen und eingebrannt. (→Emailglas, →Emailkunst)

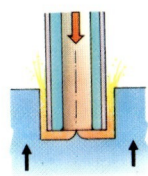
Elysiersenken

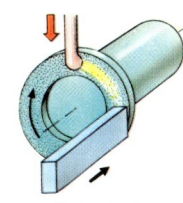
Elysierdrehen

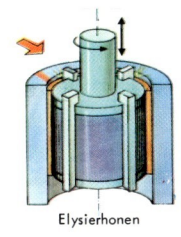
Elysierschleifen

Elysierhonen

Werkstück (Anode)
Werkzeug (Kathode)
Isolierung
Vorschub
Elektrolytzufuhr
Elysieren

Odysseas Elytis

Geschichtliches: Früher wurde E. nur in der Schmelzarbeit verwendet. Gusseiserne Apparate und Heizöfen wurden erstmals etwa 1764, Stahlblechgeschirr seit 1810 emailliert. Erst um 1900 entwickelte sich mit dem Aufstieg der Walzstahlerzeugung eine Emailindustrie.

E-Mail [ˈiːmeɪl], Kw. für Electronic Mail (→elektronische Post).

Emailglas [eˈmaj-], Hohlglas, das mit Emailfarben, die deckend oder durchsichtig sein können, bemalt ist. Bekannt seit der röm. Kaiserzeit in Ägypten, war E. im 3. bis 4. Jh. im Rheinland und im 12. bis 14. Jh. besonders im Orient gebräuchlich. Von hier gelangte die Kenntnis der E.-Dekoration über Venedig im 16. Jh. wieder nach Europa und erlebte ihre Blütezeit im 17. und 18. Jh.; es bildeten sich Typen wie Reichsadlerhumpen, Kurfürsten- und Hallorengläser heraus. Anfang des 19. Jh. wurden die →Mohngläser in dieser Technik hergestellt.

Emailkunst [eˈmaj-], **Schmelzarbeit,** Bez. für künstler. Arbeiten, bei denen auf einen Metalluntergrund (Kupfer, Bronze, Eisen, Silber oder Gold) durch Metalloxide gefärbte (selten auch farblose) Glasflüsse aufgeschmolzen oder zum Bemalen des Metallgrundes verwendet werden.

Altertum: Aus der 1. Hälfte des 2. Jt. v. Chr. sind Einlegearbeiten von schon erkaltetem Glasfluss in durch aufgelötete Metallstege gebildete Zellen in Ägypten nachweisbar **(Zelleneinlage);** sie zierten wie Edelsteine goldene Schmuckstücke. Mitte des 1. Jt. v. Chr. trat in der ägypt. und ägäischen Kultur der **Zellenschmelz (Émail cloisonné)** auf, bei dem das Email flüssig aufgebracht wird. Um eine gleichmäßige Farbdichte zu erreichen, erfolgte häufig der Auftrag mehrerer Schichten. Es handelt sich hauptsächlich um **Drahtemail,** bei dem man auf einen Edelmetallgrund Drähte so auflötete, dass sie dem Umriss des Dekors folgten, während in die Zwischenräume die farbige Glasmasse einsank und die Drähte erhöht stehen blieben. Ein Zentrum der Herstellung war Zypern (um 1000 v. Chr.).

Emailglas:
Kurfürstenhumpen, Fichtelberger Arbeit; 1694 (Mannheim, Städtisches Reiß-Museum)

Einen ersten Höhepunkt erreichte die Emailtechnik mit den kelt. Arbeiten seit der frühen La-Tène-Zeit. Es entwickelte sich der **Furchenschmelz** oder **Grubenschmelz,** bei dem der undurchsichtige rote Glasfluss, das **Blutemail,** in eingegrabene Furchen oder Gruben geschmolzen wurde. Der Metallgrund war hier zumeist Bronze. Zu den Prachtbeispielen der kelt. Kunst in England zählt der spätlatènezeitl. Schild von Battersea. Die keltische E. beeinflusste das provinzialröm.

Kunsthandwerk; im 2. Jh. n. Chr. entstanden zahlr. Bügel- und Scheibenfibeln in der Technik des Grubenschmelzes. Als Weiterentwicklung wurden hierbei aus dem Metallgrund (meist Kupfer oder Bronze) Gruben herausgeritzt oder -gehämmert oder im Gussverfahren hergestellt, sodass ein Metallrelief (der Umriss der Figuren) stehen blieb **(Émail champlevé).** Die darin eingeschmolzenen, farbigen Emails wurden geschliffen, die Metallflächen ziseliert und vergoldet. Außerdem fand die Zellenschmelztechnik Verwendung.

Emailkunst:
Detail aus dem Aribert-Evangeliar; Grubenschmelz, 1018–45 (Mailand, Domschatz)

Mittelalter: Um die Mitte des 5. Jh. wurde im byzantin. Kunstbereich der Zellenschmelz weiterentwickelt. Hochkant aufgelötete Metallstege bildeten die Zellen (Cloisons). Man unterscheidet zwei Arten: Beim ›Vollschmelz‹ bedeckt das Email die gesamte Fläche der Grundplatte, während beim ›Senkschmelz‹ das Emailbild in die Goldplatte versenkt wird. Ein Meisterwerk in dieser Technik ist die →Staurothek in Limburg a. d. Lahn (948–959). In Dtl. lagen die Hauptwerkstätten der Zellenschmelzherstellung, die sich in otton. Zeit vom byzantin. Einfluss unabhängig gemacht hatte, im 10. und 11. Jh. v. a. in Trier, Mainz, Köln und Essen.

Im 12. Jh. gewann der Grubenschmelz (Émail champlevé) erneut an Bedeutung und verdrängte den Zellenschmelz. Bes. im Maasgebiet und am Niederrhein entwickelte sich diese Technik zu großer Vollkommenheit. Die Blütezeit der Maasschule lag zw. 1150 und 1180; jedoch ist es nur selten möglich, ein Kunstwerk einem Meister zuzuordnen. Dagegen können bei den rhein. Grubenschmelzarbeiten aus Köln genauere Zuschreibungen vorgenommen werden (z. B. Tragaltar des Meisters EILBERTUS COLONIENSIS). Entscheidend für den Stil der Kölner Arbeiten der 2. Hälfte des 12. Jh. war der Heribertschrein (um 1170). Die bedeutendsten Werke der E. am Ende des 12. und Anfang des 13. Jh. stammen von NIKOLAUS VON VERDUN. Von gleicher Bedeutung wie das Rhein-Maas-Gebiet für den Grubenschmelz ist in Frankreich Limoges.

Eine Abwandlung des Grubenemails kam um 1300 offenbar gleichzeitig und unabhängig in Italien und Frankreich auf, der **Silberrelief-** oder **Tiefschnittschmelz (Émail translucide de basse taille).** Statt des Kupfers nahm man nun Silber, in das die Darstellung als flaches Relief eingeschnitten und dann mit transparenten Glasflüssen überzogen wurde. Führend war Siena, seit der Mitte des 14. Jh. Florenz, in Frankreich Paris, in Dtl. das Ober- und Mittelrheingebiet. Seit etwa 1300 wurde, von Italien ausgehend, das Drahtemail verwendet.

Neuzeit: Eine Gruppe von vermutlich in den Niederlanden entstandenen Werken der E. aus der 1. Hälfte des 15. Jh. sind die Vorläufer des **Maleremails.** Dabei bildet der Metallgrund, meist aus Kupfer, aber auch aus Silber oder Gold, nur noch den Malgrund, der mit einer undurchsichtigen, einfarbigen Emailschicht überzogen wird. Dann erfolgt nacheinander das Aufschmelzen versch. undurchsichtiger Glasflüsse. Um das ›Werfen‹ der Platte beim Brennen zu vermeiden, wurde die Rückseite ebenfalls emailliert **(Contre-Émail).** Ein weiterer Anstoß kam über die Alpen aus Italien, v. a. aus Venedig, wo das Maleremail mit Metalleinlagen verziert war. Frankreich übernahm diese neue Technik, die in den Werkstätten von Limoges zu Weltruhm gelangte (Limosiner Email). Hier malte die früheste, spätgot. Gruppe auf schwarzer Vorzeichnung mit starkfarbigen Emails, die durch feine Goldstrichelung schattiert wurden, Klappaltärchen und Täfelchen. N. PÉNICAUD und dessen Bruder JEAN I. waren die bedeutendsten Meister. Unter JEAN II. kam die →Grisaille auf. L. LIMOSIN schuf in dieser Technik Porträts, P. REYMOND Prunkgeräte aller Art.

Für die Prachtentfaltung der dt. Fürstenhöfe im 16. Jh. spielte die Goldschmiedekunst eine große Rolle, wobei die E. reiche Anwendung fand, v. a. in München und Nürnberg, später auch in Augsburg sowie in Wien und Prag. Für die Emaillierung wurde neben dem Grubenschmelz der **plastische Emaildekor (Émail en ronde bosse)** häufig verwendet. Hierbei erhält ein in Gold (seltener in Silber, Kupfer oder Bronze) gegossener oder getriebener Gegenstand von ornamentaler oder figürl. Gestalt einen Überzug aus undurchsichtigem und transparentem Email. Im 18. Jh. schuf der Goldschmied J. M. DINGLINGER in Dresden prunkvolle Emailarbeiten in hervorragender Qualität.

Emailkunst: Medaillon vom Deckel des Praxedis-Reliquiars aus dem Schatz der Capella Sancta Sanctorum; Cloisonné, 10. Jh. (Rom, Vatikanische Sammlungen)

Große Verbreitung fand die von Frankreich ausgehende **Emailmalerei,** bei der (anders als beim Maleremail) die Darstellung mit reinen Metalloxidfarben auf einen weißen Emailgrund aufgeschmolzen wird. Schon um 1632 soll JEAN TOUTIN aus Châteaudun diese Technik verwendet haben. Sie wurde bald in ganz Europa in speziellen Manufakturen für Miniaturen, Dosen und andere Galanteriewaren benutzt. Mit der Entwicklung der Porzellanmalerei trat die E. im 18. Jh. allmählich zurück. Mit dem Jugendstil um 1900 und später unter der Einwirkung des Expressionismus nahm die E. noch einmal neuen Aufschwung.

Emailkunst: Triptychon; Maleremail (Grisaillemalerei), 16. Jh. (Paris, Musée de Cluny)

In *China* sind Bronzegeräte mit farbigen Glasflusseinlagen (Protochamplevé) bereits aus Gräbern der späten Shang- und frühen Zhouperiode (um das 11. Jh. v. Chr.) belegt. Erst ab dem 14. Jh. gelangte als Dashiyao (Ware für Arabien), Guiguo-yao (Ware für die Teufel, d. h. die Europäer) oder Falang (für Byzanz) bezeichnete Handelsware mit E. wieder zur Blüte, wobei das Cloisonné vorherrschte. Bis zum 16. Jh. sind ein bronzener Metallgrund und gehämmerte, vergoldete Bronzedrähte mit leichten Unebenheiten kennzeichnend. Ab dem 17. Jh. trat an den sichtbaren Stellen vergoldetes Kupfer weitgehend an die Stelle der Bronze. Anstelle der Lötung wurde eine Klebetechnik verwendet. Die Stücke des 15. Jh. zeichneten sich durch symmetrisch floralen Dekor (v. a. Lotus) aus und waren auf klare Grundfarben beschränkt: Türkis, Lapislazuliblau, Korallenrot, Gelb, Gelbgrün, Schwarz und Weiß. Im 16. und 17. Jh. erweiterte sich die Farbpalette; auch finden sich zunehmend Tiermotive und Figurenszenen im Dekor. Die Stücke aus den Palastwerkstätten des Kaisers QIANLONG (18. Jh.) sind durch archaisierenden Dekor gekennzeichnet. Die E. fand vielfach Verwendung für buddhist. Altargerät sowie Gefäße und Schmuckgegenstände des kaiserl. Bedarfs.

In *Japan* sind frühe Einzelfunde (aus der Zeit um 600, und ein einzigartiger Spiegel mit Zellenschmelzdekor im Shōsōin) wohl kontinentale Arbeiten. Emailarbeiten (shippō-yaki) nach chin. Vorbildern lebten erst um 1600 wieder auf, zunächst für kleine Formate: Balkenbeschläge, Schwertstichblätter (Tsuba), v. a. in Grubenschmelztechnik (Champlevé) durch HIRATA DŌNIN († 1646) und seine Nachfolger hergestellt. Seit dem 19. Jh. werden Schmelze auf Metall ebenso wie Zellenschmelz auf Porzellan und Steingut **(Émail bisquit)** hergestellt.

H. M. GARNER: Chinese and Japanese cloisonné enamels (London 1962); K. WESSEL: Die byzantin. E. (1967); M. M. GAUTHIER: Émaux du moyen âge occidental (Freiburg im Üechtland ²1973); U. STÖVER: Email (1976); G. GABBERT AVITABILE: Die Ware aus dem Teufelsland, Ausst.-Kat. (1981); H. BRINKER u. A. LUTZ: Chines. Cloisonné. Die Sammlung Pierre Uldry, Ausst.-Kat. (Zürich 1985).

Emaki, jap. Bildform, →Querrolle.

Eman *das, -s/-(s),* Einheitenzeichen **eman,** in der Balneologie (Bäderkunde) verwendete, nichtgesetzl. Einheit für die radiolog. Konzentration (Aktivität je

Volumen) von Quellwässern. 1 eman = 10^{-10} Curie/Liter = 3,7 Becquerel/Liter.

Emanation [zu lat. emanare ›herausfließen‹] *die,* -/-en, 1) *bildungssprachlich* für: Ausstrahlung.

2) chem. Symbol **Em**, ältere Bez. für die drei gasförmigen radioaktiven Isotope des Edelgases Radon; ^{219}Rn (Actinium-E., Actinon), ^{220}Rn (Thorium-E., Thoron), ^{222}Rn (Radium-E., Radon).

3) *Philosophie* und *Religionswissenschaft:* das Hervorgehen einer Vielheit (aller Einzeldinge) aus einem einheitl. Urgrund als ein zeitloses Geschehen, bes. nach neuplaton. Lehre. Bestimmend war dabei der Gedanke, dass sich der Urgrund nicht in der E. erschöpft, sondern, ohne eine Minderung oder Mehrung zu erfahren, in seiner Vollkommenheit erhalten bleibt; er ist von größerer Wirklichkeit als das ihm entströmende Viele. Gegen die gnost. E.-Lehre (→Gnosis) richtete die altkirchl. Theologie (bes. in den Lehrpunkten der Schöpfung und des Verhältnisses von Gottsohn und Gottvater) die bis heute geltende Lehre von der Schöpfung aus dem Nichts **(creatio ex nihilo).**

Von den theolog. und philosoph. Lehren, die eine Schöpfung der Welt durch Gott annehmen, unterscheidet sich der E.-Begriff nur dann, wenn nicht ein Grund-Folge-Verhältnis angenommen wird, sondern eine pantheist. Identität zw. dem Einen und dem Vielen. Unter dieser Voraussetzung polemisierten die mittelalterl. Theologen gegen den Neuplatonismus und die arabisch-jüd. Philosophie (IBN SINA und IBN GABIROL). Die ind. und pers. Religion waren von dem Gedanken der E. stark bestimmt. Das bedeutendste philosoph. System des Emanatismus war das PLOTINS; es hat auf alle späteren E.-Lehren eingewirkt (JOHANNES ERIUGENA, G. BRUNO, B. DE SPINOZA, G. W. F. HEGEL).

J. RATZINGER: E., in: Real-Lex. für Antike u. Christentum, gegr. v. F. J. DÖLGER, hg. v. T. KLAUSER, Bd. 4 (1959); H. DÖRRIE: E. Ein unphilosoph. Wort im spätantiken Denken, in: DERS.: Platonica minora (1976).

Emanationstheorie, *Optik:* →Licht.

Emanationstherapie, Bade-, Trink- oder Inhalationsbehandlung (v. a. bei Rheuma, Gicht und Ischias) mit radioaktiven Gasen (meist mit Radon), die aus einer in Quellen oder Heilschlamm enthaltenen Muttersubstanz austreten.

emanieren, ausströmen; durch natürl. oder künstl. Radioaktivität Strahlen aussenden.

Emants, Marcellus, niederländ. Schriftsteller, *Voorburg (bei Den Haag) 12. 8. 1848, †Baden (Schweiz) 14. 10. 1923; wurde unter frz. Einfluss Wegbereiter der niederländ. naturalist. Dichtung (Herausgeber der Zeitschrift ›De banier‹, 1875–80); schrieb psycholog. Romane sowie die epischen Gedichte ›Lilith‹ (1879, dt.) und ›Godenschemering‹ (1883, dt. ›Götterdämmerung‹).

Emanuel, Herrscher:

Portugal: 1) **Emanuel I.,** port. **Manuel I.,** gen. **der Glückliche** (›o Venturoso‹), auch **der Große,** König (1495–1521), *Alcochete (bei Lissabon) 31. 5. 1469, †Lissabon 13. 12. 1521; unterstützte die überseeischen Entdeckungsfahrten, bes. die VASCO DA GAMAS und P. A. CABRALS, vornehmlich mit dem Ziel, ein port. Handelsmonopol im Ind. Ozean zu errichten, stärkte die Krongewalt gegenüber dem Adel, zentralisierte die Verw. und führte ein in Ansätzen absolutist. Regiment. Die Finanzen wurden reorganisiert, das Steuer- und das Zollwesen vereinheitlicht. Die städt. Freiheiten verloren ihre polit. Bedeutung. E. vertrieb die Juden (1496) und die nach dem Fall Granadas nach Portugal geflohenen Mauren aus dem Land. Durch seine Außenpolitik bewahrte er Portugal vor Kriegen. Seine Heiratspolitik schuf die verwandtschaftl. Bindungen zum span. Königshaus, die nach dem Aussterben der Dynastie Avis (1580) zur Vereinigung Portugals mit

Spanien führten. Während der langen Reg. des vielseitig gebildeten E. blühten Wiss. und Kunst; seinen glanzvollsten Ausdruck fand das ›goldene Zeitalter‹ Portugals in der Baukunst (→Emanuelstil).

D. DE GOES: Crónica do felicíssimo rei D. Manuel, 4 Bde. (Neuausg. Coimbra 1949–55); J. CORTESAO: Os descobrimentes portugueses, 6 Bde. (Lissabon $^{2-3}$1978–81).

2) **Emanuel II.,** port. **Manuel II.,** König (1908–10), *Belém (heute zu Lissabon) 15. 11. 1889, †Twickenham (heute zu London) 2. 7. 1932; zweiter Sohn KARLS I., kam am 1. 2. 1908 nach der Ermordung seines Vaters und des Kronprinzen unvorbereitet und politisch unerfahren auf den Thron; bemühte sich, eine Verbesserung der sozialen und wirtschaftl. Verhältnisse Portugals zu erreichen. Bei einer republikan. Revolte (4.–5. 10. 1910) wurde er gestürzt; er floh nach Großbritannien.

Savoyen: 3) **Emanuel Philibert,** Herzog (1553–80), *Chambéry 8. 7. 1528, †Turin 30. 8. 1580; trat nach der Besetzung seines Landes durch die Franzosen (1536) in den Dienst Kaiser KARLS V. Er eroberte im Schmalkald. Krieg Ingolstadt, nahm am Unternehmen gegen Metz teil, wurde 1556 Gouverneur der Niederlande und siegte 1557 bei Saint-Quentin. Durch den Frieden von Cateau-Cambrésis erlangte er 1559 den größten Teil, 1562 auch den Rest seiner Erblande zurück. Durch Reformen in Verw., Recht und Wirtschaft bereitete er den späteren Aufstieg Savoyens vor.

Emanuelstil, emanuelinischer Stil, Manuelstil, dekorativer Stil der spätgot. Architektur in Portugal in der Epoche der port. Expansion (Ende des 15. Jh. bis etwa 1530), v. a. unter König EMANUEL I. Er verbindet die von →Flamboyantstil, →Mudéjarstil und →Platereskenstil geprägten Formen der port. Spätgotik mit dekorativen Elementen naut., maritimen und exot. Ursprungs (tauartig verschlungene Säulen, Bauplastik mit Muscheln, Korallen und exot. Pflanzen). Hauptvertreter des E. sind D. BOYTAC, M. FERNANDES, D. und F. DE ARRUDA; Hauptwerke entstanden in Setúbal, Tomar, Belém und Batalha.

Emanze *die,* -/-n, *umgangssprachlich* und *abwertend* für: Frau, die sich bewusst emanzipiert gibt und sich aktiv für die Emanzipation der Frauen einsetzt.

Emanzipation [lat., zu emancipare ›(einen Sklaven oder erwachsenen Sohn) aus dem mancipium (der feierl. Eigentumserwerbung durch Handauflegen) in die Selbstständigkeit entlassen‹] *die,* -/-en, die Befreiung aus einem Zustand der Abhängigkeit, Entrechtung oder Unterdrückung, bes. die rechtl. und gesellschaftl. Gleichstellung benachteiligter Gruppen.

Ursprung und Entwicklung des Begriffs

Im röm. Recht bezeichnete E. den Rechtsakt, mit dem ein Kind aus der häusl. Gemeinschaft und der väterl. Verfügungsgewalt ausschied. Mit der E., die keineswegs bei allen Kindern erfolgte, war das Recht verbunden, Eigentum selbstständig zu verwalten. Das urspr. komplizierte Verfahren, das im Falle eines Sohnes einen dreimaligen Scheinverkauf (mancipatio) mit anschließendem Rückkauf einschloss, wurde unter den Kaisern JUSTINIAN I. (›emancipatio Justiniana‹) und ANASTASIOS I. (›emancipatio Anastasiana‹) vereinfacht. Im röm. Sinne ist E. ein Terminus technicus, der einen öffentlich-rechtl. Vorgang bezeichnet, welcher von der zu emanzipierenden Person passiv hingenommen wird. Sprachlich findet diese Tatsache ihren Ausdruck im ausschließlich transitiven Gebrauch des Verbs ›emanzipieren‹.

Fast alle Rechtstraditionen Europas kennen diesen Begriff der E. Er hielt sich bis weit ins 18. Jh.

hinein. Die ›Encyclopédie‹ von DIDEROT und D'ALEMBERT nennt in ihrem fünften Band 1755 neben den oben erwähnten Formen im röm. Recht 19 Arten der E. Auch hier ist E. noch ein erduldeter, allerdings meist nicht mehr öffentlich-formaler Akt (frz. émancipation tacite ›stille E.‹), der weitgehend zu einem Gewohnheitsrecht geworden ist. E. wird bestimmt als ›ein Vorgang, der bestimmte Personen aus der Gewalt anderer herauslöst‹.

Die Entwicklung im 19. Jh. ist durch die Erweiterung des E.-Begriffs in zweierlei Hinsicht geprägt: Zum einen wurde E. auf die gesellschaftlich-rechtl. Gleichstellung benachteiligter Gruppen ausgedehnt, zum anderen bürgerte sich nicht zuletzt unter dem Eindruck der Frz. Revolution der intransitive Wortgebrauch (›sich emanzipieren‹) ein. In diesem Sinne wird gefordert, dass sich z.B. die Vernunft von der Vormundschaft des kanonisierten Glaubens emanzipieren solle. E. wird nicht mehr gewährt, sondern erkämpft. Um 1840 war damit E. zu einem Schlagwort geworden, das alle maßgebl. Gleichstellungsbestrebungen umfasste. Das 20. Jh. hat diesem Begriff neue Aspekte hinzugefügt, ihn aber nicht im Grundsatz verändert.

Die geistigen Grundlagen der Emanzipationsidee

Die Forderungen nach E. bestimmter Gruppen stützten sich auf die Ideen der Aufklärung. Der Naturrechtstradition entstammt die Überzeugung, dass allen Menschen urspr. die gleichen Rechte zukommen. Eine Gesellschaft, die ganzen Gruppen eben diese Rechte vorenthält, kann keine gerechte Gesellschaft sein. Die E. im Sinne des röm. Rechts wird nun zweifelhaft, denn die Gewalt des Vaters findet ihre Grenze an den natürl. Rechten der Kinder; die beschützende väterl. Gewalt hat ihren Zweck erfüllt, wenn sie durch das Heranwachsen der Kinder überflüssig geworden ist. Die neuen E.-Bestrebungen blieben weitgehend im jurist. Rahmen, denn konkret forderten sie in erster Linie die Beseitigung rechtl. Schranken. Seit der Aufklärung wird E. vor dem Hintergrund der Spannung von faktisch gewährtem und von Natur aus zustehendem Recht diskutiert. Die Freiheit, negativ aufgefasst als Freiheit von gesetzl. Schranken, positiv gewertet als Möglichkeit zur Selbstverwirklichung des Menschen, wird zur programmat. Zielbestimmung der Emanzipation.

Getragen vom Menschenbild der Aufklärung, das bes. in der Verkündung von Menschen- und Bürgerrechten in der zweiten Hälfte des 18. Jh. manifest wurde, setzte die E. der sich als E.-Bewegung verstand, im 19. Jh. seine Forderungen nach Rechtsgleichheit, Entfaltung der Persönlichkeit, Staatskontrolle durch das Volk und Marktfähigkeit aller Güter durch. Die Forderung nach Bildung für alle – meist unter dem Schlagwort ›Bildung als (Bürger-)Recht‹ oder ›Recht auf Bildung‹ – nahm bei den E.-Bemühungen eine wichtige Stelle ein. Die umfassende Bildung eines Menschen, die zu Autonomie und Mündigkeit des Individuums führen soll, stellt in diesem Sinne eine wichtige Vorbedingung seiner E. dar: Das kritikfähige Individuum kann sich im Idealfall allen manipulativen und ideologisierenden Einflüssen widersetzen. Bildung als Mittel zum ›Ausgang des Menschen aus seiner selbst verschuldeten Unmündigkeit‹ (I. KANT) wird so betrachtet zu einem wichtigen Werkzeug der Emanzipation.

Mit der Formierung der Arbeiterbewegung gewann der E.-Begriff v.a. im Sozialismus stärker soziale und polit. Dimensionen. Sozialist. Theoretiker sahen in der Abschaffung des Privateigentums an den Produktionsmitteln nicht nur die rechtl. Befrei-

ung des Menschen aus gesellschaftlich auferlegten Zwängen, sondern zugleich auch die Voraussetzung für die ›Befreiung der Arbeit‹ (aus der ›Fremdbestimmung‹ durch den Kapitalbesitzer) als einem wesentl. Ausdruck der Selbstverwirklichung des Menschen; die E. der Arbeit ist demnach also auch letztlich die E. des Menschen, der dadurch aus dem Zustand der Entfremdung zu seinem wahren Wesen findet. Alle anderen E.-Bestrebungen, wie etwa die E. der Frauen, müssen sich der E. der Arbeit unterordnen (A. BEBEL). Der E.-Begriff gewinnt damit geschichtsphilosoph. Dimensionen.

In dem Maße, wie die ›wahre Natur des Menschen‹ der Philosophie des 20. Jh. zweifelhaft wird – wenn etwa J.-P. SARTRE behauptet, dass (im Falle des Menschen) die Existenz der Essenz (Natur) vorausgehe –, erscheint auch die E. als Verwirklichung des wahren menschl. Wesens problematisch. Zugleich wird die Vorstellung, dass E. etwas sei, was gegen bestimmte gesellschaftl. Gruppen durchgesetzt werden müsse, hinterfragt. Vor dem Hintergrund der Erkenntnisse der Psychoanalyse bietet die Idee auf, dass die unterdrückenden Mechanismen teilweise oder vielleicht ganz im Individuum selbst in ›verinnerlichter‹ Form wirksam seien. Die Manipulation der menschl. Natur und damit der E. findet darum zunehmend Beachtung. So gewinnt der E.-Gedanke eine psych. Dimension, die gerade in jüngster Zeit im Zusammenhang mit feminist. Bewegungen stärker in den Vordergrund tritt.

Für M. FOUCAULT ist nicht mehr die von einer gesellschaftl. Klasse ausgeübte Macht wichtig, sondern seiner Meinung nach ist Macht ein diffuses Phänomen, das die ganze Gesellschaft durchzieht. So betrachtet wird Macht weder ein eindeutig bestimmtes Zentrum, von dem aus sie verwaltet und eingesetzt wird, noch wird sie gegen eine bestimmte Zielgruppe eingesetzt. Weil die Macht so schwer zu ›greifen‹ ist, wird die E. zu einem schwierigen Unterfangen. Die Entfremdung hat sich in der grauen Zone des Alltags eingerichtet, weshalb die E. zu einer alltägl. Angelegenheit werden muss.

Neuere Emanzipationsvorgänge und Emanzipationsbewegungen

In der Frz. Revolution von 1789 gelang es dem vom Bürgertum geführten dritten Stand, die Privilegien des Adels und der Geistlichkeit zugunsten einer vom Gleichheitsprinzip bestimmten allgemeinen Staatsbürgerschaft abzuschaffen. Programmatisch getragen wurde diese Entwicklung, die sich in den Revolutionen von 1830 und 1848 fortsetzte, in der Erklärung der Menschen- und Bürgerrechte, wie sie 1776 in den brit. Kolonien Nordamerikas und 1789 in Frankreich verkündet worden war. Die sich entfaltende bürgerl. Gesellschaft sah v.a. in der Beseitigung der rechtl. Schranken zw. den Ständen das wesentl. Ziel der E. So lösten Aufklärung und bürgerl. Revolution seit dem Ende des 18. Jh. eine weniger von den Bauern als vielmehr von reformorientierten Kräften anderer Stände getragene Bewegung zur Neuordnung der bäuerl. Verhältnisse aus. Während die Bauernbefreiung in Frankreich auf revolutionärem Wege geschah, vollzog sie sich in anderen Ländern Europas (z.B. in Preußen) stufenweise durch eine reformbereite Staatsverwaltung.

Mit dem ›Act for the relief of his Majesty's Roman Catholic subjects‹ (1829) erreichte die Bewegung zur Gleichstellung der Katholiken mit den übrigen Untertanen des Königs in Großbritannien und Irland einen Durchbruch. Wegen des grundsätzl. Kerns ihres Anliegens fanden diese Bestrebungen im übrigen Europa große Beachtung. Im liberalen Sinne wurde dort der innerbrit. Vorgang verallgemeinernd auf die bürgerl. und kirchl. Gleichstellung von Religionsgemeinschaften bezogen, die nicht zur Staatsreligion gehören.

Im 19. Jh. kam auch die Forderung nach der E. der Schule auf, d. h. nach der Lösung der Schule aus ihren kirchl. Bindungen. Mit der Einführung der staatl. Schulen wurde dieser Forderung weitgehend Rechnung getragen.

In seiner bahnbrechenden Schrift ›Über die bürgerl. Verbesserung der Juden‹ (1781) vergleicht C. W. DOHM die Rechtssituation der Juden in Europa mit der damaligen Lage der Katholiken unter der brit. Krone. 1782 erließ Kaiser JOSEPH II. im Zuge seiner Reformpolitik ein ›Toleranzedikt‹ zugunsten der Juden. 1790 verlieh die frz. Nationalversammlung den Juden das Bürgerrecht, 1791 hob sie alle Privilegien und Einschränkungen für jene Juden auf, die den Bürgereid leisteten und damit in alle staatsbürgerl. Rechte und Pflichten eintraten. 1808 wurde den Juden in Baden, 1812 in Preußen, später in allen anderen dt. Ländern und 1848 in der Reichs-Verf. die rechtl. und polit. Gleichstellung zugesichert. Parallel zur Juden-E. entwickelte sich jedoch eine Gegenbewegung, sowohl bei Vertretern des orth. Judentums als auch bei nichtjüd. Gegnern des säkularen, weltanschaulich neutralen Staates. Die Gegenbewegung von nichtjüd. Seite mündete in ihrem extremist. Zweig in rassistisch motivierten Antisemitismus, der im 20. Jh. im natsoz. Genozid an den europ. Juden gipfelte.

Im Rahmen eines antiständ. Kritik erhoben sich seit den 70er-Jahren des 18. Jh. die ersten Stimmen, die die Gleichstellung der Frau mit dem Mann forderten. In der Frz. Revolution setzte sich A. DE CONDORCET für die polit. Gleichberechtigung der Frau ein. Der frz. Sozialphilosoph C. FOURIER stellte fest, dass, je freier die Frau über ihre Möglichkeiten befinde, desto fortgeschrittener die Gesellschaftsordnung sei. In Dtl. wurde die Frauenfrage zunächst auf literar. Ebene behandelt (bes. bei den Vertretern des Jungen Deutschland). Mit der Frauenfrage verbunden wurde sehr bald die ›E. des Fleisches‹, d. h. die Lösung der Frau aus gesellschaftlich festgelegten Zwängen bei der Wahrnehmung ihrer sexuellen Bedürfnisse. Seit der Mitte des 19. Jh. organisierte sich die Frauenbewegung in Europa und Nordamerika. Bes. in Europa wirkte sie bis ins 20. Jh. auf einer bürgerlich-liberalen und einer proletarisch-sozialist. Linie.

Die bürgerl. Revolutionen seit 1789 stellten im Prinzip alle Menschen rechtlich, d. h. vor dem Gesetz, gleich, sie brachten jedoch den unteren Schichten der Bev. zunächst keine staatsbürgerl. Gleichberechtigung (allgemeines und gleiches Wahlrecht) und keine soziale Gleichstellung. Betroffen war v. a. die in der industriellen Revolution entstandene Schicht der Lohnarbeiter, die – aus ihren traditionellen Bindungen in Handwerk und Bauerntum herausgelöst – einem wachsenden Verelendungsprozess ausgesetzt waren. Um die soziale E. des Proletariats im Sinne einer ständigen Verbesserung der Lebensverhältnisse zu erreichen, schlossen sich die Arbeiter seit der Mitte des 19. Jh. zu Selbsthilfeorganisationen zus., aus denen sich die Gewerkschaften und die Arbeiterparteien entwickelten. Diese konnten bis ins 20. Jh. zahlreiche ihrer Ziele verwirklichen. Während in liberaldemokrat. Kreisen die Forderung auftauchte, durch die allgemeine Teilhabe an der Bildung die Klassengegensätze zu entschärfen und damit die soziale E. des Proletariats zu fördern, suchte der revolutionäre Sozialismus, bes. der Marxismus, über die polit. Gleichstellung hinaus die Arbeiter zur tragenden Schicht der Gesellschaft zu machen und dadurch ihre polit.,

wirtschaftl. und soziale E. bis zur Verwirklichung einer ›klassenlosen Gesellschaft‹ zu sichern.

Unter dem Eindruck der Menschenrechtsdiskussion der Aufklärungszeit verbot das brit. Parlament 1807 den Transport von Negersklaven auf brit. Schiffen und erzwang bis 1850 die Abschaffung des transatlant. Sklavenhandels. In den USA führte der Konflikt um die Sklavenfrage zum Bürgerkrieg zw. Nord- und Südstaaten. Mit der Aufhebung der Sklaverei zum 1. 1. 1863 durch Präs. A. LINCOLN gewannen die Schwarzen wohl rechtlich ihre persönl. Freiheit, jedoch nicht ihre soziale Gleichstellung.

Auch in der 2. Hälfte des 20. Jh. setzten sich bes. in der parlamentar. Demokratien Europas und Nordamerikas die E.-Bestrebungen in sich ständig erweiternden Bereichen fort, zunehmend unterstützt durch Sozial-, Kultur- und Geisteswiss.en sowie durch einen engagierten Journalismus. In den späten 60er-Jahren entwickelte sich darüber hinaus die Forderung nach E. zu einem Schlagwort antibürgerl. Kräfte. Ziele der breit gestreuten E.-Forderungen waren bes. die Demokratisierung der Gesellschaft in allen ihren Bereichen (Familie, Schule, Univ., Betrieb), die Chancengleichheit aller Glieder der Gesellschaft (z. B. der Frau am Arbeitsplatz und in der Familie, des Behinderten oder des ausländ. Arbeitnehmers in der Arbeitswelt, allg. aller, die sich als benachteiligte Mehrheit oder Minderheit betrachten oder als solche betrachtet werden) und die Mitbestimmung Abhängiger (z. B. des Arbeitnehmers oder seines gewerkschaftl. Interessenvertreters im Betrieb, des Schülers in der Schule, des Studenten in der Univ., des Auszubildenden in seinem Lehrbetrieb). Die oft leidenschaftlich geführten Diskussionen um Notwendigkeit und Grenzen zahlreicher E.-Forderungen führten im Ergebnis zu einem erweiterten Verständnis von E. als der Fähigkeit des Einzelnen zur krit. Urteilsbildung und eigenverantwortl. Führung seines Lebens in Staat und Gesellschaft.

Die Bürgerrechtsbewegungen (z. B. in den USA, in der Rep. Südafrika oder in den kommunist. Staaten O-Europas) zeigen die höchst unterschiedlichen histor. und polit. Grundbedingungen auf, unter denen bestimmte Gruppen um die Verwirklichung ihrer Menschen- und Bürgerrechte ringen. In den USA konnte die von vielen Organisationen getragene Bürgerrechtsbewegung die Integration der schwarzen Minderheit v. a. in der 2. Hälfte des 20. Jh. vorantreiben, sah sich aber weiterhin einer großen Armut vieler Schwarzer, d. h. einem Fehlbestand sozialer E., gegenüber. In der Rep. Südafrika kämpften polit. und kirchl. Organisationen gegen die Reg. und die sie tragenden Kräfte, um die Gleichstellung der schwarzen Bev.-Mehrheit mit der weißen Minderheit, die aufgrund der Apartheid die alleinige Macht in Staat und Gesellschaft ausübte, zu erreichen. In den 90er-Jahren kam es angesichts internat. Drucks und eskalierender Rassenunruhen allmählich zur Durchsetzung der Rechte der Schwarzen und Farbigen. Unter den Bedingungen einer Diktatur forderten in den kommunistisch regierten Staaten v. a. Europas zunächst bes. Künstler, Wissenschaftler und Schriftsteller die Achtung und Gewährleistung der Bürger- und Menschenrechte seitens des Staates. Um diese ersten Initiativen kristallisierten sich schließlich Demokratiebewegungen, in deren Gefolge mit den polit. Umbrüchen 1989–91 in den meisten dieser Länder die Bürger- und Menschenrechte hergestellt wurden.

In den Beziehungen zw. den Völkern stellte die Entkolonialisierung in versch. ›Wellen‹ der neueren Geschichte, bes. seit 1945, den Versuch kolonial abhängiger Völker dar, sich aus der Herrschaft meist europ. Mächte zu lösen. Mit der Forderung nach einer neuen Weltwirtschaftsordnung versuchen sie, sich aus der wirtschaftl. Abhängigkeit von den hoch entwickelten Industriestaaten zu befreien und langfristig die gleichen wirtschaftl. Möglichkeiten wie diese zu erringen.

⇨ *Abolitionismus · Arbeiterbewegung · Aufklärung · Bauernbefreiung · Bürgerbewegung · bürgerliche Gesellschaft · Bürgerrechtsbewegung · Chancengleichheit · Demokratisierung · Entkolonialisierung · Französische Revolution · Frauenbewegung · Gleichberechtigung · Judentum · Liberalismus · Menschenrechte · Mitbestimmung · Naturrecht · Sozialismus*

G. ROHRMOSER: E. u. Freiheit (1970); Nach der E. Dilemma u. Chance der Frau in unserer Gesellschaft, hg. v. W. BÖHME (1971); E., hg. v. M. GREIFFENHAGEN (1973); E., ideolog. Fetisch oder reale Chance?, hg. v. G. HARTFIEL (1975); K. M. GRASS u. R. KOSELLECK: E., in: Geschichtl. Grundbegriffe, hg. v. O. BRUNNER u. a., Bd. 2 (1975); T. WILHELM: Jenseits der E. (1975); Zum Verhältnis von E. u. Tradition, hg. v. P. BIEHL u. a. (1975); Zur E. verurteilt, hg. v. G.-K. KALTENBRUNNER (1975); I. FETSCHER: Herrschaft u. E. (1976); Grundlagentexte zur E. der Frau, hg. v. J. MENSCHIK (1976); K. MOLLENHAUER: Erziehung u. E. (⁷1977); U. GERHARD: Verhältnis u. Verhinderungen (1978); E. der Frau, hg. v. K. WEINZIERL (1980); C. BENARD: Die geschlossene Gesellschaft u. ihre Rebellen (1981); R. ZIMMERMANN: Utopie – Rationalität – Politik. Zu Kritik, Rekonstruktion u. Systematik einer emanzipator. Gesellschaftstheorie bei Marx u. Habermas (1985); Die Rolle oppositioneller Gruppen. Am Vorabend der Demokratisierung in Polen u. Ungarn (1987 bis 1989), hg. v. A. SMOLAR u. P. KENDE (1989); Von der Illegalität ins Parlament: Werdegang u. Konzepte der neuen Bürgerbewegungen, hg. v. H. MÜLLER-ENBERGS u. a. (²1992); Die Bürgerbewegungen in der DDR u. in den ostdt. Bundesländern, hg. v. G. HAUFE u. K. BRUCKMEIER (1993), H. SCHENK: Die feminist. Herausforderung. 150 Jahre Frauenbewegung in Dtl. (⁶1993); M. HUMM: The dictionary of feminist theory (Columbus, Oh., ²1995); T. NASRIN: Lied einer traurigen Nacht. Frauen zw. Religion u. E. (a. d. Engl., 1996).

emanzipativ, Emanzipation beinhaltend.

emanzipatorisch, auf Emanzipation gerichtet.

Emar, Name einer hethit. Stadt, die kurz vor Überflutung durch den Stausee von Tabqa am oberen Euphrat in Syrien bei dem damaligen Dorf Meskene 1972 ff. ergraben wurde. Die frz. Ausgräber legten von der am Hang gelegenen terrassierten Siedlung des 14./13. Jh. Wohnhäuser, einen Palast (mit Verwaltungsfunktionen) und vier Tempel frei. Nach dem Zeugnis der Tontafelbibliothek von E. mit Keilschrifttexten war E., ebenso wie nach anderen Quellen, im späten 3. und im 2. Jt. v. Chr. ein wichtiger Umschlaghafen. Unweit wurden Befestigungsanlagen der hethit. Stadt **Aschtata** freigelegt. Von den Ruinen der als Nachfolgesiedlung von E. auf einem Plateau gelegenen mittelalterl. Stadt **Balis (Barbalissos)** ist das oktogonale Ziegelsteinminarett aus aijubid. Zeit, im 13. Jh. n. Chr. über quadrat. Sockel errichtet, durch Versetzung an das südl. Ufer des Stausees gerettet worden.

Emaskulation [zu lat. emasculare ›entmannen‹] *die, -/-en,* die →Entmannung.

Emba, *die,* Fluss im W von Kasachstan, 712 km lang; entspringt in den Mugodscharbergen, durchfließt mit seinem Unterlauf das **E.-Erdölgebiet** (Erdölförderung seit 1911) in die Kasp. Senke, erreicht das Kasp. Meer i. A. nur im Frühjahr; hoher Salzgehalt im Sommer; wird zur Bewässerung genutzt.

Emballage [ãbaˈlaːʒə, frz.] *die, -/-n, Kaufmannssprache:* die Verpackung einer Ware (z. B. Kisten, Fässer); sie ist i. d. R. vom Käufer zu bezahlen, z. T. erfolgt Rückvergütung bei Rücksendung.

Embargo [zu span. embargar ›behindern‹, ›in Beschlag nehmen‹] *das, -s/-s, Staats-* und *Völkerrecht:* urspr. das Festhalten fremder Handelsschiffe durch den Staat in seinen Häfen oder Gewässern, um auf den Flaggenstaat politischen Druck auszuüben (Schiffs-E.); heute als wichtigstes Instrument des nichtkriegerischen Wirtschaftskampfes Maßnahmen versch. Art, durch die ein Staat oder eine Staatengruppe die Zufuhr von Gütern in einen anderen Staat zu unterbinden sucht. Durch ein **Handels-E.** soll wirtschaftl. Druck ausgeübt werden, um ein polit. Ziel zu erreichen; so z. B. E. von Kriegsmaterial gegen Spanien 1936–39, um zu einer Beendigung des Bürgerkriegs beizutragen; Öl-E. der arab. OPEC-Länder 1973 gegen westl. Industriestaaten, die Israel unterstützten; UN-Handels-E. gegen die Rep. Südafrika 1986–93, um die Apartheid zu beenden; UN-Handels-E. gegen den Irak seit 1990, um das Land v. a. zu Rüstungskontrollen und Reparationsleistungen zu bewegen; EG- bzw. UN-Handels-E. gegen die Bundesrepublik Jugoslawien 1992–95 wegen Unterstützung der bosn. Serben; UN-Luftverkehrs-, Waffen- und z. T. Wirtschafts-E. gegen Libyen seit 1993, um die Auslieferung mutmaßl. Terroristen zu erzwingen. Ein **Waffen-E.** soll die unmittelbare oder mittelbare Stärkung des militär. Potenzials eines Staates oder einer Staatengruppe verhindern; so z. B. E. ›strategischer‹ Güter gegenüber dem Ostblock in der Zeit des Ost-West-Konflikts; UN-Waffen-E. gegen die Staaten des ehem. Jugoslawien 1992 (1996 aufgehoben).

Das E. kann auch im Fall eines bewaffneten Konflikts der Wahrung der eigenen Neutralität dienen, indem die Waffenausfuhr an die Krieg Führenden aus dem unbeteiligten Staat unterbunden wird. Es darf nicht gegen das Interventionsverbot verstoßen. E. stellen eine Diskriminierung des betroffenen Staates dar und bedürfen deshalb einer besonderen Rechtfertigung. Das E. ist zulässig als Reaktion auf eine begangene oder drohende Völkerrechtsverletzung (→Repressalie) und als Sanktion auf Empfehlung der Vereinten Nationen, die diese Möglichkeit in ihrer Charta vorsehen.

Innerstaatl. Rechtsgrundlage für E.-Maßnahmen Dtl.s ist das Außenwirtschafts-Ges. (§ 27 Abs. 1, § 2 Abs. 1, § 7 Abs. 1). Danach kann die Bundes-Reg. unter der gesetzlich geregelten Voraussetzungen durch Rechtsverordnung Verbote oder Genehmigungsvorbehalte festlegen. Die internat. Koordinierung der E.-Maßnahmen gegenüber Staatshandelsländern erfolgte 1950–94 im Rahmen der NATO durch die Consultative Group und das ihr unterstellte →Coordinating Committee for East-West-Trade-Policy (Cocom). Am 20. 12. 1995 wurde als Cocom-Nachfolge die Schaffung eines Gremiums mit Sitz in Wien beschlossen, das den Transfer technologisch sensiblen Materials an Staaten, die bedrohliche militär. Kapazitäten entwickeln könnten, verhindern soll. Exportbeschränkungen sollen u. a. für bestimmte konventionelle Waffen sowie für hoch entwickelte Computer und Telekommunikationsgeräte bestehen.

B. LINDEMEYER: Schiffs-E. u. Handels-E. Völkerrechtl. Praxis u. Zulässigkeit (1975); H. P. IPSEN: Öffentl. Wirtschaftsrecht (1985); K. BOCKSLAFF: Das völkerrechtl. Interventionsverbot als Schranke außenpolitisch motivierter Handelsbeschränkungen (1987).

Embden, Gustav, Physiologe und Biochemiker, * Hamburg 10. 11. 1874, † Nassau 25. 7. 1933; war seit 1914 Prof. für physiolog. Chemie in Frankfurt am Main. E. klärte physiolog. und patholog. Stoffwechselvorgänge v. a. der Muskeln und der Leber. Er erkannte die Bedeutung der Milchsäure und der Phosphorsäure bei der Muskelkontraktion und die Bedeutung der Glucuronsäure und des Glykogens im Leberstoffwechsel.

Embden-Meyerhof-Parnas-Abbauweg [nach G. EMBDEN, O. MEYERHOF und J. K. PARNAS], *Physiologie:* anderer Name der →Glykolyse.

Emblem 2):
›Palme‹ als Sinnbild der Wiederaufrichtung nach Belastung; Detail aus dem ›Emblematum liber‹ von Andreas Alciati, 1531

Emberizidae, wiss. Name der →Ammern.

Embi|en, Embi|optera, die →Fersenspinner.

Embiríkos, Andreas, neugriech. Schriftsteller, * Bráila (Rumänien) 1901, † Athen 11. 8. 1975; gilt als der Begründer des griech. Surrealismus.
Werke (griech.): *Lyrik:* Hochofen (1935); Innenraum (1945); Gedichte (1962); Alle Generationen. Das heute wie morgen wie gestern (1984). – *Prosa:* Schriften oder Persönl. Mythologie (1960); Der Weg (1974); Oktana (hg. 1980); Argo oder Die Reise mit dem Luftschiff (hg. 1980).

Embla, altnord. Literatur: →Askr und Embla.

Emblem [frz. ã'blɛːm; von griech. émblēma ›Einlegearbeit mit Symbolgehalt‹] *das, -s/-e,* bei dt. Aussprache auch: *-ata,* **1)** *allg.:* Sinnbild, Symbol, Wahrzeichen.

2) *Kunst* und *Literatur:* i. e. S. eine aus Bild und Text zusammengesetzte Kunstform. Diese besteht 1) aus einem meist allegorisch gemeinten Bild (**Ikon;** auch als **Pictura, Imago** oder **Symbolon** bezeichnet), das ein sinnfälliges, oft merkwürdiges Motiv aus Natur, Kunst, Historie, bibl. Geschichte oder Mythologie darstellt, nach dem Vorbild der Hieroglyphik häufig auch nur Einzelheiten daraus; 2) aus dem **Lemma** (Titel, Überschrift; auch **Motto** oder **Inscriptio** gen.), das über dem oder auch im Bild angebracht ist: ein knappes Diktum in lat. oder griech. Sprache, häufig ein Klassikerzitat; 3) aus der unter dem Bild stehenden **Subscriptio** (Unterschrift), oft als Epigramm, aber auch in anderen gebundenen Formen oder in Prosa. Die Subscriptio erläutert den im Bild verschlüsselt oder allegorisch dargestellten Sinn des E., der sich auf ein moral., religiöses oder erot. Thema beziehen kann oder eine allgemeine Lebensweisheit aussagt. Viele dieser Aussagen sind nur mithilfe der **Emblematik** verständlich; diese ist ein wichtiger Bereich der Toposforschung. – Die Grenzen zur →Imprese und →Devise sind fließend. Deshalb findet sich der Begriff E. in der älteren Literatur häufig auch für diese Formen; erst seit E. R. CURTIUS wird unter E. nur die streng dreigeteilte Kunstform verstanden, wie sie A. ALCIATI in seinem ›Emblematum liber‹ (1531) ausgebildet hat. Nach seinem Vorbild entstanden im Barock eine große Zahl weiterer E.-Bücher.

Im Laufe der Entwicklung des E. wurde teilweise das von ALCIATI geprägte Schema übernommen (MATTHÄUS HOLZWART, *um 1530, †um 1580; G. ROLLENHAGEN), in der Regel jedoch bis fast zur Auflösung der eigentl. Form des E. variiert durch Ausweitung nach der bildner., lyr. oder erzähler. Seite hin (z. B. L. VAN HAECHT GOIDTSENHOUEN: ›Mikrokosmos‹, 1579; 1613 neu bearbeitet von J. VAN DEN VONDEL). Bei der späteren E.-Literatur der roman. Länder überwog geistreiche Symbolspielerei, in Dtl. und in den Niederlanden eher bürgerl. Morallehre. Auch ethisch-polit. E.-Literatur, dem →Fürstenspiegel verwandt, fand sich v. a. in Dtl. Etwa ein Drittel der E.-Literatur waren religiöse E.-Bücher; das wichtigste Werk mit etwa 40 lat. Ausgaben zw. 1624 und 1757 und zahlr. Übersetzungen war die ›Pia desideria‹ des Jesuiten HERMANN HUGO (* 1588, † 1629). Von den Niederlanden ausgehend, wurden seit dem 17. Jh. auch erot. Themen in E. behandelt.

A. SCHÖNE: Emblematik u. Drama im Zeitalter des Barock (²1968); B. TIEMANN: Fabel u. E. (1974); Emblemata. Hb. zur Sinnbildkunst des 16. Jh., hg. v. A. HENKEL u. A. SCHÖNE (Neuausg. 1978); E. u. Emblematikrezeption, hg. v. S. PENKERT (1979).

Emblematik *die, -,* →Emblem. – **emblematisch,** die Emblematik betreffend; sinnbildlich.

Embol|ektomie [griech.] *die, -/...'mien,* operative Beseitigung (Desobliteration) eines Blutpfropfes (Embolus) aus einem Blutgefäß (meist Arterie) durch direkte Öffnung oder mittels einer eingeführten Sonde. Der Eingriff muss möglichst umgehend (spätestens nach einigen Stunden) vorgenommen werden.

Embolie [zu griech. embolē ›das Hineindringen‹] *die, -/...'lien,* **1)** *Biologie:* **Invagination,** die →Gastrulation durch Einstülpung.

2) *Medizin:* plötzl. Blutgefäßverschluss durch einen in die Blutbahn geratenen, mit dem Blutstrom verschleppten körpereigenen oder körperfremden Stoff (**Embolus**) und die dadurch gekennzeichneten patholog. Folgezustände. Ein Embolus, der aus der linken Herzhälfte oder den Arterien stammt, gerät in die Arterien des Körperkreislaufs und kann u. a. Arterien in Gehirn, Nieren, Milz, Darm und Gliedmaßen verstopfen. Liegt der Ursprung in den Venen, kommt es zu einer Wanderung durch die Hohlvenen und die rechte Herzhälfte in die Lungenarterien, ebenso bei einem aus dem rechten Herzen losgerissenen Embolus. Bei offen gebliebenem Foramen ovale zw. beiden Herzvorhöfen kann auch ein venöser Thrombus eine E. im Arteriengebiet des Kreislaufs hervorrufen (**paradoxe E.**). Im Ausnahmefall ist eine Wanderung entgegen der Strömungsrichtung des Blutes möglich (**retrograde E.**), z. B. bei abnormer Druckerhöhung in der Brusthöhle durch starkes Husten. Enthält der Embolus Krankheitserreger (z. B. bei Wochenbettfieber), tritt eine **septische E.** mit einer ggf. eitrigen Infektion des betroffenen Gebietes ein; bei der **metastatischen E.** wird die E. durch Tumorgewebe hervorgerufen. Meist tritt eine E. durch abgerissene Blutgerinnsel (**Thromben**) ein, die sich in den Gefäßen oder den Herzhöhlen gebildet haben (→Thrombose). Außerdem können zerfallendes Körpergewebe, im schweren Schock Fetttröpfchen (**Fett-E.**), Fruchtwasser, Parasiten sowie bei der Öffnung von Venen oder bei Lungenverletzungen Luftbläschen (**Luft-E.**) mit dem Blut verschleppt werden.

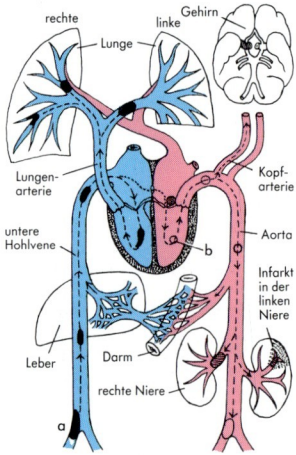

Embolie 2):
a Thrombus im Venensystem führt zu Lungenembolien; b Thrombus an der zweizipfligen Klappe des linken Herzens bewirkt Embolien der Bein-, Nieren-, Milz-, Darm- oder Hirnarterien; die punktierte Linie durch das offen gebliebene Foramen ovale des Herzens zeigt den Weg eines Embolus, der zur paradoxen Embolie führt

Die Symptome einer E. bestehen i. A. in einem plötzlich auftretenden starken Schmerz aufgrund der Gefäßverkrampfung, in Funktionsstörungen, auch Schock; die Folgen sind Störungen der Blutversorgung, die bis zum Absterben (Infarkt) des befallenen Bez. reichen. In Organen, deren Arterien durch reiche Anastomosen zusammenhängen, können kleinere E. ohne gravierende Störung verlaufen. Eine →Lungenembolie führt bei entsprechender Größe des verstopften Blutgefäßes durch Überlastung der rechten Herzkammer zum Tode, E. von Hirnarterien zu Bewusstlosigkeit und Lähmungen (→Schlaganfall), die seltenen E. von Kranzarterien des Herzens zum →Herzinfarkt. Eine E. der Gliedmaßen bewirkt blasse, später marmorierte Haut, Verlust der Pulstastbarkeit im peripheren Bereich, Sensibilitäts- und Bewegungsstörungen, schließlich Gangrän (Brand).

Behandlung: Die akute E. v.a. der Gliedmaßen kann bei raschem Eingriff häufig operativ durch →Embolektomie erfolgreich beseitigt werden; zuvor besteht auch die Möglichkeit einer Lösung des begleitenden Gefäßkrampfs durch Neuroblockade und Auflösung von Blutgerinnseln durch Enzympräparate (→Fibrinolytika).

Embolisationstherapie, Katheterembolisation, künstl. Verschluss eines (meist arteriellen) Blutgefäßes **(Embolisation)** durch Einbringen von natürl. (z.B. Fibrin) oder künstl. (z.B. Acrylat) Material über einen Gefäßkatheter. Die E. dient zur Zerstörung von Tumoren oder Tumormetastasen (auch innerhalb eines Organs, z.B. der Leber) und zur Behandlung schwer stillbarer, lebensbedrohl. Blutungen.

Embolịt *der, -s/-e,* **Bromchlorargyrịt,** kub. Mineral der chem. Zusammensetzung Ag(Br,Cl); kommt in Silbererzen vor (häufiger als Bromargyrit).

Embolus [griech. ›Hineingeschobenes‹, ›Pfropf‹] *der, -/...li,* →Embolie.

Embrico von Mainz, mlat. Dichter der 1. Hälfte des 12. Jh.; schrieb eine fabulöse Verserzählung in 574 gereimten Distichen über das Leben MOHAMMEDS (›Vita Mahumeti‹); ihre satir. Züge spiegeln die christl. Polemik gegen die Lehren des Islam, die mit dem ersten Kreuzzug im Abendland aufblühte.

Embryo [griech. ›neugeborenes (Lamm)‹, ›ungeborene Leibesfrucht‹] *der, österr.* auch *das, -s/...'onen* und *-s,* **Keim, Keimling, 1)** *Botanik:* die aus der befruchteten oder unbefruchteten (→Jungfernzeugung) Eizelle hervorgegangene, aus teilungsfähigen Zellen bestehende junge Anlage des Sporophyten der Moose, Farn- und Samenpflanzen.

2) *Zoologie* und *Anthropologie:* der sich aus der Eizelle (i.d.R. nach der Befruchtung) entwickelnde Organismus bis zum Zeitpunkt der Geburt.

Beim Menschen und den Säugetieren ist es üblich, die Leibesfrucht bis zum Ende der Organentwicklung (beim Menschen bis zum Ende des 3. Schwangerschaftsmonats) als E. zu bezeichnen; ab diesem Zeitpunkt als →Fetus. Außerdem wird bis zur Einnistung in die Gebärmutterschleimhaut (Nidation) vom präimplantiven E. und danach vom postimplantiven E. gesprochen.

Entwicklung des menschl. E.: Am 3. Tag nach der Befruchtung befindet sich der E. im 32- bis 64-Zellen-Stadium (Morula), und etwa am 5.–6. Tag nistet sich die Blastozyste (→Blastozyste (→Keimbläschen)) in die Gebärmutterschleimhaut ein; ein Teil (Trophoblast) entwickelt sich zu den Eihäuten und zur Plazenta (→Mutterkuchen), der andere (Embryoblast) zum eigentl. E. Nach etwa drei Wochen zeichnet sich der Kopf ab, und das Urherz beginnt zu schlagen. Im 2. Monat entwickeln sich die Anlagen der Gliedmaßen und der inneren Organe, die Anlagen von Augen, Nase, Mund und Ohren sind zu erkennen. Der Übergang zum Fetus im 3. Monat ist gekennzeichnet durch das Verschwinden der embryonal angelegten 2.–4. Kiemenspalte, die Entwicklung des Kopfes und des Gesichtes und die spontane Rückverlagerung des physiolog. Nabelbruchs. Außerdem erscheinen die ersten Haare, und die Finger- und Zehennägel werden angelegt.

Nach dem dt. →Embryonenschutzgesetz vom 13. 12. 1990 sind Experimente mit und an Embryonen verboten. Andere Staaten, z. B. Großbritannien, haben sich die Möglichkeit vorbehalten, an Embryonen, die im Zusammenhang mit der →In-vitro-Fertilisation gewonnen wurden (in einem Zeitraum von bis zu 14 Tagen nach der Befruchtung) Forschungen durchzuführen, die von Ethikkommissionen und gleich gestellten Gremien genehmigt und beaufsichtigt werden.

Embryokardie [griech.] *die, -/...'di\en,* **1) Botallịsmus,** angeborener Herzfehler, das Verharren des Herzens auf einem embryonalen Entwicklungsstand, gekennzeichnet durch die erhaltene Öffnung des Foramen ovale (→Foramen) oder des Botalli-Ganges.

2) Herzfunktionsstörung, gekennzeichnet durch pendelnden Herzrhythmus mit gleich lauten Schlägen, stark verkürzter Herzpause und Fehlen atmungsbedingter Rhythmusschwankungen (ähnlich den embryonalen Herzgeräuschen); Symptom bei Herzmuskelentzündung, fortgeschrittener Herzerweiterung und Tachykardie.

Embryologie, Lehre von der Entwicklung des Embryos.

embryonal, *Biologie* und *Medizin:* 1) das Stadium des Embryos betreffend; 2) unterentwickelt, unreif; 3) in Ansätzen vorhanden.

Embryonalgewebe, das →Bildungsgewebe.

Embryonalhüllen, die →Eihäute.

Embryonalorgane, Bez. für Organe, die nur beim Embryo auftreten und nach vorübergehender Funktion wieder rückgebildet oder auch abgeworfen werden; z.B. Eihüllen, Dottersack, Eischwiele, Eizahn.

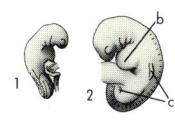

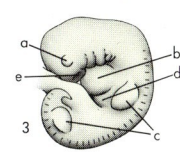

Embryonenschutzgesetz, Bundes-Gesetz vom 13. 12. 1990, in Kraft seit dem 1. 1. 1991, das dem mögl. Missbrauch neuer Fortpflanzungstechniken an der Reproduktionsmedizin begegnen will. Unter Strafe gestellt sind u. a. die Übertragung fremder unbefruchteter Eizellen mit der Folge, dass genet. und austragende Mutter nicht identisch sind (›gespaltene Mutterschaft‹), die Befruchtung menschl. Eizellen zu einem anderen Zweck als dem der Herbeiführung der Schwangerschaft der Frau, die die Eizelle gespendet hat, sowie die In-vitro-Fertilisation (INF) von mehr als drei Eizellen und die Übertragung von mehr als drei Embryonen innerhalb eines Zyklus (§1). § 2 verbietet jede Veräußerung, jeden Erwerb und jede Verwendung eines menschl. Embryos zu einem nicht seiner Erhaltung dienenden Zweck. Verboten sind weiterhin die Geschlechtswahl (bis auf wenige Ausnahmen; § 3), die Befruchtung menschl. Eizellen ohne Einwilligung derjenigen, die die Eizellen bzw. Samenzellen gespendet haben, sowie die Befruchtung einer Eizelle mit dem Samen eines verstorbenen Mannes (§ 4). Grundsätzlich unter Strafe gestellt werden auch die künstl. Veränderung menschl. Keimbahnzellen (§ 5), das Klonen menschl. Embryonen (§ 6) und die Chimären- und Hybridbildung (§ 7). Nur ein Arzt darf die künstl. Befruchtung, die Übertragung eines menschl. Embryos auf eine Frau, die Konservierung eines menschl. Embryos sowie einer befruchteten menschl. Eizelle vornehmen (§§ 9–12).

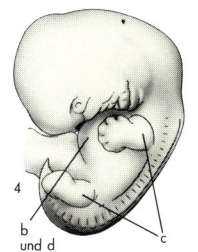

Embryopathie *die, -/...'ti\en,* nicht erbbedingte Schädigung des Kindes im Mutterleib (Embryo) während der Phase der Organentwicklung (18.–85. Tag nach der Empfängnis), im Unterschied zur →Fetopathie. Die E. kann durch Viren (z.B. Röteln), Sauerstoffmangel (Herz- und Lungenerkrankungen der Mutter, Anomalien im Bereich der Mutterkuchenentwicklung, chem. und physikal. Einwirkungen (Arzneimittel, Drogen, Alkohol, Röntgenstrahlen) oder

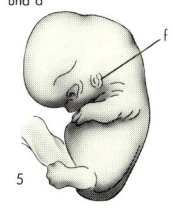

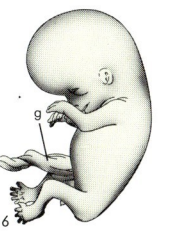

Embryo 2): Menschliche Embryos verschiedenen Alters, rekonstruiert nach histologischen Serienschnitten; 1 Der am Kopfende leicht nach vorn gekrümmte Embryo zeigt im Kopfgebiet drei Beugefalten (Größe des Embryos 3,4 mm, Alter 25–27 Tage); 2 Die Krümmung ist verstärkt, die Anlage der Gliedmaßen (c) sichtbar; der Herzwulst (b) tritt deutlich hervor, das Kopfgebiet zeigt vier Beugefalten (Größe 4,2 mm, Alter etwa 4 Wochen); 3 Maximale Krümmung nach vorn; hinter dem Herzwulst (b) tritt der Leberwulst (d) hervor, die Gliedmaßenknospen (c) sind stärker ausgebildet, die Augenanlage (a) liegt noch seitlich, die Nasengrube (e) ist angelegt (Größe 6,3 mm, Alter etwa 5 Wochen); 4 Beginnende Streckung; der Bauchumfang ist durch die weitere Entwicklung der Leber vergrößert, am Ende der oberen Gliedmaßenknospe sind Fingeranlagen erkennbar (Größe 10 mm, Alter etwa 6 Wochen); 5 Weitere Streckung des Embryos; die Finger sind deutlicher, die Zehenanlagen angedeutet, Ohrmuschel (f) und Nasenrücken sind ausgebildet, die Augen nach vorn verlagert (Größe 17,5 mm, Alter etwa 7 Wochen); 6 Das Gesicht ist bereits stark entwickelt; die Augenlider sind geschlossen; die Stirn ist infolge der Entwicklung des Großhirns stärker vorgewölbt; die Geschlechtsorgane sind zu erkennen; die Nabelschnur (g) ist gedreht (Größe 30 mm, Alter Beginn des 3. Monats)

Emden: Stadtzentrum

Emden
Stadtwappen

Stadt in Niedersachsen
·
an der Emsmündung
·
51 900 Ew.
·
Seehafen, Fährhafen
für Borkum
·
VW-Montagewerk
·
Fachhochschule
·
Ostfriesisches
Landesmuseum
·
Kunsthalle

Stoffwechselerkrankungen der Mutter (Diabetes) verursacht werden. Sie besteht in unterschiedl. Fehlbildungen, z. B. der Gliedmaßen (→Dysmelie), bei Virus-E. häufig von Augen, Ohren und Herz, und kann auch zu Fehl- oder Totgeburt führen. Entscheidend für die Art der Fehlbildung ist bes. der Zeitpunkt des schädigenden Einflusses, da die empfindl. Entwicklungsphasen der einzelnen Organe und Körperteile zu unterschiedl. Zeitpunkten verlaufen.

Embryosack, Keimsack, *Botanik:* der aus der haploiden E.-Zelle (Megaspore) sich entwickelnde, mehrzellige, weibl. →Gametophyt der Samenpflanzen. Bei den Nacktsamern entstehen daran die Archegonien (→Archegonium). Bei den Bedecktsamern ist der E. stärker reduziert; zunächst entstehen aus dem primären E.-Kern über drei aufeinander folgende freie Kernteilungen (zur Mikropyle der Samenanlage zu gelegene) **Eiapparat** (Eizelle mit den beiden auch ›Gehilfinnen‹ gen. **Synergiden**), diesem entgegengesetzt drei kleinere Zellen, die **Antipoden** (Gegenfüßlerzellen, Gegenfüßlerinnen), sowie (aus der Vereinigung zweier Polkerne) der (diploide) sekundäre E.-Kern, der nach der →Befruchtung zum Endospermkern wird.

Embryotomie *die, -/...'mi|en,* von der Scheide aus durchgeführte operative Zerteilung des abgestorbenen Kindes in der Gebärmutter während der Geburt, wenn eine spontane vaginale Entbindung wegen eines unüberwindl. Geburtshindernisses (gebärunfähige Lage, Missverhältnis zw. kindl. Kopf und Becken) nicht möglich ist. Die E. ist in Ländern mit gut entwickeltem Gesundheitswesen nur noch von histor. Interesse.

Embryotransfer, Übertragung der nach →In-vitro-Fertilisation entstandenen Embryonen in die Gebärmutter. Der E. wird 48 Stunden nach der →Insemination, d. h. der Zusammenführung von Eizelle mit den Spermien, über einen speziellen Transferkatheter vorgenommen. Das →Embryonenschutzgesetz vom 13. 12. 1990 verbietet die Übertragung von mehr als drei Embryonen sowie den E. auf eine Frau, von der nicht die Eizelle stammt. Verboten ist auch die Entnahme eines Embryos vor Abschluss seiner Einnistung in die Gebärmutter und Übertragung auf eine andere Frau.

Embryotrophe, die →Uterinmilch.

Embu, Stadt im zentralen Kenia, Verw.-Sitz der Ostprovinz, südlich des Mount Kenya, 1 350 m ü. M., 15 900 Ew.; Marktzentrum, Industriebetriebe. Die in der Umgebung wohnenden, den Kikuyu sprachlich verwandten Embu, etwa 120 000 Menschen, treiben Kaffee- und Sisalanbau sowie Milchwirtschaft.

EMD, *Medizin* und *Pharmazie:* Abk. für Einzelmaximaldosis, die größte Menge, die auf einmal von einem Arzneimittel eingenommen werden darf.

Emden, kreisfreie Stadt im Reg.-Bez. Weser-Ems, Ndsachs., an der Mündung der Ems in die Nordsee, nördlich des Dollart, 51 900 Ew.; Sitz zahlr. Bundes- (z. B. Wasser- und Schifffahrtsamt) und Landesbehörden, Niedersächs. Hafenamt, FH Ostfriesland, Ostfries. Landesmuseum, Rüstkammer, Kunsthalle (eröffnet 1986), Feuerschiffmuseum und die 1995 eröffnete Johannes a Lasco Bibliothek. E. ist größtes Zentrum und wichtigster Standort von Industrie und Handel im strukturschwachen Ostfriesland. Schwerpunkt der Wirtschaft ist der nach dem Zweiten Weltkrieg stark erweiterte, aber durch zwei zu kleine Seeschleusen und durch zu geringe Fahrwassertiefen (10,5 m) in der seewärtigen Zufahrt in seiner Entwicklung behinderte Hafen. Deshalb, aber auch infolge der Konkurrenz der Rheinmündungshäfen, ging der v. a. auf Massengüter gestützte Umschlag stark zurück (1979: 9,3 Mio. t im Seehafen; 1995: 3,5 Mio. t). Hauptumschlaggüter sind Kohle, Holz, Papier und Zellulose, Baustoffe und Kraftfahrzeuge. Auf Aufgabe der Fischerei (1969) wird die Wirtschaft durch Werften, das VW-Montagewerk (Inbetriebnahme 1964), Baustoffindustrie sowie durch das Gasturbinenkraftwerk und die Erdgaspipeline vom Ekofisk bestimmt. E. ist Fährhafen für Borkum und besitzt einen Flugplatz. – Kirche St. Cosmas und Damian (15. Jh.; heute Ruine), Neue Kirche (1643–48; nach Kriegszerstörung wieder aufgebaut), Rathaus am Delft (1574–76, Fassade der Hochrenaissance; im Zweiten Weltkrieg zerstört und mit Teilen des alten Baus wieder errichtet), Wasserturm (1911/12, eine Stahlbetonkonstruktion).

Geschichte: Das im 7./8. Jh. als Handelssiedlung auf einer Wurt am N-Ufer der damaligen Ems gegründete E. wurde aufgrund seiner verkehrsgünstigen Lage rasch zur Münz- und Zollstätte erhoben. Seit 1224 als Hafenort für den Englandhandel erwähnt, entwickelte sich E. als Umschlagplatz für Waren des Fernhandels bis ins 15. Jh. zur Stadt. Die enge Verbindung E.s mit den Vitalienbrüdern K. STÖRTEBEKERS ließ Hamburg die Stadt 1433–39 sowie 1447–53 besetzen. 1494 erhielt E. das Stapelrecht, der Hafen wurde bis 1536 ausgebaut. Flüchtlinge aus den benachbarten Niederlanden ließen E. zu einer der führenden Seehandelsstädte und einer Hochburg des Kalvinismus werden. Im 17. Jh. führte die Verlagerung der Ems nach S (Verschlickung des Hafens), v. a. jedoch die Abwanderung der niederländ. Flüchtlinge zu einem starken Rückgang in der Entwicklung. 1683 wurde die Stadt Sitz der Admiralität Kurbrandenburgs und seiner Afrikan. Handelskompanie, doch baute König FRIEDRICH II., D. GR., von Preußen (1740–86) nach dem Gewinn Ostfrieslands 1744 die Sonderrechte E.s ab. Von Hannover (1815–66) kam E. wieder an Preußen. 1887 wurde der Ems-Jade-Kanal eröffnet; der Bau des Dortmund-Ems-Kanals (1892–99) und der Ausbau des Hafens machten E. zum wichtigen Handelshafen für das Ruhrgebiet.
W. MEIBEYER: Das Unterems-Jade-Gebiet (1977); Gesch. der Stadt E., 3 Bde. (1980-94).

Emden, Robert, schweizer. Physiker, *St. Gallen 4. 3. 1862, †Zürich 8. 10. 1940; war 1907–28 Prof. an der TH München, danach Prof. für Astrophysik an der dortigen Univ., seit 1934 in Zürich. Sein Hauptwerk ›Gaskugeln‹ (1907) bildete die Grundlage für A. S. EDDINGTONS Theorie des Sternaufbaus. E. war auch Freiballonfahrer und machte für wiss. und kartograph. Zwecke Flugaufnahmen der Alpen.
Weiteres Werk: Grundlagen der Ballonführung (1910).

Emdener Gans, aus Ostfriesland stammende Hausgansrasse mit weißem Gefieder; Schnabel und Beine orangefarben.

Emdentiefe, die im Philippinengraben (Pazifik) von dem dt. Kreuzer ›Emden‹ 1928 erlotete Tiefe von 10400 m, galt bis 1945 als größte Meerestiefe.

Emei Shan [emeɪ ʃan], **Mount Omei** [ˈmɑʊnt əʊˈmeɪ], einer der vier heiligen Berge des Buddhismus in China, am SW-Rand des Sichuanbeckens; seit dem 2. Jh. Ansiedlung von Klöstern (70 erhalten). Der Berg ist berühmt für seine ›drei Sichten‹ vom Hauptgipfel (3099 m ü. M.): die Lichtstrahlen der Morgensonne auf den Bergrücken, die Wolkendecke in den Niederungen sowie ein nachmittags oft einstellender Spektralring (›mag. Licht‹). Das Berggebiet steht unter Naturschutz.

Emendation [lat., zu emendare ›von Fehlern befreien‹] *die, -/-en, Textkritik:* für bessernde Eingriffe in einen falsch oder unvollständig überlieferten Text. – **emendieren,** (einen solchen Text) berichtigen; verbessern.

Emergenz [zu lat. emergere ›auftauchen‹, ›zum Vorschein kommen‹] *die, -/-en,* ein aus der Epidermis der Pflanzen herausragendes mehrzelliges Gebilde (z. B. Stachel, Brennhaar), an dessen Bildung neben der Oberhaut auch subepidermales Gewebe beteiligt ist.

Emerging Markets [ɪˈməːdʒɪŋ ˈmɑːkɪts; engl.], Bez. für Finanzmärkte in Schwellenländern (z. B. Indien, Indonesien, Pakistan, Philippinen, Taiwan), z. T. auch für die Aktienmärkte in den mittel- und osteurop. Reformstaaten (v. a. Polen, Tschech. Rep., Ungarn). Die gen. Staaten gelten wegen ihrer als bes. dynamisch eingeschätzten wirtschaftl. Entwicklung für Kapitalanleger als aussichtsreich, wenngleich Anlagen an diesen aufstrebenden Märkten, die z. T. bereits hohe Kapitalisierungen und Umsätze erreichen, auch einem relativ hohen Risiko unterliegen. Die von der International Finance Corp. (IFC) publizierten **Emerging Markets Investable Indexes,** die für jeden Entwicklungsmarkt eine repräsentative Zahl von Aktien und eine breite Auswahl von Teilmärkten umfassen, beachten die Möglichkeiten des Zugangs ausländ. Investoren zu den jeweiligen Märkten.

Emeritierung *die, -/-en,* in Dtl. nach früherem Hochschulrecht bei ordentl. Professoren die an die Stelle des Eintritts in den Ruhestand tretende Entbindung von der Verpflichtung zur Lehrtätigkeit und zur Teilnahme an der Selbstverwaltung **(Entpflichtung)** unter Belassung der Amts-Bez., der Dienstbezüge und des Rechts, Vorlesungen und Seminare abzuhalten sowie bei Promotionen mitzuwirken. Das heutige Recht sieht auch bei Professoren an wiss. Hochschulen bei Erreichen der Altersgrenze, ebenso wie bei den Beamten, die Versetzung in den Ruhestand vor. § 76 im Hochschulrahmen-Ges. i. d. F. v. 9. 4. 1987 behält jedoch den Ländern das Recht vor, ordentl. und außerordentl. Professoren an wiss. Hochschulen oder im Bereich von Lehre und Forschung an Gesamthochschulen, die vor In-Kraft-Treten des neuen Rechts die Berechtigung zur E. besaßen, durch Ges. die Wahl zw. E. und Pensionierung zu gestatten. Für bereits emeritierte Hochschullehrer gilt der alte Rechtszustand fort.

emeritus [lat. ›ausgedient‹], Abk. **em., emer., emerit.,** von seiner Lehrtätigkeit entbunden (wird dem Titel entpflichteter Hochschullehrer angefügt). – **Emeritus** *der, -/...ti,* emeritierter Hochschullehrer.

emers [zu lat. emergere, emersum ›auftauchen‹, ›zum Vorschein kommen‹], auftauchend; bezeichnet die über die Wasseroberfläche herausragenden Teile von Wasserpflanzen; Ggs.: submers.

Emersion *die, -/-en,* 1) *Astronomie:* Austreten eines Mondes aus dem Schatten seines Planeten. 2) *Geologie:* Emportauchen des Festlandes über den Meeresspiegel, verursacht durch eine Landhebung oder durch eine Meeresspiegelsenkung; Ggs. Immersion.

Emerson [ˈeməsn], Ralph Waldo, amerikan. Dichter und Philosoph, *Boston (Mass.) 25. 5. 1803,

† Concord (Mass.) 27. 4. 1882; Sohn eines unitar. Geistlichen; studierte Theologie und hatte seit 1829 ein geistl. Amt inne, das er 1832 aus Gewissensgründen niederlegte. Die Abkehr von der traditionellen Theologie wurde für E. durch die Hinwendung zur Natur als Quelle göttl. Offenbarung ausgeglichen, wobei er Gedanken des Neuplatonismus, der ind. Philosophie, der dt. Transzendentalphilosophie und des dt. Idealismus aufnahm; philosoph. Anregungen vermittelten ihm die Begegnungen mit T. Carlyle, W. Wordsworth und S. T. Coleridge auf seiner ersten Europareise (1832–33). Durch die in seinem programmat. Essay ›Nature‹ (1836; dt. ›Natur‹) entwickelte Verbindung von Naturanschauung und Transzendentalphilosophie wurde E. zu einem der wichtigsten Vertreter der Transzendentalphilosophie und der Romantik in Amerika. In seinem Vortrag ›The American scholar‹ (1837) betonte E. die kulturelle Unabhängigkeit der amerikan. Nation. Mit den in zwei Folgen gesammelten Reden (›Essays‹, 1841 und 1844; dt. ›Versuche‹) bekundete er sein Interesse für zeitgenöss. Reformen. Im Einklang mit dem Heldenkult der Romantik beschrieb er das Leben von sechs exemplar. ›Representative men‹ (1850; dt. ›Repräsentanten der Menschheit‹), nämlich Platon, E. Swedenborg, M. de Montaigne, Shakespeare, Napoleon I. und Goethe. Gleichzeitig verfasste er aktuell und metaphysisch geprägte Gedichte (›Poems‹, 1847; ›May-Day and other pieces‹, 1867). Von den späteren Publikationen verdienen v. a. die Sammlungen ›English traits‹ (1856; dt. ›Engl. Charakterzüge‹), ›The conduct of life‹ (1860; dt. ›Die Führung des Lebens‹) und ›Society and solitude‹ (1870; dt. ›Gesellschaft und Einsamkeit‹) Erwähnung. E.s Werke, die Individualismus und Optimismus vertreten und auf die Problematik kultureller Identität hinweisen, haben die amerikan. Literatur und Kultur nachhaltig beeinflusst.

Ralph W. Emerson

Ausgaben: Complete works. Centenary edition, hg. v. E. W. Emerson, 12 Bde. (1903–1904); Journals and miscellaneous notebooks, hg. v. W. H. Gilman u. a., 16 Bde. ([1-2]1961–82); Letters, hg. v. R. L. Rusk, 6 Bde. ([2]1966); The collected works, hg. v. R. E. Spiller u. a., auf mehrere Bde. ber. (1971 ff.). – Die Natur. Ausgew. Essays, hg. v. M. Pütz (1982).

E. Mettke: Der Dichter R. W. E. (1963); G. W. Allen: W. E. A biography (New York [2]1981); E. Prospect and retrospect, hg. v. J. Porte (Cambridge, Mass., 1982); E. Centenary essays, hg. v. J. Myerson (Carbondale, Ill., 1982); R. E. Burkholder: E. An annotated secondary bibliography (Pittsburgh, Pa., 1985); I. Howe: The American newness. Culture and politics in the age of E. (Cambridge, Mass., 1986); T. Krusche: R. W. E.s Naturauffassung u. ihre philosoph. Ursprünge. Eine Interpretation des Emersonschen Denkens aus dem Blickwinkel des dt. Idealismus (1987).

Emerson, Lake & Palmer [ˈeməsn leɪk ænd ˈpaːmə], 1970 gegr. brit. Rockgruppe mit Keith Emerson (* 1944; Keyboards), Greg Lake (* 1948; Gesang, Bassgitarre) und Carl Palmer (1951; Schlagzeug); bestand bis 1979. Die zunächst mit Adaptionen klass. Werke von J. S. Bach, M. P. Mussorgskij und B. Bartók, daneben aber auch mit ambitionierten Eigenkompositionen (Rocksuiten ›Tarkus‹ und ›Trilogy‹) erfolgreiche Gruppe beeindruckte v. a. durch ihre hoch entwickelte Spieltechnik und ihre äußerst aufwendige Bühnenshow. Emerson machte den Synthesizer in der Rockmusik populär.

Emerson String Quartet [ˈeməsn ˈstrɪŋ kwɔːˈtet], 1976 in New York gegründetes amerikan. Streichquartett (benannt nach dem amerikan. Dichter und Philosophen R. W. Emerson), das sich v. a. mit seinen Zyklen sämtl. Beethoven- und Bartók-Quartette einen Namen gemacht hat. Es spielen Eugen Drucker (* 1952) und Philippe Setzer (* 1951) alternierend 1. und 2. Violine, Lawrence Dutton (* 1954, Viola) und David Finckel (* 1951, Violoncello).

Emery ['eməri], Walter Bryan, brit. Ägyptologe, *New Brighton (bei Liverpool) 2. 7. 1903, †Kairo 11. 3. 1971; war seit 1923 an zahlr. Ausgrabungen in Ägypten beteiligt. 1929–34 leitete er die Grabungen in Nubien (Königsgräber von Ballana und Kustol), 1935–39 und seit 1964 in Sakkara-Nord (archaische Königsgräber), 1957–64 in Buhen.

Werke: Great tombs of the first dynasty, 3 Bde. (1949–58); Archaic Egypt (1960); Egypt in Nubia (1965).

Emesis [zu griech. emeĩn ›ausspeien‹, ›ausbrechen‹] *die, -, Medizin:* das →Erbrechen.

Emetika, *Sg.* **Emetikum** *das, -s,* **Brechmittel,** Mittel, die durch Erregung des Brechzentrums im Gehirn Erbrechen hervorrufen, z. B. →Apomorphin.

Emetin [zu griech. emeĩn ›ausspeien‹, ›ausbrechen‹] *das, -s,* Alkaloid der →Brechwurzel.

Emge, Carl August, Rechtsphilosoph, *Hanau 21. 4. 1886, †Bad Honnef 20. 1. 1970; Prof. in Gießen, Jena, Berlin und Würzburg. Er vertrat eine teleolog., an religiösen Axiomen orientierte Geschichtsphilosophie; er kritisierte den Rechtspositivismus und Relativismus.

Werke: Einf. in die Rechtsphilosophie (1955); Über das Verhältnis von ›normativem Rechtsdenken‹ zur ›Lebenswirklichkeit‹ (1956); Philosophie der Rechtswiss. (1961); Über die Unentbehrlichkeit des Situationsbegriffs für das Normative (1966).

Emich, Friedrich Peter, österr. Chemiker, *Graz 5. 9. 1860, †ebd. 22. 1. 1940; seit 1889 Prof. in Graz. E. gehörte zu den Begründern der quantitativen anorgan. →Mikroanalyse.

Emigrant *der, -en/-en,* jemand, der seinen Heimatstaat aus polit., religiösen oder rass. Gründen verlässt.

Emigrantenliteratur, die →Exilliteratur.

Emigrantenpresse, die →Exilpublizistik.

Emigration [zu lat. emigrare ›auswandern‹] *die, -/-en,* das freiwillige oder erzwungene Verlassen des Heimatlandes aus polit. oder weltanschaul. Gründen. Rechtlich betrachtet ist E. ein Fall der Auswanderung. Die E. tritt v. a. dort auf, wo eine Diktatur sich immer stärker ausbildet und mit wachsendem Druck von ihren Bürgern eine bestimmte Gesinnung verlangt. Die im Lande verbleibenden Gegner eines solchen Reg.-Systems ziehen sich oft in die **innere E.** zurück: eine politisch umstrittene Form des Widerstandes, die bei äußerer Erfüllung öffentl. Pflichten persönl. polit. Vorbehalte entwickelt und sie allenfalls im Kreise Gleichgesinnter artikuliert. – Die Abgrenzung von Emigranten gegen Flüchtlinge oder Vertriebene ist nicht eindeutig zu treffen.

Im alten Hellas war die E. seit dem Übergang von der Aristokratie zur Tyrannis und Demokratie sehr häufig. Die erste umfangreiche E. war die der Juden im Altertum. Seit der Zeit der Reformation und Gegenreformation wurde die E. eine Dauererscheinung (z. B. →Exulanten, →Pilgerväter, →Hugenotten, →Quäker). Nach kurzem Abklingen der E. infolge der Toleranzideen der Aufklärung leitete die Frz. Revolution von 1789 neue Wellen der E., bes. die der frz. Adeligen, ein; diese Gruppe führte als erste den Namen ›Emigranten‹ (frz. émigrés). Im 19. Jh. gingen nach der Revolution von 1848 bes. die Führer der Freiheitsbewegungen aus Dtl., Italien, Ungarn und Polen außer Landes (bes. in die Länder W-Europas und die USA); die Bekämpfung der sozialist. Bewegung bes. im zarist. Russland, aber auch in anderen Ländern, führte zur E. zahlreicher Sozialisten.

Im 20. Jh. lösten die russ. Oktoberrevolution (1917) und der Bürgerkrieg (1918–21) die erste Massen-E. aus, die bes. die bis dahin in Russland herrschenden Schichten umfasste (über 1 Mio. Menschen) und sich meist auf die westl. Nachbarländer richtete. Nach 1924 verließ ein Teil der Gegner des Faschismus (ital. fuorusciti) Italien. Mit dem Sieg General F. Francos

Friedrich Peter
Emich

im Span. Bürgerkrieg (1939) verließen viele Republikaner Spanien. Aus Dtl. ergoss sich unter der natsoz. Herrschaft ein Strom von Emigranten (rassisch, politisch oder religiös Verfolgte) ins Ausland; infolge der Ausdehnung des dt. Machtbereiches mussten viele Emigranten mehrfach ihr Gastland wechseln. Die jüd. E. folgte jeweils auf eine neue Welle der Judenverfolgungen (bes. nach dem ›Judenboykott‹ von 1933 und der Reichspogromnacht von 1938). Die Ausdehnung des sowjet. Machtbereichs ab 1940 löste eine E.-Welle aus dem östl. Mitteleuropa aus. Innerhalb Dtl.s kam es nach 1945 zu einer Flüchtlingsbewegung von Ost nach West; nach dem Scheitern des Aufstandes in Ungarn (1956) und des ›Prager Frühlings‹ (1968) in der Tschechoslowakei flohen viele Bürger dieser Länder in westl. Staaten (→Flüchtlinge).

Im Zuge der Gründung des Staates Israel (1948) sahen sich viele palästinens. Araber aus ihrer Heimat vertrieben und v. a. im arab. Raum verstreut (→Palästina). Viele sowjet. Staatsbürger jüd. Glaubens bemühten sich ihrerseits um die Ausreise nach Israel.

Der Sieg der Kommunisten 1975 in Vietnam löste eine E.-Welle aus (→Boatpeople), ebenso der Einmarsch sowjet. Truppen in Afghanistan im Dezember 1979. In Iran verließen sowohl unter der Herrschaft des letzten Schahs (Mohammed Resa) als auch infolge der fundamentalistisch-islam. Revolution (unter Khomeini) politisch Verfolgte ihr Land. In den 80er-Jahren veranlasste der singhalesisch-tamil. Konflikt in Sri Lanka viele Tamilen zur Flucht ins Ausland. Vor dem Hintergrund wirtschaftl. Unterentwicklung und sozialer Spannungen ist die E. in Lateinamerika eine ständig zu beobachtende Erscheinung; auslösendes Element sind diktator. Reg.-Systeme sowohl sozialrevolutionärer als auch systemerhaltend-konservativer Tendenz (bes. →Kuba, seit 1959; →Chile, 1973–89). In Nicaragua verließen viele Menschen das Land, und zwar ebenso unter der Herrschaft der Familie Somoza als auch im Zuge der radikalen Reformen der Sandinisten. Die Apartheidpolitik in der Rep. Südafrika 1948–93 führte für viele Schwarzafrikaner zur E. ins nähere oder weitere Ausland.

⇨ *Asylrecht · Auswanderung · Einwanderung · Exilliteratur · Flüchtlinge · Vertriebene*

New approaches to the study of migration, hg. v. D. Guillet u. a. (Houston, Tex., 1976); The politics of migration policies, hg. v. D. Kubat u. a. (New York 1979); Strangers in the world, hg. v. L. Eitinger u. a. (Bern 1981); W. H. McNeill: The great frontier. Freedom and hierarchy in modern times (Princeton, N. J., 1983); V. F. Gilbert: Immigrants, minorities, and race relations (London 1984); International migration, hg. v. R. J. Simon u. a. (Totowa, N. J., 1986); F. Winzer: Emigranten. Gesch. der E. in Europa (1986); The economics of mass migration in the twentieth century, hg. v. S. Klein (New York 1987).

Emi Kussi, Emi Koussi [emiku'si], höchster Berg des Tibesti, Zentralsahara, 3 415 m ü. M., kegelförmig, aus Basalt und Trachyt aufgebaut.

Émile, oder Über die Erziehung [e'mil-], frz. ›Émile ou De l'éducation‹, Erziehungsroman von J.-J. Rousseau; frz. 1762.

Emilia Galotti, Trauerspiel von G. E. Lessing, Uraufführung 13. 3. 1772 in Braunschweig, Erstausgabe 1772.

Emiliani-Kurve, auf den amerikan. Physiker H. C. Urey und den ital. Geologen Cesare Emiliani zurückgehende Darstellung des temperaturabhängigen Häufigkeitsverhältnisses der stabilen Sauerstoffisotope ^{16}O und ^{18}O im Meereswasser und in den Kalkschalen von Foraminiferen u. a. Meerestieren. Die aus Tiefseebohrkernen gewonnenen Werte lassen – in Verbindung mit anderen Datierungsmethoden – Aussagen v. a. zur Klimagesch. zu, und zwar mindestens für die Zeit seit Beginn des Tertiärs (z. B. über 20 Warm- und Kaltzeiten im →Eiszeitalter). Für das Inlandeis

Grönlands und der Antarktis konnten aus Bohrproben ähnl. Temperaturkurven erstellt werden (für die vergangenen 100 000 Jahre).

Emilia-Romagna [-ro'maɲɲa], Region in Italien, zw. Apenninkamm, Po und Adria, mit den Prov. Piacenza, Parma, Reggio nell'Emilia, Modena, Bologna, Ferrara, Ravenna, Forlì-Cesena und Rimini (die drei letzten bilden die Romagna), 22 124km², 3,924 Mio. Ew.; Hauptstadt ist Bologna. Die Lagunen der nordöstl. E.-R., die früher zum Hafen machten, sind heute größtenteils trockengelegt und kultiviert; eine Städte- und Entwicklungsachse folgt der Via Aemilia am Fuß des Apennins (Parma, Reggio nell' Emilia, Bologna). In der Landwirtschaft haben bes. Viehwirtschaft, Obstbau (Äpfel, Birnen, Pfirsiche), Tomaten- und Zuckerrübenanbau sowie Weinbau Bedeutung; Fremdenverkehr an der Adria (›Riviera romagnola‹). An Bodenschätzen wird Erdgas, kaum noch Erdöl und Schwefel gewonnen. Industriezweige sind Nahrungsmittel-, Metall-, chem. Industrie und Maschinenbau; daneben besteht eine dynam. Kleinindustrie.
Geschichte: Im MA. stand das Gebiet mit Ausnahme der Romagna, wo sich Byzanz bis in die Mitte des 8. Jh. halten konnte (Exarchat Ravenna) und die auch danach noch bis ins 13. Jh. von den Erzbischöfen von Ravenna beherrscht wurde, zunächst unter langobard., seit der Mitte des 8. Jh. unter fränk. Herrschaft. In dieser Zeit wurden die als Kulturzentren wichtigen Klöster Bobbio (7. Jh.), Nonantola (8. Jh.) und Pomposa (7. oder 9. Jh.) gegründet. Im 12. Jh. setzten sich in den Städten kommunale Verfassungen durch. Im Investiturstreit und während der Stauferzeit von Parteiungen zerrissen, gelangte die Emilia (ohne Bologna, das – wie die Romagna – früh an den Kirchenstaat fiel) nach dem Sieg Karls von Anjou 1266 unter vorwiegend guelf. Signorien. Bis ins 18. Jh. gab es die dominierenden Herrschaftsbereiche der Farnese (Parma, Piacenza) und der Este (Modena, Reggio nell'Emilia).
U. Toschi: Emilia-Romagna (Turin ²1971); Storia della Emilia Romagna, hg. v. A. Berselli (Bologna 1976).

Emil und die Detektive, Roman für Kinder von Erich Kästner (1928); Film: 1931 (Regie: G. Lamprecht).

Emin, Mehmed, türk. Lyriker, →Yurdakul, Mehmed Emin.

Emine, Kap E., Kap an der Küste Bulgariens, östlichster Punkt des Balkangebirges, bei 42°42′ n. Br., 27°54′ ö. L.; 60 m hoher Steilabfall zum Schwarzen Meer; Leuchtturm und meteorolog. Station.

eminent [lat. ›herausragend‹, *österr.,* sonst *bildungssprachlich* für:] 1) hervorragend, sehr wichtig, bedeutsam; 2) sehr, äußerst, in hohem Maße (adverbial verwendet).

Eminentia [zu lat. eminere ›herausragen‹] *die, -/...tiae, Anatomie:* Vorsprung, Erhöhung, z. B. von Knochen (Ansatz- oder Ursprungsstelle von Muskeln).

Eminenz [lat. ›das Hervorragen‹] *die, -/-en,* Ehrentitel und Anrede für Kardinäle und den Großmeister des Malteserordens, früher auch der drei geistl. Kurfürsten; heute fast nur noch im diplomat. Bereich gebraucht (→graue Eminenz).

Eminescu, Mihai, eigtl. *M. Eminovici* [e'minovitʃ], rumän. Dichter, * Botoşani 15. 1. 1850, † Bukarest 15. 6. 1889; gilt als rumän. Nationaldichter. E. studierte 1869–74 Philosophie in Wien und Berlin; arbeitete als Bibliothekar, Volksschulinspektor und Zeitungsredakteur. Im Alter von 33 Jahren fiel E. in geistige Umnachtung. Von seinen zahlr., viele Gattungen (Gedichte, Erzählungen, Märchen, Essays) umfassenden literar. Entwürfen konnte er nur wenige ausführen; von diesen wiederum ist nur ein kleiner Teil zu seinen Lebzeiten erschienen (›Poezii‹, 1883; dt. ›Ge-

dichte‹). Besonderen Anklang fanden wegen ihres eleg. Tones und ihrer Musikalität die Liebes- und Naturgedichte sowie die von tiefer Melancholie, von Weltschmerz und Todessehnsucht beherrschte Gedankenlyrik. Als E.s Meisterwerk gilt das Poem ›Luceafărul‹ (1883, dt. ›Der Abendstern‹), in dem Motive der einheim. Märchenliteratur und romant., vom Pessimismus A. Schopenhauers geprägte Gedanken verbunden sind.
Ausgaben: Opere, hg. v. D. S. Perpessicius, auf zahlr. Bde. ber. (1939ff.). – Gedichte, übers. u. ausgew. v. A. Margul-Sperber (1964); Märchen, übers. v. W. Aichelburg (1972); Gedichte (1989).
G. Călinescu: Das Leben M. E.s (a. d. Rumän., Bukarest 1967); Caietele M. E. Studii, articole, note, documente, iconografie şi bibliografie, hg. v. M. Bucur, 5 Bde. (Bukarest 1972–80); T. Arghezi: E. (Bukarest 1973); Wechselwirkungen in der dt. u. rumän. Geisteswelt am Beispiele M. E.s, hg. v. E. J. Tetsch (1977); I. E. Petrescu: E. şi mutaţiile poeziei româneşti (Cluj-Napoca 1989).

Emin Pascha, Mehmed, eigtl. **Eduard Schnitzer,** Afrikareisender, * Oppeln 28. 3. 1840, † (ermordet) Kinena (Demokrat. Rep. Kongo) 23. 10. 1892. Nach dem Medizinstudium wurde er 1865 osman. Amtsarzt in Albanien. 1876 trat er im Sudan in ägypt. Dienst und bereiste 1876–78 Bunyoro und Buganda in polit. Mission. Seit 1878 war E. P. Gouv. der Äquatorialprovinz des ägypt. Sudan, für deren Erforschung und Entwicklung er 10 Jahre lang wirkte. Durch den Aufstand des Mahdi wurde er 1883 von Ägypten und Europa abgeschnitten, jedoch besiegte er 1888 dessen Truppen. 1888 traf er am Albertsee mit dem zu seiner Befreiung entsandten H. M. Stanley zus. und erreichte mit ihm 1889 Bagamojo. Im Dienst des Dt. Reiches eroberte er 1890 den NW Tanganjikas. Seine Beobachtungen und Sammlungen waren wertvolle Beiträge zur Kenntnis von Geographie, Biologie, Völker- und Sprachenkunde Afrikas. Auf einer Reise ins Kongogebiet wurde er von arab. Sklavenhändlern ermordet. – Seine Tagebücher (4 Bde., hg. v. F. Stuhlmann) erschienen 1916–27.
A. J. M. Jephson u. H. M. Stanley: E. P. u. die Meuterei in Äquatoria (a. d. Engl., 1890); F. Stuhlmann: Mit E. P. ins Herz von Afrika (1894); R. Kraft: E. P. Ein dt. Arzt als Gouv. von Äquatoria (1976); E. P. Gefahrvolle Entdeckungsreisen in Zentralafrika 1876–1872, hg. v. H. Schiffers u. a. (1983).

Emir [arab. ›Gebieter‹, ›Befehlshaber‹, ›Fürst‹] *der, -s/-e,* **Amir,** Titel arab. Stammesführer und Fürsten, urspr. der militär. Befehlshaber muslim. Truppen und der Gouverneure neu eroberter Gebiete; später auch Titel der Fürsten von Afghanistan und Buchara, der Drusenfürsten und 1921–46 der Herrscher von Transjordanien. Die pers. Form Mir (daraus Mirsa, Mirza ›Fürstensohn‹, ›Prinz‹) ist eine verkürzte Form. – **Amir al-muminin** (›Beherrscher der Gläubigen‹) war seit Omar I. Titel der Kalifen; **Amir al-umara** (›Herr der Herren‹) bei den Abbasiden zeitweilig Titel der militär. Befehlshaber, bei den Türken (Emir ül-ümera, synonym für Beglerbeg) der Gouverneure einer Großprovinz. – **Emirat** *das, -(e)s/-e,* der Rang und das Herrschaftsgebiet eines Emirs.
E. Tyan: Institutions du droit public musulman, Bd. 1 (Paris 1954).

Emissär [frz.; von lat. emissarius ›Sendbote‹] *der, -s/-e,* Abgesandter mit bestimmtem (geheimem) Auftrag.

Emission [zu lat. emittere, emissum ›ausschicken‹] *die, -/-en,* **1)** *Bank-* und *Börsenwesen:* die Gesamtheit von Wertpapieren einer bestimmten Art und Gattung; ferner die Ausgabe neuer Wertpapiere zum Zwecke der Kapitalbeschaffung, d.h. die Erstunterbringung von Schuldverschreibungen und Aktien am Kapitalmarkt und ihre Einführung an den Börsen. Der Markt für neue Wertpapiere wird als **E.-Markt** oder **Primärmarkt** bezeichnet.

Mihai Eminescu

Mehmed Emin Pascha

Ausgewählte Emissionen nach Emittentengruppen in den alten (AL) und in den neuen Bundesländern (NL) 1978–1994 (in Mio. t)									
1978		1982		1986		1990		1994	
AL	NL	AL	NL	AL	NL	AL	NL	AL	NL
Stickstoffoxide (NO$_x$ berechnet als NO$_2$)[1]									
Gesamt									
2,823	0,756	2,817	0,692	2,943	0,740	2,397	0,674	2,395	0,476
Kraft- und Fernheizwerke									
0,76	0,23	0,79	0,24	0,73	0,27	0,34	0,25	0,33	0,16
Industriefeuerungen									
0,37	0,22	0,30	0,20	0,26	0,19	0,22	0,13	0,21	0,04
Haushalte und Kleinverbraucher									
0,14	0,08	0,12	0,07	0,14	0,07	0,11	0,07	0,13	0,03
Verkehr									
1,50	0,21	1,58	0,16	1,78	0,17	1,72	0,20	1,71	0,23
Schwefeldioxid (SO$_2$)[1]									
Gesamt									
3,398	4,477	2,843	4,599	2,230	5,413	0,889	4,442	0,878	2,119
Kraft- und Fernheizwerke									
1,93	2,04	1,77	2,18	1,40	2,85	0,30	2,51	0,32	1,55
Industriefeuerungen									
0,80	1,24	0,63	1,19	0,43	1,29	0,31	0,96	0,28	0,30
Haushalte und Kleinverbraucher									
0,45	0,90	0,26	0,93	0,24	0,97	0,13	0,78	0,14	0,26
Verkehr									
0,11	0,07	0,08	0,05	0,07	0,05	0,07	0,04	0,06	0,01
Kohlenmonoxid (CO)[1]									
Gesamt									
12,784	2,841	9,975	2,943	8,726	3,211	7,232	3,030	5,879	1,538
Kraft- und Fernheizwerke									
0,04	0,08	0,05	0,08	0,04	0,09	0,04	0,08	0,05	0,05
Industriefeuerungen									
1,24	0,27	0,94	0,26	0,81	0,27	0,70	0,17	0,67	0,05
Haushalte und Kleinverbraucher									
1,06	1,42	0,99	1,60	0,94	1,74	0,69	1,60	0,71	0,46
Verkehr									
9,70	0,92	7,35	0,85	6,31	0,96	5,19	1,06	3,89	0,93
Staub[1]									
Gesamt									
0,701	1,940	0,599	1,945	0,518	2,121	0,426	1,633	0,421	0,393
Kraft- und Fernheizwerke									
0,14	0,48	0,11	0,51	0,06	0,58	0,02	0,45	0,02	0,15
Industriefeuerungen									
0,04	0,54	0,03	0,52	0,03	0,57	0,01	0,43	0,01	0,07
Haushalte und Kleinverbraucher									
0,06	0,28	0,05	0,30	0,05	0,35	0,03	0,29	0,03	0,08
Verkehr									
0,06	0,04	0,07	0,03	0,07	0,03	0,07	0,03	0,08	0,03
Industrieprozesse									
0,23	0,48	0,17	0,46	0,14	0,46	0,12	0,31	0,11	0,02
Schüttgutumschlag									
0,16	0,12	0,17	0,13	0,16	0,13	0,16	0,12	0,15	0,04
Flüchtige organische Verbindungen[1][2]									
Gesamt									
2,673	0,688	2,602	0,661	2,562	0,735	2,266	0,762	1,920	0,493
Industriefeuerungen									
0,01	0,01	0,01	0,01	0,01	0,01	0,01	0,004	0,01	0,001
Haushalte und Kleinverbraucher									
0,04	0,07	0,04	0,08	0,04	0,09	0,03	0,08	0,04	0,02
Verkehr									
1,09	0,38	1,05	0,35	1,06	0,40	0,87	0,44	0,69	0,32
Industrieprozesse									
0,19	0,05	0,12	0,05	0,11	0,05	0,11	0,04	0,11	0,03
Lösemittelverwendung									
1,10	0,14	1,20	0,13	1,10	0,14	1,03	0,13	0,99	0,10
FCKW und Halogene									
0,06	0,01	0,06	0,01	0,06	0,01	0,03	0,01	0,05	0,003

[1]ohne natürliche Quellen. – [2]ohne energiebedingte Emissionen.

Die Papiere können zu einem **E.-Kurs** von 100% des Nennbetrags (Pari-E.) oder mit einem **E.-Agio** (Überpari-E.) oder **E.-Disagio** (Unterpari-E., bei Aktien verboten, bei Schuldverschreibungen üblich) emittiert werden. Bei einer Überpari-E. (bei Aktien üblich) entsteht ein E.-Gewinn, der dem Emittenten zugute kommt. Bei der **Selbst-E.** richtet der Emittent sein Angebot unmittelbar an das anlagesuchende Publikum, während er sich bei der Fremd-E. der Vermittlung eines Kreditinstituts **(E.-Bank)** oder einer Bankengruppe **(E.-Konsortium, E.-Syndikat)** bedient. Der Regelfall ist wegen der Größenordnung der E. heute die Fremd-E. durch ein Bankenkonsortium (→Konsortium). I. d. R. übernimmt jedes Konsortialmitglied einen bestimmten Anteil an der E. (E.-Quote). Der Konsortialführer (meist die Hausbank des Emittenten) verhandelt mit dem Emittenten über die **E.-Politik** (Festlegung von E.-Kurs, E.-Zeitpunkt und Ausstattung der Wertpapiere) und ist für die techn. Abwicklung der E. (z. B. Veröffentlichung des **E.-Prospekts** mit Angaben über die E.-Bedingungen und über den Emittenten) zuständig.

Für die Unterbringung der Papiere im Publikum **(Platzierung** oder **Placement)** haben sich folgende Methoden gebildet: Die Auflegung zur öffentl. Zeichnung (Subskription), die in Dtl. traditionell zu einem festen Kurs, in Großbritannien gelegentlich zu einem im Zeitpunkt der Begebung noch unbestimmten Kurs (→Tenderverfahren) erfolgt, ist heute selten; das Publikum wird durch Zeichnungsangebote aufgefordert, die aufgelegte Anleihe innerhalb einer bestimmten Frist bei den als Zeichnungsstellen fungierenden Konsortialbanken zu zeichnen. Im Falle der Überzeichnung wird eine Repartierung (Zuteilung der Wertpapiere) vorgenommen. Beim freihändigen Verkauf mit oder ohne Börseneinführung ist der Absatz der Papiere nicht an eine bestimmte Frist gebunden und kann je nach Marktlage erfolgen. Des freihändigen Verkaufs bedienen sich Hypothekenbanken, Pfandbriefanstalten, Girozentralen u. a. zur Begebung eigener E. Die Methode des Bezugsangebotes ist typisch für die Unterbringung von Aktien-E. aus Kapitalerhöhungen. Den Aktionären der AG, denen ein gesetzl. →Bezugsrecht zusteht, werden die jungen Aktien zum Bezuge angeboten. Soweit sie von ihrem Recht keinen Gebrauch machen wollen, können sie ihr Bezugsrecht verkaufen. Aktien-E. im Zusammenhang mit Unternehmensgründungen sind relativ selten, während das →Going public seit den 1980er-Jahren wieder zugenommen hat.

Bei der Unterbringung von Aktien wird in Dtl. neben dem traditionellen Festpreisverfahren (Interessenten werden anhand eines feststehenden E.-Preises zur Zeichnung aufgefordert) zunehmend auch das in angelsächs. Ländern bevorzugte **Bookbuilding** (E.-Preis und E.-Volumen werden anhand der Zeichnungsaufträge vom Markt festgelegt) angewendet.

Die E. von Inhaber- und Namensschuldverschreibungen ist in Dtl. seit dem 1. 1. 1991 (Aufhebung der §§795 und 808a BGB) nicht mehr genehmigungs-, jedoch unverändert meldepflichtig. Zum gleichen Zeitpunkt traten das Ges. und die VO über Wertpapier-Verkaufsprospekte in Kraft. – Im *Geldwesen* bezeichnet E. die Ausgabe von Banknoten.

2) *Physik:* die Aussendung einer Wellen- oder Teilchenstrahlung durch ein atomares System, z. B. die E. des Lichts durch leuchtende Körper, die E. von Röntgen- und Gammastrahlung. Eine **spontane** E. elektromagnet. Strahlung wird nur von der Übergangswahrscheinlichkeit zw. den Energiezuständen der Atome bestimmt (→Anregung) und erfolgt ohne weitere äußere Einwirkung, während eine **induzierte (stimulierte)** E. durch Einwirkung einer Strahlung derselben Frequenz (z. B. Licht beim →Laser, Mikrowellen beim Maser) ausgelöst wird. Eine E. von Teilchen erfolgt bei radioaktiven Zerfällen (Alphazerfall, Betazerfall) u. a. Kernreaktionen. In der Festkörperphysik wird als **Elektronen-E.** der Austritt von Elektronen aus Metall- oder Halbleitergrenzflächen bei hinreichend hoher, die →Austrittsarbeit übersteigender kinet. Energie bezeichnet. Diese erhalten sie durch Zufuhr von Wärmeenergie (**thermische Elektronen-E.**, →Glühemission), durch eingestrahlte Photonen hinreichender Energie beim äußeren Photoeffekt (**Photoelektronen-E., Photo-E.**), durch Stöße von Elektronen, die ins Metall- oder Halbleiterinnere eindringen (**Sekundärelektronen-E., Sekundär-E.**) sowie bei Einwirkung sehr starker elektr. Felder bei der →Feldemission.

3) *Umweltschutz:* das Ablassen oder Ausströmen fester, flüssiger oder gasförmiger Stoffe aus Anlagen oder techn. Abläufen, die die Luft, das Wasser oder andere Umweltbereiche verunreinigen. E. im Sinne der →TA Luft sind die von einer techn. Anlage ausgehenden Luftverunreinigungen sowie Geräusche, Erschütterungen, Licht-, Wärme- und radioaktive Strahlen. Verursacher von E. werden **Emittenten** genannt. E. führen in der Umwelt zu →Immissionen.

Für Belastungsgebiete, in denen bes. gefährl. Luftverunreinigungen auftreten oder zu erwarten sind, ist eine ständige umfassende Kontrolle der E.-Komponenten vorgeschrieben (§ 44 Bundesimmissionsschutzgesetz). Alle wichtigen Quellen der Luftverschmutzung (industrielle und sonstige gewerbl. Betriebe, Haushaltsfeuerungen, Kraftfahrzeuge) werden in **E.-Katastern** erfasst. Diese werden durch die zuständigen Landes-Reg. aufgestellt. Grundlage für die Erstellung sind v. a. die Ergebnisse behördl. Ermittlungen sowie die E.-Erklärungen, die Betreiber genehmigungsbedürftiger Anlagen jährlich abzugeben haben. Ein flächenbezogenes E.-Kataster enthält die Auflistung aller Quellen luftverunreinigender Stoffe in einem bestimmten Gebiet, geordnet nach dem geograph. Standort und nach den E.-Bedingungen (Quellendimensionierung, Abgasmenge und -temperatur, Schadstoffart und -menge, Häufigkeit und Dauer der E.). Die **E.-Quellen** werden entsprechend ihrer speziellen Strukturierung als Punktquellen (z. B. Fabrikschornstein), Linienquellen (z. B. Fahrzeugkolonne) oder Flächenquellen (Schornsteine eines Wohngebietes) erfasst. Ergeben die Untersuchungen, dass die Konzentrationen bedenklich hohe Werte erreichen oder ein stetiges Ansteigen der Luftverschmutzung über längere Zeiträume festzustellen ist, müssen für das Belastungsgebiet (oder Teile von ihm) →Luftreinhaltepläne aufgestellt werden.

Emissionscomputertomographie [-kɔmpjuː-tər-], Abk. **ECT, Single-Photon-Emissionscomputertomographie** [sɪŋgl-], Abk. **SPECT,** computergestütztes Schichtaufnahmeverfahren der Nuklearmedizin, bei dem die abgegebene Gammastrahlung eines vorher applizierten (meist durch Injektion) Radiopharmakons entsprechend seiner Verteilung und Konzentration im Körper von einer oder mehreren um den Patienten rotierenden Gammakameras registriert, mittels Computer örtlich zugeordnet und zu einem Satz paralleler Schichten rekonstruiert wird. Die E. belastet den Patienten i. A. nur unwesentlich, die Strahlenexposition hängt vom verwendeten Radionuk-

lid, dieses wiederum von der diagnostischen Aufgabe ab. Der medizin. Nutzen liegt in den funktionellen Informationen, bedingt durch die Teilnahme des Radiopharmakons am Stoffwechsel bzw. an physiolog. Abläufen im Körper, und ergänzt damit die Informationen der scharfen und kontrastreichen Bilder von Computer- und Kernspintomographie. Sie gibt Auskunft z. B. über den Zustand des Herzmuskels nach einem Herzinfarkt und seine mögl. Erholungsfähigkeit, die Lokalisation und das Aktivitätsstadium von Entzündungsherden im Körper, sie hilft Leberherde zu differenzieren, und Verlaufskontrollen lassen die Wirksamkeit von Krebszellen vernichtenden Arzneimitteln erkennen.

Emissionsgrenzwerte, Höchstmengen des Schadstoffausstoßes von Anlagen, Einrichtungen und Kraftfahrzeugmotoren. E. für genehmigungsbedürftige Anlagen sind in der →TA Luft enthalten, andere E. sind in zahlr. VO zur Durchführung des →Bundesimmissionsschutzgesetzes festgelegt. E. für Bleiverbindungen aus Kraftfahrzeugmotoren bestimmt das Benzinbleigesetz. Die E. richten sich nach der Schädlichkeit der abgegebenen Stoffe sowie nach dem Stand der Technik. VDI-Richtlinien und DIN-Normen enthalten Empfehlungen für Emissionsgrenzwerte.

Emissionslinien, *Physik:* →Emissionsspektrum.
Emissionsmikroskop, ein →Elektronenmikroskop zur direkten Abbildung Elektronen emittierender Metalloberflächen. Die Elektronen werden aus dem als Kathode benutzten Objekt durch Aufheizung, UV-Licht, Elektronen- oder Ionenbeschuss oder auch durch starke elektr. Felder herausgelöst und mithilfe des Linsensystems des E. auf einem Leuchtschirm oder einer Fotoplatte abgebildet. Die Untersuchung der Emissionsverteilung liefert Informationen über die Kristallstruktur. – Ein linsenloses E. ist das →Feldelektronenmikroskop.

Emissionsnebel, Emissionsgasnebel, Bez. für →galaktische Nebel, in denen interstellare Gasmassen (→interstellare Materie) durch die intensive Ultraviolettstrahlung eingelagerter oder benachbarter heißer Sterne ionisiert und zum Leuchten angeregt werden; hierzu gehören die (neu gebildete Sterne umgebenden) →Gasnebel und die →planetarischen Nebel.

Emissionsspektrum, ein →Spektrum, dessen Entstehung (im Ggs. zum →Absorptionsspektrum) unmittelbar auf der Emission der Strahlung durch Atome beruht. Ein E. kann aus einzelnen Spektrallinien (**Emissionslinien**) oder aus einer Vielzahl eng benachbarter Linien (**Emissionsbande**) bestehen oder als kontinuierl. Spektrum auftreten.

Emissionsteuer, 1) eine Form der →Kapitalverkehrsteuern: Besteuert wird die Erstausgabe von Effekten.

2) eine Abgabe auf Schadstoffemissionen, die dem Verursacher derartiger Umweltschädigungen die volkswirtschaftl. Kosten seines Handelns anlasten soll (Internalisierung negativer →externer Effekte); z. B. die →Abwasserabgabe.

Emissionstomographie, Oberbegriff für zwei von der Bildentstehung und -verarbeitung her verwandte diagnost. Schichtaufnahmeverfahren der Nuklearmedizin. Man unterscheidet je nach eingesetztem Radionuklid zw. SPECT (Single-Photon-Emissionscomputertomographie), historisch begründet auch als →Emissionscomputertomographie bezeichnet, und PET (→Positronenemissionstomographie).

Emissionsvermögen, physikalische Größe, die die Eigenstrahlung eines Körpers kennzeichnet: die von der Flächeneinheit der Oberfläche in den Halbraum emittierte Strahlungsleistung; bezogen auf die entsprechende Strahlungsleistung des →schwarzen Strahlers als **Emissionsgrad, Emissionsverhältnis** oder **Emissionszahl** bezeichnet.

Emiter, Bez. für die Ureinwohner Moabs in 5. Mos. 2, 10 f.

Emittent *der, -en/-en,* **1)** *Bankwesen:* Herausgeber, Aussteller von Wertpapieren.

2) *Umweltschutz:* →Emission.

Emitter [zu engl. to emit ›aussenden‹, von lat. emittere, →emittieren] *der, -s/-,* eine der drei Anschlusselektroden beim bipolaren →Transistor.

Emitterfolger, Verstärkerschaltung, bei der das Emitterpotenzial einer Transistorstufe dem Basispotenzial nachfolgt. Die Ausgangsspannung wird an einem in der Emitterleitung des Transistors liegenden Arbeitswiderstand abgegriffen und ist phasengleich mit der Eingangsspannung an der Basis. Die Spannungsverstärkung ist ungefähr gleich 1. Da der E. einen niedrigen Ausgangswiderstand besitzt, ist er zum Einsatz als Impedanzwandler geeignet.

Emitterschaltung, Grundschaltung des →Transistors, bei der die Eingangs- und Ausgangsseite des Vierpols auf den Emitteranschluss bezogen sind. Die E. ergibt eine sehr hohe Leistungsverstärkung, resultierend aus hoher Spannungs- und Stromverstärkung. (→Basisschaltung, →Kollektorschaltung)

emittieren [lat. emittere ›herausgehen lassen‹], **1)** *Bankwesen:* ausgeben, in Umlauf setzen (Wertpapiere).

2) *Physik:* Strahlung aussenden.

3) *Umweltschutz:* (verunreinigende Stoffe) an die Umwelt abgeben, z. B. Abgase.

EMK, Abk. für →elektromotorische Kraft.

Emma, Zeitschrift von Frauen für Menschen (Untertitel), feminist. Zeitschrift, gegr. und herausgegeben von ALICE SCHWARZER, erscheint seit 1977 monatlich in Köln (Auflage 59 000).

Emma, Regentin der Niederlande, *Arolsen 2. 8. 1858, †Den Haag 20. 3. 1934; Tochter des Fürsten GEORG VICTOR von Waldeck-Pyrmont und der Prinzessin HELLENA von Nassau; heiratete am 7. 1. 1879 König WILHELM III. der Niederlande. In den letzten Lebenstagen ihres Mannes übernahm E. die Regentschaft (14. 11. 1890), die sie bis 1898 für ihre Tochter WILHELMINA führte. E. machte sich im Kampf gegen Tuberkulose verdient.

Emma, E. von Gurk, Heilige, →Hemma, H. von Gurk.

Emmanuel [emanyˈɛl], Pierre, eigtl. **Noël Mathieu** [maˈtjø], frz. Schriftsteller, *Gan (bei Pau) 3. 5. 1916, †Paris 22. 9. 1984; Mitglied der Résistance, ab 1969 hohe Ämter in der frz. Kulturpolitik, 1969–71 Präs. des internat. P. E. N. Im Mittelpunkt seiner christlich inspirierten Dichtung steht die Beziehung von Natur und Geist und das Verhältnis des Einzelnen zu sich selbst, zu den Mitmenschen und zu Gott. Aus diesem Geist erwächst auch seine Résistance-Dichtung.

Werke: *Lyrik:* Tombeau d'Orphée (1941); La liberté guide nos pas (1945); Tristesse, ô ma patrie (1946); Babel, poème à deux voix (1951); La nouvelle naissance (1963); Jacob (1970); Sophia (1973); L'autre (1980). – *Essays:* Le poète et son Christ (1942); Poésie, raison ardente (1948); La face humaine (1965). – *Roman:* Car enfin je vous aime (1950). – *Autobiographie:* Qui est cet homme? (1947).

Emmaus, arab. **Amwas,** auch **Imwas,** 23 km nordwestlich von Jerusalem gelegener Ort, Bezirkshauptort seit dem 1. Jh. n. Chr., seit 220 **Nikopolis.** Vor 325 wurde der Ort Bischofssitz. 1875 und nach 1924 wurden die Reste einer dreischiffigen Basilika aufgedeckt, die vermutlich in das 6. Jh. zu datieren ist. Hier ist auch das E. von Luk. 24, 13–35 zu suchen, wohin nach dem Tod JESU einige Jünger gingen und dort den Auferstandenen am Brotbrechen erkannten (E.-Jün-

ger). V. a. im 6. Jh. Pilgerziel; Pilgerberichte wurden durch archäolog. Grabungen in den 1990er-Jahren erhärtet. – Der Gang nach E. wird bereits auf einem Mosaik in Ravenna (Sant'Apollinare Nuovo, 6. Jh.) und einem Fresko in Rom (Santa Maria Antiqua, 705) dargestellt, während das Mahl in E. (CHRISTUS in der Mitte von zwei Jüngern) in der Buchmalerei und in der Bauplastik des 12. Jh. auftritt, v. a. aber in der Malerei des 16. und 17. Jahrhunderts.

Emmaus: Rembrandt, ›Christus in Emmaus‹; 1648 (Ausschnitt; Paris, Louvre)

Emmaus-Bewegung, ein von Abbé →PIERRE gegründetes Hilfswerk für sozial benachteiligte Menschen, an dessen Anfang eine von ihm 1949 in Paris eingerichtete Wohnstätte für Haftentlassene, Arbeits- und Obdachlose stand. Heute (1996) umfasst die E.-B. ›Emmaus-Gemeinschaften‹ in über 40 Ländern, die durch die Vereinigung ›Emmaus International‹ (Sitz: Paris) miteinander verbunden sind. In Dtl. bestehen Gemeinschaften in Krefeld, Sonsbeck (Kr. Wesel), Stuttgart und Köln. Überkonfessionell arbeitend, fordert die E.-B. die Rechte sozial bes. benachteiligter Menschen ein und will ihnen gesellschaftl. Gehör verschaffen.

Emme *die,* Name zweier Flüsse im Schweizer Mittelland, die im Gebiet des Brienzer Rothorns entspringen. Die 80 km lange **Große E.** durchfließt das →Emmental und mündet unterhalb von Solothurn in die Aare, die 60 km lange **Kleine E.,** im Oberlauf auch **Waldemme** gen., mündet bei Luzern in die Reuss.

Emmen, 1) [niederländ. ˈɛmə], Gem. in der Prov. Drente im NO der Niederlande, 93 700 Ew.; Fehnmuseum, zoolog. Garten; Chemiefaser-, Textil-, Metallwaren-, elektrotechn. und pharmazeut. Industrie. – E., 1319 erstmals erwähnt, entstand in einem bereits in prähistor. Zeit besiedelten Gebiet. Bis ins 19. Jh. war der Ackerbau vorherrschende Erwerbsquelle, danach die Viehwirtschaft und seit dem Ende des 19. Jh. der Torfabbau, der in den 1930er-Jahren aufgegeben werden musste. Nach dem Zweiten Weltkrieg entwickelte sich E. zu einem Industriestandort.

2) Industrie-Gem. nördlich von Luzern, Schweiz, an der Mündung der Kleinen Emme in die Reuss, 26 400 Ew.; Mittelpunkt ist der Ortsteil **Emmenbrücke,** einst nur ein Flussübergang, um den sich heute die Fabriken und verstädterten Quartiere gruppieren; Textil-, Stahl-, Elektrowerke, Gießerei; Militärflugplatz. – 840 kam E. durch Schenkung an das Kloster Murbach, das die Siedlung 1291 an die Habsburger verkaufte. Seit 1386 gehörte E. der Stadt Luzern.

Emmenagoga [zu griech. émmēnos ›jeden Monat‹, ›monatlich‹ und agōgós ›führend‹, ›treibend‹], *Sg.* **Emmenagogum** *das, -s,* Arzneimittel, die den Eintritt der Monatsblutung fördern; heute v. a. Hormonpräparate.

Emmendingen, 1) Große Kreisstadt in Bad.-Württ., Verw.-Sitz des gleichnamigen Landkreises,

Emmendingen 1)
Stadtwappen

Emitterschaltung am Beispiel eines npn-Transistors; U_e Eingangsspannung zwischen Basis und Emitter, U_a Ausgangsspannung zwischen Kollektor und Emitter; I_C, I_B, I_E Kollektor-, Basis- und Emitterstrom des Transistors

zw. Schwarzwald und Kaiserstuhl, 201 m ü. M., 25 450 Ew.; psychiatr. Landeskrankenhaus, Stadtmuseum; Apparate-, Maschinen- und Werkzeugbau, elektron. und feinmechan. Industrie, Kunststoffverarbeitung. – Der 1094 erstmals erwähnte altzähring. Besitz E. kam 1415 an die Markgrafen von Baden, die dem Ort 1418 das Marktrecht verliehen. Das zum wirtschaftl. Mittelpunkt des Umlandes aufgestiegene E. wurde markgräfl. Residenz und erhielt 1590 Stadtrecht.

2) Landkreis im Reg.-Bez. Freiburg, Bad.-Württ., 680 km², 144 600 Ew.; umfasst einen Teil der Oberrheinebene mit dem N-Teil des Kaiserstuhls und reicht über die Elzniederung und die Emmendinger Vorberge bis weit in den mittleren Schwarzwald. Etwa 40 % der Fläche sind bewaldet (Auenwälder am Rhein, Nadelwälder im Schwarzwald). Auf den guten Schwemmlandböden der Ebene Anbau von Getreide, Kartoffeln, Obst, Tabak u. a.; auf den Lösshängen des Kaiserstuhls Weinbau. Im Schwarzwald Viehzucht und Waldwirtschaft, in seinen Tälern vielseitige Industrie und, ebenso wie im Kaiserstuhl, reger Fremdenverkehr.

Der Kreis E., hg. v. LOTHAR MAYER (1981).

Emmental, Landschaft im NO des Kt. Bern, Schweiz, im Flussgebiet der Großen Emme und Ilfis, ein wald- und wiesenreiches Berg- und Hügelland. Im oberen E., in den Berner Voralpen (Napf 1408 m ü. M., Hohgant 2197 m ü. M.) Almwirtschaft (Käse); Mittelpunkt des oberen E. ist Langnau. Im unteren E. Getreide-und Obstbau, Holz- und Leineninindustrie; Hauptorte dort sind Burgdorf, Lützelflüh, Sumiswald. – Das seit 1090 wird E. zähring. Herrschaft stehende E. fiel nach dem Aussterben der Zähringer an die Herren von Kyburg, die sie 1384 an Bern verkauften. Mit dem Vorstoß ins obere E. schloss Bern 1386 die Inbesitznahme ab. Wirtschaftl., durch den Dreißigjährigen Krieg verursachte Schwierigkeiten führten 1640 im E. zu Unruhen unter der Bev. 1653 war das E. eines der Zentren des Bauernaufstandes.

Emmentaler Käse, →Käse (ÜBERSICHT).

Emmerich:
›Arche des heiligen Willibrord‹, ein Reliquiar aus Eichenholz, mit getriebenem vergoldetem Silber und Kupferblech überzogen; Höhe 62 cm, 11. Jh. (Emmerich, Sankt Martin)

Emmer der, **Amer, Imer, Triticum dicoccum,** nicht winterharte Weizenart, die mit zweiblütigem Ährchen zw. →Einkorn und →Weizen steht.

Kulturgeschichte: E. wurde vermutlich bereits im 7. Jt. v. Chr. in Kleinasien angebaut. In Mesopotamien und Ägypten war die Pflanze schon in der Jungsteinzeit bekannt, in Äthiopien und Ägypten blieb sie bis ins MA. das gebräuchlichste Brotgetreide. In Mitteleuropa kannten die Bandkeramiker den E. bereits im 5. Jt. v. Chr. Aus dem Spätneolithikum ist er an zahlr. mitteleurop. Fundstellen nachgewiesen. In der Eisenzeit ging der Anbau jedoch immer mehr zurück.

Emmerich:
Ehemalige Stiftskirche St. Martin (11.–15. Jh.; nach Zerstörung im Zweiten Weltkrieg vereinfacht wieder aufgebaut)

Emmer die, linker Nebenfluss der Weser, in NRW und Ndsachs., 52 km lang, entspringt am O-Abhang der Egge, mündet in Emmerthal.

Emmeram, Heimhram, fränk. Missionsbischof, lebte um 700 in Regensburg. Gesichert ist sein Martyrium in Kleinhelfendorf bei Bad Aibling. Bei seinem Grab in Regensburg wurde im frühen 8. Jh. eine Benediktinerabtei gegründet, Sankt Emmeram. – Heiliger (Tag: 22. 9.).

Emmerich, Stadt im Kr. Kleve, NRW, auf dem rechten Ufer des Niederrheins, 18 m ü. M., an der niederländ. Grenze, 30 000 Ew.; Zollamt, Wasser- und Schifffahrtsamt, Rheinmuseum, Museum für Kaffeetechnik; Speiseöl- und Kunststoffverarbeitung, Apparatebau, Ziegelei und Speditionen; Industriehafen. Die Rheinbrücke E. ist die größte Hängebrücke Dtl.s. Zu E. gehört der Luftkurort →Elten. – Wieder aufgebaut nach Kriegszerstörungen sind die ehem. Stiftskirche St. Martin (11.–15. Jh.) mit roman. Krypta (um 1040) und Kirchenschatz (Reliquiar des 11. Jh.) sowie die spätgot. Aldegundiskirche (1449–1514). – Das 828 erstmals schriftlich bezeugte E. entstand vermutlich um eine gegen 700 von WILLIBRORD geweihte Kirche. In die erste Hälfte des 9. Jh. reichen die Anfänge des 914 erstmals erwähnten Stifts zurück. Bis zur Mitte des 12. Jh. entwickelte sich E. zu einem Handelsort mit überregionaler Bedeutung. Die Grafen von Geldern verliehen dem Ort 1233 Stadtrecht und verpfändeten ihn 1355 an die Grafen von Kleve, die E. 1402 endgültig erwarben. 1815 fiel E. endgültig an Preußen. Durch die Rheinakte (1828), bes. aber mit dem Aufkommen der Dampfschifffahrt, nahm die Stadt Mitte des 19. Jh. einen neuen wirtschaftl. Aufschwung.

Emmerich, ungarisch **Imre,** König von Ungarn (seit 1196), *um 1174, †30. 11. 1204, ältester Sohn BÉLAS III.; dehnte die ungar. Oberherrschaft mit päpstl. Unterstützung zeitweilig auf den nördl. Balkan aus. Durch seine zweite Ehe mit Kaiserin KONSTANZE von Aragón (†1222) wurden südfranzösischspan. Kultureinflüsse nach Ungarn vermittelt; E. war zuletzt in erbitterte Thronkämpfe mit seinem Bruder ANDREAS (II.) verwickelt.

J. R. SWEENEY: Papal-Hungarian relations during the pontificate of Innocent III., 1198–1216 (Ithaca, N. Y., 1971).

Emmerthal, Gem. im Landkreis Hameln-Pyrmont, Ndsachs., an der Mündung der Emmer in die Weser, 11 000 Ew.; Inst. für Solarenergieforschung, Museum für Landtechnik und Landarbeit in Börry; Kernkraftwerk Grohnde (elektr. Leistung 1 300 MW, Inbetriebnahme 1985), chem., pharmazeut. und Web-

Emmerich
Stadtwappen

warenindustrie; Weserrenaissanceschloss Hämelschenburg (1588–1610/18).

Emmetropie [griech.] *die, -,* Normalsichtigkeit; liegt vor, wenn bei entspannter Akkommodation (d. h. bei Fernsicht) parallel in das Auge eintretende Strahlen auf der Netzhaut in einem Punkt vereint werden, die Netzhautmitte sich also im Brennpunkt des dioptr. Systems befindet; Ggs.: Ametropie.

EMNID-Institut GmbH & Co. [EMNID, Abk. für **E**rforschung der öffentl. **M**einung, Marktforschung und **M**einungsforschung, **N**achrichten, **I**nformationen, **D**ienstleistungen], Unternehmen für nat. und internat. Markt-, Meinungs- und Sozialforschung, gegr. 1945, Sitz: Bielefeld.

Veröffentlichungen: Umfrage & Analyse (1991 ff.).

Emodine [türk.] *Pl.,* Derivate des Di- und des Trihydroxyanthrachinons, die (in Form von Glykosiden) in abführenden Drogen (z. B. Aloe, Sennesblätter, Faulbaumrinde) als wirksame Bestandteile vorkommen.

Emotion [frz., zu lat. emovere, emotum ›herausbewegen‹, ›um und um bewegen‹, ›erschüttern‹] *die, -/-en,* **1)** bildungssprachlich für: seel. Erregung, Gemütsbewegung; Gefühl, Gefühlsregung.

2) *Psychologie:* Teil der dem Menschen eigenen mannigfachen Gemütsbewegungen; die nach Lebhaftigkeit und Intensität individuell unterschiedlich ausgeprägte Anteilnahme und Erregbarkeit auch als Ausdruck eines unspezif. Ab- oder Hinwendungsverhaltens; zusammen mit den spezif. Gedanken und Fantasien eines Menschen sind die E. bestimmend für die jeweilige Qualität des ›Gefühls‹. Für die Gesamtheit des Gefühlslebens (Gemüt, Stimmung, Triebhaftigkeit) wurde von E. BLEULER die Bez. **Emotionalität** geprägt. Mangelhafte Emotionalität in der Eltern-Kind-Beziehung hat auf die seel. Entwicklung des Kindes schwerwiegende Auswirkungen und kann Verhaltensstörungen bewirken.

Wie beim →Affekt werden auch bei E. vegetative Regulationsvorgänge vordergründig wirksam. Dauernde Störungen der E. mit überwiegenden Abweichungen vom normalen Gefühlsleben werden als **emotionelles Syndrom** bezeichnet.

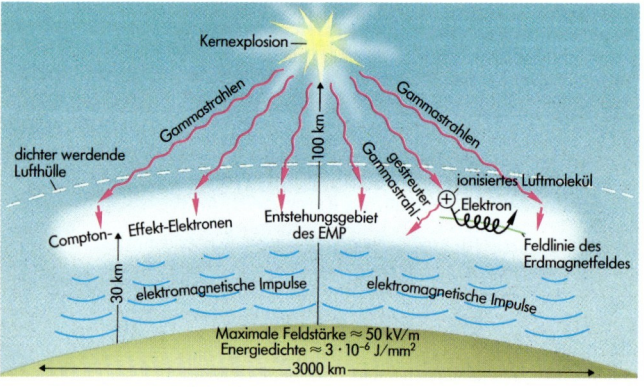

EMP: Wirkungsschema der Kernexplosion einer in 100 km Höhe gezündeten Atombombe von 1 Mt (Megatonne) Sprengkraft

EMP, NEMP [Abk. für engl. (**n**uclear) **e**lectro**m**agnetic **p**ulse ›(nuklearer) elektromagnet. Impuls‹], bei exosphär. Kernwaffenexplosionen auftretende, äußerst intensive elektromagnet. ›Stoßwelle‹, ausgelöst durch die am Explosionsort entstehende Gammastrahlung, deren Photonen (Gammaquanten) beim Auftreffen auf Luftmoleküle durch →Compton-Effekt Elektronen herausschleudern; dadurch entsteht infolge Ladungstrennung ein innerhalb 10^{-8} s auf große

Werte ansteigendes elektr. Feld, dessen zeitl. Änderung mit den spiralförmigen Bewegungen der Elektronen um die Feldlinien des Erdmagnetfeldes sehr intensive elektromagnet. Wellen hervorruft. Diese können noch in 1 000 km Entfernung vom Explosionsort zu einer elektr. Feldstärke von 50 kV/m führen, die ihrerseits starke Ströme in elektron. Geräten zu induzieren vermag. Mikroelektron. Bauelemente (v. a. integrierte Schaltungen, Mikroprozessoren) werden durch diese induzierten Ströme i. d. R. funktionsunfähig, anders als z. B. Elektronenröhren oder die meisten elektromechan. Bauelemente. Durch einen EMP kann ein Großteil der techn. Geräte (v. a. Steuer- und Regelkreise), insbesondere der Verteidigungseinrichtungen, ausfallen. Eine ›Härtung‹ elektron. Baugruppen gegen EMP ist prinzipiell möglich, jedoch umfangreich und sehr kostenaufwendig; sie geschieht v. a. durch Abschirmung in Form eines Faraday-Käfigs.

Der theoretisch vorhergesagte EMP wurde zuerst am 8. 7. 1962 auf Hawaii beobachtet, ausgelöst durch die Explosion einer amerikan. Wasserstoffbombe von 1,4 Mt Sprengkraft in 400 (?) km Höhe über dem 1 300 km entfernten Johnston Island im Pazifik. Bei früheren Explosionen amerikan. Kernwaffen in geringerer Höhe und zumeist über Seegebieten war dieser Effekt nicht festgestellt worden, möglicherweise weil sich in dichteren Luftschichten der Compton-Effekt nicht so ausprägen kann und andere Wirkungen überwiegen.

R. BREUER u. H. LECHLEITNER: Der lautlose Schlag (Neuausg. 1983); Nuklear-elektro-magnet. Puls (NEMP), Beitrr. v. J. WILHELM u. a. (1985).

Empathie [engl. empathy, zu spätgriech. empátheia ›Leidenschaft‹] *die, -,* Bereitschaft und Fähigkeit, sich in die Erlebensweise anderer Menschen einzufühlen. E. ist eine Grundvoraussetzung der Psychotherapie. (→Einfühlung)

Empecinado [εμπεθiˈnaðo, span. ›der Hartnäckige‹, ›der Trotzige‹], **El E.,** eigtl. **Juan Martín Díaz** [-ˈðiaθ], span. Guerillaführer und General, *Castrillo de Duero (Prov. Valladolid) 1775, †Roa (Prov. Burgos) 19. 8. 1825; stieg im span. Unabhängigkeitskampf gegen NAPOLEON I. (1808–14) zu einem bekannten Partisanenführer auf; trat nach 1814, bes. aber 1820–23 für die liberale Verf. von Cádiz (1812) ein und wurde deshalb nach Niederwerfung des liberalen Regimes (1823) hingerichtet.

Empedokles, griech. **Empédokles,** griech. Philosoph, *Akragas (heute Agrigent, Sizilien) 483 oder 482 v. Chr., †zw. 430 und 420 v. Chr.; war aktiv am Sturz der oligarch. Reg. beteiligt; sammelte als Arzt und Wanderprediger eine große Jüngerschar um sich, die ihn von Stadt zu Stadt begleitete; nach einer Legende soll er sich in den Krater des Ätna gestürzt haben. Reste seiner epischen Lehrgedichte ›Peri physeos‹ (Über die Natur) und ›Katharmoi‹ (Reinigungslehren) sind erhalten. Seine Philosophie verbindet Lehren der Eleaten und HERAKLITS mit eigenen, bes. naturphilosoph. Gedanken: Es gebe kein Entstehen und Vergehen, sondern nur Mischung und Entmischung der vier Elemente Feuer, Luft, Wasser, Erde; in allen Vorgängen seien zwei Urkräfte, Liebe und Hass, wirksam. – F. HÖLDERLIN schrieb eine unvollendete Tragödie ›Der Tod des E.‹ (1826).

Ausgaben: Die Fragmente der Vorsokratiker, übers. v. H. DIELS, hg. v. W. KRANZ, Bd. 1 ([6]1951, Nachdr. 1996); Die Vorsokratiker, übers. v. W. CAPELLE ([8]1973).

W. KRANZ: E. (Zürich 1949); J. BOLLACK: Empédocle, 4 Bde. (Paris 1965–69); J. G. LÜTH: Die Struktur des Wirklichen im empedokleischen System Über die Natur (1970); C. E. M. SMERTENKO: On the interpretation of Empedocles (New York 1980).

Empereur [ãpəˈrø:r, frz. ã'prœr] *der, -(e)s/-s,* Herrscher, Kaiser.

Empetraceae [zu griech. pétra ›Fels‹, ›Stein‹], die →Krähenbeerengewächse.

Empfänger, *Nachrichtentechnik:* Gerät oder Einrichtung zur Aufnahme und Weiterverarbeitung von Nachrichten, die von einem →Sender erzeugt und abgegeben wurden. Die Nachricht (Signal, Sprache, Musik) kann mittels elektromagnet. Wellen, elektr. Impulse, Lichtstrahlen, Schallwellen u. a. übertragen werden; der Empfang ist mit entsprechend eingerichteten Geräten möglich, z. B. mit Rundfunk- und Fernsehgeräten (über Empfangsantennen), Mikrofonen, Sensoren, Dateneindichtungen.

Empfängnis, Konzeption, Conceptio, →Befruchtung der Eizelle durch eine Samenzelle, die i. d. R. zur →Schwangerschaft führt.

Empfängnisverhütung, Schwangerschaftsverhütung, Konzeptionsverhütung, Antikonzeption, Kontrazeption, Maßnahmen zum Zweck der Familienplanung bzw. →Geburtenregelung durch Verhinderung des Eisprungs, der Befruchtung der Eizelle oder der Einnistung des befruchteten Eies in die Gebärmutterschleimhaut. E. kann erfolgen durch natürl. Methoden, mechan. und lokale chem. Methoden sowie Hormone oder operative Eingriffe. Die Anwendung der versch. Methoden hängt wesentlich von geograph., ethn., religiösen und sozialen Gegebenheiten ab.

Die Zuverlässigkeit der E.-Methoden wird nach dem **Pearl-Index (PI)** bewertet: Z. B. ergibt sich der Index 2, wenn 100 Frauen ein Jahr lang ein Intrauterinpessar verwenden und zwei von ihnen schwanger werden; ausgedrückt als zwei Schwangerschaften auf 100 Frauenjahre. Die Effektivität ist dann $100 - 2 = 98$. Sehr wirksame E.-Methoden haben einen PI von < 1,0.

Die *natürlichen Methoden* (natürl. Familienplanung, Abk. NFP) beruhen auf der Verhinderung der Fertilisierung, d. h. der Verschmelzung von Ei- und Samenzelle. Dazu gehören der **Coitus interruptus,** bei dem der Geschlechtsverkehr vor der Ejakulation unterbrochen und der Samen außerhalb der Scheide entleert wird. Die Unsicherheit dieses Verfahrens besteht u. a. darin, dass schon vor dem männl. Orgasmus Samenflüssigkeit abgesondert werden kann; außerdem sind auf Dauer psychosexuelle Störungen möglich. Zu den NFP-Methoden gehören auch die versch. Formen der Zeitwahl, bei denen die Phasen natürl. Unfruchtbarkeit ermittelt werden. Bei der **Kalender-** oder **Rhythmusmethode** (Knaus-Ogino-Methode) werden die fruchtbaren Tage (→Befruchtungsoptimum) anhand des individuellen Menstruationskalenders errechnet, in dem vom kürzesten Menstruationszyklus 17, vom längsten 13 Tage abgezogen werden; z. B. $26 - 17 = 9$ und $32 - 13 = 19$, d. h., vom 9. bis 19. Zyklustag soll kein ungeschützter Geschlechtsverkehr durchgeführt werden. Bei der **Temperaturmethode** wird durch Messung der →Basaltemperatur die Zeit des Eisprungs (Ovulation) ermittelt. Denn 1–2 Tage nach der Ovulation erhöht sich die Temperatur um 0,4–0,6 C°. Ab dem 3. Tag dieser hyperthermen Phase ist die Frau unfruchtbar. Mit der Methode nach BILLINGS wird die Phase erfasst, in der durch den hohen Östrogenspiegel der Gebärmutterhalsschleim (Zervixschleim) dünnflüssig und fadenziehend wird (»nasse Tage). Diese E.-Methode ist wenig zuverlässig. In Kombination mit der Temperaturmethode **(symptothermale Methode)** ist sie jedoch die sicherste unter den NFP-Methoden.

Zu den *mechanischen Methoden* zählt v. a. die Anwendung des →Kondoms, das vor dem Geschlechtsverkehr über das männl. Glied gezogen wird, den Samen auffängt und zugleich einen gewissen Schutz vor sexuell übertragbaren Infektionskrankheiten bietet. Die Unsicherheit dieser Methode ergibt sich v. a. durch unsachgemäße Anwendung. Auch ein Kondom für die Frau (Femidom®), das durch einen äußeren Ring außerhalb der Scheide und einen inneren Ring in

der Scheide fixiert und noch mit einer spermiziden Substanz beschichtet ist, wird angeboten. Das Eindringen der Spermien in die Gebärmutter kann durch ein **Scheidendiaphragma,** eine Silikongummikappe mit federndem Außenring, verhindert werden. Die Sicherheit des Scheidendiaphragmas (auch mit Spermizid beschichtet erhältlich) hängt v. a. von der guten Passform ab. Kaum noch verwendet wird die **Portiokappe** (Okklusivpessar), die im Unterschied zum Scheidendiaphragma von der Frau selbst nur schwer eingeführt werden kann. Hingegen gehört das **Intrauterinpessar (IUP)** zu den häufig genutzten und relativ sicheren Methoden. Es handelt sich dabei um Kunststoffeinsätze, z. B. in Schleifen-, Spiralen- oder T-Form mit einer Länge von 3 bis 4 cm. Sie sind zur Erhöhung der empfängnisverhütenden Sicherheit meist mit Kupferdraht (mit Silberkern) umwickelt. Hormonbeladene IUP, die mit einem Gestagen beschichtet sind, bieten eine hohe Sicherheit, verursachen jedoch häufiger Blutungsstörungen. Die Wirkungsweise der IUP beruht auf Veränderungen der Gebärmutterschleimhaut, die eine Einnistung der befruchteten Eizelle verhindern, sowie in einer Störung der Befruchtung der Eizelle im Eileiter. Das IUP wird i. d. R. während der Menstruation von einem Arzt in die Gebärmutter eingelegt. Moderne IUP müssen erst nach 4–6 Jahren gewechselt werden. Nebenwirkungen und Komplikationen der IUP sind verlängerte und verstärkte Regelblutungen, Schmerzen, Ausstoßung sowie Entzündungen. Die Wahrscheinlichkeit einer Eileiterschwangerschaft ist geringfügig erhöht.

Chemische Mittel, oberflächenaktive Wirkstoffe wie Octoxinol, Nonoxinol oder Menfegol, sind in der Lage, bei lokaler Anwendung in der Scheide Spermien abzutöten (Spermizide), bevor diese in die Gebärmutter einwandern können. Sie werden in Salben, Gel, Schaum oder Zäpfchenform etwa 10 Minuten vor dem Geschlechtsverkehr in die Scheide eingebracht. Neuerdings finden auch mit Spermiziden beschichtete Scheidenschwämme Verwendung.

Die *hormonale E.* (hormonale Kontrazeption, orale Kontrazeption, Ovulationshemmung), die als so genannte **Antibabypille** von G. PINCUS eingeführt wurde, ist bei regelmäßiger Einnahme die zuverlässigste Methode. Der Wirkungsmechanismus beruht in erster Linie auf einer Hemmung der übergeordneten Steuerzentren der Eierstockfunktion, des Hypothalamus und der Hirnanhangdrüse, wodurch die Follikelreifung und der Eisprung verhindert werden. Außerdem wird das Wachstum der Gebärmutterschleimhaut unterdrückt, der Schleim des Gebärmutterhalskanals eingedickt (dadurch Behinderung der Spermienwanderung). Durch beschleunigte Eileiterkontraktion wird der Zeitraum zur Befruchtung der Eizelle verkürzt. Die ovulationshemmende Wirkung wird durch das Gestagen bedingt, während das synthet. Östrogen zur Zyklusstabilisierung, d. h. zur Verhinderung von Blutungsstörungen, dient. Der Empfängnisschutz besteht über die gesamte Zeit der Einnahme. Bei den meisten Präparaten beträgt die Einnahmedauer 21 Tage, gefolgt von einer siebentägigen Pause, in der die Blutung eintritt; dadurch wird ein vierwöchiger Menstruationsrhythmus erreicht. Grundsätzlich gilt für beide Hormonkomponenten das Prinzip ›so viel wie nötig, so wenig wie möglich‹. Beim Östrogen liegt die tägl. Dosis zw. 50 und 20 µg. Neu entwickelte Gestagene zeichnen sich durch einen hohen Wirkungsgrad und eine geringe Stoffwechselbeeinflussung aus. Nach

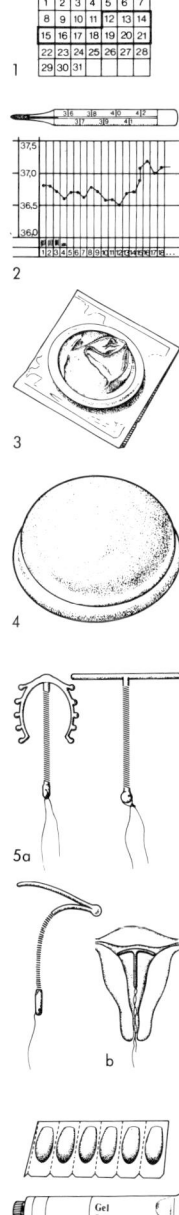

Empfängnisverhütung: 1 Methode nach Knaus-Ogino; 2 Temperaturmethode; 3 Kondom; 4 Scheidenpessar; 5a Gebräuchliche Formen des Intrauterinpessars (Schleifen-, Spiralen- oder T-Form); b Lage des Intrauterinpessars in der Gebärmutter; 6 Chemische Mittel (Salbe und Zäpfchen)

der Zusammensetzung unterscheidet man die klass. **Kombinations-** oder **Einphasenpräparate** mit über den Zyklus gleich bleibendem Wirkstoffgehalt und die **Sequenzialpräparate,** die als **Zwei-** oder **Dreistufenpräparate** die Hormonbestandteile in gestufter Folge und Konzentration enthalten und damit den natürlichen Schwankungen des Hormonspiegels stärker entsprechen. Dies führt zu einer besseren Verträglichkeit bei allerdings etwas verringerter Zuverlässigkeit. Die **Minipille** enthält nur ein einziges Hormon (Gestagen) in minimaler Konzentration; sie wirkt lediglich über eine Veränderung des Fließverhaltens (Viskosität) des Schleims im Gebärmutterhalskanal, die körpereigene Hormonbildung bleibt weitgehend erhalten (keine

Versagerrate (Pearl-Index) verschiedener empfängnisverhütender Methoden	
Methode	Schwangerschaften auf 100 Frauenjahre
hormonale Empfängnisverhütung	
Kombinationspräparate	0,1– 0,5
Sequenzialpräparate	0,3– 0,9
Minipille	0,9– 2,5
Mikropille	0,2– 0,5
Depotpräparate	0,3– 0,5
Pille danach	0,5
Intrauterinpessar	0,5– 2,0
Kondom	3,0– 5,0
Scheidendiaphragma	6,0–10,0
Scheidendiaphragma mit Spermizid	0,7– 4,0
Zeitwahl nach Knaus-Ogino	4,0–20,0
Zeitwahl bei Messung der Basaltemperatur	1,0– 3,0
Zeitwahl nach Billings	15,0–36,0
symptothermale Methode	0,7
Coitus interruptus	8,0–38,0
Sterilisation bei der Frau	0,0– 0,3
Sterilisation beim Mann	0,0

Hemmung des Eisprungs). Sie muss jedoch täglich zur gleichen Zeit (± 3 Stunden) eingenommen werden und ist relativ häufig mit Zwischenblutungen verbunden. Geeignet ist sie v. a. für stillende Frauen, Raucherinnen über 35 Jahre, Migränepatientinnen und bei erhöhtem Thromboserisiko. Die aus einer schwach dosierten Östrogenkomponente mit geringem Gestagenanteil bestehende **Mikropille** wirkt fast ausschließlich als Ovulationshemmer. Die **Postkoitalpille** (›Pille danach‹) enthält hoch dosiert Östrogen und Gestagen und muss innerhalb von 48 Stunden nach ungeschütztem Geschlechtsverkehr eingenommen werden. Sie ist jedoch durch erhebl. Nebenwirkungen wie Erbrechen und Blutungsstörungen belastet. **Depotpräparate** enthalten i. d. R. nur ein Gestagen und müssen injiziert oder unter die Haut implantiert werden. Diese Depotgestagene werden monatlich (Einmonatsspritze) oder alle 3–6 Monate (Drei- oder Sechsmonatsspritze) gegeben. Sie sind aber häufig durch Blutungsstörungen belastet. Deshalb enthalten neu entwickelte Präparate auch ein Depotöstrogen. Die empfängnisverhütende Wirkung über etwa fünf Jahre hat z. B. Norplant® (USA), bei dem das Gestagen in sechs dünnen Silastikhüllen enthalten ist, die unter die Haut implantiert werden und kontinuierlich das Gestagen freisetzen. Umstritten ist die Anwendung des Antigestagens **Mifepriston** (RU 486), das kein E.-Mittel ist, sondern einen Frühabort auslöst, in dem die für die frühe Schwangerschaft notwendige Gelbkörperhormonwirkung unterdrückt wird.

Eine hormonale E. ist bei Jugendlichen (≧ 14 Jahre) möglich, wenn die Menarche eingetreten ist. Pillen-

pausen sind nicht erforderlich. Wenn keine Risikofaktoren vorliegen, kann die Pille bis zum Eintritt der Menopause eingenommen werden. Bei abgeschlossener Familienplanung ist zu überlegen, ob alternative Methoden (Eileitersterilisation, IUP) in Betracht kommen. Die Wahl der jeweils geeigneten Pille ist vom Facharzt zu treffen.

Hormonelle Mittel besitzen eine Vielzahl von Nebenwirkungen. Dazu gehören v. a. Blutungsstörungen (so genannte Spottings), Übelkeit, Kopfschmerzen bis hin zu Migräne, Gewichtszunahme, Müdigkeit, depressive Verstimmungen und Libidoverlust. Sie können auch Leber- und Fettstoffwechselstörungen hervorrufen und das Blutgerinnungssystem beeinflussen. Das kann in der Folge zu Leberstörungen, Bluthochdruck, Gefäßerkrankungen und einem erhöhten Thrombose- und Embolierisiko führen. Deshalb sind vor der Verordnung hormonaler Mittel eine sorgfältige Anamnese, Blutdruckmessung und ggf. entsprechende Laboruntersuchungen erforderlich. Liegen Kontraindikationen vor, ist eine andere Methode der E. zu wählen. Das gilt auch für starke Raucherinnen über 35 Jahre.

Im Unterschied zu den genannten Verfahren ist die operative Methode durch →Sterilisation eine zwar sichere, aber i. d. R. schwer rückgängig zu machende Form.

Kirchl. Auffassungen: In der Tradition bibl. Verkündigung, die die Fruchtbarkeit des Menschen als Segen und Verheißung Gottes begreift (1. Mos. 1, 28 u. a.), hat die Kirche die Zeugung neuen Lebens von jeher als unverzichtbares Sinnziel der Ehe verstanden und aus diesem Grund die E. abgelehnt. Angesichts verminderter Kindersterblichkeit, der mit der wachsenden Weltbevölkerung verbundenen Ressourcenproblematik und auch in Anbetracht der Wahrnehmung neuer Sinndimensionen der Sexualität auf der Ebene personaler Begegnung und Liebe stellte sich die Frage nach der Erlaubtheit der E. im 20. Jh. neu. Die Lambethkonferenz (Zusammenschluss aller anglikan. Kirchen) von 1930 versuchte, auf die neue Situation mit Konzessionen einzugehen. Die kurz darauf erschienene Enzyklika ›Casti connubii‹ Pius' XI. erneuerte die traditionelle Lehre der kath. Kirche (die jeden Geschlechtsakt primär als einen Zeugungsakt definiert) und verbietet jede Form künstl. E., lässt aber erstmals die Zeitwahlmethode zu. Das Zweite Vatikan. Konzil stellte die personalen Sinnwerte der Ehe heraus und sprach von verantworteter Elternschaft: Die Eltern selbst treffen in eigener Verantwortung die Entscheidung über die Zahl ihrer Kinder. Die Enzyklika ›Humanae vitae‹ Pauls VI. (1968) und das Rundschreiben ›Familiaris consortio‹ Johannes' Pauls II. (1981) bestätigen diese Lehre und lehnen weiterhin jede künstl. Methode der E. ab. Diese Lehräußerungen gelten in der Kirche nicht als Dogma; die dt. Bischöfe haben die Möglichkeit nicht ausgeschlossen, dass der Katholik in seinem Gewissen in diesen Fragen zu einer anderen Überzeugung kommen kann. Die theolog. Diskussion der letzten Jahre konzentrierte sich insbesondere auf das Problem der Begründung. Kirchlich kritisiert wird jedoch die gesellschaftl. Praxis der E. in den westl. Industriestaaten. Diese wird u. a. in der Enzyklika ›Evangelium vitae‹ Johannes' Pauls II. (1995) aus moraltheolog. Sicht angesprochen. Die Enzyklika sieht dabei einen Zusammenhang zw. der modernen Praxis der E. und einer weit verbreiteten hedonist. Freiheits- und Moralauffassung gegeben, die in vielen Fällen die mit der Sexualität verbundene Verantwortung gegenüber dem Leben, das aus der geschlechtl. Begegnung hervorgehen könnte, ablehne und dieses als Behinderung der eigenen Persönlichkeitsentwicklung begreife. – Die Theologie der reformator. Kirchen im 20. Jh. (u. a.

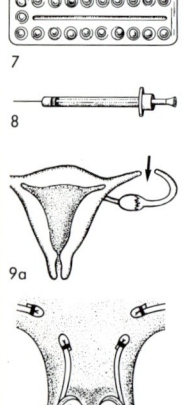

Empfängnisverhütung: 7 Antibabypille; 8 Einmonatsspritze; 9 Sterilisation bei der Frau (a) und beim Mann (b)

K. Barth, E. Brunner) lehrt bezüglich der E., dass die personale Sichtbarmachung der ehel. Liebe über der Zeugung neuen Lebens stehe und unter Umständen von dieser getrennt werden könne. Die Frage nach Mitteln der E. sei sittlich irrelevant.

J. Huber: Fragen der Kontrazeption (1988); G. K. Döring: Die Temperaturmethode zur E. (^{10}1989); Ders.: E. Ein Leitf. für Ärzte u. Studenten (^{12}1990); Gynäkolog. Endokrinologie u. Fortpflanzungsmedizin, hg. v. B. Runnebaum u. T. Rabe, 2 Bde. (1994); E. Raith u.a.: Natürl. Familienplanung heute (^{2}1994); Klinik der Frauenheilkunde u. Geburtshilfe, hg. v. K.-H. Wulf u. H. Schmidt-Matthiesen, Bd. 2 (^{3}1996).

Empfängniszeit, →Ehelichkeit.

Empfangsbekenntnis, *Zivilprozess:* Zustellungsnachweis über ein Schriftstück bei vereinfachter Zustellung vom Gericht an einen Rechtsanwalt, Notar u. Ä. oder von Anwalt zu Anwalt (§§ 198 Abs. 2; 212a ZPO). Ein datiertes, unterschriebenes E. ersetzt bei Rückgabe an den Absender die amtl. Urkunde.

Empfehlung, unverbindl. Rechtsakt im Europarecht (→Stellungnahme).

Empfindlichkeit, 1) *Fotografie:* Licht-E., Allgemein-E., Sensibilität, Reaktionsvermögen einer fotograf. Schicht bei der →Belichtung mit weißem Mischlicht (→Farbempfindlichkeit). Mit der Messung und Festlegung der E. nach den versch. E.-Systemen beschäftigt sich die →Sensitometrie. Den früheren E.-Angaben nach DIN (logarithmisch abgestuft, DIN-Zahl) und ASA (geometrisch abgestuft) liegt dasselbe Messsystem zugrunde (DIN 4512); man kombinierte sie daher zu ISO-Werten: 21 DIN = 100 ASA = ISO 100/21°. Die Verdoppelung der ISO-Zahl und der Zuwachs um drei ISO-Grad bedeuten eine Steigerung der E. um 100 % (z. B. ISO 200/24°).

2) *Messtechnik:* bei einem Messgerät das Verhältnis der Änderung seiner Anzeige zu der sie verursachenden Änderung der Messgröße.

3) *Nachrichtentechnik:* Maß für die Fähigkeit eines Empfängers oder einer Empfängerschaltung, schwache Signale zu empfangen. Wesentlich ist dabei, dass der Empfänger den Rauschabstand des ihm zugeleiteten Nutz- und Rauschsignals möglichst wenig durch sein Eigenrauschen verkleinert. Ein Empfänger mit großer E. hat eine kleine →Rauschzahl.

4) *Physiologie:* Eintrittsschwelle eines Reizes; je schwächere Reize die Antwort auslösen, umso größer die Empfindlichkeit.

empfindsame Reise durch Frankreich und Italien, Eine, dt. auch u. d. T. ›Yoricks empfindsame Reise durch Frankreich und Italien‹; engl. ›A sentimental journey through France and Italy. By Mr. Yorick‹, Reiseroman von L. Sterne; engl. 1768.

empfindsamer Stil, musikal. Stilrichtung um 1750, die stark von gefühlsbetonten Ausdruckselementen getragen wird und v. a. durch prot. Komponisten Nord- und Mittel-Dtl.s (bes. C. P. E. Bach) vertreten wird. Der e. S. entwickelt sich aus und neben dem →galanten Stil.

Empfindsamkeit, literar. Strömung innerhalb der →Aufklärung (2. Hälfte des 18. Jh.); das Wort ›empfindsam‹ gilt als Übersetzung des engl. Wortes ›sentimental‹, die G. E. Lessing dem Übersetzer (J. J. C. Bode) von L. Sternes Roman ›A sentimental journey ...‹ (›Eine empfindsame Reise ...‹, 1768) vorgeschlagen haben soll; die E. stellte eine bestimmte Phase in der Entwicklung des neuzeitl. Individualismus dar; kennzeichnend war die Hinwendung zu einer enthusiast., ›sentimentalen‹ Weltsicht zunächst im religiösen Bereich des →Pietismus, dann säkularisiert in allen Lebensbereichen. Zeittypisch waren Freundschaftszirkel (z. B. Göttinger Hain, Darmstädter Kreis). Das Naturgefühl mit idyllisch-heiteren wie elegisch-düsteren Stimmungen und Reflexionen war nicht naiv, sondern bewusst antirationalistisch reflek-

tiert (sentimentalisch). Entscheidend für diese Entwicklung waren die engl. →moralischen Wochenschriften, die Naturdichtungen von J. Thomson bis zu E. Youngs ›Night thoughts‹ (1742–45) sowie die Ossian-Dichtungen von J. Macpherson, v. a. auch die Romane S. Richardsons, später die humoristischidyll. Romane von O. Goldsmith, L. Sterne u. a. Auch Frankreich gab mit Romanen (Abbé Prévost, J.-J. Rousseau) sowie mit der →Comédie larmoyante Anstöße für den E.-Kult; in der dt. Lit. wurden diese Werke aufgenommen und mit großem Erfolg nachgeahmt, u. a. ›weinerl. Lustspiele‹ von C. F. Gellert; daneben entstanden empfindsame Romane (Gellert, J. T. Hermes) und Gedichte. Als Höhepunkt und zugleich Überwindung der empfindsamen Dichtung gilt Goethes Roman ›Die Leiden des jungen Werthers‹ (1774).

R. Krüger: Das Zeitalter der E. (^{2}1973).

Empfindung, 1) *Philosophie:* die meist durch sinnl. Wahrnehmung ausgelöste Wirkung im menschl. Erkenntnisapparat. Für die empir. Wiss. stellt sich das Problem, dass E. einerseits für jedes Gegenstandsbewusstsein unverzichtbar sind, andererseits aber ihrer Subjektivität wegen wiss. Ansprüchen nicht genügen. Zur Auflösung dieses Dilemmas quantifiziert man die die E. auslösenden Reize (so ersetzt z. B. die Physik den E.-Begriff Farbe durch den der Wellenlänge).

Im Rahmen der Erkenntnistheorie wird daher der Beitrag der E. zur Erkenntnis einerseits und ihre Abhängigkeit von der Außenwelt andererseits diskutiert.

2) *Psychologie:* die als Folge einer Reizeinwirkung durch nervl. Erregungsleitung vermittelte Sinneswahrnehmung. Entsprechend den versch. Sinnesfunktionen unterscheidet man, ausgelöst durch Außenreize oder Reize innerhalb des Körpers, Gesichts-, Gehörs-, Geruchs-, Geschmacks-, Tast-, Temperatur-, Schmerz-, Bewegungs-, Gleichgewichts- und Organ-E. Die ältere Psychologie (v. a. die Elementenpsychologie) betrachtete E. als grundlegende Bestandteile des Psychischen. Dieser Auffassung wurde von der Gestalt- und der Ganzheitspsychologie entschieden widersprochen. – Die Gesetzmäßigkeit zw. der Intensität von Reizen und der Stärke der dadurch ausgelösten E. (und im Zusammenhang damit auch die versch. Reizschwellen) werden speziell von der Psychophysik untersucht. (→Wahrnehmung)

Emphase [frz., von griech. émphasis, eigtl. ›Verdeutlichung‹] *die, -/-n*, **1)** *bildungssprachlich* für: Nachdruck, Eindringlichkeit.

2) *Sprachwissenschaft:* nachdrückl. Hervorhebung durch phonet. (z. B. Betonung, Stimmhebung) oder syntakt. Mittel (z. B. rhetor. Frage, Ausruf, Inversion). Als **emphatische Laute** werden Laute bezeichnet, die mit Verschluss des Kehlkopfs und starker Pressung artikuliert werden (z. B. in semit. und kaukas. Sprachen).

Emphysem [griech. ›Eingeblasenes‹, ›Aufblähung‹] *das, -s/-e,* i. w. S. ein krankhafter Zustand, bei dem Gewebelücken oder Hohlräume in einem Organ mit Luft oder Gas angefüllt sind. Ein E. entsteht z. B. bei Verletzung der Lungen oder Bronchien, wodurch Luft in benachbartes Gewebe, z. B. des Halses, eindringt (traumat. Haut-E.), oder durch bakterielle Gasbildung, z. B. bei →Gasbrand. I. e. S. wird unter E. die Überblähung der Lungenbläschen verstanden (→Lungenemphysem).

Empididae [griech.], die →Tanzfliegen.

Empire [ˈempaɪə] *das, -(s),* **British E.** [ˈbrɪtɪʃ -], →Britisches Reich und Commonwealth.

Empire [ãˈpiːr, frz. ›Kaiserreich‹, zu lat. imperium ›Reich‹, ›Herrschaft‹] *das, -(s),* **1)** das Kaiserreich Napoleons I. (1804–15) und Napoleons III. (1852–70). – **E. français, E. colonial,** bis 1939 das frz. Kolonialreich.

2) *Kulturgeschichte:* **Empirestil,** im letzten Jahrzehnt des 18. Jh. in Frankreich einsetzender, unter NAPOLEON I. nach 1804 über ganz Europa bis nach Russland verbreiteter und bis gegen 1830 vorherrschender strenger, auf Repräsentation ausgerichteter Dekorationsstil innerhalb des Klassizismus, der gleichermaßen Innenraumdekoration, Möbelkunst und Kunsthandwerk wie Kleidermode erfasste. Seine Anfänge bestimmten bes. der Maler J. L. DAVID, unter

Empire 2): Pierre François Léonard Fontaine und Charles Percier, Speiseraum in Schloss Malmaison; 1802 ff.

dessen Leitung 1793 die ›Salle de la Convention‹ in den Tuilerien in Paris ausgestattet wurde, und die von NAPOLEON bevorzugten Architekten P. F. L. FONTAINE und C. PERCIER, die führend wurden in der Ausstattung von Schlössern und Palästen (Tuilerien, Élyséepalast, beide in Paris; Schlösser Malmaison, Compiègne, Fontainebleau, Saint-Cloud u. a.). Die wuchtigen, schweren Möbel sind aus geometr. Formen gefügt, wobei man an Hölzern Mahagoni, Ebenholz und Zeder bevorzugte, häufig Samtbespannungen, Goldbronze für Löwenklauenfüße sowie Marmor verwendete. Beliebt waren griech., ägypt., röm., bei Wanddekorationen bes. pompejan. Motive. Das Sammelwerk von FONTAINE und PERCIER ›Recueil de décorations intérieures ...‹ (1812) erfuhr als Lehrbuch des E. weite Verbreitung.

Die E.-**Mode** folgte der Directoiremode, milderte aber ihre Übertreibungen und bereitete eine neue bürgerl. Mode vor. In der Frauenkleidung folgten der durchsichtigen Chemise fußfreie, nach 1810 knöchelfreie, unter der Brust gegürtete Kleider, über denen häufig ein kurzes, langärmeliges Jäckchen, der Spenzer, getragen wurde. Wärmende Mantelkleider traten hinzu. Man kehrte vom Weiß wieder zu farbigen Stoffen, von der Schmucklosigkeit zu Rüschen und Bunt- oder Weißstickerei zurück. Die Schuhe blieben flach und absatzlos. In der Herrenmode behauptete sich das lange oder ein enges, bis zur Wade reichendes Beinkleid mit Schaftstiefeln darüber. Dazu wurden der Frack oder ein längerer Leibrock und eine kurze, gerade abschließende Weste mit hoher Halsbinde im Ausschnitt getragen. Der Zylinder mit hohem Kopf erhielt eine stark geschweifte Krempe. Die höf. Kleidung zeigte mit Kniehosen, bestickten Röcken und Schnallenschuhen, mit kostbaren Seiden und langen Schleppen erneut Anklänge an die Hofmoden des 18. Jh., doch hatte sie ihre Führungsrolle endgültig verloren.

C.-A. ISERMEYER: E. (1977); J. F. WITTKOP: Die Welt des E. (1977).

Empire-Konferenzen [ˈempaɪə-], engl. **Imperial Conferences** [ɪmˈpɪərɪəl ˈkɔnfərənsɪz], die Konferenzen der Premier-Min. Großbritanniens und der Dominions (seit 1907). Die aus den früheren Kolonialkonferenzen (**Colonial Conferences,** ab 1887) hervorgegangenen E.-K. erstrebten eine gemeinsame Außen- und Verteidigungspolitik sowie eine aufeinander abgestimmte internat. Wirtschafts- und Währungspolitik der selbstständigen Glieder des →Britischen Reiches und Commonwealth. Die E.-K. förderten dessen friedl. Umbau zum Commonwealth of Nations. Besaßen die Entschließungen der E.-K. für die einzelnen Reg. früher eine große Autorität, so entwickelten sich die Beschlüsse der seit 1944 periodisch stattfindenden **Commonwealth-Konferenzen** immer mehr zu Empfehlungen.

Empirem [→empirisch] *das, -s/-e, bildungssprachlich* für: Erfahrungstatsache.

Empire State Building [ˈempaɪə ˈsteɪt ˈbɪldɪŋ], bis 1970 das höchste Gebäude der Erde, 1931 von WILLIAM FREDERICK LAMB in New York (Stadtteil Manhattan) erbaut; 381 m (mit Fernsehturm fast 449 m) hoch, 102 Stockwerke.

Empirie [→empirisch] *die, -,* Erfahrungswissen, →Erfahrung (im Unterschied zur Theorie).

Empiriokritizismus *der, -,* von R. AVENARIUS und E. MACH vertretene, kritisch-empirist., positivist. Lehre, welche die These von der Existenz einer bewusstseinsunabhängigen Objektwelt als metaphys. Annahme ablehnt und durch eine ›Kritik der reinen Erfahrung‹ bzw. ›Empfindungen‹ als Elemente des ›natürl. Weltbildes‹ zu erweisen sucht. Die philosoph. Richtung des E. beeinflusste auch die zeitgenöss. marxist. Philosophie (Machismus, Empiriomonismus); sie wurde von LENIN scharf kritisiert.

R. AVENARIUS: Kritik der reinen Erfahrung, 2 Bde. (1888–90, Nachdr. Ann Arbor, Mich., 1980); E. MACH: Die Analyse der Empfindungen (⁹1922).

empirisch [zu griech. émpeiros ›erfahren‹, ›kundig‹], auf dem Wege der Empirie gewonnen, auf Empirie beruhend; erfahrungsgemäß.

empirische Sozialforschung, die systemat., methodenorientierte Erhebung und Interpretation von Daten über Gegebenheiten und Vorgänge im soziokulturellen Bereich. Die Forschungsergebnisse dienen der Überprüfung von Hypothesen und Theorien, der Gewinnung von neuen Erkenntnissen und Hypothesen, der Fundierung von rationalen Planungs- und

Empire 2): Directoire- (links) und Empiremode (rechts); kolorierter Kupferstich aus ›Journal des Dames et Modes‹, Paris 1806

Entscheidungsprozessen sowie der Bewältigung von prakt. Problemen. Erforschte Tatbestände sind: 1) objektive Gegebenheiten (Einkommensverteilung, Herrschaftsbefugnisse, Familiengröße u. a.), 2) subjektive Faktoren (Wertvorstellungen, Meinungen, Motive u. a.), 3) reale Verhaltensweisen. Der e. S. liegt die moderne Wissenschaftstheorie zugrunde, bes. der krit. Rationalismus von K. R. POPPER und H. ALBERT. Die Forschung soll prinzipiell unabhängig von der Subjektivität des Forschers ablaufen (Prinzip der Intersubjektivität). Die jeweils eingesetzten Methoden, Verfahren, Instrumente oder Forschungstechniken der e. S. (→Befragung, →Beobachtung, →Experiment, →Gruppendiskussion, →Inhaltsanalyse, →Skalierung, →Soziometrie) sollten an einer Theorie oder an Forschungshypothesen orientiert sein.

In zunehmendem Maße werden Methoden der e. S. in anderen Sozialwissenschaften (Ethnologie, Psychologie, Wirtschaftswissenschaften, Politologie) und bes. in der kommerziellen Markt- und Meinungsforschung eingesetzt.

Die e. S. entwickelte sich aus der Bev.- und Sozialstatistik (›polit. Arithmetik‹) des 17. und 18. Jh., aus den Sozialenqueten des 19. Jh., aus empir. Forschungsansätzen der Ethnologie, Kulturanthropologie und Sozialpsychologie, aus den Anfängen der Markt- und Meinungsforschung. Eigentl. method. Überlegungen und ihre Anwendung in exemplar. Untersuchungen unternahm erstmals E. DURKHEIM. Nach dem Ersten Weltkrieg wurden die Methoden v. a. in den USA im Zusammenhang mit der Wahl-, Propaganda-, Medien-, Minoritäten- und Vorurteilsforschung, mit stadt-, gemeinde-, industrie- und militärsoziolog. Untersuchungen weiterentwickelt. Quantitativ-statist. Methoden ermöglichen die Bearbeitung des immer umfangreicheren Datenmaterials mithilfe des Computers.

Hb. der e. S., hg. v. R. KÖNIG, 14 Bde. (²⁻³1973–79); Techniken der e. S., hg. v. J. VAN KOOLWIJK u. M. WIEKEN-MAYSER, 8 Bde. (1974–87); H. KERN: E. S. (1982); J. BORTZ: Lb. der empir. Forschung. Für Sozialwissenschaftler (1984); J. FRIEDRICHS: Methoden e. S. (¹⁴1990); M. HUNT: Die Praxis der Sozialforschung (a. d. Engl., 1991); R. GIRTLER: Methoden der qualitativen Sozialforschung (Wien ³1992); W. LAATZ: Empir. Methoden. Ein Lb. für Sozialwissenschaftler (Thun 1993); P. ATTESLANDER: Methoden der e. S. (⁸1995); A. DIEKMANN: E. S. Grundlagen, Methoden, Anwendungen (1995); H. KROMREY: E. S. (⁷1995).

empirische Verteilung, *Stochastik:* die der Stichprobe $x = (x_1, x_2, ..., x_n)$ von reellen Beobachtungen zugeordnete diskrete Verteilung h_x (→Dichte), die jedem der Punkte x_i die Masse $1/n$ zuordnet; kommt dabei ein Wert mehrfach, etwa k-fach vor, so erhält er die Masse k/n. Man nennt die zu h_x gehörige Verteilungsfunktion F_x die **empirische Verteilungsfunktion** zur Stichprobe x. Für $-\infty < t < +\infty$ gilt $F_x = \dfrac{m_x(t)}{n}$, wobei $m_x(t)$ die Anzahl der Stichprobenwerte x_i ist, die höchstens gleich t sind.

Stammt die Stichprobe x aus einer Grundgesamtheit mit der unbekannten Verteilungsfunktion F, so ist die empir. Verteilungsfunktion F_x eine gute Schätzfunktion für F. Dies wird bestätigt durch den (auch als Hauptsatz der mathemat. Statistik bezeichneten) Satz von Gliwenko-Cantelli (nach den Mathematikern W. I. GLIWENKO, * 1897, † 1940, und F. P. CANTELLI, * 1875, † 1966): Bezeichnet $Y_n = (X_1, X_2, ..., X_n)$ die Folge der ersten n Stichprobenvariablen, so konvergiert die Folge der empir. Verteilungsfunktionen F_{Y_n} mit Wahrscheinlichkeit 1 gleichmäßig gegen F. – Die Bedeutung der e. V. liegt u. a. darin, dass deren Maßzahlen (oder leichte Modifikationen davon) gute Schätzer für die entsprechenden Maßzahlen von F sind. Erstere kommen daher auch als Prüfgrößen bei den Testproblemen infrage, bei denen die Hypothesen durch Maßzahlen der unbekannten Verteilungsfunk-

Empire State Building in Manhattan, New York, von William Frederick Lamb; Höhe mit Fernsehturm fast 449 m, 1931

tion F festgelegt sind. Die Definition der e. V. bleibt für vektorwertige Stichproben unverändert.

empirische Wissenschaften, die →Erfahrungswissenschaften.

Empirismus [zu griech. empeiria ›Erfahrung‹, ›Kenntnis‹] *der, -,* **1)** *Philosophie:* das Ausgehen von der Erfahrung; insbesondere die Annahme, dass jede Erkenntnis auf Erfahrung (und nur auf Erfahrung) beruhe; in der Philosophie eine erkenntnistheoret. Richtung, die im Ggs. zum Rationalismus in der (meist als reines begrifflos ›Gegebenes‹ verstandenen) Erfahrung den Ursprungs- und Rechtfertigungsgrund aller Erkenntnis, auch der reinen Vernunfterkenntnisse sieht. Gelten die Sinne als einzige Quelle der Erfahrung, so spricht man von →Sensualismus. Im 17./18. Jh. wurde der E. v. a. von T. HOBBES, J. LOCKE, G. BERKELEY und D. HUME vertreten, die sich gegen eine Annahme angeborener Ideen wandten. Nach LOCKE ist das menschl. Bewusstsein zunächst leer wie ein unbeschriebenes Blatt (›Tabula rasa‹); alle Bewusstseinsinhalte gehen auf die äußere, durch die Sinnesorgane, oder die innere, durch Selbstwahrnehmung vermittelte Erfahrung zurück. Diese ›einfachen Ideen‹ sind die ›Bausteine‹, aufgrund derer der Verstand durch Kombination, Vergleich und Abstraktion die ›zusammengesetzten Ideen‹ bildet. I. KANT suchte gegen diesen E. zu zeigen, dass die Erfahrung schon als solche rational begründet ist. Der E. von J. S. MILL geht so weit, auch die mathemat. Erkenntnisse auf die durch Induktion aus der Erfahrung gewonnenen Sätze zu reduzieren. Eingeleitet durch den Empiriokritizismus entstand im 20. Jh. ein neuer E. (Neopositivismus), der auf die seit etwa 1900 entwickelte mathemat. Logik zurückgreift und deshalb die Kennzeichnung ›log. E.‹ oder ›log. Positivismus‹ erhielt. Hauptvertreter des log. E. sind R. CARNAP, H. REICHENBACH und M. SCHLICK, um die sich der →Wiener Kreis sammelte. Charakteristisch für den log. E. ist, dass er die mathemat. Wahrheiten für analytisch erklärt und viele klass. philosoph. Kontroversen auf sprachlog. Irrtümer zurückführt.

F. KAMBARTEL: Erfahrung u. Struktur. Bausteine zu einer Kritik des E. u. Formalismus (1968); L. KRÜGER: Der Begriff des E. Erkenntnistheoret. Studien am Beispiel John Lockes (1973); M. BENEDIKT: Der philosoph. E. Theorie (Wien 1977); M. SCHLICK: Allg. Erkenntnislehre (Neuausg. 1979).

2) *Psychologie:* Sammel-Bez. für Theorien, die das Verhalten allein auf Lernprozesse zurückführen (Ggs. →Nativismus). Die Psyche wird hierbei gleichsam als ›Tabula rasa‹ angesehen, die nur durch Sinneseindrücke mit Inhalt gefüllt werden kann.

3) *Sprachwissenschaft:* Forschungszweig im Rahmen des amerikan. →Strukturalismus und des →Behaviorismus, der im Unterschied zum →Mentalismus davon ausgeht, dass nur die der direkten Beobachtung (und damit der sinnl. Wahrnehmung) zugänglichen sprachl. Gegebenheiten Gegenstand sprachwiss. Analyse sein können.

Empodium [zu griech. poús, podós ›Fuß‹] *das, -(s),* unpaariger Fortsatz am letzten Fußglied vieler Insekten, der v. a. als Haftorgan dient.

Empoli, Stadt in der Toskana, Prov. Florenz, Italien, 27 m ü. M., links des unteren Arno in der Industriezone des ›Valdarno inferiore‹, 43 300 Ew.; Museum; Marktzentrum mit Bekleidungs-, Glas-, Lebensmittel-, Möbelindustrie. – An der Piazza Farinata degli Uberti erhebt sich die Kirche Collegiata Sant'Andrea (1093 ff., über Vorgängerbau des 5. Jh.) im Stil der Protorenaissance. – E. entstand zu Beginn des 12. Jh. um ein im 8. Jh. genanntes Kastell. Nach starker Zerstörung während des Zweiten Weltkrieges wurde die Stadt fast gänzlich neu aufgebaut.

Empoli, Jacopo da, eigtl. **Jacopo Chimenti** [ki-], ital. Maler, *Florenz um 1551, †ebd. 30. 9. 1640. Durch Rückbesinnung auf die florentin. Kunst des frühen 15. Jh. löste sich E. in kompositorisch klaren, farblich ausgewogenen Andachtsbildern vom herrschenden Manierismus.

Empordà, Landschaft in Katalonien, →Ampurdán.

Empore:
Schematische Darstellung eines romanischen Kirchenraums mit Seitenschiffemporen

Empore [aus ahd. bor ›oberer Raum‹, ›Höhe‹] *die, -/-n,* in der kirchl. Baukunst meist über den Seitenschiffen, im Zentralbau über dem Umgang des Erdgeschosses gelegenes, zum Kirchenraum geöffnetes galerieartiges Obergeschoss (auch mehrstöckig), auch tribünenartiger Einbau in Holz oder Stein in einem Raum (Frei-E.). Die E. war bestimmten Personen (Frauen, Nonnen, Sängern, Hofstaat) oder Zwecken vorbehalten. Sie ist zuerst bei den röm. Marktbasiliken nachweisbar und gelangte über die östl. Sakralarchitektur in die europ. Baukunst. Weit verbreitet war sie im mittelalterl. Kirchenbau, v. a. in der Romanik und frühen Gotik in Frankreich, Oberitalien und Dtl. E. waren für die Gliederung von Langhauswänden

von großer Bedeutung, man schuf auch **Schein-E.,** d. h. E. ohne nutzbaren Raum (nur in Mauerstärke). Im prot. Kirchenbau wurde die E. verstärkt wieder aufgegriffen. Allg. war sie als Orgel-E. verbreitet, sie griff in Barock und Rokoko auch auf die Profanarchitektur über (Schlossbibliotheken und -festsäle).

Emporion [griech.], **Emporiae** [lat.], **Empúries** [katalan.], antike Stadt in Spanien, →Ampurias.

Emporium [lat.] *das, -s/...ri|en,* **Emporion** [griech.], in der Antike Handelsplatz, Markt (inner- oder außerhalb der Stadt) zur Abwicklung des Fernhandels.

empraktisch [griech. ›auf das Handeln bezogen‹], *Sprachwissenschaft:* von K. BÜHLER geprägte Bez. für den vorwiegend ellipt. Gebrauch von sprachl. Zeichen in Situationen, die mehrere Entscheidungen zulassen, durch den Kontext jedoch eine eindeutige Verständigung garantieren, z. B. ›ein Helles‹ bei der Bestellung im Restaurant.

Empson ['empsn], Sir (seit 1979) William, engl. Lyriker und Literaturkritiker, *Yokefleet Hall (bei Kingston upon Hull) 27. 9. 1906, †London 15. 4. 1984; ab 1953 Prof. in Sheffield. Seine Arbeiten über die Mehrdeutigkeit der Dichtersprache waren wegweisend für den ›New Criticism‹; seine dunklen, experimentellen Gedichte (›Collected poems‹, 1955) haben die moderne engl. Lit. stark beeinflusst.

Weitere Werke: *Literaturkritik:* Seven types of ambiguity (1930, Neuausg. 1984); Some versions of pastoral (1935); The structure of complex words (1951); Milton's God (1961). – Using biography (1984, Essays).

H. MELLER: Das Gedicht als Einübung. Zum Dichterverständnis W. E.s (1974); P. u. A. GARDNER: The god approached: a commentary on the poems of W. E. (London 1978); C. NORRIS: W. E. and the philosophy of literary criticism (ebd. 1978).

Empusa, griech. **Empusa,** *griech. Mythos:* weibl. Schreckgestalt, meist im Gefolge der Hekate, häufig mit einem Eselsfuß. Sie kann sich in versch. Tiere verwandeln, aber auch als schöne Frau erscheinen, die dann ihren menschl. Liebhaber verzehrt.

Empusa, die Pilzgattung →Entomophthora.

Empyem [griech. ›Eitergeschwür‹] *das, -s/-e,* Eiteransammlung in vorgebildeten Körperhöhlen (z. B. Nasennebenhöhlen-E., Brustfell-E.).

Empyreum [griech.] *das, -s,* bei den antiken Naturphilosophen der Feuerhimmel, d. h. die oberste Weltgegend; bei einigen christl. Philosophen und Theologen als bildl. Vorstellung Begriff für das Jenseits als den Ort des Lichts, des Himmels; in DANTES ›Divina Commedia‹ dementsprechend der Aufenthaltsort der Engel und Seligen.

Emrich, Wilhelm, Literarhistoriker, *Nieder-Jeutz (heute zu Thionville) 29. 11. 1909; 1953–56 Prof. für neuere dt. Literaturgeschichte in Köln, danach an der Freien Universität Berlin; Kafkaforscher (›Franz Kafka‹, 1958), Hg. der Werke von A. HOLZ, C. STERNHEIM, RICARDA HUCH.

Weitere Werke: Die Symbolik von Faust II (1943); Protest u. Verheißung (1960); Geist u. Widergeist (1965); Polemik (1968); Poet. Wirklichkeit (1979).

Ems [nach Bad Ems] *das, -,* **Emsien** [εm'zjẽ:], **Emsium,** *Geologie:* Stufe des →Devon.

Ems, Name von geographischen Objekten:

1) Ems *die,* Fluss im Norddt. Tiefland, in NRW und Ndsachs., 371 km lang, entspringt in der Senne, durchfließt das Münsterland, nimmt bei stark mäandrierendem natürl. Lauf im Emsland von rechts die Hase auf; ab dem Zufluss der Leda bei Leer (Ostfriesland), wo sich die letzte große Klappbrücke seit 1991 befindet, beginnt die Stromausweitung zum Mündungsästuar (der Tideneinfluss reicht bis Papenburg). Der Mündungsbereich der E. umfasst den eingebrochenen →Dollart und die anschließende **Außenems,** deren Tiefenrinne (Ostfries. Gatje) sich bis westlich von Borkum (hier: **Westerems**) erstreckt (die Verbindung zur **Osterems** östlich von Borkum ist verflacht); diese Rinne wird als Fahrwasser zu den Häfen von Delfzijl (Niederlande) und Emden auf rd. 10 m Tiefe gehalten. Schiffbar ist die E. ab Meppen seit ihrem Ausbau (1899) als Teilstück des Dortmund-E.-Kanals; Kanalverbindungen bestehen zur Weser, zum Jadebusen (E.-Jade-Kanal) sowie zum niederländ. Kanalsystem (u. a. durch den Emskanal, niederl. Eemskanal).

T. JANSSEN: Gewässerkunde Ostfrieslands (1967).

2) Bad Ems, Kreisstadt des Rhein-Lahn-Kreises, Rheinl.-Pf., 70–240 m ü. M., im Naturpark Nassau an der unteren Lahn, 10 100 Ew.; Thermal- und Mineralheilbad, heilklimat. Kurort, Staatsbad; Statist. Landesamt; medizintechn. Betriebe, Produktion von Emser Pastillen, Gewinnung von →Emser Salz; Spielbank (eröffnet 1987; die vorhergehende bestand 1720–1872); Jacques-Offenbach-Festspiele; Kurwaldbahn (Standseilbahn) zum Kurgebiet auf der Bismarckhöhe.

Stadtbild: Die ev. Pfarrkirche St. Martin ist eine roman. Emporenbasilika des 12. Jh. Die Bäderarchitektur u. a. mit Altem Badehaus (Karlsburg, auch ›Vier-Türme-Haus‹ gen., 1696 begonnen, 1810 vollendet), Kurhaus (um 1715 erbaut, 1912/13 neubarock erweitert), Kursaalgebäude (1836–41) und Kurtheater (1913/14) wurde zahlr. Villen des 19. Jh. (heute z. T. als Kliniken genutzt) ist noch vollständig erhalten. Russisch-orth. Kirche (Kreuzkuppelbau, 1874–76).

Geschichte: Nach vorröm. Besiedlung bestand im 1.–3. Jh. n. Chr. ein röm. Kastell, das um den hier die Lahn kreuzenden, teilweise noch sichtbaren Limes sicherte. Das Dorf E. entstand im 6. Jh. als fränk. Siedlung. Das ›Emser Bad‹, seit dem 14. Jh. als Heilbad bezeugt, entwickelte sich im 17. Jh. zu einem der bekanntesten Bäder Dtl.s und galt im 19. Jh. als ›Weltbad‹ (Gäste u. a. Kaiser WILHELM I., F. M. DOSTOJEWSKIJ). 1324 erhielt E. Stadtrechte, Dorf und Bad wuchsen aber erst im 19. Jh. zur Stadt E. (seit 1863; seit 1913 **Bad E.**) zusammen. 1866 wurde der zuvor nassauische Ort preußisch. – 1786 wurde in E. die →Emser Punktation abgeschlossen, 1870 wurde die →Emser Depesche zum Auslöser des Deutsch-Frz. Krieges.

H.-J. SARHOLZ: Gesch. der Stadt Bad E. (1994).

Ems, Rudolf von, mittelhochdt. Dichter des 13. Jh., →Rudolf, R. von Ems.

EMS [i:em'es], Abk. für European Monetary System, das →Europäische Währungssystem.

Emscher [nach dem Fluss Emscher] *das, -s,* Geologie: Stufe der →Kreide in Mitteleuropa, entspricht dem Coniacium und dem unteren Santonium.

Emscher *die,* rechter Nebenfluss des Niederrheins, 98 km lang, entspringt südöstlich von Dortmund am Haarstrang (Holzwickede), durchfließt das Ruhrgebiet von O nach W, ist kanalisiert und trägt wesentlich zur Entsorgung der im Ruhrgebiet anfallenden Schmutzstoffe bei, sodass die E. heute ein totes Gewässer ist. Ausbau und Instandhaltung obliegen der →Emschergenossenschaft. Die Mündung, urspr. in Alsum (Duisburg-Hamborn), wurde 1910 rheinwärts nach Walsum verlegt, 1950 nach Dinslaken-Süd. Die E. ist nicht schiffbar; sie wird von Herne bis Duisburg vom Rhein-Herne-Kanal begleitet.

Emscherbrunnen [nach dem Fluss Emscher], **Imhoff-Tank,** doppelstöckige Absetz- und Schlammfaulanlage zur Abwasserreinigung (Konstruktion von K. IMHOFF, 1906). Die Sinkstoffe des Abwassers gelangen aus dem oben liegenden Absetzbecken über stark geneigte Zwischendecken in den darunter liegenden Faulraum, wo das Ausfaulen des abgesetzten Schlammes stattfindet.

Emschergenossenschaft, älteste dt. Abwassergenossenschaft, gegr. 1904, eine Körperschaft des öffentl. Rechts mit Selbstverwaltung; Sitz: Essen. Ihre Aufgaben sind Regelung der Vorflut sowie Errichtung und Betrieb von Kläranlagen für das Einzugsgebiet der Emscher (865 km² mit 2,4 Mio. Ew., viele Industriebetriebe). Zu den Anlagen der E. zählen (1995) u. a. 95 Entwässerungspumpwerke, sechs Kläranlagen und drei Entphenolungsanlagen.

Emscher Park, Internationale Bauausstellung E. P., Abk. **IBA E. P.,** von der Landes-Reg. NRW begründetes Strukturprogramm mit einer zehnjährigen Laufzeit (1989–99) zur städtebaul. und ökolog. Erneuerung des nördl. Ruhrgebiets (Emscher Region). Zw. Duisburg und Dortmund werden über 100 Projekte in folgenden Bereichen entwickelt: Schaffung eines zusammenhängenden Grünraums, Umbau des Emschersystems, Erhalt und Neunutzung von Industriedenkmälern, Entwicklung von Industriebrachen unter dem Motto ›Arbeiten im Park‹, Wohnungsbau.

Emsdetten, Stadt im Kr. Steinfurt, NRW, links der Ems im Münsterland, 44 m ü. M., 34 000 Ew.; Heimatmuseum, Wannenmachermuseum; Textil- und Bekleidungsindustrie, Metall- und Kunststoffverarbeitung. – Das 1178 erstmals erwähnte Pfarrdorf E. entwickelte sich Mitte des 19. Jh. nach dem Anschluss an die Eisenbahnstrecke Emden–Münster zu einem Standort der Juteverarbeitung. Seit 1815 gehörte E., das 1938 Stadt wurde, zu Preußen.

Emser, Hieronymus, kath. Kontroverstheologe, *Weidenstetten (bei Ulm) 26.(28.?) 3. 1478, †Dresden 8. 11. 1527; Sekr. des Herzogs GEORG von Sachsen; wandte sich 1519 nach der Leipziger Disputation von LUTHER ab, der (ab 1520) mehrere Streitschriften mit ihm wechselte. 1527 veröffentlichte E. eine Übersetzung des N. T., die im Wesentlichen eine dogmatisch orientierte Überarbeitung des Luthertextes auf der Basis der Vulgata darstellt.

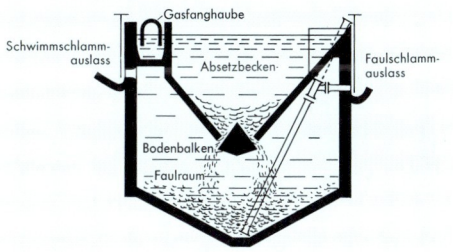

Emscherbrunnen: Schematische Darstellung des Querschnitts

Emser Depesche, von H. ABEKEN verfasster Telegrammbericht vom 13. 7. 1870 aus Bad Ems, mit dem er den Kanzler O. VON BISMARCK über eine Unterredung König WILHELMS I. von Preußen mit dem frz. Gesandten V. Graf BENEDETTI über die frz. Forderung nach einem Verzicht auf die →hohenzollernsche Thronkandidatur in Spanien unterrichtete. In dem von BISMARCK zur Veröffentlichung gebrachten, gekürzten und redigierten Text erhielt das Auftreten des frz. Gesandten einen ultimativen Charakter. Zugleich stellte die Veröffentlichung die frz. Diplomatie bloß, die nach dem Verzicht von Erbprinz LEOPOLD von Hohenzollern-Sigmaringen auf eine Thronkandidatur in Spanien eine garantierte preuß. Verzichterklärung hinsichtlich weiterer Thronkandidaturen forderte. Das Vorgehen BISMARCKS stellte nach damaligem diplomat. Verständnis eine ernste Brüskierung Frankreichs dar und zog, auch wegen der seit längerem gespannten Beziehungen zw. beiden Staaten, die Kriegserklärung Frankreichs (19. 7. 1870; →Deutsch-Französischer Krieg 1870/71) nach sich.

E. KOLB: Der Kriegsausbruch 1870 (1970); Europa u. die Reichsgründung. Preußen-Dtl. in der Sicht der großen europ. Mächte 1860–1880, hg. v. DEMS. (1980).

Emser Punktation, Ergebnis der Verhandlungen von Deputierten der dt. Metropoliten (Köln, Mainz, Trier, Salzburg), die vom 25. 7. bis 25. 8. 1786 in Bad Ems tagten. Diese Tagung, der **Emser Kongress,** beschäftigte sich mit dem Streit um die Rechte der päpstl. Nuntien in Dtl. und um die Errichtung einer Nuntiatur in München und strebte auf episkopalist. Basis größere Selbstständigkeit für die kath. Kirche in Dtl. an. Daneben spielten nationalkirchl. Ziele eine Rolle, deren Verwirklichung die Frz. Revolution verhinderte.

Emser Salz, urspr. aus den Quellen von Bad Ems gewonnenes, inzwischen auch in entsprechender Zusammensetzung künstlich hergestelltes Salzgemisch; enthält v. a. Natrium- und Kaliumsalze (Hydrogencarbonate, Sulfate, Chloride). E. S. wird, in Wasser gelöst, v. a. bei Katarrhen der Atemwege getrunken oder (fein zerstäubt) inhaliert.

Emu (Körperhöhe bis 1,8 m)

Ems-Jade-Kanal, Binnenschifffahrtsweg (seit 1887) zw. Ems (Emden) und Jadebusen (Wilhelmshaven), Ndsachs., 72 km lang. Für den Verkehr ist der E.-J.-K. heute nahezu bedeutungslos; er dient als Entwässerungsvorfluter der ostfries. Moorregion.

Emsland, Landkreis im Reg.-Bez. Weser-Ems, Ndsachs., 2 880 km², 280 700 Ew., Kreisstadt ist Meppen. Der Landkreis umfasst die gleichnamige dt. Grenzlandschaft gegen die Niederlande. Das E. wird geprägt durch weite, nur teilweise kultivierte Hochmoore (u. a. Bourtanger Moor), durch Talsandebenen, Flussniederungen und Geestrücken (Hümmling). Das in S-N-Richtung verlaufende, beiderseits von aufgeforsteten Flugsandbereichen begleitete Emstal ist eine traditionell bedeutende, heute von Straße, Eisenbahn und Dortmund-Ems-Kanal benutzte Trasse zw. dem rheinisch-westfäl. Raum und dem Nordseeküstenraum, an der sich Städte als Standorte von Handel, Verw. und Industrie entwickelten: Lingen (Ems), Meppen, Haren (Ems) und Papenburg. Die östl. und westl. weiten Hochmoorregionen standen trotz schon im 18. Jh. einsetzender Kultivierung einem ostwestl. Durchgangsverkehr lange im Wege. In der Landwirtschaft bedingen arme Sand- und Moorböden (z. T. hoher Grundwasserstand) beträchtl. Grünlandanteile mit Rinderzucht; daneben gibt es Kartoffel- und Getreideanbau mit Schweine- und Geflügelhaltung sowie in Papenburg Gemüsebau (Unterglaskulturen).

Im wirtschaftsschwachen E. wurde mit dem Reichssiedlungs-Ges. von 1919 eine großzügige Ödlandkultivierung durch Siedlungsunternehmen eingeleitet. Seit

1951 wurde das E. durch den **E.-Plan** (Emsland GmbH) verstärkt gefördert: Ansiedlung von Vertriebenen aus den ehemaligen dt. Ostgebieten auf landwirtschaftl. Neuland, umfangreiche Landeskulturmaßnahmen, Erschließung der seit 1942 erbohrten Erdöl- und Erdgasvorkommen sowie Industrieansiedlung. Traditionell ist die Torfwirtschaft. Trotz erheblicher wirtschaftl. Fortschritte gehört das noch stark agrarisch geprägte E. weiterhin zu den strukturschwachen Regionen Nord-Dtl.s.

Das E., seit 1300 belegt, war im MA. in das münstersche Amt Münster, die Grafschaft Bentheim und die Niedergrafschaft Lingen geteilt. 1815 kam das Gebiet an das Königreich Hannover. – In Esterwegen (1933–36) und in Börgermoor (1933–35/36) bestanden natsoz. KZ (E.-Lager).

D. STECKHAN: Niedersachsen. Landeskunde u. Landesentwicklung (1980); G. HUGENBERG u. a.: Das E. (1982).

Emu [engl., von port. ema di gei ›Kranich der Erde‹ (wegen der Flugunfähigkeit des Vogels)] *der, -s/-s,* **Dromaius novaehollandiae,** flugunfähiger, bis 1,8 m hoher, straußenähnlicher Vogel Australiens mit bräunl. Gefieder. Der Lebensraum des E. erstreckt sich von locker bewaldeten Gebieten bis zur Halbwüste. Die Nahrung besteht aus vielerlei Früchten, Knospen, Gras und Insekten. Der E. kann auf kurzen Strecken rennend mehr als 50 km/h erreichen. Brut und Jungenaufzucht besorgt allein das Männchen. – Der Bestand ist in Australien gefährdet, auf Tasmanien, King Island und Kangaroo Island ausgerottet.

Emulator [zu lat. aemulari ›nacheifern‹, ›gleichkommen‹] *der, -s/...'toren, Datenverarbeitung:* Einrichtung oder Hilfsprogramm(e) zur Sicherstellung der →Kompatibilität zw. Rechenanlagen und Anwendungsprogrammen oder – als Zusatz zur Zentraleinheit eines Computers – zur Erweiterung des Anwendungsbereiches. Durch **Emulation** (auch durch Simulation) vorhandener Programme können diese für eine geänderte, erweiterte oder durch einen anderen Typ ersetzte Datenverarbeitungsanlage verwendet werden.

Emulgatoren, Sg. **Emulgator** *der, -s,* Stoffe, die →Emulsionen stabilisieren und ihre Herstellung ermöglichen oder erleichtern. E. erniedrigen die Grenzflächenspannung zw. zwei Flüssigkeiten und damit die Energie, die beim Zerteilen einer Flüssigkeit in kleine Tröpfchen gegen die Grenzflächenspannung aufgebracht werden muss. Die bes. durch ion. E. verstärkte gleichsinnige Ladung der Tröpfchen wirkt einem Zusammenfließen entgegen. Als E. wirken →Tenside, z. B. Seifen von Alkalimetallen und Alkanolaminen, Mono- und Diglyceride von Fettsäuren (mit der E-Nummer E 471 für Lebensmittel zugelassen). Daneben sind bestimmte Naturstoffe (z. B. Lecithine, Wachse) und anorgan. Stoffe (z. B. Bentonite) mit geringer Grenzflächenaktivität als E. wirksam.

Emulgieren, das Herstellen einer →Emulsion.

Emulsin [zu Emulsion gebildet] *das, -s,* ein in Mandeln u. a. Steinobstarten vorkommendes Enzymgemisch, das die hydrolyt. Spaltung des →Amygdalins u. a. blausäurehaltiger Glucoside katalysiert. Es enthält v. a. β-Glucosidasen und Hydroxynitrilase.

Emulsion [zu lat. emulgere, emulsum ›abmelken‹ (mit Bezug auf die Milch, die selbst eine E. ist)] *die, -/-en,* 1) *Fotografie:* (fälschl.) Bez. für die stabile Suspension von Silberhalogenidkristallen (Durchmesser 0,1–3 µm) in einem hydrophilen, makromolekularen Bindemittel (meist →Gelatine), die zur Herstellung der lichtempfindl. Schicht eines fotograf. Materials verwendet wird. Die bei der E.-Herstellung zunächst gebildeten, sehr kleinen Kristalle werden zur Empfindlichkeitssteigerung einem Reifungsprozess unterworfen (Kornwachstum, Ausbildung von Reifekeimen als Empfindlichkeitszentren) und durch Zusatz von organ. Farbstoffen zur E. sensibilisiert.

2) *Physik* und *techn. Chemie:* eine →Dispersion, bei der eine Flüssigkeit in Form feiner Tröpfchen (Durchmesser 10 nm–0,1 mm) in einer nicht mit ihr mischbaren anderen Flüssigkeit verteilt ist. Zur Herstellung einer E. **(Emulgierung, Emulgieren)** ist Energie (z. B. für Rührwerke, Vibratoren) und meist auch der Einsatz von →Emulgatoren erforderlich. Zur Erhöhung der Stabilität können Schutzkolloide wie Pektine, Alginate, Celluloseäther oder Polyvinylalkohol zugesetzt werden. **Öl-in-Wasser-E. (O/W-E.),** bei denen eine organ. Flüssigkeit (z. B. Pflanzen- oder Mineralöle) in Wasser verteilt ist, sind meist dünnflüssig (z. B. Milch). **Wasser-in-Öl-E. (W/O-E.),** bei denen Tröpfchen von Wasser oder wässrigen Lösungen in einer organ. Flüssigkeit vorliegen, haben salbenartige Konsistenz (z. B. Butter). O/W-E. lassen sich im Ggs. zu W/O-E. mit Wasser abspülen. Misch-E. enthalten nebeneinander O/W- und W/O-Verteilungen (z. B. Cold Creams). Das Zusammenfließen der einzelnen Tröpfchen **(Koaleszenz)** wird als ›Brechen der E.‹ bezeichnet. Es kann mechanisch (z. B. durch Schütteln), durch elektr. Felder und durch Zusatz von Elektrolyten oder Demulgatoren erreicht werden. E. werden bei vielen techn. Verfahren verwendet, z. B. bei der E.-Polymerisation, Metallbearbeitung (Bohröle), Textilausrüstung. Da sich Wirkstoffe in E. optimal verteilen lassen, werden Kosmetika, Medikamente und Pflanzenschutzmittel häufig in Form von E. angewandt.

E-Musik, Abk. für ernste **Musik,** im Ggs. zur U-Musik (→Unterhaltungsmusik). Die Zweiteilung entstand in den 1920er-Jahren aus verwaltungstechn. Gründen bei der Wahrung von Urheberrechten, z. B. bei GEMA und Rundfunk. Für ein Wesensverständnis der Musik ist diese Entgegensetzung fragwürdig, zumal die Übergänge fließend sind.

EMV, Abk. für →elektromagnetische Verträglichkeit.

Emydidae, die →Sumpfschildkröten.

en... [griech.], Präfix naturwiss. Fachwörter, v. a. der Biologie und Medizin, mit der Bedeutung: innerhalb, innen, in – hinein; z. B. Enophthalmus; vor Labialen angeglichen zu **em...,** z. B. Embolie.

...en, Suffix der chem. Nomenklatur, kennzeichnend für das Vorliegen einer Doppelbindung in offenkettigen oder zykl. Kohlenwasserstoffen (z. B. →Alkene).

Enakievo [je-], Stadt in der Ukraine, →Jenakijewo.

Enakiter, hebr. **Anakim,** vorisraelit. Volk in S-Palästina, angeblich riesenhaft (4. Mos. 13, 22–34); daher **Enakssohn** sprichwörtlich: ein sehr großer und starker Mensch. E. sind die ›Halskettenleute‹ nach den Ringen, die sie oder ihre Tiere um den Hals trugen.

Enallage [auch eˈnalage; griech., eigtl. ›Verwechslung‹] *die, -, Rhetorik:* veränderte syntakt. Stellung bes. eines Adjektivs, das grammatisch nicht dem begrifflich zugehörigen Beziehungswort zugeordnet ist, z. B. ›der kalte Druck ihrer Hände‹ statt ›der Druck ihrer kalten Hände‹.

Enamelum [zu engl. enamel ›Email‹, ›Schmelzüberzug‹] *das, -s,* der →Zahnschmelz.

Enanthem [zu griech. ánthēma ›das Blühen‹] *das, -s/-e, Medizin:* →Ausschlag.

Enantiomerie *die, -,* Spiegelbildisomerie, →Stereochemie.

Enantiotropie [griech. ›entgegengesetzte Wendung‹] *die, -,* die Erscheinung, dass zwei Modifikationen eines Stoffes an scharf definierten Umwandlungspunkten in beiden Richtungen ineinander umwandelbar sind; z. B. beim Quarz. (→Polymorphie, →Monotropie)

Enare, schwed. Name für den See →Inari.

Enargit [zu griech. enargés ›sichtbar‹, ›deutlich‹ (wegen der deutlich erkennbaren Spaltbarkeit)] *der,* -s/-e, metallisch glänzendes, grauschwarzes, rhomb. Mineral der chem. Zusammensetzung Cu_3AsS_4; Härte nach MOHS 3,5, Dichte 4,4 g/cm^3; bildet säulige Kristalle, überwiegend aber derbe oder strahlige Aggregate; hydrothermal entstanden; Kupfererz.

Enata [griech. énatos ›der neunte Tag‹] *Pl.,* im antiken Griechenland die am neunten Tag nach einer Bestattung am Grab dargebrachten Totenopfer.

en avant! [ãnaˈvã, frz.], *bildungssprachlich* für: vorwärts!, los!

en bloc [ãˈblɔk, frz.], **1)** *allg.:* im Ganzen, in Bausch und Bogen.

2) *Kaufmannssprache:* beim Warenkauf die Bestimmung, dass nach Vertragsabschluss der Käufer keine Gewährleistungsansprüche bei Mängeln geltend machen kann.

Encarnación [eŋkarnaˈsjɔn], Hauptstadt des Dep. Itapúa, Paraguay, am Paraná gegenüber von Posadas, Argentinien, 27 600 Ew.; durch Bahn und Straße mit Asunción, durch Eisenbahnfähre mit Posadas verbunden. Handels- und Verkehrszentrum, Industrie. – 1615 als Jesuitenmission Itapúa gegründet.

Enceladus [nach Enkelados, einem Giganten der griech. Sage], einer der Monde des Planeten →Saturn.

Encephalon [griech. egképhalos, eigtl. ›was im Kopf ist‹] *das, -s/...la,* **Enzephalon,** *Anatomie:* das →Gehirn.

enchassieren [ãʃa-; frz., zu châsse ›Kästchen‹, ›Einfassung‹], Schmucksteine (ein)fassen.

Enchi [-tʃ-], Fumiko, jap. Schriftstellerin, * Tokio 2. 10. 1905, † ebd. 14. 11. 1986; trat zunächst mit Dramen, dann mit Erzählungen und Romanen hervor, die das Leben eigenwilliger, gebildeter Frauen in der traditionellen, patriarchalisch geprägten Gesellschaft beschreiben, wobei sie in Form von Zitaten auf die klassische jap. Lit. zurückgriff. Sie übersetzte auch das Genji-monogatari ins moderne Japanisch.

Werke (jap.): *Romane:* Die Wartejahre (1957; dt.); Die Dichterin u. die Masken (1958; dt.); Haus ohne Eßtisch (1978).

Enchiridion [-ç-; griech.-lat., eigtl. ›in der Hand (Behaltenes)‹] *das, -s/...di|en,* kurz gefasstes Handbuch, kleines Lehrbuch, Leitfaden; Quellensammlung.

enchondral [-ç-; zu griech. chóndros ›Knorpel‹], *Anatomie:* im Knorpel liegend, aus Knorpel entstehend (Knochen bei der Ossifikation).

Enchondrom [-ç-] *das, -s/-e,* Form der Knorpelgeschwülste (→Chondrom).

Enchytraeidae [-ç-; zu griech. chýtra ›irdener Topf‹], **Enchyträen,** Familie der →Wenigborster; die weißl. bis gelbl. Borstenwürmer sind etwa 1–4 cm lang und leben v. a. im Erdboden, im Grundschlamm von Binnengewässern sowie der Gezeitenzone. Sie ernähren sich v. a. von verrottendem Pflanzenmaterial. Bekanntester Vertreter ist der **Topfwurm** (Enchytraeus albidus; Länge bis 3,6 cm), der auch in Blumenerde vorkommt; er dient als Futter für Aquarien- und Terrarientiere.

Encina [enˈθina], Juan del, span. Dichter und Komponist, * Encina de San Silvestre (bei Salamanca) (?) 1469, † León 1529; gilt als ›Vater des span. Theaters‹. Als Kleriker im Dienst des Herzogs von Alba widmete er sich zur Unterhaltung seines Herrn der Musik, der Lyrik und dem Theater; lebte ab 1498 als Günstling mehrerer Päpste in Rom, wurde 1509 Erzdiakon in Málaga, schließlich Priester und Prior der Kathedrale von León. Sein ›Cancionero‹ (Erstdruck 1496) enthält Lyrik und acht (später 13) Hirtenspiele (von E. ›églogas‹ oder ›representaciones‹ gen.), zwei weitere Stücke erschienen in Einzelausgaben. E. formte aus den mittelalterl. kurzen religiösen Weihnachts- und Osterspielen ein weltl. Theater mit bukol. Thematik. Die Ekloge ›Fileno, Zambardo y Cardonio‹ gilt als erste span. Tragödie.

Johann Franz Encke

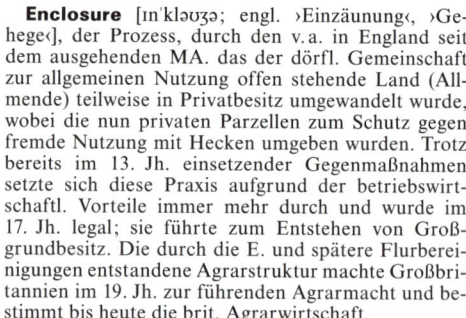

Ausgabe: Obra completa, hg. v. A. M. RAMBALDO, 4 Bde. (1978–83).

H. W. SULLIVAN: J. de E. (Boston, Mass., 1976); Das span. Theater, hg. v. K. PÖRTL (1985).

Encke, Johann Franz, Astronom, * Hamburg 23. 9. 1791, † Spandau (heute zu Berlin) 28. 8. 1865; war 1822–25 Direktor der Sternwarte Seeberg bei Gotha, danach Astronom der Preuß. Akad. der Wiss. in Berlin, seit 1844 Prof. der Astronomie. Er berechnete die Bahn des nach ihm benannten Enckeschen Kometen, lieferte außerdem Beiträge zur astronom. Störungstheorie und zahlr. Bahnberechnungen von Planetoiden und Kometen sowie die erste genaue Bestimmung der Sonnenparallaxe aus den Venusdurchgängen von 1761 und 1769.

Enckell, 1) Carl, finn. Industrieller und Politiker, * Sankt Petersburg 7. 6. 1876, † Helsinki 27. 3. 1959; als Mitgl. der Schwed. Volkspartei 1918/19, 1922, 1924 sowie 1944–50 Außen-Min. Er unterzeichnete 1944 den Waffenstillstandsvertrag, 1947 den Friedensvertrag mit der Sowjetunion.

2) Knut Magnus, finn. Maler, * Hamina (Prov. Kymi) 9. 11. 1870, † Stockholm 26. 11. 1925; setzte sich unter dem Eindruck der Werke von P. PUVIS DE CHAVANNES und E. CARRIÈRE zunächst mit dem Symbolismus auseinander; nach 1900 wurden spätimpressionist. Einflüsse richtungweisend. E. malte Porträts und Landschaftsbilder, befasste sich mit mytholog. und religiösen Themen. Er schuf auch Monumentalwerke (Fresken in der Johanniskirche in Tampere, 1907) und Glasgemälde.

3) Rabbe, finnlandschwed. Lyriker, * Tammela (bei Hämeenlinna) 3. 3. 1903, † Helsinki 17. 6. 1974, Bruder des finnlandschwed. Schriftstellers und Literaturhistorikers OLOF E. (* 1900, † 1989); schrieb Natur- und Liebeslyrik von konzentrierter Schönheit und Anschaulichkeit; die Bedrohtheit des modernen Menschen findet künstler. Gestaltung in lyr. Versdramen mit griech. Motiven. In stilistisch meisterhafter Prosa bemüht sich E. um Einsicht in das Unbewusste.

Werke: Lyrik: Flöjtblåsarlycka (1925); Vårens cistern (1931); Valvet (1937); Andedräkt av koppar (1946); Det är dags (1965); Flyende spegel (1974). – Lyrische Dramen: Landskapet med den dubbla skuggan (1933); Orfeus och Eurydike (1938); Agamemnon (1949); Hekuba (1952); Mordet på Kiron (1954); Alkman (1959). – Prosa: Relation i det personliga (1950); Traktat (1953); Essay om livets framfart (1961).

enckesche Teilung, eine von J. F. ENCKE 1837 entdeckte Lücke im A-Ring des Planeten →Saturn.

Michael Ende

Edgar Ende: Die Geburt der Träne; 1947 (München, Bayerische Staatsgemäldesammlungen)

358

Enclosure [in'kləʊʒə; engl. ›Einzäunung‹, ›Gehege‹], der Prozess, durch den v. a. in England seit dem ausgehenden MA. das der dörfl. Gemeinschaft zur allgemeinen Nutzung offen stehende Land (Allmende) teilweise in Privatbesitz umgewandelt wurde, wobei die nun privaten Parzellen zum Schutz gegen fremde Nutzung mit Hecken umgeben wurden. Trotz bereits im 13. Jh. einsetzender Gegenmaßnahmen setzte sich diese Praxis aufgrund der betriebswirtschaftl. Vorteile immer mehr durch und wurde im 17. Jh. legal; sie führte zum Entstehen von Großgrundbesitz. Die durch die E. und spätere Flurbereinigungen entstandene Agrarstruktur machte Großbritannien im 19. Jh. zur führenden Agrarmacht und bestimmt bis heute die brit. Agrarwirtschaft.

Encomienda [eŋko'mjenda; span. ›Auftrag‹] die, -/-s, in Kastilien urspr. eine Grundherrschaft der Ritterorden, entwickelte sich während der span. Landnahme in Amerika zum maßgebl. Kolonisationsinstrument als Ersatz für die verbotene Versklavung der Eingeborenen. In rechtl. Hinsicht war die E. die Zuteilung (›Repartimiento‹) von unterschiedlich großen Gruppen von Indianern an einzelne Eroberer mit dem Auftrag, Missionierung und Akkulturation der Eingeborenen zu gewährleisten sowie militär. Einsatzbereitschaft zu zeigen; dafür erhielten sie das Privileg, die von den Indios geschuldeten Tribute und Arbeitsleistungen (Zwangsarbeit auf den Landgütern und in den Bergwerken) für sich zu nutzen. Die Krone oder ihre Repräsentanten vergaben E. unter Berufung auf ihre Rechtsnachfolgerschaft der indian. Herrscher. In der Praxis garantierte das System den Unterhalt der Eroberer, deren Drang nach rücksichtsloser Bereicherung führte jedoch zur Ausbeutung und Unterdrückung der Indianer. Diese Missstände verursachten die in den ›Neuen Gesetzen‹ von 1542 gipfelnde Reform des E.-Systems, das aber nur langsam von der Krone abgeschafft werden konnte (endgültig im 18. Jh.).

S. A. ZAVALA: La e. indiana (Madrid 1935); Fischer-Weltgesch., Bd. 22: Süd- u. Mittelamerika, Tl. 1: Die Indianerkulturen Altamerikas u. die spanisch-portugies. Kolonialherrschaft, hg. u. verf. v. R. KONETZKE (99.–100. Tsd. 1995).

Encounter [in'kaʊntə, engl.] das oder der, -s/-, Begegnung, Treffen, Zusammenstoß.

Encountergruppe [in'kaʊntə-, engl.], Personenkreis, der an einem →Sensitivitätstraining teilnimmt. Durch bestimmte Übungen und Techniken (v. a. aus der Gesprächs- und Gestalttherapie) und mithilfe des Psychodramas wird versucht, neue Gefühlserfahrungen zu machen, Fremd- und Selbstwahrnehmung zu erhöhen und ungezwungene Formen des Miteinanderlebens zu entwickeln.

Encrinus [zu griech. krínon ›Lilie‹] der, -/...ni, ausgestorbene Gattung der Seelilien aus der Trias, mit niedrigem, schüsselförmigem Kelch und meist langem, rundem Stiel. Die rädchenförmigen Stielglieder, bes. der Art E. liliiformis, waren im oberen Muschelkalk oft gesteinsbildend (→Trochiten).

Encyclopædia Britannica [in‚saıklə'piːdjə brı'tænıkə], →Enzyklopädie.

Encyclopédie ou Dictionnaire raisonné des sciences, des arts et des métiers [ãsiklɔpe'di u diksjɔ'nɛːr rɛzɔ'ne de'sjã:s de'zaːr edeme'tje, frz.], →Enzyklopädie.

Endarterie, jeder Endteil einer großen Organschlagader, der nicht durch Kollateralgefäße (→Kollateralen) mit einem anderen Gefäß in Verbindung steht und somit als einziges Gefäß das zugehörige Kapillarnetz versorgt. Verschluss der E. führt zum Infarkt.

Endbach, seit 1973 **Bad E.,** Gem. im Landkreis Marburg-Biedenkopf, Hessen, im Gladenbacher Bergland, 300–500 m ü. M., 8800 Ew.; Kneippheilbad, Wintersport.

Enddarm, Teil des →Darms.

Ende, 1) Edgar Carl Alfons, Maler, *Altona (heute zu Hamburg) 23. 2. 1901, †Baiern (Landkreis Ebersberg) 27. 12. 1965, Vater von 2); studierte in Hamburg und ließ sich 1931 in München nieder; 1933 mit Ausstellungsverbot belegt. E. entwickelte seine surrealist. Bilder aus der Auseinandersetzung mit myst. und mytholog. Schrifttum.
E. E., hg. v. J. Krichbaum (Wien 1987).

2) Michael, Schriftsteller, *Garmisch-Partenkirchen 12. 11. 1929, †Filderstadt-Bonlanden 28. 8. 1995, Sohn von 1); wurde bekannt durch seine abenteuerlich-fantast. Erzählungen für Kinder (›Jim Knopf und Lukas, der Lokomotivführer‹, 1960; ›Jim Knopf und die wilde 13‹, 1962). Eine nachdenkl. Auseinandersetzung mit dem Problem Zeit bietet er in ›Momo‹ (1973; 1986 verfilmt von J. Schaaf), einem ›Märchenroman‹. Sein größter Erfolg war ›Die unendl. Geschichte‹ (1979; 1984 verfilmt von W. Petersen), eine reizvolle Verquickung von fantast. und realer Welt. E. schrieb auch Texte zu Bilderbüchern.
Weitere Werke: Der Spiegel im Spiegel (1984, Erz.); Das Märchen vom Zauberspiegel (1984, mit M. Völkening; Kinderbuch); Der Goggolori (1984, Stück); Trödelmarkt der Träume. Mitternachtslieder u. leise Balladen (1986); Der satanarchäolügenialkohöllische Wunschpunsch (1989); M. E.s Zettelkasten. Skizzen & Notizen (1994).
P. Boccarius: M. E. Der Anfang der Geschichte (Neuausg. 1995).

Endecasillabo [-k-; ital. ›Elfsilbler‹], in der ital. Verskunst elfsilbiger Vers mit weibl. Versausgang und zwei Haupttonstellen: ein Hauptton fällt dabei regelmäßig auf die 10. Silbe (die Endtonstelle), der andere ist beweglich, liegt jedoch meist auf der 4. oder 6. Silbe. Der ital. E. ist eine freie Adaption des frz. Zehnsilblers (→Vers commun). Er ist der älteste belegte ital. Vers und als Vers des Sonetts, der Terzine, der Stanze, der Sestine u. a. der wichtigste Vers der ital. Dichtung. Dt. Nachbildungen gibt es seit dem 2. Hälfte des 18. Jahrhunderts.

Ende gut, alles gut, engl. ›All's well that ends well‹, Komödie von W. Shakespeare, entstanden um 1602/03, engl. Erstausgabe in der Folioausgabe von 1623.

August Endell: Fotoatelier ›Elvira‹ in München; 1895–98

Endell, August, Architekt und Innenarchitekt, *Berlin 12. 4. 1871, †ebd. 13. 4. 1925; ab 1918 Prof. und Direktor der Kunstakademie Breslau; wichtiger Vertreter des Jugendstils. E. schuf Entwürfe für Möbel, Inneneinrichtungen, Textilien und Schmuck und trat als Architekt von Bauten hervor, deren Flächen er durch fantast. Jugendstilornamentik akzentuierte (Fotoatelier ›Elvira‹ in München, 1895–98, 1944 zerstört).

Endemie [zu griech. éndēmos ›im Volk‹, ›einheimisch‹] die, -/...'mi|en, Infektionskrankheit, die in einem bestimmten Gebiet in Einzelfällen oder auch bei einem bestimmten Prozentsatz der Bev. ständig vorkommt, im Unterschied zur →Epidemie, die jedoch auch aus einer E. hervorgehen kann. Eine E. entsteht dann, wenn einerseits die Immunitätslage der Bev. stark genug ist, um größere Ausbrüche zu verhindern, andererseits der Erreger aber durch Ausscheider oder leichte, unerkannt gebliebene Erkrankungen ständig in begrenztem Umfang weitergetragen wird. Beispiele für endem. Infektionskrankheiten sind in Mitteleuropa z. B. Masern und Lungentuberkulose, in außereurop. Gebieten z. B. Cholera und Typhus. Teils wird der Begriff auch auf nicht übertragbare Erkrankungen bezogen, z. B. den **endemischen Kropf,** der aufgrund von Jodmangel immer wieder in einer bestimmten Gegend auftritt. – Als **Enzootie** werden Tierseuchen mit entsprechendem Vorkommen bezeichnet.

endemisch, 1) *Biologie:* gesagt von Pflanzen- oder Tierarten, deren Verbreitungsgebiet räumlich eng begrenzt ist und nur selten kontinentale Ausmaße hat (z. B. Australien). Ursachen für das Auftreten endem. Arten **(Endemiten)** sind fehlende Ausbreitungsfähigkeit der Arten oder räuml. (z. B. Inseln) oder klimat. Isolation (z. B. im Gebirge) der Wohngebiete. **Progressive Endemiten** sind neu entstandene Arten, die sich von isolierten Standorten aus nicht weiter ausbreiten können, z. B. alpine Insekten, Schnecken, Pflanzen. **Regressive Endemiten** haben nur ein kleines Restareal einer früher weiten Verbreitung behalten, z. B. der Ginkgobaum. – Ggs.: apodemisch.
2) *Medizin:* örtlich begrenzt auftretend (von Infektionskrankheiten), auf eine Endemie bezogen.

Enden ['ɛndə], Franciscus van den, niederländ. Polyhistor, *Antwerpen 9. 2. 1602, †(hingerichtet) Paris 27. 11. 1674; trat 1619 in Mecheln in den Jesuitenorden ein (ausgestoßen 1633). 1644 eröffnete er in Amsterdam eine Buchhandlung, um 1652 eine Lateinschule. Er verkehrte mit dem Dichter J. van den Vondel und war der Lehrer des jungen B. Spinoza, den er in den Stoizismus einführte. 1671 ging E. nach großen Reisen nach Frankreich, wo er ebenfalls eine Lehranstalt gründete. 1674 nahm er an der Verschwörung Louis de Rohans (*1635, hingerichtet 1674), gegen Ludwig XIV. teil und wurde nach deren Entdeckung zum Tode verurteilt. Seine polit. Ideen zielten auf die Errichtung einer frz. Republik.
K. Malettke: Opposition u. Konspiration unter Ludwig XIV. (1976).

End|energie, *Energietechnik* und *Energiewirtschaft:* die einem Verbraucher bereitgestellte Sekundärenergie (→Energie); die zur Erfüllung einer bestimmten Aufgabe tatsächlich genutzte Energie wird als **Nutzenergie** bezeichnet.

Ender, Otto, österr. Politiker, *Altach (Vorarlberg) 24. 12. 1875, †Bregenz 25. 6. 1960; schloss sich der Christlichsozialen Partei an. Nach dem Ersten Weltkrieg trat er als Landeshauptmann von Vorarlberg (1918–34, mit Unterbrechung) für den Anschluss dieses Gebietes an die Schweiz ein. Von Dezember 1930 bis Juni 1931 war E. Bundeskanzler. Als Min. für Verf.-Fragen (1933/34) in der Reg. Dollfuß hatte er maßgebl. Anteil an der Ausarbeitung der ständischautoritären Bundes-Verf. vom 1. 5. 1934. 1934–38 war er Präs. des Bundesrechnungshofs.
Werke: Die neue österr. Verf. (1934); Vorarlbergs Schweizer-Anschluß-Bewegung von 1918–1924 (1952).

Enderbyland ['ɛndəbi-], Küstenland in der O-Antarktis, zw. 45° und 55° ö. L.; aus dem Eisschild von E. ragen Gebirgsketten (bis 2035 m ü. M.). – E. wurde 1831 von dem brit. Kapitän John Biscoe (*1794, †1843) entdeckt und nach seiner Reederei (Enderby Brothers) benannt. Genauer erforscht hat es 1929–31

Encrinus: Schematische Darstellung (oben) und Fossil (unten) von Encrinus liliiformis

der austral. Polarforscher Sir Douglas Mawson (*1822, †1958).

endergonische Reaktionen, chem. Reaktionen, die nur ablaufen, wenn den reagierenden Stoffen von außen Energie zugeführt wird. Wird diese Energie in Form von Wärme zugeführt, so spricht man von **endothermen Reaktionen;** Ggs. →exergonische Reaktionen.

Caspar Enderlein: Zinnschüssel mit Muttergottes; 1611 (Nürnberg, Germanisches Nationalmuseum)

Enderlein, Enderle, Enderlin, Endres, Caspar, schweizer. Zinngießer und Formschneider, getauft Basel 24. 6. 1560, †Nürnberg 19. 4. 1633; schuf als Nachfolger von F. Briot figürlich verzierte Zinngeräte und kopierte u. a. dessen ›Temperantiaschüssel‹ mit der allegor. Gestalt der Mäßigkeit (1611; Köln, Kunstgewerbemuseum).

Enders [engl. ˈendəz], John Franklin, amerikan. Bakteriologe, *West Hartford (Conn.) 10. 2. 1897, †Waterford (Conn.) 8. 9. 1985; Prof. für Virusforschung an der Harvard University; erhielt 1954 mit F. C. Robbins und T. H. Weller für die Entdeckung der Gewebekultur des Poliomyelitisvirus, die die Bekämpfung der Kinderlähmung durch Massenimpfungen ermöglichte, den Nobelpreis für Physiologie oder Medizin.

John F. Enders

endesmal [zu griech. desmós ›Band‹, ›Binde‹], Anatomie: innerhalb des Bindegewebes; aus Bindegewebe entstehend, z. B. endesmale oder desmale Knochenbildung (→Deckknochen).

en détail [ãdeˈtaj, frz.], **1)** bildungssprachlich für: im Einzelnen, eingehend.
2) Kaufmannssprache: im Einzelverkauf, einzeln, im Kleinen; Ggs.: en gros.

Endgericht, christl. Theologie: das →Jüngste Gericht.

Endhirn, Tel|encephalon, vorderster Teil des →Gehirns der Wirbeltiere.

Endingen am Kaiserstuhl, Stadt im Landkreis Emmendingen, Bad.-Württ., am N-Rand des Kaiserstuhls, 187 m ü. M., 8500 Ew.; Kaiserstühler Heimatmuseum, Vorderösterreich-Museum; Weinbau, Herstellung von Elektrogeräten, Sitzmöbeln, Kraftfahrzeugteilen u. a. – Das 862 erstmals als Dorf erwähnte E. erhielt um 1290 Stadtrecht. Es war Hauptort der Herrschaft Üsenberg und der Landgrafschaft Breisgau. 1379 wurde E. vorderösterreichisch und kam mit dem Breisgau 1805 an Baden.

Endiole [Kw.] Pl., **Reduktone,** ungesättigte organ. Verbindungen (Alkene), die an beiden Kohlenstoffatomen der Doppelbindung je eine Hydroxylgruppe gebunden enthalten. Sie sind starke Reduktionsmittel; eine wichtige, in der Natur vorkommende Verbindung aus der Gruppe der E. ist die →Ascorbinsäure (Vitamin C).

OH OH
| |
R—C=C—R′
Endiole

Endivie [frz., aus spätlat. intiba, lat. intubus, von griech. entýbion, eigtl. ›im Januar wachsende Pflanze‹, zu ägypt. tōbi ›Januar‹] die, -/-n, **1) Winter-E., Binde-E., Cichorium endivia,** aus dem Mittelmeergebiet stammender, heute in ganz Europa kulti-

Endivie 1): Breitblättrige (oben) und Krause Endivie (unten)

vierter, 1- bis 2-jähriger, winterharter Korbblütler; Zuchtform der (wilden) Zwergzichorie (Cichorium pusillum) mit breiten (**Eskariol, Breitblättrige E.,** Varietät ›latifolium‹) oder schmalen, kraus gewellten, zerschlitzten Blättern (**Krause E.,** Varietät ›crispum‹), die in der Jugend eine dichte Rosette bilden. Die leicht bitter schmeckenden, v. a. als Salat verwendeten Blätter werden meist rd. 2–3 Wochen vor der Ernte oben zusammengebunden, damit das ›Herz‹ bleich und zart bleibt und weniger Bitterstoffe gebildet werden.
2) Sommer-E., unkorrekte Bez. für den Röm. Salat, →Kopfsalat.

Endkörperchen, der Tastwahrnehmung dienende Mechanorezeptoren, v. a. bei höheren Wirbeltieren in den tieferen Schichten der Haut.

Endlagerung, Kerntechnik: die wartungsfreie, zeitlich unbefristete und sichere Verwahrung von schädl. und giftigen Abfällen, bes. im Rahmen der nuklearen →Entsorgung von radioaktiven Abfällen, mit dem Ziel, eine (im Ggs. zur →Zwischenlagerung) dauernde Isolierung der Schadstoffe von der Biosphäre und insbesondere vom menschl. Lebensbereich zu gewährleisten. Bis zum Jahr 2000 müssen in Dtl. rd. 150000 m³ konditionierter radioaktiver Abfälle ohne nennenswerte Wärmeentwicklung und etwa 3000 m³ mit Wärmeentwicklung endgelagert werden. Die radioaktiven Abfälle mit Wärmeentwicklung entstammen zu etwa 85% der Wiederaufarbeitung. Ihre Menge kann sich jedoch vermindern, wenn von der seit 1994 als gleichberechtigt neben der Wiederaufarbeitung zugelassenen **direkten E.** von abgebrannten Brennelementen (d. h. einer E. ohne Wiederaufarbeitung) Gebrauch gemacht wird. In diesem Fall müssen dann entsprechende Mengen konditionierter Brennelemente endgelagert werden. Die E. radioaktiver Abfälle spielt in der Entsorgungskette eine entscheidende Rolle, da erst mit der E. die Entsorgungskette geschlossen wird.

Die E. in geolog. Formationen des tieferen Untergrunds (Salz, Granit, Ton, Tuff, Erz) gilt heute als eine sehr sichere Methode für die E. radioaktiver Abfälle. Die wesentl. Anforderungen an ein solches **Endlager** sind: geolog. Stabilität in einem Zeitraum von mindestens 10000 Jahren; Sicherheit gegenüber dem Zutritt von Wasser, das die Schadstoffe auslaugen und dem Grundwasser zuführen könnte; gute Wärmeleitfähigkeit der Gesteinsformationen zur Abfuhr der beim radioaktiven Zerfall von hochradioaktiven Abfällen auftretenden Wärme und ein hohes Rückhaltevermögen für radioaktive Stoffe, d. h. geringe Migrationsgeschwindigkeit von freigesetzten radioaktiven Nukliden im Gestein. Man geht vielfach davon aus, dass diese Anforderungen am besten in Tiefenlagen (mehrere 100 m) von Salzformationen erfüllt werden. Als Sicherheitsbarrieren gegenüber dem Austritt von radioaktivem Material gelten in diesem Fall: 1) die Verpackung des E.-Produkts, 2) der Salzstock, der durch seine Plastizität Hohlräume, Bohrlöcher und Risse mit der Zeit von selbst schließt, und 3) das Deckgebirge, dessen Tonschichten die Wanderung von Radionukliden behindern, sofern sie nicht infolge tekton. Störungen durchlässig werden. – In Dtl. ist die Diskussion um die sichere E. von hochradioaktiven Abfällen in einem derzeit durch Schachtanlagen erkundeten Salzstock bei Gorleben kontrovers. Schwach- und mittelradioaktive Abfälle ohne nennenswerte Wärmeproduktion sowie Abfälle, die aus dem Abriss kerntechn. Anlagen stammen, sollen ab 1998 in die ehem. Eisenerzgrube ›Konrad‹ bei Salzgitter eingebracht werden. Ob dieser Termin eingehalten werden kann, ist noch offen (1996), da die derzeitige Landes-Reg. von Ndsachs. das Planfeststellungsverfahren in Richtung auf einen Ausstieg Dtl.s aus der Kernenergienutzung verzögert. Seit der dt. Wiedervereinigung 1990 steht das in der DDR betriebene Endlager für radioaktive Abfälle bei Morsleben (im früheren Kalisalzbergwerk Bartensleben) zur Verfügung. 1994 nach einer dreijährigen, durch gerichtl. Klagen erzwungenen Unterbrechung der Einlagerungsbetrieb wieder aufgenommen. Bis zum Jahre 2000 sollen rd. 40 000 m³ konditionierter radioaktiver Abfälle mit vernachlässigbarer Wärmeentwicklung eingelagert werden.

Die radioaktiven Abfälle müssen dabei in eine zur E. geeignete kompakte Form und Verpackung gebracht werden, die ein Freiwerden radioaktiver Stoffe langfristig, zumindest über mehrere Jahrhunderte, verhindert (**Endkonditionierung**). Die Kriterien für die Eignung eines Materials zur Aufnahme des Abfalls und als Verpackung (**Gebinde**) sind Strahlenbeständigkeit, mechan. Festigkeit für eine sichere Handhabung, Temperaturbeständigkeit gegenüber der beim radioaktiven Zerfall frei werdenden Wärme und chem. Stabilität gegenüber einer Auslaugung. Für die Gebinde, die mit einer Strahlenabschirmung versehen werden müssen, wird eine hohe Dichtheit und der Erhalt der Integrität bei Einwirkungen von außen (z. B. mechan. Belastungen, hohe Temperaturen durch Feuer usw.) gefordert.

Je nach Abfallart und -form wird die Verfestigung in versch. Weise durchgeführt. Abfälle mit geringer Wärmeentwicklung, d.h. Abfälle, die das umgebende Gestein um nicht mehr als 3 °C erwärmen (Filter, Papier, Kunststoffe, Schrott), werden z. B. in Fässern in eine Zementmatrix eingebunden und in Container verpackt. Wärme entwickelnde Abfälle fixiert man mit Beton, Bitumen oder Kunststoffen in Stahlfässern. Für hochradioaktive Abfälle, z. B. die in Wiederaufarbeitungsanlagen für Kernbrennstoffe anfallenden Spaltproduktkonzentrate, sind besondere Maßnahmen nötig, um sie langfristig so zu verfestigen, dass sie nicht in die Biosphäre gelangen können. Die Spaltproduktkonzentrate werden mit Glas verschmolzen (→Verglasung); die Glasblöcke oder -perlen werden anschließend mit Edelstahlzylindern umgeben. Für die direkte E. wurde der so genannte **Pollux-Behälter** entwickelt, der acht zerlegte Brennelemente von Druckwasserreaktoren aufnehmen kann; auch ist er für die E. anderer Brennelemente geeignet. Seit 1994 sollten die bei der Wiederaufarbeitung in Frankreich und Großbritannien anfallenden konditionierten radioaktiven Abfälle nach Dtl. zurückgeliefert werden. Die Rückführung aus Frankreich hat sich inzwischen verzögert, die aus Großbritannien beginnt erst ab dem Jahr 2000.

Eine E. durch Versenken von Abfällen ins Meer steht nicht mehr zur Diskussion, da die Beseitigung von radioaktiven Abfällen an Land ohne Beeinträchtigung der Biosphäre und ohne unverhältnismäßig hohen Aufwand möglich ist. Die BRD trat 1983 der Londoner Dumping-Konvention bei, nach der auf das Einbringen radioaktiver Abfälle ins Meer verzichtet wird. Eine E. im antarkt. Eis oder durch Transport in den Weltraum wird in Fachkreisen derzeit nicht diskutiert.

Internationaler Stand der E.: Staaten, die in größerem Umfang Kernkraftwerke zur Energieerzeugung nutzen, verfügen über unterschiedl. nat. Programme zur E. Die E. verfestigter schwach- und mittelradioaktiver Abfälle durch oberflächennahes Lagern wird in Frankreich, Großbritannien und in den USA praktiziert. Bedingt durch diese Art der E. werden an die Abfallgebinde sehr spezif. Anforderungen gestellt. Eine E. verfestigter schwach- und mittelradioaktiver Abfälle ohne nennenswerte Wärmefreisetzung in geolog. Formationen befindet sich mit Ausnahme Dtl.s in allen Staaten noch in der Planung, die unterschiedlich weit fortgeschritten ist. – Für die Beseitigung hochra-

dioaktiver Abfälle wird in allen Staaten die E. in tiefen geolog. Formationen geplant. In den USA wurde vor einigen Jahren entschieden, dass Yucca Mountain in Nevada der erste Standort für die E. hochradioaktiven Abfalls werden soll; zurzeit wird er auf seine Eignung untersucht. In Dtl. lässt das Erkundungsprogramm für den Salzstock Gorleben erwarten, dass ein Endlager für radioaktive Abfälle Anfang des nächsten Jahrtausends vorhanden ist. Sollte sich der Salzstock Gorleben als ungeeignet erweisen, könnte ein anderes Endlager etwa 10 Jahre später zur Verfügung stehen.

Geowiss. Aspekte der E. radioaktiver Abfälle, hg. v. der Dt. Geolog. Gesellschaft (1980); A. G. HERRMANN: Radioaktive Abfälle. Probleme u. Verantwortung (1983); E., Anthropogeologie, der Mensch als geolog. Faktor, hg. v. H. D. LANG (1986).

Endler, Adolf, Schriftsteller, *Düsseldorf 10. 9. 1930; übersiedelte 1955 in die DDR, nahm seit Mitte der 1960er-Jahre kritisch zu polit. und literar. Vorgängen dort Stellung (1979 Ausschluss aus dem Schriftstellerverband). Seine Gedichte und Prosatexte verarbeiten Alltagsmaterial ebenso wie literar. Vorbilder (u. a. K. KRAUS) vorwiegend in iron. und sarkast. Tönen mit großer sprachl. Originalität (›Nadelkissen. Aus den Notizzetteln Bobbi Bergermanns‹, 1979; ›Vorbildlich schleimlösend. Nachrichten aus einer Hauptstadt 1972 – 2008‹, 1990). E. schuf auch Nachdichtungen aus dem Russ. (u. a. JESSENIN) sowie einige Theaterstücke für Kinder (z. T. mit ELKE ERB, mit der er verheiratet war); auch literaturkrit. Essays.

Adolf Endler

Weitere Werke: *Lyrik:* Das Sandkorn (1974); Verwirrte klare Botschaften (1979); Akte Endler. Gedichte aus 25 Jahren (1981). – *Prosa:* Ohne Nennung von Gründen (1985); Schichtenflotz (1987); Die Antwort des Poeten (1992, R.); Tarzan am Prenzlauer Berg. Sudelblätter 1981–1983 (1994).

endlich, *Mathematik:* Bez. für eine Menge, die bijektiv (→Abbildung) auf ein Anfangsstück der Reihe der natürl. Zahlen abgebildet werden kann.

endlich-axiomatisierbar, Eigenschaft einer mathemat. Theorie, für die eine endl. Menge von Axiomen ausreicht, um daraus alle Sätze dieser Theorie abzuleiten.

Endlichkeit, die räuml., zeitl. oder zahlenmäßige Begrenztheit von Dingen, Personen, Mengen, kosm. Systemen u. a. im Ggs. zur Unendlichkeit. Zeit und Raum, damit die Welt als Ganzes, wurden in der Neuzeit zunächst generell als unendlich angenommen. In der modernen Kosmologie werden sowohl Weltmodelle diskutiert, die ein zeitlich und räumlich unendlich ausgedehntes Weltall beschreiben, als auch Modelle eines zeitlich und räumlich endl. Weltalls. Die tatsächlich realisierte Struktur des Weltalls, der →Raum-Zeit, lässt sich aus den vorliegenden empir. Befunden gegenwärtig nicht eindeutig ableiten.

Im *metaphys.* Sinne meint E. das Relative, Nichtabsolute, Begrenzte, das nicht durch sich selbst Bestimmte. *Theologisch* gesehen resultiert die E. aus der Geschaffenheit durch eine unendl. Schöpfergott. Im *anthropolog.* Sinne bezeichnet E. ein Wesensmerkmal des Menschen, ist Ausdruck seiner Sterblichkeit und seines geschichtl. Existierens in der Zeit. In *erkenntnistheoret.* Hinsicht bei R. DESCARTES und I. KANT besagt E. die Begrenztheit und Abhängigkeit des Erkennens im Unterschied zum absoluten Erkennen Gottes. Der menschl., diskursive Verstand bleibt in seiner Spontaneität immer an Rezeptivität gebunden. Der dt. Idealismus versuchte, über die E. des Verstandes und die damit verbundene Trennung von Anschauung und Begriff hinauszugehen, um schließlich bei G. W. F. HEGEL zu einer Synthese von Endlichem und Unendlichem zu gelangen. S. KIERKEGAARD dagegen sah in dem Streben des endl. Selbstseins nach Unendlichkeit ein unauflösbares Paradoxon. Nach J.-P. SARTRE ist der Mensch endlich, weil er sich durch seinen Entwurf endlich macht. F.-J. VON RIN-

TELEN kritisierte in seiner ›Philosophie der E.‹ (²1960) die Existenzphilosophie als Grundstimmung der Gegenwart, der ein echter Bezug zur Transzendenz fehle.

Endlosband, Magnetbandkassette für Spezialzwecke. Die Bandschleife wird nach dem Abspielen auf den gleichen Wickel außen wieder aufgespult, sodass eine Endloswiedergabe der gespeicherten Information möglich ist. E. gibt es als Kompaktkassetten mit einer Laufdauer von 0,5 bis 3 min.

Endlosdruck, Formulardruck in Rotationsdruckmaschinen, die bedruckten Papierbahnen stanzen, lochen, perforieren und aufgerollt, in Zickzackfalzung oder in Bogen auslegen. Es wird dabei in versch. Druckverfahren gedruckt.

Endlosfaser, frühere Bez. für →Filament.

Endlösung der Judenfrage, natsoz. Umschreibung für die systemat. Ermordung der Juden in den →Vernichtungslagern, die auf der →Wannseekonferenz 1942 mit den beteiligten Dienststellen abgestimmt wurde. Diese Aktion (1942–45) markiert den Höhepunkt des natsoz. Genozids (Völkermord) an den europ. Juden (→Holocaust; →Nationalsozialismus).

Endmaße, *Messtechnik:* Körper (meist gehärteter Stahl), bei dem ein festes Maß hoher Genauigkeit durch den Abstand gegenüberliegender ebener oder gekrümmter Endflächen gegeben ist. Nach deren Form unterscheidet man neben den vorwiegend verwendeten **Parallel-E.** mit rechteckigem Querschnitt und parallelen Messflächen u.a. **Kugel-** und **Zylinder-E.** Durch Aneinandersetzen mehrerer Parallel-E., die infolge der sehr hohen Ebenheit ihrer Seitenflächen durch Adhäsion aneinander haften, lassen sich nahezu beliebige Messlängen bilden. E. werden als Eich- und Präzisionsnormale (Längenmaßnormale) verwendet.

Endmoränen, Stirnmoränen, vor dem Rand eines vorrückenden Gletschers zu einem Wall zusammengeschobenes Material; →Moräne.

Endnachfrage, gesamtwirtschaftliche Endnachfrage, Wert aller innerhalb einer bestimmten Periode im Inland produzierten Güter, die während dieses Zeitraums nicht im inländ. Produktionsprozess verbraucht wurden, vermehrt um die Einfuhr von Gütern. Die E. entspricht der Wertsumme aus privatem Konsum, Staatsverbrauch, Bruttoinvestitionen (aufgeteilt in Bruttoanlageinvestition und Vorratsveränderungen) und Ausfuhr an Gütern.

Endō, Shūsaku, jap. Schriftsteller, *Tokio 27. 3. 1923, †ebd. 29. 9. 1996; studierte in Tokio und Lyon frz. Literatur; ein zentrales Thema seiner Werke ist der Kulturkonflikt zw. Europa und O-Asien, den E. als Katholik anhand der Problematik des Christentums in Japan exemplifiziert. Die Frage von Schuld und Verantwortung wirft sein Roman ›Meer und Gift‹ (1958; dt.) auf, der die an amerikan. Kriegsgefangenen während des Zweiten Weltkriegs durchgeführten Vivisektionen behandelt. Die Zeit der ersten Missionierung Japans thematisieren Romane wie ›Schweigen‹ (1966; dt.) und ›Der Samurai‹ (1980; dt.) sowie das Drama ›Das goldene Land‹ (1966; jap.). E. schrieb auch essayist. Werke. E. war Vors. des jap. PEN-Clubs.
Weitere Werke (jap.): *Romane:* Der wunderbare Träumer (1959; dt.); Der Vulkan (1959; dt.); Eine Klinik in Tokio (1974; dt.); Sünde (1986; dt.); Wiedergeburt am Ganges (1994; dt.).

endo... [griech. éndon ›innen‹, ›inwendig‹], vor Vokalen meist verkürzt zu **end...,** Präfix naturwiss. Fachwörter, v.a. der Biologie und Medizin, mit den Bedeutungen: 1) Inneres des tier. (menschl.) oder pflanzl. Organismus (lage- oder richtungsbezogen; z.B. Endokard, Endosmose); 2) innerhalb (im übertragenen Sinne); z.B. Endogamie.

Endo-Agar [nach dem jap. Bakteriologen S. ENDŌ, *1869, †1937] *der* oder *das, -s, Mikrobiologie:* spezieller Nährboden, der dem Nachweis bestimmter Darmbakterien (Coliforme), die als Fäkalindikatoren Bedeutung haben, in Wasser oder Lebensmitteln (z.B. Milch) dient.

Endobiose *die, -/-n,* Bez. für das organism. Leben im Innern eines Substrats; die Gesamtheit dieser Organismen wird als **Endobios** bezeichnet. Je nach besiedeltem Lebensraum unterscheidet man: **Endodendrobios,** die Gesamtheit der im Holz lebenden Individuen (z.B. Insekten, Pilze), **Endogaion,** die im festen Boden lebenden Organismen (→Bodenorganismen), **Endopsammion** (Endopsammon), die im Sandboden von Gewässern lebenden Organismen (einige Muscheln), **Endolithion,** Organismen, die in Steinen, Felsen oder Hartböden (z.B. Lehm) leben, **Endopelon** (Endopelos), solche, die im Schlamm von Meeren und Süßgewässern leben. Als Lebensraum dienen können auch Pflanzengewebe oder Tiere und deren Organe; die dort lebenden Organismen werden dementsprechend als **Endophytobios** (z.B. Algen, Bakterien) oder als **Endozoobios** (z.B. Darmbakterien) bezeichnet. Soweit Pflanzen oder Tiere besiedelt werden, können die Beziehungen symbiont. Art sein (**Endosymbiose,** →Symbiose), aber auch krankheitserzeugend oder schädigend (**Endoparasitismus,** →Parasiten).

Endoblastese [zu griech. blastós ›Sproß‹, ›Trieb‹] *die, -/-n,* durch Ausscheidung aus Restlösungen bewirkte spät- bis nachmagmat. Veränderung von Tiefengesteinen; bei der Umkristallisation wachsen bestimmte Minerale bevorzugt, z.B. Kalifeldspäte in Graniten.

Endoceras [zu griech. kéras ›Horn‹], zu den Nautiloideen gehörende Gattung bis über 3 m langer fossiler Kopffüßer aus dem Ordovizium, mit gerade gestrecktem Gehäuse von rundl. Querschnitt und mit randständigem Sipho.

Endocytosen, Form der →Cytosen, bei der Partikel (**Phagocytose**) oder Flüssigkeitströpfchen (**Pinocytose**) an der Außenwand der Zelle angelagert, von der Zellmembran umhüllt und die gebildeten Vesikel in die Zelle abgesondert werden. E. dienen bei Einzellern v.a. der Nahrungsaufnahme, bei höheren Lebewesen u.a. dem Transport und der Elimination körpereigener und -fremder Moleküle oder Zellen.

Endodermis [zu griech. dérma ›Haut‹] *die, -/...men,* pflanzl. Gewebeschicht, die innere Gewebe voneinander trennt. Eine E. findet sich in der →Wurzel als Trennschicht zw. dem Zentralzylinder und der Rinde; selten auch in anderen Pflanzenteilen, z.B. in Erdsprossen oder Nadelblättern. Die E. ist meist einschichtig, aus lückenlos aneinander schließenden lebenden Zellen. Ihre besondere Struktur (→Caspary-Streifen) ermöglicht eine Steuerung des Transports von Wasser und gelösten Stoffen. In älteren E.-Zellen verkorken die Zellwände, und es können z.T. stark verholzende Sekundärwände gebildet werden. Nur einige Zellen (die Durchlasszellen) bleiben nicht oder kaum verkorkt und ermöglichen den Wasser- und Nährstofftransport.

Endogamie [zu griech. gameín ›heiraten‹] *die, -,* eine Heiratsordnung (→Heirat), derzufolge die Ehepartner im Ggs. zur →Exogamie aus derselben Gruppe kommen müssen; je nach Gesellschaftsordnung kann es sich dabei um eine Verwandtschafts-, Lokal- oder Statusgruppe handeln.

endogen [zu griech. endogenḗs ›im Hause geboren‹], **1)** *allg.:* von innen kommend, innerhalb entstehend; Ggs.: exogen.
2) *Biologie* und *Medizin:* im Körper entstehend, durch Faktoren im Innern eines Organismus bedingt (z.B. Krankheiten).
3) *Geologie:* **innenbürtig,** von geolog. Vorgängen und Erscheinungen gesagt, die durch Kräfte des Erdinnern erzeugt werden. Zur **endogenen Dynamik** gehören v.a. Magmatismus, Metamorphose und Tektonik.

4) *Psychologie:* anlagebedingt, nicht durch äußere Einflüsse bestimmt (z. B. Verhaltensweisen).

5) *Wirtschaftswissenschaften:* **endogene Größen,** Bez. für Sachverhalte, die sich aus dem Ablauf des Wirtschaftsprozesses ergeben und diesen wieder beeinflussen.

endogene Bewegungen, *Botanik:* →autonome Bewegungen.

endogene Psychosen, *Psychiatrie:* →Psychose.

endogene Rhythmik, Bez. für rhythmisch ablaufende, autonome physiolog. Mechanismen (z. B. Stoffwechselprozesse) bei allen Lebewesen (→physiologische Uhr).

Endokannibalismus, *Völkerkunde:* →Kannibalismus.

Endokard [zu griech. kardía ›Herz‹] *das, -(e)s/-e,* **Endocardium,** *Anatomie:* die Hohlräume des Herzens auskleidende glatte Innenwand.

Endokarditis *die, -/...'tiden,* Entzündung der Herzinnenhaut, bes. der Herzklappen (→Herzkrankheiten).

Endokarp [zu griech. karpós ›Frucht‹] *das, -(e)s/-e,* die innerste Schicht der Fruchtwand (→Frucht).

endokrin [zu griech. krínein ›trennen‹], *Physiologie:* innere Sekretion aufweisend; Ggs.: exokrin.

endokrine Drüsen, innersekretorische Drüsen, Drüsen, die ihre Absonderungsprodukte (hier: Inkrete) direkt in die Körperflüssigkeit (Blut) abgeben. Die hormonproduzierenden Drüsen sind e. D. (→Hormone)

Endokrinium *das, -s,* Bez. für das funktionelle System der innersekretor. (endokrinen) Drüsen, einschließlich der regulator. Zentren.

endokrinogen, von Drüsen mit innerer Sekretion ausgehend, hervorgerufen, ausgelöst.

Endokrinologie *die, -, Biologie* und *Medizin:* wiss. Disziplin, die sich sowohl mit Funktion und Regulation der innersekretor. (hormonproduzierenden) Drüsen als auch mit deren Pathophysiologie (einschließlich Krankheitsbildern) befasst.

endolezithal, endolecithal, bezeichnet Eier mit in die Eizelle eingelagertem Dotter.

Endolithen [zu griech. líthos ›Stein‹], *Sg.* **Endolith** *der, -s* oder *-en,* niedere Pflanzen (v. a. Flechten und Blaualgen), deren Thallus in Steine einwächst.

Endolymphe, klare lymphartige Flüssigkeit im häutigen Labyrinth des Ohrs bei Mensch und Wirbeltieren.

Endolysine, *Sg.* **Endolysin** *das, -s,* beim Zerfall der weißen Blutkörperchen (z. B. im Eiter) frei werdende, Bakterien abtötende Stoffe.

Endometriose [zu griech. métra ›Gebärmutter‹] *die, -/-n,* Auftreten von funktionstüchtigem Endometrium (Gebärmutterschleimhaut) außerhalb (ektopisch, heterotop) der normalen Schleimhautschicht der Gebärmutterhöhle. Hauptlokalisationen der E. sind die Gebärmuttermuskulatur (Adenomyose), Eierstock, Eileiter und Beckenbauchfell. Außerhalb der Genitalregion können Dickdarm, Harnblase, Narben im Bauchbereich, Nabel und Lunge befallen sein. Die Entstehung der E. ist nicht genau bekannt. Eine Verschleppung von Endometriumpartikeln über die Eileiter, Blut- und Lymphgefäße ist nachgewiesen. E. sind ovarialhormonabhängig und unterliegen den gleichen zykl. Veränderungen wie die Gebärmutterschleimhaut, d. h., eine E. tritt vor der Geschlechtsreife und nach der Menopause nicht auf bzw. wird wieder zurückgebildet. Bei der Menstruation wird auch die E.-Schleimhaut abgestoßen. Kann das Blut nicht abfließen, bilden sich mit altem Blut angefüllte zyst. Hohlräume, bes. im Eierstock (Teerzysten), gelangt es in die Bauchhöhle, kommt es dort zu Narbenbildung und Verwachsungen. E. im Genitalbereich führen zu prämenstruellen Schmerzen, verstärkten und schmerz-

haften Menstruationen (Dysmenorrhö, Hypermenorrhö) und bei Eierstock- und Eileiter-E. zu Sterilität. Die *Behandlung* erfolgt primär hormonell mit hoch dosierten Gestagenen, antiöstrogenen und antigonadotropen Hormonen (Danazol), aber auch mit Gonadotropin-Releasinghormon-Analoga, die eine zentrale Hemmung der Gonadotropinsekretion bewirken. Die operative Therapie wird überwiegend laparoskopisch durchgeführt, wobei E.-Zysten ausgeschält und kleinere E.-Herde koaguliert werden.

Endometritis *die, -/...'tiden,* **Gebärmutterentzündung,** Entzündung der Gebärmutterschleimhaut, meist infolge aufsteigender Infektionen durch Eigen- oder Fremdkeime der Scheide, u. a. bei Gonorrhö, nach Entbindungen, Fehlgeburten, Ausschabungen, Anwendung von Intrauterinpessaren. Die E. kann sich auf die Muskelwand der Gebärmutter (Myometritis) oder das sie bedeckende Bauchfell (Perimetritis), auch auf das umgebende Bindegewebe (Parametritis) ausdehnen und hier durch Vernarbungen zu schmerzhaften Dauerbeschwerden führen.

Endometrium *das, -s/...i|en, Anatomie:* die Gebärmutterschleimhaut, →Gebärmutter.

Endomitose, Chromosomenvermehrung im Zellkern ohne Spindelbildung und ohne anschließende Zellteilung. Wiederholte E. führt zu →Polyploidie oder auch zu →Riesenchromosomen.

endomorpher Typ, *Anthropologie:* →Konstitutionstypen.

Endomorphismus *der, -, ...men,* ein →Homomorphismus einer algebraischen Struktur (z. B. Gruppe, Ring) in sich. Die E. eines Ringes bilden einen Ring **(Endomorphismenring),** wenn man als Multiplikation die Hintereinanderausführung von →Abbildungen und die Addition wertemäßig erklärt, wenn also für zwei E. *f* und *g* ein Element *a* des Ringes gilt: $(f \circ g)(a) = f(g(a))$ und $(f + g)(a) = f(a) + g(a)$.

Endomysium [zu griech. mŷs ›Muskel‹, eigtl. ›Maus‹] *das, -s/...si|en,* zw. den Muskelfasern befindl., lockeres Bindegewebe. (→Muskeln)

Endoneurium [zu griech. neûron ›Sehne‹, ›Nerv‹] *das, -s/...ri|en,* an Blutgefäßen reiches, zw. den Nervenfasern eines Nervs befindl. Bindegewebe.

Endonukleasen, Gruppe von Enzymen, die die hydrolyt. Spaltung von Ribo- und Desoxyribonukleinsäuren katalysieren (→Nukleasen).

Endoparasiten, Entoparasiten, Innenschmarotzer, im Inneren (in Geweben oder Körperhöhlen) eines anderen Organismus lebende Schmarotzer (z. B. Krätzmilben, Bandwürmer).

Endopeptidasen, Gruppe von die hydrolyt. Proteinspaltung katalysierenden Enzymen (→Peptidasen).

Endophyten [zu griech. phytón ›Pflanze‹], *Sg.* **Endophyt** *der, -en,* **Entophyten,** pflanzl. Organismen (v. a. Bakterien, Pilze, Algen), die im Inneren anderer Organismen leben; i. e. S. nur pflanzl. Endoparasiten.

Endoplasma, Entoplasma, Entosark, der innere Teil des Zellplasmas, bei Einzellern oft als flüssigere Substanz vom äußeren, viskoseren Ektoplasma zu unterscheiden.

endoplasmatisches Retikulum, Abk. **ER,** in allen eukaryont. Zellen befindl. System untereinander verbundener flacher Membranvesikel (Zisternen) sowie tubulärer oder retikulärer Strukturen. Es tritt in zwei Formen auf: als **raues ER** (rER) mit Ribosomen besetzt (Synthese und Transport von Proteinen) und als **glattes ER** (gER) (Calciumtransport, Entgiftung).

Endoprothese, aus Kunststoff, Metall o. Ä. gefertigtes Ersatzstück, das in den Körper implantiert wird und den geschädigten Körperteil ganz oder teilweise ersetzt (→Alloplastik, →Arthroplastik).

Endor, Endur, Ort in Palästina südlich vom Berg Tabor, nach der Sage von 1. Sam. 28, 7 ff. Wohnsitz einer Totenbeschwörerin (der **Hexe von E.**). Sie beschwor König SAUL vor seiner letzten Schlacht gegen die Philister den Geist SAMUELS.

Endoradiosonde, Intestinalsender, Mikrosender (z. B. die Heidelberger Kapsel), der geschluckt wird und beim Durchlaufen des Magen-Darm-Kanals mittels Messwertgeber Informationen z. B. über Temperatur, Säureverhältnisse, Enzymgehalt und Peristaltik einem abgestimmten Empfänger übermittelt. Die gewünschten Daten lassen sich sowohl im Nüchternzustand wie unter dem Einfluss einer Testmahlzeit gewinnen.

Endorf i. OB, Bad E. i. OB, Markt im Landkreis Rosenheim, Oberbayern, 525 m ü. M., 7 100 Ew.; Kurort zw. Chiemsee und Simssee mit der stärksten Jod-Sole-Quelle Europas (am Auslauf 35–90 °C).

Endorphine [Kw. aus **end**ogen und **Morph**in] *Pl.,* Sammel-Bez. für eine Reihe von Peptiden mit opiatähnl. Wirkung, die im menschl. und tier. Organismus gebildet werden. Man unterscheidet im Wesentlichen zwei Substanzgruppen: die Enkephaline und die E. i. e. S. Die **Enkephaline** wurden als erste E. 1975 aus Schweinehirn isoliert und als zwei fünf Aminosäuren aufgebaute Peptide (**Met-Enkephalin** und **Leu-Enkephalin**) identifiziert, die sich nur in einer endständigen Aminosäure unterscheiden. Sie können v. a. im Rückenmark, Hirnstamm, Hippocampus und Streifenkörper nachgewiesen werden. Die eigentl. E. wurden erstmals 1976 von R. GUILLEMIN aus Schafshirn isoliert, bisher wurden drei als α-, β- und γ-E. bezeichnete Substanzen identifiziert. Sie sind längerkettige Peptide, die immer die Aminosäuresequenz des Met-Enkephalins enthalten und selbst, wie auch die Enkephaline, Bestandteile des aus 90 Aminosäuren aufgebauten Hirnanhangdrüsenhormons Lipotropin sind. α-, β- und γ-E. wurden ausschließlich in den Zellen am Boden und im Vorderlappen des Hypothalamus nachgewiesen. – Alle E. besitzen eine schmerzstillende Wirkung, wobei die Wirkung in der Reihe Enkephaline – Morphin – β-E. ansteigt. Daneben wird vermutet, dass die E. u. a. auch an der Kontrolle des Blutdrucks, der Darmmotorik und der Körpertemperatur, der Regulation der Hormonsekretion sowie der Überwachung der Körperbewegungen beteiligt sind. Die Hoffnung, die E. in der Schmerzbekämpfung einsetzen zu können, erfüllte sich nicht, da E. wie Opiate stark suchterzeugend sind.

ENDOR-Technik [Abk. für engl. electron **n**uclear **do**uble **r**esonance ›Elektron-Kern-Doppelresonanz‹], *Hochfrequenzspektroskopie:* Kombination von Verfahren der EPR- und NMR-Spektroskopie, mit denen in Kristallen eine magnet. Kernresonanz indirekt über Änderungen der Absorption einer Elektronenspinresonanz nachgewiesen wird. Die von dem amerikan. Physiker G. FEHER (* 1924) entwickelte ENDOR-T. wird u. a. zur Messung von magnet. Kernmomenten und Hyperfeinstrukturanomalien, bei Untersuchungen von Relaxationsvorgängen in magnet. Systemen sowie von Eigenschaften dotierter Halbleiter herangezogen.

Endoskelett, Sammel-Bez. für Stützstrukturen, die sich im Unterschied zum →Ektoskelett im Innern eines Organismus befinden, so z. B. die Chorda dorsalis der niederen Chordatiere oder das →Skelett der Wirbeltiere.

Endoskopie *die, -/...'pi|en,* diagnost. Verfahren zur Untersuchung (›Spiegelung‹) von Körperhöhlen und -kanälen sowie Hohlorganen durch unmittelbare Betrachtung mithilfe eines **Endoskops.** Dieses besteht entweder aus einem starren Rohr mit Beleuchtungseinrichtung (Niedervoltlampe) und einem opt. System von Prismen und Linsen oder, als Fibroskop (Fiberendoskop), aus einer biegsamen →Glasfaseroptik aus Glasfaserbündeln. Bei diesem verläuft die Bildübertragung über das aus Material mit hoher Brechzahl bestehende Leitbündel, der Lichttransport über die umgebenden Lichtleitfasern. Es liefert einen erweiterten Betrachtungsraum bei größerer Helligkeit. In Gestalt des elektron. Endoskops verfügt das Instrument über einen als miniaturisierte Fernsehkamera fungierenden CCD-Bildwandlerchip, der eine Bildschirmwiedergabe ermöglicht.

Die E. wird im Einzelnen angewendet als Darmspiegelung (Koloskopie), Bauchhöhlenspiegelung (Laparoskopie), Bronchien- und Luftröhrenspiegelung (Bronchoskopie), Magenspiegelung (Gastroskopie), Brusthöhlenspiegelung (Thorakoskopie), Harnblasenspiegelung (Zystoskopie); des Weiteren sind die E. von Speiseröhre (Ösophagoskopie), Galle (Choledochoskopie), Zwölffingerdarm (Duodenoskopie), Gebärmutter (Hysteroskopie) sowie von Gelenken (Arthroskopie) möglich. Mithilfe der E. können durch einführbare Zangen, Schlingen und Körbchen, Spül- und Absaugvorrichtungen zur Biopsie Gewebeteile entnommen und operative Eingriffe durchgeführt werden (Gewebedurchtrennung, Elektrokoagulation, Steinentfernung).

Endosonographie, spezielles Verfahren der →Ultraschalldiagnostik zur Darstellung von Organen oder Organteilen von innen. Dazu wird ein sehr kleiner Schallkopf über ein Hohlorgan oder eine andere Körperöffnung in den Körper eingebracht, z. B. über die Speiseröhre (geschluckt) oder durch den After (zur Feststellung von Prostataerkrankungen) sowie endoskopisch z. B. durch den Magen zur Diagnostik der Bauchspeicheldrüse. Die E. ist für den Patienten z. T. unangenehm, aber dennoch risikoarm und von hohem (nahezu 100%igem) Aussagewert.

Endosperm [zu griech. spérma ›Samen‹] *das, -(s), -e, Botanik:* Nährgewebe im Embryosack der Samenpflanzen (→Samen).

Endosporen, hitzeresistente Dauerformen bestimmter Bakterien und Pilze, die im Innern einer so genannten Sporenmutterzelle entstehen. E. werden bei Bakterien bes. von Vertretern der aeroben Gattung Bacillus und der anaeroben Gattungen Clostridium und Desulfotomaculum gebildet, bei den Pilzen v. a. bei Jochpilzen und Schlauchpilzen; Ggs.: Exosporen.

Endostyl [zu griech. stýlos ›Säule‹, ›Pfahl‹] *das, -s/-e, Zoologie:* die →Hypobranchialrinne.

Endosymbiontenhypothese, Endozytobiontenhypothese, Erklärungsmodell für die Entstehung der eukaryont. Zelle, die u. a. durch den Besitz von Zellorganellen charakterisiert ist. Die E. geht davon aus, dass die eukaryont. Zelle das Produkt eines symbiont. Zusammenschlusses darstellt. Gärende zellwandfreie Bakterien sollen im Laufe der Evolution symbiontisch Blaualgen und aerobe Bakterien aufgenommen haben, die dann zu →Chloroplasten und →Mitochondrien wurden. Hauptargumente dieser weitgehend anerkannte Hypothese sind das Vorhandensein von DNA und eines vollständigen Proteinsyntheseapparates in diesen Organellen, der in Aufbau und Empfindlichkeit gegenüber Hemmstoffen dem rezenter Bakterien ähnlicher ist als dem des Zytoplasmas der ›Wirtszelle‹; die genannten →Organellen sind zur eigenständigen Vermehrung (Autoreduplikation) innerhalb der →Euzyte fähig. Im Laufe der Evolution wurde ein großer Teil des genet. Materials der Symbionten auf den Zellkern der Wirtszelle übertragen, die hierdurch kodierten Eiweiße werden im Zytoplasma synthetisiert und dann in das Organell transportiert, die entsprechenden Gene im Organell wurden unter Umständen zu →Pseudogenen. Manche Mikroorganismen repräsentieren moderne Beispiele für den Übergang zw. Endozytosymbiose und Organellbildung. Neben Chloroplasten und Mitochondrien wird auch für →Zentriolen ein endosymbiont. Ursprung diskutiert. Der E. steht die →Sukzessivhypothese entgegen.

L. MARGULIS: Symbiosis in cell evolution. Life and its environment on the early earth (San Francisco, Calif., 1981).

Endothel [Analogiebildung zu Epithel mit dem Präfix endo...] *das, -s/-e,* von plattenförmigen Zellen (Plattenepithel) gebildete innere Auskleidung der Blutgefäße.

Endotheliom *das, -s/-e,* vom →Endothel ausgehender Tumor. **Hämangio-** und **Lymphangio-E.** gehen vom Blut- und Lymphgefäßendothel aus. (→Epitheliom, →Meningiom, →Mesotheliom)

endotherm [zu griech. thermós ›warm‹], Wärme aufnehmend, Wärme bindend; chem. oder physikal. Vorgänge, die unter Aufnahme von Wärme aus der Umgebung ablaufen; Ggs.: exotherm.

endothymer Grund [zu griech. thymós ›Gemüt‹], von P. LERSCH in seinem Schichtenmodell der Persönlichkeit eingeführter Begriff zur Bez. tragender Funktionen des Seelenlebens (Affekte, Emotionen, Stimmungen, Antriebe u. a.), die in enger Verbindung zur biophys. Konstitution des Menschen stehen.

Endotoxine, Gruppe der →Bakteriengifte.

endotroph [zu griech. tréphein ›nähren‹], sich innen ernährend, von Pilzwurzeln (→Mykorrhiza) gesagt.

Endphasenlenkung, Lenkverfahren für militär. Flugkörper zur Bekämpfung von Punktzielen (z. B. gepanzerten Fahrzeugen). Die meist relativ kleinen Flugkörper werden aus Transportbehältern freigesetzt, die mit Flugzeugen oder als Geschosse ungelenkt über das Zielgebiet gebracht werden. Bei Freigabe aus den Behältern wird eine Eigenlenkvorrichtung (→Eigenlenkung) in Betrieb gesetzt, die mit Infrarot-, Laser- oder Radarsuchköpfen ein Ziel ortet und den mit einer Sprengladung versehenen Flugkörper ins Ziel lenkt.

Endplatte, motorische E., Endstück (→Synapse) der motor. Nervenfasern, die Verbindung zw. Nervenfaser und Skelettmuskelfaser und gleichzeitig Übertragungsort für die von der Nervenfaser stammenden elektr. Impulse. Erregung der E. führt zu einem **E.-Potenzial,** das bei Überschreiten eines bestimmten Schwellenwerts ein Aktionspotenzial auslöst. Dieses wird über die Skelettmuskelfaser fortgeleitet und führt zur Muskelkontraktion. Die Erregungsübertragung erfolgt, da sich zw. E. und Muskelzelle ein Spalt (synapt. Spalt) befindet, auf chem. Weg durch den Neurotransmitter Acetylcholin.

Endprodukthemmung, Rückkopplungshemmung, Feed-back-Inhibition [ˈfiːdbæk ɪnhɪˈbɪʃn, engl.], hemmende Wirkung eines Endprodukts auf ein Enzym, das einen Anfangsschritt der zu seiner Synthese führenden Reaktionskette katalysiert. Das Endprodukt wirkt dabei als **allosterischer Hemmstoff** des jeweiligen Enzyms **(allosterisches Enzym),** d. h., es lagert sich an einer (nicht dem aktiven Zentrum entsprechenden) Stelle des Enzyms an und verändert so dessen räuml. Gestalt. Das so veränderte Enzym kann sein Substrat nicht mehr binden: die Synthesekette reißt ab. E. ist einer der wichtigsten Mechanismen der Stoffwechselregulation.

Endreim, ein →Reim, bei dem sich die Zeilenenden reimen, im Unterschied zum Binnenreim.

Endrikat, Fred, Schriftsteller, * Nakel (poln. Nakło nad Notecia, Wwschaft Bydgoszcz) 7. 6. 1890, † München 12. 8. 1942; seine originellen Couplets für das literar. Kabarett waren weit verbreitet.

Werke: Die lustige Arche (1935); Liederliches u. Lyrisches (1940); Höchst weltliche Sündenfibel (1940); Der fröhliche Diogenes (1942); Sündenfallobst (hg. 1953).

Endrumpf, *Geomorphologie:* →Rumpffläche.

Endseen, abflusslose Seen in ariden Gebieten, bei denen das zufließende Wasser (durch Fremdlings-

flüsse) ohne einen Abfluss v. a. über die Verdunstung verloren geht (Kasp. Meer, Aralsee, Tschadsee). E. unterliegen daher der Versalzung.

Endspiel, *Schachspiel:* die letzte Phase einer Partie. Man unterscheidet Bauern-, Damen- oder Turmendspiel.

Endspiel, frz. ›Fin de partie‹, engl. ›Endgame‹, Drama von S. BECKETT; frz. Erstausgabe 1957, Uraufführung 3. 4. 1957 in Paris.

Endstation Sehnsucht, engl. ›A streetcar named Desire‹, Drama von T. WILLIAMS; engl. Erstausgabe 1947, Uraufführung 3. 12. 1947 in New York; Film: 1951, Regie: E. KAZAN.

Endstrombahn, terminale Strombahn, *Medizin:* die peripheren Abschnitte des Blutgefäßsystems, eine gleichsinnig wirkende Funktionsgemeinschaft (Synergide) von kleinsten Arterien, Kapillaren und anschließenden Venen, in deren Bereich sich der Stoffaustausch zw. Blut und Gewebe vollzieht.

Endter, Buchdrucker-, Schriftgießer-, Buchhändler- und Papierfabrikantenfamilie in Nürnberg. GEORG E. (* 1562, † 1630) gründete Anfang des 17. Jh. eine Buchdruckerei. WOLFGANG E. d. Ä. (* 1593, † 1659) war ab 1612 am väterlichen Betrieb beteiligt, druckte Schul- und Volksbücher, die Werke der ›Pegnitzschäfer‹ (G. P. HARSDÖRFFER u. a.) und 1641 die reich illustrierte prot. ›Kurfürstenbibel‹ (auch Ernestin. Bibel gen.). 1654 erschien der ›Orbis sensualium pictus‹ des J. A. COMENIUS. Das Unternehmen wurde 1855 aufgegeben.

Endung, *Sprachwissenschaft:* Laut oder Silbe, die an den Wortstamm angehängt und bei der Flexion abgewandelt werden kann, z. B. *-en* in ›(wir) machen‹, *-t* in ›(ihr) macht‹. E. sind gebundene →Morpheme.

Enduro [span.] *die,* geländegängiges Serienmotorrad mit leichtem Rahmen und Einzylindermotor, ähnlich einer Motocrossmaschine. Europameisterschaften im E.-Sport (seit 1974) werden derzeit in den Klassen bis 80 cm³, bis 125 cm³, bis 250 cm³, bis 350 cm³, bis 500 cm³ und bis 1 250 cm³ ausgetragen. Bedeutendster E.-Wettbewerb ist die Internat. →Sechstagefahrt.

Endvakuum, die niedrigste Gasdichte in einer Vakuumanlage, bei der sich zw. der in den Vakuumraum eintretenden und der abgepumpten Gasmenge ein Gleichgewicht einstellt; der zugehörige Gasdruck wird als **Restgasdruck** oder **Enddruck** bezeichnet. Das i. A. vom Ansaugdruck abhängige Saugvermögen einer Vakuumpumpe wird beim E. zu null.

Endwirt, Wirtsorganismus, in dem ein Parasit mit Wirtswechsel am Ende eines mehrwirtigen Zyklus geschlechtsreif wird, z. B. ist der Mensch E. für die →Pärchenegel. (→Zwischenwirt)

Endymion, griech. **Endymíon,** *griech. Mythos:* nach der geläufigen Überlieferung ein Hirt oder Jäger, der Geliebte der Mondgöttin Selene, die ihn in Schlaf versenkt, um ihn ungestört küssen zu können; nach einer anderen Version erbat sich E. von Zeus ewigen Schlaf und ewige Jugend.

Endzeit, die religiöse Vorstellung vom Ende der bisherigen Welt, meist mit Vorstellungen über den Anbruch einer neuen Welt verbunden (→Eschatologie).

Endzeitgemeinden, *Kirchengeschichte:* aus dem Christentum hervorgegangene Sondergemeinschaften, die in escatolog. Naherwartung lebend, die Wiederkunft CHRISTI als den Anbruch des Reiches Gottes (Parusie) oder seiner tausendjährigen Herrschaft (Chiliasmus) noch zu ihren Lebzeiten erwarten und diese Erwartung mit dem Anspruch verbinden, allein die Gemeinschaft der vor Gott Gerechten und in seinem Gericht Erretteten zu repräsentieren. E. gab es bereits z. Z. der frühen Kirche (Montanisten); heute gelten v. a. die Adventisten und die Zeugen Jehovas als stark endzeitlich ausgerichtete Gemeinschaften. – Im

Judentum entstanden E. bzw. endzeitl. Bewegungen in Verbindung mit der Vorstellung des apokalypt. Endkampfes bzw. mit der unmittelbaren Erwartung des Messias (Qumran-Leute, Sabbatianismus).

Endzelins, Jānis, lett. Sprachwissenschaftler, * Kauguri (Livland) 22. 2. 1873, † Koknese (Lettland) 1. 7. 1961; Prof. in Dorpat und Charkow, 1920–50 in Riga; hatte wesentl. Anteil an der Herausbildung der lett. Schriftsprache.
Werke: Lett. Gramm. (1923); Altpreuß. Gramm. (1944); Latviešu valodas skaņas un formas (1938); Baltu valodu skaņas un formas (1948); Lettisch-dt. Wörterbuch, 4 Bde., 2 Erg.-Bde. (1923–44, mit K. MÜHLENBACH u. E. HAUSENBERG).

ENEA [engl. ˈiːeniːˈeɪ], Abk. für engl. European Nuclear Energy Agency (→Nuclear Energy Agency).

Enea Silvio Piccolomini, früherer Name des Papstes →Pius II.

Energeia [griech.] *die, -,* 1) *Philosophie:* →Akt.

2) *Sprachwissenschaft:* ein auf W. VON HUMBOLDT zurückgehender Begriff, der Sprache nicht als stat. Produkt (›Ergon‹), sondern als dynam. Phänomen und damit als Prozess fasst. Hierauf bezieht sich auch die **energetische Sprachauffassung,** bei der die Sprache nicht als Abbild der Wirklichkeit, sondern als deren tätige Anverwandlung gesehen wird, die auch in versch. Sprachen unterschiedlich ausgeprägte Weltansichten zum Ausdruck bringt. Auf die energet. Sprachauffassung gehen u. a. die →Sprachinhaltsforschung L. WEISGERBERS, die →Sapir-Whorf-Hypothese und die →generative Grammatik A. N. CHOMSKYS zurück.

Energetik [zu griech. energētikós ›wirksam‹, ›kräftig‹] *die, -,* 1) in den *Naturwissenschaften* die Lehre von der Energie und den mögl. Umwandlungen zw. ihren versch. Formen sowie den dabei auftretenden Auswirkungen und Gesetzmäßigkeiten. Ihre techn. Anwendung findet die E. in der auch als **technische E.** bezeichneten allg. →Energietechnik. Ein wesentl. Zweig der E. ist auch die →Bioenergetik.

2) in der *Philosophie* die von W. OSTWALD vertretene, auch als **Energetismus** bezeichnete Lehre. Nach dieser Auffassung ist alles Geschehen eine Transformation versch. Formen von Energie. OSTWALD verstand die E. als neuen Monismus, da sie sowohl Materie als auch Geist wissenschaftlich erkläre. Da auch der Mensch in Konkurrenz zu anderen Lebewesen um die Nutzung der verfügbaren Energie kämpft und der →Wärmetod des Universums zu erwarten sei, unternahm er zahlr. Versuche, Energievergeudungen zu benennen und Alternativen zu unterbreiten.

energico [-dʒiko, ital.], musikal. Vortrags-Bez.: energisch, kraftvoll, entschlossen.

Energide *die, -/-n,* Bez. für die funktionelle Einheit von Zellkern und dem von ihm versorgten Zellplasma, gleich ob diese Einheit durch eine Plasmamembran abgegrenzt ist oder nicht. Einkernige Zellen bezeichnet man als monoenergid, vielkernige Zellen als polyenergid.

Energie [frz., von griech. enérgeia ›wirkende Kraft‹] *die, -/...ˈgiˌen,* 1) *allg.:* Tatkraft, Schwung, (körperl. und geistige) Spannkraft.

2) *Physik* und *Technik:* Formelzeichen E oder W, die in einem physikal. System gespeicherte →Arbeit (Arbeitsvermögen), d. h. die Fähigkeit eines physikal. Systems, Arbeit zu verrichten. Die Änderung der E. bei einem im betrachteten System ablaufenden Vorgang ist gleich der von außen am System verrichteten oder nach außen abgegebenen Arbeit. Je nach Gegebenheiten von System und Vorgang unterscheidet man versch. Erscheinungsformen der E., die an das Vorhandensein von materiellen Körpern, ihre Bewegungen und Wechselwirkungen gebunden sind (z. B. die versch. Formen der mechan. E., die elektr. E. von fließenden elektr. Ladungen, die Wärme-E., die chem. E.

und die Kern-E.) oder die mit physikal. Feldern verknüpft sind als **Feld-E.** bezeichnet werden (z. B. die Feld-E. der elektr. und magnet. Felder, der elektromagnet. Wellen oder des Gravitationsfeldes). Alle E.-Formen sind ineinander umwandelbar. Für die Summe aller in einem abgeschlossenen System auftretenden E. gilt ein Erhaltungssatz, der →Energiesatz.

In der *Mechanik* sind versch. Formen von **mechanischer E.** bekannt: Ein Körper besitzt aufgrund seiner Lage relativ zu anderen Körpern und der auf ihn wirkenden Kräfte gegenüber einem Normalzustand eine bestimmte **Lage-** oder **potenzielle E.** (Formelzeichen E_{pot}). So besitzt ein Körper der Masse m im Schwerefeld der Erde in der Höhe h über dem Erdboden die potenzielle E. $E_{pot} = mgh$ (bei als konstant angenommener Fallbeschleunigung g). Ein weiteres Beispiel ist die →Wechselwirkungsenergie von mehreren, durch Kräfte aufeinander einwirkenden Körpern oder Teilchen. Bei elast. Körpern tritt bei elast. Deformation eine **Deformations-** oder **Formänderungs-E.** auf. Diese **elastische E.** kann als eine Art der potenziellen E. betrachtet werden. Wird z. B. eine Feder mit der Federkonstanten k um die Länge x gedehnt, dann ist in ihr die E. $E_{pot} = \frac{1}{2}kx^2$ gespeichert. Hat andererseits ein Körper der Masse m relativ zu einem (nicht beschleunigten) Koordinatensystem die Geschwindigkeit v, so besitzt er die **Bewegungs-** oder **kinetische E.** $E_{kin} = \frac{1}{2}mv^2$; hat er bei einer Drehbewegung die Winkelgeschwindigkeit ω, so besitzt er die **Rotations-E.** $E_{rot} = \frac{1}{2}I\omega^2$ (I = Trägheitsmoment um die Drehachse). Besteht das System aus vielen Teilchen, dann ergibt sich die gesamte kinet. E. als Summe der kinet. E. der einzelnen Teilchen. Sie kann aufgespalten werden in die kinet. E. der makroskopisch sichtbaren Bewegungen – d. h. die kinet. E. des Schwerpunktes und der Rotation sowie bei strömenden Fluiden die →Strömungsenergie – und die kinet. E. des statistisch ungeordneten Anteils der Teilchenbewegungen, die **thermische E.** der Teilchen oder der **Wärme-E.** des Systems als Ganzes. – Im Falle mechan. Schwingungen (z. B. von Federn oder Pendeln) wandelt sich ständig kinet. E. in potenzielle E. um und umgekehrt, wobei die als **Schwingungs-E.** bezeichnete Gesamt-E. (= Summe beider E.) konstant bleibt.

In der *Elektrizitätslehre* wird bei Systemen ruhender oder bewegter elektr. Ladungen die Summe aus den kinet. E. der Ladungen und der Energie des von ihnen erzeugten elektr. Feldes als **elektrische E.** bezeichnet, zu der noch im Falle bewegter Ladungen (d. h. beim Fließen von elektr. Strömen) die entsprechende **magnetische E.** der von ihnen erzeugten Magnetfelder hinzukommt. Aufgrund der elektromagnet. →Induktion sind magnet. E. in elektr. E. und umgekehrt umwandelbar. Für einen metall. Leiter, auf dem sich die Ladung Q befindet, wird die elektr. E. durch $E_{el} = \frac{1}{2}QV$ gegeben, wenn V das auf dem Leiter konstante elektr. Potenzial ist. Die in einem auf die Spannung U aufgeladenen Kondensator (der Kapazität C) gespeicherte **elektrische Feld-E.** beträgt $E_{el} = \frac{1}{2}CU^2$. Allg. ist die Feld-E. eines elektr. Feldes durch das Volumenintegral seiner E.-Dichte $w_{el} = \frac{1}{2}\mathbf{E} \cdot \mathbf{D}$ gegeben ($\mathbf{D}$ = elektr. Flussdichte). – Ein stationärer elektr. Strom mit der Stromstärke I gibt beim Durchfließen eines Leiters (zw. dessen Enden die Spannung U besteht) während der Zeitspanne Δt die elektr. E. $E_{el} = U \cdot I \cdot \Delta t$ ab. Wenn der Strom keine mechan. oder chem. Arbeit verrichtet, erscheint diese E. im Leitungsdraht (Widerstand) als Stromwärme (→joulesches Gesetz). Ein vom Strom I durchflossener Leiter (z. B. eine Spule) mit der (Selbst-)Induktivität L ist von einem Magnetfeld umgeben, in dem die **magnetische Feld-E.** $E_{mag} = \frac{1}{2}LI^2$ gespeichert ist. Dieser E.-Betrag muss zur Erzeugung des Magnetfeldes aufgewendet werden und wird wieder frei, wenn der Stromfluss unterbrochen wird. Allg. ist die Feld-E. eines Magnetfeldes der Feldstärke H durch das Volumenintegral seiner E.-Dichte $w_{mag} = \frac{1}{2} H \cdot B$ gegeben (B = magnet. Flussdichte). Bei Vorgängen der Elektrodynamik (→Elektrizität) sind die elektr. und magnet. Felder miteinander verknüpft (→maxwellsche Theorie), und die gesamte **elektromagnetische Feld-E.** ist als Summe der einzelnen Feld-E. gegeben. In →elektromagnetischen Wellen breitet sich diese E. im Raum aus.

In der *Wärmelehre* wurde gezeigt, dass die **Wärmemenge** (Formelzeichen Q) eine Form der E. ist und die in einem makroskop. (thermodynam.) System gespeicherte **thermische** oder **Wärme-E.** darstellt. Diese lässt sich auf die mit den statist. ungeordneten Wärmebewegungen der Teilchen verknüpften mechan. E. zurückführen (→mechanische Wärmetheorie), z. B. bei einem Gas auf die kinet. E. **(Translations-E.)** der Gasteilchen sowie (falls es sich bei ihnen um mehratomige Moleküle handelt) auf ihre Rotations-E. und auf die Schwingungs-E. ihrer gegeneinander schwingenden Atome, wobei i. A. der →Gleichverteilungssatz der Energie gilt. – Für die in beliebigen thermodynam. Systemen mögl. E.-Umwandlungen gelten die Hauptsätze der →Thermodynamik. Dabei wird derjenige Anteil der Gesamt-E. eines solchen Systems, der sich ihm isotherm (d. h. unter Konstanthalten seiner Temperatur) durch einen geeigneten, stets irreversiblen (nicht umkehrbaren) Prozess in jeder beliebigen E.-Form (z. B. mechan. E.) entziehen lässt, als **freie Energie**, der verbleibende Anteil als **gebundene E.** bezeichnet.

Die in der *Chemie* bei einer chem. Reaktion umgesetzte und in den entstehenden chem. Verbindung gespeicherte **chemische E.** ist gleich der gesamten, bei der →chemischen Bindung der Atome zu den Molekülen der Verbindung frei werdenden und zur Reaktionswärme beitragenden chem. →Bindungsenergie; führt man sie der Verbindung wieder zu, so werden deren Moleküle wieder in ihre Atome aufgelöst. Dies ist auch der Fall bei elektrochem. Reaktionen, wo z. B. beim Entladen eines →Akkumulators gespeicherte chem. E. in elektr. E. verwandelt, beim Laden hingegen zugeführte elektr. E. in chem. E. umgewandelt und als solche gespeichert wird.

In der *Kernphysik* wird die Bindungs-E. der Nukleonen in den Atomkernen sowie die bei Kernreaktionen frei werdende E. unter der Sammel-Bez. →Kernenergie zusammengefasst. Hierbei macht sich die gegenüber der chem. E. millionenfach höhere Kernbindungs-E. als →Massendefekt der Atomkerne bemerkbar, da in jeder Masse m nach der Relativitätstheorie die E. $E = mc^2$ gespeichert ist (c = Lichtgeschwindigkeit). Da sie pro Nukleon für mittelschwere Kerne am größten ist, kann Kern-E. sowohl durch Kernfusion leichter Kerne als auch durch Kernspaltung schwerer Kerne gewonnen werden. – Entsprechendes gilt in der *Elementarteilchenphysik* für die Bindung der →Quarks in den Mesonen und Baryonen sowie für die versch. Elementarteilchenreaktionen der Hochenergiephysik, wobei Elementarteilchen gemäß dem E.-Satz und der obigen E.-Masse-Relation entstehen und vergehen können.

In der *Technik* unterscheidet man bei der E.-Erzeugung und -versorgung in natürl. E.-Trägern wie Kohle, Erdöl, Erdgas, Kernbrennstoffen sowie die in Wasser, Wind, Sonnenstrahlung u. a. Trägern von →erneuerbaren Energien enthaltene **Primär-E.** und die daraus durch Umwandlung gewonnene **Sekundär-E.**, die in erster Linie in Form von elektr., aber auch mechan., therm. oder (z. B. in Briketts, Koks, Benzin) chem. E. vorliegt. Die von einem Verbraucher bezogene Sekundär-E. wird als **End-E.,** die davon zur

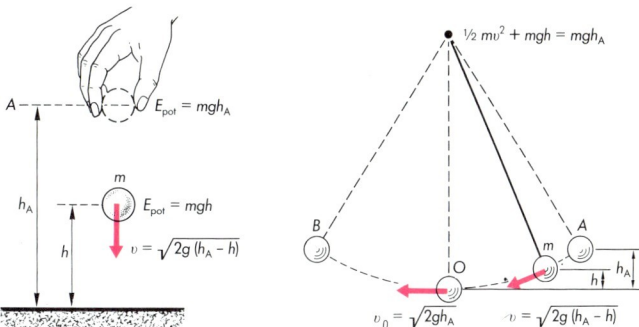

Energie 2): links Beim freien Fall wandelt sich die potenzielle Energie E_{pot} des fallenden Körpers (Masse m) in kinetische Energie $E_{kin} = \frac{1}{2} m v^2$ um; g Fallbeschleunigung, v Geschwindigkeit; rechts Wechselspiel von potenzieller und kinetischer Energie bei einem zwischen den Ruhepunkten A und B hin- und herschwingenden Pendel; m Pendelmasse, v Geschwindigkeit, g Fallbeschleunigung

Erfüllung einer bestimmten Arbeits- oder E.-Leistung genutzte E. als **Nutz-E.** bezeichnet.

Gesetzl. Einheiten der E. sind die SI-Einheit →Joule (Einheitenzeichen J) sowie alle Produkte aus einer gesetzl. Krafteinheit und einer gesetzl. Längeneinheit, bes. die SI-Einheit Newtonmeter ($1\,\text{Nm} = 1\,\text{J}$), oder aus einer gesetzl. Leistungseinheit und einer gesetzl. Zeiteinheit, bes. die SI-Einheit Wattsekunde ($1\,\text{Ws} = 1\,\text{J}$) und die SI-fremde →Kilowattstunde (kWh). Eine SI-fremde, aber gesetzl. Einheit der E. ist das →Elektronvolt (Einheitenzeichen eV), das v. a. in der Atom-, Kern-, Elementarteilchen- und Festkörperphysik verwendet wird. In der Wärmelehre und Chemie wurde früher die →Kalorie (cal) und das →Erg (erg) verwendet.

Geschichte: Obwohl G. W. LEIBNIZ bereits 1686 Vorstellungen entwickelte, die den heutigen Begriffen der kinet. und potenziellen E. in der Mechanik weitgehend entsprechen, erfolgte die Klärung des Begriffs E. erst im 19. Jh. nach der Entdeckung und Formulierung des E.-Satzes durch J. R. VON MAYER, J. P. JOULE und H. VON HELMHOLTZ (1842–47). Während C. G. DE CORIOLIS und J. V. PONCELET bereits 1828/29 den Begriff ›Arbeit‹ definierten, erfolgte die Einführung des Begriffs ›Energie‹ in die Physik als die für alle ihre Bereiche gültige Verallgemeinerung des bis dahin verwendeten Begriffs ›lebendige Kraft‹ (›vis viva‹) 1851/52 durch W. THOMSON und W. J. M. RANKINE. Eine wichtige Bedeutungserweiterung erfuhr der Begriff, als 1905 A. EINSTEIN aus der speziellen Relativitätstheorie die allg. Äquivalenz von Masse und E. folgerte. Diese Äquivalenz tritt heute v. a. in der Kern-E. in Erscheinung.

G. FALK u. W. RUPPEL: E. u. Entropie (1976); Naturerscheinung E., hg. v. K. WENK u. a. (1977); Das E.-Hb., hg. v. G. BISCHOFF u. a. ([4]1981); M. GRATHWOHL: E.-Versorgung ([2]1983); K. HEINLOTH: E. (1983); J. FRICKE u. W. L. BORST: E. ([2]1984); O. HÖFLING: E.-Probleme ([2]1986).

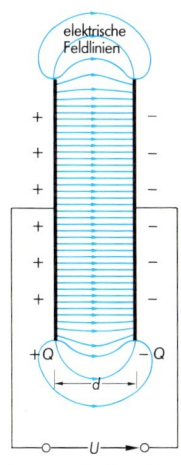

Energie 2): Die elektrische Feldenergie E_{el} eines Plattenkondensators der Kapazität $C = \varepsilon_0 A/d$ entspricht der Arbeit, die erforderlich ist, um zwei entgegengesetzt geladene Metallplatten (Ladung $+Q$ und $-Q$) bis in den Abstand d auseinander zu ziehen; A Plattenfläche, ε_0 elektrische Feldkonstante

Energiebändermodell, *Festkörperphysik:* das →Bändermodell.

Energiedichte, die auf die Volumeinheit bezogene Energie (z. B. eines physikal. Feldes).

Energiedirektumwandlung, Energiekonversion, Sammel-Bez. für Methoden zur unmittelbaren Erzeugung elektr. Energie aus anderen Energieformen ohne den Umweg über mechan. Energien, wie sie für die Erzeugung von Elektroenergie in konventionellen Generatoren typisch ist. Eine Umwandlung von Wärmeenergie erfolgt bei der **thermoelektrischen E.** in →thermoelektrischen Generatoren und Thermoelementen, bei der **thermionischen E.** in →Thermionikelementen, bei der **magnetohydrodynamischen E.** in →magnetohydrodynamischen Generatoren. Eine E. von chem. Energie erfolgt in den versch. →elektrochemischen Elementen und Akkumulatoren sowie mit →Brennstoffzellen. In →Isotopenbatterien erfolgt eine Umwandlung von radioaktiver Strahlung, in →Solarzellen und →Sonnenbatterien sowie in Sonnenkollektoren von elektromagnet. Strahlungsenergie (Licht) in elektr. Energie. Die bei den übl. konventionellen Methoden der Elektroenergieerzeugung erreichten Wirkungsgrade von bis zu 50 % lassen sich mit diesen Methoden nicht erreichen. Man sucht vielmehr, ihre besonderen Eigenschaften auszunutzen: geringe Umweltbelastung, lange Lebensdauer, Wartungsfreiheit, keine bewegten Teile, hohe Überlastbarkeit u. a. Derartige Methoden können auch in Vor- oder Nachstufen von konventionellen Energieumwandlungsanlagen angewandt werden.

ECKEHARD F. SCHMIDT: Unkonventionelle Energiewandler (1975).

Energiedosis, *Physik:* →Dosis.

Energieeigenwert, *Quantentheorie:* →Eigenzustand, →Schrödinger-Gleichung.

Energieeinsparungsgesetz, Ges. über die Energieeinsparung in Gebäuden vom 22. 7. 1976, das bes. Maßnahmen für den Energie sparenden Wärmeschutz an zu errichtenden Gebäuden und Anforderungen an heizungs- und raumlufttechn. Anlagen sowie Brauchwasseranlagen und deren Betrieb regelt. Auf der Grundlage des E. wurden erlassen: 1) Die Wärmeschutz-VO vom 16. 8. 1994, in Kraft seit 1. 1. 1995, regelt detaillierte techn. Anforderungen an den Energie sparenden Wärmeschutz im Einzelnen. Sie gilt für in der VO genannte Gebäude und baul. Anlagen, für die nach dem 1. 1. 1995 ein Bauantrag oder eine Bauanzeige eingereicht wurde; für baul. Vorhaben, für die vor dem 1. 1. 1995 der Bauantrag gestellt wurde, gelten die Anforderungen der Wärmeschutz-VO vom 24. 2. 1982. 2) Die Heizungsanlagen-VO vom 22. 3. 1994, in Kraft seit 1. 6. 1994, die die Heizungsanlagen-VO i. d. F. v. 20. 1. 1989 außer Kraft setzte, regelt Energie sparende Anforderungen an die Errichtung und den Betrieb von heizungstechn. Anlagen und Brauchwasseranlagen mit einer Nennwärmeleistung von 4 kW und mehr. 3) Die Heizkosten-VO vom 23. 2. 1981 i. d. F. v. 20. 1. 1989 verpflichtet den Gebäudeeigentümer, den anteiligen Verbrauch der Nutzer an Wärme und Warmwasser zu erfassen und zu diesem Zweck die Räume mit Ausstattungen zur Verbrauchserfassung zu versehen. Der Gebäudeeigentümer hat die Kosten der Versorgung mit Wärme und Warmwasser auf der Grundlage der Verbrauchserfassung nach Maßgabe der §§ 7–9 der VO auf die einzelnen Nutzer zu verteilen. (→Energiepolitik)

Energiefluss, Energietransfer, *Ökologie:* Während die Stoffe eines Ökosystems sich in einem ständigen Kreislauf befinden, wird die photosynthetisch durch die Primärproduzenten erworbene Energie nur z. T. und nur einmalig in der Nahrungskette weitergegeben: Die grünen Pflanzen nehmen 40–50 % der mit der Sonnenstrahlung auf sie treffenden Energie mithilfe des Chlorophylls in sich auf (Bruttoprimärproduktion); davon werden 1–5 % in chem. Energie umgewandelt (der Rest geht durch Ausstrahlung oder Verdunstung als Wärme verloren), hiervon verbrauchen die Pflanzen in Abhängigkeit von Klima und ökolog. Situation selbst 10–50 % durch die Atmung. Damit verbleibt für die von den Pflanzen lebenden Primär-

konsumenten noch eine Nettoprimärproduktion von 0,01–3,50 % der urspr. aufgenommenen Energie. Auf jeder Stufe der Nahrungskette werden 80–90 % der übernommenen Energie durch die Lebenstätigkeit als Wärme (bes. bei der Atmung) und in Abfallstoffen geringeren Energiegehaltes (Kot, Exkrete, Sekrete) ausgeschieden (→ökologischer Wirkungsgrad).

Energieflussbild, Sankey-Diagramm ['sæŋki-], **Wärmeflussbild,** graf. Darstellung des im Verlauf eines techn. Prozesses oder über einen Zeitraum in einem Industriezweig oder einem Land (Jahresenergiebilanz) erfolgenden Energieumsatzes: Die zu Beginn vorhandene Energie (Primärenergie) wird durch einen breiten Strang (Energiefluss) dargestellt, von dem die Energieverluste seitlich abzweigen und in den ggf. zusätzl. Energiezufuhren seitlich einmünden. Die Breite der versch. Stränge ist ein relatives Maß für die durch sie veranschaulichte Energiemenge.

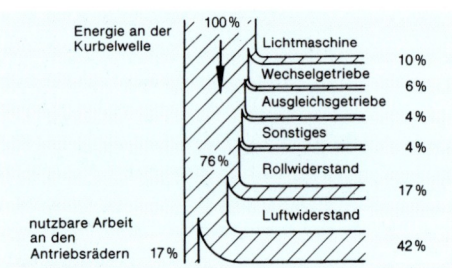

Energieflussbild: Sankey-Diagramm der Energiebilanz beim Antrieb eines Kraftfahrzeugs

Energieforschung, die zur Erschließung und optimalen Ausnutzung neuer und vorhandener Energiequellen betriebene Forschung. Fragen der Begrenztheit von Energierohstoffen, der Umweltverträglichkeit und Wirtschaftlichkeit gewinnen immer mehr an Bedeutung. Der größte Teil (rd. 90 %) der derzeit eingesetzten Energieträger stammt aus nicht erneuerbaren Quellen. Zu diesen zählen die fossilen Brennstoffe (Erdöl, Erdgas, Kohle und Torf) sowie die Kernbrennstoffe (Uran, Thorium). Die bekannten Erdöl- und Erdgasreserven der Erde, aus denen 1992 etwa 60 % des Weltbedarfs an Primärenergie gedeckt wurden, werden innerhalb absehbarer Zeit erschöpft sein. Eine ausschließl. Nutzung des Erdöls und Erdgases zur Primärenergieerzeugung ist ebenso wie eine entsprechende Nutzung der noch viel reichlicher vorhandenen Kohlevorräte wegen ihrer Bedeutung als wertvoller Rohstoff für die chem. Industrie sowie der immer mehr in den Vordergrund tretenden Umweltprobleme wenig wünschenswert. Als Alternative zur Energiegewinnung aus fossilen Brennstoffen wurde v. a. die Kernenergieforschung weltweit gefördert. Unter dem Eindruck der Ölkrise (1973) und der die Sicherheit von Kernkraftwerken infrage stellenden Reaktorunglücke von Harrisburg (1979) und Tschernobyl (1986) verstärkt sich jedoch das Interesse an der Erschließung von →erneuerbaren Energien zur langfristigen Sicherung der Energieversorgung. Schwerpunkte der Forschungs- und Entwicklungsprogramme sind neben der Kernenergieforschung: 1) die Erschließung regenerativer Energiequellen (z. B. Erdwärme, Sonnen-, Gezeiten-, Wind- und Bioenergie), wobei techn. Realisierbarkeit, Wirtschaftlichkeit, Sicherheitsrisiko, Umwelteinflüsse sowie die Verfügbarkeit von Rohstoffen berücksichtigt werden müssen; 2) die Entwicklung Kraftstoff sparender Motoren und alternativer Motorkraftstoffe; 3) die Entwicklung von empfindlicheren Methoden für die Prospektion von Erdöl- und Erdgasvorkommen, die Verbesserung des Wirkungsgrades bei der Ausbeutung von Erdölquellen (zz. nur etwa 35 %) und Erdgaslagern (zz. rd. 70 %) sowie die Schaffung von Techniken für den Abbau in größeren Tiefen; 4) die Entwicklung verbesserter und neuer Techniken zum Energiesparen bei →Energieübertragung, →Energiespeicherung und →Energieumwandlung; 5) der Einsatz techn. Innovationen, die die Wirtschaftlichkeit der Energienutzung steigern. Heute fällt mehr als die Hälfte des Energieverbrauchs als Abfallwärme an, bleibt also ungenutzt. Deshalb werden Techniken zur Nutzung dieser auf niedrigem Temperaturniveau anfallenden Abwärme entwickelt (z. B. →Wärmepumpen, →Kraft-Wärme-Kopplung, →Limnotherm®-Verfahren, →Hortitherm®, →Agrotherm®).

Energieknappheit u. Forschung, hg. v. R. KOSCHNITZKE u. E.-A. PLIEG (1982); M. KRAFT: Ergebnisse der E. (1982); R. WEBER: Strom aus tausend Quellen (Oberbözberg ³1986); J. BENNEWITZ: Energie für die Zukunft. Analyse des Energiebedarfs der Weltbev. (1991); K. KUGELER u. P.-W. PHLIPPEN: Energietechnik (²1993).

Energie-Impuls-Tensor, in *physikal. Feldtheorien* sowie in der *Relativitätstheorie* ein 16-komponentiger symmetr. Tensor $T_{\mu\nu}$, dessen Komponenten mit $\mu, \nu = 1, 2, 3$ die mechan. Spannungen (zw. den Feldlinien) eines Feldes liefern und dessen Spannungstensor T bilden, während durch die Größen $T_{4k} = icg_k$ und $T_{k4} = iS_k/c$ die Komponenten der Impulsdichte g bzw. der Energiestromdichte S, durch $-T_{44}$ die Energiedichte u des Feldes gegeben werden (c = Lichtgeschwindigkeit, $i = \sqrt{-1}$). In abgeschlossenen Systemen verschwindet die Viererdivergenz des E.-I.-T. ($\partial T_{\mu\nu}/\partial x_\nu = 0$), was die Zusammenfassung von Impuls- und Energiesatz in differenzieller Form darstellt:

$$\partial g/\partial t + \operatorname{div} T = 0 \text{ und } \partial u/\partial t + \operatorname{div} S = 0.$$

Der E.-I.-T. geht als **Materietensor** in die einsteinschen Feldgleichungen der allgemeinen →Relativitätstheorie ein und bestimmt daher das Gravitationsfeld und die →Metrik des Raums.

E. SCHMUTZER: Symmetrien u. Erhaltungssätze der Physik (Berlin-Ost ²1979).

Energie-Impuls-Vektor, die Zusammenfassung von Energie und Impuls eines Teilchens u. a. zu einem relativist. Vierervektor (→Impuls).

Energieladung, Energieinhalt, *Physiologie:* urspr. als Energy-Charge aus dem Engl. eingeführter und auch im dt. Sprachgebrauch übl. Begriff, der eine Aussage über den momentanen Energiezustand der Zelle zulässt. Die E. wird ausgedrückt durch das Verhältnis der Konzentrationen an ATP, ADP und AMP (→Adenosin):

$$\text{Energieladung} = \frac{[\text{ATP}] + 0,5[\text{ADP}]}{[\text{ATP}] + [\text{ADP}] + [\text{AMP}]}$$

Die E. gibt an, in welchem Ausmaß ›energiereiche‹ Phosphatgruppen in der Zelle vorhanden sind. Der Wert für die E. kann sich zw. 0 und 1 bewegen, beim normalen Stoffwechsel liegen die Werte je nach Gewebeart zw. 0,85 und 0,95. Die E. ist entscheidend für die Aufrechterhaltung der Homöostase der Zellen und damit die unverminderte Funktionsfähigkeit der Gewebe. Weitere Möglichkeiten, den Energiestatus einer Zelle zu charakterisieren, sind das →Phosphorylierungspotenzial und die Berechnung der Änderung der freien Energie der ATP-Hydrolyse.

Energielinie, *Hydrodynamik:* die Verbindungslinie der Endpunkte von Lotrechten, die bei der Darstellung von Strömungsverhältnissen in allen Punkten eines Stromfadens errichtet werden und deren Längen gleich der konstanten Summe aus Druck-, Orts- und Geschwindigkeitshöhe sind; diese Höhen ergeben sich, indem man die →Bernoulli-Gleichung durch die Dichte ϱ des strömenden Mediums und die Fallbeschleunigung g dividiert.

Energielücke, *Festkörperphysik:* Bereich im quasikontinuierl. Energiespektrum der Elektronen eines Festkörpers, der frei von Energieniveaus ist; speziell im →Bändermodell die Bandlücken in der sich ergebenden →Bandstruktur. Bei Supraleitern tritt infolge Bildung von →Cooper-Paaren eine zusätzl., von der absoluten Temperatur T abhängige E. der Breite $\Delta(T)$ unmittelbar unterhalb des Fermi-Niveaus im Leitungsband auf, in der keine erlaubten Zustände für ungepaarte Elektronen existieren, da die nach der →BCS-Theorie zur Paarung führende Wechselwirkung auch deren Zustandsdichte verändert. Sie ist mit der Bindungsenergie der Cooper-Paare verknüpft und trennt die besetzten Elektronenzustände von den unbesetzten, sodass zur Anregung einzelner Elektronen eine bestimmte Mindestenergie aufgebracht werden muss, die am absoluten Nullpunkt der Temperatur $2\Delta(0) \approx 3,5\ kT_c$ beträgt (k = Boltzmann-Konstante, T_c = krit. Temperatur des Supraleiters). Wegen dieser E. können die Cooper-Paare unterhalb einer bestimmten kinet. Energie nicht durch Wechselwirkung mit dem Gitter gestreut werden, sodass ein widerstandsloser Strom fließen kann. Die für die besonderen physikal. Eigenschaften eines Supraleiters verantwortl. E. kann durch Absorptionsexperimente mit Ultraschall oder elektromagnet. Strahlung sowie durch den →Tunneleffekt nachgewiesen und untersucht werden.

Energie-Masse-Relation, *Physik:* die →Masse-Energie-Äquivalenz.

Energieniveau [-nivo:], *Quantentheorie:* Bez. für jeden der von einem mikrophysikal. System gebundener Teilchen (z. B. Atom, Molekül, Atomkern oder auch Festkörper) in den mögl. stationären Zuständen (→Eigenzustand) angenommenen Energiewerte, die Eigenwerte des Hamilton-Operators des Systems sind. Die mögl. E. bilden in ihrer Gesamtheit das **Energiespektrum** des Systems, das i. A. aus zwei Teilen besteht: aus einer abzählbaren Menge diskreter, den gebundenen Zuständen des Systems zugeordneter E. und einem kontinuierl., den Streuzuständen zugeordneten Teil. In Festkörpern bilden die quasikontinuierl. E. der Elektronen mehr oder weniger breite Energiebänder (→Bändermodell, →Bandstruktur). →Term.

Energieniveauschema [-nivo:-], **Energieschema,** *Quantentheorie:* das →Termschema. (→Atom)

Energieoperator, *Quantentheorie:* der →Hamilton-Operator eines mikrophysikal. Systems.

Energiepolitik, Teil der sektoralen Wirtschafts-, Struktur- und Umweltpolitik zur staatl. Steuerung des Energiesektors. Die E. umfasst sowohl alle Stufen der Energieversorgung (Gewinnung, Lagerung, Bevorratung, Umwandlung, Transport und Verteilung von Energie, Entsorgungsfragen sowie Außenhandel) als auch in zunehmendem Maße staatl. Aktivitäten zur Beeinflussung der Energienachfrage und zur rationelleren Energienutzung bzw. Energieeinsparung.

Die Ziele der E. haben sich seit 1945 erheblich verändert und werden teilweise kontrovers diskutiert. Weitgehend anerkanntes Ziel der E. ist es, eine langfristig sichere, risikoarme, kostengünstige sowie umwelt- und ressourcenschonende Bereitstellung von Energiedienstleistungen zu gewährleisten. Die Erfüllung energiebezogener Dienstleistungen (z. B. warme Räume, ausreichende Beleuchtung, Prozesswärme, Bewegung und Informationsübertragung) ist somit die Hauptaufgabe des Energieeinsatzes.

Durch die E. werden sowohl der rechtl. Rahmen der Energieversorgung (z. B. die Wettbewerbsordnung für die einzelnen Energieträger) vorgegeben als auch die technisch-naturwiss. Randbedingun-

Schlüssel-begriff

gen, beispielsweise über die Energieforschung, mitgestaltet. Die Breite der Aufgabenstellung der E. führt zu Wechselwirkungen zu anderen Politikbereichen; das Spektrum reicht von der Wettbewerbs-, Finanz-, Industrie- und Regionalpolitik über die Forschungs- und Technologiepolitik bis zur engen Verzahnung der E. mit der Umweltpolitik sowie der Sicherheits- und Außenpolitik.

Energiepolitik seit Ende des Zweiten Weltkrieges

Die E. bis Anfang der 70er-Jahre war geprägt vom Leitziel ›Versorgungssicherheit‹ und einer staatl. Interventionspolitik, die eine Reaktion auf Struktur- und Anpassungskrisen darstellte. Ein Schwerpunkt lag zunächst auf der Kohlepolitik, die sich in zwei unterschiedl. Phasen einteilen lässt. Bis Mitte der 50er-Jahre war vorrangiges Ziel der E., die Kohleförderung zu steigern und die Vermarktung zu verbessern. Ab Mitte der 50er-Jahre war der Kohlemarkt, v. a. aufgrund des schnellen Vordringens billigen Mineralöls, von Kohleüberschüssen geprägt. Der Schutz des inländ. Kohlenbergbaus wurde energiepolit. Ziel. Seit Mitte der 50er-Jahre bildete die Förderung der Kernenergie einen zweiten Schwerpunkt der Energiepolitik.

Eine Antwort des Staates auf die Ölpreiskrisen der 70er-Jahre (1973/74 sowie 1979/80) war der Versuch, ein neues Konzept der E. zu entwickeln und die Ölimportabhängigkeit einzuschränken. Im Energieprogramm von 1973 wurden Leitlinien für eine langfristig orientierte, die Angebots- und die Nachfrageseite umfassende E. entwickelt. 1974 und 1979/80 erfolgten Fortschreibungen, die insbesondere die Entwicklungen auf den internat. Ölmärkten widerspiegelten. Vorrangiges Ziel der Energieprogramme war es, durch Energiepreissteigerungen bzw. Versorgungsengpässe ausgelöste wirtschaftl. Einbrüche zu vermeiden. Strategien dazu waren die Umstellung auf andere Energieträger und die Suche von neuen Bezugsquellen einzelner Energieträger, die Energiebevorratung, die Stärkung der dt. Steinkohle (so genannte ›Kohlevorrang-Politik‹) und Maßnahmen zur Energieeinsparung. Der Ausbau der Kernenergie, dem in den ersten Energieprogrammen noch eine hohe Priorität eingeräumt wurde, erhielt in den späteren Fortschreibungen, insbesondere nach den Reaktorunfällen in Harris-

burg (1979) und Tschernobyl (1986), wegen zunehmender Akzeptanzprobleme einen geringeren Stellenwert.

Die Wurzeln der europ. E. liegen bereits am Beginn der Europ. Integration. 1952 wurde als erste der Europ. Gemeinschaften die →Europäische Gemeinschaft für Kohle und Stahl gegründet. 1958 folgte zusammen mit der Europ. Wirtschaftsgemeinschaft die →Europäische Atomgemeinschaft. Im Rahmen der Vollendung des Europ. Binnenmarktes traten in den 90er-Jahren internat. Wettbewerbsfragen für die leitungsgebundene Energiewirtschaft (Erdgas und Elektrizität) in den Vordergrund.

Internat. Organisationen, die im Energiebereich eine wichtige Rolle spielen, sind neben der Europ. Union die →Internationale Atomenergie-Organisation und die →Internationale Energie-Agentur, die 1974 als Reaktion auf die Ölpreiskrise auf der Grundlage des ›Abkommens über ein internat. Energieprogramm‹ mit dem Ziel der Krisenvorsorge und des Krisenmanagements gegründet wurde.

Ordnungspolitischer Rahmen

Der ordnungspolit. Rahmen für die Energiewirtschaft unterscheidet sich in den westl. Industrieländern erheblich. Das Spektrum reicht von einem weitgehend verstaatlichten Energiesektor (z. B. Frankreich, Italien) über mit Privilegien ausgestattete Staatsunternehmen bzw. vom Staat über Beteiligungen beherrschte Unternehmen (z. B. Norwegen) bis zu privatwirtschaftl. Lösungen (z. B. Großbritannien seit der Privatisierung). In den 90er-Jahren haben die Diskussionen über die Neuordnung der leitungsgebundenen Energieversorgung und Reformansätze mit der Zielrichtung ›Mehr Wettbewerb‹ und ›Deregulierung‹, z. B. in Großbritannien, in den Niederlanden, in Norwegen und Schweden, an Bedeutung gewonnen.

In Dtl. ist der ordnungspolit. Rahmen der einzelnen Energieträger unterschiedlich abgesteckt; v. a. seit Mitte der 90er-Jahre sind in einigen Bereichen Ansätze zu grundlegenden Änderungen zu erkennen. Relativ stark am Markt orientiert sind die Bereiche der Mineralöl- (→Erdölbevorratung) und der Braunkohlenwirtschaft. Die Steinkohlenwirtschaft wurde seit Ende des Zweiten Weltkriegs unter wechselnden Zielsetzungen reguliert und zur Sicherung ihrer Wettbewerbsfähigkeit gegenüber dem Erdöl und der Importkohle subventioniert. Seit den 90er-Jahren ist eine umfassende Neuformulierung der Fördermengenziele, eine Neuregelung der Finanzierung der Steinkohlenwirtschaft und eine Anpassung der rechtl. Regelungen (z. B. Verstromungsgesetz) im Gange (→Jahrhundertvertrag). Damit soll im Interesse einer sicheren Elektrizitätsversorgung ein angemessener Anteil dt. Steinkohle an der Erzeugung von elektr. Energie und Fernwärme in Kraftwerken gewährleistet werden. Den Bergbauunternehmen werden für 1996–2005 aus Mitteln des Bundeshaushaltes jährl. Finanzfonds zur Verfügung gestellt. Bis zum Jahr 2000 werden diese Fonds auch für den Absatz dt. Braunkohle (Anteil an Tiefbraunkohle von mindestens 25 % und Braunkohle mit einem Natrium- und Kaliumoxidgehalt in der Asche von über 2 %) zur Verstromung bereitgestellt. Im Bereich der leitungsgebundenen Energieversorgung (Elektrizität, Erdgas) herrschen bis Mitte der 90er-Jahre Versorgungsmonopole vor. Rechtsgrundlage sind das →Energiewirtschaftsgesetz einschließlich Bundestarifordnung Elektrizität (BTOElt) und Bundestarifordnung Gas (BTOGas) sowie das Ges. gegen Wettbewerbsbeschränkungen (→Wettbewerb). Im Rahmen der mögl. europaweiten Neu-

Energiepolitik: Endenergieverbrauch nach Energieträgern in Deutschland

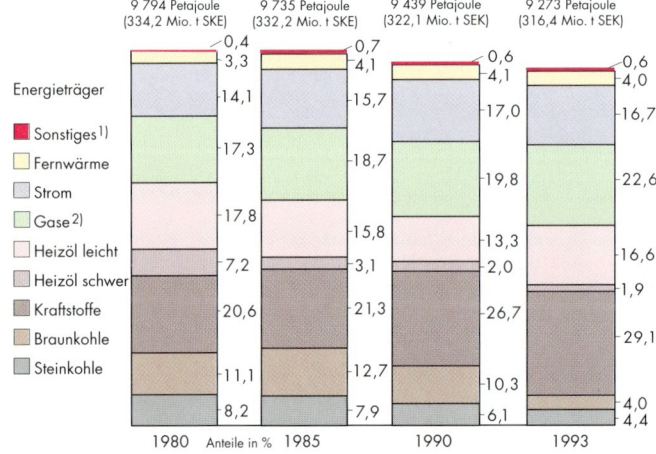

	9 794 Petajoule (334,2 Mio. t SKE)	9 735 Petajoule (332,2 Mio. t SKE)	9 439 Petajoule (322,1 Mio. t SKE)	9 273 Petajoule (316,4 Mio. t SEK)
Sonstiges[1]	0,4	0,7	0,6	0,6
Fernwärme	3,3	4,1	4,1	4,0
Strom	14,1	15,7	17,0	16,7
Gase[2]	17,3	18,7	19,8	22,6
Heizöl leicht	17,8	15,8	13,3	16,6
Heizöl schwer	7,2	3,1	2,0	1,9
Kraftstoffe	20,6	21,3	26,7	29,1
Braunkohle	11,1	12,7	10,3	4,0
Steinkohle	8,2	7,9	6,1	4,4
	1980	1985	1990	1993

Anteile in %

1) Brennholz, Brenntorf, Klärschlamm, Müll u.a.
2) Flüssig-, Raffinerie-, Kokerei-, Gichtgas und Naturgase

regelung des Ordnungsrahmens der leitungsgebundenen Energieträger wird auch in Dtl. diskutiert, den direkten Wettbewerb (›Aufhebung der Versorgungsmonopole‹) zu verstärken. Dem gegenüber stehen Reformansätze, die unter der Zielrichtung ›Dezentralisierung‹ und ›Rekommunalisierung‹ den kommunalen und regionalen Einfluss auf die Energieversorgung und eine stärkere ökolog. Regulierung der leitungsgebundenen Energiewirtschaft anstreben. Rechtl. Regelungen zur Energieeinsparung liegen derzeit schwerpunktmäßig im Gebäudebereich vor (→Energieeinsparungsgesetz). Hinzu kommen unter Emissionsgesichtspunkten erlassene Regelungen (Durchführungsverordnungen zum Bundesimmissionsschutzgesetz, wie beispielsweise die Kleinfeuerungsanlagen-VO und die Großfeuerungsanlagen-VO).

Herausforderungen der Energiepolitik

Die Energiepolitik steht weltweit und auch in Dtl. vor besonderen Herausforderungen: Die Problematik anthropogener Klimaveränderungen (→Treibhauseffekt) durch die Emissionen von Treibhausgasen zwingt zu einer drast. absoluten Reduktion von energiebedingten Treibhausgasen (vor allem Kohlendioxid, Methan, Distickstoffoxid, Stickoxide) und zu einer grundsätzl. Neuorientierung der Energiewirtschaft. Die Grenzen der Belastungsfähigkeit der Ökosysteme durch Schadstoffeinträge sind in vielen Fällen erreicht. Die Ressourcenknappheit v. a. fossiler Energieträger erlaubt es nicht, die Energieversorgung dauerhaft auf endl. Energieträgern aufzubauen. Fragen des Risikos der Kernenergienutzung und eines mögl. Ausstiegs aus der Kernenergie werden heftig diskutiert. Neben den Risiken großer Reaktorunfälle (Kernschmelze) stehen die ungelöste Entsorgungsfrage und die Gefahren einer militär. Nutzung der Kernenergie im Mittelpunkt krit. Diskussionen. Die Lösung der ökonom., sozialen und gesellschaftl. Probleme, die mit einer ausreichenden Energieversorgung für eine wachsende Weltbevölkerung v. a. in den Entwicklungsländern verknüpft sind, steht an.

Eine E., die sich dieser Grundsatzfragen annimmt, wird zukünftig einen Schwerpunkt auf die rationelle Energiewandlung und die Nutzung →erneuerbarer Energien legen müssen. Die Energieproduktivität, d. h. der Nutzen, der aus jeder eingesetzten Energieeinheit gewonnen wird, muss erheblich gesteigert werden. Hierbei sind techn. Effizienzsteigerungen, aber auch Fragen des Produktions- und Lebensstils angesprochen. Im Sinne einer verbesserten Nachhaltigkeit kommt den ökolog. Anforderungen sowohl auf der Angebots- als auch auf der Nachfrageseite wachsende Bedeutung zu. Angesichts einer steigenden Weltbevölkerung ist eine deutl. Verringerung des Pro-Kopf-Verbrauchs an Energie in den Industrieländern für notwendig erachtet, um für die Mehrheit der wachsenden Weltbevölkerung noch den notwendigen Entwicklungsspielraum zu sichern.

Auch durch eine engere internat. Kooperation und Abstimmung in der E. kann ein wichtiger Beitrag zur Lösung dieser Probleme geleistet werden. Dies betrifft insbesondere den Technologie- und Know-how-Transfer der Industrieländer in die Entwicklungsländer.

Energiepolitik und Energieforschung

Die Energieforschung zur Entwicklung neuer Techniken, die eine erheblich effizientere Nutzung der Energie bewirken und/oder den wirtschaftl. Einsatz v. a. der erneuerbaren Energien vorantreiben, wird zunehmend an Bedeutung gewinnen. Schwerpunkte

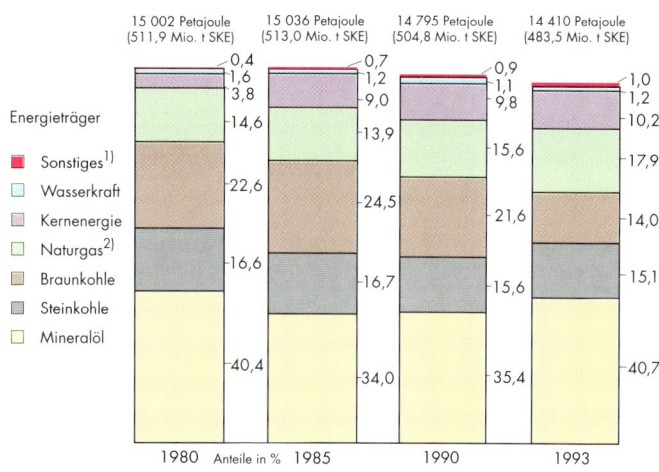

15 002 Petajoule (511,9 Mio. t SKE)	15 036 Petajoule (513,0 Mio. t SKE)	14 795 Petajoule (504,8 Mio. t SKE)	14 410 Petajoule (483,5 Mio. t SKE)

Energieträger

- 🟥 Sonstiges[1]
- ⬜ Wasserkraft
- 🟪 Kernenergie
- 🟩 Naturgas[2]
- 🟫 Braunkohle
- ⬛ Steinkohle
- 🟨 Mineralöl

	1980	1985	1990	1993
Sonstiges	0,4	0,7	0,9	1,0
Wasserkraft	1,6	1,2	1,1	1,2
Kernenergie	3,8	9,0	9,8	10,2
Naturgas	14,6	13,9	15,6	17,9
Braunkohle	22,6	24,5	21,6	14,0
Steinkohle	16,6	16,7	15,6	15,1
Mineralöl	40,4	34,0	35,4	40,7

Anteile in %

1) Brennholz, Brenntorf, Klärschlamm, Müll u.a.
2) Erdgas, Erdölgas, Grubengas und Klärgas

Energiepolitik: Primärenergieverbrauch nach Energieträgern in Deutschland

der Forschung sind derzeit: Weiterentwicklung der Kraftwerkstechnik zur Steigerung des Wirkungsgrades und Entwicklung neuer Kraftwerkskonzepte einschließlich der Kraft-Wärme-Kopplung im Bereich fossiler Energien, Grundlagen- und anwendungsnahe Forschung im Bereich erneuerbarer Energien, Nutzung der Kernenergie und Lösung des Entsorgungsproblems, Weiterentwicklung von Brennstoffzellen, Speicher- und Transporttechnologien für Energie (Verbesserung von Batterien, Wärmespeichersystemen, Wasserstofftechnologie u. a.), Ansätze zur rationellen Energiewandlung sowohl im Wärmebereich (Wärmedämmsysteme, Niedrigenergiehauskonzepte) als auch im Prozesswärme- und Strombereich (Optimierung von Industrieprozessen, effizientere Haushaltsgeräte, energet. Optimierung von Beleuchtungssystemen).

Zw. 1974 und 1993 wurden rd. 13 % von insgesamt 15,5 Mrd. DM der staatl. Aufwendung für die Energieforschung vom Bereich fossile Energien verbraucht; rd. 16 % flossen in den Bereich erneuerbare Energien und rationelle Energieanwendung. Etwa 71 % wurden für die nukleare Energieforschung (einschließlich Reaktorsicherheit) und die Kernfusionsforschung verwendet. Eine erhebl. Verstärkung der Energieforschungsaufwendungen im Bereich der rationellen Energiewandlung und der erneuerbaren Energien ist angesichts der zukünftigen Herausforderung der E. notwendig.

⇨ *Blockheizkraftwerk · Elektrizitätswirtschaft · Endlagerung · Energiesparen · Energiewirtschaft · Entsorgung · Fernwärme · Kernenergie · Kernkraftwerk · Kraft-Wärme-Kopplung · Photovoltaik · Stromtarif*

3. Programm Energieforschung u. Energietechnologien, hg. vom Bundesminister für Forschung u. Technologie (1990); K. HEINLOTH: Energie u. Umwelt. Klimaverträgl. Nutzung von Energie (1993); Mehr Zukunft für die Erde. Nachhaltige E. für dauerhaften Klimaschutz, hg. v. der Enquete-Kommission ›Schutz der Erdatmosphäre‹ (1995); Studienprogramm, hg. v. DERS., Bd. 3: Energie, 2 Tle. (1995); MICHAEL MÜLLER u. P. HENNICKE: Mehr Wohlstand mit weniger Energie. Einsparkonzepte, Effizienzrevolution, Solarwirtschaft (1995).

Energiequanten, *Physik:* →einsteinsches Gesetz, →Feldquanten, →Quanten.

Energierecht, eine komplexe Rechtsmaterie, deren Regelungsgegenstand die sichere und preisgünstige Versorgung mit Strom, Gas und Fernwärme umfasst. Das E. ist z. T. dem öffentl. und z. T. dem Privatrecht zuzuordnen. In einem engeren Sinne wird das E. häufig als das Recht der leitungsgebundenen Energieversorgung verstanden, dessen wichtigste Vorschriften im →Energiewirtschaftsgesetz, im →Energieeinsparungsgesetz und im →Energiesicherungsgesetz erfasst sind. Auch das Kartellrecht enthält spezielle energierechtl. Bestimmungen (z. B. §§ 103, 103 a Ges. gegen Wettbewerbsbeschränkungen). Im Zusammenhang mit der angestrebten Liberalisierung des Energiemarktes sind Änderungen der rechtl. Normen im Bereich des Energiewirtschaftsrechts und des Kartellrechts notwendig. Primär privatrechtl. Charakter hat die Regelung des Verhältnisses zw. den Energieversorgungsunternehmen und deren Kunden (§ 6 Energiewirtschafts-Ges., allgemeine Versorgungsbedingungen für Tarifkunden). In einem weiteren Sinn werden unter den Begriff des E. die rechtl. Regelungen gefasst, die die Gewinnung und Verteilung von Primärenergie (Kohle, Öl, Erdgas, Kernenergie) sowie die Produktion, Verteilung und Verwendung von leitungsgebundener Energie zum Gegenstand haben. Gemäß Einigungsvertrag ist das E. des Bundes mit bestimmten befristeten Übergangsregelungen und wenigen Ausnahmen in den neuen Ländern in Kraft getreten. (→Energiepolitik)

energiereiche Verbindungen, *Physiologie:* Verbindungen mit einem hohen Gruppenübertragungspotenzial (→Gruppenübertragung). ◦

Energie-Reichweite-Beziehung, der Zusammenhang zw. der kinet. Energie E und der definierten →Reichweite R eines geladenen atomaren Teilchens in einem bestimmten Stoff. Die E.-R.-B. wird meist in Luft von Normaldruck oder in Aluminium angegeben. Man erhält sie durch Integration der →Bethe-Bloch-Formel. Für Elektronen gilt näherungsweise die **Flammersfeld-Formel:** $E\,[\text{in MeV}] = 1{,}92\sqrt{r^2 + 0{,}22}r$, wobei r der Zahlenwert des Produkts aus der Reichweite in Aluminium und der Dichte von Aluminium ist. Für Alphateilchen mit Energien von 4 bis etwa 10 MeV besagt die **Geiger-Regel,** dass die Reichweite proportional der dritten Potenz der Geschwindigkeit, d. h. der Quadratwurzel aus der dritten Potenz der kinet. Energie, ist.

Energiesatz, Energieerhaltungssatz, Energieprinzip, der ein allgemein gültiges, grundlegendes Naturgesetz darstellende Erhaltungssatz der →Energie, nach dem bei einem physikal. Vorgang Energie weder erzeugt noch vernichtet, sondern lediglich von einer Energieform in eine andere oder in mehrere andere Energieformen umgewandelt werden kann. In einem abgeschlossenen physikal. System (zumindest im ganzen Weltall) ist die Gesamtenergie E_{ges} zeitlich konstant: $\mathrm{d}E_{\text{ges}}/\mathrm{d}t = 0$ (integrale Formulierung des E.; zur differenziellen Formulierung →Energie-Impuls-Tensor). Als Folgerung des E. ergibt sich die Unmöglichkeit, ein →Perpetuum mobile 1. Art, d. h. eine Maschine, die mehr Energie abgibt, als sie aufnimmt, zu konstruieren. Die Folgerung, dass sich die Gesamtenergie eines Systems nur durch Energieaustausch mit der Umwelt ändern kann, ist die Aussage des 1. Hauptsatzes der Thermodynamik. – Der E. erweist sich in der klass. Physik als äquivalent zur Behauptung, dass die Naturkräfte zeitunabhängig und die sie beschreibenden Naturgesetze invariant gegenüber Zeittransformationen sind (→Invarianz). In der Relativitätstheorie wird der Zeitbegriff präzisiert mit der Folge, dass ein relativist. E. gilt, der die Masse in die Energiebilanz einbezieht: Gemäß der einsteinschen Gleichung $E = mc^2$ (c = Lichtgeschwindigkeit) sind Masse m und Energie E einander äquivalent (und bei

mikrophysikal. Prozessen ineinander umwandelbar). Auch in der Quantenmechanik erweisen sich die Naturgesetze als zeitunabhängig. Der E. gilt also auch für mikrophysikal. Systeme (z. B. Elementarteilchen und ihre Wechselwirkungen).

Der E. gilt allg., wurde aber urspr. von C. HUYGENS (1673), G. W. LEIBNIZ (1684), JOHANN und DANIEL BERNOULLI, J. L. LAGRANGE u. a. nur für mechan. Systeme unter Vernachlässigung von Reibungsverlusten formuliert. 1842 wurde er von J. R. VON MAYER auch auf die Wärmeenergie und Reibungsvorgänge, 1847 von H. VON HELMHOLTZ auf alle Energieformen ausgedehnt.

Energieschwelle, die bei vielen physikal. Prozessen zur Einleitung der Reaktion notwendige Mindestenergie, die aus dem Erhaltungssatz für die Gesamtenergie folgt.

Energiesicherungsgesetz, Kurz-Bez. für das ›Ges. zur Sicherung der Energieversorgung bei Gefährdung oder Störung der Einfuhren von Erdöl, Erdölerzeugnissen oder Erdgas‹ vom 20. 12. 1974. Es verfolgt zum einen den Zweck, die rechtl. Grundlage dafür zu schaffen, dass in Dtl. Staat und private Wirtschaft geeignete Maßnahmen zur Sicherung des lebenswichtigen Bedarfs an Energie für den Fall ernster einfuhrbedingter Versorgungsschwierigkeiten bei Erdöl oder Erdgas ergreifen können. Zum anderen bildet das E. die rechtl. Grundlage für die Erfüllung des im Übereinkommen zum Internat. Energieprogramm (IEP) vorgesehenen Krisenmechanismus. Seiner Systematik nach gehört es zu den Notstandsgesetzen. U. a. sieht es Abgabe-, Bezugs- und Verwendungsbeschränkungen und Einschränkungen für die Benutzung von Motorfahrzeugen vor. Aufgrund des E. wurde eine Reihe ergänzender VO erlassen.

Energiesparen, Aktivitäten öffentl. Institutionen, privater Haushalte und der Wirtschaft, die darauf gerichtet sind, den Energieverbrauch je Leistungs- oder Produktionseinheit zu verringern; angesichts begrenzter Ressourcen wichtiges Ziel der →Energiepolitik. Es können drei Handlungsebenen für das E. unterschieden werden: 1) energiebewusstere Nutzung vorhandener Geräte und Anlagen durch die Verbraucher; 2) Einsatz von Geräten und Anlagen mit einer höheren Effizienz; 3) Entwicklung neuer Anwendungstechnologien mit höherer Nutzungseffizienz.

Beim Einsatz heute marktgängiger effizienter Nutzungstechnologien beträgt das Potenzial des E. nach den Erkenntnissen der Klima-Enquete-Kommissionen des Dt. Bundestages rund 35–40%, d. h., fast die Hälfte des Primärenergieverbrauchs in Dtl. könnte beim Stand der Technik (Bezugsjahr 1987) durch techn. Energiesparmaßnahmen vermieden werden. Für die Wärmedämmung in neuen und bestehenden Gebäuden beträgt z. B. das techn. Potenzial des E. 70–90%, bei elektr. Haushaltgeräten 30–70%. Vergleichbare Möglichkeiten zum E. bestehen z. T. auch bei Beleuchtungs-, Lüftungs- und Klimaanlagen in Industrie- und Bürogebäuden. Im Bereich des Verkehrs bestehen neben den techn. Maßnahmen zum E. durch verbesserte Fahrzeugtechnologien weitere Möglichkeiten, den verkehrsbedingten Energieverbrauch zu senken. Dazu gehören die Verringerung des Verkehrsaufkommens, z. B. durch eine moderne Siedlungsstruktur, die die Funktionen Wohnen, Arbeit, Freizeit, Einkauf besser als bisher verzahnt, Tempolimits sowie die Verlagerung des Verkehrs von energieintensiven auf weniger energieintensive Verkehrsträger.

Die Rentabilität des E. durch effizientere Anwendungstechniken hängt u. a. von – auch in ökolog. Hinsicht – aussagefähigen Energiepreisen ab. Allerdings werden auch die bei gegenwärtigen Preisen (Stand Anfang der 90er-Jahre) rentablen Investitionen zum E. nur z. T. realisiert. Ursache hierfür sind eine Vielzahl teilweise nichtmonetärer Hemmnisse, darunter bes. Informationsmängel, Interessengegensätze zw. Vermietern (Investoren) und Mietern (Nutzern) sowie hohe Rentabilitätsanforderungen von Unternehmen, die die mögl. Betriebskostensenkung durch E. nicht angemessen berücksichtigen. Es ist Aufgabe der Energiepolitik, durch gezielte sektor- und technologiespezif. Instrumentenbündel (z. B. Einführung einer Energiesteuer, von Grenzwerten für den Energieverbrauch in Gebäuden, von Geräten und Anlagen, Abbau rechtl. Hemmnisse, Beratungs- und Weiterbildungsprogramme, gezielte Förderprogramme) zum Abbau der genannten Hemmnisse beizutragen. Neue Möglichkeiten des E. werden in Ansätzen wie →Least-Cost-Planning und →Contracting gesehen.

Rechtl. Regelungen zum E. wurden schwerpunktmäßig im Gebäudebereich vorgenommen (z. B. Energieeinsparungs-Ges., Wärmeschutz-VO, Heizungsanlagen-VO). Hinzu kommen unter Emissionsgesichtspunkten erlassene Regelungen wie etwa die Kleinsowie die Großfeuerungsanlagen-VO.

Mehr Zukunft für die Erde. Nachhaltige Energiepolitik für dauerhaften Klimaschutz, hg. v. der Enquete-Kommission Schutz der Erdatmosphäre (1995); MICHAEL MÜLLER u. P. HENNICKE: Mehr Wohlstand mit weniger Energie. Einsparkonzepte, Effizienzrevolution, Solarwirtschaft (1995).

Energie sparende Antriebe, Fahrzeugantriebe, die wegen der Verknappung fossiler Brennstoffe und der Notwendigkeit verminderter Schadstoffemission eine besondere Bedeutung haben. Zu den E. s. A. gehören Elektro-, Erdgas- und Wasserstoffantrieb, teilweise rechnet man auch die Nutzung erneuerbarer Energieformen (z. B. Solarfahrzeuge) dazu. Außerdem verspricht der →Hybridantrieb nach Lösung derzeit vorhandener Wirkungsgradprobleme die Realisierung des ›Drei-Liter-Autos‹. Die techn. Realisierbarkeit der genannten Antriebsformen ist in Prototypen nachgewiesen. Zurzeit verhindern aber hohe Kosten, schlechte Speichermöglichkeiten und unbefriedigende Wirkungsgrade einen Serieneinsatz. Mittelfristig scheint die Verbesserung des Wirkungsgrades herkömml. Antriebssysteme durch Maßnahmen am Verbrennungsmotor (z. B. durch Einsatz direkt einspritzender Dieselmotoren), am Antriebsstrang und seiner Steuerung (z. B. mittels stufenloser Getriebe) sowie am Fahrzeug (Masseverringerung, Verringerung des Rollwiderstands der Reifen) Erfolg versprechender.

Energiespeicherung, Gesamtheit der Methoden und Verfahren zur Speicherung von Sekundärenergie in geeigneter Form, sodass diese jederzeit sowie über einen mehr oder weniger langen Zeitraum möglichst wirtschaftlich in der gewünschten Menge zur Verfügung steht.

Die Speicherung mechan. Energie ist in einem →Pumpspeicherwerk (Wirkungsgrad bis etwa 75 %) oder in einem →Luftspeicher-Gasturbinenkraftwerk möglich. Eine Kurzzeit-E. für mechan. Energie bietet das →Schwungrad. – Die Speicherung elektr. Energie erfolgt meist elektrochemisch, v. a. mithilfe von Blei-Schwefelsäure-Akkumulatoren. Grundlage für neuere Entwicklungen leichterer und leistungsfähigerer Batterien, wie sie z. B. für Elektrofahrzeuge benötigt werden, sind der →Natrium-Schwefel-Akkumulator, der Natrium-Nickel-Chlorid-Akkumulator, der Nickel-Cadmium-Akkumulator (→Akkumulator) sowie die →Lithium-Schwefel-Batterie. Eine Kurzzeitspeicherung elektr. Energie ist u. a. mittels Kondensatoren sowie mittels Magnetspulen (bes. langzeitig auch solchen aus supraleitenden Drähten) möglich. Elektr. Energie kann außerdem durch elektrolyt. Erzeugung von Wasserstoff (→Wasserstoffenergietechnik) in diesem als chem. Energie gespeichert werden; die spätere Rückwandlung in Elektrizität mittels einer Brennstoffzelle ist allerdings bisher wegen der zu geringen

Umwandlungsausbeuten nur in Sonderfällen wirtschaftlich.

Die Speicherung von Wärmeenergie gehört zu den ältesten Formen der E. (z. B. Erhitzen von Steinen, um die Wärme des offenen Feuers zu bewahren). Wärme-E. ist für Wärmekraftmaschinen, aber v. a. für Heizzwecke (→Heizung) von großer Bedeutung. Durch →Wärmespeicher versch. Art versucht man, tages- und jahreszeitl. Schwankungen zw. Energieangebot und -nachfrage auszugleichen, aber auch vorhandene Abwärme (z. B. von Kraftwerken) und Solarenergie zu nutzen. Gerade auf solartechn. Gebiet ist wegen der in unseren Breiten bes. schwankenden Sonneneinstrahlung die Entwicklung effektiver E.-Methoden eine unumgängl. Voraussetzung für die Nutzung der mithilfe von Solarzellen und Sonnenkollektoren gewonnenen Sonnenenergie. Eine Möglichkeit zur Sonnen-E. bietet der →Solarteich. – Die chem. E. eignet sich durch die verlustarme Lagerung v. a. für lange Speicherperioden. Die Menge der gespeicherten Energie ist abhängig von der Art, der Anzahl und der Bindung der Atome in den Molekülen der chem. Speicher. Die wichtigsten chem. Speicher sind aufgrund ihrer hohen Energiedichte immer noch die fossilen Brennstoffe; man versucht heute, geeignete chem. Verbindungen umzuwandeln oder aufzubauen, sodass sie für E. geeignet sind (→Methanisierung).

Energiespeicher, hg. v. K.-J. EULER (1982); E. SAUER u. R. ZEISE: Energietransport, -speicherung u. -verteilung (1982).

Energiespektrum, die Verteilung einzelner Energiewerte (bzw. ihrer Häufigkeit) innerhalb eines bestimmten Bereiches, z. B. der →Energieniveaus eines mikrophysikal. Systems, der kinet. Energie von Teilchen einer ionisierenden Strahlung oder von Neutronen in einem Kernreaktor. (→Massenspektrum, →Spektrum)

Energiesteuern, i. w. S. alle fiskal. Sonderbelastungen der Energieerzeugung und Energieverbrauch durch Steuern und steuerähnl. Abgaben (Erdölsonderabgabe, Erdölbevorratungsabgabe, Förderabgabe, Konzessionsabgabe, Mineralölsteuer). Bei den bestehenden E. überwiegt eindeutig das fiskal. Ziel der Mittelbeschaffung. Diskutiert werden seit längerem E. als verhaltenslenkende Abgaben, die dazu dienen sollen, den Energieverbrauch zu verteuern und als so genannte Ökosteuer (→Umweltabgaben) das Energiesparen zu forcieren. Die Umweltminister der Staaten der EU hatten 1994 beschlossen, dass in ihren Ländern nat. E. eingeführt werden dürfen. Auf den Vorschlag der Europ. Kommission zur Einführung einer europ. E. (einheitl. Abgabe auf Energie aus Kohle, Erdöl und Erdgas) konnten sich die EU-Staaten jedoch nicht einigen. Ein Richtlinienentwurf der Kommission sieht für die Länder, die eine E. einführen wollen, eine Übergangsfrist bis 2000 mit uneinheitlichen Steuersätzen vor. Danach soll dann das Besteuerungssystem harmonisiert werden. In Dtl. wird über das Ersetzen des im Dezember 1994 für verfassungswidrig erklärten ›Kohlepfennigs‹ durch eine E. nachgedacht.

Taxing energy. Why and how, hg. v. der OECD (Paris 1993).

Energiestromdichte, *Physik:* Formelzeichen S, den Energiefluss durch eine Fläche bestimmende vektorielle Feldgröße (→Stromdichte), z. B. bei elektromagnet. Wellen der →Poynting-Vektor. Allg. gehen die Komponenten der E. eines Feldes in dessen →Energie-Impuls-Tensor ein.

Energietechnik, technische Energetik, die Gesamtheit der Verfahren, Vorrichtungen und Anlagen, die dazu dienen, in möglichst optimaler Weise (d. h. mit einem hohen Wirkungsgrad bei geringer Umweltbelastung) jede Art von Primärenergie (→Energie) in eine der nutzbaren Sekundärenergieformen umzuwandeln und diese nach Abzug des Eigenverbrauchs der Energiebetriebe dem Verbraucher als Endenergie zur Verfügung zu stellen. Werden dann noch die Verluste abgezogen, steht die verbleibende Nutzenergie als Energiedienstleistung (d. h. als Wärme, Licht- oder Antriebsenergie) zur Verfügung. Die E. umfasst die **Elektro-E. (elektrische E.),** die sich v. a. mit der Erzeugung, Übertragung, Verteilung und Anwendung von →Elektroenergie in Industrie, Verkehrswesen und Haushalt befasst, und die →Wärmetechnik.

Energieterm, *Physik:* →Term.

Energieübertragung, die leitungsgebundene Übertragung unmittelbar nutzbarer Energie (vorwiegend elektr. Energie und Wärmeenergie, i. w. S. auch chemisch in Erdöl, Erdgas, Wasserstoff gebundene Energie) vom Ort der Erzeugung zum Verbraucher, z. T. über sehr große Entfernungen.

Die Übertragung und Verteilung *elektr. Energie* erfolgt durch Leitungen und Kabel; Letztere werden bes. im Mittel- und Niederspannungsbereich eingesetzt, da aus physikal. Gründen ihr Einsatz begrenzt ist. Der Widerstand elektr. Leiter kann durch Kühlung, bes. auf so tiefe Temperaturen wie die von flüssigem Helium oder flüssigem Stickstoff, weitgehend aufgehoben werden. Die Ausnutzung dieser →Supraleitung erfolgt in der →Kryotechnik (z. B. mit supraleitenden Magnetspulen und supraleitenden Kabeln, Kryokabeln). Dabei ist zu beachten, dass die Einsparungen an Verlusten durch den niedrigen Wirkungsgrad der Tieftemperatur-Kältetechnik zum großen Teil wieder aufgezehrt werden. Neueste Erkenntnisse über die Supraleitung (Entdeckung der Hochtemperatursupraleitung von gewissen keram. Stoffen bei Temperaturen oberhalb der des flüssigen Stickstoffs) versprechen bedeutende Anwendungsfortschritte.

Der Anteil der Netzverluste am Bruttostromverbrauch betrug 1993 nur noch etwa 4 % (1956 waren es noch rd. 10 %).

Die direkte Wärmeversorgung von Gebäuden und Produktionsprozessen (Prozesswärme) ist durch Fernübertragung von *Wärme* (z. B. →Fernwärme) möglich; diese wird in →Heizwerken und →Heizkraftwerken (durch →Kraft-Wärme-Kopplung) bereitgestellt und dann von aufgeheiztem Wasser als Wärmeträger in Rohrleitungen zum Verbraucher transportiert. Die Auskopplung von Wärme aus Kraftwerken bringt z. B. durch Nutzung der entstehenden →Abwärme energet. Vorteile. Es muss allerdings bei der

Standortwahl berücksichtigt werden, dass die Übertragung über größere Entfernung aus techn. Gründen begrenzt ist. Auch die Wärmeauskopplung aus Kernkraftwerken wird zunehmend praktiziert. Durch hohe Verteilungskosten (Fernwärmenetz) sind der Fernwärmenutzung wirtschaftl. Grenzen gesetzt.

Energieumsatz, *Physiologie:* die im Bau- und Betriebsstoffwechsel erfolgende Umwandlung der Energie der Nahrungsstoffe in körpereigene Energieformen und deren Nutzung (→Stoffwechsel).

Energieumwandlung, allg. die unmittelbar oder über Zwischenschritte erfolgende Umwandlung einer Energieform in eine andere in Lebewesen sowie mithilfe geeigneter, als **Energiewandler** bezeichneter Vorrichtungen, Maschinen oder Anlagen; i. e. S. jeder Prozess der Energietechnik, der die Gewinnung und Bereitstellung nutzbarer Energie aus →erneuerbaren Energien oder nichtregenerativen Primärenergieträgern (fossile Brennstoffe wie Kohle, Erdöl und Erdgas, Kernbrennstoffe) ermöglicht. Da der heutige Energiebedarf in Dtl. zu etwa 88 % mit fossilen Primärenergieträgern und den aus ihnen gewonnenen Sekundärenergieträgern (Kraftstoffe, Briketts, Koks) gedeckt wird und die in ihnen gespeicherte chem. Energie fast ausschließlich nur über die Umwandlung in Wärme nutzbar gemacht werden kann, haben Wärmekraftmaschinen (v. a. Dampf- und Gasmaschinen sowie Verbrennungsmotoren) und Wärmekraftwerke die größte Bedeutung. Die einzelnen E.-Schritte in Wärmekraftwerken sind die Gewinnung von Wärmeenergie aus fossilen Brennstoffen durch Verbrennung oder aus Kernbrennstoffen durch Kernspaltung, die Umwandlung der Wärme in mechan. Energie durch Erzeugung von hochgespanntem Wasserdampf, der dann eine Turbine antreibt (dabei wandelt sich Druckenergie in Strömungsenergie und diese in Rotationsenergie), sowie die E. von Rotationsenergie in elektr. Energie (als nutzbare Sekundärenergie) durch einen an die Turbinenwelle angekoppelten Generator. Bei modernen Gas- und Dampfturbinenkraftwerken wird der Hochtemperaturbereich der Verbrennungsgase in einer Gasturbine genutzt, bevor ihre Abgase dem Dampferzeuger zugeführt werden. Weitere Beispiele zur E. sind die Umwandlung der im Kraftstoff enthaltenen chem. Energie in Wärme und anschließend in Bewegungsenergie mit Verbrennungsmotoren oder mit Raketen- und Strahltriebwerken (in ihrer Schubdüse wandelt sich Druckenergie in Strömungsenergie der austretenden schubliefernden Stützgase). Unmittelbare E. sind die Wärmegewinnung aus fossilen Brennstoffen in Heizungen sowie die versch. Methoden der →Energiedirektumwandlung zur Gewinnung von elektr. Energie. – Bei jeder E. wird letztlich stets auch Wärme erzeugt (→Dissipation), die dem Prozess als →Abwärme verloren geht. Die Güte der Umwandlung in einem Energiewandler wird durch seinen →Wirkungsgrad oder seinen →Nutzungsgrad angegeben. (→Blockheizkraftwerk)

Energieversorgung, →Energiewirtschaft, →Elektrizitätsversorgung, →Gaswirtschaft.

Energie-Versorgung Schwaben AG, öffentl. Unternehmen der Elektrizitäts-, Gas- und Fernwärmeversorgung, Sitz: Stuttgart, gegr. 1939; Umsatz (1995): 4,9 Mrd. DM, Beschäftigte: rd. 7 400 (→Elektrizitätswirtschaft).

Energiewirtschaft, zusammenfassende Bez. für die in unterschiedl. Wirtschaftsbereichen erfolgenden Aktivitäten, die der Bereitstellung von Energiedienstleistungen dienen. Darunter fallen Erzeugung, Import, Umwandlung, Lagerung, Transport und Verteilung von Energie sowie die Umwandlung der Endenergie bei den Verbrauchern (Haushalte, Industrie, Verkehr) in Nutzenergie bzw. Energiedienstleistungen (Wärme, mechan. Arbeit, Licht, Schall u. a.). Unter

Energiewirtschaft: Struktur des Endenergieverbrauchs in Deutschland

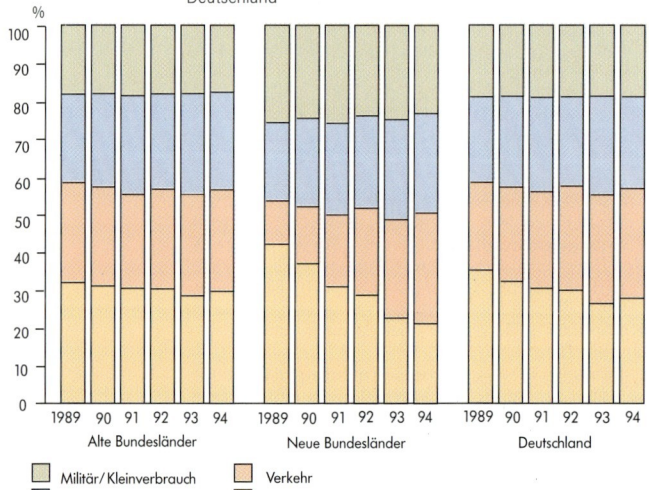

die Bereiche Erzeugung und Umwandlung von Energie fallen sowohl die Bereitstellung von Primärenergieträgern (z. B. Erdöl, Erdgas, Kohle, Kernbrennstoffe, Wasserkraft, Windkraft, Biomasse) als auch der Bereich der Umwandlung von Primärenergieträgern in Sekundärenergieträger (Treibstoffe, Heizöle, Elektrizität, Koks, Fernwärme u. a.). Die Effizienz und der Wirkungsgrad der Energieumwandlung über die gesamte Prozesskette (von der Primärenergie bis zur Energiedienstleistung) bestimmen den Aufwand an erneuerbaren und nichterneuerbaren Primärenergieträgern pro Energiedienstleistung.

Die E. nimmt in einer Volkswirtschaft eine Schlüsselstellung ein, da sie den übrigen Wirtschaftssektoren unverzichtbare Vorleistungen zur Verfügung stellt. Darüber hinaus ist der Energiesektor aufgrund der hohen Kapitalintensität der Energiebeschaffung und der damit verbundenen Investitionstätigkeit, aber auch wegen seiner Wirtschaftskraft v. a. in den Industriestaaten ein wichtiger Wirtschaftsfaktor. So wurden z. B. in Dtl. 1993 allein im Bereich der leitungsgebundenen **Energieversorgung** (Elektrizität, Gas, Fernwärme) rd. 28,5 Mrd. DM investiert. Von den rd. 342 000 in diesem Bereich Beschäftigten wurden etwa 2,5 % der Wertschöpfung aller Unternehmen erwirtschaftet.

Strukturelle Veränderungen in der E. lassen sich nur mittel- oder langfristig erzielen; da Energiedienstleistungen i. d. R. mithilfe langlebiger Kapitalgüter (z. B. Förderanlagen, Raffinerien, Kraftwerke, Kraftfahrzeuge, Heizungsanlagen) erstellt werden, setzt jede Veränderung eine entsprechende Umschichtung des Anlagevermögens voraus. Aufgrund der langsamen Umstrukturierung der E. vergehen meist auch lange Zeiträume, bis neue Energieträger einen maßgeblichen Beitrag zur Energieversorgung leisten können. Neben der Markteinführung sind dabei oft auch lange Zeiträume für Forschung und Entwicklung zu veranschlagen.

Die Nachfrage nach den Leistungen der E. hängt im Wesentlichen von den folgenden Faktoren ab: der Struktur der Güterproduktion bzw. des Dienstleistungsangebots in Verbindung mit der Energieintensität der Produktion, der Höhe des verfügbaren Einkommens der privaten Haushalte und deren Präferenzen, dem techn. Fortschritt sowie von den realen Energiepreisen. Exogene Faktoren, z. B. klimat. Bedingungen und Bev.-Dichte, bestimmen weniger die Wachstumsrate als vielmehr das Niveau des Energieverbrauchs. Seit Anfang der 1970er-Jahre ist eine Loslösung der Entwicklung des realen Bruttosozialprodukts von der Entwicklung des Primärenergieverbrauchs festzustellen (→Entkopplung). Preisänderungen bei einzelnen Energieträgern können sowohl Substitutionsprozesse auslösen (Umsteigen auf billigere Energieträger) als auch die Tendenz zur rationellen Energienutzung verstärken.

Energieangebot und Energienachfrage sind seit dem Zweiten Weltkrieg kontinuierlich gewachsen. Seit den 1970er-Jahren hat beim Energieverbrauch in den Industriestaaten allerdings eine Trendwende stattgefunden, die mit deutlich niedrigeren Wachstumsraten auch in den 90er-Jahren anhält. Auch bei den Entwicklungsländern ist ein Rückgang zu beobachten, allerdings ist dieser anders als in den Industriestaaten weniger mit Erfolgen beim Energiesparen verbunden, sondern v. a. Folge der krisenhaften Konjunktur. Die anhaltend hohe Bev.-Entwicklung der Entwicklungsländer wird auch künftig den Energieverbrauch deutlich wachsen lassen. 1995 ging die Internat. Energieagentur von einem weltweiten Wachstum des Energieverbrauchs bis zum Jahre 2010 von durchschnittlich 1,7–2,1 % pro Jahr aus. Der Anteil der OECD-Länder am Weltprimärenergieverbrauch beträgt etwa

55 %, an der Weltenergieerzeugung (einschließlich Förderung von Energieträgern) etwa 37 %; die Differenz wird im Wesentlichen durch Erdöleinfuhren aus OPEC-Staaten (Anteil an den Weltölreserven 76,5 %) gedeckt.

Der Anteil der einzelnen Energieträger an der Deckung des Bedarfs der OECD-Länder hat sich seit Mitte der 70er-Jahre erheblich geändert. 1971 wurden noch fast 48 % des Primärenergiebedarfs durch Erdöl gedeckt, 1990 waren es nur noch 39 %. Im gleichen Zeitraum stieg der Anteil des Erdgases von 18,3 % auf 21,6 %, der Kernenergie von 0,7 % auf 6,7 % und der erneuerbaren Energien von 2,2 % auf 2,8 %. Weltweit ist eine ähnl. Entwicklung zu beobachten, wobei Erdöl (1992: 39,2 %), Kohle (26,7 %) und Erdgas (22,0 %) die wichtigsten Energieträger bleiben. Die Abhängigkeit der einzelnen Länder von Energieimporten schwankt aufgrund der unterschiedl. Ausstattung mit eigenen energet. Ressourcen und der Energieverbrauchsstruktur stark; z. T. liegen hohe Importabhängigkeiten vor. Die Gestaltung von Import- und Versorgungsstrukturen ist Aufgabe der Energiepolitik.

Energieverbrauch (in Rohöleinheiten) **je Einwohner ausgewählter Länder und durchschnittliche jährliche Wachstumsrate des Energieverbrauchs**

Staat	Energieverbrauch (in kg)		durchschnittliche jährliche Wachstumsrate (in %)	
	1980	1994	1980–1990	1990–1994
Vereinigte Arabische Emirate	8 205	12 795	8,8	4,4
USA	7 908	7 905	1,3	1,8
Kanada	7 854	7 795	1,6	2,2
Singapur	2 051	6 556	7,2	10,5
Schweden	4 933	5 603	2,1	0,2
Norwegen	4 611	5 326	1,9	1,5
Australien	4 792	5 173	2,1	1,5
Niederlande	4 601	4 558	1,0	1,2
Deutschland	4 587[1]	4 097	0,5[1]	−1,5
Frankreich	3 539	3 839	1,9	0,2
Japan	2 972	3 825	2,4	2,3
Großbritannien	3 572	3 754	1,0	0,6
Schweiz	3 298	3 603	2,1	0,2
Österreich	3 105	3 276	1,6	−0,4
Länder mit niedrigem Einkommen[2]	271	384	5,5	3,7
Länder mit hohem Einkommen[3]	4 822	5 168	1,5	1,4

[1] Alte Bundesländer.
[2] Länder mit einem Pro-Kopf-Einkommen im Jahr von weniger als 695 Dollar.
[3] Länder mit einem Pro-Kopf-Einkommen im Jahr von mehr als 8 626 Dollar.

In Dtl. ist der Primärenergieverbrauch von 1987 bis 1994 um rd. 8 % gesunken. Ursache dafür war v. a. die Entwicklung in den neuen Ländern, hier ist der Energieverbrauch seit 1990 (v. a. infolge der Deindustrialisierung) um etwa 50 % zurückgegangen. Wichtigste Energieträger sind Erdöl (1994: rd. 41 %), Erdgas (18,5 %), Stein- und Braunkohle (15,1 bzw. 13,3 %). Der Anteil der Kernenergie am Primärenergieverbrauch beträgt 10,2 %. Die Verbrauchsstrukturen in den neuen Ländern haben sich seit 1989 erheblich verändert. So ging der Anteil der Braunkohle von (1989) 69 % auf (1994) 45 % zurück, während der Anteil von Mineralöl von 13 % auf 36 % und der von Erdgas von 9 % auf 17 % stieg.

⇨ *Braunkohle · Elektrizitätswirtschaft · Energiepolitik · Energiesparen · Energieumwandlung · Erdgas · Erdöl · Fernwärme · Kernenergie · Kraft-Wärme-Kopplung · Steinkohle*

W. HORRIGHS: Strategien u. Prognosebedeutung in der E. (1987); Kostenaspekte erneuerbarer Energiequellen, Beitr. v. G. C. GOY u. a. (1991); Weltentwicklungsbericht 1995: Arbeitnehmer im weltweiten Integrationsprozess (Washington, D. C., 1995); G. ERDMANN: Energieökonomik (²1995); H.-W. SCHIFFER: Energiemarkt Bundesrepublik Dtl. (⁵1995).

Energiewirtschaftsgesetz, Ges. zur Förderung der Energiewirtschaft vom 13. 12. 1935 (mit späteren Änderungen), das dem Ziel der möglichst sicheren und kostengünstigen Versorgung mit Elektroenergie und Gas dient. Es unterstellt die Energieversorgungsunternehmen einer besonderen staatl. Aufsicht, insbesondere in Bezug auf die Errichtung (Investitionskontrolle) und den Betrieb von Anlagen zur Erzeugung, Fortleitung und Abgabe von Elektrizität und Gas. Die Aufsichtsbehörde (i. d. R. die oberste Wirtschaftsbehörde der Länder, d. h. der Wirtschaftsminister) kann Vorhaben beanstanden oder untersagen, wenn Gründe des Gemeinwohls es erfordern. Nach dem E. unterliegen die Energieversorgungsunternehmen unter gesetzlich geregelten Voraussetzungen einer allg. Anschluss- und Versorgungspflicht. Die allg. Tarife, die den Anforderungen der Bundestarifordnung Elektrizität vom 18. 12. 1989 bzw. der Bundestarifordnung Gas vom 10. 2. 1959 (mit Änderung) entsprechen müssen, sind öffentlich bekannt zu machen. Die Versorgung mit Fernwärme unterliegt nicht dem E. (es gilt die VO über Allg. Bedingungen für die Versorgung mit Fernwärme vom 20. 6. 1980) und damit auch nicht der besonderen Staatsaufsicht aufgrund des E. Die meisten Gemeindeordnungen sehen jedoch die Möglichkeit vor, einen Anschluss- und Benutzungszwang für Fernwärme einzuführen. Gemäß Stromeinsparungs-Ges. vom 7. 12. 1990 sind die Energieversorgungsunternehmen verpflichtet, Strom aus erneuerbaren Energien in das öffentl. Netz zu übernehmen. Im Zusammenhang mit der angestrebten Liberalisierung des Energiemarktes befindet sich ein neues E. in Erarbeitung. (→Energiepolitik)

Energiezustand, durch seinen Energiewert gekennzeichneter →stationärer Zustand eines mikrophysikal. Systems (z. B. Atom, Molekül, Atomkern).

Energikus, *der, -, Sprachwissenschaft:* Modus des Verbs in den semit. Sprachen (v. a. im Arabischen) zur Bez. einer kategor. Behauptung (z. B. bei Aufforderung, Verbot, nachdrückl. Bestätigung). Im Deutschen wird diese durch Umschreibungen bezeichnet (z. B. ›ich werde das bestimmt tun‹).

Energy-Charge [ˈenədʒɪ ˈtʃɑːdʒ, engl.], *Physiologie:* die →Energieladung.

Energy Research and Development Administration [ˈenədʒɪ rɪˈsəːtʃ ənd dɪˈveləpmənt ədmɪnɪsˈtreɪʃn, engl.], Abk. **ERDA,** eine der beiden Nachfolgeorganisationen der →Atomic Energy Commission; Sitz: Washington, D. C. Die Aufgaben der 1977 im neu gegründeten US-Energieministerium (Department of Energy) aufgegangenen ERDA bestanden v. a. in der Planung, Koordinierung und Förderung der amerikan. Forschungs- und Entwicklungsarbeiten auf dem Energiesektor.

Enervierung, die →Denervierung.

Enescu, George, frz. **Georges Enesco** [ɛnɛsˈko], rumän. Komponist und Violinist, * Liveni (heute George Enescu, Kr. Botoșani) 19. 8. 1881, † Paris 4. 5. 1955; studierte in Wien Violine bei J. HELLMESBERGER (Sohn), kam mit 13 Jahren nach Paris, wo er seine Violinstudien fortsetzte und Kompositionsschüler u. a. von J. MASSENET und G. FAURÉ war, gastierte dann als Violinist (gefeierter Bach-Interpret) in Europa und den USA. Später wirkte er auch als Violinlehrer (Schüler war u. a. Y. MENUHIN). Sein kompositor. Schaffen ist anfangs von J. BRAHMS und R. WAGNER beeinflusst, später geprägt von der Auseinandersetzung mit der rumän. Folklore und Zigeunermusik. Er komponierte die Tragödie ›Oedipe‹ (Uraufführung 1936), 8 Sinfonien (1895–1941; 2 unvollendet), Orchestersuiten und Instrumentalkonzerte, Kammermusik, Kantaten, Chorwerke und Lieder.

M. VIOCANA u. a.: G. E., 2 Bde. (1971); G. E., hg. v. Z. VANCEA (Bukarest 1981).

E-Netz, *Telekommunikation:* →Mobilfunk.

en face [ãˈfas; frz. face ›Gesicht‹], von vorn (gesehen), in gerader Ansicht (bes. beim Porträt); im Unterschied zu ›en profil‹.

en famille [ãfaˈmij; frz. ›in der Familie‹], *bildungssprachlich* für: im engsten Kreis, im engsten Familienkreis.

Enfantin [ãfãˈtɛ̃], Barthélemy Prosper, gen. **Père E.** [pɛːr-], frz. Sozialist, * Paris 8. 2. 1796, † ebd. 13. 8. 1864; wandte sich, von der Lehre SAINT-SIMONS angezogen, vom Beruf des Bankkaufmanns ab, gründete die Zeitschriften ›Le Globe‹ und ›Le Producteur‹ und wurde Mitbegründer und Führer der Schule des →Saint-Simonismus. Als Vorsteher einer von ihm gegründeten Kommune wurde er 1832 verhaftet und zu einem Jahr Gefängnis verurteilt.

Ausgabe: Œuvres choisies, hg. v. S. CHARLÉTY (Paris 1930).

Enfants de France [ãfãdəˈfrãs; frz. ›Kinder Frankreichs‹], die legitimen Kinder, Enkel und Urenkel (beiderlei Geschlechts) der frz. Könige.

Enfant terrible [ãfãtɛˈribl; frz. ›schreckliches Kind‹] *das, - -/- -s -s, bildungssprachlich* für: jemand, der gegen die geltenden (gesellschaftl.) Regeln, z. B. durch zu große Offenheit, verstößt und dadurch seine Umgebung schockiert oder in Verlegenheit bringt.

Enfield [ˈenfiːld], ehem. selbstständige Stadt in England, seit 1965 Stadtbezirk (London Borough) im N Londons, 257 400 Einwohner.

Enfilade [ãfiˈ-; frz., zu enfiler ›aufreihen‹] *die, -/-n,* Raumfolge, bei der die Türen in einer Flucht liegen, sodass man bei geöffneten Türen durch alle Räume hindurchblicken kann. Die Anfänge der E. liegen in der ital. Renaissancebaukunst; konsequent angewendet wurde sie erstmals in der frz. Schlossarchitektur des 17. Jahrhunderts.

Enfleurage [ãflœˈraːʒ(ə); frz., zu fleur ›Blume‹, ›Blüte‹] *die, -,* ein nur noch selten angewendetes Verfahren zur Gewinnung natürl. →Blütenöle: Die Blüten werden zw. zwei in einem Holzrahmen sitzenden, mit Fett beschichteten Glasplatten (›Chassis‹) gepresst, sodass sie ihren Duft an die Fettschicht abgeben. Durch mehrfaches Aufbringen von frischen Blüten wird das Fett mit Duftstoffen gesättigt. Aus der Fettmasse werden die Blütenöle durch Extraktion mit Alkohol und anschließendes Verdampfen des Alkohols im Vakuum gewonnen.

ENG, Abk. für →Elektronystagmographie.

Engadin [auch -ˈdiːn], bündnerroman. **Engiadina** [endʒa-], Hochtal im Kt. Graubünden, Schweiz, zw. den nördl. Rät. Alpen und der Berninagruppe, vom oberen Inn durchflossen, 91 km lang, vom Malojapass (1 815 m ü. M.) im SW bis zur Schlucht des Pass Finstermünz an der österr. Grenze bei Martina (1 035 m ü. M.) im NO. Das **Ober-E.** (Engiadin' Ota) ist ein breites Muldental mit den Seen von Sils, Silvaplana, Campfer und Sankt Moritz, mit Lärchen- und Arvenwäldern, Hochweiden (Muottas), stattl. Dörfern, Höhenkurorten und Wintersportplätzen (Sils, Silvaplana, Sankt Moritz, Pontresina). Das Klima ist mild und sonnig (Getreidegrenze bei 1 750 m; Waldgrenze 2 275 m, Schneegrenze 2 900 m ü. M.). Durch starke Zuwanderung ist die einheim. rätoroman. Bev. zurückgegangen. Als Kreis (im Bez. Maloja) ist das Ober-E. 722 km² groß und hat 18 300 Einwohner. Das **Unter-E. (Engiadina Bassa),** vom oberen Tal durch die Enge von Zernez–Susch getrennt, ist durch den Wechsel der Gesteinsart (Dolomit, Schiefer) landschaftlich abwechslungsreicher. Auf den zahlreichen Terrassen, bes. der Sonnenseite, liegen große Dörfer und Wiesen, die Schattenseite ist meist bewaldet, das Klima ist ungewöhnlich trocken. Kurorte sind Scuol und Tarasp-Vulpera. Das Unter-E. bildet den Bez. Inn mit 998 km² und 7 600 Einwohnern.

In beiden Talabschnitten herrscht die traditionelle Viehwirtschaft (mit Almwirtschaft) gegenüber dem Ackerbau vor. Mit den Nachbartälern ist das E. durch Passstraßen verbunden: über Maloja ins Bergell, Julier ins Oberhalbstein, Flüelapass nach Davos und ins Prättigau, Ofenpass ins Münstertal, Albulapass ins Landwassergebiet und Berninapass ins Puschlav. Die Schmalspurbahn Scuol–Sankt Moritz ist durch die Albulabahn mit Chur, durch die Berninabahn mit Tirano im Veltlin (Italien) verbunden. Östlich von Zernez liegt der Schweizer. Nationalpark (169 km²). – Der seit 1969 veranstaltete ›E.-Skimarathon‹ über 42,4 km von Maloja nach Zuoz gehört zu den bedeutendsten Volkssport-Skilanglauf-Wettbewerben. Auf dem Silsersee wird seit 1978 jährlich die größte Segelsurfen-Regatta der Welt ausgetragen (›Engadiner Surfmarathon‹). – Die einheim. Bev. spricht häufig das engadin. →Bündnerromanisch.

Volkskunde: Die palazzohaften, v.a. im Unter-E. reich mit Sgrafitti bemalten Steinhäuser (als **Engadiner Haus** eigenständiger Haustyp [Einheitshaus/Einhof]) gelten als die stattlichsten Bauern-, Bürger- bzw. Herrenhäuser der Schweiz. Bei zahlreichen, z.T. wieder belebten Bräuchen wird die scharlachrote Rokokotracht getragen, etwa bei der ›Chalandamarz‹, ein am 1. 3. (Winteraustreibung) übl. Lärmbrauch, oder bei der von der Dorfjugend organisierten ›Schlitteda‹ (Winterfest mit geschmückten Schlitten).

Geschichte: Das seit dem 1. Jt. v. Chr. besiedelte, durchweg roman. E. (im MA. **Agnadinae;** zu lat. alnus ›Erle‹) behauptete seine Sprache auch nach dem Erwerb durch das Bistum Chur, das seine grundherrl. Gewalt über das untere E. bereits im 10. Jh. erworben hatte und das Ober-E. 1139 durch Kauf gewann. In ständigem Kampf mit den Grafen von Tirol und später mit deren Nachfolgern, den Herzögen von Österreich, verteidigten die Bischöfe ihren Herrschaftsanspruch (→Graubünden, Geschichte). Im 15. und 16. Jh. mit den Alpenpässen häufig umkämpft, war das Unter-E. bes. Anfang des 17. Jh. schweren Fehden unterworfen (›Bündner Wirren‹, 1603–35/37); 1652 gelang es dem Unter-E., sich von allen österr. Rechten loszukaufen. – Vereinzelt seit dem 14., bes. aber im 17. und 18. Jh. gingen u.a. Engadiner als Feinbäcker und Kaffeewirte (›Bündner

Engadin: Schloss Tarasp im Unterengadin

Zuckerbäcker‹) nach Oberitalien, v.a. Venedig, nach 1766 auch u.a. nach Dtl., Frankreich, Polen, Russland; später verdingten sie sich allgemein als Saisonarbeiter.

I. U. KÖNZ: Das Engadiner Haus (Bern ³1978); Das Jahr der Schweiz in Fest u. Brauch, bearb. v. R. THALMANN (Zürich 1981); Bergtäler der Schweiz, hg. v. F. AUF DER MAUR (Basel 1986); E., bearb. v. E. HESS (1988).

Ẹngadiner Fleisch [auch -'di:-], das →Bündner Fleisch.

Engageantes [ãgaˈʒãt, frz.] *Pl.,* aus zwei bis drei Spitzen- oder Leinenvolants gebildete Rüschenmanschetten, wurden im späten 17. und 18. Jh. unter den halblangen Ärmeln der Frauenkleider getragen.

Engagement [ãgaʒəˈmã, frz.] *das, -s/-s,* 1) *allg.:* aus dem frz. Existenzialismus stammender Ausdruck für frei gewählte existenzielle Bindung an eine Sache, aktives Eintreten für diese und Kämpfen für ihre Durchsetzung. Zunächst v.a. im Bereich der Lit. formuliert (J. P. SARTRES →Littérature engagée); heute immer häufiger auch im polit., sozialen, wirtschaftl. oder militär. Sinn gebraucht als das Interesse und die innere Verpflichtung, in einer Situation Stellung zu beziehen.

B. DÜCKER: Theorie u. Praxis des E. (Diss., Heidelberg 1978).

2) *Börsenwesen:* Verpflichtung aus Termingeschäften, zu einem bestimmten Tag gekaufte Papiere zu bezahlen oder verkaufte zu liefern; in der Kaufmannssprache die Verbindlichkeit aus einem Geschäft.

3) *Theater, Film u.a.:* Anstellung eines Künstlers; an dt. Theatern meist für eine Spielzeit oder für mehrere Jahre, bei Schauspielern z.T. mit Angabe des Rollenfachs (→Rolle), woraus sich bestimmte Ansprüche auf Beschäftigung ergeben. In Dtl. liegt dem E. ein Dienstvertrag zugrunde, dessen Bedingungen im so genannten Normalvertrag (Rahmen[arbeits/dienst]vertrag) zw. dem Dt. Bühnenverein und der Genossenschaft Dt. Bühnen-Angehöriger geregelt sind. – In anderen Ländern werden E. oft nur für einzelne Rollen abgeschlossen.

engagieren [ãgaˈʒiː-; frz. engager ›verpfänden‹, zu gage ›Pfand‹], 1) **sich e.,** sich für etwas einsetzen, eine Verpflichtung eingehen; 2) unter Vertrag nehmen, verpflichten (einen Künstler, Artisten o.Ä.).

engagierte Literatur [ãgaˈʒiː-], Sammelbegriff für jegl. Literatur, in der ein religiöses, gesellschaftl., ideolog. oder polit. Engagement vertreten wird; i.e.S. die →Littérature engagée. Die Unterscheidung von der →Tendenzliteratur ist schwierig, da objektive Kriterien fehlen. – Ggs. →L'art pour l'art.

M. GSTEIGER: Wandlungen Werthers u.a. Essays zur vergleichenden Literaturgesch. (Bern 1980).

en garde [ãˈgard; frz. ›habt acht‹], *Fechten:* Kommando zum Einnehmen der Fechtstellung.

Cornelis Engebrechtsz.: Kaiser Konstantin und Kaiserinmutter Helena; undatiert (München, Alte Pinakothek)

En Gedi: Der dreifach terrassierte Wasserfall

Engbaum, eine Art der →Flügelfruchtgewächse.

Engdeckenkäfer, die →Scheinbockkäfer.

Engebrechtsz. [-xts], **Engelbrechtsz., Engelbertsz., Engelbrechtsen,** Cornelis, niederländ. Maler, *Leiden 1468, †ebd. 1533; Lehrer des Lucas van Leyden. In seinen Andachtsbildern, Porträts und Glasgemälden verbinden sich spätgotisch-manierierte Linienführung und Renaissanceelemente im Ornament. (Bild S. 377)

Werke: Beweinungsaltar (1508; Leiden, Stedelijk Museum); Kreuzigungsaltar (1512; ebd.).

W. S. Gibson: The paintings of C. E. (New York 1977).

Engel: Der Engel mit dem Mühlstein, Miniatur aus der ›Bamberger Apokalypse‹, einer Handschrift der Reichenauer Malerschule; vor 1020 (Bamberg, Staatsbibliothek)

En Gedi [hebr. ›Böckchenquelle‹], Oase in Israel, am W-Ufer des Toten Meeres, 300 m u. M.; basiert auf einer Süßwasserquelle (200 m hoher Wasserfall). Kibbuz mit Gemüse- und Bananenanbau sowie Dattelpalmen; Femdenverkehr. Dem hier zutage tretenden dunklen Schlamm des Toten Meeres wird große Heilkraft zugeschrieben. Die wild zerklüftete Wüstenlandschaft um En G. ist Nationalpark. – Das in der Vulgata Engaddi genannte En G. war der Fluchtort Davids vor Saul (1. Sam. 24). Die israel. Ausgrabungen seit 1961 konnten auf dem Tell el-Gurn eine Besiedlung vom Ende des 7. Jh. v. Chr. bis in die römisch-byzantin. Zeit nachweisen. Im weiteren Gebiet der Oase wurden ein Tempel des 4. Jh. und ein röm. Badehaus freigelegt. Besondere Bedeutung hatte die Oase durch Anbau und Verarbeitung von Balsam, möglicherweise schon seit dem 7. Jh. v. Chr.

Engel [von griech. ángelos ›Bote‹], Begriff, der Mittler zw. der Gottheit und den Menschen bezeichnet. In der Religionsgeschichte findet sich die E.-Vorstellung v.a. in monotheist. Religionen. – Der E.-Glaube des A. T. hat seine Ursprünge im altkanaanäischen Volksglauben, in babylon. und spätiran. (parsist.) Vorstellungen und in fremden Gottheiten besiegter Völker. E. traten auf als Boten und Söhne Gottes, als Heilige und Wächter, als himml. Heer und als Helfer des Menschen (Schutz-E.). Allmählich entstanden für einige E. Namen: Michael, Gabriel, Raphael und Uriel. – Im N. T. treten E. hauptsächlich als Boten Gottes (Luk. 1, 26 u. a.), aber auch als böse Geister (z. B. Matth. 25, 41) auf. In der Apokalypse des Johannes spielen E. eine wichtige Rolle als Ausführer von Gottes Aufträgen. – Die christl. Lehre von den E. **(Angelologie)** sieht in den E. geistig-personale Mächte und Gewalten, die Gottes Willen auf Erden vollziehen. Ihre Klassifizierung in eine dreistufige Hierarchie von neun Chören durch Dionysius Areopagita (E., Erzengel, Fürstentümer; Mächte, Kräfte, Herrschaften; Throne, Cherubim, Seraphim) ist willkürlich und theologisch unverbindlich.

Die *kath. Kirche* glaubt an die Existenz guter E., aber auch böser Dämonen, die von Gott gut erschaffen, sich von ihm aber abwendeten und verdammt wurden (2. Petr. 2, 4; Jud. 6; Engelsturz). Im Volksglauben gilt der ›gefallene‹ E. Luzifer als Fürst der Dämonen). Sie zählt die Erschaffung, die Geistigkeit und die allgemeine Schutzherrschaft der E. zum Glaubensgut. Dagegen gilt die Auffassung, dass jeder Christ einen eigenen Schutzengel hat, nur als sichere theolog. Meinung. Die kath. Kirche billigt den E. einen relativen Kult zu. Diese Engellehre wurde auf dem 4. Laterankonzil (1215) entwickelt und in der Kirchenkonstitution des Zweiten Vatikan. Konzils erneut bestätigt. In den *Ostkirchen* ist der Glaube an E. und ihre Einwirkung stark ausgeprägt. Die E. zelebrieren die ›himml. Liturgie‹ (Jes. 6). *Ev. Kirche:* Im Altprotestantismus galten die E. dem bibl. Text folgend als Gegenstand der Besinnung auf Gottes Fürsorge, doch waren sie ohne Bedeutung für die Vermittlung des Heils. In der modernen ev. Theologie werden sie unter dem Einfluss des neuzeitl. Weltbildes immer mehr als myth. Vorstellungen verstanden.

In der *Religionsgeschichte* werden E. auch als seel. Manifestationen einer Gottheit oder eines Menschen angesehen. Im *Parsismus* wird der Gott Ahura Masda urspr. von sieben ihm dienenden Geistern, personifizierten Idealen (den →Amescha spentas), umgeben gedacht; die spätere Lehre stellte den E. böse Dämonen entgegen. Die christlich und jüdisch geprägte E.-Lehre im *Islam* kennt Gott lobpreisende und in Gehorsam dienende E.; 19 E. bewachen die Hölle. An der Spitze der E. steht Gabrail, von dem Mohammed seine Sendung und die Offenbarung Gottes empfing und der ihn durch die sieben Himmel führte; neben ihm die E. Mikail, der Herr der Naturkräfte, Israfil, der beim Jüngsten Gericht die Posaune blasen und am Auferstehungstage die Toten wieder auferwecken soll, und der Todesengel.

Schon in frühchristl. Zeit wird der E. in der *bildenden Kunst* dargestellt – erst flügellos und als Mann, ab dem 4. Jh. nach dem Vorbild antiker Viktorien und Genien geflügelt, im Ggs. zu diesen aber voll bekleidet; seine Attribute sind Nimbus und Zepter oder Buchrolle. Die E. sind meist weiß gewandet; in der byzantin. Kunst und danach in der abendländ. Kunst tragen sie auch Hoftracht (Purpurmantel über hellblauem Untergewand und rote Schuhe). Etwa seit dem 6. Jh. werden E. mit sechs Flügeln (Cherubim) dargestellt, zwei und mehr Flügel (oft mit Augen besetzt) haben die Seraphim, die auch nur als Kopf mit Flügeln dargestellt werden. Die mittelalterl. Malerei und Plastik schuf zahlr. jugendl. E.-Gestalten in der Tracht von Diakonen als Assistenzfiguren. Den neuen Typus des Kinder-E. entwickelte die Kölner Malerei des 12. und 13. Jh. (seit der Spätgotik auch gefiederte Flügel). Ihm ähnlich ist der antike Putto, den die Renaissance zum engelhaften Wesen umdeutete. Diese Epoche nahm auch wieder das Vorbild der antiken Viktorien und Genien auf. Halb bekleidet erscheint der E. v.a. im Barock und Rokoko, zuweilen gleicht er der Gestalt des Amor. Eine tiefer gehende gestalter. Auseinandersetzung mit dem Wesen des E. zeigt sich bei REMBRANDT. Im 19. Jh. erscheinen E. u.a. in den Bildern der →Nazarener. Besonderer Beliebtheit erfreute sich das Motiv des Schutz-E. Im 20. Jh. wurden E. u.a. von E. BARLACH, M. CHAGALL und P. KLEE dargestellt. Als Einzelgestalt findet sich in der Kunst bes. Gabriel als E. der Verkündigung, in der dt. Kunst Michael, in der ital. Kunst Raphael als Schutz-E. (→Engelskonzert)

E.-Darst. aus 2 Jahrtausenden, Ausst.-Kat., bearb. W. KRÖNIG (1959); P. SCHÄFER: Rivalität zw. E. u. Menschen. Unters. zur rabbin. E.-Vorstellung (1975); E. GRETHER: Geistige Hierarchien (³1980); W. CARR: Angels and principalities (Cambridge 1981); E., bearb. v. P. L. WILSON (a. d. Engl., 1981); G. ADLER: Erinnerungen an die E. (1986); A. ROSENBERG: E. u. Dämonen. Gestaltwandel eines Urbildes (³1992); C. WESTERMANN: Gottes E. brauchen keine Flügel (⁶1993); H. VORGRIMLER: Wiederkehr der E.? (²1994); Das große Buch der E., hg. v. U. WOLFF (²1995).

Engel am leeren Grab, Relief von den Gustorfer Chorschranken; 1150 (Bonn, Rheinisches Landesmuseum)

Engel, 1) latinisiert **Angelus**, Andreas, luther. Theologe und Historiograph, *Strausberg 16. 11. 1561, †ebd. 9. 8. 1598; seit 1592 Pfarrer und Superintendent in seiner Heimatstadt, schrieb die umfangreichen ›Annales Marchiae Brandenburgiae‹, eine von 416 (dem angebl. Gründungsjahr Brandenburgs) bis 1596 reichende Geschichte Brandenburgs in dt. Sprache, die wegen der Einarbeitung später verloren gegangener Archivalien von Bedeutung ist.

Carl Engel: Kathedrale am Senatsplatz von Helsinki; 1830ff.

2) Erich, Regisseur, *Hamburg 14. 2. 1891, †Berlin (West) 10. 5. 1966; inszenierte die Uraufführungen fast aller frühen Stücke B. BRECHTS bis zur ›Dreigroschenoper‹ (1928) und wurde nach diesem wichtig für die Herausbildung des epischen Theaters. Während der natsoz. Herrschaft wirkte er am Deutschen Theater in Berlin (Shakespeare-Inszenierungen: ›Coriolan‹, ›Othello‹, ›Der Sturm‹). 1945–50 leitete E. die Münchener Kammerspiele. Mit BRECHTS Berliner Ensemble inszenierte er dessen ›Herr Puntila und sein Knecht Matti‹ (1949), ›Mutter Courage und ihre Kinder‹ (1951), ›Leben des Galilei‹ (1957). – Bes. Komödienfilme machten ihn als Filmregisseur bekannt.

Werke: *Filme:* Pygmalion (1936); Mädchenjahre einer Königin (1936); Der Maulkorb (1938); Altes Herz wird wieder jung (1943); Affaire Blum (1948); Der Biberpelz (1948); Der fröhl. Weinberg (1952). – *Schriften:* Über Theater u. Film (1971); Schriften über Theater u. Marxismus (1972).

3) Johann Carl Ludwig, Baumeister, *Berlin 3. 7. 1778, †Helsinki 14. 5. 1840; studierte an der Berliner Akad. mit K. F. SCHINKEL. 1816 wurde er mit Planung und Ausführung des Ausbaus von Helsinki zur Hauptstadt des autonomen russ. Großfürstentums beauftragt. Seine klassizist., auch vom russ. Empirestil beeinflussten Bauten (Altes Senatsgebäude, 1818–22; Univ., 1828–32; Kathedrale, 1830ff., erst 1852 nach veränderten Plänen vollendet) prägen das Zentrum der Stadt.

Erich Engel

4) Johann Christian von, österr. Historiker, *Leutschau (tschech. Levoča) 17. 10. 1770, †Wien 20. 3. 1814; trat nach dem Studium in Göttingen 1791 in die Wiener Hofkanzlei für Siebenbürgen ein; sammelte das weit gestreute Quellenmaterial und wurde mit seinen Werken zur Gesch. Südosteuropas einer der Begründer der Südosteuropaforschung.

Werke: Gesch. des ungar. Reiches u. seiner Nebenländer, 4 Bde. (1797–1804); Gesch. des Königreichs Ungarn, 5 Bde. (1814–15).

5) Johann Jakob, Schriftsteller, *Parchim 11. 9. 1741, †ebd. 28. 6. 1802; eine führende Gestalt der Berliner Aufklärung, war 1776–86 Prof. der Moralphilosophie und der schönen Wissenschaften am Joachimsthalschen Gymnasium in Berlin, Prinzenerzieher (›Fürstenspiegel‹, 1798), bes. Lehrer des späteren Königs FRIEDRICH WILHELM III.; mit K. W. RAMLER 1787–94 Direktor des neu errichteten Berliner Nationaltheaters. E. schrieb im Gefolge G. E. LESSINGS und C. F. WEISSES Bühnenstücke, den Zeitroman ›Herr Lorenz Stark‹ (1801) sowie den ersten Versuch einer Systematik der Schauspielkunst: ›Ideen zu einer Mimik‹ (2 Bde., 1785/86).

Weiteres Werk: Der Philosoph für die Welt, 4 Bde. (1775–1803).

6) **Karl,** schweizer. Pianist, *Birsfelden 1. 6. 1923; Schüler von P. BAUMGARTNER und A. CORTOT, lehrte 1954–86 an der Musikhochschule Hannover; trat als Solist, Kammermusiker (u. a. mit P. CASALS, P. TORTELIER und S. VÉGH) und Liedbegleiter (u. a. von D. FISCHER-DIESKAU und H. PREY) hervor. Schwerpunkte seines solist. Repertoires bilden Werke von MOZART, BEETHOVEN und SCHUMANN.

7) **Wolfgang,** Regisseur und Schauspieler, *Schwerin 13. 8. 1943; Debüt als Schauspieler 1965 in Schwerin; u. a. 1974–76 Regisseur an den Landesbühnen Sachsen-Radebeul, 1980–91 am Staatsschauspiel Dresden; ab 1991/92 Schauspieldirektor in Frankfurt am Main, seit 1995 Intendant in Leipzig.

Engelamt, Engelmesse, in der kath. Kirche v. a. des dt. Sprachraums volkstüml. Bez. für 1) das Begräbnis eines unmündigen Kindes, 2) die Votivmesse zu Ehren MARIAS im Advent, 3) die Mitternachtsmesse zu Weihnachten.

Enge|laut, andere Bez. für →Reibelaut.

Engelberg, Kur- und Wintersportort im Kt. Obwalden, Schweiz, 1 000 m ü. M., im Tal der Engelberger Aa südlich des Vierwaldstätter Sees, 3 300 Ew.; elektr. Zahnradbahn (1898 eröffnet) Richtung Stansstad, Standseil-, Seilschwebe- und Sesselbahnen (u. a. auf Brunni, Gerschnialp, Jochpass, Trübsee, Titlis). – Neubau der Benediktinerabtei nach Brand 1730–37 in Anlehnung an Pläne von K. MOOSBRUGGER im Stil der frühen Vorarlberger Bauschule; Hochaltar von J. A. FEUCHTMAYER (1733); kostbarer Kirchenschatz (u. a. spätroman. Reliquienkreuz, um 1200); in der Bibliothek mittelalterl. illuminierte Handschriften. – Das 1120 gegründete Benediktinerkloster E. stand seit 1124 unter besonderem päpstl. und königl. Schutz. Anfang des 13. Jh. erlangte das Kloster für sein Gebiet königl. Immunität. Im 14. Jh. übernahmen die eidgenöss. Orte die Schutzherrschaft, doch kam es zu wiederholten Grenzstreitigkeiten mit Uri. 1798 wurde E. dem Kt. Waldstätten zugeschlagen, 1803 fiel es an Nidwalden, seit 1815 gehört es zu Obwalden.

Engelberg, 1) **Engelberger, Engelbert,** Burkhard, Baumeister und Bildhauer, *Hornberg um 1450, †Augsburg 11. 2. 1512; ab 1477 tätig am Benediktinerreichsstift St. Ulrich und Afra (Mittelschiff und Simpertusbogen der Kirche) in Augsburg. In Ulm festigte er 1493 den Turm des Münsters, stellte im Innenraum durch Einbau von Stützen die Fünfschiffigkeit her und schuf die Kanzel (1493–1507); er war auch beim Ausbau der Bozener Stadtkirche (1499), der Nördlinger Georgskirche (um 1505) und des Berner Münsters (um 1507) beteiligt.

2) **Ernst,** Historiker, *Haslach im Kinzigtal (Ortenaukreis) 5. 4. 1909; ab 1930 Mitgl. der KPD, später der SED; in der Zeit des Nationalsozialismus im Exil; lehrte ab 1949 als Prof. der Geschichte in Leipzig, leitete 1960–69 in Berlin (Ost) das Inst. für Geschichte der Dt. Akademie der Wissenschaften. E. stellte neben geschichtstheoret. Arbeiten v. a. Preußen und das 19. Jh. in den Mittelpunkt seiner Forschungen; seine Bismarck-Biographie (2 Bde., 1985 u. 1990) fand größere Beachtung.

Engelberga, Angilberga, röm. Kaiserin, †nach 889, vermutlich Tochter von Graf ADELGISUS von Parma; seit 851 mit Kaiser LUDWIG II. verheiratet. E.

nahm an der Reichsverwaltung sowie an den polit. und militär. Unternehmungen ihres Mannes in für damalige Vorstellung ungewöhnlich hohem Maß Anteil. Nach der Erkrankung LUDWIGS, bes. nach seinem Jagdunfall 864, suchte E. in Verhandlungen mit LUDWIG DEM DEUTSCHEN seit 872 die Kaiserkrone und Italien an die ostfränk. Karolinger weiterzureichen. Ihre Pläne scheiterten beim Eintritt des Erbfalles (875), als die oberital. Adligen für KARL DEN KAHLEN stimmten. Nach dem Tod ihres Mannes lebte E. meist im Kloster San Sisto nahe Piacenza.

E. HLAWITSCHKA: Franken, Alemannen, Bayern u. Burgunder in Oberitalien (1960).

Engelbert, E. von Admont, Benediktiner und scholast. Gelehrter, *in der Steiermark um 1250, †Mai 1331; Studium in Prag und Padua; 1297–1327 (Amtsverzicht) Abt in Admont. E. verfasste geistl. Dichtungen und in der Tradition aristotel. Denkens über 40 wiss. Schriften zur Theologie, Natur- und Moralphilosophie und zum Staatsrecht. In zwei Fürstenspiegeln, v. a. im Traktat ›De ortu, progressu et fine imperii Romani‹ (um 1300, gedruckt Basel 1553) entwickelte e. bemerkenswerte Vorstellungen über die beste Staatsform, eine Weltmonarchie als Vertrag zw. Volk und Herrscher.

Werkverzeichnis in: Die dt. Literatur des MA., hg. v. K. RUH u. a., Bd. 2 (1978).

Engelbert, E. I. von Berg, E. der Heilige, Erzbischof von Köln, *um 1185, †(ermordet) bei Schwelm 7. 11. 1225. Als nachgeborener Sohn des Grafen ENGELBERT VON BERG schon früh für die geistl. Laufbahn bestimmt, wurde E., seit 1199 Dompropst in Köln, 1216 zum Erzbischof von Köln gewählt. E. sah zunächst die Festigung der landesherrl. Gewalt, die im Wirren des Thronstreits zw. Staufern und Welfen gelitten hatte, als seine Hauptaufgabe. Die Berufung zum Reichsverweser und Vormund HEINRICHS (VII.) sollte einerseits die westl. Reichsteile stärker in das stauf. Herrschaftssystem einbinden, bot E. aber andererseits Möglichkeiten zur Erweiterung und Festigung der Kölner Herrschaft v. a. am Niederrhein. Bei einer von seinen polit. Gegnern geplanten Gefangennahme wurde er 1225 von FRIEDRICH VON ISENBERG ermordet. Eine zeitgenöss. Lebensbeschreibung stammt von CAESARIUS VON HEISTERBACH. – E. galt (ohne Kanonisation) als Heiliger, seit 1618 wird sein Tag (7. 9.) im Erzbistum Köln gefeiert.

T. R. KRAUS: Die Entstehung der Landesherrschaft der Grafen von Berg bis zum Jahre 1225 (1980).

Engelbertsz. [-ts], Cornelis, niederländ. Maler, →Engebrechtsz., Cornelis.

Engelbrecht Engelbrechtsson, schwed. **Engelbrekt Engelbrektsson,** schwed. Volksführer und Reichshauptmann dt. Herkunft, *um 1390, †(ermordet) am Hjälmarsee 4. 5. 1436; entstammte einer wohlhabenden Familie. 1432 stellte sich E. E., selbst Bergwerksbesitzer, als Interessenvertreter der schwed. Hüttenbesitzer gegen die Übergriffe von König ERICH XIII. von Schweden. Die Krise des schwed. Erzbergbaus, ausgelöst durch die königl. Politik und die daraus folgende Handelsblockade Skandinaviens durch die Hanse, führte zu bewaffneten Aufständen gegen die königl. Vögte in Schweden. E. E. setzte sich an die Spitze der Volksbewegung. Er konnte 1434 Uppland auf seine Seite bringen. 1435 vom schwed. Reichsrat zum Reichshauptmann ernannt, stellte er sich im Herbst des Jahres, nach zeitweiliger Wiederanerkennung der königl. Gewalt, erneut gegen den König, scheiterte aber beim Versuch, Stockholm einzunehmen. Mit E. E.s Wirken begann die polit. Loslösung Schwedens von der Kalmarer Union.

Engelbrechtsen [-xts-], **Engelbrechtsz.** [-xts], Cornelis, niederländ. Maler, →Engebrechtsz., Cornelis.

Engel des Herrn, →Angelus Domini.

Engelen-Kefer, Ursula, Gewerkschafterin und Sozialpolitikerin, *Prag 20. 6. 1943; promovierte Diplomvolkswirtin, 1978–84 Vorstands-Mitgl., 1984–90 Vize-Präs. der Bundesanstalt für Arbeit; seit 1990 stellv. Vors. des DGB.

Engelfeste, in der kath. Kirche die Festtage der Erzengel Gabriel (24. 3.), Michael (29. 9.) und Raphael (24. 10.), die seit 1969 zu einem Fest (29. 9.) zusammengefasst sind, und das Schutzengelfest (2. 10.).

Engelfische, 1) veraltet für die →Engelhaie.
2) die →Kaiserfische.

Engelgroschen, *Münzwesen:* auf dem Münzbild beruhender Beiname des →Schreckenbergers.

Engelhaie, Meerengel, Squatinoide|i, Unterordnung der Haie mit der Familie **Meerengel** (Squatinidae). Die E. stellen ein Bindeglied zw. Haien und Rochen dar: Körper abgeflacht, Brust- und Bauchflossen flügelartig, Afterflosse fehlt, große Spritzlöcher hinter den Augen; 12 Arten in flacheren Bereichen von Atlantik und Pazifik, die größte ist der bis 2,5 m lange, für den Menschen ungefährl. **Meerengel** (Squatina squatina) an europ. Küsten.

Engelhaie: Meerengel (Länge bis 2,5 m)

Engelhard, Hans Arnold, Politiker, *München 16. 9. 1934; Rechtsanwalt, 1972–94 MdB (FDP), war 1977–82 stellv. Vors. der FDP-Fraktion im Bundestag, Oktober 1982 bis Januar 1991 Bundesjustizminister.

Engelhardt, Klaus, ev. Theologe, *Schillingstadt (heute zu Ahorn, Main-Tauber-Kreis) 11. 5. 1932; war 1962–66 Studentenpfarrer in Karlsruhe und seit 1966 Prof. für ev. Theologie und Religionspädagogik an der Pädagog. Hochschule in Heidelberg. 1980 wurde E. Landesbischof der Ev. Landeskirche in Baden. Seit 1985 ist er Mitgl., seit 1991 Vors. des Rates der Ev. Kirche in Deutschland.

Engelhus, Dietrich, Chronist, *Einbeck um 1362, †Kloster Wittenberg bei Hildesheim 5. 3. 1434; verfasste eine Weltchronik in lat. und niederdt. Fassung, geistl. Schriften (z. B. eine lat. Psalterauslegung, die niederdt. Übersetzung eines Sterbebüchleins und eine niederdt. Laienregel) sowie für den Schulgebrauch ein lat.-griech.-hebr.-niederdt. Wörterbuch und ein lat. Sachlexikon.

Engelke, Gerrit (Gerriet), Schriftsteller, *Hannover 21. 10. 1890, †in einem brit. Lazarett bei Cambrai 13. 10. 1918; von Beruf Anstreicher. Die Welt der Arbeit und Technik sowie die Großstadt sind die Themen seiner expressionist. Lyrik, die, beeinflusst u. a. von W. WHITMAN und R. DEHMEL, dem Glauben an einen ›neuen Menschen‹ Ausdruck gibt und die moderne Welt in ein kosm. Weltbild einbezieht. E. schuf auch Zeichnungen und Aquarelle.

Werke: *Lyrik:* Schulter an Schulter (1916; mit H. LERSCH u. K. ZIELKE); Rhythmus des neuen Europa (hg. 1921); Briefe der Liebe (hg. 1926). – Gesang der Welt (Gedichte, Tagebuchblätter, Briefe, hg. 1929).

Ausgabe: Rhythmus des neuen Europa. Das Gesamtwerk, hg. v. H. BLOME (1960, Nachdr. 1979).

K. MORAWIETZ: Mich aber schone, Tod. G. E. 1890–1918 (1979); Zw. Wolken u. Großstadtrauch. Warum E. lesen?, hg. v. K. MORAWIETZ (1992).

Engelmacherin, urspr. Frau, die kleine (v. a. nichtehel.) Kinder in Pflege nahm und sie verhungern ließ (›zu Engeln machte‹); später umgangssprachlich für eine Frau, die illegale Abtreibungen vornimmt.

Engelmann, 1) Bernt, Schriftsteller und Publizist, *Berlin 20. 1. 1921, †München 14. 4. 1994; war 1944–45 im Konzentrationslager Dachau; 1977–83 Vors. des Verbandes dt. Schriftsteller; schrieb politisch engagierte Bücher, auch als halbdokumentar. ›Tatsachenromane‹, in denen er, z. T. satirisch überzogen, an den führenden Schichten in der BRD und in der dt. Geschichte scharfe Kritik übt.

Werke: Meine Freunde, die Millionäre (1963); Das Reich zerfiel, die Reichen blieben (1972); Ihr da oben, wir da unten (1973; mit G. WALLRAFF); Trotz alledem. Dt. Radikale 1777–1977 (1977); Hotel Bilderberg (1977); Preußen. Land der unbegrenzten Möglichkeiten (1979); Die Laufmasche (1980); Im Gleichschritt marsch (1982); Die Macht am Rhein, 2 Bde. (1983); Du deutsch? Gesch. der Ausländer in unserem Land (1984); Vorwärts, und nicht vergessen (1984; zur Gesch. der SPD); Die unfreiwilligen Reisen des Putti Eichelbaum (R., 1986); Die Aufsteiger (1989); Die Beamten. Unser Staat im Staate (1992).

2) Hans Ulrich, Komponist, *Darmstadt 8. 9. 1921; war 1954–61 musikal. Berater am Hess. Landestheater Darmstadt, wurde 1969 Dozent (1973 Prof.) an der Musikhochschule Frankfurt am Main. Er verwendete ab 1949 eine Zwölftontechnik, sowohl als ›totale Chromatik‹ als auch als rhythmisch bestimmte serielle Reihentechnik, und entwickelte unter Einbeziehung von Jazz, Aleatorik und elektron. Musik einen persönl. Stil voller Klangpracht und Expressivität.

Werke: Orchester-Fantasie (1951); Incanto (1959; für Sopran u. Instrumentalensemble); Der verlorene Schatten (1961; Oper); Manifest vom Menschen (1966; Oratorium); Ophelia (1969; Musik-Aktions-Theater); Coincidentials (1970; elektron. Ballett); Modelle II (1970; für Posaune u. Schlagzeugensemble); Commedia humana (1972; für Doppelchor u. Live-elektronik); Revue (1973; Oper); Missa popularis (1980; für Chöre mit Schlagwerk u. Bläserorchester); Sinfonia da camera (1981); Stele für Georg Büchner (1986; für Chor u. Orchester); Dialoge (1990; für Klavier u. Schlagzeug). – Commedia humana (hg. 1985; Aufs. u. Original-Beitr.; mit Bibliogr.).

Engels [nach F. ENGELS], Name von geographischen Objekten: **1)** Engels, bis 1931 Pokrowsk, Pokrowsk, Stadt im Gebiet Saratow, Russland, am nördl. O-Ufer des Wolgograder Stausees der Wolga, durch 2 790 m lange Brücke mit der gegenüberliegenden Stadt Saratow verbunden, 183 600 Ew.; Autobus-, Chemiefaserwerk, Maschinenbau, Textil-, Nahrungsmittelindustrie; Wolgahafen. – E. wurde 1747 von Ukrainern und Kosaken als **Pokrowskaja Sloboda** gegründet; 1924–41 Hauptstadt der ASSR der Wolgadeutschen (→Wolgadeutsche Republik).

2) Pik Engels, Berg im südwestl. Pamir, in der zu Tadschikistan gehörenden autonomen Rep. Bergbadachschan, 6510 m ü. M.; überwiegend aus Gneisen aufgebaut, vergletschert.

Engels, 1) Erich, Filmregisseur und Drehbuchautor, *Remscheid 23. 5. 1889, †München 25. 4. 1971; drehte bes. Kriminalfilme (›Dr. Crippen an Bord‹, 1942).

2) Friedrich, Philosoph und Politiker, enger Mitarbeiter von K. MARX, *Barmen (heute zu Wuppertal) 28. 11. 1820, †London 5. 8. 1895; Sohn eines Textilfabrikanten; Kaufmann, stand in seiner Lehrzeit der politisch-literar. Bewegung ›Junges Dtl.‹ nahe, schloss sich während seiner Militärdienstzeit in Berlin den ›Junghegelianern‹ an. Unter dem Decknamen ›F. Oswald‹ veröffentlichte er 1839–42 philosophie-, religions- und literaturkrit. Schriften. Während seiner Tätigkeit im väterl. Zweiggeschäft in Manchester (1842–44) lernte er die Arbeiterfrage in England kennen; er trat dort zugleich in engere Beziehungen zum Kreis um den Frühsozialisten R. OWEN und zu den ›Chartisten‹. In seiner Schrift ›Umrisse zu einer Kritik

Klaus Engelhardt

Bernt Engelmann

Friedrich Engels

Enge Engelsburg

der Nationalökonomie‹ (1844) stellte E. die einzigartige Rolle des Industrieproletariates beim Aufbau einer kommunist. Gesellschaft in der Zukunft heraus, in seiner Schrift ›Die Lage der arbeitenden Klasse in England‹ (1845) die menschenunwürdigen Lebensverhältnisse der engl. Industriearbeiter.

Auf seiner Rückreise von England traf E. in Paris 1844 erstmals mit K. MARX zusammen, mit dem ihn seitdem eine lebenslange Freundschaft und Zusammenarbeit verband; beide stellten bei dieser Gelegenheit eine völlige Übereinstimmung in ihren grundlegenden gesellschaftstheoret. Anschauungen fest und verfassten seitdem zahlr. Schriften gemeinsam. Mit der Streitschrift ›Die heilige Familie‹ (1845) wendeten sie sich von den Linkshegelianern ab, mit der ›Dt. Ideologie‹ (1845–46) begründeten sie ihre eigene, von kommunist. Ideen bestimmte Anschauung. Nach ihrem Eintritt in den ›Bund der Gerechten‹, der sich unter ihrem Einfluss in →Bund der Kommunisten umbenannte, suchten sie diesem mit dem →Kommunistischen Manifest eine gesellschaftstheoret. Orientierung und ein revolutionäres Programm zu geben. Mit den ›Grundsätzen des Kommunismus‹ (1847) hatte E. eine wesentl. Vorarbeit zur Abfassung des ›Kommunist. Manifestes‹ geleistet. Während der Revolution von 1848 gehörte er dem Redaktionsstab der ›Neuen Rhein. Zeitung‹ an und nahm 1849 am Aufstand in Baden und der Pfalz teil.

Nach der Niederlage der Revolution in Dtl. emigrierte E. über die Schweiz nach Großbritannien und arbeitete 1850–69 in Manchester im Betrieb seines Vaters; dabei unterstützte er MARX politisch und materiell. Seit 1870 lebte er in London und widmete sich ausschließlich – in Theorie und Praxis – der sozialist. Bewegung. Seit 1870 war E. Sekretär im Generalrat der ›Internat. Arbeiterassoziation‹ (der Ersten →Internationale). Die Entstehung der dt. Sozialdemokratie begleitete er mit krit. Aufmerksamkeit (scharfe Kritik am ›Gothaer Programm‹, 1875). In Auseinandersetzung mit vielen sozialist. Strömungen betonte E. – mit MARX – den prozessualen, d. h. langfristigen Charakter der proletarischen Revolution. Gegenüber E. BERNSTEIN betonte E., dass diese nicht ›über Nacht‹ durch einen einmaligen Umsturz herbeigeführt werde, sondern als ›mehrjähriger Entwicklungsprozeß der Massen, unter beschleunigten Umständen‹.

In engem Gedankenaustausch mit MARX suchte E. bei militärwiss. und historisch-polit. Studien die Methoden der marxschen Geschichtsauffassung anzuwenden, z. B. bei der Analyse der Bauernkriege in Dtl. In der ›Dialektik der Natur‹ (1873–83 entstanden, postum veröffentlicht 1935) sowie im ›Anti-Dühring‹ (›Herrn Eugen Dührings Umwälzung der Wiss.‹, 1878) ging er daran, die Dialektik des ökonom. und gesellschaftl. Geschehens zu einer Dialektik der Natur zu erweitern. Aus der Beschäftigung mit den Wandlungen der Naturwiss.en in den letzten Jahrhunderten zog E. den Schluss, dass sich die Natur nach den ihr innewohnenden, ihr eigentüml. Gesetzen der →Dialektik in einem ständigen Evolutionsprozess entfalte; nach denselben Gesetzen entwickle sich auch der Mensch in der Gesellschaft. Erkenntnistheoretisch gesehen wurde E. zu einem Vertreter der Abbildtheorie. Er entwickelte den ›dialekt. Materialismus‹ als allgemeinen Rahmen des von MARX begründeten ›histor. Materialismus‹.

Mit seiner publizist. Tätigkeit trug E. wesentlich zur Verbreitung des Marxismus bei. Neben dem ›Anti-Dühring‹ erfuhr v. a. die Schrift ›Die Entwicklung des Sozialismus von der Utopie zur Wiss.‹ (1882) starke Resonanz. Nach dem Tod von MARX (1883) setzte E. die Arbeit an der theoret. Ausformung ihrer gemeinsamen Weltanschauung fort, u. a. in: ›Der Ursprung der Familie, des Privateigentums und des Staates‹

(1884) und ›Ludwig Feuerbach und der Ausgang der klass. dt. Philosophie‹ (1888). 1885 gab E. den 2., 1894 den 3. Band des ›Kapitals‹ von MARX heraus. Unter dem Namen von MARX wurde 1896 sein Werk ›Revolution und Konterrevolution in Dtl.‹ veröffentlicht.

Ausgaben: Karl Marx u. F. E.: Historisch-krit. Gesamtausg., Bd. 1,1–1,6 u. 3,1–3,4, hg. v. D. B. GOLDENBACH (1927–32); Karl Marx u. F. E.: Historisch-krit. Gesamtausg. (MEGA), hg. v. den Inst. für Marxismus-Leninismus beim ZK der KPdSU u. beim ZK der SED (Neuausg. 1970 ff.); Karl Marx u. F. E.: Werke, hg. vom Inst. für Marxismus-Leninismus beim ZK der SED, 48 Tle. (¹⁻¹⁶1978–90); Karl Marx u. F. E., Studienausg., hg. v. I. FETSCHER, 4 Bde. (73.–135. Tsd. 1979–82).

Bibliographien: F. NEUBAUER: Marx-E.-Bibliogr. (1979); C. L. EUBANKS: K. Marx and F. E. An analytical bibliography (New York ²1984).

Biographien: K. KAUTSKY: F. E. (²1908); E. DRAHN: F. E. (Wien 1920); W. O. HENDERSON: The life of F. E., 2 Bde. (London 1976); H. P. BLEUEL: F. E. Bürger u. Revolutionär (Neuausg. 1984); H. GEMKOW: Unser Leben (Berlin-Ost ⁸1985); H. HIRSCH: F. E. (44.–46. Tsd. 1986).

M. ADLER: Marx u. E. als Denker (Neuausg. 1972); I. BELLOTTA: E. e la religione (Turin 1980); H. HEITZER: Eine Revolution im Geschichtsdenken (Berlin-Ost 1983); N. MADER: Philosophie als polit. Prozeß. Karl Marx u. F. E. (1986). – Weitere Literatur →Marx, Karl.

3) Wolfram, Wirtschaftswissenschaftler und Publizist, *Köln 15. 8. 1933, †Bad Homburg v. d. Höhe 30. 4. 1995; 1969–84 Prof. für Betriebswirtschafts- und Bankbetriebslehre in Frankfurt am Main, langjähriges Mitgl. des Herausgeberrates und Kolumnist der Zeitschrift ›Wirtschaftswoche‹, Mitgl. des Kronberger Kreises. E. befasste sich v. a. mit Kapitalmarkt- und Organisationstheorie, hatte wesentl. Anteil an der Körperschaftssteuerreform von 1976 und trat als Kritiker des Wohlfahrtsstaates sowie Verfechter einer freiheitl. Wirtschaftsordnung hervor.

Werke: Rentabilität, Risiko u. Reichtum (1969); Das Volksvermögen (1974, mit H. SABLOTNY u. D. ZICKLER); Mehr Markt (1976); Notenbanktechnik (1979); The optimal monetary unit (1981); Den Staat erneuern – den Markt retten (1983); Über Freiheit, Gleichheit u. Brüderlichkeit (1985).

Engelsburg

Engelsburg, ital. **Castel Sant'Angelo** [-'andʒelo], Rundbau in Rom, auf dem rechten Tiberufer an der Engelsbrücke, 135–139 als Grabmal für Kaiser HADRIAN errichtet (von Kaiser ANTONINUS PIUS vollendet) und bis 211 als Mausoleum für die röm. Kaiser benutzt. Zu Beginn der Völkerwanderungszeit zu einem befestigten Brückenkopf ausgebaut, dann Festung von Adelsgeschlechtern, gelangte die E. schließlich in päpstl. Besitz und wurde als Kastell und Fluchtburg ausgebaut (seit 1277 gedeckter Gang zum Vatikan). Die Bez. ›E.‹ geht auf eine legendäre Erscheinung des Erzengels Michael bei einer Pestprozession Papst GREGORS D. GR. (590) zurück. In der Renaissance wurden vier Eckbastionen errichtet und die Obergeschosse manieristisch ausgestattet. Im 17. Jh. war die E. Arsenal für Kriegsmaterial, Kanonenfabrik u. a. Die krönende Engelsstatue stammt von P. A. VERSCHAFFELT (1752). In röm. Zeit war das Grabmal von einer Hadriansfigur oder einer Quadriga des Gottes Helios gekrönt, die sich über dem mit Erde aufgeschütteten bepflanzten Grabhügel erhoben. Die E. ist heute ein Museum.

Engelstrompete (Länge der Blüten 20–30 cm)

engelsches Gesetz, von dem Statistiker ERNST ENGEL (* 1821, † 1896) aufgezeigter Zusammenhang zw. Einkommen und Konsum, wonach mit steigendem Einkommen die Ausgaben für Nahrungsmittel zwar absolut zunehmen, ihr relativer Anteil jedoch sinkt. Die Einkommenselastizität der Nachfrage nach Nahrungsmitteln ist also kleiner als eins.

Engelskirchen [auch -'kir-], Gem. im Oberberg. Kreis, NRW, an der Agger, 124 m ü. M., in waldreichem Gebiet, 20 000 Ew.; Herstellung von Zahnbohrern, Werkzeugbau, Kunststoffverarbeitung. Im Erholungsgebiet Ründeroth die Aggertalhöhle. – Einige Gebäude der ehem. Textilfabrik ›Ermen & Engels‹ bilden heute einen Teil des Rhein. Industriemuseums. •

Engelskonzert, häufiges Motiv der bildenden Kunst (seit dem 12. Jh.); dargestellt sind singende und musizierende Engel. Die oft sehr genau wiedergegebenen Musikinstrumente lassen Rückschlüsse auf die Aufführungspraxis der jeweiligen Epoche zu.

Engelstrompete, Datura suaveolens, aus Mexiko stammendes Nachtschattengewächs (Stechapfelart); der bis 5 m hohe, baumartige Strauch mit eiförmigen, bis 30 cm langen Blättern und wohlriechenden, weißen (bei Zuchtformen auch gelben oder rosafarbenen), trichterförmigen, 20–30 cm langen, hängenden Blüten ist eine beliebte Zierpflanze; er enthält hochgiftige Alkaloide (u. a. Atropin, Scopolamin).

Engelsüß, eine Art der Pflanzengattung →Tüpfelfarn.

Engelwerk, internat. Vereinigung kath. Christen, →Opus Angelorum.

Engelwurz, Angelika, Angelica, Gattung der Doldenblütler mit rd. 50 Arten auf der nördl. Erdhälfte und in Neuseeland; zwei- bis mehrjährige Kräuter mit doppelt fiederteiligen Blättern und großen Doppeldolden. – In Mitteleuropa in Wäldern und auf feuchten Wiesen häufig die bis 1,5 m hohe **Wald-E.** (Angelica silvestris) mit weißen oder rötl. Blüten; fer-

ner an Ufern und auf feuchten Wiesen die seltenere, bis 2,5 m hohe, aromatisch duftende und grünlich blühende **Echte E.** (Angelica archangelica, Angelica officinalis), die auch als Gewürz- und Heilpflanze kultiviert wird, da ihre Wurzeln und Rhizome appetitanregende, schweiß- und harntreibende Gerb- und Bitterstoffe sowie das krampflösende, auch in der Likörindustrie verwendete **Angelikaöl** enthalten.

Engen, Stadt im Landkreis Konstanz, Bad.-Württ., im Hegau, 550 m ü. M., 9 300 Ew.; Museum, Galerie; Textil-, Metall verarbeitende Industrie. Spätroman. Pfarrkirche (1746 barockisiert), Rathaus (1556, mehrfach verändert), Krenkinger Schloss (16. Jh.). – E., 1050 erstmals erwähnt, erhielt zw. 1240 und 1280 Stadtrecht. Seit 1398 unter wechselnden Herrschaften, kam E. 1806 an Baden.

Enger, Stadt im Kr. Herford, NRW, 190 m ü. M., zw. Teutoburger Wald und Wiehengebirge im lössbedeckten Ravensberger Hügelland, 19 000 Ew.; Möbelindustrie, Textil- und Kunststoffverarbeitung. – Das vor 947 von Königin MATHILDE, der Frau HEINRICHS I. und Nachfahrin Herzog WIDUKINDS, gegründete Stift E. soll nach legendenhafter Überlieferung auf eine Gründung WIDUKINDS zurückreichen. Die seit dem MA. als das Grab WIDUKINDS verehrte Beisetzungsstätte in der ev. Pfarrkirche (Ende 12. Jh., über Vorgängerbau um 1000) lässt sich ihm nicht eindeutig zurechnen. E., das ab dem 12. Jh. den Herren zur Lippe und danach den Grafen von Ravensberg gehörte, erhielt 1719 (bestätigt 1721) Stadtrecht, 1815 kam es an Preußen.

Engerling [ahd. engiring ›Made‹], Larve des Maikäfers und der übrigen →Blatthornkäfer.

Engern [zu →Angrivarier], westgerman. Stamm der →Sachsen, der Ende des 7. Jh. mit den Westfalen das Land südlich der Lippe unterwarf. Damit erweiterte sich sein Herrschaftsbereich, die Landschaft E. (Flussgebiet der Weser etwa zw. Corvey und Minden), nach W und S. Der Landschaftsname E. hielt sich in der nach 1180 aufkommenden Bez. eines Herzogtums ›Westfalen und E.‹ (und damit im Titel der askan. und wettin. Herzöge von Sachsen wie der Kölner Kurfürsten). Um 1800 verstand man unter E. den S des köln. ›Herzogtums Westfalen‹.

Engert, Ernst Moritz, Silhouettenschneider und Grafiker, * Yokohama 24. 2. 1892, † Lich 14. 8. 1987; 1920 Mitgl. der Darmstädter Sezession. E. schuf

Engelwurz:
Waldengelwurz
(Höhe bis 1,5 m)

Ernst Moritz Engert:
Exlibris
Dr. A. Irschick;
Siebdruck
nach einem
Scherenschnitt
von E. M. Engert

Scherenschnitte und ausdrucksvolle Schattenrisse, v. a. Bildnisse, die durch Abstraktion und leichte Verzerrung der Gesichtszüge verfremdet sind; auch Zeichnungen, Radierungen, Lithographien sowie Schattenspielfiguren aus Papier oder Holz.

England: Farm in der County Durham

E. M. E., bearb. v. J. HEUSINGER VON WALDEGG, Ausst.-Kat. (1977); Im Gegenlicht – Ein Schattenbild. E. zum 100. Geburtstag, bearb. v. F. J. HAMM u. a., Ausst.-Kat. (1992).

Engerth, Eduard von, österr. Maler, *Pleß (Wwschaft Kattowitz) 13. 5. 1818, †auf dem Semmering bei Wien 28. 7. 1897; Verfasser des ersten Katalogs des Kunsthistor. Museums in Wien, Porträtmaler des späten österr. Biedermeier; er schuf auch Genre- und Historienbilder sowie Fresken (u. a. in der Wiener Oper).
R. ENGERTH: E. Ritter von E. 1818–1897. Maler, Lehrer, Galeriedirektor u. Kunstschriftsteller (1994).

Engesser, Friedrich, Bauingenieur, *Weinheim 12. 2. 1848, †Achern 29. 8. 1931; nach Tätigkeit im bad. Staatsdienst (u. a. Bau der Höllental- und Schwarzwaldbahn) seit 1885 Prof. für Statik, Brückenbau und Eisenbahnwesen an der TH Karlsruhe.

En Gev, Kibbuz in Israel, am Ostufer des Sees Genezareth, 205 m u. M.; Bananen- und Zitruskulturen, Fischfang; Fremdenverkehr, Musikfestspiele.

Engführung, *Musik:* das dicht (eng) aufeinander folgende Einsetzen zweier oder mehrerer das Thema vortragender Stimmen: Die zweite Stimme beginnt, ehe die erste endet, sodass die Themen sich gegenseitig kontrapunktieren. Die E. ist ein Steigerungsmittel musikal. Form, bes. in der Fuge.

Enghaus, Christine, eigtl. *C. Engehausen,* Schauspielerin, *Braunschweig 9. 2. 1817, †Wien 30. 6. 1910; war 1840–75 am Wiener Burgtheater. 1845 heiratete sie F. HEBBEL, dessen Frauengestalten sie in seinem Geist verkörperte.

Enghien [ã'gɛ̃], Louis Antoine Henri de Bourbon [- bur'bɔ̃], Prince de Condé [- kɔ̃'de], Herzog von, *Chantilly 2. 8. 1772, †(erschossen) Vincennes 21. 3. 1804; kämpfte im frz. Emigrantenheer, lebte ab 1801 zurückgezogen im bad. Ort Ettenheim. NAPOLEON sah in ihm einen der Hintermänner der monarchist. Verschwörung G. CADOUDALS; er ließ ihn verschleppen (15. 3. 1804) und von einem Kriegsgericht zum Tode verurteilen.

Enghien-les-Bains [ãgɛ̃le'bɛ̃], Kurort an einem See nördlich von Paris, im frz. Dép. Val-d'Oise, 10 000 Ew.; Schwefelquellen; Spielkasino, Pferderennbahn; Likörfabrik u. a. Industrie.

Engholm, Björn, Politiker, *Lübeck 9. 11. 1939; Schriftsetzer, Diplompolitologe, 1969–82 MdB (SPD), 1977–81 parlamentar. Staatssekretär, war 1981–82 Bundes-Min. für Bildung und Wissenschaft. In Schlesw.-Holst. 1983–94 MdL und 1983–88 Vors. der SPD-Landtagsfraktion, kandidierte er 1983 und 1987 für das Amt des Min.-Präs. Bei den Landtags-

Christine Enghaus
(Gemälde von Stephan Rauh; 1839)

Louis de Bourbon, Herzog von Enghien
(anonymer Punktierstich; um 1800)

wahlen vom 13. 9. 1987 Ziel einer von Min.-Präs. U. BARSCHEL (CDU) politisch zu verantwortenden Verleumdungskampagne, wurde er nach den Landtagswahlen vom 8. 5. 1988 am 31. 5. 1988 Min.-Präs. von Schlesw.-Holst. und am 29. 5. 1991 auch Bundes-Vors. der SPD. Angesichts einer ab März 1993 bekannt gewordenen Falschaussage in der ›Barschelaffäre‹ vor einem Untersuchungsausschuss des Kieler Landtags (1987/88) trat E. am 3. 5. 1993 als Kanzlerkandidat und Bundes-Vors. der SPD sowie als Min.-Präs. von Schlesw.-Holst. zurück.

Engisch, Karl, Strafrechtslehrer und Rechtsphilosoph, *Gießen 15. 3. 1899, †Nieder-Wiesen (Kr. Alzey-Worms) 11. 9. 1990; 1934 Prof. in Heidelberg, seit 1953 in München, befasste sich mit zentralen Problemen der allgemeinen Verbrechenslehre.
Werke: Unters. über Vorsatz u. Fahrlässigkeit im Strafrecht (1930); Einf. in das jurist. Denken (1956); Die Lehre von der Willensfreiheit in der strafrechtsphilosoph. Doktrin der Gegenwart (1963); Beitr. zur Rechtstheorie (1984).

Engl, Joseph (Jo) Benedict, Physiker, *München 6. 8. 1893, †New York 8. 4. 1942; entwickelte (mit E. J. MASSOLLE und H. VOGT) 1912–22 ein Verfahren zur Aufnahme und Wiedergabe von Tonfilmen, das Triergon-Lichttonverfahren (→Filmtechnik).
Werk: Raum- u. Bauakustik (1939).

England [nach den Angeln], Landesteil von Großbritannien und Nordirland, 130 423 km², (1991) 48,2 Mio. Ew.; Hauptstadt ist London.

England: Kreidefelsen an der Kanalküste

E. erstreckt sich über den mittleren und südl. Teil der Insel Großbritannien (→Britische Inseln) und ist außer im N (Schottland) und z. T. im W (Wales) vom Meer begrenzt (Nordsee, Ärmelkanal, Sankt-Georgs-Kanal, Irische See). Das Relief weist zwei Grundstrukturen auf: 1) die im Zuge paläozoischer Gebirgsbildungsphasen entstandenen Hochlande (Highland Britain), zu denen in E. die seenreichen Cumbrian Mountains, die Cheviot Hills, das Pennische Gebirge sowie Cornwall und Teile von Devon mit Dartmoor und Exmoor gehören; 2) das in grober Abgrenzung östlich einer Linie von den Mündungen der Flüsse Exe im S bis zum Tees im N gelegene, aus mesozoischen Schichten bestehende Schichtstufenland (Lowland Britain, das engl. Tiefland), das eigentl. Kernland von England. Rückgrat des nördl. Teils ist das Pennische Gebirge, das eiszeitlich überformt wurde und in Teilen stark verkarstet ist. Ebenso wie die anderen Bergländer ist es in den Höhenbereichen von ausgedehnten Deckenmooren und Grasheiden bedeckt. Aus den bei der Hebung des Pennischen Gebirges schräg gestellten mesozoischen Schichten entwickelte sich die engl. Schichtstufenlandschaft mit zwei großen, SW-NO verlaufenden Schichtstufenbögen, der Juraschichtstufe im N, die sich von den Cotswold Hills (oolith. Kalke) bis zu den North York Moors erstreckt, und der Kreideschichtstufe mit den

Chiltern Hills (nordwestlich von London), den Lincoln Wolds und den York Wolds als markante Erhebungen. Breite Talzonen (›vales‹) trennen die Schichtstufen. Ein weiterer Schichtstufenkomplex im S von London mit den North Downs und den South Downs steht im Zusammenhang mit der alpid. Aufwölbung des Weald.

Zur Geschichte →Britannien, →Britische Inseln, →Großbritannien und Nordirland.

Engländer, die Bewohner Englands, fälschlich auch Bez. für die Bewohner Großbritanniens. Die Lebensgewohnheiten der E. sind sowohl von der histor. Entwicklung als auch von der Klassenstruktur des Landes geprägt. Als typisch englisch gelten Eigenschaften wie Fairness, Humor, Commonsense, das am Gentlemanideal ausgerichteten Verhaltensnormen wie Selbstbeherrschung (›stiff upper lip‹) und Rücksichtnahme (›consideration‹) sowie der Austausch freundl. Trivialitäten (Smalltalk). – Bes. beliebt sind Sportarten wie Angeln (größte Anzahl aktiver Teilnehmer), Fußball, Cricket, Tennis und Golf, Geldwetten (Pferde-, Windhundrennen) und Pubspiele. – Neben den nat. Bräuchen (z. B. den Feuerwerken in der ›Guy Fawkes’ Night‹ am 5. November im Gedenken an das Scheitern der →Pulververschwörung 1605) und Zeremonien wie dem jährl. Geburtstagsausritt des Monarchen (›trooping the colours‹) gibt es viele kulturlandschaftlich unterschiedl. Ausprägungen, deren bekannteste die versch. Formen der rituellen ›Morris‹-Volkstänze sind.

C. HOLE: English traditional customs (London 1975); C. KIGHTLY: The customs and ceremonies of Britain (New York 1986).

Engländer, ein →Schraubenschlüssel.

Engler, 1) Adolf, Botaniker, *Sagan 25. 3. 1844, †Berlin 10. 10. 1930; Prof. in Kiel und Breslau; Pflanzensystematiker, erklärte die Pflanzenverteilung nach morpholog. Merkmalen. Sein Hauptwerk, ›Die natürl. Pflanzenfamilien‹ (mit K. PRANTL; 19 Bde., 1887–1909), ist bis heute maßgebend.

2) Carl, Chemiker, *Weisweil (Landkreis Emmendingen) 5. 1. 1842, †Karlsruhe 7. 2. 1925; war ab 1876 Prof. an der TH Karlsruhe; führte 1870 die erste vollständige Synthese des Indigos (aus Nitro-Acetophenon) durch, arbeitete maßgeblich auf dem Gebiet der Erdölwissenschaft und -technik, konstruierte 1885 ein nach ihm benanntes →Viskosimeter und trug wesentlich zur Entwicklung der Chromatographie bei.

Engler-Grad [nach C. ENGLER], Zeichen °E, bei Routineuntersuchungen verwendete, nichtgesetzliche Einheit für die der kinemat. Viskosität v. a. von Mineralölen; Umrechnung in SI-Einheiten über Tabellen. (→Viskosimeter)

Englisch, Lucie, Bühnen- und Filmschauspielerin, *Leesdorf bei Wien 8. 2. 1902, †Erlangen 12. 10. 1965; ab 1918 beim Theater; spielte ab 1929, meist in der Rolle der Naiven, in mehr als 120 Filmen, darunter ›Schwarzwaldmädel‹ (1950), ›Gräfin Mariza‹ (1958).

Englische Fräulein, Institut der seligen Jungfrau Maria, lat. **Institutum Beatae Mariae Virginis,** Abk. **IBMV,** kath. Frauenkongregation mit Schwerpunkt Erziehung und Unterricht der weibl. Jugend. Die E. F. gehen zurück auf die von der Engländerin MARY →WARD 1609 gegründeten Jesuitinnen, eine nach den Konstitutionen der Jesuiten lebende, aber von ihnen unabhängige Kongregation. Ihre Niederlassungen waren schon in West- und Mitteleuropa verbreitet, als Papst URBAN VIII. die Kongregation wegen ihrer für Frauengemeinschaften ungewöhnl. Verfassung (keine Klausur; zentrale Leitung durch eine nur dem Papst unterstellte Generaloberin) aufhob, die Erziehungs- und Lehrtätigkeit jedoch weiter gestattete. Endgültig wurden die E. F. 1877 durch Papst PIUS IX. anerkannt. Die Generalate in West- und Mitteleuropa wurden 1953 zu einem Verband mit dem Sitz der Generaloberin in Rom (seit 1929) zusammengeschlossen. Heute sind die E. F. über die pädagog. Tätigkeit in Kindergärten, Schulen und Internaten hinaus im Bereich der Pastoral- und Sozialarbeit weltweit tätig. Gegenwärtig (1995) gehören zum Röm. Generalat rd. 2 500 Schwestern in 250 Häusern; in Dtl. bestehen 60 Häuser mit rd. 1 000 Schwestern. Auch die zwei Generalate des irischen und kanad. Zweiges (die Loreto-Schwestern), Gründungen im 19. Jh., mit rd. 1 500 bzw. 400 Schwestern, verehren MARY WARD als ihre Gründerin.

englische Komödianten, wandernde Schauspielertruppen, die (urkundlich bezeugte erste Aufführungen: 1586/87 am kursächs. Hof CHRISTIANS I. in Dresden) aus England auf das Festland, bes. in das prot. Dtl. kamen, allmählich auch mit dt. Berufsspielern durchsetzt und um 1650 von rein dt. Wandertruppen abgelöst wurden. Die Truppe leitete zumeist der Darsteller des Narren (Stockfisch, →Pickelhering; die Gestalt beeinflusste den →Hanswurst). Frauenrollen wurden von Männern dargestellt. Die Szene wurde durch einfache Requisiten angedeutet. Die Aufführungen fanden ab etwa 1605 in dt. Sprache statt. Die Stücke schöpften aus Bibel und Legende, Sage und Geschichte, bes. auch aus dem Repertoire des elisabethan. Theaters (SHAKESPEARE, C. MARLOWE). Die e. K. wirkten durch krasse theatralische Effekte; sie waren zugleich Akrobaten, Tänzer, Sänger. Überlieferte Texte (1620–70) sind gesammelt in ›Spieltexte der Wanderbühne‹, hg. v. M. BRAUNECK (4 Bde., 1970–75).

englische Krankheit, *Medizin:* die →Rachitis.

englische Kunst, die Kunst Großbritanniens (ausgenommen die →keltische Kunst). Die aus der Insellage resultierenden histor., polit. und gesellschaftl. Besonderheiten förderten eine Kunstentwicklung von ausgeprägter Eigenart. Zu allen Zeiten nahm die e. K. Impulse des Festlandes auf. Stets kam es bei Übernahmen nach kurzer Zeit zu Umstrukturierungen im Sinne eines engl. Nationalstils. Umgekehrt wurden auch Einflüsse der e. K. auf dem Kontinent aufgenommen. Dies trifft bes. auf die Buchmalerei der angelsächs. Zeit und die Landschafts- und Porträtmalerei seit der Mitte des 18. Jh. zu.

englische Komödianten: Zeitgenössische Darstellung typischer Figuren

Angelsächsische Frühzeit

Architektur: Die Baukunst der angelsächs. Frühzeit ist überwiegend das Resultat einer Verschmelzung überlieferter kelt. mit umgebildeten röm. Bauweisen und Typen (Basilika). Nur wenige Baudenkmäler dieser Zeit sind erhalten. Noch zu Beginn des 11. Jh. fanden sich im sächsischen Siedlungsgebiet reine Holzbauten (Blockbaukirche von Greensted, Essex; um 1013). Strukturelemente der Holzbauweise prägten beinahe alle nach Einführung des Christentums (Ende des 6. Jh.) entstandenen steinernen Kirchenbauten: einfache Grundrissbildungen, rechteckiges Schiff mit einem sich anschließenden rechteckigen Anbau für den Altar, schwere Formen, gedrungene, rechteckige Westtürme. Die Innenräume sind hoch, lang und schmal und überwiegend mit einfachen Holzdecken, gelegentlich kommt es zur Bildung von Scheingewölben. Erhalten sind aus dem 7. Jh. u. a. die Kirchen von Escomb (Durham), Wing (Buckinghamshire) sowie Brixworth (Northamptonshire). Zeugnisse der Zeit zw. 700 und der normann. Eroberung (1066) sind neben den turmlosen Anlagen, u. a. von Saint Lawrence in Bradford-on-Avon (Wiltshire; Anfang 8. Jh. und frühes 10. Jh.), die mit einem Westturm errichteten Kirchen von Worth (Sussex; um 1000), Earles Barton (Northamptonshire; 10. Jh.), Monkwearmouth (Durham; 9. oder 10. Jh.) und Saint Michael in Oxford (11. Jh.).

englische Kunst: Kirche von Escomb, Durham; 7. Jh.

Plastik: Mit dem späten 7. Jh. eröffnete sich der Plastik in England eine bis zur normann. Eroberung reichende Blütezeit. Aus der Synthese einheim. Tradition mit christlich-mediterranen Übernahmen entstand eine große Anzahl von Steinkreuzen (Hochkreuze von Ruthwell, vor 684, und Bewcastle, Ende des 7. Jh.). Urspr. romanisierend-byzantinisierend mit figurativen Darstellungen (bibl. Szenen und Szenen der Heiligenlegende), wandelte sich der Stil der Kreuze nach mehreren Zwischenstufen schließlich zu einem Stil reiner nord. Ornamentik. Neben diesen Zeugnissen monumentaler Freiplastik sind aus der angelsächs. Frühzeit auch Einzelstücke einer reich entwickelten Kleinplastik erhalten.

Malerei: Lange nach dem Niedergang der kelt. Kunst auf dem Festland und dem Abklingen der inselkelt. Fortsetzung dieser Kunst (etwa Mitte des 2. Jh.) kam es im Bereich der Brit. Inseln zu einer eigenständigen, von angelsächs. Einflüssen geprägten Spätentwicklung. In Irland erfuhr um 700 die Buchmalerei eine Blüte, die sehr bald schon auf die brit. Mutterinsel übergriff und – vermittelt durch irische Mönche – bis zum Beginn der otton. Epoche auch starken Einfluss auf die Schreibstuben des Festlands gewann. Als frühestes Beispiel dieser irisch-angelsächs. Kunst gilt das um 680 entstandene ‹Book of Durrow› (Dublin, Trinity College), in dessen Initialen, Evangelistensymbolen und reinen Schmuckseiten Flechtbandorna-

mente und Trompetenspiralen dominieren. In der reichen Flechtbandornamentik an die irische Buchmalerei anschließend, in der freieren Behandlung der Figuren dagegen unter mediterranem Einfluss, entstand das ‹Book of Lindisfarne› von Bischof EADFRITH VON LINDISFARNE (um 700; London, Brit. Museum). Große Bedeutung gewann die spätantike Überlieferung in Canterbury (Stockholmer Codex aureus; Mitte des 8. Jh.; Stockholm, Königl. Bibliothek). Charakteristisch für die Handschriften der Schule von Winchester, bei der karoling. Handschriften die wichtigsten Quellen sind, ist die Umbildung des karoling. Akanthusornaments. Ihr Hauptwerk ist das zw. 971 und 984 entstandene Benedictionale Bischof AETHELWOLDS (London, Brit. Museum).

Normannische Kunst

Architektur: Nach der Eroberung durch die Normannen (1066; dargestellt auf dem →Bayeux-Teppich) kam es in England zu einer intensiven Bautätigkeit. Nach einer kurzen Phase der unveränderten Übernahme wurden die normann. Baumodelle anglisiert. Es entstanden – neben Klöstern, Burgen und Stadtbefestigungen – große roman. Kathedralen, für die die Längserstreckung der Kirchenschiffe und ein Überreichtum an Schmuckformen bezeichnend sind. In Abwandlung eines Klosterkirchentypus, der auf die Benediktinerabtei Cluny zurückgeht, entstanden Basiliken mit zweitürmigen Westfassaden, einem Vierungsturm über dem weit vorspringenden Querhaus sowie mit Chören von ungewöhnl. Ausdehnung. Über massiven Rundpfeilern entfalten sich Emporen und Triforiengalerien; nach oben wird der Kirchenraum durch eine bemalte Balkendecke abgeschlossen. Ein frühes Beispiel dieser Architektur ist die Abteikirche Saint Albans (1077–1088). Es folgen: Canterbury (1070 ff.), Winchester (1079 ff.), Ely (1083 ff.), Bury Saint Edmunds (um 1100 ff.), Tewkesbury (1087 ff.), Gloucester (1089 ff.), Chichester (um 1100 ff.), Norwich (1096 ff.) und Peterborough (1118 ff.). Der Übergang zur Frühgotik ist angelegt im Kreuzrippengewölbe (ab 1096) des südl. Seitenschiffs des Chors der Kathedrale von Durham (1093 ff.); andere Großbauten erhielten dagegen noch im 13. Jh. flache Holzdecken. Ein Beispiel normann. Profanbaukunst stellen die militär. Anlagen dar, die zw. 1066 und etwa 1150 aus Erde und Holz, etwa ab 1150 aus Stein errichtet wurden. Beispiele früher Steinanlagen sind neben Malling Castle (Kent), erbaut etwa 1070 durch Bischof GUNDULF, der auch den White Tower in London (vollendet 1097) errichten ließ, und Colchester (Essex; spätes 11. Jh.) Castle Heddingham (Essex; um 1140), Castle Rising (Norfolk; um 1140) sowie der Wehr- und Wohnturm (›Keep‹) von Rochester Castle (Kent; um 1140). Die Regierung König HEINRICHS II. (1154–89) brachte eine Blüte normann. Festungsarchitektur, u. a. Richmond und Scarborough (Yorkshire), Dover (Kent) sowie Chester (Kent).

Plastik: Die Plastik ist der Baukunst zugeordnet (u. a. Portalfiguren, Kapitelle). Die nordisch akzentuierte Bauornamentik der Zeit ist ungewöhnlich reich entwickelt und von der des festländ. roman. Stils durchaus verschieden. Im späten 11. und frühen 12. Jh. spiegelte sich in der Plastik der Stil der anglonormann. Buchmalerei. Beispiele dafür sind die Reliefs der Lazarusgeschichte in der Kathedrale von Chichester (wahrscheinlich 1120–25, urspr. zu den Chorschranken gehörend). Es entstand eine Reihe von Tympanon- und Gewändefiguren an versch. Kathedralen, die sich durch reiche Formgestaltung auszeichnen, u. a. Tympanon an der Kathedrale von Ely (etwa 1135), Steinfries an der Westfront der Kathedrale von Lincoln (um 1145), Tympanon an der Kathedrale von Rochester (um 1160). Große Bedeutung kam in dieser

englische Kunst: Kathedrale von Salisbury; 1220 ff.

Zeit auch der byzantinisch und nordfranzösisch beeinflussten Elfenbeinkunst zu, u. a. das Kreuz von Bury Saint Edmunds (nach 1150; New York, Metropolitan Museum). Ein hervorragendes Beispiel der Goldschmiedekunst ist der Leuchter aus Gloucester (frühes 12. Jh.; London, Victoria and Albert Museum).

Malerei: Nach der normann. Eroberung stagnierte die engl. Buchmalerei, lebte im 12. Jh. jedoch wieder auf. Stilbildend wirkte hierbei der byzantinisch geprägte Einfluss nordfrz. Schulen (u. a. Saint-Amand), auch der ital. Schreibstuben; v. a. die Abtei Saint Albans mit dem vor 1123 illuminierten Albanpsalter (Hildesheim, St. Godehard) wurde (neben Bury Saint Edmunds und Canterbury) zu einer Keimzelle des neuen, ekstatisch-spannungsvollen Stils. Die ganzseitigen Miniaturen der in der Abtei Bury Saint Edmunds angefertigten Vita Sancti EDMUNDI (vor 1135; New York, Pierpont Morgan Library) stammen wohl vom Hauptmeister des Albanpsalters. Die Schulen von Canterbury und Winchester traten im 12. Jh. mit teilweise byzantinisch beeinflussten illuminierten Handschriften hervor (Lambethbibel, entstanden in Canterbury, Mitte des 12. Jh., London, Lambeth Palace; Winchesterbibel, Ende des 12. Jh., Winchester,

englische Kunst: ›Der Schreiber Eadwine‹, Miniatur aus dem Eadwine-Psalter (Schule von Canterbury); um 1150 (Cambridge, Trinity College)

Cathedral Library). Bis auf wenige Denkmäler ist die Wandmalerei der roman. Epoche verloren.

Gotik

Architektur: England und die Normandie bildeten bis in das 13. Jh. eine polit. Einheit, die schon für die Baukunst der roman. Zeit von entscheidender Bedeutung war. Auch in der ersten Phase der Gotik wurde die Architektur Frankreichs bestimmend für die Sakralbauten der Insel. Gleitende Übergänge verbinden drei grundsätzl. Entwicklungsstufen innerhalb der insularen Gotik: das Early English (von 1175 bis etwa 1250), der Decorated Style (bis etwa 1350) und der etwa bis 1520 reichende Perpendicular Style. Darüber hinaus beherrschte die Gotik als der große engl. Nationalstil die insulare Kunstentwicklung bis ins 17. Jh. und blieb bis ins 19. Jh. lebendig.

Die Periode des Early English begann mit dem Neubau des 1174 von einem Brand zerstörten Chores der Kathedrale von Canterbury (1175 ff.), der in England eine Phase der Übernahme und Umbildung der frz. Kathedralgotik einleitete. In der Grundstruktur wich die got. Kathedrale in England nur geringfügig vom normannisch-roman. Bauschema ab; zu einer völligen Auflösung der Wand im Sinne der frz. Kathedralgotik kam es nicht. Die Kirchen behielten ihre große Länge und die geraden Chorschlüsse ohne Umgang und Kapellenkranz; beibehalten wurde auch das starke Vorspringen der Querschiffe. Die Ausdehnung der Chöre wuchs weiter, oft wurden sie im Scheitel noch um die für England typ. ›Lady Chapel‹ (Marienkapelle) verlängert. Vor der Ostfassade wurde häufig eine Vorhalle errichtet. Charakteristisch sind ferner die Betonung der Horizontalen sowie lanzettförmige Bogen im Innenraum. Hauptwerke des Early English sind neben dem Neubau des Chores von Canterbury die Kathedralen von Wells (um 1180 ff.), Lincoln (1192 ff.), Rochester (1201 ff.), Worcester (1218 ff.), Salisbury (1220 ff.) und York (südl. Querhaus, 1230 ff.).

Der Decorated Style brachte eine starke Tendenz zu üppig-dekorativen, die Grundstrukturen und ihre Funktion verdeckenden Schmuckformen. Das Hauptaugenmerk wandte sich den Details zu: Portale, Fenster und Gewölbe wurden reich durchgebildet, die Gewölberippen zu Netzmustern vervielfacht, reiche Ornamentik umgab die Formgerüste. Langhaus und Chor der Kathedrale von Exeter (1275 ff.) und das Langhaus der Kathedrale von York (1291–1324) gelten als die bedeutendsten Schöpfungen dieser Zeit. Ihnen zur Seite stehen Teile der Kathedralen von Lincoln, Lichfield, Wells, Ely, York und Gloucester.

Im Perpendicular Style wurden die auf Raumschmuck und -gliederung abzielenden dekorativen Elemente der Kathedralen weiterentwickelt und systematisiert. Vorherrschend wurde das dieser Periode den Namen gebende senkrechte (an Außenwänden auch waagerecht auftretende) Stabwerk, das bes. als Gliederungssystem der hohen und breiten Fenster, aber auch als Blendgliederung der Wände Verwendung fand. Die bevorzugte Gewölbeform war das Fächergewölbe mit seinen tropfsteinartigen Bildungen. Das geometr. Maßwerkmuster des Decorated Style wurde in loderndes Flammenwerk aufgelöst. Hauptbeispiele finden sich in den Gewölben der Kathedralen von Winchester, Gloucester, Canterbury und Peterborough, in der Kapelle des King's College in Cambridge (1446–1515), in der des hl. GEORG in Windsor (1483–1528) und in der HEINRICHS VII. in der Westminster Abbey in London (1503–12). Eine stattl. Reihe von Abteien, Prioreien (Fountains Abbey, Yorkshire; Christchurch Priory, Hampshire) und Profanbauten (Westminster Hall, Guildhall, London; Collegebauten in Oxford und Cambridge) gehören ebenfalls dem Perpendicular Style an.

englische Kunst: Leuchter aus Gloucester; Höhe 58,4 cm, frühes 12. Jh. (London, Victoria and Albert Museum)

englische Kunst: Christopher Wren, Saint Paul's Cathedral in London; 1675–1711

Plastik: Während die engl. Gotik in der Frühphase die Neuerungen der frz. Baukunst übernahm, scheinen bis etwa zur Mitte des 13. Jh. große bauplast. Zyklen nur sehr vereinzelt ausgeführt worden zu sein. 1230–39 entstand an der Fassade der Kathedrale von Wells das bedeutendste Skulpturenprogramm der engl. Gotik (350 in Nischen eingestellte Einzelfiguren). Wells vergleichbar sind Figurenzyklen an den Fassaden der Kathedralen von Salisbury (1220–60) und Exeter (13. Jh.). Weniger aufwendig ist der Fassadenzyklus der Kathedrale von Lincoln (um 1220–30). Zahlenmäßig, aber auch qualitativ ungewöhnlich ist der seit dem 13. Jh. geschaffene Bestand an Grabfiguren, u. a. Grabmal EDUARDS II. († 1377) in Westminster Abbey in London. Als bevorzugtes Material diente Alabaster, aber auch Bronze und Kupfer (meist vergoldet) wurden verwendet.

Malerei: Vorherrschend blieb auf dem Gebiet der Malerei in England bis zum Ende des 15. Jh. weiterhin die Buchmalerei. Sie war ebenso wie die vereinzelten Zeugnisse der Wand-, Glas- und Tafelmalerei von frz. Vorbildern beeinflusst. Ein letzter Nachklang byzantinisierender Gestaltung findet sich im Westminsterpsalter (um 1200, London, Brit. Museum); etwa ab 1220 gewann die frz. Gotik das Übergewicht, typenbildend wirkten Apokalypsendarstellungen, bei denen der Text den Bildern völlig untergeordnet wird. Das

englische Kunst: William Morris, Entwurf eines Stoffmusters; 1876 (London-Walthamstow, William Morris Gallery)

Skriptorium von Saint Albans unter der Leitung des MATTHAEUS PARISIENSIS (ab 1235/36), das eine Reihe bedeutender Handschriften illuminierte (u. a. Historia Anglorum, um 1245–50; London, Brit. Museum), zeichnete sich durch einen kalligraph. Zeichenstil im Zusammenhang mit einer fantasievollen Bereicherung dekorativer Elemente aus. Eine Erweiterung des ikonograph. Repertoires brachten die am Ende des 12. Jh. aufkommenden Bestiarien mit Werken in Peterborough (Psalter des ROBERT VON LINDESEYE, London, Brit. Museum) und Salisbury (Wiltonpsalter, Missale des HEINRICH VON CHICHESTER), die Einflüsse von Saint Albans mit örtl. Eigenheiten verbanden. Danach verfiel die große Tradition der Skriptorien und mündete gegen Anfang des 14. Jh. in den ostengl. Stil (Psalter der Königin MARY, London, Brit. Museum; Psalter des ROBERT DE LISLE, ebd.; Gorlestonpsalter, Malvern, Privatsammlung).

Am Ende des 14. Jh. erlangte neben der Tafelmalerei (Wiltondiptychon, um 1380, London, National Gallery; Norwich Retable, spätes 14. Jh., Kathedrale von Norwich) v. a. die Glasmalerei mit Fenstern der Meister THOMAS VON OXFORD (Fenster für das Winchester College, um 1400) und JOHN THORNTON aus Coventry (Ostfenster der Yorker Kathedrale, zw. 1405 und 1408) Bedeutung. – Hoch entwickelt war die engl. Stickerei (Syon-Pluviale, 1. Viertel des 14. Jh. und Butler-Bowden-Pluviale, 2. Hälfte des 14. Jh.; beide London, Victoria and Albert Museum).

Tudor- und elisabethanischer Stil

Architektur: Vom Ausklingen der Gotik bis zum Einsetzen des Klassizismus zu Beginn des 17. Jh. konnte sich ein einheitl. Stil nur bedingt ausprägen. Die Formen des Perpendicular Style wurden mit Elementen der ital., dt. und fläm. Renaissance verquickt; v. a. der Tudorstil (1520–58) verkleidete got. Konstruktionen mit Renaissanceformen. Erst der ihm folgende elisabethanische Stil verschmolz die eigene Tradition mit den fremden Neuerungen zu einer bedingt organ. Stileinheit. Zeichen wachsenden Reichtums waren die Schlösser und Landsitze des sich neu bildenden Hofadels, u. a. Hampton Court Palace (Middlesex; 1514 ff.), Longleat House (Wiltshire; 1567–79), Wollaton Hall (Nottinghamshire; 1580–88, von R. SMYTHSON) und Hardwick Hall (Derbyshire; 1590–97), denen überwiegend frz. Herrschaftssitze als Vorbilder dienten. Von ihnen wurde die Betonung der Symmetrieachsen ebenso übernommen wie die damit verbundene Gruppierung dreier Flügel um einen nach vorn offenen Hof. Typisch sind weiterhin die langen Hauptachsen, die flachen und niedrigen Dächer sowie die durchfensterten Fassaden. Bei kleineren Landsitzen kam neben Stein auch Fachwerk zur Anwendung.

Plastik: Verbindungen mit Frankreich und Italien eröffneten zu Beginn des 16. Jh. der nachmittelalterl. engl. Plastik neue Möglichkeiten. Drei ital., teilweise auch in Frankreich geschulte Bildhauer, vertraut mit den Errungenschaften der Renaissance, zog es für einige Jahre nach England: PIETRO TORRIGIANI (Grabmal HEINRICHS VII. und ELISABETHS von York, 1511–17; London, Westminster Abbey), BENEDETTO DA ROVEZZANO (in England etwa 1524–35) und GIOVANNI DA MAIANO (ab etwa 1521). Aber soziale und polit. Widrigkeiten ließen die internat. Kontakte abbrechen. Den einheim. Bildhauern gelang es nicht, einen die Spätgotik überwindenden Stil zu entwickeln. Auch die während der Regierungszeit der Königin ELISABETH I. aus den Niederlanden gekommenen Künstler blieben letztlich spätmittelalterl. Modellen und Bildvorstellungen verhaftet.

Malerei: Nach einer für die engl. Malerei unbedeutenden Tätigkeit florentin. Künstler unter HEINRICH VIII. kam der dt. Maler H. HOLBEIN D. J.

(1526–28 und ab 1532) nach England, dessen Schaffen großen Einfluss auf die engl. Malerei ausübte. In der Bevorzugung eines neutralen Hintergrundes und dem linearen, flächigen Stil zeigt sich jedoch, dass traditionelles engl. Formgefühl auch auf ihn einwirkte (Bildnis der CHRISTINE von Dänemark, 1538; London, National Gallery). Unter der Regierung der Königin ELISABETH I. verarmt das Porträt zum Kostümstück. Eine Ausnahme bilden die manierist. Bildnisminiaturen N. HILLIARDS.

17. und 18. Jahrhundert (Klassizismus, Neugotik)

Architektur: Zu Beginn des 17. Jh. schlug die engl. Baukunst eine Richtung ein, die bis in die Gegenwart hinein bestimmend blieb: I. JONES führte den palladian. Klassizismus in England ein. Bedeutende Schüler (v. a. C. WREN und J. WEBB) führten die von ihm eingeleitete Entwicklung auf breiter Basis fort. 1616 schuf JONES den Entwurf für das Schloss der Königin in Greenwich (›Queen's House‹, vollendet 1637): Es entstand das erste streng palladian. Bauwerk in England. Ihm folgten u. a. der Umbau der Saint Paul's Cathedral (1633–38) und die Errichtung von Wilton House bei Salisbury (um 1633–40 und 1648/49). Die für JONES' Bauten charakterist. Schlichtheit, verbunden mit einer Strenge der Proportionen, zeigt sich bes. in seinem Hauptwerk, Schloss Whitehall (Banqueting House, 1619–22). Sein Schüler C. WREN errichtete nach dem großen Brand von London (1666) 51 Kirchen (von denen nur noch ein Teil erhalten ist); sein groß angelegter Aufbauplan der Stadt kam allerdings nicht zur Ausführung. Sein Hauptwerk ist der Neubau der Saint Paul's Cathedral (1675–1711), eine nach dem Vorbild der Peterskirche in Rom geschaffene Verbindung von Zentral- und Langhausbau. Hervorzuheben sind ferner: Saint Stephen Walbrook in London (1672–77), das Hospital in Greenwich (1696 ff.), Erweiterungen von Hampton Court (1689–92) und Kensington Palace (1689 ff.). N. HAWKSMOOR, J. VANBRUGH und THOMAS ARCHER (* 1668/69, † 1743), die alle drei ausgeprägte Beziehungen zu WREN und seinem Werk hatten, näherten sich mit ihren Bauten dem europ. Barock (Queen-Anne-Style). W. KENT dagegen

englische Kunst: Thomas Gainsborough, ›Bildnis Mrs. Sarah Siddons‹; 1783–85 (London, National Gallery)

englische Kunst: William Turner, ›Fighting Téméraire‹; 1838 (London, National Gallery)

setzte, ebenso wie J. GIBBS u. a., den strengen, in seiner engl. Erscheinung gelegentlich spröden und schwerfälligen Klassizismus palladian. Prägung fort. KENTS Parkanlagen (u. a. Blenheim Palace) sowie die von L. BROWN und W. CHAMBERS (Kew Gardens, London) folgten nicht mehr dem frz. Prinzip, sondern zeigen eine naturbelassene, unregelmäßige Landschaft (›landscape garden‹). Die kleinen Bauten dieser Parks in imitiertem got., röm. oder auch chin. Stil fanden in den ›engl. Gärten‹ bald überall Nachahmung.

Die engl. Neugotik (Gothic Revival) hatte in J. WYATT und T. RICKMAN sowie H. WALPOLE frühe und engagierte Vertreter. In den 30er-und 40er-Jahren des 19. Jh. konnte sich die neugot. Bewegung, die auch auf die Innenausstattung der Häuser Einfluss nahm, konsequent entfalten.

Plastik: Die engl. Plastik im 17. Jh. zeigt manierist. (N. STONE), dann barocke Einflüsse, das ausgehende Jh. prägte der sehr frei mit Formen der ital. Renaissance arbeitende G. GIBBONS, der neben dem Bronzedenkmal JAKOBS II. (1680; London, früher Whitehall, heute National Gallery) das Grabmal der MARY BEAUFOY (†1705; London, Westminster Abbey) und das des Sir C. SHOVELL (†1707; ebd.) schuf. Im ausgehenden 18. Jh. leitete der J. J. WINCKELMANNS Schriften beeinflusste J. FLAXMAN eine stilist. Wende ein. Nach einem Romaufenthalt (1787–94) entwickelte er sich zum reinsten Vertreter des engl. Klassizismus. Er entwarf u. a. Reliefs für das Wedgwoodsteinzeug sowie das Grabmal Lord NELSONS in der Saint Paul's Cathedral (1808–18).

Malerei: Während die Malerei im 17. Jh. noch ganz unter festländ. Einfluss stand, wird das 18. Jh. zur Blütezeit einer eigenständigen engl. Malerei. In der Porträtmalerei, seit dem 16. Jh. Hauptgattung der höf. Malerei, wurde im 17. Jh. der Flame A. VAN DYCK richtungweisend, der 1632 nach London kam, wo er bis zu seinem Tod als Hofmaler KARLS I. tätig war. In der Nachfolge VAN DYCKS in England standen v. a. der Niederländer P. LELY und der in den Niederlanden ausgebildete G. KNELLER.

Die internat. Bedeutung der engl. Malerei im 18. Jh. setzte mit dem Maler und Kupferstecher W. HOGARTH ein. Seine realistisch-gesellschaftskrit. Bilderzyklen, die er selbst in Kupferstichen vervielfältigte, leiteten die Bewegung der politisch-satir. Illustrationsgrafik ein. Als Porträtist steht er gleichrangig neben J. REY-

englische Kunst: Josiah Wedgwood, Vase nach einem Entwurf von John Flaxman, Höhe etwa 32 cm; um 1800 (London, Victoria und Albert Museum)

englische Kunst: Henry Moore, ›König und Königin‹,
Bronzefiguren in den Southern Uplands, nördlich von Dumfries
(Südschottland); 1953

NOLDS, dem Schöpfer psychologisch-subtiler Bildnisse von Mitgliedern der führenden Gesellschaft, und T. GAINSBOROUGH, dessen Porträts eine lockere, fast impressionist. Farbgebung zeigen. Mit den von der niederländ. Malerei angeregten parkähnl. Hintergründen in seinen Bildern legte GAINSBOROUGH den Grundstein zu einer spezifisch engl. Landschaftsmalerei. Sein Rivale R. WILSON malte dagegen ideale Landschaften. In England bes. gepflegt wurde die Aquarellmalerei (1804 Gründung der Old Water-Colour Society). J. CROME gründete 1803 die Schule von Norwich, eine der Voraussetzungen für den Aufstieg der engl. Landschaftsmalerei an der Wende vom 18. zum 19. Jh. Auf dem Gebiet der Illustrationskunst erreichte der Klassizismus im frühen 19. Jh. einen Höhepunkt in den an griech. Vasenmalereien geschulten Zyklen FLAXMANS zu HOMER und DANTE. Der lineare Stil dieser Umrisszeichnungen beeinflusste den Grafiker und Dichter W. BLAKE. Der in Zürich geborene Maler und Dichter J. H. FÜSSLI war ebenfalls dem Klassizismus verpflichtet.

englische Kunst: Francis Bacon, ›Drei Studien von Isabel
Rawsthorne‹; 1967

Kunstgewerbe: Gegen Ende des 17. Jh. wurde durch die Niederlande der Anstoß zur Entwicklung einer bürgerl. Wohnkultur in England gegeben. Das 18. Jh. wurde zur Blütezeit des engl. Kunsthandwerks, das mit den stilist. Mitteln des Klassizismus operierte. Der Kunsttischler T. CHIPPENDALE begründete den ersten engl. Möbelstil der Neuzeit und stellte v. a. Mahagonimöbel in leichten, geschweiften Formen her. In der 2. Hälfte des 18. Jh. war der dezente ›Adam-Style‹ (nach dem Architekten R. ADAM) bes. geschätzt. Die engl. Keramik wurde durch J. WEDGWOOD zu europ. Ansehen gebracht. Von Bedeutung waren ferner die Manufakturen von Chelsea und Derby.

19. Jahrhundert

Architektur: Das frühe 19. Jh. weist unterschiedl. Stilanlehnungen auf: Neugot. und klassizist. Tendenzen waren lebendig, Letztere sind v. a. in R. SMIRKES Bau des Brit. Museums (1823 ff.) in London repräsentiert, der an der griech. Antike orientiert ist. Eine weniger strenge Auffassung des Klassizismus vertrat J. SOANE. In der Viktorian. Epoche (1837–1901) wurde die Neugotik in England, v. a. im Kirchenbau (A. W. N. PUGIN, G. G. SCOTT), zur verbindl. Architekturform, auch das Londoner Parlamentsgebäude wurde von C. BARRY 1837 ff. im neugot. Stil errichtet.

1851 baute J. PAXTON den Kristallpalast in London aus Eisen und Glas. Die neuen Möglichkeiten des Eisenkonstruktionsbaus führten bei großen öffentl. Bauvorhaben zur Entwicklung von an der Technik orientierten Gebäudetypen, bei denen die neugotischen Stilformen zur bloßen Hülle wurden.

Die künstler. und sozialreformer. Ideen von W. MORRIS wirkten nicht nur auf das Kunsthandwerk, sondern auch auf die Architektur, bes. auf die Architekten P. S. WEBB, C. F. A. VOYSEY und R. N. SHAW, nach dessen Plänen im Bedford Park in London ab 1875 die erste Siedlung von Einzelwohnhäusern erbaut wurde. Sie war der Prototyp der Gartenstadt (›garden city‹), zu der E. HOWARD 1898 ein Konzept vorlegte, das auch in Dtl. aufgegriffen wurde.

Plastik: Sie zeigt in England im 19. Jh. parallel zur Architektur eine enge Anlehnung an histor. Stile; J. GIBSON, A. STEVENS und R. WESTMACOTT orientieren sich v. a. an der griech. Klassik und der ital. Renaissance. Besonderes Gewicht erlangt die Denkmalskulptur nach 1875 durch die ›New Sculpture‹-Bewegung (A. GILBERT) mit symbolist. Werken.

Malerei: Von der engl. Malerei gingen im frühen 19. Jh. entscheidende Impulse für die europ. Malerei aus: W. TURNER und J. CONSTABLE waren mit ihrer Freilichtmalerei wichtige Vorläufer der frz. Impressionisten. In der Porträtmalerei waren in der ersten Hälfte des 19. Jh. T. LAWRENCE und H. RAEBURN führend. 1848 gründete J. E. MILLAIS die Bruderschaft der Präraffaeliten (W. H. HUNT, D. G. ROSSETTI u. a.). Diese Maler orientierten sich an der ital. Malerei des MA. und stellten v. a. literar. und histor. Themen mit einer ausgeprägten symbol. Tendenz dar. Ihnen verbunden waren E. BURNE-JONES und W. MORRIS. Von der minutiösen Darstellungsweise der Präraffaeliten wurde bes. auch die viktorian. Genre- und Historienmalerei (W. DYCE, W. P. FRITH) beeinflusst. Die von der Royal Academy geförderte klassizist. Richtung (F. LEIGHTON, G. F. WATTS, A. MOORE) trug dem Interesse an antiker Kunst Rechnung, das durch den Erwerb der Elgin Marbles angeregt worden war. Progressive Strömungen förderte hingegen der 1886 gegründete New English Art Club (W. STEER, W. R. SICKERT). Der in London lebende Amerikaner J. A. M. WHISTLER trat als Verfechter der modernen Kunst und als Wortführer der L'art-pour-l'art-Bewegung in Erscheinung, aus der A. V. BEARDSLEY, der Hauptvertreter der Art nouveau, hervorging.

englische Kunst: Nicholas Grimshaw & Partners, Druckereigebäude der Financial Times in London; 1987–88

Kunstgewerbe: Unter dem Einfluss von J. RUSKIN und PUGIN strebte W. MORRIS eine Erneuerung des Kunsthandwerks an (→Arts and Crafts Movement). Seine Ziele waren Materialechtheit, stoffgerechte Bearbeitung und praxisbezogene Formgebung. C. DRESSER entwarf als erster Designer für die industrielle Fertigung fabrikations- und materialgerechte Gebrauchsgegenstände aus Keramik und Metall. A. H. MACKMURDO war mit seinen Entwürfen für Textil- und Buchgestaltung ein Vorläufer der Art nouveau. C. R. MACKINTOSH beeinflusste mit Möbeln und Innenausstattungen den dt. und v. a. den österr. Jugendstil.

Fotografie: W. H. F. TALBOT, einer der Erfinder der Fotografie, gab 1843 das erste mit Fotografien illustrierte Buch heraus (›The pencil of nature‹). Zu den bedeutendsten Leistungen der Porträtfotografie im 19. Jh. gehören die Arbeiten von D. O. HILL, R. ADAMSON und JULIA MARGARET CAMERON. Der Schriftsteller L. CARROLL machte zahlr. Aufnahmen von Kindern, die erstmals gegen Ende des 19. Jh. teilweise veröffentlicht wurden. E. MUYBRIDGES Bedeutung liegt in seinen Fotostudien von Bewegungsabläufen bei Menschen und Tieren. R. FENTON wurde mit einer Fotoreportage über den Krimkrieg berühmt (1855/56 veröffentlicht).

20. Jahrhundert

Architektur: Die Baukunst der ersten Jahrzehnte des 20. Jh. hielt zunächst an dem historisierenden Formenvokabular fest, so auch beim Bau der Gartenstädte Letchworth (1903 ff.) und Welwyn Garden City (1920 ff.). Der herausragende Architekt dieser Zeit war E. LUTYENS (Britannica House in London, 1920–24). In den 20er- und 30er-Jahren wurden Einflüsse der frz. Art déco, des dt. Expressionismus, des dt. und niederländ. Funktionalismus aufgenommen. Seit den 50er-Jahren werden in Großbritannien auf der Basis einer fortschrittl. Stadtplanung vorbildl. Siedlungstypen entwickelt und auch auf anderen Gebieten, bes. dem Schul- und Universitätsbau, wegweisende Lösungen gefunden. Einer der Ausgangspunkte war der →Brutalismus (Hunstanton School in Norfolk, 1949–54, von A. und P. SMITHSON). In den 60er-Jahren experimentierte die Gruppe →Archigram mit Sciencefictionprojekten. Sie wirkte mit ihrer techni-

sierten Formensprache bis in die Gegenwart, bes. auf R. ROGERS (Centre Georges Pompidou in Paris, 1971–77, mit R. PIANO; Hightecharchitektur der Londoner Sendezentrale Channel Four, 1994) und Sir N. FOSTER (Hightechglasbau für Willis, Faber & Dumas in Ipswich, 1975–79; Renault Distribution Centre in Swindon, 1981–83; Verwaltungsgebäude der Hongkong and Shanghai Banking Corporation in Hongkong, 1979–86; Abfertigungshalle für den Flughafen Stansted im Großraum London, 1981–91). Hervorragende Beispiele für den Wohnsiedlungsbau sind u. a. die Siedlung in Runcorn New Town (1968–74) von J. STIRLING und die Siedlung Byker in Newcastle upon Tyne (1969–80) von R. ERSKINE, für den Schul- und Universitätsbau das Gonville and Caius College in Cambridge (1959–61) von L. MARTIN und C. SAINT JOHN WILSON, die University of East Anglia in Norwich (1962–68) von D. LASDUN sowie das Queen's College in Oxford (1966–71) von J. STIRLING. Nach STIRLINGS Plänen entstand u. a. 1982–87 der Erweiterungsbau der Tate Gallery (›Clore Gallery‹) in London. Die Lisson Art Gallery in London (1991–93) von TONY FRETTON zeigt Ansätze einer purist. Formensprache. Aufwendige Büro- und Bürohochhäuser entstanden im Zuge des Baubooms der 1980er-Jahre, wobei v. a. IAN RITCHIE (* 1947) mit seinem leichten, eleganten Flachbau (Office building 8, Stockley, Business Park, 1988–90) und MICHAEL HOPKINS (Shad Thames, London 1990–91) auffallen. Eine in ihrer ökolog. Orientierung neuartige Lösung zeigt R. ERSKINES Bürogebäude ›The Ark‹ (1991). Zu den bekanntesten Londoner Architekten zählt TERRY FARRELL (* 1938) mit postmodernen urbanen Bauten (AM-TV-Hauptgebäude; Midland Bank, Filiale Fenchurch Street; Embankment Place). An öffentl. Bauten sind der Erweiterungsbau für das Royal Opera House von JEREMY DIXON (* 1939) und v. a. NICHOLAS (NICK) GRIMSHAWS (* 1939) neue Bahnhofshalle für die Londoner Waterloo Station (1994) hervorzuheben.

Plastik: Die engl. Plastik spielte im 20. Jh. innerhalb der europ. Entwicklung eine relativ eigenständige Rolle. H. MOORE, einer der wichtigsten Bildhauer des 20. Jh. überhaupt, hinterließ ein reiches figürl. und abstraktes plast. Werk und vermittelte der Bildhauerei

englische Kunst: Henry Moore, ›Innere und äußere Form‹; 1950 (Hamburg, Kunsthalle)

englische Kunst: James Stirling, Eingangsbereich des Erweiterungsbaus der Tate Gallery (›Clore Gallery‹) in London; 1982–87

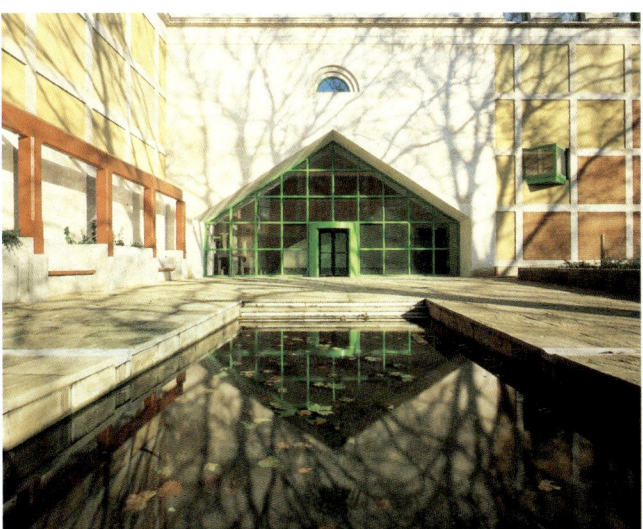

bedeutende Impulse. J. EPSTEIN, der zur Londoner Avantgarde, dem →Vortizismus, gehörte, fand v. a. mit Porträts und religiösen Figuren Anerkennung. Anfang der 50er-Jahre traten R. BUTLER, L. CHADWICK und K. ARMITAGE hervor, ebenso W. TURNBULL und E. PAOLOZZI. Nach tastenden figurativen Anfängen begann A. CARO 1960 mit raumgreifenden abstrakten Stahlplastiken ohne Sockel und wurde damit zum Mittelpunkt der New Generation und der Saint Martin's School in London. An ihn knüpften P. KING und W. TUCKER an. K. MARTIN entwickelte aus seinen Mobiles der 50er-Jahre kinet. Objekte. PAOLOZZI wurde mit seinen Collagen und roboterhaften Skulpturen zu einem der frühesten Vertreter der Pop-Art, zu deren Vertretern auch A. JONES und R. GRAHAM zählen. Ein figürl. Realismus, der sich aus der Pop-Art ableitet, blieb bis in die 80er-Jahre aktuell (Richtung des ›Superhumanism‹). Gegen den als akademisch empfundenen Formalismus CAROS, KINGS u. a. abstrakter Bildhauer richteten sich die Aktionen von JOHN LATHMAN (* 1921), die nachgiebig-organ. Plastiken und die Rauminstallationen von dessen Schülern B. FLANAGAN, T. CRAGG oder BILL WOODROW (* 1948). R. LONG gilt als der bedeutendste europ. Vertreter der plastiknahen Land-Art. Internat. Anerkennung fanden u. a. auch ANTHONY GORMLEY (* 1950), JULIAN OPIE (* 1958) und RICHARD DEACON (* 1949).

Malerei: Die engl. Malerei gewann im 20. Jh. erst relativ spät Bedeutung für die gesamteurop. Kunst. An der kurzlebigen Bewegung des Vortizismus orientierten sich außer Bildhauern u. a. die Maler P. W. LEWIS und der v. a. als Lehrer einflussreiche D. BOMBERG. Zu dieser Generation gehören auch S. SPENCER und P. NASH. B. NICHOLSON und V. PASMORE vertraten in den 30er-Jahren einen frühen, eigenständigen Konstruktivismus. Einen prägnanten, am Surrealismus geschulten Figurenstil zeigen die Kompositionen G. SUTHERLANDS. F. BACONS Bilder kennzeichnen eine expressionistisch überhöhte Darstellung der Wirklichkeit. Das Werk von BRIDGET RILEY, das sich auf die Wiedergabe abstrakter opt. Wahrnehmung konzentriert, ist ein bedeutender Beitrag zur Op-Art. Eine spezifisch engl. Variante der Pop-Art vertraten R. HAMILTON, PAOLOZZI, P. BLAKE, D. HOCKNEY, A. JONES, P. PHILIPS, J. TILSON und P. CAULFIELD. Zu ihnen gehörte zeitweise auch der Amerikaner R. B. KITAJ. Einen Kontrast zur Pop-Art bilden die abstrakte Malerei und der abstrakte Expressionismus (A. DAVIE, PETER LANYON, * 1918). M. MORLEY, der

in den 60er-Jahren von der abstrakten Malerei zum Fotorealismus übergegangen war, wandte sich in den 80er-Jahren dem Neoexpressionismus zu. Abstrakte Maler unterschiedlicher Intention sind R. DANNY, H. HODGKIN, ALAN CHARLTON (* 1948) und ALAN GREEN (* 1932). F. AUERBACH, LUCIEN FREUD (* 1922) und LEON KOSSOF (* 1926) sind Vertreter einer expressiven, figurativen und pastosen Malerei.

Zur Erweiterung des Kunstbegriffs trug auch die englische Conceptart bei, v. a. die Gruppe →Art & Language, die philosophisch-linguistisch orientiert war. Auf dem Gebiet von Performance, Foto- und Videokunst machten BRUCE MCLEAN (* 1944), ferner LATHAM, STUART BRISLEY (* 1933), MARK BOYLE (* 1934), JOAN HILLS und GILBERT & GEORGE auf sich aufmerksam, auf dem Gebiet der Filmkunst JAMES COLLINS (* 1939), MALCOLM LE GRICE (* 1940), ANTHONY MCCALL (* 1946) und WILLIAM RABAN (* 1948). Mitte der 80er-Jahre entstand eine Kunstrichtung, die sich ausdrücklich auf die Pop-Art der 60er- und die Conceptart der 70er-Jahre beruft. Künstler wie TESSA ROBBINS (* 1965), PERRY ROBERTS (* 1954), SARAH LUCAS (* 1962), GERARD WILLIAMS (* 1959) nutzen in ihren Dingakkumulationen, Installationen und Objekten die Präsentationsformen der Warenwelt, um über grundlegende Formprobleme zu reflektieren. Mit skulpturalen Fragestellungen beschäftigen sich R. DEACON, J. OPIE und RACHEL WHITEREAD (* 1963). Künstler wie DAMIEN HIRST (* 1965) oder GARY HUME (* 1962) greifen Mechanismen der Medien auf, um existenzielle Probleme bewusst zu machen.

Fotografie: Im 20. Jh. wurde C. BEATON, Nachfolger von NORMAN PARKINSON (* 1913) als Hoffotograf des brit. Königshauses, mit Porträt- und Modeaufnahmen international bekannt, desgleichen D. HAMILTON mit lyrisch empfindsamen Mädchenfotografien und Akten sowie DAVID BAILEY (* 1938) mit Mode-, Akt- und Porträtaufnahmen.

⇨ *Fotografie · irische Kunst · moderne Architektur · moderne Kunst*

The Oxford history of English art, hg. v. T. S. R. BOASE, auf mehrere Bde. ber. (London 1949 ff.); N. PEVSNER: The buildings of England, auf mehrere Bde. ber. (Harmondsworth 1951 ff.); R. T. STOLL u. J. ROUBIER: Britannica Romanica. Die hohe Kunst der roman. Epoche in England, Schottland u. Irland (Wien 1966, Nachdr. ebd. 1977); R. MAXWELL: Neue engl. Architektur (a. d. Engl., 1972); J. SUNDERLAND: Painting in Britain 1525 to 1975 (Oxford 1976); D. L. A. FARR: English art, 1870–1940 (ebd. 1978); S. WILSON: British art. From Holbein to the present day (London 1979); Zwei Jh. Engl. Malerei, hg. v. B. ALLEN, Ausst.-Kat. (1979); M. F. KRAUSE: British drawings and watercolors, 1775–1925 (Indianapolis, Ind.,

1980); R. MARKS u. N. MORGAN: Engl. Buchmalerei der Gotik: 1200–1500 (a.d. Engl., 1980); S. WATNEY: English Post-Impressionism (London 1980); A. VON BUTTLAR: Der engl. Landsitz: 1715–1760 (1982); R. STRONG: Artists of the Tudor court. The portrait miniature rediscovered 1520–1620 (London 1983); English romanesque art 1066–1200, hg. v. G. ZARNECKI u.a. (ebd. 1984); R. CORK: Art beyond the gallery in early 20th century England (New Haven, Conn., 1985); W. GANUT: English painting. A concise history (Neuausg. London 1985); W. SCHÄFKE: Engl. Kathedralen (²1985); The Thames and Hudson encyclopedia of British art, hg. v. D. BINDMAN (New York 1985); B. DENVIR: The late Victorians. Art, design and society, 1852–1910 (London 1986); J. JACOB: Die Entwicklung der Pop-art in England ... (1986); L. F. SANDLER: Gothic manuscripts, 1285–1385, 2 Bde. (London 1986); F. SPALDING: British art since 1900 (New York 1986); Engl. Kunst im 20. Jh. Malerei u. Plastik, hg. v. S. COMPTON, Ausst.-Kat. Staatsgalerie Stuttgart (1987); Technique Anglaise. Current trends in British art, hg. v. A. RENTON (London 1991); Contemporary British architects, Beitrr. v. P. MURRAY u.a. (München 1994).

englische Literatur. Im umfassenden Sinn gilt e. L. als weltweit in engl. Sprache verfasste Literatur, i.e.S. als die Literatur Großbritanniens und Irlands, wobei allerdings heute die nat. bzw. regionale Eigenständigkeit englischsprachigen Schrifttums v.a. aus Irland, Schottland und Wales (auch unter Berücksichtigung der dortigen kelt. Komponenten) betont wird. Entsprechend der Gliederung der engl. Sprachgeschichte unterscheidet man zw. altengl. (7.–11. Jh.), mittelengl. (12.–15. Jh.) und neuengl. Literatur (seit dem 16. Jh., mit der Renaissance beginnend).

Altenglische Literatur

Die Landnahme Britanniens durch die Angeln, Sachsen und Jüten im 5. Jh. brachte mündlich überliefertes heidnisch-german. Sagen- und Dichtungsgut; davon zeugen Runeninschriften und später aufgezeichnete Merkverse sowie Segens-, Zauber- und Rätselsprüche. Die Christianisierung (ab 597) ließ in Canterbury und York geistige Zentren entstehen, auf die Gelehrte wie ALDHELM, BEDA und ALKUIN durch ihre lat. Schriften wirkten. Sie begünstigte auch die Hervorbringung und schriftl. Bewahrung volkssprachl. Versdichtung. Diese ist im Wesentlichen durch vier westsächs. Handschriften erst des späten 10. Jh. überliefert, dürfte aber auf ältere nordengl. Ursprünge zurückgehen. Sie weist durchweg den german. Stabreimvers und einen formelhaften, variationsreichen, bildhaft umschreibenden Stil auf. Das früheste erhaltene Beispiel ist der Schöpfungshymnus des northumbrischen Mönchs CAEDMON (†um 680). Aus demselben Umkreis dürften heroisierende Bibelparaphrasen stammen, die in späteren westsächs. Fassungen überliefert sind (›Genesis‹, ›Exodus‹, ›Daniel‹). Von weiteren Bibel- und Legendenepen, die christl. Gedanken in german. Vorstellungsformen vermitteln, lassen sich vier dem Dichter CYNEWULF (um 800?) zuschreiben. Umgekehrt verdankt das Heldenepos ›Beowulf‹ das einzige seiner Art aus dem altgerman. Bereich, erst der Kirche seine Existenz; die Formung german. Sagenstoffe zum Buchepos geschah unter Durchdringung mit christl. Vorstellungen und wohl auch in Anlehnung an die Vergiltradition. Erhalten sind auch zwei Bruchstücke eines Waltharius-Epos (›Waldere‹). Heldenlieder dagegen sind spärlich überliefert – ein Fragment des ›Finnsburgliedes‹, dem eine Episode des ›Beowulf‹ entspricht, sowie spätere Ereignislieder über die Schlachten von Brunanburh (937) und Maldon (991). Lyr. Gedichte haben einen eleg. Grundton (›The seafarer‹, ›The wanderer‹) oder knüpfen an die Merkversdichtung an (›Widsith‹).

Prosaliteratur größeren Umfangs wurde in der 2. Hälfte des 9. Jh. durch den westsächs. König ALFRED gefördert, der u.a. lat. Werke der Kirchenväter übersetzte und ›The Anglo-Saxon chronicle‹ redigieren ließ. Auch von OROSIUS' Weltchronik und von BEDAS ›Historia ecclesiastica gentis Anglorum‹ entstanden altenglische Versionen. Zum überlieferten Schriftgut gehören außerdem Übersetzungen und Interlinearversionen der Evangelien und des Psalters sowie Gesetzestexte. Im Gefolge der Benediktinerreform wurde im 10. Jh. Winchester zu einem Zentrum der Theologie, wo Bischof AETHELWOLD die Benediktinerregel übersetzte. In den Predigten ÆLFRICS und WULFSTANS bildete sich eine rhythmisierte Kunstprosa aus.

Mittelenglische Literatur

Nach der normann. Eroberung (1066) wurde das Englische als Literatursprache weitgehend durch das Französische der nun herrschenden Schicht verdrängt; die Sprache der Kirche und der Gelehrsamkeit blieb ohnehin das Latein. Im 12. Jh. entfaltete sich im Umkreis des anglonormann. Hofes bei Anwesenheit frz. Dichter ein reiches Geistesleben, aus dem neben höf. Lyrik und Versromanen die literarisch einflussreiche lat. Britenchronik des GEOFFREY OF MONMOUTH (›Historia regum Britanniae‹, 1137) hervorging. An der 1167 gegründeten Univ. Oxford, von der ausgehend 1209 die Univ. Cambridge entstand, wurden gelehrte, v.a. historiograph. Werke verfasst. Nur vereinzelte englischsprachige Texte wendeten sich an ein Laienpublikum. Chroniken, bes. die im Kloster Peterborough bis 1154 fortgeschriebene ›Anglo-Saxon chronicle‹, blieben am ehesten in der Kontinuität zur altengl. Literatur. Im frühen 13. Jh. fanden sich Nachklänge des Dichtungsstils der altengl. Zeit in LAYAMONS ›Brut‹ (um 1200) – trotz der frz. Vorlage (WACE) – und solche der altengl. Prosakunst in Heiligenlegenden der ›Katharinengruppe‹. Auch entstanden nun engl. Erbauungsschriften wie die Anchoritenregel (›Ancrene riwle‹, um 1200), Evangelienparaphrasen wie das wegen seiner orthograph. Systematik bemerkenswerte ›Orrmulum‹ (1. Hälfte des 13. Jh.) sowie Legendendichtungen, Streitgedichte und Lyrik. Der weltl. Unterhaltung dienten meist nach anglonormann. Vorbild geschriebene Verserzählungen (›Romanzen‹). Erst im 14. Jh., als sich ein starker einheim. Mittelstand herausgebildet hatte und sich das Englische, nun mit roman. Elementen vermischt, als Kultursprache wieder durchsetzte, kam es zu einer vielfältigen Blüte volkssprachl. Literatur. Die gereimten Versromanen, oft ›bürgerlicher‹ als auf dem Festland, wurden zahlreich; zu ihnen gehören kurze breton. Lais, Ritter- und Abenteuergeschichten sowie umfangreiche Artus-, Troja- und Alexanderromane. In Mittelengland wurde die Stabreimdichtung wieder belebt. Sie erreichte bes. in den Werken des anonymen Gawaindichters (u.a. ›Sir Gawain and the green knight‹, um 1375) erzähler. Brillanz. Für W. LANGLAND wurde sie in ›The vision of William concerning Piers the plowman‹ (drei Versionen, um 1370, um 1377/79, nach 1390, erster Druck 1550) zum Medium für die Vision vom Ackermann als irdischem Abbild des Erlösers, die für die Bauernaufstände des 14. Jh. als Manifest wirkte. Soziale Unruhe spiegelt sich auch in der Kampflyrik, u.a. von L. MINOT. Religiöse Prosa kam einerseits von den späten Nachfahren der europäischen myst. Bewegung wie R. ROLLE, W. HILTON und MARGERY KEMPE, andererseits in ungekünstelt kräftigen Predigten und Flugschriften der Lollarden um J. WYCLIFFE, der auch erstmals die gesamte Bibel übersetzte. Im SO verschaffte G. CHAUCER, der bedeutendste mittelengl. Dichter, der Sprache Londons literar. Geltung, in der er zunächst nach frz. und ital. Modellen dichtete, um dann in ›The Canterbury tales‹ (begonnen um 1387, gedruckt um 1478) mit Wirklichkeitssinn und Humor eine Vielfalt mittelalterl. Erzählarten den genau beobachteten Vertretern der versch. Stände zuzuordnen, die der Prolog charakterisiert. J. GOWER stellte dem in der ›Confessio amantis‹ (entstanden um 1390) eine vom allegor. Rahmen zusammengehaltene engl. Geschichtensammlung an die Seite und bezeugte durch seine übrigen lat. bzw. frz. geschriebenen Werke die verbliebene Bedeutung aller drei Sprachen.

An CHAUCERS Dichtkunst orientierten sich führende Autoren des 15. Jh. in oft lehrhaften, moralisierenden Werken, bes. J. LYDGATE, der in ›The fall of princes‹ (entstanden 1431–38, gedruckt 1494) G. BOCCACCIOS Modell vom Sturz berühmter Persönlichkeiten weiterführte; ferner T. OCCLEVE und S. HAWES. In Schottland setzten R. HENRYSON, W. DUNBAR und D. LYNDSAY die Tradition CHAUCERS eigenständig fort. Zugleich erweiterte sich der soziale Rahmen der Literaturrezeption, begünstigt von der Einführung des Buchdrucks (1476) durch W. CAXTON. In Prosa umgeformte Stoffe früherer Versromanzen wurden gesammelt und verbreitet, bes. nachhaltig durch T. MALORYS Aufarbeitung der Artussagen in ›Le morte Darthur‹ (entstanden um 1460–70, gedruckt 1485). Auch zahlr. Volksballaden, z. B. über ROBIN HOOD, dürften im 15. Jh. ihren Ursprung haben. – Das mittelalterl. Drama ging aus liturg. Anfängen im 12. Jh. hervor und umfasste Ende des 14. Jh. v. a. heilsgeschichtl. Zyklen bibl. Mysterienspiele (Fronleichnamsspiele), die in den Städten bis ins 16. Jh. auf den Straßen aufgeführt wurde, ausgerichtet von den Handwerkerzünften, überwacht durch die Kirche.

Renaissance

Der Beginn der neuengl. Literatur fällt im Wesentlichen mit der Herrschaft des Hauses Tudor (1485) und dem Ende der spätmittelalterl. Machtkämpfe (Rosenkriege) zusammen. Sie wird meist in folgende Epochen eingeteilt: Renaissance (v. a. das 16. Jh., wobei die Gattung Drama meist noch bis 1642 dieser Epoche zugerechnet wird), Puritanismus und Restauration (v. a. das 17. Jh.), Klassizismus und Aufklärung (18. Jh.), Romantik (1798 bis um 1830), Viktorian. Ära (um 1830–1900) und 20. Jh. (mit einem Einschnitt um 1950). Die Ideen der Renaissance setzten sich in England gegenüber den mittelalterl. Denkweisen nur zögernd durch und gingen mit diesen vielfältige Synthesen ein. Für den Humanismus wirkten außer dem vom Florentiner Neuplatonismus beeinflussten J. COLET v. a. ERASMUS VON ROTTERDAM, der zeitweilig in England lebte, und T. MORE, der im öffentl. Leben stand und in ›Utopia‹ (lat. 1516, engl. 1551) das Konzept eines vernünftigen und demokrat. Idealstaates entwarf, sowie eine Gelehrtengruppe in Cambridge, der J. CHEKE Impulse gab. T. ELYOT und R. ASCHAM plädierten für humanist. Erziehung, wobei christl. und patriot. Züge stärker hervortraten als bei B. CASTIGLIONE, ihrem ital. Vorbild. Der Pädagoge R. MULCASTER setzte humanist. Prinzipien an seiner Schule um und rechtfertigte den Gebrauch der Landessprache gegenüber dem Latein. Die klass. Rhetorik wurde, u. a. von T. WILSON, als Stilprinzip auch für die engl. Sprache empfohlen.

Auch die *Reformation* erhielt, trotz des von HEINRICH VIII. vollzogenen Bruchs mit der kath. Kirche, erst allmählich ihr geistiges Fundament. In Schottland setzte sich J. KNOX im kalvinist. Sinn für sie ein; in England verfasste R. HOOKER die theolog. Rechtfertigung der anglikan. Kirche. W. TYNDALE begann das sprachprägende Werk der neuengl. Bibelübersetzung, das M. COVERDALE weiterführte und das, nach weiteren (kollektiven) Bibelübersetzungen, in der von da an maßgebl. ›Authorized version‹ (1611) seinen Höhepunkt fand. Insgesamt wurde im 16. Jh. vieles an fremder (antiker wie zeitgenössischer ital., frz. und span.) Literatur ins Englische übersetzt. Zudem wurde seit Beginn der Tudorzeit eine nat. Geschichtsschreibung

betrieben; aus ihr gingen u. a. die viel gelesenen Chroniken von E. HALL und R. HOLINSHED hervor.

Die Dichtung um 1500 rang, bedingt durch den Lautwandel des 15. Jh., um eine dem veränderten Sprachstand gemäße Verskunst. Charakteristisch für diese Zeit des Übergangs sind A. BARCLAY, dessen Eklogen und die Bearbeitung von S. BRANTS ›Narrenschiff‹ Träger der Zeitkritik sind, und J. SKELTON, der in derben Knittelverstiraden voll moral. und polit. Satire u. a. gezielt den Hof und die Regentschaft des Kardinals T. WOLSEY angriff. T. WYATT und H. HOWARD, Earl OF SURREY, dichteten Lyrik und führten nach ital. Vorbild (F. PETRARCA) das Sonett ein; Letzterer verwendete zudem in einer Vergilübersetzung erstmals den Blankvers, der bald zum vorherrschenden Metrum des Dramas werden sollte.

Das *Elisabethanische Zeitalter* (1558–1603), eine Periode des erstarkenden nat. Selbstbewusstseins, wirtschaftl. Aufschwungs und zunehmender sozialer Mobilität, ist ein Höhepunkt in der Geschichte der e. L. Nun wurde lyr. Dichtung, die zuvor handschriftlich in aristokrat. Kreisen zirkuliert hatte, in Sammlungen verbreitet (zuerst in ›Tottel's Miscellany‹, hg. v. R. TOTTEL und N. GRIMALD, 1557). Die Lieddichtung orientierte sich auch an einer aufblühenden Musikkultur und wurde um deren Formen (wie Air oder Madrigal) bereichert; T. CAMPION komponierte die Musik zu seinen eigenen Texten. Bes. das Sonett war Medium neuplatonisch inspirierter idealist. Liebesdichtung. Sonettzyklen wurden Mode; dem ersten, Sir P. SIDNEYS ›Astrophel and Stella‹ (hg. 1591), folgten weitere von E. SPENSER, M. DRAYTON, S. DANIEL, SHAKESPEARE u. a. Die Gattung des Kurzepos wurde zur Gestaltung von Mythen der Ovidtradition neu belebt, u. a. von T. LODGE, C. MARLOWE und SHAKESPEARE. SPENSER zog in dem Eklogenzyklus ›The shepheardes calender‹ (1579) die Schäferdichtung in den engl. Erfahrungsbereich, und sein großes, unvollendetes Epos ›The faerie queene‹ (1590–96) harmonisierte Traditionen der Vergilrezeption, der ital. Renaissance-Epik und der mittelalterl. Allegorie zur sinnfälligen Darbietung einer die moral. Ordnung auslotenden Fantasiewelt. SIDNEY, der mit seiner Streitschrift ›The defence of poesie‹ (hg. 1595, Zweitausg. ebenfalls 1595 u. d. T. ›An apologie for poetrie‹) in die aufblende dichtungstheoret. Diskussion eingriff und dem Dichter die Funktion des ersten Gesetzgebers der Welt zuwies, versuchte in dem pastoralen Roman ›Arcadia‹ (begonnen um 1580), bes. in dessen unvollendeter Zweitfassung (hg. 1590), ein Prosaepos zu schreiben. Hierbei und noch mehr in J. LYLYS ›Euphues. The anatomy of wit‹ (1578) wurde die Erzählprosa durch ausgreifende Ornamentierung und ausgeklügelte Satzkonstruktionen manieristisch gestaltet. Diese ›euphuist.‹ Stilmode herrschte auch in den zahlreichen Prosaromanzen von R. GREENE, T. LODGE u. a. vor. Eine z. T. kernigere Prosa findet sich in Schelmenromanen (T. NASHE), Kleinbürgererzählungen (T. DELONEY), Schwankbüchern, Prosasatiren (T. DEKKER) und einer üppigen Pamphletliteratur.

In der Dramatik setzten seit dem frühen 16. Jh. Wandertruppenaufführungen von Interludien die Tradition allegor. Moralitäten fort, wobei die Themen verweltlicht wurden. Daneben trat ab Mitte des 16. Jh. in akadem. Kreisen, bes. den Londoner Juristenakademien (›inns of court‹), die Nachahmung und Anverwandlung klass. Formen sowohl der Komödie nach TERENZ und PLAUTUS (zuerst in N. UDALLS Drama ›Ralph Roister Doister‹, entstanden um 1553, gedruckt 1566–67) als auch der Tragödie nach SENECA D. J. (zuerst in ›Gorboduc‹, 1565, von T. SACKVILLE und T. NORTON). Ab 1576 begünstigte die Errichtung fester Theater in London, zusammen mit dem Aufstreben professioneller, durch Adelspatronate geschützter Schauspielertruppen, das Entstehen einer öffentl. Theaterkultur, deren Spektrum zudem durch Knabentruppen der Chorschulen bereichert wurde. Gebildete Autoren schrieben für sie bühnengerechte Stücke, so u. a. T. KYD leidenschaftl. Tragödien, J. LYLY höf. Komödien, G. PEELE, R. GREENE und A. MUNDAY romaneske und fantast. Dramen, T. HEYWOOD auch bürgerl. Trauerspiele; C. MARLOWE schuf in Blankversen Tragödien von titanenhaften Renaissancemenschen. Aus diesem Umfeld ging das dramat. Werk von SHAKESPEARE hervor, der mit außerordentl. Vielseitigkeit aus den verschiedensten Anregungen sinnstiftend heitere und später auch bittere Komödien, nat. Geschichtsdramen und tiefgründige Tragödien gestaltete, die dank ihrer Sprachgewalt, Charaktergestaltung und offenen Dramaturgie wie die keines anderen neuzeitl. Dramatikers weitergewirkt haben (→elisabethanisches Drama). B. JONSON, dessen Tragödien mehr Gelehrsamkeit entfalteten, gab der satir. Komödie durch die physiologisch begründete Typisierung degenerierter Figuren gültige Gestalt (›Comedy of Humours‹). F. BEAUMONT und J. FLETCHER machten mit G. B. GUARINIS ital. Vorbild die Tragikomödie populär. Zu den Dramatikern, die die Theater bis zu deren von den Puritanern betriebener Schließung (1642) mit Stücken belieferten, gehörten weiterhin G. CHAPMAN, M. MARSTON, J. WEBSTER, alle u. a. mit Blut- und Rachetragödien, T. DEKKER u. a. mit volkstüml. Komödien, T. MIDDLETON mit distanzierten Komödien und Schicksalstragödien, P. MASSINGER u. a. mit moralisierenden Liebeskomödien, ferner C. TOURNEUR, J. FORD und J. SHIRLEY. Aufwendiger wurden bei Hof Maskenspiele inszeniert, für die einige dieser Autoren Texte schrieben und für die ab 1605 I. JONES seine italienisch geschulte Ausstattungskunst einsetzte.

Puritanismus und Restauration

Puritanismus: Im 17. Jh. kündete sich schon zur Herrschaftszeit des Stuartkönigs JAKOB I. (1603–25) eine Wende zur empir. Wirklichkeits- und Wissenschaftsauffassung an, der F. BACON, T. HOBBES und später J. LOCKE philosophisch den Boden bereiteten und deren offizielles Ergebnis 1660 die Gründung der Wissenschaftsakademie (Royal Society) war. Zugleich wuchs der eth. und polit. Widerstand der Puritaner gegen den Absolutismus der Stuartmonarchie; dies führte zum Bürgerkrieg und zum republikan. Regiment mit O. CROMWELL als Lordkanzler (1653–58). Die vielfältigen Gegensätze dieser Zeit reflektierte eine spannungsreiche Literatur, in der das Fantastische und die idealist. Ordnungskonzepte zugunsten konkreter Welterfahrung und religiöser Introspektion zurücktraten.

In der Lyrik setzte schon um 1600 ein Stilwandel ein. Aus ihm ging einerseits die Gegensätzliches argumentativ aufeinander beziehende, durch Überlagerung von weltl. und geistl. Bildhaftigkeit gekennzeichnete ›Metaphysical Poetry‹ mit den Hauptvertretern J. DONNE, G. HERBERT, R. CRASHAW, H. VAUGHAN und A. MARVELL hervor, andererseits die an antiker Dichtung orientierte anakreont., elegante und wendige ›Cavalier Poetry‹, zu der – im Gefolge von B. JONSON – R. HERRICK, T. CAREW, R. LOVELACE u. a. beitrugen. Zudem erneuerte A. COWLEY die pindar. Ode im schon klassizist. Sinn.

Das Epos galt zwar weiterhin als die höchste Dichtungsgattung und blieb dem Vorbild SPENSERS verpflichtet, verlor jedoch die imaginative Dimension der Renaissance-Epik und gestaltete konkrete Inhalte – etwa geschichtliche (S. DANIEL), geographische (M. DRAYTON) oder anthropologische (P. FLETCHER). Die epische Dichtung brachte allein auf der Grundlage des religiösen Mythos Werke der Weltliteratur

hervor, v. a. J. MILTONS ›Paradise lost‹ (1667, erw. 1674), das die Renaissancevorstellung des göttl. Weltbilds zusammenfasste, freilich im Zeichen seiner Bedrohung durch den Geist der Revolte.

Die reichhaltige Prosaliteratur des 17. Jh. ist ausschließlich wiss., religiöser und polem. Natur; sie zeitigte beachtl. umfangreiche Abhandlungen (R. BURTON) ebenso wie Charakterskizzen nach Art des THEOPHRAST (J. HALL, T. OVERBURY, J. EARLE). Stilistisch wurde sie mitunter barock ausgestaltet, so bei T. BROWNE und den zeit den (anglikan.) Predigtsammlungen von J. DONNE, J. TAYLOR u. a. Demgegenüber wahrten Erbauungsbücher der Puritaner (z. B. R. BAXTER) einen schlichteren Ton; aus ihnen ragen die Schriften von J. BUNYAN heraus, dessen Werk ›The pilgrim's progress‹ (1678–84) allegor. Belehrung durch realist. Erfahrungsbeschreibung verlebendigte.

Restauration: Nach dem Ende der Cromwell-Republik und der Rückkehr der Stuarts aus dem frz. Exil (1660) wurde der Puritanismus, obgleich tief in bürgerl. Kultur verwurzelt, auch Zielscheibe des Spottes, bes. in S. BUTLERS satir. Epos ›Hudibras‹ (1663–78). Nun prägte der Einfluss des Hofes und des frz. Geisteslebens ein elitäreres Literaturverständnis, das einen krit. Wortführer in J. DRYDEN hatte, der mit einer um Klarheit der Sprache bemühten Dichtung die Schicht der Gebildeten erreichte. Die schöpfer. Nachahmung klass. Vorbilder wurde zum Dichtungsprinzip und zeitigte eine Kultur des Übersetzens und Adaptierens antiker Werke. Die Verssatire und ihre Kunst des verhüllten Eingreifens in die polit. Auseinandersetzung fand in DRYDEN ihren brillanten Meister; als Metrum diente das fortan vorherrschende jamb., fünfhebige Reimpaar (›heroic couplet‹). Die Dramatik wurde durch die Lizenzierung zweier Londoner Theater neu belebt, die anders als die elisabethanischen, mit Rampenbühne und Kulissen ausgestattet waren. Eines davon leitete W. DAVENANT, der bereits den Typus der dramatischen engl. Oper kreiert hatte und nun zur Welle der heroischen Tragödien mit ihren Konflikten um Liebe und Ehre beitrug, die von DRYDEN, R. BOYLE, E. SETTLE u. a. fortgesetzt und dann durch die am frz. Klassizismus geschulten Tragödien von T. OTWAY, N. LEE, J. BANKS, N. ROWE, J. ADDISON u. a. abgelöst wurde. Auch Dramen von SHAKESPEARE wurden dementsprechend bearbeitet. Einen krassen Gegensatz dazu bildeten die nicht weniger zahlreichen geistreich-frivolen Sittenkomödien (›Comedies of Manners‹), ebenfalls von DRYDEN sowie von G. ETHEREGE, W. WYCHERLEY, T. SHADWELL, APHRA BEHN u. a., später (ab etwa 1690) auch von T. SOUTHERNE, J. VANBRUGH, W. CONGREVE, G. FARQUHAR, SUSANNA CENTILIVRE (* 1669, † 1723) u. a. Das hier entgegentretende Epikuräertum prägt auch die privaten Tagebuchaufzeichnungen des S. PEPYS, eines der lebendigsten Dokumente des bürgerl. Lebens jener Zeit.

Klassizismus und Aufklärung

Zu Beginn des 18. Jh., nach der ›Glorreichen Revolution‹ (1688), die den Parlamentarismus festigte, setzten sich die klassizist. Strömungen im Zeichen des Rationalismus fort, des Glaubens an eine den Menschen gemeinsame und darum normstiftende Vernunft, wie er der empirist. Philosophie G. BERKELEYS und D. HUMES sowie der Ethik SHAFTESBURYS zugrunde liegt. Die Dichtung sah nicht in Gefühlen, sondern in Naturgesetzlichkeiten ihren Gegenstand; sie strebte nach Klarheit des Stils und Gewähltheit des Ausdrucks. Im Werk von A. POPE, dem Hauptexponenten des engl. Klassizismus (›Augustan Age‹), dominieren demgemäß das Lehrgedicht und die Satire neben der viel beachteten Übertragung des HOMER. Allerdings tendierte die Poesie, v. a. in den kom. Epen POPES oder J. GAYS, auch zur Ausuferung in rokokohafte Verspieltheit. Gleichsam ihre Zusammenfassung fanden die klassizist. Bestrebungen im Werk von S. JOHNSON, von dem auch das bis dahin umfassendste und normstiftende engl. Wörterbuch stammt; JOHNSONS Einfluss reflektiert J. BOSWELLS mustergültige Biographie.

Die Dramatik nahm in den Komödien von R. STEELE und in den bürgerl. Trauerspielen von G. LILLO (›The London merchant ...‹, 1731) sentimentale Züge an; diesen wurde jedoch – so in den Gesellschaftskomödien von O. GOLDSMITH und bes. R. B. SHERIDAN – mit ausgeprägtem, z. T. auch burleskem Humor begegnet, wie schon in J. GAYS ›The beggar's opera‹ (1728) und dann in zahlreichen, oft von Schauspielern (z. B. D. GARRICK) verfassten Kurzdramen (›afterpieces‹).

Die Prosa erhielt Anregungen von einer neuen Konversationskultur und vom (auch in den Dienst polit. Parteienstreits gezogenen) Journalismus. Ihr literar. Niveau steigerte sich von den essayist. Plaudereien period. Zeitschriften, wie den von STEELE, z. T. zusammen mit J. ADDISON, herausgegebenen ersten moral. Wochenschriften ›The Tatler‹ (1709–11) und ›The Spectator‹ (1711–12 und 1714) u. a., über die fiktiven Reise- und Tatsachenschilderungen von D. DEFOE (›Robinson Crusoe‹, 1719–20) und die satir. Prosa von J. SWIFT (›Gulliver's travels‹, 1726) bis zum Aufkommen des bürgerl. Romans um die Mitte des 18. Jh. bei S. RICHARDSON. Dessen sentimentale Briefromane wirkten nachhaltig auf die literar. Geschmacksbildung. Ihnen stellte H. FIELDING eine auktoriale, realist. und komisch-enthüllende Erzählweise entgegen und knüpfte hierbei, ebenso wie T. SMOLLETT, an Traditionen des (pikaresken) Schelmenromans an. O. GOLDSMITH wählte demgegenüber, im Roman wie in den Gedichten, einen eher idyll. Ton. Die damit eingeführte Romanform wurde sogleich von L. STERNE mit kühnen Formexperimenten durchbrochen (›Tristram Shandy‹, 1760–67). Als Gegenströmung kam zudem im späteren 18. Jh. die den Bereich des Fantastischen wieder belebende Welle der Schauerromane (Gothic Novels) auf, die H. WALPOLE eröffnete; zu ihr trugen ANN RADCLIFFE, W. BECKFORD, M. G. LEWIS u. a. reichlich bei; sie bereiteten eine romant. Vorstellungswelt vor, die bis ins frühe 19. Jh. anhielt, als MARY WOLLSTONECRAFT SHELLEY in ›Frankenstein, or the modern Prometheus‹ (1818) naturwiss. Fantasien und C. R. MATURIN das Faustthema einbezogen. Abseits der Mode des Schauerromans, diese mitunter auch parodierend, stehen die ironisierenden Gesellschaftsromane von FANNY BURNEY, der Irin MARIA EDGEWORTH und v. a. die der feinsinnigen JANE AUSTEN mit ihren sprachlich subtilen Dialogen und differenzierten Charakterzeichnungen.

In der Lyrik bahnte sich ab Mitte des 18. Jh. eine Hinwendung zum emotionalen Naturerleben, zu mittelalterl. Inspirationsquellen und zu einer die Originalität des Genies betonenden Dichtungsauffassung an, so im Jahreszeitenzyklus von J. THOMSON, in der Nacht- und Friedhofslyrik von E. YOUNG, T. GRAY u. a., in den Naturgedichten von T. CHATTERTON oder in der Gefühlsdichtung von W. COWPER. Eine ›kelt. Renaissance‹ suchte die altkelt. Dichtung zu beleben: J. MACPHERSON veröffentlichte die Ossian. Gesänge, deren schott. Mythen leidenschaftl. Empfinden auslösten; T. PERCY sammelte alte schottisch-engl. Balladen. R. BURNS schrieb volksnahe schott. Lyrik, z. B. das berühmte Volkslied ›Auld lang syne‹.

Romantik

Die Romantik selbst, die als gesamteurop. Bewegung den engl. Wegbereitern Anregungen verdankt, suchte, gegen die vernunftbetonte und normative Weltsicht des Klassizismus, den Zugang zu Erkenntnis und Wesensschau durch die auch theoretisch neu begründete Kraft der Imagination. Die Dichtung artikulierte das hingebende Naturerleben, die Kindheitserinnerung, das subjektive Empfinden, die imaginativ-schöpfer. Annäherung an die von der Zivilisation verdeckte eigentl. Wirklichkeit; zündend wirkten dabei die (u. a. von W. GODWIN vermittelten) Ideen der Frz. Revolution. Ein revolutionäres Element beherrscht die visionären Dichtungen von W. BLAKE. Die ›Lyrical ballads‹ (1798, erweitert 1800) von W. WORDSWORTH und S. T. COLERIDGE, die mit R. SOUTHEY zur ›Lake-School‹ gehörten, und die bedeutende Vorrede dazu wurden zum Manifest der neuen organ. Dichtungsauffassung, die in weiteren theoret. Schriften philosophisch vertieft und bes. in hymn. Oden und Verserzählungen prophetisch und Mythen schöpfend verwirklicht wurde. Zum Schaffen einer jüngeren Romantikergeneration gehören die melodiösen Idyllen und Lieder des Iren T. MOORE, die idealistisch aufbegehrende Dichtung von P. B. SHELLEY, die sensibel ästhetizistische von J. KEATS sowie die mit ironisch-skept. Gestus weltschmerzliche von LORD BYRON. Die von diesen Autoren ebenfalls geschaffenen lyr. Dramen blieben bühnenfern, ungeachtet der neu erwachten Begeisterung für SHAKESPEARE. Der zunächst durch Balladen und Verserzählungen bekannt gewordene schott. Dichter Sir W. SCOTT begründete die Gattung des histor. Romans, deren Muster bis ins 20. Jh. in Europa vorbildlich blieb. C. LAMB, W. HAZLITT, T. DE QUINCEY u. a. vervollkommneten die Kunstprosa des Essays.

Viktorianisches Zeitalter

Im Zeitalter Königin VIKTORIAS (1837–1901), der Zeit der Industrialisierung, der sozialen Krisen und Reformen und des mittelständ. ›Philistertums‹, kennzeichneten den geistesgeschichtl. Hintergrund einerseits ein utilitarist. Optimismus (J. BENTHAM, J. S. MILL, D. RICARDO u. a.) und Fortschrittsdogmen (C. R. DARWIN, H. SPENCER u. a.), andererseits zivilisationsskept. und idealist. Strömungen. Letztere finden sich etwa in der Kulturkritik von T. CARLYLE, in der Geschichtsschreibung von T. B. MACAULAY und J. A. FROUDE, in der Kunstkritik und den volkswirtschaftl. Ideen von J. RUSKIN, in der Literaturkritik des Dichters M. ARNOLD und in der religiösen Oxfordbewegung des Kardinals J. H. NEWMAN.

In der Versdichtung knüpfte A. Lord TENNYSONS Wortkunst an die Romantik an; R. BROWNING schuf in kühner ornamentierter Stilart psychologisch tiefgründige dramat. Monologe. Auch soziales Bewusstsein artikulierte die Lyrik, etwa bei T. HOOD oder ELIZABETH BARRETT BROWNING. Aus der antiakadem. Malergruppe der Präraffaeliten kamen D. G. ROSSETTIS sinnlich-detailgenaue, mystisch-visionäre Gedichte; aus dieser Richtung beeinflusst sind auch die Dichtung des engagierten Kunsthandwerkers W. MORRIS und die melod., hedonistisch-erot. Lyrik von A. C. SWINBURNE. Spannungen zwischen Glauben und Zweifel vermittelte die religiöse Dichtung von F. THOMPSON, R. S. BRIDGES und bes. die von G. M. HOPKINS, deren Ausdrucksstärke schon auf die Moderne vorausweist.

Die umfassendste Leistung der viktorian. Literatur aber liegt auf dem Gebiet des realist. Romans, der sich in besonderem Maße der sozialen Probleme der Zeit annahm. C. DICKENS zeichnete humorvolle und krit. Bilder vom Leben der Londoner Mittel- und Unterschicht, die sich in seinen späteren Werken auch ins Groteske und Symbolhafte steigern; W. M. THACKERAY entwarf ironisch reflektierte Gesellschaftspanoramen; A. TROLLOPE behandelte Themen aus Kleinstadt und Politik. Die Schwestern CHARLOTTE, EMILY

JANE und ANNE BRONTË eröffneten, romantische Elemente aufnehmend, die Reihe bedeutender engl. Frauenromane. B. DISRAELI, ELIZABETH C. GASKELL, C. KINGSLEY und C. READE schilderten soziale Nöte der Industriearbeiterschaft. GEORGE ELIOT spürte mit intellektuellem und psycholog. Scharfblick die Verflechtungen menschlicher Schicksale auf und führte, bes. in ›Middlemarch‹ (1871–72), die realist. Romankunst zu einem Höhepunkt. G. MEREDITH gab komödienhafte Deutungen der vom wiss. Fortschritt bestimmten Welt. Den histor. Roman führten E. G. E. BULWER-LYTTON und W. H. AINSWORTH weiter; auch THACKERAY, DICKENS, GEORGE ELIOT u. a. versuchten sich an ihm. W. COLLINS entwickelte in der Nachfolge von DICKENS den Detektivroman, den später die Sherlock-Holmes-Geschichten A. C. DOYLES popularisierten. Durch R. L. STEVENSON (›Treasure Island‹, 1883) wurde der Abenteuerroman berühmt. Das Element des Skurrilen, schon durch die Nonsensverse von E. LEAR bekannt, teilte sich in den Fantasiegeschichten L. CARROLLS mit (›Alice's adventures in wonderland‹, 1865). – Gegen Ende des 19. Jh. und bes. in der Unruhe des Fin de Siècle kündete sich der Aufbruch zur Moderne an: in den düsteren Schicksalsromanen von T. HARDY, im schonungslosen Naturalismus der Romane von G. R. GISSING, in S. BUTLERS Attacken wider die Scheinmoral, in den Wissenschaftsfantasien von H. G. WELLS, im von W. H. PATER vorbereiteten Ästhetizismus der Erzählungen und Dramen von O. WILDE, in den Essays und Parodien von M. BEERBOHM, im literar. Journalismus des ›Yellow Book‹, aber auch in den expressionist. Naturschilderungen und Romanen R. KIPLINGS.

Die Dramatik, die im 19. Jh. weitgehend zum farcenhaften oder melodramat. Unterhaltungsspektakel geworden war, gewann nach T. W. ROBERTSONS Ansätzen einer realist. Dramaturgie unter dem Einfluss H. IBSENS durch H. A. JONES, A. W. PINERO und bes. durch die sozialkrit. Dialektik der Stücke von G. B. SHAW wieder literar. Gewicht. In Irland ging im Zusammenhang mit der ›irisch-kelt. Renaissance‹ aus der von W. B. YEATS, Lady ISABELLA AUGUSTA GREGORY und J. M. SYNGE getragenen nat. Theaterbewegung (1904 Gründung des ›Abbey Theatre‹ in Dublin) eine Erneuerung poet. Dramatik hervor.

20. Jahrhundert

Bis 1950: In der Zeit EDUARDS VII. und verstärkt unter der Desillusion durch den Ersten Weltkrieg schwanden der Optimismus und die Tabus der Viktorian. Ära. Konkurrierende, teils avantgardist., teils konservative literar. Stilrichtungen lösten einander nun rascher ab. Für die Lyrik blieb W. B. YEATS' mythisch-symbol. Dichtung bedeutsam. Neuorientierungen brachten die traditionsbewussten Vertreter der ›Georgian Poetry‹ wie R. C. BROOKE, W. J. DE LA MARE, J. MASEFIELD, E. C. BLUNDEN u. a., von denen manche, wie auch S. L. SASSOON und W. E. S. OWEN, das Kriegserlebnis im pazifist. Sinn verarbeiteten; sodann der auf kühle Präzision bedachte, von T. E. HULME begründete ›Imagismus‹, dem auch amerikan. Dichter wie E. POUND und HILDA DOOLITTLE angehörten, ferner der extravagant schockierende Kreis um EDITH SITWELL. Bes. nachhaltig wirkte T. S. ELIOT, dessen Werk ›The waste land‹ (1922) als Emotionen und Intellekt verschmelzende Seelenschilderung des Zeitalters zum Bezugspunkt moderner Dichtung wurde. In den 30er-Jahren bekannten sich W. H. AUDEN, C. DAY-LEWIS und S. SPENDER zu einer politisch engagierten Lyrik. E. MUIR schöpfte aus schott. Traditionen, und H. MACDIARMID bewirkte in mundartl. Kunstsprache eine ›schott. Renaissance‹. Der Wortrausch des Walisers D. THOMAS entsprang einer neuromant. Veranlagung. Den Dichtungsprozess begleitete, bes. seit den 30er-Jahren, eine z. T. kulturkritisch verankerte, die Ambivalenzen der Texte rationalisierende Literaturkritik (T. S. ELIOT, I. A. RICHARDS, F. R. LEAVIS, W. EMPSON u. a.).

Am produktivsten blieben indes die Romanautoren, die mitunter zur naturalist. Milieuschilderung tendierten, so G. MOORE und A. BENNETT, abgeschwächt J. GALSWORTHY, W. S. MAUGHAM und J. B. PRIESTLEY. Der Aussage nach am radikalsten war D. H. LAWRENCES Bloßlegung der vitalen Kräfte des Trieblebens, die er den Einengungen durch Intellekt und konventionelle Moral gegenüberstellte. Erzählkünstler. Innovationen hingegen bewirkte die Konzentration auf Eindrücke und Bewusstseinsvorgänge der Romanpersonen, wie sie, angeregt von H. JAMES, J. CONRADS symbol. Seeromane mitformte und von VIRGINIA WOOLF zur Erzähltechnik des ›Stream of Consciousness‹ verfeinert wurde. Bei J. JOYCE (›Ulysses‹, 1922) wurde die Widerspiegelung der Welt im Bewusstsein des Einzelnen zum modernen Epos. Beachtung fanden des Weiteren die dialog. Romane von IVY COMPTON-BURNETT, die histor. von R. GRAVES, die kulturkrit. von ROSE MACAULAY, A. HUXLEY, E. WAUGH, G. ORWELL und C. P. SNOW, die Schilderungen interkultureller Begegnung von E. M. FORSTER, die spannend erzählten Auslotungen religiöser Erfahrung von G. GREENE und B. MARSHALL, die Darstellung existenzieller Verlorenheit durch M. LOWRY. Der Detektivroman hatte in DOROTHY L. SAYERS und AGATHA CHRISTIE virtuose engl. Autorinnen. Aus Irland kam, auch in Kurzgeschichten, eine nationalbewusste Fabulierkunst (S. O'FAOLAIN, F. O'CONNOR, L. O'FLAHERTY, M. LAVIN).

Die Dramatik tendierte am Anfang des 20. Jh. zum sozialkrit. Realismus (H. GRANVILLE-BARKER, J. GALSWORTHY, W. S. MAUGHAM u. a.) mit gelegentl. Ausflügen ins Fantastische (wie im ›Peter Pan‹, 1904, des Schotten J. M. BARRIE). Doch zunehmend dominierten auf den Bühnen die trivialen, farcenhaften, wohl konstruierten Salonkomödien, mit denen bes. B. TRAVERS und N. COWARD brillierten. G. B. SHAWS nach 1900 entstandene Stücke verkündeten eine vitalist. Evolutionsphilosophie. J. DRINKWATER erneuerte das histor. Drama. Formale Neuansätze kamen aus Irland, bes. von S. O'CASEY, der mit Revolutionsstücken begann, oder von D. JOHNSTON, der den Expressionismus aufgriff. In England experimentierte J. B. PRIESTLEY mit der dramat. Zeitstruktur. Zeithaltiger blieb der von T. S. ELIOT sowie W. H. AUDEN und C. ISHERWOOD initiierte Erneuerung des Versdramas, das bis in die 50er-Jahre Vertreter fand (C. FRY, N. NICOLSON, ANNE RIDLER).

Seit 1950: Das Missbehagen am gesellschaftl. Konformismus angesichts unbewältigter und neuer Probleme der Nachkriegszeit äußerte sich bei der damals jüngeren Generation unter Zurückweisung erschöpfter Möglichkeiten der modernen Literatur in Gesten des Protests, die in den 60er-Jahren sich teils ideologisch aufluden, teils ins subjektive Registrieren von Prozessen der Orientierungs- und Identitätssuche mündeten. Am offensichtlichsten dokumentiert dies das ›New English Drama‹, v. a. J. OSBORNES Stück ›Look back in anger‹ (1957), das die Protestpose der ›Angry young men‹ publik machte; es folgten engagierte, teils realist., teils symbolhafte Dramen von A. WESKER, J. ARDEN, SHELAGH DELANEY u. a. Zugleich wurde die Dramatik des Absurden von E. IONESCO und S. BECKETT surrealistisch aufgenommen, bes. in H. PINTERS Dramen über zwischenmenschl. Machtkämpfe, ferner von N. F. SIMPSON, ANN JELLICOE u. a. Überdies gab die Aufhebung der staatl. Theaterzensur in Großbritannien (1968) den Weg für eine Enttabuisierung und aggressive Politisierung frei. Letzteren verfolgen E. BOND, der in schockierenden

Bildern gesellschaftl. und polit. Machtstrukturen verdeutlicht und Antworten darauf zu geben versucht, sowie C. WOOD, P. BARNES, H. WILLIAMS, H. BRENTON, J. MCGRATH, D. EDGAR, CARYL CHURCHILL (*1938) u.a. Psychologisch analysierte Identitätskrisen, Neurosen und Selbstverwirklichungsversuche inszenieren P. SHAFFER, D. MERCER, D. M. STOREY, S. GRAY und C. HAMPTON. Auch dient das Illusionsspiel mit parodierten und überraschend kombinierten literar. und dramaturg. Vorbildern und Konventionen – nicht zuletzt mit der bes. von A. AYCKBOURN erneuerten Farce – der Bewusstmachung der Grenzen menschl. Erkennens. Auf diesem Wege erzeugte J. ORTON schwarzen Humor, während T. STOPPARD teils philosoph. Existenzfragen aufwirft, teils politisch für die Menschenrechte Stellung nimmt. Konventionen sprengen auch neuere irische Beiträge (B. BEHAN, B. FRIEL, H. LEONARD, RICHARD MURPHY, *1927). Viele der Dramatiker haben überdies zur Entwicklung des Hör- und Fernsehspiels beigetragen. In häufig enger Zusammenarbeit mit Theatergruppen der alternativen ›Fringe‹-Szene haben sich in den 70er-Jahren teils dezidiert feministisch argumentierende Dramatikerinnen (CARYL CHURCHILL; PAM GEMS, *1925; OLWEN WYMARK, *1932) etabliert, gefolgt von einer jüngeren, nicht weniger frauenpolitisch engagierten und experimentierfreudigen Generation (LOUISE PAGE, *1955; SARAH DANIELS, *1957; CHARLOTTE KEATLEY, *1960; TIMBERLAKE WERTENBAKER). MUSTAPHA MATURA (*1939) und MICHAEL ABBENSETTS (*1938) vertreten erfolgreich ethn. Minderheiten auf brit. Bühnen. Die sozialen Herausforderungen spiegeln sich in aktuellen Gesellschaftsanalysen; bekannt wurde v.a. ›Top girls‹ (1982) von CARYL CHURCHILL. Viele der genannten Dramatiker haben auch zur Entwicklung eines eigenständigen Hör- und Fernsehspiels beigetragen; das Fernsehen ist jedoch inzwischen durch die Abwerbung junger Talente zu einer Konkurrenz für die Bühne geworden. In den 90er-Jahren feierten mit E. ALBEE (›Three tall women‹, 1991), H. PINTER (›Moonlight‹, 1993), T. STOPPARD (›Arcadia‹, 1993) und D. HARE (›Racing demon‹, 1990) ältere Autoren erneut große Bühnenerfolge.

In der Lyrik manifestierte sich, unter Zurückweisung der intellektualist. und neuromant. Tendenzen früherer Jahre, nüchterne Sachlichkeit in traditionellen Versformen bei den Dichtern des ›Movement‹, die durch die ›New-Lines‹-Anthologien (1956, 1963) bekannt wurden (R. CONQUEST, P. LARKIN, D. J. ENRIGHT, T. W. GUNN, D. DAVIE, J. WAIN, Sir K. AMIS u.a.), während C. TOMLINSON auf der Präzision des dichter. Sehens beharrt. Die Popularität des traditionsgebundenen J. BETJEMAN und die Profilierung des Walisers R. S. THOMAS zum modernen religiösen Dichter entsprangen einem ähnlichen Stilkonzept. Indes hat sich demgegenüber auch der Ton einer vitalen Wildheit Geltung verschafft, z.B. durch T. HUGHES, der, oft in Tiergedichten, das Instinktive und Grausame zelebriert; ihm sind auch die ›Group‹-Dichter (P. HOBSBAUM, E. LUCIE-SMITH, G. MACBETH u.a.) verpflichtet. Andere, wie die ›Liverpool-Poets‹ (A. HENRI, B. PATTEN u.a.), gestalten lyrische Pop-Art. Eine Gruppe um J. SILKIN versuchte eine Neubelebung des Imagismus; aus ihr ging die intellektuell komprimierte und historisch dimensionierte Lyrik von G. HILL hervor. Für die jüngeren nordir. Dichter (›Ulster-Poets‹) ist der Literaturnobelpreisträger von 1995, S. HEANEY, Vorbild, dessen einfühlende und präzise Naturlyrik weithin Gehör findet. Als seine Nachfolger und Verehrer zeigen sich ir. Lyriker der jüngsten Generation wie PAUL MULDOON (*1951), TOM PAULIN (*1949) und CIARAN CARSON (*1948) durch die Verwendung regionalen Dialekts, halten aber durch andere soziale und ästhet. Gewichtungen

auch Distanz. Die Suche nach sprachl. Alternativen ist zugleich Markenzeichen einer sich in den 70er-Jahren vollziehenden Wende zur Postmoderne, die mit Parodie und Satire auf gesellschaftl. Zerfallsprozesse v.a. der Ära Thatcher reagiert. Durch extensiven Gebrauch bildl. Vergleiche und Metaphern vermitteln CRAIG RAINE (*1944) und CHRISTOPHER REID (*1949) neue Arten der Wahrnehmung. Das narrative Element rückt in Gedichten der 80er-Jahre in den Vordergrund (BLAKE MORRISON, *1950; JAMES FENTON, *1949; PETER READING, *1946; ANDREW MOTION, *1952). Nach dem postumen Erfolg von SYLVIA PLATH haben auch viele Lyrikerinnen (ANNE STEVENSON, *1933; DENISE RILEY, *1948; CAROL RUMENS, *1944) auf sich aufmerksam gemacht.

In der erzählenden Literatur artikulierten sich Protest und Außenseitergefühl der jungen Generation der 50er-Jahre in z.T. auf Muster des Schelmenromans oder der viktorian. Erzählkunst zurückgreifenden, jedenfalls vom Bewusstseinsroman abrückenden Formen (K. AMIS, J. WAIN, J. BRAINE, A. SILLITOE, K. WATERHOUSE u.a.). Dieser Tendenz folgten im Prinzip auch die komplexeren Romane von Sir A. WILSON, L. P. HARTLEY, L. DURRELL und v.a. die von Sir W. GOLDING, die mit moral. Ernst die menschl. Neigung zum Bösen aufzeigen. In den 60er-Jahren vollzog sich, auch bei schon anerkannten Autoren, eine Hinwendung zur Innenschau, die die Erzeugung von Fiktion mitreflektiert, dabei vorhandene, als ›verbraucht‹ geltende Literatur parodistisch verarbeitet und oft ins Fantastische oder Magisch-Skurrile ausufert. Dazu haben der Einfluss des frz. Nouveau Roman und die Wirkung der Texte S. BECKETTS, die das Ich auf seinen schmerzhaften Kern reduzieren, ebenso beigetragen wie die Zunahme der Sciencefiction. Symptomatisch ist auch der Erfolg der fantast. Mythen von J. R. R. TOLKIEN. Extreme Formexperimente sind jedoch selten (so immerhin bei CHRISTINE BROOKE-ROSE, B. S. JOHNSON oder R. NYE), wohl aber wurden vertraute Erzählweisen produktiv infrage gestellt, so bei A. BURGESS durch Sprachmanipulation und Textmontage. IRIS MURDOCH zeigt die Verstrickung des Menschen in die Zufälligkeit, in die Nichtkausalität des Geschehens. DORIS LESSING, die in dem Roman ›The golden notebook‹ (1962) Ähnliches multiperspektivisch darstellte, hat seitdem Fantasieräume erschlossen. Weibl. Identitätskrisen behandeln u.a. MARGARET DRABBLE, MURIEL B. SPARK und die wieder entdeckte JEAN RHYS. J. FOWLES, eines der stärksten derzeitigen Erzählertalente, problematisiert das Verhältnis von wirklichkeitserlebendem und imaginativ lebensgestaltendem Ich. Psycholog. und histor. Fantasien verfolgen A. S. BYATT und, auch mit antiutop. Visionen, ANGELA CARTER. Satir. Skurrilität entfalten M. BRADBURYS und D. LODGES Romane über das Intellektuellenmilieu. In letzter Zeit fanden S. HILLS iron. und I. MCEWANS makabre Beschreibungen von Extremsituationen Beachtung. Die Auflösung des brit. Weltreichs hat sich bei P. SCOTT und bei G. FARRELL niedergeschlagen. Zu den aus Irland stammenden neueren Autoren gehören u.a. EDNA O'BRIEN, JOHN MCGAHERN (*1934) und JULIA O'FAOLAIN (*1932). Der postmoderne engl. Roman findet seine reinsten Ausgestaltungen in ›Flaubert's parrot‹ (1984) von J. BARNES und ›Chatterton‹ (1987) von P. ACKROYD. Gemäßigtere Ansätze, jedoch nicht selten mit apokalypt. Visionen verbunden, bieten G. SWIFT, M. AMIS, ALASDAIR GRAY (*1934), FAY WELDON u.a. Postmoderne Selbstreflexivität kennzeichnet auch den neueren histor. Roman (J. BERGER; NIGEL WILLIAMS, *1948; JEANETTE WINTERSON u.a.), der die subjektive Perspektive durchschnittl. Erlebnisträger bevorzugt. Durch Abwandlung traditioneller Gattungskonzepte herrschen generell Mischformen vor, wie sich dies auch in der gehäuften Verwendung von Elementen des Schauerromans (PATRICK MCGRATH, * 1950; D. STOREY; EMMA TENNANT, * 1937) dokumentiert. Die allenthalben zu verzeichnende Symbiose aus Traditionsbewusstsein und Experimentierfreude gestaltet die eindeutige Zuordnung einzelner Werke und Autoren zu Strömungen und Tendenzen häufig schwierig. Zunehmend Bedeutung erlangen Vertreter ethn. Minoritäten, die die Erfahrungen anderer Kulturkreise einbringen und die britische Geschichte aus neuer Perspektive beleuchten. Bekanntester Autor ist der meist Ost-West-Begegnungen gestaltende Kosmopolit S. RUSHDIE. H. KUREISHI, pakistan. Abstammung, behandelt in Romanen die Suche nach Identität; TIMOTHY MO (* 1950) widmet sich am Beispiel Hongkongs postkolonialen Befindlichkeiten. Der gebürtige Japaner K. ISHIGURO beschreibt in ›The remains of the day‹ (1989) die iron. Selbstentlarvung eines brit. Butlers. Gewachsenes Interesse an anderen Kulturkreisen belegt auch die Popularität von Reiseromanen (B. CHATWIN, P. THEROUX).

⇨ *afroamerikanische Literatur · amerikanische Literatur · australische Literatur · Commonwealth-Literatur · indische Literaturen · kanadische Literatur · neuseeländische Literatur · schwarzafrikanische Literaturen · südafrikanische Literaturen*

Bibliographien: Annual bibliography of English language and literature (London 1921 ff.); MLA International bibliography of books and articles on the modern languages and literatures, hg. v. der Modern Language Association (New York 1957 ff.); The new Cambridge bibliography of English literature, hg. v. G. WATSON u. a., 5 Bde. (Cambridge 1969–77); T. H. HOWARD-HILL: Bibliography of British literary bibliographies (Oxford ²1987).

Nachschlagewerke: Dictionary of literary biography, auf zahlr. Bde. ber. (Detroit, Mich., 1978 ff.); H. W. DRESCHER u. a.: Lex. der e. L. (1979); W. KARRER u. E. KREUTZER: Daten der engl. u. amerikan. Lit., 2 Bde. (¹⁻²1979–80); The science fiction encyclopedia, hg. v. P. NICHOLLS u. a. (New York 1979); T. ROYLE: Companion to Scottish literature (Detroit, Mich., 1983); J. TODD: A dictionary of British and American women writers, 1660–1800 (London 1984); The Macmillan dictionary of Irish literature, hg. v. R. HOGAN (Neuausg. ebd. 1985); The Oxford companion to the literature of Wales, hg. v. M. STEPHENS (Neuausg. Oxford 1990); Bloomsbury guide to English literature, hg. v. M. WYNNE-DAVIES (London ²1995); The Oxford companion to English literature, hg. v. M. DRABBLE (Oxford ⁵1995); Cambridge paperback guide to literature in English, hg. v. I. OUSBY (Neuausg. Cambridge 1996).

Gesamtdarstellungen: The Cambridge history of English literature, hg. v. A. W. WARD u. a., 15 Bde. (Cambridge 1907–27, Nachdr. ebd. 1963–80); A literary history of England, hg. v. A. C. BAUGH (New York ²1967, Nachdr. London 1976); History of literature in the English language, hg. v. W. F. BOLTON u. a., 10 Bde. (London 1970–75); T. PARRY: A history of Welsh literature (a. d. Walis., Neuausg. Oxford 1970); R. MCHUGH u. M. HARMON: Short history of Anglo-Irish literature (Totowa, N. J., 1982); Macmillan history of literature, hg. v. A. N. JEFFARES u. a., 12 Bde. (London 1982–86); The new Pelican guide to English literature, hg. v. B. FORD, 9 Bde. (Neuausg. Harmondsworth 1982–84); W. F. SCHIRMER: Gesch. der engl. u. amerikan. Lit., 2 Bde. (⁶1983); P. CONRAD: The everyman history of English literature (London 1985); The Oxford illustrated history of English literature, hg. v. P. ROGERS (Oxford 1987); The history of Scottish literature, hg. v. C. CRAIG, 4 Bde. (Aberdeen 1987–88); The Oxford history of English literature, hg. v. J. BUXTON u. a., auf zahlr. Bde. ber. (Neuausg. Oxford 1989 ff.); E. STANDOP u. E. MERTNER: Engl. Literaturgesch. (⁵1992); Engl. Literaturgesch., hg. v. H. U. SEEBER (²1993); Die engl. Lit., hg. v. B. FABIAN, 2 Bde. (²1994); A. FOWLER: A history of English literature (Neuausg. Oxford 1994); Hauptwerke der e. L. Einzeldarst. u. Interpretationen, hg. v. H. THIES, 2 Bde. (1995); A. SANDERS: The short Oxford history of English literature (Neuausg. Oxford 1996).

Gesamtdarstellungen einzelner Gattungen: W. L. CROSS: The development of the English novel (London 1889, Nachdr. New York 1969); R. STAMM: Gesch. des engl. Theaters (Bern 1951); E. M. W. TILLYARD: The English epic and its background (Neuausg. New York 1966); A. C. KETTLE: An introduction to the English novel, 2 Bde. (London ²1967, Nachdr. ebd. 1976); D. VAN GHENT: The English novel (Neuausg. New York 1967); Der engl. Roman, hg. v. F. K. STANZEL, 2 Bde. (1969); Das engl. Drama. Vom MA. bis zur Gegenwart, hg. v. D. MEHL, 2 Bde. (1970); Epochen der engl. Lyrik, hg. v. K. H. GÖLLER (1970); K. OTTEN: Der engl. Roman vom 16. zum 19. Jh. (1971); DERS.: Der engl. Roman. Vom Naturalismus bis zur Bewußtseinskunst (1986); DERS.: Der engl. Roman. Entwürfe der Gegenwart: Ideenroman und Utopie (1990); F. R. LEAVIS: The great tradition (Neuausg. Harmondsworth 1972); Das engl. Drama, hg. v. J. NÜNNING (1973); Die engl. Kurzgeschichte, hg. v. K. H. GÖLLER u. a. (1973); Der engl. Essay, hg. v. H. WEBER (1975); The Revels history of drama in English, hg. v. T. W. CRAIK u. a., 8 Bde. (London 1976–83); The Routledge history of English poetry, hg. v. R. A. FOAKES, auf mehrere Bde. ber. (ebd. 1977 ff.); H. P. PRIESSNITZ: Das engl. ›radio play‹ seit 1945 (1978); J. CRONIN: The Anglo-Irish novel, auf mehrere Bde. ber. (Belfast 1980 ff.); H. J. C. GRIERSON u. J. C. SMITH: A critical history of English poetry (Neuausg. Atlantic Highlands, N. J., 1983); W. E. ALLEN: The English novel (Neuausg. Harmondsworth 1984).

Altenglische Literatur: Continuations and beginnings, hg. v. E. G. STANLEY (London 1966); C. L. WRENN: A study of Old English literature (ebd. 1967, Nachdr. 1980); K. H. GÖLLER: Gesch. der altengl. Lit. (1971); J. OPLAND: Anglo-Saxon oral poetry (New Haven, Conn., 1980); S. B. GREENFIELD u. D. G. CALDER: A new critical history of Old English literature (New York 1986); The Cambridge companion to old English literature, hg. v. M. GODDEN u. M. LAPIDGE (Cambridge 1991, Nachdr. ebd. 1994).

Mittelenglische Literatur: E. K. CHAMBERS: The mediaeval stage, 2 Bde. (Oxford 1903, Nachdr. London 1967); C. S. LEWIS: The allegory of love (Oxford 1936, Nachdr. London 1977); G. WICKHAM: Early English stages, 1300–1600, 4 Bde. (London ¹⁻³1963–81); A manual of the writings in Middle English, 1050–1500, hg. v. J. B. SEVERS u. a., auf mehrere Bde. ber. (New Haven, Conn., 1967 ff.); M. SCHLAUCH: English medieval literature and its social foundations (Neuausg. Warschau 1967); R. M. WILSON: Early Middle English literature (London ³1968); G. KANE: Middle English literature (Neuausg. New York 1970, Nachdr. Westport, Conn., 1979); R. WOOLF: English mystery plays (London 1972); J. A. BURROW: Medieval writers and their work (Oxford 1982).

Renaissance: G. E. BENTLEY: The Jacobean and Caroline stage, 7 Bde. (Oxford 1941–68, Nachdr. New York 1982); W. CLEMEN: Die Tragödie vor Shakespeare (1955); D. BUSH: Mythology and the Renaissance tradition in English poetry (Neuausg. New York 1963); W. HABICHT: Studien zur Dramenform vor Shakespeare (1968); M. DORAN: Endeavours of art. A study of form in Elizabethan drama (Madison, Wisc., ³1972); E. K. CHAMBERS: The Elizabethan stage, 4 Bde. (Neuausg. Oxford 1974); R. TUVE: Elizabethan and metaphysical imagery (Neuausg. Chicago, Ill., 1974); P. URE: Elizabethan and Jacobean drama (Liverpool 1974); L. BORINSKI u. C. UHLIG: Lit. der Renaissance (1975); W. WEISS: Die elisabethan. Lyrik (1976); DERS.: Das Drama der Shakespeare-Zeit (1979); I. SCHABERT: Die Lyrik der Spenserianer (1977); T. MCALINDON: English Renaissance tragedy (London 1986).

Puritanismus, Restauration und Klassizismus: J. BUTT: The Augustan Age (London 1950, Nachdr. Westport, Conn., 1976); J. C. LOFTIS: Comedy and society from Congreve to Fielding (Stanford, Calif., 1959, Nachdr. New York 1979); H. C. WHITE: The metaphysical poets (Neuausg. New York 1962); H. J. C. GRIERSON: Cross currents in English literature of the seventeenth century (Neuausg. Harmondsworth 1966); E. R. MINER: The metaphysical mode from Donne to Cowley (Princeton, N. J., 1969); DERS.: The Restoration mode from Milton to Dryden (ebd. 1974); C. V. WEDGWOOD: Seventeenth-century English literature (London ²1970); R. F. BRISSENDEN: Virtue in distress. Studies in the novel of sentiment from Richardson to Sade (ebd. 1974); I. WATT: Der bürgerl. Roman (a. d. Engl., 1974); J. R. SUTHERLAND: A preface to eighteenth-century poetry (Neuausg. London 1975); P. THORPE: Eighteenth-century English poetry (Chicago, Ill., 1975); H. J. MÜLLENBROCK u. E. SPÄTH: Lit. des 18. Jh. (1977); I. R. J. JACK: Augustan satire (Neuausg. London 1978); E. WOLFF: Der engl. Roman im 18. Jh. (³1980); M. BRUNKHORST: Drama u. Theater der Restaurationszeit (1985); M. WILDING: Dragons' teeth. Literature in the English Revolution (Oxford 1987); The new eighteenth century, hg. v. F. NUSSBAUM u. L. BROWN (New York 1987).

Romantik und Viktorianisches Zeitalter: M. H. ABRAMS: The mirror and the lamp. Romantic theory and the critical tradition (New York 1953); K. M. TILLOTSON: Novels of the eighteen-forties (Oxford 1954); T. M. PARROTT u. R. B. MAR-

TIN: A companion to Victorian literature (New York 1955); W. E. HOUGHTON: The Victorian frame of mind, 1830–1870 (New Haven, Conn., 1957); W. J. BATE: From Classic to Romantic (Neuausg. New York 1961); G. G. HOUGH: The Romantic poets (London [3]1967); Versdichtung der engl. Romantik, hg. v. T. A. RIESE u. a. (1968); L. HÖNNIGHAUSEN: Präraphaeliten u. fin de siècle (1971); Der engl. Roman im 19. Jh. Interpretationen, hg. v. P. GOETSCH u. a. (1973); H. REINHOLD: Der engl. Roman des 19. Jh. (1976); J. H. MILLER: The disappearance of God (Neuausg. Cambridge, Mass., 1979); C. M. BROWRA: The Romantic imagination (Neuausg. London 1980); M. STONGK: Nineteenth-century English literature (London 1983); B. N. HARDY: Forms of feeling in Victorian fiction (ebd. 1985); A. JENKINS: The making of Victorian drama (Cambridge 1991); A handbook to English romanticism, hg. v. J. RAIMOND u. a. (Basingstoke 1992, Nachdr. ebd. 1994).

20. Jahrhundert: R. FRICKER: Der moderne engl. Roman ([2]1966); DERS.: Das moderne engl. Drama ([2]1974); Die moderne engl. Lyrik, hg. v. H. OPPEL (1967); Engl. Lit. der Gegenwart in Einzeldarst., hg. v. H. W. DRESCHER (1970); Engl. Dichter der Moderne, hg. v. R. SÜHNEL u. D. RIESNER (1971); Das engl. Drama der Gegenwart, hg. v. H. OPPEL (1976); Das moderne engl. Drama, hg. v. DEMS. ([3]1976); K. TETZELI VON ROSADOR: Das engl. Geschichtsdrama seit Shaw (1976); R. SCHOLES u. E. S. RABKIN: Science fiction. History, science, vision (New York 1977); J. ELSOM: Post-war British theatre (Neuausg. London 1979); The contemporary English novel, hg. v. M. BRADBURY u. a. (Neuausg. New York 1980); Engl. Drama von Beckett bis Bond, hg. v. H. F. PLETT (1982); C. H. SISSON: English poetry, 1900–1950 (London 1982); A. MAACK: Der experimentelle engl. Roman der Gegenwart (1984); D. E. S. MAXWELL: A critical history of modern Irish drama, 1891–1980 (Cambridge 1984); C. BARKER: British alternative theatre (London 1985); A. THWAITE: Poetry today. A critical guide to British poetry, 1960–1984 (ebd. 1985); J. WILLIAMS: Twentieth-century British poetry (London 1987); A decade of discontent. British fiction of the eighties, hg. v. H.-J. DILLER u. a. (Heidelberg 1992); Engl. Theater der Gegenwart, hg. v. KLAUS P. MÜLLER (1993); The British and Irish novel since 1960, hg. v. J. ACHESON (Neuausg. Basingstoke 1995).

ẹnglische Montierung, eine für astronom. Instrumente verwendete parallaktische Aufstellungsart (→Fernrohrmontierung).

ẹnglische Musik. Vom ältesten, kelt., Musikgut (→Barden) ist einiges in der Volksmusik erhalten (z. B. in pentaton. Wendungen). Seit der Christianisierung wurde, bes. in irischen Klöstern, der Kirchengesang gepflegt. Berichtet wird von einer im 10. Jh. in Winchester gebauten Orgel mit 400 Pfeifen; das Winchester-Tropar aus dem 11. Jh. bietet zweistimmige Tonsätze. Eine für das Kloster Saint Andrew's um 1250 geschriebene Handschrift enthält das Repertoire der Pariser →Notre-Dame-Schule und im letzten Teil spezifisch e. M., die dem Marienkult gewidmet ist. Der ›Sommerkanon‹ (zw. 1240 und 1310), mit engl. und lat. Text versehen, bezeugt die Verbindung der geistl. Kunstmusik mit der Volksmusik. Die wichtigsten Handschriften des späten MA., die Worcester-Fragmente (13./14. Jh.) und das Old-Hall-Manuskript (spätes 14./frühes 15. Jh.), bekunden die Eigentümlichkeit der engl. Tradition gegenüber der auf sie einwirkenden festländ. →Ars nova: Die mehrstimmige Musik blieb geistlich und lateinisch, und es bestand eine Vorliebe für ostinate Bildungen, Stimmtausch und bes. für Terz- und Sextklangfolgen, die zu der Technik des →Faburden führte. Den Höhepunkt dieser Entwicklung bildet das Schaffen von J. DUNSTABLE, der mit dem niederländ. Komponisten G. DUFAY an der Heranbildung der frühneuzeitl. Musik entscheidend beteiligt war.

Im späteren 15. und beginnenden 16. Jh. trat die e. M. in den Hintergrund. Als Komponisten von Kirchenmusik sind R. FAYRFAX, J. TAVERNER und T. TALLIS zu nennen. Eine neue Blüte begann mit dem Elisabethan. Zeitalter. Aus Italien übernommen und zu eigenständiger Bedeutung geführt wurden das Balletto, die Kanzonette und bes. das Madrigal durch T. MOR-

LEY, J. WILBYE und T. WEELKES. Ein Meister des begleiteten Sololiedes (›ayre‹) war J. DOWLAND. W. BYRD begründete die engl. Virginalistenschule, die mit Kompositionen für das Virginal (›Fitzwilliam Virginal Book‹ mit etwa 300 Kompositionen, abgeschlossen 1620) die Entwicklung der Klaviermusik entscheidend beeinflusste. Eigenständig englisch war auch die kammermusikal. Ensemblemusik des Consort (T. MORLEY, ›Consort lessons‹, 1599; T. SIMPSON, ›Taffel consort‹, 1621) sowie die höfisch theatral. Form der Masque. H. PURCELL, der bedeutendste Komponist in der 2. Hälfte des 17. Jh., führte die Tradition des →Anthem zu einem Höhepunkt und bereicherte die e. M. auf den Gebieten der Oper, der Kantate, des Liedes und der Kammer- und Klaviermusik.

An kleineren Formen wurden im 17. und 18. Jh. die Gattungen Catch (kanon. Rundgesang; Sammlung von J. HILTON ›Catch that catch can‹, 1652) und Glee (mehrstimmige Lieder im homophonen Satz) gepflegt, komponiert u. a. von T. ARNE, B. COOKE und S. WEBBE. Daneben sind seit dem Ende des 14. Jh. die Carols (volkstüml. Singtänze), v. a. Christmas-Carols, verbreitet; der Gruppentanz (Countrydance) bildete bis in die Neuzeit einen wichtigen Faktor der Geselligkeit (J. PLAYFORD, ›The Dancing master‹, 1650). Die im MA. blühende Volksliedgattung der Ballade findet man bis ins 17. Jahrhundert.

Mit G. F. HÄNDEL begann der große Einfluss des Auslandes. Schon früh hatte die ital. Oper ihren Einzug gehalten. Selbst zu der volkstümlich-satir. Beggar's opera (1728; →Bettleroper) hat ein Deutscher, J. C. PEPUSCH, die Musik geschrieben. Daneben wirkten zahlr. Italiener, z. B. F. GEMINIANI. Indessen sind HÄNDELS engl. Oratorien, die seinen Ruhm begründeten, bes. ›Israel in Ägypten‹ (1739), ›Messias‹ (1742) und ›Jephtha‹ (1752), in der engl. Art der bürgerl. Öffentlichkeit beheimatet. Auch in der 2. Hälfte des 18. Jh. standen dt. Musiker im Vordergrund: JOHANN CHRISTIAN BACH gründete mit K. F. ABEL die ›Bach-Abel-Concerts‹. J. HAYDN kam nach London durch die Konzertunternehmung des Deutschen J. P. SALOMON (Londoner Sinfonien; Oxford-Sinfonie 1791).

Anfang des 19. Jh. wirkte der Organist und Bachverehrer S. WESLEY. Während J. FIELD seine ›Nocturnes‹ für Klavier F. CHOPIN anregte, lenkte A. SULLIVAN v. a. durch seine Operetten die Aufmerksamkeit auf die e. M. (›Mikado‹, 1885).

Um 1880 begann unter dem Einfluss der dt. Musik ein Abschnitt neuen eigenen Schaffens (H. PARRY, C. V. STANFORD und A. MACKENZIE). In E. ELGAR besitzt die e. M. einen bedeutenden Komponisten stark nat. Eigenart. Mit F. DELIUS und C. SCOTT erfolgte der Anschluss an die frz. Impressionismus. Eine bedeutende Persönlichkeit der neueren Zeit ist R. VAUGHAN WILLIAMS, Sinfoniker, Opernkomponist und Mitträger der engl. Volksliedbewegung. Daneben sind zu nennen G. HOLST und F. BRIDGE. Von den um 1900 geborenen Komponisten sind v. a. A. BLISS, W. WALTON, M. TIPPETT, E. RUBBRA und C. LAMBERT über Großbritannien hinaus bekannt geworden. Um die Mitte des 20. Jh. waren B. BRITTEN als Opernkomponist und P. R. FRICKER als Sinfoniker führend. An der neuesten Entwicklung hat die e. M. nur relativ wenig Anteil. Neben ELIZABETH LUTYENS bediente sich der auch als Theoretiker hervorgetretene Webernschüler H. SEARLE erfolgreich der Zwölftontechnik. Von den jüngeren Komponisten folgen F. BURT und A. GOEHR einer gemäßigten Richtung. Zur internat. Avantgarde zählen neben C. CARDEW, D. BEDFORD und B. FERNEYHOUGH P. M. DAVIES und H. BIRTWISTLE, die beide 1967 das Kammerensemble ›Pierrot Players‹ (später benannt als ›The Fires of London‹) gründeten, das sich für die Aufführung zeitgenöss. Musikwerke einsetzt. Den gleichen Zweck verfolgen die in versch. Städten entstandenen ›Societies for the Promotion of Contemporary Music‹. Neueste Tendenzen, einschließlich der elektron. Musik, sind auch bei R. SMALLEY, J. TAVERNER und T. SOUSTER vertreten. Die größte Sammlung zeitgenössischer engl. Kompositionen besitzt die Bibliothek des Brit. Komponistenverbandes beim British Music Information Center, London.

W. NAGEL: Gesch. der Musik in England, 2 Bde. (Straßburg 1894–97); W. NIEMANN: Die Virginalmusik (1919); E. J. DENT: Foundations of English opera (Cambridge 1928); G. CECIL: The history of opera in England (Taunton 1930); E. H. FELLOWES: The English madrigal composers (London ²1948, Nachdr. ebd. 1975); ERNST H. MEYER: English chamber music from the middle ages to Purcell (Neuausg. ebd. 1951); J. KERMAN: The Elizabethan madrigal (New York 1962); F. HOWES: The English musical renaissance (London 1966); H. DAVEY: History of English music (Neuausg. New York 1969); J. CALDWELL: English keyboard music before the nineteenth century (Oxford 1973); British music now. A guide to the work of younger composers, hg. v. L. FOREMAN (London 1975); R. FISKE: English theatre music in the eighteenth century (Oxford ²1986); U. SOMMERROCK: Das engl. Lautenlied. 1597–1622 (1990).

englische Philologie, die →Anglistik.

englische Philosophie, englisch **British Philosophy** [-ʃ frɪ'ləsəfi:], stark formalisierte Sammel-Bez. für die Philosophie, deren Träger von den Brit. Inseln stammen und die eine empiristisch-prakt. Geistigkeit in die europ. Geistesgeschichte einbrachten.

Mittelalter

Die erste große Epoche e. P. begann nach den denker. Ansätzen von BEDA VENERABILIS, JOHANNES SCOTUS ERIUGENA, ADELARD VON BATH und RICHARD VON SANKT VICTOR, der mit seiner Definition der Person die gesamte Philosophie der Scholastik beherrschte, um etwa 1200. ANSELM VON CANTERBURY ist als gebürtiger Kontinentaleuropäer nicht der e. P. zuzuzählen. Der erste überragende engl. Philosoph war R. GROSSETESTE, zw. 1215 und 1221 erster Kanzler der Univ. Oxford, der die griech. Sprache beherrschte und eigene Übersetzungen des ARISTOTELES vorlegte (Nikomach. Ethik); um 1230 wurde er erster Lektor (akadem. Lehrer) am Ordensstudium der Franziskaner. Diese Verbindung der Franziskaner mit der Univ. hatte zur Folge, dass die bedeutendsten Philosophen Englands im MA. Franziskaner und die bedeutendsten Franziskanerphilosophen des MA. Engländer waren. Ein weiterer typ. Vertreter dieser pragmatisch-empirist. e. P., der auch Natur und Sprachwissenschaft einbezog, war R. BACON. Die engl. Vertreter der älteren →Franziskanerschule, ALEXANDER VON HALES, THOMAS VON YORK (*um 1220, †um 1260), R. BACON, waren Anhänger des platonisch-neuplaton. →Augustinismus. Die mittlere Franziskanerschule, vertreten u. a. durch J. PECKHAM, ROGER MARSTON (*um 1250, †1303), WILHELM VON WARE (*um 1260, †um 1285), betont zwar noch den Augustinismus, nähert sich aber dem Aristotelismus. Die jüngere Franziskanerschule, v. a. J. DUNS SCOTUS und T. BRADWARDINE, versuchte, augustin. Tradition mit dem Aristotelismus zu verbinden. Bei DUNS SCOTUS bahnte sich bereits eine Wende an, die spezifisch englisch-empirist. Eigengut in die Wissenschaftsentwicklung einbrachte: Das Individuationsprinzip ist nicht mehr Materie oder Form, sondern die ›haecceitas‹ (Diesheit). Die Sonderstellung, die der Franziskaner WILHELM VON OCKHAM, Vertreter des Nominalismus (bzw. Konzeptualismus) schlechthin, einnahm, ist typisch für die e. P. in ihrer Betonung des Individuellen. Der Thomismus, des THOMAS VON SUTTON, spielte in der e. P. nie eine große Rolle. Als Denker eigener Art hat J. WYCLIFFE zu gelten, der philosoph. Anhänger der ›Via antiqua‹ und damit Vertreter eines extremen Realismus im →Universalienstreit war.

Frühe Neuzeit

Während der Renaissance büßten die Univ., die unter Zurückweisung neuerer wiss. Entwicklungen im Wesentlichen an den Schultraditionen, insbesondere auch am Aristotelismus und an der aristotel. Logik, festhielten (bes. Oxford, während sich Cambridge neueren Tendenzen aufgeschlossen zeigte), ihre bis dahin führende Position in der Philosophie bis ins 19. Jh. ein. Die überragenden Persönlichkeiten dieses Zeitabschnitts waren, obgleich keine Philosophen i. e. S., T. MORE und R. HOOKER. MORE postulierte in seiner Sozialutopie Toleranz, Gleichheit der Ansprüche der Bürger, Aufhebung des Eigentums, Verbesserung der materiellen Lebensbedingungen der Gesellschaft. Der eth. Rationalismus HOOKERS, des Theoretikers der elisabethan. Kirche, des Opponenten gegen den Voluntarismus OCKHAMS und gegen T. HOBBES, wirkte in der Vermittlung J. LOCKES und beeinflusste dessen Staatstheorie. In Korrelation zur naturwissenschaftl. und techn. Entwicklung wurde in der Folgezeit die Suche nach gesicherten Methoden der Erkenntnis und Forschung zum zentralen Gegenstand des wiss. Abschnitts der Renaissance, der zur Aufklärung überleitete. – F. BACON, der erste engl. Philosoph der Moderne, trat für wiss. und techn. Entwicklung zum Fortschritt der Menschheit ein; er vollzog eine scharfe Trennung zw. durch Erfahrung zu erlangender und göttlich geoffenbarter Erkenntnis. Richtungweisend war seine Idolenlehre, die auf die Befreiung der Erfahrung von Trugbildern (›idolae‹) abzielt. Da er jedoch die Bedeutung der Mathematik für das wiss. Denken nicht erkannte, blieb er im Zeitalter der klass. Physik ohne nennenswerte Wirkung. R. BOYLE schloss sich F. BACONS method. Ansatz an und ordnete mit Bezug auf G. GALILEI und R. DESCARTES, Mathematik und P. GASSENDIS Atomismus zu. Mit der erstmals eingeführten Unterscheidung von ›primären‹ und ›sekundären Sinnesqualitäten‹ bestimmte er die Entwicklung der Naturerkenntnis bis zu J. LOCKE und I. NEWTON. – T. HOBBES versuchte eine Synthese von empirist. Nominalismus und Rationalismus: Das Rohmaterial, nicht die Erkenntnis selbst, ist empirisch. Im Anschluss an GALILEI sah er in der Geometrie die einzig mögl. Grundlage aller Naturerkenntnis, die in der Rückführung des Wahrgenommenen auf Bewegungen der Körper bestehe. Sozialphilosophisch wurde er mit der Theorie des vernünftigen Egoismus auf der Basis des Gesetzes der ›Selbsterhaltung‹, der er richtungweisend seine Staatsvertragstheorie zuordnete, zum Vorläufer des Utilitarismus. – Gegen F. BACON und T. HOBBES opponierte im 17. Jh. zunächst die →Cambridger Schule, insbesondere vertreten durch BENJAMIN WHICHCOTE (*1609, †1683), R. CUDWORTH und H. MORE mit ihrem Versuch der Erneuerung eines christl. Platonismus.

Aufklärung

Die engl. Aufklärung vermittelte einerseits v. a. durch ihren konsequent fortentwickelten Empirismus, andererseits durch den →Deismus der europ. Aufklärung entscheidende Impulse. J. LOCKE, Exponent der engl. und, durch VOLTAIRE in Frankreich bekannt gemacht, auch der europ. Aufklärung, rückte die Erkenntnistheorie mit der Frage nach dem Reichweite und den Quellen der Erkenntnis und den Prozessen ihrer Entwicklung in das Zentrum des philosoph. Interesses. Damit begann die schrittweise Ablösung der Metaphysik durch die Erkenntnistheorie bis hin zum Positivismus D. HUMES. Erkenntnistheoretisch begründete LOCKE gegen DESCARTES' Lehre von den →angeborenen Ideen den modernen engl. Empirismus, indem er alle Ideen (›ideas‹) auf Erfahrung, die auf

›äußerer‹ (›sensation‹) und ›innerer Wahrnehmung‹ (›reflection‹) beruhe, zurückführte (Dualismus der Erfahrungsquellen), und sicherte diese Theorie durch Begründung einer sensualist. Assoziationspsychologie (→Assoziation). Seine Staatslehre, v. a. von der Volkssouveränität in Abgrenzung gegen HOBBES, wurde klass. Grundlage der engl. Demokratie und erlangte über VOLTAIRE und MONTESQUIEU Einfluss auf die europ. Staatstheorien (auch auf die amerikan. Unabhängigkeitserklärung). – Der Deismus spielte in der engl. Aufklärung eine bedeutende Rolle. Entwickelt wurde er v. a. durch HERBERT Lord OF CHERBURY (* 1583, † 1648) mit seiner Theorie einer →natürlichen Religion, die durch die Vernunft einsehbar und durch den Consensus gentium (→Consensus) hinreichend ausgewiesen sei, und einer Kritik an der auf die Offenbarung gestützten christl. Theologie, des Weiteren durch CHARLES BLOUNT (* 1654, † 1693), J. TOLAND, M. TINDAL, A. COLLINS und BOLINGBROKE; rezipiert auch von A. SHAFTESBURY. Gegen den Deismus wandten sich u. a. J. BUTLER, R. BENTLEY und SAMUEL CLARKE (* 1675, † 1729). – G. BERKELEY vertiefte die Rationalismuskritik und radikalisierte den sensualist. Ansatz LOCKES, indem er mit der Formel ›esse est percipi‹ (lat. ›Sein ist Wahrgenommenwerden‹) ›Sein‹ und Wahrnehmung identifizierte. D. HUME, hervorragender Vertreter der psycholog. Erkenntnistheorie, baute im Anschluss an LOCKE und BERKELEY die empir. Position in Richtung eines krit. Positivismus weiter aus. Hinsichtlich des Kausalprinzips, das F. BACON, LOCKE, BERKELEY und HOBBES nicht infrage stellten, wies HUME darauf hin, dass die Identifizierung des zeitl. Nacheinanders von Erfahrungstatsachen (›post hoc‹) mit einem logisch notwendigen Kausalnexus (›propter hoc‹) nicht zu rechtfertigen sei, die Verknüpfung von Ursache und Wirkung nur eine ›Meinung‹ von entsprechenden Erfahrungen darstelle. – Vornehmlich mit eth. Fragestellungen befassten sich die so genannten ›Moral philosophers‹, u. a. SHAFTESBURY, F. HUTCHESON, B. MANDEVILLE und A. SMITH, der durch seine Wirtschaftstheorie bekannt wurde. ABRAHAM TUCKER (* 1705, † 1774) vertrat einen Utilitarismus, WILLIAM GODWIN (* 1756, † 1836) einen Anarchismus. – Im 18. und 19. Jh. setzte die →Schottische Schule – die ältere mit ihren Hauptvertretern T. REID und D. STEWART, die jüngere mit W. HAMILTON in ihrer späteren Phase auch an KANT anknüpfend – gegen BERKELEY, HUME, aber auch gegen LOCKE die ›realist.‹, vom gemeinen Menschenverstand ausgehende Philosophie des Commonsense.

19. und 20. Jahrhundert

In der Philosophie des 19. Jh. waren die Strömungen des Empirismus und Idealismus herrschend. Der Empirismus umfasste in der Ethik den außerhalb des Lehrbetriebs entwickelten →Utilitarismus, begründet durch J. BENTHAM und vertreten von J. MILL, J. S. MILL und A. BAIN, die – mit Ausnahme J. S. MILLS, der auf F. BACONS induktive Methode zurückgriff – erkenntnistheoretisch Anhänger der Assoziationspsychologie waren. Eine deduktive Logik wurde dagegen von RICHARD WHATELEY (* 1787, † 1863), insbesondere aber von G. BOOLE in seiner richtungsweisenden Theorie der →Algebra der Logik und von A. DE MORGAN vertreten. Im weiteren Verlauf des 19. Jh. war die e. P. vom Evolutionsgedanken geprägt, hervorgerufen durch die Evolutionstheorie C. DARWINS. Vertreten wurde diese v. a. von H. SPENCER, der das Gesetz der Evolution im Sinne eines Gesetzes des Fortschritts einem umfassenden philosoph. System zugrunde legte, außerdem u. a. von T. H. HUXLEY, J. TYNDALL und L. STEPHEN. Der beherrschende Gegner der naturalist. Zeitströmungen war der kath. Denker J. H. NEWMAN. W. K. CLIFFORD und J. N. PEARSON entwi-

ckelten eine dem Phänomenalismus E. MACHS nahe stehende wissenschaftstheoret. Position. – Der Idealismus wurde vorbereitet mit der Rezeption des dt. Idealismus v. a. I. KANTS und G. W. F. HEGELS durch die Literaten S. T. COLERIDGE und T. CARLYLE sowie die Philosophen W. HAMILTON, JAMES HUTCHISON STIRLING (* 1820, † 1909) und EDWARD CAIRD (* 1835, † 1908). Er erreichte seine volle Entfaltung bei T. H. GREEN, bes. aber bei F. H. BRADLEY und B. BOSANQUET, für deren Philosophie, anknüpfend an HEGEL, jeweils die Idee eines allumfassenden Absoluten entscheidend war, sowie bei J. McTAGGART.

Der am Ende des 19. Jh. klar dominierende Idealismus wurde zu Beginn des 20. Jh. abgelöst durch den gegen den Neuhegelianismus gerichteten (neuen) Realismus (›realism‹) mit seiner Orientierung an den Methoden und Erkenntnissen der Mathematik und der Naturwissenschaften sowie (bei G. E. MOORE) dem →Commonsense. Er wurde v. a. von MOORE und B. RUSSELL vertreten, die in der →analytischen Philosophie richtungweisend die Vernunftkritik KANTS durch Sprachkritik ersetzten.

Grundlegend wurde der Einfluss des Wieners L. WITTGENSTEIN, der seit 1939 in Cambridge lehrte; Rezeption, Darstellung und Weiterführung seiner Sprachphilosophie dauern bis in die Gegenwart fort (u. a. durch G. F. M. ANSCOMBE, A. J. T. WISDOM, F. WAISMANN). Die analyt. Philosophie durchlief drei Etappen: eine erste mit der Entwicklung einer Wissenschaftssprache als formaler Sprache (so durch B. RUSSELL und A. N. WHITEHEAD); eine zweite mit dem Ausbau eines log. Empirismus (Neupositivismus), vertreten auch von A. J. AYER, in gewissem Sinn auch von K. R. POPPER, der schließlich in der dritten Phase (1945–60) als ›Oxford Philosophy‹ von G. RYLE, J. L. AUSTIN, P. F. STRAWSON und STUART HAMPSHIRE (* 1914) zu einem linguist. Phänomenalismus fortentwickelt wurde.

Kritisch gegen den linguist. Naturalismus wenden sich u. a. H. H. PRICE, E. GELLNER, L. J. COHEN. In den 60er- und 70er-Jahren gewannen in Oxford logisch-systemat. und wissenschaftstheoret. Fragen größere Bedeutung (u. a. R. HARRÉ, Kritik der positivist. Wissenschaftstheorie). Kennzeichnend für die Entwicklung der e. P. in diesem Zeitabschnitt sind weiterhin die Beschäftigung mit Fragen des Marxismus, der formalen Logik (J. ŁUKASIEWICZ; W. und M. KNEALE mit einer bahnbrechenden Geschichte der Logik ›The development of logic‹, 1964), der Philosophie der Mathematik und Naturwissenschaften sowie der Ethik. Der gegenwärtig meistbeachtete Denker in der theoret. Philosophie ist MICHAEL A. E. DUMMETT (* 1925). Für ihn bilden die systemat. Sprachphilosophie und die Logik die Grundlage der gesamten Philosophie. Im Anschluss an G. FREGE, die Spätphilosophie L. WITTGENSTEINS und den mathemat. Intuitionismus hat DUMMETT eine antirealist. Bedeutungstheorie entwickelt, in der die Bedeutung auf die Bedingung der Verifizierbarkeit zurückgeführt wird. Demgegenüber nehmen viele der jüngeren Autoren eine Priorität des Denkens und der Intentionalität an. Daher stellen sie die Philosophie des Geistes über die Sprachphilosophie oder betonen zumindest, dass beide Disziplinen aufeinander angewiesen sind. In der prakt. Philosophie ist BERNARD WILLIAMS (* 1929) einflussreich. Auch die Beschäftigung mit angewandter Ethik hat stark zugenommen. Aufgrund der Abwanderung brit. Philosophen v. a. in die USA sowie der Konvergenztendenzen innerhalb der internat. philosoph. Forschung kann man heute eher von englischsprachiger als von einer e. P. eigenen Gepräges sprechen.

E. VON ASTER: Gesch. der e. P. (1927); E. CASSIRER: Die platon. Renaissance in England u. die Schule von Cambridge (1932); R. METZ: Die philosoph. Strömungen der Gegenwart in Großbritannien, 2 Bde. (1935); M. H. CARRÉ: Phases of thought in England (Oxford 1949, Nachdr. Westport, Conn., 1972); E. LEROUX u. A. LEROY: La philosophie anglaise classique (Paris 1951); P. BÖHNER: Christl. Philosophie von ihren Anfängen bis Nikolaus von Cues (³1954); P. GINESTIER: La pensée anglo-saxonne depuis 1900 (Paris 1956); J. O. URMSON: Philosophical analysis. Its development between the two World Wars (Oxford 1956); L. STEPHEN: History of English thought in the eighteenth century, 2 Bde. (Neuausg. London 1963); J. H. MUIRHEAD: The Platonic tradition in Anglo-Saxon philosophy (Neuausg. New York 1965); British philosophy, in: The encyclopedia of philosophy, hg. v. P. EDWARDS, Bd. 1 (ebd. 1967, Nachdr. ebd. 1972); J. A. PASSMORE: A hundred years of philosophy (Harmondsworth ²1968) u. Suppl.-Bd.: Recent philosophers (London 1985); British moralists 1650–1800, hg. v. D. D. RAPHAEL, 2 Bde. (Oxford 1969); W. R. SORLEY: A history of British philosophy to 1900 (Neuausg. Westport, Conn., 1973); W. RÖD: Die Philosophie der Neuzeit, 2 Bde. (1978–84); Philosophers of the Scottish enlightenment, hg. v. V. HOPE (Edinburgh 1984); Philosophy in Britain today, hg. v. S. G. SHANKER (London 1986); Christl. Philosophie im kath. Denken des 19. u. 20. Jh., hg. v. E. CORETH u. a. (1987).

ẹnglischer Garten, →Gartenkunst.

Ẹnglischer Gruß, →Ave-Maria, →Verkündigung Mariä.

Ẹnglischer Spinat, andere Bez. für den Gartenampfer, →Ampfer.

Ẹnglischer Weizen, der →Rauweizen.

ẹnglisches Gewürz, der →Piment.

ẹnglische Sprache, eine german. Sprache (mit roman. Durchsetzung), die sich von den Brit. Inseln ausbreitend, auf allen fünf Kontinenten gesprochen wird; nach dem Chinesischen die Sprache mit der größten Sprecherzahl, Muttersprache der angelsächs. Sprachgemeinschaft, mit etwa 300–350 Mio. Sprechern, von denen rd. 215 Mio. in den USA, etwa 60 Mio. auf den Brit. Inseln, die übrigen in Kanada, Australien, Neuseeland, der Rep. Südafrika und anderen ehem. brit. Kolonien leben. Darüber hinaus ist die e. S. für weitere etwa 350 Mio. Sprecher in Indien, Pakistan, Nigeria, Kenia u. a. Staaten offizielle Zweitsprache (›English as a second language‹, ESL) und oft das einzige überregionale Verständigungsmittel. Ferner ist die e. S. mit schätzungsweise 1 Mrd. Sprechern die am weitesten verbreitete Fremdsprache der Erde (›English as a foreign language‹, EFL), z. B. als eine der Hauptsprachen des internat. Verkehrs, der Wirtschaft, der Technik und der Wissenschaften sowie seit 1919 neben Französisch auch der Diplomatie. Schließlich spielt die e. S. eine besondere Rolle im Rahmen der internat. Unterhaltungsindustrie, der Werbung und der Jugendkultur.

Geschichte und Eigenart

Man unterscheidet drei große Perioden in der Entwicklung der e. S.: Altenglisch (etwa von 450 bis 1100, wobei die schriftl. Überlieferung erst im 7. Jh. einsetzt), Mittelenglisch (etwa von 1100 bis 1500) und Neuenglisch (seit etwa 1500).
Altenglisch: Nachdem die Römer zu Beginn des 5. Jh. n. Chr. die Prov. Britannia verlassen hatten, eroberten Angeln, Sachsen und Jüten die Insel. Sie sprachen eine Sprache, die eng mit dem damaligen Niederländischen, Friesischen und Niederdeutschen verwandt war. Sie drängten die kelt. Urbevölkerung nach Wales, Schottland und Cornwall zurück. Die Jüten ließen sich im äußersten SO nieder. Die Sachsen nahmen das Land südlich und westlich der Themse in Besitz, und die Angeln siedelten nördlich der Themse. Entsprechend verteilten sich die Dialekte: Kentisch, Westsächsisch und Anglisch. Die Unterschiede waren wohl zu keinem Zeitpunkt sehr ausgeprägt. Der weitaus größte Teil der erhaltenen altengl. Sprachdenkmäler ist im westsächs. Dialekt überliefert, da die schriftl. Zeugnisse der übrigen Bereiche der Insel fast vollständig den Wikingereinfällen des 9. Jh. zum Opfer fielen.

Nur das westsächs. Reich konnte seine Unabhängigkeit wahren, sodass ab etwa 900 Westsächsisch zur literar. Hochsprache des ganzen Landes aufstieg. Mit der Christianisierung durch die irische Mönchskirche übernahmen die Angelsachsen das leicht abgewandelte lat. Alphabet.

Das Altenglische ist (im Ggs. zum Neuenglischen) eine Sprache mit stark strukturiertem Flexionsbestand und relativ freier Wortstellung. Ein nicht geringer Anteil des altengl. Wortguts ist lat. Ursprungs. Doch zeigte sich in Lehnübersetzungen und Wortschöpfungen, die zur Bildung von neuen Begriffen auf den eigenen Formenbestand zurückgriffen, die lebendige Eigenständigkeit der Sprache. Kelt. Sprachgut lässt sich außer in geograph. Eigennamen kaum nachweisen, und skandinav. Formen treten erst verstärkt in mittelengl. Quellen auf. Wie groß der Einfluss des Skandinavischen allerdings im Altenglischen gewesen sein muss, zeigt sich darin, dass neben vielen lexikal. Elementen auch wichtige häufig verwendete grammat. Strukturelemente wie die Pronominalformen ›they‹, ›their‹, ›them‹ eingedrungen sind.

Mittelenglisch: Die Eroberung Englands durch die Normannen (1066) sollte die Entwicklung der e. S. nachhaltig beeinflussen. Die tradierte Volkssprache verlor ihren allgemein verbindl. Charakter; von nun an war Französisch die Sprache des Hofes, des Rechts, der Kirche und der Universitäten, während die breite Bevölkerung weiterhin an ihrer eigenen Sprache festhielt. Eine einzige allgemein verbindl. Form des Mittelenglischen hat es allerdings nie gegeben, aber eine ganze Zahl von Dialekten, die man anhand von Gemeinsamkeiten zu größeren Dialektgebieten zusammenfasst. Nachdem sich London im 14. Jh. zum polit. und kulturellen Zentrum des Landes entwickelt hatte, erlangte der Dialekt dieses Sprachraums überregionale Bedeutung. Aus der Sprache der Londoner Kanzleien ging die neuengl. Sprache hervor. Ein typ. Merkmal dieser Periode war die Aufnahme fremden Wortguts. Ein hoher Prozentsatz des heutigen Vokabulars ist frz. Ursprungs. Zahlreich sind auch die Entlehnungen aus dem Lateinischen und Griechischen. Dazu kamen Entlehnungen aus dem Niederländischen, Spanischen und Deutschen. Die Betonungsstruktur wurde im Laufe der Zeit weitgehend dem german. Muster angepasst. An der Schrift der frz. Schreiber lässt sich die Lautentwicklung erkennen: Die ihnen unbekannten Laute wie [x], [θ], [ʃ] und [w] gaben sie durch Digraphe (gh, th, sh, wh) wieder. Aus Gründen einer deutlicheren Orthographie kam es zu heute willkürlich anmutenden Schreibvarianten in Graphemkombinationen; so wird z. B. in der Umgebung von n, m oder w der Vokal [u] oft als o geschrieben (vgl. neuengl. ›to come‹). In der Aussprache kam es in der Entwicklung vom Altenglischen zu starken qualitativen und quantitativen Veränderungen, die z. T. spontan, d. h. ohne Einfluss der Lautumgebung, z. T. kombinatorisch erklärt werden; sie schlugen sich großenteils auch in Orthographie und Grammatik (z. B. in der Unregelmäßigkeit vieler neuengl. Verbformen) nieder. Schließlich wurden durch die ›great vowel shift‹ alle langen Vokale tief greifend verändert. Mittelenglisch [iː], [eː], [aː], [ɔː], [oː] und [uː] entwickelten sich zu Neuenglisch [aɪ], [iː], [eɪ], [əʊ], [uː] und [aʊ]; mit Ausnahme von [u], das zu [ʌ] wurde, blieben die kurzen Vokale hingegen unverändert. Viele weitere lautl. Veränderungen sind nachweisbar; sie fanden aber ebenso wenig wie die ›great vowel shift‹ Berücksichtigung in der Orthographie. In der Entwicklung der Syntax nimmt das Mittelenglische eine Übergangsstellung von einer synthet. zu einer analyt. Sprachform ein.

Neuenglisch: Das Neuenglische hat einen sehr begrenzten Flexionsbestand. So wird, von wenigen Ausnahmen abgesehen, der Plural durch Anhängen eines -s gebildet. Im Pronominalsystem werden formal drei Kasus (›he‹, ›him‹, ›his‹), im Nominalsystem zwei Kasus unterschieden (›the boy‹, ›the boy's‹). Das Neuenglische kennt fast nur ein natürl. Geschlecht und unterscheidet im Wesentlichen zwei Modi (der Konjunktiv tritt nur sehr begrenzt auf) und drei Zeitstufen: ›present‹ und ›past‹ und ›future‹. Der ›progressive aspect‹, die Verlaufsform (›he is singing‹), wird in fast allen Zeitformen unterschieden. Die Bedeutung eines Satzes wird durch die Position der Satzglieder, die Verwendung von Funktionswörtern (wie Präpositionen, Artikel, Formen von ›to do‹ und weiteren Hilfsverben), durch Unterschiede zw. den Wortarten (›friend‹, ›friendly‹, ›friendliness‹, ›to befriend‹ usw.) sowie durch Faktoren wie Betonung, Intonation und Sprechpausen angezeigt. Das Neuenglische hat einen sehr umfangreichen und heterogenen Wortschatz (etwa 210 000 Stammwörter mit 500 000 bis 750 000 Begriffen), der sich aus der Geschichte, der Verbreitung und dem Kontakt mit anderen Sprachen und Kulturen erklärt. Daneben kennt es eine große Anzahl von z. T. sehr produktiven Wortbildungsprozessen, wie Komposition (›crash barrier‹, ›de‹ + ›frost‹ + ›er‹ = ›defroster‹, ›to employ‹ + ›ee‹ = ›employee‹), Kürzung (›ad‹ aus ›advertisement‹, ›fridge‹ aus ›refrigerator‹) und Kontraktion (›motel‹ aus ›motor‹ und ›hotel‹). Die spontane Bildung neuer Wörter zeigt sich im Phänomen der Konversion oder Nullableitung, d. h. dem Gebrauch eines Wortes in einer anderen Wortklasse (›to father‹), in Rückbildungen (›to babysit‹ von ›babysitter‹) und in Buchstabenwörtern wie z. B. den Akronymen ›UNESCO‹ und ›VIP‹. Charakteristisch ist auch die häufige Verwendung komplexer idiomat. Strukturen, wie z. B. Verb plus Partikel (›to blow up‹). In der Orthographie zeigten sich nach Einführung des Buchdrucks durch W. Caxton (1476) erste Tendenzen zur Vereinheitlichung. Mit ›A dictionary of the English language‹ (1755) von S. Johnson wurde die engl. Rechtschreibung weitgehend festgelegt. Sie spiegelt den Lautstand des späten Mittelenglisch, d. h. der Zeit um 1500. Nachfolgende Lautentwicklungen, die v. a. im Bereich der Vokale zu beträchtl. Veränderungen führten (›great vowel shift‹), sind darin nicht mehr berücksichtigt. Etymologisierende Schreibweisen (›debt‹ [det] von lat. ›debitum‹), Homophone ([si:n], geschrieben ›seen‹ oder ›scene‹), Homographe (›lead‹, gesprochen [li:d] oder [led]) u. a. zeigen, wie sehr Lautung und Schrift divergieren. Dieser Tatbestand hat z. T. beträchtl. Abweichungen in der Aussprache zw. den einzelnen geograph. Varianten gefördert, doch ist von ihm auch eine stabilisierende Wirkung auf Wortgut, Morphologie und Syntax des ›Standard English‹ ausgegangen.

Regionale und soziale Varianten

Der Unterschied zw. dem brit. Englisch und seinen Varianten liegt hauptsächlich in der Aussprache, daneben auch im Wortschatz. Früher nannte man das weithin als Modell akzeptierte, v. a. durch die Schriftsprache charakterisierte Englisch der gebildeten Oberschicht des südlichen Englands ›King's‹ (oder Queen's) English‹, in Dtl. oft ›Oxford-English‹ genannt. Heute bezeichnet man es weniger elitär als ›Standard English‹. Auch zw. diesem und den Dialekten liegt der Hauptgegensatz in der Aussprache, und so ist ›Standard English‹ v. a. durch die ›received pronunciation‹ (akzeptierte Norm der Aussprache, einheitlich und frei von regionalen Zügen) charakterisiert. Unter den **englischen Dialekten** sind hervorzuheben das ›Cockney‹, die Sprache vieler Londoner v. a. aus dem East End, und die nordengl. sowie die westengl. Mundarten. Für das ›Cockney‹ sind folgende Aussprachen charakteristisch: [kaɪk] für ›cake‹,

[nɔɪt] für ›night‹, [naʊ] für ›no‹, [næʊ] für ›now‹ sowie die als ›dropping one's ›hs‹‹ (Weglassen des ›h‹) bekannte Gewohnheit, z. B. bei der Aussprache von hat [æt]. Für die nordengl. Dialekte sind Aussprachen wie [lʊv] für ›love‹, [kat] für ›cat‹, [ke:k] für ›cake‹, [go:] für ›go‹ und [baθ] für ›bath‹ typisch, für die westengl. z. B. stimmhaftes ›s‹ und ›f‹ im Anlaut. Als bedeutende regionale Varianten auf den Brit. Inseln sind ferner zu erwähnen das **Schottische** (oft ›Scottish Standard English‹ genannt), eine im N angesiedelte und variierte Form des Südenglischen) und das **Angloirische** (im S Irlands v. a. durch gäl. Substrat, im N durch das Schottische beeinflusst).

Die neben dem brit. Englisch bedeutendste Variante der e. S. ist das **amerikanische Englisch**, dessen Wurzeln in der engl. Sprachform des Elisabethan. Zeitalters zu suchen sind. In Syntax und Morphologie weicht es nur geringfügig vom brit. Englisch ab. Im Wortschatz (z. B. ›sidewalk‹ mit der Bedeutung ›Bürgersteig‹ gegenüber ›pavement‹ im brit. Englisch; ›creek‹ für ›Bach‹ gegenüber ›kleine Bucht‹ im brit. Englisch) und in der Orthographie (z. B. ›center‹ gegenüber ›centre‹ im brit. Englisch; ›honor‹ gegenüber ›honour‹ im brit. Englisch) sind die Unterschiede schon bedeutender. Bes. charakteristisch jedoch ist die Aussprache des amerikan. Englisch: ›dance‹ mit der Aussprache [dæns] gegenüber [dɑ:ns] im brit. Englisch, ›suit‹ mit der Aussprache [su:t] gegenüber [sju:t] im brit. Englisch, ›bird‹ mit der Aussprache [bərd] gegenüber [bə:d] im brit. Englisch; die Nasalität (›nasal twang‹) von Vokalen in der Nähe von [m, n, ŋ] und der ›drawl‹, eine Dehnung der Wörter. Das ›General American‹, die Aussprache, die für die Gegend von Pennsylvania an westwärts typisch ist, gilt international inzwischen als der ›received pronunciation‹ des brit. Englisch gleichrangig. Die regionalen Unterschiede des amerikan. Englisch sind geringer als die des brit. Englisch; man unterteilt es in drei große Sprachregionen: ›Northern‹, ›Midland‹ und ›Southern‹. Eine soziale und ethn. Sonderform ist das **Black English**; hier wird z. B. ›th‹ zu ›t‹, das ›r‹ geht verloren.

Das **kanadische Englisch** steht dem amerikan. Englisch recht nahe, v. a. was die Aussprache betrifft; es weist aber auch viele Gemeinsamkeiten mit dem brit. Englisch auf, v. a. in Teilbereichen des Wortschatzes. Das **australische Englisch** und das **neuseeländische Englisch** sind eng am brit. ›Standard English‹ orientiert, wenn sie auch einige Besonderheiten in Wortschatz und Aussprache haben. **Südafrikanisches Englisch** ist sowohl in der Syntax als auch im Wortschatz deutlich vom Afrikaans beeinflusst; auf Lexik und Aussprache haben auch versch. Stammessprachen eingewirkt.

Die sprachl. Situation in Indien – und in Ost- und Westafrika – ist verschieden von der in den bisher aufgeführten Staaten, weil Englisch hier nicht die Muttersprache ist. Nur zw. 1 % und 3 % der Inder sprechen Englisch, aber der Einfluss dieser Oberschicht ist groß. Englisch ist die Sprache der Gebildeten; Wissenschaften, Technik und Verwaltung benutzen sie. Die e. S. ist das Medium überregionaler Verständigung. Ähnlich ist die Lage in den ostafrikan. Ländern Äthiopien, Kenia, Uganda, Tansania, Sambia und Malawi. In Westafrika (und hier v. a. in Gambia, Ghana, Kamerun, Liberia, Nigeria und Sierra Leone) ist die e. S. in ihrem sozialen und linguist. Status gefestigter als in Ostafrika und in Indien. In manchen Fällen unterscheidet sich das Englisch vieler Sprecher kaum vom ›Standard English‹ mit ›received pronunciation‹, während zum Beispiel das ›Krio‹ in Sierra Leone eine fast eigene engl. Sprache ist.

⇨ *Anglizismen · Basic English · Cockney · kreolische Sprachen · Oxford-English · Pidgin-English*

Bibliographien und Allgemeines: Annual bibliography of English language and literature (Cambridge 1921 ff.); The

Year's Work in English Studies (London 1921 ff.); MLA international bibliography of books and articles on the modern languages and literatures (New York 1957 ff., früher u. a. T.); C. L. WRENN: The English language (Neuausg. London 1977); S. POTTER: Changing English (ebd. ²1975); DERS.: Our language (Neuausg. Harmondsworth 1982); K. WÄCHTLER: Geographie u. Stratifikation der e. S. (1977); English as a world language, hg. v. R. W. BAILEY u. a. (Neuausg. Cambridge 1984); K. BRUNNER: Die e. S., 2 Bde. (²1984); P. HOWARD: The state of the language (London 1984); E. LEISI: Das heutige Englisch (⁷1985); H. HÖHLEIN u. a.: Auswahlbibliogr. zum Studium der anglist. Sprachwiss. (1987); D. CRYSTAL: The English language (Harmondsworth 1988, Nachdr. London 1990); K. REICHL: Engl. Sprachwiss. Eine Bibliogr. (1993); P. TRUDGILL u. J. HANNAH: International English (London ³1994).

Sprachgeschichte: *Insgesamt:* K. LUICK: Histor. Gramm. der e. S., 2 Tle. (1914–40, Nachdr. 1964); O. JESPERSEN: Growth and structure of the English language (Garden City, N. Y., ⁵1955); B. M. H. STRANG: A history of English (London 1970); H. E. PINSKER: Histor. engl. Gramm. (⁴1974); A. C. BAUGH: A history of the English language (London ³1978); T. PYLES: The origins and development of the English language (New York ³1982); H. KOZIOL: Grundzüge der Gesch. der e. S. (³1984). – *Altenglisch:* J. BOSWORTH: An Anglo-Saxon dictionary, hg. v. T. N. TOLLER (Neuausg. London 1954); J. R. C. HALL u. H. D. MERITT: A concise Anglo-Saxon dictionary (Cambridge ⁴1960); K. BRUNNER: Altengl. Gramm. Nach der angelsächs. Gramm. v. E. Sievers (³1965); H. PILCH: Altengl. Gramm., 2 Bde. (1970); F. HOLTHAUSEN: Altengl. etymolog. Wb. (³1974). – *Mittelenglisch:* Middle English dictionary, hg. v. H. KURATH u. a., auf mehrere Bde. ber. (Ann Arbor, Mich., 1952 ff.); T. F. MUSTANOJA: A Middle English syntax, auf mehrere Bde. ber. (Helsinki 1960 ff.); F. MOSSÉ: Hb. des Mittelenglischen (a. d. Frz., 1969); DERS.: Mittelengl. Kurzgramm. (a. d. Frz., ³1986); E. E. WARDALE: An introduction to Middle English (Neuausg. London 1972).

Wörterbücher: The Oxford English dictionary, 13 Bde. u. 4 Suppl.-Bde., hg. v. J. A. H. MURRAY u. a. (Oxford 1933–86); K. WILDHAGEN: Engl.-dt., dt.-engl. Wörterbuch, neu bearb. v. W. HÉRAUCOURT, 2 Bde. (²1963–72); The Oxford dictionary of English etymology, hg. v. C. T. ONIONS (Oxford 1966); The advanced learner's dictionary of current English, hg. v. A. S. HORNBY u. a. (Neuausg. London 1972); P. M. ROGET: Roget's thesaurus of English words and phrases, hg. v. R. A. DUTCH (Neuausg. ebd. 1972); W. LITTLE: The shorter Oxford English dictionary on historical principles, hg. v. C. T. ONIONS (Oxford ³1973); W. W. SKEAT: An etymological dictionary of the English language (Neuausg. ebd. 1974); The Nuttall dictionary of English synonyms and antonyms, hg. v. G. E. CHRIST (Neuausg. London 1978); Webster's new dictionary of synonyms, hg. v. P. B. GOVE (Neuausg. Springfield, Mass., 1978); Webster's third new international dictionary of the English language, hg. v. DEMS., 3 Bde. (Neuausg. Chicago, Ill., 1981) u. Suppl.-Bd.: Six thousand words (Springfield, Mass., 1976); The concise Oxford dictionary of current English, hg. v. J. B. SYKES (Oxford ⁷1982); H. MESSINGER u. a.: Langenscheidts Großwb. der engl. u. dt. Sprache, 2 Bde. (1982–85); B. BREITSPRECHER u. a.: Pons Globalwb. Dt.-Engl., Engl.-Dt., 2 Bde. (1983); Webster's ninth new collegiate dictionary, hg. v. F. C. MISH (Springfield, Mass., 1983); Longman dictionary of contemporary English (Neuausg. 1987).

Grammatik und Wortschatz: O. JESPERSEN: A modern English grammar, 7 Bde. (Neuausg. Heidelberg 1949–54); C. C. FRIES: The structure of English (London 1958); H. SWEET: A new English grammar, 2 Bde. (Neuausg. Oxford 1968–71); H. MARCHAND: The categories and types of presentday English word-formation (München ²1969); V. H. COLLINS: The choice of words (London ⁹1970); H. KOZIOL: Hb. der engl. Wortbildungslehre (²1972); I. ULLMANN: Semantics (Neuausg. Oxford 1972); H. KOZIOL: Grundzüge der engl. Semantik (Wien ²1974, mit Bibliogr.); R. W. ZANDVOORT: A handbook of English grammar (London ⁷1975); M. SCHELER: Der engl. Wortschatz (1977); J. LYONS: Semantik, 2 Bde. (a. d. Engl., 1980–83); A. BLASS u. W. FRIEDRICH: Engl. Wortschatz in Sachgruppen (¹¹1981); H. W. FOWLER: A dictionary of modern English usage (Neuausg. Oxford 1984); R. HUDDLESTON: Introduction to the grammar of English (Cambridge 1984); M. LEHNERT: Der engl. Grundwortschatz (Leipzig ⁶1984); A. LAMPRECHT: Gramm. der e. S. (Berlin-Ost ⁶1986); A comprehensive grammar of the English language, bearb. v. R. QUIRK u. a. (Neuausg. London 1995).

Phonetik, Phonologie: H. KOZIOL: Die Aussprache des Engl. (Wien 1959); O. JESPERSEN: English phonetics (a. d. Dän., Kopenhagen ⁸1966); T. GARDNER: Einf. in die moderne engl. Phonologie (1975); D. JONES: An outline of English phonetics (Neuausg. Cambridge 1976); DERS.: Everyman's English pronouncing dictionary (Neuausg. London 1986); A. C. GIMSON: An introduction to the pronunciation of English (ebd. ³1980); G. SCHERER u. A. WOLLMANN: Engl. Phonetik u. Phonologie (³1987).

Mundarten des britischen Englisch: The English dialect dictionary, hg. v. J. WRIGHT, 6 Bde. (London 1898–1905, Nachdr. 1970); J. WRIGHT: The English dialect grammar (Oxford 1905, Nachdr. 1968); H. WAGNER: Linguistic atlas and survey of Irish dialects, 4 Bde. (Dublin 1958–69, Nachdr. Bd. 1, 2, 4, ebd. 1981–82); Survey of English dialects, hg. v. H. ORTON u. a., 12 Bde. (¹⁻²1962–71); The linguistic atlas of Scotland, hg. v. J. Y. MATHER u. a., 2 Bde. (London 1975–77); W. VIERECK: Regionale u. soziale Erscheinungsformen des brit. u. amerikan. Englisch (1975); The linguistic atlas of England, hg. v. H. ORTON u. a. (London 1978); G. L. BROOK: English dialects (ebd. ³1979); A. HUGHES u. P. TRUDGILL: English accents and dialects. An introduction to social and regional varieties of British English (ebd. 1979); Standards and dialects in English, hg. v. T. SHOPEN u. J. M. WILLIAMS (Cambridge, Mass., 1980).

Amerikanisches Englisch: C. C. FRIES: American English grammar (New York 1940); A pronouncing dictionary of American English, hg. v. J. S. KENYON u. a. (Neuausg. Springfield, Mass., 1953, Nachdr. ebd. 1975); C. K. THOMAS: An introduction to the phonetics of American English (New York ²1958); H. GALINSKY: Die Sprache des Amerikaners, 2 Bde. (²1959); M. S. ALLWOOD: American and British. A handbook of American-British language differences (Mount Pleasant, Ia., 1964); A dictionary of American English on historical principles, hg. v. W. A. CRAIGIE u. J. R. HULBERT, 4 Bde. (Neuausg. London 1968–74); G. KIRCHNER: Die syntakt. Eigentümlichkeiten des amerikan. Englisch, 2 Bde. (1970–72); P. STREVENS: British and American English (London 1972); G. GRÄF u. H. SPITZBARDT: Amerikan. Englisch (Leipzig ³1976); A. H. MARCKWARDT: American English, neu bearb. v. J. L. DILLARD (New York ²1980); Language in the USA, hg. v. C. A. FERGUSON u. a. (Cambridge 1981); H. L. MENCKEN: The American language (Neuausg. New York ⁴1992).

Englisches Raigras, Art der zu den Süßgräsern gehörenden Pflanzengattung →Lolch.

Englisches Vollblut, engl. **Thoroughbred** [θʌrə'bred], frz. **Pur Sang** [pyr'sã], auf der Grundlage irischer und kelt. Landrassen seit dem 17. Jh. gezüchtete Pferderasse, die auf drei oriental. Hengste als Stammväter zurückgeführt wird. Eine Reinzucht in England begann Ende des 18. Jh. Das E. V. ist ein früh-

Englisches Vollblut (Stockmaß 160–170 cm)

reifes, leichtes, sehr edles Pferd (Stockmaß 160–170 cm), das außer im Rennsport, im Reitsport (v. a. Military) und zur Veredlung von Warmblütern in der Zucht eingesetzt wird. Einer der berühmtesten E. V. war der Hengst ›Eclipse‹ (* 1764), auf dessen Linie rd. 85 % aller Sieger im Rennsport zurückgehen.

englische Weine, engl. **English Wines** [ˈɪŋglɪʃ ˈwaɪns], aus vergorenem Most von in Großbritannien in Freikultur gewachsenen Trauben bereitete Weine; im Ggs. zu **British Wines,** die überwiegend aus Traubenmostkonzentraten ausländ. (v. a. span., ital., alger.) Ursprungs in Großbritannien zu schweren Weinen, v. a. Rotweinen (Claret), Sherry und Portwein verarbeitet werden. Rund 1 000 ha Rebfläche in Südengland und Wales sind v. a. mit Müller-Thurgau-Reben, der Hybridrebe Seyval Blanc, Reichensteiner sowie meist weißen dt. Neuzüchtungen bepflanzt. Der Durchschnittsertrag an Wein liegt in guten Jahren bei rd. 35 hl/ha.

Ẹnglischhorn, ital. **Cọrno ingleṣe,** frz. **Cor anglais** ['kɔr ãˈglɛ], eine in der ersten Hälfte des 18. Jh. aus der Oboe da caccia entwickelte Altoboe in F (Umfang es–b²; klingt eine Quinte tiefer als notiert) mit einem birnenförmigen Schallbecher (Liebesfuß). Das E. wurde zunächst in gebogener, seltener gewinkelter Form gebaut und bekam nach 1820 seine heutige gerade Form mit abgebogenem Mundstück und Klappen. Seit Mitte des 19. Jh. regelmäßig im Orchester vorgeschrieben, wird das E. auch kammermusikalisch eingesetzt.

Ẹnglischleder, festes Gewebe, →Moleskin.

ẹnglisch-niẹderländische Seekriege, drei Kriege des 17. Jh. zw. England und den Niederlanden um die Vorherrschaft auf See. Im 1. Krieg (1652–54), der wegen der niederländ. Weigerung zur Anerkennung der →Navigationsakte ausbrach, wurden die Niederlande zur Respektierung der Akte gezwungen (Frieden von Westminster 1654). Im 2. Krieg (1664/65–67) erreichten die mit Frankreich verbündeten Niederlande durch ihre auf Betreiben von J. DE WITT verstärkte Flotte einen kolonialpolit. Kompromiss und eine Modifikation der Navigationsakte (Friede von Breda 1667). Nach einem kurzen englisch-niederländ. Bündnis im →Devolutionskrieg eröffnete der engl. König KARL II. mit seiner auf den Geheimvertrag von →Dover (1670) gestützten Kriegserklärung den 3. Krieg (1672–74). Die den Seekrieg begleitende, zunächst erfolgreiche frz. Landoffensive führte zum Zusammenbruch der Herrschaft DE WITTS und zur Ausrufung WILHELMS III. VON ORANIEN zum Statthalter, während sich die von M. A. DE RUYTER geführte niederländ. Flotte siegreich gegen die überlegenen englisch-frz. Seestreitkräfte behauptete. Durch innenpolit. Schwierigkeiten gezwungen, musste KARL II. im zweiten Frieden von Westminster (1674) auf eine Bestätigung des in Breda erreichten Status quo eingehen.

Ẹnglischrot, ein Eisenpigment, →Caput mortuum.

ẹnglisch-spạnische Seekriege, Bez. für die krieger. Auseinandersetzungen zw. England und Spanien im 16. Jh., die im Untergang der span. →Armada (1588) gipfelten. – 1655–58 führte O. CROMWELL einen See- und Kolonialkrieg gegen Spanien.

English Chamber Orchestra ['ɪŋglɪʃ 'tʃeɪmbəˈɔːkɪstrə], brit. Kammerorchester, gegr. 1948 von ARNOLD GOLDSBROUGH (* 1892, † 1964), musiziert auch in sinfon. Besetzung; spielte seit 1961 beim Aldeburgh Festival unter B. BRITTEN; es blieb ohne Chefdirigenten.

English Channel ['ɪŋglɪʃ 'tʃænl], der →Ärmelkanal.

English National Ballet ['ɪŋglɪʃ 'næʃnl 'bælət], →London Festival Ballet.

Ẹnglishwaltz ['ɪŋlɪʃwɔːls] der, -/-, langsamer Walzer in ruhigem, gleichmäßigem ³/₄-Takt, mit meist sentimentaler Melodik, dem nordamerikan. →Boston verwandt. Der E. kam um 1920 aus den USA nach Europa und gehört seit 1929 zu den Standardtänzen.

Engmaulfrösche, Microhylidae, außereurop. Familie der Froschlurche mit auffallend kleinem, oft zugespitztem Maul. Zu ihnen gehören u. a. Regenfrosch und Indischer Ochsenfrosch.

Engobe [ãˈgoːbə, frz.] die, -/-n, **Beguss, Anguss,** aus Tonschlamm bestehender Überzug auf einer keram. Grundmasse (Rohling), der beim Brennen eine gleichmäßige Oberfläche und Färbung liefert. Farbige E. erhalten durch Metalloxide (z. B. Chromoxid, Kobaltoxid) die gewünschte Färbung. Vielfach werden E. in der Ziegelindustrie, etwa bei Herstellung von Dachziegeln, benutzt. Mit E. wurde die Halbfayence (→Fayence) hergestellt. Diese Technik, die eine Abstimmung der keram. Grundmasse und der E. im Hinblick auf den Schwindungsgrad der beiden Massen beim Brennen erfordert, wurde zuerst in Vorderasien angewendet.

Ẹngpass, Bottleneck ['bɔtlnɛk, engl.], die durch Mangel an Betriebsanlagen, Rohstoffen, Facharbeitern und anderen Produktionsstellen entstehenden Unterkapazitäten, die eine (mögliche) höhere Produktion verhindern. Betriebswirtschaftlich besteht kurzfristig die Tendenz, das Gesamtsystem betriebl. Planung im E.-Bereich (z. B. Produktion) anzupassen; langfristig besteht dagegen die Tendenz einer Anpassung des E.-Bereichs an das Niveau der anderen betriebl. Teilbereiche. Auf die Volkswirtschaft übertragen führen E. in bestimmten Wirtschaftszweigen (z. B. Grundstoffindustrie) zur Unterauslastung von Kapazitäten in nachfolgenden Wirtschaftszweigen. Gesamtwirtschaftlich gesehen können bestimmte **E.-Faktoren** (z. B. Mangel an qualifizierten Arbeitskräften, an techn. Wissen, an Infrastruktur), die nicht durch Mehreinsatz anderer Potenzialfaktoren zu ersetzen sind, die wirtschaftl. Entwicklung behindern.

Ẹngpassleistung, höchste Leistung eines Kraftwerkes, die bei bestimmungsgemäßem Betrieb ohne zeitl. Einschränkung und unter Normalbedingungen (bezüglich Kühlwasserverhältnissen, Brennstoffqualität) zu erbringen ist; sie ist durch den leistungsschwächsten Anlageteil (›Engpass‹) begrenzt.

Ẹngramm [griech.] das, -s/-e, nach R. SEMON die Gedächtnisspur (›mnemische Spur‹), die durch Reize im Gehirn eingeschrieben wird und auf spätere ähnl. Reize eine gleiche Reaktion wie auf den Originalreiz ermöglicht.

Engraulidae, wiss. Name der →Sardellen.

Ẹngström, Albert, schwed. Zeichner und Schriftsteller, * Lönneberga (bei Hultsfred, Verw.-Bez. Kalmar) 12. 5. 1869, † Stockholm 16. 11. 1940; war 1925–35 Prof. in Stockholm; gründete 1897 die humorist. Zeitschrift ›Strix‹ (seit 1924 ›Söndagsnisse-Strix‹) und schrieb Erzählungen. In seinen Zeichnungen stellte er mit groteskem Humor und prägnanter Charakteristik einerseits die ›feinen‹ Leute, andererseits heruntergekommene Bauern und Landstreicher dar.

Ausgaben: Skrifter, 15 Bde. (Neuausg. 1949–51). – Gestalten, 2 Bde. (1925, dt. Auswahl).

Enharmọnik [zu griech. enarmónios ›in der Harmonia‹], in der antiken griech. Musik im Ggs. zu →Diatonik und →Chromatik jenes Tongeschlecht, das neben großen Intervallen auch die sehr kleinen, enharmon. Intervalle benutzt, die kleiner sind als der chromat. Halbton, z. B. Drittel- und Vierteltöne. Auch im MA. und dann bes. in der an der Antike orientierten Musiklehre des 16. Jh. wurde mit enharmon. Tonstufen operiert. Heute bezeichnet E. das Verhältnis zweier Töne, die durch Erhöhung bzw. Erniedrigung zweier benachbarter Stammtöne gebildet werden, z. B. fis (als Erhöhung von f) und ges (als Erniedrigung von g). Mit der temperierten Stimmung (seit dem Beginn des 18. Jh.) fallen enharmonisch unterschiedene Töne in einen Ton (auf eine Taste) zusammen (fis = ges). **Enharmọnische Verwechslung** ist die bloß schreibtechn. Auswechslung von ♯ und ♭ zwecks leichterer Lesbarkeit. Dagegen spricht man von **enharmonischer Umdeutung,** wenn die andere Schreibweise des gleichen Tons eine →Modulation in eine andere Tonart anzeigt (z. B. fis in D-Dur wird zu ges in Des-Dur).

Englischhorn
(moderne Bauart)

O. GOMBOSI: Tonarten u. Stimmungen der antiken Musik (Kopenhagen 1939); M. VOGEL: Die E. der Griechen, 2 Bde. (1963).

ENIAC, Abk. für **E**lectronic **N**umerical **I**ntegrator and **C**omputer [engl.], vollständig mit Elektronenröhren (mehr als 18 000) arbeitende, erste größere elektron. Rechenmaschine mit 1 KByte Arbeitsspeicher; von J. W. MAUCHLY, J. P. ECKERT u. a. an der Universität von Pennsylvania Ende 1945 fertig gestellt.

Enikel, Jans Jansen, mittelhochdt. Dichter, →Jansen Enikel, Jans.

Eningen unter Ach|alm, Gem. im Landkreis Reutlingen, Bad.-Württ., am Albtrauf, 463 m ü. M., 10 000 Ew.; Elektro- u. a. Industrie; staatlich anerkannter Erholungsort, Fremdenverkehr.

Enisej [jeni'sɛɪ] *der,* Strom in Sibirien, →Jenissej.

Enisejsk [jeni'sɛɪsk], Stadt in Russland, →Jenissejsk.

ENI S. p. A. [ENI, Abk. für **E**nte **N**azionale **I**drocarburi], ital. Energiekonzern, gegr. 1953; Sitz: Rom. Tätigkeitsschwerpunkte sind Erforschung, Gewinnung, Verarbeitung, Transport und Vertrieb von Erdöl und Erdgas, Produktion und Vertrieb von Mineralölerzeugnissen, Petrochemie, Dienstleistungen. Die ENI S. p. A. hält als Holdinggesellschaft die Aktien operativer Dachgesellschaften, denen zahlr. Tochterunternehmen im In- und Ausland zugeordnet sind, z. B. **AGIP S. p. A.** (Erdöl- und Erdgasförderung), **AGIP Petroli S. p. A.** (Verarbeitung von Rohöl, Handel mit Mineralölprodukten). 1992 wurde der Konzern in eine AG umgewandelt und befindet sich seitdem in einem tief greifenden Umstrukturierungsprozess, der bisher mit dem Verkauf von etwa 100 Tochtergesellschaften verbunden war; Ende 1995 wurde der bisher staatl. Konzern teilprivatisiert; Umsatz (1995): rd. 36,4 Mrd. US-$, Beschäftigte: 111 400.

Eniwetok [e'ni:wətɔk, enɪ'wi:tɔk], Atoll mit 40 Inseln in der Ralikgruppe der Marshallinseln; war seit 1947 (mit dem benachbarten Bikini) US-Treuhandgebiet Pazifische Inseln und Kernwaffenversuchsgebiet der USA (daher 1946 Evakuierung der Bev.); hier wurde am 1. 11. 1952 die erste Wasserstoffbombe gezündet. Seit 1980 leben auf E. wieder etwa 540 Menschen, die jedoch nur Teile des Atolls betreten dürfen; möglicherweise ist diese Rücksiedlung nicht von Dauer, da inzwischen bei den Bewohnern einiger weiterer Inseln Strahlungsschäden festgestellt wurden.

Enjambement [ãʒãb'mã] frz., zu enjamber ›überspringen‹] *das, -s/-s,* **Versbrechung, Zeilensprung,** das Übergreifen des Satzes und damit des Sinnes über das Ende eines Verses oder einer Strophe; z. B.:
›Ich melde dieses neue Hindernis
dem Könige geschwind; beginne du
das heil'ge Werk nicht eh', bis er's erlaubt.‹
(GOETHE)
In der mittelhochdt. Dichtung wurde das E. bewusst zu einer Eigenart der Verstechnik entwickelt (**Hakenstil,** im Ggs. zum Zeilenstil). In neuerer Zeit hat bes. R. M. RILKE das E. verwendet. Im frz. Alexandriner wurde das E. seit F. MALHERBE und N. BOILEAU-DESPRÉAUX streng vermieden; erst seit der Romantik tauchte es wieder auf.

Enkaustik [griech., eigtl. ›zum Einbrennen gehörende (Kunst)‹] *die, -,* Maltechnik, bei der die Pigmente durch auf bestimmte Weise behandeltes Wachs gebunden sind. Während man heute elektrisch heizbare Malinstrumente verwendet, wurden in der griech. Antike die erwärmten Wachsfarben mit dem heißen Metallspachtel aufgetragen und anschließend durch Hitzeeinstrahlung (durch glühende Eisen) eingebrannt. Bindemittel war das ›pun. Wachs‹, das man aus Bienenwachs durch Behandlung mit Soda und Aufkochen mit Meerwasser herstellte. Wieder entdeckt wurde diese im 6. Jh. n. Chr. in Vergessenheit ge-

ratene Technik (lediglich in der byzantin. Ikonenmalerei lebte sie bis ins 12. Jh. fort) trotz vieler Versuche seit dem 16. Jh. erst im 20. Jh. Die E. auf Holz, Marmor, Elfenbein und Leinwand ist v. a. für die verlorene antike Tafelmalerei bezeugt, aber auch für die Fassung von dor. Tempeln und von Skulpturen. An der Trajanssäule in Rom wurden Spuren von E. entdeckt, auch sind ägypt. Mumienporträts (1.–4. Jh. n. Chr.) in E. erhalten.

Enkaustik: Mumienporträt zweier Brüder, 2. Jh. n. Chr. (Kairo, Ägyptisches Museum)

Enke, Wilhelmine, Geliebte des preuß. Königs FRIEDRICH WILHELM II., →Lichtenau, Wilhelmine Gräfin von.

Enkel [spätahd. eninchili, Verkleinerungsform zu ahd. ano ›Ahn‹, ›Großvater‹ (da der E. als der wieder geborene Großvater galt)], Kindeskind.

Enkeltafel, Nachfahrentafel, *Genealogie:* Tafel, auf der die von einem Ehepaar abstammenden Menschen in männl. und weibl. Linie verzeichnet sind; Ggs.: →Ahnentafel.

Enkephaline [zu griech. enképhalos ›Gehirn‹], *Sg.* **Enkephalin** *das, -s,* →Endorphine.

Enke Verlag, Ferdinand E. V. KG, Stuttgart (seit 1874), gegr. 1837 in Erlangen durch FERDINAND ENKE (* 1810, † 1869); seit 1975 mehrheitl. Beteiligung des **Georg Thieme Verlags KG.** Verlagsgebiete: Medizin, Veterinärmedizin, Geologie, Psychologie, Soziologie, Rechtswissenschaft, Buchreihen, Zeitschriften.

Enkhuizen [ɛŋk'hœjzə], Stadt in der Prov. Nordholland, Niederlande, am IJsselmeer, 16 100 Ew.; Papier- und Metallverarbeitung; Fremdenverkehr; in der Umgebung Blumenzwiebelzucht und Gemüsebau; Markerdamm nach Lelystad. – Gut erhaltenes Stadtbild innerhalb der zweiten Umwallung (Stadttor ›Koepoort‹ von 1649). Zuiderkerk (15. Jh.), eine zweischiffige Backsteinhalle mit hohem W-Turm, und Westerkerk (15./16. Jh.), eine dreischiffige Halle mit hölzernem Tonnengewölbe und frei stehendem Turm. Das Stadhuis (1686–88) ist ein stattl. Bau mit Sandsteinfassade. In der ›Waag‹ (1559) das städt. Museum; Zuiderseemuseum (Volkskunde) in einem ehem. Packhaus der Ostind. Kompanie (1625). Am Hafen das ›Dromedaris‹, ein Rundturm (16. Jh.) mit Glockenspiel. – 1355 entstand die Stadt E. durch die Zusammenlegung der Dörfer Gommerskerspel und E. (vermutl. Gründung um 1000, erste Erwähnung 1299). Die durch Seehandel und Fischereigewerbe rasch zu Wohlstand gelangende Stadt dehnte sich bis 1590 (letzte Befestigungsanlage) mehrfach aus. Im nieder-

Enkhuizen: Blick auf den Hafen mit dem ›Dromedaris‹, einem Rundturm aus dem 16. Jh.

länd. Freiheitskampf kam E. besonders strateg. Bedeutung zu. Die Stadt war zunächst Ausgangsbasis der span. Flotte, doch bereits 1572 übernahmen die Geusen E. und machten es zur Basis ihrer Seestreitkräfte. Der prot. Glaube konnte sich in E. nur langsam durchsetzen, gegen Ende des 17. Jh. war E. eine Hochburg des Kalvinismus. Nach dem ersten Viertel des 17. Jh. sank E. zu einer unbedeutenden Provinzstadt herab. Mit dem Bau der Eisenbahnlinie nach Amsterdam (1885) nahm die Stadt einen neuen Aufschwung.

E̲nki [›Herr des Unten‹], sumer. Gott, entspricht dem babylon. Gott →Ea.

Enkla̲ve [frz., zu enclaver ›festnageln‹] *die, -/-n*, Gebietsteil eines fremden Staates, der vom eigenen Staatsgebiet vollständig umschlossen ist; vom Standpunkt des anderen Staates aus wird der abgetrennt liegende Gebietsteil **Exkla̲ve** (Ausschluss) genannt. E. unterliegen häufig einer vereinbarten Sonderstellung in Bezug auf Währung, Zoll und Post, i. d. R. bestehen auch Vereinbarungen über den Zugang. Eine dt. E. in der Schweiz ist das Dorf Büsingen am Hochrhein.

Enkli̲se [griech. ›das Hineinegen‹] *die, -/-n, Sprachwissenschaft:* Anlehnung eines schwach betonten Wortes an das vorhergehende Wort, mit dem es sich zu einer Akzenteinheit verbindet (z. B. ›es‹ in ›geht es?‹). Dabei kann auch völliger Lautverlust des schwachtonigen Wortes (**Enkli̲tikon**) eintreten (z. B. ›gehts?‹); Ggs.: Proklise.

Enko̲lpion [zu griech. enkólpios ›auf der Brust‹] *das, -s/...pi̱en*, meist oval geformtes Medaillon mit einem Bild (häufig von der Mutter JESU), das die ostkirchl. Bischöfe auf der Brust tragen; in der alten Kirche von den Christen allgemein ›zum Schutz des Lebens‹ getragen.

Enko̲mi, Ruinenstätte in O-Zypern, nordwestlich von Famagusta. E. war eine bedeutende spätbronzezeitl. Hafenstadt (jetzt 3 km von der Küste entfernt) nahe der Mündung des Pedieos; wohl Anfang des 2. Jt. v. Chr. als befestigte Stadt gegründet, die seit Mitte des 16. Jh. v. Chr. als Kupferzentrum einen neuen Aufschwung nahm. In den Gräbern eine Fülle kostbarer, mykenisch beeinflusster Funde (v. a. aus dem 14./13. Jh. v. Chr.): Keramik, Schmuck, Kleinkunst (Elfenbein-, Fayencearbeiten, Rollsiegel, Bronzegefäße). Nach der Zerstörung Ende des 13. Jh. v. Chr. erfolgte ein Neuaufbau; freigelegt wurden u. a. Reste kyklop. Mauern, eines Heiligtums, in dem die Bronzestatuette eines gehörnten Gottes des frühen 12. Jh.

v. Chr. gefunden wurde, und eines Megaronhauses. Der Einbruch der Seevölker aus dem südl. Anatolien, Erdbeben, Sturmfluten führten im 12. Jh. v. Chr. zum Niedergang der Stadt, die aufgegeben wurde. – E. war wohl nicht die alte zypr. Hauptstadt Alasia.

Enko̲mion [griech.] *das, -s/...mi̱en*, Loblied, -gedicht, -rede, urspr. auf den Sieger in griech. Festspielen (→Epinikion), von Chören unter Flöten- u. a. instrumentaler Begleitung vorgetragen. Bekannte Verfasser von E. waren u. a. SIMONIDES, PINDAR und BAKCHYLIDES. Später wurde E. zur allgemeinen Bez. für Preisrede und -lied; eine satir. Variante findet sich später u. a. bei ERASMUS VON ROTTERDAM (›Encomium moriae‹, 1509–11; dt. ›Lob der Torheit‹).

Enkö̲ping [ˈeːntçøˌpiŋ], Industriestadt nördlich vom Mälarsee, Schweden, 36 100 Ew.; eine der ältesten Städte des Landes. – Das mittelalterl. Stadtbild z. T. erhalten; zahlr. bemalte Holzhäuser; Liebfrauenkirche (12. Jh.). – Das 1164 als Köping erstmals erwähnte E. erhielt 1300 Stadtrecht. Die Stadt wurde 1389, 1572, 1609 und 1799 von Bränden zerstört. – In der Schlacht von E. siegte 1365 König ALBRECHT über seinen entthronten Onkel MAGNUS II. ERIKSSON sowie dessen Sohn HÅKON von Norwegen.

Enkulturation [engl.] *die, -,* 1) *Archäologie* und *Ethnologie:* Begriff für die Ausbreitung von Kulturelementen innerhalb der Trägergruppe einer Kultur; die Diffusion erfolgt in ›vertikaler‹ Richtung, d. h., von der herrschenden Schicht ausgehend, werden sie von immer breiteren Bevölkerungskreisen aufgenommen. Ggs.: →Akkulturation.
2) *Soziologie* und *Kulturanthropologie:* ein Grundbegriff, der i. w. S. die Gesamtheit bewusster und unbewusster Lern- und Anpassungsprozesse bezeichnet, durch die das menschl. Individuum im Zuge des Hineinwachsens in eine Gesellschaft die wesentl. Elemente der zugehörigen Kultur übernimmt und folglich zu einer soziokulturellen Persönlichkeit heranreift. Durch Internalisierung (Verinnerlichung) werden die gelernten kulturellen Elemente (Sprache, weltanschaul. Orientierungen, Wert- und Normensysteme, Verhaltensmuster und Fertigkeiten) zu Selbstverständlichkeiten des individuellen Empfindens und des alltäglichen Verhaltens. – I. e. S. bezeichnet E. nach D. CLAESSENS jene Phase der frühkindl., primären Sozialisation, in der das Individuum nach erfolgreicher Soziabilisierung insbesondere im Rahmen seiner Kernfamilie in die kulturelle Rolle eingeführt wird.

D. CLAESSENS: Familie u. Wertsystem (⁴1979); E. H. ERIKSON: Kindheit u. Gesellschaft (a. d. Amerikan., ¹²1995).

E̲nlil [›Herr des Sturmes‹], sumer. Gott mit Tempel in Nippur, urspr. wohl Sturmgott, Beherrscher des

Enkomi: Spätmykenischer Krater; Ton mit Firnisbemalung, Höhe 27 cm; 13. Jh. v. Chr. (London, Britisches Museum)

Raumes zw. Himmel und Erde und schließlich der Erde selbst. Aus dem erschlagenen Chaosungeheuer erschuf er nach babylon. Glauben die Welt. – An seine Stelle trat später →Marduk von Babylon.

en masse [ã'mas, frz.], in großen Mengen (vorhanden, vorkommend), zahlreich.

en miniature [ãminja'ty:r, frz.], *bildungssprachlich:* in kleinem Maßstab (nachgebildet), im Kleinen (dargestellt).

Ẹnna, 1) bis 1927 **Castrogiovanni** [-dʒo'vanni], Provinzhauptstadt im Zentrum Siziliens, Italien, auf steiler Anhöhe 931 m ü. M., 28 300 Ew.; Agrarmarkt und Industriestandort; Fremdenverkehr; nördlich der Stadt liegt in Sichtweite, ebenso auf steilem Bergrücken, das kleinere **Calascibetta**. Bei E. liegt der **Lago di Pergusa** (im Gipskarst), an dessen Ufern nach der griech. Sage Persephone von Pluton in die Unterwelt entführt wurde. Um den See verläuft die 4,79 km lange Motorsport-Rennstrecke Enna **(Ente Autodromo di Pergusa).** – Die Stadt wird beherrscht von der Burg (Castello di Lombardia), einer normannisch-stauf. Anlage mit sechs (urspr. 20) Türmen. Der Dom wurde 1307 begonnen, im 16./17. Jh. barock umgebaut. – E., im Altertum auch **Hẹnna** gen., war weithin bekannt durch ein Heiligtum der Göttinnen Demeter und Persephone; die bereits in vorgriech. Zeit entstandene Siedlung der Sikuler kam im 7./6. Jh. v. Chr. unter griech. Einfluss, wurde 396 v. Chr. von DIONYSIOS I. von Syrakus erobert und war im 1. Pun. Krieg mit Rom verbündet; im Sklavenkrieg 136–132 v. Chr. Residenz des Sklavenführers EUNUS; 132 v. Chr. wurde es endgültig römisch, später byzantinisch. 859 kam E. in arab. und 1087 in normann. Besitz (seitdem **Castrogiovanni** gen.). Unter dem Stauferkaiser FRIEDRICH II. (1196/1220–50) und König FRIEDRICH II. von Aragonien (1296–1333) war die Stadt häufig Residenz; Letzterer war es wohl auch (und nicht, wie traditionell überliefert, Kaiser FRIEDRICH II.), der den Turm ›Torre di Federico (II)‹ errichten ließ.

2) Prov. in Mittelsizilien, Italien, 2 562 km², 186 900 Einwohner.

En-Nahụd, An-Nuhụd, Landwirtschafts- und Handelszentrum in der Rep. Sudan, in W-Kordofan, etwa 40 000 Ew.; Straßenknotenpunkt, Flugplatz.

Enneccerus [ɛnɛk'tse:-], Ludwig, Zivilrechtslehrer und Politiker, * Neustadt am Rübenberge 1. 4. 1843, † Marburg 31. 5. 1928; Prof. in Göttingen und Marburg; Mitgl. des preußischen Abgeordnetenhauses (1882–98) und, als Vertreter der Nationalliberalen Partei, MdR (1893–98), als der er an der Verabschiedung des Genossenschaftsgesetzes und des 1. und 2. Buches des BGB maßgebl. Anteil hatte.

Werk: Lb. des bürgerl. Rechts. Einleitung, Allg. Tl., Schuldverhältnisse (1898).

Ennedị, Sandstein-Tafelbergland in der Sahara, in NO-Tschad, bis 1 450 m ü. M., Hauptort ist Fada (im W). – Die vorgeschichtl. Entwicklung im E. vollzog sich parallel zu derjenigen der Zentralsahara. Die älteste Keramik wird ins 6. Jt. v. Chr. datiert. Die Viehhaltung dürfte ins 5. Jt. v. Chr. zurückreichen. Am W-Rand des E. fand man zahlr. Abris mit Felsbildern. Dargestellt werden Wild- und Haustiere, v. a. Rinder, häufig zus. mit Menschen. Neuere Malereien zeigen gepanzerte Pferde und Reiter, wie man sie aus den histor. Reichen im Sudan kennt.

Ennepe die, linker Nebenfluss der Volme, im Sauerland, NRW, entspringt südlich von Halver, ist 40 km lang, mündet in Hagen. Im Oberlauf der **E.-Stausee** (12,6 Mio. m³); die Talsperre wurde 1902–04 erbaut, 1912 ergänzt.

Ennepe-Rụhr-Kreis, Kreis in NRW, Reg.-Bez. Arnsberg, 408 km², 353 300 Ew.; Verw.-Sitz ist Schwelm. Der E.-R.-K. erstreckt sich vom Ruhrgebiet (Witten, Hattingen) über das Bergisch-Märk. Hügel-

land und das Ennepetal nach SO bis ins Märk. Oberland. Er ist zus. mit Hagen das dicht besiedelte Kerngebiet der märk. Eisen-, Metall- und Maschinenbauindustrie. Die Steinkohlenförderung ist erloschen. Viele Stauseen und Waldgebiete (30 % der Kreisfläche) sind als Naherholungsgebiete erschlossen. Die Landwirtschaft erzeugt auf Einzelhöfen und Nebenerwerbskotten bes. Milch und Fleisch.

Ẹnnepetal, Stadt im Ennepe-Ruhr-Kreis, NRW, an der Ennepe, am Rand des Sauerlands, 180–350 m ü. M., 34 300 Ew.; Kleineisen-, Autozubehör-, Kunststoffindustrie und Maschinenbau; Fremdenverkehr. Die im Stadtgebiet gelegene **Klutenhöhle** ist mit 6 km erforschten Gängen eine der größten Naturhöhlen Dtl.s und dient als Heilstätte bei Erkrankungen der Atemwege und der Haut. – E. entstand 1949 durch die Stadtrechtsverleihung an das Amt Milspe-Voerde.

Ẹnnigerloh, Stadt im Kr. Warendorf, NRW, im östl. Münsterland, 102 m ü. M., 21 100 Ew.; Elektro-, Maschinenbau-, Zement- und chem. Industrie. – Kath. Pfarrkirche (Hallenkirche des 13. Jh., Querschiff und Chor 1886/87), Schloss Vornholz (ab 1666) in E.-Ostenfelde, Haus Dieck (J. C. SCHLAUN, 1771) in E.-Westkirchen.

Enna 1): Castello di Lombardia, eine normannisch-staufische Anlage

Enniskillen [enis'kılın], Stadt in Nordirland, Verw.-Sitz des Distr. Fermanagh, 12 500 Ew.; Fremdenverkehrszentrum.

Ẹnnius, Quintus, lat. Dichter, * Rudiae (Kalabrien) 239 v. Chr., † 169 v. Chr.; mindestens dreisprachig aufgewachsen (griech., lat., oskisch), kam er 204 v. Chr. nach Rom, zuerst wohl als Hauslehrer, und fand Zugang zu den philhellen. Kreisen des Adels, bes. zu den Scipionen und Fulviern. Durch sie erlangte er 184 v. Chr. das Bürgerrecht. Sein dichter. Ruhm beruhte v. a. auf seinen Tragödien, freien Nachdichtungen griech. Originale (bes. des EURIPIDES); dazu traten ernste Schauspiele. Sein Hauptwerk ist das nat. Epos ›Annales‹ (Annalen) in 18 Büchern. In Opposition zu seinem Vorgänger NAEVIUS wählte er (als ein ›Homerus redivivus‹) den daktyl. Hexameter und prägte so den Stil der lat. Epik maßgeblich. Gegenstand der ›Annales‹ war die röm. Geschichte von der Ankunft des Äneas in Italien bis auf E.' Zeit. Von seinen Werken sind nur Bruchstücke erhalten; wichtiger Mittler des Griechischen für die lat. Dichtung.

Ausgaben: Ennianae poesis reliquiae, hg. v. J. VAHLEN (Neuausg. 1928, Nachdr. 1967); Remains of old Latin, hg. v. E. H. WARMINGTON, Bd. 1 (Neuausg. 1979); The annals of Q. E., hg. v. O. SKUTSCH (1985, engl. u. lat.).

Ẹnnodius, Magnus Felix, christlich-lat. Schriftsteller, * Arles 473/474, † Ticinum (heute Pavia) 17. 7. 521; wurde (wohl 513) Bischof von Pavia. Sein literar. Werk, in dem sich Profanes und Religiöses mischen, umfasst außer einer Sammlung größerer Gedichte einen Band Epigramme, zahlr. Briefe, einen Panegyrikus auf THEODERICH D. GR., eine Biographie des Bischofs EPIPHANIUS von Pavia (*438, †497), Reden, eine Bildungsschrift mit eingestreuten Verspartien sowie eine Autobiographie ›Confessio‹.

B. ALTANER u. A. STUIBER: Patrologie (⁹1980).

Enns, 1) Stadt in Oberösterreich, 260 m ü. M., auf einer Terrasse links der Enns, nahe ihrer Mündung in die Donau, 10 700 Ew.; Zuckerfabrik, Herstellung von Gablonzer Glas- und Bijouteriewaren; Hafen mit Industriezone. – Gut erhaltenes histor. Stadtbild mit zahlr., im Kern oft noch got. Häusern mit Innenhöfen und barocken Schauseiten. Die Burg wurde 1566–70 zu Schloss **Ennsegg** umgebaut. Pfarrkirche Maria Schnee (um 1270–1300). Auf dem Hauptplatz 59 m hoher Stadtturm (1554–68); das ehem. Rathaus (16. Jh.) ist heute Stadtmuseum (Funde aus der Römerzeit). Die Friedhofskirche St. Laurentius (14./15. Jh., Fresken 14. Jh.) im Stadtteil Lorch steht an der Stelle eines röm. Tempels des 2. Jh., dem im 4. Jh. eine frühchristl. Basilika und um 790 eine karoling. Kirche folgten (Ausgrabungen unter der Kirche). – Das Gebiet um E. war bereits in kelt. Zeit besiedelt. Im späten 9. Jh. wurde eine karoling. Siedlung (im heutigen Stadtteil **Lorch**), die in der Nachfolge des röm. Kastells **Lauriacum** erwachsen war, aufgrund der Ungarneinfälle aufgegeben. 900 entstand als Grenzburg gegen die Ungarn die Ennsburg (›Anesapurch‹). Ende des 12. Jh. wurde die heutige Stadt E. neu angelegt und befestigt (Stadtrecht 1212). Bis zum 16. Jh. war E. das landesfürstl. Verwaltungszentrum der umliegenden Gebiete.

Enns 1): Stadtturm; Höhe 59 m, 1554–68

2) die, rechter Nebenfluss der Donau in Österreich, 254 km lang, entspringt in den Radstädter Tauern, durchbricht zw. Admont und Hieflau im →Gesäuse die Ennstaler Alpen, mündet bei Enns. Laufwasserkraftwerkskette (10 Werke) mit 345 MW Gesamtleistung zw. Hieflau und der Mündung.

Ennstaler Alpen, Teil der Nördl. Kalkalpen in N und S des Engtales der mittleren Enns (→Gesäuse), Österreich; steil aufragende, wild zerklüftete Kalkstöcke (Kletterberge), im Hochtor 2 369 m ü. M.; eine Straße führt über den Buchauer Sattel (861 m ü. M.).

Eno, Brian, eigtl. **B. Peter George St. Baptiste de la Salle E.,** brit. Klangkünstler, Komponist und Produzent, *Woodbridge (Suffolk) 15. 5. 1948; gehört mit elektron. Klangmontagen im Grenzbereich zw. Rock, Avantgarde, Jazz und New Age zu den einflussreichsten Popmusikern der Gegenwart; Zusammenarbeit u. a. mit D. BOWIE sowie den Gruppen Talking Heads, Ultravox und U 2.

Enoch, →Henoch.

Enolase [Kw.] die, -, zu den Lyasen gehörendes Enzym, das beim Glucoseabbau in der →Glykolyse die reversible Dehydratisierung des 2-Phosphoglycerats zu Phosphoenolpyruvat katalysiert.

Enole [Kw.], Sg. **Enol** das, -s, ungesättigte Alkohole, in denen die Hydroxylgruppe unmittelbar neben einer Doppelbindung vorliegt. E. enthalten die Gruppierung $-C(OH)=CH-$ und sind tautomer zu Carbonylverbindungen mit der Gruppierung $-CO-CH_2-$ (→Keto-Enol-Tautomerie).

Enomiya-Lassalle [-la'sal], Hugo Makibi, Religionswissenschaftler, *Externbrock b. Nieheim 11. 11. 1898, †Münster 7. 7. 1990; Jesuit (seit 1919), kam 1929 als Missionar seines Ordens nach Japan, erhielt 1948 die jap. Staatsangehörigkeit unter dem Namen **Makibi Enomiya**; wirkte v. a. in Tokio und Hiroshima: initiierte nach der Atombombenexplosion den Bau einer Kathedrale in Hiroshima; Prof. der Religionswiss. Besondere Bedeutung gewann E.-L. durch seine Praxis der Zen-Meditation, * auf das Christentum übertrug und in Japan u. a. Ländern verbreitete.

Werke: Zen, Weg zur Erleuchtung (1960); Zen-Buddhismus (1966, ³1986 u. d. T. Zen u. christl. Mystik); Zen-Meditation für Christen (1969); Mein Weg zum Zen (1988).

Munen musō, ungegenständl. Meditation. Festschr., hg. v. G. STACHEL (³1986).

En|ophthalmus [zu griech. ophthalmós ›Auge‹] der, -, das Zurücksinken des Augapfels in die knöcherne Augenhöhle; Ursachen sind Unfälle mit Verletzung der Augenhöhlenwände, Allgemeinkrankheiten mit starkem Wasserverlust, ein Schwund des Augenhöhlenfettgewebes durch Abmagerung oder Altersrückbildung, narbige Schrumpfungen, auch Sympathikuslähmung beim →Horner-Syndrom.

Enos [hebr. ›Mensch‹], der dritte der zehn Urväter: Sohn Seths, Enkel Adams und Vater Kainans (1. Mos. 4, 26; 5, 6 ff.); zu seiner Zeit soll Israel die Verehrung Jahwes begonnen haben.

Enosis [griech. ›Vereinigung‹ (mit Griechenland)], von der griech. Bevölkerungsmehrheit auf Zypern getragene polit. Bewegung, die unter Führung der orth. Kirche seit dem 19. Jh. den Anschluss Zyperns an Griechenland forderte (→Zypern, Geschichte).

en passant [āpa'sā, frz.], **1)** bildungssprachlich: im Vorbeigehen, beiläufig, nebenbei.

2) Schach: Rückt ein Bauer aus der Grundstellung in einem Zug zwei Felder vor, so kann ein gegner. Bauer, der neben dem neuen Standfeld des Bauern steht, diesen nur im unmittelbar folgenden Zug en p., nämlich so schlagen, als ob er nur ein Feld vorgerückt sei.

en pleine carrière [āplɛnkar'jɛːr, frz.], in gestrecktem Galopp.

en profil [āprɔ'fil, frz.], von der Seite (gesehen), im Profil (bes. von Bildnisdarstellungen gesagt); im Unterschied zu ›en face‹.

Enquete [ã'kɛːt(ə); frz., zu enquérir, aus lat. inquirere ›untersuchen‹] die, -/-n, **1)** allg.: eine (oft statist.) Untersuchung v. a. sozial- oder wirtschaftspolit. Verhältnisse durch mündl. oder schriftl. Befragung einer möglichst großen Zahl Beteiligter oder Sachverständiger.

2) Staatsrecht: Untersuchung, die ein aus Abgeordneten bestehender Ausschuss im Auftrag des Parlaments vornimmt (→Untersuchungsausschuss). Gegenstand der E. kann ein konkreter Missstand oder ein Gesetzgebungsvorhaben (Gesetzgebungs-E.) sein.

Per Olov Enquist

Enschede
Stadtwappen

§ 56 der Geschäftsordnung des Dt. Bundestages sieht die Einsetzung von **E.-Kommissionen** vor, durch die auch unter Mitwirkung sachverständiger Nichtparlamentarier Entscheidungen über bedeutende Sachkomplexe vorbereitet werden. Wie das Organ selbst unterliegen sie dem →Diskontinuität.

Enquist, Per Olov, schwedischer Schriftsteller, * Hjoggböle (Verw.-Bez. Västerbotten) 23. 9. 1934; verfasste anfangs Dokumentarromane, ging später mit seinem Stoff freier um und schuf Romane und Dramen mit histor. Hintergrund (z. B. über die schwed. Arbeiterbewegung; über A. STRINDBERG), jedoch aus einer sehr persönl. Perspektive. Die Grundstimmung E.s ist von Pessimismus geprägt, die Motive Betrug und Niederlage kehren immer wieder.

Werke: *Romane:* Kristallögat (1961); Magnetisörens femte vinter (1964; dt. Der fünfte Winter des Magnetiseurs); Hess (1966); Legionärerna (1968; dt. Die Ausgelieferten); Sekonden (1971; dt. Der Sekundant); Musikanternas uttåg (1978; dt. Auszug der Musikanten); Nedstörtad ängel (1985; dt. Gestürzter Engel); Kapten Nemos bibliotek (1991; dt. Kapitän Nemos Bibliothek). – Tvá reportage om idrott (1986). – *Drama:* Tribadernas natt (1975; dt. Die Nacht der Tribaden).

Enragés [ãra'ʒe; frz. ›die Wütenden‹, ›die Rasenden‹], 1792 in Paris formierte radikale Gruppe von Sansculotten, nach ihrem Führer, dem ehem. Priester J. →ROUX, auch **Jacquesroutins** genannt. Die E. stellten die wirtschaftl. und sozialen Probleme über die politischen und drängten v. a. auf die Verwirklichung tatsächl. Gleichheit (›égalité réelle‹). Eine ihrer Forderungen war die gewaltsame und entschädigungslose Enteignung des Bodens. Nach der Ausschaltung von ROUX durch ROBESPIERRE (im September 1793) schwächte sich ihre für den Ablauf der Frz. Revolution bedeutende Wirkung ab, viele schlossen sich F. N. →BABEUFS ›Verschwörung der Gleichen‹ an.

R. B. ROSE: The E. Socialists of the French Revolution? (Melbourne 1965).

Enrico-Fermi-Preis, nach dem Physiker E. FERMI benannter und ihm zu Ehren gestifteter Preis; 1956 erstmals an JOHN VON NEUMANN und bis 1988 jährlich (seither in unregelmäßigen Zeitabständen) für außergewöhnl. Verdienste um die Entwicklung der Kernphysik, bes. im Hinblick auf die Anwendung der Kernenergie, verliehen. Zunächst von der Atomic Energy Commission, heute vom US-Department of Energy verliehen, gegenwärtig mit insgesamt 200 000 Dollar bzw. max. 100 000 Dollar pro Preisträger dotiert. Verleihung u. a. an E. WIGNER, E. TELLER, J. R. OPPENHEIMER, O. HAHN, L. MEITNER, F. STRASSMANN, W. PANOFSKY, SETH HENRY NEDDERMEYER (* 1907), NORMAN RASMUSSEN (* 1927) und MARSHALL NICHOLAS ROSENBLUTH (* 1927). 1992 wurde der Preis an die Physiker L. M. LEDERMAN, JOHN STUART FOSTER (* 1922) und HAROLD BROWN verliehen.

Enright ['enraɪt], D. J. (Dennis Joseph), engl. Schriftsteller, * Leamington (Cty. Warwickshire) 11. 3. 1920. E. ist ein präziser, intellektueller, sozial engagierter Lyriker und Prosaist; lebte, u. a. als Dozent für engl. Literatur, lange im Fernen Osten und verarbeitete diesen Aufenthalt auch in seinem literar. Werk.

Werke: *Lyrik:* Collected poems (1981); Selected poems 1990 (1990); Old men and comets (1993). – Under the circumstances. Poems and proses (1991). – *Essays:* Fields of vision (1988). – **Hg.:** The Oxford book of contemporary verse 1945–1980 (1980).

Ausgabe: Jasmin, Opium, Benzin (1968, zweisprachige Gedicht-Ausw.).

Life by other means. Essays on D. J. E., hg. v. J. SIMMS (Oxford 1990).

Enríquez Gómez [en'rrikeð 'ɣomɛθ], Antonio, Pseud. **Enrique Enríquez de Paz** [- ðe 'paθ], span. Dichter, * Segovia 1600 (?), † Amsterdam (?) 1660 (?), Sohn getaufter port. Juden; floh 1636 vor der Inquisition nach Frankreich (war dort zeitweilig Sekretär von

LUDWIG XIII.) und ging 1656 in die Niederlande; wurde 1660 in Sevilla von der Inquisition ›in effigie‹ verbrannt. Mit seiner beachtl. Lyrik und seinen 22 Comedias steht E. G. in der Nachfolge L. DE GÓNGORA Y ARGOTES und P. CALDERÓN DE LA BARCAS. Am bekanntesten ist jedoch sein satir. Roman ›Vida de don Gregorio Guadaña‹, eine Art Schelmenroman, der, eingefügt in das Werk ›El siglo pitagórico y vida de don Gregorio Guadaña‹, 1644 in Rouen erschien.

Ens [spätlat.] *das, -, scholast. Philosophie:* das Seiende oder etwas, dem →Sein zukommt, i. e. S. das wirklich Seiende, i. w. S. alles, was ist oder sein kann. Beides heiß reales Seiendes **(E. reale)** im Ggs. zum Gedankending **(E. rationis).** Das reale Seiende ist entweder das durch sich selbst bestehende oder subsistierende und absolut notwendige göttl. Sein **(E. a se)** oder das von einem anderen begründete oder verursachte und daher abhängige (relative) und kontingente Seiende **(E. ab alio).** Als das allerrealste Seiende **(E. realissimum)** wurde manchmal Gott bezeichnet. Der Begriff E. gehört zu den →Transzendentalien.

Enschede ['ɛnsxədə:], Industriestadt in der Prov. Overijssel, Niederlande, in Twente, 147 600 Ew.; TU (gegr. 1961); Rijksmuseum Twente, Textilindustriemuseum, DAF-Automuseum, Luftfahrtmuseum; neben der traditionellen Textilindustrie v. a. Maschinenbau, Möbel-, Reifen-, Elektronik- und opt. sowie Nahrungsmittelindustrie; Verkehrsknotenpunkt am Twentekanal. – E., 1118 erstmals erwähnt, erhielt 1325 Stadtrecht. Die während des MA. überwiegend verbreitete Barchentweberei wich im 18. Jh. der Leinenweberei. Nach der Loslösung Belgiens (1830) wurde E. zum Zentrum der staatlich geförderten Baumwollverarbeitung. 1862 verwüstete ein Brand große Teile der Stadt. Die Industrialisierung führte 1880–1930 zu einem raschen Bev.-Wachstum. E. ist zus. mit Gronau (Westf.) Sitz der deutsch-niederländ. →Euregio.

Ensdorf, Gem. im Landkreis Amberg-Sulzbach, Bayern, 2 300 Ew. – Ehem. Klosterkirche St. Jacob (1123 geweiht), 1695–1717 barocker Neubau nach Plänen von W. DIENTZENHOFER, Fresken von C. D. ASAM. – Ehem. Benediktinerkloster (1121 gegr., 1802 säkularisiert, seit 1920 Niederlassung der Salesianer Don Boscos).

Enseigne [ã'sɛɲə; frz. ›(Aushänge)schild‹] *die, -/-s,* in der Schweiz gebräuchl. Bez. für eine Kennzeichnung in Form eines Zusatzes, durch den eine Unternehmung im Geschäftsverkehr individualisiert wird. Die E. diente urspr. nur der Kennzeichnung eines Geschäftslokals (z. B. Aushängeschild des Hotels ›Zum Roten Ochsen‹); heute besteht sie aus Worten oder einem Bild (z. B. einem stilisierten Symbol).

Ensemble [ã'sã:bəl; frz., aus lat. insimul ›zusammen‹, ›miteinander‹] *das, -s/-s,* **1)** *bildungssprachlich:* plan- und wirkungsvoll gruppierte Gesamtheit, harmon. Gesamtbild.

2) *Architektur* und *Denkmalpflege:* **Gesamtanlage,** Gruppe baul. Anlagen wie Straßenzüge, Platzanlagen und Ortsbilder, Schloss- und Parkanlagen, die zufällig oder planmäßig entstanden sind und sich durch künstler. oder histor. Bedeutung auszeichnen.

3) *Mode:* mehrere Kleidungsstücke, die in Stil oder Material aufeinander abgestimmt sind und sich ergänzen.

4) *Musik* und *Theater:* 1) die zusammengehörige, oft institutionalisierte Gruppe der die Musik in solist. Zusammenwirken ausführenden Sänger und Spieler, im Unterschied zu Orchester- und Chorvereinigungen und zum solist. Auftreten (z. B. eine Kammermusikgruppe oder eine kleine Besetzung in der Unterhaltungsmusik und im Jazz; 2) die Gesamtheit der an einem Theater oder an einer Opernbühne engagierten Schauspieler, Sänger und Tänzer. Beim Theater bezeichnet **E.-Spiel** das in besonderem Maß aufeinander abgestimmte Spiel der Darsteller, bei denen kein ›Star‹ hervortritt. Speziell in der Oper heißen E. **(E.-Szenen)** die Abschnitte, bei denen mehrere Gesangssolisten gleichzeitig agieren.

5) *statist. Physik:* die →Gesamtheit.

Ensemble InterContemporain [ã'sã:bəl ẽtɛrkõtãporẽ, frz.], 1976 auf Initiative von P. BOULEZ u. a. gegründetes Ensemble zur Förderung, Aufführung und Vermittlung zeitgenöss. Musik; seine etwa 30 Mitglieder treten auch solistisch und in kammermusikal. Formationen auf. Das Ensemble brachte Werke von zahlr. modernen Komponisten (L. BERIO, P. BOULEZ, W. RIHM u. a.) zur Uraufführung.

James Ensor: Der Einzug Christi in Brüssel im Jahre 1888; 1888 (Malibu, Kalifornien, Paul Getty Museum)

Ensemble Modern [ã'sã:bəl-], 1980 gegründetes Kammerorchester, das sich ausschließlich der Musik des 20. Jh. widmet und zahlr. Werke zeitgenöss. Komponisten (u. a. M. GIELEN, S. REICH, ISANG YUN, H.-J. VON BOSE) zur Uraufführung brachte. Das Ensemble hat seinen Sitz in Frankfurt am Main und veranstaltet dort seit 1987 eigene Abonnementkonzerte in der Alten Oper.

Ensenada, Stadt im N von Baja California Norte, einer der wichtigsten Pazifikhäfen Mexikos, (1990) 259 900 (1950: 18 000) Ew.; Fischerei, Fischverarbeitung; starker Fremdenverkehr aus den USA.

Ensenada, Zenón de Somodevilla y Bengoechea [-'viʎa i-'tʃea], Marqués de la (seit 1736), span. Staatsmann, *Alesanco (Prov. Logroño) 2. 6. 1702, †Medina del Campo 2. 12. 1781; Kriegs- (1737–54), Marine- und Finanz-Min. (1743–54), gilt als bedeutendster span. Staatsmann des 18. Jh., als Initiator des aufgeklärten Absolutismus in Spanien. E. konnte seine dem Wiederaufstieg Spaniens geltenden Reformpläne (Aufbau der Marine, des Verkehrsnetzes, Förderung der Wirtschaft in physiokrat. Bahnen) nur teilweise verwirklichen; v. a. durch den Widerstand der privilegierten Stände gestürzt.

R. BOUVIER u. C. SOLDEVILLA: E. et son temps (Paris 1941).

Ensérune [ãse'ry:n], befestigtes Oppidum des 6.–3. Jh. v. Chr. im Dép. Hérault, S-Frankreich; Ausgrabungen seit 1929; Nekropole mit reich ausgestatteten Gräbern, v. a. griech., ital. und iber. Importkeramik. Auf dem Grabungsgelände das ›Musée National d'Ensérune‹.

J. JANNORAY: E. (Paris 1955).

Ensilage [ãsi'la:ʒə; frz. ›das Einbringen in ein Silo‹] *die, -,* 1) Bereitung von Gärfutter; 2) Gärfutter.

Ensingen, Ulrich von, Baumeister, →Ulrich, U. von Ensingen.

Ensisheim, Stadt im Oberelsass, Dép. Haut-Rhin, O-Frankreich, an der Ill, 214 m ü. M., 6 100 Ew.; Kalisalzbergbau. – Das alte Rathaus, ehem. ›Regiments-

haus‹ (1532–47), ist eine rechtwinklige Anlage der Renaissance (Treppenturm mit Sterngewölbe, im Erdgeschoss offene Säulenhalle). – Bis 1648 war E. Sitz der Verwaltung der vorderösterr. Gebiete im Elsass und im Breisgau. 1648–74 hatte der Conseil Souverain d'Alsace in E. seinen Sitz. – Unter dem Eindruck der blutigen Schlacht bei Sankt Jakob an der Birs wurde im Frieden von E. der Toggenburger Erbschaftskrieg 1444 beendet.

Enso, früher finn. Name der in Russland gelegenen Stadt →Swetogorsk.

Ensor, James, belg. Maler, Zeichner und Radierer, *Ostende 13. 4. 1860, †ebd. 19. 11. 1949; Hauptvertreter des belg. Symbolismus in der Nachfolge von P. BRUEGEL D. Ä. und H. BOSCH. E. studierte an der Akad. in Brüssel und nahm u. a. Einflüsse von E. DEGAS, É. MANET und A. RENOIR auf. Ab 1886 schuf er zahlr. Radierungen. Seine bedeutendsten Werke entstanden zw. 1888 und 1892. Es sind Bilder mit grellfarbigen, in fahles Licht getauchten, gespenstisch anmutenden Masken und Skeletten sowie Straßentumulten, in denen der Maler eine aus den Fugen geratene Gesellschaft demaskiert. Daneben schuf er auch Stillleben und Bilder mit religiösen Themen. Nach 1900 ließ seine Produktivität nach. – E. übte starken Einfluss auf die Expressionisten aus und war ein Vorläufer der Surrealisten.

Werke: Der Einzug Christi in Brüssel im Jahre 1888 (1888; Malibu, Calif., Paul Getty Museum); Die Verwunderung der Maske Wouse (1889; Antwerpen, Koninklijk Museum von Schone Kunsten); Die Intrige (1890; ebd.); Skelette im Kampf um den Leichnam eines Gehängten (1891; ebd.); Seltsame Masken (1892; Brüssel, Musées Royaux des Beaux-Arts); Mein Porträt von Masken umgeben (1899; Antwerpen, Privatsammlung).

A. TAEVERNIER: J. E., catalogue illustré de ses gravures, ... (Ledeberg 1973); T. KIEFER: J. E. (1976); R. L. DELEVOY u. P. ALECHINSKY: J. E. (a. d. Frz., Genf 1981); J. E., bearb. v. G. MAGNAGUAGNO u. M. MATTA, Ausst.-Kat. (Zürich 1983); J. E., bearb. v. K.-E. VESTER, Ausst.-Kat. (1986); J. HEUSINGER VON WALDEGG: J. E. Legende vom Ich (1991); F.-C. LEGRAND: E., la mort et le charme. Un autre E. (Antwerpen 1993).

Enstatit [zu griech. enstátēs ›Widersacher‹ (angeblich auf die Schwerschmelzbarkeit bezogen)] *der, -s/-e,* zu den rhomb. Pyroxenen zählendes, grauweißes bis grünliches Mineral der chem. Zusammensetzung $Mg_2[Si_2O_6]$ (Mg bis zu 5 % durch Fe ersetzt); Härte nach MOHS 5,5, Dichte 3,1–3,3 g/cm³; Vorkommen in magmat. Gesteinen, auch in Meteoriten; wichtiger Bestandteil des Pyrolits im Erdmantel.

en suite [ã'sɥit, frz.], *bildungssprachlich:* ununterbrochen, unmittelbar folgend, in Folge.

Entamoeba [zu griech. entós ›innen‹ und Amöben], Gattung der →Amöben, die parasitisch oder als Kommensalen v. a. in Wirbeltieren leben. Wichtigste, beim Menschen vorkommende Arten sind: **E. histolytica,** die in zwei Modifikationen (der nicht pathogenen Minutaform und der pathogenen, von roten Blutkörperchen lebenden Magnaform) vorkommende Erreger der →Amöbiasis; **E. coli** und **E. hartmanni,** zwei i. d. R. nicht pathogene Dickdarmbewohner, sowie die häufig im Zahnbelag vorkommende **E. gingivalis,** die ebenfalls nicht pathogen ist.

Entari [türk.] *das, -(s)/-s,* unteres Kaftangewand aus farbiger Seide oder Baumwolle in der aus zwei oder mehreren übereinander getragenen Kaftanen gebildeten oriental. Männerkleidung.

ent|artete Kunst, während der natsoz. Herrschaft offizielle Bez. für nahezu das gesamte moderne Kunstschaffen, das als ›artfremd‹ und ›ungesund‹ diffamiert wurde, weil es nicht den auf der völk. Blut-und-Boden-Ideologie und der Rassentheorie begründeten natsoz. Vorstellungen von Kunst entsprach. Als ›entartet‹ galten Werke, die ›jede gesunde Lebensgrundlage (im Hinblick auf den Inhalt) vermissen lassen, die durch die Darstellung von Erkrankungserscheinungen und Auswüchsen der Zivilisation die Mittel und den Sinn der Kunst missbrauchen‹. ›Artfremde‹ (jüdisch-bolschewist.) Einflüsse waren nach natsoz. Auffassung an der Entstehung der e. K. erheblich beteiligt. Werke der ›Verfallskunst‹ wurden in dt. Museen beschlagnahmt. 1937 fand im Münchner Haus der Kunst eine große Ausstellung mit dem Titel ›Entartete Kunst‹ statt, die in diffamierender Präsentation progressiver Kunst zeigte (eine Auswahl der beschlagnahmten Werke aus öffentl. und privatem Besitz). Außer den Werken der Wegbereiter der modernen Kunst wie P. CÉZANNE, V. VAN GOGH und P. GAUGUIN befanden sich dort u. a. solche von E. BARLACH, G. BRAQUE, M. CHAGALL, L. CORINTH, G. DE CHIRICO, O. DIX, M. ERNST, W. KANDINSKY, P. KLEE, O. KOKOSCHKA, A. MACKE, F. MARC, H. MATISSE, E. NOLDE und P. PICASSO. Ein Teil der beschlagnahmten Werke wurde 1938 in einer öffentl. Auktion der Galerie Fischer in Luzern versteigert, andere Werke wurden 1939 in Berlin öffentlich verbrannt. Viele der dt. Künstler erhielten Schaffensverbot, einigen gelang es zu emigrieren.

entartete Kunst: Umschlag des Münchner Ausstellungsführers von 1937

Neben den bildenden Künstlern wurden auch Komponisten als ›entartet‹ abgestempelt, v. a. die Wiener Schule A. SCHÖNBERGS mit A. WEBERN und A. BERG, aber auch P. HINDEMITH, E. KŘENEK, F. SCHREKER u. a. Eine Ausstellung ›Entartete Musik‹ organisierte HANS SEVERUS ZIEGLER 1938 in Düsseldorf. In seiner Schrift ›Entartete Musik, eine Abrechnung‹ (1939) heißt es, dass die Atonalität ›als Ergebnis der Zerstörung der Tonalität Entartung und Kunstbolschewismus bedeutet‹. ZIEGLER führte die Atonalität fälschlich auf die ›Harmonielehre‹ (1911) SCHÖNBERGS zurück und erklärte sie als ›ein Produkt jüd. Geistes‹. Die als ›entartet‹ verfemten Komponisten emigrierten (oder waren schon emigriert, wie SCHÖNBERG). In Dtl. wurden ihre Werke mit Aufführungs- und Publikationsverbot belegt. (→Bücherverbrennung)

R. MERKER: Die bildenden Künste im Nationalsozialismus (1983); Abstrakte Maler der inneren Emigration, hg. v. B. ROLAND, Ausst.-Kat. (1984); Musik u. Musikpolitik im faschist. Dtl., hg. v. H.-W. HEISTER u. a. (1984); Bildzyklen – Zeugnisse verfemter Kunst in Dtl. 1933–1945, hg. v. der Staatsgalerie Stuttgart, Ausst.-Kat. (1987); Nationalsozialismus u. ›E. K.‹, hg. v. P.-K. SCHUSTER, Ausst.-Kat. (1987); E. K. Das Schicksal der dt. Avantgarde im Nazi-Dtl., hg. v. S. BARRON, Ausst.-Kat. Altes Museum, Berlin (1992); Entartete Musik, hg. v. A. DÜMLING u. P. GIRTH, Ausst.-Kat. Tonhalle Düsseldorf (³1993, mit Tondokumentation).

Ent|artung, 1) *Pathologie:* →Degeneration.

2) *Physik:* von bestimmten Gesetzmäßigkeiten oder Normen abweichende Verhaltensweise physikal. Systeme; in der →*statist. Physik* die →*Gasentartung*; in der *Quantenmechanik* das Auftreten mehrerer zu demselben Energieeigenwert (oder zu dem Eigenwert einer anderen physikal. Observablen) gehörender Eigenfunktionen; ihre Anzahl, der **E.-Grad,** ist gleich der Anzahl der Realisierungsmöglichkeiten eines quantenmechan. Energiezustandes (bzw. Eigenzustandes), dessen als **entartet** bezeichnetes Energieniveau bei Störeinflüssen (z. B. ein Magnetfeld) in entsprechend viele Terme aufspaltet.

Entasis [griech. ›das Anspannen‹] *die, -/...'tasen, antike Baukunst:* die leichte An- und Abschwellung in der Kontur des Säulenschaftes sowie der Stufen (bes. von Tempeln).

Ent|asphaltierung, Verfahren, bei dem aus Rückständen der Erdöldestillation mit niedrig siedenden Alkanen (bes. flüssigem Propan) Asphaltene ausgefällt werden. Die E. dient zur Gewinnung hochviskoser Schmieröle (Brightstock).

Entbasten, Degummieren, das →Abkochen

Entbindung, die →Geburt beim Menschen; auch die Geburtshilfe oder Leitung einer Geburt.

Entbindungslähmung, Geburtslähmung, Lähmungserscheinungen beim Neugeborenen, im Gesicht meist als (vorübergehende) Fazialislähmung durch Druckschädigung bei Zangengeburt, als Armplexuslähmung durch Zerrung des betreffenden Nervs bei Entbindungskomplikationen (Behandlung erforderlich). Schwerwiegend sind die zentral, durch Hirnblutungen verursachten E. Darüber hinaus werden auch (vorübergehende) Lähmungserscheinungen nach der Entbindung bei der Mutter, die v. a. durch Druck auf den großen Hüftnerv entstehen, als E. bezeichnet.

Entbitterung, das Auslaugen von Bitterstoffen aus Futtermitteln, z. B. der Alkaloide aus Samen der Bitterlupine durch Quellen, Dämpfen und Wässern.

Entcarbonisierung, Verfahren der Wasseraufbereitung zur Entfernung der Carbonathärte. Die E. kann durch Zusatz von Kalkmilch oder Säure, Belüftung oder schwach saure Ionenaustauscher erreicht werden. Sie hat bei der Aufbereitung von Kühlwasser, Betriebswasser (z. B. für Papierfabriken, Brauereien, Färbereien) und Trinkwasser Bedeutung.

Entdeckungsgeschichte, die Geschichte der Auffindung und Erschließung von Gebieten der Erde, die dem entdeckenden Kulturkreis zuvor unbekannt waren. Es handelte sich dabei häufig um Territorien, die bereits andere Kulturkreise besiedelt hatten. Ins Zentrum der histor. Betrachtung rückten v. a. die Entdeckungsreisen der Europäer seit dem Beginn der Neuzeit (Zeitalter der großen Entdeckungen) mit ihren weit reichenden wirtschaftl. und polit. Folgen (u. a. Entstehung der Kolonialreiche); sie trugen entscheidend dazu bei, dass der weitaus größte Teil der Erdoberfläche heute bekannt und erforscht ist. Auf diese Weise entstand aber auch eine überwiegend eurozentr. Betrachtung der E.

Die bereits im Altertum einsetzende Erkundung fremder Gebiete erfolgte zunächst insbesondere im Zusammenhang mit Kriegszügen und der Ausdehnung des Handels, später kamen die überseeische

Expansion der europ. Seefahrernationen, Abenteurertum (z. B. Suche der Konquistadoren nach dem legendären →Eldorado), Missionierung und zunehmend auch wiss. Forscherdrang als wesentl. Motive hinzu.

Weltkenntnis im Altertum

Die älteste schriftlich überlieferte Entdeckungsreise ist die von der ägypt. Königin HATSCHEPSUT veranlasste Expedition nach Punt Anfang des 15. Jh. v. Chr. Dem griech. und röm. Kulturkreis waren außer dem Mittelmeergebiet auch die Küsten des Schwarzen Meeres gut bekannt. Die wichtigsten Entdeckungsreisen galten Afrika und Vorderasien (HERODOT, 5. Jh. v. Chr.); der Alexanderzug (334–324 v. Chr.) führte bis zur Schwelle Indiens. Durch die Reisen des PYTHEAS AUS MASSALIA (etwa 330 v. Chr.) wurde Genaueres über West- und Nordeuropa berichtet. Einzelne Reisen führten weit in unbekannte Länder oder Meere, ohne jedoch das geograph. Bewusstsein zu erweitern, so die Umsegelung Afrikas durch Phöniker Anfang des 6. Jh. v. Chr. Die größte Ausdehnung des Röm. Reiches unter TRAJAN (98–117) ermöglichte bereits ein Denken in dem weiten Raum von England bis Mesopotamien.

Weltkenntnis im Mittelalter

Die Wikinger wagten sich seit dem 8. Jh. auf das offene Meer. Über die Färöer erreichten sie das allerdings schon früher von iroschott. Mönchen besiedelte Island (um 860) und Grönland (982); von hier aus entdeckte LEIF ERIKSSON die NO-Küste Nordamerikas bis etwa 49° n. Br.; eine Besiedlung um 1000 (L'Anse aux Meadows) war nicht von Dauer. Diese Kenntnis Amerikas ging jedoch wieder verloren. – Die Araber übernahmen das Erbe der griech. Geographie, kannten über ihren eigenen Kulturkreis hinaus das angrenzende Asien und das Hinterland Nordafrikas. Sie querten die Sahara, gelangten bis in die Sudanzone und besaßen im MA. weit bessere Kenntnisse von Afrika, Vorder- und Südasien als die Europäer. Der Marokkaner IBN BATTUTA war der bedeutendste Landreisende seiner Zeit; er lernte auf seinen Reisen (1325–53) z. B. Nordafrika bis Timbuktu und zum Nilgebiet, Vorderasien, Indien, den Malaiischen Archipel und China kennen. – Die Kenntnis von Asien erweiterten die zu den Mongolenherrschern gesandten päpstl. Boten G. DEL CARPINI (1246) und W. VON RUBRUK (1254) sowie v. a. MARCO POLO, der 1271–95 Persien, Zentralasien, China und Indien bereiste und den Pazif. Ozean entdeckte. Aus seiner Reisebeschreibung ergab sich die Kenntnis, dass Ost- und Südasien meerumschlossen sind.

Das Zeitalter der großen Entdeckungen

Von HEINRICH DEM SEEFAHRER angeregt, unternahmen Portugiesen (seit 1418) Entdeckungsfahrten, zunächst entlang der W-Küste Afrikas (Kanar. Inseln 14. Jh., Madeira 1420, Azoren 1427), bes. nachdem die Türken 1453 durch die Einnahme Konstantinopels den Zugang nach Indien gesperrt hatten. Die Suche eines Seewegs nach Indien durch die Spanier führte zur weltgeschichtlich folgenreichen Entdeckung Amerikas durch KOLUMBUS (1492); weite Gebiete der Neuen Welt wurden Europa jetzt bekannt (seit 1498 Südamerika, seit 1502 Zentralamerika). Spanien und Portugal beanspruchten als die führenden Nationen der Zeit die Beherrschung der von ihnen entdeckten Räume. Im Vertrag von Tordesillas (1494) vereinbarten sie eine Grenzlinie bei 49° w. L.; nach der zweiten Entdeckung des Pazif. Ozeans durch V. NÚÑEZ DE BALBOA (1513) teilten sie im Vertrag von Saragossa (1529) auch die östl. Erdhälfte durch eine bei 132° ö. L. verlaufende Linie unter sich auf. Bereits 1487/88 umsegelte B. DIAZ die Südspitze Afrikas; weiter stieß

1497/98 VASCO DA GAMA vor und fand den Seeweg nach Indien. Dieser Leitlinie folgend, wurden Malakka (1508), die Molukken (1512), Südchina (Kanton 1517), Neuguinea (1526) und zuletzt Japan (1542) erreicht. 1519–22 bewies die von F. MAGALHÃES begonnene 1. Weltumsegelung die Kugelgestalt der Erde. Der Vorherrschaft der iber. Nationen widersetzten sich Franzosen, Holländer und Engländer. In engl. Auftrag wurde (seit 1553) nach der Nordostpassage (S. CABOTO) und (seit 1576) nach der Nordwestpassage gesucht; damit begann die Erforschung des Kanadisch-Arkt. Archipels (J. DAVIS, W. BARENTS u. a.). F. DRAKE gelang 1577–80 die 2. Weltumsegelung. – So ergab sich am Ende dieses Zeitalters eine beispiellose Ausweitung des geograph. Wissens, die sich in den Kosmographien der Zeit nur teilweise spiegelte. Süd- und Mittelamerika waren in ihren Küstengebieten und besiedelbaren Hochländern wesentlich besser bekannt als Nordamerika, das seit der Entdeckung Neufundlands (G. und S. CABOTO, 1497) und Floridas (J. PONCE DE LEÓN, 1513) erforscht wurde.

Weltkenntnis im 17. und 18. Jahrhundert

Engländer (1600) und Holländer (1602) gründeten Handelskompanien und legten in Indien und im Malaiischen Archipel die Grundlage für ihre Kolonialreiche. 1606 entdeckte W. JANSZ. die NW-Küste Australiens, 1642 A. J. TASMAN die später nach ihm benannte Insel. – Kosaken erreichten 1639 durch Sibirien das Ochotskische Meer. Christl. Missionare kamen nach China und gelangten von Indien aus nach Tibet. E. KAEMPFER schuf nach Reisen in Japan (1690–92) das für Europa maßgebende Bild dieses Landes, das erst von P. F. VON SIEBOLD und J. J. REIN im 19. Jh. übertroffen werden konnte. – Im N der Neuen Welt entdeckten Franzosen die Großen Seen (S. DE CHAMPLAIN, 1615). S. I. DESCHNJOW umfuhr 1648 das NO-Kap Asiens. Neben Handelsinteressen, Abenteuerlust oder Missionseifer wurde zunehmend wiss. Interesse zur Grundlage weiterer Erforschung, z. B. die von V. J. BERING geleitete ›Große Nordische Expedition‹ (1733–43), die Reisen C. NIEBUHRS (1761–67) und die von A. VON HUMBOLDT (1799 bis 1804). Auch die drei Weltumsegelungen von J. COOK (1768–71, 1772–75 mit J. R. und G. FORSTER, 1776–79), dem letzten großen maritimen Entdecker, bedeuteten neben der seefahrer. eine wiss. Leistung. – Europa wandte sich der Gründung der ›African Association‹ (1788) v. a. der Erforschung Afrikas zu. M. PARK (1795ff.) suchte den Nigerlauf zu klären, F. K. HORNEMANN gelang als erstem Europäer die Durchquerung der Sahara (1797–1800).

Forschungen im 19. und 20. Jahrhundert

Mit der Umsegelung der Antarktis 1819–21 (durch F. G. VON BELLINGSHAUSEN) begann deren Erforschung; der Südpol wurde 1911 von R. AMUNDSEN erreicht. Die Erforschung der Arktis blieb z. T. mit der Suche nach der Nordostpassage (A. E. VON NORDENSKIÖLD, 1878/79) und der Nordwestpassage (R. AMUNDSEN, 1903–06) verbunden; in die Nähe des Nordpols gelangte R. E. PEARY (1908/09). Die erste Überfliegung des Nordpols im Luftschiff gelang 1926 R. AMUNDSEN und U. NOBILE, die des Südpols R. E. BYRD, der mit seinen vier Antarktisexpeditionen zw. 1928 und 1947 die wesentl. Entdeckungen machte. Die erste Antarktisquerung auf dem Landweg gelang erst V. E. FUCHS 1957/58. – Die Entdeckung des Innern Afrikas entsprach v. a. der Klärung des Laufs der großen Ströme (bes. Niger, Nil und Kongo), von denen man nur die Unterläufe kannte. Nach bahnbrechenden Forschungen, v. a. von D. LIVINGSTONE (1849ff.), H. BARTH (1850–55) und H. M. STANLEY (1871ff.), wurde Afrika weitgehend erschlossen und kolonial

aufgeteilt. – Die abgelegenen Gebiete Zentralasiens wurden vom letzten großen Landreisenden S. HEDIN erforscht (1894 ff.). Schwer begehbare Gebiete, die in den 60er-Jahren des 20. Jh. nur annähernd bekannt und kartographisch erfasst waren, konnten inzwischen durch die Fernerkundung der Satelliten umfassend aufgenommen werden. 1995 gelang einer britisch-frz. Expedition die Entdeckung der Quelle des Mekong im Hochland von Tibet (auf der Höhe des Rusa-Passes).
Vergleiche die Zeittafeln zur Entdeckung und Erforschung bei →Afrika, →Amerika, →Antarktis, →Arktis, →Asien, →Australien.

R. HENNIG: Terrae incognitae, 4 Bde. (Leiden ²1944–56); Die berühmten Entdecker u. Erforscher der Erde, hg. v. K. KAYSER u.a. (a.d. Frz., 1965); M. CARY u. E. H. WARMINGTON: Die Entdeckung der Antike (a.d.Engl., 1966); G. HAMANN: Der Eintritt der südl. Hemisphäre in die europ. Gesch. (1968); W. P. CUMMING u.a.: Die Entdeckung Nordamerikas (a.d. Amerikan., 1972); G. ROBERTS: Atlas der Entdeckungen (a.d. Amerikan., 1976); D. HENZE: Enzykl. der Entdecker u. Erforscher der Erde, auf 4 Bde. ber. (Graz 1978 ff.); W. KRÄMER: Die Entdeckung u. Erforschung der Erde (Leipzig ⁸1979); Die Entdeckung u. Eroberung der Welt, hg. v. U. BITTERLI, 2 Bde. (1980–81); DERS.: Alte Welt – neue Welt. Formen des europäisch-überseeischen Kulturkontakts vom 15. bis zum 18. Jh. (1986); Forscher, Krieger, Abenteurer, hg. v. A. BOMBARD, 10 Bde. (a.d. Frz., Salzburg 1983–85); Die großen Entdeckungen, hg. v. M. MEYN u.a. (1984); Die großen Entdecker, bearb. v. R. MATTHEWS (a.d. Engl., 1992); F. SALENTINY: Dumont's Lex. der Seefahrer u. Entdecker (Neuausg. 1995).

Ente, 1) *Biologie:* →Enten.
2) *Medizin:* Harngefäß (Urinal) für bettlägerige männl. Kranke.
3) [seit 1850, Übersetzung des gleichbedeutenden frz. ›canard‹], **Zeitungsente,** Falschmeldung (›Presselüge‹), Gerücht.

Entebbe, Stadt in Uganda, südlich von Kampala, 1 176 m ü. M., am NW-Ufer des Victoriasees, 42 000 Ew.; Museen (für Geologie, Holzarten, Jagd und Fischerei); botan. Garten (ältester in Afrika), Wetterstation; Hafen, internat. Flughafen. – E. wurde 1893 als Militärposten gegründet und war 1894–1962 Verwaltungssitz von Uganda.

Ent|eignung, Expropriation [lat.], Entziehung des →Eigentums an beweg. oder unbeweg. Sachen oder sonstigen Vermögensrechten durch staatl. Hoheitsakt. Die E. soll dazu dienen, die entzogene Sache zum Wohl der Allgemeinheit einem anderen, als höherwertig geltenden Verwendungszweck zuzuführen. Sie ist von der →Einziehung (Konfiskation) und der →Sozialisierung (Vergesellschaftung) zu unterscheiden. Die modernen rechtsstaatl. Verf. verbinden mit der Garantie des Privateigentums i. d. R. die Bestimmung, dass eine E. unter bestimmten Voraussetzungen zulässig ist, aber nur gegen Entschädigung erfolgen kann. Im Marxismus gilt die entschädigungslose Enteignung des Privatbesitzes an Produktionsmitteln unter Bildung von staatl. oder gesellschaftl. Kollektiveigentum als wesentl. Schritt der sozialen Revolution und zur Aufhebung der ›Selbstentfremdung‹ des Menschen durch die Lohnarbeit. Ihren Niederschlag hatte diese Auffassung u. a. in Art. 9 ff. der Verf. der DDR gefunden. Während der klass. Begriff der E. auf die Vollentziehung des Grundeigentums beschränkt war (bes. zur Durchführung des Eisenbahnbaus), ist der Begriff der E. in Dtl. seit 1919 auf die Entziehung beweg. Sachen und anderer privater Vermögensrechte (z. B. Forderungen) ausgedehnt worden. In *Deutschland* ist nach Art. 14 GG eine E. nur zum Wohl der Allgemeinheit zulässig. Sie darf nur aufgrund eines Gesetzes durch Verwaltungsakt (Administrativ-E.) oder ausnahmsweise unmittelbar durch ein Gesetz (Legal-E.) erfolgen. Welche staatl. Maßnahme als E. zu qualifizieren ist, kann im Einzelfall problematisch

sein. Kein Zweifel besteht, die gänzl. Entziehung des Eigentums als E. zu betrachten; auch Vermögenseingriffe, die das Eigentum als solches bestehen lassen, dem Eigentümer aber eine schwerwiegende Beschränkung auferlegen, werden als E. ausgelegt. Erhebl. Abgrenzungsschwierigkeiten bestehen zw. der entschädigungslos hinzunehmenden Eigentumsbindung (Sozialbindung des Eigentums) und der E. bei den Eigentumseingriffen, z. B. im Gewerbe-, Miet-, Bau- und Umweltrecht. Nach der v. a. vom Bundesgerichtshof vertretenen ›Sonderopfertheorie‹ liegt eine E. vor, wenn die Belastung des Eigentums den Betroffenen im Vergleich zu anderen Bürgern ungleich trifft und ihm ein besonderes, den anderen nicht zugemutetes Opfer für die Allgemeinheit auferlegt. Für die vom Bundesverwaltungsgericht entwickelte ›Zumutbarkeitstheorie‹ ist v. a. die Schwere und Tragweite des Eingriffs maßgebend. Die neuere Rechtsprechung des Bundesverfassungsgerichts (insbesondere der Beschluss vom 15. 7. 1981, so genannter ›Nassauskiesungsbeschluss‹) unterscheidet wieder schärfer zw. Schrankenziehung (Sozialbindung) und E.; eine übermäßige Beschränkung des Eigentums ist danach nicht E., sondern bleibt eine (übermäßige, deshalb unzulässige) Schrankenziehung, gegen die der Betroffene vorgehen muss.
E. begründen Entschädigungsansprüche. Art. 14 GG stellt dazu, dass die E.-Gesetze Art und Ausmaß der Entschädigung regeln müssen (Junktimklausel), anderenfalls ist die E. verfassungswidrig. Die Entschädigung erfolgt meist in Geld; bei Grundstücken ist auch Naturalentschädigung gebräuchlich. Die Höhe der Entschädigung ist unter gerechter Abwägung der Interessen der Allgemeinheit und der Beteiligten zu bestimmen. Als geeigneter Maßstab dient vielfach der Wiederbeschaffungswert, doch müssen der Zeitwert oder sonst eingetretene Nachteile (z. B. entgangener Gewinn) nicht unbedingt voll ausgeglichen werden. Daher spricht das E.-Recht in diesem Zusammenhang von ›Entschädigung‹, nicht von ›Schadensersatz‹. Die Enteigneten können wegen der Höhe der Entschädigung im Streitfall die ordentl. Gerichte anrufen. Die E.-Maßnahme selbst kann, wenn sie durch Gesetz erfolgt, mit der Verfassungsbeschwerde angegriffen werden; wenn sie aufgrund eines Gesetzes durch Verwaltungsakt vorgenommen wird, kann gegen sie verwaltungsgerichtl. Anfechtungsklage erhoben werden.
Von der E. sind enteignender und enteignungsgleicher Eingriff zu unterscheiden. Der gesetzlich nicht geregelte, von jurist. Schrifttum und der Rechtsprechung geprägte Begriff des **enteignenden Eingriffs** meint den Einzelnen auferlegte Sonderopfer, die als Nebenfolge rechtmäßigen hoheitl. Handelns entstanden sind, aber keine E. i. e. S. darstellen, da ihnen das Bewusste, Gewollte und Zweckgerichtete einer E. fehlt (z. B. Beeinträchtigung von Nachbarn durch eine – rechtmäßige – störende öffentl. Anlage). Nach der Rechtsprechung des Bundesgerichtshofs kann der Einzelne wie für eine E. auch bei einem **enteignungsgleichen Eingriff** Entschädigung verlangen, wenn er nämlich in seinem Vermögen durch einen (auch schuldlos) rechtswidrigen Eingriff der öffentl. Gewalt geschädigt wurde, z. B. bei E. aufgrund eines nichtigen Gesetzes oder bei rechtswidriger Schließung eines Geschäftes. Nach der erwähnten Entscheidung des Bundesverfassungsgerichts (vom 15. 7. 1981) ist streitig, ob an der Rechtsprechung zum enteignungsgleichen Eingriff festgehalten werden kann: Da der enteignungsgleiche Eingriff ein rechtswidriger Akt ist, kann ihn der Betroffene gerichtlich abwehren; deshalb ist umstritten, ob er den Rechtsweg beschreiten muss oder stattdessen die Möglichkeit der Entschädigung wählen kann. Das Bundesverfassungsgericht verneint ein solches Wahlrecht. Der Bundesgerichtshof hält indes

Entebbe
Stadtwappen

mit modifizierter Begründung weiter am Begriff des enteignungsgleichen Eingriffs fest.

Im Einigungsvertrag zw. der BRD und der DDR vom 31. 8. 1990 ist bestimmt, dass E., die im Beitrittsgebiet auf besatzungsrechtl. und besatzungshoheitl. Grundlage 1945–49 vorgenommen wurden, d. h. insbesondere Maßnahmen zur Durchführung der Bodenreform, nicht mehr rückgängig zu machen sind. Dies ist durch Verfassungsänderung in Art. 143 Abs. 3 GG verankert und vom Bundesverfassungsgericht für zulässig befunden worden (Entscheidung vom 23. 4. 1991, im Mai 1996 nochmals bestätigt). Allerdings gebietet es nach Auffassung des Gerichts der allgemeine Gleichheitssatz, durch Gesetz auch für diese E. eine Ausgleichsregelung zu schaffen. Mit dem Erlass des Gesetzes über staatl. Ausgleichsleistungen für E. auf besatzungsrechtl. und besatzungshoheitl. Grundlage, die nicht mehr rückgängig gemacht werden können (Ausgleichsleistungs-Ges.) vom 27. 9. 1994, in Kraft ab 1. 12. 1994, wurde die Rechtsgrundlage zur Regelung dieser offenen Vermögensfragen in den neuen Ländern geschaffen.

Entschädigungslose und weitere, im Vermögens-Ges. vom 23. 9. 1990 i. d. F. v. 2. 12. 1994 näher bestimmte E. seitens der Staatsorgane der DDR sind auf Antrag grundsätzlich rückgängig zu machen (Grundsatz der Restitution), sofern dies möglich ist und nicht bestimmte Hinderungsgründe entgegenstehen (bes. redl. Erwerb durch Dritte nach dem 8. 5. 1945, Widmung für den Gemeingebrauch oder bestimmte vorrangige Nutzungen). Das Entschädigungs-Ges. vom 27. 11. 1994, in Kraft ab 1. 12. 1994 (Ges. über die Entschädigung nach dem Gesetz zur Regelung →offener Vermögensfragen), regelt den Entschädigungsanspruch des Berechtigten, wenn die Rückgabe nach dem Vermögens-Ges. ausgeschlossen ist oder der Berechtigte Entschädigung gewählt hat. Im Interesse der wirtschaftl. Entwicklung in den neuen Ländern, die schnell klare Eigentumsverhältnisse voraussetzt, ist bei bestimmten Investitionen (z. B. zur Sicherung oder Schaffung von Arbeitsplätzen) die Restitution ausgeschlossen und durch einen Anspruch auf Ausgleich oder unter bestimmten Voraussetzungen Entschädigung nach dem Investitionsvorrang-Ges. vom 14. 7. 1992 ersetzt.

In *Österreich* wird vom Verf.-Gerichtshof ein Eigentumseingriff nur dann als E. qualifiziert, wenn er zu einer Vermögensverschiebung zugunsten Dritter führt (Entscheidung vom 16. 12. 1983, ›Zwentendorf-Erkenntnis‹). Eine E. darf nur aufgrund eines besonderen Gesetzes im Interesse des ›allgemeinen Besten‹ (Art. 5 Staatsgrund-Ges.) unter Beachtung der Verhältnismäßigkeit verfügt werden. Die Gesetze sehen i. d. R. Entschädigungsansprüche vor; verfassungsrechtlich geboten ist eine Entschädigung nach der Rechtsprechung allerdings nur, wenn der Eigentumseingriff ein verfassungswidriges Sonderopfer bewirken würde. – Aufgrund der verfassungsmäßigen Eigentumsordnung (Art. 22ter Bundes-Verf.) ist in der *Schweiz* zw. der formellen und der materiellen E. zu unterscheiden. Unter **formeller E.** versteht man den Entzug des Eigentumsrechts oder eines beschränkten dingl. Rechts in einem durch spezielle Gesetze des Bundes und der Kantone geregelten Verfahren. Die formelle E. ist nur im öffentl. Interesse zulässig und muss voll entschädigt werden. Auf Bundesebene ist das Verfahren der formellen E. im Bundesgesetz über die E. vom 20. 6. 1930 geregelt. Im Ggs. zur formellen E. wird bei der **materiellen E.** das Eigentumsrecht dem Eigentümer belassen. Der staatl. Eingriff wirkt sich jedoch enteignungsähnlich aus, weil der bisherige oder voraussichtl. künftige Gebrauch einer Sache untersagt oder in bes. schwerwiegender Weise eingeschränkt wird; gleichgestellt sind Sonderopfer. Auch die materielle E. ist voll zu entschädigen.

G. KROHN u. G. LÖWISCH: Eigentumsgarantie, E., Entschädigung (³1984); GG-Komm., hg. VON I. VON MÜNCH, Bd. 1 (³1985); H. HESS u. H. WEIBEL: Das Enteignungsrecht des Bundes, 2 Bde. (Bern 1986); K. NÜSSGENS u. K. BOUJONG: Eigentum, Sozialbindung, E. (1987); E. RIVA: Hauptfragen der materiellen E. (Bern 1990); B. DIEKMANN: Das System der Rückerstattungstatbestände nach dem Ges. zur Regelung offener Vermögensfragen (1992); A. FRIEDLEIN: Vermögensansprüche in den fünf neuen Bundesländern (1992); Hb. des E.-Rechts, Beitr. v. K. KORINEK u. a. (Wien 1994).

Ent|eisungsanlage, Bordanlage eines Luftfahrzeugs zur Verhinderung oder Beseitigung des fluggefährdenden Eisansatzes an bestimmten Bauteilen oder Bereichen (Flügel- und Leitwerksvorderkanten, Luftschrauben, Messsonden für Fluginstrumente, Triebwerkseinläufe, Kraftstofffilter und Front- oder andere Sichtscheiben). Zur Anwendung gelangen therm. Enteisung mit Heißluft oder elektr. Heizmatten, Flüssigkeitsenteisung durch Aufsprühen von Gefrierschutzlösungen und Enteisung durch pulsierendes Füllen und Entleeren aufblasbarer Gummiüberzüge (Druckluftenteisung). Die E. wird bei Vereisungsgefahr durch spezielle Eisfühler in Betrieb gesetzt.

Entekt [zu griech. têxis ›das Schmelzen‹] *das, -(e)s/-e, Petrologie:* →Metatexis.

Entelechie [griech. ›ständige Wirksamkeit‹] *die, -/...'chilen, Philosophie:* ein innewohnendes Formprinzip, das etwa den Organismus zur Selbstentwicklung bringt. Der Begriff wurde bei ARISTOTELES häufig in ähnl. Bedeutung wie Energeia (→Akt) verwendet: als Verwirklichung der in einem Seienden angelegten Möglichkeiten, jedoch in Hervorhebung der immanenten Zielbestimmtheit der Entwicklung; sodann auch als Prinzip des Am-Wirken-Seins, die Form, die sich im Stoff verwirklicht. Die Seele bestimmte ARISTOTELES als erste E. eines organ. Körpers. In der Neuzeit haben LEIBNIZ (Monadologie), GOETHE u. a. den Begriff der E. wieder aufgenommen (→Teleologie). Im System H. DRIESCHS ist E. ein ganzheitstiftender und prozesssteuernder Faktor im organ. Geschehen (→Äquifinalität), ein außerräuml., aber in den Raum hineinwirkender teleolog. Naturfaktor.

H. DRIESCH: Philosophie des Organischen (⁴1928); H. CONRAD-MARTIUS: Der Selbstaufbau der Natur (1944); A. MITTASCH: E. (1952); I. DÜRING: Aristoteles (1966).

Enten, Anatinae, Unterfamilie der →Gänsevögel von umstrittener Zusammensetzung. Neben den Echten Enten (Schwimm- und Tauchenten) werden ihr oft noch die Meeres- und Ruderfußenten, manchmal auch die Halbgänse zugeordnet. Die meisten der rd. 100 Arten besitzen einen ausgeprägten Seihschnabel mit Hornlamellen an den Schnabelrändern und einer fleischigen Zunge, bei den Fische jagenden Sägern (Gattung Mergus) ist der Schnabel schmal, und die Lamellen sind zahnförmig umgestaltet zum Festhalten der Beute. I. d. R. ist die Färbung nach Geschlecht und Jahreszeit sehr unterschiedlich; die Männchen (Erpel) sind wesentlich auffallender gefärbt als die Weibchen, die meist Tarnfarben tragen. Die Erpel der europ. E. legen ihr Prachtkleid bereits im Herbst an, sie sind also im Winterhalbjahr, in dem auch die Paarbildung stattfindet, am schönsten gefärbt. Häufig sind auch die Stimmen nach Geschlechtern verschieden. Beine und Hals sind kürzer als bei den Gänsen; regelmäßig tauchende Arten haben oft weit hinten ansetzende Beine mit großen Füßen. Viele Arten erzeugen auffallende Fluggeräusche, teilweise mit bes. gestalteten Schallfedern. E. brüten meistens auf dem Boden, in Wassernähe, aber auch auf Bäumen oder in Höhlen, die südamerikan. Kuckucksente (Heteronetta atricapilla) legt ihre Eier anderen Vögeln unter, z. B. Ibissen, Blässhühnern und sogar Greifvögeln. Die Nahrung reicht von überwiegend pflanzl. bis zu fast ausschließlich fleischl. Kost. Alle Arten führen mehr oder minder ausgedehnte Wanderungen aus, die oft witterungsbedingt sind (Zufrieren der Gewässer).

Einheim. Arten der **Schwimm-E.** (Gattung Anas) sind u.a. →Knäkente, →Krickente, →Löffelente, →Pfeifente, →Schnatterente, →Spießente sowie die →Stockente, die Stammform aller Hausenten außer der Moschusente, die von der südamerikan. Art Cairina moschata abstammt. Die Hausentenrassen lassen sich nach ihrem Nutzen in Fleisch- und Lege-E. einteilen. E.-Eier können Paratyphuserreger enthalten und sollten deshalb nur gekocht gegessen werden. Während die genannten einheim. Arten selten tauchen, aber bei der Nahrungssuche oft gründeln, tauchen die folgenden Arten der Gattung Aythya (**Tauch-E.**) regelmäßig: →Reiherente, →Moorente, →Tafelente.

Zu den **Meeres-E.** gehören u.a. die nur selten im Binnenland anzutreffenden →Eiderenten (Gattung Somateria) und die in Baumhöhlen brütende →Schellente. Ebenfalls zu den Meeres-E. zählen die →Säger, von denen der Mittelsäger (Mergus serrator) und der Gänsesäger (Mergus merganser) bei uns seltene Brutvögel sind. Von den →Halbgänsen ist in Mitteleuropa die Brandgans vertreten.

Kulturgeschichte: E. wurden erstmals vermutlich in Mesopotamien im 3. Jt. v. Chr. domestiziert. Aus dieser Zeit stammen auch sumer. E.-Darstellungen. Stilisierte E., deren Deutung schwierig ist, wurden auf Fibeln aus Rhodos, Etrurien und süddt. Gräbern der Eisenzeit gefunden. Etrusk. Frauen benutzten kleine Krüge in E.-Form für Salböl. In Griechenland waren Salbgefäße aus Terrakotta in E.-Form mit farbiger Bemalung in Gebrauch. Röm. E.-Darstellungen kennt man von Wandmalereien aus Pompeji. E. wurden bereits im alten China gezüchtet. Während in der Alten Welt die domestizierte Stockente vorherrschte, zähmten in vorkolumb. Zeit Indianer die Moschusente. Sie wurde als Hausgeflügel von den Spaniern 1514 nach Europa gebracht. Die große, kurzbeinige Ente, deren Männchen durch warzige Schwielen im Gesicht auffällt (›Warzenente‹), fand v. a. in trop. Gebieten weite Verbreitung, da sie den dort herrschenden Bedingungen durch ihre Herkunft gut angepasst ist.

Entenflugzeug, Flugzeug mit vor den Tragflügeln liegendem Höhenleitwerk (Bug- oder Kopfleitwerk). Bei dieser Bauart ist die zur Erhaltung des Momentengleichgewichts erforderl. Leitwerkskraft aufwärts gerichtet und erhöht damit den Gesamtauftrieb, wodurch die Flugeigenschaften, die hohen Auftrieb erfordern (Start und Landung), verbessert werden.

Entenform des Herzens, →Aortenherz.

Entengras, die Süßgrasgattung →Schwaden.

Entengrütze, Entenflott, Entengrün, die Pflanzengattung →Wasserlinse.

Entenmuscheln, Krebstiere, Unterordnung der →Rankenfüßer.

Entenschnäbel, aus der histor. Modekritik abgeleitete Bez. jener Schnabelschuhe, die um 1500 mit abgerundeten Spitzen zu den breiteren Formen (›Kuhmäuler‹) überleiteten.

Entente [ã'tãt; frz. ›Einverständnis‹, eigtl. ›Absicht‹, von lat. intendere ›auf etwas achten‹] *die, -/-n,* bündnisähnl. Verhältnis oder Bündnis zw. (zwei) Staaten, das auf engem Einverständnis und weitgehender Interessengleichheit beruht. – Als **E. cordiale** werden bes. die bündnisähnl. Beziehungen zw. Großbritannien und Frankreich seit der Verständigung über die nordafrikan. Kolonialfragen (1904) bezeichnet; ihr Kern waren militär. Absprachen für den Fall eines Krieges gegen das Dt. Reich (Briefwechsel zw. P. CAMBON und E. GREY). Aus dieser E. entwickelte sich durch Einbeziehung Russlands (seit 1907) die →Tripelentente (Dreiverband). Der Begriff ›E.-Mächte‹ wurde im Ersten Weltkrieg auf alle Gegner

Entenflugzeug

der →Mittelmächte bezogen. Nach dem Ersten Weltkrieg entstand die →Kleine Entente.

Entenwal, Dögling, →Schnabelwale.

enter..., Wortbildungselement, →entero...

enteral [zu griech. énteron ›Darm‹], die Eingeweide oder den Darm betreffend, über den Magen-Darm-Kanal wirksam, z. B. Arzneimittel. (→parenteral)

Enteramin *das, -s,* das Gewebshormon →Serotonin.

Ent|erbung, Ausschluss eines Verwandten oder des Ehegatten von der gesetzl. Erbfolge oder des nichtehel. Kindes vom Erbersatzanspruch (→Erbrecht). E. kann stillschweigend durch Einsetzung anderer Personen zu Erben geschehen. Bei ausdrückl. E. durch Testament oder Erbvertrag ist die Einsetzung eines anderen Erben nicht erforderlich (§ 1938 BGB). Die E. erstreckt sich i. d. R. nicht auf die Abkömmlinge des Enterbten. Von der gesetzl. Erbfolge ausgeschlossene Abkömmlinge, Eltern und Ehegatten des Erblassers haben gegen Erben einen Anspruch auf den →Pflichtteil (§ 2303 BGB). Dieser kann unter bestimmten Voraussetzungen auch entzogen werden (§§ 2333 ff. BGB, Pflichtteilsentziehung).

E. ist im *österr. Recht* die gänzl. oder teilweise Entziehung des Pflichtteils durch letztwillige Verfügung. Sie muss begründet sein (§§ 768 ff. ABGB).

Auch nach *schweizer. Recht* wird als E. die Beschränkung des Pflichtteilsanspruches bezeichnet (Art. 477 ff. Zivilgesetzbuch). E.-Gründe sind schwere Verbrechen oder schwere Verletzung der familienrechtl. Pflichten gegenüber dem Erblasser oder gegenüber Personen, die dem Erblasser nahe stehen. Eine teilweise E. ist auch bei Zahlungsunfähigkeit eines Pflichtteilsberechtigten zulässig, sofern der entzogene Teil des Pflichtteils den Nachkommen des Zahlungsunfähigen zugewendet wird.

Enteritis [zu griech. énteron ›Darm‹] *die, -/...'tiden,* **Dünndarmentzündung,** Schleimhautentzündung des Dünndarms, oft mit Magenbeteiligung (**Gastro-E.**) und Ausweitung auf den Dickdarm (**Enterokolitis):** Hauptursachen sind Ernährungsfehler, Bakterieninfektionen und/oder Bakteriengifte, Nahrungsmittelallergien, Vergiftungen und Strahlenschäden. Verdauungsstörungen und Unterkühlungen, auch Tumoren, begünstigen das Krankheitsgeschehen. Die Symptome einer E. bestehen v. a. in Durchfall, Blähungen, krampfartigen Leibschmerzen, meist auch Fieber, bei Beteiligung des Magens Übelkeit, Erbrechen, Magen- und Muskelschmerzen.

Die **E. infectiosa,** eine meldepflichtige lokale Darminfektion, wird v. a. von Salmonellen, Kolibakte-

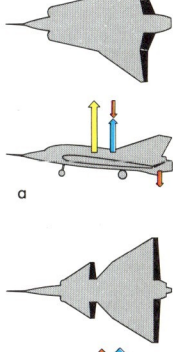

Entenflugzeug: Vergleich der Auftriebsverhältnisse bei einem Deltaflugzeug (a) und bei einem Entenflugzeug (b); beim Landeanflug erzeugt das Tragwerk des Entenflugzeugs einen wesentlich höheren Gesamtauftrieb (blaue Pfeile), da sämtliche Trimmkräfte (rote Pfeile) nach oben gerichtet sind; die gelben Pfeile zeigen den Auftrieb des ungetrimmten Tragwerks

rien, Staphylo- und Streptokokken u. a. enterotoxin-
bildenden Keimen hervorgerufen; sie kann auch im
Zusammenhang mit versch. Infektionskrankheiten
auftreten, v. a. Paratyphus, Ruhr, Cholera und Tuberkulose. Eine akute, lebensbedrohende Erkrankung ist
die wohl durch Clostridien hervorgerufene **E. necroti-
cans,** eine mit Nekrose und Darmbrand einhergehende Entzündung, die durch geschwürige Darmper-
foration und Bauchfellentzündung zum Tode führen
kann. Eine Sonderform stellt die **E. regionalis,** die
→Crohn-Krankheit, dar. (→Durchfall)

Entern [aus dem Niederländ., von span. entrar ›eindringen‹], **1)** die Erstürmung eines Kriegsschiffes.
Das planmäßige E. wurde erstmalig durch die Römer
260 v. Chr. mithilfe von **Enterbrücken** ausgeführt, die
nach dem Längsseitgehen auf das feindl. Schiff fallen
gelassen wurden. Bis zur Einführung der Schiffsartil-
lerie wurden Seegefechte durch E. entschieden. Das
feindl. Schiff wurde mit **Enterhaken** festgehalten und
seine Besatzung mit **Entermessern** im Nahkampf angegriffen.
2) das Ersteigen der Masten eines Segelschiffs über
die Wanten.

entero... [griech. énteron ›Darm‹], vor Vokalen
meist verkürzt zu **enter...,** Wortbildungselement mit
den Bedeutungen: 1) Darm, z. B. Enteropathie, Enteritis; 2) Eingeweide, z. B. Enteroptose. – Auch als letzter Wortbestandteil: **...enteron,** z. B. Archenteron.

Enterobacter der oder das, -s/-, Gattung der →En-
terobakterien, deren Vertreter im Darmtrakt von
Mensch und Tieren sowie im Boden (z. B. **E. aeroge-
nes**) und im Abwasser vorkommen. E.-Arten sind für
den Menschen normalerweise nicht pathogen.

Enterobakteri|en, stäbchenförmige Bakterien, die
v. a. im Darm von Mensch und Tieren vorkommen. Sie
sind fakultativ anaerobe Organismen, die Zucker unter Säurebildung vergären. Zu den E. gehören u. a. die
Gattungen Escherichia, Salmonella, Shigella, Citro-
bacter, Edwardsiella, Enterobacter.

enterogen [griech.], vom Darm und/oder Einge-
weideraum ausgehend (z. B. Krankheiten).

Enterokokken *Pl.,* im Darm lebende, Milchsäure
bildende →Streptokokken. Einige E. sind harmlose
Kommensalen im Darmtrakt des Menschen (z. B.
Streptococcus faecalis) und der Wiederkäuer, andere
sind Krankheitserreger.

Enterokolitis, →Enteritis.

Enterolithen [zu griech. lithos ›Stein‹], *Sg.* **Entero-
lith** der, -s oder -en, die →Darmsteine.

Enteron [griech.] das, -s/...ra, wiss. Bez. des Darms
(v. a. des Dünndarms), auch die Eingeweide.

Enteropathie [zu griech. páthos ›Leiden‹, ›Krank-
heit‹] *die,* -/...'thi|en, allg. Bez. für Darmerkrankung.

Enteropeptidase *die,* -, **Enterokinase,** in der
Darmwand gebildetes hochspezif. Enzym, das Trypsinogen in das aktive Verdauungsenzym →Trypsin umwandelt.

Enteropneusta [griech.], die →Eichelwürmer.

Enteroptose, die →Eingeweidesenkung.

Enterorezeptoren, *Sinnesphysiologie:* die →Prop-
riorezeptoren.

Enterostomie [zu griech. stóma ›Mund‹] *die,*
-/...'mi|en, das operative Anlegen einer künstl. Darm-
öffnung, meist seitlich am Bauch, z. B. zur Schaffung
eines →Kunstafters. Hierbei wird nach Bauchschnitt
eine an die Bauchwand gezogene und angenähte
Darmschlinge geöffnet (künstl. äußere Fistel). Verwendet werden Teile des Dünndarms (Jejunostomie),
des Dickdarms (Kolostomie) und des Blinddarms
(Zäkostomie).

Enterotoxine, von Staphylokokken (bestimmte
Stämme von Staphylococcus aureus) unter besonderen Bedingungen in das umgebende Medium (z. B.
kohlenhydratreiche Nahrungsmittel) abgegebene hit-

zestabile bas. Proteine, die im Darmkanal nicht abgebaut werden; häufige Ursache von Lebensmittelver-
giftungen.

Enteroviren, Darmviren, Sammel-Bez. für eine
Gruppe der Picornaviren (RNA-Viren), die sich
hauptsächlich in der Darmschleimhaut vermehren
und mit dem Stuhl ausgeschieden werden. E., zu denen die →Coxsackieviren, →ECHO-Viren und →Polio-
viren zählen, kommen außer beim Menschen bei Affen, Hunden, Schweinen, Rindern und Mäusen vor.
Sie sind Erreger der unterschiedlichsten Krankheiten
(Kinderlähmung, abakterielle Hirnhautentzündung,
Schnupfen u. a.).

Enterozele [zu griech. kéle ›Bruch‹] *die,* -/-n,
Darmbruch, mit Darmschlingen gefüllter Bruchsack.

Enterprise ['entəpraiz; engl. ›Unternehmen‹,
›Wagnis‹], Name des als Testgerät dienenden Proto-
typs für den Orbiter des amerikan. Raumtransporters. E. wurde ein Flugzeug auf Höhe gebracht;
eignet sich also nicht für einen Start auf eine Erdumlaufbahn.

Entertainer [-te:nər; engl. to entertain ›unterhalten‹, ›amüsieren‹] *der,* -s/-, 1) berufl. (Allein-)Unter-
halter, bes. im Showgeschäft, z. B. Conférencier,
Showmaster; 2) Unterhaltungskünstler; jemand, der
es versteht, ein größeres Publikum mit einer eigenständigen Show zu unterhalten. – **Entertainment,** be-
rufsmäßig gebotene Unterhaltung.

Entfernung, *Mathematik:* der →Abstand zweier
Punkte.

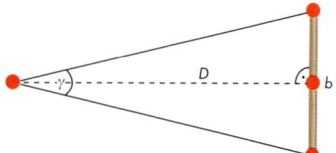

**Entfernungs-
messung:**
Grundprinzip
der optischen
Entfernungs-
messung

Entfernungsmessung, auch **Distanzmessung,
Streckenmessung,** die Bestimmung des Abstandes
zw. zwei Punkten an der Erdoberfläche oder im Raum
durch mechan., opt. oder elektron. Messverfahren.
Bei der E. für militär., naut. und fotograf. Zwecke sind
die Zielpunkte i. A. nicht zugänglich und die Genauig-
keitsanforderungen geringer; modifizierte opt. und
elektron. Verfahren wurden hierzu entwickelt.

Astronomie: →Parallaxe.

Geodäsie: Die **mechanische E.** wird mit Messbän-
dern ausgeführt und bes. bei →Katastervermessung
und Bauvorhaben eingesetzt. Bei hohen Genauigkeits-
forderungen (Ingenieurvermessung) werden Mess-
drähte aus Stahl oder Invar (→Basis) verwendet.

Die **optische E.** beruht auf der Bestimmung der Distanz D aus einem spitzwinkligen Dreieck mithilfe der
Basis b und des parallakt. Winkels γ, wobei je nach

Entfernungsmessung: Entfernungsmesser mit veränderlicher
Basis im Standpunkt

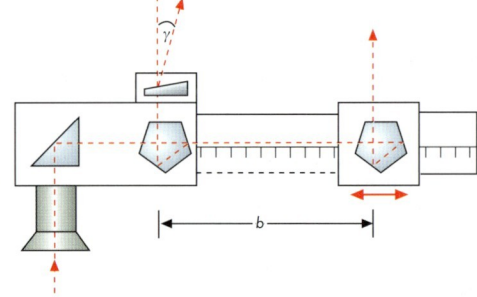

Geräteart eine dieser beiden Größen konstant gehalten und die andere gemessen wird. Für einfache Gelände- oder Bauwerksaufnahmen mit unzugängl. Zielpunkt eignet sich die E. mit Basis im Standpunkt. Dabei wird beispielsweise der parallakt. Winkel durch einen dem Zielfernrohr vorgesetzten Glaskeil festge-

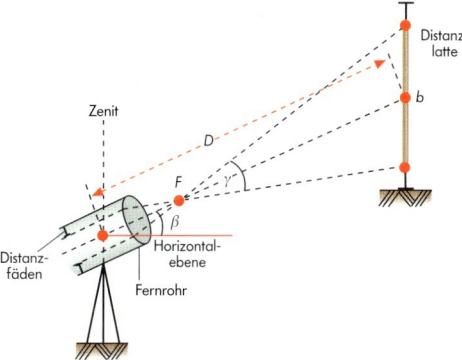

Entfernungsmessung: Tachymetrische Entfernungsmessung

legt; die auf dem Basislineal angeordneten Prismen erzeugen zwei Teilbilder des Ziels. Durch Verschieben des einen Prismas werden die Bilder zur Koinzidenz gebracht und die Länge der Basis am Lineal abgelesen. Für topograph. Aufnahmen eingesetzte opt. →Tachymeter benutzen eine im Zielpunkt vertikal aufgestellte Distanzlatte als Basis. Der parallakt. Winkel wird durch zwei auf der Strichplatte des Zielfernrohrs angebrachte Distanzfäden festgelegt, die auf dem Lattenbild den Abschnitt b herausschneiden. Nach Anbringen eines Multiplikationsfaktors und Anfügen der Additionskonstanten ergibt sich die schräge Distanz D. Die Reduktion auf die horizontale Entfernung wird mit dem Neigungswinkel β entweder rechnerisch oder mit veränderl. Distanzkurven bereits im Instrument vorgenommen (Reduktionstachymeter). Bei Reichweiten bis zu einigen 100 m beträgt die Genauigkeit dieser opt. Verfahren zw. 0,1 und 1 %. Hohe Genauigkeit (bis etwa 0,1 mm) über kurze Distanzen liefert die Messung des parallakt. Winkels zu den Endpunkten einer im Ziel horizontal aufgestellten →Basislatte mit einem Präzisionstheodolit.

Die **elektronische E.** ist heute das bei weitem wichtigste Verfahren zur Messung von Distanzen. Terrestr. Verfahren überwiegen im Entfernungsbereich von 10 m bis zu einigen Kilometern; darüber hinaus werden Distanzen weitgehend indirekt durch E. zu künstl. Erdsatelliten bestimmt und, daraus abgeleitet, die Positionen der Bodenpunkte ermittelt (→Satellitengeodäsie). Bei den elektron. Verfahren wird die Laufzeit gemessen, die ein einer elektromagnet. Welle aufgeprägtes Signal zum Durchlaufen der Strecke benötigt. Nach Multiplikation mit der von den atmosphär. Bedingungen abhängigen Ausbreitungsgeschwindigkeit c ergibt sich die schräge Distanz. Die zur Signalübertragung benutzten Trägerwellen müssen sich gut bündeln lassen und dürfen in der Atmosphäre nur wenig absorbiert werden. In der **elektrooptischen E.** werden Wellen des sichtbaren Lichts oder des nahen Infrarots (meist als Laserlicht) benutzt (Wellenlänge λ von 0,4 bis 1 µm). Sie lassen sich gut bündeln, richten und reflektieren, die Reichweite hängt jedoch stark von der Witterung ab. In der **Mikrowellen-E.** wird der cm- und dm-Wellenlängenbereich benutzt. Die E. wird damit wetterunabhängig, die Ausbreitungsgeschwindigkeit ist aber stark von der atmosphär. Refraktion abhängig. Bei der Verwendung von zwei Trägerwellen versch. Wellenlänge lässt sich die Dispersion zur Erfassung

der atmosphär. Refraktion (Temperatur, Luftdruck) ausnutzen, eine dritte Trägerwelle im Mikrowellenbereich kann den Einfluss der Luftfeuchte erfassen. Nach der vom Signal durchlaufenen Strecke lassen sich Ein- und Zweiwegverfahren unterscheiden. Beim **Einwegverfahren** wird die Laufzeit am Zielpunkt gemessen, Stand- und Zielpunkt müssen dazu mit hochpräzisen, phasensynchronisierten Frequenznormalen (→Atomuhren) ausgerüstet sein. Das Einwegverfahren wird bei der E. im →GPS angewendet. Beim **Zweiwegverfahren** wird die ausgesandte Welle im Zielpunkt reflektiert und im Standpunkt wieder empfangen, die im Empfänger gemessene Signallaufzeit entspricht dann der doppelten Entfernung zw. Stand- und Zielpunkt. Bei der elektroopt. E. reichen Tripelprismen als Reflektoren aus, Mikrowellen benötigen dagegen aktive, aus Empfänger und Sender bestehende Reflektoren.

Nach der Art der Laufzeitmessung lassen sich Impulsmess- und Phasenvergleichsverfahren unterscheiden. Beim Impulsmessverfahren wird ein der Trägerwelle durch Modulation aufgeprägter Impuls ausgesendet, ein von einer genauen Uhr gesteuerter Laufzeitmesser bestimmt die Zeitdifferenz Δt zw. dem Aussenden und dem Empfang des reflektierten Impulses. An die Zeitmessung werden hohe Anforderungen gestellt, so entspricht z. B. die zeitl. Auflösung 0,1 ns einem (einfachen) Weg von 1,5 cm. Das Verfahren wird mit Laserlicht bei terrestr. Distanzmessungen im Nahbereich und bei der E. zu künstl. Erdsatelliten und dem Mond (→Satellitengeodäsie) eingesetzt, bei hoher Energiedichte lässt sich im Nahbereich auch reflektorlos arbeiten. Mikrowellen werden bei der →Funkortung und der →Satellitenaltimetrie verwendet. Beim Phasenvergleichsverfahren wird eine durch Modulation der Trägerwelle erzeugte niederfrequente Messwelle (Wellenlänge einige Meter bis einige Dekameter) ausgestrahlt, die am Empfänger eintreffende reflektierte Welle wird demoduliert und die Phasendifferenz $\Delta\varphi$ zw. ausgesandter und empfangener Welle gemessen; sie entspricht einem Bruchteil $\Delta\lambda$ der Messwellen-

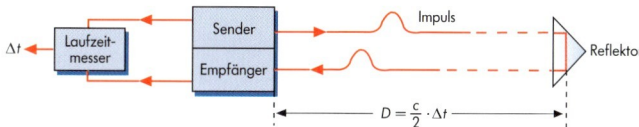

Entfernungsmessung: Prinzip des Impulsmessverfahrens

länge. Durch aufeinander folgende Verwendung verschiedener Messfrequenzen für das Messsignal lässt sich die Zahl n der in der Messstrecke enthaltenen ganzen Wellenlängen und damit die Länge der gesamten Strecke ermitteln.

Für die E. im Wasser werden akust. Verfahren benutzt, wobei die Laufzeit ausgesandter Schallwellen nach Reflexion gemessen wird (→Echolot, →Sonar).

H. KAHMEN: Vermessungskunde ([18]1993); R. JOECKEL u. M. STOBER: Elektron. Entfernungs- u. Richtungsmessung ([3]1995).

Entfernungsmodul, ein sich aus der Differenz zw. der absoluten Helligkeit M und der scheinbaren Hel-

Entfernungsmessung: Prinzip des
Phasenvergleichsverfahrens

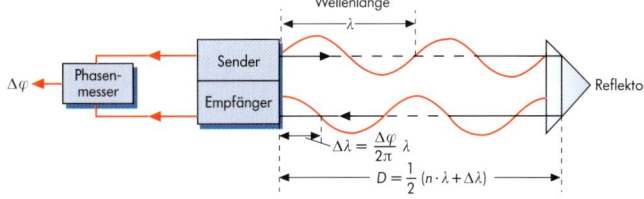

ligkeit m eines kosm. Objekts ergebendes Maß für dessen Entfernung r. Wird diese in Parsec gemessen, dann gilt $M - m = 5 - 5 \log r$, unter der Voraussetzung, dass das Licht des Objekts im interstellaren Raum keiner Absorption unterworfen ist.

Entfernungsquadratgesetz, quadratisches Abstandsgesetz, ein die Intensität einer Strahlung in Abhängigkeit vom Abstand zur Strahlungsquelle beschreibendes Gesetz: Die Intensität ist umgekehrt proportional dem Quadrat der Entfernung von der Strahlungsquelle. Das in der Lichttechnik und Photometrie gültige **photometrische E.** für die Beleuchtungsstärke E im Abstand r von einer Lichtquelle lautet $E = I_\gamma / r^2$, wenn I_γ die Lichtstärke in der durch den Ausstrahlungswinkel γ gegebenen Ausstrahlungsrichtung ist.

entfesselte Prometheus, Der, engl. ›Prometheus unbound‹, lyr. Lesedrama in Versen von P. B. SHELLEY; engl. 1820.

Entfetten, 1) *Gerberei:* Entfernen des Naturfettes mittels chem. oder mechan. Verfahren.

2) *Textiltechnik:* Vorgang bei der Wollbearbeitung, →Wolle.

3) *Werkstoffkunde:* Verfahren der →Metallreinigung.

Entflammungstemperatur, der →Flammpunkt.

Entflechtung, die Auflösung von Konzernen oder die Aufhebung von Unternehmenszusammenschlüssen durch rechtl. und wirtschaftl. Verselbstständigung ihrer Teile, um ökonom. Machtstellungen abzubauen und einen funktionsfähigen Wettbewerb wiederherzustellen (Dekonzentration). In Dtl. ist E. nicht als Instrument der Wettbewerbspolitik vorgesehen. Ausnahme: Wird ein der Fusionskontrolle unterliegender Unternehmenszusammenschluss vor der Entscheidung des Bundeskartellamts vollzogen, so ist er aufzulösen, wenn das Bundeskartellamt eine Untersagung ausspricht (§ 24 Abs. 2 Ges. gegen Wettbewerbsbeschränkungen, GWB). Die ›Ministererlaubnis‹ nach § 24 Abs. 3 GWB kann mit Auflagen zur E. verbunden werden (→Wettbewerb). Bei der Übernahme der Messerschmitt-Bölkow-Blohm GmbH durch die Daimler-Benz AG (1989) wurde z. B. den Fusionspartnern die Verpflichtung auferlegt, von bestimmten Beteiligungen im Rüstungsbereich (Krauss-Maffei AG) zu trennen. – Das Wettbewerbsrecht der *USA* sieht dagegen die Möglichkeit der E. vor (sec. 2 Sherman Act, sec. 7 Clayton Act). Spektakuläre Fälle waren Standard Oil und American Tobacco (beide 1911), Alcoa (1945), United Shoe Machinery (1968).

Einen anderen Sachverhalt regelt das Vermögens-Ges. (§ 6 b), wonach Unternehmen in den neuen Ländern zur Erfüllung eines oder mehrerer Rückgabeansprüche in rechtlich selbstständige Unternehmen oder Vermögensmassen (Betriebsstätten) ganz oder teilweise entflochten werden können.

Nach dem Zweiten Weltkrieg wurden in Dtl. durch die westl. Besatzungsmächte entsprechend den Vereinbarungen im Potsdamer Abkommen Großunternehmen und Konzerne entflochten (Dekartellierung), um einen polit. Missbrauch der wirtschaftl. Macht zu verhindern. Von E. betroffen waren: 1) Montanindustrie: Die →Vereinigten Stahlwerke AG und 11 weitere Gesellschaften wurden in 28 Unternehmen aufgespalten; 2) chem. Industrie: Die →IG Farbenindustrie AG wurde in die Nachfolgegesellschaften BASF AG, Bayer AG und Hoechst AG aufgeteilt; 3) Kreditwesen: Die drei Großbanken Deutsche Bank AG, Dresdner Bank AG und Commerzbank AG wurden in 30 Nachfolgeinstitute (ohne Berlin-West) entflochten; 4) Filmwirtschaft: →Ufa. – Nach dem Ende des Besatzungsstatuts wurden diese E.-Maßnahmen z. T. revidiert; im Bankensystem z. B. waren bereits 1957 die gesamten E.-Maßnahmen wieder rückgängig gemacht worden.

Entfremdung, 1) *allg.:* die Tätigkeit des Verfremdens oder der Prozess des Fremdwerdens (auch Selbst-E.) sowie das Ergebnis dieses Prozesses (der Zustand der Trennung, der Ferne).

2) *Philosophie* und *Sozialwissenschaften:* E. bezeichnet zunächst im transzendentalphilosoph. Sinne bei J. G. FICHTE den notwendigen Prozess, der das Ich nur auf dem Wege einer Entäußerung in ein Nicht-Ich zur Erfassung seiner selbst gelangen lässt, bei G. W. F. HEGEL, der den Begriff E. explizit als philosoph. Terminus eingeführt hat (›Phänomenologie des Geistes‹, 1807), die notwendige Durchgangsstufe auf dem dialekt. Weg des Geistes zu sich selbst.

Durch K. MARX (›Ökonomisch-philosoph. Manuskripte‹, 1844) wurde der Begriff E. zur Kennzeichnung der ›Vergegenständlichung‹, die den Menschen als Produzenten dem Produkt seiner Arbeit entfremdet, im histor. Zusammenhang kapitalist. Produktionsverhältnisse gestellt (die Arbeitskraft wird zur Ware). Im Kapitalismus ist der Arbeiter nach MARX durch das Privateigentum von den Produktionsmitteln ausgeschlossen; er wird deshalb in dem Maße als Mensch ›entwirklicht‹, wie er Werte schafft, die aufgrund fremder Aneignung zu Gegenständen werden, die ihm ›fremd‹ sind. Durch die Arbeitsteilung, die ihm zufällig erscheint, wird er gleichzeitig auch anderen Menschen entfremdet, zumal deren Arbeit ebenfalls fremdbestimmt ist. MARX unterschied religiöse E. (›Religion als Opium des Volkes‹), polit. E. (Widerspruch zw. persönl. und staatl. Interessen) und ökonom. E., die die Wurzel aller anderen E. sei.

In der Zeit nach MARX erfuhr das E.-Problem in der philosophisch-sozialwiss. Diskussion eine starke inhaltl. Ausweitung und Differenzierung. Unter Begriffen wie Verdinglichung, Fremdbestimmung, Entmenschlichung u. a. wurde das E.-Problem in oftmals kulturkrit. Weise mit negativen Auswirkungen soziokultureller Umwälzungen (Industrialisierung, Rationalisierung, Verstädterung, ›Vermassung‹, ›Kulturverfall‹) auf die Individualität des Menschen identifiziert. G. SIMMEL sah eine wachsende Fremdheit zw. dem Kultur schaffenden Menschen und seinen Schöpfungen, die sich im Verlauf eines Objektivierungsprozesses eigenmächtig verselbstständigen. M. WEBER erkannte die Gefahr, dass der moderne Kapitalismus und die Bürokratisierung (→Bürokratie) ein ›stahlhartes Gehäuse‹ technisch-ökonom. Strukturen hervorbringen, das mit ›überwältigendem Zwang‹ den Lebensstil des Individuums bestimmt.

Vertreter der ›kritischen Theorie‹ und des kulturkrit. Neomarxismus (T. ADORNO, H. MARCUSE und E. FROMM) befürchteten infolge totalitärer Tendenzen und wachsender Ökonomisierung der Gesellschaft die E. des Menschen von seinen ›wahren‹ Bedürfnissen zu einem manipulierten, scheinbar zufriedenen, nur am Wohlstand orientierten Bürger. A. SCHAFF u. a. erkannten, dass auch in staatssozialist. Gesellschaften infolge totalitär-bürokrat. Herrschaftsverhältnisse E.-Erscheinungen bestehen. Nach R. DAHRENDORF trägt die Soziologie zur E. bei, wenn sie den Menschen als Träger sozialer Rollen (›homo sociologicus‹) analysiert, die den Einzelnen zu einem entindividualisierten, ›zerstückelten‹ und unfreien ›Rollenspieler‹ entfremden. In den USA wurde versucht, die Kategorie der E. (engl. alienation) in einen erfahrungswiss. Begriff umzuwandeln, der in der Sozialpsychologie und Industriesoziologie forschungspraktisch verwendbar ist (Operationalisierung). Der Soziologe MELVIN SEEMAN (*1918) unterscheidet fünf psychologische Dimensionen der E.: 1) Machtlosigkeit, 2) Sinnlosigkeit, 3) Normenlosigkeit, 4) Isoliertheit, 5) Selbstentfremdung.

In der Existenzphilosophie und bei P. TILLICH schließlich wird E. als ontologisch-eth. Problem aufgefasst: E. ist hier als ein konstitutives Element der menschl. Existenz Ausdruck der Entwurzelung des Menschen in der modernen Gesellschaft.

A. GEHLEN: Die Geburt der Freiheit aus der E., in: Archiv für Rechts- u. Sozialphilosophie, Jg. 40 (1952/53); G. LUKÁCS: Gesch. u. Klassenbewußtsein (Neuausg. 1970); I. FETSCHER: Karl Marx u. der Marxismus (³1973); H. POPITZ: Der entfremdete Mensch (³1973); E., hg. v. H.-H. SCHREY (1975); A. SCHAFF: E. als soziales Phänomen (a. d. Poln., 1977); J. ISRAEL: Der Begriff E. (1985); H. MAY: Arbeitsteilung als Entfremdungssituation in der Industriegesellschaft von Emile Durkheim bis heute (1985); FRIEDRICH MÜLLER: E. (²1985); H. SCHULLER: Die Logik der E. Versuch zu einer wiss. Grundlegung der E.-Theorie (1991); H. NICOLAUS: Hegels Theorie der E. (1995).

Entführung, i. w. S. Bez. für bestimmte gegen die Freiheit des Einzelnen gerichtete Delikte. Das dt. StGB kennt neben dem allgemeinen Tatbestand der →Freiheitsberaubung (§ 239 StGB) eine Reihe von Vorschriften gegen besondere Formen der E.: den →Menschenraub (u. a. Verbringung in auswärtige Kriegsdienste, § 234 StGB), den erpresser. Menschenraub (u. a. das Kidnapping, § 239 a StGB), die →Verschleppung (Verbringung in fremdes Hoheitsgebiet mit der Gefahr polit. Verfolgung, § 234 a StGB), die →Geiselnahme (§ 239 b StGB), die →Kindesentziehung (§ 235 StGB) und die E. von Frauen (§§ 236, 237 StGB). Der letztere Fall wird mit Freiheitsstrafe bis zu 5 Jahren oder mit Geldstrafe belegt, wenn der Täter eine unverehelichte Frau unter 18 Jahren mit ihrem Willen, jedoch ohne Einwilligung ihrer Eltern, ihres Vormundes oder Pflegers entführt, um sie zu außerehel. sexuellen Handlungen zu bringen (§ 236 StGB), oder wenn er eine Frau wider ihren Willen durch List, Drohung oder Gewalt entführt, namentlich mit einem Fahrzeug an einen anderen Ort bringt, und eine dadurch für sie entstandene hilflose Lage zu außerehel. sexuellen Handlungen mit ihr ausnutzt (§ 237 StGB); es handelt sich hier um →Antragsdelikte, die nicht verfolgt werden, wenn der Täter die Entführte heiratet. In den neuen Ländern gilt § 236 StGB gemäß Einigungsvertrag nicht. Ferner →Luftpiraterie.

Nach dem *österr.* StGB sind als Sonderformen der E. strafbar: die E. einer willenlosen, wehrlosen oder unmündigen Frau zu unzüchtigen Zwecken (§§ 100, 101), die erpresser. E. (§ 102), die Überlieferung an eine ausländ. Macht (§ 103) und der Sklavenhandel (§ 104). – Das *schweizer.* StGB stellt die E. durch Gewalt, List oder Drohung unter Strafe (Art. 183, 184), die Geiselnahme (Art. 185), den Menschenhandel (Art. 196) und die E. ins Ausland unter polit. Gefährdung (Art. 271).

Entführung aus dem Serail, Die [-ze'raj], kom. Singspiel von W. A. MOZART, KV 384, Text nach C. F. BRETZNER von G. STEPHANIE D. J., 3 Akte; Uraufführung 16. 7. 1782 in Wien.

Entgasung, Entfernung fein verteilter, gelöster oder gebundener Gase aus festen oder flüssigen Stoffen, z. B. bei der Kohleveredlung, im Hüttenwesen und bei der Wasseraufbereitung. Die E. von Kohle erfolgt durch Erhitzen unter Luftabschluss; man unterscheidet Schwelen und Verkoken. Im Hüttenwesen wird bei der Abkühlung von Metall- und Glasschmelzen zur Vermeidung von Porosität und zur Verminderung oxid. Einschlüsse eine E. durch Erhitzen im Vakuum (Vakuum-E.), durch Ultraschall oder chem. Zusätze durchgeführt. Bei der E. von Dampfkesselspeisewasser werden aggressive Gase, z. B. Sauerstoff und Kohlenmonoxid, entfernt.

Entgelt, →Arbeitseinkommen, →Lohn.

Entgeltfortzahlung, Fachausdruck des Sozialrechts für die Sicherung des Arbeitsentgelts von Arbeitnehmern im Krankheitsfall und an gesetzl. Feiertagen. In Dtl. ist die E. durch das am 1. 6. 1994 in Kraft getretene Gesetz über die Zahlung des Arbeits-

entgelts an Feiertagen und im Krankheitsfall (E.-Gesetz, Abk. EFZG) vom 26. 5. 1994 geregelt. Das EFZG vereinheitlicht die in Ost- und West-Dtl. und für Arbeiter und Angestellte vorher verschiedene Rechtslage. Es regelt für Arbeiter und Angestellte einschließlich der geringfügig und kurzzeitig Beschäftigten sowie der Auszubildenden den Anspruch auf Fortzahlung des Arbeitsentgelts im Krankheitsfall für die Dauer von höchstens sechs Wochen. Es ersetzt den ersten Abschnitt des Lohnfortzahlungsgesetzes vom 27. 7. 1969. Bei wiederholten Erkrankungen infolge derselben Krankheit haben jetzt auch Angestellte (bisher nur Arbeiter) einen erneuten E.-Anspruch für die Dauer von sechs Wochen nicht nur nach sechs Monaten Arbeitsfähigkeit, sondern auch, wenn seit Beginn der ersten Erkrankung eine Frist von zwölf Monaten abgelaufen ist. Dadurch wird der besonderen Situation der chronisch Kranken Rechnung getragen. Arbeitnehmer hatten nach dieser gesetzl. Regelung Anspruch auf Fortzahlung des ihnen für ihre regelmäßige Arbeitszeit zustehenden Entgelts. Durch Änderung des E.-Gesetzes mit Wirkung vom 1. 10. 1996 wurde festgelegt, dass der Anspruch auf E. nunmehr erst nach vierwöchiger ununterbrochener Dauer des Arbeitsverhältnisses entsteht. Gleichzeitig wurde die Höhe der E. im Krankheitsfall auf 80 % des für die regelmäßige Arbeitszeit zustehenden Arbeitsentgelts begrenzt (§ 4 Abs. 1 E.-Gesetz). Alternativ kann der erste von je fünf Krankheitstagen auf den Erholungsurlaub angerechnet werden. Für die weiteren vier Tage ist E. in der ursprüngl. Höhe zu leisten. Bei Arbeitsverhinderung infolge Arbeitsunfall oder Berufskrankheit ist die E. ebenfalls nicht zu mindern. Tarifverträge, in denen die volle E. zwingend vereinbart ist, bleiben von der Neuregelung unberührt; ebenso entsprechende einzelvertragl. Vereinbarungen. Während einer Maßnahme der medizin. Vorsorge oder Rehabilitation (Kur) haben alle Arbeitnehmer Anspruch auf E. nach der o. g. Regelung, wenn die Maßnahme vom Sozialversicherungsträger bewilligt bzw. ärztlich verordnet worden ist und stationär durchgeführt wird. Je Kurwoche werden zwei Tage auf den Erholungsurlaub angerechnet. Durch die Anrechnung von Krankheits- und Kurtagen auf den Urlaub darf der gesetzl. Jahresurlaub nach § 3 Bundesurlaubsgesetz (24 Tage) bzw. nach anderen Vorschriften nicht unterschritten werden. Außerdem regelt das EFZG die E. an Feiertagen. Für Arbeitszeit, die infolge eines gesetzl. Feiertages ausfällt, gibt das Gesetz dem Arbeitnehmer, auch dem Teilzeitbeschäftigten, einen Anspruch auf Zahlung des Arbeitsentgelts, das er ohne den Arbeitsausfall erhalten hätte. Welche Tage gesetzl. →Feiertage sind, wird durch die Feiertagsgesetze der Länder geregelt (mit Ausnahme des 3. 10., des Tags der Deutschen Einheit). Die Länder haben diese Gesetzgebungskompetenz unterschiedlich ausgeschöpft. Des Weiteren enthält das EFZG Regelungen über die E. bei Heimarbeit.

E.-Ges. Basiskomm., Beitr. v. P. WEDDE u. a. (1994); P. GOLA: Komm. für die Praxis. EFZG (1997).

Entgiftung, 1) *Medizin:* Sammel-Bez. für alle Behandlungsverfahren, die dazu dienen, im Körper vorhandene Giftstoffe zu entfernen oder unschädlich zu machen. Je nach Gift, Art der Giftaufnahme und Vergiftungsdauer kommen u. a. in Betracht: Magen- und Darmspülungen, Gabe von Brechmitteln, Abführmitteln und harntreibenden Substanzen, Blutaustausch, Dialyse sowie künstl. Beatmung.

2) *Militärwesen:* →Dekontamination.

3) *Physiologie:* **Detoxikation,** Umwandlung von außen zugeführter oder im Körper entstandener giftiger Stoffe in ausscheidbare Substanzen. Die E. findet beim Menschen und den Wirbeltieren vorwiegend in der Leber, bei den Gliederfüßern im Fettkörper und den Malpighi-Gefäßen statt, entweder durch bestimmte, überall im Tierreich anzutreffende chem. Reaktionen oder, z. B. bei Wirbeltieren, auch mittels Phagozytose durch die den Makrophagen ähnl. Kupffer-Sternzellen (→Monozyten-Makrophagen-System). Ein Beispiel ist die Umwandlung des beim Eiweißabbau entstehenden giftigen Ammoniaks in ausscheidbaren Harnstoff.

Entglasung, allg. der Übergang amorpher, glasartiger Stoffe in den kristallinen Zustand; i. e. S. die Bildung von Kristallen in Glas. Die E. führt hier gewöhnlich zu Fabrikationsfehlern, wird jedoch bei der Herstellung von →Glaskeramik als Verfahrensstufe technisch genutzt.

Entgraten, *Fertigungstechnik:* das →Abgraten.

Enthaarung, Entfernung unerwünschter Körperhaare unter Verwendung mechan. und chem. Mittel **(Depilatoria),** die meist aus kosmet. Gründen, aber auch zu therapeut. Zwecken bei Haut- und Haarpilzerkrankungen vorgenommen wird. Eine vorübergehende oberflächl. E. **(Depilation)** ist durch Auszupfen, Abschmirgeln (mit Bimsstein), Rasieren oder Abbrechen (nach Anwendung erhärtender Pasten) möglich. Chem. E.-Mittel bestehen z. B. aus Oxidationsmitteln (z. B. Wasserstoffperoxid), die einen allmähl. Abbau des Haarkeratins verursachen, oder Verbindungen, die zu einer Auflösung führen (danach Abschaben oder Abwaschen). Eine Dauer-E. **(Epilation)** ist durch Zerstörung der Haarpapillen (z. B. mittels Elektrokoagulation) möglich.

Enthalpie [zu griech. enthálpein ›darin erwärmen‹] *die, -,* **gibbssche Wärmefunktion,** Formelzeichen *H,* energieartige, von J. W. GIBBS eingeführte thermodynam. Zustandsgröße (Zustandsfunktion), definiert als Summe von →innerer Energie *U* und Verdrängungsenergie (Ausdehnungsarbeit) *pV* eines Systems vom Volumen *V,* das unter dem Außendruck *p* steht: $H = U + pV$. Sie ist eine Funktion des Druckes *p,* der Entropie *S* sowie (bei Stoffgemischen oder Mehrphasensystemen) der Stoffmengen n_i der chem. Komponenten und der versch. Phasen ($i = 1, 2, ..., n$), sodass für E.-Änderungen $\Delta H = T\Delta S + V\Delta p + \Sigma\mu_i\Delta n_i$ gilt (μ_i = chem. Potenziale). Bei genügend langsamer und daher reversibel isobarer Prozessführung (d. h. bei einem unter konstantem Druck ablaufenden Prozess) ist die Änderung der E. gleich der vom System mit der Umgebung ausgetauschten Wärmemenge $\Delta_r Q = T\Delta S$, speziell bei isobaren Phasenumwandlungen wie Schmelzen, Verdampfen, Kondensieren, Sublimieren gleich der latenten Phasenumwandlungswärme (diese bezeichnet man daher auch als **Schmelz-, Verdampfungs-, Kondensations-** oder **Sublimations-E.),** bei chem. Reaktionen gleich der Reaktions-E. (→Reaktion). E.-Änderungen werden mit Kalorimetern gemessen. Beim →Joule-Thomson-Effekt bleibt die E. konstant. – Die E. hat techn. Bedeutung bei der Berechnung von Wärmekraftmaschinen und wird in der Praxis meist als Maß für den Energieinhalt eines Systems verwendet (→Mollier-Diagramm). Bei Verwendung der inneren Energie müsste nicht bei konstantem Druck, sondern bei konstantem Volumen gemessen werden, was bei Flüssigkeiten und Festkörpern große experimentelle Schwierigkeiten bereitet. Von der E. zu unterscheiden ist die →freie Enthalpie *G,* die vom Druck *p* und der Temperatur *T* des Systems abhängt.

Enthaltsamkeit, →Abstinenz, →Askese.

Enthärtung, Entfernen hauptsächlich der Calcium- und Magnesiumionen aus Trink- oder Betriebswasser (→Wasseraufbereitung).

Enthemmung, der Wegfall einer bewussten Steuerung von Affekten und Trieben; kann zu Kurzschlusshandlungen und ›Primitivreaktionen‹ führen. Enthemmend wirken v. a. Alkohol und Drogen sowie bestimmte psych. Erkrankungen (z. B. Manie).

Enthirnungsstarre, Dezerebrationssyndrom, nach einer Hirnstammunterbrechung unter Bewusstseinsverlust auftretende spastische Streckhaltung des Rumpfes und der Gliedmaßen. Ursachen sind z. B. Einklemmung des Hirnstamms oder Hirndrucksteigerung.

Enthusiasmus [griech., zu éntheos ›gottbegeistert‹] *der, -,* **1)** *allg.:* leidenschaftliche Begeisterung, Schwärmerei. – **enthusiastisch,** schwärmerisch, überschwänglich, leidenschaftlich begeistert.

2) *Philosophie* und *Religionswissenschaft:* das Ergriffensein des menschl. Daseins vom Heiligen, Schönen und Wahren in Religion, Kunst und Philosophie; erstmals beschrieben bei PLATON, der E. des Dichters und Propheten, des Rhapsoden und des Philosophen unterschied. E. als Erfülltsein vom Göttlichen geht in der Religionsgeschichte oft mit dem individuellen Empfinden einher, dass das eigene, vernunftgeleitete Bewusstsein ausgelöscht sei (einem Nicht-mächtig-Sein der Sinne). So erscheint dann im prophet. E. Gott selbst als der eigtl. Redende. Innerhalb des Christentums bildet der E., verstanden als das (plötzl.) Ergriffensein vom Hl. Geist, v. a. ein prägendes Moment charismat. Frömmigkeit.

Enthymem [griech. ›(rhetor.) Schluss‹, ›Gedanke‹] *das, -s/-e, klass. Logik:* verkürzter Syllogismus, bei dem die nicht genannte Prämisse oder Konklusion in Gedanken ergänzt wird; seit der Antike eine der wichtigsten Argumentationsformen in der Rhetorik.

Ent|ideologisierung, im Ggs. zur →Ideologisierung der Abbau von ideolog. Voraussetzungen und Zielen (→Ideologie) im gesellschaftl., bes. im polit. Bereich. Der Begriff E. spielte vor allem in den 1950-/60er-Jahren eine Rolle und ist umstritten. Die Befürworter der E.-These betrachten die E. als das Ergebnis der zunehmenden Kompliziertheit polit. Fragen in wiss., technisch und kulturell hoch entwickelten Industriestaaten und als Folge nachlassender ideolog. Auseinandersetzungen. Der politisch Handelnde verzichte auf die unbedingte Gültigkeit utop. Leitbilder und nehme eine Haltung ein, die sich auf die Bewältigung aktueller Aufgaben richtet und sich von den gegebenen Notwendigkeiten (Sachzwängen) leiten lässt. Die Kritiker der E. bewerten die E.-These selbst als ideologisch gefärbt mit dem Ziel der Rechtfertigung der bestehenden Zustände.

Entisol [Kw., zu engl. recent ›jung‹ und lat. solum ›Boden‹, ›Erde‹] *der, -s,* in der amerikan. Bodenklassifikation (→Bodensystematik) Bez. für sehr wenig oder unentwickelte Böden ohne (deutlich) erkennbare Horizonte, z. B. Rohböden, Ranker und wenig entwickelte Gleye.

Entität [mlat.] *die, -/-en, Philosophie:* die bestimmte Seinsverfassung (Wesen) des einzelnen Seienden, auch dieses selbst. (→Ens)

Entjungferung, die →Defloration.

Entkälken, *Gerberei:* das Neutralisieren und Entquellen einer durch Vorbehandlung (→Äscher) alkalisch gewordenen, gewöhnlich Kalk enthaltenden, gequollenen →Blöße mit Säuren, sauren Salzen oder Ammoniumsalzen. Das E. wird meist mit dem →Beizen kombiniert.

Entkalkung, 1) *Biologie:* **biogene E.,** durch Assimilationsvorgänge hervorgerufene Ausfällung von Calciumcarbonat, das sich als Kruste auf den unter Wasser liegenden Blättern von Wasserpflanzen ablagert.

2) *Medizin:* **E. der Knochen,** →Demineralisation.

3) *Technik:* das Entfernen von →Kesselstein.

Entkeimung, 1) *Lebensmitteltechnik:* das Abtöten oder Entfernen krankheitserregender oder den Verderb der Lebensmittel fördernder Mikroorganismen, v. a. bei der →Konservierung.

2) *Medizin:* das Vernichten von Krankheitserregern durch →Sterilisation.

Entkeimungsstrahler, eine →Entladungslampe, meist eine Niederdruck-Quecksilberdampflampe (Quarzlampe), die ultraviolettes Licht der Wellenlängen 240–300 nm abstrahlt. UV-Licht in diesem Bereich besitzt eine stark bakterizide Wirkung. Diese beruht auf photochem. Vorgängen, die von den absorbierten Lichtquanten verursacht werden. E. werden wegen ihres geringen Durchdringungsvermögens v. a. zur Sterilisation von Oberflächen, transparenten Stoffen sowie Luft und Wasser verwendet, z. B. in Steril- und Operationsräumen in Krankenhäusern.

Entkohlung, der Entzug von Kohlenstoff aus der Randschicht eines Werkstücks aus Stahl durch Glühen in oxidierender oder reduzierender Atmosphäre; bei der Stahlherstellung Reduzierung des Kohlenstoffgehaltes des flüssigen Roheisens durch →Frischen.

Entkolonialisierung, Entkolonisierung, Dekolonisation, die Aufhebung von Kolonialherrschaft, d. h. die Gewährung des Selbstbestimmungsrechts an ›Völker, die noch nicht die volle Selbstregierung erreicht haben‹ (Art. 73 der UNO-Charta). Obwohl die Anfänge der E. bis ins 18. Jh. zurückreichen, wird der Begriff v. a. für die Auflösung der europ. Kolonialreiche und die Entwicklung der ehem. zu ihnen gehörenden Kolonien zu völkerrechtlich unabhängigen Staaten nach dem Zweiten Weltkrieg verwendet. Die Vereinten Nationen, die seit ihrer Gründung die E. förderten, verabschiedeten am 14. 12. 1960 eine ›Erklärung über die Gewährung der Unabhängigkeit an koloniale Länder und Völker‹ (Resolution 1 514 [XV] der 15. Generalversammlung), in der gefordert wird, ›den Kolonialismus in allen Erscheinungsformen schnell und bedingungslos zu beenden‹. 1961 bildete sich im Rahmen der UNO ein Entkolonisierungsausschuss. In den UNO-Menschenrechtspakten (1966 verabschiedet, 1976 in Kraft getreten) wurde das Selbstbestimmungsrecht der Völker kodifiziert.

Die E. vollzog sich i. d. R. entweder durch gewaltsame Aktionen und Befreiungsbewegungen (z. B. Unabhängigkeitskriege gegen Frankreich in Vietnam 1946–54 und Algerien 1954–62, gegen Portugal in Angola, Moçambique und Guinea 1961–74, gegen eine weiße Minderheitsherrschaft in Rhodesien [heute Simbabwe] 1966–79 und gegen die Rep. Südafrika in Namibia 1966–88/90) oder durch freiwillige Entlassung der Kolonie (aufgrund von Verhandlungen mit der Kolonialmacht) in die Unabhängigkeit (z. B. Indien und Pakistan 1947); Mischformen (Verbindung militär. Kämpfe mit Verhandlungen) finden sich u. a. in der Geschichte Indonesiens, Birmas, Kameruns, Kenias und Marokkos. In einzelnen Fällen erfolgte die E. durch Integration in den Staatsverband der ehem. Kolonialmacht (z. B. Hawaii als Bundesstaat der USA).

Eine erste Phase der E. schloss ab mit der Unabhängigkeit europ. Siedlungskolonien in Nordamerika (USA 1776 ff.), der Befreiung der meisten Länder Lateinamerikas aus span. bzw. port. Kolonialherrschaft (1810 ff.) und dem Verselbstständigungsprozess der aus Europa stammenden Siedler in Kanada, Australien, Neuseeland (ab zweite Hälfte des 19. Jh.). – Entscheidend für die E. nach 1945 waren v. a. die Schwächung und der Prestigeverlust vieler Kolonialmächte während des Zweiten Weltkrieges (Belgien, Frankreich und die Niederlande als besetzte Länder, Italien und Japan als Kriegsverlierer, Großbritannien als eine von starkem Kräfteverlust betroffene Siegermacht), der verstärkte Emanzipationswille der Bev. in den Kolonien, die zunehmende Ablehnung der Kolonialherrschaft durch die öffentl. Meinung und der wachsende Druck der USA und der UdSSR auf die Kolonialmächte. – Obwohl die meisten ehem. Kolonien inzwischen die Unabhängigkeit erlangt haben, ist für diese

der Vorgang der E. oft noch nicht abgeschlossen, da die von den Kolonialregimes geschaffenen innenpolit., sozialen und wirtschaftl. Strukturen i. d. R. nur langfristig aufgelöst werden können und weiterhin Abhängigkeiten zum früheren Mutterland bestehen. Z. T. riefen die kolonialen Hinterlassenschaften, insbesondere die häufig von den Kolonialmächten ohne Berücksichtigung ethn. Siedlungsräume gezogenen territorialen Grenzen, verschiedene →ethnische Konflikte hervor (in Afrika u. a. →Tribalismus). Viele der aus Kolonien hervorgegangenen Länder, die politisch zumeist der →Dritten Welt zugerechnet werden, bedürfen der Entwicklungshilfe und fordern eine Änderung der Weltwirtschaftsordnung sowie ein größeres Mitspracherecht in internationalen Organisationen (→Entwicklungsländer, →blockfreie Staaten). ÜBERSICHT S. 424

R. v. ALBERTINI: Dekolonisation (1966); F. ANSPRENGER: Auflösung der Kolonialreiche (⁴1981); O. KRÖNERT: Die Stellung nat. Befreiungsbewegungen im Völkerrecht (1984); G. BRAUN: Nord-Süd-Konflikt u. Entwicklungspolitik (1985); S. N. MACFARLANE: Superpower rivalry and third world radicalism (London 1985); Kolonisation u. Dekolonisation, hg. v. H. CHRISTMANN (1989); J. OSTERHAMMEL: Kolonialismus. Geschichte – Formen – Folgen (1995).

Entkoppler, *Physiologie:* →Atmungskette.

Entkopplung, 1) *Elektrotechnik:* schaltungstechn. und/oder konstruktive Maßnahme zur Vermeidung oder Verringerung von unerwünschten induktiven, kapazitiven oder galvan. Kopplungen zw. zwei oder mehreren elektr. Stromkreisen, Nachrichtenkanälen, Baugruppen oder Einrichtungen, durch die i. d. R. Störungen oder sonstige funktionelle Beeinträchtigungen eintreten. Die E. erfolgt durch →Abschirmung, geeignete Brückenschaltungen oder durch Einbau von Dämpfungsgliedern. Zur E. von Signalkreisen sind z. B. Optokoppler wegen ihrer Rückwirkungsfreiheit bes. geeignet.

Entkopplung: Bruttoinlandsprodukt (BIP) und Primärenergieverbrauch (PEV)[*]			
Jahr	BIP (in Mrd. DM; in Preisen von 1991)	PEV (in Petajoule)	PEV: BIP (in Gigajoule je 1 000 DM)
1973	1 737,0	11 092	6,4
1980	2 018,0	11 436	5,7
1990	2 520,4	11 495	4,5
1991	2 647,6	11 990	4,4
1992	2 694,3	11 917	4,5
1993	2 648,6	11 978	4,5
1994	2 708,9	11 914	4,4
[*] alte Bundesländer			

2) *Wirtschaftspolitik:* Loslösung der Entwicklung des realen Bruttosozialprodukts vom (bisher diesem mehr oder weniger proportionalen) Wachstum des gesamtwirtschaftl. Energieverbrauchs. Das Verhältnis zw. Primärenergieverbrauch und einer Sozialproduktgröße wird als Energieintensität bezeichnet. Seit 1973/74 ist in der BRD eine E. des Bruttoinlandsprodukts sowohl von der Primärenergie- als auch von der Endenergieverbrauchsentwicklung zu beobachten. Ähnl. Entwicklungen sind auch in anderen OECD-Staaten zu verzeichnen. Die bis Anfang der 70er-Jahre diskutierte Frage, ob eine E. technisch möglich ist, wurde somit durch die reale Entwicklung entschieden. Die wiss. Forschung hat sich nunmehr verstärkt dem Problem zugewendet, mit welchen techn. und sozioökonom. Mitteln die Energieeffizienz weiter gesteigert werden und ob bzw. wie ein qualitatives Wachstum von Energiedienstleistungen mit möglichst geringem Einsatz nicht erneuerbarer Energien ermöglicht werden kann. Die Perspektive des Energiebereichs wird zunehmend unter dem Blickwinkel der Zukunftsfähigkeit und der Dauerhaftigkeit (englisch sustain-

Entk Entkopplung

Entkolonialisierung

Kolonie	Jahr der Unabhängigkeit	heutiger Name (soweit verändert)	Kolonie	Jahr der Unabhängigkeit	heutiger Name (soweit verändert)
Nordamerika	1776	USA	Senegal	1960	
Hispaniola (Westteil)	1804	Haiti	Italienisch- und Britisch-Somaliland	1960	Somalia
Neugranada	1810	Kolumbien	Sudan	1960	Mali
Paraguay	1811		(Goa, Daman und Diu	1961	zu Indien)
Generalkapitanat Caracas	1811	Venezuela	Tanganjika	1961	Tansania
Río de la Plata	1816	Argentinien	Sierra Leone	1961	
Chile	1818		Zypern	1961	
El Salvador	1821		Westsamoa	1962	
Nicaragua	1821		Uganda	1962	
Generalkapitanat Guatemala	1821	geteilt in Guatemala und Costa Rica	Ruanda-Urundi	1962	geteilt in: Burundi und Ruanda
Peru	1821		Trinidad und Tobago	1962	
Brasilien	1822		Algerien	1962	
Neuspanien	1823/24	Mexiko	Jamaika	1962	
Bolivien	1825		Kenia	1963	
Hispaniola (Ostteil)	1865	Dominikan. Republik	(Sabah und Sarawak	1963	zu Malaysia)
Australien	1901[1]	Austral. Bund	(Sansibar	1963	heute zu Tansania)
Kuba	1902		Malta	1964	
Panama	1903		Njassaland	1964	Malawi
Neuseeland	1907[1]		Nordrhodesien	1964	Sambia
Südafrika	1910[1]		Aden	1965	Jemen
Island	1918		Gambia	1965	
(Bismarckarchipel	1920	zu Papua-Neuguinea)	Malediven	1965	
(Kiautschou	1920	zu China)	Singapur	1965	
Ägypten	1922		Betschuanaland	1966	Botswana
Irland	1922		Britisch-Guayana	1966	Guyana
Kanada	1931[1]		Basutoland	1966	Lesotho
Irak	1932		Barbados	1966	
(Newfoundland	1934	1948 zu Kanada)	Fernando Póo, Río Muní	1968	Äquatorialguinea
Indonesien	1945		Mauritius	1968	
Malakka	1946	Malaysia	Nauru	1968	
Libanon	1944/46		Swasiland	1968	
Transjordanien	1946	Jordanien	(West-Neuguinea	1969	zu Indonesien)
Syrien	1946		Tonga	1970	
Philippinen	1946		Bahrain	1970	
Britisch-Indien	1947	geteilt in: Indien, Pakistan und seit 1971 Bangladesch	Fidschiinseln	1970	Fidschi
Birma	1948		Oman	1970	
Ceylon	1948	Sri Lanka	Befriedetes Oman	1971	Vereinigte Arab. Emirate
Korea	1948	geteilt in: Süd-Korea und Nord-Korea	Katar	1971	
Palästina	1948/49	westl. Palästina: Israel östl. Palästina (Westjordanland): bis 1988 zu Jordanien[2] Gazastreifen: von Ägypten verwaltet[2]	Bahamas	1973	
			Guinea-Bissau	1974	
			Grenada	1974	
			Moçambique	1975	
			Kapverdische Inseln	1975	Kap Verde
			Komoren	1975	
			São Tomé und Príncipe	1975	
Libyen	1951		NO-Neuguinea	1975	Papua-Neuguinea
Indochina	1954	geteilt in: Kambodscha, Laos, Nord-Vietnam und Süd-Vietnam (heute Sozialist. Rep. Vietnam)	Angola	1975	
			Surinam	1975	
			(Westsahara	1976	zu Marokko; umstritten)
Tunesien	1956		(Portugiesisch-Timor, Ost-Timor	1976	zu Indonesien[3])
Marokko	1956		Seychellen	1976	
Sudan	1956		Frz. Afar-und-Issa-Territorium	1977	Djibouti
Goldküste, West-Togo	1957	Ghana	Dominica	1978	
Guinea	1958		Elliceinseln	1978	Tuvalu
Togo (Ostteil)	1960		Salomoninseln	1978	Salomonen
Tschad	1960		Saint Lucia	1979	
Dahomey	1960	Benin	Gilbertinseln	1979	Kiribati
Elfenbeinküste	1960		Saint Vincent	1979	Saint Vincent and the Grenadines
Gabun	1960		(Süd-)Rhodesien	1980	Simbabwe
Ubangi-Schari	1960	Zentralafrikan. Republik	Neue Hebriden	1980	Vanuatu
Frz.-Kongo	1960	Republik Kongo	Belize (Britisch-Honduras)	1981	
Belgisch-Kongo	1960	Demokrat. Republik Kongo	Antigua und Barbuda	1981	
Kamerun	1960		Saint Christopher and Nevis	1983	Saint Kitts und Nevis
Madagaskar	1960		Brunei	1984	
Mauretanien	1960		Südwestafrika	1990	Namibia
Niger	1960		Marshallinseln	1990	
Nigeria	1960		Mikronesien	1990	
Obervolta	1960	Burkina Faso	Palau	1994	

[1] Ein eindeutiges Datum der Unabhängigkeit lässt sich für diese Länder nicht feststellen, die Jahreszahlen beruhen auf Angaben der Botschaften oder nennen das Statut von Westminster 1931 als Jahr der Unabhängigkeit. – [2] Seit 1967 von Israel besetzt, seit 1994/95 Teilautonomie. – [3] 1975 von Indonesien besetzt und diesem 1976 als Provinz angegliedert. – In () stehen die heute nicht mehr selbstständigen Territorien.

ability) diskutiert. Die energiepolit. Herausforderungen (→Energiepolitik) machen in den Industrieländern mittel- und langfristig nicht nur eine relative E., sondern auch eine deutl. Senkung des absoluten und des Pro-Kopf-Energieverbrauchs notwendig. Bei steigender Weltbevölkerung wird z. B. mehr als eine Halbierung des Pro-Kopf-Verbrauchs in den Industriestaaten für notwendig erachtet, um für die Mehrheit der

Weltbevölkerung den erforderl. Entwicklungsspielraum zu sichern. Darüber hinaus sind forcierte Anstrengungen zur rationellen Energienutzung sowie neue, weniger energie- und ressourcenintensive Produktions- und Lebensstile in den Industrie- und Entwicklungsländern erforderlich, um ein weiter steigendes Niveau an Energiedienstleistungen bei wachsender Bevölkerung und absolut sinkendem Weltenergieverbrauch erreicht werden soll.

Entlabialisierung, Entrundung, *Sprachwissenschaft:* Wandel urspr. gerundeter Vokale zu ungerundeten Vokalen, z. B. [y] zu [i] in der bairisch-österr. Aussprache von hochdt. ›Glück‹ als [glɪk]. (→Labialisierung)

Entladung, der mit Stromfluss verbundene Ladungs- und Spannungsausgleich zw. entgegengesetzt aufgeladenen Körpern (z. B. Elektroden). Eine E. erfolgt, wenn sie miteinander leitend verbunden werden (z. B. beim Schließen eines offenen Stromkreises, in dem sich ein aufgeladener Kondensator oder eine elektr. Batterie befindet), wenn sie nur ungenügend gegeneinander elektrisch isoliert sind (E. durch Kriechströme) oder wenn infolge eines →Durchbruchs des zw. ihnen befindl. Gases eine →Funkenentladung (bei Gewittern in Form von Blitzen) oder eine →Gasentladung eintritt. Bei hochspannungsführenden Objekten kann es auch zu einer E. infolge →Durchschlags kommen.

Entladungslampe, Gasentladungslampe, elektr. Lichtquelle, bei der die Leuchterscheinungen von →Gasentladungen ausgenutzt werden. Mit Ausnahme des Kohlebogens brennen die Entladungen in einem mit Metalldämpfen (Quecksilber, Natrium) oder Edelgasen (Helium, Neon, Argon, Krypton, Xenon) gefüllten Entladungsgefäß ab, das ggf. noch während des Betriebs verdampfende Zusätze (Metallhalogenide) enthält. Die am häufigsten angewendete Form der Entladung ist die →Bogenentladung mit heißer Kathode (3 000 K). Die →Glimmlampe mit kalter Kathode wird nur noch für Anzeige- und Signallampen sowie für Hochspannungsröhren eingesetzt. Zu den E. gehört auch die →Leuchtstofflampe; besondere Formen sind die →Blitzröhre, die versch. →Quarzlampen (z. B. der Entkeimungsstrahler) sowie die →Spektrallampe. Je nach Fülldruck des Dampfes oder Gases unterscheidet man **Niederdrucklampen** (Füllgasdruck zw. 1 und 20 mbar; z. B. Natriumdampf-Niederdrucklampe) und **Hochdrucklampen** (Füllgasdruck 0,1–10 bar; z. B. Xenon-Hochdrucklampe). Lampen mit einem Fülldruck von über 20 bar bezeichnet man auch als **Höchstdrucklampen.**

E. erfordern zum Einleiten der Entladung sowie zur Stabilisierung des Betriebsstromes und der Leistungsaufnahme besondere Einrichtungen wie Starter, Zündgeräte, Vorschaltgeräte, bei Wechselstrom meist Drosselspulen und Kondensatoren sowie Kombinationen daraus.

Entlassung, *Recht:* 1) im *Arbeitsrecht* jede durch Kündigung vom Arbeitgeber herbeigeführte Beendigung des Arbeitsverhältnisses (→Kündigungsschutz); 2) im *Beamtenrecht* der zur Beendigung des Beamtenverhältnisses führende Vorgang, der entweder unmittelbar durch Gesetz (z. B. bei Verlust der dt. Staatsbürgerschaft) oder durch Verwaltungsakt (z. B. wegen der Weigerung, den Diensteid zu leisten) erfolgt. Ferner gibt es die E. auf Verlangen des Beamten, das jederzeit ausgesprochen, jedoch innerhalb von zwei Wochen zurückgenommen werden kann, falls noch keine E.-Verfügung zugestellt wurde; 3) im *Strafrecht* die Aufhebung der Freiheitsentziehung; 4) im *bürgerl. Recht* die E. des Nachlasspflegers (§§ 1915, 1886 BGB), des Testamentsvollstreckers (§ 2227 BGB) u. a.

Entlastung, 1) *Bautechnik:* das Abfangen von Belastungen, z. B. durch Stützpfeiler (zur E. eines Trägers) oder durch einen **E.-Bogen** (ein über einem Sturzträger angebrachtes Mauergewölbe).

2) *Recht:* im *Gesellschaftsrecht* die förml. Billigung der Geschäftsführung durch die Gesellschaft; sie bezieht sich auf einen bestimmten Zeitraum in der Vergangenheit, drückt i. d. R. gleichzeitig auch das Vertrauen für die Zukunft aus. Die Hauptversammlung einer AG hat jährlich über die E. von Vorstand und Aufsichtsrat zu entscheiden (§ 120 Aktien-Ges.); wird sie erteilt, verbindet sich mit ihr aber nicht der Verzicht auf mögl. Ersatzansprüche. Für die GmbH sieht das Gesetz die E. der Geschäftsführung als fakultative Entscheidung der Gesellschafter vor (§ 46 GmbH-Ges.). – Im *Staatsrecht* hat gemäß Art. 114 GG der Bundesfinanz-Min. gegenüber Bundestag und Bundesrat über alle Einnahmen und Ausgaben, über Vermögen und Schulden des Bundes im Laufe des nächsten Rechnungsjahres zur E. der Bundes-Reg. Rechnung zu legen.

Entlaubungsmittel, Defolianti|en, Substanzen, die bei Pflanzen →Blattfall (Entlaubung, Defoliation) bewirken. Zur Erleichterung der maschinellen Ernte, z. B. bei Baumwollpflanzen, werden u. a. die natürlich vorkommende →Abscisinsäure sowie einige synthetisch hergestellte Substanzen (z. B. Natriumchlorat, 3-Chloracrylsäure) als E. verwendet. Als takt. chem. Waffen wurden 1962–71 von den USA in Vietnam zur Entlaubung großer Flächen →Herbizide eingesetzt, die in hoher Überdosierung als E. wirken. Das am häufigsten eingesetzte ›Agent Orange‹ besteht aus einem Gemisch (1 : 1) der Ester von 2,4-D und 2,4,5-T (→Chlorphenoxyessigsäuren). Neben der starken Zerstörung v. a. des Mangrovegürtels und damit eines ganzen Ökosystems führten die Verunreinigungen dieser Verbindungen mit →Dioxinen zu schweren Schäden (Krebs, Missbildungen) bei vielen Tausend Menschen. Ein weiteres häufig als E. verwendetes Herbizid war ›Blue Agent‹, ein arsenhaltiges, auf Einkeimblättrige wirkendes Unkrautbekämpfungsmittel, das zur Vernichtung der Reisernte eingesetzt wurde.

Entlausung, Beseitigung von Kopf-, Kleider- und Filzläusen des Menschen, die Erreger ansteckender Krankheiten (z. B. Fleck-, Rückfall-, Fünftagefieber) übertragen können. Die Bekämpfung erfolgt durch chem. Mittel in Form von Pudern, Gelees, Shampoos mit den Wirkstoffen Pyrethrum, Piperonylbutoxid oder Hexachlorcyclohexan, ferner durch Phenol und Kresolseifenlösung, auch mechanisch (Läusekamm), bei Befall von Kleidern und anderen Gegenständen mittels trockener Heißluft (ggf. Bügeln), Wasserdampf, auch kalter Luft (– 10 bis – 15 °C über 1 Tag), durch Aushungern der Läuse bei Aufbewahrung der befallenen Gegenstände in verschlossenen Plastiksäcken (3–4 Wochen), in geschlossenen Räumen darüber hinaus durch Begasung.

Entlebuch, Landschaft und Bez. im Kt. Luzern, Schweiz, im Einzugsgebiet der Kleinen Emme, 410 km², 18 800 Ew.; Viehzucht und Holzwirtschaft. Hauptorte sind E. (Pfarrkirche St. Martin, 13.–18. Jh.), Escholzmatt und der Bezirksort Schüpfheim. – E., urspr. ein Besitz der Herren von Wolhusen, war seit Anfang des 14. Jh. österr. Lehen und kam im 15. Jh. an Luzern, das bis ins 17. Jh. mehrere Bauernaufstände niederwerfen musste.

Entlehnung, *Sprachwissenschaft:* Übernahme von syntakt., semant. und grammat. Charakteristika einer Sprache in eine andere aufgrund von →Sprachkontakt und aufgrund polit., kultureller, wirtschaftl. u. a. Entwicklungen. E. können z. B. in einen Sprachraum übernommene Gegenstände und dort bekannt gewordene Fakten bezeichnen oder in der eigenen Sprache schon vorhandene Bezeichnungen in einer bestimmten Weise spezifizieren. Nach einem verbreiteten Strukturierungsmodell der E. werden unterschieden:

Entlastung 1): Entlastungsbogen

1) Begriffswörter, die in unveränderter oder in lautlich oder formal veränderter Form übernommen wurden oder werden; eine Zwischenform ist die gelehrte E. (z. B. ›martialisch‹ gegenüber ›März‹, beide aus lat. ›martius‹); weitere Formen sind u. a. →Lehnschöpfung, →Lehnübersetzung oder →Lehnübertragung; 2) Formwörter, z. B. (lat.) ›per‹, ›pro‹, (frz.) ›à‹; 3) morpholog. Merkmale, z. B. die Endung ›-ieren‹ in ›buchstabieren‹ aus der frz. Endung ›-ier‹; 4) syntakt. und grammat. Merkmale (z. B. der lat. →accusativus cum infinitivo im Deutschen). – Die dt. Sprache wurde bes. durch E. aus dem Lateinischen (u. a. während der Romanisierung der besetzten german. Gebiete, während der Christianisierung und in der Epoche des Humanismus), aus den roman. Sprachen, darunter bes. aus dem Französischen (z. B. in der weltlich-höf. Kultur des 12./13. Jh.; im Zeitalter von Absolutismus und Aufklärung und z. Z. der Frz. Revolution), und seit dem 19. Jh., v. a. aber nach dem Zweiten Weltkrieg, aus dem brit. und amerikan. Englisch geprägt. (→Bedeutungswandel, →Fremdwort, →Lehnwort)

Entlüftung, 1) Entfernen von Luft oder inerten Gasen aus flüssigkeitsführenden Leitungen und Apparaten zur Vermeidung von Funktionsstörungen; 2) Abführung verbrauchter Raumluft aus Gebäuden (→Lüftung).

Entlüftungsventil, Ventil an hoch gelegenen Stellen von Rohrleitungen oder hydraul. Maschinen zum Entfernen von Luftansammlungen.

Entmagnetisierung, 1) *Physik:* 1) **Abmagnetisierung,** die Zurückführung eines ferromagnet. Materials in den unmagnet. Zustand; 2) die Schwächung eines äußeren Magnetfeldes im Innern eines nicht geschlossenen magnet. Kreises. Zw. seiner Feldstärke H_a und dem für die Magnetisierung M maßgebenden Feld H_i im Innern des Mediums besteht die Beziehung $H_i = H_a - NM$, wobei der E.-Faktor N von der Probenform abhängt; 3) →adiabatische Entmagnetisierung.

2) *Schiffbau:* die Kompensation des natürl. Magnetismus des stählernen Schiffskörpers durch besondere Schutzanlagen, die eine Gefährdung durch Magnet- oder Induktionsminen verringern sollen. Drei in senkrecht zueinander stehenden Ebenen verlegte, vom Bordnetz gespeiste Kabelschleifen erzeugen ein Magnetfeld, das das Eigenfeld des Schiffes weitgehend aufhebt. Über solche **MES-Anlagen** (Abk. für **m**agnet. **E**igenschutz oder für **M**ineneigenschutz) verfügen v. a. Kriegsschiffe.

Entmannung, Emaskulation, *Medizin:* die operative Entfernung des Penis und der Hoden, v. a. bei Krebserkrankungen dieser Organe, dann unter Einbeziehung der Samenstränge und Leistenlymphknoten; auch in der Bedeutung von →Kastration verwendet.

entmilitarisierte Zone, derjenige Teil des Hoheitsgebietes eines Staates, auf dem die Stationierung von Truppen, die Lagerung von Waffen u. a. Kampfmitteln sowie jegl. Art der Befestigung und der Unterhaltung militär. Anlagen durch völkerrechtl. Vertrag, z. B. Friedensvertrag, verboten ist. Eine e. Z. war aufgrund des Versailler Vertrags (1919) das →Rheinland. Nach einer Entscheidung des Völkerbunds (1921) wurden die →Ålandinseln entmilitarisiert. Das Waffenstillstandsabkommen (1953) im →Koreakrieg schuf eine e. Z. in Korea, die Indochinakonferenz 1954 (→Genfer Konferenzen) eine e. Z. in Vietnam.

Entmilitarisierung, die Verpflichtung eines Staates zur vollständigen oder teilweisen Abrüstung, begründet durch Vertrag, i. d. R. durch Friedensvertrag zu Lasten der Besiegten; so legte der Versailler Vertrag (1919) eine teilweise, das Potsdamer Abkommen (1945) eine vollständige E. Dtl.s fest.

Entmischung, *physikal. Chemie:* das Zerfallen einer aus mehreren Komponenten bestehenden Mischung (in der Metallurgie z. B. einer Legierung bei der eutekt. Temperatur) in zwei oder mehrere Phasen versch. Zusammensetzung. (→Eutektikum, →Zustandsdiagramm)

Entmündigung, im dt. Recht ein gerichtl. Akt, durch den die Geschäftsfähigkeit eines Menschen zu seinem Schutz, zum Schutz seiner Familie oder Dritter aufgehoben oder beschränkt wurde.

Die Gründe, welche zur E. führen konnten, waren im § 6 BGB festgelegt: 1) Geisteskrankheit oder -schwäche, die bewirkten, dass der Betroffene seine Angelegenheiten nicht mehr zu besorgen vermochte; 2) Verschwendung, durch die der Betroffene sich oder seine Familie der Gefahr des Notstandes aussetzte; 3) Trunk- oder Rauschgiftsucht, wenn der Betroffene seine Angelegenheiten nicht zu besorgen vermochte oder sich oder seine Familie der Gefahr des Notstandes aussetzte oder die Sicherheit anderer gefährdete. Die E. wegen Geisteskrankheit hatte zur Folge, dass der Betroffene geschäftsunfähig wurde, die E. aus den übrigen Gründen (einschließlich derjenigen wegen Geistesschwäche) führte zur beschränkten Geschäftsfähigkeit (der Entmündigte erhielt den rechtl. Status eines minderjährigen Kindes von über sieben Jahren). Es wurde →Vormundschaft oder →Pflegschaft für den Entmündigten angeordnet. Durch das ›Ges. zur Reform des Rechts der Vormundschaft und der Pflegschaft‹, kurz Betreuungs-Ges., vom 12. 9. 1990 wurde mit Wirkung vom 1. 1. 1992 die E. abgeschafft. An die Stelle der bisherigen Vormundschaft für Volljährige und der Gebrechlichkeitspflegschaft ist das Rechtsinstitut der →Betreuung getreten (§§ 1896 ff. BGB). Die Bestellung eines Betreuers hat keine Auswirkungen auf die Geschäftsfähigkeit des Betroffenen. Mit dem Ges. werden Entscheidungen über Heirat, Sterilisation oder Erbschaften zu unveräußerl. Rechten der Betreuten und können nicht mehr an Betreuungspersonen abgetreten werden. Die Bestellung eines Betreuers kann jetzt nur noch von Amts wegen oder auf Antrag des Behinderten selbst erfolgen. Eine Betreuung auf Antrag von Dritten ist unzulässig. Übergangsregelungen: Am 31. 12. 1991 bestehende Gebrechlichkeitspflegschaften wurden zu Betreuungen (die Aufgaben des Betreuers entsprechen denen des bisherigen Pflegers), am 31. 12. 1991 bestehende E. wurden ebenfalls zu Betreuungen (der Vormund wurde Betreuer, sein Aufgabenkreis umfasst alle Angelegenheiten des Betreuten mit Ausnahme der Einwilligung in eine Sterilisation; für die gesamten Aufgaben des Betreuers gilt ein Einwilligungsvorbehalt nach § 1903 BGB als angeordnet, d. h., der Betreute bedarf zu einer Willenserklärung, die den Aufgabenkreis des Betreuers betrifft, dessen Einwilligung). Das Vormundschaftsgericht hat innerhalb bestimmter Fristen über die Aufhebung oder Verlängerung dieser (alten) Betreuungen zu entscheiden. – In der DDR rechtskräftig ausgesprochene E. blieben nach dem Beitritt zunächst wirksam (Art. 231 § 1 Einführungs-Ges. zum BGB) und wurden nach dem 31. 12. 1991 zu Betreuungen.

In *Österreich* wurde die E.-Ordnung von 1916 durch das Ges. über die Sachwalterschaft für behinderte Personen ersetzt, v. a. durch die Neuformulierung der §§ 273, 273 a ABGB, die mit Wirkung vom 1. 7. 1984 in Kraft getreten sind. An die Stelle des ›Kurators‹ ist ein Sachwalter getreten, der von Amts wegen oder auf Antrag für Personen bestellt wird, die an einer psych. Krankheit leiden oder geistig behindert sind und die nicht in der Lage sind, alle oder einzelne ihrer Angelegenheiten ohne Gefahr eines Nachteils für sich selbst zu besorgen. Die Bestellung ist ausgeschlossen, wenn der Betroffene durch andere Hilfe, bes. im Rahmen seiner Familie oder von Einrichtungen der öffentl. oder privaten Behindertenhilfe, in die Lage versetzt werden kann, seine Angelegenheiten im erforderl. Ausmaß zu besorgen. Das Ausmaß der Behinderung bestimmt u. a. auch den Pflichtenkreis des Sachwalters. Das *schweizer.* Recht verwendet den Begriff ›Bevormundung‹. Gründe für diese sind insbesondere (Art. 368 ff. ZGB) Geisteskrankheit und -schwäche, unter bestimmten Voraussetzungen auch Verschwendungs- und Trunksucht sowie lasterhafter Lebenswandel. Unter Vormundschaft werden ferner z. T. Personen gestellt, an denen eine Freiheitsstrafe von mehr als einjähriger Dauer vollzogen wird.

Entmythologisierung, ein von R. BULTMANN in seinem Aufsatz ›N. T. und Mythologie‹ (1941) zum Programm erhobener, auf den Philosophen H. JONAS zurückgehender Begriff; sprachlich wenig glücklich (gemeint ist: Entmythisierung), fordert das hermeneutisch-exeget. Prinzip einer E. des N. T. die interpretierende Überwindung der myth. Vorstellungen neutestamentl. Texte, um deren eigentl. Gehalt (→Kerygma) dem modernen Menschen verstehbar zu machen. Mythos definiert BULTMANN als ›weltl.‹ Rede vom ›Unweltlichen‹, die objektivierte, d. h. in eine histor. Form gekleidete Rede von einem nichtobjektivierbaren Transzendenten. Zum heute überholten myth. Weltbild der Antike gehören nach BULTMANN etwa die Vorstellungen, die Welt bestehe aus den drei ›Stockwerken‹ Himmel, Erde und Unterwelt (Hölle), die Geschichte sei ein Kampfplatz überweltl. Mächte (Engel, Dämonen), die den Menschen schützen oder bedrohen, oder die Menschheit bedürfe eines stellvertretend sterbenden, vom Tode auferstehenden und als Weltenrichter wiederkehrenden Erlösers. BULTMANN und seine Schule wollen aus der Zeitgebundenheit biblisch-myth. Rede die zeitlos gültige, den Menschen auch heute noch treffende und ihn zur Eigentlichkeit seines Daseins führende Wahrheit des Wortes Gottes herausarbeiten (›existenziale Interpretation‹). Dieses Ziel eignet, längst vor BULTMANN und auch ohne den Terminus ›E.‹, jeder die Bibel auslegenden Predigt. E. wird illegitim, wo sie mit dem Mythos das Kerygma beseitigt und rationalist. Hyperkritik Vorschub leistet. Religions- und Tiefenpsychologie haben gezeigt, dass Mythos und Dichtung Erfahrungen des religiösen Bereichs zutreffender wiedergeben können als die entmythologisierende Reduktion der entsprechenden bibl. Aussagen (Schöpfung, Sündenfall, Schutzengel, Erlösung, Opfertod, Gericht). Die wiss. Diskussion der E. hat heute die Leidenschaftlichkeit der zw. 1941 und 1960 geführten Debatte verloren, ist auch keine konfessionelle Frage mehr.

Kerygma u. Mythos, hg. v. H.-W. BARTSCH, 7 Bde. (1948–79); F. GOGARTEN: E. u. Kirche (⁴1966); E. FUCHS: Programm der E. (³1967); R. MARLÉ: Bultmann u. die Interpretation des N. T. (a. d. Frz., ²1967); Die Frage der E., bearb. v. K. JASPERS u. R. BULTMANN (Neuausg. 1981).

Entnahmen, *Steuerrecht:* 1) *Einkommensteuerrecht:* nach §4 Abs. 1 EStG die Verwendung von zum Betriebsvermögen gehörenden Wirtschaftsgütern (Geld, Waren u. a.) und die Inanspruchnahme betriebl. Nutzungen und Leistungen für betriebsfremde (insbesondere private) Zwecke. Der Wert der E. wird bei der Ermittlung des steuerpflichtigen Gewinns wie Betriebseinnahmen behandelt; 2) *Umsatzsteuerrecht:* →Eigenverbrauch.

Entnasalierung, *Sprachwissenschaft:* Übergang eines nasalen Lauts in den entsprechenden oralen Laut, z. B. bei der Aussprache der frz. Bez. für Großmutter ›grand-mère‹ [grɑ̃ˈmɛːr] als [gramˈmɛːr].

Entnazifizierung, Bez. für die Maßnahmen der alliierten Besatzungsmächte (USA, UdSSR, Großbritannien, Frankreich) nach dem Zusammenbruch des Dt. Reiches (Mai 1945), die darauf abzielten, den Einfluss des Nationalsozialismus auf das öffentl. Leben, die Wirtschaft und das Erziehungswesen in Dtl. auszuschalten und frühere aktive Nationalsozialisten zu bestrafen.

Schon in den Kriegskonferenzen ab 1943 (Casablanca, Teheran) einigten sich die Alliierten grob auf vier Kernziele ihrer Dtl.-Politik nach Kriegsende (Demilitarisierung, Denazifizierung, Dekartellierung und Demokratisierung), womit auch das Konzept einer E. umschrieben war. Entsprechend den Beschlüssen der →Jalta-Konferenz (4.–11. 2. 1945) und den polit. Grundsätzen des →Potsdamer Abkommens (2. 8. 1945) bildeten die E. sowie die Zerschlagung der NSDAP einschließlich aller ihrer Gliederungen und die Ahndung der natsoz. Kriegsverbrechen (→Nürnberger Prozesse) eine Einheit. Während die Westmächte die E. (mit kleineren Eingriffen zur Entflechtung sowie einer pragmat. Bodenreform) bald als eine im Wesentlichen polit. Säuberung auffassten, benutzte die UdSSR die konsequente polit. Säuberung in der SBZ als Mittel gezielter Personalpolitik und verband sie mit einer tief greifenden gesellschaftl. Umstrukturierung (›strukturelle E.‹).

Erste Vorgaben zur E. gab noch vor Installierung des Alliierten Kontrollrats (30. 7. 1945) das Oberkommando der Alliierten (Supreme Headquarter of the Allied Expeditionary Forces; Abk. SHAEF). Die amerikan. Militär-Reg., die nach der 1944 entwickelten Direktive JCS 1067 (i. d. F. vom 26. 4. 1945 bis 1947 gültig) arbeitete, entwickelte detaillierte Verfahrensweisen zur E. (u. a. Ges. Nr. 8 vom 26. 9. 1945), die in den Ländern ihrer Besatzungszone im ›Ges. über die Befreiung vom Nationalsozialismus und Militarismus‹ vom 5. 3. 1946 ihren Niederschlag fanden. Über den Alliierten Kontrollrat (Kontrollrats-Ges. Nr. 10 vom 20. 12. 1945) kamen, nach der Direktive Nr. 24 vom 12. 1. 1946, die Bestimmungen dieses ›Befreiungs-Gesetzes‹ in den Ländern der anderen Besatzungszonen (im Rahmen ähnl. Gesetze) auch zur Anwendung. Die in der amerikan. Besatzungszone 1945 entwickelte Einstufung Beschuldigter in fünf Kategorien wurde mit der Kontrollrats-Direktive Nr. 38 vom 12. 10. 1946 auch in den übrigen Zonen verbindlich: Hauptschuldige, Belastete (→Aktivist), Minderbelastete, Mitläufer und Entlastete.

Im Einzelnen wurde in den *westl. Besatzungszonen* die Durchführung der E. unterschiedlich gehandhabt, am strengsten in der amerikan. Besatzungszone. In der amerikan. Besatzungszone (bis 15. 3. 1946 wurden 1,4 Mio. Fragebogen für Deutsche über 18 Jahre mit 131 Fragen ausgegeben; insgesamt waren es etwa 13 Mio. Betroffene; mehr als 4 Mio. Anklagen und etwa 0,95 Mio. Verfahren). Allgemein wurde die E. bis 1947 durch so genannte E.-Ausschüsse unter Verantwortung der Besatzungsmacht und seit 1947/48, mit der Verabschiedung von E.-Gesetzen, unter teilweiser Verantwortung der Länder mit unterschiedlich großer Beteiligung dt. Spruchkammern betrieben. Die Betroffenen wurden meist nach Zustellung einer Klageschrift, zu der sie Stellung nehmen konnten, von den dt. Spruchkammern (in der US-Zone 1946 allein 545 mit 22 000 Bediensteten) in 1. Instanz verurteilt. Gegen diese Entscheidung konnte Berufung bei der Berufungskammer eingelegt werden. Sühnemaßnahmen waren u. a.: Internierung oder Gefängnis bis zu zehn Jahren, Vermögensentziehung, Amtsverlust, Berufsverbot, Geldbußen, Aberkennung des Wahlrechts.

Nach dem abrupten Abbruch der amerikan. E.-Politik zum 31. 3. 1948 hörte die Überwachung der E.-Ges. auf. Nach Gründung der Bundesrepublik (1949) ging die E. im Bereich der früheren westl. Besatzungszonen ganz in dt. Verantwortung über. Am 15. 12. 1950 verabschiedete der Dt. Bundestag Empfehlungen an die Bundesländer für eine einheitl. Beendigung des E.-Verfahrens. In den einzelnen Ländern wurden ab 1951 **E.-Schlussgesetze** erlassen, zuletzt (am 15. 12. 1954) in Bayern. Im gesamten Bundesbereich waren 6,08 Mio. Menschen von der E. betroffen; 3,66 Mio.

Fälle waren bearbeitet und die Mehrzahl der Betroffenen als Minderbelastete bzw. Mitläufer eingestuft worden.

Unter rechtsstaatl. Gesichtspunkten wurde die E., u. a. die unterschiedl. Handhabung der Verfahren, kritisiert (z. B. M. NIEMÖLLER). Mit Art. 131 GG gab es ab 1949 eine Möglichkeit zur Wiedereinstellung entlassener Beamter, ausgenommen jener, die infolge rechtskräftigen Spruchkammerbescheids ihr Amt verloren hatten. Nach Meinung vieler Kritiker förderten kollektive Haftung, rückwirkende Strafgesetzgebung oder Schuldvermutung in der Bev. die Bereitschaft, Gefälligkeitsentlastungen (›Persilscheine‹) auszustellen und bei den Betroffenen ein selbstkrit. Überdenken ihrer polit. Positionen von vornherein auszuschalten. In ihrem Ergebnis war die E., im engen Verbund mit der →Reeducation, aber eine Voraussetzung für die Westintegration.

In der *SBZ* führte die UdSSR (trotz Verwendung zahlr. Formulierungen amerikan. Herkunft in ihren E.-Bestimmungen) unter sozialrevolutionären Vorzeichen eine umfassende schnelle und radikale E. durch; Adel und Besitzbürgertum sollten als politisch wirksame Faktoren ausgeschaltet werden (Bodenreform, Enteignungen und Verstaatlichungen v. a. in der Schlüsselindustrie und der Großbanken). Polit. Straftaten verdächtige Personen wurden von Sonderkammern der Landgerichte abgeurteilt (→Waldheimer Prozesse, 1950). Im Ggs. z. B. zur amerikan. Besatzungszone wurde nicht die gesamte Bev. der E. unterworfen. Bis August 1947 wurden über 800 000 frühere NSDAP-Mitgl. überprüft, etwa 0,5 Mio. verloren ihren Arbeitsplatz, v. a. im öffentl. Dienst. Die Mitläufer der NSDAP sahen sich v. a. dann von Sühnemaßnahmen befreit, wenn sie sich – öffentlich erkennbar – zur Politik der Besatzungsmacht und der von ihr gestützten SED bekannten; der frühzeitigen Reintegration der ›kleinen Parteigenossen‹ sollte insbesondere die im März 1948 gegründete NDPD dienen. Im Zuge der E. entledigte man sich auch zahlr. polit. anders Denkender (u. a. Einweisung in Internierungs- bzw. Speziallager). Mit Befehl vom 26. 2. 1948 wurde die E. in der SBZ von der SMAD als beendet erklärt. Eine wirkl. geistige Verarbeitung durch die Bev. fand aber im Grunde ebenso wenig statt wie in den Westzonen; die Auseinandersetzung mit dem Nationalsozialismus blieb bis zum Ende der DDR orientiert an der offiziellen Antifaschismus-Doktrin.

Auch in *Österreich* wurde unter Aufsicht der Besatzungsmächte eine E. durchgeführt. Nach Errichtung der Rep. Österreich (April/Mai 1945) verbot die provisor. Reg. am 8. 5. 1945 durch Ges. die NSDAP und ihre Gliederungen und entzog ihren Mitgl. das Wahlrecht; von diesen Maßnahmen waren etwa 0,5 Mio. Menschen betroffen. Auf der Grundlage des ›Kriegsverbrecher-Ges.‹ (26. 6. 1945) und des ›Nationalsozialisten-Ges.‹ (6. 2. 1947) führte die österr. Reg. unter Aufsicht des Alliierten Kontrollrates die E. durch. Entsprechend den E.-Gesetzen in Dtl. wurden die früheren Mitgl. der NSDAP in Belastete und Minderbelastete eingeteilt, sodann von Volksgerichten strafrechtlich verfolgt oder von der Reg. zu Sühnemaßnahmen herangezogen. Zw. 1948 (Amnestierung der Minderbelasteten) und 1957 (allgemeine Amnestie) lief die E. aus. 1955 war die Ahndung natsoz. Kriegsverbrechen den ordentl. Gerichten übertragen worden.

MG / PS / G / 9 a

MILITARY GOVERNMENT OF GERMANY

Fragebogen

WARNING: Read the entire Fragebogen carefully before you start to fill it out. The English language will prevail if discrepancies exist between it and the German translation. Answers must be typewritten or printed clearly in block letters. Every question must be answered precisely and conscientiously and no space is to be left blank. If a question is to be answered by either "yes" or "no", print the word "yes" or "no" in the appropriate space. If the question is inapplicable, so indicate by some appropriate word or phrase such as "none" or "not applicable". Add supplementary sheets if there is not enough space in the questionnaire. Omissions or false or incomplete statements are offenses against Military Government and will result in prosecution and punishment.

WARNUNG: Vor Beantwortung ist der gesamte Fragebogen sorgfältig durchzulesen. In Zweifelsfällen ist die englische Fassung maßgebend. Die Antworten müssen mit der Schreibmaschine oder in klaren Blockbuchstaben geschrieben werden. Jede Frage ist genau und gewissenhaft zu beantworten und keine Frage darf unbeantwortet gelassen werden. Das Wort „ja" ist an der jeweilig vorgesehenen Stelle unbedingt einzusetzen. Falls die Frage durch „Ja" oder „Nein" nicht zu beantworten ist, so ist eine entsprechende Antwort, wie z. B. „keine" oder „nicht zutreffend" zu geben. In Ermangelung von ausreichendem Platz in dem Fragebogen können Bogen angeheftet werden. Auslassungen sowie falsche oder unvollständige Angaben stellen Vergehen gegen die Verordnungen der Militärregierung dar und werden dementsprechend geahndet.

A. PERSONAL / A. Persönliche Angaben

1. List position for which you are under consideration (include agency or firm). — 2. Name (Surname). (Fore Names.) — 3. Other names which you have used or by which you have been known. — 4. Date of birth. — 5. Place of birth. — 6. Height. — 7. Weight. — 8. Color of hair. — 9. Color of eyes. — 10. Scars, marks or deformities. — 11. Present address (City, street and house number). — 12 Permanent residence (City, street and house number). — 13. Identity card type and Number. — 14. Wehrpass No. — 15. Passport No. — 16. Citizenship. — 17. If a naturalized citizen, give date and place of naturalization. — 18. List any titles of nobility ever held by you or your wife or by the parents or grandparents of either of you. — 19. Religion. — 20. With what church are you affiliated? — 21. Have you ever severed your connection with any church, officially or unofficially? — 22. If so, give particulars and reason. — 23. What religious preference did you give in the census of 1939? — 24. List any crimes of which you have been convicted, giving dates, locations and nature of the crimes.

1. Für Sie in Frage kommende Stellung: .... Spruchkammer ....

2. Name ▓▓▓▓▓ Georg .... 3. Andere von Ihnen benutzte Namen
   Zu-(Familien)name   Vor-(Tauf)name
   oder solche, unter welchen Sie bekannt sind ..... keine .....

4. Geburtsdatum ▓▓▓.81 ... 5. Geburtsort Bamberg ....

6. Größe 168 cm 7. Gewicht 110 Pfd 8. Haarfarbe schwarz 9. Farbe der Augen braun

	1 Yes or No ja oder nein	2 From von	3 To bis	4 Number Nummer	5 Highest Office or rank held Höchstes Amt oder höchster Rang	6 Date Appointed Antrittsdatum
41. NSDAP	nein					
42. Allgemeine ⚡⚡	nein					
43. Waffen-⚡⚡	nein					
44. Sicherheitsdienst der ⚡⚡	nein					
45. SA	nein					
46. HJ einschl. BdM	nein					
47. NSDStB	nein					
48. NSDOB	nein					
49. NS-Frauenschaft	nein					
50. NSKK	nein					
51. NSFK	nein					
52. Reichsb. der deutschen Beamten	nein					
53. DAF	ja	seit Übernahme der Gewerkschaften				
54. KdF	nein					
55. NSV	ja	1.11.37	Aufl.	keine	keines	keines

Entnazifizierung:
Ausschnitt aus einem
Fragebogen
der amerikanischen
Militärregierung

Ges. zur Befreiung von Nationalsozialismus u. Militarismus, hg. v. Erich Schullze (³1948); I. Lange: E. in NRW (1976); K. D. Henke: Polit. Säuberung unter frz. Besatzung (1981); D. Stiefel: E. in Österreich (Wien 1981); L. Niethammer: Die Mitläuferfabrik. Die E. am Beispiel Bayerns (Neuausg. ²1982); W. Krüger: Entnazifiziert? Zur Praxis der polit. Säuberung in NRW (1982); Verdrängte Schuld, verfehlte Sühne. E. in Österreich 1945–1955, hg. v. S. Meissl u. a. (1986); E. u. Selbstreinigung im Urteil der ev. Kirche, hg. v. C. Vollnhals (1989); H. A. Welsh: Revolutionärer Wandel auf Befehl? E.- u. Personalpolitik in Thür. u. Sa. 1945–1948 (1989); R. Grohnert: Die E. in Baden 1945–1949 (1991); M. Etzel: Die Aufhebung von natsoz. Gesetzen durch den Alliierten Kontrollrat. 1945–1948 (1992); R. Möhler: E. in Rheinl.-Pf. u. im Saarland unter frz. Besatzung von 1945 bis 1952 (1992); W. Langhorst: Beamtentum u. Art. 131 des GG (1994); Aus den Trümmern 1945. Personeller Wiederaufbau u. E. in der ev. Kirche der Sowjet. Besatzungszone Dtl.s. Einf. u. Dokumente, bearb. v. J. J. Seidel (1996).

ento... [griech. entós ›innerhalb‹], vor Vokalen meist verkürzt zu **ent...,** Präfix mit der Bedeutung innerhalb, z. B. Entoderm, Entamoeba.

Entoderm [zu griech. dérma ›Haut‹], **Entoblạst, inneres Keimblatt,** die bei der →Gastrulation entstehende innere Zellschicht der Gastrula; das E. bildet zunächst den Urdarm, später entsteht aus ihm der Magen-Darm-Trakt mit den abgeleiteten Organen (Leber, Lunge u. a.). →Ektoderm, →Mesoderm.

Entökie [griech.] *die, -,* **Einmietertum,** *Ökologie:* Beziehungssystem zw. Einmietern (Lebewesen, die in Bauten oder Hohlräumen anderer Organismen leben) und Wirt.

Entomogamie *die, -,* Übertragung des Pollens durch Insekten. – **entomogam,** insektenblütig.

Entomologie [zu griech. éntomos ›eingeschnitten‹; ›Kerbtier‹, ›Insekt‹] *dic, -,* **Insektenkunde,** die Wissenschaft von den Insekten. Während die **allgemeine E.** sich v. a. mit Fragen der Beschreibung, Ordnung, Verbreitung, Physiologie der Insekten befasst, untersucht die **angewandte E.** alle Fragen der Abwehr und Bekämpfung von Schadinsekten und die Bedeutung von Nutzinsekten.

Entomophthora [griech.], eine früher auch **Empusa** genannte Gattung der →Jochpilze. E. leben v. a. parasitisch auf Insekten (Fliegen, Blattläusen, Heuschrecken) und können in wenigen Tagen ganze Populationen vernichten. Die bekannteste Art ist der **Fliegenschimmel** (E. muscae), der bes. die Stubenfliege befällt.

Entoparasiten, die →Endoparasiten.

Entoplạsma, das →Endoplasma.

ent|optische Wahrnehmungen, im Auge hervorgerufene, scheinbar von außen stammende Licht- oder Körperwahrnehmungen; sie entstehen durch normale Einflüsse (z. B. Blutkörperchen, Netzhautgefäße), meist aber durch krankhafte Veränderungen der brechenden Medien des Auges, etwa durch Glaskörpererkrankungen, bei denen Punkte, ›fliegende Mücken‹ (›mouches volantes‹) u. ä. Gebilde wahrgenommen werden.

Entparaffinierung, Verfahren, bei dem v. a. die n-Paraffine aus Gasöl- oder Schmierölfraktionen entfernt werden, um deren Fließfähigkeit in der Kälte zu verbessern. Bei der **Kälte-E.** wird das Öl mit Lösungsmittelgemischen (z. B. Methyläthylketon/Toluol) verdünnt und zur Kristallisation der Paraffine auf etwa −20 °C abgekühlt. Bei der **Harnstoff-E.** bilden n-Paraffine mit Harnstoff kristalline Einschlussverbindungen; bei der **katalytischen E.** werden sie durch selektives Hydrocracken in niedrigsiedende Paraffine umgewandelt.

Entpersönlichung, *Psychologie* und *Psychiatrie:* →Depersonalisation.

Entphonologisierung, *Sprachwissenschaft:* der Verlust der phonolog. Opposition; so wirken sich z. B. im Französischen die Laute [ɛ̃] und [œ̃] nicht mehr im

Sinne einer Bedeutungsunterscheidung aus, da z. B. für frz. brun ›braun‹ neben der Aussprache [brœ̃] auch die Variante [brɛ̃] üblich ist und sich dadurch nicht mehr von brin [brɛ̃] ›Halm‹ unterscheidet. (→Phonologisierung)

Entpolitisierung, krit. Bez. 1) für Bemühungen, gesellschaftl. Aufgaben und Probleme nicht unter polit., sondern v. a. unter sachlog. Gesichtspunkten zu betrachten und zu lösen; 2) für Bestrebungen, polit. Kräfte von der Lenkung öffentlich wirksamer Institutionen (z. B. Rundfunkanstalten) auszuschalten.

Entracte [ã'trakt, frz.] *der, -s/-s,* **Entr'acte, Entreacte, Entreakt,** Zwischenakt, Zwischenaktsdarbietung (Musik, Ballett).

Entrạda [span.] *die, -/...den,* **Entrạta** [ital.], →Intrade.

Entrainment [ın'treınmənt, engl.] *das, -s, Meereskunde:* →Turbulenz.

Ent|rappen, *Weinbau:* das →Abbeeren.

Entrecasteaux [ãtrəkas'to], Antoine Raymond Joseph de Bruni d' [dəbry'ni-], frz. Seefahrer, *Schloss d'Entrecasteaux (Provence) 1737, †vor Java 20. 7. 1793; ab 1754 in der frz. Flottendienst; wurde 1785 Befehlshaber der frz. Flotte in Ostindien, 1787 Gouv. von Mauritius. 1791 entsandte ihn die frz. Nationalversammlung auf die Suche nach J. F. de La Pérouse. Er erreichte sein versch. Kreuzfahrten Neukaledonien, 1792 Amboina (heute Ambon); fuhr über Timor nach Neuholland (Australien) und entdeckte u. a. 1793 die D'Entrecasteauxinseln.

Entrecôte [ãtr'ko:t, frz.] *das, -(s)/-s,* Zwischenrippenstück vom Rind, das in Scheiben geschnitten und gegrillt oder gebraten wird. Größere Stücke (für 2–3 Personen) heißen **E. double;** im Ganzen zubereitetes E. nennt man **Roastbeef.**

Entre-Deux-Mers [ãtrdø'mɛr], trockener frz. Weißwein (Appellation contrôlée; 2 515 ha, 1994) aus dem Gebiet zw. Dordogne und Garonne östlich von Bordeaux, Dép. Gironde; v. a. aus den Rebsorten Sauvignon, Sémillon und Muscadelle bereitet, max. 4 g/l Restzucker; 1994: 114 079 hl.

Entree [ã'tre:, frz., zu entrer ›eintreten‹, von lat. intrare] *das, -s/-s,* **1)** *bildungssprachlich:* 1) Eingang; Eingangsraum, Vorzimmer, Diele; 2) Eintritt, Erscheinen; 3) bes. *österr.:* Eintrittsgeld.

2) *Kochkunst:* eine Vorspeise oder ein warmes oder kaltes, leichtes Zwischengericht, nach dem Fisch oder der an seiner Stelle gebotenen Speise gereicht.

3) *Musik:* im Ballet de cour der einzelne Szenenauftritt der Tänzer innerhalb einer aus mehreren Bildern zusammengesetzten Handlung; im übertragenen Sinne die Szene selbst, ferner die dazugehörige Musik; im späteren Opéra-ballet svw. Akt. Das E. fand auch Eingang in die Instrumentalsuite (nicht nur als Einleitungssatz):

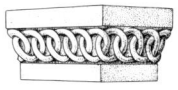

Entrelacs

Entrelacs [ãtrə'las, frz.], *Sg.* **Entrelac** [ãtrə'la] *das, -,* Ornamente aus sich verschlingenden, verflechtenden oder kreuzenden Bändern oder Streifen, eine in der Baukunst, im Kunstgewerbe und in der Schriftkunst verwendete Zierform.

Entremés [span. eigtl. ›Zwischengericht‹] *das, -/ und ...'meses,* einaktiges, kom. Zwischenspiel von 10–15 Minuten Dauer, häufig mit Musik, Gesang und Tanz, das sowohl im religiösen (Auto sacramental; →Auto) wie im profanen span. Theater (→Comedia) i. d. R. zw. Vorspiel und Auto oder zw. 1. und 2. Akt aufgeführt wurde und häufig die eigentl. Attraktion der Aufführung darstellte. Es ist geprägt von deftiger Situationskomik, dem Spiel mit der Sprache und von typisierten Figuren (betrogener Ehemann, einfältiger Bauer, gerissener Gauner). Hauptautoren waren im 16. und 17. Jh. L. de Rueda, L. F. de Vega Carpio, M. de Cervantes Saavedra (8 E. überliefert) und L. Quiñones de Benavente, der 800 E. geschrieben haben soll. Im 19. Jh. wurde das Genus allmählich durch →Sainete und →Género chico abgelöst.

Entremets [ãtrə'mɛ; frz. ›Zwischengericht‹] *das, -/-,* leichtes Gericht, das bei einer größeren Speisefolge zw. den einzelnen Gängen gereicht wird.

Entremont [ãtrə'mɔ̃], Name von geographischen Objekten:

1) **Entremont,** Bez. im Kt. Wallis, Schweiz, 633 km², 11 400 Ew.; Hauptort ist Bagnes.

2) **Entremont,** Kalksteinplateau nördlich von Aix-en-Provence, Frankreich, mit Überresten des im 3. Jh. v. Chr. angelegten und 123 v. Chr. von den Römern zerstörten Hauptoppidums der keltisch-ligur. Salluvier. Erhalten sind die Befestigungsmauer aus behauenen Steinblöcken mit vorspringenden Rundtürmen (stellenweise bis zu einer Höhe von 4 m) und – in den Resten eines Kultgebäudes, das zu einem an der höchsten Stelle gelegenen Heiligtum gehörte – Kalksteinsäulen mit Menschenkopfreliefs und Nischen wohl für Menschenschädel.

3) **Val d'Entremont,** 25 km langes Hochtal der westl. Walliser Alpen, Schweiz, von der Drance durchflossen, erstreckt sich vom Großen Sankt Bernhard nach N bis zur Vereinigung mit dem Val de Bagnes.

Entrepeñas, Pantano de E. [-'peɲas], Stausee im Oberlauf des Tajo, Spanien; →Buendía.

Entre Rios [-'rriuʃ; port. ›zw. Flüssen‹], Kolonie von Donauschwaben im Bundesstaat Paraná, Brasilien, 1951 von nach dem Zweiten Weltkrieg aus Batschka, Banat, Sirmien und Slawonien Vertriebenen gegründet; bedeutendstes Weizenanbaugebiet Brasiliens.

Entre Ríos [span. ›zw. Flüssen‹], Prov. von →Argentinien.

Entresol [ãtrə-, frz.] *das, -s/-s,* Halb-, Zwischengeschoss, v. a. zw. Erdgeschoss und erstem Stock.

Entrindung, das Entfernen von Rinde und Bast an Rundholz, entweder von Hand (schälen) oder durch **E.-Maschinen.** Diese zerspanen das Material mit Schälarmen, Meißeln, Fräsköpfen oder arbeiten mit scharfem Wasserstrahl oder durch Reibung der Rundhölzer aneinander in einer Wassertrommel (**Nassfriktion**).

Entropie [zu griech. tropé ›Wendung‹, ›Umkehr‹] *die, -/...'pi|en,* Formelzeichen S, von R. CLAUSIUS in die Thermodynamik eingeführte Zustandsgröße (Zustandsfunktion) thermodynam. Systeme, SI-Einheit: Joule/Kelvin (J/K). Sie ist ein Maß für den Ordnungszustand thermodynam. Systeme bzw. für die Irreversibilität der in ihnen ablaufenden thermodynam. Prozesse und eine dabei erfolgende Energieentwertung. In der →statistischen Mechanik ist die E. ein Maß für die Zahl der mögl. verschiedenen Mikrozustände bei gleichem Makrozustand des Systems, mithin ein makroskop. Maß für die subjektive Unkenntnis des Mikrozustandes. In der Informationstheorie misst die E. den Logarithmus der Zahl der noch fehlenden Ja-Nein-Entscheidungen zur vollständigen Information über eine vorgegebene Nachricht.

Als thermodynam. Zustandsfunktion ist die E. abhängig von der inneren Energie U des betrachteten Systems, seinem Volumen V sowie von den Stoffmengen n_i seiner Stoffkomponenten und Phasen ($i = 1, 2, ..., n$). Bei quasistat. Zustandsänderungen gilt daher für die E.-Änderung dS:

$$T\Delta S = \Delta U + p\Delta V - \sum_i X_a \Delta x_a - \sum_i \mu_i \Delta n_i$$

(T = absolute Temperatur, μ_i = chem. Potenzial der i-ten Komponente oder Phase). So erhält man mithilfe der E. den Teil der Wärmeenergie, der wegen seiner gleichmäßigen Verteilung auf alle Moleküle des Systems nicht in mechan. Arbeit umgesetzt werden kann. Prozesse, bei denen sich die E. nicht ändert oder durch einen entgegengesetzt ablaufenden Prozess wie-

der auf ihren ursprüngl. Wert gebracht werden kann, sind *umkehrbar (reversibel).* Die Änderung der E. ist in diesem Fall gegeben durch den Quotienten aus der reversibel zu- oder abgeführten Wärmemenge $\Delta_r Q$ und der absoluten Temperatur T, bei der die Wärme aufgenommen oder abgeführt worden ist: $\Delta S = \Delta_r Q / T$. Für reversibel therm. Zustandsänderungen ist die E. daher eine Austauschgröße. Ihr Absolutwert wird festgelegt durch den 3. Hauptsatz der Thermodynamik, der besagt, dass die E. am absoluten Nullpunkt der Temperatur null ist. Für *nichtumkehrbare (irreversible)* Vorgänge ist die Änderung der E. größer als $\Delta_r Q / T$. In einem *abgeschlossenen System* nimmt die E. bei irreversiblen Prozessen stets zu, während sie für reversible Vorgänge konstant bleibt. Vorgänge, bei denen die E. zunimmt, verlaufen von selbst, können aber nicht ohne anderweitigen Aufwand von Energie rückgängig gemacht werden. Nach dem auch als **E.-Satz** bezeichneten 2. Hauptsatz der Thermodynamik können in der Natur nur die (irreversiblen oder natürl.) Prozesse von selbst ablaufen, bei denen vom System E. mit der Umgebung ausgetauscht oder im System produziert wird. Dieses Prinzip legt die Richtung eines Prozessablaufs fest, und die E.-Zunahme ist ein Maß für die Nichtumkehrbarkeit eines Prozesses.

Von der E. und ihrer Vermehrung geht die *Thermodynamik irreversibler Prozesse* aus, die auch die Behandlung nicht abgeschlossener Systeme ermöglicht. Während für die E.-Änderung bei Vorgängen in abgeschlossenen Systemen stets die Ungleichung $\Delta S \geqq 0$ gilt (**clausiussches E.-Prinzip**), ist das Verhalten *offener Systeme,* die mit ihrer Umgebung in dauerndem Stoff- und Energieaustausch stehen und in denen häufig Reaktionen weitab vom stationären Gleichgewichtszustand ablaufen (→dissipative Strukturen), nach I. PRIGOGINE durch die **E.-Bilanz** $\Delta S = \Delta_i S + \Delta_e S$ zu beschreiben; darin gibt $\Delta_i S$ die E.-Änderung durch irreversible Prozesse im System, $\Delta_e S$ den E.-Transport an. $\Delta_i S$ ist nach dem 2. Hauptsatz stets positiv und wird pro Zeiteinheit auch als **E.-Produktion** bezeichnete Summe der Produkte aus den →thermodynamischen Kräften und den von ihnen verursachten thermodynam. Flüssen gegeben. $\Delta_e S$ kann negativ sein, wenn dem offenen System (z. B. einem lebenden Organismus) Energie etwa durch Sonnenlicht oder energiereiche Materie zugeführt wird. Die E.-Bilanz kann daher null oder sogar negativ sein, sodass sich ein offenes System in einem →Fließgleichgewicht befinden kann, worin es trotz irreversibler Prozesse einen Zustand hoher Ordnung (Unwahrscheinlichkeit) erhält, oder es kann sogar zu Zuständen höherer Ordnung übergehen. Diese bei Abnahme der E. mögl. Zunahme der Komplexität offener Systeme stellt nach M. EIGEN die Basis für die Entstehung und Evolution von Lebewesen dar.

Zu einer anschaul. Deutung der E. führt die *statist. Mechanik,* die z. B. die Wärmeenergie eines Gases durch die ungeordnete Bewegung der Moleküle erklärt. Von allen Verteilungen der Moleküle auf räuml. Positionen und mögl. Geschwindigkeiten (den versch. Mikrozuständen des Gases) wird sich wegen der Zusammenstöße als Gleichgewicht ein Zustand mit der gleichmäßigsten Verteilung einstellen. Dieser Zustand größter Unordnung besitzt die größte Wahrscheinlichkeit. Durch die Wärmebewegung wird ein abgeschlossenes System von selbst in ihn übergehen, und zwar durch irreversible Zustandsänderungen, bei denen die E. zunimmt. Der Zusammenhang zw. der Wahrscheinlichkeit W eines thermodynam. Zustandes und seiner E. wurde zuerst von L. BOLTZMANN (1866) erkannt: $S = k \ln W$ (k = Boltzmann-Konstante; →Boltzmann-Postulat).

Die Anwendbarkeit dieser Überlegungen auf das Weltall als Ganzes (betrachtet als abgeschlossenes

System) lassen kosmolog. Theorien fraglich erscheinen. Unter laufender E.-Zunahme müsste das Weltall einem Endzustand ohne Energie- und Temperaturdifferenzen zustreben, der das Ende allen materiellen Geschehens bedeuten würde (→Wärmetod).

G. FALK u. W. RUPPEL: Energie u. E. (1976); H. J. SCHRÖDER: Die entschleierte E. (1982); J. RIFKIN: E. Ein neues Weltbild (a. d. Engl., Neuausg. 1989).

Entropium [zu griech. entrépein ›umwenden‹, ›umkehren‹] *das, -s/...pien,* **Entropion,** krankhafte Einwärtskehrung des Lidrands (meist des Unterlids); Ggs.: →Ektropium. Ein E. entsteht z. B. durch lang anhaltenden Lidkrampf oder Narbenbildung an der Innenseite des Lides, z. B. beim Trachom, nach Entzündungen, Verätzungen oder auch durch Liderschlaffung im Alter.

Entroster, Rostlöser, meist säurehaltige Lösungen oder Pasten zum Entfernen des Rostes von Eisen- und Stahloberflächen (z. B. als Vorbehandlung für einen Anstrich). Verwendet werden z. B. verdünnte Salz- oder Schwefelsäure, nach deren Gebrauch sorgfältig gespült, neutralisiert und getrocknet werden muss, oder (als Rostumwandler) Phosphorsäure, die eine gut haftende Phosphatschicht bildet, sodass eine Neutralisation nicht erforderlich ist. (→Rost)

Entrückung, *Religionsgeschichte:* die Versetzung eines Menschen an einen andern ird. oder himml. Ort, ohne dass der Tod dazwischentritt. Beispiele sind im A. T. die E. des HENOCH (1. Mos. 5, 24) und des ELIA (2. Kön. 2, 1 ff.), in griech. Sagen bei HOMER die des Menelaos in das Elysium (Odyssee 14, 516 ff.), des Ganymed in den Olymp und der Helden (nach HESIOD) auf die Inseln der Seligen. In der Mythenforschung ist ›bergentrückt‹ ein Motiv, das die E. von Personen in Bergesinnere erzählt, wo sie, in mag. Schlaf versunken, bis zu ihrer Erlösung oder bis zur Erfüllung einer Aufgabe fortleben (z. B. Kyffhäusersage). Wurzel dieser Sagen ist die alte Vorstellung vom Berg als Totenreich, z. B. im Helgafell (heiliger Berg) der isländ. Eyrbyggja saga.

Entrundung, die →Entlabialisierung.

Entsalzung, teilweise oder vollständige Entfernung der im Wasser gelösten Ionenverbindungen, meist zur Gewinnung von salzfreiem Betriebswasser oder salzarmem Trinkwasser. **Voll-E.** ist Voraussetzung für die Herstellung von Kesselspeisewasser in Kraftwerken und Reinstwasser für spezielle Industriebetriebe; **Teil-E.** dient überwiegend dem Zweck, in einigen Gebieten der Erde aus dem salzreichen Meerwasser ein Wasser von Trinkwassergüte herzustellen (→Meerwasserentsalzung). – Als **E.-Verfahren** geeignet sind: Destillation (Kompressionsverdampfung), Gefrierverfahren, Hyperfiltration (umgekehrte Osmose), Ionenaustausch und Elektrodialyse.

Entsatz [zu mhd. entsetzen ›absetzen‹, *Militärwesen:*] 1) Befreiung eincs eingeschlossenen Truppenteils oder einer Befestigung (→Einschließung) durch Angriff von außen; 2) die den E.-Angriff durchführende Truppe. Eine E.-Operation kann durch den →Ausbruch der eingeschlossenen Kräfte wirkungsvoll unterstützt werden.

Entsäuerung, 1) *Wasseraufbereitung:* Entfernung von überschüssigem Kohlendioxid aus Wasser. Die E. von Trinkwasser wird meist durch Ausblasen mit Luft, die E. von Kesselspeisewasser durch Ausblasen mit Dampf durchgeführt.

2) *Weinbereitung:* die Herabsetzung des natürlichen Säuregehaltes des unfertigen Weines, z. B. chemisch durch Binden der Weinsäure mit Kalk.

Entschädigung, *öffentl. Recht:* Ausgleich für einen durch hoheitl. Handeln verursachten Schaden. Anders als der →Schadensersatz setzt sie kein Verschulden voraus. E.-Ansprüche entstehen durch Eingriffe von Hoheitsträgern in die Rechtspositionen des Bür-

gers, wenn ihm zugunsten der Allgemeinheit ein Sonderopfer abverlangt wird, so bei →Enteignung (E. für Enteignungen im Beitrittsgebiet →offene Vermögensfragen) und →Aufopferung.

E.-Ansprüche können zudem aus einer Vielzahl von E.-Normen erwachsen: Das Bundesentschädigungs-Ges. i. d. F. v. 29. 6. 1956 regelt Ansprüche der Opfer natsoz. Verfolgung in Form von Renten, Kapital-E., Abfindungen, Heilbehandlung u. a.; bei Amtspflichtverletzungen greift die →Staatshaftung ein; Opfer von Gewalttaten können E. nach dem Opferentschädigungs-Ges. i. d. F. v. 7. 1. 1985 beantragen; das Bundesleistungs-Ges. regelt E. im Rahmen von Verteidigungsmaßnahmen. Schließlich müssen Personen, die einer ungerechtfertigten Strafverfolgung ausgesetzt waren, nach dem Ges. über die E. für Strafverfolgungsmaßnahmen vom 8. 3. 1971 entschädigt werden.

Entschädigungsfonds [-fɔ̃], gemäß §§ 9–11 Entschädigungs-Ges. vom 27. 9. 1994 gebildetes nicht rechtsfähiges Sondervermögen des Bundes, aus dem Entschädigungen nach diesem Ges., Ausgleichsleistungen nach §§ 1–3 Ausgleichsleistungs-Ges. vom 27. 9. 1994 für enteignete Alteigentümer, Entschädigungen nach dem NS-Verfolgtenentschädigungs-Ges. sowie Leistungen aus dem Vertriebenenzuwendungs-Ges. erbracht werden. Der E. wird vom Bundesamt zur Regelung offener Vermögensfragen zur Weisung und unter Aufsicht des Bundesministeriums der Finanzen verwaltet. Er ist berechtigt, Schuldverschreibungen durch Eintragung in das Bundesschuldbuch zu begeben. Die Einnahmen des E. stammen v. a. aus Beiträgen der Bundesanstalt für vereinigungsbedingte Sonderaufgaben, aus Finanzvermögen der DDR, Rückflüssen aus dem →Lastenausgleich sowie ab 2004 aus Bundeszuschüssen; das Ausgabenvolumen beträgt (1995) rd. 1,6 Mrd. DM. (→Vermögensgesetz)

Entschädigungsrente, Leistung des →Lastenausgleichs.

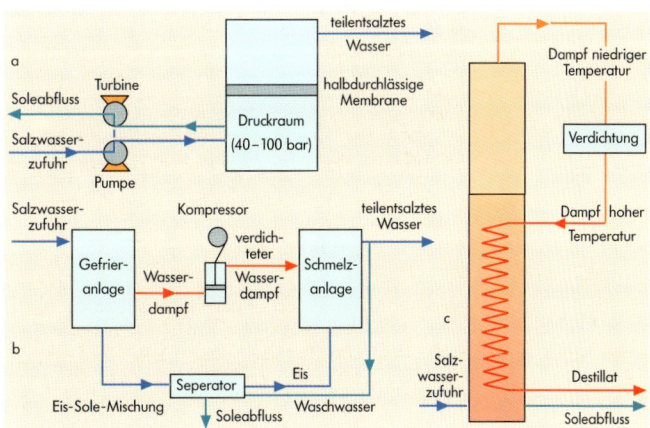

Entsalzung: Fließschema verschiedener Verfahren;
a Hyperfiltrationsanlage, b Gefrieranlage,
c Kompressionsverdampferanlage

Entschädigungs- und Ausgleichsleistungsgesetz, Artikelgesetz vom 27. 9. 1994, das insbesondere Vorschriften über Entschädigung und Ausgleichsleistungen bei der Regelung →offener Vermögensfragen in den neuen Ländern enthält. (→Entschädigungsfonds)

Entschäumer, →Antischaummittel.

Entscheidung, 1) *allg.:* die Wahl einer von mindestens zwei möglichen Richtungen des Handelns oder Reagierens.

2) *mathemat. Logik:* definitive Beantwortung der Frage, ob ein bestimmter Satz aus einer Menge von

Sätzen (Axiomen) folgt oder nicht. Insbesondere sucht man nach einem Algorithmus, der solche E. leistet. Existiert ein derartiger Algorithmus, so nennt man die entsprechende Theorie **entscheidbar (definit)**, andernfalls unentscheidbar. Während die Aussagenlogik entscheidbar ist, ist die Prädikatenlogik nach dem Unentscheidbarkeitssatz von A. CHURCH nicht entscheidbar. (→Entscheidungsverfahren)

3) *Philosophie:* Terminus, der ein notwendiges Moment des jeder Handlung vorausgehenden Willensaktes (→Wille) bezeichnet. Eine E. ist der intentionale Akt der begründeten Wahl zw. mehreren Möglichkeiten, und zwar 1) hinsichtlich der Frage, ob man überhaupt aktiv werden soll; 2) hinsichtlich des Handlungszieles; 3) hinsichtlich des Durchführungswegs. Für 1) und 2) können Lust bzw. Unlust, größtmögl. Eigennutz (›Nutzenmaximierung‹), soziale Konventionen oder sittl. Normen (z.B. Allgemeinwohl, Solidarität betreffende), für 3) Zweckmäßigkeit E.-Maßstäbe sein. E. umfasst ebenfalls den monolog. oder dialogisch-beratenden Prozess der E.-Findung, in dem vor der Beschlussfassung Ziele gesetzt und Handlungsalternativen gegeneinander abgewogen werden. E. begründen das Handeln, das daher durch den einzelnen Menschen verantwortet werden muss; Einfluss auf die E. haben jedoch der jeweilige gesellschaftl. und polit. Kontext. Eine philosoph. Deutung der E. gibt S. KIERKEGAARD. Die E. konstituiert die auf sich selbst gestellte ›Subjektivität‹ des Menschen: Nur sie ermöglicht eine verantwortl., sich der ›Wirklichkeit‹ und der Herausforderung der ›Existenz‹ stellende Lebensführung; sie aufschieben heißt sich der Gefahr des Selbstverlusts aussetzen. Die Wahl begründet zugleich die ›ethische Sphäre‹, in der die sittl. ›Ernst‹ die im Spiel der Möglichkeiten verbleibende ›ästhet.‹ Indifferenz‹ überwindet. KIERKEGAARDS Überlegungen zum Problem der E. haben die Existenzphilosophie und die Theologie beeinflusst. Bei K. JASPERS z.B. ist E. das bewusste Ergreifen des eigenen Selbst angesichts der ›Grenzsituationen‹ Angst, Schuld, Tod. – Bei CARL SCHMITT hat die polit. E. als →Dezisionismus zentrale Bedeutung.

4) *Recht:* im *Europarecht* zur Regelung eines Einzelfalls erlassener Rechtsakt des Rates der EU (bis 7.11.1993 Bez. Rat der EG) oder der Kommission der Europ. Gemeinschaften (EG), der in allen Teilen für denjenigen verbindlich ist, an den er sich richtet. Adressat einer E. sind sowohl Einzelpersonen (auch Unternehmen) als auch Mitgl.-Staaten. Durch die E. wird den Organen der EG die Möglichkeit gegeben, das Gemeinschaftsrecht anzuwenden und unmittelbar auf die Verhältnisse einzelner Gemeinschaftsangehöriger einzuwirken. Sie ist mit dem →Verwaltungsakt innerstaatl. Rechts vergleichbar. Die E. bedarf der Begründung. Soweit sie eine Zahlung auferlegt, ist sie ein vollstreckbarer Titel nach Maßgabe der nationalen Zivilprozessordnungen; die Vollstreckung kann durch den Europ. Gerichtshof ausgesetzt werden.

Im *Prozessrecht* der gerichtliche Ausspruch der im einzelnen Fall eingetretenen oder anzuordnenden Rechtsfolge. Grundlage einer E. ist die Feststellung der erhebl. Tatsachen und die Rechtsanwendung hierauf. Eine E. ergeht als →Urteil, →Beschluss oder Verfügung, im Ggs. zu anderen Gerichtshandlungen. Urteil und Beschluss haben E.-Gründe zu enthalten, d.h. die wesentlichen tatsächl. und rechtl. Gründe wiederzugeben, auf denen die E. beruht.

Entscheidungsbaumverfahren, i.d.R. computergestützte Verfahren des →Operationsresearch zur Bestimmung optimaler Lösungen von Problemen, für die eine kombinatorisch große Anzahl aufeinander abzustimmender Teilentscheidungen mit jeweils unterschiedl. Konsequenzen typisch ist. Stellt man die entsprechenden Teilprobleme mit ihren gegenseitigen

Abhängigkeiten in geeigneter Weise grafisch dar, so erhält man einen **Entscheidungsbaum** (→Baum), in dem der Lösungsprozess als speziellen Regeln folgendes Suchverfahren organisiert werden kann. Bei der **Roll-back-Analyse** startet das Suchverfahren in den Zweigenden des Baumes, schreitet zurück bis in dessen Wurzel und erfordert die Bewertung sämtl. Entscheidungsalternativen (geeignet z.B. für die Lösung von Investitionsproblemen bei Ungewissheit). Bei der **dynamischen Programmierung** beginnt der Suchvorgang in der Baumwurzel; Zweige mit zulässigen (Teil-)Lösungen werden nur soweit entwickelt, bis deren Nichtoptimalität erkennbar ist. Es braucht daher nur eine Teilmenge aller Entscheidungsalternativen bewertet zu werden (Anwendung z.B. bei der Lösung mehrperiodiger Lagerhaltungsprobleme). Beim **Branch-and-bound-Verfahren** beginnt der Suchvorgang ebenfalls in der Baumwurzel, jedoch mit einer unzulässigen Lösung, die zuvor mit einer geeigneten Methode (z.B. der der linearen Programmierung, →mathematische Programmierung) erzeugt wurde. In den Zweigen des Entscheidungsbaums werden dann die Unzulässigkeiten schrittweise ausgeräumt, bis die zulässige und optimale Lösung erreicht ist. Auch hier braucht nur eine Teilmenge aller Entscheidungsalternativen bewertet zu werden (Anwendung bei der Lösung von Standortbelegungsproblemen, von Aufgaben der ganzzahligen Programmierung u.a.).

Entscheidungstabelle, *Wirtschaftsinformatik:* Hilfsmittel zur Darstellung von entscheidungslog. Schritten in Informationsverarbeitungsprozessen. In der zweidimensionalen Tabelle werden zeilenweise einerseits die relevanten Bedingungen in ihren unterschiedl. Zuständen, andererseits die auszuführenden Aktionen eingetragen, denen spaltenweise Entscheidungsregeln zugeordnet werden, die alle Kombinationen von Bedingungslagen abdecken und ihnen entsprechende Aktionen zuordnen. Die Bedingungen und die Aktionen sind jeweils in der aufgeführten Reihenfolge abzuarbeiten. Eine Normung der E. ist 1979 mit der DIN 66241 erfolgt.

Entscheidungstheorie, interdisziplinäre Lehre von Entscheidungsinhalten, Entscheidungsprozessen und vom Entscheidungsverhalten bei Individual- oder Kollektiventscheidungen, die in allen Sozialwissenschaften Anwendung findet.

Die **Entscheidungslogik** stellt formale Hilfsmittel (mathemat. Modelle und Operationen) zur Verfügung, um Entscheidungen vorzubereiten. Zur Formulierung des Entscheidungsproblems müssen Informationen über die zugrunde gelegten Ziele (Einfach-, Mehrfachzielsetzung), die Handlungsalternativen, die Umweltlagen, die Wahrscheinlichkeiten und die Zielbeiträge gegeben sein, um rationale Entscheidungen anhand von Entscheidungsregeln treffen zu können, die den ›Axiomen rationalen Verhaltens‹ genügen müssen.

Die wichtigsten Entscheidungssituationen sind Entscheidungen unter Sicherheit und Risiko. Entscheidungen unter Sicherheit werden auf der Grundlage vollkommener Information bei Kenntnis aller exogenen (von außen vorgegebenen) Größen gefällt (determinist. Entscheidungsmodelle). Bei Entscheidungen unter Risiko können Wahrscheinlichkeiten bestimmten alternativen Ergebnissen zugeordnet werden (stochast. Entscheidungsmodelle). Auf der Grundlage von objektiven oder subjektiven Wahrscheinlichkeiten werden Entscheidungsregeln angewandt, z.B. das **Bernoulli-Prinzip,** bei dem alle mit den infrage kommenden Handlungsalternativen verbundenen Ergebnisse mithilfe einer so genannten Risiko-Nutzen-Funktion in Nutzwerte umgerechnet werden und diejenige Alternative herausgegriffen wird, die den größtmöglichen mathemat. Erwartungswert aufweist;

oder die **bayessche Regel,** die als Entscheidungskriterium den Erwartungswert verwendet, der definiert ist als die Summe der mit ihren jeweiligen Wahrscheinlichkeiten gewichteten Zielbeiträge einer Alternative.

In der von A. WALD begründeten **statistischen E.** werden verschiedene statist. Probleme unter einem einheitl. Gesichtspunkt behandelt. Die von der beobachteten Stichprobe x abhängige Entscheidung $f(x)$ des Statistikers wird bei Vorliegen des unbekannten Parameters θ aufgrund des Risikos, d.h. des durch Fehlentscheidungen entstehenden mittleren Verlusts $R_f(\theta)$, bewertet. Gegenstand der statist. E. ist das Auffinden sowie die genaue Analyse von Entscheidungsfunktionen f, die das Risiko möglichst klein halten.

W. MAG: Entscheidung u. Information (1977); G. BAMBERG u. A. G. COENENBERG: Betriebswirtschaftl. Entscheidungslehre (⁴1985); Wahrscheinlichkeitsrechnung u. mathemat. Statistik. Lex. der Stochastik, hg. v. PAUL HEINZ MÜLLER (⁵1991).

Entscheidungsverfahren, *mathemat. Logik:* jedes System von Regeln, mit dessen Hilfe die Entscheidung eines Problems (in Form einer endgültigen Antwort auf eine gestellte Frage) in endlich vielen, nach Regeln des Systems vorgenommenen Schritten gefällt werden kann. E. ermöglichen eine Entscheidung darüber, ob ein bestimmtes Objekt der Wert einer Funktion zu gegebenen Argumenten ist oder ob ein Objekt zu einer bestimmten →Menge gehört. – Funktionen, für die es ein E. gibt, heißen ›berechenbar‹, Mengen, für die Entsprechendes gilt, ›entscheidbar‹. Ein Begriff heißt entscheidbar oder ›definit‹, wenn die Menge der unter ihn fallenden Gegenstände entscheidbar ist.

Für beliebig, auch quantorenlogisch zusammengesetzte Aussagen ist das **Entscheidungsproblem** unlösbar, d.h., es gibt kein allgemeines E., das für jede Aussage über ihre log. Wahrheit zu entscheiden gestattet (›Unentscheidbarkeitssatz‹ von A. CHURCH, 1936). →mathematische Logik.

W. STEGMÜLLER: Unvollständigkeit u. Unentscheidbarkeit (Wien ³1973); G. BOOLOS u. R. C. JEFFREY: Computability and logic (Cambridge 1974).

entschiedene Schulreformer, →Bund entschiedener Schulreformer.

Entschlackung, *Medizin:* 1) durch therapeut. Maßnahmen angeregte Ausscheidung von Stoffwechselprodukten zur Entgiftung und Reinigung des Körpers (u. a. durch Rohkost- und Schwitzkuren, Abführmittel, Blutreinigungsmittel); 2) als **extrarenale E.** die Entfernung von Giften oder Stoffwechselendprodukten über eine künstl. Niere.

Entschlichten, *Textiltechnik:* das Ablösen der vor dem Verweben auf die Kettgarne aufgebrachten Schlichte, z. B. Leim, Cellulosederivate, Fette.

Entschließung, Beschluss des Parlaments, der im Ggs. zum Gesetzesbeschluss oder einem Wahlakt nicht auf eine unmittelbare Rechtsfolge gerichtet ist, sondern ein Ersuchen an die Reg. oder eine bloße Meinungsäußerung enthält.

Entschuldigungsgründe, *Strafrecht:* →Schuld.

Entschwefelung, Sammel-Bez. für Verfahren zur Entfernung von Schwefelverbindungen aus Brennstoffen (→Kohleentschwefelung), Abgasen (→Rauchgasentschwefelung), Synthesegasen (→Gasreinigung) u. a., meist zum Zweck der Luftreinhaltung. Das wichtigste Verfahren zur E. von Erdölprodukten ist das →Hydrotreating. Zur E. von Eisen →Stahl.

Entsendegesetz, Kurz-Bez. für das Ges. über zwingende Arbeitsbedingungen bei grenzüberschreitenden Dienstleistungen (Arbeitnehmer-Entsende-Ges.) vom 26. 2. 1996, in Kraft seit 1. 3. 1996, befristet bis 1. 9. 1999. Das E. legt fest, dass Rechtsnormen eines Tarifvertrages des Baugewerbes, für den Allgemeinverbindlichkeit erklärt wurde, auch auf ein Arbeitsverhältnis zw. einem Arbeitgeber mit Sitz im Ausland und seinem in Dtl. beschäftigten Arbeitnehmer zwingend Anwendung finden, wenn der Tarifvertrag ein für alle unter seinen Geltungsbereich fallenden Arbeitnehmer einheitl. Mindestentgelt regelt und auch dt. Arbeitgeber mit Sitz außerhalb des Geltungsbereichs des Tarifvertrages ihren in dessen Geltungsbereich beschäftigten Arbeitnehmern diese Arbeitsbedingungen gewähren müssen. Die zwingende Wirkung der tarifvertragl. Regelungen gilt auch für die Dauer des Erholungsurlaubs, das Urlaubsentgelt und ein zusätzl. Urlaubsgeld. Diese Vorschriften sollen verhindern, dass ausländ. Bauunternehmen ihre Arbeitnehmer zu den in den Herkunftsländern geltenden, niedrigeren Löhnen beschäftigen, wenn sie diese in Dtl. einsetzen. Damit soll die Verdrängung einheim. Arbeitskräfte durch billigere ausländ. Arbeitskräfte im Baugewerbe unterbunden und die Arbeitslosigkeit im Baugewerbe bekämpft werden. Für die Kontrolle der Einhaltung des Gesetzes sind die Arbeitsämter und die Hauptzollämter zuständig. Mit Wirkung vom 1. 1. 1997 sind aufgrund eines allgemein verbindl. Tarifvertrages Mindestlöhne für das Baugewerbe in den alten und den neuen Ländern in Kraft getreten.

Entseuchung, 1) *Medizin:* die →Desinfektion. (→Dekontamination)

2) *Militärwesen:* →Dekontamination.

Entsichern, das Schussfertigmachen von Handfeuerwaffen durch Lösen einer Sperrvorrichtung (Sicherung).

Entsorgung, das Sammeln, Sortieren und Transportieren sowie die geordnete Beseitigung – Aufbereitung, Behandlung (Konditionierung) und/oder gefahrlose Deponierung – von Reststoffen und nicht mehr verwertbaren Abfallstoffen (einschließlich Abgasen und Abwasser). Neben die ohnehin erhebl. Probleme, die die E. von Hausmüll und industriellen Abfällen in modernen Industriestaaten aufwirft (→Abfallentsorgung), trat seit den 1970er-Jahren das Problem der E. von Kernkraftwerken **(nukleare E.).** Die gesicherte E. der Kernkraftwerke ist Voraussetzung für deren Errichtung und Betrieb.

Entsorgung: Luftaufnahme des Brennelementzwischenlagers in Gorleben; vorn die im Bau befindliche Pilotanlage zur Konditionierung radioaktiver Abfälle, dahinter die 182 m lange Lagerhalle, die die CASTOR-Behälter aufnehmen soll

Die nukleare E. umfasst (nach den ›Grundsätzen zur E.-Vorsorge für Kernkraftwerke‹ der Bundes-Reg. von 1980) die sachgerechte und sichere Verbringung der während der gesamten Betriebszeit eines Kernkraftwerks anfallenden bestrahlten, abgebrannten und ausgedienten Brennelemente in ein geeignetes Lager im Kernkraftwerk, ihre externe →Zwischenlagerung, die Verwertung der Brennelemente durch →Wiederaufarbeitung in dt. und ausländ. Anlagen oder ihre Behandlung zur →Endlagerung ohne Wiederaufarbeitung **(direkte Endlagerung)** sowie die Behandlung und Beseitigung der hierbei entstandenen radioaktiven

Abfälle. Die konditionierten radioaktiven Abfälle und/oder Brennelemente sind in ein sicheres Endlager, z. B. in einer stabilen geolog. Formation, zu verbringen. Im weitesten Sinne zählt auch die Beseitigung von stillgelegten Kernkraftwerken und sonstigen radioaktiven Abfällen, z. B. aus Kernkraftwerken, aus Forschung, Industrie und Medizin, zur nuklearen E. – Nach dem Atomgesetz, § 9 a, sind die Kernkraftwerksbetreiber für die nukleare E. ihrer Anlagen zuständig. Dem Bund obliegt die Errichtung von Endlagern. Bis 1994 hatte die Wiederaufarbeitung bestrahlter, d. h. ausgedienter Brennelemente Vorrang vor der E. ohne Wiederaufarbeitung, wenn die schadlose Verwertung durchführbar und wirtschaftlich vertretbar war. Durch die Novellierung des Atomgesetzes 1994 (›Artikelgesetz‹) wurde die Gleichberechtigung der E.-Wege mit und ohne Wiederaufarbeitung festgeschrieben. Die Entscheidung darüber, welcher Weg eingeschlagen werden soll, liegt in der Zuständigkeit der Kernkraftwerksbetreiber.

Pro Jahr fallen derzeit (1994) in Dtl. rd. 5 000 m³ konditionierte radioaktive Abfälle mit vernachlässigbarer Wärmeentwicklung und etwa 500 t abgebrannte Brennelemente (bezogen auf den Urangehalt) an. Die E. der dt. Kernkraftwerke stützt sich bis heute v. a. auf Verträge mit den europ. Wiederaufarbeitern in Frankreich und Großbritannien, die in ihren Anlagen 8 600 t ausgediente Brennelemte aus dt. Kernkraftwerken wieder aufarbeiten sollen. Die dabei anfallenden radioaktiven Abfälle müssen allerdings wieder zurückgenommen werden. Die abgeschlossenen Verträge haben zusätzl. Optionen für die Wiederaufarbeitung weiterer Brennelemente bis zum Jahre 2015.

Die Brennelemente von Leichtwasserreaktoren (→Kernreaktor) müssen etwa alle drei Jahre ausgewechselt werden (gewöhnlich $\frac{1}{3}$ der im Reaktorkern vorhandenen Brennelemente pro Jahr). Sie werden nach dem Ausbau zunächst in **Abklingbecken (Brennelementelagerbecken),** das sind mit dicken Betonabschirmungen versehene Wasserbecken, unter rd. 8 m Wasserüberdeckung für mehrere Jahre gelagert. Nach

einem Jahr ist die Radioaktivität der Brennelemente auf unter $\frac{1}{1000}$ des Wertes abgeklungen, der während des Betriebs im Reaktor vorhanden war. Sie können nun zu einer Wiederaufarbeitungsanlage oder einem Zwischenlager abtransportiert werden. Durch den Einbau von besonderen Lagergestellen in die Abklingbecken (→Kompaktlager) konnte deren Kapazität erhöht und die Lagerzeit der Brennelemente in den Kernkraftwerken auf 5–7 Jahre verlängert werden. Es ist vorgesehen, durch eine Erhöhung des Abbrandes der Brennelemente und eine Verlängerung ihrer Standzeit auf vier Jahre die jährlich anfallende Menge an abgebrannten Brennelementen bis zum Jahr 2000 um 20–25 % zu senken.

In Dtl. war der Bau eines ›integrierten (d. h. lückenlosen) nuklearen E.-Zentrums‹ mit Anlagen für Zwischenlagerung, Wiederaufarbeitung, Plutoniumverarbeitung sowie Abfallbehandlung und Endlagerung auf einem Gelände über einem Salzstock bei Gorleben (Ndsachs.) vorgesehen. Das Projekt wurde jedoch eingestellt, nachdem die Landes-Reg. 1979 nach einer öffentl. Anhörung zu dem Schluss gekommen war, dass das integrierte E.-Zentrum zwar technisch und sicherheitsmäßig realisierbar, nicht aber gegen den Widerstand der Bürger politisch durchsetzbar sei, und der Errichtung eines solchen E.-Zentrums die Zustimmung versagte. Als Alternative wurde im selben Jahr in einem gemeinsamen Beschluss von Bund und Ländern das so genannte ›integrierte E.-Konzept‹ verabschiedet, das u. a. die Errichtung einer dt. Wiederaufarbeitungsanlage vorsah. Mit dem Bau dieser Anlage wurde 1988 in Wackersdorf (Bayern) begonnen. Das Projekt wurde jedoch bereits 1989 wegen der großen polit. Widerstände sowie der unkalkulierbaren Investitionskosten und Verzögerungen im Genehmigungsverfahren wieder aufgegeben und die nukleare E. auf eine europ. Basis umgestellt. Infolge der Aufgabe einer nat. Wiederaufarbeitung wurde Ende 1990 auch der Betrieb der Karlsruher Pilot-Wiederaufarbeitungsanlage (WAK), die in 20 Jahren Betriebszeit insgesamt 200 t Brennstoff aus bestrahlten und abge-

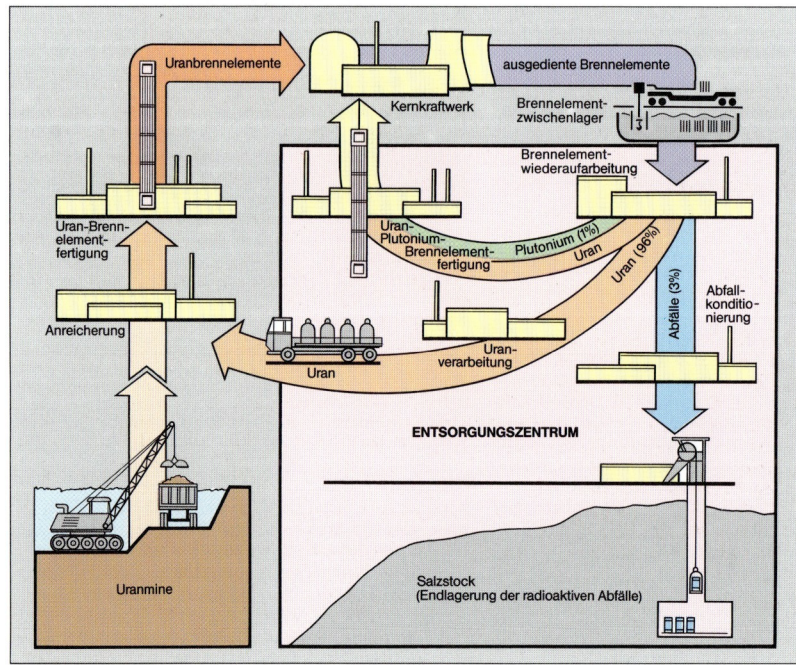

Entsorgung: Fließbilddarstellung der Entsorgung von Kernkraftwerken mit Endlagerung der radioaktiven Abfälle in einem Salzstock

brannten Brennelementen wieder aufgearbeitet hatte, eingestellt.

Internat. Stand der E.: In Frankreich wurde in den letzten Jahren die Errichtung kommerzieller Wiederaufarbeitungsanlagen und anderer E.-Einrichtungen (z. B. Anlagen zur →Verglasung radioaktiver Abfälle) systematisch vorangetrieben. In La Hague (Normandie) ging 1989 die neue Anlage UP3 in Betrieb, 1994 die erweiterte Anlage UP2-800. In Großbritannien wurde die Wiederaufarbeitungskapazität 1994 durch die Inbetriebnahme der Wiederaufarbeitungsanlage THORP in Sellafield wesentlich vergrößert. Belgien ist bei der E. auf das Ausland angewiesen. Japan, das zurzeit noch im Ausland entsorgen lässt, hat 1994 mit dem Bau einer eigenen Wiederaufarbeitungsanlage begonnen, die 2002 in Betrieb gehen soll. Andere Länder, wie Schweden, Kanada und die USA, haben sich für die direkte Endlagerung als E.-Weg entschieden. In Schweden ist die E. schon heute mengenmäßig abgrenzbar, da dort bis spätestens 2010 alle Kernkraftwerke abgeschaltet werden sollen. In den USA sind alle Arbeiten an der nichtmilitär. Wiederaufarbeitung eingestellt.

R. GERWIN: So ist das mit der E. (1978); E. von Kernkraftwerken, Beitrr. v. J. BANEK (1981); Hb. Kernenergie, hg. v. H. MICHAELIS u. C. SALANDER (⁴1995).

Entsorgungsbergbau, Anlegen von Grubenräumen oder Nutzung vom Gewinnungsbergbau geschaffener Grubenräume für die Deponierung bergbaul. Reststoffe, chemisch-tox. Abfälle und radioaktiver Abfallstoffe. Dabei ist durch die Auswahl entsprechender geolog. Bedingungen und durch geeignete Verschlussmaßnahmen **(Multibarrierekonzept)** ein Austrag von Schadstoffen in die Biosphäre zu verhindern. Die zugehörigen Betriebe werden als **Deponien,** speziell **Untertagedeponien (UTD),** oder **Endlager** bezeichnet. UTD müssen nach dem Abfallgesetz und Endlager für radioaktive Stoffe nach dem Atomgesetz betrieben werden.

Entsozialisierung, *Soziologie:* die →Desozialisation.

entspanntes Wasser, *physikal. Chemie:* Wasser, bei dem durch geeignete, in ihm aufgelöste →Netzmittel die Oberflächenspannung verringert ist; e. W. fließt leichter, schäumt und benetzt besser als nicht entspanntes Wasser.

Entspannung, 1) *Physik:* thermodynamische E., der Übergang eines Gases von einem Zustand höheren Drucks in einen mit niedrigerem Druck (z. B. durch →Expansion oder durch Drosseln); dabei kühlt sich das Gas ab (→Joule-Thomson-Effekt).

2) *Politik:* frz. **Détente** [deˈtãt], i. w. S. der durch Abrüstung sowie durch polit. und wirtschaftl. Vereinbarungen geförderte Prozess des Abbaus von bi- oder multilateralen Konflikten und Maßnahmen zur Vermeidung neuer Spannungen zw. Staaten bzw. Staatenblöcken. I. e. S. während des →Ost-West-Konflikts die Gesamtheit der Bemühungen, den machtpolit. und ideolog. Gegensatz zw. der UdSSR und den USA (und den mit ihnen verbundenen Staaten) durch Maßnahmen der Abrüstung, Zusammenarbeit und Vertrauensbildung zu entschärfen. Die vom Gedanken der E. getragene Außenpolitik ging von den gemeinsamen Interessen der beiden Machtblöcke aus, die bes. in der Verhinderung eines Krieges zw. ihnen sowie im wirtschaftl. und kulturellen Austausch bestanden. Darüber hinaus wirkte jedoch auch die Tendenz, v. a. bei den beiden Weltmächten USA und UdSSR, ihre Einfluss- und Machtsphäre durch Absprachen und Verträge zu sichern oder auszuweiten.

Mit der →Kubakrise (1962) erreichte die Konfrontation der Machtblöcke ihren Höhe- und Wendepunkt. Zw. 1963 und 1979 kam es im Sinne einer E. zu zwei- oder mehrseitigen Vertragsabschlüssen. Die

Verstrickung der USA in den →Vietnamkrieg sowie die Bedrängnis der UdSSR bes. durch ihren Konflikt mit der VR China begünstigte in den 60er- und beginnenden 70er-Jahren das Verhandlungsklima zw. den Weltmächten. In Europa fügten sich die neue Ostpolitik der BRD (seit 1969/70) und die Bemühungen der europ. Staaten auf die →Konferenz über Sicherheit und Zusammenarbeit in Europa (KSZE) und ihren Nachfolgekonferenzen in diese internat. Bemühungen ein. Die führenden Länder der Dritten Welt entwickelten eigene Initiativen (→blockfreie Staaten). In der zweiten Hälfte der 70er-Jahre (bes. nach dem Einmarsch sowjet. Truppen in Afghanistan im Dezember 1979) verschärften sich jedoch wieder die Ost-West-Spannungen (v. a. auf rüstungspolit. Gebiet); Ausdruck dafür war u. a. der →NATO-Doppelbeschluss von 1979. In der zweiten Hälfte der 80er-Jahre ermöglichten die sowjet. Reformpolitik (insbesondere ihre entspannungspolit. Komponente, das ›neue Denken‹) und das allmähl. Abrücken der Sowjetunion vom Hegemonieanspruch im Ostblock eine sicherheitspolit. Annäherung zw. den USA und der UdSSR und damit eine grundsätzl. Verbesserung der internat. Beziehungen, die sich u. a. im Abschluss versch. Abrüstungsvereinbarungen äußerte. Diese Entwicklung führte – insbesondere seit der gesellschaftl. Umwälzung in Mittel- und Osteuropa 1989–91/92 – zum Abbau des starren militär. Blockkonfrontation und zum Ende des Kalten Krieges; sie wurde auch zu einer wichtigen Voraussetzung (erfolgreiche Zwei-plus-Vier-Verhandlungen 1990) für die Wiederherstellung der Einheit Deutschlands.

Nach dem Ende der kommunist. Regime in Europa und dem Zerfall der multinat. UdSSR brachen im Zusammenhang mit der Veränderung der polit. Landkarte (Konstituierung neuer unabhängiger Staaten) auch neue bzw. vorher durch die Blockkonfrontation oder Systemzwänge überdeckte zwischenstaatl. Spannungen aus, die z. T. in militär. Auseinandersetzungen mündeten (z. B. auf dem Gebiet des ehem. Jugoslawien, zw. Armenien und Aserbaidschan). Eine wichtige Rolle bei der Konfliktlösung bzw. dem Abbau von Spannungen fiel internat. Zusammenschlüssen wie UNO, EU, NATO und der (1995 aus der KSZE hervorgegangenen) Organisation für Sicherheit und Zusammenarbeit in Europa (OSZE) zu, die sich allerdings erst unter Schwierigkeiten (v. a. hinsichtlich ihres geschlossenen Handelns und der Instrumentarien der Konfliktbeilegung) auf die neuen weltpolit. Herausforderungen einzustellen vermochten. Die langwierige Kontroverse der USA u. a. westl. Staaten mit Russland über eine ›Osterweiterung‹ der NATO offenbarte erneut den hohen Stellenwert sicherheitspolit. Rücksichtnahmen für den weltpolit. Entspannungsprozess.

⇨ *Abrüstung · Friedenssicherung · heißer Draht · INF · Kernwaffensperrvertrag · MBFR · SALT · START · Teststoppabkommen*

U. GÖRTEMAKER: Die unheilige Allianz. Die Gesch. der E.-Politik 1943–1979 (1979); E.-Begriff u. E.-Politik in Ost u. West, Beitrr. v. R. DIRNECKER (1979); R. SEIDELMANN: Die E.-Politik der Bundesrepublik Dtl. Entstehungsursachen, Konzepte u. Perspektiven (1982); H. HAFTENDORN: Sicherheit u. E. Zur Außenpolitik der Bundesrepublik Dtl. 1955–1982 (1983); Zur Lage Europas im globalen Spannungsfeld, hg. v. der Dt. Gesellschaft für Friedens- u. Konfliktforschung (1983); G. WALPUSKI: Verteidigung + E. = Sicherheit (⁵1984); Die Zivilisierung des Konflikts. Auf der Suche nach einem Konzept für die zukünftige Gestaltung des West-Ost-Verhältnisses, hg. v. J. CALLIESS, 2 Bde. (1989–90).

3) *Psychologie:* Zustand gedämpfter Reaktionsbereitschaft während des Wachseins; mit Verlangsamung der Atmung, Absinken der Herzschlagfrequenz und der Muskelspannung (bei oft gleichzeitiger hoher geistiger Konzentration). E. kann durch versch. Techniken (Meditations- und Biofeedbackverfahren, autogenes Training u. a.) herbeigeführt werden. Wegen ihrer Stress abbauenden Wirkung findet sie breite Anwendung v. a. in der Psychotherapie und in der Schmerzbekämpfung (z. B. bei der Geburtshilfe).

Entspannungsübungen, 1) physiotherapeut. Methode zur Lösung muskulärer Spannungen und Verkrampfungen, v. a. durch besondere Formen der Massage und gymnast. Übungen (z. B. Atem-, Lockerungs-, Ausgleichs- und Schwunggymnastik); 2) psychotherapeut. Methode **(Entspannungstherapie)** zur Beseitigung psych. oder psychogener körperl. Spannungszustände, die mit funktionellen Organstörungen verbunden sind (→Entspannung).

Entspannungsversuch, *Werkstoffprüfung:* Verfahren zur Ermittlung der Eigenschaften von Werkstoffen bei erhöhter Temperatur, ähnlich der Bestimmung der Dauerstandfestigkeit. Ein Probestab wird bei festgelegter Temperatur um einen bestimmten Betrag gedehnt. Diese Anfangsverformung wird während des Versuchs konstant gehalten, wobei sich die erforderl. Last infolge des →Kriechens laufend vermindert. Zur Beurteilung der ermittelten Daten wird in einem Diagramm die Spannung über der Zeit aufgetragen. Daraus kann neben dem Entspannungswiderstand auch die Entspannungsgeschwindigkeit oder die Entspannungszeit (d. h. die Zeitspanne, in der der Widerstand auf den Bruchteil $1/e \approx 0,368$ abgesunken ist) abgelesen werden.

Entspiegeln, *techn. Optik:* Form des →Vergütens von opt. Elementen, z. B. in Linsensystemen und von Brillengläsern: erhöht deren Lichtdurchlässigkeit und vermindert störende Reflexe. E. wird meist erreicht durch Aufdampfen niedrig brechender, transparenter, dünner Schichten im Vakuum, z. B. von Magnesiumfluorid auf Frontlinsen vergüteter Kameralinsen. Die Herabsetzung der Reflexion wird durch →Interferenz der an den Schichtgrenzen reflektierten Teilstrahlen bewirkt und bleibt auf einen begrenzten Wellenlängenbereich beschränkt. Um eine optimale Entspiegelung für eine bestimmte Lichtwellenlänge λ zu erreichen, muss die Schichtdicke gleich $\lambda/4$ und die Brechzahl des Schichtmaterials gleich dem Quadrat der Brechzahl des Trägerglases sein.

Entstalinisierung, Schlagwort für die Abkehr von den Herrschaftsmethoden STALINS und einigen seiner ideolog. Maximen (→Stalinismus) in der Sowjetunion und (nachfolgend) in anderen kommunist. Staaten. Nachdem nach STALINS Tod (5. 3. 1953) eine ›stille E.‹ stattgefunden hatte (u. a. Amnestierung polit. Häftlinge, Entmachtung des langjährigen Geheimdienstchefs L. P. BERIJA, Wiederbelebung des Prinzips der kollektiven Führung, ›Tauwetter‹ in der Kulturpolitik, griff N. S. CHRUSCHTSCHOW, seit 1953 Erster Sekr. des ZK der KPdSU, auf dem XX. Parteitag (14.–25. 2. 1956) der KPdSU in einem Geheimreferat die terrorist. Herrschaftsweise STALINS sowie die Umwandlung der Partei zum persönl. Herrschaftsinstrument als Verstoß gegen die Führungsgrundsätze des Marxismus-Leninismus an und forderte innenpolitisch die Beachtung der kollektiven Führung und der ›sozialist. Gesetzlichkeit‹. Entgegen den Vorstellungen STALINS bekannte sich der Parteitag zum Konzept eines ›unterschiedl. Weges zum Sozialismus‹ in den versch. Ländern der Erde sowie zur Möglichkeit einer ›friedl. sozialist. Umgestaltung‹ eines Landes. Mit der These von der ›Vermeidbarkeit von Kriegen‹ legte er die Grundlagen für das außenpolit. Leitprinzip der friedl. →Koexistenz. Unter der parteioffiziellen Formel ›Abbau des Persönlichkeitskultes‹ vertiefte der XXII. Parteitag (17.–31. 10. 1961) die Kritik an der persönl. Diktatur STALINS.

Unter dem Schlagwort eines Kampfes gegen den Dogmatismus diente die E. zugleich zur Kaltstellung

innenpolit. Kritiker CHRUSCHTSCHOWS und seines Kurses (→Sowjetunion, Geschichte). Die E. fand ihren sichtbaren Ausdruck u. a. in der Rehabilitierung von Opfern des stalinist. Terrors, in der Beseitigung von äußeren Zeichen des Personenkults um STALIN (Abriss von Denkmälern, Umbenennung von Städten [z. B. Stalingrad in Wolgograd] und Entfernung seines Leichnams aus dem Leninmausoleum). Die E. griff mit unterschiedl. Intensität auch auf andere Staaten des Ostblocks über. In Polen und Ungarn führte sie zu schweren innenpolit. Krisen bei gleichzeitiger Belastung der Beziehungen zur UdSSR. Mit der E. begann in der kommunist. Weltbewegung die Diskussion um einen ›Polyzentrismus‹ wie auch der Konflikt zw. der sowjet. und chin. KP-Führung. – Nach dem Sturz CHRUSCHTSCHOWS (1964) wurde die E. unter L. I. BRESCHNEW abgebrochen (teilweise Rehabilitierung STALINS; so genannter Neostalinismus). Erst nach dem Machtantritt M. S. GORBATSCHOWS (1985) begann eine zweite Etappe der E. (Einleitung einer umfassenden Rehabilitierung stalinist. Opfer, krit. Auseinandersetzung mit den gesellschaftl. Folgen des Stalinismus, polit. Reformen). – Durch die gesellschaftl. Umwälzung in Mittel- und Osteuropa (1989–91/92) wurden dort die vorhandenen stalinist. Strukturen abgebaut (u. a. Abschaffung des Machtmonopols der KP, Auflösung der kommunist. Geheimdienste) und eine Demokratisierung sowie der Übergang zur Marktwirtschaft eingeleitet, ein Prozess, der nach dem Zerfall des Vielvölkerstaates UdSSR auch in Russland und den anderen selbstständig gewordenen Republiken der ›Gemeinschaft Unabhängiger Staaten allmählich einsetzte, wo er sich mit schweren innergesellschaftl. Auseinandersetzungen und Nationalitätenkonflikten verband.

Literatur →Sowjetunion.

Entstaubungsverfahren, 1) *Bergbau:* Verfahren zur Entfernung des Schwebestaubes (Gesteinsstaub unter 10 μm) aus den Wettern von Grubenbauen direkt durch Wasservordüsung oder durch Absaugen über Filter an Vortriebsmaschinen, Haufwerkübergaben und in Steinkohlenstreben.

2) *Kraftwerkstechnik:* Verfahren zur Abscheidung von Stäuben aus Gasen, um eine Umweltbelastung z. B. durch Kohle- oder Zementstaub zu vermeiden. E. gehören neben der Rauchgasentschwefelung zu den als ›sekundär‹ bezeichneten Techniken zur →Luftreinhaltung, durch die nicht das Entstehen schädl. Substanzen, sondern die Verminderung der unmittelbar sichtbaren Auswirkungen erreicht wird. Daneben helfen E., Apparate und Maschinen vor Staub zu schützen und wertvolle Produkte zurückzugewinnen. E. arbeiten nach physikal. Abscheideprinzipien; man unterscheidet: Fliehkraftentstauber (z. B. Zyklon), nass arbeitende Abscheider (z. B. Venturi-Wäscher), Elektroentstauber (→Elektrofilter) und filternde Abscheider (z. B. Gewebefilter aus Glasfasermaterial) mit Rückspülabreinigung, die sich bes. zur Abscheidung von Feinstäuben (Staubteilchendurchmesser unter 0,1 μm) eignen und daher v. a. bei Kohlekraftwerken eingesetzt werden.

Entstehungsrechnung, in der volkswirtschaftl. Gesamtrechnung Bez. für die Sozialproduktberechnung in Form der Zusammenfassung der Beiträge der einzelnen Wirtschaftsbereiche zum Bruttoinlandsprodukt. Diese Beiträge werden zumeist als Differenz von Bruttoproduktionswert und Vorleistungen ermittelt, können jedoch auch über die Aufwandsseite bestimmt werden (Addition von Löhnen, Gehältern, Abschreibungen sowie Produktionssteuern minus Subventionen).

Entstickung, →Rauchgasentstickung.

Entstörung, zusammenfassende Bez. für alle Maßnahmen zur Vermeidung und Beseitigung unerwünschter elektr. Beeinflussungen bei elektr. Geräten und Anlagen. Bes. anfällig sind die mit geringen Leistungen betriebenen Fernmeldeanlagen gegenüber Störungen durch Anlagen der Energietechnik (Starkstromanlagen, Haushaltsgeräte u. a.). Die Maßnahmen zur E. umfassen bei leitungsgebundenen Störungen in erster Linie den Einsatz von elektr. Filtern (**Entstörfilter**, →Filter), bei leitungsungebundenen Störungen die Verwendung metall. Hüllen zur →Abschirmung. Die **Kraftfahrzeug-E.** umfasst die Gesamtheit aller Maßnahmen an der elektr. Anlage eines Kfz zur Verhinderung oder Abschwächung von Zünd- und anderen Kontaktfunkenstörungen (neben der Zündanlage auch von Lüfter- und Scheibenwischermotoren, Lichtmaschine u. a.) gegenüber der Rundfunkanlage im Kfz. In jedem Kfz befindet sich außerdem serienmäßig eine Fern-E. zur Verhinderung von Störwirkungen auf fremde Empfangsanlagen. Zum Rundfunkempfang im einzelnen Kfz ist zusätzlich eine Nah- oder Eigen-E. erforderlich. (→Funkentstörung)

Entstrahlung, →Dekontamination.

Entsündigung, Befreiung von Sünde, die je nach Sündenverständnis mit versch. Mitteln herbeigeführt wird. Wenn die Sünde materiell gedacht wird, gibt es E.-Riten, deren Anwendung zur Unheilsabwehr und -bannung (z. B. durch Licht, Feuer, Amulette, Fetische) vorbeugend (apotropäische Riten) oder zur Reinigung von Befleckung (kathart. Riten; z. B. Waschungen, Räucherungen, Fasten, Durchschreiten von Feuer) erfolgen kann. Bekannt ist die Übertragung der Sünde auf einen Sündenbock, die vornehmlich bei kollektiver Verschuldung üblich war. Das Verständnis von Sünde als dämon. Besessenheit erfordert Riten zur Austreibung der Dämonen. In Religionen, die Sünde als Vergehen gegen eine Gottheit verstehen, sind Gebet, Opfer, Beichte, Bußübungen sowie Askese Mittel der Entsündigung.

Enttäuschung, *Psychologie:* →Frustration.

Enttrübung, Maßnahme gegen den →Antenneneffekt eines Peilrahmens; sie wird bewirkt durch eine Gegenspannung, die man phasenrichtig einer unabgestimmten Vertikalantenne entnimmt. Die Peilrichtung ist nach der E. genauer erkennbar. – Wetterstörungen können auch eine E. des Radarbildes erfordern; durch Differenziation aller Echoimpulse im Videoverstärker lassen sich die Wetterechoimpulse, die sich als milchiger Schleier bemerkbar machen, unterdrücken.

Entwässerung, 1) *Aufbereitung, Chemie:* Festflüssig-Trennung einer Suspension durch mechan. (→Sedimentation, →Filtration) und therm. (→Trocknung, →Calcinieren, →Exsikkator) Verfahren.

2) *Landtechnik, Erdbau:* **Boden-E.,** Ableitung des Wasserüberschusses im Boden durch Gräben oder unterirdisch verlegte Dränröhren (→Dränung). Im Erdbau erfolgt sie zur Vermeidung von Frostschäden und Ausspülungen durch Grund-, Schicht- und eingesickertes Oberflächenwasser.

3) *Medizin:* die Ausschwemmung von überschüssigem Wasser aus Geweben und Körperhöhlen (z. B. Bauchhöhle, Herzbeutel), bei →Wassersucht durch therapeut. und diätet. Maßnahmen, v. a. Stärkung der Herzmuskelkraft (Strophantin- oder Digitalispräparate), Einschränkung der Flüssigkeits- und Kochsalzaufnahme und Anwendung harntreibender Mittel.

4) *Umwelttechnik:* 1) Abführung von Abwässern aus Haushalt und Industrie und deren Ableitung in der →Kanalisation; 2) bei der Klärschlamm-E. die Reduzierung des Wassergehalts von →Klärschlamm; 3) die kontrollierte Sammlung und Ableitung des Deponiesickerwassers u. a. bei der Mülldeponierung anfallender Abwässer.

Entweichgeschwindigkeit, *Astronomie, Raumfahrt:* die →Fluchtgeschwindigkeit.

Entweihung, Entheiligung, *kath. Kirchenrecht:* ein Vorgang, der einer Kirche den Weihecharakter

entzieht; entweder für immer (früher Exsecratio genannt) durch Zerstörung oder vom Bischof angeordnete Beseitigung der kirchl. Zweckbestimmung (Profanierung) oder zeitweilig durch Schändung (Violatio; z. B. durch Mord), die durch einen Bußritus gesühnt werden muss (cc. 1211, 1211, 1212, 1222 CIC).

Entwendung, bis 31. 12. 1994 nach Art. 138 schweizer. StGB Straftatbestand, den beging, wer jemandem aus Not, Leichtsinn oder zur Befriedigung eines fremde, bewegl. Sache von geringem Wert wegnahm. Im Zuge der Neufassung des Vermögensstrafrechts im schweizer. StGB ist Art. 138 zum 1. 1. 1995 weggefallen. Die von der aufgehobenen Norm erfassten Handlungen unterliegen der allgemeinen Diebstahlsregelung. Die Geringwertigkeit der Rechtsgutverletzung soll im Strafrahmen berücksichtigt werden.

Entwesung, Desinsektion, Desinfestation, Bekämpfung von krankheitsübertragenden Schädlingen (Läuse, Flöhe, Fliegen, Milben, Mäuse, Ratten) sowie Vernichtung von Vorratsschädlingen (z. B. Kornkäfer, Mehlmotte), Pflanzenschädlingen, Wohnungsungeziefer (Wanzen, Schaben, Pharaoameisen) und Materialschädlingen (Motten, Hausbock u. a.). Insekten werden durch Kontakt- und Fraßgifte sowie →Repellentien oder auch Fliegenfänger erfolgreich bekämpft, in abgeschlossenen Räumen auch durch Begasung mit Blausäure, unter Berücksichtigung der Sicherheitsbestimmungen im Umgang mit dem auch für den Menschen lebensgefährl. Stoff. E. kann für sich allein oder mit einer →Desinfektion nach dem Bundesseuchengesetz angeordnet werden, wenn übertragbare Krankheiten in epidem. Form auftreten. Vom Bundesgesundheitsamt wird gemäß Bundesseuchengesetz laufend eine Liste geprüfter und anerkannter **E.-Mittel** herausgegeben; die Einteilung erfolgt nach Wirkungsweise sowie Aufbereitungs- und Anwendungsform. Mittel zur Bekämpfung von Ratten u. a. Nagern unterliegen dem Pflanzenschutzgesetz. (→Entlausung, →Schädlingsbekämpfung)

Entwickler, Bez. für Chemikalien zur Sichtbarmachung **(Entwicklung)** der in fotograf. Schichten durch Belichtung erzeugten latenten fotograf. Bilder, d. h. zur Reduktion des belichteten Silberhalogenids zu metall. Silber. Sie werden in wässriger Lösung oder in Sprayform angewendet und enthalten 1) die eigentl. reduzierenden organ. E.-Substanzen (z. B. Hydrochinon, Paraphenylendiaminderivate), deren Oxidationsprodukte bei der Colorentwicklung außerdem mit den Farbkupplern der Schichten zu den entsprechenden Farbstoffen reagieren, 2) Alkalien als Beschleuniger und zur Neutralisation der Halogenidionen, 3) Antischleiermittel (Benztriazol, Nitrobenzimidazol) und 4) Sauerstoffkonservierungsmittel. (→Fotografie)

Entwicklung, 1) *Biologie:* Prozess der Ausdifferenzierung und Entfaltung der Lebewesen, wobei die endgültige Gestalt eines Organismus gleichermaßen das Ergebnis der Individual-E. als auch der Stammes-E. (→Evolution, →Abstammungslehre) ist. Während die **E.-Geschichte (Biogenie, E.-Morphologie)** den Ablauf der Einzel-E. versch. Organismen oder -gruppen durch morpholog. Untersuchungen beschreibt und vergleicht, versucht die **E.-Physiologie (E.-Mechanik, kausale Morphologie)** die Entstehung eines E.-Stadiums aus dem vorhergehenden kausal zu erklären und so zu Gesetzen der Formbildung der Lebewesen zu gelangen. Ihr Mittel ist der in den E.-Ablauf verändernd eingreifende Versuch. Die Ergebnisse der vergleichenden E.-Geschichte und der E.-Physiologie werden verbunden, um den E.-Typ der versch. Organismen zu kennzeichnen und den Bau- und Funktionsplan der Pflanzen- und Tierstämme sowie des Menschen zu erkennen.

Grundlegende Phänomene der E.-Prozesse sind die Zellvermehrung (bei allen mehrzelligen Organismen), die Zelldifferenzierung, d. h. die verschiedenartige Ausgestaltung von Zellen hinsichtlich ihrer molekularen Zusammensetzung und Funktion (→Differenzierung), und die Regulation, die sowohl die zur Zell- und Organdifferenzierung nötigen Regulationsprozesse umfasst als auch die Fähigkeit eines Teilkeims, mehr hervorzubringen, als seinem normalen Anteil an der Embryonal-E. entspricht (im Extremfall einen vollständigen Embryo); auch bei der Regeneration verloren gegangener Organe oder Körperteile (z. B. Extremitäten beim Molch) spielen Regulationsprozesse eine wichtige Rolle. Ein weiterer grundlegender Prozess ist die Regression, d. h. die Rückbildung von Zellen oder Organen (z. B. der →Embryonalorgane) oder deren Teilen, die in bestimmten Fällen sogar unerlässlich für die weitere E. ist. Bei Tieren sind Zellwanderung oder Umlagerung von Zellgruppen eine Grundvoraussetzung für die E. der Körpergestalt. Jeder E.-Prozess ist mit Wachstum verbunden, sei es durch Zellvergrößerung (bei Einzellern die einzige Form des Wachstums) oder durch Zellvermehrung. Während bei Tieren i. d. R. das Wachstum auf bestimmte E.-Stadien beschränkt ist (z. B. beim Menschen und den meisten Tieren hört das Wachstum kurz nach der Geschlechtsreife auf), kann das Wachstum bei Pflanzen bis zu ihrem Tod dauern, da zeitlebens embryonale (wachstumsfähige) Zellen in den Vegetationspunkten vorhanden sind.

Mensch und *Tiere:* Die **Individual-E.** beginnt (außer bei Einzellern sowie bei →Jungfernzeugung u. a. Formen der ungeschlechtl. Vermehrung) mit der Befruchtung der Eizelle. Sie durchläuft bis zum Tod des Individuums mehrere Stadien: Embryonalstadium, Jugendstadium, Adult- oder Reifestadium und i. d. R. ein Altersstadium (Seneszenz).

Die **Embryonal-E.** einer befruchteten Eizelle beginnt mit der Zerteilung des Plasmas in Zellen (Furchung); meist bildet sich zunächst ein Zellhaufen, die Morula. Alsbald entstehen im Keiminnern Lücken, die zu einer flüssigkeitsgefüllten Höhlung verschmelzen (Furchungshöhle, Blastozöl). Die Zellen (Furchungszellen, Blastomeren) ordnen sich zu einem einschichtigen Verband an der Oberfläche der Hohlkugel (Blasenkeim, Blastula), oder sie umschließen den Dotter als Keimhaut (Blastoderm, Periblastem). Zum Schutz und zur Ernährung des Embryos können blutgefäßführende Hüllen (Embryonalorgane) entwickelt sein.

Die E. der Körpergrundgestalt: Bei dotterärmeren Eiern entsteht aus der Blastula durch Einstülpung (Invagination, Gastrulation) die zweischichtige Gastrula (Becherkeim, Becherlarve) mit einer Öffnung (Urmund, Blastoporus), durch die der neue Hohlraum (Urdarm) mit der Außenwelt in Verbindung steht; die beiden Zelllagen sind die primären Keimblätter: äußeres Keimblatt (Ektoderm, Ektoblastem, Ektoblast) und inneres Keimblatt (Entoderm, Entoblastem, Entoblast); aus Letzterem entsteht später noch ein drittes, mittleres Keimblatt (Mesoderm, Mesoblastem, Mesoblast) in zwei Ausformungen. Die Keimblätter enthalten die Anlage der späteren Organe. Aus dem Ektoderm entstehen Haut, Nervensystem, Sinnesorgane, aus dem Entoderm der Darm, aus dem Mesoderm Leibeshöhle, Muskulatur, Bindegewebe, Skelett, Nieren und Geschlechtsorgane. Beim Frosch z. B. entspricht der Urmund dem späteren After, die Basis des Urdarms wird Darm, der Mund stößt am blinden

Ende des Urdarms durch. Mit der Auffaltung der Rückenplatte zum Medullarrohr (Gehirn und Nervenrohr), der Abgliederung der Chorda (Grundlage der Wirbelsäule) und der Umgestaltung des Mesoderms zu Ursegmenten (Muskelanlagen) ist im Wesentlichen die Körpergrundgestalt des Wirbeltieres erreicht.

Bei dotterreichen Eiern (beim Menschen ist der Dotter infolge der Eiernährung im Uterus durch Flüssigkeit ersetzt) endet die Furchung in einer Keimscheibe, die z. B. beim Huhn auf dem Dotter schwimmt (›Hahnentritt‹) und ihn umwächst; aus ihr geht die Körpergrundgestalt hervor, indem Kopf-, Rumpf- und Schwanzmerkmale sich ausbilden; die Dottermasse wird dabei langsam verbraucht.

Die einzelnen Organe formen sich durch örtl. Faltungen, Invagination und Delamination, und ihre Zellen differenzieren sich für die zu leistende Funktion. Das **Jugendstadium** kann bereits manche Züge des Erwachsenen tragen und diese durch allmähl. Umformung weiterbilden (**direkte E.;** z. B. bei Wirbeltieren); es kann auch maskiert als ›Larve‹ verbracht werden, oft unter anderen Lebensumständen als für den späteren Organismus (**indirekte E.;** holometabole Insekten und Froschlurche).

Das **Reifestadium** zeichnet sich durch die Geschlechtsreife oder die Bereitschaft zu ungeschlechtl. Fortpflanzung aus. Es können einzelne Generationen mit unterschiedl. Fortpflanzungsweisen aufeinander folgen (→Generationswechsel). Bei Schmarotzern ist damit häufig ein Wirtswechsel verbunden, z. B. beim Erreger der Malaria (Entwicklungszyklus). Dem Tod des Individuums geht i. d. R. ein **Altersstadium (Seneszenz)** voraus, das durch degenerative Veränderungen und Funktionsverluste gekennzeichnet ist.

Auch bei den *Pflanzen* kann die Individual-E. in mehrere Stadien eingeteilt werden. Bei den Samenpflanzen werden vier Stadien unterschieden: eine embryonale Phase, eine unselbstständige vegetative Phase, in der der Keimling noch von den Reservestoffen der Mutterpflanze lebt, eine selbstständige vegetative Phase, in der die junge Pflanze selbstständig assimiliert, und eine reproduktive Phase, die der Fortpflanzung dient. Bei den niederen Pflanzen (Algen, Moose, Farne) folgt auf ein kurzes, embryonales Keimstadium direkt die selbstständige vegetative Phase, die dann in die Reproduktionsphase übergeht.

Bei Samenpflanzen wächst die befruchtete Eizelle in der Embryonal-E. zu einem wenigzelligen, fadenartigen Gebilde aus, dem Proembryo. Der eigentl. Embryo wird später nur von der Spitzenzelle (Apikalzelle) dieses Proembryos hervorgebracht. Seine übrigen Zellen bilden den Embryoträger (Suspensor), der den Embryo tiefer in das Nährgewebe (Endosperm) hineinschiebt.

Die E. des eigentl. Embryos beginnt mit der Bildung von Längswänden in der Apikalzelle des Proembryos; sie teilt sich wiederholt und schwillt dabei kugelig an (Embryonalkugel). Die Sprossanlage leitet sich von den vier endständigen Zellen des Achtzellenstadiums ab und bildet den Hauptteil des Embryos. Durch weitere Teilungen bauen sich aus ihm die Keimblätter (Kotyledonen) auf. Aus einem kleinen Zellbezirk, bei zweikeimblättrigen Pflanzen zw. den Keimblättern, geht der Sprossvegetationspunkt für die Entwicklung der Körpergrundgestalt hervor. Die basalen vier Zellen des Achtzellenstadiums lassen die Wurzelanlage entstehen. Nahe dem Ende dieser Anlage liegt der Vegetationspunkt der Wurzel.

Die Ausbildung der Grundorgane wird nach der Samenkeimung in den Jugendstadien fortgesetzt. Auch ihre Formung ist stets von Wachstumsvorgängen begleitet. Blätter und Blüten werden in bestimmten Zeitrhythmen ununterbrochen, auch während des ganzen Reifestadiums, neu gebildet. Während jedoch die E.

Entwicklung 1): Schematische Darstellung der Embryoentwicklung bei zweikeimblättrigen Pflanzen; 1–3 Frühe Teilungsstadien; 4–7 Ausbildung eines Köpfchens an dem Suspensor; 8 Älterer Embryo, a die beiden Keimblattanlagen, b Sprossvegetationspunkt, c Wurzelvegetationspunkt

des Embryos durch Furchungsteilungen geschieht, finden in den embryonalen Geweben (Meristeme) der Vegetationspunkte normale Zellteilungen mit anschließendem Zellwachstum statt. Die Formwandlungen der Pflanzen können mit Generationswechsel verbunden sein, z. B. bei Farnen und Moosen.
⇨ *Altern · Embryo · Furchung · Regulation · Wachstum*

2) *Fotografie:* →Entwickler.

3) *Philosophie:* Auswicklung, Entfaltung und Ausgestaltung des im Grunde einer Einheit Eingefalteten, z. B. als Entfaltung eines Gedankens, einer Vorstellung, einer Definition oder auch des Lebendigen, z. B. einer Pflanze aus dem Samen. In diesem Sinne wurde in der Naturphilosophie E. der Natur aufgefasst als stufenförmiges Entstehen aller Materie und allen Lebens in ihrer Komplexität, einschließlich des Menschen als Vollendung, aus einem urspr. gegebenen einfachen Urzustand. Bezogen auf den Menschen bezeichnet E. die Entfaltung der Anlagen, die in der Seele eines Individuums unentwickelt vorhanden sind. In der Geschichte beschreibt der Begriff E. das Streben nach Vervollkommnung des Menschen und einer fortschreitenden Verbesserung seiner Lebensbedingungen; stets zu Neuem führend richtet sich E. auf ein in der Zukunft liegendes Ziel. Die Aufklärung und der dt. Idealismus sahen Weg und Ziel der E., ausgehend vom vernunftlosen, aber vernunftbegabten und autoritätsabhängigen Menschen, darin, dass das Leben des einzelnen Menschen und der Gang der Geschichte zunehmend von der Vernunft bestimmt werde. G. W. F. HEGEL führte den Gedanken der dialekt. E. des Geistes ein, der, durch den Widerspruch getrieben, aus einer Einheit durch Entäußerung in Natur und Geschichte in seine Differenzierung, sein Anderssein übergehe und damit in Stufen des Bewusstseins zu sich komme. Mit dem Begriff der E. ist der Begriff der Freiheit eng verbunden.

4) *Politik* und *Wirtschaft:* Aufbau, Ausbau und Auslastung des gesamtwirtschaftl. Produktionspotenzials zur Versorgung der Bev. mit Gütern und Dienstleistungen im Rahmen einer sozialen und polit. Ordnung, die Menschen- und Bürgerrechten sowie anderen Grundwerten wie Freiheit, sozialer Gerechtigkeit, innerem und äußerem Frieden verpflichtet ist, in nat. Unabhängigkeit das kulturelle Erbe bewahrt und die natürl. Lebensgrundlagen schützt. Der Begriff E. hat somit eine wirtschaftl., eine soziale und eine polit. Dimension und kann sowohl im Sinne eines zeitpunktbezogenen E.-Standes als auch eines zeitraumbezogenen E.-Prozesses verstanden werden.

Im engen volkswirtschaftl. Sinn wird E. als Synonym für wirtschaftl. Wachstum angesehen, als Anstieg des Sozialprodukts oder des Pro-Kopf-Einkommens bei möglichst hoher Auslastung des Produktionspotenzials mit dem Ergebnis, dass sich der materielle Wohlstand, das Versorgungsniveau der Bev., verbessert. In einem zweiten Schritt wird E. als Verbesserung objektiv feststellbarer Lebensbedingungen verstanden, wozu neben dem materiellen Lebensstandard (z. B. Befriedigung der Grundbedürfnisse Ernährung, Unterkunft, Bekleidung) auch soziale Indikatoren zählen (z. B. Arbeitsbedingungen, individuelle Freiheit, soziale Sicherheit) und Verteilungsaspekte (z. B. Einkommensverteilung, Bereitstellung öffentl. Güter und Infrastruktur) einbezogen werden. In den letzten Jahren wurde der vom E.-Programm der UNO (→UNDP) konzipierte Index der menschl. E. (→Human Development Index) zu einem Maßstab für den wirtschaftlich-sozialen Entwicklungsstand eines Landes. Bewertet werden Lebensdauer, Bildungs- und Einkommensniveau als Voraussetzung menschl. E.-Chancen. Als Indikatoren für wirtschaftl. Wohlstand und soziale E. gelangen darüber hinaus zu-

nehmend u. a. Aussagen über Armut, Gesundheit, Situation der Frauen, Rohstoff- und Energieverbrauch, Demografie und Trends der wirtschaftl. Leistung in den Mittelpunkt des Interesses. Als Ziel der E. wird nunmehr über die Einkommenssteigerung hinaus das menschl. Wohlergehen verstanden, u. a. erfordert, den erwirtschafteten Wohlstand mehr als bisher zielgerichtet für die menschl. E. einzusetzen.

Das in den westl. Industriestaaten bisher praktizierte, v. a. auf wirtschaftl. Wachstum ausgerichtete Lebens- und Entwicklungsmodell ist an seine Grenzen gestoßen und droht die Regenerationsfähigkeit der Erde zu erschöpfen. Insofern sind in den letzten Jahren zunehmend ökolog. Fragen in die Begriffs- und Zielbestimmung von E. aufgenommen und Konzepte einer umweltverträgl. E. (→nachhaltige Entwicklung) vorgelegt worden.
⇨ *Entwicklungshilfe · Entwicklungspolitik · Fortschritt · Wachstum · Wohlstand*

5) *Psychologie:* die gerichtete, zeitlich geordnete und in sich zusammenhängende Abfolge von Veränderungen im Verhalten des Menschen. Diese Veränderungen können in funktioneller (z. B. in Form des Auftretens neuer oder des Verschwindens bereits ausgebildeter Verhaltensfunktionen), in organisator. (z. B. in Form der Koordination oder der Verselbstständigung einzelner Verhaltensfunktionen) oder in struktureller Hinsicht (z. B. durch den Auf- bzw. Abbau übergeordneter verhaltensregulierender Systeme) erfolgen. Aussagen über die steuernden und regulierenden Faktoren des E.-Prozesses versuchen die **E.-Theorien** zu machen. Dabei sind zwei gegensätzl. Auffassungen zu unterscheiden: →Nativismus und →Empirismus. In ihrer extremen Ausprägung sind beide Auffassungen jedoch widerlegt: Man weiß vielmehr, dass E. immer das Ergebnis einer Wechselwirkung von Genetik und Sozialisation, von Anlage- und Umweltfaktoren sowie von Reifungs- und Lernprozessen ist (Konvergenztheorie von L. W. STERN).

Entwicklungsachsen, Bez. in Raumordnung und Regionalpolitik für die durch großräumige Verkehrs- und Kommunikationswege geschaffenen Möglichkeiten der wirtschaftl. Entwicklung. Das Konzept der E. führt zu bandartigen Strukturen von Siedlungen und Unternehmensstandorten im Unterschied zu zentralen Orten, Wachstumspolen und anderen regionalen Entwicklungskonzepten.

Entwicklungsalter, Abk. **EA,** der durch Tests festgestellte Entwicklungsstand eines Individuums, bezogen auf das Durchschnittsniveau seiner Altersgruppe (→Entwicklungsphasen).

Entwicklungsbanken, Spezialbanken zur Finanzierung privater und öffentl. Entwicklungsprojekte sowie von Investitionen privater Unternehmen in Entwicklungs- und Transformationsländern, meist in Verbindung mit Entwicklungsfonds (z. B. Europ. Entwicklungsfonds). Die Tätigkeit der E. umfasst auch die Beratung und Unterstützung der Investoren bei Projektplanung, -durchführung und -evaluierung. Zu unterscheiden sind **supranationale E.** (z. B. Weltbank, Internat. Entwicklungsorganisation, Internat. Finanz-Corporation, Multilaterale Investitions-Garantie-Agentur, Europ. Investitionsbank), **regionale E.** für die Finanzierung von Projekten und Programmen

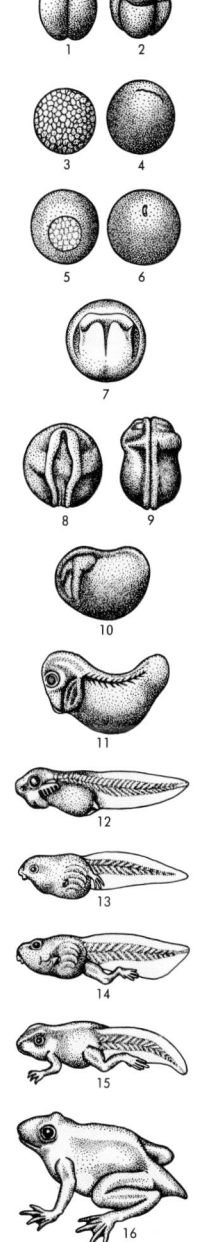

Entwicklung 1): Schematische Darstellung der Entwicklungsstadien des Grasfroschs; 1 und 2 Zwei- und Achtzellenstadium (punktiert Pigment); 3 Morula; 4 beginnende Gastrula mit Urmundspalt (schwarz); 5 und 6 Gastrula mit Dotterpfropf; 7 Ausbildung der Medullarplatte (Anlage von Hirn und Rückenmark); 8 und 9 Neurula (Rückenansicht); 10 Neurula (Seitenansicht); 11 Embryo mit Anlagen der Augen; 12 Junge Larve mit äußeren Kiemen und Schwanzflosse; 13 Einziehen der äußeren Kiemen, Haftorgane in Rückbildung; 14 Ausgewachsene Kaulquappe mit langen Hinterbeinen, Vorderbeine unter dem Kiemendeckel verborgen; 15 Umgestaltung von Kopf und Rumpf, Durchtritt der Vorderbeine durch verdünnte Stellen der Kiemendeckel nach außen, Abbau von Kiemen und Ruderschwanz; 16 Junger Frosch

in bestimmten Regionen (Asiat. E., Afrikan. E., Osteuropabank) und **nationale E.** in Entwicklungs- und Industrieländern (z. B. DEG – Dt. Investitions- und Entwicklungsgesellschaft mbH).

Entwicklungsbeschleunigung, *Medizin* und *Psychologie:* →Akzeleration.

Entwicklungsdekade, von der UNO seit 1961 jeweils für das folgende Jahrzehnt proklamierte, mit einer Dekadenstrategie eingeleitete und mit Beurteilungen (Pearson- und Brandt-Bericht) abgeschlossene 10-Jahres-Periode der internat. Entwicklung. Die erste E. wurde 1961 proklamiert, die zweite umfasste die 70er-, die dritte die 80er-Jahre. Gegenwärtig läuft die im Dezember 1990 von der Generalversammlung der UNO beschlossene vierte E. Während in den ersten beiden E. vorwiegend Zieldaten für das Wirtschaftswachstum der Entwicklungsländer (z. B. Steigerungsraten von Bruttosozialprodukt, Pro-Kopf-Einkommen, Industrie- und Agrarproduktion, Handel) und die öffentl. Entwicklungshilfe fixiert wurden, werden seit der dritten E. auch messbare Globalziele zur Verbesserung der Lebensbedingungen (Erhöhung der Lebenserwartung, Bekämpfung von Krankheiten, Kindersterblichkeit, Armut, Unterernährung, Analphabetismus u. a.) bestimmt. Aufgrund der Vernachlässigung des notwendigen Eigenbeitrags der Entwicklungsländer (z. B. Strukturreformen, Zweckbindung der Entwicklungshilfe), des unverbindl. Charakters der verkündeten Ziele und des Fortbestehens der ungerechten Weltwirtschafts- und Welthandelsstrukturen zeitigten die Dekadenstrategien bisher nur unbefriedigende Ergebnisse.

Entwicklungseffekte, →fotografische Effekte.

Entwicklungsfarbstoffe, →Farbstoffe.

Entwicklungsgemeinschaft des südlichen Afrika, →Südafrikanische Entwicklungsgemeinschaft.

Entwicklungsgeschichte, →Entwicklung.

Entwicklungshelfer: Entsendung und Vermittlung von Fachkräften in der deutschen Entwicklungszusammenarbeit	
Entwicklungshelfer (1994)	**Entwicklungsexperten** (1993)
Arbeitsgemeinschaft für Entwicklungshilfe e.V. 305	Entsandte Fachkräfte .... 2 197 davon Deutsche Gesellschaft
Deutscher Entwicklungsdienst 1 005	für Technische Zusammen-
Dienste in Übersee e.V. 288	arbeit (GTZ) GmbH 1 414
Eirene 20	Politische Stiftungen 342
Weltfriedensdienst e.V. 11	Consulting-Unternehmen 322
Christliche Fachkräfte	Sonstige 119
International e.V. 40	Integrierte Fachkräfte 745
insgesamt **1 669**	**insgesamt** **2 942**

Entwicklungshelfer, in Dtl. nach dem E.-Gesetz vom 18. 6. 1969 eine Person mit abgeschlossener Berufsausbildung und Berufserfahrung, die in Entwicklungsländern ohne Erwerbsabsicht Dienst leistet, um zum Fortschritt dieser Länder beizutragen. Der E. erhält während seines **Entwicklungsdienstes** kein Entgelt für geleistete Dienste, sondern aufgrund eines mindestens zweijährigen Entwicklungsdienstvertrages umfassende Unterhaltsleistung (u. a. Unterhaltsgeld, Sachleistungen, Reisekostenerstattung, Wiedereingliederungsbeihilfe, Sozialversicherungsleistungen). Nach zwei Jahren Entwicklungsdienst brauchen Wehrpflichtige keinen Grundwehrdienst (§ 13 b Wehrpflicht-Ges.) und Kriegsdienstverweigerer keinen Zivildienst (§ 14 a Zivildienst-Ges.) mehr zu leisten. E. werden in Dtl. von sechs Trägerorganisationen entsandt, die seit 1993 in der **Arbeitsgemeinschaft der Entwicklungsdienste e. V.** (Abk. **AGdD**) zusammengeschlossen sind. Sie arbeiten weiterhin auch im →Arbeitskreis Lernen und Helfen in Übersee e. V. zusam-

men, der eine gemeinsame Beratungs- und Anmeldestelle unterhält. In *Österreich* gibt es nur nichtstaatl. Entwicklungsdienste. E. werden vom Österr. Entwicklungsdienst (ÖED) und vom Inst. für Internat. Zusammenarbeit (IIZ) entsandt. In der *Schweiz* sind neben den staatl. auch zahlr. private Institutionen in der Entwicklungszusammenarbeit tätig. Die Hilfswerke Swissaid, Fastenopfer, Brot für alle, Helvetas und Caritas haben sich 1971 in einer Arbeitsgemeinschaft zusammengeschlossen. International wichtige Entwicklungsdienste sind das US-amerikan. ›Peace Corps‹ und der dem UNDP angegliederte Freiwilligendienst der Vereinten Nationen (›United Nations Volunteers‹).

Von E. zu unterscheiden sind die **Entwicklungsexperten** als bezahlte Fachkräfte mit langjähriger Berufserfahrung. Sie arbeiten entweder als fachl. Berater in Projekten oder Programmen der staatl. Techn. Zusammenarbeit und werden von Organisationen in Dtl. (v. a. Dt. Gesellschaft für Techn. Zusammenarbeit GmbH, polit. Stiftungen, Consulting-Unternehmen) entsandt (›entsandte Experten‹), oder sie schließen unmittelbar mit einer öffentl. oder privaten Organisation in den Entwicklungsländern einen Arbeitsvertrag ab (›integrierte Experten‹) und erhalten zusätzlich einen Gehaltszuschuss durch eine dt. Organisation (v. a. Centrum für Internat. Migration, CIM). Staatl. und private Organisationen in Österreich und in der Schweiz entsenden ebenfalls Entwicklungsexperten.

Entwicklungshilfe, Bez. für internat. Entwicklungspolitik i. e. S., allgemein alle Übertragungen von Kapital und Wissen in Entwicklungsländer. Nach Definition der internat. E.-Organisationen gehören nur solche Übertragungen zur E., die ein Element der Vergünstigung enthalten. Aus psycholog. Erwägungen und weil die Übertragungen auch für die Geberländer vorteilhaft sind, wird häufig das Element der Hilfe nicht erwähnt, stattdessen wird von **Entwicklungszusammenarbeit** oder **wirtschaftlicher Zusammenarbeit** gesprochen: finanzielle Zusammenarbeit statt Kapitalhilfe, techn. Zusammenarbeit statt techn. Hilfe. Die Bedürfnisse der Entwicklungsländer beziehen sich v. a. auf Beratungshilfe und techn. Hilfe, auf ihre Beteiligung am internat. Warenaustausch (Handelshilfe), auf finanzielle Unterstützungsmaßnahmen (Kapitalhilfen) sowie auf Nahrungsmittelhilfe und humanitäre Hilfe in Notsituationen (z. B. Erdbeben, Dürrekatastrophen).

Im Mittelpunkt der E. steht v. a. die staatl. Hilfe der Mitgl. des →Development Assistance Committee (DAC) der OECD. Nach der Definition des DAC werden die direkten oder indirekten Übertragungen an Entwicklungsländer als E. bezeichnet, die aus öffentl. Mitteln stammen (Official Development Aid bzw. Official Development Assistance, Abk. ODA), die Förderung der wirtschaftl. Fortschritts und der Wohlfahrt der Entwicklungsländer zum Ziel haben und ein Zuschusselement (engl. grant element) von mindestens 25 % aufweisen. D. h., private Investitionen, E.-Kredite, Militärhilfe und Exportkredite werden nicht zur E. gezählt. Insoweit der Staat an solchen Transfers beteiligt ist, werden sie als sonstige öffentl. Leistungen (Other Official Flows, Abk. OOF) ausgewiesen. Direktinvestitionen an Unternehmen in Entwicklungsländern, private, nichtkommerzielle Übertragungen an Entwicklungsländer durch polit. Stiftungen oder Leistungen der Kirchen (kirchl. E.) sind private E. Die private E. von gemeinnützigen Nichtregierungsorganisationen wird in den DAC-Statistiken seit 1970 gesondert erfasst.

Das DAC weist die E. nach dem Nettokonzept aus (engl. net flow), d. h., von den Bruttoauszahlungen werden die Tilgungszahlungen der Empfängerländer für ausstehende Kredite abgezogen. Die Entwicklungsländer fordern, dass auch die Zinszahlungen berücksichtigt werden (engl. net transfer); dadurch würden die E.-Leistungen in den Statistiken niedriger ausfallen.

Über die Vermittlung von produktionstechn., kommerziellen und organisator. Fähigkeiten hinaus wird **Beratungshilfe (personelle Hilfe)** benötigt für den Aufbau einer zuverlässigen öffentl. Verwaltung, für Entwicklungsplanung, für die Einrichtung eines allgemeinen Bildungssystems, für geeignete Maßnahmen und Einrichtungen der öffentl. und privaten Sozialhilfe und für einen den heutigen Erkenntnissen entsprechenden Gesundheitsdienst. Es können Fachleute aus den Industrieländern zur Verfügung gestellt (→Entwicklungshelfer), Bewohner der Entwicklungsländer in den Industriestaaten ausgebildet und das Schul- und Ausbildungswesen in den Entwicklungsländern selbst gefördert werden. Die Beratungshilfe sollte die Grundlage für die Hilfe zur Selbsthilfe sein. Eng verwandt mit ihr (und oft synonym verwendet) ist die **technische Hilfe.** Sie bezieht sich i.d.R. auf die Bereitstellung von Fachleuten, techn. Hilfsmitteln, Material und Ausbildungsmöglichkeiten für einzelne Projekte.

Die Einbeziehung der Entwicklungsländer in die internat. Arbeitsteilung kann u.a. dadurch erreicht werden, dass Absatzmärkte für die in diesen Ländern produzierten Güter gefunden und neue Produktions- und Exportmöglichkeiten erschlossen werden **(Handelshilfe).** Weitere exportfördernde Maßnahmen können langfristige Abkommen zur Stabilisierung der Produktions- und Marktverhältnisse bei bestimmten Agrarprodukten und Rohstoffen sein (→Rohstoffabkommen) sowie der weitere Abbau der in den Industrieländern bestehenden Einfuhrbeschränkungen gegen billige Industrieprodukte aus den Entwicklungsländern (→Lomé-Abkommen, →Protektionismus).

Hinzu kommen umfangreiche **Kapitalhilfen.** Der Kapitalbedarf der Entwicklungsländer, bes. für Infrastrukturinvestitionen, die keinen Ertrag abwerfen, ist überaus groß. Daher ist es notwendig, dass die Mittel entweder als Darlehen oder ›verlorene Zuschüsse‹ von den Industriestaaten zur Verfügung gestellt werden. Hierbei hat die Einschaltung der internat. Organisationen als Geldgeber gegenüber der bilateralen Kapitalhilfe, also von Reg. zu Reg., den Vorteil, dass die Gewährung der finanziellen Unterstützung nicht mit einer Auflage verknüpft ist, z.B. dass das Empfänger-

Entwicklungshilfe: Öffentliche Leistungen ausgewählter Länder und Ländergruppen

Jahr	Millionen US-$	Land	Anteil am Bruttosozialprodukt in Prozent	Jahr
1970	599	Bundes-	0,32	1970
1980	3 567	republik	0,44	1980
1990	6 320	Deutsch-	0,42	1990
1994	6 818	land[1]	0,34	1994
1970	971	Frank-	0,66	1970
1980	4 162	reich	0,63	1980
1990	7 163		0,60	1990
1994	8 466		0,64	1994
1970	500	Groß-	0,41	1970
1980	1 854	britan-	0,35	1980
1990	2 638	nien	0,27	1990
1994	3 197		0,31	1994
1970	147	Italien	0,16	1970
1980	683		0,15	1980
1990	3 395		0,31	1990
1994	2 705		0,27	1994
1970	458	Japan	0,23	1970
1980	3 353		0,32	1980
1990	9 069		0,31	1990
1994	13 239		0,29	1994
1970	11	Öster-	0,07	1970
1980	178	reich	0,23	1980
1990	394		0,25	1990
1994	655		0,33	1994
1970	30	Schweiz	0,15	1970
1980	253		0,24	1980
1990	750		0,32	1990
1994	982		0,36	1994
1970	3 153	USA	0,32	1970
1980	7 138		0,27	1980
1990	11 394		0,21	1990
1994	9 927		0,15	1994
1970	6 949	OECD-	0,34	1970
1980	27 296	Staaten	0,37	1980
1990	52 961		0,33	1990
1994	59 152		0,30	1994
1970	393	OPEC-	0,80	1970
1980	9 636	Staaten	1,84	1980
1990	5 955		1,81	1990
1993[2]	1 173		0,36	1993[2]

[1] Ohne neue Bundesländer. – [2] Für 1994 noch keine Zahlen erhältlich.

land Aufträge an das Geberland erteilen soll und so unter konkurrierenden Angeboten nicht das günstigste wählen kann (Lieferbindung). Neben den der Projektfinanzierung gewidmeten Beträgen sollten Waren- oder Zahlungsbilanzhilfen zur Finanzierung notwendiger Importe geleistet werden.

Entwicklungshilfe: Nettoleistungen Deutschlands an Entwicklungsländer und multilaterale Stellen 1950–1994 (in Mio. DM)

Leistungsart	1994	1950–1994[1]
Öffentliche Entwicklungshilfe (ODA)[2]	11 057,3	193 450,8
Bilateral	6 720,0	133 796,2
Zuschüsse	5 755,9	91 007,9
Technische Zusammenarbeit (TZ)[3]	3 447,9	53 524,5
sonstige Zuschüsse	2 308,0	37 524,5
Kredite und sonstige Kapitalleistungen	964,1	42 788,2
Multilateral	4 337,3	59 654,6
Zuschüsse	2 807,5	34 921,8
Vereinte Nationen	466,1	8 611,3
Europäische Union[4]	2 291,8	25 310,7
Sonstige	49,6	999,9
Einzahlungen auf Kapital und Fondsanteile	1 550,5	24 526,0
Weltbankgruppe	1 141,2	19 391,5
regionale Entwicklungsbanken	369,3	4 541,0
sonstige Stellen	40,0	593,5
Kredite	−20,7	207,2
Sonstige öffentliche Leistungen (OOF)[5]	5 740,3	41 942,9
Bilateral	6 001,7	39 542,0
Multilateral	−261,4	2 400,9
Private Entwicklungshilfe[6]	1 591,3	22 291,8
Private Leistungen zu marktüblichen Bedingungen	20 438,4	196 880,6
Bilateral	20 143,7	175 154,0
Investitionen und sonstiger Kapitalverkehr	15 315,9	126 346,0
Exportkredite	4 827,6	48 807,9
Multilateral	294,7	21 726,7
Nettoauszahlungen insgesamt	38 827,3	454 566,1
Bilateral	32 865,4	348 492,2
Multilateral	4 370,6	83 782,2
Anteil der multilateralen ODA an der Gesamt-ODA in %	39,2	30,8

[1] Ab 1991 einschließlich neue Bundesländer. – [2] Bi- und multilaterale Zuschüsse sowie Kredite und sonstige Kapitalleistungen zu Vorzugsbedingungen. –
[3] Einschließlich Stipendien für Studenten und Praktikanten aus Entwicklungsländern. – [4] Zuschüsse an den Europäischen Entwicklungsfonds sowie auf Deutschland anfallende Leistungen für Entwicklungsländer aus dem EG-Haushalt. –
[5] Alle öffentlichen Leistungen, die eine der Bedingungen der Entwicklungshilfe nicht erfüllen. – [6] Zuschüsse nichtstaatlicher Organisationen (z. B. Kirchen, Stiftungen, Verbände) aus Eigenmitteln und Spenden.

Die Versuche der Industriestaaten, durch Direktinvestitionen Industrien aufzubauen und die Märkte der Entwicklungsländer zu erschließen, scheitern ebenso wie z. T. die öffentlich-techn. E. in vielen Fällen daran, dass die Wahl der Produktionstechniken nicht den Erfordernissen der jeweiligen E. entspricht; entweder erfordern sie den Einsatz von hoch qualifizierten Arbeitskräften, die nicht verfügbar sind, oder es wird nicht berücksichtigt, dass die Wachstums- und Beschäftigungswirkungen gering sind.

E.-Leistungen werden entweder in Form zinsgünstiger Kredite (v. a. Kapitalhilfe) oder als nichtrückzahlbare Zuwendungen (v. a. techn. Hilfe, Nahrungsmittelhilfe) gewährt. Gestiegen ist in den vergangenen Jahren die Mischfinanzierung. Ein Großteil der E. ist projektgebunden (Projekthilfe); nicht projektgebundene Hilfen sind die Programmhilfe (v. a. für sektoral oder regional festgelegte Entwicklungsprogramme) sowie Waren-, Budget- oder Zahlungsbilanzhilfen zum Ausgleich von Defiziten in öffentl. Haushalten und in der Zahlungsbilanz.

Organisationen

Öffentl. E. wird v. a. von den 21 Industrieländern geleistet, die sich im DAC zusammengeschlossen haben, und den Mitgl.-Staaten der EU. Die ehem. Mitgl.-Länder des Rates für gegenseitige Wirtschaftshilfe

(RGW) haben ihre E. seit 1992 eingestellt und sind vielfach selbst zu Empfängern von E. geworden. Von den OPEC-Staaten leisten nur noch Kuwait, Saudi-Arabien und die Vereinigten Arab. Emirate E.; zu den Geberländern zählen aber auch einige Entwicklungsländer (z. B. China, Indien, Süd-Korea, Taiwan).

Wichtige internat. E.-Organisationen sind: Weltbank (IBRD); Internat. Entwicklungsorganisation (IDA); Internat. Finanz-Corporation (IFC); die UNO mit versch. Sonderorganisationen (Wirtschafts- und Sozialrat, UNCTAD, UNDP, UNIDO, FAO, WHO, ILO, UNESCO); die afrikan., asiat., interamerikan. und karib. Entwicklungsbank; die Europ. Gemeinschaften (EG) mit dem Europ. Entwicklungsfonds (EEF) und der Europ. Investitionsbank (EIB) sowie die 1991 gegründete Bank für Wiederaufbau und Entwicklung (→Osteuropabank) und das 1992 von der Europ. Kommission zur Koordinierung der humanitären Hilfsmaßnahmen der EG gegründete Amt für humanitäre Soforthilfe (ECHO). Erwähnenswert sind ferner zahlr. Förderprogramme zugunsten der mittel- und osteurop. Transformationsstaaten sowie die 1991 von der Weltbank eingerichtete →Globale Umweltfaszilität. Internat. E.-Organisationen sind Träger der **multilateralen E.** Demgegenüber wird **bilaterale E.** direkt von Reg. zu Reg. geleistet. In Dtl. ist für die Vergabe der öffentl. E. das Bundesministerium für wirtschaftl. Zusammenarbeit (BMZ) zuständig. Institutionen, die die staatl. Entwicklungszusammenarbeit durchführen, sind: Dt. Gesellschaft für Techn. Zusammenarbeit (GTZ) GmbH, Dt. Entwicklungsdienst gemeinnützige GmbH, Dt. Stiftung für internat. Entwicklung, Kreditanstalt für Wiederaufbau, DEG – Dt. Investitions- und Entwicklungsgesellschaft mbH, Carl Duisberg Gesellschaft e. V., Otto Benecke Stiftung, Dt. Akadem. Austauschdienst e. V. Das BMZ fördert die entwicklungspolit. Tätigkeit privater Nichtregierungsorganisationen, zu denen die Kirchen (z. B. kath. und ev. Zentralstelle für E., Arbeitsgemeinschaft für E., Misereor, Dienste in Übersee, Brot für die Welt), polit. Stiftungen u. a. private Organisationen gehören, die sich zum Großteil im Bensheimer Kreis zusammengeschlossen haben (z. B. Andheri-Hilfe Bonn e. V., terre des hommes, Medico International, Dt. Aussätzigen-Hilfswerk, Dt. Welthungerhilfe, Dt. Caritasverband, Weltfriedensdienst, EIRENE, Kübel-Stiftung).

Federführend für die öffentl. E. in *Österreich* ist seit Anfang 1985 das Außenministerium (zuvor: Gruppe E. im Bundeskanzleramt). Daneben besteht der 1975 gegründete Beirat für E. mit ausschließlich beratender Funktion. Zuständig für die öffentl. E. in der *Schweiz* sind die Direktion für Entwicklungszusammenarbeit und humanitäre Hilfe (DEH) im Eidgenöss. Departement für auswärtige Angelegenheiten für finanzielle, techn. und humanitäre E. sowie das Bundesamt für Außenwirtschaft (BAWI) für wirtschafts- und handelspolit. Maßnahmen.

Leistungen

Die gesamten (öffentl. und privaten) Mittelzuflüsse aus den DAC-Mitgliedsländern an Entwicklungsländer, darunter Exportkredite, Direkt- und Portfolioinvestitionen, beliefen sich (1994) auf 164,1 Mrd. US-$ oder 0,83% ihres Bruttosozialprodukts (BSP). Die staatl. Mittelzuflüsse (öffentl. E.) betrugen (1994) 59,1 Mrd. US-$ oder 0,30% des BSP. Die westl. Industriestaaten leisteten damit 97,9% der gesamten öffentl. E. in Höhe von (1994) 60,5 Mrd. US-$, die OPEC-Länder 972 Mio. US-$ (1,6%) und die übrigen Entwicklungsländer 415 Mio. US-$ (0,5%).

Trotz Anstiegs der öffentl. E. der DAC-Mitgliedsländer (1960: 4,9, 1994: 59,1 Mrd. US-$) erfüllten 1994 nur wenige Länder das 1970 von den Vereinten

Nationen formulierte Ziel, wonach die öffentl. E. 0,7% des BSP der Industrieländer betragen soll (z. B. Dänemark: 1,03%, Norwegen: 1,01%, Schweden: 0,99%, Niederlande: 0,82%). Der Durchschnittswert für alle Industrieländer lag zw. 1973 und 1992 bei 0,32–0,34% (1960: 0,52%). Am niedrigsten fiel der Anteil in den USA mit (1994) 0,15% am BSP aus, obwohl die absoluten Leistungen mit 9,93 Mrd. US-$ die zweithöchsten hinter Japan (13,24 Mrd. US-$) sind.

Die Bundes-Reg. akzeptiert das 0,7%-Ziel als Orientierungsgröße, ohne sich auf einen Zeitplan für dessen Verwirklichung festzulegen. Seit 1962 schwankte der Anteil der öffentl. E. am BSP zw. 0,32% und 0,48% (1994: 0,34%), gleichwohl haben sich die Nettoleistungen von (1980) 6,5 Mrd. DM auf (1994) 11,1 Mrd. DM nahezu verdoppelt. Die gesamten E.-Leistungen (öffentl. und private) beliefen sich (1994) auf 38,8 Mrd. DM (1,19% des BSP). Regionale Schwerpunkte der öffentl. E. sind Afrika (rd. 33% der bilateralen öffentl. E.) und Asien (rd. 28%); die ärmsten Entwicklungsländer erhielten (1993) rd. 1,9 Mrd. DM (25%). Gefördert werden v. a. Projekte und Programme der gemeinnützigen und administrativen Infrastruktur (z. B. Bildung, Gesundheitswesen, Familienplanung; 1994: 36,9% der bilateralen öffentl. E.), wirtschaftl. Infrastruktur (z. B. Verkehr, Kommunikation, Energieversorgung; 20,1%), Land-, Forstwirtschaft und Fischerei (5,8%). Auf nicht projektbezogene E. (z. B. Warenhilfe, Umschuldungen, Nahrungsmittel- und humanitäre Hilfe) entfielen (1994) 40,1%. Seit 1990 unterstützt Dtl. im Rahmen der E. den polit. und wirtschaftl. Reformprozess in zahlr. mittel- und osteurop. Staaten.

Österreich, ohne traditionelle Beziehungen zu Ländern der Dritten Welt, bemüht sich gezielt, seine Hilfeleistungen für diese Staaten zu verstärken. Die öffentl. Leistungen werden überwiegend durch den Staatshaushalt und den ERP-Sonderfonds finanziert. Die *Schweiz* ist Mitgl. aller wichtigen Institutionen der E., mit Ausnahme der Weltbankgruppe. Die bilaterale Hilfe betrug (1993) 68% der öffentl. E. Die Mittel werden zum überwiegenden Teil über den Bund, der Rest über Kantone und Gemeinden aufgebracht. Das Schweizer. Katastrophenhilfskorps (SKH) wird bei Hilfsaktionen in Entwicklungsländern eingesetzt.

Nettoauszahlungen öffentl. E. erhielten 1993 nach Angaben der Weltbank v. a. Länder mit niedrigem Einkommen (26,6 Mrd. US-$ ohne Leistungen an China und Indien, das entspricht 6,4% des BSP dieser Länder), unter ihnen bes. afrikan. Staaten südlich der Sahara (16,4 Mrd. US-$; das entspricht 35,7 US-$ je Ew. bzw. 11,5% des BSP).

Kritik

Bei der Gewährung von E. entstand vor dem Hintergrund des Ost-West-Konfliktes ein Konkurrenzverhältnis zw. den kommunist. und nichtkommunist. Industriestaaten. Neben strategisch-machtpolit., mit außenpolit. Interessen verknüpften Überlegungen, ideolog. Interessen, die die eigenen Ideologien, das Wirtschaftssystem oder eine bestimmte Religion in anderen Ländern zu etablieren versuchten, waren die Wahrung binnen- und außenwirtschaftl. Interessen, aber auch idealistisch-humanitäre Gründe wesentl. Motive für E. Mit der Einleitung des Transformationsprozesses in den Staaten Mittel- und Osteuropas, dem Zusammenbruch des Warschauer Vertrages und des RGW verlor die E. ihre Bedeutung als strateg. Instrument. Die damit verbundenen Hoffnungen auf eine Stabilisierung der weltpolit. Situation erfüllten sich jedoch nicht. Vielmehr wurde eine Periode eingeleitet, die durch neue Konflikte (z. B. in Ruanda, im ehem. Jugoslawien und in den Nachfolgestaaten der Sowjetunion) und neue Entwicklungsprobleme (Armut, Um-

weltzerstörung, AIDS) gekennzeichnet ist und die weitere Anforderungen an die E.-Budgets stellt (starker Anstieg der Ausgaben für humanitäre Soforthilfe).

Trotz hoher finanzieller Aufwendungen ist die Wirksamkeit der traditionellen E. umstritten, da weder Armut noch Hunger in vielen Entwicklungsländern überwunden werden konnten und eine nachhaltige Verbesserung der wirtschaftl. und sozialen Situation der Mehrheit der Bev. in Staaten der Dritten Welt meist ausblieb. Kritisiert werden v. a. Diskrepanzen zw. Anspruch und Wirklichkeit, Zielen, Instrumenten und Leistungen sowie zw. E. und Militärausgaben. Starke Beachtung fand die Kritik wiss. anerkannter Entwicklungsökonomen, die die Grundlagen der modernen Entwicklungstheorie und -politik geschaffen haben (z. B. K. G. MYRDAL), an der gegenwärtig betriebenen E.-Politik der Industrieländer und deren Ergebnissen. Als Probleme der E. sehen sie u. a. die Überbewertung statist. Kennzahlen, die Nichteinhaltung der Vereinbarung, primär die ärmsten Länder zu unterstützen, die Korruption in den Entwicklungsländern und die Verzögerung in der Durchführung von grundlegenden Landreformen. Sie weisen auf die Ineffizienz internat. Organisationen hin, die einen Großteil der über sie fließenden Gelder im Verwaltungsapparat verbrauchen. MYRDAL fordert z. B. anstelle der Unterstützung von Industrieprojekten Maßnahmen zu Produktivitätssteigerungen im Nahrungsmittelsektor, Verbesserungen im Bereich der Hygiene, des Gesundheitswesens, der Geburtenkontrolle und Bildung. Direkter Hilfe für die Armen sei generell der Vorzug zu geben. Neben einer direkten, strengeren Kontrolle durch die Geberländer wird eine koordinierte Politik gefordert, die ausschließt, dass z. B. durch (kostenlose) Nahrungsmittelhilfen den Landwirtschaftsprojekten ›Konkurrenz‹ erwächst, die ihnen die ökonom. Grundlagen entzieht.

Nettoeinnahmen aus öffentlicher Entwicklungshilfe (1993)			
Empfängerländer	Mrd. US-$	US-$ je Ew.	in % des BSP
Länder mit niedrigem und mittlerem Einkommen:			
Afrika südlich der Sahara	16,4	35,7	11,5
Ostasien und Pazifik	7,7	6,1	0,8
Südasien	7,5	4,3	1,5
Naher Osten und Nordafrika	9,6	22,9	3,2
Lateinamerika und Karibik	5,3	8,6	0,3
Länder mit gravierenden Schuldenproblemen	6,2	13,4	0,4

Kritisiert wird weiterhin das polit. und wirtschaftl. Eigeninteresse, das Industrieländer mit öffentl. und privatwirtschaftl. E. verfolgen. So wird E. als Instrument der Exportförderung, Markterschließung und Arbeitsplatzsicherung angesehen, da u. a. ein Großteil der Kapitalhilfe in Form von Aufträgen an die Industrieländer zurückfließt. Weiterhin wird E. auch zur Sicherung der Rohstoffreserven bes. für rohstoffarme Industrieländer eingesetzt (z. B. Finanzierung von Explorationen). Bes. umstritten ist die E. als Instrument der Außenpolitik im Zusammenhang mit der Schaffung von weltpolit. Einflusszonen und als Instrument, Ideologien, wirtschaftl. und gesellschaftl. Ordnungsmodelle zu übertragen oder die Entwicklungsländer zur Nachahmung des Entwicklungsprozesses in westl. Industrieländern zu veranlassen, um revolutionäre Umwälzungen zu verhindern.

Damit E. mehr ist als Katastrophen- und Nahrungsmittelhilfe oder als Lastenausgleich für Benachteiligungen im internat. Wirtschafts- und Finanzsystem, bedarf es neuer entwicklungspolit. Strategien und Konzepte (→Entwicklungspolitik) sowie einer Einbindung der E. in umfassendere internat. Maßnahmen der Entwicklungspolitik, insbesondere der Schaffung besserer polit. und weltwirtschaftl. Rahmenbedingungen für die Entwicklungsländer, v. a. im Bereich des Welthandels und des internat. Währungssystems (→Schuldenkrise). Auf internat. Konferenzen (z. B. →UNCTAD) sowie in internat. Organisationen (z. B. Vereinte Nationen, EG, Internat. Währungsfonds) wird ein Ausgleich der Interessen von Industrie- und Entwicklungsländern gesucht. Seit Beginn der 70er-Jahre verstärken sich die Bemühungen, den →Nord-Süd-Konflikt im Dialog zu entschärfen.

Bericht zur Entwicklungspolitik der Bundes-Reg. (1973 ff.); G. MYRDAL: Polit. Manifest über die Armut in der Welt (a. d. Amerikan., ³1978); Weltentwicklungsbericht, hg. v. der Weltbank (Washington, D. C., 1978 ff.); Entwicklungspolitik – Hilfe oder Ausbeutung?, hg. vom Informationszentrum Dritte Welt (⁷1983); Die Entwicklungspolitik wichtiger OECD-Länder, hg. v. M. HOLTHUS u. a., 2 Bde. (1985); J. VON STOCKHAUSEN: Theorie u. Politik der E. (1986); Entwicklungszusammenarbeit – Fakten – Erfahrungen – Lehren, hg. v. R. CASSEN (a. d. Engl., Bern 1990); Hb. der Dritten Welt, hg. v. D. NOHLEN u. F. NUSCHELER, 8 Bde. (³1993–95); B. ERLER: Tödl. Hilfe (¹³1994); V. KALTEFLEITER: Die E. der Europ. Union (1995); F. NUSCHELER: Lern- u. Arbeitsbuch Entwicklungspolitik (Neuausg. 1996).

Entwicklungsländer, zu Beginn der 1950er-Jahre geprägter Begriff für Länder, deren Entwicklungsstand im Vergleich zu dem der Industrieländer niedriger ist. Die Bez. E. korrespondiert heute mit dem Begriff →Dritte Welt. Als Norm gilt dabei v. a. der wirtschaftl. Wohlstand der Industrieländer, der sich bes. im Pro-Kopf-Einkommen (Bruttosozialprodukt je Ew.) ausdrückt. Eine einheitl. Definition für E. gibt es allerdings ebenso wenig wie eine international verbindl. Länderliste. Zur genaueren Abgrenzung von E. und ›entwickelten‹ Ländern können **Entwicklungsindikatoren** herangezogen werden. Solche Indikatoren sind neben dem Bruttosozialprodukt (BSP) je Ew. z. B. die Lebenserwartung bei der Geburt, die Kindersterblichkeit, das Bev.-Wachstum und die Analphabetenquote. Durch unterschiedl. Gewichtung von Entwicklungsindikatoren oder Kriterien von Unterentwicklung gelangen Vereinte Nationen, Weltbank und Development Assistance Committee (DAC) zu unterschiedlich gegliederten Länderlisten. Die Bundes-Reg. orientiert sich an der Liste des DAC. Demnach zählten 1994 zu den E. alle Länder Afrikas (außer der Rep. Südafrika), alle Länder Amerikas (außer USA und Kanada), alle Länder Asiens und Ozeaniens (außer Japan, Australien und Neuseeland) sowie in Europa Gibraltar, Griechenland, Malta, die Türkei und Zypern sowie ein Teil der Nachfolgestaaten Jugoslawiens und der Sowjetunion. Auf eigenen Wunsch von der DAC-Liste gestrichen wurden (1992) Portugal und die frz. Überseedepartments. Neu aufgenommen wurden Albanien (1989), die zentralasiat. Republiken Kasachstan, Kirgistan, Tadschikistan, Turkmenistan, Usbekistan (1993) sowie Armenien, Aserbaidschan und Georgien (1994). Slowenien, Kroatien, Makedonien, Rumänien und Moldawien sind bisher nicht offiziell als E. anerkannt, genießen aber einen entsprechenden Status. Seit 1991 kann die Unterstützung schwarzer Bev.-Gruppen in Südafrika als öffentl. Entwicklungshilfe behandelt werden.

Ende 1993 wurde eine Revision der DAC-Liste zum 1. 1. 1996 beschlossen, die eine Untergliederung in zwei Teillisten vorsieht (Teil I: Empfänger offizieller Entwicklungshilfe, Teil II: Empfänger von Leistungen an Übergangsländer). Vorläufiges Kriterium für den Übergang eines Staates von der ersten in die zweite Teilliste ist die Einstufung als Land mit hohem Einkommen durch die Weltbank. Über die Einführung neuer Kriterien für die Einstufung als E., z. B. Kaufkraftvergleich und →Human Development Index wird diskutiert.

Die Weltbank unterscheidet nach dem Hauptkriterium BSP je Ew. folgende Ländergruppen: **Low income countries** (Abk. **LIC;** E. mit niedrigem Einkommen; BSP je Ew. max. 695 US-$ pro Jahr), **Middle income countries** (Abk. **MIC;** E. mit mittlerem Einkommen), E. mit hohem Einkommen (BSP je Ew. über 8 626 US-$) sowie marktwirtschaftl. Industrieländer. Bei den MIC wird eine untere (BSP je Ew. 696–2 785 US-$) und eine obere (BSP je Ew. 2 786–8 625 US-$) Einkommenskategorie unterschieden. 1993 zählten nach dieser Klassifikation 45 Länder zu den LIC, 63 Länder zu den MIC und 6 Staaten galten als E. mit hohem Einkommen. Die UNO führte (1970) für E. die Bez. **Less developed countries** (Abk. **LDC;** wenig entwickelte Länder) ein. **Schwellenländer (Newly industrializing countries,** Abk. **NIC)** sind jene E., von denen angenommen wird, dass ihr Entwicklungsstand so weit fortgeschritten ist, dass sie aufgrund ihrer wirtschaftl. Eigendynamik und des exportorientierten Wachstums bei zunehmender Industrialisierung die typ. Merkmale eines Entwicklungslandes selbst überwinden können (u. a. Brasilien, Hongkong, Mexiko, Malaysia, Singapur, Süd-Korea, Taiwan). Kriterien für die Eingruppierung in die Gruppe der **Least developed countries** (Abk. **LLDC;** am wenigsten entwickelte Länder) sind zunächst: ein Bruttoinlandsprodukt (BIP) je Ew. unter (seit 1989) 473 US-$, ein Anteil von höchstens 10 % des BIP an der industriellen Produktion und mehr als 80 % Analphabeten (Bev. über 15 Jahre). 1991 führten die Vereinten Nationen für die Gruppe der LLDC ein neues Klassifizierungssystem ein, das vier neue Kriterien umfasst, um auch langfristige Wachstumshemmnisse aufgrund von Strukturschwächen und einem niedrigen Niveau der Entwicklung menschl. Ressourcen berücksichtigen zu können: 1) BIP je Ew. (Durchschnitt aus 3 Jahren weniger als 699 US-$); 2) Index der phys. Lebensqualität (Augmented Physical Quality of Life Index, APQLI), ermittelt aus Lebenserwartung, Kalorienversorgung je Ew., Einschulungsrate in Primar- und Sekundarschulen, Anteil der Analphabeten an der erwachsenen Bev.; 3) Index der ökonom. Diversifikation (Economic Diversification Index, EDI) als Zusammenfassung von Anteil der Industrie am BIP, Beschäftigten in der Industrie, Stromverbrauch je Ew., Exportorientierung der Wirtschaft; 4) Ew.-Zahl (maximal 75 Mio. Ew.). 1994 galten 48 E. als LLDC (davon in Afrika 34, in Asien und Ozeanien 13).

Nach 1973 (starke Erhöhung der Erdölpreise) hatte die UNO die Kategorie der **Most seriously affected countries** (Abk. **MSAC;** am schwerwiegendsten betroffene Länder) definiert: niedriges Pro-Kopf-Einkommen, hohe Verschuldung durch scharfen Preisstieg bei wichtigen Importen, geringe Exporterlöse. 1979 umfasste diese Gruppe 45 Länder. Die Grenzen zw. LLDC und MSAC sind fließend; die Untergruppen waren v. a. geschaffen worden, um die betroffenen Staaten durch differenzierte Spezialprogramme der UNO fördern zu können.

Weitere Ländergruppen unter geograph. Gesichtspunkten bilden die E. ohne Zugang zum Meer **(Landlocked countries,** Abk. **LLC),** durch ihre geograph. Lage benachteiligte Inselstaaten sowie die afrikan. Staaten in der Sahelzone. Als **Gruppe der 77** (1994: 131 Mitgl.-Länder) tritt die Gesamtheit der E. seit 1967 bei Verhandlungen im Bereich der meisten Organisationen der UNO auf. Eine weitere Gruppe von E. sind die Erdöl exportierenden Staaten, die z. T. der Organization of the Petroleum Exporting Countries (OPEC) angehören, ihre Industrialisierung mit den Erlösen aus dem Erdölexport teilweise selbst finanzieren können und teilweise auch ihrerseits Entwicklungshilfe leisten. Mit den EG-Ländern durch das Lomé-Abkommen assoziiert sind E. in Afrika, dem karib. und pazif. Raum **(AKP-Staaten).**

Zu den gemeinsamen, die Wirtschaft der E. prägenden Merkmalen zählen v. a. ein hoher Anteil der Produktion landwirtschaftl. Erzeugnisse, die Förderung mineral. Rohstoffe, geringe Arbeitsproduktivität, verursacht durch mangelnden Kapitaleinsatz und geringes techn. Know-how, hohe Arbeitslosigkeit und Abhängigkeit von Energieimporten. Die Position der E. in der Weltwirtschaft ist entsprechend durch ihre hohe Abhängigkeit von Rohstoffexporten geprägt, die tendenziellen Preissenkungen und damit der Verschlechterung der →Terms of Trade sowie der schwankenden Nachfrage der Industrieländer ausgesetzt sind. Zum Ausgleich errichtete →Bufferstocks sowie Fonds zur Stabilisierung der Rohstoffpreise sind unterschiedlich erfolgreich. Die mit hohen Auslandsschulden verbundenen Zahlungen für Zins und Tilgung beeinträchtigen die wirtschaftl. Entwicklung vieler E., bes. auch der lateinamerikan. Schwellenländer (→Schuldenkrise). Die sozialen Strukturen sind zwar von Land zu Land unterschiedlich, weisen aber gemeinsame Merkmale auf wie ungenügende Versorgung mit Nahrungsmitteln, hohes Bev.-Wachstum, schlechter Gesundheitszustand, geringe Bildungsmöglichkeiten, niedriger Lebensstandard bei oft sehr ungleicher Verteilung der Einkommen, der vorhandenen Güter und Dienstleistungen. E. befinden sich trotz der wirtschaftl. Rückstände gegenüber den Industrieländern in einem Prozess beschleunigten sozialen Wandels, der einerseits als Modernisierungsprozess (z. B. Senkung der Analphabetenquote, Industrialisierung und Verstädterung), andererseits als Prozess der Entkolonialisierung und Gewinnung nationaler Identität und Unabhängigkeit bezeichnet werden kann. (→Nord-Süd-Konflikt)

Entwicklungsphasen, zeitlich begrenzte Abschnitte des Lebensablaufs, die durch einen charakterist., von anderen E. abweichenden Entwicklungsstand gekennzeichnet sind. Am weitesten verbreitet ist die Einteilung des Lebensablaufs in die E. Kindheit, Jugend, Erwachsenen- und Greisenalter. Im Verlauf der E. können prägende Ereignisse eintreten, die ein Stehenbleiben der Entwicklung auf einer Entwicklungsstufe (Fixierung) oder eine Regression, d. h. ein Zurückfallen auf das Organisationsniveau einer früheren E. zur Folge haben; in beiden Fällen handelt es sich um Entwicklungsstörungen. Dagegen stellen Entwicklungsbeschleunigungen (→Akzeleration) oder Entwicklungsverzögerungen (→Retardation) zumeist im Bereich des Normalen liegende Varianten des Entwicklungstempos dar. Aufgrund solcher Schwankungen des Entwicklungstempos entspricht der Entwicklungsstand nicht immer dem Lebensalter. Um das Verhältnis von Entwicklungsstand und Lebensalter im Individualfall bestimmen zu können, kann (in Analogie zum Intelligenzquotienten) ein **Entwicklungsquotient** (Abk. EQ) gebildet werden. Dabei wird zunächst das →Entwicklungsalter eines Individuums ermittelt; der Entwicklungsquotient ergibt sich nach der Formel: Entwicklungsalter/Lebensalter × 100. EQ-Werte, die über 100 liegen, weisen auf eine Akzeleration hin; solche, die unter 100 liegen, auf eine Retardation.

Entwicklungsphysiologie, →Entwicklung.

Entwicklungspolitik, Gesamtheit von Maßnahmen zur besseren Nutzung des wirtschaftl. Potenzials der Entwicklungsländer mit dem Ziel, durch den wirtschaftl. Wachstumsprozess den Lebensstandard in diesen Ländern zu erhöhen und damit den sozialen und wirtschaftl. Fortschritt zu fördern. Zu unterscheiden sind hierbei Maßnahmen, die die Entwicklungsländer selbst durchführen, und solche, die zu ihren Gunsten in Zusammenarbeit mit den Industriestaaten oder internat. Organisationen ergriffen werden (→Entwicklungshilfe). E. wird in Industrieländern als eigenständiger Politik-

bereich angesehen mit z. T. eigenen Fachministerien (in Dtl. das Bundesministerium für wirtschaftl. Zusammenarbeit). E., Außen- und Wirtschaftspolitik beeinflussen sich gegenseitig. E. als Entwicklungshilfepolitik dient sowohl den Interessen der Partner in der Dritten Welt als auch den eigenen. Ihr Beitrag zum Abbau von Spannungen macht sie gleichzeitig zu einem Instrument der Friedenspolitik.

Theorien der Unterentwicklung

Die Theorien der ökonom. Unterentwicklung erklären Unterentwicklung als Folge unzureichender Ausstattung mit Produktionsfaktoren der unterschiedlichsten Art, als Folge des internat. Handels oder als Folge dualist. Wirtschaftsstrukturen. Zu den ältesten außerökonom. Erklärungsansätzen gehören die Klimatheorien, die unterschiedl. klimat. Gegebenheiten als Einflussfaktoren für die menschl. Leistungsfähigkeit und Anpassung wie auch für die natürl. Ausstattung (schlechte Böden, Lagerhaltungsprobleme) identifizieren und damit für unterschiedl. Entwicklungen verantwortlich machen. Ebenso wie psycholog. Theorien (unterschiedl. Leistungsmotivation, Empathieverhalten) sind sie nur als ergänzendes Erklärungselement zu betrachten. Im Mittelpunkt stehen die Modernisierungstheorien.

Nach K. G. MYRDAL gehören folgende Indikatoren zu den ›Modernisierungsidealen‹: Rationalität, sozioökonom. Entwicklung, eigenständige Entwicklungsplanung, Produktivitätsverbesserung, Anhebung des Lebensstandards, soziale und wirtschaftl. Emanzipation, verbesserte Institutionen, nat. Konsolidierung und Unabhängigkeit, Demokratie, Partizipation und soziale Disziplin. Ziel ist der gesamtgesellschaftl. Entwicklungsprozess. Im Einzelnen unterscheiden die Theoretiker der E. zw. dem Evolutionsansatz (die durch einen bruchlosen Wandel gekennzeichnete Modernisierung), der Theorie der polit. Entwicklung (d. h., Änderungen im polit. System bewirken eine sozioökonom. Weiterentwicklung), der damit verbundenen Theorie der sozialen Mobilisierung und den Theorien von den →Wirtschaftsstufen. Zu den ökonomisch-geograph. Theorien gehört z. B. T. R. MALTHUS' ›Bevölkerungsgesetz‹, das von einem exponentiellen Bev.-Wachstum bei linearer Nahrungsmittelproduktion ausgeht, was von der tatsächl. Entwicklung jedoch widerlegt wurde. Erweiterungen (z. B. das krit. Minimum an Investitionen oder Eigenanstrengungen, nach dem ein sich selbst tragendes Wachstum einen bestimmten ›kritischen‹ Mindestaufwand erfordert) sind als Erklärungsansätze widersprüchlich und die empir. Ergebnisse oft nicht eindeutig. Die Dualismustheorien (→Dualismus) gehen von dem unverbunden Nebeneinander von strukturell verschiedenen Wirtschaftssektoren, Regionen, Techniken oder Sozialsystemen in einer Volkswirtschaft aus. Der Teufelskreis der Armut wird als Regelmechanismus verstanden, in dem negative Faktoren wirken, die gleichzeitig Ursache und Wirkung für andere Negativfaktoren sind. Beispiel: Mangelnde Ernährung bedingt schlechten Gesundheitszustand, dieser bedingt Arbeitslosigkeit, diese bedingt fehlendes Einkommen, dieses wiederum bedingt schlechte Ernährung usw. An einer Stelle dieses Kreises muss der entwicklungspolit. Eingriff erfolgen.

Ein Großteil der ökonom. Erklärungsansätze der Unterentwicklung orientiert sich nicht an endogenen wirtschaftl. Faktoren, sondern sieht die Ursachen in den Außenhandelsbeziehungen zw. Industrie- und Entwicklungsländern. Beispiele sind: die Theorie der dominierenden Wirtschaft, nach der im

Schlüsselbegriff

Außenhandel aus histor. Gründen (v. a. Folgen des Kolonialismus) asymmetr. Beziehungen zuungunsten der Entwicklungsländer bestehen; die Theorie der peripheren Wirtschaft mit der einfachen Einteilung der Welt in ein Zentrum der hoch industrialisierten Länder und eine Peripherie der Entwicklungsländer (→Zentrum-Peripherie-Modell); die Vorstellung über unterschiedl. Nachfrageelastizitäten hinsichtlich der Rohstoffe (die v. a. von Entwicklungsländern am Weltmarkt angeboten werden) und der Industrieerzeugnisse der Industrieländer (→Terms of Trade). Ein weiterer Ansatz des Außenhandelsbereichs ist die Theorie des Verelendungswachstums, die eine einseitige Exportorientierung als Hemmnis für die Entwicklung sieht. Die Abhängigkeitstheorien (→Dependencia-Theorien) bauen z. T. auf der klass. Imperialismustheorie auf.

Entwicklungsstrategien

Die folgenden Entwicklungsstrategien als programmat. Konzepte polit. Entscheidungsträger nehmen primär auf die wirtschaftl. Verhältnisse Bezug. In den Nachkriegsjahren sollte, ausgehend von der Wachstumstheorie über eine Erhöhung der Sparquote, durch eine Steigerung der Kapitalproduktivität oder durch verstärkte Kapitalimporte (z. B. Direktinvestitionen, Exportkredite, bilaterale öffentl. Kredite, Kredite internat. Organisationen und zinslose Transferzahlungen als bedeutsame Finanzierungsquelle für Investitionen) das Kapitalangebot in den Entwicklungsländern erhöht werden. Damit die Umsetzung des meist reichlich vorhandenen Finanzierungskapitals in Realinvestitionen auch tatsächlich zustande kommt, entwickelte RAGNAR NURKSE die ›Strategie des ausgewogenen Wachstums‹ (›strategy of balanced growth‹). Danach soll eine Industrie aufgebaut werden, die sich gleichzeitig ihren eigenen Markt schafft. Dies erfordert genaue und straff durchzuhaltende Investitionsplanungen sowie staatl. Investitionen z. B. in Infrastrukturbereich als Basis der privatwirtschaftl. Investitionen in einem finanziellen Rahmen, der in kaum einem Entwicklungsland vorhanden ist. Als Alternative bzw. als Ergänzung zum ausgewogenen Wachstum wurde von ALBERT O. HIRSCHMAN (* 1915) die ›Strategie des unausgewogenen Wachstums‹ (›strategy of unbalanced growth‹) vorgeschlagen. Ihr zufolge behindern unzureichende Kapitalnachfrage wie Investitionsbereitschaft die Entwicklung. Engpässe in der Versorgung könnten jedoch Investitionsanreize schaffen. Schlüsselindustrien, d. h. Industriebereiche mit weit reichenden Zuliefer- und Abnehmerbeziehungen, können Gewinnmöglichkeiten eröffnen. Eine Unterstützung der heim. Industrie, z. B. durch Importstopps, kann sich als hilfreich erweisen. Diese Strategie wurde bes. lateinamerikan. Entwicklungsländer verfolgt, zumeist allerdings ohne nachhaltigen Erfolg. Die Strategie des unausgewogenen Wachstums wurde ergänzt durch die Strategie ›Umverteilung durch Wachstum‹, nach der das wirtschaftl. Wachstum auch die Bev.-Mehrheit erreichen muss, um die Unterentwicklung nachhaltig zu überwinden.

Die Frage, ob eher die Landwirtschaft oder der industrielle Sektor (einschließlich Bergbau) gefördert werden soll, wird erst seit Beginn der 70er-Jahre diskutiert. Zwar wurde in fast allen Entwicklungsplänen davon ausgegangen, dass Wachstum überwiegend auf einer Industrialisierung beruht. Neuere Strategien mit einem Schwerpunkt in der Entwicklung des primären Sektors berücksichtigen jedoch, dass die Vernachlässigung der Landwirtschaft eine Ursache für anhaltende Armut, wachsende Einkommensungleichgewichte und Arbeitslosigkeit ist. Durch Landreformen und Infrastrukturmaßnahmen sollen die Grundlagen für eine Selbstversorgung mit Nahrungsmitteln sowie für den Export von Agrarerzeugnissen geschaffen werden. Beratung, regionale Zentren, geeignete Technologien, die Arbeit auf gemeinschaftl. Basis (Kooperativen und Genossenschaften) sollen auch Probleme wie die Landflucht lösen helfen.

Weitere Strategien sind die Importsubstitution, d. h. der Versuch, bislang importierte Güter im Inland zu produzieren, um damit Devisen zu sparen und das Wachstum auf mehr Industriezweige auszudehnen, sowie die Exportdiversifizierung oder Exportexpansion, d. h. die stärkere Einbeziehung der Volkswirtschaften in den Welthandel durch Ausweitung der Ausfuhr traditioneller Exportgüter (v. a. landwirtschaftl. und mineral. Rohstoffe) sowie durch Aufbau neuer exportorientierter Wirtschaftszweige (z. B. weiterverarbeitende Industrie). Die Vorgehensweise der Importsubstitutionsstrategie entspricht der des unausgewogenen Wachstums; negative Beschäftigungswirkungen, Verschlechterung der Einkommenspositionen der breiten Masse der Bev. und hohe Anteile ausländ. Investitionen waren die negativen Folgen dieser Strategie. Die Strategie der Exportdiversifizierung, die nach Abbau der protektionist. Maßnahmen erhebl. Erfolge aufweisen konnte, sollte die genannten negativen Folgen möglichst auffangen. Das Hauptproblem dieser Strategie liegt in den gleichartigen Angebots- und Produktpaletten der Entwicklungsländer.

Nach der vom Internat. Arbeitsamt entwickelten →Grundbedürfnisstrategie sollen Investitionen in Einrichtungen getätigt werden, durch die die Grundbedürfnisse der Bev. wie Nahrung, Wohnung, Bildung befriedigt werden. Da wirtschaftl. Wachstum nicht unbedingt gleichzeitig zu einer Verringerung der Armut beiträgt, wurden die Abhängigkeitstheorien entwickelt, die eine autozentrierte Entwicklung durch Abkopplung (Dissoziation) von der Weltwirtschaft auf Zeit anstreben, ähnlich der Strategie des ausgewogenen Wachstums. Im Unterschied zu dieser ist allerdings die Landwirtschaft der vorantreibende Sektor der Entwicklung; es sollen angepasste Technologien zum Einsatz kommen; Nahrungsmittelversorgung und Bildung sollen sich an den Bedürfnissen in den Ländern orientieren (→Selfreliance). Ähnlichkeit besteht mit der Grundbedürfnisstrategie und den neueren Strategien der →ländlichen Entwicklung.

Seit Anfang der 90er-Jahre rückt das Konzept der →nachhaltigen Entwicklung in den Mittelpunkt der entwicklungspolit. Diskussion, das erstmals entwicklungspolit. und umweltpolit. Zielsetzungen miteinander verknüpft. Anlass war zum einen die Erkenntnis, dass es mit den bisherigen Konzeptionen nicht gelungen ist, die fortschreitende Verarmung großer Bev.-Gruppen in der Dritten Welt aufzuhalten oder eine Verbesserung der wirtschaftl. und sozialen Lebensverhältnisse in den Entwicklungsländern zu erreichen. Zum anderen wurde die entwicklungspolit. Umorientierung begünstigt durch das Ende des Ost-West-Konflikts Anfang der 90er-Jahre, wodurch die Konfrontation der Systeme und ihr Streben nach Ausweitung der polit. Einflusssphären in den Entwicklungsländern weitgehend obsolet wurden. Darüber hinaus werden die weltweit voranschreitende Umweltzerstörung und Überbevölkerung, die vorwiegend durch regionale und lokale Konflikte ausgelösten Hungersnöte und Flucht- bzw. Wanderungsbewegungen sowie die Ausbreitung von Aids und anderen Krankheiten zunehmend als globale, die gesamte Menschheit bedrohende Probleme angesehen, deren Hauptursache in der anhaltenden Armut und Unterentwicklung in den Staaten der Dritten Welt liegt.

Kritik und Perspektiven

Nicht zu übersehen sind die Fehlschläge der in den 50er- und 60er-Jahren verfolgten wachstums- und exportorientierten Industrialisierungsstrategien. Bei der Gleichsetzung von Entwicklung mit Industrialisierung wurde übersehen, dass die Übertragung dieses Konzepts von hoch industrialisierten Ländern aus erfolgte, deren Agrarsektor eine hohe Produktivität aufweist und in denen nur noch ein kleiner Teil der Bev. im primären Sektor beschäftigt ist.

Langfristig muss in Entwicklungsländern eine zusammenhängende Volkswirtschaft entstehen, in der z. B. Wachstumsschübe aus den Industriebereichen zu einer breiten Erschließung des Binnenmarktes beitragen. Die vielfach geförderten freien Produktionszonen schließen weitgehend diese Markterschließung aus, und sowohl die Strategie der Importsubstitution als auch die der Exportorientierung weisen häufig fehlende Kopplungseffekte auf. Einige Entwicklungsländer haben allerdings den Schritt über den Exportsektor vollzogen: Unter Ausnutzung ihrer spezif. Produktionskostenvorteile, bes. ›preiswerte‹ und qualifizierte Arbeitskräfte, haben z. B. Taiwan, Süd-Korea, Singapur, Thailand und China Exportindustrien aufgebaut.

Die Aufgabe landwirtschaftl. Produktion, zunehmende Landflucht und Slumbildung in den Ballungszentren sind häufig Nebeneffekte der Industrialisierungspolitik. Die mit der Industrialisierung verbundenen Umweltbelastungen stellen ebenso wie die massiven Eingriffe in den Naturhaushalt durch Agroindustrie und Monokulturen für das ökologisch labile System der Tropen ein zusätzl. Problem dar. Die negativen Folgen betreffen inzwischen nicht nur die Entwicklungsländer selbst, sondern haben globale Auswirkungen.

Ein Teil der Kritik an E. und ihren Maßnahmen richtet sich gegen die typisch westl. Bestrebungen, das Modell der wirtschaftl. Entwicklung in den Industrieländern v. a. im 18. und 19. Jh. auf die Entwicklungsländer zu übertragen. Auch das Vorhaben, über die Bildung von ›Eliten‹ in den Entwicklungsländern für Impulse zu sorgen, kann als gescheitert angesehen werden. Durch die Trennung von ihrer eigenen Bev. und deren Problemen sowie durch die teilweise kulturelle Entwurzelung werden Bedürfnisse und Denkstrukturen der jeweiligen Geberländer übernommen, und der Gegensatz von Arm und Reich wird verschärft.

Die Neuorientierung von Entwicklungskonzepten (v. a. Grundbedürfnisstrategie und integrierte ländl. Entwicklung, nachhaltige Entwicklung) kann positive Ergebnisse erzielen, wenn sie mit der offiziellen Entwicklungsstrategie des betreffenden Entwicklungslandes übereinstimmt, wenn ›Prestigeobjekte‹ und industrielle Großprojekte aufgegeben werden. Die Aufhebung oder Umwandlung entwicklungshemmender Agrarstrukturen ist notwendig, um über eine solide Basis im Landwirtschaftsbereich für die weitere Entwicklung zu verfügen, verbunden mit einer langfristigen Verbesserung der Lebens- und Arbeitsbedingungen der Bev. (Maßnahmen in den Bereichen Bildung, Gesundheit, Infrastruktur). In diesem Sinne sollten auch die Mittel der Entwicklungshilfe eingesetzt werden.

Die Entwicklungsländer müssen allerdings auch selbst ihren Beitrag leisten: durch Diversifizierung der Angebotspalette am Weltmarkt, durch Bemühungen, das Bev.-Wachstum einzudämmen, durch eine verstärkte Kapitalbildung über Ersparnisse auf dem Weg über funktionierende Steuersysteme, die die staatl. Einnahmen sichern, und eine bewusste Stabilitätspolitik, die die Kapitalflucht und Inflationsfurcht zurückdrängt. Aus entwicklungspolit. Sicht ist darüber hinaus auch eine Reform des internat. Wirtschafts- und Finanzsystems erforderlich, bes. bezogen auf eine stärkere Integration der Entwicklungsländer in die Weltwirtschaft (→Neue Weltwirtschaftsordnung) und auf eine Lösung der internat. →Schuldenkrise.

⇨ *Armut · Arbeitslosigkeit · Bevölkerungsentwicklung · Welternährung · Weltwirtschaft · WTO*

K. G. MYRDAL: Ökonom. Theorie u. unterentwickelte Regionen (a. d. Engl., 1959); Der Pearson-Bericht, hg. v. der Kommission für internat. Entwicklung (a. d. Engl., Wien 1969); R. NURKSE: Problems of capital formation in underdeveloped countries and patterns of trade and development (New York 1970); D. KEBSCHULL u. a.: E. (³1976); Weltentwicklungsbericht (Washington, D. C., 1978 ff.); G. ADDICKS u. H.-H. BÜNNING: Ökonom. Strategien der E. (1979); Das Überleben sichern. Bericht der Nord-Süd-Kommission (a. d. Engl., 1980); W. OCHEL: Die Entwicklungsländer in der Weltwirtschaft (1982); V. TIMMERMANN: Entwicklungstheorie u. E. (1982); Hilfe in der Weltkrise, hg. v. W. BRANDT (a. d. Engl., 1983); E. KÜNG: Entwicklungsländer, Entwicklungsprobleme, E. (1983); D. BENDER: E., in: Vahlens Kompendium der Wirtschaftstheorie u. Wirtschaftspolitik, Bd. 2 (²1985); Die Dritte Welt in der Krise, hg. v. P. J. OPITZ (²1985); Dritte-Welt-Forschung. Entwicklungstheorie u. E., hg. v. F. NUSCHELER (1985); E., hg. v. D. OBERNDÖRFER u. a. (1986); H. ELSENHANS: Nord-Süd-Beziehungen (²1987); H. H. GLISMANN u. a.: E. u. Beschäftigungspolitik (³1987); Entwicklungszusammenarbeit. Fakten – Erfahrungen – Lehren, hg. v. R. CASSEN (a. d. Engl., Bern 1990); M. KAISER u. N. WAGNER: E. Grundlagen – Probleme – Aufgaben (³1991); Hb. der Dritten Welt, hg. v. D. NOHLEN u. F. NUSCHELER, 8 Bde. (³1993–95); R. KOCH: Entwicklungsschutz statt Entwicklungshilfe (1993); W. LACHMANN: E., auf 4 Bde. ber. (1994 ff.); R. H. STRAHM: Warum sie so arm sind. Arbeitsbuch zur Entwicklung der Unterentwicklung in der Dritten Welt mit Schaubildern u. Kommentaren (⁹1995); N. WAGNER u. M. KAISER: Ökonomie der Entwicklungsländer. Eine Einf. (³1995); J. H. WOLFF: E.-Entwicklungsländer. Fakten – Erfahrungen – Lehren (1995); F. NUSCHELER: Lern- u. Arbeitsbuch E. (Neuausg. 1996).

Entwicklungsprogramm der Vereinten Nationen, Spezialorgan der Vereinten Nationen, →UNDP.

Entwicklungspsychologie, Teilgebiet der Psychologie, dessen Gegenstandsbereich die Beschreibung und Erforschung vorwiegend der ontogenet. Entwicklung des Verhaltens von Individuen und Gruppen ist. Ende des 19. Jh. durch den Einfluss der Evolutionstheorie C. DARWINS als selbstständige Teildisziplin der Psychologie konstituiert, beschränkte sich die E. zunächst auf eine chronologisch möglichst getreue Beschreibung individueller Entwicklungsverläufe. Mit Beginn des 20. Jh. wurde diese nicht repräsentative Verfahrensweise aufgegeben. Seither versucht die E., an großen Gruppen gleichaltriger Individuen Durchschnittsnormen des Entwicklungsstandes in den versch. Bereichen der Verhaltensentwicklung festzustellen (Querschnittuntersuchung) oder den Entwicklungsverlauf in bestimmten Funktionsbereichen durch langfristige Beobachtung kleiner Gruppen gleichaltriger Individuen (Längsschnittuntersuchung) zu untersuchen. Daneben beschäftigt sich die E. heute in zunehmendem Maße mit Fragen der Entwicklungstheorie und versucht im Labor- und Feldexperiment zu klären, durch welche Bedingungen und über welche Lernprozesse der Entwicklungsprozess beeinflusst wird und gesteuert werden kann.

E., hg. v. O. M. EWERT (1972); H. NICKEL: E. des Kindes- u. Jugendalters, 2 Bde. (Bern ³⁻⁴1972–82); R. OERTER: Moderne E. (²⁰1984).

Entwicklungsroman, Bez. für einen Romantypus, in dem, im Unterschied zum Typ des Zeit-,

Staats- oder Gesellschaftsromans, die erzählte Welt von einer Zentralgestalt her gesehen ist und das Interesse des Erzählers v. a. den Bewusstseins- und sozialen Lernprozessen des zumeist jugendl. Helden gilt, vom →Bildungsroman und →Erziehungsroman kaum abzugrenzen. Bes. ausgeprägt ist der E. in der dt. Literatur, Prototyp ist GOETHES ›Wilhelm Meisters Lehrjahre‹, doch wird die Bez. auch auf ältere Werke angewandt, so gelten (oft nicht unwidersprochen) auch Werke wie ›Parzival‹ von WOLFRAM VON ESCHENBACH und ›Der Abentheurliche Simplicissimus Teutsch‹ von J. J. C. VON GRIMMELSHAUSEN als E. Herausragende Beispiele des 19. und 20. Jh. sind ›Der grüne Heinrich‹ (G. KELLER), ›Der Zauberberg‹ (T. MANN), ›Das Glasperlenspiel‹ (H. HESSE), ›Die Blechtrommel‹ (G. GRASS). →Roman.

M. GERHARD: Der dt. E. bis zu Goethes ›Wilhelm Meister‹ (Bern ²1968); L. KÖHN: E. u. Bildungsroman (1969); N. RATZ: Der Identitätsroman. Eine Strukturanalyse (1988).

Entwicklungssoziologie, Teilgebiet der Soziologie, das auf die Erforschung der Bedingungen zielgerichteter Prozesse des wirtschaftl., sozialen und kulturellen Wandels von Gesellschaften oder gesellschaftl. Teilbereichen gerichtet ist. Ging man zunächst davon aus, dass sich auch in den Entwicklungsländern allgemeine ›Muster‹ der Modernisierung (Alphabetisierung, Industrialisierung, Verstädterung u. Ä.) und sozialen Mobilisierung nachweisen lassen, so wird diese Orientierung an den ›Referenzgesellschaften‹ neuerdings differenzierter gesehen.

Kölner Ztschr. für Soziologie u. Sozialpsychologie, Sonderheft 13: Aspekte der E., hg. v. R. KÖNIG (1969); S. N. EISENSTADT: Tradition, Wandel u. Modernität (a. d. Engl., 1979).

Entwicklungsstörungen, Sammel-Bez. für Normabweichungen in der embryonalen wie auch körperl. und seelisch-geistigen kindl. Entwicklung. (→Embryopathie, →Fetopathie, →Kind)

Entwicklungsvölkerrecht, →Völkerrecht.

Entwicklungszentrum, Entstehungszentrum, *Biogeographie:* Bez. für ein Gebiet, das (im Unterschied zum übrigen Areal) durch das Vorkommen zahlr., nahe miteinander verwandter Tier- und Pflanzenarten gekennzeichnet ist und als Ursprungsgebiet der betreffenden systemat. Kategorie angesehen werden kann.

Entwöhnung, die klin. Behandlung bei Abhängigkeit von Suchtmitteln (→Entzugskur).

entwürdigende Behandlung, Straftat, die begeht, wer einen militär. Untergebenen entwürdigend behandelt (z. B. durch den Befehl, sich vor versammelter Mannschaft herabwürdigend zu bezichtigen) oder ihm böswillig den Dienst erschwert oder eine solche Behandlungsweise fördert oder pflichtwidrig duldet. Strafrahmen: Freiheitsstrafe bis zu 5 Jahren, in bes. schweren Fällen nicht unter 6 Monaten (§ 31 Wehrstraf-Ges.). Wesensgleiche Bestimmungen enthält § 35 *österr.* Militärstraf-Ges.; eine parallele Vorschrift fehlt im *schweizer.* Militärstraf-Ges., doch kennt dieses (Art. 66) den Missbrauch der Befehlsgewalt.

Entwurf, 1) *Kunst:* erste Fixierung eines Kunstwerks, meist als →Skizze, in der Bildhauerkunst auch als →Bozzetto.

2) *Philosophie:* in der Fundamentalontologie M. HEIDEGGERS die existenziale Struktur des Daseins, d. h. des Menschen als des sich selbst und seine Welt verstehenden Weltwesens. Der E. ist bedingt durch die ›Geworfenheit‹ des Menschen in sein ›Da‹. Bei J.-P. SARTRE wird E. (›Projet‹) zum zentralen Begriff seiner existenziellen Anthropologie, wobei das Sichentwerfen des Menschen im Handeln kennzeichnend für seine Existenz und zugleich die Struktur der Freiheit ausmacht.

Entwurfsgeschwindigkeit, *Straßenbau:* Richtgeschwindigkeit in der Straßenplanung, die theore-

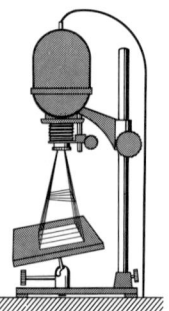

tisch eine sichere Verkehrsabwicklung gewährleistet. Die E. dient als Richtwert, um die geometr. Elemente (Trassierungselemente) der Straße, z. B. Kurvenradius und Überhöhungen, auf einer gemeinsamen Grundlage ermitteln zu können.

Entzerrung, 1) *Nachrichtentechnik* und *Elektroakustik:* die Beseitigung oder Verringerung übertragungsbedingter Verfälschungen elektr. Signale, die die Erkennbarkeit und Verwertbarkeit der Nachricht beeinträchtigen (→Verzerrung), mittels geeigneter Schaltglieder. Bei der Abtastung von Schallplatten mit magnetodynam. oder keram. Tonabnehmern muss die bei der Aufnahme vorgenommene und durch die →Schneidkennlinie festgelegte Verzerrung wieder rückgängig gemacht werden, was mithilfe einer frequenzabhängigen Gegenkopplung in speziell hierfür ausgelegten Entzerrervorverstärkern erfolgt.

2) *Photogrammmetrie:* opt., graf. oder rechner. Verfahren zur Beseitigung projektiver Verzerrungen von Messbildern, die bei der fotograf. Aufnahme ebener Objekte entstehen, wenn Bild- und Objektebene nicht parallel ausgerichtet sind. Zur opt. E. dienen **E.-Geräte,** mit denen Projektions- und Bild- oder Objektivebene zueinander geneigt werden unter Benutzung von Passpunkten. Messbilder von nicht ebenen Objekten werden nach dem →Orthofotoverfahren entzerrt.

Entziehung der Fahrerlaubnis. Wird jemand wegen einer rechtswidrigen Tat, die er im Zusammenhang mit dem Führen eines Kraftfahrzeugs begangen hat, verurteilt oder nur wegen erwiesener oder möglicher Schuldunfähigkeit nicht verurteilt, so entzieht ihm das Gericht für die Dauer von 6 Monaten bis zu 5 Jahren, ggf. auch für immer, die Fahrerlaubnis, wenn sich aus der Tat ergibt, dass er zum Führen von Kraftfahrzeugen ungeeignet ist (§§ 69, 69 a StGB). Bei bestimmten Delikten (Gefährdung des Straßenverkehrs, Verkehrsunfallflucht, Trunkenheit im Verkehr, Vollrausch) ist der Täter i. d. R. als ungeeignet zum Führen von Kraftfahrzeugen anzusehen. Nach § 111 a StPO kann auch schon im Ermittlungsverfahren durch richterl. Beschluss eine **vorläufige E. d. F.** erfolgen, wenn dringende Gründe für die Annahme vorhanden sind, dass die Fahrerlaubnis entzogen wird. Von der vorläufigen E. d. F. ist die Beschlagnahme, Sicherstellung oder Inverwahrnahme des →Führerscheins zu unterscheiden. Von den 262456 E. d. F., die 1991 im alten Bundesgebiet vorgenommen wurden, erfolgten 160 800 wegen Vergehen im Straßenverkehr in Trunkenheit. Das Fahren ohne Fahrerlaubnis wird nach § 21 Straßenverkehrs-Ges. mit Freiheits- oder Geldstrafe belegt. Neben der E. d. F., die eine →Maßregel der Besserung und Sicherung darstellt, kennt das Strafrecht als Nebenstrafe auch das →Fahrverbot.

In *Österreich* erfolgt eine Entziehung der Lenkerberechtigung ausschließlich durch Verwaltungsbehörden bei Wegfall der Verkehrszuverlässigkeit, der körperl. oder geistigen Eignung oder der fachl. Befähigung (§§ 73, 74 Kraftfahr-Ges. 1967, KFG). Bei der Entziehung kann die Behörde auch begleitende Maßnahmen (z. B. Nachschulung) anordnen und bei Nichtbefolgen die Entziehungszeit verlängern (§ 73 Abs. 2a KFG). Die Zuverlässigkeit kann auch entfallen, wenn nach Begehung bestimmter Straftaten (Tötungs-, Körperverletzungsdelikte, Straftat im Zustand voller Berauschung) zu befürchten ist, der Täter werde unter Ausnutzung eines Kraftfahrzeugs schwere strafbare Handlungen begehen (§ 66 KFG). Vorläufige Abnahme des Führerscheins durch Sicherheitsorgane ist möglich, wenn der Lenker bes. durch Alkoholisierung deutlich erkennbar nicht mehr die ›volle Herrschaft über seinen Geist und seinen Körper besitzt‹ (§ 76 KFG). Das *schweizer.* Recht kennt die E. d. F. nur als Verwaltungsmaßnahme (Art. 16 Straßenverkehrs-Ges.). Das Fahren ohne Führerausweis ist nach Art. 95 Straßenverkehrs-Ges. strafbar.

Entzinnen, Rückgewinnung von Zinn aus Weißblechabfällen; erfolgt durch Elektrolyse, durch Auflösen des Zinns in alkal. Lösungen (Bildung von Alkalistannaten) oder durch Behandeln mit Chlor (Bildung von Zinntetrachlorid).

Entzugskur, Entziehungskur, meist mehrere Wochen oder Monate dauernde, stationär durchgeführte Behandlung Suchtkranker zur Entwöhnung von Suchtmitteln (→Abhängigkeit, →Sucht). Bei Alkohol, Stimulantien und Opiaten erfolgt sofortiger Entzug, bei Barbituraten und Benzodiazepinen eine langsame Dosisreduzierung. Die dabei der E. auftretenden Entzugserscheinungen (→Abstinenzsyndrom) werden symptomatisch (i. d. R. durch Ersatzmittel) behandelt. Wichtig für den Erfolg einer E. sind die begleitende psychotherapeut. Behandlung (Einzel- oder Gruppentherapie) sowie die konsequente langfristige Nachsorge, die z. B. durch den Hausarzt, Drogenberatungsstellen, in Selbsthilfegruppen oder therapeut. Wohngemeinschaften stattfinden kann, und Maßnahmen, die der Reintegration in die Gesellschaft dienen. Die Rückfallquote liegt bei etwa 60–70 %. Weit weniger Rückfälle verzeichnet man bei Durchführung der Methadonerhaltungstherapie, die in den USA v. a. bei Heroinsüchtigen in den 1960er-Jahren eingeführt wurde. Die Behandlung mit Methadon befreit den Süchtigen von Entzugssymptomen und ermöglicht ihm darüber hinaus, ein im weitesten Sinne gesellschaftl. Normen entsprechendes Leben zu führen. Jedoch muss in den meisten Fällen die Methadonbehandlung ein Leben lang fortgeführt werden, um Rückfälle zu vermeiden, der völlige Entzug gelingt in den wenigsten Fällen. In Dtl. wird die Behandlung Suchtkranker mit Methadon ebenfalls unter bestimmten Kriterien praktiziert. Da die stationäre E. einer Freiheitsentziehung gleichkommt, bedarf sie der Einwilligung des Betroffenen oder bei straffällig gewordenen Suchtkranken sowie bei Gefahr der Selbst- oder Umweltgefährdung einer richterl. Entscheidung. Bei Jugendlichen kann eine fehlende Einwilligung der Erziehungsberechtigten durch das Vormundschaftsgericht ersetzt werden.

Entzugssyndrom, das →Abstinenzsyndrom.

Entzundern, *Oberflächenbehandlung:* das Entfernen der auf der Oberfläche von Stahl bei hohen Temperaturen gebildeten, aus Eisenoxiden bestehenden Zunderschicht; geschieht i. A. durch Beizen, Bürsten, Strahlen, Biege-E. oder Flammstrahlen.

Entzündung, 1) *Chemie:* der Beginn einer Verbrennung oder einer chem. Reaktion, die freiwillig und lebhaft unter Wärme- und Lichtentwicklung abläuft; diese setzt ein, sobald das reagierende Stoffgemisch auf eine bestimmte Temperatur, die **E.-Temperatur,** gebracht worden ist. Bei flüssigen Brennstoffen, Schmierölen u. Ä. unterscheidet man zw. dem →Flammpunkt, bei dem die daraus entwickelten brennbaren Dämpfe sich entzünden lassen, und dem →Brennpunkt, bei dem die Flüssigkeit selbst weiterbrennt.

2) *Medizin:* **Inflammatio,** unspezifische, örtl. Abwehrreaktion des lebenden Organismus auf einen schädigenden Reiz in Form von Veränderungen des Gefäß-Bindegewebs-Apparates. Die medizin. Bez. für E. besteht meist aus dem griech. Wort für das betroffene Organ mit der angefügten Endung ›-itis‹ (z. B. Gastritis, Bronchitis).

Die *Ursachen* von E. liegen meist im Eindringen von Krankheitserregern, Parasiten, Giften (z. B. durch Insektenstiche) und Allergenen, auch von Fremdkörpern; weitere Auslöser sind physikal. Einwirkungen (ionisierende u. a. Strahlen, Hitze, Kälte), chem. Substanzen (Säuren, Laugen) und mechan. Reize (Rei-

bung, Druck), aber auch endogene Einflüsse wie krankhafte Stoffwechselprodukte, abgestoßene Gewebsteile, bösartige Geschwülste. Von **abakteriellen E.** oder **aseptischen E.** spricht man, wenn keine pathogenen Keime beteiligt sind.

Bei der **akuten E.** kommt es unmittelbar auf den auslösenden Reiz zu einer durch Adrenalinausschüttung bewirkten kurzzeitigen Verengung der Arteriolen. Der weitere Ablauf ist durch die Kardinalsymptome der E. gekennzeichnet: Rötung (Rubor), Erwärmung (Calor), Schwellung (Tumor) und Schmerz (Dolor). Ursache für die Rötung und Erwärmung ist eine anschließend unter dem Einfluss von Mediatorsubstanzen wie Histamin ausgelöste Gefäßerweiterung mit Beschleunigung des Blutstroms um den E.-Herd herum (entzündl. Hyperämie) mit örtl. Stoffwechselsteigerung. Infolge des erhöhten Kapillardrucks tritt Plasmaflüssigkeit durch die durchlässig gewordene Wand der Haargefäße in die Zwischenräume ein und sammelt sich als Exsudat im Gewebe, wodurch es zu Schwellung und Druckschmerz auf die Nerven kommt. Die Plasmaflüssigkeit enthält antibakteriell wirksame Bestandteile, bewirkt eine Verdünnung der schädl. Stoffe und erleichtert den Austritt von Abwehrstoffen. Durch die innere Reibung des nunmehr zellreicheren Blutes kommt es zu einer Verlangsamung des Blutstroms und einer passiven Stauung (Stase) mit der Folge einer Absperrung des E.-Herdes und der Erreger, die bis zur partiellen Gewebsnekrose führen kann. Einen wesentl. Abwehrmechanismus stellt in diesem Zusammenhang die Durchwanderung (Diapedese) weißer Blutkörperchen (Granulozyten) dar, die durch Phagozytose Zerfallsprodukte des Gewebes und Bakterien unschädlich machen. Auch Lymphozyten und Fresszellen (Makrophagen) sammeln sich am Ort der E.; es kann zur lokalen Antikörperbildung durch Plasmazellen kommen. Das durch zelluläre Bestandteile angereicherte Exsudat wird als Infiltrat bezeichnet.

Die *Einteilung* der akuten E. richtet sich nach Art und Menge des Exsudats. Bei der **serösen E.** überwiegt der Austritt albuminreicher Plasmaflüssigkeit, die an den Schleimhäuten mit Schleim vermischt ist **(katarrhalische E.);** in Gelenken, Schleimbeuteln und den großen Körperhöhlen bezeichnet man sie als **serösen Erguss.** Die **fibrinöse E.** ist gekennzeichnet durch Gerinnung des im Plasma gelösten Fibrinogens zu Fibrin, das zur Bildung eines Belags führt, das an Schleimhäuten z. B. bei Diphtherie (kruppöse Pseudomembran) und Lungenentzündung, auch in Gelenken. Die **eitrige E.** ist durch einen hohen Anteil an weißen Blutkörperchen im Exsudat charakterisiert, die unter Zerfall und Freisetzung von Enzymen zur Einschmelzung von Eitererregern und Fremdkörpern und Eiterbildung führen. Der Eiter kann auf Schleimhäuten direkt abfließen (z. B. bei eitriger Mandelentzündung), führt bei Ansammlung in Geweben zum Abszess, bei Ausbreitung durch infiltrierendes Eindringen in das umliegende Gewebe zur Phlegmone und bei Ansammlung in natürl. Körperhöhlen oder Hohlorganen zum Empyem. Bei der **nekrotisierenden E.** kommt es durch örtl. Gewebsschädigung zu starkem Gewebszerfall (z. B. bei Rachendiphtherie), auch verbunden mit nachfolgender übel riechender, ›jauchiger‹ bakterieller Zersetzung **(gangräneszierende E.).** Die **hämorrhagische E.** weist ein stark mit Blut durchsetztes Exsudat auf (z. B. bei schweren Schleimhaut-E., in der Umgebung von Krebsgeschwülsten).

Der *Verlauf* einer E. hängt wesentlich von der Art, Stärke und Dauer des Reizes und dem Erfolg der Abwehrreaktionen ab. Bei der sich allmählich entwickelnden **chronischen E.** steht die Zellneubildung **(produktive** oder **proliferative E.)** im Vordergrund, die zur Entstehung von Granulationsgewebe und von Gewebveränderungen führt, deren Form kennzeichnend für einzelne Erreger ist. Das durch Reizschädigung und E.-Vorgänge verloren gegangene Gewebe wird z. T. durch Neubildung von Zellen ersetzt; bei größeren Gewebsverlusten entstehen Narben.

Die *Behandlung* von E. richtet sich nach den Ursachen und besteht grundsätzlich in Ruhigstellung, bei Eiterung in chirurg. Drainage oder Entfernung sowie Anwendung von Antibiotika und Chemotherapeutika, ggf. von entzündungshemmenden Mitteln.

Geschichte: Die vier Kardinalsymptome der E. wurden schon von dem röm. Enzyklopädisten AULUS CORNELIUS CELSUS beschrieben; GALEN unterschied mehrere Formen und Verläufe und hob die Störung der Funktion des entzündeten Körperteils (Functio laesa) als weiteres Kennzeichen hervor. Die dt. Bezeichnung E. wurde seit Ende des 15. Jh. medizin. Terminus und orientiert sich ebenso wie die lat. an dem Symptom der Hitze. Die Basis für die moderne pathologisch-anatomisch begründete Lehre von der E. schuf im 18. Jh. J. HUNTER. Wesentl. Erkenntnisse erbrachten im 19. Jh. verbesserte mikroskop. und tierexperimentelle Methoden, v. a. durch Entdeckung der Diapedese und der Phagozytose.

entzündungshemmende Mittel, Antiphlogistika, Arzneimittel, die unabhängig von der Entzündungsursache Entzündungssymtome verhindern oder abschwächen; sie werden in zwei Hauptgruppen unterteilt: Zu den **steroidalen Antiphlogistika** gehören die natürl. und synthet. Glucocorticoide, d. h., Cortison und Cortisonderivate, zu den **nichtsteroidalen Antiphlogistika** Substanzen, die durch Hemmung des Enzyms Cyclooxygenase u. a. die Bildung von →Prostaglandinen unterdrücken, z. B. Acetylsalicylsäure (ASS, Aspirin), Ibuprofen, Indometacin und Propyphenazon.

Enugu, 1) Hauptstadt des Bundesstaates Enugu in SO-Nigeria, 286 100 Ew.; kath. Bischofssitz; technolog. College; Lkw-Montagewerk (Mercedes-Benz), Zementwerk; Bahnstation; im NO Walzwerk für Baustahl und Flughafen; westlich von E. Steinkohlenbergbau. – E. wurde 1909 nach der Entdeckung der Kohlevorkommen gegründet.

2) Bundesstaat von →Nigeria.

Enukleation [zu lat. enucleare ›auskernen‹ *die, -/-en,* i. w. S. die operative Ausschälung eines abgekapselten Organs, Gewebeteils, Tumors oder Fremdkörpers im Ganzen; i. e. S. die **Enucleatio bulbi,** die Entfernung eines Augapfels.

Enumeration [lat.] *die, -/-en,* **1)** *allg.:* Aufzählung.

2) *Recht:* die Zuweisung von Zuständigkeiten an ein Gericht, eine Behörde oder einen sonstigen Entscheidungsträger durch Aufzählung der einzelnen Bereiche, so z. B. im Fall der Zuständigkeitsbestimmung des Bundesverfassungsgerichts (§ 13 Bundesverfassungsgerichts-Ges.).

E-Nummern, EG-Nummern, EU-Nummern, Bez. für die im Bereich der EG/EU zur Kennzeichnung von Zusatzstoffen in Lebensmitteln verwendeten drei- und vierstelligen Zahlen mit vorangestelltem E (Lebensmittelkennzeichnungs-VO vom 22. 12. 1981 in der jeweils geltenden Fassung). Beispiele: E 162 Betanin (Farbstoff), E 280 Propionsäure (Konservierungsstoff), E 300 Ascorbinsäure (Antioxidationsmittel), E 406 Agar-Agar (Verdickungsmittel). TABELLE

Enuresis [griech.] *die, -,* **Enurese, Bettnässen, Einnässen,** ungewollter, meist nächtl. Harnabgang (**E. nocturna,** bei Tag: **E. diurna),** der im Unterschied zur Inkontinenz i. d. R. funktionelle, keine organ. Ursachen hat. Bei Kindern ab dem 4.–5. Lebensjahr ist die E. eine meist psychisch bedingte Unfähigkeit (z. B. bei übertriebener Angst), den Entleerungsmechanismus der Blase zu beherrschen. Die E. ist durch Arzneimittel und Psychotherapie erfolgreich behandelbar.

Envalira, Port d'E. [ˈpɔrd dəmbəˈliːrə], höchster Straßenpass in den Pyrenäen, 2 408 m ü. M., unterhalb des **Pico d'E.,** 2 822 m ü. M., Zugang von Frankreich (Tal der Ariège) nach →Andorra.

Enveloppe [ãvəˈlɔp(ə); frz. ›Umhüllung‹] *die, -/-n,* **1)** *Mathematik:* die →einhüllende Kurve.

2) *Mode:* mantelartiges Überkleid in der Frauenmode des frühen 19. Jahrhunderts.

Enver Pascha, türk. General und Politiker, * Konstantinopel 22. 11. 1881, † bei Baldschuan (Tadschikistan) 4. 8. 1922; nahm 1908 maßgeblich am Aufstand der Jungtürken, 1911 am Italienisch-Türk. Krieg in Libyen, 1913 am 2. Balkankrieg teil. Als Kriegs-Min. erwirkte er 1914 das Zusammengehen der Türkei mit Dtl. und leitete als Vizegeneralissimus die türk. Operationen bis Kriegsende. 1918 floh er, für die türk. Niederlage mitverantwortlich gemacht und entlassen, nach Berlin, stand hier und später in Moskau lange mit den Sowjets in Verbindung, brach mit ihnen jedoch 1921 und ging nach Buchara, wo er einen Aufstand gegen das Sowjetregime unterstützte; er fiel im Kampf gegen sowjet. Truppen.

Environment [inˈvaɪərənmənt; engl., eigtl. ›Umgebung‹, zu frz. environ ›um ... herum‹] *das, -s/-s,* Ausdrucksform der bildenden Kunst in der zweiten Hälfte des 20. Jh., die aus Assemblage und Combine-painting entwickelt wurde und wichtige Impulse aus der Happening-Bewegung erhielt. Das E. besteht aus einer räumlich definierten Anordnung verschiedenartiger Materialien und/oder (Gebrauchs-)Gegenstände (oft in Verbindung mit Malerei, Plastik, Licht u. a. Medien) und bezieht den Betrachter unmittelbar ein. Eine Vorstufe des E. stellte der Merzbau von K. SCHWITTERS in Hannover dar (1923 ff.; 1943 zerstört). Besondere Bedeutung erlangte das E. in der Pop-Art (R. RAUSCHENBERG, C. OLDENBURG) und mit Arbeiten von G. SEGAL und E. KIENHOLZ; Formen des E. finden sich u. a. auch in der kinet. Kunst (LYGIA CLARK, C. CRUZ-DÍEZ, H. GOEPFERT, J. LE PARC, G. COLOMBO, →Zero) und der individuellen Mythologie (P. THEK, M. BUTHE). Das E. wirkt in Rauminstallationen weiter.

A. KAPROW: Assemblage, environments and happenings (New York 1966); A. HENRI: E:s and happenings (London 1974); J. CLAUS: Kunst heute (Neuausg. 1986).

Environtologie [zu frz. environ ›um ... herum‹] *die, -,* Teilgebiet der Zukunftsforschung, das sich speziell mit den Umweltfaktoren befasst. Die E. versucht v. a. festzustellen, welche Veränderungen in der Umwelt

Enver Pascha

Environment: Edward Kienholz, ›The Birthday‹, 1964 (Stuttgart, Staatsgalerie)

Farbstoffe

Zum Färben und Ausgleichen verarbeitungsbedingter Farbverluste; verwendet z.B. bei Zuckerwaren, Marzipan, Obsterzeugnissen in Konserven, Erfrischungsgetränken, Dessertspeisen, Speiseeis, Spirituosen, Margarine, Käse, Fischerzeugnissen.

E-Nr.	Name	Farbe	E-Nr.	Name	Farbe
E 100	Kurkumin	gelb	E 150d	Ammoniaksulfit-Zuckercouleur	braun
E 101	Lactoflavin, Riboflavin	gelb	E 151	Brillantschwarz BN	schwarz
E 102	Tartrazin	gelb	E 153	Carbo medicinalis vegetalis	schwarz
E 104	Chinolingelb	gelb	E 154	Braun FK	braun
E 110	Gelborange S, Sunsetgelb FCF	orange	E 155	Braun HT (Schokoladenbraun HT)	braun
E 120	Echtes Karmin, Karminsäure, Cochenille	rot	E 160a	β-Carotin, gemischte Carotinoide	orange
			E 160b	Bixin, Norbixin, Annatto	orange
E 122	Azorubin, Carmoisin	rot	E 160c	Capsanthin, Capsorubin, Paprikaextrakt	orange
E 123	Amaranth	rot	E 160d	Lycopin	orange
E 124	Cochenillerot A, Ponceau 4R	rot	E 160e	β-Apo-8'-carotinal	orange
E 127	Erythrosin	rot	E 160f	β-Apo-8'-carotinsäure-äthylester	orange
E 128	Rot 2G	rot	E 161b	Lutein	orange
E 129	Allurarot AC	rot	E 161g	Canthaxanthin	orange
E 131	Patentblau V	blau	E 162	Beetenrot, Betanin	rot
E 132	Indigotin, Indigokarmin	blau	E 163	Anthocyane	blau, violett, rot
E 133	Brillantblau FCF	blau	E 170	Calciumcarbonate	grauweiß
E 140	Chlorophylle und Chlorophylline	grün	E 171	Titandioxid	weiß
E 141	Kupferkomplexe des Chlorophylls	grün	E 172	Eisenoxide und -hydroxide	gelb, rot
E 142	Grün S	grün	E 173	Aluminium	silbergrau
E 150a	Einfache Zuckercouleur	braun	E 174	Silber	silbern
E 150b	Sulfitlaugen-Zuckercouleur	braun	E 175	Gold	golden
E 150c	Ammoniak-Zuckercouleur	braun	E 180	Litholrubin B	rot

Konservierungsstoffe

Hemmen das Wachstum von Mikroorganismen und verlängern damit die Haltbarkeit von Lebensmitteln; verwendet z.B. in Fischprodukten, Schnittbrot, Erfrischungsgetränken, Backwaren, Fruchtzubereitungen, Feinkostsalaten, fettreduzierten Streichfetten, Gewürz-, Salatsoßen, Wein, Trockenfrüchten, Kartoffeltrockenprodukten, für Oberflächen von Zitrusfrüchten.

E-Nr.	Name	E-Nr.	Name
E 200	Sorbinsäure	E 233	Thiabendazol
E 202	Kaliumsorbat	E 234	Nisin
E 203	Calciumsorbat	E 235	Natamycin
E 210	Benzoesäure	E 239	Hexamethylentetramin
E 211	Natriumbenzoat	E 242	Dimethyldicarbonat
E 212	Kaliumbenzoat	E 249	Kaliumnitrit
E 213	Calciumbenzoat	E 250	Natriumnitrit
E 214	p-Hydroxybenzoesäureäthylester	E 251	Natriumnitrat
E 215	Natrium-p-Hydroxybenzoesäureäthylester	E 252	Kaliumnitrat
E 216	p-Hydroxybenzoesäure-n-propylester	E 260	Essigsäure
E 217	Natrium-p-hydroxybenzoesäure-n-propylester	E 261	Kaliumacetat
E 218	p-Hydroxybenzoesäuremethylester	E 262	Natriumacetate
E 219	Natrium-p-hydroxybenzoesäuremethylester	E 263	Calciumacetat
E 220	Schwefeldioxid	E 270	Milchsäure
E 221	Natriumsulfit	E 280	Propionsäure
E 222	Natriumhydrogensulfit	E 281	Natriumpropionat
E 223	Natriummetabisulfit	E 282	Calciumpropionat
E 224	Kaliummetabisulfit	E 283	Kaliumpropionat
E 226	Calciumsulfit	E 284	Borsäure
E 227	Calciumhydrogensulfit	E 285	Natriumtetraborat (Borax)
E 228	Kaliumhydrogensulfit	E 290	Kohlendioxid
E 230	Biphenyl, Diphenyl	E 296	Apfelsäure
E 231	Orthophenylphenol	E 297	Fumarsäure
E 232	Natriumorthophenylphenolat		

Antioxidationsmittel

Verhindern das Ranzigwerden von Fetten und die Zerstörung luftempfindlicher Vitamine und Aromastoffe; verwendet z.B. in Suppen, Brühen, Soßen (in trockener Form), Kartoffeltrockenerzeugnissen, Kaugummi, Fisch- und Fleischerzeugnissen, Fetten und Ölen, Knabbererzeugnissen.

E-Nr.	Name	E-Nr.	Name
E 300	L-Ascorbinsäure (Vitamin C)	E 321	Butylhydroxytoluol (BHT)
E 301	Natrium-L-ascorbat	E 322	Lecithin
E 302	Calcium-L-ascorbat	E 325	Natriumlactat
E 304	Fettsäureester der Ascorbinsäure	E 326	Kaliumlactat
E 306	stark tokopherolhaltige Extrakte natürlichen Ursprungs	E 327	Calciumlactat
		E 330	Citronensäure
E 307	α-Tokopherol	E 331	Natriumcitrate
E 308	gamma-Tokopherol	E 332	Kaliumcitrate
E 309	δ-Tokopherol	E 333	Calciumcitrate
E 310	Propylgallat	E 334	Weinsäure (L(+)-)
E 311	Octylgallat	E 335	Natriumtartrate
E 312	Dodecylgallat	E 336	Kaliumtartrate
E 315	Isoascorbinsäure	E 337	Natrium-Kaliumtartrat
E 316	Natriumisoascorbinat	E 338	Phosphorsäure
E 320	Butylhydroxyanisol (BHA)	E 339	Natriumorthophosphate

E-Nummern (Fortsetzung)

Antioxidationsmittel (Fortsetzung)

E-Nr.	Name	E-Nr.	Name
E 340	Kaliumorthophosphate	E 355	Adipinsäure
E 341	Calciumorthophosphate	E 356	Natriumadipat
E 350	Natriummalate	E 357	Kaliumadipat
E 351	Kaliummalate	E 363	Bernsteinsäure
E 352	Calciummalate	E 380	Triammoniumcitrat
E 353	Metaweinsäure	E 385	Calciumdinatriumäthylendiamintetraacetat
E 354	Calciumtartrat		(Calcium-dinatrium EDTA)

Emulgatoren, Gelier- und Verdickungsmittel, Stabilisatoren

Emulgatoren verbinden ursprünglich nicht miteinander mischbare Stoffe, z. B. Fett und Wasser. Gelier- und Verdickungsmittel verdicken und gelieren Flüssigkeiten. Stabilisatoren verstärken die Wirkung der genannten Stoffe und sind selbst Gelier- und Verdickungsmittel; verwendet z. B. in Dessertspeisen, Konfitüren, Backwaren, Wurst- und Fischerzeugnissen, kalorienreduzierten Lebensmitteln, Speiseeis.

E-Nr.	Name	E-Nr.	Name
E 400	Alginsäure	E 461	Methylcellulose
E 401	Natriumalginat	E 463	Hydroxypropylcellulose
E 402	Kaliumalginat	E 464	Hydroxypropylmethylcellulose
E 403	Ammoniumalginat	E 465	Äthylmethylcellulose
E 404	Calciumalginat	E 466	Carboxymethylcellulose
E 405	Propylenglykolalginat	E 470a	Natrium-, Kalium- und Calciumsalze von Fettsäuren
E 406	Agar-Agar	E 470b	Magnesiumsalze von Fettsäuren
E 407	Carrageen	E 471	Mono- und Diglyceride von Fettsäuren
E 410	Johannisbrotkernmehl	E 472a	Essigsäureester von Mono- und Diglyceriden
E 412	Guarkernmehl		von Fettsäuren
E 413	Traganth	E 472b	Milchsäureester von Mono- und Diglyceriden
E 414	Gummi arabicum		von Fettsäuren
E 415	Xanthan	E 472c	Citronensäureester von Mono- und Diglyceriden
E 416	Karayagummi		von Fettsäuren
E 417	Tarakernmehl	E 472d	Weinsäureester von Mono- und Diglyceriden
E 418	Gellan		von Fettsäuren
E 420	Sorbit	E 472e	Mono- und Diacetylweinsäureester von Mono- und
E 421	Mannit		Diglyceriden von Fettsäuren
E 422	Glycerin	E 472f	Gemischte Essig- und Weinsäureester von Mono-
E 431	Polyoxyäthylen-(40)-stearat		und Diglyceriden von Fettsäuren
E 432	Polyoxyäthylen-sorbitan-monolaureat	E 473	Zuckerester von Speisefettsäuren
	(Polysorbat 20)	E 474	Zuckerglyceride
E 433	Polyoxyäthylen-sorbitan-monooleat (Polysorbat 80)	E 475	Polyglycerinester von Speisefettsäuren
E 434	Polyoxyäthylen-sorbitan-monopalmitat	E 476	Polyglycerin-Polyricinoleat
	(Polysorbat 40)	E 477	Propylenglycolester von Speisefettsäuren
E 435	Polyoxyäthylen-sorbitan-monostearat (Polysorbat 60)	E 479b	Thermooxidiertes Sojaöl mit Mono- und Diglyceriden
E 436	Polyoxyäthylen-sorbitan-tristearat (Polysorbat 65)		von Speisefettsäuren
E 440	Pektine	E 481	Natriumstearoyl-2-lactylat
E 442	Ammoniumsalze von Phosphatidsäuren	E 482	Calciumstearoyl-2-lactylat
E 444	Sucroseacetatisobutyrat	E 483	Stearyltartrat
E 445	Glycerinester aus Wurzelharz	E 491	Sorbitanmonostearat
E 450	Natrium-, Kalium-, Calcium-Diphosphate	E 492	Sorbitantristearat
E 451	Natrium-, Kalium-Triphosphate	E 493	Sorbitanmonolaurat
E 452	Natrium-, Kalium-, Calcium-Polyphosphate	E 494	Sorbitanmonoleat
E 460	Mikrokristalline Cellulose, Cellulosepulver	E 495	Sorbitanmonopalmitat

Modifizierte Stärken

Dienen als Verdickungsmittel oder als Stabilisator; verwendet z. B. in Dessertspeisen, Suppen, Soßen.

E-Nr.	Name	E-Nr.	Name
E 1404	Oxidierte Stärke	E 1422	Acetyliertes Distärkeadipat
E 1410	Monostärkephosphat	E 1440	Hydroxypropylstärke
E 1412	Distärkephosphat	E 1442	Hydroxypropyldistärkephosphat
E 1413	Phosphatiertes Distärkephosphat	E 1450	Stärkenatriumoctenylsuccinat
E 1414	Acetyliertes Distärkephosphat	E 1505	Triäthylcitrat
E 1420	Acetylierte Stärke	E 1518	Glycerintriacetat (Triacetin)

Unterschiedliche Zusatzstoffe

E-Nr.	Name	E-Nr.	Name
E 500	Natriumcarbonate	E 516	Calciumsulfat
E 501	Kaliumcarbonate	E 517	Ammoniumsulfat
E 503	Ammoniumcarbonate	E 520	Aluminiumsulfat
E 504	Magnesiumcarbonate	E 521	Aluminiumnatriumsulfat
E 507	Salzsäure	E 522	Aluminiumkaliumsulfat
E 508	Kaliumchlorid	E 523	Aluminiumammoniumsulfat
E 509	Calciumchlorid	E 524	Natriumhydroxid
E 511	Magnesiumchlorid	E 525	Kaliumhydroxid
E 512	Zinn-II-oxid	E 526	Calciumhydroxid
E 513	Schwefelsäure	E 527	Ammoniumhydroxid
E 514	Natriumsulfate	E 528	Magnesiumhydroxid
E 515	Kaliumsulfate	E 529	Calciumoxid

E-Nummern (Fortsetzung)

Unterschiedliche Zusatzstoffe (Fortsetzung)

E-Nr.	Name	E-Nr.	Name
E 530	Magnesiumoxid	E 632	Dikaliuminosinat
E 535	Natriumferrocyanid	E 633	Calciuminosinat
E 536	Kaliumferrocyanid	E 634	Calcium-5'-ribonucleotid
E 538	Calciumferrocyanid	E 635	Dinatrium-5'-ribonucleotid
E 541	Saures Natriumaluminiumphosphat	E 640	Glycin und dessen Natriumsalz
E 551	Siliciumdioxid	E 900	Dimethylpolysiloxan
E 552	Calciumsilikat	E 901	Bienenwachs, weiß und gelb
E 553a	Magnesiumsilikate	E 902	Candelillawachs
E 553b	Talk	E 903	Carnaubawachs
E 554	Natriumaluminiumsilikat	E 904	Schellack
E 555	Kaliumaluminiumsilikat	E 912	Montansäureester
E 556	Calciumaluminiumsilikat	E 914	Polyäthylenwachsoxidate
E 558	Bentonit	E 927b	Carbamid
E 559	Aluminiumsilikat (Kaolin)	E 938	Argon
E 570	Fettsäuren	E 939	Helium
E 574	Gluconsäure	E 941	Stickstoff
E 575	Glucono-delta-Lacton	E 942	Distickstoffmonoxid
E 576	Natriumgluconat	E 948	Sauerstoff
E 577	Kaliumgluconat	E 950*)	Acesulfam-K
E 578	Calciumgluconat	E 951	Aspartam
E 579	Eisen-II-gluconat	E 952	Cyclohexan-sulfamidsäure und ihre Na- und Ca-Salze
E 585	Eisen-II-lactat		
E 620	Glutaminsäure	E 953	Isomalt
E 621	Mononatriumglutamat	E 954	Saccharin und seine Na-, K- und Ca-Salze
E 622	Monokaliumglutamat	E 957	Thaumatin
E 623	Calciumdiglutamat	E 959	Neohesperidin
E 624	Monoammoniumglutamat	E 965	Maltit
E 625	Magnesiumdiglutamat	E 966	Lactit
E 626	Guanylsäure	E 967	Xylit
E 627	Dinatriumguanylat	E 999	Quillajaextrakt
E 628	Dikaliumguanylat	E 1105	Lysozym
E 629	Calciumguanylat	E 1200	Polydextrose
E 630	Inosinsäure	E 1201	Polyvinylpyrrolidon
E 631	Dinatriuminosinat	E 1202	Polyvinylpolypyrrolidon

*)E 950–E 959 sind Süßstoffe.

durch den wiss.-techn. Fortschritt zu erwarten sind und wie diese Veränderungen auf den Menschen zurückwirken werden oder könnten.

en vogue [ã'vɔg; frz., zu vogue ›Mode‹], *bildungssprachlich:* beliebt, gerade in Mode.

Enz *die,* linker Nebenfluss des Neckars, Bad.-Württ., 103 km lang, entspringt mit den Quellflüssen Große E. und Kleine E. im N-Schwarzwald, mündet bei Besigheim.

Enzensberger, Hans Magnus, Schriftsteller, *Kaufbeuren 11. 11. 1929; studierte Germanistik und Philosophie, war zeitweise Rundfunkredakteur und Lektor; lebte einige Zeit in Norwegen, längere Zeit in Berlin, seit 1980 in München. 1968 abgebrochene Gastdozentur in den USA (Connecticut) und anschließender Kubaaufenthalt. E.s Werk hat die dt. Literatur seit den 60er-Jahren mitgeprägt. Er trat zunächst als dezidiert zeitkrit. Lyriker hervor; in den Bänden ›verteidigung der wölfe‹ (1957) und ›landessprache‹ (1960) ist eine scharfe Zeitbeobachtung bestimmend, die mit modernen Stilmitteln arbeitet: mit verfremdender Verbindung von Gegensätzen, Veränderungen des Wortmaterials, parodist. Verwendung von Zitaten u. Ä. Daneben standen bald vorwiegend politische, bes. auch medienkritisch engagierte Essays (›Einzelheiten‹, 2 Tle., 1962–64; ›Deutschland, Deutschland unter anderm‹, 1967) und eine umfangreiche Herausgebertätigkeit (u. a. ›Museum der modernen Poesie‹, 1960). 1965 gründete er die Zeitschrift →›Kursbuch‹ (Herausgeber bis 1975), 1980 die Zeitschrift ›TransAtlantik‹ (Herausgeber bis 1982), seit 1985 ist er Herausgeber der Reihe ›Die Andere Bibliothek‹. – Die polit. Unruhen in Berlin (West) 1967 markierten in E.s Schaffen eine Zäsur, er forderte nun vom Schriftsteller die Mitwirkung an der ›polit. Alphabetisierung Deutschlands‹. E.s eigener Beitrag dazu umfasst die

dokumentar-literar. Arbeiten ›Das Verhör von Habana‹ (1970), ›Freisprüche, Revolutionäre vor Gericht‹ (1970; Herausgeber) und den Roman ›Der kurze Sommer der Anarchie. Buenaventura Durrutis Leben und Tod‹ (1972). Seit den 70er-Jahren zeigt sich E.s geschichtsphilosoph. Skeptizismus immer deutlicher, so in dem Gedichtzyklus ›Mausoleum. 37 Balladen aus der Geschichte des Fortschritts‹ (1975), in dem Versepos ›Der Untergang der Titanic‹ (1978) und in den Gedichten des Bandes ›Die Furie des Verschwindens‹ (1980), gesellschaftspolit. Engagement wird zugunsten einer pragmat. Haltung aufgegeben (Essays ›Ach, Europa! Wahrnehmungen aus 7 Ländern‹, 1987; ›Mittelmaß und Wahn‹, 1988). Gleichzeitig wird die Form schlichter, die Sprache alltäglicher. Die Lyrik der 90er-Jahre dokumentiert den reifen Dichter, der aus der Fülle seiner Kenntnisse und Erfahrungen heraus den Leser zu faszinieren versteht (›Zukunftsmusik‹, 1991). E. ist auch Hörspielautor (u. a. ›Nacht über Dublin‹, Uraufführung 1961; ›Taube Ohren‹, 1971, ›Böhmen am Meer‹, 1988) und hat bedeutende Verdienste als Übersetzer und Herausgeber von Lyrik aus der ganzen Welt (u. a. W. C. WILLIAMS, W. H. AUDEN, E. LEAR, O. PAZ, C. VALLEJO, P. NERUDA). – 1963 erhielt er den Georg-Büchner-Preis.

Hans Magnus Enzensberger

Weitere Werke: *Lyrik:* Gedichte. Die Entstehung eines Gedichts (1962); blindenschrift (1964); Gedichte 1955–1970 (1971); Gedichte 1950–1985 (1986); Kiosk. Neue Gedichte (1995). – *Essays:* Clemens Brentanos Poetik (1961, erw. Diss.); Baukasten zur Theorie der Medien (1971); Palaver. Polit. Überlegungen 1967–73 (1974); Polit. Brosamen (1982). – *Stücke:* Menschenfeind (1979, nach MOLIÈRE); Der Menschenfreund (1984, nach DIDEROT); Delirium (UA 1994). – *Kinderbuch:* Zupp (1958). – Das Wasserzeichen der Poesie (1985, unter dem Pseud. A. THALMAYR). – Diderots Schatten. Unterhaltungen. Szenen. Essays (1994).

A. ZIMMERMANN: H. M. E. (1977); H. FALKENSTEIN: H. M. E. (²1979); H. M. E., hg. v. R. GRIMM (1984); DERS.: Texturen (New York 1984); H. M. E., hg. v. H. L. ARNOLD (²1985); H.-H. PREUSSE: Der polit. Literat H. M. E. (1989); U. NAM: Normalismus u. Postmoderne. Diskursanalyse der Gesellschafts- u. Geschichtsauffassung in den Gedichten H. M. E.s (1995); Debating E., hg. v. G. FISCHER (Tübingen 1996).

Enzephalisierung [zu griech. enképhalos ›Gehirn‹], **Enkephalisierung, Encephalisation,** *Stammesgeschichte:* die Zunahme der relativen Gehirngröße sowie die Bedeutung und Differenzierung der Hirnfunktion.

Enzephalitis [griech.] *die, -/...liʹtiden,* die →Gehirnentzündung.

Enzephalographie *die, -/...ʹphiʹen,* Begriff für versch. Verfahren zur Darstellung der Hirntätigkeit, →Elektroenzephalographie, →Echoenzephalographie, →Pneumenzephalographie.

Enzephalomalazie, die →Gehirnerweichung.

Enzephalopathie *die, -/...ʹthiʹen,* zusammenfassende Bez. für Erkrankungen des Gehirns.

Enzian [ahd. (g)encian(e), aus gleichbed. lat. gentiana] *der, -s,* **Gentiana,** Gattung der Enziangewächse mit über 450 Arten, die v. a. in den Gebirgen der Nordhemisphäre vorkommen. Die einjährigen oder ausdauernden Kräuter besitzen ganzrandige, kahle Blätter und trichter-, glocken- oder stieltellerförmige Blüten. Der einfächerige Fruchtknoten entwickelt sich zu einer zweiklappig aufspringenden Kapsel. Sämtl. in Mitteleuropa vorkommenden Arten (rd. 30) sind geschützt, u. a. der gelb blühende in Magerrasen und Hochgrasfluren der hochmontanen-subalpinen Stufe vorkommende **Gelbe E.** (Gentiana lutea), der dunkelrot blühende **Purpur-E.** (Gentiana purpurea) und der **Gefleckte E.** (Gentiana punctata); Blüten blassgelb mit schwarzen Punkten). Blau blühen u. a. der Kalk liebende, in subalpinen und alpinen Magerrasen vorkommende **Stängellose E.** (Gentiana acaulis), der in alpinen Steinrasen verbreitete **Schnee-E.** (Gentiana nivalis) sowie die u. a. in subalpinen Steinrasen vorkommenden Arten **Fransen-E.** (Gentiana ciliata) und **Frühlings-E.** (Gentiana verna). – Die Wurzeln versch. Arten (v. a. Gentiana lutea) enthalten viele Bitterstoffe (Bitterwurzeln) und werden sowohl in der Medizin als appetitanregendes Mittel und bei der Behandlung von Verdauungsstörungen verwendet als auch zur Herstellung von Branntwein **(Enzian)** und Kräuterlikören.

Enziangewächse, Gentianaceae, weltweit verbreitete Familie zweikeimblättriger Samenpflanzen mit 70 Gattungen; meist Kräuter oder Stauden, seltener Holzpflanzen mit gegenständigen, ganzrandigen Blättern und meist zu einer Röhre verwachsenen Blütenblättern. Die bekanntesten Gattungen sind →Enzian und →Tausendgüldenkraut.

Enzinas [enʹθinas], Francisco de, gen. **Dryander,** span. ev. Theologe und Bibelübersetzer, * Burgos um 1520, † Straßburg 30. 12. 1552(?); 1539 Student in Löwen, 1541 in Wittenberg. Dort übersetzte er im Hause P. MELANCHTHONS das N. T. ins Spanische und überreichte die gedruckte Ausgabe (Antwerpen 1543) Kaiser KARL V. Er wurde deswegen in Brüssel gefangen gesetzt, konnte aber entfliehen, zunächst nach Wittenberg. Über Straßburg und Basel ging E. dann nach England (1546) und wurde Prof. des Griechischen in Cambridge. 1549 kehrte er nach Straßburg zurück.

Enzio, Enzo, König von Sardinien (seit 1239), * um 1220, † Bologna 14. 3. 1272, ältester unehel. Sohn des Stauferkaisers FRIEDRICH II., heiratete 1238 ADELASIA, die Erbin Sardiniens, auf das auch der Papst Anspruch erhob. 1239 von seinem Vater zum König von Sardinien, zum Generalvikar der Romagna und Generallegaten für ganz Italien ernannt, gewann er die

Mark Ancona und das Herzogtum Spoleto für das Reich zurück und besiegte 1241 die genuesisch-päpstl. Flotte bei Meloria. Kurz nachdem er in zweiter Ehe eine Nichte von EZZELINO III. DA ROMANO geheiratet hatte (die erste Ehe war 1243 vom Papst annulliert worden), wurde er bei einem seiner zahlreichen Kriegszüge gegen kaiserfeindl. Städte am 26. 5. 1249 von den Bolognesern gefangen genommen; in einem heute nach ihm benannten Palazzo hielten ihn diese bis zu seinem Tod in ehrenvoller Haft. Die Gestalt des unglückl. Kaisersohnes, dessen Tapferkeit, Schönheit und Bildung gerühmt wurde, lebte als Idealbild stauf. Rittertums auch in der Literatur (›Canzoni de re E.‹ von G. PASCOLI, 1909) weiter. – E. ist einer der ersten ital. Lyriker, die in enger Anlehnung an die provenzal. Troubadours Kanzonen und Sonette dichteten.

Enzkreis, Landkreis im Reg.-Bez. Karlsruhe, 574 km², 185 200 Ew.; Kreisstadt ist Pforzheim. Zw. den Ballungsräumen Karlsruhe und Stuttgart gelegen, hat der E. Anteil am Kraichgauer Hügelland im NW, dem laubwaldreichen Naturpark Stromberg im NO, dem Heckengäu im SO und dem Schwarzwaldrand im S und SW. In den Gäulandschaften werden, v. a. in Kleinbetrieben, Getreide, Futter- und Zuckerrüben angebaut und Schweinezucht betrieben. Die Wälder, v. a. in den Keuperbergen (Stromberg) und auf dem Buntsandstein des Schwarzwaldes, sind Grundlage der Spanholz-, Cellulose- und Papiererzeugung. Vorherrschend sind Metall-, Elektro-, Uhren- und Schmuckindustrie, v. a. mit mittelständ. Betrieben.

Pforzheim u. der E., hg. v. W. BURCKHART u. a. (²1980).

Enzo, König von Sardinien, →Enzio.

Enzolotie, →Endemie.

Enzyklika [zu griech. enkýklios epistolé ›allgemeiner Rundbrief‹] *die, -/...ken,* lat. **Epistula encyclica** oder **Litterae encyclicae,** *kath. Kirchenrecht:* gedrucktes Rundschreiben des Papstes. In der alten Kirche hießen die Rundschreiben der Bischöfe, die heutigen Hirtenbriefe, E.; auf päpstl. Schreiben wurde der Ausdruck seit dem 7. Jh. angewandt und ist seit dem 18. Jh. für sie üblich. Die E., früher an die Bischöfe gerichtet, wird heute an die Bischöfe und an die Gläubigen adressiert; seit JOHANNES XXIII. wird bei E. mit allgemeinem Inhalt die Adressierung an ›alle Menschen guten Willens‹ hinzugefügt. Die amtl. Erstfassung der E. ist meist in lat. Sprache gehalten (Ausnahme z. B. ›Mit brennender Sorge‹, 1937), Übersetzungen in die wichtigsten modernen Sprachen werden gegeben. Die E. wird nach den Anfangsworten zitiert; sie behandelt theolog. und philosoph. Hauptfragen, seelsorgl. Aufgaben, die kath. Staats-, Wirtschafts- und Soziallehre. Die E. sind nach wie vor bedeutsame Dokumente der kirchl. Verkündigung (z. B. ›Humanae vitae‹, 1968, ›Laborem exercens‹, 1981, ›Veritatis splendor‹, 1993).

Eine E. besitzt i. d. R. nur eine disziplinäre, keine unfehlbare Lehrautorität; ausgenommen wäre nur der bisher noch nicht eingetretene Fall, dass der Papst in einer E. ›ex cathedra‹ sprechen würde.

Ausgabe: Acta Apostolicae Sedis (seit 1909; vorher: Acta Sanctae Sedis). Dt. Übersetzungen in der Reihe: Verlautbarungen des Apostol. Stuhls (seit 1975), hg. vom Sekretariat der Dt. Bischofskonferenz, Bonn.

Enzyklopädie [frz., aus mlat. encyclopaedia ›Grundlehre aller Wiss. und Künste‹, von griech. enkyklopaideía, zu enkýklios ›im Kreise gehend‹, ›rund‹ und paideía ›Lehre‹] *die, -/...ʹdiʹen,* urspr. von HIPPIAS VON ELIS (5. Jh. v. Chr.) geprägte Bez. der universalen Bildung, später als Alltagsbildung definiert, die nach ISOKRATES auf die wahre Bildung nur vorbereitet. Diese Bedeutung einer Propädeutik der Philosophie, im MA. auch der Theologie, hielt sich bis zum Beginn der Neuzeit. – Im 1. Jh. v. Chr. wurde der Begriff erstmals von M. TERENTIUS VARRO in einem geschlosse-

Enzian:
oben
Gelber Enzian
(Höhe 45–150 cm);
unten
Stängelloser Enzian
(Höhe 4–10 cm)

nen System, dem der Artes liberales, organisiert. QUINTILIAN knüpfte im 1. Jh. n. Chr. in der Definition der E. als ›orbis doctrinae‹ (Kreis der Bildung) an VARRO an, nahm aber den Begriff der ›universalen Bildung‹ wieder auf. Die →Artes liberales stellten das Fundament mittelalterl. Schulbildung dar und gaben das klass. Gliederungsschema der E. des MA. ab; E. als Titel begegnet erst gegen Ende des MA. In der Neuzeit wird der Versuch unternommen, die Gesamtheit menschl. Wissens in einem neuen, dem gewandelten Weltbild entsprechenden Zusammenhang entweder systematisch (nach Themenkreisen) oder alphabetisch (nach Stichwörtern) darzustellen. Man unterscheidet: Allgemein-E., Universal-E., Real-E. oder Reallexikon, Konversationslexikon (bes. im 19. Jh.), Fach- oder Spezial-E. – Die E. legt den Nachdruck auf die Zusammenfassung der von den Wiss. gewonnenen Erkenntnisse, auf ihren inneren Zusammenhang und auf ihre Ausrichtung auf einen größeren Benutzerkreis. Oft setzte sie es sich zum Ziel, die Bildung ihrer Zeit als innere Einheit darzustellen. Die Neigung zu solcher Bestandsaufnahme des Wissens wächst in Zeitaltern, die große wiss. Entdeckungen oder neue Grundlagen der Erkenntnis bringen und sich als Anfang einer neuen Ära fühlen, so im 18. und 20. Jahrhundert.

Systematische E.: Ihre Anfänge werden auf SPEUSIPPOS († 339 v. Chr.), einen Schüler PLATONS, zurückgeführt, von dessen Werk nur wenige, v.a. naturhistor., mathemat. und philosoph. Fragmente erhalten sind. Röm. Gelehrte führten diese Tradition fort; Gegenstand der Lehrbriefe CATOS D.Ä., ›Libri ad Marcum filium‹, sind Landwirtschaft, Medizin, Rhetorik, Kriegswesen. VARRO verfasste die ›Disciplinarum libri IX‹ (fragmentarisch erhalten) sowie die ›Antiquitates rerum humanarum et divinarum‹ (41 Bücher; bruchstückhaft überliefert), ein Handbuch der Staatswiss., das über den Menschen, die Geographie des Röm. Reiches, über Regierung, Religion u.a. informiert. Die ›Artes‹ des A. C. CELSUS behandeln Medizin (als Einziges überliefert), Ackerbau, Rhetorik und Kriegswesen. In der Tradition VARROS steht die ›Naturalis historia‹ (37 Bücher) von PLINIUS D.Ä. – Zu den Autoren des MA., die aus röm. Quellen schöpfen, gehört MARTIANUS CAPELLA. Seine teils in Versen, teils in Prosa abgefasste E. ›De nuptiis Mercurii et Philologiae‹ (5. Jh. n. Chr.) war die für das ganze MA. maßgebliche Darstellung der Artes liberales. Das ›Grundbuch mittelalterl. Bildung‹ (E. R. CURTIUS) waren aber die ›Institutiones divinarum et saecularium litterarum‹ CASSIODORS, die bibl. und kirchlich-histor. Wissen mit den Artes liberales verbinden und theologisch begründen. In der E. ISIDORS VON SEVILLA ›Etymologiarum sive originum libri XX‹ (kurz als ›Origines‹ oder ›Etymologiae‹ zitiert; in nahezu 1000 Handschriften überliefert) ist das gesamte Wissen seiner Zeit und der heidn. Spätantike zusammengetragen; ihre Nachwirkung lässt sich bes. in der E. ›De rerum naturis seu de universo‹ des HRABANUS MAURUS nachweisen. Das ›Didascalicon‹ des HUGO VON SANKT VIKTOR ersetzte richtungweisend das Gliederungsschema der Artes liberales durch die Einteilung nach ›theoretica‹, ›practica‹, ›mechanica‹ und ›logica‹. – Im Hoch-MA. erschienen weitere Vorformen von E.; den Höhepunkt dieser Entwicklung stellt das ›Speculum maius‹ des VINZENZ VON BEAUVAIS dar, die umfassendste, aus etwa 2000 Quellen zusammengestellte Sammlung mittelalterl. Wissens. Ihr Einfluss auf gelehrte und belletristische Literatur des Spät-MA. und der Renaissance ist kaum abzuschätzen. Mit dem ›Compendium philosophiae ...‹ (entstanden vor 1320) kündigte sich die erste insofern moderne E. an, als es Objektivität in der Wissensvermittlung anstrebt und über die neuesten naturwiss. Entdeckun-

gen informiert. – Die Anzahl nationalsprachl. E. des MA. blieb erheblich hinter der in lat. Sprache zurück. In den meisten Fällen handelte es sich um für ein Laienpublikum bestimmte Bearbeitungen lat. Vorlagen, so das ›Buch der Natur‹ (1349/50) des KONRAD VON MEGENBERG. Weit verbreitet waren auch der dt. ›Lucidarius‹ (entstanden 1190–95) und der frz. ›Sidrach‹ (nach 1268 oder 1291). Als erste Laien-E. von Rang gelten die drei Bücher von ›Li livres dou trésor‹ (um 1265) BRUNETTO LATINIS, die, auf ein bürgerl. Publikum zugeschnitten, v.a. prakt. Wissen vermittelten.

Bes. im MA. stand die arab. und chin. enzyklopäd. Literatur in hoher Blüte. IBN KUTAIBAS ›Kitab uyun al-achbar‹ (Buch über die Quellen der Geschichte; 9. Jh.; zehn Bücher zu je einem Themenkreis: Souveränität, Krieg, Adel, Charakter, Gelehrsamkeit und Rhetorik, Askese, Freundschaft, Gebet, Nahrung, Frauen) wurde für viele spätere arab. Werke richtungweisend. Die vor 1000 publizierten ›Mafatich al-ulum‹ (Schlüssel zu den Wiss.en) des AL-CHARISMI wirkten hinsichtlich ihrer Einteilung in einheim., d.h. arab. (Jura, Philosophie, Grammatik, Verwaltungswiss., Poetik, Geschichte) und fremde Wiss.en (Philosophie, Logik, Medizin, Alchimie) in der enzyklopäd. Tradition des Islams lange nach. – Die chin. E. ›Tong-dian‹ des DU YOU (8. Jh.) informiert über Wirtschaft, Bildungswesen, Regierung, Sitten und Bräuche, Musik, Armee, Rechtsprechung, polit. Geographie, Verteidigung. 1319 wurde sie von MA DUANLIN u.d.T. ›Wenxian tong-kao‹ auf 348 Bücher erweitert. LI FANGS ›Tai-ping yu-lan‹ (10. Jh., 1000 Bde.) erschienen noch 1812 in einer revidierten Neuausgabe. Die E. ›Yong-le da-dian‹ (1403–07, ungedruckt) umfasste urspr. etwa 23 000 Bde., von denen nur einige Hundert erhalten sind. Das ›Gu-jin tu-shu ji-chang‹ umfasste rd. 5000 Bde. (Erstdruck 1726). Alle diese E. bieten Quellentexte im Wortlaut und überliefern wichtige, sonst längst verlorene histor. und literar. Texte.

Eine der wenigen bedeutenden systemat. E. der Neuzeit ist J. H. ALSTEDS ›Scientiarium omnium encyclopaedia ...‹ (7 Bde., 1630), die Philologie, Philosophie, Theologie, Jura, Medizin, Handwerk, Geschichte, Architektur und Magie behandelt. Die in systemat. Ordnung gebrachte, erweiterte ›Encyclopédie ...‹ D. DIDEROTS und J. LE ROND D'ALEMBERTS wurde als ›Encyclopédie méthodique par ordre des matières‹ (166 Bde., 1782–1832) von C. J. PANCKOUCKE und Madame AGASSE herausgegeben. – Die ›Encyclopédie française‹ (20 Bde., 1935–64) folgt einem Einteilungsschema nach umfassenden Sachgruppen.

Den systemat. E. sind auch die philosoph. oder formalen E. zuzurechnen, die die Frage nach dem organ. Zusammenhang der Wiss.en philosophisch begründen. F. BACON entwarf in seiner ›Instauratio magna‹ (Hauptteile 1620–22) v.a. eine Methodenlehre und eine Neueinteilung der Wiss.en. In D. G. MORHOFS Werk ›Polyhistor literarius, philosophicus et practicus ...‹ (postum 1708) liegt das Gewicht auf dem literar. Teil, der die dt. Literaturgeschichtsschreibung begründete. J. G. SULZERS an den führenden empir. und eklekt. Systemen der Zeit orientierter ›Kurzer Begriff aller Wissenschaften‹ (1745) wurde Vorbild zahlr. enzyklopäd. Lehrbücher des 18. Jh. Am bedeutendsten ist G. W. F. HEGELS ›E. der philosoph. Wissenschaften‹ (1817). Den Begriff einer philosoph. E. – im Unterschied zur gewöhnl. E. – definierte er als ›die Wissenschaft von dem notwendigen, durch den Begriff bestimmten Zusammenhang und von der philosoph. Entstehung der Grundbegriffe und Grundsätze der Wissenschaften‹.

Alphabetische E.: Die in der Neuzeit dominierende alphabet. E. hat im Altertum und im MA. nur wenige, zudem meist schlecht oder gar nicht überlieferte Vorläufer. Die um die Zeitwende von VERRIUS FLACCUS

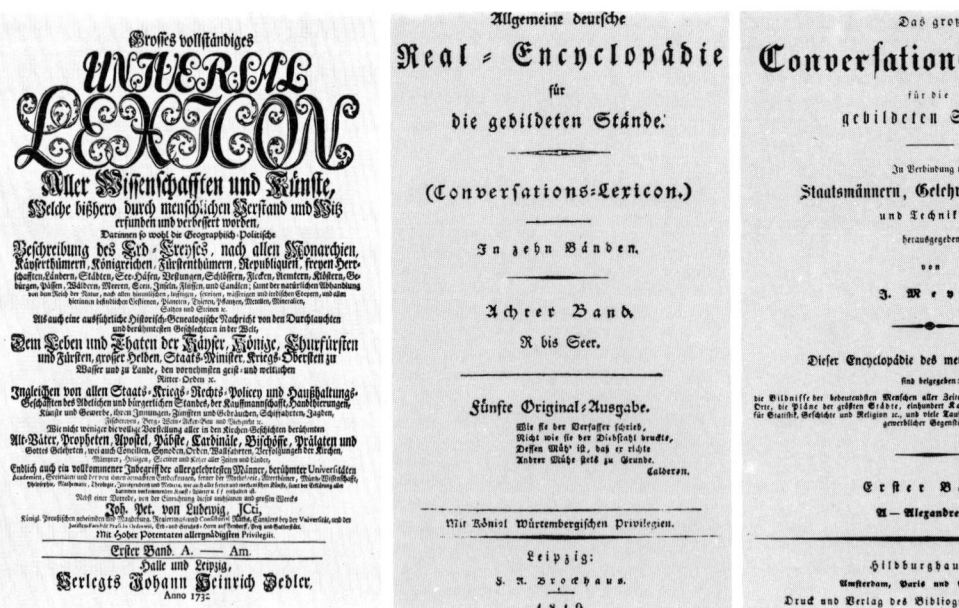

Enzyklopädie: links Johann Heinrich Zedler, ›Großes vollständiges Universal-Lexicon aller Wissenschaften und Künste‹, Titelseite des ersten Bandes; Halle und Leipzig, 1732; **Mitte** Friedrich Arnold Brockhaus, ›Allgemeine deutsche Real-Encyclopädie für die gebildeten Stände – Conversations-Lexicon‹, Titelseite des achten Bandes der fünften Auflage; Leipzig 1819; **rechts** Joseph Meyer, ›Das große Conversations-Lexikon für die gebildeten Stände‹, Titelseite des ersten Lexikons aus dem Bibliographischen Institut; Hildburghausen, Amsterdam, Paris und Philadelphia, 1840

verfasste E. ›De significatu verborum‹, von der nur der 2. Teil in der Fassung des SEXTUS POMPEIUS FESTUS (zweite Hälfte des 2. Jh.) und ein Auszug von PAULUS DIACONUS (8. Jh.) überliefert sind, ist die mutmaßlich älteste alphabet. E. Das um 1000 entstandene byzantin. ›Suda‹-Lexikon in griech. Sprache mit etwa 30 000 Stichwörtern enthält neben Worterklärungen u. a. Informationen über griech. Literatur und Philosophie, byzantin. Geschichte sowie Fragmente aus Werken griech. Schriftsteller.

Zur alphabet. Anordnung innerhalb der E. führte eine Linie von den mit Registern versehenen monumentalen historisch-literar. Stoffsammlungen der (späten) Renaissance- und der Barockzeit (T. ZWINGER: ›Theatrum humanae vitae‹, 29 Bde., 1565; alphabet. Neuausg. von L. BEYERLINCK u. d. T. ›Magnum theatrum‹, 8 Bde., 1631). Alphabet. Anordnung und Anwendung der Muttersprache entsprangen dem Geist der Aufklärung; auch die Vermittlung prakt. und nützl. Kenntnisse wurde Zweck der E. Im 18. Jh. erlebte sie ihre erste Blüte (z. B. J. G. KRÜNITZ: ›Ökonomisch-technolog. E.‹, 242 Bde., 1773–1858). – Eine Gruppe von Werken umfasste vornehmlich Geschichte, Biographie, Genealogie und Geographie. Hier stand das ›Grand dictionnaire historique ...‹ von L. MORÉRI (2 Bde., 1674, mehrfach erweitert) mit kath. Tendenz, an der Spitze. Im 17. Jh. ragte in Frankreich noch A. FURETIÈRES ›Dictionnaire universel des arts et sciences‹ (3 Bde., 1690, ¹²1820–24) als erstes Beispiel einer nach heutigen Vorstellungen modernen E. heraus. In P. BAYLES ›Dictionnaire historique et critique‹ (2 Bde., 1695–97) wurde eine gänzlich neue Konzeption entwickelt: Klare und knappe Artikel mit ausführl. Anmerkungen ersetzten die von unkrit. Autoritätsgläubigkeit zeugenden Zitatenschätze früherer E. durch von aufklär. Geist bestimmte Stellungnahmen. Die von BAYLES Werk ausgehende Wirkung ist an zahlr. Übersetzungen abzulesen, u. a. an der ›entschärften‹ Fassung von J. C. GOTTSCHED,

dem ›Histor. und Crit. Wörterbuch‹ (4 Bde., 1741–44). Erst im 18. Jh. erschien, nach J. HÜBNERS ›Reales Staats-, Zeitungs- und Conversationslexikon‹ (1704, ³¹1825 in 3 Bänden), die erste neuere dt. E. von Bedeutung, J. H. ZEDLERS ›Großes vollständiges Universal-Lexicon aller Wiss. und Künste ...‹ (64 Bde., 4 Suppl.-Bde. [A–Caq], 1732–54), an dem bekannte Fachgelehrte, u. a. auch GOTTSCHED, mitgearbeitet haben. Das zedlersche Lexikon zeichnet sich, abgesehen von seinem Umfang, durch besondere Genauigkeit aus. Seine genealog. und biograph. Artikel von Zeitgenossen (mit Literaturangaben) sind bis heute unersetzlich. E. CHAMBERS' ›Cyclopædia, or An universal dictionary of arts and sciences‹ (2 Bde., 1728), die in stärkerem Maß Technik und Naturwiss. berücksichtigte und die Organisation des Wissens durch ein System von Querverweisen verbesserte, ist durch ihren Einfluss v. E. von Bedeutung.

Dass DIDEROTS und D'ALEMBERTS ›Encyclopédie ou Dictionnaire raisonné des sciences, des arts et des métiers‹ (mit Ergänzungs- und Registerbänden 35 Bde., 1751–80), zunächst als Bearbeitung von CHAMBERS' Werk geplant, das Standardwerk der frz. Aufklärung und das ›Einleitungskapitel der Revolution‹ (M. DE ROBESPIERRE) wurde, ist v. a. das Verdienst DIDEROTS. Führende Philosophen und Wissenschaftler der Zeit (→Enzyklopädisten) verliehen dem Werk die antiklerikale und antiabsolutist. Stoßkraft; Handwerker und Techniker machten es in Kooperation mit DIDEROT zum ersten namhaften Lexikon der Technik, das diese mit großer Akribie darstellt und mit einer 12-bändigen Tafelsammlung bebildert. Die ›Encyclopédie‹ enthält rd. 60 000 Artikel. DIDEROT legte besonderen Wert darauf, ›gegenseitige Verflechtung‹ mittels Siglen, die zu Anfang des einzelnen Artikels die übergeordnete Wiss. anzeigen, sowie mittels eines Verweisungssystems zu verdeutlichen. Dazu trat ein ›genealog. Baum‹ der Erkenntnisse in D'ALEMBERTS ›Discours préliminaire‹.

Bleibende internat. Bedeutung errang auch die von W. SMELLIE herausgegebene ›Encyclopædia Britannica, or A dictionary of arts and sciences‹ (3 Bde., 1768–71), deren 15. Aufl. ›The new Encyclopædia Britannica‹ 1974–87 erschien (jährl. Neuausg., bisher letzte Ausg. 1994 in 32 Bänden: Propædia, Micropædia Bd. 1–12, Macropædia Bd. 13–29, 1 Index-Bde.). – Das bislang umfangreichste allgemeine europ. Lexikon, J. S. ERSCHS und J. G. GRUBERS ›Allgemeine Encyclopädie der Wiss. und Künste‹ (167 Bde. in 3 Sektionen, 1818–89; unvollendet), war eine Kollektivarbeit dt. Gelehrter. In ihm dominieren weit gefasste Stichwörter und große monograph. Darstellungen. Das Werk beschloss die Epoche der großen wiss. E. – Von HÜBNERS Lexikon und ähnl. Werken, etwa J. T. JABLONSKIS ›Allgemeinem Lexikon der Wiss. und Künste‹ (2 Bde., 1721), ging die Entwicklung zum für das 19. Jh. typ. Konversationslexikon, das sich unter Preisgabe einer allgemeinen Interessenidentität zw. Gelehrten und gebildeten Laien v. a. an die Letzteren wendete. F. A. BROCKHAUS und später JOSEPH MEYER (Bibliograph. Institut) bestimmten diese Entwicklung maßgeblich. Voraus ging das von R. G. LÖBEL begonnene ›Conversationslexikon mit vorzügl. Rücksicht auf die gegenwärtigen Zeiten‹ (6 Bde., 1796–1808), das 1808 von F. A. BROCKHAUS erworben und 1809 wieder herausgebracht wurde (2 Nachtrags-Bde., 1810/11). Das Konversationslexikon hatte nach LÖBEL den Zweck, den ›Eingang in gebildete Cirkel‹ zu ermöglichen und dazu die Kenntnisse zu vermitteln, ›welche ein jeder als gebildeter Mensch wissen muß, wenn er an einer guten Conversation theilnehmen und ein Buch lesen will ...‹, eine Charakterisierung, die auch für die von BROCKHAUS besorgten Neuaufl., meist u. d. T. ›Allgemeine dt. Real-Encyclopädie für die gebildeten Stände – Conversations-Lexicon‹, galt. Die 5. Aufl. (10 Bde., 1819/20) wurde erstmals unter Zugrundelegung einer wiss. Systematik von vielen Fachgelehrten bearbeitet ([17]1966–74 u. d. T. ›Brockhaus E.‹, 20 Bde.; [18]1977–81 u. d. T. ›Der Große Brockhaus‹, 12 Bde.). Die 19., völlig neu bearbeitete Aufl. u. d. T. ›Brockhaus Enzyklopädie in 24 Bänden‹ (mit sechs Ergänzungsbänden) erschien 1986–96. Zusammen mit der 20., überarbeiteten und aktualisierten Aufl. u. d. T. ›Brockhaus. Die Enzyklopädie in 24 Bänden‹ (1996 ff.) wird erstmals ein thematisch gegliedertes Reihenwerk u. d. T. ›Brockhaus. Die Bibliothek‹ veröffentlicht. – Ein umfangreiches Konkurrenzwerk gab H. A. PIERER 1822–36 als ›Encyclopäd. Wörterbuch der Wiss. und Künste‹ heraus (26 Bde., im 19. Jh. als ›Universal-Lexikon‹ noch mehrfach aufgelegt). – Nach der Intention seines Herausgebers J. MEYER sollte ›Das große Conversations-Lexicon für die gebildeten Stände‹ (46 Bde., 6 Suppl.-Bde., 1840–55) umfassender (bes. über Naturwiss., Technik, Gewerbe, Handwerk) informieren als der ›Brockhaus‹, billiger sein als ERSCHS und GRUBERS ›Encyclopädie‹ sowie schneller zum Abschluss kommen als diese; polit. Ziel war die geistige Emanzipation breiter Volksschichten. 1857–60 erschien eine Kurzfassung des ›Großen Conversations-Lexicons‹ u. d. T. ›Neues Conversations-Lexikon für alle Stände‹ (bis zum Ersten Weltkrieg 6 Aufl.). 1971–79 hat das Bibliograph. Institut die 9. Aufl. u. d. T. ›Meyers Enzyklopäd. Lexikon in 25 Bänden‹ herausgegeben (Nachtrags-Bd. 1980, [2]1984; außerdem: ›Meyers Großes Universallexikon‹, 15 Bde., 1981–86 und ›Meyers Neues Lexikon‹, 10 Bde., 1993). – ›Herders Conversations-Lexikon‹ (5 Bde., 1854–57) wollte eine erschwingl. Lebenshilfe v. a. für die ärmeren kath. Bevölkerungsschichten sein. Großlexikon wurde der ›Herder‹ mit der 4. Aufl. (12 Bde., 1931–35). Er erschien als ›Der Große Herder. Nachschlagewerk für Wissen und Leben‹ (10 Bde.,

u. 2 Erg.-Bde., [5]1952–62), und zwar wie schon vorher die 7. Aufl. des ›Meyer‹ (u. d. T. ›Meyers Lexikon‹, 1924–30) und die 15. Aufl. des ›Brockhaus‹ (u. d. T. ›Der Große Brockhaus‹, 1928–35) unter Verzicht auf den mittlerweile überholten Begriff ›Konversationslexikon‹.

Der Typus des dt. Lexikons setzte sich im 19. Jh. zuerst in Dänemark (1816 ff.), dann in den meisten Kulturländern durch; von Bedeutung waren in Großbritannien ›Chambers's Encyclopaedia‹ (10 Bde., zuerst 1859–68), in Frankreich E. P. LAROUSSES ›Grand dictionnaire universel du XIXe siècle‹ (15 Bde., 1865–76, 2 Erg.-Bde. 1878 und 1890), in Russland die von F. A. BROCKHAUS und J. A. ÉFRON in Sankt Petersburg herausgegebene umfangreiche E. ›Ènciklopedičeskij slovar'‹ (41 Bde., 2 Erg.-Bde., 1890–1907; Neuausg. Leipzig und Petersburg 1912–17, unvollendet) und die ebenfalls dort erschienene ›Bol'šaja Ènciklopedija‹ (20 Bde., 1903–05) vom Bibliograph. Institut (Meyer) und dem Verlag ›Prosvěštšenie‹ sowie in den USA die ›Encyclopaedia Americana‹ (hg. v. F. LIEBER, 13 Bde., 1829–33). Der Name Konversationslexikon selbst wurde außer in Dtl. bes. in den nord. Ländern gebräuchlich.

Im 20. Jh. drang ein neuer Typ politisch-weltanschaulich beeinflusster E. vor: 1926–47 erschien in Moskau die Große Sowjetenzyklopädie ›Bol'šaja Sovetskaja Ènciklopedija‹ (65 Bde., [3]1970–78 in 30 Bden.) und in Italien 1929–37 die ›Enciclopedia Italiana‹ (35 Bde.), beide mit Staatsunterstützung.

Die heutige E. (wie das heutige Lexikon) muss angesichts der schnell anwachsenden Informationsmenge äußerst knapp darstellen. Außerdem muss sie dem Anspruch auf größtmögl. Aktualität gerecht werden. Bewältigung der Informationsmenge und Aufbereitung aktueller Tatsachen sind also vorrangige Probleme bei der Bearbeitung enzyklopäd. Werke, die annähernd, aber keineswegs vollkommen, gelöst werden können.

Weitere Enzyklopädien des 20. Jh. (Auswahl): *Deutschland:* Meyers Neues Lex., 15 Bde. u. 3 Erg.-Bde. (Leipzig [2]1972–78); Lexikothek. Bertelsmann Lex., 15 Bde. (1992). – *Dänemark:* Gyldendals tibinds leksikon, 10 Bde. (Kopenhagen 1977–78). – *Frankreich:* Grand Larousse encyclopédique, 10 Bde. u. 2 Erg.-Bde. (Paris 1960–64, ([2-3]1973); La grande encyclopédie Larousse, 60 Bde. (ebd. 1971–76); Grand dictionnaire encyclopédique Larousse, 10 Bde. (ebd. 1982–85); Encyclopaedia Universalis 23 Bde. (Neuausg. ebd., 1990). – *Großbritannien und USA:* Chambers's encyclopaedia, 15 Bde. (Neuaufl. London 1973); Collier's encyclopedia, 23 Bde. (New York 1986); The encyclopedia americana, 29 Bde. (Neuausg. Danbury, Conn., 1987). – *Italien:* Enciclopedia europea, 11 Bde. u. Erg.-Bd. (Mailand 1976–84); Grande dizionario enciclopedico Utet, 20 Bde. (Turin [4]1991–93). – *Niederlande:* Grote Winkler Prins encyclopedie, 26 Bde. (Amsterdam [9]1990–93). – *Norwegen:* Aschehoug og Gyldendals Store Norske leksikon, 12 Bde. (Oslo 1978–81). – *Portugal und Brasilien:* Grande Enciclopédia Portuguesa e Brasileira, 40 Bde. (Lissabon 1936–40). – *Schweden:* Svensk uppslagsbok, 32 Bde. (Malmö [2]1947–55; Nachdr. ebd. 1956–65). – *Spanien:* Espasa. Enciclopedia universal ilustrada europeo-americana, 70 Bde. u. 10 Erg.-Bde. (Madrid 1905–33); Grandiccionario enciclopédico Salvat universal, 20 Bde. (Neuausg. Barcelona 1975–76).

G. A. ZISCHKA: Index lexicorum (Wien 1959); R. L. COLLISON: Encyclopaedias (New York [2]1966); The circle of knowledge, bearb. v. J. M. WELLS (Chicago, Ill., 1968); U. DIERSE: E. (1977); Kleine Gesch. großer Lexika (Neuausg. 1990).

enzyklopädisch, 1) in der Art einer Enzyklopädie (dargestellt); 2) umfassend (jemandes Wissen betreffend).

Enzyklopädisten, die Gründer, Herausgeber und Mitarbeiter der ›Encyclopédie ou Dictionnaire raisonné des sciences, des arts et des métiers‹ (1751–80); i. w. S. die Anhänger der in dieser →Enzyklopädie vertretenen philosoph. Anschauungen des 18. Jh. Zu den etwa 150 Mitarbeitern → DIDEROTS gehörten u. a.

D'ALEMBERT (bes. Mathematik), J.-J. ROUSSEAU (bes. Musik, Artikel ›économie politique‹), VOLTAIRE (u. a. die Artikel ›esprit‹, ›histoire‹ und É. B. DE CONDILLAC (Philosophie), MONTESQUIEU (Artikel ›goût‹), J.-F. MARMONTEL (Literaturkritik), Baron HOLBACH (Naturwissenschaften), Baron TURGOT (Volkswirtschaft) und F. QUESNAY (Beiträge ›fermiers‹, ›grains‹, in denen er die Grundsätze des Physiokratismus darlegte). Die gemeinsame Grundlage der Beiträge bildet das Gedankengut der Aufklärung: allgemeine Ablehnung rationalist. Systembildungen im Sinne R. DESCARTES' und B. DE SPINOZAS, der Glaube an den auf die Vernunft gegründeten Fortschritt der Wissenschaften, der moral., sozialen und polit. Entwicklung der Menschheit sowie die Betonung der sinnl. Erfahrung als Grundlage aller Erkenntnis, eine auf die Toleranzidee gegründete krit. Auffassung der Religion und in der Staatsauffassung das Eintreten für eine konstitutionelle Monarchie. Die E., die für ihre Tätigkeit nur geringe Entlohnung erhielten, gehörten zu den ersten freien Schriftstellern.

E. WEIS: Geschichtswiss. und Staatsauffassung in der frz. Enzykl. (1956); J. LOUGH: The contributors for the ›Encyclopédie‹ (London 1973); R. DARNTON: L'Aventure de l'›Encyclopédie‹ 1775–1800 (a. d. Amerikan., Paris 1982).

Enzymblocker, Enzymgifte, Enzymhemmstoffe, Substanzen, welche die Stoffwechselwirkung eines Enzyms (vielfach durch Blockade seines katalyt. Zentrums) teilweise oder vollständig aufheben. Während einige E. als Gifte wirken, z. B als Insektizide oder Wirkkomponenten in chem. Kampfstoffen (Nervengasen), wird eine Reihe anderer E. zu therapeut. Zwecken verwendet, z. B. → ACE-Hemmer bei Bluthochdruck oder Herzversagen, Cholesterinsynthese-Hemmstoffe bei Lipidstoffwechselstörungen sowie Prostaglandinsynthese-Hemmstoffe als Schmerzmittel und bei Entzündungen.

Enzymdiagnostik, qualitative und quantitative Untersuchung der Enzyme in Körperflüssigkeit, v. a. im Blutserum, zur Feststellung krankheitsbedingter Organ- und Gewebeschäden. Da es sich hierbei meist um sehr geringe Substanzmengen handelt, bedient man sich des photometr. Nachweises der durch die Enzyme bewirkten Umsetzungen **(Enzymaktivitätstest).**

Jede Störung der Funktion von Zellmembranen, wie sie z. B. bei krankheitsbedingtem Zellzerfall innerhalb eines Organs auftritt, führt zum vermehrten Austreten von Sekretenzymen (z. B. Pankreasamylase), plasmaspezif. Enzymen (z. B. Prothrombin) und von Zellenzymen (v. a. Transaminasen, Dehydrogenasen) in Körperflüssigkeiten. Durch die Feststellung des jeweiligen organspezif. Enzymmusters können Aussagen über einen bestimmten Organschaden, z. B. Herzinfarkt, Erkrankungen von Leber und Bauchspeicheldrüse, auch der Skelettmuskeln, getroffen werden.

Enzyme [zu griech. en ›in‹ und zýmē ›Sauerteig‹], *Sg.* **Enzym** *das, -s,* **Biokatalysatoren,** veraltete Bez.: **Fermente,** in allen lebenden Organismen vorkommende, intrazellulär gebildete, hochmolekulare Eiweißstoffe (Proteine), die chem. Reaktionen beschleunigen, indem sie die →Aktivierungsenergie herabsetzen und so den Reaktionsablauf unter den Bedingungen, die in einem Organismus vorliegen (physiolog. Bedingungen: niedrige Temperaturen, Normaldruck, wässriges Medium) erst ermöglichen. Die chem. Substanz, die ein E. umsetzt, wird als **Substrat** bezeichnet. E. weisen eine z. T. hohe **Substratspezifität** auf, d. h. sie setzen nur ein einziges Substrat um (Schlüssel-Schloss-Beziehung). Es gibt E., die zwar die gleiche Substratspezifität aufweisen, jedoch unterschiedl. Produkte bilden **(Wirkungsspezifität).** Da fast alle biochem. Reaktionen in einem Organismus nur durch E.-Katalyse (enzymatisch) ablaufen können, beruht die

Steuerung des gesamten Stoffwechsels auf der integrierten Regulation der E.-Aktivitäten. Die Neusynthese von E. kann sowohl durch physiolog. Substanzen (z. B. Steroidhormone) als auch durch Fremdstoffe stimuliert werden **(E.-Induktion).** Sie erfolgt, ebenso wie die Unterdrückung der E.-Synthese **(E.-Repression)** durch Endprodukte einer Synthesekette, auf der Ebene der →Transkription.

Vorkommen und Struktur

Bis heute sind über 3 000 E. beschrieben. Sie kommen in Körperflüssigkeiten (extrazellulär, **Ekto-E.**), im Zytoplasma sowie an oder in Membranen gebunden vor. Sie unterscheiden sich weder qualitativ noch quantitativ von anderen Proteinen. Die Kettenlänge beträgt i. d. R. 100 bis 500 Aminosäurereste. Sie können sowohl aus einer Peptidkette (Untereinheit) bestehen **(Monomere)** als auch aus mehreren gleichen oder unterschiedl. Peptidketten **(Multimere).** Ihre physiolog. Funktion beruht auf der Art der Verknüpfung der Peptidketten (Sekundär-, Tertiär-, Quartärstruktur), wodurch Zentren besonderer Affinität zu bestimmten Substraten entstehen. – Die meisten E. bestehen aus dem eigentl. Eiweißanteil, dem **Apo-E.** und einem Nichteiweiß-Bestandteil, dem **Co-E.,** das entweder an das Apo-E. fest (kovalent) gebunden **(prosthetische Gruppe)** oder leicht dissoziabel **(Cosubstrat)** ist. Beide zusammen bilden das **Holo-E.** Die Co-E. gehören den verschiedensten Stoffklassen an und übertragen häufig funktionelle Gruppen oder Atome vom oder auf das Substrat. Sie unterliegen somit, im Ggs. zu dem Apo-E., einer strukturellen Veränderung. Viele Co-E. sind chemisch mit Vitaminen verwandt, jedoch treten auch Metallionen als Co-E. auf (z. B. Zink bei der Carboanhydrase, Mangan bei der Arginase), ein wichtiger Hinweis auf die Bedeutung der →Spurenelemente im Organismus. – E. treten in großen Mengen in allen lebenden Organismen auf. Sie unterscheiden sich jedoch mehr oder weniger in ihrer Aminosäurezusammensetzung. Sequenzanalysen von E. gewinnen daher auch in der Evolutionsforschung zunehmend größere Bedeutung. Zwei E. unterschiedl. (genetisch determinierter) Aminosäuresequenz (Primärstruktur), die innerhalb eines Organismus die gleiche Reaktion katalysieren, werden als **Iso-E.** bezeichnet. Sie weisen häufig versch. Eigenschaften auf: z. B. in der Affinität zum Substrat (ausgedrückt durch die Michaelis-Konstante K_M) oder in der maximalen Umsatzgeschwindigkeit (V_{max}). Gut untersucht sind die fünf Iso-E. der aus vier Untereinheiten bestehenden Lactat-Dehydrogenase, die sich aus zwei Peptidketten, A und B, zusammensetzen: A_4, A_3B, A_2B_2, AB_3, B_4. Ihr Vorkommen ist organspezifisch: So liegt beim Menschen im Herzen hauptsächlich A_4 und im Muskel B_4 vor. Alle zu einer Reaktionsfolge (Stoffwechselkette) gehörenden E. wie z. B. die E. der Glykolyse oder des Zitronensäurezyklus werden als **E.-System** bezeichnet. Eine spezielle Form sind die **Multienzymkomplexe:** Aggregate von zusammengelagerten E., in denen die Zwischenprodukte direkt von E. zu E. weitergereicht werden. Häufig liegen E. als inaktive Vorstufen **(Enzymogene, Zymogene)** vor, die durch Spaltung mittels anderer E. in eine aktive Form überführt werden (z. B. Trypsinogen in Trypsin).

Darstellung und Wirkungsweise

Die Isolierung von E. aus Geweben sowie deren strukturelle und funktionelle Untersuchung ist Aufgabe der **Enzymologie,** eines Teilgebietes der Biochemie. Die Anreicherung und Reindarstellung von E. erfolgt nach den Methoden der Proteinchemie durch Differenzialzentrifugation, fraktionierende Fällung, Ionenaustauscher-Chromatographie, Gelfiltration, Affinitätschromatographie und Elektrophorese. Zur Strukturaufklärung dienen Aminosäuresequenzanalyse und Röntgenstrukturanalyse. Die funktionellen und kinet. Untersuchungen (**E.-Kinetik**) werden mit spektralphotometr. und fluorimetr. Methoden durchgeführt. – Das E. bindet das Substrat (S) am **aktiven Zentrum**, wodurch ein **E.-Substrat-Komplex** (ES) gebildet wird, wandelt es in das Produkt um und gibt dieses sofort wieder frei:

$$E + S \rightarrow ES \rightarrow EP \rightarrow E + P.$$

Die Reaktionsgeschwindigkeit ist abhängig vom pH-Wert und nimmt mit der Konzentration des Substrats bis zu einem Maximalwert (**Substratsättigung**) zu. Eine reversible Hemmung von E.-Aktivitäten kann durch Moleküle erfolgen, die strukturelle Ähnlichkeit mit dem Substrat haben und daher mit diesem um die Bindung am aktiven Zentrum konkurrieren (**kompetitive Hemmung**). Ein Spezialfall dieser Hemmung ist die **Produkthemmung**, wenn das Produkt gleichzeitig das Substrat der Rückreaktion ist, somit eine Affinität zum aktiven Zentrum besitzt. Bei ausreichend hoher Konzentration kann es daher das Substrat der Hinreaktion aus diesem verdrängen. Während diese Formen der Hemmung reversibel sind, führen einige Fremdstoffe (**E.-Blocker, E.-Gifte**) zu einer oft irreversiblen Hemmung des E. (**E.-Vergiftung**). Ein Beispiel dafür ist die Blockierung der →Atmungskette durch Kohlenmonoxid oder Cyanid. Neben den Gleichgewichts-E., die Hin- und Rückreaktion katalysieren (z. B. Fumarase), gibt es auch Nichtgleichgewichts-E., deren Reaktionsverlauf irreversibel ist (z. B. Phosphofructokinase 1 und Fructose-1,6-disphosphatase). Letztere haben für die Regulation des Stoffwechsels eine bes. große Bedeutung. Neben dem aktiven Zentrum besitzen sie noch **regulatorische Zentren**, an die physiolog. Stoffwechselmetabolite gebunden werden, die aktivierend (**Aktivatoren**) oder hemmend (**Inhibitoren**) auf die E.-Aktivität wirken können (**Effektoren**). Eine solche **allosterische E.-Regulation** ist erkennbar an dem sigmoiden (s-förmigen) Verlauf der Abhängigkeit der Reaktionsgeschwindigkeit von der Substratkonzentration. Da dadurch die Affinität des E. für das Substrat (K_M) verändert wird, ist so eine sehr empfindl. Regulation der E.-Aktivität möglich. – Die offizielle Einheit für die E.-Aktivität ist nach der International Union of Pure and Applied Chemistry (IUPAC) das Katal (kat): diejenige E.-Menge, die 1 Mol Substrat pro Sekunde umsetzt. Da diese Einheit sehr kleine Werte liefert, ist auch noch die 1960 eingeführte ›Internationale Einheit‹ 1 Enzymeinheit = 1 Unit (U) allgemein gebräuchlich: diejenige E.-Menge, die 1 µmol Substrat pro Minute umsetzt. Von prakt. Bedeutung, v. a. bei der Isolierung und kinet. Untersuchung der E., sind ferner die spezif. Aktivität (U pro mg Protein; kat pro kg Protein), die molare Aktivität (auch Wechselzahl: Anzahl der Substratmoleküle, die von einem E.-Molekül pro Minute umgesetzt werden) und die Volumenaktivität (U pro ml; kat. pro l).

Nomenklatur und Klassifikation

Früher unterschied man zwei Gruppen von biochem. Katalysatoren: im Zytoplasma gelöste, aber ohne Mitwirkung der Zelle aktive ›E.‹ und die nicht von der erzeugenden Zelle zu trennenden ›Fermente‹ (z. B. der Hefezelle). Aufgrund der Gewinnung eines zellfreien Hefepresssaftes mit der gleichen katalyt. Wirksamkeit wie die Hefezellen selbst durch E. BUCHNER (1897) wurde diese Unterscheidung hinfällig. Auch die späteren Bez. der lösl. E. als **Lyo-E.** und der an Zellstrukturen gebundenen E. als **Desmo-E.** sind inzwischen ungebräuchlich. Die Klassifikation der E. erfolgt heute nach der Empfehlung der Internat. Enzym-Nomenklatur-Kommission (**Enzyme Commission**, Abk. EC) in einem Dezimalklassensystem. Nach den Wirkungs-

spezifität wurden sechs Hauptgruppen festgelegt, die je nach beteiligtem Substrat und Co-E. weiter in E.-Gruppen, E.-Untergruppen und Serien unterteilt werden. – Die Benennung der E. erfolgt durch Kombination ihres Substrats (und gegebenenfalls ihres Co-E.), ihrer Wirkungsspezifität und der Endsilbe -ase. So ist ATP-D-Hexose-6-phospho-Transferase (E. C. 2.7.1.1.) die Bez. des E., das die Reaktion

$$ATP + D\text{-}Hexose \rightarrow ADP + D\text{-}Hexose\text{-}6\text{-}phosphat$$

katalysiert. Daneben sind jedoch auch inoffizielle, kürzere Bez. gebräuchlich (Hexokinase).

Medizinische und technische Bedeutung

Viele Stoffwechselanomalien beruhen auf dem genetisch bedingten und somit erbl. Funktionsausfall bestimmter E. (**E.-Defekte, Enzymopathien**), der ggf. zur Blockierung einer ganzen Stoffwechselkette führen kann (z. B. Albinismus, Phenylketonurie). – Die Kenntnis der enzymat. Ausstattung der versch. Organe (**E.-Muster**) ist von hohem diagnost. und therapeut. Wert (→Enzymdiagnostik). – Die techn. Anwendung von E. hat in den letzten Jahren erheblich zugenommen. Dies ist bedingt durch neuere Methoden der →Gentechnologie, die eine Synthese zahlr. E. durch Mikroorganismen ermöglicht und auch zu der explo-

Klassifikation der Enzyme nach der Enzyme Commission (EC) (Auswahl)

1.	Oxidoreduktasen (Oxidation bzw. Reduktion des Substrats)	
	Beispiele:	
1.1	auf Alkoholgruppen wirkend	
1.1.1	mit NAD oder NADP als Akzeptor	Lactat-Dehydrogenase (E.C. 1.1.1.27)
1.1.3	mit O_2 als Akzeptor	Glucose-Oxidase (E.C. 1.1.3.4)
1.2	auf Aldehydgruppen	
1.2.1	mit NAD oder NADP als Akzeptor	Glycerinaldehyd-3-phosphat-Dehydrogenase (E.C. 1.2.1.12)
1.4	auf Aminogruppen wirkend	
1.4.3	mit O_2 als Akzeptor	D-Aminosäure-Oxidase (E.C. 1.4.3.3)
2.	Transferasen (Gruppen übertragende Enzyme)	
2.1	C 1-Gruppen übertragend	
2.1.1	Methyl-Transferasen	
2.1.3	Carboxyl- und Carbamoyl-Transferasen	
2.3	Acyl-Transferasen	
2.4	Glykosyl-Transferasen	Phosphorylase (E.C. 2.4.1.1)
2.6	N-haltige Gruppen übertragend	
2.6.1	Amino-Transferasen	Glutamat-Pyruvat-Transaminase (E.C. 2.6.1.2)
2.7	Phosphat übertragende Gruppen	
2.7.1	ATP-Phospho-Transferasen	Phosphofructokinase 1 (E.C. 2.7.1.11)
3	Hydrolasen (hydrolyt. Spaltung des Substrats)	
3.1	Esterbindung spaltend	
3.1.1	Carboxylester-Hydrolasen	Phospholipase A_2 (E.C. 3.1.1.4)
3.1.3	Phosphomono-Esterasen	alkal. Phosphatase (E.C. 3.1.3.1)
3.1.11–3.1.31	Nukleasen	DNase I (E.C. 3.1.21.1)
3.2	Glykoside spaltend	
3.2.1	Glykosidasen	α-Amylase (E.C. 3.2.1.1)
3.4	Peptidbindung spaltend	
3.4.21–3.4.24	Proteinasen	Trypsin (E.C. 3.4.21.4)
4.	Lyasen (Eliminierungsreaktionen bzw. Additionsreaktionen)	
4.1	C–C-Lyasen	
4.1.1	Carboxy-Lyasen	
4.1.2	Aldehyd-Lyasen	Aldolase (E.C. 4.1.2.13)
4.2	C–O-Lyasen	
4.2.1	Hydrolyasen	Fumarase (E.C. 4.2.1.2)
4.3	C–N-Lyasen	
5.	Isomerasen (Umlagerungen innerhalb des Substrats)	
5.1	Racemasen und Epimerasen	
5.1.3	auf Kohlenhydrate wirkend	
5.3	Intramolekulare Oxidoreduktasen	
5.3.1	Aldosen-Ketosen umwandelnd	Phosphoglucose-Isomerase (E.C. 5.3.1.9)
6.	Ligasen (Bindungsknüpfung unter ATP-Spaltung)	
6.1	C–O-Bindungen knüpfend	
6.1.1	Aminosäure-RNA-Ligasen	
6.3	C–N-Bindungen knüpfend	
6.3.1	Säure-Ammoniak-Ligasen	
6.4	C–C-Bindungen knüpfend	

sionsartigen Entwicklung der →Biotechnologie geführt hat. Früher wurden die E. fast ausschließlich aus tier. und pflanzl. Geweben in komplizierten Verfahren mit geringer Ausbeute isoliert; die heute meist übl. Gewinnung aus Mikroorganismen ist schneller, billiger und methodisch einfacher. Die Vorteile enzymkatalysierter Reaktionen liegen in den milden Bedingungen, unter denen sie ablaufen, sowie in der hohen Wirkungsspezifität, die zu einer hohen Ausbeute und Reinheit des Produktes führt. Einsatzgebiete sind Arzneimittelherstellung, Lebensmittelverarbeitung, chem. Analytik, Prozesskontrolle, Abwasserüberwachung, Energiegewinnung sowie Teilbereiche der Papier-, Textil- und Waschmittelindustrie. 1980 betrug z. B. die Jahresproduktion an reinem E.-Protein aus Bacillus licheniformis rd. 300 t α-Amylase (verwendet zur Glucoseproduktion sowie in der Brennerei-, Brau- und Textilindustrie) und 500 t Protease (für die Waschmittel-, Käse- und Backwarenherstellung sowie in der Lederindustrie).

Methods in enzymology, hg. v. S. P. COLOWICK u. N. O. KAPLAN, auf zahlr. Bde. ber. (New York 1955 ff.); T. E. BARMAN: Enzyme handbook, 2 Bde. u. Suppl.-Bd. (Berlin 1969–74); Enzyme engineering (New York 1972 ff.); Methods of enzymatic analysis, hg. v. H. U. BERGMEYER u. a., 12 Bde. u. Reg.-Bd. (³1983–87); H. WRBA u. O. PECHER: E. Wirkstoffe der Zukunft (Wien 1993).

Enzym|immunassay [-əseı, engl.], Abk. **EIA,** auf dem Prinzip der Antigen-Antikörper-Reaktion beruhende Methode zur Bestimmung biologisch aktiver Substanzen in Körperflüssigkeiten (z. B. Proteine, Hormone, Antigene, Antikörper, Arzneimittel). Im Unterschied zur Methode des →Radioimmunassay wird zur Markierung des Stoffes ein Enzym verwendet. Der ›heterogene‹ Suchttest **ELISA** (Abk. für engl. enzyme-linked immuno sorbent assay) wird u. a. als Aids-Test eingesetzt; das ›homogene‹ **EMIT-Verfahren** (Abk. für engl. enzyme-multiplied immuno technique) verwendet als Testreagens einen Enzym-Antikörper-Komplex, aus dem bei Hinzutreten des gesuchten Antigens der Enzymanteil verdrängt und so photometrisch nachweisbar wird.

Enzym|induktion, allmählich sich verstärkende Anregung des genet. Apparates der Zelle (DNS) zur Bildung von Enzymen, die dem Abbau körpereigener oder -fremder Substanzen (Stoffwechselprodukte, Hormone, Genuss- und Arzneimittel u. a.) dienen. Die E. kann durch die betreffende oder eine chemisch ähnl. Substanz ausgelöst werden (Eigen- oder Fremdinduktion). Sie ist ein Beispiel für die Anpassungsfähigkeit des Organismus an veränderte Umweltbedingungen.

Enzymopathie, Erkrankung des Organismus, die auf einem angeborenen Mangel oder auf einem Nichtvorhandensein oder auf einer Blockierung der Aktivität von Enzymen oder Coenzymen beruht, z. B. Phenylketonurie.

Enzympräparate, Arzneimittel, die Verdauungsenzyme (v. a. des Eiweiß- und Kohlenhydratstoffwechsels) enthalten und bei unzureichender oder fehlender körpereigener Enzymproduktion zur Unterstützung der Verdauung gegeben werden. E. werden bes. aus den Bauchspeicheldrüsen und aus dem Magensaft von Schlachttieren gewonnen, mit den Methoden der Eiweißfraktionierung großtechnisch gereinigt und in eine geeignete Arzneimittelform gebracht. Daneben werden auch pflanzl. Enzyme (z. B. Bromelain) verwendet.

Enzystierung, *Biologie:* Einkapselung, bes. das Ausscheiden einer Schutzhülle (Zyste) zum Überdauern ungünstiger Umweltverhältnisse.

eo... [griech. ēōs ›Morgenröte‹, ›Tagesanbruch‹], Präfix mit den Bedeutungen: 1) früh, vorgeschichtlich, z. B. Eolith; 2) rot, z. B. Eosin.

Eoanthropus dawsoni, der →Piltdownmensch.

Eobanus Hessus, Helius, neulat. Dichter, →Hessus, Helius Eobanus.

Eobiont [zu griech. bíos ›Leben‹] *der, -en/-en,* die primitivste Form von Leben, Vorstufe der Prokaryonten mit genet. Informationsspeicherung, jedoch noch unvollständig entwickelter Proteinbiosynthese.

Eohippus [griech.], **Hyracotherium,** fossile Gattung der →Pferde.

eo ipso [lat. ›durch sich selbst‹], *bildungssprachlich:* selbstverständlich, von sich aus verständlich.

E. O. K. A., Abk. für **Ethnike Organosis Kypriakon Agoniston** [εθni'ki-; neugriech. ›Nat. Organisation der zypriot. Kämpfer‹], griechisch-zypriot. Untergrundarmee, kämpfte 1955–59 unter General G. GRIVAS gegen die brit. Herrschaft und für den Anschluss (griech. ›Enosis‹) Zyperns an Griechenland. Unter dem Vorwurf, den Gedanken der Enosis aufgegeben zu haben, sammelte GRIVAS nach der Entlassung der Insel in die Unabhängigkeit (1960) in der **E. O. K. A. II** radikale Gegner von Präs. MAKARIOS III.; 1974 unternahmen sie gegen ihn einen Putsch, der scheiterte und die Besetzung N-Zyperns durch die Türkei auslöste. (→Zypern, Geschichte)

Eokambrium, Bez. für die Bildungszeit jungpräkambr. Sedimente (Sparagmite), v. a. im Bereich des Balt. Schildes.

Eophytikum [zu griech. phytón ›Gewächs‹] *das, -s,* das →Algophytikum.

Eos, griech. **Ēōs,** röm. **Aurora,** *griech. Mythos:* die (rosenfingrige) Göttin der Morgenröte und des Tages, Tochter des Hyperion und der Theia, Schwester des Helios und der Selene. Sie fährt jeden Morgen mit ihren Rossen aus der Tiefe des Meeres herauf und eilt Helios bei seiner Fahrt über den Himmel voran. Sie entführt die Männer, die sie liebt, so Orion und →Tithonos , von dem sie die Mutter des Memnon wurde. – E. wird meist geflügelt dargestellt, sie erscheint als Wagenlenkerin, mit anderen Lichtgöttern, mit ihrem toten Sohn Memnon (Schale des DURIS; Paris, Louvre), mit Tithonos (dargestellt mit Leier) oder den Jäger Kephalos verfolgend (Krater des AURORA-MALERS, um 360 v. Chr., Rom, Villa Giulia; etrusk. Spiegel, ebd., Vatikan. Sammlungen). In der Neuzeit wird sie v. a. als Allegorie des Lichts und des Morgens dargestellt (u. a. bei MICHELANGELO, P. O. RUNGE; E. BURNE-JONES, O. REDON) und ist Thema barocker Deckenfresken (G. RENI, GUERCINO, F. SOLIMENA).

EOS, Abk. für **erweiterte Oberschule.** (→Gymnasium, Geschichte).

Eosander, Johann Friedrich Nilsson, Freiherr (seit 1713) Göthe, gen. **E. Göthe,** Baumeister, getauft Stralsund 23. 8. 1669, † Dresden 22. 5. 1728; trat 1692 in den Dienst des späteren preuß. Königs FRIEDRICH I., wurde 1699 in Berlin Hauptmann und Hofarchitekt; seit 1713 in schwed., seit 1722 in kursächs. Diensten. E. leitete ab 1707 (Nachfolger von A. SCHLÜTER) den Bau des Berliner Schlosses, das er um den Westtrakt mit Portalbau (nach dem Vorbild des Severusbogens in Rom) erweiterte. Seine Bauten markieren den Übergang vom Spätbarock zum Klassizismus.

Werke: Ausbau und Kuppel von Schloss Charlottenburg (seit 1704); Mittelbau des Schlosses Monbijou in Berlin (1706–08, im Zweiten Weltkrieg zerstört); Schloss Übigau in Dresden (1724/25).

Eosin *das, -s,* intensiv roter Farbstoff aus der Gruppe der Xanthenfarbstoffe, dessen Lösung in Alkohol oder Wasser grün fluoresziert; chemisch das Natriumsalz des Tetrabromfluoresceins. E. dient zur Herstellung von roter Tinte, Lippenstiften, Nagellacken sowie zum Anfärben von Präparaten in der Mikroskopiertechnik.

Eosinophilie *die, -,* 1) Anfärbbarkeit von Zellen und Geweben, die einen geringen oder gar keinen Anteil an Nukleinsäuren haben (z.B. Leukozyten), mit Eosin oder anderen sauren Farbstoffen.

2) Eosinophilämie, gehäuftes Auftreten eosinophiler Granulozyten im Blut (über 4%) als Kennzeichen unterschiedl. Erkrankungen, z.B. parasitärer Art (Wurmbefall, Trichinose). E. tritt auch bei Allergien sowie in der Heilungsphase von Infekten auf.

Eötvös [ˈøtvøʃ; nach L. Baron EÖTVÖS], Einheitenzeichen **E**, in der Geophysik bei Schweremessungen verwendete, nichtgesetzl. Einheit des Gradienten der Fallbeschleunigung: $1\,E = 10^{-9}\,Gal/cm = 10^{-9}\,s^{-2}$.

Eötvös [ˈøtvøʃ], **1)** József Freiherr von, ungar. Politiker und Schriftsteller, * Ofen (heute zu Budapest) 13.9.1813, † Pest (heute zu Budapest) 2.2.1871, Vater von 2); war früh in der liberalen Opposition und ab 1839 Führer der ungar. Reformbewegung, die für die bürgerl. Umgestaltung des Landes und, im Ggs. zu L. KOSSUTH, für eine zentralist. Verwaltungsorganisation kämpfte. Im März 1848 Kultus- und Unterrichts-Min.; lebte nach dem Ausbruch des Freiheitskampfes bis 1851 in Dtl. Bis zum Österreichisch-Ungar. Ausgleich von 1867 verfocht er den Kurs F. DEÁKS; als Kultus-Min. zeichnete er danach für die Gesetze über Schulpflicht, Ausbau des Volksschulwesens, Sprachenrecht der Minderheiten und Gleichberechtigung der Juden verantwortlich. Er schrieb auch Gesellschaftsromane u.a. Werke mit z.T. sozialkrit. Tendenz (›Der Karthäuser‹, 1842; ›Der Dorfnotar‹, 1846; ›Der Bauernkrieg in Ungarn‹, 1847; alle dt.) sowie das staatsphilosoph. Werk ›Der Einfluß der herrschenden Ideen des 19. Jh. auf den Staat‹ (1854; dt.).

P. BÖDY: J. E. and the modernization of Hungary, 1840–1870 (New York ²1985).

2) Loránd Baron, meist: **Roland** Baron **von E.**, ungar. Physiker, * Pest (heute zu Budapest) 27.7.1848, † Budapest 8.4.1919, Sohn von 1); ab 1872 Prof. in Budapest, 1889–1905 Präs. der Ungar. Akad. der Wiss.en, 1894/95 Min. für Unterricht und Kultur. E. führte ab 1886 Untersuchungen zur Gravitation durch, u.a. den für die allgemeine Relativitätstheorie wichtigen →Eötvös-Versuch.

3) Péter, ungar. Komponist und Dirigent, * Székelyudvarhely (heute Odorheiu Secuiesc, Rumänien) 2.1.1944; studierte an der Budapester Musikakademie und arbeitete ab 1966 mit K. STOCKHAUSEN zusammen, u.a. am elektron. Studio des WDR in Köln. 1979–91 war er musikal. Leiter des Ensemble Inter-Contemporain in Paris, daneben international als Gastdirigent tätig. 1992 wurde er Prof. an der Musikhochschule in Karlsruhe. E. gründete 1993 in Budapest das Internat. E.-Institut für zeitgenöss. Musik.

Werke: Drei Madrigalkomödien für Vokalensemble (›Insetti galanti‹, ›Hochzeitsmadrigal‹, ›Moro lasso‹, 1963–90); Klangspiel ›Jetzt, Miss!‹ (1968, für Violine, elektron. Orgel u. Tonband); ›Intervalles intérieurs‹ (1981, für fünf Instrumentalisten u. Tonband); Orchesterwerke ›Pierre Idyll‹ (1984, 2. Fassung 1990); ›Chinese opera‹ (1986); ›Psalm 151‹ (1994); ›Psychokosmos‹ (1994); Shadows (1996).

Eosin

Eötvös-Drehwaage [ˈøtvøʃ-], **Schwerevariometer,** Bez. für mehrere von L. Baron EÖTVÖS konstruierte →Drehwaagen zur Messung von sehr kleinen räuml. Schwereänderungen (Schweregradienten) und Massenunterschieden.

Eötvös-Effekt [ˈøtvøʃ-; nach L. Baron EÖTVÖS], die Änderung der Fallbeschleunigung in einem gegenüber der Erdoberfläche bewegten System aufgrund der dann auftretenden →Coriolis-Kraft.

Eötvös-Regel [ˈøtvøʃ-; nach L. Baron EÖTVÖS], →Oberflächenspannung.

Eötvös-Versuch [ˈøtvøʃ-], 1909 von L. Baron EÖTVÖS mit einer speziellen Drehwaage durchgeführtes Experiment, das die Äquivalenz von träger und schwerer Masse (→Äquivalenzhypothese) mit einer Genauigkeit von 10^{-9} (heute 10^{-11}) bestätigte.

Eozän [zu griech. ēōs ›Morgenröte‹ und kainós ›neu‹] das, -s, Geologie: Serie des →Tertiärs.

Eozoikum [zu griech. zōḗ ›leben‹] das, -s, Geologie: frühere Bez. für das Proterozoikum (→Präkambrium).

EP, 1) Abk. für →**Ep**oxidharze.

2) Abk. für →**e**lektronisches **P**ublizieren.

Epagneul [epaˈnœl] der, -(s)/-s, Gruppe langhaariger frz. Vorstehhunde, die vom span. Pointer abstammen; sie erreichen knapp über 60 cm Widerristhöhe und sind für die Jagd bes. geeignet. Versch. Rassen: z.B. **E. Breton** (Bretagne; weißorange, weißbraun), **E. Picard** (Picardie, Sommetal; grau getüpfelt), **E. Français** (weiß mit braunen Flecken; typischster Vertreter der E.). Ein reiner Salonhund ist der **E. Nain Continental** oder **Papillon** (Widerristhöhe 20–28 cm) mit langem, seidigem, sehr unterschiedlich gefärbtem Fell und großen Ohren.

Epagoge [griech., eigtl. ›Heranführung‹] die, -, Philosophie: das Denken, das vom Besonderen zum Allgemeinen oder von den Folgen zum Grund fortschreitet. (→Induktion)

Ep|akme, Stammesgeschichte: die Aufblühzeit, →Akme.

Ep|akte, Kalenderwesen: →Osterrechnung.

Epameinondas, lat. **Epaminondas,** theban. Staatsmann und Feldherr, * um 420 v. Chr., † (gefallen) Mantineia 362 v. Chr.; verfocht als Böotarch (führender Beamter des Böot. Bundes) 371 auf dem Friedenskongreß in Sparta die Einheit Böotiens unter Thebens Führung. Darüber kam es zum Krieg mit den Spartanern, die E. noch im selben Jahr bei Leuktra mit der von ihm eingeführten ›schiefen Schlachtordnung‹ schlug. Von den Arkadern zu Hilfe gerufen (370), brach E. in Lakonien ein und schwächte Sparta durch die Wiederherstellung der Selbstständigkeit Messeniens (369). 364 versuchte er mit einer Expedition an den Hellespont die Hegemonie Thebens auch zur See durchzusetzen. Die letzte Schlacht gegen Sparta verlief unentschieden, da E. selbst kurz vor dem Sieg fiel. Thebens Großmachtpolitik fand damit ihr Ende. E. stand den Pythagoreern nahe. Eine Biographie von CORNELIUS NEPOS ist erhalten.

J. BUCKLER: The Theban hegemony 371–362 B.C. (London 1980); H. BENGTSON: Griech. Staatsmänner des 5. u. 4. Jh. v. Chr. (1983).

Epanalepse [griech. ›Wiederholung‹] die, -/-n, **Epizeuxis,** Stilistik: Wiederholung eines Wortes oder einer Gruppe von Wörtern meist am Anfang eines Satzes (z.B. ›Worte, Worte, nichts als Worte‹, SHAKESPEARE, ›Troilus und Cressida‹ V, 3) zur Ausdruckssteigerung; eine andere Form der E. ist die →Anadiplose.

Eparch [griech. ›Befehlshaber‹] der, -en/-en, griech. **Eparchos,** in den hellenist. Staaten und in der röm. Kaiserzeit Titel ziviler und militär. Amtsträger, im Byzantin. Reich v.a. Zivilgouverneure und Stadtvorsteher; besondere Bedeutung hatte die Stadt-E. von Konstantinopel.

Eparchie die, -/...ˈchi|en, Bez. für 1) Amt und Amtsbereich eines Eparchen, 2) Aufsichtsbezirk eines orth. Bischofs, 3) eine im heutigen Griechenland unter dem →Nomos stehende Verwaltungseinheit.

József von Eötvös
(Punktierstich,
um 1850)

Epaulette [epo-; frz. zu épaule ›Schulter‹] *die, -/-n,* Teil der Uniform, →Schulterstück.

epd, Abk. für **Evangelischer Pressedienst,** konfessionelle Nachrichtenagentur, gegr. 1910, neu gegr. 1946 in Bethel, seit 1968 Zentralredaktion in Frankfurt am Main, verbreitet einen tägl. und einen wöchentl. Wortdienst, ›epd – bild‹ sowie mehrere Fachinformationsdienste, z. B. ›epd – Film‹, ›epd – Kirche und Rundfunk‹, ›Entwicklungspolitik‹, ›Dritte Welt Information‹.

Epe, Gem. in der Prov. Gelderland, Niederlande, am Rand der Veluwe, 33 500 Ew.; Sommerfrische; Nahrungsmittel-, Metallwarenindustrie.

Épée [e'pe], **C h a r l e s** Michel, Abbé **de l',** Begründer des Taubstummenunterrichts in Frankreich nach der Gebärdensprache, * Versailles 25. 11. 1712, † Paris 23. 12. 1789; gründete 1770 die erste Taubstummenanstalt.
Werk: Institution des sourds et muets par la voie des signes méthodiques, 2 Bde. (1776).

Epeirogenese [zu griech. ḗpeiros ›Festland‹], *Geologie:* die →Epirogenese.

Epeirophorese [zu griech. ḗpeiros ›Festland‹ und phórēsis ›das Tragen‹] *die, -/-n,* Bez. für weiträumige horizontale Bewegungen der Kontinente. (→Kontinentalverschiebung, →Plattentektonik)

Ependym [griech. eigtl. ›Oberkleid‹] *das, -s,* Zellschicht, die die Hirnhöhlen und den Rückenmarkkanal auskleidet.

Ependymom *das, -s/-e,* meist gutartiger Gehirnoder Rückenmarktumor, der von den Stammzellen des Ependyms ausgeht.

Epenthese [griech. ›das Einschieben‹] *die, -/-n, Sprachwissenschaft:* Einfügung von Gleitlauten oder einer Silbe (meist zur Erleichterung der Aussprache) im Inlaut eines Wortes ohne etymolog. Ursache (z. B. des ›t‹ in ›wissentlich‹). →Epithese, →Prothese.

Eperi|es, ungar. **Eperjes** [-jɛʃ], Stadt in der Slowak. Rep., →Prešov.

Épernay [epɛr'nɛ], Stadt in der Champagne, Dép. Marne, Frankreich, 70 m ü. M., am linken Ufer der Marne, 26 600 Ew.; neben Reims das Zentrum der Champagnerherstellung; Weinmuseum, vor- und frühgeschichtl. Museum; Zulieferindustrie für den Weinbau, Metallverarbeitung.

Epexegese [griech. ›eingefügte Erklärung‹] *die, -/-n,* syntaktisch beigeordnete Erklärung nach Art einer Apposition, z. B. ›unten im Keller‹.

Epha, althebr. Volumenmaß u. a. für Getreide; 1 E. = 36 l.

Ephapse [zu epi... und griech. hapsis ›Verknüpfung‹] *die, -/-n,* nach Verletzungen und Erkrankungen gebildete künstl. Kontaktstelle zw. Nervenzellen, die eine Fortleitung der Aktionspotenziale zw. benachbarten Nervenzellen ermöglicht.

Epheben [zu epi... und griech. hēbē ›Jugend‹], *Sg.* **Ephebe** *der, -n,* junge Männer zw. 18 und 20 Jahren, die in vielen griech. Staaten seit dem 4. Jh. v. Chr. von Staats wegen eine militär. Erziehung erhielten. Das Vorbild für diese Ausbildungszeit (**Ephebie,** griech. **Ephebeia**) hatte Athen geschaffen. Hier wurden die Bürgersöhne ein Jahr lang militärisch sowie sportlich ausgebildet und dann ein weiteres Jahr zum Wachdienst herangezogen. – In hellenist. Zeit nahm die kulturelle und sportl. Ausbildung an Bedeutung immer mehr zu, die militärische ging zurück. In röm. Zeit waren die E. Studenten einer Hochschule, die auch in beträchtl. Umfang Sport trieben.

Ephedragewächse [éphedra, griech. Pflanzenname, eigtl. ›das Daraufsitzen‹], **Ephedraceae,** Familie der Nacktsamer mit der einzigen Gattung **Meerträubel** (**Meerträubchen,** Ephedra); rd. 40 Arten, v. a. im Mittelmeerraum und in den Trockengebieten Asiens und Amerikas; bis 2 m hohe Rutensträucher mit gekreuzt-gegenständigen Schuppenblättern; Blüten klein, Frucht ein fleischiger oder trockener Zapfen; z. T. Heilpflanzen, z. B. das das →Ephedrin liefernde **Zweiährige Meerträubel** (Ephedra distachya), ein im Mittelmeergebiet, in der Schweiz, von der Nordküste des Schwarzen Meeres bis Ostsibirien vorkommender, bis 1 m hoher, ginsterartiger Strauch mit scharlachroten, kugeligen, erbsengroßen Beerenzapfen.

Ephedrin *das, -s,* Alkaloid einiger Ephedragewächse; farb- und geruchlose kristalline Substanz. Im chem. Aufbau ist E. den körpereigenen Stoffen Noradrenalin und Adrenalin ähnlich, die es, wenn es als Arzneimittel eingesetzt wird, aus deren Speichern freisetzt. Seine Wirkung kommt somit *indirekt* durch Noradrenalin- bzw. Adrenalinfreisetzung zustande (so genannte indirekte Sympathomimetika). Wegen der Entwicklung neuerer Substanzen hat E. seine Bedeutung als Mittel bei Hypotonie (niedriger Blutdruck) und bei Bronchialasthma bzw. Bronchitis weitgehend verloren. E. kann bei Missbrauch zu Gewöhnung und Abhängigkeit führen.

Epheliden, die →Sommersprossen.

ephemer [griech., eigtl. ›einen Tag dauernd‹], **1)** *bildungssprachlich:* nur kurze Zeit bestehend, vorübergehend (und ohne bleibende Bedeutung). **2)** *Biologie:* nur einen Tag lebend, bestehend (von Organismen).

Ephemeriden [griech. ›Tagebücher‹], *Sg.* **Ephemeride** *die, -,* **1)** *Astronomie:* für einen längeren Zeitraum und für zeitlich konstante Abstände vorausberechnete Gestirnsörter an der Himmelskugel, die in besonderen astronom. Tafeln oder naut. Jahrbüchern (ebenfalls E. genannt) veröffentlicht werden. Sie dienen auch der genauen Positions-, Orts- und Zeitbestimmung.
2) *Geschichtsschreibung:* offizielle Aufzeichnungen an oriental. und hellenist. Königshöfen mit minutiöser Darlegung des Tagesablaufs; i. e. S. die E. ALEXANDERS D. GR. Charakter, Umfang und Inhalt dieser ›Tagebücher‹ sind umstritten. Ein erhaltener längerer Auszug behandelt (nach dem Vorbild babylon. Chroniken?) die letzten Lebenstage ALEXANDERS.
Ausgabe: Die königl. E., in: Die Fragmente der griech. Historiker, hg. v. F. JACOBY, Tl. 2, Bd. 2 B, Nr. 117 (1929, Nachdr. 1986).

Ephemeridenzeit, Abk. **ET** [engl. Ephemeris Time], die theoretisch in Bezug auf die Gesetze der Himmelsmechanik streng gleichförmig ablaufende Zeit. Die E. erhält man aus einem Vergleich der beobachteten scheinbaren Örter der Sonne und des Mondes mit den aufgrund der Bewegungsgleichungen der Himmelsmechanik berechneten Ephemeriden von Sonne und Mond. Gegenüber der Sonnenzeit ergeben sich von Jahr zu Jahr Korrekturen, die erst nachträglich aus den Beobachtungen der folgenden Jahre abzuleiten sind. (→Zeitmessung)

Ephemeroptera [griech. pterón ›Flügel‹], die →Eintagsfliegen.

Epheserbrief, Abk. **Eph.,** der fünfte Brief im ›Corpus Paulinum‹, der Sammlung von Paulusbriefen im N. T. Der erste Teil des E. (Kap. 1–3) belehrt die heidenchristl. Leser über die Gnade ihrer Berufung in die – als Leib Christi gedeutete – Kirche; Teil 2 (Kap. 4–6) fordert die dementsprechende Lebensführung, u. a. die Befolgung der ›Haustafel‹ (Eph. 5, 21–6, 9). – Der E. ist offensichtlich vom →Kolosserbrief literarisch abhängig; er dürfte daher nicht von PAULUS selbst, sondern in paulin. Tradition und Autorität zw. 80 und 100 n. Chr. geschrieben worden sein.
J. GNILKA: Der E. Auslegung (1971); K. M. FISCHER: Tendenz u. Absicht des E. (1973); M. MERKLEIN: Das kirchl. Amt nach dem E. (1973); R. SCHNACKENBURG: Der Brief an die Epheser (Zürich 1982); J. PFAMMATTER: E., Kolosserbrief (²1990).

Ephesos, lat. **Ephesus,** türk. **Efes,** antike Stadt an der Westküste Kleinasiens; urspr. an der Mündung des Kaystros (heute Küçük Menderes) gelegen; die Ruinenstätte liegt heute etwa 10 km landeinwärts, rd. 75 km südöstlich von İzmir bei dem Ort Selçuk, Türkei. – In ältester Zeit eine Siedlung der vorhellen. Karer, seit dem 10. Jh. v. Chr. von Griechen aus Athen besiedelt, wurde E. zum Mittelpunkt ion. Griechentums und entwickelte sich zu einer reichen Handelsstadt mit wichtigem Hafen. Um 560 v. Chr. wurde sie vom Lyderkönig →KRÖSUS erobert. E. vermied die Teilnahme am Ion. Aufstand (500–494) und beteiligte sich, obwohl Mitgl. des 1. Att. Seebundes, ab 412 am Peloponnes. Krieg auf der Seite Spartas. Die Stadt erlebte in hellenistisch-röm. Zeit eine weitere Blüte; unter den Römern (ab 133 v. Chr.) wurde sie Hauptstadt der Prov. Asia. Der Apostel PAULUS gründete hier 54 n. Chr. eine der ersten großen Christengemeinden. 263 wurde E. von den Goten zerstört, im 4. Jh. (358, 365), im 7. Jh. (614) von schweren Erdbeben verwüstet. Dennoch war die Stadt in byzantin. Zeit ein bedeutendes polit., wirtschaftl., religiöses und kulturelles Zentrum sowie ein frühchristl. Wallfahrtsort (nach der Legende war E. der Sterbeort MARIAS). Von fortschreitender Versumpfung bedroht, verlagerte sich das Zentrum der Stadt mehr und mehr auf den Aya-Soluk-Hügel. Unter osman. Herrschaft (ab 1304, endgültig ab 1425) sank E. zur Bedeutungslosigkeit herab und wurde ein Dorf.

Weit bekannt war E. in der Antike durch den Kult der Artemis (Diana), der früh mit dem Kult der in Kleinasien unter verschiedenen Formen bekannten Kybele, ›Magna Mater‹ (›Große Mutter‹), synkretistisch verbunden worden war. ›Groß ist die Diana der Epheser‹ war nach Apg. 19, 23 ff. der Kampfruf von Silberschmieden, die ihr Geschäft durch die Predigt des Apostels PAULUS geschmälert sahen. 431 n. Chr. tagte in der Marienkirche das von Kaiser THEODOSIUS II. berufene 3. ökumen. Konzil (→Ephesos, Konzil von E.) und 449 die →Räubersynode.

Die Lage des alten, auf vorgriech. Zeit zurückgehenden Heiligtums der Artemis-Kybele ist nicht geklärt; die ion. Stadt der ersten Hälfte des 1. Jt. v. Chr. lag am N-Hang des Panayır Tepesi (griech. Pion), an dessen W-Hang später das griechisch-röm. Theater entstand. Nordöstlich am Fuße der Erhebung fand der Engländer J. T. WOOD 1863–74 Reste des großen Artemistempels (Artemision); er wurde an der Stelle einer Anlage des 8. Jh. v. Chr. im 6. Jh. v. Chr. vom Baumeister CHERSIPHRON als ion. Großtempel (etwa 155 × 55 m, 127 Säulen) erbaut. 356 v. Chr. von dem Brandstifter HEROSTRATOS angezündet, wurde das Artemision wieder aufgebaut (reicher Skulpturenschmuck; viele Reliefs im Brit. Museum); es wurde zu den sieben Weltwundern gezählt. Durch die Goten wurde es 263 n. Chr. beschädigt; seit dem 4. Jh. als Steinbruch benutzt. Die Reste des Altars lassen auf ein Hofheiligtum (ähnlich Pergamon) schließen. Die von KRÖSUS in die Ebene verlegte Stadt blieb während der klass. Zeit unbefestigt und wurde wegen des Schwemmsandes um 300 v. Chr. von LYSIMACHOS erneut mitsamt ihrem Hafen nach SW verlegt. Die Neugründung **Arsinoeia** wurde nach seiner Gemahlin ARSINOE II. benannt und mit einer 9 km langen Mauer umgeben.

1895 begannen die österr. Ausgrabungen der lysimach. Stadt, die noch heute andauern, ebenso der Wiederaufbau einzelner Gebäude. Ein Teil der Ummauerung ist erhalten; der Turm im Westteil am ehemaligen Hafen heißt irrtümlich ›Gefängnis des hl. Paulus‹. Das hellenist. Theater aus dem 3. Jh. v. Chr. wurde in röm. Zeit (1. Jh. n. Chr.) für 24 000–30 000 Zuschauer erweitert und erneuert. Unter dem oström. Kaiser ARKADIOS (395–408) wurde die Straße vom

Ephesos: Arkadiane mit dem in den Hügel Panayır Tepesi hineingebauten Amphitheater; erneuert im 1. Jh. n. Chr.

Theater zum Hafen als 5 m breite Marmorprachtstraße (Arkadiane) ausgebaut. In Hafennähe lagen an ihr eine Agora, Thermen und ein Gymnasion. Nahe dem Theater befand sich eine zweite Agora (3. Jh. v. Chr.; Ausgrabungen), westlich davon das große Serapeion (Mitte 2. Jh. n. Chr.). Das Theater war durch eine Marmorstraße mit der Celsusbibliothek (zw. 117 und 125 n. Chr.; Fassade wieder aufgebaut) verbunden. An ihrer Fortsetzung nach SO und einer weiteren Agora (für Staatsangelegenheiten) lagen Tempel für die Kaiser DOMITIAN (1. Jh. n. Chr.) und HADRIAN (wieder aufgebaut; 2. Jh. n. Chr.). Der Name ›Kuretenstraße‹ bezieht sich auf Inschriften, die aus dem Prytaneion stammen (ein Teil wurde in den Scholasti-

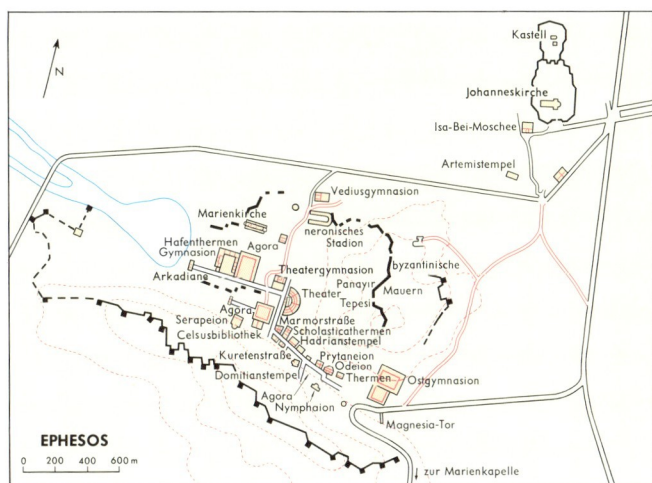

cathermen des 4. Jh. gefunden). Neben dem Prytaneion Reste des Odeion (2. Jh.; für Senatssitzungen). Am Hang oberhalb der Kuretenstraße wurde ein vornehmes Wohnviertel freigelegt, oberhalb des Hadriantempels der Trajansbrunnen. – Die frühchristl. Marienkirche wurde im 3. Jh. in ein über 260 m langes antikes Gebäude unbekannter Funktion (Bank?) eingebaut. Die von JUSTINIAN I. errichtete Johanneskirche war ein kreuzförmiger Kuppelbau und wurde, wahrscheinlich nach dem Vorbild der Apostelkirche in Konstantinopel, über zwei Vorgängerbauten an der Stelle des legendären Apostelgrabs errichtet. Auf dem Aya-Soluk-Hügel liegt ein Kastell aus mittelbyzantin. Zeit; an seinem Fuß steht die Isa-Bei-Moschee (1375), erbaut unter den turkmen. Ayıniden. Im Ort Selçuk befindet sich ein archäolog. Museum mit den für E. charakterist. ›vielbrüstigen‹ Artemisstatuetten (Deutung umstritten), Mosaiken und dem Sarkophag von Belevi. – Die Nekropole in einer Schlucht östlich von E. beherbergt die Grabstätte der Siebenschläfer von E. (die um 250 lebenden christl. jungen Männer sollen 200 Jahre geschlafen haben). – Panaya Kapulu, südlich von E., gilt als das Haus der Jungfrau Maria (heutiges Mauerwerk 6. oder 7. Jh.). – 13 km von E. entfernt, bei **Belevi**, ein von Quadern umgebener Tumulus und die Basis eines Mausoleums (Fläche 400 m²) des 3. oder 4. Jahrhunderts.

R. FLEISCHER: Artemis von E. u. verwandte Kultstatuen aus Anatolien u. Syrien (Leiden 1973); A. BAMMER u. a.: Führer durch das Archäolog. Museum in Selçuk-E. (Wien 1974); E. LESSING u. W. OBERLEITNER: E. (ebd. 1978); Die Inschriften von E., bearb. v. H. VETTERS, 6 Bde. (1979–80); DERS.: E. Vorläufiger Grabungsbericht 1983 (Wien 1985); D. KNIBBE: Der Staatsmarkt. Die Inschriften des Prytaneions. Die Kureteninschrift u. sonstige religiöse Texte (Wien 1981); A. BAMMER: Das Heiligtum der Artemis von E. (Graz 1984); W. ELLIGER: E. Gesch. einer antiken Weltstadt (²1992); S. KARWIESE: Groß ist die Artemis von E. (1995).

Ephesos, Konzil von E., drittes allgemeines Konzil, Pfingsten (7. 6.) 431 durch Kaiser THEODOSIUS II. angesichts entstandener Gegensätze in der christolog. Frage zw. der antiochen. und alexandrin. Theologie berufen. Es tagte vom 26. 6. bis zum September 431. Etwa 200 Bischöfe nahmen an dem Konzil teil; Papst CÖLESTIN I. entsandte Legaten. – Auf dem Konzil standen sich zwei Lager gegenüber: 1) die Orientalen unter Patriarch JOHANNES VON ANTIOCHIA (†441), 2) die Anhänger KYRILLS VON ALEXANDRIA, die die Absetzung des NESTORIUS durchsetzten. – Die Beschlüsse von E. kann man als eine Bestätigung der Lehre des Konzils von Nicäa (325) über die Menschwerdung CHRISTI bezeichnen. Von CHRISTUS wird Göttliches und Menschliches ausgesagt. Wegen der Identität des Mensch Gewordenen mit dem Gottessohn kann MARIA, die Mutter JESU, Gottesmutter (Theotokos) genannt werden. – Das Konzil konnte die Gegensätze nicht überbrücken und die Einheit der Kirche nicht wiederherstellen. Die Differenzen traten auf der →Räubersynode von Ephesos (449) neu zutage.

Ephestia [griech. ephéstios ›im Hause lebend‹], Gattung der Schmetterlinge aus der Familie der Zünsler (Pyralidae) mit mehreren Arten von Vorratsschädlingen wie Dattelmotte, Mehlmotte.

Epheten, griech. **Ephetai,** Bez. für ein Richterkollegium im antiken Athen (seit DRAKON), das unter dem Vorsitz des Archon über bestimmte Tötungsdelikte zu befinden hatte; seine Aufgaben wurden im 5. Jh. vom →Areopag übernommen.

EPH-Gestose, EPH-Syndrom, nicht mehr gebräuchl. Bez. für schwangerschaftsspezif. Erkrankung in der 2. Schwangerschaftshälfte, wobei (engl.) **E** für edema (Ödembildung), **P** für proteinuria (Eiweißausscheidung im Harn) und **H** für hypertension (Hochdruck) steht. Da Ödeme häufig auch bei gesunden Schwangeren auftreten und der Hochdruck im Vordergrund steht, wird inzwischen der Begriff schwangerschaftsinduzierter Hochdruck (→Gestosen) verwendet.

Ephialtes, Einwohner von Trachis (Thessalien) im 5. Jh. v. Chr., führte die Perser unter XERXES I. 480 v. Chr. in den Rücken der griech. Stellung bei den →Thermopylen.

Ephialtes, athen. Staatsmann des 5. Jh. v. Chr., Führer der radikalen Demokraten, Freund des PERIKLES; entzog 462/461 v. Chr. dem →Areopag alle polit. Rechte und wurde daraufhin ermordet.

Ephod [hebr.] *das, -/...'dim,* in einem außerbibl. Text (Ugarit) das Gewand der Gottheit, in den älteren Texten des A. T. ein um die Lenden gewickelter leinener Teil der priesterl. Amtstracht (1. Sam. 2, 18), in der Priesterschrift (2. Mos. 28, 6 ff.) ein kostbarer, mit Goldfäden durchzogener, bunter Tuchstreifen im Ornat des Hohen Priesters, an dessen Schulterträgern das Orakelgerät (→Urim und Tummim) befestigt war.

Ephoren, griech. **Ephoroi** [›Aufseher‹], *Sg.* **Ephor** *der, -en,* griech. **Ephoros,** in Sparta fünf jährlich gewählte Beamte, die gemeinsam das **Ephorat** bildeten. Ab 754 v. Chr. war jeweils der erste E. namengebend für das Amtsjahr (→Eponym). Urspr. wohl zur Entlastung der Könige im Gerichtsalltag bestellt, drängten die E. als Repräsentanten des Volkes die Könige ab dem 6. Jh. v. Chr. mehr und mehr zurück und gewannen als Wächter über die Gesetze, die Knabenerziehung und die Lebensführung sowie als Polizeiorgan gegenüber Heloten, Perioiken und Fremden maßgebl. Einfluss im Staat, der sich auch auf die Außenpolitik erstreckte. Sie konnten sogar die Könige, mit denen es mehrfach zu schweren Konflikten kam, vor ihr Gericht bringen. Von KLEOMENES III. 226 v. Chr. vorübergehend abgeschafft, hatte das Ephorat später keine Bedeutung mehr. Der Titel begegnet auch in anderen griech. Stadtstaaten (z. B. Kyrene).

M. CLAUSS: Sparta (1983); Sparta, hg. v. K. CHRIST (1986).

Ephoros, E. von Kyme, griech. Geschichtsschreiber des 4. Jh. v. Chr., aus Kyme in Kleinasien; verfasste eine Universalgeschichte in 30 Büchern (das letzte von seinem Sohn DEMOPHILOS ergänzt), die von der dor. Wanderung bis 340 v. Chr. reichte. Die rhetor., von →ISOKRATES beeinflusste materialreiche Darstellung war von Mängeln, u. a. einem übertriebenen Lokalpatriotismus, nicht frei, wurde aber viel gelesen. Die Historiker DIODOR VON SIZILIEN und NIKOLAOS VON DAMASKOS haben das Werk exzerpiert; die geograph. Partien hat STRABON benutzt.

Ausgabe: E. von Kyme, in: Die Fragmente der griech. Historiker, hg. v. F. JACOBY, Tl. 2, Bd. 2 A, Nr. 70 (1926, Nachdr. 1986).

Ephphetha, in Mk. 7, 34 überliefertes Wort JESU, →Hephata.

Ephraim [nach dem palästinens. Gebirge zw. Bethel und Sichem], **Efraim,** Name eines israelit. Stammes, dessen legendärer Ahnherr als Sohn JOSEPHS und Enkel JAKOBS galt. E. gehörte zum Reich des SAUL und seines Sohnes ESCHBAAL, nach dessen Ermordung es sich mit den anderen Nord- und Oststämmen Israels an DAVID anschloss. Nach dem Tod SALOMOS wurde in Sichem die Personalunion mit dem judäischen Süden (1. Kön. 12) aufgelöst; der Ephraimit →JEROBEAM I. machte E. zum Kernstück des Nordreiches Israel. Von den Aramäerkriegen des Nordreiches kaum betroffen, blieb E. nach der territorialen Dezimierung Israels durch die Assyrer 733/732 v. Chr. als halbselbstständiger Rumpfstaat übrig. Mit der assyr. Eroberung von Samaria 722 v. Chr. endete seine polit. Existenz, E. wurde assyr., später babylon. und pers. Provinz. Damit verschwand der Stamm E. aus der Geschichte; die später in seinem Gebiet ansässige Mischbevölkerung waren die →Samaritaner.

Ephraimiten, die während des Siebenjährigen Krieges (1756–63) von Preußen mit kursächs. Münzstempeln geprägten minderwertigen Silber- und Goldmünzen. Der Name geht auf den Pächter der Leipziger und der Dresdner Münze, VEITEL H. EPHRAIM (* 1703, † 1775), zurück.

Ephräm, E. der Syrer [eˈfrɛːm, ˈefrɛm], **Afrem** [aˈfrɛːm, ˈafrɛm], Diakon und theolog. Lehrer, * Nisibis (heute Nusaybin) um 306, † Edessa (heute Urfa) 9. 6. 378 (nach der Chronik von Edessa); wirkte zuerst als theolog. Lehrer in Nisibis, ab 363 in Edessa. Durch seine zahlreichen theolog. Werke (Bibelkommentare, Reden und Hymnen) wurde er zum fruchtbarsten Schriftsteller der syr. Kirchen, der ihre eigenständige Theologie zum Ausdruck brachte. Sein Schrifttum ist bis heute nicht vollständig und zuverlässig publiziert. 1920 zum Kirchenlehrer erklärt. – Heiliger (Tag: 9. 6.).

Ephron, Name 1) einer Stadt des Nordreiches Israel (2. Chron. 13, 19), 2) einer Stadt im Ostjordanland (1. Makk. 5, 46 ff.), 3) eines Berges auf der Grenze zw. Juda und Benjamin (Jos. 15, 9).

Ephydridae, die →Sumpffliegen.

epi... [von griech. epi- ›auf‹, ›darauf‹, ›darüber‹, ›über‹, ›über ... hin‹], vor Vokalen meist verkürzt zu **ep...,** vor h aspiriert zu **eph...,** Präfix mit den Bedeutungen: 1) auf, darauf, darüber, über, z. B. epidural, Ephapse; 2) die Oberfläche von etwas bedeckend, z. B. Epithel; 3) neben, z. B. Epididymis; 4) über ... hin, z. B. Epidemie; 5) nach, darauf (zeitl. Abfolge), z. B. Epigenese; 6) Umbildung, z. B. Epitokie; 7) in der chem. Nomenklatur eine Brückenverknüpfung im Molekül kennzeichnend, z. B. Epoxide.

Epibios [griech. bios ›Leben‹] *der, -,* Bez. für die Gesamtheit der auf einem Substrat lebenden Organismen. Je nach besiedeltem Lebensraum unterscheidet man: **Epidendrobios,** die Gesamtheit aller auf Holz lebenden Organismen (z. B. Moose, Flechten), **Epipelon** (Epipelos), die auf dem Schlammboden von Gewässern (auch Meeren) lebenden Organismen (v. a. Krebse); die Bewohner des Meeressandbodens werden als **Episammon** bezeichnet. Zum **Epigaion,** der Gesamtheit der auf festem Boden lebenden Organismen, zählen v. a. die Pflanzen, zum **Epilithion,** den auf Steinen oder Felsen lebenden Organismen, rechnet man viele Algen der Felsküsten sowie Schnecken (z. B. Napfschnecken) und Nesseltiere (z. B. Seeanemonen). Zum E. gehören außerdem der **Epiphytobios** mit allen auf Pflanzen lebenden Organismen (→Epiphyten) sowie der **Epizoobios,** dem alle auf Tieren lebenden Organismen (→Epizoen) angehören.

Epibolie [zu griech. bállein ›werfen‹] *die, -,* Art der →Gastrulation.

Epicharm, griech. **Epicharmos,** griech. Komödiendichter, * etwa 550 v. Chr., † Syrakus 460 v. Chr.; seine Werke wurden in antiker Zeit wegen ihrer Ideenvielfalt gerühmt, die Stoffe waren der Mythologie, auch dem Alltag entnommen. 37 Titel sind bekannt, von den Texten sind nur Fragmente erhalten.
Ausgaben: Comicorum Graecorum fragmenta, hg. v. G. KAIBEL, Bd. 1,1 (1899, Nachdr. 1975); Comicorum Graecorum fragmenta: in papyris reperta, hg. v. C. AUSTIN (1973).

Epichlorhydrin, 1-Chlor-2,3-epoxypropan, farblose, chloroformartig riechende, giftige Flüssigkeit, die technisch meist ausgehend von Propylen, $CH_3 - CH = CH_2$, durch Chlorieren zu Allylchlorid, $CH_2Cl - CH = CH_2$, und anschließende Epoxidation gewonnen wird. E. dient v. a. zur Herstellung von Epoxidharzen; es ist Zwischenprodukt bei der techn. Synthese von Glycerin.

Epicrates, die →Schlankboas.

Epidauros, griech. **Epidauros,** neugriech. **Epidavros** [ɛˈpiðavrɔs], lat. **Epidaurus,** Ort auf dem Peloponnes, Verw.-Bez. (Nomos) Argolis, am Saron. Golf, 1400 Ew. – Ab 1881 legte die Athener Archäolog. Gesellschaft das Heiligtum frei. Die Hauptbauten des Komplexes entstammen dem 4. Jh. v. Chr. Wesentl. Bestandteile des Asklepieions sind der Asklepiostempel (um 390 als dor. Peripteros erbaut), das Abaton (4. Jh.; Liege- und Schlafhalle zur Inkubation) und der Tholos (Ende des 4. Jh. von POLYKLET D. J. errichtet; Rundbau dor. und ko-

rinth. Stils); im S das Katagogion (Gästehaus); den Wettkämpfen dienten das Gymnasion und das Stadion südwestlich des Asklepieions. Im SO der Anlage liegt im Hang das besterhaltene griech. Theater (wohl ebenfalls von POLYKLET D. J. Anfang des 3. Jh. v. Chr. erbaut: Orchestra ca. 20 m Durchmesser; urspr. 34 Sitzreihen, seit Mitte des 2. Jh. v. Chr. 54 Sitzreihen; 12000–14000 Sitzplätze; Bühnenhaus mit vorgelegter Pfeilerhalle; heute wieder als Freilichttheater genutzt); auf der Höhe das Heiligtum des Apollon Maleatas (um 380–300). Außerdem Reste röm. Bauten (2. Jh. n. Chr.) und Fundamente einer Kirche (etwa 5. Jh., mit Fußbodenmosaiken). Am nordwestl. Fuß der Akropolis ein kleines Theater (4. Jh. v. Chr.).

Epidauros: Das griechische Theater, Anfang des 3. Jh. v. Chr. von Polyklet d. J. errichtet

Geschichte: Das antike E., bis zum Beginn des 6. Jh. v. Chr. eine bedeutende Hafen- und Handelsstadt, beteiligte sich im 5. Jh. v. Chr. an den Perserkriegen und aufseiten Spartas am Peloponnes. Krieg. Berühmt war E. im Altertum als Kurort wegen seines 10 km südwestlich gelegenen →Asklepieions, in dem Kranke durch das Orakel des Gottes Asklepios (→Äskulap) und durch ärztl. Behandlung Heilung suchten. Das Heiligtum wurde wohl im 6. Jh. v. Chr. errichtet. Der Kult des Äskulap übertraf seitdem den schon für das 7. Jh. v. Chr. nachgewiesenen des Apoll (Apollon Maleatas). Ab 420 v. Chr. wurden von E. aus Tochterheiligtümer gegründet. Der weitläufige heilige Bezirk entwickelte sich im 4. und 3. Jh. v. Chr. zu einem der größten Kurorte des Altertums. Berichte von wunderbaren Heilungen sind inschriftlich erhalten. Die Überreste der antiken Stadt wurden von der UNESCO zum Weltkulturerbe erklärt. – Im Ort E. proklamierte die griech. Nationalversammlung 1822 die Unabhängigkeit Griechenlands und verabschiedete das **Organische Statut von E.,** die erste Verfassung.
A. VON GERKAN u. W. MÜLLER-WIENER: Das Theater von E. (1961); T. PAPADAKIS u. a.: E. Das Heiligtum des Asklepios (a. d. Griech., [6]1978).

$$H_2C - CH - CH_2Cl$$
$$\underset{O}{\diagdown\diagup}$$

Epichlorhydrin

Epidemie [griech. ›im Volke verbreitet‹] *die, -/... ˈmiɛn,* Infektionskrankheit, die in zeitl. Begrenzung gehäuft auftritt und in ihrer örtl. Verbreitung über eine →Endemie hinausgeht; zieht die epidem. Krankheitswelle über ganze Länder oder Erdteile, wird sie als **Pandemie** bezeichnet. Bei Tier-E. werden dementsprechend die Begriffe **Epizootie, Enzootie** und **Panzootie** gebraucht.

Nach dem Verlauf einer E., der vom Kontagionsindex (Zahl der empfängl. Personen), der Besiedlungsdichte und der Übertragungsweise abhängig ist, wer-

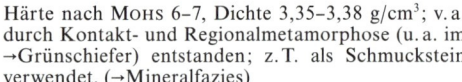

den drei Formen unterschieden: Die sich langsam ausbreitende **Tardiv-E. (Kontakt-E.)** entsteht durch eine Übertragung von Krankheitserregern beim zwischenmenschl. Kontakt (selten von Tieren ausgehend), die zu einer langsamen Zunahme der Infizierten führt. Infektionsquelle können Dauerausscheider, Infizierte oder leicht Erkrankte sein. Eine **Explosiv-E.** entsteht bei Ausbreitung von Erregern über Wasser, Milch oder andere Nahrungsmittel (z. B. bei Typhus und Paratyphus), wodurch es zur gleichzeitigen Ansteckung und Erkrankung einer großen Gruppe von Menschen kommt. Zur dritten E.-Form gehören die **Saisonkrankheiten,** die Infektionskrankheiten, die wie die grippalen Infekte ja endem. Vorkommen jahreszeitlich zu epidem. Auftreten neigen; Ursachen werden in einem von der Witterung abhängigen Anstieg der Ansteckungskraft (Virulenz) und einer Schwächung der Körperabwehr gesehen.

Epidemiologie die, -, **1)** *Medizin:* Lehre von der statist. Häufigkeit und Verteilung von ansteckenden Krankheiten (→Epidemie) in der Bev., i. w. S. auch von nichtinfektiösen Erkrankungen wie Diabetes, Herzinfarkt, Krebs. Wesentl. Aspekte sind die Erforschung der Risikofaktoren innerhalb bestimmter Bevölkerungsgruppen, der Ursachen, Übertragungswege, klimat. und geomedizin. Voraussetzungen sowie der sozialen und volkswirtschaftl. Bedeutung.
2) *Psychologie:* Forschungsrichtung, die die Verbreitung psych. Störungen und deren Zusammenhang mit bestimmten Merkmalen, etwa Kultur-, Schicht- oder Geschlechtszugehörigkeit, untersucht.

epidemische Pleurodynie, die →Bornholm-Krankheit.

epidemisch-hämorrhagisches Fieber, virales hämorrhagisches Fieber, Sammelbegriff für eine Reihe von Viruserkrankungen des Menschen, die durch Fieber, Blutungsneigungen und Organbeteiligung gekennzeichnet sind und in allen warmen Zonen der Erde vorkommen. Übertragung und geograph. Verbreitung der einzelnen Viren, die ausnahmslos tier. Reservoire haben, sind unterschiedlich. Zur Gruppe der e.-h. F. gehören u. a. das →Gelbfieber, das →Lassafieber, die Marburg-Krankheit (→Marburg-Virus) und die →Ebola-Viruskrankheit.

Epidendrobios, →Epibios.

Epidendrum [zu griech. déndron ›Baum‹], neotrop. Orchideengattung mit rd. 750 meist epiphytisch lebenden Arten, die in Form und Farbe sehr unterschiedl. Blüten zeigen; Zierpflanzen.

epidermal, *Biologie:* zur Epidermis gehörend, von der Epidermis ausgehend, abstammend.

Epidermis [zu griech. dérma ›Haut‹] die, -/...men, *Biologie:* **1)** Oberhaut, bei *Mensch* und *Tieren* die äußerste Schicht der →Haut; **2)** meist einschichtiges, primäres Abschlussgewebe der höheren *Pflanzen* aus lückenlos aneinander liegenden, fest miteinander verbundenen, i. d. R. plastidenlosen, lebenden Zellen. Die Zellaußenwände sind meist verdickt und von einer wenig wasser- und gasdurchlässigen Kutikula überzogen. Sonderdifferenzierungen der E. treten in Form von Spaltöffnungen, Haaren und Emergenzen auf. Die E. dient dem Schutz (z. B. vor Austrocknung und Verletzung) und vermittelt den Stoffaustausch mit der Außenwelt.

Epidermophytie, veraltete Bez. für →Dermatophytose.

Epidiaskop das, -s/-e, →Projektor.

Epididymis [zu griech. dídymos ›doppelt‹] die, -/...miden, der Nebenhode (→Hoden). – **Epididymitis,** die →Nebenhodenentzündung.

Epidot [zu griech. epídosis ›Zunahme‹] der, -s/-e, **Pistazit,** meist grünes und durchscheinendes, glasglänzendes, monoklines Mineral der chem. Zusammensetzung $Ca_2(Al,Fe^{3+})Al_2[O|OH|SiO_4|Si_2O_7]$;

Epidot:
Kristallstufe

Härte nach MOHS 6–7, Dichte 3,35–3,38 g/cm³; v. a. durch Kontakt- und Regionalmetamorphose (u. a. im →Grünschiefer) entstanden; z. T. als Schmuckstein verwendet. (→Mineralfazies)

epidural [griech.-lat.], über der harten Hirnhaut (Dura mater) gelegen; **epidurales Hämatom,** Bluterguss zw. Schädelinnenwand und Dura mater (meist durch Schädelbruch).

Epiduralraum, Extraduralraum, Cavum epidurale, von Fett, lockerem Bindegewebe, Venen und Lymphgefäßen ausgefüllter Raum zw. der äußeren Rückenmarkhaut (Dura mater spinalis) und der Knochenhaut des Rückenmarkkanals.

Epifanij, russ. Mönch aus dem Solowezkijkloster, *um 1620, †14. 4. 1682; Gefährte des Protopopen AWWAKUM in der Gefangenschaft, mit diesem zusammen verbrannt. Seine Lebensbeschreibung gibt Einblick in die Entwicklung des Altgläubigentums (→Raskolniki) ist literarargeschichtlich als frühe russ. Autobiographie von Bedeutung.

epigäisch [griech. epígaios ›auf der Erde befindlich‹], bezeichnet eine Samenkeimung, bei der die Keimblätter über den Boden gehoben werden; Ggs. →hypogäisch.

Epigamie die, -, *Zoologie:* →Epitokie.

Epigenesistheorie, Postformationstheorie, von C. F. WOLFF aufgestellte Theorie, nach der sich (im Ggs. zu der damals gültigen →Präformationstheorie) ein Organismus allmählich durch Neubildungen aus Ungeformtem **(Epigenese, Epigenesis)** entwickelt.

epigenetisch, *Geowissenschaften:* jünger als die Umgebung, z. B. Erzlagerstätten (Erzgänge, metasomat. und Imprägnationslagerstätten) und Täler (epigenet. Durchbruchstäler, →Tal).

Epigesteine, *Petrologie:* in der Epizone gebildete metamorphe Gesteine. (→Metamorphose)

Epiglottis [zu griech. glossa ›Zunge‹, ›Sprache‹] die, -/...tiden, *Anatomie:* der Kehldeckel (→Kehlkopf).

Epiglottitis die, -/...tiden, Entzündung des Kehldeckels (→Kehlkopfkrankheiten).

Epignathus [zu griech. gnáthos ›Kinnbacken‹] der, -, asymmetr. →Doppelbildung, bei der mit dem Gaumen oder der Schädelbasis eines voll entwickelten Individuums (Autosit) ein geschwulstartiger →Parasit (z. B. als behaarter Polyp oder Teratom) verwachsen ist.

Epigonation [griech. ›auf die Knie herabhängend‹] das, -s/...tilen, **Hypogonation,** liturg. Gewandstück der Bischöfe des ostkirchl. byzant. und armen. Ritus, das quadratisch oder rhombisch, mit Kreuz oder Schwert bestickt, vom liturg. Gürtel seitlich herabreicht. Das E. symbolisiert das Schwert der geistl. Waffenrüstung (nach Eph. 6, 10 ff.).

Epigone [griech. ›Nachgeborener‹] der, -n/-n, bildungssprachlich: jemand, der in seinen (künstler.) Werken vorhandene Vorbilder unschöpferisch verwendet oder im Stil nachahmt.

Epigonen, griech. *Mythos:* Promachos und Euryalos sowie die Söhne der →Sieben gegen Theben, denen 10 Jahre nach dem Feldzug ihrer Väter die Eroberung der Stadt gelingt. Als Namen sind überliefert: Alkmaion (auch als Anführer genannt), Aigialeus, Diomedes, Sthenelos und Thersandros, der die Herrschaft in Theben antrat.

Epigonendichtung, Literatur, die in der Nachfolge einer vorhergegangenen schöpfer. Epoche deren Eigenarten nachahmend zu bewahren sucht, ungeachtet veränderter Zeitbedingungen; meist mit Erfolg beim Publikum, obwohl der Mangel an Originalität deutlich hervortritt. K. IMMERMANN prägte die Bez. durch seinen Roman ›Die Epigonen‹ (1836).

Epigonos, griech. Bildhauer des 3. Jh. v. Chr. aus Pergamon; tätig am Hof des Königs ATTALOS I. SOTER, Mitbegründer der eigentl. pergamen. Plastik. Für ATTALOS sowie dessen Feldherrn EPIGENES schuf er mindestens zwei figurenreiche Schlachtenanathemata. E. wird daher mit dem großen der →Attalischen Weihgeschenke in Verbindung gebracht. Zudem sind literarisch ein Trompeter und eine Gruppe bezeugt, in der ein Kind seine tote Mutter liebkost.

Epigramm [griech., eigtl. ›darauf Geschriebenes‹] *das, -s/-e,* lyr. Form, in der, gedanklich und formal konzentriert, meist antithetisch eine geistreiche, überraschende oder auch nur zugespitzt formulierte Sinndeutung zu einem Sachverhalt gegeben wird (auch ›Sinngedicht‹); häufigste Form ist das eleg. →Distichon. – E. waren in der griech. Antike kurze, zweckbestimmte Aufschriften auf Weihgeschenken, Standbildern, Grabmälern u. a.; sie wurden Ende des 6. Jh. v. Chr. durch knappe Zufügungen von Würdigungen oder Wünschen erweitert. Entscheidend ist, auch bei scharfen Angriffen, die geistvolle Pointe. Als Begründer der E. als Dichtungsgattung gilt SIMONIDES VON KEOS. Im antiken Rom wurde bes. das satir. E. entwickelt, v.a. durch MARTIAL.

Dieses wurde für die E.-Dichtung von Humanismus und Barock vorbildlich: Im 16. Jh. wurde die Form in Frankreich von C. MAROT eingeführt, in England von J. OWEN, dessen lat. E. neben den klass. Quellen das Vorbild für das E. des dt. Barock wurden. Die Struktur des E. entsprach der Vorliebe der Zeit an antithet. Formspielereien; E.-Sammlungen gibt es fast bei allen dt. Barockdichtern, bes. berühmt wurden die von F. VON LOGAU, C. WERNICKE und ANGELUS SILESIUS. Der Verstandeskultur der dt. Aufklärung entsprach v. a. das satir. E. (A. G. KÄSTNER, G. E. LESSING). Die ersten dt. E. in Distichen finden sich (neben den üblichen reimenden) erst wieder bei F. G. KLOPSTOCK und J. G. HERDER. Beide Varianten des E. begegnen bei GOETHE und SCHILLER, deren literarturkrit. ›Xenien‹ (1796, in Distichen) das Muster für fast alle späteren Epigrammatiker wurden, so (mit polit. Tendenz) für das ›Junge Deutschland‹. Eine Rückbesinnung auf die ursprüngl. Funktion des E. als ›Aufschrift‹ zeigen nur E. MÖRIKES E. in Distichen. Morgenländ. Spruchweisheit war für F. RÜCKERT Vorbild. Während konservative oder klassizist. Dichter immer wieder das E. pflegten (A. VON PLATEN, F. GRILLPARZER), findet es sich in der modernen Literatur selten (Beispiele u. a. bei E. KÄSTNER, B. BRECHT, J. BOBROWSKI, vorwiegend bei A. ASTEL).

O. WEINREICH: E.-Studien, Bd. 1 (1948); R. RAISER: Über das E. (1950); Das E., hg. v. G. PFOHL (1969); J. WEISZ: Das dt. E. des 17. Jh. (1979); P. HESS: E. (1989).

Epigrammatik *die, -,* die Kunst des Verfassens von Epigrammen. – **epigrammatisch,** kurz und treffend (in der Art eines Epigramms), geistreich, scharf pointiert.

Epigraph [zu griech. epigráphein ›darauf schreiben‹, ›einritzen‹] *das, -s/-e,* antike Inschrift.

Epigraphik *die, -,* die →Inschriftenkunde.

epigyn [zu griech. gynē ›Weib‹, ›Frau‹], unterständig; vom Fruchtknoten gesagt (→Blüte).

Epihippus [zu griech. híppos ›Pferd‹], fossile Gattung der →Pferde.

Epik [griech.] *die, -,* Sammelbegriff für jede Art erzählender Dichtung in Prosa oder Versen. E. ist neben →Lyrik und Dramatik (→Drama) eine der drei literar. Grundgattungen. GOETHE (›Noten und Abhandlungen zum besseren Verständnis des west-östl. Divans‹, 1819) charakterisierte die E. als die mittlere der drei ›Naturformen der Poesie‹, als die ›klar erzählende‹, die weniger subjektiv als die ›enthusiastisch aufgeregte‹ Lyrik und nicht so objektiv wie die ›persönlich handelnde‹ Dramatik sei. In der E. werden als vergangen angenommene Geschehnisse vergegenwärtigt, als Erzählzeit wird daher vorwiegend das epische Präteritum verwendet, seltener das histor. Präsens. – Der Epiker ist nicht durch Grenzen von Raum und Zeit eingeengt wie der Dramatiker; er kann zeitdehnend,

zeitraffend oder zeitdeckend erzählen, sich der Technik der Rückblende bedienen oder durch Vorausdeutung künftige Ereignisse vorwegnehmen. Die **epischen Grundformen** (Erzählweisen) treten meist vermischt auf; Basis aller E. ist der zeitraffende Bericht. Zeitdehnend wirken Beschreibung und Erörterung. Annähernd zeitdeckend ist die epische Szene, zu der neben dem direkten Gespräch auch indirekte Redeformen, erlebte Rede und innerer Monolog gehören.

Epigramm: Grabstein des Aurelius Hermia, gefunden in Rom, 1. Jh. v. Chr. (London, Britisches Museum). Die Übersetzung der Inschrift lautet: Lucius Aurelius Hermia, Freigelassener des Lucius, Metzger von Viminal [spricht:] / Diese hier, die mir im Schicksal (Tode) vorangimg mit züchtigem Leib, / als liebende Gattin einzig hochgehalten in meinem Herzen, / lebte getreu ihrem getreuen Mann in gleicher Zuneigung, / niemals wich sie in Eigensucht von der Pflicht ab. / Aurelia Philematio, Freigelassene des Lucius [spricht:] / Im Leben wurde ich Aurelia Philematium genannt, / züchtig, schamhaft, ohne Bekanntschaft mit dem Pöbel, treu meinem Mann. / Mein Mann war Mitfreigelassener, derselbe, den ich ach so vermisse. / Tatsächlich war er in Wahrheit mehr und darüber hinaus ein Vater. / Als ich sieben Jahre alt war, nahm er selbst mich in seinem Schoße auf. / Im Alter von 40 Jahren ereilt mich der Tod. / Jener stand dank meiner Pflichttreue beständig bei allen in Ansehen

Die E., die z. T. erst nach längerer mündl. Überlieferung niedergeschrieben wurde, i. d. R. jedoch als literar. Buch-E. entstand, kann nach versch. Gesichtspunkten unterteilt werden, z. B. in →einfache Formen (Legende, Sage, Märchen) und Kunstformen verschiedenster Gattungen: Zur **Groß-E.** zählen →Epos, →Saga und als späteste Form der →Roman; zur **Kurz-E.** gehören →Novelle, →Erzählung (i. e. S.), →Kurzgeschichte, →Anekdote, →Fabel, →Parabel, die episch-lyr. Mischformen wie →Idylle, →Romanze, →Ballade und allgemein die →Verserzählung. Die Großformen ergeben sich meist aus der Auffächerung der erzählten Vorgänge in Vordergrundhandlung und Hintergrundgeschehen, oft auch in mehrere Handlungsstränge oder selbstständige Episoden; dazu kommen Figurenreichtum, eine Fülle von Ereignissen, auch reflektierende Einlagen und Ausführlichkeit im Einzelnen, die ›epische Breite‹. Die Kurzformen der E. sind auf einen Handlungsstrang konzentriert, oft ist ihre Komposition auf den Schluss ausgerichtet.

Mit einer Theorie der E. befassten sich erstmals PLATON und v. a. ARISTOTELES; sie beschränkte sich bis ins 18. Jh. auf normative oder beschreibende Angaben zum Epos. Seitdem wurde sie entweder als Abgrenzung der E. von anderen Grundgattungen, insbesondere von der Dramatik, versucht, so etwa von GOETHE und SCHILLER (›Über epische und dramat. Dichtung‹, gedruckt 1827, und im Briefwechsel), oder im Blick auf einzelne Erscheinungsformen und Gattungen ausgebaut. (→Erzählen)

K. FRIEDEMANN: Die Rolle des Erzählers in der E. (1910, Nachdr. 1977); G. LUKÁCS: Die Theorie des Romans (1920, Neuausg. 1994); W. FLEMMING: E. u. Dramatik (Neuausg. 1955); Probleme des Erzählens in der Weltlit., hg. v. F. MÄRTINI (1971); HEINRICH MEYER: Die Kunst des Erzählens (Bern 1972); Erzählforschung, hg. v. W. HAUBRICHS, 3 Bde. (1976–78); Erzählung u. Erzählforschung im 20. Jh., hg. v. R. KLOEPFER u. G. JANETZKE-DILLNER (1981); Erzählforschung, hg. v. E. LÄMMERT (1982); E. LÄMMERT: Bauformen des Erzählens (56.–57. Tsd. 1991); F. K. STANZEL: Typ. Formen des Romans (¹²1993).

Epikanthus [zu griech. kanthós ›Augenwinkel‹] *der, -,* angeborene sichelförmige Hautfalte im inneren Augenwinkel (z. B. beim Down-Syndrom); bleibt im Unterschied zur (normalen) Mongolenfalte bei Lidschluss bestehen.

Epikard [zu griech. kardía ›Herz‹] *das, -s, Anatomie:* das innere Blatt des Herzbeutels, →Herz.

Epikedeion [griech.] *das, -/...deia,* lat. **Epicedium,** Trauerlied, Trauer- und Trostgedicht in der Form der Elegie und des Epigramms. (→Threnos, →Nänie)

Epikie [griech. ›Angemessenheit‹, ›Nachsichtigkeit‹] *die, -,* Prinzip der kath. Moraltheologie, die Bewährung der sittl. Verantwortung in den Fällen, in denen vorgegebene Normen konkret anstehende Probleme nicht lösen können. Es kann im Einzelfall notwendig sein, ›unter Absehen vom Gesetzeswortlaut dem zu folgen, was die innere Gerechtigkeit und der gemeine Nutzen fordern‹ (THOMAS VON AQUINO).

G. VIRT: E. – verantwortl. Umgang mit Normen (1983).

Epiklese [griech. ›Anrufung‹] *die, -/-n,* **Enteuxis, Ekklesis,** in der liturg. Sprache v. a. der Ostkirchen zunächst jedes Gebet, bes. jedoch jenes Gebet in der Eucharistiefeier, mit dem der Bischof oder Priester den Hl. Geist herabfleht, damit er das Brot und den Wein zum Leib und Blut Christi verwandle. Die E. folgt den Einsetzungsworten und ist mit diesen ein Kontroverspunkt zw. den östl. Kirchen und der westlichen: während die E. für die Ostkirchen als der Wandlungsmoment gilt, werden im Katholizismus die Einsetzungsworte als dieser betrachtet.

Epikoinon [zu griech. koinós ›gemeinsam‹, ›gemeinschaftlich‹] *das, -/...na, Sprachwissenschaft:* Substantiv, das sich auf männl. und weibl. Lebewesen beziehen kann, ohne dass sich dabei das Genus verändert, z. B. ›der Fisch‹, ›die Kröte‹.

Epikondylitis [zu griech. kóndylos ›Knochengelenk‹] *die, -/...'tiden,* schmerzhafter entzündl. Reizzustand (nicht infektiös) der Knochenhaut an den Knochenvorsprüngen (Epikondylen) des Oberarmknochens am Ellenbogengelenk, vorwiegend des äußeren **(Tennisellenbogen).** Die E. entsteht häufig nach Überanstrengung oder ungewohnter Beanspruchung der an diesen Knochenvorsprüngen anzusetzenden Sehnen. Vielfach besteht ein Zusammenhang mit Funktionsstörungen der Halswirbelsäule, in diesen Fällen kommt es gehäuft zu beidseitigem Auftreten. Die *Behandlung* erfolgt immer erst konservativ mit Schonung, Ruhigstellung, evtl. auch örtl. Injektion eines cortisonhaltigen Arzneimittels; in hartnäckigen Fällen werden die schmerzhaften Sehnenansätze operativ eingekerbt oder abgelöst.

epikontinental, *Geologie:* bezeichnet Flachmeere (Schelfmeere), die vorübergehend Festlandsgebiete überfluteten und **e. Ablagerungen** hinterließen.

Epikotyl [zu griech. kotýle ›Höhlung‹] *das, -s, -e,* der auf die Keimblätter folgende bis zum Knoten der Primärblätter reichende Sprossachsenabschnitt der Samenpflanzen.

Epikrise [griech. ›Beurteilung‹, ›Entscheidung‹] *die, -/-n, Medizin:* zusammenfassende Beurteilung eines Krankheitsfalles nach Entstehung, Verlauf und Ausgang.

Epikur
(hellenistische Büste)

Epiktet, griech. **Epiktetos, 1)** att. Töpfer und Vasenmaler, tätig 530–500 v. Chr.; produzierte v. a. rotfigurige Vasen (über 40 Signaturen erhalten).

Epiktet 1): Auletenspieler und Tänzerin mit Klappern, Innenbild einer Schale; um 520 v. Chr. (London, Britisches Museum)

2) Vasenmaler des rotfigurigen Stils, →Kleophradesmaler.

3) griech. Philosoph, * Hierapolis (Phrygien) um 50 n. Chr., † Nikopolis (Epirus) um 138 n. Chr; Sklave, nach NEROS Tod freigelassen; Schüler der röm. Stoa, bes. des MUSONIUS RUFUS (*um 30 n. Chr., † um 100 n. Chr.), lehrte zuerst in Rom. Nach der Verbannung aus Rom anlässlich der Philosophenverfolgung DOMITIANS (89 n. Chr.) gründete er eine philosoph. Schule in Nikopolis, in der er Logik, Physik und Ethik lehrte. Seine auf das prakt. Leben bezogene Lehre von der Genügsamkeit und der Unabhängigkeit gegenüber der Umwelt und dem, was sich der eigenen Verfügbarkeit entzieht, rückte ihn in die Nähe der späteren Kyniker und der Philosophie SENECAS. Seine Vorstellungen über Gott (ein Gott als Vater aller Menschen) und die sich an sie anschließende Ethik sind christl. Grundüberzeugungen ähnlich. Die u. d. T. ›Encheiridion‹ (dt. u. a. als ›Handbüchlein der Moral‹) bekannte Schrift, die oft christlich kommentiert wurde, und die ›Diatribai‹ (Unterhaltungen; nur fragmentarisch erhalten) zur stoischen Belehrung sind durch seinen Schüler F. ARRIAN in Nachschriften überliefert.

Epikur, griech. **Epikuros,** griech. Philosoph, * Samos 341 v. Chr., † Athen 271 v. Chr.; lehrte in Mytilene, Lampsakos und Athen; gründete hier 306 v. Chr. in einem Garten (›Kepos‹), den er erworben hatte, eine eigene Schule (daher die Bez. seiner Lehre als ›Philosophie des Gartens‹). – Von seinen Hauptschriften (etwa 300) haben neuere Papyrusfunde lediglich Fragmente zutage gefördert; erhalten sind bei DIOGENES LAERTIUS überliefert sind drei Lehrbriefe und eine von E. autorisierte Sammlung von 40 Lehrsätzen. Seine Lehre kann zudem aus dem Werk von LUKREZ, den philosoph. Dialogen CICEROS und den antiepikureischen Schriften PLUTARCHS rekonstruiert werden. Die Lehre E.s ist bestimmt von dem Ziel des Glücks durch ein Leben der Freude und der Lust sowie der Freiheit von Schmerz und Unruhe (→Eudämonismus). Er übernahm große Teile des →Atomismus und der Wahrnehmungslehre DEMOKRITS: Jede Erkenntnis beruht nach E. auf Wahrnehmungen, die durch ›Ausfluss‹ (Emanation) aus den Gegenständen hervorgerufen werden und stets wahr sind. Alle Dinge bestehen aus Atomen, auch die Seele, die mit dem Tod vergeht, und die Götter. Diese leben in den Zwischenräumen der unendlich vielen gleichzeitig bestehenden Welten. Sie kümmern sich weder um die Welt noch um die Menschen, weshalb man sie weder zu fürchten noch zu verehren braucht. Die Naturphilosophie E.s zielt bes. auf die Befreiung von Furcht vor den Göttern und vor dem Tod. (→Epikureismus)

Ausgaben: Opere, hg. v. G. ARRIGHETTI (1960, griechisch-ital.); Von der Überwindung der Furcht. Katechismus, Lehrbriefe, Spruchsamml., Fragmente, hg. v. O. GIGON (²1968); Epicurea, hg. v. H. USENER (Neuausg. 1966).

C. BAILEY: The Greek atomists and Epicurus (Oxford 1928, Nachdr. Ann Arbor, Mich., 1982); J. M. RIST: Epicurus (Cambridge 1972); D. LEMKE: Die Theologie E.s. Versuch einer Rekonstruktion (1973); W. F. OTTO: E. (1975); M. HOSSEN-FELDER: E. (1991).

Epikureer *der, -s/-,* 1) *allg.:* Anhänger der Lehre EPIKURS; Vertreter des Epikureismus.

2) *bildungssprachlich* für: Genussmensch.

epikureisch, die Lehre EPIKURS betreffend; auf Genuss gerichtet, genießerisch, wohl lebend.

Epikureismus *der, -,* Bez. für eine an der Philosophie EPIKURS ausgerichtete Lebenshaltung, die nur das persönl. Glück (→Eudämonismus) des Einzelnen als Ideal anerkennt, das durch →Ataraxie (Unerschütterlichkeit), vernünftige Einsicht (die Furcht vor den Göttern und vor dem Tod gilt als unvernünftig) und konsequente Orientierung am Prinzip der ›Lust‹, d. h. der Vermeidung alles dessen, was langfristig mehr Leid als Lust verursacht, erreicht werden soll. Ein ›Leben der Zurückgezogenheit‹ wird als geeignetes Mittel zur Erreichung der Eudämonie angesehen. Der häufig erhobene Vorwurf, der E. predige Ausschweifung und unbeschränkten Sinnengenuss, ist unbegründet. – Die bedeutendsten Anhänger des E. waren in der Antike METRODOROS VON LAMPSAKOS (*um 330, †277 v. Chr.), KOLOTES VON LAMPSAKOS, HERMARCHOS VON MYTILENE (*325, †um 250 v. Chr.), PHILODEMOS VON GADARA, LUKREZ, HORAZ und DIOGENES VON OINOANDA (2. Jh. n. Chr.); in der Neuzeit wurde der E. von P. GASSENDI, D. DIDEROT und F. NIETZSCHE verfochten. (→Hedonismus)

Epikutantest [zu lat. cutis ›Haut‹], **Epikutanprobe, Läppchenprobe,** Hauttest zur Feststellung allerg. Reaktionen auf einen Stoff. Hierbei wird die verdächtige Substanz mittels eines kleinen Läppchens auf die intakte Haut (meist des Rückens) aufgebracht und für 24 Stunden mit einem Pflaster fixiert. Bei einem positiven Befund (zellvermittelte Kontaktallergie), der auf einer immunolog. Reaktion beruht, kommt es zu Rötung, Pustel- oder Blasenbildung. Meist werden Testserien mit den häufigsten Allergenen durchgeführt. (→Intrakutantest)

Epilation [zu ex... und lat. pilus ›Haar‹] *die, -/-en,* →Enthaarung.

Epilepsie [griech., eigtl. ›Anfassen‹, ›Anfall‹] *die, -/...'sien,* **Fallsucht,** eine plötzlich einsetzende Funktionsstörung des Gehirns, die meist mit Bewusstseinsstörungen verbunden und von abnormen Bewegungsabläufen begleitet ist. Die **epileptischen Anfälle** entstehen durch synchrone Entladung von Nervenzellen. Sie sind vielfach, aber keineswegs immer durch das Elektroenzephalogramm (EEG) erkennbar. Bei Anfallskranken zeigt das EEG oft auch außerhalb der Zeit erkennbarer Anfallsabläufe Veränderungen (so genannte Krampfpotenziale). Epilept. Anfälle beruhen i. d. R. auf dem Zusammenwirken äußerer (exogener) und innerer (endogener) Faktoren, wobei ein Faktor deutlich überwiegen kann. Exogene Ursachen sind versch. Erkrankungen des Gehirns (z. B. Blutung, Entzündung, Tumor, Narben nach Hirnverletzung) und Erkrankungen des Gesamtorganismus (z. B. Stoffwechselstörungen wie Hypoglykämie), die von einer Funktionsstörung des Gehirns begleitet werden. Endogene Faktoren werden auf erbl. Disposition zurückgeführt.

Formen des epilept. Anfalls: Bei einer Ausbreitung der Erregung mit Einbeziehung von Hirnstammstrukturen kommt es zu allgemeinen Ausfallerscheinungen, dem **Grand Mal.** Dieser ›große Krampfanfall‹, bei dem die gesamte Körpermuskulatur beteiligt ist, setzt meistens mit einer plötzl. Bewusstlosigkeit ein, ist eventuell mit einem Schrei und mit Atemstillstand verbunden. Die Krampfphase wird von Zuckungen abgelöst, wobei es zum Austreten von schaumigem Speichel, oft blutig, zum Zungenbiss und zum Abgang von Harn und Stuhl kommen kann. Die Krämpfe können unter fortbestehender Bewusstlosigkeit minutenlang anhalten. Bei gehäuften großen Krampfanfällen können Veränderungen des Verhaltens (z. B. umständl. verlangsamte Reaktionen, Reizbarkeit) auftreten. **Herd-E.,** die auch in einen großen Krampfanfall übergehen können, werden durch lokalisierte (fokale) Nervenzellentladungen nur einer Großhirnhälfte verursacht. Sie werden unterschieden in elementare, einfach-fokale Anfälle (z. B. motor. oder Jackson-Anfälle, sensible, sensor., vegetative Anfälle) und in komplex-fokale Anfälle (z. B. komplex-partielle, psychomotor. Anfälle, Temporallappen-E.). Bei den einfachfokalen Anfällen kommt es z. B. bei Betroffensein der motor. Rindenregion zu tonisch-klon. Verkrampfungen der Muskulatur in einem bestimmten Körperbereich der Gegenseite. Bei komplex-fokalen Anfällen findet sich zu Beginn eine Aura in Form einer Bewusstseinsveränderung. Der Betroffene empfindet seine Umwelt als eigenartig traumhaft mit einem Gefühl der Entfremdung oder unbestimmten Vertrautheit. Anschließend kommt es durch Bewusstseinstrübungen oft zu Bewegungsabläufen in sehr stereotyper Weise, z. B. in Form von Kau- oder Wischbewegungen, nicht selten auch zu mehr oder weniger sinnlosen Handlungsabläufen, z. B. An- und Auszeihen oder Verrücken von Gegenständen. Das **Petit Mal** tritt v. a. bei Klein- und Schulkindern auf und ist durch die große Häufigkeit der ›kleinen Anfälle‹ gekennzeichnet (→Blitz-Nick-Salaam-Krämpfe, →Absence). Daneben gibt es eine ganze Reihe weiterer nach ihrem klin. Erscheinungsbild benannte E.-Formen. Wenn bei einem Grand-Mal-Anfall zw. den einzelnen Anfällen die Bewusstlosigkeit nicht abklingt, entsteht ein lebensbedrohl. Status epilepticus.

Die *Behandlung* kann operativ erfolgen, wenn sich bei der bildgebenden Diagnostik (z. B. Computer- oder Kernspintomographie des Gehirns) eine umschriebene Hirnerkrankung (z. B. ein Hirntumor) zeigt. Auch bei therapieresistenten Anfällen mit örtl. Krampfaktivitäten ist eine operative Entfernung des Krampfherdes möglich. Beruhen die epilept. Anfälle auf einer Fehlbildung, ist neben der operativen Behandlung auch eine Gefäßverödung mittels spezieller Techniken möglich. So kann ein dünner Katheter bis zur Gefäßfehlbildung vorgeschoben und der betroffene Gefäßbereich verklebt werden. Die medikamentöse Behandlung ist eine Langzeittherapie und erfolgt mit Antiepileptika, v. a. →Antikonvulsiva, und führt bei 60 bis 70 % der Erkrankten zur Anfallsfreiheit. Beim Anfall, den mancher Anfallskranke **(Epileptiker)** herannahen fühlt, ist dafür Sorge zu tragen, dass er sich nicht verletzt (Befreiung von beengenden Kleidern, weiche Lagerung, Schutz vor Verletzungen durch scharfkantige Gegenstände der Umgebung). Während eines Anfalls darf der Patient nicht allein bleiben, da er z. B. bei eventuellem Erbrechen der Hilfe bedarf. Früher wurde häufig ein Gummikeil zum Schutz der Zunge zw. die Zähne geschoben. Während des großen Krampfanfalls ist dies jedoch nicht möglich, da hierbei die Zähne fest aufeinander gebissen werden. Erst nach Abklingen des Anfalls kann diese Maßnahme sinnvoll sein, um bei einem weiteren großen Anfall einer Zungenverletzung vorzubeugen.

D. JANZ: Die Epilepsien (1969); A. MATTHES u. H. SCHNEBLE: Epilepsien ([5]1992); Die Epilepsien, hg. v. W. FRÖSCHER u. F. VASSELA (1993); H. STEFAN: Epilepsien ([2]1995).

Epilimnion [griech. limníon ›kleiner Teich‹] *das, -s/...ni|en,* warme Oberflächenschicht in Seen oberhalb der Sprungschicht, dem Metalimnion.

Epilitoral, oberste Seeuferzone, die nicht unmittelbar vom Wasser beeinflusst wird.

Epilobium [zu griech. lóbion ›kleine Hülse‹], wiss. Name des →Weidenröschens.

Épinal: Blick auf die Stadt, in der Mitte die Basilika Saint-Maurice (11.–14. Jh.; Ergänzungen des 19. Jh.) mit einem romanischen Westturm aus dem 9.–11. Jh.

Epilog [griech.] *der, -s/-e,* **1)** *Literatur:* bes. im Drama die Schlussworte, die einer der Mitwirkenden oder in der Antike ein **Epilogos** an das Publikum richtet. In der antiken Tragödie, im Fastnachtsspiel bis zu HANS SACHS und im Barockdrama wurde im E. das Dargestellte mit sittl. Folgerungen zusammengefasst, im Theater des MA. mahnte der E. die Zuschauer zur Frömmigkeit; im modernen Theater trägt der E. häufig einen ironisch-satir. Akzent. Vielfach wurden auch Entschuldigungen, Bitten um Nachsicht und Beifall, auch Spielplanankündigungen im E. gegeben.

2) *Musik:* 1) in Opern des 17. und 18. Jh. ein sentenzartiger Schlussabschnitt, oft auch eine abschließende oder angefügte Huldigungsmusik (Licenza) für eine hoch stehende Persönlichkeit; 2) in der (instrumentalen) Sonatensatzform ein Abschlussgedanke von Exposition und Reprise oder (gleichbedeutend mit →Koda) ein Abschlussteil, der auch eigenes themat. Material einführen kann; wurde bei A. BRUCKNER und J. BRAHMS zu einem dritten Themenkomplex erweitert.

Epimanikilen [zu lat. manicae ›Ärmel‹], *Sg.* **Epimanikion** *das, -, ostkirchl. Ritus:* die meist seidenen, vom Bischof und Priester (in der byzantin. Liturgie auch vom Diakon) über den Ärmeln des Messgewandes getragenen Stulpen.

Epimeleten, griech. **Epimeletai** [›Besorger‹], in altgriech. Staaten Aufsichtsbeamte mit polit., kult. oder wirtschaftl. Aufgaben (z. B. für untertänige Gemeinden, für die Mysterien, für den Handelshafen).

Epimenides, griech. **Epimenides,** griech. Seher und Sühnepriester, vermutlich eine histor. Gestalt vom Ende des 7. Jh. v. Chr. Sein Ausspruch, dass alle Kreter lügen, wurde (da er selbst Kreter war) ein berühmtes Beispiel einer log. Paradoxie. Mit seiner Person verknüpft ist u. a. die Legende von seinem 57-jährigen Schlaf und einem überlangen Leben. Die Sage regte GOETHE zu seinem Festspiel ›Des E. Erwachen‹ (1815) an.

Epimere [zu griech. méros ›Teil‹] *die, -/-n,* →Stereochemie.

Epimetabolie, Form der unvollkommenen Verwandlung bei Tieren, →Metamorphose.

Epimetheus, 1980 entdeckter Mond des Planeten →Saturn.

Epimetheus, griech. **Epimetheus,** *griech. Mythos:* Sohn des Titanen Iapetos, der trotz der Warnungen seines Bruders Prometheus →Pandora aufnahm. Mit ihr zeugte er Pyrrha, die Stammmutter des Menschengeschlechts. (→Deukalion)

Épinal, Stadt in O-Frankreich, Verw.-Sitz des Dép. Vosges, in dem steil in die Buntsandsteintafel der westl. Vogesen eingeschnittenen Tal der Mosel, 340 m ü. M., 36 700 Ew.; Museum (Bilderbogen, auch röm. Funde und mittelalterl. Skulpturen); Messestadt mit Textilindustrie und Textilschule sowie Metallverarbeitung, Möbel-, Gummi- und Papierindustrie. – Basilika Saint-Maurice (11.–14. Jh.; Ergänzungen des 19. Jh.) mit Westturm des 9.–11. Jh.; Barockhäuser mit Arkaden; im Schlosspark Reste des 1670 zerstörten Schlosses. – É. entstand Ende des 10. Jh. auf Initiative des Bischofs von Metz. Nach wechselnden Herrschaften kam es 1766 an Frankreich und wurde 1790 Verw.-Sitz des Dép. Vosges. Ab 1664 bestand in É. die ›Imagerie Pellerin‹, die u. a. die weit verbreiteten Bilderbogen herstellte (→Bilderbogen, BILD). É. war ein Zentrum der Fayenceherstellung (Blüte 1760–1835). Nach deren Niedergang verhalfen infolge des Deutsch-Frz. Kriegs aus dem Elsass nach É. verlegte Betriebe zu erneutem wirtschaftl. Aufschwung.

Epinastie, verstärktes Wachstum der Oberseite eines dorsiventralen Pflanzenorgans (z. B. eines Laubblattes) gegenüber der Unterseite. (→Nastien)

Épinay [epiˈnɛ], Louise Florence Pétronille **de la Live d'** [dəlaˈliːv-], geb. **Tardieu d'Esclavelles** [tarˈdjø dɛsklaˈvɛl], frz. Literatin, * Valenciennes 11. 3. 1726, † Paris 14. 5. 1783; ihr Salon spielte im Umkreis der Mitarbeiter der ›Encyclopédie‹ D. DIDEROTS eine bedeutende Rolle; dort entstand u. a. auch die berühmte ›Correspondance littéraire‹, die von F. M. VON GRIMM herausgegeben wurde und an der sie selbst mitwirkte. Daneben verfasste sie u. a. pädagog. Schriften (›Lettres à mon fils‹, 1759; ›Conversations d'Émilie‹, 1781) sowie einen autobiograph. Roman (›Historie de Madame de Montbrillant‹, herausgegeben 1898; auch u. d. T. ›Mémoires de Madame d'Épinay‹).

Épinay-sur-Seine [epinɛsyrˈsɛn], Stadt im Dép. Seine-Saint-Denis, im nördl. Vorortbereich von Paris, Frankreich, an der Seine, 48 700 Ew.; chem. und Nahrungsmittelindustrie, Eisenverarbeitung; Filmstudios.

Epinephrektomie [griech.], *die, -/...ˈmi|en,* die →Adrenalektomie.

Epinephrin [zu griech. nephrós ›Niere‹] *das, -s,* internat. Bez. für →Adrenalin.

Épinette [epiˈnɛt] *die, -/-s,* frz. Bez. für →Spinett.

Epineurium [zu griech. neũron ›Sehne‹, ›Nerv‹] *das, -s/...ri|en, Anatomie:* eine der Bindegewebehüllen der →Nerven.

Epinglé [epɛ̃ˈgle; frz., zu épingler ›mit der Nadel anstecken‹] *der, -(s)/-s,* **1) Nadelrips,** ein Ripsgewebe in verschieden breiten Querrippen; Kleider-, Mantel- und Dekorationsstoff.

2) ein in Kettsamttechnik gewebter Möbelstoff in Bouclèart mit ausgeprägten Rippen und unaufgeschnittenen Schlingen.

Epinikion [zu griech. níkē ›Sieg‹] *das, -s/...kia* oder *...ki|en,* Preislied zu Ehren der Sieger in den panhellen. sportl. Wettkämpfen; es wurde u. a. bei der Rückkehr des Siegers in die Heimat von Chören zu Flötenbegleitung gesungen. E. dichteten u. a. SIMONIDES, PINDAR und BAKCHYLIDES.

Epipactis [griech., zu epípaktos ›geschlossen‹], wiss. Name der Orchideengattung →Stendelwurz.

Epipaläolithikum, Spätphase der altsteinzeitl. Kulturentwicklung, auch als **Spät-** oder **Endpaläolithikum** bezeichnet.

Epipelagial, gut durchlichtete Wasserschicht des Meeres, entspricht der →trophogenen Schicht.

Epiphanes [griech., eigtl. ›sichtbar‹, ›hervorleuchtend‹], in der Antike Beiname für einzelne Götter, im Hellenismus Bestandteil der Herrschertitulatur von Königen aus dem Haus der Ptolemäer (PTOLEMAIOS V.) und der Seleukiden (ANTIOCHOS IV.).

Epiphanie [griech. ›Erscheinung‹ *die, -,* das unmittelbare Erscheinen einer Gottheit in eigener Gestalt oder einer besonderen Manifestation (→Theophanie). – In der hellenistisch-röm. Antike galt auch der Besuch des Kaisers in entfernten Provinzen des Reiches, in denen er Gnadenerweise (etwa das Bürgerrecht) austeilte, als Epiphanie.

Im *Christentum* ist E. das Fest der **Erscheinung des Herrn** (6. 1.). Das Fest entstand im 4. Jh. in der Ostkirche und sollte vermutlich das Fest eines heidn. Gottes verdrängen. Festgedanken waren die Geburt JESU mit der Anbetung der Weisen (Mt. 2, 1–12) und das Hochzeitswunder von Kana (Joh. 2, 1–11), später v. a. die Taufe JESU im Jordan (Mt. 3, 13–17). Die abendländ. Kirche, die JESU Geburt zu →Weihnachten beging, übernahm gegen Ende des 4. Jh. vom Osten das E.-Fest, feierte jedoch statt der Geburt die ›drei Wunder‹ der Anbetung der Weisen, der Taufe im Jordan und der Hochzeit zu Kana. Mit der Einfügung von Weihnachten in den Festkalender der Ostkirche (Ende des 4. Jh.) ist E. auch dort nicht mehr Geburtsfest JESU, sondern nur noch Tauffest. Mittelalterl. Volksfrömmigkeit missverstand E. als das Fest der Heiligen ›Drei Könige‹, eine Auffassung, die allerdings nie in die kirchl. Festfeier eindrang. In der erneuerten Liturgie der kath. Kirche wird der Sonntag nach E. als Tauffest JESU gefeiert, danach beginnen die Sonntage im Jahreskreis. – In den *ev. Kirchen* wird E. (hier **Epiphanias** genannt) als Fest nicht begangen. Vielfach wird jedoch am Sonntag danach der E.-Tages gedacht und jener meist als Missionsfest gefeiert.

K. HOLL: Der Ursprung des Epiphanienfestes (1917).

Epiphanios, Bischof von Salamis und Metropolit von Zypern, *bei Eleutheropolis (Palästina) um 315, †403; aus dem Mönchtum hervorgegangen, leidenschaftl. Verteidiger der Rechtgläubigkeit gegen den Origenismus; erfreute sich wegen der Strenge seines Lebens hoher Verehrung. Seine Schriften sind wegen der in ihnen überlieferten Quellen von hohem Wert.

Epipharynx, 1) *Medizin:* Bez. für den nach vorn bis zum Gaumensegel reichenden Nasenrachenraum.
2) *Zoologie:* Bez. für die oft vorgewölbte, größtenteils weichhäutige Innenfläche der Oberlippe (Labrum) bei Insekten.

Epipher *die, -/-n,* griech. **Epiphora, Antistrophe,** *Rhetorik:* Wiederholung eines Wortes oder einer Gruppe von Wörtern jeweils am Ende mehrerer einander folgender Sätze oder Satzteile, z. B. ›er will alles, kann alles, tut alles‹; Umkehrung der →Anapher.

Epiphora, Tränenträufeln, *Medizin:* das Überlaufen von Tränenflüssigkeit über den Lidrand; Ursachen sind v. a. eine vermehrte Tränenbildung durch psych. Erregung oder Augenreizung, Nasenschleimhautinfekte mit Verschluss der Tränenwege, aber auch Stellungsanomalien der Lider (Entropium, Ektropium).

Epiphrase [griech. ›Nachsatz‹ *die, -/-n, Rhetorik:* das Folgen eines Satzglieds (oder mehrerer Satzglieder) nach einem vermeintlich abgeschlossenen Satz, zur Vervollständigung eines Gedankengangs oder zur Ausdruckssteigerung, z. B. ›da kommt er, der hinterlistige Mensch!‹.

Epiphyllum [zu griech. phýllon ›Blatt‹], wiss. Name der Gattung →Blattkaktus.

Epiphyse [griech. ›Zuwuchs‹, ›Ansatz‹] *die, -/-n,* **1)** bei Menschen, Säuge- und Kriechtieren das gelenkbildende Endstück langer Röhrenknochen, in dem sich während des Knochenwachstums ein zusätzl. Verknöcherungszentrum bildet **(Epiphysenkern).** Zw. dem Mittelstück **(Diaphyse)** der Knochen und der E. liegt eine Knorpelscheibe **(Epiphysenfuge),** die für das Längenwachstum verantwortlich ist und nach dem Wachstum verknöchert. – Die **Epiphysenlösung** (Epiphyseolyse) ist eine Verschiebung in der Epiphysenfuge, bedingt durch Unfall oder hormonelle Störungen. Sie kann zu Wachstumsstörungen und Verbiegungen führen. Bedeutsam ist v. a. die Epiphysenlösung am Hüftgelenk, die fast immer in der Pubertät auftritt und unbehandelt zum Abrutschen des Hüftkopfes führt. Es kommt zu einem akut schmerzhaften oder schleichenden Verlauf, in der Hälfte der Fälle droht auch der Befall der Gegenseite. Die *Behandlung* der Hüftkopfepiphysenlösung erfolgt immer operativ.
2) die →Zirbeldrüse.

Epiphyten [griech. phytón ›Pflanze‹], *Sg.* **Epiphyt** *der, -en,* i. d. R. auf Pflanzen **(Aufsitzerpflanzen, Überpflanzen)** beschränkte Bez. für Organismen, die auf anderen Pflanzen, v. a. auf Bäumen wachsen, ohne diesen Nährstoffe zu entziehen. In den gemäßigten Klimazonen sind es vorwiegend Algen, Flechten und Moose, in den Tropen darüber hinaus viele Farne, Orchideen, Aronstab- und Ananasgewächse, die so zu größerem Lichtgenuss kommen. Durch die Entwicklung von Zisternen, Nischenblättern, Sprossknollen u. a. Sonderbildungen haben sie Einrichtungen entwickelt, die zum Sammeln und Speichern von Wasser und Humus dienen. Man unterscheidet **echte E.,** die zeitlebens ohne Bodenbindung bleiben, und **Hemi-E.,** die später Bodenwurzeln bilden (z. B. Ficus). E., die sich auf Blättern ansiedeln, werden als **Epiphyllen** bezeichnet (z. B. viele Moose).

Epirogenese [zu griech. ēpeiros ›Festland‹], **Epeirogenese,** Bewegungsvorgänge in der Erdkruste, bei denen über die längere geolog. Zeiträume hinweg ausgedehnte Krustenteile aufsteigen oder absinken, ohne dass dabei Gesteinszusammenhang, Struktur und Gefüge beeinflusst werden. Die E. verursacht bis in die histor. Zeit nachweisbare Meeresüberflutungen (Transgression) und Meeresrückzüge (Regression) und ist in der Gegenwart durch Niveauänderungen (u. a. →Strandverschiebungen) in der Größenordnung von Millimetern bis Zentimetern pro Jahr nachweisbar. Die Bewegungsvorgänge äußern sich durch Einsenkung und sedimentäre Auffüllung weit gespannter Becken bis zu mehreren Kilometern Tiefe (Entstehung von →Geosynklinalen) oder langfristige Heraushebung und Abtragung von Schwellen und Tafelländern. Im Ggs. zur →Orogenese vermag die E. Krustenschollen bis zu kontinentalen Ausmaßen in Bewegung zu setzen.

Ursache der E. sind meist Massenverlagerungen im Erdmantel, aber auch Vorgänge der →Glazialisostasie.

Epirrhema [griech. eigtl. ›das Dazugesprochene‹] *das, -s/-ta,* in der altgriech. Tragödie Sprechverse eines Schauspielers, die sich einer Strophe des Chors anschließen; in der altgriech. Komödie (auch der Tragödie) Teil der →Parabase des Chors.

Epirus, neugriech. **Ipiros,** Region in NW Griechenlands, mit 9 203 km² und 339 700 Ew.; vier verwaltungsbezirke (Arta, Thesprotia, Ioannina, Prevesa). Die Planungsregion E. umfasst auch die vor der Küste liegenden Inseln mit. Als histor. Gebiet umfasst E. auch Gebietsteile des heutigen Albanien. E. wird von vier parallel zur Küste verlaufenden, aus Kalksteinen und Flysch aufgebauten Gebirgsketten durchzogen; höchste Erhebung ist der Smolikas (2 637 m ü. M.) im Pindos. Von den wasserreichen Flüssen (hohe Niederschläge) brechen Thyamis und Acheron zur

W-Küste durch, Luros und Arachthos ergießen sich in den Ambrak. Golf; der Aoos fließt durch Albanien (dort als Vjosë); das Becken von Ioannina mit seinem See ist oberirdisch abflusslos. Die Küste ist hafenarm; Prevesa und Igumenitsa sind v. a. Fährhäfen im Küstenverkehr und nach Italien. Im Schnittpunkt des W-O- und N-S-Verkehrs liegt Ioannina, der wirtschaftl. Mittelpunkt von E. Die Region besitzt keinen Eisenbahnanschluss und gehört zu den wirtschaftlich am wenigsten entwickelten Regionen Griechenlands; hohe Gastarbeiterwanderung in den 60er- und 70er-Jahren nach Dtl., Abwanderung nach Athen. Wichtigste Anbaufrüchte sind Mais, Baumwolle, Futterfrüchte, Agrumen, Obst und Oliven, v. a. in den Schwemmlandebenen der Flüsse. Fernweidewirtschaft in den Gebirgen (Aromunen).

Geschichte: Der Name Epeiros (›Festland‹) stammt von den griech. Bewohnern der gegenüberliegenden Ion. Inseln, für die das Festland wegen seiner mit Illyrern vermischten Bev. als halbbarbarisch galt. Korinth. Stadtgründungen (so im 7. Jh. v. Chr. Ambrakia, das spätere Arta) förderten den um 1000 v. Chr. einsetzenden Hellenisierungsprozess. Schon HOMER kannte das berühmte Zeusorakel in Dodona. Im 4. Jh. v. Chr. entstand ein Bund der epirot. Stämme (Thesproter, Chaoner, Molosser u. a.) unter Führung der Molosser. Deren König PYRRHOS I. (306–302, 297–272 v. Chr.) vereinigte alle Stämme unter seiner Oberherrschaft und machte Ambrakia zu seiner Residenz. Nach dem Sturz des moloss. Königtums (234/233 v. Chr.) bildete E. einen republikan. Bundesstaat. Nach dem Sieg der Römer über den letzten makedon. König, PERSEUS (168 v. Chr.), wurde das mit Makedonien verbündete E. verwüstet, seine Bev. großenteils versklavt. Seit 148 v. Chr. gehörte E. zur röm. Prov. Makedonien. OCTAVIAN, der spätere Kaiser AUGUSTUS, gründete nach seinem Sieg über ANTONIUS bei Aktium (31 v. Chr.) am Golf von Ambrakia die ›Siegesstadt‹ Nikopolis. Seit 27 v. Chr. Teil der Prov. Achaea (→Achaia), erhielt E. 67 n. Chr. den Status einer selbstständigen Provinz. Von dieser wurde im Zuge der diokletian. Reichsreform um 300 das spätere Albanien als E. nova (›Neu-E.‹) abgetrennt. Hauptstadt des restl. E. vetus (›Alt-E.‹) wurde Nikopolis. Seit dem 7. Jh. drangen in E. die Slawen vor. Im 9. Jh. wurde E. vetus zum Thema Nikopolis des Byzantin. Reiches, E. nova zum Thema Dyrrhachion. Nach dem Ende des 4. Kreuzzuges (1204) ein selbstständiger Staat (informell Despotat E. gen., Hauptstadt Arta), umfasste E. ein Gebiet, das von Dyrrhachion (heute Durrës) bis Naupaktos reichte und Korfu einschloss, zeitweise auch Thessalonike (Saloniki). 1258 fielen die wichtigsten nordepirot. Städte an den Staufer MANFRED von Sizilien, später an die Anjou von Neapel. 1348 kam E. an Serbien, unter dessen Herrschaft sich Albaner im W und N ansiedelten. Im 15. Jh. bildete das restl. E., bevor es von den Osmanen erobert wurde, ein unabhängiges Fürstentum, der W blieb unter alban. Herrschaft. 1834 und mit geringen Korrekturen 1884 kam der SO von E. an Griechenland, der größte Teil jedoch erst während des Ersten Balkankrieges 1912. Die Gründung des selbstständigen alban. Staates (1912/13) verschärfte den Konflikt um Nord-E., der durch Interventionen der Großmächte (1913 Festlegung der alban. Grenze) und des Völkerbundes (1923) zugunsten Albaniens entschieden wurde. Die Aufteilung von E. unter Griechenland und Albanien führte zur Bildung nat. Minderheiten in beiden Staaten und in den 90er-Jahren wieder zu griechisch-alban. Spannungen (Forderung griech. Nationalisten, das im südl. Albanien gelegene und von Griechen besiedelte Nord-E. an Griechenland anzuschließen).

S. I. OOST: Roman policy in E. and Acarnania in the age of the Roman conquest of Greece (Dallas, Tex., 1954); D. M. NI-

COL: The despotate of Epiros (Oxford 1957); DERS.: The Despotate of Epiros 1267–1479 (Cambridge 1984); N. G. L. HAMMOND: E. The geography, the ancient remains, the history and the topography of E. and adjacent areas (Oxford 1967); P. CABANES: L'Épire de la mort de Pyrrhos à la conquête romaine, 272–167 av. J. C. (Paris 1976).

episch, das Erzählerische (→Epik) betreffend, in Form einer Erzählung, eines Epos, Romans o. Ä. dargestellt; erzählerisch; (sehr ausführlich) berichtend. Das Epische ist nicht an eine bestimmte Darstellungsform gebunden, es kann Bestandteil aller literar. Gattungen sein.

episches Theater, i. e. S. die in den 1920er-Jahren von B. BRECHT entwickelte und (im marxist. Sinn) theoretisch fundierte Form des modernen Theaters und Dramas; dem ›aristotelischen‹ Theater entgegengesetzt. ›Dramatisch‹ und ›episch‹ werden dabei nicht als Gattungsbegriffe verstanden, sondern als Einstellungen und Methoden. Als ›dramatisch‹ in diesem Sinn gilt die Form des Bühnenstücks, die durch eine in sich geschlossene Handlung dem Zuschauer die Illusion vermittelt, er wohne Vorgängen bei, für die er selbst nicht vorhanden sei (Szene und Personen sind hier vom Publikum durch eine imaginäre ›vierte Wand‹ getrennt) und die ihn dank dieser Illusion ›mitreißen‹, in selbstvergessene Erregung (Trance) versetzen können. Im Ggs. dazu heißen ›episch‹ ein Bühnenvorgang und eine Darstellungsweise, die dem Publikum etwas ›zeigen‹. Grundstruktur ist dabei die Verfremdung (›V-Effekt‹) der dramat. Handlung, die der Darsteller sein völliges Aufgehen in der Rolle verhindert, während der Zuschauer zu einer krit. Beobachtung des Gezeigten (im Sinne mögl. Veränderung gesellschaftl. Verhältnisse) geführt werden soll. Zur unmittelbaren Darstellung auf der Bühne tritt die argumentierende Kommentierung der szen. Aktion u. a. durch einen Erzähler, durch eingeschobene Lieder und Songs, durch Spruchbänder oder auf den Bühnenvorhang projizierte Texte. Der Schluss des Dramas bleibt in einem dialekt. Sinne offen. Missverstehende Auslegungen haben BRECHT selbst bewogen, den Begriff e. T. zuletzt als ›unzureichend‹ zu bezeichnen; er gebrauchte stattdessen häufig die Bez. ›dialektisches Theater‹. Als Vorstufen des ›Theaters des Zeigens‹ sah BRECHT v. a. Formen und Spielweisen des asiat. Theaters an. Als paradigmat. Verwirklichung der Grundsätze des e. T. gilt die Oper ›Aufstieg und Fall der Stadt Mahagonny‹ von BRECHT und K. WEILL (1930). 1922 veröffentlichte K. KRAUS sein satir. Stationendrama ›Die letzten Tage der Menschheit‹, das starken Einfluss auf die Dramatik BRECHTS und den Aufführungsstil E. PISCATORS ausübte. 1924 spielte PISCATOR die szen. Reportage ›Fahnen‹ von A. PAQUET mit dem Untertitel ›episches Drama‹. In jüngerer Zeit wurde die Tradition des e. T. bes. von P. WEISS und HEINER MÜLLER weitergeführt. – Elemente der epischen Dramaturgie finden sich auch in vielen Werken des modernen Musiktheaters, z. B. in I. STRAWINSKYS ›L'histoire du soldat‹ (1918), D. MILHAUDS ›Christophe Colomb‹ (1930), P. DESSAUS ›Die Verurteilung des Lukullus‹ (1951) und L. NONOS ›Al gran sole carico d'amore‹ (1975).

I. w. S. umfasst e. T. jedes Schauspiel, das ›erzählend‹ ohne strengen, auf dramat. Steigerung gerichteten Aufbau Bild an Bild reiht.

J. ECKHARDT: Das e. T. (1983); M. KESTING: Das e. T. (⁸1989); H. HEINZE: Brechts Ästhetik des Gestischen (1992).

Episcopus [griech. epískopos ›Aufseher‹] *der, -/...pi,* in der lat. Sprache der christl. Kirchen der →Bischof.

Episemon [griech. ›Kennzeichen‹] *das, -/...ma,* Name dreier Zeichen der altgriech. Schrift, die in klass. Zeit nicht mehr als Buchstaben, sondern nur noch als Zahlzeichen verwendet wurden; ihr Zahlwert zeigt z. T. ihre Stelle im ursprüngl. Alphabet. Es sind Ϝ (Vau oder Digamma) = 6, Ϙ (Koppa) = 90 und Ϡ (Sampi) = 900.

Episiotomie [zu griech. epísion ›Schamgegend‹ und tomē ›das Schneiden‹] *die, -/...'mi|en,* **Scheidendammschnitt,** sehr häufig angewendete operative Erweiterung des weichen Geburtskanals zur Vermeidung eines ausgedehnten Dammrisses (→Geburtsschäden), v. a. des Afterschließmuskels und des Mastdarms, zur Beschleunigung der Geburtsbeendigung, zur Erleichterung bei vaginalen operativen Entbindungen (Zangenentbindung, Vakuumextraktion, Steißlagenentwicklung) sowie zur Schonung des Kindes bes. bei Frühgeburt.

Episiten [Analogiebildung zu Parasit, mit dem Präfix epi...], *Sg.* **Episit** *der, -en,* **Prädatoren,** räuberisch lebende Tiere, →Räuber.

Episkleritis [zu griech. sklerós ›trocken‹, ›spröde‹] *die, -/...'tiden,* schmerzhafte, teils mit Knötchenbildung verbundene Entzündung des Bindegewebes zw. Bindehaut und Lederhaut des Auges, die zu Rückfällen neigt; Ursachen sind v. a. rheumat. Erkrankungen, Gicht, Kollagenkrankheiten, seltener Tuberkulose oder Syphilis.

Episkop [zu griech. skopeīn ›betrachten‹] *das, -s/-e,* ein →Projektor.

episkopal, bischöflich.

Episkopalismus [zu →Episcopus] *der, -,* in der *kath. Kirche* ein Kirchenrechtssystem, das im Ggs. zum Papalismus die Stellung des Papstes innerhalb der kirchl. Jurisdiktions-Hierarchie auf einen Ehrenprimat beschränken will und für die einzelnen Bischöfe alle Rechte beansprucht, die sie vor der Zentralisierung der kirchl. Jurisdiktion beim Papst besessen hatten, und ihre durch das allg. Konzil repräsentierte Gesamtheit dem Papst überordnet (→Konziliarismus). Hauptvertreter des E. waren MARSILIUS VON PADUA und WILHELM VON OCKHAM; auf den Reformkonzilien des 15. Jh. spielte er eine Rolle, danach war er trotz seines literar. Fortlebens kirchenpolitisch ohne Bedeutung, außer in Frankreich, wo er mit dem Nationalismus der frz. Kirche eine enge Verbindung einging (→Gallikanismus). In Dtl. lebte er in der 2. Hälfte des 18. Jh. noch einmal auf im →Febronianismus, in Italien Ende des 18. Jh. in der Synode von Pistoia; in Österreich verband er sich mit dem →Josephinismus. Der E. ist auf dem 1. Vatikan. Konzil (1870) dogmatisch verurteilt worden. Demgegenüber haben die auf dem 2. Vatikan. Konzil (1962–65) vorhandenen ›episkopalist.‹ Tendenzen zu einem besseren Ausgleich zw. primatialen und kollegialen Elementen in der Kirchenverfassung geführt, wobei unter Wahrung der kirchenrechtl. Stellung des Papstes als des Trägers der obersten kirchl. Leitungsvollmacht und Lehrautorität die Rolle des Bischofskollegiums bei der Leitung der Gesamtkirche ausdrücklich herausgestellt und mit der Schaffung der →Bischofssynode institutionalisiert worden ist.

Episkopalisten [griech.], aus der reformator. Bewegung in England hervorgegangene Kirchen mit bischöfl. Verfassung im Unterschied zu Presbyterianern und Kongregationalisten.

Episkopalkirche, die →Protestant Episcopal Church.

Episkopalsystem, Anfang des 17. Jh. entwickeltes System und kirchenjurist. Rechtfertigung des →landesherrlichen Kirchenregiments, das sich in der ev. Landeskirchen etabliert hatte. Die Schulorthodoxie ging davon aus, dass mit der reichsrechtlich im Augsburger Religionsfrieden (1555) verkündeten Suspension der Jurisdiktionsgewalt der kath. Bischöfe in prot. Territorien die Bischofsgewalt treuhänderisch auf die Landesherren übergegangen sei (→Summepiskopat).

Episkopat *der* oder *das, -(e)s/-e,* 1) *ohne Pl.,* Amt, Würde eines Bischofs; 2) die Gesamtheit der Bischöfe (eines Landes).

Episode [frz., aus griech. epeisódion ›zw. die Chorgesänge eingeschobene Dialogteile‹, eigtl. etwa ›Hinzukommendes‹] *die, -/-n,* 1) *allg.:* flüchtiges, nebensächl. Ereignis, belangloses Erlebnis.

2) *Literatur:* nach ARISTOTELES in der antiken Tragödie der zw. den Chorgesängen eingeschaltete Dialogteil; später Bez. für eine Nebenhandlung – in allen Literaturgattungen –, die zwar an die Haupthandlung anknüpft, doch ein eigenes, kleineres Ganzes bildet. Als selbstständige Literaturform erscheint die E. als Darstellung eines (scheinbar) belanglosen, nebensächl. Ereignisses vielfach in Form der Novelle oder Kurzgeschichte (z. B. bei A. SCHNITZLER).

3) *Musik:* in musikal. Formen ein Einschub, der den themat. Verlauf, oft kontrastierend, unterbricht: in der Fuge das Zwischenspiel zw. den Durchführungen, im Rondo die Glieder zw. den refrainartig wiederkehrenden Hauptteilen, in der Oper die eingefügte, in sich abgeschlossene kleine Szene, in der Sonatensatzform ein vorübergehender themat. oder motiv. Einschub.

Episodenstück, Film-, Hörfunk- oder Fernsehdarbietung, die aus versch., in sich geschlossenen, nur über das Thema miteinander verbundenen Einzelstücken (Episoden) eines oder mehrerer Autoren besteht und von einem oder mehreren Regisseuren inszeniert wird.

Episom [zu griech. sōma ›Leib‹] *das, -s/-en, Genetik:* →Plasmide.

Epispadie [zu griech. spadōn ›Riss‹, ›Spalte‹] *die, -/...'di|en,* Harnröhrenspalte; angeborene Fehlbildung der männl. Harnröhre mit Mündung an der Oberseite des Gliedes. →Hypospadie.

Epistase [griech. epístasis ›das Anhalten‹], *Stammesgeschichte:* nach THEODOR EIMER (* 1843, † 1898) das Stehenbleiben der einen von zwei nahe verwandten Arten auf der evolutionär niedrigeren Stufe (Bewahrung ursprüngl. Merkmale), während die andere sich weiterentwickelt hat (Entstehung abgeleiteter Merkmale, z. B. Farbvererbung bei Pferden).

Epistaxis [griech., eigtl. ›das Darauftröpfeln‹] *die, -,* das →Nasenbluten.

Epistel [lat.-griech. ›Brief‹, eigtl. ›Zugesandtes‹] *die, -/-n,* 1) *veraltet* für: 1) längerer (kunstvoller) Brief (noch abwertend oder scherzhaft gebraucht); 2) Strafpredigt, Ermahnung, Vorhaltung.

2) *Literatur:* eine in Briefform an eine bestimmte Person gerichtete Darstellung von Ereignissen oder Empfindungen, Formulierung von Bekenntnissen oder Erteilung von lehrhaften Anweisungen oder satir. Urteilen (meist in Versen). Die lyr. E. ähnelt der Elegie. Berühmte E. der Antike sind die ›Epistulae ex Ponto‹ von OVID und die ›Epistula ad Pisones‹ von HORAZ. Die E. wurde später u. a. von F. PETRARCA, L. ARIOSTO, J. DONNE, A. POPE, VOLTAIRE und GOETHE gepflegt; sie kommt auch noch bei B. BRECHT vor.

3) *Theologie:* ein von Aposteln (bes. PAULUS) verfasster oder auf einen Apostel zurückgeführter Brief des N. T. sowie der Abschnitt (**Perikope**), der beim Gottesdienst daraus verlesen wird.

Epistelpult, auf der Epistelseite (der vom Altar aus gesehen linken Seite des Kirchenschiffs) analog zum →Evangelienpult auf einem Ambo oder Lettner angebrachte Auflage aus Holz oder Stein zur Verlesung der Episteln. Das E. wurde bes. in der Gotik reich verziert.

Episteme [griech. ›das Verstehen‹] *die, -,* Wissen, Erkenntnis, Wissenschaft, Einsicht. Die Vorsokratiker, aber auch PLATON und ARISTOTELES unterscheiden die E., das durch das spekulative Denken erworbene Wissen, das Aufschluss über die Wahrheit und das Sein vermittle, von der häufig träger. und sich verändernden Sinneswahrnehmung und der darauf begründeten (bloßen) Meinung.

epistemische Logik, Teilgebiet der philosoph. Logik, das Aussagen des Glaubens und Wissens logisch analysiert, d. h. Wendungen wie ›*p* glaubt, dass *A* wahr ist‹ oder ›*p* weiß, dass *A* wahr ist‹.

W. LENZEN: Glauben, Wissen u. Wahrscheinlichkeit (1980).

Epistemologie [griech.] *die, -,* Lehre vom Wissen, Erkenntnislehre (→Erkenntnistheorie).

Epistolae obscurorum virorum [›Dunkelmännerbriefe‹], Titel einer Sammlung fingierter lat. Briefe scholast. Gelehrter an O. GRATIUS (*1480, †1542), Prof. der schönen Künste an der Univ. Köln, tatsächlich jedoch geschrieben von Humanisten als Satire auf die erstarrte spätmittelalterl. Wissenschaft, bes. der Kölner Theologen um den Dominikaner J. VAN HOOGSTRATEN. Anlass war der seit 1509 literarisch wie juristisch geführte Streit zw. dem konvertierten Kölner Juden J. PFEFFERKORN und J. REUCHLIN über den Wert jüd. Schrifttums (z. B. des Talmud) für die christl. Lehre. – Idee und Gestalt der E. o. v. stammen von Erfurter CROTUS RUBEANUS, der 41 Briefe (darunter einige von H. VON DEM BUSCHE) in Hagenau im Oktober 1515 veröffentlichte, ein Anhang hierzu (7 Briefe, Köln 1516) und eine zweite Sammlung (62 Briefe, Köln, Frühjahr 1517) stammen von U. VON HUTTEN. Die Briefe, geschrieben in barbar., mit dt. Wörtern gemischtem Latein, enthüllen mit beißender Ironie, derb-witziger Komik, im zweiten Teil auch mit direkter Polemik die dünkelhafte Unwissenheit, Heuchelei und Unmoral der ›viri obscuri‹, d. h. der Anhänger der Scholastik. Obwohl vom Papst verurteilt (5. 3. 1517), von ERASMUS VON ROTTERDAM und LUTHER abgelehnt, wirken die E. o. v. als beispielhafte literar. Satire und Zeitkritik bis heute nach.

Ausgaben: E. o. v., hg. v. A. BÖMER, 2 Bde. (1924). – Briefe der Dunkelmänner, übers. v. W. BINDER (1964).

Epistropheus [griech. ›Umdreher‹] *der, -, Anatomie:* veraltete Bez. für →Axis.

Epistyl [zu griech. stŷlos ›Säule‹] *das, -s/-e,* **Epistylion,** *Baukunst:* der →Architrav.

Episyllogismus, log. Schlusskette (→Syllogismus), die die Konklusion eines vorhergehenden Schlusses (Prosyllogismus) als erste Prämisse verwendet.

Epitaph [griech., eigtl. ›zum Grab Gehörendes‹] *das, -/...phi̱en,* 1) *Antike:* Grabrede, im alten Athen öffentl. Trauerrede auf die für das Vaterland Gefallenen, die von einem Redner in staatl. Auftrag gehalten wurde, z. B. das E. des PERIKLES 431 v. Chr. (nach THUKYDIDES, 2. Buch, 35–46); in Antike und MA. auch Grabschrift, bes. in Form eines Epigramms.

2) *bildende Kunst:* Gedächtnismal für einen Verstorbenen (mit Inschrift); das aus der Verbindung des Totengedenkens mit dem Andachtsbild entstandene Erinnerungsmal wurde an einer Innenwand, einem Pfeiler, auch einer Außenwand einer Kirche angebracht und ist i. d. R. nicht identisch mit der Grabstelle. Das E. kam ab dem 14. Jh. meist in Form einer Grabplatte vor, erhielt in der Renaissance eine architekton. Rahmung und oft auch die Porträtfigur des Verstorbenen. Im Barock wurde es bes. reich ausgebildet. Der Klassizismus kehrte zum Inschriften-E. ohne figürl. Schmuck zurück und bezog seine Vorbilder meist von antiken Grabstelen.

Epitasis [griech., eigtl. ›Anspannung‹] *die, -/...ta̱sen,* der mittlere Teil im dreiaktigen Drama: die Steigerung der Handlung zum dramat. Konflikt. (→Protasis, →Katastrophe)

Epitaxie [zu griech. -taxia ›das Anordnen‹] *die, -/...'xi̱en,* die gesetzmäßige, orientierte Verwachsung von Kristallen, die chemisch und strukturmäßig gleich **(Homo-E.)** oder verschieden **(Hetero-E.)** sein können. Lässt man einen Stoff, der in seiner Dampfphase oder in Form einer gasförmigen Verbindung vorliegt, auf einem vorgegebenen Kristall, dem Träger (in der Halbleitertechnik meist ein Halbleitereinkristall in Scheibenform), kondensieren oder – nach therm. Zersetzung der Verbindung – sich niederschlagen **(Gasphasen-E.),** so entsteht auf dem Träger eine **epitaktische Schicht,** d. h. ein dünner, flächenhafter →Einkristall, dessen Orientierung durch die Einkristallstruktur des Trägers bestimmt wird, da die elektrostat. Felder an der Kristalloberfläche die neu auftreffenden Atome zum Weiterbau derselben räuml. Struktur zwingen. Ein derartiges **epitaktisches Aufwachsen** von einkristallinen Halbleiterschichten unterschiedlicher elektr. Leitfähigkeit auf Trägerscheiben anderer Leitfähigkeit wird v. a. bei der Herstellung von diskreten und integrierten Halbleiterbauelementen angewendet. Eigenschaften wie Ladungsträgerdichte und -beweglichkeit, elektr. Widerstand, Dicke, Homogenität und Zusammensetzung lassen sich durch Steuerung der experimentellen Bedingungen in weiten Grenzen variieren. Bei der **Molekularstrahl-E.** werden die elementaren Bestandteile des aufwachsenden Kristalls, z. B. Gallium- und Arsenatome im Fall eines GaAs-Kristalls, durch Molekularstrahlen im Ultrahochvakuum zur Substratoberfläche transportiert und dort Atom für Atom angelagert. Da sich die E.-Schicht sehr langsam aufbaut, können sehr perfekte Einkristalle praktisch ohne Störstellen im Gitter mit hervorragenden elektr. und magnet. Eigenschaften hergestellt werden. Durch Einsatz von mehreren Molekularstrahlöfen mit Füllungen unterschiedl. atomarer Zusammensetzung (v. a. unterschiedl. Gehalts an Dotierstoffen) können Schichtenstrukturen aufgedampft werden, deren Zusammensetzung und Eigenschaften sich im Bereich von einigen Atomlagen ändern. So können dünne Schichten sehr unterschiedlicher Leitfähigkeit durch gezielte Steuerung der Dotierstoffkonzentration ohne Unterbrechung des Kristallwachstums übereinander abgeschieden und wesentlich feinere Strukturen als z. B. bei der →Dotierung durch Diffusion hergestellt werden. Die E. dient auch zur Niederdrucksynthese von Diamanten.

Epithalamion [griech., eigtl. ›das zum Brautgemach Gehörende‹] *das, -s/...mi̱en* oder *...mi̱a,* lat. **Epithalamium,** bei Griechen und Römern ein Hochzeitslied, das junge Männer und Mädchen vor dem Schlafzimmer der Neuvermählten sangen. E. dichteten u. a. SAPPHO, THEOKRIT, CATULL und STATIUS. In der Renaissance wurde das E. wieder belebt und findet sich u. a. bei T. TASSO, P. DE RONSARD, J. DU BELLAY, E. SPENSER, P. SIDNEY, J. DONNE, B. JONSON und J. DRYDEN (→Hymenaios).

Epithel [zu griech. thēlē ›Brustwarze‹, nlat. übertragen als ›Hautpapille‹, ›papillenreiche Zellschicht‹ verwendet] *das, -s/-e,* **Epithelgewebe, Deckgewebe,** in regelmäßigen Lagen von Zellen angeordnetes, gefäßfreies, ein- oder (v. a. bei Wirbeltieren) mehrschichtiges Gewebe, das die äußere Oberfläche und die inneren Hohlräume des menschl. und tier. Körpers (Ausnahme: Schwämme, Mesozoa) überkleidet. E. haben allgemeine Schutz- und Abdichtungsfunktion; sie kontrollieren den Stoffaustausch zw. dem Inneren eines Gewebes und den Außenbereichen. Dementsprechend sind die E.-Zellen stark ineinander verzahnt mit nur kleinen Interzellularräumen. Nach der Form unterscheidet man **Platten-E.** mit flachen, plattenartigen Zellen (z. B. in Gefäßen), **Pflaster-E.**

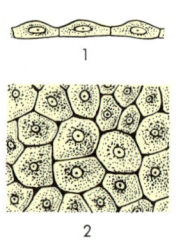
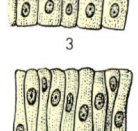
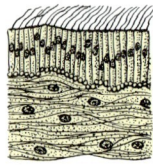
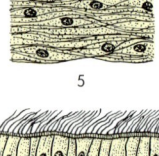
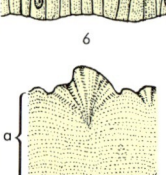
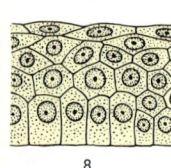

Epithel: Plattenepithel eines Kalkschwamms im Querschnitt (1) und von oben gesehen (2); Pflasterepithel (3) und Zylinderepithel einer Schnecke (4); 5 Flimmerepithel vom Darm der Teichmuschel; 6 Geißelepithel einer Aktinie; 7 Epithel mit Kutikula (a) von einer Blattwespenlarve; 8 Mehrschichtiges Epithel von der Hornhaut eines Wirbeltiers (unterste Schicht zylindrisch, folgende Schichten mit zunehmender Abplattung)

mit kub. Zellen (z. B. in Nierenkanälchen) und **Zylin-der-E.** mit zylindr. Zellen (z. B. in der Magen- und Darmwand). Nach der Funktion unterscheidet man **Deck-E.** (Schutzfunktion, z. B. die →Haut), das an der Körperoberfläche durch Abscheidung einer Kutikula verfestigt sein kann (v. a. bei Insekten und Krebsen), **Flimmer-E.**, das mit Geißel- oder Flimmerzellen besetzt ist (zum Transport von Flüssigkeiten oder Partikeln, z. B. in den oberen Luftwegen u. a. des Menschen), **Drüsen-E.** als innere Auskleidung von Drüsenorganen (mit Sekretionsfunktion) und das von Sinneszellen gebildete **Sinnes-E.** (z. B. das **Riech-E.** in der Nase der Säugetiere).

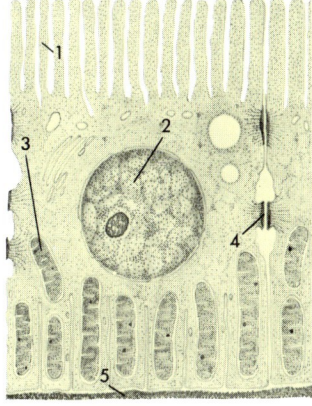

Epithel: Schematische Darstellung einer Epithelzelle mit Desmosomen (Zellkontakten) und Mikrovilli (Bürstensaum); 1 Mikrovilli, 2 Kern, 3 Mitochondrien, 4 Desmosom, 5 Basalmembran

Epithelialisierung, Epithelisierung, *Medizin:* 1) Stadium der Wundheilung, bei dem bestehende Defekte durch Bildung von Epithelgewebe aus dem Randbereich oder von insulären Resten her überdeckt werden; 2) andere Bez. für die Hauttransplantation.

Epitheliom *das, -s/-e*, **Deckgewebegeschwulst,** Sammel-Bez. für alle von Epithelzellen ausgehenden Tumoren, die z. B. als Warzen, Papillome, Adenome gutartig sind, aber auch als Karzinome auftreten können.

Epithelkörperchen, *die* →Nebenschilddrüse.

epithermal, *Petrologie:* →Erzlagerstätten.

Epithese [griech. ›Zusatz‹] *die, -/-n, Sprachwissenschaft:* das Anhängen von Lauten (meist zur Erleichterung der Aussprache) an den Auslaut eines Wortes ohne etymolog. Ursache (z. B. von ›t‹ in ›Axt‹ gegenüber mhd. ›ackes‹). →Epenthese, →Prothese.

Epitheton [griech. ›Beiwort‹, eigtl. ›Hinzugefügtes‹] *das, -s/...ta, Sprachwissenschaft:* attributiv verwendetes Adjektiv oder Partizip, z. B. der ›grüne‹ Klee oder das ›gelobte‹ Land. – **E. ornans, schmückendes Beiwort,** formelhaft wiederkehrendes Beiwort, z. B. ›rotes‹ Blut; es findet sich in der Literatur bes. in der Volksdichtung (z. B. ›grüner‹ Wald) und im Epos (z. B. der ›listenreiche‹ Odysseus bei HOMER).

Epitokie [zu griech. tókos ›das Gebären‹] *die, -,* **Epigamie,** *Zoologie:* Umwandlung bes. des hinteren, die Geschlechtsdrüsen tragenden Körperabschnitts, mitunter aber auch des ganzen Tieres; bei manchen Borstenwürmern bei Eintritt der Geschlechtsreife. E. führt zum Auftreten unterschiedl. Formen bei ein und derselben Art.

Epitrachelion [griech. ›um den Hals gelegt‹] *das, -s/...li|en,* im byzantin. Ritus die →Stola des Priesters und Bischofs; für den Diakon →Orarion.

Epitrit [griech., eigtl. ›ein Ganzes und ein Drittel enthaltend‹] *der, -en/-en, antike Metrik:* vierteiliger Versfuß aus einer Kürze und drei Längen (wobei die Kürze jede Stelle einnehmen kann). – **Daktylo-E.,** Versfuß, der Daktylen mit Trochäen verbindet.

Epizentrum, das senkrecht über einem Erdbebenherd liegende Gebiet der Erdoberfläche. (→Erdbeben)

Epizeuxis [griech., eigtl. ›Verbindung‹] *die, -/...xes,* die →Epanalepse.

Epizoen [griech. zōon ›Lebewesen‹, ›Tier‹], *Sg.* **Epizoon** *das, -s,* i. d. R. auf Tiere beschränkte Bez. für Organismen, die auf Tieren leben, ohne bei diesen zu schmarotzen; z. B. Seepocken auf Haien, Walen, Meeresschildkröten, Muscheln u. a. oder Raupen der Gattung Brachypodicola auf Faultieren. (→Phoresie, →Symphorismus)

Epizone, *Petrologie:* →Metamorphose.

Epizykeltheorie [griech. epíkyklos ›Nebenkreis‹], die wahrscheinlich auf APOLLONIOS VON PERGE zurückgehende, von PTOLEMÄUS u. a. weiterentwickelte und mit der Exzentertheorie kombinierte, bis zum Ende des MA. benutzte Theorie der vorkeplerschen Astronomie, die unter der Annahme einer ruhenden, im Zentrum stehenden Erde die scheinbaren Bewegungen der Planeten, bes. die Rückläufigkeit (Schleifenbewegung), erklärte: Jeder Planet bewegt sich gleichförmig in der synod. Periode auf einem kleinen Kreis (dem **Epizykel**), dessen Mittelpunkt auf einem exzentr. Trägerkreis, dem **Deferenten,** gleichförmig in der sider. Periode die Erde umläuft. Bei gleichem Umlaufsinn beider Bewegungen beschreibt dann jeder der äußeren Planeten eine Epizykloide, durch die sich ihre recht- und rückläufigen Bewegungen befriedigend darstellen lassen. Für die Beschreibungen der Bewegungen des Mondes und der inneren Planeten müssen weitere, komplizierende Bedingungen in die E. aufgenommen werden (→Exzentertheorie).

Epizykloide, eine zykl. Kurve (→Zykloide).

EPLF, Abk. für die eritreische Befreiungsbewegung (→Eritrean People's Liberation Front).

epochal, *bildungssprachlich* für: über den Augenblick hinaus bedeutsam, in die Zukunft hinein wirkend.

Epoche [griech., eigtl. ›das Anhalten‹, ›Zurückhalten‹, übertragen: ›Haltepunkt in der Zeitrechnung (der in ein Neues überleitet)‹] *die, -/-n,* 1) *allg.:* größerer geschichtl. Zeitabschnitt, dessen Beginn in der Geschichtswissenschaft auch als E. bezeichnet, und Ende durch einen deutl., einschneidenden Wandel der Verhältnisse gekennzeichnet ist (→Periodisierung, →Zeitalter). Der Begriff spielt auch in der Kunstgeschichte als **Epochenstil** eine Rolle.

2) *Astronomie:* der Zeitpunkt, auf den astronom. Beobachtungen oder Größen, z. B. Bahnelemente, Ephemeriden, Koordinaten eines Himmelskörpers oder das Maximum oder Minimum im Lichtwechsel eines veränderl. Sterns, bezogen werden.

3) *Chronologie:* auch **Epochentag,** der Anfang einer neuen Zeitrechnung, der erste Tag des ersten Jahres einer neuen →Ära.

4) *Geologie:* →Abteilung.

Epoche [griech. ›Zurückhaltung‹] *die, -, Philosophie:* die Enthaltung von jegl. Urteil über einen Sachverhalt. Die griech. Skeptiker forderten vom Weisen E. wegen der Ungewissheit allen Erkennens. Bei E. HUSSERL gehört die E. als ›phänomenolog.‹ oder ›transzendentale E.‹ zur Methode der Phänomenologie und bezeichnet das Ausschalten der universalen Seinssetzungen, wie das natürl. Bewusstsein diese in seiner Bezogenheit auf Gegenstände vornimmt. Mit der Reduktion der Gegenstände auf die Weise ihres jeweiligen Gegebenseins für das Bewusstsein soll der Zugang zu ›den Sachen selbst‹ ermöglicht werden.

Epochen|unterricht, Epochal|unterricht, Grundform ganzheitl. Unterrichtsgestaltung (v. a. in

Epitaph 2): Grabmal des Domkantors Johann von Segen; 1564 (Trier, Liebfrauenkirche)

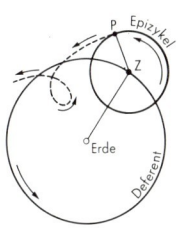

Epizykeltheorie: Gleichförmige Bewegung eines Planeten (P) auf einem kleinen Kreis (Epizykel), dessen Mittelpunkt (Z) sich gleichförmig auf einem Trägerkreis (Deferent) um die Erde bewegt; die so entstehende schleifenförmige Kurve (gestrichelt) ist eine Epizykloide

Waldorfschulen); der Unterricht wird über größere Zeiträume hinweg (eine ›Epoche‹ von meist zwei bis drei Wochen) vorwiegend einem einzigen Fach gewidmet. Dies wirkt der Aufsplitterung in Unterrichtsfächer entgegen und gewährleistet intensivere Beschäftigung mit den einzelnen Fächern.

Epode [griech., eigtl. ›Nachgesang‹] *die, -/-n,* **1)** *altgriech. Tragödie:* im Chorlied der auf →Strophe und Antistrophe folgende Abgesang.

2) *Metrik:* urspr. der kürzere, zweite Vers nach einem längeren, dann Strophe und Gedicht, das eine längere und eine kürzere Zeile (bes. jamb. Trimeter und jamb. Dimeter) verbindet (mit Ausnahme des Distichons). Die E. wurde von ARCHILOCHOS um 650 v. Chr. geschaffen. HORAZ führte sie in die röm. Literatur ein; seine E. erhielten jedoch erst später diesen Namen (er nannte sie ›iambi‹).

Epökie [griech. ›Ansiedlung‹] *die, -/...'ki|en,* **1)** *Biologie:* **Aufsiedlertum,** Lebensweise von Pflanzen (z. B. Algen, Flechten, Moose, Orchideen) und festsitzenden Tieren (z. B. sessile Wimpertierchen, Polypen, Seepocken), die sich auf anderen Organismen ansiedeln (→Epiphyten, →Epizoen). Die Aufsiedler schmarotzen nicht bei ihren Wirten, können aber andere Vorteile haben (z. B. Transport, leichterer Nahrungsgewinn).

2) *Geschichte:* griech. Koloniegründung unter Anschluss an eine bereits bestehende Kolonie (→Apökien).

Epomeo, der höchste Berg der Insel Ischia, Italien, 788 m ü. M., ein erloschener Vulkan.

Epona [kelt. etwa ›Herrin der Pferde‹], *kelt. Mythos:* gall. Pferde- und Fruchtbarkeitsgöttin, auch Göttin des Totenkults, später Schutzherrin der röm. Kavallerie. – Ikonographisch wurde E. häufig als Reiterin dargestellt, manchmal von Pferden, Fohlen, Vögeln, Hund und Raben umgeben oder mit Füllhorn oder Fruchtschale in den Händen.

Eponym [griech. epōnymos ›wonach benannt‹] *das, -s/-e,* **1)** *Geschichte:* griech. **Eponymos,** Bez. für eine Person, nach der etwas benannt wird, in der Antike z. B. der Stadtgründer, dessen Namen die Stadt erhielt. E. waren bes. die Amtsinhaber, mit deren Namen das Jahr ihrer Amtsführung offiziell zu chronolog. Zwecken benannt wurde, so der Archon Eponymos in Athen (→Archonten) und der erste Ephor (→Ephoren) in Sparta.

2) *Sprachwissenschaft:* Personenname als Gattungs-Bez., z. B. ›Guillotine‹ nach dem Arzt J. I. GUILLOTIN, ›Mansarde‹ nach dem Baumeister F. MANSART, ›Zeppelin‹ nach F. Graf VON ZEPPELIN.

Epopöe [griech., eigtl. ›Verfertigung eines epischen Gedichts‹, zu poieīn ›machen‹] *die, -/-n,* veralteter Begriff für →Epos, bes. für Helden- oder Götterepos.

Epos [griech. ›Wort‹, ›Rede‹, ›Erzählung‹, ›Lied‹, ›Gedicht‹] *das, -/Epen,* große Form erzählender Dichtung (→Epik) in gleichartig gebauten Versen oder Strophen, i. A. mehrere Teile (gen. Gesänge, Bücher, Aventiuren, Cantos u. a.) umfassend. Das E. ist gekennzeichnet durch die Darstellung ›extensiver Totalität‹ (G. LUKÁCS) und die Einbettung von Begebenheiten und Figuren in ein geschlossenes Weltbild. Dem entsprechen die übersichtl. Struktur, auf Erzählerebene die ›epische Distanz‹, die gelassene, oft bei Einzelheiten verweilende Schilderung, die gehobene Sprache und typisierende Gestaltungsmittel wie Formel (Epitheton ornans, →Epitheton), Gleichnis und Wiederholung.

Kulturgeschichtlich spiegelt das E. die Auflösung des myth. Weltbilds in Mythologie und geschichtl. Bewusstsein. Diesen Vorgang symbolisieren im frühen E. die von den Göttern abstammenden Heroengestalten. Der soziale Kontext des frühen E. ist eine einheitlich strukturierte, hierarchische, in ihrer Ordnung nicht infrage gestellte Gesellschaft, deren Ursprungsgeschichte (Eroberungen, Wanderbewegungen, Staatenbildung usw.) es erzählt. Stofflich basiert das E. v. a. auf Götter- und Heldensagen, für die es andererseits zur wichtigsten Quelle wird. Als literar. Vorstufe gelten kult. Einzelgesänge (Götter-, Helden-, Schöpfungs-, Preis- und Opferlieder, die z. T. auch selbstständig erhalten sind). Nach heute vorherrschender Auffassung sind sie im E. nicht nur lose aneinander gereiht (›Liedertheorie‹), sondern wurden von einem einzelnen Dichter zur Großform ausgestaltet.

Der Gegensatz zw. der Objektivität des ›naiven‹ E. und der problematisierenden Subjektivität des modernen Romans führte die dt. Romantik, v. a. J. GRIMM, zu der Ansicht, das E. sei anfänglich ein sich gleichsam selbst dichtendes Werk des unbewusst schaffenden Volksgeistes **(Volks-E.** im Unterschied zum **Kunst-E.).** Die neuere Forschung nimmt dagegen auch für E. wie die homer. Dichtungen und das ›Nibelungenlied‹ individuelle Verfasser an. Ein Volks-E. kann vom jüngeren Kunst-E. durch die Anonymität der Verfasser, aufgrund der Öffentlichkeit des Vortrags durch traditionsgebundene Rhapsoden, Barden sowie durch seine zunächst nur mündl. Überlieferung unterschieden werden. Das spätere Buch-E. differenziert sich in Einzelformen: das National-E., das religiöse auch der philosoph. Lehr-E., auch komisch-satir. und parodist. Formen wie Tier-E. und Scherz-E. Späte Formen des E. überschneiden sich oft mit Verserzählung, Versroman oder Versnovelle, bes. auch mit Romanze und Ballade. Prosaauflösungen der antiken und mittelalterl. E. markieren den Beginn des modernen europ. Romans. Heute werden als E. gelegentlich auch weit gespannte, objektiv darstellende Romane (etwa von H. DE BALZAC, L. N. TOLSTOJ, J. DOS PASSOS) und Filme bezeichnet.

Theoret. Bestimmungen des E. finden sich in den Poetiken seit Hellenismus und Spätantike. Das E. galt lange als ideale Form der Dichtung. Noch GOETHE und SCHILLER stellten das Maßstäbliche des E. heraus und betonten seine Wesensmerkmale im Kontrast zum Drama.

Geschichte

Der Ursprung der E. liegt im Alten Orient: Das älteste bekannte E. ist das babylon. ›Gilgamesch-E.‹ (3./2. Jt. v. Chr.). Die altind. E. ›Mahabharata‹ und ›Ramayana‹ wurden etwa im 4. Jh. v. Chr. begonnen. Das ›Schah-Name‹ des FIRDAUSI (10./11. Jh.) arbeitet die gesamte pers. Geschichte auf und wirkte in seiner Sage und Geschichte verbindenden Darstellung vorbildlich (z. B. für das ›Iskander-Name‹ von NISAMI). – Älteste Schöpfungen des europ. E. – zugleich als dessen Inbegriff bewundert – sind die Hexameterdichtungen ›Ilias‹ und ›Odyssee‹, die – immer wieder umstritten – HOMER zugeordnet werden (Ende des 8. Jh. v. Chr.). Ihm verpflichtet sind die Werke der →zyklischen Dichter sowie später das verfeinerte und psychologisierende **Buch-E.** im Hellenismus, bes. seit den ›Argonautika‹ des APOLLONIOS VON RHODOS (3. Jh. v. Chr.). Etwa gleichzeitig übertrug LIVIUS ANDRONICUS die ›Odyssee‹ ins Lateinische und begründete NAEVIUS mit dem E. über den 1. Pun. Krieg, ›Bellum Poenicum‹, das historisch-politisch und religiös ausgerichtete röm. E.; zum altröm. E. zählen ferner die ›Annales‹ (um 180 v. Chr.) des ENNIUS; Höhepunkt des E. in der röm. Lit. und Vorbild für die europ. Dichtung bis ins 18. Jh. ist VERGILS ›Aeneis‹. Aus dem 1. Jh. n. Chr., der klass. röm. Zeit, sind noch OVIDS ›Metamorphosen‹, die E. des LUKAN, des SILIUS ITALICUS und des STATIUS zu nennen. In der Spätantike erlebte das an HOMER und am hellenist. Buch-E. geschulte griech. E. eine letzte Blüte (so in den ›Dionysiaka‹ des Ägypters NONNOS, 5. Jh. n. Chr.), aber auch die parodist. Umkehrung in der →Batrachomyomachie. Seit dem 4. Jh. wurden in lat. und griech. E. auch christl. Stoffe gestaltet (IUVENCUS, PRUDENTIUS CLEMENS, NONNOS u. a.). – Nur wenig später als das homerische E. begann um 700 v. Chr. das antike **Lehr-E.** mit den beiden Hexameterdichtungen von HESIOD, ›Theogonie‹ und ›Werke und Tage‹. Vom Hellenismus bis in die Spätantike lebte das didakt. E. als gelehrtes Buch-E. und schließlich als Schullektüre weiter. Eigenständigkeit erlangte im 1. Jh. v. Chr. das lat. Lehr-E. mit dem philosoph. Gedicht über das Wesen des Universums ›De rerum natura‹ von LUKREZ. Der röm. Natur-, Staats- und Lebenslehre gelten VERGILS ›Georgica‹, der Kunstlehre die ›Ars poetica‹ von HORAZ. Lehrhaft sind auch die christl. E. der Spätantike. In hellenist. Zeit entstand die Kleinform des E., das →Epyllion.

Im MA. und darüber hinaus lebte das griech. und lat. E. fort, z. B. in der byzantin. Dichtung; in der mittellat. Dichtung findet man Bibel-E., Herrscher- und Heiligenviten, Chroniken oder deren Bearbeitung, Tier-E. sowie E. über sonst nicht erhaltene Stoffe (›Waltharius‹, ›Ruodlieb‹). Auch in dem neulat. Lit. wurden E. verfasst (z. B. F. PETRARCAS ›Africa‹, entstanden um 1340; M. G. VIDAS ›Jesus Christus‹, 1535). Daneben stehen volkssprachl. Parallelen wie die althochdt. Evangelienharmonie (863/871) OTFRIDS VON WEISSENBURG, die frühmittelhochdt. ›Kaiserchronik‹ (vor 1147), auch die frühmittelengl. ›Brut‹ des LAYAMON (um 1200) oder die Reineke-Fuchs-Dichtungen. – In den Volkssprachen gestaltete das MA. auch neue Stoffe im E., so in Byzanz die Taten des Helden →DIGENIS AKRITAS (10.–12. Jh.). Seit dem frühen MA. entwickelte sich im german., roman. und schließlich slaw. Sprachraum das **Helden-E.,** z. T. mit liedhaften, oft nur fragmentarisch erhaltenen Vorstufen wie dem altengl. ›Finnsburglied‹ (8. Jh.), dem Anfang des 9. Jh. aufgezeichneten althochdt. ›Hildebrandslied‹ und den slaw. →Bylinen (→Heldenlied). Das german. Helden-E. verarbeitete Erfahrungen und Stoffe aus der Zeit der Völkerwanderung, der Eroberungen in England (5.–6. Jh.) und der Christianisierung (4.–8. Jh). Frühestes Zeugnis ist der altengl. ›Beowulf‹ (Handschrift 10. Jh.); um 1200 entstand das mittelhochdt. ›Nibelungenlied‹ und 1230/50 die ›Kudrun‹, alle von unbekannten Dichtern stammend. Die dt. Helden-E. klingen in der 2. Hälfte des 13. Jh. im Bairisch-Österreichischen in Dichtungen aus dem Umkreis DIETRICHS VON BERN aus. – Das roman. Helden-E. (die meisten davon überliefert in den frz. Chansons de geste) basiert auf den Sagen um die Grenz- und Glaubenskämpfe KARLS D. GR. und seiner Vasallen gegen den Islam ist bestimmt von Kreuzzugsgedanken des hohen MA. Älteste und berühmteste Beispiele sind das altfrz. ›Rolandslied‹ (um 1100) und das altspan. ›Poema del Cid‹ (um 1140). – Die meisten slaw. Volks-E. wurden erst im 19. und 20. Jh. schriftlich fixiert; das einzige vollständig erhaltene russ. E. ist das eher höf. ›Igorlied‹ (um 1185–87). Unter pers. Einfluss steht das georg. Nationalepos ›Der Recke im Tigerfell‹ von SCHOTA RUSTAWELI (2. Hälfte des 12. Jh.). – Eine besondere Gruppe bilden die **höfischen Vers-E.** (mitunter auch **Versroman** gen.) der mittelhochdt. und frz. Lit. des 12. und 13. Jh., die meist Stoffe um König →ARTUS, aber auch aus der Antike im Sinne der ritterl. Ideale verarbeiten (Werke von CHRÉTIEN DE TROYES, HEINRICH VON VELDEKE, HARTMANN VON AUE, WOLFRAM VON ESCHENBACH, GOTTFRIED VON STRASSBURG u. a.). Zw. Helden-E. und höf. E. steht die **Spielmannsdichtung,** die ebenso wie das satir. **Tier-E.** in Volksbüchern und Dramatisierungen bis in die Neuzeit weiterlebte. Volkssprachl. Lehr-E. sind das moralphilosoph. Werk ›Der wälsche Gast‹ (1215) von THOMASIN VON CIRCLAERE und als

Allegorie der frz. ›Rosenroman‹. DANTES E. ›Göttl. Komödie‹ (entstanden nach 1313–21, gedruckt 1472), bis heute eines der meistgelesenen Werke der ital. Lit., nimmt mit seiner universalen Konzeption und seiner vollendeten Form eine Sonderstellung ein.

In der Renaissance erhielt das E. eine neue Funktion: Als bewusste Kunstschöpfung entstand das volkssprachl. **National-E.** Antike Vorbilder, Elemente des höf. Romans und des anonymen Helden-E. wurden zu einem neuen, auf das Selbstbewusstsein der jeweiligen Nation bezogenen Ganzen verbunden. Ein Vorläufer war das schott. National-E. ›The Bruce‹ von J. BARBOUR (um 1375). Voll ausgebildet ist das National-E. in Italien, in den Rolands-E. von M. M. BOIARDO (›Der verliebte Roland‹, entstanden 1476–94) und L. ARIOSTO (›Der rasende Roland‹, 1516–32), erweitert und religiös vertieft in T. TASSOS ›Das befreite Jerusalem‹ (1581). – Diesen Mustern folgten in Portugal die ›Lusiaden‹ (1572) von L. DE CAMÕES, in Spanien die ›Araucana‹ (1569–89) von A. DE ERCILLA Y ZÚÑIGA, in Frankreich die unvollendete ›Franciade‹ (1572) von P. DE RONSARD, die bibl. E. des Hugenotten G. DU BARTAS und noch VOLTAIRES aufklärer. Heldengesang auf HEINRICH IV. (1723), in England ›The faerie queene‹ (1590–96) von E. SPENSER, in Osteuropa schon 1521 die kroat. ›Judita‹ von M. MARULIĆ, im 17. Jh. u. a. ›Die Osmanide‹ von I. GUNDULIĆ sowie die poln. E. von W. POTOCKI. Das Zeitalter des Barock nutzte das E. für Formspielereien (einflussreich der Italiener G. B. MARINO) und für Parodien des hohen E. (**komisches E.),** so der Italiener A. TASSONI, der Engländer A. POPE sowie im dt. Sprachbereich u. a. H. WITTENWILER, J. F. W. ZACHARIAE, A. BLUMAUER und K. A. KORTUM. Die große klass. Tradition nahm noch einmal J. MILTON mit dem Blankvers-E. ›Das verlorene Paradies‹ (1667) auf. Er regte F. G. KLOPSTOCK zu seinem ›Messias‹ (1748–73) an, mit dem der Hexameter für die dt. Lit. erschlossen wurde, was wiederum die adäquate Übertragung der homer. E. ermöglichte (J. H. VOSS). Auch GOETHE verwendete in seinen Klein-E. (›Reineke Fuchs‹, 1794; ›Hermann und Dorothea‹, 1797) das klass. Versmaß, während C. M. WIELAND in seinem romant. E. ›Oberon‹ (1780) auf die von ARIOSTO verwendeten Stanzen zurückgriff.

Nachdem sich in der 1. Hälfte des 19. Jh. der Roman schon als epische Großform durchgesetzt hatte, erhielt das E. neue Impulse durch die Nationalbewegungen Nord- und Osteuropas. Bedeutende National-E. sind: ›Der eherne Reiter‹ (herausgegeben 1837) des Russen A. S. PUSCHKIN, die poln. E. von A. MICKIEWICZ (bes. ›Herr Thaddäus oder der letzte Einfall in Litauen‹, 1834) und J. SŁOWACKI sowie ›Die Frithiofs-Saga‹ (1825) des Schweden E. TEGNÉR und in Finnland das ›Kalevala‹ (1849) von E. LÖNNROT; in Ungarn die patriot. Epen von M. VÖRÖSMARTY und J. ARANY. Auch die ›Odyssee‹ (1938) des neugriech. Schriftstellers N. KASANTZAKIS steht in dieser Tradition. Ebenfalls nat. Impuls entsprangen im dt. Sprachraum neben den Übersetzungen von altdt. Epen die (z. T. histor.) E. von J. V. von SCHEFFEL, W. JORDAN, F. W. WEBER und als Nachzügler P. ERNSTS E. ›Das Kaiserbuch‹ (1922–28). – Eine Sonderform des E. im 19. und 20. Jh. ist die lyrisch-epische Versdichtung. Unter dem Einfluss MILTONS ist sie bes. in der engl. Lit. reich vertreten, z. B. mit W. SCOTTS Versromanzen oder den fantastisch-revolutionären Dichtungen von R. SOUTHEY, J. KEATS' Fragment ›Hyperion‹ (1820), v. a. aber mit BYRONS bekenntnishaftem Werk ›Ritter Harold's Pilgerfahrt‹ (1812–18) und seinem fragmentar. satir. E. ›Don Juan‹ (1819–24), beide mit großer Wirkung auf kontinentale Autoren, so u. a. erkennbar in PUSCHKINS Versroman ›Eugen Onegin‹ (1825–32). In Großbritannien selbst ging die Entwicklung weiter über M. Arnold, W. Morris, A. Tennyson und R. Browning bis zu J. Masefield und D. Jones. Daneben steht eine selbstständige amerikan. Tradition, die von W. Whitmans Gedichtsammlung ›Grashalme‹ (endgültige Fassung 1892) bis zu E. Pounds ›Cantos‹ (entstanden ab 1915, gesammelt herausgegeben 1970) und dem Stadt-E. ›Paterson‹ (engl. 1946–58, vollständig 1963) von W. C. Williams reicht. Ein eigenes metaphysisch-spekulatives E. gibt es auch in Frankreich, bes. bei A. de Lamartine, V. Hugo und noch Saint-John Perse (›Anabasis‹, 1924). All dem entspricht im dt. Sprachbereich das Weltanschauungs-E. Auf Vorläufer in der Romantik (u. a. C. Brentano, ›Romanzen vom Rosenkranz‹, herausgegeben 1852; N. Lenau, ›Savonarola‹, 1837; J. von Eichendorff, ›Julian‹, 1853) folgten ›Olymp. Frühling‹ (1900–05, Neufassung 1910) von C. Spitteler, ›Zwei Menschen‹ (1903) von R. Dehmel, ›Das Nordlicht‹ (1910) von T. Däubler, ›Manas‹ (1927) von A. Döblin, der kulturkrit. ›Kirbisch‹ (1927) von A. Wildgans und schließlich G. Hauptmanns Dichtung ›Der große Traum‹ (1943). Nach der Mitte des 20. Jh. sind bislang keine neuen Formen des E. mehr entwickelt worden. Als einziges Beispiel aus der jüngeren dt. Lit. ist H. M. Enzensbergers ›Der Untergang der Titanic‹ (1978) zu nennen.

⇨ *Geste · Heldenepos · höfisches Epos · komisches Epos · Lehrdichtung · Liedertheorie · Roman · Spielmannsdichtung · Tierdichtung · Verserzählung*

H. Moser: Mythos u. E. (1965); L. Pollmann: Das E. in den roman. Lit. (1966); Das dt. Vers-E., hg. v. W. S. Schröder (1969); C. M. Bowra: Heldendichtung (a. d. Engl., Neuausg. 1970); Studien zum antiken E., hg. v. H. Görgemanns u. a. (1976); E. R. Haymes: Das mündl. E. (1977); Europ. Heldendichtung, hg. v. K. von See (1978); Das röm. E., hg. v. E. Burck (1979); G. Dumézil: Mythe et épopée ..., 3 Bde. (Paris ³⁻⁵1981–86); F. R. Max: Das E., in: Formen der Lit., hg. v. O. Knörrich (1981); H. Bartels: ›E.‹ – die Gattung in der Gesch. (1982).

$$-\overset{|}{C}-\overset{|}{C}-$$
$$O$$

Epoxide

Epoxide, nach der systemat. chem. Nomenklatur **Oxirane,** sehr reaktionsfähige organ. Verbindungen,

Eppan an der Weinstraße: Zwei ›Törichte Jungfrauen‹, Ausschnitt aus dem Freskenzyklus in der Burgkapelle von Hocheppan; Ende des 12. Jh.

die einen dreigliedrigen Ring mit einem Sauerstoffatom die **(Epoxidgruppe)** enthalten. Die E. werden z. B. aus Chlorhydrinen durch Abspalten von Chlorwasserstoff oder aus Alkenen durch Anlagerung von Sauerstoff (u. a. katalytisch oder mit Peroxiden) an die Doppelbindung gewonnen **(Epoxidation).** Sie sind wichtige Zwischenprodukte der organ. Chemie. Die größte techn. Bedeutung haben →Äthylenoxid, →Propylenoxid und →Epichlorhydrin.

Epoxidharze, Abk. **EP,** frühere Bez. **Äthoxylinharze,** Kunstharze, die durch Umsetzung von Epoxiden mit aromat. Hydroxyverbindungen (Phenolverbindungen) unter Zusatz von Alkalilauge entstehen und zwei oder mehr Epoxidgruppen (→Epoxide) enthalten. Besondere Bedeutung haben E., die durch Reaktion von Epichlorhydrin mit Bisphenol A in Gegenwart von Natriumhydroxid entstehen und die Epoxidgruppen in Form von Glycidäthern (→Glycidol) enthalten:

Durch weitere Reaktion mit Bisphenol A entstehen längere Molekülketten (›Advancementprodukte‹). Die flüssigen bis festen Produkte werden zum Zeitpunkt der Verarbeitung mit Härtern versetzt und ggf. mit Füllstoffen, Weichmachern, Glasfasern u. a. modifiziert. Zum Aushärten bei Raumtemperatur **(kalthärtende E.)** werden mehrwertige aliphat. Amine (z. B. Diäthylentriamin), zum Aushärten bei über 80 °C, meist zw. 120 °C und 160 °C **(warmhärtende E.),** Dicarbonsäureanhydride (z. B. Phthalsäureanhydrid) oder aromat. Amine (z. B. m-Phenylendiamin) verwendet. Dabei reagieren die Härtermoleküle mit Epoxidgruppen unter Vernetzung der Makromoleküle. Bei der Reaktion werden keine Moleküle abgespalten, sodass nur ein sehr geringer Schwund auftritt. Die vernetzten E. zeichnen sich durch hohe Festigkeit und Härte sowie gute Temperaturbeständigkeit aus (Dauereinsatztemperatur: 130–240 °C). Die beste Chemikalienbeständigkeit wird mit aliphat. Aminen, die beste Lösemittelbeständigkeit mit aromat. Aminen und die beste Witterungsbeständigkeit mit Anhydriden als Härtern erreicht.

E. werden als Bindemittel in Zweikomponenten-Reaktionslacken (große Haftfestigkeit und Chemikalienbeständigkeit) und Einbrennlacken (mit Aminoplasten und/oder Phenolharzen oder als Pulverlacke) verwendet. Wegen ihrer guten Haftfestigkeit (bes. auf Metallen) dienen sie als Zweikomponentenkleber. Große Bedeutung haben E. auch als Bindemittel in Kunstharzbeton und -klebmörtel sowie zum Tränken und Imprägnieren von Spulen und Wicklungen in der Elektroindustrie und zum Einbetten elektron. Teile.

Epp, Leon, österr. Regisseur und Theaterleiter, *Wien 29. 5. 1905, †ebd. 21. 12. 1968; Regisseur an versch. Theatern, seit 1952 Direktor des Wiener Volkstheaters; setzte sich für zeitgenöss. Dramatik ein.

Eppingen:
Alte Universität
am Markt;
15. Jh.

Eppan an der Weinstraße, ital. **Appiano sulla Strada del Vino,** Gemeinde in der Prov. Bozen, Südtirol, Italien, 411 m ü. M., 11 100 Ew.; umfasst v. a. die Ortsteile Sankt Michael und Sankt Paul; Wein- und Obstbaugebiet; Fremdenverkehr. – Pfarrkirche St. Paulus (15.–17. Jh., Fassade 1514ff.), zahlr. reizvolle Herrensitze im ›Überetscher Stil‹ (1550–1650). Die auf einem Felskegel gelegene Ruine **Hocheppan** (ital. **Castel d'Appiano**) ist die bedeutendste mittelalterl. Burganlage Südtirols (12. Jh., erweitert im 13. und 16. Jh.). In der roman. Kapelle im Burghof befindet sich ein Freskenzyklus (Ende 12. Jh.). In der Nähe die Burgruine Boymont, die Schlösser Korb, Gandegg (Museum), Moos, Sigmundskron und Burg Freudenstein. – Die mit den Welfen verwandten Grafen von Eppan (1116 erstmals erwähnt, vor 1300 ausgestorben) besaßen den nördl. Teil der Grafschaft Trient bis gegen Meran, der nach 1250 an die Grafen von Tirol überging. Die Gemeinde Eppan liegt an der Stelle von Altenburg, dem Stammsitz der Grafen von Eppan.

Eppelheim, Gemeinde im Rhein-Neckar-Kreis, Bad.-Württ., westlich von Heidelberg in der Oberrheinebene, 108 m ü. M., 13 400 Ew.; Maschinenbau, Druckereien, Getränke- u. a. Industrie.

Eppelmann, Rainer, Politiker, * Berlin 12. 2. 1943; Maurer; als Hilfsprediger und Pfarrer in Berlin (Samaritergemeinde; 1974–89) in der Bürgerrechtsbewegung der DDR aktiv, u. a. 1982 mit R. HAVEMANN Mitautor des ›Berliner Appells‹ (›Frieden schaffen ohne Waffen‹) und im September 1989 Mitgründer des ›Demokrat. Aufbruchs‹ (DA). Als dessen Vors. (März–August 1990) Mitgl. der frei gewählten Volkskammer (März–Oktober 1990; CDU/DA-Fraktion), Min. ohne Geschäftsbereich (Februar–April 1990) sowie Min. für Abrüstung und Verteidigung (April–Oktober 1990) der DDR. Seit Oktober 1990 Mitgl. der CDU, Dezember 1990 MdB, seit März 1994 Vors. der CDA; seit 1992 Vors. der 1. Enquete-Kommission des Dt. Bundestags ›Aufarbeitung von Geschichte und Folgen der SED-Diktatur‹ (sowie ab Ende 1994 der 2. Kommission).

Eppelsheimer, Hanns Wilhelm, Bibliothekar, Literaturwissenschaftler und Bibliograph, * Wörrstadt (Landkreis Alzey-Worms) 17. 10. 1890, † Frankfurt am Main 24. 8. 1972; war 1947–59 erster Direktor der Dt. Bibliothek in Frankfurt am Main.
Werke: Petrarca (1926); Hb. der Weltlit. (1937); Gesch. der europ. Weltlit., Bd. 1 (1970). – **Hg.:** Bibliogr. der dt. Literaturwiss. (1957–69, fortgeführt v. C. KÖTTELWESCH, 1970ff.).

Eppingen, Stadt im Landkreis Heilbronn, Bad.-Württ., im Kraichgau, 195 m ü. M., 18 500 Ew.; Stadt- und Fachwerkmuseum ›Alte Universität‹; Maschinenbau, Brauerei. – 1564/65 hatte die Univ. Heidelberg aufgrund der in Heidelberg wütenden Pestepidemie

ihren Sitz in E. – Spätgot. Pfarrkirche St. Maria (mit Wand- und Gewölbemalerei, im Chor um 1300, im Langhaus 1470–80); viele Fachwerkhäuser (14.–17. Jh.). Südlich der Stadt liegt der **Ottilienberg** mit der Ruine einer Wallfahrtskapelle (1493 gestiftet). – Das 985 als Reichsgut erstmals erwähnte E. erhielt 1282 die Rechte einer Reichsstadt. Die Landesherrschaft wechselte zunächst zwischen Baden und der Pfalz, bis 1462 die Pfalz ihre Besitzansprüche endgültig durchsetzte. 1803 kam E. an Baden und wurde Bezirksamt.

Eppinger, Hans, Internist, * Prag 5. 1. 1879, † Wien 25. 9. 1946; ab 1918 Prof. in Freiburg im Breisgau, ab 1930 in Köln und ab 1933 in Wien. E. war einer der Begründer der neuzeitl. Pathophysiologie; arbeitete u. a. über die Pathologie der Leber. Nach ihm sind die **E.-Sternchen** (typ. Hauterscheinungen bei chron. Leberkranken) benannt.

Rainer Eppelmann

Eppler, Erhard, Politiker, * Ulm 9. 12. 1926; Studienrat, zunächst Mitgl. der Gesamtdt. Volkspartei (GVP), seit 1956 der SPD, 1961–76 MdB; wurde 1968 Voll-Mitgl. der Synode der EKD. E. war 1968–74 Bundes-Min. für wirtschaftl. Zusammenarbeit, 1973–81 Vors. der SPD in Bad.-Württ., 1976–80 Fraktions-Vors. im dortigen Landtag, 1977–91 Vors. der Grundwertekommission der SPD sowie 1981–83 und 1989–91 Präs. des Dt. Ev. Kirchentages. – E. förderte in den 1980er-Jahren innerhalb seiner Partei die Ziele der Friedensbewegung; 1984–87 war er an der Erstellung eines umstrittenen Grundsatzpapiers mit der SED (›Streit der Ideologien‹) beteiligt.

Eppstein, Stadt im Main-Taunus-Kreis, Hessen, im Vordertaunus im tief eingeschnittenen Schwarzbachtal, 195 m ü. M., 13 000 Ew.; Freilichtbühne, Automobilmuseum; Stanniol- und Druckfarbenherstellung. – Burgruine (Bergfried und Zwinger, 14. Jh.); im unzerstört gebliebenen ›Mainzer Schloss‹ heute das Heimatmuseum; ev. Pfarrkirche (ab 1435, über roman. Vorgängerbau). – Zw. 1183 und 1190 wurden die Herren von E. mit der um 1100 erbauten, strategisch wichtigen Reichsburg E. und der **Herrschaft E.** belehnt. Ihre Ländereien lagen v. a. im Vordertaunus, am Untermain, im Rodgau und Spessart. 1200–1305 stellten die Eppsteiner vier Erzbischöfe von Mainz. Die unterhalb der Burg entstandene Siedlung (1299 erste Erwähnung) erhielt 1318 Stadtrecht.

Hanns Wilhelm
Eppelsheimer

EPR, Abk. für elektronische paramagnetische Resonanz (→Elektronenspinresonanz).

Épreuves d'Artiste [e'prœv dar'tist, frz.], *Sg.* **Épreuve d'Artiste** *die, - -,* die →Künstlerdrucke.

EPROM [Abk. für engl. erasable programmable read only memory, ›löschbarer (und wieder) programmierbarer Nur-Lese-Speicher‹], Festwertspeicher, der zur Aufnahme von Daten dient, die sich nur selten ändern (z. B. Systemkonstanten und -tabellen). Die einzelne Speicherzelle besteht aus einem MOS-Transistor, der eine zusätzl. Steuerelektrode (engl. floating gate, Abk. FG) ohne äußeren Anschluss besitzt. Die Programmierung geschieht durch Anlegen einer entsprechenden Programmierspannung und hat die Aufladung des FG zur Folge. Damit verschiebt sich die Schwellwertspannung des Transistors zu höheren Werten und die betreffende Speicherzelle enthält logisch ›0‹; unprogrammiert ist das FG ladungsfrei und die Speicherzelle beinhaltet logisch ›1‹. Durch Bestrahlen des Speicherchips mit UV-Licht durch ein eigens dafür vorgesehenes Fenster kann der Speicher wieder gelöscht werden. Für den Programmier- und Löschvorgang sind spezielle separate Geräte erforderlich, d. h., der EPROM muss dafür aus der Einsatzschaltung entfernt werden. Diese Nachteile haben zur Entwicklung des →EEPROM geführt, der v. a. in Computersystemen den EPROM ersetzt.

Erhard Eppler

Epsilon [griech. è psilón ›bloßes e‹] *das, -(s)/-s,* Zeichen E, ε, 1) der fünfte Buchstabe des griech. Alphabets.

2) *Formelzeichen:* ε für die →Dehnung, die →Dielektrizitätskonstante, den Emissionsgrad (→Emissionsvermögen), das →Verdichtungsverhältnis; ε_0 für die →elektrische Feldkonstante, ε_r für die relative Dielektrizitätskonstante.

Epsilontik *die, -,* Bez. für die von A. L. CAUCHY publik gemachte, die griech. Buchstaben ε und δ häufig verwendende Darstellungsweise von Infinitesimalbetrachtungen (z. B. des →Grenzwertes), in denen der Abstand zweier Punkte oder allgemeiner eine Umgebung (›ε-Umgebung‹) eines Punktes beliebig klein wählbar sein soll.

Epsom and Ewell [ˈepsəm ənd ˈjuːəl], Stadt in der Cty. Surrey, England, südlich von London, 64 400 Ew.; Pferderennbahn; Bittersalzquellen.

Epsomit [nach der Stadt Epsom (Epsom and Ewell)] *der, -s/-e,* Mineral, →Bittersalz.

Epstein, 1) [ˈepstaɪn], Sir (seit 1954) Jacob, brit. Bildhauer polnisch-russ. Abkunft, * New York 10. 11. 1880, † London 19. 8. 1959; stand der Bewegung des →Vortizismus nahe. E. schuf von nervöser Spannung erfüllte Figurengruppen mit religiöser und literar. Thematik, auch monumentale Werke wie das Grabmal für O. WILDE (1912; Paris, Père Lachaise) und die Skulpturengruppe ›St. Michael kämpft mit dem Teufel‹ (1958; Coventry, Kathedrale). Bedeutend sind v. a. seine Porträtbüsten (A. EINSTEIN, G. B. SHAW, Sir W. CHURCHILL, T. S. ELIOT u. a.).

Jacob Epstein: Sankt Michael kämpft mit dem Teufel, Skulpturengruppe an der Kathedrale von Coventry; 1958

2) [ɛpˈstɛn], Jean, frz. Filmregisseur und Autor, * Warschau 26. 3. 1897, † Paris 2. 4. 1953; einer der frz. Avantgardisten, die im Film eine von Literatur und Bühne unabhängige Kunstform suchten und durch neue Techniken neue Ausdrucksformen fanden.

Werke: *Filme:* Pasteur (1922); L'auberge rouge (1923); Cœur fidèle (1923); La belle Nivernaise (1924); La glace à trois faces (1928); La chute de la maison Usher (1928); Finis terrae (1929); Mor'Vran (1930); Le tempestaire (1947). – *Schriften:* La poésie d'aujourd'hui (1921); Cinéma (1921); La lyrosophie (1922); L'intelligence d'une machine (1946); Le cinéma du diable (1947); Esprit du cinéma (hg. 1955).

3) [ˈepstaɪn], Michael Anthony, brit. Pathologe und Virologe, * London 18. 5. 1921; seit 1965 Prof. in Bristol; arbeitet über Zellstrukturen und ihre Veränderungen unter Viruseinwirkungen, bes. über karzinomatöse Veränderungen durch Virusinfektion (→Epstein-Barr-Virus).

4) [ˈepstaɪn], Paul Sophus, amerikan. Physiker poln. Herkunft, * Warschau 20. 3. 1883, † Pasadena (Calif.) 9. 2. 1966; seit 1921 Prof. am California Institute of Technology in Pasadena; lieferte wichtige Beiträge zur älteren und zur modernen Quantentheorie, u. a. zur Theorie des Stark-Effekts (1916), den er 1926 auch quantenmechanisch behandelte, und über die opt. Dispersion (1921); weitere Arbeiten betrafen u. a. die Theorie elast. Schwingungen und die Ausbreitung elektromagnet. Wellen.

Epstein-Barr-Virus [nach M. A. EPSTEIN und dem kanad. Anatomen MURRAY L. BARR, **EB-Virus,** Abk. **EBV,** zu den →Herpesviren gehörendes, weit verbreitetes, humanpathogenes Virus; Erreger der infektiösen Mononukleose (Pfeiffer-Drüsenfieber). Außerdem besteht eine enge Beziehung zu zwei beim Menschen auftretenden Tumorformen, dem Burkitt-Tumor und dem Nasopharyngealkarzinom.

Epulis, die →Zahnfleischgeschwulst.

Epyllion [griech. ›kleines Epos‹] *das, -/...li]en oder ...lia,* epische Kleinform der griech. und lat. Literatur, die in hellenist. Zeit als Gegenstück zu dem großen Epos entstand. Das E. schildert in Hexametern Episoden (mytholog. oder idyll., später auch christl. Inhalts) bis in Einzelheiten. Verfasser von E. waren u. a. ERINNA, KALLIMACHOS, THEOKRIT und CATULL, christl. E. schrieb PAULINUS VON NOLA.

EQ, Abk. für Entwicklungsquotient (→Entwicklungsphasen).

Equalizer [ˈiːkwəlaɪzə; engl., eigtl. ›Ausgleicher‹, zu lat. aequus ›gleich‹] *der, -s/-,* Klangregeleinrichtung (auch Zusatzgerät) an Verstärkern von Hi-Fi-Anlagen zur Korrektur, Entzerrung oder sonstigen Beeinflussung des Klangbildes einer elektroakust. Darbietung. Im E. wird der gesamte Tonfrequenzbereich in mehrere (z. B. zehn) Bänder aufgeteilt, um deren Mittenfrequenzen herum sich jedes Band einzeln und unabhängig voneinander dämpfen oder hervorheben lässt. Werden als Einstellmittel nebeneinander angeordnete Schieberegler verwendet, so erhält man durch die Stellung der Regler auch einen opt. Eindruck von der Bewertung der einzelnen Frequenzbereiche **(Graphic-E.).** Meist enthält ein E. noch Vorverstärker zum Ausgleich etwaiger Verluste und zur geeigneten Ansteuerung des Leistungsverstärkers.

Equicola, Mario, ital. Humanist, * Alvito (Prov. Frosinone) 1470, † Mantua 1525; war seit 1518 Privat-Sekr. der mantuan. Markgräfin ISABELLA D'ESTE, dann Sekr. von FEDERICO II. GONZAGA (* 1500, † 1540). Sein Hauptwerk ›Il libro de natura de amore‹ (1525, 1555 neu hg. v. L. DOLCE) vereinigt enzyklopädisch den Platonismus M. FICINOS mit der Minnelehre der Troubadours.

Equidae [zu lat. equus ›Pferd‹], wiss. Name der →Pferde.

Equilibrist *der, -en/-en,* →Äquilibrist.

Equipage [ek(v)iˈpaːʒə, frz. ekiˈpaːʒ; frz., zu equipieren] *die, -/-n, veraltet* für: 1) elegante, herrschaftl. Kutsche; 2) Schiffsmannschaft, -besatzung; 3) Ausrüstung (eines Offiziers).

Equipe [eˈkip; frz., zu equipieren] *die, -/-n,* im *Pferde-* und im *Fechtsport* Bez. für die aus mehreren Sportlern bestehende Mannschaft.

Equipment [engl.] *das, -s/-s,* (techn.) Ausrüstung, z. B. einer Band; Apparatur.

Equisetaceae [zu lat. equus ›Pferd‹ und seta ›Borste‹], wiss. Name der →Schachtelhalmgewächse.

Equisetum, wiss. Name der Gattung →Schachtelhalm.

Equites [lat.], *Sg.* Eques *der, -,* Reiter, Ritter. In den ältesten Zeiten Roms bildete der Reiteradel das Patriziat (→Patrizier). Daneben entstand seit dem Ende des 4. Jh. v. Chr. eine nichtpatriz. Reiterei, die mit den Patriziern die 18 Reiterzenturien (Hundertschaften) bildete. Das Pferd wurde den Rittern vom Staat gestellt (›equus publicus‹). Durch das Richtergesetz des GAIUS SEMPRONIUS GRACCHUS (123 v. Chr.) wurden die E. als zweiter Stand (›ordo equester‹) neben den Senatoren konstituiert; Bewerber mussten ein Mindestvermögen von 400 000 Sesterzen vorweisen. Zu diesen E. gehörten bes. auch die großen Unternehmer und Staatspächter. Ihre Standesabzeichen waren ein goldener Fingerring und der schmale Purpursaum an der Tunika. Der von Kaiser AUGUSTUS reorganisierte Ritterstand bildete in der Kaiserzeit das Reservoir, aus dem die Richter sowie die höheren Offiziere und Verwaltungsbeamten hervorgingen.

A. STEIN: Der röm. Ritterstand (1927, Nachdr. 1963); C. NICOLET: L'ordre équestre à l'époque républicaine, 312–43 av. J.-C., 2 Bde. (Paris 1966–74); DERS., in: Caesar Augustus. Seven aspects, hg. v. F. MILLAR u. a. (Oxford 1984); A. ALFÖLDI: Der frühröm. Reiteradel u. seine Ehrenabzeichen (Neuausg. Rom 1979).

Equity [ˈekwɪtɪ; engl. ›Billigkeit‹] *die, -, Recht:* 1) im *angloamerikan. Recht* Bez. für Regeln zur Ergänzung des →Common Law mit dem Ziel des Ausgleichs von Härten, ähnlich der Billigkeitsklausel in § 242 BGB; urspr. einzelfallbezogen, haben sich die Regeln der E. durch die Bindung der Chancery-Gerichte (Courts of E., Kanzleigerichte) an Präzedenzfälle zu einem festen, nicht kodifizierten Rechtssystem entwickelt. Im Völkerrecht wird E. mit gleicher Zielrichtung als allgemeines Rechtsprinzip im Ggs. zur außerrechtl. ›Billigkeit‹ (ex aequo et bono) vom Internat. Gerichtshof vermehrt herangezogen (z. B. zur Abgrenzung von Festlandsockeln); 2) im *Völkerrecht* Begriff für die angemessene Beteiligung von Entwicklungsländern im Rahmen der internat. Wirtschaftsordnung.

Equuleus [lat. ›kleines Pferd‹, ›Fohlen‹], Abk. **Equ,** lat. Name des in der Äquatorzone befindl. Sternbilds →Füllen.

Equus [lat. ›Pferd‹], einzige Gattung der Pferde (Familie Equidae) mit den rezenten Vertretern →Esel, →Pferde, →Zebras.

Er, chem. Symbol für das Element →Erbium.

ER, Abk. für →endoplasmatisches Retikulum.

Eragrostis [griech.], wiss. Name der Gattung →Liebesgras.

Eranos [griech.] *der, -/...noi,* im antiken Griechenland urspr. das Mahl unter Freunden, dessen Kosten gemeinsam getragen wurden; davon abgeleitet Bez. für die Rechtsinstitution des von mehreren Personen zu bestimmten Zwecken angelegten Sammelvermögens und für eine spezielle Form des Privatvereins.

Érard [eˈraːr], Sébastien, frz. Klavierbauer, * Straßburg 5. 4. 1752, † La Muette (heute zu Paris) 5. 8. 1831; schuf 1777 das erste in Frankreich gebaute Pianoforte; erfand u. a. die Doppelpedalharfe (1811) und die Repetitionsmechanik für das Klavier (1821). Die 1780 mit seinem Bruder JEAN-BAPTISTE (* 1745, † 1826) gegründete Klavierbaufirma besteht noch heute (seit 1959 unter der Firmen-Bez. Gaveau-É., S. A.).

Erasistratos, griech. Arzt, * Julis auf Kea um 300 v. Chr., † Alexandria zw. 250 und 240 v. Chr.; gilt als der Begründer der patholog. Anatomie. E. erkannte, dass das Gehirn Ausgangspunkt der sensiblen Nerven ist. Er untersuchte den Klappenapparat des Herzens, die Funktion des Kehldeckels und die patholog. Veränderungen an der Leber Wassersüchtiger. Die meisten Krankheiten führte E. auf ein Übermaß unverdauter und deswegen in Fäulnis übergegangener Nahrung zurück, die zur venösen Blutüberfüllung (Plethora) führe.

erasmische Aussprache [nach ERASMUS VON ROTTERDAM], der →Etazismus.

Erasmus, Rasmus, Elmo, ein legendärer Märtyrer, † Formiae (Kampanien) um 305 n. Chr.; nach der Legende war er Bischof von Antiochia, wurde unter

DIOKLETIAN zweimal gemartert und wirkte schließlich in Kampanien. E. gehört zu den 14 Nothelfern und wird angerufen bei Leibschmerzen, Geburtswehen, auch bei Viehkrankheiten. Sein Martyrium soll im Herauswinden der Gedärme bestanden haben. Unter den Seeleuten Italiens, Spaniens, Portugals und Frankreichs wurde E. unter dem Namen Elmo wohl bereits im Früh-MA. als Schutzpatron verehrt und mit dem →Elmsfeuer in Verbindung gebracht. – Heiliger (Tag: 2. 6.).

Erasmus, E. von Rotterdam, nannte sich seit 1496 **E. Desiderius,** niederländ. Humanist und Theologe, * Rotterdam 28. 10. 1466 oder 1469, † Basel 12. 7. 1536; bedeutender Philologe, Kritiker der weltl. und geistl. Mächte und der erstarrten Scholastik, Pazifist, Fortführer der antiken und der mittelalterl. humanist. Tradition im beginnenden Zeitalter des Konfessionalismus.

Erasmus von Rotterdam (Kupferstich von Albrecht Dürer; 1526)

Als illegitimer Priestersohn aufgewachsen, verlor E. mit etwa 14 Jahren beide Eltern und wurde in das Augustinerkloster Steyn bei Gouda gegeben; in der Schule der Brüder vom gemeinsamen Leben in Deventer lernte er die Devotio moderna kennen. Nach der Priesterweihe (1492) trat E. in den Dienst des Bischofs von Cambrai, der ihn zum Theologiestudium an die Univ. Paris schickte (1495–99). Während eines Englandaufenthaltes (1499–1500) rückte unter dem Einfluss von J. COLET das N. T. in das Zentrum von E.' Studien. In Italien (1506–09; 1506 Promotion), dann (1509–14) im Haus seines Freundes THOMAS MORUS in London eignete er sich das philolog. Erbe L. VALLAS an, um den Urtext der Bibel von späteren Entstellungen zu reinigen. Sein ›Encomium moriae‹ (1509–11; dt. u. a. als ›Lob der Torheit‹) verwarf in iron. Distanz alle intellektualist. Begriffsspielerei, pries die Menschlichkeit und ein natürl. Selbstgefühl und kritisierte Adel, Kaufleute, Fürsten, v. a. die Krieg Führenden, Mönche und Prof. der Sorbonne. Viele dieser Interessen, auch seine Kritik an der Macht des Klerus und am Reliquienkult, rückten E. in die Nähe M. LUTHERS und trugen zur Vorbereitung der Reformation bei. Doch verwarf E. LUTHERS antihumanist. Bestreitung der Freiheit des menschl. Willens, bes. mit seiner Schrift ›De libero arbitrio diatribe sive collatio‹ (1524; dt. u. a. als ›Gespräche oder Unterredung über den freien Willen‹). Er fürchtete, LU-THERS tumultuar. Vorgehen schade der Reform, und missbilligte dessen ›grausame‹ Stellungnahme im Bauernkrieg. Humanismus und Reformation gingen von da an getrennte Wege trotz beiderseitiger Vermittlungsversuche von Schülern des ERASMUS.

Schon die ›Adagia‹ (Sammlung antiker und biblisch-christlicher Sprichwörter; 1500, vervollständigt 1515) machten E. berühmt; durch Stil und Weltsicht vermittelten sie dem Norden und Westen Europas die überlegene Kultur Italiens. Mit ihnen und mit seinen ›Colloquia familiaria‹ (1518; dt. u. a. als ›Gespräche‹) wurde E. zum Lehrer einer an der Sprache CICEROS orientierten Latinität; zugleich enthielten die ›Colloquia‹ eine lebensnahe Moralphilosophie, die z. B. den Bildungsanspruch der Frau verteidigte, und eine Anleitung zu ironisierenden Skizzen des tägl. Lebens. Das ›Enchiridion militis christiani‹ (1503; dt. u. a. als ›Handbuch des christl. Ritters‹) entwarf eine lebensnahe christl. Ethik. 1504 edierte er VALLAS philolog. ›Bemerkungen zum N. T.‹ (›Annotationes‹) und eröffnete damit eine neue Epoche neutestamentl. Forschung; 1516 gab er in Basel die erste Druckausgabe des griech. N. T. heraus. In der Einleitung hierzu verteidigte E. sein neues method. Konzept der Exegese, zugleich führte er in die ›Philosophie Christi‹ ein, d. h. in ein am N. T., bes. an der Bergpredigt, orientiertes Christentum ohne Aberglauben und ohne Dogmatismus. Zw. 1520 und 1530 arbeitete E. an verbesserten Ausgaben der Kirchenväter (1521 CYPRIANUS, 1523 HILARIUS, 1526 IRENÄUS, 1527 AMBROSIUS und ORIGENES, 1527–29 AUGUSTINUS, 1530 JOHANNES I. CHRYSOSTOMOS). Mit polit. Ethik befasst sich sein Fürstenspiegel ›Institutio principis christiani‹ (1517; dt. ›Fürstenerziehung‹). Seine ebenfalls 1517 erschienene ›Querela pacis‹ (dt. ›Klage des Friedens‹) beschwor den Frieden als einen hohen Wert. Der umfängl. Briefwechsel des E. bildet eine reichhaltige Geschichtsquelle der Epoche.

E. entzog sich der Vereinnahmung durch die Konfessionen und zieht sich bis heute deren abwertende Zensuren zu. Man verweist tadelnd auf seine diplomat. Vorsicht und auf seine ironisierende ›Kunst der Andeutung‹. Man wirft ihm mit ZWINGLI, der einst sein Schüler war, vor, dem verfolgten U. VON HUTTEN die erbetene Unterstützung verweigert zu haben. Katholiken tadeln ihn, weil er im Alter seinen Wohnsitz im protestantisch gewordenen Basel nahm. Die Päpste verboten 1559 und 1590 seine Schriften; LUTHER griff ihn an als einen Skeptiker und Epikureer; Protestanten werten seine Vereinsamung als das Urteil, das die Geschichte über ihn, den Unentschiedenen, gesprochen habe. Wählt man die eigenen Kriterien des E. als Beurteilungsmaßstab – sprachl. Sorgfalt, Auflösung des dogmatisch Erstarrten, Weite des geschichtl. Horizonts, Verwerfung des Aberglaubens, Friedenswillen, kurz: christl. Humanismus – so war E. eine zentrale Gestalt des 16. Jahrhunderts.

Ausgaben: Opera omnia, hg. v. J. CLERICUS, 11 Bde. (1703–06, Nachdr. 1961–62, 10 Bde.); Opus epistolarum, hg. v. P. S. ALLEN u. a., 12 Bde. (1906–58); E. von R., hg. v. F. HEER (1962); Ausgew. Schr., hg. v. W. WELZIG, 8 Bde. (1967–80, lat.-dt.); Opera omnia, hg. v. J. H. WASZINK u. a., auf mehrere Bde. ber. (1969 ff., krit. Gesamtausg.).

J. HUIZINGA: E. (a. d. Niederländ., Basel ⁴1951); A. RENAU-DET: Préréforme et humanisme à Paris pendant les premières guerres d'Italie, 1494–1517 (Paris ²1953); W. P. ECKERT: E. von R., 2 Bde. (1967); E.-W. KOHLS: Luther oder E., 2 Bde. (Basel 1972–78); M. O'R. BOYLE: Rhetoric and reform. E.' civil dispute with Luther (Cambridge, Mass., 1983); A. J. GAIL: E. von R. (29.-31. Tsd. 1994); K. FLASCH: Das philosoph. Denken im MA. (Neudr. 1995).

Erasmuspreis, →Praemium Erasmianum.

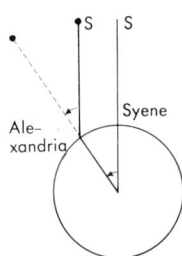

Eratosthenes von Kyrene: Bestimmung des Erdumfangs; S Sonne

Wilhelm Heinrich Erb

Erastus, Erast, Thomas, eigtl. **T. Lieber, Liebler** oder **Lüber,** schweizerisch-dt. Humanist und Mediziner, *Baden (Kt. Aargau) 7. 5. 1524(?), †Basel 1. 1. 1583; seit 1555 Prof. in Heidelberg. E. nahm als Anhänger U. ZWINGLIS und Mitgl. des Kirchenrates (1559–64) maßgeblich Einfluss auf die Einführung und Durchsetzung des ref. Kirchenwesens in der Pfalz, widersetzte sich jedoch der Einrichtung einer Kirchenzucht nach kalvinist. Genfer Vorbild. Seine staatskirchenrechtl. Auffassungen, die der christl. Obrigkeit das Recht zugestanden, Einfluss auf die äußere Organisation der Kirche zu nehmen (›Erastianismus‹), wirkten im 17. Jh. prägend auf die Gestaltung des Staatskirchenrechts in den angelsächs. Ländern (England, Schottland).

Erato, griech. **Erato,** griech. Mythos: eine der →Musen.

Eratosthenes, E. von Kyrene, griech. Gelehrter, *Kyrene (heute Schahhat, Libyen) um 284 (oder 274) v. Chr., †Alexandria um 202 (oder um 194) v. Chr.; Schüler von ZENON und KALLIMACHOS; wurde 246 v. Chr. nach Aufenthalt in Athen durch PTOLEMAIOS III. EUERGETES als Prinzenerzieher und Leiter der Bibliothek nach Alexandria berufen. Neben philosoph., lexikograph., grammat. Arbeiten sowie Dichtungen ist er v. a. bekannt durch die Einführung einer chronolog. Zählung nach Olympiaden, durch ein dreibändiges Werk, in dem er die geograph. Erkenntnisse seiner Zeit zusammenfasste und eine Gradnetzkarte der damals bekannten Welt entwarf, sowie durch seine Bestimmung des Erdumfangs (aus der bekannten Länge der Strecke Syene-Alexandria und dem Einfallswinkel der Sonnenstrahlen an dem einen Ort, wenn die Sonne am anderen im Zenit steht). Als Mathematiker beschäftigte er sich u. a. mit dem →delischen Problem, für das er eine instrumentelle Lösung angab (→Mesolabium), und erfand ein Verfahren zur Auffindung der Primzahlen (›Sieb des E.‹). E., der zum Inbegriff hellenist. Gelehrsamkeit wurde, bezeichnete sich selbst erstmals als ›Philologe‹ (›Freund aller geistigen Betätigung‹).

E. P. WOLFER: E. v. K. als Mathematiker u. Philosoph (Groningen 1954).

Erb, 1) Elke, Schriftstellerin, *Scherbach 18. 2. 1938; siedelte 1949 mit ihrer Familie nach Halle (Saale) über, lebt seit 1967 in Berlin, 1967 – 78 ∞ mit dem Schriftsteller A. ENDLER; schreibt an persönl. Erleben orientierte Lyrik, z. T. mit essayist. Texten vermischt wie in den Bänden ›Gutachten‹ (1975) und ›Kastanienallee‹ (1987). E. hat besondere Verdienste um die Förderung der experimentellen DDR-Literatur, die am Prenzlauer Berg in Berlin entstanden war (Anthologie ›Berührung ist nur eine Randerscheinung‹, 1985; herausgegeben mit SASCHA ANDERSON, *1953). Auch Übersetzung aus dem Russischen (u. a. S. A. JESSENIN, M. I. ZWETAJEWA).

Weitere Werke: Lyrik und Prosa: Der Faden der Geduld (1978); Trost (1982); Vexierbild (1983). – Lyrik: Unschuld, du Licht meiner Augen (1994). – Prosa: Winkelzüge oder nicht vermutete, aufschlußreiche Verhältnisse (1991).

2) Karl, Sänger (Tenor), *Ravensburg 13. 7. 1877, †ebd. 13. 7. 1958; debütierte 1907 in Stuttgart und kam über Lübeck und wiederum Stuttgart nach München (1912–25), wo er 1917 die Titelpartie von H. PFITZNERS ›Palestrina‹ bei der Uraufführung kreierte. Nach 1930 wurde er bes. als Lied- und Oratoriensänger bekannt und trat v. a. als Schubertinterpret und Evangelist in J. S. BACHS Passionen hervor.

3) Wilhelm Heinrich, Neurologe, *Winnweiler (Donnersbergkreis) 30. 11. 1840, †Heidelberg 29. 10. 1921; Prof. in Leipzig (1880–83) und Heidelberg; Mitbegründer der Elektrotherapie und Entdecker zahlr. neurolog. Krankheitsbilder, z. B. der progressiven Muskeldystrophie und der kombinierten Schulter-Arm-Lähmung (**Erb-Duchenne-Lähmung**). E. erkannte erstmals den Zusammenhang zw. Rückenmarkschwindsucht und Syphilis.

Erbach, 1184 erstmals urkundlich erwähntes rheinfränk. Uradelsgeschlecht, das eine Herrschaft (1532 Reichsgrafschaft) auf ehemals Lorscher Grund im Odenwald besaß. Das Haus E. teilte sich in der zweiten Hälfte des 17. Jh. in die noch heute bestehenden Linien E.-E. und E.-Fürstenau, von der sich 1718 die Linie E.-Schönberg abspaltete.

E. KLEBERGER: Territorialgesch. des hinteren Odenwaldes (1958).

Erbach, 1) Kreisstadt und Luftkurort in Hessen, Verw.-Sitz des Odenwaldkreises, 220–560 m ü. M. an der Mümling, 13 900 Ew.; Dt. Elfenbeinmuseum; Kunsthandwerk (Elfenbeinschnitzerei, Bernsteinbearbeitung, Goldschmiedearbeiten u.a.), Metall- und Kunststoffverarbeitung; Fremdenverkehr. – Das Schloss war urspr. eine Wasserburg, von der der Bergfried (um 1180) erhalten ist, und umfasst versch. Bauten des 16. Jh. sowie den eigentl. Schlossbau des Barock (1736; Erweiterungen 1900–02); Waffensammlung, reiche Kunstsammlung (u. a. Funde aus Herculaneum und Tivoli). Ev. Pfarrkirche (1747–50); Rathaus (1545; 1593/94 Umbauten); ehem. Burgmannenhöfe (15.–18. Jh.), im heutigen ›Städtel‹. – Das im Schutz einer Burg der Herren von E. im frühen 13. Jh. entstandene E. wurde 1321 erstmals als Stadt genannt. Nach der Erhebung der Herren von E. in den Grafenstand (1532) wurde E. Hauptstadt der gleichnamigen Grafschaft; seit 1748 war es Residenz der Grafen von E.-E.; 1806 fiel es an Hessen-Darmstadt. 1822 wurde E. Sitz eines großherzoglich-hess. Landrats.

2) Gem. im Alb-Donau-Kreis, Bad.-Württ., links der Donau, 550 m ü. M., 11 900 Ew.; Holzindustrie. – Kath. Pfarrkirche St. Martin (1767–69, über spätgot. Vorgängerbau); Schloss (1550–52; heute Museum) mit Torturm (13./14. Jh.) und Renaissancebrunnen.

3) Ortsteil von →Eltville am Rhein.

Erbakan, Necmettin, türk. Politiker, *Sinop 1926; lebte 1951–54 in der Bundesrepublik Dtl. (u. a. Promotion an der TU Aachen), lehrte 1954–66 an der TU Istanbul; wurde 1969 als Unabhängiger erstmals ins Parlament gewählt. 1970 gründete er die ›Nat. Ordnungspartei‹ (1971 verboten), 1973 wurde er Vors. der proislam. ›Nat. Heilspartei‹ und war 1974–77 mehrfach Reg.-Mitgl., nach dem Militärputsch 1980/81 inhaftiert. 1983 gründete er die islamisch-fundamentalist. ›Wohlfahrtspartei‹, die aus den Parlamentswahlen im Dezember 1995 als stärkste Partei hervorging; als Partei-Vors. scheiterte er im Januar 1996 zunächst mit einer Reg.-Bildung, wurde jedoch im Juni 1996 Min.-Präs. einer Koalitions-Reg. mit den konservativen ›Partei des rechten Weges‹.

Erb|ämter, die seit dem 13. Jh. im erbl. Besitz adliger Geschlechter befindlichen, stellvertretend für die fürstl. Inhaber der →Erzämter versehenen →Hofämter am Königshof im Heiligen Röm. Reich (**Reichs-E.,** z. B. Reichserbmarschälle zu Pappenheim), aber auch – in Anlehnung hieran – an landesfürstl. (**Erblandeshofämter**). Die Inhaber der Reichs-E. versahen den tatsächl., mit der Funktion des Amtes zusammenhängenden Dienst am Hofe zunächst selbst, ließen sich aber später durch Unterbeamte vertreten. Im Spät-MA. wurden neue Reichs-E. ohne Entsprechung zu einem Erzamt geschaffen. Die Titel der wichtigsten E. konnten bei lang dauernder Vererbung in einer Familie zum Namensbestandteil werden; Beispiel: die Grafen Schenk von Stauffenberg als Schenken der stauf. Herzöge von Schwaben.

Erb|änderung, *Genetik:* die →Mutation.

Erb|anlage, Erbfaktor, in den →Genen festgelegte Fähigkeiten eines Organismus, im Zusammenwirken mit der Umwelt kennzeichnende Merkmale zu entwickeln.

Erbach 1): Schlosshof

Erbärmdebild, →Andachtsbild.

Erb|ausgleich, vorzeitiger E., →Erbrecht (Erbrecht des nichtehel. Kindes).

Erbauung, Begriff der (christl.) Frömmigkeit. Im A. T., bes. im Sprachgebrauch der Propheten (z. B. Jer. 33, 7), ist E. das Auferbauen des Volkes Jahwes, im N. T. der Aufbau der Gemeinde durch Gewinnung von Außenstehenden bzw. durch Stärkung ihrer Mitglieder (u. a. 1. Kor. 3, 10; Eph. 2, 20). E. erfolgt hier v. a. im Gottesdienst und gemeinschaftsbezogen. – In der christl. Frömmigkeitsgeschichte wurde E. zunehmend zur Bezeichnung des persönl. Frömmigkeitserlebnisses des Christen, in dem er die Festigung und Stärkung (Auferbauung) seines Glaubens erfährt. Starke Impulse in dieser Richtung gingen vom →Pietismus aus, wobei bes. die regelmäßige Lesung der Bibel (nach einem bestimmten Plan) als Mittel zur E. bestimmend wurde. Darüber hinaus bildet seit der Frühzeit der Kirche die Lektüre von →Erbauungsliteratur ein wesentl. Mittel individueller Erbauung.

Erbauungsliteratur, i. w. S. jede der Stärkung des Glaubens und der Frömmigkeit dienende Literatur, von der Bibel über Heiligenlegenden, Gebetbücher, Psalterien, myst. Visionsberichte bis zu bekenntnishaften Autobiographien (z. B. des →Pietismus) oder religiösen Dichtungen wie F. G. KLOPSTOCKS ›Messias‹. I. e. S. werden zur E. Schriften gezählt, die ausdrücklich als Handreichung zu einer christl. Lebensgestaltung, als Anweisung für die häusl. Andacht und Trost in Anfechtungen dienen sollen. Zu dieser Art E. gehören u. a. das Andachtsbuch, der Traktat, die Predigtsammlung (Postille), die Historienbibel, das Trost- und Sterbebüchlein; oft wurden mehrere Arten zu Spiegeln (oft verdeutscht das mittelalterl. ›Speculum humanae salvationis‹, anonym, um 1324; dt. ›Spiegel der menschl. Seligkeit‹) oder (seit der Reformation) in Hausbüchern vereinigt. E. war bis etwa 1750 die am weitesten verbreitete Literaturgattung, die internat. (besonders span., niederl., engl.) Anregungen aufnahm und sie weiterführte. Die E. beeinflusste durch ihren Wortschatz auch nichtreligiöse dichter. Werke.

In der Frühzeit der Kirche standen neben der Bibel zunächst die neutestamentl. →Apokryphen. Zu ihnen traten dann Märtyrerakten und Mönchsbiographien, schließlich auch die Heiligenlegenden. Neben ihnen spielten die erbaul. Schriften und Predigtsammlungen der Kirchenväter eine Rolle, die ergänzt wurden durch Gebetbücher. Im 13. Jh. wurden diese Laienpsalterien

Erbach 1)
Stadtwappen

Necmettin Erbakan

dann durch die →Stundenbücher abgelöst, bei denen sich der Einfluss der Mystik immer stärker bemerkbar machte (u. a. BONAVENTURA, J. TAULER, THOMAS A KEMPIS mit der bis ins 20. Jh. wirkenden Schrift ›De imitatione Christi‹, 1410/20; dt. ›Über die Nachfolge Christi‹). Im Ausgang des MA. entstand ein neuer Gebetbuchtypus als eine Art Kompendium für Meditation und Gebet; am bekanntesten der ›Hortulus animae‹.

Die Reformation brachte bes. eine weite Verbreitung der dt. Bibel, daneben Gesangbücher, LUTHERS Postille, Betbüchlein und zahlr. E. von ihm selbst u. a. Reformatoren. LUTHER gab 1516 die ›Theologia Deutsch‹ heraus. Geschätzt und weit verbreitet waren: J. ARNDS ›Vier Bücher vom wahren Christentum‹ (1605–09), HEINRICH MÜLLERS ›Geistl. Erquickungsstunden‹ (1664), CHRISTIAN SCRIVERS ›Seelenschatz‹ (1672–95, 5 Bde.), später auch die Schriften von A. H. FRANCKE, N. L. VON ZINZENDORF, G. TERSTEEGEN, JOSEF FRANZ XAVER STARK (* 1750, † 1816), J. A. BENGEL und F. C. OETTINGER. In England waren die prakt. Schriften von R. BAXTER (z. B. ›The saints' everlasting rest‹, 1649; dt. ›Die ewige Ruhe der Heiligen‹) und J. BUNYANS ›The pilgrim's progress‹ (1678–84, 2 Tle.; dt. u. a. als ›Die Pilgerreise‹) populär. Im 19. Jh. verbreiteten Buch- und Traktatgesellschaften E. in großem Umfang, doch von oberflächl. und sentimentalem Inhalt. Diesen Auflösungsprozess konnten auch Volksschriftsteller wie PAUL WURSTER (* 1860, † 1923) und PAUL CONRAD (* 1865, † 1927) sowie F. NAUMANN mit dem Wochenblatt ›Die Hilfe‹ (1895 ff.) nicht aufhalten.

In der kath. Kirche der Neuzeit findet sich neben einer großen Anzahl anspruchsloser E. eine Reihe von Schriften, die durch die theolog. Bedeutung ihrer Verfasser den Kern der neueren kath. E. bilden. Im 16. Jh. ragten hervor: der Benediktiner LUDWIG BLOSIUS (* 1506, † 1566), der Jesuit PETRUS CANISIUS (u. a. drei Katechismen, 1555–58), der Dominikaner LUDWIG VON GRANADA, V. DIETRICH (›Summaria über die gantze Bibel‹, 1541), MARTIN MOLLER (›Christl. Sterbekunst‹, 1593), der Karmeliter JOHANNES VOM KREUZ und die Karmeliterin THERESIA VON ÁVILA, der Weltpriester JOHANNES VON ÁVILA. Auf der Schwelle zum 17. Jh. steht als einer der Wichtigsten FRANZ VON SALES; im 17. Jh. wirkte der Volksmissionar und Ordensstifter GRIGNION DE MONTFORT (* 1673, † 1716); bedeutende Lyrik schufen F. VON SPEE (›Trutz-Nachtigall‹, 1649) und ANGELUS SILESIUS (›Cherubin. Wandersmann‹, 1674). Von konfessioneller Toleranz zeugen die Andachtsbücher P. VON ZESENS, G. P. HARSDÖRFFERS, J. MOSCHEROSCHS. In Dtl. waren in der 2. Hälfte des 17. Jh. bes. einflussreich: der Kapuziner MARTIN VON COCHEM, der Prämonstratenser L. GOFFINÉ als Verfasser der ›Hauspostille‹ (1690), eines der erfolgreichsten Erbauungsbücher überhaupt, und, in gewisser Weise aus hierhin gehörend, der Augustiner ABRAHAM A SANCTA CLARA. Die Erbauungsbücher J. M. SAILERS gehören teils noch ins 18. Jh., leiten aber schon ins 19. Jh. über, in dem als dt. Klassiker der E. ALBAN STOLZ (* 1808, † 1883) hervortritt. Zu den dt. Erbauungsschriftstellern des 20. Jh. gehört u. a. PETER LIPPERT (* 1879, † 1936).

Erbbauer, im mittelalterl. dt. Recht Bez. für einen Bauern, ein erbl. Gut besaß, entweder als Eigentum oder in Erbleihe oder Erbpacht. Mit E. wurde aber auch der mit dem Gut vererbte Hörige bezeichnet. Bis zur Bauernbefreiung im 19. Jh. bestand der Begriff in dieser Doppeldeutigkeit.

Erbbaurecht, das veräußerl. und vererbl. dingl. Recht, auf oder unter der Oberfläche eines fremden Grundstücks ein Bauwerk zu haben; geregelt in der VO über das E. vom 15. 1. 1919, die die §§ 1012 ff. BGB ersetzte. Das E. gewährt eigentümerähnl. Befugnisse

und wird deshalb wie Grundstückseigentum behandelt. Die (schuldrechtl.) Verpflichtung zur Bestellung des E. bedarf wie der Grundstückskaufvertrag der notariellen Beurkundung. Die Bestellung selbst erfolgt durch Einigung und Grundbucheintragung an erster Rangstelle (zum Schutz vor Zwangsvollstreckungen) des belasteten Grundstücks. Bei Eintragung des E. in das Grundbuch wird für das E. von Amts wegen ein besonderes Grundbuchblatt **(Erbbaugrundbuch)** angelegt, in das alle das E. betreffenden rechtserhebl. Vorgänge sowie die den Inhalt des E. konkretisierenden Vereinbarungen (z. B. über Errichtung, Instandhaltung, Verwendung und Versicherung des Bauwerks oder über einen Heimfallanspruch) zw. dem Grundstückseigentümer und dem Erbbauberechtigten eingetragen werden. Ein i. d. R. vom Erbbauberechtigten für die Bestellung des E. zu zahlender **Erbbauzins** (Entgelt in wiederkehrenden Leistungen) wird als →Reallast gesichert. Als grundstücksgleiches Recht ist das E. grundsätzlich übertragbar und mit Grundpfandrechten belastbar. Die dingl. Rechte lasten dann nur auf dem E., nicht auf dem Grundstück, da das auf dem Grundstück errichtete Bauwerk wesentl. Bestandteil des E., nicht des Grundstücks ist und somit im Eigentum des Erbbauberechtigten steht. Das E. erlischt durch Ablauf der Zeit, für die es bestellt ist (meist für 99, auch für 75 Jahre). Das Eigentum am Bauwerk geht dann kraft Gesetzes auf den Grundstückseigentümer über, der jedoch zur Zahlung einer Entschädigung verpflichtet ist. Ist ein **Heimfallanspruch** (Verpflichtung des Erbbauberechtigten, bei Eintreten bestimmter Voraussetzungen das E. auf den Grundstückseigentümer zu übertragen) vertraglich vereinbart worden, so geht das E. beim Heimfall samt dem Bauwerk und den hierauf ruhenden Lasten auf den Grundstückseigentümer über, der es neu übertragen kann. Dem bisherigen Erbbauberechtigten ist vom Grundstückseigentümer eine angemessene Vergütung zu zahlen. Zum Recht von Nutzern fremder Grundstücke in den neuen Ländern auf Bestellung eines E. →Sachenrechtsbereinigungsgesetz.

S. RÄFLE: E.-Verordnung (1986); Komm. zum E., begr. v. H. INGENSTAU, fortgef. v. J. INGENSTAU (⁷1994); H. F. KRAUSS: Sachenrechtsbereinigung u. Schuldrechtsanpassung im Beitrittsgebiet (1995); H. Freiherr VON OEFELE u. K. WINKLER: Hb. des E. (²1995).

Erbbiologie, die →Genetik.

erbbiologisches Gutachten, sachverständige Beurteilung der Befunde von gezielten Untersuchungen zur Ermittlung der Abstammung (→Vaterschaftsuntersuchungen) oder zur Feststellung bestimmter genet. Eigenschaften (→genetische Analyse).

Erbbürger, bis zur Neuordnung der Kommunalordnung im 19. Jh. Bez. für einen städt. Vollbürger mit ererbtem und vererbbarem städt. Grundbesitz. In einigen Städten bildeten die E. das Patriziat.

Erbdiagnose, 1) veraltet für →genetische Analyse; 2) im Rahmen der →genetischen Beratung durchgeführte Untersuchung des Erbgutes eines Menschen, v. a. hinsichtlich der Manifestationswahrscheinlichkeit von Erbkrankheiten. Man unterscheidet grob zw. molekularer und Chromosomenanalyse.

Erbe, 1) *das, -s, allg.:* die Erbschaft, Hinterlassenschaft, der Nachlass; in der älteren dt. Rechtsgeschichte das von den Vorfahren ererbte Gut (→Allod).

2) *der, -n/-n, Erbrecht:* derjenige oder diejenigen natürl. oder jurist. Personen, auf die im Erbfall das Vermögen des Erblassers übergeht (→Erbrecht).

Erben, 1) Johannes, Sprachwissenschaftler, * Leipzig 12. 1. 1925; ab 1965 Prof. in Innsbruck, seit 1979 in Bonn.

Werke: Abriß der dt. Grammatik (1958); Dt. Grammatik (1968); Einführung in die dt. Wortbildungslehre (1975); Dt. Syntax (1984).

2) Karel Jaromír, tschech. Lyriker und Übersetzer, * Miletín (Ostböhm. Gebiet) 7. 11. 1811, † Prag 21. 11. 1870; gab im Geist der Romantik Literaturdenkmäler und Urkunden heraus, sammelte tschech. Volkslieder und Sprichwörter (›Písně národní v Čechách‹, 3 Bde., 1842–45; geordnet ›Prostonárodní české písně a říkadla‹, 1864) und gab die für die tschech. Dichtung wegweisende Sammlung ›Kytice‹ (1853; dt. ›Der Blumenstrauß‹) heraus.

J. KUNCOVÁ: Kytice K. J. E. (Prag 1962).

Erbendorf, Stadt im Landkreis Tirschenreuth, Bayern, an der Fichtelnaab, im Oberpfälzer Wald, 509 m ü. M., 5300 Ew.; Erholungsort; Porzellanindustrie, Kofferfabrikation, Messgerätebau. – Seit 1283 hielten die Herzöge von Bayern die Vogteirechte über E., das 1300 als Marktort urkundlich erwähnt wurde. 1842 erhielt E. Stadtrecht.

Erbengemeinschaft, →Erbrecht (Mehrheit von Erben) →Miterbe.

Erb|ersatzanspruch, →Erbrecht (Erbrecht nichtehel. Kinder).

Erbeskopf, höchste Erhebung des Hunsrücks, Rheinl.-Pf., 818 m ü. M.

Erbfaktor, die →Erbanlage.

Erbfehler, →Erbschäden bei Haustieren.

Erbfolge, →Erbrecht.

Erbfolgekriege, Sukzessionskriege, aus Streitigkeiten über Thronfolgerechte entstandene Kriege, so der →Spanische Erbfolgekrieg, der →Polnische Thronfolgekrieg, der →Österreichische Erbfolgekrieg und der →Bayerische Erbfolgekrieg.

Erbgang, *Genetik:* die Art und Weise, wie ein Merkmal vererbt wird (→mendelsche Regeln).

Erbgefüge, Erbgut, der →Idiotyp.

Erbgesundheitslehre, Erbhygi|ene, die →Eugenik.

Erbgraf, urspr. ein Graf, der sein Amt erblich verwaltete; nach 1806/15 Titel des erbberechtigten, i. A. des ältesten Sohnes oder Enkels des Hauptes eines mediatisierten, ehemals reichsständ. Grafenhauses.

Erbgrind, Wabengrind, Favus, Tinea favosa, durch den Fadenpilz Trichophyton schoenleinii hervorgerufene meldepflichtige Pilzerkrankung, die beim Menschen bes. am Kopf, selten an unbehaarten Hautstellen und Nägeln auftritt. Der Pilz befällt zunächst das Haar, das fahl und wie bestäubt aussieht, auch leicht abbricht, wuchert dann langsam in die Oberhaut hinein und bildet um das Haar herum gelbl., streng unangenehm riechende Schildchen. Die Haarwurzeln werden zerstört, sodass narbige Bezirke zurückbleiben. Die Benennung E. geht auf das durch Ansteckung z. T. familiär gehäufte Auftreten zurück. Die *Behandlung* wird äußerlich mit antimykot. Salben, innerlich mit pilztötenden Antimykotika vorgenommen.

Erbgroßherzog, Titel des ältesten Sohnes und Thronfolgers eines regierenden Großherzogs.

Erbhof, →Höferecht. ·

Erbil, Arbil, Irbil, Stadt in N-Irak, Verw.-Sitz der Prov. E., liegt auf breitem Hügel inmitten einer landwirtschaftlich intensiv genutzten Ebene, 414 m ü. M., 333 900 Ew.; Endpunkt einer Eisenbahnlinie nach Bagdad. – Von der alten Moschee von E. ist ein Ziegelminarett (1190–1223) erhalten. – E., sumer. **Urbilum, Arbilum,** akkad. **Arbailu, Arbail,** altpers. **Arbaira,** griech. **Arbela,** ist eine der ältesten kontinuierlich besiedelten Städte der Erde. Sie ist bereits in Quellen des 3. Jt. erwähnt, war später eine wichtige Stadt Assyriens, Ausgangspunkt assyr. Westfeldzüge im 9. Jh. v. Chr.; der Assur-und-Ischtar-Tempel war v. a. im 7. Jh. ein bedeutendes Orakelheiligtum (Leberschau). E. wurde wohl 615 v. Chr. von den Medern besetzt. – Nordwestlich von E. fand die Schlacht von →Gaugamela statt.

Erbium [gebildet zu -erb-, einem Wortbestandteil von Ytterbit (ältere Bez. des Minerals Gadolinit)] *das,*

-s, chem. Symbol **Er,** ein →chemisches Element aus der Reihe der →Lanthanoide im Periodensystem der chem. Elemente. E. kommt zus. mit anderen Lanthanoiden v. a. in den Mineralen Gadolinit, Thortveitit und Xenotim vor. In seinen rosafarbenen bis rötl. Verbindungen tritt das in reiner Form sehr schwer gewinnbare Metall dreiwertig auf. – E. wurde 1843 von C. G. MOSANDER im Gadolinit entdeckt und 1879 von P. T. CLEVE rein isoliert (von den Elementen Holmium und Thulium getrennt).

Erbium		
chem. Symbol:	Ordnungszahl	68
	relative Atommasse	167,26
	Häufigkeit in der Erdrinde	$2,5 \cdot 10^{-4}$ %
Er	natürliche Isotope	
	(stabil; in Klammern Anteil in %)	^{162}Er (0,14), ^{164}Er (1,61), ^{166}Er (33,6), ^{167}Er (22,95), ^{168}Er (26,8), ^{170}Er (14,9)
	insgesamt bekannte Isotope	^{147}Er bis ^{174}Er
	längste Halbwertszeit (^{169}Er)	9,40 Tage
	Dichte (bei 20 °C)	9,066 g/cm^3
	Schmelzpunkt	1529 °C
	Siedepunkt	2862 °C
	spezif. Wärmekapazität (bei 25 °C)	0,168 J/(g · K)
	elektr. Leitfähigkeit	$1,1 \cdot 10^6$ S/m
	Wärmeleitfähigkeit (bei 27 °C)	14,5 W/(m · K)

Erbkaiserliche, während der Debatte über das künftige Staatsoberhaupt in der Frankfurter Nationalversammlung (1848/49) sich bildende polit. Gruppierung zunächst nur der gemäßigten Liberalen unter der Führung von H. VON GAGERN. Die E. wandten sich gegen ein auf Zeit gewähltes Staatsoberhaupt (Präs.) ebenso wie gegen die ›großdt. Lösung‹ der dt. Frage (Eintritt Österreichs mit seinen nichtdt. Bevölkerungsteilen in den neu zu bildenden Staat unter der Führung des österr. Monarchen). Sie erstrebten die ›kleindt. Lösung‹, d. h. einen vorläufigen Bundesstaat ohne Österreich mit dem preuß. König als Kaiser. In den Abstimmungen über das Erbkaisertum errangen die E. zwar die Mehrheit (27./28. 3. 1849), der zum erbl. Kaiser gewählte König FRIEDRICH WILHELM IV. von Preußen verweigerte jedoch die Annahme der Krone (3./28. 4. 1849). Auch nach dem Scheitern der Frankfurter Nationalversammlung setzten sich viele E. weiterhin für die kleindt. Lösung ein (z. B. 1849 die ›Gothaer‹, 1850 das ›Erfurter Unionsparlament‹).

G. A. RITTER: Die dt. Parteien 1830–1914 (1985).

Erbko|ordination, *Verhaltensforschung:* Bez. für angeborene, arttypische Bewegungsmuster, die von bestimmten Reizen ausgelöst werden (→Auslösemechanismus), dann aber formkonstant (d. h. in immer gleicher Weise) ablaufen, auch wenn das Verhalten in einer unnatürl. Situation sinnlos ist (etwa, wenn sich Hunde, bevor sie sich niederlegen, im Kreis drehen, um ›das Gras niederzutreten‹). →Automatismus.

Erbkrankheiten, Heredopathien, genetische Krankheiten, durch Mutation einzelner Gene oder ganzer Chromosomen hervorgerufene oder zumindest wesentlich mitbestimmte körperl. und/oder geistige Entwicklungsstörungen. Sofern hierbei die Veränderung eines einzelnen Gens Ursache ist **(monogene E.),** folgt die Weitergabe auf die Nachkommen generell den mendelschen Regeln. Chromosomenaberrationen lassen sich an Zellkulturen unmittelbar nachweisen. Bei rezessiv erbl. Merkmalen kann die Anlage durch viele Generationen weitergegeben werden und führt erst durch das Zusammentreffen einander entsprechender Genveränderungen beider Eltern (Homozygotie) zur Krankheit. Dominant vererbte Anlagen führen mit einer Wahrscheinlichkeit von 50 % zur Erkrankung unmittelbarer Nachkommen.

Manche E. werden auch geschlechtsspezifisch über das X-Chromosom vererbt (z. B. Bluterkrankheit).

Häufig wirken mehrere Erbanlagen und auch Umweltfaktoren zus. **(multifaktorielle E.).** Es gibt dabei keine scharfe Grenze zw. solchen multifaktoriellen E., bei denen die erbl. Komponente im Vordergrund steht (z. B. Schizophrenie), und solchen, bei denen es trotz erbl. Disposition ohne entsprechende äußere Einwirkungen (z. B. Infekte) nicht unbedingt zu einer Erkrankung kommen muss.

Teils sind vom Erscheinungsbild her genetisch bedingte (kongenitale) Störungen (z. B. Fehlbildungen) von intrauterin erworbenen Embryo- und Fetopathien kaum zu unterscheiden. (→genetische Beratung)

Erblande, Erbstaaten, im Heiligen Röm. Reich bis 1806 die Länder, die sich als Grundstock im altererbten Besitz einer Dynastie befanden im Unterschied zu späteren Neuerwerbungen, denen gegenüber sie eine verfassungsrechtl. Sonderstellung einnehmen konnten. So unterschied man z. B. in Österreich die habsburg. E. westlich der Leitha von Ungarn und den Besitzungen in Italien. E. der preuß. Monarchie waren bes. Brandenburg und das jenseits der Reichsgrenzen liegende Preußen, beide jedoch ohne rechtl. Unterschied zu den übrigen Provinzen. In Sachsen unterschied man die E. von der Oberlausitz.

Erb|lasser, →Erbrecht.

Erblastentilgungsfonds, ein durch das Ges. zur Umsetzung des Föderalen Konsolidierungsprogramms vom 23. 6. 1993 geschaffenes nicht rechtsfähiges Sondervermögen des Bundes, in dem die aus der dt. Vereinigung entstandenen finanziellen ›Erblasten‹ in Höhe von rd. 338 Mrd. DM zum 1. 1. 1995 zusammengefasst wurden: 205 Mrd. DM Finanzschulden der →Treuhandanstalt, 102 Mrd. DM Verbindlichkeiten des →Kreditabwicklungsfonds und 31 Mrd. DM Altschulden der ostdt. Wohnungswirtschaft. – Die Tilgung sämtl. Verbindlichkeiten des E. soll in etwa 30 Jahren abgeschlossen sein. Zur Finanzierung des Schuldendienstes (Zins- und Tilgungszahlungen) erhält der E. laufende Zuschüsse aus dem Bundeshaushalt sowie den Teil des Gewinns der Bundesbank, der 7 Mrd. DM übersteigt, und einen Teil der Privatisierungserlöse der ostdt. Wohnungsunternehmen. (→Altschulden, →öffentliche Schulden)

Erblehen, im mittelalterl. Dtl. urspr. nur das vom Vater in direkter Erbfolge auf den Sohn vererbte →Lehen, das keinerlei Besitzeinweisung bedurfte. Mit dem durch die Übernahme langobard. Rechtselemente vorgenommenen Ausdehnung der Erbfolge auch auf Seitenverwandte (Agnaten) unterschied man zw. E. und →Allod. Die im Lehnswesen umstrittene Unterscheidung wurde durch die Einbeziehung der bürgerl. und bäuerl. Erbleihe (→Erbpacht) in den Begriffskomplex noch unübersehbarer.

erblich, in der *Genetik* Bez. für Merkmale, die unter der Wirkung von Genen entstehen (nicht umweltbedingt sind) und an die Nachkommen weitergegeben werden.

Erbpacht, im MA. entwickelte Form der Pacht, bei welcher der Eigentümer einem anderen ein Gut erblich gegen jährl. Zins überließ, wobei der Pächter nur ein Nutzungsrecht am Gut erwarb und zu fest umschriebenen Abgaben und Diensten verpflichtet war. Die weit verbreitete E. überschnitt sich teilweise mit der rechtlich ähnlich gestalteten Institution der **Erbleihe,** der vererbl. und veräußerbaren dingl. Leihe von Grundstücken. Die Erbleihe war als günstigste Leiheform das übliche bäuerl. Besitzrecht beim Landesausbau und der dt. Ostsiedlung. Die meisten E.- und Erbleiheverhältnisse wurden im Zuge der Bauernbefreiung im 19. Jh. aufgehoben.

Erbprinz, Titel des ältesten Sohnes und Thronfolgers eines regierenden, aber auch eines mediatisierten Herzogs oder Fürsten; in Bayern auch Titel des ältesten Sohnes des Kronprinzen.

Erbrechen, Brechen, Emesis, Vomitus, das ruckweise Auswürgen des Mageninhalts durch Speiseröhre, Schlund und Mund nach außen. Dem E. gehen i. d. R. Übelkeit (→Brechreiz), Schweißausbruch mit Gesichtsblässe, Schwächegefühl, auch Ohnmachtsanwandlungen voraus. Das E. stellt ein vom →Brechzentrum über das vegetative Nervensystem ausgelöstes Reflexgeschehen dar und setzt mit einer tiefen Einatmungsbewegung mit nachfolgenden Zusammenziehungen der Bauchmuskeln und des Zwerchfells ein; durch rückläufige Bewegungen (Antiperistaltik) des Magens kommt es dann zu einer Entleerung des Inhalts durch die erschlaffte Speiseröhre. Der saure Geschmack und Geruch geht auf die beigemengte Salzsäure des Magensafts zurück; bei geöffnetem Magenpförtner werden auch Dünndarmsekret und Gallenflüssigkeit erbrochen (Galleerbrechen, Cholemesis). Unter besonderen Voraussetzungen kann es zu →Bluterbrechen, bei Darmverschluss zu Kot-E. kommen. – Die Erregung des Brechzentrums kann über periphere Impulse durch Reizung der Schlund- oder Magennerven (z. B. durch Berührung der Rachenwand, Trinken von warmem Salzwasser) wie auch des Vestibularapparates (→Bewegungskrankheit) ausgelöst werden oder unmittelbar durch zentrale Reizung (z. B. durch Brechmittel, Stoffwechselprodukte, Gifte, gesteigerten Hirndruck); auch psych. Einflüsse (Ekel) und vasomotor. Vorgänge (Migräne) können auslösend wirken.

Zu den vielfältigen Ursachen gehören v. a. Überfüllung und Reizung des Magens (z. B. durch alkohol. Getränke), fieberhafte Allgemeinerkrankungen (v. a. bei Kindern), Magen-Darm-Erkrankungen, Gallenkoliken, Bauchfellentzündung, Stoffwechselentgleisungen (z. B. diabet. Acetonämie, Acidose, Urämie) sowie zerebrale Beeinträchtigungen (z. B. Gehirn- oder Gehirnhautentzündung).

Das **epidemische E.** ist eine v. a. im Winter bei größeren Menschengruppen (z. B. in Betrieben, Schulen, Krankenhäusern) auftretende, wahrscheinlich virusbedingte Infektionskrankheit, die meist nach ein- bis dreitägiger Dauer abklingt.

Das in der ersten Zeit der Schwangerschaft (5.–12. Woche) auftretende, harmlose morgendl. E. kann sich als **unstillbares Schwangerschafts-E.** (Hyperemesis gravidarum) zu einem krit., behandlungsbedürftigen Zustand mit Verschlechterung des Allgemeinzustands, Gelbsucht und Acetonämie entwickeln; es wird auf tox. Stoffe zurückgeführt, die von der Frucht ausgehen.

Anhaltendes E. kann allgemein erhebl. Mineralsalz- und Flüssigkeitsverluste (→Exsikkose) zur Folge haben und durch Säureverlust zu →Alkalose führen.

Die *Behandlung* des E. richtet sich nach der Grunderkrankung und besteht allg. in Fasten, Flüssigkeitszufuhr (bei unstillbarem E. durch Infusionen), Wärmeanwendung im Oberbauchbereich sowie Einnahme von Antiemetika.

Erbrecht, in objektivem Sinne die Summe aller Bestimmungen, die den Übergang der Rechte und Pflichten eines Verstorbenen (Erblasser) auf andere Personen zum Gegenstand haben; subjektiv das Recht des Erben, das sich aus dem objektiven E. ergibt.

Das E. Dtl.s ist im fünften Buch des BGB (§§ 1922 ff.) enthalten. Es beruht in seinen Grundlagen auf röm. und gemeinem Recht, wie es seit dem Ausgang des MA. in Dtl. angewendet worden war; für die Ausgestaltung im Einzelnen waren die Gesetzbücher der Aufklärungszeit, bes. das Preuß. Allgemeine Landrecht von 1794, von Bedeutung, das die überkommene gemeine Recht bereits in vielen Punkten geändert hatten.

Verfassungsrechtlich ist das E. als Grundrecht garantiert (Art. 14 GG). Der Grundrechtsschutz bezieht sich auf das E. als Rechtsinstitut sowie als Individualrecht; er gewährleistet insbesondere die Testierfreiheit und den Schutz vor konfiskator. Erbschaftsteuern.

Grundprinzipien

Als Grundprinzipien des dt. E. kann man die Grundsätze der **Universalsukzession (Gesamtnachfolge),** der Testierfreiheit und des Verwandten-E. bezeichnen. Der erste Grundsatz bedeutet, dass kraft Gesetzes das Vermögen des Verstorbenen als Ganzes auf den oder die Erben übergeht, ohne dass es bestimmter Übertragungsakte bedarf. Den Erben stehen solche Personen gegenüber, denen der Erblasser nur einzelne Gegenstände seines Vermögens zugewendet hat (Vermächtnisnehmer, →Vermächtnis). **Testierfreiheit** heißt, dass jeder das Recht hat, durch Verfügung von Todes wegen seine Erben nach eigenem Entschluss zu ernennen und Einzelgegenstände seines Vermögens Dritten zuzuwenden. **Verwandten-E.** bedeutet die Berufung der Blutsverwandten und des Ehegatten als Erben, wenn der Erblasser nichts anderes verfügt hat. Auch haben gewisse nächste Verwandte und der Ehegatte einen Anspruch darauf, in jedem Falle einen gewissen Geldbetrag aus dem Nachlass zu erhalten, den →Pflichtteil, den der Erblasser nur aus ganz bestimmten Gründen entziehen kann. Das Gesetz bezeichnet den Verstorbenen als **Erblasser,** seinen Tod, der die Erbschaft eröffnet, als **Erbfall,** das hinterlassene Vermögen als **Nachlass** oder **Erbschaft,** Erwerb auf Grund von E. als **Erwerb von Todes wegen**.

Erbfolge

Der Erbe wird entweder vom Erblasser durch Verfügung von Todes wegen (→Testament, →Erbvertrag) bestimmt **(gewillkürte Erbfolge)** oder mangels solcher Bestimmung vom Gesetz berufen **(gesetzliche Erbfolge).** – Die gesetzl. Erbfolge ist gegenüber der gewillkürten Erbfolge subsidiär, d. h., sie kommt nur dann zum Zuge, wenn eine Verfügung von Todes wegen nicht errichtet wurde oder unwirksam ist.

Die gesetzl. Erbfolge beruft zunächst die Verwandten in bestimmten Gruppen (Parentelen). Verwandte im Sinne des E. sind nur solche Personen, die gemeinsame Vorfahren (Eltern, Großeltern usw.) haben, daher sind Verschwägerte (z. B. Schwiegereltern, Schwiegerkinder, angeheiratete Tanten u. Ä.) nicht zur gesetzl. Erbfolge berufen. Zwar sind auch Ehegatten nicht miteinander verwandt, doch sieht das Gesetz für das E. der Ehegatten besondere Regeln vor. Eine weitere Ausnahme ergibt sich zudem für das E. adoptierter Kinder. Für diese gilt: Die Adoption minderjähriger Kinder begründet volles Erb- und Pflichtteilsrecht gegenüber dem Annehmenden, bei gleichzeitigem Erlöschen entsprechender Rechte gegenüber den leibl. Verwandten. Als Volljährige Adoptierte behalten dagegen ihr bisheriges E. und dem Annehmenden gegenüber erbberechtigt. – Zw. den von Gesetzes wegen zur Erbfolge berufenen Gruppen (Ordnungen, Parentelen) besteht eine Rangfolge in der Weise, dass ein Verwandter nicht erben kann, solange ein Verwandter des Erblassers einer vorhergehenden Ordnung vorhanden ist (§ 1930 BGB). Beispiel: Hinterlässt der Erblasser eine Tochter (1. Ordnung) und zahlr. Nichten und Neffen (2. Ordnung), erbt die Tochter allein. Neben diesem Parentelsystem entscheidet innerhalb der jeweiligen Ordnung das Stammes- und Liniensystem über die Erbfolge, wenn innerhalb derselben Ordnung mehrere mit dem Erblasser verwandte Personen existieren. Während der Stamm das Abstammungsverhältnis von Stammeltern zu ihren Abkömmlingen erfasst (abwärts), ergreift die Linie das Verhältnis der Abkömmlinge zu ihren Vorfahren (aufwärts); dieses System von Stämmen und Linien wird vom Repräsentationsprinzip beherrscht,

d. h., der Stamm wird durch (lebende) Stammeltern vertreten (repräsentiert), an deren Stelle bei ihrem Fortfall (z. B. durch Tod) ihre Abkömmlinge nachrücken. Solange allerdings die Stammeltern leben, repräsentieren sie alleine den Stamm und schließen alle ihre Abkömmlinge, die durch sie mit dem Erblasser verwandt sind, von der Erbfolge aus. Beispiel: Beim Tod des Großvaters (Erblasser) ist sein Sohn zur Erbfolge berufen; dessen Kinder (die Enkel des Erblassers) erben nichts. Ist aber der Sohn bereits vor dem Erblasser gestorben, treten dessen Kinder (also die Enkel) an die Stelle ihres Vaters in der gesetzl. Erbfolge.

Gesetzl. Erben der 1. Ordnung sind die Abkömmlinge des Erblassers, also seine Kinder und Kindeskinder, wobei entsprechend dem Repräsentationssystem die Kinder die Kindeskinder von der Erbfolge verdrängen. Kinder erben zu gleichen Teilen.

Gesetzl. Erben der 2. Ordnung sind die Eltern des Erblassers und deren Abkömmlinge; die Eltern erben allein und zu gleichen Teilen, wenn Abkömmlinge des Verstorbenen nicht vorhanden sind. Auch hier gilt, dass die Kinder eines verstorbenen Erbberechtigten das Erbteil ihres verstorbenen Elternteils übernehmen. Beispiel: Sind die Kinder des Bruders eines ledigen, kinderlosen Erblassers dessen einzige nächsten Verwandten, erben sie allein und zu gleichen Teilen.

Gesetzl. Erben der 3. Ordnung sind die Großeltern des Verstorbenen und deren Abkömmlinge.

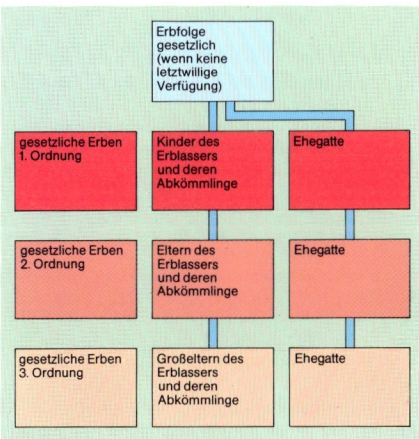

Erbrecht: Gesetzliche Erbfolge

Die Erben der 4. Ordnung sind die Urgroßeltern und deren Abkömmlinge. Zw. diesen Abkömmlingen gilt das Gradualsystem (nicht das Parentelsystem), d. h., es entscheidet der Verwandtschaftsgrad über die Berufung zum Erben; Verwandte gleichen Grades erben zu gleichen Teilen. Sind keine Verwandten vorhanden oder zu ermitteln, fällt das Erbe an den Fiskus (→Staatserbrecht).

Ehegattenerbrecht

Das gesetzl. E. berücksichtigt den überlebenden Ehegatten, der zur Zeit des Erbfalles mit dem Erblasser in einer gültigen Ehe gelebt hat, ohne dass es auf die Dauer der Ehe ankommt. Das E. ist ausgeschlossen (§ 1933 BGB), wenn der Erblasser die Scheidung beantragt oder ihr zugestimmt hatte und die Voraussetzungen der Scheidung gegeben waren. Im Ggs. zum Verwandten-E. besteht zugunsten der Erben eines vorverstorbenen Ehegatten kein Eintrittsrecht. Die erbrechtl. Grundregel des Ehegatten-E. bildet § 1931 BGB: Der überlebende Ehegatte ist neben Verwandten der 1. Ordnung (also bes. den Kindern) zu einem Viertel, neben Verwandten der 2. Ordnung (bes. den Eltern) oder neben Großeltern zur Hälfte der Erbschaft als gesetzl. Erbe berufen. Den gesamten Nachlass kann der Ehegatte dann beanspruchen, wenn weder Verwandte der 1. und 2. Ordnung noch Großeltern vorhanden sind, mit anderen Worten: Der überlebende Ehegatte eines kinderlos verstorbenen Erblassers ist also keineswegs in jedem Fall der Alleinerbe. Lebten die Eheleute beim Erbfall im Güterstand der Zugewinngemeinschaft (→eheliches Güterrecht), kann der überlebende Ehegatte neben dem gesetzl. Erbteil des §1931 als pauschalen Zugewinnausgleich gemäß §1371 BGB ein weiteres Viertel beanspruchen (›großer Erbteil‹); dieser Anspruch ist unabhängig von der Dauer der Ehe und dem Umfang des Zugewinns. Daneben räumt das Gesetz dem überlebenden Ehegatten die Möglichkeit ein, statt einer erbrechtl. die ›güterrechtl. Lösung‹ zu wählen: Nach §1371 Abs. 3 BGB kann er die Erbschaft ausschlagen, trotzdem seinen Pflichtteil (§2303 BGB) verlangen und außerdem den tatsächl., rechner. Zugewinnausgleich beanspruchen.

Bestand beim Erbfall Gütertrennung und sind als gesetzl. Erben neben dem überlebenden Ehegatten die Kinder des Erblassers berufen, so erben Ehegatte und Kinder zu gleichen Teilen, der Ehegatte jedoch mindestens ein Viertel. Bei Gütergemeinschaft gilt die Grundregel des §1931 BGB.

In allen Fällen gebührt dem überlebenden Ehegatten als gesetzl. Erben der →Voraus.

Erbrecht des nichtehelichen Kindes

Nichtehel. Kinder sind seit dem In-Kraft-Treten des Nichtehelichengesetzes am 1. 7. 1970 erbrechtlich grundsätzlich den ehel. Kindern gleichgestellt. Dies gilt zunächst auch für die nichtehel. Kinder, die vor In-Kraft-Treten des Gesetzes geboren wurden, jedoch mit der (vom Bundesverfassungsgericht gebilligten) Einschränkung, dass der Erbfall am oder nach dem 1. 7. 1970 eingetreten und das nichtehel. Kind nach dem 30. 6. 1949 geboren ist.

Für die vom Nichtehelichengesetz erbrechtlich also nicht begünstigten Fälle gilt der frühere Rechtszustand fort, der die Verwandtschaft zw. Vater und nichtehel. Kind verneinte und die nichtehel. Kinder auf den Unterhaltsanspruch gegen die Erben gemäß §1712 BGB (alter Fassung) verwies.

Die erbrechtl. Stellung des nichtehel. Kindes im Verhältnis zu seinem Vater (im Verhältnis zur Mutter gelten die allgemeinen Regeln) erfährt eine besondere Ausformung, wenn dieses neben ehel. Kindern oder der Witwe des Erblassers zum gesetzl. Erben berufen wird. In diesem Falle erwirbt das nichtehel. Kind (und statt seiner ggf. seine Abkömmlinge) mit Rücksicht auf die oft fehlenden persönl. Beziehungen zu seinem Vater und dessen Familie lediglich einen **Erbersatzanspruch** in Geld gegen die Miterben in Höhe des Wertes seines gesetzl. Erbteils (also ohne Mitgl. der Erbengemeinschaft zu werden). Das nichtehel. Kind, das das 21., aber noch nicht das 27. Lebensjahr vollendet hat, kann aber bereits zu Lebzeiten seines Vaters einen **vorzeitigen Erbausgleich** in Geld verlangen (§ 1934 d BGB); er beläuft sich i. d. R. auf das Dreifache eines Jahresunterhalts, den der Vater im Durchschnitt der letzten fünf Jahre zu zahlen hatte und kann, je nach Vermögenslage des Pflichtigen, auf das Zwölffache des jährl. Unterhalts erweitert werden. Bei ungünstiger wirtschaftl. Lage des Vaters kann der Anspruch auf den einfachen jährl. Unterhalt reduziert oder gestundet werden. Wird der vorzeitige Erbausgleich realisiert, verliert das Kind sämtl. Erb- und Pflichtteilsansprüche gegen den Vater. Der Anspruch verjährt in drei Jahren ab Vollendung des 27. Lebensjahres.

Erbfähigkeit

Erbfähig ist jede rechtsfähige (natürl. oder jurist.) Person. Erbe kann nur werden, wer zur Zeit des Erbfalls lebt (§ 1923). Wer zur Zeit des Erbfalls bereits gezeugt, aber noch nicht geboren war, gilt als vor dem Erbfall geboren. Eine jurist. Person muss zur Zeit des Erbfalls rechtsfähig sein, um Erbe werden zu können.

Erbunwürdig ist nach §2339 BGB: 1) wer den Erblasser vorsätzlich und widerrechtlich getötet oder zu töten versucht hat oder ihn in einen Zustand versetzt hat, in dem der Erblasser bis zu seinem Tode unfähig war, eine Verfügung von Todes wegen zu errichten oder aufzuheben; 2) wer den Erblasser vorsätzlich und widerrechtlich gehindert hat, eine Verfügung von Todes wegen zu errichten oder aufzuheben; 3) wer den Erblasser durch arglistige Täuschung oder widerrechtlich durch Drohung bestimmt hat, eine Verfügung von Todes wegen zu errichten oder aufzuheben; 4) wer sich im Hinblick auf eine Verfügung des Erblassers von Todes wegen einer Urkundenfälschung oder Urkundenunterdrückung (§§ 267, 271–274 StGB) schuldig gemacht hat. Die Erbunwürdigkeit wird durch Anfechtung des Erbschaftserwerbs geltend gemacht. Sie hat innerhalb bestimmter Fristen zu erfolgen (§ 2340). Anfechtungsberechtigt ist jeder, dem der Ausfall des Erbunwürdigen, sei es auch nur beim Ausfall weiterer Vorleute, zustatten kommt (§2341). Die Anfechtung erfolgt durch Erhebung der Anfechtungsklage, bei Vermächtnissen oder Pflichtteilsrechten genügt eine Erklärung gegenüber dem Unwürdigen.

Erbschaftserwerb

Die Erbschaft geht nach dem Grundsatz der Universalsukzession unmittelbar kraft Gesetzes auf den Erben über, ohne dass es einer Annahme der Erbschaft bedarf (§§ 1942 ff.). Der Erbe kann sie jedoch nach ihrem Anfall ausschlagen (→Ausschlagung), es sei denn, er hat die Erbschaft bereits angenommen. Die Ausschlagung bewirkt, dass die Erbschaft nunmehr an denjenigen fällt, der berufen sein würde, wenn der Ausschlagende zur Zeit des Erbfalls nicht mehr gelebt hätte (§ 1953). Annahme und Ausschlagung einer Erbschaft können innerhalb bestimmter Fristen angefochten werden, und zwar wegen Irrtums, Drohung oder arglistiger Täuschung. Der Erbe erhält über sein E. auf Antrag ein amtl. Zeugnis, den →Erbschein (Erbzeugnis). Der Nachlass (früher auch Verlassenschaft) umfasst grundsätzlich alle Vermögensrechte des Erblassers einschließlich der Schulden.

Erbenhaftung

Der Erbe haftet für die Nachlassverbindlichkeiten (§§ 1967 ff.), d. h. sowohl für die Schulden des Erblassers als auch für die ihm durch Verfügung von Todes wegen oder durch Gesetz auferlegten Verpflichtungen (Erbfallschulden), wie Pflichtteile, Vermächtnisse und Auflagen, ferner Verpflichtungen aus der Geschäftsführung eines Nachlasspflegers, außerdem trägt er die Kosten für die standesgemäße Beerdigung des Erblassers. Die wichtigste Frage des Erbenhaftungsrechtes ist, ob der Erbe den Nachlassgläubigern nur mit dem Nachlass (beschränkt) oder auch mit seinem persönl. Vermögen außerhalb des Nachlasses (unbeschränkt) haftet. Grundsatz im BGB ist, daß der Erbe unbeschränkt haftet, aber seine Haftung auf den Nachlass beschränken kann, wenn er getrennte Verwaltung des Nachlasses durch einen gerichtlich bestellten Pfleger zur Befriedigung der Nachlassgläubiger herbeiführt (→Nachlassverwaltung, →Nachlasskonkurs). Ist der Nachlass zu gering, um die Kosten einer solchen Verwaltung zu lohnen, so haftet der Erbe nur beschränkt (§ 1990, Einrede der Dürftigkeit des Nachlasses). Wird er wegen einer Nachlassverbindlichkeit in Anspruch genommen, so muss er sich vom Gericht die beschränkte Haftung im Urteil vorbehalten lassen (§ 780 ZPO).

Um eine Übersicht über die Nachlassverbindlichkeiten zu gewinnen, kann der Erbe ein amtl. Aufgebot der Gläubiger beantragen (§§ 1970 ff.), dem im →Aufgebotsverfahren Ausgeschlossenen haftet er nur beschränkt, ebenso einem dem Erben unbekannten Gläubiger, der sich erst fünf Jahre nach dem Erbfall meldet. Um den Nachlassbestand festzustellen, kann jeder Nachlassgläubiger beim Nachlassgericht beantragen, dass dem Erben eine Frist gesetzt wird, innerhalb derer er ein Inventar des Nachlasses einzureichen hat. Das Inventar muss unter Zuziehung eines Notars oder eines zuständigen Beamten errichtet werden. Wird es nicht fristgemäß oder absichtlich unrichtig errichtet, so haftet der Erbe dem betreffenden Gläubiger unbeschränkt.

Vor Annahme der Erbschaft kann der Erbe von den Nachlassgläubigern nicht belangt werden (§ 1958); diese müssen, wenn sie gegen den Nachlass gerichtlich vorgehen wollen, Bestellung eines Nachlasspflegers erwirken. Unmittelbar nach Annahme hat der Erbe eine Überlegungsfrist; er kann während der ersten drei Monate ab Annahme, auch solange ein Aufgebotsverfahren läuft, die Begleichung einer Nachlassverbindlichkeit grundsätzlich verweigern (§§ 2014 f. BGB, Dreimonatseinrede, Einrede des Aufgebotsverfahrens). Bestimmten Familienangehörigen des Erblassers schuldet der Erbe den →Dreißigsten.

Mehrheit von Erben

Fällt die Erbschaft an mehrere Erben (→Miterbe), so treten diese bis zur Auseinandersetzung (Erbteilung) in eine bes. ausgestaltete Rechtsgemeinschaft, die **Erbengemeinschaft.** Grundsätzlich kann jeder Miterbe jederzeit die Erbauseinandersetzung verlangen, es sei denn, der Erblasser habe dies für eine Übergangszeit (längstens 30 Jahre) ausgeschlossen. Der Erblasser kann die Erbschaft auch in der Weise vergeben, dass er mehrere zeitlich nacheinander beruft, z. B. seine Frau bis zu deren Tod, danach seine Kinder. Man spricht dann von Vor- und Nacherben. Der Vorerbe kann grundsätzlich über die zur Erbschaft gehörenden Gegenstände verfügen, er unterliegt dabei aber starken Beschränkungen zugunsten der Nacherben. Der Erblasser kann den Vorerben von diesen Beschränkungen weitgehend befreien (befreite Vorerbschaft), ausgenommen sind dabei die unentgeltl. Verfügung und die Verminderung der Erbschaft in der Absicht, den Nacherben zu benachteiligen. Der Erblasser kann für den Fall, dass der zunächst Berufene wegfällt, einen →Ersatzerben berufen.

Erbschaftsanspruch

Der Erbe ist gegenüber Personen, die aufgrund eines behaupteten, aber in Wirklichkeit nicht bestehenden E. etwas aus der Erbschaft erlangt haben (Erbschaftsbesitzer), durch einen bes. ausgestalteten Anspruch (Erbschaftsanspruch) geschützt. Der Erbschaftsbesitzer hat dem Erben alles herauszugeben, was er aus der Erbschaft erlangt hat, einschließlich dessen, was er mit Mitteln der Erbschaft durch Rechtsgeschäfte erworben hat (z. B. den Erlös verkaufter Erbschaftsgegenstände) sowie die gezogenen Nutzungen und Früchte. Die Herausgabepflicht besteht stets nur gegen Ersatz aller Verwendungen, die auf die Erbschaft im Ganzen oder auf einzelne Erbschaftsgegenstände gemacht worden sind, bes. zur Berichtigung von Nachlassverbindlichkeiten (§§ 2018 ff.).

Das Zivilgesetzbuch der *DDR* (ZGB) hatte sich mit Wirkung vom 1. 1. 1976 vom bis dahin weitgehend geltenden E. des BGB (abweichend gesetzl. E. des Ehegatten und des nichtehel. Kindes) gelöst und neue Re-

gelungen in Kraft gesetzt (§§ 362 ff.). Daneben griffen ergänzend weitere Vorschriften, (soweit keine völkerrechtl. Vereinbarungen bestanden) insbesondere § 25 Rechtsanwendungsgesetz vom 5. 12. 1975, das bei Erbfällen mit Auslandsberührung an die Staatsangehörigkeit des Erblassers anknüpfte. Vererblich war das Vermögen des Erblassers, das infolge der Eigentumsverhältnisse in der DDR (große private Vermögen, z. B. Unternehmen, existierten nicht) im Wesentlichen auf das persönl. →Eigentum des Einzelnen beschränkt war. Die gesetzl. Erbfolge kannte drei Ordnungen, wobei der überlebende Ehegatte neben den Kindern der ersten Ordnung angehörte. Der Ehegatte und die Kinder haben zu gleichen Teilen geerbt, der Ehegatte jedoch wenigstens ein Viertel. Dem Ehegatten standen neben seinem Erbteil die zum ehel. Haushalt gehörenden Gegenstände allein zu. Nichtehel. Kinder hatten das volle E. Wenn Nachkommen des Erblassers nicht vorhanden waren, hat der Ehegatte allein geerbt.

Verwandte der nachfolgenden Ordnung waren nur zur Erbfolge berufen, solange kein Erbe einer vorhergehenden Ordnung vorhanden war. An die Stelle eines Kindes, das zur Zeit des Erbfalls nicht mehr lebte, traten dessen Kinder. Das ZGB erlaubte die gewillkürte Erbfolge durch Testament oder Ehegattentestament (gemeinschaftl. Testament). Erbfähig waren Bürger, Betriebe, Organisationen und der Staat, wobei Betriebe und Organisationen einer staatl. Genehmigung zur Annahme des Erbes bedurften. Die Frist zur Ausschlagung einer Erbschaft betrug zwei Monate. Die Geltendmachung von Erbunwürdigkeit war ähnlich wie im BGB möglich. Ein →Pflichtteil stand bei Ausschluss von der Erbfolge durch Testament dem Ehegatten sowie den unterhaltsberechtigten Kindern des Erblassers zu. Auch unterhaltsberechtigte Enkel und Eltern des Erblassers hatten einen Pflichtteilsanspruch, wenn sie ohne das Testament gesetzl. Erben geworden wären. Nachlassverbindlichkeiten hatte der Erbe nur mit dem Nachlass in bestimmter Rangfolge zu erfüllen, allerdings waren Bestattungs- und Nachlassverfahrenskosten ohne Beschränkung auf den Nachlass zu zahlen.

Mit dem Beitritt der neuen Länder zur Bundesrepublik Dtl. ist das E. des BGB wieder in Kraft getreten. Das E. der DDR gilt jedoch weiter, wenn der Erblasser vor dem Wirksamwerden des Beitritts (3. 10. 1990) gestorben ist (Art. 235 § 1 Abs. 1 Einführungsgesetz zum BGB, Abk. EGBGB). Für nichtehel. Kinder, die in den neuen Ländern vor dem Beitritt geboren worden sind, gelten die Vorschriften über das E. für ehel. Kinder anstelle des Erbersatzanspruchs gemäß §§ 1934 a–e, 2338 a BGB, da nach dem Recht der DDR das nichtehel. dem ehel. Kind gleichgestellt war (Art. 235 § 1 Abs. 2 EGBGB). Die Errichtung oder Aufhebung einer Verfügung von Todes wegen vor dem Beitritt wird nach dem Recht der DDR beurteilt, auch wenn der Erblasser erst nach dem Beitritt stirbt. Dies gilt auch für die Bindung des Erblassers bei einem gemeinschaftl. Testament, sofern das Testament vor dem Beitritt errichtet worden ist (Art. 235 § 2 EGBGB).

Internationales Privatrecht

Die Rechtsnachfolge von Todes wegen unterliegt dem Recht des Staates, dem der Erblasser zum Zeitpunkt seines Todes angehörte (Art. 25 EGBGB).

Österreich, Schweiz

Wie das Recht Dtl.s ist auch das *österr.* E. von den Grundprinzipien Universalsukzession, Testierfreiheit (eingeschränkt durch Pflichtteilsrecht) und Verwandten-E. geprägt. Die Berufungsgründe des österr. Rechts sind Erbvertrag, Testament und gesetzl. E. sowie das Vermächtnis für einzelne Gegenstände aus dem Nachlass. Fehlen Erbvertrag oder Testament, greift die gesetzl. Erbfolge unter ehel. Verwandten Platz (Parentelsystem, §§ 730 ff. ABGB, entsprechend der Ordnung im dt. Recht). Unehel. Kinder sind den ehel. seit 1989 gleichgestellt. Der Umfang des gesetzl. E. des Ehegatten hängt davon ab, welche Verwandten neben ihm als Erben berufen sind (z. B. neben den Kindern und deren Nachkommen ein Drittel, § 757). Jedenfalls steht ihm eine Forderung gegen den Nachlass zu, die das Wohnrecht in der Ehewohnung und die zum ehel. Haushalt gehörenden bewegl. Sachen umfasst (Vorausvermächtnis, § 758). Bis zu einer Wiederverehelichung kann die bestehenden Unterhaltsansprüchen nach einer Scheidung tritt der Universalsukzessor in die Stellung des Verstorbenen als Unterhaltspflichtiger ein. Sondervorschriften bestehen bezüglich des Ehegattenwohnungseigentums.

Die erbrechtl. Bestimmungen des *schweizer.* ZGB lassen sich mit jenen des BGB vergleichen. Die gesetzl. Erbberechtigung endet mit der großelterl. Parentel. Zw. nichtehel., adoptierten und ehel. Verwandten wird in erbrechtl. Hinsicht kein Unterschied gemacht. Das Institut eines Erbersatzanspruchs ist dem ZGB fremd. Ein Pflichtteilsanspruch steht den Nachkommen und dem Ehegatten, beim Fehlen von Nachkommen auch den Eltern zu. Beim Tod eines Ehegatten sind hinsichtlich des Ehegatten-E. güterrechtl. und erbrechtl. Auseinandersetzung zu trennen: Zunächst wird das ehel. Vermögen nach den für den Güterstand gültigen Regeln geteilt, wobei der eine Teil an den überlebenden Ehegatten, der andere Teil in die Erbmasse fällt, an der der überlebende Ehegatte wiederum partizipiert. Ist der Ehegatte neben Nachkommen des Erblassers zum Erben berufen, steht ihm, wenn keine anderen Bestimmungen getroffen wurden, die Hälfte der Erbschaft zu; sind keine Nachkommen, aber Eltern oder Geschwister des Erblassers vorhanden, hat der Überlebende Anspruch auf drei Viertel der Erbmasse (Art. 462, in Kraft seit 1. 1. 1988). Der Pflichtteilsanspruch der Geschwister sowie der kantonalrechtl. Pflichtteilsanspruch der Geschwisterkinder sind seit der Eherechtsrevision aufgehoben. Die Regelung der Erbunwürdigkeit des ZGB stimmt weitgehend mit jener des BGB überein. Besondere Vorschriften bestehen im bäuerl. E.; diese sollen dazu dienen, Bodenzerstückelung zu verhindern und existenzfähige landwirtschaftl. Betriebe zu erhalten (→Höferecht).

S. HERRMANN: E. u. Nachlaßverfahren in der DDR (1989); M. u. H. NÄF-HOFMANN: Das neue Ehe- u. E. im ZGB (Zürich ²1989); J. N. DRUEY: Grundriss des E. (Bern ³1992); G. HUBER: Richtig erben u. vererben von A–Z (1994); T. FELDMANN: Der Anwendungsbereich des Art. 235 § 1 Abs. 2 EGBGB (1995); H. LANGE: Lb. des E., fortgef. v. K. KUCHINKE (⁴1995); H. BROX: E. (¹⁶1996); H. KOZIOL u. R. WELSER: Grundriß des bürgerl. Rechts, Bd. 2: Sachenrecht, Familienrecht, E. (Wien ¹⁰1996); W. SCHLÜTER: E. Ein Studienbuch (¹³1996).

Erbreichsplan, Versuch Kaiser HEINRICHS VI. (1191–97), die Wahlmonarchie des Heiligen Röm. Reiches in eine Erbmonarchie umzuwandeln und diese mit dem ihm zugefallenen Erbkönigtum Sizilien zu verbinden. Auslösendes Moment war HEINRICHS Wunsch, vor Antritt des 1195 gelobten Kreuzzugs seine Nachfolge zu regeln. Die Weigerung der Fürsten, seinen Sohn FRIEDRICH ROGER (den späteren FRIEDRICH II.) zum Röm. König zu wählen, bewog den Kaiser auf dem Hoftag in Mainz Ende Februar 1196, den Großen des Reiches die Erblichkeit ihrer Reichslehen in männl. wie weibl. Linie zu garantieren, falls sie der Königsnachfolge nur nach erbrechtl. Normen zustimmten. Dem Episkopat gegenüber verzichtete HEINRICH auf das Spolienrecht. Unter erhebl. Druck stimmten die Fürsten und Bischöfe auf dem

Würzburger Hoftag (April 1196) diesen Plänen zu, die sie der Einflussnahme auf die Königswahl enthoben. Die anschließenden Verhandlungen HEINRICHS mit Papst CÖLESTIN III. scheiterten an der hinhaltenden Verhandlung des Papstes. In Dtl. lehnten die Fürsten und Bischöfe im Oktober 1196 auf dem Erfurter Hoftag den E. ebenfalls ab. – RUDOLF I. von Habsburg (1273–91) scheiterte mit dem erneuten Versuch, die Erbmonarchie durchzusetzen.

Erbschäden, Erbfehler, bei Haustieren durch Mutationen hervorgerufene Krankheiten oder Abweichungen von der züchter. Norm. – Beim Menschen →Erbkrankheiten.

Erbschaftskauf, schuldrechtl. Vertrag, durch den sich der Erbe (auch Miterbe) zur Übertragung der gesamten ihm zustehenden Erbschaft auf den Käufer gegen Entgelt verpflichtet; der Vertrag bedarf notarieller Beurkundung (§§ 2371 ff. BGB). Ein Vertrag über den künftigen Nachlass eines noch lebenden Dritten ist grundsätzlich nichtig; zulässig dagegen ist die vorweggenommene vertragl. Auseinandersetzung unter künftigen gesetzl. Erben oder Pflichtteilsberechtigten über den gesetzl. Erb- oder Pflichtteil; auch ein solcher Vertrag bedarf notarieller Beurkundung. Hat der E. die Erbschaft eines Alleinerben zum Gegenstand, kann der Übergang nur durch Übertragung der einzelnen Nachlassgegenstände erfolgen, während der Erbteil eines Miterben pauschal als Ganzes übertragen werden kann.

Erbschaftsteuer, Steuer auf das Vermögen, das beim Tod einer natürl. Person auf eine andere Person übergeht. Die Besteuerung wird insbesondere mit dem →Leistungsfähigkeitsprinzip gerechtfertigt; daneben gilt die E. als Instrument zur Verringerung der Vermögenskonzentration und der Ungleichheit der Startchancen (J. S. MILL). In finanzwiss. Sicht stellt der Anfall einer Erbschaft als Reinvermögenszugang beim Erben Einkommen dar, das aber mit Rücksicht auf den Progressionseffekt nicht der Einkommensteuer unterliegt, sondern regelmäßig über eine gesonderte E. besteuert wird. Auch unentgeltl. Vermögensübertragungen unter Lebenden werden meist der Besteuerung **(Schenkungsteuer)** unterworfen, damit die E. nicht auf diesem Weg umgangen werden kann. Die E. kann als **Nachlasssteuer** (z. B. in USA) ausgestaltet sein, die den Nachlass entsprechend seiner Höhe belastet, oder wie die dt. E. als **Erbanfallsteuer,** der der Erwerber mit der ihm zugeflossenen Bereicherung unterliegt.

Rechtsgrundlage der E. ist das E.- und Schenkungsteuer-Ges., zuletzt geändert durch das Jahressteuer-Ges. 1997. Bewertet wird das erbschaftsteuerpflichtige Vermögen nach dem →Bewertungsgesetz. Grundvermögen wird nach dem Ertragswertverfahren entsprechend dem (mögl.) Ertrag des Gebäudes oder des Grundstücks angesetzt (→Grundstückswert). Von dem Erwerb werden Nachlassverbindlichkeiten abgezogen. Auch mehrere, von derselben Person anfallende Vermögensvorteile innerhalb von zehn Jahren werden zusammengerechnet und der Besteuerung unterworfen. Die E.-Pflichtigen sind nach ihrer Beziehung zum Erblasser in drei Klassen erfasst; der Steuersatz ist progressiv auf den Nachlasswert ausgerichtet. Zur Steuerklasse I gehören der Ehegatte des Erblassers, seine Kinder, die Abkömmlinge von Kindern sowie (bei Erwerb von Todes wegen) die Eltern und Großeltern. Steuerklasse II umfasst v. a. Eltern und Großeltern (bei Schenkung), Geschwister, Schwiegerkinder, Schwiegereltern und geschiedene Ehegatten, Steuerklasse III alle übrigen Erwerber.

Der Erwerb von Todes wegen bleibt bei Ehegatten in Höhe von 600 000 DM, bei Kindern in Höhe von 400 000 DM steuerfrei. Für die übrigen Personen der Steuerklasse I beträgt der persönliche Freibetrag

100 000 DM, in der Steuerklasse II 20 000 DM und in der Steuerklasse III 10 000 DM. Neben den persönl. Freibeträgen existieren Versorgungsfreibeträge (Ehegatten 500 000 DM, Kinder 20 000 bis 100 000 DM) sowie sachl. Freibeträge für Hausrat, Kunstgegenstände und Sammlungen sowie für persönliche Gegenstände (Schmuck, Kfz u. a.). Für Betriebsvermögen gibt es einen besonderen Freibetrag von 500 000 DM und einen Bewertungsabschlag von 40 % für den diesen Freibetrag übersteigenden Betrag. Außerdem werden Betriebserben stets (unabhängig vom Verwandtschaftsgrad) nach dem günstigeren Steuertarif der Steuerklasse I besteuert. Die Steuersätze für den nach Abzug der Freibeträge zu versteuernden Nachlass steigen in der Steuerklasse I von 7 % für Erwerbe bis 100 000 DM auf 30 % für Erwerbe über 50 Mio. DM und in der Steuerklasse II von 12 % bis 40 %. Angehörige der Steuerklasse III zahlen die höchsten E.-Sätze von 17 % bis 50 %. – Das E.-Aufkommen, das den Ländern zufließt, betrug 1995 rd. 3,54 Mrd. DM, das sind 0,4 % der gesamten Steuereinnahmen und 1,1 % der Steuereinnahmen der Länder. Aus der zum 1. 1. 1996 eingeführten Neugestaltung der Freibeträge und der Steuersätze wird ein Mehraufkommen von rd. 2,15 Mrd. DM erwartet.

Bei der *österr.* E. gelten ähnl. Regelungen wie in Dtl. Die Steuersätze reichen bei Erwerb durch Ehegatten und Kinder von 2 % bis 15 %, bei Erwerb durch andere Personen von 4 % bis 60 %. Die Freibeträge sind erheblich niedriger als in Dtl. (je nach Steuerklasse 30 000, 6 000 oder 1 500 S), Hausrat bleibt in den Steuerklassen I und II ganz, in den übrigen Klassen bis 20 000 S steuerfrei. Das E.-Aufkommen fließt an den Bund (70 %) und die Länder (30 %); es betrug 1995 rd. 1,13 Mrd. S, das waren 0,2 % der Bruttoabgaben insgesamt.

In der *Schweiz* erheben fast alle Kantone und einige Gemeinden (nicht aber der Bund) eine E. Die kantonalen E. sind i. A. Erbanfallsteuern; in drei Kantonen wird eine Nachlasssteuer erhoben. Das E.-Aufkommen (einschließl. Schenkungsteuer) betrug 1994 rd. 996 Mio. sfr in den Kantonen und rd. 85 Mio. sfr in den Gemeinden.

A. OBERHAUSER: Einkommen- u. Schenkungsteuern, in: Hb. der Finanzwiss., hg. v. F. NEUMARK, Bd. 2 (³1980); E.- u. Schenkungsteuergesetz. Komm., bearb. v. M. TROLL (⁵1992, Losebl.); E.- u. Schenkungsteuergesetz. Komm., begr. v. R. KAPP, fortgef. v. J. EBELING (¹¹1994 ff., Losebl.); M. TROLL: ABC der E. u. Schenkungsteuer (³1994).

Erbschein, ein auf Antrag durch das Nachlassgericht am Wohnsitz des Erblassers erteiltes Zeugnis über die erbrechtl. Verhältnisse (§§ 2353 ff. BGB); es gibt die Namen des Erblassers und der Personen an, die den Erblasser beerbt haben, wie groß im Falle einer Mehrheit von Erben der jeweilige Erbteil ist und welchen erbrechtl. Beschränkungen (z. B. Nacherbfolge) der Erbe unterliegt. Formen des E. sind der Allein-E. (für den Alleinerben), der gemeinschaftl. E. (für alle Miterben), der Teil-E. (über den Erbteil eines Miterben) und der gegenständl. beschränkte E. (auf Inlandsvermögen). Antragsbefugt sind Erben und Miterben, Nachlass- und Erbengläubiger, Nachlass- und Nachlasskonkursverwalter sowie Testamentsvollstrecker. Ein unrichtiger E. kann eingezogen oder für kraftlos erklärt werden. Der E. begründet die (widerlegbare) Vermutung, dass der in ihm als Erbe Bezeichnete zu Verfügungen über Nachlassgegenstände berechtigt ist. – In der DDR wurde der E. gemäß § 413 ZGB vom Staatl. Notariat erteilt.

Das *österr.* Recht legitimiert den Erben im Rahmen der →Einantwortung. In der *Schweiz* sieht das Gesetz die Ausstellung von E. (auch **Erbenbescheinigung** oder **Erbgangsbeurkundung**) vor.

Erbschulze, im durch die dt. Ostsiedlung erschlossenen Siedlungsgebiet Bez. für den Inhaber des Dorf-

richter- und Dorfvorsteheramtes. Dieses erbliche, mit dem Besitz eines mehrere Hufen umfassenden Gutes verbundene Amt wurde zumeist dem Ansiedlungsunternehmer (→Lokator) übertragen und war in vielen Fällen mit weiteren Gerechtigkeiten (z. B. Schenk-, Back-, Fischereigerechtigkeit) versehen.

Erbse, Pisum, Gattung der Schmetterlingsblütler mit sieben im Mittelmeergebiet und in Vorderasien beheimateten Arten; einjährige Kräuter mit gefiederten, bläulich grünen Blättern, deren endständige Fiedern zu Ranken umgebildet sind, mit denen die E. an Stützpflanzen Halt suchen. An den Wurzeln befinden sich zahlr. kleine Wurzelknöllchen, durch die bei Aussaat als Gründüngung der Boden mit Stickstoff angereichert wird. Als Kulturpflanze bedeutend ist die weiß blühende **Gemüse-E. (Garten-E.,** Pisum sativum ssp. sativum). Nach Selbstbestäubung entwickeln sich die bis zu acht Samen (Erbsen) enthaltenden Hülsen (fälschlich ›Schoten‹ gen.). Die Gemüse-E. wird in zahlr. Sorten kultiviert. Man unterscheidet die **Pal-E. (Schal-E.,** convar. sativum) mit glattschaligen, runden Samen und mehligem Geschmack, die **Zucker-E.** (convar. axiphium) mit süß schmeckenden kleinen Samen und einer essbaren, da zarten Hülse und die **Mark-E.** (convar. medullare) mit runzligen, süß schmeckenden, leicht eckigen Samen. Geerntet werden v. a. die grünen unreifen Samen, die meist als Gemüse verwendet werden. Sie enthalten neben rd. 14 % Kohlenhydrate bis zu 7 % Eiweiß und gehören somit zu den eiweißreichsten Gemüsesorten. Die versch. Formen der **Futter-E. (Peluschke,** convar. speciosum) werden als Körner- oder Grünfutter und zur Bodenverbesserung angebaut.

Krankheiten und *Schädlinge:* Beim Vergilben junger Pflanzen handelt es sich um die Johanniskrankheit; treten braunschwarze Flecken an Blättern und Hülsen auf, ist es die Brennfleckenkrankheit; Erreger sind verschiedene Pilze; außerdem kommt Mehltau vor. Häufige Schadtiere sind Erbsenälchen, -fransenflügler, -wickler und Blattrandkäfer.

Kulturgeschichte: Die E. wird spätestens seit dem 6. Jt. v. Chr. in Vorderasien kultiviert, um 4000 v. Chr. ist ihr Anbau in Mitteleuropa nachweisbar. Früher eine Kostbarkeit, wurde sie erst im 19. Jh. zu einem Nahrungsmittel für breitere Volksschichten. – Im *Volksglauben* galt die E. als Fruchtbarkeitssymbol. Hülsen mit 9, 10 oder 11 Samen galten als Glücksbringer und Zaubermittel.

Erbse:
Blüte (oben) und Frucht der Gemüseerbse (unten; Größe der Pflanze bis etwa 1 m)

Erbse, Karl Hugo Hartmut, klass. Philologe, *Rudolstadt 23. 11. 1915; Prof. in Hamburg, Tübingen und Bonn, beschäftigt sich bes. mit der antiken Homerinterpretation.

Werke: Unters. zu den attizist. Lexika (1950); Beitr. zur Überlieferung der Iliasscholien (1960); Beitr. zum Verständnis der Odyssee (1972); Ausgew. Schr. zur klass. Philologie (1979); Studien zum Prolog der euripideischen Tragödie (1984). – Hg.: Scholia Graeca in Homeri Iliadem, 5 Bde. u. Reg.-Bd. (1969–83).

Erbseneule, Mamestra pisi, Art der Eulenschmetterlinge; Raupen grün, braun oder schwarz mit vier gelben Längsstreifen, sie fressen an Blättern von Hülsenfrüchtlern (Erbsen, Wicken).

Erbsenkäfer, Art der →Samenkäfer.

Erbsenmuscheln, Pisidium, in Süßgewässern lebende, artenreiche und weltweit verbreitete Gattung der Muscheln; Länge 2–10 mm. Unter den etwa 20 mitteleurop. Arten ist die **Banderbsenmuschel** (Pisidium torquatum) mit einer Länge von 2 mm die kleinste rezente Muschelart. Alle E. sind nach der Roten Liste in ihrem Bestand gefährdet.

Erbsenstein, ein Mineral, →Aragonit.

Erbsenstrauch, Caragana, Gattung der Schmetterlingsblütler mit rd. 60 von S-Russland bis nach Zentralasien verbreiteten Arten. Die bis 6 m hohen,

Erbsenstrauch:
Großer Erbsenstrauch (Höhe bis 6 m)

sommergrünen Sträucher besitzen paarig gefiederte Blätter und Früchte, die denen der Erbse ähneln. Am bekanntesten ist der **Große E. (Baumartiger E.,** Caragana arborescens), ein in Anlagen und Gärten weit verbreiteter, gelb blühender und schwach giftiger Zierstrauch.

Erbslöh, Adolf, Maler und Grafiker, * New York 27. 5. 1881, † Icking (Landkreis Bad Tölz-Wolfratshausen) 2. 5. 1947; in München Mitbegründer der ›Neuen Künstlervereinigung‹ (1909) und später Mitgl. der ›Neuen Sezession‹. In seinen Stillleben, Figuren- und Landschaftsbildern verarbeitete er zunächst Einflüsse des Fauvismus und näherte sich dann der realist. Richtung der Neuen Sachlichkeit.

H. WILLE: A. E. (1982); A. E. Das graph. Werk, Ausst.-Kat. (1983); A. E. Gemälde 1903–1945, bearb. v. H. G. WACHTMANN, Ausst.-Kat. Von der Heydt-Museum Wuppertal (1992).

Erbstaaten, die →Erblande.

Erbsünde, lat. **Peccatum originale,** nach christl. Lehre die durch den Sündenfall der ersten Menschen bewirkte Sündhaftigkeit des Menschengeschlechts.

Nach *kath. Glaubenslehre* ist das Wesen der E. der angeborene Mangel an heilig machender Gnade, der durch ›Adam‹ verschuldet und durch die Abstammung von ihm auf jeden Menschen übergegangen ist. Als ihre Folge gelten der Verlust der leibl. Unsterblichkeit und die Schwächung der natürl. Fähigkeit zum Guten, bes. durch die sinnl. Leidenschaft (Konkupiszenz). Die erbsündl. Ungerechtigkeit ist von der durch eigene Todsünde bewirkten verschieden. Ausgenommen von der E. blieben nur JESUS und MARIA. Die E. wird durch die Taufe getilgt. Diese überkommene Lehre von der E. hat das 2. Vatikan. Konzil in ihren Grundzügen bestätigt und bes. ihre anthropolog. Bedeutung (sittl. Schwächung, Neigung zu falscher Auffassung Gottes, der menschl. Natur, der Grundsätze des Sittlichen) hervorgehoben.

Nach *ev. Auffassung* wird die E. nicht durch die Taufe getilgt, sondern ist als Hang zur Sünde (Konkupiszenz) in jedem Menschen wirksam, Ursprung der aktuellen Sünden und echte Schuld. Freilich ist in diesem Zusammenhang das Moment der Vererbung einer Schuld problematisch und Gegenstand theolog. Kritik. Die Vorstellung entstand aus dem Gedanken der Vererbung unserer ›Natur‹, die für jeden Menschen den Hang zur Sünde mit sich führt. Danach ist die Sünde also unausweichlich und nicht aus einem moral. Zustand des sündigen Menschen zu erklären.

Geschichte: Die Lehre vom Schuldcharakter der E. wurde in der alten Kirche von →PELAGIUS bestritten; er sah in ihr keine durch ›Adam‹ vererbte Schuld, sondern nur die Folge des bösen Beispiels, das ›Adam‹ gegeben habe. Gegen PELAGIUS hat AUGUSTINUS den Schuldcharakter der E. verteidigt und aus der Verstrickung aller Menschen in ›Adams‹ Ursünde hergeleitet. Der Verurteilung des Pelagianismus schloss sich die Ostkirche an (Konzil von Ephesos 431). Den schuldhaften Charakter der E. suchte AUGUSTINUS in der bösen Begierlichkeit. Im MA. (ANSELM VON CANTERBURY) setzte sich die Auffassung durch, dass schuldhaft nicht die Konkupiszenz, sondern der Mangel der Gnadengerechtigkeit ist. Die kath. Kirche hat auf dem Konzil von Trient (1546) gegen die reformator. E.-Lehre diese Auffassung festgehalten.

J. GROSS: Gesch. des E.-Dogmas, 4 Bde. (1960–72); Ist Adam an allem schuld?, hg. v. F. DEXINGER u. a. (Innsbruck 1971); W. EICHINGER: E.-Theologie (1980); H. M. KÖSTER: Urstand, Fall u. E. in der kath. Theologie unseres Jh. (1983); Zur kirchl. E.-Lehre. Stellungnahmen zu einer brennenden Frage, Beitrr. v. C. SCHÖNBORN u. a. (²1994).

Erbteil, der Anteil eines Miterben an der (gesamten) Erbschaft (→Erbrecht, Mehrheit von Erben).

Erb|untertänigkeit, in dem durch die dt. Ostsiedlungsbewegung erschlossenen Siedlungsgebiet sich

ausbildendes Abhängigkeitsverhältnis der Bauern von ihrem adligen oder geistl. Herrn, das der Leibeigenschaft nahe kam. Die Bauern hatten Besitzrecht zu ungünstigen Bedingungen (steigerungsfähige Abgaben und Fron), waren in ihrer Freizügigkeit beschränkt, benötigten für Heiraten den Konsens der Herrschaft, ihre Kinder unterlagen dem Gesindezwang; die Bauernstellen durften im Erbgang nicht geteilt werden, die Herrschaft wählte den Übernehmer nach ihrem Gutdünken aus dem Kreis der Erben. Die Bauern waren damit ›Privatuntertanen‹ der Herrschaft. In Einzelfällen ging die E. so weit, dass Bauern verkauft werden konnten. Die nach dem Dreißigjährigen Krieg voll ausgebildete E. war im 17./18. Jh. bes. in Ost- und Westpreußen weit verbreitet. Im Zuge der →Bauernbefreiung wurde sie 1807 de jure aufgehoben; in Österreich wurde die E. erst 1848 abgeschafft.

Dt. Agrargesch., hg. v. G. FRANZ, Bd. 4: Gesch. des dt. Bauernstandes vom frühen MA. bis zum 19. Jh. (²1976).

Erb|unwürdigkeit, →Erbrecht (Erbfähigkeit).

Erbverbrüderung, Konfraternität, das durch einen Erbvertrag wechselseitig zugesicherte Erbrecht zweier oder mehrerer regierender Häuser für den Fall ihres Aussterbens. Die E. war nur zw. Familien des Hochadels möglich und bedurfte, sofern hiervon Lehen des Heiligen Röm. Reiches betroffen waren, kaiserl. Bestätigung. Die seit dem 13. Jh. nachweisbare E. war bedeutend als Instrument territorialer Politik.

Erbvertrag, die vertragl., nur unter bestimmten Voraussetzungen rückgängig zu machende Verfügung von Todes wegen (§§ 2274ff. BGB), durch die der Erblasser einseitig Bestimmungen treffen kann, die auch ein Testament enthalten könnte. Soweit diese Verfügungen jedoch vertragsmäßig bindende Wirkungen entfalten sollen (also auf Gegenseitigkeit angelegt sind), können nur Verfügungen über Erbeinsetzung, Vermächtnisse und Auflagen getroffen werden. Der Erblasser kann einen E. nur persönlich schließen und bedarf hierzu voller Geschäftsfähigkeit (Ausnahmen zugunsten eines beschränkt geschäftsfähigen Ehegatten). Der Einwilligungsvorbehalt bei unter Betreuung stehenden Personen beschränkt nicht in Bezug auf den Abschluss eines E. Zulässig ist auch ein zweiseitiger oder gemeinschaftl. E. zweier Vertragspartner, die beide als Erblasser Verfügungen treffen, z. B. indem sie sich gegenseitig verpflichten, einen Dritten zu begünstigen. Der E. zw. Ehegatten oder Verlobten kann überdies mit einem Ehevertrag verbunden werden. Er kann nur zur Niederschrift eines Notars bei gleichzeitiger Anwesenheit beider Teile geschlossen werden. Durch den E. wird der Erblasser in seiner Testierfreiheit beschränkt; er verliert jedoch nicht die Befugnis, über sein Vermögen durch Rechtsgeschäfte unter Lebenden zu verfügen, es sei denn, er hat auf dieses Recht verzichtet. Hat jedoch der Erblasser in der Absicht, den Vertragserben zu beeinträchtigen, eine Schenkung gemacht, so kann der Vertragserbe innerhalb von drei Jahren nach Anfall der Erbschaft von dem Beschenkten die Herausgabe nach den Vorschriften der →ungerechtfertigten Bereicherung verlangen. Der E. kann unter folgenden Voraussetzungen ganz oder teilweise rückgängig gemacht werden: 1) durch notariellen Aufhebungsvertrag; 2) durch gemeinschaftl. Testament, wenn der E. unter Ehegatten abgeschlossen war; 3) durch Testament des Erblassers, wenn Vermächtnisse oder Auflagen vertragsmäßig angeordnet worden sind und die Vertragspartner der Aufhebung zustimmen; 4) durch Rücktritt vom E. oder von der Einzelverfügung (insbesondere wenn sich der vertragsmäßig Bedachte nach Vertragsschluss einer Verfehlung schuldig macht, die einen Grund zur Entziehung des Pflichtteils darstellt). Kein E. sind Erbverzicht oder Erbschaftskauf. – Im ZGB der DDR vom 19. 6. 1975 war der E. nicht mehr vorgesehen.

Nach *österr. Recht* kann ein E., durch den der künftige Nachlass (Verlassenschaft) oder ein Teil desselben versprochen und das Versprechen angenommen wird, nur zw. Ehegatten oder Brautleuten unter der Bedingung nachfolgender Ehe geschlossen werden (§§ 602, 1249 ABGB, § 1 Notariatszwangsgesetz). Der E. bedarf der Schriftform mit allen Erfordernissen eines schriftl. Testaments. Das *schweizer. Recht* kennt den E. in Gestalt des Erbeinsetzungs- und des Erbverzichtsvertrages. Der Abschluss des E. erfolgt vor einer Urkundsperson unter Beiziehung von zwei Zeugen.

G. HUBER: Testamente u. Erbverträge (⁶1994).

Erbverzicht, ein zu Lebzeiten des Erblassers mit diesem geschlossener Vertrag (§§ 2346 ff. BGB), durch den die (gesetzl. oder testamentar.) Erben auf ihr Erb- oder Pflichtteilsrecht verzichten; dies geschieht häufig gegen eine Abfindung, die jedoch unabhängig von dem E. als einem abstrakten rechtl. Verfügungsgeschäft zu betrachten ist. Der E. erstreckt sich im Zweifel auch auf die Abkömmlinge des Verzichtenden; er kann mit Bedingungen verknüpft sein, z.B. dass ein bestimmter Dritter Erbe sein soll, und bedarf notarieller Beurkundung.

Erbzinsgüter, Bauerngüter, an denen dem Bauern das Untereigentum, dem Grundherrn das Obereigentum zustand (→geteiltes Eigentum). Der Bauer entrichtete einen geringen Anerkennungszins (**Erbzins**), der, anders als bei der Erbpacht, nicht vom Ertrag des Bauerngutes abhing. Die Bauernbefreiung hob das Obereigentum an den E. auf und wandelte das Untereigentum in vollfreies Alleineigentum um.

Ercilla y Zúñiga, [εr'θiʎa i 'θuɲiɣa], Alonso de, span. Dichter, *Madrid 7. 8. 1533, †ebd. 29. 11. 1594; war adliger Herkunft. Nach Reisen durch Italien, Dtl. und England im Gefolge des späteren Königs PHILIPP II. nahm er in Chile am Kampf gegen die Araukaner teil. Sein bedeutendes, an antiken Vorbildern und an L. ARIOSTO orientiertes Epos ›La Araucana‹ (3 Tle., 1569, 1578, 1589; dt. ›Die Araucana‹) schildert in 37 Gesängen in der Form der Stanze die Kämpfe zw. den span. Eroberern und den Indianern. E. y Z. scheute sich nicht, Hochmut und Grausamkeit der Spanier aufzuzeigen sowie die Araukaner zu den eigentl. Helden des Epos zu machen.

Ausgabe: La Araucana, hg. v. M. A. MORÍNIGO u. a., 2 Bde. (1979).

Erciyas Dağı [ˈɛrdʒijas daːˈɔ], erloschener Vulkan in der Zentraltürkei, mit zwei Gipfeln: 3917 m ü. M. und 3703 m ü. M.; höchster Gebirgsstock der kleinasiat. Halbinsel und Hausberg von Kayseri. Nach STRABO war vulkan. Tätigkeit im Altertum noch an den Bergflanken bekannt. Die Auswurfmassen des E. D. und des Hasan Dağı (südwestlich des E. D.) bilden die Tuffkegellandschaft um Göreme.

Erckmann-Chatrian [-ʃatriˈ̃ã], Name, unter dem zwei frz. Schriftsteller gemeinsam publizierten: ÉMILE ERCKMANN, *Pfalzburg (Dép. Moselle) 20. 5. 1822, †Lunéville 14. 3. 1899, und ALEXANDRE CHATRIAN, *Abreschviller (Dép. Moselle) 18. 12. 1826, †Villemomble (bei Paris) 3. 9. 1890; E.-C. schrieben regionalist. Romane und Novellen sowie z. Z. der Napoleon. Kriege spielende Romane; einige der Werke wurden von ERCKMANN dramatisiert.

Werke: Romane: L'illustre docteur Mathéus (1859; dt. Der berühmte Doktor Mathäus); Thérèse ou Les volontaires de 1792 (1863; dt. Madame Therese); Histoire d'un conscrit de 1813 (1864; dt. Erlebnisse eines Conscribirten des Jahres 1813, 2 Bde.); L'ami Fritz (1864; dt. Freund Fritz); Waterloo (1865; dt.).

Ercolano, bis 1969 **Resina,** Stadt in Kampanien, Prov. Neapel, Italien, am W-Fuß des Vesuv, 60 500 Ew. Die Stadt ist auf den Lava-, Aschen- und Schlammstromschichten, unter denen →Herculaneum liegt, erbaut und mit Torre del Greco durch die ›Gol-

dene Meile‹, eine einst von Villen mit Gärten und Parks gesäumte Straße, verbunden. E. hat Eisenbahnausrüstungsbetriebe, Handwerk, Weinbau und Fremdenverkehr.

Ercole de' Roberti, Ercole da Ferrara, ital. Maler, →Roberti, Ercole de'.

ERCP, Abk. für endoskopisch retrograde Cholangiopankreatikographie (→Cholezystographie).

Érd [eːrd], früher dt. **Hanselbeck,** Stadt im Bez. Pest, Ungarn, am rechten Donauufer südlich von Budapest, 43 000 Einwohner.

Erda, von J. GRIMM erschlossener (jedoch nicht überlieferter) dt. Name der altnord. Göttin Jörd, der Mutter Thors, eine german. Erdgottheit. Bei R. WAGNER (›Das Rheingold‹, ›Siegfried‹) ist sie die Mutter der Nornen sowie der Brünhild.

ERDA, Abk. für engl. →Energy Research and Development Administration.

Erd|alkali|en, →Erdmetalle.

Erd|alkalimetalle, Sammel-Bez. für die in der zweiten Hauptgruppe des Periodensystems der Elemente stehenden Elemente Calcium, Strontium und Barium, die in ihrem Reaktionsverhalten zw. den bes. reaktionsfähigen Alkalimetallen und den beständigeren Erdmetallen stehen. Nach den E. wird die zweite Hauptgruppe des Periodensystems auch **Erdalkaligruppe** gen.; zu ihr gehören neben den E. auch die Elemente Beryllium, Magnesium (die in ihren Eigenschaften dem Aluminium bzw. dem Zink nahe stehen) und Radium. Alle Elemente dieser Gruppe zählen, mit Ausnahme des Radiums, zu den Leichtmetallen. (→Erdmetalle)

Erd|altertum, das →Paläozoikum. (→Geologie)

Erd|anziehung, Anziehungskraft der Erde, ein Sonderfall der Massenanziehung (→Gravitation, →Schwerkraft).

Erd|apfel, 1) volkstüml. Bez. für die →Kartoffel.
2) der älteste erhaltene Erdglobus, von M. →BEHAIM erstellt.

Erd|artischocke, die →Topinambur.

Erd|atmosphäre, die Lufthülle der Erde (→Atmosphäre).

Erdbau, *Tiefbau:* Technologie des Bauens mit Erdstoffen, die im Dammbau, bei der Herstellung von Baugruben und Verkehrswegen, bei Aufschüttungen und dgl. Anwendung findet, ferner bei der Gründung von Bauwerken und der Sicherung von E.-Werken (z. B. Böschungsflächen) gegen atmosphär. Einflüsse. Wichtigste Teilgebiete des E. sind das Lösen und Gewinnen, das Fördern und Transportieren sowie der Einbau des Erdstoffes. Nach dem Zustand beim Lösen werden Böden und Fels in sieben Klassen unterteilt: in Oberboden, fließende Bodenarten, leicht, mittel oder schwer lösbare Bodenarten sowie in leicht oder schwer lösbaren Fels. Zum Lösen und Gewinnen des Erdstoffes werden unter Wasser Nassbagger, im Trockenen Löffel-, Greif-, Schlepplöffel-, Eimerketten- oder Flachbagger eingesetzt. Das Fördern kann bei kleinen Weiten durch Planierraupen oder Erdhobel, ansonsten im gleislosen Betrieb durch Schürfkübelwagen und Kippfahrzeuge erfolgen. Der Einbau erfordert häufig detaillierte Pläne. Der Erdstoff muss bei kontrollierten Schüttungen lagenweise aufgefüllt und dann verdichtet werden. Die Schütthöhe der einzelnen Lagen wird je nach dem gewählten Verdichtungsgerät und der Anzahl der Verdichtungsübergänge in einem Probefeld bestimmt. Sie liegt üblicherweise zw. 20 und 60 cm. Rollige Böden (z. B. Kies, Sand) lassen sich durch dynamisch wirkende, bindige Böden durch vorwiegend statisch wirkende Geräte verdichten. Als Bezugswert für die erreichte Dichte des Erdstoffes dient die →Proctor-Dichte. Spielt die Zusammendrückung der Aufschüttung eine Rolle, z. B. im Verkehrswegebau, so ist durch →Plattendruckversuche ein Mindestwert für den Verformungsmodul des Bodens nachzuweisen. Die Tragfähigkeit oder Verdichtbarkeit von Böden lässt sich durch Verfahren der →Bodenverbesserung erhöhen.

H. GRASSHOFF u.a.: Hb. Erd- u. Grundbau, 2 Bde. (1979–82); G. KÜHN: Der maschinelle E. (1984); W. PIETZSCH u. G. ROSENHEINRICH: E. (²1993).

Erdbeben, großräumige Erschütterungen der Erde, die sich von einem Ursprungsort, dem **E.-Herd** oder **Hypozentrum,** in der tektonisch aktiven äußeren Hülle der Erde allseitig durch das Erdinnere ausbreiten.

Die eigentl. E. (rund 90 %) sind **tektonische Beben** oder **Dislokationsbeben.** Ihre Ursachen sind von Erschütterungen begleitete plötzl. Auslösungen von Spannungen innerhalb der aus zahlr. großen und kleineren ›Platten‹ bestehenden Lithosphäre der Erde, bes. an den Plattenrändern. Dort können sich die Platten auseinander bewegen (Mittelozean. Rücken bzw. Riftzonen), aufeinander zubewegen und unter- oder überschieben (Subduktions- bzw. Obduktionszonen) oder aneinander vorbeigleiten (Transformstörungen). Dabei werden die Plattenbewegungen vielfach durch Verhakungen behindert, die dann zeitweilig unter mehr oder minder heftiger Energiefreisetzung die E.-Erschütterungen bewirken (→Plattentektonik). Auf große Beben folgen oft zahlr. leichtere **Nachbeben.** Mitunter erfolgt der Ausgleich nicht auf einmal, sondern durch zahlr. schwache Stöße **(Schwarmbeben). Vulkanische E.** (7 %), die ebenfalls in den Prozess der Plattentektonik einzuordnen sind, sind weniger energiereich, noch geringere Auswirkungen haben E. als Folge von Einbrüchen unterird. Hohlräume **(Einsturzbeben).** Auch durch menschl. Tätigkeit können E. ausgelöst werden. Sie erlangen jedoch nur begrenzte Reichweite.

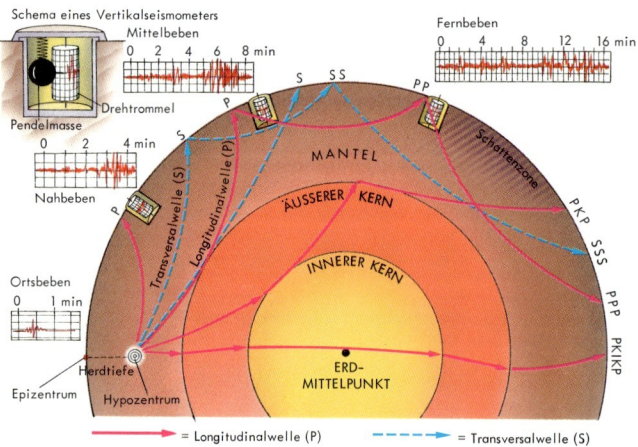

Erdbeben: Schematische Darstellung der Ausbreitung seismischer Wellen; P (S) direkte Welle, PP (SS) einmalige Reflexion, PPP (SSS) zweimalige Reflexion, K Weganteil durch den Erdkern, KIK Weg durch den inneren Erdkern (Schema ist nicht maßstabgerecht)

Der Ort stärkster Bewegung an der Erdoberfläche ist das vertikal über dem Hypozentrum des E. gelegene **Epizentrum.** Im **Epizentral-** oder **Schüttergebiet** sind die Bewegungen makroseismisch, d.h., sie können je nach Art der Energiefreisetzung schwach fühlbaren bis katastrophal zerstör. Charakter erlangen. In größerer Entfernung sind sie dagegen nur noch instrumentell registrierbar. Je nach der Entfernung vom Beobachtungsort spricht man von **Orts-, Nah-** und **Fernbeben,** nach der Herdtiefe von **Flachbeben** (in

Tiefen bis 70 km), **mitteltiefen Beben** (70–300 km) und **Tiefbeben** (300–720 km). Aus größeren Tiefen sind, vermutlich wegen des dortigen physikal. Zustandes der Erdmaterie, keine E.-Herde geortet.

Die bei einem E. freigesetzte Energie breitet sich in Form elast. Wellen **(E.-Wellen)** durch das Erdinnere hindurch und an der Erdoberfläche aus. Je nach Bewegungsrichtung der dabei in Schwingung gesetzten Materieteilchen unterscheidet man Longitudinalwellen, die sich oberflächennah mit einer Laufzeit von etwa 5,5 km/s, in größerer Tiefe bis 13 km/s fortpflanzen, und die langsameren Transversal- bzw. Scherwellen (von oberflächennah etwa 3,1 km/s, in größerer Tiefe bis 80 km/s). Da die Longitudinalwellen an einem entfernten Ort dementsprechend früher als die Transversalwellen eintreffen, bezeichnet man sie auch als **P-Wellen** (von primär) und die Transversalwellen als **S-Wellen** (von sekundär). An Grenzzonen innerhalb des Erdkörpers, wo sich dessen physikal. Materieeigenschaften ändern (z.B. Erdkruste-Erdmantel-Grenze), können die E.-Wellen abgelenkt oder reflektiert werden. Die Transversalwellen werden in quasiflüssigen Zonen (Asthenosphäre oder äußerer Erdkern) abgeschwächt oder setzen aus. Bei Reflexionen an der Erdoberfläche können Longitudinalwellen in Transversalwellen übergehen. Diese **Oberflächen-** oder **L-Wellen** sind die langsamsten (3,5–3,8 km/s), aber auch die energiereichsten. Sie bewirken die heftigsten und zerstör. Bodenbewegungen bei E.

Die Registrierung von E. erfolgt mithilfe hoch empfindl. Messinstrumente (→Seismograph) in →Erdbebenwarten. Sie messen die Laufzeiten und Amplituden der E.-Wellen und zeichnen ihren Verlauf in einem Seismogramm auf. Aus dem Einsetzen der Ausschläge sowie aus ihrer Form und Größe können Richtung, Entfernung und Energie des E.-Herdes und wichtige Hinweise über die Struktur des Erdinnern abgeleitet werden. Durch die 1897 begründete zwölfteilige →Mercalli-Skala wurde versucht, die E. nach ihren sichtbaren und fühlbaren zerstör. Auswirkungen energiemäßig einzuschätzen und einzuordnen. Seit 1964 ist sie in der verbesserten Form als Medwedew-Sponheuer-Karnik- oder MSK-Skala international in Gebrauch gewesen, jedoch wird die Energie heute allg. durch eine messbare, aus dem Seismogramm errechenbare Größe, die Magnitude M, ausgedrückt (→Richter-Skala). Von den instrumentell jährlich über 1 Mio. nachweisbaren E. sind etwa 150 000 im Epizentralgebiet zumindest schwach fühlbar. Deutlich fühlbare und zuweilen merkl. Schäden verursachende E. der Magnituden 5 und 6 treten etwa 700 auf, mit Magnituden zw. 6 und 7 sind es etwa 120, mit Magnituden zw. 7 und 8 etwa 15 und mit den höchsten gemessenen Magnituden zw. 8 und 9 etwa zwei, die dann zu den schwersten E.-Katastrophen gehören und mit hohen Opfern und Sachschäden verbunden sind.

Der weitaus größte Teil der E. sind Flachbeben (etwa 85 %). Sie werden an allen Rändern der Lithosphäreplatten und auch in tektonisch aktiven Gebieten in deren Inneren registriert. Mitteltiefe Beben (rd. 12 %) und die seltenen Tiefbeben (etwa 3 %) treten fast nur in Subduktionszonen auf, wo sich ein ozean. Plattenrand schräg unter Kontinenten vorgelagerte Inselbögen (z.B. Japan, Philippinen, Sundainseln) oder kontinentale Plattenränder (z.B. Westseite Südamerikas) hinabschiebt. Im Anfangsbereich des durch Tiefseegräben markierten Hinabschiebens treten dementsprechend Flachbeben auf, während mitteltiefe Beben und Tiefbeben in Richtung nach dem Kontinentinneren zu registriert werden (→Benioff-Zonen). E. im Inneren von Lithosphäreplatten sind an bruchtektonisch aktive Gebiete gebunden. Wiederholt betroffene Schüttergebiete in Mitteleuropa sind z.B. der Oberrheintalgraben mit dem angrenzenden Baden-Würt-

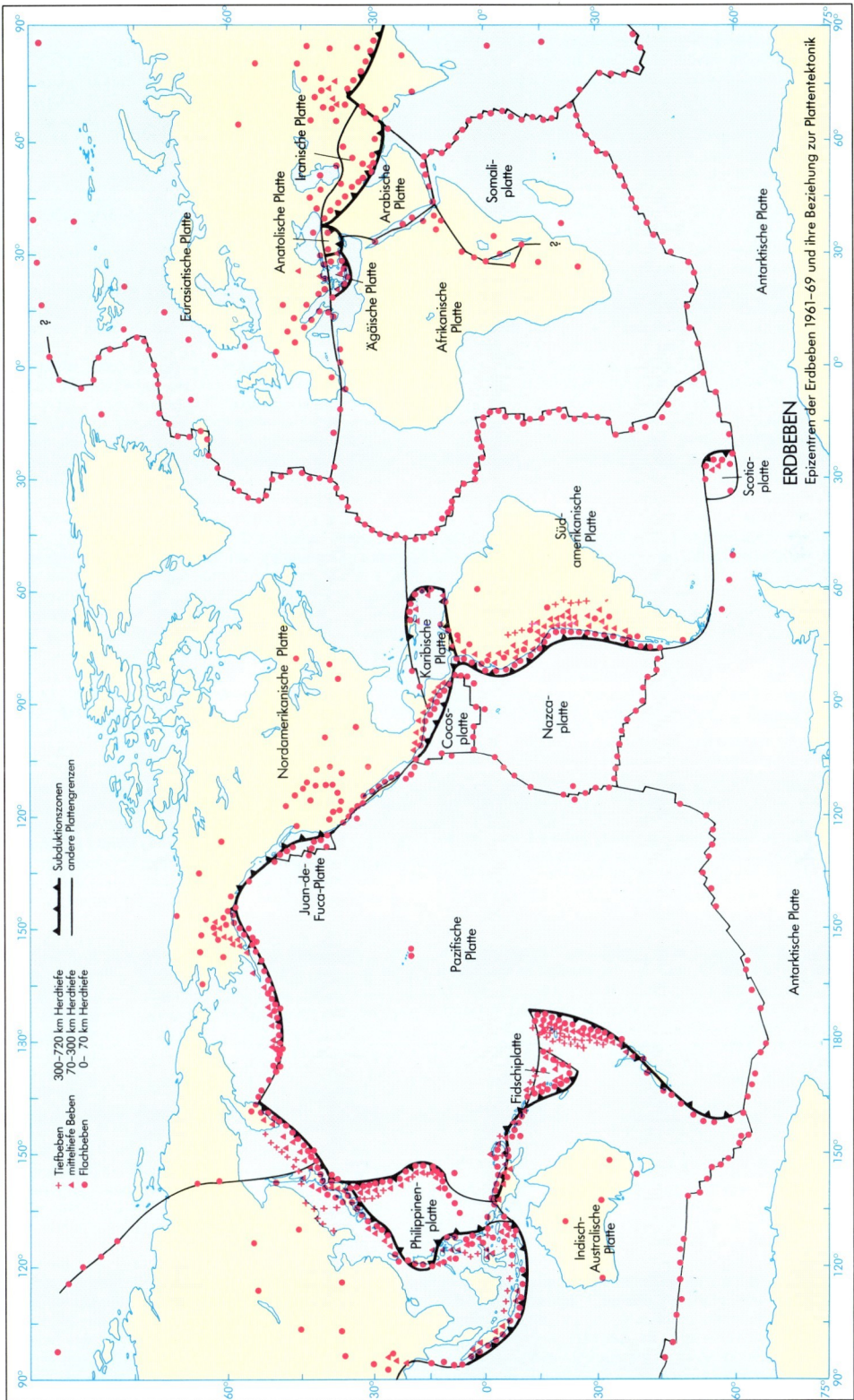

ERDBEBEN
Epizentren der Erdbeben 1961–69 und ihre Beziehung zur Plattentektonik

Eurasische Platte

Iranische Platte

Anatolische Platte

Arabische Platte

Somali-platte

Antarktische Platte

Ägäische Platte

Afrikanische Platte

Südamerikanische Platte

Scotia-platte

Nordamerikanische Platte

Karibische Platte

Cocos-platte

Nazca-platte

Juan-de-Fuca-Platte

Pazifische Platte

Antarktische Platte

Fidschiplatte

Philippinen-platte

Indisch-Australische Platte

Subduktionszonen
andere Plattengrenzen

+ Tiefbeben   300–720 km Herdtiefe
▲ mitteltiefe Beben 70–300 km Herdtiefe
● Flachbeben   0– 70 km Herdtiefe

temberg und Elsass, das Niederrheingebiet und das sächs. Vogtland.

Dem ungleichmäßigen Auftreten von E. entsprechend wechselt das Ausmaß der E.-Schäden, wobei nicht nur die Energiefreisetzung, sondern auch die Siedlungsdichte und die Gebäudebeschaffenheit eine Rolle spielen. Als bes. katastrophengefährdete Gebiete gelten die mit den Großstädten Tokio, San Francisco und Los Angeles. Im langjährigen Durchschnitt sind jährlich durch E. etwa 10 000 Opfer zu beklagen. Die größte bekannte Zahl von Toten (830 000) soll durch ein E. in China 1556 verursacht worden sein. Eine besondere indirekte Gefahr bei Seebeben besteht in der Auslösung von Flutwellen mit einer Höhe von 10 m und mehr beim Aufbranden auf mitunter weit entfernten Küsten (Tsunamis).

Sichere E.-Vorhersagen sind noch nicht möglich. Vorboten können instrumentell messbare Erschütterungen beim Aufbauen von Spannungen in der Erdkruste sein, eventuell verbunden mit Hebungen, Senkungen oder Horizontalverschiebungen, Änderungen des geomagnet. oder geoelektr. Feldes, Anstieg des Radongehaltes im Grundwasser oder auch das abnorme Verhalten von Tieren.

Kulturgeschichte: E. galten als von Göttern oder dämon. Wesen verursacht. Bis in die Neuzeit wurden sie als Vorzeichen von Weltuntergang, Strafgerichten o. Ä. verstanden. Die Auswirkungen von E. haben zu literar. Schilderungen angeregt, z. B. den röm. Schriftsteller PLINIUS D. Ä., GOETHE (Beschreibung des E. von Lissabon in ›Dichtung und Wahrheit‹) und KLEIST (›Das E. von Chili‹) u. a.

H. D. HECK u. R. SCHICK: E.-Gebiet Dtl. (1980); W. NEUMANN u. a.: E. (Leipzig ²1989); G. SCHNEIDER: E.-Gefährdung (1992); A. ROBINSON: Erdgewalten (a. d. Engl., 1994); T. LAY u. T. C. WALLACE: Modern global seismology (San Diego, Calif., 1995); B. A. BOLT: E. Schlüssel zur Geodynamik (a. d. Engl., 1995).

Erdbebenkunde, →Seismik.

erdbebensichere Bauweisen, v. a. in Industrieländern mit besonderer Erdbebengefährdung (z. B. Kalifornien, Japan) hoch entwickelte und durch amtl. Vorschriften geregelte Bauarten. Zu den e. B. zählen u. a. Leichtbauweisen, seitensteife, erschütterungsfeste, meist hochgradig statisch unbestimmte Stahl- und Stahlbetonkonstruktionen mit möglichst geringen Dachlasten sowie die gelenkige Lagerung auf Stützen und der Einbau von Dämpfungselementen. Die Gebäude besitzen eine hohe Elastizität zur Aufnahme und allmähl. ›Verschluckung‹ von beben- und windbedingten Belastungen. Um die bes. gefährdeten horizontalen Erdbebenkräfte, die vorzugsweise seitlich an den Fundamenten der Gebäude angreifen, abzufangen, sind gute Gründungen in möglichst festen Gesteinen und stabile Verbindungen zum Überbau und innerhalb der einzelnen Gebäudeteile erforderlich.

FRITZ P. MÜLLER u. E. KEINTZEL: Erdbebensicherung von Hochbauten (²1984).

Erdbebenwarte, seismologische Station, wiss. Institut, in dem mit Seismometern bzw. -graphen laufend die örtl. Bodenbewegungen bei Erdbeben, Kernexplosionen und die mikroseism. Bodenunruhe aufgezeichnet und ausgewertet werden. Weltweit arbeiten rd. 1 500 E., von denen etwa 500 am Datenaustausch beteiligt sind.

Erdbeerbaum, Arbutus, Gattung der Heidekrautgewächse mit rd. 20 im Mittelmeerraum, auf den Kanaren, in Nord- und Mittelamerika verbreiteten Arten. Die immergrünen Bäume oder Sträucher besitzen kugelige oder urnenförmige Blüten in büscheligen Rispen und mehrsamige Beerenfrüchte mit mehligem Fruchtfleisch. Versch. Arten sind Charakterpflanzen der mediterranen Macchien, z. B. **Arbutus unedo,** deren kirschgroße, scharlachrote, warzige Beeren ess-

Erdbeerbaum: Arbutus unedo (Höhe 1–10 m)

Erdbeere 1): Gartenerdbeere

bar, aber wenig wohlschmeckend sind und gelegentlich zur Spirituosenherstellung verwendet werden.

Erdbeerfröschchen (Körperlänge bis 2,4 cm)

Erdbeere, 1) Fragaria, Gattung der Rosengewächse mit rund 30 Arten in den gemäßigten und subtrop. Gebieten der nördl. Halbkugel und in den Anden; Ausläufer treibende Stauden mit grundständiger, aus dreizählig gefiederten, gesägten Blättern bestehender Blattrosette und weißen, überwiegend zwittrigen Blüten. Die meist essbaren Früchte **(Erdbeeren)** sind Scheinfrüchte; bei jeder Blüte entwickeln sich die zahlreichen Fruchtblätter zu Nüsschen, die der aufgewölbten, sich fleischig entwickelnden und rot färbenden Blütenachse aufsitzen (Sammelnussfrucht). Die **Wald-E.** (Fragaria vesca) ist eine Wildart mit ungestielten Blattfiedern und relativ kleinen, aromat. Früchten; eine Kulturform der Wald-E. stellt die mehrmals im Jahr blühende und fruchtende **Monats-E.** (Fragaria vescavar semperflorens) dar.

Die bedeutendste, in zahlr. Sorten kultivierte E. ist die großfrüchtige **Garten-E.** (Fragaria ananassa), die um 1750 in Holland aus der Kreuzung der südamerikan. **Chile-E.** (Fragaria chiloensis) mit der nordamerikan. **Scharlach-E.** (Fragaria virginiana) entstand. Die meist im Freiland, aber auch im Folientunnel oder unter Glas angebauten Pflanzen bevorzugen einen schwach sauren, genügend feuchten Boden. Da nach zwei Jahren der Ertrag meist geringer wird, werden die Pflanzen nach dieser Zeitspanne häufig durch eine Neupflanzung ersetzt. Die meisten Sorten blühen und fruchten nur einmal jährlich (Kurztagspflanzen), andere tragen bis zum Frostbeginn (tagneutrale Pflanzen).

Die Früchte können vielseitig verwendet werden. Die wichtigsten Bestandteile sind: 89,5 % Wasser, 0,8 % Eiweiß, 0,4 % Fett, 7,5 % Kohlenhydrate, 1,3 % Rohfaser und 0,5 % Mineralstoffe. An Vitaminen kommen je 100 g essbaren Anteils u. a. vor (Mittelwerte): 0,03 mg Vitamin B_1, 0,05 mg Vitamin B_2 und 64 mg Vitamin C.

Krankheiten und *Schädlinge:* Bei Chlorose liegt Mangan- oder Eisenmangel vor. Bei Befall durch Viren lässt die Wuchskraft der Stauden auffällig nach; Überträgerin ist die Knotenblattlaus. Die häufigsten Pilzkrankheiten sind Verticilliumwelke, Rote Wurzelfäule, Grauschimmelfäule, Lederfäule, Mehltau sowie Rot- und Weißfleckenkrankheit; häufig vorkommende Schadtiere sind: Erdbeerälchen, -milbe, -wickler, -stängelstecher, -blütenstecher; an Früchten fressen Schnecken und Vögel.

Kulturgeschichte: Die E. wird bereits bei OVID und VERGIL als ›fragum‹ erwähnt. Im MA. wurde ihr Heilkraft zugeschrieben. Sie galt als Speise der Seligen, aber auch als Sinnbild der Verlockung und Weltlust. Die dreigeteilten Blätter hielt man für ein Symbol der Trinität und stellte die Pflanze deshalb oft in Plastik und Malerei dar. HILDEGARD VON BINGEN war die E. als ›Erpere‹ bekannt. Die Scharlach-E. gelangte um

1623 aus Virginia nach England, die Chile-E. um 1712 von Chile nach Frankreich, von dort nach England, Dtl. und in die übrigen Länder Europas.

2) Indische E., Art der Gattung →Duchesnea.

Erdbeerfröschchen, Dendrobates typographicus, kleine (bis 2,4 cm lang), überwiegend rot gefärbte, in Mittelamerika beheimatete Art der Farbfrösche mit blauschwarzen Beinen.

Erdbeerklee, Trifolium fragiferum, hellrosa blühende Kleeart, deren Blütenköpfchen zur Fruchtzeit erdbeerähnlich aussehen. Der E. kommt auf feuchten, häufig salzhaltigen Böden vor und wird als Futterpflanze in den USA, in Russland, in Australien und seltener auch in S-Europa kultiviert.

Erdbeerrose, die →Pferdeaktinie.

Erdbeerspinat, Name zweier Arten der Gattung Gänsefuß mit fleischigen, rötl., an Erdbeeren erinnernden Fruchtständen (Scheinfrüchte): der von Südeuropa bis Mittelasien verbreitete **Echte E.** (Chenopodium foliosum) mit tief gezähnten Blättern und bis zur Spitze dicht beblättertem Blütenstand; ferner der aus Südeuropa stammende **Ährige E.** (Chenopodium capitatum), dessen Blütenknäuel keine Tragblätter besitzen. Beide Arten werden als Blattgemüse, aber auch als Zierpflanzen verwendet.

Erdbeertomate, die →Erdkirsche.

Erdbeschleunigung, die →Fallbeschleunigung der Erde.

Erdbestattung, Form der →Totenbestattung.

Erdbienen, Sandbienen, Andrenidae, Familie der solitären Bienen, weltweit über 1000 Arten. Die E. sind Beinsammler. Die Weibchen graben mehrzellige Nester, oft kolonienweise; einige Arten schmarotzen bei anderen Erdbienen.

Erdbirne, 1) Bez. für die birnenförmige, süßlich schmeckende Knolle des milchsafthaltigen Hülsenfrüchtlers **Apios americana.**

2) die →Topinambur.

3) volkstüml. Bez. für die →Kartoffel.

Erdböcke, Dorcadion, artenreiche Gattung flugunfähiger Bockkäfer; plump, schwarz oder braun, oft mit hellen Haarbinden. E. leben bes. in trockenen, steppenartigen Gebieten; einige Arten sind Getreideschädlinge.

Erddruck, Formelzeichen E, der vom Boden (Erdmassen, Hinterfüllungen u. a.) auf die Rückseite einer Stützkonstruktion (z. B. Baugruben-, Keller- oder Spundwand oder eine Stützmauer) ausgeübte, vom Eigengewicht der Erdmassen herrührende Druck. Die aus dem E. resultierende Kraft ist die **E.-Last,** deren Größe von der Wandbewegung abhängt. Ist die Wand starr und verschiebt sich nicht, so ergibt sich der **Erdruhedruck** E_0. Bewirken die Erdmassen ein Nachgeben der Wand, dann erreicht der E. im Grenzzustand einen Kleinstwert E_a, den **aktiven E.,** und bei einer Druckwirkung der Wand auf die Erdmassen einen Größtwert E_p, den **passiven E.** oder **Erdwiderstand.** Versuche haben ergeben, dass die E.-Verteilung von der Form der Wandbewegung abhängt: Im aktiven Druckzustand, bei Drehungen der Wand um den Fußpunkt, ist der E. hydrostatisch verteilt; dagegen ergeben Kopfpunktdrehungen oder Parallelverschiebungen E.-Konzentrationen in der oberen Wandhälfte.

E.-Lasten für rollige Böden (z. B. Kies, Sand) werden ermittelt, indem das Gewicht der Erdmassen mit einem Beiwert multipliziert wird, dessen Größe von der Wandbewegung, den Neigungen der Geländeoberfläche und der Wandrückseite sowie dem Wandreibungswinkel und dem Reibungswinkel des Bodens abhängt. Kohäsion wirkt auf den aktiven E. vermindernd, auf den Erdwiderstand vergrößernd. Bei schwierigen Randbedingungen werden graf. Lösungsverfahren angewendet.

W. STIEGLER: E.-Lehre. Grundl. u. Anwendungen (^{2}1984).

Erde, Zeichen ♀, nach Merkur und Venus der 3. Planet unseres Sonnensystems, der Venus in Masse, Dichte und Größe ähnlich. Die E. ist von einer Atmosphäre umgeben. Sie ist der einzige Planet im Sonnensystem, auf dessen Oberfläche sich flüssiges Wasser in beachtl. Menge befindet. Zus. mit der Sonne und den übrigen Planeten des Sonnensystems ist die E. vor etwa 4,58 ± 0,03 Mrd. Jahren (→Altersbestimmung) aus einer turbulenten lokalen Verdichtung der interstellaren Materie entstanden (→Sternentwicklung).

Astronomie

Bahnbewegung: Die E. bewegt sich in 365,256 Tagen (sider. →Jahr) auf einer nahezu kreisförmigen Ellipsenbahn **(Erdbahn)** um die als ruhend angenommene Sonne, wobei sie durch deren Massenanziehung auf ihrer Bahn gehalten wird (ihre tatsächl. Bewegung im Weltraum setzt sich aus dieser Relativbewegung und der Eigenbewegung der Sonne zusammen). Durch diese Umlaufbewegung ist die Ebene der →Ekliptik definiert. Der mit einer mittleren Geschwindigkeit von 29,8 km/s erfolgende Umlauf um das Zentralgestirn geschieht rechtläufig, d. h. vom Nordpol der Ekliptik aus betrachtet entgegen dem Uhrzeigersinn. Die mittlere Entfernung der E. von der Sonne beträgt 1 AE (astronom. Einheit) ≈ 149,6 Mio. km. Im sonnennächsten Punkt ihrer Bahn, im Perihel, ist die E. 0,9833 AE, im sonnenfernsten Punkt, im Aphel, 1,0167 AE von der Sonne entfernt. Das Perihel wird Anfang Januar, das Aphel Anfang Juli durchlaufen. Die Geschwindigkeit der E. in ihrer Bahn variiert um maximal ≈ ± 0,5 km/s; sie ist in Sonnennähe größer (30,29 km/s im Perihel), in Sonnenferne kleiner (29,29 km/s im Aphel) als die mittlere Geschwindigkeit.

Erde-Mond-System: Die E. wird von einem vergleichsweise großen Trabanten umrundet, dem Mond, dessen Masse rd. $^1/_{81}$ Erdmasse beträgt. Infolge ihrer gegenseitigen Massenanziehung bewegen sich E. und Mond auf ellipt. Bahnen um ihren gemeinsamen Schwerpunkt, der noch innerhalb des Erdkörpers liegt; E. und Mond werden daher vielfach auch als Doppelplanet bezeichnet. Die Nähe des Mondes (mittlere Entfernung 384403 km) und seine relativ große Masse führen auf der E. zu deutl. Gezeiteneffekten (→Gezeiten); die damit verbundene Gezeitenreibung sorgt für eine allmähl. Abbremsung der Erdrotation, die gegenwärtig bei 0,0016 s pro Jh. liegt. Wegen der Erhaltung des Drehimpulses muss sich als Folge davon der Mond allmählich von der E. entfernen.

Erdbeerspinat:
Echter Erdbeerspinat
(Höhe 20–100 cm)

Erdbienen:
Andrena fulva
(Körperlänge
13–15 mm)

Charakteristische Daten der Erde

mittlere Entfernung von der Sonne	149 597 870 km
kleinste Entfernung von der Sonne	147,1 · 10⁶ km
größte Entfernung von der Sonne	152,1 · 10⁶ km
Umfang der Bahn	940 · 10⁶ km
mittlere Bahngeschwindigkeit	29,783 km/s
siderische Umlaufzeit	365 d 6 h 9 min 9,54 s
numerische Exzentrizität der Bahn	0,016 751
Äquatorradius[*]	$a = 6378,137$ km
Polradius[*]	$b = 6356,752$ km
mittlerer Erdradius[*]	$r_E = 6371,00$ km
Äquatorumfang[*]	40075,017 km
Meridianumfang[*]	40007,863 km
Abplattung[*]	$f = (a-b)/a = 1:298,257$
Oberfläche[*]	510,0656 · 10⁶ km²
Volumen[*]	1083,207 · 10⁹ km³
Masse[*]	5,974 · 10²⁴ kg
mittlere Erddichte[*]	5,516 g/cm³
Entweichgeschwindigkeit	11,2 km/s
Schwerebeschleunigung am Äquator	978,031 cm/s²
siderische Rotationsperiode	23 h 56 min 4,099 s
Rotationsgeschwindigkeit am Äquator	465,1 m/s
Neigung des Äquators gegen die Bahnebene	23° 26′ 21,5″

[*])Wert des 1980 international empfohlenen geodätischen Referenzellipsoids.

Erdrotation: Neben ihrer Bahnbewegung führt die E. eine von dieser unabhängige Drehung um ihre eigene Körperachse **(Erdachse)** aus. Diese Rotation der E. erfolgt von W nach O, also im gleichen Drehsinn wie ihre Bewegung in ihrer Bahn, und spiegelt sich in der scheinbaren Drehung des Himmelsgewölbes von O nach W wider. Die Rotationsdauer, gemessen an der Wiederkehr der Kulmination eines Sterns, beträgt 23 h 56 min 4 s (Sterntag). Wird die Rotationsdauer

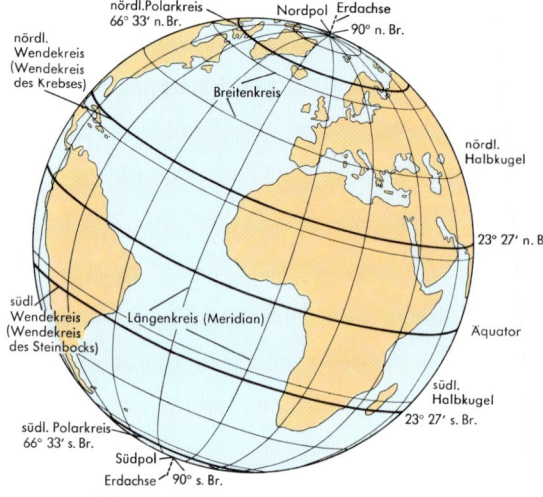

nördl.Polarkreis 66° 33′ n. Br. · Nordpol Erdachse · 90° n. Br.
nördl. Wendekreis (Wendekreis des Krebses)
Breitenkreis
nördl. Halbkugel
23° 27′ n. Br.
südl. Wendekreis (Wendekreis des Steinbocks) · Längenkreis (Meridian)
Äquator
Längenkreis (Meridian)
südl. Halbkugel 23° 27′ s. Br.
südl. Polarkreis 66° 33′ s. Br.
Südpol · Erdachse · 90° s. Br.

Erde

hingegen an der Wiederkehr der Kulmination der Sonne gemessen, so ist sie um 3 min 56 s länger und beträgt 24 h (ein mittlerer Sonnentag). Die Rotationsgeschwindigkeit der E. unterliegt kleinen, unregelmäßigen und period. Veränderungen, für die v.a. drei Gründe erkannt wurden: die Gezeitenreibung, Verlagerungen im Erdinnern und jahreszeitl., meteorologisch bedingte Verlagerungen auf der Erdoberfläche. Die Durchstoßpunkte der Rotationsachse der E., also die **Erdpole,** liegen nicht absolut fest, sondern wandern geringfügig (→Polbewegung). Entsprechend variiert auch die Lage des Erdäquators. Außerdem beobachtet man infolge der Plattentektonik scheinbare Polbewegungen. – Die Erdrotation hat zu einer →Abplattung des Erdkörpers geführt, die sich als Äquatorwulst bemerkbar macht; da Äquator- und Ekliptikebene wegen der Neigung der Erdachse einen Winkel von 23° 26′ bilden, bewirkt die Anziehungskraft der Sonne aufgrund des Äquatorwulstes ein Drehmoment, auf das die rotierende E. wie ein Kreisel reagiert (→Präzession). Entsprechend wirkt sich, wenn auch geringer, die Anziehungskraft des Mondes aus (→Nutation).

Die um 66° 34′ gegen die Ekliptik geneigte Erdachse lässt außerdem die Jahreszeiten entstehen: Die unterschiedl. Sonnenhöhe im Jahreslauf führt zu wechselnder Bestrahlungsintensität (die flach auftreffenden Strahlen im Winter wärmen weniger als die steil auftreffenden im Sommer) und zu wechselnder Bestrahlungsdauer (im Sommer steht die Sonne wegen der größeren Mittagshöhe länger über dem Horizont).

Geodäsie

Größe und Gestalt der E. werden durch die Verfahren der →Geodäsie, heute v.a. der →Satellitengeodäsie, bestimmt. Dabei wird die physikal. Erdoberfläche im Bereich der Kontinente durch →Festpunkte und topograph. →Karten erfasst. Im ozean. Bereich wird sie durch die die ungestörte mittlere Meeresoberfläche

approximierende →Niveaufläche des Schwerefeldes dargestellt. (→Geoid).

Dimensionen der Erde: Die E. hat in erster Annäherung die Gestalt einer Kugel vom Radius r_E = 6 371 km. Genauer entspricht ihr ein als **mittleres Erdellipsoid** oder **geodätisches Referenzellipsoid** bezeichnetes Rotationsellipsoid, dessen Symmetrieachse durch die Pole geht und dessen in der Äquatorebene liegende große Halbachse a = 6 378,2 km **(Äquatorradius)** um 21,4 km länger ist als die zu einem Pol führende kleine Halbachse b **(Polradius).** Die auf der Erdrotation beruhende Abplattung der E. beträgt $f = (a - b)/a = 0,003\,353$. Eine physikalisch definierte Erdfigur (Gleichgewichtsfläche im Erdschwerefeld in Höhe des mittleren Meeresspiegels) ist das Geoid. Das Referenzellipsoid approximiert das Geoid optimal (Abweichungen kaum größer als 100 m).

Geophysik

Schwerefeld der Erde: Da die Materie im Erdinneren nachgiebig gegen lang andauernde Kräfte ist, hat die Erdfigur im Großen eine Gestalt, deren Oberfläche mit einer Äquipotenzialfläche der sich aus der Massenanziehung und der durch die Erdrotation hervorgerufenen Zentrifugalkraft zusammensetzenden →Schwerkraft zusammenfällt (Geoid). Da sowohl die Massenanziehung als auch die Zentrifugalkraft von der geograph. Breite abhängen, gilt dies auch für die Schwere- oder Fallbeschleunigung *g;* sie nimmt vom Äquator zu den Polen hin zu und beträgt im Meeresniveau am Äquator 9,780 33 m/s², in 45° geograph. Breite 9,806 20 m/s², an den Polen 9,832 19 m/s². Die Fallbeschleunigung *g* nimmt auch mit der Höhe ab, und zwar für Punkte in der Nähe der Erdoberfläche um 30,86 μm/s² pro Meter. Zeitl. Änderungen der Schwerebeschleunigung werden durch die Gezeitenkräfte bewirkt. – Das beobachtete Schwerefeld zeigt eine Fülle von groß- und kleinräumigen Anomalien, die auf Unsymmetrien in der Massenverteilung im Erdkörper beruhen. Die räumlich und betragsmäßig größte Anomalie ist durch die Abplattung bedingt. Satellitenbeobachtungen offenbaren auch den Geoidundulationen entsprechende Anomalien. Daneben gibt es regionale oder lokale Störungen nach Betrag (Schwereanomalien) und Richtung (Lotabweichungen), die mit →Gravimetern bestimmt werden.

Aufbau der Erde			
	Vol.-%	Masse-%	mittlere Dichte (g/cm³)
Erdkruste	0,8	0,4	2,8
Erdmantel	83,0	67,2	4,5
Erdkern	16,2	32,4	11,0

Geophysikal. und solarterrestr. Erscheinungen: Die E. ist umgeben vom →erdmagnetischen Feld, das wie ein Schutzschirm gegen die gefährl. Partikelstrahlung der Sonne und der →kosmischen Strahlung wirkt. Zusätzl. Schutz liefert die Erdatmosphäre, die auch einen großen Teil der elektromagnet. Strahlung der Sonne absorbiert. Durch Wechselwirkungen zw. dem →Sonnenwind und dem Magnetfeld der E. werden versch. Vorgänge hervorgerufen, u.a. Polarlichter und andere Leuchterscheinungen in der Hochatmosphäre der E., Schwankungen der Leitfähigkeit der Ionosphäre, erdmagnet. Stürme, Änderungen der Strahlungsintensitäten im Van-Allen-Gürtel sowie in der kosm. Strahlung.

Aufbau der Erde

Die tiefsten Bohrlöcher (auf der Halbinsel Kola über 12 000 m und das abgeschlossene →kontinentale Tiefbohrprogramm in der Oberpfalz 9 101 m) erreichen nicht einmal 1 % des Erdradius. Erdmaterie aus Tiefen bis zu 200 km wird in Form vulkan. Fördermassen oder mit diesen an die Erdoberfläche gebracht. Schließlich lassen Gesteins- und Metallmeteorite als Bruchstücke erdähnl. Himmelskörper Rückschlüsse auf die Materie des tieferen Erdinnern zu. Dennoch ist man bei deren Erforschung fast ausschließlich auf indirekte geophysikal., v. a. seism. Verfahren angewiesen. Diese liefern aber nur Hinweise auf physikal. Materialeigenschaften.

Die Seismologie konnte aufgrund von Erdbebenwellen zeigen, dass die E. im Innern aus versch. Schalen, Schichten oder Zonen besteht, die durch markante Unstetigkeits- oder →Diskontinuitätsflächen voneinander getrennt sind. Die Haupteinheiten (Erdkruste, -mantel und -kern) lassen sich noch weiter untergliedern.

Die **Erdkruste** ist fest und spröde. Man kann zwei versch. Typen unterscheiden: die auch den Schelf umfassende kontinentale Kruste und die die Böden der Ozeane bildende ozean. Kruste. Die i. A. 30–50 km dicke **kontinentale Kruste** kann unter Gebirgen 50–60 km mächtig werden (›Gebirgswurzel‹). Sie weist mehrere Diskontinuitäten auf, von denen die →Conrad-Diskontinuität die wichtigste ist. Sie wird als Grenzbereich zw. einer oberen und einer unteren Kruste gewertet und ist materialbedingt. Die obere silicium- und aluminiumreiche (›Sial‹), auch als Granitschicht bezeichnete kontinentale Kruste mit Sediment- bzw. sauren magmat. und metamorph. Gesteinen fehlt unter den Ozeanen. Die untere, überwiegend Silicium-, Aluminium- und Magnesiumverbindungen (›Sima‹) aufweisende Schicht wird nach ihrer durchschnittl. chem. Zusammensetzung auch als Basalt- oder Gabbroschicht bezeichnet, die jedoch auch andesit. und hochmetamorphe Gesteinsverbände (z. B. Granulit) enthält.

Die **ozeanische Kruste** ist dagegen nur 5–7 km dick und rein basalt. Natur; sie liegt unter einer geringmächtigen Sedimentdecke, die auch fehlen kann. Beide Krustentypen stehen im isostat. Gleichgewicht (→Isostasie).

Die Temperatur in der Erdkruste nimmt mit der Tiefe zu, in größerer Tiefe aber in geringerem Maße, als es der z. B. in Bergwerken und Bohrlöchern anzutreffenden →geothermischen Tiefenstufe entspricht.

Der **Erdmantel** wird durch die →Mohorovičić-Diskontinuität (›Moho‹) von der Erdkruste getrennt. Hier springt die Geschwindigkeit der seism. P-Wellen

(→Erdbeben) von etwa 6,5 auf 8,0 km/s. Der Erdmantel reicht bis in 2900 km Tiefe; in ihm zeichnen sich mehrere Diskontinuitäten ab, bes. in 400, 700 und 900 km Tiefe, wobei Letztere als Grenzbereich zw. oberem und unterem Erdmantel gewertet wird.

Verbreitung der chemischen Elemente in den obersten 16 km der Erdkruste (in Masse-%; nach A. R. Clarke, H. S. Washington, V. M. Goldschmidt)		
Sauerstoff ... 46,60	Kohlenstoff, Fluor, Schwefel, Chlor, Vanadium, Chrom, Mangan, Nickel, Rubidium, Strontium, Zirkonium, Barium 0,1–0,01	
Silicium 27,72		
Aluminium .. 8,13		
Eisen .... 5,00 } 98,59		
Calcium 3,63	Lithium, Bor, Kobalt, Kupfer, Zink, Gallium, Yttrium, Niob, Zinn, Cer, Blei 0,01–0,001	
Natrium 2,83		
Kalium 2,59		
Magnesium .. 2,09	Beryllium, Scandium, Germanium, Arsen, Brom, Molybdän, Cäsium, Hafnium, Tantal, Wolfram, Uran 0,001–0,0001	
Titan 0,44		
Wasserstoff .. 0,14		
Phosphor ... 0,12	Cadmium, Indium, Jod, Quecksilber, Thallium, Wismut 0,0001–0,00001	
99,29	Selen, Palladium, Silber 0,00001–0,000001	
	Iridium, Platin, Gold 0,000001–0,0000001	

Mineralzusammensetzung des oberen Teiles der Erdkruste (in Vol.-%)	
Plagioklas	40,2
Kalifeldspat	17,7
Pyroxen, Hornblende, Olivin	16,3
Quarz	12,6
Oxid, Eisenerzminerale	3,7
Glimmer	3,3
Kalkspat	1,5
Tonminerale	1,0
	96,3
andere Minerale (etwa 2000 Arten)	3,7
	100,0

Der **obere Erdmantel** besteht aus Materie mit einer Dichte von 3,3–4,2 g/cm³, die dem olivinreichen Tiefengestein Peridotit entspricht, weshalb diese Schicht auch **Peridotitschicht** genannt wird. In größerer Tiefe (400–900 km) dürfte der Olivin durch den zunehmenden Druck vom Perowskit ersetzt werden. In 100–300 km Tiefe ist der obere Erdmantel von einer Zone durchsetzt, in der die Fortpflanzungsgeschwindigkeit der P-Wellen sprunghaft zurückgeht und die S-Wellen vorübergehend aussetzen. Das lässt den Schluss zu, dass hier die Temperatur gerade so hoch und der

Erde: Seismischer Befund zum Aufbau der Erde; oben Erdsektor, unten Geschwindigkeit der Erdbebenwellen

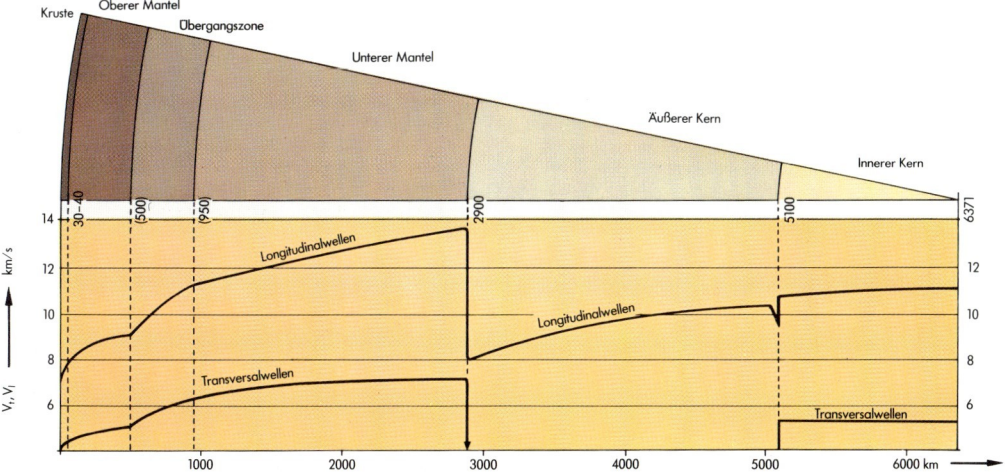

Erde: Aufnahme aus einer Entfernung von 35 700 km

Druck niedrig genug ist, dass das Erdmantelmaterial zum kleinen Teil aufgeschmolzen und daher weniger fest ist. Diese quasischmelzflüssige Zone wird aus seism. Sicht als **Low-Velocity-Zone,** aus geolog. Sicht als **Asthenosphäre** bezeichnet.

Im stärker verdichteten **unteren Erdmantel** (900–2 900 km Tiefe) treten vermutlich Eisen-Magnesium-Alumosilikate als Hochdruckminerale auf. Nach anderer Ansicht ist der unterste Bereich des Erdmantels mit Eisen- u. a. Schwermetallsulfiden und -oxiden angereichert (›Chalkosphäre‹).

Unterhalb einer weiteren markanten Unstetigkeitsfläche, der →Wiechert-Gutenberg-Diskontinuität, beginnt in 2 900 km Tiefe der auch als **Sidero-** oder **Barysphäre** bezeichnete **Erdkern,** der eine deutl. Zweiteilung zeigt: Der äußere Erdkern (bis 5 100 km Tiefe) verhält sich sowohl lang- als auch kurzperiod. Bewegungen gegenüber wie eine zähe Flüssigkeit, indem die Laufgeschwindigkeit der seism. P-Wellen von 13,6 km/s auf 8,0 km/s zurückgeht und die S-Wellen aussetzen. Im inneren Erdkern steigt die Geschwindigkeit der P-Wellen jedoch wieder an, und die S-Wellen werden erneut angeregt, was für einen festen Zustand spricht.

Aus physikal. Gründen und vergleichenden Studien an Meteoriten wird geschlossen, dass der Erdkern vorwiegend aus Eisen und Nickel besteht, denen, zumindest in den äußeren Bereichen, leichtere Elemente beigemischt sind.

Der Druck steigt von 1,4 Mbar im obersten Erdmantel auf 3,6 Mbar im Erdmittelpunkt, die Dichte von 9,5 g/cm³ auf 13 g/cm³ im innern Kern an. Die Temperatur nimmt nach Schätzungen von 3 000 °C im unteren Erdmantel auf 4 700–5 000 °C an der Grenze zum Erdkern und auf etwa 7 000 °C im Erdmittelpunkt zu (nach anderen Annahmen nur bis 4 000–5 000 °C).

Die gesamte, etwa 100 km mächtige, bis zur Obergrenze der Asthenosphäre reichende feste Gesteinshülle wird als →Lithosphäre bezeichnet. Sie erfasst folglich die Erdkruste und den äußeren Teil des Erdmantels und besteht aus einer Anzahl größerer und kleinerer Platten (→Plattentektonik).

Die unterhalb der Lithosphäre liegende Asthenosphäre wird als primäre Quelle basalt. Magmas angesehen, die in den ozean. Riftzonen aufsteigt und erstarrend zur Neubildung der ozean. Kruste beiträgt, bei fortgesetzter Erneuerung gleich Förderbändern von den Riftzonen nach beiden Seiten auseinander weicht und vor Kontinenten oder diesen vorgelagerten Inselbögen in Subduktionszonen (→Subduktion) bzw. →Benioff-Zonen wieder in die Tiefe abtaucht. In den Subduktionszonen erfolgen beim Abtauchen der ozean. Kruste Abspaltungen leichterer Fraktionen von andesit. bis granit. Chemismus, die aufgrund ihrer geringeren Dichte weitgehend aus dem Subduktionsprozess ausgegrenzt werden und seit frühesten geolog. Zeiten zur Bildung und Vergrößerung der kontinentalen Kruste beitragen. Deshalb sind im Ggs. zur ozean.

Kruste im kontinentalen Bereich, wenn auch nicht mehr Reste einer älteren Erstarrungskruste der Erde, wohl aber so alte Gesteinsserien wie die Issuagneise Grönlands (Alter 3,8 Mrd. Jahre) anzutreffen.

Der quasiflüssige äußere Erdkern mit metall. Chemismus weist eine hohe elektr. Leitfähigkeit auf. In Verbindung mit Konvektionsströmungen wird daher ein Dynamoeffekt ausgelöst, der den Hauptteil des Magnetfeldes der E. erzeugt.

Geographie

Die Erdoberfläche misst rd. 510 Mio. km², davon sind 361 Mio. km² (70,8%) Wasserfläche, 149 Mio. km² (29,2%) Land. Durch die N-S-Erstreckung der Ozeane und durch die interkontinentalen Mittelmeere (→Meer) wird die Landfläche in die →Erdteile Nordamerika und Südamerika (Amerika), Europa und Asien (Eurasien), Afrika sowie Australien aufgelöst. Um den Südpol liegt Antarktika. Eurasien und Nordamerika haben zw. 40 und 70° n. Br. ihre größte Flächenausdehnung und verschmälern sich dann stark nach S. Auch die südl. Festländer enden zumeist nach S in zugespitzten Endländern, die in S-Afrika 35°, in Australien (Tasmanien) 43°, in Südamerika 56° s. Br. erreichen.

Die höchste Landerhebung ist der Mount Everest (8846 m ü. M.), die größte bekannte ozean. Tiefe die Witjastiefe I im Marianengraben (Pazif. Ozean, 11034 m u. M.). Als mittlere Höhe der Landfläche wurden 875 m ü. M., als mittlere Tiefe der Ozeane 3800 m u. M. errechnet. Von der gesamten Landfläche gelten gegenwärtig etwa 91 Mio. km² (61,1%) als bewohnbar; die Ausweitung dieser Siedlungsökumene wird wegen der starken Zunahme der Weltbevölkerung angestrebt, aber durch weltweite Tendenzen zur →Desertifikation erschwert. Nur etwa 13,8 Mio. km² (rd. 10% der Staatsflächen) werden als Ackerland genutzt, wovon 2,2 Mio. km² regelmäßig bewässert werden.

Chemische Zusammensetzung der Gesamterde
(in Masse-%; Berechnungsversuch von H. S. Washington)

Eisen	39,8	Natrium	0,39
Sauerstoff	27,7	Kobalt	0,23
Silicium	14,5	Chrom	0,20
Magnesium	8,7	Kalium	0,14
Nickel	3,2	Phosphor	0,11
Calcium	2,5	Mangan	0,07
Aluminium	1,8	Kohlenstoff	0,04
Schwefel	0,64	Titan	0,02

Geologie, Petrologie, Mineralogie und z.T. die Geophysik erforschen vorwiegend die Lithosphäre (Kruste und oberer Mantel der E.), die Atmosphäre wird von der Meteorologie, der Aerologie und der Klimatologie erforscht, Ozeanographie und Hydrographie beschäftigen sich mit der Hydrosphäre der E.; die Erdoberfläche als Durchdringungsraum von Lithosphäre, Hydrosphäre und Atmosphäre und eigentl. Lebensraum der E. ist Forschungsgegenstand der Geographie (als Schulfach: Erdkunde). Mit der E. als Ganzes setzt sich die Geophysik, mit der E. als Himmelskörper die Astronomie auseinander.

Wissenschafts-, Religions- und Kulturgeschichte

In den *Kosmogonien* der einzelnen Kulturen wird die E. dargestellt als ein Urelement der Weltentstehung (auch zus. mit dem Himmel oder dem Wasser), das aus oder nach einer anderen Urgegebenheit entstand oder von einem Gott am Anfang geschaffen wurde. Sie wurde oft als eine runde oder rechteckige Scheibe gedacht, so zunächst auch in der Antike.

Für HESIOD war die Erdscheibe ein vom Okeanos umgebener Kreis inmitten der aus Himmel und Unterwelt bestehenden Hohlkugel. THALES VON MILET fasste die E. wohl als eine auf dem Wasser schwimmende Scheibe auf. ANAXIMANDER ließ die E. in zylindr. Gestalt unbewegt und frei in der Mitte der sie umgebenden Luftschicht schweben. ANAXIMENES hielt sie für eine dünne, auf der Luft schwebende Scheibe. EMPEDOKLES und ANAXAGORAS ließen die Erdscheibe als Verdichtung oder Aussonderung der schweren Teile in der Mitte des kosm. Wirbels entstehen. EMPEDOKLES fasste dabei ›Erde‹ als eine der vier unveränderl. ›Wurzeln aller Dinge‹ (neben Feuer, Wasser und Luft) auf, die dann seit PLATON und ARISTOTELES als Elemente (griech. stoicheía) bezeichnet wurden. Aus der ›Schwere‹ dieser E., definiert als ihr Streben zur Weltmitte, ergab sich dabei die Ruhestellung der Erdkugel. Die Kugelgestalt der E. war bereits von Pythagoreern des späten 5. Jh. v. Chr. als die vollkommenste Form postuliert und nachträglich empirisch bestätigt worden (von der N-S-Richtung und geograph. Breite abhängige Höhe des Polarsternes, allmähl. Sichtbarwerden von Schiffen, die sich der Küste nähern, u.a.).

Die E. war bei PLATON und den Pythagoreern durch zwei sich kreuzende Ringströme (Okeanos und Acheron) in vier Erdinseln unterteilt (Ökumene, Perioken, Antipoden, Antöken), während ARISTOTELES und vermutlich EUDOXOS VON KNIDOS annahmen, dass die Erdkugel in fünf die ganze Kugel umgebende klimat. Zonen aufgeteilt sei: eine ›verbrannte Zone‹ an den Polkappen, eine ›verbrannte Zone‹ um den Äquator und dazwischen die beiden allein für das Leben geeigneten ›gemäßigten Zonen‹, von denen die der Nordhalbkugel die bekannte Ökumene ist, deren Ring durch den relativ schmalen ›Okeanos‹ zw. der O-Küste Indiens und der W-Küste Afrikas und Europas unterbrochen sei (KOLUMBUS wollte die Richtigkeit dieses Erdbildes nachweisen). Die Ausmaße dieser Ökumene wurden erstmals von EUDOXOS auf der Basis von Reiseberichten und Breitenmessungen berechnet. Erst bei ERATOSTHENES VON KYRENE setzte sich jedoch diese Vorstellung gegenüber der alten Erdscheibe mit Delphi im Mittelpunkt (Nabel der Welt) in der Kartographie durch; er entwickelte auch eine Methode zur exakten Berechnung des Erdumfangs und fand ihn zu 252000 Stadien (das entspricht nach PLINIUS D. Ä. 39690 km). Die Breiten (Klimate) und Längen wurden nun astronomisch bestimmt (HIPPARCHOS VON NIKAIA, MARINOS VON TYROS, PTOLEMÄUS).

Durch das Studium der Schriften des ARISTOTELES und PTOLEMÄUS wurden vom 12./13. Jh. an die antiken Vorstellungen von der Erdgestalt erneuert. Die Geschlossenheit des aristotel. Systems verhinderte aber allerdings eine rasche Anerkennung des heliozentr. Weltsystems des KOPERNIKUS (1543), das die E. aus ihrer bisherigen Sonderstellung im Weltzentrum nahm, sie zu einem Planeten neben anderen machte und damit am Himmel erscheinende Bewegungen auf ihre eigenen Bewegungen zurückführen konnte. Eine dieser Kinematik angemessene Himmelsmechanik konnte nach Ansätzen bei J. KEPLER erst I. NEWTON (1687) entwickeln. Empir. Beweise für die jährl. Bewegung erbrachten J. BRADLEY und F. W. BESSEL, für die Erdrotation J. BENZENBERG und der →foucaultsche Pendelversuch (1850/51). Auch Folgerungen aus der newtonschen Mechanik wie die Abplattung der E. (NEWTON, 1687; C. HUYGENS, 1690; A. C. CLAIRAUT, 1743) und die Nutation (BRADLEY, 1748) wurden nachgewiesen (Erstere durch →Gradmessung). Die mit der Nutation zusammenhängende, von L. EULER theoretisch abgeleitete Polhöhenschwankung wiesen BESSEL (1844) und F. KÜSTER

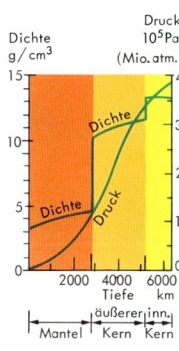

Erde:
Dichte und Druck im Erdinnern

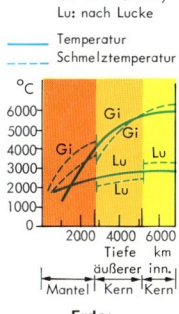

Erde:
Temperatur im Erdinnern

Erde:
Elastizitätskonstanten im Erdinnern

(1888) nach; ihre Periode berechnete S. C. CHANDLER (1892).

Eine genauere Kenntnis von der Erdgestalt, für die J. B. LISTING 1873 den Begriff Geoid prägte, erbrachten seit Beginn des 19. Jh. Messungen der Schwerebeschleunigung mittels physikal. Pendel, wobei sich mit einer von CLAIRAUT 1743 aufgestellten, von A. M. LEGENDRE (1789) und P. S. DE LAPLACE (1799 und 1825) verbesserten Formel die Schwerebeschleunigung aus der Dauer der Pendelschwingungen ergibt. 1837 entwickelte BESSEL Methoden zur Berechnung der Lotabweichungen. G. G. STOKES stellte 1840 eine Formel auf, mit der sich die Abweichung des Lotes infolge einer →Schwereanomalie bestimmen lässt. Geolog. und seismolog. Untersuchungen ergänzten das Bild von der Erdgestalt, über die in jüngster Zeit Messungen mithilfe von Satelliten exaktere Aufschlüsse als terrestr. Untersuchungen ergaben. Die an die Kontinentalverschiebungstheorie A. WEGENERS anknüpfende Theorie der Plattentektonik hat seit Ende der 60er-Jahre dieses Jh. ein völlig neues Bild vom Aufbau und der geolog. Entwicklung der E. vermittelt.

1866 hatte C. E. DELAUNAY erstmals vermutet, dass die Rotationsdauer der E. aufgrund von Gezeitenreibung sich verlangsamen müsse. W. DE SITTER schloss von den Mondbewegungen auf das Gleiche (1927). Diese Erscheinung konnte aber erst mit den seit 1949 entwickelten Atomuhren nachgewiesen werden und führte zu einer Neudefinition der →Sekunde, die seit 1967 nicht mehr auf die Erdrotation bezogen wird.

In der *Mythologie* wird die E. meist als weibl., mütterl. Gottheit vorgestellt, die Leben und Fruchtbarkeit spendet, indem sie Pflanzen, Tiere und Menschen aus sich gebiert; häufig auch als Unterweltgöttin, die das Leben wieder in sich zurücknimmt. Sie galt als heilig, ebenso wie alles Leben. Sie war Lebensquelle, Inbegriff aller Naturerscheinungen, in ihrem schöpfer. Aspekt Anfang der Zeit und (Ur-)Mutter. Häufig ist sie älteste Gottheit, so im griech. Mythos, der die Zeugung des Himmels durch die E. (Parthenogenese) beschreibt. Bei der jap. Erdgöttin Izanami findet sich auch die Vorstellung einer Zeugung durch Selbstopferung. In weltweit verbreiteten Mythen gehen aus der Hochzeit von E. und Himmel (›Hieros Gamos‹) die Welt und alle Wesen hervor. Eine Trennung von Himmel und E. schafft den Urzustand für die Weltentstehung, ihre darauf folgende Vereinigung den jenseits der Zeit angenommenen Grund für Leben und schöpfer. Werden. In der Götterwelt erhält die Erdgottheit einen festen Platz wie der ägypt. Erdgott Geb, die Erdgöttinnen Ninlil in Babylon, Gaia in Griechenland, Tellus in Rom und die german. Göttin Nerthus. In naher Beziehung zur Erdgottheit stehen die chthon. Gottheiten (→chthonisch). Mysterienreligionen in agrar. Kulturen gründen ihre Kulte auf eine Verbindung des In-die-Erde-Aufnehmens mit der Gabe neuen Lebens, wobei der Gedanke period. Erneuerung im Mittelpunkt steht. Der E. wurden und werden noch in vielfältiger Weise Opfer dargebracht; so goss man bei religiösen Handlungen, aber auch beim gewöhnl. Trinken ein paar Tropfen (des Weines) auf die E.; die Geburt eines Kindes erfolgte häufig bewusst auf dem Erdboden, damit die Kraft der E. auf das Neugeborene übergehe. Durch das Aufheben des Kindes von der E. erkannte (in versch. Gesellschaften noch heute) der Vater das Kind als das seinige an. Nach traditionellem *Volksglauben* bettete man mancherorts Sterbende auf die E. (den Fußboden), um ihnen das Sterben zu erleichtern. In der Fremde trug man ein Säckchen mit Heimaterde bei sich; nach langer Abwesenheit küsste der in die Heimat Zurückgekehrte den Boden, eine Geste, die auch Politiker und geistl. Würdenträger als Zeichen der Ehrung ›fremder E‹. praktizieren.

⇨ *Atmosphäre · Erdbeben · Erdmagnetismus · Geologie · Himmel · Kosmogonie · Mutterkult · Planeten · Plattentektonik · Vegetationskulte*

Vom Erdkern bis zur Magnetosphäre, hg. v. H. MURAWSKI (1968); E. HANTZSCHE: Doppelplanet E. – Mond (Leipzig [2]1973); W. TORGE: Geodäsie (1975); Physik der Erdkruste, u.r. v. R. LAUTERBACH (1977); A. E. RINGWOOD: Origin of the earth and moon (New York 1979); V. BIALAS: Erdgestalt, Kosmologie u. Weltanschauung (1982); M. H. P. BOTT: The interior of the earth (London [2]1982); S. ANDERS: Weil die E. rotiert (Thun 1985); Physik des Planeten E., hg. v. R. LAUTERBACH (Berlin-Ost [2]1985); F. PRESS u. R. SIEVER: Earth (New York [4]1986); Der Gang der Evolution. Die Gesch. des Kosmos, der E. u. des Menschen, hg. v. F. WILHELM (1987); J. A. JACOBS: The earth's core (London [2]1987); M. OZIMA: Geohistory. Global evolution of the earth (a. d. Japan., Berlin-West 1987); Ozeane u. Kontinente, bearb. v. P. GIESE ([5]1987); Die Dynamik der E., hg. v. R. KRAATZ ([2]1988); K. STROBACH: Vom ›Urknall‹ zur E. (Neuausg. 1990); Unsere einzigartige E. Die Entwicklungsgesch. der Welt, Beitrr. v. D. ATTENBOROUGH u.a. (a. d. Engl., 1990).

Erde|essen, griech. **Geophagie,** bei vielen Völkern verbreitete Sitte, bestimmte Erdsorten, v. a. fette Tone, zu essen; wohl Symptom für Mangelernährung (Mineralstoffe, Spurenelemente), manchmal religiös begründet.

Erdefunkstelle, Bodenstation für Funkverkehr mit →Nachrichtensatelliten, d. h. für eine Richtfunkverbindung mit extrem versch. Bedingungen für die beiden Funkstellen. Die durch Masse, Energieverbrauch und Antennenabmessungen begrenzte Sendeleistung des Satelliten muss bei der E. mit hohem Auf-

Erdefunkstelle: Die Antennen der Erdefunkstelle der Deutschen Telekom AG bei Usingen im Hintertaunus

wand wettgemacht werden: große Antenne mit hoher Richtwirkung, günstiger Standort, bes. rauscharmer Empfänger. Es werden z. B. Parabolspiegel mit 25 m Durchmesser auf hundertstel Grad genau ausgerichtet und zur Vermeidung terrestr. Störungen in flachen Bodenmulden von mehreren Kilometern Durchmesser aufgestellt. Die Empfangsleistung (Größenordnung $1 pW = 10^{-12} W$) kann nur durch Spezialverstärker (flüssiggasgekühlte Maser oder parametr. Verstärker) mit ausreichendem Rauschabstand verwertet werden.

Der weltweiten Kommunikation dient eine ständig wachsende Zahl von E., die mit fortschreitender techn. Entwicklung auch transportabel bzw. mobil ausgeführt sein können.

Erdek, Stadt in der Prov. Balıkesir, Türkei, am Marmarameer, auf der Halbinsel Kapıdağı, 10 100 Ew.; Seebad. – Nahebei die Ruinen des antiken Kyzikos.

Erd|elektrizität, Gesamtheit der Erscheinungen, die mit elektr. Strömen an der Oberfläche und im Innern der Erde zusammenhängen. Derartige →Erdströme werden durch physikalisch-chem. Prozesse im Gesteinsmaterial sowie durch elektromagnet. Induktion erzeugt, wobei die hierzu nötigen, zeitlich veränderl. Magnetfelder durch die zeitlich veränderl., vom Sonnenwind abhängigen Stromsysteme der Ionosphäre erzeugt werden. Während normalerweise das mit den Erdströmen verknüpfte **erdelektrische Feld** eine Feldstärke von weniger als 1 Volt auf 100 km hat, wurden bei starken magnet. Stürmen Schwankungen bis 2 000 Volt auf 40 km Entfernung gemessen.

Erdély [ˈɛrdeːj], ungar. Name von →Siebenbürgen.

Erdély [ˈɛrdeːj], Miklós, ungar. Künstler, *Budapest 4. 7. 1928, †ebd. 22. 5. 1986; zentrale Persönlichkeit der ungar. Avantgarde der 60er- und 70er-Jahre mit Environments und Happenings sowie experimentellen Filmen; auch bedeutend als Lehrer.

Erden, *Chemie:* ältere, analog zur Bezeichnung Tonerde gebildete Sammelbezeichnung für eine Reihe von Metalloxiden, aus denen später die ihnen zugrunde liegenden Metalle (→Erdmetalle) isoliert werden konnten.

Erdenet, drittgrößte Stadt der Mongolei; im zentralen N des Landes, 58 200 Ew.; bildet einen eigenen Verw.-Bez. (800 km²); Industriekomplex mit Erzaufbereitungskombinat, das das am Erdentiin Owoo (Schatzberg) im Tagebau gewonnene Kupfer-Molybdän-Erz verarbeitet; Stichbahn zur Transmongol. Eisenbahn.

Erder, ein elektrisch nicht isolierter Leiter, der mit der Erde unmittelbar oder über Beton sowie mit einer elektr. Anlage in Verbindung steht und zu deren →Erdung dient. Man unterscheidet **natürliche E.,** das sind Metallteile, die zwar als E. wirken, deren ursprüngl. Zweck jedoch nicht die Erdung ist, z. B. Rohrleitungen, Stahlteile von Gebäuden, und **künstliche E.,** die ausschließlich zur Erdung angebracht werden. Nach Form und Profil unterscheidet man u. a. Band-E., Stab-E. und Platten-E., nach der Lage Oberflächen-E., Tiefen-E. sowie Fundament-E. Eine Einteilung der E. nach ihrem Zweck unterscheidet: Betriebs-E. und Schutz-E. (→Berührungsspannungsschutz), Hilfs-E. (z. B. zur Aufnahme des Messstromes bei geoelektr. Messungen) und Steuer-E. (zur Verringerung von Schritt- und Berührungsspannungen).

Erd|erbse, Angola-Erbse, Bambara-Erdnuss, Voandzeia subterranea, Schmetterlingsblütler mit einsamigen Hülsenfrüchten, die in der Erde zur Reife kommen. Die Samen und jungen Hülsen sind essbar; bedeutende afrikan., neuerdings auch in Asien und Südamerika eingeführte Nahrungspflanze.

Erd|erkundungssatelliten, Erd|erforschungssatelliten, Satelliten, die die Erde nahezu kontinuierlich mit ihren Sensoren (z. B. Vidikon-Fernsehsysteme, Multispektralscanner) abtasten und die Informationen in Echtzeit oder auf Abruf zu den Bodenstationen übertragen. So erzeugten die Satelliten vom Typ →Landsat bei jedem Erdumlauf ein 185 km breites Bildband von der Erdoberfläche. Sie umrundeten die Erde täglich 14-mal und befanden sich nach jeweils genau 18 Tagen wieder über dem gleichen Punkt des Erdbodens. Weitere E. sind z. B. →SPOT und →ERS.

Erd|expansionstheorie, die →Expansionstheorie.

Erdfall, Erdtrichter, schüssel- oder trichterförmige Senke an der Erdoberfläche, entstanden durch Auslaugung des Untergrundgesteins (Salz, Gips, Carbonatgesteine) und durch plötzl. Nachbrechen der darüber liegenden (nicht lösungsfähigen) Deckschichten.

Erdfarben, Farberden, natürl. anorgan. Pigmente, die nach meist mechan. Bearbeitung (Mahlen, Sieben, Schlämmen) in den Handel kommen, z. B. weißer und roter Bolus, Kreide, Ocker, Umbra.

Erdferkel, Orycteropodidae, einzige Familie aus der Säugetierordnung der Röhrchenzähner (Tubulidentata) mit nur einer Art, dem E. (Orycteropus ater); Verbreitung in Afrika südlich der Sahara; Größe und Körperbau schweineähnlich; schmaler Kopf mit bis zu 21 cm langen, bewegl. Ohren; starke Gliedmaßen mit hufähnl. Grabkrallen; muskulöser Stützschwanz. Mit der riemenähnl., klebrigen Zunge fangen die nachtaktiven Tiere Ameisen und Termiten, tagsüber schlafen sie in selbst gegrabenen Höhlen.

Erdferkel (Kopf-Rumpf-Länge 1,0–1,6 m; Schwanzlänge 45–60 cm)

Erdferne, *Astronomie:* das Apogäum (→Apsiden).

Erdfließen, Bodenfließen, →Bodenbewegungen, →Solifluktion.

Erdflöhe, Flohkäfer, Halticinae, Unterfamilie der Blattkäfer mit stark verdickten Hinterschenkeln zum Springen; rd. 5 000 Arten (in Mitteleuropa etwa 240). E. sind meist 2–6 mm lang, oft einfarbig mit metall. Schimmer (Rapserdfloh) oder mit gelben Längsstreifen (Gelbstreifiger Kohlerdfloh), andere einfarbig gelbbraun (Getreideerdfloh). Alle E. sind Pflanzenfresser, viele sind Schädlinge. Aus den Körpersäften bestimmter Arten bereiten die Buschmänner ein tödl. Pfeilgift.

Erdfrüchtigkeit, *Botanik:* die →Geokarpie.

Erdgas, Sammel-Bez. für brennbare, in der Erdkruste vorkommende Naturgase, die überwiegend Methan enthalten, daneben andere Bestandteile (z. B. Äthan, Propan, Stickstoff, Kohlendioxid, in einigen Fällen auch Schwefelwasserstoff und technisch verwertbares Helium). E. ist ungiftig und leichter als Luft. Es kommt in großem Umfang in natürl. unterird., unter hohem Druck stehenden Lagerstätten vor. Diese Lagerstätten werden angebohrt, und das E. wird vorwiegend mit Rohrleitungen über z. T. große Entfernungen zum Verbraucher transportiert. Es wird hauptsächlich zur Energieerzeugung, bes. im Wärmemarkt, eingesetzt und deckte 1993 mit etwa 2,6 Mrd. t SKE rd. 23 % des weltweiten Primärenergieverbrauchs. E. ist zum einen gemeinsam mit →Erdöl entstanden (**Erdölgas**), zum anderen hat es sich im Laufe der →Inkohlung aus Kohle gebildet. Es wandert wie Erdöl in der Erdkruste und bildet beim Vorliegen von Fangstrukturen (mit gasdichten Deckschichten und darunter liegenden porösen Gesteinsformationen) E.-Lagerstätten, die Drücke bis zu 750 bar aufweisen. Es wird zw. reinen E.- und kombinierten Erdöl/E.-Lagerstätten unterschieden. Die Bildung von E.-Lagerstätten ist prinzipiell in allen Sedimentgebieten der Erde möglich, die etwa 38 % der Landoberfläche ausmachen und sich in großem Umfang unter dem Meer fortsetzen. Die Suche nach Lagerstätten und die Ausführung der Bohrungen ist ähnlich wie beim Erdöl. Das Roh-E. wird bei der landgebundenen Bohrung über das ›Eruptionskreuz‹ entnommen, das fest mit dem Steigrohr verbunden und mit Ventilen sowie

Erdflöhe: Großer Gelbstreifiger Kohlerdfloh (Länge 2–6 mm)

Druck- und Temperaturmessgeräten ausgestattet ist. Bei der E.-Förderung mit Offshoretechnik (z. B. in der Nordsee) sind Förderplattformen erforderlich. Je nach dem Gehalt an sauren Komponenten unterscheidet man **Sauergas** (über 1 Vol.-% Schwefelwasserstoff), **Leangas** (unter 1 Vol.-% Schwefelwasserstoff) und **Süßgas** (unter 2 Vol.-% Kohlendioxid, kein Schwefelwasserstoff). E. nennt man **trocken,** wenn es ohne Abscheidung von Kondensat abgekühlt werden kann. Aus **nassen E.,** die oft mit Erdöl vorkommen, kondensieren bei Abkühlung höhere Kohlenwasserstoffe (Flüssiggas, Gasbenzin), die Ausgangsstoff für das →Steamcracken sind.

Das geförderte Roh-E. wird direkt auf dem E.-Feld aufbereitet. Bei süßen E. (Hauptanteil der Weltförderung) wird vowiegend nur Wasser abgetrennt, z. T. auch höhere Kohlenwasserstoffe. Bei sauren E. werden die Schwefelverbindungen in einem aufwendigen Reinigungsprozess entfernt (vorwiegend Gaswaschverfahren). Einige Roh-E. erfordern auch die Abtrennung von Kohlendioxid und Stickstoff. Das nach der Aufbereitung ins Ferngasnetz abgegebene Reingas muss den strengen Qualitätsvorschriften der dt. Gaswirtschaft entsprechen. Der Schwefelgehalt darf 120 mg/m³ nicht übersteigen (die tatsächl. Werte liegen meistens unter 12 mg/m³). Es kommen E. der Gruppen L und H zur Verteilung. Typ. Brennwerte sind etwa 10 kWh/m³ für E. L und 12,2 kWh/m³ für E. H.

Erdgasförderung und Erdgasreserven ausgewählter Länder

Staat	Förderung (Mio. t Öläquivalent)			Reserven (in Mrd. m³)
	1983	1986	1993	1993
UdSSR	443,30	576,10	639,40[1]	56 500[1]
USA	418,10	416,80	478,40	4 700
Kanada	62,60	64,30	114,20	2 700
Niederlande	61,10	56,20	62,90	1 900
Großbritannien und Nordirland	34,00	39,00	56,70	600
Indonesien[2]	19,90	31,80	49,50	1 800
Algerien[2]	32,10	31,10	46,10	3 600
Saudi-Arabien	10,90	23,00	32,30	5 300
Norwegen	22,90	24,30	26,00	2 000
Mexiko	25,50	22,30	25,00	2 000
Iran[2]	9,90	13,70	24,40	20 700
Venezuela	14,10	17,20	23,60	3 700
Argentinien	9,30	16,90	22,50	800
Italien	11,10	14,40	17,50	–
Deutschland	16,50[3]	17,20[3]	15,90	300
China	10,80	11,80	14,20	1 700
Österreich	1 272,00[4]	11 212,00[4]	1 487,75[4]	–
Erde insgesamt	1 334,10	1 551,90	1 888,40	142 000

[1] GUS-Staaten. – [2] OPEC-Mitglied. – [3] Alte Bundesländer. – [4] In Mio. m³.

E. wird überwiegend als Brennstoff für Haushalte, Gewerbebetriebe, Kraftwerke und Industrie verwendet. Neben dem Einsatz zu Heizzwecken dient E. im Haushaltsbereich auch zur Warmwasserbereitung und zum Kochen. In geringerem Umfang wird E. als Rohstoff in der chem. Industrie eingesetzt. Es findet Verwendung bei einer Vielzahl industrieller Prozesse. Herauszuheben sind Wärmebehandlungsprozesse in der Stahl- und Leichtmetallindustrie, Metallschmelzen sowie gasbefeuerte Prozesse zur Erzeugung von Glas, Keramik und Baustoffen, industrielle Prozessdampferzeugung und der Gaseinsatz bei Trocknungsprozessen.

Aufgrund seiner physikal. und chem. Eigenschaften ist E. im Vergleich zu anderen fossilen Energieträgern relativ umweltschonend. Schadstoffbildende Bestandteile (Fluor, Chlor, Schwermetalle und deren Verbindungen) sind im E. praktisch nicht vorhanden. E.-Feuerungen setzen kaum Staub, Ruß, Kohlenmono-

xid, organ. Verbindungen oder Schwefeldioxid frei, der Ausstoß von Stickoxiden ist sehr gering. Auch setzen die geringen Kohlenstoffanteile des E. bei der Verbrennung nur wenig Kohlendioxid frei; von den fossilen Brennstoffen trägt E. deshalb am wenigsten zum Treibhauseffekt bei. Der Einsatz von E. empfiehlt sich daher bes. in Gebieten mit hohen Immissionsbelastungen. In der Industrie sowie auf dem kommunalen Sektor gewinnt E. zunehmend an Bedeutung in gasmotor- oder gasturbinengetriebenen Blockheizkraftwerken, die gleichzeitig elektr. Energie und Wärme für Beheizungszwecke erzeugen und neuerdings auch durch Erdgas verbrauchende Brennstoffzellen ergänzt werden. Mit dieser Kraft-Wärme-Kopplung können Nutzungsgrade von 80–90 % erreicht werden, also weit höhere Werte als bei der reinen Stromerzeugung.

Auf dem Haushalts- und Gewerbesektor gibt es neuere Gasanwendungstechnologien, die einen bes. sparsamen Energieeinsatz ermöglichen. Hierzu gehören die Gasetagenheizung mit individueller Verbrauchsabrechnung, der Brennwertkessel mit Nutzung der Kondensationswärme im Abgas und gasbetriebene Absorptionskälteanlagen für Klimatisierungs- und Kühlzwecke. Bei der Wärmeversorgung von Wohnungen, Gewerbebetrieben, Verwaltungsgebäuden und öffentl. Einrichtungen hat der Einsatz von E. inzwischen den ersten Platz unter den Energieträgern erreicht. In Dtl. waren 1994 rd. 12,4 Mio. Wohnungen mit Gasheizung ausgestattet. Von den 1993 verbrauchten 905 Mrd. kWh E. entfielen 48 % auf das produzierende Gewerbe, auf Haushalte und Kleinverbraucher 32 %, auf öffentl. Kraftwerke 8 % und auf sonstige Verwender 12 %. Am Brennstoffverbrauch der Wärmekraftwerke war E. mit 11 % beteiligt.

Gaswirtschaft und Fahrzeughersteller untersuchen die Möglichkeiten für den E.-Einsatz im Verkehrssektor, insbesondere beim öffentl. Personen- und Güternahverkehr (bei so genannten Flottenfahrzeugen). Ende 1994 waren in Dtl. rd. 200 erdgasbetriebene Fahrzeuge in Betrieb – weltweit sind es mehr als 900 000. Eine Gegenüberstellung der Emissionen von Dieselmotor und E.-Motor ergibt eine Verminderung von 80–90 % aller Schadstoffe. Insbesondere die akute Ozonproblematik in den Städten (Sommersmog) würde durch den Einsatz von E.-Motoren anstelle von Dieselmotoren erheblich vermindert werden.

Wirtschaft: E. deckt den weltweiten Primärenergiebedarf zu rd. einem Viertel und steht damit nach Erdöl und Kohle an dritter Stelle. Für die zunehmende Förderung und Verwendung von E. sind insbesondere Faktoren wie Umweltverträglichkeit, Nutzungskomfort und Versorgungssicherheit verantwortlich. E. ist die einzige Primärenergie, die in ihrem Verbrauchszustand gefördert, verteilt und verbraucht wird, sodass keine Umwandlungsverluste (im Ggs. zum elektr. Strom) anfallen. Der E.-Transport belastet keine öffentl. Verkehrswege, da E. unterirdisch in Rohren (Pipelines) mit bis zu 1,4 m Durchmesser transportiert wird, aus transporttechn. Gründen (Volumenverringerung) mit Drücken bis zu 84 bar. Um dem Druckabfall in der Leitung entgegenzuwirken, ist in Abständen von 100–400 km eine E.-Verdichtung erforderlich. Es werden z. T. erhebl. Transportentfernungen überbrückt, z. B. von Westsibirien nach Westeuropa (etwa 6 000 km). Da E.-Produktion, -Aufbereitung und -Ferntransport weitgehend kontinuierlich erfolgen, der Verbrauch aber – bedingt durch den hohen Anteil von E.-Heizungen – jahreszeitlich schwankt, wird E. in großem Umfang in →Erdgasspeichern bevorratet. Vor der E.-Verteilung in den Kommunen bzw. vor der E.-Abgabe an Industriebetriebe wird in einer E.-Übergabestation der Druck auf 0,1–6 bar (Überdruck) reduziert. Damit das geruchslose E. beim Endverbraucher nicht unbemerkt ausströmen kann, wird ihm ein intensiver Geruchsstoff (z. B. Tetrahydrothiophen, Abk. THT) zugesetzt. Über ein verzweigtes Verteilungsnetz (Erdgasförder-, Ferngasgesellschaften, Orts- und Regionalgasversorgungsunternehmen) gelangt das E. in den Kommunen direkt zum Endverbraucher. Das gesamte dt. E.-Leitungsnetz, das im europ. Verbund integriert ist, hatte Ende 1993 eine Länge von etwa 290 000 km.

E. kann bei atmosphär. Druck bei − 162 °C verflüssigt werden. In dieser Form wird es in speziellen LNG-Hochseetankschiffen drucklos transportiert (LNG, Abk. für engl. liquified natural gas). Im Anlandehafen des Verbraucherlandes wird LNG verdampft und in das unterird. E.-Transportnetz eingespeist. 1993 wurden 79 % der Welterdgasförderung (netto) in den Erzeugerländern verbraucht (Transport per Pipeline), rd. 21 % über Ländergrenzen gehandelt, und zwar überwiegend (82 %) per Pipeline, der Rest per LNG-Tanker.

Die sicher gewinnbaren E.-Reserven in Dtl. belaufen sich auf rd. 215 Mrd. m³. Die sicher gewinnbaren Welterdgasreserven umfassen (1993) rd. 142 000 Mrd. m³, hierzu kommen zusätzlich gewinnbare Welterdgasressourcen von rd. 191 000 Mrd. m³. Im Jahre 1993 wurden in der Welt 2 103 Mrd. m³ Erdgas gefördert. Im Verhältnis zur heutigen Jahresfördermenge reichen die Reserven rechnerisch für etwa 67 Jahre; werden die zusätzl. Ressourcen hinzugerechnet, ergeben sich rd. 160 Jahre. Von den Gebieten der Erde mit geolog. Voraussetzungen für E.-Funde ist bisher nur ein geringer Teil durch Bohrungen untersucht worden. Weltweit werden mehr als zwei Drittel aller Bohrungen nach Kohlenwasserstoffen in den USA und Kanada niedergebracht, die aber nur etwa ein Siebtel aller Fördergebiete umfassen. Verglichen mit Nordamerika ist die übrige Welt hinsichtlich ihrer Öl- und Gasvorkommen bis auf Ausnahmen noch relativ wenig erschlossen (Neufunde wahrscheinlich).

Die gen. Welterdgasreserven bzw. -ressourcen beziehen sich auf konventionelle Lagerstätten. Man kann davon ausgehen, dass etwa ab Mitte des nächsten Jahrhunderts auch E. aus nichtkonventionellen Lagerstätten zunehmend einen Beitrag zur E.-Versorgung leisten wird. Die Vorräte an nichtkonventionellen Lagerstätten sind um ein Mehrfaches größer als die konventionellen Reserven. Werden sie einbezogen, so reichen die E.-Vorräte noch für mehrere Jahrhunderte. Bei E. aus nichtkonventionellen Lagerstätten handelt es sich insbesondere um E.-Hydrate und E. aus Steinkohlenlagerstätten, so genannte CBM (Abk. für engl. coal bed methane). In den USA werden bereits beträchtl. CBM-Mengen in das E.-Netz eingespeist. In Dtl. laufen gegenwärtig Probebohrungen zur CBM-Gewinnung.

Die bedeutendsten E.-Förderländer sind die USA (Texas, Louisiana) und die GUS-Staaten Usbekistan und Russland, bes. Westsibirien. Etwa 12 % des gesamten E.-Aufkommens werden internat. gehandelt (drei Viertel über E.-Leitungen, ein Viertel über spezielle Tankschiffe). Die wichtigsten exportierenden Länder sind die GUS-Staaten, die Niederlande, Norwegen, Kanada, Algerien und Indonesien. 1993 deckte die EU ihren E.-Bedarf zu 65 % aus eigenen Quellen; der Rest wurde aus den GUS-Staaten, Norwegen und Nordafrika bezogen. Der Importanteil ist beim E. also wesentlich niedriger als bei anderen Energieträgern (z. B. beim Erdöl 70 %). Nach Japan ist Dtl. der zweitgrößte E.-Importeur; von den 1993 eingeführten 640 Mrd. kWh bezog es 41 % aus den GUS-Staaten, 38,3 % aus den Niederlanden und 17,1 % aus Norwegen.

Die E.-Förderung der Erde hat sich seit 1950 verzwölffacht. In Dtl. entwickelte sich eine nennenswerte E.-Förderung (wichtige Fördergebiete: Weser-Ems,

Elbe-Weser) erst in den 1960er-Jahren, die in den 70er-Jahren stark anstieg und 1979 mit 20,6 Mrd. m³ ihren höchsten Wert erreichte.

H. W. Maull: E. u. wirtschaftl. Sicherheit (1981); Jb. E. in Europa, hg. vom Bundesverband der Dt. Gas- u. Wasserwirtschaft e. V. (1994 ff.); VDI-Lex. Energietechnik, hg. v. H. Schaefer (1994); S. Ueberhorst: Energieträger E. (1994); Die Energierohstoffe Erdöl u. E. Vorkommen, Erschließung, Förderung, bearb. v. G. Pusch u. a. (1995).

Erdgasantrieb, Betrieb von stationären bzw. mobilen Verbrennungsmotoren mit Erdgas statt flüssigem Kraftstoff. E. zeichnet sich im Vergleich zum Benzinbetrieb von Ottomotoren durch spezifisch höheren Energieverbrauch (bis zu 25 %), aber deutlich verringerte Abgasemission (reduzierter Schwefel- und Schwermetallausstoß) aus. Aufgrund seines spezifisch geringeren Energiegehaltes ist die Speicherung einer ausreichende Aktionsradien gewährleistenden Energiemenge problematisch. Das Erdgas wird entweder in Hochdruckbehältern (bis 200 bar) oder in verflüssigter Form in gekühlten Behältern (etwa − 160 °C) gespeichert, was in jedem Fall zusätzl. Sicherheitstechnik erfordert. Der E. wird wegen seiner Vorteile hinsichtlich der Umweltbelastung zunehmend für Kraftomnibusse im innerstädt. Bereich eingesetzt.

Erdgasspeicher, Speicherraum zur Bereitstellung von aus den natürl. Lagerstätten gefördertem und – ausgerichtet auf den Spitzenbedarf im Winter – aus den Förderländern angeliefertem Erdgas. Das Gas wird v. a. unter Tage und im Netz der öffentl. Gasversorgung, das aufgrund seines räuml. Ausmaßes und der vorhandenen Druckspanne einen beachtl. Puffereffekt aufweist, gespeichert. Man unterscheidet zwei Arten der behälterlosen unterird. E.: **Kavernenspeicher** mit hoher Abgaberate zum Ausgleich der Tag- und Nachtschwankungen und **Porenspeicher** mit großem Speicherinhalt. Kavernenspeicher werden in Dtl. ausschließlich in Salzlagern oder Salzstöcken mittels →Solverfahren hergestellt. Ihr Speicherinhalt ergibt sich aus ihrem nutzbaren Hohlraum und dem max. zulässigen Betriebsdruck, der wiederum von felsmechan. Gegebenheiten abhängt (z. B. Festigkeit des Salzgesteins). Bei den Porenspeichern werden entweder die Aufwölbungen eines →Aquifers oder aufgelassene Erdöl- und Erdgasfelder genutzt, wobei in beiden Fällen zur Speicherung der im Gestein vorhandene Porenraum dient. Die Eignung ist dabei u. a. abhängig von der Porosität, der Permeabilität und der mineralog. Zusammensetzung des Gesteins. Beide Speicherarten haben gleichartige Übertageanlagen, zu denen die Plätze der Speicherbohrungen, die Ausrüstung am Bohrlochkopf und die verbindenden Erdgasleitungen zum Betriebsplatz (Verdichterstation, Gaserwärmer, Druckregelung, Schaltwarte, Trocknungsanlage u. a.) und zur Gasfernleitung gehören.

In Dtl. gibt es 32 Untertage-E. mit einem Gesamtfassungsvermögen von rd. 19 Mrd. m³, davon werden 10,3 Mrd. m³ für jährlich verfügbares Erdgas, so genanntes Arbeitsgas, genutzt.

Erdgeist, Der, Tragödie von F. Wedekind, Erstausgabe 1895, Uraufführung 25. 2. 1898 in Leipzig; erster Teil der ›Lulu‹-Tragödie.

Erdgeschichte, →Geologie.

Erdgeschoss, Parterre [-ˈtɛr], das untere Stockwerk, dessen Fußbodenoberfläche meist höher liegt als das Gelände, das das Haus umgibt. Wird das Kellergeschoss über das umgebende Gelände hochgeführt, wird das unterste Stockwerk **Hochparterre.**

Erdzeiten, die →Gezeiten der festen Erde.

Erdgipfel, →nachhaltige Entwicklung.

Erdharz, andere Bez. für Naturasphalt (→Asphalt).

Erdhobel, Motorstraßenhobel, engl. **Grader** [ˈgreɪdə], zwei- oder dreiachsiger Flachbagger mit zw. den Achsen angeordnetem, bewegl. Planierschild.

Erdhobel

Erdhörnchen, Marmotini, Gruppe der →Hörnchen.

Erdhülle, die →Geosphäre.

Erdhund, weidmänn. Bez. für Hunderassen, die zum Aufstöbern von Tieren in ihren Erdbauen eingesetzt werden (z. B. Dackel, Foxterrier).

Erdhündchen, das →Erdmännchen.

erdige Säuerlinge, Mineralwässer mit mindestens 1 g kohlensauren Salzen von Calcium, Magnesium oder Strontium je Liter Wasser.

Erd|induktor, Gerät zur Bestimmung der erdmagnet. Inklination. Es besteht im Wesentlichen aus einer in drehbarem Rahmen gelagerten Drehspule. Wenn der Rahmen mit der rotierenden Spule in diejenige Lage gebracht wird, in der in der Spule keine elektr. Spannung durch das erdmagnet. Feld induziert wird, steht die Spulenachse zu den Magnetfeldlinien parallel und zeigt somit die Inklination an.

Erding ['er-, 'εr-], **1)** Kreisstadt in Oberbayern, 464 m ü. M., am Nordrand der Münchener Schotterebene gegen das Erdinger Moos, 27 200 Ew., Zentrum einer überwiegend landwirtschaftl. Umgebung; Einrichtungen der Bundeswehr (v. a. Flugplatz); Mühlen- und Braugewerbe; Stadtbahnverbindung nach München. – Von den ehem. vier Toren ist nur das Landshuter oder Ostertor (Schöner Turm, 1408 erwähnt) erhalten. In der kath. Stadtpfarrkirche St. Johannes (Backsteinhalle des 14./15. Jh. auf Vorgängerbau; Veränderungen im 17. und 19. Jh.) ein Triumphbogenkruzifix von H. LEINBERGER (um 1525). Wallfahrtskirche Hl. Blut (1675–77) am Rande der Stadt. Die Wallfahrt ist hier bereits 1360 bezeugt. In **Altenerding** kath. Pfarrkirche Mariä Verkündigung (1724 ff.). – Das um 1228 gegründete E. erhielt 1228 Marktrecht und wurde 1314 Stadt. Der aus einem Königshof des 9. Jh. entstandene ältere salzburg. Pfarrort in der Nähe wurde im Unterschied zur bayer. Neugründung ›Altenerding‹ genannt.
2) Landkreis im Reg.-Bez. Oberbayern, Bayern, 871 km², 102 400 Ew.; Kreisstadt ist Erding. Der Kreis liegt zw. Isar und Inn, grenzt im N über das Erdinger Moos an das Untere Isartal und umfasst nach S anschließend Teile der Münchener Ebene, im übrigen Gebiet tertiäres Hügelland (Isar-Inn- und Isen-Sempt-Hügelland) und nach S auch Moränengebiet. Städte sind Erding und Dorfen. Der Kreis ist landwirtschaftlich ausgerichtet; neben Grünlandwirtschaft im Hügelland und Erdinger Moos (Heilpflanzen) auf fruchtbaren Lössböden um die Stadt Erding Weizen, Gerste und Gemüseanbau; Fichtenbestände im NO des Kreises werden als Bauholz und zur Papierherstellung genutzt. – Am östlich von Erding verlaufenden Mittleren Isarkanal gibt es Wasserkraftwerke.

Erdinger Moos ['er-, 'εr-], Niedermoorgebiet in Bayern, nordöstlich von München; seit 1825 Besiedlung und Kultivierungsmaßnahmen, die durch Grundwasserabsenkungen z. T. zu Versteppung führten; Heilpflanzenanbau, Saatkartoffel- und Getreidezucht. 1992 wurde im E. M. der neue Flughafen München eröffnet.

Erdkampfflugzeug, speziell für die Luftnahunterstützung (Close Air Support) von Bodentruppen ausgelegtes Kampfflugzeug, gekennzeichnet durch hohe Wendigkeit, partielle Beschussfestigkeit und vielseitige Bewaffnung; ein typ. E. ist die Fairchild A-10 der US-Luftwaffe, wegen ihres Aussehens ›Warzenschwein‹ genannt.

Erdkastani|e, Bunium bulbocạstanum, Art der Doldenblütler. Die bis 1 m hohe Staude mit gefiederte Blätter und wurde früher in Mitteleuropa wegen der essbaren Wurzelknollen als Gemüse- und Gewürzpflanze angebaut.

Erdkirsche, Erdbeertomate, Physalis pruinọsa, in Nordamerika beheimatetes, in zahlr. Län-dern eingebürgertes Nachtschattengewächs mit wohlschmeckenden Beerenfrüchten.

Erdknollen, knollig verdickte unterird. Sprossoder Wurzelteile von Pflanzen.

Erdkröte, Bụfo bụfo, häufigste einheim. Art der Kröten; in mehreren Unterarten über ganz Europa, N-Afrika und Asien verbreitet. Die bis über 15 cm langen Tiere wandern im Frühjahr ortstreu zu den Laichgewässern.

Erdkröte (Länge bis über 15 cm)

Erdkunde, die →Geographie.

Erdläufer, Ordnung der →Hundertfüßer.

Erdleguane, Liolaemus, Gattung kleiner (bis 25 cm) bodenbewohnender Leguane in Südamerika mit etwa 50 Arten; meist in trockenen Gebieten. Die Art **Liolaemus multiformis** lebt in den Anden in Höhen bis 5 000 m ü. M. In Feuerland ist der **Magellan-E.** (Liolaemus magellanicus) das am weitesten nach S vordringende Reptil.

Erdlicht, Erdschein, aschgraues Mondlicht, *Astronomie:* Aufhellung des dunklen Mondteils (Nachtseite), v. a. bei zunehmender oder abnehmender Mondsichel zu erkennen; wird hervorgerufen durch von der Erde reflektiertes Sonnenlicht: Die Erde erhellt die Mondnacht ebenso wie der Mond die Erdnacht. Aus der Helligkeit des E. kann man die →Albedo der Erde ableiten.

erdmagnetische Anomali̱e, die →magnetische Anomalie.

erdmagnetische Instrumẹnte, Geräte zur Vermessung des erdmagnet. Feldes und seiner versch. Elemente. Zur Messung am Erdboden dienen der Kompass zur Bestimmung der horizontalen Richtung des erdmagnet. Feldes (ältester Gerätetyp dieser Art), das Deklinatorium und das Inklinatorium zur Bestimmung der Deklination D bzw. der Inklination I des Erdfeldes sowie der Magnettheodolit zur Messung der Horizontalintensität H. Das Protonenpräzessionsmagnetometer, das Rubidiumdampf- und das Heliumdampfmagnetometer dienen zur Messung der Totalintensität F, das Fluxgate-Magnetometer und die Förster-Sonde zur Messung von H und F sowie der Vertikalintensität Z. – Lokalvariometer dienen der Messung der räuml., Zeitvariation der zeitl. Variation des Erdfeldes, wobei sich mit einigen nur Differenzen des Magnetfeldes gegen einen festen Wert messen lassen. Zu den Lokalvariometern zählen die Feldwaagen, bei denen ein Permanentmagnet wie ein Waagebalken gelagert ist und als Indikator dient.

erdmagnetische Landesaufnahme, Vermessung des erdmagnet. Feldes an zahlr. Stellen eines Landes. Dabei werden die versch. erdmagnet. Elemente bestimmt und in Karten dargestellt. Wegen der langfristigen Veränderung der Elemente muss die Vermessung im Abstand von ein oder zwei Jahrzehnten wiederholt werden.

erdmagnetisches Feld, das v. a. an der Erdoberfläche und darüber lokal durch Deklination D, Inklination *I*, Horizontalintensität *H*, Vertikalintensität *Z* und Totalintensität *F* festgelegte Magnetfeld der Erde, das sich v. a. dadurch bemerkbar macht, dass eine frei bewegl. Magnetnadel sich in einer bestimmten Richtung einstellt. Von den angeführten erd- oder geomagnet. Elementen reichen jeweils drei zur Beschreibung des e. F. aus. Sie müssen zur vollständigen Erfassung des e. F. an möglichst vielen Stellen der Erde gemessen werden. Die Ergebnisse werden in Karten des e. F. dargestellt. Linien gleicher Deklination heißen **Isogonen,** solche gleicher Inklination **Isoklinen.** Die Isogone für *D* = 0 heißt **Agone,** die Isokline für *I* = 0 **erd**- oder **geomagnetischer Äquator (Aklïne).** Orte mit *I* = 90° sind die **erd**- oder **geomagnetischen Pole.** Man kann das e. F., dessen magnet. Induktion zw. 30 µT (Mikrotesla) nahe dem erdmagnet. Äquator und 60 µT nahe den erdmagnet. Polen variiert, zerlegen in ein **Hauptfeld** (Anteil 95 %), das seinen Ursprung in elektr. Stromsystemen im Erdinneren unterhalb der in 2 900 km Tiefe liegenden Kern-Mantel-Grenze hat und außerdem die Magnetfelder der durch äußere Einflüsse im Erdinneren induzierten elektr. Ströme umfasst, und ein **Restfeld,** das zu einem größeren Teil von variablen elektr. Strömen in der Hochatmosphäre, bes. in der Ionosphäre, sowie in der Magnetosphäre herrührt und zu einem i. A. sehr kleinen, vereinzelt jedoch bedeutenden Anteil von Gesteinen der Erdkruste **(Krustenfeld)** erzeugt wird.

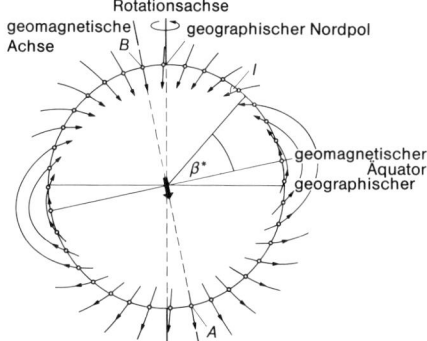

erdmagnetisches Feld: Darstellung des Dipolfeldanteils in der durch die Rotationsachse und die geomagnetische Achse *BA* festgelegten Ebene; *I* Inklination, *β** geomagnetische Breite (die Linie *β** = 0° zeigt den geomagnetischen Äquator an)

Das Hauptfeld besteht aus einem symmetr. Teil, dem **Dipolfeld,** und in einem geringeren Maße aus einem unsymmetr. Anteil, dem **Nicht-Dipolfeld,** das von unsymmetr. Stromsystemen herrührt. Mit abnehmender Entfernung von der Erdoberfläche nimmt das Dipolfeld langsamer als das Nicht-Dipolfeld ab und wird in der Hochatmosphäre oberhalb der Ionosphäre infolge des Einflusses der Ladungswolken des Sonnenwindes stark verzerrt (→Magnetosphäre). – Angenähert gleicht daher das e. F. nahe der Erdoberfläche dem Feld eines im Erdmittelpunkt befindl. magnet. Dipols mit einem magnet. Moment von 8,06 · 10^{15} Wb · m (Webermeter), dessen Achse um 11,4° gegen die Rotationsachse der Erde geneigt ist und die Erdoberfläche in den **geomagnetischen Punkten** durchstößt. Diese liegen in der Nähe der auch als **Magnetpole der Erde** bezeichneten erd- oder geomagnet. Pole, jenen Punkten, in denen die Inklination *I* = 90° beträgt und die im Laufe der Zeit ihre Lage verändern. Nach den Messungen des internat. Breitendienstes bewegt sich der nördl. **arktische** oder **boreale Magnetpol** (eigtl. ein magnet. Südpol) jährlich um etwa 7,5 km in nördl. Richtung. Er lag 1980 bei 77,3° n. Br., 101,8°

w. L., während er 1831 bei seiner Entdeckung bei 70,1° n. Br., 98,6° w. L. lag. Der südl. **antarktische** oder **australe Magnetpol** (eigtl. ein magnet. Nordpol) befand sich 1983 bei 65,2° s. Br., 138,7° ö. L., 1912 bei 72,2° s. Br., 150,7° ö. L.; er verschiebt sich zz. um etwa 10 km pro Jahr in nordwestl. Richtung.

Das e. F. ist zeitl. und räuml. Schwankungen unterworfen, die als **erdmagnetische Variationen** bezeichnet werden. Das Hauptfeld unterliegt infolge zeitl. Änderungen der Stromsysteme im Erdinneren einer langsam verlaufenden **erdmagnetischen Säkularvariation,** wodurch seine Feldstärke und Induktion zz. um etwa 6 % pro Jh. abnimmt. Die unter der Bez. **erdmagnetische Aktivität** zusammengefassten schnellen zeitl. Variationen des Restfeldes mit Perioden von 1 s bis mehr als 24 h werden durch den Sonnenwind hervorgerufen, also durch die Sonnenaktivität gesteuert; zu ihnen zählen die →erdmagnetischen Stürme. Kleinräumige Variationen werden durch variable Magnetisierung der Erdkrustengesteine erzeugt, ein Teil der großräumigen Variationen durch unsymmetr. Stromsysteme im äußeren Erdkern.

erdmagnetisches Observatorium, wiss. Einrichtung zur Vermessung des →erdmagnetischen Feldes an der Erdoberfläche, um die Säkularvariation des Hauptfelds zu erfassen und seine schnellen zeitl. Variationen, die ihren Ursprung in Stromsystemen der Ionosphäre haben, ständig zu registrieren.

erdmagnetische Stürme, magnetische Stürme, plötzliche, relativ starke zeitl. Variationen des →erdmagnetischen Feldes; sie sind ein Teil der erdmagnet. Aktivität und werden durch besondere Stromsysteme in der →Ionosphäre und durch starke Plasmaschwingungen in der Magnetosphäre angeregt. Diese wiederum werden durch die Sonnenaktivität erzeugt. Gleichzeitig mit der e. S. beobachtet man Polarlichter, Störungen in der über die Ionosphäre erfolgenden Radiowellenausbreitung und Schwankungen der kosm. Strahlung.

erdmagnetisches Verfahren, in der *Vor-* und *Frühgeschichtsforschung* verwendetes, auf der Säkularvariation des →erdmagnetischen Feldes beruhendes Verfahren der Chronologie: Die Magnetisierung eisenhaltiger keram. Erzeugnisse wird beim Brennen auf das erdmagnet. Feld des Brennortes eingestellt; nach dem Abkühlen fixiert sich diese Einstellung dauerhaft; die Messung von Deklination und Inklination gestattet bei lokal gebundenen Funden (z. B. Ofenanlagen aus Ton) Rückschlüsse auf den Zeitpunkt der letzten Erhitzung.

Erdmagnetismus, Geomagnetismus, die Gesamtheit derjenigen physikal. Eigenschaften des Erdkörpers und der physikal. Vorgänge in ihm, die das →erdmagnetische Feld (i. e. S. sein Hauptfeld) und seine Änderungen hervorrufen; i. w. S. auch alle mit dem erdmagnet. Feld verknüpften physikal. Erscheinungen. Zur Erklärung der Ursachen und der allmähl. Änderung des erdmagnet. Feldes sind versch., bisher jedoch nicht restlos befriedigende →Dynamotheorien entwickelt worden, die die beobachteten Verhältnisse auf elektr. Stromsysteme im Erdinneren und deren Veränderungen zurückführen.

Von großer Bedeutung für die geophysikal. Prospektion und die Erforschung der Erdgeschichte ist der **Gesteinsmagnetismus,** für den v. a. das Mineral Magnetit (Fe$_3$O$_4$) verantwortlich ist. Magnetithaltige Gesteine werden im erdmagnet. Feld in dessen Richtung magnetisiert (induzierte Magnetisierung), daneben zeigen sie aber häufig einen von der momentanen Richtung und Stärke des erdmagnet. Feldes unabhängigen Magnetisierungsanteil (Remanenz). Dies ist dann der Fall, wenn die remanente Magnetisierung bei Abkühlung vulkan. Gesteine im Erdfeld entstanden ist (Thermoremanenz). Durch Ausmessen der

Magnetisierungsrichtungen (→Paläomagnetismus) an orientiert entnommenen Gesteinsproben lassen sich die fossilen Richtungen des erdmagnet. Feldes ermitteln und daraus die Lage der geomagnet. Pole in bestimmten geolog. Systemen berechnen. Das von allen Kontinenten vorliegende Beobachtungsmaterial erlaubte, daraus Polwanderungskurven abzuleiten, die für die Zeit vom Silur bis in das Mesozoikum zusammenfallen, danach jedoch für jeden Kontinent anders aussehen. Dieser Befund gilt als Bestätigung dafür, dass urspr. eine einzige riesige Kontinentalmasse, die Pangäa, vorhanden war, die dann später zerbrach.

Die paläomagnet. Untersuchungen ergaben ferner, dass von den Remanenzen natürl. Basaltvorkommen etwa die Hälfte ungefähr die Richtung des heutigen Erdmagnetfeldes, die andere Hälfte aber die entgegengesetzte Richtung zeigt. Man schließt daraus auf eine mehrfache Feldumkehr des erdmagnet. Feldes. Für eine Reihe von Fällen hat man die Umkehrzeiten durch Altersbestimmungen mithilfe der Radioaktivität an den gleichen Proben datieren können. Die Umkehrzeiten liegen größenordnungsmäßig eine halbe Mio. Jahre auseinander, während der Umkehr selbst jeweils in Zeitintervallen, die kürzer als 5000 Jahre sind, ablief. Die Zeitskala dieser Umpolungen ist bis zu 80 Mio. Jahre zurück gut erforscht, bes. gut in den ozean. Krustengesteinen (→Sea-Floor-Spreading).

Geschichte: Der frz. Naturforscher P. DE PEREGRINUS, der 1269 die Bipolarität des Magnetismus entdeckt hat, nahm an, dass der E. auf Kräften der Himmelskugel beruhe, die einen kugelförmigen Magneten so ausrichten, dass seine beiden magnet. Pole auf die Himmelspole weisen. Jedoch setzte sich bald wieder die ältere Vorstellung durch, dass große, am Nordpol befindl. Berge aus Magneteisenstein die Kompassnadel anziehen. Für die in der Mitte des 15. Jh. entdeckte Deklination wurden andere Magnetberge verantwortlich gemacht. Erst die Entdeckung der Inklination (G. HARTMANN, 1542; R. NORMAN, 1581) machte diese Vorstellung hinfällig. Eine neue Deutung des E. und gleichzeitig der Schwerkraft gab W. GILBERT (1600): Die Erde sei wie alle Himmelskörper ein großer Kugelmagnet, der innerhalb einer großen Kraftkugel (›orbis virtutis‹) um das Schwerezentrum Kompassnadeln ausrichte. Die Schwerkraft beruhe auf der anziehenden Wirkung dieses Magneten. Die von I. NEWTON 1687 aufgestellte Gravitationshypothese erforderte dann eine neue Deutung des E. als gesonderte Erscheinung.

Während die ausgedehnten, 1799–1804 von A. VON HUMBOLDT und 1828–30 von ADOLF ERMAN (*1806, †1877) durchgeführten Messungen des E. noch ganz auf empir. Grundlagen beruhten, wurden ab 1831 durch C. F. GAUSS und W. WEBER entscheidende Fortschritte in der Deutung erzielt. Der von ihnen gegründete ›Göttinger Magnet. Verein‹, den man als Vorläufer des Internat. Geophysikal. Jahres ansehen kann, veröffentlichte ab 1837 das weltweit gewonnene Beobachtungsmaterial (u.a. 1840: ›Atlas des E.‹). 1838 formulierte GAUSS eine phänomenolog. Theorie des E., die ihre Gültigkeit im Wesentlichen bis heute bewahrt hat: Der E. bestehe aus einem durch ein Potenzial darstellbaren (Quellen im Erdinnern) und einem potenziallosen Anteil. – Die Ursache des E. ist aber bis heute umstritten. P. M. S. BLACKETT versuchte 1947 erneut, Erdrotation und E. miteinander zu verknüpfen. Eine Magnetohydrodynamik des Erdkerns zur Erklärung des E. formulierten 1948/49 E. C. BULLARD und 1950 W. ELSASSER.

Physics of geomagnetic phenomena, hg. v. S. MATSUSHITA u.a., 2 Bde. (Orlando, Fla., 1967–68); G. ANGENHEISTER u. H. SOFFEL: Gesteinsmagnetismus u. Paläomagnetismus (1972).

Erdmandel, Cyperus esculentus, in O-Afrika beheimatetes Sauergras, das heute v.a. im Mittelmeerraum und zunehmend auch in Mitteleuropa kultiviert wird. Die unterird. Ausläufer schwellen im Spitzenbereich zu haselnußgroßen, nährstoffreichen (8% Protein, 40% Kohlenhydrate, 20% Fett) Knöllchen heran, die roh oder gekocht als Gemüse und als Mandel-, Kakao- und Kaffeeersatz Verwendung finden.

Erdmann, 1) Benno, Philosoph und Psychologe, *Guhrau 30. 5. 1851, †Berlin 7. 1. 1921; war Prof. in Kiel (seit 1878), später in Breslau, Halle (Saale), Bonn und (seit 1909) in Berlin; förderte die Kantforschung und lieferte Beiträge zur Psychologie des Fantasie-, Vorstellungs- und Denklebens.

Werke: Kants Kriticismus in der 1. u. 2. Aufl. der Kritik der reinen Vernunft (1878); Logik (1892); Umrisse zur Psychologie des Denkens (1900); Über Inhalt u. Geltung des Kausalgesetzes (1905); Grundzüge der Reproduktionspsychologie (1920). – **Hg.:** Abh. zur Philosophie u. ihrer Gesch., H. 1–52 (1893–1920).

2) Carl, Historiker, *Dorpat 27. 11. 1898, †Zagreb 3. 3. 1945; trat 1926 als wiss. Mitarbeiter in das Preuß. Histor. Inst. in Rom ein, wo er u.a. sein noch heute grundlegendes Werk ›Die Entstehung des Kreuzzugsgedankens‹ (1935, Nachdr. 1980) erarbeitete. 1934 wurde er Mitarbeiter bei den ›Monumenta Germaniae Historica‹.

3) E d u a r d Paul Ernst, Pianist und Komponist, *Wenden (heute Cēsis, Lettland) 5. 3. 1896, †Hamburg 21. 6. 1958; Schüler u.a. von C. ANSORGE, war seit 1950 Prof. an der Hamburger Musikhochschule. Er setzte sich als Pianist bes. für F. SCHUBERT und die Neue Musik ein; seine Kompositionen (u.a. 4 Sinfonien und ein Klavierkonzert) galten in den 20er-Jahren als bedeutende zeitgenöss. Werke.

4) Friedrich, Forstfachmann, *Dannhorst (bei Celle) 16. 3. 1859, †Neubruchhausen (heute zu Bassum) 3. 1. 1943; wirkte bahnbrechend auf waldbaul. und bodenkundl. Gebiet; nach ihm wurde das Forstamt Neubruchhausen in Erdmannshausen umbenannt.

5) Johann Eduard, Philosophiehistoriker und Religionsphilosoph, *Wolmar (heute Valmiera, Lettland) 13. 6. 1805, †Halle (Saale) 12. 6. 1892; seit 1839 Prof. in Halle (Saale); gehörte der rechten Hegelschule an; forschte u.a. über SPINOZA und LEIBNIZ; gab LEIBNIZ' philosoph. Schriften heraus (›Opera philosophica quae extant latina, gallica, germanica omnia‹, 2 Bde., 1839–40; darin Erstveröffentlichung des frz. Originals der Monadologie).

Werke: Versuch einer wiss. Darst. der Gesch. der neueren Philosophie, 6 Bde. (1834–53); Ernste Spiele, Vorträge (1855); Grundr. der Gesch. der Philosophie, 2 Bde. (1866).

6) Karl Dietrich, Historiker, *Mülheim (heute zu Köln) 29. 4. 1910, †Kiel 23. 6. 1990; wurde 1953 Prof. in Kiel und war 1966–70 Vors. des Dt. Bildungsrates; Mitherausgeber der Zeitschrift ›Gesch. in Wiss. und Unterricht‹.

Werke: Volkssouveränität u. Kirche (1949); Adenauer in der Rheinlandpolitik nach dem Ersten Weltkrieg (1966); Die Zeit der Weltkriege, in: Hb. der dt. Gesch., gegr. v. B. GEBHARDT, Bd. 4 (⁹1976–78 in 2 Tlen.). **Ausgabe:** Gesch., Politik u. Pädagogik. Aufsätze u. Reden, hg. v. K. KELLMANN u.a., 2 Bde. (1970–86).

Erdmännchen, Erdhündchen, Scharrtier, Surikate, Suricata suricatta, in Trockengebieten des südl. Afrika verbreitete Art der Schleichkatzen (Körperlänge bis 35 cm, Schwanzlänge bis 25 cm) mit bräunl. Fell mit schwarzen Querstreifen am Rücken, zugespitzter Schnauze und (v.a. an den Vorderfüßen) langen, starken Krallen zum Graben der Erdbaue. E. sind tagaktiv und leben gesellig und in ständigem Stimmkontakt; bei Gefahr richten sie sich auf (›Männchen machen‹; daher der Name).

Erdmannsdorff, Friedrich Wilhelm von, Baumeister, *Dresden 18. 5. 1736, †Dessau 9. 3. 1800; bedeutender Vertreter des dt. Frühklassizismus, Lehrer von F. GILLY; beeinflusst von der engl. Architektur in der

Nachfolge A. PALLADIOS. Sein Hauptwerk ist Schloss und Park Wörlitz bei Dessau (1769–73); weitere Bauten errichtete er in Dessau und Umgebung. E. war ferner an der Innenausstattung von Schloss Sanssouci (1787–89) und des Berliner Schlosses beteiligt.

F. W. von E., hg. v. R. ALEX (Wörlitz 1986).

Erdmannsdörffer, 1) Bernhard, Historiker, * Altenburg 24. 1. 1833, † Heidelberg 1. 3. 1901, Vater von 2); wurde 1871 Prof. in Greifswald, 1873 in Breslau und 1874 in Heidelberg. Der verstehenden Geschichtsbetrachtung L. VON RANKES folgend versuchte er, in seinen Werken die Positionen J. G. DROYSENS und H. VON TREITSCHKES zu überwinden.

Werke: Dt. Gesch. vom Westfäl. Frieden bis zum Regierungsantritt Friedrich's d. Gr., 2 Bde. (1892–93; Neuausg. 1932, Nachdr. 1974); Mirabeau (1900).

2) Otto Heinrich, Mineraloge und Petrograph, * Heidelberg 11. 3. 1876, † ebd. 18. 4. 1955, Sohn von 1); ab 1912 Prof. in Hannover, ab 1926 in Heidelberg. E. befasste sich v. a. mit der Entstehung von Graniten und Dioriten (unter Mitwirkung der Anatexis), bes. im Harz, Schwarzwald und Odenwald.

Werk: Grundl. der Petrographie (1924).

Erdmannshöhle, Haseler Höhle, Tropfsteinhöhle im Dolomitkalk des Dinkelbergs, Bad.-Württ., bei Hasel (Landkreis Lörrach), Länge aller Gänge rd. 1 700 m, davon 500 m begehbar.

Erdmaus, Art der →Feldmäuse.

Erdmetalle, von der Bez. →Erden abgeleitete ältere Sammel-Bez. für die in der dritten Haupt- oder Nebengruppe des Periodensystems stehenden chem. Elemente Aluminium, Scandium und Yttrium sowie die Lanthanoide. Aus dem Begriff Erden leiten sich auch die Bez. **saure Erden** oder **Erdsauren** für die Oxide der Elemente Niob, Thallium, Vanadium und **alkalische Erden** oder Erdalkalien für die Oxide der Erdalkalimetalle Calcium, Strontium, Barium ab. (→Seltenerdmetalle)

Erdmittelalter, das →Mesozoikum. (→Geologie)

Erdnähe, *Astronomie:* das Perigäum, →Apsiden.

Erdnaht, *Geologie:* das →Lineament.

Erdnatter, Elaphe obsoleta, nordamerikan., hell und schwarz geringelte Kletternatter; wird bis 2,5 m lang.

Erdneuzeit, das →Känozoikum. (→Geologie)

Erdnuss, Arachis hypogaea, in Südamerika beheimateter Schmetterlingsblütler; heute in den Tropen und Subtropen weltweit kultiviert. Die E. ist ein einjähriges, gelb blühendes Kraut mit paarig gefiederten Blättern an niederliegenden Sprossachsen. Nach dem Abblühen wird ein sich verlängernder, abwärts krüm-

Erdmännchen (Körperlänge bis 35 cm, Schwanzlänge bis 25 cm)

Friedrich Wilhelm von Erdmannsdorff: Schloss Wörlitz bei Dessau: 1769–73

mender Fruchtträger (Karpophor) gebildet, der die sich nicht öffnende Hülsenfrucht **(Erdnuss)** ins Erdreich drückt, wo die Samen **(E.-Kerne,** i. d. R. zwei pro Hülsenfrucht) reifen (ein Fall von →Geokarpie). Die Vitamin-B- und Vitamin-E-reichen Samen enthalten etwa 50 % Öl, 25 % Eiweiß und 3–8 % Kohlenhydrate. – Die E.-Kerne werden geröstet, gesalzen oder gezuckert gegessen. Durch Pressen wird ein Speiseöl **(E.-Öl;** →Fette, TABELLE) gewonnen, der Pressrückstand **(E.-Ölkuchen,** E.-Presskuchen) ist ein hochwertiges Viehfutter. Außerdem werden E. zu Mehl **(E.-Mehl)** und zu **E.-Mark** (→Erdnussbutter) verarbeitet. – Die Ernte der E. erfolgt durch Heraushacken oder -pflügen und Trocknen von Kraut samt Früchten, dann Abpflücken oder Abdreschen der Früchte. Das Kraut wird als Viehfutter **(E.-Heu)** verwendet. – Weltproduktion 1994: 25,9 Mio. t. Hauptanbauländer sind Indien (8,2 Mio. t), China (7,6 Mio. t), die USA (1,9 Mio. t), Nigeria (1,2 Mio. t), Indonesien (1,1 Mio. t) und Senegal (0,7 Mio. t).

Erdnussbutter, gemeinsprachl. Bez. für **Erdnussmark,** eine aus gemahlenen Erdnusskernen gewonnene, streichfähige Masse von hohem Fett- und Eiweißgehalt (Brotaufstrich, Gebäckfüllmasse).

Erdofen, mit Blättern, Strauchwerk und Erde überdeckte Grube, in der mittels heißer Steine, heißer Asche oder Feuer auf der Deckschicht Nahrung gegart wird (bes. in Ozeanien, Australien und im NW von Nordamerika).

Erdöl, engl. **Petroleum** [pə'trəuliəm], flüssiges, natürlich vorkommendes Gemisch aus Kohlenwasserstoffen und Kohlenwasserstoffderivaten, das unter dem Eigendruck der Lagerstätte oder mittels mechan. Hilfen gefördert werden kann. E. hat eine Doppelfunktion: Es ist weltweit der wichtigste Primärenergieträger (→Energiewirtschaft) und zugleich der Rohstoff für die →Petrochemie. **Rohes E. (Rohöl)** ist dünn- bis zähflüssig, strohfarbig bis schwarzbraun gefärbt und hat eine Dichte meist zw. 0,78 und 1,0 g/cm³. Man spricht von schweren Rohölen bei Dichten zw. 0,93 und 1,0 g/cm³ und von extraschweren bei Dichten über 1,0 g/cm³. Je höher die Dichte ist, umso niedriger ist in der Regel der Anteil an leichtflüchtigen Benzinkomponenten. Die genauere Zusammensetzung ergibt sich aus dem Siedeverlauf. Internat. gebräuchlich ist die Angabe der Dichte in →API-Graden. Eine wichtige Größe zur Beurteilung des Kälteverhaltens von E. ist

Erdnuss (Höhe 30–80 cm)

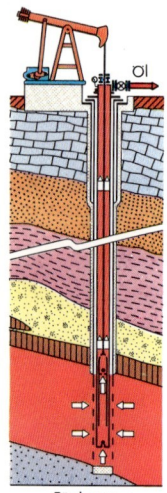

Förderung
durch Gestängepumpe

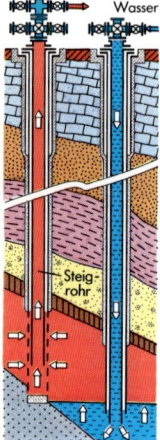

Förderung
durch Wasserfluten

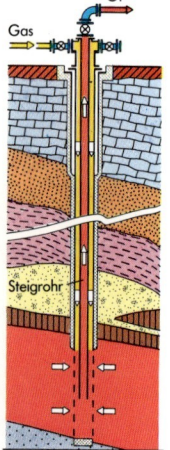

Gasliftförderung

Erdöl: Schematische Darstellung unterschiedlicher Fördermethoden

der →Pourpoint. E. ist je nach Herkunft unterschiedlich zusammengesetzt. Es enthält flüssige, aber auch gelöste gasförmige und feste Kohlenwasserstoffe, darunter v. a. Alkane, Cycloalkane und Aromaten, aber kaum Alkene. Darüber hinaus enthält E. 0,1–7% Schwefel in Form von Thiolen, Thioäthern und heterozykl. Verbindungen, ferner Stickstoffverbindungen, →Naphthensäuren sowie komplizierte kolloide Stoffe (→Asphaltene, →Erdölharze), in denen Spuren von Nickel, Vanadium u. a. Metallen gebunden sein können.

Je nachdem, ob E. überwiegend aus Alkanen (Paraffinen) oder Cycloalkanen (Naphthenen) aufgebaut ist, unterscheidet man paraffinbas. und naphthenbas. E.; asphalt. E. enthält über 60% Asphaltene. Paraffinbas. E. haben i. d. R. einen niedrigeren Schwefelgehalt und liefern Dieselkraftstoffe mit besserer Zündwilligkeit und Schmieröle mit höherem Viskositätsindex. Naphthenbas. E. haben ein besseres Kälteverhalten und liefern Ottokraftstoffe mit höherer Klopffestigkeit.

Entstehung

Die ältesten E.-Lagerstätten stammen aus dem Perm. Der Ursprung des E. ist noch nicht restlos geklärt. Wegen der chem. Zusammensetzung des E. gilt jedoch seine Herkunft aus organ. Stoffen und deren Bildung im Meer (Salz- oder Brackwasser) als ziemlich sicher. Früher glaubte man, dass nur in Randmeeren mit behinderter Bodenwasserzirkulation, also dort, wo Faulschlamm entsteht (d. h. unter anaeroben Verhältnissen), die Voraussetzungen für die Bildung von E. gegeben sind. Hier ist das Wasser am Meeresboden so arm an (oder sogar frei von) Sauerstoff und so reich an Schwefelwasserstoff, dass die abgestorbenen, zum Boden abgesunkenen Lebewesen nicht oder kaum verwesen. Spätere Untersuchungen zeigten, dass auch in gut durchlüftetem Wasser bei starker, rascher Sedimentation am Meeresboden bereits wenige Millimeter bis Zentimeter unter der Oberfläche feinklastischer Sedimente solche anaeroben Verhältnisse herrschen können, v. a. im Bereich des Kontinentalschelfs, aus dem auch die weitaus meisten Sedimentgesteine stammen. Hier ist auch die anfallende Menge an Lebewesen am höchsten; dabei handelt es sich überwiegend um tier. und pflanzl. Plankton, bes. um Einzeller, aber auch um Hohltiere und Krebse. Die Kohlenhydrate, Eiweißstoffe und Fette der Lebewesen werden dann unter der Einwirkung von anaeroben Bakterien zersetzt und reduziert, wobei v. a. ›trockenes Erdgas‹ (v. a. Methan), Wasser, Kohlendioxid und →Kerogen (auch im →Ölschiefer enthalten) gebildet werden. Bei höheren Temperaturen (50–80°C) und stärkerem Druck (durchschnittl. Tiefe von 2 000–3 500 m) entstehen dann mithilfe mineral. Katalysatoren (Tonminerale) Erdölkohlenwasserstoffe und ›nasse Erdgase‹ (reich an Äthan, Propan, Butan u. a.); schließlich wird nur noch Erdgas (Methan) abgespalten. Das im ursprüngl. Sediment, dem **Muttergestein**, in fein verteilten Tröpfchen vorhandene E. wird unter dem Überlagerungsdruck nachfolgender Sedimente mit dem Erdgas und Porenwasser ausgepresst, weicht durch Wanderung **(Migration)** nach oben und zur Seite in Deckschichten aus; diese müssen porös sein oder andere Hohlräume, wie Klüfte, enthalten und permeabel (→Permeabilität) sein. Werden diese **Speichergesteine** (v. a. Sande und Sandsteine sowie Kalke und Dolomite wiederum von undurchlässigen Schichten abgedeckt, kann sich das E. zu wirtschaftlich nutzbaren Lagerstätten anreichern.

Vielfach erfolgt dabei eine Aufspaltung des unter Druck stehenden Gemisches nach der Dichte in Wasser, E. und Erdgas; das Erdgas kann auch unter bestimmten Umständen allein weiterwandern, wodurch reine Erdgasvorkommen entstehen können.

Bei natürl. Austritt von E. an die Erdoberfläche bilden sich →Asphalt oder →Erdwachs, durch Erdgasaustritt →Schlammvulkane. Noch kaum genutzt sind die →Ölsande.

Unter den E.-Lagerstätten **(E.-Fallen)** unterscheidet man die sedimentär bedingten stratigraph. Fallen (z. B. in Riffen, an Diskordanzflächen oder durch Fazieswechsel verursacht) und die strukturell-tektonisch bedingten Fallen (Antiklinalen, Beulen, Verwerfungen, Salzstöcke).

Der Anteil des aus untermeer. Lagerstätten (Schelfbereich) gewonnenen E. an der gesamten Weltförderung hat heute fast 30% erreicht (1960: 10%).

Gewinnung

Bei der Suche nach E.-Lagerstätten **(E.-Exploration)** werden geolog. und geophysikal. Methoden (→Aufschlussverfahren) angewandt. Bohrproben von Aufschlussbohrungen werden auf die chem. Zusammensetzung, den paläontolog. Inhalt und die Gesteinszusammensetzung untersucht. Bohrungen zur Förderung des E. (Produktionsbohrungen) werden meist durch Drehbohren (→Bohren) abgeteuft. In das Bohrloch werden Rohre eingebracht und durch Zement mit der Bohrlochwand verbunden. Beim Richtbohren wird die Bohrung von einer bestimmten Tiefe an abgelenkt. Dadurch kann z. B. bei der Offshoretechnik von einer einzigen Plattform aus ein kreisförmiges Areal abgebohrt werden. Beim Öffnen der Lagerstätte durch die Bohrung treibt der Lagerstättendruck das E. aus dem Speichergestein in das Bohrloch, in seltenen Fällen bis an die Erdoberfläche **(eruptive Förderung)**. Meist muss das E. durch Pumpen (Gestängetiefpumpen mit dem als ›Pferdekopf‹ bekannten Balancierantrieb oder Tauchkreiselpumpen) oder durch Eindüsen von Erdgas **(Gaslift)** an die Oberfläche gefördert werden. – *Primäre Gewinnungsmethoden* nutzen den natürl. Lagerstättendruck, der v. a. durch sich aus dem E. lösende und ausdehnende Gase erzeugt wird. Der Ausbeutegrad der Lagerstätte **(Entölungsgrad)** liegt in diesem Fall zw. 10 und 20%, unter günstigen Bedingungen auch höher. Bei *sekundären Gewinnungsmethoden* wird der Lagerstättendruck durch Injektion von Wasser **(Wasserfluten)** oder Erdgas aufrechterhalten und damit der Entölungsgrad auf etwa 30 bis 40% erhöht. Zunehmend wurden auch *tertiäre Gewinnungsmethoden* zur weiteren Verbesserung des Entölungsgrades erprobt und angewandt. Die größte Bedeutung hat das **Dampffluten** erlangt, bei dem bis zu 340°C heißer Dampf unter 150 bar in die Lagerstätte injiziert wird. Druckerhöhung und die durch Erwärmung erreichte Viskositätsminderung erhöhen die Mobilität des E. Beim **Polymerfluten** wird die Viskosität des Flutwassers mit Polyelektrolyten und Xanthan erhöht und damit sein vorzeitiges Durchbrechen zur Produktionsbohrung verhindert. Andere Verfahren (z. B. **Kohlendioxidfluten, Tensidfluten**) haben geringere Bedeutung.

Transport und Verarbeitung

Das geförderte E. wird auf dem E.-Feld in Separatoren von niedrigsiedenden Kohlenwasserstoffen **(E.-Gas)** und Wasser (eventuell nach Zusatz von Demulgatoren) befreit. Über See wird E. in Tankern, über Land meist in Rohrleitungen (Pipelines) transportiert. Wichtige europ. Fernleitungen sind die Transalpine Ölleitung (TAL) von Triest über Ingolstadt nach Karlsruhe, die Rotterdam-Rhein-Pipeline (RRP) von Rotterdam nach Wesseling, die Nord-West-Ölleitung (NWO) von Wilhelmshaven nach Wesseling, die Mitteleurop. Rohölleitung (MERO) von Ingolstadt über Kralupy nad Vltavou nach Litvínov (Leutensdorf), die

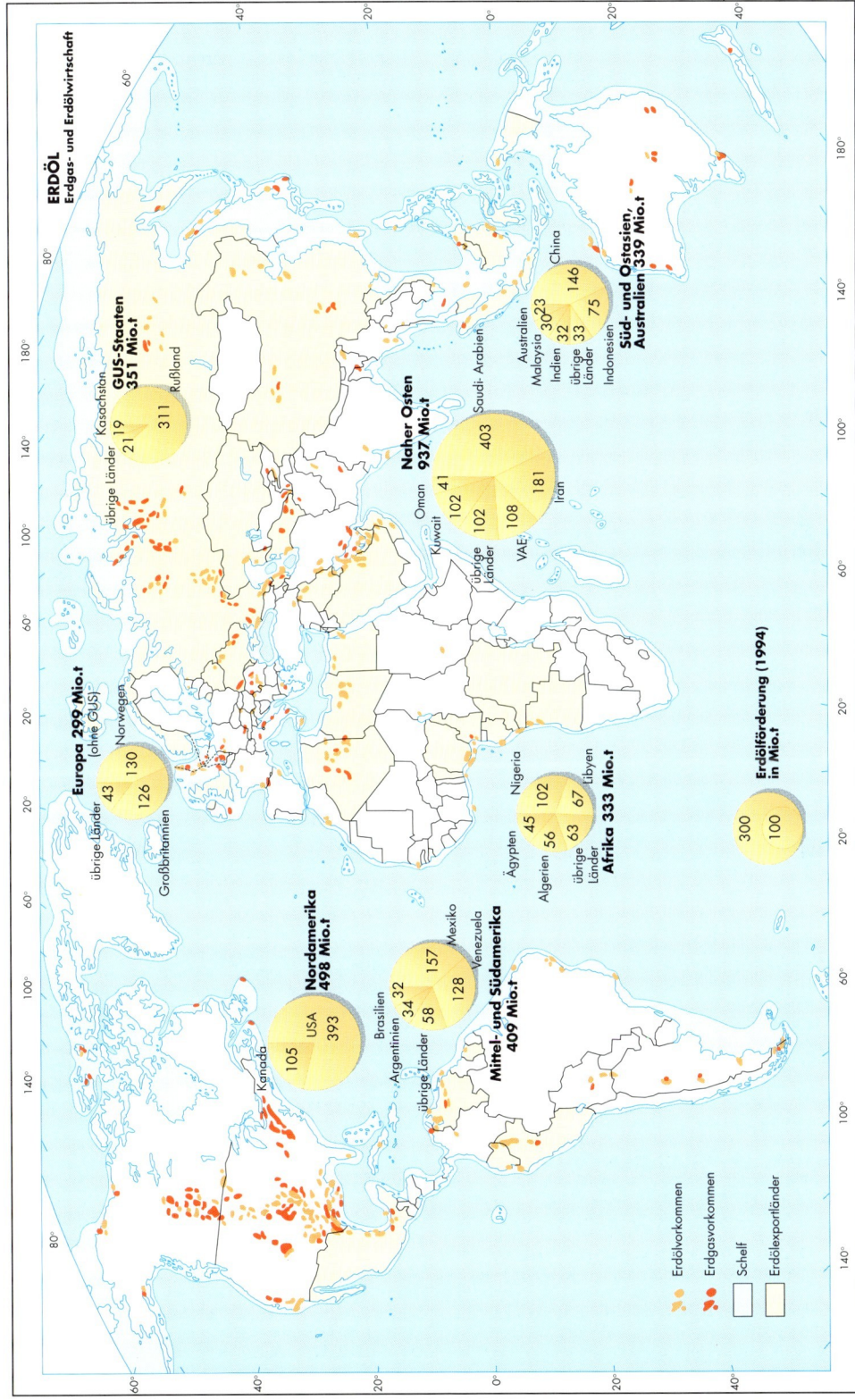

ERDÖL
Erdgas- und Erdölwirtschaft

**GUS-Staaten
351 Mio.t**

übrige Länder 21
Kasachstan 19
Rußland 311

**Naher Osten
937 Mio.t**

Saudi-Arabien 403
Oman 41
Kuwait 102
übrige Länder 102
VAE 108
Iran 181

**Süd- und Ostasien,
Australien 339 Mio.t**

China 146
Australien 30
Malaysia 32
Indien 32
übrige Länder 33
Indonesien 75

Europa 299 Mio.t
(ohne GUS)

Norwegen 130
übrige Länder 43
Großbritannien 126

Afrika 333 Mio.t

Nigeria 102
Libyen 67
Ägypten 45
Algerien 56
übrige Länder 63

**Erdölförderung (1994)
in Mio.t**

300
100

**Nordamerika
498 Mio.t**

Kanada 105
USA 393

**Mittel- und Südamerika
409 Mio.t**

Mexiko 157
Venezuela 128
Brasilien 32
Argentinien 34
übrige Länder 58

Erdölvorkommen
Erdgasvorkommen
Schelf
Erdölexportländer

511

Erdölförderung und Erdölreserven der wichtigsten Förderländer (in Mio. t)				
Staat	Förderung			
	1980	1986	1992	1994
Saudi-Arabien[2]	496,4	251,3	415,0	402,8
USA	482,2	477,3	360,0	393,1
UdSSR	603,0	615,0	477,4[1]	352,0[1]
Iran[2]	76,6	93,4	171,3	180,9
Mexiko	106,8	137,5	134,3	156,8
China	106,0	130,7	139,2	146,1
Norwegen	24,4	44,6	103,3	130,5
Venezuela[2]	112,9	91,3	122,6	127,7
Großbritannien und Nordirland	80,5	127,0	91,9	126,0
Vereinigte Arabische Emirate[2]	82,6	66,4	103,6	108,0
Kanada	83,0	84,2	84,0	104,6
Kuwait[2]	81,4	71,6	53,5	102,4
Nigeria[2]	101,8	72,8	90,7	102,1
Indonesien[2]	78,5	66,0	87,2	75,4
Libyen[2]	85,9	49,7	68,9	66,6
Irak[2]	130,0	82,7	2,5	27,8
Erde insgesamt	3059,1	2916,9	2947,3	3202,52

[1] GUS-Staaten. – [2] OPEC-Mitglied.

Norddt. Oelleitung (NDO) von Wilhelmshaven nach Hamburg und die Südeurop. Ölleitung von Lavéra über Fos nach Karlsruhe.

Nach der Einlagerung in Tanks wird E. in Raffinerien zu verkäufl. Produkten verarbeitet, die bestimmten Spezifikationen, d. h. physikal. (z. B. Siedeverlauf, Pourpoint) und chem. (z. B. Schwefelgehalt) Anforderungen genügen müssen. I. d. R. werden dabei keine chem. Einzelsubstanzen isoliert.

Der erste Schritt der E.-Verarbeitung ist die →Destillation, bei der das E. in Fraktionen mit unterschiedl. Siedebereich zerlegt wird. Die wichtigsten Fraktionen sind →Raffineriegas, →Flüssiggas, →Benzin sowie

Erdöl: Verarbeitungsschema einer Erdölraffinerie

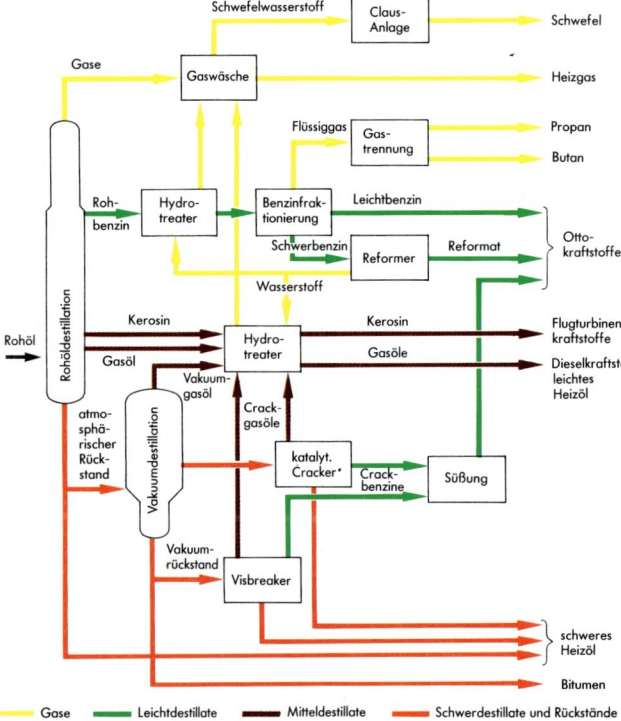

→Kerosin und →Gasöl. Die letzten beiden werden als →Mitteldestillate bezeichnet. Da sich Kohlenwasserstoffe bei Temperaturen oberhalb von etwa 350 bis 400 °C zersetzen, können hochsiedende Fraktionen durch Destillation unter Atmosphärendruck nicht mehr gewinnen werden. Sie verbleiben als atmosphär. Rückstand, der entweder als Heizöl verwendet oder in der Vakuumdestillation in weitere Fraktionen zerlegt wird. Schwefelverbindungen können als Katalysatorgifte wirken oder bei der Verbrennung in umweltbelastendes Schwefeldioxid umgewandelt werden. E.-Fraktionen werden deshalb durch →Hydrotreating oder →Süßverfahren entschwefelt. Destillatbenzin hat wegen seiner niedrigen →Oktanzahl schlechte Eigenschaften als Ottokraftstoff. Es wird deshalb durch →Reformieren in seiner Klopffestigkeit verbessert. Die E.-Verarbeitung ist eine Kuppelproduktion, d. h., neben begehrtem Benzin fallen stets auch weniger begehrte Destillationsrückstände und Vakuumdestillate an. Durch Konversionsverfahren (→Cracken, →Hydrocracken) können diese in Benzin und Mitteldestillate umgewandelt werden, wobei katalyt. Crackanlagen und Visbreaker die größte Bedeutung haben. – Die wichtigsten E.-Produkte sind →Heizöle, →Ottokraftstoffe, →Dieselkraftstoff, Flugturbinenkraftstoffe und →Bitumen. Benzin ist auch wichtiger Rohstoff für die chem. Industrie (→Petrochemie). Die →Schmieröle werden aus Vakuumdestillaten in bes. ausgerüsteten Schmierölraffinerien gewonnen.

Wirtschaft

1945–94 ist der E.-Verbrauch auf der Erde fast ohne Unterbrechung gestiegen. Dieses kontinuierl. Nachfragewachstum ist auf die Doppelfunktion des E. als Energieträger und als Rohstoff sowie eine sehr lange Zeit niedrigen und stabilen Preis zurückzuführen. Neben den traditionell wichtigen Produzenten USA und Russland kamen als bedeutende Förderländer hinzu: ab 1900 Indonesien und Mexiko, nach 1914 Irak, Iran, Venezuela und nach dem Zweiten Weltkrieg Saudi-Arabien, Kuwait, Kanada, Katar (1950), Algerien (1952), Nigeria (1958), Oman (1963), China (60er-Jahre), Norwegen und Großbritannien (70er-Jahre). Der Anteil der Organisation E. exportierender Staaten (OPEC) an der Weltförderung schwankte seit 1974 zw. rd. 55 % und weniger als 30 % (1985). Nach Rückgewinnung von Marktanteilen stagniert er seit 1994 bei 40 %.

1994 wurden in der Welt rd. 3,375 Mrd. t E. gefördert. Davon entfielen etwa ein Drittel (1,36 Mrd. t) auf die OPEC, rd. 2 Mrd. t auf die übrige Welt. Die Gesamtförderung lag um 2 % höher als 1993; 60 % des Produktions- und Bedarfszuwachses konnten die Länder liefern, die nicht der OPEC angehören. So stieg die Förderung in Großbritannien um 26 % und in Norwegen um 13 %. Gleichzeitig ist die Produktion in der ehem. UdSSR um 7 % gesunken. Die langfristigen Aussichten für die OPEC sind günstiger, denn mehr als drei Viertel der sicher gewinnbaren E.-Reserven der Welt entfallen auf die OPEC-Mitgliedsländer, über die Hälfte davon auf Saudi-Arabien, den Irak, Kuwait und Iran. Rd. 8 % der Weltreserven entfallen auf die GUS und Osteuropa, 6 % auf die Länder der OECD.

Während der E.-Preis von (1990) 20,5 US-$ auf (1994) 14,8 US-$ sank, blieben der Verbrauch und die Produktion (1994 rd. 68 Mio. Barrel pro Tag) von E. relativ konstant. Die weltweiten E.-Reserven wurden 1993 auf 136 700 Mio. t beziffert, sodass die rechner. Verfügbarkeit von E. auf 43 Jahre gestiegen ist. Die größten Reserven (in Mio. t) entfallen auf Saudi-Arabien (35 500), Irak (13 400), die Vereinigten Arab. Emirate (13 341), Kuwait (13 300) sowie Iran (12 700). Größten Anteil an der Weltförderung von (1994)

3 202,6 Mio. t haben (jeweils in Mio. t) Saudi-Arabien (402,7), USA (393,1), Russland (311,3), Iran (180,9), Mexiko (156,8), China (146,1), Venezuela (127,7), die Vereinigten Arab. Emirate (108,0), Norwegen (130,6) und Kanada (104,5).

E.-Produkte werden bes. in den Industrieländern der westl. Hemisphäre verbraucht. Die meisten Industrie- und Entwicklungsländer sind auf die Einfuhr von E. (oder E.-Produkten) angewiesen; infolgedessen ist E. eines der wichtigsten Welthandelsgüter; rd. 60–70 % des Exports werden dabei von den OPEC-Ländern bestritten. Daneben sind auch die GUS-Staaten ein bedeutender E.-Exporteur.

Betriebswirtschaftlich gesehen ist die E.-Verarbeitung eine relativ starre Kuppelproduktion, die nur durch die verwendete E.-Sorte und den Einsatz von Weiterverarbeitungsanlagen begrenzt flexibel ist. Bei den einzelnen E.-Produkten entwickelte sich der Absatz sehr unterschiedlich. Die v. a. im Verkehrssektor verwendeten Vergaser- und Dieselkraftstoffe wurden vermehrt nachgefragt, wohingegen das auf dem Wärmemarkt bedeutsame Heizöl stark von Erdgas und Kernenergie verdrängt wurde. Außerdem wurden durch den Bau eigener Anlagen der OPEC-Länder die Raffineriekapazitäten im Nahen Osten vermehrt. Daraus ergab sich in vielen Industrieländern eine Überkapazität bei den Raffinerien; ihre Zahl musste daher dort beträchtlich reduziert werden.

Der hohe Finanzbedarf und die techn. Besonderheiten des E.-Marktes hatten bereits vor 1914 die Bildung großer, kapitalkräftiger Konzerne gefördert. War vor dem Ersten Weltkrieg der Kampf um die Absatzgebiete entscheidend, so wurde dieser immer mehr zu einem Kampf der E.-Konzerne um die Lagerstätten, bes. durch die steigende Bedeutung des E. für die Kriegswirtschaft. Mit der wirtschaftl. Macht wuchs den E.-Konzernen auch bedeutende polit. Macht zu. So spielte beim Sturz des iran. Min.-Präs. MOSSADEGH 1953 eine große Rolle, dass die von ihm betriebene Nationalisierung der iran. E.-Quellen durch die E.-Konzerne mit Boykottmaßnahmen beantwortet wurde. Mit der Gründung der OPEC (1960) versuchten die wichtigsten Förderländer (mit Ausnahme der USA und der UdSSR), ein Rohstoffkartell zu errichten, um Preiserhöhungen und auch Absprachen über die Fördermengen durchsetzen zu können. Bereits in den 1960er-Jahren begann in vielen OPEC-Ländern die Nationalisierung der E.-Förderung, wobei jedoch meist den E.-Konzernen die Verarbeitung und der Vertrieb weiter überlassen wurde. Während des 4. Israelisch-Arab. Krieges (1973) wurde das E. als polit. Waffe eingesetzt, indem Lieferungen eingeschränkt und die Preise erhöht wurden; außerdem wurden die Verstaatlichungen forciert, was Verluste bei der Förderung zur Folge hatte. Dennoch verfügen die E.-Konzerne mit einem Marktanteil auf der Produktvertriebsstufe von etwa 50 % über einen großen Einfluss. Allein 90 % des weltweiten Umsatzes entfallen auf die sieben größten E.-Konzerne: Exxon Corp., Royal Dutch/Shell-Gruppe, Mobil Oil Corp., British Petroleum Comp., Texaco Inc., Standard Oil Company of California und Gulf Oil Corp.

Die OPEC hat den E.-Markt durch ihre Preispolitik nachhaltig beeinflusst. Die drast. Preiserhöhungen von 1973/74 fielen in eine Phase einer weltweiten Wirtschaftskrise und verschärften deren Auswirkungen. Die Verteuerung des E. führte in den Verbrauchsländern zu einem starken Preisanstieg, auch auf anderen Märkten, und rief vielfach starke Zahlungsbilanzungleichgewichte hervor. Diese als ›erste Ölkrise‹ (zweite 1979/80 durch erneute starke Preiserhöhung) bezeichnete Phase der Trendwende auf dem E.-Markt führte zu energ. Einsparungen beim E.-Verbrauch und zog gesetzl. Vorschriften über die Vorratshaltung

(→Erdölbevorratung) sowie zum Energiesparen (z. B. ›Sonntagsfahrverbot‹) nach sich. Mit steigendem E.-Preis wurde die Aufmerksamkeit auf bislang nicht wirtschaftlich nutzbare Energieformen (erneuerbare Energien) gerichtet. Außerdem wurden immer mehr E.-Felder erschlossen, deren Ausbeutung bisher mit zu hohen Förderkosten verbunden war (diese betragen je Barrel im Nahen Osten 1–2 US-$, in Nordamerika 3–15 US-$). Die mit dem E.-Export in die Förderländer fließenden Devisen ermöglichten es diesen, große Geldmengen in die eigene Wirtschaftsentwicklung zu investieren. Mit der damit einhergehenden Nachfrage nach Gütern und Dienstleistungen (z. B. der Banken) in den Industriestaaten kam es zu einem teilweisen Rückfluss dieser Gelder (→Recycling). Daneben wurden die Exporterlöse aber auch spekulativ auf den internat. Geld- und Kapitalmärkten angelegt, mit z. T. negativen Folgen für die nat. Geld- und Währungspolitik.

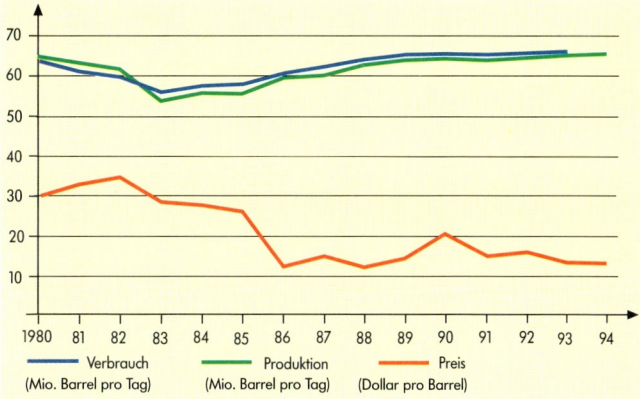

Erdöl: Entwicklung des Erdölmarkts

Erschließung, Förderung, Transport, Lagerung, Verarbeitung und energet. Nutzung des E. tragen zur Umweltbelastung bei. Neben der →Meeresverschmutzung kann es an Land zur Gefährdung des Grundwassers kommen. Der E.-Transport unterliegt den Gefahrgutverordnungen.

Geschichtliches

Natürlich an der Erdoberfläche austretendes E. und das beim Verdampfen der flüchtigen Anteile zurückbleibende Bitumen wurden schon vor etwa 4 000 Jahren genutzt. Die alten Chinesen z. B. bohrten nach E. und verwendeten es für Beleuchtungszwecke. In Mesopotamien diente Bitumen u. a. als Bindemittel für Mörtel und zum Abdichten von Schiffen. Als erstes genutztes mitteleurop. E.-Vorkommen gilt das Quirinöl, das von den Mönchen am Tegernsee von etwa 1430 an als Heilmittel vertrieben wurde. Bukarest war die erste europ. Großstadt, in der Straßenlaternen mit Petroleum betrieben wurden. Das dafür erforderl. E. wurde überwiegend in gegrabenen Schächten gesammelt und in einem 1857 errichteten Destillierbetrieb verarbeitet. Die erste wirtschaftlich bedeutende Bohrung durch den amerikan. Industriellen EDWIN LAURENTINE DRAKE (* 1819, † 1880) bei Titusville in Pennsylvania im Jahre 1859 führte in den USA zu einem regelrechten Ölfieber und leitete die industrielle Nutzung des E. ein. – Gleichzeitig, wenn auch weltwirtschaftl. unbedeutend, wurde in Dtl. (Wietze, Kr. Celle) die erste E.-Bohrung niedergebracht. – Zunächst wurden E.-Destillate bevorzugt für Beleuchtungszwecke verwendet. Mit Beginn des 20. Jh. führte die Verbreitung der Elektrizität zu einer Abnahme des

Petroleumbedarfs, und die zunehmende Motorisierung ließ Benzin zum wichtigsten E.-Produkt werden. Um 1900 waren die USA und Russland die wichtigsten E.-Förderländer. Der sprunghafte Anstieg des E.-Verbrauchs der Industrieländer nach dem Zweiten Weltkrieg wurde v. a. durch die E.-Förderung im Nahen Osten und, ab etwa 1965, in Afrika getragen. Neben der Gewinnung von Motorkraftstoffen und Heizölen für Industrie und Haushaltungen gewann in Europa ab Mitte der 50er-Jahre die Herstellung von chem. Produkten (z. B. für Kunststoffe) aus E. an Bedeutung. Die Preisschübe für Rohöl von 1973 und 1979 und die u. a. in der BRD propagierte Politik ›Weg vom E.‹ führten zu einem starken Rückgang des Heizölverbrauches.

B. RIEDIGER: Die Verarbeitung des E. (1971); Geology of petroleum, hg. v. H. BECKMANN, 8 Bde. (Stuttgart [1-2]1976–95); FERDINAND MAYER: Petro-Atlas E. u. Erdgas ([3]1982); J. C. MCCASLIN: Petroleum exploration worldwide (Tulsa, Okla., 1983); Angewandte Geowiss.en, hg. v. F. BENDER, Bd. 3 (1984); B. P. TISSOT u. D. H. WELTE: Petroleum formation and occurrence (Berlin [2]1984); Das Buch vom E., hg. v. K. P. HARMS ([5]1989); P. J. TETTINGER: E.-Förderung im Wattenmeer, (1993); Regional petroleum geology of the world. Regionale E.- u. Erdgasgeologie der Erde, hg. v. H. KULKE, 2 Tle. (Berlin 1994–95, Beitrr. tlw. dt., tlw. engl.); Die Energierohstoffe E. u. Erdgas. Vorkommen, Erschließung, Förderung, bearb. v. G. PUSCH u. a. (1995).

Erdölbakteri|en, nichtsystemat. Sammelgruppe weit verbreiteter Bakterien, die Kohlenwasserstoffe des Erdöls abbauen. Der Abbau (z. B. geringerer Erdölverunreinigungen) erfolgt in gut durchlüfteten Böden relativ schnell und vollständig, lediglich unter Luftabschluss findet kein merkl. Abbau statt. E. sind von wiss. Interesse, da man hofft, mithilfe geeigneter Bakterienmassenzuchten unter optimalen Bedingungen durch den Abbau von Erdöl Protein zu synthetisieren (das dem tier. Protein sehr ähnlich ist). Außerdem hofft man, nach entsprechender gentechnolog. Veränderung, E. bei der Bekämpfung von Ölteppichen auf dem Meer einsetzen zu können; bislang geht der Abbau sehr langsam (da nur an der Oberfläche stattfindend) und unvollständig vor sich: Langkettige Alkane, polyaromat. Kohlenwasserstoffe und asphaltähnl. Gemische bleiben als Rückstände zurück.

Erdölbevorratung, Vorratshaltung von Erdöl und Erdölerzeugnissen zur Sicherung der Energieversorgung gemäß dem E.-Gesetz vom 25. 7. 1978. Diese Bevorratungspflicht übernehmen v. a. der **E.-Verband,** eine der Rechtsaufsicht des Bundes-Min. für Wirtschaft unterstehende Körperschaft des öffentl. Rechts (errichtet 1978; Sitz: Hamburg), und darüber hinaus auch die inländ. Hersteller von Erdölerzeugnissen. Die gesamten Pflichtvorräte entsprechen der Vorjahreseinfuhr und der Vorjahresherstellung von Erdölerzeugnissen (für 90 Tage über den E.-Verband, für 80 Tage über den E.-Verband, für 15 Tage über die Unternehmen). Zwangsmitglieder des E.-Verbandes (1995: 148) sind die Hersteller und Importeure von Erdölerzeugnissen, die über besondere Beiträge die Tätigkeit des E.-Verbandes finanzieren. Diese Beiträge werden seit dem 1. 12. 1978 erhoben. Aufkommen: 1995 (Ist) 828 Mio. DM, 1997 (Soll) 958 Mio. DM.

Erdöldollar, Petrodollar, internat. übl. Bez. für aus Erdölexporten stammende Dollareinnahmen, die größtenteils wieder an den internat. Finanzmärkten angelegt werden. Sie sind i. d. R. kurzfristig verfügbare Guthaben der arab. Erdöl exportierenden Staaten bei ausländ. Banken. Die insbesondere nach der massiven Anhebung der Rohölpreise in den Jahren 1973–74 und 1979–81 bestehenden Befürchtungen hinsichtlich der Rückschleusung der E. (→Recycling) in den Geldkreislauf der Weltwirtschaft erwiesen sich als unbegründet.

Erdölgas, →Erdöl, →Erdgas.

Erdölharze, kolloide Erdölbestandteile, die im Unterschied zu den →Asphaltenen in niedrig siedenden Kohlenwasserstoffen löslich sind; sie können aus den Rückständen der Erdöldestillation nach Ausfällung der Asphaltene durch Ultrafiltration oder Fällung mit Essigester isoliert werden.

Erdorgeln, →geologische Orgeln.

Erdős [-døːʃ], Paul, ungar. Mathematiker, * Budapest 26. 3. 1913, † Warschau 20. 9. 1996; Prof. in Budapest und Manchester, außerdem Gastprofessuren z. B. in Israel, Frankreich und Kanada, arbeitete weltweit mit zahlr. Mathematikern zusammen. E. lieferte bedeutende Arbeiten insbesondere zu Problemen der Zahlen-, Wahrscheinlichkeits- und der Mengentheorie sowie zur Kombinatorik.

Erdpech, der Naturasphalt, →Asphalt.

Erdpflanzen, die →Geophyten.

Erdpotenzial, das als Bezugspotenzial genommene elektr. Potenzial an der Erdoberfläche. Das E. wird i. A. gleich null gesetzt, obwohl es infolge Auftretens von Erdströmen und erdelektr. Feldern örtlich und zeitlich schwankt und daher E.-Differenzen zw. versch. Punkten der Erdoberfläche auftreten.

Erdpunkt, Systempunkt in elektr. Gleich- und Wechselspannungssystemen, der sich bei jedem Betriebszustand des Systems auf Erdpotenzial befindet.

Erdpyramiden, Erdpfeiler, säulen- bis kegel- und nadelartige Erosionsformen in geröll- und blockdurchsetzten, durch Kalk- oder Tongehalt standfesten Lockergesteinen (Moränen, Tuff, Seekreide); sie entstehen bes. an Steilhängen durch starke Abspülung (Regengüsse) dadurch, dass einzelne Steine oder Blöcke das darunter liegende feinere Gestein eine Zeit lang vor Abtragung schützen; nach Abstürzen des Decksteins werden sie meist rasch zerstört. Bes. hohe E. (bis 35 m) gibt es auf dem Ritten bei Bozen.

Erdpyramiden: Die ›Demoiselles coiffées‹ bei Pontis im Embrunais in den französischen Alpen

Erdrauch, Fumaria, Gattung der Erdrauchgewächse mit rd. 50 Arten in den gemäßigten Gebieten Europas und Asiens; einjährige, oft bläulich oder blaugrün bereifte Kräuter mit rötl., gelbl. oder weißl., traubig angeordneten Blüten. In Mitteleuropa sind versch. E.-Arten häufige Ackerunkräuter, so der **Gemeine E.** (Fumaria officinalis), eine alte Heilpflanze, die in der Volksmedizin v. a. bei Hautleiden angewandt wird (›Blutreinigungsmittel‹).

Erdrauchgewächse, Fumariaceae, Pflanzenfamilie, die gelegentlich nur als Unterfamilie der Mohngewächse betrachtet wird, mit etwa 400 Arten in 15 Gattungen; Blütenkronblätter häufig gespornt (z. B. beim Tränenden Herz).

Erdraupen, fettig glänzende, graubraune Raupen bestimmter →Eulenschmetterlinge.

Erdrauch: Gemeiner Erdrauch (Höhe 10–30 cm)

Erdrich [ˈəːdrɪk], Karen Louise, amerikan. Schriftstellerin, * Little Falls (N. D.) 6. 7. 1954; schreibt Gedichte (›Jacklight‹, 1984), Kurzgeschichten und Romane, in denen sie anhand von Einzel- und Familienschicksalen die Situation von Indianern und Randexistenzen der weißen Gesellschaft in dem myth. Ort Argus in ihrer Heimat North Dakota in der Zeit von 1912–24 (›Tracks‹, 1988; dt. ›Spuren‹), in den 30er-Jahren (›The beet queen‹, 1986; dt. ›Die Rübenkönigin‹) und von 1934–84 (›Love medicine‹, 1984; dt. ›Liebeszauber‹) darstellt. Zus. mit ihrem Mann, dem Anthropologen und Modoc-Indianer MICHAEL DORRIS (* 1945) verfasste sie den Roman ›The crown of Columbus‹ (1991; dt. ›Die Krone des Kolumbus‹) über die Gesch. des verlorenen Tagebuchs des KOLUMBUS.

Weitere Werke: *Romane:* The bingo palace (1994; dt. Der Bingo-Palast); The blue jay's dance (1995).

Erdrutsch, →Bergrutsch.

Erdschein, das →Erdlicht.

Erdschieber, Wolliger Milchling, Lactarius vellereǀus, 10–30 cm hoher Pilz (ein Milchling) mit unregelmäßig geformtem, trichterförmigem Hut; häufig in Laub- und Nadelwäldern; ungenießbar.

Erdschlipf, →Bergrutsch.

Erdschluss, *Elektrotechnik:* jede ungewollte Verbindung eines spannungsführenden Außenleiters oder eines betriebsmäßig isolierten Mittelleiters einer elektr. Anlage mit der Erde oder mit geerdeten Teilen; entweder durch mechan. Beschädigung des Leiters oder seiner Isolierung oder durch Überbrückung einer Isolationsstrecke durch Verschmutzung, Überspannung oder Blitzschlag hervorgerufen.

In Drehstromnetzen mit geerdetem Sternpunkt wird jeder E. zu einem →Kurzschluss. Bei nicht geerdetem Sternpunkt fließt über den E. ein kapazitiver E.-Strom, der mithilfe einer →Erdschlussspule kompensiert werden kann (**E.-Kompensation**). So kann auch ein – z. B. durch Blitzschlag hervorgerufener – E.-Lichtbogen zum Erlöschen gebracht werden.

Erdschlussspule, Löschdrossel, Petersen-Spule, eine Hochspannungs-Drosselspule mit Eisenkern in einem ölgefüllten Kessel, die zw. den hochspannungsseitigen Sternpunkt eines Transformators und Erde geschaltet wird und deren Induktivität der Kapazität des Hochspannungsnetzes so angepasst ist, dass der kapazitive Erdschlussstrom (→Erdschluss) durch den gleich großen, aber entgegengesetzten induktiven Strom der E. kompensiert wird.

Erdschocke, die →Topinambur.

Erdschwamm, Sammel-Bez. für Pilze, die ihre Fruchtkörper unterirdisch bilden, z. B. →Trüffel.

Erdseil, Erdungsseil, geerdeter zusätzl. Leiter, der bei Hochspannungsfreileitungen die Spitzen der Maste verbindet, jedoch nicht an der Fortleitung des Betriebsstromes beteiligt ist. Das E. schützt die Freileitung v. a. gegen Blitzeinschläge.

Erdstall [zu mhd. ›Stelle‹, ›Ort‹] der, kleine künstl. Höhle unter einem Bauernhof, einer Kirche, kleineren Ortschaften. Die vorwiegend im Rodungsgebiet im Hoch- und Spät-MA. entstandenen E. sind bes. in Bayern, Ober- und Niederösterreich sowie in Böhmen und Mähren dicht verbreitet. Ungeklärt ist, ob es sich bei den E. um Verstecke oder kult. bzw. zu Verteidigungszwecken angelegte Höhlen handelt.

Erdstern, Geastrum, Gattung der Bauchpilze mit rd. 40 Arten, davon etwa 15 in Mitteleuropa; v. a. in Nadelwäldern. Der knollenförmige Fruchtkörper entwickelt sich zunächst unterirdisch. Bei der Reife spaltet sich die derbe Außenhaut sternförmig auf, krümmt sich nach außen und drückt dadurch den freigelegten Innenkörper aus dem Boden; dessen Scheitel öffnet sich, sodass das rußartige Sporenpulver entweichen kann.

Erdstrahlen, 1) *allg.:* umgangssprachl. Bez. für physikalisch nicht nachweisbare ›Strahlen‹, die Einflüsse auf Mensch und Tier ausüben sollen und die (oder ihre Quellen) angeblich von bestimmten Personen mithilfe von Wünschelruten oder Pendeln wahrgenommen werden. Auswirkungen von E. werden unter Naturwissenschaftlern und Medizinern kontrovers diskutiert.

W. H. GRÜN: E. Unheiml. Kraft oder blühender Blödsinn? (1986).

2) *Physik:* **terrestrische Strahlen,** Bez. für die Alpha-, Beta- und Gammastrahlen aus radioaktiven Bestandteilen des Bodens oder des Gesteins sowie der Hauswände.

Erdströme, sehr schwache, zeitlich und örtlich veränderliche elektr. Ströme in der Erde, die durch Messen der Spannungen zw. je zwei Punkten nachgewiesen werden können. E. können Fernmeldeanlagen, Gas- und Wasserleitungen durch Induktion oder Korrosion beeinflussen. Es gibt drei Arten von E.: 1) **Induzierte** oder **tellurische E.,** vorwiegend in der Erdkruste und im oberen Erdmantel, erzeugt durch elektromagnet. Induktion infolge der zeitl. Variation des erdmagnet. Feldes. Die Stromdichte dieser Wechselströme mit Perioden von 1 s bis zu einigen Stunden beträgt etwa $1 \,\mu A/m^2$. 2) **Elektrochemisch erzeugte E.,** vorwiegend dicht unter der Erdoberfläche an Grenzen zw. Gesteinskörpern, die in Klüften und Poren Bergwässer enthalten; sie entstehen auch beim Transport des Wassers durch die Poren im Gestein. Die größten Eigenpotenziale (gemessen gegen die ungestörte Umgebung) betragen etwa 1 Volt. 3) **Vagabundierende E.,** verursacht durch elektrotechn. Einrichtungen, z. B. ın Stromverteilungsnetzen bei Isolationsfehlern, bei Straßen- und Eisenbahnen durch Stromrückleitung über die Schienen oder im Störungsfall bei einem →Erdschluss als Erdschlussstrom.

Erdteil, Kontinent, Bez. für die großen, geschlossenen Landmassen der Erde mit den ihnen vorgelagerten und zugerechneten Inseln: →Europa, →Asien (zusammenfassend auch Eurasien gen.) und →Afrika (Alte Welt), →Nordamerika und →Südamerika (Neue Welt), →Australien, Antarktika (der Kontinent des einschließlich der Meeresregionen so genannten Südpolargebietes).

Erdtrichter, *Geomorphologie:* der →Erdfall.

Erdumlaufbahn, eine Raumflugbahn um die Erde (→Flugbahn, →Raumfahrt).

Erdung, Erden, Herstellen einer Verbindung zw. elektrisch leitfähigen Teilen und der Erde mittels einer E.-Leitung und einem →Erder zur Vermeidung von Unglücksfällen durch hohe Berührungsspannungen oder elektr. Schlag, z. B. bei schadhaft gewordenen Leitungen. Nach ihrer Funktion unterscheidet man die **Betriebs-E.** elektr. Netze, Stromkreise, Systeme, um ordnungsgemäßen Betrieb sicherzustellen, die **Schutz-E.** als eine Maßnahme des →Berührungsspannungsschutzes und die **Blitzschutz-E.** zum Schutz gegen Gefährdung durch Blitzeinschläge, z. B. bei elektr. Freileitungen und Antennen (→Blitzschutz).

P. HASSE u. J. WIESINGER: Hb. für Blitzschutz u. E. (⁴1993).

Erdungsmesser, Geräte zur Messung des Erdungswiderstands, der sich aus Zuleitungswiderstand und Übergangswiderstand Erder–Boden sowie dem Ausbreitungswiderstand in 20 m Umkreis zusammensetzt. Dazu wird Strom über den Erder geschickt und der Spannungsabfall gemessen. E. arbeiten mit Wechselstrom zur Vermeidung von Polarisationseinflüssen.

Erdwachs, Ozokerit, Bergwachs, natürl. Gemenge hochmolekularer, gerad- oder verzweigtkettiger sowie cycloaliphat. Kohlenwasserstoffe (Alkane, Cycloalkane) von gelber bis brauner Farbe und salbenartiger bis fester (spröder) Konsistenz, das vermutlich aus Erdöl durch Ausscheidung hochsiedender

Louise Erdrich

Erdschieber
(Hutbreite 8–15 cm)

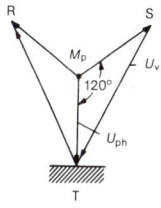

Spannung des Leiters T
gegen Erde = 0

Spannungen der Leiter
R und S
gegen Erde = U_v

U_{ph} Phasenspannung

M_p Sternpunkt

Erdschluss

Erdstern:
Gefranster Erdstern
(Durchmesser 4–8 cm)

Erdwanzen:
Schwarzweiße
Erdwanze
(Länge 5–8 mm)

Bestandteile und teilweise Verharzung entstanden ist und bergmännisch in größerem Umfang gewonnen wird. Gereinigtes E. wird als **Ceresin (Zeresin)** bezeichnet; es dient u. a. zur Herstellung von Lederpflegemitteln, Bohnermassen, Polituren, Kerzen, Haft- und Bindemitteln.

Erdwanzen, Cydnidae, Familie der Landwanzen, meist dunkelfarbig, 3–15 mm groß, manche E. mit Grabbeinen; fast weltweit verbreitet, in Mitteleuropa 15 Arten. E. bevorzugen sandigen Boden; sie saugen an Wurzeln (z. T. schädlich an Kulturpflanzen).

Erdwärme, die Wärme des Erdkörpers. Nur in der obersten Schicht der Erdkruste trägt die Sonneneinstrahlung zu ihr bei. Die mit zunehmender Tiefe ansteigende Temperatur der Erde (→geothermische Tiefenstufe) beruht v. a. auf der Energiefreisetzung durch den ständigen Zerfall radioaktiver Elemente in der Erdkruste, bes. in Tiefengesteinen wie Granit, kaum in Sedimenten und Vulkaniten. Rund 70% des Wärmestroms der Kontinente werden so erzeugt; der Rest gelangt vom heißen Erdmantel (an der Grenze zur Erdkruste 600–1000°C) durch Konvektionsströmungen in der Asthenosphäre (→Erde), durch aufsteigende Magmen (Vulkanismus) und in der Erdkruste zirkulierende flüssige oder gasförmige Stoffe zur Erdoberfläche. In den Ozeanen stammt fast der gesamte Wärmestrom aus dem Bereich unterhalb der Erdkruste. Der Wärmeinhalt der gesamten Erde beträgt 10^{31} J ($= 3,5 \cdot 10^{21}$ MWh). Der zur Erdoberfläche gerichtete kontinuierl. Wärmestrom wird auf $4 \cdot 10^{13}$ W geschätzt. Für eine Nutzung ist er viel zu gering. Dafür kommen nur geotherm. Anomalien infrage **(geothermische** oder **Wärmelagerstätten):** heiße Wässer, die in einem →Aquifer eingeschlossen sind, der meist keine natürl. Verbindung zur Erdoberfläche hat (außer in Geysiren), aber durch Flachbohrungen oft leicht erschlossen werden kann, sowie heiße Gesteine, die große Wärmemengen, aber keine natürl. Formationswässer enthalten. Solche hohen Temperaturwerte treten auf den vulkan. Inseln der mittelozean. Rücken (z. B. Island), auch an anderen plattentekton. Grenzen (z. B. Kalifornien, Neuseeland, Japan), in tekton. Gräben (z. B. Oberrheingraben) oder im Rückland junger Faltengebirge (z. B. Ungar. Tiefebene, Larderello in der Toskana) auf. Die alten Kontinentkerne weisen dagegen anomal niedrige Wärmeströme auf. Auf E. beruhende warme oder heiße Quellen (post)vulkan. oder sedimentärer Herkunft werden seit der Antike als Heilquellen, heute auch zur Beheizung von Wohngebäuden, Treibhäusern, Schwimmbädern u. a. genutzt. Die Erschließung warmer Tiefenwässer (mindestens 40–50°C) erfordert zwar höhere Investitionen, könnte aber wesentlich weiter verbreitet werden. Die Gewinnung von elektr. Energie aus E. (in geotherm. Kraftwerken) erfolgt bisher nur am Austritt von Wasserdampf vulkan. Ursprungs. Die Nutzung trockenheißer Gesteine durch das Hot-dry-Rock-Verfahren (→geothermische Energie) befindet sich noch im Versuchsstadium. (→Wärmepumpe).

Terrestrial heat flow in Europe, hg. v. V. ČERMÁK u. a. (Berlin 1979); G. BUNTEBARTH: Geothermie (1980); Paleogeothermics, hg. v. DEMS. u. a. (1986); The Urach geothermal project, hg. v. R. HAENEL (Stuttgart 1982); Geothermische Energie: Forschung und Anwendung in Dtl., hg. v. RÜDIGER SCHULTZ u. a. (1992); Geothermal atlas of Europe, hg. v. E. HURTIG u. a. (1992).

Erdwerke, in der *Vorgeschichtsforschung* Sammel-Bez. für aus Wall und Graben bestehende, meist aus der mittleren Jungsteinzeit (4. Jt. v. Chr.) stammende Anlagen, die teils als →Befestigungen, teils als Kultplätze zu deuten sind.

Erdwolf, Zibethyäne, Proteles cristatus, mit den Hyänen eng verwandte einzige Art der Familie Erdwölfe. Der nachtaktive E. lebt in den Steppen und

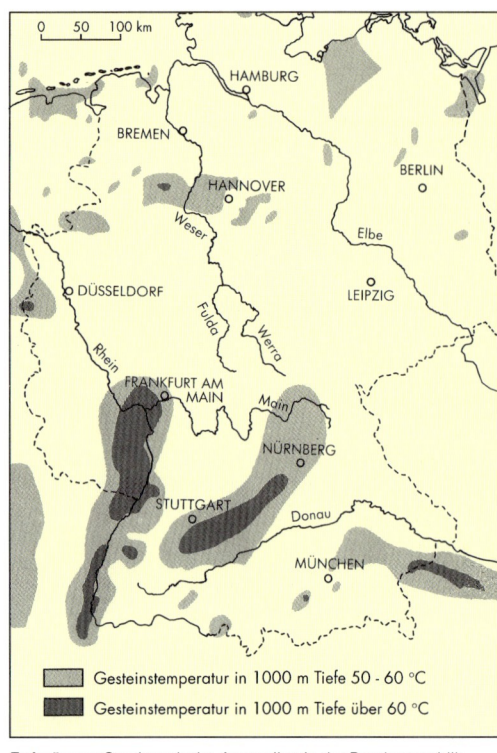

Erdwärme: Geothermische Anomalien in der Bundesrepublik Deutschland

Savannen des östl. und südl. Afrika, wo er meist verlassene Erdferkelbaue bewohnt; er ernährt sich vorwiegend von Termiten.

Erdzeitalter, größter Zeitraum der Erdgeschichte, teilweise auch als **Ära** oder **Gruppe** bezeichnet (ÜBERSICHT →Geologie).

Erdzunge, Geoglossaceae, Familie der Schlauchpilze; unscheinbare kleine Pilze in feuchten Wäldern und an versumpften Waldbächen.

Erebos, griech. **Erebos,** *griech. Mythos:* die Finsternis (bes. der Unterwelt). Bei HESIOD erscheint sie personifiziert als Sohn des Chaos. Mit seiner Schwester, der Nacht (Nyx), zeugt er den Äther (Aither) und den Tag (Hemera).

Erebus, Mount E. [maʊnt ˈɛrɪbəs], tätiger Vulkan auf der Rossinsel im Rossmeer, Antarktis, 3 794 m ü. M., teilweise vergletschert. – 1841 von J. C. ROSS entdeckt, nach dessen Schiff benannt.

Erec, Held aus dem Sagenkreis um König →Artus; das älteste überlieferte höf. Epos dazu stammt von CHRÉTIEN DE TROYES, nach seinem Vorbild schrieb

Erdwolf (Körperlänge 65–80 cm, Schwanzlänge 20–30 cm)

HARTMANN VON AUE ebenfalls ein E.-Epos. Der Held muss die Gefahr überwinden, sich um der Minne (Liebe zu Enite) willen zu ›verliegen‹, d. h. seine Ritterpflichten zu versäumen; er zieht zur Bewährung allein mit Enite (mit der er nicht sprechen darf) auf eine Aventiurefahrt aus; am Ende steht eine geläuterte, ritterl. Dienst einbeziehende Minnegemeinschaft.

Erechtheion [griech. ›Tempel des Erechtheus‹], einer der Tempel auf der Akropolis von Athen, 421–414 und 409–406 v. Chr. an der Stelle errichtet, wo nach der Sage der Wettstreit zw. Athene und Poseidon um die Vorherrschaft in Attika ausgetragen worden war. Der reiche Marmorbau ist das beste Beispiel des attisch-ion. Stils; die Grundrissform lässt sich aus der Unterbringung von mehreren Kultstätten und -malen erklären: Im O lag hinter einer sechssäuligen Eingangshalle die Cella der Athena Polias, in der das hölzerne Kultbild der Göttin stand; im W, auf tieferem Niveau, befand sich das Heiligtum des Erechtheus mit seinem Kultraum in der westl. Querhalle und den Kultstätten versch. im Mythos mit ihm verbundener Gestalten (Poseidon, Kekrops, Hephaistos u. a.). Über dem Kekropsgrab ist im SW die Korenhalle, deren Decke von Koren getragen wird (Originale heute im Akropolismuseum, eine in London, Brit. Museum), errichtet. Die weite N-Halle enthält durch die Öffnung eines Altars sichtbar unter ihrem Boden das Dreizackmal Poseidons und einen Zugang zum Bezirk der Pandrosos, Tochter des Kekrops (erste Athenepriesterin), in dem der hl. Ölbaum der Athene stand. Vom Fries der N-Halle (helle Marmorfiguren auf blauem Marmor zu Eleusis aufgesetzt) sind zahlr. Reste erhalten (Akropolismuseum). Vom Kultraum des Erechtheus aus war der Felsspalt der Schlange Erichthonios zugänglich.

Griech. Tempel u. Heiligtümer, bearb. v. H. BERVE u. G. GRUBEN (1961); G. GRUBEN: Die Tempel der Griechen (⁴1986).

Erechtheus, griech. **Erechtheus,** *griech. Mythos:* athen. Heros und König mit einer Kultstätte im Erechtheion, wo ihm mit Poseidon geopfert wurde. Er galt als aus der Heimaterde geboren (autochthon). Nach dem Mythos siegte er im Kampf mit den Eleusiniern und ihrem Verbündeten Eumolpos, indem er nach Weisung des Orakels eine seiner Töchter opferte, worauf sich auch die übrigen töteten. Poseidon löschte aus Zorn über den Tod seines Sohnes Eumolpos E. und sein Haus aus. E. galt als Stifter der Panatheneen. **Erichthonios,** ebenfalls erdgeboren und als König von Athen betrachtet, wird erst im späteren Mythos von E. unterschieden. Er wurde als Neugeborener von Athene in einer Kiste den drei Töchtern des Kekrops übergeben. Zwei von ihnen öffneten sie entgegen dem Verbot und wurden beim Anblick des schlangenartigen Kindes wahnsinnig.

Ereğli [ˈɛrɛjli], **1)** Hafen- und Industriestadt in der Prov. Zonguldak, Türkei, am Schwarzen Meer und am W-Rand des Steinkohlenreviers von Zonguldak, 63 800 Ew.; Eisen- und Stahlwerk (errichtet 1958–65) mit Walzwerk (seit 1972); in der Nähe die Kohlenzeche Kandilli-Armutçuk. – E. ist das antike **Herakleia Pontike** (lat. **Heraclea Pontica**).

2) Stadt in der Prov. Konya, Türkei, am S-Rand der inneranatol. Hochlandsteppe, 74 300 Ew.; Zentrum eines Bewässerungsanbaugebietes an der Bagdadbahn. – E. ist das antike **Kybistra,** das nach dem 6. Jh. n. Chr. **Herakleia** hieß.

Ereignis, 1) *Physik:* physikal. Vorgang, dessen räuml. Ausdehnung und zeitl. Dauer vernachlässigbar klein sind; in der Theorie dargestellt als ein Raum-Zeit-Punkt (→Minkowski-Raum, →Raum-Zeit).

2) *Stochastik:* Bez. für eine messbare Teilmenge der Menge Ω aller mögl. Ergebnisse eines Zufallsexperiments. Beispiel: Beim Würfeln mit zwei Würfeln tritt

Erechtheion auf der Akropolis von Athen; 421–414 und 409–406 v. Chr.

das E. ›Pasch‹ ein, wenn beide Würfel die gleiche Augenzahl zeigen. Dieses E. wird durch die Menge der Zahlenpaare {(1,1), (2,2), (3,3), (4,4), (5,5), (6,6)} dargestellt. E., die nur aus einem Element bestehen, nennt man **Elementar-E.** Die Menge aller E., die zu einem Zufallsexperiment gehören, bilden den **E.-Raum** des Experiments. Der E.-Raum ist somit eine Teilmenge der Potenzmenge von Ω.

Ereignismassen, Bewegungsmassen, *beschreibende Statistik:* Massen von statist. Einheiten, die nur durch laufende Registrierung in einem Zeitraum erfasst werden können (z. B. Geburten, Todesfälle), im Ggs. zu den Einheiten der →Bestandsmassen.

erektil, schwellfähig, erektionsfähig.

Erektion [lat., zu erigere, erectus ›aufrichten‹] *die, -/-en,* die reflektor. Anschwellung, Vergrößerung und Aufrichtung bestimmter (erektiler) Organe, z. B. der Brustwarzen, der Klitoris, bes. des männl. Glieds (→Penis) bei geschlechtl. Erregung.

Die E. beim männl. Glied kommt dadurch zustande, dass die eingelagerten Blutadergeflechte, die Schwellkörper (Corpora cavernosa), sich mit Blut füllen und gleichzeitig durch Muskelzug das Zurückströmen des Bluts verhindert wird. Der Vorgang der E. wird durch Sinnesreize ausgelöst, die vom vegetativen Nervensystem auf ein E.-Zentrum im untersten Abschnitt des Rückenmarks fortgeleitet werden und dort auf dem Weg über besondere Nerven den Mechanismus in Gang setzen. E. können auch rein mechanisch durch Fülle der Harnblase (›Wassersteife‹), beim Radfahren u. Ä. ausgelöst werden. Die anhaltende, auch schmerzhafte Dauer-E. des Penis (→Priapismus) ist meist durch organ. Veränderung bedingt und erfordert ärztl. Behandlung. Unzureichende E. →Impotenz.

Eremial [griech.] *das, -s/-e,* Lebensraum und Lebensgemeinschaft (Pflanzen und Tiere) in Trockensteppen, Halbwüsten und Wüsten.

Eremit [zu griech. erēmos, érēmos ›einsam‹, ›wüst‹, ›verlassen‹] *der, -en/-en,* **Einsiedler,** in vielen Religionen (für das frühe Christentum →Anachoret) ein Mensch, der aus rein religiösen Motiven ein asket. Leben in der Einsamkeit führt.

Eremitage [-ˈtaːʒə, frz.] *die, -/-n,* **1)** urspr. Einsiedelei; im 18. und 19. Jh. ein gegenüber dem repräsentativen Hauptschloss schlicht gehaltenes Garten- oder Landhaus, auch Lustschlösschen.

2) Museum in Sankt Petersburg; benannt nach dem 1764–67 von J.-B. M. VALLIN DE LA MOTHE für KATHARINA II. in der Nähe des Winterpalais erbauten kleinen Schloss (›Kleine E.‹); das Museum umfasst

Eremitage 2): Bartolomeo Francesco Rastrelli, Winterpalais (so genannter Vierter Winterpalast) in Sankt Petersburg; 1754–64

heute darüber hinaus das Winterpalais (so genannter Vierter Winterpalast, 1754–64) von B. F. RASTRELLI, die ›Alte E.‹ (1775–84) und die ›Neue E.‹ von L. VON KLENZE (1839–52). – Die E. beherbergt eine Gemäldegalerie mit über 5000 Werken und eine graf. Sammlung mit etwa 40000 Handzeichnungen. Sie präsentiert ferner u. a. skyth. und griech. Goldarbeiten, vorgeschichtl. Funde aus dem Kaukasus, eine Sammlung sassanid. und byzantin. Kunst, Denkmäler vorislam. Kunst aus Mittelasien sowie islam., ind. und ostasiat. Kunst sowie eine Antikenabteilung und eine Abteilung für russ. Kulturgeschichte.

Die E., Beitrr. v. B. B. PJOTROWSKIJ u. a. (a. d. Ital., Neuausg. 1990).

Eremiten, die →Einsiedlerkrebse.

Eremophyten [zu griech. erēmía ›Wüste‹ und phytón ›Pflanze‹], *Sg.* **Eremophyt** *der, -en,* sehr trockenheitsliebende (xerophile) Pflanzen in ariden Gebieten, mit besonderen Anpassungen an die Trockenheit des Standorts.

Erenburg, Ilja Grigorjewitsch, russ. Schriftsteller, →Ehrenburg, Ilja Grigorjewitsch.

Eresburg, von KARL D. GR. 772 eroberte sächs. Befestigung, wohl mit der 900 m langen und 350 m breiten, nach allen Seiten steil abfallenden Bergkuppe von Obermarsberg (heute zu Marsberg, Hochsauerlandkreis) gleichzusetzen. Wahrscheinlich stand innerhalb der dort nachgewiesenen Befestigung das sächs. Heiligtum →Irminsul.

Eresos, griech. **Eresos,** griech. Stadt des Altertums auf der Insel Lesbos, Geburtsort der Dichterin SAPPHO und des Aristotelikers THEOPHRAST. Erhalten sind u. a. Teile einer Hafenanlage (5./4. Jh. v. Chr.), die Reste des Mauerrings der Akropolis, die später zur genues. Festung umgebaut wurde, und zweier christl. Basiliken des 5. Jh. Der heutige Ort liegt etwa 4 km landeinwärts.

Erethizontidae, die →Baumstachler.

Eretria, im Altertum zweitgrößte Stadt der Insel Euböa und seit dem Lelantin. Krieg (2. Hälfte des 7. Jh. v. Chr.) Rivalin von Chalkis. Ihre Blütezeit hatte sie im 8. und 7. Jh. v. Chr.; wegen Teilnahme am Ion. Aufstand wurde sie 490 v. Chr. von den Persern zerstört, war aber in hellenist. Zeit wieder Mittelpunkt eines Territorialstaates, der ein Drittel Euböas umfasste. 198 v. Chr. wurde E. von den Römern zerstört und verlor jede Bedeutung.

Seit 1964 wird das antike E. zu Füßen der hohen Akropolis ausgegraben. Freigelegt wurden bisher v. a. die westl. Stadtmauer mit monumentaler Toranlage,

Dionysostempel, Theater (4. Jh. v. Chr.), Gymnasion, Apollontempel (Ende des 6. Jh. v. Chr.), Palast des 4. Jh. v. Chr. und Wohnquartiere. Die ältesten Funde gehören ins 8. Jh. v. Chr. In der näheren Umgebung wurden frühhellad. (3. Jt.) und myken. Siedlungen erforscht. Das homer. E. wird heute meist weiter westlich bei der Ausgrabungsstätte **Levkandi** vermutet, wo eine von 2600 bis Ende des 8. Jh. v. Chr. bestehende Siedlung freigelegt wurde.

E. Fouilles et recherches (Bern 1968 ff.); P. AUBERSON u. K. SCHEFOLD: Führer durch E. (ebd. 1972).

Eretriamaler, att. Vasenmaler des rotfigurigen Stils, tätig zw. 430 und 420 v. Chr., benannt nach einem aus Eretria stammenden, von ihm bemalten Epinetron (Knieschutz einer Spinnerin); bevorzugte kleine Vasen, die er miniaturhaft und zart bemalte.

Erewan, russ. **Jerewan, Erevan,** bis 1936 russ. **Eriwan,** Hauptstadt von Armenien, am Rasdan, 20 km vor der türk. Grenze, am N-Rand der vom Ararat (5137 m ü. M.) überragten Araksebene, 850–1300 m ü. M., (1991) 1,28 Mio. Ew. (1914: 29000, 1977: 956000 Ew.). E. ist wiss., kulturelles und wirtschaftl. Zentrum von Armenien. Neben der Armen. Akad. der Wiss.en sind die Univ. (gegr. 1920), die veterinärmedizin., medizin. und techn. Hochschule sowie sieben weitere Hochschulen, die Staatsbibliothek, Handschriftensammlung ›Matenadaran‹, etwa 20 größere Museen und neun Theater, Gemäldegalerie, Philhar-

Eretria:
Fragment einer Plastik vom Ostflügel des Apollontempels; Ende des 6. Jh. v. Chr.

Eretriamaler:
Kanne mit dem Bildnis einer Mänade;
Höhe 23 cm,
420 v. Chr. (Basel)

monie, Planetarium und zoolog. Garten die wichtigsten Einrichtungen für Bildung und Kultur. Die Industrie umfasst Aluminiumgewinnung, Maschinen- und Kraftfahrzeugbau, elektrotechn., chem. und pharmazeut. Industrie, Reifen-, Keramikwerk und eine Uhrenfabrik sowie Nahrungs- und Genussmittelindustrie (Konservenfabriken, Wein- und Sektkellereien, Kognakfabrik) und Baustoffbetriebe. Nahe der Stadt arbeitet seit 1979 das Kernkraftwerk Metsamor (elektr. Bruttogesamtleistung 880 MW; 1989 nach dem Erdbeben stillgelegt, 1995 wurde der zweite Block wegen Energiemangel wieder in Betrieb genommen). Die Untergrundbahn, 1981 eröffnet, ist wichtigstes innerstädt. Verkehrsmittel. Die Eisenbahnverbindung mit Tiflis besteht seit 1986. E. hat einen internat. Flughafen.

Stadtbild: Von den Festungen auf dem Arinberd und dem Kamir-Blur ist mächtiges Mauerwerk erhalten, nach Ausgrabungen (reiche archäolog. Funde) wurden Teile rekonstruiert. Von den Sakralbauten sind die Kreuzkuppelkirchen Katogike (13. Jh.) und Zorawar (17. Jh.) sowie die Moschee (1776, jetzt Museum für Stadtgesch.) erhalten; über den Rasdan spannt sich eine zweibogige Brücke (1679). Charakteristisch für die armen. Bauweise sind zahlr. ein- bis zweistöckige Wohnhäuser des 18. und 19. Jh. Städtebaul. Maßnahmen seit 1920 (Generalbebauungsplan von A. I. TAMANJAN, 1924) führten zu starken Veränderungen des Stadtbildes. Das histor. Stadtzentrum verfügt über ein rechtwinkliges Straßennetz und ist in ringförmige Alleen eingebettet. Es entstanden u. a. das Operntheater (1926–39) und das Regierungsgebäude (1926–41) von TAMANJAN, das Gebäude der Handschriftensammlung ›Matenadaran‹ (1959) von M. W. GRIGORJAN, das Verkehrsministerium (1957) von E. A. SARAPJAN und das Histor. Museum (1968) von S. R. ASATJAN und B. A. ARSUMANJAN. K. A. AKOPJAN u. a. schufen 1984 einen Sport- und Konzertpalast.

Geschichte: Der Ursprung von E. wird auf die 782 v. Chr. unter dem urartäischen Herrscher ARGISCHTI I. erbaute Festung Erebuni (Irepuni) auf dem Arinberd genannten Hügel im S der Stadt zurückgeführt. Unter König RUSA I. (730–714 v. Chr.), nach anderer Auffassung unter RUSA II. (685–645), entstand im SW die Festung von Tejschebaini auf dem Kamir-Blur (Roter Hügel), in deren Schutz sich eine große Stadt entwickelte. Bis zum 7. Jh. n. Chr., in dem E. zum ersten Mal in Chroniken erwähnt wird, ist wenig über die Gesch. der Stadt bekannt. 1554 wurde E. von den Türken erobert und zerstört, 1604 vertrieben die Perser die osman. Truppen, waren jedoch kurz darauf wieder zum Rückzug gezwungen, brannten die Stadt nieder und verschleppten ihre Bewohner. Das im türkisch-pers. Friedensvertrag von 1639 zus. mit O-Armenien an Persien gefallene E. war 1735–1827 Hauptstadt eines pers. Khanats (E.er Khanat, prachtvolle Residenz eines pers. Statthalters). 1827 wurde die Stadt von den Russen besetzt und 1828 (Frieden von Turkmantschaj) offiziell von Persien an das Russ. Reich abgetreten. Nach dem Genozid an den Armeniern (1915) Ziel eines großen armen. Flüchtlingsstroms, wurde E. 1918 zunächst Hauptstadt der kurzlebigen, von der Partei der Daschnaken geführten Armen. Rep., 1920 der Armen. SSR und 1990 der Rep. Armenien.

V. M. ARUTJUNJAN u. a.: Jerewan (Moskau 1968).

Erfahrung, Inbegriff von Erlebnissen in einem geordneten Zusammenhang, ebenso die in ihnen gegebenen Gegenstände und die durch sie erworbenen Kenntnisse und Fähigkeiten. Der Begriff der inneren E. betont das Erlebnis, der der äußeren E. den Gegenstand, insofern er wahrgenommen wird **(sinnliche E.),** durch planvolles Vorgehen wiederholt wahrgenommen werden kann **(experimentelle E.)** oder insofern durch Kenntnis (Lernen) und Übung (Kunstfertig-

keit) die Fähigkeit des Umgangs mit dem Gegenstand oder mit gleichartigen Lebenssituationen (Praxis, i. w. S. Lebens-E.) erworben wurde. Auf die Gegenstände der sinnlich wahrnehmbaren Welt (Empirie) gründet v. a. die Naturwiss. ihre Erkenntnis. E. setzt einerseits Beobachtung und andererseits Begriffe und →Kategorien der Einordnung voraus. Ob hier eine Seite auf die andere reduzierbar ist oder ob E. nur aus dem Zusammenspiel beider zu verstehen ist, untersucht die Erkenntnistheorie. (→Erfahrungswissenschaft). – Beispiele für E.-Inhalte bei *Tieren* sind Ortserinnerungen (z. B. an das eigene Revier, an Zugwege), erlernte Handlungsabläufe, Gedächtnis für Personen, Vogeldialekte.

Erfahrungsheilkunde, Erfahrungsmedizin, in der alternativen Medizin Sammel-Bez. für diagnost. und therapeut. Methoden (z. B. Akupunktur, Zelltherapie, Homöopathie, Naturheilverfahren), die mehr auf empir. Erfolgen basieren als auf der naturwiss. Erkenntnissen der Schulmedizin.

Erfahrungskurve, Mitte der 1960er-Jahre von der Unternehmensberatung Boston Consulting Group entdeckte Gesetzmäßigkeit zw. der Ausbringungsmenge und den Stückkosten eines Erzeugnisses **(Boston-Effekt),** die besagt, dass mit jeder Verdopplung der im Zeitablauf kumulierten Produktionsmenge die auf die Wertschöpfung bezogenen, preisbereinigten Stückkosten (alle Kosten außer Materialkosten) um einen konstanten Prozentsatz zurückgehen. Der Kostensenkungseffekt stellt sich allerdings nicht automatisch ein, sondern muss durch Rationalisierung, Automatisierung, Wertanalysen, Standardisierung u. a. angestrebt werden.

Erewan: Matenadaran, das Gebäude der Sammlung alter armenischer Handschriften; 1959

Erfahrungswissenschaft, empirische Wissenschaft, jede Wiss., die ihre Sätze nicht durch Deduktion aus Hypothesen gewinnt, sondern durch auf Beobachtung gegründete →Erfahrung. Die Beobachtung kann (wie in den Naturwiss.en) eine äußere, d. h. vom inneren Zustand des Beobachters weitgehend unabhängige sein. Diese bietet den Vorteil, in ihrem Inhalt weitgehend reproduzierbar und damit intersubjektiv prüfbar zu sein. Besondere Bedeutung kommt der planmäßigen, instrumentell unterstützten Beobachtung, dem Experiment, zu. Ob sich die auf Erfahrung gründende Erkenntnis durch eine Logik der Induktion verifizieren lässt oder ob sie bloß falsifizierbar ist (→Falsifikation), wird in der →Wissenschaftstheorie untersucht. Die Geistes- und Sozialwiss.en stützen sich teilweise auf innere Beobachtung und auf die Erschließung innerer Erlebnisse (›Einfühlung‹) anderer Personen (→Hermeneutik). Insbesondere in der Psychologie und in den Sozialwiss.en wurde im 20. Jh. die

Forderung laut, sich weitgehend oder auch ausschließlich auf äußere Erfahrung zu stützen (→Behaviorismus, →Positivismusstreit).

Erfassung, *Militärwesen:* →Wehrersatzwesen.

Erfassungsgrenze, die kleinste Menge eines Stoffes (in mg $= 10^{-3}$ g oder in µg $= 10^{-6}$ g angegeben), die durch eine chem. Reaktion gerade noch eindeutig nachgewiesen werden kann.

Erfinderberatung, Bez. für die Unterstützung von Erfindern bei ihren Bemühungen um die kommerzielle Umsetzung von Erfindungen. Sie hilft ihnen bei der Ausarbeitung von Options-, Lizenz- und Kaufverträgen. Träger der E. sind die Patentstelle für die Dt. Forschung der Fraunhofer-Gesellschaft, die Verbände der Erfinder und Patentwissenschaftler, die Industrie- und Handelskammern, das nat. und das Europ. Patentamt, private Patentanwälte sowie in Dtl. die Dt. Aktionsgemeinschaft Bildung – Erfindung – Innovation (Abk. DABEI; Sitz: Bonn).

Erfindung, Einfall der schöpfer. Fantasie, der nach den Naturgesetzen oder den Formgesetzen einer geistigen Wirklichkeit zu einem Ding oder Werk gestaltet wird (Werkzeuge, Maschinen; dichter. Gestalten, künstler. Motive); i.e.S. versteht man darunter nur techn. E. Bis zum 18. Jh. waren viele E. das Werk von Praktikern, z. B. Handwerkern oder Bastlern; seitdem sind sie zunehmend eine Leistung wiss. Forschung und Entwicklung. Techn. Fantasie und Koordinationsgabe bleiben jedoch auch weiterhin die Grundlage jeder E. Die Forschungsinstitute in den Industrieländern streben eine Systematisierung und Zusammenfassung der auf einem bestimmten Teilgebiet anstehenden (und erwünschten) E. an und bemühen sich um eine Organisation der Forschung. – Im *Recht:* →Patent, →Arbeitnehmererfindung.

Große Forscher u. Erfinder. Leben u. Werk, hg. vom Dt. Museum, München (^{3}1983); Vom Faustkeil zum Laserstrahl. Die E.en der Menschheit von A–Z (a.d. Engl., Neuausg. 1991); Fachlex. abc Forscher u. Erfinder, hg. v. H.-L. WUSSING u.a. (Thun 1992).

Erfolg, 1) *allg.:* positives Ergebnis einer Bemühung, das Eintreten einer erstrebten Wirkung.

2) *Betriebswirtschaftslehre:* das Ergebnis der wirtschaftl. Tätigkeit des Unternehmens während eines Betrachtungszeitraumes. Je nachdem, ob die gesamte Wertentstehung einer Periode größer oder kleiner ist als der gesamte Wertverzehr der gleichen Periode, kann der E. als Differenz dieser Größen positiv (Gewinn) oder negativ (Verlust) sein. Der theoretisch richtige E. eines Unternehmens kann nur nach dessen Liquidation in einer den gesamten Zeitraum von seiner Gründung bis zur Liquidation umfassenden **Totalerfolgsrechnung** als Differenz zw. allen Einnahmen und allen Ausgaben ermittelt werden (Total-E.). Aus prakt. Erfordernissen (z. B. als Grundlage für Dispositionen, Betriebskontrolle, Entscheidungsgrundlage, Besteuerung) wird der E. für kürzere Zeitabschnitte (Jahr, Quartal, Monat) in **Periodenerfolgsrechnungen** (Ergebnisrechnung) ermittelt (Perioden-E.). Der aufgrund handels- und steuerrechtl. Normen jährlich zu ermittelnde **pagatorische E.** ergibt sich als Unterschied zw. den in der →Gewinn-und-Verlust-Rechnung zu verrechnenden Erträgen (→Ertrag) und Aufwendungen eines Jahres. Zur besseren Einschätzung der künftigen Entwicklung des E. eines Unternehmens (Nachhaltigkeit) wird dieser im Rahmen der Betriebsergebnisrechnung in einzelne Teil-E. aufgespalten (Betriebs-E., neutraler E.). Der **kalkulatorische E.** der Kosten- und Leistungsrechnung ergibt sich als Unterschied zw. Erlös und Kosten, die nach rein betriebswirtschaftl. Kriterien bestimmt werden. Der Unternehmens-E. kann nach einzelnen E.-Komponenten aufgeteilt werden (z. B. Stück-E., Sparten-E., E. von Filialen, Abteilungen, Produktgruppen).

In der **E.-Analyse** (Ergebnisanalyse) als Teilbereich der Bilanzanalyse wird versucht, Höhe und Zustandekommen des Unternehmens-E. möglichst unabhängig von bilanzpolit., steuer- und handelsrechtl. Einflüssen anhand von Kennzahlen zu beurteilen (z. B. Cashflow, Rentabilität).

3) *Psychologie:* Das **E.-Erlebnis** hängt weniger von der absoluten Höhe der Leistung als von ihrer Übereinstimmung mit den selbst gesetzten Erwartungen (→Anspruchsniveau) und von einer Bestätigung durch die Umwelt ab. Liegt die Leistung unter dem erwarteten Niveau, so wird dies als **Miss-E.,** liegt sie im Bereich der Erwartung oder darüber, als E. gewertet. Bei zu einfachen und zu schwierigen Aufgaben treten Erlebnisse des E. bzw. Miss-E. nicht auf. Der E. bei der Bewältigung von Aufgaben begünstigt die Leistungsmotivation und den Lernfortschritt.

Erfolgsbeteiligung, Ergebnisbeteiligung, Beteiligung von Betriebsangehörigen am Erfolg des Unternehmens, die zusätzlich zum regulären Arbeitsentgelt vertraglich vereinbart wird (individuell oder über Betriebsvereinbarungen). Bemessungsgrundlage der E. können u.a. Produktionsmenge und Produktivität (Leistungsbeteiligung), Umsatz oder Wertschöpfung (→Ertragsbeteiligung) sowie Betriebs- bzw. Unternehmensgewinn oder ausgeschütteter Gewinn (→Gewinnbeteiligung) sein. Durch die E. sollen insbesondere Leistungsanreize geschaffen, die Identifikation der Mitarbeiter mit dem Unternehmen erhöht, die innerbetriebl. Zusammenarbeit gefördert, ein qualifizierter Mitarbeiterstamm herausgebildet und die Vermögensbildung von Arbeitnehmern gefördert werden.

Erfolgsbilanz, *betriebl. Rechnungswesen:* 1) die der periodengerechten Erfolgsermittlung eines Geschäftsjahres dienende Bilanz (Ggs.: Vermögensbilanz); 2) die →Gewinn-und-Verlust-Rechnung.

Erfolgsethik, seit M. SCHELER die Moralphilosophie, die im Ggs. zur →Gesinnungsethik die sittl. Qualität einer Handlung nicht an der subjektiven Absicht, sondern an den objektiven Auswirkungen des Tuns festmacht. Insofern sie fordert, für die voraussehbaren Folgen einer Handlung Verantwortung zu übernehmen, steht sie der →Verantwortungsethik sehr nahe. Als Paradigma der E. kann der →Utilitarismus gelten.

Erfolgskonten, →Buchführung, →Konto.

Erfolgsorgane, *Biologie:* Organe oder auch Gewebe, die von efferenten Nervenfasern innerviert werden und auf deren Impulse reagieren oder auch bestimmte Hormonrezeptoren besitzen und bei Ausschüttung der entsprechenden Hormone antworten. (→Effektor)

erfolgsqualifizierte Delikte, →Delikte, bei denen der Eintritt bestimmter Folgen Strafschärfungen mit sich bringt (z. B. Körperverletzung mit Todesfolge, § 226 StGB). Die Strafschärfung setzt jedoch voraus, dass dem Täter hinsichtlich der schwereren Folgen wenigstens Fahrlässigkeit zur Last fällt (§ 18 StGB); in vielen Fällen ist eine leichtfertige (d.h. grob fahrlässige) Herbeiführung des Erfolges erforderlich (z.B. § 177 Abs. 3 StGB: Vergewaltigung mit Todesfolge; § 251 StGB: Raub mit Todesfolge). Auch in den StGB *Österreichs* und der *Schweiz* sind e. D. enthalten.

R. RENGIER: E. D. u. verwandte Erscheinungsformen (1986).

Erfolgsrechnung, Ermittlung des →Erfolgs eines Unternehmens innerhalb eines Zeitraums.

Erfoud [ɛrˈfud], Hauptort der Oasengruppe Tafilalet, SO-Marokko, am Oued Ziz, 18 500 Ew.; Dattelpalmen, Lederverarbeitung, Fremdenverkehr. 10 km westlich die Berbernekropole Bouia (1. Jh. n. Chr.). – E. wurde in der Kolonialzeit als Militärposten gegründet.

Erfrierung, 1) *Botanik:* →Frostschäden.

2) *Medizin:* **Congelatio,** durch Kälteeinwirkung bedingte allg. oder örtl. Schädigung des Organismus. Die **allgemeine E.,** eine Unterkühlung (Hypothermie) des ganzen Körpers, beginnt mit Frostschauern, Schlafneigung; es folgen Bewusstseinstrübung, Koma, Erkalten des Körpers. Die *Behandlung* des Arztes umfasst eine schnelle Zufuhr von Wärme (heißes Vollbad, körperwarme Infusionen) und die Anregung von Kreislauf und Atmung. – **Örtliche E.** entsteht, wenn das Gewebe eines Körperteils unter den Gefrierpunkt abgekühlt wird, als Folge von Gefäßschäden und Mangeldurchblutung. Sie tritt v. a. an Ohren, Nase, Fingern und Zehen auf. Ähnlich wie bei der Verbrennung unterscheidet man eine Schädigung 1. Grades mit Rötung und Schwellung der Haut, 2. Grades mit Blasenbildung und nachfolgenden, schwer heilenden Frostgeschwüren und 3. Grades mit Absterben (Kältebrand) der betroffenen Gewebeteile. Die *Behandlung* bei örtl. E. besteht – anders als bei allgemeiner E. – in nur langsamer Erwärmung (sonst Wiedererwärmungsschäden); daher muss der E.-Bezirk zunächst kühl gehalten werden, bis der Krampf der Blutgefäßmuskulatur aufhört (ggf. Aufheizen von innen durch heiße Getränke, warme Infusionen). Zur Vermeidung von Komplikationen durch Wundinfektionen mit Eitererregern, Tetanus- oder Gasbrandbazillen wird vorbeugend Penicillin verabreicht, in schweren Fällen eine Tetanusschutzimpfung vorgenommen. Bei starker Gewebezerstörung ist oft eine Amputation des betroffenen Gliedteiles nicht zu umgehen. – Durch wiederholte, anhaltende geringere Kälteeinwirkungen entstehen schleichende Entzündungen (→Frostbeulen).

Der **E.-Tod (Kältetod)** tritt ein als Folge extremer Unterkühlung (Kerntemperatur 30–28 °C), die eine verminderte Sauerstoffausnutzung bewirkt und schließlich durch Herzkammerflimmern und inneres Ersticken zum Ausfall lebenswichtiger Zentren (bes. des Atem- und Kreislaufzentrums) führt. Störungen der Wärmeregulation mit erhöhter Wärmeabgabe, z. B. bei Alkohol- oder Schlafmittelvergiftung oder auch im Rahmen von Rückbildungserscheinungen im höheren Lebensalter, begünstigen E. ebenso wie eine verringerte Wärmebildung (z. B. bei Verletzung, Erschöpfung).

Erft *die,* linker Nebenfluss des Rheins, 113 km lang, kommt aus der N-Eifel, mündet in Neuss. Ein Mündungsarm, der **E.-Kanal,** erreicht den Hafen von Neuss. Die Wasserwirtschaft im E.-Gebiet und im linksrhein. Kölner Raum wird durch den Großen Erftverband (Sitz: Bergheim) geregelt.

Erftkreis, Kreis im Reg.-Bez. Köln, NRW, 705 km², 435 300 Ew., Verw.-Sitz ist Bergheim. Der E. umfasst Teile der lössbedeckten Jülich-Zülpicher Börde, der Ville und der westl. Kölner Bucht. Ausgehend von bedeutender Braunkohlengewinnung in Verbindung mit Brikett- und Stromerzeugung gibt es heute eine vielseitige chem. und metallurg. Industrie, daneben Maschinen-, Papier-, Metall verarbeitende, Zuckersowie (die traditionelle) Tonwarenindustrie. Außerdem dient der E. als Wohn- und Erholungsgebiet für den Ballungsraum Köln. Die Landwirtschaft betreibt – auf 59 % der Kreisfläche – ertragreichen Zuckerrüben-, Winterweizen-, Sommergerste-, Grünmaisanbau, am Ostrand der Ville auch intensiven Obst- und Gemüsebau. Forsten (11 %) treten zurück.

Erftstadt, Stadt im Erftkreis, NRW, an der Erft und am W-Hang der Ville, 95 m ü. M., 49 000 Ew.; der seit 1900 betriebene Braunkohlenabbau mit Brikettfabrikation ist seit 1960 erloschen, das ausgekohlte Gelände rekultiviert und zu einem Naherholungsgebiet (Liblarer Seenplatte) ausgebaut; Nahrungsmittel- u. a. Industrie, ertragreiche Bördenlandwirtschaft. – Ehem. Köln. Landesburg (als ältester Teil entstand

der Wohnturm, 1306 ff.; Ausbau zur Wasserburg um 1332 ff.; 1689 zerstört, Teile der Vorburg im 18. Jh. barock erneuert); Wasserburg Konradsheim (vor 1354 gegr., im 15. oder 16. Jh. ausgebaut); Wasserburg Schloss Gracht (1689 vollendet, 1850–53 im viktorian. Stil umgebaut; Vorburg nach Brand 1879 errichtet); Schloss →Gymnich war bis 1990 Gästehaus der Bundesregierung. – E. entstand 1969 durch Zusammenschluss der Stadt Lechenich mit 13 Gemeinden.

Erftstadt: Schloss Gymnich

Erfüllung, 1) Begriff der *mathemat. Logik:* Ein n-Tupel $e_1, ..., e_n$ von Ausdrücken **erfüllt** eine n-stellige Aussageform $A(x_1, ..., x_n)$, wenn die durch die entsprechende Einsetzung von $e_1, ..., e_n$ für Variablen $x_1, ..., x_n$ entstehende Aussage $A(e_1, ..., e_n)$ wahr ist. Speziell in der *Prädikatenlogik* werden Aussagen oder Aussageformen als **erfüllbar** bezeichnet, für die es einen nichtleeren Individuenbereich und eine Interpretation der Variablen über diesen Bereich gibt, bezüglich dessen sie wahr sind.

2) *Recht:* bei Schuldverhältnissen die Tilgung der Schuld durch Bewirken der geschuldeten Leistung (§§ 362 ff. BGB). Durch die E. erlöschen i. d. R. auch die die Ansprüche des Gläubigers deckenden Sicherheiten wie Bürgschaften, Pfandrechte.

I. A. wird der Schuldner selbst erfüllen, er kann sich zur E. auch der Dienste Dritter bedienen (z. B. einer Bank zur E. von Geldschulden). Leistet ein Dritter ohne Wissen des Schuldners, so bedarf es nicht dessen Einwilligung zum Erlöschen der Schuld, allerdings kann der Gläubiger die Leistung ablehnen, wenn der Schuldner widerspricht (§ 267 BGB). Persönlich braucht der Schuldner nur zu erfüllen, wenn der Wert der Leistung von der Persönlichkeit des Leistenden abhängt, bes. im Rahmen von Dienstverträgen. Grundsätzlich muss an den Gläubiger selbst, seinen gesetzl. Vertreter oder an eine von ihm zur Empfangnahme der Leistung ermächtigte Person geleistet werden. Als ermächtigt zur Empfangnahme der Leistung gilt insbesondere der Überbringer einer →Quittung (§ 370); Boten sind im Übrigen nicht empfangsberechtigt. Die an einen Nichtberechtigten bewirkte Leistung wird nachträglich wirksam, wenn der Berechtigte sie genehmigt.

Eine andere als die geschuldete Leistung oder eine mangelhafte Leistung braucht der Gläubiger nicht anzunehmen. Zu Teilleistungen ist der Schuldner nicht berechtigt (§ 266 BGB). Nimmt der Gläubiger aber eine andere Leistung an, so ist zu unterscheiden: Das Schuldverhältnis erlischt, wenn der Gläubiger sich damit einverstanden erklärt, eine andere als die geschuldete **Leistung an Erfüllungs statt** anzunehmen. Ist die an Erfüllungs statt dargebrachte Sache mangelhaft, so hat der Schuldner hierfür wie ein Verkäufer einzustehen (→Gewährleistung). Im Unterschied hierzu kann eine **Leistung erfüllungshalber** angenommen werden; diese bringt das Schuldverhältnis nur dann zum Erlöschen, wenn der Gläubiger aus der Verwertung der

Erfurt 1): Der Dom (links, begonnen 1154) mit hochgotischem Chor und die Severikirche (um 1278 bis um 1400)

Erfurt 1)
Stadtwappen

Hauptstadt von Thür.

im Thüringer Becken

158–430 m ü. M.

212 600 Ew.

1392–1816 Sitz einer Univ. (1994 wieder gegr.)

Garten- und Ausstellungsgelände Cyriaksburg (ega)

Industriestandort, Garten- und Samenzuchtanbau

Domhügel mit Dom und Severikirche

Krämerbrücke (1325)

erfüllungshalber dargebrachten Leistung befriedigt wird (Beispiel: I. d. R. stellt die Aushändigung eines Schecks nur eine Leistung erfüllungshalber dar, d. h., das Schuldverhältnis erlischt erst bei Gutschrift des Schuldbetrages).

Stehen dem Gläubiger mehrere Forderungen auf gleichartige Leistungen zu, insbesondere mehrere Geldforderungen gegen den gleichen Schuldner, so kann der Schuldner bei der Leistung bestimmen, welche Forderung dadurch erfüllt werden soll (§ 366 Abs. 1). Werden neben der Hauptleistung Zinsen oder Kosten geschuldet, so ist die Leistung zunächst auf die Kosten, dann auf die Zinsen und zuletzt auf die Hauptleistung anzurechnen (§ 367).

Die E. ist im Streitfall vom Schuldner zu beweisen. Hat der Gläubiger aber eine ihm angebotene Leistung als E. angenommen, so trifft ihn die Beweislast, wenn er die Leistung nicht als E. gelten lassen will (§ 363). Der Schuldner kann Quittung und ggf. Rückgabe des Schuldscheins verlangen.

Neben der E. kennt das BGB noch folgende Tatbestände, die ein Schuldverhältnis zum Erlöschen bringen: →Hinterlegung, →Aufrechnung, →Erlass.

Entsprechendes gilt für das Recht *Österreichs* (§§ 1412 ff. ABGB) und der *Schweiz* (Art. 68 ff. OR).

Erfüllungsgehilfe, *Recht:* die Person, die mit Willen des Schuldners für diesen bei der Erfüllung seiner geschuldeten Leistung tätig wird, z. B. der Geselle bei Reparaturen, die auszuführen sein Meister sich verpflichtet hat. Nach § 278 BGB hat der Schuldner ein Verschulden seines E. gegenüber dem Gläubiger im gleichen Umfang zu vertreten wie eigenes Verschulden. Diese Haftung tritt jedoch nur ein, wenn die schuldhafte Handlung des E. in Ausführung der Vertragsleistung begangen worden ist. Außerhalb von bestimmten Schuldverhältnissen haftet der Geschäftsherr für die Personen, die er zu einer Verrichtung bestellt hat (→Verrichtungsgehilfe), aufgrund der delikt. Haftung des § 831 BGB.

In *Österreich* gilt Ähnliches. Nach § 1313a ABGB haftet der Geschäftsherr für das Verschulden des E. wie für sein eigenes. Die Haftung für bloße Besorgungsgehilfen ist schwächer geregelt (§ 1315 ABGB).

Das *schweizer. Recht* trifft ähnl. Regelungen wie das dt. (Art. 55 OR ›Geschäftsherrenhaftung‹ im Deliktsrecht, Art. 101 im Vertragsrecht).

Erfüllungsinteresse, →Schadensersatz.

Erfüllungsort, Leistungsort, der Ort, an dem eine geschuldete Leistung zu bewirken ist. Der E.

kann durch ausdrückl. Vereinbarung bestimmt sein, andernfalls ist E. der Wohnsitz des Schuldners, den dieser zur Zeit der Entstehung des Schuldverhältnisses hatte. Handelt es sich um eine Schuld aus einem Gewerbebetrieb, ist E. der Ort der gewerbl. Niederlassung des Schuldners (§ 269 BGB). Schulden sind daher grundsätzlich Holschulden (vom Gläubiger beim Schuldner abzuholen), es sei denn, es ist anders vereinbart oder nach den Umständen ausgeschlossen.

Erfüllungspolitik, in der Weimarer Republik urspr. ein im Auswärtigen Amt hausintern gebrauchter Begriff, später jedoch v. a. ein abwertendes Schlagwort der dt. Rechtsparteien, bes. der Deutschnationalen und Nationalsozialisten, für die 1921 von Reichskanzler J. WIRTH und Außen-Min. W. RATHENAU eingeleitete Politik der dt. Reichsregierungen, die Verpflichtungen des Versailler Vertrages (1919/20) nach Möglichkeit zu erfüllen, um damit zugleich die Grenzen der Leistungsfähigkeit Dtl.s offenkundig und eine Revision der Reparationsbestimmungen des Versailler Vertrages unabweisbar zu machen.

Erfüllungs statt, Leistung an E. s., →Erfüllung.

Erfurt, 1) Hauptstadt und größte Stadt des Landes Thür., kreisfreie Stadt, liegt in einer Höhe von 158–430 m ü. M. inmitten des Thüringer Beckens, in einer weiten Talmulde der Gera (rechter Nebenfluss wird der Unstrut), 212 600 Ew. Die Stadt ist Sitz eines kath. Bischofs und bedeutender Verbände, Banken, Versicherungen u. a. Behörden (bis 1999 ist der Umzug des Bundesarbeitsgerichts von Kassel nach E. vorgesehen). Wichtige wissenschaftlich-kulturelle Einrichtungen und Kulturstätten sind die FH, PH, die 1994 wieder gegründete Univ., die sich nach Aufnahme des Lehrbetriebs (geplant für die Jahrtausendwende) zu einer Europ. Univ. entwickeln soll, die Wiss. Allgemeinbibliothek Erfurt (mit der →Amploniana), 11 Museen (bes. Angermuseum mit mehreren Sammlungen, Museum für Stadtgeschichte, Naturkundemuseum, Museum für Thüringer Volkskunde, Luther-Gedenkstätte, Gedenkstätte ›Erfurter Parteitag 1891‹, drei Galerien (bes. ›Galerie am Fischmarkt‹, Opern-, Schauspielhaus u. a. Theater, Philharmon. Orchester, Kultur- und Kongresszentrum, Thüringenhalle und Thüringer Zoopark. Auf dem Garten- und Ausstellungsgelände Cyriaksburg (ega) finden unterschiedl. Messen und Ausstellungen statt. Von den Park- und Waldflächen ist der 700 ha große Steigerwald am größten. Die Wirtschaft basiert auf den traditionellen Industriezweigen wie Elektronik (Technologie- und mikroelektron. Anwendungszentrum), Elektrotechnik, Schreib- und Bürotechnik, Maschinenbau, Bau-, Nahrungsmittel- und Genussmittel- sowie Bekleidungs- und Möbelindustrie, ergänzt vom Garten- und Samenzuchtanbau und dem Druckereigewerbe. Nach 1990 erfolgte der Strukturwandel zum Dienstleistungszentrum Thüringens. E. ist im Ausbau befindl. Straßen- und Eisenbahnknotenpunkt und besitzt einen Flughafen im nat. und europ. Luftverkehr.

Stadtbild: Der mittelalterl. Stadtkern ist weitgehend erhalten. Die Stadt wird beherrscht von der Baugruppe des Doms und der Severikirche auf dem Domhügel. Der Dom (auf Vorgängerbauten 1154 begonnen, got. Chorumbau 1349–72, spätgot. Neubau des Langhauses 1455–65) ist eine reich ausgestattete dreischiffige Hallenkirche mit bedeutender Bauplastik an der auf dreieckigem Grundriss errichteten Portalvorhalle (›Triangel‹, um 1330) am nördl. Querschiffarm, auf die die breite Freitreppe von der Stadt zuführt; fast vollständig erhalten sind die spätgot. Glasgemälde (1370–1420) des Chors; im Innern u. a. Altaraufsatz (um 1160), bronzene Leuchterfigur (›Wolfram‹, um 1160), Altartriptychon (›Einhornaltar‹, um 1420–30), reiches got. Chorgestühl (um 1360); an der Südseite Kapitelgebäude mit Kreuzgang; Domschatz. Die

Erfurt: Stadtplan

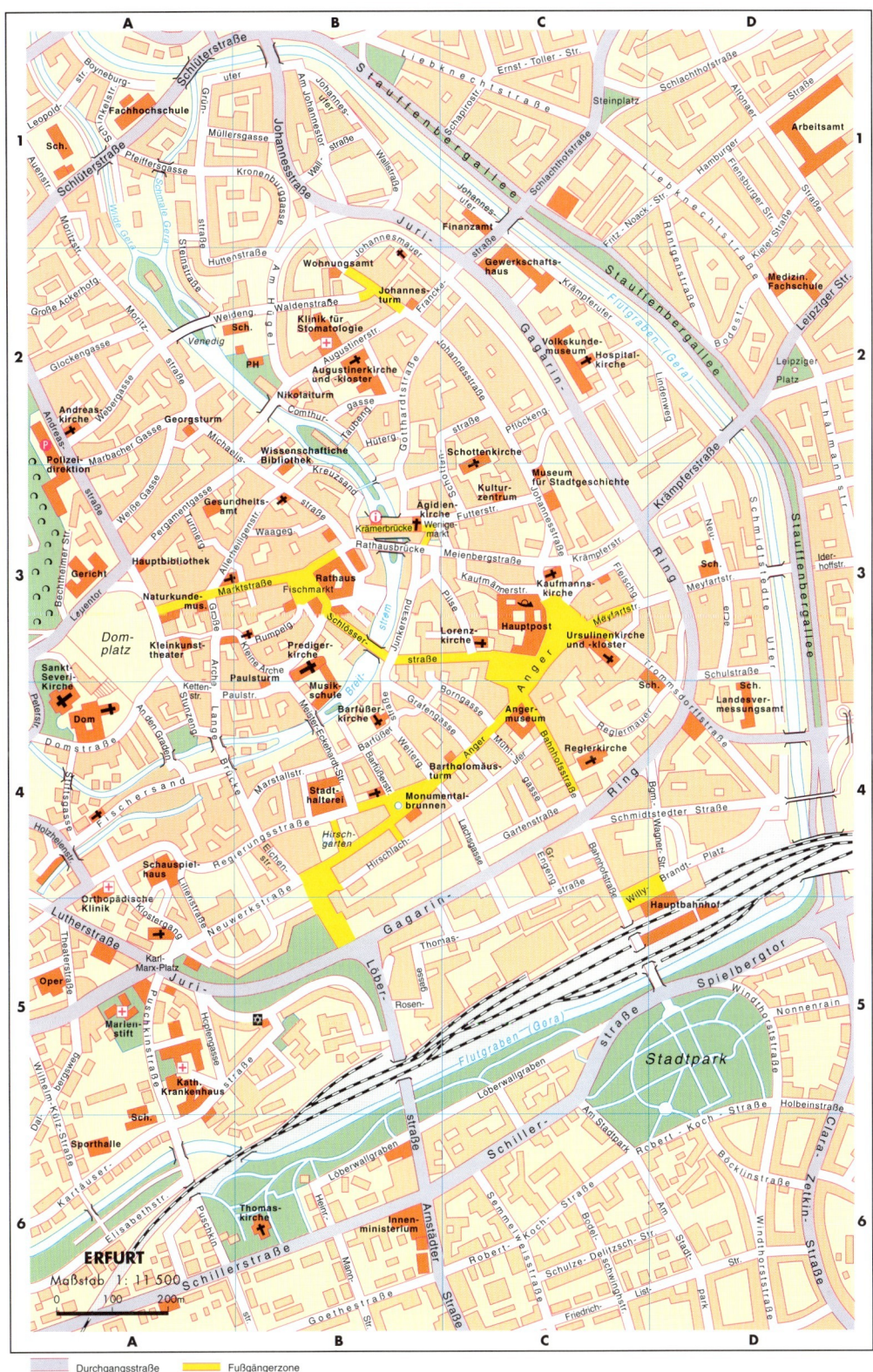

Erfurt: Stadtplan (Namenregister)

Straßen und Plätze

Severikirche (um 1278 bis um 1400), eine fünfschiffige got. Hallenkirche, verfügt ebenfalls über eine reiche Ausstattung, u. a. Severisarkophag (um 1365), Taufstein mit Überbau (1467). Dem Domhügel benachbart ist der Petersberg mit den Überresten der ehem. Benediktinerklosterkirche St. Peter und Paul (1103–47; 1813 zerstört) und barocker Zitadelle (1665–1707). Weitere Kirchen prägen das Stadtbild, darunter: got. Prediger- oder Dominikanerkirche (zw. 1263 und 1278 bis um 1370) mit spätgot. Lettner (Anfang 15. Jh.; Verkündigungsgruppe um 1370) und spätgot. Flügelaltar (1492), vom Kloster ist das Kapitelhaus erhalten; got. Barfüßer- oder Franziskanerkirche (nach 1291–Anfang 15. Jh.; heute Museum) und got. Augustinerkirche (nach 1277–Mitte 14. Jh.; Kloster und Kirche heute Luther-Gedenkstätte und Tagungsstätte); frühgot. Klosterkirche der Ursulinen (13. Jh.) mit Vesperbild (1320/30); roman. Schottenkirche (vor 1150 begonnen, 1727 barock verändert; 1964–67 im urspüngl. Zustand wiederhergestellt); got. Kaufmannskirche (1291–1368); Reglerkirche (Ende 12. Jh., Umbau 14. Jh.); Neuwerkkirche (urspr. gotisch, Umbau 1731–35). Die got. Ägidienkirche (1324 und Ende 15. Jh.) bildet den Osteingang der Krämerbrücke (bereits 1117 erwähnt, 1325 in Stein ausgeführt), einer nördlich der Alpen einmaligen, beiderseits mit Fachwerkhäusern bebauten Brückenstraße. Bedeutende Profanbauten sind die barocken Gebäude Statthalterei (1711–20) und Packhof (1706–09; heute Anger-

museum). Auch zahlr. Bürgerhäuser (seit der Renaissance) sind erhalten (u. a. ›Haus zum Roten Ochsen‹, 1562; ›Haus zum Breiten Herd‹, 1584; ›Haus zur Hohen Lilie‹, 1538). Zu den bemerkenswerten Gebäuden des 19. Jh. gehören der spätklassizist. alte Bahnhof, das neugot. Rathaus und die seit 1945 so genannten ehem. ›Kongresssäle‹ (urspr. Ballhaus, später unter der Bez. ›Kaisersaal‹), die nach umfassender Rekonstruktion als ›Kultur- und Kongresszentrum Kaisersaal E.‹ 1994 neu eröffnet wurden. Auf dem Gelände der Cyriaksburg (1480) wurden 1961 für die 1. Internat. Gartenbauausstellung zahlr. Bauten errichtet. Neue städtebaul. Akzente bilden u. a. moderne Bürogebäude, Hotels, Wohnbauten; Stadterweiterungen sind am Ringelberg und in Marbach vorgesehen.

Geschichte: Das Stadtgebiet von E. war bereits in vorgeschichtl. Zeit besiedelt. Die Stadt entstand an einer Furt durch die urspr. Erpha genannte Gera. Im Zusammenhang mit der fränk. Mission wurde um 706 das Kloster auf dem Petersberg gegründet; 742 (Erst-erwähnung) wurde E. durch Bonifatius vorübergehend Bistum (›Erphesfurt‹). Karl d. Gr. bestimmte 805 den Außenposten des Fränk. Reichs (eine Königspfalz bestand seit 802) zu einem Mittelpunkt des (Grenz-)Handels mit den Slawen. Durch die Vereinigung des Bistums Erfurt mit dem Erzbistum Mainz (755) entstanden neben den königl. die Mainzer Rechte an der Stadt und deren Territorium, die bis 1802 erhalten blieben. Als kirchl. und polit. Zentrum

Thüringens bereits im MA. eine der bedeutendsten, volkreichsten und geistig führenden Städte Dtl.s, gebot E. im späten MA. über ein Territorium von rd. 900 km² mit mehr als 80 Dörfern und Burgen sowie der Stadt Sömmerda. Die Blüte im 14. und 15. Jh. verdankte die mit der Hanse verbundene Stadt, verkehrsgünstig am Schnittpunkt der Via regia (Königsstraße) mit der N-S-Verbindung zw. Ostsee und Alpen gelegen, v. a. ihrem weit gespannten Handel, bes. mit dem Blaufärbemittel Waid, das in den ›Waiddörfern‹ angebaut wurde. Schon im 13. Jh. bedeutender Ort geistigen Lebens (MEISTER ECKHART), wurde die 1379 gegründete Univ. (1392 eröffnet, 1816 aufgehoben) eine Hochburg des dt. Humanismus (›Dunkelmännerbriefe‹, 1515-17) und der Reformation; 1501-05 studierte hier M. LUTHER (1505-11 Mönch im Augustinerkloster). Durch Schutzverträge (1483, 1516) erlangten die Wettiner mit Gewalt wieder in den Besitz der Stadt setzte. Mit dem Niedergang des Waidhandels im 17. Jh. verlor E. vorübergehend seinen wirtschaftl. und polit. Einfluss. Im 18. Jh. kam der gewerbsmäßige Gartenbau und Samenhandel auf, der europ. Bedeutung erlangte und im 19. Jh., neben der Entwicklung E.s zum Industriezentrum (nach 1850), die Wirtschaft prägte. 1802 kam E. an Preußen, 1807-13 war es durch NAPOLEON I. ›Domaine réservée à l'empereur‹ (reservierte Domäne; 1808 Erfurter Fürstentag); 1815-1944 zur preuß. Prov. Sachsen (Reg.-Bez. E.) gehörend, tagte in E. 1850 das Erfurter Parlament der preuß. Union und 1891 der Erfurter Parteitag der SPD (Erfurter Programm). Ab 1944 zu Thüringen, war E. 1948/50-52 und ist wieder seit 10. 1. 1991 Landeshauptstadt; 1952-90 war E. Hauptstadt des gleichnamigen DDR-Bezirks. – Das Treffen zw. Bundeskanzler W. BRANDT (BRD) und Min.-Präs. W. STOPH (DDR) in E. am 19. 3. 1970 bildete mit der folgenden Begegnung in Kassel (21. 5. 1970) den Auftakt der von BRANDT eingeleiteten neuen Dtl.- und Ostpolitik. (STADTPLAN S. 523/524)

Dom u. Severikirche zu E., Beitrr. v. E. LEHMANN u. E. SCHUBERT (²1991); E. 742-1992. Stadtgesch. – Universitätsgesch., hg. v. U. WEISS (1992); E. – Gesch. u. Gegenwart, hg. v. DEMS. (1995); R. BERGER: Die Peterskirche auf dem Petersberg zu E. Eine Studie zur Hirsauer Baukunst (1994).

2) von 1952 bis 1990 DDR-Bezirk, heute der zentrale und westl. Teil des Landes Thüringen.

3) kath. Bistum, 742 von BONIFATIUS gegr. und im folgenden Jahr durch Papst ZACHARIAS bestätigt; es umfasste wahrscheinlich das Stammesgebiet der Thüringer zw. Harz und Unstrut sowie Thüringer Wald, Werra und Saale, bestand jedoch nur einige Jahre. Nach seiner Auflösung wurde das Gebiet 755 dem Erzbistum Mainz eingegliedert. Nach dem Untergang des Mainzer Erzbistums (1803) kamen das mittlere und nördl. Thüringen zunächst an das Erzbistum Regens-

burg, 1821 an das Bistum Paderborn und 1930 an das Bistum Fulda. Die Katholiken S-Thüringens gehörten kirchlich zum Bistum Würzburg. Nach 1945 wurden mit dem Jurisdiktionsbezirk Erfurt der Diözese Fulda und dem Bischöfl. Kommissariat Meiningen eigene kirchl. Verwaltungsstrukturen geschaffen, seit 1973 war das Gebiet als **Bischöfliches Amt Erfurt-Meiningen** einem ständigen Apostol. Administrator mit den Vollmachten eines residierenden Bischofs unterstellt. Am 8. 7. 1994 (Errichtungsfeier am 18. 9.) wurde das **Bistum E.** in den Grenzen des ehem. Jurisdiktionsbezirkes Erfurt-Meiningen neu errichtet (mit Ausnahme des Dekanats Geisa, das beim Bistum Fulda verblieb). E. gehört als Suffraganbistum zur Kirchenprovinz Paderborn. Bischof ist JOACHIM WANKE (* 1941; seit 1981 Bischof und Apostol. Administrator in Erfurt). (→katholische Kirche, ÜBERSICHT)

Erfurter Fürstentag, Erfurter Kongress, Bez. für das Treffen NAPOLEONS I. mit Kaiser ALEXANDER I. von Russland in Erfurt (27. 9.-4. 10. 1808). Die Zusammenkunft fand in Anwesenheit fast aller Fürsten des Rheinbunds statt und sollte der Abgrenzung der gegenseitigen Interessensphären dienen. Zur Absicherung der frz. Politik auf der Iber. Halbinsel und um eine Abrüstung Österreichs zu erzwingen, suchte NAPOLEON den russ. Kaiser zu gewinnen. Im Allianzvertrag (12. 10. 1808), der dem Treffen folgte, stimmte Frankreich der Annexion der Donaufürstentümer sowie Finnlands durch Russland zu, Russland verpflichtete sich zum Beistand im Falle eines österr. Angriffs auf Frankreich und willigte in die frz. Annexionspolitik in Spanien ein. Der russ. Kaiser verwandte sich darüber hinaus für Preußen (Reduzierung der Reparationen von 140 Mio. Francs auf 120 Mio.) sowie Großbritannien, dem von beiden Partnern ein neues Friedensangebot unterbreitet werden sollte.

Erfurter Programm, Grundsatzprogramm der SPD, 1891 auf dem Erfurter Parteitag beschlossen, löste das →Gothaer Programm ab; 1921 durch das ›Görlitzer Programm‹ ersetzt. Es war richtungweisend für viele sozialdemokrat. Parteien Europas.

Von K. KAUTSKY im theoret., von E. BERNSTEIN im prakt. Teil verfasst, geht das E. P. davon aus, dass nur die Umwandlung des Privateigentums an den Produktionsmitteln in gesellschaftl. Eigentum sowie die Abschaffung der ›kapitalist.‹ Produktionsverhältnisse eine grundsätzl. Veränderung der Gesellschaft bringen könne; die Arbeiterklasse werde erst in den Besitz der Produktionsmittel gelangen, wenn sie zuvor die polit. Macht im Staat erringe. Das E. P. forderte als Sofortmaßnahmen u. a. das allgemeine, gleiche und direkte Wahlrecht, direkte Gesetzgebung durch das Volk, Abschaffung des stehenden Heeres, Gleichberechtigung der Frauen, Achtstundentag, Verbot der Kinder- und Nachtarbeit.

Erfurter Unionsparlament, das 1850 in Erfurt tagende Parlament der preuß. →Union.

Erfurth, 1) Hugo, Fotograf, * Halle (Saale) 14. 10. 1874, † Gaienhofen (Landkreis Konstanz) 14. 2. 1948; arbeitete ab etwa 1917 als Porträtfotograf in Dresden, ab 1934 in Köln. Bekannt wurden v. a. seine Bildnisse von Künstlern und Schriftstellern.

H. E. Bildnisse, hg. v. O. STEINERT (1961); H. E. 1874-1948. Der Fotograf der Goldenen Zwanziger Jahre, hg. v. B. LOHSE (1977); H. E. Menschenbild u. Prominentenportrait 1902-1936, hg. v. B. VON DEWITZ, Ausst.-Kat. (1989); H. E. 1874-1948. Photograph zw. Tradition u. Moderne, hg. v. DEMS. u. a., Ausst.-Kat. (1992).

2) Ulrich Wilhelm, Regisseur und Theaterintendant, * Elberfeld (heute zu Wuppertal) 22. 3. 1910, † Hamburg 19. 9. 1986; kam 1935 als Regisseur nach Berlin, wo er zugleich beim Film und am Staatstheater (unter G. GRÜNDGENS) wirkte; 1949-62 wieder bei GRÜNDGENS (Düsseldorf und Hamburg); 1968-72

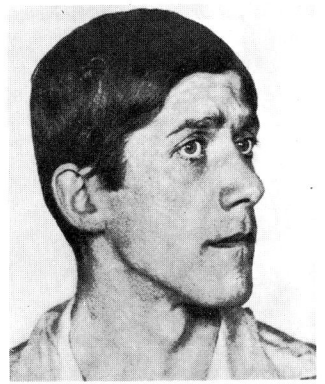

Hugo Erfurth: Oskar Kokoschka; 1919 (New York, Museum of Modern Art)

Generalintendant in Frankfurt am Main, 1966–76 Leiter der Festspiele in Bad Hersfeld. – Film: ›Rittmeister Wronski‹ (1954).

Erg [Kw. aus griech. érgon ›Werk‹, ›Arbeit‹] *das,* *-s/-,* Einheitenzeichen **erg,** nichtgesetzl. Einheit der Energie und der Arbeit im CGS-System (→Maßsystem); diejenige Arbeit, die verrichtet wird, wenn die Kraft 1 dyn längs eines Weges von 1 cm wirkt: 1 erg = 1 dyn · cm. In der gesetzl. SI-Einheit →Joule (J) ausgedrückt, gilt: 1 erg = 10^{-7} J oder 1 J = 10^7 erg.

Erg [arab.] *der, -(s)/-s,* **Areg,** in Libyen **Edeien,** Name für Sandwüsten mit Dünenbildung in der Sahara. Die größten E. sind der Westliche und der Östliche Große Erg.

ERG, Abk. für Elektroretinogramm (→Elektroretinographie).

Ergänzung, *Mathematik:* 1) **dekadische E.,** die Differenz einer dekad. Einheit und einer natürl. Zahl in dekad. Schreibweise; Beispiel: dekad. E. von 723 ist $1\,000 - 723 = 277$; 2) **quadratische E.,** ein Term b^2, der, zu dem Term $a^2 + 2ab$ addiert, das Quadrat $(a + b)^2$ ergibt; wichtig für die Auflösung einer quadrat. Gleichung; Beispiel: Die quadrat. E. des Terms $16x^2 + 24x$ ist 9, denn $16x^2 + 24x + 9 = (4x + 3)^2$.

Ergänzungsabgabe, eine zusätzl. Einkommen- und Körperschaftsteuer, die 1955 in den Katalog der Bundessteuern gemäß Art. 106 GG aufgenommen wurde. Der Ertrag steht (im Unterschied zur Einkommen- und Körperschaftsteuer) vollständig dem Bund zu. Die E. kann vom Bund durch Gesetz, das nicht der Zustimmung des Bundesrates bedarf, eingeführt werden, um einen besonderen Finanzbedarf zu decken. Eine E. wurde ab 1. 1. 1968 in Höhe von 3 % des geschuldeten Steuerbetrages erhoben und ist ab 1. 1. 1975 (E. zur Einkommensteuer) und 1. 1. 1977 (E. zur Körperschaftsteuer) wieder weggefallen. (→Solidaritätszuschlag)

Ergänzungshaushalt, eine Ergänzung des öffentl. →Haushaltsplans, die (im Unterschied zum →Nachtragshaushalt) noch während der parlamentar. Beratungen des Haushaltsentwurfes nachgeschoben und deshalb in das zu verabschiedende Haushaltsgesetz eingearbeitet wird.

Ergänzungsparallelogramme, *Geometrie:* die beiden Parallelogramme, die in einem gegebenen Parallelogramm entstehen, wenn man durch einen beliebigen Punkt der Diagonale Parallelen zu den Seiten zieht und die Parallelen dabei nicht von der Diagonale durchschnitten werden. E. sind flächengleich.

Ergänzungs-parallelogramme

Ergänzungsstoffe, organ. und anorgan., nur in Spuren notwendige Nahrungsbestandteile (→Ernährung). Zu den E. gehören v. a. Vitamine, Mineralstoffe, Geruchs- und Geschmacksstoffe, Spurenelemente.

Ergativ [zu griech. ergátēs ›Arbeiter‹, ›Handelnder‹] *der, -s/-e, Sprachwissenschaft:* Kasus in versch. kaukas. Sprachen, daneben u. a. im Grönländischen, im Eskimoischen und im Tagalog. Der E. ist Subjektskasus in transitiven Sätzen und bezeichnet den Handlungsträger in obliquem Kasus (**ergativische Konstruktion);** in intransitiven Sätzen wird der Absolutiv als Subjektskasus verwendet, der in transitiven Sätzen das Objekt bezeichnet. Im Ggs. zu den E.-Sprachen haben die nominativischen nur einen Subjektskasus, den Nominativ.

Ergebnisabführungsvertrag, der →Gewinnabführungsvertrag.

Ergebnisrechnung, im betriebl. Rechnungswesen zum einen die Ermittlung des →Betriebsergebnisses, zum anderen die Erfolgsrechnung (→Erfolg).

Ergine *Pl., Biochemie:* →Ergone.

ergo [lat.], *bildungssprachlich* für: also, folglich.

ergo... [von griech. érgon ›Arbeit‹, ›Werk‹, vor Vokalen auch verkürzt zu **erg...,** Wortbildungselement mit den Bedeutungen: 1) Arbeit, Arbeitsleistung, z. B.

Ergometrie; 2) funktionelle Tätigkeit von Organen oder Körperteilen, z. B. ergotrop; 3) wirksam, z. B. Ergone. – Auch als letzter Wortbestandteil: **...ergie,** mit der Bedeutung: wirksame Funktion, z. B. Allergie.

Ergocalciferol, das Vitamin D_2 (→Calciferole).

Ergodenhypothese, *statistische Mechanik:* von L. BOLTZMANN 1887 zur Begründung des Ergodenproblems in die kinet. Gastheorie eingeführte Hypothese, wonach ein sich selbst überlassenes thermodynam. System (z. B. ein Gas) im Lauf der Zeit alle mit der konstant bleibenden Gesamtenergie verträgl. Zustände annimmt. Die in dieser Form nicht haltbare E. wurde 1911 von P. und T. EHRENFEST durch die **Quasi-E.** ersetzt, wonach im Lauf der Zeit jeder mögl. Bewegungszustand des Systems mit beliebiger Annäherung (→Ergodizität) verwirklicht wird. Da man nach der Quantentheorie den Ort und den Impuls von Teilchen grundsätzlich nur mit einer durch die heisenbergsche Unschärferelation gegebenen Ungenauigkeit festlegen kann, ist die Quasi-E. für eine Quantenstatistik ausreichend.

Ergodenproblem, das Problem der →statistischen Mechanik, die Ersetzbarkeit von zeitl. Mittelwerten durch Mittelwerte über den Phasenraum (→Scharmittel) theoretisch zu begründen.

Ergodizität *die, -, statist. Mechanik:* die Eigenschaft eines thermodynam. Vielteilchensystems, bei seinen Zustandsänderungen stets auf der durch konstante Energie ausgezeichneten Hyperfläche im zugehörigen Phasenraum zu bleiben und im Lauf der Zeit jedem Punkt dieser Hyperfläche beliebig nahe zu kommen (d. h. in Übereinstimmung mit der Quasi-Ergodenhypothese zu sein).

Ergograph *der, -en/-en,* Gerät, das die Arbeit bestimmter Muskeln misst und registriert. Der E. wird bes. zur Untersuchung von Leistungsfähigkeit und Ermüdung in der Arbeitsphysiologie und -psychologie sowie bei der Diagnose krankhafter Störungen von Muskel- und Nervenfunktionen verwendet.

Ergologie *die, -,* die Lehre von den materiellen und techn. Erzeugnissen menschl. Kultur. Zur E. gehören, strukturell und funktional im jeweiligen histor. Kulturgefüge und im Zusammenhang mit der Technologie betrachtet, Tracht, Nahrung, Obdach, Geräte und Verfahren, Verkehr, Waffen. E. ist im Rahmen einer universellen Kulturgesch. ein Forschungsbereich v. a. der Völker- und Volkskunde.

Ergometrie *die, -/...'tri\en,* Verfahren zur Prüfung der Leistungsfähigkeit des Organismus, bes. des Herz-Kreislauf-Systems, der Lunge (Atmung) und der Muskulatur nach messbarer Belastung mit dem **Ergometer.** Bei dem am häufigsten gebräuchl. Fahrradergometer wird die zu leistende Tretarbeit in eine in versch. Belastungsstufen (mechanisch oder elektromagnetisch gebremste Schwungmasse) messbare elektr. Energie umgesetzt. Wird gleichzeitig mit angeschlossenem Elektrokardiographen eine Herzstromkurve aufgezeichnet (Belastungs-EKG); mit der **Ergospirometrie** können Atemvolumen, Atemfrequenz und Sauerstoffverbrauch geprüft werden.

Ergometrin *das, -s,* →Mutterkornalkaloide.

Ergon, *Sprachwissenschaft:* →Energeia.

Ergone *Pl.,* **Ergine,** zusammenfassende Bez. für in kleinsten Mengen hochwirksame biolog. Wirkstoffe wie Vitamine, Hormone, Enzyme.

Ergonomie *die, -,* **1)** *Arbeitswissenschaft:* Disziplin, die sich mit der Anpassung der Arbeit(sbedingungen) an die Eigenschaften des menschl. Organismus beschäftigt. Mithilfe der E. sollen techn. Prozesse aufgrund von Messungen (der oft einseitigen Beanspruchungen) und Erkenntnissen der Arbeitsmedizin, -physiologie und -psychologie sowohl hinsichtlich humanitärer wie auch ökonom. Ziele optimal gestaltet werden. Die körpergerechte Konstruktion und Anordnung von Arbeitsmitteln (z.B. Werkzeuge, Büromöbel, →Bildschirmarbeitsplätze) sowie die Gestaltung von Arbeitsabläufen und Umwelteinflüssen zur Begrenzung von phys. und psych. Gefährdungen dienen einerseits der Gesundheit des Arbeitenden, andererseits der Entfaltung der Leistungsfähigkeit und der dauerhaften Erhaltung der Leistungsbereitschaft.

W. Laurig: Grundzüge der E. (⁴1992); E., hg. v. H. Schmidtke (³1993).

2) *Informatik:* →Softwareergonomie.

Ergo|spirometrie, →Ergometrie.

Ergosterin, v.a. in Hefen, daneben u.a. im Mutterkorn vorkommendes Mykosterin (→Sterine) von ähnl. Struktur wie das Cholesterin; Provitamin des Vitamins D₂ (Ergocalciferol), in das es bei Bestrahlung mit UV-Licht übergeht.

Ergosterin

Ergot|alkaloide, die →Mutterkornalkaloide.

Ergot|amin *das, -s,* ein →Mutterkornalkaloid.

Ergotherapie, zusammenfassende Bez. für →Arbeitstherapie und →Beschäftigungstherapie.

Ergotimos, attischer Töpfer, schuf mit dem Vasenmaler Klitias die →Françoisvase (570 v. Chr.).

Ergotismus *der, -,* die Mutterkornvergiftung (→Mutterkorn).

Ergotoxin *das, -s,* ein →Mutterkornalkaloid.

ergotrop [zu griech. tropé ›Wendung‹, ›Hinwendung‹], den gesamten Organismus auf erhöhte Aktivität einstellend, speziell auf die Erregung des Sympathikus bezogen.

Ergun He, Fluss in NO-China, →Argun.

Erguss, Flüssigkeitsansammlung in Körperhöhlen (→Exsudat, →Transsudat, →Empyem), i.w.S. im Gewebe (→Ödem, →Bluterguss). →Ausschwitzung

Ergussgesteine, die →Vulkanite.

Erhabene, das E., *Ästhetik:* das Erlebnis unermessl. Größe und Hoheit in Natur und Kunst (komplementär zum Begriff des Schönen). E. Burke deutete es als ›das Schreckliche‹, I. Kant mit ihm F. Schiller unterschieden ein ›mathematisch Erhabenes‹ (Sternenhimmel) von einem ›dynamisch Erhabenen‹ (Gewitter) sowie ein ›durch seine Würde Erhabenes‹ (sittl. Persönlichkeit, Sittengesetz).

Erhaltungsdosis, die Menge eines *Arzneimittels,* das täglich zugeführt werden muss, um einen bestimmten Wirkstoffspiegel aufrechtzuerhalten; wichtig z.B. für Antibiotika, Sulfonamide oder herzwirksame Glykoside.

Erhaltungsgebiet, *Ökologie:* Rückzugsgebiet (→Refugium).

Erhaltungsgröße, eine physikal. Größe, die in abgeschlossenen Systemen bei jeder zeitl. Änderung des Systemzustandes zeitlich konstant bleibt. Änderungen der E. in einem Teilsystem werden durch insgesamt entgegengesetzt gleich große Änderungen in den anderen Systemteilen kompensiert. Im Falle der Gesamtenergie eines solchen Systems kann sich auch eine Energieform (z.B. kinet. Energie) in eine andere (z.B. potenzielle Energie) umwandeln, ohne dass sich dabei die Gesamtenergie ändert (→Energiesatz).

Mathematisch entsprechen die E. den Invarianten, die nach dem →Hamilton-Prinzip bei Variation des

zum betrachteten abgeschlossenen System gehörenden Wirkungsintegrals durch Ausüben von Koordinaten- u.a. Lie-Transformationen auftreten. So ist der Impuls die invariante Größe bei einer Translation (oder Verschiebung des Koordinatenursprungs), die Energie die bei einer Zeittransformation (Verschiebung des Zeitnullpunktes) und der Drehimpuls die bei einer Rotation. Außer diesen drei Transformationen in Raum und Zeit und den zum Ladungserhaltungssatz führenden Eichtransformationen gibt es in der Quantentheorie noch weitere unitäre Transformationen, die zu Invarianten führen, denen kein klass. →Erhaltungssatz entspricht. Diese Invarianten können dann durch ladungsartige Quantenzahlen beschrieben werden, z.B. die Invarianten der Drehungen im Isospinraum durch Isospinquantenzahlen.

Erhaltungssätze, in allen Naturwiss.en gültige physikal. Grundgesetze, die besagen, dass in abgeschlossenen Systemen bestimmte physikal. Größen, die →Erhaltungsgrößen des jeweiligen Systems, bei jeder zeitl. Zustandsänderung ›erhalten‹ bleiben. So gilt in solchen Systemen, in denen nur innere ›Kräfte‹ wirksam sind, ein E. für die Gesamtenergie (der →Energiesatz), ein E. für den Gesamtimpuls (der →Impulssatz) und ein E. für den Gesamtdrehimpuls (der Drehimpulssatz; →Drehimpuls), außerdem in Systemen, bei denen Ladungsträger oder makroskop. Ladungsmengen auftreten und miteinander in Wechselwirkung stehen, ein E. für die Gesamtladung (der Ladungs-E.; →Ladung). Mit dem Impulssatz ist der →Schwerpunktsatz gleichwertig. Der Energiesatz umfasst heute auch den ursprüngl. **Satz von der Erhaltung der Masse** (bzw. der Materie oder Stoffmenge), da eine Masse m gemäß dem einsteinschen Gesetz $E = mc^2$ einer Energie E äquivalent ist (c = Lichtgeschwindigkeit) und somit mit jeder Massenänderung eine Energieänderung verknüpft ist. Die vierdimensionale Formulierung der Relativitätstheorie durch H. Minkowski vereinigt dann auch Energie- und Impulssatz zu einem einzigen E., dem Energie-Impuls-Satz (→Energie-Impuls-Tensor).

Neben diese klass. E. treten in atomaren u.a. mikrophysikal. Systemen außerdem E. für den →Spin, den →Isospin und die →Parität sowie für die →Baryonenzahl, die →Strangeness und die →Leptonenzahl, die v.a. für die Klassifizierung der Elementarteilchen von Bedeutung sind. Es hat sich herausgestellt (in Verallgemeinerung der von E. Noether 1918 erkannten Zusammenhänge), dass jedem E. eine Invarianzeigenschaft der physikal. Gesetze (→Invarianz, →Eichinvarianz) entspricht.

E. Schmutzer: Symmetrien u. E. der Physik (1972).

Erhaltungszüchtung, in der Pflanzenzucht die fortgesetzte züchter. Auslese von Einzelindividuen, die in ihren Eigenschaften dem gewünschten Sortentyp in hohem Maße entsprechen; durch die E. sollen die Ertragsleistung und die typ. Merkmale einer Zuchtsorte erhalten bleiben.

Erhängen, durch Zusammenschnüren des Halses herbeigeführte Todesart; häufigste Form des Selbstmordes. Beim E. bewirkt die durch das eigene Körpergewicht zusammengezogene Halsschlinge eine Abdrückung der Hals- und Wirbelsäulenschlagader mit der Folge einer Blutleere des Gehirns, die zu Bewusstlosigkeit und Tod führt. Durch Druck des Zungengrundes gegen die Rachenhinterwand kann es außerdem zu einer Verlegung der Luftröhre kommen; selten (z.B. bei tiefem Fall in einer Schlinge) ist auch ein Bruch (›Genickbruch‹) des zweiten Halswirbels mit Lähmung des Atemzentrums Todesursache.

Erhard, Ludwig, Politiker, *Fürth 4.2.1897, †Bonn 5.5.1977; 1929–44 am Inst. für Wirtschaftsbeobachtung an der Handelshochschule Nürnberg tätig, dem Nationalsozialismus gegenüber ablehnend einge-

Ludwig Erhard

stellt, befasste sich gegen Kriegsende mit Fragen der Wirtschafts- und Finanzentwicklung Dtl.s nach dem Kriege. In seinen gesellschaftspolit. Anschauungen stand er den ›Neoliberalen‹ nahe.

Nach dem staatl. Zusammenbruch Dtl.s (Mai 1945) beriet E. die amerikan. Besatzungsmacht in wirtschaftspolit. Fragen. 1945/46 war er bayer. Wirtschafts-Min., danach Leiter der Sonderstelle Geld und Kredit, die im Auftrag der amerikan. und brit. Besatzungsmacht eine Währungsreform vorbereitete. 1947 wurde E. Honorar-Prof. an der Univ. München. Als Direktor der Wirtschaftsverwaltung des ›Vereinigten Wirtschaftsgebietes‹ (1948/49) erklärte er am 20. 6. 1948, dem Tag der Währungsreform, gegen den Widerstand der Besatzungsmächte das Ende der Zwangswirtschaft. – Ab 1949 MdB (bis 1976) schloss er sich politisch der CDU an. Als Bundeswirtschafts-Min. (1949–63) setzte er das Prinzip der ›sozialen Marktwirtschaft‹ durch, wobei er sich u. a. gegen Wettbewerbsbeschränkungen durch Kartelle und Monopole wandte. Der von ihm eingeleitete wirtschaftl. Aufschwung begründete seinen Ruf als ›Vater des dt. Wirtschaftswunders‹. 1957–63 war er zugleich Vizekanzler.

Am 16. 10. 1963 wählte der Bundestag E. zum Bundeskanzler (an der Spitze einer kleinen Koalition aus CDU/CSU und FDP), nachdem K. ADENAUER zuvor versucht hatte, dessen Qualifikation als Reg.-Chef infrage zu stellen. Er verstand sich als ›Volkskanzler‹, der in seiner Innenpolitik die Gruppeninteressen auf das ihnen zukommende Maß einzuschränken suchte (→formierte Gesellschaft). Außenpolitisch knüpfte er an die Grundlinien K. ADENAUERS an. Gestützt auf E.s Ansehen in der Bev., errang die CDU/CSU 1965 einen hohen Wahlsieg. 1966/67 war E. auch Vors. der CDU. Nach der Wahlniederlage der CDU in NRW (1966) wuchs die innerparteil. Kritik an E.s Führungsstil sowie der Wunsch starker Kräfte in der Union nach Bildung einer großen Koalition mit der SPD, die E. entschieden ablehnte. Im Oktober 1966 zerbrach die Koalition von CDU/CSU und FDP; am 1. 12. 1966 trat E. als Bundeskanzler zurück.

Werke: Wohlstand für alle (1957); Dt. Wirtschaftspolitik (1962).

L. E., Erbe u. Auftrag, hg. v. K. HOHMANN (²1978); V. HENTSCHEL: L. E. (1996).

Gregor Erhart: Schutzmantelmadonna; Höhe 1,85 m, um 1510 (Frauenstein, Oberösterreich, Wallfahrtskirche)

Erhardt, Heinz, Conférencier und Vortragskünstler, * Riga 20. 2. 1909, † Hamburg 5. 6. 1979; gab 1946 sein Theaterdebüt, seit Mitte der 50er-Jahre beim Film; E. moderierte Unterhaltungssendungen im Fernsehen, war Gast zahlr. Shows und trat seit 1968 auch als Rezitator eigener Werke auf; bekannt v. a. durch die Rolle des ›kleinen Mannes‹, des Finanzbuchhalters Willi Winzig. E. agierte mit bewusst betulich-unbeholfener Rede, Sprachwitz und schelmenhaftem Humor.

Werke (Auswahl): Filme: Witwer mit 5 Töchtern (1957); Der Haustyrann (1958); Willi Winzig (1961); Ohne Krimi geht es Mimi nie ins Bett (1962).

Erhart, Gregor, Bildschnitzer, * Ulm um 1465/70, † Augsburg um 1540; arbeitete ab 1494 in Augsburg in eigener Werkstatt für das Kloster St. Ulrich und Afra. Das einzige gesicherte Werk ist die lebensgroße Schutzmantelmadonna vom Hochaltar der Zisterzienserkirche in Kaisheim, bei Donauwörth (1502–04; 1945 in Berlin verbrannt); Zuschreibungen: Muttergottes (1495–1500; Augsburg, St. Ulrich und Afra); Schutzmantelmadonna (um 1510; Frauenstein, Oberösterreich, Wallfahrtskirche); Kleinplastik, Grabmäler. Der früher E. zugeschriebene Hochalter von Blaubeuren (1493/94) gilt heute überwiegend als Werk seines Vaters MICHEL (* um 1440, † nach 1522), von dem sonst nur das überlebensgroße Kruzifix in der Stadtkirche in Schwäbisch-Hall (1494) gesichert ist.

Erhebung, in der *Statistik* die Beschaffung des Urmaterials, d. h. die Beobachtung und Auszählung der Elemente einer statist. Masse. Allgemeiner definiert, wird in den *Sozialwissenschaften* unter E. eine empir. Untersuchung verstanden oder i. e. S. die Phase dieser Untersuchung, in der die nötigen Daten mittels geeigneter E.-Techniken, wie z. B. →Befragung, gewonnen werden. Den genau festgelegten Inhalt und Umfang der Masse, die der E. zugrunde liegt, bezeichnet man als E.-Objekt; die darin enthaltenen, ebenfalls genau festgelegten Einheiten, von denen die E. ausgeht, als E.-Einheiten; deren Eigenschaften wiederum, deren Vorhandensein oder Fehlen man feststellt, nennt man E.-Merkmale. Als Primär-E. bezeichnet man die erstmalige Beschaffung von Material. Dieser Vorgang der eigentl. Datengewinnung wird als Fieldresearch bezeichnet. Er umfasst im Wesentlichen die Aufstellung des Frageprogramms, die Formulierung des Fragebogens und die Durchführung des Interviews. Die Sekundär-E. geht von vorhandenem, sekundärstatist. Zahlenmaterial aus, z. B. von früher durchgeführten Auszählungen oder von Lohnsteuerkarten beim Finanzamt. – Nach dem Vollständigkeitsgrad unterscheidet man: erschöpfende, Total- oder Voll-E.: alle einer Masse zugehörigen E.-Einheiten werden erfasst (z. B. Volks- und Berufszählungen); Repräsentativoder Teil-E.: eine repräsentative Teilmasse (→Stichprobe) wird erfasst und von dieser auf die Gesamtmasse geschlossen (z. B. Mikrozensus); symptomatische E.: eine Teilmasse wird erfasst, die zwar nicht repräsentativ ist, aber die zeitl. Entwicklung zureichend charakterisiert (z. B. Preiserhebungen für den Preisindex der Lebenshaltung). Die abschließenden Arbeitsgänge der E. sind die Aufbereitung und die Auszählung. (→Auswahlverfahren, →empirische Sozialforschung)

Erhebungskrater, Erhebungstheorie, *Geologie:* →Elevationstheorie.

erhöht, *Heraldik:* Positions-Bez. für Figuren, die im Schildfeld höher als gewöhnlich angeordnet wurden; Ggs.: →erniedrigt.

Erhöhung, Elevation, *Feuerwaffen:* der Winkel, den die Seelenachse einer Feuerwaffe mit der Waagerechten bildet, ausgedrückt in Grad, Strich oder in der sich daraus ergebenden Schussentfernung.

Erhöhungszeichen, in der *Notenschrift* das Versetzungszeichen, das die Erhöhung eines Tones um einen Halbton oder um zwei Halbtöne vorschreibt: durch ein Kreuz (♯) wird z. B. c zu cis; durch ein Doppelkreuz (✕) wird z. B. c zu cisis. Durch das Auflösungszeichen (♮) wird die Erhöhung wieder aufgehoben.

Erholung, 1) *Medizin:* Rückgewinnung verbrauchter körperl. und/oder seel. Kräfte durch Schlaf, Ruhe, Ausgleichstätigkeit (Freizeit, Urlaub); auch die Rückbildung einer v. a. krankheitsbedingten Schädigung des Organismus oder einzelner Organe und Gewebeteile durch therapeut. Maßnahmen (z. B. Kuren).
2) *Metallkunde:* allmähl. Rückgang der durch plast. Kaltumformung oder Neutronenbeschuss bewirkten Verfestigung in Metallen und Legierungen; bei höherer Temperatur erfolgt die E. rascher. Erst elektronenmikroskop. Untersuchungen geben Aufschluss über die Bildung von Subkorngrenzen als Folge der Umordnung von Versetzungen (Polygonisation).
3) *Wirtschaft:* eine Phase der →Konjunktur.
Erholungsgrundstück, →Schuldrechtsänderungsgesetz.

Eria, ehem. Festland im Bereich des Nordatlantik, das seit dem Jungpräkambrium große Teile Kanadas, Grönlands, N-Schottlands und nach der →Kaledonischen Gebirgsbildung auch noch Fennoskandia umfasst haben soll.

Eriaseide, Eriahseide, Eriseide, Wildseide des Rizinusspinners, →Seide.

Erica [zu griech. ereíkon ›zerbrechen‹ (wohl weil die Sprossachse leicht zu brechen ist)], wiss. Name der →Glockenheide.

Ericaceae, die →Heidekrautgewächse.

Erice [ˈeːritʃe], bis 1934 **Monte San Giuliano** [- dʒu-], ital. Stadt nordöstlich von Trapani, Sizilien, 30 600 Ew.; auf der Spitze des Monte San Giuliano oder Monte Erice (751 m ü. M.; in der Antike Eryx) gelegen. – Zur Stadt, die ihren mittelalterl. Charakter bewahrt hat, gehörte ein uraltes Heiligtum einer Fruchtbarkeitsgöttin (geringe Reste erhalten), die von den Phöniziern mit der Göttin Astarte, von den Griechen mit Aphrodite und von den Römern mit Venus (Venus Erycina) gleichgesetzt wurde; an seiner Stelle ein normann. Kastell. – Die Stadt ist antiken Ursprungs (**Eryx,** wie der Berg). Im Altertum war sie eine Bergfestung der Elymer, später der Punier; HAMILKAR BARKAS baute sie gegen Ende des 1. Pun. Krieges (264–241 v. Chr.) als uneinnehmbaren karthag. Stützpunkt aus.

Erich, Herrscher:
Dänemark: **1) Erich I.,** dän. **Erik Ejegod** [ˈeːreg ˈɛjəgoːð], König (seit 1095), * um 1056, † auf Zypern 10. 7. 1103; unehel. Sohn SVEN ESTRIDSENS; unterstützte in den innerdän. Kämpfen seinen Halbbruder, König KNUT DEN HEILIGEN. Nach der Thronbesteigung (1095) setzte E. KNUTS Politik fort. Er leitete die kirchl. Lösung Skandinaviens vom Erzbistum Hamburg-Bremen ein; starb auf einer Pilgerreise ins Hl. Land.
W. SEEGRÜN: Das Papsttum u. Skandinavien bis zur Vollendung der nord. Kirchenorganisation (1967).
2) Erich IV., dän. **Erik Plovpenning** [ˈeːreg -], König (scit 1241), * 1216, † 10. 8. 1250; Sohn von WALDEMAR II., DEM SIEGER; wurde 1232 zum Mitregenten gekrönt. Seit 1241 Alleinherrscher, setzte E. sich gegen seine Brüder sowie gegen eine von der Kirche getragene Opposition durch und wurde auf Betreiben seines Bruders ABEL ermordet.
3) Erich V., dän. **Erik Klipping** [ˈeːreg ˈgleben], König (seit 1259), * 1249, † Finderup 22. 11. 1286; Sohn von CHRISTOPH I. (VATER VON 4); 1254 als Thronfolger gewählt, übernahm seine Mutter 1259 zunächst die Regentschaft. In den Auseinandersetzungen mit dem dän. Adel und den Grafen von Holstein gerieten E. und seine Mutter in Gefangenschaft; E. wurde für zwei Jahre dem Markgrafen von Brandenburg übergeben. Ende der 1260er-Jahre übernahm E. selbst die Regierung. Es gelang ihm, seine durch schwedisch-norweg. Erbansprüche, die Forderungen des Erzbischofs von Lund, JAKOB ERLANDSEN, sowie durch die Adelsopposition bedrohte Herrschaft zu festigen.

1282 musste E. seine Machtstellung durch weit reichende Zugeständnisse an den Adel beschränken (erste königl. Handfeste in Dänemark); er fiel einem Mordanschlag des Adels (›Mord in der Scheune von Finderup‹) zum Opfer.
H. N. YRWING: Kungamordet i Finderup (Lund 1954).
4) Erich VI., dän. **Erik Menved** [ˈeːreg ˈmɛnveð], König (seit 1286), * um 1274, † 13. 11. 1319, Sohn von 3). Nach der Ermordung seines Vaters wurde E. unter der Vormundschaft seiner Mutter zum König gewählt. Die Flucht der Königsmörder nach Norwegen führte zu einer Annäherung Schwedens an Dänemark, die es E. erlaubte, die dän. Expansionspolitik in Nord-Dtl. wieder aufzunehmen. Er unterwarf 1312 Stadt und Fürstentum Rostock, nachdem sich Lübeck bereits 1307 unter dän. Schutz gestellt hatte. Die norddt. Eroberungen gingen jedoch bald wieder verloren. E. vermochte sich innenpolitisch in seinen letzten Regierungsjahren nur schwer gegen seinen Bruder (und späteren Nachfolger) CHRISTOPH zu behaupten.
5) Erich VII., dän. **Erik af Pommern** [ˈeːreg -], Herzog von Pommern-Stolp, König von Dänemark (seit 1397), von Norwegen (seit 1389 als Erich IV.) und von Schweden (seit 1397 als Erich XIII.), * um 1382, † Rügenwalde 3. 5. 1459. Der Sohn Herzog WARTISLAWS VII. von Pommern-Stolp, ein Großneffe der Königin MARGARETE I. von Dänemark und Norwegen, konnte seine rechtmäßigen Ansprüche auf den norweg. Thron durchsetzen und wurde im Juli 1397 zum König der →Kalmarer Union gekrönt. E. blieb jedoch weiterhin bis zum Tod von MARGARETE I. (1412) unter deren Vormundschaft. Er suchte die Burgen des Herzogtums Südjütland von den holstein. Pfandherren zurückzugewinnen und betrachtete Südjütland als an die Krone heimgefallenes Lehen. Mit der Einführung des →Sundzolls eskalierte das wegen E.s Wirtschaftspolitik gespannte Verhältnis zur Hanse weiter. Deren Handelsblockade löste 1434 in Schweden einen von ENGELBRECHT ENGELBRECHTSSON geführten Aufstand aus. Gehorsamsaufkündigungen in Dänemark und Norwegen folgten und gipfelten 1439 im Absetzungsbrief des Adels an den König.
Norwegen: **6) Erich III.,** norweg. **Eirik Magnusson** [- ˈmaɲnusɔn], König (seit 1280), * 1268, † 15. 7. 1299; stand zunächst unter der Vormundschaft seiner Mutter INGEBORG von Dänemark. In den Auseinandersetzungen mit Dänemark sowie den Hansestädten zur Behauptung der Stellung Norwegens im skandinav. Raum suchte E. die Unterstützung Englands und Schottlands zu gewinnen. Trotzdem sah er sich 1294 zu weitgehenden wirtschaftl. Zugeständnissen an die Hanse gezwungen.
7) Erich IV., nach der norweg. Königszählung König ERICH VII. von Dänemark.
Schweden: **8) Erich VII.,** schwed. **Erik Segersäll,** König in der zweiten Hälfte des 10. Jh., † um 995; gilt als der erste historisch gesicherte König dieses Namens sowie als erster schwed. König, der sich zum Christentum bekehrte. E. siegte am Fyrisvall über ein Wikingerheer und wandte sich gegen die dän. Hegemonialbestrebungen im Ostseeraum.
9) Erich IX., der Heilige, schwed. **Erik den helige,** König (seit etwa 1156), † Uppsala 5. (nach anderen Angaben 18.) 5. 1160. In Västergötland begütert, regierte er auf seine Hausmacht gestützt. E. förderte die Verbreitung des christl. Glaubens. Nach zeitgenöss. Berichten soll er 1155 zu einem Kreuzzug nach Finnland aufgerufen haben. Nach seiner Ermordung wurde er in Uppsala beigesetzt und bereits Ende des 12. Jh. als Märtyrer verehrt.
10) Erich XIII., nach der schwed. Königszählung König ERICH VII. von Dänemark.
11) Erich XIV., schwed. **Erik XIV,** König (1560 bis 1568), * Stockholm 13. 12. 1533, † Örbyhus (bei

Uppsala) 26. 2. 1577; Sohn von GUSTAV I. WASA und dessen erster Frau KATHARINA von Sachsen-Lauenburg. E. erwarb Reval und Estland für Schweden und wandte sich im →Dreikronenkrieg gegen die dän. Ansprüche auf Schweden. Im Innern suchte er durch die Schaffung eines schwed. Hochadels seine Herrschaft zu festigen. Seinen Halbbruder JOHANN ließ er wegen angeblich hochverräter. Beziehungen zu Polen 1563–67 inhaftieren. Ein Teil des ihm gegenüber kritisch eingestellten Adels wurde 1567 ermordet (›Sturemord‹). Nach ersten Anzeichen einer geistigen Erkrankung setzten ihn seine Brüder ab. Sein ihm auf den Thron folgender Halbbruder JOHANN III. erhielt 1575 die Zustimmung des Reichsrats zu E.s Hinrichtung, die Vollstreckung des Todesurteils ist fraglich.

E. XIV, hg. v. C. H. HJORTSJÖ u. a. (Stockholm 1962).

Erich, E. der Rote, norweg. **Eirik Raude,** Wikinger, *Jæren (S-Norwegen) um 950, †Brattahlid (bei Qaqortoq, Grönland) vor 1005; wanderte etwa 970 von Norwegen nach Island aus, das er wegen Totschlags 982 für drei Jahre wieder verlassen musste. Auf der Suche nach dem W jenseits des Meeres gelegenen Land entdeckte er Grönland und führte schon ein Jahr nach seiner Rückkehr nach Island eine Gruppe von Auswanderern auf die neu entdeckte Insel. Dort besiedelten den äußersten Südwesten um Brattahlid am Eiriksfjord. ERICHS Sohn →LEIF ERIKSSON entdeckte von dort aus die nordamerikan. Küste (›Vinland‹).

G. JONES: The Norse Atlantic saga (Oxford ²1986).

Erichsen, Thorvald, norweg. Maler, *Trondheim 18. 7. 1868, †Oslo 23. 12. 1939; Schüler u. a. von E. WERENSKIOLD und K. ZAHRTMANN; Pionier der modernen Kunst in Norwegen. Beeinflusst von den frz. Impressionisten und P. BONNARD, malte er Interieurs, Blumen und v. a. Landschaften.

Erichthonios, griech. **Erichthonios,** griech. Mythos: →Erechtheus.

Ericson [ˈɛrɪksn], Walter, Pseud. des amerikan. Schriftstellers Howard Melvin →Fast.

Ericsson, John, amerikan. Ingenieur schwed. Herkunft, *Gut Långban (bei Filipstad, Verw.-Bez. Värmland) 31. 7. 1803, †New York 8. 3. 1889; ging 1826 nach Großbritannien; baute mit JOHN BRAITHWAITE (*1797, †1870) die ›Novelty‹, eine der ersten Lokomotiven, und 1833 eine Heißluftmaschine. Er verbesserte 1836 die Schiffsschraube und ging 1839 in die Vereinigten Staaten, wo er große, mit Schrauben angetriebene Kriegsschiffe baute, u. a. 1861 das Panzerschiff ›Monitor‹, das entscheidenden Anteil am Ausgang des Bürgerkriegs hatte.

Ericsson AB, Kurz-Bez. für **Telefonaktiebolaget L. M. Ericsson** [-aktsɪɔbuːˈlaːgɔt], schwed. Telekommunikationskonzern, gegr. 1876; Sitz: Stockholm. Bekannt ist der Konzern v. a. durch Telefonvermittlungssysteme (auch mobile Telefone); dt. Tochtergesellschaft ist die Ericsson Hildesheim GmbH; Umsatz (1995): rd. 14,0 Mrd. US-$, Beschäftigte: rd. 85 500.

Ericsson-Prozess [nach J. ERICSSON], idealer →Kreisprozess für die Gasturbine, bestehend aus isotherm. Verdichtung (1–2) unter Abfuhr der Wärmemenge Q_1, isobarer Zufuhr (2–3) der Wärmemenge Q_2, isotherm. Ausdehnung (3–4) unter Zufuhr der Wärmemenge Q_3 und isobarer Abfuhr (4–1) der Wärmemenge Q_4 bis zum Erreichen des Anfangszustandes. Die Wärmemengen Q_2 und Q_4 sind gleich groß und werden innerhalb der Maschinenanlage im Wärmetauscher ausgeglichen. Dadurch ist der therm. Wirkungsgrad des E.-P. genauso groß wie beim →Carnot-Prozess. – Die im E.-P. geforderte isotherm. Verdichtung versucht der **Ackeret-Keller-Prozess** angenähert zu erreichen durch adiabat. Verdichtung in mehreren Stufen mit Zwischenkühlung auf die jeweilige Anfangstemperatur; die isotherm. Ausdehnung wird

durch adiabat. Ausdehnung in mehreren Stufen und Zwischenerwärmung angenähert.

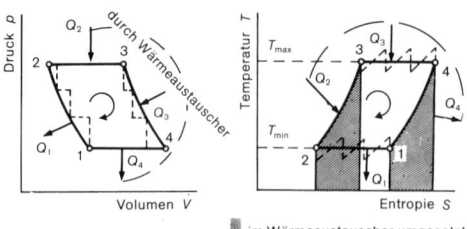

im Wärmeaustauscher umgesetzt

Ericsson-Prozess: Grafische Darstellung der Prozessschritte in einem Druck-Volumen-Diagramm (links) und in einem Temperatur-Entropie-Diagramm (rechts); gestrichelt der Prozessablauf beim Ackeret-Keller-Prozess

Eridanos, griech. Mythos: Fluss im fernen Norden oder Westen, in den Phaethon hinabstürzte und zu dem die Argonauten auf ihrer Heimfahrt gelangten. Er wurde in der Antike mit versch. Flüssen (Rhein, Rhone, Po) gleichgesetzt.

Eridanus, Fluss E., Abk. **Eri,** ausgedehntes Sternbild, das sich vom Himmelsäquator weit in den südl. Himmel erstreckt.

Eridu, nach der keilschriftl. Überlieferung Sumers die älteste Stadt Babyloniens, in Südmesopotamien, urspr. an einer Lagune des Pers. Golfes gelegen; der heute landeinwärts befindl. Ruinenhügel **Tell Abu-Schahrein,** S-Irak, liegt 11 km südwestlich von →Ur. E. galt als die Stadt des Enki (babylon. Ea), der als Gott des unterird. Süßwasserozeans, der Weisheit sowie der Beschwörungs- und Heilkunst verehrt wurde. Bei einer Tiefgrabung (1948/49) nahe der Zikkurat wurden 19 Schichten festgestellt, wonach die Anfänge von E. in der Zeit der frühesten Besiedlung Mesopotamiens (6. Jt. v. Chr.) liegen; die frühe E.-Keramik in Braun auf hellerem Grund mit kleinformatigen geometr. Mustern herrscht bis einschließlich Schicht XV vor (5. Jt.) und gibt der E.-Kultur den Namen. Am Hauptheiligtum, das durch 16 Schichten verfolgt wer-

Eridu: Tempel VII aus der Obeidzeit nach seiner Freilegung durch irakische Ausgrabungen 1946–49

den konnte, ist die Frühgesch. babylon. Tempelbaus abzulesen, deren Entwicklungslinie zur Nischenarchitektur und zur Zikkurat führte. In die späte Obeidzeit (→Tell Obeid) Mitte bis Ende des 4. Jt. v. Chr. gehört ein großer Friedhof (u. a. Funde von Terrakottafigürchen). Zwei Paläste der frühdynast. Zeit mit der frühesten bekannten ›Audienzhalle‹ (etwa 2800 bis 2400 v. Chr.) und Baumaßnahmen an der Zikkurat um

2000 v. Chr. bezeugen die Bedeutung der Stadt noch bis zum Beginn des 2. Jt. v. Chr.; wegen Versandung wurde die Stadt aufgegeben, jedoch wurde die Zikkurat noch bis ins 6. Jh. v. Chr. erneuert. – In einem anderen Hügel nördlich vom Tell Abu-Schahrein wurde der am besten erhaltene Palast der frühdynast. Zeit (um 2500 v. Chr.) gefunden.

S. LLOYD: Die Archäologie Mesopotamiens (a. d. Engl., 1981); F. SAFAR u. a.: E. (Bagdad 1981).

Erie ['ɪərɪ], Hafenstadt in Pennsylvania, USA, am Eriesee, 109 000 Ew.; kath. Bischofssitz; Elektrogeräte-, Baumaschinen-, Schiffbau u. a. Industrie. – E. entstand ab 1795 an der Stelle eines 1753 von Franzosen errichteten Forts (1763 zerstört).

Eriekanal ['ɪərɪ-], Kanal im Bundesstaat New York, USA, verbindet den Hudson River mit dem Eriesee, 584 km lang; 1825 eröffnet, seit Beginn des 20. Jh. Ausbau zum →New York State Barge Canal. Der E. hat große histor. Bedeutung für die Erschließung des Gebietes und für die Stadt New York.

Eriesee, engl. **Lake Erie** [leɪk 'ɪərɪ], einer der fünf →Großen Seen Nordamerikas; durch den E. verläuft die Grenze zw. den USA und Kanada, 25 700 km² (davon 12 955 km² in den USA), 174 m ü. M., bis 64 m tief. Der E. ist mit dem Huronsee durch den Detroit River, den Lake Saint Clair und den Saint Clair River verbunden, mit dem Ontariosee durch den Niagara River sowie durch den Wellandkanal, mit dem Hudson River durch den New York State Barge Canal. Trotz langer Eisbedeckung von Mitte Dezember bis Ende März ist der E. ein wichtiges Glied im →Sankt-Lorenz-Seeweg. Die Haupthäfen (Toledo, Cleveland, Erie, Buffalo) liegen am S-Ufer, in den USA.

Erigena, Johannes Scotus, irischer Philosoph, →Johannes, J. Scotus Eriugena.

erigibel, svw. erektil.

erigieren [lat.], sich aufrichten (→Erektion).

Erika [lat.-griech.] *die, -/-s* und *...ken*, die Pflanzengattung →Glockenheide.

Erikagewächse, die →Heidekrautgewächse.

Eriksgata, Bez. für den Umritt jedes mittelalterl. schwed. Königs bei seinem Regierungsantritt durch die Kernländer seines Reiches. Die Bez. geht vermutlich auf die Bedeutung des Vornamens Erik (›Alleinherrscher‹) zurück.

Erikskrönika [›Erichschronik‹], die wohl um 1325 entstandene erste schwed. Reimchronik, gleichzeitig die erste schwed. erzählende Geschichtsquelle. Sie umfasst 4 543 Knittelverse und behandelt in höf. Stil die schwed. Reichsgesch. von etwa 1230 bis 1319. Die E. steht in der Tradition dt. und frz. Reimchroniken.

Ausgabe: Erikskrönikan. Enligt Cod. Holm D 2, hg. v. R. PIPPING (Neuausg. 1963).

Erikson, Erik Homburger, amerikan. Psychologe dt. Herkunft, *Frankfurt am Main 15. 6. 1902, †Harwich (Mass.) 12. 5. 1994; Schüler von S. FREUD; wanderte 1933 in die USA aus; 1951–60 Prof. in Berkeley (Calif.), anschließend in Pittsburgh (Pa.), seit 1960 an der Harvard University; einer der führenden Vertreter der Jugendpsychologie; veröffentlichte u. a. ›Childhood and society‹ (1950, dt. ›Kindheit und Gesellschaft‹), ›Identity, youth, and crisis‹ (1968, dt. ›Jugend und Krise‹).

Eriksson, Christian, schwed. Bildhauer, *Taserud (heute zu Arvika, Verw.-Bez. Värmland) 30. 6. 1858, †Stockholm 6. 11. 1935; studierte in Paris an der École des Beaux-Arts; machte mit dem großen Marmorrelief ›Linné‹ (1894; Stockholm, Nationalmuseum) auf sich aufmerksam. Als führender Bildhauer der Jahrhundertwende in Schweden erhielt er zahlr. öffentl. Aufträge, u. a. für den Komödiantenfries am Stockholmer Schauspielhaus (1903–08). In den 20er-Jahren wurde sein Stil monumentaler, die Formen einfacher (Standbild KARLS IX., 1926; Karlstad).

Erinaceidae [lat.], wiss. Name der →Igel.

Eringtal, →Hérens, Val d'Hérens.

Erinna, griech. Dichterin vom Ende des 4. Jh. v. Chr. aus Telos (Dodekanes). Ihr Epyllion ›Die Spindel‹ in dor. Dialekt beklagt den Tod ihrer Freundin Baukis. Drei ihrer Epigramme sind in der Anthologia Palatina erhalten.

Ausgabe: E., in: Anthologia lyrica, hg. v. E. DIEHL, Bd. 1, 4 (²1935).

U. W. SCHOLZ: E., in: Antike u. Abendland, Jg. 18 (1973).

Erinnerung, 1) *Psychologie:* Bez. für einen Gedächtnisinhalt, eine gespeicherte Information, die aus dem →Gedächtnis abgerufen wird oder im Bewusstsein auftaucht.

2) *Recht:* Rechtsbehelf, durch den Einwendungen gegen Kostenfestsetzungsbeschlüsse, die Art und Weise einer Zwangsvollstreckung oder gegen Entscheidungen eines beauftragten oder ersuchten Richters oder eines Rechtspflegers in gesetzlich bestimmten Fällen (§§ 104, 766 ZPO, § 11 Rechtspfleger-Ges.) erhoben werden.

Erinnerungsposten, Merkposten für abgeschriebene (→Abschreibung), aber noch genutzte Wirtschaftsgüter, die nach den Grundsätzen ordnungsmäßiger Buchführung in der Bilanz noch mit einem Restbuchwert von 1 DM ausgewiesen werden müssen.

Erinnerungstäuschung, Erinnerungsverfälschung, durch subjektive Einstellungen oder Vorurteile sowie durch gefühlsmäßige Bewertung von Erlebnissen oder Sachverhalten hervorgerufener Mangel an Erinnerungstreue. Eine besondere Rolle spielt die E. in der *gerichtl. Psychologie* bei der Beurteilung von Zeugenaussagen.

Erinnyen, *Sg.* **Erinnye** *die, -*, griech. **Erinyes** und **Erinnyes,** im *griech. Mythos* Rachegöttinnen, urspr. die zürnenden Seelen von Ermordeten, für die kein Verwandter die Rache vollziehen konnte. Nach HESIOD wurden sie von Gaia (Erde) aus dem Blut des entmannten Uranos (Himmel) geschaffen, in anderen Überlieferungen sind sie Töchter der Nyx (Nacht). Sie rächten allen Frevel, bes. Eidbruch und Bluttaten (→Orest), indem sie die Schuldigen in den Wahnsinn trieben. Im Lauf der Zeit wurde ihre Anzahl auf drei fixiert: Tisiphone (›die den Mord Rächende‹), Allekto (›die Unablässige‹) und **Megaira** (›die Neidische‹). Sie galten als Schwestern der Moiren (→Moira). An ihren athen. Kultstätten wurden sie euphemistisch Semnai (›die Hehren‹) und Eumeniden (›die Wohlgesinnten‹) genannt. Die Einführung ihres Kults im Heiligtum am Areopag wurde von AISCHYLOS in seinem Drama ›Die Eumeniden‹ dargestellt. – In der Kunst wurden die E. mit Fackeln oder Geißeln, oft im langen Gewand und mit Schlangen im Haar dargestellt.

A. HEUBECK: E. in der archaischen Epik, in: Glotta, Jg. 64 (1986).

Eris, griech. **Eris,** *griech. Mythos:* Göttin des Streits, nach HOMER die Schwester und Gefährtin des Ares. Als sie zur Hochzeit des Peleus und der Thetis nicht eingeladen wurde, warf sie aus Zorn darüber einen Apfel mit der Aufschrift ›der Schönsten‹ unter die Gäste (→Paris), entfesselte dadurch einen Streit zw. Hera, Athene und Aphrodite und gab damit indirekt den Anlass zur Entstehung des Trojan. Krieges. HESIOD stellt in seinem Gedicht ›Werke und Tage‹ der ›bösen‹ E. eine ›gute‹ E. (den Wettstreit) zur Seite.

erische Phase [→Eria], *Geologie:* eine kaledon. →Faltungsphase.

Eristik [von griech. eristiké téchnē, eigtl. ›zum Streit neigende Kunst‹] *die, -*, die Kunst des philosoph. Streitgespräches; urspr. von PLATON und ARISTOTELES verwendete Bez. für die um des Widerlegens und Rechthabens willen gepflegte Disputierkunst der Sophisten. Bekannte Eristiker des Altertums waren EUKLEIDES VON MEGARA und EUBULIDES VON MILET.

Eritrea

Fläche 121 143 km²
Einwohner (1994) 3,8 Mio.
Hauptstadt Asmara
Amtssprachen Tigrinja, Arabisch
Nationalfeiertage 24. 5. und 1. 9.
Währung 1 Nakfa (Nfa) = 100 Cent
Uhrzeit 14⁰⁰ Asmara = 12⁰⁰ MEZ

Eritrea

Staatswappen

Staatsflagge

Internationales
Kfz-Kennzeichen

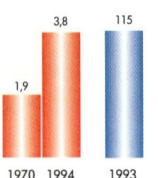

3,8   115

1,9

1970 1994   1993
Bevölkerung   Bruttosozial-
(in Mio.)   produkt je Ew.
              (in US-$)

☐ Stadt
☐ Land

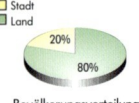

20%

80%

Bevölkerungsverteilung
1992

Eritrea, Staat in NO-Afrika am Roten Meer, 121 143 km², (1994) 3,8 Mio. Ew. E. grenzt im SO an Djibouti, im S an Äthiopien, im W und NW an die Rep. Sudan. Hauptstadt ist Asmara. Amtssprachen sind Tigrinja und Arabisch. Währung: 1 Nakfa (Nfa) = 100 Cent. Uhrzeit: 14⁰⁰ Asmara = 12⁰⁰ MEZ.

STAAT · RECHT

Verfassung: Seit der Proklamation der Unabhängigkeit am 24. 5. 1993 (durch Referendum vom 23.–25. 4. 1993 bestätigt) ist E. eine souveräne Republik. Bis zur Annahme einer Verf., an deren Ausarbeitung eine 42-köpfige Kommission arbeitet, wird das Land durch interimist. Organe verwaltet. Staatsoberhaupt, oberster Inhaber der Exekutive (Reg.-Chef), Vors. der Nationalversammlung und Oberbefehlshaber der Streitkräfte ist der auf 4 Jahre vom Parlament gewählte Präs. Er ernennt die Mitgl. der provisor. Reg. (Staatsrat) sowie die Gouv. der Provinzen. Die Legislative liegt bei der Nationalversammlung, die derzeit aus dem Zentralkomitee der EPLF und 60 weiteren Abg. besteht. Der Verfassungsentwurf vom März 1994 sieht ein Einkammerparlament mit 75 frei gewählten Abg. und 75 Mitgl. der PFDJ vor.

Parteien: Bisher einzige legale Partei ist die 1994 aus der Eritrean People's Liberation Front (EPLF; dt. Eritreische Volksbefreiungsfront) hervorgegangene People's Front for Democracy and Justice (PFDJ; dt. Volksfront für Demokratie und Gerechtigkeit). In Opposition zur PFDJ stehen u. a. die Democratic Movement for the Liberation of Eritrea und die muslim. Afar Liberation Front (ALF).

Wappen: Das 1993 offiziell eingeführte Staatswappen zeigt ein Kamel auf grünem Boden, das von zwei grünen Ölzweigen umrahmt wird. Darunter wird in drei Sprachen der Name des Landes angegeben.

Nationalfeiertag: 24. 5. zur Erinnerung an die Erlangung der Unabhängigkeit 1993 und 1. 9. zur Erinnerung an den Beginn des bewaffneten Kampfes gegen Äthiopien 1961.

Verwaltung: Es gibt zehn Provinzen, an deren Spitze jeweils ein vom Präs. ernannter Gouv. steht.

Recht: Bis zum Aufbau eines Gerichtswesens und einer Rechtsordnung gilt in E. äthiop. Zivilrecht, für Muslime zusätzlich im Familienrecht die Scharia.

Streitkräfte: Die Gesamtstärke der aus der ›Eritrean People's Liberation Army‹ (EPLA) seit 1992 hervorgegangenen neuen Armee des Landes lässt sich gegenwärtig nicht exakt belegen. Zum Zeitpunkt der Beendigung des Kampfes gegen die äthiop. Reg.-Truppen 1991 betrug die Truppenstärke der EPLA etwa 100 000 Mann. Die von der EPLA übernommene Ausrüstung umfasst neben leichten Waffen v. a. erbeutetes Großgerät sowjet. Herkunft, u. a. Kampfpanzer T-54/-55, T-62 und mehrere Küstenwachboote.

LANDESNATUR · BEVÖLKERUNG

E. erstreckt sich längs der Korallenküste des Roten Meeres und hat eine Küstenlänge von fast 1 000 km.

Die südl. Küstenebene gehört zu der im Bereich des Ostafrikan. Grabensystems geologisch bes. aktiven →Afarsenke. Landeinwärts erheben sich hinter der halbwüstenhaften Küstenebene im N das Zentrale Hochland, das von den Randgebirgen (bis 2 633 m ü. M.) allmählich nach W abfällt, im S die Danakilberge (bis 2 131 m ü. M.), die einige Vulkane aufweisen. Als Folge von intensiver ackerbaul. Nutzung und Abholzung ist Bodenerosion weit verbreitet. Die Flüsse des Hochlands führen nur zeitweilig Wasser. Mit ihrem N-Zipfel reicht die heiße Salzwüste der Danakilsenke nach E. hinein. (KARTE, →Äthiopien)

Klima: E. liegt in den Tropen und hat überwiegend trop. Klima. In der niederschlagsarmen, feuchtheißen Küstenebene ist Massaua einer der heißesten Orte der Erde (Temperaturmaximum 46 °C im August; Jahresmittel 30 °C), die wenigen Niederschläge fallen hier im Winter; von März bis Juli weht von der Arab. Halbinsel gelegentlich ein heißer Wind. Die übrigen Gebiete haben zwei Regenzeiten (Juni–September; März–Mai). Das Hochland mit gemäßigtem und mildem Klima erhält meist ausreichende Niederschläge.

Bevölkerung: Sie besteht aus neun ethn. Hauptgruppen, die größte ist die der im Hochland, dem Hauptsiedlungsgebiet, meist als sesshafte Bauern lebenden Tigrinja, die 50 % der Bev. ausmachen; ferner die der Tigre (30 %), die überwiegend als Halbnomaden im N und W des Landes leben; des Weiteren Amhara, Kunama, Saho u. a. Der SO wird vom Hirtenvolk der Danakil (Afar, 8 %) bewohnt. Araber leben v. a. im Küstengebiet und in den Städten, ebenso Inder und Italiener, sowie an der Grenze zur Rep. Sudan. Nach Schätzungen halten sich etwa 1 Mio. Eritreer im Exil auf, deren Rückführung begonnen hat. Die Ew.-Zahl stieg im Zeitraum von 1984 bis 1994 von 2,704 Mio. auf 3,779 Mio. Ew. Rd. 20 % der Bev. leben in Städten, die größten sind die Hauptstadt Asmara mit (1992) 400 000 Ew. und Keren (40 000 Ew.) sowie die Hafenstädte Assab (50 000 Ew.) und Massaua (40 000 Ew.).

Religion: Der eritreische Staat, in seinem Selbstverständnis der religiösen Toleranz verpflichtet, praktiziert die Religionsfreiheit und rechtl. Gleichbehandlung aller Religionsgemeinschaften. Rd. 50 % der Bev. sind Christen; etwa 1,6 Mio. gehören der eritreisch-orth. Kirche an (→äthiopische Kirche), rd. 100 000 der kath. Kirche (Bistum und Apostol. Vikariat Asmara). Daneben bestehen ev. Minderheitskirchen (Baptisten und Lutheraner). Die Danakil im SO und die Tigre und Saho im NW sind in ihrer Mehrheit sunnit. Muslime. Darüber hinaus werden in Teilen der Bev. weiter Elemente traditioneller afrikan. Religiosität gepflegt.

Bildungswesen: Es besteht keine Schulpflicht, der Besuch der öffentl. Schulen, soweit eingerichtet, ist kostenfrei, ebenso das Studium an der Univ. von Asmara. Die Elementarschule ist für Altersstufen zw. sechs und zehn, die Juniorschule zw. zehn und dreizehn und die Sekundarschule zw. dreizehn und siebzehn gedacht; sie werden heute infolge der Unterbrechung des Schulunterrichts während des Kriegs von allen Altersgruppen besucht. Es gibt auch einige Privatschulen.

Publizistik: Presse: Mit der Unabhängigkeit kündigte die Reg. ein eigenes Pressegesetz und Pressefreiheit an. In Asmara erscheint u. a. die Tageszeitung ›Hibret‹ (herausgegeben vom Informationsministerium) sowie zweimal wöchentlich ›Hadas E.‹ (gegr. 1991). – *Rundfunk:* Der Sender ›Voice of the Broad Masses of E.‹ strahlt Hörfunkprogramme in Arabisch, Tigrinja, Tigre, Afar und Kunama aus. Der Fernsehsender ›ERI-TV‹ (gegr. 1992) zur Unterstützung der Bildungs- und Informationspolitik der Reg. sendet seit 1993 Programme in Arabisch und Tigrinja.

WIRTSCHAFT · VERKEHR

Gemessen am Pro-Kopf-Einkommen, das 1993 bei etwa 115 US-$ lag, ist E. eines der ärmsten Länder der Erde. Dreißig Jahre andauernder Krieg und Dürreperioden haben zum Niedergang der einst blühenden Wirtschaft und zu katastrophalen Ernteausfällen geführt. Nach dem Ende des Bürgerkrieges 1991 waren mehr als 85% der Bev. von internat. Hilfe abhängig. Auch weiterhin sind nach Schätzungen westl. Hilfsorganisationen noch drei Viertel der Bev. auf Nahrungsmittelhilfe angewiesen. Der Wiederaufbau der zerstörten Wirtschaft ist die größte Herausforderung des seit 1993 unabhängigen E.s, wobei die Schaffung einer grundlegenden Infrastruktur an erster Stelle steht. Die zögerl. Bereitschaft der westl. Industrieländer, den Wiederaufbau E.s finanziell zu unterstützen, resultiert aus großem Misstrauen gegenüber der früher marxistisch ausgerichteten Regierungspartei.

Landwirtschaft: Der mit Abstand wichtigste Wirtschaftssektor ist der Agrarbereich; etwa 80% der Bev. leben von der Landwirtschaft, die v. a. für den Eigenbedarf betrieben wird. Die bedeutendsten Anbauprodukte sind Teff (eine Hirseart), Mais, Weizen und Sorghum; für den Export könnte der Anbau von Kaffee, Baumwolle und Tabak, v. a. an der Randstufe des Hochlandes im NW, größere Bedeutung erlangen. Der SO gehört zur halbwüstenhaften Afarsenke und wird nur durch Nomadenwirtschaft (Schafe, Ziegen, Rinder, Kamele) genutzt. Da in manchen Jahren die Niederschläge fast völlig ausbleiben, sind die Erntemengen erhebl. Schwankungen unterworfen, was immer wieder zu Hungerkatastrophen führt.

Fischerei: Die Fischerei könnte wieder eine bedeutsame Ressource für die Ernährung werden.

Bodenschätze: Es wird vermutet, dass E. über beträchtl. Rohstoffvorräte verfügt, u. a. Pottasche, Kupfer und Eisenerz. In Hinblick auf den akuten Energiemangel kommen den Erdöl- und Erdgaslagerstätten im Roten Meer und in der Afarsenke große Bedeutung zu. In der Umgebung von Asmara gibt es Goldminen.

Industrie: Während des eritreischen Freiheitskrieges wurden die meisten Industrieanlagen zerstört oder demontiert und nach Äthiopien gebracht. Vor der Unabhängigkeit war die heutige Hauptstadt Asmara neben Addis Abeba das industrielle Zentrum Äthiopiens. Die traditionell hier ansässigen Betriebe der Glas-, Zement-, Schuh- und Konservenindustrie werden wieder aufgebaut. Im Lande entwickelte sich v. a. wieder ein vielfältiger handwerklicher Sektor.

Außenwirtschaft: Das Devisenaufkommen ist sehr gering, es besteht hauptsächlich aus Auslandsüberweisungen von Exil-Eritreern. 70% aller Exportgüter stammen aus der Landwirtschaft (v. a. Häute, Felle, Leder- und Ölprodukte). Wichtigster Handelspartner für den Export ist Äthiopien; die meisten Importe (Rohöl, Düngemittel, Fahrzeuge, Maschinen, Fertigprodukte u. a. Güter) kommen aus Saudi-Arabien, Äthiopien und den Vereinigten Arab. Emiraten.

Verkehr: Während des Bürgerkrieges wurde die Verkehrsinfrastruktur fast völlig zerstört. Die Schienen der einzigen Eisenbahnlinie zw. Agordat, Asmara und der Hafenstadt Massaua wurden demontiert und nach Äthiopien gebracht. Es gibt kaum befestigte Straßen, die meisten Brücken sind zerstört. Die Wiederinstandsetzung der Straßenverbindung zw. Asmara und Massaua hat höchste Priorität beim Wiederaufbau. Es gibt zwei große Hafenstädte: Massaua, das 1990 fast vollständig zerstört wurde, und Assab, das früher v. a. zur Versorgung der äthiop. Hauptstadt Addis Abeba mit ausländ. Waren diente. 1993 wurde mit Äthiopien ein Abkommen über die Nutzung der beiden eritreischen Häfen geschlossen. Die anfallenden Instandhal-

tungskosten tragen beide Staaten. Der internat. Flughafen liegt nahe der Hauptstadt.

GESCHICHTE

An der Küste E.s, die im 14.–19. Jh. zw. Arabern, Portugiesen, Türken und Ägyptern sowie Äthiopiern umkämpft war, setzten sich nach 1881 die Italiener fest und erklärten E. 1890 zur Kolonie. Das Hinterland stand bis dahin überwiegend unter äthiop. Einfluss. Nach der Kapitulation Italienisch-Ostafrikas im Zweiten Weltkrieg kam E. 1941 unter brit. Verwaltung. Zwei polit. Lager formierten sich: Anhänger einer Union mit Äthiopien und ein ›Unabhängigkeitsblock‹; Letzterer gewann bei den Wahlen 1947 eine knappe Mehrheit. Die Generalversammlung der Vereinten Nationen beschloss dennoch 1950, E. als ›autonome Einheit in Föderation mit Äthiopien‹ der Souveränität des äthiop. Kaisers zu unterstellen. Dieses Statut trat 1952 in Kraft, jedoch hob Äthiopien die Autonomie am 14. 11. 1962 auf und machte E. zu seiner 14. Provinz.

Eritrea: Hochland südlich von Asmara, nahe der Grenze zu Äthiopien

Seit 1961 entwickelten sich separatist. Bestrebungen, die sich v. a. seit dem Sturz der Monarchie in Äthiopien (1974) zu einem Aufstand ausweiteten, getragen bes. von der Eritrean Liberation Front (ELF) und der marxistisch orientierten Eritrean People's Liberation Front (EPLF). Mit Unterstützung kuban. Streitkräfte konnten äthiop. Truppen zeitweilig die Kontrolle der Zentral-Reg. über große Teile E.s wiederherstellen, ohne jedoch die Aufständischen völlig zurückdrängen zu können. Um der in den 1980er-Jahren erstarkten Befreiungsbewegung politisch entgegenzuwirken, erklärte die äthiop. Regierung E. aufgrund der Verf. von 1987 zur autonomen Region.

Nicht nur der Bürgerkrieg, sondern auch die Hungersnöte infolge der Dürrekatastrophen (→Sahel, →Desertifikation), von der äthiop. Reg. strategisch in der Bekämpfung des Aufstands genutzt, bewogen in den 70er- und 80er-Jahren rd. 500 000 Menschen zur Flucht v. a. in die Rep. Sudan.

In den 80er-Jahren erzielten die eritreischen Kräfte zunehmend militär. Erfolge und drängten die äthiop. Armee immer mehr zurück. Nach dem Zusammenbruch des kommunist. Reg.-Systems in Äthiopien im Mai 1991 setzte die EPLF in ganz E. ihre Herrschaft durch und bildete eine provisor. Reg. Einvernehmlich mit der neuen äthiop. Reg. wurde die staatl. Unabhängigkeit E.s angestrebt und nach einer Volksabstimmung (25. 4. 1993) gewährt. Nach der Wahl von

Ferenc Erkel

I. AFEWERKI zum Staatspräs. (21. 5. 1993) wurde am 24. 5. 1993 die Rep. E. proklamiert. Hauptprobleme E.s sind neben dem Wiederaufbau des Landes die Rückführung der zahlr. Bürgerkriegsflüchtlinge und die Demobilisierung der Befreiungsarmee. Mit Äthiopien wurde eine enge wirtschaftl. und militär. Zusammenarbeit vereinbart.

Hb. E. Gesch. u. Gegenwart eines Konfliktes, hg. v. E. FURRER-KRESKI u.a. (Zürich 1990); M. ZIMMERMANN: E. Aufbruch in die Freiheit (²1992); N. H. KURDI: L'Érythrée. Une identité retrouvée (Paris 1994); V. MATTHIES: Äthiopien, E., Somalia, Djibouti (²1994); C. PROUTY u. E. ROSENFELD: Historical dictionary of Ethiopia and Eritrea (Metuchen, N. J., ²1994); R. IYOB: The Eritrean struggle for independence. Domination, resistance, nationalism, 1941–1993 (Cambridge 1995).

Eritrean Liberation Front [erɪˈtreɪən lɪbəˈreɪʃn frʌnt, engl.], Abk. **ELF**, dt. ›Eritreische Befreiungsfront‹, eine 1960 gegründete Befreiungsbewegung, die für die Lösung Eritreas aus dem äthiop. Staatsverband und die Errichtung eines selbstständigen Staates kämpfte. Anfang der 1970er-Jahre spaltete sich von der ELF die →Eritrean People's Liberation Front (EPLF) ab. Nach dem Sieg der EPLF im eritreischen Unabhängigkeitskampf 1991 wurde die ELF in den Sudan abgedrängt und zerfiel in zahlr. Splittergruppen.

Eritrean People's Liberation Front [erɪˈtreɪən ˈpiplz lɪbəˈreɪʃn frʌnt, engl.], Abk. **EPLF**, dt. ›Eritreische Volksbefreiungsfront‹, Befreiungsbewegung, die Anfang der 1970er-Jahre aus Abspaltungen der →Eritrean Liberation Front (ELF) hervorging und im eritreischen Unabhängigkeitskampf gegen die äthiop. Reg.-Armee 1991 siegte. Das auf dem ersten Kongress der EPLF 1977 verabschiedete polit. Programm enthielt zahlr. am Marxismus-Leninismus orientierte Punkte, die jedoch auf dem zweiten Kongress 1987 v. a. in wirtschaftspolit. Hinsicht weitgehend getilgt wurden. Auf dem dritten Kongress der EPLF 1994 wurde der Name in ›People's Front for Democracy and Justice‹ (PFDJ, Volksfront für Demokratie und Gerechtigkeit) geändert.

Eriugena, Johannes Scotus, irischer Philosoph, →Johannes, J. Scotus Eriugena.

Eriwan, Hauptstadt von Armenien, →Erewan.

Erizzo, venezian., aus Capodistria (heute Koper) stammende Familie, seit 805 oder 966 in Venedig ansässig, 1847 ausgestorben. Die E. widmeten sich im MA. vornehmlich dem Osthandel und brachten zahlr. hohe Beamte hervor. Bedeutend war v. a. PAOLO E., der heldenhafte Verteidiger von Negroponte (ital. Name von Euböa), der nach dem Fall der Festung 1470 von den Türken grausam getötet wurde, ferner SEBASTIANO E. (*1525, †1585), Verfasser der ›Sei giornate‹, einer moralisierenden Novellensammlung in Nachahmung BOCCACCIOS, und der Doge (seit 1631) FRANCESCO E. (*1565, †1646).

Erk, Ludwig, Musiklehrer und Volksliedsammler, *Wetzlar 6. 1. 1807, †Berlin 25. 11. 1883; E. war einer der bedeutendsten Sammler von Volksliedern des 19. Jh., u. a.: ›Die dt. Volkslieder mit ihren Singweisen‹ (2 Bde., 1838–45, mit W. IRMER), ›Dt. Liederhort‹ (1856, neu bearb. und fortgesetzt von F. M. BÖHME, 1893–94, 3 Bde., Nachdr. 1963) und ›Dt. Liederschatz‹ (3 Bde., 1859–72, Nachdr. 1956; für Singstimme und Klavier).

Erkältung, Erkältungskrankheit, inkorrekte Sammel-Bez. für akute bakterielle und virusbedingte Infekte der oberen Luftwege (→grippaler Infekt, →Schnupfen), als deren alleinige Ursache früher Unterkühlungen des Körpers galten. Durch Kälteeinwirkung wird jedoch lediglich die Immunabwehr des Körpers so herabgesetzt, dass Krankheitserreger, die auch schon vorher im Organismus vorhanden gewesen sein können, Krankheiten auslösen können.

Erkel, Ferenc (Franz), ungar. Komponist, *Gyula (Bez. Békés) 7. 11. 1810, †Budapest 15. 6. 1893; komponierte 1844 die ungar. Nationalhymne und gilt mit seinen acht Opern (u. a. ›Hunyadi László‹, 1844; ›Bánk bán‹, 1861) als Schöpfer der ungar. Nationaloper.

Erkelenz, Stadt im Kr. Heinsberg, NRW, im N der Jülicher Börde, 42500 Ew.; Maschinen- und Bohrgerätebau, Textil-, Kartonagen-, Holz-, Nahrungsmittel- und Kunststoff verarbeitende Industrie; Ziegeleien, Baumschulen. – Die kath. Pfarrkirche St. Lambertus (1954) wurde über einem Vorgängerbau (11./12. Jh.) unter Beibehaltung des W-Turms errichtet; Rathaus (1540–46, nach Kriegszerstörung wiederhergestellt); von der ehem. Burg ist der Haupturm (15. Jh.) erhalten. – Das 966 erstmals genannte E. erhielt 1326 Stadtrecht. 1715 gelangte E. von der Grafschaft Geldern an das Herzogtum Jülich und mit diesem 1794 unter frz. Herrschaft. 1815 fiel es an Preußen.

erkenne dich selbst, griech. **gnṓthi seautón,** Inschrift des Apollontempels in Delphi; wird THALES VON MILET oder CHILON zugeschrieben.

erkennen, entlasten: auf der Habenseite eines Kontos (Kontogutschrift) buchen; Ggs.: belasten.

Erkenntnis, 1) *Philosophie:* eine Art und Weise, wie sich das Denken auf Gegenstände (im weitesten Sinne) beziehen kann; Einsicht in die Tatsächlichkeit eines Sachverhaltes; auch gleichbedeutend mit Wissen. PLATON definierte Wissen als ›wahre, mit Begründung versehene Meinung‹. Damit wurde das E.-Problem eng mit dem Wahrheitsproblem verknüpft. Bei der weiteren Entwicklung des E.-Problems unterscheiden sich folgende Ansätze: Der idealist. Vorschlag betont die Wichtigkeit des subjektiven Anteils am E.-Prozess und schwächt die Bedeutung der anderen Dimensionen ab bis hin zur Leugnung ihrer Existenz (Solipsismus). Dem steht die realist. Position gegenüber, die die Wichtigkeit der vom erkennenden Subjekt unabhängigen Sachverhalte betont. Erst das 20. Jh. entdeckt die Bedeutung der dritten, intersubjektiven Dimension. Der Pragmatismus macht diese zur ausschlaggebenden Instanz des Wissens bis hin zur Definition von Wahrheit als Konsens.

Im Zusammenhang mit dem E.-Problem waren immer die Theoreme der Mathematik von besonderem Interesse. Sie galten stets als Inbegriff der E. An ihnen verdeutlichte PLATON seine Vorstellung von der E. als Schau der (wieder erinnernden) Ideen. Im Falle der Mathematik treten die Sinne als potenzielle Fehlerquelle nicht in Erscheinung. Nach DESCARTES ist die zentrale philosoph. E. (›ich denke, also bin ich‹) ebenfalls eine nicht durch Sinne vermittelte Evidenz. Wissen wird für ihn ›klare und wohlbegründete Einsicht‹. Der Rationalismus, der mit DESCARTES beginnt, macht die mathemat. E. zum Modell der einzig möglichen E. Soweit wir E. von der Realität haben, beruht diese auf Verstandesprinzipien. Das ist die Grundidee der rationalen Naturwissenschaft. LEIBNIZ unterscheidet die Vernunft- von den Tatsachenwahrheiten.

Der Empirismus betont dagegen die Wichtigkeit der Erfahrung für die E. Der Ursprung der E. liegt nach rationalist. Ansicht im Denken, nach empirist. dagegen überwiegend in den Sinnen. Während für den Ersteren die Möglichkeit der Naturwiss.en zum Problem wird, tut sich der Letztere schwer mit der mathemat. E. KANT versucht zw. beiden Lagern zu vermitteln, indem er (gewisse) E. als geistige Konstruktionen mithilfe von empir. Rohmaterial betrachtet. Das sind die synthet. Sätze a priori, die den rationalen Kern von Naturwiss. und Mathematik bilden. E. ist für KANT dort, wo Anschauungen unter Begriffe gebracht werden. Die Entwicklung nach KANT wird bald von der neu entstandenen E.-Theorie geprägt.

⇨ *Erkenntnistheorie · Wahrheit · Wissen · Wissenschaft*

E. CASSIRER: Das E.-Problem in der Philosophie u. Wiss. der neueren Zeit, 4 Bde. ([1-3]1906–57, Nachdr. 1971–73).

2) *Recht:* die gerichtl. →Entscheidung, die im **E.-Verfahren** gewonnen wird, d. h. in dem Teil des gerichtl. Verfahrens, in dem der Rechtsstreit in der Sache selbst entschieden wird (z. B. durch Urteil), im Unterschied zum Vollstreckungsverfahren (→Zwangsvollstreckung).

3) *Religionsgeschichte:* Religiöse E. meint nicht in erster Linie das rationale Erfassen religiöser Lehren, sondern ist zunächst – v. a. in der Mystik – ein zentraler seel. Vorgang erkennenden Erlebens numinoser Wirklichkeit. In Indien etwa ist daher der ›Weg der E.‹ (Sanskrit yanana marga) eines der wichtigsten Mittel zum Heil. – **E. von Gut und Böse** ist – nach der Erzählung vom Garten Eden (1. Mos. 2, 17; 3, 5) – Wirkung der Frucht vom verbotenen Baum und bedeutet eine neue Stufe des Menschseins. Damit hat der Mensch den paradies. Zustand des Einsseins mit der Natur verlassen und durch das Unterscheidungsvermögen die Eigenverantwortlichkeit für sein Tun gewonnen.

Erkenntnis|interesse, Bez. für allgemeine Wert- oder Zweckvorstellungen, die den Entstehungsprozess von Wissenschaft beeinflussen.

Der Begriff des E. wurde 1964 von J. HABERMAS in die Diskussion eingeführt. Er will damit objektivist. Auffassungen von Wiss. – insbesondere auch die These von deren völliger Wertfreiheit – bekämpfen. Nach HABERMAS lassen sich drei Typen erkenntnisleitender Interessen unterscheiden: das *technische,* auf Beherrschung zielende Interesse, das in die Naturwiss.en und in gewisse Sozialwiss.en (›Sozialtechnologie‹) einfließt; das *praktische* Interesse, das auf Erhalt und Ausbau der Kommunikationsmöglichkeiten abzielt und das sich in den Geisteswiss.en verwirklicht, und das *kritische,* auf Emanzipation und Mündigkeit hinwirkende Interesse, das in der krit. Theorie, der Psychoanalyse und in der Ideologiekritik manifest wird.

J. HABERMAS: Erkenntnis u. Interesse ([11]1994).

Erkenntnistheorie, Epistemologie, Gnoseologie, i. w. S. jede philosoph. Bemühung um die Klärung des Erkenntnisproblems (→Erkenntnis); i. e. S. die im 19. Jh. entstandene Disziplin der Philosophie, die sich mit Wesen und Entstehung, Grenzen und Kennzeichen der Erkenntnis beschäftigt.

Während die Philosophie sich schon von Anbeginn mit dem Erkenntnisproblem befasst hat, beginnt die E. i. e. S. mit der methodolog. Entscheidung, die Frage nach der Erkenntnis unabhängig von der Frage nach dem Sein zu behandeln. Das Vorbild hierfür sah man in der Erkenntniskritik I. KANTS, für die auf ›Bedingungen der Möglichkeit‹ zielende Fragen und erkenntnisbegrenzende Fragestellungen charakteristisch sind. Die E. verschiebt damit das Schwergewicht auf Methodenfragen. Sie umfasst die Teilgebiete Logik, Sprachphilosophie, Wissenschaftstheorie und Hermeneutik.

Im 20. Jh. wurde die E. v. a. in der →analytischen Philosophie von der Wissenschaftstheorie als der log. Analyse von Theorien der Erfahrungswiss.en verdrängt. Da aber Philosophie und speziell auch Wissenschaftstheorie auf Erkenntnissen beruhen, stellt dies nach Ansicht der Anhänger einer E. das Bedingungsverhältnis beider Disziplinen auf den Kopf. Auch der Versuch, die Frage ›Wie kommt Erkenntnis zustande?‹ an die empir. Psychologie zu delegieren, ist aus demselben Grunde untauglich. E. soll eine nichtempir., von Logik und Mathematik wohl unterschiedene Wiss. sein. Als ihre Methode kommt die von KANT entwickelte ›transzendentale‹ infrage.

Für das Zustandekommen von Erkenntnis gewinnt das Zusammenspiel von Wahrnehmung und Denken zentrale Bedeutung. Was können unsere Wahrneh-

mungen, die doch oft trügerisch sind (→Skeptizismus), über die Welt aussagen? Von alters her wurden Abbildtheorien für die Wahrnehmung (das Wahrgenommene ist ein Abbild des Wahrzunehmenden) vorgeschlagen. Daneben traten später Deutungs- und Schlusstheorien (das Wahrgenommene wird aus Sinnesdaten logisch geschlossen oder erdeutet).

Die Frage ›Wie lässt sich die Wahrheit einer Aussage feststellen?‹ versuchen die Wahrheitstheorien zu beantworten; die Frage ›Was ist der Träger der Wahrheit?‹ kennt drei grundsätzl. Antworten: den Fundamentalismus, der sich am Vorbild der euklid. Geometrie orientiert, die Kohärenztheorie und den Holismus. Der Fundamentalismus behauptet, dass sich alle wahren Aussagen durch log. Analyse auf einige wenige ›Urwahrheiten‹ (F. L. G. FREGE) – deren Wahrheit meist abbildungstheoretisch gefasst wird – zurückführen lassen müssen. Die Kohärenztheorie sieht das Kriterium für Wahrheit im kohärenten Sicheinfügen in den bereits vorhandenen Bestand von Sätzen. Eine Auszeichnung fundamentaler Prinzipien ist willkürlich (›Konventionalismus), aber denkökonomisch. Der Holismus geht davon aus, dass sich die Wahrheitsfrage für einzelne Aussagen überhaupt nicht sinnvoll stellen lässt. Nur ganze Theorien können wahr oder falsch sein.

Geschichte: Der Terminus ›E.‹ (ebenso wie ›Wissenschaftstheorie‹) taucht gegen Ende des 19. Jh. auf (z. B. bei E. DÜHRING). Einen Vorläufer kann man in der ›Wissenschaftslehre‹ J. G. FICHTES sehen. Der →Neukantianismus hat dann das Programm als einer nichtempir. Fundamentaldisziplin ausgebaut. Es wurde zentral für sein Selbstverständnis (E. CASSIRER, ›Das Erkenntnisproblem in der Philosophie und Wiss. der neueren Zeit‹, 4 Bde., 1906–57). Während CASSIRER an KANT und dessen transzendentale Methode anknüpfte, versuchte E. HUSSERL die kartes. Tradition fortzusetzen (›Cartesian. Meditationen‹, 1936). In den angelsächs. Ländern sind neben dem krit. Rationalismus (K. R. POPPER) und dem log. Empirismus (R. CARNAP), die beide das Unternehmen einer E. ablehnen, vom Pragmatismus ausgehende Bemühungen um eine Neubelebung der E. bedeutsam (N. GOODMAN, W. V. O. QUINE). Letztere werden in krit. Auseinandersetzung mit der Erlanger Schule in Dtl. wieder aufgegriffen (F. KAMBARTEL, J. MITTELSTRASS, KUNO LORENZ). G. PRAUSS versucht, den transzendentalen Ansatz fortzuführen. Umstritten ist die →evolutionäre Erkenntnistheorie, die das Erkenntnisproblem mit naturwiss. Vorstellungen lösen will.

H. COHEN: Werke, Bd. 6: Logik der reinen Erkenntnis ([2]1914, Nachdr. 1977); W. STEGMÜLLER: Probleme u. Resultate der Wissenschaftstheorie u. analyt. Philosophie, Bd. 4 (1973); E. HUSSERL: Cartesian. Meditationen (1987); Erkenntnis u. Sein, hg. v. B. WISSER, Bd. 1: Epistemologie (1978); W. LEINFELLNER: Einf. in die Erkenntnis- u. Wissenschaftstheorie ([3]1980); Neukantianismus. Texte der Marburger u. der Südwestdt. Schule, ihrer Vorläufer u. ihrer Kritiker, hg. v. H.-L. OLLIG (1982); P. LORENZEN: Lb. der konstruktiven Wissenschaftstheorie (1987); G. PRAUSS: Einf. in die E. ([3]1993); W. V. O. QUINE: Wort u. Gegenstand (a.d. Engl., Neudr. 1993); K. R. POPPER: Logik der Forschung ([10]1994); M. FOUCAULT: Die Ordnung der Dinge. Eine Archäologie der Humanwiss. (a.d. Frz., [13]1995).

Erkennungsdienst, Fachbereich kriminalpolizeil. Dienststellen, zu dessen Schwerpunktaufgaben u. a. die Identifizierung von Personen inklusive Personenfeststellungsverfahren (Anerkennung durch nahe Angehörige/Bekannte und die Beiziehung von Personenstandsurkunden) sowie Tatortuntersuchungen mit Spurensuche und -sicherung und deren Auswertung gehören. Der E. bedient sich techn. und wissenschaftlich fundierter Methoden (z. B. im Bereich der Personenbeschreibung, Daktyloskopie, Fotografie, Gesichtsrekonstruktion). Zur Identifizierung werden durch andere Fachdienststellen (Gerichtsmedizin/ Kriminaltechnik) z. B. auch Zahnschemata, Röntgenbilder und Stimmvergleichsverfahren herangezogen. Das Bundeskriminalamt (BKA) unterhält im Rahmen seiner Zentralstellenfunktion (§ 2 BKA-Gesetz) unter Beachtung der gesetzl. datenschutzrechtl. Bestimmungen in seinem Fachbereich ›Personenerkennung‹ eine zentrale Lichtbildsammlung und daktyloskop. Sammlungen. Diese Sammlungen bestehen aus Unterlagen über erkennungsdienstl. Behandlungen von Personen, welche dem BKA zur Erfassung zugeleitet werden. Rechtsgrundlage für die wahrzunehmenden Tätigkeiten des E. im Rahmen der Verbrechensbekämpfung sind insbesondere die §§ 81 b, 163 b StPO.

Erkennungsgrammatik, Analysegrammatik, Identifikationsgrammatik, *Sprachwissenschaft:* Verfahren, das einer linear geordneten Menge von sprachl. Elementen eine Beschreibung ihrer Struktur zuordnet, die jeweils von der untergeordneten zur übergeordneten Kategorie (dem durch das Symbol S bezeichneten ›Satz‹) fortschreitet und diese als wohlgeformten Satz einer bestimmten Sprache ›erkennt‹, z. B. die →Nominalphrase ›er‹ und die →Verbalphrase ›kommt‹ als Konstituenten des Satzes ›er kommt‹. Eine Ableitung in umgekehrter Richtung wird in der Erzeugungsgrammatik (→generative Grammatik) vorgenommen.

Erkennungsmarke, vom Soldaten an einer Kette um den Hals zu tragende zweiteilige, in der Mitte perforierte Metallmarke; auf beiden Teilen ist persönl. Daten zur Identifizierung des Trägers eingraviert. Auf der E. der Bundeswehrsoldaten sind die →Personenkennziffer und ›GE‹ (Germany) eingeprägt.

Erker, über ein oder mehrere Geschosse reichender Vorbau an der Fassade oder Ecke eines Gebäudes; er kragt (im Ggs. zur →Auslucht) meist frei vor oder ruht auf Konsolen, ist kastenförmig, vieleckig oder halbrund, seltener auf eine Säule oder einen Pfosten gestellt. In der islam. Baukunst und im mittelalterl. Befestigungsbau diente der E. zur Erweiterung der Sicht, seit der Spätgotik und der Renaissance im Wohnhaus zur besseren Belichtung der Räume und als künstler. Gliederungsmotiv der Fassade.

Erker

erklärende Psychologie, aus dem von W. DILTHEY postulierten Unterschied zw. erklärender und verstehender Vorgehensweise entstandener Begriff für diejenigen psycholog. Richtungen, die sich in ihrer Forschungsmethode an den Naturwiss.en orientieren. Die Bemühungen gehen dahin, gesetzmäßige Beziehungen zw. psych. Sachverhalten zu erklären und Prognosen bei theoret. und prakt. Fragen zu stellen. Die Unterscheidung DILTHEYS hat sich in der modernen Psychologie jedoch nicht durchgesetzt.

Erklärung, 1) *Philosophie:* Zurückführung einer Aussage, einer Tatsache oder eines ganzen Sachverhaltes auf andere Aussagen, Gesetze oder Theorien, deren Geltung vorausgesetzt wird (hypothet. E.). Für E. in den Erfahrungswiss.en entwickelten C. G. HEMPEL und P. OPPENHEIM das →Hempel-Oppenheim-Schema. Die Gründe angebende explizit man von der statist. E. zu unterscheiden, die bloße Wahrscheinlichkeitsaussagen liefert. W. DILTHEY stellte die erklärenden Naturwiss.en den verstehenden Geisteswiss.en (→Hermeneutik) gegenüber. In dieser Strenge wird die diltheysche Unterscheidung heute angezweifelt.

C. G. HEMPEL: Philosophie der Naturwiss. (a. d. Engl., ²1977).

2) *Politik:* eine öffentl., oft zugleich amtl. Bekundung von Grundsätzen, Programmen oder staatspolitisch bedeutsamen Entscheidungen, z. B. Regierungs-E., Unabhängigkeits-E., E. der Menschen- und Bürgerrechte.

Tage Erlander

Erkner, Industrie-Gem. im Landkreis Oder-Spree, Bbg., am SO-Rand von Berlin, 11 900 Ew.; Gerhart-

Hauptmann-Museum (im ehem. Wohnhaus des Dichters); chem. Industrie; S-Bahnverbindung nach Berlin.

Erkrankung, die →Krankheit.

Erkrath, Stadt im Kr. Mettmann, NRW, an der Düssel, östlich von Düsseldorf, 45–162 m ü. M., 50 000 Ew.; Maschinen-, Papier- und Edelstahlindustrie, Fahrzeugbau; nahebei das →Neandertal. – Die Pfarrkirche ist eine dreischiffige Pfeilerbasilika (2. Hälfte des 12. Jh.). – 1148 erstmals gen., kam E. 1815 an Preußen. Seit 1966 ist E. Stadt.

Erl, Gem. im Bez. Kufstein, Tirol, Österreich, 1 350 Ew.; Passionsspiele seit 1610 (zurzeit alle sechs Jahre); Fremdenverkehr. – Die Pfarrkirche St. Andreas ist 788 erwähnt (Neubau 1681/82 und 1810–28); Passionsspielhaus (1959) von ROBERT SCHULLER (* 1929, † 1990).

Erlach, frz. **Cerlier** [sɛrlˈje], **1)** Bezirksort im Kt. Bern, Schweiz, am S-Ende des Bieler Sees, 1 100 Ew. – Das Schloss, u. a. mit spätgot. und barocker Bausubstanz, ist heute Internat; mehrfach (u. a. 15. Jh.) umgebaute Pfarrkirche St. Ulrich (Turm um 1210–30, Predigtsaal 1678–89); in der Hauptgasse Häuser mit Laubengängen. – Die um das Schloss E. (Ende des 11. Jh. gegr.) der Grafen von Fenis erwachsene Siedlung, im 12. Jh. mit dem Schloss in den Besitz der Grafen von Neuenburg kam, erhielt 1266 Stadtrecht. 1476 fiel E. an Bern und war bis 1798 bern. Landvogtei.

2) Bez. im Kt. Bern, Schweiz, 85 km², 9 700 Ew., Hauptort ist Erlach.

Erlach, schweizer. Uradelsgeschlecht, das 1196 erstmals urkundlich erscheint. Die Ministerialen der Grafen von Neuenburg erwarben 1270 Berner Bürgerrecht. 1300–1798 sowie 1813–31 saßen die E. im Großen Rat der Stadt Bern. – Bedeutende Vertreter: **1)** Hieronymus Reichsgraf von (seit 1712), Heerführer und Staatsmann, * Riggisberg (Kt. Bern) 1667, † Hindelbank (Kt. Bern) 28. 2. 1748; stieg während des Span. Erbfolgekrieges 1701–13/14 im österr. Heer bis zum Generalfeldmarschallleutnant auf. Seit 1715 Mitgl. des Kleinen Rats der Stadt Bern, ließ er als Schultheiß (1732–47) bedeutende Prachtbauten errichten.

2) Johann Ludwig von, Heerführer, * Bern 30. 10. 1595, † Breisach am Rhein 26. 1. 1650; nahm an zahlr. Feldzügen des Dreißigjährigen Krieges (1618–48) teil. Mit den dort gewonnenen Erfahrungen setzte er ab 1627/29 (Mitgl. des Berner Rates) eine Verbesserung des bern. Defensionalwesens durch. 1637 trat er in die Dienste Herzog BERNHARDS von Sachsen-Weimar, der ihn zum Generalmajor und wenig später zum Oberbefehlshaber der Festung Breisach ernannte. E. behielt diese Stellung auch nach dem Tod des Herzogs (1639) beim Übertritt der Armee in frz. Dienste. Er entschied die Schlacht bei Lens (30. 7. 1648) und wurde Nachfolger von H. Vicomte DE TURENNE.

3) Karl Ludwig von, Heerführer, * Bern 1746, † Oberwichtrach (Kt. Bern) 5. 3. 1798; stand zunächst in frz. Diensten, übernahm 1798 den Oberbefehl über die bern. Truppen. An der Spitze des bern. Heeres unterlag er im gegen die in die Schweiz einbrechenden frz. Truppen in den Gefechten bei Fraubrunnen und im Grauholz. Auf der Flucht wurde er von aufgewiegelten Soldaten als Verräter beschuldigt und erschlagen.

Erlag, österr. Bezeichnung für versch., in der Exekutionsordnung geregelte Formen der →Hinterlegung.

Erlander, Tage, schwed. Politiker, * Ransäter (Gem. Munkfors, Verw.-Bez. Värmland) 13. 6. 1901, † Stockholm 21. 6. 1985; gehörte seit 1933 als Mitgl. der Sozialdemokrat. Arbeiterpartei dem Reichstag an. 1945/46 war er Erziehungs-Min., 1946–69 Min.-Präs. und Vors. seiner Partei. Innenpolitisch setzte er die soziale Reformpolitik seines Vorgängers P. A. HANSSON fort und führte Schweden in Richtung eines

Wohlfahrtsstaates. Außenpolitisch hielt er an der Neutralität und Bündnisfreiheit Schwedens fest.

Erlangen, kreisfreie Stadt und Verw.-Sitz des Landkreises Erlangen-Höchstadt, Bayern, 101 450 Ew., Universitäts- und Industriestadt (Teil des Verdichtungsraumes Nürnberg-Erlangen-Fürth). Den Kern der Stadt bildet die kleine mittelalterl. Altstadt, 280 m ü. M., auf breiter, sandiger Terrasse an der Mündung der Schwabach in die Regnitz, gegenüber der Sandsteinhöhe des Burgberges und der darüber aufsteigenden Albvorlandstufe; südlich davon liegt die Neustadt des 18. Jh. Neben starker baul. Erweiterung wuchs E. 1923–72 durch Eingemeindungen. – Landesanstalt für Bienenzucht (Imkerei bereits 1002 erwähnt); Stadtmuseum, Universitätssammlungen, Gemäldegalerie im Palais Stutterheim, Theater. Der Friedrich-Alexander-Univ. E.-Nürnberg (1743 in Bayreuth gegr., im selben Jahr nach E. verlegt) wurde 1961 die Hochschule für Wirtschafts- und Sozialwiss.en, 1972 die PH in Nürnberg eingegliedert. – Führende Industriezweige sind die Elektroindustrie und der Maschinenbau; am Main-Donau-Kanal ist seit 1970 der Hafen E. in Betrieb.

Stadtbild: Die barocke Neustadt wurde mit rechtwinkligem Straßennetz angelegt. In ihr befinden sich das Schloss (1700–04; 1814 ausgebrannt, 1821/25 wiederhergestellt) und der Schlossgarten (Orangerie, Hugenottenbrunnen, beide 1705/06) sowie das Markgrafentheater (1715–18, 1743/44 umgestaltet). Mehrere Barockkirchen (u. a. Neustädter Universitätskirche, 1737 geweiht; Altstädter Dreifaltigkeitskirche, 1706 bis 1721; Ev. Pfarrkirche, 1693 geweiht; Christuskirche, 1728–34); Rathaus (1728–30), ehem. Ritterakademie (1700, seit 1743 Univ.). Nördlich der Stadt das ›Kanalmonument‹ (1846) von L. SCHWANTHALER. Baudenkmäler des 19. Jh. sind das Bahnhofsgebäude (1843/44) und der Eisenbahntunnel (1841–44).

Geschichte: Das Dorf E., 1002 erstmals erwähnt, gehörte seit 1017 zum Hochstift Bamberg. 1361 wurde es von Kaiser KARL IV. erworben, der die heutige Altstadt erbauen ließ. 1398 wurde E. Stadt und kam 1402 an die Burggrafen von Nürnberg und damit in der Folge unter kulmbach. (bayreuth.) Herrschaft. 1686 gründete Markgraf CHRISTIAN ERNST für hugenott. Flüchtlinge die Neustadt (1701–1812 ›Christian Erlang‹ gen.). Nach dem Brand der Altstadt (1706) wurden beide Städte vereinigt. 1791 kam E. an Preußen, 1806 unter frz. Verw., 1810 an Bayern.

Erlangen-Höchstadt, Landkreis im Reg.-Bez. Mittelfranken, Bayern, 565 km², 123 100 Ew.; Verw.-Sitz ist Erlangen. Der Kreis liegt im N des Mittelfränk. Beckens, nördlich von Nürnberg, zw. Steigerwald im W und Nordteil der Fränk. Alb im O; er umschließt die kreisfreie Stadt Erlangen und wird durch die Regnitz und den Main-Donau-Kanal geteilt (an der Regnitz befinden sich die letzten jahrhundertealten Wasserschöpfräder Europas). Im W fließt die Aisch durch den Landkreis (Aischgrund); neben zahlr. Fischteichen (›Aischgrunder Spiegelkarpfen‹) gibt es zw. Aisch und Regnitz noch größere Kiefernwälder, auf Sandböden werden Roggen und Kartoffeln angebaut. Im O des Kreises, im Vorland der Fränk. Alb, werden auf Lehmböden v. a. Zuckerrüben und Obst angebaut, im SO grenzt E.-Höchstadt an den Sebalder Reichswald. In unmittelbarer Nachbarschaft des Wirtschaftsraums Nürnberg-Erlangen-Fürth gelegen, ist auch E.-Höchstadt stark industrialisiert, mit Schwerpunkten in den Städten Herzogenaurach (Sportartikel), Höchstadt a. d. Aisch (Schuhfabriken), Baiersdorf; wichtigste Industriezweige sind die Baustoff-, Kunststoff-, Holz-, Textil- und Papier verarbeitende Industrie; außerdem Musikinstrumentenherstellung und Nahrungsmittelindustrie (Meerrettichverarbeitung).

Erlanger [ˈəːlæŋə], Joseph, amerikan. Neurophysiologe, *San Francisco (Calif.) 5. 1. 1874, †Saint Louis (Mo.) 5. 12. 1965; 1906–10 Prof. in Wisconsin, danach in Washington; erforschte mit H. S. GASSER unter Verwendung des Kathodenstrahloszillographen elektrophysiolog. Vorgänge im Nervensystem und erhielt für die Entdeckung hoch differenzierter Funktionen einzelner Nervenfasern 1944 (mit GASSER) den Nobelpreis für Physiologie oder Medizin.

Erlanger Programm, Bez. für die in einem Vortrag von F. KLEIN 1872 in Erlangen (›Vergleichende Betrachtungen über neuere geometr. Forschungen‹) entwickelte Auffassung, nach der jede Geometrie die Invariantentheorie einer Transformationsgruppe ist. Die Bedeutung des E. P. bestand darin, dass die verschiedenen, bis dahin lose nebeneinander stehenden Geometrien in einen geordneten Zusammenhang gebracht wurden. Bei den →Riemann-Geometrien fand man Beispiele für Geometrien, die sich nicht in das E. P. einfügen lassen.

Erlanger Schule, 1) *Philosophie:* Bez. für den in Erlangen entwickelten Neuansatz method. Philosophierens, eine Richtung des →Konstruktivismus (→Wissenschaftstheorie).
2) *Theologie:* in der 1. Hälfte des 19. Jh. von der theolog. Fakultät Erlangen ausgehende und in der Erweckungsbewegung wurzelnde theolog. Richtung eines streng konfessionellen Luthertums. Die E. S. knüpfte an das theolog. Erbe der luther. Orthodoxie an und gewann großen Einfluss auf die ev. Universitätstheologie in Dtl. Hauptvertreter waren ADOLPH GOTTLIEB CHRISTOPH VON HARLESS (*1806, †1879), JOHANN CHRISTIAN KONRAD VON HOFMANN (*1810, †1877), FRANZ HERMANN REINHOLD FRANK (*1827, †1894) und GOTTFRIED THOMASIUS (*1802, †1875). Im 20. Jh. führten v. a. P. ALTHAUS und W. ELERT in Erlangen die Tradition einer dezidiert luther. Theologie fort.

Erlass, *Recht:* 1) *Zivilrecht:* das Erlöschen eines Schuldverhältnisses durch grundsätzlich formlosen Vertrag zw. Gläubiger und Schuldner (E.-Vertrag, § 397 BGB). Der einseitige Verzicht des Gläubigers allein bewirkt nicht das Erlöschen der Schuld. Die gleiche Wirkung wie der E.-Vertrag hat das vertragl. Anerkenntnis des Gläubigers, dass ein Schuldverhältnis nicht besteht (negatives Schuldanerkenntnis).
2) *Staats-* und *Verwaltungsrecht:* im monarch. Staat der rechtsetzende oder administrative Akt des Landesherrn (Allerhöchster E.); im parlamentarisch-demokrat. Staat Verwaltungsanordnungen der obersten

Erlangen
Stadtwappen

Joseph Erlanger

Erlangen: Innenraum des Markgrafentheaters, von Giovanni Paolo Gaspari 1743/44 neu ausgestaltet

Erlau: Der dreischiffige, von einem breiten Querschiff in zwei Hälften geteilte klassizistische Dom von József Hild; 1831 ff.

Verwaltungsbehörden (Ministerial-E.), die nur verwaltungsinterne Verbindlichkeit besitzen. Sie sind entweder Anweisungen gegenüber nachgeordneten Behörden zur Regelung eines Einzelfalls oder allgemeine Schriften zur Sicherstellung einer gleichmäßigen Verwaltungspraxis (Rund-E., Richtlinie).

Erlassjahr, das →Jobeljahr.

Erlau, ungar. **Eger,** Hauptstadt des Bez. Heves, N-Ungarn, zw. Matra- und Bükkgebirge, 63 800 Ew.; Kultur- und Wirtschaftszentrum; kath. Erzbischofssitz; Pädagog. Hochschule; Burghistor. Museum; elektrotechn., Möbel-, Tabakindustrie; Heilbad; in der Umgebung Weinbau (›Erlauer Stierblut‹). – Ein zw. 1596 und 1687 entstandenes 35 m hohes Minarett ist erhalten. Die ehem. Minoritenkirche (1758–73, vielleicht nach Entwurf von K. I. DIENTZENHOFER) gehört zu den schönsten barocken Sakralbauten Ungarns; Jesuitenkirche (1714–40); Bischofspalast (1758); Kathedrale (1831–46, an der Stelle einer mittelalterl. Kirche); ehem. Univ. (1762–79) mit Deckengemälden von J. L. KRACKER und F. SIGRIST. – Das Bistum E. wurde wohl um 1009 von König STEPHAN I. (als eines von zehn Bistümern) gegründet; schwere Zerstörungen in den Hussitenkriegen (1442) und im Bauernaufstand (1514) G. DÓZSAS. Nach erfolgreichem Widerstand gegen den osman. Angriff 1552 war die Stadt 1596–1687 von den Osmanen besetzt; seit 1804 Erzbistum.

Erle: Zweige der Schwarzerle mit männlichen (gelblichen) und weiblichen (rötlichen) Kätzchen sowie vorjährigen Fruchtständen (oben) und diesjährigen Fruchtständen (unten)

Erlaubnis, öffentl. Recht: ein i. d. R. von einem Antrag abhängiger begünstigender Verwaltungsakt, mit dem ein bestimmtes, erlaubnispflichtiges Verhalten (z. B. Bauen, Betreiben eines Gewerbes oder einer Anlage) genehmigt wird. Die E.-Pflicht soll gewährleisten, dass nur mit einer grundsätzlich erlaubten Tätigkeit erst begonnen wird, wenn die Gesetzmäßigkeit des Vorhabens in einem geordneten Verfahren geprüft und festgestellt ist, um die typischerweise mit der Tätigkeit für die Allgemeinheit verbundenen Gefahren zu vermeiden (präventives **Verbot mit E.-Vorbehalt**). Bei der **gebundenen E.** muss die Behörde bei Vorliegen bestimmter gesetzl. Voraussetzungen die E. erteilen bzw. versagen. Bei der **freien E.** hat der Antragsteller nur einen Anspruch auf ermessensfehlerfreie Entscheidung (→Ermessen). Die E. ist von Verleihungen und Konzessionen zu unterscheiden. Soweit das Gesetz es vorsieht, kann die E. mit Auflagen, Bedingungen oder Befristungen versehen werden.

Erlaucht [mhd. erliuht ›erleuchtet‹, nach lat. illustris], im Heiligen Röm. Reich (bis 1806) der Titel der regierenden Reichsgrafen; im Dt. Bund durch Bundesbeschluss 1829 den Häuptern der mediatisierten gräfl. Häuser zuerkannt; konnte auch von jedem Landesherrn verliehen werden.

Erlauf die, rechter Nebenfluss der Donau in Niederösterreich, 67 km lang, entspringt am Zellerrain bei Mariazell und durchfließt den **Erlaufsee** (827 m ü. M.; Fremdenverkehr). Nach dem Aufstau im E.-Stausee durchfließt sie das Engtal der Tormäuer (Naturpark Ötscher-Tormäuer); mündet bei Pöchlarn.

Erle, Eller, Alnus, Gattung der Birkengewächse mit rd. 30 Arten bes. in der nördl. gemäßigten Zone; einhäusige Sträucher oder Bäume mit eingeschlechtigen Blüten in Kätzchen (Windbestäubung). Charakteristisch sind die kleinen, zapfenähnl. Fruchtstände. Die Früchte sind schmal geflügelte Nussfrüchtchen. An den Wurzeln finden sich aufgrund der Symbiose mit dem Luftstickstoff bindenden Strahlenpilz Actinomyces alni Wurzelknöllchen; deshalb werden E. auch als Bodenverbesserer angepflanzt. Die über fast ganz Europa verbreitete **Schwarz-E.** (**Rot-E.,** Alnus glutinosa) ist ein bis 25 m hoher Baum mit schwach gezähnten, an der Spitze stumpfen oder ausgerandeten Blättern. Sie ist lichtbedürftig, verlangt hohe Luft- und Bodenfeuchtigkeit und findet sich an Flüssen und Bächen (auch auf Flachmooren, **E.-Brüche**). Die Schwarz-E. bildet einen durchgehenden Stamm und schlägt reichlich vom Stock aus. Die Rinde ist schwarzbraun (Tafelborke). Das leichte, weiche, blass rötlich gelbe Holz, dessen Hirnflächen nach dem Fällen mohrrübenrot sind, wird als Schälholz sowie im Möbel- und Modellbau und für Drechsler- und Schnitzwaren verwendet und dient zum Räuchern. Die **Grau-E.** (**Europäische Weiß-E.,** Alnus incana) ist ein bis 20 m hoher Baum; die Blätter sind doppelt gesägt und unterseits grau behaart. Sie bevorzugt Kalkböden, wird daher im Gebirge zu Ödlandaufforstungen benutzt. Die Rinde ist silber- oder aschgrau, ohne Borkenbildung. Das Holz ist heller als das der Schwarz-E. Die **Grün-E.** (**Alpen-E., Berg-E.,** Alnus viridis) wächst in den Hoch- und Mittelgebirgen Mitteleuropas sowie in der nördl. gemäßigten Zone Asiens und Amerikas und gehört mit der Bergkiefer zur Knieholzregion (daher auch **Laublatsche**). Sie ist ein 1–4 m hoher Strauch mit niederliegenden Stämmen und spitzen, doppelt gesägten, beiderseits grünen Blättern. Wichtig ist die Grün-E. für die Aufforstung kahler Hochgebirgsflächen als Vorwaldholzart.

Erleben, der im Bewusstsein ablaufende, unmittelbare und unreflektierte Vorgang, in dem Ich und Welt, Subjekt und Objekt ungeschieden in der ›Erlebniswirklichkeit‹ gegenwärtig sind. Inhalt und Vollzug des E. lassen sich erst im Nachhinein begrifflich trennen. Das E. liefert die Grundbestandteile des Bewusstseins; diese verschmelzen in der Dimension der Zeit zum einheitl. Bewusstseinsstrom und werden so konstitutiv für das Ich.

Erlebensfallversicherung, Form der →Lebensversicherung.

Erlebnis, der Inhalt des →Erlebens; i. e. S. jedes beeindruckende Geschehen.

Erlebnisdichtung, Dichtung, in der v. a. persönliche Erlebnisse des Dichters verarbeitet werden. Sie unterscheidet sich von der Dichtung, die v. a. bestimmte Form- und Gehaltstraditionen fortbildet, wie z. B. überwiegend die mittelalterl. Dichtung, die Dichtung von Renaissance und Barock, aber auch die →Anakreontik. E. entwickelte sich, von Ausnahmen abgesehen (z. B. J. C. GÜNTHER), wesentlich erst im 18. Jh. (→Bekenntnisdichtung)

Erlebnisgesellschaft, Soziologie: sozialwiss., analyt. und gesellschaftstheoret. Begriff, der – durch die gleichnamige Studie des Bamberger Soziologen GERHARD SCHULZE (* 1944) – auch in den allgemeinen Sprachgebrauch gelangt ist. SCHULZE hebt mit dem Begriff der E. darauf ab, dass sich die soziale Stellung der Menschen im Zusammenhang mit wachsenden Konsum- und Freizeitmöglichkeiten und einem auch in breiteren Schichten angestiegenen Bildungsniveau sowie durch veränderte und erweiterte Möglichkeiten der Mediennutzung nicht mehr allein nach überwiegend objektiven Maßstäben (Einkommen, Besitz, Bildung) bestimmen lasse. Vielmehr trete mit der Orientierung an Erlebnissen ein v. a. subjektiv bestimmter Faktor hinzu, der den Einzelnen die Chance einräume, aber auch das Risiko auferlege, in der eigenen Sinnorientierung den eigenen gesellschaftl. Ort zu bestimmen bzw. sich durch die Orientierung an entsprechenden Gruppen in jeweiligen Milieus und Verhaltensmustern auszudrücken. Dabei lassen sich je nach geäußerten Präferenzen und Lebensstilen fünf unterschiedl. Erlebnismuster (Gruppenorientierungen), nämlich Niveau-, Integrations-, Harmonie-, Unterhaltungs- und Selbstverwirklichungsmilieu, unterscheiden, die ihrerseits wieder auf drei verschiedene Schemata, Hochkultur-, Trivial- und Spannungsschema, bezogen werden können. Umstritten ist, wieweit sich in diesen eher subjektiv und ästhetisch bestimmten Gruppierungen der E. herkömml. Schichtenstrukturen wieder finden lassen und in welchem Maße den neuen Erlebnisgruppierungen andere Strukturmerkmale zugeordnet werden können.

Soziale Milieus im gesellschaftl. Strukturwandel. Zw. Integration u. Ausgrenzung, Beitrr. v. M. VESTER u. a. (1993); Die Kehrseite der ›E.‹. Eine explorative Studie, Beitrr. v. P. ALHEIT u. a. (²1994); GERHARD SCHULZE: Die E. Kultursoziologie der Gegenwart (⁶1996).

erlebte Rede, frz. **Style indirect libre** [ˈstil ɛ̃diˈrɛkt ˈlibr], episches Stilmittel; die e. R. steht zw. der direkten und indirekten Rede, zw. Rede und Bericht: Gedanken einer bestimmten Person werden statt in direkter Rede oder im Konjunktiv der indirekten Rede im Indikativ und meist im Präteritum ausgedrückt oder als Zitat einer anderen Person in den Mund gelegt. Die e. R. gilt nach KÄTHE HAMBURGER als kunstvollstes Mittel der Fiktionalisierung der epischen Berichtform. – Die e. R. findet sich in versch. Formen schon in der antiken und mittelalterl. Literatur; sie wird jedoch erst in moderner Erzählprosa (G. FLAUBERT u. a.) als Stilmittel objektiv-unpersönl. Erzählens verwendet. (→innerer Monolog, →Stream of Consciousness)

M. LIPS: Le style indirect libre (Paris 1926); F. K. STANZEL, in: Dt. Vjschr. für Literaturwiss. u. Geistesgesch., Jg. 33 (1959); K. HAMBURGER: Die Logik der Dichtung (Neuausg. 1980).

Erledigung der Hauptsache, *Prozessrecht:* Ist während eines Prozesses die einmal zulässige und begründete Klage der Sache nach gegenstandslos geworden, etwa weil der Beklagte die geforderte Leistung erbracht hat oder der angefochtene Verwaltungsakt zurückgenommen wurde, und erklärt daraufhin der Kläger, dass die Hauptsache erledigt sei, so stellt das Gericht, wenn der Beklagte auf Klageabweisung besteht, ohne Sachentscheidung durch Erledigungsurteil die Prozessbeendigung fest und legt dem Beklagten die Prozesskosten auf. Erklären beide Parteien die Hauptsache für erledigt, so ist damit der Rechtsstreit zur Hauptsache beendet, ohne dass nachgeprüft wird, ob die Klage einmal zulässig und begründet war und die Zulässigkeit oder Begründetheit nachträglich weggefallen ist. Das Gericht entscheidet nur noch über die Kosten nach billigem Ermessen und unter Berücksichtigung des bisherigen Sach- und Streitstandes.

Erlembald, ital. **Erlembaldo,** ital. Ritter, † (gefallen im Straßenkampf) Mailand 28. 6. 1075; aus höchstem Mailänder Stadtadel, Bruder des LANDOLF († 1057), des Mitbegründers der religiös-sozialen Aufstandsbewegung der →Pataria, seit 1063/64 deren militär. Führer und Kampfgefährte des hl. ARIALD, nach dessen Tod (1066) er an die Spitze der Erhebung gegen den Mailänder Erzbischof GUIDO (WIDO, † 1071) trat. – Heiliger (Tag: 27. 6.).

Erlenbach, Name von geographischen Objekten:
1) **Erlenbach,** Gem. im Bez. Meilen, Kt. Zürich, Schweiz, 412 m ü. M., am rechten Ufer des Zürichsees, 4300 Ew.; Villenvorort von Zürich.

2) **Erlenbach a. Main,** Stadt im Landkreis Miltenberg, Bayern, 129 m ü. M., im Maintal zw. Odenwald und Spessart, 9100 Ew.; Weinbau; Schiffswerft, Chemiefaserfabrik, Textilindustrie. – Die aus einem röm. Kastell hervorgegangene Siedlung E. erhielt 1183 Marktrecht, 1970 Stadtrecht.

3) **Erlenbach im Simmental,** Hauptort des Bez. Niedersimmental im Kt. Bern, Schweiz, 1700 Ew.; Viehmärkte; Schwebebahn auf das Stockhorn (2190 m ü. M.). – Gut erhaltenes Dorfbild mit Holzhäusern (seit dem Brand von 1765). Der Bau der Pfarrkirche geht auf eine Erweiterung einer frühmittelalterl. Kirche im 11. Jh. zurück. Der Kirchenraum wurde im 15. Jh. mit Bilderzyklen ausgemalt, 1420–30 vom ›Meister von E.‹, einem Vertreter des weichen Stils.

Erlenbach 3): Dorfstraße mit Holzhäusern

Erlenbruch, →Erle.

Erlenmeyer, Richard August Carl Emil, Chemiker, * Wehen (heute zu Taunusstein) 28. 6. 1825, † Aschaffenburg 22. 1. 1909; war 1863–67 Prof. in Heidelberg, 1868–83 in München. E. trug wesentlich zur Verbreitung der Atomtheorie und der avogadroschen Hypothese bei; er arbeitete über die Struktur organ. Verbindungen und definierte 1862 als Erster die Doppel- und die Dreifachbindung. In die Labortechnik führte er den **E.-Kolben** ein, einen kegelförmigen oder bauchigen Glaskolben mit flachem Boden zum Erhitzen von Flüssigkeiten.

Erlenzeisig, ein Singvogel, →Zeisige.

Erler, 1) Erich, gen. **E.-Samaden,** Maler und Grafiker, * Frankenstein in Schlesien 16. 12. 1870, † Icking (Kr. Bad Tölz-Wolfratshausen) 19. 6. 1946, Bruder von 2); Mitglied der Künstlergemeinschaft ›Scholle‹, Mitbegründer und Illustrator der Zeitschrift ›Jugend‹. E. malte neoimpressionist. Alpenlandschaften, ab 1915 auch Soldaten- und Kriegsbilder.

2) Fritz, Maler und Grafiker, * Frankenstein in Schlesien 15. 12. 1868, † München 11. 7. 1940, Bruder von 1); Mitbegründer der Künstlergemeinschaft ›Scholle‹, Mitbegründer und Illustrator der Zeitschrift ›Jugend‹. E. schuf große, dekorative Gemälde

Emil Erlenmeyer: Erlenmeyerkolben mit Stopfenbett

Fritz Erler
(1913–1967)

religiösen und mytholog. Inhalts, daneben Buchschmuck, Innenausstattungen und Wandgemälde. Zur Zeit des Nationalsozialismus war er bes. erfolgreich mit allegor. Darstellungen und Porträts.

3) Fritz, Politiker, * Berlin 14. 7. 1913, † Pforzheim 22. 2. 1967; Beamter, ab 1933 als NS-Gegner im Untergrund für die SPD tätig, 1939–45 in Haft, gewann nach 1945 eine führende Stellung in der SPD; so war er 1946–49 MdL von Württemberg-Hohenzollern, ab 1949 MdB. Als außen-, bes. jedoch als wehrpolit. Sprecher seiner Partei wandelte er sich vom entschiedenen Gegner der Wiederbewaffnung Dtl.s zu einem konsequenten Befürworter einer aktiven Verteidigungspolitik im Rahmen der NATO. Innenpolitisch hatte E. maßgeblich Anteil an der Formulierung und innerparteil. Durchsetzung des Godesberger Programms der SPD (1959). 1964 wurde er stellv. Vorsitzender der SPD und Vors. ihrer Fraktion im Bundestag; bejahte 1966 die Bildung einer ›großen Koalition‹ der SPD mit der CDU/CSU.

Werke: Sozialismus als Gegenwartsaufgabe (1947); Politik für Dtl., hg. v. W. GAEBLER (1968).

H. SOELL: F. E., 2 Bde. (1976); C. SCHROETER: F. E. (1992).

Erleuchtung, lat. **Illuminatio,** das plötzl. Erkennen und Erfassen einer bis dahin verborgenen ›Wahrheit‹; wird als eine existenziell erfahrene Erkenntnis beschrieben, in der sich das wahre Wesen der Wirklichkeit jenseits der Spaltung in Subjekt und Objekt erschließt (häufig als blitzartige Schau des Göttlichen; unmittelbares Aufleuchten, Licht). E. wird in der Philosophie in ähnl. Bedeutung verwendet wie plötzl. (intuitive) Einsicht in eine unbezweifelbare Wahrheit, so bei PLATON, ARISTOTELES und AUGUSTINUS, der E. als ein notwendiges Mittel zur Erkenntnis bes. Gottes bezeichnete (→Illuminationstheorie). In den Religionen kann E. Teil eines Erkenntnis- und Heilsweges sein: In der Mystik ist E. die zweite (mittlere) Stufe (›via illuminativa‹) des myst. Weges zur Gotteserkenntnis (›unio mystica‹). Der Begriff der E. entstammt dem A. T., wo Gott, sein Gesetz, die Predigt der Propheten ›Licht‹ genannt werden. Im N. T. (z. B. Joh. 1,9) erscheint JESUS als ›das Licht‹ der Welt. Seit dem christl. Philosophen JUSTINUS MARTYR (* um 100, † 165) wird die Taufe der Katechumenen (die als zu Erleuchtende gelten) als E. bezeichnet. Im Buddhismus gewann BUDDHA (der ›Erleuchtete‹) durch E. (Sanskrit Bodhi) die Erkenntnis des Heils und damit den Weg zur Erlösung. Im Zen-Buddhismus soll durch Meditation E. (jap. Satori) und damit die Leere als das wahre Wesen der Dinge erfahren werden.

Erlkönig, ein durch J. G. HERDERS missverständl. Übersetzung des dän. ›ellerkonge‹ (Elfenkönig) in die dt. Dichtung gelangtes Wort. GOETHES Ballade (vertont von F. SCHUBERT und C. LOEWE) hat den E. zur volkstüml. Sagengestalt gemacht. Der frz. Autor M. TOURNIER transponierte die Gestalt in seinem Roman ›Le roi des aulnes‹ (1970) ins 20. Jahrhundert.

Erlös, barer oder unbarer Gegenwert (→Einnahmen) aus Verkauf, Vermietung und Verpachtung von Gütern oder Dienstleistungen, i. w. S. jedes Entgelt für Lieferungen und Leistungen an Dritte (→Umsatz im Sinne des Umsatzsteuerrechts). In der betriebl. Erfolgsrechnung werden als E. nur die Umsätze ausgewiesen, die aus dem eigentl. Betriebszweck resultieren (Umsatzerlöse). →Ertrag.

Erlöser, →Heiland.

Erlöserorden, griech. Orden (fünf Klassen), urspr. 1829 von der griech. Nationalsammlung zur Belohnung für Verdienste während des Befreiungskrieges gegen die Türken gestiftet, verliehen jedoch erst nach der offiziellen Erteilung des Namens **Tagma tu Soteros** und der Festsetzung der Statuten durch König OTTO 1834.

Erlösung, lat. **Redemptio,** *Religionswissenschaft:* die Befreiung von religiös als Übel angesehenen Umständen oder Zuständen der Gemeinschaft oder des einzelnen Menschen. – Die frühen Volksreligionen kennen keine E. des Einzelnen, wohl eine E. des Volkes – so etwa in Israel, das den Messias als Erlöser des Volkes von der Fremdherrschaft erwartete. In den Universalreligionen dagegen findet der Einzelne sich in einem Zustand existenziellen Unheils, aus dem er erlöst zu werden wünscht. Den myst. Religionen des Brahmanismus, Buddhismus, Hinduismus, den hellenist. Mysterienreligionen sowie den gnost. Religionsformen geht es daher – bei aller Verschiedenheit – darum, den Menschen aus seiner existenziellen Gebundenheit an die körperliche, individuelle, vergängliche und bisweilen geradezu als irreal angesehene Welt zu befreien und zum Aufgehen in einer überpersönl. heiligen Wirklichkeit oder zur Einheit mit Heilsgottheiten zu führen. Die prophet. Religionen des Christentums und des Islams sehen dagegen das Unheil in einer vom persönl. Gott abgewandten Selbstbehauptung. E. geschieht im Islam durch gesetzmäßiges Handeln und das Erbarmen Allahs, im Christentum durch das Heilswerk CHRISTI und den Glauben.

In der *christlichen Theologie* ist E. die Errettung der Welt von der →Sünde durch JESUS CHRISTUS (Matth. 1, 21; Joh. 3, 17). JESUS ist ›um unseres Heils willen‹ Mensch geworden (Nicänisches Glaubensbekenntnis) und hat durch seinen Opfertod am Kreuz die Menschen aus der Verstrickung in die Sünde Adams (→Erbsünde) erlöst; die E. wurde durch seine Auferstehung und seine Himmelfahrt vollendet. Diese objektive E. muss dem Menschen durch die →Rechtfertigung (subjektive E.) zugewendet werden; aus eigener Kraft kann er sich von der Sünde nicht freimachen.

H. KESSLER: E. als Befreiung (1972); E. in Christentum u. Buddhismus, hg. v. A. BSTEH (1982); T. PRÖPPER: E.-Glaube u. Freiheitsgesch. (1985); Was ist E.? Die Antwort der Weltreligionen, hg. v. A. T. KHOURY u. P. HÜNERMANN (1985); R. SCHWAGER: Der wunderbare Tausch. Zur Gesch. u. Deutung der E.-Lehre (1986).

Erlösung, mittelhochdt. Bibelepos (etwa 7 000 Verse) eines anonymen geistl. Autors vom Anfang des 14. Jh., das die Heilsgeschichte (von der Schöpfung bis zum Jüngsten Gericht) mit den Mitteln der höf. Dichtung erzählt. Bes. der ›Streit der Töchter Gottes‹ (Tugenden) ist rhetorisch eindrucksvoll. Das Verhältnis der E. zum geistl. Drama ist umstritten.

Ausgabe: Die E. Eine geistl. Dichtung des 14. Jh., hg. v. F. MAURER (1934, Nachdr. 1964).

Erlung, E. von Würzburg, mittellat. Schriftsteller, * in Ostfranken um 1045/50, † Würzburg 30. 12. 1121; wurde in Bamberg zum Kleriker ausgebildet, kam früh an den Kaiserhof. 1103 wurde er Kanzler HEINRICHS IV. und 1105 Bischof von Würzburg und nahm am Romzug HEINRICHS V. 1110 sowie an der Beisetzung von dessen Vater im Dom zu Speyer teil (7. 8. 1111). E. gilt als Verfasser von zwei anonymen Werken, dem ›Carmen de bello Saxonico‹ (nach 1075) und der original erhaltenen ›Vita Heinrici IV.‹ (1106), in denen er des Kaisers Sieg über die Sachsen besingt und dessen Lebensschicksal einfühlsam beschreibt.

Ermächtigung, *bürgerl. Recht:* die nicht kodifizierte, jedoch aus § 185 BGB abgeleitete und weitgehend anerkannte Erteilung der Befugnis, im eigenen Namen über ein fremdes Recht zu verfügen. Sie unterscheidet sich von der →Vollmacht (Stellvertretung) dadurch, dass der Ermächtigte nicht im fremden, sondern im eigenen Namen handelt. Wichtigster Fall einer E. ist die **Einzugs-E.** – Im *öffentl. Recht* wird unter E. die gesetzl. Grundlage zum Erlass von Rechtsverordnungen (Art. 80 GG) verstanden.

Ermächtigungsgesetz, ein Gesetz, durch das das Parlament eine Staatsstelle, meist die Reg., ermächtigt, an seiner Stelle Gesetze oder Verordnungen mit Gesetzeskraft (gesetzvertretende Verordnungen) zu erlassen. E. sind meist zeitlich und sachlich begrenzt; sie durchbrechen den Grundsatz der Gewaltenteilung und werden bes. in Kriegs- und Notzeiten erlassen, so in Dtl. das E. vom 4. 8. 1914, den Bundesrat zum Erlass kriegswirtschaftlich notwendiger Verordnungen bevollmächtigte, in der Weimarer Republik die E. für den Zweck der Übergangswirtschaft (1919–23). Durch das gegen die Stimmen der SPD-Fraktion und bei Abwesenheit zahlreicher rechtswidrig verhafteter Reichstags-Mitgl. am 23. 3. 1933 verabschiedete und am 24. 3. 1933 verkündete E. (›Gesetz zur Behebung der Not von Volk und Reich‹) wurde schließlich die gesamte Staatsgewalt der natsoz. Reg. überantwortet und ihr die Möglichkeit gegeben, ein totalitäres Reg.-System zu errichten. (→Nationalsozialismus)

In Dtl. sind E. ausgeschlossen; wenn die Bundes-Reg., ein Bundes-Min. oder die Landesregierung durch Gesetz ermächtigt werden, Rechtsverordnungen zu erlassen, so müssen Inhalt, Zweck und Ausmaß im Gesetz bestimmt sein (Art. 80 GG). Die Verordnung hat keine Gesetzeskraft, sondern steht im Rang unter dem Gesetz.

Reichsgesetzblatt

Teil I

| 1933 | Ausgegeben zu Berlin, den 24. März 1933 | Nr. 25 |

Inhalt: Gesetz zur Behebung der Not von Volk und Reich. Vom 24. März 1933 .... S. 141

Gesetz zur Behebung der Not von Volk und Reich. Vom 24. März 1933.

Der Reichstag hat das folgende Gesetz beschlossen, das mit Zustimmung des Reichsrats erfolgt, nachdem festgestellt ist, daß die Erfordernisse verfassungsändernder Gesetzgebung erfüllt sind:

Artikel 1
Reichsgesetze können außer in dem in der Reichsverfassung vorgesehenen Verfahren auch durch die Reichsregierung beschlossen werden. Dies gilt auch für die in den Artikeln 85 Abs. 2 und 87 der Reichsverfassung bezeichneten Gesetze.

Artikel 2
Die von der Reichsregierung beschlossenen Reichsgesetze können von der Reichsverfassung abweichen, soweit sie nicht die Einrichtung des Reichstags und des Reichsrats als solche zum Gegenstand haben. Die Rechte des Reichspräsidenten bleiben unberührt.

Artikel 3
Die von der Reichsregierung beschlossenen Reichsgesetze werden vom Reichskanzler ausgefertigt und im Reichsgesetzblatt verkündet. Sie treten, soweit sie nicht anderes bestimmen, mit dem auf die Verkündung folgenden Tage in Kraft. Die Artikel 68 bis 77 der Reichsverfassung finden auf die von der Reichsregierung beschlossenen Gesetze keine Anwendung.

Artikel 4
Verträge des Reichs mit fremden Staaten, die sich auf Gegenstände der Reichsgesetzgebung beziehen, bedürfen nicht der Zustimmung der an der Gesetzgebung beteiligten Körperschaften. Die Reichsregierung erläßt die zur Durchführung dieser Verträge erforderlichen Vorschriften.

Artikel 5
Dieses Gesetz tritt mit dem Tage seiner Verkündung in Kraft. Es tritt mit dem 1. April 1937 außer Kraft; es tritt ferner außer Kraft, wenn die gegenwärtige Reichsregierung durch eine andere abgelöst wird.

Berlin, den 24. März 1933.

Der Reichspräsident
von Hindenburg

Der Reichskanzler
Adolf Hitler

Der Reichsminister des Innern
Frick

Der Reichsminister des Auswärtigen
Freiherr von Neurath

Der Reichsminister der Finanzen
Graf Schwerin von Krosigk

Ermächtigungsgesetz vom 24. März 1933

Ermahnung, eine bes. im Jugendstrafverfahren zulässige richterl. Maßnahme, die auf Anregung des Staatsanwalts ergriffen werden kann, wenn der Beschuldigte geständig ist, eine Ahndung des begangenen Unrechts durch Urteil entbehrlich erscheint und das Verfahren eingestellt wird.

Ermak Timofeevič [jır-, -'fejɛvitʃ], Kosakenführer, →Jermak Timofejewitsch.

Erman, Johann Peter Adolf, Ägyptologe, * Berlin 31. 10. 1854, † ebd. 26. 6. 1937; Prof. sowie Direktor des Ägypt. Museums in Berlin; war der Begründer der modernen ägypt. Sprachforschung.

Werke: Neuägypt. Gramm. (1880); Ägypten u. ägypt. Leben im Altertum, 2 Bde. (1887); Ägypt. Gramm. (1894); Die ägypt. Religion (1905); Die Hieroglyphen (1912); Die Lit. der Ägypter (1923); Wb. der ägypt. Sprache, 7 Bde. u. 5 Suppl.-Bde. (1926–63, mit H. GRAPOW).

Ermanarich, Ermanrich, Ermenrich, lat. **Ermenricus, Hermanaricus,** König der Ostgoten, † 375/376; erster historisch belegter König aus dem Geschlecht der →Amaler; sein Großreich in Südrussland am Schwarzen Meer wurde 375/376 von den Alanen und Hunnen zerstört, worauf er sich tötete. – Die german. Heldendichtung zeigt E. als treulosen Tyrannen. Dietrich von Bern zwingt er zur Landflucht, wird jedoch nach Jahren von diesem besiegt und getötet. Ein späteres Lied von König E.s Tod zieht diesen Rachezug teilweise ins Burleske (›Koninc Ermenrikes dot‹, gedruckt 1560).

H. WOLFRAM: Gesch. der Goten (²1980).

Emil Ermatinger

Ermatinger, Emil, schweizer. Literarhistoriker, * Schaffhausen 21. 5. 1873, † Zürich 17. 9. 1953; war 1909–43 Prof. an der TH, seit 1912 auch an der Univ. in Zürich; einer der Hauptvertreter der geisteswiss. Literaturbetrachtung.

Werke: G. Kellers Leben, 3 Bde. (1915–16); Das dichter. Kunstwerk (1921); Die dt. Lyrik in ihrer geschichtl. Entwicklung seit Herder, 3 Bde. (1925); Barock u. Rokoko in der dt. Dichtung (1926); Dt. Kultur im Zeitalter der Aufklärung, 7 H., in: Hb. der Kulturgesch., hg. v. H. KINDERMANN, Lfg. 10, 13, 14, 16, 17, 19/20 (1934–35); Dt. Dichter von 1700 bis 1900. Eine Geistesgesch. in Lebensbildern, 2 Bde. (1948–49). – Autobiographien: Richte des Lebens (1943); Jahre des Wirkens (1945).

Ermatinger Becken, Teil des Bodensees, zus. mit dem **Wollmatinger Ried** westlich von Konstanz Brut- und Rastgebiet für Wasservögel.

Ermattungsstrategie, Art der Kriegführung, die darauf abzielt, den Gegner unter Vermeidung einer Entscheidungsschlacht langfristig physisch, psychisch oder materiell auszunutzen, zu ermüden (daher auch als Ermüdungs- oder Zermürbungsstrategie bezeichnet). Das Mittel zu ihrer Umsetzung im Bewegungskrieg ist eine operative Kriegführung, die durch weitgehenden Einsatz von Täuschungsmaßnahmen, durch rasche Bewegungen der eigenen Truppen, handstreichartige Überfälle auf den örtlich unterlegenen Feind und das Behaupten von festen Plätzen gekennzeichnet ist. Beispiele hierfür sind die Operationsführung des röm. Diktators QUINTUS FABIUS MAXIMUS CUNCTATOR im 2. Pun. Krieg und die Angriffe der Russen auf die ›Grande Armée‹ NAPOLEONS I. während deren Rückzug im Spätjahr 1812.

Ermenev [jırmɪ'jɔf], Ivan Alekseevič, russ. Grafiker und Maler, →Jermenjow, Iwan Aleksejewitsch.

Ermes [Abk. für engl. European radio message system, wörtl. ›europ. Funknachrichtensystem‹], Telekommunikation: digital arbeitender →Funkrufdienst, der europaweit genormt ist. Somit können E.-Kunden auch außerhalb Dtl.s Funkrufe empfangen.

Ermes, Schloss in Livland bei Walk (heute Valga, Estland). Hier unterlag am 2. 8. 1560 das letzte Aufgebot des Dt. Ordens dem russ. Heer. Die Niederlage leitete den Untergang des Deutschordensstaates in Livland ein.

Ermesin [ital.] der, -s, frz. **Armoisin** [arˈmwazɛ̃], bereits um 1500 für Oberkleidung nachzuweisender leichter Seidentaft mittlerer Qualität, der seit dem 17. Jh. vom Produktionszentrum Lucca aus als Futtertaft weite Verbreitung fand.

Ermessen, öffentl. Recht: die der Verwaltungsbehörde durch Gesetz eingeräumte Entscheidungsfreiheit des Handelns oder Unterlassens und der Art und Weise des Handelns. Das E. ist stets ein pflichtgemäß auszuübendes E., d. h. ein rechtlich gebundenes Wählen im Hinblick auf versch. Entscheidungsmöglichkeiten, bei dem die mehr oder weniger engen Grenzen der Ermächtigung einzuhalten sind und die Entscheidungsfreiheit entsprechend dem Zweck der Ermächtigung und ohne Willkür auszuüben ist (§ 40 Verwaltungsverfahrens-Ges.). E. ist nicht Belieben, sondern ein Verwaltungshandeln unter Berücksichtigung von Zweckmäßigkeit, um nach den Umständen des Einzelfalles zu einer sachgerechten Entscheidung zu gelangen. Ist die Entscheidung von sachfremden Erwägungen beeinflusst, leidet sie wegen E.-Missbrauchs an einem Rechtsfehler (§ 114 Verwaltungsgerichtsordnung). Auf E.-Ermächtigungen beruhen z. B. die Befugnisse der Polizei zur Gefahrenabwehr (Opportunitätsprinzip). Eine E.-Entscheidung ist auch der baurechtl. – Das E. weist sachl. Verwandtschaft mit anderen Entscheidungsbefugnissen der Verw. auf, bei denen das Gesetz selbstständige, nicht vollständig normativ festgelegte Handlungsweisen der Behörde bei der Ausführung von Rechtsvorschriften vorsieht, so bei der wertenden Anwendung unbestimmter Rechtsbegriffe, insbesondere im Zuge von Prüfungsentscheidungen (Beurteilungsspielraum), bei der Konkretisierung von Standards und Risikogrenzen des techn. Sicherheitsrechts, z. B. bei der Zulassung kerntechn. Anlagen, bei der raumbezogenen Planung (planer. Gestaltungsfreiheit). – I. w. S. gibt es auch ein E. des Richters, bes. bei der Strafzumessung, oder des Gesetzgebers (polit. Gestaltungsfreiheit). – Ähnl. Grundsätze kennt auch das *österr.* und das *schweizer. Recht.*

Erminoldmeister, Bildhauer des ausgehenden 13. Jh., benannt nach dem von ihm 1283 geschaffenen Grabmal des Abtes ERMINOLD († 1221) in der Klosterkirche St. Georg in Prüfening (heute zu Regensburg). Zugeschrieben werden ihm u. a. auch die Verkündigungsgruppe im Regensburger Dom und eine Figur des hl. PETRUS (Regensburg, Städt. Museum; beide um 1280), bedeutende Werke im Übergangsstil von der Früh- zur Hochgotik.

Erminonen, german. Stammesverband, →Herminonen.

Ermittlungsrichter, *Strafprozessrecht:* im Rahmen des staatsanwaltl. →Ermittlungsverfahrens der Richter des Amtsgerichts (in Staatsschutzsachen mit erstinstanzl. Zuständigkeit von OLG und BGH auch dort), der über die Anträge der Staatsanwaltschaft auf Vornahme richterl. Untersuchungshandlungen, z. B. eine Hausdurchsuchung, zu entscheiden hat. Die örtl. Zuständigkeit des E. hängt davon ab, in welchem Gerichts-Bez. die Ermittlungshandlung erfolgen soll. Zwar wird i. d. R. der E. nur auf Antrag der Staatsanwaltschaft tätig, doch kann er nach § 165 StPO unaufschiebbare Ermittlungshandlungen von sich aus vornehmen, sofern er davon erfährt und kein Staatsanwalt erreichbar ist (daher auch als ›Notstaatsanwalt‹ bezeichnet). →Untersuchungsrichter

Ermittlungsverfahren, Vorverfahren, *Strafprozessrecht:* der erste Abschnitt des Strafverfahrens (→Strafprozess), der vor der Anklageerhebung und vor dem mögl. →Hauptverfahren liegt (§§ 158 ff. StPO). Er steht unter der Leitung der Staatsanwaltschaft, die bei jedem Verdacht einer Straftat den Sachverhalt zu erforschen hat; sie muss dabei unparteiisch vorgehen und auch die einen Beschuldigten entlastenden Umstände ermitteln. Die Staatsanwaltschaft kann die Ermittlungen selbst vornehmen oder (in der Praxis häufig) durch die Polizei vornehmen lassen; sie kann auch den →Ermittlungsrichter um Untersuchungshandlungen ersuchen. Zeugen und Sachverständige sind verpflichtet, auf Ladung vor der Staatsanwaltschaft zu erscheinen und auszusagen, es sei denn, sie können sich auf ein Zeugnisverweigerungsrecht o. Ä. berufen. Bietet das Ergebnis der E. genügenden Anlass zur Erhebung der öffentl. Klage, d. h., liegt eine überwiegende Verurteilungswahrscheinlichkeit vor, so erhebt die Staatsanwaltschaft öffentl. Klage durch Einreichung einer Anklageschrift bei dem zuständigen Gericht (§ 170 Abs. 1 StPO). Wenn sich kein genügender Tatverdacht ergeben hat, endet das E. durch staatsanwaltschaftl. →Einstellung. Der Beschuldigte ist spätestens vor dem Abschluss der Ermittlungen zu vernehmen. Bis zu seiner Vernehmung braucht dem Beschuldigten nicht mitgeteilt zu werden, aus wel-

Erminoldmeister:
Figur aus der
Verkündigungsgruppe
im Regensburger Dom;
um 1280

chem Grund die Ermittlungen gegen ihn geführt werden. Durch Anklageerhebung wird das E. in das →Zwischenverfahren übergeleitet. E. finden auch im →Steuerstrafrecht sowie im Recht der →Ordnungswidrigkeiten statt.

Während das *österr.* Strafverfahren das E. in dieser Form nicht kennt, ist nach *schweizer. Recht* das Verfahren vergleichbar ausgestaltet (Art. 100 ff. Bundesstrafprozess): Die Beamten und Angestellten der gerichtl. Polizei erforschen die Vergehen, die von Bundes wegen zu verfolgen sind. Der Bundesanwalt leitet die Ermittlungen; er stellt sie ein, wenn kein Grund zur →Voruntersuchung besteht, andernfalls beantragt er beim zuständigen →Untersuchungsrichter die Voruntersuchung.

Ermland, poln. **Warmia,** histor. Landschaft im SW von Ostpreußen, die sich vom Frischen Haff nach SO bis zur Masur. Seenplatte erstreckt. Der alte Pruzzengau **Warmien** wurde seit der Mitte des 13. Jh. von niederdt. und schles. Einwanderern besiedelt, die das Land, ausgehend von dem Küstenstreifen bei Frauenburg, in südöstl. Richtung sternförmig erschlossen. Das unter der Hoheit des Dt. Ordens stehende Gebiet kam im 2. Thorner Frieden 1466, endgültig 1479 nach dem ›Pfaffenkrieg‹ gegen Polen unter poln. Oberhoheit, sodass es kath. blieb. 1772 fiel das E. an Preußen, 1945 kam es unter poln. Verwaltung; seine Zugehörigkeit zu Polen wurde durch den Dt.-Poln. Grenzvertrag vom 14. 11. 1990 (in Kraft seit 16. 1. 1992) anerkannt.

Die *Diözese E.,* 1243 durch den päpstl. Legaten WILHELM VON MODENA (* um 1184, † 1251) gegründet, umfasste im MA. einen großen Teil der späteren Ostpreußen bis zum Pregel und war das größte und wichtigste unter den preuß. Bistümern. Der Bischof von E. bewahrte sich im Unterschied zu den übrigen ordenspreuß. Bistümern eine gewisse Selbstständigkeit, da sein Domkapitel nicht dem Dt. Orden inkorporiert war. Kathedralsitz war 1288–1972 Frauenburg, Bischofsresidenz 1350–1836 Heilsberg.

Nach 1945 setzte der poln. Primas Kardinal AUGUSTYN HLOND (* 1881, † 1948) für die kirchl. Betreuung der nun poln. Bev. einen Administrator mit Sitz in Allenstein (Olsztyn) ein. Der Abschluss des →Warschauer Vertrages hatte auch die Neuordnung der kirchl. Verhältnisse in dem kirchenrechtlich bis zu diesem Zeitpunkt noch dt. Bistum E. zur Folge. 1972 wurde das poln. Bistum Warmia errichtet und als Suffraganbistum der Kirchenprovinz Warschau eingegliedert. 1992 wurde das Bistum neu umschrieben und zum Erzbistum mit den Suffraganbistümern Elbląg (Elbing) und Ełk (Lyck) erhoben. Sitz des Erzbischofs ist Olsztyn. Nach wie vor umfasst das Gebiet der Kirchenprovinz Warmia auch den nördl. Teil des ehem. Ostpreußen.

V. RÖHRICH: Gesch. des Fürstbistums E. (1925).

Ermoldus, Nigellus, mittellat. Schriftsteller des 9. Jh. aus Aquitanien. Von Kaiser LUDWIG DEM FROMMEN wegen angeblich schlechten Einflusses auf seinen Sohn PIPPIN I. von Aquitanien (817–838) ins Exil nach Straßburg geschickt, verfasste er dort um 826–828 ein Epos auf den Kaiser, um ihn zu versöhnen. Das Werk ist eine wichtige Quelle für viele sonst nicht überlieferte histor. Details.

Ermsleben, Stadt im Landkreis Aschersleben-Staßfurt, Sa.-Anh., 160 m ü. M., nahe dem N-Rand des Harzes, an der Selke, 2900 Ew.; mittelständ. Industriebetriebe (u. a. Elektronikfirma); Landwirtschaft (Anbau von Gewürzpflanzen). – Stadtkirche mit zweischiffigem Langhaus (15. Jh., spätere Veränderungen) und hohem roman. Querturm (11./12. Jh.). Südlich von E. die Reste des ehem. Benediktinerklosters **Konradsburg.** Von der spätroman. Klosterkirche (um 1200) sind nur Chor, Krypta und ein Teil der nördl. Querhauswand erhalten; die fünfschiffige

Krypta zählt wegen des Formenreichtums ihrer Kapitelle zu den bedeutendsten spätroman. Baudenkmälern im Harz. – Als **Anegrimislebo** erstmals 1045 gen.; das Dorf E. entwickelte sich im Schutz einer um 1200 erbauten Burg zu einem ummauerten Städtchen (Oppidum), als das es 1298 bezeugt ist. 1332 kam E. von den Grafen an das Bistum Halberstadt und fiel mit diesem 1648 an Brandenburg. 1530 erhielt es Marktrechte.

Ermüdung, 1) eine durch Tätigkeit hervorgerufene Verminderung der Leistungsfähigkeit. Unterschieden werden eine phys. (periphere, muskuläre) und eine psych. (zentrale) E. Bei schwerer körperl. Arbeit sind beide Formen kombiniert und kaum scharf zu trennen. Die **physische E.** beruht im Wesentlichen auf der Erschöpfung der muskulären Energiespeicher und der Anhäufung von Stoffwechselprodukten (z. B. Milchsäure), mitunter auch auf Störungen der Neurotransmittersynthese an der motor. →Endplatte. Die **psychische E.** geht der physischen gewöhnlich voraus (Schutzfunktion). Sie tritt auch bei leichten, aber monotonen Tätigkeiten auf und ist gekennzeichnet durch das Nachlassen von Konzentration, Merkfähigkeit sowie Aufmerksamkeit und ist mit Störungen der Sinneswahrnehmungen und einem zunehmenden Unlustgefühl verbunden.

2) *Werkstoffkunde:* durch häufig wiederholte Beanspruchung, v. a. durch period. Dauerbeanspruchung (z. B. Vibrationen) bewirktes langsames Nachlassen der Dehnbarkeit und Widerstandsfähigkeit von (metall.) Werkstoffen infolge mikroplast. Formänderungen und dadurch bewirkter Bildung von mikroskopisch feinen Rissen; diese wachsen allmählich und führen schließlich bei einer Belastung, die unter der bei Kurzzeitprüfungen ermittelten Zugfestigkeit liegt, zum E.-Bruch. Bei **Korrosions-E.** kommt zu der wechselnden mechan. Belastung des Werkstoffes noch eine Werkstoffschädigung durch Korrosion hinzu, dadurch wird die E. beschleunigt. Eine spezielle E.-Form ist die **thermische E.,** die durch period. Änderung der Temperaturverteilung in einer Probe bzw. in einem Bauteil hervorgerufen wird.

Ermüdungsbruch, *Medizin:* Knochenbruch infolge wiederholter Überbeanspruchung, hoher Dauerbelastung oder starker Fehlstellung; er tritt nach Ausbildung oft nur mikroskopisch erkennbarer Risse, die längere Zeit bestehen können (›Dauerfraktur‹), spontan auf (z. B. als →Marschfraktur, →Schipperkrankheit).

Ermunduren, german. Stamm, →Hermunduren.

Ermupolis, griech. Stadt, →Hermupolis.

Ernährung, Aufnahme von Stoffen, die zur Erhaltung des Lebens, für Wachstum, Bewegung und Fortpflanzung aller Lebewesen notwendig sind. – Die grünen *Pflanzen* sind in der Lage, die körpereigenen organ. Substanzen aus anorgan. Stoffen (Kohlendioxid, Wasser und Mineralsalze) selbst aufzubauen (→Assimilation); sie sind autotroph und liefern durch ihre ständige Synthesetätigkeit allen heterotrophen, auf organ. Nährstoffe angewiesenen Organismen (Bakterien, Pilze, nichtgrüne höhere Pflanzen, Tiere, Mensch) die Existenzgrundlage. Für das normale Wachstum benötigen sie die **Makronährstoffe:** Kohlenstoff (C), Wasserstoff (H), Sauerstoff (O), Stickstoff (N), Schwefel (S), Phosphor (P), Kalium (K), Calcium (Ca), Magnesium (Mg), Eisen (Fe) sowie die u. a. für die Wirkung von Enzymen wichtigen **Spurenelemente (Mikronährstoffe):** Mangan (Mn), Kupfer (Cu), Zink (Zn), Molybdän (Mo), Bor (B), Chlor (Cl), Natrium (Na). Während C, H und O mithilfe der →Photosynthese aus Wasser und Kohlendioxid bereitgestellt werden, müssen die restl. Nährstoffe in Wasser gelöst in Form von Ionen über die Wurzeln, ggf. auch über die Blätter aus dem Boden aufgenommen werden. Die nichtgrünen, heterotrophen Pflanzen beziehen die für sie wichtigen organ. Nährstoffe entweder aus toten Substraten, z. B. Pilze (Saprophyten), oder aus lebenden Organismen, die sie als →Parasiten ausbeuten. Viele Pflanzen ernähren sich zusätzlich mykotroph durch →Mykorrhiza oder symbiotroph mithilfe von in Wurzelknöllchen befindl. →Knöllchenbakterien oder →Strahlenpilzen, die den Luftstickstoff binden und assimiliert dem Symbiosepartner zur Verfügung stellen. Fleisch fressende Pflanzen leben i. d. R. auf nährstoffarmen Substraten und versorgen sich durch die von ihnen gefangenen und verdauten Tiere mit den notwendigen Stickstoff- und Phosphorverbindungen. – Bei den →Bakterien ist die heterotrophe E.-Weise vorherrschend, daneben gibt es eine Reihe phototropher sowie →Chemosynthese betreibender Arten.

Bei den Tieren und dem Menschen ist die E. durch die Notwendigkeit bestimmt, neben Wasser und Mineralstoffen lebenswichtige organ. Verbindungen aufzunehmen, um dem Organismus die Energiesubstrate für seine Leistungen (Betriebsstoffwechsel) und die Stoffe für das Wachstum und den laufenden Ersatz verbrauchter Körpersubstanzen (Baustoffwechsel) zuzuführen. Die Nahrungsaufnahme geschieht i. d. R. in zwei Phasen: 1) Aufnahme in den Verdauungstrakt, in dem Zerkleinerung und Abbau in resorbierbare Nährstoffe stattfinden (→Verdauung); 2) Resorption der Nährstoffe in die Körpersubstanz.

Pro-Kopf-Verbrauch ausgewählter Nahrungsmittel in Deutschland (in kg/Jahr)	
Erzeugnis	1993/94
Weizenmehl	71,2
Roggenmehl	53,8
Reis	2,2
Hülsenfrüchte	0,7
Kartoffeln	73,3
Zucker	35,1
Gemüse	79,4
Frischobst	91,5
Zitrusfrüchte	34,5
Rindfleisch	19,4
Schweinefleisch	55,1
Fisch und -erzeugnisse	14,8
Frischmilcherzeugnisse	90,9
Käse	18,5
Eier und Eiprodukte	13,2
Butter	6,8
Margarine	7,7
tierische Fette	11,1
Speiseöle	9,0
Speisefette	1,0

Die Art der Nahrungsaufnahme ist bei den *Tieren* sehr unterschiedlich. Im einfachsten Fall (z. B. bei manchen Endoparasiten, so den darmlosen Bandwürmern) können die Nahrungspartikel direkt über die Körperoberfläche aufgenommen werden. Bei den im Wasser lebenden Tieren sind die →Strudler und →Filtrierer weit verbreitet. Die →Substratfresser gewinnen organ. Nahrungsbestandteile entweder aus der Erde, faulendem Substrat oder Kot; →Säftesauger besitzen i. d. R. spezielle Vorrichtungen zum Stechen und Saugen; →Schlinger nehmen relativ große Nahrungsbrocken unzerkleinert auf; →Zerkleinerer, zu denen auch der Mensch gehört, zerreiben ihre Nahrung. Große Unterschiede bestehen im Nahrungsbedarf, was u. a. durch die unterschiedlich ausgeprägten Fähigkeiten zur Synthese bestimmter Nahrungsbestandteile und die sich daraus ergebende Notwendigkeit bedingt ist, Stoffe, die der Körper nicht selber herstellen kann, als essenzielle Nahrungsbestandteile aufzunehmen, da deren Fehlen zu Mangelerscheinungen führt.

Je nach bevorzugter Nahrungsquelle kann man zw. Fleischfressern (Carnivora), Pflanzenfressern (Her-

Zusammensetzung und Nährwert verschiedener Nahrungsmittel
(Durchschnittswert je 100 g essbarem Anteil)

Nahrungsmittel	Kohlen-hydrate (in g)	Fett (in g)	Ei-weiß (in g)	verwertbare Energie kJ	kcal
Butter	0,7	83,2	0,7	3 156	754
Buttermilch	4,0	0,5	3,5	144	35
Camembertkäse 45 % Fett i. Tr.	Spuren	21,8	21,0	1 172	280
Edamer Käse 45 % Fett i. Tr.	Spuren	25,4	24,1	1 360	325
Margarine	0,4	80,0	0,2	3 023	722
Sonnenblumenöl	Spuren	99,8	–	3 758	898
Speisequark mager	4,0	0,3	13,5	304	73
Trinkmilch 3,5 % Fett	4,8	3,5	3,3	267	64
Hühnerei	0,6	11,7	12,9	667	159
Kalbfleisch, Muskelfleisch	Spuren	0,8	21,9	397	95
Kalbfleisch, Brust	Spuren	6,3	18,6	549	131
Rindfleisch, Muskelfleisch	1,1	1,7	21,3	439	105
Rindfleisch, Kamm	Spuren	8,1	19,3	625	150
Schweinefleisch, Muskelfleisch	Spuren	1,9	22,0	440	105
Schweinefleisch, Kamm	Spuren	13,8	16,7	830	197
Brathuhn	Spuren	9,6	19,9	695	166
Fleischwurst	–	28,5	9,9	1 239	296
Cervelatwurst	Spuren	34,8	20,3	1 650	394
Aal	Spuren	24,5	15,0	1 174	281
Brathering	Spuren	15,2	16,8	854	204
Forelle	Spuren	2,7	19,5	428	102
Ostseehering	Spuren	9,2	18,1	649	155
Kabeljau	Spuren	0,4	17,4	306	73
Makrele geräuchert	Spuren	15,5	20,7	930	222
Weizenbrötchen	55,5	1,9	8,3	1 138	272
Knäckebrot	66,0	1,5	10,0	1 327	318
Roggenvollkornbrot	38,8	1,2	6,8	808	193
Weißbrot	48,0	1,2	7,5	995	238
Grieß	73,5	1,1	8,8	1 417	339
Reis poliert	78,4	0,6	7,0	1 452	374
Weizenmehl Type 405	71,0	1,0	10,6	1 419	339
Marmorkuchen	52,0	15,9	5,2	1 593	381
Blumenkohl, roh	2,7	0,3	2,4	97	23
Bohnen grün, roh	5,1	0,2	2,4	148	35
Karotten	5,2	0,2	1,1	113	27
Kartoffeln	14,8	0,1	2,0	295	71
Kohlrabi	3,7	0,1	2,0	106	25
Kopfsalat	1,1	0,2	1,3	50	12
Tomaten	2,6	0,2	1,0	73	17
Champignons in Dosen	0,6	0,3	2,1	51	12
Äpfel	10,4	0,6	0,3	224	54
Apfelsinen	8,3	0,2	1,0	183	44
Bananen	21,4	0,2	1,1	341	81
Erdbeeren	5,5	0,5	0,8	138	33
Pflaumen	10,2	0,1	0,6	213	51
Erdnüsse	8,3	48,1	26,0	2 390	571
Haselnüsse	11,4	61,0	13,0	2 692	643
Mandeln	3,7	54,0	19,0	2 410	576
Bienenhonig	81,0	–	0,3	1 361	325
Vollmilchschokolade	56,0	30,0	8,0	2 200	526
Zucker	100,0	–	–	1 680	400

ten Verhältnis sowie genügend →Mineralstoffe, →Vitamine, →Spurenelemente sowie →Ballaststoffe und Wasser aufgenommen werden. Durch sachgemäße Zubereitung werden sie für den Organismus gut aufschließbar und damit besser verwertbar. Im Verdauungskanal werden die Nährstoffe in eine lösl. und damit resorbierbare Form gebracht, mit dem Blut in die versch. Gewebe transportiert und dort in den Zellen mithilfe von Enzymen auf- und abgebaut. Dieser Vorgang ist bedingt einer Verbrennung (Oxidation) vergleichbar, die einerseits Bewegungsenergie, andererseits Wärme liefert. Nichtverwertbare Nahrungsbestandteile werden aus dem Körper v. a. über den Darm, mit dem Harn und durch die Atmung ausgeschieden.

Kohlenhydrate und Fette dienen v. a. als Energiespender, während Proteine vorwiegend zum Aufbau und Ersatz von Zellen und zur Bildung von Enzymen und Hormonen benötigt werden. Bei einer richtig zusammengestellten Kost sollen etwa 55–60 % des Energiebedarfs aus Kohlenhydraten, 25–30 % aus Fetten und 10–15 % aus Proteinen gedeckt werden, wobei eine geeignete Kombination der Nährstoffe bei den einzelnen Mahlzeiten von großer Bedeutung ist. Die Proteinzufuhr sollte täglich ø g je kg Körpergewicht betragen. Bei Jugendlichen, Schwangeren, älteren Menschen sowie während der Stillperiode und bei Krankheit erhöht sich der Proteinbedarf. Dabei ist die biolog. Wertigkeit des Nahrungsproteins, die mit den unterschiedl. Anteilen an essenziellen Aminosäuren zusammenhängt, zu berücksichtigen.

Ein wichtiges Kohlenhydrat ist die Stärke, die u. a. in Getreideprodukten und Kartoffeln enthalten ist. Sie wird im Verdauungskanal zu Glucose abgebaut, die in der Leber zu Glykogen aufgebaut und in der Leber und Muskulatur gespeichert wird. Glykogen kann je nach Bedarf wieder zu Glucose abgebaut und als solche verbrannt werden. Bei einem Überangebot an Nahrungsstoffen wird die nicht verbrauchte Menge in Form von Körperfett gespeichert. Dieses wiederum kann im Bedarfsfall jederzeit abgegeben und verbrannt werden.

Fette sind wegen ihres hohen Energiegehaltes eine wichtige Energiereserve des Körpers. 1 g Kohlenhydrate und 1 g Protein liefern jeweils 17,2 kJ (4,1 kcal), 1 g Fett dagegen 39 kJ (9,3 kcal). Einige lebenswichtige Fettsäuren, wie Linol- und Linolensäure, kann der Organismus nicht selbst aufbauen. Die Zufuhr dieser essenziellen Fettsäuren sollte täglich etwa 4–6 g betragen (z. B. enthalten in zwei Teelöffeln Sonnenblumenöl, 45 g Margarine oder 150 g Butter). Fette sind außerdem wichtig für die Resorption der fettlösl. Vitamine A, D, E und K, die nur zus. mit Fetten die Darmwand passieren können.

Der tägl. Energiebedarf eines gesunden Menschen ist außer vom Grundumsatz v. a. von der körperl. Beanspruchung abhängig. Der Grundumsatz (Ruheumsatz) beträgt beim Erwachsenen näherungsweise 4,2 kJ (1 kcal) je Stunde und kg Körpermasse; der Wert variiert in Abhängigkeit von Geschlecht, Alter, Körperoberfläche sowie endokrinen Faktoren. Die im Grundumsatz benötigte Energie wird verbraucht für Herzarbeit, Atemtätigkeit, Leistung der Drüsen, der glatten Muskulatur und für den Stoffwechsel der Gewebe. Er ist erhöht während der Schwangerschaft und beim Stillen sowie bei Sportlern, gesenkt im Schlaf sowie bei längerem Fasten. In trop. Gebieten lebende Menschen haben einen um 10–20 % niedrigeren Grundumsatz als Menschen aus arkt. Gebieten; die Regulation erfolgt u. a. über die Schilddrüsenfunktion. Um eine gleichmäßige, den Stoffwechsel (bzw. die Homöostase) nicht belastende Zufuhr der benötigten Nährstoffe zu gewährleisten, wird empfohlen, die tägl. Nahrungszufuhr auf mindestens fünf kleine und in sich ausgewogene Mahlzeiten zu verteilen.

bivora) und Allesfressern (Omnivora) unterscheiden. Zudem gibt es ausgesprochene Nahrungsspezialisten, die auf eine bestimmte Nahrungsquelle angewiesen sind (z. B. fressen Koalabären ausschließlich Eukalyptusblätter); sie werden als monophag bezeichnet. Oligophage Tiere sind dementsprechend auf einige wenige Nahrungsquellen beschränkt (z. B. der Kartoffelkäfer auf Kartoffeln u. a. Nachtschattengewächse). Solche Spezialisierungen sind i. d. R. mit Anpassungsleistungen z. B. der Mundwerkzeuge oder des Verdauungstraktes verbunden.

Die E. des *Menschen* entspricht derjenigen von tier. Allesfressern. Art, Menge, Zusammensetzung und Zubereitung der pflanzl. (Gemüse, Obst, Getreide) und tier. Nahrungsmittel (Milch, Eier, Fleisch) hängen von biolog. und sozialen Gegebenheiten ab. Sie unterliegen außerdem in starkem Maße nat. und/oder kulturellen Gepflogenheiten.

Mit der Nahrung sollen die **Grundnährstoffe** Proteine (Eiweiße), Kohlenhydrate und Fette im geeigne-

Bei falscher Zusammensetzung der Nahrung kommt es auch bei energetisch ausreichender E. zu Mangelerscheinungen. Zum einen können sich die Nährstoffe gegenseitig nur bedingt ersetzen, sodass die Aufnahme von Mindestmengen gewährleistet sein muss (v. a. bei Proteinen); zum anderen sind für den Menschen insgesamt etwa 50 versch. essenzielle Substanzen bekannt, die mit den Lebensmitteln aufgenommen werden müssen. Die Zusammensetzung der menschl. Nahrung hat sich seit Beginn der industriellen Revolution, bes. aber im 20. Jh. v. a. in den industriell hoch entwickelten Ländern drastisch verändert, ohne dass eine gleichzeitige physiolog. Anpassung erfolgt ist. Sie enthält hohe Anteile an Fetten und niedermolekularen Zuckern, weniger Ballaststoffe; außerdem wird sie durch die unterschiedl. Verarbeitungsverfahren, z. B. die Anwendung von Zusatzstoffen (Konservierungsmittel, Farbstoffe u. a.) z. T. erheblich verändert. Zudem ist das Maß an körperl. Anstrengung bei der Arbeit gesunken. Die Folgen sind eine Zunahme des Anteils der Übergewichtigen und der damit oft verbundenen ernährungsabhängigen Krankheiten. Zusammenhänge zw. bestimmten Krankheiten und Fehl-E. sind mittlerweile z. T. bewiesen, in anderen Fällen werden sie vermutet (→ernährungsbedingte Krankheiten).

⇨ *Diät · Fette · Hunger · Kohlenhydrate · Lebensmittel · Nahrungskette · Proteine · Stoffwechsel · Vollwerternährung · Welternährung*

B. MUERMANN: Lex. der E. (²1993); C. A. SCHLIEPER: Grundfragen der E. (¹²1994); Die große GU-Nährwert-Tabelle, bearb. v. I. ELMADFA u. a. (1995).

ernährungsbedingte Krankheiten, durch ein Überangebot an Nahrungsenergie und Nährstoffen, insbesondere tier. Fette (z. B. →Fettsucht, →Hochdruck), einen Mangel (z. B. →Osteoporose, →Eiweißmangel, →Xerophthalmie), nichtverträgl. Nahrungsmittelinhaltsstoffe (z. B. →Nahrungsmittelallergie) oder durch meist genetisch bedingte Organ- bzw. Stoffwechselfehlleistungen (z. B. →Sprue) verursachte Erkrankungen. Durch ein Optimieren der Nährstoffzufuhr, ein Aussondern der unverträgl. Nahrungsbestandteile oder eine die jeweilige Organ- bzw. Stoffwechselfehlleistungen berücksichtigende Ernährung kann eine Besserung oder Heilung erreicht werden. Ein Zusammenhang zw. der Entstehung und dem Verlauf einiger Krankheiten und der Ernährung konnte z. B. für Gicht, Rheuma und bestimmte Krebserkrankungen nachgewiesen werden.

L. A. COHEN: Ernährung u. Krebs, in: Spektrum der Wiss., H. 1 (1988); Lb. der Ernährungstherapie, hg. v. H. HUTH u. R. KLUTHE (²1995); Ernährungsmedizin, hg. v. H.-K. BIESALSKI u. a. (1995); H. KASPER: Ernährungsmedizin u. Diätetik (⁸1996).

Ernährungsgewerbe, Ernährungsindustrie, →Nahrungs- und Genussmittelgewerbe.

Ernährungssicherheit, Bez. der Gewährleistung der →Welternährung und der Bekämpfung von Mangel- bzw. Unterernährung (→Hunger).

Ernährungstherapie, Diätetik, Behandlung von →ernährungsbedingten Krankheiten; sie ist eine gelenkte Ernährung mit dem Ziel, Krankheiten zu heilen (z. B. bei Durchfall, Magenschleimhautentzündung), gestörte Anpassungsfähigkeiten zu kompensieren (z. B. Sprue) oder bestimmten Störungen vorzubeugen (z. B. Fettsucht, Osteoporose).

Ernährungs- und Landwirtschaftsorganisation der Vereinten Nationen, Sonderorganisation der Vereinten Nationen, →FAO.

Ernährungsvorsorgegesetz, Bundesgesetz vom 20. 8. 1990, dessen Ziel die Sicherung einer ausreichenden Versorgung mit Erzeugnissen der Ernährungs- und Landwirtschaft für den Fall einer Krise ist, die nicht unter die →Sicherstellungsgesetze fällt.

Ernährungswissenschaft, wiss. Disziplin, die sich sowohl mit der Ernährung des Menschen (Humanernährung) als auch mit der Tierernährung beschäftigt. Sie umfasst fachübergreifend unter Einbeziehung von Chemie, Biochemie, Physiologie, Medizin, molekularer Biologie und Epidemiologie die Erkenntnissuche, Ergebnisfindung und -anwendung für das gesamte Gebiet von Nahrung und Ernährung als Einheit. Gegenstand der wiss. Fragestellungen in der Humanernährung ist die Ermittlung des Ernährungsverhaltens und der Stoffwechselfunktionen des Menschen bis in den molekularen Bereich bei Gesunden und Kranken, bei Neugeborenen, Heranwachsenden, Erwachsenen und älteren Menschen, um zu verstehen, wie über eine ausreichende Deckung des Energie- und Nährstoffbedarfs Gesundheit und Schaffenskraft ausgebildet und erhalten werden können.

Durch Anwendung von stabilen Wasserstoff-, Kohlenstoff- und Stickstoffisotopen und Spurenelementen in der E. wird die Kenntnis über den Stoffwechsel von Nährstoffen und die Nahrungsenergie wesentlich erweitert. Darüber hinaus ist die direkte oder hormonvermittelte Steuerung der Genexpression durch Inhaltsstoffe der Nahrung in der Ernährungsforschung von großer Bedeutung. Für zahlr. nahrungsvermittelte Änderungen im Stoffwechselgeschehen werden in den kommenden Jahren die molekulargenet. Regelmechanismen aufgeklärt werden.

Erne [əːn] *der*, Fluss in der Rep. Irland und im südwestl. Nordirland, Abfluss des Lough Gowna, mündet in die Donegal Bay (Atlant. Ozean), 103 km lang; mehrere seenartige Erweiterungen: **Lough Oughter, Upper Lough Erne, Lower Lough Erne**; am Unterlauf zwei Wasserkraftwerke.

Erné, Nino, eigtl. **Giovanni Bruno E.,** Schriftsteller deutsch-ital. Herkunft, * Berlin 31. 10. 1921, † Mainz 11. 12. 1994; Redakteur und Verlagslektor; schrieb Gedichte, Romane, Erzählungen, Hörspiele und literar. Essays; auch Übersetzer und Herausgeber.

Werke: *Gedichte:* Der sinnende Bettler (1946); Murmelpoeme (1967). – *Romane:* Nachruf auf Othello (1976); Kellerkneipe u. Elfenbeinturm (1979); Rom – ein Tag, eine Nacht (1982). – *Erzählungen:* Fahrgäste (1981); Kinder des Saturn (1987). – *Tagebuch:* Weiße, schwarzgemusterte Flügel (1986). – *Essays:* Italien süß u. sauer (1975); Von der Mainzer Freundlichkeit (1991).

Ernennung, *Beamtenrecht:* ein mitwirkungsbedürftiger, gestaltender Verwaltungsakt, durch den ein Beamtenverhältnis nach Art und Inhalt (z. B. Begründung eines Beamtenverhältnisses, Beförderung) festgelegt wird. Die E. erfolgt durch Aushändigung einer **E.-Urkunde.** Eine E. kann nicht rückwirkend erfolgen.

ernestinische Linie, Ernestiner, ältere (Haupt-)Linie der →Wettiner, 1485–1547 Kurfürsten von Sachsen (bevorzugte Residenz neben Altenburg und Torgau war ab 1486 Wittenberg. Entstanden durch die (am 17. 6. 1485 vereinbarte) Erbteilung der Länder des Hauses Wettin zw. Kurfürst ERNST und dessen Bruder ALBRECHT DEM BEHERZTEN, dem Begründer der →albertinischen Linie, war die e. L., durch die Zuerkennung der Kurwürde (Kurkreis Wittenberg [Kursachsen]) zunächst bevorzugt; sie erhielt nach der vertragl. Festlegung der beiden Teile (Leipziger Vertrag; 9./11. 11. 1485) neben dem eigentl. Kursachsen den Großteil Thüringens sowie das Vogtland und förderte ab 1517/21 die Reformation (Kurfürst FRIEDRICH III., DER WEISE, und seine Nachfolger). In der Wittenberger Kapitulation (19. 5. 1547) musste Kurfürst JOHANN FRIEDRICH I., DER GROSSMÜTIGE, Führer des Schmalkald. Bundes, nach der Niederlage bei Mühlberg (24. 4.) die Kurwürde und große Teile seines Territoriums an die albertin. Linie (an ALBRECHTS Enkel MORITZ) abtreten. Weitere Gebietsverluste brachten die →grumbachschen Händel

(1558–67); die e. L. blieb fortan im Wesentlichen auf den (südl.) thüring. Raum beschränkt (Residenz v. a. Weimar). Mit der Teilung in die beiden Linien Weimar und Gotha (1572) begann die Aufsplitterung der Besitzungen der e. L.: 1596 spaltete sich Gotha in die Nebenlinien (Sachsen-)Coburg und (Sachsen-)Eisenach, 1672 kam es zur Bildung der drei Fürstentümer (Sachsen-)Weimar, (Sachsen-)Eisenach und (Sachsen-)Jena. Durch Erbteilungen entstanden 1680 weitere sieben kleine Herzogtümer: (Sachsen-)Gotha-Altenburg, (Sachsen-)Coburg, (Sachsen-)Meiningen, (Sachsen-)Römhild, (Sachsen-)Eisenberg, (Sachsen-)Hildburghausen und (Sachsen-)Saalfeld. Das Aussterben der Linie (Sachsen-)Gotha-Altenburg bewirkte 1825/26 eine Neuordnung der Besitzverhältnisse. Es bildeten sich die Häuser Sachsen-Meiningen, Sachsen-Altenburg sowie Sachsen-Coburg und Gotha (→Sächsische Fürstentümer); aus Letzterem gingen im 19. Jh. die Könige von Großbritannien, Belgien, Bulgarien und Portugal hervor.

Schlüssel-
begriff

erneuerbare Energien, regenerative Energien, Alternativenergien, regenerierbare, d. h. sich erneuernde und im Gegensatz zu fossilen Energieträgern und Kernbrennstoffen – in menschl. Zeiträumen gemessen – nichterschöpfbare Energieformen. Sie gelten zudem als klima- und umweltverträglich, da mit ihrer Nutzung geringere Umweltbelastungen verbunden sind und mit Ausnahme der vorgelagerten Prozesskette (z. B. Anlagenherstellung) keine klimarelevanten Spurengase freigesetzt werden.

Das Energieangebot der e. E. basiert auf drei versch. Energiequellen, der Wärmeenergie im Inneren der Erde, der Rotationsenergie der Erde und den Kernfusionsprozessen in der Sonne. Die im Erdinnern aus der Entstehungszeit der Erde gespeicherte Energie kann heute ebenso wie die aus radioaktiven Zerfallsprozessen eines Teils der Erdelemente resultierende Wärme als geotherm. Energie (Erdwärme) nutzbar gemacht werden. Die Rotationsenergie der Erde führt im Zusammenspiel mit der Gravitationswechselwirkung zw. Erde und Mond bzw. Sonne zur Entstehung der Gezeiten. Der Tidenhub zw. Ebbe und Flut lässt sich in Gezeitenkraftwerken zur Stromerzeugung nutzen. Schließlich setzen die Kernfusionsprozesse in der Sonne Strahlungsenergie frei, die direkt zur Strom- oder Wärmeerzeugung auf der Erde beitragen kann oder in umgewandelter Form als Windenergie, Wasserkraft, Wellenenergie, Meeresströmungsenergie, Wärmeenergie von Luft, Wasser, Erdreich, Ozean oder als Biomasse zur Energiebereitstellung ein nutzbares Potenzial bietet.

Durch das umfangreiche und verschiedenartige natürl. Energieangebot ergeben sich zahlr. techn. Nutzungsmöglichkeiten der e. E. Dennoch trugen sie 1995 in Dtl. insgesamt nur zu rd. 2,6 % zur Deckung des Primärenergiebedarfs und zu rd. 5,2 % zur Deckung des Strombedarfs bei. Ihre Bedeutung ist damit heute noch vergleichsweise gering. Für die Zukunft wird jedoch insbesondere infolge weltweit zunehmender Bemühungen zum Klimaschutz eine verstärkte Ausschöpfung der bestehenden Potenziale erwartet.

Bisher werden in Dtl. v. a. die **klassischen e. E.** zur Energiebereitstellung genutzt. Dazu gehören Wasserkraft, Klärschlamme und Müll (in der Energiestatistik wird Müll unter den e. E. eingeordnet, obwohl Müll im klass. Sinne kein erneuerbares Energieangebot darstellt) sowie Abfallhölzer. Von untergeordneter Bedeutung sind demgegenüber die so genannten **neuen e. E.** (z. B. Windenergie, Sonnen-energie, Photovoltaik). Ihr Anteil am derzeit genutzten erneuerbaren Energieangebot liegt nur bei rd. 7 %. Die Bedeutung der neuen Nutzungsformen wird sich – Prognosen zufolge – in der Zukunft jedoch deutlich erhöhen. Bereits heute zeigt sich in einigen Bereichen eine ausgeprägte Wachstumsdynamik, während die Potenziale der klass. Nutzungsarten bereits zu größeren Teilen ausgeschöpft sind. Weltweit liegt der Deckungsanteil der e. E. am Primärenergieverbrauch bei rd. 10,9 %. Dazu tragen neben der Wasserkraft insbesondere die traditionellen Brennstoffe Brennholz, Holzkohle sowie Dung und pflanzl. Rohstoffe bei.

Technische Nutzungsmöglichkeiten erneuerbarer Energien

Sonnenenergie: Bei der Umwandlung der Sonnenenergie unterscheidet man grundsätzlich zw. der Stromerzeugung in Solarzellen (photovoltaische Stromerzeugung) oder Solarkraftwerken und der Wärmebereitstellung in Sonnenkollektoren.

Die direkte Umwandlung der Sonnenstrahlung in elektr. Energie beruht auf dem photoelektr. Effekt. Einige Materialien (z. B. dotierte Halbleitermaterialien) setzen Elektronen frei, wenn sie mit Licht bestrahlt werden. In **Solarzellen** wird dieser Effekt zur Stromerzeugung genutzt. Als Ausgangsmaterial hat sich dabei insbesondere Silicium (Si) als geeignet erwiesen. Aus diesem Grund werden heute v. a. mono- und polykristalline, zunehmend aber auch amorphe Siliciumzellen eingesetzt. Im Labor erreichen diese Zellentypen Wirkungsgrade zw. 18 und 23 % (mono-Si), 15 und 18 % (poly-Si) und 10 und 16 % (a-Si). Kommerzielle Solarzellen dieses Typs können Wirkungsgrade von 14 bis 16 % (mono-Si), 12 bis 13,5 % (poly-Si) und 5 bis 8,5 % (a-Si) erzielen. Darüber hinaus sind eine Vielzahl von anderen Zellentypen in der Entwicklung bzw. in der Erprobung. Hierzu gehören insbesondere die versch. Formen der Dünnschichtsolarzellen (z. B. GaAs, CdTe) und der Tandemzellen (z. B. Tandem-CIS). Neben einer Verbesserung des Wirkungsgrades erhofft man sich durch neue Entwicklungen (z. B. Grätzelzelle) v. a. eine Reduzierung des erforderlichen energet. Aufwandes für die Herstellung, die heute noch z. T. hochreine und damit sehr teure Materialien erfordert. Solarzellen werden bereits seit einigen Jahrzehnten für die Energieversorgung von Weltraumsatelliten kommerziell genutzt. Außerdem kommen sie v. a. in netzfernen Regionen zur dezentralen Stromerzeugung zum Einsatz (z. B. in Berghütten, Relais- und Wetterstationen im Gebirge). Zunehmend werden Photovoltaikanlagen aber auch an das öffentl. Netz angeschlossen. Dies erfolgt sowohl in zahlr. kleineren Anlagen auf Dächern oder an Fassaden von Häusern als auch in einigen größeren auf Freiflächen installierten Solarkraftwerken (z. B. Kobern-Gondorf, Neurather See). In Dtl. gab es Ende 1995 rd. 3 500 Kleinanlagen und mehrere größere Anlagen mit einer Gesamtleistung von 12 MW.

Die techn. Verfügbarkeit der photovoltaischen Stromerzeugung kann heute als hoch bezeichnet werden. Hierzu haben insbesondere auch die Erfahrungen beigetragen, die aus dem bundesdt. 1000-Dächer-Photovoltaik-Förderprogramm gewonnen werden konnten. Die Lebensdauererwartung von Solarzellen liegt bei mindestens 20 Jahren. Dennoch ist ihr Nutzungsgrad in Dtl., aber auch weltweit, noch sehr gering. Ursache hierfür sind die heute noch hohen Kosten der photovoltaischen Stromerzeugung.

Solarkraftwerke arbeiten auf der Basis konzentrierender Kollektoren. Dabei wird die Solarstrahlung gebündelt und auf ein Wärmeträgermedium übertragen. Über eine Dampfturbine wird die Wärme letztlich in elektr. Energie umgewandelt. Man unterscheidet grundsätzlich zw. den Solartürmen (solartherm. Turmkraftwerk) und Solarfarmen (solartherm. Parabolrinnenkraftwerk). Beim Solarturm bündeln viele Parabolspiegel die Solarstrahlung auf einen punktförmigen Absorber an der Turmspitze und erzielen damit eine 300- bis 500fach höhere Strahlungsintensität. Den Wärmetransport zum Dampferzeuger übernimmt ein flüssiges Salzgemisch. Bei Parabolrinnenkraftwerken erfolgt eine 40- bis 80fache Konzentration der Solarstrahlung mit rinnenförmig angeordneten, parabolförmig gebogenen Spiegeln und einem öldurchflossenen Absorberrohr im Mittelpunkt. Den Solarkraftwerken werden außerdem die sehr robusten und wenig störanfälligen Aufwindkraftwerke zugeordnet.

Im Ggs. zu Solarzellen können Solarkraftwerke nur die direkte Sonneneinstrahlung nutzen. Ihr Einsatzbereich ist daher auf den Sonnengürtel der Erde (i. A. bezeichnet man damit die Länder zw. dem 30. Breitengrad nördlicher und dem 30. Breitengrad südl. Breite) beschränkt. Während Parabolrinnenkraftwerke in Kalifornien seit einigen Jahren kommerziell zur Anwendung kommen (dort ist insgesamt eine elektr. Leistung von rd. 350 MW installiert), beschränkt sich die Nutzung von Turmkraftwerken bis heute im Wesentlichen auf Demonstrations- und Pilotanlagen. In sonnenreichen Gegenden stehen Solarkraftwerke aber an der Schwelle zur Wirtschaftlichkeit. Sie können unter den gegebenen Randbedingungen die elektr. Energie deutlich kostengünstiger bereitstellen als Solarzellen. Die Errichtung von neuen Kraftwerken dieses Typs wird derzeit z. B. in Indien, Marokko und auf Kreta geprüft.

Im Bereich der Solarkraftwerke gibt es eine Vielzahl von Entwicklungslinien. So wird z. B. die Einbindung von Solarstrahlung in den hocheffizienten Gas- und Dampfturbinenprozess (GuD-Kraftwerke) untersucht. Darüber hinaus können neben den Großkraftwerken auf Turm- oder Farmbasis auch so genannte Dish-Stirling-Anlagen auf dezentraler Ebene zur Anwendung kommen. Bei derartigen Anlagen wird mithilfe beschichteter Membranhohlspiegel aus dünnem Stahlblech im Brennfleck ein Stirlingmotor mit Generator angetrieben.

Sonnenkollektoren werden heute v. a. als Flach- und Vakuumkollektoren ausgeführt. Sie dienen im Wesentlichen zur Wärmebereitstellung im Niedertemperaturbereich (< 100 °C) einzelner Gebäude. Dabei decken sie i. A. nur den Grundlastbedarf ab und werden zu Zeiten hoher Nachfrage durch konventionelle Heizkessel unterstützt. Darüber hinaus gewinnen solare Nahwärmesysteme mit saisonaler Speicherung zur Versorgung ganzer Wohnkomplexe zunehmend an Bedeutung. In unterird. Langzeitspeichern wird das bis auf 95 °C erwärmte Wasser in Zeiten geringerer Nachfrage gesammelt und gespeichert und in Zeiten hoher Nachfrage und unzureichendem Solarstrahlungsangebot zur Warmwasserbereitung genutzt. Hierdurch wird ein ganzjähriger Beitrag des solaren Systems zur Energiebereitstellung ermöglicht.

Insbesondere für die Warmwasserbereitstellung von Schwimmbädern (Beckenwassererwärmung) sind solartherm. Kollektorsysteme heute schon wirtschaftlich einsetzbar. In Dtl. waren Ende 1993 rd. 900 000 m² Kollektorfläche installiert. Andere Länder weisen eine deutlich höhere einwohnerspezif. Kollektorbelegung auf (z. B. Österreich mit rd. 60 m²/Ew.). Neben der solaren Wärmebereitstellung können Sonnenkollektoren in Kombination mit Absorptionskälteanlagen auch zur Klimatisierung oder zu Kühlzwecken eingesetzt werden. Entsprechende Anlagen sind derzeit in der Erprobung bzw. z. T. bereits im kommerziellen Einsatz. Der Vorteil dieser Anwendungsform ist die meteorologisch bedingte weitgehende Gleichzeitigkeit von Energieangebot und Energienachfrage.

Windenergie: Die Nutzung der Windenergie hat eine lange Tradition und bereits einen hohen techn. Standard erreicht. **Windkraftwerke** bremsen die bewegten Luftmassen ab und wandeln einen Teil der kinet. Energie in mechanische und über einen mechanisch-elektr. Energiewandler letztlich in elektr. Engergie um. Sie arbeiten nach dem Widerstands- oder Auftriebsprinzip. Während in den 80er-Jahren v. a. Windkraftwerke aus dem Leistungsbereich unterhalb von 100 kW zur Anwendung kamen, werden heute vorzugsweise Anlagen mit 500–600 kW elektr. Leistung installiert. Es ist zu erwarten, dass sich der Trend der Leistungssteigerung auch in Zukunft fortsetzen wird. Erste Anlagen der MW-Klasse sind bereits auf dem Markt.

Die dem Wind entziehbare Leistung steigt proportional zur dritten Potenz der Windgeschwindigkeit und linear mit der Querschnittsfläche des Rotors. Eine windtechn. Stromerzeugung ist daher auf windhöffige Standorte begrenzt. Günstige Bedingungen liegen bei Standorten mit einer jahresmittleren Windgeschwindigkeit von mehr als 4 m/s vor. In Dtl. betrifft dies im Wesentlichen die Küstengebiete sowie die Mittelgebirgslagen. Die neue Generation der Windenergiekonverter mit hohen Türmen ermöglicht eine auch zunehmend eine windtechn. Stromerzeugung im Binnenland. Darüber hinaus werden Windkraftwerke auch der Küste vorgelagert im Meer installiert (so genannte Offshoreanlagen im Ggs. zu Onshoreanlagen auf der Landfläche). Diese nutzen das dort vorliegende, gegenüber den Landflächen deutlich günstigere Windenergieangebot.

Seit 1990 hat sich die installierte windtechn. Leistung in Dtl. jedes Jahr etwa verdoppelt. Ende 1995 betrug sie hier bei mehr als 3 600 Anlagen insgesamt rd. 1 136 MW. Die korrespondierende Stromerzeugung lag bei 2,6 Mrd. kWh. Dennoch trug die Windenergie damit nur zu etwa 0,56 % zur Stromerzeugung bei. Bezogen auf die fünf Küstenländer, in denen der überwiegende Anteil der Windkraftwerke installiert ist, beträgt der Stromerzeugungsanteil jedoch bereits 3,3 %. Dtl. ist damit weltweit das Land mit der höchsten installierten windtechn. Leistung. An zweiter Stelle liegt Dänemark mit rd. 592 MW. In der Europ. Union waren Ende 1995 insgesamt 2 236 MW installiert.

Sehr hohe Potenziale der Windenergie und zunehmende Wachstumsraten sind auch in vielen Entwicklungsländern gegeben (z. B. Indien). Windkraftwerke können gerade in diesen Ländern dazu beitragen, das bestehende Leistungsdefizit ökologisch verträglich zu senken.

Windkraftwerke können bei windhöffigen Standorten heute schon zu einer wirtschaftl. Stromerzeugung beitragen. Begünstigend wirken dabei die im Stromeinspeisegesetz festgelegte Vergütung für in das öffentl. Netz eingespeisten Strom, versch. Förderungen von Bund, Ländern und Gemeinden sowie die mit der stärkeren Nutzung der Windenergie eingetretene Kostendegression.

Wasserkraft: Die Sonneneinstrahlung hält auf der Erde einen Wasserkreislauf in Gang. Wasser verdunstet und fällt als Regen wieder auf die Erdoberfläche zurück. Aufgrund der relativen Höhenunterschiede der einzelnen Landflächen führt dies zu einer nutzbaren potenziellen Energie, die in Wasserkraftwerken ausgeschöpft wird.

Wasserkraftwerke werden weltweit und seit langem im großtechn. Maßstab und mit hoher Zuverlässigkeit betrieben. Der Anteil der Wasserkraft an der Stromerzeugung liegt heute weltweit bei etwa 19%. In Dtl. sind derzeit rd. 300 größere Wasserkraftwerke (> 1 MW) und etwa 4500 kleine Wasserkraftwerke installiert. Die korrespondierende Stromerzeugung lag 1995 bei 18,8 Mrd. kWh und damit bei rd. 4% der gesamten dt. Stromerzeugung. Die Wasserkraft ist damit in Dtl. mit Abstand die bedeutendste Form der Nutzung. Zudem ist eine Wirtschaftlichkeit an den meisten Standorten gegeben. Die hohen Anfangsinvestitionen in eine Wasserkraftanlage werden durch die lange Lebensdauer der Anlagen und das weitgehend kontinuierl. Energieangebot kompensiert.

Das techn. Potenzial der Wasserkraftnutzung ist in Dtl. bereits zu mehr als 75% ausgeschöpft. Die Errichtung neuer, größerer Wasserkraftwerke trifft zudem, infolge der Eingriffe in das Fluss- und Landschaftssystem, zunehmend auf Widerstände. Jedoch können zahlr. in der Vergangenheit stillgelegte Anlagen reaktiviert und modernisiert sowie neue Klein- bzw. Kleinstwasserkraftwerke gebaut werden. Für die nächsten zehn Jahre erwartet man daher die Errichtung (bzw. Wiederinbetriebnahme) von mehr als 1000 kleinen Wasserkraftwerken.

Neben den Laufwasserkraftwerken können zusätzlich auch Speicherwasserkraftwerke (mit natürl. Zulauf) zur Stromerzeugung beitragen. Außerdem werden Pumpspeicherkraftwerke zur Speicherung von elektr. Energie im großen Umfang genutzt. In diesen Kraftwerken wird elektr. Energie in Zeiten geringer Nachfrage als potenzielle Energie (Hochpumpen von Wasser) gespeichert, die dann in Zeiten größerer Nachfrage wieder zur Verfügung gestellt wird (Stromerzeugung über Wasserturbinen).

Wellen- und Gezeitenenergie, Meereswärme: Die Nutzbarkeit von Wellen- und Gezeitenenergie zur Energiebereitstellung ist stark von den örtl. Gegebenheiten abhängig und nur an einzelnen Standorten möglich. Die Potenziale sind weltweit insgesamt sehr begrenzt. Auch die Nutzung der Meereswärme in den trop. Regionen wird diskutiert. In Dtl. scheidet die Nutzung der Gezeitenenergie und der Meereswärme aus. Zukünftig könnte die Wellenenergie von lokaler Bedeutung sein.

Biogene Energieträger: Biogene Energieträger fallen in vielfältiger Form als Reststoffe (in der Forst- und Landwirtschaft, als organ. Müllfraktionen, Klärschlämme und Deponiegase) an bzw. können über einen Energiepflanzenanbau bereitgestellt werden. Für die einzelnen biogenen Energieträger sind eine Vielzahl von Nutzungsmöglichkeiten verfügbar, die durch eine mehr oder weniger effiziente Energieausnutzung gekennzeichnet sind.

Feste biogene Energieträger, z. B. Reststoffe aus der Forstwirtschaft (Waldrestholz) und aus der landwirtschaftl. Bodennutzung (Stroh), Resthölzer aus der Industrie sowie Energiepflanzen, können in einfachen Kaminen, Einzelöfen und kleineren Kesseln zur Wärmeerzeugung verwendet werden. Ein effektiverer Einsatz ist in Hackschnitzelfeuerungsanlagen und in Heiz- bzw. Blockheizkraftwerken möglich. Darüber hinaus können feste biogene Energieträger auch in bestehenden Kraftwerken (insbesondere in kohlegefeuerten Anlagen) mitverbrannt werden. In Großanlagen wird die Stromerzeugung auf der Basis biogener Energieträger bereits heute praktiziert. Neben diesen Großanlagen erwartet man bis zum Ende dieses Jahrzehntes die Verfügbarkeit und Erprobung wirksamer Holz- und Strohvergasungssysteme, die eine Nutzung bioge-

ner Energieträger in kleineren dezentralen Kraft-Wärme-gekoppelten Anlagen mit hohen Anlagennutzungsgraden ermöglichen. Entsprechende Erprobungsverfahren laufen derzeit.

Organ. Hausmüllfraktionen können durch anaerobe Zersetzungsprozesse (Fermentation) in den gasförmigen Zustand überführt werden (methanhaltiges Biogas). Im Vergleich zur Kompostierung, bei der ausschließlich Niedertemperaturwärme energetisch genutzt werden kann, bietet die Gaserzeugung die Möglichkeit des Einsatzes von Gasmotoren mit Abwärmenutzung. Über das organ. (Haus-)Müllaufkommen hinaus sind auch andere gewerbliche organ. Abfallprodukte (z. B. Frittierfette) als biogene Energieträger verwendbar. Ebenso können Klärschlämme und tier. Exkremente in Bioreaktoren zu Klär- bzw. Biogas umgewandelt werden.

In Dtl. waren 1995 rd. 700 Biomasseanlagen in Betrieb, die bei einer Leistung von 300 MW etwa 650 Mio. kWh in das öffentl. Netz einspeisten.

Erdwärme: Das Erdinnere besitzt eine deutlich höhere Temperatur als die Erdoberfläche. Diese geotherm. Energie kann unter bestimmten Bedingungen durch Bohrungen erschlossen und aufgrund ihres geringen Temperaturniveaus für die Warmwasser- und Raumwärmebereitstellung genutzt werden. Interessant sind dabei v. a. Gesteine, die wasser- oder wasserdampfgefüllt sind (Aquifere) und leicht erschlossen werden können.

Geotherm. Vorkommen mit hohen Temperaturen (> 150 °C) können außerdem für die Stromerzeugung genutzt werden. Derartige Gegebenheiten liegen jedoch nur vor, wenn durch Bohrungen zugängl. Anomalien in den Erdschichten verfügbar sind (z. B. Magmaintrusionen vulkan. Ursprungs). Das größte geotherm. Kraftwerk mit einer Gesamtleistung von 900 MW befindet sich derzeit in Geysers (Kalifornien).

Neben der Erschließung von Erdwärmevorkommen natürl. Ursprungs versucht man heute auch künstl. Hohlkörper im Erdinnern zu schaffen. Beim Hot-dry-Rock-Verfahren wird durch ein Bohrloch in mehreren Tausend Metern Tiefe kaltes Wasser mit hohem Druck in den abzukühlenden Gesteinsbereich gepresst. Unter dem hohen Druck wird die Scherfestigkeit des Gesteins überschritten und das Gestein hydraulisch gebrochen. In den entstehenden zahlr. Klüften und Spalten kann das Wasser dem Gestein die Wärmeenergie entziehen und über ein zweites Bohrloch wieder an die Erdoberfläche transportiert werden.

In Dtl. wird derzeit an rd. 20 Orten Erdwärme für die Warmwasserbereitung und Beheizung von Gebäuden herangezogen. Die erschlossene therm. Leistung beträgt etwa 34 MW. In Bad.-Württ. werden außerdem Versuche mit dem Hot-dry-Rock-Verfahren durchgeführt.

Umweltwärme: Die Erdoberfläche wird durch die Sonneneinstrahlung auf einer bestimmten Temperatur gehalten. Diese Wärmeenergie in Luft, Erdboden, Fluss- und Grundwasser kann über Wärmepumpen zur Raumheizung und Warmwasserbereitung beitragen, indem sie auf ein höheres Temperaturniveau angehoben wird. **Wärmepumpen** arbeiten dabei nach dem Kühlschrankprinzip. Einem im Kreislauf geführten Arbeitsmittel wird Wärme aus der Umgebung zugeführt, wodurch es in die gasförmige Phase übertritt. In einem Verdichter wird das Gas erwärmt, in einem Kondensator kondensiert und dabei nutzbare Wärme freigesetzt. Wärmepumpen benötigen zum Betrieb mechan. Energie, die entweder über Gasmotoren oder elektr. Antriebe bereitgestellt werden muss. Aus diesem

Grund können sie nicht vollständig den e. E. zugeordnet werden. Hinsichtlich ihrer Umweltverträglichkeit muss geprüft werden, wieviel Einheiten Wärmemenge pro elektr. oder mechan. Energieeinheit erzeugt werden können. Gute Bedingungen für dieses als Arbeitszahl bezeichnete Verhältnis liegen dann vor, wenn sich Werte über 3,5 ergeben. Zudem ist darauf zu achten, dass in Wärmepumpen keine Arbeitsmittel zum Einsatz kommen, die zu einer Schädigung der Ozonschicht beitragen (z. B. FCKW). Ersatzstoffe sind bereits erprobt und auf dem Markt verfügbar.

In Dtl. sind heute etwa 50 000 Wärmepumpen für die Raumheizung und mehr als 120 000 Wärmepumpen für die Warmwasserbereitung in Betrieb.

Charakteristik des erneuerbaren Energieangebotes

Energieflussdichte und Flächenbedarf: Die Energieflussdichte, d. h. die Energiebereitstellungsmöglichkeit bezogen auf die genutzte Fläche, der e. E. ist meist geringer als bei den herkömml. Formen der Energiebereitstellung. Dies führt häufig zu einem spezifisch hohen Flächenbedarf. Solarzellen benötigen beispielsweise eine Fläche von bis zu 20 000 m² für die Erzeugung von 1 Mio. kWh elektr. Energie. Der Vergleichswert für ein Steinkohlekraftwerk liegt bei einem Flächenbedarf (Betriebsgelände des Kraftwerks sowie Flächenbedarf für Bergbau und Kohlehalden) von unter 700 m²/Mio. kWh. Für die Windenergie schwankt der Flächenbedarf je nach Windverhältnissen zw. 460 und 2 360 m²/Mio. kWh. Bei der Wasserkraftnutzung ist der Flächenbedarf mit 3–22 m²/Mio. kWh deutlich niedriger als etwa bei einem Kohlekraftwerk.

Verfügbarkeit und Versorgungssicherheit: Hinsichtlich der Verfügbarkeit von e. E. ist zw. den Energieformen zu unterscheiden, die aufgrund der meteorolog. Gegebenheiten ein zeitlich deutlichen Schwankungen unterworfenes Energieangebot aufweisen und denjenigen, die entweder über eine geringe Schwankungsbreite verfügen bzw. ein flexibles (weil speicherbares) Energieangebot ermöglichen. Zu Ersteren gehören insbesondere die photovoltaische und die windtechn. Stromerzeugung, die v. a. im Minuten- und Stundenbereich durch ausgeprägte Schwankungen gekennzeichnet sind. Darüber hinaus weist die Stromerzeugung aus Sonnenenergie einen ausgeprägten Tages- und Jahresgang auf.

Die Schwankungen im Energieangebot führen für diese Anlagen zu einer im Vergleich zu konventionellen Kraftwerken geringeren Versorgungssicherheit. Die gesicherte Leistung, d. h. der so genannte Kapazitätseffekt schwankt dabei in Abhängigkeit der Jahres- und Tageszeit bei Windkraftwerken zw. 3 und 17 % und bei Solarzellen zw. 0 und 40 %. Im Jahresmittel liegt der Kapazitätseffekt für beide Energieformen im Bereich einiger weniger Prozent. Im Ggs. dazu weist die Wasserkraft eine gesicherte Leistung von 35 bis 70 % auf.

Die Versorgungssicherheit der ein wechselndes Energieangebot aufweisenden Stromerzeugungsoptionen kann durch die Installation von Speichersystemen oder die Kombination mit anderen Stromerzeugungseinrichtungen (z. B. Dieselgeneratoren) deutlich erhöht werden. Während Speichersysteme für Strom heute einen großen Aufwand erfordern und zu hohen zusätzl. Kosten führen, haben kombinierte Solar-Diesel- bzw. Wind-Diesel-Systeme insbesondere bei der dezentralen Stromerzeugung in nicht elektrifizierten Regionen der Erde eine hohe Bedeutung. Außerdem führt die Kombination unterschiedlicher e. E. und die regionale Verteilung der Anlagen aufgrund der jeweils unterschiedl.

Charakteristik zu spürbaren Ausgleichseffekten des Energieangebots und damit zu einer spezifisch höheren Versorgungssicherheit. In Dtl. speisen heute die meisten Anlagen den erzeugten Strom in das öffentl. Netz ein, das als Puffer für die Angebotsschwankungen wirkt. Für das Netz erwartet man ohne die Durchführung aufwendiger zusätzl. Maßnahmen bis zu einem Stromerzeugungsanteil von 15 % der fluktuierenden Quellen einen weitgehend störungsfrei gestaltbaren Betrieb.

Umweltauswirkungen: Die e. E. können im Vergleich zu den konventionellen Methoden der Strom- und Wärmebereitstellung als vergleichsweise umweltverträglich eingestuft werden. Die verstärkte Nutzung e. E. ermöglicht eine Verringerung der Umweltbelastung sowohl auf globaler Ebene (z. B. Klimaveränderungen, Risiken der Kernenergie) als auch auf lokaler Ebene (z. B. Luftverschmutzung durch lokale Schadstoffbelastung, bergbaul. Schäden und Beeinflussung des Grundwasserhaushaltes durch den Tagebau, Veränderung des Mikroklimas durch Kühlturmschwaden). Problematisch erweisen sich v. a. der heute noch hohe Energieverbrauch für die Herstellung von Solarzellen, der spezifisch hohe Flächenbedarf von photovoltaischer und windtechn. Stromerzeugung, die Lärmbelästigung, Schattenwürfe, Beeinflussung von Brutverhalten und Vogelflug sowie die Eingriffe in das Landschaftsbild bei der Windenergie und die lokale Schadstoffbelastung bei der Verbrennung biogener Brennstoffe. Kritisch werden aus große Wasserkraftprojekte (z. B. Drei-Schluchten-Staudamm am Jangtsekiang) gesehen, die mit Umsiedlungen verbunden und deren ökolog. Folgeschäden ungeklärt sind.

Abhilfe für negative Umweltauswirkungen können v. a. techn. Neuerungen (z. B. Schadstoffrückhaltesysteme bei der Verbrennung fester biogener Energieträger) und umsichtige Planungen (z. B. Ausweisung von Tabu- und Vorrangflächen für die Windenergie auf lokaler und regionaler Ebene) unter Einbeziehung der beteiligten Akteure schaffen.

Der kumulierte Energieaufwand für Solarzellen (photovoltaische Stromerzeugung) liegt heute zw. 0,24 und 0,85 kWh (Primärenergie)/kWh (elektr. Energie). Dies führt zu energet. Amortisationszeiten in der Größenordnung von 5 bis 9 Jahren, d. h. in 5 bis 9 Jahren haben die Solarzellen die Energiemenge bereitgestellt, die für ihre Herstellung zuvor aufgewendet worden ist. Zukünftig werden daher v. a. neue und effizientere Herstellungsverfahren sowie der zunehmende Übergang zu neuartige Zellenarten (z. B. Dünnschichtzellen, Grätzelzellen) zu einer deutl. Verringerung der energet. Amortisationszeiten beitragen müssen. Für Solarzellen werden Amortisationszeiten von rd. 1 Jahr für möglich gehalten. Derartige und z. T. geringere Amortisationszeiten weisen andere Techniken zur Nutzung e. E. heute bereits auf.

Die technischen Potenziale zur Nutzung erneuerbarer Energien in Deutschland

Die techn. Potenziale beschreiben die Nutzungsmöglichkeiten e. E., die in Dtl. gegeben sind, wenn alle verfügbaren, d. h. ›geeigneten‹ Flächen für die Energiebereitstellung herangezogen werden. Sie stellen damit die theoret. obere Grenze der Nutzungsmöglichkeiten e. E. dar und lassen andere Bewertungsfaktoren (insbesondere die Wirtschaftlichkeit) zunächst unberücksichtigt. Die techn. Potenziale der Stromerzeugung auf der Basis e. E. liegen in Dtl. insgesamt um den Faktor 1,8 bis 2,1 oberhalb des derzeitigen inländ. Nettostromverbrauchs (1992: 467,2 Mrd. kWh) und übertreffen den derzeitigen Nutzungsstand um z. T. mehr als zwei Größenordnungen (TABELLE 1). Dabei sind insbesondere die Nutzung von Solarzellen auf Dach-, Fassa-

Tabelle 1: Derzeitiger Nutzungsstand und technische Potenziale der regenerativen Stromerzeugung (1995)

	Nutzungsstand (Mrd. kWh/ Jahr)	technisches Potenzial (Mrd. kWh/ Jahr)
Photovoltaik	0,01	539
– Fassadenflächen		30
– Dachflächen		98
– Freiflächen		411
Windenergie	2,62	283–365
– Onshoreanlagen		128
– Offshoreanlagen		155–237
Wasser	18,80	26,5
biogene Festbrennstoffe	0,13	26–58
– Holzabfälle/sonstige Reststoffe		11–21
– Energiepflanzen		15–37
biogene gasförmige Brennstoffe	0,53	14–15
– Klärgas		1,5–2
– Deponiegas		5
– Biogas		7

den- und Freiflächen sowie auch die windtechn. Stromerzeugung auf der Landfläche und vor der Küste durch besonders hohe Potenziale gekennzeichnet. Auch unter Vernachlässigung der hohen Potenziale der Solarzellennutzung auf Freiflächen, die aus Gründen alternativer Verwendungsmöglichkeiten für die Flächen ökologisch bedenklich sein kann, übertrifft das verbleibende techn. Potenzial noch den derzeitigen Stromverbrauch. Die techn. Potenziale der regenerativen Wärmeerzeugung sind ebenfalls sehr hoch, sie liegen zw. rd. 68–86 % für 1992 für die Wärmebereitstellung aufgewendeten Endenergie.

Die in der Tabelle aufgeführten Potenziale geben die technisch mögl. Erzeugungspotenziale wieder. Die tatsächlich realisierbaren Endenergiepotenziale sind z. B. aufgrund von Transport- und Speicherverlusten, der erforderl. Anpassung an den Nachfrageverlauf sowie der z. T. auftretenden konkurrierenden Flächennutzungen (Belegung der Dachflächen mit Solarzellen oder mit Solarkollektoren) sowie wirtschaftl. Randbedingungen geringer. Andererseits können zukünftige techn. Anlagen- und Komponentenverbesserungen zu einer Erhöhung des Potenzials führen.

Wirtschaftlichkeit der Nutzung erneuerbarer Energien

Obwohl der mögliche Beitrag der e. E. zur Minderung der CO_2-Emissionen weitgehend anerkannt ist, sind neben strukturellen Problemen (z. B. andauernde Überkapazitäten und fehlende Investitionsanreize in der Stromwirtschaft) v. a. die z. T. noch vergleichsweise hohen Kosten das wesentl. Hemmnis für ihre verstärkte Nutzung (TABELLEN 2 und 3).

Im Bereich der Stromerzeugung ist heute v. a. die Wasserkraftnutzung wirtschaftlich. Dies gilt insbesondere für die Reaktivierung und Modernisierung von bestehenden Altanlagen. Auch die windtechn. Stromerzeugung ist derzeit an günstigen Standorten konkurrenzfähig. Bei jahresmittleren Windgeschwindigkeiten von oberhalb 5 m/s liegen die durchschnittl. Stromgestehungskosten häufig unterhalb der gesetzl. vorgeschriebenen Einspeisevergütung (rd. 17,2 Pf/kWh im Jahr 1995). Demgegenüber ist die photovoltaische Stromerzeugung heute noch um den Faktor 5 bis 10 teurer als eine konventionelle Stromerzeugung. Die Strombereit-

stellung aus Biogas liegt an der Schwelle der Wirtschaftlichkeit. Auch die Wärmebereitstellung aus biogenen Brennstoffen ist vielfach schon konkurrenzfähig. Die wirtschaftl. Nutzung solartherm. Systeme beschränkt sich derzeit noch auf Nischenbereiche (z. B. solare Schwimmbadbeheizung). Allerdings ist bei der dargestellten Kostenbewertung der beträchtliche externe Nutzen (vermiedene Umweltschäden) noch nicht berücksichtigt. Dieser wird beispielsweise für die Windenergie auf 4,6 bis 12,2 Pf/kWh und für die Photovoltaik auf 5,8 bis 17 Pf/kWh geschätzt.

Trotz der bereits in der Vergangenheit erreichten Kostensenkungen wird es in Zukunft zu der aus Klimaschutzgründen notwendigen deutl. Ausweitung der Nutzung von e. E. nur kommen, wenn weitere Kostenminderungen erreicht werden können. Hierzu bedarf es einer konsequenten Ausgestaltung der staatl. Rahmenbedingungen und der Durchführung von Förder- und Markteinführungsprogrammen. Ein überzeugendes Beispiel für die Wirksamkeit derartiger Maßnahmen ist die Entwicklung der Windenergie in Dtl., wo die Durchführung des 250-MW-Windprogrammes und die Einführung des Stromeinspeisegesetzes Anfang der 90er-Jahre zu einer großen Wachstumsdynamik geführt haben.

Zukünftige Bedeutung der erneuerbaren Energien

Folgt man den Trendentwicklungen der letzten Jahre, dann wird sich der Energieverbrauch weltweit weiter erhöhen. Ausgehend von rd. 9 Gtoe (bei der Beschreibung des globalen Energiesystems wird häufig die Einheit Tonnen Öläquivalent [toe] benutzt: 1 toe entspricht 11 630 kWh) könnte er 2020 bereits zw. 13,6 und 15,4 Gtoe und 2050 zw. 19,8 und 24,8 Gtoe liegen. Dies sind die Trenderwartungen des Weltenergierates, die er 1995 in Tokio formuliert hat. Mit einer derartigen Entwicklung würden insbesondere die Forderungen der Klimawissenschaftler, die sich weltweit im Intergovernmental Panel on Climate Change (IPCC) zusammengeschlossen haben, nach einer Halbierung des Ausstoßes von Kohlendioxid (CO_2) bis zur Mitte des nächsten Jahrhunderts nicht erfüllt werden können. Im Gegenteil, die CO_2-Emissionen würden weiter ansteigen und im Jahr 2050 – je nach Randbedingungen – bis zu doppelt so hoch sein wie heute. Eine Begrenzung der hiermit verbundenen Klimaveränderungen auf ein für die Ökosysteme der Erde verträgl. Maß wäre dann nicht mehr möglich.

Diese Trendentwicklung ist aber nach Aussagen der gleichen Organisation noch grundsätzlich umkehrbar. Die Vermeidung katastrophaler globaler Klimaveränderungen und der Umstieg in ein risikoarmes und dauerhaftes Energiesystem erfordern jedoch eine Strategie der forcierten Effizienzsteigerung und die konsequente Markteinführung e. E. Die Realisierbarkeit eines derartigen Prozesses wurde für Dtl. in versch. Szenarioanalysen beschrieben. Gleichermaßen gilt dies auch für die globale Ebene. Wie der Weltenergierat (WEC; Szenario C1) in seinen Szenarioanalysen gezeigt hat, ist eine weltweite Langfriststrategie des Klimaschutzes auch dann noch möglich, wenn mittelfristig auf die Nutzung der Kernenergie verzichtet wird. Die Umsetzung dieser Strategie wird von dem WEC als ebenso realisierbar eingeschätzt wie andere Szenarien, die mit wachsenden Risiken eines steigenden Energieverbrauchs verbunden sind. Ökonomisch weist das risikominimierende WEC-Szenario C1 sogar eher Vorteile auf.

Der Anteil der e. E. am Primärenergieverbrauch, der im Vergleich zu den Trendbedingungen außerdem durch die Durchführung umfangreicher Ener-

Tabelle 2: Kosten der Stromerzeugung auf der Basis erneuerbarer Energien

	Stromgestehungs-kosten (Pf/kWh)[*]
Photovoltaik	
– Freiflächenkraftwerke	90–150
– Dachflächenanlagen	120–200
Windenergie	
– 4–5 m/s	15–27
– 5–6 m/s	10–18
– > 6 m/s	7–13
Wasserkraft	
– Neuanlagen	15–80
– Reaktivierung	2–14
biogene gasförmige Brennstoffe	
– Klärgas/Deponiegas	7–26
– Biogas	14–24

[*] Zum Vergleich: Die Kosten beim konventionellen Kohlekraftwerk (auf Importkohlebasis) betragen 9,3 bis 12,3 Pf/kWh.

Tabelle 3: Kosten der Wärmebereitstellung auf der Basis erneuerbarer Energien

	Wärmegestehungs-kosten (Pf/kWh)[*]
Solarthermie	
– Warmwasser	5–20
– Raumwärme	12–37
– solare Nahwärme	16–35
Geothermie	4–13
biogene feste Brennstoffe	
– Restholz	7–27
– Stroh	8–30
biogene gasförmige Brennstoffe	
– Klärgas/Deponiegas	0–6
– Biogas	3–16

[*] Im Vergleich dazu: Bei der konventionellen Ölheizung betragen die Kosten 6 bis 8 Pf/kWh.

giesparmaßnahmen deutlich reduziert werden muss, liegt danach ausgehend von 17,7 % im Jahr 1995 im Jahr 2020 bei 21 % und im Jahr 2050 bei knapp 40 %. Langfristig muss er sogar auf 80 % steigen, um die globale Erwärmung in tolerablen Grenzen zu halten. Im Ggs. dazu erhöht sich der Anteil der e. E. an der Bedarfsdeckung unter Trendbedingungen nur geringfügig gegenüber dem heutigen Niveau (rd. 22,2 % im Szenario B des WEC im Jahr 2050). In Dtl. wird unter Klimaschutzgesichtspunkten, ausgehend von den 2,6 % im Jahr 1995, ein Anteil von mittelfristig (bis zum Jahr 2020) mindestens 10 % und langfristig (bis zum Jahr 2050) mindestens 50 % für notwendig gehalten.

Grundsätzlich gilt in technischer sowie in ökonom. Hinsicht: Die forcierte Erhöhung der Umwandlungswirkungsgrade auf der Nachfrage- und Angebotsseite sowie die Verringerung des Nutzenergiebedarfs bei der Bereitstellung von Energiedienstleistungen (z. B. durch Wärmedämmung) schafft für die e. E. den erforderl. Handlungsspielraum und reduziert damit auch die Kosten für den Einsatz heute noch teurer Technologien. Umgekehrt führt auch der verstärkte Ausbau der e. E. zu einer Effizienzsteigerung bzw. zu einer Energieeinsparung beim Anwender. Dies haben empir. Untersuchungen z. B. bei der Installation von Photovoltaikanlagen in Dtl. nachgewiesen.

Die techn. Potenziale für den erforderl. Ausbau der e. E. sind hoch genug. Ihre Ausschöpfung scheitert heute aber noch an einer Vielzahl von strukturellen, ökonom. und institutionellen Hemmnissen. Diese können mittelfristig nur über eine konse-

quente Energie- und Klimaschutzpolitik überwunden werden, indem sektor- und zielgruppenspezif. Markteinführungs-, Anreiz-, Informations-, Beratungs- und Weiterbildungsprogramme für e. E. und Energieeinsparung, die in einem effektiven Klimaschutzpfad untrennbar zusammengehören, aufgelegt werden. Den e. E. kann damit sowohl technologisch als auch ökonomisch zum Durchbruch und Dtl. zu einer Spitzenposition in diesem Technologiebereich verholfen werden. Dabei steht Dtl. (neben den anderen Industrieländern) auch in der Verantwortung gegenüber den Ländern des Südens, die aufgrund der Klimaproblematik ihren zukünftigen Energieverbrauch zu wesentl. Teilen auf der Basis e. E. decken müssen. Dies werden sie nur dann tun können, wenn die Einsatzreife, Modernität und Finanzierbarkeit dieser Techniken in den Industrieländern demonstriert wurde.

Für Dtl. ergibt sich hierdurch die Chance, internat. eine gute Ausgangsbasis für die Erschließung dieser Zukunftsmärkte zu sichern und zusätzliche qualifizierte und innovative Arbeitsplätze zu schaffen. Diese Chancen werden derzeit von der Energiepolitik und der Energiewirtschaft noch nicht ausreichend wahrgenommen.

⇨ *Blockheizkraftwerk · Elektrizitätswirtschaft · Energieforschung · Energiepolitik · Energiesparen · Energiewirtschaft · Kraft-Wärme-Kopplung · Photovoltaik · Solararchitektur · Solartechnik · Solarzelle · Sonnenenergie · Sonnenkollektor · Solarkraftwerk*

Erneuerbare Energieträger in Dtl. Potentiale u. Kosten, hg. v. M. KALTSCHMITT u. A. WIESE (1993); VDI-Lex. Energietechnik, hg. v. A. SCHAEFER (1994); G. ALTNER u. a.: Zukünftige Energiepolitik (1995); E. E. Systemtechnik, Wirtschaftlichkeit, Umweltaspekte, hg. v. M. KALTSCHMITT u. A. WIESE (1995); H. LEHMANN u. T. REETZ: Zukunftsenergien (1995); Mehr Zukunft für die Erde, hg. v. der Enquête-Kommission Schutz der Erdatmosphäre (1995); Solarwasserstoff – Energieträger der Zukunft?, hg. v. P. HENNICKE (1995); R. WEBER: E. E. Energieformen, Nutzungstechniken, Umwelteinflüsse (Vaduz ²1995); E. U. VON WEIZSÄCKER u. a.: Faktor Vier. Doppelter Wohlstand – halbierter Naturverbrauch (1995).

Erneuerungsknospen, Überwinterungsknospen, Innovationsknospen, im Vorjahr angelegte Knospen ausdauernder Pflanzen, die im Frühjahr zu **Jahrestrieben** (Innovations-, Erneuerungssprosse) auswachsen; man unterscheidet **oberirdische E.** (z. B. bei Bäumen, Sträuchern) von **unterirdischen E.** (bei →Geophyten).

Erneuerungsmodelle, *Operationsresearch:* die →Ersatzmodelle.

Erneuerungsschein, Talon [taˈlõ, frz.], Nebenpapier zu einer Aktie oder einer Inhaberschuldverschreibung; ermächtigt zum Empfang neuer Dividenden- oder Zinsscheine. Der E. ist ein →Legitimationspapier.

Erneuerungsschnitt, ein →Obstbaumschnitt.

Erni, Hans, schweizer. Maler und Grafiker, *Luzern 21. 2. 1909. Von P. PICASSO ausgehend, fand E. einen zeichnerisch bestimmten eigenen Stil, in dem er fantasievolle, sich dem Surrealismus nähernde Bilder, klar gestaltete Wandmalereien (›Die Schweiz, das Ferienland der Völker‹ für die Schweizer. Landesausstellung Zürich, 1939), Illustrationen, Plakate u. a. schuf; auch keram. Arbeiten und Bühnenbilder. (BILD S. 552)

H. E., hg. v. E. SCHEIDEGGER, 2 Bde. (Bern 1979–81); H. E. Die Plakate. 1929–1992, Beitr. v. J.-C. GIROUD, übers. v. H. VON GEMMINGEN (Bern 1993).

erniedrigt, *Heraldik:* Positions-Bez. für Figuren, die im Schildfeld niedriger als gewöhnlich gesetzt werden; Ggs. →erhöht.

Erniedrigungszeichen, in der *Notenschrift* das Versetzungszeichen, das die Erniedrigung eines Tones

Hans Erni: Drei Athletinnen; 1960 (Privatbesitz)

um einen Halbton oder um zwei Halbtöne vorschreibt: Durch ein B (♭) wird z. B. c zu ces; durch ein Doppel-B (♭♭) wird z. B. c zu ceses. Durch das Auflösungszeichen (♮) wird die Erniedrigung wieder aufgehoben.

Ern-Malley-Schwindel, engl. **Ern Malley hoax** [ˈəːn ˈmælɪ ˈhəʊks], Veröffentlichung einer 16-teiligen Gedichtfolge mit dem Titel ›The darkening ecliptic‹ in der austral. Zeitschrift ›Angry Penguins‹ im Herbst 1944, die angeblich im Nachlass eines kürzlich verstorbenen Dichters namens Ern Malley gefunden, tatsächlich aber von den austral. Schriftstellern HAROLD STEWART (* 1916) und J. McAULEY eilig und wahllos kompiliert worden war. Mit diesen Fälschungen, die von der Kritik mit Beifall bedacht, bald darauf als solche bekannt wurden, wollten STEWART und McAULEY die Unsinnigkeit eines Großteils der so genannten avantgardist. Dichtung unter Beweis stellen. Durch diesen Schwindel wurden sämtl. auf der internat. Moderne auf die austral. Lyrik ausgehenden Impulse erstickt und konservative Dichtungsformen gefördert.

Ernst August
(1771–1851)

Ernst, Herrscher:
Baden-Durlach: **1) Ernst,** Markgraf (regierte seit 1515), * Pforzheim 7. 10. 1482, † Sulzburg 6. 2. 1553; erhielt 1515 Hachberg und wurde durch die Landesteilung 1535 Herr von Pforzheim. E. ist der Begründer der Linie Baden-Durlach. Der im Innern um Gesetzgebung und Verw. bemühte Markgraf (Erlass einer Landes- und Bergwerksordnung) neigte der Reformation zu, blieb aber katholisch. Sein Enkel E. FRIEDRICH (* 1560, † 1604), der bereits 1577 zur Reg. gelangte, trat 1599 öffentlich zum Kalvinismus über.
Bayern-München: **2) Ernst,** Herzog (seit 1397), * 1373, † 2. 7. 1438; regierte mit seinem Bruder WILHELM III. (* 1375, † 1435). Aus dynast. Gründen stellte er sich gegen die Verbindung seines Sohnes ALBRECHT III. mit AGNES BERNAUER, die er 1435 ertränken ließ.
Braunschweig-Lüneburg: **3) Ernst August,** Herzog **von Cumberland** [ˈkʌmbələnd] und **zu Braunschweig-Lüneburg,** →Cumberland.
´4) Ernst August, Prinz **von Hannover,** Herzog (1913–18), * Penzing (heute zu Wien) 17. 11. 1887, † Schloss Marienburg (Gem. Pattensen, Kr. Hannover) 30. 1. 1953, Sohn von 3), Enkel König GEORGS V. von Hannover; ∞ seit 24. 5. 1913 mit VIKTORIA LUISE,

der Tochter Kaiser WILHELMS II.; konnte nach der mit seiner Heirat verbundenen Aussöhnung zw. Hohenzollern und Welfen, dem Verzicht seines Vaters auf alle Ansprüche zu seinen Gunsten und der eigenen Anerkennung der Reichsverfassung am 1. 11. 1913 in Braunschweig die Reg. antreten. In der Novemberrevolution musste er am 8. 11. 1918 abdanken.
W. HARTWIEG: Um Braunschweigs Thron 1912/13 (1964).

Braunschweig-Lüneburg-Celle: **5) Ernst der Bekenner,** Herzog (seit 1521), * Uelzen 26. 6. 1497, † Celle 11. 1. 1546; seit 1521 Mitregent, seit 1539 Alleinherrscher. Der an der Univ. Wittenberg (Einfluss M. LUTHERS) ausgebildete E. konsolidierte das in der →Hildesheimer Stiftsfehde 1519–23 zerrüttete Land. Nach der Teilnahme am Reichstag zu Speyer 1526 begann er mit der Säkularisation der Klöster seines Herzogtums, nach Unterzeichnung der Protestation von Speyer 1529 mit der Errichtung der ev. Landeskirche unter Mitwirkung von U. RHEGIUS als Landessuperintendent. E. trat dem Augsburg. Bekenntnis bei, wodurch sich sein Beiname erklärt, und warb als Mitgl. des Schmalkald. Bundes diesem in Nord-Dtl. viele Mitgl. 1535 gründete er ein nach röm. Recht verfahrendes Hofgericht.

Hannover: **6) Ernst August,** Kurfürst (seit 1692), * Herzberg am Harz 30. 11. 1629, † Herrenhausen (heute zu Hannover) 2. 2. 1698; seit 1661 prot. Bischof von Osnabrück; übernahm 1679 die Herrschaft in Calenberg und setzte durch einen Vertrag (1682) mit seinem Bruder GEORG WILHELM von Braunschweig-Lüneburg die Primogenitur im Welfenhaus durch; erlangte 1692 die Verleihung einer neunten Kurwürde (Erzbanneramt) für Hannover und damit die polit. Führung des Hauses Braunschweig-Lüneburg (außer Wolfenbüttel). Durch seine Heirat mit SOPHIE VON DER PFALZ, Enkelin König JAKOBS I., erwarb er seinem Haus die Anwartschaft auf die engl. Krone.

7) Ernst August, Herzog **von Cumberland** [ˈkʌmbələnd] **und Teviotdale** [ˈtiːvjətdeɪl] (seit 1799) und **zu Braunschweig-Lüneburg,** König (seit 1837), * London 5. 6. 1771, † Hannover 18. 11. 1851, Sohn von König GEORG III. von Großbritannien und Hannover; versuchte als extrem konservativer Führer der Tories im brit. Oberhaus, wie später als Parteigänger der preuß. Ultrakonservativen, jede Reformbewegung zu verhindern. Als 1837 die Personalunion zw. Hannover und Großbritannien aufgrund der fehlenden Sukzession in Hannover endete, trat E. A. die Reg. in Hannover an. Er hob sogleich das Staatsgrundgesetz von 1833 auf und enthob die protestierenden →Göttinger Sieben ihrer Ämter, musste jedoch 1848 das liberale Ministerium Stüve berufen.
G. M. WILLIS: E. A., König von Hannover (a. d. Engl., 1961).

Hessen-Darmstadt: **8) Ernst Ludwig,** Landgraf, * Schloss Friedenstein (in Gotha) 15. 12. 1667, † Schloss Jägersburg (bei Groß-Rohrheim) 12. 9. 1739; regierte bis 1688 unter der Vormundschaft seiner Mutter; betrieb später eine Neuordnung des Verw.- und Wirtschaftswesens in absolutist. und merkantilist. Sinne. Außenpolitisch verfolgte er einen reichstreuen und antifrz. Kurs. Mit den Ausgaben für seine Jagd- und Theaterleidenschaft belastete er die Staatsfinanzen auf das Schwerste.

9) Ernst Ludwig, Großherzog von Hessen und bei Rhein (1892–1918), * Darmstadt 25. 11. 1868, † Schloss Wolfsgarten (bei Langen) 9. 10. 1937. Der als liberal-konstitutionell eingestellt geltende Fürst suchte 1916 vergeblich, über familiäre Beziehungen – die Zarin war seine Schwester – Friedensgespräche mit Russland einzuleiten. Als Förderer der Wiss. und v. a. der Kunst gründete er die →Darmstädter Künstlerkolonie. Im November 1918 verlor er seinen Thron, ohne einen ausdrückl. Verzicht ausgesprochen zu haben.

Köln: **10) Ernst,** Herzog **von Bayern,** Erzbischof und Kurfürst (seit 1583), *München 17. 12. 1554, †Arnsberg 17. 2. 1612, Sohn von ALBRECHT V. von Bayern; wurde 1566 Bischof von Freising und 1572 Bischof von Hildesheim; erhielt 1577 in Köln die Priesterweihe, wurde jedoch nie zum Bischof geweiht. Seit 1581 auch Fürstbischof von Lüttich, wurde er 1583 zum Nachfolger des abgesetzten Erzbischofs von Köln (GEBHARD Truchsess von Waldburg) gewählt, konnte seinen Herrschaftsanspruch jedoch erst im →Kölnischen Krieg durchsetzen. 1585 wurde E. auch Fürstbischof von Münster. Er förderte die Niederlassung der Jesuiten in seinen Diözesen. Sein ausschweifender Lebenswandel bereitete der kath. Reformpartei große Schwierigkeiten.

Mansfeld: **11) Ernst II.,** Graf **von Mansfeld,** Söldnerführer, →Mansfeld, Ernst II. Graf von.

Osnabrück: **12) Ernst August II.,** Herzog **von Braunschweig-Lüneburg,** ev. Bischof (seit 1716), *Osnabrück 17. 9. 1674, †ebd. 14. 8. 1728. Seine aufgeklärt-absolutist. Herrschaft, die mit einer merkantilist. Wirtschaftspolitik einherging, führte zu Konflikten mit dem auch kath. Interessen vertretenden Domkapitel; v. a. seine Versuche, die kirchl. Gerichtsbarkeit einzuschränken, die Jesuiten auszuweisen und die an die Domherren gezahlten Zinsen der Landesschuld zu senken, stießen auf Widerstand.

Österreich: **13) Ernst der Eiserne,** Herzog (seit 1406/11), *Bruck an der Mur 1377, †ebd. 10. 6. 1424, dritter Sohn Herzog LEOPOLDS III.; erhielt bei der Teilung von 1406 die Steiermark (Begründer der steir. Linie der Habsburger), nach dem Tod seines Bruders LEOPOLD IV. 1411 auch Kärnten und Krain und beherrschte damit ganz Innerösterreich; nannte sich seit 1414 (Huldigung in Kärnten, Zollfeld) Erzherzog. Sein Sohn ist der spätere Kaiser FRIEDRICH III.

Pommern-Wolgast: **14) Ernst Ludwig,** Herzog (seit 1569), *Wolgast 2. 11. 1545, †ebd. 17. 6. 1592; erhielt bei der Teilung der beiden pommerschen Herzogtümer den Teil Wolgast; führte eine prunkvolle Hofhaltung, brachte damit sein Land in finanzielle Bedrängnis und lag deshalb in dauerndem Kampf mit seinen Landständen; förderte die Univ. Greifswald und veranlasste die Abfassung der ›Annales Pomeraniae‹ (1574, in dt. Sprache).

Prag: **15) Ernst von Pardubitz,** Bischof (seit 1343) und erster Erzbischof von Prag (seit 1344), *um 1300, †Raudnitz an der Elbe (Roudnice nad Labem) 30. 6. 1364; stammte aus ostböhm. Niederadel, studierte in Bologna und Padua Kirchenrecht; enger Mitarbeiter Kaiser KARLS IV. in Verw. und Diplomatie.

Karl IV. u. sein Kreis, hg. v. F. SEIBT (1978).

Sachsen: **16) Ernst,** Kurfürst (seit 1464), *Meißen 24. 3. 1441, †Colditz 26. 8. 1486, Sohn von Kurfürst FRIEDRICH II.; übernahm 1464 mit seinem Bruder ALBRECHT DEM BEHERZTEN die Reg., die er sowohl innen- wie außenpolitisch mit großem Erfolg leitete. Die von ihm mit seinem Bruder 1485 (17.6./8. 11., Leipziger Vertrag) durchgeführte Hauptteilung der wettin. Länder unter die von ihm begründete →ernestinische Linie und die →albertinische Linie schwächte das Haus Wettin und Kursachsen.

Sachsen-Coburg-Saalfeld: **17) Ernst I.,** Herzog von Sachsen-Coburg-Saalfeld (1806–26), von Sachsen-Coburg und Gotha (seit 1826), *Coburg 2. 1. 1784, †Gotha 29. 1. 1844, Vater von 18); erhielt auf dem Wiener Kongress (1815) das Fürstentum Lichtenberg an der Nahe zugesprochen, das er 1834 an Preußen verkaufte. 1821 erließ der als stark konservativ geltende Fürst eine liberale Verf. Ab 1826 verband er das Herzogtum Gotha (unter Verlust von Saalfeld) in Personalunion mit Sachsen-Coburg.

Sachsen-Coburg und Gotha: **18) Ernst II.,** Herzog (seit 1844), *Coburg 21. 6. 1818, †Schloss Reinhards-

brunn (bei Friedrichroda) 22. 8. 1893, Sohn von 17). Liberal und kleindeutsch-nat. eingestellt, förderte E. nach 1849/50 die Einigungsbestrebungen des Dt. Nationalvereins (gegr. 1859), dessen Protektor er wurde, und machte sein Land zu einem Zentrum der dt. Einigungsbewegung (Turner-, Sänger-, Schützenfeste; ›Schützen-E.‹ gen.). 1861 schloss er mit Preußen eine Militärkonvention. Nach der Gründung des Dt. Reichs (1871) widmete er sich kulturpolit. Fragen sowie der Industrialisierung seines Landes. Seine Memoiren ›Aus meinem Leben und aus meiner Zeit‹ (3 Bde., 1887–89) spiegeln das liberale, vom Nationalismus geprägte Gedankengut der Zeit.

Sachsen-Gotha-Altenburg: **19) Ernst I., der Fromme,** Herzog (seit 1640), *Altenburg 25. 12. 1601, †Gotha 26. 3. 1675; Ernestiner; trat 1631 in den schwed. Kriegsdienst ein. Nach der Niederlage von Nördlingen (1634) wandte er sich ganz dem Ausbau des zus. mit seinem Bruder WILHELM (*1598, †1662) regierten Landes zu, das er nach der Teilung von 1640 auf dem Erbwege um große Teile der wettinisch-ernestin. Besitzungen erweiterte (1672 Altenburg). Das in den letzten Jahren des Dreißigjährigen Krieges (1618–48) verwüstete Gothaer Land baute er rasch wieder auf, wobei er v. a. mithilfe von V. L. VON SECKENDORFF eine vorbildl. Landesverwaltung schuf (Muster des ›Teutschen Fürstenstaats‹). E. reformierte das Unterrichtswesen nach J. A. COMENIUS, führte 1642 die Schulpflicht sowie 1653, endgültig 1666, eine Landesordnung, 1670 eine Prozessordnung ein.

Schwaben: **20) Ernst II.,** Herzog (seit 1015), *um 1007, †bei Burg Falkenstein (auf der Baar) 17. 8. 1030, Sohn ERNSTS I. von Schwaben (*vor 984, †1015); stand bis zur Wiederverheiratung seiner Mutter GISELA mit dem späteren Kaiser KONRAD II. (1016) unter ihrer Vormundschaft, danach unter der seines Onkels POPPO von Trier (†1047). Mit der Thronerhebung (1024) seines Stiefvaters sah E. eine Gefährdung seiner Herrschaft in Schwaben als gegeben; seit dieser Zeit opponierte E. gegen KONRAD. Nach 1027 als Herzog abgesetzt und geächtet, fiel 1030 mit seinem Freund WERNER von Kyburg im Kampf gegen die Leute des Bischofs WARMANN von Konstanz, seines Nachfolgers im Amt des Herzogs.

E.s trag. Ende bildet die Vorlage für das mittelalterl. Epos ›Herzog E.‹ (um 1180). L. UHLAND bearbeitete den Stoff in einem Trauerspiel (1817), P. HACKS nutzte ihn in seinem Drama ›Das Volksbuch vom Herzog E. oder Der Held mit dem Gefolge‹ (1957) zu einer Kritik des ›Heldischen‹.

H. MAURER: Der Herzog von Schwaben (1978).

Ernst, 1) Fritz, schweizer. Literarhistoriker und Essayist, *Winterthur 14. 6. 1889, †Zürich 26. 3. 1958; war seit 1943 Prof. für Germanistik an der Eidgenöss. TH und für Vergleichende Literaturgesch. an der Univ. Zürich. In seinen essayist. Studien ging er v. a. der Eigenart der Kultur der Schweiz und Dtl.s nach.

Werke: Die Sendung des Kleinstaats (1940); Die Spielleute im Dienste der Stadt Basel ... (1945); Essais, 3 Bde. (1949); Von Zürich nach Weimar (1953); Europ. Schweiz (hg. 1961).

2) Max, frz. Maler und Bildhauer dt. Herkunft, *Brühl (Erftkreis) 2. 4. 1891, †Paris 1. 4. 1976; studierte 1909–14 Philosophie in Bonn. 1919 rief er mit H. ARP und JOHANNES BAARGELD (*1892, †1927) die Kölner Dadabewegung ins Leben. Ab 1922 lebte er in Paris, wo er sich den Surrealisten anschloss (›Rendezvous der Freunde‹, 1923/24; Köln, Museum Ludwig). Nach seiner Emigration (1941) lebte er in New York und Sedona (Ariz.). 1946 heiratete er die amerikan. Malerin DOROTHEA TANNING. – Immer wiederkehrende Motive seiner Bildwelt sind Vögel, anthropomorphe Figuren, Chimären, Horden, Wälder, kosm. Landschaften und Gestirne, die er oft nach dem Prin-

Max Ernst

Max Ernst: Der Elefant Celebes; 1921 (Privatsammlung)

zip des →Automatismus realisierte. Er entwickelte die Technik der →Frottage (1925) und später die der →Grattage. Seinen dem Surrealismus bes. verpflichteten Collageromanen (›La femme 100 têtes‹, 1929) legte er Illustrationen aus Zeitschriften des 19. Jh. u. Ä. zugrunde, in die er ausgeschnittene Figurationen (v. a. Tierköpfe) einfügte. In seinen Plastiken (ab 1928) verarbeitete E. Anregungen aus der Kunst der Naturvölker (›Capricorne‹, 1948, Bronzeguss 1964).

Weitere Gemälde: Der Elefant Celebes (1921; Privatsammlung); Oedipus Rex (1922; Privatsammlung); Die Horde (1927; Amsterdam, Stedelijk Museum); Der große Wald (1927; Basel, Kunstmuseum); Die ganze Stadt (1935–36; Zürich, Kunsthaus); Die Entkleidung der Braut (1939; Venedig, Peggy Guggenheim Collection); Europa nach dem Regen (1940–42; Hartford, Conn., Wadsworth Atheneum); Mundus est fabula (1959; New York, Museum of Modern Art).

Max Ernst: Capricorne, Bronze; 1964 (Mannheim, Kunsthalle)

P. WALDBERG: M. E. (Paris 1958); M. E. Œuvre-Kat., hg. v. W. SPIES, auf 6 Bde. ber. (1975 ff); M. E. Retrospektive 1979, hg. v. DEMS., Ausst.-Kat. (1979); M. E. Frottagen, hg. v. DEMS. ([2]1986); W. KONNERTZ: M. E. Zeichnungen, Aquarelle, Übermalungen, Frottagen (1980); W. SPIES: M. E. – Loplop (1982); P. GIMFERRER: M. E. (a. d. Span., 1983); M. E., Collagen. Inventar u. Widerspruch, bearb. v. W. SPIES, Ausst.-Kat. (1988); Hommage an M. E., hg. v. D. BRUSBERG, Ausst.-Kat. (1990); D. TANNING: Birthday. Lebenserinnerungen (a. d. Amerikan., 1991); I. GRESCHAT: M. E. Text-Bild-Kombinationen 1919 bis 1925 (1995).

3) Otto, eigtl. **O. E. Schmidt**, Schriftsteller, *Ottensen (heute zu Hamburg) 7. 10. 1862, †Groß Flottbek (heute zu Hamburg) 5. 3. 1926; war Lehrer, ab 1901 freier Schriftsteller; schilderte in seinen z. T. an den Naturalismus anklingenden Dramen, seinen Gedichten und gesellschaftskrit. Romanen und Erzählungen satirisch und humorvoll kleinbürgerl. Verhältnisse; auch Essays zur Literatur und Pädagogik.

Werke: *Erzählungen:* Der süße Willy (1895); Appelschnut (1907); Heidede! (1923). – *Komödien:* Jugend von heute (1901); Flachsmann als Erzieher (1901); Tartüff der Patriot (1909). – Gedichte (1889). – Asmus Sempers Jugendland (1905, autobiogr. Roman). – Niederdt. Miniaturen (1925).

4) Paul, Schriftsteller, *Elbingerode 7. 3. 1866, †Sankt Georgen an der Stiefing (Steiermark) 13. 5. 1933; war Redakteur und Dramaturg; bekannte sich in seinen Anfängen unter dem Einfluss von A. HOLZ zum Naturalismus (Drama ›Lumpenbagasch‹, 1898) und zu sozialrevolutionären Ideen. Unter dem Eindruck einer Italienreise (1900) trat er dann für die Selbstverantwortung des Menschen ein und betonte die Abhängigkeit der Kunst von sittl. Werten. E. wurde einer der Hauptvertreter der dt. Neuklassik. In seinem dichter. Werk suchte er seine kunst- und kulturkrit. Theorien (Essays ›Der Weg zur Form‹, 1906; ›Der Zusammenbruch des Idealismus‹, 1919) zu verwirklichen. Die stärkste Wirkung ging von seinen rd. 300 Novellen (›Komödiantengeschichten‹, 1920; ›Spitzbubengeschichten‹, 1920) aus, die diese Gattung nach dem Vorbild der Renaissancenovelle erneuerten (Zurücktreten der psycholog. Begründung, konzentrierte Handlung). E.s Erneuerungsversuche um das Drama waren wenig erfolgreich, auch seine Versuche einer Wiederbelebung des großen Epos vermochten nicht zu überzeugen (›Das Kaiserbuch‹, 3 Bde., 1922–28). E. schrieb später einige kleinere, im Harz spielende Romane: ›Der Schatz im Morgenbrotstal‹ (1926), ›Das Glück von Lautenthal‹ (1933).

Weitere Werke: *Dramen:* Demetrios (1905); Brunhild (1909); Ninon de Lenclos (1910); Ariadne auf Naxos (1912); Preußengeist (1915); Kassandra (1915); Yorck (1917); Chriemhild (1918). – *Novellen:* Der Tod des Cosimo (1912); Die Hochzeit (1913); Die Taufe (1916); Der Nobelpreis (1919). – *Romane:* Der schmale Weg zum Glück (1904); Die selige Insel (1909); Saat auf Hoffnung (1916). – *Essays:* Ein Credo, 2 Bde. (1912); Der Zusammenbruch des Marxismus (1919); Erdachte Gespräche (1920). – Jugenderinnerungen (1930); Jünglingsjahre (1931); Tagebuch eines Dichters (1934).

Ausgabe: Harzromane, hg. v. K. A. KUTZBACH (1966).

P. E. heute, hg. v. C. SCHWINGER (1980); N. FUERST: P. E. (1985).

5) Richard R., schweizer. Physikochemiker, *Winterthur 14. 8. 1933; war 1963–68 wiss. Mitarbeiter eines bes. auf dem Gebiet der Herstellung und Entwicklung von Spektrometern tätigen Unternehmens in Palo Alto (Calif.). Seit 1968 Privatdozent, seit 1976 ordentl. Prof. an der ETH Zürich. E. erhielt 1991 für seine bahnbrechenden Beiträge zur Entwicklung der Methode hochauflösender kernmagnet. Resonanzspektroskopie (NMR-Spektroskopie) den Nobelpreis für Chemie.

Ernst-Abbe-Stiftung, →Carl-Zeiss-Stiftung.

Ernste Bibelforscher, bis 1931 Name der →Zeugen Jehovas.

Ernst-Ludwig-Presse, Privatpresse, 1907 von Großherzog ERNST LUDWIG von Hessen in Darmstadt gegründet. Sie wurde zunächst geleitet von F. W. KLEUKENS; dessen Bruder C. H. KLEUKENS führte den Druck auf der Handpresse durch und übernahm 1914 die Leitung. Die E.-L.-P. druckte neben vielen anderen Vorzugsdrucken 1922–24 GOETHES ›Faust‹ sowie 1925–31 SHAKESPEARES Werke in engl. Sprache.

Ernst-Moritz-Arndt-Universität Greifswald, seit 1933 Name der 1456 gegründeten Univ. von Greifswald.

Ernte, das Einbringen von Feld- und Gartenfrüchten sowie auch von anderen verwertbaren Pflanzenprodukten (z. B. Teeblätter, Pflanzenfasern, Heu); auch Bez. für den Ertrag selbst.
Brauchtum: E.-Bräuche hatten bis Ende des 19. Jh. in der dörfl. Arbeitswelt wegen der schweren E.-Arbeit und des Einflusses des E.-Ertrages auf das Auskommen der Menschen im kommenden Jahr große Bedeutung, sind jedoch heute (bis auf das →Erntedankfest) kaum noch üblich. Die versch. **E.-Bräuche** begleiteten meist Beginn und Abschluss der Getreide-E.: gemeinsames Gebet vor Arbeitsbeginn, Schmücken des ersten und des letzten Erntewagens, Anmähen und Zeremonien beim Binden der ersten Garbe, Kennzeichnungen der Zehntgarben, spezielle Riten der mit vielen, landschaftlich versch. Namen bedachten letzten Garbe (›Alte‹), ein gemeinsames Mahl mit Tanz nach Beendigung der Feldarbeit (E.-Fest). Nach verbreitetem Aberglauben sollte sich in das letzte Getreide ein Dämon geflüchtet haben, der als Hahn oder Bock, aber auch als Mensch erscheinen konnte (›Roggenmuhme‹, ›Kornmutter‹).
Für das MA ist der E.-Schluss auf klösterl. Grundbesitz bezeugt; seit dem 17. Jh. war nach dem Einbringen des letzten Getreides in die Scheune eine E.-Predigt üblich, mit anschließender festl. Mahlzeit. Die Bräuche um die E.-Puppe für den, der den letzten Schnitt tat und die letzte Garbe band, um E.-Kranz oder E.-Krone (beide aus Blumen und Getreideähren geflochten), um das Austanzen des E.-Hahns oder eines E.-Bocks kamen zu breitester Entfaltung auf Großgrundbesitz; Zentrum war ein Tanzvergnügen, das der Gutsherr zu veranstalten hatte (›E.-Bier‹ bzw. ›E.-Kranz‹, plattdt. ›Aust[kost]‹). Als Abschluss des E.-Jahres galt Martini (11. 11.).
Zu den E.-Bräuchen gehörten auch die **Drescherbräuche** beim Abschluss der oft über den Winter bis zur Fastnacht dauernden, von Liedern bzw. Sprüchen begleiteten Arbeit des Flegeldreschens (›Ausdrusch‹).
R. WOSSIDLO: E.-Bräuche in Mecklenburg (1927); I. WEBER-KELLERMANN: E.-Brauch in der ländl. Arbeitswelt des 19. Jh. (1965).

Ernte|ameisen, Bez. für subtrop. →Knotenameisen, die Früchte und Pflanzensamen als Vorräte in ihre Nester eintragen. In Europa (Mittelmeerraum) kommt nur die zu den **Getreideameisen** gehörende Gattung **Messor** vor. Die Getreideameisen können in ihren unterirdisch angelegten Nestern bis zu 12 kg Getreidekörner pro Erntezeit eintragen. Im Nest werden die Körner von den Spelzen befreit und von vielen Tieren gemeinsam stunden- bis tagelang gekaut und mit Speichel vermengt. Das dabei entstehende ›Ameisenbrot‹ dient u. a. der Ernährung der Larven.

Erntedankfest, kirchl. Fest nach der Ernte. Alte Vorbilder sind das Laubhüttenfest der Israeliten und entsprechende E. der Römer. Schon in der Reformationszeit (16. Jh.) wurde als Termin des E. vielfach der Michaelistag (29. 9.) gewählt. Der Sonntag nach Michaelis wurde 1773 in Preußen als Tag des E. übernommen (bestätigt 1836). Heute wird das E. allg. am ersten Sonntag im Oktober gefeiert. Zur Feier in der Kirche werden auf dem Altar oder auf einem Beitisch Feldfrüchte ausgebreitet, die man anschließend verschenkt. Umstritten ist, ob das E. an vorchristl. (ger-

man.?) Dankopferriten anknüpft. – In den USA entstand ein entsprechendes Fest am vierten Donnerstag im November (→Thanksgiving Day).

Erntefieber, Feldfieber, zu den →Leptospirosen gehörige epidem. Infektionskrankheit.

Erntefische, Stromateoidei, Unterordnung der Barschartigen Fische mit Aussackungen der Speiseröhre, 6 Familien mit rd. 60 Arten, z. B. Quallenfische, Schwarzfische, Eckschwänze.

Erntemilbe, Trombicula autumnalis, eine Milbenart, deren Larven (Größe 0,25 mm, nach dem Blutsaugen bis 0,75 mm) im Spätsommer oft massenhaft auftreten und beim Menschen durch ihr Blutsaugen einen unerträgl. Juckreiz hervorrufen können (Ernte-, Heukrätze, Augustquaddeln).

Erntemonat, Erntemond, veraltete Bez. für den August.

Ernteversicherung, Abdeckung von Ertragsausfällen in Form einer Ernteschadenversicherung gegen Einzelgefahren oder einer Ernteertragsversicherung gegen alle Naturgefahren wie Hagel, Überschwemmungen, Sturm, Brand (Elementarschadenversicherung), abnorme Witterungseinflüsse oder tier. und pflanzl. Schädlinge.

Erntevölker, Naturvölker, die ihre Nahrung vorwiegend durch systemat. Ernten wild wachsender Pflanzenarten beschaffen und Vorräte anlegen. Ihre Wirtschaftsform (Erntewirtschaft) ermöglicht eine relative Sesshaftigkeit.

Eroberung, *Völkerrecht:* die krieger. Inbesitznahme fremden Staatsgebiets. Sie führt zunächst zur →Besetzung. Einen rechtl. Grund zum Gebietserwerb gibt die E. nicht, dieser kann vielmehr nur kraft Friedensvertrags erfolgen. Der allein auf Gebietsvergrößerung abzielende E.-Krieg ist als Angriffskrieg völkerrechtswidrig. An die Stelle der E. sind heute mittelbare Formen der Kontrolle oder Beeinflussung fremder Staaten getreten.

Erode [e'rəʊd], Stadt im Bundesstaat Tamil Nadu, S-Indien, an der Cauvery, 159 200 Ew.; Textilindustrie; Verkehrsknotenpunkt.

erodieren [lat. erodere ›ausnagen‹], *Geologie:* den Boden auswaschen, wegspülen (→Erosion).

Erodium [zu griech. eródios ›Reiher‹], wiss. Name der Pflanzengattung →Reiherschnabel.

Erofeev [jerɔˈfejef], Wiktor Wladimirowitsch, russ. Schriftsteller, →Jerofejew.

Eröffnung, erste Phase des →Schachspiels.

Eröffnungsbeschluss, im →Strafprozess ein das →Zwischenverfahren abschließender Beschluss des Gerichts, durch den die Eröffnung des Hauptverfahrens angeordnet wird (§§ 199 ff. StPO). Er wird erlassen, wenn der Angeschuldigte nach den Ergebnissen des staatsanwaltl. →Ermittlungsverfahrens einer Straftat hinreichend verdächtig erscheint, d. h., wenn eine überwiegende Verurteilungswahrscheinlichkeit besteht. Der E. ergeht in Form einer Zulassung der Anklage; er kann von dem Angeklagten nicht angefochten werden. Verneint das Gericht den hinreichenden Tatverdacht, so ist ein Nicht-E. zu erlassen; aus ihm muss hervorgehen, ob die Nichteröffnung auf tatsächl. oder auf rechtl. Gründen (§ 204 StPO) beruht; gegen den Nicht-E. ist seitens der Staatsanwaltschaft sofortige Beschwerde zulässig.

Eröffnungsbilanz, 1) die Bilanz eines Kaufmanns zu Beginn seines Handelsgewerbes (z. B. Unternehmensgründung), auf welche die für die Jahresbilanz geltenden Vorschriften entsprechend anzuwenden sind (§ 242 HGB); 2) die Bilanz zu Beginn eines neuen Wirtschaftsjahres, deren Wertansätze mit denen der Schlussbilanz des vorhergehenden Wirtschaftsjahres übereinstimmen müssen (§ 252 HGB). – E. besonderer

Paul Ernst

Richard R. Ernst

Art werden bei Währungsumstellungen erforderlich (→DM-Eröffnungsbilanz).

erogene Zonen, Stellen der Körperoberfläche, deren Berührung oder Reizung Lustgefühle (bes. sexueller Art) auslöst.

Eroica [ital. ›die Heldische‹], Name der Sinfonie Nr. 3 Es-Dur op. 55 (1803/04) von L. VAN BEETHOVEN, u. d. T. **Sinfonia eroica** ›dem Andenken eines großen Menschen‹ gewidmet; auf den späteren Kaiser NAPOLEON I. komponiert, sollte die E. urspr. ›Bonaparte‹ betitelt werden; Uraufführung (öffentlich) am 7. 4. 1805 in Wien.

eroico [ital.], musikal. Vortrags-Bez.: heldisch.

Erongo, Bergmassiv im mittleren Namibia, z. T. aus Granit, z. T. vulkan. Ursprungs, bis 2350 m ü. M.; Felsbilder; Wolfram- und Zinnminen.
W.-D. BLÜMEL: Der E. (Windhuk 1979).

Erophila [zu griech. ēr ›Frühling‹ und phile ›Freundin‹], wiss. Name der Kreuzblütlergattung →Hungerblümchen.

Eros: Vasenhenkel, gefunden in Myrina; Bronze, Höhe 26 cm; 2. Hälfte des 4. Jh. (Paris, Louvre)

Eros *der, -,* griech. **Ęros,** das der geschlechtl. Liebe innewohnende Prinzip, sinnl. Anziehung; auch *verhüllend* für: geschlechtl. Liebe, Sexualität. – In der *Geisteswissenschaft* wurde der Begriff des pädagog. E. geprägt (H. NOHL) und unter Berufung auf PLATON als eine zwischenmenschl. Beziehung verstanden, in der die selbstlose, auf die Selbstwerdung des Heranwachsenden gerichtete pädagog. Grundhaltung zum Ausdruck kommt.

Eros, griech. **Ęros,** *griech. Mythos:* der Gott der Liebe (in HESIODS ›Theogonie‹), zugleich mit Erde (Gaia), Finsternis (Erebos) und Nacht (Nyx) aus dem Chaos geboren; einer der ältesten Götter. Nach anderen Quellen galt er als Sohn des Ares und der Aphrodite und als einer der schönsten Götter. Einer seiner wenigen Kultorte war das böotische Thespiai, wo zu seinen Ehren auch Festspiele, die Erotidien, stattfanden; in Athen hatte er ein Heiligtum gemeinsam mit Aphrodite an der Nordseite der Akropolis. Als Sinnbild der Freundschaft und Liebe zw. Jünglingen und Männern wurde er bes. in Gymnasien zus. mit Anteros (dem Gott der Gegenliebe und Rächer verschmähter Liebe) verehrt. E. selbst wird von der Liebe zu Psyche ergriffen. In hellenist. Zeit erscheint er als Knabe, der mit seinen Pfeilschüssen Liebe erweckt. Im röm. Mythos entspricht dem E. der Gott Amor.

Dargestellt wurde E. in der griech. Kunst als nackter Jüngling, im 6. Jh. v. Chr. bereits auch geflügelt. Von LYSIPP stammt eine Plastik des bogenspannenden E. (4. Jh. v. Chr., Kopien in Rom und Kopenhagen). In der hellenist. und röm. Kunst trat, wie gelegentlich schon in der Klassik, E. vorwiegend in der Mehrzahl auf, d. h. als kindl. Eroten (lat. Amoretten), die in der pompejan. Wandmalerei und an röm. Sarkophagen oder auf Vasen zu finden sind. In der Neuzeit wird E. als jünglinghafter, dann als kindl. Amor, v. a. als Begleiter der Venus (A. CARRACCI, TIZIAN) sowie als einzeln dargestellt (PARMIGIANINO, P. P. RUBENS, CARAVAGGIO). Beliebt war daneben das Motiv von →Amor und Psyche (B. SPRANGER, T. SERGEL, A. CANOVA, RODIN). Die röm. Amoretten tauchen als Putten in der Renaissance wieder auf.

Eros [nach dem gleichnamigen griech. Gott], ein 1898 entdeckter →Planetoid, der wegen seiner außergewöhnl., zw. Erde und Mars verlaufenden Bahn zur Bestimmung der Sonnenparallaxe und damit der Entfernung Erde–Sonne herangezogen wurde. Seine mittlere Entfernung von der Sonne beträgt 218 Mio. km (= 1,46 Astronom. Einheiten), seine numer. Exzentrizität 0,23, sein mittlerer Durchmesser 20 km.

Erösd, rumän. **Ariușd** [-ʃ-], Ortsteil der rumän. Gemeinde Vâkele (Kr. Covasna) in Siebenbürgen mit jungsteinzeitl. Siedlung, namengebend für die E.-Kultur (3. Jt. v. Chr.), die mit der →Cucuteni-Tripolje-Kultur nahe verwandt ist. Ein häufiges Ziermuster der Keramik sind Spiralen, die vermutlich auf die bandkeram. Kultur (→Bandkeramik) zurückgehen.

Erosion [lat., zu erodere, ›ausnagen‹] *die, -/-en,*
1) *Fertigungstechnik:* →Elektroerosion.

2) *Geomorphologie:* im internat. Sprachgebrauch i. w. S. für →Abtragung gebraucht; im Deutschen vorzugsweise für die linear wirksame, einschneidende und ausräumende Tätigkeit fließenden Wassers **(fluviale E.).** Durch Reibung, Stoßkraft und Geschiebeführung werden Fließrinnen in die Tiefe und seitlich erweitert, und es entsteht ein Tal. Man unterscheidet daher Tiefen-E. (Talvertiefung) und Seiten-E. (Talverbreiterung). Beide können allein oder gemeinsam wirken. Die **Tiefen-E.** wird verursacht durch die Schwerkraft, angeregt durch Hebung der Landoberfläche und verstärkt an Engstellen, die sich v. a. an harten Gesteinsriegeln bilden. Sie bewirkt den Ausgleich des Flusslängsprofils durch Rückverlegung von Gefällstufen, sie schreitet dabei stromaufwärts gegen die höher gelegenen Teile des Flussbettes vor **(rückschreitende E.).** Durch die **Seiten-E.** werden die Talhänge und Ufer unterschnitten sowie die Flussbetten verbreitert.

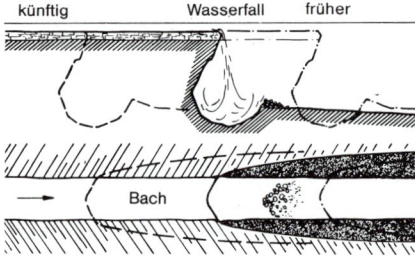

Erosion 2): Schematische Darstellung einer rückschreitenden Erosion, Verlagerung eines Wasserfalls entgegen der Strömungsrichtung (Pfeil)

Sie wird hervorgerufen durch stoßweise Wasserführung, Hochwasser und Pendeln des Stromstrichs, v. a. beim Mäandrieren. Bei erneuter Tiefen-E. (bes. nach zwischenzeitl. Akkumulation) bleiben oft Reste des ehem. Talbodens als flache Teile der Talgehänge in Form von **E.-Terrassen** (→Terrasse) erhalten. Die **absolute E.-Basis** ist das Endniveau der Tiefen-E., letztlich das Mündungsniveau der Flusssohle ins Meer; die **lokale E.-Basis** ist das Mündungsniveau in den Hauptfluss oder in einen See; sie kann aber auch durch eine Talstufe gebildet werden. Zum E.-Schutz →Bodenerosion.

H. MORTENSEN: Zur Theorie der Fluß-E., in: Nachr. von der Akad. der Wiss.en in Göttingen, Mathematisch-physikal. Klasse I, Jg. 1942, (1942) H. 3; I. SCHAEFER: Die diluviale E. u. Akkumulation (1950); H. VON WISSMANN: Über die seitl. E. (1951); J. KARL u. W. DANZ: Der Einfluß des Menschen auf die E. im Bergland (1969); H.-R. BORK: Boden-E. u. Umwelt. Verlauf, Ursachen u. Folgen der mittelalterl. u. neuzeitlichen Boden-E. (1988); Boden-E. u. Bodenschutz, hg. v. REINHARD-GÜNTER SCHMIDT (1994); P. LU: Die Entwicklung der Forschung zu Boden-E. u. Bodenschutz in Mitteleuropa (1994).

Erosion 2): Die Hinterrheinschlucht Via Mala als Beispiel für Tiefenerosion

3) *Grundbau:* Unterbegriff der hydrodynam. Bodendeformationen. Eine E. bewirkt einen Feinkornentzug aus einem Boden und eine Strukturänderung des Korngerüstes; es kommt zu Sackungen. Zur Vermeidung von Kontakt-E. zw. Schichten unterschiedl. Durchlässigkeit, wie sie z. B. im Dammbau oder bei der Grundwasserabsenkung vorkommen, werden Filter eingebaut.

4) *Medizin:* kleiner, oberflächl., nur das Epithel betreffender Substanzverlust der Haut oder Schleimhaut (Sekundäreffloreszenz), der als unblutige, nässende Hautschädigung ohne Narbenbildung abheilt. Eine E. der Hornhautoberfläche des Auges (Erosio corneae) tritt als stark schmerzender Gewebedefekt häufig nach Verletzungen oder Viruserkrankungen (Herpes corneae) auf.

5) *Werkstoffkunde:* von der Oberfläche ausgehende Zerstörung eines Werkstoffes, bes. durch die mechan. Wirkung von Feststoff- und/oder Flüssigkeitsteilchen enthaltenden strömenden Gasen und Dämpfen oder von Feststoffteilchen enthaltenden Flüssigkeiten.

erotematisch [zu griech. erótēma ›Frage‹], Bez. für einen Lehrstil, der, auf Leitfragen des Lehrers beruhend, zum Nachdenken und richtigen Antworten anregen soll. (→akroamatisch)

Eroten *Pl.,* kleine Erosfiguren, →Eros.

Erotik [zu griech. érōs ›Liebe‹, ›Liebesverlangen‹], semantisch vieldeutiger Begriff für im weitesten Sinn alle körperl. und geistig-seel. Erscheinungsformen der Liebe, soweit sie den Aspekt geschlechtl. Anziehung und sinnlicher Lust einbeziehen, deshalb auch häufig synonym für Sexualität. Im Unterschied zum triebhaft-affektiven Erleben bedeutet E. auch Liebeskunst:

als individuelle Sublimierung und Stilisierung geschlechtl. Triebverhaltens und als im weitesten Sinn künstlerische (spieler., metaphor. oder symbol.) Umsetzung von Sexualität in Sitten, Mode, Werbung, Kunst und Literatur. E. als eine Ausdrucksform zwischenmenschl. Kommunikation ist immer auch Sozialverhalten und als solches von kulturellen, dem histor. Wandel unterworfenen Normen geprägt.

E. stand urspr. in engem Zusammenhang mit Mythos, Religion und kult. Ritualen. So galt Eros in frühgriech. Zeit als lebenszeugender kosm. Urgott und als über Menschen wie Götter herrschende Schicksalsmacht (HESIOD). Geschlechtl. Vereinigung und erot. Lust wurden als Teilhabe am göttl. Schöpfungsmythos begriffen. Den archaischen Einklang von erot. und religiöser Ekstase bezeugen die in vielen Kulturen verbreiteten orgiast. Fruchtbarkeitsfeste, Tempelprostitution und Phalluskulte.

Aus vielen Kulturen, v. a. der indischen, chin. und arabisch-islam., sind Liebeslehren überliefert, in denen erot. Wissen von Meistern an auserwählte Schüler weitergegeben wurde, z. B. durch das ind. ›Kamasutra‹ (vermutlich 1. Jh. n. Chr.; Leitfaden für den Liebesgenuss). Ziel der erot. Lehrmeisterkunst war nicht die Unterscheidung von moralisch Erlaubtem und Verbotenem, sondern die Erkenntnis der der Lust innewohnenden Qualitäten, ihre verfeinerte Wahrnehmung und Umsetzung. Aus der erot. Initiation sollte der Schüler gewandelt hervorgehen, befähigt zu absoluter Körpererfahrung und sinnl. Ekstase.

Bestimmend für das neuzeitl. E.-Verständnis wurde die in PLATONS ›Symposion‹ und ›Phaidros‹ entwickelte Philosophie des Eros. Die Wesensdefinition des Erotischen im ›Symposion‹ geht aus vom Mythos der Geschlechtertrennung, demzufolge der einst gottähnliche, doppelgeschlechtl. Mensch von Zeus in zwei Hälften zerteilt wurde, die fortan danach streben, sich miteinander zu vereinigen, um die verlorene Ganzheit und Vollkommenheit wiederherzustellen. Eros entspringt also einem Mangel: Er ist das Verlangen nach dem, was dem Menschen fehlt. Eros als subjektive Macht des Begehrens löst Eros als objektive Gottheit ab. Der Begriff erot. Erfüllung wird bei PLATON neu definiert als ›Zeugung im Schönen‹. Doch das Schöne als wahres Objekt des Verlangens ist nie direkt zu erreichen. PLATON sieht deshalb eine Stufenleiter der erot. Bildung vor, die von der Liebe zum schönen Leib über die Liebe zur schönen Seele aufsteigt bis zur Schau des Schönen selbst, das zugleich das Wahre und das Gute ist. Mit der platon. Eros-Lehre setzt die Geschichte des Subjekts ein, das im Begehren die Wahrheit seines Wesens entdeckt (M. FOUCAULT).

Die bereits bei PLATON vollzogene Wendung vom leibl. zum seel. Eros wurde in der neuplaton. Philosophie im Sinne eines myst., von allem Geschlechtlichen gereinigten Erosbegriffs weiterentwickelt. An diesen knüpfte die spätjüdisch-christl. Vorstellung der Gottesliebe an, wobei der Begriff des Eros durch den neutestamentl. der Agape ersetzt wurde. Gemessen am Absolutheitsideal transzendenter Gottesliebe wurde (etwa bei AUGUSTINUS) die profane Geschlechtsliebe als Hindernis auf dem Weg zum christl. Heil interpretiert. Damit entzog die christl. Lehre einer positiven Bewertung der E. den Boden, setzte aber gleichzeitig einen entsublimierten Begriff der Sexualität, den des ›sündigen Fleisches‹, frei, als deren ureigenste Verkörperung die Nachfahrin Evas, die Frau, galt. Gegen Ende des 11. Jh. wurde der asket. Strenge der christl. Morallehre ein neues weltl. Liebesideal entgegengesetzt. An den Fürstenhöfen Frankreichs entstand die Kunst der Troubadours und Trouvères und mit ihr die ›Fin amors‹ (reine Liebe, Minne) als neues gesellschaftl. Phänomen. Die ständisch geprägte Minne legte den Grundstein zu einer erot. Kultur, die bald ganz Europa erfasste und bis in die Galanterie des Rokoko hineinwirkte. Das Liebeswerben der Sänger zielte nicht auf Erfüllung, sondern auf die Idealisierung der angebeteten (meist verheirateten) Herrin, die ihrerseits den Liebenden zu verfeinerter Sittlichkeit und ritterl. Vollkommenheit zu erziehen hatte. Das hier entstandene Ideal erot. Kommunikation setzte einen gemeinsamen Lebensraum (Hof, später Salon) für Männer und Frauen voraus und bedingte eine größere Triebrestriktion aufseiten des Mannes bei gleichzeitig größerer gesellschaftl. und erot. Freiheit der Frau. Es implizierte die Retardierung sexueller Erfüllung und die Unvereinbarkeit von E. und Ehe, deren primäres Ziel die Sicherung der familiären Bindungen und des Besitzstandes war. Die mit der Wiederentdeckung der Antike einhergehende Aufwertung der Sinnlichkeit und körperl. Schönheit in der ital. Renaissance brachte einen neuen Kult der Schönheit und Liebe hervor. Die Liebe, ob vergeistigt-sublime ›amor divino‹ oder sinnenfroher Genuss, galt als kosm. Leidenschaft, die keine institutionelle Einbindung duldete. Im Mittelpunkt der neuen Liebeskunst stand die vornehme Dame von Stand und die Cortegiana (im Italien. die Bez. für Hofdame, aber auch für Mätresse), d.h. die in die Hofgesellschaft aufgenommene und als Geliebte des Fürsten offiziell anerkannte Frau. Wie die griech. Hetäre war die ital. Kurtisane eine Frau von Bildung und Geist, die eine relativ große gesellschaftl. Autonomie besaß. Lebensstil und erot. Selbstverständnis der großen Mätressen in Italien und später in Frankreich wirkten stilbildend auf die Frauen der europ. Oberschichten. In den Salons des 17. und 18. Jh. schufen adlige und bürgerl. Frauen das Forum für eine neue, geistvolle, psychologisch vertiefte erot. Gesellligkeitskultur.

Einen Höhepunkt erot. Lebensstils kennzeichnet die frz. Gesellschaft des 18. Jh. Zur Zeit CASANOVAS und der ›Fêtes galantes‹ wurde mit allen Spielarten der E. experimentiert: Neben der heiter-beschwingten Sinnenfreude des Rokoko mit seinen femininen Stilelementen (J. A. WATTEAU) finden sich DE SADES Höllenkataloge der menschl. Lüste, neben anakreont. Schäferspielen der radikale Sensualismus der Libertins.

In scharfem Ggs. zum erotisch freizügigen Liebescode der frz. Oberschicht (Galanterie) entwickelte sich das bürgerl. Ideal der Liebesehe, das im 18. Jh., von England ausgehend, seinen Siegeszug durch Europa antrat. Fortan galt die Ehe als exklusiver Ort für Leidenschaft, E. und Liebe, wobei das im 18. und 19. Jh. fortwirkende Erbe des Puritanismus mit seiner innerweltl. Askesevorstellung (M. WEBER) der E. enge Grenzen setzte. So galt nicht nur die erot. Passion vor und außerhalb der Ehe als moral. Verfehlung bzw. trag. Schuld (J.-J. ROUSSEAU ›La Nouvelle Héloïse‹, 1764), verpönt waren auch alle Spielarten der E., die gegen das Primat genitaler, heterosexueller Liebe verstießen. E., die nicht dem Fortpflanzungsziel diente, galt als abweichendes Sexualverhalten und wurde zum Gegenstand medizin. Forschung. An die Stelle der ›ars erotica‹ früherer Gesellschaften trat die ›scientia sexualis‹. Die normwidrigen, verdrängten erot. Impulse übten wiederum eine nachhaltige Faszination auf die Kunst aus, ausgehend von der Romantik über den Naturalismus und die Dekadenz bis zur Moderne. Die Repräsentanten dieser ›schwarzen E.‹ (M. PRAZ) wie Femme fatale, Dandy, Carmen, Satan, Dorian Gray, Don Juan, Lulu und Lolita sind geprägt durch erot. Grenzüberschreitung und Opposition zur bürgerl. Sexualordnung. An diesen Aspekt der E. knüpfte G. BATAILLE an, indem er E. als ein Begehren definierte, das über das Verbot triumphiert und seinem Wesen nach Exzess, Überschreitung (Transgression) bedeutet.

Entscheidende Bedeutung für Theorie und Praxis von Sexualität und E. im 20. Jh. erlangten die Erkenntnisse der Psychoanalyse S. FREUDS. In seinen späten metapsycholog. Schriften griff er den platon. Erosbegriff auf, den er synonym mit ›Lebenstrieb‹ verwendete und dem ›Todestrieb‹ (Thanatos) gegenüberstellte. In seiner Kulturtheorie (›Jenseits des Lustprinzips‹, 1920) ging er davon aus, dass Aufbau und Zerstörung der Kultur in die Dynamik des Kampfs zw. Eros und Todestrieb eingebunden sind. Eros schafft Kultur im Kampf gegen Thanatos. Gleichzeitig aber fördern die Versagungen, die die Zivilisation notwendig den erot. Triebkräften auferlegt, die Macht der destruktiven, kulturzerstör. Kräfte.

Die in der Zeit nach 1968 entwickelten Vorstellungen von E. wurden nachhaltig von H. MARCUSES Werk ›Eros und Kultur‹ (1957) beeinflusst, in dem er die Utopie einer nichtrepressiven, von dem Konflikt zw. Eros und Thanatos befreiten Gesellschaft schuf. Gleichzeitig kritisierte er in seinem Werk ›Der eindimensionale Mensch‹ (1967) die in der modernen Industriegesellschaft angelegte Tendenz zur Entsublimierung der Erotik.

In der Gegenwart zeichnet sich eine Pluralisierung der erot. Modelle und Erscheinungsformen ab. Die überlieferten Liebesmythen und Vorstellungen von E. wurden im Zuge der neueren weibl. Emanzipationsbewegung einer krit. Revision unterzogen (SIMONE DE BEAUVOIR, BETTY FRIEDAN, KATE MILLETT). Moderne Feministinnen setzen einer primär von der männl. Sichtweise bestimmten E. eine Ethik der Differenz entgegen, der es um die Anerkennung einer spezifisch weibl. Lust und Körperlichkeit geht (ANAÏS NIN, LUCE IRIGARAY, HÉLÈNE CIXOUS). Andere sehen in der Gegenwart den Anbruch einer ›androgynen Revolution‹ (ELISABETH BADINTER), in der das Leitbild der Geschlechterdifferenz durch das Ideal einer psych., sozialen, aber auch biolog. und physiolog. Geschlechtergleichheit abgelöst wird. Mit dem Entstehen eines neuen androgynen Menschentypus werde das bislang gültige Modell einer E., die auf der Spannung und Differenz zw. Mann und Frau beruht, durch eine befriedete E. der Freundschaft und geschwisterl. Zärtlichkeit ersetzt.

⇨ *erotische Kunst · erotische Literatur · Liebe · Minne · Sexualität*

W. SOMBART: Liebe, Luxus u. Kapitalismus (Neuausg. 1967); M. PRAZ: Liebe, Tod u. Teufel. Die schwarze Roman-

erotische Kunst: Isis empfängt Horus nach dem Tod ihres Gatten Osiris, Kalkstein, Höhe 17 cm; Ptolemäerzeit, 330–323 v. Chr. (New York, Brooklyn Museum)

erotische Kunst: Fragment einer Tasse aus der Zeit des Augustus, Terra sigillata (Arezzo, Museo Archeologico)

tik, 2 Bde. (a. d. Ital., 1970); A. u. W. LEIBBRAND: Formen des Eros. Kultur- u. Geistesgesch. der Liebe, 2 Bde. (1972); R. NELLI: Érotique et civilisations (Paris 1973); G. BATAILLE: Der Heilige Eros (a. d. Frz., 1974); DERS.: Die Tränen des Eros (a. d. Frz., 1981); H. KUHN: Liebe. Gesch. eines Begriffs (1975); A. LESKY: Vom Eros der Hellenen (1976); G. R. TAYLOR: Kulturgesch. der Sexualität (a. d. Engl., 1977); N. DAVIES: Weltgarten der Lüste. Gesch. der E. (a. d. Engl., 1985); J. KRISTEVA: Histoires d'amour (Paris 1985); M. FOUCAULT: Der Gebrauch der Lüste (a. d. Frz., 1986); DERS.: Der Wille zum Wissen (a. d. Frz., 1986); E. BADINTER: Ich bin Du. Die neue Beziehung zw. Mann u. Frau oder die androgyne Revolution (a. d. Frz., 1987); L. IRIGARAY: Fünf Texte zur Geschlechterdifferenz (a. d. Frz., 1987); N. LUHMANN: Liebe als Passion. Zur Codierung von Intimität (Neuausg. ²1995).

erotische Kunst, Bez. für Werke der bildenden Kunst, in denen das Sinnlich-Körperliche, die sexuelle Komponente der Liebe betont wird. Eine eindeutige Zuordnung ist schwierig, da einerseits zur e. K. auch Werke gerechnet werden, die von ihrer Sinngebung her in einem myth. Zusammenhang stehen, andererseits die Grenze zur Pornographie schwer zu ziehen ist.

Vorgeschichte und *Altertum:* Aus der Altsteinzeit sind die jungpaläolith. Venusstatuetten Europas und Sibiriens bekannt, die eine Überbetonung weibl. Geschlechtsmerkmale zeigen, z. B. die Venus von Willendorf (BILD Altsteinzeit), die Venus von →Dolní Věstonice, die Dame von Sireuil (Museum von Saint-Germain-en-Laye) oder die Venusstatuetten von Kostjonki am Don. Die Deutung ist umstritten, es werden in ihnen i. A. keine Götterbilder gesehen, sondern Fruchtbarkeitssymbole, die wahrscheinlich in Kult und Ritus eine Rolle spielten. Die späteren neolith. Figuren aus Anatolien werden hingegen nach ihren Attributen als Darstellungen einer Muttergottheit, der ›Herrin der Tiere‹ und Herrin über Tod und Leben, gedeutet. Die ältesten stammen aus Çatal Hüyük aus dem 7./6. Jt.; die kleinen Tonfiguren aus dem 6./5. Jt. aus Hacılar (bei Burdur) bilden die Prototypen der anatol. und ägäischen Idole der folgenden Bronzezeit (Kykladenidole, Darstellungen z. B. auf minoischen Siegeln). Der Ursprung der seit dem Hellenismus in Westanatolien und den Küstenstädten Syriens und des Libanons weit verbreiteten bekleideten Muttergottheiten (z. B. Artemis von Ephesos, Aphrodite von Aphrodisias) ist dagegen im 12.–8. Jh. v. Chr. zu suchen. Paarungsszenen wurden in der Frühzeit ebenso wenig wiedergegeben wie in den alten Hochkulturen Ägyptens und Mesopotamiens. Vereinzelt wurden Phallussymbole gefunden. Eine eigentl. kleinasiatische phall. Gottheit war →Priapus. In der griech. Kultur war die →Herme sehr alten Ursprungs, auch im Demeterkult und bes. im Dionysoskult hatte der Phallos Bedeu-

tung; Teilnehmer der Dionysosfeste trugen große Attrappen; Satyrn und Silene aus dem Gefolge des Gottes wurden entsprechend, z. B. in den Satyrspielen, dargestellt. Höhepunkte der e. K. in der Antike sind griech. Vasenmalereien des 6. und 5. Jh. v. Chr., die ein hohes Maß an Ungezwungenheit zeigen und u. a. auch die Homosexualität einbeziehen. Die Göttin der Liebe selbst, Aphrodite (Venus), wird in der Antike nicht in erot. Situationen dargestellt. Erot. Motive kommen auch in der etrusk. und röm. Wandmalerei, auf Spiegeln, Cisten, Tonmedaillons und Geschirr vor.

Mittelalter und *Neuzeit:* Erst im 14. Jh. gab es wieder eine e. K. im profanen Bereich in Form von Illustrationen zu Dichtungen G. BOCCACCIOS und in Wanddekorationen (San Gimignano). Zu den bevorzugten Motiven der spätmittelalterl. Kunst nördlich der Alpen gehörten Liebesgärten, Badehausszenen und Jungbrunnen. Seit dem ausgehenden 15. und v. a. im 16. Jh. wurden geeignete Motive der antiken Mythologie (Aphrodite/Venus, Ariadne, Artemis/Diana, Eros/Amor/Cupido, Leda, Paris und Helena, Bacchanalien, Faune, Satyrn und Nymphen) und der christl. Kunst (Adam und Eva, Susanna im Bade, Bathseba im Bade, Joseph und die Frau Potiphars, Lot und seine Töchter) sowie Allegorien erotisiert (BOTTICELLI, LEONARDO DA VINCI, TIZIAN, CORREGGIO, TINTORETTO, VERONESE, H. BOSCH, L. CRANACH D. Ä., H. BALDUNG, GIOVANNI DA BOLOGNA). Die Künstler gerieten dabei häufig in Konflikt mit der Gerichtsbarkeit (MICHELANGELO, B. CELLINI, CARAVAGGIO in Italien, die Brü-

erotische Kunst: Tintoretto, ›Vulkan überrascht Venus und Mars‹, 1550–53(?) (München, Alte Pinakothek)

der BEHAM in Dtl.). Die größte Eindeutigkeit bei der Darstellung erot. Szenen erreichte wohl GIULIO ROMANO in einem für Papst LEO X. geschaffenen Zyklus, der 1524 in Stichen veröffentlicht wurde. Spezifisch höf. Motive zeigen die Werke der Schule von Fontainebleau. Ende des 16. und im Verlauf des 17. Jh. behandelten u. a. L. BERNINI, H. VON AACHEN, J. LISS, S. VOUET, N. POUSSIN, F. GIRARDON, P. P. RUBENS, J. JORDAENS, H. GOLTZIUS sowie niederländ. Genremaler u. a. in Wirtshaus- und Kuppelszenen erot. Themen. Im 18. Jh. bot v. a. die frz. Malerei einen großen Nuancenreichtum (A. WATTEAU, F. BOUCHER, H. FRAGONARD, J.-B. GREUZE, A. CANOVA). Allg. beliebt waren Kleinplastiken, die auch in Porzellan und Elfenbein (J. ELHAFEN) hergestellt wurden. Aus England kamen Beiträge zur e. K. von J. H. FÜSSLI; der Schwerpunkt lag dort jedoch auf der Karikatur (W. HOGARTH, J. GILLRAY, T. ROWLANDSON).

Die Künstler des 19. Jh. suchten neue Ausdrucksmöglichkeiten (T. Géricault, E. Delacroix, G. Courbet, É. Manet, A. Renoir, H. Toulouse-Lautrec, J.-B. Carpeaux, A. Rodin). Konkurrenz erwuchs ihnen aus der neu entwickelten Daguerreotypie und der Fotografie. Neue Akzente setzten der Symbolismus (G. Moreau, F. Rops, M. Klinger, F. Khnopff, E. Munch) sowie G. Klimt und A. Beardsley. Als Meister der e. K. des 20. Jh. gelten H. Matisse, P. Picasso, A. Modigliani und M. Chagall. In Dtl. setzten sich in den ersten Jahrzehnten v.a. L. Corinth, die Expressionisten, M. Beckmann und Vertreter der Neuen Sachlichkeit (G. Grosz, O. Dix, C. Schad) intensiv mit erot. Themen auseinander, in Österreich E. Schiele. Eine wichtige Rolle spielten erot. Motive in den Werken der Surrealisten. In der Folgezeit werden erot. Themen in den verschiedensten Kunstrichtungen von der Pop-Art (D. Hockney, A. Jones) über Happening (Wiener Aktionismus), die versch. Formen des Realismus (E. Fuchs, P. Pearlstein, J. De Andrea) bis zu den Neuen Wilden (R. Fetting, L. Castelli, Salome) behandelt. Mit erot. Zeichnungen und Grafiken sind v.a. H. Bellmer, P. Wunderlich, H. Janssen, P. Klossowski, A. Hrdlicka und A. Frohner hervorgetreten. In der künstler. Fotografie des 20. Jh. finden sich erot. Motive u.a. bei Brassaï, H. Newton, D. Hamilton, R. Mapplethorpe und R. Heinecken.

In *Ostasien* fallen in den Bereich der e. K.: 1) Figurendarstellungen, die durch Tier-, Pflanzen- und Gegenstandssymbolik auf erot. und sexuelle Inhalte anspielen; 2) illustrierte Handbücher (›Frühlingsbilder‹, chin. ›Chunhua‹; auch ›Hochzeits‹- und ›Kopfkissenbücher‹) mit realist. Darstellungen erot. Spiele; 3) Farbholzschnitte und Romanillustrationen. Das Interesse ostasiat. Figurenmalerei war stets auf die linear aufgefasste Gewandfigur gerichtet, die anatomisch korrekte Wiedergabe des Körpers war nie ihr Ziel. Entsprechend erscheint der nackte oder halb entblößte Körper immer schemenhaft vereinfacht.

In *China* ist die Existenz erot. Handbücher schon für die Westl. Handynastie (202 v. Chr.–9 n. Chr.) belegt. Die sexuelle Vereinigung wurde als integraler Bestandteil der kosm. Harmonie gesehen, welche durch das Gleichgewicht zw. →Yin und Yang garantiert war. Taoisten und Alchimisten propagierten die Kunst der Liebe als Mittel zur Verlängerung des Lebens; demgegenüber betonten die Konfuzianer den sozialen Aspekt der Fortpflanzung, die das Fortbestehen der Sippe und des Ahnenkultes sicherte. Zu den berühmten, nicht erhaltenen Werken zählen ›Geheime Ausschweifungen in einer Frühlingsnacht‹ von dem Maler

Zhou Fang (2. Hälfte des 8. Jh.) und die ›39 Liebespositionen‹ des Literaturmalers Zhao Mengfu (13./Anfang 14. Jh.). In der städt. Kultur der Mingzeit (1368–1644) entstanden illustrierte erot. Romane, die u.a. Streifzüge durch berühmte Freudenviertel beschrieben. Tang Yin und Qiu Ying schufen verfeinerte erot. Gemälde, die den sexuellen Szenen einen lyr. Stimmungsgehalt verliehen. Ungefähr ab 1570 wurden in Nanking die ersten erot. Farbholzschnitte mit linearen Umrisszeichnungen gedruckt, die sich an diesen Vorbildern orientierten. Mit dem Beginn der Qingdynastie (1644–1911/12) wurde die Produktion erot. Drucke eingestellt, ihr Einfluss bleibt jedoch in der Malerei spürbar.

In *Japan* waren nach chin. Vorbild erot. Handbücher (›Shunga‹) schon in der Narazeit (710–794) in Kreisen der Oberschicht populär. Das älteste im Original erhaltene Werk e. K. ist die Handrolle ›Chigo no sōshi‹ (1321; Kyōto, Daigo-ji-Tempel). Durch das Medium des Holzschnitts (Ukiyo-e) entwickelte sich die Shunga in der Edozeit (1600–1868) zu einer Kunstform, die weiten Teilen einer städt. Bevölkerung zugänglich wurde. In der Frühphase des Ukiyo-e (1660 bis um 1760) wurden auch erot. Buchillustrationen und Shunga-Alben geschaffen. In dessen Blütezeit (um 1760–1810, Vielfarbendrucke) ragen Suzuki Harunobu und Katsukawa Shunshō heraus. In seiner Zeit als führender Meister geschätzt – und auch in Europa weithin bekannt – ist Kitagawa Utamaro. Sein Kopfkissenbuch ›Uta makura‹ (1788, ›Liederkissen‹) gilt als eines der vollkommensten Werke jap. e. K. In die Spätphase des Ukiyo-e (um 1810–50) gehören die erot. Alben des Katsushika Hokusai, Utagawa Kunisada und des Utagawa Kuniyoshi.

In *Indien* ist die e. K. vom 2. Jh. v. Chr. bis 13. Jh. n. Chr. fast ausschließlich Teil der plast. Dekors sakraler Bauten. Ab dem 16. Jh. kamen bei Miniaturenserien (Einzelbilder auf Papier oder Elfenbein) erot. Szenen vor. Im Figurenschmuck des Tempelbereichs gibt es v.a. zwei Gruppen von Darstellungen: das Paar in versch. Stadien und Formen der sinnl. Annäherung und die einzelne Frauenfigur, die ihre Reize zur Schau stellt. Steinfiguren üppiger junger Frauen (→Yakshas), aus denen sich die brahman. Apsaras (himml. Liebhaberinnen) entwickelten, schmücken die Eingangstore buddhist. Tempel (Bhaja, Bharhut, Sanchi).

In der Frühzeit der ind. Kunst (2. Jh. v. Chr. bis 3. Jh. n. Chr.) ist die Darstellung sich liebkosender Paare noch zurückhaltend und meist in einen erzäh-

lenden Zusammenhang eingebunden. Um die Zeitenwende treten im Eingangsbereich buddhist. Höhlentempel (Karla, Nasik) Paare auf, bei denen Vertraulichkeit nur angedeutet ist, in Karla (1. Jh. v. Chr.) zum ersten Mal inschriftlich als ›Mithuna‹ bezeichnet. In der klass. Zeit (4.–6. Jh.) wurden Türrahmen des Tempel- und Schreineingangs mit Liebespaaren geschmückt. In den nachklass. Hindutempeln des Dekhan (6.–8. Jh.) treten diese Darstellungen auch als Reliefschmuck im Tempelinneren auf, an den äußeren Tempelwänden im Wechsel mit Götterbildern und epischen Szenen (Badami). Vermutlich unter dem Einfluss des Tantrismus mit seinen Sexualritualen rückte nun auch der Sexualakt selbst in den Vordergrund der Darstellung. Im MA. (9.–13. Jh.) wurden die Tempelwände mit Skulpturenschmuck überzogen (Khajuraho, Konarak).

Neben der Skulptur am Bauwerk gibt es losgelöste tantr. Kultbilder, die die sexuelle Vereinigung einer männl. und einer weibl. Gottheit zeigen (im Hinduis-

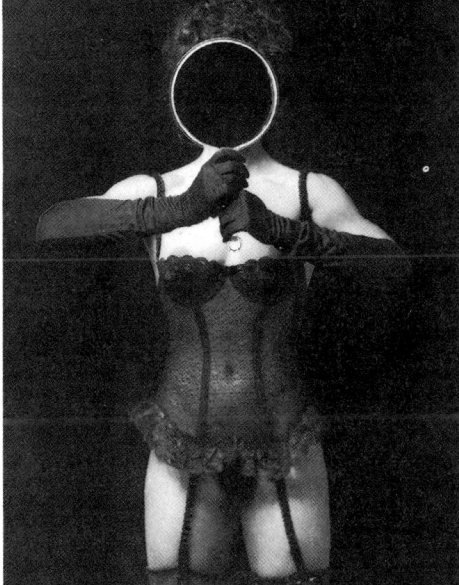

erotische Kunst: Robert Mapplethorpe, Fotografie aus der Serie ›Lady‹; 1983

mus meist Shiva und Shakti, im Buddhismus Upaya und Prajna, Allegorien von Praxis und Erkenntnis). Der Schöpfungsakt wurde als kosm. Liebesakt eincs göttl. Prinzips verstanden, das sich zur Paarung in einen männl. (→Linga) und einen weibl. (→Yoni) Part teilt.

Mit dem Vordringen des Islams (12./13. Jh.) verschwand die erot. Skulptur im NW Indiens fast ganz, im S überlebte sie v. a. in Form von Bronze-, Messing- und Elfenbeinstatuetten. In der Malerei wurden drei Themenkreise ausgeschöpft: 1) die Legende um den Hirtengott Krishna und seine Tändeleien mit seinen Geliebten; 2) in Serien von meist 36 Bildern in Anlehnung an das ind. Musiksystem wiedergegebene Stimmungen der Seele (Ragamala); 3) die Thematik des Nayika-nayaka (Geliebte/Geliebter), die versch. Frauentypen in unterschiedl. Situationen der Liebesbeziehung zeigt. Zahlr. subtile Darstellungen dieser Themenkreise brachten die Malschulen des Punjab und Rajasthans, u. a. Schulen der Rajputmalerei, im 17./18. Jh. hervor. Die sich liebkosenden Paare wur-

den in dieser Periode fast vollständig bekleidet dargestellt. In der Farbgebung und in unauffälligen Details steckt eine subtile erot. Symbolik. Die Patnaschule des 19. Jh. stellte Liebesszenen im Kontext des dörfl. Lebens dar.

E. FUCHS: Gesch. der e. K., 3 Bde. (1908–26, Nachdr. 1977); Erotic colour prints of the Ming period, with an essay on Chinese sex life ..., hg. v. R. H. VAN GULIK (Tokio 1951); E. LUCIE-SMITH: Das Erotische in der Kunst (a. d. Engl., 1972); T. u. M. A. EVANS: Shunga. The art of love in Japan (New York 1975); Meisterwerke der e. K. Japans, hg. v. F. WINZINGER (1977); K. FISCHER: Erotik u. Askese in Kult u. Kunst der Inder (1979); C. GROSBOIS: Jap. Studie über die erot. Darstellung in der jap. Kunst = Shunga (Neuausg. 1979); BRADLEY SMITH: Meisterwerke der e. K. des 20. Jh. (a. d. Engl., 1981); E. K. der Antike, hg. v. D. MOUNTFIELD (a. d. Engl., 1982); P. K. AGRAWALA: Mithuna. The male-female symbol in Indian art and thought (New Delhi 1983); Der Garten der Lüste. Zur Deutung des Erotischen u. Sexuellen bei Künstlern u. ihren Interpreten, hg. v. R. BERGER u. D. HAMMER-TUGENDHAT (1985); 500 Jahre e. K. 500 years of erotic art, hg. v. K.-L. LEONHARDT, Ausst.-Kat., Hamburg (1992); E. G. BAUR: Meisterwerke der e. K. (1995); Der kalte Blick. E. K. 17. bis 20. Jh., hg. v. P. WEIERMAIR (Kilchberg-Zürich 1995).

erotische Literatur, Sammelbegriff für literar. Werke, in denen die verschiedensten Dimensionen des Erotischen dargestellt werden. Der Begriff der e. L. bezeichnet keine besondere literar. Gattung, er verweist auf die Liebe als existenzielles Thema der Kunst in ihrer spezifisch sinnl. Ausprägung (was die e. L. vom weiter gefassten Begriff der Liebesdichtung unterscheidet), wobei die Frage nach Dominanz oder Nichtdominanz des Sexus von unterschiedl. Bedeutung ist.

Die Intention der e. L. reicht von der Darstellung reiner Sinnenfreude bis zu lebensprogrammat. Bekundungen, Fallschilderungen und zu hinter Erotischem versteckter Gesellschaftskritik. Die Geschichte der e. L. ist aufs Engste mit der Geschichte ihrer Zensur und gerichtl. Verfolgung vor dem Hintergrund wechselnder Tabuisierung der Sexualsphäre verknüpft. Die immer wieder versuchte Unterdrückung der e. L., ein nicht selten daraus resultierendes Ausweichen auf den bibliophilen Druck mit Titel-, Autor-, Verleger- und Ortsfiktionen unter dem Ladentisch förderten wesentlich den Eindruck der Rarität. – Die Grenze zu den als →Pornographie bezeichneten Werken ist fließend.

Berühmte Beispiele e. L. stammen aus Indien (›Kamasutra‹, vermutlich 1. Jh. n. Chr., sowie andere Lehrbücher), China (›Jin-ping-mei‹, 16. Jh., und von LI YU: ›Jou-pu-tuan‹), Japan (IHARA SAIKAKU, ›Yonsosuke, der dreitausendfache Liebhaber‹, 1682), dem Orient (›Tausendundeine Nacht‹, entstanden seit dem 8. Jh., endgültige Fassung wohl 16. Jh.; ›Der blühende Garten‹ des SCHEICH NEFZAWI) und Teilen des A. T. (›Hohes Lied‹). Die abendländ. Lit. bietet seit der Antike v. a. in den roman. Ländern eine Fülle e. L. Sie wurde in Griechenland eingeleitet um 100 v. Chr. durch die von ARISTIDES VON MILET verfassten ›Miles. Geschichten‹, die reiche Nachfolge fanden (als Einlagen etwa bei G. PETRONIUS und G. APULEIUS). Sie kennt auch den Romantyp des ›Logos erotikos‹ in Form einer nach zahlr. abenteuerl. Reisen und überstandenen Gefahren zumeist glücklich endenden Liebesgeschichte bei ANTONIOS DIOGENES, XENOPHON VON EPHESOS, HELIODOR VON EMESA, CHARITON VON APHRODISIAS, ACHILLEUS TATIOS, LONGOS und dem unbekannten Verfasser des ›Apollonius von Tyrus‹. Neben diesen auch unter dem Begriff Erotiker zusammengefassten Autoren stehen LUKIAN mit seinen ›Hetärengesprächen‹ und ARISTAINETOS mit seinen ›Erot. Briefen‹. In der röm. Lit. zählen zur e. L. außer PETRONIUS und APULEIUS (›Metamorphosen‹, später u. d. T. ›Der goldene Esel‹) CATULL, OVID (›Ars amatoria‹) und MARTIAL.

Das MA. kannte die Schwankliteratur, Frankreich speziell das Fabliaux. Aus der Renaissance sind für Italien neben G. BOCCACCIO (›Das Dekameron‹, ital. 1348–53) und P. ARETINO (›Kurtisanengespräche‹, ital. 1533–36) v.a. M. BANDELLO und P. FORTINI zu nennen; für Frankreich MARGARETE VON NAVARRA, das →Blason des 16. Jh., der ABBÉ BRANTÔME, F. V. BÉROALDE DE VERVILLE, später J. DE LA FONTAINE (›Contes‹, 1665–86); für Spanien F. DELICADO. Das ›galante Zeitalter‹ (18. Jh.) verzeichnet zahlr. Autoren e. L.: C.-P. J. DE CRÉBILLON D. J., P. A. F. CHODERLOS DE LACLOS, J.-B. LOUVET DE COUVRAY, N. RESTIF DE LA BRETONNE, ferner D. DIDEROT in Frankreich; in Italien bes. G. G. CASANOVA, dessen Memoiren als e. L. gelesen wurden und viele Nachahmer fanden. Einen Grenzfall bilden die Werke des Marquis DE SADE (in seiner Tradition später O. MIRBEAU: ›Der Garten der Qualen‹, frz. 1899). Verfasser englischer e. L. waren u.a. G. CHAUCER (›Canterbury-Erzählungen‹, um 1387–1400), J. WILMOT, Earl of ROCHESTER, J. CLELAND (›Fanny Hill‹, 1749–50). Für Dtl. sind zu nennen: aus dem 17. Jh. die späte schles. Barockdichtung, aus dem 18. Jh. J. G. SCHNABEL, C. M. WIELAND, G. A. BÜRGER, auch GOETHE (›Röm. Elegien‹, 1795; ›Venezian. Epigramme‹, 1795) und SCHILLER (›Venuswagen‹, 1782), bes. aber W. HEINSE (›Ardinghello‹, 1787). Es folgten im 19. Jh. die ›Tolldreisten Geschichten‹ (frz. 1832–37) von H. DE BALZAC, in England die Romane E. SELLONS, die zu ihrer Zeit einen Skandal auslösenden Gesänge und Balladen A. C. SWINBURNES (engl. 1866–89) sowie die Psychologie der Erotik in der Dichtung der Dekadenz und des Impressionismus (L. VON SACHER-MASOCH, ›Venus im Pelz‹, 1870; A. SCHNITZLER, ›Reigen‹, 1900). Auf Sexualität konzentrierte Werke erschienen häufig anonym oder pseudonym, so ›Die Geschichte einer wiener. Dirne‹ von JOSEFINE MUTZENBACHER (Pseud., 1906) oder die Tagebücher über ›Viktorian. Ausschweifungen‹ (engl. 1890) von WALTER (Pseud. eines unbekannten Autors). Im 20. Jh. wurde die Erotik, ausgehend von der Auffassung des Geschlechtlichen als ungebrochener Urkraft, zunehmend als eine der Natur des Menschen entsprechende Sensibilität gedeutet. So war sie für G. APOLLINAIRE (›Die elftausend Ruten‹, frz. 1907) Vorbote einer neuen, vom kosmopolit. Geist geprägten Zeit, der D. H. LAWRENCE mit seinem bis 1960 in England verbotenen Roman ›Lady Chatterley‹ (engl. 1928) nachhaltig Ausdruck verlieh, indem er Erotik und Sexualität zum zentralen Vermittler zw. Instinkt und Intellekt des natürl., gegen soziale und religiöse Zwänge aufbegehrenden Menschen machte. Während G. BATAILLE, der sich des Themas auch theoretisch annahm, Erotik noch als einen Inbegriff der Totalität des Seins verstand, nahmen sich andere Autoren ihrer Teilaspekte an. PAULINE RÉAGE (Pseud.) wurde mit der masochist. ›Geschichte der O.‹ (frz. 1954) bekannt, V. NABOKOV schuf mit ›Lolita‹ (engl. 1955) den Typus der verführer. Kindfrau. Aufsehen erregten auch die Schilderung der z. T. lesbischen Erfahrungen kath. Vassar-Absolventinnen in MARY MCCARTHYS ›Die Clique‹ (engl. 1963) und die persönl. Bekenntniserotik ANAÏS NINS. Bei vielen Autoren ist die Sexualität auch und bes. Träger sozialkrit. Intentionen: J. GENETS Homoerotik richtet sich gegen die verachtete bürgerl. Gesellschaft, H. MILLER nutzt Obszönität kreativ zur Umwertung des puritanisch-konservativen Weltbildes. Seit den 50er-Jahren erscheint vermehrt e. L. von Frauen, u.a. von EMMANUELLE ARSAN, JEANNE DE BERG (Pseud.), ERICA JONG, GAIL GREEN und KATHY ACKER.

H. HAYN u. A. N. GOTENDORF: Bibliotheca Germanorum erotica et curiosa, 9 Bde. (³1912–29); P. ENGLISCH: Gesch. der e. L. (1927, Nachdr. (1987); H. E. WEDECK: Dictionary of erotic literature (New York 1962); H. SCHLAFFER: Musa iocosa

(1971); Liebe als Lit., hg. v. R. KROHN (1983); G. SEESSLEN: Lex. der e. L. (1984); E. L. in Dtl.: 1928–1936, Erg. zu Hayn-Gotendorf, hg. v. W. VON MURAT (1986); Lex. der e. L. Autoren, Werke, Themen, Aspekte, hg. v. K. W. PIETREK, Losebl. (1992 ff.); F. BAYER u. K. L. LEONHARDT: Selten u. gesucht. Bibliogr. u. ausgew. Nachschlagewerke zur e. L. (1993); Das Erotische in der Lit., hg. v. T. SCHNEIDER (1993).

Erotomanie die, -, **Liebeswahn,** paranoider Zustand, bei dem sich der Betroffene einbildet, von einer unbeteiligten Person geliebt zu werden. Häufig wird diese Vorstellung auf mehrere Personen bezogen. E. tritt als Symptom bei psychot. Erkrankungen auf.

ERP, Abk. für **European Recovery Program** [juərə'pi:ən rɪ'kʌvəri 'prəʊɡrəm; engl. ›Europ. Wiederaufbauprogramm‹], **Marshallplan** [-ʃ-], das von den USA nach dem Zweiten Weltkrieg ins Leben gerufene Programm wirtschaftl. Unterstützung der europ. Länder. Das ERP geht zurück auf eine Rede des damaligen amerikan. Außenministers G. C. MARSHALL vom 5. 6. 1947 und wurde als Auslandshilfegesetz am 3. 4. 1948 verabschiedet. Das ERP beschränkte sich nach der Ablehnung der Mitarbeit durch die Ostblockländer auf die Länder Westeuropas, die bis Mitte 1952 Lebensmittel, Düngemittel, Rohstoffe, Treibstoffe, Maschinen und Medikamente im Wert von insgesamt rd. 13 Mrd. $ erhielten. An Westdeutschland einschließlich Berlin (West) gingen Güter im Wert von rd. 1,6 Mrd. $; hinzu kamen im Rahmen des GARIOA-Programms (Abk. für Government and Relief in Occupied Areas, das Programm des amerikan. Verteidigungsministeriums für die besetzten Gebiete) lebenswichtige Güter im Wert von rd. 1,7 Mrd. $. Von der gesamten ihr gewährten amerikan. Nachkriegswirtschaftshilfe in Höhe von fast 3,3 Mrd. $ zahlte die BRD vertragsgemäß bis 1978 1,1 Mrd. $ zurück. Die amerikan. Wirtschaftshilfe wurde in Europa seit 1948 durch die →Organisation für europäische wirtschaftliche Zusammenarbeit koordiniert. Während die amerikan. Exporteure den Gegenwert ihrer Waren von der US-Reg. in Dollar vergütet erhielten, mussten die europ. Importeure den Gegenwert der Lieferungen in einheim. Währung auf besondere Fonds (Gegenwertfonds) einzahlen, deren Mittel wiederum zur Intensivierung des multilateralen innereurop. Handels und zum Wiederaufbau verwendet wurden.

Durch Zusammenfassung der DM-Gegenwerte im Rahmen des Abkommens über die wirtschaftl. Zusammenarbeit zw. den USA und der BRD (15. 12. 1949) entstand das **ERP-Sondervermögen.** Es wird als Sondervermögen des Bundes getrennt vom übrigen Bundesvermögen und damit auch vom Bundeshaushalt verwaltet. Seine Mittel werden zur Vergabe langfristiger zinsgünstiger Darlehen an die dt. Wirtschaft, insbesondere an kleine und mittlere Unternehmen, eingesetzt. Rechtsgrundlage ist das ERP-Verwaltungs-Ges. vom 31. 8. 1953 in Verbindung mit dem jährl. ERP-Wirtschaftsplan-Ges. Die bankmäßige Abwicklung der ERP-Kredite erfolgt über die Kreditanstalt für Wiederaufbau und die Dt. Ausgleichsbank. Die Mittel stammten urspr. in erster Linie aus Zins- und Tilgungsrückflüssen aus früher gewährten Krediten (Prinzip des revolvierenden Mitteleinsatzes).

Seit der dt. Vereinigung und der verstärkten Vergabe von ERP-Krediten in die neuen Bundesländer (1990–94 insgesamt 40,2 Mrd. DM) wurde das Kreditgeschäft des ERP-Sondervermögens stark ausgeweitet. Darlehensvergabe und Gesamtausgaben haben sich von 1989 bis 1993 verdreifacht. Die Refinanzierung erfolgt seit 1991 zu einem wesentl. Teil durch Kreditaufnahmen am Kapitalmarkt, zunächst über Schuldscheindarlehen, seit 1992 auch durch Begebung von Anleihen (ERP-Anleihen).

Insgesamt beliefen sich die von 1949 bis Ende 1993 ausgezahlten Fördermittel des ERP-Sondervermögens auf rd. 118,3 Mrd. DM. Das Vermögen betrug Anfang 1994 21,3 Mrd. DM, die Verbindlichkeiten 28,1 Mrd. DM. 1993 wurden Kredite in Höhe von 11,3 Mrd. DM gewährt, davon 8,5 Mrd. DM (75 %) zur Finanzierung von Investitionen in den neuen Bundesländern mit den Schwerpunkten Existenzgründungen (53 %), Erweiterung und Modernisierung bestehender Betriebe (28 %) und Umweltschutzmaßnahmen (17 %). Schwerpunkte der ERP-Förderung in den alten Bundesländern (2,8 Mrd. DM) waren Investitionen im Bereich Umweltschutz (36 %), Finanzierungshilfen für klein- und mittelständ. Unternehmen in regionalen Fördergebieten (28 %) sowie bei Existenzgründungen (27 %). Exporte in Entwicklungsländer wurden mit 130,6 Mio. DM gefördert.

In *Österreich* wurden die Gegenwertmittel 1961 in österr. Verfügung übertragen. Der ERP-Fonds bildet einen Bundesfonds mit eigener Rechtspersönlichkeit (Reinvermögen 1994: 17,6 Mrd. öS, Ausgabe: rd. 200 Mio. öS, Einnahmen: 1,1 Mrd. öS).

Die ERP-Programme, hg. vom Bundesministerium für Wirtschaft, auf mehrere Bde. ber. (1986 ff., früher u. a. T.); M. J. HOGAN: The Marshall Plan. America, Britain, and the reconstruction of Western Europe, 1947–1952 (Cambridge 1987, Nachdr. ebd. 1994).

Erpel, Enterich, Bez. für das Männchen der →Enten.

Erpfingen, Ortsteil der Gem. Sonnenbühl, Landkreis Reutlingen, Bad.-Württ., mit der →Bärenhöhle.

Erpressung, Vermögensdelikt, das nach § 253 StGB begeht, wer, um sich oder einen Dritten zu Unrecht zu bereichern, einen anderen rechtswidrig mit Gewalt oder durch Drohung zu einer Handlung, Duldung oder Unterlassung nötigt und dadurch dem Vermögen des Genötigten oder eines anderen Nachteil zufügt. Auf E. steht Freiheitsstrafe bis zu fünf Jahren oder Geldstrafe. Die Tat ist rechtswidrig, wenn die Anwendung der Gewalt oder die Androhung des Übels zu dem angestrebten Zweck als verwerflich anzusehen ist, z. B. die Drohung mit einer Strafanzeige, um hiermit nicht in Zusammenhang stehende zivilrechtl. Ansprüche durchzusetzen. In bes. schweren Fällen (i. d. R., wenn der Täter gewerbsmäßig oder als Mitgl. einer Bande, die sich zur fortgesetzten Begehung einer E. verbunden hat, handelt) ist Freiheitsstrafe nicht unter einem Jahr angedroht. Wird die E. durch Gewalt gegen eine Person oder unter Anwendung von Drohungen mit gegenwärtiger Gefahr für Leib oder Leben begangen **(räuberische E.),** so wird sie wie Raub bestraft. Wer einen anderen entführt oder sich seiner bemächtigt, um die Sorge eines Dritten um das Wohl des Opfers zu einer E. auszunutzen, wird nach § 239 a StGB wegen **erpresserischen Menschenraubs** mit Freiheitsstrafe nicht unter fünf Jahren bestraft. Ist eine E. durch die Drohung begangen worden, eine Straftat zu offenbaren, so kann die Staatsanwaltschaft nach § 154 c StPO von der Verfolgung der Tat, deren Offenbarung angedroht worden ist, absehen, wenn nicht wegen der Schwere der Tat eine Sühne unerlässlich ist.

Eine E. wird in *Österreich* (§§ 144 f. StGB) und in der *Schweiz* (Art. 156 StGB) ähnlich bestraft.

Errachidia, Ar-Rachidia, früher **Ksar es-Souk** [-suk], Stadt in SO-Marokko, am SO-Abfall des Hohen Atlas, am Oued Ziz, 1060 m ü. M., 27000 Ew.; Verw.-Sitz der gleichnamigen Prov., Markt- und Gewerbezentrum; Wärmekraftwerk; Flugplatz; Straßenknotenpunkt an der ›Straße der Kasbas‹ zu den Oasen des Tafilalet. In der anschließenden Oase (Datteln, Feigen, Oliven) mehrere Ksar-Anlagen. 15 km im N die Talsperre Hasan Addakil (Bewässerung); östlich Zink- und Bleivorkommen.

errare humanum est [lat.], ›Irren ist menschlich‹.

erratische Blöcke, Findlinge, ortsfremde Felsblöcke in Gebieten ehem. Vereisung; sie wurden durch Gletscher oder Inlandeis, oft Hunderte von Kilometern weit, vom Ursprungsort an ihre Fundstätte transportiert; sie sind daher Indizien für die Ausdehnung und Herkunft von Eismassen. – Im *Volksglauben* wurde die Verbreitung e. B. vielfach auf den Teufel oder auf Riesen zurückgeführt.

Erratum [lat. ›Irrtum‹, ›Fehler‹] *das, -s/...ta,* Buchwesen: Druckfehler, Versehen. – **Errata** *Pl.,* Verzeichnis von Druckfehlern, die im letzten Bogen eines Buches oder im Beiblatt berichtigt werden.

Erregbarkeit, 1) *Physiologie:* die Fähigkeit von Zellen, Geweben und Organismen, auf Reize zu reagieren. (→Erregung)

2) *Psychologie:* Bez. für die z. T. recht unterschiedl. Ansprechbarkeit eines Individuums auf affektive, emotionale Reize.

Erreger, Bez. für krankheitserregende (pathogene) Keime (Bakterien, Viren, Pilze) oder Parasiten. (→Infektionskrankheiten)

Erregermaschine, meist ein Gleichstromgenerator, der die Erregerwicklung einer Hauptmaschine mit dem Erregerstrom speist. Die E. ist viel kleiner als die Hauptmaschine; sie ist entweder direkt an deren Welle gekuppelt oder mit einem Antriebsmotor zum **Erregersatz** vereint.

Erregerwicklung, Feldwicklung, auf den Hauptpolen des Ständers oder Läufers einer elektr. Maschine befindl. Wicklung (Spule), die von dem zur Erregung des magnet. Hauptfeldes dienenden **Erreger-** oder **Feldstrom,** einem Gleich- oder gleichgerichteten Wechselstrom, durchflossen wird.

Erregung, 1) *Elektrotechnik:* der Aufbau des für die Wirkungsweise einer elektr. Maschine oder eines Elektromagneten erforderl. Magnetfeldes; ältere Bez. für die magnet. Spannung und die elektr. →Durchflutung der Erregerwicklung. Bei **Selbst-E.** sind Anker- und Erregerwicklung eines Generators in Reihe **(Reihenschluss-E.)** oder parallel **(Nebenschluss-E.)** geschaltet; der (bei Synchrongeneratoren vorher gleichgerichtete) Erregerstrom wird von der Ankerspannung angetrieben. Bei **Fremd-E.** ist die Erregerwicklung mit einer unabhängigen Spannungsquelle verbunden, die nicht gleichzeitig die Spannung in der Ankerwicklung liefert. Bei **Eigen-E.** wird der Erregerstrom von einer mechanisch angekuppelten Erregermaschine geliefert. Bei **Dauermagnet-E.** werden anstelle einer gleichstromgespeisten Erregerwicklung Dauermagnete verwendet. (→Compounderregung)

2) *Physik:* 1) **elektrische E.,** von M. FARADAY verwendete Bez. für die heute als →elektrische Flussdichte bezeichnete Feldgröße *D* des elektr. Feldes; 2) **magnetische E.,** ältere Bez. für die →magnetische Feldstärke.

3) *Physiologie:* durch äußere Reize oder autonome Reizbildung hervorgerufene Zustandsänderung (Depolarisation des Membranpotenzials) im Bereich von Sinnesorganen und neuralen muskulären Strukturen, die durch das Auftreten von →Aktionspotenzialen gekennzeichnet ist. Die Fortleitung der E. **(E.-Leitung)** erfolgt an Muskelfasern und marklosen Nervenfasern kontinuierlich; an markhaltigen Nervenfasern dagegen erfolgt sie mit erhöhter Geschwindigkeit als saltator. E.-Leitung, bei der Aktionspotenziale nur an den →Ranvier-Schnürringen auftreten, während die dazwischen liegenden Strecken sprunghaft durch Stromschleifen überwunden werden.

4) *Psychologie:* andere Bez. für Affekt oder Emotion (→Erregbarkeit)

Erregung öffentlichen Ärgernisses, →Ärgernis.

Erregungsleitungsstörung, Form der →Herzrhythmusstörungen.

Erregungsleitungssystem, →Herzautorhythmie.

Erró [ɛˈro], eigtl. **Guðmundur Guðmundsson** [ˈguð-], isländ. Maler und Grafiker, * Ólafsvik 19. 7. 1932; lebt meist in Paris. E. entwickelte in den 60er-Jahren eine aggressiv-satir., gesellschaftskrit. Form der Pop-Art. Er arrangiert collageartig Motive aus Comics, Kitschpostkarten, Werbeplakaten u. Ä. Er beteiligte sich auch an Happenings.

Error [ˈerə, engl.], *Datenverarbeitung:* der →Fehler.

Erröten, erhöhte Durchblutung bes. der Gesichtshaut in Situationen der Unsicherheit, Peinlichkeit u. Ä., bewirkt über das vegetative Nervensystem.

Errungenschaftsbeteiligung, →eheliches Güterrecht (Schweiz).

ERS [engl. iːɑːˈes; Abk. für **E**uropean **R**emote **S**ensing Satellite, ›europ. Fernerkundungssatellit‹], europ. Erdsatelliten-Erkundungsprogramm der ESA. Der ERS-1 (1991–93), mit einem aktiven Mikrowelleninstrument und einem Radargerät zur Abtastung der Erdoberfläche ausgerüstet, diente v. a. der Erkundung und Beobachtung von Meeren, polaren Eisfeldern und Küstenzonen. Er lieferte insgesamt rd. 250 000 Bilder (Ausschnittgröße: 100 m²).

Ersa, Erza [-z-], eine der beiden Hauptmundarten des Mordwinischen; eine Schriftsprache innerhalb der →finnougrischen Sprachen.

Ersatz, *Recht:* →Haftung, →Schadensersatz.

Ersatzbildung, *Psychologie:* nach S. FREUD eine Defensivtechnik des ›Ich‹, die in der Bildung eines gleichsam stellvertretenden Motivs für eine Handlung besteht, deren Durchführung durch Verbote, Tabus, innere Einstellung und dgl. einer Person versagt ist und die deshalb verdrängt wird. Diese **Ersatzhandlung** kann sich auch auf ein **Ersatzobjekt** richten, das das Ziel ersetzt, auf das die psych. Energie urspr. gerichtet war. Ist sie mit einem Lustgewinn verbunden, spricht man von einer **Ersatzbefriedigung.**

Ersatzdehnung, *Sprachwissenschaft:* Längung eines Vokals durch Einwirkung eines anderen Lautes. E. erfolgten schon in german. Zeit durch den Schwund von Nasalen vor nachfolgendem ›h‹. Beispiel: Längung des ›a‹ in got. ›brahta‹ gegenüber der (erschlossenen) entsprechenden german. Form ›branhta‹ (›er brachte‹).

Ersatzdienst, ziviler E., →Zivildienst.

Ersatzerbe, der vom Erblasser für den Fall eingesetzte Erbe, dass der (zunächst begünstigte) Erbe vor oder nach Eintritt des Erbfalles entfällt. Ist zweifelhaft, ob jemand als E. oder als →Nacherbe eingesetzt ist, gilt er als E. (§ 2102 BGB).

Ersatzfreiheitsstrafe, die an die Stelle einer nicht eintreibbaren, rechtskräftig verhängten Geldstrafe tretende Freiheitsstrafe (§ 43 StGB). Einem Tagessatz der Geldstrafe entspricht ein Tag Freiheitsstrafe. Das Mindestmaß der E. ist ein Tag. Die Umwandlung einer Geldstrafe (in der Schweiz: Buße) ist unbeginnl. sieht das jeweilige StGB auch in *Österreich* (§ 19) und in der *Schweiz* (Art. 49) vor.

Ersatzinvestition, Erneuerung vorhandener, technisch verschlissener, überalterter oder wirtschaftlich unrentabler Produktionsgüter (Gebäude, Maschinen, Werkzeuge usw.). Anders als bei einer einfachen Reproduktion durch den ident. Ersatz **(Reinvestition)** tritt dabei infolge des techn. Fortschritts vielfach ein Rationalisierungs- oder auch ein Kapazitäterweiterungseffekt auf. (→Investition)

Ersatzkassen, neben den Allgemeinen Ortskrankenkassen, den Betriebs-, Innungs- und landwirtschaftl. Krankenkassen, der Seekrankenkasse und der Bundesknappschaft Träger der gesetzl. Krankenversicherung; seit 1937 Körperschaften des öffentl. Rechts. Durch das Gesundheits-Strukturgesetz ist bei den E. die Beschränkung auf den Mitgliederkreis aufgehoben worden (§ 168 Abs. 2 SGB V). Ab 1. 1. 1996 besteht somit freier Zugang aller Versicherungspflichtigen zu den Ersatzkassen.

Ersatzknochen, chondrale Knochen, im Unterschied zu den →Deckknochen durch Verknöcherung knorpelig vorgebildeter Skelettteile entstandene Knochen, so fast alle Knochen des Wirbeltierskeletts.

Ersatzmodelle, Erneuerungsmodelle, Teilgebiet des →Operationsresearch. E. liefern mathemat. Beschreibungen von Problemen, die entstehen, weil in technisch-wirtschaftl. Systemen betriebsnotwendige Elemente plötzlich und vollständig ausfallen können (z. B. elektron. Bauteile) bzw. im Zeitablauf allmählich ihre Leistungsfähigkeit verlieren (z. B. Produktionsaggregate). Mithilfe von E. kann berechnet werden, ob vom plötzl. Versagen bedrohte Elemente vorbeugend ausgetauscht oder ob der Ausfall abgewartet werden soll bzw. welcher Ersetzungszeitpunkt für die allmählich ihre Leistungsfähigkeit verlierenden Elemente zu wählen ist. Ziel solcher Berechnungen ist die Minimierung der Systemkosten. E. für den Ausfall von Teilen können auch →Markow-Modelle sein; die Berechnungsmethoden für den Fall der nachlassenden Lebensdauer sind den Methoden der Investitionsrechnung eng verwandt.

Ersatzprobe, *Sprachwissenschaft:* die →Substitution.

Ersatzreligion, →Quasireligion.

Ersatzreserve, *Militärwesen:* die Gesamtheit der ungedienten Wehrpflichtigen, deren Tauglichkeit und Verfügbarkeit aufgrund der Musterung festgestellt ist.

Ersatzschaltbild, vereinfachende graf. Darstellung des Stromkreises einer elektr., elektron., elektromechan. oder elektroakust. Einrichtung, die das Zusammenwirken realer (v. a. aktiver) Bauelemente durch Reihen- oder Parallelschaltung idealisierter Grundschaltelemente (v. a. Widerstände, Kapazitäten und Induktivitäten) ausreichend genau wiedergibt, der Erfassung der physikal. Eigenschaften dient und zu überschaubaren Berechnungsverfahren beiträgt.

Ersatzvornahme, *Recht:* allg. die Vornahme einer vom Pflichtigen geschuldeten Handlung durch einen Dritten auf Kosten des Pflichtigen. Das *Schuldrecht* kennt die E. im Werkvertragsrecht (§ 633 Abs. 3 BGB: E. des Bestellers, wenn der Unternehmer mit der Mängelbeseitigung in Verzug gerät) und im Mietrecht (§ 538 Abs. 2 BGB: E. des Mieters bei der Mängelbeseitigung); das *Zwangsvollstreckungsrecht* kennt sie bei →vertretbaren Handlungen, die der Vollstreckungsschuldner vorzunehmen pflichtwidrig unterlässt (§ 887 ZPO). Im *öffentl. Recht* ist die E. eine Maßnahme der Verwaltungsvollstreckung (§ 10 Verwaltungsvollstreckungs-Ges.) zur Durchsetzung eines Verwaltungsakts, mit dem eine vertretbare Handlung, z. B. die Wegschaffung eines Autowracks, vorgenommen wird.

Ersatzzeiten, Fachausdruck der gesetzl. Rentenversicherung für Zeiten vor dem 1. 1. 1992, in denen eine Versicherung aus Gründen unterblieben ist, die nicht in die individuelle Verantwortung, sondern in die polit. Verantwortung der Gesellschaft fallen und die auf Antrag des Versicherten bei der Berechnung der Altersrenten als beitragsfreie Zeiten angerechnet werden (§§ 54 und 250 Sozialgesetzbuch VI). E. sind v. a. Zeiten des Militärdienstes, der Kriegsgefangenschaft, der Internierung, der Vertreibung und Flucht sowie der polit. Verfolgung (v. a. im Nationalsozialismus und in der DDR), einschließlich der damit zusammenhängenden Perioden der Krankheit oder Arbeitslosigkeit. Die E. sind zus. mit den →Anrechnungszeiten und der Zurechnungszeit (die zus. die beitragsfreien Zeiten ausmachen), den beitragsgeminderten Zeiten und den eigentl. Beitragszeiten die so genannten rentenrechtl. Zeiten. Diese sind die maßgebende Größen für die Berechnung der Altersrente in der gesetzl. Rentenversicherung.

In *Österreich* werden auch solche Zeiten als E. anerkannt (z. B. Zeiten des Bezugs von Kranken-, Wochen- oder Arbeitslosengeld), die nach dt. Sozialversicherungsrecht normalerweise nur Anrechnungszeiten darstellen. In der *Schweiz* sind E. im Sinne des dt. Rechts nicht bekannt. Hingegen werden fehlende Beitragsjahre, die im Normalfall zu einer Teilrente führen, unter gewissen Voraussetzungen als Beitragsjahre angerechnet, so beim nichterwerbstätigen Ehegatten einer versicherten Person, die bestimmte Mindestbeiträge leistet. Versicherten, die Kinder unter 16 Jahren oder Verwandte mit einem Anspruch auf Hilflosenentschädigung betreuen, wird eine Erziehungs- bzw. Betreuungsgutschrift angerechnet.

Erscheinung, 1) *Philosophie:* Gegenstand der sinnl. Wahrnehmung, auch **Phänomen** (griech. phainómenon) genannt. Die E. steht im Spannungsfeld zw. ›Vorschein von etwas‹ sein (etwas zeigt sich), ›bloßer Schein‹ sein (die E. verdeckt die Wirklichkeit) sowie einer sich fluktuierend in immer neuen Variationen zeigenden Wirklichkeit. Als philosoph. Begriff wurde ›E.‹ zuerst von PLATON verwendet, der die E. als undeutl. Abbilder durch ihre Teilhabe an unveränderl. Urbildern (Ideen) begründet sah. Erkenntnis von Sein und Wahrheit erfolge durch das Denken, die sinnl. Wahrnehmung des Erscheinungshaften sei ungewiss, nur vermeintl. Wissen. – Durch ihre Einschätzung der E. lassen sich die Grundpositionen in der Erkenntnistheorie klassifizieren: Während der Empirismus davon ausgeht, dass es keine Erkenntnis ohne E. gäbe, und der radikale Sensualismus behauptet, dass sich Erkennen in den E. erschöpfe (z. B. PROTAGORAS, →Homo-Mensura-Satz; G. BERKELEY, →Esse est percipi), liefern nach Ansicht des rationalist. Ansicht E. nur das Material für die Erkenntnis, die nicht aus ihnen allein begründbar ist. Der Realismus fasst E. als getreues Abbild einer vom Erkenntnissubjekt unabhängigen Außenwelt. Der Idealismus wiederum bestreitet die Existenz einer unabhängig gegebenen Außenwelt oder behauptet deren prinzipielle Unerkennbarkeit (transzendentaler Idealismus). I. KANT, auf den diese Lehre zurückgeht, unterschied E., das sind Dinge, ›sofern sie Objekt der sinnl. Anschauung‹ sind von ›Ding an sich‹, der unerkennbaren, jedoch denkbaren Grundlage der E. einerseits, dem Noumenon andererseits. Die E. dienen nach KANT den Wiss.en jedoch als Erfahrungsquelle. – Die Wissenschaftstheorie des 20. Jh. diskutiert das Problem der E. unter den Bez. ›Beobachtung‹, ›Beobachtungssprache‹ und ›Sinnesdaten‹. – Dem Begriff der E. kommt in der →Ästhetik zentrale Bedeutung zu.

G. PRAUSS: E. bei Kant. Ein Problem der Kritik der reinen Vernunft (1971); DERS.: Einf. in die Erkenntnistheorie (1980).

2) *Religion:* →Vision, →Epiphanie, →Theophanie.

Erscheinung Christi, Erscheinung des Herrn, christl. Fest, →Epiphanie.

Erscheinungsbild, *Genetik:* der →Phänotyp.

Erschleichung, *Recht:* das Herbeiführen eines Erfolges auf unmoral. oder unrechtmäßigem Weg, bes. unter Umgehung gesetzl. Vorschriften. Der **E. von Leistungen** macht sich strafbar (§ 265 a StGB), wer die Leistung eines Automaten, eines öffentl. Fernmeldenetzes, die Beförderung durch ein Verkehrsmittel oder den Zutritt zu einer Veranstaltung oder Einrichtung in der Absicht erschleicht, das Entgelt nicht zu entrichten. Strafe: Freiheitsstrafe bis zu einem Jahr oder Geldstrafe; Strafantrag erforderlich u. a. bei Geringfügigkeit. Parallele Vorschriften enthalten das *österr.* StGB (§ 149 sowie – Amts-E. – § 315) und das *schweizer.* StGB (Art. 150).

Erschließung, die Gesamtheit der Maßnahmen, die nach dem Baugesetzbuch Voraussetzung für die Bebauung eines Grundstücks sind, d. h. die baul. oder gewerbl. Nutzung durch Anschluss des Grundstücks an das öffentl. Verkehrsnetz erst ermöglichen. Die E. von Baugrundstücken ist im Rahmen der Selbstverwaltungsangelegenheiten Aufgabe der Gemeinden (§§ 123 ff. Baugesetzbuch). Diese haben E.-

Anlagen entsprechend den Erfordernissen der Bebauung und des Verkehrs herzustellen. Die E. muss mit den Festsetzungen des Bebauungsplans übereinstimmen. Der Einzelne hat keinen Rechtsanspruch auf E. gegen die Gemeinde.

Erschließungsbeiträge, die durch die Gemeinden nach dem Baugesetzbuch (BauGB, früher: Bundesbau-Ges.) zur Deckung ihres Erschließungsaufwands von den Grundstückseigentümern zu erhebenden Abgaben. Die Gemeinden können nur dann für die in § 127 BauGB aufgeführten und im Bebauungsplan ausgewiesenen Erschließungsanlagen E. erheben, wenn ihr Erschließungsaufwand (von dem sie mindestens 10 % selbst zu tragen haben) anderweitig nicht gedeckt ist. **Erschließungsanlagen** im Sinne des § 127 BauGB sind v. a. öffentl. Straßen, Wege und Plätze, Parkflächen und Grünanlagen innerhalb der Baugebiete und Anlagen zum Schutz gegen schädl. Umwelteinwirkungen. Anlagen zur Abwasserableitung sowie zur Versorgung mit Elektrizität, Gas, Wärme und Wasser gehören nicht zu den Erschließungsanlagen. Die Anschlusskosten hierfür werden von den jeweiligen Energieversorgungsunternehmen gesondert in Rechnung gestellt.

Der beitragsfähige **Erschließungsaufwand** kann gemäß § 130 BauGB nach den tatsächlich entstandenen Kosten oder nach Einheitssätzen ermittelt werden, die nach den in der Gemeinde üblicherweise durchschnittlich aufzuwendenden Kosten vergleichbarer Erschließungsanlagen festzusetzen sind. Die Verteilung des Erschließungsaufwands erfolgt nach gesetzlich festgelegten Maßstäben; Verteilungsmaßstäbe zur Berechnung der E. sind: Art und Maß der baul. oder sonstigen Nutzung, die Größe der Grundstucksflächen sowie die Grundstücksbreite an der Erschließungsanlage. Der Beitragspflicht unterliegt jedes tatsächlich bebaubare Grundstück, für das eine baul. oder gewerbl. Nutzung nach dem Bebauungsplan festgesetzt ist oder das nach der baul. Entwicklung der Gemeinde zur Bebauung ansteht.

Die Gemeinden haben durch Satzung Art und Umfang der Erschließungsanlagen, Art der Ermittlung und der Verteilung des Erschließungsaufwands sowie die Höhe des Einheitssatzes und die Merkmale der endgültigen Herstellung einer Erschließungsanlage zu regeln. Die E. können nur aufgrund einer Beitragssatzung vom Beitragspflichtigen erhoben werden; der vom Einzelnen zu zahlende Betrag wird in einem Beitragsbescheid festgesetzt. Beitragspflichtig ist derjenige, der zum Zeitpunkt der Zustellung des Beitragsbescheids Eigentümer des beitragspflichtigen Grundstücks ist. Anstelle des Eigentümers sind beitragspflichtig der Erbbauberechtigte, wenn das Grundstück mit einem Erbbaurecht belastet ist, bzw. der Nutzungsberechtigte, wenn das Grundstück mit einem dingl. Nutzungsrecht nach Art. 233 § 4 Einführungs-Ges. zum BGB belastet ist. Der Adressat kann den Bescheid vor dem Verwaltungsgericht anfechten. Für Erschließungsanlagen in den neuen Ländern, die vor dem Beitritt bereits fertig gestellt worden sind, kann nach dem BauGB kein E. erhoben werden (§ 246 a BauGB).

Erschöpfung, starker Abfall der körperl. und psych. Leistungsfähigkeit durch länger dauernde Überbeanspruchung, eventuell unter Missbrauch von Anregungsmitteln. Es kommt zur E., wenn oberhalb der Dauerleistungsgrenze nicht rechtzeitig oder nach wiederholten Höchstleistungen nicht ausreichend →Erholung gewährt wird.

Erschütterungssinn, der →Vibrationssinn.

Ersekë [-kə], Hauptstadt des Bez. Kolonë in S-Albanien, 1 035 m ü. M., 5 100 Ew.

Érsekújvár [ˈeːrʃɛkuːjvaːr], ungar. Name der slowak. Stadt →Neuhäusel.

Ersisch, eine der →keltischen Sprachen.

Ersitzung, der sich durch Zeitablauf kraft Gesetzes vollziehende Eigentumserwerb. Die E. einer *bewegl. Sache* (§§ 937 ff. BGB) setzt zehnjährigen ununterbrochenen Eigenbesitz sowie Gutgläubigkeit hinsichtlich des eigenen Rechts an der Sache voraus. Entsprechendes gilt für den gesetzl. Erwerb eines Nießbrauchrechts. Die E.-Zeit wird durch den Verlust des Eigenbesitzes oder durch klageweise Geltendmachung des Herausgabeanspruchs unterbrochen. Die dem Erbschaftsbesitzer zugute gehaltene E.-Zeit wirkt auch für den Erben. Bei *Grundstücken* und anderen im Grundbuch eingetragenen dingl. Rechten erwirbt derjenige Eigentum, der 30 Jahre lang als Berechtigter fälschlicherweise, aber widerspruchsfrei im Grundbuch eingetragen war und während dieser Zeit das Grundstück in Eigenbesitz gehabt oder das Recht ausgeübt hat (**Buch-E.,** § 900 BGB).

In *Österreich* ist die E. bewegl. Sachen möglich nach dreijährigem Besitz, der redlich und rechtmäßig (d. h., bei Vorliegen eines Titels, der ausgereicht hätte, Eigentum zu erwerben, wäre der Veräußerer Eigentümer gewesen) sein muss. Bei der uneigentl. E. nach 30-jährigem redl. Besitz ist der Nachweis des Titels nicht erforderlich (§§ 1452 ff. ABGB). *Schweiz:* Der gutgläubige Nichteigentümer, der während 10 Jahren als Eigentümer im Grundbuch eingetragen war, erwirbt das Grundeigentum durch E.; bei Grundstücken, die nicht im Grundbuch stehen, beträgt die Frist 30 Jahre (Art. 661, 662 ZGB). Mobilien werden durch fünfjährigen gutgläubigen Besitz ersessen (Art. 728 ZGB).

Erskine [ˈɔːskɪn,] 1) John, amerikan. Schriftsteller, Literarhistoriker und Pianist, * New York 5. 10. 1879, † ebd. 2. 6. 1951; war 1916–37 Prof. für Anglistik an der Columbia University, New York, und 1917–21 Mitherausgeber der ›Cambridge history of American literature‹; verfasste zeitgeschichtlich interessante autobiograph. Schriften und viel gelesene Essays über Lit. und Musik. In seinen zahlr. Romanen persiflierte er Stoffe aus Weltliteratur und Gesch., v. a. aus der Antike.

Werke: *Romane:* The private life of Helen of Troy (1925; dt. Das Privatleben der schönen Helena); Adam and Eve (1927; dt. Adam u. Eva); The brief hour of François Villon (1937; dt. Das kurze Glück des François Villon). – *Autobiographien:* My life as a teacher (1948); My life in music (1950); My life as a writer (1951).

2) Ralph, brit. Architekt, * London 24. 2. 1914; studierte in London und Stockholm und eröffnete 1946 ein Architekturbüro in Drottningholm (bei Stockholm). E. entwarf hervorragende Einzelbauten und Wohnsiedlungen. Sein Sanierungsprojekt ›Byker‹ in Newcastle upon Tyne (1969–80) wurde wegweisend für den Wohnungsbau aufgrund der angewandten ökonom. und energiebewussten Bauweise, abwechslungsreicher Gestaltung sowie der Berücksichtigung individueller Wünsche der Bewohner. Zu seinen neueren Werken zählen: Lilla-Bommen-Bürogebäude, Göteborg (1987–89); World Trade Centre, Stockholm (1989); Bürogebäude ›The Ark‹, London (1991).

Eršov [jerˈʃof], Petr Pavlovič, russ. Dichter, →Jerschow, Pjotr Pawlowitsch.

Ersoy, Mehmed Akif, türk. Dichter, * Istanbul 1873, † ebd. 27. 12. 1936; Verfechter panislam. Ideen; verfasste die türk. Nationalhymne. Von der laizist. Entwicklung in der Türkei enttäuscht, lebte er von 1925 an in Ägypten.

Ersparnis, derjenige Teil des verfügbaren Einkommens der Sektoren (private Haushalte, Staat, Unternehmen), der nicht für konsumtive Zwecke (privater Verbrauch, Staatsverbrauch) verwendet wird. Zu den E. der privaten Haushalte gehören auch nicht entnommene Gewinne von Unternehmen ohne eigene Rechtspersönlichkeit. Die E. der Unternehmen mit eigener Rechtspersönlichkeit ist gleich unverteilte Gewinne minus Saldo aus geleisteten und empfangenen Übertragungen und entspricht insofern dem verfügbaren Einkommen. Die E. des Staates ist gleich der Differenz zw. laufenden Einnahmen und Ausgaben. In der →volkswirtschaftlichen Gesamtrechnung wird über die einzelnen Sektoren über Einkommensverwendungskonten die Aufteilung des verfügbaren Einkommens in E. und Verbrauch dargestellt.

Ersparnismethode, Verfahren zur Prüfung des Gedächtnisses. Zuerst wird festgestellt, wie viele Wiederholungen zur vollständigen Wiedergabe eines Lernstoffs nötig sind. Nach genau bestimmter Zeit (z. B. 30 Minuten, 1 Stunde, 24 Stunden, 2 Tage) wird der Versuch mit demselben Lernstoff wiederholt. Die Differenz der nötigen Wiederholungen zw. den beiden Versuchen, d. h. die beim zweiten Versuch eingesparten Wiederholungen, gelten dann als ›Gedächtnismaß‹. Selbstversuche dieser Art von H. EBBINGHAUS, der dabei feststellte, dass das Gelernte zunächst rasch, dann aber zunehmend langsamer vergessen wird, führten zur Aufstellung einer **Vergessenskurve (Ebbinghaus-Kurve).**

Erstarren, allg. in *Chemie, Physik* und *Technik* der Übergang vom flüssigen in den festen Aggregatzustand, Umkehrung des Schmelzens; geschieht bei chemisch einheitl. Stoffen (chem. Elementen, Verbindungen) beim Unterschreiten einer stoffspezif. **Erstarrungstemperatur (Erstarrungspunkt;** bei diesen Stoffen gleich dem →Schmelzpunkt). Manche Gemische (z. B. Wachs, Glas, auch Schmiedeeisen) werden beim Abkühlen zuerst zähflüssig, dann plastisch, schließlich fest. Legierungen und andere Gemische erstarren innerhalb eines bestimmten Temperaturintervalls, des **Erstarrungsintervalls,** unter teilweiser Entmischung, Mischkristallbildung und anderen Besonderheiten, die aus dem Schmelz- oder Zustandsdiagramm des Systems zu ersehen sind. Das E. von Stoffen, die unter Normbedingungen flüssig sind, nennt man auch →Gefrieren. – In der *Bautechnik* ist E. die früher als Abbinden bezeichnete erste Phase der Verfestigung eines Baustoffes nach der Zugabe von Wasser (z. B. Frischmörtel, Beton). Der Erstarrungsbeginn ist bei jedem Baustoff unterschiedlich. Anfang und Ende des E. lassen sich durch Zusätze beschleunigen oder verzögern.

Erstarrungsgesteine, die →magmatischen Gesteine.

Erstattung, 1) *Agrarpolitik:* **Ausfuhr-E., Export-E.,** im Rahmen der Agrarmarktordnungen der EG bei der Ausfuhr gewährte Bezahlung der Differenz zw. den innergemeinschaftl. Preisen (für landwirtschaftl. Erzeugnisse und den Weltmarktpreisen an den Exporteur, damit Überschüsse der EG-Erzeugung auf dem Weltmarkt trotz der dort niedrigeren Preise abgesetzt werden können. E. entsprechen in ihrer Höhe den bei der Einfuhr erhobenen →Abschöpfungen. Durch die teilweise Umstellung auf Ausgleichszahlungen im Rahmen der Reform der gemeinsamen →Agrarpolitik ist der Anteil der E. an den Ausgaben der Abteilung Garantie des →Europäischen Ausrichtungs- und Garantiefonds für die Landwirtschaft auf unter 25 % gesunken.

2) *Recht:* die Rückgabe von Leistungen, die ohne Rechtsgrund erbracht worden sind, Rückzahlung. Ein **E.-Anspruch** steht z. B. dem Steuerpflichtigen gegen den Staat bei zu viel geleisteten Steuern zu. Für die E. gelten grundsätzlich die Regeln der →ungerechtfertigten Bereicherung. Bei Ablehnung des E.-Anspruchs durch die Behörde ist der Verwaltungsrechtsweg zulässig. Bes. geregelt ist für den Bereich des öffentl. Dienstes das **E.-Verfahren** im Falle des Verlustes oder des Schadens öffentl. Vermögens, den öffentl. Bedienstete zu verantworten haben.

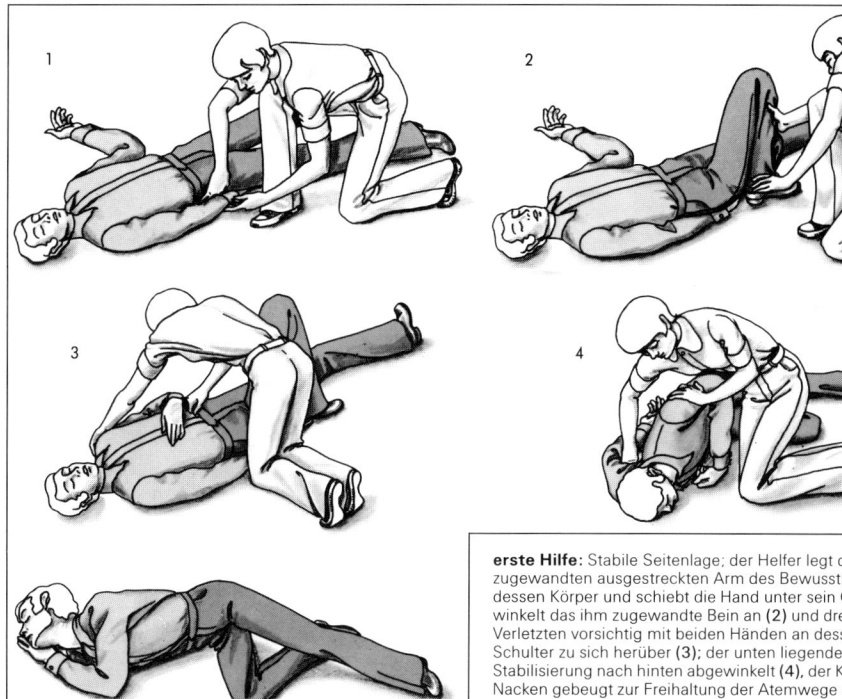

erste Hilfe: Stabile Seitenlage; der Helfer legt den ihm zugewandten ausgestreckten Arm des Bewusstlosen neben dessen Körper und schiebt die Hand unter sein Gesäß (1), er winkelt das ihm zugewandte Bein an (2) und dreht den Verletzten vorsichtig mit beiden Händen an dessen Hüfte und Schulter zu sich herüber (3); der unten liegende Arm wird zur Stabilisierung nach hinten abgewinkelt (4), der Kopf weit in den Nacken gebeugt zur Freihaltung der Atemwege und die Wange auf den Handrücken des Verletzten gebettet, der Mund muss erdwärts gewandt sein (5)

Erstaufführung, *Theater:* die erste Aufführung eines dramat. oder musikal. Werkes in einer anderen Sprache oder einem anderen Land, einer anderen Stadt oder an einem Theater. Die erste Aufführung einer Neuinszenierung allg. heißt **Premiere.** Die erstmalige öffentl. Aufführung eines vorher noch nicht gespielten Werkes wird seit etwa 1900 als **Uraufführung** bezeichnet; beim Hörspiel: **Ursendung.** Beim *Film* ist das Recht der E. **(First Run)** in einer Stadt, einem Gebiet oder bestimmten Kinos meist mit Auflagen des Verleihs verbunden.

erste Hilfe: Rautek-Griff; der Helfer legt einen Arm des Verletzten abgewinkelt vor dessen Brust, schiebt seine Arme von hinten unter den Achselhöhlen des Bewusstlosen hindurch und greift den quer liegenden Unterarm mit beiden Händen, wobei die Daumen parallel zu den Fingern liegen; er zieht den Körper des Verunglückten auf seine leicht angewinkelten Oberschenkel und kann so den Verletzten langsam rückwärts gehend transportieren

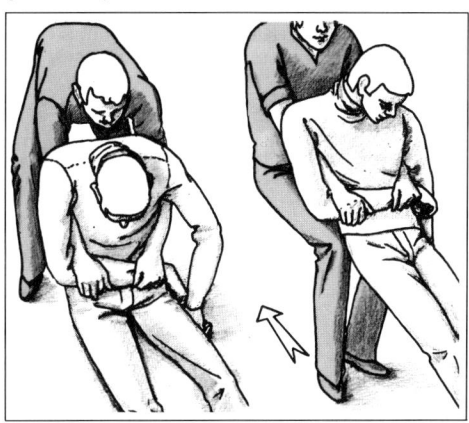

Erstausgabe, 1) *Buchwesen:* die erste, zumeist buchhändler. Veröffentlichung eines gedruckten Werkes. Sie ist meist eine vom Verfasser besorgte Ur- oder Originalausgabe, kann aber auch eine schlechte oder unrechtmäßige Ausgabe sein. Die E. literar. Werke sind beliebter Sammelgegenstand und können auch textkritisch von Bedeutung sein. – Die Bez. **Editio princeps** wurde v. a. von den Humanisten für Erstdrucke griech. und lat. Klassiker verwendet; gelegentlich auch für die E. eines nachgelassenen Werkes.
2) *Börsenwesen:* i. w. S. die →Emission neuer Wertpapiere, i. e. S. das erstmalige öffentl. Angebot einer Investmentgesellschaft, Anteile eines neuen Investmentfonds zu einem festen Preis **(E.-Preis)** über einen begrenzten Zeitraum hinweg **(E.-Zeit,** meist 4–8 Wochen) zu zeichnen. Nach Ablauf der E.-Zeit werden die Anteile zum normalen Ausgabepreis verkauft, der auf der Basis des Inventarwertes errechnet wird.

Erstbesiedlung, *Ökologie:* Eroberung neu entstandener Lebensräume (z. B. vulkan. Rohböden, Inseln) durch Organismen; die Zusammensetzung einer sich neu entwickelnden Lebensgemeinschaft wird meist durch solche Organismen geprägt, die zufällig durch Wind, Wasserströmung, mit fliegenden Tieren oder durch Eigenflug den neuen Lebensraum erreichen (z. B. Bakterien, Algen, Moose, Flechten sowie tier. Einzeller und Rädertiere).

Erstbesteigung, →Bergsteigen (ÜBERSICHT).

Erstdruck, der erste Druck eines Werkes überhaupt, also Korrekturabzüge und Probedrucke; von der →Erstausgabe zu unterscheiden.

erste Adresse, im Bank- und Börsenwesen Bez. für einen Schuldner oder Emittenten erstklassiger →Bonität.

erste Hilfe, sofortige, vorläufige Hilfeleistung angesichts offenbarer Gefahr für Gesundheit oder Leben eines anderen Menschen bis zum Eingreifen fachl. Hilfe. § 323 c StGB bedroht jeden mit Strafe, der eine

erste Hilfe: Notmaßnahmen

Abbinden, Abdrücken: vgl. Abschnitt Blutstillung.

Armbruch: vgl. Abschnitt Knochenbrüche.

Atemspende: seitlich am Kopf des Liegenden hinknien, mit beiden Händen (an Stirnhaargrenze und Kinn) den Kopf extrem nach rückwärts beugen, diese Lage nach Möglichkeit durch gerolltes Kleidungsstück stabilisieren. Bei Mund-zu-Nase-Beatmung den Mund des Verunglückten durch Daumendruck verschließen. Den eigenen weit geöffneten Mund auf das Gesicht (um die Nase herum!) oder, bei Mund-zu-Mund-Beatmung, unter Verschließen der Nase den eigenen Mund auf den Mund des Verunglückten (möglichst unter Zwischenlegung eines speziellen Beatmungstuches zur Vermeidung von Infektionen) fest aufsetzen, Luft einblasen; den Mund abheben, ohne Kopflage zu verändern, die Luft aus der Lunge entweichen lassen, erneutes Aufpressen des Mundes und Einblasen, etwa 12-mal in der Minute, bei Kindern und Säuglingen etwa 24–40 Atemstöße je Minute. Die Beatmung kann auch mittels einer über Mund und Nase aufgesetzten Atemmaske durchgeführt werden.

Atemstillstand: Wenn bei Prüfung durch Handauflegen auf die Magengrube und den untersten Rippenrand (Rippenbogen) keine Atembewegungen zu spüren sind, künstl. Beatmung durch Atemspende. Atmet der Verunglückte wieder, ist er aber noch bewusstlos, in stabile Seitenlage drehen!

Augenverätzung: vgl. Abschnitt Verätzung.

Augenverletzung: das verletzte Auge behutsam keimfrei bedecken, beide Augen mit Dreiecktuchkrawatte zubinden, ohne Druck auf die Augäpfel auszuüben! Sofort Augenarzt aufsuchen. Vgl. Abschnitt Fremdkörper im Auge.

Beinbruch: vgl. Abschnitt Knochenbrüche.

Beinkrampf: auf beide Beine stellen, gegen harten Widerstand treten; bei Wadenkrampf Vorfuß fest nach oben ziehen. Wärmeanwendung.

Bewusstlosigkeit: Hand auf den vorderen unteren Rippenrand legen, um Atembewegungen festzustellen; Spiegel (oder Brille) vor Beschlagprobe vor Mund oder Nase halten. Ist Atmung vorhanden, in stabile Seitenlage drehen; bei Atemstillstand Atemspende! Sobald diese erfolgreich ist, stabile Seitenlage. Notruf!

Bisswunde: verletztes Glied ruhig stellen, Wunde keimfrei verbinden, sofort ärztl. Behandlung, Tollwutgefahr! Über Verletzungen durch Giftschlangen vgl. Abschnitt Schlangenbiss.

Blitzverletzung: bei Bewusstlosigkeit Atmung prüfen; ggf. künstl. Beatmung durch Atemspende. Da häufig ein Kammerflimmern des Herzens besteht, muss Defibrillation (durch Notarzt) erfolgen. Brandwunden keimfrei verbinden. Notruf!

Bluterbrechen: Blut aus dem Magen sieht (angedaut) braun wie Kaffeesatz aus, Blut aus der Speiseröhre ist (sofern es nicht heruntergeschluckt wurde) hell- oder dunkelrot, je nachdem, ob es aus einer Arterie (hellrot) oder aus einer Vene (dunkelrot) kommt, Blut aus der Lunge (Bluthusten) ist hellrot und schaumig. Patient mit erhöhtem Oberkörper, Ess- und Trinkverbot, sofort den Arzt rufen!

Blutstillung: Druckverband anlegen; Wundbedeckung mit keimfreier Auflage bei gleichzeitiger Druckausübung, nach einigen Wickelgängen mit der Mullbinde ein faustgroßes Mullpolster aufbringen, weiterwickeln unter mäßigem Druck und Fixierung. Gliedmaßen hochlagern. Bei bedrohlich blutender Wunde Abdrücken; am Arm: mit 2. bis 4. Finger von unten auf die Oberarminnenfläche greifen und dort in der Muskellücke die Armarterie gegen den Knochen drücken; am Bein: neben dem Kopf des Liegenden kniend den Oberschenkel des gegenüberliegen

den verletzten Beines mit beiden Händen umfassen und mit beiden Daumen auf der Mitte der Leistenbeuge die Oberschenkelschlagader gegen den darunter liegenden Beckenknochen drücken; Abbinden nur bei bedrohlicher Blutung nach Arm- oder Beinabtrennung aus einer größeren Wunde, in der ein Fremdkörper steckt, oder aus einer großflächigen Wunde; am Arm durch schlingenförmiges Anlegen einer Dreiecktuchkrawatte um die Oberarmmitte (beide Krawattenenden durch die Schlinge führen und um

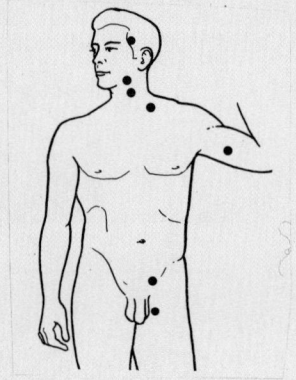

erste Hilfe: Druckpunkte zur Stillung einer Blutung

den Arm verknoten); am Bein durch einfaches Verknoten der Dreiecktuchkrawatte um die Oberschenkelmitte. Danach Stab zw. Krawatte und Bein schieben, Stab anheben und drehen, bis Blutung steht, Stab fixieren, Uhrzeit notieren, Zettel an Verband anheften. Notruf!

Elektrounfälle: 1) durch Hochspannungsstrom (mehr als 1 000 Volt durch Blitzpfeil gekennzeichnet): Verunglückten wegen Selbstgefährdung nicht berühren, Notruf zwecks Abschaltung der Stromzufuhr an zentraler Stelle; dann erst Rettung des Verunglückten.

2) durch Hausstrom (weniger als 1 000 Volt): Abschalten des Stroms (Stecker ziehen, Sicherung ausschrauben oder auslösen)! Falls dies nicht möglich, Eigenisolierung auf trockenem Material, dann Betroffenen an der Kleidung, mittels Besen o. Ä. aus dem Stromkreis reißen, an Ort und Stelle Bewusstsein, Atmung und Puls prüfen. Bei Bewusstlosigkeit stabile Seitenlage, bei Atemstillstand Atemspende. Notruf!

epileptischer Krampfanfall: Krampfbewegung (unkoordinierte Bewegungen der Glieder) nicht verhindern! Zur Verhütung von Sekundärverletzungen Verbringen in freien Raum oder Abbremsen der unkontrollierten Bewegungen; Einschieben eines zur Rolle gewickelten Taschentuchs o. Ä. zwischen die Kiefer zur Verhütung des Zungenbisses. Der anschließende schlafähnl. Zustand gleicht tiefer Bewusstlosigkeit. Notruf!

Erfrierung: örtlich erfrorene Körperspitzen (blass und sehr kalt) sehr vorsichtig und langsam erwärmen (keine Abreibung mit Schnee), am besten durch Körperwärme: Finger- oder Fußspitzen in die Achselhöhle eines anderen legen. Nicht reiben! Unter Verwendung reichl. Polstermaterials; schneller Transport des warm zu haltenden Patienten ins Krankenhaus. Vgl. auch Abschnitt Unterkühlung.

Ersticken: Betroffener ringt nach Luft, wird blau. Möglichst Beseitigung der Ursache, z.B. Fremdkörper in der Luftröhre; dazu Oberkörper nach unten, Kinder an den Füßen mit nach unten hängendem Kopf halten, mehrere Schläge mit der flachen Hand zw. die Schulter

blätter ausführen; nur im äußersten Notfall bei Erwachsenen Heimlich-Handgriff anwenden: Der Helfer tritt hinter den Betroffenen, umfasst ihn in der Höhe der Magengrube, legt beide Hände übereinander auf diese und übt einen einmaligen, plötzl. Ruck gegen den Magen aus. Durch die aus dem Magen und den Lungen ausgepresste Luft soll der Fremdkörper herausgedrückt werden. Bei Herzstillstand trotz Fremdkörperentfernung Atemspende. Notruf!

Ertrinken: nach Verbringen in ein Boot oder an Land in Rückenlage bringen (Kopftieflage), prüfen, ob Atemwege frei sind, ggf. Schmutz und Erbrochenes entfernen! Ein früher angegebenes Ausfließenlassen des eingedrungenen Wassers durch Ausschütteln ist nutzlos und sollte unterlassen werden. Atmung prüfen. Bei Atemstillstand Atemspende, ggf. Herzmassage, nach Erfolg in stabile Seitenlage drehen. Notruf!

Fremdkörper im Auge: a) bei Fremdkörper auf der Bindehaut Augenoberlid an den Wimpern nach unten über Unterlid ziehen und plötzlich loslassen, sodass die Wimpern des Unterlids den Fremdkörper von der Innenfläche des Oberlids abfegen, dann Unterlid mit zwei Fingern vom Augapfel abheben. Entferne mit trockenem Taschentuchzipfel vorsichtig zur Nase hin auswischen. – b) Fremdkörper auf oder im Augapfel nicht zu entfernen versuchen! Beide Augen mit Dreiecktuchkrawatte zubinden, auf dem schnellsten Weg zum Augenarzt!

Fremdkörper in einer Wunde: nicht berühren, Fremdkörper in der Wunde belassen, in den Wundverband einbeziehen, Entfernung des Fremdkörpers nur durch den Arzt!

Gasvergiftung: bei Vorfinden eines bewusstlosen Gasvergifteten auf eigene Vergiftungsgefahr achten und sofort für Zugluft sorgen, Gasquelle abstellen, wegen Explosionsgefahr keinen Funken auslösen (z. B. durch Lichtschalter). Vergifteten möglichst in einen anderen Raum, ins Freie bringen (Rautek-Griff). Prüfen der Atmung und der Herzaktion, bei Atemstillstand Atemspende, bei Herzstillstand äußere Herzmassage. Notruf! In stabiler Seitenlage halten, solange Bewusstlosigkeit anhält.

Geburt: Anzeichen sind Blasensprung und kräftige Wehen in sehr kurzem Abstand; Kopf wird im Scheideneingang sichtbar. Gebärende flach lagern, Oberschenkel anziehen und beide Hände unter die Kniekehlen fassen lassen. Im Wehenrhythmus pressen lassen. Den Kopf des Kindes greifen und vorsichtig ziehen, bis der ganze Körper geboren ist. Kind an den Füßen hochhalten, damit das Fruchtwasser abläuft. Mund und Nase säubern. Wenn das Kind nicht atmet, Atemspende. Nabelschnur etwa handbreit vom Nabel des Kindes entfernt zweimal abbinden und dazwischen mit Schere oder Messer durchtrennen. Die Nachgeburt kommt nach etwa 20–30 Minuten von allein. Kind in warme Decke einschlagen. Mutter und Kind ins Krankenhaus bringen. Notruf!

Gehirnerschütterung: Verdacht auf Gehirnerschütterung besteht bei kurz dauernder Bewusstlosigkeit, Gedächtnislücke, bes. hinsichtlich des Unfallvorgangs und Übelkeit bis zum Erbrechen. Solange Bewusstlosigkeit anhält, in stabiler Seitenlage halten und Atem kontrollieren; bei Atemstillstand Atemspende. Nach Wiederkehr des Bewusstseins absolute Ruhelage wegen der zusätzl. Gefahr einer Blutung im Schädelinnern. Notruf!

Gelenkverrenkung: vgl. Abschnitt Verstauchung.

Herzanfall: heftige, in Schulter (auch Hals) und Arm, meist bes. nach links ausstrahlende Herzschmerzen, verbunden mit Angstgefühl, verfallenes Aussehen, kalter Stirnschweiß (Angina pectoris, Herzinfarkt); mit erhöhtem Oberkörper lagern. Notruf!

erste Hilfe: Notmaßnahmen (Fortsetzung)

Herzmassage, Herzdruckmassage: Erfolg versprechend bei rechtzeitigem Beginn (spätestens 3 Minuten nach Herzstillstand) und bei gleichzeitiger Atemspende durch einen zweiten Helfer (äußere Herzmassage darf nur von dazu bes. ausgebildeten Ersthelfern ausgeführt werden). Bei zusätzl. Atemstillstand und Anwesenheit von 2 Helfern sollte das Verhältnis von Herzmassage zu Beatmung 5 zu 1 sein. Ist nur ein Helfer anwesend, beträgt es 15 zu 2. Für die Atemspende ist die Herzmassage kurzfristig zu unterbrechen.

Herzstillstand: Sofortmaßnahme durch Herzmassage und Atemspende (vgl. betreffende Abschnitte).

Hitzschlag: bei schwüler Witterung durch Verlust des Schwitzvermögens eintretender Wärmestau mit plötzl. Bewusstlosigkeit; weitere Kennzeichen sind: warme, trockene Haut, Verwirrung, Krämpfe. Betroffenen an schattigen Ort bringen, Kleidung ausziehen, Atmung prüfen! Bei Atemstillstand Atemspende, nach Erfolg in stabile Seitenlage drehen. Ferner kalte Übergießungen, Besprengungen oder kaltfeuchte Umschläge, Eisbeutel auf den Kopf, Luft fächeln. Notruf (Rückfallgefahr)!

Hundebiss: vgl. Abschnitt Bisswunde.

Insektenstich: feuchtkalte Umschläge, antiallerg. Salben und alkoholhaltige Lösungen verringern Juckreiz, Schwellung und Schmerz. Bei Stichen im Rachenbereich sofort Arzt aufsuchen (Gefahr des Zuschwellens der Atemwege). Bei Bienen- und Wespenstichen ggf. den zurückgebliebenen Stachel entfernen, ohne den meist anhängenden Giftbeutel zuzudrücken. Neben örtl. Reaktionen können auch gefährl. allergische Allgemeinreaktionen auftreten. Bei Schock, Atembeschwerden Betroffenen mit erhöhtem Oberkörper lagern. Nach eventueller Allergie (Allergiepass?) fragen. Notarzt rufen!

Knochenbrüche: bei Arm- und Beinbruch ggf. vorhandene Wunde mit Verbandpäckchen keimfrei verbinden.

Armbruch: Ruhigstellung mit Armtragetuch und zwei Dreiecktuchkrawatten am Arm und Brustkorb. Wegen Schockgefahr hinlegen.

Beinbruch: keine Änderung der Beinlage! Bedecken mit weicher Kleidung oder Decke. Schwere Gegenstände (z.B. Steine) vorsichtig von allen Seiten an das Bein heranschieben. Notruf! Rettungswagen, der Schienmaterial mitbringt, abwarten! Kein Behelfstransport.

Wirbelbruch: Verdacht durch Prüfung der selbsttätigen Bewegungsfähigkeit von Armen und Beinen erhärten, indem man den Verunglückten auffordert, nacheinander beide Hände und Füße vorsichtig zu bewegen; kein Aufrichtungsversuch! Bei Vorliegen eines Wirbelbruchs wird der Betroffene angeben, an bestimmter Stelle im Rücken Schmerz zu empfinden, oder wird jede Bewegung unterlassen, weil seine Glieder ›eingeschlafen‹ oder nicht zu fühlen sind. Keine Veränderung der Lage! Notruf, Vakuummatratze anfordern!

Kolik: Kennzeichen sind heftige Schmerzen im Leib, die sich krampf- und wehenartig steigern, wieder nachlassen und erneut mit zunehmender Heftigkeit einsetzen. Bettruhe, Arzt rufen, keine Arzneimittel geben, um das Krankheitsbild nicht zu verschleiern.

Kreislaufkollaps: vgl. Abschnitt Ohnmacht.

Nasenbluten: vornübergebeugt hinsetzen, Kopf in die Hände stützen oder blutendes Nasenloch zudrücken. Kalte Umschläge in den Nacken, oft erneuern; nicht schnäuzen. Auf normales ruhiges Atmen achten, um Überventilation zu vermeiden. Bei Unbeeinflussbarkeit Arzt rufen!

Notverband: bei Verrenkung, Verstauchung der oberen Gliedmaßen können z.B. Dreiecktuch, Kleidungsstücke, Krawatte zur Ruhigstellung verwendet werden.

Ohnmacht: meist nur kurz (Sekunden bis wenige Minuten) andauernder Bewusstseinsschwund. Den Ohnmächtigen flach lagern (stabile Seitenlage) und Körper warm halten (Decke), den Kopf nicht durch ein Kissen erhöhen, beengende Kleidung am Hals und um die Brust lösen, für Frischluftzufuhr sorgen. Arzt rufen zur Klärung der Ursache (bes. bei länger andauernder oder sich wiederholender Bewusstseinsstörung).

Schädelbruch: ist nach entsprechender Gewalteinwirkung und bei der Bewusstlosigkeit zu vermuten. Zuerst Prüfung der Atmung, ggf. Atemspende, nach Erfolg in stabile Seitenlage drehen. Notruf!

Schlaganfall: plötzlich auftretende Bewusstseinsstörung mit Halbseitenlähmung und röchelnder Atmung. Freihalten der Atemwege. Notruf! Schneller Transport ins Krankenhaus.

Schlangenbiss: nur Kreuzotter- und Sandviperbisse sind in europ. Breiten gefährlich. Anlegen einer Stauung etwa 5 cm herzwärts der Bissstelle mit Dreiecktuch, Schal oder Krawatte, sodass das Blut noch hinein-, aber nicht mehr zurückfließen kann; der Puls muss tastbar bleiben. Wunde nicht aussaugen, -schneiden oder -brennen. Absolute Ruhelage bis zum Abtransport im Liegen. Arzt verabreicht Schlangenserum und löst dann die Stauung.

Schock: Anzeichen sind fahle Blässe, kalte Haut, Schweiß auf Nase und Stirn, zitterndes Frieren, schneller, zunehmend schlecht tastbarer Puls, allgemeine Unruhe, weit geöffnete Augen, leerer Blick. Möglichst Beseitigung der Schockursache (z.B. bedrohl. Blutung). Pulskontrolle am Hals. Schocklage mit hochgelegten Beinen herstellen. Beruhigend zureden. Notruf!

Schussverletzung: keimfreier Verband, der Einschuss-, ggf. auch Ausschusswunde bedeckt.

Sonnenstich: Anzeichen nach intensiver Sonneneinstrahlung auf Kopf und Nacken sind starke Kopfschmerzen, Übelkeit, Erbrechen, stark geröteter und heißer Kopf, Schwindel. Betroffenen in den Schatten bringen, Kleider öffnen, mit erhöhtem Oberkörper lagern, Stirn und Nacken mit feuchten Tüchern kühlen. Stets Arzt rufen!

Unterkühlung: Erwärmung durch Einwirkung von normaler Körperwärme eines anderen, wenn möglich im Bett, sonst durch angewärmte Decken und Kleidung; Wärmeisolierung (Metallfolie). Keine unnötigen aktiven und passiven Bewegungen bei der Bergung, damit es zu keiner Vermischung des kalten Blutes der äußeren Körperhülle mit dem wärmeren Blut des Körper-

inneren kommt (Gefahr des ›Bergungstodes‹); bei ansprechbaren Unterkühlten Gabe von heißen, gezuckerten Getränken (kein Alkohol!). Schnellstmögl. Transport ins Krankenhaus.

Verätzung: 1) bei Augenverätzung gründl. Spülung mit Wasser: Ein Helfer spreizt die Augenlider, zweiter Helfer gießt Wasser aus 10 cm Höhe in den inneren (nasennahen) Augenwinkel. Schutz des gesunden Auges durch Seitwärtsdrehen des Kopfes (verletztes Auge nach unten). Sofort zum Augenarzt!
2) bei Hautverätzung: Spülen mit Wasser, bis Ätzschmerz ausbleibt, von Ätzmittel durchtränkte Kleidung entfernen, dann trocknen, keimfreier Verband.
3) bei innerl. Verätzung: Verschluckte Säuren und Laugen verursachen starke Schmerzen; reichlich Wasser, keinesfalls Erbrechen herbeiführen. Notruf und sofortiger Transport ins Krankenhaus.

Verbrennung, Verbrühung: betroffene Körperstelle sofort unter fließendes kaltes Wasser halten, bis der starke Schmerz nachlässt. Danach trocken und keimfrei einhüllen. Keine Hausmittel, Brandsalben, Brandgelees oder Puder verwenden (Infektionsgefahr)! Bei ausgedehnten Verbrennungen Schutzmaßnahmen gegen Wärmeverlust. Notruf!

Vergiftung: bes. durch Schlucken von Arzneimitteln, Waschmitteln, Haushaltspflege- und -reinigungsmitteln, Pflanzenschutz- und Schädlingsbekämpfungsmitteln, auch durch Verzehr von giftigen Beeren, Pilzen und verdorbenen Nahrungsmitteln möglich. Allgemeine Symptome sind Übelkeit, Erbrechen, Magenschmerz, Durchfall, Koliken und Schwinden des Bewusstseins. Erwachsene (außer bei Vergiftung durch ätzende Mittel) zum Erbrechen bringen, solange sie noch bei Bewusstsein sind, keinesfalls jedoch Kleinkinder (1- bis 4-Jährige), da Erstikkungsgefahr. Bei Atemstillstand Atemspende (nicht bei Blausäurevergiftung, da Selbstgefährdung). Bei Bewusstlosigkeit kein Erbrechen herbeiführen; stabile Seitenlage. Notruf und Anruf bei dem örtl. Giftinformationszentrum, das die Anweisungen erteilt. Bei dem Anruf sollten folgende Angaben gemacht werden:
Zeitpunkt der Gifteinnahme,
was wurde aufgenommen,
wie viel wurde aufgenommen,
Auftreten erster Vergiftungserscheinungen (Uhrzeit).
Vgl. auch Abschnitt Gasvergiftung.

Verrenkung: bewirkt immer sehr schmerzhafte, abnorme Gelenkstellung an Arm oder Bein. Keinen Bewegungs- oder Einrenkungsversuch! Notruf!

---

erste Hilfe: Giftinformationszentren (Stand Januar 1996)

Deutschland

Berlin (Landesberatungsstelle für Vergiftungserscheinungen)	030/19240
Berlin (Virchow-Klinikum)	030/4505-3555-3565
Bonn (Informationszentrale gegen Vergiftungen)	0228/2873211-3333
Erfurt (Giftinformationszentrum)	0361/730730
Freiburg im Breisgau (Univ.-Kinderklinik)	0761/2704361-4300
Göttingen (Giftinformationszentrum-Nord)	0551/19240
Homburg/Saar (Univ.-Kinderklinik)	06841/19240
Leipzig (Inst. für klin. Pharmakologie), Toxikolog.	
Auskunftsdienst, werktags von 7.00 Uhr–15.30 Uhr	0341/9724666
Bereitschaftsdienst	0171/5068010
Mainz (I. Medizin. Klinik und Poliklinik der Univ.)	06131/19240
München (Giftnotruf der II. Medizin. Klinik	
rechts der Isar der Techn. Univ. München)	089/19240
Nürnberg (II. Medizin. Klinik des städt. Krankenhauses)	0911/3982451

Österreich

Wien (Vergiftungsinformationszentrale der Univ.-Klinik)	00431-434343

Schweiz

Zürich (Schweizer. Toxikolog. Informationszentrum)	00411-2515151

Verschlucken: Arme hochhalten lassen, Schläge zw. die Schulterblätter; Kleinkinder mit dem Kopf nach unten halten. Erwachsene entsprechend über Stuhl lagern. Bei Atemstillstand Atemspende; Notruf!

Verstauchung: heftiger Anfangsschmerz, der meist schnell vergeht; vorsichtiger Bewe-

gungsversuch erweist, dass Bewegungsmöglichkeit vorhanden, nur schmerzhaft eingeschränkt ist. Deshalb Ruhiglagerung, kalte Umschlage.

Wirbelbruch: vgl. Abschnitt Knochenbrüche.

Wunde: Nicht berühren! Nicht auswaschen! Nicht desinfizieren! Keine Behandlung mit

›Hausmitteln‹ oder Arzneimitteln! Der Arzt muss die Wunde sehen, wie sie durch das Unglück hervorgerufen wurde! Daher mit Verbandpäckchen trocken und keimfrei verbinden. Fremdkörper, die in der Wunde stecken, nicht entfernen, in Verband einbeziehen! Arztbehandlung wegen Wundstarrkrampfgefahr!

erforderl., ihm zumutbare Hilfeleistung unterlassen hat.

Die Ausübung der e. H. setzt Sachkenntnis voraus, die vom medizin. Laien durch Kurse des Dt. Roten Kreuzes, der Johanniter-Unfall-Hilfe, des Malteser-Hilfsdienstes und des Arbeiter-Samariter-Bundes erworben werden kann. Der Ablauf der e. H. gliedert sich in Sofortmaßnahmen wie die Entfernung eines Verunglückten aus dem Gefahrenbereich, Benachrichtigung des Rettungsdienstes über den telefon. Notruf (in Dtl. 110) oder Notrufsäulen, Versorgung des Betroffenen durch unmittelbare Hilfeleistung, v. a. Lagerung sowie Überwachung und Abwehr lebensbedrohl. Zustände durch Atemspende, Herzmassage, Blutstillung, Notverbände, Schockbekämpfung u. a., bis zum Abtransport durch Rettungsfahrzeuge. Zur Bergung eines Bewusstlosen durch einen einzelnen Helfer wird der Rautek-Griff angewendet. Anschließend wird der Betroffene in stabile Seitenlage (NATO-Lage) gebracht, die ein Ersticken durch Verlegung der Atemwege mit Blut, Schleim oder Erbrochenem verhindert.

Beim Notruf sind fünf Angaben zu berücksichtigen: Wo ist etwas geschehen, was ist geschehen, wie viele Menschen sind betroffen, welche Zustände erfordern Arztbehandlung an Ort und Stelle, wer erstattet die Meldung?

Zu den allgemeinen Verhaltensregeln zählt, dass grundsätzlich der Hals freizumachen ist und beengende Kleidungsstücke gelockert werden müssen. Jeder Verunglückte soll außerdem möglichst warm gehalten werden. Notverbände bei Knochenbrüchen werden, wenn keine offene Verletzung vorliegt, besser über der Kleidung angelegt; nur verletzte Körperteile sollten entblößt werden (z. B. durch Aufschlitzen der Kleidung). Bei der Versorgung einer größeren Anzahl von Verletzten haben unmittelbar lebensbedrohl. Geschädigte Vorrang (→Triage-Index). Grundsätzlich schließt die e. H. durch Laien alle der Behandlung durch Rettungssanitäter und Notarzt vorbehaltenen Maßnahmen aus, da sie bei unsachgemäßer Ausführung zusätzl. Schädigungen bewirken können.

Erste Hilfe, bearb. v. H.-E. KÖHNLEIN u. a. (^{9}1992); C. SCHOLZ: Erste Hilfe bei Kindern (^{4}1993); W. SCHÄR u. F. TAPPERT: Erste Hilfe kompakt (^{10}1996).

Erste Internationale, die ›Internationale Arbeiter-Assoziation‹, Abk. IAA, →Internationale.

erster Eindruck, das globale, undifferenzierte Gesamtbild, das man nach einem ersten Kontakt von einer Person hat. Der e. E., für den die bes. markanten Ausdrucksmerkmale der unbekannten Person, aber auch kulturell bedingte Normen und Werthaltungen des Wahrnehmenden ausschlaggebend sind, liefert i. d. R. ein in sich stimmiges Menschenbild, das relativ resistent gegenüber Veränderungen durch zusätzl. spätere Informationen ist. Schilderungen des e. E. enthalten Aussagen über das Äußere des Fremden und v. a. psycholog. Urteile (z. B. ›sympathisch‹, ›freundlich‹, ›oberflächlich‹, ›schüchtern‹), die zur Erkennung der Person Wesentliches beitragen können. Der Wert des e. E. ist jedoch begrenzt, da er in bes. hohem Maße auch den entstellenden Einflüssen der Vorurteile, Erwartungen und der Wahrnehmungsselektivität unterliegt.

Erste Republik, Bez. für die Rep. Österreich zw. 1918 und 1938 (→Österreich, Geschichte).

Erster Mai, gesetzl. Feiertag in zahlr. Ländern der Erde; auf Beschluss des Gründungskongresses der Zweiten Internationale (1889) erstmals 1890 mit Massendemonstrationen für die Ziele der →Arbeiterbewegung begangen. Das Datum wurde zur Erinnerung an die Kämpfe der amerikan. Arbeiter vom 1. 5. 1886 für den Achtstundentag festgelegt. Der Brüsseler Kongress der Zweiten Internationale (1891) fasste den Beschluss, den E. M. alljährlich als ›Festtag der Arbeiter aller Länder, an dem die Arbeiter die Gemeinsamkeit ihrer Forderungen und ihre Solidarität bekunden sollen‹, zu feiern.

In Dtl. demonstrierten schon im Kaiserreich und später in der Weimarer Rep. an diesem Tag große Teile der Arbeiterschaft unter Führung ihrer Parteien und Gewerkschaften; 1929 kam es nach dem Verbot von Straßenumzügen zum E. M. in Berlin zu blutigen Auseinandersetzungen zw. kommunist. Demonstranten und der Polizei (in der marxist. Geschichtsschreibung als ›Berliner Blutmai‹ apostrophiert). Unter natsoz. Herrschaft in Dtl. (1933–45) zum ›Tag der nat. Arbeit‹ entstellt und 1933 zum gesetzl. Staatsfeiertag erhoben, wurde der (später zum ›Nat. Feiertag des dt. Volkes‹ umgedeutete) E. M. propagandistisch v. a. von der nach Ausschaltung der Gewerkschaften (Mai 1933) gebildeten Dt. Arbeitsfront getragen (Durchführung großer Kundgebungen, um einen ›volksgemeinschaftl. Arbeiterstaat‹ zu suggerieren).

In den Ländern des kommunist. Ostblocks wurde der E. M. als ›Internat. Kampf- und Feiertag der Werktätigen‹ begangen und diente mit seinen von der Staatspartei und der Einheitsgewerkschaft organisierten Massenaufmärschen der Selbstdarstellung des Regimes.

Illustrierte Gesch. des 1. Mai, hg. v. U. ACHTEN (1979).

Erster Offizier, erster Gehilfe und Stellvertreter des Kommandanten eines Kriegsschiffes oder des Kapitäns eines Handelsschiffes, verantwortlich für den gesamten Schiffsbetrieb, bes. für inneren Dienst und Ausbildung.

Erster Orden, kath. Klosterwesen: in großen Ordensfamilien mit versch. Zweigen (Männer, Frauen, Laien beiderlei Geschlechts) Bez. für den männl. Zweig.

Erster Weltkrieg, →Weltkrieg.

Erstes Deutsches Fernsehen, tägliches bundesweites Fernsehgemeinschaftsprogramm aus Beiträgen der in der Arbeitsgemeinschaft der öffentlich-rechtl. Rundfunkanstalten der Bundesrepublik Deutschland (ARD) zusammengeschlossenen Rundfunkanstalten, veranstaltet aufgrund des Fernsehvertrages vom 27. 11. 1991, zusammengestellt durch die Ständige Programmkonferenz (Programmdirektion), Sitz München. (→Fernsehen)

Erstfeld, Dorf im schweizer. Kt. Uri, Fundort eines der bedeutendsten kelt. Goldschätze. Unter einer 9 m dicken Moränenschuttschicht wurde 1962 bei Erdarbeiten ein Hortfund von vier reich verzierten goldenen Halsringen (›Torques‹) und drei Armringen mit stilisiertem Figurendekor aus der frühen La-Tène-Zeit freigelegt.

R. WYSS: Der Schatzfund von E. (Zürich 1975).

Erstfeld:
Goldene Halsringe
aus der
La-Tène-Zeit
(Zürich,
Schweizerisches
Landesmuseum)

Erstgeborener Sohn der Kirche, frz. **Fils aîné de l'Église** [fis ɛˈne dǝleˈgliːz], Titel der frz. Könige, 1495 von Papst ALEXANDER VI. an KARL VIII. verliehen.

Erstgeburt, der rechtlich und religiös-kultisch begünstigte Erstling (bes. in der Antike und in Israel), dem ein Vorzugserbenrecht zustand. Im kult. →Opfer war die E. des Viehs, v.a. des erstgeborenen männl. Tieres, von besonderem Wert. – Das Recht des Erstgeborenen gilt auch in der Erbfolge fürstl. Häuser (→Primogenitur) sowie im Anerben- und Majoratsrecht.

Ersticken, Tod infolge Sauerstoffmangels lebenswichtiger Gewebe und Organe (v. a. des Zentralnervensystems), beim **äußeren E.** durch Verlegen der Luftwege (→Bolustod), Anschwellung durch Insektenstiche, Einengung durch Erhängen, Erwürgen, Lähmung der Atemmuskulatur und des Zwerchfells (Kinderlähmung, Diphtherie), des Atemzentrums (→Asphyxie) oder durch Behinderung der Atembewegung von außen (z.B. bei Verschüttung); auch durch Einwirkung von Erstickungsgasen (z.B. Kohlendioxid, Rauchgase). Verlieren die roten Blutkörperchen die Fähigkeit, Sauerstoff aufzunehmen und vom Blut ins Gewebe zu transportieren, kommt es zum **inneren E.,** z.B. bei Aufnahme von →Blutgiften (→erste Hilfe, ÜBERSICHT).

Erstkommunion, die erste, meist in einem festl. Gemeindegottesdienst empfangene →Kommunion.

Erstlingsdruck, der erste Abdruck einer Druckform; wird bei bestimmten Originaltechniken der Grafik (Stich, Radierungen) wegen der besseren Druckqualität höher bewertet als die folgenden Drucke.

Erstlingsopfer, *Religionswissenschaft, Theologie:* eine Form des →Opfers.

Erstmilch, das →Kolostrum.

Erstrisikoversicherung, Versicherung auf erstes Risiko, Versicherung auf erste Gefahr, Unterart der Schadenversicherung, bei der der Versicherer ohne Rücksicht auf den Versicherungswert jeden versicherten Schaden ersetzt, bis zur Höhe der Versicherungssumme, die hier die Deckungsgrenze darstellt.

Erstschlagfähigkeit, Erstschlagkapazität, engl. **First-Strike-Capability** [ˈfəːstˈstraɪk keɪpəˈbɪlɪtɪ], Fähigkeit eines Staates oder Bündnisses, mit einem ersten atomaren Schlag das strateg. Kernwaffenpotenzial des Gegners so weit vernichten zu können, dass ein mit der Zufügung eines untragbar hohen Schadens verbundener Vergeltungsschlag des Angegriffenen (→Zweitschlagfähigkeit) verhindert oder durch ein leistungsfähiges Raketenabwehrsystem abgefangen wird. Die E. ist jedoch nur eine hypothet. Möglich-

keit, da die nuklearen Großmächte weder mit dem ersten Schlag eine hinreichende Menge der gegner. land- oder seegestützten ballist. Atomraketen (ICBM, SLBM) oder die strateg. Bomber vernichten oder sich durch ein lückenloses Abwehrsystem vor einem Gegenschlag schützen können. Vielmehr soll durch Maßnahmen der Rüstungskontrolle und Abrüstung eine einseitige nukleare Überlegenheit verhindert und somit die Zweitschlagfähigkeit gesichert werden.

Erststimme, in Dtl. die Stimme, die der Wähler bei Bundestagswahlen für den Direktkandidaten in seinem Wahlkreis abgibt; bei den Kandidaten muss die Parteizugehörigkeit, bei Parteilosen ein Kennwort im Wahlvorschlag angegeben sein. Gewählt ist der Kandidat im Wahlkreis, der die meisten Stimmen auf sich vereinigt (relative Mehrheitswahl; →Direktmandat). Die andere Stimme (**Zweitstimme**) gibt der Wähler der Kandidatenliste einer Partei im betreffenden Bundesland; die Abgabe der E. kann unabhängig von der Zweitstimme, diese unabhängig von der E. erfolgen oder ganz unterbleiben.

Ersttagsblatt, zum ersten Gültigkeitstag neuer Briefmarken hergestelltes Blatt, auf dem häufig eine ausführl. Information zu den aufgeklebten, mit Ersttagsstempel versehenen Marken zu finden ist.

Ersttagsbrief, Brief (oder Postkarte), der am ersten Tag der Gültigkeit einer oder mehrerer Briefmarken abgestempelt worden ist.

Ersttagsstempel, der Poststempel am Erscheinungstag einer Briefmarke (gekennzeichnet durch: ›Ausgabetag‹, ›Jour d'émission‹, ›Day of first issue‹ usw.), soweit nicht ein Sonderstempel verwendet wird.

Erstversicherer, →Rückversicherung.

ersuchter Richter, der aufgrund eines Ersuchens um Rechtshilfe angegangene Richter, der in seinem Bezirk für das ersuchende auswärtige Gericht eine Amtshandlung (z.B. Beweisaufnahme) vornimmt (§§ 156 ff. GVG); zuständig ist stets das Amtsgericht.

Ertaubung, Verlust des Gehörs (→Taubheit); **akute E.** tritt beim →Hörsturz ein.

Erté, eigtl. **Romain de Tirtoff,** frz. Maler, Grafiker, Modeschöpfer und Designer russ. Herkunft, *Sankt Petersburg 1892, †Paris 21. 4. 1990; ging 1912 nach Paris, wo er zunächst als Modezeichner für den Modeschöpfer PAUL POIRET und ab 1915 für versch. Modejournale (u.a. ›Harper's Bazar‹, ›Vogue‹) tätig war. Höhepunkte seiner Arbeit sind Kostümentwürfe, Bühnen-, Revue- und Filmausstattungen im Stil der Art déco, die auch seine Skulpturen prägt.

Skulpturen, hg. v. M. LEE (a.d. Amerikan., 1986); E. Neue Druckgraphik, hg. v. DEMS. (a.d. Amerikan., 1987).

Erteböllekultur, mittelsteinzeitl. Kulturgruppe in Dänemark, benannt nach dem Dorf Ertebølle am Limfjord. Die jüngere Stufe der bes. an den Küsten verbreiteten E. (›Kjökkenmöddinger‹ als Reste von Muschelnahrung) unterscheidet sich von der älteren Stufe durch entwickelteres Steingerät (Pfeilspitzen, Abschlagbeile) und durch das erste Vorkommen grober Tongefäße. In der Endphase berührte sich die E. mit der frühbäuerl. →Trichterbecherkultur.

Ertel, Hans, Geophysiker und Meteorologe, *Berlin 24. 3. 1904, †Berlin (Ost) 2. 7. 1971; seit 1946 Prof. in Berlin (Ost), seit 1949 Direktor des Inst. für physikal. Hydrographie der Dt. Akad. der Wiss.; arbeitete bes. auf dem Gebiet der theoret. Hydrodynamik.

Ertix, chin. und uigur. Name für den Fluss →Irtysch.

Ertl, **1)** Emil, österr. Schriftsteller, *Wien 11. 3. 1860, †Graz 8. 5. 1935; war 1898–1922 Direktor der Bibliothek der TH in Graz; befreundet mit P. ROSEGGER; schrieb Romane und Novellen zu Österreichs Vergangenheit und Gegenwart.

Werke: *Romane:* Ein Volk an der Arbeit (Romantetralogie): Bd. 1: Die Leute vom blauen Guguckshaus (1906), Bd. 2: Freiheit, die ich meine, 2 Tle. (1909), Bd. 3: Auf der Wegwacht (1911), Bd. 4: Im Haus zum Seidenbaum (1926).

2) Joseph, Politiker, * Oberschleißheim 7. 3. 1925; Diplomlandwirt, war 1961–87 MdB (FDP), 1969–82 und nach kurzer Unterbrechung 1982–83 Bundes-Min. für Ernährung, Landwirtschaft und Forsten; 1971–83 Vors. der FDP in Bayern.

Ẹrtler, Bruno, österr. Schriftsteller, * Pernitz (Niederösterreich) 29. 1. 1889, † Graz 10. 12. 1927; Journalist und Redakteur; schrieb impressionist. Lyrik (›Eva-Lilith‹, 1919) volkstüml. Dramen sowie formvollendete Novellen (›Venus im Morgen‹, 1921).

Joseph Ertl

Ertrag, 1) *Betriebswirtschaftslehre:* Bez. für die periodisierten, erfolgswirksamen Einnahmen eines Unternehmens (z. B. aus Verkauf der vom Betrieb erstellten Güter und Leistungen); Ggs.: Aufwand. E. stellt die positive Komponente des im Rahmen der Finanzbuchhaltung (→Gewinn-und-Verlust-Rechnung) zu ermittelnden pagator. Erfolges dar; übersteigt (unterschreitet) der E. den Aufwand, erzielt das Unternehmen einen Gewinn (Verlust). Wichtige Unterteilungen sind: betriebsbedingter E. **(Betriebs-E.)** und **betriebsfremder E.,** der mit dem Betriebszweck nicht in unmittelbarem Zusammenhang steht (z. B. Währungsgewinne); in beiden Fällen kann es sich um periodenzugehörigen oder periodenfremden E. (z. B. Steuerrückzahlung) handeln. Periodenfremder Betriebs-E. und betriebsfremder E. bilden den **neutralen E.** Weiterhin werden regelmäßige E. (z. B. Umsatzerlöse) von außergewöhnl. E. (z. B. dem Betrieb erlassene Schulden) und E. aus Wertzuwächsen (z. B. aktivierte Eigenleistungen) unterschieden.

2) *Volkswirtschaftslehre:* Gütermenge, die mit einem gegebenen Einsatz an Produktionsfaktoren in einer bestimmten Periode erzeugt wird.

Ertragsanteil, →Rentenbesteuerung.

Ertragsbeteiligung, am Umsatz oder der Wertschöpfung als Bemessungsgrundlage orientierte finanzielle Beteiligung der Arbeitnehmer am Unternehmenserfolg; wird seltener praktiziert als die →Gewinnbeteiligung, da auch bei Verlusten Zahlungen anfallen.

Ertragsgemeinderschaft, *Recht:* in der Schweiz eine Form des Gesamthandvermögens, bei der die Gemeinder (Mitgl. der E.) die Bewirtschaftung des ihnen gehörenden Gutes einem Einzelnen gegen Entrichtung eines jährl. Anteils am Ertrag überlassen (Art. 347 ff. ZGB). Die prakt. Bedeutung der E. ist gering.

Ertragsgesetz, Bez. für einen produktionstheoret. Zusammenhang, der 1766 von A. R. J. TURGOT für die landwirtschaftl. Erzeugung im **Boden-E.** formuliert wurde. Danach nimmt der Ertragszuwachs auf einem bestimmten Bodenstück von einem bestimmten Einsatz des variierten Produktionsmittels an (z. B. des Arbeits- oder Düngemittelaufwands) bei Konstanz der übrigen Produktionsmittelmengen ab. Später wurde das E. als Hypothese für jede Art von Produktion verwendet. Nach dem E. bringt ein fortlaufender Mehreinsatz eines Produktionsfaktors bei Konstanz der übrigen Produktionsfaktormengen zuerst steigende, von einer bestimmten Einsatzmenge an abnehmende und schließlich sogar negative Ertragszuwächse (→Produktionsfunktionen). In seiner engeren Fassung behauptet das E. nur die Abnahme des Ertragszuwachses **(Gesetz vom abnehmenden Ertragszuwachs).**

Für die Landwirtschaft fand E. A. MITSCHERLICH in Feldversuchen eine Beziehung zw. Wachstumsfaktoren (z. B. Düngung) und Pflanzenertrag, derzufolge der Mehrertrag je Faktoreinheit mit zunehmender Annäherung an den Höchstertrag abnimmt (Wirkungsgesetz der Wachstumsfaktoren). E. VON BOGUSLAWSKI und BERNARD ARNOLD SCHNEIDER (* 1944) haben die Gesetzmäßigkeit weiterentwickelt.

Ertragshoheit, *Finanzwissenschaft:* das Recht einer Gebietskörperschaft, das Aufkommen an be-

stimmten Steuern zu vereinnahmen. Die E. von Bund, Ländern und Gemeinden an den versch. Steuern ist in Art. 106 und 107 GG geregelt (→Finanzausgleich). Die E. ist Teil der →Finanzhoheit.

Ertragsklassen, *Landwirtschaft* und *Forstwirtschaft:* die Einstufung agrarisch genutzter Böden oder auch von ganzen Betrieben nach den Erträgen.

Ertragskraft, Bez. für die Fähigkeit eines Unternehmens, auf Dauer Gewinne zu erzielen. Wichtig für die Beurteilung der gegenwärtigen und zukünftigen E. sind u. a. Kostenstruktur und Absatzmarkt, Produktionsverfahren und Produktpalette, Investitionsvorhaben, Cashflow, Ausgaben für Forschung und Entwicklung sowie Qualität des Managements. Die langfristige E. bildet die Grundlage für die →Aktienanalyse. Zu unterscheiden von der E. ist die **Ertragslage** als Ausdruck für die aktuelle wirtschaftl. Situation eines Unternehmens.

Ertragsteuern, im finanzwiss. Sinne Steuern, die den Ertrag der Produktionsfaktoren (die Wertschöpfung) nach objektiven Maßstäben erfassen, gleichgültig, wem der Ertrag (als Einkommen) zufließt. Die persönl. Verhältnisse des Inhabers des Ertrag bringenden Objektes (z. B. Grundstück, Gewerbebetrieb) bleiben unberücksichtigt; der Steuergegenstand, nicht das Steuersubjekt steht im Vordergrund. Man spricht daher auch von **Objektsteuern** im Unterschied zu Subjektsteuern (z. B. Einkommensteuer). Im Ggs. zu **Ist-E.** wird bei **Soll-E.** nicht der tatsächl., sondern ein fiktiver (durchschnittlich erzielbarer) Ertrag zugrunde gelegt; als Indikator für die Sollertrag werden äußere Merkmale (z. B. Grundstücksgröße) oder der Wert der Ertragsquelle herangezogen (z. B. Grundsteuer, Gewerbesteuer nach dem Gewerbekapital). Eine vollständige Ertragsbesteuerung aller Produktionsaktivitäten könnte theoretisch entweder über eine allg. →Wertschöpfungsteuer erfolgen oder aber über ein aufeinander abgestimmtes System von Teil-E. auf den Bodenertrag, den Arbeitsertrag, den Kapitalertrag und den Residualgewinn.

In Dtl. existieren derzeit lediglich zwei Teil-E. auf die Erträge bestimmter Produktionsfaktoren bzw. -aktivitäten (Wirtschaftszweige), die Grundsteuer und die Gewerbesteuer. Im dt. Steuerrecht werden beide auch als **Realsteuern** bezeichnet (§ 3 AO). Die →Kapitalertragsteuer ist keine E., sondern eine besondere Erhebungsform der →Einkommensteuer. Die betriebswirtschaftl. Steuerlehre fasst als E. alle Steuern zus., deren Bemessungsgrundlage vom wirtschaftl. Ergebnis (Gewinn, Ertrag, Überschuss, Erfolg) abhängt: Einkommensteuer, Körperschaftsteuer und Gewerbesteuer nach dem Ertrag.

Steuergeschichtlich bilden die E. die ältere, verwaltungstechnisch weniger anspruchsvolle Form der Besteuerung des Wirtschaftsergebnisses. Ihre heutige Stellung ist v. a. durch die Entwicklung in Preußen geprägt worden: 1893 wurden nach der Einführung der allg. Einkommensteuer die bisherigen E. nicht abgeschafft, sondern den Gemeinden als Einnahmequellen überlassen.

Ertragswert, 1) *Betriebswirtschaft:* aufgrund des gegenwärtigen oder zukünftigen Ertrags errechneter Wert eines Vermögensgegenstandes (z. B. Aktien, Anleihen, Unternehmen), gemessen in Geldeinheiten im Unterschied zum Kurswert, Verkehrswert, Substanzwert. Der E. entspricht dem Kapitalwert unter Vernachlässigung der Anschaffungsausgabe. Unter der Annahme gleichmäßig fließender Erträge lautet die E.-Formel

$$\text{Ertragswert} = \frac{\text{Reinerträge} \cdot 100}{\text{Kapitalisierungszinssatz}}.$$

Probleme ergeben sich aus der Ertragsschätzung und der Bestimmung eines geeigneten Zinssatzes. Besondere Anwendungsgebiete liegen in der Unterneh-

Eruption 2): Ausbruch des im N der Insel Luzon (Philippinen) gelegenen Vulkans Mount Pinatubo im Jahr 1991

mensbewertung, der Investitionstheorie sowie in der steuerrechtl. Bewertung.

2) *Steuerrecht:* Bei der Berechnung des Einheitswertes land- und forstwirtschaftl. Betriebe wird für den Wirtschaftsteil des Betriebes der E. zugrunde gelegt; er ist definiert als das 18fache des durchschnittlichen, nachhaltig erzielbaren Reinertrages des Betriebes (angenommene Verzinsung 5,5%) und wird durch ein vergleichendes Verfahren über bes. ausgewählte Betriebe oder Betriebsteile ermittelt (§§ 37 ff. Bewertungs-Ges.). Bei bebauten Grundstücken wird der gemeine Wert überwiegend nach einem **E.-Verfahren** berechnet. (→Grundstückswert)

Ertrinken, Tod infolge Eindringens von Flüssigkeit durch die Luftwege bis in die Lungenbläschen (v. a. durch →Aspiration), meist bei Unfällen im Wasser, auch als Form des Selbstmordes oder des Mordes (Ertränken). Nach längerem Untertauchen, Atemanhalten und Ausatmen tritt zunächst ein reflektor. Stimmritzenverschluss ein, worauf anschließend durch Einatmen die Lunge mit Wasser gefüllt wird. Dies führt bei Süßwasser, das einen geringen Salzgehalt und damit einen niedrigeren osmot. Druck als das Blut hat, durch Eindringen über die Alveolen in den Lungenkreislauf zu →Hämolyse, Blut- und Elektrolytverdünnung und →Hypoxie mit hierdurch meist rasch einsetzendem tödl. Kammerflimmern. Bei E. im Meerwasser wird umgekehrt durch die höhere Salzkonzentration des Wassers dem Blut Serumflüssigkeit entzogen mit der Folge der Bluteindickung und des Todes durch Lungenödem. – Bei Überleben kann es z. T. noch nach mehreren Stunden zu Lungenödem, Lungenentzündung (Aspirationspneumonie) mit Fieberanstieg, Atemnot, schaumigem Auswurf und Zyanose kommen **(sekundäres E.).** →erste Hilfe, ÜBERSICHT

ERTS, Abk. für engl. Earth Resources Technology Satellite, später mit →Landsat bezeichnetes amerikan. System von →Erderkundungssatelliten.

Erucasäure [eruca, lat. ›Kohl‹], einfach ungesättigte →Fettsäure mit der chemischen Formel $C_{21}H_{41}$ – COOH; chemisch die cis-13-Docosensäure. E. kommt als Glycerid v. a. im Rüböl und im fetten Senföl vor. Sie gilt als ernährungsphysiologisch nicht

unbedenklich; ihre Höchstmenge (5%) in Speiseölen und -fetten wird in der Erucasäure-VO vom 24. 5. 1977 festgelegt. (→Rüböl, →Raps)

Eruler, german. Volk, →Heruler.

Eruption [lat. ›das Hervorbrechen‹, ›Ausbruch‹] *die, -/-en,* **1)** *Astronomie:* Strahlungsausbruch, als **chromosphärische E.** (→Flare) in der Chromosphäre der Sonne.

2) *Geologie:* Sammel-Bez. für vulkan. Ausbruchstätigkeit, z. B. Lava-E. (Effusion, Extrusion), Aschen-E. und Schlacken-E. (Ejektion) sowie Gas- und Dampf-E. Je nachdem, ob die E. von einem Punkt, von mehreren auf einer Linie aufgereihten oder von auf einer eng begrenzten Fläche verteilten Punkten aus erfolgt, unterscheidet man Zentral-, Linear- und Areal-E. Im Hinblick auf die Lage des Ausbruchspunktes spricht man von Gipfel-E. und Flanken-E. an einem Vulkankegel. Der Aufstiegsweg des vulkan. Materials wird als E.-Kanal, die Ausbruchstelle je nach Gestalt als E.-Schlot, -Krater oder -Spalte bezeichnet. Den aus Aschen und Schlacken aufgeschütteten Kegel nennt man E.-Kegel. (→Vulkanismus)

3) *Medizin:* das Auftreten eines Hautausschlags; auch der Ausschlag selbst.

eruptiv, 1) *Geologie:* durch Eruption entstanden. **2)** *Medizin:* aus der Haut hervortretend.

Eruptivdecke, *Geologie:* vulkan. →Decke.

Eruptivgesteine, Eruptiva, ältere Bez. für die →magmatischen Gesteine.

Ervi, Aarne, finn. Architekt, *Tammela 19. 5. 1910, †Helsinki 1977; machte sich bes. auf dem Gebiet des sozialen Wohnungsbaus verdient. Seine Entwürfe für Einfamilienhäuser sowie für Wohnsiedlungen mit Reihen- und Hochhäusern (z. B. Tapiola, 1959–62) sind architektonisch der landschaftl. Struktur angepasst.

Ervine [ˈəːvɪn], Saint John Greer, irischer Dramatiker und Literaturkritiker, *Belfast 28. 12. 1883, †Fitz Hall (bei Midhurst, Cty. West Sussex) 24. 1. 1971; seine frühen Dramen wurzeln im irischen Volkstum; schrieb später realist. Schauspiele und konventionelle Gesellschaftsstücke.

Werke: *Dramen:* Jane Clegg (1914); Four Irish plays (Mixed marriage, The magnanimous lover, The critics, The Orangeman, 1914); John Ferguson (1915); The first Mrs. Fraser (1929, als Roman 1931); Robert's wife (1937); My brother Tom (1952). – *Literaturkritik:* The theatre in my time (1933); Bernard Shaw (1956).

Erwachsenenbildung, Sammel-Bez. für alle Initiativen zur Weiterbildung Erwachsener im Verlauf ihres Lebens, sei es in dafür geschaffenen Einrichtungen oder in selbst organisierter Form.

Voraussetzungen und Grundlagen

Anthropolog. Voraussetzung der E. ist lebenslange Lernfähigkeit des Menschen, der heute eine zunehmende Notwendigkeit lebenslangen Lernens entspricht. Lernen ist heute nicht nur Vorbereitung von Kindern und Jugendlichen auf späteres Leben in Beruf und Gesellschaft, sondern auch Befähigung und Bereitschaft des Erwachsenen zur krit. Umstellung auf Veränderungen der Gesellschaft sowie die Qualifizierung zur verantwortl. Mitgestaltung der Veränderungen (F. Pöggeler). Betrachtete sich der Erwachsene früher i. d. R. als ›fertiger‹ Mensch, der ›ausgelernt‹ hatte, so ist es heute selbstverständlich, dass ein ständiger Lernprozess die Voraussetzung ist, sich in einer kompliziert gewordenen Welt der Technik zurechtzufinden (E. Fink). Für die gesellschaftl. Existenz werden Leben und Lernen identisch. Mündigkeit als Zentralwert des Erwachsenseins muss durch lebenslanges Lernen immer neu verwirklicht werden. Insofern ist E. konstitutiv für das Erwachsensein. In einer aufgeklärten, sich ständig neu formierenden Gesellschaft ist der Mensch ›das sich selbst und der Welt

COOH
|
$(CH_2)_{11}$
|
CH
‖
CH
|
$(CH_2)_7$
|
CH_3

Erucasäure

aufgegebene Wesen‹ (M. SCHELER), das Leben der demokrat. Gesellschaft eine Aufgabe freier Planung und bewusster Gestaltung im Sinne der Selbstentfaltung des Menschen.

Begriff und Ethos der E. orientieren sich heute vornehmlich am schnellen Wandel gesellschaftlich-berufl. Bedingungen und Zwänge. Die Konkurrenzfähigkeit kann in vielen Berufen nur aufrechterhalten werden, wenn veraltetes Wissen und Können durch neues ersetzt wird. Auch ist ein- oder mehrmaliger Berufswechsel in offene Stellen oder neu entstehende Berufe oft erforderlich aufgrund von strukturellen Verschiebungen auf dem Arbeitsmarkt, die v. a. auf techn. Fortschritt, auf Entwicklungen in bestimmten Wirtschaftszweigen und/oder Regionen zurückzuführen sind und seit den 1980er-Jahren maßgeblich zur hohen Arbeitslosigkeit beigetragen haben. E. ist als Weiterbildung die ständige Fortsetzung von Ausbildung und Qualifizierung und umfasst angemaßer Anpassungsfortbildung wie Umschulung, bes. auch unter dem Aspekt qualifizierender Aufstiegsfortbildung. Abgrenzend zur allgemeinen Weiterbildung spricht man bei in dieser Weise zielorientierter Weiterbildung auch von **qualifizierender Weiterbildung,** die wiederum untergliedert werden kann in abschlussbezogene und berufl. Weiterbildung. Da qualifizierende Weiterbildung vielfach Voraussetzung der Existenzsicherung ist und E. über die berufl. Qualifikation auch als Instrument berufl. und gesellschaftl. Aufstiegs dient, wird erklärlich, dass viele Teilnehmer der organisierten E. junge Erwachsene sind.

Zur Erhaltung berufl. Konkurrenzfähigkeit und zur Bewältigung von hinzutretenden Aufgaben im gesellschaftl. Leistungsprozess ergeben sich immer wieder Lernzeiten, die besondere Energie erfordern. Dies bedingt die verbreitete Forderung nach einer neuen Zeiteinteilung: Neben Arbeits- und Freizeit sollte es Lernzeitintervalle geben, die in den Jahresablauf ebenso eingeplant werden wie die Urlaubszeit. In der E. angelsächs. Staaten, die für moderne Industriestaaten weithin zum Muster geworden ist, spricht man nicht wie im deutschsprachigen Raum von ›Bildungsurlaub‹ (ein Begriff, der missverstanden werden kann, weil E. hier als Urlaub erscheint), sondern von ›refreshment training‹ (Auffrischungstraining) oder ›recurrent education‹ (Lernen in regelmäßigen Intervallen, eingebunden in die Phasen der Berufstätigkeit). Ein solches Verständnis von E. ist inzwischen in versch. Gesetzen fixiert worden. Das Arbeitsförderungs-Ges. von 1969 bot erstmals Möglichkeiten der geförderten berufl. Weiterbildung. Bezahlte Freistellung gibt es bundeseinheitlich nur für Betriebsratsmitglieder (laut Betriebsverfassungs-Ges. von 1972), doch besteht in einigen Bundesländern für Berufstätige allgemeiner Anspruch auf →Bildungsurlaub, der der berufl. wie der polit. Weiterbildung dienen soll.

Die Teilnehmerstruktur der E. wird v. a. nach Vorbildung, Beruf, Schichtzugehörigkeit, Geschlecht und Lebensalter aufgeschlüsselt. In der Vorform heutiger E., der ›Volksbildung‹ des 19. und beginnenden 20. Jh., nahm man an, je weniger der Mensch in Kindheit und Jugend erzogen und gebildet worden sei, umso mehr sei er motiviert, an der E. teilzunehmen. Es gab auch z. B. ein lebendiges →Arbeiterbildungswesen, sowohl als Bestandteil der Arbeiterbewegung wie als Bildungsangebot akadem. Trägervereinigungen. Für die heutigen Verhältnisse lässt sich statistisch das Gegenteil belegen: Das Interesse an der E. ist umso größer, je mehr der Mensch vorgebildet ist und je intensiver er ›das Lernen gelernt‹ hat. Für die akadem. Weiterbildung spielen Kongresse und Tagungen eine wichtige Rolle. Bei den Volkshochschulen und versch. anderen Einrichtungen stellen Angehörige aufstiegsorientierter unterer und mittlerer Angestelltengruppen die

meisten Teilnehmer, die seit den 70er-Jahren mit zunehmender Tendenz schul. Abschlüsse nachholen.

Struktur, Politik, Rechtsgrundlagen und Selbstverständnis der Erwachsenenbildung

Nachdem eine ›realist. Wende‹ der E. seit den 60er-Jahren zu einer Aufwertung berufsorientierter E. sowohl in betriebl. als auch in außerbetriebl. Form geführt hat, zugleich Angebot und Interesse an Zertifikaten und Qualifikationen zugenommen haben und auch vielfältige Versuche der Ankoppelung der polit. E. an die berufl. unternommen worden sind, wurden überwiegend in den 70er-Jahren Struktur und Organisation der E. in den alten Bundesländern in den Ländergesetzgebungen unter der Bez. ›E.‹ (Bayern, Hessen, Ndsachs., Saarland) oder ›Weiterbildung‹ (Bad.-Württ., Bremen, NRW und Rheinl.-Pf. sowie Berlin) geregelt. Während nur selten inhaltlich-formale Kataloge erstellt wurden (NRW unterscheidet in der Ges.-Fassung von 1982 nichtberufl., abschlussbezogene, berufl., wiss., polit., freizeitorientierte und kreativitätsfördernde Weiterbildung), wurden durchgängig Organisationsformen für Kooperation und Koordination der Trägerorganisationen geschaffen, und zwar auf Orts-, Kreis-, Bezirks- und Landesebene. Im Unterschied etwa zur Schweiz oder zu Österreich gibt es jedoch weder einen zentralisierte noch einen freiwilligen bundesweiten Zusammenschluss der Träger der E. Die Organisation der E. wird heute dadurch bestimmt, dass E., die früher lediglich als Annex am Bildungssystem galt, heute als dessen vierte Stufe (quartärer Bildungsbereich) z.T. organisch mit den vorausgehenden Stufen verbunden ist. Sowohl – nach der Trägerschaft definiert – freie, gruppenungebundene E. (Volkshochschulen) als auch gruppengebundene Institutionen (konfessionelle, gewerkschaftl., parteipolit. E. sowie E. der Wirtschaft) bieten auf dieser Stufe in der qualifizierenden Weiterbildung systematisierte Kursprogramme (Abfolgen) sowie systematisierte staatl. oder interne Abschlüsse an.

Die E. ist eine der seit 1945 am stärksten expandierten Stufen des demokrat. Bildungssystems. Keine ihrer Einrichtungen besitzt ein Monopol, wiewohl die Volkshochschule die bekannteste und am meisten genutzte ist. Daneben bestehen – meist berufsgruppenorientiert – ländl. und andere Heimvolkshochschulen, Bildungswerke, Akademien (getragen von Kirchen, Gewerkschaften, Parteien, Stiftungen, Wirtschaftsverbänden und für sehr unterschiedl. Adressatenkreise gedacht), Familienbildungsstätten, Elternseminare, Arbeitskreise, Begegnungsstätten und Foren der polit. (z. B. europ. Studienzentren, friedenspädagog. Institute), sozialen, berufl. und kulturellen E. Die auf kommerzieller Basis geführten Institute für →Fernunterricht werden nicht als E.-Einrichtung i. e. S. anerkannt. Weitere Institutionen der E. sind die allgemein bildenden Schulen für Erwachsene, insbesondere die Abendgymnasien und Kollegs zur Erlangung der Hochschulreife oder →Telekollegs zur Erlangung der Fachhochschulreife, ferner →Funkkollegs und die Fern-Univ. Gesamthochschule Hagen für →Fernstudium (neben der Berufstätigkeit). Die universitäre E., in Großbritannien und den USA bereits seit dem 19. Jh. in ›Departments of adult education‹ der Univ. etabliert und heute als ›Open University‹ weit verbreitet, ist in Dtl. seit dem 1976 in Kraft getretenen Hochschulrahmen-Ges. eine reguläre Aufgabe jeder Hochschule. In Österreich und der Schweiz sind Univ. zunehmend Träger offener Weiterbildungsveranstaltungen und -programme.

Die Gründung von Einrichtungen der E. ist ein allgemeines Recht, und der Staat sieht seine Aufgabe weniger in der Träger-, als v. a. in der Förderfunktion. Eine Bildungsaufsicht als Parallele zur Schulaufsicht gibt es nicht. Träger der E. sind i. d. R. gemeinnützige jurist. Personen des öffentl. oder privaten Rechts, die Bildungsziele der E. verfolgen. Die versch. Landes-Ges. zur Ordnung der E. regeln die Anerkennung von E.-Einrichtungen sowie deren finanzielle Förderung und Koordination, dabei aber nicht curriculare Bindungen vor, wie sie im Schulwesen üblich sind. Dennoch steht die dem öffentl. Bildungswesen zugeordnete und ihren Prüfungssystemen unterworfene E. im Vordergrund der Arbeit der E.-Einrichtungen. Stellungnahmen der Bund-Länder-Kommission für Bildungsplanung, des Dt. Ausschusses für das Erziehungs- und Bildungswesen und des Dt. Volkshochschulverbandes zeigen eine Abwendung der freien E. von ihrem Selbstverständnis aus der neuhumanist. Bildungstradition auf, die Bildung als zweckfreie ›Aneignung geistiger Werte‹ verstand und von diesem Ansatz her auf Totalität und Universalität der Bildung ausgerichtet war, und eine Neuorientierung der gebundenen E., die als Bildungsbewegung von unten (zu deren Wurzeln die aufklärer. Gedanke der allgemeinen Menschenbildung ebenfalls gehört) aus gruppenspezif. Emanzipationsbedürfnissen entstanden war: als polit. E. im Zusammenhang mit der Arbeiterbewegung, als konfessionelle E. insbesondere durch den Kulturkampf. Die verstärkte Förderung der Weiterbildung zur berufl. Bewährung ist aber in dem größeren Rahmen eines Verständnisses der E. als ›Lebenshilfe‹, ›Bildungshilfe‹ oder ›Aktivierung der Kräfte‹ zu sehen, um Zugang zu den polit., wirtschaftl., sozialen und kulturellen Dimensionen der modernen, offenen Gesellschaft zu gewinnen, zu individueller Identifikationsbildung, Selbstverwirklichung und Persönlichkeitsfestigung zu gelangen, Kommunikationsfähigkeit sowie soziales und verantwortl. Verhalten zu entwickeln. In diesem Sinne kann allerdings nur die freiwillige Weiterbildung und nicht die bloße, unter Druck geleistete berufl. Anpassungsqualifizierung bildend sein.

Neuere Ansätze

Moderne E. basiert auf der Erkenntnis, dass eine mehr- statt einmalige Beschäftigung mit den Grundthemen des Lebens erforderlich ist, da sich z. B. Probleme wie Sexualität, Politik und Weltanschauung entsprechend den Erfordernissen der einzelnen Lebensabschnitte verändern, und deshalb Daseinsorientierung immer wieder notwendig ist. Das Thema Beruf etwa stellt sich für den jungen Erwachsenen, der mit Berufsausbildung und -bewährung befasst ist, anders als für ältere Berufstätige, die dem Ausscheiden aus dem Beruf und der Vorbereitung auf ein möglichst erfülltes Alter, nicht zuletzt in Anbetracht der allg. gestiegenen Lebenserwartung, entgegensehen. Themenkreise für ältere Menschen sind z. B. Gesundheit und Krankheit, soziale Alterssicherung, Umstellung der Ernährung und Lebensführung sowie Aufnahme neuer Interessen und Tätigkeiten. Um diese Interessen zu wecken und zu befriedigen, muss das Angebot ein breites Spektrum umfassen. Mehr als bisher muss die E. aber auch Methoden anbieten, die dem Lern- und Sozialverhalten der jeweiligen Altersgruppe gerecht werden. Als erziehungswiss. Disziplin befasst sich die Geragogik mit Bildungsfragen und Bildungshilfen für den Orientierungsprozess im dritten Lebensabschnitt. Angesichts der Zunahme des Anteils älterer Menschen an der Bev. verändern sich Stil und Methode der E. insofern, als E. nicht nur am Beruf, sondern auch an Freizeit orientiert sein soll, nicht nur an Leistung, sondern auch an Muße, nicht nur am gesellschaftl. Aufstieg, sondern auch an der Vollendung des Lebens. Die Forderung, E. müsse der ›Weg zum Mitbürger‹ (F. BORINSKI) sein, ist nicht nur auf die Kooperation von Bürgern versch. polit. oder religiö-

ser Überzeugung, unterschiedl. Berufe und Bildungsschichten zu beziehen, sondern auch auf das Zusammenleben der Generationen.

⇨ *Abendschulen · Altern · Arbeit · Arbeitslosigkeit · Beruf · berufliche Bildung · Bildung · Volkshochschule · zweiter Bildungsweg*

R. BUBENZER: Grundl. für Staatspflichten auf dem Gebiet der Weiterbildung (1983); H. MEYER-WOLTERS: Arbeiterbildung – Aufgabe der freien E. (1983); N. REICHLING: Akadem. Arbeiterbildung in der Weimarer Rep. (1983); E., hg. v. E. SCHMITZ u. a. (1984); Didaktik der E., hg. v. H.-D. RAAPKE u. a. (1985); E. PROKOP: Orientierung der E. (1985); I. NEZEL: Allg. Didaktik der E. (Bern u. a. 1992); J. KADE: E. u. Identität (²1992); U. LOEBER-PAUTSCH: Familie u. Weiterbildung (1993).

Erwählter Römischer Kaiser, lat. **Electus Romanorum imperator,** seit 1508 Titel des Röm. →Kaisers.

Erwählung, der Gedanke, aus Gnade zum Heil oder zur Gotteserkenntnis bestimmt zu sein; er findet sich bereits in den Upanishaden Indiens, ebenso in den Gnadenreligionen des Shiva- und Vishnu-Glaubens. Die E. kann sich – wie in Israel – auf ein ganzes Volk beziehen (→auserwähltes Volk), auf besondere schöpfer. Einzelne wie etwa die Propheten, die dann, wie MOSES, JESAJA und JEREMIA aber auch wie MOHAMMED, ihre →Berufung erleben. E. kann sich auch allg. auf die Fähigkeit des Glaubens beziehen (Matth. 20, 16): ›Viele sind berufen, wenige aber sind auserwählt‹ oder im Koran (6, 125): ›Wen Gott leiten will, dem öffnet er die Brust zum Islam, und wen er irregehen lassen will, dem macht er eng das Herz und dumpf‹; Ggs. →Verdammnis. Zur *christlichen Dogmatik* →Prädestination.

Erwahrungsbeschluss, in der *Schweiz* die verbindl. Feststellung eines Abstimmungsergebnisses. Bei Abstimmungen auf Bundesebene erfolgt der E. durch den Bundesrat, bei kantonalen Abstimmungen durch das kantonale Parlament oder die Regierung. Der E. hat registrierenden Charakter.

Erwartung, 1) *Psychologie:* gedankliche Vorwegnahme zukünftiger Ereignisse. Die E. kann sowohl den Charakter eines diffusen ›Angemutetwerdens‹ als auch den einer präzisen Vorstellung annehmen. Je nach der Art des erwarteten Ereignisses wird sie etwa von Hoffnung, Furcht oder Ungewissheit begleitet. Fehlreaktionen, die darauf zurückzuführen sind, dass die erwartete Situation nicht eintritt, werden als E.-**Fehler** bezeichnet.

In der Zeichen-Gestalt-Theorie E. C. TOLMANS bezeichnet E. eine sich allmählich bildende Neigung, auf bestimmte Reize so zu reagieren, als seien diese Reize Zeichen für das spätere Auftreten anderer Reize. So lernt z. B. ein Haustier nach einiger Erfahrung die Vorbereitung für die Futtergabe als Anzeichen für die bevorstehende Fütterung anzusehen.

In der Lerntheorie ist die E. ein wichtiger Faktor der Leistungsmotivation; Erfolgs-E. stärkt die Leistungsmotivation, Misserfolgs-E. schwächt sie und kann zu Fehlleistungen führen. Im Extremfall lässt sie keine leistungsbezogenen Handlungen mehr zustande kommen. – E.-**Neurose** (auch E.-**Angst**) bezeichnet einerseits die Angst vor bestimmten Ereignissen (z. B. einem öffentl. Auftritt), andererseits die Angst vor dem Wiedermisslingen einer schon einmal (zufällig) misslungenen Handlung. In beiden Fällen können unterschiedlich ausgeprägte Hemmungen (z. B. Stottern) den Handlungsvollzug beeinträchtigen.

2) *Wirtschaftswissenschaften:* Vorstellungen (Einschätzungen) vom subjektiv wahrscheinl. zukünftigen Wert wirtschaftl. Größen, den sich einzelne Menschen und Gruppen bei ihren Entscheidungen in der Gegenwart bilden (müssen). Beispiel: Bei Verträgen, die einen Preis für bestimmte Zeiten fixieren (z. B. Miet- und Pachtverträge, Tarifverträge, Kreditverträge), werden E. über die künftigen Entwicklungen der jeweiligen Preise und insbesondere auch über die künftige Inflationsrate berücksichtigt. Die Verfahren der **E.-Bildung** unterscheiden sich nach Art und Umfang der jeweils am kostengünstigsten zu beschaffenden Informationen. Werden lediglich gegenwärtige bzw. vergangene Ereignisse und Erfahrungen verarbeitet, d. h. die historisch erlebte Entwicklung einer ökonom. Variablen auf den zukünftigen Zeitraum fortgeschrieben, so spricht man von **adaptiven** oder **autoregressiven E.** Bei der **rationalen E.** werden alle verfügbaren zukunftsrelevanten Informationen einschließlich theoret. Vorstellungen über zentrale Einflussfaktoren der ökonom. Variablen mit den Methoden der Ökonometrie bei →Prognosen einbezogen, die Lernfähigkeit der Wirtschaftssubjekte also mit berücksichtigt. Die **Theorie der rationalen E.** geht davon aus, dass die Wirtschaftssubjekte das relevante Modell der Ökonomie und dessen Struktur genau kennen (›vollständige Informiertheit‹), sodass die E. der jeweiligen wirtschaftl. Situation unmittelbar und ohne Zeitverzug angepasst werden können. Dies würde auch bedeuten, dass beabsichtigte wirtschaftspolit. Maßnahmen sofort von den Wirtschaftssubjekten antizipiert würden und somit unwirksam blieben.

Erwartungsparameter, Größe, die ein Wirtschaftssubjekt nur indirekt durch die in seiner Entscheidung liegenden Größen (die Aktionsparameter) beeinflussen kann. Der Marktpreis, den ein Monopolist setzt, ist z. B. für ihn ein Aktionsparameter, die vermutete Absatzmenge dagegen ein E., der von den Kaufentscheidungen anderer Wirtschaftssubjekte abhängt.

Erwartungswert, 1) *Stochastik:* eine Maßzahl zur Charakterisierung der →Verteilung einer Zufallsvariablen X. Nimmt diese die Werte a_1, a_2, ... a_k an, und ist die Wahrscheinlichkeit für den Wert a_i gleich p_i, so ist der E. von X definiert als $E(X) = p_1 a_1 + p_2 a_2 + ... + p_k a_k$. Beispiel: Sind in einem Glücksspiel 10 DM mit der Wahrscheinlichkeit $^1/_3$ und 4 DM mit der Wahrscheinlichkeit $^2/_3$ zu gewinnen, dann ist $(^1/_3 \cdot 10 + ^2/_3 \cdot 4)$ DM $= 6$ DM der E. des Gewinns. Ergibt die Wiederholung des der Zufallsgröße X zugrunde liegenden Zufallsexperiments die Stichprobe x_1, x_2, ... x_n, so ist der Mittelwert dieser Stichprobe wegen des →Gesetzes der großen Zahlen für großes n ein Näherungswert für $E(X)$. Der E. einer stetigen Zufallsvariablen X mit der Dichte f ist definiert als $E(X) = \int_{-\infty}^{\infty} x f(x)\, dx$, vorausgesetzt, $\int_{-\infty}^{\infty} |x| f(x)\, dx$ ist endlich. - Man bezeichnet $E(X)$ auch als den **Mittelwert von X** (bzw. den **Mittelwert der Verteilung von X**). - Der **Erwartungsvektor** eines Zufallsvektors X ist definiert als derjenige Vektor, dessen Komponenten die E. der Komponenten von X sind. Ist $f(x, y)$ mit $-\infty < x, y < \infty$ die Dichte des zweidimensionalen Zufallsvektors mit den Komponenten X und Y und $f_X(x)$ die Dichte von X, so heißt die Zahl

$$E[Y|X=x] = \int_{-\infty}^{\infty} \frac{y \cdot f(x, y)}{f_X(x)}\, dy,$$

der **bedingte E.** von Y unter der Bedingung $X = x$.
2) *Physik:* →Quantenmechanik.

Erweckung, im religiösen Sprachgebrauch das spontane Erlebnis des Gewahrwerdens einer religiösen Orientierung und Motivation des gesamten eigenen Lebens, bis hin zur myst. Verbindung mit Gott. Im ev. Bereich ist E. meist gleichbedeutend mit Bekehrung.

Erweckungsbewegung, aus der methodisch betriebenen Erweckungspredigt entstandene innerprot. Erneuerungs- und Frömmigkeitsbewegung des

18./19. Jh., deren gemeinsames Element die Besinnung auf den bibl. Offenbarungsglauben und die spirituelle Opposition gegen den Rationalismus der Aufklärung ist. Die gefühlsbetonte Frömmigkeit der E. äußert sich v. a. in Strenge der Lebensführung, Lektüre und Verbreitung der Bibel (→Bibelgesellschaften), Konventikelbildung und Missionseifer, was oft zu Abspaltungen von der Kirche führte.

Nach Ansätzen bei den Quäkern im 17. Jh. setzte die erste große E. mit der Predigt der Brüder J. und C. WESLEY in England ein. Diese Bewegung, der →Methodismus, griff von England aus nach Wales, Schottland und Irland über, wo dann überall von der anglikan. Staatskirche unabhängige Gemeinschaften entstanden. – In den Neuengland-Kolonien kam es durch die Bußpredigten von J. EDWARDS zur ›großen‹ E. (→Great Awakening), aus der eine Vielzahl von Freikirchen hervorgingen, die bis heute das religiöse Leben in den USA prägen.

In Skandinavien entstand eine E., die pietistisch-herrnhutische Gedanken mit brit. Einflüssen verband und sich, anders als in Großbritannien und Neuengland, nicht von den Staatskirche trennte. Ausgangspunkt der schweizer. E. wurde die →Deutsche Christentumsgesellschaft. Die frz. E. (›réveil‹) erneuerte die ref. Kirche in Frankreich. Die E. in Dtl. erfasste und belebte v. a. den →Pietismus.

L. TIESMEYER: Die E. in Dtl. während des 19. Jh., 4 Bde. in 16 Tlen. (1901–12); F. W. KANTZENBACH: E. Studien zur Gesch. ihrer Entstehung u. ersten Ausbreitung in Dtl. (1957); E. BEYREUTHER: Die E. (^{2}1977).

Erweichung, Malazie, krankhafte Verminderung der Dichte und Widerstandsfähigkeit (Festigkeit) von Geweben, die bis zur Verflüssigung reichen kann, z. B. in Form der →Gehirnerweichung oder →Knochenerweichung.

Erweichungspunkt, mehr oder weniger scharf begrenzter Temperaturbereich, der den Übergang vom festen zum flüssigen Aggregatzustand bei amorphen Stoffen oder solchen mit teilkristallinen Anteilen (z. B. bei Gläsern) umfasst (im Ggs. zu kristallinen Körpern mit definiertem Schmelzpunkt).

erweitern, *Mathematik:* Zähler und Nenner eines →Bruches mit der gleichen (von null verschiedenen) Zahl multiplizieren.

erweiterte Oberschule, Abk. **EOS,** in der ehem. DDR die zur Hochschulreife führende Oberschule (→Gymnasium, Geschichte).

Erweiterung, 1) *Mathematik:* die →Fortsetzung. **2)** *Sprachwissenschaft:* die →Expansion.

Erweiterungsbereich, *Mathematik:* Bereich, der einen vorgegebenen Bereich B als Teilbereich besitzt. Ist B speziell ein Ring, ein Integritätsbereich oder ein Körper, so nennt man den E. **Erweiterungsring, Erweiterungsintegritätsbereich** bzw. **Erweiterungskörper.**

Erweiterungsinvestition, Investition zur Vergrößerung der betriebl. Leistungsfähigkeit. Die **horizontale E.** dient der Ausweitung des Produktions- und Absatzprogramms in Anpassung an gesteigerte Nachfrage bzw. erwartete Absatzsteigerungen auf traditionellen Märkten sowie der Erschließung neuer Märkte. Demgegenüber führt eine **vertikale E.** zur Vergrößerung der Produktionstiefe durch die Integration zusätzl. Produktionsstufen in das Leistungsprogramm. Mit der E. ist oft auch ein Rationalisierungseffekt verbunden.

Erwerb, *Recht:* →Eigentum (Privatrecht), der →Kauf.

Erwerbseinkünfte, Einnahmen, die die öffentl. Gebietskörperschaften durch Beteiligung an der Wertschöpfung einer Volkswirtschaft erzielen, ohne wie bei den Abgaben hoheitl. Zwang anzuwenden. E. sind die Einnahmen aus Kapitalvermögen, also aus reinen öffentl. Unternehmen (Ausnahme: Finanzmonopole) und aus staatl. Beteiligungen an Unternehmen (→Bundesbeteiligungen), ferner aus Grundbesitz und aus Geldvermögen (Einlagen- und Darlehenszinsen auf Forderungen der öffentl. Hand gegenüber privaten Wirtschaftssubjekten). Die Abgrenzung der E. zu Gebühren und Beiträgen sowie zur hoheitl. Preissetzung öffentl. Versorgungsunternehmen ist oftmals problematisch.

Die finanzielle Bedeutung der E. ist im Zuge der Entwicklung zum modernen ›Steuerstaat‹ erheblich zurückgegangen. Der Anteil der Einnahmen aus wirtschaftl. Tätigkeit an den gesamten laufenden Einnahmen betrug 1994 beim Bund 4,2%, bei den Ländern 2,2% und bei den Gemeinden 5,7%. Von den 16,1 Mrd. DM Einnahmen des Bundes stammten 7,2 Mrd. DM aus der ›Postablieferung‹ (Konzessionsabgabe) und 7,0 Mrd. DM aus der planmäßigen Gewinnabführung der Dt. Bundesbank. Hinzuzurechnen ist ferner die gesondert verbuchte zusätzl. Gewinnabführung der Bundesbank (1994: 11,3 Mrd. DM), die ab 1995 dem →Erblastentilgungsfonds zufließt. Die Münzeinnahmen des Bundes (1994: 514 Mio. DM) stellen eine eigene Kategorie dar. Ab 1996 zahlen die Unternehmen Dt. Telekom AG, Dt. Post AG und Dt. Postbank AG keine Ablieferung mehr an den Bund, sondern entrichten nur die übl. Unternehmensteuern.

Erwerbsersatzordnung, Abk. **EO,** staatl. Einrichtung in der Schweiz, die den Lohn- und Verdienstausfall während des Zivilschutz- oder Militärdienstes ausgleicht. Die Grundlage für die Bemessung der Entschädigung bildet das durchschnittl. vordienstl. Erwerbseinkommen (Höchstbetrag: 205 sfr täglich). Die EO ist v. a. im ›Bundes-Ges. über die E. für Wehr- und Zivilschutzpflichtige (EOG)‹ vom 25. 9. 1952 (mit zahlr. Änderungen) geregelt. Die EO wird aus Beiträgen der Arbeitnehmer (zur Hälfte vom Arbeitgeber) bezahlt und durch die Organe der Alters- und Hinterlassenenversicherung (Ausgleichskasse) abgewickelt.

Erwerbsintensität, Anteil der Erwerbstätigen an den Erwerbspersonen; Ausdruck für den Beschäftigungsgrad des Faktors Arbeit.

Erwerbslose, in der amtl. Statistik Personen ohne Arbeitsverhältnis, die sich jedoch um eine Arbeitsstelle bemühen, unabhängig davon, ob sie beim Arbeitsamt als Arbeitslose gemeldet sind. Insofern ist der Begriff der E. umfassender als der Begriff der Arbeitslosen. Andererseits zählen Arbeitslose, die vorübergehend geringfügige Tätigkeiten ausüben, nicht zu den E., sondern zu den Erwerbstätigen. E. sind zum einen solche Personen, die normalerweise erwerbstätig und nur vorübergehend aus dem Erwerbsleben ausgeschieden sind, zum anderen Personen, die normalerweise keinem Erwerb nachgehen, aber gegenwärtig eine Arbeitsstelle suchen (z. B. Rentner, Studenten).

Erwerbspersonen, in der amtl. Statistik alle Personen mit Wohnsitz im Bundesgebiet (Inländerkonzept), die eine unmittelbar oder mittelbar auf Erwerb gerichtete Tätigkeit ausüben oder suchen, unabhängig von der Bedeutung des Ertrags dieser Tätigkeit für ihren Lebensunterhalt und ohne Rücksicht auf die von ihnen tatsächlich geleistete oder vertragsmäßig zu leistende Arbeitszeit. Den Ggs. zu den E. bilden die **Nichterwerbspersonen,** die keinerlei auf Erwerb gerichtete Tätigkeit ausüben oder suchen, z. B. Kinder, Schüler, Studenten, ältere Personen und Frauen oder Männer, die ausschließlich im eigenen Haushalt tätig sind. Die Zahl der E. setzt sich zus. aus den →Erwerbstätigen und den →Erwerbslosen. Außerhalb der amtl. Statistik werden die E. häufig als Summe der Erwerbstätigen und Arbeitslosen definiert.

Erwerbspersonenpotenzial, Schätzgröße der Arbeitsmarktforschung für das max. Arbeitskräfteangebot einer Volkswirtschaft. Das E. setzt sich zus. aus den Erwerbstätigen, den registrierten Arbeitslosen und der →stillen Reserve, es umfasst also neben den registrierten Erwerbspersonen eine geschätzte Zahl versteckter Arbeitsloser. Bei der Ermittlung des E. wird z. T. von unterschiedl. Prämissen ausgegangen. Der Sachverständigenrat zur Begutachtung der gesamtwirtschaftl. Entwicklung rechnet z. B. neben den Erwerbspersonen nur die nicht erwerbstätigen Teilnehmer an Maßnahmen der Bundesanstalt für Arbeit zum potenziellen Arbeitskräfteangebot. Die Bundesanstalt für Arbeit selbst bezieht dagegen neben den Erwerbspersonen alle Personen, die Arbeit suchen, ohne bei den Arbeitsämtern als Arbeitslose gemeldet zu sein, sowie Personen, die unter günstigeren Arbeitsmarktbedingungen an einer Arbeitsaufnahme interessiert wären, in ihre Definition ein. Im letztgenannten Sinne betrug das E. 1994 im früheren Bundesgebiet 33,1 Mio. und in den neuen Ländern 8,6 Mio. Personen.

Erwerbsquote, Verhältnis von Erwerbspersonen zur gesamten Bev. oder zu einer Teilmenge davon. Häufig wird die Zahl der Erwerbspersonen auf die Zahl der erwerbsfähigen Bev. **(Erwerbsfähige)** bezogen, welche definiert ist als die Gesamtzahl der Bev. einer bestimmten Altersgruppe, z. B. 15 bis 65 Jahre, wobei diese Altersgruppe von der jeweiligen statist. Konvention abhängt. 1992 betrug die nunmehr (1995) 15 Mitgl.-Staaten der EU 55,9% und lag damit deutlich niedriger als z. B. in Japan und in den USA. Zw. den einzelnen Mitgl.-Ländern bestehen beträchtl. Unterschiede, die sich v. a. aus der Erwerbsbeteiligung der Frauen erklären.

Erwerbstätige, Personen, die einer Erwerbstätigkeit nachgehen, d. h., die in einem Arbeitsverhältnis stehen (einschließlich Soldaten und mithelfende Familienangehörige) oder selbstständig in Gewerbe oder eine Landwirtschaft betreiben oder einen freien Beruf ausüben. Unterschiede zw. den Begriffen E. einerseits und ›tätige Personen‹ und ›Beschäftigte‹ andererseits sind durch die unterschiedl. Wahl der statist. Erhebungseinheiten bedingt. In der Volks- und Berufszählung und im Mikrozensus ist die einzelne Person oder der Haushalt die Erhebungseinheit, in der Arbeitsstättenzählung und anderen Statistiken dagegen ist das Unternehmen, der Betrieb oder die Arbeitsstätte die Erhebungseinheit, die jeweils Gesamtangaben über ihre tätigen Personen bzw. Beschäftigten meldet. Somit zählen geringfügig oder aushilfsweise beschäftigte Personen grundsätzlich zu den E., häufig aber nicht zu den tätigen Personen oder Beschäftigten. Bei den E. werden Personen der Wohnbevölkerung (Inländerkonzept) gezählt, unabhängig davon, ob sie im Inland oder Ausland arbeiten, bei den tätigen Personen bzw. Beschäftigten dagegen Personen (oder genauer Beschäftigungsfälle, wenn berücksichtigt wird, dass eine Person mehrfach erfasst werden kann, da sie mehrere Arbeitsverhältnisse haben kann) mit Arbeitsort im Inland (Inlandskonzept) unabhängig vom Wohnort. Nach der Stellung im Beruf ergibt sich die Unterscheidung der E. in →Selbstständige, →mithelfende Familienangehörige und Abhängige (Beamte, Angestellte, Arbeiter sowie Auszubildende).

Erwerbsunfähigkeit, früher **Invalidität,** Bez. der gesetzl. Rentenversicherung für einen Versicherungsfall, der durch schwerwiegende Leistungsminderung infolge von Krankheit, Gebrechen oder geistiger oder körperl. Schwäche verursacht ist und der auf absehbare Zeit verhindert, dass der Versicherte einer regelmäßigen Erwerbstätigkeit auf dem allgemeinen Arbeitsmarkt nachgehen kann oder mit mehr als nur geringfügige Einkünfte erzielt (im Sinne eines Einkommens, das ein Siebtel der monatl. Bezugsgröße der Rentenversicherung nach § 18 Abs. 1 SGB IV nicht übersteigt; ab 1. 1. 1996 590 DM in den alten Ländern

Erwin von Steinbach:
Aufriss für die
Westfassade des
Straßburger Münsters

und 500 DM in den neuen Ländern). Rente wegen E. wird für Versicherte bis zur Vollendung ihres 65. Lebensjahres gewährt, wenn sie 1) erwerbsunfähig sind, 2) in den letzten fünf Jahren vor Eintritt der Erwerbsunfähigkeit drei Jahre Pflichtbeitragszeiten haben und 3) vor Eintritt der E. die allgemeine →Wartezeit (fünf Jahre) erfüllt haben (§ 44 Abs. 1 SGB VI). Anspruch auf Rente wegen E. besteht auch für Versicherte, die vor der Erfüllung der allgemeinen Wartezeit erwerbsunfähig waren und seitdem ununterbrochen erwerbsunfähig sind, wenn sie eine Wartezeit von 20 Jahren erfüllt haben. – Im Vergleich zur →Berufsunfähigkeit ist die E. der weiter gehende Versicherungsfall. Wer erwerbsunfähig ist, ist im Sinn der Rentenversicherung auch berufsunfähig.

Im *österr. Recht* gelten in der Pensionsversicherung der Arbeiter dem dt. Recht ähnl. Bestimmungen und Voraussetzungen für den Erhalt einer **Invaliditätspension.** Invalidität ist aber schon dann gegeben, wenn die Arbeitsfähigkeit des Betroffenen auf weniger als die Hälfte eines vergleichbaren gesunden Versicherten herabgesunken ist. Die vorzeitige Alterspension wegen geminderter Arbeitsfähigkeit bzw. dauernder E. geht der Invaliditätspension vor.

Im *schweizer. Recht* wird aufgrund des zu Art. 34^quater Bundes-Verf. erlassenen Ges. über die Invalidenversicherung (IVG) vom 19. 6. 1959 eine **Invalidenrente** gewährt, wenn die versicherte Person zu mindestens 40% voraussichtlich bleibend oder längere Zeit dauernd erwerbsunfähig geworden ist. Bei einem Invaliditätsgrad von 66,6% besteht Anspruch auf eine volle Rente.

erwerbswirtschaftliches Prinzip, Erwerbsprinzip, das Streben, durch die wirtschaftl. Betätigung Gewinne zu erzielen, im Gegensatz zur Bedarfsdeckung. Im Unterschied zum systemindifferenten Wirtschaftlichkeitsprinzip dient das e. P. zur Kennzeichnung marktwirtschaftl. Systeme und zur begriffl. Abgrenzung von Unternehmen und →Betrieb. Durch die Verfolgung des e. P. durch Unternehmen (→Gewinnmaximierung) wird die Bedarfsdeckung indirekt erreicht, werden die Produktionsfaktoren optimal eingesetzt und wird das auch gesamtwirtschaftlich gesehen bestmögliche Produktionsergebnis erzielt. Er-

werbswirtschaftlich handelnde Wirtschaftseinheiten werden nach W. SOMBART als **Erwerbswirtschaften** bezeichnet.

Erwin, E. von Steinbach, Meister E. (Beiname im 17. Jh. hinzugefügt), *um 1244, †Straßburg 17. 1. 1318; Leiter der Straßburger Münsterbauhütte; sein eigener Anteil an Entwurf und Ausführung der unteren Teile der Westfassade (1276 begonnen) ist umstritten. E. spielt seit der Erwähnung bei J. W. VON GOETHE (›Von dt. Baukunst‹, 1773) eine wichtige Rolle bei der Neubewertung der mittelalterl. Baukunst.

Erwitte, Stadt im Kr. Soest, NRW, 110 m ü. M., auf der N-Abdachung des östl. Haarstranges, 15 000 Ew.; Kalk- und Zementindustrie. Der Stadtteil Bad Westernkotten (eisen- und kohlesäurehaltige Solquellen) ist anerkanntes Heilbad; Gradierwerke. – Kath. Pfarrkirche St. Laurentius (um 1170) mit vorgesetztem Westturm (13. Jh.). – Das aus einem seit 784 bestehenden karoling. Königshof am Hellweg hervorgegangene E., im 9. Jh. als Ortschaft erstmals urkundlich erwähnt, kam 1027 an das Bistum Paderborn, 1368 an Kurköln. 1936 erhielt E. Stadtrecht.

erworbene Rechte, lat. **Iura acquisita,** nach der Naturrechtslehre (C. THOMASIUS, C. WOLFF) der Komplementärbegriff zu den **angeborenen Rechten (Iura connata).** Während die Letzteren sich aus Wesen und Natur des Menschen ergeben und darum unabänderlich und unaufhebbar sind (also Freiheit, Gleichheit vor dem Gesetz, Recht zur Selbstverteidigung; →Menschenrechte), werden die e. R. durch menschl. Handlungen, insbesondere durch Privileg, Vertrag und Erbgang begründet. Bedeutsam wurde die e. R. für die →Rückwirkung von Gesetzen und die Grenzen der staatl. Gewalt gegenüber den Rechten Einzelner. Bereits e. R. sollten der freien Disposition des Gesetzgebers nicht unterliegen. Im 19. Jh. verflossen die Grenzen des Begriffs.

Erwürgen, Tötung durch Zusammendrücken des Halses; der Tod tritt wie beim →Erhängen durch Abdrückung der Blut- und Luftwege ein.

Erxleben, Dorothea Christiana, geb. **Leporin,** Ärztin, *Quedlinburg 13. 11. 1715, †ebd. 13. 6. 1762. Als Frau wurde ihr das Studium der Medizin an der Univ. Halle zunächst verweigert, nach beim Gesuch aber durch FRIEDRICH D. GR. 1741 gestattet. Trotz Anfeindungen approbierter Ärzte erwarb sie als erste Frau in Dtl. 1754 den medizin. Doktorgrad.

Erymanthischer Eber, *griech. Mythos:* →Herakles.

Erymanthos der, **Olonos,** Gebirgsstock im NW des Peloponnes, Griechenland, 2224 m ü. M., zw. Achaia und Elis.

Eryngium [zu griech. ḗryngos ›Ziegenbart‹], wiss. Name der Pflanzengattung →Mannstreu.

Erysichthon, *griech. Mythos:* ein Thessalier, der trotz einer Warnung der Demeter in ihrem Hain einen heiligen Baum fällte, dafür mit immer während endem Heißhunger bestraft wurde und als Bettler endete.

Erysimum [lat.-griech., zu griech. ẻrysthai ›heilen‹], wiss. Name der Pflanzengattung →Schöterich.

Erysipel [griech. erysípelas, eigtl. ›rote Haut‹] *das, -s/-e,* bakterielle Hautentzündung, →Wundrose.

Erysipeloid [zu griech. -eídēs ›gestaltet‹, ›ähnlich‹] *das, -(e)s/-e,* infektiöse Hauterkrankung, auf den Menschen übertragene Form des →Rotlaufs der Tiere.

Erysiphales, wiss. Name der Echten Mehltaupilze (→Mehltau).

Erythem [griech. ›Röte‹] *das, -s/-e,* **Erythema,** eingegrenzte (umschriebene) Rötung der Haut durch vermehrte Blutfülle (Hyperämie) der Gefäße; diese kann vasomotorisch bedingt sein, z. B. bei psych. Erregung (Wangenröte) oder Dauerweitstellung der Hautgefäße (Angioneuropathie), des Weiteren durch mechan. Einwirkung, Hitze, Sonnenbestrahlung (Sonnenbrand) oder hautreizende Stoffe (z. B. Senföl) sowie bei muttermalähnlichen Neubildungen (Feuermal), aber auch durch entzündl. Veränderungen (Dermatitis, Ekzem) hervorgerufen werden. Im Unterschied zu andersartigen Hautrötungen (z. B. bei Blutfleckenkrankheit) verschwindet ein E. auf Fingerdruck. Das **Erythema nodosum** äußert sich in schmerzhaften, meist im Unterhautgewebe der Unterschenkel auftretenden, bis walnussgroßen blauroten Knoten, die im Verlauf versch. Krankheiten (z. B. Rheumatismus, Sarkoidose), aber auch als Reaktion auf Arzneimittel entstehen können. Die *Behandlung* besteht in der Beseitigung des Grundleidens, ggf. im Absetzen der auslösenden Arzneimittel, Anwendung von kühlenden Umschlägen, entzündungshemmenden Salben und Corticosteroiden.

Das **Erythema exsudativum multiforme** ist eine bes. im Frühjahr und Herbst auftretende, zu Rückfällen neigende Hautkrankheit (oft Herpes-Virusinfekt) in Gestalt roter Flecken, zumeist an Hand-, Fußrücken, Armen und im Gesicht, die sich zu größeren Scheiben, auch mit Blasen, entwickeln und weiter ausbreiten können. Die *Behandlung* umfasst die Anwendung von Corticosteroiden (in schweren Fällen auch innerlich), ggf. Ausschalten einer Herdinfektion. Über **Erythema infectiosum** →Ringelröteln, **Erythema migrans** →Lyme-Borreliose.

Erythrin

Erythematodes, Kurzform für →Lupus erythematodes.

erythr..., Wortbildungselement, →erythro...

Erythräa, frühere Schreibweise für →Eritrea.

Erythraea, ein wiss. Name der Pflanzengattung →Tausendgüldenkraut.

Erythrai, ion. Stadt an der Küste Westkleinasiens gegenüber von Chios; Ruinen beim heutigen Ort Ildır, Türkei. E., berühmt durch einen Tempel des Herakles und ein Orakel der Sibylle, war Mitgl. des ion. Zwölfstädtebundes (→Dodekapolis), nach der Befreiung von pers. Oberherrschaft 479 v. Chr. des 1. Att. Seebundes. In hellenist. Zeit konnte die Stadt trotz zeitweiliger seleukid. und ptolemäischer Oberhoheit ihre Selbstständigkeit bewahren.

Erythräisch, andere Bez. für die hamitosemit. oder afroasiat. Sprachen; 1873 von L. REINISCH eingeführt, in jüngerer Zeit u. a. von A. N. TUCKER und O. KÖHLER wieder verwendet; von L. FROBENIUS wurde die Bez. im Sinne bestimmter Kulturformen aus dem erythräischen Raum (beiderseits des Erythräischen Meeres) gebraucht.

Erythräisches Meer, seit HERODOT nachweisbare Bez. für die Gewässer um Arabien (heutiges Rotes Meer, Pers. Golf, Arab. Meer), gelegentlich aber auch für östl. Teile des Ind. Ozeans. Seit hellenist. Zeit wird der Name (griech. **Erythrạ thạlatta,** lat. **Mạre Erythraeum**) eingeengt auf das heutige Rote Meer verwendet.

Erythrämie *die, -/...'mi|en,* **akụte Erythroleukämiẹ, Di-Guglielmo-Syndrom** [-g∫'∫elmo-; ital.],

früher **Erythroblastọse,** bösartige Wucherung des Bildungssystems der roten Blutkörperchen (Form der akuten myeloischen Leukämie), die zur Entstehung unreifer und entarteter Erythroblasten, zu Blutplättchenmangel und schließlich zunehmender Anämie führt. Außerdem kommt es im Verlauf der Erkrankung zu ständig wiederkehrenden Infektionen und Blutungen. Behandlungsversuche werden mit Bluttransfusionen und zytostat. Mitteln unternommen.

Erythrạsma *das, -s/...men* oder *-ta,* durch Bakterien (Corynebacterium minutissimum) hervorgerufene, meist bei Männern auftretende, kaum ansteckende Hautkrankheit, bei der sich in Leisten- und Achselgegend bräunlichrote, leicht schuppende Herde entwickeln. Die *Behandlung* erfolgt mit antimykot. Salben oder Lösungen und Antibiotika.

Erythrin *der, -s,* **Kobaltblüte,** pfirsichblütenrotes, monoklines Mineral der chem. Zusammensetzung $Co_3(AsO_4)_2 \cdot 8 H_2O$; Härte nach MOHS 2, Dichte 3,0–3,1 g/cm³; Verwitterungsprodukt arsenhaltiger Kobalterze.

Erythrina, wiss. Name der Gattung →Korallenbaum.

Erythrịsmus *der, -, Anthropologie:* →Rothaarigkeit, →Rufinismus.

Erythrịt *der, -s,* vierwertiger Zuckeralkohol, der (chemisch gebunden) in Flechten (u. a. der Gattung Roccella) und Algen vorkommt. Er bildet weiße, süßlich schmeckende Kristalle; man unterscheidet die optisch aktiven Formen D- und L-Erythrit sowie den meso-Erythrit.

erythro... [zu griech. erythrós ›rot‹], vor Vokalen verkürzt zu **erythr...,** 1) Wortbildungselement mit den Bedeutungen: 1) rot, rötlich, z. B. Erythrophobie, Erythropsie; 2) rote Blutkörperchen, z. B. Erythrophagen.

2) In der *chem. Nomenklatur* besagt e., dass bei zwei benachbarten asymmetr. Kohlenstoffatomen einer Verbindung die gleiche Konfiguration vorliegt (→Stereochemie); Ggs.: threo...

Erythroblạsten, *Sg.* **Erythroblạst** *der, -en,* kernhaltige Bildungszellen der roten Blutkörperchen.

Erythroblastọse *die, -/-n,* 1) die hämolytische →Neugeborenengelbsucht.

2) frühere Bez. der →Erythrämie.

Erythromycịn [zu griech. mýkēs ›Pilz‹] *das, -s,* **Erythromyzịn,** aus dem Strahlenpilz Streptomyces erythreus gewonnenes Antibiotikum aus der Gruppe der Makrolidantibiotika; es wird v. a. bei Penicillinallergie und gegen penicillinresistente Staphylokokken und Enterokokkenstämme gegeben.

Erythropathịe *die, -/...'thi|en,* zusammenfassende Bez. für Blutkrankheiten, die meist mit einer Schädigung oder Fehlbildung der roten Blutkörperchen verbunden sind, v. a. die Formen der hämolyt. Anämie.

Erythrophạgen, *Sg.* **Erythrophạge** *der, -n,* v. a. in Knochenmark, Milz und Leber vorkommende Fresszellen (Makrophagen), die speziell bei hämolyt. Anämien den Abbau der roten Blutkörperchen einleiten.

Erythrophobịe *die, -/...'bi|en, Psychologie:* 1) das Auftreten von Angst beim Sehen der roten Farbe; 2) **Errötungsfurcht,** das häufige Rotwerden des. von Gesicht und Hals) bei vasolabilen Personen im Zustand psych. Anspannung, häufig schon durch den Gedanken ausgelöst, rot zu werden.

Erythropoẹse [zu griech. poíēsis ›das Machen‹, ›das Hervorbringen‹] *die, -,* **Erythrozytopoẹse,** Entstehung und Entwicklung der roten Blutkörperchen (Erythrozyten). Die E. beginnt bereits im zweiten Embryonalmonat in den Kapillaren von Leber, Milz, Lymphknoten und Thymus; sie wird im dritten Monat allmählich vom Knochenmark übernommen, das ab der Geburt dann der alleinige Ort der normalen E. ist.

Erythropoi|etịn *das, -s,* **Erythropo|etịn, ESF** [Abk. für Erythrozyten stimulierender Faktor], Hor-

CH₂OH
|
HO — C — H
|
H — C — OH
|
CH₂OH
D-Erythrit

CH₂OH
|
H — C — OH
|
HO — C — H
|
CH₂OH
L-Erythrit

CH₂OH
|
H — C — OH
|
H — C — OH
|
CH₂OH
meso-Erythrit

Erythrit

mon, das in der Niere gebildet wird und bei der Bildung und Reifung der roten Blutkörperchen spezifisch stimulierend mitwirkt.

Erythropsie [zu griech. ópsis ›das Sehen‹] *die, -/...'psi̯en,* **Rotsehen,** zu den Chromatopsien gehörende Sehstörung, bei der die vom Auge fixierten Gegenstände rötlich erscheinen; tritt auf bei Fehlen der Pigmente des Auges (Albinismus), als vorübergehende Begleiterscheinung von Blendungen und Schneeblindheit sowie bei Verlust der Augenlinse (z. B. durch Operation).

Erythropsin, das →Rhodopsin.

Erythrose, synthet. Monosaccharid aus der Gruppe der Tetrosen, das zwei benachbarte asymmetr. Kohlenstoffatome mit gleicher Konfiguration enthält; tritt in zwei optisch aktiven Isomeren (D- und L-E.) auf; bildet einen farblosen, in Wasser leicht lösl. Sirup von süßem Geschmack.

Erythrosin *das, -s,* rotbrauner Farbstoff aus der Gruppe der Xanthenfarbstoffe; chemisch das Dinatriumsalz des Tetrajodfluoresceins; Summenformel $C_{20}H_6J_4Na_2O_5$; wird zur Plasmafärbung in der mikroskop. Technik und als Indikator verwendet.

Erythrozyten, *Sg.* **Erythrozyt** *der, -en,* die roten Blutkörperchen (→Blut).

Erythrozytose, die →Polyglobulie.

Erythrozyturie, die →Hämaturie.

Eryx [griech.], in der Antike Name für einen Berg und eine Stadt in Sizilien, →Erice.

Erz, in der Mineralogie allg. Bez. für ein Mineral (**E.-Mineral**), Mineralgemenge oder Gestein, das Metalle enthält; i. e. S. in der Lagerstättenkunde und im Bergbau Bez. für ein in der Natur vorkommendes Mineralgemenge oder Gestein, aus dem in industriellem Maßstab und mit wirtschaftl. Nutzen Metalle oder Metallverbindungen gewonnen werden können. Bestandteile des E. sind neben Verbindungen der nutzbaren Metalle auch andere Minerale wie Kalk, Dolomit, Quarz, Schwerspat, die man als **Gangart** oder **taubes Gestein** bezeichnet. Überwiegen die bas. Bestandteile (CaO, MgO), so handelt es sich um ein **basisches E.,** überwiegt Siliciumdioxid (SiO_2, Kieselsäure), um ein **saures Erz.** (→Erzlagerstätten)

Die metall. Rohstoffe, hg. v. P. KRUSCH u. a., 17 Bde. (1937–66); H. v. PHILIPSBORN: Erzkunde (1964); P. RAMDOHR: Die Erzmineralien u. ihre Verwachsungen (⁴1975).

Erzählen, eine der Grundmöglichkeiten, das Verhältnis zur Wirklichkeit literarisch zu gestalten, ausgeformt in den verschiedenen Gattungen (→Epik) von sehr einfachen (Märchen, Parabel) bis zu äußerst komplexen Formen (Roman). Einteilungen können erfolgen u. a. unter den Gesichtspunkten von ›Bauformen‹ (E. LÄMMERT), Zeitstrukturen (GÜNTER MÜLLER, →Erzählzeit) und Erzählsituationen (nach F. K. STANZEL). Bei dem letzteren, bes. umfassenden Aspekt werden unterschieden: a) die **Ichform,** bei der der fiktive Erzähler selbst Teil der dargestellten Welt ist, das Geschehen miterlebt oder es unmittelbar von den beteiligten Personen erfährt. Dadurch ist der Standpunkt des Icherzählers festgelegt, seine Perspektive ist im Unterschied zum Er-Erzähler auf Erlebnisse, Beobachtungen und Gedanken einer einzelnen Person, nämlich seiner eigenen, beschränkt. Ursprung dieses E. ist die →Autobiographie, klass. Formen bieten der →Schelmenroman oder der →Bildungsroman. – b) die **auktoriale E.,** bei der der Erzähler seinen Platz außerhalb der dargestellten Welt hat und scheinbar allwissend ist (›allwissender Erzähler‹). Er kann sich in das Geschehen einschalten, indem er auf Zukünftiges vorausweist, Vergangenes oder Gegenwärtiges kommentiert, sich von der Handlungsweise der Figuren distanziert oder eigene Gedanken zum Geschehen beisteuert. Das kann im Extremfall dazu führen, dass dieser ›Erzählerkommentar‹ die fiktive Handlung fast

völlig überwuchert (z. B. bei JEAN PAUL). Im Allgemeinen jedoch, v. a. in den epischen Werken des Realimus, hält sich der Erzähler im Hintergrund. – c) das **personale E.,** bei dem der Erzähler als Vermittler zw. Autor und Leser fehlt; dem Leser erschließt sich die dargestellte Welt aus der Perspektive einer Romanfigur (von deren Standpunkt aus). Der dadurch hervorgerufene Eindruck der Unmittelbarkeit wird z. B. durch fast ausschließlich in direkter Rede wiedergegebene Gespräche unterstützt. Damit tritt die szen. Darstellung anstelle der berichtenden in den Vordergrund. Bewusstseinsprozesse der beteiligten Personen werden in Form von →erlebter Rede oder →innerem Monolog direkt vermittelt. Das personale E. tritt selten in reiner Form auf, sondern ist meist mit dem auktorialen E. gekoppelt.

D. B. LEISTNER: Autor, Erzähltext, Leser (1975); C. KAHRMANN u. a.: Erzähltextanalyse, 2 Bde. (1977); K.-H. HARTMANN: Wiederholungen im E. (1979); K. HAMBURGER: Die Logik der Dichtung (Neuausg. 1980); Erzählung u. Erzählforschung im 20. Jh., hg. v. R. KLOEPFER u. a. (1981); F. K. STANZEL: Typ. Formen des Romans (¹²1993); DERS.: Theorie des Erzählens (⁶1995).

erzählende Dichtung, →Epik.

Erzähler, 1) Verfasser von Werken erzählender Prosa; 2) erzählende Gestalt, die als Bestandteil eines epischen Werkes die Funktion hat, als Vermittler zw. Autor und Leser das Geschehen aus einer ganz bestimmten Perspektive darzulegen; die Position des E. zum Geschehen begründet die Erzählhaltung (Erzählsituation, →Erzählen). Der E. ist i. A. eine fiktive Gestalt, die nur selten (→Autobiographie) mit dem Autor identisch ist.

Erzählung, i. w. S. Sammel-Bez. für alle Formen des Erzählens; i. e. S. Einzelgattung der Epik, die sich jedoch häufig mit den übrigen epischen Gattungen überschneidet. Sie ist kürzer als der Roman, aber nicht so knapp und andeutend wie Skizze und Anekdote, im Unterschied zur Novelle weniger streng gebaut sowie umfangreicher, aber weniger pointiert als die Kurzgeschichte. In der neueren Lit. werden die Begriffe E. und →Novelle nicht immer streng geschieden. Eigene Formgesetze und eine differenziertere Gesch. hat die →Verserzählung.

Hb. der dt. E., hg. v. K. K. POLHEIM (1981).

Erzählzeit, die Zeit, die man zum Erzählen oder Lesen einer erzählenden Dichtung braucht, im Unterschied zu ›erzählter Zeit‹, die sich über Jahrhunderte erstrecken kann. Bei der Wiedergabe von Dialogen und beim modernen →inneren Monolog entsprechen sich E. und erzählte Zeit annähernd.

GÜNTHER MÜLLER: Die Bedeutung der Zeit in der Erzählkunst (1947); DERS., in: Dt. Vjschr. für Literaturwiss. u. Geistesgesch., Jg. 24 (1950); Zeitgestaltung in der Erzählkunst, hg. v. A. RITTER (1978).

Erz|ämter, mlat. **Archiofficia,** im Hl. Röm. Reich dt. Nation (bis 1806) die aus germanisch-fränk. Zeit stammenden →Hofämter. In nachkaroling. Zeit zunächst von den Stammesherzögen innegehalten, gelangten die E. dann an andere Reichsfürsten und wurden im 13. Jh. erbl. Reichslehen. Der um 1224/25 entstandene Sachsenspiegel brachte die E. erstmals mit der Kurwürde in Verbindung; die Goldene Bulle schrieb zwar diese Ordnung 1356 fest, beschränkte die Amtsinhaber jedoch auf ihre Ehrenvorrechte. Der Pfalzgraf bei Rhein übte das Amt des Erztruchsasses aus (Würdezeichen: der Reichsapfel), der Kurfürst von Sachsen(-Wittenberg) das des Erzmarschalls (Würdezeichen: die gekreuzten Kurschwerter), der Kurfürst von Brandenburg das des Erzkämmerers (Würdezeichen: das Reichszepter) und der König von Böhmen das des Erzmundschenken. Zu diesen urspr. vier Inhabern von E. traten die drei geistl. Kurfürsten als Erzkanzler (Würdezeichen: Siegel an silbernen Stäben): der Erzbischof von Mainz als Erzkanzler für

---

CHO

|

H—C—OH

|

H—C—OH

|

CH₂OH

D-Erythrose

CHO

|

HO—C—H

|

HO—C—H

|

CH₂OH

L-Erythrose

Erythrose

das Reich, der von Köln als Erzkanzler für Italien und der von Trier als Erzkanzler für Burgund und Gallien.

Als 1623 die Kurwürde der Pfalz sowie das Erztruchsessamt an Bayern fielen, wurde für die Pfalz als Ausgleich 1648 eine achte Kur, verbunden mit dem Erzschatzmeisteramt, geschaffen (1652); dieses Amt fiel 1778 nach der Vereinigung der Pfalz mit Bayern an Hannover, das seinerseits seit seiner Beleihung mit der Kurwürde (1692) das Erzbanneramt (Würdezeichen: die Reichssturmfahne) innehatte. Das Reichsbanneramt fiel 1803–06 an Württemberg. Das Amt des Erzjägermeisters, im Besitz der Markgrafen von Meißen, war nicht mit einer Kur verbunden. Die Kurfürsten führten das Symbol ihres Amtes im Amtswappen.

Die vier alten Reichs-E. wurden urspr. nur bei der Königskrönung ausgeübt; am Ende des MA. waren sie wie die neueren reine Titel. Den regelmäßigen Dienst übernahmen als Stellvertreter der Amtsinhaber Grafen oder Freiherren, die Inhaber der →Erbämter. Neben den E. des Kaisers gab es auch E. der Kaiserin, z. B. einen Erzkaplan, einen Erzkanzler und einen Erzmarschall. Daneben wurden in einigen, v. a. geistl. Territorien die vier obersten, erblich gewordenen Hofämter als E. bezeichnet, bes. dann, wenn ihre Inhaber sich durch Erbunterbeamten vertreten ließen.

Erzbanner|amt, neulat. **Archiprimicẹrius,** ein zu den →Erzämtern zählendes Hofamt.

Ẹrzberg, 1465 m hoher Berg südöstlich von →Eisenerz, Österreich.

Ẹrzberger, Matthias, Politiker, *Buttenhausen (heute zu Münsingen) 20. 9. 1875, †(ermordet) bei Bad Griesbach (heute Bad Peterstal-Griesbach) 26. 8. 1921; Volksschullehrer, dann Redakteur, Mitgl. des Zentrums, beteiligte sich 1899 an der Gründung der christl. Gewerkschaften, erreichte als MdR (1903–18) die Verbesserung der dt. Kolonialverwaltung.

Nach Ausbruch des Ersten Weltkriegs 1914 trat E. anfänglich für einen ›Siegfrieden‹ (d. h. Annexionen nach einem militär. Sieg Dtl.s) ein, wandelte sich aber im Laufe des Krieges zum Verfechter eines ›Verständigungsfriedens‹ und setzte die Verabschiedung einer Friedensresolution des Reichstags (Juli 1917) durch. Er beteiligte sich maßgeblich am Sturz des Reichskanzlers T. von Bethmann Hollweg (13. 7. 1917). Innenpolitisch trat er für eine Verf.-Reform ein. Seit 3. 10. 1918 Staatssekretär o. G. (ohne Geschäftsbereich), unterzeichnete E. nach dem Umsturz in Dtl. im Gefolge der Novemberrevolution (9. 11. 1918) an der Spitze einer dt. Delegation am 11. 11. 1918 den Waffenstillstand in Compiègne. Als Reichs-Min. o. G. (ab 13. 2. 1919) überwachte er dessen Durchführung. In betontem Ggs. zu Außen-Min. U. Graf von Brockdorff-Rantzau setzte sich E. für die Annahme des Friedensvertrags von Versailles (1919/20) ein.

Als Reichsfinanz-Min. (ab 20. 6. 1919) führte E. die bis dahin umfangreichste Reform der dt. Finanzgeschichte durch (**erzbergersche Finanzreform**): 1) Aufbau einer einheitl. Reichsfinanzverwaltung, 2) Neuregelung und Vereinheitlichung des Steuerrechts durch Zusammenfassung der bisherigen Steuergesetze der 26 Länder (v. a. Reichsabgabenordnung, Einkommensteuergesetz und erstmals ein gesondertes Körperschaftsteuergesetz), 3) Reform des Finanzausgleichs: Ersatz des Trennsystems (indirekte Steuern ans Reiches, direkte Steuern der Länder und Matrikularbeiträge der Länder an das Reich) durch ein Verbundsystem mit Steuerüberweisungen des Reiches und prozentualer Beteiligung der Länder und Gemeinden an den ertragreichsten Steuern.

Wegen seiner Haltung 1917/18 war E. Zielscheibe persönl. Angriffe der antirepublikan. Rechten. Von K. Helfferich in einer Broschüre ›Fort mit E.‹ (1919) angegriffen, strengte er gegen diesen einen Beleidigungsprozess (19. 1.–12. 3. 1920) an, nach dessen für

ihn kompromittierendem Ausgang er als Reichsfinanz-Min. zurücktrat. Da das Gericht zwar den Tatbestand der Beleidigung bestätigte, aber eine Verquickung der polit. Tätigkeit E.s mit der Wahrnehmung von Privatinteressen feststellte, sank das Ansehen der Weimarer Rep. in großen Teilen der Bev. sehr. Ab 6. 6. 1920 war E. MdR; er wurde von Angehörigen der →Organisation Consul ermordet.

Der E.-Prozeß. Stenograph. Bericht ... (1920); K. Epstein: M. E. u. das Dilemma der dt. Demokratie (a. d. Engl., 1962); R. Morsey: Die Dt. Zentrumspartei 1917–23 (1966); A. Möller: Reichsfinanz-Min. M. E. u. sein Reformwerk (1971); T. Eschenburg: M. E. Der große Mann des Parlamentarismus u. der Finanzreform (1973).

Erzbischof, lat. **Archi|epịscopus,** in der *römisch-kath.* Kirche Amtstitel des Leiters einer Kirchenprovinz (Metropolit) oder ein Bischof, der einer Erzdiözese vorsteht; auch vom Papst verliehener Ehrentitel einzelner Bischöfe. – Auch die *luther.* Kirchen in Schweden und Finnland kennen den Titel E.; in der *anglikan.* Kirche ist der Titel E. in der Church of England mit den beiden Bischofssitzen in Canterbury und York, in der Church of Ireland mit Armagh und Dublin verbunden. – In den *Ostkirchen* führt v. a. der Leiter einer autokephalen Kirche einen Patriarchatsrang mit Titel E. (z. B. Zypern, Griechenland, Finnland).

Erzbischofshut, *Heraldik:* →Prälatenhut.

Erzdiözese, Erzbistum, Diözese eines Erzbischofs und Hauptdiözese einer →Kirchenprovinz.

Erzengel, in der Bibel die bedeutendsten Engel, die allen anderen vorangehen, z. B. Gabriel, Michael, Raphael. Daneben traten im Spätjudentum noch andere, von denen aber nur Uriel im altkirchl. Schrifttum noch gelegentlich erwähnt wird. Fest der genannten E. in der kath. Kirche: 29. 9. (Michaelistag).

Erzeugende, 1) *Algebra:* **Erzeugendensystem,** eine Menge von Elementen einer Gruppe, durch deren Verknüpfung sich alle übrigen Gruppenelemente ergeben. – Auch die Menge von Vektoren eines Vektorraums, mit deren Hilfe man alle Elemente des Vektorraums als Linearkombinationen dieser Vektoren darstellen kann. Sind die E. linear unabhängig, so bilden sie eine →Basis.

Matthias Erzberger

2) *Geometrie:* eine gerade oder krumme Linie, bei deren Bewegung im Raum sich eine bestimmte Fläche ergibt. Kegel und Zylinder lassen sich z. B. durch Geraden erzeugen.

Erzeugergemeinschaft, Zusammenschluss von landwirtschaftl. Betrieben mit dem Zweck, ein bestimmtes Erzeugnis in größerer Menge und einheitl. Qualität auf den Markt zu bringen. Die Zweckmäßigkeit von E. ergibt sich aus der Konzentration im Lebensmittelhandel und in der Ernährungsindustrie. In Dtl. werden E. nach dem Marktstruktur-Ges. vom 16. 5. 1969 aus öffentl. Mitteln durch Startbeihilfen während der ersten fünf Jahre und durch Zuschüsse zu den Erstinvestitionen während der ersten sieben Jahre gefördert. Ende 1994 gab es 1420 E. und 32 Vereinigungen von E., deren Aufgabe darin bestand, die Tätigkeit der E. zu koordinieren. – E., die außerdem die Aufgabe haben, Marktstabilisierung zu betreiben oder Beihilfen aus dem EG-Haushalt an die Erzeuger weiterzuleiten, werden als **Erzeugerorganisationen** bezeichnet. Sie existieren für Produktionszweige Obst, Gemüse, Hopfen und für fischwirtschaftl. Betriebe. Die Förderung erfolgt wie bei den E., jedoch unter Beteiligung des →Europäischen Ausrichtungs- und Garantiefonds für die Landwirtschaft. Rechtsgrundlage sind die einschlägigen →Agrarmarktordnungen der EG.

Erzeugerpreisindex, Index, der die durchschnittl. Entwicklung der Preise für gewerbl., landwirtschaftl., forstwirtschaftl. oder gartenbaul. Produkte beim Verkauf durch den Produzenten angibt. Der Berechnung

Erzgebirge 1): Landschaft bei Oberwiesenthal mit Blick auf den Fichtelberg

des E. werden die Preisbewegungen ausgewählter wichtiger Produkte zugrunde gelegt. Die E. werden, nach Produktgruppen gegliedert, monatlich veröffentlicht.

Erzeugungsgrammatik, *Sprachwissenschaft:* die →generative Grammatik.

Erzeugungsregeln, *Sprachwissenschaft:* 1) →Formationsregeln; 2) →Phrasenstrukturregeln.

Erzgang, →Erzlagerstätten.

Erzgebirge, 1) tschech. **Krušné hory** [ˈkruʃnɛː ˈhɔri], 130 km langes und 30–35 km breites, von SW nach NO streichendes Mittelgebirge, über dessen Kammfläche (seit 1996 1 500 km² großer Naturpark) die Grenze zw. Dtl. (Sa.) und der Tschech. Rep. (Böhmen) verläuft. Das E. wird geomorphologisch in das stärker zerschnittene West-E. und in das weniger gegliederte Ost-E. östlich des Flöhatals unterschieden. Die höchsten Erhebungen liegen im West-E.: Keilberg (1 244 m ü. M.) in der Tschech. Rep., Fichtelberg (1 214 m ü. M.) und Auersberg (1 019 m ü. M.) in Sachsen. Das E. entstand sich am NW-Rand des Böhm. Massivs, zw. Elstergebirge (im W) und Elbsandsteingebirge (im O). Die im Tertiär gehobene Pultscholle des E.s, durch tiefe Waldtäler zergliedert, steigt nach SO um durchschnittl. 800–900 m ü. M. an und fällt auf tschech. Seite in Bruchstufen schroff zu tiefen Randsenken an den Flüssen Eger und Biela ab. Im W grenzt das E. mit einer bis zu 200 m hohen Stufe an das Vogtland. Dagegen geht das E. im N und NO in Form von Rumpfflächentreppen unmerklich in das E.-Vorland mit der aufgefüllten geolog. Mulde des E.-Beckens über. Mehrere Talsperren an den Flüssen Zwickauer Mulde, Rote und Wilde Weißeritz und an anderen Flüssen, deren Täler nach N tiefer und enger werden, und zahlr. Wasserspeicher, deren Anlage vielfach auf den Bergbau im MA. zurückgehen, bannen die Hochwassergefahr und dienen der Trink- und Brauchwasserversorgung.

Das Gebirge besteht im O und in der Mitte aus Graniten, roten und grauen Gneisen, im W und N aus altpaläozoischen Glimmerschiefern und Phylliten, die dort noch erhalten sind. Porphyrgänge sind häufig, im O auch Porphyrdecken des Unterperms (Teplitzer Quarzporphyr) sowie im SO Basaltergüsse (Bärenstein, Pöhlberg, Scheibenberg, Geising) und Phonolithe als Auswirkungen des nordböhm. Vulkanismus im Tertiär. Mit der Bildung der Tiefengesteine und paläovulkan. Ergüsse hängt die Entstehung der weit verteilten Erzlagerstätten zusammen.

Das Klima ist rau und niederschlagsreich. Vorherrschend sind Fichten- und Fichtenbergwälder. In den höheren Teilen kommen nur noch an wenigen Stellen natürl. Waldgesellschaften vor. Die Wälder der Kammlagen und etwa 20 km der Abdachung unterhalb der Kammfläche sind stark geschädigt bzw. z. T. bereits vernichtet (Hauptverursacher sind Braunkohlenkraftwerke und Chemiebetriebe in der Tschech. Rep.).

Der Ackerbau (Roggen, Kartoffeln), bis 1 100 m ü. M. möglich, ist wenig ertragreich und dient nur der Eigenversorgung, bedeutender ist die Grünlandwirtschaft. Das E. ist sehr dicht besiedelt und verkehrsmäßig gut erschlossen. Es ist ein bedeutendes Fremdenverkehrs- und Wintersportgebiet (v. a. in den Kurorten Oberwiesenthal und Seiffen/Erzgeb., in Altenberg, Johanngeorgenstadt, Geising und im Kurort Bad Gottleuba) sowie ein Anziehungspunkt des Ausflugsverkehrs, bes. in der Vorweihnachtszeit wegen der erzgebir. Advents- und Weihnachtsbräuche. Zahlr. histor. Bergbauanlagen des von der Silberstraße durchzogenen Gebirges wurden als Schauanlagen dem Besucher erschlossen.

Von den beiden Mundarträumen des E.s ist der W v. a. vom Ostfränkischen her geprägt, während der O den Übergang zum Obersächsischen bildet.

Geschichte: Die ständig zunehmende Besiedlung des E.s (im MA. ahd. **Fergunna** [›Eichwald‹, ›Waldgebirge‹] bzw. altsächs. **Miriquidi(wald)** [›Dunkelwald‹] gen.) durch Bauern und Bergleute (v. a. Thüringer, Franken, Harzer) bis in die Kammhöhe begann erst um 1150 mit der dt. Ostsiedlung unter Markgraf OTTO DEM REICHEN von Meißen; in den Rodungsherrschaften entstanden Waldhufendörfer. Im umschlossenen Wald des E.s wurde 1136 das Benediktinerkloster Chemnitz gestiftet. Das erste Silbererz wurde 1168 in Freiberg, nachfolgend auch an anderen Stellen bis in die Kammlagen gefunden und zunächst durch Harzer Bergleute v. a. aus Goslar gefördert. In der Nähe der Erzfunde wurden vom 12. bis zum 15. Jh. Siedlungen gegründet (Freiberg, Schneeberg, Annaberg, Altenberg, Marienberg, Scheibenberg, Sankt Joachimsthal u. a.). Neben Silber- wurden auch Zinn-, Blei-, Kobalt-, Zink- und Eisenerze abgebaut. Die Blüte des Bergbaus nach 1168, v. a. aber zw. 1470 und 1550, begründete, verbunden mit Hammerwerken, den damaligen Reichtum der Mark Meißen bzw. Kursachsens sowie die wettin. Landesherren als Inhaber des königl. Bergregals und führte im 16. Jh. zum Namen E. (zunächst nur in der kursächs. Bergverwaltung; als Landschaftsname erst 1815 belegt, bis ins 18. Jh. auch **Böhmisches Gebirge** gen.). Im Vertrag von Eger (1459) wurde der Kamm des E.s endgültig als sächsisch-böhm. Grenze festgelegt.

Im 17. Jh., v. a. durch den Dreißigjährigen Krieg (1618–48), setzte der Rückgang des Bergbaus ein und erlosch bis gegen Ende des 19. Jh. allmählich. Es kam zur Herausbildung einer bedeutenden Hausindustrie (Nebenerwerbs- und Heimarbeit, auch Frauen und Kindern): Spitzenklöppelei (schon 1561 durch BARBARA UTT(H)MANN [* 1514, † 1575] in Annaberg eingeführt, ab um 1600 wichtigster Broterwerb, heute v. a. im mittleren und westl. E.), Herstellung von Posamenten (um Annaberg) und Spielwaren (›Häusel‹, ›Männelmacher‹, v. a. im Ost-E. ab um 1750 prägend; Zentren: Seiffen, Olbernhau, Waldkirchen/Grünhain; bis um 1900 von Nürnberger Verlegern dominiert) sowie Holzverarbeitung (v. a. Weihnachtsfiguren). Die urspr. bergmänn. Schnitzkunst des West-E.s (als Feierabendtätigkeit) und die Sehnsucht des Bergmanns nach Licht begründeten die eigentüml., stark vom →Bergbau und Weihnachten geprägte Volkskunst bzw. ein auch durch Fachgewerbeschulen (Seiffen, 1853; Grünheide, 1874) gefördertes Kunsthandwerk: mechanisch betriebene Bergwerksmodelle (seit dem 16. Jh.), Heimat- und Weihnachtsberge, Weihnachtspyramiden (1803 ältester Beleg für gewerbl. Produktion, seit den 1930er-Jahren auch als Ortspyramiden üblich), Nussknacker (um 1865), Räuchermännchen (›Raachermännel‹), Kurrendesänger, lichttragende Bergleute (seit um 1650; anfänglich auch aus Zinn) und Engel (seit Ende des 19. Jh. als Paar in der gewerbl. Produktion und zum Symbol geworden), Hängeleuchter (›Spinne‹; seit Ende des 19. Jh.), Schwibbogen (Ende des 18. Jh. aus Eisen, seit um 1900 als Laubsägearbeit), Tierfiguren (durch Reifendreherei; ›Arche Noah‹), Zündholzschachtelminiaturen (Seiffen) u. a. Im 19. Jh. wurde C. STÜLPNER zum Volkshelden des E.s.

Im 18. Jh. (1771/72 große Hungersnot im E.) entstanden andere Branchen des Textilgewerbes (bes. Webereien), im Zuge der Industrialisierung im 19. Jh. Textilindustrie und Maschinenbau sowie nachfolgend Papier- und Glasindustrie, Uhrenfertigung (Glashütte, seit 1845) und Bürstenmacherei. Bergbau wurde 1946–90 erneut betrieben mit dem Abbau der Wismut-Kobalt-Nickel-Uran-Erzlagerstätten bei Schneeberg und Johanngeorgenstadt (→Wismut GmbH). Mit der Einstellung des Abbaus von Zinnerz in Altenberg sowie von Zinn- und Wolframerz in Ehrenfriedersdorf (1991) erlosch der Bergbau im E., seine Spuren sind jedoch vielfach erkennbar (→Bingen, Halden, Wasserkünste, Pochwerke u. a.).

S. SIEBER: Zur Gesch. des erzgebir. Bergbaues (Halle/ Saale 1954); DERS.: Studien zur Industriegesch. des E.s (1967); K. KRATZSCH: Bergstädte des E.s Städtebau u. Kunst z. Z. der Reformation (1972); Das E., bearb. v. H. CLAUSS u. H. SIEBER (²1980).

2) Gebirge in Serbien, →Serbisches Erzgebirge.
3) Gebirge in Rumänien, →Siebenbürger Erzgebirge.
4) Gebirge in der Slowak. Rep., →Slowakisches Erzgebirge.

erzgebirgische Phase, *Geologie:* eine variskische →Faltungsphase.

erzgebirgische Richtung, *Geologie:* eine der Ausrichtung des Erzgebirgskammes (SW–NO) entsprechende Streichrichtung. (→Streichen und Fallen).

Erzherzog, mlat. **Archidux,** bis 1918 Titel der Prinzen des österr. Hauses Habsburg. Der Titel entstand, als Herzog RUDOLF IV. von Österreich (1358–65) die den Habsburgern in der Goldenen Bulle von 1356 im Hl. Röm. Reich vorenthaltene Ranggleichheit mit den auch ›Erzfürsten‹ genannten Kurfürsten durch das 1358/59 vorgelegte, gefälschte ›Privilegium maius‹ beanspruchte. Reichsrechtlich verbindlich wurde der Titel E. jedoch erst, nachdem das zunächst von Kaiser KARL IV. nicht anerkannte Privilegium maius 1453 von Kaiser FRIEDRICH III. bestätigt worden war und die österr. Habsburger die Führung des Reichsfürstenrats im Reichstag erhielten (bis 1806).

Erzherzogshut, Erzherzogskrone, *Heraldik:* Rangzeichen der Erzherzöge aus dem Hause Habsburg, eine Kombination von Herzogshut (mit Hermelinbesatz) und Königskrone (Reif mit Spitzen, Bügel und Kreuz).

Erzieher, i. e. S. Berufs-Bez. nach Abschluss einer Fachschule für Sozialpädagogik und anschließendem Praktikum (ersetzt die früheren Berufe Kindergärtnerin und Heim-E.). E. betreuen und fördern die Entwicklung von gesunden und behinderten Kindern und Jugendlichen, u. a. in Kindergärten, Ganztagsschulen und Heimen. – I. w. S. umfasst E. alle mit Erziehung betraute Personen.

Erziehung, neben Bildung und Unterricht ein elementarer Bereich der Pädagogik. E. ist sowohl in sprachl. und als auch in ideengeschichtl. Hinsicht ein vielschichtiger Begriff, dessen Verständnis nicht nur von seinem jeweiligen gesellschaftl. Kontext, sondern auch in starkem Maße von bestimmten ideolog. und wissenschaftstheoret. Positionen abhängt und der sich folglich einer allgemein gültigen Definition widersetzt, die von einem die Zeiten überdauernden ›Wesen‹ der E. oder von einem für die E. wichtige metaphys. Kern des Menschen ausgeht. Eine Begriffsanalyse muss sich deshalb auf die Beschreibung der histor. Entstehungsbedingungen der E. und auf eine Funktionsbestimmung ihrer versch. Erscheinungsformen beschränken. Die anthropolog. Voraussetzung für die Erziehbarkeit des Menschen, der, als unfertiges Wesen geboren, der E. bedarf (I. KANT), ist seine ›Weltoffenheit‹ (A. GEHLEN). E. manifestiert sich in der sozialen Interaktion zw. Menschen als *Prozess,* in den Absichten der Erziehenden als *Ziel,* in der Wahl der einzusetzenden Maßnahmen als *Methode,* in der Verwirklichung der Ziele als *Zustand* und in der Bewertung des Erreichten als *Ergebnis.* Der E.-Prozess, den die →Erziehungswissenschaft zum Hauptgegenstand ihrer Forschung macht, verbindet pädagog. Theorie mit erzieher. Praxis. Er ist ein bedeutender Teil des Sozialisationsprozesses mit dem Ziel der Einbindung der Heranwachsenden in ein bestehendes Sozialgefüge und entwickelt sich aus dem (nur im Idealfall harmon.) Zusammenspiel von normativen und emanzipator. E.-Strategien, die einerseits die Weitergabe sozialer, eth. und religiöser Wertvorstellungen gewährleisten **(intentionale E.),** andererseits aber, bes. von einem aufgeklärten Standpunkt aus, den Menschen zur Selbst-E. aufgrund eigener Einsicht und Erfahrung motivieren und zu individueller Behauptung und Selbstverwirklichung in der menschl. Gemeinschaft **(funktionale E.)** befähigen sollen.

Geschichte der Erziehung

Die geschichtl. Entwicklung des E.-Begriffs zeigt, dass die ihm zugewiesenen Funktionen außer an historisch-gesellschaftl. stets noch an metaphysisch-psycholog. Bedingungen, z. B. an die jeweils dominierende Auffassung von der Natur des Menschen und seiner geistigen Fähigkeiten, gebunden waren. In den Gemeinschaften bestimmter Naturvölker wie der Indianer, der Eskimo und der melanes. Ureinwohner dominieren intrinsisch motivierte E.-Methoden, z. B. rollenspezif. E. durch Identifikation, v. a. in der für die E. wichtigen frühen Phase der Kindheit (während der dem Kind z. B. in der hinduist. und buddhist. Kultur ein fast uneingeschränkter Freiraum gewährt wird).

Die europäisch-abendländ. Vorstellung von einer umfassenden Bildung, die in den Disziplinen der in den mittelalterl. Klosterschulen gelehrten →Artes liberales eine erste konkrete Gestalt annahm, war im Wesentlichen von der Philosophie der griech. Antike geprägt, v. a. von PLATONS Forderung nach einer staatstragenden, selektiven E. und von ARISTOTELES' Trennung in theoret. und (geringer bewertete) prakt. Wissenschaften. Vorrangiges Ziel blieb jedoch die Vertiefung der Lehrinhalte des Christentums, eine Aufgabe, die außerhalb der kirchl. Institutionen von Volkspredigern wahrgenommen wurde, die ihr Menschenbild an der den christlich-jüd. Kulturkreis kennzeichnenden absoluten Trennung zw. Gut und Böse ausrichteten und die auch kleine Kinder einer Todsünde für fähig hielten. Die von ihnen empfohlenen E.-Methoden (Verwehrung, Furcht und Tadel, Rute) und E.-Ziele (Mäßigkeit, Demut, Bescheidenheit, Fleiß) zeugen von der stark **fremdbestimmten E.** des Menschen (extrins. Motivation) in der feudalen Gesellschaft des MA. Erst THOMAS VON AQUINO, der im 13. Jh. in einer Synthese des Wissens das antike Bildungsideal der kör-

Erzherzogshut

Schlüsselbegriff

perlich-geistigen E. zum Guten und Schönen (→Paideia) mit der christl. Ethik verschmolz, erkannte im Menschen den Willen, auch selbst nach moral. Vollkommenheit zu streben.

Zu den frühen Verfechtern einer demokrat. E. gehören im 16. Jh. der frz. Humanist M. DE MONTAIGNE, der die Ursachen menschl. Fehlverhaltens bereits in den in der Kindheit erworbenen Charakterschwächen vermutete und Gewaltanwendung in der E. als unvereinbar mit dem Ehr- und Freiheitsgefühl eines unabhängigen Bürgers verurteilte, ferner der ital. Philosoph T. CAMPANELLA, der im Kerker die utop. Vision eines christlich-kommunistisch organisierten ›Sonnenstaates‹, einer freien Gemeinschaft gleichgestellter Bürger (›La città del sole‹, 1602) entwarf sowie J. A. COMENIUS, der im ›Orbis sensualium pictus‹ (1658) ein sprachdidakt. Bilderbuch im 16. Jh. (›Didactica magna‹ (tschech. 1627–32, lat. 1657) ein aus allen Wissenschaften und Künsten abgeleitetes, komplexes E.-Konzept vorlegte und damit zum Begründer einer systemat. Pädagogik wurde.

Eine entscheidende Funktionsänderung erfuhr der E.-Begriff durch die →Aufklärung, die Mensch und Gesellschaft als Teile einer naturwissenschaftlich-mechanist. Welt verstand und eine den Regeln der Vernunft gehorchende E. jenseits aller Standes-, Rassen- und Religionsunterschiede forderte. Zu ihren Hauptvertretern gehörte der engl. Philosoph J. LOCKE, der in seinem Werk ›Some thoughts concerning education‹ (1693) wie KANT den Zustand des menschl. Geistes bei der Geburt als ›Tabula rasa‹ ansieht und der der E. die Vermittlung von Tugend, Weisheit, Bildung und Wissen als Aufgabe zuweist, die es. durch den Erfahrungserwerb im kindl. Spiel zu erfüllen ist. KANT sah in einer systemat., über die Erfahrungspädagogik hinausgehenden, erweckenden und gewährenden (im Ggs. zur fremdbestimmten) E. die Voraussetzung zur Entfaltung der natürl. Anlagen eines autonomen Menschen.

Gleichzeitig Befürworter und Gegner der Aufklärung, verfasste J.-J. ROUSSEAU als Reaktion auf einen extremen Rationalismus den Erziehungsroman und didakt. Leitfaden ›Émile ou De l'éducation‹ (1762), der auch heute noch in zweifacher Hinsicht von Bedeutung ist: In ihm bekundet sich das im 18. Jh. erwachte wiss. Interesse am Kind, gleichzeitig wird das Werk selbst zum Wegbereiter der Entwicklungspsychologie. Der Roman enthält ROUSSEAUS Kritik an den korrumpierenden Einflüssen der Künste und Wissenschaften und weist den Weg zu einer **natürlichen E.** von Geburt an, die das an sich Gute des menschl. Charakters systematisch nach Entwicklungsstufen fördert. Spiel und Vergnügungen der Kinder aller Stände sind für ROUSSEAU Maßstab einer humanen Gesellschaft.

Die Reflexionen der Romantiker über die Individualität des Menschen führten auch zur Beschäftigung mit der Persönlichkeit des Kindes, die als Ausdruck einer Einheit des Seienden gedeutet wurde. JEAN PAUL, dessen Gedanken zu einer den Bedürfnissen, Möglichkeiten und Entwicklungsphasen des Kindes gemäßen, wertorientierten E. (›Levana oder Erziehlehre‹, 1807) in ihrem Verständnis vom Unbewussten bereits Erkenntnisse der modernen Kinderpsychologie vorwegnehmen, postulierte, dass die kindl. Persönlichkeit sich am besten im schöpfer., ungestörten Spiel des Kindes in der Kindergemeinschaft (›Spielschule‹) entfalte, eine Einstellung die auf F. FRÖBEL vorausweist, der die für die Entwicklung entscheidende Art und Intensität des Spiels auf der Stufe der frühen Kindheit zum zentralen Begriff seiner theologisch begründeten

›Menschenerziehung‹ (1826) und Kindergartenpädagogik (›Nachricht und Rechenschaft von dem Dt. Kindergarten‹, 1843) machte.

Nach ROUSSEAUS Vorlage schuf der schweizer. Erzieher J. H. PESTALOZZI, der in zahlr. Schriften auf die Bedeutung einer frühen sittl., geistigen und körperl. Ausbildung hinwies, ein für seine Zeit revolutionäres und heute noch vorbildl. E.-Konzept, ein Curriculum für den Elementarbereich, das gemeinschaftl. Aktivitäten und Unternehmungen der Kinder befürwortete, eine Gruppierung nach Leistungsstufen anstatt nach Altersstufen vorsah und eine wiss. Ausbildung der Erzieher verlangte. Seine weithin bekannte Schule in Yverdon (1804–25) wirkte anregend auf andere Pädagogen wie FRÖBEL und J. F. HERBART, dessen ethisch geprägter E.-Begriff **(sittliche E.)** ebenfalls der Moralität als oberster Instanz der Sinngebung verpflichtet ist: Sittl. Verhalten wird durch Einsicht, diese durch systematische pädagog. Anleitung im Unterricht erreicht.

Neben die von einem selbstständigen, bildungsbewussten Bürgertum getragene E. trat im 19. Jh., von Großbritannien ausgehend, das Konzept der **Armen-E.** Der walis. Philanthrop und Spinnereibesitzer R. OWEN schuf als Alternative zur Kinderarbeit und den zu dieser Zeit übl. Kinderbewahranstalten 1816 die ›infant school‹. Sein sozialutop. E.-Modell misst dabei dem sozialen Milieu als charakterbildendem Faktor eine vorrangige Bedeutung zu. Mit seinen Vorschulen und den später folgenden genossenschaftl. Siedlungen beabsichtigte er auch eine E. zu einem neuen Menschen, ein E.-Verständnis, das in seiner gesellschaftspolit. Ausrichtung für die marxist. Pädagogik Vorbildcharakter hatte.

Die von den großen sozialen Bewegungen der Jahrhundertwende getragene internat. →Reformpädagogik erneuerte in unterschiedl. Ansätzen (u. a. Waldorfpädagogik, Landerziehungsheime) das internat. Schulwesen sowie die vorschul. E. des Kindes selbst. Zwei der einflussreichsten Vertreter dieser Richtung, ohne deren theoret. Vorleistung eine emanzipator. E. oder gar die bewusst antiautoritäre E. der 70er-Jahre nicht denkbar wäre, sind die ital. Ärztin MARIA MONTESSORI und der amerikan. Philosoph J. DEWEY, dessen **Pädagogik vom Kinde aus** das Interesse des Kindes an den Ausgangspunkt jeder E. stellt und damit sowohl einem sich wandelnden demokrat. Menschenbild als auch den Erkenntnissen der Kinderpsychologie Rechnung trägt. Nach MONTESSORI besitzt das Kind eine ihm angeborene Fähigkeit zur Selbst-E. und bedarf nur einer betreuenden, beobachtenden indirekten E., die in den (von MONTESSORI erkannten und als ›sensible‹ Phasen definierten) einzelnen Entwicklungsschüben auftretenden Lernbedürfnisse des Kindes aufspürt und durch didakt. Hilfsmittel fördert.

Moderne Geistes- und Sozialwissenschaften, v. a. die Soziolinguistik und die Lern- und Sozialisationsforschung, haben eine Reihe empir. und theoret. Ergebnisse erbracht, die v. a. den Begriff der →Begabung und das Prinzip der →Chancengleichheit in einem demokrat. Schulsystem in Bezug auf schichten- und gruppenspezif. Verhaltensweisen neu definieren. Daraus ergab sich neben der in Dtl. nur in Ansätzen verwirklichten Curriculumtheorie der Gesamtschule als zweites wichtiges Konzept der neueren, einer pluralist. Gesellschaftsordnung verpflichteten Pädagogik **(demokratische E.)** die Forderung nach einer kompensator. E., bes. sprachl. und gruppendynam. Art, die milieubedingte Benachteiligungen und negative Auswirkungen der familiären Sozialisation (Motivationsschwächen, Ausdrucksunfähigkeit, Minderwertigkeitsgefühle u. a.) korrigieren soll.

Theoretische Ansätze der Gegenwart

Zu der entwicklungspsychologisch und politisch beeinflussten Diskussion um Methoden und Ziele der E. gesellt sich in der jüngeren Zeit auch der Versuch einer begriffl. Neubestimmung der E., in deren Verlauf viele der Annahmen, die dem traditionellen E.-Verständnis zugrunde lagen, infrage gestellt wurden. Das gilt zunächst für die eth. Rechtfertigung des hierarchisch-komplementären Erzieher-Zögling-Verhältnisses (pädagog. Bezug) durch die ›pädagog. Verantwortung‹ (PESTALOZZI), die zur Manipulation, zur Durchsetzung der Lebensstrategie der Alten gegenüber den Jungen entarten kann. Da angesichts der heutigen existenziellen Fragen Erzieher und Zögling gleichermaßen ratlos sind, sieht E. FINK den pädagog. Bezug als partnerschaftlich-symmetrisch strukturierte ›Beratungsgemeinschaft‹, in der dem Zögling Mitsprachekompetenz (Mündigkeit) eingeräumt wird.

K. HAEFNER fordert dagegen, dass sich die E. gegenüber den Gefahren des Computerzeitalters und der Reizüberflutung durch die Massenmedien gerade wieder auf ihre histor. Rolle als Vermittlerin der ›wahren‹ Werte und Tugenden, des ›typisch Menschlichen‹ (Komplementaritätsthese), zu besinnen habe.

Nach der Erfahrung des ideolog. Missbrauchs der E.-Fähigkeit des Menschen durch totalitäre Systeme geht es den Vertretern einer demokrat. E. nicht mehr vorrangig darum, ›das Gefüge der psych. Dispositionen anderer Menschen in irgendeiner Hinsicht dauerhaft zu verbessern oder seine als wertvoll beurteilten Bestandteile zu erhalten oder die Entstehung von Dispositionen, die als schlecht bewertet werden, zu verhüten‹ (W. BREZINKA). Sie wollen vielmehr ihre Ziele kommunikativ unter allen von einer konkreten histor. Lage Betroffenen als human bedeutsam ausweisen oder als unmenschlich zurücknehmen. Eine solche E. lässt sich als ›Hervorbringung und Vermittlung humaner Handlungsorientierung im tendenziell symmetr. Vollzug rationaler Kommunikation‹ (K. SCHALLER) bestimmen. Die ›humane Handlungsorientierung‹ ist für alle an ihrer Hervorbringung Beteiligten als Stück ihrer selbst verbindlich: autoritativ, nicht autoritär.

Unter dieser Prämisse müssen die mit der E. beauftragten Personen und Institutionen einerseits auf ihre herkömml. ›Machtstellung‹ verzichten; andererseits kann die moderne E. nicht vom Kind und seiner natürl. ›Güte‹ (E. VON BRAUNMÜHL) die Lösung der menschl. Probleme erwarten: ›Das Bessere zu ermessen ist stets gemeinsame Sache‹ (T. BALLAUFF).

⇨ *antiautoritäre Erziehung · Autorität · Bildung · Didaktik · Emanzipation · Familie · Kind · Kindergarten · kompensatorische Erziehung · Lernen · Pädagogik · Sozialisation · Sozialpädagogik · Soziolinguistik · Spiel · Vorschulerziehung*

E. FINK: Erziehungswiss. u. Lebenslehre (1970); K. MOLLENHAUER: Theorien zum E.-Prozeß (1972); H. FEND: Sozialisierung u. E. (⁸1976); C. MENZE: Kritik u. Metakritik des pädagog. Bezugs, in: Pädagog. Rundschau, Jg. 32 (1978); W. LIPPITZ: ›Lebenswelt‹ oder die Rehabilitation vorwiss. Erfahrung (1980); L. SCHENK-DANZINGER: Entwicklung, Sozialisation, E. (Wien 1984); W. BREZINKA: E. in einer wertunsicheren Gesellschaft (1985); K. HAEFNER: Die neue Bildungskrise. Lernen im Computerzeitalter (1985); T. BALLAUFF: Pädagogik als Bildungslehre (1986); K. SCHALLER: Pädagogik der Kommunikation (1987); E. SCHUBERTH: E. in einer Computergesellschaft (1990); H. JASCHKE: Grenzen finden in der E. (1992); E. SCHMITZ u. A. STIKSRUD: E., Entfaltung u. Entwicklung (²1994).

Erziehungsbeistand, →Erziehungshilfe, →Erziehungsmaßregeln.

Erziehungsberatung, die beratende Unterstützung von Erziehern (Eltern, Lehrer u. a.) sowie von Kindern und Jugendlichen bei Schwierigkeiten und Problemen, die sich im Rahmen der Erziehung ergeben. Hauptaufgabe der in zahlr. dt. Städten eingerichteten und von (meist im Team arbeitenden) Psychologen, Pädagogen, Sozialarbeitern und/oder Ärzten geleiteten Erziehungs- oder Familienberatungsstellen ist die Ursachenanalyse von Störungen der seel. und geistigen Entwicklung von Kindern und Jugendlichen. Entsprechend werden am Einzelfall orientierte Bildungs- und Erziehungsratschläge gegeben und nötigenfalls therapeut. Behandlungen eingeleitet. – Auf innerschul. Probleme und Schullaufbahnberatung ist die →pädagogische Beratung spezialisiert. – In *Österreich* nehmen v. a. in Wien Kinder- und Jugendpsycholog. Beratungsstellen Aufgaben der E. wahr.

Erziehungsberechtigter, derjenige, der die Rechte und Pflichten der →elterlichen Sorge ausübt.

Erziehungsgeld, durch das Ges. über die Gewährung von E. und Erziehungsurlaub (Bundeserziehungsgeld-Ges., Abk. BErzGG) vom 6. 12. 1985 zum 1. 1. 1986 eingeführter finanzieller Anspruch für Mütter oder wahlweise für Väter, die keine oder keine volle Erwerbstätigkeit ausüben und sich der Betreuung und Erziehung ihres neugeborenen Kindes widmen. Im Ggs. zum Mutterschaftsgeld, das nur Mütter erhalten, die vor der Geburt ihres Kindes in einem Arbeitsverhältnis standen, steht E. sämtl. Müttern oder Vätern zu. E. wird vom Tag der Geburt bis zur Vollendung des 18. Lebensmonats gewährt und für Kinder, die nach dem 31. 12. 1992 geboren wurden, bis zur Vollendung des 24. Lebensmonats (§ 4 BErzGG i. d. F. v. 31. 1. 1994). Das E. beträgt i. d. R. 600 DM monatlich, jedoch ist die Regelung mit zunehmend härteren Einkommensgrenzen versehen worden. In den ersten sechs Lebensmonaten des Kindes entfällt das E., wenn das Jahresnettoeinkommen von Verheirateten 100 000 DM (bei anderen Berechtigten 75 000 DM) übersteigt. Vom Beginn des siebten Lebensmonats an wird das E. gemindert, wenn das Einkommen 29 400 DM bei Verheirateten (bzw. 23 700 DM bei anderen Berechtigten) übersteigt. Die Beträge der Einkommensgrenzen erhöhen sich um 4 200 DM für jedes weitere Kind (§ 5 BErzGG). – Mit dem E. wie auch mit dem →Erziehungsurlaub bezweckte der Gesetzgeber v. a. die Förderung der Betreuung und Erziehung des Kleinkindes in der ersten Lebensphase. Zugleich werden Einrichtung und Aufstockung des E. und des Erziehungsurlaubs als Mittel zur erweiterten Familienförderung angesehen. Kritiker der Regelungen bemängeln ein zu niedriges Leistungsniveau und die durch versch. Sparmaßnahmen hervorgerufenen Leistungskürzungen.

Erziehungsheim, frühere Bez. für Heime der Jugendhilfe, in denen insbesondere Kinder und Jugendliche untergebracht waren, die der freiwilligen Erziehungshilfe oder der Fürsorgeerziehung unterlagen. Beide Maßnahmen sind seit der Neuregelung des Kinder- und Jugendhilferechts ab 1. 1. 1991 durch die Hilfen zur Erziehung (→Erziehungshilfe) ersetzt worden. Früher hießen derartige Einrichtungen **Erziehungsanstalt, Besserungsanstalt, Rettungs-** oder **Korrektionshaus;** sie sind nicht selten aus christl. Einrichtungen hervorgegangen.

Erziehungshilfe, 1) *Jugendhilferecht:* Bez. für Leistungen der Jugendhilfe nach §§ 27 ff. Sozialgesetzbuch VIII (Abk. SGB VIII), auf die ein Personensorgeberechtigter (→elterliche Sorge) Anspruch hat, wenn eine dem Wohl des Kindes oder Jugendlichen entsprechende Erziehung nicht gewährleistet ist und die Hilfe für seine Entwicklung geeignet und notwendig ist. Die E. umfasst insbesondere die Gewährung pädagog. und damit verbundener therapeut. Leistungen. Einzelne Arten der E. nach §§ 28–35 SGB VIII sind: a) Erziehungsberatung durch Beratungsstellen und -dienste für Kinder, Jugendliche und die Personensorgeberechtigten zur Klärung und Bewältigung individueller und familienbezogener Probleme, b) soziale Gruppenarbeit mit älteren Kindern und Jugendlichen zur Überwindung von Entwicklungsschwierigkeiten und Verhaltensproblemen, c) Einsatz eines Erziehungsbeistands oder Betreuungshelfers für das Kind oder den Jugendlichen zur Bewältigung von Entwicklungsproblemen, d) sozialpädagog. Familienhilfe durch intensive Betreuung und Begleitung der Familien in ihren Erziehungsaufgaben, e) Hilfe zur Erziehung in einer Tagesgruppe eines Heimes (auch in geeigneten Formen der Familienpflege möglich), um die Entwicklung des Kindes durch soziales Lernen in der Gruppe zu unterstützen und den Verbleib in der Familie zu sichern, f) Hilfe zur Erziehung in Vollzeitpflege in einer anderen Familie, g) Hilfe zur Erziehung in einem Heim oder in einer sonstigen betreuten Wohnform, um die Rückkehr in die Familie zu versuchen, die Erziehung in einer anderen Familie vorzubereiten oder eine auf längere Zeit angelegte Lebensform zu bieten und auf ein selbstständiges Leben vorzubereiten, h) intensive sozialpädagog. Einzelbetreuung für Jugendliche, die einer intensiven Unterstützung zur sozialen Integration und zu einer verantwortungsvollen Lebensführung bedürfen. In *Österreich* als Hilfen zur Erziehung in §§ 26 ff. Jugendwohlfahrts-Ges. 1989 die Unterstützung der Erziehung (z. B. durch Beratung des Erziehungsberechtigten und des Minderjährigen, Familientherapie) und die volle Erziehung (Erziehung in einer Pflegefamilie oder in einem Heim) geregelt. Die Maßnahmen können sowohl als freiwillige Erziehungshilfe als auch gegen den Willen der Erziehungsberechtigten angeordnet werden. In der *Schweiz* sehen die Art. 307 ff. ZGB zum Kindesschutz geeignete Maßnahmen vor, die die Vormundschaftsbehörde bes. dann treffen kann, wenn dies nicht durch die Eltern geschieht.

2) *Pädagogik:* allg. die Unterstützung eines ›Zöglings‹ durch zwischenmenschl. Interaktion (→Erziehung). Der Begriff wurde geprägt, um den der **Erziehungsmittel** zu ersetzen, der in seiner tradierten Begrifflichkeit in der Nähe von Erziehung als einseitiger, autoritativer Steuerung angesiedelt ist; jedoch werden beide Bez. auch synonym verwendet. E. wendet sich, um Verhalten, Einstellung und Motivation zu bilden, zu festigen und zu verändern, an die Mündigkeit des Jugendlichen und ist partnerschaftlich auf seine Selbstfindung ausgerichtet. E. bei Erziehungsschwierigkeiten bieten Erziehungsberatungsstellen an (→Erziehungsberatung).

Erziehungsmaßregeln, bestimmte Sanktionen des →Jugendstrafrechts aus Anlass der Straftat eines Jugendlichen. E. sind: 1) Die Erteilung von →Weisungen, die auf die Lebensführung des Jugendlichen Einfluss nehmen sollen (§ 10 Jugendstrafrechts-Ges., Abk. JGG). Dazu gehören u. a. die Bestimmung des Aufenthaltsorts, das Gebot, eine Ausbildungs- bzw. Arbeitsstelle anzunehmen oder Arbeitsleistungen zu erbringen, an einem sozialen Trainingskurs teilzunehmen oder sich um einen Täter-Opfer-Ausgleich zu bemühen. 2) Die Anordnung, Hilfe zur Erziehung (§ 12 JGG) in Form der Erziehungsbeistandschaft im Sinne des § 30 Sozialgesetzbuch VIII (Unterstützung durch einen Erziehungsbeistand) oder in einer Einrichtung über Tag und Nacht (Heimerziehung) bzw. in einer sonstigen betreuten Wohnform im Sinne des § 34 Sozialgesetzbuch VIII in Anspruch zu nehmen. Die E. bezwecken in erster Linie nicht Strafe für eine Tat, sondern die Erziehung des jugendl. Täters und unter-

scheiden sich insoweit von →Zuchtmitteln und →Jugendstrafe. E. können einzeln und nebeneinander angeordnet werden, ferner auch in Verbindung mit bestimmten Zuchtmitteln. Neben der Jugendstrafe sind als E. Weisungen und die Anordnung eines Erziehungsbeistands zulässig. E. werden in das Erziehungsregister eingetragen.

Für die Dauer des Wehrdienstes eines Jugendlichen oder →Heranwachsenden darf Hilfe zur Erziehung im Sinne des § 12 JGG nicht angeordnet werden. Stattdessen ist für Soldaten die besondere E. der ›Erziehungshilfe durch den Disziplinarvorgesetzten‹ vorgesehen (§ 112 a JGG).

Die frühere E. der Fürsorgeerziehung ist durch Änderung des JGG vom 30. 8. 1990 und die Aufhebung des Jugendwohlfahrts-Ges. abgeschafft worden.

Erziehungsregister, →Bundeszentralregister.

Erziehungsroman, Variante des →Entwicklungsromans und →Bildungsromans, wobei der Entwurf oder die exemplar. Veranschaulichung eines Erziehungsprogramms im Mittelpunkt steht; als E. gelten z. B.: XENOPHONS Fürstenspiegel, die ›Kyrou paideia‹ (vollendet nach 366 v. Chr.), FÉNELONS ›Télémaque‹ (1699), J.-J. ROUSSEAUS ›Émile‹ (1762), J. H. PESTALOZZIS ›Lienhard und Gertrud‹ (1781–87) und, mit Einschränkung, ›Der grüne Heinrich‹ von G. KELLER (1845/55, 2. Fassung 1879/80).

Erziehungsurlaub, zus. mit dem →Erziehungsgeld durch das Bundeserziehungsgeld-Ges. vom 6. 12. 1985, gültig seit 1. 1. 1986 (mehrfach geändert, neueste Fassung vom 31. 1. 1994), eingeführter befristeter Anspruch auf Beurlaubung. Arbeitnehmer haben Anspruch auf E. bis zur Vollendung des dritten Lebensjahres eines nach dem 31. 12. 1991 geborenen Kindes, für das ihnen die Personensorge (→elterliche Sorge) zusteht und das sie selbst betreuen und erziehen. Weitere Voraussetzungen sind, dass 1) der andere Elternteil erwerbstätig oder arbeitslos ist oder er sich in der Ausbildung befindet, 2) der andere Elternteil keinen E. in Anspruch nimmt, 3) kein Beschäftigungsverbot für erwerbstätige Mütter besteht. Während des E. ist Erwerbstätigkeit nur zulässig, wenn die wöchentl. Arbeitszeit 19 Stunden nicht übersteigt. Der Arbeitgeber darf das Arbeitsverhältnis während des E. nicht kündigen. Im E. besteht eine beitragsfreie Versicherung in der gesetzl. Kranken- und in der Arbeitslosenversicherung.

Erziehungswissenschaft, Bez. für die →Pädagogik oder einen ihrer Teilbereiche, der sich der Erforschung pädagogisch relevanter Prozesse (Erziehung, Bildung und Unterricht) und Institutionen und deren historisch-gesellschaftl. Kontext zuwendet. Die Skala der erziehungswiss. Positionen reicht von der bloßen Tatsachenfeststellung (A. FISCHER, P. PETERSEN, R. LOCHNER) bis zur Begründung erziehungsrelevanter Handlungen als eigenständige oder als Momente umfassender gesellschaftl. Prozesse.

E. lässt sich den gegenwärtigen wissenschaftstheoret. Grundpositionen gemäß differenzieren: 1) Die analytisch-empir. E. folgt vorwiegend der empir. Methode unter ausdrückl. Anlehnung an den ›kritischen Rationalismus (K. R. POPPER), verstanden als ›Sozial-Technologie‹ (L. RÖSSNER), die Wert- und Zielfragen aus ihrem Erkenntniszusammenhang ausblendet. 2) Gestützt auf eine deskriptiv-hermeneut. Methodologie wird die geisteswiss. Pädagogik von einem ›prakt.‹ Interesse geleitet; der an der historisch konkreten Gesellschaft orientierte Bildungsbegriff wurde geprägt u. a. von W. DILTHEY, E. SPRANGER, H. NOHL, W. FLITNER, E. WENIGER und W. KLAFKI. 3) Anfang der 1970er-Jahre wurde von ihren damaligen Vertretern u. a., zunächst in engem Anschluss an die krit. Theorie der ›Frankfurter Schule‹ (M. HORKHEIMER, T. W. ADORNO, J. HABERMAS), die krit. E.

(K. Mollenhauer, H. Blankertz, W. Klafki, K. Schaller) entwickelt, die sich, geleitet vom ›emanzipator.‹ Interesse, vorwiegend der ideologiekrit. Methode bedient. Erziehung wird im Blick auf ihren Beitrag zur Verbesserung (Humanisierung) der gesamtgesellschaftl. Verhältnisse untersucht. Als ›kritisch-konstruktive Theorie‹ (Klafki) hat E. Empirie, Hermeneutik und Ideologiekritik zu verbinden.

Als Reaktion auf die gesellschaftlich-polit. Entwicklung schenken die Vertreter der empir. E. neuerdings verstärkt den sekundären Tugenden (Tüchtigkeit, Fleiß) als gesellschaftl. Bindekräften Beachtung. Neokonservativen Tendenzen kommt auch die personalistisch orientierte Pädagogik entgegen, für welche die gesellschaftl. Sinnbildungsprozesse keine subjektkonstituierende Bedeutung haben (K. H. Dickopp). Unter Wiederaufnahme phänomenolog. Sichtweisen (O. F. Bollnow, M. J. Langeveld) wird die geisteswiss. Pädagogik wieder belebt (W. Loch). Die krit. E. befreit sich aus der engen Anlehnung an die krit. Theorie (Blankertz, W. Keckeisen), rezipiert aus der Phänomenologie den Lebensweltbegriff (H. Brunkhorst) in seiner Weiterentwicklung durch M. Heidegger (E. Fink, T. Ballauff), M. J.-J. Merleau-Ponty (W. Lippitz, K. Meyer-Drawe) u. a.; interaktionist. und kommunikationstheoret. Paradigmen werden herangezogen, um im Miteinander Perspektiven für eine humane Zukunft zu entwerfen (Schaller).

Alternativ zu diesen drei Typen von E. sind Versuche ihrer materialist. Begründung in Weiterführung des politökonom. Ansatzes von K. Marx unternommen worden (J. Gamm, J. Gröll, W. Schmied-Kowarzik), ebenso Versuche ihrer Selbstbegründung (T. Litt, J. Derbolav, H. H. Groothoff). Andererseits ist die dem Neukantianismus entstammende transzendentalkrit. E. (A. Petzelt, M. Heitger, W. Fischer) zu nennen; sie befasst sich mit der letztlich unlösbaren Aufgabe der Rechtfertigung pädagog. Handlungen als solcher.

Als Teildisziplinen der E. werden insbesondere betrachtet: die allgemeine, systemat., histor., vergleichende E., pädagog. Anthropologie und Psychologie, Didaktik, Bildungsforschung und -politik, Berufs und Wirtschaftspädagogik, Erwachsenenbildung.

Geisteswissenschaftl. Pädagogik am Ausgang ihrer Epoche, Erich Weniger, hg. v. I. Dahmer u. W. Klafki (1968); W. Klafki: Aspekte kritisch-konstruktiver E. (1976); W. Brezinka: Metatheorie der Erziehung. Eine Einf. in die Grundl. der E. ... (⁴1978); ders.: Grundbegriffe der E. (⁴1981); E. der Gegenwart, hg. v. K. Schaller (1979); L. Rössner: Einf. in die analytisch-empir. E. (1979); Theorien u. Grundbegriffe der Erziehung u. Bildung, hg. v. D. Lenzen u. a. (1983); K. Schaller: Krit. E. am Ausgang ihrer Epoche?, in: ders.: Pädagogik der Kommunikation (1987); M. von Saldern: E. u. neue Systemtheorie (1991); H. Gudjons: E. kompakt (1993); Erziehungswiss. Theorien u. Grundbegriffe, hg. v. H. Gudjons u. a., Beitrr. v. W. Lippitz u. a. (⁴1994).

Erziehungszeiten, in der gesetzl. Rentenversicherung →Kindererziehungszeiten.

Erziehungszoll, →Zoll.

Erzincan [ˈɛrzindʒan], Provinzhauptstadt in Ostanatolien, Türkei, 1 200 m ü. M., am Karasu (rechter Quellfluss des Euphrat) in einem intramontanen Becken, 90 800 Ew. – Verarbeitung von Agrarprodukten, Textilindustrie. – Mehrfach von Erdbeben heimgesucht: 1782 über 10 000 Tote; 1939 völlige Zerstörung (15 600 Tote), danach nördlich der ursprüngl. Stadt neu angelegt; 1991 erneutes Erdbeben (1 000 Tote).

Erzjägermeister, mlat. **Archivenator,** ein zu den →Erzämtern zählendes Hofamt.

Erzkämmerer, mlat. **Archicamerarius,** ein zu den →Erzämtern zählendes Hofamt.

Erzkanzler, mlat. **Archicancellarius,** ein zu den →Erzämtern zählendes Hofamt im Hl. Röm. Reich.

Seit 965 hatte der Erzbischof von Mainz (als ›Erzkaplan‹) die Leitung der Kanzlei für das Reich ständig inne. Ihm oblag auch der Vorsitz des später entstehenden Kurfürstenkollegiums und der Vorsitz des Reichstags. Sichtbares Zeichen der E.-Würde waren im späteren MA. die an silbernen Stäben getragenen Siegel.

Erzkaplan, mlat. **Archicapellanus,** seit Kaiser Ludwig I., dem Frommen, Bez. für das Haupt der fränk. Hofgeistlichkeit, den Vorsteher der Hofschule. Im Ostfränk. Reich vereinigte König Ludwig (II.) der Deutsche 854 das Amt des E. mit dem des Leiters der Reichskanzlei. Der Erzbischof von Mainz hatte seit 870 diese Stellung zunächst zeitweise, seit 965 ständig inne. Als sich der Titel ›Erzkanzler‹ für dieses Amt endgültig durchsetzte (nach 1044), war der E. unter dem Titel ›capellarius‹ für die Leitung der Kanzlei im (Hl. Röm.) Reich verantwortlich.

Erzlagerstätten, natürl. Vorkommen von →Erzen in der Erdkruste, die nach Größe und Inhalt für eine wirtschaftl. Gewinnung der Erze infrage kommen können. Die Abbauwürdigkeit der Erze ist abhängig v. a. vom Wert der betreffenden Metalle, vom Metallgehalt der Erze (z. B. bei Eisen mindestens 25 %, bei Gold mindestens 0,001 %), von der Gewinnungsmethode, von der Verhüttbarkeit und von der Lage des Fundorts. Vielfach kommen bestimmte unterschiedl. Erzminerale zus. vor (→Paragenese). Die Bildung der E. entspricht i. A. der der Gesteine, sodass magmat., sedimentäre und metamorphe E. unterschieden werden.

Magmatische Erzlagerstätten

Magmat. E. entstehen bei der Erstarrung von Magma, und zwar bes. im Zusammenhang mit pluton. Vorgängen, wobei die Entmischungsvorgänge der →Differenziation zur Auswirkung kommen. Während der Frühkristallisation werden in der **liquidmagmatischen Phase** mit bas. und ultrabas. Gesteinen v. a. Chrom-, Platin-, Vanadium-, Nickel- und Kupfererze ausgeschieden, die aufgrund ihrer hohen spezif. Dichte in der Magmakammer absinken und sich zu lagig-schlierenförmigen Erzkörpern anreichern können (z. B. →Buschveld-Komplex). Bei hohem Schwefelgehalt der Schmelze können auch sulfid. Kupfer-Nickel-Eisen-E. gebildet werden. Während der Hauptkristallisation des Magmas (v. a. granit. Tiefengesteine) entstehen praktisch keine E., sondern erst wieder mit der Restkristallisation. In der magmat. Restschmelze sind nun viele leicht flüchtige Bestandteile (Wasser, Fluor-, Chlor- und Schwefelwasserstoff, Kohlendioxid u. a.) angereichert sowie solche Elemente, die wegen ihrer zu großen oder zu kleinen Ionenradien in die bisher kristallisierten Silikatminerale nicht eingebaut werden konnten (bes. Lithium, Beryllium, Niob, Tantal, Cäsium, Bor, Thorium, Uran und Seltenerdmetalle). Bei der Kristallisation der Restschmelze reichern sie sich in der **pegmatitischen Phase** in den gang- oder linsenförmigen, v. a. Quarz und Feldspat führenden →Pegmatiten an.

In der folgenden **pneumatolytischen Phase** ist die Restschmelze noch stärker mit flüchtigen Bestandteilen angereichert, sodass es zum Absieden einer Gasphase in das Nebengestein und dort zu starken Umwandlungen kommt. Die wichtigsten pneumatolyt. E. sind: 1) Gangfüllungen und Imprägnationen des Nebengesteins, und zwar mit Zinn- (→Greisen), Wolfram-, Molybdän-, Kupfer- u. a. Erzen; 2) kontaktpneumatolyt. Verdrängungslagerstätten (→Metasomatose, →Skarn), die schon in metamorphe E. übergehen können; sie beruhen auf der Einwirkung überkrit. Gase auf das Nebengestein (bes. Kalk und Dolomit) und enthalten im Wesentlichen die gleichen Erzminerale (auch Eisenerze), die aber meist feinkörniger verteilt sind.

Die **hydrothermale Phase** (Temperaturbereich < 400°C, unterhalb der krit. Temperatur des Wassers) ist gekennzeichnet durch eine wässrige Restlösung mit geringem Dampfdruck. Aus ihr scheidet sich bei sinkender Temperatur eine gesetzmäßige Folge von charakterist. Mineralparagenesen (›Formationen‹) aus, die als Erz- und Mineralgänge aufgerissene Spalten im Nebengestein füllen. Nach Bildungsort und Struktur unterscheidet man hier intrakrustale und epikrustale Erzlagerstätten.

Unter den innerhalb der festen Erdkruste entstandenen E. (**intrakrustale E.**) gibt es wiederum Erzgänge, gebunden an mehr oder weniger steil stehende Störungen und Spalten, in die die Erzlösungen aufstiegen. Die Imprägnationslagerstätten bestehen aus vererzten Klüften und Poren; am wichtigsten sind hier die Kupfererze (→Porphyry copper ores). Die hydrothermalen Verdrängungslagerstätten sind ebenso wie die pneumatolyt. im Kontakt mit leicht reaktionsfähigem Kalk und Dolomit entstanden: Eisen-, Mangan-, Blei-, Zink-, Magnesium- und Quecksilbererze. Nach der Bildungstemperatur werden bei den intrakrustalen E. unterschieden: katathermale (400–300°C), mesothermale (300–200°C), epithermale (200–100°C) und telethermale E. (bis hin zu Ausscheidungen von Thermalquellen). Charakterist. hydrothermale Erzparagenesen oder -formationen sind: Gold-Silber-, Eisen-Nickel-, Kupfer-Eisen-Arsen-, Blei-Zink-Silber-, Uran-Eisen-, Eisen-Mangan-Barium-Fluor-, Kobalt-Nickel-Wismut-Silber- und Antimon-Arsen-Quecksilber-Formationen.

Während bei den an Tiefengesteinskörpern gebundenen Lagerstätten die Bildungsgruppen räumlich getrennt aufeinander folgen, sind sie bei den aus hoch liegenden Magmenherden stammenden **subvulkanisch-hydrothermalen E.** eng ineinander verschachtelt (›Telescoping‹).

Die **epikrustalen E.** sind an der Erdoberfläche, d. h. subaerisch oder submarin, entstanden, Letztere, die wichtigsten, im Wesentlichen in Geosynklinalen und Riftzonen (Plattengrenzen); Letztere werden wegen der Verknüpfung mit Sedimenten (synsedimentäre Bildungen) auch als **submarin-hydrothermal-sedimentäre E.** bezeichnet. Die Erzbildung kann auf submarine Ergussgesteine (vulkanisch) oder auf hydrothermale Lösungen zurückgehen, die aus tief liegenden Magmenherden (tiefenmagmatisch) an Störungszonen aufgestiegen sind. Der vulkanisch bestimmte Typ ist v. a. durch hämatitisch-siderit. Eisenerze (z. B. →Lahn-Dill-Gebiet), Manganerze, silikat. Eisenerze (Chamosit, Thuringit) und sulfid. Erze vertreten. Auch die an submarinen Plattengrenzen (Zentralgräben) wie im Roten Meer austretenden heißen Lösungen (**Hot Brines**), die zur Ausscheidung von Eisen-, Kupfer-, Zink-, Blei-, Silber- und Golderzen führen (**Erzschlämme** mit einem Buntmetallgehalt bis über 10%), können hierher gestellt werden (z. T. zu den sedimentären E. gerechnet). Festländ. vulkan. Lagerstätten wie die **Exhalationslagerstätten** von Schwefel und Bor haben nur geringe Ausmaße. Die Lagerstätten tiefenmagmat. Herkunft entstanden fast nur in sauerstoffarmen, tieferen Meeresbecken, und zwar Eisen-, Mangan- und Buntmetall-E. (Kupfer, Zink, Blei, Silber, Antimon, Wolfram, Quecksilber u. a.; z. B. Bleiberg, Rammelsberg, Meggen und Almadén).

Sedimentäre Erzlagerstätten

Bestimmende Faktoren für die Bildung sedimentärer E. sind Verwitterung, Abtragung, Transport und Ablagerung; als Bildungsmilieu kommen Kontinente und Meere infrage. Zu den durch chem. Verwitterung bedingten **festländischen Verwitterungslagerstätten** gehören die Hut- oder →Oxidationszonen in älteren, zutage tretenden sulfid. und carbonatisch-silikat. E.;

durch Lösung, Verlagerung und Wiederausfällung in tieferen Bereichen entstehen dagegen Reduktions- oder →Zementationszonen. Durch solche Vorgänge können auch E., z. B. die Porphyry copper ores, sekundär angereichert und dadurch erst abbauwürdig werden. Durch Verwitterungsprozesse sind auch die Lagerstätten von →Bauxit und laterit. Eisenerzen entstanden. Auf festländ. Verwitterung, Lösung und Wiederausfällung beruht ferner die Anreicherung von Nichteisen-Schwermetallen (Kupfer, Silber, Blei, Vanadium, Uran) in Wüstengebieten durch Austrocknen herangeführter Lösungen und Imprägnation von Schuttgesteinen. Im feuchtgemäßigten Klima führt die siallit. Verwitterung gelegentlich zur Bildung von Eisen-Mangan-E., u. a. Bohnerzen (→Limonit). Auf mechan. Verwitterung und Umlagerung beruhen die **Seifenlagerstätten** (→Seifen).

Während in (verlandenden) Binnenseen nur Eisen- und Manganerze (Sumpf- und See-Erze, →Raseneisenerz) von geringer Bedeutung gebildet werden, haben marin-sedimentäre **Ausscheidungslagerstätten** große wirtschaftl. Bedeutung. Der Schwermetallgehalt stammt häufig aus Verwitterungslösungen, die mit den Flüssen vom Festland ins Meer transportiert werden. Bei der Ausfällung spielt bes. das unterschiedl. Redoxpotenzial in den Meeresräumen eine Rolle. In einer sauerstoffreichen küstennahen Zone werden oolith. Limonit- und Mangan-E. (→Oolith, →Minette) gebildet. Weiter zum Meeresinnern hin, wo Kohlendioxid vorherrscht, entstehen die silikat. Chamositeisenerze. Größte wirtschaftl. Bedeutung haben die unter besonderen Umweltbedingungen entstandenen präkambr. →Bändereisenerze. In mangelhaft durchlüfteten Meeresbecken wird durch die Tätigkeit der Schwefelbakterien Schwefelwasserstoff gebildet, der Schwermetalle als Sulfide im →Faulschlamm ausfällen kann. Unter diesen E. des Schwefelkreislaufs hatte bes. der Mansfelder →Kupferschiefer Bedeutung, der auch Blei, Zink, Vanadium, Nickel, Molybdän u. a. enthalten kann. In den Tiefseebecken werden wichtige Metalle in Form von →Manganknollen angereichert.

Metamorphe Erzlagerstätten

Bei den durch Druck- und Temperaturerhöhung (→Metamorphose) geprägten Lagerstätten handelt es sich meist um metamorphosierte, bereits vorhandene Lagerstätten; durch Umbildung und/oder Stoffzufuhr kann es aber zur Anreicherung der Erze kommen. Metamorph verändert sind z. B. die meisten Bändereisenerze. Daneben gibt es erst durch Metamorphose gebildete E., wie einige Uranerzlagerstätten und die ›alpinen Klüfte‹, pneumatolytisch-hydrothermale Gangfüllungen in metamorphen Schiefern.

H. SCHNEIDERHÖHN: Die E. der Erde, 2 Bde. (1958–61); Time- and strata-bound ore deposits, hg. v. D. D. KLEMM u. a. (Berlin 1977); L. BAUMANN u. a.: Einf. in die Geologie u. Erkundung von Lagerstätten (1979); R. SCHÖNENBERG: Geographie der Lagerstätten (1979); A. M. EVANS: An introduction to ore geology (New York 1980); M. L. JENSEN u. A. M. BATEMAN: Economic mineral deposits (ebd. ³1981); A. H. G. MITCHELL u. M. S. GARSON: Mineral deposits and global tectonic settings (London 1981); Mineral deposits and the evolution of the biosphere, hg. v. H. D. HOLLAND u. a. (Berlin 1982); W. E. PETRASCHECK u. W. POHL: Lagerstättenlehre (³1982); H. MOESTA: Erze u. Metalle (1983); F. J. SAWKINS: Metal deposits in relation to plate tectonics (Berlin 1984); H. SCHRÖCKE: Die Entstehung der endogenen E. (1986); Untersuchungsmethoden für Metall- u. Nichtmetallrohstoffe, ..., bearb. v. H. AKIN u. a. (1986, Angewandte Geowiss.en, Bd. 4); R. HÖLL: Lagerstättenbildung in der erdgeschichtl. Entwicklung, in: Der Gang der Evolution, hg. v. F. WILHELM (1987).

Erzlaute, ital. **Arciliuto** [artʃi-], Oberbegriff für die im 16. Jh. in Italien entwickelten Lautentypen mit zwei Wirbelkästen, je einen für die Griff- und für die Bordunsaiten. Hierzu zählen die Basslauten →Chitarrone und →Theorbe, die Theorbenlaute und die →Angelica.

Erzmarschall, mlat. **Archimarescalcus,** ein zu den →Erzämtern zählendes Hofamt im Hl. Röm. Reich. Als E. erscheint seit dem Ende des 12. Jh. der Herzog von Sachsen(-Wittenberg). Sichtbares Zeichen der E.-Würde waren im späteren MA. die gekreuzten Kurschwerter (im Amtswappen rot auf schwarzweißem Feld; zumeist im Mittelschild); von ihnen leiten sich auch die (ab 1723) gekreuzten ›blauen Schwerter‹ als Marke des Meissener Porzellans her.

Erzmundschenk, Erzschenk, mlat. **Archipincerna,** ein zu den →Erzämtern zählendes Hofamt.

Erzpriester, →Archipresbyter, →Dekan.

Erzschatzmeister, mlat. **Archithesaurius,** ein zu den →Erzämtern zählendes Hofamt.

Erzschleiche, Chalcides chalcides, bis 40 cm lange Wühlechse (→Skinke) in SW-Europa und N-Afrika, oberseits metallisch grau bis olivgrün gefärbt und hell längs gestreift; mit stummelförmigen, dreizehigen Gliedmaßen.

Erztruchsess, mlat. **Archidapifer,** ein zu den →Erzämtern zählendes Hofamt.

Erzurum [-zu-], Provinzhauptstadt in O-Anatolien, Türkei, 1950 m ü. M., am Karasu (rechter Quellfluss des Euphrat) unweit der Quelle, 241 300 Ew.; Atatürk-Univ. (gegr. 1957); Nahrungsmittelindustrie, Maschinenbau; Garnison; Verkehrsknotenpunkt.

Stadtbild: Auf einer Anhöhe liegt die Zitadelle von E. (urspr. von Kaiser Theodosios II. im 5. Jh. angelegt, zuletzt von den Osmanen umgestaltet; der Glockenturm ist ein später umgebautes Minarett des 12. Jh.). Die frühseldschuk. Ulu Camii (Große Moschee) hat eine siebenschiffige Säulenhalle mit Mihrabkuppeln (1179 vollendet); die Lala Pascha Camii (Kleine Moschee), 1563, wird dem Baumeister SINAN zugeschrieben. Aus seldschuk. Zeit stammen die Çifte-Minare-Medrese (heute Museum), die nach 1291 als Hofmedrese (schmaler zweigeschossiger Arkadenhof) erbaut wurde, mit zwei kannelierten Minaren (Minaretten) und einer Türbe (Grabmedrese), sowie die Yakutiye-Medrese von 1310/11, eine Kuppelmedrese mit einem Minarettstumpf und reichem Schmuck (Mukarnas), außerdem versch. Türben (Emir-Saltuk-Türbe, wohl Mitte 12. Jh.).

Geschichte: E., wohl von Kaiser THEODOSIUS II. an der Stelle einer älteren Stadt als byzantin. Festung im 5. Jh. gegr., war wegen seiner verkehrsgünstigen Lage zw. Kleinasien und Iran für Handel und Militär bedeutsam. Seit dem 7. Jh. wechselweise unter der Herrschaft der Araber, Byzantiner und Armenier, die die Stadt **Karin (Garin)** nannten, wurde 1071 von den Seldschuken eingenommen und erhielt den arabischtürk. Namen Ars-e Rum (›Land der Rhomäer‹, auf den der heutige Name zurückgeht; seit 1517 ist E. türkisch. Die Stadt wurde 1829, 1878 und 1916 von den Russen besetzt. 1919 trat hier zur Vorbereitung der national-republikan. Bewegung unter KEMAL ATATÜRK zusammen.

Erzväter, von M. LUTHER geprägte Bez. für die Patriarchen, die Stammväter Israels: Abraham, Isaak und Jakob, nach erweitertem Sprachgebrauch auch die zwölf Söhne Jakobs als legendäre Ahnherren der Stämme Israels. Die Überlieferung 1. Mos. 12–36 zeichnet sie als nichtsesshafte Kleinviehnomaden in den Randzonen des palästin. Kulturlandes.

Erzwespen, Zehrwespen, Chalcidoidea, mit rd. 25 000 Arten weltweit verbreitete Überfamilie 0,2–16 mm langer Hautflügler, davon ca. 5 000 Arten in Europa; Insekten mit häufig metallisch schillernder Färbung und kurzen, geknickten Fühlern. Larven parasitieren entweder in Entwicklungsstadien von Insekten (darunter häufig Schädlinge, weshalb viele E. eine Rolle in der biolog. Schädlingsbekämpfung spielen) oder in

Erzurum: Blick von der Zitadelle auf die Stadt; links die Çifte-Minare-Medrese in seldschukischem Stil (nach 1291)

Pflanzen. Zur letzteren Gruppe gehören bes. die **Feigenwespen** (Agaonidae), eine Familie mit rd. 30 Arten v. a. in den Tropen und Subtropen. Sie entwickeln sich in Feigenblüten, in denen sie Gallen erzeugen.

Erzwingungsmethode, *Mengenlehre* und *Modelltheorie:* das →Forcing.

Es, chem. Symbol für das Element →Einsteinium.

Es, Alter Ego, nach S. FREUD Bez. für das Unbewusste, den Bereich der psych. Antriebe, der (unterschieden vom Ich) der bewussten Kontrolle des Individuums entzogen ist.

ES, Nationalitätszeichen für El Salvador.

E. S., Kupferstecher, →Meister E. S.

ESA [Abk. für engl. European Space Agency], Europ. Weltraumorganisation, Sitz Paris; dient der Koordinierung, Durchführung und Unterstützung europ. Projekte zur friedl. Erforschung und Nutzung des Weltraums. Die ESA wurde auf der Europ. Weltraumkonferenz am 15. 4. 1975 in Brüssel als Nachfolgeorganisation von →ELDO und →ESRO gegründet; ihr gehören (1996) 14 europ. Nationen an. Kanada hat mit der ESA eine Vereinbarung über enge Zusammenarbeit geschlossen. Die Zusammenarbeit mit Russland wurde 1992 um zwei bemannte Langzeitflüge (›Euromir‹, →Mir) erweitert. Der Gesamtwert der mehr als 10 000 ESA-Aufträge an die europ. Industrie beträgt rd. 20 Mrd. ECU. Die ESA unterhält als Außenzentren das Europ. Zentrum für Weltraumforschung und -technologie (ESTEC, Abk. für engl. European Space Research and Technology Centre) in Noordwijk-aan-Zee (Niederlande), das Europ. Weltraumforschungs-Inst. (ESRIN, Abk. für engl. European Space Research Institute) in Frascati (Italien), das auch das Dokumentationszentrum der ESA beherbergt, und das Europ. Operationszentrum für Weltraumforschung (ESOC, Abk. für engl. European Space Operations Centre) in Darmstadt, das für die Erfassung und Verarbeitung der über die Bodenstationen empfangenen Daten verantwortlich ist. Größere aktuelle Programme der ESA sind z. B. Ariane, ERS und die Beteiligung an der internat. Raumstation Alpha.

Esaki, Leo, jap. Physiker, *Ōsaka 12. 3. 1925; 1956–60 bei der Sony Corporation in Tokio, seitdem am Thomas-J.-Watson-Forschungszentrum der Firma IBM in Yorktown Heights (N. Y.) tätig; 1976–92 Mitgl. des Direktoriums der IBM Japan, seit 1992 Präs. der Univ. Tsukuba (Japan). Zu E.s Hauptarbeitsgebieten gehören die Untersuchung der elektr. und opt. Eigenschaften von Halbleitern (Entwicklung von Halbleiter-Supragittern), die Physik dünner Schichten und die epitakt. Kristallzüchtung. Er wies

Erzurum
Provinzhauptstadt in der Türkei,
in Ostanatolien

1950 m ü. M.
in verkehrsgünstiger Lage

241 300 Ew.

Universität
(gegr. 1957)

Garnison

im 5. Jh. als byzantin.
Festung gegründet

Leo Esaki

Esbjerg: Teil des Fischereihafens

1957/58 das Auftreten des →Tunneleffekts beim
Durchgang von Elektronen durch extrem dünne
p-n-Übergänge zw. verschieden dotierten Bereichen
eines Halbleiters nach und entwickelte, diesen Effekt
ausnutzend, die u. a. zur Erzeugung von Hochfre-
quenzschwingungen verwendete →Tunneldiode (auch
E.-Diode genannt). Hierfür erhielt er 1973 den Nobelpreis für Physik (mit I. GIAEVER und B. JOSEPHSON).

Esạt Pạscha Toptanị, alban. Offizier und Politiker, *Tirana 1863, †(ermordet) Paris 13. 6. 1920;
zeichnete sich 1912/13 bei der Verteidigung von Sku-
tari gegen die Montenegriner aus. Obwohl er Ende
1913 Prinz WILHELM ZU WIED die Krone Albaniens
angeboten hatte, arbeitete er als Innen- und Kriegs-
Min. in hochverräter. Weise gegen den Fürsten und
wurde im Mai 1914 nach Italien exiliert. Nach der Ab-
reise WILHELMS wurde E. P. T. im Herbst 1914 Ober-
kommandierender und Präs. des besetzten Albaniens.
Trotz des Kriegseintritts aufseiten der Entente konnte
er nach 1918 seinen Plan, mithilfe der neuen jugoslaw.
Regierung Gouv. Albaniens auf Lebenszeit zu werden, nicht realisieren.

Esau [hebr.; 1. Mos. 25,25 erklärt als ›der Behaarte‹, Beiname **Edom,** Sohn ISAAKS und REBEK-
KAS, älterer Zwillingsbruder JAKOBS; der legendäre
Stammvater der Edomiter (→Edom), von JAKOB um
sein Erstgeburtsrecht gebracht (1. Mos. 25, 29 ff.).

Esau, Abraham, Physiker und Hochfrequenztech-
niker, *Tiegenhagen (Kr. Marienburg) 7. 6. 1884,
† Düsseldorf 12. 5. 1955; Prof. in Jena (1925–39), danach bis 1945 in Berlin, wo er gleichzeitig Präs. der
Physikalisch-Techn. Reichsanstalt war, und seit 1949
in Aachen. E. leistete Pionierarbeiten auf dem Gebiet
der Ultrakurz-, Dezimeter- und Zentimeterwellen-
technik. Wichtige Arbeiten galten außerdem der biolog. und therapeut. Wirksamkeit der Ultrakurzwellen
und der Einrichtung des Überseefunkverkehrs.

Esbach-Eiweißuntersuchung, Esbach-Probe
[nach dem frz. Mediziner G. H. ESBACH, *1843,
† 1890], veraltete Methode zum Eiweißnachweis in
Harn. Der Harn wird mit **Esbach-Reagenz** (10 g Pik-
rinsäure und 20 g Zitronensäure auf 1 l Wasser) vermischt, wodurch vorhandenes Eiweiß ausgefällt wird.

Esbjerg [ˈεsbjεr], Hafen-, Handels- und Industriestadt an der W-Küste Jütlands, Dänemark, 82 600
Ew.; Konservatorium, Fischerei-, Seemannsschule;
größter dän. Fischereihafen (mit Fischverarbeitung);
Ausfuhr von Fischerei- und Landwirtschaftserzeug-
nissen (bes. nach Großbritannien); Werft, Maschinenbau; Treibhausgärtnereien und Pelztierfarmen im

Umland. E. ist Passagierhafen nach Großbritannien;
Fährverbindung mit der vorgelagerten Insel Fanø;
Flugplatz. – Nachdem für Dänemark durch die Niederlage im Deutsch-Dän. Krieg von 1864 die Benutzung der Häfen an der Westküste Schleswigs entfiel,
wurde 1868 auf staatl. Initiative hin E. gegründet
und mit streng rechtwinkligem Straßennetz angelegt.
Der im Schutz der Insel Fanø gelegene Hafenort
entwickelte sich rasch und erhielt 1899 Stadtrechte.
Nach einer Verwaltungsneugliederung (1970) umfasst
die Großgemeinde E. 221 km².

Esbo, schwed. Name für die finn. Stadt →Espoo.

Esc, Abk. für →Escudo.

ESCA [Abk. für engl. Electron Spectroscopy for
Chemical Analysis], **induzierte Elektronenemission,** ältere Bez. für **Röntgen-Photoelektronenspekt-
roskopie** (Abk. XPS, X für engl. X-rays) oder **Röntgen-
Photoemissionsspektroskopie** (Abk. XPES), →Photo-
elektronenspektroskopie.

Escalopes [-ˈlɔp, frz.] *Pl.,* Schnitzel, kleine dünne,
runde Scheiben von Fleisch (Kalb), Geflügel, Wild
oder Fisch, die meist gebraten werden.

ESCAP, Abk. für Economic and Social Commission for Asia and the Pacific, die regionale Wirt-
schafts- und Sozialkommission des →Wirtschafts- und
Sozialrats der Vereinten Nationen für Asien und den
Pazifik.

Escapeklausel [ɪsˈkeɪp-; engl. to escape ›entrin-
nen‹], **Ausweichklausel,** Bestimmung in internat.
Handelsverträgen, die es einer Vertragspartei erlaubt,
von den übernommenen Verpflichtungen ganz oder
teilweise zurückzutreten und protektionist. Maßnahmen zu ergreifen, wenn die Einfuhr einer Ware in
das Gebiet der Vertragspartei die inländ. Erzeugung
ernsthaft gefährdet oder zu gefährden droht. Für die
Ware können Einfuhrbeschränkungen erlassen werden. Die Anwendung der E. ist gemäß GATT/WTO
zulässig.

Escarpin [εskarˈpɛ̃, frz.] *der, -(s)/-s,* ausgeschnitte-
ner Herrenschuh der höf. Kleidung im 18. Jh. mit
Schnalle, später mit Schleife und flachem Absatz; im
späten 19. Jh. mit Kniehosen und Halbstrümpfen als
historisierende Mode neu belebt.

Escarpment, Great E. [greɪt ɪsˈkɑːpmənt, engl.],
die →Große Randstufe im südl. Afrika.

Escaut [εsˈko] *der,* frz. Name der →Schelde.

Esch *der* oder *das, -s/-e,* **1)** bei der Dreifelderwirtschaft eines der Flurstücke, in die die gesamte Dorf-
flur zerfiel und deren jedes mit der gleichen Frucht
bestellt wurde.

2) in Nordwest-Dtl. eine zum Eschdorf (→Drubbel)
gehörende, häufig runde, stets eingehegte Ackerflä-
che von bis zu 2 km Durchmesser, die von unbebautem
Land umgeben war und meist dem Anbau von Roggen
diente. Trotz der Einfelderwirtschaft lag die E. in
→Gemengelage und unterlag dem Flurzwang.

Esch an der Alzette [-alˈzεt], amtlich frz. **Esch-
sur-Alzette** [εʃsyralˈzεt], Kantonshauptstadt in Luxemburg, 290 m ü. M., nahe der Grenze zu Frankreich, 24 000 Ew.; Museum der luxemburg. Wider-
standsbewegung (1940–45); Mittelpunkt des südlu-
xemburg. Bergbau- und Eisenindustriegebietes, das
zu den bedeutendsten Westeuropas zählte (von den
1965 noch vorhandenen 14 Hochöfen des ARBED-
Konzerns sind elf stillgelegt; der Minette-Eisenerz-
bau wurde 1980 eingestellt); chem. Industrie.

Es|chatokoll [zu griech. éschatos ›der Letzte‹ und
kólla ›Leim‹] *das, -s/-e, Diplomatik:* im formelhaften
Aufbau der mittelalterl. Urkunde die Gesamtheit der
auf den rechtsverbindl. Text folgenden Schlussfor-
meln, z. B. Datum und Unterschriften.

Es|chatologie [zu griech. éschata ›letzte Dinge‹]
die, -, Religionsgeschichte: die in verschiedenen prophet. Religionen zentrale Lehre von einem am Ende

der Weltgeschichte und nach einem Untergang der bisher bestehenden Welt (Weltende) neuen Zustand der Welt und des Menschen, die verschieden erwartete Erfüllung der religiösen Hoffnung: als ›Wunderbarmachung‹ der Welt (ZARATHUSTRA), als messian. Reich (Propheten Israels, Judentum), Eintritt des Gottesreiches (Christentum), als Paradies (Islam), als verbessertes Weltzeitalter (Welterneuerung; bei der Annahme aufeinander folgender Weltperioden). Häufig besteht die Vorstellung, dass ein unmittelbar bevorstehendes Ende sich durch Zeichen andeutet (Endzeit). Daher werden Erwartungen darauf durch politisch-wirtschaftl. Krisenzeiten gefördert; sie beeinflussen die Lebenshaltung des Individuums und der Gemeinschaft. Eine Sonderform der E. bildet die Apokalyptik. Am Übergang in die neu erwartete Welt steht meistens ein Weltgericht, auch ein Götterkampf, eine Naturkatastrophe, z. B. Einsturz des Himmels, Herabfallen der Gestirne, Weltbrand.

Christl. Theologie: die Lehre von der Vollendung des Einzelnen und der ganzen Schöpfung. Die prophet. E. des A. T. ist als Heilsweissagung und Ankündigung des messian. Friedensreichs Urbild der christl. Eschatologie. – Die *kath. Theologie* hat früher die E. des N. T. vor allem als Lehre von den letzten Dingen behandelt und sie als E. des Einzelnen und der Schöpfung dargestellt, während die ird. Wirksamkeit der Kirche fast unverknüpft neben der E. stand. Die Wiederentdeckung der eschatolog. Wurzeln des Evangeliums durch die heutige Exegese hat jedoch bewirkt, dass das 2. Vatikan. Konzil der ird. Kirche ein neues Selbstverständnis gegeben hat. Sie sieht sich nicht mehr v. a. als den von der Welt geschiedenen myst. Leib Christi, sondern als das Gottesvolk, das dem eschatolog. Ziel auf dieser Erde entgegenwandert, ohne es je voll und endgültig zu erreichen. Innerhalb der ird. Geschichtszeit bleibt unaufhebbar die Spannung von schon angebrochenem und noch nicht vollendetem Gottesreich. – Auch die *ev. Theologie* betont auf der Grundlage der modernen Exegese den eschatolog. Charakter der Verkündigung JESU (A. SCHWEITZER, R. BULTMANN). Die tragenden Begriffe des Evangeliums: ›Reich Gottes‹, ›neue Gerechtigkeit‹, ›Heil‹, ›Lohn‹ u. a., sind eschatologisch, d. h. auf die Endzeit bezogen. Mit dem Erlöschen urchristl. Naherwartung des Endes rückte die E. in die Ferne der Endgeschichte. Seit SCHLEIERMACHER wurden immer mehr die ›kosmolog.‹ Elemente der E. auszuscheiden gesucht zugunsten der ›individuellen‹ E. Auch hatte sich im Verständnis der Endgeschichte ein Wandel zur ›existenzialen‹ Deutung der E. als Krisis und Entscheidung jeder Stunde angebahnt. Die neuere Theologie sucht jedoch das Geschichts- und Weltbild der Apokalyptik für ein aktualisiertes Verständnis des Bezuges zw. Offenbarung und Welt zu nutzen. Dieser Ansatz richtet sich bes. gegen die Reduktion der Hoffnungsinhalte auf die gegenwärtige Entscheidung des Menschen und betont demgegenüber die Universalität der Offenbarung und des Handelns Gottes in der Geschichte. Dadurch wird allerdings z. T. die Erwartung Gottes als des Richters, der im Jüngsten Gericht den Einzelnen zur Rechenschaft zieht, zugunsten der Versöhnung der Welt und der ganzen Menschheit zurückgedrängt. Andererseits wird E. auch entfaltet als Frage nach der Beziehung der Zukunft Gottes zur gesamten Schöpfungswirklichkeit, die dem Menschen nicht zu letztlich inhumaner Ausbeutung, sondern zu verantwortl. Pflege von Gott übertragen wurde. – In der *orth. Theologie* gewann zeitweilig die Lehre von der Apokatastasis (der ›Wiederbringung Aller‹) einen gewissen Einfluss, wurde jedoch nicht Bestandteil der Kirchenlehre im dogmat. Sinn. E. wird als die von Gott allein bewirkte Vollendung einer neuen unvergängl. Schöpfung gelehrt. Auftrag der Kirche ist es nach orth. Verständnis, für alle Menschen (die Lebenden und die bereits Verstorbenen) zu beten, dass Gott sie in seine ewige Gemeinschaft aufnehme.

Seit alters hat die E. durch Sonderlehren zu Auseinandersetzungen Anlass gegeben: Der Gedanke eines tausendjährigen Friedensreiches vor der Parusie hat in alter und neuer Gestalt das christl. Denken beschäftigt und die kirchl. Lehre zur Abwehr gerufen.

⇨ *Apokalyptik · Apokatastasis · Auferstehung der Toten · Chiliasmus · Endzeitgemeinden · Himmel · Hölle · Jenseits · Jüngstes Gericht · Parusie · Tod*

P. ALTHAUS: Die letzten Dinge. Lb. der E. (⁸1961); R. BULTMANN: Gesch. u. E. (a. d. Engl., ²1964); E. BRUNNER: Das Ewige als Zukunft u. Gegenwart (Neuausg. 1965); W. KRECK: Die Zukunft des Gekommenen. Grundprobleme der E. (Neuausg. Berlin-Ost 1968); K. H. SCHELKLE: Theologie des N. T., Bd. 4,1: Vollendung von Schöpfung u. Erlösung (1974); G. GRESHAKE u. G. LOHFINK: Naherwartung, Auferstehung, Unsterblichkeit (1975); E. im A. T., hg. v. H. D. PREUSS (1978); J. RATZINGER: E., Tod u. ewiges Leben (³1978); L. BOFF: Was kommt nachher? (a. d. Port., Salzburg 1982); E. FASTENRATH: In vitam aeternam. Grundzüge christl. E. in der 1. Hälfte des 20. Jh. (1982); M. KEHL: E. (1986); Seele. Problembegriff christl. E., hg. v. W. BREUNING (1986); D. HATTRUP: E. (1992); G. SAUTER: Einf. in die E. (1995); H. KÜNG: Ewiges Leben? (Neuausg. ⁷1996).

es|chato̱lo̱gisch, 1) die Eschatologie betreffend; 2) auf die letzten Dinge bezüglich, endzeitlich.

Eschbo̱den, *Bodenkunde:* →Plaggenesch.

Eschbo̱rn, Stadt im Main-Taunus-Kreis, Hessen, im nordwestl. Vorortbereich von Frankfurt am Main, 138 m ü. M., 18 300 Ew.; Dienstleistungszentrum im Rhein-Main-Gebiet, Sitz des Bundesamtes für Wirtschaft, des Bundesausfuhramtes, der Gesellschaft für techn. Zusammenarbeit (gtz) sowie mehrerer Unternehmenszentralen. – Die frühmittelalterl. Siedlung E. kam 1704 an das Erzbistum Mainz, 1803 an Nassau und mit diesem 1866 an Preußen. 1970 wurde E. Stadt.

Eschdo̱rf, *Siedlungsform:* der →Drubbel.

Esche, Fra̱xinus, Gattung der Ölbaumgewächse mit rd. 60 Arten in Eurasien, N-Amerika und N-Afrika; Bäume mit gegenständigen, meist unpaar gefiederten Blättern, die Früchte zeigen einen zungenförmigen Fortsatz (Flügelnüsse). Die **Gemeine E.** (Fraxinus excelsior) ist ein bis zu 40 m hoch werdender Baum in Niederungen und an Flussufern und liefert ein geschätztes Holz (v. a. für Möbel und Sportgeräte). Die als Zierbaum weit verbreitete **Manna-E. (Blumen-E.,** Fraxinus ornus) ist im mediterranen Raum heimisch. Der bis zu 8 m hohe Baum trägt zahlr. weiße, duftende Blüten; der aus Rindeneinschnitten gewonnene erhärtete Saft (›Manna‹) enthält das süßlich schmeckende →Mannit und wird medizinisch als Abführmittel verwendet.

Kulturgeschichte: Die Gemeine E. spielt in der nord. Mythologie eine große Rolle. In der Völuspa wird der Weltenbaum Yggdrasil als E. (ask) bezeichnet und das erste Menschenpaar ›Ask‹ und ›Embla‹ genannt. Im alten Griechenland (Ilias) und in Germanien wurden aus E.-Holz Geräte, bes. Waffen, hergestellt. Noch im MA. pflanzte man deshalb gerne E. in der Nähe von Burgen. Zur Verwendung des E.-Laubs als Viehfutter legten die Römer Plantagen an (COLUMELLA, ›De re rustica‹). Die Gewinnung des Manna lernten die Einwohner Kalabriens und Siziliens im 9. Jh. von den Arabern kennen.

E̱sche, Eberhard, Schauspieler, *Leipzig 25. 10. 1933; seit 1961 am Dt. Theater Berlin; Charakterschauspieler, vorwiegend kom. Rollen in ironisch gelassener Darstellung; Soloprogramme v. a. mit klass. Texten; auch Filmschauspieler.

Filme: Der geteilte Himmel (1964); Spur der Steine (1966); Wie heiratet man einen König? (1968); Leben mit Uwe (1973); Einzug ins Paradies (Fernsehfilm, 6 Tle., 1983/84); Sachsens Glanz und Preußens Gloria (Fernsehfilm, 4 Tle., 1985); Novalis – die blaue Blume (1993).

Esche:
Zweige mit Blüten (oben) und Fruchtständen der Gemeinen Esche (unten)

Christoph Eschenbach

Theodor Eschenburg

Eschen|ahorn, Acer negundo, bis 20 m hoch werdende nordamerikan. Ahornart mit gefiederten, bei manchen Formen weißbunten Blättern und zweihäusig verteilten Blüten; beliebter Zierbaum in Gärten und Parks.

Eschenbach i. d. OPf. [in der Oberpfalz], Stadt im Landkreis Neustadt a. d. Waldnaab, Bayern, 430 m ü. M., 3900 Ew.; Landwirtschaft; Herstellung keram. Folien, Ofenbau, Wellpappenfabrik. – E., 1134 als Sitz eines Richteramtes genannt, erhielt um 1280 Marktrecht und wurde 1358 Stadt. Von 1803 bis zu seiner Auflösung 1972 war E. Verwaltungssitz des gleichnamigen Landkreises.

Eschenbach, Ulrich von, mittelhochdt. Dichter, →Ulrich, U. von Eschenbach.

Eschenbach, Wolfram von, mittelhochdt. Dichter, →Wolfram, W. von Eschenbach.

Eschenbach, Christoph, eigtl. **C. Ringmann,** Pianist und Dirigent, * Breslau 20. 2. 1940; wurde als Pianist bes. mit der Interpretation der Werke von W. A. Mozart und F. Schubert bekannt und trat auch im Duo mit J. Frantz auf. 1973 debütierte er als Dirigent und war 1979–83 Generalmusikdirektor der Staatsphilharmonie Rheinland-Pfalz in Ludwigshafen am Rhein und 1982–86 Chefdirigent des Tonhalle-Orchesters in Zürich. Seit 1988 leitet er das Houston Symphony Orchestra.

Eschenburg, 1) Johann Joachim, Schriftsteller und Literarhistoriker, * Hamburg 7. 12. 1743, † Braunschweig 29. 2. 1820; lehrte seit 1767 in Braunschweig; war befreundet mit G. E. Lessing, dessen Nachlass er teilweise herausgab. E.s Bedeutung ist weniger in seinen literar. Werken (Gedichte, Epen, Dramen) als in seiner weit reichenden Tätigkeit als Kritiker, Literarhistoriker und Übersetzer begründet; so schuf er u. a. die erste vollständige Übertragung (in Prosa) von Shakespeares Schauspielen (13 Bde., 1775–82; 12 Bde., ³1798–1806).
Werke: Entwurf einer Theorie u. Lit. der schönen Redekünste (1783); Hb. der class. Lit. u. Alterthumskunde (1783).
2) Theodor, Politikwissenschaftler, * Kiel 24. 10. 1904; war 1929–45 zunächst im Wissenschaftsbereich, später in der Industrie tätig, 1945–52 in der Verw. des Landes Württemberg-Hohenzollern, das er bei den

Verhandlungen über die Gründung des ›Südweststaates‹ vertrat. 1947 wurde er Honorar-Prof., 1952 ordentl. Prof. an der Univ. Tübingen. In seinen wiss. Arbeiten, die ihn über den engeren Kreis der Fachwelt hinaus bekannt machten, befasste er sich v. a. mit dem polit. System und der Verw. in der Bundesrepublik Deutschland.
Werke: Das Kaiserreich am Scheideweg, Bassermann, Bülow u. der Block (1929); Der Beamte in Partei u. Parlament (1952); Herrschaft der Verbände? (1955); Staat u. Gesellschaft in Dtl. (1956); Die dt. Frage (1959); Zur polit. Praxis in der Bundesrepublik Dtl., 3 Bde. (1961–72); Über Autorität (1965); Matthias Erzberger (1973); Gesch. der Bundesrepublik Dtl., Bd. 1 (1983); Spielregeln der Politik (1987); Das Jahrhundert der Verbände (1989). – Hg.: Vierteljahrshefte für Zeitgesch. (1953–77).

Escher, in Zürich ansässiges Ratsgeschlecht, das aus dem Aargau stammt und seinen Namen vom Weiler Aesch (bei Wettingen) ableitet. Die Stammreihe beginnt 1289 mit Cuonradus de Esche. – 1385 erwarb Heinrich E. das Bürgerrecht von Zürich. Im ausgehenden 14. Jh. teilte sich das Geschlecht in die Zweige **E. vom Glas** und **E. vom Luchs.** Beide waren in Handel und Seidenindustrie tätig und stellten mehrmals das Stadtoberhaupt von Zürich. Bekannt v. a.:
Johann Heinrich Alfred E. vom Glas, schweizer. Politiker, * Zürich 20. 2. 1819, † Enge 6. 12. 1882; zählte zu den Vertretern des sich in der 1. Hälfte des 19. Jh. ausprägenden klass. Liberalismus. E. wurde, ab 1845 ihr Tagsatzungsgesandter, 1847 Erster Stadtschreiber der Stadt Zürich und war 1849, 1851 und 1854 dort Bürgermeister bzw. Stadt-Präs. Ab 1848 Mitgl. des Nationalrats und 1849/50, 1856/57, 1862/63 dessen Präs., bemühte sich E. insbesondere um die Verteidigung der Unabhängigkeit und Neutralität der Schweiz. Sein entschiedenes Eintreten für eine freie Entwicklung der Wirtschaft spiegelte sich v. a. in seinem Engagement im privat betriebenen Eisenbahnbau ab 1849 (entscheidende Mitwirkung beim Bau der Nordostbahn und der Gotthardbahn, 1872–78 Präs. des Direktoriums), zu dessen Finanzierung er für die Gründung leistungsfähiger Finanzinstitute (1856 Schweizer. Kreditanstalt, 1856–77 und 1880–82 ihr Präs.; 1857 Schweizer. Lebensversicherungs- und Rentenanstalt) eintrat. Er förderte auch das kulturelle Leben, z. B. durch Gründung des ›Eidgenöss. Polytechnikums‹ in Zürich (1855; heute Eidgenöss. TH).
G. A. Craig: Geld u. Geist. Zürich im Zeitalter des Liberalismus 1830–1869 (a. d. Engl., 1988).

Escher [ˈɛsər], Maurits Cornelis, niederländ. Grafiker, * Leeuwarden 17. 6. 1898, † Hilversum 27. 3. 1972; schuf ab 1937, meist in Holzschnitten, Holzstichen und Lithographien, mathematisch durchdachte ›Gedankenbilder‹ mit suggestiver Wirkung, indem er versch. Beobachtungsebenen in einer einzigen Raumperspektive vereinte, oft in der Art von endlosen Mustern, die sich aus regelmäßigen Wiederholungen geometr. Grundfiguren zusammensetzen.
B. Ernst: Der Zauberspiegel des M. C. E. (a. d. Niederländ., Neuausg. 1994); D. R. Hofstadter: Gödel, E., Bach. Ein endloses geflochtenes Band (a. d. Amerikan., ¹⁴1995).

Escherich, Georg, Politiker, * Schwandorf 4. 1. 1870, † München 26. 8. 1941; Förster, führte 1920–21 die **Organisation Escherich** (Abk.: **Orgesch**), eine Wehrorganisation, die 1919 in Bayern im Kampf gegen die Räterepublik entstanden war. Bei ihrem Verbot (1921) hatte sie in Dtl. und Österreich über 1 Mio. Mitglieder.

Escherichia [nach dem Mediziner T. Escherich, * 1857, † 1911], Bakteriengattung mit vier weltweit, v. a. im Boden, im Wasser, in Fäkalien und im Darm der Wirbeltiere (einschließlich Mensch) verbreiteten Arten; stäbchenförmig, kurz, beweglich oder unbeweglich, gramnegativ; vergären Glucose und Milchzucker unter Gasbildung. Die bekannteste Art ist **E. coli**

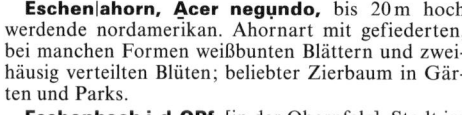

Maurits Cornelis Escher: Relativität; Lithographie, 1953

(**Colibakterium, Kolibakterium**) in der Dickdarmflora; tritt auch als Erreger von Diarrhöen (bei Säuglingen) und von Harnwegsinfektionen auf.

Escherkanal, die Einmündung der Linth in den Walensee (→Limmat).

Eschershausen, Stadt im Landkreis Holzminden, Ndsachs., im Weserbergland am Ith, 4400 Ew.; Wilhelm-Raabe-Gedenkstätte (im Geburtshaus des Dichters); Abbau von Naturasphalt; Schlauchbootherstellung; Erholungsort. – E., um 1040 erstmals genannt, wurde 1761 Marktflecken und 1833 Stadt.

Escher von der Linth, 1) Arnold, schweizer. Geologe, * Zürich 8. 6. 1807, † ebd. 12. 7. 1872, Sohn von 2); ab 1856 Prof. in Zürich. Sein Ruf als Alpenforscher wurde durch die geolog. Untersuchung der Ostschweiz und ihrer Randgebiete begründet. Er fertigte (mit B. STUDER) die erste geolog. Karte der Schweiz an (›Carte géologique de la Suisse‹, 1853).
2) Hans (Johann) Konrad, schweizer. Geologe, * Zürich 24. 8. 1767, † ebd. 9. 3. 1823, Vater von 1); machte sich verdient durch die Regulierung der Linth (1808–22), was ihm (1823) und seinen Nachkommen den Namenszusatz ›von der Linth‹ eintrug. Seit 1815 war er als liberaler Politiker Mitgl. des Helvet. Großen Rates in Zürich. Als Geologe wurde er v. a. durch seine Forschungen über Stratigraphie und Faltung in den Alpen bekannt.

E-Schicht, Schicht der →Ionosphäre.

Eschkol, Levi, israel. Politiker, * Oratowo (bei Kiew) 25. 10. 1895, † Jerusalem 26. 2. 1969; kam 1914 nach Palästina und war dort später im jüd. Siedlungswesen tätig. 1920 beteiligte er sich an der Gründung von Degania, einem der ersten Kibbuzim. In den folgenden Jahren wurde er ein führendes Mitgl. der Gewerkschaftsorganisation ›Histadrut‹ und der sozialist. ›Mapai‹. Nach Gründung des Staates Israel (1948) war er 1951–52 Landwirtschafts-, 1952–63 Finanz-Min. sowie 1963–69 Min.-Präs. und Verteidigungs-Min. Angesichts des sich zuspitzenden Nahostkonflikts im Mai 1967 bildete er ein Kabinett der ›Nat. Einigkeit‹. 1968 hatte er entscheidenden Anteil am Zusammenschluss der ›Mapai‹ mit zwei anderen sozialist. Parteien zur Israel. Arbeitspartei.
T. C. F. PRITTIE: Eshkol of Israel (London 1969).

Eschmann, Ernst Wilhelm, Schriftsteller, * Berlin 16. 8. 1904, † München 22. 2. 1987; war Prof. für Philosophie und Kulturgeschichte in Berlin, seit 1962 in Münster; schrieb u. a. Versdramen und Erzählungen, die in Motiven, Sprache und Form klass. Vorbildern verpflichtet sind.
Werke: *Dramen:* Ariadne (1939); Alkestis (1950); Luther findet J. C. (1975). – *Erzählungen:* Das Doppelzeichen (1951); Ein Gott steigt herab (1968). – *Roman:* Die Tanne (1953). – *Lyrik:* Tessiner Episteln (1949); Vorstadtecho (1952). – *Sonstiges:* Griech. Tagebuch (1936); Aus dem Punktbuch (Aphorismen, 1942); Einträge. Notizen im Raum (1967).

Eschnunna, Ischnuna, Aschnun, altorientalischer Stadt östlich des Dijala, heute Ruinenhügel **Tell Asmar,** etwa 35 km nordöstlich von Bagdad. Amerikan. Ausgrabungen (1930–38, 1942) legten drei übereinander errichtete frühdynast. Tempel des 3. Jt. v. Chr. (Fund von 12 Beterstatuetten) frei, einen Tempel der 3. Dynastie von Ur, einen frühdynast. Palast und den Palast der altbabylon. Dynastie von E. (etwa 1960–1695 v. Chr.), das Hauptstadt des Königreichs Warium war. Später errichtete wohl NARAMSIN eine Audienzhalle. – Die Rechtssammlung von E., ein Keilschriftarchiv, wurde 1945–47 im benachbarten **Tell Harmal** geborgen. – Aus E. stammen mehrere als Beutestücke nach Susa verschleppte und dort gefundene Kunstwerke, möglicherweise auch der Kopf eines Fürsten aus altbabylon. Zeit (›Hammurapi-Kopf‹; Louvre).
H. FRANKFORT u. a.: The Gimilsin temple and the palace of the rulers at Tell Asmar (Chicago, Ill., 1940); R. M. WHITING: Old Babylonian letters from Tell Asmar (ebd. 1987).

Eschwege: Fachwerkhäuser an der Werra; in der Bildmitte das Landgrafenschloss (Kern 1386, im 16.–18. Jh. neu gestaltet)

Eschscholtzia [nach dem balt. Naturforscher J. F. ESCHSCHOLTZ, * 1793, † 1831], **Goldmohn,** Gattung der Mohngewächse mit rd. 120 Arten v. a. im westl. Nordamerika; Kräuter mit einzeln stehenden, gelben bis orangegelben Blüten, deren zwei Kelchblätter kappenartig miteinander verwachsen sind und beim Aufblühen abfallen. Die Frucht ist eine schotenförmige, zweiklappige Kapsel. Mehrere Arten werden als Zierpflanzen kultiviert, z. B. der **Kalifornische Mohn** (E. californica) mit einfachen oder gefüllten Blüten. – E. californica bedeckte einst Kalifornien in solchem Ausmaß, dass die Spanier es danach im 16. Jh. ›Feuerland‹ oder ›Goldener Westen‹ nannten. E. ist im Wappen Kaliforniens abgebildet.

Eschstruth, Nataly von, verh. **N. von Knobelsdorff-Brenkenhoff,** Schriftstellerin, * Hofgeismar 17. 5. 1860, † Schwerin 1. 12. 1939. Ihre Unterhaltungsromane (›Polnisch Blut‹ 1887; ›In Ungnade‹, 1891; ›Der Majoratsherr‹, 1898; ›Die Bären von Hohen-Esp‹, 1902, u. a.) aus der Welt des Adels fanden im Bürgertum als Wunschbilder einer höheren gesellschaftl. Welt eine breite Leserschicht.

Esch-sur-Alzette [εʃsyralˈzɛt, frz.], Stadt in Luxemburg, →Esch an der Alzette.

Eschwege, Kreisstadt des Werra-Meißner-Kr., NO-Hessen, in einer Talweitung der Werra zw. Ringgau, Eichsfeld und Meißner, 168 m ü. M., 24 400 Ew.; Heimatmuseum; Maschinenbau (Land-, Textil- und Werkzeugmaschinen), ferner Textil-, pharmazeut., Nahrungsmittel-, Lederwaren- u. a. Industrie. – Maler. Stadtbild mit Renaissanceschloss (Kern 1386, im 16.–18. Jh. neu gestaltet; jetzt Landratsamt), Altem Rathaus (1660), Neuem Rathaus (1842–43), Dünzebacher Torturm (1531; nach Zerstörung erneuert, 1690), Hochzeitshaus (1578) und zahlr. Fachwerkhäusern des 17./18. Jh. mit für E. typ. Flachschnitzereien; Marktkirche St. Dionys (1451–1521) mit Orgelprospekt von 1678; in der Katharinenkirche (15. Jh.) Steinkanzel von 1509. – Im 974 erstmals als Königshof erwähnten E. gründete um 1000 die Schwester Kaiser OTTOS III. ein königl. Damenstift. Seit 1188 mit Marktprivileg ausgestattet, erhielt E. vor 1236 Stadtrecht. Im Territorialstreit zw. Hessen und Thüringen um die ›Werrastädte‹ gehörte E. bis 1264 zu Thüringen, danach zum hess. Landgrafenhaus oder zu Thüringen, seit 1433 endgültig hessisch. 1821 wurde E. Verwaltungssitz des neu gebildeten gleichnamigen Landkreises, 1974 Kreisstadt des Werra-Meißner-Kr. – Seit dem MA. war E. ein bedeutender Handelsplatz und handwerkl. Mittelpunkt von Woll- und Leinenweberei; Tuchmachersitz.

Hans Konrad Escher von der Linth (Kupferstich von Martin Esslinger; um 1825)

Levi Eschkol

Eschwege Stadtwappen

Escorial: Die rechteckige Anlage des Klosterpalastes San Lorenzo el Real de El Escorial von Juan Bautista de Toledo und Juan de Herrera; Grundriss 207 x 162 m, 1563–84

Eschwege, Wilhelm Ludwig von, Geologe und Geograph, *Aue (heute zu Wanfried, bei Eschwege) 10. 11. 1777, †Kassel 1. 2. 1855; arbeitete 28 Jahre in Portugal; war port. Feldmarschallleutnant und Oberberghauptmann; 1810–21 leitete er in Brasilien, bes. in Minas Gerais, die geologisch-bergmänn. Erschließung in.

H. BECK: Große Reisende (1971).

Eschweiler, Stadt im Kr. Aachen, NRW, östlich von Aachen am N-Rand der Eifel, an der Inde, 156 m ü. M., 56 000 Ew.; nordöstl. von E. Braunkohlentagebau, Eisen- und Stahlerzeugung, Kabelwerk, Maschinen- und Apparatebau, Gummi- und Textilverarbeitung, Kunststoff- und Messzeugherstellung; in Weisweiler (seit 1972 zu E.) Großkraftwerk. – Der 830 erstmals genannte Königshof wurde Keimzelle der mittelalterl. Siedlung, die seit dem 14. Jh. vorwiegend vom Steinkohlenbergbau lebte. 1420 gelangte E. an das Herzogtum Jülich, seit 1815 war es preußisch. Im 16. Jh. wich der Tagebau auf Steinkohle dem Untertagebau, der bei E. 1944 erlosch. Im 19. Jh. setzte eine rasche Industrialisierung ein. Seit 1845 als Stadt bezeichnet, erhielt E. 1858 offiziell die Stadtrechte verliehen.

Eschweiler Bergwerks-Verein AG, Abk. **EBV,** früher größte private Bergwerksgesellschaft der BRD, gegr. 1838; Sitz: Herzogenrath; Großaktionär: Ruhrkohle AG; betreibt seit 1993 keinen Steinkohlenbergbau mehr.

Escobar y Mendoza [- ˈdoθa], Antonio, span. Jesuit, *Valladolid 1589, †ebd. 1669; sein Hauptwerk ›Liber theologiae moralis‹ (1644), ein moraltheolog. Kompendium, galt als eine wichtige Grundlage des →Laxismus. Die darin vertretene ›jesuit. Gesetzesmoral‹ hat B. PASCAL in seiner Streitschrift ›Lettres à un Provincial‹ (1656/57) äußerst scharf kritisiert.

Escoffier [ɛskɔˈfje], Georges Auguste, frz. Küchenmeister, *Villeneuve-Loubet (Dép. Alpes-Maritimes) 28. 10. 1846, †Monte Carlo 12. 2. 1935; gilt als der Schöpfer der feinen modernen Kochkunst; er war auch bedeutend als Fachschriftsteller (›Le guide culinaire‹, 1903; dt. ›Kochkunstführer‹). In Villeneuve-Loubet befindet sich ein E.-Museum.

Escoffion [ɛskɔˈfjɔ̃, frz.] *das, -s/-s,* die perlen- und goldverzierte Netzhaube des 16. Jh., die das weibl. Haar am Hinterkopf zusammenfasste; auch die damit gebildete Frisur.

Escorial, El E., Ort in der Region Madrid, Spanien, etwa 60 km nordwestlich von Madrid, 8 100 Ew., mit der Klosterresidenz **San Lorenzo el Real de El E.,** die PHILIPP II. 1563–84 nach Entwürfen von J. B. DE TO-

LEDO (†1567) und J. DE HERRERA errichten ließ. Der E. war seit KARL V. die Grablege der span. Könige. Das größte Renaissancebauwerk der Erde aus Granitquadern bildet ein Rechteck von 207 × 162 m mit vier Ecktürmen; an der Ostfassade springen der Ostchor der Kirche und der Privatpalast PHILIPPS II. als Risalit vor. Die Anlage umschließt hinter strengen Monumentalfassaden rd. 400 Räume, 16 Binnenhöfe, 15 Kreuzgänge, im Zentrum die Basilika (1575 ff.), ein Zentralbau auf dem Grundriss eines griech. Kreuzes mit 100 m hoher Vierungskuppel. In der Gebetskammer auf der Evangelienseite des Hochaltars stehen die lebensgroßen, feuervergoldeten Bronzestatuen KARLS V. und versch. Familienmitglieder, auf der Epistelseite die PHILIPPS II. und versch. Familienangehöriger, Werke von P. LEONI. Die Hochaltarbilder schufen u. a. P. TIBALDI und F. ZUCCARI. Der E. besitzt eine wertvolle Bibliothek (etwa 130 000 Bände), eine umfangreiche Handschriftensammlung und Gemälde- und Gobelinsammlungen. In den maurisch inspirierten Gärten des E. die ›Casita del Príncipe‹, 1773 von J. DE VILLANUEVA für KARL III. (Sohn PHILIPPS V.) erbaut. Die UNESCO erklärte die Anlage des E. zum Weltkulturerbe.

Escrivá de Balaguer y Albás, Josemaría, span. Jurist und kath. Theologe, *Barbastro (Prov. Huesca) 9. 1. 1902, †Rom 26. 6. 1975; wurde 1925 zum Priester geweiht; war seit 1927 Seelsorger in den Armenvierteln Madrids; gründete 1928 in der Folge eines persönl. Berufungserlebnisses die Priester- und Laiengemeinschaft des →Opus Dei; war bis zu seinem Tod Leiter des Werkes, seit 1946 (Anerkennung als Säkularinstitut) als General-Präs. in Rom; wurde 1992 selig gesprochen.

P. BERGLAR: Opus Dei. Leben u. Werk des Gründers J. E. (³1992).

Escudo [port. -ˈkuðu; span.-port., von lat. scutum ›Schild‹] *der, -(s)/-(s),* Name span. und port. Münzen und Währungseinheiten. In *Spanien* war der E. zunächst eine Goldmünze **(E. d'oro),** die von 1537 bis zum Ende der napoleon. Zeit geprägt wurde. Das Doppelstück des E. d'oro war die →Dublone, das Acht-E.-Stück wurde als **Onza,** der halbe E. als **Escudillo (Coronilla)** bezeichnet. Ab 1864 wurde der E. Währungseinheit, 1 E. = 100 Céntimos. 1868 wurde der E. durch die →Peseta ersetzt.

In *Portugal* war der E. zunächst eine Goldmünze, geprägt vom 15. Jh. bis 1828. Er blieb bis zur Einführung einer neuen Goldwährung 1854 Rechnungsmünze. Nach dem Sturz der Monarchie 1911 wurde der E. wieder als Währungseinheit (Abk. Esc) einge-

Eschweiler
Stadtwappen

Escudo:
8 Escudos
(Sevilla, 1732)

Vorderseite mit dem Bildnis Philipps V.

Rückseite

Esel: Nubischer Wildesel (Größe etwa 1,15 m)

führt (1 E. = 100 Centavos). – Der E. ist auch Währungseinheit von *Kap Verde* (1 Kap-Verde-E., Abk. KEsc, = 100 Centavos).

Escuintla, Hauptstadt des Dep. Escuintla im südl. Guatemala, 340 m ü. M., 68 000 Ew.; Handels- und Verarbeitungszentrum für Agrarprodukte.

ESCWA, Abk. für Economic and Social Commission for Western Asia, die regionale Wirtschafts- und Sozialkommission des →Wirtschafts- und Sozialrats der Vereinten Nationen für Westasien.

Esdras, jüd. Schriftgelehrter, →Esra.

Esel:
Hauesel
(Größe
0,8–1,5 m)

Esel [ahd. esil, von lat. asinus ›Esel‹ oder asellus ›kleiner Esel‹], **Afrikanischer Wildesel, Equus asinus,** urspr. in Nordafrika und Südeuropa, später auch in weiten Teilen Asiens sowie Amerikas verbreitete Art der Pferde; mit großem Kopf, charakterist. langen Ohren, kurzer, aufrecht stehender Nackenmähne, ›Kastanien‹ (→Hornwarzen) an den Vorderbeinen und langem Schwanz mit Endquaste. Grundfärbung gelblich graubraun bis grau, immer mit dunklem Aalstrich, z. T. schwärzl. Querstrich in der Schultergegend (›Schulterkreuz‹), hellem Bauch; oft mit hellfarbigem Maul. Die Schulterhöhe schwankt zw. 0,76 m (Zwergformen) und 1,60 m (z. B. Katalan. und Poitou-Riesenesel).

Von den urspr. drei Unterarten ist mindestens eine, der **Nordafrikanische Wild-E.,** ausgestorben; der gelblich graue **Nubische Wild-E.** und der graue **Somali-Wild-E.** sind stark bedroht. Letzterer wird in einigen Zoos erfolgreich gezüchtet.

Der Nordafrikan. Wild-E. ist die Stammform des Haus-E. Bei diesem unterscheidet man zahlr. Rassen, darunter den großen **Poitou-Riesen-E.** in Frankreich (dunkelbraunes bis schwarzes, zotteliges Fell, Maul und Augenring hell), den fast ebenso großen **Puli-E.** in Süditalien, den kleinen **Savoy-E.** im Alpengebiet (äußerst trittsicher in schwierig zu begehendem Gebirgsgelände) und den relativ kleinen **Makedonischen E.** auf der Balkanhalbinsel. – Haus-E. lassen sich mit Hauspferden kreuzen (Männchen Pferd × Weibchen E. →Maulesel; Männchen E. × Weibchen Pferd →Maultier), doch sind die Nachkommen (im Unterschied zum →Halbesel) fast stets unfruchtbar und müssen immer wieder neu gezüchtet werden. E. werden genutzt als Reit- und Lasttier, zur Züchtung von Maultier und Maulesel sowie zur Fleischproduktion.

Kulturgeschichte: Die ältesten Abbildungen von Wild-E. sind jungsteinzeitl. Felszeichnungen in der Sahara und z. T. noch frühere Darstellungen in südeurop. Höhlen. Die Domestikation des E. erfolgte im 4. Jt. v. Chr. im Niltal. Die Reliefs RAMSES' II. am Tempel von Karnak zeigen Lasteul.

Von Ägypten aus gelangten Haus-E. über Palästina und das heutige Syrien nach Mesopotamien. Aus der frühen Bronzezeit Palästinas (3000–2500 v. Chr.) sind E.-Knochen von Tell ed-Duweir und eine kleine E.-Figur aus Ton von Jericho bekannt. Der älteste Beleg für

E. als Reittiere dürfte eine Abbildung auf einer goldenen Dolchscheide aus Byblos (17.–15. Jh. v. Chr.) sein.

Über Kleinasien gelangte der E. auf die Balkanhalbinsel, von da zu Griechen und Römern. In der homer. Zeit war der E. noch selten, er diente v. a. zur Zucht der geschätzten Maultiere. Erst 684 v. Chr. wird er von TYRTAIOS als Lasttier erwähnt. In Mitteleuropa wurde der E. nie ein wichtiges Haustier. Nach Dtl. kam der E. im MA. durch Mönche, die ihn als Lasttier hielten. Später wurde er auch außerhalb der Klöster, v. a. als Müller-E., verwendet.

In der *christl. Kunst* wird der Einzug CHRISTI in Jerusalem auf einem E. bereits auf frühchristl. Sarkophagen dargestellt, ebenfalls Ochs und E. an der Krippe bei der →Geburt CHRISTI. Ein weiteres häufiges Motiv mit E. ist die →Flucht nach Ägypten. – In der christl. Symbolik wird der E. gelegentlich als Sinnbild der Unbeständigkeit, des Wankelmuts, der Trägheit, des Eigensinns, der Torheit und der rohen Sinnlichkeit und weltl. Lust (lat. luxuria) verstanden, z. B. der musizierende E. in der roman. Bauplastik. Dem hl. ANTONIUS VON PADUA wurde in der dt. Kunst des 16. und 17. Jh. ein kniender E. als Attribut beigegeben.

Aus dem 3. Jh. stammt das Graffito eines Spottkruzifixes vom Palatin in Rom (1856 entdeckt), das die frühen Christen als E.-Anbeter verhöhnt. König MIDAS I. wurde seit dem 5. Jh. v. Chr. mit E.-Ohren dargestellt, die er von Apoll erhielt, weil er die Musik Pans bevorzugte. Musizierende Tiere, darunter ein E. mit Harfe, tauchen erstmals auf einem sumer. Rollsiegel von 2700 v. Chr. auf, ebenso in den Königsgräbern von Ur (um 2500 v. Chr.) oder auf einer ägypt. Zeichnung um 1200 v. Chr.

Esel: Figurenkapitell mit der Flucht der Heiligen Familie nach Ägypten; Sandstein, um 1130 (Ausschnitt; Autun, Kathedrale Saint-Lazare)

Im *Volksglauben* galt der E. als Geistererscheinung (Teufel). Im *Brauchtum* erscheint der E. u. a. in Verbindung mit Weihnachtskrippe, Palmsonntag (→Palmesel) und St. Nikolaus sowie als Maske in den Zwölf Nächten. Seine Verwendung als Schandsymbol stammt aus altem Rechtsbrauch (E.-Ritt für streitsüchtige Eheleute; Anhängen einer E.-Figur als Ehrenstrafe für Soldaten und für Schulkinder). E.-Begräbnis heißt die Bestattung in ungeweihter Erde. Haar und Blut des E. galten in der *Volksmedizin* u. a. als Mittel gegen Asthma. – In den USA wurde der E. in den 1870er-Jahren das Symbol der Demokrat. Partei.

M. VOGEL: Onos Lyras. Der E. mit der Leier, 2 Bde. (1973); DERS.: Chiron, der Kentaur mit der Kithara, 2 Bde. (1978);

G. HEINZ-MOHR: Gott liebt die E. (1978); DERS.: Lex. der Symbole. Bilder u. Zeichen der christl. Kunst ([8]1984).

Eseler, Niklas, d. Ä., Baumeister, *Alzey, † Frankfurt am Main vor Mai 1482(?); nachweisbar 1436–82, schuf in Schwäbisch Hall 1439–42 das Hallenschiff der Michaelskirche, in Nördlingen 1442–61 das Langhaus der Georgskirche und in Dinkelsbühl das der Georgskirche (1448–61 Bauleiter), schließlich in Rothenburg ob der Tauber den Westchor der Jakobskirche (1453–71). E. gehört zu den bedeutendsten Kirchenbaumeistern des 15. Jahrhunderts.

Eselsbrücke [Lehnübersetzung von lat. pons asinorum, erstmals bei PETRUS TARTARETUS, 15. Jh.], Merkhilfe, Gedächtnisstütze. Urspr. (in der Scholastik) wurden bestimmte Merkworte, die das Auffinden log. Mittelbegriffe (→Syllogismus) erleichtern sollten, E. genannt. Später werden alle Merkhilfen als E. bezeichnet (z. B. ›Drei, drei, drei, bei Issos Keilerei‹ erinnert an den Sieg ALEXANDERS D. GR. über den Perserkönig DAREIOS III. 333 v. Chr.).

Eselsbrüder, die →Trinitarier.

Eselsdistel, Onopordum acanthium, überaus stark bestachelter Korbblütler mit purpurfarbenen, meist einzeln stehenden Blütenköpfen; kommt v. a. an Wegrändern und auf Schuttplätzen vor.

Eselsfeige, die →Sykomore.

Eselsgurke, die →Spritzgurke.

Eselshaupt, brillenartiges Verbindungsstück auf dem Topp eines Mastes (einer Stenge) von Segelschiffen, das den nächsthöheren Mastteil hält.

Eselsohr, Peziza onotica, rötlich ockergelber, rosa- oder orangefarbener essbarer Schlauchpilz (Familie Becherpilze); mit kurz gestieltem, unterseits bereiftem, bis 8 cm hoch werdendem Fruchtkörper, der einseitig ohrförmig ausgezogen ist.

Eselsrücken, *Baukunst:* der Kielbogen, →Bogen.

Esels|turm, Bez. für Türme roman. Kirchen, in denen eine Rampe ohne Treppenstufen (**Eselstreppe**) emporführt, auf der Baumaterial transportiert wurde (z. B. Türme des Wormser und des Regensburger Doms); wahrscheinlich so benannt nach den dabei verwendeten Hebemaschinen (spätmittelalterlich ›asini‹), die vermutlich von Eseln betrieben wurden.

Esenin [jɪ-], Sergej Aleksandrovič, russ. Lyriker, →Jessenin, Sergej Aleksandrowitsch.

Esens, Stadt im Landkreis Wittmund, Ndsachs., im Harlinger Land (Ostfriesland), 6 500 Ew.; ›Holarium‹ (Holographiemuseum), Heimatmuseum, Jüdisches Museum u. a. Museen; ländl. Zentrum; der Ortsteil **Bensersiel** ist Nordseebad und hat Fährverkehr zur Insel Langeoog. – Die spätklassizist. Backsteinkirche wurde 1848–54 an der Stelle eines got. Vorgängerbaus errichtet. – E. wurde um 1300 Vorort des Harlinger Landes. 1540 wurde es mit der westfäl. Grafschaft Rietberg und 1600 durch den Vertrag von Berum mit Ostfriesland vereinigt.

W. MEIBEYER: Das Unterems-Jade-Gebiet (1977).

Eserin [afrikan.] *das, -s,* das Alkaloid →Physostigmin.

ESFI-Technik [ESFI, Abk. für Epitaxialer Siliciumfilm auf (einem) Isolator], *Halbleitertechnologie:* Verfahren zur Herstellung von monolithisch integrierten Schaltungen in MOS-Technik, bei dem die integrierten Transistoren in einer dünnen Siliciumschicht, die auf einem nichtleitenden Substrat (Isolator) aufgebracht ist, erzeugt werden. Sie besitzen im Vergleich zu den in herkömml. →CMOS-Technik hergestellten Bauelementen eine bessere Isolation gegenüber anderen Teilen der Schaltung, kleinere parasitäre Kapazitäten und daher sehr kurze Schaltzeiten von 1–5 ns pro Stufe. Als Substrat kommt z. B. Saphir infrage; man spricht dann von **SOS-Technik** (Abk. für engl. silicon on sapphire).

ESH-Anlage, →Elektronenstrahlhärtungsanlage.

Eselsdistel
(Höhe 0,3–1,5 m)

Esie, Ort im Bundesstaat Kwara, Nigeria. In der Umgebung von E. wurden zahlr. Steinplastiken gefunden, 800 allein an einer einzigen Stelle. Die Skulpturen sind zw. 20 und 120 cm groß und stellen Männer und Frauen dar, meist auf einem Hocker sitzend. Kleidung, Haartracht, Schmuck und Schmucknarben sind erkennbar. Einzelne Köpfe erreichen Lebensgröße. Die Skulpturen sind wahrscheinlich nicht später als im 16. Jh. n. Chr. entstanden, ihre Herkunft ist ungewiss. Einige Darstellungselemente lassen eine Herkunft aus →Nok oder →Ife vermuten, es werden aber auch Beziehungen zu →Benin und →Igbo-Ukwu in Erwägung gezogen.

P. STEVENS: The stone images of E., Nigeria (Ibadan 1978).

Eskadron [frz., von ital. squadrone ›Viereck‹ (nach der im 15./16. Jh. übl. Schlachtformation)] *die, -/-en, Militärwesen:* im 16. Jh. eine in mehreren Gliedern zur Schlacht aufgestellte Reiterabteilung, im 17./18. Jh. ein aus zwei bis vier Kompanien bestehender Truppenkörper der Kavallerie; im 19. Jh. und in der 1. Hälfte des 20. Jh. in den europ. Armeen kleinste takt. und administrative Kavallerieeinheit mit etwa 150 Mann; die Zahl der E. pro Regiment betrug seit etwa 1800 bis zu zehn, seit der 2. Hälfte des 19. Jh. i. d. R. vier bis sechs. 1935 wurde die E. in Dtl. in ›Schwadron‹ umbenannt.

Eskalation [engl., zu escalator ›Rolltreppe‹] *die, -/-en,* 1) *bildungssprachlich* für: allmähl. Steigerung, Verschärfung.

2) *Politik:* ein aus dem angloamerikan. Sprachgebrauch stammender, seit Beginn der 60er-Jahre des 20. Jh. allg. verwendeter Begriff, bezeichnet den Übergang eines internat. Konfliktes in einen höheren Intensitätsgrad durch sich wechselseitig verschärfende Aktionen und Reaktionen. So kann sich durch die E. diplomat., wirtschaftl. und rüstungspolit. Drucks ein polit. Konflikt zu einem Krieg, dieser wiederum sich regional oder bis zu einem nuklear geführten Kampf ausweiten.

Im Ggs. zu E. umschreibt der Begriff **Deeskalation** Verfahren zur Begrenzung und Verminderung von Spannungen, Krisen und Konflikten; dient der Entspannung (Krisenmanagement).

H. KAHN: E. Die Politik mit der Vernichtungsspirale (a. d. Amerikan., Neuausg. 1970).

Eskalin [ɛska'lɛ̃, frz.; sprachl. Verformung aus ›Schilling‹] *der, -(s)/-(s),* **Escalin,** Name der seit 1595 geprägten niederländ. Silbermünze zu sechs Stuiver; wegen des Reichsadlers auf der Rückseite auch **Adlerschilling** oder **Arendschelling** genannt.

Eskapade [frz.] *die, -/-n,* 1) *bildungssprachlich* für: mutwilliger Streich, Abenteuer; Seitensprung.

2) *Reiten:* falscher Sprung eines Dressurpferdes, Sprung zur Seite.

Eskapismus [engl., zu to escape ›entkommen‹] *der, -,* (neurot.) Tendenz, vor der Realität und ihren Anforderungen in (wahnhafte) Illusionen oder (bewusst) in Zerstreuung, Vergnügungen o. Ä. auszuweichen.

Eskariol [frz.] *der, -s,* die breitblättrige Form der →Endivie.

Esker [irisch] *der, -s/-,* auf den Brit. Inseln und in Nordamerika Bez. für →Os.

Eskil, Erzbischof von Lund (1137–77), *um 1100, †Clairvaux 6. oder 7. 9. 1181 oder 1182; aus mächtigem dän. Adelsgeschlecht, in Hildesheim erzogen; erreichte die Errichtung der Kirchenprovinz Lund unter Herauslösung von Hamburg-Bremen; lernte in Frankreich BERNHARD VON CLAIRVAUX kennen, schloss sich dessen kirchenpolit. und reformer. Vorstellungen an und wurde zum Organisator des Klosterwesens in Skandinavien. Dadurch in Ggs. zum dän. König WALDEMAR I. geraten, war er 1161–67 verbannt und lebte seit 1177 als Mönch in Clairvaux.

Eskils|tuna, Stadt im Verw.-Bez. Södermanland, Schweden, westlich von Stockholm, 89 900 Ew.;

Hauptsitz der schwed. Kleineisenindustrie mit zahlr. Spezialerzeugnissen; ›lebendes Museum‹ (z. B. noch arbeitende Schmiede aus dem 17. Jh.).

Eskimo [von NO-Algonkin ayaskimew ›Schneeschuhflechter‹] *der, -/-,* Sammelname für die sprachlich verwandten Volksgruppen der **Yúpigyt (Yuit, Asiatische E.), Yupíghet (Sankt-Lorenz-E.), Yúppik (Westalaska-E.), Súxpiaq** oder **Alútiiq (Südalaska-E.), Inyupiat (Nordaslaska-E.), Inuvialuit (Mackenzie-E.), Inuit (Zentral-E.), Inuhuit (Polar-E.), Inusuit (Westgrönland-E.)** und **Iivit (Ostgrönland-E.)** im Bereich der nordamerikan. Arktis und im äußersten NO Sibiriens mit (1994) 135000 Angehörigen. In den Küstengebieten der arkt. Tundra und im Kanadisch-Arkt. Archipel lebten die E. früher im Wesentlichen als Jäger von Seesäugern (Robben, Wale), Seevögeln und als Fischer. Einige Binnenland-E. stellten hauptsächlich Rentieren nach.

Eskimo: Funde der Proto-Eskimo-Kultur; links Maske aus Walrosselfenbein aus einem Gräberfeld der Ipiutakkultur, Alaska; Höhe 16,8 cm; rechts Kopf aus Walrosselfenbein, Okvikkultur, von einer Insel in der Beringstraße; Höhe 8,6 cm (beide Objekte Kopenhagen, Nationalmuseet)

Traditionelle E.-Gemeinschaften setzten sich aus prinzipiell gleichberechtigten Mitgl. zusammen, lediglich im W Alaskas genossen die mächtigen Eigner der Walboote Privilegien und erhoben sich über die Masse der Gemeinen und Sklaven (Kriegsgefangene). Auch im S Alaskas war unter dem Einfluss der Nordwestküstenindianer eine hierarchisch gegliederte Gesellschaft entstanden. Tief greifende Veränderungen der angestammten Kultur wurden früh im 20. Jh. wirksam. Von Händlern ermuntert, gingen viele Gruppen dazu über, Pelztiere zu fangen. Neue Jagdwaffen (Gewehre) und Jagdmethoden zogen soziale Deformierungen (Individualisierung, Trend zu Kleingruppen, Bedeutungsverlust überlieferter Verteilungsregeln) nach sich, unterwarfen die E. dem Diktat des Weltmarktes (Preisschwankungen, Modewechsel) und machten sie von den Produkten der Weißen abhängig. Neue Arbeitsplätze schufen die Einrichtungen der Erdölindustrie und Militärbasen. Heute leben die E. in Fertighäusern und Wohncontainern; traditionelle Behausungen, im Winter z.T. Iglus, im Sommer mit Fellen oder Rasensoden gedeckte Häuser aus Treibholz, Walknochen und Steinen sowie Zelte, sind weitgehend verschwunden; die Schulpflicht wurde eingeführt, Krankenstationen und ärztl. Betreuung stehen ständig zur Verfügung, Anspruch auf Arbeitslosenhilfe und moderne Kommunikationsmittel beschleunigten den Prozess der Assimilierung. Immer weniger benötigen die E. ihre hervorragend entwickelten Techniken der Anpassung an das extreme arkt. Milieu (neben dem nur aus der Hocharktis bekannten Iglu Erfindungen wie Kajak, Tranlampe, Anorak, Hundeschlitten). Eine gewisse polit. Eigenständigkeit suchten die

E. in den letzten Jahrzehnten durch die Schaffung eigener Organisationen und Institutionen zu erlangen, wie z. B. das North Slope Borough (Alaska), die Inuit Tapirisat of Canada und die Inuit Circumpolar Conference. Früchte trugen solche Bestrebungen 1993, als im Zuge einer Verwaltungsneugliederung die kanad. Northwest Territories aufgelöst wurden und man den O-Teil (Nunavut) den dort ansässigen E. zusprach. Bereits 1979 hatte die eingeborene Bev. Grönlands ein Autonomiestatut erstritten, das bei dän. Oberhoheit innere Selbstverwaltung vorsieht. Durch die Schaffung von kulturellen Einrichtungen und Genossenschaften (zur Vermarktung von Pelzen und Kunsthandwerk, v. a. Schnitzereien aus Speckstein und Walrosselfenbein) wird versucht, dem Verfall der ethn. Identität entgegenzuwirken und neue Formen sozialer und wirtschaftl. Organisation zu entwickeln.

Im *religiösen* Bereich setzten sich z. T. christl. Glaubensvorstellungen gegen die traditionelle Annahme einer Allbeseeltheit der Umwelt durch (Schamanen dienten als Mittler zw. übernatürl. Welt und den Menschen, v. a. bei Jagdriten und Krankenheilung).

Die *Musik* der E. in Sibirien, Alaska, Kanada und Grönland weist gemeinsame Merkmale auf, variiert aber in den versch. Gruppen und Gebieten. Einstimmige Gesänge, meist auf pentaton. Skalen basierend, begleiten Jagd- und Schamanenzeremonien, den Stapellauf von Booten sowie Handel und Geschenkeaustausch. Gesungene Dispute dienen zur Schlichtung von Streitfällen. Einen Großteil der Vokalmusik begleiten Tänze und Trommelrhythmen, geschlagen auf einer einfelligen Trommel mit Griff. Seltenere Instrumente sind Klappern, Rasseln, Holzblöcke, Schwirrhölzer und, seit vermehrten Kontakten mit der Außenwelt gegen Ende des 18. Jh., auch Saiteninstrumente.

Schrift: Die sibir. E. erhielten in den 1930er-Jahren eine eigene Schrift. Sie verwendeten zunächst die lat., dann die kyrill. Schrift. In Nordamerika war die Entwicklung nicht einheitlich: In S-Alaska entstanden um 1900 lokale, auf dem lat. Alphabet basierende Schriftsysteme (heute nur noch ein System in Gebrauch). In N-Alaska entstand eine Schrift mit lat. Alphabet und diakrit. Zeichen. In der kanad. Arktis werden etwa ab 1900 versch. Schriftsysteme verwendet (z. T. auf Silben, z. T. auf Einzellauten basierend). Im 18. Jh. führten Herrnhuter Missionare die Buchstabenschrift an der Labradorküste ein. In Grönland entwickelte der Missionar H. EGEDE um 1720 eine Buchstabenschrift. Um 1850 wurde ein Rechtschreibsystem geschaffen, das auf den Elementen der eigenen Sprache aufbaut. (→Eskimo-Aleutisch, →Grönländisch)

Eskimo

Vorgeschichte: Um 3000 v. Chr. entfaltete sich in den Gebieten beiderseits der Beringstraße die ›Arkt. Kleingerätetradition‹, die sich von ähnl. Kulturen Sibiriens (Belkatschinsk) ableiten lässt. In ihren Trägern sieht man heute die Vorfahren der E. Von Alaska erfolgte sehr rasch der Vorstoß in die O-Arktis. Bereits gegen 2600 v. Chr. erreichten Siedler NW-Grönland (Gammel Nuulliit). Ab der 2. Hälfte des 3 Jt. v. Chr. entstanden im gesamten Verbreitungsgebiet der Proto-E. regionale Kulturvarianten: 1) die Nördlich-Maritime Tradition (70 v. Chr.–800 n. Chr.), 2) die Norton-Tradition (1530 v. Chr.–800 n. Chr.) W-Alaskas, 3) an der SW-Küste Alaskas die Kachemak-Tradition (2305 v. Chr.–1200 n. Chr.) sowie 4) der Arkt. Kleingerätetradition eng verwandt, die Ostarkt. Tradition (2400 v. Chr.–550 v. Chr.) mit den Varianten Saqqaq in der zentralen Hocharktis und Prädorset in der östl. Niederarktis. Aus der Prädorsetvariante entwickelte sich die Dorsetkultur, die ab dem 15. Jh. n. Chr. in der die gesamte arkt. Küste erfassenden →Thulekultur aufging. Letztere wiederum wurzelt in der Nördlich-Maritimen Tradition des Westens. Die alask. Traditionen wandelten das ursprüngl. Kleingerätemuster angesichts günstigerer Klimabedingungen und reicherer Ressourcen stark ab. So fanden sie, zudem ständig dem Einfluss sibir. Kulturen ausgesetzt, zu besonderen Ausdrucksformen. Ihr Artefaktmaterial besteht überwiegend aus Harpunenspitzen aus Walrosselfenbein sowie aus versch. Knochen- und Steingeräten, aber auch aus einfachen Tongefäßen mit Verzierungen durch Schnurprägemuster und Stempeleindrücke. Die meisten Funde, darunter bes. kunstvoll geschnitzte Elfenbeinarbeiten, entstammen v. a. Totenbestattungen der Okvik- und Alt-Beringmeer-Kultur der Nördlich-Maritimen Tradition, der Punuk-Phase der Thulekultur, bes. aber der →Ipiutakkultur.

K. BIRKET-SMITH: Die E.s (a.d.Dän., Zürich 1948); W. LINDIG: Die Kulturen der E. u. Indianer Nordamerikas (1972); G. SWINGTON: Sculpture of the E. (Greenwich, Conn., 1972); Das große Buch der E., hg. v. H. ERPF (1977); J. MALAURIE: Die letzten Könige von Thule. Leben mit E.s (a.d. Frz., Neuausg. 1979); H. MÜLLER-BECK: Zur Archäologie der amerikan. Arktis, in: Beitrr. zur Allg. u. Vergleichenden Archäologie, Jg. 1 (1979); M. PLATZER: Die E. der Keewatin-Region (1980); Handbook of North American Indians, hg. v. W. C. STURTEVANT, Bd. 5: Arctic (Washington, D.C., 1984); M. MAXWELL: Prehistory of the eastern Arctic (Orlando, Fla., 1985); A. A. HALLER: The spatial organization of the marine hunting culture in the Upernavik District, Greenland (Bamberg 1986); H.-D. ÖLSCHLEGER: Indianer u. E. Zur Funktion interethn. Kontakte in der traditionellen Periode der Barren Ground-Region (1990).

Eskimo [Fantasie-Bez.] *der, -(s)*, **Moskawa, Double** [ˈduːblə], frz.], dickes Doppelgewebe aus Streichgarn für Wintermäntel mit je zwei Kett- und Schusssystemen. Die Oberseite erhält Strichappretur und weist beim **Chinchilla-E.** Mohairkämmlinge oder Seidenfasern auf. Die Unterware besteht oft aus Reißwolle.

Eskimo-Aleutisch, in Kanada, Alaska, Grönland und Sibirien verbreitete Sprachfamilie. Die Eskimosprachen sind agglutinierend (→agglutinierende Sprachen) und synthetisch (d. h. sie geben grammat. Beziehungen durch die Veränderung eines Wortes und nicht durch lose Partikeln wieder). Sie gehören zum Typus der Ergativsprachen (→Ergativ) und besitzen eine nur schwach ausgeprägte Unterscheidung von Nomen und Verb. Die Aleutsprachen, bisher wenig erforscht, sind im Aussterben begriffen, während das Überleben des Eskimoischen vorläufig gesichert erscheint. In Grönland ist das Eskimoische nicht nur Amtssprache, sondern auch die einzige Sprache, die der größte Teil der Bev. je erlernt.

Die These einer genet. Beziehung des Eskimoischen zum Aleutischen wurde 1820 erstmals von R. RASKE postuliert; sie wurde jedoch erst 1951 durch systemat. Darstellung struktureller, phonet. und semant. Ähnlichkeiten bestätigt.

Für das Lautsystem ist charakteristisch ein hinter dem Gaumensegel artikuliertes ›q‹ und der mit ›gdl‹ umschriebene stimmlose l-Laut. Es gibt drei Numeri und vier Personen (die vierte ist reflexiv). Es werden

für nominale wie verbale Verbindungen vier Grundkasus unterschieden (unabhängiger Kasus, Kasus zur Bez. der Unterordnung, der Überordnung sowie der gleichzeitigen Unter- und Überordnung bzw. Nebensatzmarkierung). Doppelte Suffixreihen am Verb können transitives Subjekt und Objekt ausdrücken. Durch die vielfältigen Möglichkeiten der Suffigierung entstehen sehr lange Wortgebilde.

Eskimorolle, Kenterrolle, *Kanusport:* von den Eskimo erfundene Technik, um ein Kajak nach dem Kentern wieder aufzurichten, ohne es verlassen zu müssen. Der Fahrer stützt sich auf das schnell durch das Wasser gezogene Paddel und nutzt den Gegendruck aus, um sich aus dem Wasser zu drücken.

Eskimorolle

Eskişehir [ɛsˈkiʃehir; türk. ›alte Stadt‹], Provinzhauptstadt in der nordwestl. Zentraltürkei, am Porsuk, am W-Rand eines fruchtbaren Beckens mit Zuckerrohr-, Getreide- und Gemüsebau, (1990) 413 300 Ew. (1945: 80 000, 1965: 173 900 Ew.); Univ. (gegr. 1982), archäolog. Museum; Industriezentrum mit Maschinenbau, Eisenbahnwerkstätten, Textil- und Baustoffindustrie; Eisenbahnknotenpunkt; nahebei Meerschaumvorkommen. – Nördlich von E. lag die Stadt →Dorylaion.

Eskola, Pentti Eelis, finn. Mineraloge, *Lellainen (Prov. Turku-Pori) 8. 1. 1883, †Helsinki 14. 12. 1964; seit 1924 Prof. in Helsinki; untersuchte v. a. die metamorphen Gesteine Skandinaviens und entwickelte die Fazieslehre zur Einteilung metamorpher Gesteine aufgrund des jeweiligen chem. Gleichgewichts.

Werk: Die Entstehung der Gesteine (1939, mit T. F. W. BARTH u. C. W. CORRENS, Nachdr. 1970).

Eskorte [frz.; aus ital. scorta ›Geleit‹] *die, -/-n,* Geleit für Personen und Sachen; begleitende Schutz- oder Wachmannschaft; (militär.) Ehrengeleit.

Esla [ˈɛzla] *der,* **Río E.,** rechter Nebenfluss des Duero in Spanien, 285 km lang, kommt aus dem Kantabr. Gebirge, durchfließt die Hochebene von León (Altkastilien); am Unterlauf der Stausee von E. (65 km lang; 1,2 Mrd. m³), am Mittellauf Seitenkanal zur Bewässerung und zur Wasserversorgung der Stadt Benavente.

Esmarch, Johann Friedrich August von (seit 1887), Chirurg, *Tönning 9. 1. 1823, †Kiel 23. 2. 1908; ab 1854 Direktor der chirurg. Klinik in Kiel; bedeutende Arbeiten über Unfall- und Kriegschirurgie, v. a. Einführung der Methode des Abbindens von Gliedmaßen mit einer Gummibinde oder einem Gummischlauch bei Blutungen oder Operationen (**E.-Blutleere**).

Esmeraldas, Stil der andinen Hochkulturen, benannt nach der ecuadorian. Prov. E., etwa 500 v. Chr. bis 500 n. Chr.; bekanntester Fundplatz ist La Tolita. Charakterist. Zeugnisse sind Tonfigurinen, die in großen Mengen gefunden wurden, sowie – hier erstmals belegt – kleine Gegenstände aus Gold-Platin-Legie-

Friedrich von Esmarch

rungen (schmelzendem Gold wurden Platinkörner beigegeben; diese Mischung wurde gehämmert, bis eine homogene Masse entstand).

J. ALCINA FRANCH: La arqueología de E. (Ecuador), introducción general (Madrid 1979).

Esmeraldas, 1) Hauptstadt der Prov. Esmeraldas, NW-Ecuador, Hafen an der Mündung des Río E. in den Pazifik, 98 600 Ew.; Endpunkt der rd. 500 km langen Pipeline aus dem Erdölfeld im Amazonastiefland; Erdölraffinerie; Anbau und Export trop. Agrarprodukte.

2) Prov. von →Ecuador.

Esna, Esneh, Stadt in Ägypten, →Isna.

ESO [Abk. für engl. European Southern Observatory], die →Europäische Südsternwarte.

ESOC, *Weltraumforschung:* →ESA.

Esophorie [zu griech. éso ›hinein‹, ›nach innen‹, und ...phorie] *die, -/...'rilen,* latentes Einwärtsschielen der Augen. (→Schielen)

Esoterik [zu griech. esōterikós ›innen‹, ›innerlich‹] *die,-,* gegenwärtig in doppeltem Sinn gebrauchter Begriff: 1) als Sammel-Bez. für okkulte Praktiken, Lehren und Weltanschauungsgemeinschaften (→Okkultismus), 2) für ›innere Wege‹, bestimmte spirituelle Erfahrungen zu erlangen, die von einer bloß ›äußeren‹ Befolgung von Dogmen und Vorschriften zu unterscheiden sind. Wenn diese allerdings selbst auf Geheimlehren und okkulte Praktiken zurückgreifen, liegt wieder die erste Bedeutungsvariante vor.

Dieser doppelte E.-Begriff spiegelt sich in den heutigen Stellungnahmen zum Thema wider: Nach dem auch zahlr. Veröffentlichungen bekannten H.-D. LEUENBERGER (*1931) ist E. der heutige Ausdruck ›für ein Gebiet, das man früher mit den Begriffen Okkultismus, Grenzwissenschaft oder auch Theosophie bezeichnet hat‹. Demgegenüber ist E. nach dem Religionswissenschaftler und Theologen GEORG SCHMID (*1940) v.a. ›die Liebe zum überall verborgenen inneren Geheimnis alles Wirklichen‹. Die Vertreter dieser Bedeutungsvariante stehen häufig der ›analyt. Psychologie‹ C.G. JUNGS nahe und versuchen, sich von der ersten Begriffsvariante abzugrenzen, indem sie zw. ›neuer E.‹ und ›klassischer E.‹ unterscheiden (SCHMID) und die enge Beziehung zw. E. und Okkultismus weitgehend bestreiten. Dies ist aber sachlich nicht gerechtfertigt, wie die Begriffsgeschichte zeigt.

Der Begriff taucht zuerst um 1870 bei dem frz. Okkultisten ELIPHAS LÉVI (kabbalist. Pseud. von ALPHONSE LOUIS CONSTANT, *1810, †1875) in der frz. Form als ›ésotérisme‹ auf; vermutlich hat er auch das Substantiv ›occultisme‹ geprägt, das 1881 von den Theosophen SINNETT ins Englische übertragen wurde und sich seither auch im Deutschen als ›Okkultismus‹ verbreitet hat. E. gilt dabei als Sammelbegriff für die verschiedensten geheimen, mag. ›Künste‹ wie: Alchimie, Astrologie, Kabbala, Rosenkreuzertum. Während E. einen weitgehend okkultist. Bedeutungsinhalt trägt, wurde das bereits in der Antike gebräuchl. griech. Adjektiv esōterikós urspr. in einem von beiden heutigen Bedeutungsvarianten unabhängigen Sinn zur Bezeichnung der nur für den engeren Schülerkreis bestimmten Lehren des peripatet. Schulbetriebs (→esoterisch) verwendet. Ist bei ARISTOTELES selbst nur das Adjektiv exōterikós im Blick auf PLATONS Lehrbetrieb nachweisbar (C. BOCHINGER), taucht das Gegensatzpaar esoterisch/exoterisch zum ersten Mal im 3. Jh. n.Chr. bei LUKIAN auf (H. CANCIK). Das moderne Verständnis von E. bahnt sich erst im Renaissance- und Barockzeitalter in Abgrenzung von der sich herausbildenden exakten Naturwissenschaft an (F.A. YATES). Seine Wurzeln liegen nicht in der klass. antiken Philosophie, sondern in der →Gnosis (H.-J. RUPPERT), wie auch heutige Esoteriker ihrerseits das Fortbestehen einer ›perennen Gnosis‹ in der modernen E. postulieren.

Erscheinungsformen

Praktiken und Anschauungen, die heute vollständig oder teilweise für die E. in Anspruch genommen werden, kommen aus Alchimie, Astrologie, Gnosis, Magie und Theosophie, man greift zurück auf (unhistor.) Zeremonien von Druiden und Hexen, der Templer und Rosenkreuzer; auch alternative Therapien, Selbsterfahrungsriten (Feuerlauf) sowie Elemente aus oriental. Religionen werden vielfach einbezogen. Mit der Zusammenfassung dieser bis dahin zeitlich und räumlich getrennten Phänomene durch die neuen Oberbegriffe ›Esoterik‹ und ›Okkultismus‹ seit LÉVI kündigt sich an, dass man diese seit etwa 1870 in ihrer Gesamtheit als Ausdruck einer neuen Weltanschauung auffasst – mit einer ihnen gemeinsamen Frontstellung gegenüber den vorherrschenden Welt- und Menschenbildern (BOCHINGER). Gemeinsam ist allen Praktiken und Überzeugungen die Ablehnung der modernen Wissenschaft und der traditionellen christlich-kirchl. Religion. Die E. ist seit dem 19. Jh. eine Gegenströmung gegen die moderne Welt und deren ›Entzauberung‹ durch die Technik (M. WEBER), ein ›dritter Weg‹ über die exakte Naturwissenschaft und die christl. Religion hinaus.

Das Grundlagenwerk der modernen E. ist die ›Geheimlehre‹ (1888) der HELENA P. BLAVATSKY, der Begründerin der →Theosophischen Gesellschaft. Darin wird dieser ›dritte Weg‹ entwickelt; Grundlagen und Ziele, die bis heute in ähnl. Weise verkündet werden, sind ein ›erweitertes‹ Verständnis von Wissenschaft (›Geheimwissenschaft‹) zur Reformierung der Naturwissenschaft auf der Basis eines monist. Weltbildes (Studium der okkulten Naturkräfte und der östlichen monistisch-pantheist. Religionen) sowie die Vereinigung der Weltreligionen (Schaffung der universellen Bruderschaft der Menschheit) auf der Basis einer angeblich allen Religionen zugrunde liegenden esoter. ›Ur-Weisheit‹; sie sind bis heute nicht nur die Hauptziele der ›Theosophischen Gesellschaft‹, sondern in vielfach abgewandelter Form der E. überhaupt. R. STEINERS Anthroposophie hatte eine ihrer Hauptwurzeln in der Theosophie HELENA P. BLAVATSKYS.

Die neue E.-Welle am Ende des 20. Jh. wurde in den USA durch das seit etwa 1968 von Kalifornien ausgehende, weitgehend esoterisch-theosophisch beeinflusste New Age ausgelöst, mit dem Versuch einer Gesellschafts- und Weltveränderung auf der Basis eines mystisch-esoter. Utopismus (R. HOFMANN). Inzwischen hat diese subkulturelle Strömung den kulturellen Hauptstrom der westl. Gesellschaften erreicht: Bereits 1989 glaubten 12% der Westdeutschen an Reinkarnation (→Seelenwanderung). Zw. 1986 und 1990 hat die führende E.-Zeitschrift ›Esotera‹ ihre monatl. Auflage von 60000 auf 120000 Exemplare verdoppelt. Nach Schätzungen werden in Dtl. jährlich bis zu 3 Mill. Bücher esoter. Inhalts verkauft.

Die Popularisierung der E. seit den 80er-Jahren ist allerdings im Zusammenhang mit umfassenderen religiös-weltanschaul. Wandlungsprozessen zu sehen, die sich ganz unabhängig von ihr in der modernen Gesellschaft vollziehen. Die E. wird von ihnen beeinflusst, sie stellt aber zugleich auch einen Ausdruck dieser Entwicklung dar. Bezeichnend ist v.a. der mit Popularisierung der E. verbundene

Schlüsselbegriff

Wandel vom urspr. okkulten Schulungsweg für einen ›inneren Kreis‹ von ›Eingeweihten‹ zu einem ›Angebot‹ für breite Bevölkerungsschichten.

Die amerikan. Religionssoziologen R. STARK und W. S. BAINBRIDGE haben im Blick auf die allgemeinen religiösen Wandlungsprozesse in der säkularen Gesellschaft drei Formen oder Stufen der geringeren oder stärkeren ›Organisiertheit‹ von ›Religion‹ in der Gesellschaft unterschieden: ›audience cult‹, ›client cult‹ und ›cult movement‹ (d. h. etwa: ›Publikum(skult)‹, ›Kundschaft‹ und ›Kultbewegung‹). Diese Differenzierung kann man insbesondere auch auf die Erscheinungsformen heutiger E. übertragen, z. B. mit der Unterscheidung von *Gebrauchs-*, *Auswahl-* und *System-E.* (B. GROM). Die erste Kategorie heutiger Erscheinungsformen von E. besteht demzufolge aus der unorganisierten Masse von Konsumenten derselben esoter. ›Angebote‹ z. B. an Büchern, Videos oder Fantasyspielen, die sie zu ihrem persönl. Gebrauch konsumieren. Mit einer zweiten, stärker organisierten Dimension der E. bekommt es der Einzelne zu tun, wenn er sich z. B. als ›Klient‹ in die Beratung eines ›Reinkarnationstherapeuten‹ begibt oder an einem ›Feuerlaufseminar‹ teilnimmt. Ein regelrechter ›Markt des Übersinnlichen‹ hat sich herausgebildet, mit spezif. Organisationsformen wie Workshops oder Seminaren mit Anleitung zu außergewöhnl. ›Erfahrungen‹ (Kontaktaufnahme mit dem Geistführer, Blüten- und Kristalltherapie, Rebirthing, indian. Schwitzhütten, Chakra-Öffnungen u. a.), oft an exot. Plätzen (Lanzarote, Peru, Mexiko, Hawaii). ›E.-Tage‹, die in verschiedenen Großstädten stattfinden, sind Märkte und Messen für viele Tausend Besucher, bei denen das Kommerzielle im Vordergrund steht. Der Übergang zum alternativen Psychomarkt mit seinen fachlich umstrittenen Therapien ist fließend. Im Gegensatz zu den kommerziellen Großveranstaltungen, die weder eine feste Mitgliedschaft noch ein bestimmtes Weltanschauungssystem der Teilnehmer voraussetzen, sind die organisierten Kultbewegungen meist älterer Herkunft und an eine Führergestalt und seine Auffassungen gebunden. Mit ihrem Anspruch, das traditionelle Christentum durch das Ur-Wissen der E. zu überbieten (HELENA P. BLAVATSKY), sind sie weithin eine nachchristl. Erscheinung. Zu den wichtigsten Gemeinschaften mit okkult-esoter. Hintergrund gehören: der theosoph. Synkretismus (angloindische theosoph. Gesellschaften; Anthroposophie; Alice-Bailey-Gruppen; I-AM-Bewegung), der rosenkreuzer. Synkretismus (›Alter Myst. Orden vom Rosenkreuz‹ [AMORC]; ›Internat. Schule des Rosenkreuzes e. V./Lectorium Rosicrucianum‹), spiritist. und spiritualist. Gemeinschaften und ›Kirchen‹ (Geistige Loge Zürich; Universelles Leben; Umbanda; der Spiritismus ALLAN KARDECS [druid. Pseud. von HIPPOLYTE LÉON DENIZARD RIVAIL, * 1804, † 1869]), die UFO-Bewegung sowie okkulte Orden und Logen wie der Ordo Templi Orientis (O. T. O.) und neuheidnisch-esoter. Orden und Gemeinschaften (Armanenschaft; Goden-Orden).

Esoterik und gesellschaftlicher Wandel

Die esoter. Religiosität ist nicht mehr ›religiös‹ im traditionellen Sinn (→Religion). Sie beansprucht einerseits zu ›wissen‹ und nicht bloß zu ›glauben‹ (›Geheimwissenschaft‹); andererseits versucht sie mit ihrem ›Wissen‹ zugleich auch, auf die ›religiösen Fragen‹ des modernen Menschen zu antworten und gewinnt für diesen daher – ohne selbst ›Religion‹ im Vollsinn zu sein – die Bedeutung einer ›freien Religiosität‹. Die E. ist damit eines der wichtigsten Medien, mit denen die säkulare Gesellschaft sich auch

der ›letzten‹, bisher von den traditionellen Religionen beantworteten ›religiösen Fragen‹ bemächtigt. Beim überwiegenden Teil der ›E.-Welle‹ handelt es sich dementsprechend um kommerzielle Angebote von Firmen, Verlagen, Veranstaltern oder Einzelpersonen, die auf einem freien ›Religions- und Weltanschauungsmarkt‹ spirituell-therapeutische und esoterische, fachlich meist nicht anerkannte Psycho- und Beratungstechniken oder Heilweisen anbieten und verkaufen (wobei oft mit deren exot. Herkunft geworben wird), sowie um ein auf diese Angebote zugeschnittenes Publikum. Die freie esoter. Szene hat ›Markt-Form‹. Von feststehenden Mitgliedschaften in einer Weltanschauungsgemeinschaft oder Loge ist nur relativ wenigen die Rede, während wohl einige Hunderttausende von der gesellschaftlich ›frei schwebenden‹ esoter. Spiritualität erfasst wurden.

Der Zulauf, den die ›E.-Welle‹ hat, ist ein Ausdruck der so genannten ›neuen Religiosität‹ in der modernen Gesellschaft. Diese hat man vorrangig mit den Begriffen *Individualismus*, *Pluralismus* und *Erlebnisgesellschaft* zu umschreiben versucht (T. LUCKMANN; G. SCHULZE). Ähnlich wie die von der ›Krise der Institutionen‹ erfassten christl. Kirchen profitieren im Rahmen dieser Prozesse auch die traditionellen esoter. ›Schulen‹ und Weltanschauungsgemeinschaften nur wenig vom ›E.-Boom‹. Auf großes Interesse stoßen jedoch diejenigen Anbieter, die unverbindl. Empfehlungen im Sinne der Individualisierungs- und Erlebnistendenzen von ›Religiosität‹ in der modernen Gesellschaft geben.

Der *Pluralismus* der Angebote führt zu einem Nebeneinander an konkurrierenden Deutungsversuchen philosoph., religiöser und weltanschaul. Ideen, die – ihres ursprüngl. Kontexts beraubt – nunmehr einen oft völlig veränderten, ›esoter.‹ Sinn erhalten. Hinzu kommt, dass viele als ›esoterisch‹, ›spirituell‹ oder ›religiös‹ geltende Ideen und Methoden rein prakt. Natur sind – etwa als Mittel der Stressbewältigung oder zu berufl. Erfolg (z. B. ›positives Denken‹ als säkularisierte Form des Gebets).

Schließlich ist die E.-Welle auch ein besonderer Ausdruck der *Erlebnisgesellschaft*, die nach dem Soziologen G. SCHULZE (* 1944) durch eine ›Innenorientierung‹ gekennzeichnet ist, die der zweiten Bedeutungsvariante von E. (als spirituelle Erfahrung) entgegenzukommen scheint: Es ist der ›Erlebniswert‹, der nach Umfrageergebnissen bei den meisten Menschen das entscheidende Motiv für die Wahl einer bestimmten Sache, eines Konsumartikels, einer Fernsehsendung oder auch beim Treffen von ›Lebensentscheidungen‹ darstellt. Der ›innenorientierte‹ Mensch wählt aus, um damit eine innere Befriedigung bei sich selbst zu erlangen. So expandiert der Erlebnismarkt immer mehr in Bereiche, die früher noch erlebnisneutral waren, wie Arbeitswelt, Bildung und Politik.

Esoterik als Alternative zu Wissenschaft und Religion

Die ›Erlebnisorientierung‹ ist zwar eine gegenwärtig bes. typische, jedoch nicht die einzige Orientierung, die Menschen aus der E. zu gewinnen versuchen. E. ist – zumindest in ihrer okkultist. Bedeutungsvariante als ›Geheimwissen(schaft)‹ – von Anfang an ein Versuch, die Vielheit der Erscheinungen auf religiösem wie auf naturwiss. Gebiet zu einer Gesamtschau zu verbinden und ein Einheitsbild der Wirklichkeit vorzulegen: Auf religiösem Gebiet erfolgt dies v. a. durch die Behauptung esoter. Kreise, im Besitz der allen Religionen angeblich zugrunde liegenden einen, geheimen ›Ur-Weisheit‹ zu sein, die erst von den ›exoter.‹ Kirchen verfälscht worden sei, die die ›Geheimlehre‹ der großen Religionsstifter absichtlich unterdrückt und eliminiert hätten. Auf naturwiss. Gebiet möchte die E. einen Geist und Natur, Mensch und Welt übergreifenden Monismus einführen, der angeblich auch durch neuere wiss. Entwicklungen, z.B. durch Denker wie F. CAPRA oder H.-P. DÜRR, ›bestätigt‹ werde. Die E. versteht sich damit als Verbündete eines ›neuen, ganzheitl. Denkens‹ sowie der polit. ›Alternativbewegung‹. Viele religiöse und wiss. Fragen erhalten jedenfalls in der modernen E. eine ›alternative‹ Beantwortung im Blick auf die herrschende Religion und Naturwissenschaft. Die Frage der Wiedergeburt (Reinkarnation) z.B. ist in der E. eigentlich keine Frage der Religion, sondern des Wissens: Sie gilt nicht als Glaubensfrage, sondern als Tatsache. Diese ›Zwischenstellung‹ zw. Religion und Wissenschaft ist der heutigen E. seit ihren Ursprüngen (z.B. im Programm der ›Theosoph. Gesellschaft‹ oder in der sich als ›Geisteswissenschaft‹ verstehenden Anthroposophie) eigentümlich.

Obwohl man die ›uralte Weisheit‹ der E. weder als religiösen Glauben im Sinne der traditionellen Religionen und Kirchen noch als Wissenschaft im Sinne akadem. Schulwissenschaften anzusehen hat, steht dieses ›geheime Wissen‹ nach dem Philosophen PETER SLOTERDIJK (* 1947) allerdings dem mit moderner Wissenschaft und Technik oft verbundenen Macht- und Erlösungsstreben des Menschen näher, als es auf den ersten Blick den Anschein haben mag: ›Wenn schon techn. Wissen Macht ist, so ist mag. Wissen absolute Macht‹, die dem ›Eingeweihten‹ den Aufstieg zur Vollkommenheit gewährt. Der moderne Okkultismus hat deshalb nach SLOTERDIJK von Anfang an versucht, seinen ›Anspruch auf außernormales Wissen mit dem Nimbus der Normalwissenschaft zu verbinden‹, gewissermaßen eine ›Naturwissenschaft der geistigen, okkulten Welt‹ zu entwickeln. Der österr. Theologe ADOLF HOLL (* 1930) konstatierte: ›Im New Age ist das Wunderbare wissenschaftlich gestylt. Der Schamane mit Psychologiedoktorat gibt den Ton an... Das Irrationale kommt ebenso rechthaberisch daher wie die Wissenschaft. Es ist lediglich unverlässlicher.‹ In Zeiten eines schweren Ansehensverlustes der Schulwissenschaften infolge Atom- und Ökokatastrophen stabilisiert die E. als ›Geheimwissenschaft‹ die angeschlagene Wissenschaftsgläubigkeit vieler Menschen nur in anderer Form. Dies ist ein kaum zu unterschätzendes Motiv ihrer Faszinations- und Orientierungskraft.

Mit dieser Eigenart des esoter. Geheimwissens, mit seinem Anspruch auf Wissen und Erkenntnis sowohl über die Naturwissenschaft als auch über die Sphäre des religiösen Glaubens hinaus, hängt es auch zusammen, dass die religionswiss. und theolog. Auseinandersetzung mit der E. bisher zu keiner einheitl. Deutung und Kritik gefunden hat: Auf der einen Seite wird E. als Ausdruck heutiger ›religiöser Individualkultur‹ akzeptiert (BOCHINGER) oder sogar als Andeutung einer ›kommenden Weltzivilisation‹ begrüßt (H. TIMM). Andererseits wird ihr als ›nachchristlicher‹ oder ›postreligiöser‹ (W. THIEDE) Erscheinung ein Rückfall hinter die christl. Gottes- und Heilsglauben attestiert. Nach H. HEMMINGER ergibt sich die Frage, ob man angesichts des esoter. ›Markts des Übersinnlichen‹ überhaupt noch ›von einer religiösen Haltung sprechen sollte‹ oder nicht besser von ›profaner Magie‹. Denn das Kennzeichen der E., auch über diesen ›Markt‹ hinaus, ist nach den kath. Parapsychologen und Theologen ANDREAS RESCH (* 1934) ihr ›Immanentismus‹, d.h. ›die Deutung von Welt, Leben und Religion mit naturimmanenten Kräften... unter Verzicht auf die Transzendenz‹. Damit nimmt die E. nach RESCH ›immer mehr die Form einer alternativen Lebensgestaltung zu Wissenschaft und Religion, v.a. zum Christentum ein, zumal der Stellenwert der Person durch die kosm. Einheit und den Kreislauf der Dinge völlig relativiert wird. Der Wert der Person ist nur zeitlich gegeben und hat keine transzendente Bedeutung. Das Ich ist im All verklungen.‹ Auch J. SUDBRACK sieht den ›maßgebende(n) Gegensatz zur religiös(-christl.) Weltdeutung‹ darin, ›dass die E. versucht... zu wissen und über die Sache zu verfügen. Religion aber gründet in einem Vertrauens-Glauben, der weder durch Wissen noch durch Erfahrung überholt werden kann.‹ Es handelt sich bei der E. nicht nur um eine *postreligiöse*, sondern im Grunde um eine *nichtreligiöse*, vielfach sogar dezidiert *irreligiöse* Erscheinung, in der eine religiöse Transzendenz keine Rolle spielt, der Mensch sich nicht in die Arme eines rettenden Gottes fallen lässt, sondern seine Erlösung selbst zu inszenieren versucht.

⇨ *Alchimie · Anthroposophie · Astrologie · Druiden · Geheimwissenschaften · Gnosis · Hexe · Kabbala · Magie · Mandala · neue Religionen · Neuheidentum · New Age · Okkultismus · Pansophie · Rosenkreuzer · Seelenwanderung · Spiritismus · Theosophie · Theosophische Gesellschaft*

H.-J. RUPPERT: Durchbruch zur Innenwelt. Spirituelle Impulse aus New Age u. E. in krit. Beleuchtung (1988); Hb. religionswiss. Grundbegriffe, hg. v. H. CANCIK u.a., Bd. 2 (1990); H. WERNER: Lex. der E. (1991); F. A. YATES: Die okkulte Philosophie im elisabethan. Zeitalter (a.d. Engl., Amsterdam 1991); GEORG SCHMID: Im Dschungel der neuen Religiosität. E., östl. Mystik, Sekten, Islam, Fundamentalismus, Volkskirchen (1992); E. SCHURÉ: Die großen Eingeweihten. Geheimlehren der Religionen (a.d. Frz., [20]1992); H.-D. LEUENBERGER: Das ist E. Einf. in esoter. Denken ([7]1994); H. BLAVATSKY: Theosophie u. Geheimwiss. (a.d. Engl., 1995); C. BOCHINGER: ›New Age‹ u. moderne Religion. Religionswiss. Analysen ([2]1995); Lex. für Theologie u. Kirche, begr. v. M. BUCHBERGER, hg. v. W. KASPER u.a., Bd. 3 ([3]1995); W. THIEDE: E. – die postreligiöse Dauerwelle. Theolog. Betrachtungen u. Analysen (1995); T. LUCKMANN: Die unsichtbare Religion ([3]1996).

esoterisch [griech., eigtl. ›innerlich‹], nur für einen ausgesuchten Kreis bes. Begabter und Würdiger (›Eingeweihter‹) bestimmt (von Lehren und Schriften); urspr. für streng schulmäßig gelehrte, nicht literarisch fixierte Philosophie (z.B. die PLATONS) gebraucht, bereits in der Antike im Anschluss an Mysterienkulte und die pythagoreische Tradition erweitert auf bewusste Geheimhaltung bestimmter Lehren; in diesem Sinne in der Forschung unhistorisch auf PLATONS mündl. Philosophie angewendet. – Zur Neuzeit →Esoterik. – Ggs.: exoterisch.

ESP [Abk. für engl. extrasensory perception ›außersinnl. Wahrnehmung‹], Phänomen der Parapsychologie (→außersinnliche Wahrnehmung).

Espagnolette [ɛspaɲɔ'lɛt(ə)] frz. ›Drehriegel‹] *die, -/-n, schweizer.* Bez. für →Basküleverschluss.

España [ɛs'paɲa], span. für →Spanien.

Esparsette [frz.] *die, -/-n,* **Onobrychis,** Gattung der Schmetterlingsblütler mit rd. 170 Arten in Eurasien und N-Afrika. In Mitteleuropa kommt auf kalkhaltigen, trockenen Böden die **Futter-E. (Hahnenkamm,** Onobrychis viciifolia) vor, die auch angebaut wird (wertvolle Trockenfutterpflanze, Bodenverbesserer, Bienenweide). Sie besitzt unpaarig gefiederte Blätter, rosarote Blüten in dichten Trauben und stachelhöckerige Hülsenfrüchte.

Espartero, Baldomero, urspr. **Joaquín B. Fernández Álvarez E.** [fer'naɲdeθ 'alβareθ -], Conde **de Luchana** [-tʃ-] (seit 1836), Duque **de la Victoria** (seit

Esparsette:
Blüte (oben) und
Frucht (unten) der
Futteresparsette
(Höhe 30–60 cm)

1839), Príncipe **de Vergara** (seit 1870), span. General und Politiker, * Granátula de Calatrava (Prov. Ciudad Real) 27. 2. 1792, † Logroño 8. (9./10.?) 1. 1879; kämpfte 1815–24 gegen die aufständ. Kolonien in Südamerika, entschied den 1. Karlistenkrieg für die Regentin MARIA CHRISTINA und beendete ihn mit der Konvention von Vergara (1839; seitdem Beiname ›el Pacificador de España‹, ›der Befrieder Spaniens‹). Schon bald wandte er sich jedoch als Führer der Progressiven gegen die restaurative Politik der Regentin. Sie musste ihn zum Min.-Präs. ernennen (September 1840) und einen Monat später abdanken. Im Mai 1841 wurde E. zum Regenten und Vormund ISABELLAS II. berufen, schlug mehrere Aufstände nieder, wurde im Juli 1843 gestürzt und lebte bis 1849 im brit. Exil. 1854 ernannte ISABELLA ihn zum Min.-Präs. (Rücktritt 1856). Die ihm nach der Septemberrevolution von 1868 angebotene Thronkandidatur lehnte er ab.

Esparto [span.] *der, -s/-s,* die trockenen, zähen Halme und Blätter des 1) →Alfagrases; 2) des Grases **Lygeum spartum,** das als Begleiter des Alfagrases wächst; 3) des schilfähnl. **Rebenrohrs** (Ampelodesma tenax). Alle drei dienen als Flechtstoff und Papierrohstoff.

Espartogras, das →Alfagras.

Espe, Aspe, Zitterpappel, Populus tremula, Art der Gattung Pappel; in lichten Wäldern, Schlägen und Hecken häufiger, bis 25 m hoher Baum mit fast kreisrunden, gezähnten Blättern und langen, seitlich zusammengedrückten Blattstielen (deshalb ›zittern‹ die Blätter). Die Blüten sind zweihäusig verteilt und in kätzchenförmigen Blütenständen angeordnet. Das leichte, fast weiße Holz splittert nicht und wird v. a. zur Zellstoffgewinnung und für Zündhölzer und Spankörbe verwendet.

Im *Volksglauben* galt die E. bzw. ihr Laub als Symbol der Furcht und des Bangens. Legenden berichten, die E. zittere, weil das Kreuz Christi aus ihrem Holz gemacht worden sei, weil sie unbeweglich blieb bei seinem Tode u. Ä. – In der *Volksmedizin* diente E.-Laub als Mittel gegen Fieber.

Espeletia, Korbblütlergattung mit rd. 35 Arten; hochwüchsige Stauden mit Schopfbaumcharakter (›Frailejones‹); Charakterpflanzen der andinen Hochgebirgsregionen.

Espelkamp, Stadt im Kr. Minden-Lübbecke, NRW, nördlich des Mittellandkanals, 50 m ü. M., 27 000 Ew.; elektrotechn. und Elektronikindustrie, Automatenherstellung, Maschinenbau, Kunststoffverarbeitung, medizin. Gerätebau, Möbelindustrie, Kanalhafen. – Die ›Stadt im Walde‹ wurde ab 1949 planmäßig als Siedlung für Vertriebene angelegt und zeigt moderne Gestaltung; ev. Thomaskirche (1962). – E., 1221 erstmals erwähnt, wurde 1959 Stadt.

Espenhain, Gemeinde im Landkreis Leipziger Land, Sa., südlich von Leipzig, 1 700 Ew.; ehem. Zentrum der Braunkohle verarbeitenden Industrie (bis 1995 Braunkohlenabbau im Tagebau, bis 1991 Brikettfabriken und Schwelereien; Kraftwerke 1990 und 1996 stillgelegt).

Esperanto *das, -(s),* eine von dem poln. Arzt L. ZAMENHOF (Pseud. ›Doktoro Esperanto‹, ›der Hoffende‹) 1887 geschaffene Welthilfssprache mit einfacher phonet., phonolog., morpholog. und syntakt. Struktur. Der Lautbestand umfasst 28 Buchstaben (5 Vokale, 23 Konsonanten); der Wortschatz (rd. 80 000 Wörter, die aus 7 866 Wurzeln gebildet wurden) entstammt v. a. den roman. Sprachen und dem Englischen. Die Grammatik beruht auf 16 Grundregeln. Seit 1908 besteht die Universala Esperanto-Asocio mit Sitz in Rotterdam.

L. ZAMENHOF: Lingva Internacia (1887); P. JANTON: Einf. in die Esperantologie (a. d. Frz., 1978); Taschen-Wb. Deutsch-E., hg. v. E.-D. KRAUSE (²1978); E. – ein Jahrhundertwerk, bearb. v. T. BORMANN u. W. SCHWANZER (1987).

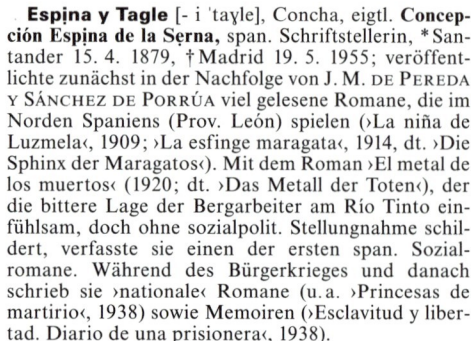

Espina y Tagle [- i 'taɣle], Concha, eigtl. **Concepción Espina de la Serna,** span. Schriftstellerin, * Santander 15. 4. 1879, † Madrid 19. 5. 1955; veröffentlichte zunächst in der Nachfolge von J. M. DE PEREDA Y SÁNCHEZ DE PORRÚA viel gelesene Romane, die im Norden Spaniens (Prov. León) spielen (›La niña de Luzmela‹, 1909; ›La esfinge maragata‹, 1914, dt. ›Die Sphinx der Maragatos‹). Mit dem Roman ›El metal de los muertos‹ (1920; dt. ›Das Metall der Toten‹), der die bittere Lage der Bergarbeiter am Río Tinto einfühlsam, doch ohne sozialpolit. Stellungnahme schildert, verfasste sie einen der ersten span. Sozialromane. Während des Bürgerkrieges und danach schrieb sie ›nationale‹ Romane (u. a. ›Princesas de martirio‹, 1938) sowie Memoiren (›Esclavitud y libertad. Diario de una prisionera‹, 1938).

Weitere Werke: *Romane:* Altar mayor (1926); La flor de ayer (1932); El más fuerte (1947); Una novela de amor (1953).
Ausgabe: Obras completas, 2 Bde. (³1970).
G. LAVERGNE: Vie et œuvre de la romancière C. E., 2 Bde. (Lille 1983).

Espinel, Vicente, span. Schriftsteller und Musiker, getauft in Ronda 28. 12. 1550, † Madrid 4. 2. 1624; führte nach dem Studium in Salamanca ein abenteuerl. Leben u. a. in Spanien, Italien, den Niederlanden; wohl auch Sklave in Algerien; später Priester und Kapellmeister in Madrid. Er wurde als Lyriker (›Diversas rimas‹, 1591) und Horazübersetzer geschätzt und gilt als Erfinder der Strophenform ›décima‹ (›espinela‹). Sein Hauptwerk ist der autobiograph. Schelmenroman ›Vida del escudero Marcos de Obregón‹ (1618; dt. zuerst von L. TIECK 1827 u. d. T. ›Leben und Begebenheiten des Escudero Marcos Obregon‹), der A. R. LESAGE für seinen ›Gil Blas‹ als Vorlage diente. – E. führte auf der Gitarre die fünfte Saite ein.

A. NAVARRO GONZÁLEZ: V. E. Músico, poeta y novelista andaluz (Salamanca 1977).

Espingole [ɛspɛ̃'gɔl, frz.] *die, -/-s,* Schrotpistole (Muskete) mit erweiterter Mündung zum Schießen von Streugeschossen; auch eine Art Kartätschgeschütz, wie es die Dänen noch 1864 bei den Kämpfen um die Düppeler Schanzen verwendeten.

espirando [ital.], musikal. Vortrags-Bez.: verhauchend, ersterbend.

Espírito Santo [is'piritu 'santu], Bundesstaat Brasiliens am Atlantik, 45 733 km², (1991) 2,6 Mio. Ew.; Hauptstadt ist die Hafenstadt Vitória. Im fruchtbaren trop. Küstenland wird v. a. Kaffee angebaut, daneben Zuckerrohr, Reis, Baumwolle, Bananen, Zitrusfrüchte; Fischerei an der lagunenreichen Küste. Der N des Landes ist Kakaoanbaugebiet; außerdem Rinderzucht (im S stärker Milchviehwirtschaft). Die Wälder im Landesinnern (Randgebirge des Brasilian. Berglandes, bis 2 890 m ü. M.), die einst trop. Edelhölzer lieferten, sind heute weitgehend zerstört.

Espíritu Santo [- 'sɑ:ntəu], die größte Insel von Vanuatu (Neue Hebriden), im SW-Pazifik, vulkan. Ursprungs, 3 677 km², 15 400 Ew. (mit Nebeninseln); erreicht im Mount Tabwémasana 1 879 m ü. M. Die Insel ist dicht bewaldet und hat fruchtbare Täler. Die Siedlungen liegen v. a. im S am Segond Channel. Luganville (auch Santo), die zweitgrößte Stadt Vanuatus, hat einen Tiefwasserhafen und einen internat. Flughafen. Neben Landwirtschaft (Export von Kopra, Kaffee, Kakao) und Rinderzucht im S Thunfischfang.

Esplanade [frz., aus ital. spianare ›ebnen‹] *die, -/-n,* freier Platz vor größeren (öffentl.) Gebäuden oder Gärten.

Esplá y Triay, Oscar, spanischer Komponist, * Alicante 5. 8. 1886, † Madrid 6. 1. 1976; Schüler von C. SAINT-SAËNS und M. REGER; neben M. DE FALLA bedeutender Vertreter der span. Musik des 20. Jh. Er komponierte – beeinflusst von der Folklore – Opern (›La balteira‹, 1935), Ballette, Orchester-,

---

Espe:
Männliche (oben) und weibliche Blütenstände (Mitte) sowie Blätter (unten)

Kammer- und Chormusik mit spezifisch span. Klangkolorit.

A. IGLESIAS: O. E. (Madrid 1973).

Espoo ['ɛspoː], schwed. **E̜sbo,** Stadt (seit 1963) in der Prov. Uusimaa, Finnland, im westl. Teil der Agglomeration Helsinki, 182 600 Ew., zweitgrößte Stadt Finnlands; im Stadtteil Otaniemi die TH von Helsinki.

espressi̜vo [ital.], Abk. **espr.,** musikal. Vortrags-Bez.: ausdrucksvoll.

Espre̜sso [ital. ›ausdrücklich‹, urspr. ein auf ›ausdrückl.‹ Wunsch eigens zubereiteter Kaffee] *der, -(s)/-s* oder *...si,* in einer →Espressomaschine schnell zubereiteter starker Kaffee aus dunkel gerösteten Kaffeebohnen.

Espre̜ssomaschine, Gerät zur Zubereitung von Espresso. Im Unterschied zur →Kaffeemaschine wird das Wasser unter Druck durch das Kaffeemehl gepresst.

Esprit [ɛsˈpriː; frz., von lat. spiritus ›Hauch‹, ›Geist‹] *der, -s, bildungssprachlich* für: geistvoll-brillante, vor Geist und Witz sprühende Art (zu reden).

ESPRIT [Abk. für engl. European Strategic Programme for Research and Development in Information Technologies], 1984 vom Rat der EU in Zusammenarbeit mit der Europ. Kommission, Unternehmen und wiss. Einrichtungen verabschiedetes Programm für Forschung und Entwicklung auf dem Gebiet der Informationstechnik. ESPRIT fördert u. a. die Zusammenarbeit von Hochschulen, Forschungseinrichtungen und Unternehmen sowie die Erarbeitung international anerkannter technolog. Normen. Forschungsthemen sind insbesondere Grundlagenforschung und Mikroelektronik sowie die Entwicklung von Peripheriegeräten und Informationsverarbeitungssystemen.

Espriu [əsˈpriu], Salvador, katalan. Schriftsteller, * Santa Coloma de Farnés (Prov. Gerona) 10. 6. 1913, † Barcelona 22. 2. 1985; förderte mit seinem dramat., lyrischen und erzähler. Werk entschieden die katalan. Schriftsprache und das Gefühl der katalan. Identität im Spanien der Franco-Ära. Sein religiös geprägtes Werk kreist um die Themen des Todes, der Schuld, der Tragödie und der Versöhnung der Spanier nach dem Bürgerkrieg. Von seinen Dramen sind bes. zu nennen ›Antigona‹ (entstanden 1938, Erstausgabe 1955, Uraufführung 1958) und ›Primera història d'Esther‹ (1948, Uraufführung 1957), von seinen Lyrikbänden v. a. ›La pell de brau‹ (1960; dt. ›Die Stierhaut‹).

Weitere Werke: *Lyrik:* Cementiri de Sinera (1946); Las cançons d'Ariadna (1949); Les hores i Mrs. Death (1952); El caminant i el mur (1954); Final del laberint (1955; dt. Ende des Labyrinths); Llibre de Sinera (1963); Setmana Santa (1972); Formes i paraules (1975).

Ausgabe: Obres completes (⁴1981).

K. SÜSS: Untersuchungen zum Gedichtwerk S. E.s (1978).

Espronceda y Delgado [espron'θeða i ðel'ɣaðo], José Leonardo de, span. Dichter, * zw. Villafranca de los Barros und Almendralejo (Prov. Badajoz) 25. 3. 1808, † Madrid 23. 5. 1842; sehr früh liberal-revolutionär eingestellt; floh vor dem Regime FERDINANDS VII. ins Exil (1826–33, u. a. Lissabon, London, Paris); 1841 Gesandtschafts-Sekr. in den Niederlanden; in Spanien Mitbegründer der republikan., progressist. Partei; Cortes-Abgeordneter. E. ist der bedeutendste Repräsentant der span. liberalen Romantik (Einfluss V. HUGOS). Der histor. Roman ›Don Sancho Saldaño o El castellano de Cuéllar‹ (6 Bde., 1834) steht in der Nachfolge W. SCOTTS. In seiner Lyrik verherrlichte er wie BYRON Freiheit und Weltschmerz. Dieses Lebensgefühl der Romantik verband er in der Verserzählung ›El estudiante de Salamanca‹ (1840) mit dem Don-Juan-Motiv.

Ausgabe: Obras completas, hg. v. J. CAMPOS (1954).

R. MARRAST: J. de E. et son temps. Littérature, société, politique au temps du romantisme (Lille 1974).

Espu̜ndia, →Leishmaniasen.

Esq., Abk. für →Esquire.

Esquili̜n [lat., urspr. Esquiliae als Bez. für die Kuppen Oppius und Cispius], **Esquilinischer Hügel,** lat. **Esquili̜nus Mo̜ns,** einer der sieben Hügel Roms, der mit seinen beiden Kuppen (Cispius und Oppius) im östl. Rand der antiken Stadt bildete. Im 4. Jh. v. Chr. wurde der E. in die Stadtummauerung einbezogen (Servian. Mauer mit der Esquilina Porta, unter AUGUSTUS abgebrochenes Stadttor) und war Wohngebiet der gewerbetreibenden Bev.; außerhalb der Mauer lag ein republikan. Gräberfeld, seit dem 2. Jh. v. Chr. v. a. für die Armen benutzt (Kolumbarien). Weiterhin auf der Hochfläche (ebenfalls als E. bezeichnet) entstanden Aquädukte, die das Wasser des Anio heranführten, Gehöfte, seit AUGUSTUS große Besitzungen mit Gartenanlagen, die später meist in kaiserl. Besitz übergingen. Am Rande des Oppius errichtete NERO sein ›Goldenes Haus‹, die Kaiser TITUS und TRAJAN legten dort Thermen an.

Esquipu̜las [eski-], Wallfahrtsort und Markt im Dep. Chiquimula, Guatemala, 920 m ü. M., im Hochland nahe der Grenze zu Honduras und El Salvador, 18 800 Ew. – Für die in E. verehrte, 1594 aus dunklem Holz geschaffene Christusstatue (Cristo Negro) wurde im 18. Jh. eine Kirche nach dem Vorbild der Kathedrale von Valladolid (Spanien) errichtet: dreischiffige Basilika mit oktogonaler Tambourkuppel und vier Türmen.

Esquire [ɪsˈkwaɪə, engl.; zu lat. scutarius ›zum Schilde gehörig‹, ›Schildträger‹] *der, -s/-s,* Abk. **Esq.,** engl. Höflichkeitstitel, bezeichnete urspr. den Knappen (Schildknappen), seit dem 16. Jh. den Angehörigen der Gentry und den Bürgerlichen, der ein verbrieftes Wappen führte. Später gaben alle hohen Staatsämter oder z. B. der Doktortitel Anspruch auf den Titel E.; seit dem 19. Jh. allg. in der Briefanschrift verwendet (abgekürzt hinter dem Namen, falls dort kein Titel steht, ohne vorangehendes Mr).

Esquirol [eski'rɔl], Jean Étienne Dominique, frz. Psychiater, * Toulouse 3. 2. 1772, † Paris 12. 12. 1840; Schüler von P. PINEL; machte sich bes. verdient um organisator. Reformen in der Psychiatrie; er veranlasste die Gründung zahlreicher psychiatr. Anstalten in Frankreich und errichtete 1800 in Paris die erste private Nervenklinik.

Esquivel [-k(w)i'vel], Manuel, beliz. Politiker, * Belize 2. 5. 1940; studierte in den USA und Großbritannien Physik, war 1967–84 Dozent in Belize. 1976–82 Vors. der United Democratic Party (UDP), leitete als Min.-Präs. (1984–89) die Verbesserung der Beziehungen zu Guatemala und Großbritannien ein und konsolidierte die Wirtschaft Belizes. Nach den Parlamentswahlen 1993 erneut Regierungschef.

ESR, Abk. für →Elektronenspinresonanz.

Esra [hebr. ›Hilfe‹], **Ezra,** in der Vulgata **E̜sdras,** 1) Name eines Buches des A. T., nach der lat. Überlieferung (Vulgata) zweier Bücher, nämlich E. und Nehemia (2. Esra). Beide sind Teile des chronist. Geschichtswerks (→Chronik).

2) Name von vier apokryphen Büchern: das dritte Buch E., eine erweiterte griech. Fassung des kanon. Buches; das vierte, eine urspr. wohl hebr., aber nur in Tochterübersetzung aus dem Griechischen erhaltene jüd. Apokalypse vom Ende des 1. Jh. n. Chr.; das fünfte (Vulgata: 4. Esra Kap. 1/2), eine lat. Sammlung von Mahn- und Trostworten an die christl. Kirche aus der Zeit der Auseinandersetzungen mit dem Judentum (Ende 2. Jh. n. Chr.); das sechste (Vulgata: 4. Esra Kap. 15/16), eine lat. Schilderung des Weltendes und Mahnungen zur christl. Bewährung in der Verfolgung (2. oder 3. Jh. n. Chr.).

Esra [hebr. ›Hilfe‹], **Ezra,** in der Vulgata **E̜sdras,** pers. Referent (›Schreiber‹) für jüd. Religionsangele-

genheiten aus jüdisch-priesterl. Geschlecht unter Artaxerxes I. (oder Artaxerxes II.), der nach Esra
7, 7 in dessen siebentem Regierungsjahr (458 bzw. 398
v. Chr.) mit einem neuen Gesetzbuch an der Spitze
jüd. Rückwanderer nach Jerusalem kam und dort die
Mischehen zw. Juden und Nichtjuden aufhob. Vierzehn Jahre später ließ er zum ersten Mal das Laubhüttenfest feiern. Die histor. Richtigkeit dieser wahrscheinlich vom Verfasser der Chronikbücher (→Chro-
nik) stammenden Nachrichten, v. a. das zeitl. und
sachl. Verhältnis zu →Nehemia, ist umstritten.

ESR-Datierung, Verfahren zur →Altersbestim-
mung prähistor. Objekte. Durch die radioaktive Um-
gebungsstrahlung werden in der festen kristallinen
Materie Defekte in der regulären Gitterstruktur erzeugt, deren mithilfe der →Elektronenspinresonanz
bestimmte Anzahl ein Maß für das Alter der Probe ist.
Die ESR-D. kann zur Altersbestimmung von Objekten herangezogen werden, die von wenigen Tausend
bis zu vielen Hunderttausend Jahren alt sind, z. B.
Tropfsteinen, Tonscherben, Knochen und Zähnen.

ESRF [Abk. für engl. **E**uropean **S**ynchrotron **R**adi-
ation **F**acility. (Europ. Synchrotronstrahlungsanlage◁],
Forschungszentrum in Grenoble mit dem gleichnamigen, 1994 in Betrieb gegangenen Elektronenspeicher-
ring zur Erzeugung von →Synchrotronstrahlung. An
der ESRF, die in einen gemeinsamen Komplex mit
dem Institut Laue-Langevin integriert wurde, sind
zwölf europ. Staaten beteiligt, darunter Dtl. mit
25,5 % und Frankreich mit 27,5 % Kostenanteil.

ESRF: Ringförmige Experimentierhalle der Europäischen
Synchrotronstrahlungsanlage in Grenoble; dahinter das Institut
Laue-Langevin mit dem Gebäude des
Neutronen-Hochflussreaktors

Die Elektronen werden von einem Synchrotron
(Umfang 300 m) auf 6 GeV Energie beschleunigt und
in den Speicherring eingeschossen. Er besitzt einen
Umfang von 850 m, auf dem sich 64 Dipolablenkmag-
nete befinden, und enthält 29 gerade Streckenstücke
für →Wiggler und Undulatoren; zusätzlich kann die
Strahlung der Ablenkmagnete genutzt werden. Mehr
als 30 Strahlführungen versorgen die Experimentier-
stationen mit den Messplätzen. Die ESRF erschließt
als Synchrotronstrahlungsquelle bei großer Strahlungsleistung und hoher Brillanz (Leuchtdichte) den
Spektralbereich bis in die harte Röntgenstrahlung. Sie
wird u. a. für Untersuchungen in der Physik der kon-
densierten Materie, der Chemie, Molekularbiologie,
Medizin, Materialforschung und den Geowissenschaften sowie für industrielle Anwendungen genutzt.

ESRIN, Weltraumforschung: →ESA.

ESRO [Abk. für engl. **E**uropean **S**pace **R**esearch
Organization], Europ. Organisation für Weltraumfor-

schung; bestand seit 1962, ging in der 1975 neu gegründeten Europ. Weltraumorganisation (→ESA) auf.
Die ESRO hatte erfolgreich insgesamt sieben wiss. Satelliten mit 49 Experimenten und rund 180 Höhenfor-
schungsraketen gestartet. ESRO hießen auch einige
Satelliten dieser Organisation.

ESR-Spektroskopie, Kurz-Bez. für →Elektronen-
spinresonanzspektroskopie.

Ess, Josef van, Islamist, * Aachen 18. 4. 1934; Prof.
in Tübingen; arbeitet auf dem Gebiet des arabisch-
islam. Theologie, der islam. Sondergemeinschaften
und Häresiographie.

Essäer, jüd. Sondergemeinschaft, →Essener.

Essaouira [ɛsaˈwira, frz.], arab. **As-Suweira**
[-ˈweɪ-], früher **Mogador,** Hafenstadt und Seebad an
der Atlantikküste Marokkos, 55 900 Ew.; Verw.-Sitz
der gleichnamigen Prov.; Kunsthandwerk (Intarsienarbeiten); Fischfang (Sardinen). – Planmäßige Stadt-
neugründung von 1760 im Festungsstil Vaubans unter
Einbeziehung des port. Forts von 1560. Ummauerte
Medina mit Kasba und Moschee, 200 m langer Küs-
tenbatterie und Mellah (Judenviertel, seit 1764);
turmbewehrte Hafenbastei. – Auf den vorgelagerten
›Purpurinseln‹ soll der Mauretanierkönig Juba II. im
1. Jh. n. Chr. eine Purpurmanufaktur angelegt haben.

Essay [ˈɛse, engl. ˈeseɪ; eigtl. ›(literar.) Versuch‹,
›Probe‹] der oder das, -s/-s, Abhandlung, die einen Gegenstand auf besondere Weise erörtert: Der E. unterscheidet sich einerseits durch Stilbewusstsein und subjektive Formulierung von der objektiven, wiss. Abhandlung (der Übergang zu dieser ist jedoch fließend),
andererseits durch breitere Anlage und gedankl.
Anspruch vom journalist. Feuilleton. Auch mit der
wörtl. Übersetzung ›Versuch‹ lässt sich seine Besonderheit z. T. erfassen. Dem E. haftet etwas Fragmenta-
risches, Bewegliches, Momenthaftes, Gesprächhaftes,
manchmal auch Spielerisches an. Er stellt, meist ohne
objektivierende Distanz, in unmittelbarer, freier, intui-
tiver Weise Querverbindungen her; dabei verzichtet
der Essayist bewusst auf ein Denken im Rahmen von
festgelegten Systemen. Essayist. Literatur sucht eher
nach Fragen als nach Lösungen. Die Offenheit des
Denkprozesses stellt den E. zu den offenen literar. Formen wie Brief, Tagebuch, Dialog, Diatribe, Miszelle;
seine Struktur als ästhet. Gebilde aber verleiht ihm
starke Geschlossenheit. Die Intention des E. ist häufig
Kulturkritik (auch am Beispiel naturwiss. Themen) als
Kritik an etablierten Meinungen. Der inhaltl. Beweglichkeit des E. entspricht im Idealfall seine stilist., oft
aphorist., artist. Leichtigkeit oder auch Eleganz.

Dem E. vergleichbare Darstellungsformen finden
sich in der Antike u. a. bei Plutarch (›Moralia‹),
Cicero, Seneca d. J. (›Epistulae morales ad Luci-
lium‹), Horaz, Catull, Mark Aurel und Gellius
(›Noctes atticae‹).

Als Schöpfer der Kunstform des E. gilt M. de Montaigne (›Les essais‹, 1580–95); sein E. ist Absage an
alle Systematik und reiner Ausdruck der Persönlichkeit. F. Bacon übernahm von ihm das Wort E., fand
aber eine eigene Form; seine ›Essays‹ (1597, erweitert
1612, 1625) sind der aphorist. und zur Maxime stre-
bende Ausdruck eigener Erfahrung. In der Folge wurden philosoph. (R. Descartes, B. Pascal, J. Locke,
G. W. Leibniz, D. Hume) und naturwiss. Themen
(R. Boyle) in der Form des E. abgehandelt, die Bez.
diente hier dazu, den Fragmentcharakter der Abhandlung zu betonen. Im 18. Jh. entwickelte sich in Großbritannien der Zeitschriften-E. (R. Steele, J. Addison, S. Johnson) im moralischen Wochenschriften, O. Goldsmith), auf den das spätere Feuilleton zurückgeht. In Frankreich war der E. eine bevorzugte Form der Moralisten und der Aufklärer (u. a. bei
Montesquieu, Voltaire, D. Diderot und N. de
Chamfort). In Dtl. begann sich die Gattung im

18. Jh. einzubürgern (G. E. LESSING, J. G. HERDER, J. J. WINCKELMANN, J. MÖSER, GOETHE, SCHILLER, C. M. WIELAND, G. FORSTER, G. C. LICHTENBERG).

Erst im 19. Jh. wurden alle ästhet. Möglichkeiten des E. realisiert. In Großbritannien sind neben C. LAMB, W. HAZLITT, J. H. L. HUNT, T. DE QUINCEY bes. bemerkenswert T. CARLYLE, T. B. MACAULAY, M. ARNOLD, J. RUSKIN; in den USA W. IRVING, E. A. POE, H. D. THOREAU (›Walden‹, 1854), O. W. HOLMES, J. R. LOWELL; in Frankreich F. DE LAMENNAIS, C. BAUDELAIRE, J.-A. DE GOBINEAU, C. A. SAINTE-BEUVE, H. TAINE, die Brüder GONCOURT, P. BOURGET. Der dt. E. erreichte einen ersten Höhepunkt mit F. VON SCHLEGEL, der auch wichtige Einsichten zur Theorie der Gattung formulierte; mit HERMAN GRIMM, der sich an der E.-Auffassung des Amerikaners R. W. EMERSON (›Essays‹, 1841–44) orientierte, erreichte die dt. Essayistik den Anschluss an die europ. Tradition. Weiter sind zu nennen A. und W. VON HUMBOLDT, J. BURCKHARDT, K. HILLEBRAND, O. GILDEMEISTER, J. P. FALLMERAYER, F. KÜRNBERGER. Am Ende des Jahrhunderts wird der E. zur Ausdrucksform sowohl zweckfreier Ästhetik (O. WILDE, W. H. PATER) als auch eines revolutionären Philosophierens (F. NIETZSCHE).

Der E. hat sich als geeignete Form erwiesen, Probleme von Krisen- und Umbruchzeiten zu diskutieren. Dies spiegelt sich in der Fülle der philosoph., literar., kunst- und kulturkrit. E., die das 20. Jh. hervorgebracht hat und die oft programmat. Bedeutung für geistige Strömungen hatten. Als bedeutende Essayisten des Jh. sind zu nennen: in Großbritannien u.a. H. BELLOC, G. K. CHESTERTON, A. HUXLEY, T. S. ELIOT, E. M. FORSTER, W. H. AUDEN, die Iren J. JOYCE und W. B. YEATS; in den USA G. SANTAYANA, die Vertreter des ›New Criticism‹ (R. P. BLACKMUR, C. BROOKS, K. BURKE, J. C. RANSOM, Y. WINTERS) sowie LAURA RIDING und SUSAN SONTAG; in Frankreich H. BERGSON, A. FRANCE, C. MAURRAS, C. PÉGUY, P. VALÉRY, A. GIDE, P. CLAUDEL, C. DU BOS, J.-P. SARTRE, SIMONE DE BEAUVOIR, A. CAMUS, R. BARTHES; in Italien A. BALDINI, E. CECCHI, B. CROCE, U. ECO; in Spanien Á. GANIVET, M. DE UNAMUNO, R. DE MAEZTU Y WHITNEY, J. ORTEGA Y GASSET, J. BERGAMÍN, P. LAÍN ENTRALGO; in Argentinien J. L. BORGES; in Mexiko O. PAZ; in Polen K. BRANDYS, J. KOTT, L. KOŁAKOWSKI; in der deutschsprachigen Literatur, häufig von der →Literaturkritik und →Literaturwissenschaft herkommend, H. VON HOFMANNSTHAL, R. BORCHARDT, R. KASSNER, H. und T. MANN, C. J. BURCKHARDT, M. KOMMERELL, E. R. CURTIUS, E. und F. G. JÜNGER, M. RYCHNER, H. E. HOLTHUSEN, W. JENS, W. KRAFT, HILDE SPIEL, HANS MAYER, WERNER KRAUSS, stark gesellschaftsbezogen etwa H. M. ENZENSBERGER und die jüngeren Autoren J. DAHL, B. GUGGENBERGER, M. SCHNEIDER, P. SCHNEIDER, BARBARA SICHTERMANN, G. KUNERT, P. SLOTERDIJK, GISELA VON WYSOCKI; von der Philosophie oder Soziologie herkommend G. SIMMEL, W. BENJAMIN, S. KRACAUER, E. BLOCH, J. PIEPER, T. W. ADORNO, J. AMÉRY, O. MARQUARD; in der Psychologie S. FREUD als hervorragender Stilist; v. a. Naturwissenschaften einbeziehend C. F. VON WEIZSÄCKER, W. HEISENBERG, R. JUNGK u. a. – Neue Verwendungsmöglichkeiten erfährt der E. in Hörfunk und Fernsehen in der Form des →Features. – Mit **Essayismus** bezeichnet die moderne Literaturkritik vielfach ein Stil- und Gestaltungsprinzip in erzähler. Texten, die spezif. Formen und Funktionen des E. (z. B. im Roman) als Mittel besonderer Wirklichkeitsdarstellung einsetzen.

Wichtige Preise für Essayistik im deutschsprachigen Raum sind der ›Johann-Heinrich-Merck-Preis‹, seit 1964 verliehen von der Dt. Akademie für Sprache und Dichtung; der ›Ernst-Robert-Curtius-Preis‹, 1984 gestiftet von dem Bonner Verleger T. GRUNDMANN und der ›Europapreis für Essay‹, der seit 1974 von der Stiftung Charles Veillon vergeben wird.

P. M. SCHON: Vorformen des E. in Antike u. Humanismus (1954); K. G. JUST in: Dt. Philologie im Aufriß, hg. v. W. STAMMLER, Bd. 2 (² 1960); R. BERGER: Der E. (Bern 1964); L. ROHNER: Der dt. E. (1966); The art oft the essay, hg. v. L. A. FIEDLER (New York ²1969); D. BACHMANN: E. u. Essayismus (1969); G. HAAS: E. (1969); G. LUKÁCS: Die Seele u. die Formen (a. d. Ungar., Neuausg. 1971); T. W. ADORNO: Noten zur Lit. (Neuausg. 1981); Prosakunst ohne Erzählen. Die Gattungen der nichtfiktionalen Kunstprosa, hg. v. K. WEISSENBERGER (1985); W. MÜLLER-FUNK: Erfahrung u. Experiment. Studien zur Theorie u. Gesch. des Essayismus (1995).

Essayisten [eseˈɪstən], *Sg.* **Essayist** *der, -en,* 1) *allg.:* Verfasser von Essays. 2) *Literaturwissenschaft:* die Begründer der ersten engl. →moralischen Wochenschriften, R. STEELE und J. ADDISON.

esse est percipi [lat. ›Sein ist Wahrgenommenwerden‹], von G. BERKELEY geprägte Formel, die Ausdruck eines radikalen Sensualismus (Immaterialismus) ist. Gegenstände existieren nur insofern sie wahrgenommen werden oder wahrgenommen werden können.

Esseg, Stadt in Kroatien, →Osijek.

Essen, Name von geographischen Objekten: **1) Essen,** kreisfreie Stadt in NRW, größte Stadt des Ruhrgebiets und sechstgrößte in Dtl., 625 000 Ew.; erstreckt sich vom hügeligen Gelände beiderseits der Ruhr im S über das nach N langsam abfallende Hellwegebene bis über Rhein-Herne-Kanal und Emscher (30–202 m ü. M.). Die früher durch Kohleförderung und Eisenerzeugung geprägte Stadt hat heute eine wirtschaftl. Schwerpunkt auf Handel und Dienstleistungen (v. a. Verwaltung) sowie Lehre und Forschung verlagert: Landessozialgericht, Landgericht, Postgiroamt, Wetteramt. E. ist Sitz eines kath. Bischofs, des Stifterverbandes der dt. Wissenschaft, des Kommunalverbandes Ruhrgebiet, des Landesumweltamtes, der Emschergenossenschaft, des Lippeverbandes, des Ruhrverbandes sowie zahlr. Wirtschaftsverbände und -vereinigungen. E. hat eine Universität – Gesamthochschule (gegr. 1972), Folkwang-Hochschule E. für Musik, Theater, Tanz, Verwaltungs- und Wirtschaftsakademie, Rheinisch-Westfäl. Institut für Wirtschaftsforschung und zahlr. weitere Bildungs- und Forschungseinrichtungen. Wichtige Museen: Museum Folkwang (→Folkwangmuseum), Dt. Plakatmuseum, Ruhrlandmuseum mit den Außenanlagen Halbach- und Deilbachhammer sowie Ruine Isenburg, →Villa Hügel mit Histor. Sammlung Krupp. E. ist Zentrum der dt. Energiewirtschaft mit den Verwaltungssitzen der Rheinisch-Westfäl. Elektrizitätswerk AG (RWE), der Ruhrgas AG und der STEAG Aktiengesellschaft. Weitere führende Wirtschaftsunternehmen haben in E. ihren Sitz (Ruhrkohle AG, Fried. Krupp AG Hoesch-Krupp, Hochtief AG, Karstadt AG).

Während der früher bedeutende Steinkohlenbergbau 1986 eingestellt wurde, hat die Eisenindustrie seit der Stahlkrise ihr Schwergewicht von der Erzeugung auf die Verarbeitung verlagert; die Krupp-Werke stellen heute Motoren, Lastkraftwagen, Lokomotiven, Stahlbauten und Edelstähle her; ferner hat E. Elektro-, Brauerei-, Maschinenbau-, Leichtmetall-, Druck- und chem. Industrie. Als Messestadt empfängt E. etwa 1,5 Mio. Besucher jährlich. Eine U-Bahn ist seit 1977 im Ausbau. Die drei durch E. führenden Autobahnen sind im Bereich der City z. T. in Tunnels geführt. Am Rhein-Herne-Kanal besitzt E. einen Industriehafen (etwa 1 Mio. t Umschlag).

46% des 210 km² umfassenden Stadtgebietes sind Grünflächen. Im S leitet der Grugapark (mit Gruga-

Essen 1): Stadtwappen

größte Stadt und Zentrum des Ruhrgebiets
·
beiderseits der Ruhr bis zur Emscher
·
30–202 m ü. M.
·
625 000 Ew.
·
Universität – Gesamthochschule (1972 gegr.)
·
Steinkohlenbergbau (1317–1986)
·
Eisenverarbeitung (Krupp-Werke)
·
Grugapark
·
Damenstift, 852 gegr.
·
Essener Münster (ehem. Stiftskirche)
·
oberhalb des Baldeneysees Villa Hügel

halle und -stadion) zu den aufgelockerten Wohn- und Villenvierteln im Erholungsgebiet des Ruhrtals (Regattastrecke auf dem →Baldeneysee) über. Auch in der Emschertalung im nördl. Stadtgebiet sind zw. den Arbeitersiedlungen und Industrieanlagen große Erholungsgebiete auf ehem. Zechengelände entstanden.

Essen 1): Blick über die Stadt; in der Bildmitte das Rathaus, links davor das Münster, rechts davor die ehemalige Synagoge

Stadtbild: Das Münster ist die ehem. Stiftskirche des Damenstifts; vom spätotton. Bau sind die Krypta (›Ostkrypta‹, 1051 geweiht) und das Westwerk (innen als halber Zentralbau angelegt) z. T. erhalten; das Langhaus zeigt schlichte got. Formen. Das Münster ist durch ein Atrium mit der Johanniskirche (1471) verbunden, darunter die Adveniatkrypta (›Westkrypta‹; 1981–83, mit Betonreliefs von E. WACHTER); reicher Münsterschatz mit Werken des 10. und 11. Jh. – In E.-Werden liegen die ehem. Benediktiner-Abteikirche St. Liudger (heute Propsteikirche) der um 800 gegründeten Reichsabtei (mit karoling. Ringkrypta, 827–839; otton. Westwerk, 943 geweiht; Lang- und Querhaus aus der Mitte des 13. Jh.; Kirchenschatz) und die Pfarrkirche St. Lucius (1063 geweiht, 1957–59 nach Profanisierung rekonstruiert; Fresken des 11. Jh.), in Stoppenberg die ehem. Prämonstratenserkirche von 1073 (Taufbecken des 12. Jh.). – E. besitzt mehrere Beispiele des modernen Kirchenbaus, u. a. St. Engelbert, eine Backsteinbasilika von D. BÖHM (1934–36), die Auferstehungskirche in Huttrop, ein Zentralbau von O. BARTNING (1929–30), St. Franziskus von R. SCHWARZ (1958) sowie von G. BÖHM die Pfarrkirche zum Hl. Geist in Katernberg (1955–58, eine Zeltkonstruktion) und St. Matthäus (1973–77) in Kettwig. Die Alte Synagoge (1911–13) ist heute Gedenkstätte; die Neue Synagoge, ein Halbkugelbau mit Metallverkleidung, wurde 1958/59 errichtet. Bemerkenswerte Bauten des 20. Jh. sind ferner: das Opernhaus (1983–88, Entwurf von A. AALTO; 1989 eröffnet) und das Verwaltungsgebäude der Ruhrkohle AG (1956–60, von E. EIERMANN). Wichtige Beispiele der Industriearchitektur sind die Malakofftürme über Schacht Wilhelm in Frillendorf (1847–50) und über Schacht Carl I in Altenessen (1859–61), der Wasserturm von Frillendorf (1925, expressionist. Backsteinbau), v. a. aber die Zeche Zollverein XII (1927–32, von F. SCHUPP und M. KREMMER), die seit 1990 zu einem Kulturzentrum umgebaut wird (Umbau des Kesselhauses zum Domizil des Design-Zentrums Nordrhein-Westfalen e. V. durch Sir N. FOSTER, 1995–97). Die Gartenstadt Margarethenhöhe (1909) war für den Wohnsiedlungsbau beispielhaft. – Schloss Borbeck (16./17. Jh.) wurde im 18. Jh. erneuert. Das Stiftswai-

Essen 1):
›Goldene Madonna‹;
Ende des 10. Jh.
(Essen, Münsterschatzmuseum)

senhaus in Steele, ein Barockbau von 1765–69 (unverändert erhalten), dient noch seinem ursprüngl. Zweck.

Geschichte: Keimzelle der Stadt ist das um 852 gegründete Damenstift für die Töchter des Hochadels, das sich im 10./11. Jh. als Reichsabtei ein kleines Territorium unter Leitung seiner Äbtissin im Rang einer Reichsfürstin schuf. Schirmvögte waren nacheinander die Grafen von Berg, von der Mark, die Herzöge von Jülich-Kleve-Berg und seit 1609 die Markgrafen von Brandenburg. In Verbindung mit dem Stift entstand eine Kaufmanns- und Handwerkersiedlung. Kaiser KARL IV. verlieh E. 1377 die erstrebte Reichsunmittelbarkeit, andererseits wurde 1380 der Äbtissin die Landesherrschaft bestätigt. Der Kohlenbergbau ist im Gebiet E.s bereits 1317 bezeugt. Seit dem 15. Jh. war E. ein Mittelpunkt der Büchsenmacherei. 1670 wurde der Stadt polit. und wirtschaftl. Selbstständigkeit unter der Äbtissin zugestanden. 1802/03 wurde das Stift säkularisiert und fiel an Preußen (1806–13 Teil des Großherzogtums Berg).

Die drei alten städt. Marktflecken E., Werden und Steele (beide 1929 eingemeindet) bildeten den Ausgang der großflächigen Besiedlung, die um die Mitte des 19. Jh. mit dem Abteufen der ersten Zechen im mittleren und nördl. Stadtgebiet begann. Der industrielle Aufschwung im 19. Jh. ist eng mit der Entwicklung der Krupp-Werke verbunden, die sich im W der Stadt ausbreiteten. Die überregionale Bedeutung E.s wurde durch den Ruhrhafen (1842) und den Anschluss an das Eisenbahnnetz (1872–77) gesichert. Nach 1823 wuchs E. über seine mittelalterl. Begrenzung hinaus. Die Bevölkerungszahl stieg von (1861) 7 700 Ew. über (1880) 177 000, (1900) 396 000 auf (1910) 552 000 Ew. Die Zerstörungen des Zweiten Weltkriegs (1942–45; v. a. am 5. 3. 1943) minderten E.s Stellung im Ruhrrevier nicht.

W. SCHNEIDER: E., Abenteuer einer Stadt (Neuausg. 1978); Essener Bibliogr. 1574–1968, hg. v. W. SELLMANN, 2 Bde. (1980–86), für Berichtszeit 1969 ff. Jahresbände (1970 ff.); H. MOHAUPT: Kleine Gesch. E.s (²1993); WOLFGANG SCHULZE u. F. LAUBENTHAL: Denkmal E. (1993).

2) Essen, kath. Bistum, 1957 errichtet, um das Ruhrgebiet als wichtigen Industriebezirk unter einheitl. kirchl. Leitung zu stellen. Es wurde aus Teilen der Bistümer Köln, Münster und Paderborn gebildet und gehört als Suffraganbistum zur Kirchenprovinz Köln. Bischof ist seit Dezember 1991 HUBERT LUTHE (* 1927). (→katholische Kirche, ÜBERSICHT)

3) Bad Essen, Gem. im Landkreis Osnabrück, Ndsachs., am Fuß des Wiehengebirges, 15 000 Ew.; Thermal-Sole-Heilbad.

Essener [wahrscheinlich zu aramäisch ḥasen ›Frommer‹], **Essäer,** von PHILO VON ALEXANDRIEN und FLAVIUS JOSEPHUS beschriebene jüd. Gemeinschaft von ordensähnl. Verfassung. Sie entstand in der Zeit der Makkabäer (um 150 v. Chr.) und bestand bis zum Jüd. Krieg (70 n. Chr.). Ein Teil ihres Schrifttums wurde am Toten Meer (→Qumran) entdeckt. Die E. hielten den Tempel- und Opferdienst in Jerusalem für entartet. Es herrschte Gütergemeinschaft, für die engere Gemeinde auch Ehelosigkeit. Das Leben war bestimmt durch rigorose Disziplin, tägl. Waschungen, regelmäßigen Rhythmus von Gebet, Schriftauslegung, Mahlzeiten kult. Charakters und Arbeit. Das Weltbild war dualistisch und eschatologisch: Gott und →Belial, die Kinder des Lichts und der Finsternis, liegen im Kampf. Der letzte Krieg steht bevor, in dem die Macht Belials gebrochen wird.

K. SCHUBERT: Die jüd. Religionsparteien in neutestamentl. Zeit (1970); Antike Berichte über die E., hg. v. A. ADAM, bearb. v. C. BURCHARD (²1972); G. STEMBERGER: Pharisäer, Sadduzäer, E. (1991); Die Qumran-Essener. Texte der Schriftrollen u. Lebensbild der Gemeinde, hg. v. JOHANN MAIER u. K. SCHUBERT (³1992); H. STEGEMANN: Die E., Qumran, Johannes der Täufer u. Jesus (⁴1994).

essential..., Schreibvariante für essenzial...

essentiell..., Schreibvariante für essenziell...

Essentuki [je-], Stadt in Russland, →Jessentuki.

Essenz [lat. essentia ›Wesen(heit)‹, zu esse ›sein‹] *die, -/-en,* 1) *ohne Pl., bildungssprachlich* für: das Wesentliche, der Kern, das Wesen (einer Sache).
2) *Lebensmittelchemie:* konzentrierte, meist alkohol. Lösung von äther. Ölen oder anderen, meist pflanzl. Stoffen zur Geschmacks- und Geruchsverbesserung von Nahrungsmitteln und Getränken.
3) *Pharmazie:* alte Bez. für Auszüge aus Pflanzen sowie von alkohol. Lösungen äther. Öle oder Duftstoffe. Außerdem in der Homöopathie gebräuchl. Begriff für so genannte Urtinkturen, den Ausgangszubereitungen homöopath. Arzneimittel.
4) *scholast. Philosophie:* **Essentia,** *das* →Wesen.

Essenzialen *Pl.,* engl. **Essentials** [ɪˈsenʃlz; gekürzt aus essential goods ›lebensnotwendige Güter‹, unentbehrliche und im Inland nicht oder nicht ausreichend produzierte oder nur mit unverhältnismäßig hohen Kosten herzustellende Güter, auf die die Einfuhren der meisten europ. Staaten in der ersten Nachkriegszeit bei Zahlungsbilanzschwierigkeiten beschränkt wurden. Bestimmungen, die eine Bevorzugung der Einfuhr von E. vorsehen, bestehen gegenwärtig in den meisten Entwicklungsländern, da deren Devisenmangel die Liberalisierung ihrer Einfuhren oft nicht gestattet. E. im Sinne dieser Bestimmungen sind v. a. Investitionsgüter und z. T. Nahrungsmittel.

Essenziali|en *Pl.,* lat. **Essentialia,** die das Wesen eines Rechtsgeschäfts bestimmenden, vom Ges. als notwendig gefordertn oder nach dem Parteiwillen als wesentlich erachteten Bestandteile eines Rechtsgeschäfts; Ggs.: →Akzidentalien.

Essenzialismus *der, -,* philosoph. Begriff zur Kennzeichnung einer Lehre, die den Vorrang des Wesens (Essenz, lat. essentia) behauptet. Im Ggs. zum Existenzialismus ordnet der E. das Dasein (Existenz, lat. existentia) dem Wesen unter. Der Begriff wurde u. a. von É. GILSON verwendet, der die abendländ. Philosophie bis zu G. W. F. HEGEL durch einen E. geprägt sah, mit Ausnahme von THOMAS VON AQUINO, der eine existenzielle Philosophie vertreten habe.

essenziell [frz., zu lat. essentia ›Wesen(heit)‹], 1) *bildungssprachlich* für: 1) wesentlich; 2) wesensmäßig.
2) *Medizin:* selbstständig, eigenständig; auf Krankheitserscheinungen bezogen, die nicht symptomatisch für bestimmte Krankheiten sind, sondern ein eigenständiges Krankheitsbild (meist ohne fassbare Ursache) darstellen.
3) *Physiologie:* zur Kennzeichnung von Nahrungsinhaltsstoffen gebraucht, die für das Organismus lebensnotwendig sind und von diesem nicht aus anderen Stoffen aufgebaut werden können (z. B. essenzielle →Aminosäuren, essenzielle →Fettsäuren).

Essequibo [-ˈkwiːboʊ] *der,* der längste (965 km) und wichtigste Fluss in Guyana, entspringt in den Kamoa Mountains, durchquert das Land von S nach N durch trop. Regenwald (viele Wasserfälle) und mündet nordwestlich von Georgetown in den Atlantik.

Esser, Josef, Jurist, * Schwanheim (heute zu Frankfurt am Main) 12. 3. 1910; Prof. in Greifswald, Innsbruck, Mainz und Tübingen; Zivilrechtslehrer mit Betonung der durch die Erkenntnisse der Rechtssoziologie und der Rechtsvergleichung gewonnenen method. Fortschritte.
Werke: Wert u. Bedeutung der Rechtsfiktionen (1940); Grundl. u. Entwicklung der Gefährdungshaftung (1941); Lb. des Schuldrechts (1949); Grundsatz u. Norm in der richterl. Fortbildung des Privatrechts 1956).

Essex [ˈesɪks], Cty. in SO-England, 3 672 km², 1,49 Mio. Ew., Verw.-Sitz ist Chelmsford. E. grenzt im S an London und die Themse, im O an die Nordsee. Basil-

don und Harlow sind Entlastungsstädte für London (New Towns). Das trockenere Klima begünstigt Ackerwirtschaft und Sonderkulturanbau (Obst, Gemüse). Die Industrie steht unter dem Einfluss Londons; Textil-, chem., Maschinenbau-, Nahrungsmittel-, Zementindustrie. – Die Römer hatten im Gebiet des heutigen E., das in vorröm. Zeit nur dünn besiedelt war, Schwerpunkte ihrer Kolonisation (v. a. Camulodunum, das spätere →Colchester). Wohl seit dem frühen 5. Jh. besiedelten Sachsen das Land und gründeten das Königreich Eastseaxe (Ostsachsen), das im 7. Jh. auch Middlesex einbezog und London zu seinem Zentrum machte. Im 8. Jh. fiel E. unter die Oberherrschaft der Könige von Mercien, im 9. Jh. unter der Könige von Wessex; 860 verlor es seine Selbstständigkeit.

E., hg. v. A. MEE (Neuausg. London 1951); B. YORKE: The kingdom of the East Saxons, in: Anglo-Saxon England, Jg. 14 (Cambridge 1985).

Essex
Wappen

Essex [ˈesɪks], engl. Grafentitel (Earl of E.), erstmals 1140 von König STEPHAN an GEOFFREY DE MANDEVILLE († 1144) vergeben, der ihn später verriet und für seine Raubzüge und Gesetzlosigkeiten berüchtigt war. HEINRICH VIII. verlieh den Titel 1540 an seinen Min. T. CROMWELL; 1572–1646 war er im Besitz der Familie Devereux, seit 1661 im Besitz der Familie Capel. Bedeutende Vertreter:
1) Robert **Devereux** [ˈdevərʊ], 2. Earl of E. (seit 1576), * Netherwood (Cty. Hereford and Worcester) 10. 11. 1567, † London 25. 2. 1601, Vater von 2); Günstling der engl. Königin ELISABETH I.; 1599 als Statthalter in das aufständ. Irland gesandt. Als er sich hier auf einen Waffenstillstand einließ, wurde er abgesetzt; darauf unternahm er einen Aufstandsversuch und wurde hingerichtet.
R. LACEY: Robert, Earl of E. (New York 1971).
2) Robert **Devereux** [ˈdevərʊ], 3. Earl of E. (seit 1604), * London im Januar 1591, † ebd. 14. 9. 1646, Sohn von 1); wurde 1642, zu Beginn des Bürgerkrieges zw. den Anhängern König KARLS I. und denen des Parlaments, Oberbefehlshaber des Parlamentsheeres; 1644 von den königl. Truppen bei Lostwithiel (Cornwall) vernichtend geschlagen.

**Robert Devereux,
2. Earl of Essex**
(Ausschnitt aus einem Gemälde; 1597)

Essig [ahd. eʒʒih, zu lat. acetum, wohl verwandt mit acer ›scharf‹], sauer schmeckendes, flüssiges Würz- und Konservierungsmittel, im Wesentlichen eine verdünnte Lösung von →Essigsäure (und Aromastoffen) in Wasser, die durch Vergären (→Gärung) von alkoholhaltigen Flüssigkeiten (Maischen) mit Essigsäurebakterien (Essigsäuregärung, **Gärungs-E.**) oder durch Verdünnen konzentrierter E.-Säure (**E. aus E.-Säure**) gewonnen wird. Der handelsübl. E. hat einen Gehalt von 5 bis 15,5 g E.-Säure pro 100 ml. Die Kennzeichnung erfolgt als E. mit Angabe der Ausgangs- und Rohstoffe: Branntwein-E., Wein-E., Malz-E., Obst-E., Kräuter-E. (Gewürz-E.); Letzteren erhält man durch Auslaugen von Gewürzkräutern mit E. Wird E. aus Sprit hergestellt (wobei die Maische nur aus verdünntem Alkohol besteht), so setzt man zur Förderung des Bakterienwachstums geringe Mengen von Malzextrakt und Nährsalzen zu. Weiter werden unterschieden: E. aus E.-Essenz; E., hergestellt unter Zusatz von E.-Essenz sowie E., hergestellt unter Zusatz von E.-Säure.
Die *Herstellung* von Gärungs-E. erfolgte früher nach dem **Orléans-Verfahren,** einem Oberflächengärverfahren, bei dem die alkoholhaltige Maische ›ruhend‹ in mit Luftlöchern versehenen Fässern oder offenen Gärbottichen vergoren wurde; dabei bildeten die Essigsäurebakterien auf der Flüssigkeit eine Haut (**E.-Kahm, E.-Mutter**). Dieses Verfahren lieferte bes. aromareichen E., erforderte aber einen großen Zeitaufwand. Aus ihm entwickelten sich die **Fesselgärverfahren (Schnellessigverfahren),** bei denen die Essig-

säurebakterien auf großflächigen (lockeren) Trägermaterialien fixiert sind, über die man die Maische unter Luftzufuhr leitet, wobei der Alkohol zu E.-Säure oxidiert wird. – Bevorzugt wird heute das **Generatorverfahren (Rundpumpverfahren),** bei dem die Maische mehrfach durch 4–5 m hohe, mit Holzspänen gefüllte Behälter (E.-Generatoren) gepumpt wird, bis der Alkohol in E.-Säure umgewandelt ist. Dabei werden die Menge der Aufgussmaische, die Luftzufuhr und die Temperatur automatisch geregelt. – Große Bedeutung für die Gewinnung von Gärungs-E. haben heute auch mehrere **submerse Gärverfahren,** bei denen die alkoholhaltigen Lösungen durch frei schwimmende Essigsäurebakterien in speziellen Fermenter (bes. Frings-Acetator) unter kontrollierten Bedingungen (Regelung von Alkoholkonzentration, Luftzufuhr und Temperatur) in E. übergeführt werden.

Da die im E. enthaltene E.-Säure viele Metalle angreift und zur Bildung von z.T. gesundheitsschädl. Metallsalzen führt, darf E. nicht in Metallgefäßen hergestellt oder aufbewahrt werden. E. kommt deshalb in säurebeständigen Behältern in den Handel. Der Umgang und Handel mit E. und E.-Säure ist in Dtl. durch die VO über den Verkehr mit E. und E.-Essenz vom 25. 4. 1972 geregelt. Die Verwendung von E. aus synthet. E.-Säure für Lebensmittelzwecke ist in den meisten Ländern verboten.

Kulturgeschichte: Die E.-Bereitung ist so alt wie die Erkenntnis, dass sich Alkohol beim Stehenlassen in E. verwandelt. Ägypter, Assyrer, Babylonier, Juden, Griechen, Römer und Germanen stellten so ihren E. her, der außer zur Bereitung saurer Speisen auch zum Haltbarmachen von Fleisch und Gemüse, als durststillendes Getränk sowie als Arzneimittel diente. Vor Erfindung des Holzfasses wurde E. in großen Tonkrügen aus Bier, Wein und Obstwein bereitet. Das Orléans-Verfahren war schon im MA., bes. in Frankreich, sehr verbreitet.

K. HERRMANN: E., in: Hb. der Lebensmittelchemie, hg. v. L. ACKER u.a., Bd. 6 (1970); H. EBNER: E., in: Ullmanns Encyklopädie der techn. Chemie, hg. v. E. BARTHOLOMÉ u.a., Bd. 11 (⁴1976).

Essig, Hermann, Schriftsteller, *Truchtelfingen (heute zu Albstadt) 28. 8. 1878, †Berlin 21. 6. 1918; lebte ab 1904 in Berlin, war ab 1913 Mitgl. des Sturmkreises; von F. WEDEKIND beeinflusster satir., expressionist. Dramatiker mit gesellschaftskrit. Themen; schrieb auch Romane und Erzählungen.

Essig|älchen, Turbatrix aceti, Anguillula aceti, bis 2,3 mm langer, zu den →Älchen gestellter Fadenwurm; lebt von Bakterien, v.a. in Essig, aber auch in anderen, teils sauren, teils nichtsauren Substanzen; kommt öfter in Gärbottichen von Essigfabriken vor, von wo er häufig durch eine Taufliegenart (Große Essigfliege) weiterverbreitet wird.

$$CH_3-C\lessgtr{}^{O}_{OH}$$

Essigsäure

Essigbaum, Hirschkolbensumach, Rhus typhina, Art der Gattung Sumach; bis 12 m hoher, in Nordamerika beheimateter Baum mit großen, unpaarig gefiederten, im Herbst purpurroten Blättern, grünlich gelben Blüten und rostbraunen, samtigen, einem kolbigen Hirschgeweih ähnl. Fruchtständen; ein häufiges Ziergewächs in Gärten und Parkanlagen.

Essigdorn, Pflanzenart der Gattung →Berberitze.

Essig|essenz, gereinigte, mit Wasser verdünnte Essigsäure, die in 100 g mehr als 15,2 g (15,5 g je 100 ml), jedoch höchstens 25 g wasserfreie Essigsäure enthält; hergestellt durch Zusatz reiner Essigsäure zu Essig. E. darf wegen ihrer ätzenden Wirkung nur in bes. geformten Flaschen aus Werkstoffen, die von E. nicht angegriffen werden, mit dem Hinweis ›Vorsicht! Nicht unverdünnt genießen‹ in den Handel gebracht werden.

Essig|ester, Trivial-Bez. für Essigsäureäthylester (→Äthylacetat).

Essigfliegen, die →Taufliegen.

Essigrose, Art der Gattung →Rose.

Essigsäure, Äthansäure, Ethansäure, CH_3-COOH, wichtigste organ. Säure, nach der Ameisensäure das nächste Glied in der Reihe der →Carbonsäuren. E. ist eine farblose, stechend riechende Flüssigkeit, die mit Wasser und den meisten organ. Lösungsmitteln mischbar ist. Reine E. erstarrt bei 16,6 °C zu eisähnl. Kristallen und wird deshalb auch als **Eisessig** bezeichnet; sie hat einen Siedepunkt von 117,9 °C und eine Dichte von 1,049 g/cm³. Konzentrierte E. muss wegen ihrer stark ätzenden Wirkung vorsichtig gehandhabt werden. – E. kommt in Form ihrer Salze und Ester, der **Acetate,** in der Natur verbreitet vor; in freier Form findet sie sich in manchen Pflanzensäften und tier. Sekreten. Im menschlichen und tierischen Stoffwechsel spielt die ›aktivierte E.‹ (→Coenzym A) eine wichtige Rolle.

E. bildet sich durch Gärung verdünnter wässriger Lösungen von Alkohol unter dem Einfluss von E.-Bakterien (→Essig). Technisch wird E. nach unterschiedl. Verfahren synthetisch hergestellt, v.a. durch Oxidation von Acetaldehyd, durch katalyt. Umsetzung von Methanol mit Kohlenmonoxid (›Carbonylierung‹) und durch Direktoxidation von Kohlenwasserstoffen (u.a. Butan, Buten, Benzin). Durch Holzverkohlung gewonnene E. **(Holzessig)** hat keine Bedeutung mehr. – E. wird v.a. zu E.-Estern weiterverarbeitet, wobei Vinylacetat (für Kunststoffe), Celluloseacetat (Faserrohstoff), Äthylacetat und Butylacetat (Lösemittel) die größte Bedeutung haben. E. wird auch als techn. Lösemittel für Oxidationen und Acetylierungen sowie zur Herstellung von →Peressigsäure und →Chloressigsäuren verwendet. Wichtige Salze sind das beim Färben (Beizmittel) und Imprägnieren von Textilien verwendete Aluminiumacetat, das als Egalisiermittel in der Färberei dienende Ammoniumacetat und das u.a. zum Abstumpfen von Säuren gebrauchte Natriumacetat.

Essigsäureamid, das →Acetamid.

Essigsäureanhydrid, das →Acetanhydrid.

Essigsäureäthylester, das →Äthylacetat.

Essigsäurebakteri|en, Essigbakteri|en, eine Gruppe von Bakterien, die zu den Gattungen **Acetobacter** und **Acetomonas** gehören: gramnegative, bewegl. oder unbewegl. Stäbchen, die v.a. in freigesetzten Pflanzensäften leben. Charakteristisch ist ihre Fähigkeit zu unvollständigen Oxidationen. Technisch werden E. verwendet zur Erzeugung von Sorbose aus Sorbit (bei der Vitamin-C-Synthese), von Gluconsäure aus Glucose und v.a. von Essigsäure (bzw. Essig) aus alkoholhaltigen Flüssigkeiten (bzw. Maischen).

Essigsäurechlorid, das →Acetylchlorid.

Essigsäurenitril, das →Acetonitril.

essigsaure Tonerde, wässrige Lösung von bas. Aluminiumacetat; schwach desinfizierend und zusammenziehend. Anstelle von e. T. wird heute meist **essigweinsaure Tonerde** (Aluminiumacetattartratlösung) zur Wundbehandlung, für Umschläge u.a. verwendet.

Essiv [zu lat. esse ›sein‹] *der, -s, Sprachwissenschaft:* Kasus zur Bez. der Befindlichkeit in einem Zustand (z.B. finn. ›lapse-na‹, ›als Kind‹), einer Ortsangabe (z.B. finn. ›koto-na‹, ›daheim‹) oder einer Zeitbestimmung (z.B. finn. ›joulu-na‹, ›zu Weihnachten‹).

Esskastani|e, die →Edelkastanie.

Esskohle, Klasse der Steinkohle (→Kohle).

Esslingen, Name von geographischen Objekten:
1) Esslingen, Landkreis in Reg.-Bez. Stuttgart, Bad.-Württ., 641 km², 490 000 Ew.; Verw.-Sitz ist Esslingen am Neckar. Der Landkreis E. ist einer der kleinsten und am dichtesten besiedelten in Bad.-Württ.; er erstreckt sich vom Schurwald im N bis auf die Karstfläche der Schwäb. Alb im S (Römerstein

874 m ü. M.), Schönbuch und Filderebene im W; im NW grenzt er an Stuttgart (Flughafen Stuttgart-Echterdingen). Der zentrale Landschaftsraum des Kreises und zugleich wirtschaftl. Schwerpunkt (mit den Städten Nürtingen und Esslingen am Neckar) ist das Neckartal, v. a. ab Plochingen. Hier besteht eine hohe Industriedichte (Kraftfahrzeug-, Gerätebau, Elektro-, Papierindustrie) mit vielen handwerkl. Zulieferbetrieben. In der Landwirtschaft werden auf fruchtbaren Lösslehmböden v. a. Weizen und Weißkohl (›Filderkraut‹) angebaut, an den Südhängen des Neckartals auch Wein und Obst (Kirschen). Die höheren Lagen am Rande des Kreises sind bewaldet; die Burgruinen am Albrand (Hohenneuffen, Teck) und die Falkensteiner Höhle sind beliebte Fremdenverkehrsziele.

Esslingen 2): Blick auf die bis zu den Höhen des Schurwaldes sich erstreckende Stadt mit Teilen der Befestigungsanlage im Hintergrund

2) Esslingen am Neckar, Große Kreisstadt in Bad.-Württ., Verw.-Sitz des Landkreises E., südöstlich von Stuttgart, 230–498 m ü. M., in einer Weitung und an den Hängen des Neckartales (dort Weinbau) und auf den umliegenden Höhen der Filder und des Schurwaldes, 92 000 Ew.; Fachhochschulen für Technik, Sozialwesen und Kirchenmusik, Stadtmuseum, Württembergische Landesbühne. In der vielseitigen Industrie herrschen Stahl-, Maschinen- und Fahrzeugbau vor, gefolgt von elektrotechn., feinmechan. und opt. Industrie. – Das Bild der Altstadt wird durch zahlr. repräsentative Klosterpfleghöfe und Barockbauten geprägt. Die ev. Stadtkirche, ehem. St. Dionys (auf Vorgängerbauten 13./14. Jh., mit Glasfensterzyklus um 1300), birgt ein Kirchenmuseum; die ehem. Dominikanerkirche, heute Münster St. Paul (13. Jh.), ist die älteste erhaltene ev. Bettelordenkirche; die Frauenkirche (2. Viertel des 14. Jh.) ist eine der frühesten got. Hallenkirchen Schwabens; Altes Rathaus (Fachwerkbau um 1422, Marktseite 1586–89 im Renaissancestil umgebaut). Die Stadt wird überragt von Teilen der ehem. Stadtbefestigung (›Burg‹). – Das 777 erstmals erwähnte E. erhielt um 800 Marktrecht. 1228 Stadt geworden, ging E. aus dem Interregnum als Reichsstadt hervor, die im 14. und 15. Jh. Führerin der Städte unter der Alb war. 1802 wurde E. württembergisch. – Mit der Reichsmünzordnung von E. (1524) wurde der Taler erstmals zur Reichsmünze erklärt.
O. BORST: Gesch. der Stadt E. (1977).

Esso AG, Mineralölunternehmen, Sitz: Hamburg; gegr. 1890 in Bremen unter der Bez. Dt.-Amerikan. Petroleum Gesellschaft (DAPG) als Jointventure zw. norddt. Reedern und Kaufleuten sowie der amerikan. Standard Oil Co. (heute Exxon Corp.), die 1904 das gesamte Aktienkapital übernahm; firmiert seit 1951 unter der heutigen Bez.; Tochtergesellschaft der →Exxon Corp.; Umsatz (1995): 9,87 Mrd. DM, Beschäftigte: 2400.

Esson [esn], Louis, austral. Schriftsteller schott. Herkunft, *Edinburgh 10. 8. 1878, †Sydney 21. 11. 1943; versuchte unter dem Einfluss von W. B. YEATS, ein austral. Nationaltheater aufzubauen. Obwohl E. auch Lyrik und zahlr. Kurzgeschichten schrieb, wirkte sein dramat. Werk, in dem er Themen und Figuren aus dem Erfahrungsbereich des austral. Publikums auf die Bühne brachte, am nachhaltigsten.

Essonne [ɛˈsɔn], **1)** die, linker Zufluss der Seine, Frankreich, mündet bei Corbeil-Essonnes, südlich von Paris.
2) Dép. in Frankreich, südlich von Paris, in der Île-de-France, 1 804 km², 1,149 Mio. Ew.; Verw.-Sitz: Évry.

Es-Souna [-ˈsuna], Grabmal des Numiderkönigs MASSINISSA in NO-Algerien, 16 km südöstlich von Constantine. Von dem mehrgliedrigen Hausteinbauwerk sind der quadratisch-stufenförmige Unterbau, das quadrat. Mittelgeschoss und wuchtige pun. Stelen des Obergeschosses erhalten. Die Grabbeigaben der 1915 im Fundament ausgegrabenen Grabkammer befinden sich im Museum von Constantine.

Essstäbchen, chin. **Kuaizi,** engl. **Chopsticks** [ˈtʃɔpstɪks], ostasiat. Essgerät, Stäbchenpaar aus Holz, Knochen oder Elfenbein.

Esswood [ˈeswʊd], Paul Lawrence Vincent, brit. Sänger (Countertenor), *West Bridgford (bei Nottingham) 6. 6. 1942; debütierte 1965, wurde v. a. durch seine Zusammenarbeit mit N. HARNONCOURT bekannt; trat mit Werken von C. MONTEVERDI, A. SCARLATTI und G. F. HÄNDEL sowie als Bach-Interpret hervor.

Establishment [ɪsˈtæblɪʃmənt; engl. ›Einrichtung‹, zu to establish ›einrichten‹, ›festsetzen‹] das, -s/-s, Schlagwort bes. oppositioneller Gruppen für die aus ihrer Sicht auf Verfestigung ihrer Macht und Unterdrückung nicht privilegierter Schichten gerichteten Führungseliten in den zentralen staatl. und gesellschaftl. Institutionen.

Estadal der, -(s)/-(s), früheres span. und lateinamerikan. Längenmaß; 1 E. = zw. 3,33 und 3,36 m.

Estampe [ɛsˈtɑ̃p(ə); frz., aus ital. stampa, zu stampare ›drucken‹, ›prägen‹] die, -/-n, Abdruck eines Kupfer- oder Stahlstichs oder eines Holzschnitts.

Estampie [ɛstɑ̃ˈpi, frz.] die, -/...ˈpi|en, ital. **Istampita,** lat. **Stantipes,** im 13. und 14. Jh. ein weltl., vornehmlich instrumental vorgetragenes ein- oder mehrstimmiges Stück, das ähnlich wie Sequenz und Lai nach dem Prinzip der fortschreitenden Wiederholung geformt ist (AABBCC usw.). Die zwei Teile der Abschnitte (Puncta, z. B. BB) sind melodisch gleich, unterscheiden sich aber durch Halb- und Ganzschlusswendungen, die bei den folgenden Puncta kehrreimartig wiederkehren. Nach einer Anzahl gleichartiger Schlüsse kann eine neue Schlussmelodie eingeführt werden. Eine E. bestand aus sechs oder sieben Puncta.

Estang [ɛsˈtɑ̃], Luc, frz. Schriftsteller, eigtl. **Lucien Bastard** [basˈtaːr], *Paris 12. 11. 1911, †Paris 25. 7. 1992; seine von Christentum und Spiritualismus geprägten Werke gehören in den Umkreis des →Renouveau catholique.

Werke (Auswahl): *Romane:* Trilogie Charges d'âmes: Les stigmates (1949; dt. Gezeichnete), Cherchant qui dévorer (1951; dt. Und suchet, wen er verschlinge), Les fontaines du grand abîme (1954; dt. Brunnen der Tiefe); L'horloger du cherche-midi (1959; dt. Die Stunde des Uhrmachers); Le bonheur et le salut (1961; dt. Das Glück und das Heil); Que ces mots répondent (1964; dt. Mögen diese Worte meine Antwort sein); Le loup meurt en silence (1984); Le démon de pitié (1987). – *Lyrik:* La laisse du temps (1977); Corps à cœur (1982).

Esslingen 2)
Stadtwappen

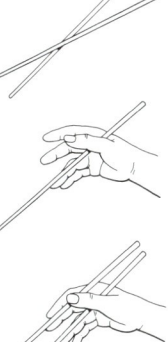

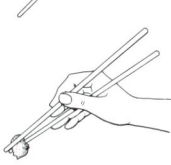

Essstäbchen

Estạnzia, Estạncia [-θ-; span., eigtl. ›Aufenthalt‹, ›Wohnung‹] *die, -/-s,* größerer landwirtschaftl. Betrieb mit Viehzucht im spanischsprachigen Südamerika, besonders in Argentinien; Hauptproduktionsziel ist Schlachtvieh; auch allg. für einen größeren landwirtschaftl. Betrieb oder das Gutshaus allein gebraucht.

Estaque [ɛsˈtak], Küstengebirge in S-Frankreich, nordwestlich von Marseille zw. Étang de Berre und Mittelmeer.

Estaunié [ɛstoˈnje], Édouard, frz. Schriftsteller, *Dijon 4. 2. 1862, †Paris 3. 4. 1942. Anfangs antiklerikal, ist sein Werk später spiritualistisch ausgerichtet. Seine psycholog. Romane beschreiben das geheimnisvolle Leben scheinbarer Durchschnittsmenschen.
Werke: *Romane:* L'empreinte (1895); La vie secrète (1908; dt. Das geheime Leben); Les choses voient (1913; dt. Die Dinge erzählen); L'ascension de M. Baslèvre (1921; dt. Segen der Liebe); L'appel de la route (1921; dt. Schwester Therese); L'infirme aux mains de lumière (1923); Le labyrinthe (1924; dt. Das Testament der Frau von Casterac); Tels qu'ils furent (1927); Madame Clapain (1932; dt. Der Fall Clapain).

Estavayer-le-Lac [ɛstavaˈje ləˈlak], Hauptort des Bez. La Broye, Kt. Freiburg, Schweiz, 463 m ü. M., am SO-Ufer des Neuenburger Sees, 3900 Ew.; Museum; Konserven-, Metallwarenindustrie, Apparatebau. – Mittelalterl. Stadtbild mit Laubengängen und Tortürmen, überragt von Schloss Chenaux (13. und 15. Jh.).

Ẹste, Villa d'E., Palast und Gartenanlage des Kardinals IPPOLITO II. D'ESTE in →Tivoli.

Ẹste, 1) *die,* linker Nebenfluss der Unterelbe, Ndsachs., in der nördl. Lüneburger Heide und im Alten Land, 50 km lang.
2) Stadt in der Prov. Padua, Venetien, Italien, 17600 Ew.; Agrarzentrum; chem. Industrie, Streichholzfabrik, Keramik. – Stammburg (Castello) der Este (Mitte des 11. Jh. gegr., 1338/39 wieder aufgebaut); neben dem Dom Santa Tecla (1690–1708) sind v. a. Santa Maria delle Consolazioni (16./17. Jh., auch ›degli Zoccoli‹ gen.), Santa Maria della Salute (1639) und San Martino (13. Jh., im 16. Jh. innen umgebaut) erwähnenswert. Im Palazzo Mocenigo (16. Jh.) das Museo Nazionale Atestino. – E., das antike Atẹste, an der Etsch (Atesis) gelegen, war Hauptort der Veneter (8.–4. Jh. v. Chr.), dann röm. Militärkolonie. Die Verlagerung der Etsch 589 n. Chr., verursacht durch Erdbeben und Überschwemmungen, ließ den Ort im Früh-MA. wirtschaftlich und politisch veröden. Im 11. Jh. wurde E. Sitz der Familie →Este. Im 13. Jh. kam es an Padua, 1405 mit Padua an Venedig.

Ẹste, ital. Adelsgeschlecht, hervorgegangen aus der fränk. Reichsaristokratie. Die Familie war zur Zeit KARLS D. GR. nach Oberitalien gekommen. Der Zweig, der sich im 11. Jh. bei der Stadt →Este die namengebende Burg erbaute, führte den Markgrafentitel. Markgraf ALBERT AZZO II. (†1097) war in 1. Ehe mit KUNIGUNDE (†vor 1055), der Erbin der älteren →Welfen, verheiratet. Seine Söhne, WELF (GUELFO) IV. (†1101) und – aus 2. Ehe – FULCO (FOLCO) I. (†um 1128/35), begründeten die beiden Zweige des Geschlechts: **Welf-E.,** die Linie der jüngeren Welfen in Dtl., und **(Fulc-)E.,** die ihr Ende des 13. Jh. in Italien, von der Familie →Este abzweigte. Markgraf BORSO wurde 1452 von Kaiser FRIEDRICH III. zum Herzog der Reichslehen Modena und Reggio, 1471 von Papst PAUL II. zum Herzog von Ferrara erhoben. Mit ALFONS II. (1559–97) starb die direkte Linie Fulc-E. aus. Ihr folgte mit CESARE (1597/1598) eine Bastardlinie, die auf Modena und Reggio beschränkt blieb, da das päpstl. Lehen Ferrara 1598 eingezogen wurde. 1796 bildeten diese Herzogtümer wie auch Ferrara die Zispadan. Rep., die 1797 in der Zisalpin. Rep. aufging. Für den Verlust wurden die E. im Frieden von Lunéville (1801) durch Breisgau und Or-

tenau entschädigt; 1803 starb die Linie mit ERCOLE III. (1780–96) im Mannesstamm aus. Die Erbtochter ERCOLES III., MARIA BEATRICE, heiratete Erzherzog FERDINAND KARL, den 3. Sohn Kaiser FRANZ' I. STEPHAN und MARIA THERESIAS, der so zum Begründer des Hauses Österreich-E. wurde. Nach dem Verlust des Breisgaus und der Ortenau (1805) erhielt dieses unter FRANZ (FRANCESCO) IV. (1806/1814/15–46) 1814/15 Modena zurück (1859/60 mit dem Königreich Italien vereinigt). Der Name Österreich-E. ging vom letzten Herzog, FRANZ (FRANCESCO) V. (1846–59), auf Erzherzog FRANZ FERDINAND über, nach dessen Ermordung am 28. 6. 1914 auf ROBERT (*1915), den 2. Sohn des späteren Kaisers KARL I. von Österreich.
L. CHIAPPINI: Gli Estensi (Mailand ²1970); W. L. GUNDERSHEIMER: Ferrara. The style of a renaissance despotism (Princeton, N. J., 1973).

Bedeutende Vertreter:
1) Alfonso I. d', Herzog von Ferrara, Modena und Reggio (seit 1505), *Ferrara 21. 7. 1476, †ebd. 31. 10. 1534, Sohn von 5), Vater von 6) und 10), Bruder von 3), 9) und 11); verheiratet in 1. Ehe (seit 1491) mit ANNA SFORZA (†1497), in 2. Ehe (seit 1501) mit LUCREZIA →BORGIA; befehligte im Krieg der Liga von Cambrai gegen Venedig die päpstl. Truppen. Als Venedig 1510 mit Papst JULIUS II. Frieden schloss, kämpfte er an der Seite der Franzosen. Vom Papst gebannt und weiter Gebiete beraubt (1510–27 Modena, 1512–23 Reggio), siegte er mit dem frz. Generalissimus GASTON DE FOIX am 11. 4. 1512 bei Ravenna über die Spanier. 1527 unterstützte er die nach Rom ziehenden Landsknechte G. VON FRUNDSBERGS.
2) Alfonso II. d', Herzog von Ferrara, Modena und Reggio (seit 1559), *28. 11. 1533, †27. 10. 1597, Sohn von 6); Gönner des Dichters TORQUATO TASSO; nahm 1566 am Türkenzug seines Schwagers, Kaiser MAXIMILIANS II., teil und kandidierte 1574 vergeblich für den poln. Thron. Nach kinderlosen Ehen setzte er seinen illegitimen Vetter CESARE (*1552, †1628) zum Erben ein. 1598 zog Papst KLEMENS VIII. Ferrara als erledigtes Lehen ein und vereinigte es mit dem Kirchenstaat.
3) Beatrice d', *29. 6. 1475, †2. 1. 1497, Tochter von 5), Schwester von 1), 9) und 11); verheiratet seit 1491 mit Herzog LUDOVICO (IL MORO) →SFORZA; förderte BRAMANTE und LEONARDO DA VINCI und trieb den Ausbau des Mailänder Kastells und der Certosa (Kartause) von Pavia voran.
4) Borso d', Markgraf, Herzog von Modena und Reggio (seit 1452), Herzog von Ferrara (seit 1471), *1413, †1471, natürl. Sohn NICCOLÒS III. (†1441), Halbbruder von 1); von Kaiser FRIEDRICH III. mit den zu Herzogtümern erhobenen Gebieten Modena und Reggio belehnt, von Papst PAUL II. mit Ferrara; ein typ. Fürst der Renaissance. An seinem Hof blühte die ›Malerschule von Ferrara‹ (F. DEL COSSA, E. DE' ROBERTI, C. TURA).
5) Ercole I. d', Herzog von Ferrara, Modena und Reggio (seit 1471), *Ferrara 26. 10. 1431, †ebd. 1505, legitimer Sohn NICCOLÒS III. (†1441), Vater von 1), 3), 9) und 11), Halbbruder von 4); brachte das Herzogtum wirtschaftlich und kulturell zu hoher Blüte. Durch die von ihm seit 1490 veranlasste Erweiterung und Befestigung der Stadt →Ferrara durch den Architekten B. ROSSETTI wurde diese trotz ihres mittelalterl. Stadtkerns zur ersten ›modernen Stadt‹ mit geraden, breiten Straßen.
6) Ercole II. d', Herzog von Ferrara, Modena und Reggio (seit 1534), *Ferrara 4. 4. 1508, †ebd. 3. 10. 1559, Sohn von 1) und LUCREZIA BORGIA, Vater von 2), Bruder von 10); 1556 mit Frankreich verbündet, schloss 1558 Frieden mit Spanien; verheiratet seit 1528 mit RENATA (*1510, †1575), der Tochter König LUDWIGS XII. von Frankreich und der ANNA VON

BRETAGNE. Da RENATA der reformator. Lehre zuneigte, wurde der Hof von Ferrara zum Sammelpunkt und Asyl vieler religiös Verfolgter aus dem Norden; 1536 empfing sie den Besuch CALVINS. Die Neigung RENATAS zu den kirchl. Neuerungen führte zum Dissens mit ERCOLE, der sie seine Politik der Aussöhnung mit dem Papst gefährdete; seit 1554 wurde sie im Palazzo Estense (heute Pareschi) gefangen gehalten.

7) Francesco III. d', Herzog von Modena und Reggio (seit 1737), *Modena 2. 7. 1698, †Varese 22. 2. 1780, Sohn von RINALDO I. (1694–1737), verheiratet seit 1720 mit CHARLOTTE, Tochter des frz. Regenten PHILIPPE II. D'ORLÉANS; schloss sich im Österr. Erbfolgekrieg den Franzosen an, verlor dabei seine Besitzungen, wurde durch den Aachener Frieden 1748 wieder darin eingesetzt. 1754 wurde er von Kaiserin MARIA THERESIA zum Gouv. der Lombardei erhoben.

8) Francesco IV. **von Österreich-E.,** Herzog von Modena (seit 1806, Regierungsantritt 1814/15), *Mailand 6. 10. 1779, †Modena 21. 1. 1846, Urenkel von 7), Sohn Erzherzog FERDINAND KARLS von Österreich (*1754, †1806) und der MARIA BEATRICE D'E. (*1750, †1829), Erbin Modenas; konnte erst nach dem Sturz NAPOLEONS I. die Regierung antreten. Um aus Modena, Parma und der Toskana ein konstitutionelles Königreich zu bilden, ging er geheime Verbindungen mit den Carbonari (→Carboneria) ein. Bloßgestellt, ließ er nach der Erhebung von 1831 die Carbonari grausam verfolgen.

9) Ippolito I. d', Kardinal, *Ferrara 20. 3. 1479, †ebd. 3. 9. 1520, Sohn von 5), Bruder von 1), 3) und 11); erhielt zahlreiche kirchl. Pfründe (mit sieben Jahren Erzbischof von Esztergom, mit 14 Jahren Kardinal, mit 17 Jahren Erzbischof von Mailand). Politisch und militärisch begabt, blieb er in die Politik seines Hauses verstrickt. Ihm widmete ARIOSTO den ›Orlando furioso‹.

10) Ippolito II. d', Kardinal, *Ferrara 25. 8. 1509, †Tivoli 2. 12. 1572, Sohn von 1) und LUCREZIA BORGIA, Bruder von 6); wurde mit zehn Jahren Erzbischof von Mailand. Auf Wunsch König FRANZ' I. von Frankreich 1539 zum Kardinal ernannt, vertrat er zeitlebens im Hl. Kollegium die ›frz. Partei‹ und war mehrfach deren Kandidat bei den Papstwahlen; Erbauer der Villa d'Este in →Tivoli.

11) Isabella d', *Ferrara 18. 5. 1474, †ebd. 1. 2. 1539, Tochter von 5), Schwester von 1), 3) und 9); seit 1490 verheiratet mit FRANCESCO →GONZAGA, Markgraf von Mantua; eine der großen Frauen der Renaissance, die viele Literaten und Künstler an den Hof von Mantua zog; bedeutende Kunstsammlerin, ließ ihre Studierzimmer (ital. studioli) mit Gemäldezyklen u. a. von A. MANTEGNA, PERUGINO, L. COSTA und CORREGGIO ausstatten; TIZIAN und LEONARDO DA VINCI porträtierten sie. Als der Herzog in venezian. Gefangenschaft geriet (1509/10), übernahm sie die Regierung und betrieb erfolgreich seine Freilassung.

Le studioli d'Isabelle d'E., Ausst.-Kat. (Paris 1975); V. BROSIO: La rosa e la spada. I. d'E. e Francesco Gonzaga (Turin 1980).

Estébanez Calderón [esˈteβanεθ -], Serafín, span. Schriftsteller, *Málaga 27. 12. 1799, †Madrid 5. 2. 1867; Anwalt, Gräzist und Arabist; hatte ab 1830 mehrfach hohe Staatsämter inne, wobei er seine frühen liberalen Auffassungen zugunsten konservativerer aufgab; beeinflusste das zeitgenöss. Kulturleben. Unter dem Pseudonym **El Solitario** veröffentlichte er Lyrik (›Poesías‹, 1831) und Skizzen (›Escenas andaluzas‹, 1847), in denen er ein romantisch idealisiertes Bild Spaniens entwirft.

Ausgabe: Obras completas, 2 Bde. (1955).

ESTEC, *Weltraumforschung:* →ESA.

Estekultur, mehrphasige eisenzeitl. Kulturgruppe in NO-Italien und W-Slowenien (10.–2. Jh. v. Chr.),

benannt nach der Stadt Este, in deren Nähe große Gräberfelder aufgedeckt wurden. Die von den Venetern getragene, mit der Hallstattkultur eng verwandte E. bildete einen Mittelpunkt der Situlenkunst.

Estelí, Hauptstadt des Dep. Estelí in Nicaragua, 30 600 Ew.; Bischofssitz.

Estella: Kirche San Pedro de la Rúa mit romanischem Kreuzgang; 12. Jh.

Estella [-ʎ-], Stadt in der Prov. Navarra, N-Spanien, am Río Ega, 12 900 Ew. – Bedeutende roman. Bauten sind die Kirchen San Pedro de la Rúa (12. Jh.; Reste eines roman. Kreuzgangs), San Miguel (um 1175; reiche Bauskulptur am N-Portal) und Santa María Jus del Castillo (12. Jh.), der ehem. Königspalast Palacio de los Reyes de Navarra (um 1200); frühgot. Kirche Del Santo Sepulcro (13. Jh.); altes jüd. Viertel (Judería). Oberhalb der Stadt finden sich Reste der Maurenburgen Belmecher, Atalaya und Zalatambor. – 1090 von König SANCHO RAMIREZ durch Ansiedlung von Südfranzosen über röm. Siedlung neu gegründet, im MA. Residenz der Könige von Navarra und wichtige Pilgerstation des Jakobswegs.

Esten, estn. **Eestlased,** zum ostseefinn. Zweig der finnougr. Sprachfamilie gehörendes Volk, etwa 1,1 Mio., davon leben 960 000 in Estland, sonst v. a. in Russland, Schweden, Kanada und in den USA. – Traditionell ist bei den E. v. a. der Ackerbau. Im W Estlands lassen sich viele Übereinstimmungen mit der Bauernkultur S-Schwedens und Kurlands erkennen (z. B. auf der Insel Ösel das Wohnhaus mit schwarzer Küche, das Pferdezweigespann). Finn. Einflüsse haben sich auf Dialekt, Volksliedschatz, Brauchtum und Glaubensvorstellungen ausgewirkt, teilweise auch russ. Volkselemente. Von den gläubigen E. gehören etwa 75% der evangelisch-luther., rd. 20% der russisch-orth. Kirche an. Im Wohnbau zeigt sich oft das Riegenhaus, ein dreigeteilter Blockbau mit der Riegenstube in der Mitte, in der im Herbst auch Getreide getrocknet wurde, sowie daneben Kammern und Tenne. Nebengebäude waren die gedielten Speicher, der Stall, die Sauna und in älterer Zeit noch die aus einem Stangenzelt bestehende Sommerküche.

Folklore Fellows communications (Helsinki 1910 ff.); L. HONKO: Geisterglaube in Ingermanland, Bd. 1 (a. d. Finn., Helsinki 1962); Abriß der estn. Volkskunde, hg. v. H. MOORA u. a. (a. d. Russ., Reval 1964); I. PAULSON: The old Estonian folk religion (Bloomington, Ind., 1971).

Isabella d'Este

Ester [Kw. aus **Essigäther**], *Sg.* **Ester** *der, -s,* chem. Verbindungen, die aus organ. (oder anorgan.) Säuren und Alkoholen unter Wasseraustritt entstehen, z. B. nach der Reaktion

$$R - COOH + R'OH \rightarrow R - COOR' + H_2O$$

(R,R' organ. Reste; →Veresterung). Die Rückreaktion (hydrolyt. Spaltung) wird als E.-Spaltung (→Verseifung) bezeichnet. Bei der Reaktion von mehrbasigen Säuren mit mehrwertigen Alkoholen erhält man →Polyester, durch innere E.-Bildung bei Hydroxycarbonsäuren →Lactone. Eine wichtige Gruppe bilden die →Fette, die E. des Glycerins mit höheren Fettsäuren. Die E. von langkettigen Carbonsäuren mit langkettigen Alkoholen sind die E.-Wachse (→Wachse). – Der Name der E. setzt sich aus dem der Kohlenwasserstoffgruppe des Alkohols und dem des Säureanions zus.; er kann auch durch Aneinanderreihung des Säurenamens, der Bez. für die Kohlenwasserstoffgruppe des Alkohols und der Endung E. gebildet werden (z. B. Äthylacetat = Essigsäureäthylester, Dimethylsulfat = Schwefelsäuredimethylester). – Außer durch Veresterung von Säuren und Alkoholen können E. auch durch Umesterung aus anderen E. sowie durch Anlagerung von Säuren an Olefine hergestellt werden. Viele niedermolekulare E. sind fruchtartig riechende Flüssigkeiten, die als Lösungsmittel (z. B. Butylacetat) und Riechstoffe (z. B. Benzylacetat) verwendet werden. Phthalsäure-E. haben als Weichmacher, Terephthalsäure-E. bei der Herstellung von Polyestern Bedeutung.

Ester, Karl Maria d', Zeitungswissenschaftler, *Vallendar 11. 12. 1881, †Aurach (Schliersee) 31. 5. 1960; war ab 1923 Prof. in Münster, 1923–60 in München; vertrat eine historisch-philolog. Medienkunde.
Werke: Zeitungswesen (1928); Die papierne Macht (1956).
Ausgabe: Auswahl der publizistikwiss. Schriften, hg. v. W. KLUTENTRETER (1984).

Esterasen, *Sg.* **Esterase** *die, -,* Enzyme, die Ester niederer Carbonsäuren hydrolytisch (deshalb zur Gruppe der Hydrolasen gehörend) in Alkohol und Säure spalten. Fett spaltende E. heißen Lipasen.

Estérel, Massif de l'E., Gebirge in S-Frankreich, südwestlich von Cannes, im Mont Vinaigre 618 m ü. M., im Inneren weitgehend siedlungsleer, im Küstenbereich starke Zersiedlung durch Zweitwohnsitze. Das überwiegend aus Porphyr aufgebaute Gebirge zählt aufgrund der bizarren Felsformen und der Rotfärbung des Gesteins zu den landschaftlich schönsten Abschnitten der frz. Riviera.

esterelische Phase, *Geologie:* eine variskische →Faltungsphase.

Esterházy ['ɛstərha:zi], **E. von Galántha,** ungar. **Galánta Eszterházy** ['ɡɔla:nto'ɛstərha:zi], ungar. Magnatengeschlecht, dessen Mitgl. seit dem 17. Jh. wichtige Ämter in der Habsburgermonarchie bekleideten. Die Linie Forchtenstein (Frakno) wurde 1783 (erstmals ad personam 1687) in den Reichsfürstenstand erhoben. Das fürstl. Majorat (seit 1695 Fideikommiss) war mit rd. 1 300 km² das umfangreichste Großgrundbesitz in Ungarn. Der im 17. Jh. erbaute Familiensitz in Eisenstadt (Kismarton) wurde zu einem Kulturzentrum. Bedeutende Vertreter:

1) Anton (Antal) Graf E. von Galántha, ungar. Freiheitskämpfer, *1676, †Rodosto (heute Tekirdağ) 1722; schloss sich 1703 der gegen das Haus Habsburg gerichteten Unabhängigkeitsbewegung des siebenbürg. Fürsten FRANZ II. RÁKÓCZI an, musste aber nach 1709 in Polen, Frankreich und im Osman. Reich Zuflucht suchen.

**Moritz Graf
Esterházy von
Galántha**

2) Moritz Graf E. von Galántha, Graf von Forchtenstein, österr. Staatsmann und Diplomat, *Wien 23. 8. 1807, †Pirna 8. 11. 1890; hatte als Gesandter in Rom (1848–56) großen Anteil am Zustandekommen des Konkordats von 1855. Als Vertreter der konservativ-kath. Gruppen sowie als Vertrauter Kaiser FRANZ JOSEPHS I. gehörte er den Kabinetten Schmerling

**Paul Fürst Esterházy
von Galántha
(1635–1713)**

und Belcredi an. Durch sein Mitwirken am Sturz von Außen-Min. J. B. Graf VON RECHBERG UND ROTHENLÖWEN (1864) verschärfte er unbeabsichtigt die Spannungen mit Preußen.

3) Nikolaus (Miklós) Graf E. von Galántha, Graf von Forchtenstein (seit 1626), Palatin von Ungarn, *Galánta 8. 4. 1583, †Großhöflein 11. 9. 1645; aus verarmter prot. Landadelsfamilie, trat 1600 zum Katholizismus über; bekämpfte nach 1613 aufseiten des späteren Kaisers FERDINAND II. die Unabhängigkeitsbestrebungen der siebenbürg. Fürsten G. BETHLEN VON IKTÁR und GEORG I. RÁKÓCZI und unterstützte die Gegenreformation. 1622 erhielt er u. a. die Herrschaften Forchtenstein und Eisenstadt.

4) Nikolaus II. Fürst E. von Galántha, Graf zu Forchtenstein, österr. Heerführer, *Wien 12. 12. 1765, †Como 25. 11. 1833; verließ frühzeitig die militär. Laufbahn, um an diplomat. Missionen teilzunehmen. 1809 lehnte E. die ihm von NAPOLEON I. angebotene ungar. Krone ab. Er begründete eine Gemälde- und Kupferstichsammlung und ließ das Schloss in Eisenstadt ausbauen; in seinem Auftrag komponierte L. VAN BEETHOVEN die Messe in C-Dur op. 86.

5) Nikolaus Joseph Fürst E. von Galántha, Graf zu Forchtenstein, österr. Heerführer, *18. 12. 1714, †Wien 28. 9. 1790; im Siebenjährigen Krieg bei Kolin (18. 6. 1757) ausgezeichnet. Errichtete mit Schloss Eszterháza (1760–69; →Fertőd) südlich des Neusiedler Sees ein Zentrum für Kunst und Wissenschaft, das rasch als ›Versailles von Ungarn‹ bekannt wurde. Ab 1761 ermöglichte er J. HAYDN als Hofkapellmeister ein ungehindertes Schaffen.

6) Paul (Pál) Fürst E. von Galántha, Graf zu Forchtenstein, Palatin von Ungarn (seit 1681), österr. Feldherr, *Eisenstadt 7. 9. 1635, †ebd. 26. 3. 1713; nahm an den Türkenkriegen (u. a. am Entsatz von Wien 1683) teil. In der Folge bemühte er sich um die innere Befriedung und den Wiederaufbau Ungarns, wobei er die gewaltsame Rekatholisierung ablehnte. Kaiserl. Schenkungen vergrößerten seinen Grundbesitz. Der Umbau von Schloss Eisenstadt (1663–72) in ein Barockschloss geht auf ihn zurück, ebenso die Gründung des ›Esterházyschen Orchesters‹.

7) Paul Anton Fürst E. von Galántha, Graf zu Forchtenstein, österr. Diplomat, *10. 3. 1786, †Regensburg 21. 5. 1866; war eng mit K. W. Graf METTERNICH befreundet, dem er in Paris 1807 als Botschafts-Sekr. diente. Nach versch. diplomat. Missionen vertrat er 1815–42 die österr. Interessen als Botschafter in London, wobei er v. a. bei den Londoner Konferenzen die Belange seines Landes durchzusetzen vermochte. Als Außen-Min. im ungar. Kabinett Bathyány (März bis August 1848) suchte er, zw. Magyaren und Kroaten vermittelnd, den Bürgerkrieg von 1848 zu verhindern.

Esterházy ['ɛstərha:zi], Péter, ungar. Schriftsteller, *Budapest 14. 4. 1950; urspr. Mathematiker. In seinem ›Produktionsroman‹ (1979; ungar.) sowie in den darauf folgenden Erzählungen stellte er gefestigte sprachl. und literar. Formen ironisch-kritisch in Frage.
Weitere Werke (ungar.): *Romane:* Die Hilfsverben des Herzens (1984; dt.); Kleine ungar. Pornographie (1984; dt.); Fuhrleute (1988; dt.); Das Buch Hrabals (1990; dt.); Donau abwärts (1991; dt.). – *Erzählung:* Wer bürgt für die Sicherheit der Lady? (1982; dt.). – *Novelle:* Leben u. Literatur (1993; dt., in: Eine Geschichte. Zwei Geschichten; mit IMRE KERTÉSZ).

Esterkondensation, Claisen-Kondensation, durch starke Basen (Natriumalkoholat, Natriumamid) katalysierte Kondensationsreaktion, bei der aus zwei Molekülen Carbonsäureester ein Molekül β-Ketocarbonsäureester gebildet wird; z. B. aus Essigsäureäthylester der →Acetessigester:

$$2\,CH_3 - COOC_2H_5 \rightarrow$$
$$CH_3 - CO - CH_2 - COOC_2H_5 + C_2H_5OH$$

Richard Estes: Pariser Straßenszene; 1973 (Privatbesitz)

Esteros del Iberá, Seen- und Sumpfgebiet in NO-Argentinien, 6 000 km², Lebensraum einer reichen Tierwelt (u. a. Nutria, Jaguar). Die E. d. I. werden als alte Flussverbindung des Paraná durch das Gebiet der heutigen Prov. Corrientes gedeutet.

Esterzahl, Abk. **EZ,** bei Fetten und fetten Ölen die Differenz zw. der Säure- und der Verseifungszahl; allg. die Kennzahl (in mg KOH/g), die angibt, wieviel mg Kaliumhydroxid (KOH) zur Verseifung der Esterverbindungen in 1 g Fett oder Öl benötigt werden.

Estes ['ɛstɪs], **1)** Richard, amerikan. Maler, *Kewanee (Ill.) 14. 5. 1932; einer der wichtigsten Vertreter des →Fotorealismus. Er stellt in einer auf fotografisch exakte Wiedergabe gerichteten Malweise Straßen- und Stadtansichten, Reklamefronten sowie Schaufensterfassaden und Windschutzscheiben und das in ihnen Reflektierte dar.
2) Simon, amerikan. Sänger (Bassbariton), *Centerville (Ia.) 2. 3. 1938; debütierte 1965 als Ramphis in G. Verdis ›Aida‹ an der Dt. Oper Berlin, war Mitgl. versch. amerikan. Operngesellschaften und trat auch bei Festspielen (Glyndebourne, Bayreuth) auf. E., gefragter Gast an den bedeutenden Opernhäusern der Welt, ist bes. als Wagner-Interpret bekannt geworden. Weitere herausragende Rollen sind der Boris Godunow in M. P. Mussorgskijs gleichnamiger Oper, der Porgy in G. Gershwins ›Porgy and Bess‹ sowie der Philipp in G. Verdis ›Don Carlos‹. E. tritt auch als Konzertsänger hervor.

Estève [ɛs'tɛ:v], Maurice, frz. Maler, *Culan (Dép. Cher) 2. 5. 1904; ging vom Orphismus aus. Nach 1945 wandte er sich der abstrakten Malerei zu. Mit dekorativ-poet., von der Landschaft inspirierten Bildern in leuchtenden Farben wurde er zu einem Hauptvertreter der École de Paris.

Esther, pers. Name der jüd. Jungfrau **Hadassa** [›Myrte‹], Pflegetochter des Mardochai in Susa. E., die Heldin des Buches E. im A. T., vereitelte als Gemahlin des pers. Königs Ahasverus (Xerxes I.) einen Mordanschlag des Wesirs Haman gegen die Juden, verhalf Mardochai zur Wesirswürde und ihren jüd. Glaubensbrüdern zur blutigen Rache.
Das **Buch E.** ist eine histor. Novelle, doch voll von geschichtl. Ungenauigkeiten. Es dient zur Begründung des seit dem 2. Jh. v. Chr. in Palästina bezeugten →Purimfestes. Das Buch E. dürfte zw. dem 4. und 1. Jh. v. Chr. und die griech. Übersetzungen gegen Ende des 2. Jh. v. Chr. entstanden sein. Die griech. und lat. Übersetzungen enthalten Zusätze zum hebr. Original. Der E.-Stoff, der die Erhöhung der Demut und den Sturz des Hochmuts sinnfällig macht, wurde seit dem 16. Jh. wiederholt dramatisiert (H. Sachs, 1530; T. Naogeorgus, 1543; Lope de Vega, 1621; J. Racine, 1690; G. F. Händel, Oratorium, 1720; F. Grillparzer, 1848; F. Hochwälder, 1940).

Das E.-Buch in jidd. Sprache ist neben dem →Schmuelbuch die bedeutendste gereimte Bibelparaphrase. Solche Umdichtungen entstanden unter dem Einfluss der jidd. Spielmannsdichtung seit dem 13. Jh. und waren unter den aschkenas. Juden verbreitet.
E. Würthwein: Die Fünf Megilloth, in: Hb. zum A. T., hg. v. O. Eissfeldt, Bd. 18 (²1969); H. Ringgren u. O. Kaiser: Das Hohe Lied. Klagelieder. Das Buch E. (a. d. Schwed., ³1981); G. Gerlemann: E. (²1982).

Estienne [ɛ'tjɛn], lat. **Stephanus,** frz. Humanisten- und Buchdruckerfamilie, die während acht Generationen, 1502–1664, etwa 1 600 Werke druckte. Bedeutende Vertreter:
1) Henri II., *Paris 1528, †Lyon März 1598, Sohn von 2); führte den Verlag seines Vaters in Genf fort, veröffentlichte 1554 eine Sammlung von Anakreonteen.
Werke: Thesaurus graecae linguae, 5 Bde. (1572); Project du livre intitulé ›De la precellence du langage françois‹ (1579).
2) Robert I., *Paris 1503, †Genf 7. 9. 1559, Vater von 1); führte seit 1526 den Verlag seines Vaters Henri I. (*um 1460, †1520) fort; 1539 von Franz I. zum königl. Drucker für Hebräisch und Lateinisch, dann auch für Griechisch ernannt, druckte Bibeltexte in diesen Sprachen; zog 1550 nach Genf, wo er zur Reformation übertrat (Drucke der Werke Calvins).
Werk: Thesaurus linguae latinae (1531).

Estípite [port.] *der, -/-(s), Baukunst:* ein sich nach unten verjüngender Pilaster; er erscheint häufig in der span. Baukunst der Spätrenaissance und des Frühbarock, auch in Lateinamerika, v. a. in Mexiko.

Estland
Fläche 45 227 km²
Einwohner (1995) 1,51 Mio.
Hauptstadt Reval
(estn. Tallinn)
Amtssprache Estnisch
Nationalfeiertag 24. 2.
Währung 1 Estn. Krone
(ekr) = 100 Senti
Uhrzeit 13⁰⁰ Reval =
12⁰⁰ MEZ

Estland, estn. **Eesti,** amtlich estnisch **Eesti Vabariik,** amtlich deutsch **Republik Estland,** Staat im N des Baltikums, grenzt im W an die Rigaer Bucht und mittlere Ostsee, im N an den Finn. Meerbusen, im O mit dem Peipussee an Russland und im S an Lettland. Mit einer Gesamtfläche (einschließlich der 1 521 Inseln und Eilande) von 45 227 km² (davon 4 132 km² Inseln und 2 827 km² Binnengewässer) ist E. etwas größer als Dänemark; (1995) 1,51 Mio. Ew.; Hauptstadt ist Reval (estn. Tallinn). Amtssprache ist Estnisch. Währung ist die Estn. Krone (ekr) = 100 Senti. Zeitzone: OEZ (13⁰⁰ Reval = 12⁰⁰ MEZ).

STAAT · RECHT

Verfassung: Nach der am 28. 6. 1992 durch Referendum gebilligten Verf. ist E. eine unabhängige Rep. mit parlamentar. Reg.-System. Staatsoberhaupt und oberster Befehlshaber der Streitkräfte ist der Präsident. Er wird vom Parlament mit Zweidrittelmehrheit auf fünf Jahre gewählt (in direkter Folge nur einmalige Wiederwahl möglich). Der Präs. übt seine Befugnisse ohne Gegenzeichnung aus; nur Notstandsverordnungen müssen vom Parlaments-Präs. und vom Premier-Min. gegengezeichnet werden. Der Präs. kann gegen Gesetzesbeschlüsse ein Veto einlegen. Die Legislative liegt bei der Staatsversammlung (Riigikogu), deren 101 Abg. laut Wahlgesetz vom 23. 6. 1994 für vier Jahre nach personalisiertem Verhältniswahlrecht ge-

Estland

Staatswappen

Staatsflagge

Internationales
Kfz-Kennzeichen

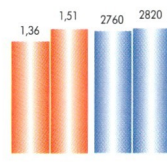

1970 1995
Bevölkerung
(in Mio.)

1992 1994
Bruttosozial-
produkt je Ew.
(in US-$)

☐ Stadt
☐ Land

Bevölkerungsverteilung
1994

☐ Industrie
☐ Landwirtschaft
☐ Dienstleistung

Bruttoinlandsprodukt
1994

Estland: Übersichtskarte

wählt werden, wobei eine Fünfprozentklausel besteht. Die vollziehende Gewalt wird von der Reg. unter Vorsitz des Premier-Min. ausgeübt. Der vom Parlament gewählte Premier-Min. wird vom Präs. mit der Kabinettsbildung beauftragt. Er benennt die Min., die vom Staatsoberhaupt zu bestätigen sind. Das Parlament kann mit absoluter Mehrheit ein Misstrauensvotum gegen den Premier-Min., die gesamte Reg. oder einzelne Min. beschließen. Die Verf. enthält einen Grundrechtskatalog, der u. a. Diskriminierung wegen Nationalität, Rasse, Sprache und Geschlecht untersagt und Minderheitenschutz fixiert. Aufgrund der Staatsangehörigkeitsgesetzgebung, die von einer Kontinuität des Staatsvolkes ab dem Zeitpunkt der sowjet. Besetzung im Juni 1940 ausgeht, werden jedoch alle später angesiedelten Sowjetbürger (v. a. Russen) als Ausländer behandelt, die allerdings auf Antrag eingebürgert werden können. Als ausländ. Ew. besitzen sie kein Parlaments-, aber das aktive Kommunalwahlrecht und genießen Minderheitenschutz (Möglichkeit der Personalautonomie).

Parteien: Nachdem 1990 das Herrschaftsmonopol der Kommunist. Partei aufgehoben wurde, hat sich ein breites Parteienspektrum herausgebildet. Einflussreichste der (1995) 37 vielfach in Bündnissen zusammengeschlossenen Parteien sind die Koalitionspartei, die Estn. Reformpartei-Liberale, die Zentrumspartei, die Allianz ›Isamaa‹ (Vaterland), die Nat. Unabhängigkeitspartei, die Sozialdemokrat. Partei und das Ländl. Zentrum. Die Partei ›E. ist unsere Heimat‹ vertritt die Interessen der russ. u. a. Minderheiten.

Wappen: Das ehem. Wappen der Estn. Ritterschaft ist seit 1921 bzw. 1988 (offiziell eingeführt am 8. 5. 1990) Staatswappen von E. Es zeigt drei blaue schreitende Löwen übereinander auf goldenem Feld. Der Schild ist umgeben von goldenem Eichenlaub.

Nationalfeiertag: 24. 2. (Gründung der Rep. E. 1918).

Verwaltung: Das Land ist in 15 Landkreise und sechs kreisfreie Städte mit insgesamt 254 kommunalen Selbstverwaltungen gegliedert. Die Kreisverwaltungen unter Leitung des von der Reg. im Einvernehmen mit der jeweiligen Kreisversammlung ernannten Kreisältesten sind staatl. Behörden. Träger der kommunalen Selbstverwaltung sind die Städte und Gemeinden. Beschlussorgan ist der für drei Jahre direkt gewählte Rat (aktives Wahlrecht auch für Ausländer und Staatenlose, die seit fünf Jahren in der Kommune wohnen; passives Wahlrecht nur für estn. Staatsangehörige). Als Verwaltungsorgan fungiert der Kommunalvorstand, dessen Vors. vom Rat gewählt wird.

Recht: Erstinstanzl. Gerichte sind die Kreis-, Stadt- und Verw.-Gerichte, als Berufungsgerichte sind vier Bez.-Gerichte tätig, der Staatsgerichtshof fungiert als oberste Kassationsinstanz sowie als Verf.-Gericht. Bei den Bez.-Gerichten sowie beim Staatsgerichtshof bestehen besondere Kollegien für Zivil-, Straf- und Verw.-Sachen. Die unabhängigen Richter der erst- und zweitinstanzl. Gerichte werden auf Vorschlag des Staatsgerichtshofes vom Staatspräs. auf Lebenszeit ernannt. Die Richter am Staatsgerichtshof werden vom Parlament gewählt.

Streitkräfte: Die Gesamtstärke der Wehrpflichtarmee (Dienstzeit zwölf Monate) beträgt etwa 4 500 Soldaten, langfristig soll sie erweitert werden. Das Heer (4 000 Mann) gliedert sich im Wesentlichen in drei motorisierte Infanteriebrigaden und mehrere selbstständige Einheiten. Luftwaffe und Marine (je 200 Soldaten) befinden sich im Aufbau. Die aktiven Verbände werden von der Bürgerwehr ›Kaitseliit‹ in einer Stärke von etwa 6 500 Mann unterstützt. Dem Innen-Min. untersteht der paramilitär. Grenzwachdienst mit 2 000 Angehörigen. Die sehr uneinheitl. Ausrüstung der Streitkräfte, vorwiegend bestehend aus leichten Waffen, etwa 50 Schützenpanzern sowjet. Typs und zwei Minensuchbooten der ehem. NVA, soll durch Waffeneinkäufe im Ausland (u. a. Israel) ergänzt und modernisiert werden. – E. verwendet etwa 6 % der Staatsausgaben für die Verteidigung. Das Land trat 1994 der ›Partnerschaft für den Frieden‹ der NATO bei und ist seit 1994 assoziierter Partner der WEU.

LANDESNATUR · BEVÖLKERUNG

E. ist der nördlichste Staat der balt. Republiken und weist als Teil des eiszeitlich überformten Osteurop. Tieflands nur geringe Höhenunterschiede auf. Die durchschnittl. Höhe liegt bei 50 m ü. M. Geologisch und geomorphologisch kann die Oberfläche in zwei Bereiche gegliedert werden: das von Osern, Drumlins und Glazialseen geprägte Nord-E. einschließlich der westl. Festlands- und der Inselregion mit dünner, karger Bodendecke auf silur. Kalktafel, die zum Finn. Meerbusen als bis zu 56 m hohe Steilküste (Glint) abfällt und im Pantifer-(Pandivere-)Höhenzug bis 166 m ü. M. erreicht, sowie das topographisch abwechslungsreichere südöstn. Moränenhügelland im Bereich des Balt. Höhenrückens auf roten Sandsteinablagerungen mit den Höhenzügen von Sakala (bis 145 m ü. M.), Odenpäh (Otepää; 217 m ü. M.) und Hahnhof (Haanja), die mit dem Munaberg (Suur Munamägi) mit 318 m ü. M. die höchste Erhebung E.s bildet. Dazwischen liegt im Bereich des devon. Sandsteins die nur 20–50 m hohe mittelstn. Ebene, die sich von der Pärnuer Bucht über den Wirzsee (Võrtsjärv) bis zum umfangreichen Becken des Pleskauer und des Peipus-

Klimadaten von Reval (44 m ü. M.)

Monat	Mittleres tägl. Temperaturmaximum in °C	Mittlere Niederschlagsmenge in mm	Mittlere Anzahl der Tage mit Niederschlag	Mittlere tägl. Sonnenscheindauer in Stunden	Relative Luftfeuchtigkeit nachmittags in %
I	−4,1	33	17	0,7	85
II	−4,0	26	15	1,8	83
III	0,0	24	12	4,8	80
IV	7,5	32	12	6,4	78
V	13,6	41	12	8,5	74
VI	18,7	49	12	9,6	77
VII	20,1	71	13	9,1	79
VIII	19,5	68	15	7,5	80
IX	15,3	75	15	5,2	83
X	9,7	65	17	2,4	84
XI	3,1	45	17	0,9	87
XII	−1,4	39	17	0,5	87
I–XII	8,2	568	174	4,8	81

sees erstreckt und im O durch hohen Grundwasserstand stark vermoorte Niederungen besitzt. Die größten der insgesamt 1 521 estn. Inseln sind Ösel (Saaremaa), Dagö (Hiiumaa), Moon (Muhu) und Worms (Vormsi). – E. ist reich an Seen und Flüssen; Seen und Stauseen nehmen etwa 5% des Gesamtgebiets ein. Wichtig für die Fischerei und die Binnenschifffahrt sind der Peipussee mit dem nur zu einem kleinen Teil zu E. gehörenden Pleskauer See und der Wirzsee. Bedeutendste Flüsse sind die Narwa (Grenzfluss zu Russland) und der Pärnu. Im Winter friert das Meer in Küstennähe für kurze Zeit zu.

Klima: E. liegt klimatisch im Übergangsbereich zw. Mittel-, Nord- und Osteuropa. Im Norden E.s ist durch den Ostseeeinfluss das Klima milder, während es nach S und SO immer kontinentaler wird (Unterschied zw. Küsten- und Binnenland im Januar 4,9 °C). Der Sommer ist mäßig warm. Wärmster Monat ist der Juli (Duchschnittstemperatur 16 °C im NW und 17 °C im SO). Die ersten Fröste treten im Oktober auf. Kältester Monat ist der Februar (durchschnittlich − 3 °C auf der Insel Ösel und − 7 °C im zentralen Landesteil). Mit einer jährl. Niederschlagsmenge von 550–650 mm ist das Klima relativ feucht.

Vegetation: E. gehört zur Misch- und Laubwaldzone der kühlgemäßigten Breiten. Aufgrund des kalkhaltigen Bodens und des gemäßigten Seeklimas sind der W und NW artenreicher als das übrige Gebiet. Das Landschaftsbild wird von Wiesen, vielfach von Büschen durchsetzt, beherrscht. Bei fehlender Ackerkrume über den Kalkplatten treten trockene, mit Wacholder durchsetzte Grastriften auf. Die Flussniederungen und Küstengebiete haben z. T. ausgedehnte Rietbänke, bes. in der Matzal-(Matsalu-)Bucht und in der Moon-Meerenge. Ganz E. ist reich an Mooren und Sümpfen (20% des Territoriums), die teilweise geschützt sind, teilweise der Torfgewinnung dienen. Die für E. charakterist. Fichtenwälder, mit Birken, Linden, Espen, Eichen und Kiefern durchsetzt, bedecken knapp 35% des Landes. Die Ackerflächen befinden sich vorwiegend auf den fruchtbaren Böden Mittel- und Südestlands. Die vier Nationalparks von E. sind Matzal (397 km²) und Filsand (Vilsandi; 106,9 km²) an und vor der W-Küste der Insel Ösel (Schutz von See- und Wasservögeln) sowie Soomaa (370 km²) nordöstlich von Pärnu und Karula (103 km²) im S des Landes, sie dienen dem Schutz von Pflanzen und Tieren in ihrer natürl., von Seen und Mooren geprägten Umwelt.

Zahlr. aus der Sowjetzeit überkommene veraltete Industriebetriebe, bes. im Energiesektor, sind Schuld an erhebl. Umweltverschmutzungen, v. a. in den Industriegebieten.

Bevölkerung: Am Vorabend des Zweiten Weltkrieges lebten in E. 1,13 Mio. Menschen, davon 88,8% Esten, 8,1% Russen und 1,6% Deutsche. Die siebenhundertjährige Geschichte der dt. Volksgruppe endete 1939/40, als sie aufgrund des Hitler-Stalin-Paktes nahezu vollständig ausgesiedelt wurde. Etwa 210 000 Esten sind in der Kriegs- und Nachkriegszeit gefallen, deportiert oder ermordet worden oder geflüchtet. Seit 1944 wurde die russ. Zuwanderung durch die auf die Industrialisierung ausgerichtete Moskauer Wirtschaftspolitik (Umsiedlung russ. Arbeiter ins Baltikum) gefördert. Dies führte neben der starken Überalterung der estn. Bev. und ihres geringen natürl. Zuwachses zu einem stetigen Rückgang des estn. Bev.-Anteils: 1959: 74,6%; 1979: 64,7%; 1989: 61,5%. Der Anteil der Russen nahm in diesen Jahren von 20,1% über 27,9% auf 30,3% zu (ohne die in E. stationierten russ. Streitkräfte). In Narwa u. a. grenznahen Städten leben heute überwiegend Russisch sprechende Einwohner. Am 26. 2. 1992 wurde das Staatsbürgerschafts-Ges. von 1938 wieder in Kraft gesetzt und am 1. 4. 1995 neu aufgelegt. Staatsbürger sind nur diejeni-

Estland: Fischereihafen mit Fischfabrik in Kuressaare auf der Insel Ösel (Saaremaa)

gen, die vor dem 16. 6. 1940 estn. Staatsbürger waren, und deren Nachkommen. Eine doppelte Staatsbürgerschaft ist nur für Exilesten möglich. Von der Möglichkeit zur Erlangung der Staatsbürgerschaft machte bislang nur eine kleiner Teil Gebrauch (von 1994 540 000 Nichtesten haben bis zum 31. 7. 1995 58 900 die estn. Staatsbürgerschaft erhalten, 75 800 haben sie beantragt). Leichter ist jedoch eine ständige Aufenthaltsgenehmigung zu erlangen. Die Regelung der Staatsbürgerschaft führte zu ethn. Spannungen zw. der russischsprachigen und estn. Bev., der Ausschluss von den Parlamentswahlen wird für die russischsprachigen Bewohner, die nur ein kommunales Wahlrecht besitzen und Möglichkeiten zur Wahrnehmung einer Kulturautonomie (Ges. vom 26. 10. 1993) haben, zusätzlich als diskriminierend empfunden. Die Mehrzahl der russ. Bev. lebt in Reval und in den Industriezentren des NO (Kohtla-Järve, Narwa, Sillamäe).

Die offiziell am 10. 5. 1995 geschätzte Bev.-Zahl von 1 506 927 Ew. weist einen geringen Rückgang des russischsprachigen und eine leichte Erhöhung der estn. Bev.-Anteils (1989–95 um 2,4%) aus. Diese Entwicklung beruht auf der Rückwanderung von Nichtesten in die GUS-Republiken (1992: 37 375; 1993: 16 169) und auf einem negativen natürl. Bev.-Saldo (1992: − 2 109, 1993: − 6 097). Von den Bewohnern E.s waren 1995 63,9% Esten, 29,0% Russen, 2,7% Ukrainer, 1,6% Weißrussen, 1,0% Finnen und 1,8% Angehörige anderer Nationalitäten (bes. Juden, Deutsche und Letten). 1994 waren 22,5% der Bev. bis 15 Jahre, 55,7% bis 65 Jahre und 21,8% älter als 65 Jahre.

Der Grad der Urbanisierung hat in der Sowjetzeit stark zugenommen. Lebten in der Zeit zw. den beiden Weltkriegen noch etwa 66% auf dem Land, so stieg der Anteil der städt. Bev. bis 1966 auf 63% und 1994 auf 73% an, insbesondere wegen der seit Jahren anhaltenden Landflucht. Etwa ein Drittel der Bewohner leben in der Hauptstadt.

E. ist der am dünnsten besiedelte balt. Staat. Die durchschnittl. Bev.-Dichte betrug 1995 33,3 Ew./km². In West- und Nord-E. sowie auf den Inseln ist die Besiedlung außerhalb der Städte gering, während die stärker agrarisch genutzten Gebiete im S und SO stärker bevölkert sind.

Religion: Das 1993 in Kraft gesetzte Religions-Ges. garantiert volle Glaubens-, Gewissens- und Bekenntnisfreiheit. Die Religionsgemeinschaften unterliegen der Pflicht der staatl. Registrierung durch das Innenministerium. 1994 waren 24 Religionsgemeinschaften in E. registriert. Seit der Reformation gehört die Mehrheit der estn. Christen der ev.-luther. Kirche an. Nach 1990 wieder einen starken Zuspruch erfahrend, umfasst die von einem Erzbischof mit Sitz in Reval geleitete Ev.-Luther. Kirche gegenwärtig 166 Gemeinden mit rd. 172 000 Mitgl. Daneben besteht eine luther. Auslandskirche (Sitz des Erzbischofs in Toronto). Die zweitstärkste Konfession bildet die orth. Kirche, die nach ihrer Loslösung vom Moskauer Patriarchat 1923 durch den Ökumen. Patriarchen als ›Estn. Apostolisch-Orth. Kirche‹ unter einem Metropoliten weitgehende Autonomie erlangte. 1945 unter staatl. Druck als Bistum ›Tallinn und E.‹ wieder der russisch-orth. Kirche eingegliedert, führte die 1944 in Stockholm gegründete Exilkirche die Tradition der ›Estn. Apostolisch-Orth. Kirche‹ weiter. 1993 als deren Rechtsnachfolgerin anerkannt, gehören ihr heute 34 Gemeinden mit rd. 30 000 Mitgl. an. Die etwa 30 russ. Gemeinden sind unter der Jurisdiktion des Moskauer Patriarchen verblieben. Rd. 10 000 orth. Christen gehören den Altgläubigen an. – Rd. 1,4 % der Bev. sind Mitgl. versch. prot. Kirchen und Gemeinschaften (Adventisten, Evangeliumschristen-Baptisten, Methodisten, ›Estn. Christl. Pfingstkirche‹ u. a.). Die kath. Kirche (Apostol. Administratur E.) hat rd. 3 000 Mitgl. – Die größte nichtchristl. Religionsgemeinschaft bildet die ›Estn. Islam. Gemeinde‹ mit rd. 10 000 Mitgl. Weiterhin bestehen drei jüd. Gemeinden mit etwa 200 Mitgl. und in Reval eine Bahai- und eine Hare-Krishna-Gemeinde.

Bildungswesen: Das Schulwesen ist traditionell gut ausgebaut (trotzdem herrscht erhebl. Schulgebäude- und Lehrermangel); es besteht neunjährige Schulpflicht. Es gibt neunjährige Gesamtschulen, die von vornherein keinen Abschluss ermöglichen, und Gesamtschulen, die nach elf Schuljahren einen qualifizierten Abschluss bieten, ohne dass alle Schüler ihn erreichen. Daneben bestehen nur vierjährige Grundschulen, von denen der Übergang in eine meist etwas entfernter liegende Gesamtschule vorgesehen ist. Darüber hinaus existieren allgemein bildende Abendschulen. Die Neufassung der Lehrpläne ist noch nicht abgeschlossen; besondere Probleme bereiten die berufl. Weiterbildung und Umschulungsprogramme, bes. im Hinblick auf die zu entwickelnde Marktwirtschaft. Wachsender Nachfrage erfreuen sich v. a. die techn. Berufschulen, an denen die Ausbildung zum Facharbeiter erfolgt, aber auch die techn., medizin. und pädagog. Fachschulen. E. besitzt neben der Univ. in Dorpat fünf weitere Hochschulen.

Publizistik: Presse: Alle Tages- und Wochenzeitungen, herausgegeben in Estnisch, Russisch und Englisch, befinden sich in Privateigentum. Die wichtigsten sind: ›Postimees‹ (gegr. 1857) in Dorpat sowie in Reval ›Rahva Hääl‹ (1940), ›Eesti Ekspress‹ (1989), ›Päevaleht‹ (1905), ›Hommikuleht‹ (1992) sowie in Russisch ›Estonia‹ (1940). – *Nachrichtenagenturen:* Estonian Telegraph Agency (ETA), gegr. 1918); Baltic News Service (BNS, gegr. 1990; beide Reval). – *Rundfunk:* Eesti Raadio (gegr. 1926) strahlt vier Programme aus, davon drei in Estnisch und eines in Russisch, Finnisch und Schwedisch, außerdem existiert eine Reihe von regionalen privaten Sendern. Eesti Televisioon (gegr. 1955, staatlich) sendet vier Programme in Estnisch und Russisch, kommerzielle Sender sind RTV, EVTV, Kanal-2 und Tipp-TV.

WIRTSCHAFT · VERKEHR

E. war bis in die 1950er-Jahre ein Agrarland, die Industrialisierung unter der Sowjetmacht führte zur einseitigen wirtschaftl. Ausrichtung auf Russland mit einer für E. ungünstigen Wirtschaftsstruktur. Nach dem Erlangen der polit. Unabhängigkeit waren die vorhan-denen Großbetriebe sowie mittleren Unternehmen auf dem internat. Markt dem Wettbewerb nicht gewachsen, die große Abhängigkeit von Rohstoffen erschwerte zusätzlich den schwierigen Übergang zur Marktwirtschaft. Der plötzl. Wegfall der Absatzmärkte in der ehem. Sowjetunion führte zu einem erhebl. Produktionsrückgang. Im Juni 1992 verließ E. die Rubelzone und führte als erster Nachfolgestaat der UdSSR eine eigene Währung, die Estn. Krone (ekr), ein. Sie ist frei konvertierbar und an die Dt. Mark (Verhältnis 8:1) gebunden. Dank der neuen Währung ging die Inflationsrate von (1992) 1 069 % auf (1995) 29 % zurück. Im Jahr 1993 waren durch eine konsequente Strukturreform, die Etablierung von Kleinunternehmen sowie die Stärkung des Dienstleistungsbereiches und Tourismus erste Anzeichen einer wirtschaftl. Stabilisierung zu erkennen. Ging gegenüber dem Vorjahr das Bruttoinlandsprodukt (BIP) 1992 noch um 14,2 % und 1993 um 6,7 % zurück, so stieg es 1994 erstmalig wieder an (um 3,5 %) und stabilisiert sich seitdem bei etwa 4–6 % Wachstum. Neben der Exportwirtschaft ist die starke Investitionstätigkeit Träger des wirtschaftl. Aufschwungs. Das Bruttosozialprodukt je Ew. lag 1993 bei 3 040 US-$. Schon vor seiner Unabhängigkeit hatte E. erste Schritte hin zur Marktwirtschaft unternommen (u. a. Gründung einer Notenbank und Zulassung privater Banken). 1996 waren mehr als 90 % aller estn. Unternehmen privatisiert. Der vom privaten Sektor erwirtschaftete BIP-Anteil betrug Ende 1995 etwa 60 %. Nach dem Modell der ehem. Treuhandanstalt in Dtl. wurden bis Mai 1996 über 90 % der erstn. Unternehmen privatisiert, darunter kam es auch zum Verkauf von Industrieunternehmen einschließlich Grund und Boden an ausländ. Investoren. Die Bev. wird durch Gutscheine an der Privatisierung beteiligt. Vor der Privatisierung standen Anfang 1996 große Infrastrukturunternehmen wie Fluggesellschaft, Hafen, Telefongesellschaft und Stromversorgung. Bei den Auslandsinvestitionen (März 1994: 375 Mio. US-$) sind Schweden, Finnland und die USA führend. Die Arbeitslosigkeit bewegt sich auf relativ niedrigem Niveau (Ende 1995: 4,3 %, im inoffiziellen Angaben bei etwa 7–8 %), da durch staatl. Subventionen Massenentlassungen in den ehem. sowjet. Großkombinaten bisher verhindert wurden.

Landwirtschaft: 1993 arbeiteten 18 % der Erwerbstätigen im Agrarbereich. Der Schwerpunkt liegt auf der Viehwirtschaft (Milchvieh-, Schweine- und Schafzucht sowie Geflügelhaltung). Durch die Einfuhrzölle der balt. Nachbarstaaten, die schleppende Privatisierung der 320 großen Sowjetkolchosen und die Schaffung kleiner, wegen fehlender staatl. Subventionen nur beschränkt leistungsfähiger Landwirtschaftsbetriebe (1993: 8 400 Einzelhofbetriebe mit durchschnittlich 25,4 ha und 600 Kooperative mit 1 000–2 000 ha Wirtschaftsfläche) ging seit 1990 die landwirtschaftl. Produktion zurück. Wichtigste Anbaupflanzen sind Kartoffeln, Futterpflanzen, Gerste, Roggen und Flachs. 1993 befanden sich 8 % der landwirtschaftl. Nutzfläche in Privatbesitz.

Forstwirtschaft: Sie ist ein wichtiger Wirtschaftszweig. Das Holz dient v. a. zur Papier- und Zellulosegewinnung, als Baumaterial und zur Möbelherstellung sowie als Brennstoff für die ländl. Haushalte. 1994 waren von der Waldfläche etwa 85 000 ha in privater Hand (mit steigender Tendenz).

Fischerei: Vor der Unabhängigkeit machten Fischprodukte 40 % der Ausfuhren der estn. Nahrungsmittelindustrie in die übrigen Sowjetrepubliken aus. Da die Fischverarbeitung einseitig auf den Bedarf des russ. Marktes zugeschnitten war, bestanden in anderen europ. Ländern bisher kaum Absatzmöglichkeiten. 1990–92 ging die Fangmenge von 355 000 t auf

131 000 t (davon 69 % durch Hochseefischerei, v. a. vor der westafrikan. Küste, und nur 28 % durch Küstenfischerei) zurück. Durch EU-Hilfe wird E. bei der Modernisierung seiner Fischereiwirtschaft unterstützt.

Bodenschätze: Neben den Energieträgern Ölschiefer und Holz werden v. a. Phosphorit und Kalkstein, für den lokalen Hausbrand Torf abgebaut. Bei der Verarbeitung von Phosphorit zu Düngemitteln gibt es erhebliche Umweltbelastungen, sodass voraussichtlich keine neuen Phosphoritminen im Hauptfördergebiet Wesenberg (Rakvere) im N erschlossen werden.

Energiewirtschaft: Die mächtigen Ölschiefervorkommen im NO (Gesamtvorkommen etwa 6,4 Mrd. t) sind die wichtigste einheim. Energiequelle. Mehr als 90 % der Fördermenge von (1992) 18,8 Mio. t dienen der Stromerzeugung (bes. in Narwa). Zur Beseitigung der hohen Umweltbelastung ist eine kostspielige Sanierung der Energiewerke erforderlich. Weitere lokale Energieträger sind Torf und Holz. Der Torfabbau ist v. a. wegen großflächiger Grundwasserabsenkungen mit erhebl. Umweltbeeinträchtigungen verbunden. Anfänge zur alternativen Stromerzeugung wurden auf den estn. Inseln mittels Windkraftwerken gemacht. Etwa 50 % der erzeugten Elektrizität werden nach Lettland und Russland exportiert.

Industrie: Im industriellen Sektor sind (1993) 36 % der Erwerbstätigen beschäftigt. Nach dem der Unabhängigkeit folgenden starken Produktionsrückgang stieg die Industrieproduktion 1994 im Vergleich zu 1993 um etwa 7 % wieder an. Etwa 96 % aller Betriebe haben weniger als 100 Beschäftigte. Wichtigste Branchen sind (1994) die Nahrungsmittelherstellung (u. a. Fischverarbeitung), Metallverarbeitung und Maschinenbau, die Papier-, Textil- (Baumwollverarbeitung in Narwa und Reval), elektrotechn., chem. und Lederindustrie. Durch ausländ. Investitionen werden v. a. die chem. Industrie, Holzverarbeitung und die Textilindustrie weiterentwickelt. Auf die Hauptstadtregion Reval konzentrieren sich 40 % der gesamten industriellen Produktion. Weitere Industriezentren sind die Hafenstadt Pärnu und die Städte Narwa, Kohtla-Järve, Sillamäe sowie die im Landesinnern gelegene Stadt Dorpat.

Tourismus: Die Tourismusbranche zählt zu den wachsenden Wirtschaftssektoren des Landes. 1993 stieg die Zahl der ausländ. Besucher auf 459 000 (1992: 263 000); etwa drei Viertel der Gäste kommen aus Finnland und ein Zehntel aus Schweden. Wichtigste tourist. Anziehungspunkte sind die Altstadt von Reval sowie die Kur- und Badeorte Pärnu und Hapsal (Haapsalu) an der W-Küste sowie Kuressaare auf der Insel Ösel.

Außenwirtschaft: In den Jahren vor 1989 wurden 90 % des Außenhandels mit den Sowjetrepubliken abgewickelt. Seit 1992 ist ein drast. Rückgang des Güteraustauschs mit den GUS-Staaten zu beobachten. E. hat sich v. a. auf der Importseite fast völlig nach dem Westen orientiert, während die starke Exportabhängigkeit von den GUS-Staaten anhält. 1995 stand einem Ausfuhrwert von 1842 Mio. US-$ ein Einfuhrwert von 2535 Mio. US-$ gegenüber, durch Überschüsse in der Dienstleistungs-, Tourismus- und Transferbilanz wird der Negativsaldo auf etwa 510 Mio. US-$ abgemildert. Wichtigste Handelsgüter waren 1995 bei der Ausfuhr Textilien und Bekleidung (13,6 % der Gesamtausfuhr), Nutzholz und Holzprodukte (12,4 %), Maschinen und Ausrüstungen (12,1 %), mineral. Produkte (8,1 %), Chemiewaren (7,7 %), Metalle (7,1 %), Transportmittel (7,0 %), Nahrungs- und Genussmittel (6,9 %) sowie sonstige Industriewaren (5,6 %). Bei der Einfuhr dominieren Maschinen und Ausrüstungen (20,8 % der Gesamteinfuhr), mineral. Erzeugnisse (11,9 %), Textilien und Bekleidung (11,0 %), Transportmittel (8,4 %), Chemie-

erzeugnisse (7,9 %), Nahrungs- und Genussmittel (7,5 %), Metalle (6,7 %), Kunststoffe (4,5 %), Zellstoff und Pulpe (3,3 %) sowie pflanzl. Rohstoffe (3,3 %). Wichtigste Handelspartner waren 1994 bei der Einfuhr Finnland (37,1 % des Einfuhrvolumens), Russland (16,2 %), Schweden (9,5 %), Dtl. (8,8 %), Dänemark (3,0 %) und Litauen (2,0 %), bei der Ausfuhr Russland (23,1 %), Finnland (17,8 %), Schweden (10,8 %), Lettland (8,0 %), Dtl. (6,8 %), Dänemark und Ukraine (beide je 3,0 %). Mit Lettland und Litauen besteht ein Freihandelsabkommen.

Verkehr: E. ist ein wichtiges Durchgangsland von Mittel- nach N- und O-Europa. Es verfügt über ein relativ dichtes Verkehrsnetz, das jedoch den gegenwärtigen Wirtschaftsbedürfnissen vielfach nicht mehr entspricht und stark sanierungsbedürftig ist. Das Schienennetz mit einer Gesamtlänge von (1993) 1024 km (davon 132 km elektrifiziert) hat große Bedeutung für den Transit russ. Ein- und Ausfuhrwaren, die über die Hauptstadthäfen (neben Reval der 1986 in Betrieb genommene Hochseehafen von Paldiski etwa 20 km östl. von Reval) abgewickelt werden. Bes. stark frequentiert ist die Transitstrecke Reval–Taps (Tapa)–Narwa–Sankt Petersburg. Mit einer Gesamtlänge von (1993) 14 771 km ist das öffentl. estn. Straßennetz relativ dicht ausgebaut. Durch den in Angriff genommenen Bau einer durchgehenden, etwa 1 000 km langen Autobahn von Helsinki über Reval, Riga und Kaunas nach Warschau (›Via Baltica‹) sollen die balt. Staaten besser an das mitteleurop. Straßennetz angebunden werden. Neben den Seehäfen von Reval und Paldiski wird ein Teil des Güterverkehrs auch über die kleineren Seehäfen Narwa, Pärnu und Hapsal abgewickelt. Von den Binnengewässern sind 520 km für Frachtschiffe befahrbar. Wichtigster Binnenhafen ist Dorpat. Der internat. Seeverkehr hat eine große Bedeutung für die estn. Wirtschaft. Von Reval aus gibt es regelmäßige Fährverbindungen nach Helsinki und Stockholm. In E. gibt es sechs Binnenflughäfen, auf den drei größten Inseln sind Landepisten angelegt. Der internat. Flughafen liegt nahe Reval. Fluggesellschaft ist die im November 1991 gegründete und 1996 privatisierte Estonia Air. (→Lettland, ÜBERSICHTS-KARTE)

GESCHICHTE

Trotz des Fehlens einer staatl. Zentralgewalt waren die estn. Landschaften in der Lage, Eroberungszüge der Wikinger abzuwehren oder ostslaw. Tributherrschaft (1030 JAROSLAW DER WEISE in Dorpat) abzuschütteln. Gegen Ende des 12. Jh. führte die Entstehung der Hanse zu einem Anstieg des europ. Handelsverkehrs in der balt. Region. Nach fehlgeschlagenen Versuchen einer friedl. Missionierung verlieh Papst INNOZENZ III. im Oktober 1204 der Livlandfahrt den Rang eines Kreuzzuges. 1208–1227 gelang den Dänen von N und dem dt. Schwertbrüderorden von S die Unterwerfung und gewaltsame Christianisierung der Esten (120–150 Tsd.). Als die Dänen 1346 ihre nordestn. Länderteile an den Dt. Orden verkauften, umfasste der Ordensstaat bis 1561 das gesamte Gebiet des heutigen E. und Lettland. In diese Periode fällt die stufenweise Entrechtung der angestammten Bev. Mit Einführung der Gutsherrschaft (15. Jh.) befand sich der überwältigende Teil der Esten im Stande erbhöriger und schollenpflichtiger Bauern. In den Hansestädten Reval (Tallinn) und Dorpat (Tartu) bildete die estn. Minderheit die unterste soziale Schicht. Diese Herrschafts- und Besitzverhältnisse blieben bis zur Mitte des 19. Jh. bestehen. Auf diese Weise war E. 700 Jahre lang ein Teil des dt. Kulturraumes.

Der 150-jährige Kampf der Großmächte um die Vorherrschaft im Baltikum begann mit dem vergeblichen Eroberungsversuch IVANS IV. (Livländ. Krieg

1558–82), der zum Untergang des Ordensstaates und zur Aufteilung E.s zw. Schweden, Dänemark und Polen-Litauen führte (1582–1629). Die Reformen der Schwedenzeit (1629–1710) brachten den Bauern einige Erleichterungen. 1632 gründete GUSTAV II. ADOLF in Dorpat (Tartu) eine Univ. Im Nord. Krieg (1700–21) wurde E. dem Russ. Reich angegliedert. Zugleich garantierte PETER I., DER GROSSE, die alten Privilegien der dt.-balt. Ritterschaften (Frieden von Nystad, 1721).

Die Bauernbefreiung (1816/19) führte durch den Verlust des Landes und aller gutsherrl. Schutzverpflichtungen zunächst zu einer Verschlechterung der sozialen Lage. Erst die auf den livländ. Landmarschall H. VON FÖLKERSAHM zurückgehende Reform (1856/60) verlieh den Bauern das Recht auf Bodenerwerb. In der Folgezeit entstand ein besitzendes Bauerntum, aus dem die erste Generation estn. Akademiker hervorging (Univ. Dorpat). Sie wurden zur Trägerschicht des ›Nat. Erwachsens‹ (1850–80). Erstmalig entstanden eine estnischsprachige Presse und zahlr. estn. Kulturvereine. Das kulturelle Leben blühte auf (1857 estn. Nationalepos ›Kalevipoeg‹, 1869 erstes Sängerfest), man bemühte sich um die Gründung estn. Schulen. Die auf die Beseitigung der ›dt. Ecke im Reich‹ gerichteten Angleichungsmaßnahmen der russ. Reg. wurden von Teilen der estn. Nationalbewegung begrüßt, aber diese Interessengemeinschaft zerbrach, als 1885 das Schulwesen russifiziert wurde (aufgehoben 1905). Industrialisierung und Urbanisierung förderten den Zuzug slaw. Arbeitskräfte und vergrößerten den estn. Bevölkerungsanteil in den Städten. Die Verschärfung der sozialen Gegensätze in Stadt und Land führte seit den 1890er-Jahren zum Aufstieg einer revolutionär-marxist. Bewegung. Nach Ausbruch der Revolution von 1905 kam es im Baltikum zu bes. schweren Unruhen, die von der Reg. blutig niedergeschlagen wurden.

Unter der Provisor. Reg. Russlands konnten estn. Politiker die administrative Zusammenlegung des Gouv. E. mit N-Livland und den Inseln erreichen. Mit der Oktoberrevolution von 1917 kam in Reval eine bolschewist. Räte-Reg. an die Macht, während die bürgerl. Kreise nun nach einer Loslösung von Russland strebten. In der Nacht vom 24. 2. zum 25. 2. 1918 nutzte man die kurze Frist zw. dem Abzug der Bolschewiki aus Reval und dem Einmarsch der Deutschen, um die Unabhängigkeit E.s zu proklamieren. Nach der Kapitulation Dtl.s im Ersten Weltkrieg wurde E. erneut von der Roten Armee besetzt. Es gelang jedoch der jungen estn. Armee im Verband mit finn. Freiwilligen und einem Baltenregiment, bis zum ersten Jahrestag der estn. Staatsgründung das gesamte Land unter ihre Kontrolle zu bringen. Im Frieden von Dorpat (2. 2. 1920) erkannte Sowjetrussland die staatl. Unabhängigkeit E.s an, das sich im selben Jahr eine demokrat. Verf. gab. Internat. Beachtung fand die vorbildl. Regelung der Minderheitenfrage durch Einführung einer Kulturselbstverwaltung (1925). Um einer faschist. Machtübernahme durch die Partei der Freiheitskämpfer zuvorzukommen, führte K. PÄTS im März 1934 einen Staatsstreich durch und errichtete, gestützt auf die konservative Bauernpartei, ein autoritäres Reg.-System, das mit einer Präsidial-Verf. (1938) seine endgültige Form erhielt.

In der Wirtschaft setzte E. auf die Schaffung mittelgroßer Bauernwirtschaften (1919 Enteignung des dt. Großgrundbesitzes) und den Ausbau der Brennschieferindustrie. Landwirtschaftl. Produkte sowie Öle, Benzin und Asphalt wurden nach Dtl. und Großbritannien exportiert. Große Anstrengungen wurden in Kultur, Wiss. und Bildungswesen unternommen.

Nach Abschluss des Hitler-Stalin-Paktes (23. 8. 1939) wurde E. am 17. 6. 1940 von sowjet. Truppen besetzt und am 6. 8. 1940 als Estn. SSR von der UdSSR annektiert. Die Repressionen im Zuge der Sowjetisierung fanden am 14. 6. 1941 ihren Höhepunkt, als in einer Nacht 11 000 Persönlichkeiten des öffentl. Lebens nach Sibirien deportiert wurden. Vom Sommer 1941 bis 1944 befand sich das Land unter dt. Besatzung. Vor der Wiedereinnahme der balt. Staaten durch die Sowjetarmee im September 1944 flohen etwa 69 000 Esten ins Exil. Sie leben heute vorwiegend in den USA, Kanada und Schweden. Zur Schwächung der Partisanenbewegung (›Waldbrüder‹) wurde die Kollektivierung der Landwirtschaft schon im Jahre 1949 durchgeführt. Sie war mit der zweiten Massendeportation verbunden. In E. wurden große Allunionsbetriebe angesiedelt, die unmittelbar den Moskauer Ministerien unterstanden und die Anwerbung russ. Arbeitskräfte erforderlich machten. E. hatte den höchsten Lebensstandard innerhalb der Sowjetunion.

Nach 45 Jahren Okkupation bot die mit dem Machtantritt M. S. GORBATSCHOWS eingeleitete Politik von Glasnost und Perestroika erstmalig die Möglichkeit zu öffentl. Protestäußerungen gegen die von den Unionskombinaten verursachten Umweltschäden, gegen forcierte Industrieansiedlung, russ. Zuwanderung und nat. Unterdrückung. Am 23. 8. 1987 fand im Hirve Park in Reval eine erste Massendemonstration statt. 1988 war das Jahr der ›Singenden Revolution‹ auf den Straßen. Im selben Jahr entstanden zwei Organisationen: die ›Nat. Unabhängigkeitspartei‹ (20. 8. 1988), die für die Wiederherstellung der vollen Eigenstaatlichkeit eintrat, und die ›Volksfront zur Unterstützung der Perestroika‹ (1. 10. 1988), die sich für die Souveränität E.s im Verband der UdSSR und für den Abschluss eines Unionsvertrages einsetzte. Am 16. 11. 1988 erklärte der Oberste Sowjet E.s den Vorrang der Rep.-Gesetze vor den Unionsgesetzen (Souveränitätserklärung). Im Laufe des Jahres 1989 scheiterten alle Versuche zur Verwirklichung größerer Souveränität. Dies verstärkte das Streben nach Unabhängigkeit. Am 23. 8. 1989 bekundeten die Balten mit einer Menschenkette von Reval bis Wilna ihren Freiheitswillen gegenüber der Weltöffentlichkeit. Nach dem Wahlsieg der ›Volksfront‹ proklamierte der Oberste Sowjet E.s am 8. 5. 1990 seinen Willen zur Wiederherstellung der Unabhängigkeit nach einer Übergangsperiode; Teile der Verf. von 1938 wurden wieder in Kraft gesetzt, die Estn. SSR in ›Republik E.‹ umbenannt und Estnisch wieder zur Staatssprache erhoben. Das Jahr 1991 brachte die Entscheidung durch die Putschversuche der prosowjet. Kräfte, zuerst in Wilna und Riga (Jan. 1991), dann in Moskau (August 1991). Am 20. 8. 1991 erklärte E. die Wiederherstellung der Unabhängigkeit; es folgte eine Welle der diplomat. Anerkennungen. Am 17. 9. 1991 wurde E. in die UNO aufgenommen. Nach der Annahme einer neuen Verf. durch ein Referendum (28. 6. 1992) fanden am 20. 9. 1992 Parlaments- und Präsidentschaftswahlen statt, bei denen nur jene Bürger (und deren Nachkommen) Wahlrecht hatten, die vor der Annexion (1940) durch die UdSSR estn. Staatsbürger gewesen waren. Stärkste polit. Kraft wurde das konservative Wahlbündnis ›Vaterland‹. Das Amt des Staatspräs. trat im Oktober 1992 L. MERI an (1996 bestätigt). 1992–94 war MART LAAR (* 1960) Min.-Präs., dessen letztes Kabinett im Zusammenhang mit einem Finanzskandal vom Parlament durch ein Misstrauensvotum gestürzt wurde. Nachfolger als Reg.-Chef war A. TARAND (1994/95), den nach den Parlamentswahlen v. 5. 3. 1995 T. VÄHI als Min.-Präs. einer Reg. aus Koalitionspartei, Bauernunion und Zentrumspartei ablöste. Nach dem Rücktritt VÄHIS (1997) wurde M. SIIMANN Reg.-Chef. Der Abzug der russ. Truppen aus dem Land war am 31. 8. 1994 abgeschlossen. Mit den EG schloss E. am 12. 6.

1995 ein Assoziierungsabkommen (›Europaabkommen‹); am 4. 12. 1995 stellte das Land einen Antrag auf Mitgliedschaft in der Europäischen Union.

R. WITTRAM: Balt. Gesch. Die Ostseelande Livland, E. Kurland 1180–1918 (1954); G. VON RAUCH: Gesch. der balt. Staaten (³1990); Die balt. Nationen E., Lettland, Litauen, hg. v. B. MEISSNER (²1991); M. BUTENSCHÖN: E., Lettland, Litauen. Das Baltikum auf dem langen Weg in die Freiheit (1992); Balt. Länder, hg. v. G. VON PISTOHLKOHRS (1994).

estnische Kunst. Älteste Kunstdenkmäler reichen bis ins 3. Jt. v. Chr. zurück. *Romanik* und *Gotik* erfuhren insbesondere im N eine eigenwillige Ausprägung (glatte Formen, sparsames Dekor). Es entstanden Festungen mit Konventshäusern (Kingisepp [Kuressaare]) und mächtigen Wehrtürmen (Vastseliina), einschiffige Wehrkirchen (Karja) und dreischiffige Hallenkirchen (Ambla). Aus dem 15./16. Jh. sind Flügelaltäre norddt. (H. RODE, B. NOTKE) und niederländ. Meister erhalten. Bekanntestes Beispiel der Renaissancearchitektur ist das ›Schwarzhäupterhaus‹ in Reval. Im 17. Jh. zeigen sich im *Barock* holländ. Formen im Rathaus von Narva (1665/71; S. TEUFFEL), ital. Einflüsse im Schloss Kadriorg in Reval (1718–23; N. MICHETTI, M.-G. SEMZOW). Unter dem Einfluss des russ. *Klassizismus* entstanden Bauensembles in Dorpat (Rathaus, 1782–84; Univ.-Gebäude, 1803/09) sowie zahlr. Herrenhäuser und Landsitze. Um 1900 fanden durch dt., russ. und finn. Architekten *Historismus, Jugendstil* und *Funktionalismus* Verbreitung. Die Entwicklung einer nat. bildenden Kunst wurde durch die 1803 an der Univ. Dorpat gegründete Malschule gefördert. Das seit Anfang des 20. Jh. sich entfaltende Spektrum westeuropäisch beeinflusster Stilrichtungen wird ergänzt durch den Rückgriff auf traditionelle Elemente.

Kunst in Tallinn u. Estland, vom MA. bis zur Gegenwart, bearb. v. J. JENSEN, Ausst.-Kat. (1976); M. PORT: Die Architektur in der Estn. SSR (a. d. Estn., Tallinn 1983); Kunstdenkmäler balt. Staaten, hg. v. R. HOOTZ (a. d. Russ., 1992); Mythos u. Abstraktion. Aktuelle Kunst aus Estland, bearb. v. H. HERR u. a., Ausst.-Kat. (1992).

estnische Literatur. Eine eigenständige e. L. bildete sich erst gegen Mitte des 19. Jh. heraus. Als erstes gedrucktes Buch in estn. Sprache war 1535 die Übersetzung eines lutherischen Katechismus erschienen. – Die alte estn. Volksdichtung bestand im Wesentlichen aus mittelalterl. und frühneuzeitl. Liedgut in alliterierenden, endreimlosen Achtsilbern. Die im 19. Jh., v. a. auf Initiative von JAKOB HURT (* 1839, † 1907), angelegten Sammlungen gehören heute zu den größten der Erde. – Von großer Bedeutung für die weitere sprachl. und literar. Entwicklung war das von F. R. KREUTZWALD in romant. Geist nach dem Vorbild des finn. ›Kalevala‹ aus Liedern und Sagen zusammengestellte Nationalepos ›Kalevipoeg‹ (1857–61; dt.).

In der um die Mitte des 19. Jh. einsetzenden Nationalromantik entstanden neben patriot. Lyrik und Bauernepik mit den Stücken von L. KOIDULA erste estn. Dramen. Mit europ. Bewegungen setzte sich die e. L. erstmals im Realismus der Jahrhundertwende in Beziehung (J. LIIV mit suggestiver Naturlyrik; E. VILDE mit sozialkrit. Romanen). Die die Autonomie des Dichters betonende Bewegung ›Noor-Eesti‹ (Jung-Estland) unter der Führung von G. SUITS und FRIEDEBERT TUGLAS (* 1886, † 1971) knüpfte an die europ. Neuromantik an. Das estn. Theater (A. KITZBERG; VILDE) erlebte unmittelbar vor dem Ersten Weltkrieg einen Aufstieg. Mit dem Durchbruch einer dem Expressionismus nahe stehenden Moderne um 1917 trat die Lyrik in den Vordergrund (M. UNDER; H. VISNAPUU. In den Jahren der Eigenstaatlichkeit wurde der Roman zur Hauptgattung (A. H. TAMMSAARE; AUGUST MÄLK, * 1900, † 1972); auch die Novelle erreichte ein hohes Niveau (TUGLAS; A. GAILIT). Eine neue Generation trat vor dem Zweiten Weltkrieg

hervor, in der Lyrik v. a. BERNHARD KANGRO (* 1910) und BETTI ALVER (* 1900), in der Prosa K. RISTIKIVI.

Seit 1944 entwickelte sich neben der sowjetestn. Literatur eine estn. Emigrantenliteratur. Die ungehinderte Auseinandersetzung mit der modernen westl. Literatur u. ihren modernist. Strömungen, das Experimentieren mit neuen Formen (surrealist. Lyrik von ILMAR LAABAN, * 1921, und KALJU LEPIK, * 1920) und Ausdrucksmöglichkeiten (Prosa KANGROS; RISTIKIVIS; ARVED VIIRLAIDS, * 1922; IVAR GRÜNTHALS, * 1924; u. a.) kennzeichnet die estn. L. des Exils, aber auch die sich bes. in den 60er-Jahren stärker entfaltende sowjetestn. Literatur. Bereits seit den 80er-Jahren haben Prosaautoren, u. a. J. KROSS, LILLI PROMET (* 1922), L. MERI, E. VETEMAA, und Lyriker, u. a. DEBORA VAARANDI (* 1916) und ELLEN NIIT (* 1928), die geschichtl. Thematik aufgegriffen und damit wesentlich zur Erhaltung und Wiederbelebung des estn. Nationalbewusstseins beigetragen. Mit PAUL-EERIK RUMMO (* 1942), dem Schöpfer einer assoziationsreichen Dichtung, der Lyrikerin VIIVI LUIK (* 1946), JAAN KAPLINSKI (* 1941, Lyrik), den Erzählern ARVO VALTON (* 1935), M. TRAAT (Lyrik, Prosa) und M. UNT (* 1944) traten außerdem die Vertreter der in der Nachkriegszeit geprägten Generation hervor. Daneben repräsentieren die e. L., die sich seit der Unabhängigkeit des Landes 1990/91 verstärkt auch bisher tabuisierten Themen der Geschichte Estlands widmet, in der Lyrik u. a. PRIIDU BEIER (* 1947), DORIS KAREVA (* 1958), TÕNU TRUBETZKY (* 1963), KARL SINIJÄRV (* 1971) sowie in der Prosa VIIVI LUIK, MARI SAAT (* 1947), ÜLO MATTHEUS (* 1956) und MAIMU BERG (* 1945); diese Tendenz setzt sich auch in der Annäherung an die Werke und Autoren der e. L. des Exils fort.

H. JÄNES: Gesch. der e. L. (Stockholm 1965); Eesti kirjanduse ajalugu, hg. v. E. SÕGEL, 4 Bde. (Reval 1965–84); A. ORAS: Estonian literature in exile (Lund 1967); A. MÄGI: Estonian literature (Stockholm 1968); I. IVASK: Die e. L., in: Moderne Weltlit., hg. v. G. VON WILPERT u. I. IVASK (1972); Eesti kirjanduse biograafiline leksikon, hg. v. E. SÕGEL (Reval 1975); E. NIRK: Estonian literature (Reval ²1987); C. HASSELBLATT u. V. PIRSICH: E. L. in dt. Sprache 1802–1985. Bibliogr. der Primär- u. Sekundärlit. (1988); F. SCHOLZ: Die Literaturen des Baltikums. Ihre Entstehung u. Entwicklung (1990); C. HASSELBLATT: Die e. L. u. ihre Rezeption in Dtl. (1994).

estnische Musik. Die estn. Volksmusik ist urspr. einstimmig; früheste Zeugnisse sind aus dem 11. Jh. erhalten. Im 19. Jh. begann man mit dem Sammeln und Aufzeichnen der Musikfolklore. Zur gleichen Zeit verbreitete sich auch der mehrstimmige Chorgesang. Die Basis für die Entwicklung der professionellen Tonkunst in Estland bildete die Laienchorbewegung. Große Bedeutung für die Entwicklung der nat. Musikkultur erlangten die seit 1869 alle fünf Jahre veranstalteten Sängerfeste, an denen sich über 30 000 Volkssänger sowie Tänzer und Musiker beteiligten. Begründer des estn. Chorliedes waren MART SAAR (* 1882, † 1963) und K. KREEK. Erste sinfon. Werke und Kammermusik komponierten ARTUR KAPP (* 1878, † 1952) und HEINO ELLER (* 1887, † 1970); die erste estn. Oper (›Die Wikinger‹, 1928) schrieb EVALD AAV (* 1900, † 1939). EUGEN KAPP (* 1908) schuf mit seinen musikdramat. Werken die Grundlage für das moderne estn. Musiktheater. Zu den namhaften estn. Komponisten der Gegenwart zählen v. a. EINO TAMBERG (* 1930), JAAN RÄÄTS (* 1932) und A. PÄRT. Die Chortradition SAARS wurde von GUSTAV ERNESAKS (* 1908, † 1993) und VELJO TORMIS (* 1930) fortgesetzt.

estnische Sprache, gehört zur ostseefinn. Gruppe der →finnougrischen Sprachen und stellt im Vergleich zum Finnischen (→finnische Sprache) eine weiterentwickelte Form des Ostseefinnischen dar; verwendet wird die lat. Schrift. Es gibt zwei Hauptdia-

Paul Balluat Baron
de Constant de
Rebecque
d'Estournelles

lekte, die sich sehr stark voneinander unterscheiden: das Nordestnische, auf dem die heutige Schriftsprache beruht, und das Südestnische.

Das Phonemsystem weist zwei versch. lange Stufen von Vokalen und Konsonanten auf, die v.a. durch Doppelschreibung bezeichnet werden. Kennzeichnend ist, wie auch für das Finnische, der →Stufenwechsel. Die Betonung liegt auf der ersten Silbe. Im Unterschied zum Finnischen fehlt die →Vokalharmonie. Es gibt 14 Kasus, jedoch keine Genusunterscheidung. – Der im Wortschatz und (weniger stark) in der Syntax spürbare Einfluss des Niederdeutschen (13.–16. Jh.) und des Hochdeutschen (16.–19. Jh.) wurde seit der Mitte des 19. Jh. weitgehend zurückgedrängt. – Die frühesten estn. Sprachzeugnisse (Namen) gehen auf das 13. Jh. zurück. 1535 erschien als erstes estn. Buch die Übersetzung eines lutherschen ›Kleinen Katechismus‹. Aus der 1. Hälfte des 17. Jh. stammen erste umfangreichere Schriftdenkmäler.

A. SAARESTE: Die e. S. (Dorpat 1932); A. RAUN u. A. SAARESTE: Introduction to Estonian linguistics (1965); K. KANN u.a.: Eesti – saksa sõnaraamat (Reval ³1972); Ö. LAVOTHA: Kurzgefaßte estn. Gramm. (a.d. Ungar., 1973); E. KIBBERMANN u.a.: Saksa-eesti sõnaraamat (Reval 1975); R. HINDERLING: Baltisch/Deutsch, in: Sprachgesch. Ein Hb. zur Gesch. der dt. Sprache u. ihrer Erforschung, hg. v. W. BESCH u.a., Bd. 1 (1984).

Estofado|skulptur [von span. estofar ›bekleiden‹, ›ausstaffieren‹], realistisch geprägte Richtung der span. Plastik des 17. Jh., die oft zu äußerstem Naturalismus gesteigert wurde. Charakteristisch war die Vorliebe für den Werkstoff Holz, hinzu kamen Vergoldung und Bemalung in leuchtenden Farben. Die Skulpturen wurden mit echter Gewandung ausgestattet, nur Kopf, Hände und Füße wurden vom Künstler geschaffen; teilweise wurde die Wirkung durch echte Haare und Glasaugen noch gesteigert. Zentren der E. waren Valladolid, Madrid, Granada und Sevilla. Bedeutende E. schufen G. FERNÁNDEZ, M. PEREIRA, J. MARTÍNEZ MONTAÑÉS, A. CANO, P. DE MENA Y MEDRANO, J. DE MORA, J. DE MESA.

Estomihi [lat. ›sei mir (ein starker Fels)‹], in den ev. Kirchen der nach den Anfangsworten des Introitus (Ps. 31, 3) benannte Sonntag vor dem Aschermittwoch (Sonntag E.); in der kath. Kirche der sechste Sonntag im Jahreskreis, früher ›Quinquagesima‹ (von lat. der ›fünfzigste‹ [Tag vor Ostern]).

Estragon
(Höhe bis 1,5 m)

Estofado-skulptur:
Juan Martínez
Montañés,
›Der Evangelist
Johannes‹;
bemaltes Holz,
1637 begonnen
(Sevilla, Kloster
Santa Paula)

Estoril [iʃtu'ril], Wohngemeinde und Seebad 25 km westlich von Lissabon, Portugal, am Fuß des Monte Estoril, 24 800 Ew.; Spielkasino.

Estournelles [estur'nɛl], Paul Balluat Baron de Constant de Rebecque d' [də kɔ̃stãdərə'bɛk-], frz. Politiker, * La Flèche 22. 11. 1852, † Paris 15. 5. 1924; Pazifist; setzte sich mit Nachdruck für die internat. Verständigung ein. 1909 erhielt E. mit A. BEERNAERT den Friedensnobelpreis.

Estrade [frz., zu lat. stratum ›das Hingebreitete‹] *die, -/-n,* (um mindestens eine Stufe) erhöhter Teil des Fußbodens, Podium; meist zur Aufnahme eines bevorzugten Sitzes, Thrones, Altars u. Ä.

Estragon [frz., aus arab.] *der, -s,* **Artemisia dracunculus,** in S-Russland beheimatete Beifußart; bis 1,5 m hohe Staude mit gelbl. Blütenköpfchen. Die schmallanzettl. Blätter werden aufgrund ihres Gehaltes an äther. Ölen als Gewürz und bei der Herstellung von Essig und Senf verwendet.

Estrangelo *die, -,* die älteste Form der →syrischen Schrift.

Estrées [ɛs'tre], frz. Adelsfamilie, urspr. aus der Picardie; seit dem 14. Jh. bekannt, 1771 erloschen. Bedeutende Vertreter:

1) Gabrielle d', Marquise **de Montceaux** [də mɔ̃'so], Herzogin **von Beaufort** [-bo'fɔ:r], * Château de Cœuvres (heute Cœuvres-et-Valsery, Dép. Aisne) um 1571, † Paris 7. oder 8. 4. 1599; Geliebte König HEINRICHS IV. von Frankreich; sie gebar ihm drei Kinder, die später legitimiert wurden. Von ihrem ältesten Sohn CÉSAR leitet sich die bourbon. Bastardlinie →Vendôme ab.

2) Louis Charles César **Le Tellier** [lətɛl'je], Marquis **de Courtanvaux** [də kurtã'vo], Herzog von (seit 1763), Marschall von Frankreich (seit 1757), * 2. 1. 1695, † Paris 2. 1. 1771; siegte im Siebenjährigen Krieg am 26. 7. 1757 bei Hastenbeck (heute zu Hameln) über WILHELM AUGUST Herzog VON CUMBERLAND und nahm das Kurfürstentum Hannover ein. Mit ihm erlosch das Geschlecht.

Estrêla, Serra da E. ['sɛrra ða iʃ'trela; port. ›Sterngebirge‹], höchster Gebirgszug Portugals, Teil des Iberischen Scheidegebirges, ein gewaltiger, allseitig steil abfallender Granitzug (NO-SW) in der Mitte des Landes, im Malhão 1991 m ü. M., mit hohen Niederschlägen und Spuren eiszeitl. Vergletscherung. Auf den Heideflächen der Hochregion Schaf- und Ziegenhaltung sowie Wintersport; in zahlr. Kleinstädten des Gebirgsrandes Textilindustrie (Covilhã, Seia, São Romão).

Estremadura, 1) [iʃtrəma'ðura], histor. Prov. in Mittelportugal; erstreckt sich an der Küste von der Sadomündung über die Halbinsel von Setúbal und das nördlich anschließende Gebiet westlich des Tejo und Zêzere bis südlich Coimbra und umfasst damit den Distr. Lissabon, den südl. Teil des Distr. Leiria und den N-Teil des Distr. Setúbal. Das Innere ist gebirgig (Serra de Sintra, port. Kalkbergland), die Küste überwiegend Steilküste (Cabo da Roca, 144 m ü. M.). Fischereihäfen in Setúbal, Peniche und Nazaré. Die südl. E. wird vom Großraum Lissabon eingenommen; in der übrigen E. mediterrane Trockenbaukulturen (Weizen, Reben, Ölbaum, Feigen) und kleine Bewässerungsgebiete, um Setúbal Korkverarbeitung. – E. bedeutete urspr. ›äußerster Grenzsaum am Duero‹. In der Zeit der Reconquista im 12. Jh. wurde die Bez. auf die Kampfzone der Maurenkriege, später auf das zurückeroberte Gebiet bezogen und wandelte sich zum Landschaftsbegriff.

2) [ɛstrema'ðura], histor. Landschaft in W-Spanien, →Extremadura.

Estrich [ahd. esterih, aus mlat. astracum ›Pflaster‹, von griech. óstrakon ›Scherbe‹, ›irdenes Täfelchen‹] *der, -s/-e,* **1)** *Bautechnik:* dünne Schicht aus →Mörtel,

Gussasphalt oder Steinholz, von meist 3–5 cm Dicke, die (als Fußboden oder Bodenkonstruktion) auf den Untergrund aufgebracht wird. Verbund-E. wird direkt auf den Untergrund verlegt, E. auf Trennschicht kommt auf dünnen Zwischenlagen zur Ausführung, schwimmender E. wird zur Vermeidung von Trittschallübertragung von allen angrenzenden Bauteilen durch eine elast. Dämmschicht getrennt. E. können direkt begehbar sein, z. B. Industrie-E. oder Hartstoff-E., oder mit einem Belag (Parkett, Kunststoffböden u. a.) versehen werden.

2) *schweizer.* Bez. für Dachraum.

Estrup ['ɛsdrob], Jacob Brønnum Scavenius, dän. Politiker, *Sorø (Seeland) 16. 4. 1825, †Skaføgård (Ostjütland) 24. 12. 1913; war 1865–69 Innen-Min., 1875–94 Min.-Präs. E. prägte entscheidend das dän. Grundgesetz von 1866.

Esus, einer der Hauptgötter der Gallier, von dem röm. Dichter LUKAN zus. mit →Teutates und →Taranis genannt sowie inschriftlich und in gall. Personennamen erhalten. Vergleiche mit Merkur, Mars und Odin bleiben unsicher.

ESU-Verfahren [Kurz-Bez. für Elektroschlackeumschmelzverfahren], Verfahren zur Qualitätsverbesserung und zum Reinigen von Stahl. Eine Elektrode aus dem umzuschmelzenden Stahl taucht in eine Schlacke ein und wird bei starkem Stromfluss abgeschmolzen. Die Verunreinigungen werden von der Schlacke aufgenommen, die gereinigte Stahlschmelze sammelt sich unter der Schlacke in einer wassergekühlten Kupferkokille und erstarrt zu einem neuen Block oder zu Formteilen.

Eszék ['ɛseːk], ungar. Name der kroat. Stadt →Osijek.

Esztergom ['ɛstɛr-], Stadt in Ungarn, →Gran.

Eszterháza ['ɛstɛrhaːzɔ], Ort in Ungarn, →Fertőd.

ET, 1) Abk. für engl. Ephemeris Time, die →Ephemeridenzeit.

2) Nationalitätszeichen für Ägypten.

Eta, neuerer Name **Burakumin** [›Bürger besonderer Gemeinden‹], Name für Angehörige der ehem. untersten Klasse des traditionellen jap. Sozialsystems (1871 gesetzlich abgeschafft, letzte gesetzl. Einschränkungen fielen 1969). Die E. übten oft in einem geltenden Berufe (u. a. Abdecker, Gerber, Leichenbestatter) aus und führten ein Pariadasein. In mehreren Verbänden organisiert, kämpfen sie bis heute für die prakt. Durchsetzung ihrer Rechte und um gesellschaftl. Gleichstellung. In etwa 6 000 über Japan verstreuten gettoähnl. Gemeinschaften leben 1–3 Mio. E., teils am Rande des Existenzminimums.

Eta *das, -(s)/-s,* Zeichen **η, H,** 1) der siebente Buchstabe des griech. →Alphabets (→Etazismus, →Itazismus).

2) Formelzeichen: *η* für die dynam. →Viskosität, die →Lichtausbeute und den →Wirkungsgrad.

3) physikal. Symbol für das →Etameson.

ETA [Abk. für bask. Euskadi Ta Azkatasuna ›das Baskenland und seine Freiheit‹], bask. Untergrundbewegung, gegr. 1959 unter den Bedingungen der Francodiktatur, seit 1976 gespalten in die **ETA militar** und die **ETA politico-militar.** Urspr. entstanden zur Bewahrung der im zentralist. Staat unterdrückten bask. Kultur, entwickelte sich die ETA zur Terrororganisation, die unter Leugnung der demokrat. Entwicklung versucht, das →Baskenland (›Euskadi‹) gewaltsam aus dem span. Staatsverband zu lösen. Ihr polit. Arm ist die Partei ›Herri Batasuna‹ (Abk. HB, dt. ›Volksgemeinschaft‹). Die terrorist. Aktionen der ETA richten sich gegen Repräsentanten des Staates (Richter, hohe Militärs, Politiker, so ein spektakuläres Attentat gegen J. M. AZNAR im April 1995), gegen Landsleute, die entführt werden, um Lösegelder zu erpressen, aber auch gegen die unbeteiligte Öffentlichkeit (Anschläge auf Flughäfen, Touristenzentren u. Ä.). In der bask.

Bev. hat die ETA nur eine Minderheit für sich (die HB bindet etwa 15 % der Wählerstimmen). Im frz. Baskenland, das nach dem Selbstverständnis der Organisation Teil des angestrebten bask. Staates sein müsste, richtete die ETA im Untergrund Stützpunkte als Rückzugs- und Ausgangspunkt für ihre Aktivitäten in Spanien ein.

Etablissement [-blis(ə)'mã, frz.; -'mɛnt, schweizer.] *das, -s/-s* und (schweizer.) *-e,* 1) Geschäft, Betrieb, Unternehmen, Niederlassung; 2) gepflegte Gaststätte; 3) Vergnügungsstätte, zweifelhaftes (Nacht-)Lokal; Bordell.

Etagere [-'ʒeːrə, frz.] *die, -/-n,* 1) Wandgestell für Bücher oder Geschirr; auch Stufengestell aus meist drei übereinander befindl. Schalen unterschiedl. Größe für Obst; 2) aufhängbare Kosmetiktasche mit Fächern.

Etalon [eta'lõ, frz.] *der, -s/-s,* 1) *Eich-* und *Messwesen:* reproduzierbares Eich- oder Normalmaß, z. B. das Urmeter (→Normal).

2) *Physik:* zwei genau parallel montierte ebene Spiegel, die in der Interferometrie verwendet werden, z. B. beim →Fabry-Pérot-Interferometer oder beim →Michelson-Interferometer zur Realisierung der Längeneinheit mit geeigneten Lichtwellenlängen.

Eta|meson, η-Meson, physikal. Symbol η, zu den quasistabilen →Elementarteilchen gezähltes instabiles, ungeladenes Meson mit dem Spin null und der Ruhmasse 547,45 MeV/c^2; kurzzeitiger Bindungszustand eines Strangequarks (s) mit seinem Antiquark (s̄): η = ss̄. (→Elementarteilchen, ÜBERSICHT).

Etamin [frz., zu lat. stamineus ›voll Fäden‹, ›faserig‹] *das* und (bes. österr.) *der, -(s),* gazeartiges, durchsichtiges Gewebe aus Baumwolle oder Chemiefaser, in Leinwand- und Dreherbindung; die Bindung erzeugt z. B. durchbrochene Karos oder Streifen; v. a. für Gardinen, auch Blusen und Handarbeiten.

Étampes [e'tãp], Stadt im Dép. Essonne, Frankreich, 50 km südlich von Paris, in der Beauce, 21 400 Ew.; Markt- und Fremdenverkehrsort mit Museum im ehem. Rathaus (1514); Gießerei, Konfektionsindustrie, Polsterfabrik. – Im mittelalterl. Stadtbild fallen die Kirchen Notre-Dame-du-Fort (12./13. Jh., Krypta 11. Jh.) mit Figurenportal (um 1150), Saint-Martin (12./13. Jh.) mit schiefem Turm (16. Jh.), Saint-Basile (12., 15. und 16. Jh.) und Saint-Gilles (12., 13. und 16. Jh.) auf. É. wird überragt von der Tour Guinette (ehem. Donjon mit Grundriss eines vierblättrigen Kleeblatts, 12. Jh.).

Étang [e'tã, frz.] *der, -(s)/-s,* Strandsee oder Haff (Lagune) an der frz. Küste der Biskaya (→Landes) und des Mittelmeeres (z. B. →Thau, →Berre), auch an der O-Küste Korsikas.

Étaples [e'tapl], **Vertrag von É.,** am 3. 11. 1492 in Étaples (bei Boulogne-sur-Mer) zw. König HEINRICH VII. von England und König KARL VIII. von Frankreich geschlossener Vertrag, wodurch dieser gegen die Zahlung von 745 000 Goldkronen den engl. Verzicht auf Ansprüche auf die frz. Krone erreichte und mit der Zusicherung engl. Neutralität seine geplante Eroberungspolitik in Italien (1494/95) vorbereitete. Letzterem Ziel dienten auch die Verträge von Senlis (1493) und Mailand (1495).

Etappe [frz., eigtl. ›Versorgungsplatz (für durchziehende Truppen)‹, urspr. ›Handelsplatz‹] *die, -/-n,* 1) *allg.:* 1) (an einem Tag zu bewältigende) Teilstrecke (nach der eine Ruhepause eingelegt wird), bes. im Radtourensport und bei Rallyes; 2) Entwicklungsabschnitt, Stufe, Stadium.

2) *Militärwesen:* früher, bes. im Ersten und Zweiten Weltkrieg, Bez. für das Gebiet hinter der Front, in dem sich Versorgungsdienste und -einrichtungen, Lazarette, Ausbildungs-, Ersatz- und Sicherungstruppen sowie Verwaltungsbehörden befanden.

Gabrielle d'Estrées
(Ausschnitt aus einem Gemälde; 1594)

Etappenrennen, *Straßenrennsport:* Straßenrennen über einzelne Teilstrecken (Etappen), die täglich zu einem anderen Zielort führen. Die Zeit der Fahrer wird täglich addiert; der Fahrer gewinnt, der die gesamte Strecke in der kürzesten Zeit zurückgelegt hat; am Ziel der einzelnen Etappen wird außerdem ein Tagessieger ermittelt. Das bekannteste internat. E. für Berufsfahrer ist die →Tour de France, das für Amateure die →Friedensfahrt.

Etat [e'ta; frz.; eigtl. ›Zustand‹, ›Beschaffenheit‹, von lat. status] *der, -s/-s,* der →Haushaltsplan.

État Français [etafrã'sɛ], 1940–44 offizieller Name des frz. Staates (→Frankreich, Geschichte).

Etatismus [frz., zu état ›Staat‹, im krit. Sinne gebrauchte Bez. für Bestrebungen, die Verwaltung des Staates und ihre Kompetenz auf Kosten der eigenständigen Bereiche von Gesellschaft und Wirtschaft auszudehnen. In diesem Sinne um 1880 in Frankreich entstanden, erstreckt sich der Begriff darüber hinaus heute auch auf die Tendenz, die individuelle Rechtssphäre zugunsten des staatl. Machtbereichs einzuengen. Er zielt – bes. in Bundesstaaten – auch auf die Erweiterung bundesstaatl. Befugnisse (bes. auf wirtschafts- und finanzpolit. Gebiet) gegenüber den Rechten der Gliedstaaten.

États généraux [etaʒene'ro], in Frankreich bis 1789 die →Generalstände.

États provinciaux [etaprɔvɛ̃'sjo], in Frankreich bis 1789 die →Provinzialstände.

Etazismus [nach dem griech. Buchstaben Eta] *der, -,* **erasmische Aussprache,** die Aussprache des griech. Buchstabens Eta als [ɛ:] (und dementsprechend der Rückgriff auf die ursprüngl. Aussprache auch der Diphthonge), wie sie am entschiedensten von ERASMUS VON ROTTERDAM (›De recta Latini Graecique sermonis pronuntiatione dialogus‹, 1528) vertreten wurde. (→Itazismus)

et cetera [lat. eigtl. ›und die übrigen Dinge‹], Abk. **etc.,** und so weiter. – **etc. pp.** [pp., Abk. von lat. perge, perge ›fahre fort, fahre fort‹], und so weiter, und so weiter.

Cl–CH₂–CH₂–PO₃H₂

Ethephon

Etchegaray [etçɔga'rai], Roger, frz. kath. Theologe, *Espelette (Dép. Pyrénées-Atlantiques) 25. 9. 1922; wurde 1947 zum Priester, 1969 zum Bischof geweiht; 1970–84 Erzbischof von Marseille; seit 1979 Kardinal; leitet seit 1984 die päpstl. Studienkommission (seit 1988 Päpstl. Rat) für Gerechtigkeit und Frieden (→Iustitia et Pax); ist seit 1994 auch Präs. des Komitees zur Vorbereitung der Feier des zum Hl. Jahr ausgerufenen Jahres 2000. 1993 wurde E. als erster hochrangiger Vertreter des Hl. Stuhl in China empfangen.

Eteogramm [zu griech. eteós ›wahr‹, ›wirklich‹ und →...gramm] *das, -s/-e,* Schreibung fremdsprachl. Wortformen mit Zeichen des Schriftsystems, in das sie übernommen werden, wenn daneben →Heterogramme vorkommen.

Eteokles, griech. **Eteoklês,** *griech. Mythos:* Sohn des Ödipus und der Iokaste. Als er seinem Bruder Polyneikes die Herrschaft über Theben (in der sie sich jährlich abwechseln wollten) nicht abtrat, veranlasste dieser seinen Schwiegervater Adrastos zum Zug der →Sieben gegen Theben. E. und Polyneikes töteten sich im Kampf gegenseitig. Während aber E. als Verteidiger seiner Vaterstadt ehrenvoll bestattet wurde, verbot Kreon, als Bruder der Iokaste nach dem Tod des E. Herrscher über Theben, die Bestattung des Polyneikes; über dieses Verbot setzte sich →Antigone hinweg. Nach dem Epos ›Thebais‹ (→zyklische Dichter) wurde der Stoff von AISCHYLOS (›Sieben gegen Theben‹) sowie von EURIPIDES (›Phoenissen‹) dramatisch, im 1. Jh. n. Chr. von STATIUS (›Thebais‹) in lat. Sprache episch behandelt.

Eteokreter [griech. ›wahre Kreter‹], nach der ›Odyssee‹ HOMERS (19, 176) einer der Volksstämme Kretas. In histor. Zeit wohnten sie im O der Insel um die Stadt Praisos. Nach vorherrschender Meinung sind die E. Nachfahren der Frühbevölkerung, von der die minoische Kultur geschaffen wurde.

Eteokretisch [›das wahre Kretisch‹], nichtgriech. Sprache mehrerer im 7.–4. Jh. v. Chr. mit griech. Buchstaben geschriebener Inschriften auf O-Kreta.
Y. DUHOUX: L'étéocrétois (Amsterdam 1982).

Eteokyprisch [›das wahre Kyprisch‹], eine nichtgriech. Sprache, die sich auf Zypern erhalten hat. Überliefert sind Inschriften aus dem 7.–4. Jh. v. Chr. in einer Variante der Silbenschrift, die die Griechen der Insel benutzten. – Die gleiche Sprache liegt vermutlich auch in einem Teil der ›kyprominoischen‹ Schriftdenkmäler des 2. Jt. v. Chr. vor.
O. MASSON: Les inscriptions chypriotes syllabiques (Neuausg. Paris 1983).

Eternit® *das* oder *der, -s,* umgangssprachl. Bez. für Produkte aus →Asbestbeton.

Etesien [lat., von griech. etēsíai (ánemoi) ›jährliche (Winde)‹] *Pl.,* die über der Ägäis und dem östl. Mittelmeer im Sommer mit großer Regelmäßigkeit auftretenden trockenen, relativ kühlen N- bis NW-Winde, erzeugt vom starken sommerl. Luftdruckgefälle zw. Azorenhoch und südwestasiat. Monsuntief. Davon abgeleitet werden die sommertrockenen subtrop. Winterregenklimate auch E.-Klimate (→Klimazonen) genannt.

ETH, 1) Abk. für die Eidgenössische Techn. Hochschule in Zürich, heute ETHZ (→eidgenössische technische Hochschulen).
2) Nationalitätszeichen für Äthiopien.

Eth..., nach der neueren chem. Nomenklatur fachsprachl. Schreibweise für alle mit Äth... wiedergegebenen organ. Verbindungen, z. B. Ethanol (statt: Äthanol), etherisch (statt: ätherisch).

Ethan, das →Äthan.

Ethanal, der →Acetaldehyd.

Ethanol, das →Äthanol.

Ethen, das →Äthylen.

Ethephon [Kw.] *das, -s,* auch **2-Chlorethan-phosphonsäure,** kristalline wasserlösl. Substanz, die als Wachstumsregler und Reifungsbeschleuniger bei Pflanzen verwendet wird; bewirkt z. B. Halmstabilisierung bei Gerste, Stimulierung des Latexflusses bei Kautschukbäumen, Reifungsbeschleunigung bei Tomaten und Zitrusfrüchten. E. wird von den Pflanzen aufgenommen und zerfällt in wässriger Lösung zu dem Pflanzenhormon →Äthylen sowie Salzsäure (HCl) und Phosphorsäure (H₃PO₄).

Ether, der →Äther.

Etherege ['eθrɪdʒ], **Etheredge** ['eθrɪdʒ], Sir (seit 1680) George, engl. Dramatiker, *um 1635, †Paris Januar oder Februar 1691; verbrachte wohl einen Teil seiner Jugend in Frankreich, war 1668–71 als Sekr. des engl. Gesandten in der Türkei, 1685–89 als Gesandter beim Reichstag zu Regensburg, von wo aus er kulturell aufschlussreiche Briefe schrieb. Mit seinen drei witzigen Lustspielen ›The comical revenge‹ (1664), ›She would if she could‹ (1668) und ›The man of mode‹ (1676) wurde er zum Mitbegründer der →Comedy of Manners.
Ausgaben: The dramatic works, hg. v. H. F. B. BRETT-SMITH, 2 Bde. (1927); Poems, hg. v. J. THORPE (1963); Letters, hg. v. F. BRACHER (1974).
V. MEINDL: Sir G. E. (Wien u. Leipzig 1901, Nachdr. New York 1965); K. JANTZ: Targets of satire in the comedies of E., Wycherley and Congreve (Salzburg 1978).

Ethernet ['ɪːθə-; engl.], weit verbreiteter Typ eines lokalen Rechnernetzes mit einer Datenübertragungsgeschwindigkeit von 10 Mbit/s (neuere Entwicklungen auch mit 100 Mbit/s). Das E. ist bes. vorteilhaft bei zeitlich und mengenmäßig stark schwankendem Datenverkehr, für die Kopplung heterogener Rechentechnik und bei veränderlicher räuml. Anordnung der angeschlossenen Computer. Es wird deshalb häufig zur Datenkommunikation im Bürobereich eingesetzt. Durch entsprechende Kopplungselemente können flächendeckende Netze in Unternehmen bzw. Behörden aufgebaut werden.

Ethik [zu griech. éthos ›Gewohnheit‹, ›Herkommen‹, ›Sitte‹] *die, -,* die philosoph. Wissenschaft vom Sittlichen, die in engem Zusammenhang mit den durch Herkunft erworbenen Regeln des Handelns und Verhaltens steht. Die feststellbare Diskrepanz zw. dem durch Tradition Gesicherten und seiner Kritik führt zur Entstehung der E. als philosoph. Disziplin, die nach dem Maß des guten menschl. Lebens, Handelns und Verhaltens fragt und dieses auf der Grundlage verschiedener Methoden zu bestimmen versucht.

Wesen der Ethik

Die gesamte traditionelle E. beschäftigt sich überwiegend mit folgenden drei Problemfeldern: 1) mit der Frage nach dem ›höchsten Gut‹; 2) mit der Frage nach dem richtigen Handeln; 3) mit der Frage nach der Freiheit des Willens.

Als Hauptgegenstand der E. gelten den meisten Philosophen die menschl. Handlungen und die sie leitenden Handlungsregeln (selbst gesetzte Maximen oder gesellschaftlich vorgegebene Normen), wobei sie entweder auf die Gesinnung sehen, aus der die Handlung hervorgeht (**Gesinnungs-E.**), oder auf die Wirkungen, die diese erzeugt (**Erfolgs-** oder **Verantwortungs-E.**). Einige Philosophen stellen daneben oder sogar in den Vordergrund die objektiven Ordnungen und Gebilde des Gemeinschaftslebens, sofern diese unter die sittl. Wertfrage gestellt werden können (z. B. Familie, Rechtsordnung, Staat). Eine Hauptfrage, die sich stellt, ist: Sind die sittl. Willensantriebe und Wertschätzungen angeboren und daher in gewissem Maß allgemein menschlich (›Nativismus‹), oder sind sie aus Erfahrungen gewonnen und daher nach Völkern und Zeitaltern verschieden (›Relativismus‹)? I. w. S. lassen sich drei Typen eth. Theorie unterscheiden: 1) **deskriptive E.,** die sich als empir. Untersuchung, Beschreibung und ursächl. Erklärung von Normensystemen versteht, ohne selbst Normen setzen zu wollen; 2) **normative E.** (E. im eigentl. Sinn), die bewusst normative Aussagen macht, sei es, dass sie ein formales Prinzip herausstellt, woran sittl. Handeln zu messen ist (formale E.), sei es, dass sie sich an bestimmten absoluten oder relativen Wertinhalten orientiert (materiale Wert-E.); 3) **Meta-E.,** die wertneutral den sprachlich-log. Status moral. Begriffe analysiert und sich v. a. mit der Bedeutung ein. (z. B. ›richtig‹, ›falsch‹) und verwandter (z. B. ›Gewissen‹, ›Handeln‹) Begriffe, der Verwendung eth. Begriffe in moral. Sätzen und der Frage nach der Begründbarkeit von Werturteilen beschäftigt. – Die normative E. lässt sich weiter differenzieren nach der Weise der Begründung in aprior. und empir. E., nach dem Ursprung der Verpflichtung in autonome und heteronome E., nach dem Einbezug bzw. Nichteinbezug des geschichtl. Wandels in Situations-E. und Wesens-E., nach der Weite des Feldes eth. Bedeutsamkeit in Individual- und Sozial-E., nach der Ausrichtung des Handelns in deontolog. E. (maßgebend sind Handlungsmaximen) und teleolog. E. (die Motivation ist durch das Ziel begründet).

Geschichte der Ethik

Die (überlieferte) eth. Besinnung begann mit PLATONS Streit mit den Sophisten über die Frage nach der Lehrbarkeit der Tugend; zur eigenständigen philosoph. Disziplin (neben Logik und Physik) wurde sie bei ARISTOTELES. Die antike E. fragte urspr. nach dem höchsten Gut (griech. agathon) im zunächst außermoral. Sinne und bestimmte dieses letzte Ziel des Menschen als die Glückseligkeit (→Eudaimonia). Im Zentrum von ARISTOTELES' Entwurf einer prakt. Philosophie, der von den konkreten Lebensvollzügen in der Polis ausging, stand die Frage nach der Mitte oder dem rechten Maß, das ein vernunftgemäßes und tugendhaftes Handeln gewährleistet. Nach ARISTOTELES entwickelten sich unter Rückgriff auf versch. sokrat. Schulen unterschiedl. Bestimmungen der Glückseligkeit. Bei EPIKUR liegt die Glückseligkeit im Lustgewinn, bei den Stoikern in der Befreiung von den Affekten und bei den Skeptikern in der Gleichgültigkeit gegenüber allen moral. Werten. Erst in der Stoa fand eine sittl. Forderung Beachtung, teils durch den Begriff des Geziemenden (griech. kathekon, lat. officium), teils durch den Gedanken eines sittl. Gesetzes, das von Natur gegeben sei (›lex naturae‹) und ein Leben in Übereinstimmung mit dieser fordere.

Erst im MA., bei THOMAS VON AQUINO, entstand aus der Verbindung dieses ›Naturgesetzes‹ und der christl. Offenbarung eine umfassende philosophisch-theolog. Systematik, die zugleich Glückseligkeits-, Vollkommenheits-, Güter-, Vernunft- und Gesetzes-E. war. Deren Grundsatz und Grundbegriffe blieben in verschiedenen Abwandlungen, unter allmähl. Ausgliederung der theolog. Begründung, bis zur Aufklärung erhalten. Noch das ausgehende MA. stellte die Naturerkenntnis über die Naturbeherrschung. Erst F. BACON und R. DESCARTES kehrten diese Hierarchie um. Im System der philosoph. Wissenschaften der Neuzeit wird die E. der Logik, Mathematik und Physik nachgeordnet und durch diese methodisch (→more geometrico) bestimmt. So heißt SPINOZAS Hauptwerk, in dem die Affekte durch adäquate Erkenntnis in der geistigen Liebe zu Gott (→amor dei intellectualis) aufgehoben werden, ›Ethik‹. T. HOBBES führte die prakt. Philosophie auf die mechanisch determinierte Natur des Menschen zurück (Naturrecht) und leitete somit die Wende zu einem rationalist. Ansatz ein. In der Auseinandersetzung mit HOBBES entstand in England eine ausführl. Debatte um das Verhältnis von Verstand und Gefühl bei der Entstehung des moral. Urteils (J. LOCKE, A. A. SHAFTESBURY, J. BUTLER, F. HUTCHESON, D. HUME, A. SMITH). HUMES Hinweis, dass sich aus empir. Feststellungen keine normativen Aussagen herleiten lassen, wird zu einem Paradigma für die moderne E.-Diskussion.

Eine epochale Wendung brachte I. KANT. Er schied alle Rücksicht auf Glückseligkeit, Güter, Nutzen und Neigung als untauglich für eine allgemein verpflichtende Grundlegung der E. aus und gründete diese auf den ›kategor. Imperativ‹, der ausschließlich auf dem Prinzip der Pflicht sowie der Freiheit des Menschen als eines autonomen Vernunftwesens basiert. Aus der Form des kategor. Imperativs als eines allgemein gültigen Prinzips der Überprüfung von Handlungsmaximen auf ihre Verallgemeinerbarkeit hin (›handle nur nach derjenigen Maxime, durch die du zugleich wollen kannst, dass sie allgemeines Gesetz werde‹) ergibt sich zugleich sein Inhalt a priori, d. h. unabhängig von aller Erfahrung (→Formalismus). In radikaler Wende gegen eine Moralphilosophie, die Imperative, Normen und Werte durch Rückgriff auf die Vernunft zu begründen versucht, verweist SCHOPENHAUER mit dem Rekurs auf die Vitalität, das Leben, die Affekte auf die Ursprünglichkeit der Moral und bestimmt das Mitleid als einzige Grundlage der E.

Schlüssel-
begriff

NIETZSCHE ist darüber hinausgehend jede Form der Moral verdächtig, seine Forderung nach ›Umwertung aller Werte‹ ist mit einer Neukonstituierung menschl. Kultur überhaupt verbunden.

In England dagegen entwickelte sich im 19. Jh. durch J. BENTHAM und J. S. MILL die utilitarist. E., die durch die Orientierung am allgemeinen Nutzen ›das größte Glück der größten Zahl‹ gewährleisten wollte. Auf H. SPENCER geht eine evolutionist. E. zurück, während in Frankreich A. COMTE deren positivist. Richtung begründete (→Positivismus).

Im 20. Jh. entstanden in Dtl. Richtungen, die das rein formale Prinzip der E. KANTS durch unterschiedl. Systeme ›materialer‹ Wertprinzipien zu ergänzen bzw. zu ersetzen strebten, so die phänomenolog. E. als ›materiale Wert-E.‹ (M. SCHELER, N. HARTMANN), die neukantisch-wertphilosoph. E. von B. BAUCH, der die Kulturwerte als unterschiedl. sittl. Richtgesetze postulierte. Eine soziologisch orientierte E. entwarf L. VON WIESE, eine existenzphilosoph. Situations-E. E. GRISEBACH. O. F. BOLLNOW sprach von einer E. der ›einfachen Sittlichkeit‹, die die Tugenden des Alltagslebens wie Herzensgüte, Mitleid und Anständigkeit hervorhebt. Die thomist. E. wurde im kath. Bereich fortgeführt (J. PIEPER, J. MESSNER, M. REDING).

In Frankreich entwickelte sich eine existenzialist. E. (J.-P. SARTRE, A. CAMUS, R. GUSDORF); sie hebt die Freiheit des Menschen hervor, die ihn ständig zu einer Selbstbestimmung durch Handeln zwingt. Daneben finden sich der dt. phänomenolog. E. verwandte Gestaltungen (V. JANKELEVITCH, R. LE SENNE) sowie die – auch in Belgien und Spanien starke – thomist. E. (J. MARTAIN, J. LECLERC, J. L. L. ARABGUREN). Beachtung gewann in den 1980er-Jahren EMMA LEVINAS' Ansatz einer Fundamental-E., die von der vorrationalen Erfahrung des Angesprochenwerdens durch das Antlitz des anderen ausgeht, das den Angesprochenen zur Übernahme von Verantwortung aufruft.

Im angelsächs. Raum übt die intuitionist. E. von G. E. MOORE seit Beginn des Jahrhunderts einen großen Einfluss aus. MOORE geht davon aus, dass eth. Begriffe grundsätzlich nicht definierbar, sondern durch sich selbst evident und wahr seien. Er begründete die sprachanalyt. E., die sich primär als Meta-E. versteht; während die Kognitivisten (z. B. C. I. LEWIS, MOORE, R. M. HARE, G. H. VON WRIGHT, S. E. TOULMIN, K. BAIER) moral. Aussagen als Behauptungssätze auffassen, die als solche wahr oder falsch sein können, und somit an der Erkennbarkeit des Moralischen festhalten, sehen die Nonkognitivisten moral. Aussagen als Ausdruck von Gefühlen oder Einstellungen an (Emotivismus; A. J. AYER, C. L. STEVENSON). Der moderne Liberalismus (J. RAWLS, J. M. BUCHANAN, R. NOZICK u. a.) hat sich v. a. in der Auseinandersetzung mit Grundpositionen des Utilitarismus (J. O. URMSEN, J. J. C. SMART, R. B. BRANDT u. a.) entwickelt. Große Beachtung erlangte RAWLS' Forderung, das Nutzensprinzip durch ein Gerechtigkeitsprinzip zu ergänzen. Seine vom Sozialvertrag bestimmte und mit volkswirtschaftl. Theoremen argumentierende Theorie der Gerechtigkeit als Fairness, die sich mit der sozialen Gerechtigkeit von Institutionen und gesellschaftl. Verfahrensweisen befasst, stellt zugleich eine Orientierung am kantschen Gerechtigkeitsbegriff dar. Dagegen verstehen sich die Vertreter des Kommunitarismus (A. MACINTYRE. M. SANDEL, C. TAYLOR, M. WALZER u. a.), die auf der Grundlage einer Reformulierung des Tugendbegriffs die Konstituierung von gelingenden Gemeinschaftsformen zu erklären versuchen, als Kritiker rationalist. und normativer Moralbegründungen.

In Dtl. wurde der sprachanalyt. Ansatz v. a. von der ›Erlanger Schule‹ (P. LORENZEN, F. KAMBARTEL, O. SCHWEMMER) aufgegriffen und zu einer Logik moral. Argumentierens weitergebildet, die den Sinn des eth. Vorgehens vor aller Anwendung herauszuarbeiten versucht (Proto-E.). Im Unterschied dazu versucht die Diskurs-E. von K.-O. APEL und J. HABERMAS im Rekurs auf Sprachpragmatik und →kommunikative Kompetenz die Bedingungen eines repressionsfreien, vernünftigen eth. Diskurses aufzuweisen und von dort aus zu einer Letztbegründung moral. Normen zu gelangen. Die Debatte um eine Rehabilitierung prakt. Philosophie in Dtl. seit Ende der 60er-Jahre stellte nicht in erster Linie eine Reaktion auf die angelsächs. Diskussion dar, sondern eine zu Grundfragen prakt. Philosophie (›was wir tun sollen‹, ›wie wir leben können‹) unter modernen Bedingungen. Allerdings bildete das Problem der Begründung und Geltung moral. Normen in der Diskussion zw. Vertretern des Erlanger Konstruktivismus, der Diskurs-E., transzendentalphilosophischer (H. KRINGS, A. PIEPER, O. HÖFFE), phänomenologisch-hermeneutischer (H. REINER, B. WALDENFELS, H.-G. GADAMER), existenzialistischer (H. FAHRENBACH) u. a. Ansätze den zentralen Gegenstand. Gerade darin zeigt sich auch eine Verbindung zur analyt. Tradition. Außerdem wurde die Diskussion durch eine intensive Beschäftigung mit den klass. Systemen von ARISTOTELES, KANT und HEGEL bereichert (u. a. G. BIEN, HÖFFE, M. RIEDEL, K.-H. ILTING), in diesem Zusammenhang entstanden verschiedene Spielarten des Neoaristotelismus (R. SPAEMANN, O. MARQUARD, H. LÜBBE). Die Arbeiten von G. PATZIG, E. TUGENDHAT und U. WOLF stellen Ansätze dar, Grundprobleme angelsächs. Konzepte wie des Utilitarismus und dt. kant. Tradition zu vermitteln.

Den eth. Anforderungen, die der beschleunigte Fortschritt von Wissenschaft und Technologie mit sich gebracht hat, versuchen die Verantwortungs-E. von W. SCHULZ und H. JONAS gerecht zu werden. Im Unterschied zur alleinigen oder primären Beurteilung der Gesinnung einer Handlung tritt bei ihnen die Abschätzung der Folgen in den Vordergrund; statt der Bestimmung eines höchsten Guten nehmen sie ihren Ausgang von dem viel leichter erkennbaren, zu vermeidenden Übel. Als Aufgabe an die gegenwärtige E. ist die Weiterentwicklung der anthropozentr. E. (gegründet auf die Auffassung einer ›Sonderstellung des Menschen im Kosmos‹, nach M. SCHELER) zu einer kosm. E. gestellt, die den Menschen im Naturzusammenhang sieht.

Fragestellungen und Ansätze der Ethik in der Gegenwart

Noch W. VON SIEMENS konnte prophezeien, dass der wiss.-techn. Fortschritt die Menschen moral. und materiellen Zuständen zuführen werde, die besser seien, als sie es je waren. Dagegen führte der Einsatz der Kernwaffen u. a. Massenvernichtungsmittel, die das Leben auf der Erde durch den Menschen selbst auslöschen können, zu völlig neuen eth. Fragen. Ein frühes Dokument hierfür ist die Schrift ›Die Atombombe und die Zukunft der Menschheit‹ (1957) von K. JASPERS. Darüber hinaus zeigte es sich, dass der wiss.-techn. Fortschritt selbst zu einem eth. Problem geworden war (›Der Mensch ist der Natur gefährlicher geworden, als sie es ihm jemals war‹, JONAS). Seit der Studie des Club of Rome, der Ölkrise und den Auseinandersetzungen um die Nutzung der Kernenergie, die Aufrüstung und die Entwicklung der Gentechnologie bis hin zur gezielten Gentherapie setzt sich die Einsicht durch, dass wiss. und techn. Fortschritt keine Werte an sich sind. Weder Naturwissenschaft noch Technik können Werte formulieren. Sie sagen nur, wie etwas erreicht werden kann (etwa die Veränderung menschl. Erbanlagen), aber niemals, ob dies auch erreicht werden soll. Die Herausforderung, die die wiss.-techn. Macht angesichts ihrer räumlich und zeitlich weit reichenden Auswirkungen für die moral. Verantwortung darstellt, verlangt nach einer neuen E. Die mit Nachdruck geforderte prakt. Orientierung in der Diskussion geht nicht nur mit einer breiten Normendiskussion einher, sondern führte zur Entstehung verschiedener Forschungszweige, den angewandten E., die sich mit deutlich normativem Akzent u. a. als medizinische, Bio-, Wirtschafts- und ökolog. E. profilieren. Diese stehen wie die prakt. Philosophie insgesamt vor einer Reihe neuartiger Probleme und Fragen, u. a. nach dem eth. Status zukünftiger Generationen (deren Leben durch Schadstofferzeugung für Jahrmillionen belastet werden kann); dem eth. Status der Natur (Ist die Natur nur ›Zuhandenes‹, Ausbeutungsobjekt im Dienst menschl. Interessen, oder ist sie Wert und Zweck an sich?); einer moral. Beurteilung von Wissenschaft und Technik (z. B.: Arbeitet der Wissenschaftler in einem interessenfreien gesellschaftl. Raum, oder gibt es Werte, die seine Fragestellungen bestimmen, und solche, die die Auswirkungen seines Forschens bestimmen müssen? Wieviel Verantwortung darf der Mensch an techn. Systeme ›delegieren‹?); dem menschenwürdigen Umgehen mit Krankheit, Alter und Tod (Wie weit darf die ›Apparatemedizin‹ eingesetzt werden? Unter welchen Umständen könnte Sterbehilfe gewährt werden?); dem eth. Status neuen Lebens (neue Auseinandersetzung mit der Rolle von Zeugung, Empfängnis, Elternschaft, dem noch ungeborenen Leben und der künftigen Gestaltung der Welt); den menschl. Bedürfnissen und den Grenzen ihrer Befriedigung; einer moral. Beurteilung nicht nur menschl. Zwecke, sondern ebenfalls der angewandten Mittel; der Rolle der Vernunft; auch nach den offenen und verdeckten Formen sozialer Herrschaft. Die Ansätze zur Lösung dieser Herausforderungen sind vielfältig. So fordert R. SPAEMANN eine Wiederbelebung der teleolog. Sichtweise in der Naturphilosophie. Das oberste Prinzip seiner E. ist die ›Ehrfurcht vor dem Leben‹. Sein Fazit lautet: ›Nicht durch »totales Handeln« können wir eine für den Menschen bewohnbare Welt erhalten, sondern nur durch ein neues Ethos, das uns veranlasst, uns in unserem Handeln, in unserer Zweckverfolgung bewusst und in Freiheit Beschränkung aufzuerlegen.‹ JONAS hat als Antwort – durchaus in kant. Tradition – den kategor. Imperativ der E. der Fernwirkung formuliert: ›Handle so, dass die Wirkungen deiner Handlung verträglich sind mit der Permanenz echten menschl. Lebens auf Erden.‹ K. M. MEYER-ABICH sieht als neuen Ausgangspunkt jegl. Politik und Moral eine Rechtsgemeinschaft der Gesellschaft mit der umgebenden Natur (›kosm. Rechtsgemeinschaft aller Dinge‹). W. MARX gründet seine nichtmetaphys. Nächsten-E. auf die Erfahrung der Sterblichkeit als Maß für eine Unterscheidung zw. Gut und Böse und stellt in das Zentrum Mitleid, Nächstenliebe und mitmenschl. Anerkennung. Das ethisch geforderte neue Verantwortungsbewusstsein betrifft sowohl das Individuum, das, in eine Gesamtheit gestellt, immer auch als mitverantwortlich angesehen werden muss, und ebenso global den institutionellen, rechtl., wirtschaftl. und polit. Bereich. Dabei geht es bes. in den parlamentar. Demokratien, über die bürgerl. Grundrechte hinaus, die als eth. Prinzipien in den Verfassungen verankert sind, nicht um autoritative Wertsetzungen, sondern um die diskursive Auseinandersetzung, die auf eine mehrheitsfähige Definition leben- und friedensichernder Ziele und von Maßnahmen zu ihrer Durchsetzung bezogen ist. Eine kosm., d. h. den Menschen im Naturzusammenhang sehende E., wie sie die genannten Ansätze nahe legen, fordert den Abbau von Tendenzen neuzeitl. Wissenschaft: von verselbstständigter Rationalität, des Absolutheitsanspruches von Kategorien der Massenstatistik und von Objektivität, hinter denen das Subjekt in seiner Einzigartigkeit verschwindet, den Abbau von destruktivem Verhalten und eines ›funktionierenden‹, menschl. Fühlen und schöpfer. Wirken ausschaltenden Denkens. Sie strebt ein Verantwortungsbewusstsein an, das sich einerseits auf Werte wie Frieden, Gerechtigkeit und das Recht auf Leben stützt und andererseits Freiheit voraussetzt. Damit aber sind ebenfalls Zentralbegriffe der traditionellen E. angesprochen.

⇨ *Bioethik · Deontologie · Entscheidung · Erfolgsethik · Ethikkommissionen · Ethos · Freiheit · Frieden · Gentechnologie · Gentherapie · Gesinnungsethik · Gewalt · Gewissen · Grundwerte · Handeln · Konflikt · Medizin · Menschenrechte · Metaethik · Moral · Moralphilosophie · Moraltheologie · Motivation · Ökologie · Religion · Sittlichkeit · Sterbehilfe · theologische Ethik · Tierschutz · Tugend · Verantwortung · Wert · Wertewandel · Wirtschaftsethik*

O. F. BOLLNOW: Einfache Sittlichkeit ([2]1968); DERS.: E. ([9]1984); DERS.: E. u. Pädagogik ([6]1984); H. FAHRENBACH: Existenzphilosophie u. E. (1970); Rehabilitierung der prakt. Philosophie, 2 Bde., hg. v. M. RIEDEL (1972–74); M. RIEDEL: Norm u. Werturteil (1976); W. WEISCHEDEL: Skeptische E. (1976); G. E. MOORE: Principia Ethica (a. d. Engl., [1]1977); Encyclopedia of bioethics, 4 Bde., hg. v. W. T. REICH (New York 1978); G. ANDERS: Die Antiquiertheit des Menschen, Bd. 2: Über die Zerstörung des Lebens im Zeitalter der dritten industriellen Revolution (1980); Ökologie u. E., hg. v. D. BIRNBACHER (1980); O. HÖFFE: Sittlich-polit. Diskurse (1981); F. VON KUTSCHERA: Grundlagen der E. (1982); R. SPAEMANN: Moral. Grundbegriffe (1982); Von der Verantwortung des Wissens, hg. v. P. GOOD (a. d. Engl., 1982); J. HABERMAS: Moralbewußtsein u. kommunikatives Handeln (1983); DERS.: Faktizität u. Geltung. Beitrr. zur Diskurstheorie des Rechts u. des demokrat. Rechtsstaats ([4]1994); F. RICKEN: Allgemeine E. (1983); E. der Wissenschaft? Philosoph. Fragen, hg. v. E. STRÖKER (1984); P. LORENZEN: Normative logic and ethics (Mannheim [2]1984); A. MACINTYRE: Gesch. der E. im Überblick (a. d. Amerikan., 1984); DERS.: Der Verlust der Tugend. Zur moral. Krise der Gegenwart (a. d. Amerikan., Neuausg. 1995); R. RAWLS: Eine Theorie der Gerechtigkeit (a. d. Amerikan., [2]1984); WALTER SCHULZ: Philosophie in der veränderten Welt (15.–16. Tsd. 1984); E. TUGENDHAT: Probleme der E. (1984); DERS.: E. u. Politik. Vorträge u. Stellungnahmen aus den Jahren 1978–1991 ([2]1993); DERS.: Vorlesungen über E. ([3]1995); U. WOLF: Das Problem des moral. Sollens (1984); DIES.: Das Tier in der Moral (1990); Humane Experimente? Genbiologie u. Psychologie, hg. v. H. LENK (1985); A. PIEPER: E. u. Moral (1985); DIES.: Einf. in die E. ([3]1994); W. K. FRANKENA: Analyt. E. (a. d. Engl., [4]1986); A. GEHLEN: Moral u. Hypermoral ([5]1986); K. M. MEYER-ABICH: Wege zum Frieden mit der Natur. Prakt. Naturphilosophie für die Umweltpolitik (Neuausg. 1986); Moralität u. Sittlichkeit. Das Problem Hegels u. die Diskurs-E., hg. v. W. KUHLMANN (1986); K. BAYERTZ: GenEthik. Probleme der Technisierung menschl. Fortpflanzung (1987); E. LEVINAS: Totalität u. Unendlichkeit (a. d. Frz., 1987); Technik u. E., hg. v. H. LENK u. a. (1987); P. KOSLOWSKI: Prinzipen der Ethischen Ökonomie. Grundlegung der Wirtschafts-E. u. der auf die Ökonomie bezogenen E. (1988); DERS.: E. des Kapitalismus ([5]1995); Ökolog. E., hg. v. K. BAYERTZ (1988); T. RENTSCH: Die Konstitution der Moralität. Transzendentale Anthropologie u. prakt. Philosophie (1990); Ökologie der neueren E., 2 Bde., hg. v. A. PIEPER (1992); Lex. der E., hg. v. O. HÖFFE u. a. ([4]1992); Wirtschaft u. E., hg. v. H. LENK u. M. MARING (1992); G. PATZIG: Ges. Schrr., Bde. 1 u. 2 (1993–94); P. SINGER: Prakt. E. (a. d. Engl., Neuausg. [2]1994); E. u. wiss. Fortschritt, hg. v. P. MITTELSTAEDT (1995); B. IRRGANG: Grundriß der medizin. E. (1995); Ja zum Weltethos. Perspektiven für die Suche nach Orientierung, hg. v. H. Küng (1995); H. Jonas: Das Prinzip Verantwortung. Versuch einer E. für die technolog. Zivilisation (^{12}1995); J. L. Mackie: E. Die Erfindung des moral. Richtigen u. Falschen (a. d. Engl., Neuausg. 1995).

Ethikkommissionen, seit den 1970er-Jahren in den USA, der Bundesrepublik u. a. Ländern gebildete unabhängige Gutachtergremien aus Ärzten und meist auch Vertretern anderer Berufe (Naturwissenschaftler, Juristen, Theologen), deren Aufgabe es ist, die berufseth. und rechtl. Vertretbarkeit medizinisch-wiss. Forschungsvorhaben zu beurteilen. Der Arzt ist nach seinem Berufsrecht gehalten, eine E. anzurufen vor ›klin. Versuchen am Menschen‹ (u. a. vor der klin. Erprobung von Arzneimitteln und schwerwiegenden, noch unerforschten Behandlungsmethoden), ferner vor der epidemiolog. Forschung mit personenbezogenen Daten sowie vor der Forschung an vitalen menschl. Gameten und lebendem embryonalem Gewebe. Die Erzeugung von menschl. Embryonen zu Forschungszwecken sowie der Gentransfer an Embryonen sind berufsrechtlich verboten. E. werden bei den Ärztekammern eingerichtet, bestehen z. T. auch an den medizin. Fakultäten der wiss. Hochschulen oder anderen Forschungseinrichtungen. Allgemeine Leitsätze wurden vom Weltärztebund in Form der Deklarationen von Helsinki (1964), Tokio (1975) und Venedig (1983) erarbeitet.

Ethin, das →Acetylen.

ethisch [griech. ›sittlich‹, ›moralisch‹, zu →Ethos], 1) die Ethik betreffend; 2) von sittl. Verhalten bestimmt.

Ethnarch [griech. ›Stammesführer‹] *der, -en/-en,* Titel von Stammesfürsten in Gebieten unter röm. Oberhoheit; seit dem 2. Jh. v. Chr. auch Titel des Hohen Priesters in Jerusalem. Unter osman. Herrschaft griff die byzantin. Kirche den Titel wieder auf, wenn sie den Patriarchen von Konstantinopel als E., d. h. als Oberhaupt aller orth. Christen, bezeichnete. Später nahm auch der orth. Erzbischof von Zypern den Titel an, und zwar als geistl. Oberhaupt der auf der Insel lebenden orth. Christen.

Ethnie [zu griech. éthnos, →ethno...] *die, -/...i|en, Politologie* und *Völkerkunde:* von W. E. Mühlmann eingeführter Begriff für Menschengruppen (Volksgruppen), die kulturell, sozial, historisch und genetisch eine Einheit bilden und sonst auch als ›Stämme‹ oder ›Völker‹ bezeichnet werden. Mühlmann definiert E. als ›die größte feststellbare souveräne Einheit, die von den betreffenden Menschen selbst gewusst und gewollt wird‹. (→ethnische Konflikte, →Minderheit)

W. E. Mühlmann: Rassen, Ethnien, Kulturen (1964).

Ethnikí Rizospastikí Énosis [εθni'ki rizɔspasti'ki 'ɛnɔsis], Abk. **ERE,** dt. ›Nationalradikale Union‹, 1956 gegründete konservative polit. Partei in Griechenland, bis 1963 stärkste Partei im Parlament, stellte bis 1963 (K. Karamanlis) und 1967 (P. Kanellopulos) den Min.-Präs. Nach dem Militärputsch von 1967 wurde sie verboten.

Ethnikon [zu griech. ethnikós, →ethnisch] *das, -s/...ka,* Stammes- oder Volksname.

ethnisch [griech. ethnikós ›zum Volk gehörend‹, ›dem Volk eigentümlich‹], die (einheitl.) Kultur- und Lebensgemeinschaft einer Volksgruppe bezeugend, betreffend.

ethnische Konflikte, Bez. für Auseinandersetzungen, in denen die Berufung auf ethn. Zugehörigkeit oder Interessen die Grundlage sozialer Zusammenstöße, Parteiungen und Zielvorgaben darstellt. Die ethn. Zuschreibung kann unter Umständen verschärfender, legitimierender oder ideologisierender Faktor in bereits durch andere Problemfelder (soziale Spannungen, Grenzfragen und Gebietsansprüche, polit. Partizipation) bestimmten Konflikten sein.

Soziale Gruppen werden als Ethnien oder Volksgruppen bezeichnet, wenn sie ›eine eigene Sprache, Geschichte, Kultur, eigene Institutionen, einen bestimmten Siedlungsraum, möglicherweise auch eine gemeinsame Religion haben *und* sich ihrer Einheit und Zusammengehörigkeit bewusst sind‹ (P. Waldmann). Das Bewusstsein der gemeinsamen Zugehörigkeit, oft auch als kollektive Identität bezeichnet, ist bedeutsam für die Herausbildung von Ethnizität als ›sozialer Organisation kultureller Unterschiede‹ (F. Barth) oder als Abgrenzung. Zu dieser kommt es nach A. Cohen erst dadurch, dass zwei oder mehrere kulturelle Gruppen in einem gemeinsamen Kontext operieren. Dies ist insbesondere in Staaten gegeben, in denen die Staatsnation (Demos) aus versch. Ethnien zusammengesetzt ist, führt aber nicht zwangsläufig zu einem e. K. oder gar zu dessen gewaltsamer Austragung. Da weltweit nach Schätzungen von der Existenz von 2 500 bis 8 000 Völkern, Ethnien oder Sprachgruppen auszugehen ist, jedoch derzeit nur wenig mehr als 190 Staaten bestehen, ist der multiethn. Staat (und damit die Existenz von nat. Minderheiten) der Normalfall, der homogene Nationalstaat die Ausnahme. Die Kriegsstatistik zeigt einen Trend von zwischenstaatl. Kriegen zu Bürgerkriegen. Rund ein Drittel aller Kriege zw. 1945 und 1984 wurden bereits um Autonomie und Sezession einer Bevölkerungsgruppe geführt, und unter den 45 Kriegen des Jahres 1993 gab es keinen einzigen rein zwischenstaatlichen. Dieser Befund verweist dabei zum einen auf die bereits bestehenden Möglichkeiten, z. B. im Rahmen internat. Verträge und Bündnissysteme, staatl. Akteure in Maßnahmen zur →Friedenssicherung einzubinden; er zeigt zum anderen aber auch, dass sich hinter der Fassade des Nationalstaats auch in der Geschichte der jeweiligen Landes unterschiedl. disparate Gruppenmuster (z. B. Regionen oder Ethnien) finden lassen, deren Anteile an der Konfliktdynamik bzw. -eskalation in der nationalstaatl. Politik jeweils gesondert (historisch) zu betrachten sind.

Allein in Europa gibt es mehr als 100 Mio. Angehörige von etwa 200 nat. Minderheiten, z. T. zusammengeschlossen in der ›Föderalist. Union Europ. Volksgruppen‹ (FUEV). In der Völkerrechtslehre werden zu nat. Minderheiten nur Personen gerechnet, die die Staatsangehörigkeit des Landes besitzen, in dem sie ihren Lebensmittelpunkt haben, sich jedoch von einer zahlenmäßigen Mehrheit durch ethn., religiöse oder sprachl. Charakteristika unterscheiden und keine dominierende Rolle im Staat haben. Als eine nat. Minderheit gelten diese Menschen erst dadurch, dass sie als Gruppe (oft Mehrheitsethnie in einem weitgehend geschlossenen Siedlungsgebiet) ihre gemeinsame Eigenart behalten wollen und neben einer rechtlichen auch eine tatsächl. Gleichheit mit der Mehrheit im Staat erstreben. Demgegenüber werden längere Zeit oder dauerhaft in einem Land lebende Ausländer (Flüchtlinge, Arbeitsmigranten) nicht zu den Minderheiten gerechnet, auch wenn sie schon über Generationen in einer bestimmten Region wohnen und in einem polit. Sinne auch Anlass und Teilnehmer von interethn. Konflikten werden können.

Ursachen und Hintergründe

Das Zusammenleben in fest eingegrenzten, sich als →Nationalstaaten verstehenden polit. Einheiten hat sich – von Europa ausgehend – erst im 19. und 20. Jh. weltweit verbreitet. Die Zahl der National-staaten wuchs insbesondere nach dem Ersten Weltkrieg durch die Aufteilung des Osman. Reiches und Österreich-Ungarns (1918), während der 50er- und 60er-Jahre im Zuge der Entkolonialisierung v. a. Afrikas und 1991/92 bei der Auflösung der UdSSR und Jugoslawiens. Grenzziehungen, die auf krieger. Eroberungen, Waffenstillstandslinien, Gebietsaustausch oder kolonialpolit. Gründe zurückzuführen sind, entsprechen vielfach nicht den Grenzverläufen ethn. Siedlungsgebiete. Vielmehr wurden im Zuge des Kolonialismus aus Machterhaltungsinteressen heraus Siedlungsräume indigener Völker (Ureinwohner) zerteilt oder miteinander rivalisierende Stämme zu einer Verwaltungseinheit bzw. künstl. ›Staatsnation‹ mit dadurch starker ethn. Verschiedenheit zusammengeschlossen. So gründen die am Anfang der 90er-Jahre ausgebrochenen e. K. in Kaukasien v. a. in der Kolonialpolitik des zarist. Russlands in Asien im 19. Jh. Insbesondere in Afrika blieben die kolonialen Grenzen nach der Entkolonialisierung erhalten (u. a. Nigeria, Somalia, Sudan, Tschad, Uganda). Infolgedessen waren und sind dort Kämpfe um die Macht- und Ressourcenverteilung zw. einzelnen Clans, Stämmen und Völkern (Tribalismus) bestimmend für krieger. Auseinandersetzungen, bes. deutlich Mitte der 90er-Jahre in Ruanda, Burundi und Zaire.

Auch die Durchsetzung von Siedlungsgebieten einer Ethnie mit Angehörigen anderer Ethnien kann Ursache für e. K. sein. Seit dem Altertum wurden aus unterschiedl. Gründen (Teile von) Ethnien in einer fremden Region sesshaft, etwa während der Zeit der griech. Kolonisation (8.–6. Jh. v. Chr.), der Völkerwanderung (Höhepunkt im 4.–6. Jh.) oder der dt. Ostsiedlungen (10., 12.–14. Jh.; 17.–19. Jh. [→Deutsche]); Einwanderungen erfolgten auch durch religiöse Verfolgung und Flucht oder aufgrund polit. Absichten (wie die →Deportation zahlr. Ethnien in der UdSSR unter J. W. STALIN während des Zweiten Weltkriegs). Vorrangig wirtschaftl. Motive wiederum waren es, die zahllose Europäer v. a. während des 19. Jh. nach Nord- und Südamerika auswandern und dort zu Lasten der indian. Ureinwohner Land nehmen ließen (→Auswanderung).

Motive und Zielsetzungen

Ethn. Gesichtspunkte, bes. die gemeinsame Religion, Geschichte und Kultur, werden häufig dafür instrumentalisiert, als identitätsstiftende Elemente ganze Gruppen hinter ihren Führern zu vereinen. Das Individuum erfährt dann die Interpretationsmuster, die ihm die Unterscheidung zw. der Wir-Gruppe und der Ihr-Gruppe ermöglichen, und die daraus abgeleiteten Handlungsorientierungen über die Sozialisation innerhalb seiner Gruppe als absolute Form einer Selbstlegitimation, die auf der Abgrenzung gegenüber anderen basiert. Ob und in welcher Weise die Abgrenzung zw. der jeweils besetzten Wir-Gruppe und einer eventuellen negativen Sicht außenstehender sozialer Einheiten das Entstehen und die Austragung eines Konflikts beeinflusst, lässt sich nicht allgemein gültig bestimmen. Die Abgrenzung (z. B. nationalist. Postulat der ethn. Homogenität) kann jedoch für die Verschärfung eines Konflikts insofern entscheidend sein, als sich mit ihrer Hilfe Feindbilder aufbauen lassen, die dazu beitragen, dass e. K. nicht nur Interessenkonflikte sind, die kompromisshafte Vereinbarungen erlauben, sondern zumindest von den Beteiligten als Identitätskonflikte wahrgenommen werden, bei denen es ›um unterschiedl. Lebensentwürfe (geht), die in ihrer verschiedenartigen Geschichte, in unter-schiedl. Brauchtum, einer eigenen Sprache und in widerstreitenden polit. Zielsetzungen begründet sind‹ (D. SENGHAAS). Freilich stehen i. d. R. Erscheinungen, die als Identitätskonflikte dargestellt werden, mit anderen Interessengegensätzen in Verbindung, wie dies z. B. auch im Libanon- oder Nordirlandkonflikt, aber ebenso in den blutigen Rivalitäten zw. den Mudjahedin-Gruppierungen in Afghanistan (ab 1989/92) zu sehen ist.

Im Einzelnen lassen sich nach SENGHAAS drei Konstellationen von e. K. unterscheiden:

1) Konflikte um die *Besitzstandswahrung*. Diese sind davon geprägt, dass eine Nationalität zu der Auffassung gelangt, ihre eigenen Aufwendungen für die Aufrechterhaltung des Gesamtstaates seien höher als der Nutzen, den sie aus der Gemeinschaft mit anderen Nationalitäten ziehen könne. Dies trifft am ehesten auf jene Völker zu, die innerhalb des gemeinsamen Staates ökonomisch vergleichsweise besser dastehen als die anderen Nationalitäten (v. a. aus diesem Grund bemühte sich das wohlhabendere, aber wenig einflussreiche Slowenien 1990/91 darum, den jugoslaw. Staatsverband zu verlassen). Wenn sie nach Sezession streben, kann allerdings auch bei diesen anderen Nationalitäten die Besitzstandswahrung zum Handlungsmotiv werden (so das Streben der Serben, Macht und Einfluss nach den 1991 erfolgten Unabhängigkeitserklärungen Sloweniens und Kroatiens zu wahren).

2) Konflikte um die *Überfremdungsabwehr*. Hierbei handelt es sich um das Streben einer ethn. Gruppe, die in einem Ort, einer Region oder einem Staat die Bevölkerungsmehrheit stellt (z. B. der Tibeter seit 1950, der Albaner im Kosovo oder der Armenier in Bergkarabach bes. seit Ende der 80er-Jahre), die tatsächl. oder vermeintl. Vorherrschaft einer anderen Gruppe, die sich in einer Minderheitsposition befindet (der Chinesen, der Serben bzw. der Aserbaidschaner), abzuwehren. Ähnl. Wirkungen zeitigten bis zur Auflösung der UdSSR (und für fortdauernde latente e. K. in ihren Nachfolgestaaten) die gezielten (Zwangs-)Umsiedlungen zur Russifizierung der Sowjetrepubliken mit nichtruss. Bev.-Mehrheit. Einer eskalierenden gewaltsamen Überfremdung entzogen sich in den 80er-Jahren z. B. die Rumäniendeutschen bzw. -ungarn oder die Bulgarotürken durch Massenabwanderung in die ›Mutterländer‹ ihrer Ethnie.

3) Konflikte um die *Assimilationsabwehr*. Sie entstehen durch Bemühungen der nat. Minderheiten, ihre Identität gegen den Anpassungsdruck der Mehrheit zu bewahren. Die meisten e. K. resultieren hieraus (so schon z. B. seit dem 17./18. Jh. das Streben der Waliser und Schotten nach größerer Eigenständigkeit gegenüber den Engländern). Zwangsassimilierungen durch Repression oder unter dem (ideolog.) Postulat eines supranat. Staatsvolks vermögen die Konflikte nur zu verdrängen, wie ihr gewaltsames Aufbrechen seit Mitte der 80er-Jahre, bes. aber nach dem Zerfall der UdSSR und Jugoslawiens 1989–91 verdeutlichte. Kompliziert und brisant gestaltet sich insbesondere die Situation von Minderheiten, deren Siedlungsgebiet auf versch. Nationalstaaten verteilt ist und deren Anspruch auf eigene Staatlichkeit nicht (mehr) konfliktfrei zu erfüllen ist (z. B. bei den Kurden) oder die durch ihre starke – auch zwischenstaatl. – Mobilität kein geschlossenes Siedlungsgebiet haben (Sinti und Roma).

Nach A. D. SMITH verfolgten ethn. oder Minderheitsbewegungen gegenüber der herrschenden Gruppe folgende Ziele: Isolierung, Anpassung, Autonomie, Separatismus oder Irredentismus. Demgegenüber reicht die Bandbreite des Umgangs der herrschenden Gruppe mit den Minderheitsethnien innerhalb eines positiven Spektrums von der Integration über die Wahrung und Förderung ihrer kulturellen Identität bis zur pluralist. und ggf. föderativen Beteiligung an den polit. Angelegenheiten, hingegen in einem negativen Spektrum von der Zwangsassimilierung über die Gettoisierung und andere Formen der Diskriminierung und Benachteiligung bis hin zur Verfolgung, Vertreibung und Vernichtung (Extremfall: die Judenverfolgung im →Holocaust).

Maßnahmen zur Konfliktregelung

Die Schwere des Konfliktaustrags sowie die Herbeiführung von Regelungen oder gar Lösungen für die dahinter stehenden Probleme hängen davon ab, welches der oben genannten Ziele von der jeweiligen Bewegung verfolgt wird und in welchem Maße die herrschende Gruppe bereit und in der Lage ist, dem entgegenzukommen.

Völkerrechtliche Aspekte: Ethn. bzw. Minderheitenkonflikte sind zw. rein innerstaatl. und internat. Konflikten einzuordnen. Aufgrund dieser Zwischenstellung war und ist eine Regelung der damit zusammenhängenden Probleme durch das Völkerrecht und internat. Organisationen wie UNO, Europarat und KSZE oft schwierig. Die UN-Charta vom 26. 6. 1945 betont zwar das ›Selbstbestimmungsrecht der Völker‹, stellt es aber neben den Anspruch der Staaten auf ›territoriale Unversehrtheit‹. Als eine Organisation von Staaten interpretiert die UNO folglich das Selbstbestimmungsrecht als Recht der staatlich verfassten Nationen und nicht als Autonomie- oder gar Sezessionsrecht irgendwelcher Teile davon. Zwar hat die 15. UN-Generalversammlung im Rahmen ihrer ›Erklärung über die Gewährung der Unabhängigkeit an koloniale Länder und Völker‹ vom 14. 12. 1960 das Selbstbestimmungsrecht wieder aufgegriffen, aber erst im Internat. Pakt über bürgerl. und polit. Rechte vom 19. 12. 1966 wurden die Rechte von ›Angehörigen‹ ethn., religiöser oder sprachl. Minderheiten insofern geschützt, als ihnen zugestanden wurde, ihre Muttersprache und kulturellen Traditionen zu pflegen und ihre Religionen ›gemeinsam mit anderen Angehörigen ihrer Gruppe‹ auszuüben (Art. 27). Der Europarat verankerte den Schutz der individuellen Grundrechte und -freiheiten in der Europ. Menschenrechtskonvention vom 4. 11. 1950 (EMRK).

Hinter der Einschränkung auf Einzelpersonen steht einerseits ein am Individuum orientiertes Menschenrechtsverständnis, das darauf zielt, niemanden zu benachteiligen. Andererseits lässt diese Haltung auch Befürchtungen von Staaten, in denen ethn. Minderheiten leben, erkennen, kollektive, insbesondere pol. Rechte könnten Sezessionsbestrebungen erleichtern. Alle Bemühungen, darüber hinaus auch die Rechte ganzer Volksgruppen zu schützen bzw. ihre in einzelnen Ländern anerkannten polit. Rechte völkerrechtlich abzusichern, sind deshalb bisher in der UNO gescheitert. Notwendig zur Weiterentwicklung dieser Völkerrechtsmaterie kam es durch die Auflösung der bipolaren Machtstrukturen ab 1989 (Zerfall des Ostblocks) und die neue Brisanz von Nationalitätenfragen nach dem Untergang der UdSSR und Jugoslawiens als ›Wohnsitzstaaten‹ (Dismembration), die durch ihre Regionalisierung die internat. Beziehungen und den internat. Frieden zu stören drohten. Die im Moskauer Dokument vom 3. 10. 1991 zur ›menschl. Dimension der KSZE‹ verabschiedete Formel, dass ›Fragen der Menschenrechte, Grundfreiheiten, Demokratie und Rechtsstaatlichkeit‹, zu denen der Minderheitenschutz gehört, ›eine nicht ausschließlich innere

Angelegenheit des betroffenen Staates darstellen‹, konnte aber z. B. nicht in die Erklärung der UN-Generalversammlung vom 18. 12. 1992 (›Deklaration über die Rechte von Personen, die zu nat. oder ethn., religiösen und sprachl. Minderheiten gehören‹; Resolution 47/135) aufgenommen werden. Auf der Wiener UN-Menschenrechtskonferenz im Juni 1993 wurde eine Deklaration zu den ›Rechten indigener Völker‹ verabschiedet, denen als ethn. Minderheit – im Unterschied zu nat. Minderheiten (Nationalitäten) – wegen der nicht mehr mögl. eigenstaatl. Gestaltung Gruppenschutz in den Siedlungsgebieten (Reservaten) gewährt wird.

Maßnahmen der KSZE und anderer internat. Organisationen: Die KSZE selbst hatte schon auf ihrem Treffen im Juni 1990 in Kopenhagen detaillierte Bestimmungen zur Sicherung der Menschenrechte und Grundfreiheiten sowie des Minderheitenschutzes verabschiedet. Im Dokument vom 29. 6. 1990, das jedoch kein geltendes Völkerrecht darstellt, gab es erste bescheidene Ansätze, über einen individualrechtl. Schutz hinauszugehen. Nach ihrem Gipfeltreffen vom November 1990 richtete die KSZE in Warschau ein ›Büro für freie Wahlen‹ ein (Charta von Paris vom 21. 11. 1990; seit Februar 1992 ›Büro für Demokrat. Institutionen und Menschenrechte‹, BDIMR). Außerdem berief sie nach ihrem Folgetreffen von Helsinki im Juli 1992 den Niederländer MAX VAN DER STOEL (* 1924) in das neu geschaffene Amt eines Hochkommissars für nat. Minderheiten (HKNM; Helsinki-Dokument ›Herausforderung des Wandels‹ vom 10. 7. 1992).

Das BDIMR wie der HKNM haben die Möglichkeit, mithilfe von Expertenmissionen, Wahlbeobachtungen, Anhörungen von und Zusammenarbeit mit Nichtregierungsorganisationen (z. B. Amnesty International, Helsinki Citizens Assembly, IKRK) Beiträge zur Konfliktminderung und friedl. Streitbeilegung zu leisten. Die Aktivitäten des HKNM konzentrierten sich bis 1995 v. a. auf die balt. Staaten (dort bes. auf die Schaffung und prakt. Durchführung eines Wahlrechts, das die starke russ. Minderheit nicht diskriminiert) und auf Regionen des Balkans, in denen es noch nicht zum krieger. Konfliktaustrag gekommen war.

Der Europarat beschloss 1994 ein ›Rahmenübereinkommen zum Schutz nat. Minderheiten‹, das auf den KSZE-Normen, bes. dem Kopenhagener Dokument vom 29. 6. 1990, aufbaut (abgeschlossen am 1. 2. 1995). Auf Initiative des frz. Min.-Präs. É. BALLADUR und der Europ. Union wurde von den europ. Teilnehmerstaaten der ab 1. 1. 1995 in OSZE umbenannten KSZE am 20. 3. 1995 ein ›Stabilitätspakt‹ unterzeichnet, dem als Anhang zahlreiche bilaterale Vereinbarungen zur Regelung von grenzüberschreitenden Minderheitsproblemen (z. B. zw. der Slowak. Republik und Ungarn) beigefügt sind.

Einzelstaatl. Maßnahmen: Konkret geht es bei der Behandlung von e. K. innerhalb einzelner Staaten darum, die Interessen der beteiligten Seiten so gegeneinander auszugleichen, dass sich alle gerecht behandelt sehen, wobei sich universalist. (z. B. Rechtsstaat) und partikularist. (z. B. die Wertschätzung und Anerkennung bestimmter Traditionen) Forderungen widerstreiten können. Seit dem 18. Jh. hat der moderne Verfassungsstaat hierfür den (nicht unbestrittenen) Ansatz gefunden, formale Gleichheit im öffentl. Raum und individuelle oder durch Ethnien oder Kulturen begründete Besonderheit in der privaten Sphäre anzuerkennen oder zu garantieren. Die kulturelle Nähe oder Distanz zur Mehrheitsethnie mag für die Angehörigen der Minderheiten ein entscheidendes Kriterium dafür sein, sich assimilieren oder abgrenzen zu wollen. Generell muss ihnen beides möglich sein. Das Selbstbestimmungsrecht von Volksgruppen im ›Wohnsitzstaat‹ (mit seinem Anspruch auf territoriale Integrität und Souveränität) darf aber nicht von außen – etwa vom ›konationalen‹ Staat, wo die Ethnie die staatstragende Bev.-Mehrheit bildet – beeinflusst werden (z. B. einer der Hintergründe der krieger. Auseinandersetzungen in Kroatien sowie Bosnien und Herzegowina 1992–95, aber auch der Zypernproblematik). Binationale Verträge über Selbstverwaltungsrechte (z. B. Grundlagenvertrag zw. Ungarn und der Slowak. Rep. vom 19. 3. 1995, Dt.-Poln. Nachbarschaftsvertrag vom 17. 6. 1991) Gesetze zum Schutz von Minderheitssprachen und -kulturen (u. a. Sprachunterricht, Ortsnamen) können konfliktmindernd Identitätsbewahrung sichern.

Grenzen für die Wahrung der kulturellen oder religiösen Eigenständigkeit (Autonomie) sind nur dann gerechtfertigt, wenn mit bestimmten Verhaltensweisen gegen die Grund- und Menschenrechte (z. B. Gleichberechtigung der Geschlechter, körperl. Unverletzbarkeit) verstoßen wird. Angehörigen von ethn. Minderheiten muss das aktive und passive Wahlrecht zustehen. Insofern müssen sie auch das Recht haben, entsprechend der demokrat. Spielregeln eigene Parteien zu gründen. Bei der Verwirklichung ihrer partizipator. Rechte kann es notwendig sein, vom Prinzip der Gleichheit abzuweichen, um ihnen eine Repräsentanz zu sichern. Ein Beispiel hierfür ist die Aussetzung der bei Wahlen in Dtl. sonst übl. Fünfprozentklausel für die Vertretung der dän. Minderheit im schleswig-holstein. Landtagswahlrecht; nach der offiziellen Anerkennung der drei anderen Minderheiten in Dtl., der Friesen, der Sorben sowie der Sinti und Roma (Beitritt zum ›Rahmenübereinkommen‹ am 11. 5. 1995), müssten für die Minderheiten entsprechende Regelungen im Prinzip auch für die Bundestagswahlen vorgenommen werden (§ 6 Abs. 6 Bundeswahlgesetz).

Zu den Möglichkeiten, e. K. ihre Brisanz zu nehmen, gehört auch in Fällen, in denen die Siedlungsgebiete der einzelnen Ethnien relativ geschlossen sind, die Einführung von föderalist. Strukturen wie z. B. Kantonen oder Bundesländern, die in bestimmten Politikbereichen eigenständig entscheiden und handeln können (Föderalismus). Dass davon auch Gefährdungen für den Zusammenhalt des Gesamtstaates ausgehen können, zeigte sich in der Schweiz in den 1930er-Jahren, als rechte Gruppierungen (→Fronten) in den italoschweizer. bzw. dt.-schweizer. Kantonen irredentist. Neigungen erkennen ließen. Aus dem alle vier Ethnien umfassenden breiten bzw. Bündnis, das den Zusammenhalt des Landes als ›Willensnation‹ über den Zweiten Weltkrieg hinweg sicherte, entstand 1959 das System der ›Konkordanzdemokratie‹: Alle bedeutsamen polit. Gruppierungen und damit auch alle Ethnien gehören seitdem dauernd dem Bundesrat (der Reg.) mit einer festgelegten Zahl von Sitzen an.

Das offene Problem des Separatismus

Die schwierigen Fragen der Sezession und Staatenneubildung, die an den Kern des staatl. Souveränitätsanspruchs rühren, werden nie vollständig zu normieren sein. Allerdings kann die OSZE mit ihren Verfahren des kontinuierl. Dialogs hierbei Prinzipien und normbildend wirken und so dazu beitragen, den Gewaltcharakter von Staatsauflösungsprozessen zu verringern. Ein zentrales Kriterium für die Beurteilung von Sezessionen, Staatszerfall und Staatenneubildung ist, welche Konfliktregelun-

gen letztlich für die betroffenen Menschen mit der größten Akzeptanz und den geringsten ›Kosten‹ verbunden sind. Priorität sollte dabei die Aufrechterhaltung des bestehenden Staates in seinen bisherigen Grenzen haben. Aber wenn es nicht möglich ist, durch Demokratisierung, Verbesserung des Minderheitenschutzes und Stärkung dezentraler Strukturen eine Akzeptanz des Staates durch alle ethn. Gruppen zu erreichen, und wenn die Aufrechterhaltung der bestehenden staatl. Strukturen nur noch mit Gewalt und Menschenrechtsverletzungen insbesondere bei ethn. Minderheiten gesichert werden kann, müssen von der internat. Gemeinschaft Verfahren angeboten und ggf. eingeleitet werden können, die eine Auflösung ermöglichen. Wichtig ist dabei allerdings, dass in den neu entstehenden Staaten die Minderheitenrechte geschützt werden, um die in dem neuen Staatsgebilde lebenden Angehörigen der Mehrheitsethnie des früheren Staates davor zu schützen, dass an ihnen Rache geübt wird. Nicht selten erweisen sich dabei die Bev.-Gruppen eher kompromissbereit als ihre polit. Führer.

⇨ *Autonomie · Befreiungsbewegung · Minderheit · Nationalitätenfrage · Regionalismus · Segregation · Souveränität · Vertreibung*

Hb. der europ. Volksgruppen, bearb. v. M. STRAKA (Wien 1970); Urban ethnicity, hg. v. A. COHEN (London 1974); ANTHONY D. SMITH: The ethnic revival (Cambridge 1981); O. KIMMINICH: Rechtsprobleme der polyethn. Staatsorganisation (1985); Ethnizität im Wandel, hg. v. P. WALDMANN u. a. (1989); DERS.: Ethn. Radikalismus. Ursachen u. Folgen gewaltsamer Minderheitenkonflikte am Beispiel des Baskenlandes, Nordirlands u. Quebecs (1989, Nachdr. 1992); Ethnizität. Wiss. u. Minderheiten, hg. v. E. J. DITTRICH u. a. (1990); A. E. BUCHANAN: Secession. The morality of political divorce from Fort Sumter to Lithuania and Quebec (Boulder, Colo., 1991); F. HECKMANN: Ethn. Minderheiten, Volk u. Nation. Soziologie interethn. Beziehungen (1992); R. OLT: Angst vor dem Nationalen, Streben nach Autonomie u. nach einem wirksamen Volksgruppenschutz in Europa, in: Der Krieg, ein Kulturphänomen? Studien u. Analysen, hg. v. P. KRASEMANN (1992); D. SENGHAAS: Friedensprojekt Europa (²1992); B. WEHNER: Nationalstaat, Solidarstaat, Effizienzstaat. Neue Staatsgrenzen für neue Staatstypen (1992); Das Minderheitenrecht europ. Staaten, 2 Tle., hg. v. J. A. FROWEIN u. a. (1993–94); BERTHOLD MEYER: Überfordern Minderheitenkonflikte die ›neue‹ KSZE?, in: Konfliktsteuerung durch Vereinte Nationen u. KSZE, hg. v. BERTHOLD MEYER u. a. (1994); Bosnien u. Europa. Die Ethnisierung der Gesellschaft, hg. v. N. STEFANOV u. M. WERZ (1994); S. RYAN: Ethnic conflict and international relations (Aldershot ²1995); Minderheiten als Konfliktpotential in Ostmittel- u. SO-Europa, hg. v. G. SEEWANN (1995).

ethno... [von griech. éthnos ›Volk‹, ›Volksstamm‹], Wortbildungselement mit der Bedeutung: Volks..., Völker..., völkisch, z. B. Ethnologie.

Ethnogenese, *Völkerkunde:* Formationsprozess von Völkern oder anderen ethn. Einheiten.

Ethnographie [griech.] *die, -,* →Völkerkunde.

Ethnolinguistik, linguist. Disziplin, die Sprache im Zusammenhang mit der Geschichte der Kultur untersucht, der die jeweiligen Sprachträger angehören. Die E. geht von der Sprachphilosophie W. VON HUMBOLDTS aus, der die typolog. Unterschiede der Sprachen als Folge von versch. Denkweisen der Völker und Sprache als prozesshaften Vorgang (→Energeia) verstand. Ethnolinguist. Richtungen der neueren Zeit sind z. B. die →Sprachinhaltsforschung L. WEISGERBERS und die →Sapir-Whorf-Hypothese.

Ethnolinguistics. Boas, Sapir and Whorf revisited, hg. v. M. MATHIOT (Den Haag 1979).

Ethnologie *die, -,* die →Völkerkunde.

Ethnomedizin, die Heilkunde speziell der Naturvölker und deren besondere Heilmittel.

Ethnomethodologie, *Soziologie:* Bez. für den insbesondere von HAROLD GARFINKEL (* 1917) unter dem Einfluss von A. SCHÜTZ begründeten Forschungsansatz für die Analyse der ›Methoden‹ alltägl. Handlungen (→Alltag), z. B. Reden, Fragen, Argumentieren, Begrüßen, Abschiednehmen. Die E. grenzt sich als eine neue grundlagentheoret. Richtung gegenüber der objektivistisch verfahrenden, bes. vom Behaviorismus und von der →strukturell-funktionalen Theorie beeinflussten traditionellen (etablierten) amerikan. Soziologie ab. In der E. wird versucht, ohne Unterscheidung zw. vermeintlich außergewöhnl. und trivialen Gegebenheiten die als selbstverständlich empfundenen Methoden aufzudecken, mit denen die Angehörigen einer Kultur in geordneter, rational aufeinander abgestimmter Weise ihre Alltagshandlungen durchführen, bes. wie sie sich als Interaktionspartner gegenseitig den Sinn, die ›Vernünftigkeit‹ ihrer praktisch-alltägl. Handlungen bestätigen. Dabei erscheinen Sprache, Gestik und Mimik als grundlegend.

H. GARFINKEL: Studies in ethnomethodology (Englewood Cliffs, N. J., 1967); A. V. CICOUREL: Methode u. Messung in der Soziologie (a. d. Engl., 1970); Alltagswissen, Interaktion u. gesellschaftl. Wirklichkeit, hg. v. der Arbeitsgruppe Bielefelder Soziologen, Bd. 1 (1973); E., hg. v. E. WEINGARTEN u. a. (1976); R. EICKELPASCH, in: Ztschr. für Soziologie, Jg. 11 (1982); W. J. PATZELT: Grundl. der E. (1987).

Ethnomusikologie, die →Musikethnologie.

Ethnopsychiatrie, Zweig der Psychiatrie, der sich mit psych. Störungen unter dem Aspekt der kulturellen Gruppen, denen die Kranken angehören, beschäftigt.

Ethnopsychologie, die →Völkerpsychologie.

Ethnosoziologie, eine interdisziplinäre, Soziologie, Ethnologie, Kultur- bzw. Sozialanthropologie verbindende wiss. Teildisziplin. Mit soziolog. Forschungsansätzen und -methoden werden unter besonderer Berücksichtigung der Naturvölker werturteilsfrei-vergleichend die soziokulturellen Lebensverhältnisse der versch. Gesellschaften untersucht.

D. GOETZE u. C. MÜHLFELD: E. (1984).

Ethnozentrismus der, -, *Soziologie:* Einstellung, Auffassung oder Lehre, die das eigene soziale Kollektiv (Gruppe, Schicht, Ethnie, Volk, Nation, Rasse u. a.) in den Mittelpunkt stellt und gegenüber anderen, fremden als höherwertig, überlegen interpretiert.

Ethnozid der, auch das, -(e)s/-e und ...ˈzidi\en, Zerstörung der kulturellen Identität einer Volksgruppe durch erzwungene Assimilierung.

Ethogramm das, -s/-e, **Aktionskatalog,** *Verhaltensforschung:* katalogmäßiges Erfassen aller Instinkthandlungen einer Tierart sowie ggf. Angaben über Lernfähigkeit und Herausbildung von Gewohnheiten.

Ethologie [griech. ›Charakterdarstellung‹, ›Sittendarstellung‹] die, -, die →Verhaltensforschung.

Ethos [griech. ›Gewohnheit‹; ›Gesittung‹, ›Charakter‹] das, -, die von sittl. und moral. Normen geprägte (verantwortungsbewusste) Grundhaltung eines Einzelnen oder einer Gruppe (z. B. Standes-E., Berufs-E. der Ärzte, Rechtsanwälte u. a.); bildet sich durch Gewohnheit und Übung sowie durch Konsens oder Gesetzesbeschluss heraus. Die Geltung der Normen stützt sich auf bewährte Traditionen; sie müssen nicht wie in der Ethik rational begründbar sein.

Ethyl..., →Äthyl...

Étiemble [eˈtjäbl], René, frz. Schriftsteller, * Mayenne 25. 1. 1909; wurde 1956 Prof. für allgemeine und vergleichende Literaturwissenschaft in Paris. Sein vielgestaltiges Werk umfasst – neben Romanen – v. a. sprach-, literatur- und religionskulturkrit. Arbeiten sowie Übersetzungen (D. H. LAWRENCE, G. A. BORGESE). Das Hauptanliegen seiner Werke ist die Bekämpfung vorgefasster Meinungen und die Erweiterung des geistigen Horizonts durch die Vermittlung von Verständnis für die Verschiedenheit der Kulturen.

Werke (Auswahl): *Romane:* L'enfant de chœur (1937); Peaux de couleuvre (1948); Blason d'un corps (1961; dt. Lob eines Körpers). – *Essays:* Proust et la crise de l'intelligence (1945); Le mythe de Rimbaud, 4 Bde. (1952–61); Hygiène des lettres, 5 Bde. (1952–67); Le babélien, 3 Bde. (1967); Parlez-vous franglais? (1964); Connaissons-nous la Chine? (1964); Essais de littérature (vraiment) générale (1974); Quelques essais de littérature universelle (1982); Rimbaud, système solaire ou trou noir? (1984); Nouveaux essais de littérature universelle (1992). – *Autobiographie:* Lignes d'une vie, 2 Bde. (1988–90).

Étienne [eˈtjɛn], Charles-Guillaume, frz. Schriftsteller, * Chamouilley (bei Saint-Dizier) 6. 1. 1777 oder 1778, † Paris 13. 3. 1845; wurde v. a. durch seine Lustspiele (z. B. ›Les deux gendres‹, 1810; dt. ›Die beiden Schwiegersöhne‹ und Libretti (z. B. ›Cendrillon‹, 1810) bekannt, die während des ersten Kaiserreichs und der Restauration sehr erfolgreich waren.

Étienne-Martin [eˈtjɛn marˈtɛ̃], eigtl. **Étienne Martin,** frz. Bildhauer und Objektkünstler, * Loriol-sur-Drôme 4. 2. 1913, † Paris 21. 3. 1995; schuf Großplastiken mit organisch wirkenden barocken Formen, seit den 60er-Jahren eine Serie von ›Behausungen‹ (›Demeures‹), raumgreifende Plastiken sowie Objekte (›Le manteau‹, 1962); auf der documenta V (1972) wurde er als ein Hauptvertreter der individuellen Mythologie vorgestellt.

Etikett [frz., urspr. ›Markierung an einem in die Erde gesteckten Pfahl‹, zu altfrz. estiqu(i)er ›feststecken‹] *das, -(e)s/-en,* auch *-s* oder *-e,* (aufgeklebter oder angehängter) Zettel, Hinweisschild (an Gegenständen, Waren), Preisschild, Adressenaufkleber.

Etikette [frz., eigtl. ›Zettel mit Hinweisen (auf das Hofzeremoniell)‹] *die, -/-n, Pl. selten,* Gesamtheit guter gesellschaftl. Umgangsformen, auch der Regeln, die solche Umgangsformen vorschreiben.

Etikettierung, *Soziologie:* das Einordnen des Verhaltens oder Erscheinungsbildes anderer Menschen oder sozialer Gruppen unter versch. ›Etiketten‹. Die häufig damit verbundene negative Zuschreibung von Eigenschaften kann Abweichung oder Außenseitertum (→Außenseiter) hervorrufen oder begünstigen. Dieser Tatbestand wurde in der **E.-Theorie** (amerikan. labeling approach) zu einem wichtigen Ansatz der Theorien abweichenden und kriminellen Verhaltens ausgearbeitet.

S. LAMNEK: Theorien abweichenden Verhaltens (1979).

Etimasia [griech. ›Bereitschaft‹, ›Zubereitung‹] *die, -,* in der frühchristl. und byzantin. Kunst Darstellung des für CHRISTUS bereiteten Thrones als Symbol des erhöhten CHRISTUS (Apk. 22, 1–4); etwa seit dem 11. Jh. Bestandteil der byzantin. Weltgerichtsdarstellung, auch in abendländ., byzantinisch beeinflussten Gerichtsbildern. Im Barock wurde das Motiv wieder aufgegriffen.

Etiolement [etiolⱥˈmã; frz., zu éteule ›Stoppel‹] *das, -s,* **Vergeilung,** *Botanik:* durch Lichtmangel bewirkte Gestaltsänderung von Pflanzen, die mit bleicher bis gelbl. Färbung sonst grüner Pflanzenteile (Verhinderung der lichtabhängigen Chlorophyllbildung, Chlorose), auffälliger Verlängerung der Internodien (zu hohe Konzentration von →Auxinen, die von der Sprossspitze zur Basis wandern und deren Konzentration unter Lichteinfluss vermindert wird) und mangelnder Ausbildung von Festigungsgewebe einhergeht (daher zarte Konsistenz, sodass die Sprosse schließlich umfallen). Im Gartenbau wird ein E. absichtlich durch Verdunkelung bewirkt, um u. a. bei Blumenzwiebeln (z. B. Tulpen) das Sitzenbleiben der Blüten zu verhindern und lange Blütenschäfte zu erzielen oder bei Bleichgemüse zarte Blätter, Sprosse und Blattstiele zu erhalten (z. B. Chicorée, Spargel, Bleichsellerie, Stielmus).

Etkind, Jefim Grigorjewitsch, russ. Philologe, * Petrograd 26. 2. 1918; wirkte an verschiedener sowjet. Hochschulen; er wurde 1974 zur Auswanderung gezwungen; lehrt an der Univ. Paris-Nanterre; behandelt Probleme der Stilistik, Verskunde und Übersetzung.

Werke: Zapiski nezagovščika (1977, Memoiren; dt. Unblutige Hinrichtung). – **Hg.:** Mastera russkogo stichotvornogo perevoda, 2 Bde. (1968); Forma kak soderžanie (1977); Materija sticha (1978); Russ. Lyrik von der Oktoberrevolution bis zur Gegenwart. Versuch einer Darstellung (1984).

Ẹtmal [mnd. ›wiederkehrende Periode‹] *das, -(e)s/-e, Nautik:* die von einem in Fahrt befindl. Schiff von Mittag zu Mittag zurückgelegte Strecke.

Ẹtna, ital. für →Ätna.

Eton: Collegegebäude; 15./16. Jh.

Eton [ˈiːtn], Schulstadt in der Cty. Berkshire, England, am N-Ufer der Themse gegenüber von New Windsor, 3 500 Ew. – E. ist bekannt durch das 1440 von HEINRICH VI. gegründete **Eton College,** die berühmteste und größte Privatschule (Public School) Englands. Die um zwei Höfe angelegten Collegegebäude entstanden Ende des 15., Anfang des 16. Jh. Die im ›Perpendicular Style‹ ausgeführte Kapelle wurde um 1480 erweitert und besitzt eine Reihe von Wandgemälden dieser Zeit.

ETOPS-Zulassung [Abk. für engl. extended range **t**win engined **op**erations], spezielle Genehmigung für den Einsatz von Verkehrsflugzeugen mit nur zwei Triebwerken auf Langstrecken (z. B. über den Nordatlantik und den nördl. Ind. Ozean), wenn Ausweichflughäfen in vorgeschriebenen 60 Minuten nicht erreicht werden können. Die Luftfahrtbehörden erteilen E.-Z. für Flüge über 90, 120 bis zu 180 Minuten, dass ein Luftfahrzeug bei Ausfall eines Triebwerks in der Lage sein muss, mit dem verbleibenden Triebwerk den Flug bis zu 180 Minuten fortzusetzen. Um eine E.-Z. zu erhalten, muss ein Luftfahrzeug bestimmte techn. Voraussetzungen erfüllen, die Luftfahrtgesellschaft muss den Nachweis von Erfahrung und Zuverlässigkeit erbringen, und die Piloten müssen besondere Schulungsprogramme absolviert haben. Auf Langstrecken werden zunehmend Luftfahrzeuge mit nur zwei Triebwerken eingesetzt, weil sie rentabler betrieben werden können als Flugzeuge mit drei oder vier Triebwerken.

Etorofu, jap. Name der Kurileninsel Iturup (→Kurilen).

Etọschapfanne [Ambosprache ›Ort des trockenen Wassers‹], Salztonebene in N-Namibia, etwa 4 600 km², 1 050 m ü. M., völlig eben, meist mit einer salzigen Kalkschlammkruste bedeckt. Nur in regenreichen Jahren kommen die Zuflussrinnen von N bis zur E. durch, sodass sie sich dann teilweise, selten ganz mit Wasser füllen kann. Die E. ist Teil des **Etoscha-Nationalparks,** 22 270 km², eines der bedeutendsten Wildschutzgebiete der Erde (Zebras, Springböcke, Löwen, Elefanten, Leoparden, Giraffen, Spitzmaulnashörner, Hartebeests, Oryx-, Roanantilopen u. a.).

D. u. S. BALFOUR: Etosha. Tierparadies in Afrika (a. d. Engl., 1992).

étouffé [etuˈfe; frz. ›erstickt‹], *Musik:* Vorschrift beim Spiel von Pauke, Becken, Tamtam und Harfe, den Ton nach seiner Erzeugung sofort zu ersticken.

Étretat [etrəˈta], Badeort an der Küste der Normandie, Frankreich, umgeben von bis zu 70 m hohen Steilfelsen aus Kreidekalk.

Ẹtrich, Ignaz, gen. **Igo E.,** österr. Flugpionier, * Horní Staré Město (bei Trautenau) 25. 12. 1879, † Salzburg 4. 2. 1967; entwickelte zus. mit seinem Vater IGNAZ E. (* 1839, † 1927) u. a. Gleitflugzeuge, 1907/08 ein Motorflugzeug, die berühmt gewordene **E.-Taube,** einen Tiefdecker, der seit 1910 von E. RUMPLER unter der Bez. **E.-Rumpler-Taube** in Berlin gebaut wurde.

Etruri|en, lat. **Etruria,** antike Landschaft im westl. Italien, benannt nach dem Volk der →Etrusker. Begrenzt war E. im W vom Tyrrhen. Meer, im N vom Arno und vom Apennin, im O und S vom Tiber. Von AUGUSTUS wurde es unter Erweiterung im N bis zum Fluss Magra als 7. Region Italiens konstituiert, unter DIOKLETIAN mit Umbrien vereinigt. Geographisch und historisch ist E. auch die Insel Elba zuzurechnen. Die Bedeutung des Landes beruhte auf seiner Fruchtbarkeit und v. a. auf seinem Metallreichtum. Die Eisenverhüttung von Elba und die Kupferproduktion von Populonia (bei Piombino), Vetulonia (nördlich Grosseto) und Volaterrae (heute Volterra) begründeten den materiellen Wohlstand und die hohe Kultur der etrur. Städte. Der antike Name E. wurde seit dem 3. Jh. n. Chr. durch die Namen **Tụscia** (dt. **Tụszi|en**) und dann **Toscạna** (→Toskana) verdrängt. Vorübergehend erschien er noch einmal als Name des von NAPOLEON I. geschaffenen **Königreichs E.** Dieser 1801 auf dem Gebiet des Großherzogtums Toskana für die Nebenlinie Parma des Hauses Bourbon gebildete, von Frankreich abhängige Staat wurde 1807/08 dem frz. Kaiserreich einverleibt.

H. NISSEN: Italische Landeskunde, Bd. 2 (1902, Nachdr. New York 1979); G. DREI: Il regno d'Etruria, 1801–1807 (Modena 1935); W. V. HARRIS: Rome in Etruria and Umbria (Oxford 1971).

Etrụsker, lat. **Etrụsci, Tụsci,** griech. **Tyrsenoi̯, Tyrrhenoi̯,** etrusk. **Rasẹnna, Rạsna,** im Altertum ein Volk in der Landschaft →Etrurien, das bis ins 4. Jh. v. Chr. eine führende Rolle in Italien spielte.

Eton
Stadtwappen

Ignaz Etrich: Die Etrich-Rumpler-Taube; 1910

Der Ursprung der E., die sich in ihrer Kultur von den übrigen Italikern unterschieden, ist in der Forschung umstritten. Im Anschluss an DIONYSIOS VON HALIKARNASSOS sah man in ihnen Angehörige der vorindogerman. Urbevölkerung Italiens; nach anderer, auf HERODOT zurückgehender Auffassung sollen die E. im 9. Jh. v. Chr. von Kleinasien aus zur See nach Etrurien gekommen sein. Sprachl. u. a. kulturelle Beziehungen zum Osten sind nicht zu leugnen, müssen jedoch nicht notwendig als Beweis für die Einwanderungstheorie gelten, sondern können auch Folge von Kulturkontakten (z. B. Handelsaustausch; ›Kontakttheorie‹) sein. Auffallend ist, dass die eisenzeitl. →Villanovakultur Ober- und Mittelitaliens um 700 v. Chr. ohne Bruch in die etrusk. Kultur übergeht. Deshalb nimmt man an, dass sich das Volk der E. erst in Italien aus autochthonen Elementen, die auch die Träger der Villanovakultur waren, und fremden Zuwanderergruppen gebildet hat.

Die Besiedlung des Landes nahm im 8. Jh. v. Chr. von den Küstengebieten (Caere, Tarquinii, Populonia) her ihren Anfang. Seit dem 6. Jh. erweiterten die E. ihren Machtbereich nach N bis in die Poebene und nach S: Im 6. Jh. stand Rom unter der Herrschaft etrusk. Könige aus dem Geschlecht der Tarquinier (Übernahme etrusk. Amtsinsignien wie Fasces und Sella curulis, Anlage der Cloaca maxima, älteste Tribuseinteilung unter etrusk. Einfluss und mit etrusk. Namen). Seit der 2. Hälfte des 6. Jh. erstreckte sich die Macht der E. sogar über Kampanien. Im Bund mit Karthago hinderten sie durch den Seesieg bei der kors. Stadt Alalia (um 540 v. Chr.) die griech. Phokäer an der Festsetzung auf Korsika und sicherten damit ihre Seeherrschaft.

etruskische Kultur (Kunst): ›Apoll aus Veji‹, Terrakottaplastik, Höhe 1,75 m; um 500 v. Chr. (Rom, Villa Giulia)

venna sowie in Kampanien, hierzu zählten die Orte Capua, Acerrae (Acerra), Nola, Herculaneum, Pompeji und Sorrentum (Sorrent). Ursprünglich wurden die Städte von Königen regiert, doch setzten sich schon bald die adeligen Geschlechter neben ihnen durch.

etruskische Kultur (Kunst): Plattenfibel aus dem Regolini-Galassi-Grab in Cerveteri; Goldblech, um 650 v. Chr. (Rom, Vatikanische Sammlungen)

Die E. bildeten in Etrurien eine Reihe von Stadtstaaten, von denen die zwölf mächtigsten zu einem Bund vereinigt waren: Arretium (heute Arezzo), Caere (Cerveteri), Clusium (Chiusi), Cortona, Perusia (Perugia), Rusellae (Roselle), Tarquinii (Tarquinia), Veii (Veji) – oder später Populonia –, Vetulonia, Volaterrae (Volterra), Volsinii (Volsinii veteres, bei Orvieto), Vulci. Nach außen kam es jedoch nur selten zu einem gemeinsamen Vorgehen der Mitglieder. Enger als die staatlichen waren die religiösen Bindungen: Seinen kult. Mittelpunkt hatte der Städtebund im Heiligtum der Gottheit Voltumna in Volsinii. Entsprechende Städtebünde gab es auch in der Poebene, bedeutende etrusk. Städte dieses Gebietes waren Felsina (heute Bologna), Ariminum (Rimini), Mantua, Mutina (Modena), Parma, Placentia (Piacenza) und Ra-

Im 5. Jh. v. Chr. setzte der Verfall der etrusk. Macht ein. 509 wurde der letzte etrusk. König TARQUINIUS SUPERBUS aus Rom vertrieben, 504 wurden die E. bei Aricia (heute Ariccia) von den mit den griech. Kyme (Cumae) verbündeten Latinern und dann 474 durch HIERON I. von Syrakus in der Seeschlacht von Cumae besiegt. Um 430 verdrängten die Samniten die E. aus Kampanien. An der Wende vom 5. zum 4. Jh. wurden die meisten etrusk. Städte in der Poebene von den eindringenden Kelten erobert, die in der Folgezeit auch Etrurien selbst durch Plünderungszüge bedrohten. Entscheidend für das Schicksal der E. wurde jedoch der Aufstieg Roms. Die röm. Eroberung des mächtigen Veji zu Beginn des 4. Jh. leitete den Untergang der E. ein. Seit 350 gerieten immer größere Teile Etruriens unter röm. Einfluss. Vollendet wurde die Unterwerfung durch die Schlacht bei Sentinum in Umbrien 295, die Schlacht am Vadimon. See in Latium (heute ausgetrocknet) 283 und den Fall von Volsinii 264. Seitdem gehörten die E. zu den waffenpflichtigen Bundesgenossen (Socii) Roms. Nach dem Bundesgenossenkrieg (91–88) erhielten auch die E. das röm. Bürgerrecht. Eine völlige Romanisierung und die Übernahme röm. Namen auch in der Oberschicht erfolgte jedoch erst unter AUGUSTUS.

L. BANTI: Die Welt der E. (a. d. Ital., 1960); R. BLOCH: Réflexions sur l'état actuel des études étruscologiques, in: Aufstieg u. Niedergang der röm. Welt, hg. v. H. TEMPORINI u. W. HAASE, Tl. 1, Bd. 1 (1972); R. BIANCHI BANDINELLI u. A. GIULIANO: E. u. Italiker vor der röm. Herrschaft (a. d. Ital., 1974); Studies in the romanization of Etruria, bearb. v. P. BRAUN u. a. (Rom 1975); Italy before the Romans. The Iron Age, Orientalizing and Etruscan periods, hg. v. D. u. F. R. RIDGWAY (London 1979); K.-W. WEEBER: Gesch. der E. (1979); J. HEURGON: Die E. (a. d. Frz., ³1981); Die E., bearb. v. M. CRISTOFANI (a. d. Ital., 1985); A. J. PFIFFIG: Einf. in die Etruskologie. Probleme, Methoden, Ergebnisse (⁴1991); H. A. STÜTZER: Die E. u. ihre Welt (Neuausg. 1992).

etruskische Kultur (Kunst): Kriegerkopf aus einer Nekropole bei Orvieto; Stein, Höhe 43 cm; um 525 v. Chr. (Florenz, Museo Archeologico)

etruskische Kultur, die vom 8. bis 1. Jh. v. Chr. in Mittelitalien westlich des Apennins, in der Poebene und in der Toskana fassbare hoch entwickelte Kultur der →Etrusker, die Elemente der in diesem Raum vom 10. bis 8./7. Jh. angesiedelten Eisen verarbeitenden Villanovakultur weiterentwickelte, andererseits ganz andere Züge entfaltete. Die deswegen vielfach angenommenen Einwanderergruppen im 8./7. Jh. sind archäologisch nicht nachweisbar, wohl aber vielschichtige Verflechtungen der Etrusker mit anderen Kulturen; so hängen z. B. die etrusk. Kuppelgräber mit dem seit minoischer Zeit auftretenden →Tholosgrab zusammen; die Vorstellung des Totenhauses ist aber auch in der Villanovakultur vorhanden, die neben Helmurnen, aus denen sich die →Kanopen aus Clusium (heute Chiusi) entwickelten, auch Hausurnen kannten. Im Ganzen ist die e. K. weniger durch Schriftzeugnisse der Etrusker sowie die Nachrichten griech. und röm. Autoren bekannt als vielmehr durch ihre künstler. Hinterlassenschaft, bes. in Grabbauten und -beigaben.

Kunst

Das Interesse an der etrusk. Kunst erwachte in der Renaissance, die Erforschung setzte im späten 18. Jh. ein, wobei v. a. die Aussagekraft der in den Gräbern entdeckten Beigaben und Malereien für die griech. Kunst interessierte. Heute liegt der Schwerpunkt der Forschung bei der etrusk. Kunst und Kultur in ihrer Eigenart; entsprechend wurde auch die Ausgrabungstätigkeit auf andere Bereiche, wie den der Wohnstadt, ausgedehnt. – Die jähe Entwicklung der etrusk. Kunst um 700 v. Chr. verdankt die entscheidenden Anstöße dem Austausch mit den oriental. Kulturen; der Handel brachte zahlr. Werke der Kleinkunst aus Urartu, Assyrien, Ägypten, Zypern und Phönikien und nach 700 bes. aus Korinth nach Mittelitalien. Dadurch entstand der orientalisierende Stil des 7. Jh. (wobei nicht immer sicher ist, ob die Gegenstände im Land hergestellt oder importiert wurden). Während die frühe Goldschmiedekunst die oriental. Techniken der Granulation und des Filigrans übernahm, zeigt die Bronzekunst enge Verbindung zu den Techniken der Villanovakultur. Für einige Gattungen sind überhaupt keine Beziehungen zur Villanovakultur sichtbar, andere jedoch sind gut ableitbar, z. B. die Buccherokeramik, die eine Weiterentwicklung der Impastokeramik ist. Die Reaktion auf die Kunst des Mittelmeerraums, seit der Früharchaik (um 620–550) zunehmend auf die archaische griech. Kunst, blieb für die etrusk. Kunst charakteristisch; ihre stilist. Entwicklung war infolge-

etruskische Kultur

dessen nicht selten sprunghaft und reaktiv statt organisch und kontinuierlich. Jedoch auch im Nachahmen formte sie Vorbilder um und gab bes. Plastik und Wandmalerei einen eigenen Charakter; in ihren besten Werken war sie der griech. Kunst ebenbürtig, insbesondere zu ihrer Blütezeit in der Hoch- und Spätarchaik (um 550–470). Die etrusk. Kunst bewahrte aber bis ins späte 5. und selbst 4. Jh. archaische Züge und zeichnete sich gegenüber der griech. Klassik weiterhin durch eine große Spontaneität aus (Subarchaik; um

etruskische Kultur (Kunst): links Weiblicher Kopf; Bronze, Höhe 12 cm; um 550 v. Chr. (Perugia, Museo Archeologico); Mitte Kopf des Hermes vom Portonaccioheiligtum in Veji; Terrakotta, um 500 v. Chr. (Rom, Villa Giulia); rechts Einhenkelige Kanne; Mitte des 6. Jh. v. Chr. (Florenz, Museo Archeologico)

etruskische Kultur (Kunst): links ›Tänzerin und Tänzer‹, Wandmalerei aus dem ›Grab des Löwen‹ in Tarquinia; um 510 v. Chr.; rechts ›Flötenspieler‹, Wandmalerei aus dem ›Grab des Leoparden‹ in Tarquinia; um 480 v. Chr.

470–300). Seit dem 3. Jh. (Spätzeit) verschmolzen etrusk. mit hellenist. Elementen, was bes. in der Porträtkunst in Bronze zu einer neuen Blüte führte (während in Ton und Alabaster Massenware produziert wurde). – Die Hauptquelle der Funde bilden Grabgruben und Grabkammern; die ebenfalls kostbar ausgestatteten Tempel, die über einem Steinfundament aus Holz konstruiert waren, sind restlos zerstört, nur von der Terrakottaverkleidung (v. a. Stirnziegel und Friesplatten) und den Terrakottafiguren (Akroterien) des Daches (Götterstatuen) sind bedeutende Funde gemacht worden (ebenso von Akroterien und Stirnziegeln der Hausdächer).

Architektur: Seit 670 v. Chr. wurden sowohl über Erdgruben (›Fossagräber‹) mit z. T. reichen Bestattungen (Fürstengräber von Praeneste, heute Palestrina) wie über auf gewachsenem Boden oder geringfügig eingetieft aufgemauerten Grabkammern Erdhügel aufgeschüttet. Es gibt u. a. ›Circoligräber‹, benannt nach dem Plattenring, der (den Erdhügel bzw.) eine Anzahl Gruben umgab, ›Korridorgräber‹ mit langen, gangartigen Kammern, geschlossen durch Mauerwerk, das als falsches Gewölbe nach oben spitzbogenartig vorkragte (z. B. das Fürstengrab Regolini-Galassi in Caere, heute Cerveteri), ›Kuppelgräber‹ mit falschem Gewölbe (unter einem Erdhügel) über quadrat. oder rundem Grundriss (Grab von Casal Marittimo, Florenz, Museo Archeologico; Tomba della Pietrera in Vetulonia; Gräber von Populonia, heute Piombino) und ›Cassonegräber‹, bei denen mehrere Grabkammern von einer großen, dem Totenkult dienenden Vorkammer abzweigen (Vulci). Durch schmale Gänge zu erreichende ein- oder mehrräumige ›Kammergräber‹ mit Sattel-, Flach- oder Tonnendach sind der überwiegende Grabtyp der Oberschicht seit dem 6. Jh. Sie haben oder hatten flach kegelförmige Erdaufschüttungen über niedrigen Mauersockeln (Caere, Vulci, Vetulonia) oder über der Stelle, wo die Kammern in den Fels geschlagen waren (Tarquinii, heute Tarquinia). ›Würfelgräber‹ entstanden in S-Etrurien im ausgehenden 7. Jh. (Blera, San Giuliano); aus dem Tuffgestein wurde eine Kastenform mit einem oberen Abschluss und einem Türsymbol herausgehauen. Die Grabkammer mit einer Vorhalle befindet sich darunter. Sehr bald wurde nur noch die Seite mit dem Türsymbol in die Felswände geschlagen

(Savona, Norchia, Castel d'Asso, Volsinii veteres bei Orvieto). Diese Nekropolen oder die von Straßen durchzogene Totenstadt von Caere mit ihren Grabhügeln und einem →Cippus für jeden Bestatteten geben den stärksten Eindruck von der etruskischen Architektur. Die Grabkammern mit ihren Sarkophagen und Urnen, aus dem Fels gehauenen Balken und Säulen (Ständern), steinernen Totenbetten, aus Stein oder Stuck nachgebildeten Möbeln und Geräten, den Wandmalereien (Tarquinii) und Beigaben (Schmuck, Waffen, Gefäße) vermitteln ein Bild von Leben, Wohnen, Sitten und Luxus der etrusk. Oberschicht.

Für die Anlage der *Wohnsiedlungen* wurden isolierte Bergrücken oder Tuffplateaus bevorzugt; Befestigungsmauern entstanden seit dem 6. Jh., meist jedoch erst ab 400 v. Chr. Die jüngeren Stadtgründungen zeigen das hellenist. System rechtwinklig sich schneidender Straßen. Im Mittelpunkt einer etrusk. Stadt wurde ein Schacht angelegt (als Tor zur Unterwelt). Die rechteckigen Wohnhäuser mit Fundamenten aus Stein und Wänden meist aus Fachwerk oder Lehmziegeln hatten Ziegeldächer und Portiken (Acquarossa) und besaßen z. T. zentrale Höfe (Marzabotto), wobei die Raumanordnung auf das röm. Atriumhaus vorausweist. Während die Grundrisse archäologisch gesichert sind, ist der Aufbau als offenes Atrium durch Hausurnen aus Clusium bekannt.

Die Anfänge des *Tempelbaus* sind ungewiss. Der von VITRUV als ›tuskan. Tempel‹ beschriebene etrusk. Tempel hatte drei nebeneinander liegende Cellae und eine gleich tiefe Vorhalle über quadrat. Grundriss (Pyrgi, Veji); daneben gab es v. a. einen schmalrechteckigen Typ mit nur einer Cella und einem Gang an jeder Seite (z. B. in Faesulae, heute Fiesole). Die tuskan. oder äol. Säulen der Vorhalle waren auseinander gerückt, das steile Dach ragte über die Seitenwände vor, sodass sich ein Baukörper ergab, der durch seine gedrungenen Proportionen, die Grundrissform, die Dekoration (bes. auf dem Dach) und die rigorose Frontalität ein völlig anderes Aussehen hatte als der griech. Tempel; der etrusk. Tempel gab dem röm. Podiumtempel wesentl. Impulse.

Malerei: Seit Ende des 7. Jh. v. Chr. (Veji: Tomba delle Anatre; Caere) entstanden in der südetrusk. Kammergräbern Freskomalereien, deren Blütezeit zw. 530 und 460 liegt (bes. Tarquinii). Dargestellt wurden Tanzende, Musizierende, Ehepaare beim Gelage, mit den Bestattungsfeiern verbundene Wettkämpfe, Fischfang und Jagd mit bezaubernden Naturschilde-

etruskische Kultur (Kunst): Hufeisenförmige Grabstele aus der Nekropole der Certosa di Bologna; in dem mittleren Flachrelief ist die Reise des Verstorbenen in die Unterwelt dargestellt; 2. Hälfte des 5. Jh. v. Chr. (Bologna, Museo Civico Archeologico)

rungen. Seit dem 3. Jh. verlor sich die Heiterkeit der Jenseitsvorstellungen: Unterweltsdämonen, grausame myth. Themen traten ins Blickfeld. Histor. Darstellungen fanden sich im Françoisgrab in Vulci (4. Jh.; Privatbesitz, Kopien in versch. Museen). In der Wandmalerei erweisen sich die etrusk. Künstler als Meister der Darstellung rhythmisierter Bewegung der menschl. Figur wie der Gesamtkomposition.

Die *Plastik* war im 7. Jh. v. Chr. vorwiegend orientalisierend (Pietrerafiguren aus Vetulonia), führte aber auch Elemente der Villanovakultur weiter (→Kanopen). Die Steinskulptur um 600 steht der dädal. Kunst (→dädalisch) nahe (Kentaur von Vulci). Der Höhepunkt der archaischen etrusk. Plastik wurde vom 6. bis 4. Jh. v. Chr. erreicht mit Werken aus Ton (Apoll aus Veji, um 500; Rom, Villa Giulia) und Bronze (Kapitolin. Wölfin). Trotz des sichtbaren Einflusses der griech. Kunst sind Stilisierung, Oberflächenmodellierung und Betonung von Kopf und Gestik originell und ausdrucksvoll. Die Plastiken der Spätzeit (Porträtstatue des ›Redners‹ [Arringatore], 2. oder 1. Jh. v. Chr., die AULE METELI darstellt, Florenz, Museo Archeologico; Kapitolin. Brutus, 1. Jh. v. Chr., Rom, Kapitolin. Museum) beeinflussten die röm. Kunst, zumindest im Bereich des Idealporträts, wesentlich.

Kunsthandwerk: Auf dem Gebiet der Goldschmiedekunst (Fürstengräber in Vetulonia, Caere und Praeneste), wie in der Bearbeitung von Metallen (gegossen, getrieben und graviert), in der Elfenbeinschnitzerei und der Glyptik (Skarabäen) haben die Etrusker eine Vielzahl an höchst qualitätvollen Arbeiten hervorgebracht. Oft war die Produktion lokal begrenzt, z.B. Silhouettengranulation in Vetulonia, Treppensteine in Tarquinii, gravierte Bronzespiegel (6.–3. Jh.) und Cisten (4.–3. Jh.) in Praeneste. Zentren einer mit

etruskische Kultur (Kunst): ›Der Seher Kalchas betrachtet die Leber eines Schafes‹; gravierter Bronzespiegel (Rom, Vatikanische Sammlungen)

der Qualität griech. Importe wetteifernden Keramik waren im 6. Jh. mit schwarzfiguriger Keramik Caere (Hydrien) und Vulci (›pont. Vasen‹), Mitte des 5. Jh. mit rotfiguriger Keramik Falerii (heute Civita Castellana; ›falisk. Vasen‹). Der reiche Import ion. und att. Keramik (darunter z.B. die →Françoisvase), verbreitete die Kenntnis griech. Mythologie in der etrusk. Kunst und bestimmte vielfach die Thematik der gra-

vierten Bronzespiegel und Cisten sowie der Reliefs südetrusk. Sarkophage, deren weitere Themen auch der Gang ins Jenseits oder Begräbnisrituale waren.

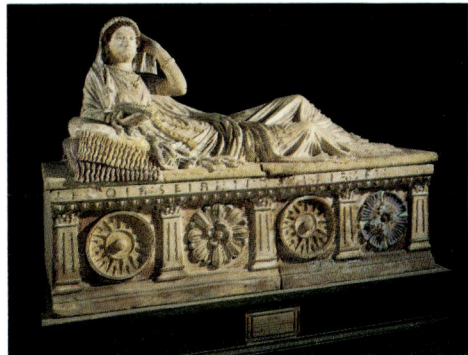

etruskische Kultur (Kunst): Terrakottasarkophag aus einer Nekropole bei Chiusi; etwa 200 v. Chr. (Florenz, Museo Archeologico)

Musik

Da direkte Zeugnisse fehlen, lässt sich auf die etrusk. Musik nur durch griech. und lat. Berichte sowie v. a. Gemälde und Reliefs in etrusk. Grabkammern rückschließen. Berühmt waren die Etrusker für ihre Blasmusik. Die Römer übernahmen von ihnen die Trompetenformen Tuba, Lituus und Cornu sowie das Rohrblattinstrument Tibia mit zwei Pfeifen. Zum weiteren Instrumentarium zählten die von Griechen stammenden Leiern Phorminx, Lyra und Barbitos, Handklappern, Panflöten und Bronzeglocken. Die drei Trompetentypen begleiteten in meist doppelter Besetzung Leichen- und Triumphzüge; Ensembles mit Blas- und Saiteninstrumenten spielten zu Tänzen und Hochzeitsfeiern.

Religion und Sitten

Vieles lässt darauf schließen, dass Religion für die Etrusker von zentraler Bedeutung war. Allerdings ist die ursprüngl. Schicht der etrusk. Religion kaum erkennbar, da aus der Frühzeit keine Götterbilder und keine Zeugnisse der offenbar reichen religiösen Literatur erhalten sind und der Kult erst greifbar wird, als er bereits griechisch beeinflusst oder sogar überschichtet war. Da aber die überird. Wesen nach Geschlecht, Art und Zahl unbestimmt und veränderungsfähig gedacht wurden, scheint es, dass es anfänglich nur den Glauben an eine göttl. Wesenheit gab, die sich in vielfältiger Form bekundete. Die höheren Götter wurden unter griech. Einfluss personifiziert, die niederen Götter und Dämonen bewahrten deutlicher ihre chthon. Herkunft und ihren unpersönl. Charakter. Der oberste Gott Voltumna (Veltune; lat. Vertumnus) wurde als chthon. Vegetationsgott, vielleicht sogar als Verderber bringender Dämon und schließlich als Kriegs- und Bundesgott verehrt (Hauptkultstätte in Volsinii). Die Liebesgöttin Turan, deren Name wahrscheinlich einfach ›Herrin‹ bedeutet, wurde ab dem 6. Jh. v. Chr. mit der griech. Aphrodite gleichgesetzt. Neben Voltumna standen der bärtiger, väterl. Gott oder als nackter Jüngling dargestellte Blitze schleudernde Tin oder Tinia (entspricht Zeus/Jupiter), die meist als seine Gemahlin verstandene Stadtherrin Uni (Hera/Juno), die alte italische Göttin Menrva (Athene/Minerva), der Vegetationsgott Maris und Nethuns (Poseidon/Neptun). Diese genuin etrusk. oder sehr früh von den italischen Nachbarn übernommenen höheren Gottheiten wurden durch Rezeptionen aus dem griech. Pantheon vermehrt: Hercle (Herakles/Hercules), Artumes oder Aritimi (Artemis/Diana), Aplu oder Apulu (Apoll), Fufluns (Dionysos/Bacchus), Sethlans (Hephaistos/Vulcanus), Laran (Ares/Mars) und Turms (Hermes/Mercurius). Doch mögen auch hier ursprünglich etrusk. Gottheiten in den neuen aufgegangen sein. Von den niederen Göttern (aiser, eiser) sind an erster Stelle die männl. und weibl., wahrscheinlich aus der sexualbetonten Vorstellung des ›Genius‹ entstandenen Geister der Lasa zu erwähnen, die das Diesseits und Jenseits bevölkern und zugleich Geschlechtssymbole verkörpern. Göttergruppen sind die 12 Di consentes oder Di complices, die als grausame und namenlose Berater des Tinia galten, dann die in vier Klassen eingeteilten Penaten, die Laren, Manen und Blitze schleudernden Novensiles. Die Beziehungen der Menschen zu den Göttern wurden nach bestimmten Gesetzen geregelt und der Wille der Götter nach bestimmten Regeln erforscht, die zusammen die Bez. ›disciplina etrusca‹ trugen und z. T. in uralten Büchern (›libri acheruntici‹, ›fulgurales‹ und ›agrimensores‹) niedergelegt waren, die der aus der Erde gepflügte Tages den Etruskern gebracht haben soll. Darin waren Vorschriften über die Beobachtung des Vogelfluges (Auguraldisziplin), des Blitzschlages (Fulguraldisziplin) und der Eingeweideschau von Opfertieren (Haruspizien) enthalten. Ferner gehörte dazu die Lehre von den für Menschen und Völker festgesetzten Zeiten, den ›saecula‹ von etwa 120 Jahren Dauer, von denen nach etrusk. Anschauung den Etruskern selbst 8 oder 10, den Römern aber 12 zugemessen waren. Die gleiche Einteilung in feste Zonen begegnet bei der Festlegung bestimmter Bezirke in der Leber von Opfertieren.

Nach den Grabgemälden, die die wichtigsten Quellen für Lebensformen und Sitten der Etrusker sind, waren diese ein weltzugewandtes Volk, das Jagd, Tanz, Musik, Theater und reichen Schmuck aus Gold, Silber, Bronze und Elfenbein liebte, Togen und Tuniken trug, die oft prunkvoll gearbeitet und verziert waren, in gut ausgestatteten Atriumhäusern wohnte, deren Typus die Römer ebenso übernahmen wie die Theateraufführungen und Gladiatorenspiele, die bei den Etruskern ein Teil der Leichenfeier waren, die purpurgesäumte Toga der Magistrate und eine Reihe religiöser, polit. und gesellschaftl. Einrichtungen. Die Bewaffnung mit Äxten, Speeren, Schwert, Helm, Panzer, Schild und Beinschienen entsprach der anderer Völker des Altertums, wobei sich bei den Etruskern eine besondere Vorliebe für griech. Waffen zeigte (Funde von Vulci). Über das Familienleben ist nur wenig bekannt. Hervorgehoben wird stets, dass die etrusk. Frau nicht nur eine bevorzugte Stellung im Haus, sondern auch erhebl. Freiheiten in der Öffentlichkeit genoss. Auch erscheint der Name der Mutter häufig auf Grabinschriften bei verstorbenen Kindern. Die Gesellschaftsordnung, in der neben den freien Bürgern Freigelassene und Sklaven eine wichtige Rolle spielten, war aristokratisch und gentilizisch, was nicht zuletzt durch das Drei-Namen-System (Vorname, Geschlechtername, Zuname) zum Ausdruck kam.

Sprache und Schrift

Sprachdenkmäler: Derzeit sind knapp 8 000 Texte in etrusk. Sprache bekannt; jährlich werden etwa 40 weitere aufgefunden. Die meisten sind Grabinschriften, die v. a. Namen, manchmal auch biograph. Notizen enthalten. Zahlreich sind auch Weih-, Geschenk- und Besitzinschriften auf Gefäßen und Geräten sowie Beischriften zu mytholog. Szenen auf Bronzespiegeln, Gemmen, Vasen und an Grabwänden. Hinzu kommen Künstlersignaturen, Bauinschriften, Verfluchungen (auf Bleitäfelchen, an die Unterweltgötter gerichtet) und Verstreutes, etwa Zahlwörter auf Würfeln. Der längste Text ist ein Ritualkalender, mit etwa 1 300 Wörtern knapp zur Hälfte erhalten und auf ein Leinwand-Faltbuch (Leporello) geschrieben, das, in Streifen zerrissen, um eine ägypt. Mumie des Zagreber Museums gewickelt war (Agramer Mumienbinden, 3.–1. Jh. v. Chr.). Ein älterer Ritualkalender (5. Jh. v. Chr.) mit etwa 300 erhaltenen Wörtern steht auf der großen Tontafel von Capua. Vollständig erhalten ist ein Grundstücksvertrag mit 130 Wörtern auf dem Cippus von Perugia. Von den Texten auf den drei Goldplättchen von Pyrgi (400 v. Chr.) berichten der längere etruskische und der punische den gleichen Sachverhalt, die Weihung eines Kultraums samt Statue, doch in unterschiedl. Formulierung, sodass sie keine echte Bilingue (zweisprachige/zweischriftige Inschrift) darstellen.

Erschließung der Sprache: Die bei vielen erloschenen Sprachen, etwa beim Hethitischen, bewährte sprachvergleichende (›etymolog.‹) Methode, die aus äußeren Ähnlichkeiten mit einer bekannten Sprache unter Annahme von Sprachverwandtschaft auf die Bedeutung von Wörtern und Formen der unbekannten Sprache schließt, hat beim Etruskischen versagt; unter den bekannten Sprachen hat sich bisher keine als verwandt erwiesen. Erfolg hatte die Sprachvergleichung nur in der Feststellung von griech. oder italischen Lehnwörtern. Im Übrigen ist man auf die recht schwierige ›kombinator.‹ Methode angewiesen. Der erste Schritt ist dabei die strukturelle Analyse der Texte durch sprachinternen Vergleich: Es wird geprüft, in welchen Kontexten ein Wort vorkommt und wie es in Stamm, Suffix und Endung zu gliedern ist. In einem zweiten Schritt wird der Inhalt eines Textes aus seiner Umgebung ermittelt. Es wird festgestellt, worauf der Text geschrieben ist (Wörter statt Augen auf Würfeln müssen die Zahlwörter von 1 bis 6 bezeichnen), wozu der Gegenstand diente oder was der Schreiber ausdrücken wollte. Hierbei ist die Einbeziehung archäolog. Erkenntnisse unentbehrlich und der Vergleich mit gleichzeitigen griech. und italischen Inschriften hilfreich. Der dritte und entscheidende Schritt besteht darin, den Inhalt eines Textes zu zergliedern und die Inhaltselemente den im ersten Schritt ermittelten Ausdruckselementen zuzuordnen. Dabei helfen universelle Erkenntnisse über Sprache und Text ebenso wie der Vergleich mit inhaltsgleichen Texten desselben Kulturkreises: Eine etrusk. Weihinschrift dürfte kaum anders strukturiert sein als eine griech. oder lat. der gleichen Zeit. Unmittelbaren Erfolg verspricht das Verfahren bei kürzeren Texten.

Von den etrusk. Texten ist die überwiegende Zahl der kürzeren voll verständlich; die Information, die sie enthalten – ›V hat mich dem W geschenkt‹ –, ist jedoch meist banal. Die Verständlichkeit längerer Texte variiert: Teilweise sind sie gar nicht oder nur in der syntakt. Struktur verständlich. Vom Wortschatz sind die zahlreichen Eigennamen identifizierbar, aber wenig informativ. Doch kennt man auch von knapp 100 anderen Wörtern die genaue und von weiteren 50 die ungefähre Bedeutung. Die Flexion von Nomen und Pronomen lässt nur wenige, die des Verbs noch viele Fragen offen. Die Sprache ist agglutinierend wie etwa Finnisch oder Ungarisch: Numerus und Kasus haben jeweils eigene Suffixe (z. B. clan ›Sohn‹, Genitiv clen-s, Nominativ Plural clen-ar [aus clen-ara verkürzt], Genitiv Plural clen-ara-s).

Schrift: Die etrusk. Schrift wurde um 700 v. Chr. aus einem (west)griech. Alphabet übernommen und ist ihrerseits Quelle des lat. Alphabets. Daher ist ein deutlich geschriebener und gut erhaltener etrusk. Text ohne weiteres lesbar, d. h., man kennt annähernd die

A A		a
))		c
ヨ ヨ		e
٦ ٦		v
I ‡		z
日 ⊖		h
⊗ O		ϑ
I		i
メ メ		k
↓ ↓		l
M M		m
٦ N		n
٦ 1		p
M M		ś
P		q
٩ D		r
⟨ ⟨		s
↑ ↑		t
Y V		u
X		ś
Ψ Φ		φ
Y ↓		χ
8 8		f

etruskische Kultur (Schrift): Linke Spalte: Archaisches Alphabet (7.–5. Jh. v. Chr.); mittlere Spalte: Jüngeres Alphabet (5.–1. Jh. v. Chr.); rechte Spalte: Transliteration originalen Lautwerte der Buchstaben. Griech. b, d und o wurden im Etruskischen mangels entsprechender Laute nicht verwendet; griech. g bezeichnete [k], zunächst nur im S Etruriens und nur vor e und i, dann allg., was die Römer als Aussprache für c übernahmen (casa = [kasa]). Für den im Griechischen fehlenden Laut [f] wurde das Zeichen 8 geschaffen. Von 500 v. Chr. an wurde das vorher regionale (z. B. nördlich–südlich) differenzierte Alphabet vereinheitlicht und gleichzeitig auf 20 Buchstaben vereinfacht, die z. T. gegenüber den ursprüngl. veränderte Formen erhielten. Die Schrift läuft meist von rechts nach links; die Wörter wurden zunächst gar nicht, später durch Punkte oder Spatien getrennt. Im 6./5. Jh. v. Chr. wurden oft Silben schließende Konsonanten und Silben anlautende Vokale mit Punkten versehen, wohl durch Einwirkung einer Silbenschrift, vielleicht der pun. Silbenschrift Karthagos. Die Ziffern sind in Form und Prinzip den römischen sehr ähnlich (z. B. I, Λ, X, IX = 1, 5, 10, 9).

Wirtschaft, Handel und Technik

Die Fruchtbarkeit des Bodens in S-Etrurien, der Reichtum des Landes an Bodenschätzen und die schon früh nachweisbare Schifffahrt der Etrusker (Schiffsrekonstruktionen) begünstigten die Entfaltung der e. K. Im S wurde v. a. ein Überschuss an Getreide, Vieh, Olivenöl, Wein und vermutlich Leder erzeugt. Der Landbesitz war in den Händen einer Oberschicht konzentriert, für die Bearbeitung der Felder einschließlich der Entwässerungsanlagen geht man von einer Hörigenschicht aus. Die Zentren der Eisenerzverhüttung lagen auf der Insel Elba und Populonia. Ein wichtiger Ausfuhrhafen für Eisen war auch Pyrgi, die Hafenstadt von Caere (Cerveteri). Die Etrusker handelten nach archäolog. Feststellungen mit Rohstoffen, Keramik (darunter ein hoher Importanteil griech., seit dem 6. Jh. v. a. att. Keramik), Getreide, Wein (im 7. Jh. Einfuhr griech. Weins, ab dem 6. Jh. etrusk. Weinbauzentrum in Vulci), Olivenöl, Vieh, Salz und Sklaven. Den Funden nach zu schließen, wurden etrusk. Bronzegeräte ab dem 6. Jh., v. a. Dreifüße, ›Kandelaber‹ (Ständer in Form des Weltenbaums), Trompeten, Statuetten, ab dem 4. Jh. u. a. gravierte Spiegel und Cisten, in den östl. Mittelmeerraum sowie auch ins südl. W-Europa exportiert. Die Etrusker entwickelten Entwässerungssysteme für Sumpfgelände, ebenso städt. Wasserversorgungs- und Kanalisationsanlagen mit hydraul. Systemen, z. B. den Kanal von Cosa, die Cloaca maxima von Rom, die in der röm. Literatur erwähnte Entwässerung der Poebene und die (freigelegte) Kanalisation von Marzabotto. Der Straßenbau überwand Höhenunterschiede meist durch Durchbrechen des (weichen) Tuffgesteins (z. B. bei Savona) oder durch Brückenbauten.

Kunst: Die Städte der Etrusker, bearb. v. F. Boitani u. a. (a. d. Ital., 1974); R. Bloch: Die Kunst der Etrusker (a. d. Frz., ³1977); Die Etrusker, bearb. v. M. Sprenger u. G. Bartoloni (1977); M. Cristofani: L'arte degli Etruschi (Turin 1978); Ders.: Die Etrusker – Gesch., Glaube u. Kultur (a. d. Ital., Luzern 1983); S. Steingräber: Etrurien. Städte, Heiligtümer, Nekropolen (1981); T. Dohrn: Die etrusk. Kunst im Zeitalter der griech. Klassik (1982); K.-W. Weeber: Funde in Etrurien (1982); Civiltà degli Etruschi, hg. v. M. Cristofani, Ausst.-Kat. (Mailand 1985); Dizionario della civiltà etrusca, hg. v. dems. (Florenz 1985); Etrusk. Wandmalereien, hg. v. S. Steingräber (a. d. Ital., 1985); Das Land der Etrusker, hg. v. S. Settis (a. d. Ital., 1985); Corpus speculorum Etruscorum, hg. vom Dt. Archäolog. aut 10 Bde. in der (1987 ff.); M. Pallottino: Italien vor der Römerzeit (a. d. Ital., 1987); Etrusker in der Toskana. Etrusk. Gräber der Frühzeit, bearb. v. M. Cygielman, Beitrr. v. S. Bruni u. a., Ausst.-Kat. Museum für Vor- u. Frühgesch. Frankfurt am Main (1988); F. Gröteke: Etruskerland. Gesch., Kunst, Kultur (³1993).

Religion und Sitten: R. Herbig: Zur Religion u. Religiosität der Etrusker, in: Historia, Jg. 6 (1957), 123 ff.; Ders.: Götter u. Dämonen der Etrusker (²1965); C. O. Thulin: Die etrusk. Disciplin (Neuausg. 1968); A. J. Pfiffig: Religio etrusca (Graz 1975); A. Hus: Les Étrusques et leur destin (Paris 1980); Etruscan life and afterlife. A handbook of Etruscan studies, hg. v. L. Bonfante (Detroit, Mich., 1986).

Sprache und Schrift: M. Hammarström: Beiträge zur Gesch. des etrusk., lat. u. griech. Alphabets (Diss. Helsinki 1920); M. Pallottino: Elementi di lingua etrusca (Florenz 1936); Ders.: Testimonia linguae etruscae (Neuausg. Florenz 1968); Ders.: La langue étrusque (a. d. Ital., Paris 1978); F. Slotty: Beitr. zur Etruskologie, Bd. 1 (1952); F. Skutsch: Etrusker, in: Pauly-Wissowa, R. 1, Bd. 6, 1 (Neuausg. 1970); Rassegna bibliografica, hg. v. C. Camporeale in: Studi etruschi, Serie 3, Bd. 41 ff. (Florenz 1973 ff.); M. Cristofani: L'alfabeto etrusco, in: Popoli e civiltà dell'Italia antica, bearb. v. A. Radmilli u. a., Bd. 6 (Rom 1978); Thesaurus linguae etruscae, hg. v. M. Pallottino u. a., Bd. 1: Indice lessicale (Rom 1978, Suppl. 1984); K. Olzscha: Interpretation der Agramer Mumienbinde (Neuausg. 1979); G. u. L. Bonfante: The Etruscan language (New York 1983); H. Rix: Schrift u. Sprache, in: Die Etrusker, bearb. v. M. Cristofani u. a. (a. d. Ital., 1985); Scrivere etrusco, hg. v. C. Pirovano (Mailand 1985).

Etsch die, ital. **Adige** [ˈaːdidʒe], Hauptfluss Südtirols und der zweitlängste Fluss Italiens, 410 km, Einzugsgebiet rd. 12200 km², Wasserführung stark schwankend (zw. 2000 und 60 m³/s, Durchschnittswert 255 m³/s). Die E. entspringt am Reschenpass, fließt durch den Vintschgau bis Meran, dann nach SO bis Bozen (Mündung des Eisack) und wendet sich von dort nach S; sie fließt durch eines der größten Obst- und Weinbaugebiete Europas. Unterhalb der Salurner Klause nimmt die E. Noce und Avisio auf, durchfließt das Lagertal (Val Lagarina) parallel zum westlich gelegenen Gardasee und bricht durch die Veroneser Klause zur Poebene durch; hier wendet sie sich kurz vor Verona nach O und mündet, von Hochwasserdämmen begleitet und durch Kanäle mit dem Po verbunden, südlich von Venedig in die Adria. Das E.-Tal bildet einen der bedeutendsten Verkehrswege durch die Alpen, der Fluss ist aber für die Schifffahrt unbedeutend.

Etschmiadsin, Ěčmiadzin [etʃ-], bis 1945 **Wagarschapat, Vagaršapat** [-ʃa-], Stadt in der Rep. Armenien, westlich von Erewan, 53000 Ew.; Sitz des Katholikos der armen. Kirche; Weinkellerei. – Die im 4. Jh. gegründete (Gründungsbau, 301–303) und 495/496 neu erbaute Kathedrale (Bauzeit bis in das 7. Jh.; erneuert im 17. Jh.) ist die älteste christl. Kirche Armeniens, eine Kreuzkuppelkirche mit vier Apsiden, im Innern Fresken (1720); Glockenturm (1653–58). Nach Meinung zahlr. Forscher wurde die Kathedrale möglicherweise schon im 4. Jh. als Zentralbau mit Kuppel errichtet. Ihr ist ein Klosterkomplex (17./18. Jh.) angeschlossen. Die Kreuzkuppelkirche der hl. Hripsime (Gründungsbau, 618; erneuert 1652) zählt zu den bedeutenden Beispielen tetrakonchalen Zentralbaus; die Kirche der hl. Gajane (630–636; 1652 restauriert) gehört zum Typ der Kuppelbasilika; erwähnenswert ist auch die Schoghakatkirche von 1694. – An der Stelle des heutigen E. existierte im 2. Jh. v. Chr. die Siedlung Wardkessawan, an deren Stelle in der 1. Hälfte des 2. Jh. n. Chr. die Stadt Wagarschapat gegründet wurde, die spätere Hauptstadt Armeniens (2. Hälfte des 2. bis 4 Jh.).

ETSI, Abk. für engl. European Telecommunication Standards Institut (→Europäisches Institut für Telekommunikationsstandards).

Ett, Caspar, Komponist, *Eresing (Landkreis Landsberg a. Lech) 5. 1. 1788, †München 16. 5. 1847; seit 1816 Hoforganist an der Michaeliskirche in München; bedeutend für die Erneuerung der kath. Kirchenmusik aus dem Geiste der klass. Vokalpolyphonie; komponierte Messen und Motetten sowie Musik für den orth. und jüd. Kultus.

Ettal, Gem. im Landkreis Garmisch-Partenkirchen, Oberbayern, 900 m ü. M., am Fuß des Ettaler

Ettal: Benediktinerkloster und Wallfahrtskirche Sankt Marien;
1370 geweiht

Mandls (1 633 m ü. M.), 1000 Ew.; Fremdenverkehr. –
Kaiser LUDWIG DER BAYER gründete 1330 ein Ritter-
stift und Kloster, welches zu hoher Blüte kam. Die
Kloster- und Wallfahrtskirche St. Marien (1370 geweiht) wurde 1710 ff. von E. ZUCCALLI und J. SCHMU-
ZER barock umgestaltet und nach einem Brand 1744
mit einem Kuppelgewölbe versehen. Im Innern Roko-
kostuckaturen von J. B. ZIMMERMANN. – Zur Gem. E.
gehört das Schloss →Linderhof.

Ẹttelbrück, amtlich frz. **Ettelbruck** [-'bryk], Stadt
in Luxemburg, 198 m ü. M., kurz vor der Mündung der
Alzette in die Sauer, 6 600 Ew.; Fremdenverkehrs- und
Schulort; Nahrungsmittelindustrie.

Ẹttenheim, Stadt im Ortenaukreis, Bad.-Württ.,
am Ausgang des Münstertals in die Oberrheinebene,
195 m ü. M., 11 000 Ew.; Weinbau. – Kath. Pfarrkirche
St. Bartholomäus (1768–77); Rathaus (1757) und
zahlr. Fachwerkhäuser (17. und 18. Jh.). – In **Etten-
heimmünster** die Wallfahrtskirche Sankt Landolin
(Barockbau, erweitert um 1764). – E., 810 erstmals erwähnt, war eine Gründung der Bischöfe von Straßburg, in deren Besitz es bis 1803 verblieb. Danach gehörte das vor 1312 zur Stadt erhobene E. zu Baden.

Ẹtten-Leur [-'lør], Industrie-Gem. in der Prov.
Nordbrabant, Niederlande, 33 800 Ew.; Regional- und
Grafikmuseum; Konserven-, Sportartikel-, Möbel-,
Verpackungsmittel-, Metall- und Spezialmaschinen-
fabriken, Glasindustrie und Kunststoffverarbeitung.

Ẹtter [ahd. etar ›Zaun‹], Planken, lebender Zaun,
seltener Mauer, die einen Bauernhof, vom Spät-MA.
bis ins 19. Jh. auch ein ganzes Dorf (**E.-Dorf**) oder
eine Kleinstadt, umgab und von der Flur trennte. Der
E. schied den Raum ›innert E.‹ als Ort höheren
Rechtsfriedens aus, daher auch ›Einfriedung‹ genannt. Daneben bezeichnet E. v. a. in Süd-Dtl. den
geschlossenen Wohnbereich (**Orts-E.**).

Philipp Etter

Ẹtter, Philipp, schweizer. Politiker, * Menzingen
(Kt. Zug) 21. 12. 1891, † Bern 23. 12. 1977; Rechtsanwalt, war 1927–28 Landammann des Kt. Zug und
1930–34 Mitgl. des Ständerates (CVP-Mitgl.). Als
Bundesrat (1934–59) leitete er das Departement des
Innern; er betrieb die Erhebung des Bündnerromani-
schen zur vierten Landessprache (1937) und förderte
die Stiftung ›Pro Helvetia‹ (1939) sowie die kulturelle
›Italianità‹ des Tessin. 1939, 1942, 1947 und 1953 war
er Bundespräsident.

Werke: Grundr. der Verf.-Gesch. der Schweizer. Eidgenossenschaft (1929); Die schweizer. Demokratie (³1934); Sens et
mission de la Suisse (1942); 1953: Stimmrecht der Gesch.
(1953).

Etterbeek [frz. ɛtɛr'bɛk, niederländ. 'ɛtərbe:k],
östl. Wohnvorstadt von Brüssel, Belgien, 38 500 Einwohner.

Ẹttersberg, Muschelkalkrücken nördlich von Weimar, Thür., 478 m ü. M.; auf dem E. befand sich
1937–45 das natsoz. KZ →Buchenwald.

Ẹttinghausen, 1) Maurice, frz. Schriftsteller,
→Sachs, Maurice.

2) Richard, Islamist und Kunsthistoriker, * Frankfurt am Main 5. 2. 1906, † Princeton (N. J.) 2. 4. 1979;
emigrierte 1933 in die USA, lehrte an versch. Universitäten und Institutionen, Kurator an einigen Galerien
und Museen, seit 1960 Prof. an der New York University; seit 1969 Chairman am Metropolitan Museum of
Art; seine Arbeiten haben die Kenntnis von der islam.
Kunst wesentlich vertieft.

Werke: The unicorn (1950); Persian miniatures ... (1961);
Arab. Malerei (a. d. Engl., 1962); Masterpieces from Turkey
(1966); From Byzantium to Sasanian Iran and the Islamic
world (1972); Islamic art and archaeology, hg. v. M. ROSEN-
AYALON (1984).

Ẹttingshausen-Effekt [nach dem österr. Physiker
ALBERT Freiherr VON ETTINGSHAUSEN, * 1850,
† 1932], ein →galvanomagnetischer Effekt.

Ẹttingshausen-Nẹrnst-Effekte, →thermomag-
netische Effekte.

Ẹttlingen, Große Kreisstadt im Landkreis Karlsruhe, Bad.-Württ., 136 m ü. M., am Ausgang des Alb-
tals aus dem nördl. Schwarzwald, 38 600 Ew.; städt.
Galerie und Albgaumuseum; Papierfabriken, Spinne-
rei und Weberei, Maschinenfabriken, pharmazeut.
und Nahrungsmittelindustrie, Computer- und Soft-
waretechnik. – Die kath. Stadtkirche St. Martin
(12.–15. Jh.) geht auf eine vorkaroling. Gründung
zurück; nach Zerstörung des Langhauses erfolgte
1732–39 ein Neubau, 1872–74 Entfernung der barocken Ausstattung; 1980 ff. Restaurierung (neues De-
ckengemälde von E. WACHTER, 1987/88). Rathaus
(1737, 1892 umgebaut) mit schöner Sandsteinfassade.
Das Schloss (14. Jh., nach Zerstörung im 16. Jh. und
Wiederaufbau im 16. und 17. Jh. erneut 1689 zerstört)
wurde von Markgräfin SYBILLA AUGUSTA von Baden
1728–33 umgestaltet (1975 ff. restauriert). An den histor. Schlosskomplex fügt sich die 1986–88 von A. Freiherr VON BRANCA erbaute Schlossgartenhalle an.
Das Bildungszentrum mit der ›Albgauhalle‹ entstand
1975–82. – E., aus einer röm. Siedlung erwachsen, gehörte ab 788 dem elsäss. Kloster Weißenburg; um
1192 zur Stadt erhoben, fiel E. 1219 an Baden. Die
reichlich vorhandenen natürl. Wasserkräfte wurden
bereits im MA. zum Betreiben von Mühlen eingesetzt
und bildeten im 18. Jh. die Grundlage der Industrialisierung des Gebiets.

Ẹttmayer von Ạdelsburg, Karl, österr. Romanist,
* Jessenetz (Kr. Ölmütz) 22. 7. 1874, † Wien 24. 3.
1938; Prof. in Freiburg (Schweiz), Innsbruck und
Wien; beschäftigte sich bes. mit den lombard. und
bündnerroman. Mundarten. Seine ›Analyt. Syntax der
frz. Sprache mit besonderer Berücksichtigung des
Altfranzösischen‹ (1930–33, 2 Bde.) basiert auf den
Erkenntnissen der Sprachpsychologie.

Weiteres Werk: Das Ganze der Sprache und seine log. Begründung (1938).

Etty ['etɪ], William, engl. Maler, * York 10. 3. 1787,
† ebd. 13. 11. 1849; Schüler von T. LAWRENCE. Von
den Werken TIZIANS, VERONESES und P. P. RUBENS'
beeinflusst, schuf E. Historien- und Genrebilder sowie Allegorien aus dem Motivkreis der Antike.

Etüde [frz. étude ›Studium‹, ›Studie‹] die, -/-n,
Musik: Übungsstück zum Erlernen besonderer spiel-
techn. Fertigkeit. Im Unterschied zu den mechan. Fin-
gerfertigkeitsübungen handelt es sich bei E. um abgeschlossene Kompositionen mit musikal. Gehalt. Der
Name E. erscheint erstmalig bei J. B. CRAMER anstelle

von ›Exercice‹ (1804, 1810). E. für Klavier schrieben C. CZERNY, M. CLEMENTI, I. MOSCHELES; für Violine R. KREUTZER, P. RODE, N. PAGANINI u. a. Für den virtuosen Vortrag gedacht sind die **Konzert-E.** von F. CHOPIN, R. SCHUMANN, F. LISZT, C. DEBUSSY, B. BARTÓK, A. SKRJABIN. O. MESSIAEN verbindet in seinen ›Quatre études de rythme‹ (1949/50) techn. und kompositor. Schwierigkeiten. Eine Besonderheit sind die E. für Orchester, u. a. von D. MILHAUD, I. STRAWINSKY und H. W. HENZE.

D. THEMELIS: Étude ou caprice. Die Entstehung der Violinetüde (1967).

etwas bezahlt, Abk. **etw. bz., etwbez, etwbz,** ein Kurzzusatz (→Kurszettel).

Etymologie [griech., eigtl. ›Untersuchung des ursprüngl. Sinnes eines Wortes‹, zu étymos ›wahrhaft‹, ›wirklich‹] die, -, Richtung der vergleichenden Sprachwissenschaft, die Herkunft, Grundbedeutung und histor. Entwicklung der Wörter sowie ihre Verwandtschaft mit Wörtern gleichen Ursprungs in unterschiedl. Sprachen untersucht.
Bereits in der griech. Antike begann die Auseinandersetzung mit etymolog. Fragen. Schon in der ›Odyssee‹ (8. Jh. v. Chr.) finden sich Versuche zur etymolog. Deutung von Eigennamen, ebenso u. a. bei den griech. Dramatikern AISCHYLOS, SOPHOKLES und EURIPIDES (5. Jh. v. Chr.). In PLATONS Dialog ›Kratylos‹ wird Kratylos zum Vertreter der Auffassung, dass die Namen den Dingen von Natur aus innewohnen; damit wurde die sprachphilosoph. Position der Stoiker (3. Jh. v. Chr.) vorbereitet. Diese verstanden Sprache als ein System, in dem die Benennungen dem Wesen der benannten Dinge von Natur aus (›physei‹) und in sinnvoller Weise entsprechen; Lautähnlichkeit weist demnach auf Sinnverwandtschaft. Die Stoiker versuchten die Wörter lautsymbolisch zu deuten und durch Weglassen oder Hinzufügen, Umstellung oder Substitution von Lauten den jeweiligen Wortkern zu ermitteln; die Wörter fassten sie als Zusammensetzungen solcher Grundbestandteile auf. In spätantiker und byzantin. Zeit wurden Sammlungen entsprechender etymolog. Interpretationen einzelner Wörter angelegt. Das bedeutendste etymolog. Werk des MA. ist ISIDOR VON SEVILLAS ›Etymologiae‹.
Bis ins 19. Jh. hinein waren die etymolog. Untersuchungen jedoch insgesamt spekulativer Art und bezogen keine Erkenntnisse über lautgeschichtl. Entwicklungen ein. Die wissenschaftlich begründete E. begann mit F. A. POTTS ›Etymolog. Forschungen auf dem Gebiete der Indo-German. Sprachen‹ (1833–36, 2 Bde.). Neben lauthistor. Erkenntnissen und der vergleichenden Betrachtung etymologisch verwandter Termini in versch. Sprachen und der Erforschung ihrer gemeinsamen Herkunft trat zunehmend auch die Verbindung von etymolog. und kulturgeschichtl. Analyse im weitesten Sinn in den Vordergrund, wobei auch Zeit und Umstände einer Wortbildung sowie Ursachen etwa abweichender Verwendung berücksichtigt wurden. Damit wurden histor., polit., soziale, geistesgeschichtl. u. a. mit der Wortbildung und -entwicklung im Zusammenhang stehende Vorgänge untersucht.
Bei Wörtern aus vorgeschichtl. Zeit muss sich die E. meist mit dem Nachweis begnügen, dass sie in gleicher oder ähnl. Form in verwandten Sprachen vorkommen. Auch in der neueren etymolog. Forschung stehen semant., semasiolog. und kulturgeschichtl. Probleme und damit die Frage nach der bedeutungsmäßigen Motiviertheit von Bezeichnungen im Zentrum der Forschungen.
Unter **innerer E.** versteht man das In-Beziehung-Setzen der einer Wortfamilie einer bestimmten Sprache zugehörigen Wörter (z. B. ›siechen‹, ›Sucht‹), in der **äußeren E.** wird das Wortgut etymologisch verwandter Sprachen untersucht (z. B. ›Zimmer‹ und griech. demo ›ich baue‹). Als →Volksetymologie wird die volkstüml., unwiss. Deutung von Wörtern bezeichnet.

M. WANDRUSZKA: E. u. Philosophie, in: Etymologica, Walther von Wartburg zum 70. Geburtstag, hg. v. H.-E. KELLER (1958); J. POKORNY: Indogerman. etymolog. Wb., 2 Bde. (Bern 1959–69); W. SANDERS: Grundzüge u. Wandlungen der E., in: Wirkendes Wort, Jg. 17 (1967); V. PISANI: Die E. Gesch., Fragen, Methode (a. d. Ital., 1975); E., hg. v. RÜDIGER SCHMITT (1977); E. SEEBOLD: E., eine Einf. am Beispiel der dt. Sprache (1981); J. TRIER: Wege der E. (1981); Duden ›E.‹ Herkunftswörterbuch der dt. Sprache, hg. v. G. DROSDOWSKI (²1989); Etymolog. Wb. des Deutschen, hg. v. W. PFEIFER (Neuausg. 1995).

etymologische Schreibung, Berücksichtigung der (tatsächl. oder vermeintl.) früheren Lautgestalt im Schriftbild, z. B. frz. ›clef‹ (›Schlüssel‹) neben ›clé‹ (wobei das ›f‹ der ersten Schreibung auf ein ›v‹ in lat. ›clavis‹ zurückgeht); in frz. ›poids‹ (›Gewicht‹, aus lat. ›pensum‹) wurde das ›d‹ jedoch fälschlich aus lat. ›pondus‹ (›Gewicht‹) übertragen.

etymologisches Wörterbuch, →Wörterbuch.

Etymon das, -s/...ma, die so genannte ursprüngl. Form und Bedeutung eines Wortes; Grund-, Stammwort.

Etzel, 1 098 m hoher Bergrücken zwischen Zürich- und Sihlsee, Schweiz; am Südfuß das E.-Wasserkraftwerk.

Etzel, mhd. Name des Hunnenkönigs →ATTILA; erstmals Mitte des 12. Jh. in der ›Kaiserchronik‹ belegt; edler Heidenkönig der mhd. Heldenepik; er begegnet zuerst im ›Nibelungenlied‹ als Gemahl Kriemhilds. E. bindet ausgezeichnete Helden an seinen Hof, bleibt aber beim Burgundenuntergang passiv. Als ruhender Pol ist er vorgezeichnet im Attila des lat. ›Waltharius‹-Epos (10. Jh.), im Ggs. zu den altnord. Ausprägungen der Figur, z. B. im Atli-Lied der Edda.

Etzel, Karl von, Eisenbahningenieur, * Heilbronn 6. 1. 1812, † Kemmelbach (Gem. Neumarkt an der Ybbs) 2. 5. 1865; war 1843–52 maßgebend am Aufbau des württemberg. Eisenbahnnetzes beteiligt; übernahm dann die Bauleitung der schweizer. Zentralbahn. Sein größtes Werk ist der Bau der Brennerbahn (1864–67).

Etzingol [ɛtsi:ngo:l], Fluss in China, →Ruo Shui.

Etzioni, Amitai, eigtl. **Werner Falk,** amerikan. Soziologe deutsch-jüd. Herkunft, * Köln 4. 1. 1929; emigrierte 1936 mit seinen Eltern nach Palästina; Studium an der Hebr. Univ. Jerusalem (u. a. bei M. BUBER); nach seiner Auswanderung in die USA ab 1958 Lehrtätigkeit in New York (Columbia Univ.), dort ab 1967 Prof.; seit 1980 Prof. in Washington (George Washington University). Schwerpunkte seiner wiss. Arbeit bilden die Organisationssoziologie und die Friedens- und Konfliktforschung, seit Mitte der 1980er-Jahre v. a. Fragen der Zukunft des Wohlfahrtsstaates und das Konzept einer den Gemeinschaftsgedanken und überschaubare soziale Strukturen (Familie, Arbeitsteam, Kommune) betonenden Bürgergesellschaft. E. begründete mit anderen die politischsoziale Bewegung des →Kommunitarismus.

Werke: The hard way to peace: a new strategy (1962; dt. Der harte Weg zum Frieden. Eine neue Strategie); Modern organizations (1964; dt. Soziologie der Organisationen); The moral dimension. Towards a new economics (1988; dt. Jenseits des Egoismus-Prinzips. Ein neues Bild von Wirtschaft, Politik u. Gesellschaft); The spirit of community (1993; dt. Die Entdeckung des Gemeinwesens. Ansprüche, Verantwortlichkeiten u. das Programm des Kommunitarismus).

Etzlaub, Erhard, Kartograph, Mathematiker und Astronom, * 1462, † 1532; gilt als der Initiator der heutigen Straßenkarten. 1492 erschien die Karte ›Umgebung von Nürnberg‹, 1501 die ›Karte des Romwegs‹, die erste Straßenkarte jener Zeit. Sie ist südorientiert, damit die Rompilger von Nord- und Mitteleuropa sich leichter zurechtfinden konnten. Die Reiserouten nach Rom sind durch Punkte markiert, jeder Punkt bedeutet eine deutsche Meile. 1511 veröffentlichte E. eine kleine Weltkarte mit ›wachsenden Breiten‹, deren Abbildung als Vorläufer der Mercatorprojektion (→Mercator, →Kartennetzentwürfe) angesehen werden kann.

F. SCHNELBÖGL: Leben u. Werk des Nürnberger Kartographen E. E., in: Mitt. des Vereins für Gesch. der Stadt Nürnberg, Jg. 57 (1970).

eu... [von griech. eũ ›gut‹, ›wohl‹, ›recht‹, ›schön‹], Präfix mit den Bedeutungen: 1) gut ausgebildet, typisch, z. B. Eukarionten; 2) normal, gesund, z. B. Eubakterie; 3) bestmöglich, überreich, z. B. euphotisch.

Eu, 1) chem. Symbol für das Element →Europium.

2) *Formelzeichen:* Eu für die eulersche Zahl.

Eu [ø], Ort in der Normandie, Frankreich, Dép. Seine-Maritime, an der Bresle, 8 300 Ew. – Schloss aus Back- und Naturstein, 1578 ff., mit einem von A. LE NÔTRE angelegten Park; Jesuitenkolleg (1582); in dessen Kapelle Grablegen des Herzogs HENRI DE GUISE und der KATHARINA VON KLEVE.

EU, Abk. für →Europäische Union.

Euagoras I., griech. **Euagoras,** Stadtkönig von Salamis auf Zypern (seit 411 v. Chr.), *um 435 v. Chr., †374 v. Chr.; aus dem alteingesessenen Königshaus der Teukriden, dessen Herrschaft er 411 zurückgewann und vorübergehend auf Zypern ausdehnte. E. eroberte Kilikien und Phönikien mit Tyros und spielte eine bedeutende Rolle in den griechisch-pers. Auseinandersetzungen. 381 v. Chr. unterlag er in einer Seeschlacht bei Kition (heute Larnaka) den Persern und wurde von ihnen in Salamis eingeschlossen, behielt jedoch die Stadtherrschaft. E., der einer Verschwörung zum Opfer fiel, wurde von ISOKRATES in einer erhaltenen Lobschrift als idealer Herrscher gepriesen.

Euagrios, E. Pontikos, lat. **Evagrius Ponticus,** Mönch und Theologe, *Pontos (Kleinasien) 346, †in Ägypten 396; bedeutsam als griech. Prediger, Asket und christl. Schriftsteller. Sein später wiederholt wegen origenist. Gedankenguts (→ORIGENES) verurteiltes Schrifttum wurde wichtig für die Ausprägung der asketisch-myst. Begriffsbildung.

Euander, griech. **Euandros,** *griech. Mythos:* Enkel des Pallas, König aus Pallantion in Arkadien, der – verbannt – mit einigen Gefolgsleuten an den Ort des heutigen Rom kam und dort eine Siedlung gründete; mit seinem Sohn war er Bundesgenosse des Äneas. E. ist ein Beispiel dafür, wie griech. Züge der röm. Tradition nach Griechenland zurückgeführt werden.

Eubakterien, Eubacteria, neuere Bez. für das Reich der Bakterien, in das die Mehrzahl der bekannten →Prokaryonten einschließlich der Strahlenpilze, phototrophen Bakterien und Blaualgen eingeordnet werden. Die übrigen Prokaryonten werden im Reich der →Archaebakterien zusammengefasst.

Eubiotik [zu eu... und griech. bíos ›Leben‹] *die, -,* Lehre von der vernunftgemäßen, körperlich-geistig gesunden Lebensführung.

Euböa, neugriech. **Evia,** die zweitgrößte Insel Griechenlands, 3 655 km², rd. 170 km lang, 5,5–50 km breit, 208 400 Ew.; Hauptort ist Chalkis. E. ist durch den als tekton. Senke entstandenen **Golf von E.** vom Festland (an der engsten Stelle durch den →Euripos) getrennt. Die gebirgige Insel (bis 1 743 m ü. M.) ist vorwiegend aus Kalksteinen und kristallinen Schiefern aufgebaut und z. T. waldreich. In den tertiären Hügelländern und Schwemmlandebenen gibt es Wein-, Obst- und Olivenkulturen, Anbau von Gemüse; bei Aliverion Braunkohlentagebau und Kraftwerk.

Geschichte: E. (griech. ›gut an Rindern‹) war im Altertum von Ioniern bewohnt. Bedeutsam im 8. und 7. Jh. v. Chr. war sein Anteil an der griech. Kolonisationsbewegung und die Tatsache, dass in den Streit

zw. den Städten Chalkis und Eretria (Lelant. Krieg, 2. Hälfte 7. Jh.), den Chalkis für sich entschied, ein Teil der griech. Welt verwickelt war. 506 fasste Athen Fuß auf E., das im 5. Jh. dem Att. Seebund angehörte, 446 abfiel, 445 durch PERIKLES unterworfen wurde, im Peloponnes. Krieg (411) die Selbstständigkeit zurückgewann und einen Bundesstaat bildete (**Euböischer Bund** der Städte E.s). In der Folgezeit hielt E. meist zu Athen, fiel aber 338 v. Chr. an Makedonien (Festungen Chalkis, Oreos und Eretria). 146 v. Chr. wurde E. dem Röm. Reich einverleibt. Später ein Bestandteil des Byzantin. Reiches, geriet E. 1205 im Zuge der 4. Kreuzzugs unter die Herrschaft norditalal. Feudalherren (›Dreiherren‹), 1366 unter venezian. Oberhoheit; damals wurde E. **Negroponte** genannt. Von 1470 bis 1830 gehörte es zum Osman. Reich.

W. P. WALLACE: The Euboian League and its coinage (New York 1956); J. KODER: Negroponte (Wien 1973); R. G. VEDDER: Ancient Euboea (Tucson, Ariz., 1978); O. PICARD: Chalcis et la confédération Eubéenne (Paris 1979).

Eubuleus, *griech. Mythos:* Beiname des unterird. Zeus, auch eine selbstständige Gottheit in den Eleusinischen Mysterien und verwandten Kulturen; nach einem Mythos ein Schweinehirt, der beim Raub der Persephone mit der Herde vom Erdboden verschlungen wurde.

Eubulides, E. von Milet, griech. **Eubulides,** griech. Philosoph im 4. Jh. v. Chr.; Schüler des EUKLID VON MEGARA; gilt als Entdecker der Lügnerparadoxie (›Ein Kreter sagt, alle Kreter lügen‹). E. führte die Eristik, die log. Streitkunst, in die megar. Schule ein.

K. DÖRING: Die Megariker. Komm. Samml. der Testimonien (Amsterdam 1972).

Eucalyptol *das, -s,* **Eukalyptol, Cineol,** farblose, kampferähnlich riechende Substanz, die in zahlreichen äther. Ölen (bes. in Eukalyptusölen) enthalten ist und aus diesen durch Destillation und Ausfrieren gewonnen wird; Verwendung in Mundpflegemitteln und zur Inhalation bei Bronchialkatarrhen. Chemisch ist E. ein vom p-Menthan abgeleiteter intramolekularer Äther (1,8-Epoxy-p-menthan).

EUCARIS [Abk. für engl. European Car Information System ›Europ. Auto-Informationssystem‹], Datenverarbeitungsverfahren, das die Möglichkeit eröffnet, zw. den zentralen Kfz-Registern (in Dtl. das →Zentrale Fahrzeugregister) der dem Informationssystem angeschlossenen Staaten Onlineinformationen (fahrzeugtechn. Daten, jedoch keine Fahrzeughalterdaten) auszutauschen, um die aus dem Partnerstaat stammenden Fahrzeuge im Zulassungsverfahren zu identifizieren. Darüber hinaus erlaubt das System, Hinweise auf den Diebstahl eines Fahrzeugs zu übermitteln. EUCARIS ist – insbesondere wegen des Wegfalls der Kontrollen an den Binnengrenzen innerhalb der EU – daher ein geeignetes Instrument, Informationslücken im Zulassungsverfahren zu schließen, um eine geordnete Zulassung sicherzustellen und zugleich einen Missbrauch von Fahrzeugen und Fahrzeugdokumenten weitgehend auszuschließen. EUCARIS wird zw. den zuständigen Behörden von Belgien, Luxemburg und den Niederlanden bereits angewendet, künftig wohl u. a. auch Großbritannien und Nordirland sowie Dtl. beteiligt sein.

Eucharistie [griech. ›Danksagung‹] *die, -,* seit Ausgang des 1. Jh. sich durchsetzender Begriff für das Abendmahl der Kirche, der im Bereich der *ostkirchl.* und *kath. Theologie* (hier auch: Altarsakrament) bis heute bestimmend ist (für die *ev. Kirchen* →Abendmahl). Der Begriff knüpft an die jüd. Tischdanksagung, den dankenden Lobpreis Gottes für Brot und Wein (hebr. běrakā), an, geht dann aber vom Gebet auf die ganze Handlung und bes. auf die gesegneten Gaben Brot und Wein über. Die E. ist eine liturg. Dop-

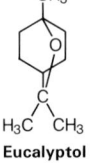
Eucalyptol

pelhandlung: Segnung sowie Austeilung und Genuss von Brot und Wein; sie war urspr. mit einem Sättigungsmahl verbunden. Das eucharist. ›Hochgebet‹, an dem nur die getauften Gemeindemitglieder teilnehmen durften, wurde vom Vorsteher der Gemeinde in freier charismat. Rede formuliert. Erst seit dem 4. Jh. bildeten sich, v. a. an den Patriarchatssitzen, feste liturg. Typen (→Ritus) heraus. Inhalt des **eucharistischen Hochgebets** (ostkirchlich: Anaphora, westkirchlich: Kanon) ist der Lobpreis der Erlösung, sein Höhepunkt der Einsetzungsbericht vom Abendmahl JESU mit der Konsekration der eucharist. Gaben. Darauf folgt die **Anamnese**, die nach kath. Auffassung zum Ausdruck bringt, dass die E. wesentlich Gedächtnis des Erlösungswerkes CHRISTI und das durch die Darbringung der Kirche vergegenwärtigte Opfer CHRISTI (daher auch ›Messopfer‹ als Bez. für die E.) ist. Meist schließt sich die →Epiklese an. Es folgen die Brechung des Brotes und die Austeilung der Elemente. In den Ostkirchen und den Kirchen der Reformation werden beide Elemente ausgeteilt (wie in der Urkirche), in der lat. Kirche seit dem Hoch-MA. nur die Hostie; seit dem 2. Vatikan. Konzil ist auch hier die Kommunion unter beiderlei Gestalten wieder möglich.

Die kath. E.-Lehre sieht in der E. die in der E.-Feier mittels der Konsekration erwirkte, als wahrhaft, wirklich und wesentlich verstandene Gegenwart des erhöhten Gottmenschen JESUS CHRISTUS mit Leib und Blut unter den Gestalten von Brot und Wein, und zwar ganz unter jeder Gestalt. Die Ausbildung dieser E.-Lehre reicht zurück bis ins christl. Altertum. Die frühmittelalterl. Abendmahlsstreitigkeiten (RATHRAMNUS VON CORBIE; BERENGAR VON TOURS) waren Versuche, die übertriebene Ausdehnung der allmählich als raumlos, geistig verstandenen eucharist. Gegenwart auf den phys. Leib JESU abzuwehren. Die spätmittelalterl. Lehre J. WYCLIFFES hingegen, dass die Substanzen von Brot und Wein trotz der Konsekration bestehen blieben, und ihre Verurteilung durch das Konzil von Konstanz (1415) bereiteten schon die auf dem Konzil von Trient vollzogene (1551), zunächst abschließende Fassung der eucharist. Gegenwart CHRISTI als →Transsubstantiation vor. In der Gegenwart treten neue dogmat. Theorien der Wandlung auf (Transsignifikation [Bedeutungswandel der Elemente], Transfinalisation [Bestimmungswandel der Elemente], die durch die Konsekration an Brot und Wein vollzogen werde). Papst PAUL VI. hat jedoch in der Enzyklika ›Mysterium fidei‹ (1965) erneut betont, dass die Lehre von der Wesenswandlung den Katholiken dogmatisch verpflichte.

Die Realpräsenz des Leibes und Blutes CHRISTI wird in der griech. Patristik als sakramentale Inkarnation des Logos in den Elementen Brot und Wein, in der lat. Scholastik als Transsubstanziation oder Wesenswandlung der Gaben in JESU Leib und Blut, von den Lutheranern als ›Konsubstantiation‹ oder ›Koexistenz‹ des Leibes und Blutes in, mit und unter den Gestalten Brot und Wein erklärt.

Die Heilskraft der E. wird den Gläubigen schon durch die Teilnahme an der Messe zugewendet, v. a. aber durch den Genuss der E. in der →Kommunion. In ihr bewirkt das durch JESUS CHRISTUS beim letzten Abendmahl eingesetzte Zeichen die innere Gnade, sodass die E. auch ein Sakrament ist, und zwar das zentrale Sakrament des christl. Kultes. Nach kath. Auffassung werden die eucharist. Gestalten mit der Konsekration zu einem fortdauernden Sakrament (Altarsakrament), das auch außerhalb der Messe durch den Kultus der Anbetung geehrt werden muss und empfangen werden kann.

E., Zeichen der Einheit, hg. v. E. C. SUTTNER (1970); A. GERKEN: Theologie der E. (1973); J. AUER u. J. RATZIN-

GER: Kleine kath. Dogmatik, Bd. 6: Allg. Sakramentenlehre u. das Mysterium der E. (²1974); Um Amt u. Herrenmahl. Dokumente zum ev./römisch-kath. Gespräch, hg. v. G. GASSMANN u. a. (1974); M. THURIAN: Die eine E. (a. d. Frz., 1976); H. KAHLEFELD: Das Abschiedsmahl Jesu u. die E. der Kirche (1980); F. EISENBACH: Die Gegenwart Jesu Christi im Gottesdienst (1982); Das Opfer Jesu Christi u. seine Gegenwart in der Kirche, hg. v. K. LEHMANN u. a. (1983); Die E. im Gespräch der Konfessionen, hg. v. M. GARIJO-GUEMBE u. a. (1986); Die Diskussion über Taufe, E. u. Amt. 1982–1990, hg. vom Ökumen. Rat der Kirchen, Kommission für Glauben u. Kirchenverf. (a. d. Engl., 1990); N. SLENCZKA: Realpräsenz u. Ontologie. Unters. der ontolog. Grundlagen der Transsignifikationslehre (1993).

Eucharistiner, lat. **Sacerdotes a Sanctissimo Sacramento,** Abk. **SSS,** Priesterkongregation für die besondere Anbetung des ausgesetzten Altarsakraments, 1857 von dem frz. Ordenspriester P. J. →EYMARD gegr.; Sitz des Generalsuperiors ist Rom. Die E. haben (1996) weltweit 1 008 Mitgl., davon 17 in Dtl. (dt. Provinzialat in Retzstadt bei Würzburg). Die persönl. Verehrung der hl. Eucharistie als die entscheidende Grundlage ihrer Arbeit verstehend, sind die E. in der Bildungsarbeit und Seelsorge tätig und unterhalten Missionen in Afrika und Südamerika.

eucharistische Kongresse, internat. kath. Tagungen zur Verehrung der Eucharistie und zur Förderung ihres Kultes (seit 1881). Seit 1945 fanden regelmäßig e. K. statt, zuerst 1952 in Barcelona, 1997 in Breslau.

Euchelaion [griech. ›Gebetsöl‹] *das, -s/...laia, ost-kirchl. Liturgie:* das der →Krankensalbung der kath. Kirche entsprechende Sakrament. Der Gebrauch ist gemäß Jak. 5, 14 und 15 nicht nur an den Sterbefall gebunden, er hat die Aspekte der Heilung und der Vergebung der Sünden.

Eucherius, Bischof von Lyon, † um 450; seine ›Formulae spiritalis intelligentiae‹ und die ›Instructiones ad Salonium‹ haben mit ihrer Anleitung zur Schriftauslegung im MA. eine große Rolle gespielt; wurden wichtig für die Geschichte des lateinischen Bibeltextes.

Euchlaena, Grasgattung mit zwei Arten, die v. a. in Mexiko vorkommen. Die **Teosinte** (E. mexicana) ist eine nur in Kultur und als Unkraut verwildert bekannte, dem Mais nächstverwandte Grünfutterpflanze.

Euchologion [griech. ›Buch der Gebete‹] *das, -s/...gia, orth. Liturgie:* das wichtigste Ritualbuch der byzantin. Liturgie; es enthält u. a. die Liturgien des JOHANNES CHRYSOSTOMOS und des BASILIUS. Sein Inhalt entspricht dem lat. Missale, Rituale und Pontificale.

Euchromatin *das, -s,* die nur schwach anfärbbaren Chromosomenabschnitte, →Chromosomen.

Eucken, 1) Arnold, Physikochemiker, *Jena 3. 7. 1884, † Seebruck (heute Seeon-Seebruck, Landkreis Traunstein) 16. 6. 1950, Sohn von 2); Prof. in Breslau (1915–30) und Göttingen. E. erbrachte mit seinen ab 1909 durchgeführten Messungen zur Wärmekapazität von Festkörpern und Gasen wichtiges empir. Material für die Gültigkeit des 3. Hauptsatzes der Thermodynamik (nernstscher Wärmesatz). Er untersuchte außerdem u. a. die Wärmeleitfähigkeit in Gasen und Festkörpern, die Schwingungen der Moleküle sowie elektrochem. (v. a. grenzflächenpysikal.) Probleme.

2) Rudolf Christoph, Philosoph, * Aurich (Ostfriesland) 5. 1. 1846, † Jena 16. 9. 1926, Vater von 1) und 3); war Gymnasiallehrer in Husum, Berlin und Frankfurt am Main, wurde 1871 Prof. in Basel, 1874 in Jena. E. vertrat einen (nachkant.) ›neuen Idealismus‹, den er sozialethisch verstand und ›schöpfer. Aktivismus‹ nannte. Gegen den Intellektualismus der Gelehrtenphilosophie und eine dem Technischen verhaftete Scheinkultur gewendet, forderte er ein auf die sub-

Rudolf Christoph
Eucken

stanzielle Einheit ausgerichtetes, ethisch verwurzeltes Geistesleben, dessen absolute Form er im Göttlichen sah. An diesen Gedanken schloss sich für ihn die Bemühung um die geistige Zusammenarbeit der Völker an. 1908 erhielt E. den Nobelpreis für Literatur. E. war mit seiner Lehre ein Vertreter der →Lebensphilosophie.

Werke: Gesch. u. Kritik der Grundbegriffe der Gegenwart (1878); Die Einheit des Geisteslebens in Bewusstsein u. That der Menschheit (1888); Grundlinien einer neuen Lebensanschauung (1907); Mensch u. Welt (1918).
E. BOUTROUX: R. E.s Kampf um einen neuen Idealismus (1911); M. WENDT: R. E. (1927).

3) Walter, Volkswirtschaftler, *Jena 17. 1. 1891, †London 20. 3. 1950, Sohn von 2); 1925 Prof. in Tübingen, ab 1927 in Freiburg im Breisgau, Begründer der Freiburger Schule (→Neoliberalismus), Mitherausgeber der Reihe ›Ordnung der Wirtschaft‹ und nach 1948 des Jahrbuches ›Ordo‹. E. trat für eine Ordnung der Wirtschaft nach den Grundgedanken der klass. Nationalökonomie ein, wollte aber die Funktionsfähigkeit der Marktwirtschaft durch staatl. Überwachung der Monopole und Kartelle und durch andere marktkonforme Maßnahmen gesichert sehen. E. gilt mit seiner These, dass die wirtschaftspolit. Tätigkeit des Staates auf die Gestaltung der Ordnungsformen der Wirtschaft gerichtet sein sollte und nicht auf die Lenkung der Wirtschaftsprozesse, als einer der geistigen Väter der sozialen Marktwirtschaft in der Bundesrepublik.

Werke: Grundlagen der Nationalökonomie (1940); Grundsätze der Wirtschaftspolitik, hg. v. E. EUCKEN u. K. P. HENSEL (1952); Wettbewerb, Monopol u. Unternehmer (1953). – Die soziale Frage, in: Synopsis, Festgabe für A. Weber (1948); Die Wettbewerbsordnung u. ihre Verwirklichung, in: Ordo, Jb. für die Ordnung von Wirtschaft u. Gesellschaft, Jg. 2 (1949); Technik, Konzentration u. Ordnung der Wirtschaft, ebd., Jg. 3 (1950).

Eucumbene, Lake E. ['leɪk juːkəm'biːn], größter Stausee Australiens, im Bundesstaat New South Wales, südwestlich von Canberra, rd. 150 km², 4,8 Mrd. m³ Fassungsvermögen. Der See ist Teil des Snowy-Mountains-Projekts (→Snowy Mountains).

Eudaimonia, Eudämonie [griech. ›Glückseligkeit‹, eigtl. ›Gutgeistigkeit‹] *die, -,* Begriff der griech. Ethik, bes. bei PLATON und ARISTOTELES, bezeichnet als höchstes menschl. Gut das Ziel (griech. telos), auf das Menschen bei ihrem Handeln eigentlich hinstreben: Wohlbefinden, inneres Glück, Gutsein. E. könne jedoch nicht direkt erreicht werden, sondern trete ein, wenn der Mensch gut, d. h. vollkommen gemäß seiner Tauglichkeit (→Arete) als Mensch lebe.

Eudämonismus *der, -,* Sammel-Bez. für unterschiedl. eth. Lehren seit der griech. Antike, die die (unterschiedlich definierte) Glückseligkeit (→Eudaimonia), das Glücklichsein, als höchstes Gut betrachten.

Den geeigneten Weg zur Erlangung der Glückseligkeit sieht der **moralische (aretologische)** E. (SOKRATES, PLATON, ARISTOTELES, die Stoa) in der Verwirklichung moral. Tugenden und der Erfüllung der Standespflichten (→Arete), der **ontologische** E. (z. B. AUGUSTINUS, THOMAS VON AQUINO, auch K. MARX) in der Aufhebung menschl. Unvollkommenheit, der **hedonistische** E. (ARISTIPP, EUDOXOS, EPIKUR, J. LOCKE, J. BENTHAM u. a.) im Streben nach dauerhafter Lust (→Hedonismus), der **voluntaristische** E. (u. a. THOMAS VON AQUINO) im Streben nach der Erfüllung menschl. Wollens als solcher. Unterscheiden wird ferner der **Sozial-E.,** der Glück durch den Einsatz für das Glück anderer (z. B. im Streben nach dem ›größten Glück der größten Zahl‹, F. HUTCHESON, J. BENTHAM) erreichbar sieht, vom **individuellen (individualistischen)** E., der allein das Glück des Einzelnen als Maßstab richtigen Handelns setzt (→Utilitarismus). –

Der E. war tragendes Element der humanitären Staatsidee der Aufklärung. I. KANT lehnte jegl. Form eudämonist. Ethik ab, da hier der Wille nicht durch Einsicht in die Pflicht sich selbst bestimme, sondern durch Neigungen (Handeln aus Selbstliebe) fremdbestimmt werde.

Eudemos, E. von Rhodos, griech. Philosoph und Wissenschaftshistoriker im 4. Jh. v. Chr.; Schüler des ARISTOTELES, dessen Lehren er strenger zu systematisieren suchte. Seine Werke waren wie die des THEOPHRAST grundlegend für die weitere wiss. Arbeit im Peripatos. E. verfasste Schriften zur Logik und Physik sowie geschichtl. Darstellungen über Arithmetik, Geometrie und Astronomie. Seine fragmentarisch erhaltenen Werke sind wichtige Quellen zur Frühgeschichte der Wissenschaften. Die Frage nach seinen Beziehungen zur ›Eudemischen Ethik‹ des ARISTOTELES ist nicht geklärt.
Die Schule des Aristoteles, hg. v. F. WEHRLI, H. 8: E. von R. (Basel ²1969).

Eudimorphodon [griech.], Gattung der →Flugsaurier.

Eudiometer [griech.] *das, -s/-,* einseitig geschlossenes Glasrohr (im Inneren häufig mit eingeschmolzenen Elektroden, außen mit Millilitereinteilung) zum Auffangen und Messen von Gasen; diente früher zur Bestimmung von Dampfdichten und der relativen Molekülmasse.

Eudokia, griech. **Eudokía,** oström. Kaiserinnen:
1) E., **Eudoxia, Aelia Eudoxia,** †6. 10. 404; Tochter des fränk. Feldherrn BAUTO (†vor 388); seit 395 mit Kaiser ARKADIOS, der sie 400 zur Augusta erhob. E. nahm starken Anteil an den Regierungsgeschäften (Verbannung des Patriarchen JOHANNES CHRYSOSTOMOS). Sie ist die Mutter Kaiser THEODOSIOS' II.
2) E., **Aelia E.,** urspr. **Athenaïs,** *Athen um 400, †Jerusalem 460; Tochter des heidn. Gelehrten LEONTIOS, erhielt bei der Taufe (421) den Namen E. und heiratete danach Kaiser THEODOSIOS II., der sie 423 zur Augusta erhob. Nach der Trennung der Ehe lebte sie in Jerusalem, wo sie sich schriftsteller. Arbeiten widmete und die religiöse Bautätigkeit förderte.
A lost tradition. Woman writers of the early Church, bearb. v. P. WILSON-KASTNER u. a. (Lanham 1981).

Eudoxos, E. von Knidos, griech. **Eúdoxos,** griech. Mathematiker, Naturforscher, Philosoph und Gesetzgeber, *Knidos etwa vor Chr., †ebd. etwa 350 v. Chr.; Schüler von ARCHYTAS; gründete nach weiteren Studien in Athen und Heliopolis (bei ägypt. Priestern) um 379 in Kyzikos eine eigene Schule, ging um 367 nach Athen (dort vermutlich Mitgl. der Platon. Akademie) und kehrte um 365 nach Knidos zurück. E. war einer der bedeutendsten Gelehrten der Antike. Sein Wirken erstreckte sich von der Theologie und Philosophie (bes. Ethik) über die Medizin und die Wiss. von der Natur bis zur reinen und angewandten Mathematik. Zu seinen größten mathemat. Leistungen gehörten die Schaffung einer Proportionen- und Ähnlichkeitslehre und seine Lehre von den Kegelschnitten, die in EUKLIDS ›Elemente‹ und die ›Konika‹ des APOLLONIOS VON PERGE eingegangen sind. Auch die →Exhaustionsmethode stammt von E., ebenso eine erste Form des →archimedischen Axioms. Er löste das →delische Problem mithilfe sich schneidender Kurven, schrieb über den goldenen Schnitt und verfasste ein (verschollenes) Lehrbuch der Stereometrie. – In der Astronomie entdeckte er die sich überlagernde synod. Periode der Planetenbewegung, die er mittels eines mathematisch-kinemat. Systems der →homozentrischen Sphären wiedergab. Dieses erste auf Beobachtungen beruhende Modell der Planetenbewegung beherrschte infolge seiner Einbettung in die Ätherphysik des ARISTOTELES die kosmolog. Vorstellungen bis ins 16. Jh.,

Walter Eucken

obwohl die Beschreibung der Planetenbewegung wenig später durch die →Epizykeltheorie und die →Exzentertheorie erfolgte. Sein Werk über Auf- und Untergang der Sterne (›Phainomena‹) diente ARAT als Quelle und wurde von HIPPARCH kommentiert. – Die Geographie wurde von E. sowohl deskriptiv (Beschreibung der drei ›Erdteile‹ Europa, Asien, Afrika) als auch mathematisch behandelt; v. a. stammen von ihm empir. Argumente (Abhängigkeit der Sternhöhe vom Breitengrad) für die Kugelgestalt der Erde und erste Berechnungen der Ausmaße der Ökumene.

Ausgabe: Die Fragmente, übers. u. hg. v. F. LASSERRE (1966).

F. GISINGER: Die Erdbeschreibung des E. v. K. (1921); O. BECKER: E.-Studien, in: Quellen u. Studien zur Gesch. der Mathematik, Astronomie u. Physik, Abt. B, Bd. 2 u. 3 (1933–36); O. NEUGEBAUER: The exact sciences in antiquity (Neuausg. New York 1962); F. LASSERRE: The birth of mathematics in the age of Plato (a. d. Frz., London 1964); B. L. VAN DER WAERDEN: Erwachende Wiss., Bd. 1 (a. d. Niederländ., [2]1966).

Euergetes [griech. ›Wohltäter‹], antiker Ehrenname, den die griech. Städte für besondere Verdienste verliehen; in hellenist. Zeit offizieller Beiname mehrerer Herrscher (z. B. PTOLEMAIOS III. EUERGETES).

Euganeen, ital. Colli Euganei, Berggruppe in der venet. Poebene südwestlich von Padua, bis 602 m ü. M. Im Tertiär entstanden durch submarinen Vulkanismus vor Hebung des Gebirges; widerstandsfähige Gesteine (Trachyt, Latit, basalt. Andesit, Rhyolith). In einer Linie sind Schwefelthermen, v. a. am Ostfuß, angeordnet (z. B. Abano Terme, Battaglia Terme, Montegrotto Terme).

Eugen, Päpste:

1) Eugen I. (654–657), Römer, † Rom 2. 6. 657; auf kaiserl. Druck hin noch zu Lebzeiten seines vom Kaiser gefangen gesetzten Vorgängers, MARTINS I., gewählt; versuchte, den Streit mit Konstantinopel wegen des Monotheletismus mit einer Kompromissformel zu schlichten, die in Konstantinopel jedoch als unzureichend angesehen wurde. – Heiliger (Tag: 2. 6.).

2) Eugen II. (824–27), Römer, † Rom 27. (?) 8. 827. Mithilfe LOTHARS I. gewählt und zur Annahme der Constitutio Romana (824) gezwungen, musste E. die fränk. Oberhoheit über Rom und den Kirchenstaat und die Verpflichtung jedes neu gewählten Papstes zum Treueid auf den Kaiser anerkennen. Damit und mit der 826 durch eine röm. Synode erfolgten Übernahme zahlreicher kaiserl. Reformgesetze zur inneren Ordnung der Kirche erlangten die fränk. Kaiser unter dem Pontifikat E.s ihre Machtstellung über Papsttum und Kirche zurück.

3) Eugen III. (1145–53), früher **Bernhard,** *Pisa, † Tivoli 8. 7. 1153; vorher Abt des Zisterzienserklosters Tre Fontane vor Rom. Er rief mit seinem Lehrer BERNHARD VON CLAIRVAUX, der ihn zu durchgreifender Reform der Kurie ermahnte, zum 2. Kreuzzug (1147–49) auf. Wegen der Wirren, die durch die Ausrufung der röm. Republik entstanden waren, musste E. Rom fast während seines ganzen Pontifikats meiden; er hielt Synoden in Paris (1147), Trier und Reims (1148) und schloss mit FRIEDRICH I. BARBAROSSA den Vertrag von Konstanz (1153).

M. HORN: Studien zur Gesch. Papst E.s III. (1992).

4) Eugen IV. (1431–47), Augustinereremit, früher **Gabriele Condulmer,** *Venedig 1383, † Rom 23. 2. 1447; Neffe GREGORS XII., 1407 Bischof von Siena, 1408 Kardinal. Unter dem sittenstrengen, aber diplomatisch ungeschickten Papst kam es zur letzten großen Auseinandersetzung mit dem →Konziliarismus. 1439 setzte das vom Papst suspendierte Konzil von Basel E. ab und wählte FELIX V. zum Gegenpapst. E. war es jedoch gelungen, auf seinem 1438 nach Ferrara einberufenen und 1439 nach Florenz verlegten Konzil eine Union zu der griech. Kirche zustande zu brin-

gen. Schließlich erkannten ihn nach längerer Neutralität 1445 König FRIEDRICH III. und in der Folge die Kurfürsten an, mit denen er 1447 die Fürstenkonkordate abschloss, die diesen weitgehende Kirchenhoheit einräumten. Vergeblich waren E.s Bemühungen um eine gemeinsame Türkenabwehr.

Eugen, Prinz von Savoyen-Carignan [-kariˈɲã], österr. Heerführer, *Paris 18. 10. 1663, † Wien 21. 4. 1736; Sohn von EUGEN MORITZ Prinz von SAVOYEN-CARIGNAN und Graf von SOISSONS sowie der OLYMPIA MANCINI, einer Nichte des Kardinals MAZARIN. Der von König LUDWIG XIV. zur geistl. Laufbahn bestimmte E. floh im Juli 1683 aus Frankreich, nachdem sein Eintrittsgesuch in die frz. Armee abgelehnt worden war, und trat in das kaiserl. Heer ein. Im ›Großen Türkenkrieg‹ (1683–99; →Türkenkriege) nahm er an der Entsatzschlacht für Wien am Kahlenberg (12. 9. 1683) teil und erhielt Ende des gleichen Jahres ein eigenes Dragonerregiment. Anfang 1688 wurde er zum Feldmarschallleutnant und 1693 zum Feldmarschall befördert. 1697 übernahm E. den Oberbefehl im Türkenkrieg. Sein entscheidender Sieg bei Zenta (11. 9. 1697) begründete seinen Ruf als Feldherr. Im Span. Erbfolgekrieg (1701–13/14) zunächst nur mit einem militär. Kommando betraut, wurde er 1703 zum Präs. des Hofkriegsrats und der Geheimen Staatskonferenz ernannt. Nach dem Abschluss der Haager Großen Allianz (1701) erfocht er mit den engl. Truppen unter dem Kommando des Herzogs von MARLBOROUGH die Siege von Höchstädt (13. 8. 1704), Turin (7. 9. 1706), Oudenaarde (11. 7. 1708) sowie von Malplaquet (11. 9. 1709), die Frankreich in die Defensive drängten. 1707 vom Reichstag zum Reichsfeldmarschall ernannt, führte E. 1709 im Auftrag des Kaisers die Verhandlungen zum Haager Friedenspräliminar und 1714 die zum Frieden von Rastatt (7. 3.) und Baden (8. 9.). Den folgenden Türkenkrieg (1714/16–18) entschied er nach den Siegen von Peterwardein (heute Petrovaradin, 5. 8. 1716) und Temesvar (1716) mit der Belagerung und, nachdem er ein türk. Entsatzheer vernichtend geschlagen hatte, Einnahme der Festung Belgrad (16. 8. 1717). Die Schlacht und die Eroberung Belgrads trugen wesentlich zur Popularisierung des Feldherrn bei. Höf. Intrigen bewogen E. 1725 zum Verzicht auf das Gen.-Gouv. der Österr. Niederlande, das er seit 1716 innehatte.

E. galt als der fähigste Feldherr seiner Zeit sowie als weit blickender polit. Berater, der durch seine rationale Ausrichtung an der Idee der Staatsraison die Starrheit des Denkens und Handelns überwunden hatte. Als Freund der Kunst und Wiss. sammelte E. eine angesehene Bibliothek und ließ das Stadtpalais (J. B. FISCHER VON ERLACH) und Schloss Belvedere (J. L. VON HILDEBRANDT) in Wien erbauen. Er stand in Verbindung mit LEIBNIZ, VOLTAIRE, MONTESQUIEU u. a. Persönlichkeiten der Zeit.

An die Gestalt E.s knüpften sich das Volkslied ›Prinz Eugen, der edle Ritter‹ sowie zahlr. Anekdoten, Gedichte (z. B. von F. FREILIGRATH, G. TERRAMARE, F. K. GINZKEY) und Gedichtzyklen (A. GRÜN, R. KRALIK). Lebensbilder schrieben H. VON HOFMANNSTHAL und W. VON MOLO.

M. BRAUBACH: Prinz E. von Savoyen, 5 Bde. (Wien 1963–65); D. MACKAY: Prinz E. von Savoyen. Feldherr dreier Kaiser (a. d. Engl., Graz 1979); P. BROUCEK u. a.: Prinz E. Feldzüge u. Heerwesen (1986); W. OPPENHEIMER: Prinz E. von Savoyen. Feldherr – Staatsmann – Mäzen (Neuausg. 1996).

Eugen, E. Napoleon Nikolaus, Prinz von Schweden, schwed. Maler, *Schloss Drottningholm 1. 8. 1865, † Stockholm 17. 8. 1947, Sohn OSKARS II.; studierte 1885–86 u. a. bei L. BONNAT in Paris. E. arbeitete als Freilichtmaler meist in der Umgebung von Stockholm und gehörte um die Jahrhundertwende zu

Caption for image: **Eugen,** Prinz von Savoyen-Carignan (Ausschnitt aus einem Gemälde)

den wichtigsten Vertretern der schwed. Nationalromantik. Später widmete er sich auch der Monumentalmalerei. Er ist in vielen öffentl. Gebäuden, bes. in Stockholm, mit Wandbildern vertreten (Rathaus, Schauspielhaus).

Eugene [juːˈdʒiːn], Stadt im westl. Oregon, USA, am S-Ende der Senke des Willamette River, 112 700 Ew.; Univ.; Holzverarbeitung, Aluminiumgewinnung. – Gegr. 1846.

Eugénie [øʒeˈni, frz.], Kaiserin der Franzosen (bis 1870), *Granada 5. 5. 1826, †Madrid 11. 7. 1920; Tochter des span. Grafen von Montijo; erhielt ihre Erziehung v. a. in Großbritannien und Frankreich und lebte nach dem Tod des Vaters mit der aus einem schottisch-span. Adelsgeschlecht stammenden Mutter in Paris. Hier wurde sie durch ihre Schönheit, Klugheit und ihre Leidenschaft für die Politik zu einer viel beachteten Erscheinung. 1853 vermählte sich NAPOLEON III. mit ihr. Sie spielte eine glanzvolle und v. a. in der 2. Hälfte seiner Herrschaft politisch bedeutsame Rolle. Gemäßigt klerikal, suchte E. die päpstl. Herrschaft gegen die ital. Nationalbewegung zu stützen, förderte in der dt. Frage die antipreuß. Kräfte zugunsten der proösterreichischen und setzte sich 1866 für eine frz. Intervention ein. Sie drängte zum militär. Engagement in Mexiko und schloss sich 1870 der Kriegspartei an, um die Position der napoleon. Dynastie zu sichern und das nach der Schlacht von →Königgrätz verlorene polit. Übergewicht Frankreichs auf dem Kontinent zurückzugewinnen. Nach Kriegsbeginn 1870 wegen der Abwesenheit NAPOLEONS III. (wie schon 1859 und 1865) Regentin, musste sie in der Folge der militär. Niederlage und der Proklamation der Dritten Republik aus Paris fliehen. Als ›Gräfin von Pierrefonds‹ verbrachte sie ihr langes Exil vorwiegend in Großbritannien, der Schweiz und an der Riviera. Memoiren, Briefe und Gespräche der Kaiserin E. wurden 1921–35 herausgegeben.

H. KURTZ: E. Kaiserin der Franzosen. 1826–1920 (a. d. Engl., 1965); A. LEROY: L'impératrice E. (Genf 1972).

Eugenie Grandet [øʒeniɡrãˈdɛ], frz. ›Eugénie Grandet‹, Roman von H. DE BALZAC; frz. Erstausgabe 1834.

Eugenik [zu griech. eugenḗs ›wohlgeboren‹, ›von edler Abkunft‹] die, -, **Erbgesundheitslehre, Erbhygiene,** von dem brit. Naturforscher F. GALTON 1883 geprägte Bez. für die Wiss. von der Verbesserung körperl. und geistiger Merkmale der Menschheit. Ziel der E. ist, unter Anwendung der genet. Erkenntnisse den Fortbestand günstiger Erbanlagen in einer menschl. Population zu sichern und zu fördern **(positive E.)** sowie die Ausbreitung nachteiliger Gene einzuschränken **(negative** oder **präventive E.).**

GALTONS Vorstellung war (bei fehlenden klaren wiss. Grundlagen) die Förderung positiver Eigenschaften (hohe Begabung, Gesundheit u. a.) durch Maßnahmen wie Auszeichnung bes. befähigter Jugendlicher (z. B. durch Diplome), Förderung früher Heirat sowie Heiratslenkung, Förderung der Fruchtbarkeit. Sein polit. Ziel war, das ›inheritance concept‹, die aus dem Privatrecht übernommene Möglichkeit, Vermögen und Titel zu erben, durch Chancengleichheit und die Bewertung des Einzelnen nach Leistung (die fälschlicherweise als allein genetisch vorherbestimmt angenommen wurde) zu ersetzen. Anders als in Großbritannien, wo die eugen. Bewegung demnach eher ein Klassenphänomen war, vertrat die amerikan. E.-Bewegung politisch einen dezidierten Rassismus. Dies führte 1905 zu den ›Gesetzen zur Verhinderung von Schwachsinn und Kriminalität‹, auf deren Grundlage mehr als 60 000 Betroffene zwangssterilisiert wurden, sowie 1924 zu einem Einwanderungsgesetz, das mithilfe rassist. Argumente die Einwanderung v. a. von Süd- und Osteuropäern zu verhindern suchte.

Auch in europ. Ländern, z. B. in der Schweiz und in Dänemark, wurden Ende der 20er-Jahre Gesetze zur Sterilisation erlassen. Etwa ab 1930 trat eine Hinwendung zu einer mehr wiss. orientierten E. ein, die sich v. a. mit Fragen der genet. Beratung, der Erbkrankheiten und ihrer medizin. Probleme sowie der Erblast der Zivilisation befasste.

Die ebenfalls rassistisch gefärbte E.-Bewegung in Dtl., die anstelle von E. bis um 1920 und ab um 1930 den Begriff ›Rassenhygiene‹ (ALFRED PLOETZ, 1895, und W. SCHALLMAYER, 1903) verwendete, war anfangs politisch wenig erfolgreich. Doch schon in der Weimarer Republik (1918–33) nahm eugen. Gedankengut im Sinne von biologist. (sozialdarwinist.) Umdeutungen sozialer Tatbestände, z. B. in der Sozialfürsorge (u. a. Behindertenpädagogik), teilweise auch in demokrat. Kreisen, auch innerhalb der Kirchen und der SPD, zu. Eine grundlegende Änderung brachte die Machtübernahme der Nationalsozialisten am 30. 1. 1933. Das ›Gesetz zur Verhütung erbkranken Nachwuchses‹ (14. 7. 1933), das die – nach neueren Erkenntnissen auch gelegentlich schon vor 1933 übliche – Zwangssterilisation von Psychiatriepatienten erlaubte, wurde v. a. nach dem Änderungs-Ges. vom 26. 6. 1935 allg. auf als ›minderwertig‹ bezeichnete Menschen und ›Gemeinschaftsfremde‹ (neben psychisch Kranken z. B. Behinderte, Nichtsesshafte, Asoziale sowie unerwünschte ethn. Gruppen (z. B. Juden, Polen, Russen, Sinti und Roma [Zigeuner]; →Holocaust) ausgeweitet. Diese Perversion der ursprüngl. Idee GALTONS zu einer rassenideologisch motivierten Verfolgung sah schließlich auch die Tötung als ›Vernichtung lebensunwerten Lebens‹ (→Euthanasie) vor. Zugrunde lag ein aus der evolutionist. Begründung einer Höherentwicklung der menschl. Rassen entstandener Dogmatismus, der eine angeblich ›höherwertige‹ ›arische‹ Rasse von den ›nichtar. Untermenschen‹ unterschied. Eine darauf fußende eugen. Maßnahme war außer der Massenvernichtung u. a. auch die in den Jahren der SS-Einrichtung ›Lebensborn e. V.‹ praktizierte ›Züchtung reinrassiger Arier‹.

Heute wird in Dtl. ein eugen. Konzept von Vertretern der Humangenetik allein schon aus eth. Gründen als unakzeptabel angesehen. Daneben sprechen aber auch wiss. Gründe gegen ein derartiges Konzept. So wurden früher genet. Faktoren z. T. überbewertet bei deutl. Vernachlässigung des Einflusses des sozialen Umfeldes (z. B. ist Intelligenz ein multifaktorielles und kein monogenes Merkmal). Den Vertretern positiver E. ist entgegenzuhalten, dass jedes Individuum mehrere, in Heterozygoten nicht erkennbare autosomalrezessive Mutationen (z. T. →Letalfaktoren) trägt, die homozygot zur Erkrankung (oder seinem Tod) führen würden.

In Verkennung wissenschaftstheoret. Grundlagen und aus Ignoranz inzwischen anerkannter Richtlinien werden immer noch einige Angebote der Humangenetik (z. B. genet. Beratung und Pränataldiagnostik) in der Bev. als eugen. Maßnahme angesehen. Die →genetische Beratung ist familienkonzentriert und dient allein der umfassenden Information der Rat Suchenden ohne eine Einflussnahme des Beratenden auf die Entscheidung (Konzept der nichtdirektiven Beratung). Die Entscheidung über eine Fortpflanzung wird, auch bei jedent. Erkrankung, je nach den individuellen Verhältnissen von den Eltern unterschiedlich getroffen. Auch die Pränataldiagnostik ist keine eugenisch orientierte Methode, da erst die Möglichkeit einer vorgeburtl. Untersuchung (z. B. bei zyst. Fibrose) bei einigen Eltern zu einer Entscheidung für eine weitere Schwangerschaft führte. Damit kommt es vermehrt zur Geburt Heterozygoter, wodurch die Allelenfrequenz des mutierten Gens in der Bev. über Generationen geringfügig an Häufigkeit zunehmen wird.

Eugénie, Kaiserin der Franzosen (Stahlstich nach einem Gemälde von Franz Xaver Winterhalter; um 1860)

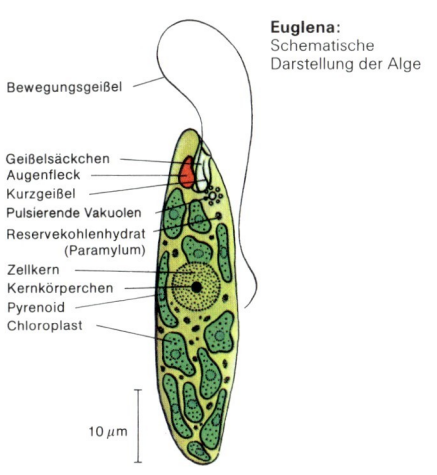

Euglena:
Schematische
Darstellung der Alge

Bewegungsgeißel

Geißelsäckchen
Augenfleck
Kurzgeißel
Pulsierende Vakuolen
Reservekohlenhydrat
(Paramylum)
Zellkern
Kernkörperchen
Pyrenoid
Chloroplast

10 µm

ANTHONY SMITH: Das Abenteuer Mensch. Die Herausforderung der Genetik (a. d. Engl., Wien 1978); W. WALTER: Der Geist der E. Francis Galtons Wissenschaftsreligion in kultursoziolog. Perspektive (1983); Medizin u. Gesundheitspolitik in der NS-Zeit, hg. v. N. FREI (1991); E., Sterilisation, ›Euthanasie‹. Polit. Biologie in Dtl. 1895–1945, hg. v. J.-C. KAISER u. a. (1992); H.-W. SCHMUHL: Rassenhygiene, Nationalsozialismus, Euthanasie. Von der Verhütung zur Vernichtung ›lebensunwerten Lebens‹, 1890–1945 (²1992); Wiss. auf Irrwegen. Biologismus – Rassenhygiene – E., hg. v. P. PROPPING u. H. SCHOTT, Beitrr. v. G. LILIENTHAL u. a. (1992); Nationalsozialismus u. Modernisierung, hg. v. M. PRINZ u. R. ZITELMANN (²1994); P WEINGART u. a.: Rasse, Blut u. Gene (Neuausg. ²1996).

eugenische Indikation, früher einer der vier im Rahmen des § 218 StGB rechtlich anerkannten Gründe für einen →Schwangerschaftsabbruch; im neu formulierten § 218 StGB (gültig seit 1. 1. 1996) nicht mehr enthalten. Die Formulierung e. I. beruht auf der sachlich irrigen Annahme, dass die Pränataldiagnostik eine eugen. Maßnahme darstellt (→Eugenik).

Eugenius, Flavius, röm. Kaiser (392–394), † (ermordet) am Frigidus (heute Wippach, Nebenfluss des Isonzo) 6. 9. 394; Christ; Grammatiklehrer, Verwaltungsbeamter; wurde nach dem Tod VALENTINIANS II. von →ARBOGAST zum Kaiser erhoben und blieb von ihm abhängig. Sein Bündnis mit der heidn. Aristokratie rief ein letztes Aufleben der heidn. Reaktion hervor. THEODOSIUS I. verweigerte ihm deshalb die Mitregentschaft und besiegte ihn in der Schlacht am Frigidus; E. wurde gefangen genommen und von Soldaten ermordet.

Eugenius, E. von Toledo, lat. Dichter und Theologe, † 657; nahm als Erzbischof von Toledo (seit 646) entscheidenden Einfluss auf die Gestaltung der span. Liturgie. Von ihm sind an klass. Vorbildern geschulte Gelegenheitsgedichte und eine Bearbeitung von Dichtungen des DRACONTIUS erhalten.

Eugenol das, -s, farblose, an der Luft braun werdende Substanz mit starkem Nelkengeruch, die in vielen äther. Ölen vorkommt und v. a. aus Nelkenöl gewonnen wird; Riechstoff, früher auch zur Herstellung von Vanillin verwendet. Chemisch ist E. ein Brenzcatechinderivat (4-Allyl-2-methoxyphenol).

In der *Zahnheilkunde* wird für provisor. Füllungen eine dick angeriebene Paste aus E. und geglühtem Zinkoxid verwendet, die relativ rasch erhärtet und bei Reizung des Zahnmarks schmerzlindernd wirkt.

Eugen Onegin, russ. ›Evgenij Onegin‹, Versroman von A. S. PUSCHKIN (russ. 1825–32, vollständig hg. 1833); danach Oper (›Lyr. Szenen‹) von P. I. TSCHAIKOWSKY; Uraufführung 29. 3. 1879 in Moskau.

Eugeosynklinale, *Geologie:* →Geosynklinale.

EuGH, Abk. für Europäischer Gerichtshof, der Gerichtshof der →Europäischen Gemeinschaften.

Euglena [zu eu... und griech. glēnē ›Augapfel‹, ›Pupille‹], **Schönauge,** Gattung der Algenklasse der Euglenophyceae mit rd. 150 Arten, die v. a. in nährstoffreichen Süßgewässern, aber auch im Brackwasser und im Meer verbreitet sind. Die mikroskopisch kleinen, frei lebenden, einzelligen Algen besitzen eine lange Schwimmgeißel (gehören zu den →Flagellaten) und einen roten Augenfleck am Vorderende. Da es neben phototrophen (mit grünen Chloroplasten) auch heterotrophe Organismen gibt, war es lange Zeit umstritten, ob E. eine tier. (deshalb auch Augentierchen genannt) oder eine pflanzl. Gattung ist. Heute wird E. meist zu den pflanzl. Einzellern gerechnet.

Eugnathie [zu eu... und griech. gnáthos ›Kinnbacke‹] *die, -,* anatomisch regelrechtes Gebiss mit fehlerfreier Form und Stellung der Zähne (Neutralbiss).

Euhemerismus, *der, -,* Bez. für eine Theorie, nach der die Gottesvorstellungen auf die einstige göttl. Verehrung verstorbener Herrscher und als weise geltender Menschen zurückzuführen seien; eine Form rationalist. Mythendeutung, wurde zuerst von EUHEMEROS VON MESSENE in seinem Reiseroman ›Heilige Aufzeichnung‹ vorgetragen. Vergleichbare Erhöhungen von Menschen zu Göttergestalten lassen sich in vielen Religionen nachweisen (→Heroenkult, →Herrscherkult).

Euhemeros, E. von Messene, griech. Philosoph und Schriftsteller, * um 340 v. Chr., † um 260 v. Chr.; verfasste die nur fragmentarisch erhaltene ›Heilige Aufzeichnung‹, eine Art utop. Reiseroman, der von ENNIUS ins Lateinische übersetzt wurde.

Eukalyptus [zu eu... und griech. kalýptein ›verhüllen‹, also eigtl. ›der wohl Verhüllte‹ (nach dem durch die Kronblätter haubenartig verschlossenen Blütenbecher)] *der, -/...ten,* **Eucalyptus,** Gattung der Myrtengewächse mit über 600 in Australien und Tasmanien beheimateten Arten; heute weltweit in allen wärmeren Gebieten (so auch in S-Europa) verbreitet und teilweise eingebürgert; Sträucher oder bis über 100 m hohe Bäume mit immergrünen, einfachen, ledrigen Blättern.

Verwendung: Einige Arten, so v. a. der **Fieber-** oder **Blaugummibaum** (Eucalyptus globulus), wurden zur Trockenlegung von Sümpfen oder zur Wiederaufforstung angepflanzt, andere sind wichtige Holzlieferanten, z. B. der **Dscharrabaum** (Eucalyptus marginata), dessen Holz auch ›austral. Mahagoni‹ genannt wird. Das hellrötl. bis dunkelbraune Holz ist sehr hart, fest, dauerhaft und oft dekorativ und wird deshalb v. a. als Konstruktions- und Ausstattungsholz verwendet. – Aus einigen E.-Arten werden äther. Öle gewonnen.

Eukalyptus|öl, äther. Öl, das aus Blättern und Holz einiger Eukalyptusarten durch Wasserdampfdestillation gewonnen wird. E. mit einem hohen Gehalt an Eucalyptol (70–95 %), v. a. das aus Eucalyptus globulus isolierte Produkt, wird bei Erkrankungen der Atmungsorgane inhaliert sowie bei Neuralgien als Einreibung angewendet. Außerdem ist E. in der Parfümindustrie von Bedeutung.

Eukaryonten [zu eu... und griech. káryon ›Nuss‹, ›Kern‹] *Pl.,* **Eukaryoten, Nukleobionten,** zusammenfassende Bez. für alle Organismen, deren Zellen einen echten Zellkern und membranumgrenzte Organellen besitzen (Einzeller, Pflanzen, Tiere und der Mensch).

Euklas [zu eu... und griech. klásis ›Zerbrechen‹, ›Bruch‹] *der, -es/-e,* farbloses bis hellgrünes oder hellblaues, meist durchsichtiges, monoklines Mineral, ein Nesosilikat der chem. Formel BeAl[OH|SiO₄]; Härte nach MOHS 7,5, Dichte 3,05 bis 3,1 g/cm³; gelegentlich von Edelsteinqualität, in Pegmatiten und Seifen.

Euklid, griech. **Eukleides,** athen. Archon 403/402 v. Chr.; der Eponymos (→Eponym) der neun Archon-

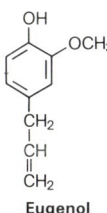

Eugenol

Eukalyptus:
Zweig mit Blüten und Blättern des Fiebergummibaums (Höhe bis 40 m)

645

ten, die nach dem Sturz der →Dreißig Tyrannen gewählt wurden. Während seiner Amtszeit wurde anstelle des altattischen das ion. Alphabet (›Euklid. Alphabet‹) eingeführt.

Euklid, griech. **Eukleides,** griech. Mathematiker des 4. Jh. v. Chr., *um 365, †um 300; wurde vermutlich an der Platon. Akademie in Athen ausgebildet und wirkte unter PTOLEMAIOS I. am Museion in Alexandria. Verfasser der ›Elemente‹ (um 325 v. Chr.), des bekanntesten Lehrbuchs der griech. Mathematik, das, vielfach übersetzt (u. a. im 12. Jh. durch ABELARD VON BATH und GERHARD VON CREMONA aus dem Arabischen ins Lateinische), bis ins 19. Jh. kanon. Ansehen genoss und länger als 2000 Jahre die Grundlage für die Mathematikausbildung war, sodass es zu dem nach der Bibel am weitesten verbreiteten Buch wurde. Die aus 13 Büchern bestehenden ›Elemente‹ stellen eine systematisch, deduktiv-axiomatisch vorgehende Zusammenfassung und Umformung der gesamten voreuklid. Mathematik dar, die allerdings im platon. Sinne jegl. Anwendung vermeidet. Die ersten vier Bücher behandeln im Anschluss an ältere Darstellungen (HIPPOKRATES VON CHIOS, THEUDIOS) die ebene Geometrie, Buch 5 und 6 die Proportionen- und Ähnlichkeitslehre nach EUDOXOS VON KNIDOS, Buch 7 bis 9 die Arithmetik, teilweise wahrscheinlich nach (pythagoreischen?) Lehren des 5. Jh.; Buch 10 beschäftigt sich mit den quadrat. Irrationalitäten, Buch 11 bis 13 mit der Stereometrie und den fünf platon. oder regelmäßigen Körpern, beides wahrscheinlich nach THEAITETOS. Später hinzugefügt wurden das von HYPSIKLES stammende 14. Buch und das vermutlich auf DAMASKIOS (6. Jh. n. Chr.) zurückgehende 15. Buch. – E. verfasste außerdem ein bis ins 17. Jh. verwendetes Buch über geometr. Optik (die ›Katoptrik‹) sowie ein Werk zur Kegelschnittlehre, das in das ›Konika‹ des APOLLONIOS VON PERGE aufging. Erhalten geblieben sind auch die ›Data‹, in denen planimetr. Probleme mit ›vorgegebenen‹ Stücken behandelt werden, sowie mathemat. Schriften zur sphär. Astronomie (die ›Phainomena‹) und Musiktheorie (Kanonteilung). Hierin werden naturwiss. Probleme erstmals nach dem Muster der Geometrie deduktiv-axiomatisch behandelt.

Euklid
(Relief am Campanile des Doms in Florenz von Andrea Pisano; um 1340)

Ausgaben: Euclidis opera omnia, hg. v. I. L. HEIBERG u. a., 8 Bde. u. 1 Suppl.-Bd. (1883–1916); E. Die Elemente. Buch 1–13. Dt. Übers. u. hg. v. C. THAER, 5 Tle. (1933–37, Nachdr. in 1 Bd. 1971); Die Data von E., hg. v. DEMS. (1962).
F. W. B. FRANKLAND: The story of Euclid (London 1902); E. A. DE LACY: Euclid and geometry (New York 1963); B. L. VAN DER WAERDEN: Erwachende Wiss., Bd. 1 (a. d. Niederländ., ²1966); M. STECK: Bibliographia Euclideana (1981).

Euklid, E. von Megara, griech. **Eukleides,** griech. Philosoph, *um 450 v. Chr., †um 370 v. Chr.; Begründer der →megarischen Schule. Den Grundbegriff seines Lehrers SOKRATES, das Gute, versuchte E. mit dem eleat. Begriff des Seins als des unveränderl. Einen zu verbinden und sah, ähnlich wie PLATON, in ihm das Vernünftige und Göttliche.

K. DÖRING: Die Megariker. Komm. Samml. der Testimonien (Amsterdam 1972).

euklidische Geometrie [nach EUKLID], Bez. für die ›klassische‹ →Geometrie.

euklidischer Algorithmus [nach EUKLID], Verfahren zur Bestimmung des →größten gemeinsamen Teilers zweier ganzrationaler Zahlen a, b ($\neq 0$); die Kettendivision

$$a = q_1 \cdot b + r_1 \quad (0 \leq r_1 \leq b),$$
$$b = q_2 \cdot r_1 + r_2 \quad (0 \leq r_2 \leq r_1),$$
$$r_1 = q_3 \cdot r_2 + r_3 \quad (0 \leq r_3 \leq r_2),$$
$$r_2 = q_4 \cdot r_3 + r_4 \quad (0 \leq r_4 \leq r_3), \quad \text{usw.}$$

bricht nach endlich vielen Schritten ab und führt zu der Gleichung $r_n = q_{n+2} \cdot r_{n+1} + 0$. Der gesuchte größte gemeinsame Teiler ist r_{n+1}.
Beispiel: $a = 1\,988$, $b = 1\,065$; dann ist

$$1\,988 = 1 \cdot 1\,065 + 923$$
$$1\,065 = 1 \cdot 923 + 142$$
$$923 = 6 \cdot 142 + 71$$
$$142 = 2 \cdot 71 + 0;$$

als größter gemeinsamer Teiler ergibt sich also 71.

euklidischer Lehrsatz [nach EUKLID], der →Kathetensatz.

euklidischer Raum [nach EUKLID], *Mathematik:* →Raum.

euklidischer Ring [nach EUKLID], ein →Integritätsbereich I mit einer Abbildung f, die jedem von null verschiedenen Element eine nichtnegative ganze Zahl zuordnet, wobei gilt: 1) Sind a und b aus I, mit $a \neq b$, $b \neq 0$, dann ist $f(a \cdot b) > f(a)$. – 2) Zu zwei Elementen a und b aus I mit $a \neq 0$ gibt es die Darstellung $b = q \cdot a + r$ mit q und r aus I, wobei entweder $r = 0$ oder $f(r) < f(a)$ ist (Divisionsalgorithmus). Beispiele für e. R. sind der Ring der ganzen Zahlen $\mathbb{Z}$ und der →Polynomring über einem Körper.

Eukryptit [zu eu... und griech. kryptós ›verborgen‹] *der, -s/-e,* farbloses oder weißes Mineral der chem. Zusammensetzung $LiAl[SiO_4]$; Härte nach MOHS 5, Dichte 2,63 g/cm³; wird zur Herstellung von Glaskeramik sowie bei Supraionenleitern verwendet.

Eulaliasequenz, Eulalialied, ältestes frz. Literaturdenkmal, um 881 nach einer lat. Sequenz in 14 assonierenden Verspaaren zu Ehren der hl. EULALIA von Mérida (Spanien) verfasst, die unter MAXIMIAN um 300 zwölfjährig den Märtyrertod erlitt. Die Legende geht auf einen Hymnus des christlich-lat. Dichters PRUDENTIUS zurück. Die Handschrift wurde 1837 von A. H. HOFFMANN VON FALLERSLEBEN in einem Kodex der Abtei Saint-Amand bei Valenciennes entdeckt.

Ausgabe: Séquence de Sainte-Eulalie, in: A. HENRY: Chrestomathie de la littérature en ancien français (³1965).

Eulamellibranchiata, die →Blattkiemer.

Eulan® [zu eu... und lat. lana ›Wolle‹] *das, -s,* Handelsname für meist farblose, nichtflüchtige Chemikalien sehr verschiedener Zusammensetzung, die als Mottenschutzmittel bereits in die Wollfaser eingebracht werden können und sich mit ihr ähnlich wie Farbstoffe waschecht verbinden.

Eulen, 1) Strigiformes, mit rd. 145 Arten weltweit verbreitete Ordnung 15–80 cm großer, meist in der Dämmerung oder nachts jagender Vögel mit dickem Kopf und großen, nahezu unbewegl., nach vorn gerichteten Augen, die von einem flächigen Federkranz, dem Schleier, umgeben sind; der Schnabel ist greifvogelartig gekrümmt, die meist befiederten Füße haben lange, gebogene, spitze Krallen; die Außenzehe ist eine Wendezehe. Das Gefieder ist weich, die aufgeraute Flügelkante ermöglicht einen fast lautlosen Flug. E. haben gutes Sehvermögen und ausgezeichnetes Gehör; die ›Federohren‹ mancher Arten (z. B. Uhu, Waldohr-E., Sumpfohr-E.) haben nichts mit den Gehörorganen zu tun. E. jagen v. a. Kleinsäuger, daneben auch Vögel, Insekten und Würmer, zwei Arten in Afrika und Südasien sind spezialisierte Fischfänger (**Fisch-E.**). Knochen werden nur schlecht verdaut und in Gewöllen wieder ausgewürgt. E. bauen meist keine Nester (Ausnahme z. B. Sumpfohr-E.), sie brüten am Boden, an Felswänden, in Höhlen oder in verlassenen Nestern anderer großer Vögel. Die Gelegegröße ist oft vom Nahrungsangebot abhängig. Die Bebrütung beginnt mit dem 1. oder 2. Ei, sodass die Jungen asynchron schlüpfen; bei Nahrungsmangel verhungern die kleineren, später geschlüpften Jungen; Brutdauer ca. 4–5 Wochen. – Die meisten Arten haben laute Stimmen, die sie v. a. während der Paarbildung (oft schon im Herbst) und der Brutzeit hören lassen. – Die Ordnung wird meist in die Familien der 10 Arten umfassenden **Schleier-E.** (Tytonidae) und der E. (Strigidae) eingeteilt. In Europa leben 12 Arten, u. a. Waldohr-E., Sumpfohr-E., Waldkauz, Steinkauz, Uhu, Schnee-E., Sperber-E., Sperlingskauz. Alle E. stehen unter Naturschutz.

Kulturgeschichte: Im alten Ägypten hatte die E., die Hieroglyphe für m, religiöse Bedeutung und galt als Totenvogel. Im alten Griechenland war die E. der Athene, der Schutzgöttin Athens und der Beschützerin aller wiss. Betätigung, beigegeben. Deshalb verwendeten spätere Jh. die E. als Sinnbild der Weisheit. Die Münzen Athens trugen die E. als Wappenbild (→Drachme, →Glaux). Daran knüpft das Sprichwort ›Eulen nach Athen tragen‹, d. h. etwas Überflüssiges tun. Daneben galt die E. vom Altertum bis in die heutige Zeit fast überall als unheimlich und als schlechtes Vorzeichen, meist als Unglücks- oder Todesbote.

2) die →Eulenschmetterlinge.

Eulenberg, Herbert, Schriftsteller, *Mülheim (heute zu Köln) 25. 1. 1876, †Kaiserswerth (heute zu Düsseldorf) 4. 9. 1949; Rechtsreferendar, dann Dramaturg in Berlin und Düsseldorf, schließlich freier Schriftsteller; schrieb mit romant. Fantasie rd. 100 Dramen, Tragödien, gesellschaftskrit. Komödien, Romane, Essays und Feuilletons. Hohe Auflagen erlebten seine biograph. Skizzen bedeutender Menschen (›Schattenbilder‹, 1910 ff.).

Weitere Werke: *Dramen:* Dogenglück (1899); Anna Walewska (1899); Münchhausen (1900); Der natürliche Vater (1909); Belinde (1912). – *Romane:* Katinka, die Fliege (1911); Wir Zugvögel (1913); Menschen an der Grenze (1930). – Ferdinand Freiligrath (1948). – Ein rhein. Dichterleben (1927, Neufassung: So war mein Leben, 1948).

Eulenburg, obersächs. Uradelsgeschlecht, 1170 erstmals urkundlich erwähnt. Die Familie besaß im 12. Jh. zunächst Burg, Herrschaft und Stadt Ileburg (heute Eilenburg) und dehnte in der Folge ihren Besitz in die Mark Meißen, nach Böhmen und in die Lausitz aus. Im 14. Jh. nach Preußen übergesiedelt, erhielten die E. im 15. Jh. Lehen vom Dt. Orden. 1709 wurde das Geschlecht in den preuß. Freiherrenstand, 1786 in den Grafenstand erhoben. Das Geschlecht spaltete sich in die Linien **Prassen, Wicken, Gallingen** (1945 erloschen) und **Liebenberg;** Letztere wurde 1900 nach der Namens- und Wappenvereinigung (1897) mit denen der Freiherren **von und zu Hertefeld** in den Fürstenstand erhoben. Bedeutende Vertreter:

1) Botho Wend August Graf zu, preuß. Staatsmann, *Wicken (bei Bartenstein, Ostpr.) 31. 7. 1831, †Berlin 5. 11. 1912, Vetter von 3), Neffe von 2); war 1878–81 preuß. Innen-Min., hatte maßgeblichen Anteil an der Ausarbeitung des Sozialistengesetzes (1878). Als preuß. Min.-Präs. und Innen-Min. suchte er 1892–94 die Unterdrückung der sozialdemokrat. Bewegung fortzuführen. Als er mit dieser Politik scheiterte, wurde er entlassen.

2) Friedrich Albrecht Graf zu, preuß. Diplomat und Staatsmann, *Königsberg (Pr) 29. 6. 1815, †Berlin 2. 4. 1881, Onkel von 1) und 3); anfangs Verwaltungsjurist, dann Diplomat. Ab Dezember 1862 war E. Innen-Min. im Kabinett Bismarck. Während er im preuß. Verfassungskonflikt die liberale Opposition mit allen Mitteln, mitunter am Rande der Legalität, bekämpfte, setzte er sich für eine schonende Behandlung der 1866 annektierten preuß. Provinzen (u. a. Hannover) und eine liberale Verwaltungsreform ein; trat im März 1878 zurück, da er den neokonservativen Kampfkurs BISMARCKS ablehnte. E. war 1866–77 Mitgl. des preuß. Abgeordnetenhauses.

G. LANGE: Die Bedeutung des preuß. Innen-Min. F. A. Graf zu E. für die Entwicklung Preußens zum Rechtsstaat (1993).

3) Philipp Fürst (seit 1900) **zu E. und Hertefeld,** Graf **von Sandels,** Diplomat, *Königsberg (Pr) 12. 2. 1847, †Schloss Liebenberg (bei Templin) 17. 9. 1921, Vetter von 1), Neffe von 2); wandte sich nach Aufgabe der militär. Laufbahn (Gardeoffizier) und nach dem Abschluss eines jurist. Studiums 1877 dem diplomat. Dienst zu. 1881–88 war er Sekr. an der preuß. Gesandtschaft in München, 1894–1903 Botschafter in Wien. Durch seine engen persönl. Beziehungen (seit 1886) zu Kaiser WILHELM II. geriet er bald als einer von dessen engsten Vertrauten in eine polit. Schlüsselstellung, die über den Rahmen seiner Dienststellung weit hinausreichte. Seine Vermittlungsversuche in der Krise zw. WILHELM II. und BISMARCK vertieften die Kluft zw. Kanzler und Kaiser und trugen, wenn auch indirekt, zum Sturz des Kanzlers bei. In der Folge suchte E. den von ihm gleichermaßen idealisierten wie auch kritisch beurteilten Kaiser in dessen Politik des ›Neuen Kurses‹ zu bestärken. Zugleich fiel E. eine Vermittlerrolle zw. dem Auswärtigen Amt und dem von versch. Seiten (insbesondere durch Militärs) beratenen, zeitweise eigenwillig und unorthodox agierenden Monarchen zu, ohne aber WILHELMS Außenpolitik im Sinne des Auswärtigen Amtes beeinflussen zu können. Nach seinem Ausscheiden aus dem diplomat. Dienst wurde E. die Zentralfigur einer durch M. HARDEN in der polit. Wochenschrift ›Die Zukunft‹ ausgelösten Affäre (Vorwurf der Homosexualität). Die folgenden Prozesse (Beleidigungsklage gegen HARDEN, Meineidsprozess gegen E.) trugen zur Klärung der Vorwürfe u. a. durch die dauernde Prozessunfähigkeit E.s wenig bei, erschütterten jedoch das Ansehen des Kaisers und kompromittierten weite Teile des Hofes. Nach Kriegsbeginn 1914 verfasste E. ein gegenüber der Außenpolitik des kaiserl. Dtl. sehr krit. Memorandum zur Kriegsschuldfrage.

Ausgabe: Philipp E.s polit. Korrespondenz, hg. v. J. C. G. RÖHL, 3 Bde. (1976–83).

Zwei dt. Fürsten zur Kriegsschuldfrage. Lichnowsky u. E. und d. Ausbruch d. Ersten Weltkriegs, hg. v. J. C. G. RÖHL (1971); DERS.: Kaiser, Hof u. Staat. Wilhelm II. u. die dt. Politik (1987).

Eulengebirge, poln. **Góry Sowie** [ˈɡuri ˈsɔvjɛ], ein dem Hauptkamm der Sudeten nach O vorgelagerter, größtenteils aus Gneis bestehender, dicht bewaldeter und etwa 35 km langer Gebirgskamm in Polen, zw. Waldenburger Bergland im NW und Reichensteiner Gebirge im SO (heute zu Polen). Höchste Erhebung ist mit 1 015 m ü. M. die Hohe Eule (Wielka Sowa).

Eulenschmetterlinge, Eulenfalter, Eulen, Noctuidae, mit über 25 000 Arten größte Familie der Schmetterlinge, in Mitteleuropa rd. 530 Arten; kleine bis mittelgroße Falter mit Flügelspannweiten von 1–7 cm, bei der **Rieseneule** (Thysania agrippina) aus Brasilien bis 30 cm; Vorderflügel mit für die Familie charakterist. Zeichnungsmuster, oft mit tarnendem Farbmuster, selten metallfarbig (**Goldeulen,** Gattung Plusia). Die Hinterflügel der Ordensbänder (Gattung

Herbert Eulenberg

Philipp Fürst zu Eulenburg und Hertefeld

Catocala) sind bunt gebändert. Die E. fliegen meist in der Dämmerung; mit dem paarigen Hörorgan an den Seiten des hintersten Brustsegments nehmen die Falter Ultraschalllaute von jagenden Fledermäusen schon aus 30 m Abstand wahr und versuchen, diesen durch geschickte Flugmanöver zu entgehen. Manche E. sind Wanderfalter, z. B. **Gammaeule** (Phytometra gamma, Plusia gamma). Die Raupen sind oft nackt, leben tagsüber meist verborgen in der Bodenstreu oder der Erde **(Erdraupen);** sie fressen nachts; viele schädigen Kulturpflanzen (Erbsen-, Gemüse-, Kohl-, Kiefern-, Saateule).

Eulenschmetterlinge:
Gammaeule (Spannweite etwa 4 cm)

Eulenschwalme, Familie der →Schwalme.

Eulenspiegel [niederdt. Ulenspegel, vermutlich von ülen ›wischen‹, ›reinigen‹ und spegel ›Spiegel‹, auch ›Hinterteil‹], Till oder Tile, Held eines Schwankromans. Histor. Nachrichten fehlen, doch dürfte E. wohl in Kneitlingen (im Braunschweigischen) geboren und 1350 in Mölln (wo man seit dem 16. Jh. seinen Grabstein zeigt) gestorben und begraben worden sein. E. wurde zum Helden eines Volksbuches, das auf einer zu Beginn des 16. Jh. wahrscheinlich von H. BOTE in niederdt. Sprache verfassten Kompilation von an den Helden geknüpften Geschichten und älterem Schwankgut beruht. Verbreitung fand es durch die hochdt. Bearbeitung ›Ein kurtzweilig lesen von Dyl Vlenspiegel‹ (Erstdruck Straßburg 1511/12, 1975 wieder gefunden; 1515 in verkürzter Fassung; zahlreiche, später erweiterte Neudrucke), die in die meisten europ. Sprachen übersetzt wurde. Die Anordnung der Schwänke erfolgte in einem einfachen, biographisch angereicherten Handlungsablauf. E. erscheint als wunderl. Schalk oder Schelm, dessen Streiche Bauern und Bürger (v. a. Handwerksmeister), aber auch weltl. und geistl. Herren treffen. Die Schwänke sind Satire oder beruhen auf Wortwitz oder -spiel. Im Wörtlichnehmen einer bildhaften Aussage deckt E. den Widerspruch von Sein und Schein auf. In diesem Sinne wurde sein Name sprichwörtlich für einen Schelm, der durch gespieltes Narrentum andere lächerlich macht.

Von HANS SACHS bis zu G. HAUPTMANNS Epos ›Des großen Kampffliegers Till E. Abenteuer ...‹ (1928), G. WEISENBORNS dramat. ›Ballade vom E., vom Federle und von der dicken Pompanne‹ (1949) durchzieht eine Kette von E.-Dichtungen die dt. und europ. Literatur; J. N. NESTROY schrieb ein Lustspiel ›E.‹ (1835), F. LIENHARD eine dramat. Trilogie ›Till E.‹ (1896–1906). Im Roman ›La légende ... de Thyl Ulenspiegel et de Lamme Goedzak ...‹ (1868) ist E. zum Freiheitskämpfer gegen die span. Unterdrücker erhoben. RICHARD STRAUSS schrieb die sinfon. Dichtung ›Till E.s lustige Streiche‹ (1890), E. N. VON REZNIČEK die Oper ›Till E.‹ (1902).

Der Name E. wurde übertragen auf ähnl. Figuren, so gilt HANS CLAUERT als märk. E. und NASREDDIN HODJA als türk. Eulenspiegel.

Ausgabe: Ein kurzweilig Lesen von Dil Ulenspiegel. Nach dem Druck von 1515, hg. v. W. LINDOW (Nachdr. 1978).
E.-Jb., hg. vom Freundeskreis Till E.s (1960 ff.); D. ARENDT: E. (1978); E.-Interpretation, hg. v. W. WUNDERLICH (1979); G. BOLLENBECK: Till E., der dauerhafte Schwankheld (1985).

Euler, 1) August Heinrich, eigtl. **A. Reith,** Ingenieur und Flugpionier, *Oelde 20. 11. 1868, †Feldberg (Schwarzwald) 1. 7. 1957; baute in der von ihm 1908

Eulenspiegel:
Titelseite der Ausgabe
Straßburg; 1515

Till Eulenspiegel
(Denkmal vor dem Geburtshaus in Kneitlingen; Kalkstein, Höhe 1,7 m; 1950)

gegründeten Flugzeugfabrik die ersten dt. Motorflugzeuge; 1910 erhielt er den dt. Flugzeugführerschein Nr. 1 und stellte einen Dauerflugrekord von über drei Stunden auf. Auf seine Initiative erfolgte am 12. 6. 1912 der erste amtl. Postflug (zw. Frankfurt am Main und Darmstadt). E. leitete nach dem Ersten Weltkrieg bis 1921 das neu gegründete Reichsluftamt, bewirkte die Zulassung der ersten Luftverkehrsunternehmen in Dtl. und schuf die erste Luftverkehrsordnung.

2) Leonhard, schweizer. Mathematiker, *Basel 15. 4. 1707, †Sankt Petersburg 18. 9. 1783; Schüler von JOHANN BERNOULLI; wurde bereits 1727 an die Petersburger Akademie berufen, wo er 1730 eine Physikprofessur übernahm und 1733 als Nachfolger von D. BERNOULLI Prof. für Mathematik wurde. 1741 folgte er einem Ruf von FRIEDRICH II. nach Berlin und war dort 1744–65 Direktor der mathemat. Klasse der Akademie der Wissenschaften; 1766 Rückkehr an die Petersburger Akademie. Auch als E. 1767 völlig erblindete, ließ seine Schaffenskraft nicht nach; er hinterließ fast 900 Arbeiten, die sowohl die reine und angewandte Mathematik als auch die Astronomie und Physik betrafen. E. baute die schon von R. DESCARTES geforderte analyt. Methode aus und wandte sie nicht nur auf die Geometrie, sondern auch auf Probleme der Mechanik an. Er förderte die Arithmetisierung und Formalisierung der Naturwissenschaften und wirkte weithin durch seine Lehrbücher zur Analysis und Algebra: die ›Introductio in analysin infinitorum‹ (1748), die ›Institutiones calculi differentialis‹ (1755) und die dreibändigen ›Institutiones calculi integralis‹ (1768–70) sowie die ›Vollständige Anleitung zur Algebra‹ (1770, in 2 Teilen). In seinen ›Lettres à une princesse d'Allemagne sur quelques sujets de Physique et Philosophie‹ (1768–72), die für die 16-jährige FRIEDERIKE von Brandenburg-Schwedt bestimmt waren, gab er nicht nur eine populäre Darstellung der Physik, u. a. der in seiner ›Nova theoria lucis et colorum‹ (1746) gegebenen Wellentheorie des Lichtes, sondern behandelte auch die philosophisch-theolog. Probleme seiner Zeit.

Umfassende Darstellungen zur angewandten Mathematik sind seine analyt. Mechanik (›Mechanica‹, 1736), die ›Theorie der Planetenbewegung‹ (1744), die ›Neuen Grundsätze der Artillerie‹ (1745), die ›Theorie des Schiffbaues‹ (1749) und die ›Dioptrica‹ (1769–71). E. war einer der Begründer der Hydrodynamik und Strömungslehre (lokale Beschreibung von Strömungsvorgängen). Er schuf die Grundlagen für die Theorie des →Kreisels (eulersche Kreiselgleichungen, eulersche Winkel), formulierte 1744 als Erster exakt das von P. L. M. DE MAUPERTUIS aufgestellte Prinzip der kleinsten Wirkung, führte den Begriff des Trägheitsmoments sowie der freien Drehachse ein und benutzte schon die Vektorrechnung. E. entwickelte auch aus den Ansätzen bei JAKOB und JOHANN BERNOULLI die Variationsrechnung (erste Darstellung 1744) und die kombinator. Topologie (eulersche Polyederformel). Bedeutende Beiträge lieferte er zur Zahlentheorie, Geometrie und Reihenlehre sowie zur Theorie der gewöhnl. und partiellen Differenzialgleichungen und zur Differenzialgeometrie. E.s hervorragende Leistungen werden nicht dadurch geschmälert, dass er bei geringem Interesse an Existenzbeweisen nur heuristisch brauchbare Methoden verwendete.

Die erhebl. Bedeutung der philosoph. Schriften E.s für die Vorgeschichte des kantischen Kritizismus wurde erst in neuerer Zeit erkannt. – E. schrieb zahlr. musikalisch-akust. Abhandlungen. In seinem ›Tentamen novae theoriae musicae‹ (1739) zeigte er die Unzuständigkeit der Mathematik für die Begründung eines musikal. Systems auf.

Ausgabe: Opera omnia, hg. v. F. RUDIO u. a., auf zahlr. Bde. ber. (1911 ff.); Briefe an eine dt. Prinzessin über versch. Gegenstände aus der Physik u. Philosophie (a. d. Frz., 1769–73, Nachdruck 1986, hg. v. A. SPEISER).

O. SPIESS: L. E. (Frauenfeld 1929); R. FUETER: L. E. (Basel ³1979).

Euler-Cauchy-Verfahren [-koˈʃiː-; nach L. EULER und A. L. Baron CAUCHY], Verfahren zur näherungsweisen Integration einer gewöhnl. Differenzialgleichung erster Ordnung mit Anfangsbedingung, bei dem die Lösungskurve durch einen Polygonzug ersetzt wird.

Euler-Chelpin [-ˈkɛlpiːn], 1) Hans Karl August Simon von, dt.-schwed. Chemiker, *Augsburg 15. 2. 1873, †Stockholm 6. 11. 1964, Vater von 2); seit 1906 Prof. in Stockholm. Neben grundlegenden Forschungen über die alkohol. Gärung und die Chemie der Tumoren untersuchte E.-C. v. a. die Struktur und Wirkungsweise von Enzymen, bes. der Coenzyme (u. a. 1935 Isolierung und Aufklärung der Struktur von NAD) und Vitamine (Nachweis von Carotin als Provitamin A). 1929 erhielt E.-C. mit A. HARDEN den Nobelpreis für Chemie.
2) Ulf Svante von, schwed. Physiologe, *Stockholm 7. 2. 1905, †ebd. 10. 3. 1983, Sohn von 1); Prof. am Karolinska Inst. in Stockholm; erhielt für seine Untersuchungen über die chem. Natur des Überträgerstoffes Noradrenalin an den Nervenstellen (Synapsen) mit J. AXELROD und B. KATZ 1970 den Nobelpreis für Physiologie oder Medizin.

Euler-Maupertuis-Prinzip [-moperˈtɥi-], *Mechanik:* →Prinzip der kleinsten Wirkung.

eulersche Darstellung [nach L. EULER], eine Darstellungsform →komplexer Zahlen.

eulersche Differenzialgleichung [nach L. EULER], *Mathematik:* 1) die gewöhnl. Differenzialgleichung n-ter Ordnung der Form

$$\sum_{i=0}^{n} a_i x^i y^{(i)} = f(x);$$

2) die Euler-Lagrange-Differenzialgleichung der →Variationsrechnung.

eulersche Formel, [nach L. EULER], verknüpft die Exponentialfunktion mit den Winkelfunktionen durch die Beziehung

$$e^{iz} = \cos z + i \sin z \ (i = \sqrt{-1}).$$

Die e. F. führt auf die eulersche Darstellung einer →komplexen Zahl.

eulersche Funktion [nach L. EULER], zahlentheoret. Funktion, die zu einer natürl. Zahl n die Anzahl $\varphi(n)$ der zu n teilerfremden Zahlen k (mit $k \leq n$) angibt; z. B. ist $\varphi(6) = 2$, da 1 und 5 teilerfremd zu 6 sind. Für eine Primzahl p gilt $\varphi(p) = p - 1$.

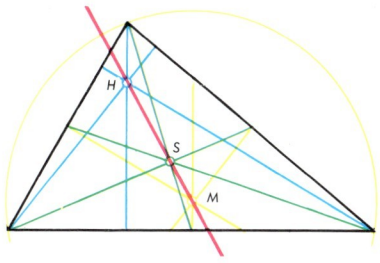

eulersche Gerade (*H* Höhenschnittpunkt, *S* Schwerpunkt, *M* Mittelpunkt des Umkreises eines Dreiecks)

eulersche Gerade [nach L. EULER], Gerade durch Schwerpunkt *S*, Höhenschnittpunkt *H* und Mittelpunkt des Umkreises *M* eines Dreiecks; auf ihr liegt auch der Mittelpunkt des →feuerbachschen Kreises.

eulersche Gleichungen [nach L. EULER], 1) *Mechanik:* Differenzialgleichungen zur Beschreibung der Rotation eines starren Körpers (→Knickung, →Krei-

sel); 2) *Hydrodynamik:* allgemeine Bewegungsgleichungen einer reibungsfreien Flüssigkeit.

eulersche Konstante, Euler-Mascheroni-Konstante [-maske-; nach L. EULER und L. MASCHERONI], **mascheronische Konstante,** der sich für $n \to \infty$ ergebende Grenzwert $c = 0{,}57721566\ldots$ der konvergenten Folge

$$c_n = 1 + \frac{1}{2} + \frac{1}{3} + \ldots + \frac{1}{n} - \ln n.$$

eulersche Periode, →Polbewegung.

eulerscher Polyedersatz [nach L. EULER]. Für ein konvexes Polyeder mit e Ecken, k Kanten, f Flächen gilt $e - k + f = 2$; der Ausdruck $e - k + f$ ist die **eulersche Charakteristik** eines Polyeders.

eulerscher Satz [nach L. EULER], 1) *Analysis:* →homogene Funktion.
2) *Geometrie:* Satz über Drehungen im dreidimensionalen euklid. →Raum: Jede allgemeine Drehung kann durch Angabe einer Achse und eines Drehwinkels vollständig beschrieben werden.

eulersches Brückenproblem [nach L. EULER], *Topologie:* das →Königsberger Brückenproblem.

eulersches Integral, →Gammafunktion.

eulersche Winkel, von L. EULER zur Behandlung von Kreiselproblemen eingeführte, meist mit φ, ψ und χ bezeichnete Winkel. Sie geben die Lage eines mit dem drehbaren Körper verbundenen Koordinatensystems gegenüber einem vorgegebenen raumfesten Koordinatensystem an.

eulersche Zahl [nach L. EULER], 1) *Mathematik:* Bez. für die Zahl →e.
2) *Strömungslehre:* **Euler-Zahl,** Formelzeichen *Eu,* eine das Verhältnis der Druckkräfte zu den Trägheitskräften in reibungsbehafteten Strömungen angebende →Kennzahl: $Eu = \Delta p/(\varrho v^2)$, wobei Δp der Druckabfall, ϱ die Dichte und v die Geschwindigkeit des strömenden Mediums ist.

Eulitoral, im Bereich von Wasserstandsschwankungen und Wellenschlag liegende Uferzone stehender Gewässer und der Gezeitenzone des Meeres.

Eulogie [griech.] *die, -/...ˈgiɛn,* der Segens- oder Lobspruch, auch die gesegnete Gabe. Beide Bedeutungen wurden aus dem alttestamentl. Kult übernommen. In der alten Kirche und bis ins MA. war E. v. a. das bei der Eucharistiefeier gesegnete Brot. In den Ostkirchen ist die Verteilung dieser E. (d. h. der nicht konsekrierten Teile des Abendmahlsbrotes, später Antidoron, griech. ›Gegengabe‹, gen.) bis heute üblich, ebenso in einigen Kirchen Frankreichs.

Eumaios, griech. **Eumaios,** in der Odyssee der Schweinehirt des Odysseus, der seinem Herrn die Treue bewahrte, ihn bei seiner Rückkehr nach Ithaka bei sich aufnahm und ihm im Kampf mit den Freiern der Penelope und bei ihrer Bestrafung unterstützte.

Eumelanine, Gruppe der →Melanine (bei Tier und Mensch), bewirken v. a. die dunkleren Haar- und Hautfarben.

Eumenes, E. von Kardia, *um 362, †in der Gabiene (Persien) 316, unter PHILIPP II. und ALEXANDER D. GR. seit etwa 340 Vorsteher (Grammateus) der makedon. Kanzlei. Nach dem Tod ALEXANDERS (323) erhielt E. als Anhänger von dessen Vertrautem PERDIKKAS die Satrapien Paphlagonien und Kappadokien und bewährte sich als Verfechter der Reichseinheit und der Rechte des Herrscherhauses. 321 siegte er über KRATEROS, wurde aber nach dem Tod des PERDIKKAS geächtet. Von ANTIGONOS I. MONOPHTHALMOS in der Bergfeste Nora am Tauros ein Jahr lang vergeblich belagert, konnte E. seine Stellung als Beauftragter des Reichsverwesers POLYPERCHON zunächst wieder festigen, wurde aber von ANTIGONOS 316 in der Gabiene besiegt und nach Auslieferung durch seine eigenen Truppen getötet. – Lebensbe-

Leonhard Euler

Hans Karl von Euler-Chelpin

Ulf von Euler-Chelpin

schreibungen von CORNELIUS NEPOS und PLUTARCH nach dem verlorenen Werk des HIERONYMOS VON KARDIA.

A. VEZIN: E. von Kardia (1907); H. D. WESTLAKE: Essays on the Greek historians and Greek history (Manchester 1969); P. BRIANT, in: Revue des études anciennes, Jg. 74–75 (Bordeaux 1972–73).

Eumenes, Name mehrerer Herrscher von Pergamon aus der Dynastie der Attaliden:
1) Eumenes I., Dynast von Pergamon (seit 263 v. Chr.), † 241 v. Chr.; Neffe und Adoptivsohn des Begründers der Attalidendynastie, PHILETAIROS; löste durch seinen Sieg über ANTIOCHOS I. SOTER bei Sardes (262 v. Chr.) Pergamon vom Seleukidenreich und erweiterte sein Machtgebiet. Ihm folgte sein Vetter ATTALOS I. SOTER, der den Königstitel annahm.
2) Eumenes II. Soter, König (seit 197 v. Chr.), † 159 v. Chr.; ältester Sohn ATTALOS' I. SOTER. Mit den Römern gegen die Seleukiden ANTIOCHOS III., D. GR., verbündet und am Sieg bei Magnesia (heute Manisa) am Berg Sipylos entscheidend beteiligt, erhielt E. im Frieden von Apameia (188 v. Chr.) fast das ganze seleukid. Kleinasien bis zum Taurusgebirge. Seinen Erfolg über die Galater feierte E. durch ein period. Siegesfest (die Nikephoria) und den Bau des großen Zeusaltars in Pergamon (→Pergamonaltar). Unter E., der auch die Bibliothek von Pergamon begründete, erlebte das Pergamen. Reich seine größte Blüte.

Eumeniden, *griech. Mythos:* →Erinnyen.

Eumetazoa, Histozoa, Gewebetiere, die vielzelligen Tiere (→Metazoa) mit Ausnahme der Schwämme und der Mesozoa.

EUMETSAT [Abk. für engl. **E**uropean **Met**eorological **Sat**ellites Organisation], im Juni 1986 gegründete europ. zwischenstaatl. Wettersatellitenorganisation; Sitz: Darmstadt. Mitgl. sind u.a. Dtl., die Schweiz und (seit Januar 1994 als 17. Mitgl.-Staat) Österreich. Seit Januar 1987 ist EUMETSAT verantwortlich für Finanzierung, Errichtung und Nutzung des europ. geostationären Satellitensystems →Meteosat sowie für die Planung der zweiten Generation europ. Wettersatelliten (ab 2001). Entwicklung, Start und techn. Betrieb der Satelliten oblagen früher der ESA, 1995 übernahm EUMETSAT auch den Meteosatbetrieb (neues Kontrollzentrum in Darmstadt). Finanziert wird EUMETSAT von den Mitgl.-Staaten, die größten Beiträge stellen Dtl., Frankreich, Großbritannien und Italien. Zu den Bodeneinrichtungen gehört das meteorolog. Zentrum MIEC, das Daten für Wettervorhersagen, Wolken-, Atmosphäre- und Klimaforschung sammelt.

Eumolpos, im *griech. Mythos* (neben Keleos) Stifter der Eleusin. Mysterien. Von ihm leiteten sich die **Eumolpiden,** das vornehmste eleusin. Priestergeschlecht, ab, die das Priesteramt der →Hierophanten bis in die späte Kaiserzeit verwalteten.

Eunapios, E. aus Sardes, griech. Historiker, *Sardes um 345, †um 420; war wie Kaiser JULIAN, den er verehrte, ein Christenfeind. Die von ihm verfassten Lebensbeschreibungen von Sophisten (v. a. Neuplatonikern) zeigen das geistige Leben des 4. Jh. n. Chr. Sein Geschichtswerk (›Historika Hypomnemata‹, ›Geschichtl. Erinnerungen‹), das die Zeit von 270 bis 404 umfasst und eine wichtige Quelle zur Gesch. der german. Völkerwanderung und der Hunnen darstellt, ist nur fragmentarisch erhalten.

Ausgabe: R. C. BLOCKLEY: The fragmentary classicising historians of the later Roman Empire: Eunapius, Olympiodorus, Priscus and Malchus, 2 Bde. (Trowbridge, Wiltshire, 1981–83; griech. Text mit engl. Übers.).
A. BALDINI: Ricerche sulla storia di Eunapio di Sardi (Bologna 1984).

Eunuch [von griech eunoûchos ›Kämmerer‹, eigtl. ›Bettschützer‹] *der, -en/-en,* durch Kastration zeugungsunfähig gemachter Mann. Die Sitte, E. als Ha-

remswächter zu halten, verbreitete sich im Altertum von Libyen aus über Ägypten und Kleinasien und hielt sich bis zur Neuzeit in fast allen Ländern mit Polygamie. Im Byzantin. Reich stiegen die E. als Kammerherren des Kaisers zu polit. Einfluss auf, ebenso am chin. Kaiserhof.

Eunuchismus *der, -,* Gesamtheit der Veränderungen im Erscheinungsbild des Mannes, die durch den Mangel an männl. Geschlechtshormonen (Androgene) hervorgerufen werden. Ursachen sind das Fehlen oder die Funktionsuntüchtigkeit der Hoden, bedingt durch Entwicklungsdefekte, operative Beseitigung beider Hoden (Kastration), Schädigung oder Verlust durch Unfall. Tritt der Ausfall vor der Pubertät ein, kommt es zum Vollbild des E. mit konstitutionellen Veränderungen wie Hoch- oder Riesenwuchs mit langen Gliedmaßen (verzögerter Epiphysenschluss), Unterentwicklung der primären Geschlechtsmerkmale und der Muskulatur (Eiweißstoffwechselstörung) mit leichter Erschöpfbarkeit sowie zu Veränderungen der Haut, die zart und blass erscheint, Ausbleiben der sekundären Geschlechtsmerkmale (hohe Stimme, Fehlen der Scham- und Bartbehaarung), Entwicklung von Fettpolstern im Hüft-, Gesäß- und Brustbereich; es besteht Zeugungsunfähigkeit (Infertilität), oft auch eine Störung von Libido und Potenz. Durch den Testosteronmangel ist eine frühzeitige Knochenentkalkung (Osteoporose) möglich, die leicht zu Knochenbrüchen führen kann.

Bei nachpubertärer Schädigung kommt es zu Rückbildungen der sekundären Geschlechtsmerkmale; die Libido kann erhalten bleiben. Eine Behandlung ist bei frühzeitiger Gabe von Testosteron manchmal erfolgreich.

Eunus, röm. Sklave, aus Apameia am Orontes (Syrien) stammend, †wohl 131 v. Chr.; im 1. sizil. Sklavenkrieg (136–132 v. Chr.) unter dem Namen **Antiochos** Anführer der aufständ. Sklaven; errichtete einen Sklavenstaat (Hauptstadt Enna); nach der Einnahme von Tauromenion (Taormina) gefangen genommen.

Eupalinos, griech. Ingenieur der zweiten Hälfte des 6. Jh. v. Chr.; baute zur Wasserversorgung der Stadt Samos durch den Burgberg den noch heute begehbaren, mehr als 1 km langen Tunnel, der von beiden Seiten gleichzeitig vorgetrieben wurde; die nur geringe Abweichung der Richtung der Teilstrecken bezeugt hohe vermessungstechn. Fähigkeiten.

Eupator [griech. ›von edlem Vater‹], Beiname hellenist. Könige, z. B. des syr. Königs ANTIOCHOS V. (164–162 v. Chr.) und des MITHRIDATES VI.

Eupatoria, Stadt in der Ukraine, →Jewpatorija.

Eupatriden [griech. ›von edlen Vätern Abstammende‹], Gesamt- und Standesbezeichnung der altathen. Adelsgeschlechter, unter denen es auch ein Einzelgeschlecht gab, das den Namen E. führte. Die E. waren als Stand durch die gemeinsamen Kulte des Zeus als Schutzgott des Hauses (Herkeios) und des Apoll als Gott der Ahnen (Patroos) verbunden. Mit dem Ende der Adelszeit (6. Jh. v. Chr.) wurde ihre Stellung als herrschende Schicht erschüttert.

Eupelagial, Tiefseeregion unterhalb von 2400 m u. M., mit Ausnahme des Bodenbereichs.

eupelagisch, dauernd im freien Seewasser lebend (Pflanzen, Tiere).

Eupen, Stadt in der Prov. Lüttich, im deutschsprachigen Teil Belgiens, an der Weser (Vesdre), 17200 Ew.; Woll-, Röhren-, Elektroindustrie, Brauerei, Gerberei, Großmolkerei; in der Nähe Talsperre; Fremdenverkehr. – Aus der Blütezeit als Textilstadt im 18. Jh. sind mehrere barocke Patrizierhäuser am Marktplatz erhalten, einige von dem Aachener Stadtbaumeister J. J. COUVEN, der auch den Hochaltar (1740) der doppeltürmigen Barockkirche St. Nikolaus (1721 begonnen) schuf. – E., zunächst eine dörfl. Siedlung in der Grafschaft (später Herzogtum) Limburg, nahm im 14. und 15. Jh. durch den Zuzug fläm. Tuchmacher aus Brügge und Gent, im 18. Jh. frz. Hugenotten einen Aufschwung. 1797/1801 kam es an Frankreich und erhielt 1808 Stadtrecht. 1815 fiel es an Preußen. 1919 wurde E. sowie andere Gemeinden, bes. Malmedy, als →Eupen-Malmedy Belgien zugesprochen.

Eupen:
Die doppeltürmige Barockkirche Sankt Nikolaus; 1721 begonnen

Eupen-Malmedy [-di], Grenzgebiet in O-Belgien, umfasst rd. 1 036 km², wurde aufgrund des Versailler Vertrags (1919) mit seiner (1910) zu 81,7 % deutschsprachigen Bev. nach einer öffentlich vorgenommenen Volksbefragung (›consultation‹) an Belgien abgetreten; die Volksbefragung stand unter erheblichem belg. Druck. Belg. und dt. Pläne zur Rückgabe an Dtl. (1924–26) scheiterten am Widerstand Frankreichs. 1940 vom Dt. Reich annektiert, wurde das Gebiet von E.-M. 1945 wieder in den belg. Staat eingegliedert. Nach der Revision kleiner Grenzveränderungen von 1949 erfolgte 1956 durch einen Vertrag zw. der Bundesrepublik Deutschland und Belgien die Festlegung der gemeinsamen Grenze. Laut Gesetz vom 2. 8. 1963 bilden die Gemeinden (von N nach S) Kelmis, Lontzen, Raeren, Eupen, Bütgenbach, Büllingen, Amel, Sankt Vith und Burg-Reuland das deutschsprachige Gebiet (854 km², 1985: 66 200 Ew.); die Gemeinden Plombières, Malmedy und Waimes gehören seitdem zum frz. Sprachgebiet. Die dt. Sprachgemeinschaft wird seit 1970 von der Region Wallonien verwaltet, erhielt jedoch 1984 ein eigenes Parlament und eine eigene Reg. mit begrenzter Zuständigkeit.

Euphemismus [griech., zu euphēmeĩn ›Unangenehmes mit angenehmen Worten sagen‹, eigtl. ›gut zureden‹] der, -/...men, beschönigende oder verhüllende Umschreibung für ein anstößiges oder unangenehmes Wort, z. B. ›geistige Umnachtung‹ für ›Wahnsinn‹; häufig werden auch Fremdwörter euphemistisch verwendet, z. B. ›transpirieren‹ für ›schwitzen‹. – E. liegt normalerweise eine Bewertung (psycholog., gesellschaftl., sozialer, polit. oder allgemein kultureller Art) zugrunde (z. B. ›Gastarbeiter‹ oder ›Fremdarbeiter‹); sie sind teilweise auch im Zusammenhang mit Sprachlenkung und Sprachmanipulation zu sehen.

Euphonie [griech.] die, -/...'ni|en, sprachl. oder musikal. Wohlklang; erzeugt durch wohlklingende (oder als wohlklingend empfundene) Lautverbindungen (z. B. ›Zauberin‹ statt ›Zaubererin‹ oder frz. ›y a-t-il ...?‹ ›gibt es ...?‹ statt einer Wortfolge ohne Gleitlaut ›t‹). E. kann u. a. der →Assimilation, →Dissimilation, →Epenthese und →Vokalharmonie zugrunde liegen; Ggs.: Kakophonie.

euphonisch, wohllautend, -klingend; die Aussprache erleichternd (von Lauten).

Euphorbia [nach EUPHORBIOS, Leibarzt des mauretan. Königs JUBA II., um 50 v. Chr.], wiss. Name der Pflanzengattung →Wolfsmilch.

Euphorbiaceae, wiss. Name der →Wolfsmilchgewächse.

Euphorie [griech. ›Gefühl des Wohlbefindens‹] die, -/...'ri|en, 1) bildungssprachlich für: (übersteigert) heitere, zuversichtl. Stimmung, Zustand optimist. Begeisterung, gesteigerten Hochgefühls.

2) Psychologie: Zustand einer gehobenen Stimmung und eines gesteigerten Antriebs, z. B. unter Einfluss von Alkohol, Arzneimitteln, Rauschgiften, auch bei Gehirnerkrankungen wie progressiver Paralyse, multipler Sklerose; Ggs.: →Dysphorie.

Euphorion, griech. **Euphoríon,** griech. Mythos: der auf den Inseln der Seligen geboren und als geflügelter Knabe vorgestellte Sohn des Achill und der Helena. Da er die Liebe des Zeus nicht erwiderte, wurde er von ihm durch einen Blitzstrahl getötet. – GOETHE hat im ›Faust‹, 2. Teil, dem von der Sage ›Justus Faust‹ benannten Sohn Fausts und der Helena den Namen E. gegeben. Dieser tritt symbolisch-allegorisch als ›Repräsentant der neuesten poetischen Zeit‹ auf und soll den engl. Dichter LORD BYRON verherrlichen.

euphotisch [zu eu... und griech. phõs, phõtós ›Licht‹], der vollen Sonnenenergie ausgesetzt; **euphotische Zone,** Tiefenbereich im Meer oder in Binnengewässern von der Oberfläche bis zum →Kompensationspunkt, oberhalb von dysphot. Zone (→dysphotisch) und Dunkelzone (→aphotisch) gelegen.

Euphranor, griech. Maler und Bildhauer des 4. Jh. v. Chr. vom (korinth.?) Isthmus; schuf Wandbilder für die Stoa Eleutherios an der Agora in Athen sowie zahlr. Statuen, jedoch gelangen keine sicheren Zuweisungen.

Euphrasia [griech. ›Freude‹, ›Vergnügen‹], wiss. Name der Pflanzengattung →Augentrost.

Euphrat, türk. **Al-Furat,** arab. **Firat** [fə-], der größte Strom Vorderasiens, mit dem Murat 3 380 km lang; entsteht im Hochland O-Anatoliens (Türkei) aus den Quellflüssen Karasu (›Westl. E.‹, entspringt nordöstlich von Erzurum) und Murat (›Östl. E.‹, entspringt nordöstlich des Vansees); am Zusammenfluss entstand 1974 der Kebanstausee (→Keban). Eine weitere Nutzung des E.-Wassers für Bewässerung und Energiegewinnung erfolgt auf türk. Staatsgebiet seit 1987 durch den Karakayastausee (Staudamm in einer Schlucht des Osttaurus, Stauraum 9 580 Mio. m³; elektr. Leistung des Kraftwerks 1 800 MW) und seit 1992 durch den Atatürk-Stausee (Stauraum 48 470 Mio. m³, Leistung 2 400 MW). Letzterer dient auch dem Ausbau der Bewässerungslandwirtschaft im Becken von Urfa (→Südostanatolien-Projekt). Als Fremdlingsfluss quert der E. das syrisch-irak. Tafelland, wo seine Ufer mittels Pumpbewässerung für intensiven Baumwollanbau genutzt werden; bei →Tabqa (Syrien) ist er zum Assadsee gestaut.

In seinem Unterlauf schließt der E. mit dem Tigris das weite unterirak. Tiefland ein; im engeren Zwischenstromland entwickelten sich die Kulturen Mesopotamiens. Staudämme bei Habbaniya und Hindiya dienen der Regulierung der früher stark schwankenden Wasserführung. Durch den Bau der beiden großen Staudämme in Syrien und in der Türkei erhält Irak nun weniger Wasser als früher, was zu polit. Spannungen führte.

Nahe Bagdad nähert sich die E. auf etwa 30 km dem Tigris; mehrere Seitenarme zweigen hier vom E. ab und münden in den Tigris. Unterhalb von Hindiya gabelt sich der E. in mehrere Stromarme und Bewässerungskanäle auf; hier liegt das größte zusammenhängende Bewässerungsgebiet Iraks mit Palmenhainen und großen Getreidefluren. Oberhalb Basra durchfließt der E. den Hammarsee und vereinigt sich dann mit dem Tigris zum →Schatt el-Arab.

Euphronios: Kelchkrater mit der Darstellung von Herakles und Antaios; zwischen 510 und 505 v. Chr. (Paris, Louvre)

Euphronios, griech. **Euphronios,** attischer Vasenmaler der ersten rotfigurig malenden Generation, tätig um 510–490 v. Chr. Zu seinen herausragenden Werken gehören u. a. Kelchkratere (Paris, Berlin, New York, München), auf denen in spätarchaischem Stil Szenen aus Mythos und Alltag mit plastisch gestalteten Figuren wiedergegeben sind. – Mehrere Signaturen bezeugen auch einen E. als Töpfer, dessen Vasen von anderen Künstlern bemalt sind; vermutlich nicht mit dem Vasenmaler identisch.

Euphrosyne, griech. **Euphrosyne,** *griech. Mythos:* eine der →Chariten.

Euphuismus *der, -,* ein nach J. LYLYS Roman ›Euphues‹ (1578–80) benannter manierist. Stil, der durch reich gegliederte Satzkonstruktionen, spitzfindige Wortspiele, überladene Bilder, geistreiche Antithesen und Parallelismus gekennzeichnet ist.

Eupolis, einer der Meister der alten att. Komödie, † bald nach 412 v. Chr.; Zeitgenosse und Konkurrent des ARISTOPHANES, schrieb hochpolit. Stücke (ab 429 v. Chr.) in der Zeit des Peloponnes. Krieges; in seinem letzten Stück, den ›Demen‹ (412), werden z. B. bedeutende Staatsmänner der athen. Geschichte wieder aus der Unterwelt geholt, um Athen beizustehen.

Ausgaben: Comicorum Graecorum Fragmenta. In papyris reperta, hg. v. C. AUSTIN (1973); Poetae comici Graeci, hg. v. R. KASSEL u. C. AUSTIN, Bd. 5 (1986).

Eupraxia, römisch-dt. Kaiserin, →Adelheid.

Eurasien, zusammenfassende Bez. für →Europa und →Asien; E. bildet die größte zusammenhängende Landmasse der Erde (rd. 54 Mio. km²).

Eurasier, 1) Bez. für Menschen, bei denen ein Elternteil Europäer, der andere Asiate ist.

2) jüngste dt. Hunderasse (1972 offiziell anerkannt) aus einer Kombinationskreuzung von Chow-Chow, Dt. Wolfsspitz und Samojede. Der E. ist ein spitzartiger Hund mit mittellangem Grannenhaar und dichter Unterwolle in den Farben Rot bis Falb, Wolfsgrau, Schwarz und Schwarz mit Abzeichen; Schulterhöhe 52 cm (Hündin) bis 56 cm (Rüde); Schädel keilförmig. Der E. ist ein Familienhund, kein Zwingerhund, fremdabweisend, robust und einfach in der Haltung sowie sehr anpassungsfähig.

EURATOM, Euratom, Abk. für →Europäische **Atom**gemeinschaft.

Eure [œːr], **1)** Dép. in der Normandie, Frankreich, 6 040 km², 547 000 Ew.; Verw.-Sitz ist Évreux.

2) *die,* linker Nebenfluss der Seine, 225 km lang, entspringt im Hügelland der Perche, mündet oberhalb von Rouen.

Eureca [Abk. für engl. **Eu**ropean **re**trievable **ca**rrier ›europ. rückholbarer Träger‹], rückholbares und wieder verwendbares, unbemanntes Raumfahrzeug als europ. Nutzlastträger der ESA für den Transport im amerikan. Raumtransporter Atlantis; wurde am 31. 7. 1992 erstmals gestartet, im Weltraum ausgesetzt und elf Monate später wieder zur Erde zurückgeholt. Die erste Nutzlast von E. diente v. a. Experimenten der Schwerelosigkeitsforschung und physikal. Messungen.

Eure-et-Loir [œreˈlwaːr], Dép. in Frankreich, im Orléanais, 5 880 km², 417 000 Ew.; Verw.-Sitz ist Chartres.

Euregio, Abk. für **Eu**ropäische **Reg**ion, Begriff, der im nichtstaatlichen Bereich grenzüberschreitende Zusammenarbeit von kommunalen Körperschaften in Grenzregionen kennzeichnet. In Westeuropa gibt es rd. 30 derartige Vereinigungen. Die Schwerpunkte ihrer prakt. Zusammenarbeit sind wirtschaftl., sozialer und kultureller Art. Auf dem Gebiet der Raumordnung bemühen sich die Interessengemeinschaften u. a. um die Verbesserung räuml. Entwicklungsplanung an den Grenzen und die Beseitigung und Überwindung aktueller spezif. Grenzprobleme. – Die deutsch-niederländ. E. (Sitz: Enschede) umfasst 87 Städte und Gem.; diese konstituierten 1978 ein ›grenzüberschreitendes Parlament‹, den E.-Rat, der allerdings ohne rechtl. Legitimation ist.

Eurhythmie, →Eurythmie.

Eurich, König der Westgoten (seit 466), † Arles Dezember 484; Sohn THEODERICHS I.; machte sich von Rom unabhängig und vergrößerte sein Reich in SW-Frankreich nach N bis zur Loire, nach O bis zu den Alpen und nach S über Spanien bis zur Meerenge von Gibraltar (468–476). Nach röm. Vorbild teilte E. sein Reich in Dukate ein und ließ im ›Codex Euricianus‹ mithilfe gallisch-röm. Juristen erstmals westgot. Recht aufschreiben (um 475; die Urheberschaft wird neuerdings auch E.s Sohn und Nachfolger ALARICH II. zugeschrieben).

H. WOLFRAM: Gesch. der Goten (²1980).

Eureca (oben im Bild) am Manipulatorarm des Raumtransporters Atlantis am 1. August 1992 über dem Persischen Golf, Kuwait, Irak, Iran und Saudi-Arabien

Euripides, griech. **Euripídes,** der jüngste der drei
großen athen. Tragiker, *485/84 oder um 480 v. Chr.
(Schlacht bei Salamis), † Pella (Makedonien) Anfang
406 v. Chr., vermutlich am Hof von König ARCHE-
LAOS. E. wirkte seit 455. Von den 92 ihm zugeschrie-
benen Dramen sind 75 dem Titel nach bekannt, 19 erhalten (davon ist der ›Rhesos‹ unecht, 4. Jh.). In chronolog. Reihenfolge (soweit möglich): ›Alkestis‹ (438;
bei der Aufführung kam das Drama an vierter Stelle,
wo sich herkömmlich ein Satyrspiel fand); ›Medea‹
(431; Ausbruch des Peloponnes. Krieges); ›Herakli-
den‹ (›Kinder des Herakles‹); ›Andromache‹; ›Hippo-
lytos‹ (428); ›Hekabe‹; ›Hiketiden‹ (Schutzflehende);
der ›Kyklop‹ (Satyrspiel); ›Herakles‹; ›Elektra‹;
›Troerinnen‹ (415); ›Helena‹ (412); ›Iphigenie bei den
Tauriern‹; ›Ion‹; ›Phoenissen‹ (über den Kampf der
→Sieben gegen Theben, Titel nach dem Chor der phö-
nik. Sklavinnen); ›Orest‹ (408); ›Iphigenie in Aulis‹
(postum aufgeführt); die ›Bakchen‹ (die rasenden Be-
gleiterinnen des Dionysos, ebenfalls postum aufgeführt).

Die Werke des E. spiegeln die Erschütterungen seiner Zeit (die Zeit des Peloponnes. Krieges). Im Mittelpunkt seiner Dramen stehen nicht mehr die Götter
mit der durch sie begründeten Ordnung, auch nicht
heroisch-übermenschl. Gestalten, sondern Menschen
in ihrer Vielschichtigkeit, im Widerstreit und in der
Widersprüchlichkeit der Gefühle und der Gewalt ihrer
Leidenschaften (die gleichzeitige Abkehr von kosmolog. Spekulation und die Hinwendung zum Menschen
als Gegenstand des Philosophierens bei SOKRATES
wurde hierzu in Beziehung gesetzt). Die überlieferten
Göttervorstellungen (auch Moralbegriffe) werden infrage gestellt (in Anlehnung an die kritisch-rationalist.
Haltung der zeitgenöss. Sophistik). Der am Ende eines Dramas häufig auftretende Deus ex Machina bietet keine wirkliche, sondern nur noch eine Scheinlö-
sung einer dramat. Verwicklung durch einen Gott und
damit nur eine vermeintl. Rückkehr zur mytholog.
Tradition. Dem entspricht ein freierer Umgang mit
dem Mythos. Die Deutung einiger seiner Stücke ist
stark umstritten.

Anders als in den Dramen des AISCHYLOS und des
SOPHOKLES heben sich innerhalb des euripideischen
Dramas einzelne Teile stärker heraus, so der Prolog,
der einen Überblick über die Voraussetzungen der
Handlung bietet, das Streitgespräch (griech. agon) mit
seinem analyt. und moralisierenden Charakter und
der Monolog, die beide wirkungsvoll zur Darstellung
des dramat. Konflikts genutzt werden, sowie das
Chorlied, das zwar noch Bezüge zum dramat. Geschehen zeigt, sich jedoch schon zum Lied verselbstän-
digt. Bes. das Chorlied ist noch in einer überhöhten
Sprache verfasst, während sich die Dialoge eher der
Umgangssprache annähern.

E.' Wirkung ging weit über die des AISCHYLOS und
des SOPHOKLES hinaus. Das belegen die unteritali-
schen Vasenbilder, die voll von euripideischen Szenen
sind, die Einflüsse auf das griech. Drama (darunter
ARISTOPHANES), das Drama SENECAS, in dessen Umbildung es auf das europ. Drama weiterwirkte. Im
17. Jh. wurde der originale E. von J. RACINE wieder
entdeckt; die deutschsprachige Dramatik (bes. J. E.
SCHLEGEL, F. M. KLINGER, C. M. WIELAND, SCHIL-
LER, GOETHE und F. GRILLPARZER) ist entscheidend
von E. beeinflusst worden.

Ausgaben: Scholia in Euripidem, bearb. v. E. SCHWARTZ,
2 Bde. (1887–91); Tragicorum Graecorum Fragmenta, hg. v.
A. NAUCK (²1889, Nachdr. 1983, mit Suppl. v. B. SNELL); Euripidis fabulae, hg. v. G. MURRAY, 3 Bde. (1902–09); Nova
Fragmenta Euripidea in papyris reperta, hg. v. C. AUSTIN
(1968); Euripidis fabulae, hg. v. J. DIGGLE, 2 Bde. (1981–84).
Übersetzungen: Sämtl. Tragödien, übers. v. J. J. DONNER
(1958, Nachdr. 1984); Sämtl. Tragödien u. Fragmente, grie-
chisch-dt., übers. v. E. BUSCHOR, hg. v. G. A. SEECK, 6 Bde.

Euro: Gestaltungsentwürfe für die Eurobanknoten im Nennwert
von 5 bis 500 Euro (links Vorderseite, rechts Rückseite)

(1972–81); Tragödien, griech. u. dt., hg. v. D. EBENER, 6 Bde.
(1972–80).

U. v. WILAMOWITZ-MOELLENDORFF: E.' Herakles, 2 Bde.
(²1895, Nachdr. 1981–85, 3 Bde.); G. ZUNTZ: The political
plays of E. (Manchester ²1963); G. MURRAY: E. u. seine Zeit
(a. d. Engl., ²1969); A. LESKY: Gesch. der griech. Lit. (³1971);
DERS.: Die trag. Dichtung der Hellenen (³1972); U. PETERSEN:
Goethe u. E. Unterss. zur E.-Rezeption in der Goethezeit
(1974); A. DIHLE: E.' Medea (1977); H. ERBSE: Studien zum
Prolog der euripideischen Tragödie (1984); R. E. HARDER:
Die Frauenrollen bei E. (1993).

Euripos der, neugriech. **Évripos,** der engste, nur
35 m breite und 6,4 m tiefe Meeresteil des Golfs von
Euböa, der die griech. Insel Euböa von der O-Küste
des griech. Festlands trennt. Seit der Antike ist die unregelmäßige Wechselströmung (sie wechselt zw. vier-
und sechzehnmal am Tag) im E. bekannt; bei Sturm
und Springtiden können Geschwindigkeiten bis zu
8 sm/h erreicht werden. Bewirkt wird die Wechselströmung durch den Druckausgleich der den nördl. und
den südl. Teil des Golfs von Euböa ungleichmäßig pas-
sierenden Gezeitenwellen. Die 1962 gebaute bewegl.

Euripides

Brücke von Chalkis zum Festland wurde 1992 durch eine feste Brücke ersetzt.

Euro, EURO, Bez. für die nach In-Kraft-Treten der dritten Stufe der →Europäischen Wirtschafts- und Währungsunion gültige europ. Einheitswährung; 1 Euro = 100 Cent. Auf den künftigen Banknoten (die Gestaltungsentwürfe wurden im Dezember 1996 vom Europ. Währungsinstitut präsentiert) mit einer Stückelung von 5, 10, 20, 50, 100, 200 und 500 Euro werden auf der Vorderseite jeweils fiktive Bauwerke abgebildet, die wichtige europ. Stilrichtungen repräsentieren. Die Rückseite der Noten zeigt die europ. Landkarte, die 12 Sterne der EU und jeweils eine Brücke als Sinnbild für Verbindungswege sowohl zw. den Völkern Europas als auch zw. Europa und der übrigen Welt. Die Größe der Scheine variiert zw. 120 mm × 62 mm und 160 mm × 82 mm. Bis zur Ausgabe der Noten sind noch Änderungen denkbar. Über das Design der Münzen (Stückelung: 1 und 2 Euro sowie 1, 2, 5, 10 und 50 Cent) muss noch entschieden werden (die Entscheidungsbefugnis liegt im Ggs. zu den Banknoten bei den nat. Regierungen). (BILD S. 653)

Euro-Air-Group [ˈjʊərəʊˈeəˈɡruːp, engl.], aus frz. und brit. Luftwaffeneinheiten bestehender militär. Verband mit Hauptquartier in High Wycombe (Großbritannien), gegr. 1995; soll v.a. die techn. Zusammenarbeit der beiden Luftwaffen bei gemeinsamen Einsätzen (u.a. in Friedensmissionen) organisieren.

Eurobonds, Euroanleihen, Anleihen mittlerer und längerer Laufzeit (zw. 5 und 15 Jahren) am Eurokapitalmarkt, im Ggs. zu den →Auslandsanleihen nicht der Währung des Platzierungslandes entsprechen. Die Emission erfolgt i.d.R. durch internat. Bankkonsortien; dominierende Anleihewährungen sind US-$, DM, Yen, Schweizer Franken, Pfund Sterling sowie ECU. Schuldner sind private Unternehmen von hoher Bonität, Staaten u.a. öffentl. Körperschaften sowie supranat. Institutionen. Die E. umfassen sowohl konventionelle als auch zinsvariable Anleihen, Doppelwährungsanleihen und solche, bei denen die Zinsen am Ende der Laufzeit gezahlt werden. (→Euromarkt)

Eurocard die, -/-s, →Kreditkarte des dt. Kreditgewerbes.

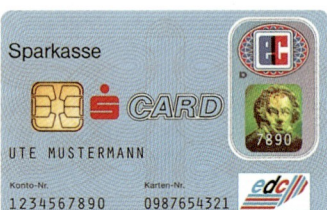

Eurocheque: ec-Karte, oben Vorderseite mit Hologramm und ›Bargeld‹-Chip, unten Rückseite mit Magnetstreifen

Eurocheque [-ʃɛk] der, -s/-s, **Euroscheck,** Abk. **ec, EC,** einheitlich gestalteter Scheckvordruck, der von Banken in zahlr. Ländern – meist in Verbindung mit einer Scheckkarte (ec-Karte) – ausgegeben wird (in der BRD seit 1.1. 1972). Bei Reisen in andere Länder werden E. seit 1975 in zunehmendem Umfang auch in der jeweiligen Landeswährung ausgestellt.

Durch die **ec-Karte** garantiert die bezogene Bank dem Empfänger eines E. dessen Einlösung bis zu einem bestimmten Höchstbetrag (seit 1.1. 1985: 400 DM). Der E. kann als Bar- oder Verrechnungsscheck ausgestellt werden. Die originär zu Garantiezwecken konzipierte ec-Karte wurde Anfang der 80er-Jahre mit einem Magnetstreifen versehen, um den Zugang zum elektron. Geldverkehr zu ermöglichen. Seit Ende 1996 ist eine (zunächst zusätzlich) mit einem Chip ausgestattete ec-Karte im Umlauf, die als ›elektronische Geldbörse‹ genutzt werden kann. Formal ist die ec-Karte eine Debit- und keine →Kreditkarte. Das seit Oktober 1987 auf der ec-Karte befindl. Hologramm, das je nach Blickwinkel das ec-Zeichen, ein Porträt L. VAN BEETHOVENs oder das Jahr des Ablaufs der Gültigkeit zeigt, dient dem Schutz vor Fälschung. Mit (1993) rd. 52 Mio. in Europa ausgegebenen Karten (in Dtl. erhöhte sich die Zahl der Karteninhaber 1994 auf 36,5 Mio.) stellt das ec-System das weitaus größte Zahlungssystem dieser Region dar. In 44 europ. und in den Mittelmeeranrainerstaaten können E. bei Banken eingelöst werden, in 21 Ländern stehen Geldausgabeautomaten für Barabhebungen mittels ec-Karte zur Verfügung.

Mit Wirkung vom 1.1. 1995 wurde die Haftung für den Umgang mit E. und ec-Karten verändert. Bankkunden, denen E. oder ec-Karte ohne eigenes Verschulden abhanden kommen, wird der Schaden voll ersetzt (die bisherige Selbstbeteiligung von 10% der Schadenssumme entfällt). Allerdings haften die Kreditinstitute nicht mehr bei Schäden, die der Karteninhaber grob fahrlässig verursacht hat (z.B. Diebstahl von ec-Karte und Scheckvordrucken aus einem unbeaufsichtigten Fahrzeug, gemeinsames Aufbewahren von ec-Karte und persönl. Geheimnummer).

Eurocity, EuroCity [-sɪti] der, -s/-s, Abk. **EC,** Bez. für →Intercity im Fernverkehr mit dem Ausland.

Euro commercial papers [ˈjʊərəʊ kəˈmɜːʃl ˈpeɪpəz, engl.], Abk. **ECP,** am Euro(geld)markt emittierte und gehandelte unbesicherte, kurzfristige Schuldtitel (→Commercial papers) mit Laufzeiten zw. 7 und 365 Tagen, die insbesondere von Nichtbanken und Finanzinstituten erstklassiger Bonität zur (Re-)Finanzierung verwendet werden. Dabei wird zw. dem Emittenten und den involvierten Banken zumeist ein größerer Rahmen (Fazilität) vereinbart, z.B. mit einem Volumen von 100 Mio. DM, innerhalb dessen die ECP je nach Bedarf auch in kleineren Tranchen direkt oder über ein Bankenkonsortium platziert werden. Im Ggs. zu den →Euronotes verzichten die Emittenten auf eine Übernahmegarantie der Banken, tragen also das Platzierungsrisiko selbst und sparen dafür die sonst anfallende Garantiegebühr.

Eurocontrol, 1960 gegründete europ. Organisation für Flugsicherung; Gründerstaaten: Belgien, Bundesrepublik Dtl., Frankreich, Großbritannien, Luxemburg und die Niederlande. Mitgl.-Staaten (1995): Belgien, Dänemark, Dtl., Frankreich, Griechenland, Großbritannien, Irland, Luxemburg, Malta, Niederlande, Norwegen, Österreich, Portugal, Schweiz, Slowenien, Türkei, Ungarn und Zypern; Sitz: Brüssel. Die wichtigsten Zielsetzungen von E. 1960 waren die Durchführung der Flugverkehrskontrolle für die streckengebundenen Flüge im oberen Luftraum (ab 6000m) aller Mitgl.-Staaten sowie die Errichtung und der Betrieb der für den Flugverkehrskontrolldienst benötigten techn. Einrichtungen auf der Grundlage einer gemeinsamen Finanzierung durch die Mitgl.-Staaten. Die Bundesrepublik Dtl. übergab die Durchführung der Flugverkehrskontrolle für den norddt. Luftraum oberhalb Flugfläche 245 (7500m) im März 1974 an die Agentur E. Da nicht alle Staaten ihrer Verpflichtung nachkamen, Teile ihres Luftraumes an E. zu delegieren, einigte man sich 1981 auf ein Änderungsprotokoll, das am 1. 1. 1986 in Kraft trat. Das Ziel zur Delegierung der Flugverkehrskontrolle für die streckengebundenen Flüge in den oberen Lufträumen wurde aufgegeben. Zu den neuen Aufgaben von E. gehören Ausarbeitung und Festlegung gemeinsamer mittel- und langfristiger Ziele auf dem Gebiet der Flugsicherung, gemeinsame Weiterentwicklung des Flugsicherungssystems, Ausbildung von Flugsicherungspersonal, Erhebung von Flugsicherungsgebühren und zentrale Maßnahmen der Verkehrsflusssteuerung.

Eurodif, 1972 gegründete Gesellschaft, Trägerin der seit Ende 1974 in Tricastin auf der Basis des in Frankreich entwickelten Gasdiffusionsverfahrens errichteten Urananreicherungsanlage (1978 Inbetriebnahme der ersten Teilanlage; 1983 Fertigstellung der Gesamtanlage mit einer Leistung von 10,8 Mio. Trennarbeitseinheiten Kernbrennstoff pro Jahr); Tochtergesellschaft der Cogéma. An der E. sind u. a. auch Behörden sowie Unternehmen aus Dtl., Italien, Spanien, Belgien und Iran beteiligt.

Euro Disney S. C. A. [- ˈdıznı -], amerikan. Freizeit- und Hotelpark in Marne-la-Vallée bei Paris. Muttergesellschaft des Unternehmens ist die Walt Disney Co. (1994: 49 % Beteiligung). Der Vergnügungspark wurde im April 1992 (Baubeginn: 1988) eingeweiht; 1995 u. a. um den Weltraumpark Space Mountain erweitert. Seit 1995 heißt der Park **Disneyland Paris.**

Eurodollar, auf US-Dollar lautende Geschäftsbankenguthaben, die zw. Banken außerhalb des Währungsgebietes der USA, v. a. europ. Kreditinstituten, für unterschiedl. Laufzeiten bis zu 6 Monaten gehandelt werden. Der **E.-Markt,** der durch lang anhaltende hohe Zahlungsbilanzdefizite der USA und daraus resultierende hohe Auslandsguthaben in US-Dollar entstand, ist Teil des →Euromarktes.

Euro Disney S. C. A.:
Minnie, Mickymaus und Donald Duck vor der Kulisse von Euro Disney bei Paris

Euroequities [ˈjʊərəʊekwıtiz, engl.] *Pl.,* Bez. für international emittierte und gehandelte Aktien multinat. Unternehmen. E. werden seit Mitte der 1970er-Jahre v. a. für institutionelle Anleger bes. am Euromarkt platziert. Bezugsrechte von Altaktionären werden ausgeschlossen. Durch die Ausgabe von E. soll der Bekanntheitsgrad der Unternehmen erhöht, ihre Finanzierungsbasis erweitert sowie eine breitere Streuung der Aktien erreicht werden.

Eurofighter 2000 [-faıtə-], seit 1983 geplantes und seit Unterzeichnung der entsprechenden Verträge am 23. 11. 1988 in der Entwicklung befindl. Kampfflug-

Eurofighter 2000

zeug, an dem die NATO-Partner Dtl. (mit 30 %), Großbritannien (mit 37,5 %), Italien (mit 19,5 %) und Spanien (mit 13 %) beteiligt sind. Urspr. konzipiert unter der Bez. **European Fighter Aircraft** (Abk. EFA), in Dtl. auch als **Jäger 90** bekannt, ist der E. 2000 ein einsitziges Jagdflugzeug mit zwei Triebwerken (Schub: jeweils etwa 90 kN), Deltaflügel und Entenflügeln (→Entenflugzeug), einer Leermasse von 9,75 t, einer maximalen Zuladung von 11,25 t, einer maximalen Geschwindigkeit von Mach 1,9 in 11 000 m Höhe, einem Aktionsradius von 565 km und mit einer Bewaffnung von maximal zehn Luft-Luft-Raketen mittlerer bzw. kurzer Reichweite sowie einer 27-mm-Kanone. Nach Fertigstellung der beiden ersten von insgesamt sieben vorgesehenen Prototypen fand der Jungfernflug am 27. 3. 1994, der offizielle Erstflug am 4. 5. 1994 statt.

Vor dem Hintergrund des beendeten Ost-West-Konflikts hatten die an der Entwicklung beteiligten Staaten Ende 1992 vereinbart, den von der Industrie genannten Systempreis von 133 Mio. DM (Preisstand Dezember 1991) um bis zu 30 % zu senken. Um dies zu erreichen, wurden die militär. Anforderungen an das nun E. 2000 genannte Flugzeug neu festgelegt. Damit verlängert sich jedoch die Entwicklungsphase, die urspr. 1999 abgeschlossen sein sollte, um etwa drei Jahre. Zur Kostensenkung des Gesamtprojektes werden auch nur insgesamt 620 der urspr. geplanten 800 Maschinen gebaut (so z. B. für die Bundesluftwaffe voraussichtlich 140 als Jagdflugzeuge und 40 als leichte Kampfflugzeuge statt 250 Stück). – Der Fortgang der Arbeiten am neuen Jagdflugzeug war in Dtl. in den 1990er-Jahren von z. T. heftigen Diskussionen zw. Reg. und Opposition sowie zw. Verteidigungs-Min. und Bundesrechnungshof begleitet.

Eurofor [Abk. für engl. **Euro**pean **For**ce ›Europ. Eingreiftruppe‹], am 9. 11. 1996 offiziell in Dienst gestellter militär. Eingreifverband für den sofortigen Einsatz im Mittelmeergebiet, dem Fallschirmjäger und Bodentruppen sowie Marineverbände (unter der Bez. Euromarfor) aus Frankreich, Spanien, Portugal und Italien angehören. Der Verband mit Hauptquartier in Florenz soll ab 1997 einsatzfähig sein und insgesamt rd. 15 000 Mann umfassen. In der militär. Führung wechseln sich die vier beteiligten Staaten ab. E. untersteht der Westeurop. Union, ist für humanitäre Einsätze sowie Missionen zur Friedenssicherung und Konfliktbewältigung vorgesehen und soll mit den Vereinten Nationen und der NATO zusammenarbeiten.

Eurogroup [-gruːp, engl. ˈjʊərəʊgruːp; Kw. für **Euro**pean **group** ›Europ. Gruppe‹], 1968–93 bestehender informeller Zusammenschluss der Verteidigungs-Min. der europ. NATO-Staaten (außer dem frz. Min.), die sich vor den Tagungen der Verteidigungs-Min. aller NATO-Staaten zur Abgleichung spezifisch europ. Interessen im militärpolit. Bereich trafen.

Eurokennzeichen, seit dem 16. 1. 1995 auf Empfehlung der Europ. Kommission neben dem herkömml. Kennzeichen eingeführtes amtl. Kfz-Kennzeichen. Merkmale des E. sind die zwölf gelben Sterne für die Mitgliedstaaten der EU und das Nationalitätszeichen, die links außen auf 4 cm breitem blauem Grund aufgebracht sind. Zudem wird eine neue Schrifttype verwendet, die die Fälschungssicherheit verbessert und maschinenlesbar ist.

Eurokommunismus, Bez. für bes. Mitte der 70er-Jahre auftretende Tendenzen innerhalb mehrerer westeurop. kommunist. Parteien (bes. in der span. und ital., nur kurz in der frz. KP), unabhängig von der kommunist. Weltbewegung sowjet. Prägung autonome Wege zum Sozialismus zu beschreiten. Unter Zurückstellung zweier Forderungen der marxistischleninist. Herrschaftstheorie, der Diktatur des Proletariats und des proletar. Internationalismus (im Sinne eines Führungsanspruchs der KPdSU), bekannte sich der E. auch für den Fall einer sozialist. Gesellschaftsordnung unter Rückbezug auf A. GRAMSCI zum Parteienpluralismus, zum Recht aller auf organisierte Opposition, auf Meinungs-, Presse- und Religionsfreiheit sowie auf periodisch wiederkehrende freie Wahlen.
Die Nichterfüllung dieser Forderungen in den kommunist. Ostblockstaaten wurde von ihnen (z. B. von S. CARRILLO oder E. BERLINGUER) kritisiert oder aus ›histor. Gegebenheiten‹ erklärt. (→dritter Weg)

Eurokorps [-ko:r], am 5. 11. 1993 in Dienst gestellter, seit 30. 11. 1995 einsatzbereiter multinat. militär. Großverband, dessen Aufstellung am 59. deutsch-frz. Gipfeltreffen am 22. 5. 1992 beschlossen worden war. Den Anstoß zur Formierung eines (zunächst) deutsch-frz. Korps gaben Bundeskanzler H. KOHL und der damalige frz. Staatspräs. F. MITTERRAND bei ihrem Treffen in Lille am 14. 10. 1991 im Vorfeld des Vertrages von Maastricht als Teil der deutsch-frz. Initiative für eine gemeinsame Außen- und Sicherheitspolitik der Europ. Union, nachdem mit der Aufstellung der deutsch-frz. Brigade bereits positive Erfahrungen gemacht worden waren.
Der offiziellen Einladung durch die dt. und frz. Reg. an die Staaten der Westeurop. Union (WEU), sich am E. zu beteiligen, sind 1993 Belgien und Spanien, 1994 Luxemburg gefolgt. Der gemeinsame Korpsstab in Straßburg führt im Frieden unmittelbar nur wenige Truppenteile (so v. a. die deutsch-frz. Brigade), erst im Einsatzfall übernimmt er das Kommando über die belg. 1. Mechanisierte Division, die dt. 10. und die frz. 1. Panzerdivision, über luxemburg. Truppenteile sowie die span. 21. Mechanisierte Brigade (Gesamtstärke über 50 000 Mann mit u. a. etwa 600 Kampfpanzern). Spanien plant, bis 1998 ebenfalls eine Division von rd. 1 000 Mann zur Verfügung zu stellen.
Ein am 21. 1. 1993 zw. dem NATO-Oberbefehlshaber Europas sowie dem frz. Generalstabschef und dem dt. Generalinspekteur unterzeichnetes Abkommen stellt die Bindung des E. an die NATO her und regelt dessen Einsatz im Rahmen des Bündnisses. Dementsprechend dient der neue Großverband einerseits der ›gemeinsamen Verteidigung der Verbündeten‹, andererseits als ›zentraler Baustein in einer späteren europ. Verteidigungsstruktur‹, Letzteres über die WEU. Unter Wahrung der Bestimmungen der UN-Charta übernimmt das E. folgende Aufträge: 1) Verteidigung der Mitgl. von WEU und NATO (gemäß Art. V des WEU-Vertrags bzw. Art. 5 des NATO-Vertrags); 2) Teilnahme an Maßnahmen zur Aufrechterhaltung und Wiederherstellung des Friedens; 3) Teilnahme an humanitären Einsätzen.

Euromarkt, die Gesamtheit der internat. Finanzmärkte, an denen Gläubiger-Schuldner-Beziehungen i. d. R. in einer Währung außerhalb ihres Ursprungslandes entstehen (z. B. Eurodollarmarkt, Euro-DM-Markt). Die E. unterliegen bisher keinerlei Kontrollen durch nat. oder internat. Währungsbehörden. Traditionelle Zentren des E. sind v. a. die Bankplätze London, Luxemburg, New York. Jedoch haben in der Vergangenheit die →Offshorezentren stark an Bedeutung gewonnen. Angesichts der weltweiten Abwicklung der internat. Bankgeschäfte spricht man heute auch von Fremdwährungsmärkten, Außengeldmärkten, Xeno-Märkten oder internat. →Finanzmärkten.
Den äußeren Anstoß zur Entstehung des Eurogeldmarktes gaben massive Zahlungsbilanzdefizite der USA in den 1950er-Jahren. Es entstanden umfangreiche Dollarguthaben bei europ. Banken, wobei die Anlage dieser Mittel in den USA selbst wegen dortiger Zinsreglementierung (Regulation Q) unattraktiv war. Eine Krise des brit. Pfundes im Jahre 1957 sowie die Einführung der Konvertibilität der wichtigsten europ. Währungen ab 1958 festigte die Rolle des Dollars als internat. Reservewährung. Administrative Maßnahmen der USA zur Bekämpfung ihrer Zahlungsbilanzdefizite wie die Zinsausgleichsteuer (›Interest equalisation tax‹, 1963) und Maßnahmen zur Beschränkung von Direktinvestitionen außerhalb der USA (›Voluntary restraint program‹, 1965; ›Foreign direct investment regulations‹, 1967/68) begünstigten die Entwicklung eines Eurokapitalmarktes.
Der E. gliedert sich aufgrund unterschiedl. Bonitätsmerkmale, Besicherungen, Fristigkeiten, Handelsusancen, Vertragsgestaltungen, Zinsstrukturen und Teilnehmerkreise in Teilmärkte. Auf dem **Eurogeldmarkt** werden Gelder und Geldmarktpapiere für kurze Fristen (ein Tag bis zu einem Jahr) vornehmlich zw. Geschäftsbanken, aber auch zw. multinat. Unternehmen und Zentralbanken gehandelt. Abschlüsse werden in konvertiblen Währungen und in ECU getätigt. Der **Eurokreditmarkt** umfasst den Handel mit mittelfristigen Krediten (Laufzeiten zw. ein und 10 Jahren). Marktteilnehmer sind auch hier Geschäftsbanken, Zentralbanken, Großunternehmen, aber auch Staaten. Dominierende Währung ist der US-Dollar. Der **Eurokapitalmarkt** (Eurobondmarkt) umfasst den Markt (Neuemission und Handel) für Wertpapiere (→Eurobonds). Da es am Eurokapitalmarkt keine offiziellen Zugangsbeschränkungen gibt, kommt der Bonitätseinstufung der Emittenten eine besondere Bedeutung zu. Die Übergänge zw. den Teilmärkten sind fließend. Eurogeldmarkt und Eurokreditmarkt sind v. a. durch den →Roll-over-Kredit verknüpft. Am Eurokapitalmarkt stellen die dort u. a. gehandelten Floating rate notes die Verbindung zum Eurogeldmarkt her. Am **Euroaktienmarkt** werden Aktien und aktienähnl. Beteiligungsrechte großer, v. a. multinat. Unternehmen von internat. Bankenkonsortien platziert.

P. FERTIG: Der Euro-Dollar-Markt (1981); R. B. JOHNSTON: The economics of the Euro-Market (London 1983); W. GERHARDT: Der Euro-DM-Markt (1984); J. H. KÄSMEIER: E. u. nat. Finanzmärkte (1984); U. DENNIG: Die Euro-Teilmärkte 1987); M. GUTHOFF: Finanzinnovationen u. der Wettbewerb der Banken an den Eurofinanzmärkten (1994); E. STORCK: E. Finanz-Drehscheibe der Welt (1995).

Euromir, *Raumfahrt:* →Mir.

Euromix, ab 1997 den Drittelmix in den meisten europ. Ländern ablösendes Testverfahren für den Kraftstoffverbrauch von Pkw. Der E. wird auf dem Prüfstand ermittelt. Der Testzyklus beginnt mit einem Kaltstart (20 °C) und einem Stadtfahrzyklus bei einer mittleren Geschwindigkeit von 19 km/h. Durchfahren wird der Zyklus viermal (Beschleunigung bis zum dritten Gang und Motorleerlauf, 4 km Strecke). Im anschließenden außerstädt. Zyklus beträgt die Durchschnittsgeschwindigkeit jetzt 62,6 km/h, die Höchstgeschwindigkeit 120 km/h (Beschleunigung bis zum fünften Gang). Gleichzeitig wird über den gesamten

Prüfzyklus der Gesamtverbrauch ermittelt. Er liegt beim E. höher als beim Drittelmix, der Käufer erhält aber realere Verbrauchswerte.

Euronotes [-nəʊts, engl. ˈjʊərəʊnəʊts] *Pl.,* meist auf US-Dollar lautende Schuldtitel mit Laufzeiten bis zu einem Jahr, die Schuldner erster Bonität (z. B. Staaten, Banken, Großunternehmen) an internat. Finanzmärkten platzieren. Die E. werden immer wieder neu (revolvierend) begeben. Um den Emissionserfolg sicherzustellen, vereinbart der Emittent eine **E.-Fazilität,** mit der sich eine oder mehrere Banken verpflichten, nicht verkaufte E. selbst zu übernehmen oder entsprechende Kredite zu einem vereinbarten Maximalzinssatz und bis zu einem Höchstbetrag zu gewähren (Stand-by-Kredite). Die Banken übernehmen damit lediglich eine Refinanzierungsgarantie für den Emittenten, sind aber nicht unmittelbar Kreditgeber. Neben diesen **Revolving underwriting facilities** (RUF) und **Note insurance facilities** (NIF) gibt es auch **Uncommitted facilities,** bei denen Emittenten auf die Übernahmeverpflichtung der Banken verzichten. E. sind kurzfristige Geldmarktpapiere, die sich aus den in den USA gebräuchl. Commercial Papers (→Euro commercial papers) entwickelten. Als Finanzinnovation wurden E. 1980 geschaffen und insbesondere Mitte der 80er-Jahre im Gefolge der lateinamerikan. Verschuldungskrise verstärkt genutzt.

Europa, *griech. Mythos:* Tochter des Phönix oder des Königs Agenor von Phönikien, Schwester des Kadmos, urspr. wohl eine vorgriech. Erdgöttin. Zeus nahm ihretwegen die Gestalt eines Stieres an, verlockte sie am Strand, seinen Rücken zu besteigen und entführte sie nach Kreta. Aus ihrer Verbindung mit Zeus gingen Minos, Rhadamanthys und nach einem Teil der Überlieferung Sarpedon hervor. Im Altertum verband man den Namen des Erdteils mit der E. des Mythos. In der antiken Kunst wurde ihre Entführung (oder E. allein) auf griech. Vasen und Reliefs (Metopen des Tempels von Selinunt, um 600 v. Chr., und vom Sikyonierschatzhaus in Delphi, um 550), auf Münzen (Gortyn, 5.–3. Jh.), röm. Gemmen der Kaiserzeit, Reliefs, Wandbildern (Pompeji) und Mosaiken dargestellt. Das Motiv wurde in spätmittelalterl. Ovidillustrationen wieder aufgegriffen und auch auf zahlr. neuzeitl. Gemälden dargestellt (PAOLO VERONESE, TIZIAN, TIEPOLO, M. BECKMANN).

Europa und der Stier, attisches Vasenbild; um 490 v. Chr. (Tarquinia, Museo Nazionale Tarquiniense)

Europa [nach Europa, der Geliebten des Zeus (lat. Jupiter)], zweitinnerer und kleinster der Galileischen Monde des Planeten →Jupiter. Aufgrund von Daten

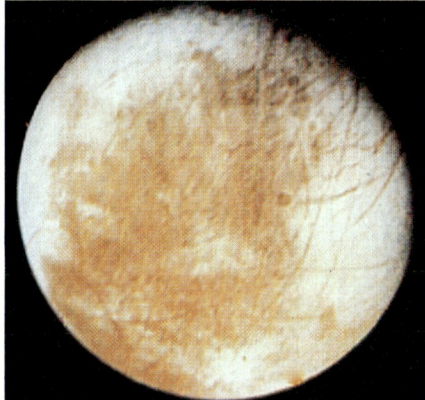

Europa: Aufnahme des Jupitermondes von Voyager 1 aus einer Entfernung von rund 2 Millionen km

der amerikan. Raumsonden Pioneer 10 und 11 sowie Voyager 1 und 2 bestimmte man einen Durchmesser von 3 130 km und eine mittlere Dichte von 3,03 g/cm^3. Die an topolog. Formationen arme Oberfläche besteht aus einem (vermutlich bis zu 100 km starken) Eismantel; Risse darin erscheinen als ein Netz dunkler Linien auf hellem Grund.

Europa, mit einer Fläche von 9,839 Mio. km^2 der zweitkleinste Erdteil; rd. 7 % der Landfläche entfallen auf Inseln. Seiner Bev. nach ist E. mit (1994) 681 Mio. Ew. (12 % der Erd-Bev.) der drittgrößte Erdteil. E., der Westteil der Alten Welt, ist die stark gegliederte westl. Halbinsel Asiens; beide Erdteile bilden die zusammenhängende Landmasse **Eurasien.** Geschichtl., wirtschaftl. und kulturelle Gründe rechtfertigen es, E. als selbstständigen Erdteil aufzufassen.

LAGE

Als Grenze E.s zu Asien gilt seit dem 18. Jh. der Ural, der aber wegen seiner geringen Höhen (Mittlerer Ural bis 993 m ü. M., Südl. Ural bis 1 640 m ü. M.) keine wirkl. Barriere darstellt. Konventionelle Grenzen zu Asien bilden außerdem der Fluss Ural, das Kasp. Meer, die Manytschniederung, das Schwarze Meer, der Bosporus, das Marmarameer, die Dardanellen sowie das Ägäische Meer. Von Afrika ist E. durch die Straße von Gibraltar und das Mittelmeer getrennt. Im W und N ist E. vom Atlant. Ozean samt Nordpolarmeer umgeben; weiträumige Meeresteile (Biskaya, Nord- und Ostsee sowie Barentssee mit Weißem Meer) greifen in das Festland ein. Als Nordspitze E.s gilt gemeinhin das →Nordkap in Norwegen, tatsächlich ist es aber Knivskjelodden, 4 km weiter westlich (71°11′08″ n.Br.), der südlichste Punkt des europ. Festlands befindet sich in Spanien (Punta Marroqui, 36° n.Br.), der westlichste in Portugal (Kap Roca, 9°30′ w.L.), der östlichste in Russland (im Polarural, bei 66° ö.L.). Die größten zu E. zählenden Inseln sind Großbritannien (216 777 km^2), Island (mit dem westlichsten Punkt E.s: 24°32′ w.L.), Irland, die Nordinsel von Nowaja Semlja, Spitzbergen, die Südinsel von Nowaja Semlja, Sizilien, Sardinien, die Insel Nordostland von Spitzbergen, Korsika, Kreta, Seeland, die Edge-Insel von Spitzbergen, Euböa, Mallorca, die Waigatschinsel, die Kolgujewinsel, Gotland, Fünen, die Inseln Georgland und Alexandraland von Franz-Josef-Land sowie Ösel (2 714 km^2).

OBERFLÄCHENGESTALT

Gegenüber den anderen Erdteilen hat E. eine bes. reiche Gliederung und Küstenentwicklung. Die größten

Die Staaten Europas

Staat	Staats-form	Hauptstadt	Fläche in km²	Ew. in 1000 (1994)	jährliches Bev.-Wachstum in % (1985–94)	Lebenserwartung bei der Geburt in Jahren (1993)	Bruttosozial-produkt je Ew. in US-$ (1994)
Albanien	Republik	Tirana	28 748	3 414	1,6	72	360
Andorra	Fürstentum	Andorra la Vella	453	64	4,2	78	16 620[1]
Belgien	Königreich	Brüssel	30 528	10 101	0,2	76	21 210
Bosnien und Herzegowina	Republik	Sarajevo	51 129	4 383	0,1[2]	71[3]	unter 725
Bulgarien	Republik	Sofia	110 994	8 460	−0,2	71	1 160
Dänemark[4]	Königreich	Kopenhagen	43 093	5 197	0,1	75	28 110
Färöer	–	Tórshavn	1 399	45	–	–	–
Deutschland	Republik	Berlin	356 972	81 549	0,5	76	25 580
Estland	Republik	Reval	45 227	1 507	0,0	69	2 820
Finnland	Republik	Helsinki	338 145	5 099	0,4	76	18 850
Frankreich	Republik	Paris	543 965	57 726	0,5	77	23 470
Griechenland	Republik	Athen	131 957	10 408	0,5	78	7 710
Großbritannien und Nordirland[5]	Königreich	London	241 752	58 390	0,3	76	18 410
Kanalinseln	–	Saint Hélier/ Saint Peter Port	192	147[6]	0,9	–	–
Man	–	Douglas	572	70[7]	–	–	–
Gibraltar	–		6	29	–	–	–
Irland	Republik	Dublin	70 283	356[1]	0,0	75	13 630
Island	Republik	Reykjavík	103 000	266[1]	1,5	78	24 590
Italien	Republik	Rom	301 309	57 154	0,1	77	19 270
Jugoslawien	Republik	Belgrad	102 173	10 707	0,9	72	unter 900[1]
Kroatien	Republik	Zagreb	56 538	4 780	0,7	71	2 530
Lettland	Republik	Riga	64 500	2 606	−0,1	69	2 290
Liechtenstein	Fürstentum	Vaduz	160	30	1,4	–	33 000[1]
Litauen	Republik	Wilna	65 200	3 740	0,4	70	1 350
Luxemburg	Großherzogtum	Luxemburg	2 586	401	1,0	76	39 850
Makedonien	Republik	Skopje	25 713	2 093	1,1	72	790
Malta	Republik	Valletta	316	367	0,6	76	7 970
Moldawien	Republik	Chişinău	33 740	4 420	0,5	67	870
Monaco	Fürstentum	Monaco	1,95	32	1,3	–	–
Niederlande	Königreich	Amsterdam/ Den Haag	41 526	15 391	0,7	77	21 970
Norwegen[8]	Königreich	Oslo	323 752	4 340	0,5	77	26 480
Spitzbergen u. arktische Inseln	–		63 080	3	–	–	–
Österreich	Republik	Wien	83 858	7 915	0,5	76	24 950
Polen	Republik	Warschau	312 683	38 341	0,3	71	2 470
Portugal[9]	Republik	Lissabon	92 389	9 881	−0,1	75	9 370
Rumänien	Republik	Bukarest	237 500	22 748	0,2	70	1 230
Russland (europ. Teil)	Republik	Moskau	4 238 500	115 124[1]	0,5[10]	67[10]	2 650[10]
San Marino	Republik	San Marino	61	24	–	–	–
Schweden	Königreich	Stockholm	449 964	8 745	0,5	78	23 630
Schweiz	Republik	Bern	41 284	7 127	1,0	78	37 180
Slowakische Republik	Republik	Preßburg (Bratislava)	49 035	5 333	0,4	71	2 230
Slowenien	Republik	Ljubljana	20 251	1 995	0,7	78	7 140
Spanien[11]	Königreich	Madrid	504 782	39 551[1]	0,3	78	13 280
Tschechische Republik	Republik	Prag	78 864	10 295	0,0	71	3 210
Türkei (europ. Teil)	–		23 764	6 021[7]	–	–	–
Ukraine	Republik	Kiew	603 700	51 465	0,1	69	1 570
Ungarn	Republik	Budapest	93 032	10 161	−0,4	69	3 840
Vatikanstadt	–		0,44	1	–	–	–
Weißrussland	Republik	Minsk	207 595	10 163	0,2	70	2 160

[1] 1993. – [2] 1985–1993. – [3] 1992. – [4] Ohne Färöer und Grönland. – [5] Ohne Kanalinseln, Man und Gibraltar. – [6] 1989. – [7] 1991. – [8] Ohne Spitzbergen u. a. arktische Inseln. – [9] Mit Azoren und Madeira. – [10] Russland insgesamt. – [11] Spanien insgesamt.

Halbinseln sind die Skandinavische, die Iberische (Pyrenäenhalbinsel), die Balkan- und die Apenninenhalbinsel. Die Oberflächengestalt des festländ. E. wird im N und NW bestimmt durch die Reste des altpaläozoischen kaledon. Gebirges im W der Skandinav. Halbinsel und in Teilen der →Britischen Inseln sowie durch die Ebenen und Bergländer im Bereich des präkambr. →Baltischen Schilds. Auf der Skandinav. Halbinsel hat das Gebirge in W-Norwegen durch reiche Vergletscherung und tief eingeschnittene Fjorde teilweise alpinen Charakter. – Die ausgedehnte Osteurop. Ebene (Russ. Ebene), die im N weithin von eiszeitl. (glazialen) Ablagerungen, im S von Löss bedeckt ist, geht im W ohne scharfe Grenze in das mitteleurop., an Ost- und Nordsee angrenzende Tiefland über.

Die vielgestaltigen Mittelgebirgsräume West- und Mittel-E.s umfassen die Reste des jungpaläozoischen varisk. Gebirges und aus mesozoischen Sedimenten bestehende Schichtstufenländer (das Schichtstufenland im SO-Teil Englands, das frz. Schichtstufenland mit dem Pariser Becken, das Schwäbisch-Fränk. Schichtstufenland), Beckenlandschaften und Einbruchssenken wie den Oberrheingraben sowie Erscheinungen des tertiären und quartären Vulkanismus. Während des Pleistozäns trugen die höheren Mittelgebirge Lokalvergletscherungen, im periglazialen Bereich entstanden Hangschuttdecken und Blockmeere, am Gebirgsrand bildeten sich Lössdecken (äol. Ablagerungen). Die varisk. Gebirge erstrecken sich vom Zentralmassiv nach NW über die Bretagne (Amorikan. Gebirge) nach SW-England und N-Spanien (Galizien) sowie über Vogesen, Schwarzwald, Rhein. Schiefergebirge, Harz, Thüringer Wald, Bayer. Wald und Erzgebirge nach NO zu den Sudeten. – Auch der Ural ist aus der varisk. Gebirgsbildung hervorgegangen.

Europa: Berge

Name	Staat	Höhe
Montblanc	Frankreich/Italien	4807 m ü.M.
Dufourspitze (Monte Rosa)	Schweiz	4637 m ü.M.
Matterhorn	Schweiz/Italien	4478 m ü.M.
Gran Paradiso	Italien	4061 m ü.M.
Großglockner	Österreich	3798 m ü.M.
Mulhacén	Spanien	3478 m ü.M.
Ätna	Italien	3340 m ü.M.
Zugspitze	Deutschland	2962 m ü.M.
Olymp	Griechenland	2917 m ü.M.

Zw. der Mittelgebirgszone und dem Nordsaum des Mittelmeers erheben sich die jungen (tertiären) Faltengebirge der Betischen Kordilleren (in Andalusien), der Pyrenäen, der Alpen, der Karpaten und des Balkangebirges, des Apennins sowie des Dinar. Gebirges, das sich in W-Griechenland über den Pindos, die Gebirge des Peloponnes und Kreta bis Rhodos fortsetzt.

Europa: Flüsse

Name	Länge in km	Einzugsgebiet in 1000 km²	Einmündungsgewässer
Wolga	3531	1360	Kaspisches Meer
Donau	2850	817	Schwarzes Meer
Dnjepr	2200	504	Schwarzes Meer
Don	1870	422	Asowsches Meer
Rhein	1320	252	Nordsee
Elbe	1165	144	Nordsee
Weichsel	1047	194	Ostsee
Loire	1020	121	Atlantischer Ozean
Tajo (Tejo)	1007	80	Atlantischer Ozean
Maas	925	49	Nordsee
Ebro	910	84	Mittelmeer
Oder	854*)	119	Ostsee
Rhône	812	99	Mittelmeer
Seine	776	79	Ärmelkanal
Weser (mit Werra)	732	46	Nordsee
Po	652	75	Adriatisches Meer
Garonne	575	85	Golf von Biskaya
Tiber	405	17	Tyrrhenisches Meer
Themse	346	16	Nordsee

*) bis zur Einmündung in das Papenwasser

Neben steilen Hochgebirgsformen, die im Wesentlichen das Ergebnis der pleistozänen Gebirgsvergletscherung sind, finden sich auch Mittelgebirgsformen (z. B. in den Ostkarpaten und im Dinar. Gebirge). In den Alpen gibt es noch heute ausgedehnte Gletscher, in den Pyrenäen einige Karggletscher, sonst nur Eis- und Firnflecken. Die alpid. Faltengebirge umgeben die Poebene, das von Donau und Theiß entwässerte Ungar. Tiefland und das Tiefland der Walachei (an der unteren Donau).

Europa: Seen

Name	Fläche in km²	Seespiegel in m ü.M.	größte Tiefe in m	Abfluss
Ladogasee	17700	5	230	Newa
Onegasee	9720	33	127	Swir
Vänersee	5585	44	100	Götaälv
Vättersee	1912	88	119	Motalaström
Saimaa	1460	76	58	Vuoksi
Inari	1085	114	95	Paatsjoki
Plattensee	591	106	11	Sió
Genfer See	581	372	310	Rhône
Bodensee	538	396	252	Rhein
Gardasee	370	65	346	Mincio
Neusiedler See	276	115	2	Einserkanal
Vierwaldstätter See	114	434	214	Reuss

Bei den Gebirgen O- und NO-Griechenlands dagegen handelt es sich um varisk. Faltengebirgsrümpfe. Das Innere der Iber. Halbinsel wird von der weit gespannten Hochfläche der span. Meseta eingenommen. Die von Gebirgen eingerahmte Meseta bildete sich im Bereich der variskisch gefalteten Iber. Masse, die im Tertiär in Bruchschollen zerbrach; deren bei versch. Hebungsvorgängen schräg gestellte und z.T. gefaltete Deckschichten wurden später zu einer Rumpffläche eingeebnet. – Tätige Vulkane gibt es im Mittelmeerraum (Ätna, Vesuv, Stromboli, Vulcano, Thera), auf der arkt. Insel Jan Mayen (Beerenberg) und in Island (etwa 30 tätige Vulkane).

KLIMA

E. liegt mit Ausnahme des hohen Nordens (arkt. Klima) und des äußersten Südostens an der unteren Wolga (sommerheißes Kontinentalklima) in der gemäßigten Zone. Infolge der zum Atlant. Ozean hin offenen Lage und dank der Wärmetransporte durch Meeresströmungen sowie vorherrschende Westwinde hat E., verglichen mit anderen Erdteilen in gleicher Breitenlage, ein milderes Klima mit ausgeglicheneren Temperaturen. Drei umfangreiche Luftdrucksysteme steuern das Klima: das Islandtief, das Azorenhoch und das jahreszeitlich wechselnde Druckgebiet über Asien (im Sommer ein Wärmetief, im Winter ein ausgedehntes Kältehoch); Letzteres ist von grundlegender Bedeutung für den Unterschied zw. dem Klima Mittel- und Nord-E.s und dem subtropisch-mediterranen Klima jenseits des alpid. Faltengebirgsgürtels.

In der Temperaturverteilung tritt der Einfluss der Luftströmungen deutlich hervor. Im Juli greifen die Isothermen (Linien gleicher Wärme) im O polwärts aus, denn dann erwärmt sich das Binnenland stärker, während im W die ozean. Winde abkühlend wirken. Im Januar aber kommt der Einfluss der südwestl. Winde am stärksten zur Wirkung: Die Isothermen verlaufen in West-E. nordsüdlich, die Durchschnittstemperatur nimmt somit weniger nach N als nach O ab. Die Verteilung des Niederschlags hängt ebenfalls mit den ozean. Winden zusammen. An der atlant. Küste ist die Regenmenge am höchsten, nach O hin wird sie geringer. Im O fällt die Hauptregenzeit auf den Sommer, im W sind die reichlich fallenden Niederschläge über das ganze Jahr verteilt (mit einem Maximum im Herbst oder Frühwinter). Reliefunterschiede beeinflussen in hohem Maße die regionale und lokale Niederschlagsverteilung. Schon geringfügige Erhebungen bewirken örtlich höhere Niederschläge in den Luv- und Niederschlagsarmut in den Leelagen.

Der Einfluss des Atlantischen Ozeans nimmt im Mittelmeergebiet rasch ab. Südeuropa gehört dem warmen Gürtel der gemäßigten Zone – der subtropischen Winterregenzone – an; im Sommer setzt hier eine Trockenzeit mit vorherrschend nördl. Winden (Etesien) ein.

PFLANZENWELT

Pflanzengeographisch bildet E. die Westflanke des euras. Kontinents im Bereich der →Holarktis und damit das Gegenstück zu Ostasien. Es steht aber hinter diesem an Artenreichtum und Üppigkeit der Vegetation weit zurück, weil die arktotertiäre Flora der letzten Eiszeit durch die Querriegel der großen Faltengebirge (z. B. Alpen) am Rückzug nach S gehindert und damit zum größten Teil vernichtet wurde. Die Vegetationsgliederung ist bestimmt durch die Wärmezunahme von N nach S und den Übergang von ozean. zu kontinentalem Klima von W nach O. Die *arkt. Florenregion,* die →Tundra, umfasst von N-Norwegen ostwärts einen allmählich breiter werdenden Küsten-

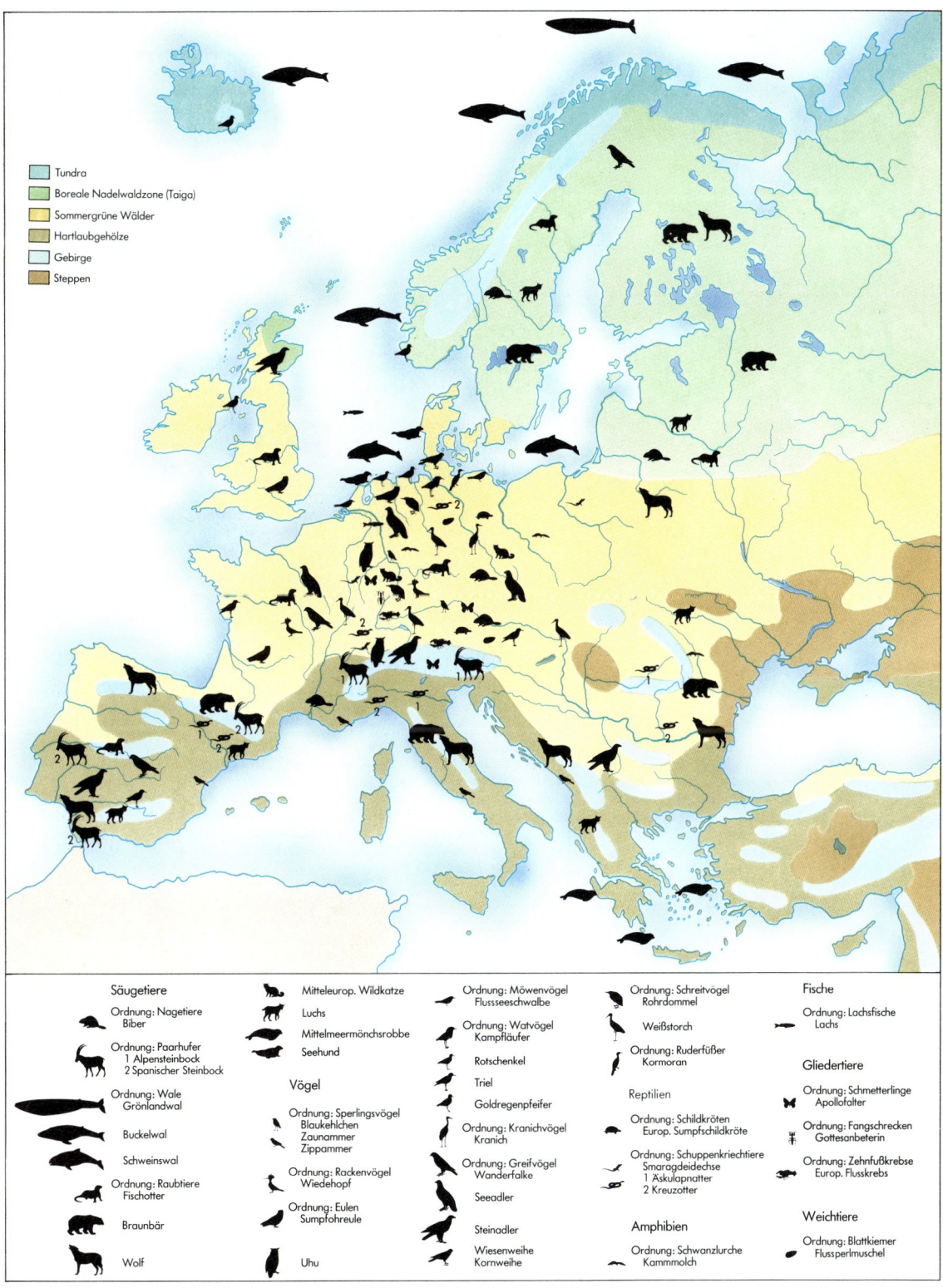

Tundra

Boreale Nadelwaldzone (Taiga)

Sommergrüne Wälder

Hartlaubgehölze

Gebirge

Steppen

Säugetiere

Ordnung: Nagetiere
Biber

Ordnung: Paarhufer
1 Alpensteinbock
2 Spanischer Steinbock

Ordnung: Wale
Grönlandwal

Buckelwal

Schweinswal

Ordnung: Raubtiere
Fischotter

Braunbär

Wolf

Mitteleurop. Wildkatze

Luchs

Mittelmeermönchsrobbe

Seehund

Vögel

Ordnung: Sperlingsvögel
Blaukehlchen
Zaunammer
Zippammer

Ordnung: Rackenvögel
Wiedehopf

Ordnung: Eulen
Sumpfohreule

Uhu

Ordnung: Möwenvögel
Flussseeschwalbe

Ordnung: Watvögel
Kampfläufer

Rotschenkel

Triel

Goldregenpfeifer

Ordnung: Kranichvögel
Kranich

Ordnung: Greifvögel
Wanderfalke

Seeadler

Steinadler

Wiesenweihe
Kornweihe

Ordnung: Schreitvögel
Rohrdommel

Weißstorch

Ordnung: Ruderfüßer
Kormoran

Reptilien

Ordnung: Schildkröten
Europ. Sumpfschildkröte

Ordnung: Schuppenkriechtiere
Smaragdeidechse
1 Äskulapnatter
2 Kreuzotter

Amphibien

Ordnung: Schwanzlurche
Kammmolch

Fische

Ordnung: Lachsfische
Lachs

Gliedertiere

Ordnung: Schmetterlinge
Apollofalter

Ordnung: Fangschrecken
Gottesanbeterin

Ordnung: Zehnfußkrebse
Europ. Flusskrebs

Weichtiere

Ordnung: Blattkiemer
Flussperlmuschel

Europa: Gefährdete oder vom Aussterben bedrohte Tiere (Auswahl)

Europa: Onegasee mit der Insel Kischi in Karelien

saum am Nordpolarmeer einschließlich aller dort liegenden Inseln. Das arkt. Gebiet geht südwärts in eine Zone über, in der neben rein arkt. auch alpine Florenelemente auftreten. Die polare Waldgrenze wird im ozean. W durch eine bis zur Halbinsel Kola reichende Birkenwaldzone geprägt. Weiter östlich stößt die Tundra unmittelbar an die Zone des borealen Nadelwaldes, der innerhalb E.s fast ganz Norwegen, Schweden, Finnland und den N Russlands bedeckt. Vorherrschende Bäume sind Kiefer und Fichte. Erst im NW Russlands kommen Lärche und Arve hinzu, der Wald nimmt den Charakter der sibir. →Taiga an. Die Nadelwälder des N kehren in der montanen Nadelwaldstufe der mittel- und südeurop. Gebirge wieder und haben mit diesen viele Florenelemente gemeinsam (→Alpen). Der südl. Teil des europ. Waldgebietes ist als breite Laubwaldzone entwickelt. Sie bedeckt ganz West- und Mittel-E. Im O wird sie durch das bis in das Ungar. Tiefland vordringende zentralasiat. Steppengebiet eingeengt. Im Westen E.s, der *atlant. Florenregion*, herrschen Eichen-Birken-Wälder vor. Kennzeichnend sind weiter ausgedehnte Heiden sowie große Hochmoore. In der *mitteleurop. Florenregion*, die auch den größten Teil Dtl.s umfasst, sind Buchenwälder sowie Buchen-Eichen-Hainbuchen-Wälder mit Beimengung weiterer Laubhölzer (z. B. Ahorn, Ulme, Linde) bestimmend. Im kontinentalen Osten verarmt der Wald an Arten. Die Buche z. B. hat ihre Ostgrenze schon im W Russlands. Die nur noch schmale reine Laubwaldzone am Rand der Steppe besteht aus Eichenwäldern. Sie geht mit einem breiten Mischwaldgürtel in das Nadelwaldgebiet über. Im vom Wiener Becken bis zum Balkan reichenden pont. Waldbereich dominieren Zerreiche, Silberlinde und Hopfenbuche sowie die Schwarzkiefer. Das pont. Steppengebiet beginnt etwa südlich der Linie Kiew–Tula–Ufa und reicht bis zum Schwarzen Meer, dem Kaukasus und der Halbwüste der Kasp. Senke. – Die Länder um das Mittelmeer, seine Inseln und die südl. Krim gehören dem *mediterranen Florengebiet* an (→Mittelmeerraum).

TIERWELT

Die Tierwelt E.s gehört, von den nördlichsten Teilen abgesehen, zur paläarkt. Region des Faunenreiches *Arktogaea,* das Nordamerika, E. und Asien umfasst. Abhängig von den Vegetationsformen spiegelt sie die klimat. Verhältnisse wider. Erdgeschichtlich gesehen ist die Fauna im Ganzen jung, da durch die pleistozänen Eiszeiten die ursprüngl. Tierwelt nach S verdrängt

oder ausgerottet wurde und erst mit dem Zurückweichen des Eises eine erneute Besiedlung, v. a. von S und SO her, einsetzen konnte. Wesentlich hat in den ursprüngl. Bestand der Mensch eingegriffen, unmittelbar durch Jagd, Fischerei und Vernichtung von tier. Feinden, sehr viel stärker aber noch mittelbar durch Wandlung der Urlandschaft in Kulturlandschaft, die vielen Tieren die Lebensmöglichkeiten nahm und nur wenigen über weite Gebiete hin gleichmäßig günstige Bedingungen schuf.

An die Gebiete nördlich der Baumgrenze, die mit Rentier, Vielfraß, Lemming u. a. tiergeographisch zur Arktis gehören, schließt sich, nach S bis zur Kette der großen Gebirge reichend, die *europ. Provinz der paläarkt. Region* an: mit Elch, Hirsch und Reh, kleinen Raubtieren wie Fuchs, Dachs, Marder und Iltis, zahlr. Nagern wie Mäuse, Hamster, Eichhörnchen, Hasen, Haselmaus und Schläfer der Gattung Myoxus, ferner Igel, Maulwurf, Spitzmäuse und Fledermäuse. Die größeren Raubtiere wie Wolf, Luchs und Bär finden sich fast nur noch in Rückzugsgebieten. Unter den Vögeln sind Singvögel, Eulen und Greifvögel, in den seenreichen Flachländern und an den Meeresküsten Stelz- und Watvögel, Enten, Gänse und Schwäne sowie Möwen und Seeschwalben zahlr. vertreten – die Sumpf- und Wasservögel aber fast ausnahmslos in schnell abnehmender Zahl. – Die Tierwelt der drei südeurop. Halbinseln gehört der *mediterranen Provinz der paläarkt. Region* an (→Mittelmeerraum).

Europa: Lyngenfjord in Norwegen

BEVÖLKERUNG

E. ist die Heimat der Europiden. Die Einwohnerzahl stieg von (1650) 100 Mio. über (1750) 140 Mio., (1800) 187 Mio., (1850) 266 Mio., (1900) 403 Mio., (1913) 468 Mio., (1960) 566 Mio., (1970) 640 Mio., (1980) 648 Mio., (1985) 661 Mio., (1990) 673 Mio. auf (1994) 681 Mio.; die bevölkerungsreichsten Staaten sind – abgesehen von Russland – Dtl., Italien, Großbritannien und Nordirland, Frankreich, Spanien und Polen. E. hat mit (1994) 69 Ew. je km^2 nach Asien die zweithöchste Bev.-Dichte aller Erdteile. Die räuml. Verteilung der Bev. ist sehr unterschiedlich. Mit Ausnahme der flächenmäßig kleinen Länder (Vatikanstadt, Monaco, San Marino, Malta) haben die Niederlande (357 Ew. je km^2) und Belgien (324 Ew. je km^2) die höchste Dichte. Bes. in den Industriegebieten Dtl.s, der Niederlande, Belgiens, Frankreichs, Englands und N-Italiens treten Ballungsräume hervor, die eine Bev.-Dichte von rd. 1 000 Ew. je km^2 aufweisen (→Ballungsgebiet). Am dünnsten besiedelt ist Island (2 Ew. je km^2).

Zu den *Bevölkerungsbewegungen* in der Neuzeit gehören die Flucht von Hugenotten v. a. in die Mark

Brandenburg, nach Hessen und in andere dt. Kleinstaaten sowie von Salzburger Protestanten nach Ostpreußen. Bis in das 20. Jh. hielt die →Auswanderung
aus den übervölkerten Ländern E.s in die neu erschlossenen Überseegebiete (bes. nach Nord- und Südamerika) an. Mit der Industrialisierung ergaben sich neue
Bev.-Wanderungen, z. B. aus Polen ins Ruhrgebiet und
von S- nach N-Italien. Die beiden Weltkriege und deren Folgen zwangen viele Menschen, ihre Heimat auf-
zugeben. So kam es nach 1920 zw. Griechenland, der
Türkei und Bulgarien zu einem erzwungenen Bev.-
Austausch von etwa 2 Mio. Menschen.

Zw. 1933 und 1945 wurden über 5 Mio. Juden in Dtl.
und in den während des Zweiten Weltkriegs von Deut-
schen besetzten Gebieten vernichtet oder vertrieben.
Über 300 000 Juden wanderten nach dem Krieg nach
Israel aus. Ende des Zweiten Weltkriegs und in der
Zeit danach kam es zur →Vertreibung von 11,958 Mio.
Deutschen aus den ehemaligen dt. Ostgebieten und
den angrenzenden Staaten des östl. Mittel-E. sowie
Ost- und Südost-E.s. Zugleich wanderten etwa 5 Mio.
Polen aus den an die UdSSR gefallenen ostpoln. Ge-
bieten in die ehemals dt. Provinzen ein. Erhebliche,
zum Teil zwangsweise Umsiedlungen gab es auch in
der UdSSR (2 Mio. Ukrainer und Weißrussen gelang-
ten in die ehemals poln. Gebiete oder nach Sibirien).
Aus den ehemals finn. Gebieten wurden über 400 000
Menschen nach Finnland, aus den balt. Ländern
Esten, Letten und Litauer nach Innerrussland umge-
siedelt. Innerhalb Dtl.s gab es bis zum 13. 8. 1961 (Bau
der Berliner Mauer) eine Ost-West-Wanderung:
Über 3 Mio. Menschen kamen aus dem Gebiet der
DDR in das der BRD.

Die Entlassung der einstigen Kolonien in die Unabhängigkeit veranlasste nach dem Zweiten Weltkrieg
etwa 300 000 Niederländer in Indonesien zur Rückkehr in die Niederlande und 1,5 Mio. Franzosen zum
Verlassen N-Afrikas. Außerdem setzte eine beträchtl.
Einwanderung von Nichteuropäern aus Übersee ein.
Nach Großbritannien gelangten etwa 620 000 Personen aus der Karibik, etwa 430 000 aus Indien, etwa
240 000 aus Pakistan, etwa 180 000 Menschen asiat.
Herkunft aus Afrika und 110 000 Schwarzafrikaner.

Seit Ende der 1950er-Jahre spielen in der Bev.-Zu-
sammensetzung einiger westl. Industriestaaten E.s
auch die ausländ. Arbeitnehmer eine Rolle. Im vereinten Dtl. leben ca. 5,5 Mio. Ausländer. Die Zuwanderung Asylsuchender wurde gesetzlich eingeschränkt;
Dtl. nahm darüber hinaus eine große Zahl von Spät-
aussiedlern aus Ost-E., insbesondere aus Russland,
auf, seit Ende der 80er-Jahre rd. 2 Mio. Bedeutende
Wanderungen verursachten die Auflösung der Sowjetunion (insgesamt rd. 5 Mio. Personen) und die gewaltsame Vertreibung und Umsiedlung im ehem. Jugoslawien. Derzeit wandern durchschnittlich 850 000
Menschen pro Jahr ins westl. E. ein.

RELIGION

Die in Europa vorherrschende Religion ist das Christentum; die Christianisierung E.s war im Wesentlichen Ende des 1. Jt. abgeschlossen (→Mission). Die islam. Gemeindegründungen in E. haben ihre Wurzeln
in der osman. Eroberung Südost-E.s im 14.–16. Jh.
und in der Migration aus islam. Ländern in der zweiten
Hälfte des 20. Jh. – Heute (1994) bekennen sich
nach Schätzungen rd. 82 % der Bev. Europas (ohne
Russland) zum *Christentum*: rd. 52 % gehören der
kath. Kirche an, rd. 14,5 % luther. und ref. Kirchen, rd.
7 % orth. Kirchen, rd. 6,5 % der anglikan. Kirche und
rd. 2 % anderen prot. Kirchen und Gemeinschaften.
Katholiken bilden die Bev.-Mehrheit in Süd-E., in einigen Staaten West-E.s (Belgien, Frankreich, Luxemburg, Irland), in Kroatien, Litauen, Polen, Österreich,
Slowenien, in der Slowak. Rep., der Tschech. Rep.

Europa: Pferdezucht in der Puszta Hortobágy, Ungarn

und in Ungarn, Lutheraner in Nord-E., orth. Christen
in Südost- und Ost-E. (Moldawien, Weißrussland,
Ukraine). Konfessionell gemischte Bevölkerungen
mit etwa gleich großen Anteilen kath. und prot. Christen haben Dtl., die Niederlande, Lettland und die
Schweiz. Rd. 2,5 % der europ. Bev. bekennen sich zum
Islam, der in Albanien die Religion der Bev.-Mehrheit
ist und dem (z. T. größere) Teile der Bev. in Bosnien-
Herzegowina (44 %), Bulgarien (10 %), Griechenland
(1,5 %), der Bundesrepublik Jugoslawien (17 %; v. a. im
Kosovo), Makedonien (30 %) und in Rumänien (1 %)
angehören. Die größten durch Migration entstandenen islam. Gemeinschaften bestehen in Dtl., Frankreich und Großbritannien. Von den rd. 1,76 Mio. *Juden* E.s leben 600 000 in Frankreich, rd. 300 000
in Großbritannien und rd. 450 000 in der Ukraine.
Weitere nichtchristl. religiöse Minderheiten bilden
die *Hindus* in Großbritannien (rd. 410 000) und in
den Niederlanden (rd. 100 000), rd. 237 000 *Sikhs*
(fast ausschließlich in Großbritannien), rd. 280 000
Buddhisten und über 90 000 *Bahais*. Rd. 14,5 % der
Europäer sind konfessionslos, worunter sich eine
Minderheit als Atheisten bezeichnet. – In Russland
(einschließlich seines asiat. Teils) fühlen sich rd. 56 %
der Bev. der russisch-orth. Kirche verbunden; rd. 7 %
bekennen sich zum Islam und etwa ein Drittel bezeichnet sich als nichtreligiös; eine Minderheit bilden die
rd. 600 000 Juden.

Europa: Niedere Tatra mit dem schneebedeckten Berg Ďumbier
im Hintergrund, Slowakische Republik

SPRACHEN

Die in E. (bis zum Ural, einschließlich des Kaukasusgebiets) gesprochenen Sprachen gehören überwiegend (zu rd. 95%) der indogerm. Sprachfamilie an, v.a. den großen Gruppen der →germanischen Sprachen, der aus dem Lateinischen hervorgegangenen →romanischen Sprachen und der →slawischen Sprachen. Zu den indogerman. Sprachen zählen auch die →albanische Sprache, das Griechische (→griechische Sprache, →neugriechische Sprache), die →keltischen Sprachen, die →baltischen Sprachen, das Armenische, die →jiddische Sprache und das →Romani. In E. gesprochene Sprachen nichtindogerm. Ursprungs sind das Baskische (→baskische Sprache und Literatur), die →finnougrischen Sprachen, das Samojedische (→Samojeden), die →Turksprachen, die →kaukasischen Sprachen, das zu den →mongolischen Sprachen zählende Kalmückische sowie das →Maltesische. Trotz ihrer Verschiedenheit und Zugehörigkeit teils zu den flektierenden Sprachen, teils zu den agglutinierenden Sprachen ist allgemein eine Tendenz zum analyt. Sprachbau festzustellen.

WIRTSCHAFT

Die wirtschaftl. Gesamtentwicklung E.s beruht auf einer seit Jahrhunderten gewachsenen Wirtschaftsstruktur mit intensiver Landwirtschaft, industrieller

Europa: Bucht an der Côte d'Azur, Frankreich

Produktion, Ausbau des Dienstleistungsbereichs und weit reichenden internat. Handelsbeziehungen. Der Wiederaufbau Dtl.s nach dem Zweiten Weltkrieg mithilfe des Marshallplans und seiner Kapitalzuflüsse wurde unterstützt durch die Liberalisierung des europ. Handels, was zu anhaltendem Wirtschaftsaufschwung führte. Die wirtschaftl. Zusammenarbeit in Teilen E.s wurde verstärkt durch die Gründung der →Europäischen Gemeinschaft für Kohle und Stahl, der →Europäischen Wirtschaftsgemeinschaft und der →Europäischen Freihandelsassoziation sowie der →Organisation für wirtschaftliche Zusammenarbeit und Entwicklung. Die Voraussetzungen für das weitere Zusammenwachsen des westeurop. Wirtschaftsraumes, die weitgehende Koordinierung der Währungspolitik und Konvertibilität der Währungen, wurden mit der Europ. Zahlungsunion, dem →Europäischen Währungssystem und der Europ. Wirtschaftsunion geschaffen. Die Ostblockstaaten arbeiteten

1949–91 im →Rat für gegenseitige Wirtschaftshilfe zusammen. Der Zusammenarbeit zw. West und Ost dient seit 1947 die Wirtschaftskommission für E. der Vereinten Nationen. E. verfügt mit einem Bruttosozialprodukt von rd. 4000 Mrd. US-$ noch vor Nordamerika über das wichtigste Wirtschaftspotenzial der Erde.

Die *Landwirtschaft* E.s ist hoch entwickelt. Der Anteil der landwirtschaftlich genutzten Fläche an der Gesamtfläche ist jedoch rückläufig. Rd. 30% der Gesamtfläche werden ständig landwirtschaftlich genutzt, 40% sind Wald. Dem Anbau feindlich sind der hohe Norden, im O die Kasp. Niederung, die schmalen Gipfelregionen der Hochgebirge sowie einige Gebiete der Pyrenäen- und der Balkanhalbinsel. In den Trockengebieten wird in größerem Umfang Bewässerungswirtschaft betrieben. Entsprechend der klimat. Abstufung von N nach S ergibt sich eine Folge von Anbauzonen mit immer anspruchsvolleren und vielfältigeren Gewächsen, von der Sommergerstenzone im N, die an die durch Rentierzucht genutzte arkt. Zone anschließt, über die Hafer-, Roggen- und Kartoffelzone Nord-Dtl.s, Polens und Mittelrusslands, die im S in eine intensive Mischzone mit Hackfrüchten, Obst- und Industriepflanzen übergeht, zur Weizen-, Mais- und Weinbauzone, die von Frankreich über Oberitalien und den Donauraum zu S-Russland reicht und schließlich zur mediterranen Zone mit Reb-, Zitrus- und Ölbaumkulturen sowie Korkeichenbeständen.

Die *Viehwirtschaft* wird in den feuchtkühlen Gebieten (Brit. Inseln, Bretagne, Niederlande, Dänemark, Nord-Dtl. u.a.) und in den Hochgebirgen (hier z.T. als Almwirtschaft) v.a. mit Rindern betrieben. In den trockenen Gebirgen in O und S E.s dominieren Schaf- und Ziegenhaltung.

Seit dem Zweiten Weltkrieg hat die europ. Landwirtschaft erhebl. Produktivitätssteigerungen erzielen können, v.a. durch die zunehmende Mechanisierung, die damit verbundene starke Verringerung des Anteils der in der Landwirtschaft Beschäftigten und den Einsatz von Kunstdünger. Sie unterliegt jedoch in fast allen Ländern wirtschaftspolit. Interventionen der Regierungen sowie Agrarmarktregulierungen in der Europ. Wirtschaftsunion (→Agrarpolitik).

Forstwirtschaft: Trotz Waldverwüstung in Süd-E. seit Jahrtausenden und der schon jahrhundertealten Waldnutzung in Mittel- und West-E. erlauben die noch immer großen Waldreserven eine forstwirtschaftl. Nutzung. Die Grundlage bilden nicht nur die Gebirgswälder im zentralen Teil E.s, sondern v.a. die große nördl. Waldzone in Skandinavien und N-Russland, wo sich viele Betriebe der Holz- und Zellstoffindustrie ansiedelten. In allen Ländern, auch in den waldarmen südl. Gebieten, wird die Wiederaufforstung intensiv betrieben. Ein ungelöstes Problem stellen die durch Umweltbelastungen hervorgerufenen Waldschäden dar.

Die *Fischerei* wird im Wesentlichen als Seefischerei betrieben, und zwar in Nordsee und N-Atlantik bis Island und zum Nordpolarmeer (v.a. auf Hering, Kabeljau, Schellfisch), in der Ostsee (Hering, Flunder, Lachs) sowie vor den Küsten des Mittelmeeres (Thunfisch, Sardine) und des Schwarzen Meeres (Stör).

Die *Bodenschätze* E.s werden z.T. schon seit dem Altertum genutzt. Viele Lager sind inzwischen erschöpft oder von außereurop. Vorkommen in ihrer Bedeutung überholt worden, so bei Zinn, Gold, Silber und Kupfer. Groß sind noch die Steinkohlenlager in England, Belgien, N-Frankreich, im Saarland und Ruhrgebiet, in Oberschlesien, im Donezrevier und in N-Spanien. Sie werden ergänzt durch reiche Braunkohlelager, bes. in Mittel-Dtl., Böhmen und Mittelrussland. Größere Eisenerzlager befinden sich in

N-Schweden, Lothringen, England, S-Russland, West-Dtl. und N-Spanien. Die Kohleförderung im westl. E. musste infolge der Konkurrenz von amerikan. Kohle sowie von Erdöl eingeschränkt werden. Zechenstilllegungen führten und führen in vielen Revieren zu erheblichen wirtschaftl. Anpassungsproblemen. Auch die Eisenerzlager gestatten meist keine rentable Förderung mehr, da Erze mit höherem Eisengehalt aus Übersee billiger importiert werden können. Weitere wichtige Bodenschätze sind Kalisalze (Dtl., Frankreich), Quecksilbererz (Spanien, Italien), Bauxit (Frankreich, Jugoslawien, Ungarn, Portugal), Schwefel- und Kupferkies (Spanien, Skandinavien, Italien, Portugal), Blei-Zink-Erze (Jugoslawien, Spanien, Polen, Ukraine, Russland), Nickelerze (Skandinavien, Ukraine), Manganerz (Ukraine), Wolframerz (Portugal), Chromerz (Griechenland, Jugoslawien), Magnesit (Österreich, Jugoslawien), Kobalterz (Finnland) sowie kleinere Mengen an Uranerz (Frankreich, sächsisch-böhm. Erzgebirge). Die Buntmetallverhüttung beruht heute vorwiegend auf eingeführten überseeischen Erzen. Die wichtigsten Erdölvorkommen besitzen Norwegen, Großbritannien und Russland; die Gewinnung in Dtl., Österreich u. a. Ländern spielt dagegen eine untergeordnete Rolle. E. verfügt auch über größere Erdgasvorräte, bes. in Italien, der Ukraine, Frankreich, in den Niederlanden und Nordwest-Dtl. sowie im Bereich der Nordsee.

Energiewirtschaft: Trotz eines starken Anstiegs der Förderung von Erdöl und -gas in Großbritannien, Norwegen und den Niederlanden übersteigt der Energieverbrauch v. a. im westl. E. die Eigenproduktion. Rohöl und Erdgas werden u. a. aus den Nahostländern, Mittelamerika und Russland (Westsibirien) eingeführt. Als Energiebasis dienen trotz des verstärkten Einsatzes von Kernkraftwerken die Steinkohlevorräte, die etwa 600 Mrd. t betragen. In den Hochgebirgen (Alpen, Pyrenäen) werden die Wasserkräfte für die Stromerzeugung genutzt. Der Anteil der Kernenergie an der Stromerzeugung ist sehr unterschiedlich, z. B. (1993) 77,3 % in Frankreich und 5,1 % in den Niederlanden. Rohrleitungssysteme für Erdöl und Erdgas sorgen für die Verfügbarkeit von Energie in abgelegeneren Gebieten und haben zu Strukturveränderungen, z. B. im bayer. Raum und in den Ostblockstaaten, beigetragen. Verbundsysteme für Strom schaffen und sichern ein ausgedehntes Versorgungsnetz in Mitteleuropa.

Industrie: E. zählt neben Nordamerika und Japan zu den wichtigsten Industrieregionen der Erde. Die

Europa: Lough Corrib im Westen der Republik Irland

Standorte industrieller Produktion wurden von den wirtschaftl. Gegebenheiten in den europ. Ländern bestimmt, sodass sich auf der Basis der vorhandenen Rohstoffe, der Arbeitskraftreserven und der Verbrauchskraft in den versch. Volkswirtschaften unabhängige Industriezentren entwickelten. Diese nat. Reviere verschmolzen schließlich bei ständig zunehmender Arbeitsteilung zu einem Kerngebiet, das seitdem die Weltwirtschaft über Jahrzehnte in ihrer Entwicklung bestimmte. Auf der Grundlage von Kohle und Eisen entstanden Zentren der Grundstoffindustrie. Kerngebiet ist die hoch industrialisierte Zone, die sich von Großbritannien über N- und O-Frankreich, die Beneluxländer, West-, Süd- und Mittel-Dtl. sowie die N-Schweiz nach Böhmen und S-Polen erstreckt, mit weiteren Schwerpunkten in N-Spanien, Mittelfrankreich, N-Italien und Mittelschweden. In Ost-E. entstanden Industrieballungen im Moskauer Zentralraum, im Donezbecken und im Südural. Zentren für die Verarbeitungs- und Konsumgüterindustrie bildeten sich bei den großen Verbrauchsgebieten wie London, dem Pariser Becken, dem Rhein-Main-Neckar-Gebiet, dem oberital. Raum, Berlin und dem mitteldt. Industriegebiet sowie im Raum von Moskau. Die nach dem Zweiten Weltkrieg in erhebl. Umfang erweiterte Eisen- und Stahlproduktion erfuhr aufgrund der asiat. Konkurrenz zunehmend eine Rationalisierung und zugleich Spezialisierung. Einen großen Aufschwung

Europa: links Der Südosten der Insel Euböa, Griechenland; rechts Der Ätna im Nordosten Siziliens

nahm die chem. Industrie mit den versch. Formen der Kunststoffherstellung und -verarbeitung. In der Verarbeitungsindustrie sind alle Sparten von der Metall-, Maschinenbau- und Elektroindustrie bis zur Textil- und sonstigen Konsumgüterindustrie vertreten. Die Kraftfahrzeugherstellung, Elektrotechnik und Investitionsgüterproduktion nehmen innerhalb der Industrieproduktion eine wichtige Stellung ein. Die Hauptproduzenten sind Dtl., Großbritannien, Frankreich und Italien. Die Produktion von elektrotechn. und elektron. Anlagen steht ebenfalls auf einem hohen Stand.

In allen europ. Ländern ist der Anteil der Industrie (einschließlich Bauwirtschaft) an der Erbringung des Sozialprodukts hoch. In einigen Ländern hat seit Mitte der 70er-Jahre der Anteil der Dienstleistungen überproportional zugenommen, wodurch der wirtschaftl. Strukturwandel von hoch entwickelten Industriegesellschaften zu Dienstleistungsgesellschaften bes. zum Ausdruck kommt.

Außenwirtschaft: E. (einschließlich der Nachfolgestaaten der UdSSR) ist mit 47 % am Welthandel beteiligt (davon westl. E. 38 % und Ost-E. 9 %). Dieser hohe Anteil wird v. a. durch den intensiven Handel innerhalb der westl. Länder bestimmt (56 % ihres Gesamthandels). Der Handel mit Entwicklungsländern beruht noch zu einem großen Teil auf der Einfuhr von Rohstoffen und der Ausfuhr von Fertigwaren, bes.

Europa: Nazaré an der Küste von Estremadura, Portugal

Maschinen und Kraftfahrzeugen. Die Transformation in Ostmittel- und Ost-E. hemmt noch immer den Ost-West-Handel, weil die Industrieprodukte der Transformationsstaaten nur bedingt konkurrenzfähig sind. Die Verfügbarkeit relativ billiger Arbeitskräfte ließ dort aber Zweigwerke westeurop. Firmen entstehen, deren Erzeugnisse mit der Produktion ostasiat. Billigländer konkurrieren.

VERKEHR

Im Binnenverkehr wirkte die räuml. Verteilung wichtiger Rohstoffe und die damit verbundene, auf eng umrissene Standortbereiche konzentrierte Schwerindustrie bestimmend auf die Gestaltung der Verkehrsnetze ein. Die industriellen und bevölkerungsmäßigen Schwerpunkte führten zu Verdichtungen des Verkehrsnetzes.

Die Eisenbahn ist noch immer ein wichtiger Verkehrsträger bes. für den Güterverkehr. Neben dem Abbau von Nebenlinien im Zuge von Rationalisierungsmaßnahmen gibt es Neubauten nur noch in

Randgebieten und bei der Trassierung für Hochgeschwindigkeitszüge. Innereurop. Fahrplankonferenzen stimmen die nat. Fahrpläne ab. Die Zusammenarbeit im Personen- und Güterverkehr wird durch die gemeinsame Nutzung von Güterwagen ergänzt. Der Containerverkehr u. a. Spezialverkehre gewinnen immer mehr an Bedeutung.

Die Binnenschifffahrt ist v. a. für Massengüter wichtig. Ihr Zentrum ist der Rhein mit der Verbindung nach Rotterdam, Antwerpen, Amsterdam. Den Anschluss an das mitteleurop. Netz bringt der Mittellandkanal, an das lothring. Industriegebiet der Moselkanal. Der Rhein-Main-Donau-Großschifffahrtsweg stellt eine Verbindung zum südosteurop. Wasserstraßensystem her.

Der Kraftwagen hat eine überragende Stellung als Verkehrsträger. Die Verkehrsdichte ist bes. im Westen hoch. Die Zahl der Einwohner je Pkw schwankt zw. 65 in der Türkei und 2 in Dtl. Das Straßennetz wird ständig erweitert, das Europastraßennetz ausgebaut. Wichtige Verkehrsverbindungen wurden geschaffen (Montblanc- und Felbertauerntunnel, Oosterschelde- und Fehmarnsundbrücke, Europabrücke der Brennerautobahn, Eurotunnel).

Der Seeschifffahrt bieten die buchtenreichen Küsten mit günstigen Wassertiefen sehr gute Voraussetzungen, sodass sich E. einen zentralen Platz im interkontinentalen Schiffsverkehr erhalten kann. Eine Reihe von Seehäfen bilden die Knotenpunkte zum festländ. Verkehr, wobei die dem industriellen Kerngebiet am nächsten gelegenen Häfen die verkehrsreichsten sind (z. B. Rotterdam, Hamburg, Antwerpen, London, Liverpool, Bremen). Wichtige Häfen am Mittelmeer sind Genua, Marseille, Barcelona und Piräus, am Schwarzen Meer Odessa und Warna.

Auch in der Luftfahrt weist der mittel- und westeurop. Raum die größte Netzdichte auf. London, Paris, Frankfurt am Main und Zürich sind wichtige Knotenpunkte des kontinentalen und interkontinentalen Luftverkehrs. Größte wirtschaftl. Bedeutung kommt dem Nordamerikaverkehr zu.

GESCHICHTE

Zu den Zeiträumen der Vorgeschichte →Altsteinzeit, →Bronzezeit, →Eisenzeit, →Jungsteinzeit, →Mittelsteinzeit; zur Vorgeschichte der europ. Großräume →Britische Inseln, →Iberische Halbinsel, →Mitteleuropa, →Mittelmeerraum, →Nordeuropa, →Osteuropa, →Südosteuropa, →Westeuropa.

Antike Grundlagen

Der etymologisch nicht zweifelsfrei gedeutete Name E., griechisch-semit. Ursprungs, bezeichnete zu Homers Zeit das mittlere Griechenland. Später begegnet er in Makedonien und Thrakien als Orts- und Gebietsbezeichnung (bis zum Ausgang der Antike; seit Diokletian hieß eine Provinz der thrak. Diözese E.). Der Geograph Hekataios von Milet kannte jedoch im 6. Jh. v. Chr. bereits die beiden Erdteile Asien und E. Bei Herodot findet sich dann die Dreiteilung der Erde in Asien, E. und Libyen (= Afrika). Die Kenntnis von E. war zunächst im Wesentlichen auf die Balkanhalbinsel, die europ. Schwarzmeerküste und im Westen auf das griech. Kolonisationsgebiet (Sizilien, Italien, die gall. und span. Mittelmeerküste) beschränkt. Mittel- und Nord-E. waren Herodot noch weitgehend unbekannt. Erst in der Zeit des Hellenismus wurden durch die Nordfahrt des Pytheas von Massalia (um 300 v. Chr.) und das Werk des Geographen Eratosthenes von Kyrene (3. Jh. v. Chr.) auch diese Bereiche in das geograph. Weltbild einbezogen. In röm. Zeit ist dann allmählich das ganze europ. Festland, einschließlich Skandinaviens und Finnlands, umrisshaft bekannt geworden.

Europa: links Rheintal bei Sankt Goarshausen mit der Burg Neukatzenelnbogen im Vordergrund, Deutschland; rechts Dorf in der Obersteiermark, Österreich

Zu einer ersten Politisierung des Begriffs E. kam es in Auseinandersetzung mit dem Weltherrschaftsanspruch der Perserkönige DAREIOS I. und XERXES I., die neben Asien auch E. ihrer Herrschaft unterwerfen wollten. Den Abwehrerfolg der Griechen erklärten antike Autoren u. a. durch die Theorie der klimatisch bedingten Überlegenheit der Bewohner E.s über die Asiaten, die auch als geistig-moralische verstanden wurde (Schrift des PSEUDO-HIPPOKRATES über die Umwelt, ARISTOTELES). Der Gegensatz zw. E. und Asien wurde im 4. Jh. v. Chr. auch von ISOKRATES und seinen Schülern herausgestellt, trat aber nach der Eroberung Asiens durch ALEXANDER D. GR. wieder in den Hintergrund. Auch in der Geschichte des republikan. Rom spielte er keine wesentl. Rolle. Die Römer übernahmen zwar von ALEXANDER und seinen Nachfolgern den Anspruch auf die Weltherrschaft, die als Herrschaft über Asien, Afrika und E. verstanden wurde (so bei POMPEIUS), doch erst durch CAESAR (Eroberung Galliens) und AUGUSTUS (Unterwerfung NW-Spaniens, der Alpen und des Alpenvorlandes sowie der Donauprovinzen) wurde das Röm. Reich in E. zu einer zusammenhängenden Landmasse, sodass ein östl. Provinzen Roms im W und N ein Block röm. Gebiets gegenübertrat, der an Umfang die asiat. Reichsteile bei weitem übertraf, erst recht, nachdem die Kaiser CLAUDIUS und TRAJAN dem Reich auch noch Britannien (seit 43 n. Chr.) und Dakien (106), das heutige Rumänien, hinzugefügt hatten. Durch eine großzügige Bürgerrechts- und Urbanisierungspolitik wurden die neu erworbenen europ. Provinzen zudem der lat. Sprache und Zivilisation sehr viel stärker erschlossen als der griechisch geprägte Osten. Zugleich wurden dadurch wesentl. Grundlagen für die weitere Entwicklung E.s und seiner Stadtkultur gelegt. Als Folge der röm. Eroberungen finden sich in augusteisch-frühtiberischer Zeit bei dem Historiker LIVIUS, dem Geographen STRABO und dem Dichter MANILIUS Ansätze eines europ. Bewusstseins. Diese wurden jedoch wieder überdeckt durch die Ausgestaltung des Reichsgedankens, der die Einheit der Asien, Afrika und E. umspannenden röm. Welt betonte. Auch durch die Reichsteilungen in der Spätantike erfuhr der E.-Gedanke keine nachhaltige Belebung, da der lat. Westen neben E. auch Afrika umfasste und zum griech. Osten mit der neuen Hauptstadt Konstantinopel (Byzanz) auch Teile von E. gehörten. Erst in der Völkerwanderungszeit begegnet in außerröm. Quellen häufiger der Begriff E. für die nordalpinen Gebiete, in denen sich

damals bereits von Rom unabhängige Germanenstaaten gebildet hatten. Und die Gefolgsleute KARL MARTELLS, des Siegers von Tours und Poitiers (732) über die Araber, sollten dann erstmals als ›Europäer‹ bezeichnet werden. (→Griechenland, Geschichte, →hellenistische Staatenwelt, →römische Geschichte, →Römisches Reich)

Frühmittelalter

Stufenweises Finden neuer Ordnungen nach dem Verfall der Antike (500–800): Durch die Germanen und später die Araber des Kalifenreiches wurde die Kultureinheit der antiken Welt zerbrochen. Das Mittelmeer büßte seine verbindende Funktion ein. In West-Ost-Richtung hielten sich vorerst die kulturell-geistigen Beziehungen der drei Halbinseln Süd-E.s dank des spätantik geprägten Christentums der römisch-griech. Bev., die politischen durch die wenigstens teilweise Wiederherstellung der Oberhoheit des (Oströmisch-)Byzantin. Reiches in Spanien und Italien unter Kaiser JUSTINIAN I. (527–565). Die span. Stützpunkte gingen bald verloren, in Italien konnten Teile behauptet werden. Hier traten jedoch die röm. Päpste stellvertretend und in eigenem Interesse an die Stelle der Exarchen, v. a. mit GREGOR I., der auch einen geistigen Neubeginn einleitete. Erst im 8. Jh. vollzogen die Päpste auch

Europa: Das Lötschental bei Blatten, Kanton Wallis

die polit. Abkehr von Byzanz und die Hinwendung zum westl., germanisch bestimmten Europa.

Die german. Stammländer in Nord-E., der baltisch-finn. Raum und die Gebiete der Slawen, die nach Abzug der Germanen im 5. und 6. Jh. westlich bis zur Linie Elbe–Saale–Ostalpen vorrückten, blieben im vor- und frühgeschichtl. Status. Die Ostgermanen aber gerieten in den Bann der römisch-antiken Kulturwelt, zeitweise in Konfrontation mit dieser und mit dem Christentum als Anhänger des Arianismus mit dem Katholizismus der Einheimischen. Im westgot. Reich in Spanien formten sich manche Wesenszüge der für das MA. charakterist. engen Verbindung von Antike, Germanentum und Christentum früh aus (→ISIDOR VON SEVILLA), doch wurde diese Entwicklung durch den Arabereinbruch 711 jäh abgeschnitten; der Großteil der Iber. Halbinsel war danach für Jahrhunderte ein islamisch beherrschter fremder Teil E.s. Die eigentl. Wegbereiter des abendländ. MA. wurden die westgerman. Franken, die im späten 5. Jh. und frühen 6. Jh. das röm. Gallien unterwarfen, jedoch den Anschluss an ihr Stammland am Niederrhein hielten und auch nach dem german. Mittel-E. ausgriffen, sodass sich trotz des kulturellen Übergewichts des Westens ein fruchtbares Miteinander von Romanen und Germanen entfalten konnte. Vorher empfing das Fränk. Reich jedoch noch durch die iroschott. und die angelsächs. Mission richtungweisende Entwicklungsanstöße. Im kelt. Irland, das weder dem Röm. Reich zugehört hatte noch je von Germanen besetzt war, hatten sich eine bes. intensive Christlichkeit und eine auf antikem Bildungsgut aufbauende selbstständige Kultur entfaltet. Die im 5. Jh. in Britannien eingewanderten westgerman. Angelsachsen andererseits waren als einziges german. Volk direkt von Rom missioniert worden. Vertiefte Religiosität und Romverbundenheit (BONIFATIUS) wurden der Kirche des Fränk. Reiches vermittelt, das so unter PIPPIN D. J. in jenes enge Bündnis mit der röm. Kirche eintreten konnte, das für das mittelalterl. Reich bestimmend wurde, als KARL D. GR. am Weihnachtstag des Jahres 800 die Krönung zum Kaiser erlangte. (→Fränkisches Reich)

Konsolidierung Europas in zwei großen, sich auseinander lebenden Kulturkreisen (800–1050): Mit dem Reich KARLS D. GR., auch ›Regnum Europae‹ gen., war eine große, den Kern West-E.s umfassende polit. Einheit und Hegemonialstellung geschaffen worden. KARL wurde gelegentlich als ›Vater E.s‹ (›Pater Europae‹) gefeiert, doch führte gerade die Erneuerung des weström. Imperiums (›Renovatio imperii Romanorum‹, ›Translatio imperii‹) im fränkisch-röm. Reich dazu, dass der →Europagedanke und im zentralen Begriffen ›Reich‹ und ›Kaisertum‹, ferner →Abendland zurücktrat. Der Einfluss des Fränk. Reiches überdauerte zunächst auch den Zerfall in den Reichsteilungen 843–880, da die Zueinanderordnung der Nachfolgestaaten – Westfränk. und Ostfränk. Reich, Königreich Burgund und die Teilherrschaften in Italien – noch lange lebendig blieb. Durch den Anschluss Italiens (951/962) und Burgunds (1033/34) an den Machtbereich des dt. Regnums, in den für etwa ein Jahrhundert auch das geschwächte Papsttum einbezogen war, wurden die karoling. Nachfolgestaaten auf zwei reduziert: Dtl. und Frankreich. OTTO I., D. GR., leitete 962 durch die Verbindung der dt. Kaiserwürde mit dem im dt. Regnum gewählten König, durch die Erneuerung der Reichsidee KARLS D. GR. eine polit. Vormachtstellung des Hl. Röm. Reiches in E. ein – ein Konzept, über das sich das umfassend europ. gedachte, aber nicht realisierbare Konzept Kaiser OTTOS III. (→Renovatio imperii Romanorum) hinauszuheben suchte.

Das Byzantin. Reich verstand sich noch immer als Verteidiger und Repräsentant der alten Ordnung des Imperium Romanum; zwar hatte es 812 das Kaisertum KARLS D. GR. formell anerkannt, aber der Primatanspruch der röm. Päpste wurde zunehmend als Herausforderung empfunden. Die unter byzantin. Herrschaft gezwungenen Balkanslawen machten sich selbstständig, wobei ihr Übertritt zum Christentum der staatl. Konsolidierung diente. Endgültig blieben jedoch v. a. die Bulgaren kirchlich Konstantinopel zugeordnet. Auf der Höhe der 1. bulgar. Reichsbildung im 10. Jh. forderten sie jedoch Byzanz zum Kampf um die Vorherrschaft in Südost-E. heraus. Unter Kaiser

EUROPA IM SPÄTEN 6. JH.

0   250   500   750   1000 km

BASILEIOS II. erlangte Byzanz bis 1025 infolge seiner strukturellen staatl. Neuorganisation und Ausdehnung byzantin. Einflusses bis in die Randzone der Adria noch einmal Weltgeltung.

Noch gab es bis dahin ein drittes, das heidn. E. Im späten 9. Jh. brachen die Magyaren über die Karpaten in den Donau-Theiß-Raum ein. Sie durchstreiften Mittel-E., bis sie 955 in der Schlacht auf dem Lechfeld besiegt wurden. Mit dem Übergang zur Sesshaftigkeit und dem Übertritt zur röm. Kirche bauten sie ein einheitl. Staatsgebilde im pannon. Raum auf, um noch im 10. und 11. Jh. mit dem Ausgreifen Ungarns nach Kroatien und Dalmatien ein aktives Element in der weiteren geschichtl. Entwicklung Südost-E.s zu werden. Vom N her plünderten seefahrende Germanen, die →Normannen, Küsten und Flusslandschaften. Schwed. →Waräger, von ostslaw. Stämmen gerufen, drängten seit der zweiten Hälfte des 9. Jh. in Russland zur Staatsgründung (Kiewer Reich). 988/989 wurde der Kiewer Staat durch Byzanz christianisiert, wodurch Russland dem byzantin. Kultureinfluss geöffnet wurde. Um 870 setzten sich dän. Normannen in Teilen Englands fest und um 910 norwegische in der Normandie, wo sie Christen wurden. Für Skandinavien (Dänemark seit dem späten 10. Jh., Norwegen seit etwa 1000, Schweden seit dem frühen 11. Jh. christlich) strebte Bremen ein nord. Patriarchat an; 1104 wurde jedoch das Erzbistum Lund errichtet. 1016–42 beherrschten dän. Könige England.

Während der byzantin. Osten nach wie vor den spätantiken bzw. frühbyzantin. Traditionen (Cäsaropapismus, Themenordnung) verhaftet war, hatten sich im lat. Abendland neue gemeinsame Grundstrukturen der Herrschafts- und Sozialverhältnisse (adlige Grundherrschaft, Lehnswesen, abendländl. Ritter- und Mönchtum) ausgebildet, die auch die künftige Entwicklung des westl. E. entscheidend prägten.

Hochmittelalter

Aufbruch und Expansion im Abendland – Beharrung und Stagnation im Osten (1050–1200): Seit der Mitte des 11. Jh. vollzog sich im abendländl. Westen E.s ein tief greifender Wandlungsprozess, der fast alle Lebensbereiche erfasste. Das Nachlassen der militär. Bedrohung durch die bisherigen Feinde der Christenheit (Normannen, Sarazenen) führte zu einem stetigen Bev.-Anstieg, der sich im 12. Jh. dramatisch beschleunigte und bis ins 14. Jh. hinein anhielt. Um den gestiegenen Nahrungsbedarf zu decken, wurden verbesserte Anbau- und Arbeitsmethoden (Dreifelderwirtschaft, neue Pflugtechniken) entwickelt, die im Verein mit der Erschließung neuer Anbauflächen durch Neusiedlung und Rodung zu einer bemerkenswerten Steigerung der landwirtschaftl. Produktion führten. Die hierdurch einsetzende wirtschaftl. Dynamik erfasste auch Handwerk, Gewerbe und Handel, was wiederum zum Aufschwung der Geldwirtschaft, zum Ausbau der Verkehrswege und zur Entstehung eines dichten Netzes von Märkten und Städten führte. Motor und Voraussetzung dieses wirtschaftl. Wandlungsprozesses war eine zunehmende ›horizontale‹ und ›vertikale‹ Mobilität‹ der Land-Bev., der es gelang, im Rahmen der Neusiedlungsbewegung, durch Abwanderung in die entstehenden Städte oder durch sozialen Aufstieg im Herrendienst (→Ministerialen) die archaischen Formen bodengebundener Abhängigkeit von unmittelbarer Herrengewalt zu sprengen. Mit dieser fast das gesamte lat. Abendland erfassenden Phase wachsender Dynamik ging seit Ende des 11. Jh. in Form der span. →Reconquista, der Kreuzzugsbewegung (→Kreuzzug), der Stützpunktpolitik der ital. Seestädte im östl. Mittelmeer und der Gründung des Deutschordensstaates (→Deutscher Orden) eine Ausweitung des abendländisch-europ. Kulturkreises einher. Begleitet

wurde dieser Wandlungsprozess von einer religiösen Erneuerungsbewegung (Kirchenreform), die, zunächst getragen von den Reformklöstern (Cluny, Gorze, Hirsau), seit LEO IX. (1049–54) durch das Papsttum kirchenrechtlich sanktioniert wurde, wobei der Kampf gegen die Simonie (Ämterkauf) bald in der Forderung nach absoluter Freiheit der Kirche (Libertas ecclesiae) von jeglicher weltl. Bevormundung gipfelte. In dem hierdurch ausgelösten →Investiturstreit mit dem römisch-dt. Kaisertum konnte sich die päpstl. Autorität im Grundsatz durchsetzen, wodurch die bisherigen Ordnungsvorstellungen infrage gestellt wurden: Das sakrale Charisma des Kaisers als weltl. Haupt der Christenheit war in seiner Substanz erschüttert; sein polit. Vormachtanspruch in E. wurde von den anderen christl. Königen in zunehmendem Maß bestritten. Die durch die Reformbewegung und den Investiturstreit entfachte theologische Diskussion löste im 12. Jh. eine Blütezeit europ. Geisteslebens, die ›Renaissance des 12. Jh.‹, aus, deren Zentrum in Frankreich lag und die Frankreich geradezu als geistiges Haupt E.s erscheinen ließ. Die Beschäftigung mit der antiken Literatur führte zu einer neuen wiss. Methodik, zur Differenzierung von Philosophie und Theologie und damit zu einer Erschütterung des bisher so geschlossen erschienenen Weltbildes (Dialektik, Frühscholastik). Mit der Rezeption des ARISTOTELES, vermittelt durch das christlich-arab. Spanien (→Aristotelismus), erhielt die abendländ. Philosophie neue Impulse; in Paris und Bologna wurden die ersten Universitäten gegründet.

Demgegenüber ging der byzantin. Osten E.s andere Wege. Nach wie vor eingebunden in die antike Tradition des röm. Kaiserreiches und in dauernde Abwehrkämpfe verstrickt, wurde dieser Teil E.s zwar von den demograph. und wirtschaftl. Herausforderungen, die den Westen prägten, verschont, doch entfielen damit auch die Voraussetzungen für die dynam. Stoßkraft eines alle Lebensbereiche erfassenden Neuerungs- und Wandlungsprozesses. Stattdessen dominierten hier Beharrung und Stagnation, die nach dem Tod Kaiser BASILEIOS' II. (1025) immer deutlicher krisenhafte Züge annahmen (Auflösung der Themenordnung, Niedergang von Verwaltung und Wirtschaft, lähmende Rivalität zw. ziviler und militär. Aristokratie).

Seit der Mitte des 11. Jh. hatten sich die polit. Verhältnisse in E. entscheidend gewandelt. Die Eroberung Englands (1066) durch den Herzog der Normandie, WILHELM DEN EROBERER, löste das Land aus den traditionellen Bindungen an die skandinav. Welt und öffnete es dem lat.-kontinentalen Kulturkreis. In Spanien führte seit dem Beginn des 11. Jh. von den christl. Kleinkönigreichen im Norden ausgehende christl. Rückeroberung der maur. Gebiete in der zweiten Hälfte des 11. Jh. zu den ersten spürbaren Erfolgen (1064 Eroberung von Coimbra, 1085 von Toledo, 1089 von Tarragona). In S-Italien hatten sich seit dem frühen 11. Jh. frz. Normannen niedergelassen, denen es seit der Mitte des 11. Jh. gelang, die Byzantiner und die langobard. Fürstentümer in S-Italien sowie die Sarazenen auf Sizilien zu unterwerfen und die gewonnenen Gebiete zu einem straff organisierten Staatswesen auszubauen. Die jurisdiktionellen und dogmat. Forderungen des Reformpapsttums führten 1054 zum Morgenländischen (Oriental.) Schisma und damit zur Spaltung der westl. und östl. Kirche. Bedeutsame polit. Veränderungen im islam. Machtbereich veranlassten jedoch das byzantin. Kaiserreich gegen Ende des 11. Jh., wieder Anlehnung am westl. E. zu suchen: Aus den Steppen Mittelasiens war das Nomadenvolk der türk. Seldschuken zu einem umfassenden Angriff auf die arabisch-islam. Welt angetreten, der in kurzer Zeit zur Unterwerfung des gesamten östl. islam. Machtbereichs führte. Ein militär. Hilfeersuchen des byzantin.

Kaisers an das westl. E. trug entscheidend mit zur Auslösung des 1. Kreuzzuges (1096–99) bei, der mit der Eroberung Jerusalems und der Errichtung mehrerer Kreuzfahrerherrschaften in Syrien und Palästina endete. Machtpolit. und wirtschaftl. Interessen führten dazu, dass der Kreuzzugsgedanke im Rahmen des 4. Kreuzzuges geradezu pervertiert wurde: Statt zur Rückeroberung des 1187 wieder an die islam. Welt gefallenen Jerusalem anzutreten, nützte das Kreuzfahrerheer unter Führung der Seemacht Venedig Thronstreitigkeiten im byzantin. Kaiserhaus dazu aus, Konstantinopel zu erobern (1204) und auf byzantin. Boden ein ›Lateinisches Kaiserreich‹, auf der Balkanhalbinsel fränk. Herrschaften und im Ägäischen Meer ein venezian. Stützpunktsystem zu errichten.

In West-E. schuf die Vereinigung der engl. Krone mit weiten Teilen Frankreichs 1152 im →Angevinischen Reich den Stoff für einen unausweichl. Konflikt zw. den beiden Staaten. Spanien wurde im 12. Jh. durch die Königreiche (Kronen) Aragonien, Kastilien und Portugal bereits zur guten Hälfte in der Reconquista den Mauren abgerungen. Rings von christl. Königreichen umgeben, verblieben dem Imperium der →Staufer, wenn es abendländ. Geltung anstrebte, nur Diplomatie und dynast. Politik. Aber Letztere hatte gerade dort Erfolg, wo der 1177 (Friede von Venedig) beendete zweite Kampf mit dem Papsttum sofort wieder ausbrechen musste: in Neapel-Sizilien, das HEINRICH VI. als Erbe zufiel. Nicht zuletzt diese Gefahr der Umklammerung (Erbreichsplan) bewog INNOZENZ III. (1198–1215), den mächtigsten Papst des MA., zum Eingreifen in den dt. Thronstreit (seit der Doppelwahl 1198) und zur Absicherung des Kirchenstaates.

Spätmittelalter

Krise und Neuorientierung (1200–1500): Während das 13. Jh. noch ganz im Zeichen wirtschaftl. Prosperität stand, mehrten sich seit Beginn des 14. Jh. die Anzeichen, dass die Grenzen des Wachstums erreicht waren (zunehmende Missernten durch Überalterung der Böden und Klimaverschlechterung). So beschleunigte die Große Pest, die 1347–51 und auch in späteren Wellen über E. hereinbrach, mit ihren katastrophalen Menschenverlusten wahrscheinlich nur eine Entwicklung, die bereits vorgezeichnet war: das Umschlagen der Wachstumsphase in eine lang anhaltende Agrardepression bei stetigem Bev.-Rückgang. Die Auswirkungen der hierdurch ausgelösten ›Krise‹ der spätmittelalterl. Gesellschaft trafen die einzelnen Bev.-Gruppen in ganz unterschiedl. Weise, wobei auch regional stark differenziert werden muss. Während v. a. die Grundherren durch das dramat. Ansteigen der Löhne bei gleichzeitigem Preisverfall der landwirtschaftl. Erzeugnisse z. T. beträchtl. Einkommenseinbußen hinnehmen mussten, dürften die Kleinbauern, die ihre jetzt bes. begehrte Arbeitskraft einsetzen konnten, von der neuen Situation profitiert haben. Während einerseits auf dem Land ganze Dörfer und Landschaften verödeten (→Wüstung), führte die gestiegene Kaufkraft der Überlebenden anderswo – v. a. in den Städten – zu wachsendem Konsum und wirtschaftl. Prosperität. Der Zwang zur Umorientierung ließ neue Techniken, Gewerbe und Produktionszweige (z. B. im Bereich der Blech-, Draht- und Papierherstellung) entstehen, während andere darniederlagen; Niedergang und vitale Wirtschaftskraft, Resignation und Optimismus lagen dicht beieinander.

Das östl. E. sah sich seit dem 13. Jh. schwersten Bedrohungen ausgesetzt. Die 1241 bis nach Schlesien und Ungarn vordringenden mongolisch-tatar. Reiterheere brachten ganz Russland unter die Oberherrschaft der →Goldenen Horde, unter deren Einfluss sich eine neue Herrschaftsform der Moskauer Groß-

fürsten ausbildete; diese führten im 15. Jh. die Einigung Russlands zu einem ersten Abschluss. Das durch den Gewaltakt von 1204 errichtete Lat. Kaiserreich führte nicht zur Integration Südost-E.s in das Abendland, wohl aber zu einer tödl. Schwächung des Byzantin. Reiches. Wenn es auch MICHAEL VIII. PALAIOLOGOS 1261 gelang, das griechisch-orth. Kaisertum wiederherzustellen, so konnten seine Nachfolger weder die Verselbstständigung der Völker Südost-E.s noch den Vormarsch der Osmanen, die 1354 bei Gallipoli europ. Boden betraten, verhindern. Nach der Niederlage der Serben auf dem Amselfeld 1389 versagte 1396 bei Nikopolis (heute Nikopol, Bulgarien) auch die abendländ. Hilfe. Hatte die osman. Niederlage durch TIMUR 1402 noch einen Aufschub gebracht, so folgte nach der Schlacht von Warna 1444 das übrige Südost-E. Mit dem Fall Konstantinopels 1453 endete die tausendjährige Geschichte des Byzantin. Reiches, aber nur die erste Phase der osman. Expansion in Europa.

Im abendländ. E. hatten die beiden führenden und verbindenden Autoritäten, Papst und Kaiser, zu Beginn des 13. Jh. bereits ihren Gipfelpunkt überschritten. Das Papsttum, unter INNOZENZ III. auch politisch führend, konnte zwar in der Auseinandersetzung mit Kaiser FRIEDRICH II. seine Position behaupten, geriet aber nach 1250 unter frz. Einfluss. Dem heftigen Widerstand von Papst BONIFATIUS VIII. folgte die völlige Abhängigkeit im Avignonischen Exil (1305–76). Der Versuch, dieses zu beenden, führte zum großen Abendländ. Schisma (1378–1417), einer für das Abendland so untragbaren Belastung, dass die Nationen gemeinsam auf dem Konstanzer Konzil die Einheit der kath. Kirche wiederherstellten. Die Initiative zur Überwindung des Schismas hatte noch einmal der römisch-dt. König (SIEGMUND, seit 1433 Kaiser) ergriffen, obwohl seit dem Ende der Staufer (1254/68) das Kaisertum seine Führungsrolle verloren hatte. Während die Könige West-E.s – wie auch die meisten Landesherren in Dtl. – ihre Länder zu frühmodernen Flächenherrschaftsstaaten ausbauten, blieb das Hl. Röm. Reich selbst bis an sein Ende 1806 ein archaischer Personenverband ohne Wesenszüge moderner Staatlichkeit. Auch die letzte Erweiterung der lat. Christenheit durch den Dt. Orden im Baltikum kam kaum mehr dem Reich zugute. Litauens Christianisierung erfolgte erst durch die polit. Verbindung mit Polen. Mit der Union von Krewo 1385 schufen die Jagiellonen eine neue Großmacht bis zum Schwarzen Meer. Als weniger stabil erwies sich die skandinav. Großmachtbildung der Kalmarer Union von 1397.

Frankreich und England maßen fast ständig ihre Kräfte, um 1200 in Verkoppelung mit dem Kampf zw. Kaiser und Papst und dem innerdt. Gegensatz zw. Staufern und Welfen (→Bouvines), dann im →Hundertjährigen Krieg. Diese schweren Kämpfe, die in England in die Thronwirren der →Rosenkriege (1455–85), in Frankreich in das Ringen mit dem nach Königsmacht strebenden Herzogtum Burgund mündeten, vollzogen sich in umfassenden politisch-sozialen und wirtschaftl. Strukturwandlungen; so im Zerfall des →Feudalismus, mit dem die beginnende Ausformung des neuzeitl. souveränen monarch. Staates und der Zusammenschluss der polit. Stände einhergingen. Mit den port. und span. Entdeckungsfahrten des 15. Jh. wurde das Ausgreifen E.s nach Übersee eingeleitet, Ertrag auch des wiss. Fortschritts.

In Frankreich erreichte die Scholastik ihren Gipfel, in England hatte der Nominalismus, in Dtl. die Mystik ihren Schwerpunkt; in Frankreich und Italien entwickelten sich die Universitäten. In Italien erwuchs seit dem 14. Jh. der Frühhumanismus. Im geistigen und kirchl. Leben der Zeit spielte zunehmend das Bürgertum eine Rolle. Alte und zahlr. neu gegründete Städte

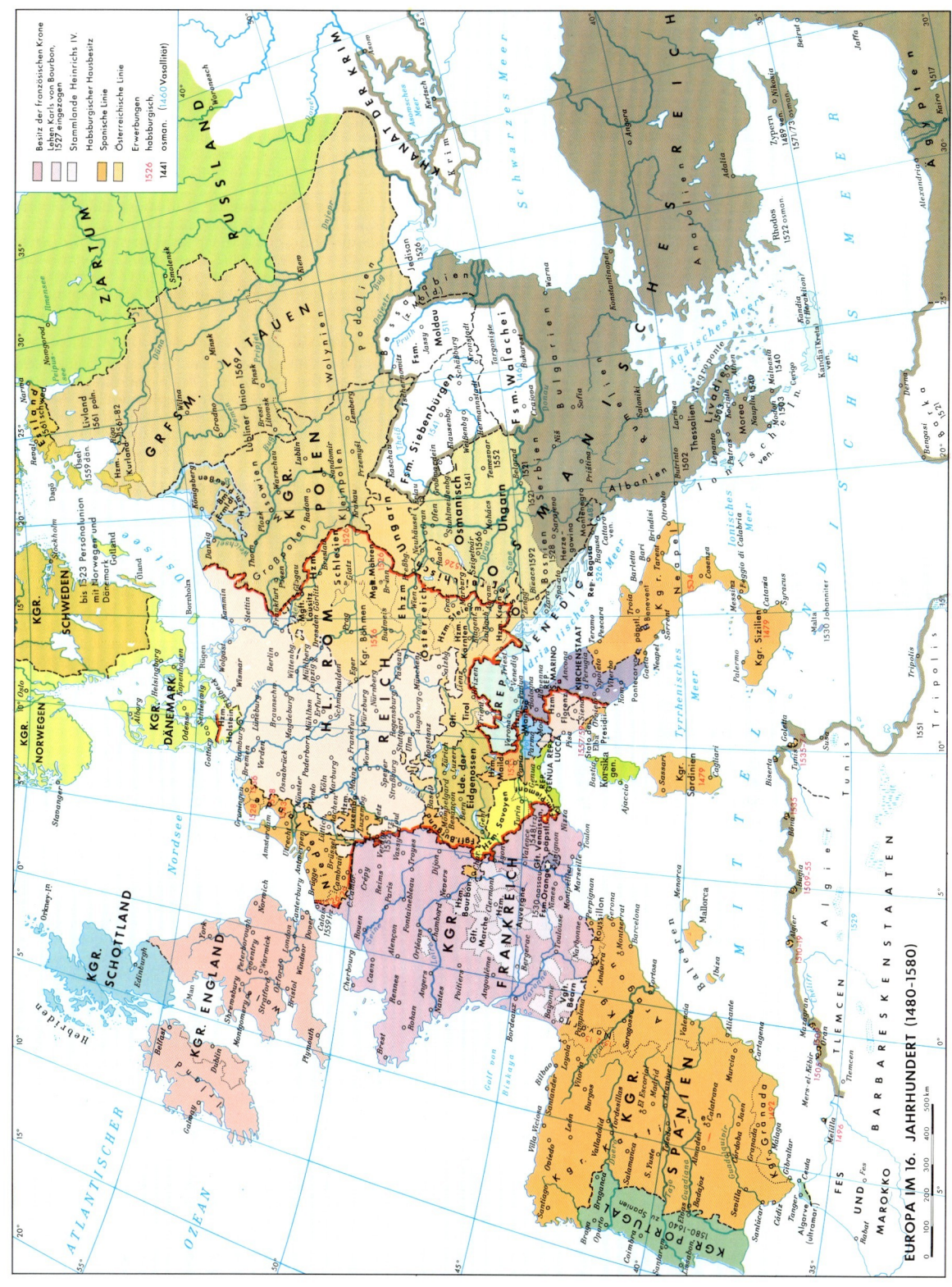

EUROPA IM 16. JAHRHUNDERT (1480–1580)

Legend:
- Besitz der französischen Krone
- Lehen Karls von Bourbon, 1527 eingezogen
- Stammlande Heinrichs IV.
- Habsburgischer Hausbesitz
  - Spanische Linie
  - Österreichische Linie
- Erwerbungen
  - 1526 habsburgisch, osman. (1460 Vasallität)

wurden kulturelle Mittelpunkte, waren v. a. aber Zentren der Wirtschaft, die in Handel und Handwerk arbeitsteiliger wurde und durch die neue Geldwirtschaft im 15. Jh. auch Züge des Frühkapitalismus annahm.

Frühe Neuzeit

Renaissance, Reformation und das Scheitern der universalist. Herrschaftsansprüche (16. Jh.): Das frühneuzeitl. E. war gekennzeichnet durch einen beginnenden innenpolit. Strukturwandel, der auch das Verhältnis der einzelnen Staaten zueinander beeinflusste. Die territorialstaatl. Kräfte gewannen in Mittel-, die nationalstaatl. Monarchien in West-E. zunehmend an Gewicht. Aufgrund des Niedergangs der feudalen (Zwischen-)Gewalten im Hundertjährigen Krieg konnte zuerst das frz. Königtum einen nationalen, zentralistisch orientierten Staat mit Fachbeamtentum, geordneter Geldwirtschaft und stehendem Heer aufbauen. Darin folgten der frz. Krone Portugal, das seit 1479 die Reiche Aragonien und Kastilien vereinigende Königreich Spanien, das seit 1485 mit starker Hand von den Tudors regierte und sich bald rechtlich, kirchlich und politisch vom Kontinent abgrenzende England sowie nach 1525 Schweden und Dänemark-Norwegen. Dagegen suchten im mittleren Teil E.s, in Dtl. und Italien, zunehmend versch. fürstl. und städt. Partikularmächte die schwächer werdende kaiserl. Zentralgewalt für ihre Interessen zu nutzen. Allein das unter Kaiser KARL V. seine größte Ausdehnung entfaltende habsburg. Weltreich bot noch einmal die Möglichkeit einer, wenn auch föderativ gegliederten, Einheit des Abendlandes, da die Habsburger 1477–93 Burgund und 1526 Böhmen und Ungarn erwarben, sich dynastisch mit den 1516 von ihnen beerbten span. Königen verbanden und in den ökonomisch führenden Ländern Italien und Dtl. herrschten. Doch wenngleich sich durch die damit verbundene Partizipation an den portugiesisch-span. Entdeckungen, Eroberungen und Siedlungen in Amerika, Afrika und Asien eine christl. Welteinheit unter dem Haus Habsburg anzudeuten schien und KARL V. gemeinsam mit dem Papsttum noch einmal einen entsprechenden universalen Führungsanspruch erhob, scheiterte dessen Politik an den durch die habsburg. Umklammerung Frankreichs und dessen Widerstand ausgelösten Konflikten, an der gleichzeitigen Notwendigkeit einer Abwehr der türk. Expansion in Südosten sowie v. a. an den sich im Hl. Röm. Reich mit der Reformation verbindenden Fürsten und am Gedankengut der Renaissance, die einer Erneuerung hochmittelalterlich-universalist. Ideale entgegenarbeiteten.

Denn Renaissance, Humanismus und Reformation leiteten einen an partielle mittelalterl. Reformbestrebungen anknüpfenden geistesgeschichtl. Wandel ein. In Architektur, Malerei, Plastik und in der durch den Buchdruck größere Verbreitung gewinnenden Literatur dokumentierte sich der säkulare Lösungsprozess des Individuums aus der traditionellen Dogmatik hierarchisch-christl. Denkens, der sich, von Italien ausgehend, im Rahmen der Wiederentdeckung der Antike wie einer neuen, diesseitsorientierten künstler. und wiss. Naturerfahrung v. a. im Kreis einer kleinen Gelehrtenelite vollzog. Polit. Brisanz erlangte diese Entwicklung aufgrund ihrer Unterstützung durch die Fürsten und das Großbürgertum in deren Auseinandersetzung mit den feudalen Verhältnissen. Dies galt bes. für die sich in Mittel-, West- und Nord-E. durchsetzenden reformator. Bewegungen mit ihrer engen Anbindung an Glaubensfragen als die Interessen staatl. Obrigkeiten und ihren Zielen staatskirchl. Autonomie wie verfassungspolit. Veränderungen. Die →Reformation M. LUTHERS in Dtl. und der von der Schweiz ausgehende Kalvinismus wie die dadurch ausgelösten Konsolidierungsbestrebungen der kath.

Gegenreformation leiteten die Politisierung der strittigen Glaubensinhalte und die Konfessionalisierung der machtpolit. Konflikte ein. Dabei hielt die kath. Kirche durch die Gründung des Jesuitenordens und die Beschlüsse des Trienter Konzils an der im Papsttum gipfelnden Kircheneinheit und ihren mittelalterl. Traditionen fest. Zugleich aber wurden im Zuge der konfessionellen Auseinandersetzungen die durch den Renaissance-Humanismus, die aufblühenden Wissenschaften und durch die Entdeckungsfahrten erworbenen neuen Erkenntnisse an das christl. Weltbild rückgebunden. Und indem der sich ausbildende Fürstenstaat bei allen drei Konfessionen nun einen bestimmenden Einfluss auf die Kirche gewann, erhielt er ebenso eine neue geistige Legitimation, wie er damit Wissenschaften und Künste verstärkt in den Dienst staatl. Repräsentation stellte (höf. Residenzkultur des Barock).

Zeitalter der Aufklärung und der Revolution

Das europ. Staatensystem zw. Hegemonie- und Gleichgewichtspolitik (17. Jh. bis 1814/15): Mit den frz. →Hugenottenkriegen (1562–98) setzte eine Kette konfessioneller Bürgerkriege ein, die im machtpolit. Ringen bald internationalisiert wurden, den →Dreißigjährigen Krieg (1618–48) bestimmten und erst mit dem 1. Nord. Krieg (1655–60) endeten. Die damit verbundenen Auseinandersetzungen verschoben das polit. Kräfteverhältnis in E. nachhaltig. Nachdem schon die Niederlage der Armada gegen die engl. Flotte 1588 die europ. Hegemonie Spaniens erschüttert, und den späteren Aufstieg Englands zur Weltmacht vorbereitet und so eine expansivere Phase europ. Kolonialpolitik eingeleitet hatte, schrieb der Westfäl. Friede 1648 eine neue Friedens- und Staatenordnung fest. In ihrem Rahmen wurde die Vorrangstellung Frankreichs im kontinentalen West- und die Schwedens in Nord-E. ebenso bestätigt, wie die nun international garantierte Souveränität der Reichsstände und den endgültigen Sieg territorialfürstl. Libertät gegenüber dem Kaiser sicherstellte und das Hl. Röm. Reich in einen Staatenverbund auflöste. Zugleich aber neutralisierte das Prinzip staatl. Gleichberechtigung und religionspolit. Selbstbestimmung die Konfessionsunterschiede als Konfliktfaktor. 1648 und v. a. in den Friedensschlüssen von Utrecht, Rastatt und Baden, die 1713/14 den durch die Hegemonialbestrebungen ausgelösten →Spanischen Erbfolgekrieg beendeten, wurde die Idee einer universalen Einigung E.s wie die der Hegemonie eines Staates aufgegeben und durch die Zielvorstellung eines Gleichgewichts der Kräfte ersetzt, das auch durch das sich ausbildende neue Völkerrecht (›ius publicum Europaeum‹) gesichert werden sollte. Das Streben nach Gleichgewicht lag bes. im Interesse Englands, das nach seinem zukunftsweisenden Übergang zum Konstitutionalismus und der Glorreichen Revolution 1688 durch eine Außenpolitik der ›Balance of Power‹ Spielraum zum Aufbau seiner maritimen Weltstellung erlangte.

Daneben entstand im Frankreich LUDWIGS XIV. der für die kontinentaleurop. Entwicklung beispielgebende moderne Staat des →Absolutismus, der durch straffe Zentralisierung und Rationalisierung des Staatsapparats, den Aufbau einer effizienten Bürokratie und den Übergang zum staatlich gesteuerten Wirtschaftssystem des Merkantilismus den Einfluss der traditionellen Adelselite zurückdrängte, dem wirtschaftl. Aufstieg des Bürgertums Rechnung trug und mit einer umfassenden Disziplinierung aller Sozialschichten die traditionellen Strukturen des Ständewesens zur effektiven Machtsteigerung des weitgehend autokratischen Monarchen funktional auszugestalten suchte. Diesem Vorbild folgten auch die bedeutendsten dt. Fürsten, die ihre seit 1648 souveränen, jedoch

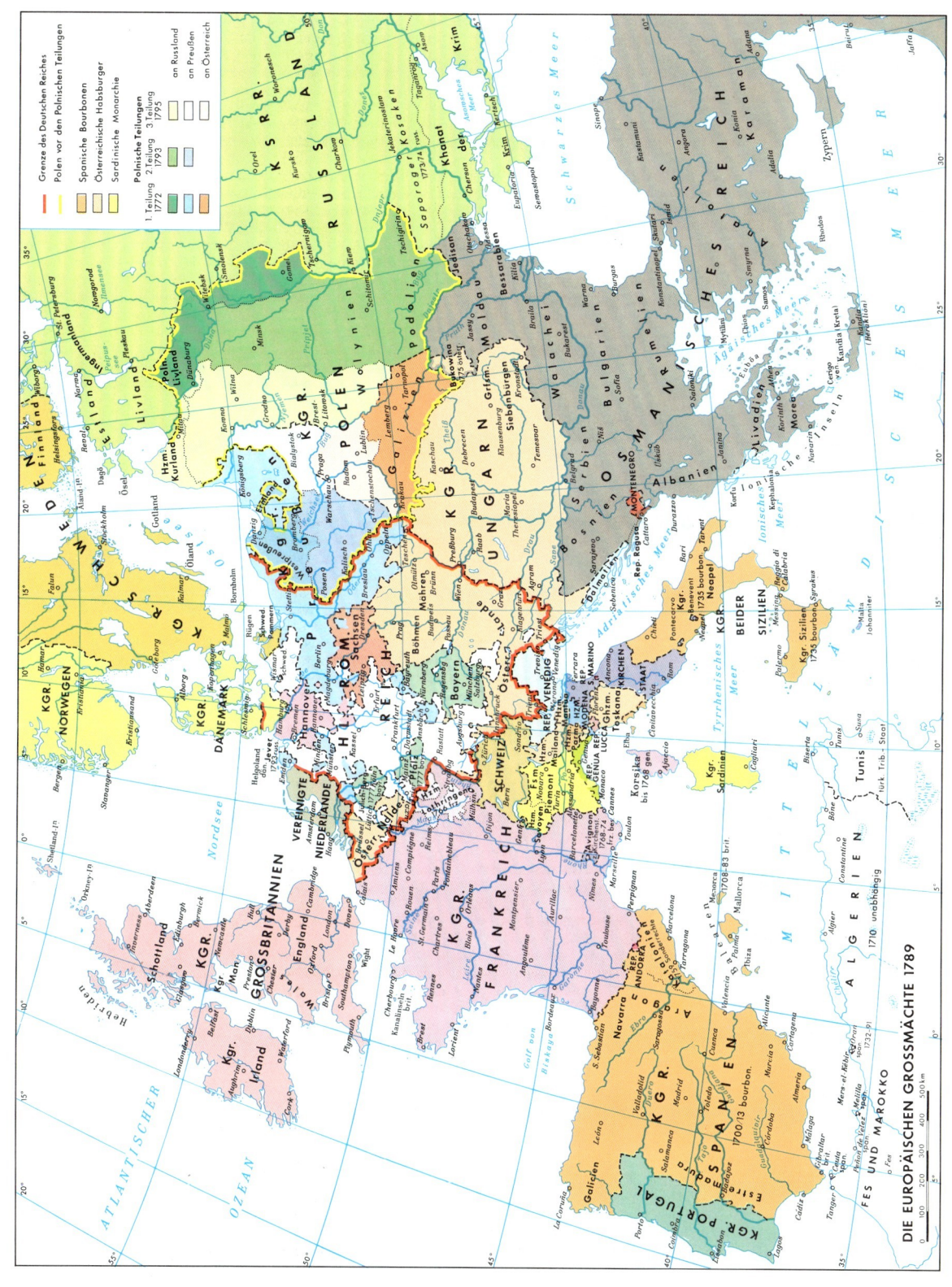

DIE EUROPÄISCHEN GROSSMÄCHTE 1789

unter den Kriegsfolgen leidenden Territorien reorganisierten, wobei Brandenburg-Preußen unter FRIEDRICH WILHELM I. und FRIEDRICH II., D. GR., zur Großmacht aufstieg, ebenso wie das habsburg. Österreich, dem 1699 mit der Rückeroberung Ungarns in den →Türkenkriegen die endgültige Abwehr der E. seit 1526 bedrohenden osman. Expansion gelungen war. Neben England, Frankreich, Preußen und Österreich trat Russland, das 1721 den 2. →Nordischen Krieg für sich entschieden hatte, unter PETER I., D. GR., und seinen Nachfolgern Zugang zu westl. Ideen fand und mit seinen Vorstößen nach Ostmittel- und Südost-E. zunehmend an Gewicht gewann, in den Kreis der politisch führenden Mächte (Pentarchie, ›Fünferherrschaft‹) ein. Deren völkerrechtlich verbindl. Anspruch auf eine Kollektivhegemonie in E. wurde jedoch durch außenpolit. Machtinteressen immer wieder gefährdet. Zwar verhinderte das System der Kabinettspolitik mit seinen Bündnissen, Erbfolgekriegen und Abtretungen die völlige Vernichtung eines Staates (mit Ausnahme Polens), doch führte der folgenreiche preußisch-österr. Dualismus, der durch den von Preußen rechtswidrig ausgelösten →Österreichischen Erbfolgekrieg (1740–48) offenbar und im →Siebenjährigen Krieg (1756–63) zu seinen Gunsten entschieden wurde, zu weit reichenden Konflikten, die zum ersten Male weltpolit. Dimensionen annahmen. Denn nachdem sich schon mit der Gründung der port. wie span. Kolonialreiche seit 1500 der ökonom. Schwerpunkt E.s an die atlant. Küste verlagert hatte, diese Entwicklung durch die Bedeutung der niederländ., frz. und engl. Besitzungen in Übersee verstärkt worden war und Dtl. wie Italien aufgrund der Bedrohung der oriental. Handelswege durch das Osman. Reich an handelspolit. Gewicht verloren hatten, entriss England, das durch seine geopolit. Lage zur führenden Flottenmacht aufstieg und seit 1650 die kolonial und ökonomisch führenden Niederlande überflügelt hatte, im Siebenjährigen Krieg als Bundesgenosse Preußens Frankreich die Vorherrschaft in Nordamerika wie in Indien.

Seit der Mitte des 17. Jh. verbreiteten sich mit der →Aufklärung die Ideen der Humanität, Toleranz, Vernunftreligion und rationalen Ordnung des Lebens durch das sich selbst bestimmende, von Tradition wie Autorität unabhängige und von Natur aus vernünftige Subjekt, das den philosoph. Systemen eines R. DESCARTES, B. SPINOZA, J. LOCKE, G. W. LEIBNIZ und I. KANT zugrunde lag. Wie die polit. und ökonom. wechselte im Rahmen dieser allgemeinen Entwicklung auch die kulturelle Führungsrolle zw. den europ. Nationen. Die Bedeutung Italiens und Dtl.s im Zeitalter von Renaissance und Reformation wurde abgelöst durch die Spaniens, der nach 1648 der Vorrang der frz. Kultur folgte. Dieser Vorrang wurde im 18. Jh. durch außereurop. (im Zuge kolonialer Expansion importierte) sowie v. a. engl. Kultureinflüsse ergänzt. Letztere traten nach 1750 auf dem Kontinent stärker in den Vordergrund, bis nach 1790 der dt. Idealismus der Klassik und Romantik eine weit reichende Wirkung entfaltete.

Für die polit. Zukunft E.s wurde der revolutionäre Umbruch in Frankreich entscheidend. Während im konstitutionellen England mit der →industriellen Revolution bereits eine neue Phase des sozioökonom. Wandels eingesetzt hatte, gelang es dem aufgeklärten Absolutismus – trotz seiner auf Rechtsgleichheit und -sicherheit zielenden Reformen von oben und ersten Ansätzen zur Bauernbefreiung – nur ungenügend, die durch den sozialen Strukturwandel ausgelösten Spannungen aufzufangen. Vorbereitet durch die Ideen der Aufklärung, die Unabhängigkeit der Vereinigten Staaten von Amerika und ausgelöst durch gesellschaftl. und wirtschaftl. Krisensymptome, überwand die

→Französische Revolution 1789 mit ihren Ideen von Freiheit, Gleichheit und Brüderlichkeit und mit der Proklamation der Menschenrechte das traditionelle monarchisch-ständ. Staatsverständnis zugunsten der Wertvorstellungen einer bürgerl. Gesellschaftsordnung im Zeichen von Liberalismus, Demokratie und nat. Selbstbestimmung im Sinne des modernen →Nationalismus. Die Umsetzung dieser durch den sendungsbewussten Expansionismus der Revolutionskriege in fast ganz E. verbreiteten Ideale mündete jedoch in das plebiszitär-autoritäre Regime des späteren Kaisers NAPOLEON I. Auch scheiterte dessen Versuch einer imperialen Beherrschung E.s, der in den napoleon. Kriegen die Staatenordnung nachhaltig gefährdete und das Ende des Hl. Röm. Reiches besiegelte, am Widerstand der durch die frz. Hegemonie bedrohten Flankenmächte England und Russland und an deren Unterstützung durch das in den Befreiungskriegen geweckte Nationalbewusstsein der Deutschen. Doch blieb das auch unter der napoleon. Herrschaft mit ihren Modernisierungsansätzen bewahrte Ideengut von 1789 bis heute für die Entwicklung E.s bestimmend.

Neueste Zeit

Industrialisierung, Nationalstaat und Imperialismus (1814/15–1918): Die 1814/15 auf dem Wiener Kongress maßgeblich von Großbritannien betriebene Neuordnung E.s im Sinne einer Restauration des Gleichgewichts der am Prinzip der Legitimität festhaltenden Großmächte erwies sich als wenig tragfähig. Denn nach der Gründung der Hl. Allianz durch Russland, Österreich und Preußen, die eine bis zur militär. Interventionspolitik gehende Abwehr der liberalen und nat. Bewegung betrieben, zerfiel die Pentarchie in den liberalen englisch-frz. Westblock und die von Russland angeführten konservativ-reaktionären Ostmächte. Während Großbritannien außenpolitisch den Liberalismus und Nationalismus in E. förderte und innenpolitisch durch verfassungs- und gesellschaftspolit. Reformen den sozialen Veränderungen des Industriezeitalters Rechnung trug, wandte sich die antirevolutionär-konservative Politik METTERNICHS strikt gegen die Emanzipationsbestrebungen der bürgerlichen nat. Konstitutionsbewegungen. Dennoch gaben der griech. Freiheitskampf 1821–29 und v. a. die frz. Julirevolution 1830 wesentl. Impulse für die Schaffung moderner Verfassungsstaaten im Zeitalter des Vormärz. Zwar wies die wiederum von Frankreich ausgehende und nahezu ganz E. erfassende Revolutionsbewegung 1848 auf den Übergang des Konstitutionalismus zum Parlamentarismus voraus, doch führte sie machtpolitisch aufseiten der monarch. Herrscher zur gegenrevolutionären Reaktion und zu Ansätzen eines Neoabsolutismus, sodass das gespannte Verhältnis zw. Staat und Gesellschaft in Mittel-E. ebenso bestehen blieb wie die ungelöste nat. Frage im Dt. Bund und in Italien. Erst nachdem Großbritannien und Frankreich im →Krimkrieg (1853/54–56) Russlands Einfluss auf Dtl. und seine Unterstützung Österreichs beseitigt hatten, wurde der Weg frei für die Errichtung von Nationalstaaten in Italien (1860–70) und Dtl. (1866–71). Das durch die Reichsgründung neu ausbalancierte europ. Mächtegleichgewicht, das die Bündnispolitik O. VON BISMARCKS anstelle der brit. Diplomatie zum Garanten einer multipolaren Friedenssicherung in E. werden ließ, wurde jedoch zunehmend bedroht durch die Nationalstaatsbewegungen in Ost- und Südost-E., die angesichts der Schwächung des Osman. Reiches und der Donaumonarchie durch den russ. Panslawismus und die ital. Irredenta gefördert wurden und immer wiederkehrende Balkankrisen auslösten. Deren wachsende Sprengkraft verschärfte sich noch dadurch, dass mit der großen Depression

(1873–96) die in einer eskalierenden Schutzzollpolitik zum Ausdruck kommende ökonom. Konkurrenz der Industriestaaten an Gewicht gewann.

Die von Großbritannien ausgehende Industrialisierung, die in einem west-östl. Entwicklungsgefälle phasenverzögert die Kontinentalstaaten erfasste, führte zum Übergang von der alteurop. Adels- und Agrar- zur modernen Massengesellschaft. Sie setzte zu Beginn des 19. Jh. in Belgien, den Niederlanden, Frankreich und der Schweiz ein, erreichte aber erst im letzten Jahrhundertdrittel Schweden, Italien und Russland, nachdem seit 1850 Dtl. in einer rapiden Entwicklung zur führenden Industrienation auf dem Kontinent aufgestiegen war. Vor dem Hintergrund eines bis ins 18. Jh. zurückreichenden erhebl. Bev.-Wachstums, das in Verbindung mit period. Versorgungskrisen im Pauperismus zur Massenarmut der Unterschichten und zu Auswanderungswellen nach Übersee führte, verlagerte der Industrialisierungsprozess die Wanderungsbewegungen in die Ballungsgebiete, verstärkte damit die Urbanisierung und brachte ein Proletariat hervor, das sich bald in der internationalist. →Arbeiterbewegung organisierte. Deren Forderung nach sozialer Emanzipation und Gleichheit ließ die →soziale Frage zu einem Kernproblem der Industriestaaten werden. Analog zu den sozioökonom. Differenzierungsprozessen entfaltete sich im Zuge der Parlamentarisierung, der schrittweisen Demokratisierung des Wahlrechts und der Herausbildung einer polit. Öffentlichkeit das Spektrum sozialist., liberaler und konservativer Verbände und Parteien, das die polit. Kultur E.s bestimmte.

Während die Wissenschaften im 19. Jh. im Zeichen des Positivismus sowohl im Bereich der histor. Geistes- wie der industriell verwertbaren Naturwissenschaften nicht zuletzt durch umfassende staatl. Bildungsreformen einen ungeheuren Aufschwung erlebten, wuchs die Trennung von techn. und literarisch-ästhet. Kultur. Deren romantisch-historisierende Tendenzen in Kunst, Literatur und Malerei suchten den grundlegenden Wertewandel in einem bald monumentalen Eklektizismus zu kompensieren. Dagegen legten die avantgardist. Strömungen des Realismus, Naturalismus, Impressionismus und Expressionismus die sozialen Missstände schonungslos bloß und wandten sich gegen die verbreitete Fortschrittsgläubigkeit.

Im Gegensatz zu dem sich darin manifestierenden Krisenbewusstsein stand die im Zuge des Kolonialismus vehement betriebene Europäisierung der Erde nach den Maßstäben der westlich-techn. Zivilisation. Im Zeitalter des →Imperialismus fiel sie mit der zunehmenden Bereitschaft der polit. Führungseliten E.s zu einer militär. Austragung der vorübergehend in außereurop. Gebiete verlagerten Konflikte zusammen. Vor dem Hintergrund der wachsenden deutsch-brit. Flottenrivalität, des andauernden deutsch-frz. Gegensatzes, der nat. Spannungen in Österreich-Ungarn und der gesellschaftl. Instabilität im zarist. Russland, das seine inneren Probleme durch eine Expansion auf der Balkanhalbinsel zu überdecken suchte, brach im Klima eines übersteigerten Nationalismus und forciert durch den Automatismus der Bündnissysteme der Erste →Weltkrieg aus, der zum Zerfall der Vielvölkerstaaten Österreich-Ungarn und Osman. Reich sowie zu tief greifenden innenpolit. Erschütterungen in vielen Ländern führte (u. a. russ. Februar- und Oktoberrevolution 1917, dt. Novemberrevolution 1918).

Europa nach dem Ersten Weltkrieg: Der Ausgang des Ersten Weltkriegs und die russ. Revolution (1917) zerstörten das europ. Mächtesystem des 19. Jh. und erschütterten die zentrale Stellung E.s in der Weltpolitik. In Russland entstand nach dem Sturz der Zarenherrschaft und der Machtergreifung der Bolschewiki unter W. I. LENIN erstmals ein kommunist. Staat (seit 1922 UdSSR), der sich einem Bürgerkrieg sowie der militär. Intervention der Westmächte und Japans (1918–21/22) ausgesetzt sah. Die meisten Territorien, die sich dem russ. Machtbereich 1917/18 durch ihre Proklamation zu unabhängigen Staaten entzogen hatten, wurden ab 1920 (zumeist durch Einmarsch der Roten Armee) zu Sowjetrepubliken umgeformt und schließlich in die UdSSR eingegliedert (u. a. Georgien, Armenien, Aserbaidschan, 1940 schließlich auch die balt. Republiken). Seit Mitte der 20er-Jahre errichtete J. W. STALIN ein totalitäres Herrschaftssystem in der Sowjetunion (→Stalinismus, →Sowjetunion, Geschichte).

Der Versuch, in der Nachkriegszeit mit dem →Völkerbund eine auf dem Prinzip der kollektiven Sicherheit beruhende Friedensordnung zu schaffen, wurde schon durch den polit. Rückzug der USA (1920) aus E. gefährdet und durch den die Zwischenkriegszeit beherrschenden Konflikt zw. den Verteidigern des bestehenden Zustands und den um seine Revision bemühten Mächten zum Scheitern gebracht. Die in den →Pariser Vorortverträgen besiegelte staatl. und territoriale Neuordnung E.s nach dem Grundsatz des Selbstbestimmungsrechts der Völker erwies sich als Quelle von Spannungen und Revisionsforderungen. Frankreichs Hegemonialpolitik stützte sich auf ein System von Bündnissen mit den neuen Staaten in Mittel-, Ost- und Südost-E. (z. B. die Kleine Entente) und setzte die Reparationspolitik als Mittel zur Niederhaltung Dtl.s ein. Demgegenüber betrieben die Regierungen der Weimarer Republik eine Revision des →Versailler Vertrages in allen Bereichen (Grenzen, Reparationen, Rüstungsbeschränkungen) mit dem Ziel, den Großmachtstatus Dtl.s wiederherzustellen. Unter diesem Vorzeichen standen sowohl der →Rapallovertrag (1922) und der Berliner Vertrag (1926) mit der UdSSR (mit seiner antipoln. Stoßrichtung) als auch die deutsch-frz. Verständigung in den →Locarnoverträgen (1925), ein Erfolg des dt. Außen-Min. G. STRESEMANN und des frz. Min.-Präs. A. BRIAND, zugleich aber auch das Ergebnis der auf einen friedl. Ausgleich zw. beiden Staaten gerichteten Diplomatie Großbritanniens.

Die nach längerer außenpolit. Isolierung der UdSSR 1924 eingeleitete Normalisierung der Beziehungen zu den westeurop. Mächten diente STALIN zur Absicherung einer rigorosen revolutionären Umgestaltung Russlands und der von ihm beherrschten Gebiete, den ›Aufbau des Sozialismus in einem Land‹, einer Aufgabe, an der sich auch die Tätigkeit der Kommunist. Internationale (Komintern) immer stärker ausrichten musste.

Der Aufstieg der USA zur führenden Wirtschaftsmacht und die verhängnisvolle Koppelung zw. den Kriegsschulden der Alliierten gegenüber Amerika, dt. Reparationsverpflichtungen und amerikan. Kapitalexport begründeten eine Abhängigkeit der europ. Wirtschaftsentwicklung von der amerikanischen, deren Ausmaß die 1929 beginnende →Weltwirtschaftskrise enthüllte. Depression und Massenarbeitslosigkeit wurden in mehreren europ. Ländern zum Nährboden antiparlamentar., antiliberaler und nationalist. Bewegungen. Schon 1922 hatten in Italien die Krise des liberalen Staates, die wirtschaftl. und gesellschaftl. Kriegsfolgen und die Revolutionsfurcht der Mittelschichten dem →Faschismus unter der Führung B. MUSSOLINIS zur Macht verholfen. Auf der Iber. Halbinsel sowie in Ost- und Südost-E. waren autoritäre Regime an der Macht. Hatten sich in Dtl. schon vorher die nationalist. Emotionen an der Reparationsfrage entzündet, so steigerten sich diese durch die Erfahrung der Krise und entwickelten sich zur Triebkraft für Aufstieg und Machtergreifung des →Nationalsozialismus. Die Einigung über das Ende der Reparationen (Konferenz von Lausanne, 1932) änderte daran nichts mehr. A. HITLERS rassenideologisch motiviertes Programm kontinentaler Expansion nach Osten, das nur durch Krieg zu verwirklichen war, ging weit über die Revisionsziele des bürgerl. Nationalismus hinaus, knüpfte jedoch in der Vorbereitungsphase an diese an. Angesichts der Rücksichtslosigkeit, mit der sich das natsoz. Deutschland vertragl. Bindungen entledigte (Austritt aus dem Völkerbund 1933, Einführung der allgemeinen Wehrpflicht 1935, Besetzung der entmilitarisierten Zone des Rheinlands 1936), reagierten die Westmächte defensiv und beschwichtigend. Die brit. Appeasementpolitik, die auch beim Überfall des faschist. Italien auf Abessinien (1935/36) zur Ohnmacht des Völkerbundes beitrug, war von der Hoffnung geleitet, die Anerkennung von Revisionswünschen (bis hin zum ›Anschluss‹ Österreichs und der Eingliederung der Sudetengebiete) werde das Dt. Reich saturieren und den Frieden sichern (1938 →Münchener Abkommen). Frankreichs Handlungsfähigkeit wurde durch die innenpolit. Polarisierung zw. links und rechts (vor und nach dem Sieg der Volksfront, 1936) geschwächt. Der →Spanische Bürgerkrieg (1936–39) führte zu einem gemeinsamen militär. Eingreifen des faschist. Italien und des natsoz. Dtl. aufseiten der aufständ. Streitkräfte des Generals F. FRANCO, die den Sieg über die von der UdSSR und internat. Brigaden unterstützte Reg. der Republik davontrugen. Die Achse Berlin–Rom verfestigte sich zum Kriegsbündnis, als Italien 1937 dem Antikominternpakt. zw. Dtl. und Japan (1936) beitrat und 1939 mit dem Dt. Reich den Stahlpakt abschloss. Die UdSSR, die 1934 dem Völkerbund beigetreten war, um angesichts der von Japan und Dtl. ausgehenden Bedrohung zum eigenen Nutzen das System der kollektiven Sicherheit zu stärken, entschied sich mit dem Hitler-Stalin-Pakt (1939) für eine Politik des Zeitgewinns und für die Aufteilung des östl. E. in Interessensphären.

Der von HITLER mit dem Überfall auf Polen 1939 entfesselte Eroberungs- und Vernichtungskrieg (Zweiter →Weltkrieg) endete mit der Niederlage des Dt. Reiches (bedingungslose Kapitulation am 7. 5. und 8./9. 5. 1945) sowie der Ausschaltung E.s als Kraftzentrum der Weltpolitik. Die Nachkriegsordnung wurde von den Zielen der USA und der UdSSR bestimmt. Ihre Unvereinbarkeit führte zum Zerfall der Kriegskoalition zw. den Westmächten (USA, Großbritannien u.a.) und der UdSSR und zur Spaltung E.s in zwei Bündnissysteme, die sich in einem globalen Konkurrenzverhältnis gegenüberstanden. Neben dem →Ost-West-Konflikt war es die →Entkolonialisierung, die die Stellung E.s in der Welt tief greifend veränderte. Beide Entwicklungen förderten einen Prozess polit. Gemeinschaftsbildung im westl. E., der die Voraussetzungen für eine enge wirtschaftl. Verflechtung schuf.

Der →Kalte Krieg entstand aus dem Gegensatz zw. dem sowjet. Streben nach einer Hegemonie über das östl. E. und dem amerikan. Ziel einer Neuordnung des befreiten E., die liberaldemokrat. Prinzipien folgen und den USA wirtschaftl. und polit. Einflusschancen eröffnen sollte. Das sowjet. Vorgehen in Polen, die Auseinandersetzungen um die Besatzungspolitik in Dtl., die Verkündung der Trumandoktrin und das amerikan. Angebot eines Wiederaufbauprogramms für Europa (Marshallplan, →ERP) leiteten eine Ära schärfster Konfrontation zw. den Supermächten ein. Auf die amerikan. Politik der Eindämmung (Containment) reagierte die UdSSR mit der Gleichschaltung der von ihr im Verlauf ihres Vormarsches nach Dtl. besetzten Gebiete.

Die Blockbildung vollzog sich über die Entstehung zweier dt. Staaten, die Gründung des →Rats für gegenseitige Wirtschaftshilfe (RGW) auf östl., der →NATO auf westl. Seite (1949); sie fand ihren Abschluss mit der Aufnahme der BRD in die →Westeuropäische Union (WEU) und die NATO (1954/55) sowie mit der Gründung des →Warschauer Pakts unter Einschluss der DDR (1955). Erhebungen gegen das stalinist. System (z. B. 1953 in der DDR, 1956 in Polen und Ungarn) wurden von der UdSSR i.d.R. (mit Ausnahme der Unruhen in Polen) militärisch unterdrückt.

Aufgrund der ideolog. und militär. Frontbildungen, die tief in die Innenpolitik westeurop. Staaten hineinwirkten, blieb die innerhalb der Europabewegung verfochtene Zielvorstellung, E. zur ›dritten Kraft‹ zw. den beiden Weltmächten zu machen, eine Utopie. Nachdem die Krisen um Berlin (1958, 1961) und Kuba (1962) die Risiken militär. Konfrontation im Atomzeitalter deutlich gemacht hatten, bahnte sich zw. den USA und der UdSSR eine Entspannung an, die sich jedoch angesichts der Verstrickung der USA in den Vietnamkrieg und der militär. Unterdrückung reformkommunist. Bestrebungen in der Tschechoslowakei (1968) durch die Intervention des Warschauer Pakts nur langsam entfaltete; erst das Zusammenwirken der amerikan. Entspannungspolitik und der dt. Ostpolitik seit 1969 brachte größere Erfolge bei der Stabilisierung des Ost-West-Verhältnisses (→Abrüstung): SALT-I-Abkommen (1972), Moskauer Vertrag, Warschauer Vertrag (beide 1970), Berlinabkommen (1971), Grundvertrag (1973). Damit wurde der Weg frei für eine multilaterale Entspannungsdiplomatie im Rahmen der Konferenz über Sicherheit und Zusammenarbeit in Europa (KSZE) und ihrer Folgekonferenzen, die die neutralen Staaten einbezog und die Fragen der Sicherheit (ergänzend zu den Verhandlungen über →MBFR zw. NATO und Warschauer Pakt), wirtschaftl. Zusammenarbeit und menschl. Kontakte über Systemgrenzen hinweg zusammen behandelte. Die Krise der Entspannung nach dem sowjet. Einmarsch in Afghanistan (1979), die durch die Verhängung des Kriegsrechts in Polen (1981) noch vertieft wurde, löste in den USA und im westl. E. unterschiedl. Reaktionen aus, die einen Dissens über Nutzen und Kosten der Entspannungspolitik innerhalb des atlant. Bündnisses offenbarten. Die Umsetzung des NATO-Doppelbeschlusses (1979) über die Stationierung atomarer Mittelstreckenwaffen in E., mit dem die NATO einer Entkoppelung amerikan. und europ. Sicherheitsinteressen vorbeugen wollte, war v. a. in der BRD heftig umstritten. Der erfolgreiche Abschluss der Konferenz über Vertrauensbildung und Abrüstung in Europa (KVAE, 1986) und bes. die Einigung zw. den USA und der UdSSR über die Beseitigung der nuklearen Mittelstreckenwaffen Ende 1987 (→INF) verbesserten die Aussichten für Rüstungskontrolle und Entspannung.

In West-E. entfaltete der Europagedanke in der Nachkriegszeit starke polit. Wirkungskraft. Mit der Gründung des →Europarats (1949) verzeichnete die europ. Einigungsbewegung einen ersten Erfolg. Im Rahmen der Europ. Gemeinschaft für Kohle und Stahl (1952) unterstellten die BRD, Frankreich, Italien und die Beneluxstaaten den Montansektor einer supranat. Behörde. Nach dem Scheitern des Projekts einer Europ. Verteidigungsgemeinschaft (1954) entschlossen sich diese ›Sechs‹ und der Gründung der →Europäischen Wirtschaftsgemeinschaft (1957) zur Schaffung eines gemeinsamen Marktes. Großbritannien und sechs weitere Staaten bildeten 1960 die →Europäische Freihandelsassoziation (EFTA). Nach der Verwirklichung der Zollunion (1968) begann der Ausbau der EG zu einer Wirtschafts- und Währungsunion (Haager Gipfel 1969, Werner-Plan 1970), der 1979 zur Einrichtung des Europ. Währungssystems führte. Dem Defizit an demokrat. Legitimation, das Kritiker dem ›E. der Technokraten‹ vorhielten, sollte die Direktwahl des Europ. Parlaments seit 1979 abhelfen. Nach einer ersten Erweiterung um Großbritannien, Irland und Dänemark (1973) gewann die EG durch den Beitritt Griechenlands (1981), Spaniens und Portugals (1986) international weiter an Gewicht, nahm damit aber zugleich ein stärkeres Nord-Süd-Gefälle und eine Verschärfung der aus der gemeinsamen Agrarpolitik erwachsenden Haushaltsprobleme in Kauf. Neben den dominierenden Bestrebungen zur europ. Einigung traten in versch. westeurop. Ländern separatist. und Autonomiebewegungen in Erscheinung (→Autonomie).

Während die EG zunehmend in ein v. a. wirtschaftl. Konkurrenzverhältnis zu den USA trat, vollzog sich die Zusammenarbeit der kommunist. Staaten Ost- und Südost-E.s unter der ökonom. Dominanz und polit. Hegemonie der UdSSR.

Der Zusammenbruch des Kommunismus in Mittel- und Osteuropa, der Zerfall der Sowjetunion und die Beendigung des Ost-West-Konflikts: Einen gesellschaftl. Umbruch in Mittel- und Ost-E. mit weit reichenden Folgen für den ganzen Kontinent und die weltpolit. Entwicklung überhaupt löste die 1985 in der UdSSR vom damaligen Gen.-Sekr. der KPdSU M. S. GORBATSCHOW eingeleitete Politik von →Perestroika und →Glasnost aus. Urspr. auf eine Modernisierung der sowjet. Gesellschaft bei Aufrechterhaltung der kommunist. Orientierung und Beibehaltung der Führungsrolle der Staatspartei gerichtet, eröffnete GORBATSCHOWS Umgestaltungsversuch die Dialektik von verspäteter Reform (bzw. Nichtreformierbarkeit) des kommunist. Systems und seines raschen Zusammenbruchs.

Das von der Sowjetunion proklamierte außenpolit. ›neue Denken‹ schuf zunächst Voraussetzungen für substanzielle Fortschritte in der Abrüstungspolitik (u. a. Abbau der atomaren Kurz- und Mittelstreckenraketen in E. aufgrund des INF-Vertrages) und eine neue Phase der Entspannung. Zugleich strahlte der in der UdSSR verfolgte gesellschaftspolit. Kurs auf die anderen kommunist. Länder E.s aus und bewirkte (trotz des Versuchs der dortigen orth. Führungskräfte, ihre Länder vor der sowjet. Reformpolitik abzuschirmen) 1989–91/92 tief greifende Veränderungen, an denen die nat. Bürgerbewegungen und z. T. auch kommunist. Reformkräfte (z. B. in Ungarn) einen wichtigen Anteil hatten. – Es erfolgte hierbei auch ein Rückgriff auf Werte (wie Freiheit, Humanität, Selbstverantwortung des Menschen, Rechtsbindung), die – z. T. umstritten – als Grundideen der abendländ. Kultur gelten. – In Polen, Ungarn, der DDR, der Tschechoslowakei, Rumänien, Bulgarien und Albanien mussten die kommunist. Regierungen zumeist unter dem Druck von Massenprotesten zurücktreten (mit Ausnahme Rumäniens ›friedl. Revolutionen‹). Die kommunist. Parteien gaben ihr Machtmonopol auf und gerieten i. d. R. in die Rolle der polit. Opposition. Die ehem. Volksrepubliken lösten sich von ihrer sozialist. Zielsetzung (entsprechende Änderungen der Staatsnamen) und begannen mit der Einführung marktwirtschaftl. Elemente und eines pluralist. Parteiensystems. Die Auflösung der ›sozialist. Staatengemeinschaft‹ führte 1991 zum Zerfall ihrer gemeinsamen wirtschaftl. sowie militärisch-polit. Strukturen wie RGW und Warschauer Pakt und beendete den Kalten Krieg. Die schon am 9. 11. 1989 erfolgte Öffnung der Berliner Mauer signalisierte nicht nur das Ende der Spaltung Dtl.s, sondern auch der Teilung E.s. Der Gedanke des ›gemeinsamen europ. Hauses‹ gewann eine neue Dimension.

Mit der Wiederherstellung der Einheit Dtl.s am 3. 10. 1990 und deren außenpolit. Absicherung (Zwei-plus-Vier-Verhandlungen, Verträge mit den östl.

Europa: Europahaus in Straßburg, in dem das Europäische Parlament tagt (Entwurf: Henry Bernard); 1971–77

Nachbarländern) fand eines der zentralen Nachkriegsprobleme in E. eine friedl. Lösung.

Hatten der Zusammenbruch des Kommunismus in Mittel- und Ost-E. und die damit verbundene Beendigung des Ost-West-Konflikts zunächst die allgemeine Hoffnung hervorgerufen, E. bald auf der Basis von Demokratie, Marktwirtschaft und Frieden einigen zu können (›Pariser Charta für ein neues E.‹ vom November 1990), vollzog sich in der Folgezeit jedoch eine sehr differenzierte, z. T. von starken Konflikten belastete Entwicklung. Einerseits schritt die noch unter den Bedingungen des Ost-West-Konflikts konzipierte Integration der EG-Staaten voran, andererseits verband sich der gesellschaftl. Neubeginn in Mittel- und Ost-E. z. T. mit staatl. Zersplitterung u. a. Desintegrationsprozessen.

Die →europäische Integration wurde mit der Verabschiedung einer →Einheitlichen Europäischen Akte (1986/87), dem Vertrag von Maastricht (1992) zur Schaffung der →Europäischen Union (in Kraft seit 1. 11. 1993), der Schaffung eines →Europäischen Binnenmarktes zum 1. 1. 1993 und der Aufnahme von drei neuen Mitgl. in die EU am 1. 1. 1995 (Finnland, Österreich und Schweden) weiter vorangetrieben. Die Kontroverse in versch. Ländern der EG über das Maastrichter Vertragswerk (in Dänemark erst nach Bewilligung von Ausnahmeregelungen durch ein zweites Referendum im Mai 1993 angenommen) führte zu zeitweiligen Differenzen innerhalb der Gemeinschaft und verdeutlichte, dass sich die Europ. Union im Spannungsfeld zw. einzelstaatl. und regionalen Interessen sowie gesamteurop. Erfordernissen bewegt.

Die unter kommunist. Herrschaft entstandenen Staatenföderationen in Mittel- und Ost-E. zerfielen 1991/92, was zu einer erhebl. Veränderung der polit. Landkarte führte. Nachdem sich Estland, Lettland und Litauen im August 1991 endgültig als unabhängige Rep. von der UdSSR losgesagt hatten, bildeten die drei slaw. Rep. Russland, Ukraine und Weißrussland am 8. 12. 1991 die →Gemeinschaft Unabhängiger Staaten (GUS); der Beitritt weiterer acht ehem. Sowjetrepubliken zu dieser lockeren Staatenverbindung am 21. 12. 1991 (Georgien wurde erst 1993 Mitgl.) besiegelte das Ende des multinationalen Unionsstaates (Rücktritt GORBATSCHOWS vom Amt des Staatspräs. am 25. 12. 1991 als letzter offizieller Schritt der Auflösung der UdSSR). Aus dem 1991/92 auseinander gebrochenen Jugoslawien gingen die unabhängigen Rep. Bosnien-Herzegowina, Kroatien, Slowenien und (das erst 1993 völkerrechtlich anerkannte) Makedonien hervor; Serbien bildete im April 1992 mit Montenegro einen jugoslaw. Reststaat. Blutige militär. Auseinandersetzungen in Kroatien (1991) und in Bosnien und

Herzegowina (1992–95) v. a. mit den serb. Bev.-Teilen waren auf eine Neuordnung der versch. ethn. Siedlungsgebiete gerichtet und von grausamen ›ethn. Säuberungen‹ begleitet. Erst das unter Vermittlung der USA geschlossene Abkommen von Dayton (1995) schuf Voraussetzungen für eine Friedensregelung im Raum des ehem. Jugoslawien. Bes. das Streben der Slowakei nach Eigenständigkeit ließ die Tschechoslowakei zerfallen (ab 1. 1. 1993 Trennung in Tschech. Rep. und Slowak. Rep.). Jahrzehntelang unterdrückte Nationalitätenkonflikte riefen in einigen Staaten blutige, z. T. bürgerkriegsähnl. Auseinandersetzungen hervor (z. B. in Moldawien zw. der rumänischstämmigen Bev.-Mehrheit und der russisch-ukrain. Minderheit, die eine autonome Dnjestr-Rep. ausrief). Die Russ. Föderation wurde in ihren Randgebieten mit dem Separatismus einzelner Völker konfrontiert (z. B. in →Tschetschenien, gegen das sich eine russ. Militärintervention richtete). Die 1991/92 um zahlr. neue osteurop. Mitgl. erweiterte KSZE (seit 1. 1. 1995 Organisation für Sicherheit und Zusammenarbeit in E., OSZE) bemühte sich (zunächst wenig erfolgreich) um Vermittlung in den in Ost-E. ausgebrochenen bewaffneten Konflikten; zu einem gesamteurop. Anliegen entwickelte sich die von westl. Industriestaaten geleistete Wirtschaftshilfe für die mit einem schweren ökonom. Erbe ringenden osteurop. Staaten (u. a. durch die →Osteuropabank). Die aus dem früheren Ostblock hervorgegangenen Staaten strebten bald (wenn auch mit unterschiedl. Intensität) eine Mitgliedschaft in der NATO wie auch in der EU an. Russland, das einerseits im sicherheitspolit. Bereich weiter mit den Ambitionen einer Großmacht auftrat, andererseits gezielt seine Einbindung in die europ. Strukturen verfolgte (seit 1996 Mitglied des Europarats), wandte sich immer wieder vehement gegen eine Osterweiterung der NATO, bes. gegen die Aufnahme von Ländern in ihrem westl. Vorfeld. Die Tatsache, dass nach dem Zerfall der Sowjetunion rd. 25 Mio. Russen außerhalb der Grenzen der Russ. Föderation leben, trug mit zur russ. Interpretation der postsowjet. Staaten als ›nahes Ausland‹ bei, woraus diese sehr bald eine Bedrohung ableiteten, zumal die in Russland erstarkten kommunist. und nationalist. Kräfte die Wiederherstellung eines Staates in den Grenzen der früheren Sowjetunion forderten.

Die z. T. bedrückenden wirtschaftl. und sozialen Verhältnisse in den postkommunist. Staaten bewirkten dort eine oft instabile innenpolit. Situation (häufige Reg.-Wechsel, Massenproteste u. a. 1996/97 in Serbien, Bulgarien, Unruhen 1997 in Albanien) und lösten eine starke Wanderbewegung nach West-E. aus. Die Enttäuschung breiter Bev.-Kreise in den postkommunist. Staaten über die Entwicklung in ihren Ländern ermöglichte es mehreren Nachfolgeparteien der früheren KPs, die nicht selten in der Rolle der Verteidiger der sozialen Gerechtigkeit auftraten, wieder starken polit. Einfluss zu gewinnen (u. a. in Russland) oder sogar zeitweilig die Reg. zu stellen (z. B. in Bulgarien, Polen und Litauen).

Neben zahlr. Desintegrationsprozessen in Mittel- und Ost-E. kam es auch zu versch. Ansätzen der Zusammenarbeit. 1991 schlossen Ungarn, Polen und die ČSFR (jetzt Tschech. Rep. und Slowak. Rep.) in Visegrád ein Bündnis zur polit. und wirtschaftl. Zusammenarbeit (Visegrád-Allianz). Ende März 1996 beschlossen die europ. GUS-Mitgl. Russland und Weißrussland mit den zentralasiat. Staaten Kasachstan und Kirgistan die Gründung einer Union nach dem Vorbild der EU (›Gemeinschaft Integrierter Staaten‹) und orientierten sich dabei v. a. an den gemeinsamen wirtschaftl. Interessen. Am 2. 4. 1996 begründeten Russland und Weißrussland eine ›Gemeinschaft Souveräner Republiken‹ (SSR), die auf Bildung eines einheitl.

Wirtschaftsraumes bis Ende 1997 sowie eine enge Zusammenarbeit in der Außen- und Sicherheitspolitik gerichtet ist.

Ende März 1996 begann in Turin die Reg.-Konferenz zur Revision des Maastrichter Vertrages (Maastricht II) mit dem Ziel der weiteren Ausgestaltung der europ. Integration.

Bibliographie, Handbücher: Hb. der europ. Gesch., hg. v. T. SCHIEDER, 7 Bde. (1968–87); Hb. der europ. Volksgruppen, hg. v. M. STRAKA (Wien 1970); E., hg. v. W. EGGERS (²¹1973, Nachdr. 1978); H. H. BLOTEVOGEL u. H. HEINEBERG: Bibliogr. zum Geographiestudium, Tl. 3: Regionale Geographie. Dtl., E., Sowjetunion (1980); Hb. der europ. Wirtschafts- u. Sozialgesch., hg. v. H. KELLENBENZ, auf mehrere Bde. ber. (1980ff.); Hb. der westeurop. Regionalbewegungen, hg. v. J. BLASCHKE (1980).

Allgemeines, Geographie, Geologie, Klima: F. MACHATSCHEK: Das Relief der Erde, Bd. 1 (²1955); Climates of Northern and Western Europe, hg. v. C. C. WALLÉN (Amsterdam 1970); Meyers Kontinente u. Meere: E., bearb. v. W. JOPP u. A. HANLE, 3 Bde. (1971/72); A regional geography of Western Europe, hg. v. F. J. MONKHOUSE (Harlow ⁴1974); Climates of Central and Southern Europe, hg. v. DEMS. (ebd. 1977); A.-M. MEYER ZU DÜTTINGDORF: Klimaschwankungen im maritimen u. kontinentalen Raum E.s seit 1871 (1978); Klimadaten von E., bearb. v. M. KALB u. a., 3 Bde. (1980–82); ZIEGLER: Geological atlas of Western and Central Europe (Amsterdam 1982); E., hg. v. W. SPERLING u. A. KARGER (¹7.–33. Tsd. 1984); Geomorphology of Europe, hg. v. C. EMBLETON (Weinheim 1984); M. KRAFFT: Führer zu den Vulkanen E.s, 3 Bde. (a.d. Frz., 1984); The climate of Europe, past, present and future, hg. v. H. FLOHN u. a. (Dordrecht 1984); J. DE VRIES: European urbanization 1500–1800 (Cambridge, Mass., 1984); H. JÄGER: Entwicklungsprobleme europ. Kulturlandschaften (1987); Norden – man and environment, hg. v. U. VARJO u. a. (Berlin 1987); R. SCHÖNENBERG u. J. NEUGEBAUER: Einf. in die Geologie E.s (⁵1987).

Bevölkerung: Rassengesch. der Menschheit, hg. v. I. SCHWIDETZKY (1974ff., in Lfg.); Physical anthropology of European populations, hg. v. DERS. (Den Haag 1980); M. BRAGA: Völker zur Freiheit! Vom Kampf europ. Volksgruppen um Selbstbestimmung (1982); H. SCHRETTENBRUNNER: Gastarbeiter. Ein europ. Problem (1982); Flüchtlinge in E., hg. v. M. BOHR (1984); P. L. KNOX: The Geography of Western Europe. A Socio-Economic Survey (London 1984); ›Dritte Welt‹ in E. Probleme der Arbeitsimmigration, hg. v. J. BLASCHKE u. a. (1985); Ethnogenese europ. Völker, hg. v. W. BERNHARD u. a. (1986).

Sprachen: A. MEILLET: Les langues dans l'Europe nouvelle (Paris 1928); E. LEWY: Der Bau der europ. Sprachen (²1964); G. DÉCSY: Die linguist. Struktur E.s (1973); Nat. Minderheiten in E., hg. v. R. GRULICH u. P. PULTE (1975); H. HAARMANN: Soziologie u. Politik der Sprachen (1975); DERS.: Elemente einer Soziologie der kleinen Sprachen E.s, 3 Bde. (1979–84).

Geschichte: The rise of modern Europe, hg. v. W. L. LANGER, 20 Bde. (New York 1936–71); The Oxford history of modern Europe, hg. v. A. BULLOCK u. a., auf 16 Bde. ber. (Oxford 1954ff.); O. HALECKI: E. – Grenzen u. Gliederung seiner Gesch. (a. d. Engl., 1957); D. HAY: Europe. The emergence of an idea (Edinburgh 1957); C. DAWSON: Die Gestaltung des Abendlandes (a. d. engl. Gesch. der abendländ. Einheit (a. d. Engl., Neuausg. 1961); E. ROSENSTOCK-HUESSY: Die europ. Revolution u. der Charakter der Nationen (Neuausg. 1961); A. MIRGELER: Gesch. E.s (⁴1964); H. BERVE: Der E.-Begriff in der Antike, in: DERS.: Gestaltende Kräfte der Antike (²1966); E. HASSINGER: Das Werden des neuzeitl. E. 1300–1600 (⁴1969); J. M. ROBERTS: Europe 1880–1945 (London ²1972); K. VON BEYME: Die parlamentar. Reg.-Systeme in E. (²1973); T. SCHIEDER: Probleme einer europ. Gesch. (1973); L. DEHIO: Gleichgewicht oder Hegemonie (³1974); J. BETHKENHAGEN u. H. MACHOWSKI: Integration im Rat für gegenseitige Wirtschaftshilfe (²1976); A. MOMIGLIANO: E. als polit. Begriff bei Isokrates u. den Isokrateern, in: Isokrates, hg. v. F. SECK (1976); W. LIPGENS: Die Anfänge der europ. Einigungspolitik. 1945–50, Tl. 1: 1945–47 (1977); G. A. CRAIG: Gesch. E.s im 19. u. 20. Jh., 2 Bde. (a. d. Amerikan., 1978/79); H. GRAML: E. zw. den Kriegen (⁴1979); W. HALLSTEIN: Die Europ. Gemeinschaft (⁵1979); A. HILLGRUBER: E. in der Weltpolitik der Nachkriegszeit. 1945–1963 (1979); K. BOSL: E. im Aufbruch. Herrschaft, Gesellschaft, Kultur in E. vom 10. bis zum 14. Jh. (1980); Jb. der europ. Integration ... (1981ff., jährl.); J. LEUSCHNER u. H. BOOCKMANN: E. im

Hoch- u. Spätmittelalter (1982); E. Pɪᴛᴢ: E. im Früh- u. Nach-
mittelalter (1982); Europ. Wirtschaftsgesch., hg. v. C. M. Cɪ-
ᴘᴏʟʟᴀ u. a., 5 Bde. (a. d. Engl., Neuausg. 1983–86); O. Bʀᴜɴ-
ɴᴇʀ: Sozialgesch. E.s im MA. (²1984); E. 1400. Die Krise des
Spät-MA., hg. v. F. Sᴇɪʙᴛ u. a. (1984); E. 1500. Integrations-
prozesse im Widerstreit, hg. v. ᴅᴇᴍs. u. a. (1987); H. Jᴀᴋᴏʙs:
Kirchenreform u. Hochmittelalter 1046–1215 (1984); J. Hᴀ-
ᴄᴋᴇʀ: Der Ostblock (1985); G. Aᴍʙʀᴏsɪᴜs u. W. Hᴜʙʙᴀʀᴅ:
Sozial- u. Wirtschaftsgesch. E.s im 20. Jh. (1986); E. Hʟᴀ-
ᴡɪᴛsᴄʜᴋᴀ: Vom Frankenreich zur Formierung der europ.
Staaten- u. Völkergemeinschaft 840–1046 (1986); The Cambridge illustrated history of the Middle Ages, hg. v. R. Fᴏs-
sɪᴇʀ, Bd. 3: 1250–1520 (Cambridge 1986); I. Gᴇɪss: E. – Vielfalt u. Einheit. Eine histor. Erklärung (1993); C. Gᴀsᴛᴇʏɢᴇʀ:
E. zw. Spaltung u. Einigung. 1945 bis 1993; Darst. u. Dokumentation (Neuausg. 1994); Demokratie u. Marktwirtschaft
in Ost-E., hg. v. W. Wᴇɪᴅᴇɴғᴇʟᴅ (Neuausg. 1995); M. Bᴏᴅᴇɴ:
Ost-E. Eine kleine polit. Landeskunde (1995); P. Bʀᴏᴡɴ: Die
Entstehung des christl. E. (a. d. Engl., 1996). – Weitere Literatur →europäische Integration, →Europäische Union.

Europa, Île E. [iloʀo'pa], Koralleninsel in der
Straße von Moçambique, 30 km², wegen Wasserman-
gels unbewohnt, gehört zum frz. Übersee-Dép. Ré-
union, wird von Madagaskar beansprucht.

Europa, Picos de E., verkarstete Kalkgebirgskette
des Kantabr. Gebirges, N-Spanien, mit dessen höchsten Gipfeln (Torre de Cerredo 2 648 m ü. M., Torre de
Llambrión 2 639 m ü. M., Naranjo de Bulnes 2 628 m
ü. M., Peña Vieja 2 615 m ü. M.). 1995 wurde die Ge-
birgskette unter Einbeziehung des bestehenden Nationalparks Montaña de →Covadonga zum Nationalpark
P. d. E. erklärt (650 km²). Die Felsenhöhle Cueva
Santa von Covadonga ist Nationalheiligtum.

Europaband, das 49-m-Kurzwellenband (Frequenzbereich 5,95–6,2 MHz), so genannt wegen seiner großen, den Empfang europ. Sender ermöglichen-
den Reichweite; bei Nacht ist zusätzlich der Empfang
von Sendern in Übersee möglich.

Europabrücke, Brücke der Brennerautobahn, südlich von Innsbruck, Tirol, Österreich; 785 m lang,
34 m breit, mit 198 m hohen Pfeilern; überspannt
mit sechs Fahrbahnen das tief eingeschnittene Tal der
Sill (Wipptal); erbaut 1959–63.

Europa der Regionen, ein polit. Ordnungskonzept
zum Aufbau föderativer Strukturen bei der Integration Europas; sieht vor, die Regionen als ›dritte
Ebene‹ zw. den einzelnen Nationalstaaten und der gesamteurop. Staatenwelt, bes. den supranat. Institutionen der EG bzw. der EU, im institutionellen Bereich
mit einzubeziehen. Die in ihren verfassungsrechtl.
nationalen Kompetenzen sehr unterschiedlich ausgestatteten Regionen (z. B. die Länder in Dtl., die Autonomen Gemeinschaften in Spanien, die Regionen in
Frankreich und Italien sowie die Regionen und
Gemeinschaften in Belgien) sollen v. a. im Rahmen
›dezentraler Strukturen‹ Mitverantwortung erhalten.
Der Gedanke eines E. d. R. erhielt besonderen Auftrieb als ›Gegenkonzept‹ zur viel kritisierten ›Brüsseler Bürokratie‹. Er soll zugleich die Akzeptanz der europ. Integration in der Bev. der europ. Staaten erhöhen. Der Maastrichter Vertrag (unterzeichnet am 7. 2.
1992) legte die Schaffung eines →Ausschusses der Regionen mit beratender Funktion fest; das in diesem
Vertrag verankerte Subsidiaritätsprinzip setzt bei der
Entscheidungsfindung und Beschlussfassung einen
dreistufigen Aufbau der EU (Europa, Nationalstaat
und Region) voraus.

Europadiplom, vom →Europarat 1964 geschaffene
und jeweils für fünf Jahre verliehene Auszeichnung
(Verlängerung möglich) für nach dem Naturschutz-
gesetz geschützte Landschaften, Schutzgebiete oder
Einzelschöpfungen der Natur mit besonders effektiven Schutz-, Pflege- und Entwicklungsmaßnahmen
von europ. Interesse. Gegenwärtig gibt es in Dtl. acht
Naturschutzgebiete und National- bzw. Naturparks
mit E., darunter die Naturschutzgebiete Lüneburger

Europabrücke südlich von Innsbruck, Österreich; 1959–63

Heide und Siebengebirge, der Dt.-Luxemburg. Naturpark sowie die Nationalparks Bayerischer Wald und
Berchtesgaden. Ausgezeichnet wurden z. B. auch der
Schweizer Nationalpark und die Krimmler Wasserfälle in Österreich.

Europa-Diplom, Zertifikat des →Europa-Kollegs.

Europadörfer, Einrichtungen der von Pater D. G.
Pɪʀᴇ 1950 gegründeten ›Hilfe für heimatlose Ausländer und deren Europadörfer‹ (Sitz: Huy, Belgien). E.
dienen dazu, ausländ. Familien und ihre Kinder sesshaft zu machen und zu integrieren. E. gibt es in Dtl.,
Österreich und Belgien; in Dtl. u. a. in Aachen (Sitz
des dt. Vereins), Augsburg, Euskirchen, Spiesen
(Ortsteil von Spiesen–Elversberg) und Wuppertal.

Europäerreben, Bez. für die von der asiat. Wild-
rebe Vitis silvestris abstammenden Reben, v. a. die
europ. Kultursorten der Art Vitis vinifera. Da deren
Wurzeln reblausanfällig sind, werden sie heute auf
Unterlagen von →Amerikanerreben aufgepfropft. Im
Weinbau werden als E. nur wurzelechte E. bezeichnet;
ihr Bestand ist nur noch gering.

Europaflagge, 1) 1949–93 Flagge der Europ. Bewegung, seitdem Symbol der Union Europ. Föderalisten (→Europa-Union Deutschland); ein weiß ausge-
spartes grünes E.; 2) offizielle Flagge des Europarates
(1955) und der Europ. Gemeinschaften (1986) und
seit ihrer Gründung Symbol der EU, seit 1993 auch
der Europ. Bewegung; auf blauem Grund ein Kreis
von zwölf goldgelben fünfzackigen Sternen, die als
Symbol für Einheit und Perfektion stehen.

Europaflagge: links Symbol der Union Europäischer
Föderalisten; rechts Offizielle Flagge des Europarates und der
Europäischen Gemeinschaften sowie Symbol der Europäischen
Union und der Europäischen Bewegung

Europagedanke, Bez. für eine Vielzahl von polit.
Leitbildern, Ordnungsvorstellungen und Entwürfen
mit dem Ziel, die nationalstaatl. Zersplitterung Europas als Quelle krieger. Konflikte und weltpolit.
Schwäche zu überwinden und damit eine Neuordnung
dieses Kontinents herbeizuführen. Nährboden des E.
ist die Vorstellung, dass Europa nicht nur eine geograph. Größe ist, sondern vielmehr eine histor. Ein-

heit bildet, die sich als Zivilisationsraum, Völkerfamilie, Wertegemeinschaft oder Kultureinheit versteht (von der Zeit K ARLS D. G R. bis zum 16. Jh. durch den Begriff ›Abendland‹ getragen). Von Philosophen und Dichtern über Jahrhunderte hinweg in wechselnden Formen ideell gefördert, hat der E. erst dann reale polit. Wirkungskraft entfaltet und institutionelle Gestalt angenommen, als die Erfahrung zweier Weltkriege bei den polit. Eliten Westeuropas die Bereitschaft zu einem engen Zusammenschluss ihrer Staaten geweckt hatte. Diese nach 1945 zunächst in Westeuropa begonnene Umsetzung des E. brachte vorerst Schritte zu einer wirtschaftl. Zusammenarbeit, jedoch noch keine polit. Integration. Mittlerweile besteht durch den Prozess der →europäischen Integration die Chance, den E. – nun auch mit einer größeren Anzahl von Staaten – stufenweise zu verwirklichen. (→Europäisierung)

Europahymne. Zur europ. Hymne wurde 1972 vom Ministerkomitee des Europarates die ›Ode an die Freude‹ aus B EETHOVENS 9. Sinfonie (1822–24) erklärt. Am 21. 4. 1986 wurde die E. (zusammen mit der Europaflagge) von den EG-Außenministern nach Absprache mit dem Europarat als einheitl. Symbol für alle europ. Institutionen festgelegt.

Europa-Institut, 1951 gegründetes Institut der Univ. des Saarlandes im Fachbereich Rechtswissenschaft, das seit 1980/81 den zweisemestrigen Aufbaustudiengang ›Europ. Integration‹ für Juristen aller Länder mit abgeschlossenem Hochschulstudium anbietet. Abschluss: das ›Zertifikat über europ. Studien‹. Im Anschluss besteht die Möglichkeit, den Titel ›Magister des Europarechts‹ (LL.M.Eur. oder M.Jur.Eur.) zu erwerben. Zur Ausbildung gehören das Gemeinschaftsrecht, das Recht der internat. Organisationen sowie polit- und geschichtswiss. Vorlesungen. Ziel des Studienganges ist die Nachwuchsförderung für europ. und internat. Organisationen, für international ausgerichtete Anwaltskanzleien und für die mit internat. Fragen befassten nat. Verwaltungen.

Europäische AG, →Aktiengesellschaft.

Europäische Artikelnummerierung, →EAN-System.

Europäische Atomgemeinschaft, Abk. **EURA-TOM, Euratom,** zusammen mit der EWG durch die Röm. Verträge vom 25. 3. 1957 (am 1. 1. 1958 in Kraft getreten) gegründete supranationale Organisation zur friedl. Nutzung der Kernenergie mit eigener Rechtspersönlichkeit; Sitz in Brüssel; seit 1967 organschaftlich verbunden mit EWG und EGKS. Die Aufgaben werden seit der Fusion der Organe der drei →Europäischen Gemeinschaften von Europ. Parlament, Rat, Europ. Kommission und Europ. Gerichtshof wahrgenommen; die Finanzierung der Aktivitäten erfolgt seit 1971 im Wesentlichen aus Mitteln des Gesamthaushalts der EG. Von den urspr. eigenen Organen existiert nur noch die EURATOM-Versorgungsagentur, die über ein Bezugsrecht für die in den Mitgl.-Staaten erzeugten Erze, Ausgangsstoffe und besonderen spaltbaren Stoffe sowie über das ausschließl. Recht verfügt, Verträge über die Lieferung dieser Materialien aus Ländern innerhalb und außerhalb der Gemeinschaft zu schließen. Alle im Zuge der Erweiterung der EU beigetretenen Staaten sind auch Mitgl. der EURATOM.

Vor dem Hintergrund steigenden Energiebedarfs und einer in den 50er-Jahren befürchteten Energielücke wurden als wesentl. Aufgaben für die EURATOM formuliert: Förderung der Forschung auf dem Gebiet der Kernenergienutzung und Kerntechnik in den Mitgl.-Ländern, Verbreitung techn. Kenntnisse, Sicherstellung der Versorgung der Gemeinschaft mit Kernbrennstoffen, Gewährleistung der Sicherheit der entsprechenden Anlagen und Sicherheitskontrollen gegen die missbräuchl. Nutzung von spaltbaren Stof-

fen für den Bau von Kernwaffen. Zur Überwachung der Sicherheit kann die Europ. Kommission u. a. Inspektoren in die Mitgl.-Staaten entsenden. Unter dem Eindruck des Reaktorunglücks von Tschernobyl (1986) wurden die Sicherheitsnormen verschärft und die Sicherheitsvorkehrungen ausgebaut. Seit 1991 wird versucht, die osteurop. Länder, v. a. die Nachfolgestaaten der Sowjetunion, für eine engere Zusammenarbeit im Bereich nukleare Sicherheit zu gewinnen. Die Forderung des Europ. Parlaments, die Entsorgung radioaktiver Abfälle gemeinschaftlich zu regeln, konnte bisher noch nicht durchgesetzt werden.

Zur Förderung von Forschungsprogrammen kann die Europ. Kommission u. a. im Rahmen von Forschungsverträgen finanzielle Hilfen gewähren (jedoch keine Subventionen) oder die Mitgl.-Staaten zu gemeinsamen Finanzierungen veranlassen. Auf der Grundlage des EURATOM-Vertrages stellte die Gemeinschaft ein eigenes Forschungs- und Ausbildungsprogramm auf, zu dessen Durchführung u. a. die **Gemeinsame Kernforschungsstelle (GFS)** mit vier Kernforschungszentren in Ispra (Italien), Geel (Belgien), Petten (Niederlande) und Karlsruhe besteht; die GFS ist überdies Trägerin aller Kernforschungsvorhaben (v. a. in den Bereichen kontrollierte Kernfusion, Strahlenschutz, Reaktorbau und -sicherheit), so des Kernfusionsprojekts Next European Tonus (JET und des Forschungsprogramms →NET). Der EURATOM-Vertrag bestimmt ferner, dass besondere spaltbare Stoffe, die von einem Mitgl.-Staat, einer Person oder einem Unternehmen erzeugt oder eingeführt werden und der Sicherheitsüberwachung unterliegen, Eigentum der Gemeinschaft sind.

H. K RAMER: Nuklearpolitik in Westeuropa u. die Forschungspolitik der Euratom (1976); P. W EILEMANN: Die Anfänge der Euratom (1983); P. L ADWIG: EURATOM u. der Notfallschutz bei Atomunfällen (1995).

Europäische Bank für Wiederaufbau und Entwicklung, die →Osteuropabank.

Europäische Beratende Kommission, →European Advisory Commission.

Europäische Bewegung, ein 1948 auf dem Europakongress in Den Haag gegründeter internat. und überparteil. Zusammenschluss von Organisationen, die die →europäische Integration unterstützen. Mitgl. sind (1995) Nat. Sektionen (Nat. Räte) in 30 europ. Ländern und weitere 20 europ. Verbände sowie Vereinigungen. Sitz: Brüssel. Als Organe der E. B. fungieren der Bundesrat (Conseil fédéral), in dem die Mitgl.-Organisationen und Nat. Sektionen vertreten sind, das Exekutivkomitee (Comité exécutif), dem ein Präs. vorsteht, und die Generalversammlung (Conférence générale). Die E. B. stellt eine nichtstaatl. Organisation belg. Rechts dar; ihre rechtl. Grundlage bildet die Satzung vom November 1990. Im Sinne einer ›Lobby für Europa‹ leistet die E. B. Informations- und Bildungsarbeit zur Förderung des europ. Bewusstseins in der Öffentlichkeit und trägt zur Verwirklichung europapolit. Zielsetzungen in nat. und gesamteurop. Rahmen bei (insbesondere konstruktive Begleitung des Prozesses der Ausgestaltung der Europ. Union, Eintreten für eine bürgernahe Politik und für die Integration der mittel- und osteurop. Staaten). Grundlegendes europapolit. Konzept ist die Schaffung eines föderalen Staatsgebildes, das über eine vom Europ. Parlament kontrollierte Reg. und eine eigenständige Verf. verfügt. Die E. B. initiierte die Gründung des Europarats, die Schaffung der Europ. Konvention zum Schutz der Menschenrechte und Grundfreiheiten sowie die Einrichtung des Europa-Kollegs in Brügge und des Europ. Kulturzentrums in Genf. Zum Symbol der E. B. →Europaflagge.

Die **Europäische Bewegung Deutschland** (Abk. **EBD,** gegr. 1949 in Wiesbaden) ist ein überpartei-

licher nichtstaatl. Dachverband von (1996) rd. 140 polit. Parteien, Organisationen und Verbänden, die sich
für die europ. Einigung einsetzen und die wichtigsten
polit. und gesellschaftl. Kräfte in der Bundesrepublik
Deutschland repräsentieren. Sie verkörpert die dt.
Sektion der internat. E. B. Die EBD veranstaltet
Kolloquien und Kongresse, auf denen sie die Kommunikation zw. Verbänden und Europapolitik herstellt;
sie nimmt die Pressevertretung des Europarates wahr
und vergibt dt. Stipendien zum Studium am Europa-
Kolleg Brügge/Natolin. Regional untergliedert ist sie
in 16 Landeskomitees.

europäische Ethnologie, Fach-Bez. für die auf
den europ. Kulturkreis beschränkte →Volkskunde, als
einheitl. Bez. für die Fächer (vergleichende) Volkskunde (Dtl.), Folklore (Großbritannien, Frankreich,
Spanien), Folklivsforskning (Schweden), Folkelivs-
gransking (Norwegen) seit den 1930er-Jahren u. a. von
dem schwed. Ethnologen SIGURD ERIXON (*1888,
†1968) gefordert, 1955 auf dem internat. Volkskunde-
kongress in Arnheim von der CIAP (Commission Internationale des Arts et Traditions Populaires) empfohlen. Mit dieser Fach-Bez. soll die enge theoret. und
method. Nachbarschaft zur internat. Ethnologie, etwa
auch der Cultural Anthropology (USA) betont werden.

Europäische Filmakademie, →European Film
Academy.

Europäische Freihandelsassoziation, engl.
European Free Trade Association [jʊərəˈpiːən ˈfriː
ˈtreɪd əˈsəʊsɪˈeɪʃn], Abk. **EFTA,** am 4. 1. 1960 als Reaktion auf die Bildung der EWG gegründete und am 3. 5.
1960 in Kraft getretene Freihandelszone. Gründungs-
Mitgl. waren Dänemark, Großbritannien, Norwegen,
Österreich, Portugal, Schweden und Schweiz. Im
Laufe ihres Bestehens hat sich die Zusammensetzung
der EFTA stark verändert: 1973 traten Großbritannien und Dänemark, 1986 Portugal den Europ. Gemeinschaften (EG) sowie 1995 Finnland (Voll-Mitgl.
seit 1985), Österreich und Schweden der EU bei und
schieden damit aus der EFTA aus. Die Freihandelszone besteht nunmehr (1995) aus vier Ländern (Island
[Mitgl. seit 1970], Liechtenstein [seit 1991], Norwegen
und Schweiz) und umfasst nur noch eine Fläche von
rd. 460 000 km² (vorher: 1 339 000 km²) mit rd. 11
Mio. Ew. (rd. 33 Mio. Ew.) und einem Sozialprodukt
von (1993) 412,5 Mrd. US-$ (908,5 Mrd. US-$).

Organisation: Oberstes Entscheidungsorgan ist der
EFTA-Rat, in dem alle Mitgl.-Länder gleichberechtigt vertreten sind (jedes Mitgl. verfügt über eine
Stimme) und der für die Herbeiführung von Beschlüssen i. d. R. Einstimmigkeit erzielen muss. Aufgabe des
Rates ist die Überwachung der Anwendung und
Durchführung des EFTA-Vertrages und die Schlichtung von Streitfällen; seine Beschlüsse und Empfehlungen sind rechtlich nicht verbindlich. Für Verwaltungsaufgaben wurden vom Rat mehrere ständige Komitees aus nat. Reg.-Vertretern sowie beratende Ar-
beitsgruppen eingesetzt. Die laufende Verwaltungs-
und Koordinierungsarbeit übernimmt das EFTA-Sek-
retariat (Sitz: Genf), das von einem Gen.-Sekr. geleitet wird. 1994 hat sich in Genf der Gerichtshof der
EFTA konstituiert, dessen Kompetenzen mit denen
des Europ. Gerichtshofes vergleichbar sind. Der
EFTA-Gerichtshof ist für die am Europ. Wirtschaftsraum (EWR) teilnehmenden EFTA-Staaten zuständig, also nicht für die Schweiz. Seine Hauptaufgabe
besteht in der Überwachung der Einhaltung der Verpflichtungen aus dem EWR-Abkommen. Unter Einhaltung einer Kündigungsfrist von 12 Monaten ist ein
Austritt aus der EFTA jederzeit möglich.

Ziele und Entwicklungen: Hauptziel der EFTA ist
es, durch den Abbau von Zöllen und nichttarifären
Handelshemmnissen zw. den Mitgl.-Ländern den gegenseitigen Handel mit gewerbl. Erzeugnissen zu steigern, ohne damit, im Unterschied zu den EU-Staaten,
weiter gehende Verpflichtungen in Bezug auf die Errichtung eines gemeinsamen Marktes oder die Bildung
einer wirtschaftl. und polit. Union einzugehen. Der
Rat kann unverbindl. Empfehlungen bezüglich der
Abschaffung staatl. Subventionen und des Verbots
von Kartellbildungen, die zu Wettbewerbsverzerrungen innerhalb der Gemeinschaft führen, geben. Die
EFTA wendet als Freihandelszone auch nicht, wie die
EG, gegenüber Drittländern einen gemeinsamen Außenzolltarif an, sondern stellt es ihren Mitgl. frei, in
ihrer Handelspolitik gegenüber Drittländern Zölle
bzw. Mengenbeschränkungen individuell zu vereinbaren. Eine Harmonisierung der Ordnungs- und Konjunkturpolitik der Mitgl.-Staaten ist ebenfalls nicht
vorgesehen. Der im EFTA-Vertrag festgelegte vollständige Abbau von Handelszöllen und Ausfuhrbe-
schränkungen zw. den Mitgl.-Ländern wurde schrittweise bereits am 31. 12. 1966 erreicht. Landwirtschaftl. Erzeugnisse sind von der Liberalisierung des
Warenverkehrs allerdings weitgehend ausgenommen.

Die größte Ausdehnung hatte die EFTA 1970 nach
dem Beitritt Islands mit acht Mitgl.-Staaten. Nach einer anfängl. Phase relativ großer Distanz entwickelte
sich zw. EFTA und EG seit Anfang der 70er-Jahre
eine immer engere Verflechtung. Zunächst schlossen
die EG 1972 und 1973 nach dem Übertritt der ersten
beiden EFTA-Staaten mit einzelnen Ländern der
Freihandelszone individuelle Abkommen, die sich auf
den freien Warenverkehr mit industriellen und gewerbl. Erzeugnissen (Ausnahme: Agrarprodukte) er-
streckten. In den 80er-Jahren gab es bereits mehr als
280 bilaterale Vereinbarungen zw. EFTA und EG.
Anfang der 90er-Jahre standen die Abschaffung der
nichttarifären Handelshemmnisse, die Vereinheitlichung techn. Normen sowie die wiss. und techn. Zusammenarbeit im Mittelpunkt der Kooperation, die
schließlich 1994 im weltweit größten geschlossenen
Wirtschaftsgebiet, dem EWR mündete. Der EWR ermöglicht eine Verbesserung des Freihandels mit Waren, Dienstleistungen und Kapital, ohne eine Zollunion zw. EG und EFTA zu schaffen. Die Zusammenarbeit erstreckt sich z. B. auch auf Forschung und Entwicklung, Verbraucher- und Umweltschutz sowie Sozialpolitik.

Seit dem Zusammenbruch des Rats für gegenseitige
Wirtschaftshilfe hat die EFTA zahlr. Handelsabkommen mit mittel- und osteurop. Ländern getroffen.
Freihandelsverträge sind in Kraft mit der Tschechoslowakei (seit 20. 3. 1993; seit 1. 1. 1994 übertragen auf
die Nachfolgestaaten Tschech. Rep. und Slowak.
Rep.), Rumänien (1. 5. 1993), Bulgarien (1. 7. 1993),
Ungarn (1. 10. 1993) und Polen (15. 11. 1993). Koope-
rationsvereinbarungen existieren mit Estland, Lettland und Litauen (seit 1992) sowie mit Albanien und
Slowenien (1992). Darüber hinaus bestehen Freihandelsabkommen mit der Türkei (seit 1. 4. 1992) und mit
Israel (1. 1. 1993). Eine Erweiterung der EFTA ist gegenwärtig allerdings nicht geplant.

Geschichte: Die Pläne, die polit. Integration Europas bes. auf dem Wege einer europ. Wirtschaftsgemeinschaft zu verwirklichen, kamen für einige europ.
Industrieländer zunächst aus polit. oder wirtschaftl.
Gründen nicht in Betracht (z. B. für Großbritannien
im Hinblick auf seine Bindungen an das Commonwealth, für die Schweiz, Schweden und Österreich
aufgrund ihrer Neutralität). Nachdem der Plan, alle in
der OEEC zusammengeschlossenen Staaten in einer
(großen) europ. Freihandelszone, die im Ggs. zur
EWG keine Souveränitätsfragen tangiert, zusammenzufassen, wegen der Interessengegensätze zw. Frankreich und Großbritannien gescheitert war, bildete sich
1960 als ›kleine Freihandelszone‹ die EFTA. Nach

dem mit dem Austritt Finnlands, Österreichs und Schwedens zum 1. 1. 1995 verbundenen Bedeutungsverlust war zunächst an eine Auflösung der EFTA zur Jahresmitte 1995 gedacht worden. Als Vertragspartei des zum 1. 1. 1994 in Kraft getretenen →Europäischen Wirtschaftsraumes, dem bis auf die Schweiz alle übrigen EFTA-Staaten angehören, besteht sie jedoch vorerst weiter.

Veröffentlichungen (Ausw.): EFTA-Bulletin, dt. Ausg., Bd. 2 ff. (Genf 1960 ff.); Jahresbericht der Europ. Freihandelsassoziation, dt. Ausg., Bd. 4 ff. (ebd. 1964 ff.).
R. SENTI: EG, EFTA, Binnenmarkt. Organisation, Funktionsweise, Perspektiven (Zürich ²1992).

Europäische Gemeinschaft, Abk. **EG,** seit 1. 11. 1993 Bez. für die →Europäische Wirtschaftsgemeinschaft.

Europäische Gemeinschaften: Im Vordergrund das Berlaymont-Gebäude, Sitz der Kommission, links dahinter das Gebäude Charlemagne, Tagungsort des Ministerrats, Brüssel

Europäische Gemeinschaften, Abk. **EG,** engl. **European Communities** [juərə'pi:ən kə'mju:nɪtɪz], frz. **Communautés Européennes** [kɔmyno'te ørɔpe'ɛn], gemeinsame Bez. für die Europ. Gemeinschaft (EG; bis zur Vertragsänderung vom 1. 11. 1993 [Maastrichter Vertrag] EWG = Europ. Wirtschaftsgemeinschaft), die Europ. Gemeinschaft für Kohle und Stahl (EGKS) und die Europ. Atomgemeinschaft (EURATOM). Rechtlich, insbesondere völkerrechtlich, handelt es sich bei diesen Gemeinschaften um Staatenverbindungen eigener Art, die durch eine eigene Rechtsordnung gekennzeichnet sind, mit eigenen Organen und partikularen Hoheitsbefugnissen gegenüber den Mitgl.-Staaten (Belgien, Dänemark, Dtl., Frankreich, Griechenland, Großbritannien, Irland, Italien, Luxemburg, Niederlande, Portugal, Spanien sowie seit 1. 1. 1995 Finnland, Österreich, Schweden) und ihren Angehörigen ausgestattet sind und somit als supranat. Organisationen (→Supranationalität) betrachtet werden.

Die für alle drei Gemeinschaften oftmals anzutreffende singular. Bez. ›Europäische Gemeinschaft‹ stammt aus dem polit. Bereich; durch ihre Einbürgerung und Verwendung sollte die polit. Einheit der in den EG zusammengeschlossenen Staaten betont werden. Während formalrechtlich die drei EG selbstständig nebeneinander, mit eigener Rechtspersönlichkeit und eigenen Zuständigkeiten bestehen, sind sie durch gemeinsame Organe, gemeinsame vertragl. Bestimmungen und die durch die Rechtsprechung des Europ. Gerichtshofes anerkannten allgemeinen Rechtsgrund-

sätze miteinander verbunden. Dies kommt bes. im Fusionsvertrag (Vertrag über die Einsetzung eines gemeinsamen Rates und einer gemeinsamen Kommission der EG vom 8. 4. 1965) zum Ausdruck, der am 1. 7. 1967 in Kraft trat, jedoch auf die Fusion von Rat und Kommission beschränkt blieb. Die darin vorgesehene weiter gehende rechtl. Einheit der EG durch eine Verschmelzung auch der Verträge, die die Grundlage der einzelnen EG bilden, ist bislang nicht zustande gekommen (→Luxemburger Kompromiss). Seit In-Kraft-Treten des Vertrages über die EU (Maastrichter Vertrag) bilden die EG (zusammen mit der →Europäischen Wirtschafts- und Währungsunion) eine der drei Säulen der →Europäischen Union.

Gemeinsame Organe

Organe der EG sind das Europ. Parlament, der (Minister-)Rat, die Kommission, der Europ. Gerichtshof und der Europ. Rechnungshof.

Das **Europäische Parlament** ist das gemeinsame parlamentar. Organ der EG, das in den einzelnen Vertragswerken (Art. 4 EWG-Vertrag, Art. 3 EURATOM-Vertrag, Art. 7 EGKS-Vertrag) zunächst als (Europ.) Versammlung bezeichnet wurde und sich durch Entschließung vom 30. 3. 1962 seinen heutigen Namen gab. Dieser wurde durch die →Einheitliche Europäische Akte (EEA) in die Verträge aufgenommen. Vorläufer des Europ. Parlaments war die Gemeinsame Versammlung der EGKS, die mit Wirkung vom 1. 1. 1958 mit den Versammlungen von EWG und EURATOM verschmolz.

Das Europ. Parlament besteht seit dem 1. 1. 1995 aus 626 Abg. (1994: 567), die bis 1979 von den nat. Parlamenten delegiert wurden und seither auf der Grundlage nat. Wahlordnungen (in Dtl.: Europawahl-Ges. vom 16. 6. 1978 i. d. F. v. 8. 3. 1994, Europawahlordnung vom 27. 7. 1988 i. d. F. v. 2. 5. 1994) auf fünf Jahre direkt gewählt werden, wobei für jeden Mitgl.-Staat entsprechend seiner Bevölkerungsgröße nur eine bestimmte Anzahl von Abg. gewählt werden kann. 99 Abg. kommen aus Dtl., je 87 aus Frankreich, Großbritannien und Italien, 64 aus Spanien, 31 entsenden die Niederlande, je 25 Belgien, Griechenland und Portugal, 22 kommen aus Schweden, 21 aus Österreich, Dänemark und Finnland dürfen je 16, Irland 15 und Luxemburg 6 Abg. entsenden.

Die Abg. verbinden sich im Europ. Parlament je nach der Verwandtschaft ihrer polit. Richtungen und unabhängig von ihrer Nationalität zu Fraktionen. Eine gleichzeitige Mitgliedschaft in einem nat. Parlament ist zulässig. An der Spitze des Parlaments stehen der Präs. (Amtsdauer 2 ¹/₂ Jahre) und 14 Vize-Präs. Es gibt 20 Ausschüsse, deren Arbeiten vom Generalsekretariat vorbereitet werden; die Arbeitsabläufe bestimmt die Geschäftsordnung. Zu den Ausschüssen gehört ein Petitionsausschuss, den jeder Unionsbürger sowie jede natürl. oder jurist. Person mit Wohnort oder Sitz in einem Mitgl.-Staat anrufen kann. Das Europ. Parlament ernennt einen Bürgerbeauftragten, an den die genannten Personen Beschwerden gegen die Tätigkeit der Organe und Institutionen der Gemeinschaften richten können. Weiter kann das Parlament nichtständige Untersuchungsausschüsse einsetzen, um die Anwendung des Gemeinschaftsrechts bzw. Verstöße dagegen überprüfen zu lassen.

Tagungsorte des Europ. Parlaments sind für das Plenum Straßburg und Brüssel, für die Ausschüsse und Fraktionen i. d. R. Brüssel; das Generalsekretariat hat seinen Sitz in Luxemburg.

Die *Aufgaben und Befugnisse* des Parlaments beschränkten sich vor In-Kraft-Treten des Maastrichter Vertrages im Wesentlichen auf Kontrollfunktionen gegenüber der Kommission, nicht aber gegenüber dem Rat; diese Befugnisse finden ihren Niederschlag in der Verpflichtung der Mitgl. der Kommission, vor dem Parlament Rede und Antwort zu stehen und jährlich Bericht zu erstatten, sowie in dem Recht des Parlaments, die Kommission durch Misstrauensvotum zum (kollektiven) Rücktritt zu zwingen. Seit Anfang 1995 muss sich die Kommission darüber hinaus vor Beginn ihrer Amtszeit als Kollegium einem Zustimmungsvotum des Europ. Parlaments stellen. Die in diesen Befugnissen angelegte theoret. Gegensätzlichkeit zw. Parlament und Kommission wird in der Praxis jedoch überlagert durch eine gewisse Gegensätzlichkeit zw. Parlament und Kommission auf der einen und dem Rat auf der anderen Seite. Die Rechtsetzungsbefugnisse des Parlaments sind in einigen Bereichen noch immer gering, da es dort im Wesentlichen auf ein Konsultationsrecht im Verfahren beschränkt ist, in dem der Rat die ausschlaggebende Kompetenz besitzt. Für einzelne Maßnahmen im Bereich der Grundfreiheiten, auf dem Kultur-, Gesundheits- und Bildungssektor sowie für die Verwirklichung des Binnenmarktes ist durch den Maastrichter Vertrag ein Mitentscheidungsverfahren eingeführt worden, wonach das Parlament erstmals Maßnahmen endgültig verwerfen kann. Im bereits 1987 durch die EEA eingeführten Verfahren der Zusammenarbeit kann der Rat demgegenüber eine ablehnende Stellungnahme des Parlaments überstimmen, wofür jedoch Einstimmigkeit erforderlich ist. Dieses Verfahren der Zusammenarbeit ist durch den EU-Vertrag auf die Verkehrspolitik, die berufl. Bildung, die Entwicklungszusammenarbeit, die Sozialpolitik und einige Regelungen im Rahmen der Währungsunion ausgedehnt worden.

Weitere Befugnisse betreffen das Haushaltswesen der EG, da Rat und Europ. Parlament gemeinsam die Haushaltsbehörde bilden, unter bestimmten Voraussetzungen Änderungswünsche des Parlaments zu berücksichtigen sind und das Parlament bei den nicht obligator. Ausgaben das letzte Wort hat.

Bei der Gestaltung der vertragl. Außenbeziehungen der EG hat das Europ. Parlament Anhörungsrechte. Der Beitritt neuer Mitgl.-Staaten und der Abschluss von Assoziationsabkommen bedürfen der Zustimmung durch das Parlament.

Im **Rat** (Ministerrat) der EG, offizielle Bez. seit 8. 11. 1993 **Rat der Europäischen Union,** sind die Reg. der Mitgl.-Staaten vertreten. Er setzt sich aus je einem Vertreter der Mitgl.-Staaten auf Ministerebene zusammen, sodass für Dtl. nicht nur Bundes-, sondern seit In-Kraft-Treten des Maastrichter Vertrages auch Landes-Min. entsandt werden können, wenn diese nach innerstaatl. Recht befugt sind, für die Reg. verbindlich zu handeln. Die konkrete Zusammensetzung des Rates wechselt entsprechend den zu behandelnden Themen (z. B. Rat der Finanz-, Wirtschafts- oder Außen-Min.). Der Rat ist das wichtigste Entscheidungs- und Rechtsetzungsorgan der EG. Im Bereich der EGKS ist er jedoch nur Zustimmungsorgan für bes. wichtige Entscheidungen. Seit In-Kraft-Treten des Maastrichter Vertrages hat er auch weitgehende Befugnisse in Bezug auf die Wirtschaftspolitik.

Gegenüber der Kommission übt er gewisse Kontrollfunktionen aus, die in seiner Befugnis zum Ausdruck kommen, dem Europ. Parlament die Entlastung der Kommission zu empfehlen oder gegen einzelne Mitgl. der Kommission unter bestimmten Voraussetzungen beim Europ. Gerichtshof ein Amtsenthebungsverfahren zu beantragen. Völkerrechtl. Verträge, die die Kommission aushandelt, werden vom Rat geschlossen. Gemeinsam mit dem Europ. Parlament verantwortet der Rat den Haushaltsplan.

Für Beschlussfassungen (Abstimmungen) des Rates gilt die Mehrheitsregel. Ist nichts anderes bestimmt, genügt einfache Mehrheit (ein Mitgl.-Staat besitzt eine Stimme). Zur Ermittlung der häufig notwendigen

qualifizierten Mehrheit liegen Stimmengewichtungen fest: Dtl., Frankreich, Großbritannien und Italien haben je 10, Spanien 8, die Niederlande, Belgien, Griechenland und Portugal je 5, Dänemark und Irland je 3, Luxemburg 2 Stimmen. Die qualifizierte Mehrheit erforderte bis zum 1. 1. 1995 54 Stimmen, wobei die Sperrminorität bei 23 Stimmen lag. Mit dem Beitritt von Österreich und Schweden (je 4 Stimmen) sowie Finnland (3 Stimmen) zum 1. 1. 1995 wurde die Sperrminorität zunächst bis 1996 auf 27 Stimmen erhöht. Sobald 23 Gegenstimmen vorliegen, ist jedoch ein Schlichtungsverfahren vorgesehen, d. h., es müssen neue Verhandlungen über das Thema stattfinden, um zu einer Lösung zu gelangen. Außerdem kann ein einzelner Mitgl.-Staat in der Praxis versuchen, bei von ihm als überragend wichtig angesehenen Fragen, Einstimmigkeit zu fordern (Luxemburger Kompromiss).

Den Vorsitz im Rat führt der Vertreter des Mitgl.-Staates, der die (in alphabet. Reihenfolge halbjährlich wechselnde) Präsidentschaft innehat. Die Tagungen des Rates finden i. d. R. in Brüssel statt.

Europäische Gemeinschaften: Aufbau ihrer Organe

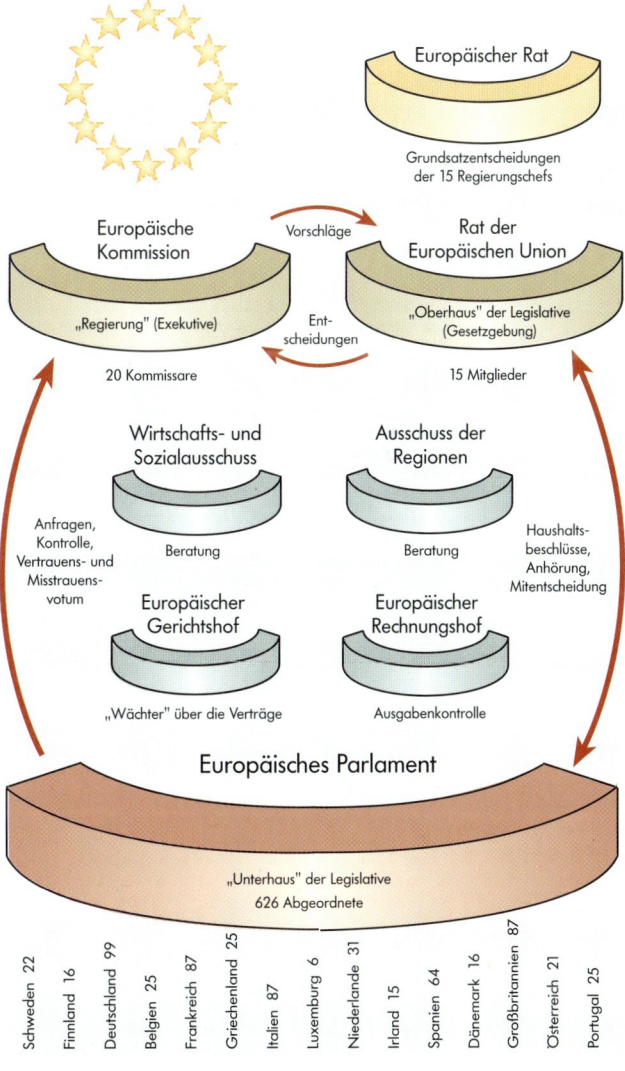

Europäischer Rat

Grundsatzentscheidungen der 15 Regierungschefs

Europäische Kommission

Vorschläge

Rat der Europäischen Union

„Regierung" (Exekutive)

Entscheidungen

„Oberhaus" der Legislative (Gesetzgebung)

20 Kommissare

15 Mitglieder

Anfragen, Kontrolle, Vertrauens- und Misstrauensvotum

Wirtschafts- und Sozialausschuss

Beratung

Ausschuss der Regionen

Beratung

Haushaltsbeschlüsse, Anhörung, Mitentscheidung

Europäischer Gerichtshof

„Wächter" über die Verträge

Europäischer Rechnungshof

Ausgabenkontrolle

Europäisches Parlament

„Unterhaus" der Legislative
626 Abgeordnete

Schweden 22 · Finnland 16 · Deutschland 99 · Belgien 25 · Frankreich 87 · Griechenland 25 · Italien 87 · Luxemburg 6 · Niederlande 31 · Irland 15 · Spanien 64 · Dänemark 16 · Großbritannien 87 · Österreich 21 · Portugal 25

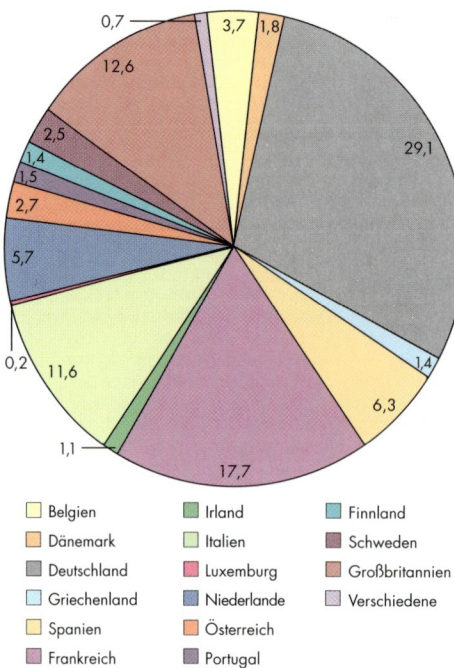

0,7
3,7
1,8
12,6
2,5
1,4
1,5
2,7
5,7
29,1
0,2
11,6
1,4
1,1
6,3
17,7

Belgien
Dänemark
Deutschland
Griechenland
Spanien
Frankreich

Irland
Italien
Luxemburg
Niederlande
Österreich
Portugal

Finnland
Schweden
Großbritannien
Verschiedene

Europäische Gemeinschaften: Finanzierung des Gesamthaushalts 1995 nach Mitgliedstaaten (Zahlungsermächtigung in %)

Vom Rat differenziert zu betrachten ist der →Europäische Rat der Staats- und Reg.-Chefs der EG. Dem Rat zur Seite gestellt ist als permanentes beratendes Gremium (kein Gemeinschaftsorgan) der **Ausschuss der Ständigen Vertreter** (›kleiner Ministerrat‹) der Mitgl.-Staaten. An der Spitze der Ständigen Vertretungen stehen den Außen-Min. unterstellte Botschafter.

Die **Europäische Kommission (Kommission der EG)** besteht seit 7. 1. 1995 aus 20 Mitgl., die von den Reg. der Staaten der EU im gegenseitigen Einvernehmen und nach Zustimmung durch das Europ. Parlament für fünf Jahre ernannt werden. Je zwei Mitgl. kommen aus Dtl., Frankreich, Großbritannien, Italien, Spanien, jeweils eines aus den anderen Ländern. Auch der bislang nur auf zwei Jahre ernannte Präs. der Kommission wird seit dem 7. 1. 1995 nach dem obigen Verfahren eingesetzt. Der Kommissions-Präs. hat zwar keine sachl. Weisungsrechte gegenüber den Mitgl., durch sein Anhörungsrecht bei deren Benennung, das Repräsentationsrecht nach außen und seine Zugehörigkeit zum Europ. Rat der Staats- und Reg.-Chefs hat er jedoch eine hervorgehobene Position. Die Kommission kann aus ihrer Mitte einen oder zwei Vize-Präs. benennen, die im Falle der Verhinderung des Präs. dessen Aufgaben wahrnehmen.

Die Aufteilung der Aufgaben der Kommissions-Mitgl. folgt dem Kollegialprinzip, d. h., jedem Kommissar sind spezielle Aufgabenbereiche zugewiesen; ihm unterstehen ein oder zwei Generaldirektionen. Dem Präs. untersteht das Generalsekretariat. Die Kommission sitzt in Brüssel, einige Dienststellen sind in Luxemburg untergebracht.

Die Kommission ist ein unabhängiges, nicht an Weisungen gebundenes Organ. Ihre Aufgaben und Befugnisse sind eng verknüpft mit ihrer Stellung als ›Hüterin der Verträge‹ und ›Hüterin der Gemeinschaftsinteressen‹. Hierzu hat sie bes. ein Initiativrecht, das ihr erlaubt, dem Rat aktiv Vorschläge und Entwürfe für Gemeinschaftsregelungen zu unterbreiten; ande-

rerseits kann sie verpflichtet sein, auf Aufforderung des Rates Vorschläge auszuarbeiten. Sie hat ferner darauf zu achten, dass die Bestimmungen der Verträge eingehalten werden; bei Vertragsverletzungen muss sie einschreiten und unter Umständen den Europ. Gerichtshof anrufen. In begrenztem Maße ist sie berufen, die Bestimmungen der Verträge als Exekutivorgan auszuführen, insbesondere im Rahmen des Haushaltsplanes der EG und des Kartellrechts; im Übrigen werden die Rechtsakte der EG durch die Behörden der Mitgl.-Staaten vollzogen. Die Kompetenzen der Kommission fließen aus einer großen Anzahl von Vertragsbestimmungen, die auch originäre Rechtsetzungsbefugnisse vor unterschiedl. Gewicht enthalten; am bedeutsamsten sind sie im Bereich der EGKS, wo die Kommission Nachfolgerin der Hohen Behörde ist. Außerdem kann sie auf abgeleitete Rechtsetzungsbefugnisse zurückgreifen, die vom Rat auf sie delegiert werden. Wichtig ist z. B. der Erlass von Durchführungsbestimmungen im Agrarbereich.

Der **Gerichtshof der EG (Europäischer Gerichtshof,** Abk. **EuGH)** in Luxemburg ist das Recht sprechende Organ. Er war bis zur Erweiterung der Gemeinschaft zum 1. 1. 1995 mit 13 Richtern besetzt, die im gegenseitigen Einvernehmen von den Reg. der Mitgl.-Staaten auf sechs Jahre ernannt werden; nun ist noch jeweils ein Richter aus Österreich, Schweden und Finnland hinzugekommen. Die Richter wählen aus ihrer Mitte für drei Jahre den Präs. Der EuGH entscheidet grundsätzlich im Plenum, doch sind von der Verfahrensordnung des Gerichts auch Entscheidungen der mit jeweils drei oder fünf Richtern besetzten Kammern zulässig. Die Richter werden von sechs mit richterl. Unabhängigkeit ausgestatteten Generalanwälten unterstützt. Die Verwaltungsaufgaben sind einem Kanzler beim EuGH übertragen. Vor dem EuGH gelten die Prinzipien der Schriftlichkeit, der Öffentlichkeit, der Unmittelbarkeit der Beweisaufnahmen und des Vertretungszwanges.

Der EuGH entscheidet u. a. über Klagen der Kommissionen gegen Mitgl.-Staaten, Klagen (bes. Untätigkeits-, Nichtigkeitsklagen) von Mitgl.-Staaten oder Organen gegen andere Gemeinschaftsorgane, Klagen einzelner natürl. oder jurist. Personen gegen Gemeinschaftsorgane, Klagen der Bediensteten der EG und über Vorlagen nat. Gerichte, wenn der Ausgang des nat. Verfahrens mit Bezug zum Gemeinschaftsrecht von einer Vorabentscheidung des EuGH abhängt. Die Rechtsprechung des Gerichts hat in der Vergangenheit einen wesentl. Beitrag zur →europäischen Integration geleistet, v. a. durch die Betonung des Vorrangs des Gemeinschaftsrechts vor nat. Recht in grundlegenden Fragen. Seit dem 24. 10. 1988 ist dem Gerichtshof ein **Gericht erster Instanz (EuGel)** beigeordnet. Seit dem Ratsbeschluss vom 8. 6. 1993 ist dieses erstinstanzlich für das Dienstrecht der EG, für Nichtigkeits- und Untätigkeitsklagen gegen Gemeinschaftsorgane sowie dazu akzessor. Schadensersatzklagen zuständig.

Der **Europäische Rechnungshof** (Sitz: Luxemburg) ist seit 1977 aufgrund des Vertrages vom 22. 7. 1975 tätig. Er besteht (entsprechend der Zahl der Mitgl.-Staaten) zur Zeit aus 15 auf sechs Jahre vom Rat ernannten Mitgl. Er überwacht die Ordnungsmäßigkeit der Einnahmen und Ausgaben der EG und zu ihrer wirtschaftl. Verwendung beitragen. Hierzu erstellt er einen Jahresbericht.

Zu den Hilfsorganen (ohne eigentl. Organfunktion) kann man den **Wirtschafts- und Sozialausschuss** zählen, dem als wirtschaftl. Beratungsgremium für Rat und Kommission Angehörige verschiedener wirtschaftl. und sozialer Gruppen (Arbeitnehmer, Kaufleute, Landwirte, Unternehmer u. a.) angehören. – Auch der durch den Maastrichter Vertrag am 1. 11.

1993 ins Leben gerufene →Ausschuss der Regionen ist ein Beratungsgremium für Rat und Kommission.

Als Finanzierungsinstitut für eine ausgewogene und reibungslose Entwicklung der EG ist die →Europäische Investitionsbank eingerichtet; seit dem 1. 1. 1994 existiert das →Europäische Währungsinstitut (EWI), das die Koordinierung zw. den nat. Finanzmärkten stärken und die Verwirklichung der Wirtschafts- und Währungsunion vorbereiten soll.

Als *Amtssprachen* sind in den Organen der EG alle Amtssprachen der Mitgl.-Staaten (mit Ausnahme des Gälischen) zugelassen. Alle VO und allg. bedeutsame Schriftstücke werden in allen Amtssprachen veröffentlicht; auch die Urteile des EuGH.

Recht

Als Folge des Zusammenschlusses europ. Staaten in den supranat. EG ist eine autonome Rechtsordnung entstanden, die jenseits von Völkerrecht und staatl. Recht ein Recht eigener Art entwickelt hat. Die Normen, die diesem Rechtssystem Ausdruck verliehen haben, werden unter der Bez. **Recht der EG** oder **Europarecht** zusammengefasst; sie lassen sich in primäres und sekundäres Recht gliedern. Zum primären Gemeinschaftsrecht gehören v. a. die Verträge, auf denen das System der EG beruht, einschließlich der vertragl. Zusätze und Protokolle. Als sekundäres Gemeinschaftsrecht gilt das von den Organen der EG gesetzte Recht, das sich v. a. in →Verordnungen, →Richtlinien, →Entscheidungen und →Stellungnahmen äußert. Die Durchsetzung des Rechts der EG im nationalstaatl. Raum der Mitgl. ist wesentlich durch die Rechtsprechung des EuGH begünstigt worden. In Dtl. wird der Verflechtung mit den EG im GG Rechnung getragen, wobei vor dem Maastrichter Vertrag Art. 24 GG die Übertragung von Hoheitsrechten auf zwischenstaatl. Einrichtungen erlaubte, während nun Art. 23 GG das innerstaatl. Verfahren regelt, das bei der Mitwirkung Dtl.s an der EU zu beachten ist.

Soweit eine Vorschrift der EG unmittelbar in den Mitgl.-Staaten gilt, kann sich der einzelne Bürger unmittelbar darauf berufen. Ergeben sich daraus Streitigkeiten, von denen die Entscheidung eines nat. Gerichts abhängt, ist die klärungsbedürftige Frage dem EuGH im Vorabentscheidungsverfahren vorzulegen.

Finanzverfassung

Seit 1967 wird für die EG ein Gesamthaushaltsplan aufgestellt, der die Verwaltungsausgaben der drei Gemeinschaften sowie die Ausgaben für die einzelnen Politikbereiche von EWG (seit 1993 Europ. Gemeinschaft) und EURATOM umfasst. Die Ausgaben für die gemeinsame Agrarpolitik beanspruchen fast die Hälfte des Haushaltsvolumens. Außerhalb des Haushaltsplans werden verwaltet und abgewickelt: die Mittel des Europ. Entwicklungsfonds, die finanziellen Aktivitäten der Europ. Investitionsbank, Anleihen und Darlehen der drei Gemeinschaften (Gemeinschaftsanleihe), der Währungsbeistand im Rahmen des Europ. Währungssystems sowie die operationellen Ausgaben der EGKS.

Der Haushalt der EG wird durch ein System eigener Mittel finanziert, das ab 1971 entwickelt wurde. Grundlage war zunächst ein Ratsbeschluss vom 21. 4. 1970, der durch einen Beschluss vom 7. 5. 1985 ersetzt wurde. Dieser wiederum wurde rückwirkend ab 1. 1. 1988 durch den Ratsbeschluss vom 24. 6. 1988 über das System der Eigenmittel der Gemeinschaften abgelöst. Der Maastrichter Vertrag hält in Art. 201 ausdrücklich fest, dass der EG-Haushalt vollständig aus Eigenmitteln finanziert wird. Eigene Mittel sind laut Ratsbeschluss vom 24. 6. 1988 Zölle und Agrarabschöpfungen, die bei der Wareneinfuhr in die EG erhoben werden, sonstige Abgaben im Rahmen der gemeinsamen Agrarpolitik (z. B. Zuckerabgabe) sowie ein Teil der Mehrwertsteuereinnahmen der Mitgl.-Staaten (urspr. höchstens 1 %, seit 1. 1. 1986 höchstens 1,4 % der einheitl. steuerpflichtigen Bemessungsgrundlage) und die BSP-Mittel (ein Abführungssatz der Mitgl.-Staaten auf ihr Bruttosozialprodukt, der im Rahmen des Haushaltsverfahrens festgelegt wird).

Der Gemeinschaftshaushalt soll auch Umverteilungsfunktionen im Sinne eines Finanzausgleichs erfüllen, sodass für einzelne Mitgl.-Staaten kein Ausgleich zw. Finanzierungsleistungen und Mittelrückflüssen infrage kommen kann. Die stark gestiegenen Agrarausgaben und deren hoher Anteil am Gesamthaushalt führten zu erhebl. Finanzproblemen. So erreichte Großbritannien ab 1980 Ausgleichszahlungen, um die Differenz zw. brit. Beiträgen (v. a. Zölle und Abschöpfungen für die Agrarimporte) und den Zuweisungen (der brit. Landwirtschaft erhält relativ wenig Geld aus dem EG-Haushalt) zu verringern. Außerdem drohte Mitte 1987 den EG die Zahlungsunfähigkeit, als die Agrarausgaben wesentlich über dem Haushaltsansatz lagen. Um die Finanzkrise zu beheben und die Verabschiedung des Haushalts für 1988 zu gewährleisten, beschloss der Rat im Februar 1988 u. a., die Agrarausgaben zu beschränken und die genannten BSP-Mittel als zusätzl. eigene Mittel bereitzustellen. Durch eine Interinstitutionelle Vereinbarung von 1988 (am 29. 10. 1993 bis 1999 festgeschrieben), eine 1988 aufgestellte Agrarleitlinie und Art. 201 a des Maastrichter Vertrages soll die Haushaltsdisziplin nunmehr gewährleistet, d. h. eine von Eigenmitteln nicht zu deckende Verschuldung verhindert werden.

1995 hatte der Haushalt der EG ein Volumen von über 76 Mrd. ECU, das sind 1,2 % des Bruttoinlandsprodukts der Mitgl.-Staaten; der Beitrag jedes Bürgers der Gemeinschaft belief sich auf 205 ECU.

Europäische Gemeinschaften: Einnahmen und Ausgaben im Haushaltsplan 1995 (Soll; in %)

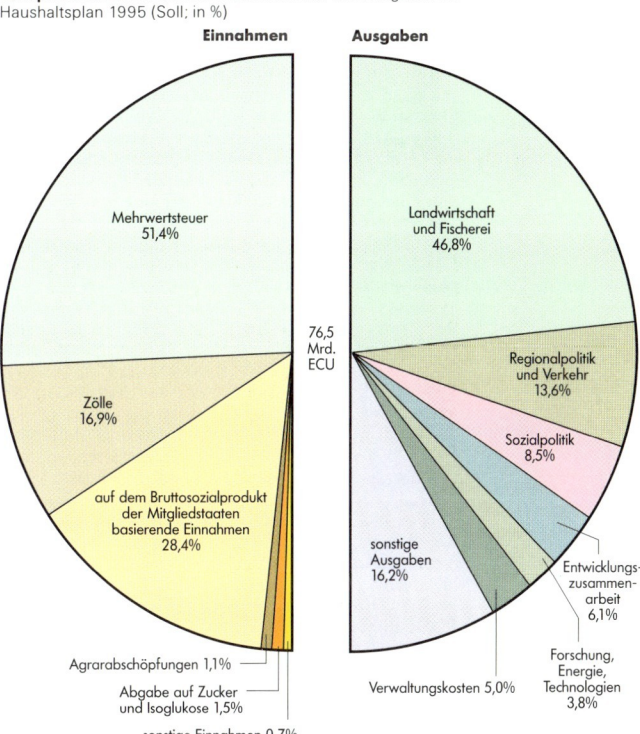

Einnahmen

Ausgaben

Mehrwertsteuer 51,4%

Landwirtschaft und Fischerei 46,8%

76,5 Mrd. ECU

Zölle 16,9%

Regionalpolitik und Verkehr 13,6%

Sozialpolitik 8,5%

auf dem Bruttosozialprodukt der Mitgliedstaaten basierende Einnahmen 28,4%

sonstige Ausgaben 16,2%

Entwicklungszusammenarbeit 6,1%

Agrarabschöpfungen 1,1%

Abgabe auf Zucker und Isoglukose 1,5%

sonstige Einnahmen 0,7%

Verwaltungskosten 5,0%

Forschung, Energie, Technologien 3,8%

Die politischen Probleme der Integration

Die *Anfangsphase der Integration:* In den ersten Jahren sahen sich die EG, d. h. die EGKS (geschaffen 1951), die EWG und die EURATOM (gegr. 1957), mit ihrem supranat. Konzept (Schaffung eines in einer polit. Union mündenden gemeinsamen Marktes) v. a. dem von Großbritannien vertretenen Gedanken einer Freihandelszone gegenübergestellt, die die nat. Souveränität ihrer Mitgl. nicht infrage stellte (→Europäische Freihandelsassoziation). Die EG entwickelten sich zu den geschichtlich bedeutsamsten Trägerinnen des Europagedankens.

Die *Erweiterung:* Unter dem Eindruck der immer sichtbarer hervortretenden wirtschaftl. Vorteile einer Mitgliedschaft in den EG (v. a. in der EWG), der schwindenden brit. Weltmachtrolle und der Unwahrscheinlichkeit einer baldigen Verwirklichung des supranat. Ausbaus der EG leitete die brit. Reg. mit ihren Aufnahmeanträgen (1961 und 1967) die erste Phase der Erweiterung der EG ein, die 1973 mit dem Eintritt Großbritanniens, Irlands und Dänemarks abschloss. Vor dem Hintergrund v. a. seiner landwirtschaftl. und industriepolit. Interessen, aber auch aus außenpolit. Erwägungen hatte Frankreich lange Zeit gezögert, einem Beitritt Großbritanniens zuzustimmen. Trotz der wachsenden Vielfalt unterschiedl. nat. Interessen – bes. auf dem Agrarsektor – hatten die EG bei den Beitrittsverhandlungen ihre Strukturprinzipien als ›gemeinsamer Markt‹ bewahrt. Mit der zweiten Phase der Erweiterung, dem Beitritt Griechenlands (1981), Portugals und Spaniens (beide 1986), entstand das Problem der ›Süderweiterung‹: Die wirtschaftlich weniger entwickelten neuen Mitgl., bes. Griechenland und Portugal, mussten ihre einheim. Wirtschaft einem verstärkten Wettbewerb mit schwer kalkulierbaren sozialen Folgen aussetzen. Die EG als Ganzes sahen sich einer erhöhten wirtschaftl., sozialen und regionalen Heterogenität ausgesetzt. Die ›Süderweiterung‹ wurde auch weniger wirtschaftlich als vielmehr politisch begründet (z. B. innenpolit. Stabilisierung der beigetretenen Länder; Wahrung westl. Sicherheitsinteressen). Weniger Probleme werden sich aller Voraussicht nach durch den Beitritt Österreichs, Schwedens und Finnlands zum 1. 1. 1995 ergeben. Österreich und Schweden werden nach einer Übergangszeit etwa 1,5 Mrd. DM mehr in den Haushalt der Gemeinschaft einzahlen, als sie z. B. im Rahmen der Agrar- und Regionalpolitik zurückerhalten. Nur das wirtschaftlich schwächere Finnland wird Nettoempfänger sein. – Ein Beitritt Norwegens, mit dem im gleichen Zeitraum Beitrittsverhandlungen geführt wurden, scheiterte am ablehnenden Referendum der Norweger.

Bereits seit dem 14. 4. 1987 liegt ein Beitrittsgesuch der Türkei vor, die bisher jedoch nur einen Assoziiertenstatus erlangt hat. Weiter haben z. B. Malta (1990), Polen und Ungarn (1994), Rumänien und die Slowak. Rep. (1995) sowie Zypern (1990) um Beitritt zur EU nachgesucht. Das Beitrittsgesuch der Schweiz von 1992 ruht. Am 13. 12. 1995 hat das Europ. Parlament einer Zollunion mit der Türkei zugestimmt; der entsprechende Vertrag trat am 1. 1. 1996 in Kraft.

Der gegen Ende der 80er-Jahre erreichte *Integrationsgrad der EG* war uneinheitlich. Im Ggs. zur EWG, deren Bedeutung ständig zunahm, schwächten sich die gemeinschaftsfördernden Wirkungen der EGKS (bes. unter den Auswirkungen der Stahlkrise) ab, die der EURATOM (v. a. unter den Differenzen der Mitgl.-Staaten über die Ziele einer friedl. Nutzung der Kernenergie) ebenfalls. Nach der Vollendung der Zollunion (1968) erfuhren die Pläne einer Wirtschafts- und Währungsunion mit der Schaffung eines einheitl. Zollgebietes (1977) und eines →Europäischen Währungssystems (1979) eine begrenzte Realisierung. Die Integration der nat. Landwirtschaften durch gemeinsame Agrarmarktordnungen ist noch immer ein Kernstück der bisherigen Integrationspolitik, belastet seit den 70er-Jahren jedoch zunehmend den Haushalt der EG und stellt andere Gemeinschaftsaufgaben infrage (z. B. Industrieansiedlung, Bekämpfung der Arbeitslosigkeit, Umweltschutz). In ihrem Kern unvereinbare Zielsetzungen (Einkommenssicherung der Landwirte und kostengünstige Versorgung der Verbraucher) bei der Festsetzung der Agrarpreise führen zu politisch motivierten, wirtschaftlich jedoch unbefriedigenden Ergebnissen (unzureichende Strukturanpassung, hohes Preisniveau, Überproduktion). Die Entwicklungsländer, aber auch die USA mit ihrer entgegengesetzten Interessenlage, kritisieren die protektionist. Wirkungen von Agrarpreisen, die weniger an den Entstehungskosten ausgerichtet sind, als vielmehr einer gemeinschaftl. Einkommenssicherung dienen.

Die *Entscheidungsstrukturen* in den EG sind kompliziert und widersprüchlich. Während die Kommission im Laufe der Zeit ihren Anspruch zurückstellen musste, polit. Motor der Integration und damit Vorläufer einer europ. Reg. zu sein, bestimmen der Rat und durch ihn die nat. Reg. das Tempo des Einigungsprozesses. Angesichts der Verschiedenartigkeit der wirtschaftl. und sozialen Probleme der beteiligten Länder kommt diese Entscheidungsstruktur, die durch die Errichtung des Europ. Rats noch verstärkt wurde, den Interessen der Mitgl.-Staaten entgegen. Bei der Demokratisierungsdiskussion stand seit den 70er-Jahren das Europ. Parlament im Zentrum des Interesses; seine Befugnisse hinsichtlich des Budgets wurden 1970 und 1975 ausgeweitet; mit der Einführung der Direktwahl ab 17. 7. 1979 sollte seine Legitimationsbasis erweitert werden.

Die 1986 von den Mitgl.-Staaten der EG beschlossene, am 1. 7. 1987 in Kraft getretene EEA erweitert die Verträge von Rom und Paris. Sie geht zurück auf eine Initiative des Rates vom Juli 1985. Schwerpunkte des Abkommens lagen in der Vollendung des →Europäischen Binnenmarktes für den freien Verkehr von Personen, Waren, Dienstleistungen und Kapital bis 1992 (v. a. durch Angleichung von Rechts- und Verwaltungsvorschriften), in der Verbesserung der Zusammenarbeit im Bereich Wirtschafts- und Währungspolitik sowie in der Erweiterung des EWG-Vertrages um gemeinsame Forschungs-, Technologie- und Umweltpolitik. Die EEA erleichtert Mehrheitsentscheidungen im Rat, beteiligt das Europ. Parlament verstärkt an der Gesetzgebung und verbessert dadurch die Position von Parlament und Kommission gegenüber dem Rat, bei dem jedoch weiterhin die Entscheidungskompetenz über Gesetzesvorlagen verblieb. Außerdem wurde die bislang informelle ›Europ. Polit. Zusammenarbeit‹ zum Bestandteil des europ. Vertragswerkes erhoben und eine gemeinsame europ. Außenpolitik angestrebt.

Durch Ratsbeschluss vom Februar 1988 wurden das Finanzsystem reformiert (Festlegung des Gesamtplafonds der EG-Eigenmittel auf 1,2 % des Bruttosozialprodukts der EG-Staaten für Zahlungen und auf 1,3 % für Verpflichtungsermächtigungen; das Bruttosozialprodukt tritt neben die Mehrwertsteuer als Rechengröße für die Beiträge der Mitgl. zum EG-Haushalt) und die Mittel für die →Europäischen Strukturfonds erhöht, um Wohlstandsunterschiede zw. Staaten und Regionen abbauen zu können.

Die zweite und bislang letzte grundlegende Änderung der Gründungsverträge ist der vom Europ. Rat am 9./10. 12. 1991 beschlossene, am 7. 2. 1992 in Maastricht unterzeichnete (daher auch **Maastrichter Vertrag** genannt) und am 1. 11. 1993 in Kraft getretene Vertrag über die EU. Dieser Vertrag ändert in den Titeln II bis IV die Gründungsverträge der EWG (mit der Vertragsänderung war die Umbenennung in Europ. Gemeinschaft [EG] verbunden), der EGKS und der EURATOM. In den Titeln I, V, VI und VII sind demgegenüber wie in einem Rahmen Bestimmungen zur Gründung einer Europ. Union enthalten. Grundlagen dieser Union sind zum einen die EG, ergänzt um eine in drei Stufen zu verwirklichende Europ. Wirtschafts- und Währungsunion (erste Säule), zum anderen eine Gemeinsame Außen- und Sicherheitspolitik (GASP; zweite Säule) und drittens die Zusammenarbeit in den Bereichen Inneres und Justiz (dritte Säule). Der Maastrichter Vertrag hat der EG in einigen Bereichen neue Zuständigkeiten übertragen (Bildung, Kultur, Gesundheitswesen, Verbraucherschutz, Transeurop. Netze) sowie in den Bereichen Forschung und Umwelt weitere Kompetenzen vermittelt.

Die EG besitzen begrenzte Möglichkeiten, ihre *Außenbeziehungen* selbstständig zu gestalten. Mit ihrer alleinigen Kompetenz für den Abschluss von Handelsverträgen mit Drittstaaten entwickelten sie sich im Sinne einer Handelsunion weiter. Angesichts ihres wirtschaftl. Gewichts übernahmen die EG auch Aufgaben gegenüber den Entwicklungsländern. Ausgehend von den zur Zeit ihrer Gründung bereits in Auflösung begriffenen Kolonialherrschaften Frankreichs, Belgiens, der Niederlande, Italiens (und später Großbritanniens) entwickelten die EG im Sinne der →Entwicklungspolitik ein besonderes Assoziierungsverhältnis, das heute v. a. in den →Lomé-Abkommen mit den →AKP-Staaten gipfelt. Mit den nordafrikan. Staaten Algerien, Marokko, Tunesien, die mit Frankreich bes. eng verbunden waren, wurden spezielle Abkommen geschlossen.

Seit 1991 sind mit einer Reihe mittel- und osteurop. Transformationsstaaten Handels- und Kooperationsabkommen (Albanien, Slowenien) sowie Partnerschafts- und Kooperationsabkommen (Ukraine, Russland) geschlossen worden. Bes. weitgehende Regelungen (umfassende polit., wirtschaftl. und kulturelle Zusammenarbeit zur Vorbereitung eines künftigen Beitritts) enthalten die Europaabkommen mit Bulgarien, Estland, Lettland, Litauen, Polen, Rumänien, der Slowak. Rep., der Tschech. Rep. und Ungarn. An die Stelle der Freihandelsabkommen mit den EFTA-Staaten (mit Ausnahme der Schweiz) ist seit dem 1. 1. 1994 das Abkommen über die Gründung des →Europäischen Wirtschaftsraums (EWR) getreten.

Im Rahmen der Europ. Polit. Zusammenarbeit (EPZ) – seit In-Kraft-Treten des Maastrichter Vertrages in der Gemeinsamen Außen- und Sicherheitspolitik (GASP) aufgegangen – institutionalisieren die EG das Zusammenwirken ihrer Mitgl. auf außenpolit. Gebiet, um so bei der Lösung internat. Probleme ihr Gewicht als Gesamtheit besser zur Geltung zu bringen.

Zukunftsperspektive: Gemäß Art. N des Maastrichter Vertrages läuft seit März 1996 eine Regierungskonferenz (Staats- bzw. Reg.-Chefs aller EU-Mitgliedstaaten), die sich mit der Analyse der bisherigen Integrationsschritte und der Revision des EU-Vertrages (v. a. im institutionellen Bereich) befasst.

H. v. der Groeben: Aufbaujahre der Europ. Gemeinschaft (1982); M. Hilf: Die Organisationsstruktur der EG (1982); Der Europ. Gerichtshof als Verfassungsgericht u. Rechtsschutzinstanz, hg. v. J. Schwarze (1983); H. v. Berg: Die Analyse. Die EG – das Zukunftsmodell für Ost u. West? (1985); Gesetzgebung in der EG, hg. v. J. Schwarze (1985); M. Weisglas: Schritte zur Europ. Union (a. d. Engl., 1985); 45 Jahre Ringen um die europ. Verf., hg. v. W. Lipgens (1986); Die Weichen in Richtung EG. Herausforderung für Österreich, bearb. v. H. C. Binswanger u. a. (Wien 1987); W. Weidenfeld: 30 Jahre EG (1987); A. Bleckmann: Europarecht (⁵1990); Komm. zur Europ. Union, hg. v. E. Grabitz u. M. Hilf, Losebl. (²1990 ff., bis Erg.-Lfg. 5 u. d. T. Komm. zum EWG-Vertrag); Handkomm. zum EU-Vertrag, Beitr. v.

K. Hailbronner u. a., Losebl. (1991 ff., Lfg. 1 u. d. T. Handkomm. zum EWG-Vertrag); Komm. zum EWG-Vertrag, hg. v. H. von der Groeben u. a., 4 Bde. (⁴1991); G. Nicolaysen: Europarecht, auf 2 Bde. ber. (1991 ff.); T. Oppermann: Europarecht (1991); Vertrag über die Europ. Union von Maastricht, hg. v. H. v. der Groeben u. a. (1992); Die Europ. Union. Rechtsordnung u. Politik, Beitr. v. B. Beutler u. a. (⁴1993); M. Schweitzer u. W. Hummer: Europarecht (⁴1993); EG-Vertrag. Komm. zu dem Vertrag zur Gründung der Europ. Gemeinschaften, hg. v. C. O. Lenz (1994); R. Geiger: EG-Vertrag. Komm. zu dem Vertrag zur Gründung der Europ. Gemeinschaft (²1995); Hb. der europ. Integration, hg. v. M. Röttinger u. C. Weyringer (Wien ²1996).

Europäische Gemeinschaft für Kohle und Stahl, Abk. **EGKS, Montan|union,** engl. **European Coal and Steel Community** [jʊərəˈpiːən ˈkəʊl ənd ˈstiːl kəˈmjuːnɪtɪ], Abk. **ECSC,** frz. **Communauté Européenne du Charbon et de l'Acier** [kɔmynoˈte ørɔpeˈɛn dy ʃarˈbɔ̃ e dəlaˈsje], Abk. **CECA,** supranat. Organisation mit eigener Rechtspersönlichkeit, die auf eine partielle wirtschaftl. Zusammenarbeit der Mitgl.-Länder zielt und die den Anfang der europ. Integration nach 1945 bildete. Die Montanunion wurde durch den ›Pariser Vertrag‹ vom 18. 4. 1951 zw. Belgien, der BRD, Frankreich, Italien, Luxemburg und den Niederlanden zur Errichtung eines gemeinsamen Marktes für Kohle und Stahl begründet. Der Vertrag (seit 23. 7. 1952 in Kraft) geht auf die Initiative des frz. Außen-Min. R. Schuman zurück **(Schumanplan).** Im Ggs. zu den zeitlich unbefristeten Verträgen von EWG (seit 1993 EG) und EURATOM ist der Vertrag auf 50 Jahre begrenzt. Die EGKS behält auch im Rahmen der EU ihren Status als eigenständige Organisation bei. Nach Ablauf des EGKS Vertrages im Jahre 2002 sollen die noch bestehenden spezif. Befugnisse auf die EG übergehen.

Organisation: Organe der EGKS waren urspr. die Hohe Behörde, die Gemeinsame Versammlung, der Besondere Ministerrat und der Gerichtshof. Durch das Abkommen über gemeinsame Organe der drei →Europäischen Gemeinschaften vom 25. 3. 1957 wurde 1958 ein gemeinsamer Gerichtshof und die Zuständigkeit des Europ. Parlaments für EWG, EGKS und EURATOM bestimmt. Nach In-Kraft-Treten des Fusionsvertrages vom 8. 4. 1965 am 1. 7. 1967 ist die Hohe Behörde in der Europ. Kommission, der Besondere Ministerrat im Rat der EG aufgegangen. Allerdings fällen die neuen Gremien ihre Entscheidungen und Beschlüsse bezüglich der EGKS weiterhin auf Grundlage des ursprüngl., mehrfach modifizierten Vertrages. Mitgl. sind alle Staaten der EG.

Ziele, Entwicklung: Außenpolitisch sollten zunächst die direkten Kontrollbefugnisse der Siegermächte des Zweiten Weltkriegs über die Ruhrindustrie abgelöst werden. Wirtschaftspolitisch wird eine rationale Versorgung der Verbraucher mit Montanprodukten durch Zusammenfassung nat. Märkte zu einem gemeinsamen Markt für Kohle und Stahl angestrebt. Sozialpolitisch sollen die Arbeits- und Lebensbedingungen für alle Beschäftigten in der Montanindustrie harmonisiert und verbessert werden.

Die EGKS unterstützt die Kohle und Stahl produzierenden Unternehmen bei der Finanzierung von Investitionen durch Gewährung von Krediten, sichert die Versorgung durch Kontrolle der Preisgestaltung (Festlegung von Höchst- und Mindestpreisen innerhalb des gemeinsamen Marktes) und gewährt Arbeitnehmern in der Kohle- und Stahlindustrie Anpassungsbeihilfen (Umschulungs-, Überbrückungs- und Vorruhestandszuschüsse) und Wohnungsbaudarlehen. Ein Diskriminierungsverbot untersagt den Reg., die Produktions- und Absatzbedingungen für Kohle, Erz, Schrott und Stahl im Gemeinschaftsraum durch Handelsschranken (Zölle, Kontingente), Subventionen oder andere wirtschaftspolit. Maßnahmen wettbewerbswirksam zu verfälschen. Unternehmenszusammenschlüsse müssen von der Europ. Kommission genehmigt werden. Die finanziellen Mittel zur Erfüllung ihrer Aufgaben beschafft sich die EGKS zum Großteil durch die Begebung von Anleihen an nat. und internat. Kapitalmärkten sowie durch Erhebung einer Umlage auf den Produktionswert von Kohle und Stahl bei den Montanunternehmen.

Angesichts der seit den 70er-Jahren im Kohle- und Stahlbereich immer wieder auftretenden Krisen sowie des Strukturwandels im Energiesektor ist die gesamtwirtschaftl. Bedeutung der Montanunion zurückgegangen. Darüber hinaus wurden – entgegen der eigenen Zielsetzung – staatl. Beihilfen an Unternehmen sowie an von Entlassungen betroffene Arbeitnehmer zugelassen, um die Kohleförderung der Marktlage anzupassen. Der Stahlkrise wurde mit einer strikten Begrenzung der Erzeugerquoten, einer Überwachung des Außenhandels und mit Subventionen begegnet (→Stahlindustrie).

Europäische Gesellschaft für Katholische Theologie, Abk. **ET,** Vereinigung kath. Theologen in Europa; 1989 zur Förderung der theolog. Forschung und Lehre gegr.; Sitz der Gesellschaft mit gegenwärtig (1995) über 800 Mitgl. ist Tübingen. Nat. Sektionen bestehen in Belgien, Dtl., Frankreich, Italien, Litauen, den Niederlanden, Österreich, Portugal, der Schweiz, Spanien, Slowenien, der Slowak. Rep. und der Tschech. Rep. (für die Mitgl. in Dänemark, Kroatien, Lettland, Polen, Rumänien und Ungarn bestehen bislang noch keine Sektionen). Als internat. Gesamtvereinigung tritt die ET v. a. über Theologenkongresse an die Öffentlichkeit, erstmals 1992 in Stuttgart-Hohenheim. Hauptanliegen sind neben der länderübergreifenden wiss. Diskussion über theolog. Grundsatz- und aktuelle kirchl. (Streit-)Fragen auch der ökumen. und interreligiöse Dialog.

europäische Integration, die Bemühungen um eine gemeinsame, in sich verbundene wirtschaftl., soziale und polit. Struktur der europ. Staaten.

Die Vorstellungen von einem einheitl. Europa (→Europagedanke) standen bis ins 20. Jh. v. a. im Schatten machtpolit. Kalküls von europ. Staaten und Mächtegruppierungen. Erst nach dem Ersten Weltkrieg manifestierte sich in versch. polit. Konzepten und zunächst noch zaghaften organisator. Anfängen einer europ. Einigungsbewegung das allmähl. polit. Streben nach einem engeren Zusammengehen der parlamentarisch-demokrat. Staaten Europas. Unter dem Eindruck des insbesondere auch für Europa verheerenden Zweiten Weltkriegs verstärkte sich schließlich der polit. Wille zu einem europ. Einigungsprozess, der während des Ost-West-Konflikts noch vom polit. Blockdenken geprägt war (De-facto-Teilung Europas durch den ›Eisernen Vorhang‹ und die sich gegenüberstehenden Wirtschafts- und Militärblöcke) und institutionell zunächst auf Westeuropa beschränkt blieb, jedoch nach dem Zusammenbruch der kommunist. Ordnung in Mittel- und Osteuropa (1989–91/92) eine neue Dynamik erfuhr und vor die Aufgabe einer tatsächlich kontinentumspannenden e. I. (im Sinne eines ›gemeinsamen Hauses Europa‹) gestellt wurde. Dieser nur langfristig und stufenweise zu realisierende Prozess, der durch neue bzw. immer noch vorhandene zwischen- sowie innerstaatl. Konfliktherde tangiert wird (→Europa, Geschichte), vollzieht sich im komplizierten und vielschichtigen Spannungsfeld zw. gesamteurop. Erfordernissen, nationalstaatl. Eigeninteressen und regionalen Bedürfnissen.

Geistig-politische Grundlagen und historische Wurzeln

Von der Aufklärung bis zum Imperialismus: Weder die Antike noch das MA. kannten einen Europagedanken. Die Herausbildung des europ. Staatensystems der Neuzeit und der Zerfall der christl. Einheit in den Religionskriegen hatten eine Säkularisierung des polit. Denkens zur Folge. Der Begriff ›Europa‹ verdrängte den des ›Abendlandes‹. Ordnungsmodelle und Friedenspläne befassten sich nun mit der Organisation der zwischenstaatl. Beziehungen. Im 17. und 18. Jh. formulierten Politiker und Gelehrte die Theorie des Mächtegleichgewichts (→europäisches Gleichgewicht) und glaubten, damit das regulative Prinzip des →Europäischen Konzerts entdeckt zu haben. Ging es ihnen darum, der Hegemonie, d. h. der machtpolit. Vorherrschaft eines Staates über den Kontinent, zu wehren, so verfolgten die großen Philosophen der Aufklärung ein stärker ethisch begründetes Ziel: die Herstellung einer Rechts- und Friedensgemeinschaft in Form eines Völkerbundes, der über Europa hinausreichen und alle zivilisierten Völker umfassen sollte. Nachdem der Plan NAPOLEONS I. gescheitert war, unter Führung Frankreichs das kontinentale Europa zu einer polit. Einheit zusammenzufassen, ermöglichte das im Zeichen der Heiligen Allianz restaurierte Gleichgewichtssystem eine längere Phase des Friedens zw. den europ. Großmächten. Nationalismus und Imperialismus unterwarfen dem Europagedanken bes. Ende des 19. Jh. den Interessen nationalstaatl. Macht- und Expansionspolitik und zerstörten schließlich auch das Europ. Konzert.

Zw. den Weltkriegen: Nach dem Katastrophe des Ersten Weltkriegs wurde der Europagedanke erstmals zur Triebkraft einer polit. Bewegung, zu deren Anhängern nicht nur Intellektuelle, sondern auch Politiker und Unternehmer zählten. 1923 veröffentlichte R. N. Graf VON COUDENHOVE-KALERGI seinen von großem Engagement getragenen Aufruf ›Paneuropa‹, der einen Stufenplan für die Bildung der ›Vereinigten Staaten von Europa‹ enthielt, ein Ziel, das 1925 von der SPD in ihr ›Heidelberger Programm‹ aufgenommen wurde. Vorschläge einer Zoll- oder Wirtschaftsunion wurden von Industriellen, Bankiers und Nationalökonomen erörtert. Der frz. Min.-Präs. und Außen-Min. A. BRIAND, der 1927 die Ehrenpräsidentschaft der von COUDENHOVE-KALERGI gegründeten →Paneuropa-Bewegung übernommen hatte, setzte sich vor dem Völkerbund (1929) für ›eine Art föderaler Verbindung‹ zw. den europ. Völkern ein. Die im ›Briand-Memorandum‹ vom Mai 1930 niedergelegten europapolit. Vorstellungen der frz. Reg. (Union in Form eines Staatenbundes, gemeinsamer Markt, Infrastrukturprojekte) stießen jedoch bei den Regierungen Dtl.s, Großbritanniens und Italiens auf Bedenken oder Ablehnung. Der Machtverlust BRIANDS, der Vorrang des Commonwealth in der brit. Außenpolitik, die Reaktivierung der Revisionspolitik in Dtl. durch die Reg. Brüning, die Weltwirtschaftskrise und der Aufstieg des Nationalsozialismus bereiteten dem kurzen polit. Aufschwung des Europagedankens in der Zwischenkriegszeit ein Ende.

Polit. Problematik und Anfänge der Integration im westl. Europa nach dem Zweiten Weltkrieg: In den vom Faschismus und Nationalsozialismus beherrschten Ländern Europas wurden von den nichtkommunist. Widerstandsbewegungen Pläne für eine bundesstaatl. Neuordnung erarbeitet, die in der Überwindung des Prinzips nationalstaatl. Souveränität die Grundbedingung für die Sicherung von Frieden, Freiheit und Menschenwürde sahen.

In den ersten Nachkriegsjahren gaben die ›Föderalisten‹, die Verfechter einer Integration der europ. Staaten in einem Bund unter Aufgabe von Souveränitätsrechten, der europ. Einigungsbewegung starke Impulse (z. B. →Hertensteiner Programm von 1946). Den ›Föderalisten‹ standen die ›Unionisten‹ gegenüber, die den Gedanken einer ›Union‹ der europ. Staaten vertraten, der keinen Souveränitätsverzicht der Mitgl.-Staaten forderte. In einer Rede in Zürich (1946) gab W. CHURCHILL wichtige polit. Anstöße. Er sprach sich für einen europ. Zusammenschluss unter Führung Frankreichs und Dtl.s aus, dessen erster Schritt ›die Bildung eines Europarates‹ sein sollte; CHURCHILL wies Großbritannien freilich nicht die Rolle eines Mitgl., sondern die eines Förderers zu. Der vom ›Internat. Koordinierungsausschuss der Bewegungen für die Einheit Europas‹ (gegr. 1947) einberufene Kongress von Den Haag (1948) endete mit einem Kompromiss zulasten der ›Föderalisten‹, die sich gegenüber den ›Unionisten‹, welche die Schwerkraft der Realpolitik auf ihrer Seite hatten, letztlich nicht durchsetzen konnten. Der Kongress mündete in die Gründung der Europ. Bewegung und führte zu Verhandlungen zw. den Regierungen von zehn westeurop. Staaten; aus diesen Bemühungen ging 1949 der Europarat hervor. Mit der Verabschiedung der Europ. Menschenrechtskonvention (1950) hat er institutionelle Garantien für den Schutz der Menschenrechte geschaffen und damit eine bleibende zivilisator. Leistung hervorgebracht.

Der Integrationsprozess bis zur Herausbildung der Europäischen Union

Die ersten Anstöße zu einer wirtschaftl. Integration Westeuropas nach dem Zweiten Weltkrieg kamen von außen: Zur Durchführung des amerikan. Wirtschaftshilfeprogramms für den Wiederaufbau Europas (Marshallplan, 1947) wurde 1948 die Organisation für europ. wirtschaftliche Zusammenarbeit (OEEC) errichtet. Die OEEC und die Europ. Zahlungsunion (EZU, gegr. 1950) leiteten eine Liberalisierung des Handels und des Zahlungsverkehrs unter den 17 Mitgl.-Staaten ein. Damit geriet die europ. Einigung aber in das Spannungsfeld des Ost-West-Konflikts, der Europa in zwei ideologisch und politisch entgegengesetzte Machtbereiche spaltete. Als institutioneller Rahmen für einen westdt. Verteidigungsbeitrag im westl. Bündnis schlug der frz. Reg.-Chef R. PLEVEN 1950 eine Europ. Verteidigungsgemeinschaft (EVG) vor. Der EVG-Vertrag von 1952, der eine integrierte europ. Streitmacht vorsah, scheiterte aber 1954 beim Ratifizierungsverfahren in der frz. Nationalversammlung. Der Plan einer ›Europ. Politischen Gemeinschaft‹ (EPG) wurde damit hinfällig. Als Ersatzlösung für die EVG wurde 1954 die →Westeuropäische Union (WEU) gegründet und die Bundesrepublik Deutschland in ihrem Rahmen in die NATO aufgenommen.

Zunächst beschränkt auf den engen Rahmen eines ›Europas der Sechs‹ (Belgien, Bundesrepublik Deutschland, Frankreich, Italien, Luxemburg, Niederlande) war die Gründung der drei Europ. Gemeinschaften: der Europ. Gemeinschaft für Kohle und Stahl (EGKS; ›Montanunion‹) 1951/52 sowie der Europ. Wirtschaftsgemeinschaft (EWG) und der Europ. Atomgemeinschaft (EURATOM) durch die Röm. Verträge 1957 (1958 in Kraft getreten). Diese drei Vertragsgemeinschaften beherrschen mit ihren in den 60er-Jahren fusionierten Organen (Kommission, Ministerrat, Gerichtshof, Parlament) bis heute den europ. Einigungsprozess.

Trotz der Betonung der wirtschaftl. Aspekte der e. I. ist das Interesse an einer polit. Vereinigung Europas stets lebendig geblieben. Dieses Ziel wurde schrittweise angesteuert. Der Vergemeinschaftung des Agrarmarktes (ab 1962) und der Gründung einer Zollunion (1968), die eine gemeinsame Handelspolitik der EG-Staaten zur Folge hatten, schlossen sich in den 70er-Jahren eine allmähl. Ausweitung der Aufgabenbereiche der Wirtschaftsgemeinschaft, die Einführung eines Europ. Währungssystems (EWS, 1979) und die Verabredung zu einer Europ. Polit. Zusammenarbeit (EPZ) in außenpolit. Fragen an. Auch in den 80er-Jahren wurden Fortschritte nicht durch einen ›großen Wurf‹ erzielt, wie ihn 1984 das Europ. Parlament mit seiner Konzeption einer Europ. Verfassung versuchte, sondern durch punktuelle Veränderungen der Vertragsgrundlagen seitens der Regierungen der inzwischen auf zwölf Mitgl.-Staaten angewachsenen EG (1973 Beitritt Dänemarks, Großbritanniens und Irlands, 1981 Griechenlands und 1986 Spaniens und Portugals). Ein typ. Beispiel dafür stellt die Einheitl. Europ. Akte (EEA) von 1986 dar. In ihr ist die EPZ mit der EG zu einer Einheit verbunden und sind die seit den 70er-Jahren auf die Bereiche der Umwelt-, Forschungs- und Technologiepolitik sowie auf die wirtschaftl. und soziale Zusammenarbeit ausgeweiteten polit. Aktivitäten ausdrücklich in den Katalog der Gemeinschaftszuständigkeiten aufgenommen worden. Zugleich wurde die Organstruktur der EG durch eine Erweiterung der Beteiligung des Europ. Parlaments und eine Betonung des Mehrheitsprinzips bei Entscheidungen im Ministerrat gestärkt. Das 1985 von der Kommission aufgelegte Programm zur Schaffung des →Europäischen Binnenmarktes, das die sukzessive Abschaffung aller noch bestehenden Handelshemmnisse bis Ende 1992 vorsah, folgte derselben Entwicklungslogik.

Auch die Gründung der Europ. Union durch den Maastrichter Vertrag von 1992 stellt keinen großen, etwa zur Begründung eines europ. Bundesstaats führenden Schritt dar. Der ›Vertrag über die Europ. Union‹ (EUV) will vielmehr nur ›eine neue Stufe bei der Verwirklichung einer immer engeren Union der Völker Europas‹ sein (Art. A Abs. 2 EUV). Auch in ihm geht es v. a. um einzelne Veränderungen und Erweiterungen der bestehenden Vertragsgrundlagen (→Europäische Gemeinschaften). Als kühnster Integrationsschritt ist der Übergang zu einer gemeinsamen europ. Währung in drei Stufen bis spätestens 1999 zus. mit der Einrichtung einer Europ. Zentralbank als Währungshüterin geplant (→Europäische Wirtschafts- und Währungsunion). In institutioneller Hinsicht wurde die Stellung des (seit 1979 direkt gewählten) Europ. Parlaments gestärkt. Die Bürger der Mitgl.-Staaten der EG besitzen als ›Unionsbürger‹ nunmehr ein (europ. und kommunales) Wahlrecht in allen Staaten; sie können sich mit Petitionen an das Parlament wenden (Art. 8 ff. des EG-Vertrages, EGV).

Selbst die im Grunde vorsichtigen Integrationsmaßnahmen des Maastrichter Vertrags stießen in einem Europa, das nach der Beendigung des Kalten Krieges eine Renaissance der Nationalstaatsidee erlebt, auf starke Kritik. Großbritannien und Dänemark ließen sich vom Übergang zur Währungsunion freistellen. Großbritannien nimmt darüber hinaus an der Einführung einer europ. Sozialpolitik nicht teil. Volksabstimmungen zum Vertrag über die Europ. Union in Dänemark (dort erst nach Sonderregelungen in einem zweiten Referendum 1993 gebilligt), Frankreich und Irland gingen (mit Ausnahme Irlands) sehr knapp aus. In Dtl. wurde das Bundesverfassungsgericht angerufen, um die Verfassungsmäßigkeit der Bestimmungen des Maastrichter Vertrags zu prüfen. Erst als es sein Urteil gefällt hatte, konnte der Vertrag am 1. 11. 1993 endgültig in Kraft treten. Seinem Übergangscharakter entspricht es, dass von vornherein eine Reg.-Konferenz zur Revision seiner Bestimmungen eingeplant wurde, die am 29. 3. 1996 in Turin begann (Maastricht II).

Trotz vieler Friktionen behielt die EG eine unverminderte Attraktivität. 1987 überreichte die Türkei, seit 1963 assoziiertes Mitgl. der EG, ein Beitrittsgesuch beim Europ. Rat in Brüssel. Angesichts der für die Türkei schwierigen EG-Bedingungen in der Agrarfrage einerseits und in der für die Mitgl.-Staaten der EG belastenden Freizügigkeitsproblematik (d. h. des Einwanderungsdrucks aus der Türkei in Richtung EG-Staaten) andererseits wurde dem Aufnahmeantrag der Türkei bisher nicht stattgegeben. Darüber hinaus weckte bes. in den 90er-Jahren die türk. Kurdenpolitik in den EG-Staaten starke Widerstände. Außerdem forderte Griechenland die Lösung der Zypernfrage und die Beilegung des türkisch-griech. Streits in der Ägäisfrage als Voraussetzung für die Aufnahme der Türkei. Im Dezember 1995 stimmte das Europ. Parlament aber zumindest einer Zollunion mit der Türkei zu (In-Kraft-Treten am 1. 1. 1996). Schon im Juli 1990 hatten Zypern und Malta die EG-Mitgliedschaft beantragt.

In zeitl. Parallelität zu den Verhandlungen zw. EG und EFTA (→Europäische Freihandelsassoziation) zur Bildung eines →Europäischen Wirtschaftsraums (EWR) bewarben sich fünf EFTA-Mitgl. – Österreich (1989), Schweden (1991), die Schweiz, Finnland und Norwegen (alle 1992) – um die Mitgliedschaft in der EG. Das Beitrittsgesuch der Schweiz ruht jedoch, nachdem 1992 die Bev. dort den Eintritt in den EWR ablehnte. Nach langwierigen Verhandlungen mit den übrigen Beitrittskandidaten, bei denen die Gesprächspartner immer wieder um einen Ausgleich zw. den Grundsätzen der EG und den jeweiligen nat. Interessen der Bewerber sowie den oft gegensätzl. Interessen zw. Mitgliedern der EG und den Bewerberstaaten rangen, wurden die Verhandlungen am 1. 3. 1994 erfolgreich abgeschlossen. Schwierigkeiten hatten v. a. das Agrarpreissystem, die Fischereipolitik, die Sperrminorität bei Entscheidungen des Ministerrats und – im Fall Österreichs – der Alpentransit bereitet. Nachdem das Europ. Parlament am 4. 5. 1994 seine Zustimmung gegeben hatte, konnten die Beitrittsabkommen durch die Unterschriften der Staats- und Reg.-Chefs auf dem EU-Gipfel von Korfu am 24. und 25. 6. 1994 besiegelt werden. Während bei den notwendigen Referenden die Österreicher, Finnen und Schweden den Verträgen zustimmten, lehnten die Norweger das Verhandlungsergebnis ab. Österreich, Finnland und Schweden übernahmen das gesamte Regelungsgefüge des Maastrichter Vertrags, wenn auch in einigen Bereichen mit Übergangsfristen für die Eingliederungsphase, und wurden am 1. 1. 1995 Mitgl. der EU.

Seit 1989/90 sehen sich auch die Europ. Gemeinschaften mit den polit., wirtschaftl. und sozialen Folgen des Zusammenbruchs des kommunist. Staatensystems konfrontiert. Am 22. 10. 1990 hatte der EG-Ministerrat bereits die gesetzl. ›Übergangsregelungen‹ für die Eingliederung des Gebiets der früheren DDR in die EG gebilligt (ab 1. 1. 1991 in Kraft). Im April 1991 gründeten die EG-Staaten, 27 weitere Staaten und die Europ. Investitionsbank (EIB) die Europ. Bank für Wiederaufbau und Entwicklung (EBWE; →Osteuropabank) zur Erneuerung der Volkswirtschaften der früheren kommunistischen Staaten auf der Grundlage der Marktwirtschaft. Assoziierungsverträge (›Europaabkommen‹) wurden mit Polen und Ungarn (16. 12. 1991,

in Kraft seit 1. 2. 1994) sowie mit Rumänien (1. 2. 1993), Bulgarien (8. 3. 1993), der Slowak. Rep. und der Tschech. Rep. (4. 10. 1993) geschlossen (alle in Kraft seit 1. 2. 1995). Weitere Europaabkommen wurden mit Estland, Lettland und Litauen (12. 6. 1995) sowie mit Slowenien (15. 6. 1995) vereinbart, umfangreiche Partnerschaftsverträge 1994 mit der Ukraine, Russland und Moldawien abgeschlossen.

Anträge auf Vollmitgliedschaft in der EU stellten Ungarn (1. 4. 1994), Polen (8. 4. 1994), Rumänien (22. 6. 1995), die Slowak. Rep. (27. 6. 1995), Lettland (27. 10. 1995), Estland (4. 12. 1995), Litauen (8. 12. 1995), Bulgarien (16. 12. 1995) und die Tschech. Rep. (23. 1. 1996).

Die zahlreichen Beitrittswünsche werfen die Frage nach der Vorrangigkeit von Erweiterung oder Vertiefung auf.

Entwicklungsstand

Der Europ. Union gehören gegenwärtig 15 Mitgl.-Staaten an. Im Gegensatz zu den drei Europ. Gemeinschaften besitzt sie bislang keine eigene Rechtspersönlichkeit, die es ihr gestatten würde, selbstständig im internat. Verkehr aufzutreten. Es handelt sich bei ihr eher um eine Art Rahmenordnung für die drei Europ. Gemeinschaften und die zwei neuen Formen europ. Zusammenarbeit (Gemeinsame Außen- und Sicherheitspolitik sowie das Zusammenwirken in den Bereichen Justiz und Inneres), die durch gemeinsame Organe miteinander verklammert sind. Die EU ist daher kein Staat, obwohl es ›Unionsbürger‹ und ein Europ. Parlament gibt und von der EG gesetzesförmige Anordnungen getroffen werden, die für die Mitgl.-Staaten wie für ihre Bürger verbindlich sind. Stellt sie insofern mehr als einen losen Staatenbund dar, so fehlt ihr bislang indessen die Fähigkeit, eigenmächtig Zuständigkeitsverteilungen zw. sich und den Mitgl.-Staaten vorzunehmen. Erst diese ›Kompetenzkompetenz‹ (→Kompetenz) aber würde sie zu einem ihren Mitgl.-Staaten überlegenen ›europ. Superstaat‹ machen. Nach wie vor ist jede Änderung der Vertragsgrundlagen jedoch von der Zustimmung der Mitgl.-Staaten als ›Herren der Verträge‹ abhängig (Art. N EUV).

Die Eigenart der Europ. Union lässt sich auch deshalb schwer erfassen, weil sie auf weitere Integration und damit auf eine Ausweitung ihrer Kompetenzen sowie einen Wandel ihrer Struktur hin angelegt ist. Wie bei jeder internat. Organisation wird ihre Tätigkeit von den Zielen, welche die Mitgl.-Staaten ihr bei ihrer Errichtung gesetzt haben, bestimmt. Im Gegensatz zu anderen Organisationen ist die Zielstruktur der Europ. Union jedoch hochkomplex. Die Vielfalt der Ziele reicht von der ›Förderung eines ausgewogenen und dauerhaften wirtschaftl. und sozialen Fortschritts‹ über ihre Behauptung auf internat. Ebene, ›wozu auf längere Sicht auch die Festlegung einer gemeinsamen Verteidigungspolitik gehört‹, und über ›die Stärkung des Schutzes der Rechte und Interessen der Angehörigen ihrer Mitgl.-Staaten‹ bis zur ›Entwicklung einer engen Zusammenarbeit in den Bereichen Justiz und Inneres‹ und zur ›vollen Wahrung des gemeinschaftl. Besitzstandes und seiner Weiterentwicklung‹ (Art. B EUV). Die Union kann infolgedessen nicht als eine bloße Wirtschaftsgemeinschaft in einem mit Sozialpolitik, Gesundheitspolitik u. Ä. mehr erweiterten Rahmen verstanden werden, sondern sie ist – hierin durchaus staatsähnlich – auch eine Rechts- und Friedensgemeinschaft und soll künftig sogar eine Verteidigungsgemeinschaft sein (Plan einer stufenweisen Entwicklung der WEU als Verteidigungskomponente der EU). Dieser Zielstruktur trägt Art. 235 EGV Rechnung, dem zufolge der Ministerrat auch dann Vorschriften zur Verwirklichung der Ziele im Rahmen des Gemeinsamen Marktes erlassen darf, wenn spezielle Befugnisse dazu der Gemeinschaft nicht erteilt worden sind. Von dieser Ermächtigung hat die EG seit den 70er-Jahren häufig Gebrauch gemacht, um die e. I. voranzubringen.

Die Möglichkeit, im Bereich des Gemeinsamen Marktes Gemeinschaftsrecht zu setzen und für eine Angleichung der nat. Rechtsvorschriften zu sorgen (Art. 100 ff. EGV), bedeutet indessen nicht, dass die Union grundsätzlich in der Lage wäre, mit den von den Gemeinschaftsorganen erlassenen Vorschriften das nat. Recht zu verdrängen. Weite Bereiche ihrer Tätigkeit sind nicht im strikten Sinne vergemeinschaftet, sondern der intergouvernementalen Zusammenarbeit anheim gegeben. Das gilt für die gemeinsame Außen- und Sicherheitspolitik ebenso wie für die Zusammenarbeit in den Bereichen Justiz und Inneres und auf vielen Politikfeldern des EG-Vertrages. Hier wird lediglich verlangt, dass die Regierungen der Mitgl.-Staaten, ggf. mit Unterstützung der Kommission, eng miteinander kooperieren, um zu einvernehml. Beschlüssen zu kommen. Auch in den i. e. S. vergemeinschafteten Bereichen gibt es nach wie vor gravierende Unterschiede, was die Befugnisse der einzelnen EG-Organe anlangt. So können EG-Verordnungen, die wie nat. Gesetze für die Unionsbürger unmittelbare Verbindlichkeit besitzen, und EG-Richtlinien, die von den Mitgl.-Staaten in nat. Recht umzusetzen sind, bevor sie Verbindlichkeit erlangen, vom Ministerrat entweder einstimmig oder mit unterschiedlich qualifizierter Mehrheit verabschiedet werden; die generelle Anwendung der einfachen Mehrheitsregel, durch die Mitgl.-Staaten überstimmt werden könnten, ließ sich bislang nicht durchsetzen. Selbst in den Fällen, in denen sie angewandt wird, dürfen Mitgl.-Staaten unter Berufung auf eine Luxemburger Vereinbarung von 1966 Weiterverhandlung verlangen, wenn für sie vitale Interessen auf dem Spiel stehen. Wie schwierig es ist, gerade in den neuen Politikfeldern der Union alle Mitgl.-Staaten zu einem gemeinsamen Vorgehen zu bewegen, zeigt die Zusammenarbeit im Bereich der Polizei. Hier ist gegenwärtig nur ein Teil der Mitglieder aufgrund spezieller Vereinbarungen, des Schengener Abkommens, zur europaweiten Verbrechensbekämpfung und Verfolgung von Straftätern über die seit der Vollendung des Binnenmarktes offenen Landesgrenzen bereit.

Das Verhältnis der Gemeinschaftsorgane zueinander ist ebenfalls kompliziert und in Entwicklung. Im Unionsvertrag hat der Europ. Rat, die Zusammenkunft der Staats- und Reg.-Chefs der Mitgl.-Staaten und des Präsidenten der Kommission, eine Art allgemeiner Richtlinienkompetenz für die künftige Entwicklung der Union erhalten (Art. D EUV). Für die Rechtsetzung der Gemeinschaft ist jedoch weiterhin der Rat der Minister der Mitgl.-Staaten, gebunden an entsprechende Initiativen der Kommission, des eigentl. Reg.-Organs und ›Motors‹ der EG, zuständig. Große Verdienste bei der Entwicklung des Gemeinschaftsrechts hat sich auch der Europ. Gerichtshof erworben. Ungeklärt ist im Maastrichter Vertrag die Rolle des Europ. Parlaments geblieben. Ein Gesetzgebungsorgan, wie es die nat. Parlamente sind, stellt es (noch) nicht dar. Seine Mitsprache bei der Rechtsetzung der Gemeinschaft reicht von der bloßen Anhörung über Vetorechte bis zur echten Mitbestimmung. Das Parlament besitzt das Recht, den Haushaltsplan der EG zu verwerfen und der Kommission das Misstrauen auszusprechen; auch die Einsetzung ei-

ner neuen Kommission ist von seiner Zustimmung abhängig. Die eigenartige Differenzierung der Rechtsposition des Parlaments folgt keinen klaren, einleuchtenden Kriterien und ist daher erhebl. Kritik ausgesetzt. In der Praxis läuft die Zusammenarbeit der Gemeinschaftsorgane über vielfältige Absprachen und Kooperationen in vorbereitenden, beratenden und mitentscheidenden Ausschüssen, was den Überblick über die Gremien der EG und ihre Zuständigkeiten schwierig macht und eine gewisse Schwerfälligkeit der Brüsseler Bürokratie bedingt. Andererseits hängt die Wirksamkeit der Europ. Kommission zu einem guten Teil von informellen Kontakten mit Vertretern der Mitgl.-Staaten und Repräsentanten der zahlr. Verbände ab, die sich auf europ. Ebene konstituiert haben und deren Informationen, Wünsche und Bedenken für die Planungs- und Kontrolltätigkeit der Kommission wichtig sind.

Die e. I. hat im letzten Jahrzehnt erhebl. Fortschritte gemacht. Der wirtschaftl. Verflechtungsgrad der Mitgl.-Staaten ist hoch. Etwa 60 % aller in der EG erzeugten Güter wurden 1992 im Binnenmarkt getauscht. Die EG ist als eine der größten Wirtschaftsmächte der Erde Mitgl. der Welthandelsorganisation (World Trade Organization, WTO). Sie besitzt enge wirtschaftl. Beziehungen zu 70 Staaten der Dritten Welt, die mit ihr im Lomé-Abkommen assoziiert sind und Handelsbegünstigungen für ihre Produkte erhalten haben.

Mit der Weiterentwicklung der Europ. Polit. Zusammenarbeit (EPZ) zur Gemeinsamen Außen- und Sicherheitspolitik (GASP) unternahmen die Mitgl.-Staaten der EU den Versuch, ihre Zusammenarbeit auf internat. Feld über den EG-Rahmen hinaus auszudehnen und gleichermaßen eng zu verzahnen. Es bestehen enge Verbindungen zur →Organisation für Sicherheit und Zusammenarbeit in Europa (OSZE) und zur NATO, bes. zur Westeurop. Union. In einer ›Transatlant. Erklärung‹ vom 23. 11. 1990 verpflichtete sich die EG und die USA zu langfristiger Zusammenarbeit und regelmäßigen Konsultationen. Am 3. 12. 1995 unterzeichneten US-Präs. B. CLINTON, der span. Min.-Präs. F. GONZÁLEZ MÁRQUEZ und J. SANTER (Präs. der Europ. Kommission) eine ›Transatlant. Agenda‹ zur Vertiefung der amerikanisch-europ. Zusammenarbeit u. a. in den Bereichen Friedenssicherung, nukleare Sicherheit, humanitäre Hilfe, Wirtschaft (Transatlant. Freihandelszone), Umweltschutz und Verbrechensbekämpfung.

Die Schwierigkeiten einer koordinierten Außenpolitik der EG zeigten sich v. a. im Verlauf der Balkankrise seit dem Zerfall Jugoslawiens. 1991/92 vermittelte sie mit unterschiedl. Erfolg einen Waffenstillstand zw. der jugoslaw. Bundesarmee auf der einen Seite sowie Slowenien und Kroatien auf der anderen Seite. Bei dem Versuch, neben der UNO eine gemeinsame Linie zur Beendigung des Bürgerkrieges in Bosnien und Herzegowina zu finden, blieb die EU ohne durchschlagenden Erfolg; die Friedensregelung kam hier v. a. durch die Vermittlung der USA (Abkommen von Dayton 1995) zustande.

Probleme und Perspektiven

Abgesehen von der mangelnden Transparenz europ. Prozesse und Entscheidungen, die kaum zur Akzeptierung der e. I. durch die Unionsbürger beiträgt, sind es v. a. drei Probleme, denen sich die Europ. Union zurzeit ausgesetzt sieht. Da ist zum einen das ›demokrat. Defizit‹, die Frage der Legitimation der mit ihren Anordnungen immer stärker in das Leben der Unionsbürger eingreifenden Gemeinschaftsorgane. Unmittelbar demokratisch legitimiert ist nur das Europ. Parlament. Darauf beruht der von ihm geltend gemachte Anspruch, neben dem Ministerrat zum gleichberechtigt entscheidenden Organ der Union zu werden. Wieweit das Parlament seinen Anspruch durchzusetzen vermag, ist ungewiss, zumal es selbst ein ›demokrat. Defizit‹ aufweist. Nicht nur, dass seine Abg. noch immer nach unterschiedl. Bestimmungen der Mitgl.-Staaten gewählt werden, auch ihre Anzahl differiert zugunsten der kleinen Staaten.

Ein zweiter Punkt betrifft das Verhältnis der Union zu ihren Mitgl.-Staaten. Einigen von ihnen scheint die Integration bereits zu weit gegangen zu sein. Daher ist das Bekenntnis zur weiteren Integration im Maastrichter Vertrag durch gleichzeitige Aufnahme des Subsidiaritätsprinzips konterkariert worden, wonach die Gemeinschaftsorgane nur noch dann tätig werden sollen, wenn die Ziele der in Betracht gezogenen Maßnahmen von den Mitgl.-Staaten selbst nicht ausreichend und von der Gemeinschaft besser erreicht werden können (Art. 3 b EGV). Das Verhältnis zur Union wird für Bundesstaaten wie Dtl. noch dadurch kompliziert, dass es in ihnen auch um die Wahrung der Kompetenzen der Bundesländer geht. Diese haben sich daher im neuen Art. 23 des Grundgesetzes besondere Mitspracherechte bei der Übertragung von Hoheitsrechten auf die Union und bei der Bildung von Gemeinschaftsrecht im Ministerrat ausbedungen. Unter dem Schlagwort eines →Europa der Regionen haben sie erweiterte Mitspracherechte in der Europapolitik durchgesetzt. Ihre Unzufriedenheit mit der Wahrnehmung ihrer Interessen durch den Bund und der Streit um ihre Beteiligung an europ. Entscheidungen machen deutlich, dass die e. I. Folgen auch für das innere Gefüge der Mitgl.-Staaten hat. Wie kompliziert ein Ausgleich zw. Unions- und einzelstaatl. Interessen sein kann, zeigte sich 1996, als Großbritannien wegen eines generellen Exportverbots für brit. Rindfleisch (nach Auftreten der Rinderseuche BSE) wochenlang alle wichtigen Entscheidungen in der EU blockierte (Beendigung des Konflikts erst auf dem EU-Gipfeltreffen in Florenz im Juni 1996 durch Verabschiedung eines Plans zur stufenweisen Aufhebung des Ausfuhrverbots).

Die Außenbeziehungen der Union schließlich werden v. a. davon abhängen, ob sich die am Freihandel orientierten Interessen einiger Mitgl.-Staaten oder die protektionist. Forderungen nach einer ›Festung Europa‹ durchsetzen. In diesem Zusammenhang ist auch die Osterweiterung der Union zu sehen. Hier wird darum gestritten, ob sich die Union vor der Aufnahme neuer Mitglieder erst stärker integrieren sollte (was den Beitritt osteurop. Staaten erschweren und in eine ferne Zukunft verweisen würde) oder ob eine Aufnahme bald erfolgen sollte, um die wirtschaftl. und polit. Verhältnisse in diesen Staaten zu stabilisieren (was möglicherweise die Rückkehr zu einer loseren europ. Vereinigung zur Folge hätte). Mitte Dezember 1995 einigten sich die Staats- und Reg.-Chefs der EU auf einen einheitl. Zeitplan für Verhandlungen mit den Beitrittskandidaten nicht nur in Mittel- und Osteuropa, sondern auch mit denen im Mittelmeerraum ab Ende 1997. Neue Integrationschancen könnten sich indessen ergeben, wenn die Einigungsbemühungen vom Bereich der Wirtschaft auf den der inneren Sicherheit verlagert werden. Die organisierte Kriminalität in einem grenzenlos gewordenen Europa macht eine übergreifende polizeil. Kooperation (→Europol) immer dringender. Das Gleiche gilt für eine einheitl. Einwanderungs- und Asylpolitik. Bei wachsender Integration ist aber zugleich eine Zu-

nahme der Differenzierung unter den Mitgl.-Staaten zu erwarten. Nicht alle werden künftige Integrationsschritte gleichzeitig vornehmen können und wollen. Seit längerem diskutierte Konzepte einer abgestuften Integration gewinnen infolgedessen an Bedeutung. Möglicherweise wird sich um ein ›Kerneuropa‹ ein Ring weniger integrierter Staaten bilden, die gleichwohl zur Union gehören. Das könnte den Beitritt der osteurop. Staaten erleichtern und in dieser Weise zur Vollendung der e. I. in einer umfassenden europ. Friedens- und Rechtsgemeinschaft führen.

Eine zentrale Rolle für die weitere Ausgestaltung der e. I. spielt die Ende März 1996 eröffnete Reg.-Konferenz zur Überprüfung und Weiterentwicklung des Maastrichter Vertrages. Der Bericht einer Vorbereitungsgruppe (›Reflexionsgruppe‹) wurde im Dezember 1995 den Staats- und Reg.-Chefs der EU vorgelegt. Diese bekräftigten auf ihrer Tagung in Madrid auch, die dritte Stufe der →Europäischen Wirtschafts- und Währungsunion am 1. 1. 1999 beginnen zu lassen und die gemeinsame Währung ›Euro‹ zu nennen.

Jb. der e. I., hg. v. W. WEIDENFELD u. a. (1981 ff.); Die Europ. Union. Rechtsordnung u. Politik, Beitr. v. B. BEUTLER u. a. (⁴1993); Auf dem Weg nach Europa, hg. v. G.-J. GLAESSNER u. a. (1994); Die Europ. Union. Ein Kompendium aus dt. Sicht, hg. v. R. STROHMEIER (1994); J. WEINDL: Europ. Gemeinschaft (²1994); Europ. Union, Europ. Gemeinschaft. Die Vertragstexte von Maastricht mit den dt. Begleitgesetzen, bearb. v. T. LÄUFER (⁴1995); Europa von A–Z. Tb. der e. I., hg. v. W. WEIDENFELD u. W. WESSELS (⁴1995); Reform der Europ. Union. Materialien zur Revision des Maastrichter Vertrages 1996, hg. v. W. WEIDENFELD (1995).

Europäische Investitionsbank, Abk. **EIB,** öffentlich-rechtl., selbstständiges Kreditinstitut der EG, gegr. 1958, Sitz: Luxemburg. Mitgl. sind alle Staaten der EU. Gemäß Art. 198 e EG-Vertrag soll die EIB zu einer ausgewogenen, reibungslosen Entwicklung des gemeinsamen Marktes beitragen, indem sie im Interesse der Gemeinschaft liegende Investitionsvorhaben finanziert. Hierbei bedient sie sich des Kapitalmarkts sowie eigener Mittel. Durch die Gewährung von Darlehen und Bürgschaften werden v. a. Projekte zur Erschließung weniger entwickelter Regionen, Umstellungs- und Modernisierungsvorhaben von Unternehmen oder zur Schaffung neuer Arbeitsmöglichkeiten in der Gemeinschaft sowie neue Vorhaben von gemeinsamem Interesse mehrerer Mitgl.-Staaten finanziert. Seit Ende der 80er-Jahre hat die EIB zahlr. neue Aufgaben, u. a. Beschleunigung der Finanzierung von Investitionsvorhaben (z. B. zur Verbesserung der Infrastrukturen im Verkehrs- und Fernmeldewesen sowie in den Bereichen Umweltschutz, städtebaul. Entwicklung und Energiepolitik), Errichtung des →Europäischen Investitionsfonds, Beteiligung an Vorhaben des →Kohäsionsfonds und der →Europäischen Strukturfonds. Außerhalb der EU ist die EIB in den AKP-Staaten, im Mittelmeerraum, in den mittel- und osteurop. Transformationsstaaten sowie seit 1993 auch in Asien und Lateinamerika tätig.

Die EIB verfügt seit der Erweiterung der EU auf 15 Länder (1995) über ein gezeichnetes Kapital von 62 Mrd. ECU. Seit ihrer Gründung bis Ende 1994 gewährte sie Darlehen und Garantien von insgesamt 169 Mrd. ECU. 1990–94 entfielen die Finanzierungsbeiträge innerhalb der EU auf die Bereiche Verkehr (27,3 %), Industrie (23,9 %), Energie (17,8 %), Umweltschutz und sonstige Infrastruktur (13,9 %), Telekommunikation (13 %), Dienstleistungen (4 %) und Landwirtschaft (0,1 %). Den größten Teil der erforderl. Mittel für Darlehen beschafft sich die EIB auf nat.

und internat. Kapitalmärkten durch Begebung von Anleihen.

Die Organisationsstruktur ist dreistufig: Der Rat der Gouv. (i. d. R. die Finanz-Min. der 15 Mitgl.-Staaten) bestimmt die Kreditpolitik und entscheidet über Kapitalerhöhungen, der Verwaltungsrat (28 hohe Beamte aus den Mitgl.-Staaten und der Europ. Kommission) entscheidet über die Gewährung von Darlehen und Bürgschaften, die Anleihebegebung und die Zinssätze der Bank, das siebenköpfige Direktorium (Präs. und 6 Vize-Präs.) führt die laufenden Geschäfte.

Europäische Kernenergie-Agentur, →Nuclear Energy Agency.

Europäische Kommission, →Europäische Gemeinschaften.

Europäische Kulturhauptstadt, →Kulturstadt Europas.

Europäische Kurzhaarkatze, kräftige Hauskatzenrasse mit kurzem, feinem, dichtem Fell und großen Augen, z. B. **Europäisch Kurzhaar Weiß** mit blauen oder orangefarbenen Augen sowie ›odd-eyed‹, d. h. mit einem blauen und einem orange- oder kupferfarbenen Auge, und mit weißem Fell; **Europäisch Kurzhaar Schwarz** mit dunkelorange- bis kupferfarbenen Augen und schwarzem Fell; **Europäisch Kurzhaar Zweifarbig** mit tieforange-, kupferfarbenen oder gelben Augen; schwarze, rote, blaue und cremefarbene Flecken auf weißem Fell.

Europäische Kurzhaarkatze

Europäische Liberale, Demokraten und Reformer, Abk. **ELDR,** im März 1976 unter dem Namen **Föderation liberaler und demokratischer Parteien der Europäischen Gemeinschaft** gebildeter Zusammenschluss liberaler Parteien Europas; nahm nach der Aufnahme des port. Partido Social-Democrata und des span. Partido Reformista Democrático 1986 den neuen Namen an; setzt sich bes. für die Verwirklichung der europ. Wirtschafts- und Währungsunion ein und lehnt starkes staatl. Reglementieren ab. Bei den Direktwahlen zum Europ. Parlament gewann die liberale Fraktion (Abk. **LIBE**) 1979: 40, 1984: 31, 1989: 50, 1994: 43 Mandate (1995 nach dem Beitritt Österreichs, Finnlands und Schwedens zur EU 52 Mandate).

Europäische Mathematische Gesellschaft, gemeinsame Organisation von 33 nationalen europ. mathemat. Gesellschaften. Sitz: Helsinki; gegr. 1990 in Warschau. Zu den Aufgaben der E. M. G. gehört neben der Förderung von Forschung und Ausbildung die Koordination der mathemat. Institute in Europa, darunter das internat. Euler-Institut in Sankt Petersburg und das Banach-Zentrum in Warschau.

Europäische Menschenrechtskonvention, Abk. **EMRK,** Kurz-Bez. für die ›Konvention zum Schutz der Menschenrechte und Grundfreiheiten‹ vom 4. 11. 1950, die für die ihr beigetretenen Staaten auf einem Mindestniveau die Einhaltung der Menschenrechte gewährleisten soll. Die Mitgliedschaft in der EMRK steht allen Mitgl. des Europarats offen; derzeit sind auch alle Staaten des Europarats der EMRK beigetreten. Zur Durchsetzung der in der EMRK verbürgten Freiheitsrechte ist ein Rechtsschutzsystem errichtet worden, dessen Organe die Europ. Menschenrechtskommission, der Europ. Gerichtshof für Menschenrechte (nicht zu verwechseln mit dem Gerichtshof der Europ. Gemeinschaften in Luxemburg, →Europäische Gemeinschaften) sowie das Min.-Komitee des Europarats sind. Kommission und Gerichtshof haben ihren Sitz in Straßburg. Während sich jeder Vertragsstaat durch Ratifizierung der EMRK der Befugnis der Kommission unterwirft, Beschwerden zu prüfen, die ein anderer Staat gegen ihn erhebt, hängt die Zuständigkeit von Kommission und Gerichtshof für die Behandlung von Individualbeschwerden einzelner Bürger gegen mögl. Verletzungen der Konvention davon ab, ob der betroffene Staat die Jurisdiktion dieser Organe ausdrücklich anerkannt hat. Zw. Kommission und Gerichtshof ist insoweit ein Instanzenweg eingerichtet, als sich der Gerichtshof nur mit einem Fall befassen darf, nachdem die Kommission die Beschwerde für zulässig erklärt hat und anerkannt hat, dass die Versuche zur Erzielung eines Ausgleichs fehlgeschlagen sind. Der Spruch des Gerichtshofs ist für die Beteiligten verbindlich; seine Durchführung überwacht das Min.-Komitee.

Durch das 9. Zusatzprotokoll zur EMRK vom 6. 11. 1990 (in Kraft getreten am 1. 11. 1994) ist die Rechtslage bezüglich des Zugangs zum Europ. Gerichtshof für Menschenrechte wesentlich verändert worden. Nunmehr haben auch natürl. Personen, nichtstaatl. Organisationen und Personenvereinigungen, die sich an die Europ. Menschenrechtskommission gewandt haben, das Recht, vor dem Gerichtshof als Partei aufzutreten. Die Europ. Menschenrechtskommission darf aber nach wie vor eine Beschwerde nur annehmen, wenn feststeht, dass der Beschwerdeführer vorher den innerstaatl. Rechtsweg ausgeschöpft hat. Das 11. Zusatzprotokoll vom 11. 5. 1994 (tritt erst nach der Ratifikation durch alle Signatarstaaten der EMRK in Kraft) bewirkt eine Änderung auch im organisator. Bereich. In Zukunft soll jeder Bürger der Europ. Union sein Anliegen selbstständig beim Gerichtshof vorbringen dürfen. Zur Vereinfachung und Beschleunigung der Verfahren ist außerdem vorgesehen, die Europ. Menschenrechtskommission und den Europ. Gerichtshof für Menschenrechte zusammenzufassen und einen einheitl. Gerichtshof mit mehreren Kammern (ständiger Sitz in Straßburg) zu bilden.

BERNHARD SCHMID: Rang u. Geltung der Europ. Konvention zum Schutze der Menschenrechte u. Grundfreiheiten vom 3. November 1950 in den Vertragsstaaten (Basel 1984); J. A. FROWEIN u. W. PEUKERT: E. M. (1985); K.-P. SOMMERMANN: Der Schutz der Menschenrechte im Rahmen des Europarats (²1990).

Europäische Organisation für Kernforschung, →CERN.

Europäische Organisation für Molekularbiologie, Abk. **EMBO** (für engl. European Molecular Biology Organization), 1964 von 15 Wissenschaftlern aus neun europ. Ländern gegründete private Organisation zur Förderung und Pflege der Molekularbiologie in Europa; seit 1978 Hauptsitz in Heidelberg, wo sich auch ein von der EMBO getragenes Forschungsinstitut (**EMBL,** Abk. für engl. European Molecular Biology Laboratory) befindet.

Europäische Parlamentarier-Union, 1947 gegründeter Zusammenschluss europ. Parlamentarier zur Förderung der europ. Einigung, ging 1952 im ›Parlamentar. Rat der Europ. Bewegung‹ auf.

Europäische Pflanzenschutz-Organisation, Abk. **EPPO** (für engl. European Plant Protection Organization), Organisation zur Verhütung der Einschleppung und Verbreitung von Schädlingen sowie der Krankheiten von Pflanzen und Pflanzenerzeugnissen, Sitz: Paris, gegr. 1951. Die BRD trat 1954 bei.

Europäische Physikalische Gesellschaft, →European Physical Society.

Europäische Politische Zusammenarbeit, Abk. **EPZ,** die als Institution begriffene und organisierte Zusammenarbeit der EG-Staaten mit dem Ziel einer gemeinsamen Außenpolitik; durch In-Kraft-Treten des Vertrages über die Europ. Union tritt an ihre Stelle die →Gemeinsame Außen- und Sicherheitspolitik (GASP).

Europäischer Ausrichtungs- und Garantiefonds für die Landwirtschaft [-fõ-], Abk. **EAGFL,** Bestandteil des Haushalts der EG, aus dem die gemeinsame →Agrarpolitik finanziert wird. Der Anteil des EAGFL an dem Gemeinschaftshaushalt ist inzwischen auf 54% gesunken. 1995 standen 40,9 Mrd. ECU zur Verfügung. Der EAGFL gliedert sich in die Abteilung Garantie, die die Ausgaben der Agrarmarktordnungen finanziert (93%), und die Abteilung Ausrichtung, aus der zus. mit dem Europ. Sozialfonds und dem Europ. Regionalfonds (→Europäische Strukturfonds) strukturpolit. Maßnahmen finanziert werden. Von den Mitteln der Abteilung Garantie entfielen 1995 15,2 Mrd. ECU auf die Ackerkulturen Getreide, Ölsaaten und Eiweißpflanzen, für die seit 1993 bei abgesenkten Stützpreisen Ausgleichszahlungen gewährt werden, 5,5 Mrd. ECU auf Rindfleisch und 40 Mrd. ECU auf Milcherzeugnisse. Unter den strukturpolit. Maßnahmen steht die Förderung von Regionen mit Entwicklungsrückstand (dazu gehören seit 1. 1. 1994 die neuen Bundesländer) an erster Stelle. Weiterhin wird die Anpassung der Agrarstruktur durch die Förderung von Investitionen in Einzelbetrieben, Maßnahmen zugunsten benachteiligter Gebiete und Maßnahmen zur Verbesserung der Vermarktungsstruktur sowie die Entwicklung ländl. Regionen gefördert.

europäischer Betriebsrat, →Betriebsrat.

Europäischer Binnenmarkt, zum 1. 1. 1993 in Kraft getretene Vereinbarung auf dem Weg zur wirtschaftl. Integration innerhalb der →Europäischen Gemeinschaften (EG) mit dem Ziel der Schaffung einer →Europäischen Wirtschafts- und Währungsunion. Danach sind die EG ein Raum ohne Binnengrenzen, in dem der freie Verkehr von Waren, Personen, Dienstleistungen und Kapital (›Vier Freiheiten‹) gewährleistet ist. Die Bestimmungen sollen u. a. sicherstellen, dass 1) beim Warenaustausch grundsätzlich keine Grenzkontrollen mehr stattfinden, techn. Normen, das öffentl. Auftragswesen sowie Verbrauch- und Umsatzsteuern harmonisiert werden, dass 2) ein freier Geld-, Kapital- und Zahlungsverkehr gewährleistet ist und dass 3) der Dienstleistungsbereich liberalisiert wird, was bes. die Öffnung der Märkte für nat. Banken und Versicherungen oder Verkehrs- und Telekommunikationsdienstleistungen bedeutet. Schließlich entfallen 4) zugunsten der Freizügigkeit der Personen die Grenzkontrollen; außerdem dürfen Staatsangehörige von EG-Staaten in anderen EG-Staaten freien Aufenthalt und freie Niederlassung wählen, sie haben die freie Wahl des Arbeitsplatzes und können die wechselseitige Anerkennung ihrer Berufsabschlüsse verlangen. Ein detailliertes Programm zum Abbau der materiellen, techn. und steuerl. Schranken innerhalb der EG (282 Maßnahmen) war bereits 1985 mit dem Weißbuch der Europ. Kommission vorgelegt worden. Von den dort vorgesehenen Richtlinien wurde der größte Teil bis zum In-Kraft-Treten des E. B. vom Rat verabschiedet.

Die Umsetzung der EG-Richtlinien in nat. Recht ist jedoch auch drei Jahre nach In-Kraft-Treten des E. B. noch nicht völlig abgeschlossen; nach Angaben der Kommission waren Mitte 1995 über 90% in den Mitgl.-Ländern tatsächlich umgesetzt, allerdings mit deutl. Schwankungen zw. den einzelnen Wirtschaftsbereichen und Ländern. Die meisten EG-Richtlinien haben bisher Dänemark und Luxemburg umgesetzt (96,5% bzw. 95%); Dtl. steht dagegen mit 85,4% vor Griechenland (80,4%) an vorletzter Stelle. Der E. B. gilt uneingeschränkt auch für die seit dem 1. 1. 1995 neu hinzugekommenen Mitgl.-Länder Finnland, Österreich und Schweden, die die Bestimmungen des E. B. bereits seit 1994 im Rahmen des Europ. Wirtschaftsraums angewendet hatten. Während das Binnenmarktprogramm beim Abbau der techn. Schranken weitgehend realisiert werden konnte und bei den Steuern akzeptable Übergangsregelungen gefunden wurden, ist die Frage der Personenkontrollen noch nicht vollständig geklärt (→Schengener Abkommen).

Wege zum EG-Binnenmarkt 1992, Beitr. v. M. BRINDL-MAYER u. a. (³1991); Schritte zum E. B., hg. v. E. DICHTL (²1992); Die Vollendung des Binnenmarktes, hg. von der Kommission der Europ. Gemeinschaften, 6 Bde. (Luxemburg 1992).

Europäische Rechnungseinheit, Abk. **ERE,** →Rechnungseinheit.

Europäische Rektorenkonferenz, Abk. **CRE** (für frz. Conférence permanente des recteurs, des présidents et vice-chanceliers des Universités européennes), 1964 gegründeter Zusammenschluss der Rektoren, Präsidenten und Vicechancellors (Großbritannien) europ. Univ. und wiss. Hochschulen, Sitz: Genf. Mitgl. sind (1994) 385 Hochschuleinrichtungen in über 30 europ. Ländern. Ziel ist es, die Kooperation unter europ. Univ. zu fördern und deren Standpunkt gegenüber anderen Organen zu vertreten.

Europäischer Entwicklungsfonds [-fõ], Abk. **EEF,** 1959 gegründeter Fonds zur Finanzierung von Projekten in den Entwicklungsländern (z. B. in den Bereichen Industrie, Landwirtschaft, Fremdenverkehr, Bildung, Gesundheitswesen, Kultur). Die jeweils für fünf Jahre laufenden EEF sind nicht Bestandteil des EG-Haushalts, sondern werden aus Beiträgen der Mitgl.-Staaten finanziert.

Urspr. zur Unterstützung der abhängigen Länder und Gebiete der EWG-Staaten geschaffen, um auch diejenigen Staaten, die keine besonderen Beziehungen zu diesen Regionen unterhielten, verstärkt zur Entwicklungshilfe heranzuziehen. Nachdem die meisten abhängigen Länder und Gebiete unabhängig geworden waren, schlossen sie mit der EWG Assoziierungsabkommen (Jaunde-Abkommen 1963 und 1971 mit den Assoziierten Afrikanischen Staaten und Madagaskar). Der EEF stellt heute die Mittel für die in den →Lomé-Abkommen vereinbarten multilateralen Zusagen der EG an die AKP-Staaten sowie Finanzierungshilfen für Entwicklungsprojekte und -programme (in Zusammenarbeit mit der Europ. Investitionsbank) zur Verfügung. Der 7. EEF (1991–95) war mit 10,8 Mrd. ECU (rd. 22,1 Mrd. DM) ausgestattet; der 8. EEF (1996–2000) hat ein Volumen von 13,3 Mrd. ECU (24,8 Mrd. DM), davon trägt Dtl. 3 Mrd. ECU (22,6% des Gesamtbetrages). Über die Vergabe der Mittel – zum größten Teil als nichtrückzahlbare Zuschüsse zur Verfügung gestellt – entscheiden die Europ. Kommission und die Europ. Investitionsbank.

Europäischer Fonds für währungspolitische Zusammenarbeit [-fõ-], Abk. **EFWZ,** am 6. 4. 1973 von den EWG-Staaten gegründeter und mit Wirkung vom 1. 1. 1994 aufgelöster Fonds. Er diente urspr. der Verwaltung des 1972 in Kraft gesetzten →Europäischen Wechselkursverbundes. Der Geschäftskreis erweiterte sich mit der Einführung des →Europäischen

Währungssystems u. a. auf Buchung und Abrechnung der im Wechselkursverbund entstandenen Verbindlichkeiten und Forderungen sowie die Durchführung von Swapgeschäften mit EG-Zentralbanken. Daneben verwaltete der EFWZ die aus dem Erlös der von der EWG aufgenommenen Anleihen gewährten Darlehen an EG-Staaten. Der EFWZ wurde von einem Verwaltungsrat geleitet (Mitgl. waren die Zentralbank-Präs. der EG-Staaten). Die Geschäfte des EFWZ wurden seit dem 1. 6. 1973 von der →Bank für Internationalen Zahlungsausgleich (BIZ) ausgeübt.

Mit der Auflösung des Fonds wurden seine Aufgaben gemäß Art. 109 f des Maastrichter Vertrages dem →Europäischen Währungsinstitut (EWI) übertragen, auf das auch alle Aktiva und Passiva übergingen. Die Agententätigkeit für das EWI übernahm allerdings für eine Übergangszeit weiterhin die BIZ.

Europäischer Funkrufdienst, →Eurosignal.
Europäischer Gerichtshof, →Europäische Gemeinschaften.
Europäischer Gerichtshof für Menschenrechte, →Europäische Menschenrechtskonvention.
Europäischer Gewerkschaftsbund, Abk. **EGB,** Spitzenorganisation von 57 nat. Arbeitnehmerorganisationen aus 28 europ. Staaten mit mehr als (1996) 53 Mio. Mitgl.; Ende 1995 erstmals von Gewerkschaften aus sechs Ländern Mittel- und Osteuropas aufgenommen, weitere Verbände besitzen Beobachterstatus. Der EGB wurde am 8. 2. 1973 als Nachfolger des Europ. Bundes Freier Gewerkschaften (EBFG) gegründet, Sitz: Brüssel.

Seine Organe sind der mindestens alle vier Jahre einberufene Kongress, der Exekutivausschuss (mindestens ein Vertreter je Mitgl.-Organisation), das Präsidium und das Sekretariat. Dem EGB gehören als Branchenorganisationen 15 europ. Gewerkschaftsverbände (Gewerkschaftsausschüsse) an; organisatorisch und finanziell autonom, sind sie in den Entscheidungsgremien des EGB mit Sitz und Stimme (eingeschränkt) vertreten. Der EGB gilt als richtungsübergreifende Organisation, der nat. Gewerkschaftsbünde angehören, die internat. dem Internat. Bund Freier Gewerkschaften (IBFG) oder dem Weltverband der Arbeitnehmer (WVA) angeschlossen sind. Distanz wurde zum kommunist. Weltgewerkschaftsbund (WGB) und seinen westeurop. Mitgl.-Verbänden gewahrt, aber bereits 1973 eine richtungspolit. Öffnung gegenüber undogmat. kommunist. Gewerkschaften mit der Aufnahme der ital. Confederazione Generale Italiana del Lavoro (CGIL) demonstriert. Ziel des EGB ist die Vertretung und Förderung der sozialen, wirtschaftl. und kulturellen Interessen der Arbeitnehmer auf der Ebene Europas i. A., bei allen europ. Institutionen im Besonderen sowie die ›Erhaltung und Verstärkung der Demokratie in Europa‹.

Europäischer Investitionsfonds [-fɔ̃], Abk. **EIF,** 1994 gebildeter Fonds zur Förderung infrastruktureller Großprojekte (→Transeuropäische Netze) sowie von Investitionen kleiner und mittlerer Unternehmen, bes. in wirtschaftlich schwächeren Regionen der EU; Sitz: Luxemburg. Der EIF besitzt eine eigene Rechtspersönlichkeit und eine eigene Kapitalausstattung (Anfangskapital: 2 Mrd. ECU); die Fondsmittel werden von der Europ. Investitionsbank (EIB; 40 %), von der Europ. Kommission (30 %) sowie von öffentl. und privaten Banken (30 %) der EU-Staaten aufgebracht. Die Abwicklung der laufenden Geschäfte wird von der EIB im Rahmen einer Kooperationsvereinbarung wahrgenommen.

Europäischer Rat, seit 1975 institutionalisierte Tagungen der Staats- und Reg.-Chefs der Mitgl.-Staaten der →Europäischen Gemeinschaften; er löste auf Beschluss der Staats- und Reg.-Chefs vom 9./10. 12. 1974 in Paris die Gipfelkonferenzen ab. Der E. R. er-

hielt 1986 durch die Einheitl. Europ. Akte erstmals eine vertragl. Grundlage; im Vertrag von Maastricht wurde er offiziell als Institution der EU verankert. Danach treten im Rahmen des E. R. die Staats- und Reg.-Chefs sowie der Präs. der Europ. Kommission mindestens zweimal jährlich zusammen, um die allgemeinen polit. Zielvorstellungen für die Entwicklung der EU festzulegen. Sie werden dabei von den Außen-Min. der Mitgl.-Staaten sowie einem Mitgl. der Kommission unterstützt. Den Vorsitz im E. R. übernimmt jeweils der Staats- bzw. Reg.-Chef des Mitgl.-Staates, der im Rat den Vorsitz innehat.

Europäischer Rechnungshof, Kontrollorgan der →Europäischen Gemeinschaften.
Europäischer Regionalfonds [-fɔ̃], **Europäischer Fonds für regionale Entwicklung,** Abk. **EFRE,** 1975 gegründeter Fonds der EG, der als Förderinstrument zum Abbau wirtschaftl., sozialer und regionaler Ungleichgewichte innerhalb der Mitgl.-Staaten dient. Im Rahmen der →Europäischen Strukturfonds, die 1988 und 1993 durch Strukturfonds-VO reformiert wurden, beteiligt sich der EFRE v. a. an produktiven Investitionen zur Schaffung und Erhaltung von Arbeitsplätzen sowie zur strukturellen Anpassung der Regionen mit Entwicklungsrückstand (zu den Förderregionen zählen auch die neuen Bundesländer), an Infrastrukturinvestitionen in Regionen mit rückläufiger industrieller Entwicklung sowie in ländl. Gebieten, an Investitionen in den Bereichen Gesundheits- und Bildungswesen, Forschung und Entwicklung sowie Umweltschutz, sofern diese zur regionalen Entwicklung beitragen. Seit 1988 wurde der EFRE kontinuierlich aufgestockt, was v. a. auf die Süderweiterung und die damit verbundene Zunahme regionaler Unterschiede innerhalb der Gemeinschaft zurückzuführen ist. So flossen im Haushaltsjahr 1995 rd. 10,6 Mrd. ECU (1994: 9,03 Mrd. ECU) in den EFRE. Die Verwaltung des Fonds obliegt der EG-Kommission.
Europäischer Sozialfonds [-fɔ̃], Abk. **ESF,** 1960 aufgrund des EWG-Vertrages geschaffener Fonds zur Finanzierung der Gemeinschaftsaufgaben im Rahmen der Sozialpolitik. Ursprüngl. Ziel des ESF war es, die Beschäftigungsmöglichkeiten für Arbeitnehmer innerhalb der EG zu verbessern sowie ihre berufl. und räuml. Mobilität durch Berufsausbildung und Umschulung zu fördern. Da der Fonds wegen zu geringer Mittelausstattung und erhebl. Verfahrensmängel bei der Programmumsetzung diese Aufgaben nicht erfüllen konnte, erfolgten 1971 und 1977 umfassende Reformen, in deren Folge die Mittel aufgestockt und auf Schwerpunktregionen und -wirtschaftszweige konzentriert wurden. Im Zuge der Vollendung des Europ. Binnenmarktes wurde der Fonds verstärkt in strukturpolit. Aufgabenstellungen eingebunden. Seit 1993 dient der ESF im Rahmen der →Europäischen Strukturfonds als Instrument der gemeinschaftl. Arbeitsmarktpolitik (Entwicklung der Humanressourcen). Der Mitteleinsatz ist im Ggs. zu den übrigen Strukturfonds nicht auf bestimmte Regionen oder Länder der EU beschränkt, sondern konzentriert sich v. a. auf die Bekämpfung von Langzeit- und Jugendarbeitslosigkeit, die Eingliederung der vom Arbeitsmarkt ausgeschlossenen Personen sowie die Anpassung der Arbeitnehmer an den Strukturwandel. – Für 1994–99 werden rd. 40 Mrd. ECU bereitgestellt (1989–1993: 20 Mrd. ECU), von denen rd. 80 % zur Bekämpfung von Arbeitslosigkeit eingesetzt werden.
Europäische Rundfunk-Union, engl. **European Broadcasting Union** [jʊərəˈpiːən ˈbrɔːdkɑːstɪŋ ˈjuːnjən], Abk. **EBU,** frz. **Union Européenne de Radio-Télévision** [ynˈjɔ̃ ørɔpeˈɛn də radjoteleviˈzjɔ̃], Abk. **UER,** Zusammenschluss vorwiegend europ. Rundfunkanstalten zur Verhandlung grenzüberschreitender Fragen des Rechts, der Technik und des Pro-

gramms in Hörfunk und Fernsehen; gegr. 1950 (als Nachfolgerin der 1925 gegründeten Internat. Rundfunkunion), Sitz: Genf. Die EBU veranstaltet Programmaustausch, v. a. im Rahmen der →Eurovision; sie hat rd. 110 Mitgl. (z. T. nicht aktiv) aus 80 (auch außereurop.) Staaten. – Organ: ›Diffusion‹.

Europäischer Währungsfonds [-fɔ̃], →Europäisches Währungssystem.

Europäischer Wechselkursverbund, Europäische Währungsschlange, am 21. 3. 1972 vom Europ. Rat beschlossener und am 24. 4. 1972 durch ein Abkommen der Zentralbanken in Kraft getretener Verbund der Währungen einiger EG-Staaten. Dadurch wurde zw. den nat. Währungen ein System fester Wechselkurse mit bestimmten Bandbreiten geschaffen, die gegenüber anderen Währungen (v. a. dem US-Dollar) gemeinsam schwankten. Im Abkommen über den E. W. verpflichteten sich die Zentralbanken der EG-Staaten, mithilfe von Interventionen am Devisenmarkt die EG-Währungen um nicht mehr als 2,25 % von ihren bilateralen Wechselkursen abweichen zu lassen. Der E. W. stellte sich zeichnerisch als ein den Körperbewegungen einer Schlange ähnelndes Kursband dar, dessen obere Grenze durch die Währung des Teilnehmers mit der jeweils schwächsten Notierung gegenüber dem US-Dollar markiert wurde. Bis zum Übergang zu flexiblen Wechselkursen gegenüber dem US-Dollar im März 1973 bewegten sich die EG-Währungen innerhalb der beschlossenen Bandbreite (›Schlange im Tunnel‹), danach schwankten die Währungen im E. W. gemeinsam gegenüber dem US-Dollar (Blockfloating, →Floating). Zum Kern des E. W. zählten urspr. alle EG-Staaten, für kurze Zeit auch Großbritannien und Irland; Italien trat im Februar 1973, Frankreich im Januar 1974 vorübergehend und im Juni 1976 endgültig aus. Der E. W. wurde 1979 durch das →Europäische Währungssystem abgelöst.

Europäischer Wirtschaftsraum, Abk. **EWR,** die zw. den Mitgl.-Staaten von EU und EFTA vertraglich vereinbarte Integration der beiden Zusammenschlüsse zur Schaffung eines großen europ. Binnenmarkts. Der EWR setzt sich zusammen aus (1995) 18 europ. Ländern, den 15 EU-Staaten und den drei EFTA-Staaten Norwegen, Island und Liechtenstein (seit 1. 5. 1995) mit einer Bev. von rd. 375 Mio. und einem Sozialprod. von rd. 7 400,7 Mrd. US-$. Damit ist der EWR der weltweit größte und am stärksten integrierte gemeinsame Markt: (1993) 6,8 % der Welt-Bev., 31,4 % des Weltsozialprodukts, 40,7 % Anteil am Welthandel (Exporte).

Das am 2. 5. 1992 in Porto unterzeichnete Abkommen trat erst am 1. 1. 1994 in Kraft, nachdem die Schweiz eine Teilnahme durch Referendum vom 6. 12. 1992 abgelehnt und damit umfangreiche Anpassungen am ursprüngl. Vertragswerk in Form eines Zusatzprotokolls erforderlich gemacht hatte.

Durch den Vertrag gelten auch für die EFTA-Mitgl. die ›Vier Freiheiten‹ des →Europäischen Binnenmarktes, darüber hinaus besteht eine enge Zusammenarbeit in den Bereichen Wiss., Bildung, Umwelt, Verbraucher- und Sozialpolitik. Ausnahmen bzw. Abweichungen vom Europ. Binnenmarkt gibt es in den Bereichen Landwirtschaft, Regionalpolitik und Außenhandelsbeziehungen. Auch fehlen im EWR-Abkommen Bestimmungen über eine polit. Integration, eine gemeinsame Außen- und Sicherheitspolitik sowie eine Zusammenarbeit in den Bereichen Justiz und Inneres, wie sie der EU-Vertrag vorsieht.

Organe: Der EWR-Rat, bestehend aus den Mitgl. des Rates der EU, den Mitgl. der Europ. Kommission und je einem Vertreter der Reg. der beteiligten EFTA-Staaten, gibt die polit. Impulse für die Realisierung des Abkommens. Der Gemeinsame (Gemischte)

EWR-Ausschuss, dem Repräsentanten beider Vertragsparteien angehören, ist das ausführende Organ. Der Gemischte Parlamentar. Ausschuss (33 Mitgl. des Europ. Parlaments und 33 Mitgl. der nat. Parlamente der beteiligten EFTA-Staaten) kann Stellungnahmen und Entschließungen erarbeiten.

Durch die Erweiterung der EU auf 15 Mitgl. wird der EWR wirtschaftlich stark von der EU dominiert. Um das Hauptziel des EWR-Abkommens (Herstellung gleicher Wettbewerbsbedingungen und Freizügigkeit) zu erreichen, gilt bis auf Ausnahmeregelungen das EG-Recht.

Europäisches Atomforum, →Forum Atomique Européen.

europäisches Gleichgewicht, Gleichgewicht der europäischen Mächte, seit dem 16. Jh. der polit. Grundsatz eines Gleichgewichts der Kräfte unter den europ. Mächten (→Europäisches Konzert). Danach sollte kein Staat so viel Macht erlangen dürfen, dass ihm nicht alle übrigen zus. das Gegengewicht halten könnten. Wurde bes. von England zur Abwehr der Vormachtstellung einer einzelnen Macht auf dem europ. Festland benutzt, so gegen LUDWIG XIV. und NAPOLEON I. Im Ergebnis des Ersten Weltkriegs, in dem sich die Mittelmächte und die Entente gegenüberstanden, wurde das e. G. stark erschüttert; nach dem Zweiten Weltkrieg bildete sich ein Gleichgewicht zw. den von den USA und der UdSSR geführten Machtblöcken heraus, die Europa politisch, militärisch und wirtschaftlich teilten. Mit Beendigung des Ost-West-Konflikts trat das Streben nach ›europäischer Integration bei schrittweiser Einbindung der mittel- und osteurop. Staaten in den Vordergrund.

Europäisches Hochschulinstitut, ital. **Istituto Universitario di Studi Europei,** 1972 von den Mitgl.-Staaten der EG gegründete, 1976 in Florenz (Sitz: Kloster San Domenico und Villa Schifanoia, Fiesole) eröffnete Hochschule (für Bewerber mit abgeschlossenem Studium) mit den Abteilungen Geschichts- und Kulturwiss., Wirtschafts-, Rechtswiss. sowie Politik und Sozialwiss.; die Bibliothek wurde (1982) durch das ›Europaarchiv‹ der EG ergänzt. Das E. H., an dem Professoren aus versch. EG-Ländern lehren, dient der Forschung im Sinne des Gedankens der europ. Einigung (zwei- bis dreijähriges Studium; Promotion; 1996 rd. 450 Studierende und 45 Vollzeitprofessoren).

Europäisches Institut für Telekommunikationsstandards, Abk. **ETSI** (für engl. European Telecommunication Standards Institut), 1988 in Sophia-Antipolis (bei Nizza) gegründetes Standardisierungs-Inst., dessen Hauptaufgabe darin besteht, einheitl. europ. Standards im Bereich der Telekommunikation zu erstellen. Im ETSI arbeiten Fernmeldeorganisationen, Netzbetreiber, Forschungseinrichtungen, Hersteller und Anwender der Telekommunikation zusammen. Sein Zuständigkeitsbereich umfasst die gesamte Telekommunikationstechnik und Teilbereiche der Informationstechnik, darüber hinaus den Sektor der Telekommunikations-Endeinrichtungen (einschließlich der dazugehörigen Netzschnittstellen), den Bereich der Telekommunikationsnetze sowie Funkdienste und -netze. Das ETSI zählt (1995) rd. 450 Mitgl., davon etwa 370 Voll-Mitgl. aus 30 europ. Staaten, rd. 15 assoziierte Mitgl. aus außereurop. Staaten und etwa 70 Mitgl. mit Beobachterstatus.

Europäisches Konzert [frz. concert ›Einklang‹], **Konzert der europäischen Mächte,** diplomat. Bez. für die Einheit und das Zusammenwirken der europ. Staatenwelt, bes. der Großmächte, seit dem 16./17. Jh. Im 18. Jh. waren es zunächst Österreich, Frankreich, Großbritannien, die Niederlande und Spanien, später anstelle der beiden Letzteren Preußen und Russland, die – meist nach dem Grundsatz des europ. Gleichgewichts – über Krieg und Frieden in Europa entschieden. Nach 1814/15 war es das Ziel dieser Großmächte (Frankreich zählte erst nach dem Aachener Kongress 1818 wieder zum E. K.), die Ordnung des Wiener Kongresses gegen die aufkommenden nat. und liberalen Bestrebungen zu verteidigen. Im Pariser Frieden vom 30. 3. 1856 (Ende des Krimkriegs) wurde der Begriff zum letzten Mal offiziell gebraucht (Aufnahme der Türkei in das E. K.).

Europäisches Markenamt, im Zuge der Schaffung einer europ. →Gemeinschaftsmarke errichtete zentrale Behörde für die Europ. Gemeinschaften (EG), die für die Anmeldung und Registrierung einer europ. Gemeinschaftsmarke zuständig ist. Das E. M., offizielle Bez. ›Harmonisierungsamt für den Binnenmarkt (Marken, Muster und Modelle)‹, befindet sich in Alicante und hat am 1. 1. 1996 seine Arbeit aufgenommen. (→Europäisches Markenrecht)

Europäisches Markenrecht, Rechtsgebiet, dessen Grundlage die am 21. 12. 1988 vom Rat der Europ. Gemeinschaften (EG) verabschiedete Markenrichtlinie ist, die zum Ziel hat, das nat. Markenrecht der Mitgl.-Staaten der EG zu harmonisieren, um Behinderungen des freien Waren- und Dienstleistungsverkehrs innerhalb der EG durch unterschiedl. Markenrecht zu begegnen. Zwischenzeitlich wurden die nat. Markengesetze den Bestimmungen der Richtlinie angepasst, so auch in Dtl. durch das seit 1995 gültige Marken-Ges. (→Marke), das das frühere Warenzeichen-Ges. ersetzt hat. Im März 1994 ist die VO der EU über die →Gemeinschaftsmarke in Kraft getreten, durch die für die Mitgl.-Staaten eine einheitl. Marke für Waren und Dienstleistungen geschaffen wurde, die zentral beim Europ. Markenamt angemeldet sowie registriert und verwaltet wird. Hierdurch wurde ein Markensystem geschaffen, das es ermöglicht, in einem einzigen Verfahren eine Gemeinschaftsmarke zu erwerben, die einen einheitl. Schutz genießt und im gesamten Gebiet der EG wirksam ist. Daneben bleibt die Möglichkeit einer nat. Registrierung erhalten.

Europäisches Mittelmeer, das →Mittelmeer.

Europäisches Nordmeer, Teil des nördl. Atlantischen Ozeans, zw. Grönland in W und Norwegen im O, im S durch die Linie Grönland–Nordisland–Färöer–Schottland–Norwegen entlang der Grönland-Island-Schwelle und dem Island-Färöer-Rücken begrenzt, im N durch eine Linie vom Nordkap über die Bäreninsel nach Spitzbergen und weiter nach NO-Grönland. Eine Schwelle von Spitzbergen über Jan Mayen nach Island teilt das E. N. in **Grönlandsee** und **Norwegensee.** Das E. N. ist 2,75 Mio. km² groß; größte Tiefe ist die Molloytiefe mit 5 570 m u. M.

Der Nordatlant. Strom bringt in das E. N. relativ warmes Wasser, das sich als Norweg. Strom und Westspitzbergenstrom an der O-Seite des E. N.s ausbreitet und die norweg. Küste das ganze Jahr hindurch eisfrei hält. Demgegenüber bringt der Ostgrönlandstrom sehr kaltes Wasser an die W-Seite des Meeres. Im zentralen E. N. (nördlich von Jan Mayen) entsteht im Winter durch Abkühlung das spezifisch schwerste Wasser (Temperatur: −0,8 bis −1,4 °C, Salzgehalt 34,92 ‰) des gesamten Weltmeeres.

Europäisches Operationszentrum für Weltraumforschung, →ESA.

Europäische Sozialcharta [-k-], im Rahmen des Europarates geschlossener völkerrechtl. Vertrag über soziale Rechte; am 18. 10. 1961 unterzeichnet; für die Bundesrepublik Deutschland (nach Ratifizierung am 19. 9. 1964) am 26. 2. 1965 in Kraft getreten. Im Übrigen gilt die E. S. (z. T. mit Vorbehalten) für Belgien, Dänemark, Finnland, Frankreich, Griechenland, Großbritannien, Irland, Island, Italien, Luxemburg, Malta, die Niederlande, Norwegen, Österreich, Portugal, Schweden, Spanien, die Türkei und Zypern. Die E. S. ergänzt die Europ. Menschenrechtskonvention. Von den in der E. S. genannten 19 sozialen Rechten sind sieben ›Kernrechte‹ (von denen jeder Mitgl.-Staat mindestens fünf als für sich bindend anzusehen hat): das Recht auf Arbeit, das Vereinigungsrecht, das Recht auf Kollektivverhandlungen, das Recht auf soziale Sicherheit, das Recht auf Fürsorge, das Recht der Familie auf sozialen, gesetzl. und wirtschaftl. Schutz, das Recht der Wanderarbeitnehmer und ihrer Familien auf Schutz und Beistand. Die Vertragspartner der E. S. müssen außer den Kernrechten weitere Artikel bzw. Absätze als für sich bindend auswählen, sodass die Gesamtzahl der sie bindenden sozialen Rechte mindestens 10 Artikel bzw. 45 nummerierte Absätze beträgt. Die Einhaltung wird von einem Sachverständigenausschuss des Europarates kontrolliert.

Europäisches Parlament, →Europäische Gemeinschaften.

Europäisches Patentamt, Abk. **EPA,** als Organ der Europ. Patentorganisation errichtete Behörde zur Erteilung europ. Patente nach dem Europ. Patentübereinkommen (→Europäisches Patentrecht). Das EPA wurde am 1. 11. 1977 eröffnet und nimmt seit 1. 6. 1978 europ. Patentanmeldungen entgegen; Sitz ist München (Zweigstelle in Den Haag mit weiteren Dienststellen in Berlin und Wien). Das EPA wird von einem Präs. geleitet. Es ist in fünf Generaldirektionen gegliedert, denen jeweils ein Vize-Präs. vorsteht. Amtssprachen sind Deutsch, Englisch und Französisch. Entscheidungen des EPA unterliegen der Beschwerde, über die eine Beschwerdekammer befindet. Entscheidungen des EPA als supranat. Behörde haben unmittelbare Rechtswirkungen in den Vertragsstaaten, für die das europ. Patent angemeldet wurde. Das EPA ist auch zuständige Behörde für die Entgegennahme internat. Anmeldungen sowie die Recherche und vorläufige Prüfung im Rahmen des →Patentzusammenarbeitsvertrags. Die Bedeutung des EPA zeigt sich darin, dass 1995 über 78 000 europ. und internat. Anmeldungen eingereicht wurden; davon stammen etwa 52 % aus dem außereurop. Raum.

Europäisches Patentrecht, im Zuge der zunehmenden europ. Wirtschaftsverflechtung, bes. nach Gründung der EWG, geschaffenes übernat. Patentrechtssystem zur Erteilung und Verwaltung europ. Patente. Rechtsgrundlagen des E. P. sind im Wesentlichen das Europ. Patentübereinkommen (EPÜ) von 1973 und die Vereinbarung über Gemeinschaftspatente (VGP) von 1989. Das europ. Patent wird aufgrund einer einzigen europ. Patentanmeldung beim →Europäischen Patentamt erteilt. Dadurch wird der Mehraufwand von mehreren parallelen Patenterteilungsverfahren in den einzelnen Vertragsstaaten entbehrlich, wenn um Patentschutz in mehreren Staaten nachgesucht wird. Das E. P. lässt die nat. Patentrechtsordnungen unberührt. Die Vertragsstaaten des EPÜ haben jedoch ihr nat. Patentrecht dem E. P. weitgehend angeglichen.

Das für sieben Unterzeichnerstaaten nach Beendigung der nat. Ratifizierungsverfahren am 7. 10. 1977 in Kraft getretene EPÜ ist nach Beitritt weiterer Staaten inzwischen in folgenden europ. Ländern wirksam: Belgien, Dänemark, Dtl., Finnland, Frankreich, Griechenland, Großbritannien und Nordirland, Irland, Italien, Liechtenstein, Luxemburg, Monaco, Niederlande, Österreich, Portugal, Schweden, Schweiz, Spanien. Durch das EPÜ wurde ein den Vertragsstaaten gemeinsames Recht für die Erteilung von Erfindungspatenten geschaffen. Die nach diesem Übereinkommen erteilten Patente werden als europ. Patente bezeichnet. Die Aufgabe der Patenterteilung übt das Europ. Patentamt als Exekutivorgan aus.

Das EPÜ regelt das Erteilungsverfahren von der Anmeldung eines europ. Patents über Recherche und

Europäische Südsternwarte: Der Observatoriumskomplex auf dem Berg La Silla mit dem großen Kuppelgebäude des 3,6-m-Spiegelteleskops (hinten) und dem Gebäude des NTT schräg davor

Prüfung bis zur Erteilung oder Zurückweisung sowie einem eventuell sich anschließenden Einspruchs- und Beschwerdeverfahren. In der Anmeldung, die in einer der drei Amtssprachen (Deutsch, Englisch, Französisch) einzureichen ist, bestimmt der Anmelder die Vertragsstaaten, in denen das europ. Patent gelten soll. Dieses hat in den benannten Staaten die Wirkung eines erteilten nat. Patents. Wegen der weitgehenden Harmonisierung des nat. Rechts der Vertragsstaaten sind die Rechtswirkungen des europ. Patents in den einzelnen Staaten dennoch im Wesentlichen gleich. Europ. Patente können auf Antrag auf Staaten erstreckt werden, die nicht dem EPÜ angehören, soweit entsprechende Erstreckungsabkommen geschlossen wurden; bisher gilt das für Lettland, Litauen, Slowenien und Albanien.

Die Vereinbarung über Gemeinschaftspatente (VGP) bezieht sich im Interesse der weiteren wirtschaftl. Integration ausschließlich auf die Mitgl.-Staaten der Europ. Gemeinschaften. Sie geht über das EPÜ hinaus, indem sie ein für die Europ. Gemeinschaften einheitl. und autonomes Gemeinschaftspatent schafft, das nur mit Wirkung für alle Vertragsstaaten erteilt werden kann. Das angestrebte Gemeinschaftspatentübereinkommen ist noch nicht in Kraft getreten, da es hierzu der Ratifikation der 12 Mitgl.-Staaten der Europ. Gemeinschaften bedarf, die die VGP unterzeichnet haben.

Europ. Patentübereinkommen – Münchener Gemeinschaftskomm., hg. v. F.-K. BEIER u.a., auf zahlr. Bde. ber. (1984ff.); A. PREU u.a.: Europ. u. internat. Patentrecht (³1995).

Europäisches System der Zentralbanken, Abk. **ESZB,** →Europäische Wirtschafts- und Währungsunion, →Europäische Zentralbank.

Europäische Stiftung, 1982 errichtete Institution mit Sitz in Paris. Aufgabe der E. S. ist es, zur besseren Verständigung zw. den Völkern der EG beizutragen sowie die Kenntnis des kulturellen Erbes Europas und den Gedanken der europ. Integration zu fördern.

Europäische Strukturfonds [-fɔ̃], Oberbegriff für versch. Programme zur Abschwächung des wirtschaftl. und sozialen Gefälles zw. hoch entwickelten und benachteiligten Regionen bzw. zw. den Lebensbedingungen unterschiedl. Bevölkerungsgruppen innerhalb der EU. Zu den E. S. zählen der →Europäische Regionalfonds (EFRE), der →Europäische Sozial-

fonds (ESF), der →Europäische Ausrichtungs- und Garantiefonds für die Landwirtschaft, Abteilung Ausrichtung, und seit 1993 das Finanzinstrument für die Ausrichtung der Fischerei (FIAF). Eins der wichtigsten Prinzipien der Strukturfondspolitik ist die Partnerschaft, d. h., die Maßnahmen der Union sind nur als Beitrag bzw. als Ergänzung zu strukturpolit. Aktivitäten auf regionaler und nat. Ebene gedacht und setzen eine enge Zusammenarbeit zw. der Europ. Kommission und dem betreffenden Mitgl.-Land voraus.

Die E. S. wurden 1988 und 1993 umfassend reformiert und ihre Mittel beträchtlich erhöht: von 58,4 Mrd. ECU (1985–88) über 64 Mrd. ECU (1989–93; Preisstand 1989) auf 149,76 Mrd. ECU für den Zeitraum 1994–99 (Preisstand 1994). Durch die Erweiterung der EU auf 15 Mitgl.-Staaten zum 1. 1. 1995 wurden die Fondsmittel für 1995–99 um rd. 4,7 Mrd. ECU aufgestockt. Darüber hinaus beschloss der Rat der EU 1993 die Errichtung eines →Kohäsionsfonds, der den am wenigsten entwickelten Mitgl.-Staaten den Übergang zur Wirtschafts- und Währungsunion erleichtern und es ihnen ermöglichen soll, ihre Infrastruktur auszubauen und den Umweltschutz zu verbessern. Die Mittel dieses Fonds sollen von 1,5 Mrd. ECU (1993) auf 2,6 Mrd. ECU (1999) aufgestockt werden.

europäische Studienzentren, Bildungsstätten mit der Aufgabenstellung, im Sinne der europ. Einigung polit. und kulturelle Bildungsarbeit zu leisten und internat. Kontakte zu pflegen. Zu ihnen zählen u. a. die Europ. Akademien, Europa-Häuser, Europa-Zentren sowie das Europa-Institut der Univ. des Saarlandes.

Europäische Südsternwarte, engl. **European Southern Observatory** [jʊərəˈpiːən ˈsʌðən əbˈzəːvətrɪ], **ESO** [iːesˈəʊ], **La-Silla-Observatorium,** 1962 gegründete europ. Organisation (Belgien, Dänemark, Dtl., Frankreich, Italien, Niederlande, Portugal, Schweden, Schweiz), die in 2400 m ü. M. auf dem Berg La Silla in den Anden N-Chiles (70° 42′ w. L., 29° 16′ s. Br.) eine astronom. Großforschungsanlage gleichen Namens betreibt; Hauptsitz: Garching b. München. Ziel der ESO ist es, den europ. Astronomen die Untersuchung der südl. Hemisphäre mit leistungsfähigen Instrumenten der dauernden Beobachtung zugänglich zu machen. Das Observatorium liegt in einer Region, in der mit über 300 wolkenlosen Nächten pro Jahr und großer Lufttransparenz hervorragende Beobachtungsbedingungen herrschen; das Gelände umfasst etwa 800 km². Seit 1968 wurden dort bislang 15 Teleskope in Betrieb genommen, darunter ein schwed. Radioteleskop mit einem 15-m-Spiegel, das seit 1987 im Submillimeter-Wellenlängenbereich arbeitet. Die übrigen Teleskope sind opt. Spiegelteleskope, von denen neun einen Spiegeldurchmesser von über 1 m haben. Für zwei der Geräte wird Fernbeobachtungsbetrieb (Telemetrie) von Garching aus über Satellit angeboten, darunter für das auf der Basis der →aktiven Optik arbeitende NTT (→New Technology Telescope); diese Technik soll auch bei dem im Bau befindl. weltweit größten Teleskop, dem VLT (→Very Large Telescope), zum Einsatz kommen. Das größte Spiegelteleskop der ESO (in klass. Bauweise) hat einen 3,6-m-Spiegel (→Spiegelteleskop, BILD). Es ist durch einen 11 m langen Lichttunnel mit einem 1,4-m-Zusatzteleskop verbunden. Mit dem 1972 in Betrieb genommenen Schmidt-Spiegel (1 m freie Öffnung) wurde eine Durchmusterung des gesamten Südhimmels im blauen und roten Licht durchgeführt (→Sternkarten).

Europäisches Währungsabkommen, Abk. **EWA,** Abkommen zw. den Mitgl.-Staaten der OEEC (seit 1961 OECD), das am 27. 12. 1958 die →Europäische Zahlungsunion ablöste und bis zum 31. 12. 1972 in Kraft war. Neben Bestimmungen über ein multilaterales System des Zahlungsausgleichs (Clearing) und der gegenseitigen Wechselkursgarantie enthält das EWA einen Fonds zur Bereitstellung kurzfristiger Kredite bei vorübergehenden Zahlungsbilanzschwierigkeiten von Mitgl.-Ländern. Das EWA wurde 1973 durch ein (ähnl. Ziele verfolgendes) Währungsgarantieabkommen der →Organisation für wirtschaftliche Zusammenarbeit und Entwicklung abgelöst.

Europäisches Währungsinstitut, Abk. **EWI,** engl. **European Monetary Institute** [jʊərə'piːən 'mʌnɪtərɪ 'ɪnstɪtjuːt], Abk. **EMI** [iːem'aɪ], eine gemäß Art. 109 f des Vertrags über die EU im Rahmen der Verwirklichung der Europ. Wirtschafts- und Währungsunion gebildete Institution mit eigener Rechtspersönlichkeit; Vorstufe der →Europäischen Zentralbank. Das EWI hat die Aufgabe, die Zusammenarbeit zw. den nat. Zentralbanken der EU-Staaten zu verstärken und die nat. Geldpolitiken mit dem Ziel zu koordinieren, in Europa die wirtschaftl. Konvergenz zu verbessern und die Preisniveaustabilität sicherzustellen, wobei die Zuständigkeit und die Verantwortlichkeit für die Geld- und Währungspolitik bis zum Übergang in die Endstufe der Wirtschafts- und Währungsunion bei den jeweiligen nat. Währungsbehörden verbleibt. Darüber hinaus obliegt dem EWI die Aufgabe, alle Vorarbeiten zu leisten, die für die Errichtung eines Europ. Systems der Zentralbanken (ESZB), die Durchführung einer einheitl. Geldpolitik sowie für die Schaffung einer gemeinsamen Währung erforderlich sind.

Das EWI hat den Ausschuss der EG-Zentralbankpräsidenten (Gouv.-Ausschuss) ersetzt und die Aufgaben des Europ. Fonds für währungspolit. Zusammenarbeit übernommen. Entscheidungsgremium des EWI ist der aus einem Präs. und den Präs. der Notenbanken bestehende Rat. An den Sitzungen des EWI-Rates können der Präs. des Rates der EU sowie ein Mitgl. der Europ. Kommission ohne Stimmrecht teilnehmen. Das EWI nahm am 1. 1. 1994 in Frankfurt am Main seine Tätigkeit auf. Die Eigenmittel des EWI (615,6 Mio. ECU) werden von den nat. Zentralbanken aufgebracht (Anteil der Dt. Bundesbank 1995: 22,55 %). Präs. ist der belg. Währungsfachmann ALEXANDRE LAMFALUSSY (*1929), der bisher die Bank für Internat. Zahlungsausgleich leitete.

Europäisches Währungssystem, Abk. **EWS,** engl. **European Monetary System** [jʊərə'piːən 'mʌnɪtərɪ 'sɪstəm], frz. **Système Monétaire Européen** [sistɛːm mɔnə'tɛr øropɛ'ɛ̃], Abk. **SME,** am 13. 3. 1979 durch Beschluss des Europ. Rates errichtetes System für eine engere währungspolit. Zusammenarbeit innerhalb der EG. Das EWS löste den →Europäischen Wechselkursverbund ab. Dem EWS gehören die Nationalbanken aller Mitgl.-Länder der EU an. Allerdings nehmen (Ende 1996) folgende Staaten nicht am Wechselkurs- bzw. Interventionsmechanismus teil: Griechenland (seit 13. 3. 1979), Großbritannien (seit 17. 9. 1992; Großbritannien verzichtete auch vom 13. 3. 1979 bis zum 7. 10. 1990 auf eine Teilnahme) sowie Schweden (seit Beitritt zur EU am 1. 1. 1995). Spanien trat dem Wechselkursmechanismus am 19. 6. 1989 bei, Portugal am 6. 4. 1992, Österreich am 9. 1. 1995, Finnland am 14. 10. 1996, Italien (nach einer Unterbrechung vom 17. 9. 1992 bis 24. 11. 1996) erneut am 25. 11. 1996.

Ziele und Komponenten: Das EWS soll dazu beitragen, eine größere wirtschaftl. Stabilität, bes. bezogen auf Preisniveau und Wechselkurse (v. a. gegenüber dem US-Dollar), den (›Stabilitätsgemeinschaft‹), den Waren-, Dienstleistungs- und Kapitalverkehr zu erleichtern sowie über eine gemeinsame Währungspolitik zu einer gemeinsamen Wirtschafts- und Finanzpolitik zu gelangen (Ausbau der EG zu einer Wirtschafts- und Währungsunion). Weltwirtschaftlich soll mit dem EWS ein dritter ›Währungsblock‹ neben US-Dollar und jap. Yen entstehen, um auch das internat. Währungs- und Wirtschaftssystem zu stabilisieren. Das EWS hat drei Komponenten:

European Currency Unit (ECU): Diese künstl. Währungseinheit ist Bezugsgröße für die Wechselkurse im EWS, Grundlage für den Abweichungsindikator, Recheneinheit für Forderungen und Verbindlichkeiten im EWS sowie Reservemedium der Zentralbanken der EG-Staaten.

Wechselkurs- und Interventionsmechanismus: Die Teilnehmerländer legen Leitkurse, ausgedrückt in ECU, fest (Leitkurs der Deutschen Mark seit 6. 3. 1995: 1 DM = 0,523541 ECU). Aus den Leitkursen der einzelnen Währungen lassen sich die bilateralen Leitkurse (›Kreuzparitäten‹, d. h. Wert einer Währung in Einheiten einer anderen Währung) ermitteln. Um die bilateralen Leitkurse werden Bandbreiten (obere und untere Interventionspunkte) festgelegt. Die normalen Bandbreiten betrugen bis Ende Juli 1993 ± 2,25 % (Ausnahmen zuletzt: Spanien, Portugal und Großbritannien ± 6 %). Mit Wirkung vom 2. 8. 1993 wurden die Bandbreiten auf ± 15 % ausgeweitet (mit Ausnahme des bilateralen Wechselkurses zw. DM und Holländ. Gulden).

Europäisches Währungssystem: ECU-Leitkurse der Teilnehmerländer
(Wert eines ECU in der jeweiligen nationalen Währungseinheit)

Währung	gültig ab 13. 3. 1979	gültig ab 25. 11. 1996	Änderungen in %
Belgischer bzw. Luxemburgischer Franc[1]	39,4582	39,7101	0,7
Dänische Krone	7,08594	7,34555	– 3,5
Deutsche Mark	2,51064	1,92573	+30,4
Französischer Franc	5,79831	6,45863	–10,2
Irisches Pfund	0,662638	0,798709	–17,0
Holländischer Gulden	2,72077	2,16979	+25,4
Italienische Lira[2]	1148,15	1906,48	–39,8
Österreichischer Schilling[3]	*	13,5485	
Portugiesischer Escudo[4]	*	197,398	
Spanische Peseta[5]	*	163,826	
Finnmark[6]	*	5,85424	
Griechische Drachme[7]	*	295,269	
Pfund Sterling[8]	0,663247	0,793103	–16,4

[1] Luxemburg bildet mit Belgien eine Währungsassoziation. – [2] Angegebener Leitkurs seit 25. 11. 1996. Zwischen 17. 9. 1992 und 24. 11. 1996 keine Teilnahme am Wechselkursmechanismus; in dieser Zeit bestanden fiktive Leitkurse. – [3] Österreich nimmt seit 9. 1. 1995 am Wechselkursmechanismus des EWS teil. – [4] Seit 21. 9. 1989 im Währungskorb; seit 6. 4. 1992 Teilnahme am Wechselkursmechanismus. – [5] Seit 19. 6. 1989 Teilnahme am Wechselkursmechanismus; seit 21. 9. 1989 im Währungskorb. – [6] Angegebener ECU-Leitkurs seit 14. 10. 1996, seitdem nimmt Finnland am Wechselkursmechanismus des EWS teil. – [7] Keine Teilnahme am Wechselkursmechanismus; seit 17. 9. 1988 im Währungskorb; fiktiver Leitkurs. – [8] Seit 8. 10. 1990 Teilnahme am Wechselkursmechanismus; seit 17. 9. 1992 Teilnahme vorläufig suspendiert. Vor 8. 10. 1990 und nach 17. 9. 1992 fiktive Leitkurse.

Durch Interventionen der Notenbanken an den Devisenmärkten, d. h. durch An- oder Verkauf von Devisen, müssen die Teilnehmerländer sicherstellen, dass die tatsächl. Wechselkurse die Interventionspunkte nicht über- oder unterschreiten. Zu einem bestimmten Zeitpunkt kann die schwächste EWS-Währung von der stärksten EWS-Währung um max. 15 % (seit August 1993, vorher im Normalfall um max. 2,25 %) abweichen. Jedoch beträgt die maximale Bandbreite im Zeitablauf 30 % (vorher 4,5 %), wenn die vorher stärkste Währung zur schwächsten und die vorher schwächste zur stärksten Währung wird. Notwendig werdende Interventionen sind zw. den Notenbanken abzustimmen und in Teilnehmerwährungen vorzunehmen. Zu diesem Zweck räumen sich die beteiligten Zentralbanken in unbegrenzter Höhe sehr kurzfristige Kreditlinien in Landeswährung ein. Hinzu kommen ein kurzfristiger Währungsbeistand (gegenseitiger

Kredit der EG-Zentralbanken, Kreditvolumen: 14 Mrd. ECU, Laufzeit: 3–9 Monate) und ein mittelfristiger Beistand (gegenseitiger Kredit der EG-Staaten, Kreditvolumen: 11 Mrd. ECU, Laufzeit: 2–5 Jahre), v. a. um die Finanzierung von Zahlungsbilanzdefiziten zu erleichtern. Bei fortdauernden Spannungen im EWS können die Leitkurse im gegenseitigen Einvernehmen geändert werden (Realignment). Das ist zw. 1979 und 1995 zwanzigmal geschehen.

Der Abweichungsindikator soll anzeigen, ob sich eine Währung deutlich anders entwickelt als die übrigen Währungen. Er gibt die Abweichung des ECU-Tageskurses vom ECU-Leitkurs der jeweiligen Währung in Prozent der max. zulässigen Abweichung an. Wird eine Abweichungsschwelle (75 % der maximalen Abweichung) überschritten, so werden geeignete Maßnahmen ergriffen, z. B. erfolgen Zinsänderungen oder Interventionen innerhalb der Bandbreite.

Europäischer Währungsfonds: In diesem urspr. geplanten, aber nie realisierten Fonds sollten die versch. Kreditmechanismen des EWS zusammengefasst, der Saldenausgleich innerhalb des EWS abgewickelt und ECU gegen Einzahlung von Währungsreserven oder in nat. Währung geschaffen werden. Tatsächlich wurden diese Aufgaben vom →Europäischen Fonds für währungspolitische Zusammenarbeit (EFWZ) wahrgenommen. Der EFWZ stellte gegen Hinterlegung von 20 % des jeweiligen Goldbestandes und 20 % der jeweiligen Dollarreserven der Zentralbanken für den Saldenausgleich eine Anfangsmenge an ECU bereit. Mit Wirkung vom 1. 1. 1994 wurde der EFWZ aufgelöst; seine Aufgaben werden vom →Europäischen Währungsinstitut weitergeführt.

Währungspolitische Einordnung: Das EWS beruht auf der Einsicht, dass stabile und damit kalkulierbare Wechselkurse für die außenwirtschaftl. Beziehungen förderlich sind. Im Vergleich zu den massiven Wechselkursbewegungen etwa des US-Dollar in den 80er-Jahren verlief die Wechselkursentwicklung im EWS weitaus ruhiger. Allerdings kam es auch innerhalb des EWS wiederholt zu Leitkursänderungen. Die wirtschaftl. Leistungskraft der EWS-Mitglieder ist noch zu unterschiedlich, die Wirtschaftspolitik zu wenig abge-

gestimmt, um dauerhaft feste Wechselkurse zu etablieren. Die mit der Einführung des EWS vielfach verbundene Befürchtung, es könnte zu einer Zone der Inflation werden, da Länder mit hoher Inflationsrate über Abwertung ihrer Währungen Anpassungsinflation in den preisstabileren Teilnehmerländern erzeugen könnten, hat sich nicht bewahrheitet. Hierfür war wesentlich verantwortlich, dass die das EWS in vielen Bereichen dominierende Volkswirtschaft Dtl.s traditionell niedrige Inflationsraten aufwies. Dadurch bildete die Geldpolitik der Dt. Bundesbank und damit die DM einen stabilitätspolit. Anker, an dem sich die anderen Volkswirtschaften mit ihrer Geld- und Wirtschaftspolitik ausrichten konnten (›Ankerfunktion‹ der DM im EWS).

⇨ *Wechselkurs · Währung*

R. PICKER: E. W., ECU (1987); Stabilität durch das EWS? Koordination u. Konvergenz im e. W., hg. v. H.-E. SCHARRER u. W. WESSELS (1987); S. COLLIGNON: Das e. W. im Übergang (1994); R.-M. MARQUARDT: Vom e. W. zur Europ. Wirtschafts- u. Währungsunion (1994).

Europäisches Weltraumforschungs-Institut, →ESA.

Europäisches Wiederaufbauprogramm, engl. **European Recovery Program** [juərə'piːən riː'kʌvəri 'prəugræm], →ERP.

Europäische Synchrotronstrahlungsanlage, die →ESRF.

Europäisches Zentrum für Weltraumforschung und -technologie, →ESA.

Europäische Umweltagentur, Abk. **EUA,** durch den EG-Ministerrat 1990 gegründete Agentur, mit Sitz in Kopenhagen, die ihre Arbeit 1994 aufgenommen hat. Aufgaben sind die Analyse von Umweltdaten auf europ. Ebene als Basis für Umweltschutzmaßnahmen (Aufbau eines Umweltinformations- und Umweltbeobachtungsnetzes, Fortführung des EG-Programms zur Dokumentation von Umweltdaten ›Corine‹), die finanzielle Bewertung von Umweltschäden sowie Öffentlichkeitsarbeit.

Europäische Union, Abk. **EU,** engl. **European Union** [juərə'piːn 'juːnjən], frz. **Union Européenne** [y'njɔ̃ œrɔpe'ɛn], durch den am 1. 11. 1993 in Kraft getretenen Vertrag über die EU (Maastricht Vertrag) gegründeter polit. und wirtschaftl. Zusammenschluss der Mitgl.-Staaten der → Europäischen Gemeinschaften.

Ziele der EU sind die Förderung des sozialen und wirtschaftl. Fortschritts durch einen Raum ohne Binnengrenzen und die Errichtung einer →Europäischen Wirtschafts- und Währungsunion; eine gemeinsame Außen- und Sicherheitspolitik der Mitgl.-Staaten, zu der zu einem späteren Zeitpunkt auch eine gemeinsame Verteidigungspolitik gehören soll; die Stärkung der Bürgerrechte der Angehörigen der Mitgl.-Staaten durch die Einführung einer Unionsbürgerschaft; die Wahrung und Weiterentwicklung des bisher im Rahmen der EG Erreichten. Zur Wahrung der Kontinuität und der Kohärenz der Maßnahmen der Union wurden die Zuständigkeiten der Organe der EG erweitert, sodass diese zugleich Organe der EU sind (einheitl. institutioneller Rahmen).

Aufbau der EU: Grundlage der EU sind zunächst die bestehenden EG, die, ergänzt um eine in drei Stufen zu verwirklichende Wirtschafts- und Währungsunion, die ›erste Säule‹ bilden. Neben diese tritt – in der Nachfolge der Europ. Polit. Zusammenarbeit (EPZ) – die →Gemeinsame Außen- und Sicherheitspolitik (GASP), in deren Rahmen die Mitgl.-Staaten ihre Außenpolitik koordinieren sowie gemeinsame Standpunkte und Aktionen beschließen (›zweite Säule‹). Auf längere Sicht soll die GASP auch eine gemeinsame Verteidigungspolitik umschließen. Dazu soll schrittweise die Westeurop. Union (WEU), der aller-

Europäische Union: Die drei Säulen der Europäischen Union

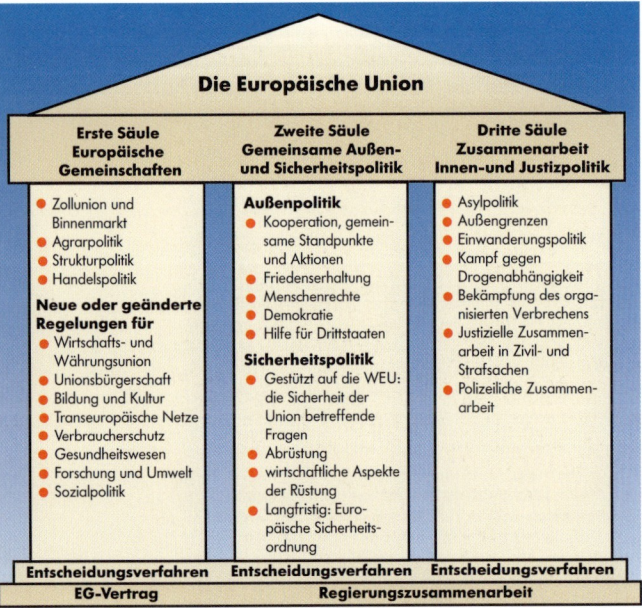

700

Grundlegende Wirtschaftsdaten der Länder der Europäischen Union (1993)

Staat	Einwohnerzahl (in 1 000)	Bruttoinlandsprodukt (BIP) (in Mrd. ECU)	Anteil am EU-BIP (in %)	BIP je Einwohner (in ECU)	durchschnittl. jährl. Wachstum des BIP 1980–93 (in %)	Arbeitslosenquote (in %)		
						1985	1993	1994
Belgien	10 085	180	3,1	17 980	2,1	11,8	9,4	10,0
Dänemark	5 189	116	1,9	22 370	2,0	7,2	10,3	10,1
Deutschland	81 179	1 631	27,7	20 100	2,6[2]	7,1[1]	5,6[1]	8,6
Finnland	5 066	72	1,2	14 110	2,0	5,0	17,7	19,4
Frankreich	57 665	1 069	18,1	18 530	2,1	10,1	10,8	12,2
Griechenland	10 368	63	1,1	6 040	1,3	7,8	7,7	10,8
Großbritannien	58 182	805	13,7	13 920	2,5	11,4	10,4	9,7
Irland	3 563	40	0,7	11 340	3,8	18,2	18,4	15,2
Italien	57 057	847	14,4	14 850	2,2	10,1	11,1	11,4
Luxemburg	398	11	0,2	27 760	k.A.	2,9	2,6	3,4
Niederlande	15 209	264	4,5	17 260	2,3	10,5	8,8	7,6
Österreich	7 986	156	2,6	19 460	2,3	4,8	6,8	6,5
Portugal	9 864	73	1,2	7 420	3,0	8,6	5,1	6,7
Schweden	8 719	158	2,7	18 140	1,7	2,8	8,2	9,6
Spanien	39 141	408	6,9	10 430	3,1	21,1	21,8	24,4
EU	369 752	5 893	100,0	15 936		10,8[2]	10,5[2]	11,3
USA	257 836	5 346		20 750	2,7	7,1	6,7	6,1
Japan	124 469	3 601		28 880	4,0	2,6	2,5	2,9

[1]Ohne neue Bundesländer. – [2]EU 12, d.h. ohne Finnland, Österreich und Schweden.

dings noch nicht alle EU-Staaten als Voll-Mitgl. angehören, zur ›Verteidigungskomponente‹ der EU entwickelt werden. Die ›dritte Säule‹, die Zusammenarbeit in den Bereichen Justiz und Inneres, umfasst die Kooperation in Asylfragen, bei der Kontrolle der Unionsgrenzen, bei der Einwanderungspolitik sowie bei der Bekämpfung von Drogenabhängigkeit und internat. Kriminalität, z. B. durch Aufbau eines Europ. Polizeiamts (Europol). Auch im Bereich des Zollwesens und der Straf- und Ziviljustiz wird eine Zusammenarbeit angestrebt.

Die beiden letztgenannten Bereiche machen die Polit. Union aus; sie verbleiben jedoch auf der Ebene der intergouvernementalen Zusammenarbeit, d. h., die Staaten der EU arbeiten hier letztlich nach den allgemeinen Regeln des Völkerrechts zusammen; im Ggs. zu den Maßnahmen im Rahmen der supranat. EG müssen Entscheidungen hier einstimmig getroffen werden und gelten nicht direkt im Recht der Mitgl.-Staaten.

Der *Vertrag über die EU* stellt nach der →Einheitlichen Europäischen Akte (EEA) von 1987 die zweite und bislang letzte grundlegende Änderung der Gründungsverträge dar. In seinen Titeln II bis IV ändert er die Gründungsverträge der Europ. Wirtschaftsgemeinschaft (EWG), der Europ. Gemeinschaft für Kohle und Stahl (EGKS) und der Europ. Atomgemeinschaft (EURATOM). In den Titeln I, V, VI und VII sind demgegenüber wie in einem Rahmen Bestimmungen zur Gründung einer EU enthalten.

Im Bereich der Institutionen der EG erweitert der Maastrichter Vertrag die Befugnisse des Europ. Parlaments und schafft einen Ausschuss der Regionen. Bezüglich der Gemeinschaftskompetenzen überträgt er in einigen Bereichen neue Zuständigkeiten auf die EU (Bildung, Kultur, Gesundheitswesen, Verbraucherschutz, Transeurop. Netze), in den Sparten Forschung und Umwelt vermittelt er weitere Kompetenzen. Allerdings gilt für die EU bei fast allen Maßnahmen das →Subsidiaritätsprinzip, d. h., sie darf nur tätig werden, soweit die angestrebten Ziele auf der Ebene der Mitgl.-Staaten (im Rahmen der nat. Gesetzgebung und Verwaltung) nicht ausreichend erreicht werden können. Die durch den Vertrag über die EU eingeführte Unionsbürgerschaft umfasst neben der im Rahmen der EG bereits bestehenden Personenverkehrsfreiheit für EG-Ausländer im Wesentlichen ein zweifaches Wahlrecht: zum einen zu den kommunalen Vertretungskörperschaften und zum anderen zum Europ. Parlament. Während die zum 1. 1. 1995 der Union beigetretenen Staaten (Schweden, Finnland und Österreich) das gesamte Regelungsgefüge des Maastrichter Vertrages – wenn auch in einigen Bereichen mit Übergangsfristen – übernommen haben, gelten für Dänemark und Großbritannien Sonderregelungen bezüglich der Währungsunion und der Kooperation in den Bereichen Sozial-, Rechts-, Innen- und Verteidigungspolitik.

Rechtsnatur der EU: Die EU stellt keinen neuen (Bundes-)Staat dar, obwohl die Mitgl.-Staaten eine Reihe staatl. Kompetenzen (auf der dritten Stufe der Europ. Wirtschafts- und Währungsunion ist v. a. die Abgabe der Währungshoheit an die →Europäische Zentralbank beabsichtigt) und damit auch Bestandteile ihrer eigenen Staatlichkeit auf sie übertragen haben bzw. voraussichtlich übertragen werden. Die EU kann jedoch nur im Rahmen dieser Übertragungen tätig werden; anders als ein Staat kann sie sich nicht selbst neue Betätigungsfelder schaffen, ihr fehlt die ›Kompetenzkompetenz‹ (→Kompetenz). Auch liegt die Letztverantwortung für alles, was die Union tut, noch immer bei den Mitgl.-Staaten, was z. B. darin zum Ausdruck kommt, dass letztlich die im Rat versammelten Repräsentanten der Mitgl.-Staaten über die Maßnahmen entscheiden und nicht das Europ. Parlament. So legitimiert auch nicht das Europ. Parlament das Handeln der EU-Organe; vielmehr erfolgt die demokrat. Legitimation der Maßnahmen der EU über die Staatsvölker der Mitgl.-Staaten, d. h. über deren nat. Parlamente. Damit müssen nach einer Entscheidung des Bundesverfassungsgerichts vom 12. 10. 1993 Aufgaben und Befugnisse von substanziellem Gewicht bei dem nat. Parlament verbleiben, was bei der durch den Unionsvertrag geregelten Zuständigkeitsverteilung gegeben ist. Das Gebilde der EU ist damit eine neuartige Staatenverbindung, die als Staatenverbund oder auch als Internat. Organisation eigener Art bezeichnet wird und in deren Rahmen sowohl die Mitgl.-Staaten als auch die EG ihre Rechtspersönlichkeit gewahrt haben.

Die EU befindet sich in einer Zwischenetappe ihrer Entwicklung; gemäß Art. N des Maastrichter Vertrages verhandeln die Repräsentanten der Mitgl.-Staaten seit März 1996 im Rahmen einer Revisionskonferenz über die Weiterentwicklung. Darüber hinaus muss über die Beitrittsgesuche zahlr. mittel- und osteurop.

sowie südeurop. Staaten und die damit verbundene Erweiterung der Union entschieden werden (→ europäische Integration).

Die EU-Staaten im Vergleich, hg. v. O. W. GABRIEL u. F. BRETTSCHNEIDER (²1994); Handlex. der E. U., hg. v. W. W. MICKEL (1994); J. WEINDL: Europ. Gemeinschaft (²1994); Europa von A–Z. Tb. der europ. Integration, hg. v. W. WEIDENFELD u. W. WESSELS (⁴1995); Hb. der europ. Integration. Strategie – Struktur – Politik der E. U., hg. v. M. RÖTTINGER u. C. W. WEYRINGER (Wien ²1996).

Europäische Währungseinheit: Zusammensetzung des Währungskorbs
(Stand 15. 11. 1996)

Währung	Währungskomponente (21.9.1989)	Leitkurs in ECU (6.3.1995)	Gewicht im ECU-Korb (in %)
Belgischer Franc	3,301	39,3960	8,4
Luxemburgischer Franc	0,130	39,3960	0,3
Dänische Krone	0,1976	7,28560	2,7
Deutsche Mark	0,6242	1,91007	32,7
Französischer Franc	1,332	6,40608	20,8
Irisches Pfund	0,008552	0,792214	1,1
Holländischer Gulden	0,2198	2,15214	10,2
Portugiesischer Escudo	1,393	195,792	0,7
Spanische Peseta	6,885	162,493	4,2
Griechische Drachme	1,440	292,867	0,5
Italienische Lira	151,8	2106,15	7,2
Pfund Sterling	0,08784	0,786652	11,2

Europäische Verteidigungsgemeinschaft, Abk. **EVG,** 1952 beschlossene, in der Folgezeit jedoch nicht verwirklichte supranat. Gemeinschaft von europ. Staaten (Belgien, Bundesrepublik Deutschland, Frankreich, Italien, Luxemburg, Niederlande) zur Aufstellung einer gemeinsamen Verteidigungsorganisation.

Der am 27. 5. 1952 in Paris unterzeichnete Vertrag sah die Verschmelzung der nat. Streitkräfte der sechs Staaten vor; die militär. Grundeinheiten sollten bis hin zur Divisionsstärke national geschlossen bleiben, die höheren Einheiten hingegen, das Kommando und die Versorgungsorganisation sollten übernational zusammengesetzt, Ausrüstung, Uniformierung, Bewaffnung, Ausbildung und Dienstzeit vereinheitlicht werden; ein einheitl. Militärstrafrecht sollte geschaffen werden. Die finanziellen Lasten der Gemeinschaft sollten unter Rücksichtnahme auf die wirtschaftl. und finanziellen Möglichkeiten jedes Mitgliedes verteilt werden. – Die Streitkräfte der EVG sollten 43 Divisionen, takt. Luftwaffe und Marinestreitkräfte für die Küstenverteidigung umfassen.

Der EVG-Vertrag fußte auf einem Plan des frz. Verteidigungs-Min. R. PLEVEN **(Plevenplan),** der die bes. von den USA gewünschte Beteiligung dt. Streitkräfte an der Verteidigung Westeuropas mit den v. a. frz. Seite gehegten Befürchtungen vor einer dt. Wiederbewaffnung abzustimmen suchte. Mit der Verwerfung des Vertrages durch die frz. Nationalversammlung am 30. 8. 1954 scheiterte der Plan v. a. am Widerstand der Parlamentsmehrheit gegen einen Verzicht auf frz. Souveränitätsrechte. Der dt. Verteidigungsbeitrag wurde anschließend im Rahmen der neu geschaffenen, der NATO integrierten →Westeuropäischen Union verwirklicht (→Pariser Verträge).

Europäische Volkspartei, Abk. **EVP,** föderativer Zusammenschluss christlich-demokrat. Parteien aus Mitgl.-Ländern der Europ. Union, gegr. im Juli 1976 in Luxemburg. Die EVP unterstützt den Aufbau einer demokrat. und handlungsfähigen Europ. Union. Die Verbindung zu Schwesterparteien anderer europ. Länder wird durch ›Europ. Union Christl. Demokraten‹ (EUCD) hergestellt, die enge inhaltl. und personelle Verflechtungen zur EVP aufweist. Bei den Direktwahlen zum Europ. Parlament gewann die EVP-Fraktion (auch EVP-CD [Christdemokraten]) 1979:

107, 1984: 109, 1989: 121, 1994: 157 Mandate (1995 nach dem Beitritt Österreichs, Finnlands und Schwedens zur EU 172 Mandate).

Europäische Währungseinheit, engl. **European Currency Unit** [jʊərəˈpiːən ˈkʌrənsi ˈjuːnɪt], Abk. **ECU** [eˈkyː] *der, -/-(s),* künstl. Währungseinheit im →Europäischen Währungssystem (EWS). Sie wird dort seit 1. 1. 1981 als Bezugsgröße für den Wechselkursmechanismus (alle am EWS beteiligten Währungen haben einen ECU-Leitkurs), als Instrument für den Saldenausgleich zw. den Währungsbehörden, als Rechnungseinheit sowie als Reservemedium der Zentralbanken der Mitgl.-Staaten verwendet. Die Einheit ist ein Währungskorb, d. h., sie besteht aus festen Beträgen der einzelnen Währungen der EU-Staaten (ohne Österreich, Schweden und Finnland).

Die Gewichte der einzelnen Währungen und damit auch die Währungsbeträge im Korb (Währungskomponenten) wurden 1984 (Aufnahme der griech. Drachme) und 1989 (Aufnahme der span. Peseta und des port. Escudo) neu definiert. Mit dem In-Kraft-Treten des Vertrags über die EU (Art. 109 g) am 1. 11. 1993 ist die period. Überprüfung entfallen, d. h., die Währungszusammensetzung des ECU-Währungskorbs wurde auf dem Stand vom 21. 9. 1989 festgeschrieben. Die Währungen von Österreich, Schweden und Finnland, die der EU und damit dem EWS mit Wirkung vom 1. 1. 1995 beigetreten sind (allerdings nimmt Schweden bislang nicht am Wechselkursmechanismus des EWS teil), wurden nicht mehr in den Korb aufgenommen.

Der Wert des ECU wird börsentäglich ermittelt. Dabei wird zunächst der Gegenwert des ECU in US-Dollar und dann in allen ECU-Korbwährungen errechnet. Es existieren zwei Kreisläufe: Im Ggs. zum offiziellen ECU, der aufgrund von Gold- und Dollarreserven der am EWS beteiligten Staaten beim →Europäischen Währungsinstitut (bis 1994 beim Europ. Fonds für währungspolit. Zusammenarbeit) entsteht, ist der private ECU kein Bestandteil des EWS, sondern eine Innovation der Märkte. Die beiden Kreisläufe berühren sich nur in Bezug auf den gleichen Währungskorb.

Der ECU ist auch zu einer Emissionswährung an den internat. Finanzmärkten (v. a. am Euromarkt) geworden. So haben sich ein ECU-Kapitalmarkt (ECU-Anleihen werden seit 1981 ausgegeben), ein ECU-Geldmarkt und ein ECU-Devisenmarkt gebildet. Auch ECU-Terminkontrakte und ECU-Optionsscheine werden gehandelt. In einigen Staaten (seit 1987 auch in der BRD) können ECU-Kredite aufgenommen und ECU-Konten (z. B. für ECU-Termineinlagen) unterhalten werden. Im internat. Handel wird der ECU als Fakturierungs- und Zahlungsmittel verwendet. Er ist für die private Verwendung u. a. deshalb interessant, weil die Wechselkursschwankungen der einzelnen Korbwährungen weitgehend ausgleichen und der ECU-Kurs mittelfristig stabiler ist als die Kurse mancher Korbwährungen. Die private Verwendung des ECU konzentriert sich bisher allerdings auf den Eurokapitalmarkt (1995 wurden nach Schätzungen des EWI ECU-Anleihen in Höhe von 119,1 Mrd. ECU begeben) und v. a. das Interbankgeschäft. Von den ECU-Forderungen der Banken in Höhe von (Ende 1995) 163,6 Mrd. ECU entfielen auf das Interbankgeschäft 111,6 Mrd. ECU, von den ECU-Verbindlichkeiten in Höhe von 157,6 Mrd. ECU 134,4 Mrd. ECU auf das Interbankgeschäft. Der ECU besitzt die funktionellen Eigenschaften einer Währung und wird von versch. Ländern als Devise behandelt.

Seit 1987 werden in Belgien ECU-Münzen zum Verkauf angeboten, die auch als Zahlungsmittel anerkannt sind (Nennwerte: 50 ECU für die Goldmünze, 5 ECU für die Silbermünze).

Europäische Währungsunion, Abk. **EWU,** →Europäische Wirtschafts- und Währungsunion.

Europäische Weltraumorganisation, →ESA.

Europäische Wirtschaftliche Interessenvereinigung, Abk. **EWIV,** Typ einer jurist. Person des europ. Rechts, die aufgrund einer Verordnung des Rates der EG vom 31. 7. 1985 mit Wirkung ab dem 1. 7. 1989 gegründet werden kann, um die grenzüberschreitende Zusammenarbeit (z. B. auf den Gebieten Forschung und Entwicklung, Produktion, Vertrieb) zu fördern. Gründungs-Mitgl. können natürl. und jurist. Personen aus EG-Staaten sein, jedoch müssen mindestens zwei von ihnen ihren Sitz in verschiedenen EG-Staaten haben. Die EWIV wird in dem Land, in dem sie ihren Sitz hat, registriert und erlangt dadurch Rechtsfähigkeit.

Europäische Wirtschaftsgemeinschaft, Abk. **EWG,** engl. **European Economic Community** [juərə'pi:ən i:kə'nɔmık kə'mju:nıtı], Abk. **EEC** [i:i:'si:], frz. **Communauté Économique Européenne** [kɔmyno'te ekɔnɔ'mik ørɔpe'ɛn], Abk. **CEE** [seə'e], die durch den Vertrag von Rom (EWG-Vertrag, →Römische Verträge), unterzeichnet am 25. 3. 1957, zw. Belgien, der BRD, Frankreich, Italien, Luxemburg und den Niederlanden begründete überstaatl. Gemeinschaft zum Zweck der wirtschaftl. Integration. Durch den am 1. 11. 1993 in Kraft getretenen Vertrag zur Gründung der →Europäischen Union ist die EWG in **Europäische Gemeinschaft (EG)** umbenannt worden, weil die Ziele nunmehr über die rein wirtschaftl. Integration hinausgehen. Die Errichtung des gemeinsamen Marktes (→Europäischer Binnenmarkt) kann als erste Stufe der Integration angesehen werden; die zweite Stufe ist eine nach einheitl. Gesichtspunkten durchgeführte Wirtschaftspolitik, die dritte Stufe der Integration, die Währungsunion (→Europäische Wirtschafts- und Währungsunion, Abk. EWWU) mit gemeinsamer Währung und Währungspolitik, flankieren soll. Eine voll integrierte Wirtschafts- und Währungsunion soll letztlich eine polit. Union Westeuropas ermöglichen. Der zeitlich unbefristete EWG-Vertrag trat am 1. 1. 1958 in Kraft und wurde zum 1. 11. 1993 nach Erweiterung in wesentl. Punkten in EG-Vertrag umbenannt. Seit dem 1. 7. 1967 ist die EWG/EG neben EGKS und EURATOM durch den Fusionsvertrag organisatorisch integrierter Bestandteil der Europ. Gemeinschaften (EG). Sie ist zugleich die wichtigste Teilorganisation, da sie sich nicht auf bestimmte Wirtschaftsbereiche beschränkt. Durch den Beitritt Dänemarks, Großbritanniens und Irlands am 1. 1. 1973, Griechenlands am 1. 1. 1981, Spaniens und Portugals am 1. 1. 1986 sowie Finnlands, Österreichs und Schwedens am 1. 1. 1995 haben die EG erheblich an wirtschaftl. und polit. Bedeutung gewonnen.

Ziele

Die Ziele der EG sind in der Präambel zum EG-Vertrag und in Art. 2 niedergelegt. Danach besteht das übergeordnete polit. Ziel darin, ›die Grundlagen für einen immer engeren Zusammenschluss der europ. Völker zu schaffen.‹ Die wirtschaftl. Ziele der EG, u. a. harmon. und ausgewogene Entwicklung des Wirtschaftslebens, beständiges, nichtinflationäres Wachstum, Hebung des Lebensstandards sowie ein hohes Beschäftigungsniveau und ein hohes Maß an sozialem Schutz, stimmen mit den Zielen der nat. Wirtschaftspolitik der Mitgl.-Staaten überein. Die Mittel, mit denen diese Ziele verwirklicht werden sollen, sind v. a. die Errichtung eines gemeinsamen Marktes und einer Wirtschafts- und Währungsunion.

Zu Organen und Organisationsstruktur der EG →Europäische Gemeinschaften.

Gemeinsamer Markt

Kernstück der EG ist die Verschmelzung der Volkswirtschaften der Mitgl.-Staaten zu einem gemeinsamen Markt. Hierzu müssen ein freier Waren-, Dienstleistungs- und Kapitalverkehr sowie Niederlassungsfreiheit und Freizügigkeit der Arbeitnehmer in einem Raum ohne Binnengrenzen verwirklicht werden.

Bes. wichtig für die Errichtung eines freien Warenverkehrs innerhalb der Gemeinschaft war die Bildung einer *Zollunion* (Art. 12–37 EG-Vertrag). Diese führte durch eine schrittweise Senkung des allgemeinen Zolltarifs zum Abbau der Ein- und Ausfuhrzölle aller Waren. Mengenmäßige Einfuhrbeschränkungen der Mitgl.-Staaten untereinander sind verboten. Ferner gehören Bestimmungen über einheitl. Zolltarife im Handel mit Drittländern (gemeinsamer Außenzolltarif) sowie die Angleichung des Zollrechts dazu.

Der EG-Vertrag (Art. 48–66) enthält Bestimmungen, mit denen Freizügigkeit im Personenverkehr und Niederlassungsfreiheit sowie Freiheit des Dienstleistungsverkehrs vergrößert werden sollen. Solche Regelungen betreffen u. a. die gegenseitige Anerkennung von Prüfungszeugnissen, die Aufhebung von Aufenthaltsbeschränkungen, die Vereinheitlichung der Richtlinien für die Tätigkeit von Kreditinstituten und Versicherungen sowie die Erarbeitung eines gemeinsamen Gesellschaftsrechts. Entsprechend soll es den Arbeitnehmern innerhalb der EG ungeachtet ihrer Staatsangehörigkeit möglich sein, unter gleichen Voraussetzungen in Bezug auf Beschäftigung, Entlohnung und soziale Sicherheit ihren Arbeitsplatz zu wählen. Darüber hinaus ist durch den Unionsvertrag (Maastrichter Vertrag) eine ›Unionsbürgerschaft‹ eingeführt worden, die u. a. ein allgemeines Aufenthaltsrecht und das Kommunalwahlrecht unabhängig von der Staatsbürgerschaft vermittelt (Art. 8 a–e EG-Vertrag).

Europäische Wirtschaftsgemeinschaft: Die Unterzeichnung der Römischen Verträge zur Gründung der Europäischen Wirtschaftsgemeinschaft und der Europäischen Atomgemeinschaft am 25. 3. 1957

Anders als bei den übrigen Freiheiten sollen im Kapitalverkehr vorhandene Beschränkungen nicht sofort beseitigt werden, sondern nur so weit, wie es für das Funktionieren des gemeinsamen Marktes notwendig ist (Art. 67–73 EG-Vertrag). Demnach mussten z. B. solche Beschränkungen von Kapitalbewegungen abgebaut werden, die in unmittelbarem Zusammenhang mit dem Waren-, Dienstleistungs- und Personenverkehr, dem Niederlassungsrecht sowie dem Handel mit börsengängigen Wertpapieren stehen. Seit dem 1. 1.

1994 sind auch die übrigen Kapitalbewegungen liberalisiert, die EG (und in Eilfällen die Mitgl.-Staaten) können jedoch bei schwerwiegenden Störungen Beschränkungen verfügen (Art. 73 a–h EG-Vertrag).

Die Beseitigung nichttarifärer Handelshemmnisse (v. a. unterschiedl. Rechts- und Verwaltungsvorschriften, unterschiedl. Normen, Sicherheits,- Gesundheits- und Umweltschutzbestimmungen) soll nach dem EG-Vertrag (Art. 100–102) durch Rechtsangleichung erreicht werden. So wurden zollrechtl. Vorschriften angeglichen (Anfang 1988 wurde für EG- und EFTA-Staaten z. B. ein einheitl. Formblatt, das Einheitspapier, eingeführt), in den meisten Mitgl.-Staaten wird seit 1985 ein einheitl. Europapass ausgegeben; Personenkontrollen an den Binnengrenzen werden abgebaut. Weitere Bereiche, in denen Rechtsvorschriften angeglichen und Behinderungen abgebaut wurden, sind das Gesellschaftsrecht, das Patent- und Markenrecht, die Normung und die öffentl. Auftragsvergabe. Die Fortschritte bei der Angleichung steuerl. Vorschriften gemäß Art. 95–99 EG-Vertrag sind noch unzureichend. So wurde z. B. zwar 1973 die Mehrwertsteuer in allen Mitgl.-Staaten eingeführt und 1977 eine einheitl. Bemessungsgrundlage geschaffen, aber die Steuersätze sind noch unterschiedlich, obwohl die EG jetzt über die Kompetenz zur einstimmigen Harmonisierung der indirekten Steuern verfügt.

Gemeinsame Politikbereiche

Der ursprüngl. EWG-Vertrag sah lediglich für die Bereiche Wettbewerb, Landwirtschaft und Fischerei sowie Verkehr eine umfassende gemeinsame Politik vor. Mittlerweile sind als weitere Politikbereiche mit unterschiedlich intensiven Gemeinschaftskompetenzen hinzugetreten: die Wirtschafts- und Währungspolitik, die Sozialpolitik, die Umweltpolitik, die Bereiche Bildung, Kultur, Gesundheit, Verbraucherschutz, Transeurop. Netze, Industrie und Forschung sowie technolog. Entwicklung. Die Schaffung eines gemeinsamen Marktes erfordert zunächst auch, dass sich alle Beteiligten an gleiche Wettbewerbsregeln halten. Die gemeinsame Wettbewerbspolitik wird in den Art. 85–90 EG-Vertrag behandelt. Danach sind alle Absprachen zw. Unternehmen mit dem gemeinsamen Markt unvereinbar und verboten, wenn sie den Handel zw. den Mitgl.-Staaten beeinträchtigen und eine Verhinderung, Einschränkung oder Verfälschung des Wettbewerbs innerhalb des gemeinsamen Marktes bezwecken oder bewirken. Nach Art. 86 EG-Vertrag ist ferner mit dem gemeinsamen Markt unvereinbar und verboten die missbräuchl. Ausnutzung einer beherrschenden Stellung auf dem gemeinsamen Markt oder auf einem wesentl. Teil desselben durch ein oder mehrere Unternehmen, soweit dadurch der Handel zw. Mitgl.-Staaten beeinträchtigt wird. Seit September 1990 wird auch eine europ. →Fusionskontrolle durchgeführt (VO Nr. 4064 v. 21. 12. 1989). Am 5. 2. 1962 wurde die erste Kartell-VO vom Ministerrat verabschiedet. Damit schloss sich der Rat der Auffassung der Kommission an, dass die Wettbewerbsregeln des EG-Vertrages Rechtsnormen darstellen und es keiner vorherigen nat. Entscheidung bedürfe, damit sie in allen Mitgl.-Staaten Gültigkeit erlangen. Stellt die Europ. Kommission eine Zuwiderhandlung gegen die Wettbewerbsregeln des EG-Vertrages fest, so kann sie an die Beteiligten eine Empfehlung richten, den Missstand abzustellen. Wird dem nicht entsprochen, so kann die Kommission durch eine Entscheidung die Beteiligten zur Abstellung verpflichten.

Weiterhin sind staatliche Subventionen gemäß Art. 92–94 EG-Vertrag verboten, insoweit sie den Wettbewerb und den Handel zw. den Mitgl.-Staaten beeinträchtigen. Unter bestimmten Bedingungen (z. B. Förderung bes. strukturschwacher Regionen

und Wirtschaftszweige) können staatl. Beihilfen als mit dem gemeinsamen Markt vereinbar angesehen werden.

Zur Entwicklung einer gemeinsamen Verkehrspolitik sieht der EG-Vertrag in den Art. 74–84 für eine Übergangsphase gemeinsame Regeln für das Verkehrswesen vor. Insbesondere sollen Wettbewerbsverzerrungen u. a. durch einheitl. Tarifgestaltung und Zulassungsbedingungen zum Verkehrsmarkt beseitigt werden. Die Erfolge einer gemeinsamen Verkehrspolitik sind bislang noch bescheiden.

Für die Landwirtschaft sehen die Art. 38–47 EG-Vertrag eine gemeinsame →Agrarpolitik vor, deren Ziele man durch die Schaffung gemeinsamer Marktorganisationen für fast alle landwirtschaftl. Erzeugnisse zu erreichen versuchte (über die Einzelmaßnahmen →Agrarmarktordnungen der EG). Zur Finanzierung der gemeinsamen Agrarpolitik wurde der →Europäische Ausrichtungs- und Garantiefonds für die Landwirtschaft gegründet. Der den (im EG-Raum ansässigen) Erzeugern landwirtschaftl. Produkte dadurch gewährte Schutz gegenüber der Konkurrenz aus Drittländern und die relativ hoch festgesetzten garantierten Mindestpreise mit unbegrenzter Abnahmeverpflichtung der staatl. Interventionsstellen führten bei vielen Produkten zu Überschüssen, deren Aufkauf, Lagerung oder Vernichtung so hohe Ausgaben erforderten, dass eine Reform der Agrarpolitik notwendig wurde. Diese wurde 1992 mit dem Ziel in Angriff genommen, das Preisstützungssystem abzubauen und durch direkte Beihilfen bei Flächenstilllegung zu ersetzen.

Zusammenarbeit in Wirtschafts- und Währungspolitik

Um Funktionieren und Bestand des gemeinsamen Marktes langfristig zu sichern, sah der ursprüngl. EWG-Vertrag (Art. 103–109) eine gegenseitige Annäherung der Wirtschaftspolitik der Mitgl.-Staaten vor, bes. die Koordinierung der Konjunktur- und Währungspolitik sowie eine gemeinsame Handelspolitik gegenüber Drittländern (Außenhandels- und Entwicklungspolitik). Unterschiede in der nat. Wirtschaftspolitik der Mitgl.-Staaten können die Verwirklichung der in Art. 2 EG-Vertrag genannten Ziele insofern hemmen, als sie den Wettbewerb verfälschen und die Produktions- und Standortstruktur verzerren können. Daraus ergibt sich die Notwendigkeit einer Harmonisierung bestimmter Bereiche der nat. Wirtschaftspolitik der Mitgl.-Staaten.

Zur Koordinierung der Konjunkturpolitik der Mitgl.-Staaten wurden drei beratende Gremien geschaffen: der Währungsausschuss, der Ausschuss für Konjunkturpolitik und der Ausschuss für mittelfristige Wirtschaftspolitik. Weiterhin bestehen der Ausschuss für Haushaltspolitik und der Ausschuss der Präsidenten der Zentralbanken. Die entscheidenden Befugnisse zu konjunkturpolit. Eingriffen lagen aber immer noch bei den Zentralbanken und den anderen wirtschaftspolit. Instanzen der Mitgl.-Staaten. Die Grundsatzentschließung des Ministerrats (Werner-Plan) vom März 1971 zur Schaffung einer Wirtschafts- und Währungsunion war der erste Schritt zur weiteren Koordinierung der kurz- und langfristigen Wirtschaftspolitik. Als wichtige Etappen auf diesem Wege sind zu nennen: Harmonisierung der mittelfristigen gesamtwirtschaftl. Zielsetzungen; Abkommen der Notenbanken über den kurzfristigen Währungsbeistand von 1970, das zum →Europäischen Fonds für währungspolitische Zusammenarbeit und zum →Europäischen Währungssystem ausgebaut wurde.

Die Einheitl. Europ. Akte verwirklichte noch nicht die Europäische Wirtschafts- und Währungsunion (EWWU), spricht dieses Ziel aber offen an. Den

Durchbruch zu einer gemeinsamen Wirtschaftspolitik (Art. 102 a–104 c EG-Vertrag) und Währungspolitik (Art. 105–109 m EG-Vertrag) brachte erst der Maastrichter Vertrag. Der EU-Vertrag legte den Beginn der zweiten Stufe zur Verwirklichung der EWWU auf den 1. 1. 1994 fest (Art. 73 a ff, 109 e EG-Vertrag). Ziel ist die Schaffung einer einheitl. europ. Währung (Euro) innerhalb des gesamten Binnenmarktes der Europ. Gemeinschaften mit einer →Europäischen Zentralbank (EZB); dieses Ziel soll spätestens zum 1. 1. 1999 in der dritten Stufe erreicht werden (Art. 109 j Abs. 4 EG-Vertrag). Das →Europäische Währungsinstitut (EWI) hat als Vorläufer der EZB seine Arbeit am 1. 1. 1994 aufgenommen (Art. 109 f EG-Vertrag) und wird nach deren Errichtung spätestens zu Beginn der dritten Stufe der EWWU aufgelöst werden.

Die Strukturpolitik und die Regionalpolitik (Art. 130 a–130 e EG-Vertrag) sind entscheidend für die gemeinsame Wirtschaftspolitik, denn diese erfordert die Beseitigung bestehender Unterschiede im wirtschaftl. Entwicklungsstand zw. den versch. Regionen der Gemeinschaft. Zur Förderung strukturschwacher, bes. durch hohe strukturelle Arbeitslosigkeit und relativ niedrige Pro-Kopf-Einkommen gekennzeichneter Gebiete wurde der →Europäische Regionalfonds geschaffen. Durch Entwicklungspläne der Mitgl.-Staaten sollen Ursachen regionaler Strukturprobleme analysiert und Lösungen dieser Probleme angestrebt werden. Der →Europäischen Investitionsbank fällt dabei u. a. die Aufgabe zu, durch Darlehen und Bürgschaften die Durchführung von Projekten zum Zweck der Beseitigung regionaler Benachteiligungen zu unterstützen.

Für den Bereich der Sozialpolitik sieht Art. 118 EG-Vertrag eine enge Zusammenarbeit zw. den Mitgl.-Staaten vor, insbesondere auf dem Gebiet der Beschäftigung, des Arbeitsrechts und der Arbeitsbedingungen, der berufl. Aus- und Fortbildung, der sozialen Sicherheit, der Verhütung von Berufsunfällen und Berufskrankheiten, des Gesundheitsschutzes bei der Arbeit sowie des Koalitionsrechts und der Kollektivverhandlungen zw. Arbeitgebern und Arbeitnehmern. Trotz partieller Erfolge (z. B. Freizügigkeit der Arbeitskräfte) steht eine umfassende Harmonisierung der einzelstaatlichen Vorschriften noch aus. Die EG kann lediglich Mindestvorschriften erlassen; auch das dem EU-Vertrag beigefügte ›Abkommen über die Sozialpolitik‹ (ohne Großbritannien) hat keine wesentlichen Fortschritte gebracht. Die Finanzierung der Gemeinschaftsaufgaben im Bereich Sozialpolitik (Art. 117–128 EG-Vertrag) erfolgt über den 1960 geschaffenen →Europäischen Sozialfonds, der heute verstärkt auf arbeitsmarktpolit. Ziele ausgerichtet ist.

Die zur Förderung der Industrie mögl. Maßnahmen (Art. 130 EG-Vertrag) zielen darauf, die Wettbewerbsfähigkeit der industriellen Unternehmen in der Gemeinschaft auf den Märkten der Drittländer zu verbessern. Dies soll über die Anpassung an strukturelle Veränderungen, die Förderung insbesondere der kleinen und mittleren Unternehmen und über die bessere Nutzung des industriellen Potenzials in den Bereichen Innovation, Forschung und Entwicklung erreicht werden. Die entsprechende Koordinierung ist Aufgabe der Mitgl.-Staaten, die EG kann diese Maßnahmen lediglich unterstützen.

Die Gemeinschaft kann in der Umweltschutzpolitik nach dem für den gesamten EG-Vertrag geltenden Subsidiaritätsprinzip nur tätig werden, wenn bestimmte Ziele besser auf Gemeinschaftsebene als durch die Mitgl.-Staaten erreicht werden können (Art. 130 r–130 t EG-Vertrag). Durch eine koordinierte Forschungs- und Technologiepolitik sollen die wiss. und techn. Grundlagen der europ. Industrie gestärkt und die Entwicklung ihrer internat. Wettbewerbsfähigkeit begünstigt werden (Art. 130 f–130 p

EG-Vertrag). Hierzu stellt die Gemeinschaft mehrjährige Rahmenprogramme für die finanzielle Förderung einzelner Forschungsvorhaben der Mitgl.-Staaten auf.

Die gemeinsame Außenhandelspolitik enthält als ein wesentl. Element die Bestimmung eines gemeinsamen Zolltarifsystems gegenüber Drittländern, das durch den Rat festgelegt wird; die Mitgl.-Staaten haben ihre Tarifsysteme so anzupassen, dass sie den Warenaustausch mit Drittländern unter gleichen Bedingungen durchführen (Art. 18–29 EG-Vertrag). Dies gilt auch in Bezug auf die Vorschriften über Einfuhrkontingente. Dadurch soll verhindert werden, dass durch den Außenhandel einzelner Mitgl.-Staaten die Entwicklung des innergemeinschaftl. Marktes beeinträchtigt wird. Ein weiteres Element des gemeinsamen Außenhandelspolitik ist die Abtretung einzelstaatl. Rechte an die Europ. Kommission, Handelsabkommen mit Drittländern zu vereinbaren (Art. 113 EG-Vertrag). Mit zahlr. Ländern im Mittelmeerraum (z. B. Türkei 1963, Malta 1971, Zypern 1973) und den nicht den Europ. Gemeinschaften beigetretenen EFTA-Mitgl. sind entsprechende Abkommen abgeschlossen worden. Der Zusammenarbeit mit den Entwicklungsländern sind seit 1992 die Art. 130 u–y des EG-Vertrages gewidmet, auf deren Grundlage den Entwicklungsländern bei der Einfuhr von Halb- und Fertigfabrikaten in den gemeinsamen Markt Zollpräferenzen (›System allgemeiner Präferenzen‹) gewährt werden. Den Staaten, die intensivere wirtschaftl. Beziehungen zur Gemeinschaft pflegen wollen, als das durch Handelsabkommen erreichbar ist, wird von der EG die Möglichkeit der Assoziierung eingeräumt (Art. 238 EG-Vertrag). Davon betroffen sind in erster Linie ehemalige Kolonialgebiete der Mitgl.-Staaten (→AKP-Staaten), aber auch insbesondere die mittel- und osteurop. Länder, die an bes. engen wirtschaftl. Kontakten mit der EG interessiert sind, jedoch bisher ihren Wunsch nach Beitritt als Voll-Mitgl. noch nicht realisieren können (›Europa-Abkommen‹). I. d. R. sehen die Assoziierungsabkommen (z. B. die →Lomé-Abkommen, Abkommen mit Israel und den Maghrebstaaten) die Anwendung der gleichen Bedingungen vor, die in der innergemeinschaftl. Zollunion Gültigkeit besitzen. Eine besondere Assoziierungsmöglichkeit besteht für die überseeischen Länder und Hoheitsgebiete bestimmter Mitgl.-Staaten (Art. 131–136 EG-Vertrag). Zur Vermeidung von Benachteiligungen für die assoziierten Staaten werden ihnen jedoch Ausnahmebestimmungen über die Beibehaltung von Einfuhrzöllen zugebilligt. Zur Finanzierung sozialer Einrichtungen und zur Förderung der Investitionstätigkeit in den assoziierten Ländern wurde der →Europäische Entwicklungsfonds eingerichtet.

Erfolge und Probleme

Der bedeutsamste Erfolg der EG ist die weitestgehende Verwirklichung des nach Art. 7 a EG-Vertrag angestrebten Binnenmarktes. Das Kernstück des gemeinsamen Marktes, die Zollunion, wurde bereits am 1. 7. 1968 im Wesentlichen vollendet; am 1. 1. 1993 trat die Vereinbarung über den →Europäischen Binnenmarkt in Kraft. Die Freizügigkeit der Unionsbürger ist innerhalb der Gemeinschaft gewährleistet.

Die prakt. Erfolge der Gemeinschaft auf dem Gebiet der Koordinierung der Wirtschaftspolitik und der Harmonisierung der Gesamtentwicklung blieben jedoch hinter den Erwartungen zurück. Unterschiedl. Konjunkturverläufe, stark divergierende Inflationsraten in den Mitgl.-Staaten und die beträchtl. Verteuerung der Rohstoffe, bes. des Erdöls, erschwerten die Integrationsbemühungen. Dauerhafte Kritikpunkte richten sich auf die nicht mehr finanzierbare gemeinsame Agrarpolitik und den immer noch nicht vollständigen Abbau der Grenzen und die nicht mehr überschaubare Flut von gemeinschaftsrechtl. Richtlinien und Verordnungen. Ob das mit dem Unionsvertrag (Maastrichter Vertrag) festgelegte Vorhaben einer Wirtschafts- und Währungsunion bis zum 1. 1. 1999 gelingt, bleibt abzuwarten. Noch erfüllen nur sehr wenige Mitgl.-Staaten die ›Eintrittskriterien‹, sämtl. Konvergenzkriterien in strenger Auslegung erfüllt bisher (1996) nur Luxemburg. Vor besondere Probleme institutioneller und finanzieller Art wird die EG durch die in Aussicht genommene Aufnahme zahlr. neuer Staaten gestellt. Für diese u. a. Probleme müsste die Reg.-Konferenz 1996, die über die Revision aller Gemeinschaftsverträge berät, eine Lösung finden.

Komm. zur E. U., hg. v. E. GRABITZ u. M. HILF, Losebl. (²1990 ff., bis Erg.-Lfg. 5 u. d. T. Komm. zum EWG-Vertrag); Komm. zum EWG-Vertrag, hg. v. H. VON DER GROEBEN u. a., 4 Bde. (⁴1991); Vertrag über die E. U. von Maastricht, hg. v. H. VON DER GROEBEN u. a. (1992); Hb. des EG-Wirtschaftsrechts, hg. v. M. A. DAUSES, Losebl. (1993 ff.); R. GEIGER: EG-Vertrag. Komm. zu dem Vertrag zur Gründung der Europ. Gemeinschaft (²1995).

Europäische Wirtschaftshochschule, →E. A. P. Europäische Wirtschaftshochschule.

Europäische Wirtschafts- und Währungsunion: Konvergenzlage der EU-Staaten (Herbst 1996)

Staaten	Inflations-rate	Haushalts-defizit des BIP in %	Staatsverschuldung des BIP in %	langfristiger Zinssatz *
	2,6 %*)	3,0 %*)	60 %*)	8,7 %*)
Finnland	+0,9	−3,3	61,3	7,4
Niederlande	+1,2	−2,6	78,7	6,3
Deutschland	+1,3	−4,0	60,8	8,3
Luxemburg	+1,3	+0,9	7,8	7,0
Belgien	+1,6	−3,3	130,6	6,7
Schweden	+1,6	−3,9	78,1	8,5
Österreich	+1,7	−4,3	71,7	6,5
Frankreich	+2,1	−4,0	56,4	6,6
Irland	+2,1	−1,6	74,7	7,5
Dänemark	+2,2	−1,4	70,2	7,4
Großbritannien	+3,0	−4,6	56,3	8,0
Portugal	+3,0	−4,0	71,1	9,4
Spanien	+3,8	−4,4	67,8	9,5
Italien	+4,7	−6,6	123,4	10,3
Griechenland	+8,4	−7,9	110,6	15,1

*) Referenzwert

Europäische Wirtschafts- und Währungsunion, Abk. **EWWU, Wirtschafts- und Währungsunion,** Abk. **WWU,** nach dem Maastrichter Vertrag in drei Stufen zu realisierende enge Form der Integration im Rahmen der EU. Eine Währungsunion zeichnet sich allgemein durch eine uneingeschränkte, irreversible Konvertibilität der Währungen, eine vollständige Liberalisierung des Kapitalverkehrs und die Integration der Banken- und Finanzmärkte sowie durch eine Beseitigung der Wechselkursbandbreiten und die unwiderrufl. Fixierung der Wechselkursparitäten aus. Eine Wirtschaftsunion ist umfassender. Grundelement ist ein einheitl. Markt mit freiem Personen-, Waren-, Dienstleistungs- und Kapitalverkehr (→Europäischer Binnenmarkt). Sie umfasst ferner eine gemeinsame Wettbewerbspolitik und sonstige Maßnahmen zur Stärkung der Marktmechanismen, eine gemeinsame Politik zur Strukturanpassung und Regionalentwicklung und letztlich eine Koordination zentraler wirtschaftspolit. Bereiche (einschließlich verbindl. Regeln für die Haushaltspolitik).

Im Mittelpunkt der ersten Stufe der EWWU (Beginn am 1. 7. 1990) standen die Aufhebung der Kapitalverkehrskontrollen innerhalb der EG sowie eine engere Kooperation in der Wirtschaftspolitik der Mitgl.-Länder.

Seit dem 1. 1. 1994 läuft die zweite Stufe, zu deren wichtigsten Maßnahmen die Gründung des →Europäischen Währungsinstituts (EWI) als Vorläufer der künftigen Europ. Zentralbank (EZB) zählt. Das EWI ist mit der unmittelbaren techn. und prozeduralen Vorbereitung der Währungsunion befasst, die Verantwortung für die Geldpolitik verbleibt in dieser Phase auf der nat. Ebene. Seit Beginn der zweiten Stufe, während der die wirtschaftl., fiskal. und monetäre Konvergenz der Mitgl.-Staaten verstärkt werden soll, gilt grundsätzlich ein Verbot, öffentl. Defizite durch die nat. Notenbanken zu finanzieren. Dem Gebot der Autonomie der nat. Notenbanken haben inzwischen alle EU-Länder mit Ausnahme Großbritanniens und Griechenlands entsprochen.

Mit dem Eintritt in die dritte Stufe, die laut Maastrichter Vertrag (Art. 109 j) frühestens 1997 und spätestens zum 1. 1. 1999 beginnen soll, geht die Verantwortung für die gemeinsame Geldpolitik auf das Europ. System der Zentralbanken (ESZB) über, das sich aus der EZB und den nat. Notenbanken zusammensetzt. Zudem kommt es zur Beseitigung der Bandbreiten und zur unwiderrufl. Fixierung der Wechselkurse der beteiligten Länder untereinander sowie zur Festlegung der Umrechnungskurse der nat. Währungen zu der neuen Europawährung.

Der auf der Gipfelkonferenz des Europ. Rates der Staats- und Regierungschefs im Dezember 1995 in Madrid beschlossene Zeitplan sieht vor, die Umstellung von den nat. Währungen auf die Einheitswährung (→Euro) schrittweise bis spätestens 2002 zu vollziehen. Während im Zahlungsverkehr zw. Banken und Nichtbanken bereits ab 1. 1. 1999 die Landeswährungen durch den Euro ersetzt werden, soll die Ausgabe von auf Euro lautenden Banknoten und Münzen erst ab 1. 1. 2002 erfolgen. Zum 30. 6. 2002 werden die nat. Banknoten und Münzen ihre Eigenschaft als gesetzl. Zahlungsmittel verlieren. Laut Maastrichter Vertrag (Art. 109 j) hat der Europ. Rat vor dem 1. 7. 1998 mit qualifizierter Mehrheit festzulegen, welche Länder die Voraussetzungen für die Teilnahme an der EWWU erfüllen (als Konvergenzkriterien werden die Istdaten des Jahres 1997 herangezogen); in Dtl. muss ein zustimmendes Votum des Bundestages eingeholt werden.

Die Teilnahme an der EWWU ist laut Maastrichter Vertrag von der Erfüllung folgender **Konvergenzkriterien** abhängig: a) Preisniveaustabilität, d. h., die durchschnittl. Inflationsrate darf im Jahr vor der Eintrittsprüfung maximal 1,5 Prozentpunkte über derjenigen der höchstens drei preisstabilsten Länder liegen. b) Mindestens zweijährige Teilnahme am Wechselkursmechanismus des EWS unter Einhaltung der normalen Bandbreite; insbesondere darf die Landeswährung in diesem Zeitraum nicht auf Initiative des Beitrittskandidaten abgewertet worden sein. c) Der langfristige Nominalzins darf im Verlauf eines Jahres vor dem Konvergenztest höchstens 2 Prozentpunkte über denjenigen der höchstens drei Länder mit den niedrigsten Inflationsraten liegen. d) Das jährl. Haushaltsdefizit darf 3 % des Bruttoinlandsprodukts (BIP) nicht überschreiten, es sei denn, die Quote ist erheblich und laufend zurückgegangen und liegt in der Nähe des Referenzwertes. e) Der öffentl. Schuldenstand bezogen auf das BIP darf 60 % nicht übersteigen, es sei denn, die Quote ist hinreichend rückläufig und nähert sich dem Referenzwert. Zweifel an dem vorgesehenen Zeitplan für den Beginn der Währungsunion gründen sich v. a. auf die fakt. Freigabe der Wechselkurse im EWS (1993) und auf die Tatsache, dass bisher (1996) nur Luxemburg sämtl. Konvergenzkriterien in strenger Auslegung erfüllt. Im September 1996 einigten sich die Finanz-Min. und Notenbank-Präs. der EU-Staaten auf einen Stabilitätspakt zur Einhaltung der

Konvergenzkriterien nach Beginn der EWWU, auf einen neuen, flexibleren Wechselkursmechanismus zw. den künftigen EWWU-Staaten und den Ländern, die nicht sofort an der EWWU teilnehmen können (EWS II; die nat. Währungen der betroffenen Länder sollen mit einer Bandbreite von bis zu 15 % an die Leitwährung Euro angekoppelt werden), sowie über den rechtl. Rahmen zur Einführung des Euro (der Wert des Euro soll im Verhältnis 1:1 zur bisherigen Korbwährung ECU festgelegt werden).

Als Vorteile der EWWU gelten insbesondere der Wegfall von Wechselkursrisiken sowie währungsbedingter Transaktions- und Kurssicherungskosten, erhöhte Planungssicherheit für Investitionen und der Wegfall wechselkursbedingter Wettbewerbsverzerrungen. Umstritten ist, welche Auswirkungen sich für den Arbeitsmarkt sowie die Tarif- und Sozialpolitik ergeben.

Europäische Zahlungsunion, Abk. **EZU,** ein am 19. 9. 1950 von allen Mitgl.-Ländern der Organisation für europäische wirtschaftliche Zusammenarbeit (OEEC) geschlossenes Abkommen, das im Rahmen eines multilateralen Verrechnungs- und Kreditsystems die Transferierbarkeit der europ. Währungen erhöhen und den Übergang zur Konvertibilität der Währungen erleichtern sollte. Am 27. 12. 1958 wurde die EZU, nachdem die meisten Mitgl.-Währungen konvertierbar geworden waren, durch das →Europäische Währungsabkommen abgelöst.

Europäische Zentralbank, Abk. **EZB,** gemäß den Statuten des Vertrags über die EU (Maastrichter Vertrag) frühestens zum 1. 1. 1997 und spätestens zum 1. 1. 1999, also mit Beginn der dritten Stufe auf dem Weg zur Europ. Wirtschafts- und Währungsunion, zu gründende Institution, die zusammen mit den Notenbanken der Mitgl.-Länder (›nat. Zentralbanken‹) das **Europäische System der Zentralbanken (ESZB)** bildet und somit für die Geldpolitik und die Sicherung der Preisniveaustabilität zuständig ist. Die EZB besitzt eine eigene Rechtspersönlichkeit; ihr Sitz ist Frankfurt am Main. Die EZB und das ESZB sind unabhängig, d. h., bei der Wahrnehmung ihrer Befugnisse darf weder die EZB noch eine nat. Notenbank, noch ein Mitgl. ihrer Beschlussorgane Weisungen von Organen oder Einrichtungen der Europ. Gemeinschaften, Reg. der Mitgl.-Staaten oder anderen Stellen einholen oder entgegennehmen. Die Beschlussorgane der EZB sind der EZB-Rat und das Direktorium. Der Rat besteht aus den Mitgl. des Direktoriums der EZB und den Präs. der nat. Notenbanken. Das Direktorium setzt sich aus dem Präs., dem Vize-Präs. und vier weiteren Mitgl. zusammen; es führt die laufenden Geschäfte, während der Rat die für die Geldpolitik der Gemeinschaft notwendigen Richtlinien erlässt. Die Mitgl. des Direktoriums werden von den Reg. der Mitgl.-Staaten auf der Ebene der Staats- und Regierungschefs auf Empfehlung des Rates der EU, der hierzu das Europ. Parlament und den EZB-Rat anhört, aus dem Kreis der in Währungs- oder Bankfragen anerkannten und erfahrenen Persönlichkeiten einvernehmlich ausgewählt und ernannt. Die Amtszeit beträgt 8 Jahre. An den Sitzungen des EZB-Rats können der Präs. des Rates der EU und ein Mitgl. der Europ. Kommission ohne Stimmrecht teilnehmen.

Nach Art. 105 a EU-Vertrag fungiert die EZB auch als Notenbank, d. h., die EZB und die nat. Zentralbanken sind zur Ausgabe von Banknoten berechtigt. Zur Durchführung ihrer Geschäfte können die EZB und die nat. Zentralbanken für Kreditinstitute, öffentl. Stellen u. a. Marktteilnehmer Konten eröffnen. Darüber hinaus können sie Offenmarkt- und Kreditgeschäfte tätigen. Die EZB wird das →Europäische Währungsinstitut ablösen und dessen Aufgaben übernehmen.

Europäisierung, Schlagwort zur Bez. der weltweiten Ausbreitung der wissenschaftlich-techn. Zivilisation Europas vom 17. Jh. an, die durch die industriellen und gesellschaftl. Revolutionen seit dem 18. und v. a. dem 19. Jh. weltweite Stoßkraft erhielt, auch gegenüber alten Weltkulturen zum Durchbruch gelangte und v. a. in Asien und Afrika (Beispiele: Japan und Ägypten) zu tiefen sozialen und kulturellen Spannungen zw. traditionalist. und westlich modernist. Elementen des Gesellschafts- und Wertgefüges führte. Die E. entwickelte sich v. a. infolge der beiden Weltkriege und der Auflösung der modernen Kolonialreiche zu einer Kraft, die das soziokulturelle Traditionsgefüge nichteurop. Gesellschaften infrage stellt, während gleichzeitig die polit. Verhaltensweisen westlich pluralist., egalitärer Demokratie als Mittel einer innergesellschaftl. Konfliktbewältigung häufig versagen. (→Abendland, →Europa, Geschichte)

Europa-Kolleg, internat. Bildungseinrichtungen für postuniversitäre Studien auf den Gebieten der Rechts-, Wirtschafts- und polit. Wissenschaften. Der Lehrkörper der E.-K. ist multinational; Unterrichtssprachen sind Englisch und Französisch; Abschluss nach erfolgreichem einjährigem Studium: ›Master of European Studies‹. – Das erste E.-K. wurde 1949 in Brügge gegründet. Es will die Teilnehmer an seinen Ausbildungsgängen (jährlich rd. 250 aus 31 europ. Staaten) praxisorientiert auf Tätigkeiten in europ., internationalen und nat. Behörden, Verwaltungen und Verbänden mit europ. Bezug vorbereiten. Ein zweites E.-K. wurde auf Einladung der poln. Reg. 1992 in Warschau eröffnet, die als Sitz den histor. Gebäudekomplex Natolin im Süden der Hauptstadt zur Verfügung stellte. Aufgrund der starken Nachfrage nach europ. Bildungsangeboten in den ehem. kommunist. Staaten Mittel- und Osteuropas entstanden, befassen sich die Ausbildungsgänge des E.-K. Natolin schwerpunktmäßig mit der Gesch. Mittel- und Osteuropas und den aktuellen polit., wirtschaftl. und ökolog. Problemen dieser Staaten sowie ihren Beziehungen zur Europ. Union.

Europameisterschaft, Abk. **EM,** Sport: Meisterschaftswettbewerb auf europ. Ebene. E. werden in vielen Sportarten in jeweils unterschiedl. Abständen ausgetragen: jährlich (z. B. im Eiskunstlauf), alle zwei Jahre (z. B. im Schwimmen und im Basketball) sowie alle vier Jahre (Fußball, Leichtathletik).

Europapokal, Europacup [-kʌp], Sport: in vielen Sportarten zumeist jährlich ausgetragener Pokalwettbewerb auf europ. Ebene. Der erste E.-Wettbewerb wurde 1955/56 im Fußball für Vereinsmannschaften (E. der Landesmeister; auch →Champions League) veranstaltet, danach wurden E.-Wettbewerbe in zahlr. anderen Sportarten eingeführt, meist für Landesmeister und nat. Pokalsieger (Vereinsmannschaften), aber auch für Nationalmannschaften und Einzelsportler.

Europapreise, versch. Preise, die kulturelle oder polit. Verdienste für die europ. Einigung und Verständigung oder besondere Leistungen im europ. Rahmen würdigen oder eine Anerkennung durch Europa darstellen (z. B. der **Europäische Menschenrechtspreis** des Europarats). Der **E. für Staatskunst,** gegr. 1969 von der →Alfred Toepfer Stiftung F. V. S., wird unregelmäßig verliehen. Dieselbe Stiftung trägt den **Joseph-Bech-Preis,** ebenfalls für europ. Einigung, den **Europa-Preis für Denkmalpflege** (gegr. 1973), beide zweijährlich, und den **E. für Volkskunst** (gegr. 1973), jährlich verliehen. Weitere E. verleihen u. a. die Internat. Fördergemeinschaft der Wirtschaft am Oberrhein (jährlich zwei Kulturpreise zur Anerkennung eines Lebenswerks), die Coudenhove-Kalergi-Stiftung (**Europäischer Coudenhove-Kalergi-Preis** für europ. Einigung, seit 1978) und die Europ. Union (EU), die seit 1987 jährlich einen **Europa-Preis für Theater** vergibt.

Europarat, engl. **Council of Europe** [ˈkaʊnsl əf ˈjʊərəp], frz. **Conseil de l'Europe** [kɔ̃ˈsɛj dələˈrɔp], eine Organisation europ. Staaten auf völkerrechtl. Grundlage; Sitz: Straßburg. Sie wurde durch private Initiativen wie die von R. N. Graf VON COUDENHOVE-KALERGI, namentlich durch die Entschließungen des Kongresses der Europ. Unionsbewegungen in Den Haag (7.–10. 5. 1948), angeregt. Die von einer Zehn-Staaten-Konferenz in London ausgearbeitete Satzung vom 5. 5. 1949 sieht eine allgemeine Zusammenarbeit gleich gesinnter Mitgl.-Staaten zur Förderung des wirtschaftl. und sozialen Fortschritts vor, schließt aber militär. Fragen von der Zuständigkeit aus. Die Aufgaben des E. sollen durch seine Organe durch Beratung, Abschluss von Abkommen und gemeinsames Vorgehen auf wirtschaftl., kulturellem, sozialem und wiss. Gebiet und auf den Gebieten von Recht und Verwaltung sowie durch den Schutz und die Fortentwicklung der Menschenrechte und Grundfreiheiten erfüllt werden. Gründungs-Mitgl.: Belgien, Dänemark, Frankreich, Großbritannien, Irland, Italien, Luxemburg, Niederlande, Norwegen, Schweden. Im Laufe der Zeit traten Griechenland und die Türkei (1949), Island (1950), die Bundesrepublik Dtl. (Voll-Mitgl. seit 1951), Österreich (1956), Zypern (1961), die Schweiz (1963), Malta (1965), Portugal (1976), Spanien (1977) und Liechtenstein (1978) bei. Nach dem Beitritt von San Marino (1988), Finnland (1989), Ungarn (1990), Polen (1991), der ČSFR (1991; 1993 deren Nachfolgestaaten Tschech. Rep. und Slowak. Rep.), Bulgarien (1992), Estland, Litauen, Slowenien, Rumänien (1993), Andorra (1994), Albanien, Lettland, Makedonien, Moldawien, Ukraine (1995), Russ-land und Kroatien (1996) gehören dem E. 40 Mitgl. an. Einen Beobachterstatus besitzen Israel (seit 1961) und die USA (seit 1996).

Organe des E. sind: 1) das **Ministerkomitee** (die Außen-Min. der Mitgl.-Staaten), dem innerhalb des E. die oberste Entscheidungsgewalt zukommt; nach außen kann es seine Beratungskompetenz am weitgehendsten verwirklichen; 2) die **Parlamentarische Versammlung** (auch **Beratende Versammlung**), zusammengesetzt aus den von den nat. Parlamenten entsandten Abg., deren Zahl sich nach der Größe der einzelnen Mitgl.-Staaten richtet (1996: 286 Abg.), die über alle Fragen aus dem Zuständigkeitsbereich des E. berät und ihre Beschlüsse als Empfehlung an das Min.-Komitee weitergibt; sie ist nicht zu verwechseln mit dem Europ. Parlament der Europ. Union (EU), deren Abg. in den 15 Mitgl.-Staaten direkt gewählt werden; 3) das **Generalsekretariat,** das die Sekretariatsaufgaben für die zahlr. im Rahmen des E. bestehenden Versammlungs- (Parlaments-) und Regierungsexpertenausschüsse wahrnimmt; 4) der **Kongress der Gemeinden und Regionen Europas,** der sich bes. für die Stärkung demokrat. Denkens und demokrat. Strukturen in O-Europa einsetzt. – Als Nachfolger der Französin CATHERINE LALUMIÈRE (*1935; Gen.-Sekr. 1989–94) wählte die Beratende Versammlung im April 1994 den Schweden DANIEL TARSCHYS (*1943) zum Gen.-Sekr. Die Organisation wird durch Beiträge der Mitgl.-Staaten unterhalten. Dem E. verbunden sind der Europ. Gerichtshof für Menschenrechte, die Europ. Kommission für Menschenrechte (→Europäische Menschenrechtskonvention) sowie der Rat für kulturelle Zusammenarbeit.

Europarat: Aufbau seiner Organe

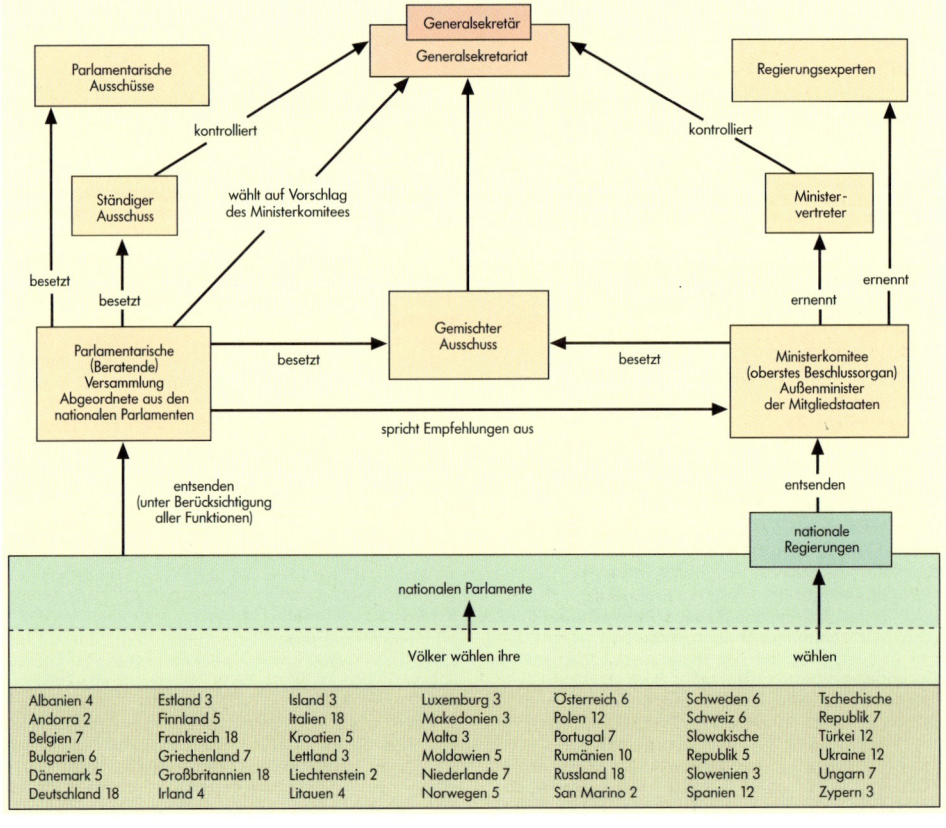

Der E. erlässt keine unmittelbar geltenden Rechtsakte; seine Organe äußern sich in der Form von Entschließungen und Empfehlungen. Er ist ein Forum für Debatten über allgemeine europ. Fragen. In seinem Rahmen werden zwischenstaatl., völkerrechtlich verbindl. Abkommen abgeschlossen, die oft der Rechtsvereinheitlichung dienen; die herausragendsten Abkommen sind: die Europ. Menschenrechtskonvention vom 4. 11. 1950, das Europ. Fürsorgeabkommen vom 11. 12. 1953 zur Gleichbehandlung der Staatsangehörigen der Vertragsstaaten in der Fürsorgegesetzgebung, das Europ. Niederlassungsabkommen vom 13. 12. 1955, insbesondere zur Gewährleistung von Freizügigkeit, das Europ. Auslieferungsübereinkommen vom 13. 12. 1957 zur einheitl. Regelung der Auslieferung von Straftätern, das Europ. Rechtshilfeabkommen in Strafsachen vom 20. 4. 1959, die →Europäische Sozialcharta vom 18. 10. 1961, das Europ. Übereinkommen zur Bekämpfung des Terrorismus vom 27. 1. 1977, das Europ. Datenschutzabkommen (1981), die Konvention gegen Folter und entwürdigende Behandlung (1987), die Konvention über grenzüberschreitendes Fernsehen (1989), die Charta zum Schutz der Regional- und Minderheitensprachen (1992) und die Konvention zum Schutz von Minderheiten (1995). – Der E. symbolisiert sich seit dem 8. 12. 1955 in der **Europaflagge**, die zwölf kreisförmig angeordnete goldene Sterne auf azurblauem Grund zeigt.

R. Wyder: Die Schweiz u. der E. 1949–1971 (Bern 1984); F. Kremaier: Das Europ. Parlament der EG u. die Parlamentar. Versammlung des E. (1985); Entwicklung der Menschenrechte innerhalb der Staaten des E., Tl. 1, bearb. v. E. G. Mahrenholz u. a. (1987); Leitf. des Rates der Europ. Union, hg. vom Generalsekretariat des Rates (Luxemburg 1994ff., jährl.; früher u. a. T.).

Europarecht, i. w. S. das sich im Wesentlichen seit dem Ende des Zweiten Weltkrieges entwickelnde Recht der zwischenstaatl. Integration Europas; i. e. S. das Recht der →Europäischen Gemeinschaften (EG-Recht oder Gemeinschaftsrecht).

Europareservat, Prädikat für bes. wichtige Landschaftsteile, die mindestens die Kriterien internationales Interesse, Lebensraum einer großen Zahl von Wat- und Wasservögeln, Teilverbot der Jagd und allgemeine Beruhigung, Kernbereich Naturschutzgebiet sowie wissenschaftl. Überwachung und Betreuung erfüllen müssen. Der Titel wird in Dtl. vom Dt. Rat für Vogelschutz verliehen und durch Bird Life International (früher Internat. Rat für Vogelschutz) anerkannt.

Die zurzeit (1996) 18 E. in Dtl. sind sämtlich bedeutende Feuchtgebiete, z. B. Vogelfreistätte Wattenmeer östlich von Sylt, Nordfries. Wattenmeer, Elbe-Weser-Watt, Weser-Jade-Watt mit Jadebusen, Dümmer, Federsee, Unterer Inn, Steckby-Lödderitzer Forst.

Europartners, Kooperationsgruppe führender europ. Banken, gegr. 1970, Ende 1992 aufgelöst; Ziel war die Zusammenarbeit auf versch. Gebieten des Bankgeschäfts.

Europaschiff, Typschiff (Motorgüterschiff) der europ. Binnenschifffahrt, 85 m lang, 9,50 m breit, 2,80 m Tiefgang, bis 1500 t Tragfähigkeit. Danach werden Querschnitt und Wassertiefe der Binnenwasserstraßen von europ. Bedeutung bemessen.

Europaschulen, engl. **European Schools** [jʊərə'piːn 'skuːlz], frz. **Écoles Européennes** [e'kɔl ørøpe'ɛn], Grund- und höhere Schulen v. a. für Kinder von Bediensteten der Europ. Gemeinschaft (EG) in Luxemburg (1953), Brüssel I und II (1959), Mol (1961), Varese (1961), Karlsruhe (1963), Bergen/Niederlande (1964), München (1977) und Culham (1978). Die Satzung vom 12. 4. 1957 wurde durch die Vereinbarung über die Satzung der Europ. Schulen vom 21. 6. 1994 den Anforderungen einer zeitgerechten Schulverfassung und -organisation angepasst. Die E. vereinigen Lehrer und Kinder versch. Nationalitäten und Sprachen. Sie bieten ihnen eine Ausbildung in ihrer Sprache und Kultur unter gleichzeitiger Förderung des Fremdsprachenlernens. Die Grundschule (Primarschule) ist fünfjährig. Der Grundunterricht wird in den Sprachen Dänisch, Niederländisch, Französisch, Deutsch, Italienisch, Englisch, Griechisch, Spanisch, Portugiesisch, Schwedisch und Finnisch erteilt. Die Oberstufe (Sekundarstufe) ist siebenjährig. Das europ. Abitur berechtigt zum Studium in sämtl. Mitgl.-Staaten und wird darüber hinaus an versch. Univ. anderer Staaten anerkannt.

Europastraßen, Fernstraßen des grenzüberschreitenden Verkehrs, gekennzeichnet durch Verkehrsschilder (weißes E und weiße Nummer auf grünem Grund). E. werden seit 1975 in Straßen des Haupt- und Zwischenrasters (A-Straßen) sowie in Abzweigungen, Zubringer- und Verbindungsstraßen (B-Straßen) untergliedert. A-Straßen haben zwei Ziffern, B-Straßen drei Ziffern. Der Hauptraster weist in West-Ost-Richtung acht E., in Nord-Süd-Richtung zehn E. auf. Das E.-Netz wurde in erster Linie auf vorhandene nat. Verkehrswege bezogen.

Europastraßen:
Verkehrsschild

Europa-Union Deutschland, überparteilicher, unabhängiger polit. Verband, der sich für die europ. Einigung auf demokrat. und föderalist. Grundlage einsetzt und die Schaffung einer europ. Föderation anstrebt; gegr. am 9. 12. 1946 in Syke (bei Bremen). Die E.-U. D. ist die dt. Sektion der **Union Europäischer Föderalisten** (Symbol: →Europaflagge); sie vereint (1996) in 16 Landes- sowie rd. 370 Kreis- und Ortsverbänden etwa 25 000 Einzel-Mitgl. aus allen gesellschaftl. Gruppen und demokrat. Parteien. Zu ihren Aktivitäten gehört die Informations- und Öffentlichkeitsarbeit zur Förderung des europ. Bewusstseins und zur Mobilisierung der Bürger für die europ. Integration. Sie wirkt im vorparlamentar. Raum und bemüht sich, auf die europapolit. Entscheidungsprozesse in Dtl. und bei den Organen der Europ. Union und des Europarates Einfluss zu nehmen.

Europa-Universität Viadrina [von lat. Viadrus ›Oder‹], die 1991 gegründete Univ. Frankfurt (Oder). Gegenwärtig (1996) bestehen drei Fakultäten (Rechts-, Wirtschafts- und Kulturwiss.) und drei Forschungsinst. (Frankfurter Inst. für Transformationsstudien, Interdisziplinäres Zentrum für Ethik, Heinrich von Kleist Inst. für Literatur und Politik). Forschung und Lehre sind interdisziplinär ausgerichtet; europ. und internat. Zusammenhänge von Recht, Wirtschaft und Kultur nehmen eine besondere Rolle ein. Als an der Grenze zu Polen gelegene Europa-Univ. versteht die ›Viadrina‹ ihre Tätigkeit als Möglichkeit des geistigen Austauschs und der Begegnung von Studierenden und Wissenschaftlern aus Dtl. und Mitteleuropa. Von den rd. 2 300 Studierenden (Wintersemester 1996/97) kommen rd. 40% aus mitteleurop. Staaten (v. a. aus Polen).

Europawahl, die Wahl der Abg. des Europ. Parlaments (→Europäische Gemeinschaften). Die Abg. werden seit 1979 in freier, gleicher und direkter Wahl zu einem einheitl. Zeitpunkt für eine Legislaturperiode von fünf Jahren gewählt; zuvor wurden sie von den Parlamenten der Mitgl.-Staaten delegiert. Bis zum In-Kraft-Treten eines einheitl. Wahlverfahrens für die E. sind die innerstaatl. Wahlverfahren anzuwenden. Die Mitgliedschaft im Europ. Parlament ist vereinbar mit derjenigen im Parlament eines Mitgl.-Staates der EG. Sie ist jedoch u. a. unvereinbar mit der Eigenschaft als Mitgl. der Reg. eines Mitgl.-Staates, als Mitgl. der Kommission der EG, als Richter des Europ. Gerichtshofs sowie als im aktiven Dienst stehender Beamter der EG. Jeder Unionsbürger kann (seit 1994) bei Wahlen zum Europ. Parlament sein aktives und passives Wahlrecht in dem Staat der EG wahrnehmen, in dem er seinen Wohnsitz hat, auch wenn er dessen Staatsangehörigkeit nicht besitzt (Art. 8 b Abs. 2 EG-Vertrag).

Europawelle, *Rundfunk:* →SR 1 Europawelle.

European Advisory Commission [jʊərəˈpiːən ədˈvaɪzəri kəˈmɪʃn, engl.], Abk. **EAC, Europäische Beratende Kommission,** von der Konferenz der Außen-Min. der USA, der UdSSR, Großbritanniens und Chinas in Moskau eingesetzte Kommission, die 1943–45 in London die alliierten Kapitulationsbedingungen gegenüber Dtl. sowie dessen Besetzung und Verwaltung nach der Kapitulation beriet (u. a. Festlegung der alliierten Besatzungszonen in Dtl. und Österreich; →Londoner Protokolle).

European Business School [jʊərəˈpiːən ˈbɪznɪs ˈskuːl, engl.], Abk. **ebs,** gegr. 1971, staatlich anerkannte private wiss. Hochschule mit Sitz auf Schloss Oestrich-Winkel (Rheingau-Taunus-Kreis); Ziel ist die praxisbezogene Ausbildung von Führungsnachwuchs durch ein international ausgerichtetes Studium der Betriebswirtschaftslehre (BWL); Studienrichtungen: BWL/zweisprachige Studienrichtung und BWL/Studienrichtung Wirtschaftsinformatik; achtsemestriges Studium (Abschluss: Diplom-Betriebswirt/in) bzw. zehnsemestriges Studium (Abschluss: Diplom-Kaufmann/-frau) mit integriertem Auslandsstudium sowie einem Jahr studienbegleitende Berufserfahrung. Für Diplom-Kaufleute ist die Promotion möglich. Gegenwärtig (1996) rd. 750 Studierende.

European Coal and Steel Community [jʊərəˈpiːən ˈkəʊl ənd ˈstiːl kəˈmjuːnɪti, engl.], Abk. **ECSC,** die →Europäische Gemeinschaft für Kohle und Stahl.

European Communities [jʊərəˈpiːən kəˈmjuːnɪtiz, engl.], die →Europäischen Gemeinschaften.

European Currency Unit [jʊərəˈpiːən ˈkʌrənsi ˈjuːnɪt, engl.], Abk. **ECU,** die →Europäische Währungseinheit.

European Economic Community [jʊərəˈpiːən iːkəˈnɒmɪk kəˈmjuːnɪti, engl.], Abk. **EEC,** die →Europäische Wirtschaftsgemeinschaft.

European Film Academy [jʊərəˈpiːən - əˈkædəmi, engl.], **Europäische Filmakademie,** 1991 aus der European Cinema Society (gegr. 1988) hervorgegangene Organisation zur Förderung des europ. Films; Sitz: Berlin; verleiht jährlich den **Europäischen Filmpreis,** gen. **Felix** (in Form einer Statuette), in versch. Kategorien (u. a. bester Film, Einzelleistungen). Für das Lebenswerk ausgezeichnet wurden T. ANGELOPOULOS (1989), A. WAJDA (1990), ALEXANDER TRAUNER (1991), B. WILDER (1992), M. ANTONIONI (1993), R. BRESSON (1994), M. CARNÉ (1995), A. GUINNESS (1996).

Europium		
chem.	Ordnungszahl	63
Symbol:	relative Atommasse	151,96
	Häufigkeit in der Erdrinde	$1,0 \cdot 10^{-4}\%$
Eu	natürliche Isotope (stabil; in Klammern Anteil in %)	^{151}Eu (47,8), ^{153}Eu (52,2)
	insgesamt bekannte Isotope	^{134}Eu bis ^{160}Eu
	längste Halbwertszeit (^{150}Eu)	36 Jahre
	Dichte (bei 25 °C)	$5,244$ g/cm^3
	Schmelzpunkt	822 °C
	Siedepunkt	1596 °C
	spezif. Wärmekapazität (bei 25 °C)	$0,182$ J/(g · K)
	elektr. Leitfähigkeit (bei 25 °C)	$1,1 \cdot 10^6$ S/m
	Wärmeleitfähigkeit (bei 27 °C)	14 W/(m · K)

European Free Trade Association [jʊərəˈpiːən friː ˈtreɪd əsəʊsiˈeɪʃn, engl.], Abk. **EFTA,** die →Europäische Freihandelsassoziation.

European Monetary Institute [jʊərəˈpiːən ˈmʌnɪtəri ˈɪnstɪtjuːt, engl.], Abk. **EMI,** das →Europäische Währungsinstitut.

European Monetary System [jʊərəˈpiːən ˈmʌnɪtəri ˈsɪstəm, engl.], Abk. **EMS,** das →Europäische Währungssystem.

European Nuclear Energy Agency [jʊərəˈpiːən ˈnjuːkliə ˈenədʒi ˈeɪdʒənsi, engl.], Abk. **ENEA,** 1957 gegründete Vorgängerorganisation der →Nuclear Energy Agency.

European Physical Society [jʊərəˈpiːən ˈfɪzɪkl səˈsaɪəti, engl.], **Europäische Physikalische Gesellschaft,** 1968 im →CERN durch 18 nat. physikal. Gesellschaften gegr., Sitz: Genf; rd. 4 500 Mitgl. aus über 30 Ländern (1996); darunter 36 nat. Organisationen; Publikationen: Europhysics News, Europhysics Letters, European Journal of Physics sowie European Conference Abstracts u. a. – Durch die E. P. S. wird der →Hewlett-Packard-Europhysics-Preis verliehen.

European Recovery Program [jʊərəˈpiːən rɪˈkʌveri ˈprəʊgræm, engl.], →ERP.

European Southern Observatory [jʊərəˈpiːən ˈsʌðən əbˈzɜːvətri, engl.], Abk. **ESO,** die →Europäische Südsternwarte.

European Space Agency [jʊərəˈpiːən ˈspeɪs ˈeɪdʒənsi, engl.], Europäische Weltraumorganisation, →ESA.

European Space Operations Centre [jʊərəˈpiːən ˈspeɪs ɒpəˈreɪʃnz ˈsentə, engl.], Europ. Operationszentrum für Weltraumforschung, →ESA.

European Space Research and Technology Centre [jʊərəˈpiːən ˈspeɪs rɪˈsɜːtʃ ənd tekˈnɒlədʒi ˈsentə, engl.], Europ. Zentrum für Weltraumforschung und Technologie, →ESA.

European Space Research Institute [jʊərəˈpiːən ˈspeɪs rɪˈsɜːtʃ ˈɪnstɪtjuːt, engl.], Europ. Weltraumforschungs-Institut, →ESA.

European Space Research Organization [jʊərəˈpiːən ˈspeɪs rɪˈsɜːtʃ ɔːgənaɪˈzeɪʃn, engl.], Europ. Organisation für Weltraumforschung, →ESA.

Europide, Sg. **Europide** der, -n, **europider Rassenkreis,** typolog. Kategorie für die Gesamtheit der in Europa und Nordafrika und dem Westteil Asiens einheim. →Menschenrassen, deren auffälligstes Kennzeichen die Pigmentarmut von Haut, Haar und Augen ist. Eine solche Kategorisierung von geograph. Variabilität auf der Grundlage morpholog. Merkmale gilt heute als überholt. Konventionellerweise wurde folgende, auf W. Z. RIPLEYS Studie ›The races of Europe‹ (1899) zurückgehende typolog. Einteilung getroffen: 1) Nordide (nordeurop. Rasse) mit den Varianten Fälide (fäl. Rasse) und Dalonordide (dalonord. Rasse), 2) Alpinide (alpine Rasse), 3) Osteuropide (osteurop. Rasse), 4) Dinaride (dinar. Rasse) und Anatolide (vorderasiat. Rasse), 5) Mediterranide (mittelmeerländ. Rasse) und Orientalide (oriental. Rasse). Jeder dieser Gruppen werden ein bestimmter Herkunfts- und Verbreitungsraum sowie unterschiedl. körperl. Merkmale zugeschrieben, z. B. der alpinen Rasse eine dunkle Haar- und Augenfarbe sowie ein kurzwüchsiger Körperbau. Die versch. Erscheinungsbilder haben jedoch zeitlich und geographisch vielfach fluktuiert und unterliegen auch heute noch Veränderungen, die nicht genetisch bedingt sind.

Europium [nach dem Erdteil Europa] *das, -s,* chem. Symbol **Eu,** ein →chemisches Element aus der Reihe der →Lanthanoide im Periodensystem der chem. Elemente. E., ein graues, gut verformbares Metall, kommt u. a. im Monazit vor; es gehört zu den seltensten Elementen unter den Lanthanoiden. In seinen Verbindungen tritt es zwei- (farblos) oder dreiwertig (rosafarben) auf. E. findet Verwendung als Aktivator in den Leuchtmassen der Farbfernsehschirme sowie als Neutronenabsorber in der Kerntechnik. Einige komplexe E.-Verbindungen werden als ›Verschiebungsreagenzien‹ in der →NMR-Spektroskopie verwendet. – E.

wurde 1901 von dem frz. Chemiker E.-A. DEMARÇAY (* 1852, † 1904) isoliert und benannt.

Europol, Kurz-Bez. für das gemäß Vertrag über die EU (Titel VI, Art. K 1 Ziffer 9) zu errichtende Europ. Polizeiamt, Sitz: Den Haag. E. ist nach dem Vertrag zuständig für die polizeil. Zusammenarbeit zur Verhütung und Bekämpfung des Terrorismus, des illegalen Drogenhandels und sonstiger schwer wiegender Formen der internat. Kriminalität in Verbindung mit dem Aufbau eines unionsweiten Systems zum Austausch von Informationen. Die E.-Konvention liegt den Mitgl.-Staaten zur Ratifizierung vor. Seit Anfang 1994 arbeitet eine Vorläuferinstitution von E., die ›E. Drugs Unit‹, die insbesondere dem Datenaustausch der nat. Polizeibehörden zur Bekämpfung der Rauschgiftkriminalität dient.

Europoort [ˈøːroːpoːrt], Hafenanlagen von →Rotterdam, 1958–81 gebaut; bes. Erz-, Kohle-, Container- und Erdölhafen. Vom Rotterdamer Gesamtgüterumschlag entfallen rd. 75 % auf den E., der auch Standort großer Betriebe der petrochem., Düngemittel- und metallurg. Industrie ist.

Euroscheck, der →Eurocheque.

Eurosignal, Europäischer Funkrufdienst, seit 1974 eingeführter →Funkrufdienst. Von Anschlüssen des öffentl. Fernsprechnetzes werden codierte Tonfrequenzsignale (Sendefrequenzen zw. 87,340 und 87,415 MHz) zu bewegl. Funkempfängern gesendet. Jedem dieser E.-Funkempfänger können bis zu vier Rufnummern zugewiesen werden, deren Bedeutung zw. den Funkrufpartnern vereinbart werden muss (z. B. ›bitte zurückrufen‹). Der Eingang eines Funkrufes wird durch ein akust. und ein opt. Signal angezeigt. In Dtl. bestehen drei Funkrufbereiche mit etwa 100 UKW-Sendern. Derzeit gibt es in Dtl. noch die Funkrufdienste →Cityruf und →Scall, die nat. das E. ersetzt haben. Für 1996 ist geplant, das E. durch das digital arbeitende System →Ermes abzulösen.

Eurosport, →Privatfernsehen.

Eurotas *der,* neugriech. **Evrotas,** Hauptfluss der Landschaft Lakonien im SO des Peloponnes, Griechenland, 82 km lang; entspringt im südl. Arkadien, durchfließt das Becken von Sparta, mündet in den Lakon. Golf.

Eurotunnel, Kanaltunnel, britisch-frz. Eisenbahntunnel zw. Folkestone und Calais; bestehend aus zwei eingleisigen Tunnelröhren (Durchmesser je 7,6 m) sowie einem dazwischenliegenden Lüftungs-, Wartungs- und Rettungstunnel (Durchmesser 4,8 m) mit Querverbindungen alle 375 m; Länge 50,45 km, davon 38 km unter dem Ärmelkanal (bis zu 127 m unter der Wasseroberfläche bzw. 65 m unter dem Meeresboden). Der in $6^1/_2$ Jahren von einem Firmenkon-

sortium erbaute, privat finanzierte und am 6. 5. 1994 offiziell eingeweihte Tunnel wird von der britisch-frz. Gesellschaft ›E.‹ betrieben, die eine Konzession für 55 Jahre besitzt. Die vom frz. →TGV abgeleiteten Eurostar-Hochgeschwindigkeitszüge verkehren seit dem 14. 11. 1994 im Personenverkehr zw. London und Paris bzw. Brüssel (bis 300 km/h), wobei sie den E. mit 160 km/h durchfahren. Pkw, Lkw und Omnibusse werden im Huckepackverkehr in Shuttlezügen zw. Folkestone und Calais transportiert. Die Tunnelverbindung konkurriert seitdem mit dem Fähr- und dem Flugverkehr.

Eurovision, Organisation der →Europäischen Rundfunk-Union zum Austausch von Fernsehprogrammen und Nachrichtenbeiträgen; gegr. 1954; Sitz: Genf, dt. Zentrale in Köln.

Eurovision

eury... [von griech. eurýs ›breit‹, ›weit‹], Präfixoid mit den Bedeutungen: 1) breit, z. B. eurysom (›breitwüchsig‹); 2) weiter Bereich (auf Umweltfaktoren bezogen), z. B. Euryökie.

Euryale [zu griech. hálōs ›Tenne‹, ›Rundung‹], im trop. Asien verbreitete Gattung der Seerosengewächse. Wegen ihrer essbaren Samen wird E. ferox in China kultiviert.

Eurybiades, griech. **Eurybiádes,** spartan. Feldherr im Perserkrieg 480 v. Chr., befehligte bei Kap Artemision und Salamis die griech. Bundesflotte, lehnte jedoch die Verfolgung der geschlagenen Perser und einen sofortigen Vorstoß nach Osten ab.

Eurydike, griech. **Eurydíke,** *griech. Mythos:* eine Dryade, Gattin des →Orpheus. Auf der Flucht vor dem sie begehrenden Aristaios starb sie an einem Schlangenbiss. Vergeblich versuchte Orpheus, sie aus dem Hades zurückzuholen. (BILD S. 712)

Eurydike, griech. **Eurydíke,** Name makedon. und hellenist. Herrscherinnen, u. a. der Mutter PHILIPPS II. († 336 v. Chr.).

Eurymedon, griech. **Eurymédon,** antiker Name eines Flusses in Pamphylien (Südanatolien), heute Köprürmağı; war bis zur Stadt Aspendos schiffbar, in deren Nähe der Athener KIMON einen Sieg über Flotte und Heer der Perser (465 v. Chr.) erfocht.

Euryökie [zu griech. oĩkos ›Haus‹, ›Wohnort‹] *die, -,* die Fähigkeit mancher Organismen, unter unterschiedl. Bedingungen gedeihen zu können. Euryöke Arten sind aufgrund dieser ›ökolog. Potenz‹ sehr weit verbreitet (Ubiquisten) und werden auch, da sie in versch. Biotopen vorkommen können, als **eurytope Arten** bezeichnet. Im Ggs. dazu stellen **stenöke Arten** spezif. Ansprüche an ihre Umwelt und können daher nur wenige Lebensstätten besiedeln **(stenotope Arten).** Die Präfixoide ›eury-‹ (weit) und ›steno-‹ (eng) können auch auf einen einzelnen Faktor bezogen werden.

Eurotunnel: links Eine der zwei eingleisigen Tunnelröhren; **rechts** Höchstgeschwindigkeitszüge ›Eurostar‹

Eurydike mit Orpheus (rechts) und Hermes; Marmorrelief, nach 420 v. Chr., erhalten als röm. Kopie (Neapel, Museo Archeologico Nazionale)

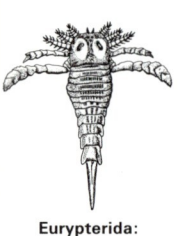

Eurypterida: Eurypterus

Euskirchen 1) Stadtwappen

Dann geben sie an, ob eine Art diesen Faktor in weiten oder engen Grenzen toleriert. Z. B. können **eurytherme Tiere** beträchtl. Temperaturdifferenzen ertragen, **stenotherme Tiere** nicht; **euryhaline Tiere** (z. B. Lachs, Stichling) vertragen im Ggs. zu **stenohalinen Tieren** (z. B. Riffkorallen, Stachelhäuter) beträchtl. Schwankungen im Salzgehalt von Gewässern oder Böden. **Euryoxybionte Organismen** vertragen große Schwankungen im Sauerstoffangebot, **euryphage Organismen** sind auf keine bestimmte Nahrung spezialisiert, **euryphote Organismen** sind unempfindlich gegen Veränderlichkeit der Lichtintensität. **Euryhygre Organismen** tolerieren starke Feuchtigkeitsschwankungen in dem sie umgebenden Medium, **euryhydre Pflanzen** stärkere Schwankungen des osmot. Drucks in ihren Geweben.

Eurypontiden, eines der beiden spartan. Königshäuser (neben den →Agiaden), benannt nach dem sagenhaften König Eurypon. Bedeutende Angehörige der Dynastie waren: AGESILAOS II., AGIS II., III. und IV., ARCHIDAMOS II. und III. sowie LEOTYCHIDAS II.

Eurypterida [zu griech. pterón ›Flügel‹], **Seeskorpione, Riesenskorpione,** zu den →Fühlerlosen gestellte Unterklasse ausgestorbener, gut gepanzerter Gliederfüßer mit rd. 200 bis etwa 2 m großen Arten im Meer, in jüngerer Zeit auch im Süßwasser; verbreitet vom Ordovizium bis zum Perm; Körper manchmal skorpionähnlich, mit stark verschmälertem, stacheltragendem Hinterkörper (zwölf bewegl. Segmente), u. a. bei der Gattung **Eurypterus** (bis 0,5 m lang) aus dem Silur.

Eurystheus, griech. **Eurystheús,** griech. Mythos: König von Mykene und Tiryns, Enkel des Perseus. Durch eine List der Hera wurde er Dienstherr des →Herakles, dem er zwölf Arbeiten auftrug. Als Herakles ihm den Erymanth. Eber lebend brachte, verkroch sich E. in ein Faß. Als er nach Herakles' Tod dessen Söhne verfolgte, wurde er von ihnen getötet.

Eurythmie [griech. eurhythmía ›das richtige Verhältnis‹, ›Ebenmaß‹] die, -, 1912 von R. STEINER auf den Grundlagen seiner Anthroposophie entwickelte Bewegungskunst. Jenseits von Ausdruckstanz, Pantomime, Ballett oder anderen Formen der rhythm. Gym-

nastik erschloß STEINER seine neuartige Gebärdensprache aus den Gesetzen der Wort- und Tonkunst und formulierte ein choreograph. Bewegungsvokabular, das jedem Vokal, jedem Konsonanten, jedem Ton und dessen kompositor. Behandlung eine spezif. Bewegungsintention gibt. Andere Autoren verwenden die (etymologisch korrekte) Schreibweise **Eurhythmie.**
R. STEINER: E. als sichtbare Sprache (Dornach ⁴1979); DERS.: E. als sichtbarer Gesang (ebd. ⁴1984); Rudolf Steiner über eurythm. Kunst, hg. v. E. FRÖBÖSE (1983).

Eusebios von Caesarea, Kirchenhistoriker, * Palästina um 263, † 339; seit 313 Bischof von Caesarea Palaestinae, vorübergehend abgesetzt, 325 auf dem Konzil von Nicäa rehabilitiert; verfaßte die erste Kirchengeschichte, die durch zahlr. Zitate aus verloren gegangenen altchristl. Schriften als Quellenwerk wertvoll ist. (→Kirchengeschichtsschreibung)

Eusebius, Papst 309 (310?), Grieche, † (als Verbannter) Sizilien 17. 8. 309 (310?); hielt an der strengen Bußforderung für in der Verfolgung abgefallene Christen (→Lapsi) fest. – Heiliger (Tag: 17. 8.).

Euskadi, bask. Name des →Baskenlandes.

Euskirchen, 1) Kreisstadt in NRW, am SW-Rand der Kölner Bucht und am NO-Rand der Eifel, an der Erft, 160 m ü. M., 52 700 Ew.; militärgeograph. Amt und Sanitätsdepot; Papierverarbeitung, Maschinen-, Zucker-, Tiernahrungs-, Elektro- und Steinzeugindustrie. – In der kath. Pfarrkirche St. Martin (12.–15. Jh.), einer Pfeilerbasilika, Antwerpener Schnitzaltar (um 1520) und Taufbecken (12. Jh.). In E.-Frauenberg kath. Pfarrkirche St. Georg, eine Pfeilerbasilika (um 1100) mit Altartriptychon des Kölner MEISTERS DER URSULALEGENDE (um 1480), Kruzifix (um 1160), ›Anno-Kelch‹ (um 1200). – E., im 11. Jh. durch die Zusammenlegung eines gleichnamigen Kirchdorfs mit anderen Dörfern entstanden, erhielt 1302 die Stadtrechte und wurde Ende des 14. Jh. befestigt. Seit 1355 gehörte E. zum Herzogtum Jülich; ab 1609 stand es unter der Herrschaft der pfälz. Wittelsbacher (Pfalz-Neuburg), 1794 kam es unter frz. Herrschaft (bis 1814). 1815 kam E. an Preußen. 1827 wurde es Kreisstadt des gleichnamigen Kreises.
2) Kreis im Reg.-Bez. Köln, NRW, 1 249 km², 180 000 Ew.; umfasst am Rand der Kölner Bucht die Zülpicher Börde mit fruchtbaren Lösslehmböden, Teile der Voreifel und der aus Devonschiefern und -kalken bestehenden Eifel im Einzugsgebiet der Erft und Urft/Rur (Naturparks). Entsprechend vollzieht sich der Übergang von Ackerrüben- und Weizenanbau

Euskirchen 1): Romanisches Taufbecken in der katholischen Pfarrkirche Sankt Martin; Namurer Blaustein, 12. Jh.

auf Grünland- und Forstwirtschaft. Der Kreis E. hat Papier-, Bekleidungs-, Tonwaren-, Glas-, Leder-, Eisenwaren-, Nahrungsmittel- und etwas Maschinenindustrie. Der Bereich Bad Münstereifel–Monschau–Schleiden dient dem Ballungsraum Köln/Bonn als Naherholungsgebiet.

Eusporangiatae, eusporangiate Farne, häufig als Unterklasse der →Farne bezeichnete heterogene Farngruppe, bei der die Sporangien (Eusporangien) aus mehreren Epidermiszellen entstehen und eine mehrschichtige Wand aufweisen. Die nährere Verwandtschaft der unter dieser Bez. zusammengefassten beiden Ordnungen →Natternzungenfarne und Marattiales ist zweifelhaft.

Eußerthal, Gem. im Landkreis Südliche Weinstraße, Rheinl.-Pf., 1 000 Ew. – Vom ehem. Zisterzienserkloster (1148 gegr.) sind nur das letzte östl. Joch, der Chor und das Querschiff der Kirche (1262 geweiht) erhalten.

Eustache [ø'staʃ], Jean, frz. Filmregisseur und -autor, * Pessac (Dép. Gironde) 30. 11. 1938, † (Selbstmord) Paris 5. 1. 1981; mit ›Die Mutter und die Hure‹ (›La maman et la putain‹, 1972) gelang ihm eine Wiederbelebung neoverist. und dokumentar. Konzepte.
Weitere Filme: Das Rosenmädchen von Pessac (1968); Numéro zéro (1971); Meine kleinen Geliebten (1976).

E|**ustachi** [-'stakki], Bartolomeo, ital. Anatom, * San Severino Marche (bei Macerata) 1520, † auf einer Reise in Fossombrone (bei Urbino) August 1574; Prof. an der Sapienza in Rom; schrieb eines der ersten Werke über die Zahnheilkunde; entdeckte u. a. die →Eustachi-Röhre.

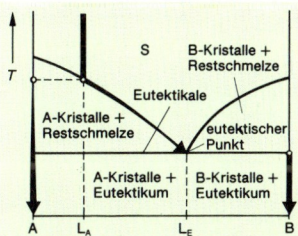

Eutektikum: Metallurgisches Zustandsdiagramm eines Zweistoffsystems aus den Metallen A und B bei vollständiger Löslichkeit in flüssigem Zustand (Schmelze S) und vollständiger Unlöslichkeit in festem Zustand; Ordinate: absolute Temperatur T, Abszisse: Zusammensetzung; L_A Zusammensetzung einer A-reichen Legierung, L_E eutektische Zusammensetzung einer eutektischen Legierung, des Eutektikums

Eustachi-Röhre, Ohrtrompete, Tuba auditiva (Eustachii), nach B. EUSTACHI benannte, beim Menschen etwa 4 cm lange Verbindung zw. Nasen-Rachen-Raum und Mittelohr. Sie leitet sich von der bei den Knorpelfischen vorhandenen Verbindung zw. Spritzloch (urspr. Kiemenöffnung) und Vorderdarm ab. Die E.-R. ist durch das dichte Zusammenliegen der Schleimhautwandung im Innern ohne Lumen; öffnet sich nur beim Schlucken oder Gähnen, wodurch ein Druckausgleich zw. Mittelohr (Paukenhöhle) und Außenluft möglich wird.

Eustachius, legendärer Märtyrer (um 120/130), einer der vierzehn Nothelfer; nach der Legende ein röm. Offizier, der auf der Jagd durch die Erscheinung eines Hirsches mit einem Kreuz im Geweih bekehrt worden sein soll. Wie HUBERTUS als Patron der Jäger verehrt (Tag: 20. 9.), wurde seine Verehrung im späten MA. weitgehend durch die Hubertusverehrung verdrängt. Seit 1979 wird E. nicht mehr im Heiligenkalender genannt.

Eustathios, Bischof und Patriarch (seit 323/324) von Antiochia, * Side (Pamphylien), † vor 337 (?); war

als strenger Anhänger der Beschlüsse des 1. Konzils von Nicäa (325) Gegner des Arianismus; wurde um 330 deshalb nach Thrakien verbannt. Seine Anhänger bildeten in Antiochia eine Sondergemeinde, die sich bis ins 5. Jh. erhielt. – Heiliger (Tag: 16. 7.).

Eustathios, E. von Thessalonike, byzantin. Gelehrter und Dichter, * Konstantinopel 1125, † zw. 1193 und 1198; war Philologe und Lehrer der Rhetorik in Konstantinopel und wurde 1174 Bischof, 1175 Erzbischof von Thessalonike. Er verfasste u. a. Kommentare zur ›Ilias‹, zur ›Odyssee‹ und zu PINDAR, Scholien und eine Paraphrase des DIONYSIOS PERIEGETES sowie eine Schrift zur Reform des Mönchtums, die Geschichte der Eroberung der Stadt Thessalonike durch die Normannen (1185), polem. Schriften und Kanones, darunter den Kanon auf den hl. DEMETRIOS (den Patron von Thessalonike).
P. WIRTH: Eustathiana (Amsterdam 1980).

eustatische Meeresspiegelschwankungen [zu eu... und griech. stásis ›das (Fest)stehen‹], im Ggs. zu den kurzfristigen →Meeresspiegelschwankungen langfristige, globale Hebungen und Senkungen des Meeresspiegels (→Transgression, →Regression), die durch Veränderungen im Wasserhaushalt der Erde bedingt sind. Das größte Ausmaß hat dabei die **Glazialeustasie (Eiseustasie),** d. h. die durch Vergletscherung in den pleistozänen Eiszeiten (dadurch Senkung des Meeresspiegels bis um 165 m, in der jüngsten Eiszeit [Weichsel-Eiszeit] etwa 90 m) und Abschmelzen des Eises in den Warmzeiten verursachten Meeresspiegeländerungen. Ein völliges Abschmelzen des heutigen Inlandeises und der übrigen Gletscher würde dem Weltmeer zwar eine Wassermasse von rd. 75 m Höhe zuführen, den Meeresspiegel aber infolge von isostat. Ausgleichsbewegungen des Untergrundes (→Glazialisostasie, →Isostasie) nur um etwa 50 m ansteigen lassen. Geringere Änderungen des Meeresspiegels werden durch klimatisch bedingte Temperaturänderungen des Meereswassers hervorgerufen. Zu den e. M. werden i. w. S. auch die Erscheinungen gerechnet, die auf der langsamen Auffüllung von Meeresbecken mit Sedimenten sowie auf tekton. Einflüssen (Hebung oder Senkung des Meeresuntergrundes) beruhen.

Eustress [zu eu...], positive Komponente des →Stresses.

Eutektikum [zu griech. eútēktos ›leicht zu schmelzen‹] *das, -s/...ka,* **eutektisches Gemisch,** in ganz bestimmter Zusammensetzung vorliegendes festes Gemenge zweier oder mehrerer im flüssigen Zustand vollständig mischbarer Stoffe (z. B. Legierungs- oder Mineralkomponenten), dessen Schmelze wie ein reiner Stoff eine einheitl. Schmelztemperatur erstarrt. Temperatur erstarrt, wobei die Komponenten sich aber entmischen und nebeneinander in feinkristalliner Form **(eutektisches Gefüge)** auskristallisieren. Das E. hat den niedrigsten im betrachteten Stoffsystem möglichen, als **eutektische Temperatur** oder **eutektischer Punkt** (im zugehörigen Schmelzdiagramm) bezeichneten Erstarrungs- oder Schmelzpunkt. Aus Schmelzen mit einer vom E. abweichenden Zusammensetzung kristallisiert bei Abkühlung zuerst die Komponente aus, deren Anteil größer als im E. ist. Wenn dann die Restschmelze die Zusammensetzung des E. hat, erstarrt sie bei Unterschreiten der eutekt. Temperatur zu einem eutekt. Gefüge, in das die ›Primärkristalle‹ des bereits ausgeschiedenen Stoffes eingebettet sind. (→Kryohydrat)

Eutektoid *das, -s/-e,* kristallines Gemenge (Gefüge) zweier oder mehrerer Stoffe, das sich bei Unterschreiten einer bestimmten Temperatur aus einer festen Lösung (Phase) von Mischkristallen dieser Stoffe infolge Umwandlung in zwei oder mehrere andere Kristallarten (Phasen) bildet. Ein Beispiel ist im Eisen-Kohlenstoff-System das Perlit, ein lamellenförmig aufgebautes E. von Ferrit (α-Eisen) und Zementit

(Fe₃C), das sich in einem Stahl mit 0,8% Kohlenstoffgehalt bei 723 °C aus Austenit bildet.

EUTELSAT, Abk. für **Eu**ropean **Tel**ecommunications **Sat**ellites, europ. Organisation für den Bau und Betrieb einer gleichnamigen Reihe von Nachrichtensatelliten; (1995) 48 Mitgliedsstaaten, Sitz: Paris. Die angebotenen Dienste bestehen vorwiegend in der innereurop. Übermittlung von Telefongesprächen, Fernseh- und Hörfunkprogrammen sowie der Datenübertragung. Dazu werden die EUTELSAT-Satelliten über Afrika bei 7°, 10°, 13°, 16° und 36° ö. L. auf der geostationären Umlaufbahn positioniert.

Die ersten Satellitensysteme waren 1978 das experimentelle System →OTS und 1983 das EUTELSAT-I-System →ECS. Die zweite Generation EUTELSAT II wird seit 1986 von Unternehmen in acht europ. Staaten gebaut. Der erste Start erfolgte 1990, als Trägerrakete dient i.d.R. Ariane. Hauptauftragnehmer ist Aérospatiale (Frankreich). In Dtl. ist v.a. die Daimler Benz Aerospace AG (Dasa), in der Schweiz Oerlikon-Contraves beteiligt. Ab 1998 sollen die Satelliten der dritten Generation EUTELSAT III gestartet werden.

Euthymides: Amphora mit der Darstellung tanzender Zecher und dem sich rüstenden Hektor; um 500 v. Chr. (München, Staatliche Antikensammlung)

Euter, der bei Wiederkäuern, Unpaarhufern und Kamelen in der Leistengegend gelegene Milchdrüsenkomplex, der sich bei Pferden, Ziegen, Schafen und Kamelen aus zwei, bei Rindern aus vier voneinander unabhängigen Drüsenorganen mit je einer zapfen- bis fingerförmigen, der menschl. Brustwarze homologen **Zitze (Strich)** zusammensetzt. Auf der Zitze kann ein Strichkanal münden (beim Rind) oder zwei (beim Pferd).

Erkrankungen: Entzündungen der Milchdrüsen (Mastitis) werden v. a. durch Bakterien, seltener durch Pilze und Hefen verursacht. Als spezif. Entzündungen treten Tuberkulose, Brucellose und Aktinomykose

auf. Weitere häufig vorkommende Erreger sind Streptokokken (→gelber Galt), Mikrokokken, Staphylokokken, Corynebakterien (→Holstein-Euterseuche), Colibakterien, Pseudomonas, Klebsiellen, Salmonellen u. a. Da die Milch aus dem entzündeten E. Erreger und deren Giftstoffe enthalten kann, gefährdet ihr Genuss die menschl. und tier. Gesundheit. Dem Schutz des Menschen dienen gesetzl. Bestimmungen (z. B. das Milchgesetz).

Euterpe [zu griech. euterpēs ›ergötzend‹], *griech. Mythos:* eine der →Musen.

Euthalios, christl. Grammatiker des 4. Jh.; gab die Paulusbriefe, Apostelgeschichte und kath. Briefe heraus; gliederte als Erster das N. T. in Sinnabschnitte.

Euthanasie [griech. ›schöner Tod‹] *die, -,* Sterbehilfe für unheilbar Kranke und Schwerstverletzte mit dem Zweck, ihnen ein qualvolles Ende zu ersparen. Die E. i. w. S. hat mehrere Bedeutungen: 1) Tötung auf Verlangen (aktive E.); 2) a) Hilfe beim Sterben ohne Lebensverkürzung, b) Hilfe zum Sterben mit in Kauf genommener Lebensverkürzung (passive E.).

Recht: Die gesetzl. Bestimmungen des StGB verwenden den Begriff nicht; die absichtl. und aktive Lebensverkürzung ist auch dann, wenn sie auf ausdrückl. und ernstl. Verlangen eines Sterbenden erfolgt, strafbar (→Tötung auf Verlangen). Außerordentlich umstritten ist die →Sterbehilfe (Abschalten lebensverlängernder Apparate oder Unterlassen entsprechender ärztl. Maßnahmen bei völliger Aussichtslosigkeit weiterer Behandlung eines unwiderruflich bewusstlosen Patienten).

Geschichte: Der Begriff E. findet sich bereits in der griechisch-röm. Antike; gemeint ist damit ein ›guter‹, d. h. schneller, leichter und schmerzloser Tod, manchmal auch der ehrenvolle Tod eines Kriegers im Kampf. E. bedeutete jedoch nur die bestimmte Todesart, nie bezog sie sich auf das Eingreifen eines Menschen in den Sterbeverlauf. Erstmals sah F. BACON (1605) die Schmerzlinderung bei Sterbenden als eine ärztl. Aufgabe an (›Euthanasia medica‹).

In den Kreisen des Monistenbundes begann 1913 die Diskussion um die Straffreiheit einer E. mit gezielter Lebensverkürzung als Tötung auf Verlangen von Sterbenden und unheilbar Kranken. Das Recht des Individuums auf einen angenehmen Tod ist auch Programmpunkt der seit den 1930er-Jahren v. a. in den angelsächs. Ländern gegründeten E.-Gesellschaften. Ihre Forderungen stießen jedoch bisher gleichermaßen auf die Ablehnung des Gesetzgebers wie der ärztl. Standesvertretungen und der Kirchen.

Unter der irreführenden Tarn-Bez. ›E.‹ führte die natsoz. Reg. in Dtl. ein Programm (1940–45) zur systemat. Tötung missgebildeter Kinder (Gehirnmissbildung) und erwachsener Geisteskranker durch. Sie konnte sich dabei auf eine sozialdarwinistisch geprägte Humangenetik stützen, die unter der Bez. ›Rassenhygiene‹ bereits in der Zeit der Weimarer Republik (1918/19–33) vertreten worden war. In der von dem Juristen K. BINDING und dem Psychiater A. HOCHE 1920 veröffentlichten Schrift ›Die Freigabe der Vernichtung lebensunwerten Lebens‹, die den Nationalsozialisten u. a. als Rechtfertigung diente, ging es nicht mehr nur um Sterbende, sondern v. a. um die Tötung ›leerer Menschenhülsen‹ und ›Ballastexistenzen‹, deren Pflege der menschl. Gemeinschaft zugemutet werden könnte.

Die ›Vernichtung lebensunwerten Lebens‹ – so auch die natsoz. Terminologie – durch Tötung, die seit 1938 in Abkehr von der zunächst vordergründig praktizierten ›Erbgesundheitspolitik‹ (Zwangssterilisation; →Eugenik) offen propagiert wurde, ging auf eine Zustimmung A. HITLERS zur Gewährung des ›Gnadentodes durch namentlich zu bestimmende Ärzte‹ vom Oktober 1939 zurück, die auf den 1. 9. 1939 datiert wurde. Am 9. 10. 1939 begann die ›planwirtschaftl. Erfassung‹ der Patienten in allen staatl. sowie der Inneren Mission unterstellten Heil- und Pflegeanstalten. Am 18. 8. 1939 war die Meldepflicht für ›missgestaltete usw. Neugeborene‹ eingeführt worden. Unter Verantwortung der Geheimorganistion ›T 4‹ (Bez. nach dem Sitz der im Herbst 1939 eingerichteten ›E.‹-Zentrale in der Tiergartenstraße 4, Berlin) fielen dem zw. Anfang 1940 und August 1941 durchgeführten natsoz. E.-Programm (Tarnname: ›Aktion T 4‹) etwa 70 000 geistig oder psychisch kranke Menschen, aber auch Kinder und Jugendliche aus Fürsorgeeinrichtungen sowie Asoziale und Juden durch Massenvergasungen zum Opfer. Berüchtigte zentrale Tötungsanstalten befanden sich in Brandenburg an der Havel, Bernburg (Saale), Grafeneck (Gem. Gomadingen, Landkreis Reutlingen), Hadamar, Hartheim (bei Linz) und Sonnenstein.

Am 23. 8. 1941 wurde die organisierte Mordaktion zunächst aufgrund kirchl. Proteste (Bischof T. WURM, Kardinal C. A. Graf VON GALEN) gestoppt, aber unter strengerer Geheimhaltung von September 1941 bis Mitte 1944 (in einigen Anstalten bis April 1945) fortgesetzt; ihr fielen noch einmal 20 000 bis 30 000 Menschen (auch aus den von Dtl. besetzten Gebieten Polens und der UdSSR, auch kranke ›Fremdarbeiter‹) zum Opfer.

Nach Kriegsende erfolgte in zahlr. Fällen eine Verurteilung von belasteten Ärzten und Pflegepersonal.

K. ENGISCH: Der Arzt an den Grenzen des Lebens (1973); Das Recht auf einen menschenwürdigen Tod?, bearb. v. P. FRITSCHE u. a. (1977); K. NOWAK: ›E.‹ u. Sterilisierung im ›Dritten Reich‹ (³1984); M. RUDNICK: Behinderte im Nationalsozialismus. Von der Ausgrenzung u. Zwangssterilisation zur ›E.‹ (1985); E. oder soll man auf Verlangen töten?, hg. v. V. EID (²1985); Aktion T 4 1939–1945. Die ›E.‹-Zentrale in der Tiergartenstraße 4, hg. v. G. ALY (²1989); M. POLLAK: Rassenwahn u. Wiss. (a.d. Frz., 1990); Dokumente zur ›E.‹, hg. v. E. KLEE (11.–12. Tsd. 1992); Eugenik, Sterilisation, ›E.‹. Polit. Biologie in Dtl. 1895–1945, hg. v. J.-C. KAISER u. a. (1992); H.-W. SCHMUHL: Rassenhygiene, Nationalsozialismus, E. Von der Verhütung zur Vernichtung ›lebensunwerten Lebens‹, 1890–1945 (²1992); J. S. HOHMANN: Der ›E.‹-Prozeß Dresden 1947 (1993); Medizin ohne Menschlichkeit. Dokumente des Nürnberger Ärzteprozesses, hg. v. A. MITSCHERLICH u. F. MIELKE (Neuausg. 116.–117. Tsd. 1993); W. BRILL: Pädagogik im Spannungsfeld von Eugenik u. E. (1994); E. KLEE: ›E.‹ im NS-Staat. Die ›Vernichtung lebensunwerten Lebens‹ (Neuausg. 21.–22. Tsd. 1994); C. BECK: Sozialdarwinismus, Rassenhygiene, Zwangssterilisation u. Vernichtung ›lebensunwerten‹ Lebens (²1995, Bibliogr.); T. BASTIAN: Furchtbare Ärzte. Medizin. Verbrechen im Dritten Reich (²1996).

Eutheria [zu eu... und griech. thērion ›Tier‹], Unterklasse der Säugetiere (→Plazentatiere).

Euthydemos I., König von →Baktrien im 3. Jh. v. Chr.

Euthymides, griech. **Euthymídes,** griech. Vasenmaler des rotfigurigen Stils, tätig um 510–490 v. Chr.; großfigurige Malerei im spätarchaischen Stil; Lehrer des KLEOPHRADESMALERS und des BERLINER MALERS; schuf v.a. die Amphora mit Raub der Korone (um 510 v. Chr.) und die Amphora mit tanzenden Zechern und dem sich rüstenden Hektor (um 500 v. Chr.; beide München, Staatl. Antikensammlung).

Euthymie [griech. ›Frohsinn‹, ›Heiterkeit‹] die, -, Gemüts- oder Seelenruhe.

Euthynen [zu griech. euthýnein ›gerade richten‹], Sg. **Euthyne** die, -, Anatomie: die →Richtachsen.

Eutin, Kreisstadt des Kreises Ostholstein, Schlesw.-Holst., in der Holstein. Schweiz zw. dem Großen und dem Kleinen Eutiner See, 17 100 Ew.; Fachschulen, Landespolizeischule, Kreisbibliothek, Heimatmuseum; Elektro-, Papier- und Metallwarenindustrie. Die Eutiner Sommerspiele auf der Freilichtbühne im Schlosspark pflegen die romant. Oper (bes. ›Der Freischütz‹ des 1786 in E. geborenen C. M. VON

Eutin: Blick auf die Stadt und den Großen Eutiner See

WEBER). – Ev. Michaeliskirche (13. Jh., später stark verändert) mit Gewölbemalerei (14. Jh.); die ursprüngl. Wasserburg wurde 1716–27 zum Barockschloss umgebaut (Repräsentationsräume mit Kunst- und Gemäldesammlungen, Kapelle von 1694). – E., um 1143 als Marktort gegründet, kam 1156 an das Bistum Oldenburg (1160 nach Lübeck verlegt) und erhielt 1257 Lüb. Recht. Seit Mitte des 13. Jh. Residenz der Bischöfe von Lübeck, nach Einführung der Reformation bis 1773 der prot. Fürstbischöfe (seit 1586 aus dem Hause Holstein-Gottorf) war E. ab 1803 Hauptstadt des Fürstentums (ab 1919 des oldenburg. Landesteils) Lübeck und kam 1937 an Preußen.

Eutokios, E. von Askalon, griech. **Eutokios,** byzantin. Mathematiker, *Askalon (heute Ashkelon) um 480; Kommentare zu Schriften des ARCHIMEDES und zu den ersten vier Büchern der ›Konika‹ des APOLLONIOS VON PERGE, die wertvolles Material für die Geschichte der griech. Mathematik enthalten.

eutrop [zu eu... und griech. tropē ›Hinwendung‹], auf Pflanzen bezogen, deren Blüten verborgenen, für Insekten und Vögel schwer zugängl. Honig besitzen.

eutroph [zu eu... und griech. trophē ›Nahrung‹], nährstoffreich; auf Gewässer bezogen, die reich an tier. und pflanzl. Plankton sind. Typisch sind geringe Sichttiefe, grüne bis gelbe oder braungrüne Farbe des Wassers (→Eutrophierung); Ggs.: oligotroph.

Eutrophie die, -, Medizin: 1) guter, ausgewogener Ernährungszustand (v. a. auf den Säugling bezogen); 2) regelmäßige, ausreichende Nährstoffversorgung eines Organs.

Eutrophierung, die natürl. oder künstl. Anreicherung von Pflanzennährstoffen in stehenden oder langsam fließenden Gewässern oder Meeresteilen sowie die hierdurch verursachte Steigerung der pflanzl. Produktion und deren Folgen. Ausgangsfaktoren sind Phosphor- und Stickstoffverbindungen, wobei normalerweise das Phosphat als produktionsbegrenzender Minimumstoff den E.-Grad bestimmt. Nährstoffarme (oligotrophe) Stillgewässer unterliegen in geolog. Zeiträumen auch ohne Einfluss des Menschen einer langsamen E. (›Alterung‹), wobei der Prozess in flachen Stillgewässern schneller abläuft als in tiefen. E. wird durch fortdauernde Einleitung von Abwasser oder Einschwemmung von Düngemitteln bei Bodenerosion

Eutin
Stadtwappen

und übermäßiger Düngung beschleunigt. Die Folgen sind vielfältig, z. B. starke Algenentwicklung und Verkrautung, v. a. mit zunehmender Wassertiefe abnehmender Sauerstoffgehalt, Änderungen bei Fauna und Flora, Faulschlammbildung, schlechter Geruch und Ungenießbarkeit des Wassers. Abhilfe ist möglich u. a. durch Unterbindung oder Verringerung des Nährstoffeintrags, Frischwasserzuleitung und Belüftung, Verminderung des Lichteinfalls (Beschattung durch Bäume oder Förderung der Wassertrübung, z. B. durch die Wühltätigkeit ausgesetzter Karpfen), Entfernen von Algen (chem. Abtötung, Mikrosiebung), Absaugen oder Ausbaggern von Sediment, Ableiten von nährstoffreichem Tiefenwasser oder durch Biomanipulation (z. B. Förderung von Algen fressendem Zooplankton durch Reduzierung Zooplankton fressender Fische). In bestimmten Fischteichen ist die E. eine Folge gezielter Düngung zum Zweck der Produktionssteigerung. Auf unnatürl. Düngung zurückzuführende E. kann auch im Meer auftreten, bes. in Küstennähe. Ein Beispiel für ein eutrophiertes Binnenmeer ist die Ostsee.

Eutropiella, Gattung der →Glaswelse.

Eutropius, röm. Geschichtsschreiber des 4. Jh. n. Chr.; nahm 363 am Perserfeldzug Kaiser JULIANS teil. Als ›Magister memoriae‹ unter Kaiser VALENS (364–378) verfasste er in deren Auftrag einen Abriss der röm. Geschichte in zehn Büchern (›Breviarum ab urbe condita‹), der den Zeitraum von der Gründung Roms bis zum Tod JOVIANS (364) umfasst. Das Werk wurde schon 380 von PAIANIUS ins Griechische übersetzt und wurde im MA. viel benutzt; fortgesetzt in sechs Büchern (bis 553) durch PAULUS DIACONUS, in acht Büchern (bis 820) durch LANDULFUS SAGAX.
Ausgaben: Eutropi brevarium ab urbe condita, hg. v. F. RUEHL (1887 u. 1919, Nachdr. 1985); Abriß der röm. Gesch., übers. v. A. FORBIGER (²1911).

Eutyches, Archimandrit eines Klosters in der Nähe von Konstantinopel, *Konstantinopel um 378, †nach 454; Gegner des NESTORIUS; behauptete unter Berufung auf KYRILL VON ALEXANDRIA, dass CHRISTUS nach der Fleischwerdung nur noch eine (göttl.) Natur gehabt habe (→Monophysitismus). In Konstantinopel 449 verurteilt, gab ihm die ›Räubersynode‹ von Ephesos 449 wieder Recht. In Chalkedon wurde seine Lehre 451 endgültig verdammt.

Eutychianus, Papst (274 oder 275 bis 282); unter ihm konnte sich die röm. Gemeinde festigen und ausbreiten.

Eutychides, griech. **Eutychídes,** griech. Bildhauer aus Sikyon; Schüler des LYSIPP, arbeitete nach 300 v. Chr.; in zahlr. Kopien überliefert ist seine frühhellenist. Gruppe der ›Tyche von Antiochia‹ (die Göttin auf einem Felsen sitzend und aus dem Wasser auftauchend der Flussgott Orontes).

Euwe ['ø:wə], Max (Machgielis), niederländ. Schachspieler, *Watergrafsmeer (heute zu Amsterdam) 20. 5. 1901, †Amsterdam 26. 11. 1981; Weltmeister 1935–37; war 1970–79 Präs. des Weltschachbundes.

Euxanthinsäure, →Indischgelb.

euxinisch [zu lat. Pontus Euxinus ›Schwarzes Meer‹], von Meeresteilen und den in diesen abgelagerten Sedimenten (→Faulschlamm) gesagt, die durch sauerstoffarmes, schwefelwasserstoffreiches Wasser geprägt sind, das höher organisiertes Leben unmöglich macht; z. B. in tieferen Teilen des Schwarzen Meeres.

Euzyte [zu eu... und griech. kýtos ›Höhlung‹] die, -/-n, Zelle mit membranumgrenztem Zellkern und Organellen, Organisationsform aller Eukaryonten (Einzeller, Pflanzen, Tiere).

ev., Abk. für →evangelisch.

eV, Einheitenzeichen für →Elektronvolt.

e. V., Abk. für eingetragener →Verein.

E. v., Abk. für →Eingang vorbehalten.

Eva ['e:va, 'e:fa], in der Vulgata **Heva,** beim Jahwisten (1. Mos. 3, 20; 4, 1) der kollektiv zu verstehende Name der Frau des ersten Menschen Adam, der Mutter Kains und Abels und Stammmutter des Menschengeschlechts. Der bibl. Schöpfungsbericht erzählt E.s Erschaffung aus dem Mann, d. h. das Einssein von Mann und Frau, die Verführung beider durch das Böse und ihre Bestrafung (→Adam und Eva).

EVA, *Kerntechnik:* Abk. für Einwirkungen von außen; Sammel-Bez. für natürl. Ereignisse und zivilisator. Einwirkungen wie Erdbeben, Sturm, Blitz, Hochwasser, Flugzeugabsturz, Druckwellen, Sabotage u. a., gegen die Kernkraftwerke und sonstige kerntechn. Anlagen zur Schadensvorsorge (→Auslegungsstörfälle) geschützt werden müssen. Die Anforderungen an die notwendigen Schutzmaßnahmen hängen z. T. von den Standortgegebenheiten ab, z. B. bei Erdbeben- oder Hochwassergefahr.

Evagrius Scholasticus, Kirchenhistoriker, *Epiphania (Syrien) 536/537, †Antiochia um 600. Seine Kirchengesch. (den Zeitraum 431 [Konzil von Ephesos] bis 594 beschreibend) stellt eine der wichtigsten Quellen für die theolog. Entwicklung jener Zeit dar.

evakuieren [frz., von lat. evacuare ›leer machen‹, zu vacuus ›leer‹], 1) *allg.:* (die Bewohner eines Gebietes, Hauses) wegen einer drohenden Gefahr (vorübergehend) aussiedeln; auch: eine Stadt, ein Gebiet räumen. Rechtsgrundlage sind die allgemeinen Polizeigesetze (polizeirechtl. Generalklausel), sofern nicht besondere Vorschriften, wie solche, die der Verteidigung dienen, bestehen.
2) *Physik* und *Technik:* ein →Vakuum erzeugen.

Evaluation [frz., zu évaluer ›abschätzen‹, ›berechnen‹, von lat. valere ›stark sein‹, ›wert sein‹] die, -/-en, 1) *bildungssprachlich:* sach- und fachgerechte Bewertung.
2) *Sozialwissenschaften* und *Technik:* Analyse und Bewertung eines Sachverhalts, v. a. als Begleitforschung einer Innovation. In diesem Fall ist E. Effizienz- und Erfolgskontrolle zum Zweck der Überprüfung der Eignung eines in Erprobung befindl. Modells. E. wird auch auf die Planung angewendet, zum Zweck der Beurteilung der Stringenz der Zielvorstellungen und der zu deren Verwirklichung beabsichtigten Maßnahmen. Bei der Analyse eines gegebenen Faktums ist E. die Einschätzung der Wirkungsweise, Wirksamkeit und Wirkungszusammenhänge. E. wird u. a. in der Handlungsforschung der angewandten Sozialforschung, Pädagogik, Psychologie und Psychiatrie herangezogen sowie in den Wirtschaftswissenschaften, in der Entwicklungspolitik, im Städtebau, bei Verkehrsanalysen, bei Untersuchungen von Infrastrukturen oder auch von Rechensystemen.
H. WOTTAWA u. H. THIERAU: Lb. E. (Bern 1990).

Evander, Per Gunnar, schwed. Schriftsteller, *Ovansjö (heute zu Sandviken) 25. 4. 1933; erzählt in der knappen und sachl. Ausdrucksweise von der Unfähigkeit der Menschen, ihre Gefühle auszudrücken, und von der zu einer völligen Isolation des Ichs führenden Kontaktarmut.
Werke: Romane: Bästa Herr Evander (1967); Sista dagen i Valle Hedmans liv (1971); Det sista äbentyret (1973); Måndagarna med Fanny (1974); Fallet Lillemor Holm (1977); Orubbat bo (1983); Himmelriket är nära (1986); Medan dagen svalnar (1989). – *Drama:* O, alla min levnads dagar (1972).

Evangelatos, Antiochos, griech. Dirigent und Komponist, *Lixurion (Insel Kephallenia) 7. 1. 1904; wurde nach Studium in Leipzig, Wien und Basel 1933 Dozent am Konservatorium in Athen (1937 Kodirektor, 1967 Direktor), zugleich 1938 Chefdirigent am Athener Rundfunk und wirkte seit 1941 als ständiger Dirigent an der Athener Staatsoper. Er komponierte Orchesterwerke (zwei Sinfonien, ein Klavierkonzert),

Kammermusik, Klavierstücke, Chorwerke und Liederzyklen.

Evangeliar *das, -s/-e,* **Evangeliarium** *das, -s/...rien,* Bez. für das liturg. Buch mit dem vollständigen Text der vier Evangelien. Bes. aus dem frühen MA. ist eine Reihe prachtvoll geschmückter E. erhalten, z. B. die Adahandschrift (um 800; Trier, Stadtbibliothek), das von der Reichenauer Malerschule angefertigte E. OTTOS III. (um 1000; München, Bayer. Staatsbibliothek) und der Codex aureus Epternacensis (Datierung umstritten: zw. 983 und 991 oder um 1030; Nürnberg, German. Nationalmuseum).

Evangeliar: Mittelteil des Buchdeckels des Codex aureus Epternacensis; Datierung umstritten: zw. 983 und 991 oder um 1030 (Nürnberg, Germanisches Nationalmuseum)

Evangelicals [iːˈvænˈdʒɛlɪkəlz, engl.], Richtung innerhalb der anglikan. Kirche, die im Ggs. zur (katholisierenden) High Church das ›evangelikale‹ (reformator.) Element betont und als Low Church eine Gruppierung innerhalb der anglikan. Kirche wurde.

Evangeli|en [→Evangelium], 1) Bez. für die vier ersten Schriften des N. T.: Matthäus-, Markus-, Lukas-, Johannesevangelium.

2) Bez. für einige apokryphe, nicht in den Kanon des N. T. aufgenommene Texte über das Leben JESU, meist über biograph. Details und Zeitabschnitte, über die in den kanon. E. nichts oder nur wenig ausgesagt ist (z. B. Thomasevangelium).

Evangeli|enharmonie, seit A. OSIANDER Bez. für den Versuch, aus dem Wortlaut der vier Evangelien einen einheitl. Bericht vom Leben und Wirken JESU zusammenzustellen. Die erste bekannte E. schuf im 2.Jh. der Syrer TATIAN in seinem ›Diatessaron‹. Eine Harmonisierung, d. h. Glättung, der unterschiedl. oder widersprüchl. Aussagen in den Evangelien ist nach dem heutigen Stand der Bibelkritik deshalb nicht möglich, weil die Evangelien nicht histor. Texte sind, sondern in unterschiedl. Weise ein christl. Bekenntnis ablegen wollen. Trotz dieser Erkenntnis wurden noch im 20. Jh. E. verfasst, z. B. von AUGUST VEZIN ›Das Evangelium Jesu Christi‹ (1938). Zu den E. i. w. S. zählen auch dichter. Bearbeitungen der Evangelien, z. B. der altsächs. ›Heliand‹ und das ›Evangelienbuch‹ OTFRIEDS VON WEISSENBURG.

Evangeli|enpult, das auf der →Evangelienseite auf einem Ambo oder Lettner befestigte Holz- oder Steinpult, Träger der Hl. Schrift. Es kann auch als selbstständiges Stehpult im Altarraum ausgebildet sein. Das E. erfuhr bes. in der Gotik eine reiche künstler. Gestaltung. Bedeutend ist u. a. das ›Alpirsbacher Lesepult‹ (um 1150; Freudenstadt, Stadtkirche), das von den Holzstatuen der vier Evangelisten getragen wird. (→Adlerpult)

Evangeli|enseite, früher übl. Bez. für die vom Altar aus gesehen rechte Seite des Kirchenschiffs, von der aus das Evangelium verlesen wurde, im Ggs. zur **Epistelseite** (links), von der aus die →Epistel verlesen wurde.

evangelikal, 1) dem Evangelium gemäß; 2) auf die unbedingte Autorität des N. T. (des Evangeliums) vertrauend, das meist als von Gott unmittelbar und wortwörtlich gegebene Handlungsanweisung zur Gestaltung des eigenen Lebens und des Lebens der christl. Gemeinde interpretiert wird.

Evangelimann, österr. Volkstyp; Vagant, der gegen Almosen Abschnitte aus dem Evangelium vorlas.

Evangelisation *die, -/-en,* ursprüngl. für jede Verkündigung des Evangeliums, dann in den ev. Kirchen für das Bemühen um die Bevölkerung in kath. Gebieten. Heute meint E. die Erstverkündigung im Unterschied zur regelmäßigen Gemeindepredigt. E. will den Hörern die Botschaft des ganzen Evangeliums in elementarer Form vermitteln und den Nichtchristen Angebot des christl. Glaubens sein. Das weitgehend säkularisierte Europa der Gegenwart wird dabei als ›Missionsland‹ angesehen. Weltweit werden die E. v. a. von der charismatischen Bewegung und der Pfingstbewegung sowie den ev. Freikirchen getragen.

evangelisch, Abk. **ev.,** aus dem Evangelium (bzw. den Evangelien) stammend, dem Evangelium in Glaube und Lebensführung entsprechend. Von M. LUTHER 1521 vorgeschlagene Bez. für die Anhänger der reformator. Lehre. Seit den innerprot. Unionen des 19. Jh. Selbst-Bez. zahlr. Unionskirchen. In der Gegenwart hat die Bez. ›e.‹ weithin die (teilweise als polemisch empfundene) Bez. ›protestantisch‹ ersetzt.

Evangelische Akademi|en, seit 1945 als Tagungszentren der ev. Landeskirchen entstandene Einrichtungen. Die gegenwärtig (1996) 19 E. A. sind auf Bundesebene als ›Ev. Akademien in Dtl. e. V.‹ (Abk. EAD e. V.) mit Sitz in Bad Boll, gegr. 1947, zusammengeschlossen. Die E. A. sind Teil eines gesamteurop. Netzwerkes (›Ökumen. Vereinigung der Akademien und Laienzentren in Europa e. V., Sitz: Bad Boll, gegr. 1957) sowie des entsprechenden weltweiten Netzwerkes (›World Collaboration Committee‹, Koordination durch den ÖRK in Genf). – Die erste Tagung einer E. A. fand unter dem Eindruck der gerade vergangenen natsoz. Diktatur 1945 in Bad Boll statt. Heute verstehen sich die E. A. als Stätten des Dialogs zw. gesellschaftl. Gruppen, der Reflexion gesellschaftl. Probleme auf der Grundlage eines christl. Selbstverständnisses und der Begegnung zw. Menschen unterschiedl. Herkunft, Religion und Kultur.

Evangelische Allianz, internat. Zusammenschluss ev. Christen, christl. Gruppen und Verbände; 1846 unter dem Einfluss der Erweckungsbewegung in London von ev. Christen aus 12 Ländern Nordamerikas, Großbritanniens (England, Schottland, Wales) und Europas gegründet. Die E. A. versteht sich – im Unterschied zur ökumen. Bewegung – nicht als ein institutionelles Forum christl. Kirchen, sondern als interkonfessionelle Gemeinschaft bibelorientierter entschiedener Christen. Bemühungen um einen weltweiten evangelikalen ›Dachverband‹ führten 1951 zur Bildung der ›World Evangelical Fellowship‹ (Abk. WEF), zu der sich der brit. Zweig der E. A. mit der im Zweiten Weltkrieg in den USA gegründeten ›National Association of Evangelicals‹ zusammenschloss. Bestimmte in ihr vertretene Positionen (v. a. die starke Betonung der Verbalinspiration) bewirkten in Europa innerhalb der E. A. eine distanzierte Haltung gegenüber der WEF, in deren Folge 1954 die ›Europ. E. A.‹ (Abk. EEA) als ein eigener regionaler Zusammen-

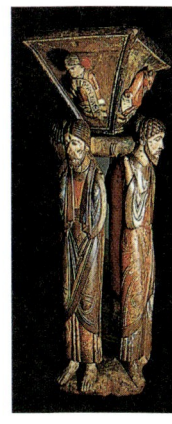

Evangelienpult: ›Alpirsbacher Lesepult‹ mit den Evangelisten Matthäus, Markus, Lukas und Johannes; um 1150 (Freudenstadt, Stadtkirche)

schluss gebildet wurde. Dieser trat 1968 als regionale ›Allianz‹ der WEF bei, nachdem die gegenseitigen Vorbehalte ausgeräumt werden konnten. Heute (1995) vertritt die weltweite Allianzbewegung nach eigenen Angaben weit über 100 Mio. Christen, davon ca. 1,3 Mio. in Dtl. Regionale und nat. ›Allianzen‹ bestehen in 110 Ländern in allen Kontinenten (starkes Wachstum v. a. in Asien und Afrika). Die EEA vertritt rd. 8 Mio. Christen in 25 europ. Ländern. In Dtl. hat sich die E. A. in unterschiedl. Phasen entwickelt. Die dt. Teilnehmer der Londoner Gründungskonferenz (u. a. F. A. G. THOLUCK und J. G. ONCKEN) beschlossen die Gründung zweier dt. Zweige: eines norddt. mit Sitz in Berlin und eines süddt. mit Sitz in Stuttgart. 1886 gründete sich in Bad Blankenburg die **Blankenburger Allianz-Konferenz.** Nach 1945 bestand ein west- und ein ostdt. Bereich (Sitze in Stuttgart und Bad Blankenburg; die westdt. E. A. schloss 1991 der ostdt. E. A. an, seitdem gemeinsam die **Deutsche Evangelische Allianz** mit Sitz in Bad Blankenburg bildend. Die Arbeit der E. A. in rd. 1 500 Orten in Dtl. wird von über 200 ihr verbundenen freien Werken und Initiativgruppen getragen. Weltweit sind aus der E. A. hervorgegangen: der ›Weltbund der Christl. Vereine Junger Männer‹ (1855; der Frauen: 1893), der ›Jugendbund für entschiedenes Christentum‹ (in den USA 1891, in Europa 1894) und der ›Christl. Studentenweltbund‹ (1895).

Evangelische Arbeitnehmerbewegung, Abk. **EAB,** früher **Evangelische Arbeiterbewegung,** organisator. Zusammenschluss ev. Arbeitnehmer in Dtl. Die EAB ist parteipolitisch unabhängig und vertritt auf der Grundlage der ev. Sozialethik die Interessen ev. Arbeitnehmer auf sozialpolit. Gebiet, stellt Vertreter in den Selbstverwaltungskörperschaften der Sozialversicherung sowie ehrenamtl. Richter an den Arbeits-, Sozial-, Verwaltungs- und Finanzgerichten und wirkt an Gesetzgebungsverfahren des Bundes und der Länder und bei der Erarbeitung sozialpolit. Veröffentlichungen der EKD mit.
Geschichte: Die EAB ist aus den im 19. Jh. als Gegen- bzw. Parallelbewegung zu den kath. Arbeitervereinen entstandenen **Evangelische Arbeitervereinen,** Abk. **EAV,** hervorgegangen. Die ersten EAV entstanden 1848 in Bayern, weitere 1882 aus der Gründung von EAV in Westfalen. Erster Vors. war der Bergmann LUDWIG FISCHER (* 1849, † 1907) aus Gelsenkirchen. Die EAV verstanden ihr Anliegen als christl. Alternative zur marxistisch geprägten →Arbeiterbewegung. Angeregt durch A. STOECKER und den Pfarrer LUDWIG WEBER (* 1846, † 1922) wurde 1890 der ›Gesamtverband Ev. Arbeitervereine Dtl.s‹ gegründet. Während STOECKER in eine polit. Richtung drängte, betonten die süddt. Arbeitervereine unter dem Einfluss von F. NAUMANN bes. die sozialen Aufgaben. Der Eintritt in die Gewerkschaften wurde den Mitgl. empfohlen. Um 1900 hatten die EAV 100 000 Mitgl. Diese Zahl blieb im Wesentlichen bis 1933 konstant. Nach der natsoz. Machtübernahme gingen die EAV zwangsweise im Ev. Männerdienst auf. Die nach 1945 wieder gegründeten Landesverbände der EAV schlossen sich 1952 in der **Evangelischen Arbeiterbewegung,** Abk. **EAB,** zusammen; 1962 umbenannt in **Evangelische Arbeitnehmerbewegung.** Aus dem Ev. Männerdienst ging parallel dazu das ›Ev. Arbeiterwerk‹ hervor, das sich zunächst mit den ›Kirchl. Werken und Einrichtungen‹ zur ›Aktionsgemeinschaft für Arbeitnehmerfragen‹ zusammenschloss, später jedoch in die **Evangelische Arbeitnehmerschaft,** Abk. **EAN,** umbildete. Die sozialpolitisch ausgerichteten Organisationen der ›Kirchl. Werke und Einrichtungen‹ bildeten in der Folge den **Kirchlichen Dienst in der Arbeitswelt,** Abk. **KDA.** EAB und EAN schlossen sich 1971 zum **Bundesverband Evangelischer Arbeitnehmer in der Bun-**

desrepublik Deutschland, Abk. **B. E. A.,** zusammen; Sitz ist Berlin; gegenwärtig (1996) rd. 50 000 Mitglieder.

evangelische Bruderschaften, →Kommunitäten.

Evangelische Brüder-Unität, die →Brüdergemeine.

Evangelische Gemeinschaft, seit 1850 in Dtl. Bez. für die Albrechtsleute (→Methodisten).

Evangelische Kirche Augsburgischen Bekenntnisses in Siebenbürgen, bis 1990 offiziell **Evangelische Kirche Augsburgischen Bekenntnisses in Rumänien,** luther. Kirche in Siebenbürgen; nach der Einführung der luther. Reformation durch J. HONTERUS als selbstständige Landeskirche der Siebenbürger Sachsen mit eigener Kirchenordnung (1547) und eigenem Bischof (seit 1553) entstanden. Im Laufe ihrer Geschichte wurde sie zur Volkskirche der ev. Deutschen in Siebenbürgen. Sie ist von der v. a. nach dem polit. Umbruch 1989/90 stark angewachsenen Übersiedlung von Rumäniendeutschen nach Dtl. bes. betroffen. Seit Anfang 1990 ging die Zahl ihrer Mitgl. von rd. 100 000 (1945 noch rd. 300 000) auf etwa 20 000 zurück. Gegenwärtig (1995) bestehen noch 262 Gemeinden (betreut von 39 Pfarrern). Größere Gemeinden (über 1 000 Mitgl.) bestehen nur noch in Hermannstadt, Kronstadt, Mediasch und Bukarest. Seit 1995 sind auch Frauen zum Pfarramt zugelassen. In Hermannstadt, das Sitz der Kirchenleitung (des Landeskonsistoriums) ist, unterhält die Kirche ein Theolog. Institut und ein mit dt. Hilfe errichtetes Altenheim. Bischof ist seit 1990 CHRISTOPH KLEIN (* 1937; vorher Theologieprofessor in Hermannstadt).
L. BINDER: Die Kirche der Siebenbürger Sachsen (1982); C. KLEIN: Auf dem andern Wege. Aufsätze zum Schicksal der Siebenbürger Sachsen als Volk u. Kirche (1986).

Evangelische Kirche Augsburgischen und Helvetischen Bekenntnisses in Österreich, Zusammenschluss (bei voller Wahrung des Bekenntnisstandes) der luther. Kirche und der ref. Kirche in Österreich; Sitz der Kirchenleitung ist Wien. Die Ev. Kirche Augsburgischen Bekenntnisses umfasst 190 Gemeinden in sieben Diözesen (Superintendenzen) mit gegenwärtig (1995) rd. 350 000 Mitgl. (v. a. im Burgenland, in Kärnten und Wien) und wird von einem Bischof geleitet. Bischof ist seit 1996 HERWIG STURM (* 1942). An der Spitze der kleinen, neun Gemeinden umfassenden ref. Kirche mit rd. 20 000 Mitgl. steht ein Landessuperintendent; gegenwärtig PETER KARNER (* 1937). Beide Kirchen arbeiten eng zusammen und bilden gemeinsam eine Ev. Kirche, der sie als Kirchen (nicht jedoch ihre Einzel-Mitgl.) angehören. Die gemeinsame Synode und Kirchenleitung besteht neben den jeweiligen konfessionellen Gremien.

Evangelische Kirche der altpreußischen Union, Abk. **APU,** 1922–53 der institutionelle Zusammenschluss der luther. und ref. Kirchen in den altpreuß. (d. h. vor 1866 zu Preußen gehörenden) Prov.; zurückgehend auf den von FRIEDRICH WILHELM III. 1817 veranlassten ersten kirchl. Zusammenschluss (›Ev. Kirche in den königlich-preuß. Landen‹), ging aus ihr die →Evangelische Kirche der Union hervor.

Evangelische Kirche der Kirchenprovinz Sachsen, Gliedkirche der EKU und seit 1991 auch wieder der EKD; umfasst das Land Sachsen-Anhalt (ohne das Gebiet der Ev. Landeskirche Anhalts), den größten Teil N-Thüringens einschließlich der Landeshauptstadt Erfurt, eine Exklave in S-Thüringen und einen Teil NW-Sachsens. Sitz des Konsistoriums und des Bischofs ist Magdeburg; Bischof ist seit 1997 AXEL NOACK (* 1949). (→Evangelische Kirche in Deutschland, ÜBERSICHT)

Evangelische Kirche der Pfalz (Protestantische Landeskirche), unierte Landeskirche, Gliedkirche der EKD; bis 1978 **Vereinigte Protestantisch-Evangelisch-Christliche Kirche der Pfalz;** umfasst das Gebiet des früheren Reg.-Bez. Pfalz in Rheinland-Pfalz und im Saarland den Saar-Pfalz-Kreis sowie einen kleinen Teil des Landkreises Sankt Wendel. Sitz des Landeskirchenrats und des Kirchenpräsidenten ist Speyer; Kirchenpräsident ist seit 1988 WERNER SCHRAMM (*1933). (→Evangelische Kirche in Deutschland, ÜBERSICHT)

Evangelische Kirche der schlesischen Oberlausitz, unierte Kirche, Gliedkirche der EKU und seit 1991 auch wieder der EKD; von 1968 bis September 1992 **Evangelische Kirche des Görlitzer Kirchengebietes;** umfasst die nördl. Oberlausitz (NO-Sachsen). Sitz des Konsistoriums und des Bischofs ist Görlitz; Bischof ist seit 1995 KLAUS WOLLENWEBER (*1939). (→Evangelische Kirche in Deutschland, ÜBERSICHT)

Evangelische Kirche der Union, Abk. **EKU,** institutioneller Zusammenschluss der luther. und ref. Kirchen; am 1. 4. 1954 hervorgegangen aus der →Evangelischen Kirche der altpreußischen Union. Die EKU ist eine Union sieben selbstständiger Landeskirchen: Ev. Landeskirche Anhalts, Ev. Kirche in Berlin-Brandenburg, Ev. Kirche der schles. Oberlausitz, Pommersche Ev. Kirche, Ev. Kirche im Rheinland, Ev. Kirche der Kirchenprovinz Sachsen, Ev. Kirche von Westfalen. 1972–90 war die EKU verwaltungstechnisch in die Bereiche BRD und DDR unterteilt. Seit 1992 gibt es wieder eine gemeinsame Synode. Organe sind neben der EKU-Synode der Rat der EKU und die EKU-Kirchenkanzlei; Sitz ist Berlin. (→Evangelische Kirche in Deutschland, ÜBERSICHT)

Evangelische Kirche im Rheinland, unierte Landeskirche, Gliedkirche der EKD und der EKU, umfasst die Reg.-Bez. Düsseldorf, Köln, Koblenz und Trier, das Saarland sowie (südl.) Teile des Lahn-Dill-Kreises um Wetzlar und einen kleinen Teil des Kr. Gießen. Sitz des Landeskirchenamts und des Präses ist Düsseldorf; Präses ist seit 1997 MANFRED KOCK (*1936). (→Evangelische Kirche in Deutschland, ÜBERSICHT)

Evangelische Kirche in Berlin-Brandenburg, Gliedkirche der EKD und der EKU; umfasst die Länder Berlin und Brandenburg. Sitz des Konsistoriums und des Bischofs ist Berlin; Bischof ist seit 1994 WOLFGANG HUBER (*1942). – Die E. K. i. B.-B. war 1972–90 organisatorisch in zwei, jeweils von einem Bischof geleitete Bereiche gegliedert: die Ostregion, als Gliedkirche des ›Bundes der Ev. Kirchen in der DDR‹ Berlin (Ost) und die auf dem Gebiet der DDR gelegenen Gebiete umfassend, und Berlin (West) mit einer eigenen Regionalsynode als Gliedkirche der EKD. (→Evangelische Kirche in Deutschland, ÜBERSICHT)

Evangelische Kirche in Deutschland, Abk. **EKD,** auch (selten) **EKiD,** der rechtl. Überbau, zu dem sich 24 luther., ref. und unierte Kirchen in Dtl. zusammengeschlossen haben. Zur EKD gehört weiterhin als 25. Gliedkirche die Ev. Kirche der Union (EKU). Ihr angeschlossen sind die ›Ev. Brüder-Unität in Dtl.‹ (→Brüdergemeine) und der ›Bund evangelisch-ref. Kirchen Dtl.s‹. Die EKD ist ein Kirchenbund, dessen rechtl. Grundlage die am 3. 12. 1948 in Kraft gesetzte *Grundordnung* bildet. Mit (März 1996) rd. 28,2 Mio. Mitgl. der Gliedkirchen in über 18 000 Kirchengemeinden umfasst sie den größten Teil der ev. Christen in Deutschland.

Die Gliedkirchen der EKD lassen sich in drei Gruppen zusammenfassen: *Lutherische Gliedkirchen:* Evangelisch-Luther. Kirche in Bayern, Evangelisch-luther. Landeskirche in Braunschweig, Evangelisch-luther. Landeskirche Hannovers, Evangelisch-Luther. Landeskirche Mecklenburgs, Nordelb. Evangelisch-Luther. Kirche, Evangelisch-Luther. Landeskirche Sachsens, Evangelisch-Luther. Landeskirche Schaumburg-Lippe, Evangelisch-Luther. Kirche in Thüringen – diese acht Kirchen sind zusammengeschlossen in der →Vereinigten Evangelisch-Lutherischen Kirche Deutschlands (VELKD) –, Evangelisch-luther. Kirche in Oldenburg, Ev. Landeskirche in Württemberg. – *Unierte Gliedkirchen:* Ev. Landeskirche Anhalts, Ev. Kirche in Berlin-Brandenburg, Pommersche Ev. Kirche, Ev. Kirche im Rheinland, Ev. Kirche der Kirchenprovinz Sachsen, Ev. Kirche der schles. Oberlausitz, Ev. Kirche von Westfalen – diese sieben Kirchen gehören zur →Evangelischen Kirche der Union (EKU) –, Ev. Landeskirche in Baden, Brem. Ev. Kirche, Ev. Kirche in Hessen und Nassau, Ev. Kirche von Kurhessen-Waldeck, Ev. Kirche der Pfalz (Prot. Landeskirche). – *Reformierte Gliedkirchen:* Lipp. Landeskirche (mit einer luther. ›Klasse‹, d. h. einem luther. Anteil), Evangelisch-ref. Kirche (Synode ev.-ref. Kirchen in Bayern und Nordwest-Dtl.). – *Zusammenschlüsse von Gliedkirchen innerhalb der EKD* sind neben VELKD und EKU u. a. die →Arnoldshainer Konferenz und der →Reformierte Bund.

Die EKD und ihre Gliedkirchen verstehen sich als Volkskirche, d. h. als Kirche, in der die Bev. zum überwiegenden Teil nach Herkommen und Gewohnheit der Kirche angehört und sich die Verkündigung und insgesamt die Arbeit der Kirche auf diesen Großteil der Bev. richtet. Die EKD ist im Verhältnis zu ihren Gliedkirchen mit relativ geringen Kompetenzen ausgestattet, insbesondere sind alle Glaubens- und Bekenntnisfragen den Gliedkirchen vorbehalten. Hauptaufgabe der EKD ist es, die Gemeinschaft unter den Gliedkirchen zu fördern. Sie vertritt die gesamtkirchl. Anliegen gegenüber allen Inhabern öffentl. Gewalt und arbeitet in der ökumen. Bewegung mit. Gesetzl. Bestimmungen mit Wirkung für die Gliedkirchen kann die EKD nur mit deren Zustimmung erlassen.

Organe: Die **Synode der EKD** hat 160 Mitgl., von denen 134 durch die Synoden der 24 Gliedkirchen gewählt und 26 vom Rat der EKD berufen werden. Sie hat die Aufgabe, kirchl. Gesetze zu beschließen, Stellungnahmen zu kirchl. und gesellschaftl. Fragen abzugeben und dem Rat der EKD Richtlinien zu geben. Im Einzelnen wird die Sacharbeit durch ständige Ausschüsse wahrgenommen, (1996) neun: ›Schrift und Verkündigung‹, ›Diakonie, Mission und Ökumene‹, ›Recht‹, ›Kirche, Gesellschaft und Staat‹, ›Erziehung, Bildung und Jugend‹, ›Haushalt‹, ›Europa‹, ›Umwelt‹, ›Nominierung‹. Die Synode tritt i. d. R. einmal jährlich zu einer ordentl. Tagung zusammen. Ihre Legislaturperiode dauert sechs Jahre. – Die **Kirchenkonferenz** wird von den Kirchenleitungen der Gliedkirchen gebildet. In ihr haben Gliedkirchen mit mehr als 2 Mio. Kirchen-Mitgl. zwei Stimmen, die anderen Gliedkirchen eine Stimme. Die Kirchenkonferenz hat die Aufgabe, die Arbeit der EKD und die gemeinsamen Anliegen der Gliedkirchen zu beraten und Vorlagen oder Anregungen an die Synode und den Rat zu geben. Sie wirkt bei der Gesetzgebung mit und wählt gemeinsam mit der Synode den Rat. Vors. der Kirchenkonferenz ist stets der Ratsvorsitzende. – Der für die Dauer von sechs Jahren gewählte **Rat der EKD** leitet die EKD und vertritt sie nach außen. Ihm gehören 19 Mitgl. (Laien und Theologen) an. 18 werden von der Synode und der Kirchenkonferenz auf sechs Jahre gewählt; 19. Mitgl. ist der Präses der Synode kraft seines Amtes. Der Rat nimmt in versch. Formen – z. B. Denkschriften und öffentl. Erklärungen – zu Fragen des religiösen und gesellschaftl. Lebens Stellung. Dabei bedient er sich der Beratung durch Kammern und Kommissionen, die aus sachverständigen kirchl. Persönlichkeiten gebildet werden. – Die Verwaltung der EKD erfolgt durch das **Kirchenamt der EKD,** das seinen zentralen Sitz in Hannover hat und von einem Kollegium unter dem Vorsitz eines Präs. geleitet wird.

...n der Evangelischen Kirche in Deutschland (Stand März 1996)

	Mitglieder	Kirchen-gemeinden	Theologinnen und Theologen[1]	Leitung[2] (seit...)	
...therische Gliedkirchen					
Ev.-Luth. Kirche in Bayern	2 699 000	1 528	2 436	LB	Hermann von Loewenich (1994)
Ev.-luth. Landeskirche in Braunschweig	490 000	416	323	LB	Christian Krause (1994)
Ev.-luth. Landeskirche Hannovers	3 324 000	1 567	2 231	LB	Horst Hirschler (1988)
Ev.-Luth. Landeskirche Mecklenburgs	255 000	378	318	LB	Hermann Beste (1996)
Nordelbische Ev.-Luth. Kirche	2 450 000	675	1 554	B	Hans-Christian Knuth (1991) (Sprengel Schleswig)
				B	Maria Jepsen (1992) (Sprengel Hamburg)
				B	Karl Ludwig Kohlwage (1991) (Sprengel Holstein-Lübeck)
Ev.-Luth. Kirche in Oldenburg	495 000	123	280	B	Wilhelm Sievers (1985)
Ev.-Luth. Landeskirche Sachsens	1 114 000	1 136	959	LB	Volker Kreß (1994)
Ev.-Luth. Landeskirche Schaumburg-Lippe	67 000	23	54	LB	Heinrich Herrmanns (1991)
Ev.-Luth. Kirche in Thüringen	638 000	1 435	681	LB	Roland Hoffmann (1992)
Ev. Landeskirche in Württemberg	2 450 000	1 433	2 360	LB	Eberhardt Renz (1994)
unierte Gliedkirchen					
Ev. Landeskirche Anhalts	80 000	196	80	KP	Helge Klassohn (1994)
Ev. Landeskirche in Baden	1 377 000	551	1 138	LB	Klaus Engelhardt (1980)
Ev. Kirche in Berlin-Brandenburg	1 459 000	1 769	1 375	B	Wolfgang Huber (1994)
Bremische Ev. Kirche	287 000	72	159	P	Heinz Hermann Brauer (1989)
Ev. Kirche in Hessen und Nassau	1 990 000	1 203	1 833	KP	Peter Steinacker (1993)
Ev. Kirche von Kurhessen-Waldeck	1 042 000	967	851	B	Christian Zippert (1992)
Ev. Kirche der Pfalz (Prot. Landeskirche)	669 000	428	567	KP	Werner Schramm (1988)
Pommersche Ev. Kirche	141 000	352	203	B	Eduard Berger (1991)
Ev. Kirche im Rheinland	3 178 000	833	2 522	PR	Manfred Kock (1997)
Ev. Kirche der Kirchenprovinz Sachsen	619 000	2 189	902	B	Axel Noack (1997)
Ev. Kirche der schles. Oberlausitz	75 000	74	67	B	Klaus Wollenweber (1995)
Ev. Kirche von Westfalen	2 875 000	660	2 174	PR	Manfred Sorg (1996)
reformierte Gliedkirchen					
Ev.-ref. Kirche (Synode ev.-ref. Kirchen in Bayern und Nordwestdeutschland)	203 000	142	171	PR	Hinnerk Schröder (1977)
Lippische Landeskirche	219 000	70	151	LS	Gerrit Noltensmeier (1996)

[1] Stand Januar 1994. – [2] B Bischof; KP Kirchenpräsident; LB Landesbischof; LS Landessuperintendent; P Präsident; PR Präses.

Eine Außenstelle des Kirchenamtes besteht in Berlin. In Bonn ist die EKD durch einen Bevollmächtigten des Rates der EKD bei der Bundesrepublik Dtl. vertreten, der sie zugleich bei der Europ. Gemeinschaft in Brüssel vertritt.

Geschichte: Der erste Versuch eines größeren Zusammenschlusses der seit der Reformation entstandenen Landeskirchen führte 1848 in Wittenberg zu einem Kirchentag, einer Konferenz kirchl. Organe. Ihm folgte 1852 die Gründung der ›Eisenacher Konferenz‹ (regelmäßige Beratungen über Einigungsbestrebungen), aus der 1903 der ›Deutsche Ev. Kirchenausschuss‹ als ständiges Organ der ev. Landeskirchen hervorging. Deren rechtl. und organisator. Selbstständigkeit blieb jedoch erhalten, auch als 1918 mit dem polit. Wandel das landesherrl. Kirchenregiment und das Staatskirchentum zu Ende gegangen waren. 1919 kam es zum Zusammenschluss im ›Deutschen Ev. Kirchentag‹, der 1921 die Verf. des →Deutschen Evangelischen Kirchenbundes annahm, der schließlich 1922 von allen dt. Landeskirchen geschlossen wurde. Die Bemühungen um einen engeren Zusammenschluss führten erst 1933 mit der Gründung der →Deutschen Evangelischen Kirche (DEK) zum Ziel. Kurz darauf griff jedoch das natsoz. System in das innere Leben der Kirche ein, um aus der Deutschen Ev. Kirche eine dem natsoz. Regime willfährige Staatskirche zu machen (→Deutsche Christen). – Als Gegenbewegung gegen die damit verbundenen Versuche der Verfälschung von Lehre und Verkündigung entstand die →Bekennende Kirche (→Kirchenkampf). Die Neuordnung der Gesamtkirche wurde nach dem Zusammenbruch 1945 unter dem Namen EKD verwirklicht. Zur Gründungsversammlung der EKD wurde die Kirchenversammlung in Treysa (27.–31. 8.), zu der der württemberg. Landesbischof T. WURM als Begründer des ›Kirchl. Einigungswerkes‹ die Leitungen der ev. Landeskir-

chen eingeladen hatte. Die Versammlung setzte einen ›vorläufigen Rat‹ ein, dessen Vors. Bischof WURM wurde. Die ebenfalls beschlossene vorläufige Ordnung wurde 1948 durch die Grundordnung der EKD (am 13. 7. in Eisenach verabschiedet und am 3. 12. in Kraft gesetzt) abgelöst. – Die acht Landeskirchen auf dem Gebiet der sowjet. Besatzungszone und späteren DDR gehörten zunächst zur EKD. 1969 schieden sie rechtlich aus und bildeten einen eigenen Zusammenschluss, den →Bund der Evangelischen Kirchen in der DDR (BEK), hielten jedoch ausdrücklich an der (über das Maß allgemeiner ökumen. Beziehungen hinausgehenden) ›besonderen Gemeinschaft der ganzen ev. Christenheit in Dtl.‹ fest. Im Februar 1991 beschlossen die Synoden des BEK und der EKD ein Kirchengesetz zur Wiederherstellung der Einheit der EKD, das – nach Zustimmung der Synoden der Gliedkirchen der BEK – in Kraft trat. Am 28. 6. 1991 traten die ostdt. Landeskirchen auf der EKD-Synode in Coburg der EKD wieder bei.

Kirchenmitgliedschaft: Der einzelne ev. Christ ist Mitgl. seiner Gemeinde und seiner Landeskirche (Mitgl. der EKD sind allein die Gliedkirchen). Die Mitgliedschaft ist an Taufe und Wohnsitz geknüpft: Wer in einer ev. Kirche die Taufe empfangen und seinen Wohnsitz im Bereich einer EKD-Gliedkirche hat, ist damit automatisch Mitgl. dieser Kirche. Verlegt er seinen dauernden Wohnsitz in das Gebiet einer anderen EKD-Gliedkirche, so wird er dort Kirchenmitglied.

Im Unterschied zu den →Freikirchen erheben die Gliedkirchen der EKD von ihren Mitgl. →Kirchensteuer.

H. BRUNOTTE: Die Grundordnung der EKD (1954); DERS.: Die EKD. Gesch., Organisation u. Gestalt der EKD (1964); MARTIN SCHMIDT: Ev. Kirchengesch. Dtl.s von der Reformationszeit bis zur Gegenwart (1956); F. MERZYN: Das Recht

DIE GLIEDKIRCHEN DER EVANGELISCHEN
KIRCHE IN DEUTSCHLAND (EKD)

Kiel

NORDELBIEN

Rostock

Greifswald

POMMERN

Lübeck

Schwerin

MECKLENBURG

Leer

Oldenburg
(Oldenburg)

OLDEN-
BURG

Bremen
Bremen

HANNOVER

SCHAUMBURG-
LIPPE

Wolfsburg
Hannover

Bückeburg

Wolfenbüttel

BRAUNSCHWEIG

KIRCHEN-
PROVINZ

Brandenburg
an der Havel

Potsdam

BERLIN-
BRANDENBURG

Berlin

Frankfurt
(Oder)

Bielefeld
Detmold LIPPE

Magdeburg

Dessau

ANHALT

Cottbus

SCHLESISCHE
OBERLAUSITZ

Recklinghausen
Dortmund
Hamm

WESTFALEN

Göttingen

SACHSEN

Leipzig

Görlitz

Krefeld
Düsseldorf
Solingen

Hagen
Wuppertal

Kassel

KURHESSEN-
WALDECK

Eisenach

Gera

THÜRINGEN

Chemnitz

Dresden

SACHSEN

Siegen

Bonn

RHEINLAND

HESSEN
UND NASSAU

Koblenz

Frankfurt am Main
Offenbach am Main

Darmstadt

PFALZ

Mannheim

Saarbrücken

Speyer
Heidelberg

Karlsruhe

Pforzheim

Heilbronn

Erlangen

Nürnberg

BAYERN

Stuttgart

WÜRTTEMBERG

Reutlingen

Ulm

Ingolstadt

München

BADEN

Kirchen:

Unierte Kirchen

Mitglied
der EKU

Lutherische Kirchen

Mitglied
der VELKD

Reformierte Kirchen

Gemeinden der
Evangelisch-reformierten
Kirche

Zeichenerklärung:

Sitz der
Kirchenleitung

Stadt über
100 000 Ew.

Grenze der
Gliedkirche

Grenze der
Bundesländer

0   25   50   75 km

der EKD (^{3}1964); K. KUPISCH: Die dt. Landeskirchen im 19. u. 20. Jh. (^{2}1975); Der dt. Protestantismus im Jahr des natsoz. Machtergreifung, hg. v. G. VAN NORDEN (1979); W. LEISER: Die Regionalgliederung der ev. Landeskirchen in der Bundesrepublik Dtl. (1979); Die Protokolle des Rates der Ev. Kirche in Dtl., bearb. v. C. NICOLAISEN u. a., auf mehrere Bde. ber. (1995 ff.).

Evangelische Kirche in Hessen und Nassau, unierte Landeskirche, Gliedkirche der EKD, umfasst den Reg.-Bez. Darmstadt (ohne den Main-Kinzig-Kreis) und vom Reg.-Bez. Kassel zehn Kirchengemeinden des ehem. Kreises Frankenberg, vom Land Rheinland-Pfalz die ehem. Reg.-Bez. Montabaur und Rheinhessen. Sitz der Kirchenverwaltung und des Kirchenpräsidenten ist Darmstadt; Kirchenpräsident ist seit 1993 PETER STEINACKER (* 1943). (→Evangelische Kirche in Deutschland, ÜBERSICHT)

Evangelische Kirche von Kurhessen-Waldeck, unierte Landeskirche, Gliedkirche der EKD, umfasst den Reg.-Bez. Kassel (ohne zehn Kirchengemeinden des ehem. Kreises Frankenberg), den Main-Kinzig-Kreis des Reg.-Bez. Darmstadt und seit März 1991 wieder das Dekanat Schmalkalden. Sitz des Landeskirchenamts und des Bischofs ist Kassel; Bischof ist seit 1992 CHRISTIAN ZIPPERT (* 1936). (→Evangelische Kirche in Deutschland, ÜBERSICHT)

Evangelische Kirche von Westfalen, unierte Landeskirche, Gliedkirche der EKD und der EKU, umfasst die nordrheinwestfäl. Reg.-Bez. Arnsberg, Detmold (ohne die ehem. Kreise Detmold und Lemgo) und Münster. Sitz des Landeskirchenamts und des Präses ist Bielefeld; Präses ist seit 1996 MANFRED SORG (* 1938). (→Evangelische Kirche in Deutschland, ÜBERSICHT)

Evangelische Landeskirche Anhalts, unierte Kirche, Gliedkirche der EKU und seit 1991 auch wieder der EKD; umfasst das Gebiet des ehem. Landes Anhalt (heute Teil des Landes Sa.-Anh.). Sitz des Landeskirchenrates und des Kirchenpräsidenten ist Dessau; Kirchenpräsident ist seit 1994 HELGE KLASSOHN (* 1944). (→Evangelische Kirche in Deutschland, ÜBERSICHT)

Evangelische Landeskirche Greifswald, →Pommersche Evangelische Kirche.

Evangelische Landeskirche in Baden, unierte Kirche, Gliedkirche der EKD, umfasst die ehem. Reg.-Bez. Nordbaden und Südbaden des Landes Baden-Württemberg. Sitz des Ev. Oberkirchenrats und des Landesbischofs ist Karlsruhe; Landesbischof ist seit 1980 KLAUS ENGELHARDT (* 1932). (→Evangelische Kirche in Deutschland, ÜBERSICHT)

Evangelische Landeskirche in Württemberg, luther. Kirche, Gliedkirche der EKD, umfasst die ehem. Reg.-Bez. Nordwürttemberg und Südwürttemberg-Hohenzollern sowie die Kirchengemeinden Schluchtern (bei Heilbronn) und Bad Wimpfen. Sitz des Ev. Oberkirchenrats und des Landesbischofs ist Stuttgart; Landesbischof ist seit 1994 EBERHARDT RENZ (* 1935). (→Evangelische Kirche in Deutschland, ÜBERSICHT)

Evangelische Michaelsbruderschaft, aus der →Berneuchener Bewegung hervorgegangene, u. a. von den ev. Theologen K. B. RITTER und W. STÄHLIN 1931 in Marburg gegründete bruderschaftsähnl. Gemeinschaft ev. Christen. Im Mittelpunkt stehen die Pflege der Messe, des Stundengebets und eines vertieften geistl. Lebens.

evangelische Orden, →Kommunitäten.

evangelische Presse, konfessionell-kirchl. Zeitschriften- und Serienschriftenpresse ev. Prägung, entstanden seit dem 19. Jh.; Haupttypen: wöchentl. Kirchengebietsblätter (z. B. ›Unsere Kirche‹, Bielefeld; ›Die Kirche‹, Berlin), das politisch-kulturelle Wochenblatt (›Das Sonntagsblatt‹, Hamburg), die regio-

nalen und lokalen Gemeindeblätter (z. B. ›Ev. Gemeindeblatt für Württemberg und Stuttgarter Ev. Sonntagsblatt‹, Stuttgart), die kirchenpolit. und theolog. Zeitschriften (z. B. ›Ev. Kommentar‹, Stuttgart; ›Luther. Monatshefte‹, Hannover; ›Die Zeichen der Zeit‹, Leipzig), die Pastoralblätter, die Zeitschriften für kirchl. Personal, die Zeitschriften der kirchl. Werke, Dienste und Verbände, die Standeszeitschriften, darunter die Kinder- und Jugendzeitschriften, die Mitteilungsblätter kirchl. Gruppierungen, die volksmissionar. Zeitschriften und Kalender und die kirchl. Amtsblätter. Als Herausgeber treten neben kircheneigenen oder -nahen Verlagen regionale ev. Presseverbände auf, deren Dachorganisation das ›Gemeinschaftswerk der Ev. Publizistik‹ (Abk. GEP), Sitz: Frankfurt am Main, ist.

G. MEHNERT: E. P. Gesch. u. Erscheinungsbild von der Reformation bis zur Gegenwart (1983).

Evangelische Räte, lat. **Consilia evangelica,** in der kath. Theologie Bez. für empfohlene, nicht unbedingt geforderte Weisungen aus dem Geist des Evangeliums, die sich auf eine gelebte Form der Nachfolge CHRISTI beziehen: Armut (z. B. Mt. 19, 21), Ehelosigkeit (z. B. Mt. 19, 12) und Gehorsam (z. B. Mk. 1, 16–20) um des Evangeliums willen. Die E. R. sind Gegenstand der Ordensgelübde (→Gelübde).

Evangelischer Bund, 1886 in Erfurt v. a. auf Anregung von W. BEYSCHLAG von Persönlichkeiten der ev. Universitätstheologie, der ev. Kirchenleitungen und des ev. Schulwesens mit der Absicht gegründete Vereinigung, den kirchlich und theologisch vielgestaltigen dt. Protestantismus in seinen Grundanliegen aufeinander abzustimmen und ihn in der Öffentlichkeit sowie gegenüber dem aus dem Kulturkampf gestärkt hervorgegangenen Katholizismus wirksamer zu vertreten. Zunächst stark wachsend und 1914 mit über 500 000 Mitgl. die größte ev. Vereinsorganisation, folgte in den 30er-Jahren ein Mitgliederrückgang und parallel dazu (seit 1935) die Umbildung des E. B. zu einem konfessionskundl. und ökumen. Arbeitswerk; seit 1947 mit dem ›Konfessionskundl. Institut‹ in Bensheim als wiss. Arbeitsstätte. Heute will der E. B. unter Bezugnahme auf das Erbe der Reformation eine bewusst ev. Sicht in die konfessionellen, ökumen. und gesellschaftl. Entwicklungen einbringen.

Evangelischer Diakonieverein Berlin-Zehlendorf e. V., der →Diakonieverein.

Evangelischer Kirchentag, →Kirchentag.

Evangelischer Pressedienst, →epd.

Evangelisches Bibelwerk in der Bundesrepublik Deutschland, →Bibelgesellschaften.

Evangelisches Kirchenamt für die Bundeswehr, dem Bundesministerium der Verteidigung unmittelbar nachgeordnete Bundesbehörde zur Wahrnehmung der zentralen kirchl. und staatl. Verwaltungsaufgaben der →Militärseelsorge unter Leitung des Militärgeneraldekans und zugleich ausführendes Amt des ev. →Militärbischofs; Sitz: Bonn-Bad Godesberg.

Evangelisches Missionswerk in Deutschland e. V., Abk. **EMW,** von ev. Kirchen, Missionswerken und Verbänden gegründete Dachorganisation mit Sitz in Hamburg; als gesamtdt. Missionswerk 1991 aus dem Zusammenschluss des 1975 gegründeten ›Ev. Missionswerkes im Bereich der Bundesrepublik Dtl. und Berlin West‹ (EMW) und der 1964 gegründeten ›Arbeitsgemeinschaft ev. Missionen in der DDR‹ (AGEM) hervorgegangen. Das EMW nimmt Aufgaben der Weltmission und Evangelisation wahr und unterstützt (Entwicklungs-)Projekte, die über den Bereich und die Wirkungsmöglichkeiten der einzelnen Mitgl. hinausgehen und ihre Zusammenarbeit erfordern, und unterhält Beziehungen zu Kirchen, Christenräten und anderen regionalen bzw. kontinentalen kirchl. Zusammenschlüssen in Afrika, Asien, Lateinamerika, Ozeanien und der Karibik. Gegenwärtig (1996) hat es 24 Mitgl., darunter die Ev. Kirche in Dtl. (EKD), fünf Freikirchen, die regionalen Missionswerke der Landeskirchen, die Arbeitsgemeinschaft Missionar. Dienste, den CVJM, die Dt. Bibelgesellschaft sowie selbstständige Missionsgesellschaften. Das EMW ist Mitgl. der Kommission Mission und Evangelisation des Ökumen. Rates der Kirchen (ÖRK).

evangelische Soziallehre, Sammel-Bez. für die biblisch begründete und zu begründende Sozialgestalt des Christentums in den reformator. Kirchen. Im Unterschied zur kath. Soziallehre bezieht sie sich nicht auf unveränderl. naturrechtl. Strukturen der Gesellschaft, da das Christentum keine ›aus seiner religiösen Idee unmittelbar entspringende Sozialtheorie‹ habe (E. TROELTSCH). So stellt sich die e. S. historisch dar z. B. als kalvinist. Wirtschafts- oder luther. Ordnungsethik (Zweireichelehre, Dreiständelehre), die in der orth. Theorie der ›Eigengesetzlichkeit‹ von Staat, Nation und Wirtschaft zum ›Zusammenbruch des Luthertums als Sozialgestaltung‹ führte (GEORG WÜNSCH [* 1887, † 1964]). Das im Luthertum vorherrschende stat. Ordnungsdenken wich mit dem Aufkommen der Industrialisierung und der damit verbundenen sozialen Probleme einem dynam. Denken, sodass sich e. S. heute als Verhaltenshilfe in der ›nachchristl. Gesellschaft‹ versteht. Als Basis verbindl. Aussagen bietet sich ihr der Begriff der Verantwortung an in einem Raum, in dem Christen und Nichtchristen zusammenleben und ihr Leben in Familie, Staat, Recht und Wirtschaft im Sinne der Humanität ordnen müssen.

Im Rahmen der EKD findet die Arbeit an wichtigen Gegenwartsfragen ihren Niederschlag in den seit 1962 erarbeiteten Denkschriften. Im Februar 1997 legten der Rat der EKD und die Dt. Bischofskonferenz erstmals ein gemeinsames kirchl. ›Wort zur wirtschaftl. und sozialen Lage in Dtl.‹ vor, worin beide Kirchen auf der Grundlage christl. Sozialethik zu den mit dem wirtschaftl. Strukturwandel verbundenen neuen Herausforderungen an Politik, Wirtschaft und Gesellschaft in Dtl. Stellung nehmen.

H.-H. SCHREY: Einf. in die e. S. (1973); Die Denkschr. der Ev. Kirche in Dtl., hg. v. der Kirchenkanzlei der Ev. Kirche in Dtl., auf mehrere Bde. ber. (¹⁻²1981 ff.); M. HONECKER: E. S., in: Staatslex., hg. v. der Görres-Gesellschaft, Bd. 2 (⁷1986); E. TROELTSCH: Die Soziallehren der christl. Kirchen u. Gruppen, 2 Tle. (Neuausg. 1994).

Evangelisches Studienwerk e. V. Villigst, Begabtenförderungswerk aller ev. Landeskirchen in Dtl., gegr. 1948 in Schwerte; gefördert werden fachlich qualifizierte, sozial engagierte und verantwortungsbereite junge Menschen ev. Konfession. Das Studienwerk fördert jährlich rd. 700 ev. Studierende und 180 Promovierende. Ziel ist, bei den Stipendiatinnen und Stipendiaten die Bereitschaft zu stärken, Wissen und Verantwortung als Einheit zu sehen und auf der Grundlage eines solchen Selbstverständnisses soziale Verantwortung in Beruf, Gemeinde und Gesellschaft zu tragen.

Evangelische StudentInnengemeinde in der Bundesrepublik Deutschland, Abk. **ESG,** 1945 erfolgter Zusammenschluss örtl. Studierendengemeinden in Dtl. mit Sitz der Geschäftsstelle in Köln. Die einzelnen (rd. 150) Gemeinden in Universitäts- und Fachhochschulstädten arbeiten im Rahmen der ev. Landeskirchen weitgehend unabhängig unter Leitung eines Kreises von Mitarbeiterinnen und Mitarbeitern sowie ihres Studierendenpfarrers bzw. ihrer -pfarrerin; gegenwärtig (1996) rd. 11 000 aktive Mitgl. – In der DDR bestand seit 1967 eine rechtlich selbstständige ESG mit Sitz der Geschäfsstelle in Berlin (Ost). Beide Verbände schlossen sich 1992 wieder zusammen.

Evangelische Volkspartei, Abk. **EVP,** schweizer. Partei, gegr. 1917 auf Kantonsebene in Zürich, 1919 auf Bundesebene konstituiert, will gemäß ihrem Programm ›im Widerstreit der Meinungen das gemäß ev. Verständnis Richtige‹ tun. Sie ist orientiert am polit. konservativen Protestantismus, besitzt aber auch einen starken Arbeitnehmerflügel. Polit. Schwerpunkt der Partei ist der Kt. Zürich und die dt.-sprachige Schweiz. 1987 und 1991 errang sie drei, 1995 zwei Mandate im Nationalrat.

Evangelische Zentralstelle für Weltanschauungsfragen, Abk. **EZW,** 1960 gegründete Einrichtung der EKD mit Sitz in Berlin (bis Mitte 1995: Stuttgart). Die EZW beobachtet die religiösen und weltanschaul. Strömungen der Gegenwart und informiert über religiöse und weltanschaul. Trends, Szenen und Gemeinschaften. Neben der Vortrags- und Gutachtertätigkeit ihrer Referenten gibt die EWZ ihre Arbeitsergebnisse in Form von Broschüren und einer Zeitschrift (›Materialdienst‹) heraus. – Eine Vorläuferin war 1919–35 die ›Apologet. Centrale‹ in Berlin-Spandau.

Evangelisch-Johannische Kirche nach der Offenbarung St. Johannis, bis 1975 Name der →Johannischen Kirche.

evangelisch-lutherisch, lutherisch, Konfessions-Bez. der ev. Kirchen luther. Prägung und ihrer Mitgl. (→lutherische Kirchen, →Luthertum).

Evangelisch-Lutherische Freikirche, →Altlutheraner.

Evangelisch-lutherische Kirche im Hamburgischen Staate, ehem. Gliedkirche der EKD und der VELKD; umfasste die Stadtteile Alt-Hamburg und Bergedorf des Landes Hamburg, die Stadt Cuxhaven und Geesthacht; ging 1977 in der →Nordelbischen Evangelisch-Lutherischen Kirche auf.

Evangelisch-Lutherische Kirche in Bayern, Gliedkirche der EKD und der VELKD, umfasste das Land Bayern. Sitz des Landeskirchenamts und des Landesbischofs ist München; Landesbischof ist seit 1994 HERMANN VON LOEWENICH (* 1931). (→Evangelische Kirche in Deutschland, ÜBERSICHT)

Evangelisch-lutherische Kirche in Lübeck, ehem. Gliedkirche der EKD und der VELKD; umfasste die Stadt Lübeck und Teile des Landkreises Herzogtum Lauenburg; ging 1977 in der →Nordelbischen Evangelisch-Lutherischen Kirche auf.

Evangelisch-Lutherische Kirche in Oldenburg, Gliedkirche der EKD, umfasst den ehem. niedersächs. Verwaltungsbezirk Oldenburg. Sitz des Evangelisch-luther. Oberkirchenrats und des Bischofs ist Oldenburg; Bischof ist seit 1985 WILHELM SIEVERS (* 1931). (→Evangelische Kirche in Deutschland, ÜBERSICHT)

Evangelisch-Lutherische Kirche in Russland und anderen Staaten, Abk. **ELKRAS,** aus der 1990 wieder staatlich registrierten und in die Konferenz Europ. Kirchen aufgenommenen Deutschen Evangelisch-Lutherischen Kirche in der Sowjetunion (1991–93 ›Ev.-Luther. Kirche in den Republiken von Euro-Asien‹) hervorgegangene luther. Kirche in der GUS. Die ELKRAS versteht sich als ›russ.‹ Kirche dt. Tradition, der überwiegend deutsche luther. Christen angehören. Sie knüpft an die Geschichte luther. Gemeinden in Russland seit der Reformation und seit der Einwanderung dt. Siedler im Wolgagebiet im 18. Jh. an. Nach der Aufhebung der staatl. Registrierung als Religionsgemeinschaft in den 30er-Jahren, der Ermordung bzw. Flucht der meisten Pastoren und der darauf folgenden Zwangsumsiedlung der Deutschen nach Sibirien und Mittelasien hielten viele Gläubige unter schwierigsten äußeren Bedingungen an ihrem Bekenntnis fest. In den 70er-Jahren wurden erstmals wieder deutsche luther. Gemeinden staatlich registriert und von Riga aus geistlich betreut. HARALD KALNINS (* 1911), der diese Aufgabe als Pastor an der

Evangelist: Maiestas Domini mit den Evangelistensymbolen; Miniatur im ›Lothar-Evangeliar‹, 849–851 (Paris, Bibliothèque Nationale de France)

Jesuskirche in Riga und später als ›Superintendent von Riga und der Sowjetunion‹ übernommen hatte, wurde 1988 als Bischof eingeführt. Ende 1993 wurde der Sitz der Bischofskanzlei von Riga nach Sankt Petersburg verlegt. Gegenwärtig (1995) zählt die ELKRAS etwa 600 Gemeinden in Russland (Eparchien: Europ. Russland und Sibirien), der Ukraine, Kasachstan und Mittelasien (Eparchien: Kirgisien und Usbekistan). Bischof ist seit 1994 GEORG KRETSCHMAR (* 1925; bis 1990 Prof. in München, danach Dozent in Riga).

W. KAHLE: Gesch. der evangelisch-luther. Gemeinden in der Sowjetunion 1917–1938 (Leiden 1974).

Evangelisch-Lutherische Kirche in Thüringen, Gliedkirche der VELKD (1969–91 der VELK in der DDR) und seit 1991 auch wieder der EKD; umfasst das Land Thüringen (ohne das Gebiet der Ev. Kirche der Kirchenprovinz Sachsen und das Dekanat Schmalkalden der Ev. Kirche von Kurhessen-Waldeck). Sitz des Landeskirchenrats und des Landesbischofs ist Eisenach; Landesbischof ist seit 1992 ROLAND HOFFMANN (* 1938). (→Evangelische Kirche in Deutschland, ÜBERSICHT)

Evangelisch-Lutherische Landeskirche Eutin, ehem. Gliedkirche der EKD und der VELKD; umfasste große Teile des Landkreises Ostholstein und Teile der Landkreise Segeberg und Plön; ging 1977 in der →Nordelbischen Evangelisch-Lutherischen Kirche auf.

Evangelisch-lutherische Landeskirche Hannovers, Gliedkirche der EKD und der VELKD, umfasst das Land Niedersachsen ohne die ehem. Verwaltungsbezirke Braunschweig und Oldenburg und den ehem. Kreis Schaumburg-Lippe sowie ohne die Stadt Cuxhaven, dazu die Stadt Bremerhaven und seit 1992 wieder das Amt Neuhaus/Elbe, das bis zu seiner Rückgliederung nach Niedersachsen im Juni 1993 zum Land Mecklenburg-Vorpommern gehörte. Sitz des Landeskirchenamts und des Landesbischofs ist

Hannover; Landesbischof ist seit 1988 HORST HIRSCHLER (* 1933). (→Evangelische Kirche in Deutschland, ÜBERSICHT)

Evangelisch-lutherische Landeskirche in Braunschweig, Gliedkirche der EKD und VELKD, umfasst den ehem. Verwaltungsbezirk Braunschweig des Landes Niedersachsen und seit 1992 wieder im Land Sachsen-Anhalt die Bereiche Blankenburg/Harz der Propstei Bad Harzburg und Calvörde/Uthmöden der Propstei Vorsfelde. Sitz des Landeskirchenamts und des Landesbischofs ist Wolfenbüttel; Landesbischof ist seit 1994 CHRISTIAN KRAUSE (* 1940). (→Evangelische Kirche in Deutschland, ÜBERSICHT)

Evangelisch-Lutherische Landeskirche Mecklenburgs, Gliedkirche der VELKD (1969–91 der VELK in der DDR) und seit 1991 auch wieder der EKD; umfasst den Mecklenburger Teil des Landes Mecklenburg-Vorpommern. Sitz des Oberkirchenrats und des Landesbischofs ist Schwerin; Landesbischof ist seit 1996 HERMANN BESTE (* 1940). (→Evangelische Kirche in Deutschland, ÜBERSICHT)

Evangelisch-Lutherische Landeskirche Sachsens, Gliedkirche der VELKD (1969–91 der VELK in der DDR) und seit 1991 auch wieder der EKD; umfasst das Land Sachsen (ohne das Gebiet der Ev. Kirche der schles. Oberlausitz im NO und der Ev. Kirche der Kirchenprovinz Sachsen im NW). Sitz des Landeskirchenamts und des Landesbischofs ist Dresden; Landesbischof ist seit 1994 VOLKER KRESS (* 1939). (→Evangelische Kirche in Deutschland, ÜBERSICHT)

Evangelisch-Lutherische Landeskirche Schaumburg-Lippe, Gliedkirche der EKD und der VELKD, umfasst den früheren Landkreis Schaumburg-Lippe. Sitz des Landeskirchenamts und des Landesbischofs ist Bückeburg; Landesbischof ist seit 1991 HEINRICH HERRMANNS (* 1939). (→Evangelische Kirche in Deutschland, ÜBERSICHT)

Evangelisch-Lutherische Landeskirche Schleswig-Holsteins, ehem. Gliedkirche der EKD und VELKD; umfasste das Land Schleswig-Holstein (ohne die Gebiete der Evangelisch-luther. Kirche in Lübeck und der Evangelisch-Luther. Landeskirche Eutin) sowie im Land Hamburg die Stadtteile Altona, Wandsbek und Blankenese; ging 1977 in der →Nordelbischen Evangelisch-Lutherischen Kirche auf.

evangelisch-reformiert, Konfessions-Bez. der Glieder ref. Kirchengemeinschaften. (→reformierte Kirchen)

Evangelisch-reformierte Kirche (Synode evangelisch-reformierter Kirchen in Bayern und Nordwestdeutschland), Gliedkirche der EKD, umfasst Gemeinden in Niedersachsen, Bremerhaven, Bremen-Rekum, Hamburg-Altona, Lübeck, Stuttgart und seit 1989 auch in Bayern; bis Januar 1989 **Evangelisch-reformierte Kirche in Nordwestdeutschland.** Seit der Wiedervereinigung Dtl. gehören der Ev.-ref. Kirche auch die ref. Gemeinden in Bützow, Chemnitz, Leipzig und Zwickau an. Sitz des Synodalrates und des Präses ist Leer; Präses ist seit 1977 HINNERK SCHRÖDER (* 1939). (→Evangelische Kirche in Deutschland, ÜBERSICHT)

Evangelisch-sozialer Kongress, Abk. **ESK,** 1890 von Führern des dt. Protestantismus (A. STOECKER, LUDWIG WEBER (* 1846, † 1922), A. VON HARNACK, A. WAGNER u. a.) gegründeter Verein mit dem Ziel, die sozialen Missstände zu bekämpfen und die Kräfte des christl. Glaubens für das Wirtschaftsleben wirksamer zu machen. Wegen Konflikten zw. Konservativen und Progressiven trat STOECKER 1896 aus und gründete 1897 die ›Freie Kirchlich-Soziale Konferenz‹ (später als ›Kirchlich-sozialer Bund‹ fortgeführt). Auch die ev. Arbeitervereine sagten sich zunehmend vom ESK los, sodass dieser nur noch zur sozialen Plattform eines ›freien Protestantismus‹ wurde. 1933 wurde der ESK verboten. Nach 1945 wurden seine Intentionen in der EKD aufgenommen.

G. KRETSCHMAR: Der E.-S. K. (1972).

Evangelist, seit dem 3. Jh. Bez. für die (angenommenen) Verfasser der vier Evangelien: MATTHÄUS, MARKUS, LUKAS, JOHANNES.

In der christl. Urgemeinde war E. die Bez. für Mitarbeiter der Apostel; heute werden auch Prediger in den ev. Freikirchen, v. a. aber in der Gemeinschaftsbewegung ihnen bis ins frühe MA. bezeichnet (→Evangelisation).

Kunst: Die Darstellung der vier E. in frühchristl. Zeit nimmt die Tradition des antiken Redner- und Philosophenbildes auf. In der byzantin. Kunst wurden nach dem Bilderstreit MATTHÄUS und JOHANNES als Greise mit weißem Bart, MARKUS und LUKAS dagegen als jüngere Männer dargestellt, im Westen meist in jugendl. Gestalt, stehend oder sitzend. Attribute wurden ihnen bis ins frühe MA. beigegeben. Im 5. Jh. treten erstmals die den Visionen des Ezechiel (Ez. 1, 10) und der Apokalypse (4, 7) entstammenden Flügelwesen als E.-Symbole auf: Löwe für MARKUS, Mensch für MATTHÄUS, Stier für LUKAS, Adler für JOHANNES. Sie erscheinen allein oder in meist nur loser Verbindung mit den E., die im MA. v. a. schreibend, schauend, diktierend, aber auch mit der Hand Gottes oder einer Taube, die sie inspiriert, dargestellt werden, bes. in der Buchmalerei. (→Autorenbild)

Musik: In den Passionskompositionen seit dem Barock (z. B. J. S. BACHS ›Matthäuspassion‹) ist E. die Bez. für die Partie des Sängers, der den erzählenden Text des jeweiligen Evangeliums vorträgt, nicht aber die direkten Reden CHRISTI oder anderer Personen.

Evangelistar [mlat.] *das, -s/-e,* **Perikopenbuch,** liturg. Buch, das die Abschnitte aus den Evangelien enthält, die während der Messe verlesen werden (Perikopen). Bedeutend wegen ihrer Miniaturen sind u. a. der Egbertkodex (um 980; Trier, Stadtbibliothek) und das Perikopenbuch HEINRICHS II. (um 1007–12; München, Bayer. Staatsbibliothek) sowie Werke der Reichenauer Malerschule.

Evangelisti [evandʒe'listi], Franco, ital. Komponist, *Rom 21. 1. 1926, †ebd. 28. 1. 1980; studierte u. a. in Freiburg im Breisgau (H. GENZMER); gründete 1961 das Improvisationsensemble ›Nuova Consonanza‹; war 1969–72 Dozent für elektron. Musik an der Accademia Nazionale di Santa Cecilia in Rom. E.,

Evangelist: Jacob Jordaens, ›Die vier Evangelisten‹; um 1625 (Paris, Louvre)

der kaum mehr als 20 meist unveröffentlichte Werke hinterließ (u. a. ›Incontri di fasce sonore‹, 1957; ›Random or not Random‹, 1962; Theaterstück ›Die Schachtel‹, 1963) und seit 1962/63 nicht mehr komponierte, sah mit der Neuen Musik unserer Zeit das vorläufige Ende (›Erschöpfung‹) der abendländ. Kunstmusik heraufziehen.

Evangelium [griech. evangélion ›frohe Kunde‹, ›Heilsbotschaft‹] *das, -s/...li|en,* 1) in der Antike die Siegesbotschaft oder der Gottesspruch eines Orakels. Im speziellen Sinn (in den christl. Kirchen) Bez. für die Botschaft JESU vom Kommen des Reiches Gottes sowie für die Überlieferung der Worte, Taten und des Lebens JESU, bes. für deren Fixierung in den vier neutestamentl. Schriften über sein Leben und Wirken, den Evangelien (→Matthäusevangelium, →Markusevangelium, →Lukasevangelium, →Johannesevangelium, →Bibel).

2) die bibl. Lesung in der christl. Liturgie, die i. d. R. als letzte Lesung den Lesegottesdienst abschließt.

Evangelium vitae [lat. ›Evangelium des Lebens‹], Enzyklika Papst JOHANNES PAULS II. vom 25. 3. 1995 über den Wert und die Unantastbarkeit des menschl. Lebens. U. a. auf die bibl. Aussagen Bezug nehmend, dass Gott der Herr über das Leben ist und allein dessen Anfang und Ende setzt, wird das Leben als dem Menschen unverfügbar und sein Schutz als fundamentales Glaubens- und Rechtsgut beschrieben. Getragen von der Sorge, dass sich in der Lebensweise moderner Gesellschaften westl. Prägung, der Gesetzgebung vieler Staaten (Schwangerschaftsabbruch, künstl. Empfängnisverhütung, staatl. Bevölkerungsplanung, aktive Sterbehilfe), aber auch in den vielfältigen Formen der Gewalt gegen Schwache und in Kriegen zunehmend eine gegen das Leben gerichtete hedonist. ›Kultur des Todes‹ manifestiert, setzt die Enzyklika dieser Entwicklung eine ›Kultur des Lebens‹ entgegen, die die personale Würde des menschl. Lebens in allen seinen Gestalten betont. Dabei werden v. a. der unbedingte Schutz des ungeborenen und des behinderten Lebens, aber auch die Würde des sterbenden Menschens hervorgehoben.

Evans [ˈɛvənz], 1) Sir (seit 1911) A r t h u r John, brit. Archäologe, *Nash Mills (bei London) 8. 7. 1851, †Oxford 11. 7. 1941; Prof. in Oxford. Er begann seine Forschungen 1893 auf Kreta. Seine auf eigene Kosten seit 1900 unternommenen Ausgrabungen in ›Knossos‹ führten ihn zur Entdeckung des sagenhaften Palastes des Minos; er erstellte aufgrund seiner langjährigen Grabungen eine Chronologie der minoischen Kultur. E. nahm auch Restaurierungen und Rekonstruktionen vor. Verfasste u. a. ›Scripta Minoa‹ (Bd. 1, 1909; Bd. 2 hg. v. J. L. Myres, 1952) und ›The palace of Minos‹ (1921–36, 6 Tle. und Index; Neuausg. 1964).

2) Bill, eigtl. **William John E.,** amerikan. Jazzmusiker, *Plainfield (N. J.) 16. 8. 1929, †New York 15. 9. 1980; spielte zunächst Violine und Flöte, trat nach 1955 als Pianist hervor, u. a. im Miles-Davis-Quintett. Sein Stil, der harmonisch an den europ. Impressionismus anknüpft, beeinflusste die Pianisten des Freejazz (bes. P. BLEY).

3) Dame (seit 1946) Edith, engl. Schauspielerin, *London 8. 2. 1888, †Goudhurst (Cty. Kent) 14. 10. 1976; wirkte viele Jahre im Ensemble des ›Old Vic Theatre‹, an dem sie die großen Shakespeare-Rollen spielte; auch hervorragende Darstellerin in Gesellschaftskomödien.

4) Sir (seit 1971) G e r a i n t Llewellyn, brit. Sänger (Bariton), *Pontypridd 16. 2. 1922, †Aberystwyth (Wales) 19. 9. 1992; debütierte 1948 an der Covent Garden Opera in London, deren Mitgl. er seitdem war; sang u. a. an der Mailänder Scala, der Metropolitan Opera in New York und bei Festspielen (Glyndebourne, Salzburg). 1984 zog er sich von der Bühne zu-

Franco Evangelisti

Bill Evans

Geraint Evans

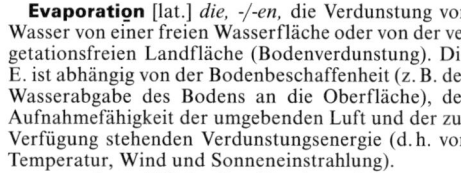

Walker Evans: In Alabama; Foto aus der Serie ›Aufnahmen aus den Südstaaten‹; 1936

rück. Bekannt wurde er bes. als Mozart-Interpret sowie als Falstaff (G. VERDI) und als Wozzeck (A. BERG).

5) Gil, eigtl. **Ian Ernest Gilmore Green** [gri:n], amerikan. Jazzkomponist und Arrangeur, *Toronto 13. 5. 1912, †Cuernavaca (Mexiko) 20. 3. 1988; Autodidakt, arrangierte u. a. für eigene Bands, für C. THORNHILL und M. DAVIS. Bekannt wurde E. v. a. durch seine Zusammenarbeit mit DAVIS (1957–60), während der u. a. die Schallplatteneinspielungen von ›Porgy and Bess‹ und ›Sketches of Spain‹ entstanden. E. gilt als einer der einflussreichsten Arrangeure des modernen Jazz. Besondere Bedeutung gewann seine Behandlung des Blechbläsersatzes.

6) Herbert McLean, amerikan. Biologe, *Modesto (Calif.) 23. 9. 1882, †Berkeley (Calif.) 5. 3. 1971; Prof. in Baltimore (1908–15) und Berkeley (1915–52); entdeckte 1925 das Vitamin E (Tocopherol).

7) Mary Ann, engl. Schriftstellerin, →Eliot, George.

8) Oliver, amerikan. Ingenieur, *Newport (Del.) 13. 9. 1755, †Philadelphia (Pa.) 15. 4. 1819; errichtete 1784/85 eine von Wasserkraft angetriebene automat. Mühle, die sich durch die Anwendung versch. neuer Förderelemente auszeichnete, und konstruierte 1801 die erste Hochdruckdampfmaschine mit Kondensation (Dampfdruck 10 bar).

9) Walker, amerikan. Fotograf, *Saint Louis (Mo.) 3. 11. 1903, †New Haven (Conn.) 10. 4. 1975. Seine Aufnahmen vom Leben in den USA während der Weltwirtschaftskrise waren von großem Einfluss auf die Entwicklung der Dokumentarfotografie.
Werke: The Crime of Cuba (1933, mit C. BEALE); Photographs for the Farm Security Administration 1935–38 (1973); American Photographs (1938); Let us now praise famous men (1941, mit J. AGEE; dt. Zum Lob der großen Männer).

Gil Evans

Evans-Pritchard [ˈevənz ˈpritʃəd], Sir (seit 1971) Edward Evan, brit. Ethnologe, *Crowborough (East Sussex) 21. 9. 1902, †Oxford 11. 9. 1973; war 1946–70 Prof. in Oxford; untersuchte als Feldforscher v. a. die Sozialstruktur afrikan. Gesellschaften.
Werke: Witchcraft, oracles and magic among the Azande (1937); The Sanusi of Cyrenaica (1949); Social anthropology (1951); Nuer religion (1956); The Azande (1971).

Evanston [ˈevənstən], Stadt in Illinois, USA, am Michigansee im nördl. Vorstadtbereich von Chicago, 73 300 Ew. – E. entstand und entwickelte sich um die Northwestern University (gegr. 1851) zu einem wichtigen Bildungszentrum; ökumen. Institut (gegr. 1958).

Evansville [ˈevənzvɪl], Stadt in Indiana, USA, am Ohio, 126 300 Ew.; kath. Bischofssitz; Univ. (gegr. 1894); Mittelpunkt eines Kohlenbergbau- und Agrargebiets mit pharmazeut., Aluminium- u. a. Industrie; Binnenhafen.

August Everding

Evaporation [lat.] *die, -/-en,* die Verdunstung von Wasser von einer freien Wasserfläche oder von der vegetationsfreien Landfläche (Bodenverdunstung). Die E. ist abhängig von der Bodenbeschaffenheit (z. B. der Wasserabgabe des Bodens an die Oberfläche), der Aufnahmefähigkeit der umgebenden Luft und der zur Verfügung stehenden Verdunstungsenergie (d. h. von Temperatur, Wind und Sonneneinstrahlung).

evaporierte Milch, die →Kondensmilch.

Evaporite, *Sg.* **Evaporit** *der, -s,* **Eindampfungssedimente**, durch Verdunstung des Wassers in abgeschnürten Meeresbecken oder in Salzpfannen und -seen entstandene Ablagerungen, v. a. Steinsalz, Kalisalze, Anhydrit und Gips.

Evapotranspiration, *Biologie:* Wasserdampfabgabe eines Pflanzenbestandes an die Atmosphäre, bestehend aus der nicht regulierbaren Verdunstung des Bodens (→Evaporation) und niederer Pflanzen und der regulierbaren Transpiration höherer Pflanzen.

Evaristus, Papst (etwa 97–105), Grieche, †Rom; wird in der röm. Papstliste als Nachfolger KLEMENS' I. genannt. – Heiliger (Tag: 26. 10.).

Evdokimova, Eva, amerikan. Tänzerin, *Genf 1. 12. 1948; debütierte 1966 beim Königlich-Dän. Ballett in Kopenhagen und ging 1969 als Solotänzerin an die Dt. Oper Berlin, deren Primaballerina sie 1973–85 war; tanzt klass. und moderne Rollen, bes. erfolgreich in romant. Balletten wie ›Giselle‹ und ›La Sylphide‹.
A. KLEINERT: Portrait einer Künstlerin: E. E. (1981).

Evektion [zu lat. evehere, evectum ›herausführen‹, ›herausfahren‹] *die, -,* eine von PTOLEMÄUS entdeckte Störung in der Bewegung des Mondes, die diesen um etwa 1°16′ in einer Periode von 32 Tagen um den nach der →Mittelpunktsgleichung berechneten Ort pendeln lässt.

Evelyn [ˈiːvlɪn, ˈevlɪn], John, engl. Schriftsteller, *Wotton House (bei Dorking) 31. 10. 1620, †ebd. 27. 2. 1706; Jurist, weit gereister und umfassend gebildeter Verfasser eines Tagebuchs der Jahre 1641–1706 (›Diary‹, 6 Bde., hg. 1955), das als wichtige kulturhistor. Quelle gilt; Mitbegründer der ›Royal Society‹.
Weitere Werke: Sculptura (1662); Sylva (1664). – The life of Mrs. Godolphin (hg. 1847, Biogr.).
M. WILLY: English diarists. E. and Pepys (London 1963); B. SAUNDERS: J. E. and his times (Oxford 1970).

Evenepoel [ˈeːvənəpuːl], Henri Jacques Édouard, belg. Maler, *Nizza 3. 10. 1872, †Paris 27. 12. 1899; lebte seit 1892 in Paris, wo er nach Ausbildung bei G. MOREAU Landschaften, Genrebilder und Stillleben in kräftigen Farben malte.

Eventualbudget [-bydʒe], **Eventualhaushalt**, ein ›Zusatzhaushalt‹, durch den im öffentl. →Haushaltsplan zusätzl. Einnahmen zur Leistung zusätzl. Ausgaben für einen konjunkturellen Bedarfsfall bereitgestellt werden. Das Stabilitätsgesetz sieht die Finanzierung eines E. durch Entnahmen aus der Konjunkturausgleichsrücklage und durch Kreditaufnahmen bis zur Höhe von 5 Mrd. DM vor. Für diese eventuellen Einnahmen und Ausgaben werden im Haushaltsplan als Erinnerungsposten **Leertitel** mit entsprechender Zweckbestimmung, aber ohne Geldansatz eingestellt. Es handelt sich dabei um eine der Höhe nach offene Bewilligung. Ausgaben des E. sind damit keine →über- und außerplanmäßigen Ausgaben. Die tatsächl. Inanspruchnahme der Ausgabenermächtigung des Leertitels durch die Bundes-Reg. bedarf parlamentar. Zustimmung (nach einem gegenüber dem Gesetzgebungsverfahren für einen Nachtragshaushalt erheblich beschleunigten Verfahren).

Eventualmaxime, Grundsatz des Zivilprozessrechts, nach dem alle gleichartigen Angriffs- und Verteidigungsmittel in einem bestimmten Prozessstadium vorzubringen sind, auch wenn sie nur hilfsweise Geltung erlangen sollten. Heute gilt die E. mit Modifikationen nur noch im Streit über das Zeugnisverweigerungsrecht (§ 389 ZPO), für die Rüge von Prozessverstößen in der Revisionsinstanz (§§ 554, 556, 559 ZPO) und für die Begründung der Vollstreckungsgegenklage (§ 767 ZPO). Die Vorschriften über die →Präklusion verspäteten Vorbringens von Angriffs- und Verteidigungsmitteln (§§ 282, 296, 528, 529 ZPO) setzen Verschulden voraus und zählen nicht zur Eventualmaxime.

Eventualverbindlichkeiten, Verbindlichkeiten und sonstige Haftungsverhältnisse, bei denen der Kaufmann nicht mit einer Inanspruchnahme rechnet, diese aber nicht ausgeschlossen ist (z. B. Verbindlichkeiten aus Bürgschaften, aus der Begebung und Übertragung von Wechseln). E. sind gemäß § 251 HGB unter der Bilanz auszuweisen (Bilanzvermerke). Eine Saldierung mit gleichwertigen Rückgriffsrechten **(Eventualforderungen)** ist unzulässig.

Everding ['evər-], August, Regisseur und Theaterleiter, *Bottrop 31. 10. 1928; wurde 1963 Intendant der Münchner Kammerspiele; inszenierte seit 1975 auch Opern, u. a. in Hamburg, Bayreuth, Wien, San Francisco, New York, Paris und London. 1973–77 war er Intendant der Hamburg. Staatsoper, 1977–82 der Bayer. Staatsoper in München, 1983–93 Generalintendant der Bayer. Staatstheater. – E. ist seit 1989 Präs. des Dt. Bühnenvereins und seit 1991 der dt. Sektion des Internationalen Theater-Instituts.

Everdingen ['e:vərdiŋə], Allaert van, niederländ. Maler und Radierer, getauft in Alkmaar 18. 6. 1621, begraben in Amsterdam 8. 11. 1675; Schüler von P. DE MOLYN, reiste 1644 nach Norwegen und Schweden, malte v. a. skandinav. Gebirgslandschaften mit Wasserfällen und beeinflusste mit diesen Bildern u. a. J. VAN RUISDAEL.

Everest, Mount E. ['maʊnt 'evərɪst], tibet. **Chomolungma** [tʃ-], **Tschomolungma,** nepales. **Sagarmatha,** der höchste Berg der Erde, nach der Neuvermessung 1992 (erstmals gleichzeitig von nepales. und chin. Seite des Berges durchgeführt) 8 846 m ü. M. (bisherige Höhenangabe: 8 848 m ü. M.). Der Mount E. liegt im Himalaja an der Grenze zw. Nepal und China (Tibet) bei etwa 28° n. Br. und 87° ö. L.; die Schneegrenze befindet sich rd. 5 800 m ü. M.; klimatisch liegt der Mount E. im randl. Einflussbereich des ind. Sommermonsuns, im Winter ragt er in die Zone der Strahlströme der Westwinddrift.

Die Besteigungsversuche am Mount E. begannen 1921 auf der tibet. Nordseite vom Rongbukgletscher

Everglades

aus, seit 1950 auch auf der Südwestfront vom nepales. Khumbugletscher aus. Bis 1952 wurden insgesamt 15 Expeditionen, außerdem wiederholte Überfliegungen unternommen. Die Ersteigung gelang 1953 einer brit. Expedition (Leitung: Sir JOHN HUNT) über das Westbecken, den Südsattel (7 986 m ü. M.) und den Südostgrat. Der Neuseeländer E. HILLARY und der Sherpa TENZING NORGAY (*1914, †1986) erreichten den Gipfel am 29. 5. 1953. Die Zweitbesteigung glückte zwei Seilschaften einer schweizer. Expedition (Leitung: ALBERT EGGLER) am 23. und 24. 5. 1956. Seitdem ist der Mount E. mehrfach erstiegen worden, darunter am 16. 5. 1975 erstmals von einer Frau, der Japanerin JUNKO TABEI, am 8. 5. 1978 erstmals ohne Sauerstoffgeräte von R. MESSNER und PETER HABELER (*1942) sowie am 20. 8. 1980 von MESSNER im Alleingang. Die erste Winterbesteigung erfolgte 1980 durch den Polen LESZEK CICHY.

M. E. Aufbau, Erforschung u. Bev. des E.-Gebietes, bearb. v. T. HAGEN u. a. (Zürich 1959); W. UNSWORTH: E., a mountaineering history (Boston, Mass., 1981); R. MESSNER: E. Expedition zum Endpunkt (Neuausg. 1995).

Everest ['evərɪst], Sir George, brit. Ingenieuroffizier, *Gwernvale (bei Brecon, Cty. Powys) 4. 7. 1790, †London 1. 12. 1866; leitete 1823–43 die trigonometr. Vermessung Indiens. Nach ihm wurde der Mount Everest benannt.

Everetts Barbe ['evrɪts -], die →Clownbarbe.

Everglades ['evəgleɪdz], Sumpfgebiet an der Südspitze Floridas, USA. Geringe Höhen (bis 5 m ü. M.) und mangelnde Entwässerung führen zum Stau der hohen Niederschläge (1 500 mm/Jahr). Im Bereich des Okeechobeesees im N wurde seit 1905 Land trockengelegt und als Weideland genutzt oder Gemüse, Zuckerrohr u. a. angebaut, sodass die E. in ihrer urspr. Form nur noch im S erhalten sind. Hier besteht seit 1947 (1934 beschlossen) der **Everglades National Park** (5 660 km²) als Schutzgebiet für Pflanzen (Gräser, Mangrove, auf höheren Teilen Palmen und Zypressen) und Tiere (Alligatoren, Flamingos, Pelikane, Schlangen, Pumas u. a.), der aber als Ökosystem zunehmend gefährdet ist und von der UNESCO zum Weltnaturerbe erklärt wurde; starker Fremdenverkehr. – Das durch Kanal- und Schutzdammbauten in den letzten Jahrzehnten großflächig trockengelegte Feuchtgebiet soll wieder renaturiert werden (größtes Projekt dieser Art in den USA), um v. a. den starken Bestandsrückgang an Wattvögeln u. a. Wirbeltieren aufzuhalten, die Wasserqualität zu verbessern und die E. als wichtigen Grundwasserspeicher zu erhalten. – Die E. sind Rückzugsgebiet für einen Teil der Seminolen, die hier v. a. vom Tourismus leben.

Mount Everest: Blick von Süden, rechts davon Lhotse und Nuptse

Evergood [ˈevəɡʊd], Philip, amerikan. Maler, *New York 26. 10. 1901, †Bridgewater (Conn.) 11. 3. 1973; malte lyr. und satir. Bilder mit komplizierter Symbolik; schuf auch Grafiken.
  P. E., bearb. v. J. I. H. BAUR (New York 1975).

Evergreen [ˈevəɡriːn; engl. ›Immergrün‹] *der,* auch *das, -s/-s,* Bez. für einen Schlager, der noch Jahrzehnte nach seiner Entstehung unverändert populär ist; die entsprechende Bez. im Jazz ist ›Standard‹, in Rock und Pop ›Oldie‹.

Evernia [zu griech. euernḗs ›blühend‹], Gattung strauchförmiger Flechten mit Inhaltsstoffen, die in Parfüms verwendet werden (›Mousse de chêne‹). Die wichtigste Art ist das im Mittelmeerraum auf Eichen vorkommende **Eichenmoos** (E. prunasti).

Eversion [zu lat. evertere ›verdrehen‹] *die, -/-en, Medizin:* Auswärtsdrehung des Fußes oder der Hand. – **E.-Bruch,** der durch E. verursachte Knöchelbruch.

Evertebraten [zu lat. vertebra ›Wirbel‹ (des Rückgrats)], *Sg.* **Evertebrat** *der, -en,* **Evertebraten,** die wirbellosen Tiere (→Wirbellose).

Everyman [ˈevrɪmæn], Titel der bekanntesten engl. Moralität aus dem Ende des 15. Jh., →Jedermann.

EVG, →Europäische Verteidigungsgemeinschaft.

Evia, griech. Insel, →Euböa.

Évian-les-Bains [evjãleˈbɛ̃] Kur- und Badeort im Dép. Haute-Savoie, Frankreich, am Südufer des Genfer Sees, 375 m ü. M., 6 900 Ew.; Kongressstadt mit Festspielhaus und Spielkasino. Die alkal. Heilquellen werden gegen Stoffwechselkrankheiten angewendet und als Tafelwasser abgefüllt. Herstellung von Präzisionsinstrumenten; Brennereien. – Durch das **Abkommen von Évian,** unterzeichnet am 18. 3. 1962, gestand Frankreich Algerien die staatl. Unabhängigkeit zu.

Evidenz [lat.] *die, -/-en,* 1) *bildungssprachlich:* unmittelbare, vollständige Einsichtigkeit, Deutlichkeit.
2) *Philosophie:* unmittelbare, mit besonderem Wahrheitsanspruch auftretende Einsicht. Im Ggs. zu einer durch einen Beweis belegten Wahrheit ist die E. nicht vermittelt. Sie ist intuitiv und nicht diskursiv. Charakteristisch für E. ist, dass sie auch nach begriffl. Analyse keinen höheren Grad an Gewissheit erlangt. Als Vorbilder für E. galten lange Zeit die →Axiome der euklid. Geometrie (z. B. ›Durch zwei verschiedene Punkte gibt es genau eine Gerade‹). Die Entdeckung der →nichteuklidischen Geometrien erschütterte diese Auffassung. Sie löste eine Diskussion über die Rolle von Axiomen aus, die schließlich zu einem neuen, auf die Forderung nach E. verzichtenden Verständnis der Axiome führte. E. HUSSERL hat im Anschluss an F. BRENTANO, der eine evidenztheoret. Auffassung von Wahrheit vertrat, die E. zu einem Zentralbegriff der Phänomenologie gemacht.
  K. MAINZER: Gesch. der Geometrie (1980); K. VOLKERT: Die Krise der Anschauung. Eine Studie zu formalen u. heurist. Verfahren in der Mathematik seit 1850 (1986); W. STEGMÜLLER: Hauptströmungen der Gegenwarts-Philosophie, Bd. 1 (⁷1989).

Evidenz|erlebnis, das mit dem Gefühl der Gewissheit verbundene Erleben einer Einsicht, die sich – nicht selten nach längerem vergebl. Nachdenken über den Gegenstand – plötzlich einstellt.

Evidenzzentrale, i. w. S. eine öffentl. oder private Stelle, die für bestimmte Gruppen Informationen über risikobehaftete Engagements sammelt und diese den Interessenten zur Verfügung stellt; i. e. S. gesetzlich vorgeschriebene oder freiwillige Einrichtung, die bes. für Banken Informationen über eingegangene Kreditrisiken sammelt, um v. a. die Risiken hoher Kreditvolumen für bestimmte Kreditnehmer (z. B. Unternehmen, Länder) zu verdeutlichen.
In Dtl. müssen der E. der Dt. Bundesbank nach § 14 Kreditwesen-Ges. alle Kreditinstitute, Versicherungs-

unternehmen, Sozialversicherungsträger und die Bundesanstalt für Arbeit vierteljährlich alle Kreditnehmer melden, die bei ihnen mit 1 Mio. DM (seit September 1993: 3 Mio. DM) und mehr verschuldet sind (Kredite einschließlich Diskontierung von Wechseln, Übernahme von Avalen und Forderungen aus Factoringgeschäften). Wird ein Kreditnehmer mehrmals gemeldet, werden die beteiligten Banken von der Gesamtverschuldung unterrichtet.
Das Bundesaufsichtsamt für das Kreditwesen (BAK) fungiert als E. für Länderrisiken; Banken haben ihm ihre Kreditengagements in bestimmten Ländern anzuzeigen, sofern diese 50 Mio. DM übersteigen. Als E. sind auch Kreditschutzvereine tätig (z. B. die SCHUFA®). Die Funktionen von E. nehmen international die Bank für Internat. Zahlungsausgleich sowie das im Zusammenhang mit der Schuldenkrise von internat. Geschäftsbanken 1983 gegründete Institute of International Finance wahr.

Eviktion [lat., zu evincere ›gänzlich besiegen‹] *die, -/-en,* **Entwehrung,** die Entziehung einer Sache durch richterl. Urteil, weil dem Entziehenden (Evinzierenden) daran ein besseres Recht zusteht.

Evlija Tschelebi, Evliya Çelebi [-tʃ-], türk. Schriftsteller, *Konstantinopel (heute Istanbul) 25. 3. 1611, †nicht vor 1684; verfasste ein Reisebuch (Sejahat-Name) in 10 Bänden (gedruckt 1898–1938) mit gesammelten Reisememoiren, die in Form von Erlebnisberichten, z. T. jedoch aufgrund älterer Vorlagen, ausführl., kulturgeschichtlich interessante, zuweilen mit Fantasieberichten durchsetzte Auskünfte über versch. Teile des damaligen Osman. Reiches geben.

EVO, Abk. für →Eisenbahn-Verkehrsordnung.

Evokation [lat. ›das Hervorrufen‹, ›Aufforderung‹] *die, -/-en,* 1) *bildungssprachlich:* die (suggestive) Erweckung von Vorstellungen, Assoziationen, z. B. durch ein Kunstwerk.
2) *Recht:* lat. **Evocatio, Ius evocandi,** Abforderung eines rechtshängigen Prozesses durch ein anderes, höheres Gericht; nach dem Reichsrecht des MA. konnte der König als oberster Richter jede noch nicht rechtskräftig entschiedene Rechtssache an sich ziehen (Prozesse abfordern) und zur Entscheidung vor das Reichshofgericht (später die Reichsgerichte) ziehen. Nach dem Verzicht des Königs auf E. gegenüber den Kurfürsten in der Goldenen Bulle 1356 wurde das Privilegium de non evocando seit dem Spät-MA. von weiteren Landesherren erworben. Der Papst hatte bis zum Konzil von Trient das Recht der E. gegenüber kirchl. Gerichten. – Im heutigen Recht hat z. B. der Generalbundesanwalt gemäß § 74a Abs. 2 Gerichtsverfassungsgesetz ein E.-Recht in Staatsschutzsachen.
3) *röm. Religion:* lat. **Evocatio sacrorum,** der Brauch, den Schutzgott einer feindl. Stadt unter feierl. Zeremonien durch die Priester zum Verlassen seines bisherigen Sitzes aufzufordern und ihm Tempel und Kult in Rom zu versprechen. Der Ort sollte damit profan und der Zorn der Gottheit über seine Zerstörung abgewendet werden. Bezeugt ist der Brauch für die Belagerung von Veji 396 v. Chr.

Evolène [evɔˈlɛn], Hauptort des Bez. Hérens im Kt. Wallis, Schweiz, 1 371 m ü. M., Luftkurort im oberen Val d'Hérens, 1 600 Einwohner.

evolut, aneinander liegend gewunden; bezeichnet (die meisten) Schneckenhäuser, deren Windungen eng ineinander liegen.

Evolute *die, -/-n,* der geometr. Ort der Krümmungsmittelpunkte einer ebenen Kurve. Die Ausgangskurve selbst ist eine →Evolvente ihrer Evolute.

Evolution [lat. ›das Aufschlagen (eines Buches)‹, zu evolvere ›hervorrollen‹, ›abwickeln‹] *die, -/-en,* langsame, kontinuierlich fortschreitende Entwicklung (v. a. großräumiger Zusammenhänge); allmähl., friedl. Fortentwicklung im Geschichtsablauf.

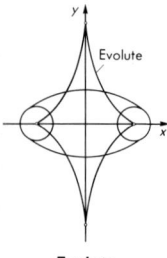

Evolute
einer Ellipse

Kosmologie und Kosmogonie

Nach den heutigen Auffassungen der →Kosmologie setzte vor etwa 10–20 Mrd. Jahren mit dem →Urknall eine allgemeine Expansion des Weltalls ein. Die zeitl. Änderung seines physikal. Zustandes **(kosmologische E.)**, die von einem singulären Zustand mit unendlich hoher Energiekonzentration (kosmolog. Singularität) ausging, war und ist noch immer durch eine stetige Abnahme der Energiedichte (Temperatur) gekennzeichnet **(thermische E.)**. Zw. etwa 10 und 1 000 s nach der Singularität (Temperatur zw. etwa 10^9 und 10^7 K) wurden Atomkerne (schwerer als die des Wasserstoffs) nach ihrem Entstehen nicht sofort wieder zerstört. Am Ende dieser Kernreaktionsära bestand die kosm. Materie zu etwa 76 % aus Wasserstoff und zu 24 % aus Helium, schwerere Elemente waren praktisch nicht vorhanden. 300 000 Jahre nach der Singularität (Temperatur rd. 3 000 K) trat eine Entkopplung von Strahlung und Materie ein. Dadurch wurde die Bildung von Masseansammlungen, von Sternen und Sternsystemen **(kosmogonische E.)** möglich. Seit dem Entstehen des Milchstraßensystems findet in ihm eine **chemische E.** statt: Massereiche Sterne entwickeln sich schnell zu Supernovae, explodieren und stoßen die in ihnen aus Wasserstoff synthetisierten Elemente in den interstellaren Raum aus (→Sternentwicklung), wo sie sich mit dem vorhandenen Gas vermischen und dieses allmählich mit schweren Elementen anreichern. Bei der Bildung der Sonne mitsamt dem Planetensystem vor 4,6 Mrd. Jahren betrug der Masseanteil der Elemente schwerer als Helium in der Ausgangsmaterie, dem →Sonnennebel, etwa 2 %. Sie bildeten das Material, aus dem zunächst Staubteilchen, später größere Festkörper und schließlich Planeten wie die Erde entstanden. Diese wiederum durchlief eine **geologische E.** mit der Bildung von Mineralen und Gesteinen sowie der Ausgasung heißer magmat. Schmelzen, was die Entstehung einer Uratmosphäre ermöglichte. Im Verlauf dieser Entwicklung traten vor etwa 3 Mrd. Jahren auf der Erde solche Verhältnisse ein, dass sich in chem. Reaktionen hochmolekulare, später für Lebewesen charakterist. Verbindungen bilden konnten. Vorbedingung dafür war eine Atmosphäre mit nur sehr wenig Sauerstoff, der von der Ultraviolettstrahlung der Sonne durch Photolyse des Wassers gebildet wurde (→Urey-Effekt). Die von Sauerstoff und v. a. Ozon absorbierte UV-Strahlung wurde daher in der damaligen Atmosphäre nur wenig geschwächt und konnte als Hauptenergiequelle für die Bildung von größeren organ. Molekülen (v. a. Aminosäuren) in den damaligen Meeren und Gewässern dienen. In diesen waren sie gegen die sie wieder in ihre Bestandteile zerlegende UV-Strahlung geschützt. Erst dadurch konnten sich aus ihnen im Rahmen einer beginnenden **biologischen E.** die als Bausteine der ersten lebenden Organismen dienenden Makromoleküle entwickeln. Nach M. EIGEN beruht die Entstehung des Lebens auf der Selbstorganisation dieser Makromoleküle zu autokatalyt. Hyperzyklen.

Biologie

In der Biologie bezeichnet E. den Wandel in der stammesgeschichtl. Entwicklung der Organismen (Phylogenie); sie beginnt mit den einfachsten Lebenserscheinung und setzt sich mit den daraus entstandenen, abgewandelten Organismen in ihrem Artenreichtum fort. Hiermit darf der Begriff Entwicklung (oder Entwicklungsgeschichte) nicht verwechselt werden, welcher sich auf die Veränderungen während der Individualentwicklung (Ontogenie) bezieht. Die E. betrifft sowohl alle von den Biowissenschaften erfassbaren, geringen Abweichungen innerhalb einer Art **(Mikro-E., intraspezifische E.)** als auch diejenigen, durch welche sich Arten und übergeordnete Einheiten (Gattungen, Familien, Ordnungen usw.) unterscheiden **(Makro-E., transspezifische E.).** Zw. der E. als histor. Vorgang und E.-Theorien, die diesen Vorgang erklären sollen, wird nicht immer ein Unterschied gesehen, da in der Wissenschaftsgeschichte diese Theorien nicht nur die Ursachen für den E.-Ablauf aufzeigen sollen, sondern zugleich auch dessen Existenz.

Geschichte des Evolutionsgedankens: Evolutive Vorstellungen, die das Entstehen von Arten aus anderen Arten beinhalten, sind aus der Antike überliefert, aber erst im 19. Jh. wurde begonnen, aufgrund der damaligen wiss. Erkenntnisse die Deszendenz der Arten als einen histor. Ablauf zu sehen und dieses durch entsprechende Theorien zu untermauern. Hemmnisse für das Verbreiten von Gedanken über einen E.-Prozess waren der dazu im Widerspruch stehende Glaube vieler Religionen, die das Entstehen von Arten aus einer Schöpfung und die Annahme, die pflanzl. und tier. Geschöpfe seien seit dem Schöpfungsakt unverändert geblieben.

Durch die immer genauer werdenden Beobachtungen der Natur wuchs gegen Ende des 18. Jh. die Kenntnis über die Tier- und Pflanzenwelt, es traten Zweifel an der Artkonstanz auf (C. VON LINNÉ 1776 in der letzten Aufl. seiner ›Systema naturae‹), und Abstammungsgedanken wurden angedeutet (z. B. I. KANT 1790 in einer ›Kritik der Urteilskraft‹, ohne dass diese weiterverfolgt wurden). J.-B. DE LAMARCK war der Erste, der seit dem Jahre 1800 die Theorie der Abstammung in Vorlesungen vertrat und sie in seiner ›Philosophie zoologique‹ (1809) konsequent darstellte. Er beließ die hergebrachte Einordnung der Organismen in Stufen, nannte aber Faktoren, welche die Veränderungen in der Generationenfolge bewirkt haben sollen (Lamarckismus). Wenn auch bei genauer Betrachtung der Lehre LAMARCKS diese nicht immer konsequent ist, verdankt ihr die Wissenschaft das natürl. System, d. h., die Organismen wurden entsprechend ihrer (vermuteten) Abstammung geordnet. Die lamarckist. Gedanken zu einer Abstammungstheorie bekamen einen Gegenpol durch den einflussreichen Zoologen G. Baron DE CUVIER. Er hielt an der Konstanz der durch Schöpfung entstandenen Arten fest, da an Arten und Rassen im Verlauf der bekannten Menschheitsgeschichte keinerlei Veränderungen, v. a. im Skelettbau, nachzuweisen seien. Fossilien, die er für Reste ausgestorbener Arten hielt, seien Opfer von Katastrophen (Katastrophentheorie), deren letzte etwa 5 000–6 000 Jahre zurückläge (bibl. Sintflut). Diese Fehleinschätzung von erdgeschichtl. Zeiträumen unterstützte die religiös geprägten Vorstellungen. Doch standen ihr in der Folgezeit Erkenntnisse der Anfang des 19. Jh. aufblühenden Geologie gegenüber. Bes. im Hinblick auf den E.-Gedanken in der Biologie ist C. LYELL hervorzuheben. Er begründete mit seinem Werk ›Principles of geology‹ (1830–33, 3 Bde.) den →Aktualismus, der von der Geologie auch auf andere Wissenschaften zu übertragen ist.

C. R. DARWIN stand unter dem Einfluss dieses Werkes und desjenigen von T. R. MALTHUS (›An essay on the principle of population‹, 1798, erw. 1803) während seiner Beobachtungen auf der Reise mit der ›Beagle‹. Durch die Menge des analysierten Materials erbrachte er den endgültigen Beweis für Inkonstanz der Arten. Er trug eine Fülle von Fakten aus der seinerzeit bekannten biolog. Disziplinen zusammen, die den Wandlungsprozess der Arten dokumentieren und allein durch die Abstammung ihre natürl. Erklärung finden. Aus diesen Ergebnissen entwickelte DARWIN seine Theorie zur E., in der Ursachen und Mechanismen für den Wandlungsprozess genannt werden (Darwinismus). Unabhängig von DARWIN kam sein Landsmann A. R. WALLACE zu den gleichen Auffassungen in seiner Abhandlung über die Tendenz der Varietäten, unbegrenzt vom Original abzuweichen (›On the tendency of varieties to depart indefinitely from the original type‹, 1858). Das Erscheinungsdatum einer knappen systemat. Zusammenfassung von DARWINS Theorien, der 14. 11. 1859, gilt seitdem als Anfang der wiss. Abstammungslehre.

Konsequenterweise ist von DARWIN in seine Lehre der Mensch mit einbezogen worden. In seinem Werk ›The descent of man, and selection in relation to sex‹ (1871, 2 Bde.) folgerte er an dem seinerzeit verfügbaren Material zurückhaltend, aber sicher begründet die Abstammung des Menschen und der Menschenaffen von gemeinsamen Vorfahren. V. a. diese Publikation löste eine Welle der Empörung aus, die aber eine Verbreitung von DARWINS Lehre nicht verhinderte. In besonderer Weise verfochten in England T. H. HUXLEY mit ›Evidence as to man's place in nature‹ (1863) und in Dtl. E. HAECKEL mit ›Generelle Morphologie der Organismen‹ (1866) und ›Unsere Ahnenreihe‹ (1908) die prinzipielle Feststellung von DARWIN, dass sich alle Organismen in der Generationenfolge durch sukzessive Änderung wandeln und daher im Lauf der Erdgeschichte in direkter Zeugungskette miteinander verbunden sind.

Mit der Wiederentdeckung der mendelschen Vererbungsregeln durch C. E. CORRENS, H. DE VRIES und E. TSCHERMAK wurde die Erklärung geliefert für die von DARWIN postulierte und durch Fakten belegte, aber noch nicht kausalanalytisch nachgewiesene Variabilität der Arten. Durch weitere Ergebnisse biolog. Wissenschaftsdisziplinen hat sich die ursprüngl. Theorie DARWINS zu einer ›synthet. Theorie der E.‹ entwickelt, die impliziert, nicht alle an der E. beteiligten Ursachen erfasst zu haben. Sie kann die heute bekannten Erscheinungen klären und künftig bekannt werdende E.-Faktoren aufnehmen. Diese synthet. Theorie löst nicht Fragen, die sich einer naturwiss. Methodik entziehen, z. B. Sinn oder Ziel der E. oder wann der Zufall eintritt, bei dem die Mutationen auftreten.

Verlauf der Evolution: Im Laufe seiner Stammesgeschichte hat ein Organismus eine Entwicklung von einfach organisierten zu komplex organisierten Strukturen erfahren, was als ›Höherentwicklung‹ in der E. (Anagenese) bezeichnet wird. Dies betrifft nicht nur morpholog. Strukturen, sondern auch physiolog. einschließlich der Leistungsmöglichkeiten des Zentralnervensystems, die sich u. a. im Verhalten äußern, welches entweder in geschlossenen Programmen abläuft (angeborenes Verhalten) oder in offenen Programmen mit Lernprozessen und Denkfähigkeiten zum Ausdruck kommt. Dies erweckt den Eindruck, die E. sei gerichtet, und zwar allein zu erreichende Verbesserung von Strukturen (teleolog. E.). Doch wird diese Betrachtungsweise von vielen Wissenschaftlern abgelehnt, da ein künftiger Zweck mit naturwiss. Methoden nicht erfassbar ist. Ebenso ist ein übergeordnetes Prinzip (›Entelechie‹) nicht nachweisbar, das zweckmäßig und zielgerichtet den Prozess lenken könnte. Die teleonom. Betrachtungsweise hingegen beruht auf der reproduzierbaren Beobachtung tatsächlich ablaufender Prozesse und kann so kausale Faktoren für den E.-Prozess aufzeigen.

Wesentlich für das Verständnis zum Ablauf der E. sind Mutationen, die nach derzeitigem Kenntnisstand spontan mit einer Rate von 10^{-5} bis 10^{-7} pro Gen auftreten. Experimentell lässt sich die Mutationsrate durch erhöhte Temperatur sowie bestimmte Strahlen oder Chemikalien erhöhen. Bei Gameten können 2% bis 4% Träger eines oder mehrerer mutierter Gene sein, wobei jedoch die meisten Mutationen ausgeschaltet werden, da sie sich sofort negativ auswirken. Erlaubt aber die aktuelle Situation, dass Mutationen weitervererbt werden, ist ihr Fortbestand zunächst gesichert, und zwar umso mehr, je vorteilhafter sie sich

auswirken. So treten immer wieder neue Varianten auf, wodurch die E. in viele Richtungen verläuft, vielfach auch in Sackgassen endet, wie z. B. ausgestorbene Formen bezeugen. Der evolutive Fortschritt ergibt sich allein daraus, ob die Veränderung einer Struktur in der aktuellen Situation einen Vorteil, zumindest keinen Nachteil bietet und ob diese Situation lange genug fortdauert, um die aktuelle Chance zum Zeugen vieler Nachkommen zu nutzen. Weil aber jegl. Mutationen spontan und völlig willkürlich in ihrer Ausprägung auftreten, ist letztlich das Ergebnis der E. zufällig, selbst wenn nach menschl. Ermessen durch einen E.-Schritt ein neuer Wert entstanden ist.

Die Geschwindigkeit, in der E.-Schritte aufeinander folgen, ist äußerst unterschiedlich. Lebt ein Organismus in einer nahezu konstanten Umwelt, kann seine Form über mehrere erdgeschichtl. Epochen fast unverändert bleiben. Unterliegt der Lebensraum Veränderungen, müssen sich die Organismen, um zu überleben, diesen neuen ökolog. Bedingungen anpassen, z. B. durch unterschiedl. Spezialisierung (adaptive Radiation). Dabei erhalten sie neue Qualitäten, die auch eine Vereinfachung oder Reduzierung von Strukturen sein können und i. d. R. eine verbesserte Anpassung bewirken. Wegen teilweise ähnl. äußerer Bedingungen entwickeln sich gelegentlich auf unterschiedl. Wegen bei versch. Arten Ähnlichkeiten von Strukturen, die sich entweder allein in der Funktion (Analogien) oder in ihrem ererbten Bauplan und in ihrer Funktion (Konvergenzen) äußern. Die Komplexität der entstandenen Merkmale einer Art ist jedoch einmalig. Die Abfolge neu auftretender Formen hängt in erster Linie von der Geschwindigkeit der Veränderungen im Lebensraum ab und davon, ob die Mutationen in der Generationenfolge für einen Wandlungsprozess ausreichen. Ist dies der Fall, treten in erdgeschichtlich ereignisreichen Epochen neue Arten auf, andere verschwinden.

Auch der Mensch ist ein (zufälliges) Ergebnis der E. Es vereinbart sich jedoch meist nicht mit seinem Selbstgefühl, ›dass er mit allen seinen Belangen dem kosm. Geschehen so absolut gleichgültig ist‹ (K. LORENZ, 1983). Daher ist es verständlich, wenn in Abwehr gegen die nicht auf die Besonderheiten des Menschen gerichtete Erkenntnis von der E. andersartige Vorstellungen vertreten werden. So lehrt der v. a. aus dem christl. Sektenwesen in den USA stammende Kreationismus die Schöpfung der Arten, weil sie durch die Schöpfungsgeschichte in der Bibel verkündet wird. Die naturwiss. Axiome werden für die Vergangenheit geleugnet, da in dieser ihre Gültigkeit nicht überprüft werden könne. So bleibt allein die göttl. Offenbarung der Bibel als Antwort auf die Frage nach dem Ursprung. E. und (christl. oder bibl.) Glaube von heute gültigen Lehren der versch. Religionen stehen aber keine Gegensätze. Die Frage nach dem Ursprung ist letztlich eine Glaubensentscheidung. Entweder stehen am Anfang des ird. und/oder kosm. Seins allein die Gesetze, nach denen sich Energie und Materie verhalten, oder ein Schöpfer (ein Gott) hat sie erschaffen und wacht über die Einhaltung der ihnen verliehenen Gesetzmäßigkeiten. Mit letzterer Auffassung kann die E. der Schöpfung gleichgesetzt werden (M.-J. P. TEILHARD DE CHARDIN), und jeder Evolutionsschritt ist ein vom Schöpfer bestimmter Akt.

Die E. der Tiere und des Menschen betrifft nicht allein deren morpholog. Erscheinung. Ebenso haben sich mit den Nervenstrukturen deren Leistungen dahingehend verändert, dass der Mensch in zunehmendem Maß beobachtbare Fakten in log. Zusammenhang zu setzen in der Lage ist (Lern- und Denkvermögen); das Anwenden dieser Fähigkeit hat dem Menschen vielfach zum Verbessern seiner Lebenssituation im Laufe der Menschheitsgeschichte verholfen. Folglich kann die gesamte geistige Welt inklusive aller Kulturen auch als ein E.-Produkt verstanden werden. Wie sich aus der geistigen Welt heraus jeder E.-Schritt als ein Wertzuwachs im Sinne einer Erkenntnis auffassen lässt, ist auch eine kausalanalyt. Erkenntnis, die zu einer Änderung des Weltbildes führt, wie z. B. die Gesetze von J. KEPLER und G. GALILEI oder die Anerkennung der E. als histor. Vorgang aufgrund der Fakten und der E.-Theorien, ein E.-Schritt in der Geisteswelt. Erfassbare morpholog. Merkmale und die Komplexität der Verhaltensmuster, auch die Verschiedenartigkeit der geistigen Denkstrukturen erlauben trotz gelegentlich angedeuteter Tendenzen keine Vorhersage über eine künftigen Wandel, sei es in rein organ. Bereichen, sei es in der geistig-kulturellen Welt. Dieser hängt von den zufälligen Veränderungen an diesen Strukturen ab und ob diese sich dann in der bestehenden oder in einer sich verändernden Umwelt behaupten können.

Philosophie

In der Philosophie wurden im Wesentlichen zwei Modelle der stetigen Entwicklung betrachtet: die Vorstellung der linearen, irreversiblen Entwicklung, die meist eng mit der Fortschrittsidee verbunden ist, und die Vorstellung eines unendl. Kreislaufs, die schon die griechisch-antike Auffassung von Natur und Geschichte bestimmte und für die F. NIETZSCHE die Wendung ›ewige Wiederkehr des Gleichen‹ geprägt hat. Die Untersuchungen von T. S. KUHN in den 1970er-Jahren zum Paradigmenwechsel, aufgefasst als unstetige Aufeinanderfolge grundlegend geltender Erklärungsmodelle der Welt, bringen erstmals in der Wissenschaftsgeschichte unstetige E. (›Revolution‹) ins Spiel.

Grundlegend für die Wissenschaftsgeschichte wurde der von C. DARWIN in die Biologie eingeführte E.-Gedanke. Die materialist. Theorien von CÉCILE VOGT, J. MOLESCHOTT, L. BÜCHNER, v. a. jedoch der religiöse Monismus E. HAECKELS verhalfen dem Darwinismus zur Verbreitung und waren wegbereitend für seine allmähl. Einführung als Erklärungsmodell in nahezu allen Wissenschaften (z. B. Nationalökonomie, Politik, Soziologie, Geschichtswissenschaft, Ethik). HAECKELS Anliegen, den Kosmos aus einer einzigen Substanz zu erklären, reduzierte alle Phänomene, so auch Geist, Bewusstsein und moral. Verhalten, auf Naturerscheinungen und erklärte menschl. Handeln als determiniert. Mit dem Anspruch, die gesamte Wirklichkeit, auch menschl. Handeln, auf individueller, gesellschaftl., polit. und histor. Ebene naturgesetzlich zu verstehen, gewinnt der E.-Gedanke als Weltbild (›evolutionäres Weltbild‹) v. a. seit den 1930er-Jahren zunehmend an Einfluss. Dabei werden drei bisher abgelaufene und weiterhin gleichzeitig, jedoch in unterschiedl. Zeiträumen ablaufende E.-Prozesse unterschieden: eine E. des Kosmos, eine E. des Lebens und eine E. des Menschen, die auch die E. des Geistigen (wie Sprache und Bewusstsein) und des Sittlichen (wie Kultur) umfasst. Ausgangspunkt der evolutionären Theoriebildungen ist die Frage nach den Entstehungsbedingungen und -möglichkeiten des jeweils grundlegend Neuen (der Entstehung der Materie und auch der Naturgesetze durch den Urknall, des Lebens aus Nicht-Lebendigem, des Bewusstseins aus Nicht-Bewusstsein, des Sittlichen aus Nicht-Sittlichem). So versucht die Biologie (M. EIGEN) unter Einbeziehung von Informatik und Kybernetik Leben, das u. a. durch Selbstreplikation gekennzeichnet wird, aus der Selbstorganisation von Makromolekülen herzuleiten. Der Frage nach der Möglichkeit von Erkenntnis geht die →evolutionäre Erkenntnistheorie nach. Sprache wird hier u. a. als eine Konsequenz des Bewusstseins, Bewusstsein als ein ›hochkomplexes Zerlegungsmuster‹ im Gehirn aufgefasst, welches auch die Existenz des eigenen Organismus anzeige. Moral. Verhalten ist als Teilgebiet tier. Sozialverhaltens Gegenstand der Soziobiologie, wobei einzelne Verhaltensweisen (z. B. Altruismus) allein aus ihrer Selektionsfunktion für den Einzelnen oder die Gruppe als zweckmäßig erkannt werden. Unter dem Anspruch einer einheitl. und vollständigen Naturerklärung gilt vielfach der christl. Schöpfungsbegriff als überwunden; teleolog. (d. h. auf die Zielgerichtetheit von Entwicklung deutende) Erklärungsmodelle werden durch teleonom. (kausale Zweckmäßigkeit aufweisende) ersetzt. – Das ›evolutionäre Weltbild‹ wird vielfältig kritisiert. Die Kritik richtet sich gegen die Verallgemeinerung des Darwinismus, den Anthropomorphismus in der Definition seiner Begriffe (z. B. ›Materie‹, ›Naturgesetz‹, Begriffe des Sozialverhaltens) und die Zirkularität seiner Argumentation (R. SPAEMANN und R. Löw). Der als Ergebnis der menschl. Stammesentwicklung erklärte Kausalitätsbegriff müsse, ebenso wie andere Erkenntniskategorien, als Erklärungsgrundlage ihrer E. jeweils schon vorausgesetzt werden. Weiterhin dem Kausalitätsbegriff stets schon ein (teleolog.) Begriff menschl. Handelns zugrunde: Ohne die prinzipielle Möglichkeit der gezielten Variation einer Bedingung, um nachzuweisen, dass zwei Ereignisse kausal miteinander verknüpft sind, lässt sich nur ein fließendes Aufeinanderfolgen von Dingen festhalten. Hingewiesen wird kritisch auf den Bedingungscharakter des Ergebnisses von der jeweiligen Definition der zugrunde gelegten Begriffe Leben, Bewusstsein und Sittlichkeit. Leben lässt sich letztlich nur aus dem teleolog. Selbstvollzug menschl. Lebens verstehen und erschöpft sich nicht in materiellen Prozessen (z. B. Selbstregulation), deren es sich als einer Bedingung immer auch bedient. Wird Bewusstsein allein genetisch erklärt, ergibt sich die relative Geltung aller kontrovers vertretenen Theorien (›Programme‹); der Wahrheitsanspruch des E.-Gedankens wäre damit aufgehoben. Mit der Auffassung des Bewusstseins als innerer Spiegel der Außenwelt (K. LORENZ) lässt sich (bewusste) Erkenntnis nicht erklären, weil das Erkenntnissubjekt, auf das jegl. Information als solche bezogen ist (Identität des Bewusstseins), ausgegrenzt wird. Sittl. Verhalten kann nicht erschöpfend als genetisch bedingter Selektionsvorteil im Sinne der Arterhaltung verstanden werden. Die Begriffe evolutionärer Erklärungsmodelle verweisen nach SPAEMANN auf eine teleolog. Grundlage, die nicht aus Materie und Naturgesetzen erklärt werden kann (z. B. das ›Neue‹, die ›Freiheit‹).

⇨ *Abstammungslehre · anthropisches Prinzip · Darwinismus · evolutionäre Erkenntnistheorie · Geologie · Katastrophentheorie · Lamarckismus · Teleologie*

E. MAYR: E. u. die Vielfalt des Lebens (a. d. Engl., 1979); DERS.: Die Entwicklung der biolog. Gedankenwelt. Vielfalt, E. u. Vererbung (a. d. Engl., 1984); E. Die Entwicklung von den ersten Lebensspuren bis zum Menschen, bearb. v. DEMS. (⁷1988); H. FOLLMANN: Chemie u. Biochemie der E. Wie u. wo entstand das Leben? (1981); M. MARTIN: Die Fragen aller Fragen: Woher kommt der Mensch? (1983); A. UNSÖLD: E. kosm., biolog. u. geistiger Strukturen (²1983); Die E. des Denkens, hg. v. K. LORENZ u. F. M. WUKETITS (²1984); E.-Theorie u. Schöpfungsverständnis, hg. v. P. KAISER u. a. (1984); E. SCHOFFENIELS: Anti-Zufall. Die Gesetzmäßigkeit der E. biolog. Systeme (a. d. Frz., 1984); A. E. WILDER SMITH: Die Naturwiss.en kennen keine E. Empir. u. theoret. Einwände gegen die E.-Theorie (Basel ⁵1985); Evolutionismus u. Christentum, hg. v. R. SPAEMANN u. a. (1986); E. Bedingungen – Resultate – Konsequenzen, hg. v. R. SIEWING (³1987); Der Gang der E. Die Gesch. des Kosmos, der Erde u. des Menschen, hg. v. F. WILHELM (1987); U. HÖNTSCH: Glaube an E. oder Schöpfung? (1987); R. RIEDL: Kultur – Spätzündung der E.? (1987); U. KULL: E. (Neudr. 1988); Ordnung aus dem Chaos. Prinzipien der Selbstorganisation u. E. des Lebens, hg. v. B.-O. KÜPPERS (³1991); R. SPAEMANN u. R. Löw: Die Frage Wozu? Gesch. u. Wiederentdeckung des teleolog. Denkens (³1991); E. JANTSCH: Die Selbstorganisation des Universums. Vom Urknall zum menschl. Geist (Neuausg. 1992); E. des Menschen, hg. v. B. STREIT (1995).

evolutionäre Erkenntnistheorie, eine auf den Einsichten der synthet. Evolutionstheorie beruhende Richtung innerhalb der neueren Erkenntnistheorie, die davon ausgeht, dass das menschl. Erkenntnisvermögen (ähnlich wie die Organe) als Produkt der biolog. Evolution zu betrachten sei.

Die e. E. stützt sich insbesondere auf die Annahme, dass die Evolution aufgrund des Selektionsdruckes zu immer besserer Anpassung an die Wirklichkeit führe. Die Erkennbarkeit der Realität mittels des Denkens – die ›Passung‹ von Verstandeskategorien und Realien – findet in diesem Prinzip seine Erklärung: Nur diejenigen Gattungen überleben, deren Erkenntniswerkzeuge der Wirklichkeit optimal angepasst sind. Die e. E. vertritt damit einen hypothet. Realismus: Die Annahme einer vom erkennenden Subjekt unabhängigen, strukturierten und erkennbaren Außenwelt ist nicht zwingend, aber äußerst nützlich. Bestimmte Kennzeichen des menschl. Erkenntnisvermögens (z. B. die Dreidimensionalität des Raumes) sind phylogenetisch erworben, aber ontogenetisch angeboren. Damit können sie als Nachfolger der synthet. Aussagen a priori im Sinne I. KANTS gelten. Die e. E. hat auch andere klass. Probleme der Philosophie wie etwa das Induktionsproblem zu lösen versucht.

Die e. E. ist umstritten. Neben Angriffen, die sich auf die naturwissenschaftl. Basis der e. E. beziehen, tritt im philosoph. Rahmen sehr oft der Vorwurf der Zirkularität auf: Die e. E. versuche, das menschl. Erkenntnisvermögen mit Aussagen zu begründen, die ihrerseits schon auf diesem Erkenntnisvermögen beruhten. Vielfach wird auch behauptet, die e. E. sei unwissenschaftlich, da nicht falsifizierbar.

Der Gedanke der phylogenet. Entwicklung der Erkenntnis wurde von K. LORENZ im Zusammenhang mit seinen Untersuchungen zu KANTS Kategoriensystem ausgesprochen (1941, 1943). Andere wichtige Wegbereiter waren L. VON BERTALANFFY und J. PIAGET. In Dtl. sind G. VOLLMER, H. MOHR, R. RIEDL und F. M. WUKETITS die bekanntesten Vertreter der e. E. International einflussreich wurde K. R. POPPERS (1972) evolutionäre Theorie der Wissenschaftsentwicklung.

J. A. ALT: Vom Ende der Utopie in der Erkenntnistheorie. Poppers evolutionäre Erkenntnislehre u. ihre prakt. Konsequenzen (1980); R. RIEDL: Evolution u. Erkenntnis (⁴1990); G. VOLLMER: E. E. (⁶1994).

Evolutionismus *der, -,* 1) *Philosophie:* eine die zweite Hälfte des 19. Jh. beherrschende philosoph. Strömung, die in H. SPENCER ihren wichtigsten Vertreter fand. Der E. betrachtet die Philosophie als die vereinheitlichte, wiss. begründete Erkenntnis höchster Stufe. Ihr kommt universale Geltung zu. Das dem Universum zugrunde liegende Gesetz – das die Philosophie formuliert – ist die Evolution, die unspezifisch als Ausgleich zw. antagonist. Kräften begriffen wird.

H. SPENCER: System der synthet. Philosophie, 11 Bde. (a.d. Engl., 1876–1906).

2) In der *Völkerkunde* übertrug die evolutionist. Richtung die von den biolog. Evolutionstheorien gewonnenen Erkenntnisse auf die Kulturgeschichtsforschung. Nach dieser Auffassung hat sich die menschl. Kultur stufenförmig von einer primitiven Urkultur bis zur hoch spezialisierten Industriegesellschaft des 19. Jh. entwickelt. Anhand ethnograph. Materials stellte L. H. MORGAN eine von ihm als allgemein verbindlich erachtete Entwicklungsreihe mit den drei Hauptstufen Wildheit, Barbarei und Zivilisation auf, in denen sich techn., wirtschaftl., sozialer und geistiger Fortschritt der Menschheit vollzogen haben soll. So wurden z. B. für den religiösen Bereich die Entwicklungsreihe Präanimismus – Animismus – Poly-

theismus – Monotheismus, für die Sozialordnung die Eheformen allgemeine Promiskuität – zunächst mutterrechtl., dann vaterrechtl. Polygamie – Monogamie aufgestellt. Auch E. B. TYLOR glaubte an einen einlinigen Evolutionsablauf, wobei sich ›barbarische‹ und ›zivilisierte‹ Gesellschaften in versch. Stadien ihres natürl. Wachstums befinden.

Diese Theorie des ›klassischen E.‹, die jede Möglichkeit äußerer Beeinflussung sowie einer rezessiven Kulturentwicklung verneint und die Vielzahl der abhängigen Variablen, die zur Beschreibung einer Gesellschaft notwendig sind, vernachlässigt, wurde bald als unhaltbar betrachtet. Einen neuen krit. Ansatz machte J. H. STEWARD mit seiner multilinearen Evolutionstheorie. Neoevolutionist. Theorien werden v. a. von dem amerikan. Ethnologen L. A. WHITE und von den auf MORGAN zurückgehenden sowjet. Ethnologen vertreten.

L. A. WHITE: The evolution of culture (New York 1959); R. SCHOTT: Der Entwicklungsgedanke in der modernen Ethnologie, in: Saeculum, Jg. 12 (1961); M. HARRIS: The rise of anthropological theory (New York 1968); W. E. MÜHLMANN: Gesch. der Anthropologie (³1984); Sprache, Symbole u. Symbolverwendungen in Ethnologie, Kulturanthropologie, Religion u. Recht, hg. v. W. KRAWIETZ u. a. (1993).

Evolutionsökonomik, neuere Richtung der Volkswirtschaftslehre, in deren Mittelpunkt die Analyse des ständigen wirtschaftl. Wandels und seiner Triebkräfte steht. Ähnlich wie die Institutionenökonomik, jedoch unter Abkehr von allgemein gültigen, neoklass. Annahmen wie dem rationalen Verhalten der Wirtschaftssubjekte, strebt die E. eine Verbesserung der Wirtschaftstheorie hin zu histor. Relevanz und empir. Gültigkeit an. Sie rückt konsequent die sozialen Prozesse, die zu Innovation und Auslese führen, in den Mittelpunkt ihrer Betrachtung. Die E. ist das Ergebnis einer Verbindung unterschiedl. volkswirtschaftl. Denkansätze, verknüpft z. B. das Gedankengut J. A. SCHUMPETERS (Theorie der wirtschaftl. Entwicklung) und F. A. VON HAYEKS (Wettbewerb als Entdeckungsverfahren) mit organisationstheoret. Ansätzen, den neuen ›Institutionenökonomik und der Spieltheorie (evolutor. Spieltheorie).

Evolvente [zu lat. evolvere ›hervorrollen‹, ›abwickeln‹] *die, -/-n,* ebene Kurve, die man erhält, wenn man in sämtl. Punkten einer gegebenen Kurve die Tangenten konstruiert und auf ihnen die Länge des Bogens vom Berührungspunkt bis zu einem bestimmten festen Punkt der Kurve (Ausgangspunkt der E.) abträgt. – Eine spezielle E. ist die **Kreis-** oder **Filar-E.,** die jeder Punkt einer Geraden beschreibt, wenn diese ohne zu gleiten auf einem Kreis abrollt. Sie wird bei der Evolventenverzahnung verwendet.

Evolventenfunktion, Evolens, Funktionszeichen **ev,** Differenz zw. Tangens und Bogenmaß eines Winkels α, d. h. $\mathrm{ev}\,\alpha = \tan\alpha - \mathrm{arc}\,\alpha$. Die E. wird für Berechnungen bei der Evolventenverzahnung benutzt.

Evolventenverzahnung, →Zahnrad.

Évora [ˈɛvura], 1) Distriktshauptstadt in Portugal, im Alentejo, 38 900 Ew.; Hauptort des Alto Alentejo; kath. Erzbischofssitz; Univ. (seit 1979; schon 16.–18. Jh., 1973 als Hochschule neu gegründet); Handelszentrum für Agrarprodukte (Vieh, Getreide, Öl, Kork) und Landmaschinen; Elektroindustrie. – E. ist umgeben von einer Mauerring aus röm., westgot. und maur. Zeit; röm. Tempelruine (irrtümlich seit dem 17. Jh. als ›Dianatempel‹ bezeichnet; 2. oder 3. Jh. n. Chr.); reizvolles altes Stadtbild. Die dreischiffige Kathedrale (Sé) mit Kreuzgang ist ein frühgot. Bau (1186 bis Ende des 13. Jh., Chor 1718 umgebaut), im Kirchenschatz u. a. Elfenbein- und Emailarbeiten des 13. Jh. Zahlr. Kirchen, u. a. São Francisco im Emanuelstil (Ende 15. Jh.; im Chor Königsloge im Mudéjarstil, 16. Jh.); Ermida de São Brás (1485) im Mudéjarstil; Igreja da Graça im Stil der ital. Renaissance

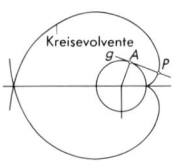

Kreisevolvente
g A P

Evolvente:
Der Punkt *P* beschreibt eine Kreisevolvente, wenn die Gerade *g* auf dem Kreis abrollt; *A* Berührungspunkt

Évora: Innenhof der Alten Universität; 1551

(16. Jh.). Ehem. Lóios-Kloster (Klosterkirche 1485 gestiftet; Kreuzgang und Kapitelsaal im Emanuelstil); Alte Univ. (1551; zweigeschossiger Innenhof mit Arkaden, Schmuckgiebelfassade; Universitätskirche, 1574 geweiht). Im ehem. Bischofspalast (16./17. Jh.) das Museu de Évora. Das histor. Zentrum der Stadt ist UNESCO-Weltkulturerbe. – É., im Altertum **Ebora**, **Elbora**, später **Liberalitas Julia** gen., war in röm. Zeit ein bedeutender Waffenplatz. Unter den Westgoten stark befestigt, zw. 714 und 716 von den Mauren eingenommen. Nach der endgültigen Reconquista 1165/66 wurde É. Sitz einer Bruderschaft von Rittern, des späteren Avisordens. Im Spät-MA. diente es häufig als Residenz der Könige und Tagungsort der Cortes.

2) Distrikt in S-Portugal, 7393 km², 173 500 Ew.; Hauptstadt ist Évora.

Evorsion [zu lat. everterre, evorsus ›umwerfen‹, ›aufwühlen‹] *die, -/-en,* aushöhlende Wirkung von im Wasser wirbelnden Steinen und Sandkörnern; durch E. entstehen im Flussbett, auch im Festgestein, bes. unterhalb von Wasserfällen, Strudellöcher (→Kolk), unter dem Gletscher (durch subglaziale Schmelzwässer) →Gletschermühlen.

evozieren [lat. evocare ›herausrufen‹; ›vorladen‹], **1)** *bildungssprachlich:* durch Evokation hervorrufen, bewirken. **2)** *Recht:* ein Verfahren, das bei einer untergeordneten Instanz anhängig ist, an sich ziehen.

EVP, Abk. für →Europäische Volkspartei.

Évreux: Engel mit Orgel, Glasfenster in der Kathedrale Notre-Dame; 14. Jh.

Evpatorija [jɪ-], Stadt in der Ukraine, →Jewpatorija.

EVR [Abk. für engl. electronic video recording], elektron. Videospeicherverfahren, bei dem Bildinformationen auf einem Spezialfilm gespeichert werden; die Aufzeichnung erfolgt mittels eines mit den Videosignalen modulierten, scharf gebündelten Elektronenstrahls. Für den Begleitton ist eine Magnetspur vorgesehen. (→Audio-Video-Technik)

Evren, Kenan, türk. General, *Alaşehir (Prov. Manisa) 1. 1. 1918; wurde 1977 Oberbefehlshaber des Heeres, 1978 Generalstabschef der türk. Streitkräfte. Am 12. 9. 1980 stürzte er durch einen Militärputsch die Reg. von S. Demirel. An der Spitze des Nationalen Sicherheitsrates übernahm er das Amt des Staatspräs., das er bis 1989 behielt (1982 durch ein Referendum bei der Annahme einer neuen Verf. bestätigt). Mit diktator. Mitteln setzte er seine am Kemalismus orientierten gesellschafts- und staatspolit. Vorstellungen durch, sah sich dabei jedoch mit starker internat. Kritik (v. a. mit dem Vorwurf der Anwendung von Folter bei polit. Gegnern) konfrontiert. Mit einer schrittweisen, begrenzten Liberalisierung seines Herrschaftsstils suchte er der Kritik (u. a. vonseiten der EG und der NATO) zu begegnen.

Kenan Evren

Évreux [eˈvrø], Stadt in der Normandie, Frankreich, Verw.-Sitz des Dép. Eure, am Iton, einem Nebenfluss der Eure, 49 100 Ew.; kath. Bischofssitz; Herstellung von Elektrogeräten und Autozubehör u. a. Industrie. – Die Kathedrale Notre-Dame (Langhaus mit roman. Arkaden, 12. Jh., bis ins 17. Jh. Umbauten) besitzt den bedeutendsten frz. Glasmalereizyklus des 14. Jh. Zw. der Kathedrale und der Tour de l'Horloge, einem Wachtturm (44 m) des 15. Jh., verläuft die Promenade des Remparts am Iton entlang. In der Kirche Saint-Taurin (11.–15. Jh.) ein Reliquienschrein des 13. Jh.; ehem. Bischofspalast (1481). – É., in galloröm. Zeit als **Mediolanum Aulercorum** Hauptstadt des eburovicischen Zweigs der gall. Aulerker (Aulerci Eburovices), war in der röm. Kaiserzeit eine der glänzendsten Städte Galliens; seit dem 4./5. Jh. Bistum. 911 kam É. zum Herzogtum Normandie. Die danach neu geschaffene Grafschaft É. fiel im 12. Jh. und endgültig 1404 an die frz. Krone.

Evripos, neugriech. für →Euripos.

Evros, griech. Name des Flusses →Maritza.

Evrotas, Fluss in Griechenland, →Eurotas.

Évry [eˈvriː], Stadt in Frankreich, Verw.-Sitz des Dép. Essonne, links der Seine südlich von Paris, 45 500 Ew. É. gehört zu den fünf ›Villes Nouvelles‹ (Neue Städte) in der Region Paris; kath. Bischofssitz (Bistum É.-Corbeil-Essonne), Schule für Führungskräfte des Post- und Fernmeldewesens, Forschungsinstitute für Informatik und Raumfahrt; Luftfahrt- und elektrotechn. Industrie; Pferderennbahn. – Die Kathedrale wurde von M. Botta errichtet (1994; Bild →Botta).

Evtušenko [jɪftuˈʃɛnkɔ], Evgenij Aleksandrovič, russ. Lyriker, →Jewtuschenko, Jewgenij Aleksandrowitsch.

EVU, Abk. für Elektrizitätsversorgungsunternehmen, alle Unternehmen, die andere mit elektr. Energie versorgen oder beliefern. Im Sinne des Energiewirtschafts-Ges. sind dabei Rechtsformen und Eigentumsverhältnisse dieser Unternehmen ohne Bedeutung. Daher gelten als EVU auch solche Unternehmen, die nur teilweise oder im Nebenbetrieb öffentl. Elektrizitätsversorgung betreiben.

evviva!, er, sie, es lebe hoch! (ital. Hochruf).

Evzonen [altgriech. ›Wohlgegürtete‹, im Sinne von ›Leichtbewaffnete‹, *Sg.* **Evzone** *der, -n,* ehem. königlich-griech. Leibgarde in Nationaltracht mit Fes und Fustanella; nach Abschaffung der Monarchie mit Wach- und Repräsentationsaufgaben betraut.

Hinweise für den Benutzer

Ausführliche Hinweise für den Benutzer finden sich am Ende des ersten Bandes.

Reihenfolge der Stichwörter

Die Stichwörter sind in alphabetischer Reihenfolge angeordnet, sie stehen am Anfang eines Artikels. Alphabetisiert werden alle fett gedruckten Buchstaben des Hauptstichworts, auch wenn es aus mehreren Wörtern besteht. Umlaute (ä, ö, ü) werden wie einfache Vokale eingeordnet, z. B. folgen aufeinander: **Bruck, Brück, Bruck an der Leitha, Brücke;** ß steht vor ss, also **Reuß, Reuss.** Buchstaben mit diakritischen Zeichen (z. B. mit einem Akzent) werden behandelt wie die Buchstaben ohne dieses Zeichen, z. B. folgen aufeinander: **Acinetobacter, Ačinsk, Acinus.** Unterscheiden sich mehrere Stichwörter nur durch ein diakritisches Zeichen oder durch einen Umlaut, so wird das Stichwort mit Zusatzzeichen nachgestellt; so folgen z. B. **Abbe, Abbé.** Unterscheiden sich mehrere Stichwörter nur durch Groß- und Kleinschreibung, so steht das kleingeschriebene Stichwort voran.

Gleich lautende Hauptstichwörter werden in der Reihenfolge: Sachstichwörter, geographische Namen, Personennamen angeordnet.

Gleich lautende geographische Namen mit und ohne Namenszusatz werden zu einem Artikel ›Name von geographischen Objekten‹ zusammengefasst.

Gleich lautende **Personennamen** erscheinen in dieser Reihenfolge: biblische Personen, Herrscher, Päpste, Vornamen (mit Zusatz), Nachnamen.

Herrschernamen werden alphabetisch nach Territorien angeordnet, das Heilige Römische Reich und das Deutsche Reich werden vorangestellt. Innerhalb der Territorien erscheinen die Herrscherbiographien in chronologischer Reihenfolge. Vornamen mit Zusatz (z. B. Adam von Bremen) werden unter dem Vornamen eingeordnet, der abgekürzte Vorname wird zusammen mit dem Zusatz nachgestellt, z. B.: **Adam, A. von Bremen.** Vornamen mit Zusatz werden nach den Zusätzen alphabetisch angeordnet, so folgen z. B. aufeinander: **Adam, A. de la Halle; Adam, A. von Bremen; Adam, A. von Fulda.**

Angaben zur Betonung und Aussprache

Fremdwörtliche und fremdsprachliche Stichwörter erhalten als Betonungshilfe einen Punkt (Kürze) oder einen Strich (Länge) unter dem betonten Laut. Weiterhin wird bei Personennamen sowie bei geographischen Namen die Betonung angegeben.

Die getrennte Aussprache von üblicherweise zusammen gesprochenen Lauten wird durch einen senkrechten Strich angezeigt, z. B. **Ais|chylos, Lili|e.**

Weicht die Aussprache eines Stichwortes von der deutschen ab, so wird in der dem Stichwort folgenden eckigen Klammer die korrekte Aussprache in phonetischer Umschrift angegeben. Diese folgt dem internationalen Lautschriftsystem der Association Phonétique Internationale. Die verwendeten Zeichen bedeuten:

a = helles a, dt. Blatt, frz. patte
ã = nasales a, frz. grand
ɑ = dunkles a, dt. war, engl. rather
ʌ = dumpfes a, engl. but

β = halboffener Reibelaut b, span. Habanera
ç = Ich-Laut, dt. mich
ɕ = sj-Laut (stimmlos), poln. Sienkiewicz
ð = stimmhaftes engl. th, engl. the
æ = breites ä, dt. Äther
ɛ = offenes e, dt. fett
e = geschlossenes e, engl. egg, dt. Beet
ə = dumpfes e, dt. alle
ɛ̃ = nasales e, frz. fin
ɣ = geriebenes g, span. Tarragona, niederländ. Gogh
i = geschlossenes i, dt. Wiese
ɪ = offenes i, dt. bitte
ĩ = nasales i, port. Infante
ʎ = lj, span. Sevilla
ŋ = ng-Laut, dt. Hang
ɲ = nj-Laut, Champagner
ɔ = offenes o, dt. Kopf
o = geschlossenes o, dt. Tor
õ = nasales o, frz. bon
ø = geschlossenes ö, dt. Höhle
œ = offenes ö, dt. Hölle
œ̃ = nasales ö, frz. parfum

s = stimmloses s, dt. was
z = stimmhaftes s, dt. singen
ź = zj-Laut (stimmhaft), poln. Zielona Gora
ʃ = stimmloses sch, dt. Schuh
ʒ = stimmhaftes sch, Garage
θ = stimmloses th, engl. thing
u = geschlossenes u, dt. Kuh
ʊ = offenes u, dt. bunt
ũ = nasales u, port. Atum
v = stimmhaftes w, dt. Wald
w = halbvokalisches w, engl. well
x = Ach-Laut, dt. Krach
y = geschlossenes ü, dt. Mütze
ɥ = konsonantisches y, frz. Suisse
ː = bezeichnet Länge des vorhergehenden Vokals
ˈ = bezeichnet Betonung und steht vor der betonten Silbe, z. B. ˈætlɪ = Attlee
̯ = unter Vokalen, gibt an, dass der Vokal unsilbisch ist

b d f g h j k l m n p r t geben in den meisten Sprachen etwa den Lautwert wieder, den sie im Deutschen haben. Im Englischen wird ›r‹ weder wie ein deutsches Zäpfchen-r noch wie ein gerolltes Zungenspitzen-r gesprochen, sondern mit der Zungenspitze an den oberen Vorderzähnen oder am Gaumen gebildet.

Abkürzungen

Außer den im Abkürzungsverzeichnis aufgeführten Abkürzungen werden die Adjektivendungen ...lich und ...isch abgekürzt sowie allgemein gebräuchliche Einheiten mit bekannten Einheitenzeichen (wie km für Kilometer, s für Sekunde).

Das Hauptstichwort wird im Text des jeweiligen Artikels mit seinem Anfangsbuchstaben wiedergegeben. Bei Stichwörtern, die aus mehreren Wörtern bestehen, wird jedes Wort mit dem jeweils ersten Buchstaben abgekürzt. Dies gilt auch für Stichwörter, die mit Bindestrich gekoppelt sind.

Alle Abkürzungen und Anfangsbuchstaben der Hauptstichwörter gelten auch für flektierte Formen (z. B. auch für Pluralformen) des abgekürzten Wortes. Bei abgekürzten Hauptstichwörtern, die aus Personennamen oder Namen von geographischen Objekten bestehen, wird die Genitivendung nach dem Abkürzungspunkt wiedergegeben.

Benennung und Abkürzung der biblischen Bücher können der Übersicht ›Bücher der Bibel‹ beim Stichwort ›Bibel‹ entnommen werden.

Abg. . . . . Abgeordnete(r)	Diss. . . . . Dissertation	i. e. S. . . . . im engeren Sinn
ABGB . . . . Allgemeines Bürgerliches Gesetzbuch (Österreich)	Distr. . . . . Distrikt	Ill. . . . . Illinois
	d. J. . . . . der (die) Jüngere	Ind. . . . . Indiana; Industrie
	DM . . . . Deutsche Mark	Inst. . . . . Institut
Abh(h). . . . . Abhandlung(en)	Dr(n). . . . . Drama/Dramen	internat. . . . . international
Abk. . . . . Abkürzung	dt. . . . . deutsch	ital. . . . . italienisch
Abs. . . . . Absatz	Dtl. . . . . Deutschland	i. w. S. . . . . im weiteren Sinn
Abt(t). . . . . Abteilung(en)	EA . . . . Erstausgabe	jap. . . . . japanisch
a. d. . . . . aus dem	ebd. . . . . ebenda	Jb. . . . . Jahrbuch
AG . . . . Aktiengesellschaft	EG . . . . Europäische Gemeinschaft	Jg. . . . . Jahrgang
ags. . . . . angelsächsisch		Jh. . . . . Jahrhundert
ahd. . . . . althochdeutsch	ehem. . . . . ehemalig; ehemals	jr. . . . . junior
Akad. . . . . Akademie	eigtl. . . . . eigentlich	Jt. . . . . Jahrtausend
Ala. . . . . Alabama	Einf. . . . . Einführung	Kans. . . . . Kansas
Alas. . . . . Alaska	Einl. . . . . Einleitung	Kap. . . . . Kapitel
allg. . . . . allgemein	entst. . . . . entstanden	Kat. . . . . Katalog
Anh. . . . . Anhang	Enzykl. . . . . Enzyklopädie	kath. . . . . katholisch
Anm(m). . . . . . . Anmerkung(en)	Erg(g). . . . . Ergänzung(en)	Kfz . . . . Kraftfahrzeug
Anth. . . . . Anthologie	Erl(l). . . . . Erläuterung(en)	KG . . . . Kommandit- gesellschaft
AO . . . . Abgabenordnung	ersch. . . . . erschienen	
Ariz. . . . . Arizona	erw. . . . . erweitert	Kl. . . . . Klasse
Ark. . . . . Arkansas	Erz(n). . . . . Erzählung(en)	Komm. . . . . Kommentar
Art. . . . . Artikel	Es(s). . . . . Essay(s)	Kom(n). . . . . Komödie(n)
ASSR . . . . Autonome Sozialistische Sowjetrepublik	EStG . . . . Einkommensteuer- gesetz	Kr. . . . . Kreis
		Krst. . . . . Kreisstadt
	EU . . . . Europäische Union	Kt. . . . . Kanton
A. T. . . . . Altes Testament	europ. . . . . europäisch	KV . . . . Köchelverzeichnis
Aufl(l). . . . . Auflage(n)	ev. . . . . evangelisch	Kw. . . . . Kunstwort; Kurzwort
ausgew. . . . . ausgewählt	e. V. . . . . eingetragener Verein	Ky. . . . . Kentucky
Ausg(g). . . . . . . Ausgabe(n)	Ew. . . . . Einwohner	La. . . . . Louisiana
Ausst. . . . . Ausstellung	f., ff. . . . . folgende..., folgende	lat. . . . . lateinisch
Ausw. . . . . Auswahl	Fasz. . . . . Faszikel	Lb. . . . . Lehrbuch
autobiogr. . . . . . . autobiographisch	Festschr. . . . . Festschrift	Leitf. . . . . Leitfaden
...b. . . . .buch	FH . . . . Fachhochschule	Lex. . . . . Lexikon
Bad.-Württ. . . . . . Baden-Württemberg	Fla. . . . . Florida	Lfg(g). . . . . Lieferung(en)
Bbg. . . . . Brandenburg	fortgef. . . . . fortgeführt	LG . . . . Landgericht
Bd., Bde. . . . . . . Band, Bände	fortges. . . . . fortgesetzt	Lit. . . . . Literatur
bearb. . . . . bearbeitet	Forts. . . . . Fortsetzung	Losebl. . . . . Loseblattausgabe, sammlung
begr. . . . . begründet	frz. . . . . französisch	
Beitr(r). . . . . Beitrag/Beiträge	Ga. . . . . Georgia	Lw. . . . . Lehnwort
ber. . . . . berechnet	geb. . . . . geborene(r)	MA. . . . . Mittelalter
bes. . . . . besonders	Ged(e). . . . . Gedicht(e)	magy. . . . . magyarisch
Bev. . . . . Bevölkerung	gedr. . . . . gedruckt	Masch. . . . . Maschinenschrift
Bez. . . . . Bezeichnung; Bezirk	gegr. . . . . gegründet	Mass. . . . . Massachusetts
BGB . . . . Bürgerliches Gesetzbuch	Gem. . . . . Gemeinde	max. . . . . maximal
	gen. . . . . genannt	Md. . . . . Maryland
BGH . . . . Bundesgerichtshof	Gen.-Gouv. . . . . . Generalgouverneur; Generalgouvernement	MdB . . . . Mitglied des Bundestags
bibliogr. . . . . bibliographisch		
Bibliogr(r). . . . . . Bibliographie(n)	Gen.-Sekr. . . . . . Generalsekretär	MdEP . . . . Mitglied des Europäischen Parlaments
Biogr. . . . . Biographie	ges. . . . . gesammelt	
BRD . . . . Bundesrepublik Deutschland	Ges. . . . . Gesetz	
	...gesch. . . . .geschichte	MdL . . . . Mitglied des Landtags
Bull. . . . . Bulletin	Gesch. . . . . Geschichte	
BWV . . . . Bach-Werke- Verzeichnis	Gew.-% . . . . Gewichtsprozent	MdR . . . . Mitglied des Reichstags
	GG . . . . Grundgesetz	
bzw. . . . . beziehungsweise	ggf. . . . . gegebenenfalls	Me. . . . . Maine
Calif. . . . . Kalifornien	Ggs. . . . . Gegensatz	Meckl.-Vorp. . . . . Mecklenburg- Vorpommern
chin. . . . . chinesisch	gleichbed. . . . . . . gleichbedeutend	
Colo. . . . . Colorado	GmbH . . . . Gesellschaft mit beschränkter Haftung	Metrop. Area . . . . Metropolitan Area
Conn. . . . . Connecticut		Metrop. Cty. . . . . Metropolitan County
ČR . . . . Tschechische Republik	Gouv. . . . . Gouverneur; Gouvernement	MGG . . . . Die Musik in Geschichte und Gegenwart, hg. v. F. Blume
ČSFR . . . . Tschechoslowakei (1990–1992)		
	Gramm. . . . . Grammatik	
	Grundl. . . . . Grundlage	
ČSSR . . . . Tschechoslowakei (bis 1990)	Grundr. . . . . Grundriß (bei Buchtitel)	
	...h. . . . .heft	mhd. . . . . mittelhochdeutsch
Cty. . . . . County	H. . . . . Heft	Mich. . . . . Michigan
D . . . . Deutsch-Verzeichnis	Ha. . . . . Hawaii	min. . . . . minimal
d. Ä. . . . . der (die) Ältere	Habil. . . . . Habilitationsschrift	Min. . . . . Minister
dargest. . . . . dargestellt	Hb. . . . . Handbuch	Minn. . . . . Minnesota
Darst. . . . . Darstellung	hebr. . . . . hebräisch	Min.-Präs. . . . . . . Ministerpräsident
D. C. . . . . District of Columbia	Hg. . . . . Herausgeber(in)	Mio. . . . . Million(en)
DDR . . . . Deutsche Demokratische Republik	HGB . . . . Handelsgesetzbuch	Miss. . . . . Mississippi
	hg. v. . . . . herausgegeben von	Mitarb. . . . . Mitarbeit
	hl., Hl. . . . . heilig; Heilige(r)	Mitgl. . . . . Mitglied
Del. . . . . Delaware	Hob. . . . . Hoboken-Verzeichnis	Mitt. . . . . Mitteilung
Dep. . . . . Departamento	Hörsp(e). . . . . . . Hörspiel(e)	mlat. . . . . mittellateinisch
Dép. . . . . Département	Hs(s). . . . . Handschrift(en)	mnd. . . . . mittelniederdeutsch
ders. . . . . derselbe	Hwb. . . . . Handwörterbuch	m. n. e. . . . . mehr nicht erschienen
dgl. . . . . dergleichen, desgleichen	Ia. . . . . Iowa	
	i. Allg. . . . . im Allgemeinen	Mo. . . . . Missouri
d. Gr. . . . . der (die) Große	Id. . . . . Idaho	Mont. . . . . Montana
d. h. . . . . das heißt	i. d. F. v. . . . . in der Fassung von	Mrd. . . . . Milliarde(n)
d. i. . . . . das ist	idg. . . . . indogermanisch	Mschr. . . . . Monatsschrift
dies. . . . . dieselbe(n)	i. d. R. . . . . in der Regel	Ms(s). . . . . Manuskript(e)
		N . . . . Nord(en)

Nachdr. . . . . Nachdruck
Nachr(r). . . . . Nachricht(en)
nat. . . . . national
natsoz. . . . . nationalsozialistisch
n. Br. . . . . nördliche Breite
N. C. . . . . North Carolina
n. Chr. . . . . nach Christi Geburt
N. D. . . . . North Dakota
NDB . . . . Neue Deutsche
            Biographie, hg. v. der
            Histor. Kommission
            bei der Bayer.
            Akademie der Wissen-
            schaften, Berlin
Ndsachs. . . . . Niedersachsen
Nebr. . . . . Nebraska
Neuaufl. . . . . Neuauflage
Neuausg. . . . . . . Neuausgabe
Nev. . . . . Nevada
N. F. . . . . Neue Folge
N. H. . . . . New Hampshire
nhd. . . . . neuhochdeutsch
niederdt. . . . . niederdeutsch
N. J. . . . . New Jersey
nlat. . . . . neulateinisch
N. Mex. . . . . New Mexico
NO . . . . Nordost(en)
NÖ . . . . Niederösterreich
Nov(n). . . . . Novelle(n)
Nr. . . . . Nummer
N. R. . . . . Neue Reihe
NRW . . . . Nordrhein-Westfalen
N. S. . . . . Neue Serie
N. T. . . . . Neues Testament
NW . . . . Nordwest(en)
N. Y. . . . . New York
O . . . . Ost(en)
o. Ä. . . . . oder Ähnliches
oberdt. . . . . oberdeutsch
Oh. . . . . Ohio
OHG . . . . Offene Handels-
            gesellschaft
o. J. . . . . ohne Jahr
Okla. . . . . Oklahoma
ö. L. . . . . östliche Länge
OLG . . . . Oberlandesgericht
OÖ . . . . Oberösterreich
o. O. . . . . ohne Ort
op. . . . . Opus
OR . . . . Obligationenrecht
            (Schweiz)
Ordn. . . . . Ordnung
Oreg. . . . . Oregon
orth. . . . . orthodox
österr. . . . . österreichisch
Pa. . . . . Pennsylvania
Pauly-Wissowa . . Pauly Realencyclo-
            pädie der classischen
            Altertumswissen-
            schaft, neu bearb.
            v. G. Wissowa u.a.
PH . . . . Pädagogische
            Hochschule
Pl. . . . . Plural
port. . . . . portugiesisch
Präs. . . . . Präsident
Prof. . . . . Professor
prot. . . . . protestantisch
Prov. . . . . Provinz

Pseud. . . . . Pseudonym
R. . . . . Reihe
R(e). . . . . Roman(e)
rd. . . . . rund
ref. . . . . reformiert
Reg. . . . . Regierung
Reg.-Bez. . . . . . . Regierungsbezirk
Reg.-Präs. . . . . . . Regierungspräsident
Rep. . . . . Republik
rev. . . . . revidiert
Rheinl.-Pf. . . . . . . Rheinland-Pfalz
R. I. . . . . Rhode Island
RSFSR . . . . Russische Sozia-
            listische Föderative
            Sowjetrepublik
S . . . . Süd(en)
S. . . . . Seite; Spalte
Sa. . . . . Sachsen
Sa.-Anh. . . . . Sachsen-Anhalt
Sb. . . . . Sitzungsberichte
s. Br. . . . . südliche Breite
S. C. . . . . South Carolina
Schlesw.-Holst. . . Schleswig-Holstein
Schr. . . . . Schrift
Schsp(e). . . . . . . Schauspiel(e)
S. D. . . . . South Dakota
Sekr. . . . . Sekretär
Sg. . . . . Singular
Slg(g). . . . . Sammlung(en)
SO . . . . Südost(en)
SSR . . . . Sozialistische
            Sowjetrepublik
St. . . . . Sankt
Staatspräs. . . . . . Staatspräsident
stellv. . . . . stellvertretende(r)
Stellv. . . . . Stellvertreter(in)
StGB . . . . Strafgesetzbuch
StPO . . . . Strafprozessordnung
Suppl. . . . . Supplement
svw. . . . . so viel wie
SW . . . . Südwest(en)
Tab(b). . . . . Tabelle(n)
Tb(b). . . . . Taschenbuch/
            Taschenbücher
Tenn. . . . . Tennessee
Tex. . . . . Texas
TH . . . . Technische
            Hochschule
Thür. . . . . Thüringen
Tl., Tle. . . . . Teil, Teile
tlw. . . . . teilweise
Trag(n). . . . . Tragödie(n)
TRE . . . . Theologische
            Realenzyklopädie,
            hg. v. G. Krause u. a.
Tsd. . . . . Tausend
TU . . . . Technische Universität
UA . . . . Uraufführung
u. a. . . . . und andere,
            unter anderem
u. Ä. . . . . und Ähnliches
u. a. T. . . . . unter anderem Titel/
            unter anderen Titeln
übers. . . . . übersetzt
Übers. . . . . Übersetzung
UdSSR . . . . Union der
            Sozialistischen
            Sowjetrepubliken
            (Sowjetunion)

u. d. T. . . . . unter dem Titel
u. M. . . . . unter dem
            Meeresspiegel
ü. M. . . . . über dem
            Meeresspiegel
Univ. . . . . Universität
Unters(s). . . . . . . Untersuchung(en)
urspr. . . . . ursprünglich
USA . . . . United States
            of America
            (Vereinigte Staaten
            von Amerika)
usw. . . . . und so weiter
Ut. . . . . Utah
u. U. . . . . unter Umständen
u. v. a. . . . . und viele(s) andere
v. . . . . von
Va. . . . . Virginia
v. a. . . . . vor allem
v. Chr. . . . . vor Christi Geburt
verb. . . . . verbessert
Verf. . . . . Verfasser; Verfassung
verh. . . . . verheiratete(r)
Verh(h). . . . . Verhandlung(en)
Veröff. . . . . Veröffentlichung
versch. . . . . verschieden
Verw. . . . . Verwaltung
Verz. . . . . Verzeichnis
vgl. . . . . vergleiche
Vjbll. . . . . Vierteljahresblätter
Vjh. . . . . Vierteljahresheft
Vjschr. . . . . Vierteljahresschrift
VO . . . . Verordnung
Vol.-% . . . . Volumenprozent
Vors. . . . . Vorsitzende(r)
VR . . . . Volksrepublik
Vt. . . . . Vermont
W . . . . West(en)
Wash. . . . . Washington
Wb. . . . . Wörterbuch
Wis. . . . . Wisconsin
wiss. . . . . wissenschaftlich
...wiss.(en) . . . .wissenschaft(en)
Wiss.(en) . . . . . . Wissenschaft(en)
w. L. . . . . westliche Länge
W. Va. . . . . West Virginia
Wwschaft . . . . . . Woiwodschaft
Wyo. . . . . Wyoming
zahlr. . . . . zahlreich
z. B. . . . . zum Beispiel
Zbl. . . . . Zentralblatt
ZGB . . . . Zivilgesetzbuch
ZK . . . . Zentralkomitee
ZPO . . . . Zivilprozessordnung
z. T. . . . . zum Teil
Ztschr. . . . . Zeitschrift
zus. . . . . zusammen
zw. . . . . zwischen
zz. . . . . zurzeit
z. Z. . . . . zur Zeit

*   geboren
†   gestorben
∞   verheiratet
→   siehe
⇨   siehe
®   Warenzeichen (steht bei fett und
            halbfett gesetzten Wörtern. –
            Siehe auch Impressum)

Das Bildquellenverzeichnis für alle Bände befindet sich am Ende des letzten Bandes.